GRAN DICCIONARIO DE SINÓNIMOS

VOCES AFINES E INCORRECCIONES

FERNANDO CORRIPIO

GRAN DICCIONARIO DE SINÓNIMOS

VOCES AFINES E INCORRECCIONES

Ediciones B, S. A.

1.ª edición en Ediciones B, S. A.: septiembre, 1990
© 1974, Fernando Corripio
© 1990, Ediciones B, S. A.
La presente edición es propiedad de Ediciones B, S. A.
Rocafort, 104 - 08015 Barcelona (España)

Todos los derechos reservados.
Prohibida la reproducción total o parcial
de esta obra por cualquier procedimiento
sin permiso expreso del editor.

Printed in Spain - Impreso en España

ISBN: 84-406-1445-4
Depósito legal: NA. 1.100-90
Impreso en: GraphyCems - Ctra. Estella-Lodosa, km 6
31264 Morentin (Navarra)

A

Ababa amapola, v. ababol.
Ababol amapola, ababa, adormidera, papaverácea || bobo, simple, mentecato, necio, papanatas, imbécil.
Abacá pita, cabuya, fibra, filamento.
Abacería colmado, tienda, puesto, comercio, ultramarinos, comestibles, abarrotes.
Abacero tendero, lonjista, abarrotero, comerciante, negociante, vendedor.
Abacial monástico, monacal, abadengo, clerical, eclesiástico, conventual, cenobítico.
Ábaco tabla, tablero, tanteador, numerador, anotador || capitel, chapitel, remate, coronamiento.
Abad prior, superior, rector, patriarca, prelado, capellán, v. sacerdote.
Abada rinoceronte, paquidermo.
Abadejo bacalao, bacalada || reyezuelo, cantárida.
Abadengo v. abacial.
Abadesa superiora, priora, rectora, prelada.
Abadía monasterio, convento, rábida, retiro, priorato, cenobio, cartuja, claustro, templo, v. iglesia.
Ab aeterno desde la eternidad, desde muy antiguo.
Abajadero cuesta, declive, rampa, repecho, vertiente, pendiente.
Abajar bajar, rebajar, descender || humillar, ofender.
Abajo bajo, debajo, en lugar inferior.
Abalanzar equilibrar, contrapesar, igualar || impeler, arrojar, lanzar || Abalanzarse, arremeter, acometer, embestir, atacar, proyectarse, tirarse, echarse.
Abalar sacudir, zarandear, conmover, agitar, remover, tremolar, blandir.
Abaldonar infamar, humillar, denigrar, injuriar, afrentar, ofender, herir, agraviar, insultar, envilecer, avergonzar.
Abalear escoger, seleccionar, triar, separar, entresacar || tirotear, disparar.
Abalizar marcar, señalar, orientar.
Abalorio cuenta, cuentecilla, bolita, lentejuela || collar, gargantilla.
Aballar mover, menear, sacudir, v. abalar.
Aballestar tensar, estirar, distender.
Abanderado alférez, portaestandarte, portaenseña, confaloniero || defensor, paladín, protector.
Abanderar acaudillar, dirigir, encabezar, amparar, proteger || matricular, alistar, autorizar.
Abanderizar dividir, separar, escindir, enemistar.
Abandonado desierto, despoblado, v. vacío, solitario, yermo || desamparado, desvalido, indefenso, inerme || desaliñado, desastrado, desaseado, dejado, desidioso, negligente, apático, abúlico, sucio, descuidado, perezoso.
Abandonar marcharse, irse, largarse, ausentarse || desasistir, desamparar, dejar, ceder, renunciar, desatender.
Abandono renuncia, cesión, deserción, v. huida, dejación, abjuración || negligencia, desidia, apa-

ABANICAR

tía, dejadez, abulia, incuria, descuido, desaseo, suciedad ‖ soledad, aislamiento, desamparo.

ABANICAR aventar, airear, refrescar.

ABANICO aventador, pantalla, paipai, soplillo, flabelo, ventalle.

ABANTAR vanagloriarse, fanfarronear, alabarse, jactarse, presumir.

ABANTO receloso, espantadizo, huidizo ‖ torpe, atolondrado, alelado.

ABARATAMIENTO desvalorización, depreciación, baratura, rebaja, devaluación, saldo, disminución.

ABARATAR rebajar, devaluar, depreciar, disminuir, desvalorizar, bajar, saldar.

ABARCA sandalia, alpargata, zapatilla, chancleta, zueco, almadreña, madreña, chanclo.

ABARCAR rodear, ceñir, abrazar ‖ englobar, comprender, ocupar, contener, constar, incluir, incorporar, implicar, extenderse.

ABARCUZAR codiciar, ansiar, apetecer, ambicionar.

ABARLOAR arrimar, acercar, aproximar, atracar, juntar, abordar.

ABARQUILLADO curvado, combado, alabeado, torcido, corvo, pandeado.

ABARQUILLAMIENTO abarquilladura, pandeo, alabeo, comba, curvatura.

ABARQUILLAR encorvar, curvar, alabear, combar, torcer, pandear.

ABARRACAR acampar, vivaquear ‖ protegerse, defenderse.

ABARRAGANARSE amancebarse, liarse, entenderse, juntarse, amontonarse, conchabarse, arreglarse, apañarse.

ABARRAJAR forzar, obligar, atropellar, empujar.

ABARRANCADERO atolladero, atascadero, obstáculo, dificultad.

ABARRANCAR varar, embarrancar, encallar, detener.

ABARRAR arrojar, tirar, lanzar, impeler, sacudir.

ABARROTADO colmado, atestado, atiborrado, v. abarrotar.

ABARROTAMIENTO plenitud, atiborramiento, saturación

ABARROTAR llenar, colmar, atestar, saturar, atiborrar, cargar, rebosar.

ABARROTE abacería, ultramarinos, colmado, tienda ‖ fardo, bulto, saco.

ABASTAR proveer, suministrar, v. abastecer.

ABASTARDAR degenerar, corromper, viciar, pervertir, bastardear, degradar.

ABASTECEDOR proveedor v., suministrador, aprovisionador.

ABASTECER proveer, avituallar, suministrar, aprovisionar, entregar, proporcionar, dotar, equipar, surtir, facilitar.

ABASTECIMIENTO aprovisionamiento v., avituallamiento, suministro, provisión, dotación.

ABASTO acopio, suministro, provisión, surtido, almacenamiento ‖ abundancia, profusión, plétora.

ABATANADO diestro, experimentado, curtido, ducho ‖ vapuleado, golpeado, apaleado, maltratado.

ABATANAR batir, golpear, maltratar, tundir, magullar, sacudir, percutir.

ABATE clérigo, v. sacerdote, eclesiástico, cura.

ABATIDO desanimado, decaído, desfallecido, extenuado, desalentado, aplanado, lánguido, descorazonado.

ABATIMIENTO decaimiento, postración, desaliento, desánimo, desfallecimiento, agobio, descorazonamiento, debilidad, impotencia, aplanamiento ‖ desvío, deriva, alejamiento, ángulo.

ABATIR derrumbar, derribar, tumbar, hundir, desbaratar, desarmar, volcar, tirar ‖ desalentar, decaer, desanimar, agobiar, postrar, descorazonar.

ABAZÓN carrillo, bolsa, saco, cavidad.

ABDICACIÓN renuncia, dimisión, cesión, resignación, abandono, dejación, desistimiento, abjuración.

ABDICAR dimitir, renunciar, resignar, desistir, abandonar, deponer, ceder, dejar.

ABDOMEN panza, vientre, barriga, estómago, tripa, andorga, ban-

dullo, baúl, mondongo, intestinos, cavidad.
ABDOMINAL ventral, intestinal, estomacal.
ABDUCCIÓN separación, alejamiento, apartamiento, desviación.
ABDUCIR apartar, separar, desviar, alejar.
ABECÉ v. abecedario || rudimentos, elementos, fundamentos.
ABECEDARIO alfabeto, abecé, silabario, catón, librillo, cartilla, libreta.
ABEJA ápido, insecto, himenóptero, zángano, obrera, reina.
ABEJAR v. abejera.
ABEJARRÓN v. abejorro.
ABEJERA colmena, abejar, colmenar, abellar, enjambre, avispero.
ABEJÓN v. abejorro.
ABEJORRO abejarrón, abejón, zángano, moscón, moscardón, insecto, himenóptero.
ABELLACADO envilecido, ruin, pervertido, rufián, canalla, truhán, granuja, villano, sinvergüenza.
ABELLACARSE avillanarse, envilecerse, encanallarse, enviciarse, degradarse, abribonarse.
ABERRACIÓN extravío, desviación, desvío, relajación, perdición, vicio, descarrío || error, ofuscación, equivocación, engaño.
ABERRAR descarriarse, desviarse, extraviarse, desencaminarse || equivocar, errar, fallar, pifiar.
ABERTURA orificio, agujero, hendedura, hueco, boquete, grieta, raja, rendija, resquicio, perforación, oquedad || franqueza, sinceridad, sencillez, campechanía.
ABETINOTE resina, goma, pez, brea, mucílago.
ABETO pino, sapino, pinabete, conífera, árbol.
ABETUNADO embetunado, bituminoso, bituminado, teñido, manchado, pringado.
ABIERTAMENTE sinceramente, claramente, francamente, lealmente, paladinamente, campechanamente, directamente.
ABIERTO expedito, libre, desembarazado, amplio, despejado, llano, raso || sincero, franco, leal, claro, campechano, directo || rajado, agrietado, resquebrajado, hendido, roto, cuarteado.
ABIGARRADO estridente, barroco, sobrecargado, chillón, charro || confuso, heterogéneo, mezclado, complicado, animado, ajetreado.
ABIGARRAMIENTO estridencia, enredo, lío, maraña, desorden, embrollo, desconcierto, dislate, disparidad.
ABIGARRAR confundir, mezclar, desordenar, embrollar, enmarañar, intrincar, entremezclar.
AB INTESTATO sin testamento, sin legado.
ABISAL profundo, abismal, hondo, insondable, oceánico.
ABISMADO ensimismado, absorto, meditabundo, sumido, callado, reservado, silencioso.
ABISMAL v. abisal.
ABISMAR meditar, ensimismarse, reflexionar, embeberse || hundir, sumir, sumergir.
ABISMO sima, precipicio, profundidad, talud, acantilado, farallón, barranco, despeñadero, oquedad, piélago, inmensidad, fosa || averno, infierno, orco, tártaro.
ABITAR amarrar, anudar, liar, asegurar.
ABJURACIÓN desdecimiento, retractación, relapso, apostasía, deslealtad, renuncia, traición, negación.
ABJURAR renegar, rechazar, desdecirse, apostatar, retractarse, abandonar, renunciar.
ABLACIÓN amputación, mutilación, extirpación, avulsión, separación, supresión, extracción, escisión, corte, arrancamiento.
ABLANDAMIENTO reblandecimiento, v. ablandar.
ABLANDAR reblandecer, molificar, suavizar, emolir, moderar, mitigar, dulcificar, conmover, calmar, apaciguar, emocionar, aplacar, enternecer.
ABLEGAR desterrar, despedir, enviar, despachar, exiliar, expulsar, echar, alejar.
ABLUCIÓN lavado, lavatorio, enjuague, baño, remojo.

Abnegación renuncia, sacrificio, altruismo, generosidad, desinterés, celo, filantropía, largueza, desprendimiento, bondad.

Abnegado sacrificado, altruista, v. abnegación.

Abnegar renunciar, sacrificar, resignar, ceder, ofrendar.

Abobado tonto, necio, simple, mentecato, estúpido, v. bobo.

Abobar atontar, alelar, embaucar, engañar, pasmar.

Abocar aproximar, acercar, unir, arrimar, juntar || verter, transvasar, escanciar, echar, derramar.

Abocardado abocinado, ensanchado, ampliado, atrompetado, aboquillado, acampanado.

Abocetado diseñado, bosquejado, esbozado, dibujado.

Abocetar dibujar, diseñar, esbozar, bosquejar, delinear, trazar.

Abocinado acampanado, abocardado v., atrompetado, ensanchado, aboquillado.

Abochornado azarado, humillado, sofocado, afrentado, ruborizado, sonrojado, confundido.

Abochornar humillar, afrentar, sofocar, azarar, confundir, ofender, avergonzar, ridiculizar.

Abofetear cachetear, golpear, sopapear, pegar, maltratar, castigar, dar guantazos, dar bofetones, dar soplamocos.

Abogacía jurisprudencia, derecho, leyes, defensa.

Abogadillo leguleyo, abogaducho, picapleitos, tinterillo.

Abogado jurisconsulto, letrado, jurisperito, leguleyo, jurisprudente, legista, jurista, legisperito, consejero, asesor, criminalista, doctor en leyes, picapleitos || defensor, acusador, intercesor, protector, campeón, paladín, tutor.

Abogar defender, interceder, ayudar, auxiliar, proteger, apoyar, mediar, respaldar.

Abolengo alcurnia, linaje, estirpe, casta, nobleza, raza, herencia, ascendencia, aristocracia v., patrimonio, genealogía, origen, prosapia, solera.

Abolición anulación, abrogación, revocación, supresión, extinción, prohibición, eliminación, retiro, cancelación, invalidación, inhabilitación, derogación, extinción.

Abolido derogado, anulado, revocado, suprimido, extinguido, eliminado, abrogado, cancelado, inhabilitado, invalidado, extinguido, nulo, prohibido.

Abolir revocar, derogar, inhabilitar, eliminar, anular, invalidar, abrogar, prohibir, cancelar, quitar, extinguir, retirar, suprimir.

Abollado deformado, hundido, desigual, aplastado, despachurrado, chafado, machacado.

Abolladura deformación, desigualdad, hundimiento, aplastamiento, abollonadura.

Abollar deformar, abollonar, hundir, aplastar, chafar, machacar.

Abombado combado, abultado, curvado, alabeado, arqueado, protuberante, v. abollado.

Abombar combar, arquear, alabear, curvar, abultar || atolondrar, aturdir, atontar, aturullar, azarar.

Abominable aborrecible, detestable, reprobable, odioso, condenable, vituperable, repugnante, atroz, espantable, incalificable, execrable.

Abominación execración, repulsión, aversión, espanto, horror, repugnancia, odio.

Abominar aborrecer, odiar, detestar, condenar, execrar, reprobar, maldecir.

Abonado suscrito, inscrito, asociado, socio, apuntado || garantizado, avalado, fiable, honorable.

Abonadura estiércol, mantillo, humus, fiemo, v. abono.

Abonanzar calmar, serenar, despejar, aclarar, apaciguar, suavizar, mejorar, abrir, aquietar, aplacar.

Abonar pagar, costear, sufragar, cumplir, satisfacer || inscribir, apuntar, anotar || fertilizar, estercolar, enriquecer.

Abono estiércol, abonadura, man-

tillo, bosta, boñiga, humus, fiemo, excremento, fertilizante, guano || inscripción, suscripción, abonamiento, anotación || aval, fianza, garantía.
ABOQUILLADO abocardado, abocinado, acampanado, ensanchado.
ABOQUILLAR abocinar, abocardar, ensanchar, acampanar.
ABORDAJE choque, encuentro, colisión, topetazo, encontronazo, accidente, siniestro, avería, pérdida.
ABORDAR chocar, topar, encontrarse || acercarse, aproximarse, llegar || emprender, iniciar, acometer, empezar.
ABORIGEN indígena, nativo, salvaje, primitivo || natural, originario, autóctono, vernáculo, oriundo, patrio, nativo.
ABORRASCARSE oscurecerse, nublarse, encapotarse, cargarse, cubrirse || alterarse, conmoverse, excitarse.
ABORRECER odiar, detestar, abominar, execrar, despreciar, reprobar, condenar.
ABORRECIBLE abominable, detestable, execrable, condenable, reprobable, despreciable, odioso, atroz, repugnante, infame.
ABORRECIMIENTO rencor, odio, aversión, abominación, ojeriza, execración, hincha, desprecio, reprobación, repulsión, encono, rabia, animosidad, inquina, fobia, manía.
ABORREGARSE nublarse, cubrirse, encapotarse, cargarse, oscurecerse.
ABORTADO fallido, malogrado, fracasado, frustrado v.
ABORTAR malparir, malograr, frustrar, fracasar, perder, defraudar.
ABORTO malogro, fracaso, abortamiento, malparto, frustración || prematuro, engendro, monstruo, feto, sietemesino.
ABOTAGADO abotargado, hinchado, congestionado, inflamado, engordado, redondeado, inflado.
ABOTAGAMIENTO hinchazón, inflamación, entorpecimiento, congestión.
ABOTAGAR abotargar, engordar, hinchar, congestionar, inflamar, redondear, inflar.
ABOTARGADO * v. abotagado.
ABOTONAR abrochar, ajustar, sujetar, ceñir, prender.
ABOVEDADO cóncavo, arqueado, combado, curvado, alabeado, ahuecado, curvo.
ABRA ensenada, bahía, cala, rada, refugio, caleta || paso, desfiladero, collado.
ABRASADO quemado, calcinado, consumido, incinerado, agostado, seco, yermo.
ABRASAMIENTO quema, v. abrasar.
ABRASADOR ardiente, ígneo, candente, calcinante, llameante, flamígero.
ABRASAR quemar, incendiar, arder, achicharrar, chamuscar, carbonizar, calcinar, inflamar, incinerar || agostar, marchitar, secar, consumir.
ABRASIÓN rozadura, fricción, raedura, ulceración, desgaste, frote, estregamiento.
ABRASIVO áspero, rugoso, pulimentador, bruñidor, esmerilador, alisador.
ABRAZADERA zuncho, anillo, grapa, sujetador, ceñidor.
ABRAZAR estrechar, ceñir, enlazar, abarcar, envolver, apretar, rodear, oprimir, estrujar.
ABRAZO apretón, estrujón, opresión, caricia, mimo, cariño.
ABREVADERO pila, tina, aguadero, pilón, barreño, artesa, recipiente, estanque, orilla, paraje.
ABREVAR beber, saciar, remojar, refrescar, trasegar, regar, humedecer.
ABREVIACIÓN v. abreviatura, compendio.
ABREVIADO sucinto, parvo, compendiado, escaso, reducido, sintetizado, resumido, corto, simplificado.
ABREVIAR compendiar v., reducir, extractar, resumir, sintetizar,

compendiar, acortar || acelerar, apresurar, apurar, activar, apremiar.
Abreviatura sigla, cifra, signo, inicial.
Abribonarse abellacarse, enviciarse, envilecerse, encanallarse, degradarse.
Abrigar arropar, cubrir, arrebozar, cobijar, tapar, envolver, embozar, resguardar || amparar, proteger, auxiliar.
Abrigo asilo, refugio, hospitalidad, protección, cobijo, resguardo, amparo, auxilio || gabán, sobretodo, paletó, capote, capa, tabardo.
Abriles juventud, mocedad, pubertad, adolescencia.
Abrillantador pulidor, lustrador, bruñidor, esmerilador.
Abrillantar lustrar, bruñir, pulir, pulimentar, refulgir, esplender, esmerilar, frotar, rozar, sacar brillo.
Abrir hender, rasgar, cuartear, horadar, agrietar, cascar, partir, escindir, cortar || entreabrir, destapar, descubrir, desencerrar, despejar || inaugurar, iniciar, comenzar.
Abrochar abotonar, sujetar, ceñir, ajustar, unir.
Abrogación supresión, revocación, anulación, abolición.
Abrogar anular, abolir, revocar, cancelar, derogar, invalidar, suprimir.
Abrojo espino, cardo, zarza, ortiga.
Abroncar insultar, gritar, injuriar, escarnecer, abochornar, abuchear.
Abroquelar amparar, proteger, escudar, parapetar, cubrir, defender, cobijar.
Abrumado agotado, agobiado, oprimido, apesadumbrado, atosigado, aplanado, alicaído, molesto, hastiado, aburrido, fatigado, incomodado.
Abrumador agotador, agobiador, molesto, doloroso, triste, pesado, angustioso, fatigoso.
Abrumar agobiar, hastiar, molestar, oprimir, aplanar, atosigar, fatigar, angustiar, apesadumbrar, abatir, acongojar, cansar.
Abruptamente * v. bruscamente.
Abrupto escarpado, inaccesible, intrincado, fragoso, áspero, arriscado, quebrado, infranqueable, escabroso, pino, empinado, pendiente, difícil || brusco, repentino.
Abrutado embrutecido, brutal, zafio, rústico.
Absceso inflamación, infección, tumor, hinchazón, purulencia, ántrax, golondrino, flemón, grano, postema, panadizo, bubón, forúnculo, pústula.
Abscisa coordenada, eje.
Abscisión ablación, extirpación, amputación, corte.
Absenta ajenjo, absintia, licor.
Absentismo ausencia, falta, alejamiento, deserción, incumplimiento.
Ábside bóveda, hemiciclo, cripta, domo, cúpula.
Absolución indulto, perdón, descargo, remisión, liberación, sobreseimiento, amnistía, rehabilitación, gracia, condonación, redención, reivindicación, emancipación, satisfacción, indulgencia, exculpación, exención, libertad.
Absolutamente totalmente, completamente, definitivamente, decididamente, autoritariamente.
Absolutismo dictadura, autocracia, oligarquía, arbitrariedad, despotismo, tiranía, omnipotencia, rigor, extremismo.
Absolutista totalitario, dictador, autócrata, oligarca, extremista, riguroso, dominante, arbitrario, tirano.
Absoluto total, completo, solo, único, categórico, definitivo, tajante, omnímodo, incondicional, general, ilimitado, terminante || tiránico, dominante, extremista, oligarca, autócrata, dictador, imperioso, riguroso, arbitrario, despótico, déspota.
Absolver liberar, rehabilitar, sobreseer, cumplir, condonar, libertar, eximir, remitir, perdonar, levantar, descargar, satisfacer.

Absorbente cautivante, interesante, atractivo, curioso, original || atrayente || que se empapa, humedece, aspira, chupa, embebe.
Absorber atraer, cautivar, interesar, embelesar, embabiar, abstraer || empapar, embeber, mojar, humedecer, aspirar, chupar, atraer, captar, asimilar, digerir.
Absorción impregnación, imbibición, absorbimiento, permeabilidad, filtración, empapamiento, embebimiento, humedecimiento, hidratación.
Absorto abstraído, pasmado, enajenado, preocupado, concentrado, asombrado, ensimismado, abismado, cautivado, maravillado, meditabundo, estático, encantado, estupefacto, pensativo, atónito, petrificado, patitieso, patidifuso, alelado, pasmado, arrobado.
Abstemio sobrio, frugal, enófobo, templado, parco, moderado, continente, morigerado, mesurado.
Abstención abstinencia, ayuno, dieta, contención, renuncia, inhibición, sacrificio, racionamiento, sobriedad, moderación.
Abstenerse privarse, renunciar, racionarse, inhibirse, ayunar, contenerse, refrenarse, mortificarse, sacrificarse, abandonar, dejar.
Abstergente purificador, limpiador, desinfectador, detergente.
Absterger limpiar, purificar, desinfectar, lavar, regar, humedecer, bañar.
Abstersión purificación, limpieza, desinfección, lavado, humectación, regado, humedecimiento.
Abstinencia ayuno, dieta, privación, contención, racionamiento, sacrificio, abstención, renuncia, inhibición, sobriedad, cuaresma, hambre, moderación, frugalidad, parvedad, continencia, pudor, pureza, castidad v.
Abstinente frugal, templado, moderado, sobrio, comedido, sacrificado, parvo, ayunador, ayunante, continente, abstinente, puro, casto v.

Abstracción meditación, ensimismamiento, enfrascamiento, embebecimiento, embelesamiento, enajenamiento, éxtasis, contemplación, distracción.
Abstracto teórico, neutro, vago, genérico, incierto, indeterminado, abstruso, inconcreto, complejo.
Abstraer sacar, retirar, separar, aislar || Abstraerse ensimismarse, enfrascarse, embabiarse, embelesarse, enajenarse, meditar, absorberse, sumirse, reflexionar, pensar.
Abstraído enfrascado, ensimismado, embelesado, embabiado, enajenado, meditabundo, absorto, pensante, sumido, abismado, distraído, preocupado, embebido, concentrado, reconcentrado || retirado, separado, aislado.
Abstruso incomprensible, difícil, inasequible, recóndito, profundo, oculto, oscuro, confuso, abstracto, ininteligible, impenetrable.
Absuelto redimido, libre, liberado, condonado, perdonado, amnistiado, sobreseído, indultado, eximido, exculpado, rehabilitado.
Absurdamente ilógicamente, disparatadamente, irracionalmente, desatinadamente, v. absurdo.
Absurdidad incoherencia, barbaridad, ingenuidad, tontería, simpleza, necedad, inepcia, disparate, extravagancia, rareza, desatino, sinrazón, divagación, estupidez, ridiculez, enormidad, insensatez.
Absurdo desatinado, descabellado, incoherente, irracional, extravagante, simple, necio, inepto, ridículo, insensato, ingenuo, ilógico, bobo, disparatado, falso || disparate, falsedad, v. absurdidad.
Abuchear protestar, sisear, gritar, vociferar, rechiflar, silbar, desaprobar, reprobar, murmurar, burlarse, hostigar.
Abucheo protesta, rechifla, desaprobación, reprobación, burla, hostigamiento, silba, befa, si-

seo, griterío, pita, bronca, guasa.
Abuela nana, yaya || anciana, vieja, senil.
Abuelo viejo, anciano, ascendiente, antecesor, añoso, antiguo, vejestorio, vejete, carcamal, achacoso, chocho, senil, bisabuelo, tatarabuelo, retatarabuelo.
Abuhado hinchado, abultado, inflamado, v. abotagado.
Abulia pasividad, debilidad, impotencia, indiferencia, incapacidad, desgana, insensibilidad, desinterés, apatía, desidia, displicencia.
Abúlico apático, desidioso, pasivo, indiferente, incapaz, desganado, insensible, impotente.
Abultado voluminoso, grueso, gordo, inflado, grande, turgente, túrgido, imponente, desmesurado, saltón, protuberante.
Abultamiento bulto, hinchazón, prominencia, turgencia, dilatación, ensanchamiento.
Abultar hinchar, ensanchar, dilatar, inflar, amplificar, recargar, acrecentar, aumentar, agrandar || encarecer, exagerar, fantasear.
Abundamiento v. abundancia.
Abundancia profusión, cantidad, exuberancia, riqueza, fertilidad, frondosidad, abundamiento, opulencia, plétora, raudal, demasía, afluencia, exceso, saciedad, acopio, hartura.
Abundante cuantioso, copioso, profuso, pródigo, rico, fructuoso, prolífico, fértil, fecundo, exuberante, opulento, pletórico, excesivo, colmado, nutrido.
Abundantemente profusamente, copiosamente, v. abundante.
Abundar rebosar, pulular, cundir, multiplicar, exceder, afluir, sobrar.
Abundoso rico, fértil, copioso, pródigo, v. abundante.
Abur adiós, agur, a más ver, hasta pronto.
Aburar quemar, agostar, incendiar, v. abrasar.
Aburguesado próspero, cómodo, acomodado, tranquilo.
Aburrado embrutecido, zopenco, tosco, necio.

Aburrarse embrutecerse, entontecerse.
Aburrido desganado, fastidiado, hastiado, cansado, malhumorado, harto, disgustado, empalagado || tedioso, fastidioso, cansador, empalagoso, soporífero, cargante, importuno, molesto.
Aburridor tedioso, fastidioso, v. aburrido.
Aburrimiento fastidio, desgana, malhumor, disgusto, empalago, aversión, cansancio, tedio, hastío v.
Aburrir hartar, hastiar, empalagar, cansar, malhumorar, disgustar, fastidiar, cargar, importunar, estomagar, molestar.
Abusador v. abusón.
Abusar propasarse, atropellar, excederse, lucrarse, obligar, aprovecharse, explotar, engañar || violar, forzar, seducir, profanar, violentar.
Abusión superstición, agüero, conjuro, engaño.
Abusivo injusto, inmoderado, ilegal, arbitrario, inicuo, improcedente, excesivo, desmedido, exagerado, déspota.
Abuso injusticia, atropello, arbitrariedad, iniquidad, tropelía, extralimitación, ilegalidad, exceso, exageración, exigencia, despotismo.
Abusón injusto, arbitrario, inicuo, exigente, déspota, v. abusivo.
Abyección bajeza, envilecimiento, infamia, baldón, oprobio, vileza, indignidad, servilismo, ignominia, humillación, degradación, vergüenza, bochorno, ofensa.
Abyecto ruin, despreciable, vil, servil, rastrero, bajo, ignominioso, humillante, vergonzoso, ofensivo, indigno, bochornoso, degradante, degenerado, repugnante, repulsivo, infame.
Acá aquí, cerca, próximo, inmediato.
Acabadamente perfectamente, correctamente, cabalmente, intachablemente, primorosamente, minuciosamente, completamente.
Acabado gastado, consumido, vie-

jo, arruinado, agotado, malparado, usado || perfecto, consumado, completo, terminado, concluido, esperado, pulido, cumplido, finalizado.
ACABALAR completar, ajustar, concluir, terminar, cumplir.
ACABAMIENTO terminación, cumplimiento, conclusión, desenlace, solución || muerte, fin, término, óbito, defunción.
ACABAR terminar, rematar, concluir, finalizar, consumir, cerrar, finiquitar, saldar, completar, pulir, perfeccionar, ultimar, liquidar || ACABARSE morirse, fenecer, extinguirse, terminarse, consumirse, concluirse, arruinarse, desaparecer, finar.
ACABILDAR reunir, juntar, congregar, acordar, asociar, unir.
ACABÓSE (EL) colmo, ruina, desastre, desenlace, final, extremo, terminación.
ACACIA leguminosa, árbol, arbusto.
ACADEMIA sociedad, corporación, institución, entidad || colegio, instituto, escuela, seminario.
ACADEMICISMO amaneramiento, imitación, culteranismo, afectación, erudición.
ACADÉMICO clásico, puro, correcto, culto, purista || escolar, erudito, universitario, investigador, estudioso, sabio, docto, letrado, ilustrado, inmortal.
ACAECER suceder, acontecer, ocurrir, sobrevenir, pasar, advenir, devenir, llegar, producirse.
ACAECIMIENTO suceso, acontecimiento, caso, lance, episodio, sucedido, advenimiento, hecho, realización, ocurrencia, evento, circunstancia, incidente, hazaña, contingencia.
ACALAMBRARSE contraerse, retorcerse, crisparse, convulsionarse, encogerse, agarrotarse.
ACALIA malvavisco, malvácea.
ACALORADAMENTE apasionadamente, agitadamente, descompuestamente, violentamente, exaltadamente, arrebatadamente.
ACALORADO exaltado, descompuesto, apasionado, arrebatado, animado, violento, enardecido, encendido, entusiasmado, impetuoso, soliviantado, irritado, colérico, excitado || fatigado, agitado, febril, abochornado.
ACALORAMIENTO vehemencia, agitación, exaltación, excitación, fogosidad, impetuosidad, ardor, entusiasmo, arrebato || sofocación, ahogo, bochorno.
ACALORARSE enardecerse, arrebatarse, agitarse, animarse, excitarse, exaltarse, entusiasmarse, soliviantarse, irritarse, descomponerse.
ACALLAR silenciar, intimidar, enmudecer, eliminar, amordazar || calmar, tranquilizar, aplacar, sosegar, aquietar, convencer.
ACAMPANADO atrompetado, abocardado, ensanchado, abocinado.
ACAMPAR vivaquear, estacionarse, detenerse, descansar, instalarse, hacer alto, establecerse, acantonarse, situarse, alojarse, refugiarse.
ACAMPO coto, dehesa, prado, pastizal, campo, pradera.
ACANALADO rayado, estriado, ondulado, corrugado.
ACANALADURA surco, raya, estría, hendedura, muesca, rebajo.
ACANALLADO ruin, envilecido, abellacado, pícaro, abyecto, despreciable, bellaco, bribón, granuja, pervertido, soez, vil, canalla.
ACANALLARSE envilecerse, embrutecerse, degradarse, abellacarse, denigrarse, pervertirse, apicararse, abribonarse.
ACANTILADO escarpa, escarpadura, escabrosidad, declive, precipicio, despeñadero, sima, barranco, talud.
ACANTONAMIENTO acampamiento, emplazamiento, localización, situación, establecimiento, puesto, posición, alojamiento, campamento v., acuartelamiento.
ACANTONAR acampar, alojar, apostar, establecer, situar, localizar, emplazar.
ACAPARADOR agiotista, especulador, monopolizador, traficante, estraperlista, egoísta.

ACAPARAMIENTO especulación, monopolio, acopio, acumulación, almacenamiento, retención, estraperlo, egoísmo.

ACAPARAR acumular, almacenar, especular, acopiar, monopolizar, retener, copar.

ACAPONADO capado, castrado, eunuco, afeminado, marica, amadamado, asexual.

ACARAMELADO solícito, tierno, obsequioso, galante, rendido, empalagoso, melifluo, dulce, azucarado, enamorado, rendido, pringoso, dulzón, meloso.

ACARDENALADO amoratado, violáceo, cárdeno v.

ACARICIADOR acariciante, suave, cariñoso, dulce, tierno, grato.

ACARICIAR mimar, arrullar, halagar, sobar, tocar, rozar, manosear.

ÁCARO arácnido, parásito.

ACARRARSE protegerse, resguardarse, juntarse, reunirse.

ACARREAMIENTO v. acarreo.

ACARREAR transportar, llevar, portear, trasladar, facturar, cargar, guiar, encaminar, arrastrar, empujar, conducir v.

ACARREO transporte, envío, conducción, porte, traslado, carga, corretaje.

ACARTONADO apergaminado, amojamado, marchito, acecinado, avellanado, momificado, curtido.

ACARTONAMIENTO apergaminamiento, amojamamiento, momificación, acecinamiento, avellanamiento, curtimiento.

ACARTONARSE marchitarse, apergaminarse, amojamarse, momificarse, acecinarse, avellanarse.

ACASO azar, eventualidad, casualidad, hado, destino, ventura || tal vez, quizá.

ACATABLE respetable, honorable, venerable, serio.

ACATAMIENTO obediencia, sumisión, veneración, respeto, pleitesía, deferencia, consideración, observancia, reverencia, sometimiento, supeditación.

ACATAR obedecer, respetar, venerar, reverenciar, aceptar, considerar, acceder.

ACATARRADO constipado, resfriado, enfriado, griposo.

ACATARRAR resfriar, constipar, enfriar.

ACATO sumisión, obediencia, v. acatamiento.

ACAUDALADO opulento, rico, pudiente, adinerado, poderoso, magnate, potentado, millonario, creso, capitalista, acomodado, ricachón.

ACAUDALAR atesorar, acumular, enriquecerse, reunir.

ACAUDILLAR encabezar, capitanear, dirigir, guiar, mandar, conducir, abanderar, preceder.

ACCEDER convenir, consentir, aceptar, admitir, condescender, ceder, transigir, plegarse, conformarse, aprobar, someterse, conceder, suscribir, permitir || llegar, alcanzar, arribar.

ACCESIBLE alcanzable, cercano, a mano, próximo, abordable || sencillo, llano, comprensible, inteligible, asequible, afable.

ACCESIÓN conformidad, consentimiento, aprobación || cópula, ayuntamiento || ataque, acceso.

ACCÉSIT segundo premio, galardón, recompensa, premio, honor, compensación, lauro.

ACCESO llegada, entrada, embocadura, boca, ingreso, camino, carretera, dirección, vereda, senda, atajo || ataque, arrebato, síncope, patatús, vahído, enajenamiento, arrebatamiento, trastorno, indisposición || cópula, ayuntamiento, fornicación.

ACCESORIO secundario, accidental, complementario, circunstancial, conexo, relativo, adjunto, anexo, anejo, aledaño, prescindible, episódico, supletorio || aparato, repuesto, recambio v.

ACCIDENTADAMENTE agitadamente, borrascosamente, v. accidentado.

ACCIDENTADO borrascoso, agitado, difícil, perturbado, peliagudo || herido, víctima, desmayado, baja, caído || abrupto, montañoso, irregular, escabroso, agreste, desigual.

ACCIDENTAL eventual, fortuito, ca-

sual, interino, ocasional, secundario, provisional, incidental, adventicio, contingente, imprevisto, impensado, circunstancial v.
Accidentalmente casualmente, fortuitamente, imprevistamente, incidentalmente, v. accidental.
Accidentarse herirse, dañarse, desvanecerse, enfermarse, indisponerse.
Accidente percance, desgracia, contratiempo, catástrofe, peripecia, contrariedad, avería, daño, perjuicio, revés, siniestro, incidencia, incidente, choque, infortunio, desventura, lesión.
Acción hecho, acto, actuación, operación, intervención, maniobra, diligencia, conducta, ejercicio || combate, escaramuza, lucha, gesta || juicio, proceso, pleito, sumario, apelación || acciones, títulos, bonos, participaciones, valores, intereses, rentas.
Accionar gesticular, manotear, mover, agitar, menear.
Accionista asociado, socio, copropietario, capitalista, bolsista, financiero, rentista, interesado, comanditario, copartícipe.
Acebo aquifolio, árbol, arbusto.
Acecinado amojamado, acartonado, momificado, avellanado, apergaminado, marchito, seco, salado, ahumado, curado.
Acecinar ahumar, curar, salar, secar, amojamar.
Acechamiento v. acecho.
Acechanza v. acecho || Acechanza * asechanza, engaño, fraude.
Acechar espiar, vigilar, atisbar, observar, escudriñar, aguardar, esperar, husmear, contemplar, avistar, avizorar, mirar, emboscarse.
Acecho vigilancia, asedio, acechanza, espionaje, espera, emboscada, trampa.
Acedar acidificar, acidular, agriar || molestar, irritar, importunar, disgustar, jeringar, enfadar.
Acedía acidez, aspereza, desabridamiento, v. acedo.
Acedo ácido, acidulado, avinagrado, agrio || áspero, desabrido, desapacible, ceñudo, antipático.
Acefalía acefalismo, sin cabeza, sin gobierno, sin dirección, anarquía, desorden.
Acéfalo descabezado, decapitado, guillotinado || monstruoso, anómalo, deforme || desorganizado, sin jefe, anárquico, desordenado.
Aceitar untar, pringar, ungir, bañar, recubrir, humedecer, engrasar, churretear, manchar.
Aceite óleo, olio, unto, grasa, alpechín, oleína, lípido, sebo, líquido graso, churrete.
Aceitera alcuza, vinagrera, botellín.
Aceitoso oleoso, untuoso, grasoso, seboso, grasiento, manchado, untado, lipóideo, oleaginoso, graso.
Aceituna oliva, fruto del olivo.
Aceitunado verdoso, aceitunil, cetrino, oliváceo, atezado v., oscuro.
Acelajado nublado, cubierto, oscurecido.
Aceleración aceleramiento, prontitud, celeridad, rapidez, incremento, aumento de velocidad.
Aceleradamente rápidamente, velozmente, prontamente, v. acelerar.
Acelerado apresurado, v. acelerar.
Acelerador pedal, mecanismo.
Acelerar apresurar, apurar, apremiar, avivar, precipitar, estimular, activar, urgir, despabilar, compeler.
Acémila mula, asno, caballería, animal de carga || zoquete, bruto, torpe, animal, rudo.
Acemilero arriero, mulero, chalán, yegüero.
Acemite afrecho, salvado, harina.
Acendrado inmaculado, puro, excelente, perfecto, intacto, incólume, impoluto, genuino, entrañable, limpio, purificado, exquisito, depurado, delicado, ejemplar, intachable.
Acendrar purificar, limpiar, depurar.
Acento vírgula, virgulilla, apóstro-

fo, tilde ‖ entonación, acentuación, tonillo, dejo, pronunciación, tono, deje.

ACENTUADAMENTE señaladamente, intensamente, insistentemente.

ACENTUADO marcado, señalado, pronunciado, exagerado, subrayado, recalcado, aumentado.

ACENTUAR subrayar, insistir, resaltar, marcar, recalcar, apoyar, intensificar, aumentar, exagerar, agrandar, abultar ‖ tildar, marcar.

ACEÑA molino, azud, noria.

ACEPCIÓN significado, sentido, significación, representación, alcance, expresión, extensión.

ACEPILLAR cepillar, alisar, lijar, pulir, raspar, alisar, frotar ‖ desempolvar, limpiar, escobillar.

ACEPTABLE conveniente, grato, agradable, tolerable, admisible, pasable, plausible, razonable, apto, aprobado, suficiente, pasadero.

ACEPTACIÓN aprobación, beneplácito, aplauso, pláceme, tolerancia, boga, difusión, divulgación.

ACEPTAR admitir, aprobar, tomar, reconocer, recibir, tolerar, aplaudir, abonar, ratificar, consentir, autorizar, sancionar, acceder ‖ obligarse, someterse, comprometerse.

ACEPTO admitido, agradable, bienquisto, aprobado.

ACEQUIA zanja, canal, canalillo, cauce, conducción, reguero, regata, caz, sangradera, cuneta, excavación, arroyo.

ACERA bordillo, orilla, borde, margen, brocal, costado, arcén, canto, ribete, enlosado, lateral, pavimento, ándito.

ACERADO fuerte, resistente, duro, firme, tenaz, sólido ‖ incisivo, mordaz, agudo, punzante, acerbo, intencionado.

ACERAR fortalecer, vigorizar, endurecer.

ACERBAMENTE amargamente, ásperamente, desabridamente, v. acerbo.

ACERBIDAD aspereza, acritud, dureza, v. acerbo.

ACERBO amargo, áspero, desabrido, ácido, agrio, acre, desagradable ‖ cruel, duro, intransigente, severo, huraño, riguroso, implacable, despiadado, impío, rudo.

ACERCA DE referente a, respecto a, sobre, en lo tocante a, relativo a, concerniente a, referido a.

ACERCAMIENTO aproximación, unión, reunión.

ACERCAR aproximar, juntar, avecinar, tocar, unir, arrimar, pegar, adosar, reunir.

ACERÍA siderurgia, factoría, fundición, taller, fábrica de acero.

ACERICO almohadilla, alfiletero.

ACERO aleación, metal ‖ espada, tizona, estoque, mandoble, hoja.

ACÉRRIMO tenaz, fuerte, vigoroso, voluntarioso, obstinado.

ACERTADAMENTE convenientemente, adecuadamente, apropiadamente, oportunamente.

ACERTADO adecuado, oportuno, concordante, conveniente, apropiado, apto, atinado, seguro, cierto, ajustado.

ACERTAR atinar, adivinar, hallar, topar, averiguar, encontrar, descifrar, dar con, descubrir, presentir.

ACERTIJO adivinanza, pensamiento, jeroglífico, charada, crucigrama, rompecabezas, enigma, misterio, entretenimiento.

ACERVO cúmulo, conjunto, montón, masa, conglomerado, aglomeración ‖ fondo, base, haber, patrimonio, pertenencia, posesión, capital.

ACETÁBULO oquedad, hueco, cavidad.

ACÉTICO agrio, ácido, acidulado.

ACETRE perol, caldero, olla.

ACEZAR jadear, resollar, resoplar ‖ incitar, alentar, espolear.

ACEZO resuello, estertor, jadeo, resoplido.

ACIAGO infausto, nefasto, funesto, infortunado, desventurado, desgraciado, desdichado, infeliz, triste, malhadado, desafortunado, azaroso, duro, sombrío, adverso.

ACÍBAR áloe, liliácea ‖ amargura, disgusto, pena, sinsabor.

ACIBARAR disgustar, apenar, entristecer, amargar, turbar, atormentar, fastidiar, mortificar.

ACIBERAR pulverizar, moler, machacar, desmenuzar, triturar.

ACICALADO atildado, adornado, peripuesto, atusado, compuesto, relamido, pulcro, aseado, limpio, terso, bruñido, endomingado, maquillado, arreglado, emperejilado, emperifollado.

ACICALAR componer, limpiar, adornar, bruñir, pulir, emperifollar, emperejilar, aderezar, arreglar, maquillar, endomingar, asear, atildar, atusar.

ACICATE incentivo, estímulo, aliciente, aguijón, espuela, ánimo, señuelo, iniciativa, atractivo.

ACICATEAR espolear, aguijonear, estimular, animar.

ACIDEZ acritud, agrura, acedía, acerbidad, acrimonia, hipercloridria.

ACIDIA pereza, flojedad, desidia, negligencia, gandulería, desgana, laxitud, vagancia, desinterés.

ÁCIDO agrio, acre, acerbo, acedo, acidulado, fermentado, avinagrado, corrompido, enmohecido.

ACIERTO tino, cordura, prudencia, tacto, tiento, pulso, juicio || habilidad, destreza, suerte, puntería, fortuna, éxito, casualidad, coincidencia, clarividencia, perspicacia.

ACIGUATADO pálido, amarillo, ciguato.

ÁCIMO ázimo, sin levadura.

ACINESIA reposo, parálisis, inmovilidad.

ACLAMACIÓN vítor, ovación, aplauso, aprobación, delirio, glorificación, homenaje, entusiasmo, hurra, viva, exaltación, frenesí, loa, alabanza.

ACLAMAR vitorear, aplaudir, loar, exaltar, ensalzar, ovacionar, glorificar, homenajear, alabar.

ACLARACIÓN justificación, explicación, información, puntualización, elucidación, reseña, especificación, enmienda, manifestación.

ACLARAR explicar, demostrar, informar, puntualizar, justificar, elucidar, reseñar, especificar, manifestar, esclarecer, enmendar, descubrir, desenredar, desembrollar || abonanzar, mejorar, despejar, serenar, escampar, calmar, abrir || limpiar, enjuagar v.

ACLARATORIO demostrativo v., esclarecedor, explicativo.

ACLIMATACIÓN adaptación, habituamiento, acomodo, acostumbramiento, arraigo, hábito, costumbre, familiarización.

ACLIMATADO arraigado, v. aclimatar.

ACLIMATAR acostumbrar, familiarizar, arraigar, habituar, radicar, acomodar, adaptar, naturalizar, curtir, arraigar, enraizar, encepar.

ACLIMATAMIENTO v. aclimatación.

ACMÉ * apogeo, cúspide, auge, esplendor.

ACNÉ grano, erupción, inflorescencia, barrillo, comedón, puntito, sebo, seborrea.

ACOBARDADO amedrentado, pusilánime, temeroso, intimidado, desalentado, desanimado, v. acobardar.

ACOBARDAR intimidar, amedrentar, atemorizar, desalentar, desanimar, espantar, abatir, arredrar, acollonar, acoquinar, asustar, achicar, apocar, amilanar, meter miedo.

ACOCARSE agusanarse, corromperse, pudrirse.

ACOCEAR dar coces, pisotear || ultrajar, abatir, humillar.

ACOCHINADO desaseado, sucio, asqueroso.

ACODAR apuntalar, sostener, apoyar, aguantar || ACODARSE sostenerse, aguantarse, apoyarse, acodalarse.

ACODO codal, codadura, sarmiento, rastro, mugrón.

ACOGEDOR hospitalario, protector, placentero, grato, generoso.

ACOGER admitir, recibir, proteger, guarecer, atender, favorecer, refugiar, amparar, asilar, cobijar, socorrer, aceptar.

ACOGIDA recibimiento, recepción,

Acogotar

admisión, acogimiento || hospitalidad, amparo, protección, refugio, cortesía.

Acogotar matar, herir, dominar, vencer, dañar, perjudicar, acoquinar || sujetar, atrapar, agarrar.

Acogimiento v. acogida.

Acojinar acolchar, forrar, enguatar, entretelar, revestir.

Acolada espaldarazo, confirmación, sanción, ratificación.

Acolar juntar, combinar, unir, ajustar.

Acolchado mullido, forrado, enguatado, almohadillado, blando, tapizado, entretelado, revestido, cubierto.

Acolchar forrar, mullir, tapizar, revestir, cubrir, almohadillar.

Acólito ayudante, asistente, acompañante, compañero, compadre, compinche, auxiliar, cómplice, adlátere, colega || monaguillo, monacillo, sacristán, clérigo.

Acollarar unir, uncir, juntar, reunir, enjaezar, guarnecer, atar.

Acollonar intimidar, amedrentar, espantar, v. acobardar.

Acometedor decidido, emprendedor, arrojado, dinámico, impulsivo, agresivo, impetuoso, pendenciero, violento, agresor.

Acometer agredir, atacar, arremeter, embestir, asaltar, irrumpir, abalanzarse, lanzarse, arrojarse || emprender, intentar, iniciar, comenzar.

Acometida embestida, arremetida, ofensiva, lucha, ataque, asalto, embate, agresión, irrupción, empuje || empalme, enlace, embocadura.

Acometimiento v. acometida.

Acometividad agresividad, provocación || empuje, dinamismo, energía.

Acomodación ajuste, adaptación, arreglo, reconciliación, combinación, compostura, restauración.

Acomodadizo transigente, conformista, v. acomodaticio.

Acomodado pudiente, rico, opulento, adinerado, burgués, situado || apto, apropiado, adecuado, oportuno, conveniente, conciliado.

Acomodamiento transacción, convenio, ajuste, arreglo, acuerdo, conciliación, componenda, conveniencia.

Acomodar arreglar, componer, adecuar, adaptar, hermanar, armonizar, transigir, atemperar, apropiar, conciliar, concertar, ordenar || **Acomodarse** adaptarse, resignarse, conformarse, avenirse, amoldarse, someterse || situarse, colocarse, ponerse, establecerse, arrellanarse, sentarse, repantigarse, retreparse.

Acomodaticio conformista, complaciente, contemporizador, transigente, elástico, dúctil, adaptable, flexible.

Acomodo ocupación, empleo, colocación, sinecura, puesto, cargo, oficio || arreglo, acuerdo, conveniencia, componenda.

Acompañamiento cortejo, compañía, escolta, séquito, comitiva, comparsa || coro, sostén, orfeón, armonía.

Acompañanta señorita de compañía, dama de honor, carabina, dueña.

Acompañante compañero, adlátere, satélite, adjunto, acólito, escolta, agregado, asistente, ayudante, contertulio, compañía, camarada, amigo || v. acompañanta.

Acompañar escoltar, seguir, guardar, conducir, custodiar, amparar, convoyar, unirse, agregarse, asistir, ayudar, juntar, unir, corear.

Acompasadamente mesuradamente, moderadamente, v. acompasado.

Acompasado mesurado, regular, medido, lento, isócrono, rítmico, compasado, pausado.

Acompasar medir, seguir, regular, moderar, mesurar, pausar, regularizar, compasar.

Acomplejado * maniático, raro, retraído, disminuido.

Acomplejarse * disminuirse, retraerse, eludir, temer.

Acomunarse confederarse, coligarse, reunirse.

Aconchar arrimar, acercar, abordar || protegerse, defenderse, parapetarse.

ACONDICIONADO adecuado, apto, ordenado, arreglado, adaptado, dispuesto, preparado, en condiciones, ajustado, acomodado, colocado, organizado.

ACONDICIONAMIENTO preparación, arreglo v.

ACONDICIONAR preparar, disponer, adecuar, arreglar, adaptar, amoldar, ajustar, acomodar, colocar, ordenar, organizar.

ACONGOJADO triste, contrito, dolorido, melancólico, inconsolable, mohíno, apesadumbrado, contristado, atribulado, entristecido, desconsolado, atristado, afligido, apesarado, gimiente, quejoso, quejumbroso, angustiado, apenado.

ACONGOJAR entristecer, atribular, contristar, apesadumbrar, desconsolar, afligir, atristar, apesarar, angustiar, apenar, molestar, oprimir, abrumar.

ACONSEJABLE recomendable, prudente, adecuado, apto.

ACONSEJADO avispado, cuerdo, avisado, prudente, prevenido.

ACONSEJAR sugerir, advertir, avisar, exhortar, recomendar, alentar, influir, conducir, aleccionar, moralizar, adiestrar, preparar, dirigir, inspirar, catequizar, sermonear, corregir, instruir, enseñar, asesorar, comentar.

ACONTECER ocurrir, suceder, sobrevenir, acaecer, pasar, advenir, llegar, producirse, verificarse, cumplirse, realizarse, advenir.

ACONTECIMIENTO hecho, suceso, acaecimiento, advenimiento, sucedido, evento, peripecia, incidente, accidente, coyuntura, caso, lance, trance, eventualidad, circunstancia, situación.

ACOPIAR acumular, reunir, juntar, almacenar, acaparar, apañar, amontonar, aglomerar, depositar, aprovisionar.

ACOPIO conjunto, provisión, montón, depósito, recolección, colección, almacenamiento, cosecha, reserva, acumulación, acaparamiento, apaño, colecta, recogida, aglomeración.

ACOPLADO conectado, unido, pegado, v. acoplamiento.

ACOPLADURA v. acoplamiento.

ACOPLAMIENTO conexión, unión, reunión, ajuste, ayuntamiento, agrupamiento, apareamiento, enlace, ensambladura, enlazamiento, compenetración, aproximación, soldadura, articulación, enchufe, incrustación, enganche, engranaje.

ACOPLAR ajustar, ensamblar, reunir, agrupar, aparear, ayuntar, compenetrar, soldar, articular, embragar, enchufar, incrustar, enganchar, unir, engranar, enlazar, conectar, casar, aproximar, atar, imbricar.

ACOQUINAMIENTO amilanamiento, v. acoquinar.

ACOQUINAR amilanar, amedrentar, asustar, desalentar, acobardar, desanimar, intimidar, atemorizar, abatir, espantar, acollonar, arredrar, abrumar.

ACORAR acongojar, afligir, entristecer, dañar, perjudicar, enfermarse, indisponerse.

ACORAZADO blindado, protegido, fortificado, resguardado, v. acorazar || buque de guerra, navío, nave, barco v.

ACORAZAR blindar, escudar, proteger, resguardar, fortificar, revestir, reforzar, endurecer, amurallar.

ACORCHARSE embotarse, enervarse, entorpecerse, secarse, agostarse.

ACORDADA orden, despacho, documento, comprobación.

ACORDADO convenido, establecido, determinado, pactado, resuelto, decretado.

ACORDAR determinar, resolver, decidir, decretar, establecer, pactar, convenir, confirmar, conciliar, armonizar, concordar || ACORDARSE recordarse, rememorar, evocar, hacer memoria, caer en la cuenta.

ACORDE armónico, consonante, entonado, conjuntado, conforme, concorde, en consonancia || arpe-

ACORDELAR

gio, armonía, sonido, cadencia, estrofa.

ACORDELAR señalar, medir, limitar, acotar.

ACORDONAR limitar, circunscribir, rodear, cercar, ceñir, incomunicar, envolver, encerrar, acotar, ajustar.

ACORNEAR cornear, acornar, empitonar, empuntar, encornar.

ACORRALAMIENTO arrinconamiento, v. acorralar.

ACORRALAR arrinconar, perseguir, rodear, asediar, hostigar, circunscribir, intimidar, atemorizar, encerrar, aislar, confinar || encorralar, amajadar, arredilar.

ACORRER socorrer, favorecer, atender, subvenir, amparar, asilar, auxiliar, ayudar, proteger || ACORRERSE refugiarse, escudarse, protegerse.

ACORTAMIENTO reducción, merma, simplificación, resumen, aminoración, achique, disminución, abreviación, compendio, encogimiento, corte.

ACORTAR reducir, aminorar, abreviar, truncar, achicar, cortar, mermar, disminuir, encoger, simplificar, compendiar, resumir.

ACOSAMIENTO persecución, v. acoso.

ACOSAR perseguir, importunar, hostigar, molestar, vejar, acorralar, fatigar, apurar, inquietar, enojar, acometer, amenazar.

ACOSO hostigamiento, persecución, acorralamiento, amenaza, importunación, acometimiento, rastreo, ojeo, cacería, caza, vejación, molestia, fatiga, enojo, inquietud, apuro.

ACOSTADO echado, dormido, tendido, yacente, tumbado, horizontal.

ACOSTAMIENTO estipendio, suma, cantidad || arrimo, sostén, apoyo, protección.

ACOSTAR arrimar, acercar, aproximar || inclinar, ladear || ACOSTARSE tenderse, echarse, dormirse, yacer, tumbarse, inclinarse, encamarse, extenderse, descansar.

ACOSTUMBRADO habituado, avezado, hecho, curtido, familiarizado, aclimatado, connaturalizado, v. acostumbrar || corriente, normal, familiar, cotidiano, ordinario, tradicional, vulgar, usual, habitual.

ACOSTUMBRAMIENTO v. habituación.

ACOSTUMBRAR soler, habituar, avezar, aclimatar, hacer, preparar, predisponer, familiarizar, connaturalizar, educar, instruir, aquerenciar, encallecer, curtir, endurecer, amoldar.

ACOTACIÓN señal, nota, apuntamiento, advertencia, explicación, observación, cota.

ACOTAR señalar, fijar, acordonar, circunscribir, amojonar, delimitar, cercar || anotar, atestiguar, establecer, explicar, afirmar, asegurar, testificar, señalar.

ACOYUNTAR uncir, reunir, agrupar, aparear, juntar.

ACRACIA anarquía, desgobierno, nihilismo.

ÁCRATA anarquista, nihilista, terrorista, insocial, agitador, perturbador, revolucionario.

ACRE áspero, picante, desabrido, irritante, acedo, ácido, acerbo, corrosivo, descompuesto, destemplado.

ACRECENCIA aumento, v. acrecentamiento.

ACRECENTAMIENTO crecimiento, aumento, auge, multiplicación, incremento, mejora, agrandamiento, exceso, superación, desarrollo, amplificación, plusvalía, progresión, suplemento, sobrecarga, recrudescencia, hinchazón, dilatación.

ACRECENTAR aumentar, agrandar, dilatar, enriquecer, enaltecer, engrandecer, incrementar, multiplicar, amplificar, desarrollar, superar, crecer, mejorar.

ACRECER v. acrecentar.

ACRECIMIENTO aumento, v. acrecentamiento.

ACREDITADO prestigioso, reputado, garantizado, autorizado, avalado, abonado, responsable, renombrado, afamado, célebre, famoso, conocido, influyente v.

ACREDITAR prestigiar, reputar, afamar, avalar, autorizar, garantizar, certificar, asegurar, justificar, probar, atestiguar, confirmar.

Acreedor merecedor, digno, meritorio ‖ demandante, reclamante, solicitante, requirente.

Acremente agriamente, ásperamente, ácidamente, secamente, duramente, amargamente, desabridamente.

Acrianzar criar, educar, instruir.

Acribillar agujerear, horadar, perforar, herir, picar, hostigar, molestar.

Acrídido saltamontes, langosta, insecto, ortóptero.

Acriminación acusación, imputación, denuncia, recriminación.

Acriminar imputar, acusar, recriminar, denunciar, delatar, achacar, atribuir, inculpar ‖ exagerar, abultar, agrandar.

Acrimonia aspereza, mordacidad, acritud, sarcasmo, ironía, virulencia, desabrimiento, acidez, causticidad.

Acriollarse acostumbrarse, amoldarse, afincarse, habituarse, familiarizarse, aclimatarse.

Acrisolado depurado, refinado, purificado, aquilatado, probado, claro, acendrado.

Acrisolar depurar, refinar, aquilatar, purificar, probar, aclarar, acendrar, limpiar.

Acritud aspereza, acrimonia, mordacidad, sarcasmo, ironía, causticidad, acidez, desabrimiento, virulencia, destemplanza.

Acrobacia ejercicios, pruebas, equilibrios, gimnasia, equilibrismo, acrobatismo, cabriola, voltereta, pirueta, *acrobacía.*

Acróbata equilibrista, gimnasta, circense, volatinero, titiritero, funámbulo, saltimbanqui, trapecista.

Acrobático ágil, ligero, rápido.

Acrofobia vértigo, mareo, vahído, horror a las alturas.

Acromático incoloro, descolorido, sin cromatismo.

Acromegalia gigantismo, enormidad, deformidad, tara.

Acrópolis ciudadela, reducto, colina.

Acta relación, certificación, memoria, acuerdo, reseña.

Actitud postura, disposición, talante, continente, porte, ademán, gesto, compostura, aspecto, apariencia, aire, presencia.

Activamente rápidamente, prontamente, vivamente, dinámicamente, diligentemente, presurosamente, velozmente, enérgicamente.

Activar apresurar, avivar, acelerar, apurar, diligenciar, urgir, mover, agilizar, acuciar, despabilar, aligerar, excitar, atosigar.

Actividad ocupación, tarea, operación, función, labor, profesión, puesto, trabajo ‖ presteza, prontitud, rapidez, acción, aplicación, dinamismo, vivacidad, diligencia, energía, celeridad, celo, movimiento.

Activista * agitador, amotinador, provocador, perturbador, revolucionario.

Activo eficaz, diligente, dinámico, ágil, ligero, veloz, afanoso, atareado, raudo, vivaz, avispado, despabilado, apresurado, enérgico, laborioso, trabajador, solícito, hacendoso, vivo, rápido, pronto.

Acto acción, hecho, ejercicio, sucedido, suceso, actuación, trance, movimiento, maniobra, diligencia ‖ parte, período, jornada, episodio, cuadro ‖ función, v. ceremonia, gala, fiesta.

Actor intérprete, comediante, artista, cómico, histrión, ejecutante, trágico, personaje, figurante, figura, farandulero, corista, galán, caricato, bufo, burlesco ‖ demandante, litigante, querellante, pleiteador.

Actriz comedianta, intérprete, cómica, figuranta, histriónica, figura, farandulera, corista, dama, personaje, trágica, ejecutante, artista, burlesca.

Actuación diligencia, acción, acto, auto, actividad, intervención, hecho, operación, práctica, ocupación, obra, función, conducta,

ACTUAL

ejercicio, maniobra, comportamiento || papel v.

ACTUAL contemporáneo, presente, coexistente, coetáneo, simultáneo, existente, efectivo, de ahora, de moda, en boga, real, de hoy, al día.

ACTUALIDAD novedad, uso, costumbre, moda, boga, realidad, popularidad, fama, simultaneidad, coyuntura, oportunidad, ahora, hoy, al presente, nuestros días, nuestra época.

ACTUALIZAR renovar, restablecer, reformar, rejuvenecer, reconstruir, reemplazar, restaurar, poner al día, reeditar, remozar.

ACTUALMENTE hoy v., en la actualidad, hogaño, en nuestros días, ahora.

ACTUAR intervenir, ejercer, proceder, desenvolverse, conducirse, hacer, portarse, representar, ejecutar, trabajar, elaborar, funcionar.

ACTUARIO asesor, consejero, auxiliar judicial.

ACUADRILLAR mandar, dirigir, capitanear || reunir, juntar, convocar, agrupar.

ACUARELA aguada, cuadro, pintura, aguaz.

ACUARIO depósito, recipiente.

ACUARTELAMIENTO v. cuartel.

ACUARTELAR acantonar, instalar, alojar, estacionar, distribuir, ordenar, recluir, apostar, establecer, situar, emplazar.

ACUÁTICO hídrico, húmedo, marítimo, acuátil, fluvial, oceánico, náutico, marino, ribereño, costero, acuoso, ácueo.

ACUATIZAJE amaraje, descenso, llegada.

ACUATIZAR amarar, descender, bajar, deslizarse, llegar.

ACUBILAR encerrar, acorralar, arredilar, recoger, enchiquerar, aislar.

ACUCIA prisa, diligencia, vehemencia, apremio, deseo, anhelo, solicitud, premura, apresuramiento, urgencia.

ACUCIAR urgir, espolear, exhortar, aguijonear, apresurar, incitar, apremiar, apurar, estimular, compeler, obligar, acelerar || desear, anhelar, ambicionar.

ACUCIOSO presuroso, diligente, afanoso, vehemente, activo, rápido, solícito, dinámico.

ACUCHILLADO abierto, hendido, cortado, rajado || versado, fogueado, baqueteado, ducho, experto, curtido.

ACUCHILLAR apuñalar, cortar, rajar, hender, herir, matar, asesinar || alisar, pulir, lijar.

ACUDIR presentarse, ir, llegar, arribar, asistir, reunirse, congregarse, agruparse || socorrer, auxiliar, ayudar.

ACUEDUCTO conducción, conducto, canal.

ÁCUEO hídrico, v. acuático.

ACUERDO resolución, convenio, pacto, contrato, arreglo, compromiso, tratado, concierto, acto, trato, alianza, inteligencia, acomodo, transacción, negociación, concordato, estipulación, ajuste, determinación || v. armonía.

ACUIDAD agudeza, intensidad, viveza, penetración, sutileza, hondura.

ACUITAR apenar, afligir, acongojar, apesadumbrar, contristar, apurar, atribular, entristecer, hostigar, molestar.

ACULAR recular, retroceder, arrimar, arrinconar, empujar.

ACULLÁ allá, ahí, allí, lejos, allende.

ACUMULACIÓN montón, amontonamiento, acopio, depósito, colecta, recolección, reserva, aglomeración, acaparamiento, hacinamiento.

ACUMULADOR pila, batería, depósito.

ACUMULAMIENTO acumulación v.

ACUMULAR amontonar, hacinar, depositar, acaparar, acopiar, recolectar, reservar, aglomerar, reunir, juntar, almacenar, atesorar, acrecer, acrecentar, coleccionar, apilar.

ACÚMULO v. acumulación.

ACUNAR mecer, mover, balancear, columpiar, menear, adormecer.

ACUÑAR estampar, imprimir, arru-

LLAR, sellar, grabar, troquelar, embutir, batir || calzar, fijar, sujetar, tarugar.

ACUOSO líquido, aguado, húmedo, mojado, empapado, jugoso, caldoso, acuático, ácueo.

ACURRUCARSE encogerse, apelotonarse, recogerse, ovillarse, apretarse, arrollarse, doblarse, contraerse.

ACUSACIÓN denuncia, inculpación, imputación, tacha, recriminación, incriminación, reproche, queja, querella, cargo, crítica, censura.

ACUSADO inculpado, reo, culpable, delincuente, v. condenado || delatado, difamado, denigrado, calumniado.

ACUSADOR fiscal, denunciador, denunciante, recriminador, incriminador, inculpador, querellante, censurador, delator, acusica, acusón, soplón, chivato, detractor, calumniador, difamador.

ACUSAR denunciar, incriminar, inculpar, censurar, delatar, querellar, imputar, achacar, atribuir, reprochar, revelar, calumniar, difamar, vituperar, tildar, denigrar, confesar, revelar, declarar, admitir.

ACUSÓN soplón, chivato, acusica.

ACÚSTICA sonoridad, audición, resonancia, eco, vibración, diapasón, tono, timbre.

ACÚSTICO auditivo, sonoro, resonante, vibrante.

ACHACAR imputar, atribuir, asignar, señalar, arrogar, suponer, aplicar, apostrofar, acusar, inculpar, colgar, cargar, enjaretar, endosar.

ACHACOSO enfermizo, indispuesto, enfermo, delicado, doliente, mórbido, enclenque, valetudinario, chocho, senil, enteco, débil, birria, decrépito v.

ACHAFLANAR achatar, chaflanar, enromar, despuntar.

ACHANTARSE aguantarse, resignarse, conformarse, soportar, tolerar || ocultarse, esconderse, agazaparse.

ACHANTADO resignado, conforme, paciente, sumiso || agazapado, oculto, escondido.

ACHAPARRADO rechoncho, regordete, gordezuelo, bajo.

ACHAQUE dolencia, enfermedad, indisposición, afección, mal, padecimiento, arrechucho, malestar, acceso, ataque, morbo, alifafe.

ACHATAR despuntar, enromar, alisar, redondear, arromar, achaflanar.

ACHICADO aniñado, intimidado, apocado, corito, acobardado, avergonzado, empequeñecido.

ACHICAR intimidar, rebajar, menguar, mermar, reducir, encoger, disminuir, atemorizar, acortar, acoquinar, arredrar, apocar, amilanar, humillar, abreviar, resumir.

ACHICORIA sucedáneo, mezcla, café, torrefacto, chicoria.

ACHICHARRANTE ardiente, quemante, flamígero, caliente.

ACHICHARRAR chamuscar, tostar, quemar, incinerar, asar, arder, freír, calentar || molestar, importunar, hostigar.

ACHISPADO beodo, embriagado, v. borracho.

ACHISPARSE embriagarse, v. emborracharse.

ACHUBASCARSE nublarse, encapotarse, cargarse, oscurecerse, cubrirse, ensombrecerse.

ACHUCHAR empujar, azuzar, molestar, estrujar, aplastar.

ACHUCHÓN empujón, estrujón, meneo, empellón, sobo.

ACHULADO chulo, valentón, matón, pendenciero, bravucón, achulapado.

ADAGIO refrán, proverbio, máxima, sentencia, apotegma, dicho, aforismo, axioma || lentamente, pausadamente.

ADALID caudillo, cabecilla, guía, jefe, capitán, paladín, director, dirigente, campeón, héroe.

ADAMADO afeminado, amanerado, amadamado, amaricado, mariquita, marica || delicado, fino, untuoso, cursi, afectado.

ADAMANTINO diamantino, duro, inquebrantable, pétreo.

ADAMAR

Adamar cortejar, festejar, galantear, requebrar, enamorar, hacer la corte || **Adamarse** v. afeminar.

Adán desaliñado, abandonado, descuidado, sucio, apático, indiferente, desaseado, desarreglado, dejado, harapiento, roto, negligente, puerco.

Adaptabilidad * v. adaptación.

Adaptable amoldable, acomodaticio, dúctil, flexible, conformista, transigente, complaciente.

Adaptación aclimatación, acostumbramiento, habituamiento, arraigo, familiarización, transformación, ajuste, adecuación, arreglo.

Adaptar ajustar, transformar, cambiar, adecuar, arreglar, conformar, acoplar, instalar, acomodar, aplicar, concertar || **Adaptarse** acostumbrarse, familiarizarse, habituarse, aclimatarse, arraigarse, avenirse, amoldarse, conformarse.

Adaraja saliente, diente, endeja.

Adarce costra, placa, endurecimiento, capa, escama.

Adarga escudo, defensa, broquel, pavés, rodela, tarja, égida.

Adargar escudar, defender, proteger, amparar.

Adarme pizca, pellizco, minucia, migaja, insignificancia, mezquindad, pequeñez, parvedad, poco, menudencia, nimiedad, nadería.

Adarve parapeto, trinchera, defensa, muralla, protección, muro.

Addenda a añadir, a agregar.

Adecentar limpiar, ordenar, arreglar, asear.

Adecuadamente debidamente, apropiadamente, convenientemente, oportunamente.

Adecuado apto, apropiado, conveniente, conforme, ajustado, proporcionado, oportuno, lógico, correcto v.

Adecuar arreglar, acomodar, ordenar, ajustar, apropiar, igualar, proporcionar, apañar, adaptar.

Adefagia voracidad, v. apetito.

Adefesio esperpento, espantajo, carantamaula, hazmerreír, estantigua, birria v. || extravagancia, ridiculez, despropósito, disparate, dislate.

Adehala gaje, propina, sobreprecio, gratificación.

Adelantado aventajado, precoz, prometedor || atrevido, audaz, osado, temerario || descubridor, gobernador, conquistador, explorador, capitán || próspero, pujante, floreciente v.

Adelantamiento progreso, adelanto, mejora, perfeccionamiento, evolución.

Adelantar sobrepasar, aventajar, rebasar, sobrepujar, desbordar, pasar, superar, exceder, avanzar, anticipar, mejorar, perfeccionar, progresar, inventar || **Adelantarse** preceder, anteponerse, anticiparse, exceder, avanzar, tomar la delantera, sobrepasar.

Adelante avante, delante, más allá.

Adelanto progreso, mejora, perfeccionamiento, evolución, invención, perfección, ventaja, desarrollo || anticipo, sobresueldo.

Adelfa rododafne, baladre, ojaranzo.

Adelgazamiento enflaquecimiento, desmejoramiento, desnutrición, delgadez || afinamiento, disminución, reducción.

Adelgazar enflaquecer, desnutrir, demacrar, secar, depauperar, descarnar, escuchimizar, esmirriar, desmejorar || afinar, disminuir, reducir.

Ademán seña, gesto, mímica, mohín, actitud, contorsión, aspaviento, mueca, visaje, pantomima, expresión, aire, porte, manera, modal.

Además también, asimismo, igualmente, demás, amén, sobre, conjuntamente, al mismo tiempo.

Adenoideo linfático, adenoso, glandular, glanduloso.

Adentellar morder, dentellar, tarascar, masticar.

Adentrar penetrar, entrar, ingresar, irrumpir, pasar || **Adentrarse** compenetrarse, imbuirse, in-

teriorizar, comprender, entender.
Adentro dentro, en lo interior, interiormente, en el seno de.
Adepto adicto, leal, seguidor, discípulo, incondicional, partidario, sectario, asociado, iniciado, afiliado, fanático, devoto, simpatizante, propenso, secuaz, amigo, aficionado, apegado.
Aderezado compuesto, adornado, acicalado, hermoseado || condimentado, guisado, adobado, sazonado, aliñado.
Aderezar acicalar, componer, hermosear, adornar, ataviar, arreglar, reparar, preparar, disponer, apañar, limpiar, componer, aprestar || sazonar, aliñar, adobar, condimentar, guisar, cocinar, salpimentar.
Aderezo adorno, atavío, avío, ornato, arreo, alhaja, joya || guiso, condimento, adobo, especia, salsa.
Adeudar deber, obligarse, comprometerse, incumbir, entramparse, contraer obligaciones.
Adherencia unión, enlace, adhesión, cohesión, afinidad, soldadura, encolamiento, sujeción, liga, lapa, parche, consistencia.
Adherente pegado, adjunto, unido, aglutinado, soldado, consolidado, fijado, sujeto || partidario, v. adepto.
Adherir pegar, unir, encolar, sujetar, ligar, aglutinar, soldar, consolidar || Adherirse afiliarse, unirse, aprobar, ratificar, confirmar, consentir, asentir, abonar.
Adhesión fidelidad, apego, devoción, afecto, amistad, partidismo, solidaridad, concordia, sectarismo, apoyo, adherencia, consentimiento, aprobación, ratificación, confirmación, asentimiento.
Adhesivo cola, mucílago, goma, liga, engrudo, pez, pasta, pegamiento || pegajoso, viscoso, adherente.
Ad hoc para esto, a propósito, adecuado, apropiado.
Adiamantado diamantino, adamantino, duro, pétreo, inquebrantable.
Adiar fechar, convenir, emplazar, convocar, fijar día.
Adición suma, añadidura, añadido, apéndice, aditamento, agregado, aumento, yuxtaposición, anexo, adjunto, apéndice, pegote, postizo, suplemento, complemento.
Adicional suplementario, complementario, adjunto, anexo, agregado, incrementado, aumentado, añadido, sumado.
Adicionar sumar, añadir, agregar, acrecer, aumentar, incrementar, anexionar, suplementar, complementar, yuxtaponer, adjuntar.
Adicto leal, incondicional, seguidor, discípulo, partidario, simpatizante, propenso, secuaz, amigo, aficionado, apegado, iniciado, asociado, sectario, devoto, dedicado, aplicado, afecto.
Adiestramiento instrucción, enseñanza, aleccionamiento, guía, dirección, conducción, educación, entrenamiento.
Adiestrar instruir, enseñar, guiar, ejercitar, conducir, dirigir, enderezar, encaminar, amaestrar, entrenar, educar.
Adinerado opulento, rico, pudiente, acaudalado, hacendado, millonario, creso, potentado, magnate, poderoso, acomodado, sobrado, lauto, opimo.
Adiós abur, agur, a más ver, hasta pronto, con Dios, hasta luego, hasta la vista || despedida v.
Adiposidad grasa, gordura, corpulencia, obesidad, carnosidad.
Adiposo grasiento, gordo, obeso, aceitoso.
Aditamento añadidura, adición, apéndice, añadido, complemento, suplemento, remate, aumento, incremento, suma.
Adivina v. adivino.
Adivinación predicción, pronóstico, vaticinio, adivinanza, augurio, premonición, presentimiento, previsión, oráculo, sortilegio, acierto, buenaventura, v. adivinanza.

ADIVINADOR vidente, augur, v. adivino.

ADIVINANZA acertijo, charada, pasatiempo, crucigrama, rompecabezas, enigma, entretenimiento, calambur, v. adivinación.

ADIVINAR predecir, pronosticar, profetizar, augurar, presentir, presagiar, acertar, atinar, antedecir, descifrar, agorar, descubrir, resolver, comprender, columbrar, prever, interpretar, conjeturar, suponer, imaginar, vaticinar.

ADIVINO vidente, augur, adivinador, clarividente, nigromante, quiromántico, vaticinador, agorero, hechicero, mago, arúspice, rabdomántico, brujo, astrólogo, iluminado, encantador.

ADJETIVAR calificar, apodar, designar, concordar, determinar.

ADJETIVO epíteto, calificativo, determinativo, demostrativo, adjetival, nombre, nota, apodo, título.

ADJUDICACIÓN cesión, donación, entrega, concesión, otorgamiento, transmisión, transferencia, asignación.

ADJUDICAR conceder, ceder, dar, otorgar, facilitar, conferir, transferir, transmitir, entregar, donar, asignar, distribuir || ADJUDICARSE atribuirse, achacarse, arrogarse, apropiarse, retener, quedarse.

ADJUDICATARIO beneficiario, interesado, favorecido, agraciado.

ADJUNCIÓN añadido, complemento, agregación, añadidura, suma, v. adición.

ADJUNTAR remitir, enviar, acompañar, añadir.

ADJUNTO unido, junto, acompañante, auxiliar, ayudante, pegado || socio, acólito, aditamento, agregado, dependiente, suplemento, complemento, anexo, anejo.

ADJUTOR ayudante, auxiliar, coadjutor, acólito, agregado.

ADLÁTERE * a látere, compañero, compinche, acompañante.

AD LÍBITUM a placer, a voluntad, a gusto, a capricho.

ADMINÍCULO objeto, utensilio, pertrecho, aparato, aparejo, artefacto, útil, arreo, enseres || auxilio, ayuda.

ADMINISTRACIÓN gestión, gerencia, distribución, régimen, dirección, conducción, jefatura, gobierno, mandato, intendencia, manejo, tutela, guía, regencia || oficina, agencia, despacho, delegación, contaduría, caja.

ADMINISTRADO gobernado, dirigido, tutelado, regido, súbdito.

ADMINISTRADOR director, gerente, jefe, gobernador, regente, guía, apoderado, rector, dirigente, directivo, intendente, mayordomo, síndico, cuidador, tutor, curador, supervisor, procurador.

ADMINISTRAR regir, regentar, tutelar, mandar, guiar, gobernar, dirigir, apoderar || proveer, suministrar, otorgar, aplicar, conferir, dar, propinar, conceder, ofrecer.

ADMINISTRATIVO empleado, productor, funcionario, dependiente, comisionado.

ADMIRABLE magnífico, espléndido, soberbio, prodigioso, maravilloso, notable, pasmoso, excelente, estupendo, sorprendente, mirífico, fascinante, encantador, deslumbrante, extraordinario, estimable, apreciable, portentoso, fenomenal, asombroso.

ADMIRACIÓN pasmo, asombro, estupor, estupefacción, fascinación, encandilamiento, sorpresa, maravilla, deslumbramiento, éxtasis, entusiasmo, aturdimiento, desconcierto, encanto.

ADMIRADO asombrado, estupefacto, entusiasmado, aturdido, encantado, fascinado, encandilado, maravillado, deslumbrado, turulato, boquiabierto, suspenso || respetado, venerado, querido.

ADMIRADOR simpatizante, partidario, adepto, amigo, devoto, incondicional.

ADMIRAR disfrutar, saborear, gozar, contemplar || ensalzar, loar, aprobar, elogiar || ADMIRARSE maravillarse, encandilarse, fascinarse, encantarse, asombrarse, entusiasmarse, aturdirse, deslumbrarse, extrañarse, embobarse, pasmarse, extasiarse, sobrecogerse.

ADMISIBLE verosímil, aceptable, válido, plausible, adecuado, bueno, pasable, tolerable, pasadero.

ADMISIÓN aceptación, recibimiento, entrada, ingreso, acogimiento, recibo, acceso, afiliación, introducción, penetración.

ADMITIR aceptar, recibir, permitir, acoger, consentir, tolerar, recoger, tomar, adoptar || reconocer, confesar, conceder, convenir.

ADMONICIÓN reconvención, amonestación, reproche, regaño, filípica, sermón, recriminación, reprimenda || advertencia, aviso, apercibimiento, exhortación, consejo, notificación.

ADOBADO sazonado, salado, condimentado, aderezado, aliñado, salpimentado, guisado, cocinado, conservado.

ADOBAR condimentar, aderezar, aliñar, sazonar, salar, salpimentar, guisar, cocinar, conservar, especiar, escabechar, acecinar, ahumar || arreglar, apañar, componer.

ADOBE barro, arcilla, ladrillo, bloque.

ADOBO salsa, condimento, aderezo, especia, aliño, conserva, salazón.

ADOCENADO vulgar, chabacano, plebeyo, ordinario, corriente, charro, común, ramplón, trivial, zafio, insignificante.

ADOCTRINAMIENTO aleccionamiento, v. adoctrinar.

ADOCTRINAR aleccionar, instruir, enseñar, adiestrar, ilustrar, educar, amaestrar.

ADOLECER padecer, sufrir, soportar, tolerar, aguantar, penar.

ADOLESCENCIA pubertad, juventud, mocedad, nubilidad, pubescencia, virginidad, abriles, inexperiencia, desarrollo, crecimiento.

ADOLESCENTE mozo, joven, púber, efebo, imberbe, pubescente, muchacho, mancebo, zagal, chico, pollo.

ADOLORIDO doliente, quejoso, quejumbroso, apenado, entristecido, apesadumbrado, afligido, desconsolado, angustiado.

ADÓNDE dónde, a qué parte, en qué lugar, hacia dónde.

ADONDEQUIERA dondequiera, a cualquier parte, a cualquier lugar.

ADONIS bello, guapo, lindo, v. hermoso.

ADOPCIÓN prohijamiento, aceptación, amparo, protección, ayuda, patrocinio, apadrinamiento.

ADOPTADO prohijado, v. adoptivo.

ADOPTAR prohijar, acoger, recoger, amparar, ayudar, proteger, favorecer, patrocinar, apadrinar || aceptar, admitir, tomar, aprobar, seguir, abrazar, practicar.

ADOPTIVO adoptado, prohijado, acogido, amparado, protegido, patrocinado, apadrinado, arrogado, favorecido.

ADOQUÍN piedra, ladrillo, losa, baldosa, pavimento, empedrado || bruto, zopenco, torpe, rudo, ignorante, zote, cabezota, rústico, tosco.

ADOQUINADO pavimento, recubrimiento, calzada, empedrado, enlosado, enladrillado.

ADOQUINAR empedrar, enlosar, pavimentar, recubrir.

ADORABLE admirable, encantador, venerable, exquisito, delicioso, sugestivo, amable, seductor, cautivante, fascinador.

ADORACIÓN veneración, cariño, afecto, amor, fervor, devoción, idolatría, exaltación, fanatismo, éxtasis, pasión, admiración.

ADORADOR amante, admirador, venerador, idólatra, enamorado, encariñado, fervoroso, ferviente, devoto, apasionado, fanático, entusiasta.

ADORAR venerar, reverenciar, idolatrar, amar, honrar, querer, admirar, exaltar, estimar, apreciar || rezar, orar, postrarse, prosternarse, rogar, suplicar.

ADORMECEDOR tranquilizador, entorpecedor, aletargador, anestesiante, hipnotizador, calmante, sosegador, mitigante || aburrido, pesado, monótono.

Adormecer

Adormecer amodorrar, aletargar, sosegar, calmar, tranquilizar, anestesiar, serenar, hipnotizar, insensibilizar, entumecer, aplacar ‖ Adormecerse dormirse, aletargarse, amodorrarse, adormilarse, calmarse, sosegarse ‖ entumecerse, inmovilizarse, envararse, entorpecerse.

Adormecimiento letargo, adormilamiento, amodorramiento, sueño, entumecimiento, entorpecimiento.

Adormilado semidormido, aletargado, v. adormecer.

Adormilarse v. adormecer.

Adornado engalanado, emperifollado, acicalado, peripuesto, emperejilado, atildado, cuidado, atusado, arreglado, compuesto, elegante ‖ recamado, labrado, bordado, repujado, incrustado, embutido, taraceado, cincelado, tallado.

Adornar acicalar, componer, emperifollar, emperejilar, aderezar, arreglar, cuidar, atildar, atusar, engalanar, ornar, ataviar, decorar, exornar, embellecer, hermosear ‖ labrar, repujar, bordar, incrustar, embutir, taracear, recamar, tallar, cincelar.

Adorno aderezo, ornamento, gala, atavío, ornato, decorado, tocado, arreo, perifollo, compostura, aliño, realce, acicalamiento, afeite, arreglo.

Adosar arrimar, apoyar, juntar, unir, pegar, acercar, aproximar, yuxtaponer, avecinar.

Adquirente comprador, cliente, parroquiano, adquiridor.

Adquirir comprar, lucrar, mercar, lograr, conseguir, procurarse, ganar, obtener, apropiarse, adueñarse, alcanzar, agenciar, atrapar, apoderarse, hacerse con.

Adquisición compra, operación, transacción, negocio, usura, lucro, ganancia, provecho, ventaja, botín, conquista, captación, toma, dote, hallazgo, descubrimiento, obtención, consecución, logro.

Adquisidor comprador, v. adquirente.

Adraganto tragacanto, tragacanta.

Adrede intencionadamente, deliberadamente, aposta, expresamente, ex profeso, premeditadamente, preconcebidamente, a propósito, de intento, a sabiendas.

Adrenalina hemostático, constrictor, alcaloide, hormona, secreción.

Adrizar enderezar, levantar, dirigir.

Adscribir asignar, atribuir, inscribir, agregar, destinar.

Adsorción adhesión, adherencia, adhesividad, concentración, aglutinación.

Aduana resguardo, oficina, despacho, fielato, frontera, fondeo, registro.

Aduanero vigilante, guarda, custodio, guardián, funcionario, revisor, inspector.

Aduar villorrio, poblado, aldehuela, aldea, lugarejo, campamento, ranchería.

Aducción aproximación, acercamiento, movimiento.

Aducir argumentar, alegar, razonar, manifestar, expresar, declarar, razonar, probar, inferir, invocar, acreditar.

Adueñarse apoderarse, apropiarse, enseñorearse, ocupar, tomar, coger, atrapar, prender, capturar, recoger, aprehender, captar, apañar, hacerse con, adquirir, ganar, conquistar.

Aduja vuelta, rosca, rollo.

Adujar enroscar, envolver, enrollar.

Adulación halago, alabanza, lisonja, agasajo, embeleco, carantoña, zalamería, coba, pelotilla, jabón, incienso, camelo, elogio, exaltación, loa, aplauso, lagotería, panegírico.

Adulador adulón, zalamero, lisonjero, cobista, alabancero, melifluo, embelecador, panegirista, tiralevitas, lavacaras, lagotero, lameculos, obsequioso, pelotillero.

Adular lisonjear, halagar, agasajar, loar, exaltar, camelar, elogiar, incensar, embelecar, alabar,

requebrar, piropear, dar coba, dar jabón.
ADULÓN adulador v.
ADÚLTERA v. adúltero.
ADULTERACIÓN falsificación, fraude, engaño, mixtificación, falseamiento, corrupción, imitación, remedo, perjurio, sofisticación.
ADULTERADO fraudulento, falsificado, mixtificado, corrompido, pervertido, falseado, imitado, remedado, sofisticado.
ADULTERADOR v. falsificador.
ADULTERAR mixtificar, falsificar, engañar, falsear, imitar, remedar, sofisticar, corromper.
ADULTERINO ilegítimo, bastardo, ilegal, espurio, apócrifo.
ADULTERIO infidelidad, amancebamiento, amontonamiento, abarraganamiento, lío, ilegitimidad, encornudamiento ‖ v. adulteración.
ADÚLTERO infiel, amancebado, corrompido, adulterino, viciado, ilegal, abarraganado, liado, conchabado, amontonado.
ADULTO crecido, mayor, grande, cumplido, medrado, desarrollado, maduro, experimentado.
ADULZAR edulcorar, v. endulzar, almibarar, dulcificar.
ADUMBRAR sombrear, oscurecer.
ADUNAR juntar, congregar, reunir, concertar, acordar, unificar.
ADUNCO curvado, corvo, combado, alabeado, torcido, encorvado.
ADUSTEZ ceño, aspereza, desabrimiento, brusquedad, dureza.
ADUSTO severo, hosco, austero, retraído, rígido, serio, desabrido, áspero, ceñudo, seco, agrio, arisco, taciturno, puritano, riguroso.
ADVENEDIZO intruso, entremetido, forastero, importuno, foráneo, nuevo, novel, recién llegado, vanidoso, fatuo, ricacho.
ADVENIMIENTO llegada, venida, aparición, arribo, acaecimiento, presentación, acontecimiento.
ADVENIR acaecer, ocurrir, suceder, venir, llegar, aparecer, surgir, acontecer, producirse, manifestarse.

ADVENTICIO accidental, casual, fortuito, impropio, extraño, eventual.
ADVERAR certificar, asegurar, atestiguar, testimoniar, testificar, confirmar, avalar.
ADVERSARIO contrincante, competidor, antagonista, rival, enemigo, contendiente, oponente, contrario v.
ADVERSATIVO disyuntivo, contrario, opuesto.
ADVERSIDAD desgracia, infortunio, calamidad, desastre, desventura, percance, contratiempo, desdicha, infelicidad, fatalidad, tropiezo, mala suerte.
ADVERSO hostil, desfavorable, enemigo, contraproducente v., adversario, contrapuesto, contrario, oponente, discrepante, antagonista ‖ aciago, azaroso, infortunado, fatal.
ADVERTENCIA observación, consejo, aviso, exhortación, indicación, sugerencia, insinuación, admonición, amonestación, sermón, prevención, opinión, información, propuesta, apercibimiento, nota, aclaración, explicación, prólogo, prefacio.
ADVERTIDO avispado, listo, despierto, avisado, despabilado, sagaz, competente, ducho ‖ prevenido, aconsejado, notificado v.
ADVERTIR avisar, aconsejar, amonestar, sugerir, asesorar, insinuar, prevenir, opinar, informar, proponer, apercibir, explicar, aleccionar, amonestar, exhortar, indicar, proponer, aclarar ‖ notar, observar, ver, reparar, percatarse, darse cuenta.
ADVOCACIÓN título, nombre, designación.
ADYACENTE contiguo, próximo, cercano, vecino, lindante, medianero, junto, adosado, inmediato, pegado, yuxtapuesto, anexo, fronterizo, colindante, limítrofe.
AEDO bardo, poeta, cantor, vate.
AERACIÓN ventilación, aireamiento, oreamiento, oxigenación.
AÉREO sutil, vaporoso, volátil, leve, etéreo, celeste.

AERODINÁMICO

AERODINÁMICO esbelto, grácil, alargado, ahusado, airoso, fino.
AERÓDROMO aeropuerto, aeroparque, terminal, estación.
AEROLÍNEA compañía, sociedad, empresa, línea aérea.
AEROLITO meteorito, bólido, astrolito, exhalación, uranolito, piedra.
AEROMOZA * v. azafata.
AERONAUTA aviador, piloto, navegante, copiloto, tripulante.
AERONÁUTICA aviación, navegación aérea, aerostación.
AERONAVE avión, v. aeroplano.
AERÓPAGO * v. areópago.
AEROPLANO avión, aeronave, avioneta, aparato, caza, bombardero, hidroplano, hidroavión, reactor.
AEROPUERTO v. aeródromo.
AEROSOL pulverización, suspensión, inhalación.
AERÓSTATO, globo, dirigible, zepelín.
AFABILIDAD cordialidad, amabilidad, urbanidad, cortesía, afecto, bondad, ternura, dulzura, sencillez, benevolencia, gracia, sociabilidad, gentileza, amistad, efusión, familiaridad, humanidad, expresividad.
AFABLE amable, afectuoso, sencillo, simpático, cariñoso, atento, acogedor, gracioso, llano, gentil, cortés, benigno, benévolo, cordial, apacible, expresivo, familiar, urbano, sociable, accesible, dulce, tratable, tierno, agradable.
AFABLEMENTE cordialmente, afectuosamente, cariñosamente, atentamente, acogedoramente, cortésmente, v. afable.
AFAMADO famoso, reputado, renombrado, conocido, popular, prestigioso, célebre, glorioso, acreditado, ilustre, admirado, celebrado, eximio, insigne, celebérrimo.
AFAMAR prestigiar, glorificar, acreditar, enaltecer.
AFÁN anhelo, deseo, ansia, aspiración, apetencia, codicia, ambición, pretensión, vehemencia, voluntad, esfuerzo, actividad, trabajo, brega.
AFANAR robar, hurtar, escamotear.
AFANARSE esforzarse, trabajar, bregar, luchar, forcejear, ajetrear, apresurarse, dedicarse, esperar, azacanarse, consagrarse v.
AFANOSO diligente, trabajador, hacendoso, atareado, voluntarioso, esforzado, anhelante, deseoso, vehemente, ocupado || penoso, trabajoso, duro.
AFÁSICO mudo, silente, sin habla.
AFEAR reprender, reprochar, censurar, reprobar, vituperar, tachar, criticar, reconvenir.
AFECCIÓN enfermedad, dolencia, morbo, alteración, padecimiento, indisposición, achaque || simpatía, cariño, ternura, v. afecto.
AFECCIONADO * aficionado, querido, apreciado.
AFECCIONARSE * querer, amar, apreciar, aficionarse.
AFECTACIÓN amaneramiento, rebuscamiento, disimulo, hipocresía, fingimiento, doblez, presunción, simulación, artificio, petulancia, postín, ostentación, extravagancia, melindre, ñoñería, cursilería, pedantería.
AFECTADO amanerado, fingido, rebuscado, estudiado, forzado, cursi, ñoño, pedante, hipócrita, relamido, artificioso, gomoso, lechuguino, presumido || aquejado, enfermo, delicado, doliente, sentido, impresionado, triste, dañado, damnificado, perjudicado.
AFECTAR dañar, perjudicar, estropear, afligir, conmover, impresionar, aquejar || fingir, simular, forzar, aparentar, presumir || influir, ejercer, actuar v.
AFECTIVO cariñoso, afable, cordial, v. afectuoso.
AFECTO cariño, interés, estima, ternura, adoración, devoción, inclinación, apasionamiento, amor, amistad, cordialidad, afición, simpatía, apego.
AFECTUOSO cariñoso, afable, amable, simpático, efusivo, cordial,

Entrañable, amoroso, amistoso, acogedor, caritativo, servicial, devoto, apegado.
Afeitada rasuración, rasura, rapadura.
Afeitado rasurado, barbirrapado, lampiño, imberbe, barbihecho, sin barba || v. afeitada.
Afeitar rasurar, raer, rapar, desbarbar, apurar, recortar || acicalar, hermosear, componer, aderezar.
Afeite cosmético, aderezo, adorno, embellecimiento, *maquillaje*, crema, tintura, colorete, carmín, polvos, tinte.
Afelpado aterciopelado, suave, lanoso, peludo, velludo, velloso.
Afeminación amaneramiento, amaricamiento, inversión, afectación, cursilería, v. afeminado, ñoñez || desánimo, molicie, pereza, debilidad, pusilanimidad.
Afeminado amaricado, amujerado, amadamado, mariquita, marica, sodomita, homosexual, invertido, ahembrado, barbilindo, fileno, ninfo, cacorro || débil, enteco, pusilánime.
Afeminamiento amaricamiento, v. afeminación.
Afeminar amaricar, amadamar, ahembrar || debilitar, decaer, desfallecer.
Aféresis metaplasmo, supresión, anulación, sinalefa, elisión.
Aferrar asir, agarrar, coger, atrapar, asegurar, afianzar, retener, empuñar, aprehender, aprisionar.
Affaire * asunto, negocio || escándalo, caso.
Affiche * cartel, letrero, papel, pasquín.
Afianzamiento consolidación, amarre, apuntalamiento, firmeza, v. afianzar.
Afianzar consolidar, afirmar, asegurar, apuntalar, atar, amarrar, asegurar, fortalecer, robustecer, reforzar, vigorizar.
Afición propensión, inclinación, devoción, apego, gusto, simpatía, afecto, tendencia, afinidad || pasatiempo, distracción, recreo, diversión.
Aficionado devoto, inclinado, apegado, coleccionista, entusiasta, admirador, simpatizante.
Aficionarse acostumbrarse, habituarse, aquerenciarse, gustar, simpatizar, prendarse, enviciarse, encariñarse.
Afidávit declaración, testimonio, manifestación, documento, escrito.
Afiebrado * v. febril.
Afijo partícula, pospuesto, unido, junto, fijo.
Afilado aguzado, cortante, agudo, tajante, punzante, puntiagudo.
Afilador amolador, vaciador, artesano.
Afilalápices sacapuntas.
Afilar, aguzar, afinar, adelgazar, amolar.
Afiliado asociado, miembro, adepto, socio, partidario, sectario, correligionario, simpatizante, acólito, iniciado, adherido, inscrito, incorporado.
Afiliarse asociarse, ingresar, adherirse, inscribirse, anotarse, incorporarse, unirse, iniciarse, congregarse.
Afiligranado adornado, labrado, tallado, repujado, complicado || fino, delicado, pulido.
Afiligranar acicalar, adornar, embellecer, aderezar, perfeccionar.
Afín análogo, similar, contiguo, próximo, vinculado, unido, adyacente, relacionado, parecido, semejante, concomitante || pariente, allegado, deudo, consanguíneo, descendiente, ascendiente.
Afinación ajuste, entonación, temple, afinadura, afinamiento, tiento, punto, consonancia, armonía, acorde, tono, diapasón.
Afinar entonar, ajustar, templar, armonizar || adelgazar, pulir, acabar, mejorar, perfeccionar.
Afincarse establecerse, asentarse, fijarse, localizarse, avecindarse, domiciliarse, instalarse, radicarse, arraigarse, residir, empadronarse.

AFINIDAD

Afinidad analogía, parecido, relación, correlación, parentesco, consanguinidad, semejanza, similitud, simpatía, atracción, inclinación, conexión, aproximación, tendencia.

Afirmación asentimiento, confirmación, aserto, aseveración, aserción, afirmativa, declaración, juramento, testimonio, versión, tesis, alegación, alegato.

Afirmar manifestar, declarar, confirmar, testificar, reiterar, ratificar, alegar, garantizar, aseverar, atestiguar, asentir, proclamar, sostener, mantener, testimoniar, certificar || apuntalar, reforzar, consolidar, fortalecer, robustecer.

Afirmativa asentimiento, v. afirmación.

Afirmativo positivo, cierto, real.

Aflautado agudo, chillón, alto, penetrante.

Aflechado aguzado, afilado, ahusado.

Aflicción pena, tribulación, tristeza, dolor, pesar, sinsabor, desconsuelo, pesadumbre, tormento, desesperación, sufrimiento, abatimiento, contrariedad, mortificación, angustia, congoja, desolación, duelo, cuita, sinsabor, amargura, consternación, desazón, agonía.

Aflictivo doloroso, penoso, desconsolador, angustioso, desesperante, deplorable v.

Afligido apenado, angustiado, mortificado, contrariado, abatido, desesperado, atormentado, apesadumbrado, dolorido, desconsolado, entristecido, atribulado, consternado, acongojado, desolado, amargado, inconsolable, triste.

Afligir entristecer, apenar, desconsolar, atribular, consternar, acongojar, enlutar, angustiar, mortificar, contrariar, abatir, desesperar, atormentar, apesadumbrar, desolar, amargar || **Afligirse** entristecerse, apenarse.

Aflojamiento relajamiento, relajo, laxitud, flaccidez, atonía, enervamiento, decaimiento, flojera, flojedad.

Aflojar ceder, soltar, relajar, decaer, enervar, disminuir, debilitar, flaquear, perder, rendirse, entregarse.

Aflorar asomar, surgir, aparecer, brotar, salir, mostrarse, manifestarse, exhibirse.

Afluencia abundancia, cantidad, multitud, profusión, exuberancia, prodigalidad, exceso, muchedumbre, aflujo, facundia.

Afluente tributario, confluente, secundario, arroyo, riachuelo, que desemboca, que desagua || facundo, abundante, gárrulo, charlatán.

Afluir acudir, concurrir, dirigirse, encaminarse, aglomerarse, amontonarse, reunirse, concentrarse || verter, desembocar, desaguar, confluir.

Aflujo profusión, exceso, prodigalidad, v. afluencia.

Afogarar asurar, quemar, tostar, asar || inquietar, intranquilizar.

Afondar hundirse, sumergirse, sumirse, abismarse, irse a pique, irse a fondo.

Afonía ronquera, carraspera, enronquecimiento, mudez, silencio.

Afónico ronco, áfono, mudo, silencioso, sin voz.

Aforar evaluar, justipreciar, tasar, estimar, apreciar, valorar, calcular, determinar, medir.

Aforismo sentencia, precepto, axioma, proverbio, adagio, refrán, dicho, pensamiento, máxima, regla.

Aforo capacidad, cabida, espacio, extensión, volumen.

Aforrarse abrigarse, arroparse, cubrirse || hartarse, atiborrarse, llenarse.

A fortiori con mayor razón, con mayor motivo.

Afortunadamente felizmente, dichosamente, venturosamente, favorablemente, por suerte, por fortuna, gracias a Dios.

Afortunado venturoso, favorecido,

agraciado, bienaventurado, feliz, dichoso, contento, satisfecho || acertado, adecuado, hábil.

Afoscarse ensombrecerse, cargarse, oscurecerse, entenebrecerse.

Afrancesado agabachado.

Afrecho salvado, barcia, cáscara, cascarilla, desperdicios, desecho.

Afrenta ultraje, injuria, insulto, agravio, ignominia, desprecio, desdén, vergüenza, oprobio, deshonra, vilipendio, ofensa, infamia, escarnio, mofa, vejación, burla, deshonor, baldón.

Afrentar deshonrar, vilipendiar, ofender, infamar, mofar, vejar, burlar, avergonzar, desdeñar, despreciar, agraviar, insultar, injuriar, ultrajar.

Afrentoso ultrajante, injurioso, ignominioso, desdeñoso, vergonzoso, deshonroso, ofensivo, infamante, escarnecedor, vejatorio, burlón.

Africano ecuatorial, tropical, tórrido || negro, moreno, áfrico, meridional.

África ábrego, viento del sur, africano v.

Afrodisiaco estimulante, excitante, incitante.

Afrontado enfrentado, encarado.

Afrontar enfrentar, resistir, desafiar, arrostrar, contraponer, confrontar, oponer, aguantar, soportar.

Afta úlcera, llaga, lesión, pústula, costra.

Afuera fuera, exterior, externo.

Afueras alrededores, cercanías, contornos, inmediaciones, proximidades, suburbio, arrabal, barrio, extramuros, ensanche, extrarradio.

Afufar escapar, huir, fugarse, desertar, abandonar.

Afusión remojón, ducha, baño.

Afuste cureña, armazón, montura, soporte.

Agabachado afrancesado.

Agachadiza chocha, sorda, becada, becasina.

Agacharse encogerse, inclinarse, doblarse, encorvarse, bajarse, acurrucarse, arrodillarse, ponerse en cuclillas, ocultarse, esconderse, agazaparse.

Agallas branquias || amígdalas || anginas || valor, valentía, ánimo, coraje, osadía, audacia.

Ágape convite, banquete, festín, comilona, agasajo, comida, franchela, cena, merienda.

Agarbarse agacharse, encorvarse, inclinarse, acurrucarse, encogerse.

Agareno mahometano, moro, árabe, sarraceno, musulmán, islámico, islamita, ismaelita, berberisco, marroquí, morisco, moruno, rifeño, mauritano, beréber, africano, magrebí.

Agarrada riña, altercado, alboroto, trapatiesta, zapatiesta, pendencia, jollín, contienda, porfía, disputa, pelea, lío, camorra, bronca, trifulca, gresca, lucha.

Agarradero asa, mango, asidero, aldaba, picaporte, tirador, falleba, aldabón, empuñadura || recurso, amparo.

Agarrado mezquino, avaro, tacaño, miserable, usurero, cicatero, roñoso, apretado, ruin, avariento, sórdido, interesado, cutre, codicioso || asido, aferrado, cogido, sujeto.

Agarrar coger, asir, sujetar, atrapar, empuñar, aferrar, blandir, pillar, enganchar, apoderarse, hacer presa, aprisionar, inmovilizar.

Agarrotado contraído, acalambrado, endurecido.

Agarrotamiento calambre, contracción, endurecimiento.

Agarrotar apretar, oprimir, sujetar, comprimir, ajustar || contraerse, acalambrarse, endurecerse || estrangular, ahorcar, desnucar, asfixiar, ajusticiar, ejecutar || averiarse, estropearse, pararse.

Agasajar homenajear, obsequiar, halagar, festejar, regalar, mimar, lisonjear, donar, ofrecer.

Agasajo homenaje, convite, fiesta, ceremonia, ágape, invitación, atención, halago, fineza, recepción || regalo, obsequio, donación.

Ágata ónice, cuarzo, cornalina, cri-

AGAVE

soprasa, gema, joya, piedra preciosa.
Agave pita, hilaza, fibra, cabuya, abacá.
Agavillar atar, ligar, liar, enlazar || acuadrillar, reunir, agrupar.
Agazapar agarrar, prender, coger, sujetar || **Agazaparse** agacharse, acurrucarse, encogerse, ocultarse, esconderse, encorvarse, inclinarse, doblarse, arrodillarse.
Agencia delegación, administración, representación, filial, sucursal, despacho, oficina, empresa, compañía, firma, dependencia, rama, establecimiento || diligencia, solicitud, interés.
Agenciar conseguir, lograr, obtener, procurar, alcanzar, buscar, intentar, adquirir, tomar, atrapar.
Agenda dietario, memorándum, breviario, libreta, cuaderno, diario, cuadernillo.
Agente comisionista, corredor, intermediario, encargado, delegado, negociante, representante, viajante, factótum, funcionario, concesionario, comisionado, empleado, secretario, mandatario, apoderado, intendente, administrador, gerente, regidor, mediador, tercero, negociador, empresario, fautor || espía, *detective*, policía, guardia, vigilante || elemento, parte, pieza, ingrediente.
Agestado afaccionado, de buena cara, de mala cara.
Aggiornamento * puesta al día, renovación, reestructuración.
Agible factible, hacedero, posible, realizable.
Agigantado descomunal, enorme, colosal, desmedido, desmesurado, gigantesco.
Agigantar crecer, aumentar, desarrollar, acrecentar, agrandar, ampliar.
Ágil ligero, rápido, raudo, listo, diligente, vivo, activo, pronto, expedito, desembarazado, resuelto, sutil, liviano, veloz, dinámico.
Agilidad ligereza, presteza, desembarazo, prontitud, velocidad, rapidez, diligencia, actividad, dinamismo, sutileza, vivacidad.

Agilizar mover, aligerar, activar, apresurar.
Ágilmente ligeramente, rápidamente, dinámicamente, v. ágil.
Agio especulación, agiotaje, acaparamiento, lucro, usura, abuso, monopolio, estraperlo, tráfico ilegal.
Agiotaje especulación, v. agio.
Agiotista especulador, acaparador, traficante, estraperlista, monopolizador, trapicheador.
Agitación inquietud, intranquilidad, conmoción, desasosiego, perturbación, revolución, turbación, revuelo, bullicio, bulla, ajetreo, traqueteo, trastorno, convulsión, temblor, palpitación, vibración, estremecimiento, zarandeo, oscilación, sacudida, movimiento.
Agitado turbado, convulsionado, inquieto, intranquilo, conmocionado, desasosegado, perturbado, revolucionado, bullicioso, trastornado, convulso, tembloroso, palpitante, jadeante, nervioso, estremecido, sacudido, zarandeado, trémulo, ansioso, alborotado.
Agitador provocador, perturbador, revolucionario, propagandista, reformador, sedicioso, faccioso, rebelde, insurgente, amotinado, instigador, insurrecto, turbulento, revoltoso, alborotador.
Agitar alterar, excitar, inquietar, zarandear, bullir, turbar, violentar, remover, intranquilizar, conmover, sacudir, menear v., emocionar, convulsionar, revolucionar, trastornar, estremecer, alborotar.
Aglomeración acumulación, amontonamiento, hacinamiento, acopio, agolpamiento, masa, reunión, turba, muchedumbre, multitud, chusma, legión, asamblea.
Aglomerado conglomerado, moldeado, comprimido, bola, pelota.
Aglomerar amontonar, acumular, hacinar, juntar, reunir, apilar, comprimir, acopiar || **Aglomerarse** congregarse, reunirse, apiñarse, amontonarse, juntarse, hacinarse, comprimirse, agolparse.
Aglutinación unión, adhesión, reu-

nión, contacto, conglomerado, masa.

AGLUTINADO unido, fijado, adherido, amasado, encolado, pegado, comprimido, reunido, apiñado, amontonado, aglomerado.

AGLUTINAR adherir, juntar, pegar, encolar, unir, comprimir, fijar, amasar, conglomerar, conglutinar.

AGNACIÓN parentesco, afinidad, consanguinidad, lazo, vínculo, unión, relación, alianza.

AGNADO pariente, familiar, consanguíneo, afín, vinculado, relacionado, deudo.

AGNUSDÉI relicario, imagen, lámina.

AGOBIADO angustiado, abrumado, oprimido, exhausto, sofocado, fatigado, rendido, cansado, abatido, molesto, fastidiado, sufrido, apenado, apesadumbrado, ahogado, anhelante.

AGOBIANTE angustioso, sofocante, abrumante v.

AGOBIAR abrumar, oprimir, angustiar, cansar, abatir, apesadumbrar, ahogar, apenar, fastidiar, molestar, cansar, rendir, fatigar, sofocar.

AGOBIO abatimiento, pesadumbre, angustia, opresión, pena, sufrimiento, fastidio, molestia, cansancio, fatiga, sofoco, ahogo, agotamiento.

AGOLPARSE amontonarse, reunirse, congregarse, juntarse, aglomerarse, apiñarse, hacinarse.

AGONÍA estertor, v. muerte, desenlace, fin, trance, expiración, pena, tribulación, amargura, dolor, desconsuelo, ansia, anhelo, angustia, aflicción, congoja.

AGÓNICO v. agonizante.

AGONIZANTE moribundo, doliente, expirante, agónico, semidifunto.

AGONIZAR expirar, morirse, extinguirse, acabar, terminar, perecer, sufrir, padecer.

ÁGORA plaza, foro, asamblea, junta, reunión.

AGORAR vaticinar, pronosticar, augurar, predecir, anunciar, profetizar, presagiar, adivinar, presentir.

AGORERO pesimista, sombrío, atrabiliario, triste, fatídico v., infausto || adivino, pronosticador, zahorí, augur, profeta, sibilino, mago, hechicero, brujo.

AGOSTADOR quemante, abrasador, caluroso.

AGOSTAMIENTO marchitamiento, consunción, abrasamiento.

AGOSTAR marchitar, secar, amustiar, acabar, consumir, gastar, asurar, ajar, debilitar.

AGOTADO exhausto, macilento, marchito, cansado, consumido, extenuado, debilitado, flaco, postrado, fatigado, desganado, impotente, enflaquecido, débil, acabado, gastado, seco, arruinado, empobrecido, vacío.

AGOTADOR extenuante, fatigante, cansador, debilitante.

AGOTAMIENTO cansancio, consunción, extenuación, fatiga, postración, flacura, enflaquecimiento, debilidad, desgana, impotencia, depauperación, empobrecimiento, acabamiento.

AGOTAR secar, vaciar, terminar, concluir, empobrecer, arruinar, enflaquecer, debilitar, extenuar, postrar, fatigar, consumir, cansar, marchitar, agostar, apurar, desgastar, extinguir, arruinar ||

AGOTARSE consumirse, debilitarse, extenuarse.

AGRACEJO agraz, bérbero, arlo, marojo.

AGRACIADO favorecido, apuesto, dotado, hermoso, guapo, adonis, bello, donoso, gentil, gallardo, garboso, gracioso, ocurrente, afortunado, venturoso.

AGRACIAR otorgar, conceder, favorecer, distinguir, premiar, laurear, recompensar.

AGRADABLE atractivo, atrayente, afectuoso, alegre, amable, afable, encantador, delicioso, complaciente, cautivante, interesante, risueño, seductor, simpático, dulce, ameno, cómodo, placentero, bueno, sabroso, lisonjero, deleitoso, grato, tratable, satisfactorio.

AGRADABLEMENTE satisfactoriamen-

AGRADAR

te, seductoramente, dulcemente, cómodamente, encantadoramente, afablemente, deliciosamente, atractivamente, atrayentemente, gratamente, afectuosamente, alegremente.

AGRADAR cautivar, atraer, seducir, hechizar, contentar, arrebatar, entusiasmar, alegrar, regocijar, embelesar, embriagar, absorber, encantar, interesar, complacer, satisfacer, deleitar, gustar.

AGRADECER reconocer, corresponder, retribuir, devolver.

AGRADECIDO reconocido, satisfecho, obligado, complacido.

AGRADECIMIENTO gratitud, reconocimiento, correspondencia, obligación, complacencia, satisfacción, retribución, devolución.

AGRADO satisfacción, placer, seducción, interés, complacencia, delicia, encanto, alegría, contento, atracción, gusto, gracia, simpatía, deleite, atractivo, hechizo, afecto, sugestión, amenidad, regusto.

AGRAFE * gancho, broche, grapa, laña.

AGRAMAR majar, tundir, golpear, sacudir, aporrear.

AGRANDAMIENTO aumento, ampliación, v. agrandar.

AGRANDAR aumentar, ampliar, engrandecer, acrecentar, dilatar, expandir, desarrollar, ensanchar, acrecer, agigantar, extender, estirar, añadir, sumar, multiplicar, adicionar, elevar.

AGRANUJADO encanallado, pillo, golfo, perillán, bribón, v. abellacado.

AGRARIO campesino, rural, campestre, rústico, agrícola.

AGRAVACIÓN v. agravamiento.

AGRAVAMIENTO empeoramiento, desmejoramiento, agravación, declinación, hundimiento, declive.

AGRAVANTE circunstancia desfavorable, perjudicial, desventajosa, perjuicio, desventaja.

AGRAVAR obstaculizar, enredar, empeorar, encarecer, oprimir, dificultar, perjudicar, entorpecer, complicar, dañar, embarazar, estorbar ‖ AGRAVARSE empeorar, desmejorar, declinar, enfermar, debilitarse, hundirse, agudizar.

AGRAVIAR ofender, humillar, menospreciar, denostar, calumniar, deshonrar, ultrajar, insultar, injuriar, oprobiar, afrentar, avergonzar, abochornar, despreciar, vilipendiar, escarnecer, mofar.

AGRAVIO ofensa, injuria, ultraje, insulto, oprobio, vilipendio, ignominia, ludibrio, deshonra, deshonor, vergüenza, bochorno, baldón, insolencia, escarnio, desprecio, mofa, burla, denuesto, daño, perjuicio, insidia, herida.

AGRAZ desazón, amargura, disgusto, sinsabor, pesar, enfado ‖ agracejo, agrazón ‖ prematuro, verde, inmaduro, precoz.

AGRAZAR agriar, desazonar, disgustar, enfadar, amargar.

AGRAZÓN disgusto, enfado, v. agraz.

AGREDIR atacar, acometer, dañar, herir, arremeter, embestir, asaltar, golpear, arrollar, abalanzarse, combatir, irrumpir, ofender, cerrar contra, caer sobre.

AGREGACIÓN complemento, añadidura, aditamento, incorporación, anexión, yuxtaposición, adherencia, apéndice, v. agregado.

AGREGADO añadido, incorporado, completado, anexionado, yuxtapuesto, complementado, adherido, anexo, anejo, pegado, unido, adjunto, asociado, adscrito.

AGREGAR añadir, adjuntar, asociar, unir, pegar, anexionar, completar, complementar, incorporar, adherir, yuxtaponer, asociar, suplementar, aumentar, sumar, multiplicar, adicionar.

AGREMIACIÓN congregación, asociación, unión, reunión, concentración, liga, sindicato, confederación, incorporación, federación.

AGREMIAR sindicar, asociar, confederar, federar, incorporar, concentrar, reunir, unir, congregar, coligar.

AGRESIÓN ataque, asalto, acometida, embestida, ofensa, atraco, provocación, golpe, atentado, amenaza, acometimiento, embate, delito, crimen.

AGRESIVIDAD cólera, irritación, acometividad, causticidad, mordacidad, provocación, ofuscación.

AGRESIVO mordaz, provocador, colérico, cáustico, ofuscado, encolerizado, irritado, impulsivo, belicoso, pendenciero, ofensivo.

AGRESOR atacante, asaltante, acometedor, ofensor, atracador, delincuente, alborotador, criminal, culpable, provocador.

AGRESTE rústico, rural, silvestre, pastoral, abrupto, campesino, escarpado, inculto, grosero, tosco, incivil, salvaje, campestre, bucólico, rudo, selvático, zafio.

AGRIADO ácido, acedo, acidulado, acre, avinagrado, alterado, deteriorado, cortado, descompuesto, irritado, quisquilloso.

AGRIAR acidular, descomponer, avinagrar, alterar, deteriorar, cortar || irritar, exasperar, exacerbar, excitar, indisponer, encolerizar, enfadar, sulfurar, enojar, molestar.

AGRÍCOLA campesino, agrario, rural, pastoral, campestre, bucólico, del campo, rústico.

AGRICULTOR labrador, campesino, cultivador, agrónomo, granjero, plantador, horticultor, colono, paisano, payés, rústico, labriego, segador, hortelano, sembrador.

AGRICULTURA agronomía, labranza, cultivo, colonización, horticultura, plantación, explotación, labor, siembra, recolección, cosecha.

AGRIDULCE acidulado, acre, ácido, dulzón, picante.

AGRIETADO resquebrajado, rajado, hendido, rasgado, roto, cascado, fisurado, quebrado, abierto, cuarteado.

AGRIETAMIENTO resquebrajadura, v. cuarteo.

AGRIETAR rajar, rasgar, hender, cuartear, abrir, quebrar, fisurar, resquebrajar, romper, cascar, hendir.

AGRIMENSOR topógrafo, medidor, geómetra, experto catastral.

AGRIO ácido, acre, acedo, avinagrado, acidulado, acerbo, áspero, desagradable, picante, agridulce || mordaz, desentonado, desabrido, hiriente, punzante, agudo, ofensivo.

AGRIPNIA insomnio, desvelo, nerviosidad, *nerviosismo*.

AGRISADO grisáceo, gris, gríseo, pardo, oscuro.

AGRO campo, terreno, tierra, suelo, terruño, gleba, campiña, pradera, cultivo, pastizal, prado.

AGRONOMÍA cultivo, agricultura, colonización, plantación, horticultura, labranza, explotación, labor, colonización, siembra, cosecha.

AGRONÓMICO v. agropecuario.

AGRÓNOMO agricultor, perito, cultivador, granjero, labrador, horticultor.

AGROPECUARIO agrícola ganadero, agrario, rural, campestre, campesino, agronómico.

AGRUMAR coagular, apelotonar, apelmazar, cuajar, espesar, solidificar.

AGRUPACIÓN asociación, sociedad, corporación, reunión, liga, federación, grupo, gremio, hermandad, club, junta, sindicato, congregación || conglomerado, concentración, incorporación.

AGRUPAR reunir, congregar, unir, asociar, juntar, convocar, aglutinar, conglomerar, aglomerar, concentrar, hermanar, sindicar, agremiar, coligar, federar.

AGRURA acidez, acritud, acrimonia, rencor, resentimiento, hiel, avinagramiento.

AGUA líquido, fluido, linfa, licor, humor, acuosidad, zumo, jugo, infusión, caldo, lluvia, humedad, rocío, gota, chorro, corriente.

AGUACATE palta, fruto, laurácea.

AGUACERO chaparrón, chubasco, turbión, lluvia, tormenta, cellisca, diluvio, temporal, borrasca, galerna, tempestad, inclemencia, tromba, turbonada.

Aguachento * diluido, líquido, v. aguado.

Aguachirle aguapié, licor pésimo, líquido desagradable, infusión barata.

Aguada acuarela, pintura, cuadro.

Aguadero abrevadero, aguaje, pilón, barreño, tina, recipiente, depósito, pila, lavadero.

Aguado diluido, líquido, jugoso, disuelto, desleído, licuado.

Aguador azacán, ayuda, vendedor de agua.

Aguaducho puesto, quiosco, tenderete.

Aguafiestas gruñón, cascarrabias, regañón, pesimista, ceñudo, murmurador, protestón, refunfuñón, rezongón, agorero, sombrío, malasombra.

Aguafuerte grabado, estampa, lámina, clisé, litografía, ilustración.

Aguaitar v. acechar, observar, atisbar, espiar.

Aguaje abrevadero, v. aguadero.

Aguamanil lavamanos, palangana, jarro, recipiente, jofaina, lavafrutas, pila, artesa, lavabo, aguamanos.

Aguamarina berilo, esmeralda, gema, joya, piedra preciosa.

Aguamiel hidromiel, hidromel, hidrolizado.

Aguanal acequia, surco, zanja, canalillo, sangradera.

Aguanieve llovizna, lluvia helada, cellisca, aguaviento, mollizna.

Aguantable tolerable, soportable, llevadero, pasadero, sufrible, resistible.

Aguantar sustentar, soportar, sufrir, tolerar, sobrellevar, resistir, contenerse, reprimirse, pasar, transigir, callarse, conformarse, resignarse, refrenarse, dominarse, vencerse, padecer, disimular, permitir, condescender || Aguantarse reprimirse, transigir.

Aguante resistencia, paciencia, tolerancia, transigencia, conformidad, resignación, refrenamiento, dominio, disimulo, consentimiento, condescendencia, entereza, flema, fortaleza, imperturbabilidad, cuajo, permanencia, firmeza, estabilidad.

Aguapié aguachirle, vino bajo, licor barato.

Aguar diluir, disolver, rebajar, desleír, licuar, mezclar, humedecer, adulterar, falsificar || estropear, frustrar, arruinar, molestar, importunar, malograr, chasquear, burlar, defraudar, perturbar, enturbiar, entorpecer.

Aguardar esperar, confiar, creer, abrigar, alimentar, presumir, permanecer, retrasar, prorrogar, diferir, postergar.

Aguardentoso bronco, ronco, áspero, enronquecido, rudo, desabrido, desagradable, cavernoso.

Aguardiente cazalla, caña, ojén, licor, bebida espirituosa, cordial, estimulante.

Aguardo espera, acecho, expectativa.

Aguaviento llovizna, cellisca, aguanieve, chubasco, chaparrón.

Aguaza acuosidad, humor, linfa, licor, líquido.

Aguazal charca, poza, charco, lodazal.

Aguazar encharcar, aguar, empapar, desleír, cubrir, humedecer, licuar.

Agudamente sutilmente, perspicazmente, vivamente, ingeniosamente, punzantemente, penetrantemente, sagazmente, v. agudeza.

Agudeza perspicacia, penetración, ingenio, sagacidad, vivacidad, rapidez, prontitud, presteza, ligereza, viveza, talento, inteligencia, sutileza, intuición || gracia, donaire, ocurrencia, chispa, gracejo, salero, garbo, pulla.

Agudizado * agravado, empeorado, v. agudizar.

Agudizar agravar, empeorar, enfermar, declinar, desmejorar, debilitar, hundir || aguzar, afilar, afinar, adelgazar.

Agudo sutil, ingenioso, perspicaz, penetrante, sagaz, vivaz, talentoso, inteligente, intuitivo, gracioso, donoso, ocurrente, picante, mordaz, acerbo, chistoso, saleroso, garboso || puntiagudo, aguzado, afilado, afinado, adelgazado, delgado, fino, punzante, acerado, penetrante || aflautado, chillón, alto, penetrante, estentóreo || brusco v.

Agüero presagio, augurio, anuncio, pronóstico, vaticinio, premonición, predicción, adivinación, profecía, indicio, señal, auspicio, signo.

Aguerrido avezado, ducho, acostumbrado, ejercitado, experimentado, fogueado, veterano, entrenado, baqueteado, habituado, curtido, bravo, valiente, osado.

Aguerrir avezar, curtir, acostumbrar, entrenar, ejercitar, foguear, baquetear.

Aguijada estímulo, acicate, aliciente, incentivo || pincho, punta, puya.

Aguijadura punzadura, aguijonazo, aguijonada, pinchazo, v. aguijada.

Aguijar aguijonear, punzar, estimular, incitar, animar, avivar, impeler, apremiar, inducir, pinchar, picar, espolear, exhortar.

Aguijón pincho, púa, punta, pico, dardo, rejón, aguja, espina || estímulo, incitación, ánimo, apremio, acicate, incentivo, aliciente, estro.

Aguijonazo pinchazo, picadura, punzada, puyazo, puntada, rejonazo, agujeta || estímulo, apremio, hostigamiento, enardecimiento, acicate, incentivo, aliciente, incitamiento.

Aguijonear estimular, punzar, incitar, avivar, aguijar, impeler, apremiar, inducir, pinchar, picar, espolear, exhortar, arrear, fustigar, enardecer, hostigar, molestar, atormentar, provocar, atizar.

Águila aguilucho, aguilón, guaraguo, ave de rapiña, ave de presa, ave rapaz.

Aguileño torcido, corvo, ganchudo, aquilino, curvado, encorvado, convexo, delgado, fino.

Aguilón viga, madero, brazo, poste, puntal, soporte || v. águila.

Aguilucho aguililla, v. águila.

Aguinaldo propina, gratificación, dádiva, recompensa, obsequio, óbolo, regalo, presente, sobresueldo, sobrepaga.

Aguja alfiler, pincho, espina, aguijón, púa, astilla, espínula, espinilla, punta, pasador, ganchillo, pica, espiga, punzón || manecilla, minutero, segundero, saeta || brújula, bitácora || cambiavías, desvío.

Agujazo pinchazo, aguijonazo, punzada, agujeta.

Agujerear horadar, barrenar, taladrar, perforar, acribillar, abrir, calar, atravesar, escariar, fresar, traspasar, ojalar.

Agujero orificio, abertura, boquete, taladro, hoyo, hueco, perforación, portillo, foramen, brecha, pozo, entrada, salida, boca, ojo, gatera, ojete, ojal.

Agujeta cinta, pretina, cincha, correa || Agujetas punzada, aguijonazo, pinchazo, picazón, hormiguillo, molestia, dolor.

Agujetero alfiletero, canuto, almohadilla.

Agur abur, adiós, hasta pronto, a más ver.

Agusanado corrupto, pútrido, corrompido, putrefacto, pocho, descompuesto, marchito, deteriorado, echado a perder.

Aguzado afilado, puntiagudo, ahusado, afinado, adelgazado, v. agudo.

Aguzanieves aguanieves, nevatilla, chirivía, pezpita, doradillo, pisondera, andarríos.

Aguzar afilar, ahusar, afinar, adelgazar, repasar, aligerar, estrechar || avivar, despabilar, ingeniar, incitar, estimular, aguijonear, excitar, intuir, espolear.

Ahebrado fibroso, correoso, filamentoso.

Ahechar cribar, tamizar, cernir, pasar, colar.

Ahembrado amujerado, amadamado, v. afeminado.

Aherrojamiento opresión, esclavitud, encadenamiento, tiranía, despotismo, avasallamiento, atadura, sujeción.

Aherrojar encadenar, sujetar,

atar, esposar, ligar, inmovilizar, poner grillos || tiranizar, sojuzgar, esclavizar, oprimir, subyugar, avasallar, dominar, rendir, atropellar.

AHERRUMBRARSE enmohecerse, oxidarse, llenarse de orín, herrumbrarse, tomarse, estropearse, arruinarse.

AHÍ allí, acá, aquí, allá, en ese lugar, en ese sitio, cerca, próximo.

AHIDALGADO noble, caballeroso, generoso, magnánimo, señorial.

AHIGADADO esforzado, osado, valiente, valeroso, temerario.

AHIJADO adoptado, apadrinado, protegido, prohijado, acogido, amparado, v. adoptivo.

AHIJAR apadrinar, prohijar, adoptar, proteger, acoger, patrocinar, amparar || engendrar, procrear, parir, retoñar || atribuir, imputar, achacar.

AHILAR adelgazar, afinar, ahusar, acartonar, apergaminar, secar, marchitar.

AHINCADO esforzado, insistente, voluntarioso, firme, entusiasta, fervoroso, vehemente, v. ahínco.

AHINCAR insistir, perseverar, continuar, persistir, apresurar, instar, exhortar, v. ahínco.

AHÍNCO tesón, empeño, esfuerzo, insistencia, perseverancia, ardor, diligencia, vehemencia, ansia, fervor, entusiasmo, voluntad, esfuerzo, obstinación, pertinacia, eficacia.

AHITAR hartar, atiborrar, llenar, atracar, hastiar, empachar, empalagar, apipar, saciar, indigestar, comer, tragar, embaular, deglutir, devorar.

AHÍTO saciado, harto, lleno, atracado, hastiado, empachado, indigestado, apipado, empalagado, repleto, atiborrado || cansado, fastidiado, aburrido, disgustado.

AHOBACHONADO apoltronado, ocioso, indolente.

AHOCINARSE angostarse, estrecharse, apretarse.

AHOGADO asfixiado, sofocado, ahorcado, estrangulado, apretado, acogotado || apurado, abrumado, comprometido, apremiado, urgido, atribulado.

AHOGAMIENTO v. ahogo.

AHOGAR sofocar, asfixiar, ahorcar, agarrotar, estrangular, acogotar || apretar, abrumar, apurar, comprometer, apremiar, urgir, atribular || apagar, sofocar, extinguir, liquidar || anegar, inundar, sumergir, zambullir, encharcar.

AHOGO asfixia, sofocación, opresión, sofoco, estrangulación, bochorno, jadeo, fatiga, asma || angustia, congoja, aprieto, apuro, agobio, apremio, penuria, necesidad, aflicción, pobreza, miseria.

AHOJAR ramonear, pastar, pacer, apacentar, pastorear.

AHOMBRADO hombruno, viril, varonil, masculino, fuerte, machote, robusto.

AHONDAMIENTO penetración, agujereamiento, profundización, avance, progreso.

AHONDAR profundizar, excavar, penetrar, escarbar, cavar, investigar, sondear, fiscalizar, escudriñar, descender, penetrar progresar, agujerear, horadar, picar, socavar, abrir.

AHORA ora, hoy, ya, actualmente, al presente, en este momento, en este instante.

AHORCADO colgado, ajusticiado, ejecutado, agarrotado, condenado, liquidado, asfixiado, estrangulado, acogotado || apurado, comprometido, apremiado, urgido, abrumado, atribulado || sofocado, extinguido, apagado.

AHORCAMIENTO ahorcadura, ejecución, ajusticiamiento, agarrotamiento, condena, estrangulación, asfixia, acogotamiento, liquidación.

AHORCAR asfixiar, sofocar, oprimir, agarrotar, estrangular, acogotar, suspender, colgar, ajusticiar || apretar, abrumar, apurar, comprometer.

AHORMAR ajustar, amoldar, conformar, moldear, adaptar, acomodar.
AHORNAR tostar, soflamar, chamuscar, enhornar, dorar.
AHORQUILLADO bifurcado, bífido, aguzado.
AHORRADOR económico, ahorrativo, frugal, avaro, tacaño, interesado, mezquino, sórdido, cicatero.
AHORRAR guardar, economizar, reservar, escatimar, entalegar, restringir, tasar, reservar, limitar, excusar, ahuchar ‖ evitar, impedir, librar.
AHORRATIVO v. ahorrador.
AHORRO economía, frugalidad, reserva, previsión, prudencia, sagacidad ‖ avaricia, mezquindad, escatimación, restricción, tacañería, interés, sordidez, cicatería ‖ tesoro, peculio, reserva, alcancía, hucha, cepillo, caudal, bienes, capital, fondos.
AHUCHAR economizar, v. ahorrar.
AHUECADO ensanchado, agrandado, horadado, perforado, hinchado, esponjado, amplio, abultado.
AHUECAMIENTO ensanchamiento, horadación, oquedad, perforación, agrandamiento, ampliación, esponjamiento, hinchazón, amplitud, agujero ‖ engreimiento, envanecimiento, soberbia.
AHUECAR ensanchar, agrandar, ampliar, horadar, perforar, esponjar, hinchar, agujerear, inflar ‖ irse, marcharse, largarse ‖ AHUECARSE engreírse, hincharse, pavonearse, envanecerse, ensoberbecerse.
AHUESADO consistente, pétreo, tenaz, sólido, duro.
AHUMADO acecinado, tiznado, manchado, zahumado, ennegrecido ‖ emborrachado, achispado, beodo, v. ebrio.
AHUMAR zahumar, acecinar, curar, ennegrecer, tiznar, manchar ‖ v. emborrachar, alegrar, achispar, embriagar, alumbrar.
AHUSADO adelgazado, fino, alargado, aguzado, puntiagudo, afilado, estrecho, fusiforme.
AHUSAMIENTO punta, pincho, adelgazamiento, afinamiento, estrechamiento, pico.
AHUSAR afinar, adelgazar, aguzar, afilar, alargar, estrechar.
AHUYENTAR espantar, atemorizar, asustar, echar, arrojar, despedir, expulsar, escapar, evadir, huir, repeler, rechazar, alejar, desechar.
AÍNA pronto, rápido, rápidamente, presto, al instante, fácilmente.
AINDIADO cobrizo, atezado, moreno, oscuro, cetrino, oliváceo, tostado, endrino, terroso.
AIRADAMENTE coléricamente, furiosamente, exasperadamente, violentamente, ardorosamente, v. airado.
AIRADO irritado, colérico, indignado, agitado, violento, ardoroso, iracundo, rabioso, encolerizado, furioso, enojado, enfurecido, exasperado, irascible, irritable, bilioso ‖ depravado, pervertido, licencioso, inmoral.
AIRAR indignar, irritar, encolerizar, violentar, enardecer, enfurecer, enojar, exasperar.
AIRE atmósfera, éter, ambiente, espacio, masa gaseosa, cielo ‖ viento, céfiro, ventilación, aireo, aireación, oreo, corriente, aventamiento, aura, soplo, tiro, efluvio ‖ apariencia, figura, aspecto, desplante, físico, expresión, porte, gesto, continente, talante, gallardía, apostura, garbo, brío, donosura, gracia ‖ aria, tonada, melodía, canción, copla.
AIREACIÓN ventilación, oreo, purificación.
AIREADO ventilado, seco, fresco, sano, higiénico, oreado.
AIREAR ventilar, orear, aventar, ventear, secar, abrir, purificar, refrescar, higienizar ‖ discutir, tratar, considerar, debatir, examinar, delucidar ‖ AIREAR * propagar, divulgar, revelar, esparcir.
AIRÓN plumero, penacho, plumas, cimera, pompón, adorno.
AIROSAMENTE garbosamente, gallardamente, v. airoso.
AIROSO gallardo, garboso, apuesto,

galán, lucido, brillante, arrogante, gracioso, gentil, elegante, donoso, lozano, fresco.
AISLADAMENTE solitariamente, separadamente, reiteradamente, apartadamente, recogidamente, retraídamente, v. aislado.
AISLADO retirado, solitario, desierto, recogido, retraído, solo, separado, apartado, encerrado, recluido, clausurado, incomunicado, excluido, recluso, abandonado, misógino, sitiado, cercado.
AISLADOR v. aislante.
AISLAMIENTO retiro, soledad, retraimiento, incomunicación, exclusión, clausura, reclusión, encierro, apartamiento, separación, recogimiento, abandono, desamparo, orfandad, ascetismo, misoginia.
AISLANTE aislador, dieléctrico, mal conductor.
AISLAR confinar, incomunicar, clausurar, recluir, encerrar, apartar, retraer, retirar, abandonar, desamparar, separar, excluir, cercar, sitiar, arrinconar, alejar, rechazar || AISLARSE retraerse, retirarse, recogerse, incomunicarse, apartarse, desligarse, desvincularse, encerrarse.
AJADO marchito, deslucido, v. ajamiento.
AJAMIENTO marchitamiento, deslucimiento, deterioro, maltrato, sobo, ruina, manoseo, roce, decoloración, desgaste, deslustre.
AJAMONARSE engordar, engrosar, rellenarse, atocinarse, envejecer, madurar, echar carnes.
AJAR marchitar, deslucir, maltratar, deteriorar, estropear, sobar, manosear, chafar, desgastar, decolorar, desteñir, arrugar, deslustrar, aplastar, rozar, mancillar.
AJEDRECISTA jugador, aficionado, maestro.
AJEDREZ escaque, trebejos.
AJEDREZADO cuadriculado.
AJENJO absintia, absenta, alosna, licor, bebida.
AJENO extraño, impropio, inadecuado, improcedente, libre, lejano, distante, diferente, distinto, diverso, aparte, separado.
AJETREADO curtido experimentado, v. ajetrear.
AJETREAR zarandear, trajinar, traquetear, revolver, azacanear, agitarse, menearse, matarse, trabajar, afanarse, fatigarse, cansarse.
AJETREO trajín, traqueteo, zarandeo, movimiento, agitación, trabajo, cansancio, fatiga, meneo.
AJÍ pimiento, guindilla, chile, chiltipiquín.
AJIACEITE salsa, ajolio, pebre, condimento, alioli, ajimójili, moje, aliño, aderezo, adobo.
AJIMEZ ventanal, ventana, mirador, balconcillo.
AJIRONAR rasgar, desgarrar, romper, deshilachar, arrancar, destrozar.
AJO cebollino, puerro, chalote, liliácea, bulbo, diente, cabeza, condimento.
AJOBO fatiga, molestia, esfuerzo, carga, trabajo.
AJONJOLÍ sésamo, alegría, planta.
AJORCA pulsera, argolla, brazalete, aro, brazal, arete, esclava, joya, manilla.
AJORDAR gritar, vociferar, enronquecer, ensordecer, chillar, vocear.
AJUAR enseres, menaje, mobiliario, pertenencias, bienes, moblaje, equipo, bártulos, utensilios, chismes || bagaje, equipaje, ropa, canastilla, vestuario, indumentaria.
AJUMARSE emborracharse, alegrarse, achisparse, embriagarse, ahumarse, alumbrarse.
AJUSTADO cabal, justo, recto, preciso, escueto, conciso, simple, sencillo, estricto || estrecho, ceñido, apretado, rígido, angosto, encogido.
AJUSTADOR obrero, operario, mecánico, armador, productor, asalariado || justillo, jubón, faja, corsé.
AJUSTAR acomodar, arreglar, acoplar, encajar, convenir, concertar, concordar, pactar, contratar, casar, embutir, reconciliar,

estrechar, ceñir, regular, limitar ||
AJUSTARSE limitarse, avenirse, amoldarse, conformarse, someterse, sujetarse, adaptarse.

AJUSTE convenio, trato, pacto, arreglo, precisión, contrato, conciliación, acuerdo, corrección, rectificación, exactitud.

AJUSTICIADO ejecutado, muerto, cadáver, condenado, reo, decapitado, guillotinado, ahorcado, agarrotado, electrocutado, envenenado.

AJUSTICIAMIENTO ejecución, muerte, condena, liquidación, eliminación, garrote, ahorcamiento, decapitación, guillotinamiento, fusilamiento, gaseamiento, envenenamiento, electrocución, quema, cumplimiento de sentencia.

AJUSTICIAR ejecutar, matar, condenar, liquidar, eliminar, ahorcar, colgar, agarrotar, decapitar, guillotinar, fusilar, gasear, envenenar, electrocutar, quemar, cumplir sentencia.

ALA aleta, remo, élitro, membrana, alón, miembro, extremidad, plano, alerón || hilera, flanco, costado, cuerpo, fila, parte, grupo, tropa, extremo.

ALABANCERO lisonjero, adulador, adulón, zalamero, tiralevitas, alabancioso, pelotillero, lavacaras.

ALABANCIOSO jactancioso, presuntuoso, vanidoso, pedante, fatuo, presumido, petulante, vano, engreído, soberbio.

ALABANZA elogio, encomio, apología, panegírico, enaltecimiento, aprobación, encarecimiento, loa, celebración, ensalzamiento, aleluya, lauro, honor, loor, lisonja, cumplido, congratulación, cortesía, ditirambo, glorificación, aclamación, exaltación, encumbramiento, aplauso, adulación, agasajo, halago, felicitación, honra, requiebro, vítor, ovación || jactancia, envanecimiento, vanidad, fatuidad, presunción, petulancia, engreimiento, soberbia.

ALABAR ensalzar, elogiar, celebrar, aplaudir, honrar, requebrar, felicitar, halagar agasajar, adular, exaltar, encumbrar, aclamar, glorificar, congratular, aprobar, honrar, loar, lisonjear, encarecer, enaltecer, encomiar, vitorear, ovacionar, encaramar, incensar ||
ALABARSE jactarse, ensalzarse, vanagloriarse, envanecerse, alardear, pavonearse, exaltarse, enaltecerse, engreírse, glorificarse, gloriarse, aplaudirse, preciarse, loarse.

ALABARDA pica, lanza, rejón, puya, asta, venablo.

ALABASTRINO translúcido, transparente, transluciente, alabastrado, diáfano, claro.

ALABASTRO mármol, jaspe, serpentina, brocatel, piedra, roca, mineral.

ÁLABE combadura, curvatura, curva, arqueamiento, alabeo, ondulación, abarquillamiento, pandeamiento, torcedura, flexión, arqueo, comba.

ALABEADO curvo, combado, combo, abarquillado, pandeado, ondulado, torcido, retorcido, flexionado, curvado, arqueado, adunco.

ALABEAR pandear, torcer, retorcer, flexionar, abarquillar, combar, curvar, arquear, bornear.

ALABEO arqueamiento, álabe, curva, curvatura, combadura, ondulación, abarquillamiento, flexión, pandeamiento, ondulado, torcedura, arco, torsión, comba, escorzamiento.

ALACENA aparador, despensa, armario, hornacina, trinchero, estantería, vasar.

ALACRÁN escorpión, arácnido, artrópodo, bicho, sabandija || asilla, eslabón, sujetador, escilla.

ALACRIDAD animación, prontitud, celeridad, rapidez, presteza, disposición, alegría, predisposición, viveza, actividad, dinamismo, diligencia.

ALADAR mechón, guedeja, mecha, bucle, cerneja.

ALADO ligero, veloz, rápido, raudo, alígero, pronto, ágil.

ALAGADIZO encharcado, anegado, inundado, mojado.

ALAMAR entorchado, galón, cairel,

ALAMBICADO

guarnición, fleco, adorno, recamo || ojal, presilla.
ALAMBICADO sutil, rebuscado, complicado, agudo, refinado.
ALAMBICAR destilar, sublimar, volatilizar, condensar || estudiar, examinar, aquilatar, considerar, sutilizar, afinar.
ALAMBIQUE destilador, alcatara, alquitara, destiladera, caldera, recipiente, redoma.
ALAMBRADA cerco, red, valla, alambrera, cercado, empalizada, seto, estacada, barrera, alambrado.
ALAMBRADO v. alambrada.
ALAMBRAR cercar, acotar, encerrar, cerrar.
ALAMBRE filamento, cable, trafilado, hilo.
ALAMBRERA red, enrejado, alambrado, cobertera, mosquitero, pantalla.
ALAMEDA paseo, arboleda, bosquecillo, parque, camino, sendero.
ÁLAMO chopo, árbol.
ALANCEAR picar, rejonear, saetear, pinchar, acuchillar, apuñalar, herir, zaherir, cortar, tajar.
ALANO dogo, can, perro v.
ALÁRABE mahometano, muslime, musulmán, v. árabe.
ALARDE jactancia, ostentación, presunción, fatuidad, vanagloria, inmodestia, gala, alabanza, engreimiento, ufanía, pompa, bombo.
ALARDEAR presumir, jactarse, vanagloriarse, alabarse, engreírse, ufanarse, darse bombo.
ALARGADO prolongado, dilatado, apaisado, extenso, v. largo.
ALARGAMIENTO prolongación, dilatación, tardanza, extensión, retraso, ampliación, amplificación, distensión, v. alargar.
ALARGAR prolongar, dilatar, extender, estirar, desarrollar, expandir, ensanchar, dilatar, distender, ampliar, amplificar, agrandar || retrasar, diferir, prolongar, retardar, postergar, posponer, demorar, aplazar.
ALARIDO chillido v., grito, bramido, clamor, aullido, rugido, queja, lamento, baladro.
ALARIFE constructor, arquitecto, maestro de obras, albañil, oficial, operario.
ALARMA inquietud, espanto, susto, sobresalto, prevención, preocupación, terror, pavor, miedo, temor, intranquilidad, aprensión, nerviosidad, emergencia, contingencia, urgencia, desasosiego, angustia, aviso, rebato, señal.
ALARMADO inquieto, sobresaltado, espantado, v. alarma.
ALARMANTE inquietante, intranquilizador, pavoroso, estremecedor, angustioso, temible, aterrador, espantoso, horripilante, impresionante.
ALARMAR sobresaltar, espantar, inquietar, asustar, preocupar, intranquilizar, atemorizar, aterrorizar, desasosegar, angustiar, impresionar.
ALARMISTA insidioso, pesimista, artero, bulero, falsario, trolero, farsante, embaucador.
ALASTRARSE agacharse, encogerse, tenderse, echarse, agazaparse.
A LÁTERE acompañante, compañero, asistente, *adlátere*, al lado.
ALAZÁN rojizo, canela, tostado, anaranjado, vinoso || caballo, potro, yegua, montura, corcel, palafrén, penco.
ALAZOR azafrán, romín, cártamo, planta.
ALBA amanecer, aurora, alborada, madrugada, orto, albor, amanecida, crepúsculo matutino, rayar el día, romper el día.
ALBACEA testamentario, fiduciario, legatario, fideicomisario, cabezalero, albaceazgo, custodio, delegado, representante.
ALBACORA bonito, atún.
ALBAHACA alcino, silvestre menor, parietaria.
ALBALÁ documento, cédula real, manifiesto, constancia.
ALBANEGA redecilla, cofia, red.
ALBAÑAL cloaca, alcantarilla, conducto, canalillo, canal, sumidero, vertedero, atarjea, desagüe, colector, arbollón, desembocadura, drenaje, basurero, pozo negro.
ALBAÑIL alarife, operario, obrero, maestro, oficial.

Albañilería obra, construcción, alarifazgo, fábrica.
Albaquía residuo, sobra, remanente, resto, diferencia.
Albar blanco, claro, albo, níveo, cano.
Albarán documento, cédula, constancia, recibo, comprobante, albalá || anuncio, cartel, marbete.
Albarca abarca, alpargata, almadreña, zueco.
Albarda aparejo, cincha, montura, silla, enjalma, basto, almohadilla, guarnicionería.
Albardán perillán, pícaro, truhán, bufón, histrión, payaso.
Albardar enalbardar, embastar, enjalmar.
Albardilla almohadilla, v. albarda.
Albaricoque damasco, albérchigo, albarillo, fruto, alberguero.
Albaricoquero v. albaricoque, árbol.
Albatros carnero del cabo, palmípeda, ave marina.
Albayalde blanco de España, cerusa, blanco de plomo, pintura.
Albedo luminosidad, reflexión, difusión.
Albedrío potestad, voluntad, antojo, capricho, deseo, gana, arbitrio, gusto, decisión.
Albéitar veterinario, albeite, protoalbéitar, experto.
Alberca depósito, pozo, poza, balsa, aljibe, cisterna, tanque, charca, pilón, estanque, pila, recipiente, acequia.
Albérchigo prisco, albaricoque, melocotón, fruto.
Alberchiguero albaricoquero, melocotonero, árbol.
Albergar hospedar, alojar, cobijar, asilar, amparar, aposentar, acoger, recibir, instalar, admitir, guarecer.
Albergue posada, alojamiento, pupilaje, cobijo, aposentamiento, asilo, amparo, hospedaje, mesón, hospedería, parador, fonda, hostal, guarida, refugio, venta, cotarro, hostería, pensión, hotel, habitación, choza, cabaña, techo, cueva, madriguera.
Alberguero posadero, mesonero, ventero, hospedero.
Albero albar, blanquecino, blanco, claro.
Albino blanquecino, incoloro, descolorido, blancuzco, albuginoso, cano, albo.
Albo blanco, claro, inmaculado, níveo, cano, lechoso, albino.
Albogue dulzaina, chirimía, flauta.
Albóndiga, albondiguilla, pelota, bola.
Albor blancura, albura, pureza, blancor || comienzo, principio, inicio, preludio, nacimiento, origen || niñez, infancia, mocedad, juventud, pubertad || amanecer, v. alborada.
Alborada alba, amanecer, aurora, albor, madrugada, mañana, maitinada, clarear, orto, albada, horas tempranas, primeras luces, crepúsculo matutino.
Alborear amanecer, apuntar, despuntar, aclarar, clarear, albear, romper el día, rayar el día, reír el alba, quebrar el alba.
Albores principios, comienzos, inicios, infancia, juventud, mocedad, pubertad.
Alborga alpargata, zapatilla, esparteña, sandalia, abarca.
Albornoz capote, capa, manto, capuz, chilaba.
Alboroque agasajo, homenaje, festejo, atención.
Alborotado atolondrado, ligero, irreflexivo, precipitado, bullicioso, aturdido, imprudente, atontado, distraído, botarate, perturbado, ruidoso, excitado, estrepitoso, tumultuario.
Alborotador pendenciero, matón, ruidoso, estrepitoso, jaranero, camorrista, buscarruidos.
Alborotar gritar, vocear, escandalizar, perturbar, molestar, jaranear, trastornar, reñir, disputar, sublevar, amotinar || Alborotarse enfurecerse, sublevarse, irritarse, encresparse, encolerizarse, excitarse, perturbarse, impacientarse.
Alboroto tumulto, confusión, desorden, estrépito, vocerío, escán-

dalo, algarabía, griterío, jarana, riña, pendencia, disputa, tremolina, *zapatiesta*, trapatiesta, zambra, tiberio, batahola, bochinche, baraúnda, tropel, bulla, ruido, bullicio, altercado, perturbación, zipizape, trifulca, marimorena, reyerta, jollín, cisco, zarabanda, tole tole, jaleo, guirigay, pandemónium, pelotera, jácara, vocinglería, estruendo, aquelarre, bullanga, trisca, revolución.

Alborozado gozoso, jubiloso, alegre, satisfecho, regocijado, contento, exultante, entusiasmado.

Alborozarse entusiasmarse, v. alborozo.

Alborozo gozo, entusiasmo, contento, optimismo, júbilo, regocijo, satisfacción, alegría, algazara, exultación, bullicio, placer, hilaridad, jovialidad, jaleo.

Albricias júbilo, contento, regocijo, alegría, satisfacción, felicitación, recompensa, regalo, obsequio, noticia, nueva.

Albufera laguna, lago, charca, marisma, estanque, albariza, albina, alberca, poza, pantano.

Albuginoso albino, claro, blanquecino, blancuzco, cano, blanco, níveo.

Álbum libro, libreta, cuaderno, cuadernillo.

Albúmina proteína, aminoácidos, prótidos.

Albuminoideo proteico, proteínico, albuminoso, albuminoide, *albuminóideo*.

Albur riesgo, azar, contingencia, suerte, fortuna, destino, sino, casualidad, acaso.

Albura blancura, blancor, albor, perfección, nitidez.

Alcabala tributo, impuesto, gabela, carga, contribución, canon, arbitrio, tributación.

Alcabalero recaudador, cobrador, administrador.

Alcachofa alcacil, alcaucil, cinara, alcaulera.

Alcahueta celestina, comadre, soplona, chismosa, encubridora, proxeneta, tercera, enredadora, cobertera, trotaconventos, corredera, cómplice, tapadera, mediadora.

Alcahuete correveidile, cómplice, tercero, mediador, soplón, acusón, chivato, encubridor, enredador, chismoso, burdelero, rufián, compinche, colaborador.

Alcahuetería rufianería, proxenetismo, trata, prostitución, tercería, lenocinio, degradación, deshonra, envilecimiento.

Alcaide carcelero, guardián, vigilante, cancerbero, custodio, director, jefe de prisión.

Alcaldada abuso, atropello, arbitrariedad, cabildada, injusticia, despotismo, ilegalidad, iniquidad.

Alcalde corregidor, intendente, administrador, baile, magistrado, funcionario, regidor, gobernador, presidente, rector.

Alcaldía ayuntamiento, administración, distrito, bailía, tenencia, zona, intendencia, despacho, oficina.

Álcali base, hidrato, óxido.

Alcaloide tóxico, veneno, tósigo, estimulante, estupefaciente, aletargante, dormitivo.

Alcaller alfarero, ceramista, barrero.

Alcance trascendencia, importancia, gravedad, efecto, eficacia, consecuencia, derivación, peso || distancia, radio, trayectoria || seguimiento, persecución, aprehensión || Alcances talento, inteligencia, capacidad, sutileza, intelecto, ingenio, cacumen.

Alcancía hucha, caja, cofre, cepillo, cepo, receptáculo, recipiente.

Alcantarilla cloaca, albañal, sumidero, imbornal, atarjea, desagüe, colector, vertedero, coluvie, canalón, arbollón, gavia, escurridero, alcantarillado, conducto, conducción, tubería.

Alcantarillado servicios, v. a.cantarilla.

Alcanzable hacedero, factible, asequible, posible, lograble, realizable, practicable.

Alcanzado aprehendido, cogido, tocado, sujeto, sobrepasado, rebasado || entrampado, empeñado, endeudado, comprometido || falto, escaso, necesitado.

ALCANZAR lograr, obtener, conseguir, sacar, agenciar, adquirir, disfrutar || atrapar, cazar, aprehender, coger, rebasar, tocar, sobrepasar || comprender, saber, penetrar, descubrir, entender, resolver, averiguar.

ALCAPARRA tápara, capuchina, alcaparrón, baya, botón, condimento.

ALCARAVÁN avetoro, zancuda, pájaro.

ALCARRAZA cántaro, rallo, vasija, botijo.

ALCARRIA loma, altozano, alcor, eminencia, colina, altiplanicie, meseta, ventorrero, otero, cerro.

ALCATARA alquitara, alambique, destilador.

ALCATIFA tapete, alfombra, alfombrilla, tapiz, cubierta.

ALCATRAZ pelícano, ave loca, palmípeda.

ALCAUCIL v. alcachofa.

ALCAYATA escarpia, clavo, punta, tachuela.

ALCAZABA fortín, reducto, torre, v. alcázar.

ALCÁZAR fortaleza, fortificación, castillo, ciudadela, fortín, reducto, palacio, alcazaba, fuerte, castro, torreón, almodóvar, acrópolis.

ALCE anta, ciervo, elano, rumiante, reno, gamo, venado.

ALCIÓN martín pescador, trepadora, ave.

ALCISTA bolsista, especulador, financiero, negociante.

ALCOBA dormitorio, aposento, cámara, habitación, estancia, cubículo, recinto, cuarto v.

ALCOCARRA gesto, mohín, visaje, mueca, guiño.

ALCOHOL galena, licor espirituoso, espíritu de vino, desinfectante, antiséptico.

ALCOHÓLICO v. alcoholizado, ebrio, beodo, v. borracho.

ALCOHOLISMO vicio, abuso, embriaguez, curda, v. borrachera, *delirium tremens*.

ALCOHOLIZADO embriagado, ebrio, v. borracho, beodo, curda, achispado, alegre, enviciado.

ALCOR colina, collado, altozano, loma, alcarria, eminencia, otero, cerro, montículo.

ALCORÁN corán, ley, código, libro, escrituras árabes.

ALCORCE atajo, senda, sendero, camino.

ALCORNOQUE encina, carrasca, chaparro, mesto || zafio, rudo, torpe, ignorante, zopenco, cebollino, bruto.

ALCORQUE hoyo, zanja.

ALCORZAR almibarar, azucarar || limpiar, asear, pulir, acicalar, adornar, embellecer, hermosear, bruñir, componer, arreglar, aderezar.

ALCOTÁN halcón, neblí, alfaneque, ave rapaz, ave de presa.

ALCURNIA abolengo, linaje, estirpe, prosapia, ascendencia, casta, cuna, cepa, ralea, genealogía, origen, tronco, distinción, nobleza.

ALCUZA aceitera, vinagrera, botellín.

ALDABA llamador, aldabón, balda, aro, anilla.

ALDABONAZO aldabazo, golpazo, estruendo, aldaba, llamada.

ALDEA poblado, villorrio, pueblo, lugarejo, aldehuela, lugar, caserío, burgo, aldeorrio.

ALDEANO campesino, labriego, lugareño, rústico, pueblerino, paleto, cateto, palurdo, zafio, pardal, ordinario, tosco.

ALEACIÓN fusión, amalgama, liga, combinación, mezcla, fundición, metal.

ALEAR fundir, amalgamar, fusionar, mezclar, ligar, combinar.

ALEATORIO fortuito, azaroso, incierto, arriesgado, aventurado, expuesto.

ALEBRARSE agazaparse, agacharse, tenderse || acobardarse, atemorizarse, alarmarse, acoquinarse.

Aleccionado instruido, adiestrado, v. aleccionar.
Aleccionador v. edificante.
Aleccionamiento adiestramiento, v. aleccionar.
Aleccionar instruir, adiestrar, enseñar, aconsejar, amaestrar, ilustrar, iniciar, advertir, sugerir, guiar, asesorar.
Alechugado arrebujado, arrugado, doblado, plegado, rizado, escarolado.
Aledaño lindante, vecino, limítrofe, colindante, adyacente, inmediato, fronterizo, contiguo, rayano, confluente, confinante, anexo, cercano, ladero || confín, límite, término, frontera, linde, coto.
Alegación testimonio, declaración, v. alegato.
Alegar declarar, aducir, manifestar, defender, razonar, exponer, citar, fundamentar, enunciar, testificar, atestiguar, testimoniar, explicar, revelar, invocar, acreditar, disculpar, pretextar.
Alegato defensa, declaración, exposición, manifiesto, escrito, documento, testimonio, revelación, explicación, pretexto, disculpa, invocación, fundamento.
Alegoría símbolo, imagen, figura, emblema, signo, insignia, representación, iconografía, atributo, marca, señal, enseña || metáfora, parábola, ficción, comparación, personificación, alusión, encarnación, apólogo || romance, fábula, mito, leyenda.
Alegórico simbólico, metafórico, imaginario, figurado, metafísico.
Alegrar contentar, regocijar, alborozar, divertir, deleitar, solazar, refocilar, holgar, agradar, complacer, encantar, satisfacer, entusiasmar, alborotar, gozar, recrear || **Alegrarse** regocijarse, solazarse, contentarse, v. alegrar.
Alegre jovial, divertido, contento, alborozado, jocoso, jaranero, animado, gracioso, bromista, risueño, festivo, chistoso, gozoso, regocijado, satisfecho, ufano, jocundo, juguetón, jubiloso, radiante, vivaz, optimista, campante || bebido, achispado, alumbrado, beodo, curda.
Alegría alborozo, contento, gozo, placer, júbilo, satisfacción, gusto, humor, hilaridad, jovialidad, exultación, diversión, risa, algazara, esparcimiento, regocijo, animación, optimismo, entusiasmo, regodeo, fiesta, alboroto, algarabía, bulla, baraúnda.
Alegro aire, tiempo, movimiento musical, vivo, vivaz.
Alejado apartado, separado, v. alejar.
Alejamiento separación, apartamiento, marcha, abandono, distanciamiento, retirada, huida, distancia v.
Alejar apartar, separar, marchar, abandonar, distanciar, retirar, huir, desviar, arrumbar, desunir, dividir, quitar, disuadir || **Alejarse** marcharse, irse, evitar, rehuir.
Alelado pasmado, atontado, ofuscado, lelo, aturdido, desconcertado, embobado, confuso, turulato, estupefacto, simple, zopenco, torpe, v. bobo.
Alelamiento aturdimiento, ofuscación, atontamiento, bobería, necedad, simpleza, desconcierto.
Aleluya júbilo, regocijo, alegría, contento, exaltación, exultación, entusiasmo, alborozo, algazara, v. alegría.
Alemán germano, germánico, teutón, teutónico, ario, indoeuropeo, tudesco.
Alentado esforzado, animoso, valiente, bravo, brioso, bizarro, atrevido, osado, impetuoso, resistente, vigoroso.
Alentador confortador, animador, consolador v.
Alentar animar, exhortar, enfervorizar, incitar, excitar, aguijonear, azuzar, reanimar, apoyar, confortar, consolar || anhelar, pretender, aspirar, codiciar, desear.
Alerce lárice, conífera, árbol.
Alergia sensibilidad, reacción, rechazo, erupción.

Alero ala, chaperón, tejaroz, saliente, resalte, alerón.
Alerón plano, ala, extremidad, aleta v.
Alerta atento, vigilante, preparado, dispuesto, listo, avizor, cuidadoso, presto, pronto || ¡cuidado!, ¡atención!, ¡preparado!
Alertar alarmar, preparar, avisar, comunicar.
Aleta alerón, ala, membrana, pala, remo, plano, extremidad.
Aletada aletazo, golpe de ala, alada, aleteo.
Aletargado amodorrado, adormecido, soñoliento, insensible, desmayado, narcotizado, inmóvil, entumecido, inconsciente.
Aletargamiento adormecimiento, letargo, amodorramiento, inconsciencia, somnolencia.
Aletargarse adormecerse, amodorrarse, entumecerse, dormirse, insensibilizarse, desmadejarse, inmovilizarse.
Aletear alear, revolotear, batir, agitar, mover las alas.
Aleteo v. aletada.
Aleve traidor, v. alevoso.
Alevilla mariposa, mariposilla.
Alevín pececillo, cría, prole, jaramugo.
Alevosamente pérfidamente, traidoramente, deslealmente, disimuladamente, infielmente, v. alevoso.
Alevosía traición, perfidia, infidelidad, deslealtad, disimulo, felonía, ingratitud, insidia, falsedad, infamia.
Alevoso pérfido, ingrato, falso, infame, felón, disimulado, traidor, infiel, desleal, renegado.
Alexifármaco contraveneno, antitóxico, antídoto, revulsivo, desintoxicante.
Alfabetizar instruir, enseñar, educar, aleccionar.
Alfabeto abecedario, abecé, letras.
Alfaguara manantial, fuente, venera, naciente, fontana, fontanar.
Alfajor rosquilla, golosina, dulce.

Alfalfa mielga, amelga, bielgo, leguminosa.
Alfanje sable, mandoble, cimitarra, espadón, chafarote, v. espada.
Alfaque bajío, bajo, escollo, banco de arena.
Alfaqueque liberador, manumisor, salvador, redentor, emancipador || correo, emisario, enviado.
Alfaquí sabio, doctor, consejero, legislador, erudito, estudioso.
Alfarda contribución, tributo, impuesto, pago.
Alfarero cacharrero, ceramista, barrero, botijero, artesano, ollero, alcaller, menestral, jarrero.
Alféizar vuelta, derrame, rebajo, vano, capialzado.
Alfeñique enclenque, endeble, débil, raquítico, canijo, delicado, flojo, enfermizo, flaco, enteco, escuchimizado.
Alférez lugarteniente, subteniente, abanderado, oficial, enseña, portaestandarte.
Alfil trebejo, pieza.
Alfiler aguja, clavillo, imperdible, broche, prendedor, fíbula, husillo, pincho.
Alfilerazo pinchazo, punzada, picadura.
Alfiletero agujetero, almohadilla, canuto.
Alfombra tapiz, moqueta, tapete, estera, cubierta, forro.
Alfombrar tapizar, recubrir, forrar.
Alforfón fajol, planta.
Alforja talega, talego, saco, zurrón, bolsa, capacho, macuto, mochila.
Alforza pliegue, doblez, costura, dobladillo.
Alfoz distrito, arrabal, término, zona, jurisdicción, barrio.
Alga ova, hongo, talófita, sargazo, planta acuática.
Algaba bosque, selva, espesura, floresta.
Algaida matorral, espesura, bosque.
Algarabía bulla, griterío, vocerío, bullicio, zambra, alboroto, estré-

ALGARADA

pito, confusión, tumulto, estruendo, algazara, ruido, jaleo, lío, jolgorio, trapatiesta || galimatías, embrollo.

ALGARADA revuelta, revolución, asonada, motín, levantamiento, sedición, sublevación, desorden, disturbio, tumulto, alboroto, confusión, vocerío, v. algarabía.

ALGARROBA arvejera, alverjón, ervilla, leguminosa.

ALGAZARA bullicio, griterío, vocerío, tumulto, alboroto, estrépito, zarabanda, jolgorio, trapatiesta, confusión, estruendo, ruido, jaleo, lío.

ÁLGIDO glacial, helado, gélido, congelado, frío || culminante, crítico, grave, supremo.

ALGO un poco, no del todo, hasta cierto punto.

ALGODÓN apósito, guata, borra, tamo, tela, hilo, tejido.

ALGODONADO velloso, felpudo, aterciopelado, peludo, fofo, flojo, blando, mullido.

ALGODONAR rellenar, estofar, forrar, enguatar, mullir.

ALGODONOSO velludo, fofo, v. algodonado.

ALGORÍN troj, truja, departamento, depósito.

ALGORITMO símbolo, notación, guarismo, cifra.

ALGUACIL funcionario, oficial, delegado, polizonte, ministril, corchete, guardia, vigilante, cuidador.

ALGUIEN algún, alguno, cualquiera.

ALGUNOS determinados, varios, ciertos, bastantes.

ALHAJA joya, adorno, gema, aderezo, presea, perifollo, relumbrón, prenda, reliquia.

ALHAJAR adornar, engalanar, acicalar, aderezar, amueblar.

ALHAJERO* estuche, cajita, cofrecillo, joyero.

ALHARACA alboroto, bullicio, jolgorio, escándalo, v. algazara.

ALHEÑA roya, tizón, hongo, parásito.

ALHEÑARSE agostarse, secarse, decaer, marchitarse, amustiarse, arroyarse, quemarse.

ALHÓNDIGA longa, mercado, pósito, feria, emporio, zoco, recova, almacén, depósito.

ALHORRE excremento, erupción, excreción.

ALHUCEMA espliego.

ALIADO confederado, compañero, amigo, coligado, asociado, adepto, afiliado, cofrade, unido, vinculado.

ALIANZA federación, liga, confederación, coalición, acuerdo, pacto, asociación, convenio, unión, consorcio, compromiso, tratado, contubernio, conspiración, concordato || matrimonio, casamiento, boda, parentesco, lazo.

ALIAR confederar, federar, coligar, asociar, afiliar, acordar, convenir, unir, pactar, comprometerse, tratar || ALIARSE federarse, coligarse.

ALIAS apodo, mote, sobrenombre, remoquete, seudónimo.

ALIBÍ* coartada, defensa, excusa, disculpa.

ALIBLE alimenticio, comestible, nutritivo, sustancioso.

ALICAÍDO desanimado, triste, entristecido, deprimido, desalentado, decaído, melancólico, débil, apagado, mohíno, desesperanzado, descorazonado, desilusionado, inapetente, rendido, mustio, afligido.

ALICATADO azulejería, mosaicos, baldosines.

ALICATES tenazas, tenacillas, pinzas.

ALICIENTE incentivo, atractico, encanto, acicate, aguijón, imán, estímulo, espejuelo, señuelo, hechizo, cebo, ánimo.

ALÍCUOTA proporcional, relativo.

ALIDADA visor, mira, mirilla, reglilla.

ALIENABLE enajenable, vendible, transferible, comerciable, liquidable.

ALIENACIÓN locura, enajenación, demencia, neurosis, chifladura, chaladura, guilladura, perturbación, vesania, desequilibrio, manía, insania, frenesí, desvarío, aberración, paranoia, esquizofrenia.

Alienado demente, loco, orate, desequilibrado, perturbado, maníaco, vesánico, frenético, paranoico, esquizofrénico, aberrante, insano, maniático, guillado, chalado, chiflado, neurótico, enajenado, tocado.

Alienar vender, enajenar, transferir, comerciar, liquidar, donar, entregar, hipotecar.

Alienígeno alienígena, extranjero, forastero, apátrida, vagabundo, foráneo, extraño, exótico, ajeno.

Alienista psiquiatra, neurosiquiatra, neurólogo, loquero, especialista.

Aliento resuello, hálito, aire, respiración, espiración, aspiración, vaho, soplo, jadeo, emanación, exhalación, olor || ánimo, esfuerzo, valor, vigor, denuedo, impulso, garbo, voluntad, bizarría.

Alifafe achaque, molestia, dolencia, indisposición, afección, dolor, desazón, padecimiento, malestar, acceso, v. enfermedad.

Aligación ligazón, trabazón, ajuste, unión, acoplamiento, combinación.

Aligator caimán, yacaré, cocodrilo, reptil.

Aligeramiento disminución, alivio, descarga, aceleración, abreviación, premura, v. aligerar.

Aligerar descargar, atenuar, suavizar, calmar, templar, disminuir, reducir, aliviar, moderar, desgravar || abreviar, apurar, apresurar, avivar, activar, acelerar, apremiar, urgir.

Alígero alado, raudo, rápido, veloz, ligero, ágil, liviano.

Aligustre ligustro, alheña, arbusto.

Alijar desembarcar, contrabandear, transbordar, descargar, desembarazarse, entregar || páramo, erial, yermo.

Alijo contrabando, tráfico, matute, escamoteo, estraperlo, defraudación, mercadería, mercancía, géneros, fraude, contravención, estafa, dolo, falacia.

Alimaña sabandija, musaraña, bicho, bestezuela, bestia, animal dañino.

Alimentación nutrición, manutención, comida, sustento, subsistencia, suministro, provisión, v. alimento || bromatología.

Alimentar nutrir, mantener, sustentar, cebar, atiborrar, rellenar, atipar, aforrar, comer, embaular, zampar, cebar, tragar, devorar, sostener, embutir || proveer, suministrar, avituallar, aprovisionar, abastecer.

Alimentario v. alimenticio.

Alimenticio nutritivo, sustancioso, jugoso, carnoso, apetitoso, reconfortante, vigorizante, nutricio, vitaminado, completo, reparador, reconstituyente.

Alimento comida, manutención, sustento, yantar, pitanza, sostén, nutriente, comestible, ingrediente, manjar, plato, subsistencia, manduca, manducatoria, substancia, puchero, vianda, colación, refrigerio, piscolabis.

Alimón (Al) a dúo, por parejas, entre dos.

Alineación fila, rectificación, formación, colocación, distribución, ordenación, reunión, línea, columna.

Alineado ordenado, formado, enfilado, colocado.

Alineamiento * v. alineación.

Alinear formar, ordenar, rectificar, reunir, enfilar, colocar, distribuir.

Aliñado condimentado, adobado, sazonado, aderezado, v. aliñar.

Aliñar sazonar, condimentar, aderezar, adobar, salpimentar, especiar, azafranar, escabechar, salar, aceitar, avinagrar || adornar, acicalar, limpiar, arreglar, apañar.

Aliño condimento, aderezo, adobo, sazonado, salpimentación, ingrediente || adorno, aseo, arreglo,

pulcritud, compostura, limpieza.
ALIOLI ajiaceite, ajolio, aliño, adobo, aderezo.
ALÍPEDO rápido, raudo, ligero, veloz, alado, ágil, alípede.
ALISAR aplanar, allanar, igualar, enrasar, suavizar, pulir, pulimentar, bruñir, lustrar, lijar, acepillar, desbastar.
ALISO abedul, arraclán, árbol.
ALISTAMIENTO enrolamiento, reclutamiento, quinta, inscripción, enganche, incorporación, registro, afiliación, matriculación, apuntamiento, leva.
ALISTAR reclutar, enrolar, inscribir, registrar, afiliar, matricular, apuntar, alistar, enganchar, incorporar, levantar || preparar, disponer, prevenir, aprontar.
ALITERACIÓN paronomasia, semejanza.
ALIVIADERO vertedero, rebasadero, pendiente, borde.
ALIVIAR mitigar, disimular, calmar, templar, aplacar, tranquilizar, reanimar, distraer, sanar, alegrar, ayudar, confortar, remediar, paliar, aminorar, consolar, templar, moderar, cicatrizar, desahogar, aligerar || ALIVIARSE mejorarse, recuperarse, restablecerse, reponerse, sanar, curarse, reanimarse, desahogarse, alegrarse, contentarse, animarse, confortarse.
ALIVIO mejoría, reanimación, remedio, consuelo, paliativo, desahogo, confortación, bálsamo, diversión, lenitivo, descanso, salud, calma, tranquilidad.
ALJABA carcaj, caja.
ALJAMA morería, judería, sinagoga, mezquita, junta, reunión.
ALJEZ yeso, aljor, mineral.
ALJIBE cisterna, tanque, pozo, depósito, recipiente || petrolero, buque tanque.
ALJÓFAR perla, bolita, cuentecilla, abalorio.
ALJOFIFA estropajo, trapo, paño, lampazo, bayeta.
ALMA espíritu, ánima, aliento, principio, substancia, esencia, fuerza, energía, ánimo, psiquis, interior, intimidad, soplo, hálito, corazón, conciencia, juicio, sentimiento, sensibilidad, viveza, impulso, entrañas || ALMAS sombras, espíritus, espectros v.
ALMA MÁTER madre nutricia, patria, universidad.
ALMACÉN depósito, tinglado, cobertizo, nave, barracón, bastimento, establecimiento, factoría, local, tienda, edificio, comercio.
ALMACENAMIENTO acumulación, provisión, depósito, acopio, acaparamiento.
ALMACENAR guardar, depositar, hacinar, reunir, acumular, cargar, juntar, recolectar, acaparar, agiotar, aglomerar, amontonar, apiñar, recoger, acopiar, asesorar, apilar.
ALMÁCIGA mástique, resina || vivero, v. almácigo.
ALMÁCIGO semillero, vivero, almáciga, invernadero.
ALMÁDENA mazo, marra, martillo.
ALMADÍA balsa, armadía, jangada, zala, zatara, zelaca, barcaza, embarcación.
ALMADRABA pesquería, banco, aparejos, redes.
ALMADREÑA madreña, zueco, galocha, chanclo.
ALMAGRAR infamar, manchar, marcar, ensangrentar, herir, lastimar, acuchillar.
ALMAGRE marca, señal, cicatriz, costurón.
ALMANAQUE calendario, anuario, agenda, epacta, efemérides, repertorio, lunario, fastos, cartilla.
ALMÁRTIGA cabezada, cincha, correa, arreos.
ALMÁSTIGA almastre, almáciga, resina.
ALMAZARA prensa, molino, aceitería, factoría.
ALMEJA molusco, telina, mejillón, bivalvo, marisco, concha, valva.
ALMENA resguardo, parapeto, pilastra, pilón, coronamiento.
ALMENARA fuego, hoguera, candil, candelero.
ALMENDRA drupa, mollar, almendruco, alloza, semilla, fruto.

Almendro almendral, almendrero, allozo, pistacho, árbol.
Almete casco, morrión, yelmo, bacinete, saquete, capacete, celada, borgoñota.
Almez almeza, drupa, semilla, fruto.
Almiar pajar, henil, montón, hórreo, nial.
Almíbar jarabe, dulce, licor, azúcar diluido, arrope, miel.
Almibarado empalagoso, meloso, melifluo, dulzón, amanerado, suave, atento, vehemente, despepitado, amabilísimo, pegajoso, afectado, melindroso, cursi.
Almibarar endulzar, engatusar, camelar, lagotear, embaucar.
Almidón apresto, fécula, polvillo.
Almidonado tieso, duro, planchado, rígido || emperifollado, remilgado, pisaverde, lechuguino.
Almidonar endurecer, planchar, acicalar.
Almilla jubón, blusón, ajustador, camisola, vestidura.
Alminar torre, torreón, minarete, atalaya.
Almirantazgo consejo, tribunal, organismo, junta.
Almirante jefe supremo, comandante de flota, de la armada, de escuadra.
Almirez mortero, almofariz, conacho, molcajete, triturador, machacador.
Almizclar aromatizar, aderezar, perfumar, odorizar.
Almo vivificador, reconfortante || excelente, santo, venerable, benéfico, beato.
Almocafre azada, azadón, escardilla, azadilla, garabato, escabuche, zarcillo.
Almohada cojín, almohadón, almohadilla, cabezal, almadraque, colchoncillo, edredón, respaldo, colchoneta.
Almohadillado acolchado, forrado, enguatado, recubierto.
Almohadón cojín, almohadilla, v. almohada.
Almojarife recaudador, cobrador, inspector, funcionario.

Almoneda subasta, puja, licitación, remate, compraventa, ocasión, oportunidad, encante, venta pública.
Almorranas hemorroides, varices, tumorcillo, abultamiento venoso.
Almorta guija, arvejón, diente de muerto, leguminosa, planta.
Almortada porción, pedazo, trozo, cacho, fragmento, parte.
Almorzar comer, alimentarse, nutrirse, desayunar.
Almotacén tasador, contrastador, controlador, inspector, mayordomo, funcionario.
Almud celemín, media fanega, medida.
Almudena alhóndiga, lonja, mercado, feria, zoco.
Almuédano muecín, invocador, salmodiante, moro.
Almuerzo comida, desayuno, alimento, piscolabis, tentempié, refrigerio, ágape.
Almunia huerto, granja, alquería, sembrado, plantación, predio, campo, prado.
Alnado hijastro, entenado, pariente, descendiente, vástago.
Alocadamente disparatadamente, atolondradamente, confusamente, v. alocado.
Alocado aturdido, disparatado, tarambana, precipitado, irreflexivo, imprudente, impetuoso, atolondrado v.
Alocución discurso, arenga, perorata, soflama, plática, prédica, oración, disertación, alegato, sermón.
Alodial libre, exento, excluido, inmune, exceptuado, indultado, dispensado.
Alodio patrimonio, heredad, herencia, legado, bienes.
Alojado huésped, invitado, albergado, residente, morador, habitante, domiciliado, v. alojamiento.
Alojamiento albergue, hospedaje, refugio, asilo, domicilio, posada, cobijo, aposento, piso, estancia, habitación, morada, vivienda, residencia, hostal, hostería, hotel,

ALOJAR venta, mesón, figón || cuartel, acantonamiento, fortín, campamento.

ALOJAR acuartelar, vivaquear, acantonar, acampar, abarracar || **ALOJARSE** albergarse, aposentarse, cobijarse, hospedarse, introducirse, meterse, abrigarse, vivir, residir, morar, habitar, domiciliarse, refugiarse, asilarse.

ALÓN ala, aleta, alerón, extremidad, miembro.

ALONDRA calandria, terrena, aloja, copada, vejeta, ave.

ALONGADO largo, prolongado, extenso, alejado, alargado.

ALOPATÍA medicina, farmacología, terapéutica.

ALOPECIA calvicie, entradas, calva, pelada, pelona, caída del cabello.

ALOQUE rosado, encarnado, rojo, clarete, vino.

ALPACA llama, rumiante, camélido || metal blanco, aleación.

ALPARGATA sandalia, zapatilla, babucha, chancleta, abarca, chanclo, pantufla, chinela.

ALPECHÍN zumo, jugo, tinaco, murga.

ALPENSTOCK * bastón, pica, pico de alpinista.

ALPINISMO montañismo, excursionismo, escalamiento, ascensión.

ALPINISTA montañero, escalador, excursionista, deportista, trepador, montañés.

ALPINO alpestre, montañoso, montaraz, escarpado, silvestre.

ALPISTE grano, semilla, gramínea, forraje.

ALQUERÍA cortijo, granja, finca, masía, caserío, villoría, predio, hacienda, rancho, estancia, ranchería, morada, almunia, casa de campo, propiedad, posesión.

ALQUILAR arrendar, traspasar, subarrendar, ceder, prestar, transferir, rentar.

ALQUILER arriendo, traspaso, transferencia, cesión, locación, arrendamiento, transacción, contrato, transmisión, operación, renta, inquilinato.

ALQUIMIA transmutación, transformación, magia, ocultismo, charlatanismo, crisopopeya, nigromancia, taumaturgia.

ALQUIMISTA ocultista, mago, charlatán, nigromante, taumaturgo.

ALQUITARA alambique, destilador, caldera.

ALQUITRÁN brea, pez, betún, resina, goma, unto, aceite esencial, zopisa.

ALQUITRANAR embrear, embetunar, untar, engrasar, recubrir, impregnar.

ALREDEDOR cerca, junto, en torno a || aproximadamente, más o menos, a ojo || **ALREDEDORES** inmediaciones, afueras, proximidades, vecindad, cercanías, contornos, arrabal, aledaños, extramuros, extrarradio, periferia, suburbio, barrio.

ALTA ingreso, entrada, admisión, aceptación || cura, curación.

ALTANERÍA soberbia, arrogancia, altivez, desdén, orgullo, engreimiento, petulancia, desprecio, vanidad, envanecimiento, presunción, imperio, insolencia, fatuidad.

ALTANERO presuntuoso, orgulloso, desdeñoso, altivo, arrogante, soberbio, engreído, petulante, despectivo, despreciativo, vanidoso, envanecido, fatuo, imperioso, insolente.

ALTAR retablo, tabernáculo, grada, estrado, peana, presbiterio, ara, mesa, sagrario, capilla.

ALTAVOZ amplificador, altoparlante, bocina, megáfono, instalación, artefacto.

ALTEA malvavisco, hierba, malvácea.

ALTEAR elevar, alzar, sobresalir, destacar, exceder, superar.

ALTERABLE mudable, modificable, variable || irritable, colérico, airado, violento.

ALTERACIÓN excitación, conmoción, inquietud, sobresalto, nerviosidad, enojo, desasosiego, trastorno, enfado, perturbación || cambio, variación, mudanza, transformación, falsificación, adulteración.

Alterado conmocionado, inquieto, excitado, sobresaltado, perturbado, trastornado, enfadado, enojado, irritado || adulterado, cambiado, falsificado, transformado.

Alterar perturbar, irritar, desasosegar, enfadar, trastornar, sobresaltar, excitar, inquietar, conmover, turbar || cambiar, variar, transformar, mudar, modificar, adulterar, falsificar.

Altercación disputa, riña, v. altercado.

Altercado gresca, cisco, disputa, riña, querella, jaleo, jollín, pendencia, reyerta, agarrada, discusión, contienda, bronca, pelotera, controversia, debate, porfía, escándalo, altercación, zipizape.

Altercar disputar, reñir, discutir, porfiar, v. altercado.

Álter ego otro yo, semejante, similar.

Alternador dínamo, generador, artefacto, aparato.

Alternancia cambio, variación, mutación.

Alternar turnar, permutar, cambiar, trocar, relevarse, variar, sucederse, reemplazar, superponerse, invertir, trastrocar, voltear, mudar || codearse, convivir, tratar, comunicarse, frecuentar, visitar, conocer, relacionarse, verse, rozarse.

Alternativa opción, dilema, facultad, disyuntiva, elección, privilegio, altibajo, azar, fortuna, dificultad, problema || ceremonia, autorización, permiso, venia, licencia.

Alternativamente sucesivamente, por turnos, por tandas.

Alternativo alterno, optativo, facultativo, disyuntivo, electivo, problemático, fortuito, relevado, variado, superpuesto, invertido, cambiado, trastrocado.

Alterno variado, electivo, optativo, v. alternativo.

Alteza excelsitud, elevación, sublimidad, excelencia, nobleza, aristocracia, eminencia, magnificencia || príncipe, infante, delfín, gran duque, aristócrata, noble.

Altibajos azar, dilema, problema, fortuna, dificultad, variación, trueque, cambio, incidente, mutación, alternativa || fragosidad, montuosidad, accidentes, escarpadura, desigualdad.

Altilocuente grandilocuente, altisonante, pomposo, enfático, ampuloso, solemne, rimbombante, pedante, campanudo, prosopopéyico.

Altillo altozano, loma, cerro, colina || desván, buhardilla.

Altiplanicie meseta, sabana, tundra, páramo, desierto, yermo, erial.

Altiplano * v. altiplanicie.

Altísimo Señor, Creador, Todopoderoso, v. Dios || excelso, eminente, encumbrado, superior, excelente, dominante.

Altisonante pomposo, enfático, grandilocuente, ampuloso, prosopopéyico, rimbombante, pedante, campanudo, solemne, engolado, hueco, hinchado.

Altísono grandilocuente, v. altisonante.

Altitonante tonante, colérico, estruendoso, atronador.

Altitud elevación, v. altura, nivel, cota, eminencia, cumbre, cúspide.

Altivamente altaneramente, orgullosamente, engreídamente, despectivamente, imperiosamente, v. altivo.

Altivez orgullo, altanería, desdén, desprecio, engreimiento, encastillamiento, encopetamiento, petulancia, desplante, arrogancia, imperio, bizarría, soberbia, envanecimiento, insolencia, encrestamiento, suficiencia, elación, vanidad, presunción.

Altivo arrogante, imperioso, soberbio, envanecido, engreído, despreciativo, despectivo, desdeñoso, altanero, orgulloso, encrestado, bizarro, petulante, encopetado, encastillado, suficiente, vanidoso, presumido.

Alto crecido, elevado, aumentado, espigado, encumbrado, encaramado, levantado, alzado, desa-

rrollado, descollante, culminante, enorme, gigantesco, grande, eminente, prominente, dominante, superior, amplificado, dilatado, incrementado, acrecentado, excelente || parada, detención, descanso, espera.
Altoparlante v. altavoz.
Altozano cerro, loma, elevación, colina, otero, v. altura.
Altramuz lupino, chocho, leguminosa.
Altruismo generosidad, filantropía, caridad, benevolencia, humanidad, piedad, hospitalidad, liberalidad, desprendimiento, desinterés, celo, abnegación, civismo, limosna, beneficencia, magnanimidad, quijotismo, hidalguía, gracia, quijotada.
Altruista generoso, filántropo, v. altruismo.
Altura altitud, elevación, nivel, cota, alto, alteza, medida, proceridad, encumbramiento, alzada, talla, descuello, pináculo, corona, remate, ápice, picota, culminación || cumbre, pico, cúspide, otero, altiplanicie, monte, montaña, cerro, cordillera, cadena, picacho, montículo, altiplano, altozano, loma, colina, alcarria, puna, sierra, serranía, cresta.
Alubia judía, habichuela, fríjol, leca, ayarote, bocoja, fréjol, legumbre, leguminosa, semilla, grano.
Aluciar lustrar, pulir, acicalar, adornar.
Alucinación ofuscación, ceguera, engaño, seducción, embaucamiento, confusión, desvarío, espejismo, deslumbramiento, pesadilla, visión, sueño, ofuscamiento, obnubilación, onirismo, transporte.
Alucinado ofuscado, cegado, embaucado, seducido, deslumbrado, confuso, visionario, obnubilado, onírico, soñador, sibilino, transportado, imaginativo, engañado, hipnotizado.
Alucinante fantasmagórico, fantástico, espantoso, impresionante v.

Alucinar desvariar, confundir, embaucar, transportar, seducir, engañar, ofuscar, deslumbrar, obnubilar, cegar, imaginar, hipnotizar, soñar.
Alud desprendimiento, masa, avalancha, derrumbe, empuje, derrumbamiento, luste, argayo, desmoronamiento, desplome, catástrofe, despeñamiento, arrasamiento, hundimiento, derribo.
Aludido mencionado, citado v., señalado, antedicho, nombrado, referido.
Aludir mencionar, citar, referirse, personificar, personalizar, determinar, hacer referencia, apuntar, insinuar, manifestar, ocuparse, sugerir.
Alumbrado iluminación, instalación, tendido, luz, luces, luminosidad, luminiscencia, luminotecnia, focos, faroles || ebrio, alegre, v. borracho.
Alumbramiento parto, parición, nacimiento, expulsión, salida.
Alumbrar iluminar, encender, aclarar, enfocar, esplender, relucir, dar luz, irradiar, parir, dar a luz ||
Alumbrarse alegrarse, achisparse, v. emborracharse.
Alumbre jebe, alumbrera, mordiente, cáustico, sulfato.
Aluminio aleación, aluminato, alúmina.
Alumnado alumnos, estudiantes, colegiales, internado, colegio.
Alumno estudiante, colegial, escolar, discípulo, educando, párvulo, becario, oyente, aprendiz.
Alunado lunático, maniático, chiflado, v. loco.
Alunizar descender, bajar, aterrizar, posarse en la Luna.
Alusión referencia, mención, cita, indicación, insinuación, indirecta, sugerencia, reticencia, puntada, rodeo, ambigüedad, murmuración, hablilla, chisme.
Alusivo referente, concerniente, referido, atinente, reticente, relativo.
Aluvión inundación, tromba, avenida, avalancha, desbordamiento, riada, torrente, crecida, co-

rriente, anegamiento || muchedumbre, gentío, multitud.
ÁLVEO cauce, madre, lecho, cuenca, curso.
ALVEOLO cavidad, celdilla, hueco, surco, fosita, alvéolo.
ALZA elevación, aumento, subida, encarecimiento, carestía, sobreprecio, ascenso, acrecentamiento, puja, especulación || mira, pieza.
ALZACUELLO collarín, sobrecuello, cuello, corbatín, reborde.
ALZADA estatura, altura, alto, talla || recurso, apelación, protesta, casación, revisión, querella.
ALZADO fachada, portada, frontis, frontispicio, frente || precio, estipulación, tasación, ajuste.
ALZAMIENTO levantamiento, revolución, sedición, motín, insurrección, insurgencia, rebelión, pronunciamiento, sublevación, asonada, protesta, tumulto, revuelta, quiebra, insubordinación, algarada, cuartelada, conmoción, perturbación.
ALZAPIÉ banqueta, escabel, taburete, banquillo.
ALZAPRIMA palanca, barra, gato, cuña, calzo, barrote, hierro, tranca.
ALZAPRIMAR levantar, alzar, subir || avivar, excitar, incitar, conmover.
ALZAR levantar, elevar, izar, encumbrar, subir, erguir, enderezar, aupar, empujar, remontar, encaramar, empinar, acrecentar, sobresalir || ensalzar, enaltecer, engrandecer || ALZARSE sublevarse, rebelarse, amotinarse, insurreccionarse, insubordinarse, protestar, pronunciarse, indisciplinarse, levantarse || auparse, encaramarse, subirse, erguirse, v. alzar.
ALLÁ allí, allende, más lejos, al otro lado.
ALLANAMIENTO irrupción, registro, inspección, reconocimiento, investigación.
ALLANAR irrumpir, entrar, penetrar, forzar, abusar, registrar, inspeccionar, investigar || aplanar, nivelar, igualar, rellenar, alisar, arrasar, explanar || vencer, superar, resolver, zanjar, facilitar ||
ALLANARSE amoldarse, avenirse, someterse, conformarse, resignarse, prestarse, sujetarse.
ALLEGADO pariente, familiar, deudo, afín, próximo, cercano, agnado, cognado, relativo, relacionado, emparentado || partidario, leal, parcial, secuaz.
ALLEGAR acercar, aproximar, arrimar, juntar, agregar, añadir, recoger, reunir, congregar.
ALLEGRO * alegro, aire, movimiento, tiempo musical.
ALLENDE allá, allí, lejos, más allá, al otro lado, del lado de allá || además, aparte de, fuera de.
ALLÍ allá, allende, más lejos, en aquel lugar || entonces, en tal ocasión.
ALLOZA almendra, almendruco, fruto.
AMA dueña, señora, patrona, propietaria, jefa, casera || nodriza, niñera, aya || carabina, acompañante, celestina.
AMABILIDAD cordialidad, cortesía, urbanidad, gentileza, simpatía, benevolencia, sencillez, complacencia, cortesanía, amenidad, agrado, afecto, dulzura, gracia, cariño, atención, afabilidad.
AMABLE cortés, afectuoso, afable, atento, urbano, cordial, cariñoso, tratable, sociable, acogedor, gracioso, dulce, campechano, benévolo, sencillo, agradable, complaciente, encantador, simpático, risueño.
AMABLEMENTE atentamente, afectuosamente, afablemente, v. amable.
AMADAMADO afeminado, amujerado, amaricado, acaponado, afectado, cursi, amanerado.
AMADAMARSE afeminarse, amujerarse, amaricarse, amanerarse, acaponarse, ahembrarse.
AMADO adorado, estimado, querido, idolatrado, caro, ídolo, dilecto, predilecto, bienquisto, admirado, venerado.
AMADOR amante, enamorado, galán,

adorador, cortejador, galanteador, pretendiente.
AMADRINAR unir, reunir, atar, ligar, juntar.
AMAESTRADO domesticado, adiestrado, acostumbrado, manso, amansado, domado, enseñado, aleccionado, ejercitado, entrenado, instruido, educado.
AMAESTRADOR domador, adiestrador, entrenador, v. amaestrado.
AMAESTRAMIENTO amansamiento, v. amaestrar.
AMAESTRAR amansar, domesticar, domar, enseñar, adiestrar, acostumbrar, aleccionar, ejercitar, enseñar, educar, entrenar.
AMAGAR amenazar, intimidar, conminar, bravear, gallear, traslucir, evidenciar || AMAGARSE ocultarse, agacharse, encogerse, esconderse, protegerse.
AMAGO señal, indicio, síntoma, conato, intento, tentativa, comienzo, principio || amenaza, finta, ademán, conminación, intimidación, bravata.
AMAINAR aflojar, ceder, calmar, disminuir, moderar, escampar || arriar, plegar, recoger velas.
AMAITINAR atisbar, acechar, espiar, observar, escrutar.
AMAJADAR encerrar, cercar, enredilar, aislar, recoger.
AMALGAMA mezcla, unión, combinación, reunión, masa, conjunto, mezcolanza, mixtura.
AMALGAMAR mezclar, combinar, unir, reunir, mixturar, conjuntar, revolver, amasar, juntar.
AMAMANTAMIENTO cría, lactancia, nutrición, alimentación.
AMAMANTAR criar, alimentar, nutrir, atetar, lactar, cebar, dar el pecho, dar de mamar.
AMANCEBADO v. adúltero.
AMANCEBAMIENTO concubinato, apaño, arreglo, lío, barraganería, fornicación, amontonamiento, contubernio, arrimo, convivencia, cohabitación, enredo, entendimiento, unión.
AMANCEBARSE cohabitar, abarraganarse, entenderse, enredarse, liarse, amontonarse, juntarse, arrimarse, unirse, convivir, apañarse, arreglarse, fornicar, conchabarse.
AMANCILLAR manchar, deslucir, ajar, afear, empañar, deslustrar, mancillar, gastar, desacreditar, calumniar, infamar.
AMANECER clarear, alborear, aclarar, despuntar, albear, apuntar, rayar el alba, romper el día || alba, aurora, madrugada, madrugón, albor, alborada, amanecida, orto, mañana, temprano, a primera luz, entre dos luces, crepúsculo matutino.
AMANECIDA aurora, alba, madrugada, v. amanecer.
AMANERADO afectado, estudiado, artificial, artificioso, falso, teatral, remilgado, afeminado, ensayado, rebuscado, complicado, forzado, pedante.
AMANERAMIENTO afectación, rebuscamiento, teatralidad, remilgo, falsedad, complicación, artificio, afeminamiento, pedantería.
AMANERARSE remilgarse, afeminarse, viciarse, afectarse, falsearse, complicarse.
AMANILLAR esposar, maniatar, aherrojar, encadenar, atar, sujetar, inmovilizar.
AMANITA agárico, seta, hongo.
AMANSADO domado, domesticado, manso, sumiso, apaciguado, sosegado, tranquilizado, aplacado, desbravado, calmado, aquietado, amaestrado.
AMANSADOR domador, domesticador, picador, desbravador, adiestrador.
AMANSAMIENTO doma, domesticación, v. amansar.
AMANSAR domesticar, amaestrar, domar, acostumbrar, calmar, aquietar, aplacar, apaciguar, sosegar, ablandar, desbravar, tranquilizar, someter.
AMANTAR cubrir, arropar, arrebujar, tapar, abrigar.
AMANTE adorador, galán, querido, enamorado, tórtolo, amador, galanteador, cortejador, pretendiente || afectuoso, amoroso, apasionado, tierno, considerado, cui-

dadoso, cariñoso, sensible || concubina, manceba, querida, barragana, coima, mantenida, amiga, entretenida.
AMANUENSE escribiente, escribano, copista, empleado, secretario, oficinista, pendolista, chupatintas, cagatintas, calígrafo, pasante.
AMAÑADO mañoso, hábil, diestro, competente.
AMAÑAR componer, acomodar, arreglar, reparar || desvirtuar, apañar, falsear, falsificar || AMAÑARSE adaptarse, acomodarse, acostumbrarse, arreglárselas, desenvolverse, apañárselas.
AMAÑO triquiñuela, apaño, ardid, treta, componenda, estratagema, truco, combinación, intriga, trampa, astucia, argucia, artificio, arreglo, camándula, artería, falsificación.
AMAPOLA ababa, ababol, adormidera, papaverácea, abribollo.
AMAR querer, adorar, estimar, idolatrar, apreciar, venerar, exaltar, reverenciar, apasionarse, enamorarse, chalarse, prendarse, suspirar por, morirse por, derretirse por || conquistar, seducir, camelar, arrullar, amartelar, declararse, requerir, solicitar, rondar, babosear, cortejar, festejar, galantear, coquetear, acaramelarse, hacer la corte.
AMARAJE acuatizaje, descenso, amerizaje, llegada, planeo.
AMARAR amerizar, acuatizar, posarse, descender, planear.
AMARGAMENTE acerbamente, acremente, v. amargo.
AMARGAR acibarar, acidular, agriar, enranciar || apenar, entristecer, contristar, afligir, apesadumbrar, atormentar, disgustar, desconsolar, angustiar, mortificar, molestar, herir, consternar, atribular.
AMARGO acerbo, acre, áspero, acedo, agrio, ácido, acibarado, desabrido, desagradable, amarescente || penoso, angustioso, mortificante, hiriente, lamentable, triste, aflictivo, doloroso.
AMARGOR amargazón, amaritud, acidez, acritud, aspereza || pena, v. amargura.
AMARGURA aflicción, disgusto, dolor, pena, desconsuelo, sufrimiento, tormento, desengaño, tribulación, pesar, tristeza, amargor, pesadumbre, angustia, mortificación, herida, sinsabor, amarulencia.
AMARICADO afeminado, ahembrado, amujerado, amadamado, afectado, cursi, amanerado.
AMARILLEAR palidecer, amustiarse, amarillecer.
AMARILLENTO ambarino, bilioso, dorado, azafranado, áureo, rubio, pajizo, pálido, cerúleo, amarillo v.
AMARILLO gualdo, ambarino, azafranado, amarillento, pajizo, rubio, áureo, dorado, leonado, pálido, cerúleo, jalde, limón.
AMARIZAR copular, fornicar || sestear.
AMAROMAR atar, ligar, enlazar, empalmar, amarrar v.
AMARRA soga, cabo, cuerda, calabrote, cordaje, correa, atadura, maroma, cable, ligadura.
AMARRADERO embarcadero, muelle, dique, desembarcadero, malecón || bita, noray, pilar, poste.
AMARRAR atar, enlazar, sujetar, ligar, liar, empalmar, unir, encadenar, afianzar, inmovilizar, amaromar, trincar, asegurar, ensogar.
AMARRE amarradura, atraque, sujeción, afianzamiento || ligadura, v. amarra.
AMARRIDO triste, melancólico, afligido, apenado, contristado, abrumado, acongojado, entristecido, mustio, mohíno.
AMARTELADO enamorado, acaramelado, derretido, enamoriscado, prendado, baboso, seducido.
AMARTELARSE enamorarse, quererse, cortejarse, galantearse, coquetear, requerirse, requebrarse, enamoriscarse, derretirse, acaramelarse, prendarse.
AMARTILLAR armar, montar, preparar || martillear, golpear.
AMASADERA artesa, cuezo, batea, duerna, receptáculo.

Amasar mezclar, heñir, unir, combinar, amalgamar, sobar, manosear, friccionar, frotar, apretar, masajear.

Amasía concubina, manceba, querida, mantenida, barragana, entretenida, prostituta v.

Amasijo revoltijo, revoltillo, confusión, enredo, embrollo, tropel, mixtura, mezcla, masa, fárrago, batiburrillo.

Amateur * aficionado, no profesional, entusiasta, devoto.

Amatorio amoroso v.

Amazacotado pesado, tosco, burdo, grosero, confuso, deforme.

Amazona virago, hombruna, marimacho, sargentona, maritornes, valquiria, belicosa, viriloide. || cazadora, rejoneadora, caballista.

Ambages rodeos, circunloquios, perífrasis, equívocos, sutilezas, ambigüedad, anfibología, tergiversación || Ambages (Sin) conciso, escueto, preciso, directo, estricto, justo, concreto.

Ámbar cárabe, resina sólida.

Ambarino amarillento, pálido, cerúleo, translúcido.

Ambición anhelo, ansia, pasión, apetito, codicia, pretensión, apetencia, esperanza, egoísmo, avaricia, afán, avidez, gana, deseo.

Ambicionar codiciar, anhelar, ansiar, apetecer, afanarse, pretender, querer, desear, apasionarse, aspirar, esperar, suspirar, conspirar, maniobrar, intrigar, urdir, tramar.

Ambicioso codicioso, ansioso, anhelante, apetente, afanoso, ávido, deseoso, avaro, esperanzado, intrigante, maniobrero, conspirador, egoísta, insaciable, calculador.

Ambidextro diestro, hábil, maniego, zurdo y derecho.

Ambientarse * adaptarse, acostumbrarse, situarse.

Ambiente ámbito, círculo, sector, medio, perímetro, contorno, situación, estado, lugar, espacio, circunstancia, condición || aire, atmósfera.

Ambigú restaurante, café, fonda, hotel, hostal, parador, cantina, taberna, bar || ágape, colación, convite, refrigerio, comida v.

Ambigüedad equívoco, imprecisión, vaguedad, rodeo, confusión, tergiversación, indeterminación, anfibología, retruécano, doble sentido, juego de palabras.

Ambiguo impreciso, vago, equívoco, oscuro, confuso, turbio, incierto, indeterminado, evasivo.

Ámbito ambiente, medio, perímetro, contorno, terreno, esfera, lugar, espacio, condición, estado, circunstancia.

Ambos entrambos, los dos, el uno y el otro.

Ambrosía manjar, néctar, elixir, delicia, exquisitez, fruición, regalo del paladar.

Ambulancia enfermería, asistencia, auxilio, hospital || vehículo, camión, camioneta, carricoche.

Ambulante callejero, móvil, movible, portátil, independiente, libre, vagabundo, trashumante, andarín, nómada, andador, errabundo, inestable.

Ambulatorio * v. dispensario.

Ameba protozoario, rizópodo, animálculo, ser unicelular.

Amedrentar intimidar, espantar, apocar, azorar, arredrar, acoquinar, acobardar, amilanar, acollonar, asustar, atemorizar.

Amelga sembrado, campo, era, trozo, franja.

Amelgar arar, labrar, roturar.

Amén asentimiento, aquiescencia, conformidad, así sea, punto final, se acabó.

Amenaza desafío, advertencia, amago, aviso, reto, inminencia, peligro, conminación, provocación, finta, bravata, ultimátum, apercibimiento, amonestación, maldición.

Amenazador amenazante, torvo, inquietante, avieso, malintencionado, conminatorio, perverso, maligno, dañino, peligroso, ceñudo, hosco, intimidante, provocador, bravucón, fanfarrón, retador, desafiante.

Amenazante v. amenazador.

AMENAZAR desafiar, conminar, inquietar, provocar, bravuconear, fanfarronear, anticipar, presagiar, advertir, amagar, forzar, retar, fintear.

AMENGUAR menoscabar, deshonrar, afrentar, baldonar, ofender, infamar || disminuir, empequeñecer, aminorar, reducir, mermar, restar.

AMENIDAD diversión, entretenimiento, variación, distracción, solaz, esparcimiento, gozo, placer, deleite, ingenio, atractivo, hechizo, gracia, encanto, sugestión.

AMENIZAR entretener, divertir, distraer, solazar, deleitar, encantar, sugestionar, alegrar, recrear, explayarse, esparcirse, animar, atraer.

AMENO divertido, entretenido, distraído, variado, alegre, jovial, festivo, animado, chunguero, delicioso, inspirado, agradable, sugerente, gracioso, ingenioso, agudo, grato, placentero, encantador || frondoso, verde, hermoso, fértil.

AMENORREA opilación, detención, obstrucción, falta de menstruo.

AMENTO inflorescencia, espiga, espinilla, amiento.

AMERENGADO empalagoso, dulzón, amanerado, cursi.

AMÉRICA Indias, Nuevo Continente, Nuevo Mundo.

AMERICANA chaqueta, cazadora, chaquetón, prenda.

AMERICANISMO modismo, giro, locución.

AMERICANO indiano, criollo, acriollado || AMERICANO * v. estadounidense.

AMERIZAJE * v. amaraje.

AMERIZAR * v. amarar.

AMESTIZADO aindiado, mezclado, impuro, híbrido.

AMETRALLAR acribillar, disparar, agujerear, perforar, horadar, herir, matar.

AMIANTO asbesto, silicato, serpentina, empaquetadura, aislante, material incombustible, resistente.

AMIBA protozoario, ser unicelular, microorganismo, v. ameba.

AMICAL * v. amigable.
AMICALMENTE * v. amigablemente.
AMIGA compañera, íntima, camarada, adicta, inseparable || concubina, barragana, querida, manceba, coima, amasía, mantenida, entretenida, favorita, prostituta v.

AMIGABLE amistoso, afable, fraterno, íntimo, leal, apegado, afectuoso, sincero, cariñoso, devoto, simpático, partidario, incondicional, aliado, adicto, aficionado, inclinado, inseparable, camarada.

AMIGABLEMENTE amistosamente, v. amigable.

AMIGAR reconciliar, unir, reunir, aproximar, olvidar, hacer las paces || amancebarse, conchabarse, abarraganarse, liarse.

AMÍGDALA tonsila, agalla, glándula, excrecencia, carnosidad.

AMIGDALITIS anginas, faringitis, inflamación, infección, dolencia, enfermedad.

AMIGO camarada, compañero, amigote, conocido, relación, inseparable, adicto, aliado, incondicional, partidario, devoto, leal, apegado, inclinado, encariñado || amante, querido, amancebado, abarraganado.

AMILÁCEO feculento, harinoso, pulverulento.

AMILANADO pusilánime, acoquinado, miedoso, medroso, tímido, apocado, asustado, amedrentado, intimidado, corito, acobardado, desanimado.

AMILANAR intimidar, acobardar, desanimar, apocar, asustar, amedrentar, atemorizar, acoquinar, desalentar, achicar, abatir, arredrar, asustar.

AMILLARAMIENTO reparto, distribución, evaluación, contribución, asentamiento, catastro.

AMINORAR disminuir, amortiguar, reducir, mitigar, mermar, acortar, atenuar, achicar, apocar, consolar, confortar, paliar.

AMISTAD camaradería, compañerismo, lealtad, devoción, apego, inclinación, cariño, afecto, fidelidad, amor, confraternidad, hermandad, propensión, simpatía, armonía, confianza, afición, aprecio, ternura || amistades, amigos, conocidos, compañeros, relaciones.

AMISTARSE reconciliarse, amigarse, reunirse, aliarse, simpatizar, encariñarse, v. amistad.

AMISTOSAMENTE amigablemente, v. amistoso.

AMISTOSO amigable, afable, camarada, fraterno, íntimo, leal, inseparable, inclinado, aficionado, adicto, aliado, partidario, apegado, afectuoso, sincero, cariñoso, devoto, simpático.

AMNESIA pérdida, debilidad, debilitamiento, falta, ausencia (de memoria).

AMNISTÍA indulto, perdón, absolución, remisión, gracia, condonación, olvido, conmutación, clemencia, favor, piedad, indulgencia, dispensa, eximición, concesión.

AMNISTIAR indultar, perdonar, absolver, condonar, conceder, agraciar, olvidar, conmutar, apiadarse, dispensar, favorecer, conceder, eximir, remitir.

AMO dueño, patrono, señor, jefe, propietario, superior, cabeza, poseedor, soberano, principal, titular, mayorazgo, hacendado, casero, heredero, comprador, terrateniente, cabecilla.

AMOBLAR amueblar, pertrechar, dotar, equipar, habilitar, guarnecer, adornar, decorar.

AMODORRADO aletargado, adormecido, soñoliento, adormilado, semiinconsciente, aturdido.

AMODORRAMIENTO somnolencia, soñolencia, modorra, adormecimiento, sopor, coma, semiinconsciencia, letargo, aletargamiento, adormilamiento, sueño, aturdimiento.

AMODORRARSE adormilarse, aletargarse, adormecerse, dormirse, dormitar, azorrarse, caer en... amodorramiento v.

AMOHINAR enfadar, enojar, irritar, encolerizar, alterar.

AMOJAMADO acecinado, acartonado, seco, delgado, apergaminado, adelgazado, momificado, desnutrido, enjuto, flaco, esquelético.

AMOJAMAMIENTO adelgazamiento, delgadez, desnutrición, acartonamiento, acecinamiento, apergaminamiento, momificación, sequedad, enflaquecimiento.

AMOJAMARSE apergaminarse, acartonarse, acecinarse, secarse, adelgazar, momificarse, desnutrirse, enflaquecer.

AMOJONAMIENTO deslinde, límite, término, circunscripción, jurisdicción, coto, propiedad, predio, delimitación, separación, señalamiento, asentamiento, registro, hito.

AMOJONAR marcar, señalar, limitar, delimitar, registrar, separar, circunscribir, deslindar, definir, fijar, asentar, vallar, cerrar, restringir, acotar, determinar.

AMOK * enajenación, locura, ataque, acceso.

AMOLADOR afilador, vaciador, artesano || fastidioso, molesto.

AMOLAR afilar, aguzar, vaciar, ahusar, afinar || fastidiar, molestar, aburrir, cansar, hastiar, incomodar, enojar, irritar, importunar.

AMOLDABLE adaptable, resignado, conformista v.

AMOLDADO acostumbrado, adaptado, conforme, resignado, habituado, avenido, sometido || perfecto, completo, acabado.

AMOLDARSE ajustarse, adaptarse, avenirse, acostumbrarse, someterse, resignarse, habituarse, acomodarse, ahormarse, conformarse.

AMOLLAR ceder, aflojar, desistir, flaquear, abandonar.

AMOLLENTAR ablandar, reblandecer, suavizar, debilitar, afeminar.

AMONDONGADO fofo, gordo, carnoso, adiposo, desmadejado, blandengue, tosco.

AMONESTACIÓN admonición, reprimenda, regaño, represión, regañina, exhortación, apercibimiento, recomendación, consejo, prédica, sermón, lección, reproche, censura || publicación, informe, advertencia, anuncio, aviso.

Amonestar regañar, reprender, apercibir, sermonear, exhortar, aleccionar, aconsejar, recomendar, predicar, catequizar, moralizar, corregir || advertir, anunciar, avisar, informar, publicar.

Amontar huir, escapar, fugarse, marcharse.

Amontonamiento v. hacinamiento.

Amontonar apilar, acumular, acopiar, aglomerar, almacenar, acaparar, reservar, hacinar, guardar, reunir, juntar, recoger, coleccionar, conservar || Amontonarse amancebarse, abarraganarse, conchabarse, liarse, juntarse, arreglarse || encolerizarse, irritarse, enfadarse, enojarse.

Amor cariño, afecto, adoración, ternura, pasión, veneración, idolatría, querer, inclinación, afición, devoción, aprecio, predilección, apego, dilección, estima, adhesión, cordialidad, querencia || Eros, Cupido || amorío v.

Amoral indiferente, tibio, negligente, inmoral, indecente.

Amoratado violáceo, morado, lívido, cárdeno, acardenalado, tumefacto, inflamado, congestionado.

Amordazar silenciar, acallar, enmudecer, forzar, atropellar, abusar.

Amorfia deformidad, anomalía, monstruosidad, aberración.

Amorfo informe, disforme, deforme, monstruoso, imperfecto, teratológico, desfigurado, feo, contrahecho, desproporcionado, mal hecho.

Amoricones aspavientos, gestos, señas, ademanes, manifestaciones, visajes, zalemas, muecas.

Amorío galanteo, festejo, devaneo, cortejo, conquista, aventura, flirteo, idilio, coqueteo, noviazgo, enamoramiento, amor v.

Amorosamente cariñosamente, cordialmente, tiernamente, afectuosamente, entrañablemente, rendidamente, enamoradamente, dilectamente, afablemente, caramente, simpáticamente, apasionadamente, eróticamente, devotamente.

Amoroso afectuoso, cariñoso, afectivo, cordial, tierno, suave, pasional, apasionado, apacible, amante, amatorio, erótico, baboso, entrañable, devoto, incondicional, entregado.

Amorrar hundir, agachar, inclinar, callar, azorrar, obstinarse, empecinarse.

Amortajar cubrir, envolver, esconder, preparar, componer, apañar.

Amortecerse desmayarse, desvanecerse, accidentarse.

Amortecimiento síncope, acceso, ataque, desmayo, desvanecimiento, accidente.

Amortiguación amortiguamiento v.

Amortiguador resorte, ballesta, muelle, espiral, elástico.

Amortiguamiento suavizamiento, atemperamiento, mitigación, disminución, reducción, aminoración, moderación.

Amortiguar calmar, aminorar, moderar, debilitar, suavizar, apaciguar, aflojar, atemperar, amenguar, ahogar, aplacar, apagar, templar, paliar, disminuir, reducir.

Amortización redención, liquidación, pago, desembolso, saldo.

Amortizar liquidar, redimir, desembolsar, pagar, saldar, satisfacer, finiquitar, extinguir, recuperar.

Amoscado mosqueado, resentido, receloso, suspicaz, irritado, enfadado, escamado, amostazado.

Amoscamiento mosqueamiento, recelo, v. amoscado.

Amoscarse escamarse, mosquearse, amostazarse, recelar, resentirse, sospechar, enfadarse, irritarse.

Amostazarse encolerizarse, irritarse, enfadarse, mosquearse, amoscarse v.

Amotinado insurrecto, solivíantado, rebelde, sedicioso, sublevado, alzado.

Amotinador agitador, alborotador, activista, perturbador, propagandista, excitador, provocador, revolucionario, incitador, amotinado v.

Amotinamiento motín, rebelión, sedición, insurrección, sublevación, alzamiento, algarada, revolución v., asonada, cabildada.

Amotinar sublevar, alzar, insurreccionar, levantar, agitar, perturbar, alborotar, provocar, excitar, propagar, incitar, reunir, agrupar, rebelar, revolucionar, desencadenar, soliviantar, inducir.

Amover remover, echar, separar, expulsar, fracasar, frustrar.

Amovible removible, separable, segregable.

Amparador defensor, protector, valedor, patrocinador, mecenas, bienhechor, tutelar.

Amparar proteger, defender, favorecer, apoyar, escudar, acoger, cubrir, guardar, apadrinar, abogar, cobijar, guarecer, resguardar, albergar, abrigar, ayudar, atender, acoger, adoptar || Ampararse esconderse, cobijarse, resguardarse, guarecerse, defenderse, arrimarse, protegerse.

Amparo refugio, abrigo, resguardo, socorro, ayuda, patrocinio, favor, cobijo, asilo, auxilio, gracia, arrimo, protección, defensa, apoyo, intercesión, salvaguardia, cuidado.

Ampère * amperio, unidad de intensidad.

Amperímetro galvanómetro, voltímetro, medidor, indicador.

Ampliable agrandable, ensanchanble, v. ampliación.

Ampliación agrandamiento, expansión, incremento, acrecentamiento, crecimiento, ensanche, desarrollo, extensión, aumento, ensanchamiento, engrandecimiento.

Ampliamente abundantemente, generosamente, considerablemente, crecidamente, extensamente, largamente, grandemente, cumplidamente, dilatadamente, copiosamente, pródigamente, con creces.

Ampliar agrandar, incrementar, extender, expandir, acrecentar, ensanchar, engrandecer, desarrollar, aumentar, exagerar, abultar, alargar, amplificar, magnificar, extender, dilatar, completar, profundizar.

Amplificar incrementar, ampliar v.

Amplio extenso, holgado, dilatado, grande, espacioso, vasto, desarrollado, profundo, anchuroso, ancho, capaz, abundante, cuantioso, completo, copioso.

Amplitud anchura, desarrollo, capacidad, espacio, extensión, vastedad, profundidad, holgura, libertad, soltura, desahogo, cuantiosidad, abundancia, copiosidad.

Ampo blancura, albura, resplandor, níveo.

Ampolla vejiga, vesícula, bolsa, bolsita, verruga, hinchazón, llaga, bulto, afta, úlcera, tumor || burbuja, pompa, vasija, recipiente, ampolleta.

Ampolleta ampolla v., reloj de arena.

Ampón abultado, amplio, ahuecado, hueco, repolludo.

Ampulosidad pomposidad, redundancia, facundia, verborrea, pedantería, presunción, fatuidad, afectación v., grandilocuencia.

Ampuloso hinchado, redundante, pomposo, enfático, exagerado, afectado, fatuo, pretencioso, facundo, prosopopéyico.

Amputación mutilación, cercenamiento, ablación, resección, separación, corte, disección, truncamiento.

Amputado mutilado, cortado, cercenado, resecado, inválido, lisiado.

Amputar cortar, mutilar, cercenar, resecar, separar, disecar, truncar, lisiar, invalidar, segar, decapitar, incidir, seccionar, rebanar.

Amueblar pertrechar, dotar, equipar, habilitar, guarnecer, adornar, decorar, amoblar, alhajar.

Amugronar ataquizar, acodar, introducir.

Amujerado amadamado, amaricado, afectado, afeminado v.

Amuleto fetiche, talismán, ídolo,

mascota, medalla, reliquia, idolillo, higa, abracadabra, candorga, filacteria, grisgris.
AMUNICIONAR municionar, pertrechar, suministrar, proveer.
AMURA estrechamiento de proa, afinamiento de proa, costado.
AMURALLADO fortificado, atrincherado, protegido, defendido, almenado, reforzado, encerrado, cercado, rodeado.
AMURALLAR atrincherar, fortificar, reforzar, almenar, defender, proteger, encerrar, cercar, rodear.
AMURAR sujetar, afirmar, atar.
AMURRIARSE * amohinarse v., entristecerse, afligirse, apenarse.
AMUSTIAR secar, marchitar, ajar, languidecer.
ANACARADO nacarado, iridiscente, perlino, tornasolado.
ANACOLUTO inconsecuencia, interrupción, discontinuidad.
ANACONDA serpiente, reptil, ofidio, boa, pitón, tragavenados.
ANACORETA ermitaño, eremita, cenobita, asceta, penitente, monje, misógino, solitario, santón.
ANACRÓNICO desplazado, descolocado, equivocado, mal situado, mal dispuesto.
ANACRONISMO antigualla, absurdo, ridiculez, error.
ÁNADE pato, ánsar, ansarón, ganso, cisne, anadeja, palmípeda.
ANAFE hornillo, horno, hogar, cocinilla, infernillo.
ANAFILAXIA anafilaxis, sensibilidad, reacción.
ANAGRAMA transposición, inversión, cambio, contraposición.
ANAL rectal, perineal, fecal.
ANALECTAS recopilación, florilegio, compendio, antología v.
ANALÉPTICO restaurador, fortalecedor, reconstituyente, fortificante.
ANALES crónicas, comentarios, memorias, relatos, fastos, relaciones.
ANALFABETO iletrado, lego, inculto, ignorante || zopenco, bruto, rudo, zoquete, tosco, obtuso.
ANALGÉSICO calmante, antidoloroso, lenitivo, paliativo, sedante.
ANÁLISIS examen, estudio, comparación, observación, investigación || separación, determinación, descomposición, aislación, diferenciación.
ANALÍTICO razonado, metódico, ordenado, científico.
ANALIZAR estudiar, examinar, observar, comparar, investigar || aislar, descomponer, determinar, establecer, separar, diferenciar.
ANALOGÍA semejanza, parecido, similitud, afinidad, correspondencia, correlación, relación, aproximación, equivalencia.
ANÁLOGO similar, parecido, semejante, relativo, correlativo, aproximado, correspondiente, afín, equivalente, sinónimo, hermano, gemelo, parejo, consonante.
ANANÁS ananá, piña, fruto, piña de América.
ANAQUEL estante, repisa, ménsula, tabla, alacena, vasar, aparador, rinconera, compartimiento, departamento, armario, soporte, apoyo, andén, plúteo, balda.
ANARANJADO naranja, rojizo, aloque, azafranado, amarillento.
ANARQUÍA desgobierno, desorden, confusión, perturbación, ilegalidad, orgía, revolución, trastorno, barullo, agitación, desbarajuste, desorganización, desconcierto.
ANÁRQUICO desordenado, confuso, desorganizado, v. anarquía.
ANARQUISTA ácrata, revolucionario, nihilista, terrorista, agitador, perturbador.
ANASTOMOSIS unión, conexión, enlace, conjunción.
ANATEMA maldición, excomunión, censura, estigma, execración, reprobación, imprecación, vilipendio, reproche.
ANATEMATIZAR maldecir, excomulgar, estigmatizar, execrar, condenar, reprobar, censurar.
ANATOMÍA morfología, organología, somatología || cuerpo, organismo.
ANATÓMICO orgánico, morfológico, somático, físico || anatomista, disector.
ANCA grupa, nalga, flanco, cadera, cuadril, culata, pata, pernil, muslo, cuarto trasero.

Ancestral atávico, familiar, patrimonial, solariego, recurrente, hereditario, afín, consanguíneo.

Ancianidad senectud, vejez, decrepitud, vetustez, caducidad, chochez, chochera, longevidad, senilidad, ocaso, edad provecta.

Anciano viejo, abuelo, vetusto, antañón, senil, decrépito, caduco, longevo, años, carcamal, chocho, matusalén, provecto, achacoso, vejete, vejestorio, septuagenario, octogenario, nonagenario, centenario, setentón, ochentón.

Ancla áncora, arpeo, rezón, rejón, anclote.

Ancladero fondeadero, puerto, recaladero, embarcadero, dársena, rada, abra, ensenada, cala, caleta, ancón.

Anclaje fondeo, maniobra, amarre, detención.

Anclar fondear, amarrar, recalar, bornear, bitar, echar anclas.

Ancón fondeadero, rada, ancladero v.

Áncora ancla v.

Ancheta mercadería, mercancía, alijo, pacotilla, negocio, cambalacheo, beneficio, provecho.

Ancho amplio, espacioso, abierto, extenso, extendido, estirado, vasto, desparramado, sobrado, abundante, holgado, desahogado, laxo, libre, desembarazado, expedito, anchura, anchuroso, difuso, dilatado || anchura v. || satisfecho, ufano, orondo, contento.

Anchoa boquerón, anchova, sardina, conserva, salazón.

Anchura amplitud, extensión, ancho, desahogo, desembarazo, libertad, expedición, holgura, espacio, abundancia, vastedad, latitud, abertura, soltura, tiro, vuelo, magnitud, ensanche, ensanchamiento, capacidad, distancia.

Anchuroso amplio, extenso, v. anchura.

Andadas huellas, rastros, pasos, pista, señales.

Andaderas aparato, pollera, tirantes, ayuda, sostén.

Andado común, ordinario, trillado, corriente, gastado, usado, vulgar, conocido, hollado, pisado, desgastado, frecuentado.

Andador andarín, andariego, caminante, paseante, ambulante, viandante, andorrero, viajero, transeúnte, peatón, trotamundos, saltacharcos, tragaleguas, incansable || aparato, pollera, andaderas v.

Andadura paso, camino, jornada, viaje, expedición.

Andamiaje andamiada, andamios, armazón, guindola, tablado, entramado, tablazón, montura, maderamen, plataforma.

Andamio v. andamiaje.

Andana línea, fila, hilera, hilada, ringlera || estante, anaquel, repisa.

Andanada descarga, salva, disparos, fuego, ametrallamiento, barrido || represión, reprimenda, reconvención, rapapolvo, rociada, filípica, felpa, catilinaria, reproche, increpación || grada, localidad, asiento.

Andante errante, errabundo, caminante v., paseante, transeúnte, vagabundo, nómada, ambulante, andarín, andariego v. || reposado, moderado, lento.

Andanza correría, lance, ajetreo, viaje, peripecia, aventura, suceso, acontecimiento, caso.

Andar marchar, caminar, avanzar, moverse, deambular, transitar, pasear, viajar, encaminarse, dirigirse, circular, recorrer, ir, venir, trasladarse, trotar, adelantar, atajar, vagar, errar, pernear, patear, ajetrear, trajinar, pasar, llegar.

Andares paso, marcha, contoneo, pavoneo, movimiento, balanceo.

Andariego andarín, andador, caminante, paseante, ambulante, viandante, transeúnte, andorrero, viajero, peón, peatón, incansable, saltacharcos, tragaleguas, noctámbulo, trotamundos.

ANDARÍN andariego v.
ANDAS camilla, angarillas, parihuelas, litera, hamaca, toldillo, palanquín, solio, soporte, árganas, caltrizas, aguaderas, yacija.
ANDEL carril, rodada, huella, rastro, marca.
ANDÉN apeadero, muelle, pasillo, corredor, acera, bancal, terraplén, pretil, parapeto, antepecho || anaquel, estante, vasar.
ANDORGA vientre v., panza, barriga, tripa, mondongo, intestinos.
ANDORRERA celestina, comadre, pindonga, v. andorrero.
ANDORRERO callejero, andarín, paseante, incansable, andariego, entremetido, correveidile, compadre, chismoso.
ANDRAJO jirón, guiñapo, harapo, pingo, piltrafa, remiendo, argamandel, descosido, desgarrón, colgajo, gualdrapa, trapo, trapajo || despreciable, desdeñable, indigno, bajo, miserable, ruin, indecente.
ANDRAJOSO harapiento, haraposo, zaparrastroso, desaliñado, desharrapado, desastrado, dejado, abandonado, sucio, indecente, descamisado, astroso, roto, descosido, maltrapillo, guiñapiento, gualdrapero.
ANDRIANA bata, peinador, quimono.
ANDROCEO verticilo, estambres, aparato reproductor.
ANDRÓGINO, hermafrodita, bisexual, ambiguo, indefinido, indeterminado, incierto, equívoco.
ANDROIDE autómata, *robot*, maniquí, hombre mecánico, muñeco.
ANDRÓMINA embuste, mentira, enredo, falsedad, engaño, impostura, patraña.
ANDURRIAL lugarejo, vericueto, sitio, lugar remoto, andurriales.
ANEA espadaña, planta.
ANÉCDOTA relato, narración, lance, relación, cuento, historieta, leyenda, suceso, chascarrillo, hecho, acontecimiento, chiste, fábula, acaecimiento, hablilla.
ANEGADO inundado, v. anegar.
ANEGAR inundar, ahogar, mojar, empapar, chorrear, encharcar, sumergir, rebalsar, bañar, embalsar, llenar, hundirse, naufragar, zozobrar.
ANEGADIZO inundable, bajo, húmedo, inseguro, peligroso.
ANEJAR v. anexionar.
ANEJO v. anexo.
ANÉLIDO vermiforme, gusano, lombriz, verme.
ANEMIA debilidad, decaimiento, insuficiencia, disminución, empobrecimiento, flojera, languidez, extenuación, palidez.
ANÉMICO lánguido, extenuado, flojo, pálido, v. anemia.
ANÉMONA anemone, hierba, ranunculácea, hepática, pulsatilla || pólipo, actinia.
ANEROIDE barómetro metálico, barómetro sin mercurio.
ANESTESIA narcosis, adormecimiento, inconsciencia, sopor, sueño, letargo, insensibilidad, parálisis, carosis, hipnosis, sedación, nirvana, atontamiento, analgesia, modorra, torpeza, embotamiento || cloroformo, éter, pentotal, novocaína, anestésico v.
ANESTESIAR adormecer, narcotizar, cloroformizar, aletargar, paralizar, insensibilizar, embotar, entorpecer, amodorrar, atontar, sedar.
ANESTÉSICO narcótico, sedante, hipnótico, adormecedor, insensibilizante, cloroformo, propileno, pentotal, éter, novocaína, morfina, cocaína, cloral.
ANEURISMA dilatación, relajación, ensanchamiento, rotura, agrandamiento aórtico, a. arterial.
ANEXAR anexionar v.
ANEXIÓN unión, añadidura, adición, asociación, aumento, incorporación, ampliación, superposición, suma, agregación, acrecentamiento, añadido, aditamento, complemento, fusión, vínculo, enlace, adhesión, englobamiento, acoplamiento.
ANEXIONAR incorporar, juntar, unir, adscribir, vincular, agregar, ampliar, añadir, acoplar, englobar,

adherir, enlazar, acrecentar, sumar, superponer, aumentar, asociar, adicionar.
Anexo unido, agregado, anejo, adjunto, aledaño, vecino, adyacente, dependiente, accesorio, inherente, afecto, vinculado, añadido, incorporado, adherido, adscrito, v. anexión || rama, sucursal, sección, filial.
Anfibio batracio, anuro, áprodo, urodelo || versátil, múltiple, plural, de mar y agua.
Anfibología ambigüedad, confusión, duda, equívoco, oscuridad, doble sentido.
Anfibológico ambiguo, equívoco, dudoso, confuso, oscuro, ilógico, fluctuante.
Anfiteatro graderío, gradas, hemiciclo, tribuna, teatro, aula, asientos, localidades.
Anfitrión invitador, invitante, dueño, amo, propietario, hospedador, liberal, pródigo, generoso.
Ánfora cántaro, vasija, jarra, urna, jarrón, recipiente.
Anfractuosidad desigualdad, depresión, oquedad, hueco, irregularidad, fragosidad, escarpadura, surco, zanja, grieta, hondonada, sima, aspereza.
Anfractuoso fragoso, sinuoso, escarpado, irregular, áspero, desigual, deprimido, agrietado, quebrado, tortuoso, torcido.
Angarillas parihuelas, camilla, litera, palanquín, hamaca, solio, soporte, toldillo, árganas, yacija, caltrizas, escaño, basterna, armazón, tabladillo.
Ángaro hoguera, fogata, pira, fuego, lumbre, alcandora, almenara.
Ángel querubín, serafín, angelito, angelote, querube, arcángel, espíritu celestial, ser alado.
Angelical angélico, seráfico, candoroso, cándido, bendito, inocente, puro, impecable, espiritual, etéreo, casto, inmaculado, ingenuo.
Angélico v. angelical.
Ángelus oración, toque, llamada, campanadas, crepúsculo, atardecer.
Angina inflamación, faringitis, adenitis, congestión, irritación, hinchazón, || ataque, acceso, colapso, angustia.
Anglicanismo anglicismo, extranjerismo, giro, modismo.
Anglo inglés, anglosajón, británico, sajón.
Anglosajón v. anglo.
Angostarse estrecharse, encajonarse, empequeñecerse, encogerse, reducirse, constreñirse, ceñirse, encañonarse, disminuir.
Angosto estrecho, reducido, justo, ceñido, apretado, escaso, encogido, constreñido, disminuido, encallejonado, emboscado, tortuoso, ahogado.
Angostura estrechez, aprieto, escasez, ahogo, disminución, reducción, emboscada, trampa, callejón, desfiladero, garganta, cañón, quebrada, pasaje, paso, puerto, portillo.
Anguila murénido, congrio, murena, morena, pez serpentiforme.
Angular anguloso, sesgado, oblicuo, abierto, cerrado, esquinado, achaflanado.
Angulemas zalemas, carantoñas, zalamerías, aspavientos, halagos, embelecos, arrumacos, gaterías, carocas, mimos.
Ángulo arista, esquina, rincón, inclinación, esconce, codo, recodo, chaflán, cantón, canto, punta, esquinazo, comisura, recoveco, rinconada, sesgo, oblicuidad, bisel, filo.
Anguloso angular v.
Angustia aflicción, congoja, inquietud, tristeza, pena, desconsuelo || Angustias náuseas, vómitos, arcadas, vahídos, vértigo, opresión, malestar, espanto, incertidumbre, indecisión, pesar, intranquilidad, desesperación, dolor, ansiedad.
Angustiado atormentado, acongojado, afligido, inquieto, triste, apenado, desesperado, ansioso,

dolorido, intranquilo, atribulado, apesarado, espantado, atemorizado.
ANGUSTIARSE afligirse, acongojarse, atormentarse, v. angustia.
ANGUSTIOSO alarmante, amenazador, temible, azaroso, doloroso, penoso.
ANHELADO ambicionado, codiciado, ansiado, v. anhelar.
ANHELANTE esperanzado, deseoso, aspirante, jadeante, agitado, excitado, expectante.
ANHELAR pretender, desear, ambicionar, ansiar, querer, suspirar, apetecer, aspirar, aguardar, esperar, codiciar, desvivirse, consumirse, despepitarse, perecerse, acariciar || jadear, respirar.
ANHELO ansia, deseo, pretensión, ambición, apetencia, aspiración, codicia, afán, esperanza, sed, empeño, manía, apetito, pasión, propensión, voluntad, vehemencia, antojo, avidez, agonía, acucia, ardor.
ANHELOSO ansioso, ambicioso, afanoso, v. anhelo || jadeante, entrecortado, difícil, fatigoso.
ANIDAR establecerse, asentarse, alojarse, residir, habitar, morar, vivir, abrigar, guardar, acoger, encerrar, instalar, fijar, crear, arraigar.
ANILINA colorante, tintura, tinte, pigmento, color.
ANILLA v. anillo.
ANILLO aro, anilla, argolla, sortija, sello, alianza, arete, armella, círculo, circunferencia.
ÁNIMA espíritu, aliento, principio, sustancia, corazón, conciencia, juicio, sentimiento, sensibilidad, hálito, soplo, psiquis, interior, esencia, ánimo, fuerza, energía.
ANIMACIÓN vivacidad, viveza, actividad, excitación, movimiento, agitación, alegría, holgorio, bullicio, calor, ruido, algazara, bulla, vitalidad, alborozo, colorido.
ANIMADO activo, vivaz, movido, excitado, ruidoso, bullicioso, alegre, alborozado, contento, concurrido, divertido, agitado, ajetreado, confortado, acalorado, decidido, resuelto.
ANIMADOR presentador, locutor, cómico, artista.
ANIMADVERSIÓN enemistad, ojeriza, hostilidad, malquerencia, despego, inquina, antipatía, tirria, animosidad, prevención, desafecto, mala voluntad, aborrecimiento, rencor, resentimiento.
ANIMAL bestia, bicho, fiera, irracional, sabandija, alimaña, ser orgánico || mulo, caballería, acémila, asno, burro, bestia de carga || rocín || torpe, grosero, tosco, ignorante, zopenco, zote, zoquete, cernícalo, rudo, negado, mentecato, lerdo, bruto.
ANIMALADA barbaridad, bestialidad, burrada, asnada, necedad, sandez, desatino, disparate, atrocidad, salvajada, brutalidad.
ANIMÁLCULO microorganismo, microbio, protozoario, bacilo, bacteria.
ANIMALEJO bicho, gusarapo, animálculo, alimaña, animalucho.
ANIMAR exhortar, alentar, incitar, excitar, azuzar, aguijonear, espolear, respaldar, empujar, enfervorizar, confortar || ANIMARSE decidirse, envalentonarse, resolver, proponerse, determinar, crecerse, afrontar, arriesgarse.
ANÍMICO psíquico, espiritual, moral, interior.
ÁNIMO denuedo, aliento, brío, energía, vigor, fuerza, esfuerzo, fortaleza, decisión, resolución, espíritu, alma, ardimiento, arresto, bravura, osadía, ardor, arranque, acometividad, atrevimiento, arrojo || intención, designio, voluntad, propósito, pensamiento || aliento, exhortación, incitación.
ANIMOSIDAD inquina, ojeriza, tirria, rencor, adversión, animadversión, enemistad, hostilidad, malquerencia, antipatía, prevención, desafecto, mala voluntad, aborrecimiento, rencor, resentimiento, despego.
ANIMOSO denodado, brioso, vigoro-

so, enérgico, esforzado, decidido, resuelto, bravo, osado, ardoroso, acometedor, emprendedor, atrevido, voluntarioso, determinado, valiente, gallardo, épico, indomable, templado, temerario.

Aniñado pueril, infantil, inocente, candoroso, ingenuo, trivial.

Aniquilación mortandad, destrucción, exterminio, matanza, degollina, inmolación, liquidación, ruina, aniquilamiento.

Aniquilador destructor, mortal, mortífero, deletéreo v.

Aniquilar inmolar, sacrificar, exterminar, matar, asesinar || arrasar, destruir, derruir, asolar, abatir, arruinar, devastar, demoler, consumir, desbaratar, liquidar, finiquitar, anonadar.

Anís anisado, anisete, ojén, esencia, aguardiente dulce, licor || pizca, menudencia, fruslería.

Aniversario celebración, conmemoración, memoria, remembranza, acto, fiesta, festividad, solemnidad, acontecimiento, suceso, fasto.

Ano esfínter, recto, orificio, desembocadura, conducto excretor, v. culo.

Anochecer crepúsculo, atardecer, ocaso, oscurecer, entenebrecerse, ángelus, anochecida, tarde, vísperas, la oración, entre luces, llegar la noche.

Anodino insignificante, insubstancial, desangelado, nimio, pueril, baladí, fútil, trivial, insípido, incoloro.

Anomalía rareza, anormalidad, singularidad, irregularidad, monstruosidad, teratología, deformidad, fealdad, desigualdad, excentricidad, ridiculez, absurdo, originalidad.

Anómalo raro, irregular, extraño, patológico, original, estrambótico, desusado, infrecuente, excéntrico, extravagante, ridículo, deforme, teratológico, monstruoso, singular, absurdo, chocante, peregrino, insólito, v. anormal.

Anonadamiento decaimiento, abatimiento, postración, hundimiento, derrumbe, desaliento, confusión, descorazonamiento || aniquilación, destrucción, ruina, demolición, arrasamiento.

Anonadar desalentar, descorazonar, abatir, postrar, decaer, hundir, derrumbar, apocar, desolar, confundir || aniquilar, arrasar, demoler, arruinar, destruir, exterminar, desbaratar, asolar, devastar, desmantelar.

Anonimato en el anónimo, v. anónimo.

Anónimo ignorado, desconocido, incógnito, secreto, enigmático, misterioso, oculto, recóndito || carta, misiva, nota, mensaje.

Anorexia inapetencia, desgana, decaimiento.

Anormal irregular, anómalo v., desusado, infrecuente, inconcebible, inaudito, inverosímil, paradójico, increíble, fenomenal, imposible, ilógico, raro, prodigioso, mágico, sobrenatural, sobrehumano || degenerado, tarado, morboso, deforme, imbécil, loco, orate, deficiente, subnormal, teratológico, monstruo, fenómeno.

Anormalidad irregularidad, anomalía, paradoja, fenómeno, absurdo, rareza, degeneración, tara, morbo, deformidad, locura, imbecilidad, deficiencia mental, monstruosidad.

Anotación apunte, nota, asiento, registro, escrito, acotación, comentario, glosa, apostilla, exégesis, explicación, ampliación, sugerencia, observación, inscripción, acta, borrador, minuta, apunte, memorándum.

Anotar apuntar, inscribir, asentar, registrar, escribir, observar, sugerir, ampliar, explicar, apostillar, glosar, comentar, citar, aclarar, alistar, empadronar, matricular.

Anquilosado paralizado, atrofiado, invalidado, imposibilitado, impedido, entorpecido, inmóvil, tullido, baldado, contrahecho, lisiado, paralítico, seco, consumido.

Anquilosamiento atrofia, parálisis,

ANQUILOSIS, estancamiento, detención, consunción, distrofia, inmovilidad, entorpecimiento, imposibilidad, invalidez.
ANQUILOSAR atrofiar, paralizar, secar, lisiar, tullir, baldar, entorpecer, inmovilizar, imposibilitar, invalidar, consumir, impedir.
ANQUILOSIS v. anquilosamiento.
ÁNSAR ganso, ánade, ansarón, oca, pato, carraco, auca, palmípeda.
ANSIA anhelo, deseo, ansiedad, afán, codicia, apetencia, ambición, avaricia, esperanza, glotonería, aspiración, vehemencia, egoísmo, avidez, pretensión, capricho, inclinación, lucha, sufrimiento, hambre, sed || angustia, ansiedad, incertidumbre, desazón, inquietud, congoja, zozobra, intranquilidad, alarma, preocupación, agitación, nerviosidad, pena, aflicción, fatiga.
ANSIAR codiciar, apetecer, afanarse, desear, anhelar, ambicionar, aspirar, esperar, pretender, encapricharse, inclinarse, intranquilizarse, preocuparse, fatigarse, afligirse, luchar, sufrir, suspirar.
ANSIEDAD angustia, impaciencia, incertidumbre, ansia v.
ANSIOSO codicioso, anhelante, afanoso, ambicioso, avaro, caprichoso, intranquilo, preocupado, aspirante, suspirante, ávido, apetente, esperanzado, deseoso, glotón, egoísta.
ANTA alce, ciervo, antílope, ante, búbalo, rumiante || menhir, pilastra, columna.
ANTAGÓNICO v. antagonista.
ANTAGONISMO oposición, contrariedad, contraposición, rivalidad, discrepancia, disparidad, disconformidad, enemistad, contradicción, contrapartida, anulación, emulación, competencia, diferencia.
ANTAGONISTA opuesto, contrario, competidor, émulo, contradictor, enemigo, disconforme, dispar, discrepante, rival, contrapuesto, adversario, contrincante, opositor.

ANTAÑADA antigualla, anacronismo, vetustez, ridiculez.
ANTAÑO antiguamente, hace años, hace tiempo, en tiempos lejanos, en tiempos pasados, en otra época, antañazo.
ANTAÑÓN decrépito, senil, anciano, viejo v., caduco, vejestorio.
ANTÁRTICO austral, meridional, polar, del Sur.
ANTE gamuza, antílope, ciervo || piel, cuero, gamuza || delante de, en presencia de, respecto de.
ANTEANOCHE anteayer por la noche, hace dos noches.
ANTEANTEANOCHE trasanteanoche, hace tres noches.
ANTEANTEAYER trasanteayer, hace tres días.
ANTEAYER día que precedió a ayer, hace dos días.
ANTECÁMARA antesala, recibidor, recibimiento, saleta, vestíbulo.
ANTECEDENTE precedente, preexistente, precursor, anterior || **ANTECEDENTES** datos, referencias, informes, noticias, relaciones, circunstancias, historial.
ANTECEDER preceder, anteponer, anticipar, aventajar.
ANTECESOR ascendiente, antepasado, precursor, predecesor, progenitor, mayor, abuelo, anterior, primero, delantero, engendrador, procreador, genitor, precedente.
ANTECO opuesto, contrario, contrapuesto, antípoda, perieco.
ANTEDICHO mencionado, aludido, precitado.
ANTEDILUVIANO antiquísimo, remoto, inmemorial, prehistórico, antediluvial, primitivo, antiguo, protohistórico, arcaico, pretérito, vetusto.
ANTELACIÓN anticipación, precedencia, prioridad, preferencia, prelación, con tiempo.
ANTEMANO (DE) anticipadamente, temprano, previamente, prematuramente, previsoramente, por adelantado, con tiempo, en cierne, madrugando.
ANTE MERÍDIEM * antes del mediodía, por la mañana.

Antemural parapeto, defensa, barricada, trinchera || fortaleza, fortificación, fortín.

Antena tentáculo, apéndice, palpo, prolongación, extremidad || cable, alambre, varilla, torre, armazón, soporte.

Anteojo catalejo, telescopio, refractor, reflector || monóculo || binóculos, binoculares, gemelos, prismáticos || **Anteojos** gafas, lentes, impertinentes, antiparras, quevedos, espejuelos.

Anteón bardana, cadillo, lampazo.

Antepasado ascendiente, antecesor, precursor, predecesor, progenitor, familiar, pariente, precedente, genitor, procreador, engendrador, delantero, primero, anterior, mayor, abuelo.

Antepecho pretil, parapeto, barbacana, reparo, brocal, trinchera, defensa, barricada, resguardo || barandilla, pretil, baranda, pasamano, balaustrada, balaustre, borde.

Anteponer distinguir, preferir, destacar, señalar, honrar, resaltar || preponer, aventajar, situar, colocar.

Anteproyecto preliminares, avance, plan, planteamiento, antecedente, bosquejo, esbozo, apunte.

Antepuerta repostero, cortina, tapiz, guardapuerta.

Anterior precedente, precursor, delante, antecedente, preliminar, previo, predecesor, exterior, primero, delantero, frontal, antepuesto, primordial, preconcebido, antedicho, mencionado, susodicho, pasado, primigenio, antiguo.

Anterioridad precedencia, prioridad, previsión, prelación, preexistencia, anticipación, predestinación, antecedencia, antelación, antevíspera, antedata.

Anteriormente antes, temprano, pronto, precedentemente, primeramente, primitivamente, recientemente, principalmente, primariamente, por adelantado, de antemano, primero, inicialmente, antiguamente, antaño, ayer.

Antes anteriormente, primeramente, primero, antiguamente, en otras épocas, en otros tiempos, precedentemente, primitivamente.

Antesala antecámara, saleta, recibidor, recibimiento, vestíbulo.

Anti- contra, oposición, contrariedad.

Anticiclón altas presiones, máximo barométrico.

Anticipación adelanto, adelantamiento, antelación, previsión, preparación, anterioridad, avance, anticipo, precocidad, iniciativa, cautela, precaución, premonición, previsión.

Anticipadamente previamente, adelantadamente, por anticipación, por adelantado, de antemano, prematuramente, temprano.

Anticipado adelantado, anterior, v. anticipación.

Anticipar prever, pronosticar, predecir, anunciar, adivinar, presagiar, profetizar, augurar, vaticinar, agorar, adelantar || prestar, fiar, adelantar, entregar || **Anticiparse** adelantarse, aventajar, avanzar, madrugar, mañanear, sobrepujar, ganar la partida, tomar la delantera.

Anticipo adelanto, préstamo, suplido, pago, entrega a cuenta, empréstito, ayuda || avance, v. anticipación.

Anticoncepcional, anticonceptivo, método, procedimiento, droga, píldoras.

Anticonstitucional antirreglamentario, ilegal, ilícito, injusto, ilegítimo, atentatorio.

Anticristo satánico, diabólico, perverso, infernal, aciago, infausto, catostrófico.

Anticuado añejo, viejo v., pasado, remoto, vetusto, arcaico, pretérito, añoso, anciano, valetudinario, decrépito, estropeado, usado, achacoso, v. antiguo.

Anticuario entendido, experto, perito, coleccionista, comerciante.

Anticuarse envejecer, añejar, estropearse, usarse, marchitarse, pasar, enranciarse, preterirse, trasnocharse.

Antideportivo incorrecto, ofensivo, parcial, fanático.
Antídoto contraveneno, alexifármaco, antitóxico, revulsivo, correctivo, triaca, desintoxicante, antifármaco, vomitivo, medicamento.
Antiestético feo, desagradable, deslucido, repulsivo, desmañado, deforme, informe.
Antifaz mascarilla, careta, máscara, carátula, disfraz, cambuj, gambox, embozo, carantamaula.
Antifebril * febrífugo, antipirético.
Antífona canto, cántico, rezo, salmodia, pasaje, versículo.
Antifonario trasero, culo, nalgas, asentaderas v.
Antigualla anacronismo, ranciedad, estafermo, fiambre, reliquia, viejo v., añejo, antiguo, vetusto, remoto, achacoso, usado, estropeado, decrépito, valetudinario, anciano.
Antiguamente antaño, antes, antañazo, en otros tiempos, en un tiempo, de antiguo, remotamente, añejamente, vetustamente.
Antigüedad experiencia, veteranía, vetustez, vejez, ancianidad, decrepitud, arcaísmo, ranciedad ‖ pasado, prehistoria, tiempos inmemoriales, t. heroicos, t. primitivos.
Antiguo arcaico, vetusto, viejo, añejo, añoso, veterano, inveterado, primitivo, prístino, provecto, pretérito, primero, rancio, decano, anticuado, inmemorial, desusado, tradicional, fósil, trasnochado, antediluviano, arqueológico, solariego.
Antihelmíntico vermífugo, antiparasitario.
Antihigiénico, nocivo, insano, insalubre, perjudicial, sucio v., desaseado.
Antílope gamuza, ante, gacela, cuadrúpedo, rumiante, saiga, orix.
Antimilitarista pacifista, antibelicista, pacificador, apaciguador.
Antimonio estibio, elemento, metal, cuerpo simple.
Antimoral inmoral, amoral, deshonesto, disoluto, licencioso.
Antinatural contranatural, artificial, ficticio, falso, fingido, supuesto.
Antinomia contradicción, oposición, incompatibilidad, antítesis, contraste, contraposición.
Antiparras gafas, quevedos, lentes, anteojos, impertinentes.
Antipatía repugnancia, oposición, repulsión, aversión, desagrado, animosidad, aborrecimiento, disconformidad, tirria, menosprecio, odio, resentimiento, rencor, asco, hostilidad, incompatibilidad, animadversión.
Antipático desagradable, enojoso, fastidioso, enfadoso, pesado, molesto, insoportable, odioso, penoso, aburrido, desabrido, desapacible, incómodo, aguafiestas, malo, repulsivo, aborrecible, hostil, incompatible.
Antipatizar repelerse, odiarse, molestarse, desagradarse, repugnarse.
Antipirético febrífugo, *antifebril.*
Antipocar restituir, restablecer, revalidar, restaurar.
Antípoda opuesto, contrapuesto, contrario, perieco, anteco, antitético, antagónico.
Antiquísimo v. antiguo.
Antirreglamentario ilegal, ilícito, ilegítimo, injusto, prohibido, anticonstitucional, desordenado, atentatorio.
Antisemita fanático, intolerante, racista, antijudío, genocida.
Antisemitismo racismo, fanatismo, intolerancia.
Antisepsia asepsia, esterilización, desinfección, abstersión, higiene.
Antiséptico desinfectante, esterilizante, aséptico, abstergente, bacteriostático, antimicrobiano.
Antisocial revolucionario, nihilista, inmoral, ilícito.
Antítesis oposición, contraposición, contraste, contrariedad, contradicción, antagonismo, disparidad, diferencia, desemejanza.
Antitético antagónico, dispar, diferente, desemejante, contrario.

contrapuesto, opuesto, incompatible, encontrado, antípoda, antagónico, adversario, paradójico.

ANTITÓXICO antídoto, alexifármaco, contraveneno, revulsivo, correctivo, desintoxicante, antifármaco, antitoxina.

ANTITOXINA anticuerpo.

ANTOJADIZO caprichoso, voluble, veleidoso, inconstante, inconsecuente, mudable, tornadizo, veleta.

ANTOJO capricho v., veleidad, volubilidad, deseo, anhelo, extravagancia, fantasía, gusto, arranque, tontería, impulso, afán, ilusión || lunar, mancha, tumor, estigma, angioma.

ANTOLOGÍA selección, florilegio, recopilación, compendio, analectas, resumen, colección, compilación, reunión, miscelánea, centón, crestomatía.

ANTÓNIMO contrario, opuesto, antitético v., antagónico, dispar, diferente.

ANTONOMASIA (POR) como ejemplo, por excelencia.

ANTORCHA tea, hacha, hachón, blandón, cirio, vela, candela, hacho.

ANTRACITA carbón mineral, combustible.

ÁNTRAX tumor, inflamación, forúnculo, flemón, divieso.

ANTRO cueva, gruta, caverna, cubil, guarida, escondrijo, madriguera, covacha, mazmorra, catacumba, gruta, refugio, túnel, subterráneo, sótano, huronera, cuchitril.

ANTROPOFAGIA canibalismo, salvajismo, ferocidad, barbarie, bestialidad.

ANTROPÓFAGO caníbal, carnívoro, carnicero, inhumano, feroz, sanguinario, cruel, salvaje, bárbaro, bestial.

ANTROPOIDE antropomorfo, cuadrúmano, antropopiteco, pitecántropo, primate, gorila, chimpancé, orangután.

ANTRUEJADA broma, burla, chasco.

ANTRUEJO carnaval, carnestolendas.

ANTUVIÓN golpe, porrazo, cachete, mamporro.

ANUAL añal, periódico, regular, cíclico, anuo.

ANUALIDAD importe, renta, interés, emolumentos, pensión, honorarios, sueldo, costo, precio, valor, cuenta.

ANUARIO publicación, almanaque, calendario v., agenda, efemérides, fasto.

ANUBARRADO nublado, encapotado, cubierto, oscurecido, nuboso, cerrado, anublado, tormentoso, acelajado, neblinoso, cargado.

ANUBLAR nublar, cerrar, cargar, encapotar, cubrirse, oscurecerse, acelajar, empañarse, ocultarse.

ANUDAR atar, ligar, enlazar, unir, juntar, amarrar, sujetar, liar.

ANUENCIA consentimiento, aquiescencia, autorización, tolerancia, permiso, venia, licencia, complacencia, condescendencia, aprobación, asenso, beneplácito, conformidad, acuerdo.

ANULACIÓN revocación, abolición, inhabilitación, desautorización, derogación, invalidación, cancelación, incapacitación, supresión, abrogación, inutilización.

ANULAR incapacitar, inhabilitar, desautorizar, contrarrestar, neutralizar, compensar, suprimir, revocar, abolir, abrogar, cancelar || ANULARSE retraerse, apocarse, acoquinarse, amilanarse, acobardarse, humillarse, invalidarse, desautorizarse, incapacitarse.

ANUNCIACIÓN anuncio, revelación, misterio.

ANUNCIADOR anunciante, solicitante, interesado.

ANUNCIAR informar, advertir, revelar, divulgar, avisar, comunicar, notificar, participar, mostrar, descubrir, proclamar, relatar, manifestar, declarar || publicar, insertar, fijar || pronosticar, presagiar, predecir, prever, augurar.

ANUNCIO aviso, cartel v., nota, noticia, letrero, rótulo, publicación, notificación, edicto, novedad, nueva, advertencia, informe, proclama, confidencia, mención, bando, programa || pronóstico, presagio, augurio, previsión, predicción, vaticinio, profecía, revelación, confesión.

Anuo v. anual.

Anverso cara, faz, anterior, principal, delantero.

Anzuelo gancho, arponcillo, garfio, arpón || señuelo, carnada, cebo || atractivo, aliciente, incentivo, engaño, seducción, embeleco.

Aña nodriza, ama, niñera, aya.

Añadido postizo, trenza, mechón, moño, rodete, copete, peluquín, v. añadidura.

Añadidura complemento, adición, aditamento, añadido, acrecentamiento, ampliación, agregación, suma, aumento, apéndice, epílogo, adhesión, unión, asociación.

Añadir agregar, acrecentar, aumentar, adicionar, sobreponer, juntar, ampliar, unir, incorporar, completar, cargar, sumar, anexionar, amplificar, adherir, asociar.

Añagaza señuelo, reclamo, cebo, anzuelo, artificio, engañifa, trapacería, trampa, engaño, artimaña, treta, ardid, astucia, falacia, maña, amaño, disimulo, truco, artería, simulación.

Añal añojo, añino, cadañal, anual.

Añascar recoger, juntar, reunir, acopiar, acumular, amontonar || enredar, confundir, embrollar, liar.

Añasco enredo, desbarajuste, lío, embrollo, jaleo, confusión.

Añejar envejecer, aposentar, madurar, sazonar.

Añejo envejecido, rancio, maduro, de solera, tradicional, linajudo, antiguo, vetusto, viejo, arcaico, remoto, veterano, pretérito.

Añicos pedazos, piezas, fragmentos, trozos, trizas, cachos, cisco, partículas, porciones, fracciones.

Añil índigo, azul oscuro, tinte, color.

Año añada, tiempo, lapso, espacio, período, división, intervalo, ciclo || abriles, primaveras.

Añojal erial, barbecho, páramo.

Añoranza nostalgia, melancolía, recuerdo, evocación, meditación, remembranza, soledad, aislamiento, pena, tristeza, pesar.

Añorar evocar, recordar, meditar, rememorar, apenarse, entristecerse, apesadumbrarse, entrañar, echar de menos.

Añoso anciano, viejo, longevo, senil, pretérito, veterano, vetusto, arcaico, caduco, antiguo, secular.

Añublo honguillo, parásito, roya.

Añusgarse atragantarse, atarugarse, atorarse, atascarse, ahogarse || disgustarse, enfadarse, irritarse, molestarse, picarse, enojarse, mosquearse.

Aojamiento hechizo, encantamiento, embrujo, brujería, malogro, maldición, maleficio.

Aojar malograr, hechizar, encantar, embrujar, desgraciar, maldecir.

Aojo v. aojamiento.

Aovar desovar, poner, soltar.

Aovillarse encogerse, agazaparse, acurrucarse, contraerse.

Apabullar turbar, confundir, desconcertar, perturbar, inquietar, sorprender, avergonzar, aturdir, aturullar, atolondrar, aplastar, abrumar.

Apacenta * apacienta, v. apacentar.

Apacentamiento pasto, pastoreo, pacedura.

Apacentar pastar, pastorear, pacer, ramonear, cebar, alimentar, herbajar || instruir, enseñar, educar.

Apacibilidad tranquilidad, bondad, v. apacible.

Apacible plácido, bonachón, bondadoso, benigno, reposado, sosegado, tranquilo, manso, agradable, afable, placentero, suave, dulce, delicado, dócil, paciente, moderado, aplacado, pacífico, humilde, amable, quieto.

Apaciguamiento tranquilizamiento v.

Apaciguar aplacar, aquietar, tranquilizar, sosegar, serenar, calmar, dulcificar, contener, pacificar.

APACHE maleante, bandido, salteador, ladrón, atracador, vago, chulo, perverso || indio, salvaje, indígena, nativo.

APADRINAR prohijar, adoptar, patrocinar, legitimar, legalizar, cobijar, amparar, acoger, defender, avalar, acompañar.

APAGADO apocado, deprimido, decaído, achicado, mortecino, débil, tenue, amortiguado, sosegado, callado, silencioso.

APAGAR extinguir, sofocar, ahogar, amortiguar, aplacar, reprimir, rebajar, disipar, aminorar, debilitar, atenuar, achicar.

APAGÓN corte, interrupción, extinción, falta, cese.

APAISADO ancho, horizontal, alargado, prolongado.

APALABRAR convenir, concertar, tratar, arreglar, conciliar, contratar, ajustar, acordar, pactar, concordar, componer, ordenar, establecer.

APALANCAR levantar, mover, trasladar, correr, empujar.

APALEAMIENTO tunda, vapuleo, paliza, zurra, somanta, soba, leña, felpa, azotaina.

APALEAR vapulear, golpear, pegar, asestar, sacudir, maltratar, percutir, azotar, varear, cachetear, desgraciar, lisiar, descrimar, sopapear, zumbar, aventar, zurrar, tundir, abofetear, machacar, puñear, zurriagar, verguear.

APALEO vapuleo, zurra, zumba, paliza v.

APANDAR apropiarse, atrapar, pillar, apañar, escamotear, recoger, aliviar, hurtar, adueñarse, guardar, quedarse con.

APANDILLAR reunir, agrupar, congregar, acuadrillar, acaudillar, capitanear, allegar, apiñar, reclutar, asociar, arracimar, acabildar, convocar, juntar.

APAÑADO hábil, mañoso, diestro, experto, competente, habilidoso, ducho, capaz, despabilado || adecuado, arreglado, compuesto, apto, apropiado.

APAÑAR aderezar, ataviar, arreglar, componer, reparar, remendar, asear, disponer, ajustar, aviar || hurtar, birlar, robar, escamotear, apandar, guardar, apropiarse, atrapar, adueñarse, quedarse con, pillar || APAÑARSE despabilarse, agenciárselas, componérselas, administrarse, arreglarse, aviarse, desenvolverse.

APAÑO hurto, robo, alijo, contrabando, lío, embrollo, escamoteo, acaparamiento, matute || compostura, arreglo, reparación, remiendo, chapucería, aderezo, adorno.

APARADOR trinchero, alacena, estante, vasar, estantería, armario, despensa, hornacina, cristalero || taller, obrador.

APARAR tomar, recoger, alcanzar, asir || preparar, disponer, aprestar.

APARATO artefacto, máquina, mecanismo, artificio, instrumento, ingenio, dispositivo, artilugio, armatoste, útil, utensilio, maquinaria || pompa, ostentación, fausto, solemnidad, boato, fasto, magnificencia, bambolla, grandiosidad.

APARATOSO espectacular, dramático, ostentoso, pomposo, solemne, jactancioso, pedante, postinero, teatral v.

APARCAMIENTO estacionamiento, lugar, sitio, zona de aparcar.

APARCAR estacionar, colocar, disponer, detener, instalar, situar, ubicar, acomodar, dejar.

APARCERÍA trato, contrato, convenio, acuerdo, mediación, asociación, participación || labranza, granjería, labrantío.

APARCERO partícipe, copartícipe, asociado, participante, comunero, contribuyente || labrador, ganadero, granjero, agricultor.

APAREAMIENTO ayuntamiento, cubrición, coito, cópula v.

APAREAR juntar, ayuntar, cubrir, acoplar, igualar, emparejar, hermanar, equilibrar, equiparar, nivelar.

APARECER presentarse, salir, surgir, brotar, manifestarse, mostrarse, exhibirse, dejarse ver, encontrarse, hallarse, estar.

APARECIDO fantasma, aparición, espectro, duende, espantajo, fantasmón, visión, espíritu, sombra, fantasía, imagen, redivivo, trasgo, ánima, alma en pena.

APAREJADO apto, idóneo, capacitado, ducho, experimentado.

APAREJADOR técnico, constructor, experto.

APAREJAR preparar, disponer, arreglar, aprestar, prever, prevenir, aprontar, aviar, montar, instalar, alzar, izar.

APAREJO pertrecho, artefacto, aparato, avío, impedimento, útil, mecanismo, arreo, albarda, instrumentos, polea, polipasto, cuadernal || mástiles, velamen, arboladura, jarcia, cordaje, cabos.

APARENTAR fingir, simular, figurar, afectar, engañar, encubrir, imitar, falsear, desfigurar, disfrazar, suponer, representar, idear, componer, enmascarar, disimular, ocultar.

APARENTE supuesto, ficticio, figurado, falso, articial, fingido, simulado, afectado, disfrazado, desfigurado, engañoso, postizo || cierto, auténtico, incuestionable, evidente, visible, patente.

APARENTEMENTE supuestamente, figuradamente, simuladamente, superficialmente, en apariencia, a primera vista, según parece.

APARICIÓN espectro, fantasma, aparecido, duende, espantajo, fantasmón, visión, espíritu, fantasía, sombra, imagen, ánima, trasgo, redivivo, alma en pena || presentación, llegada, v. comparecencia.

APARIENCIA aspecto, forma, figura, semejanza, traza, aire, continente, tipo, exterior, planta, presencia, porte, facha, catadura semblante, cariz, talante, físico, fisonomía || probabilidad, verosimilitud, posibilidad, conjetura.

APARTADAMENTE separadamente, lejos, alejadamente, distanciadamente, aisladamente, secretamente.

APARTADERO desviadero, desvío, derivación, vía muerta.

APARTADIZO esquivo, hosco, huraño v., retraído, solitario.

APARTADO lejano, distante, retirado, remoto, aislado, separado, alejado, oculto, disimulado, encubierto, arrinconado || párrafo, capítulo, sección, parte, título, división.

APARTAMENTO v. apartamiento.

APARTAMIENTO piso, vivienda, departamento, apartamento, casa, cuarto, morada, residencia, domicilio, habitación, hogar, mansión, alojamiento || separación, alejamiento, aislamiento, expulsión, exclusión, dispersión, desviación, distanciamiento, defección, v. apartar.

APARTAR alejar, retirar, desviar, aislar, relegar, rehuir, evitar, abandonar, separar, quitar, desembarazar, librar, desunir, despedir, descarriar, desbandar, desligar, desechar, despachar, ahuyentar, rechazar, expulsar, arrinconar || elegir, escoger, seleccionar, preferir, distinguir, entresacar, designar, optar, diferenciar || APARTARSE desligarse, marcharse, desviarse, rehuir, aislarse, alejarse, irse, partir, separarse, divorciarse, descarriarse, evitar, rechazar, arrinconarse, retraerse.

APARTE separadamente, lejos, a distancia, excluyendo a, con omisión.

APARVAR amontonar, hacinar, reunir, apilar, aglomerar, almacenar, acumular, acopiar.

APASIONADAMENTE ardorosamente, ardientemente, vehementemente, amorosamente, amantemente, indomablemente, violentamente, virulentamente, intemperadamente, coléricamente, volcánicamente, desenfrenadamente, delirantemente, desordenadamente, calurosamente, ciegamente, fanáticamente, febrilmente, furiosamente, locamente, frenéticamente, entusiastamente, enajenadamente, ebriamente.

Apasionado vehemente, ardiente, amoroso, ardoroso, amante, volcánico, colérico, intemperante, virulento, indomable, violento, desenfrenado, delirante, desordenado, caluroso, febril, agitado, ciego, fanático, furioso, loco, frenético, entusiasta, enajenado, ebrio, impulsivo.

Apasionamiento pasión, vehemencia, ardor, entusiasmo, arrebato, fanatismo, efervescencia, excitación, ceguera, delirio, encendimiento, calor, virulencia, furia, agitación.

Apasionante excitante, interesante, absorbente, emocionante, patético, conmovedor, delirante, enloquecedor, palpitante, estimulante, enardecedor, arrebatador.

Apasionar excitar, trastornar, emocionar, inflamar, palpitar, abrasar, embriagar, embobar, fanatizar, exaltar, enloquecer, delirar, conmover, absorber, interesar, arrebatar, enardecer, entusiasmar, atormentar || Apasionarse exaltarse, trastornarse, v. apasionar.

Apatía insensibilidad, indiferencia, dejadez, abandono, desidia, desgana, indolencia, impasibilidad, inapetencia, molicie, pereza, inactividad, descuido, displicencia, inercia.

Apático desganado, descuidado, desidioso, impasible, displicente, dejado, indolente, indiferente, insensible, abandonado, inactivo, perezoso, vago.

Apátrida paria, errante, vagabundo.

Apatusco aderezo, adorno, arreo, utensilio.

Apeadero estación, alto, detención, andén, muelle, acera, apartadero, parador.

Apear descender, bajar, desmontar, descabalgar, salir, quedarse || disuadir, convencer, apartar, desviar, desaconsejar.

Apechugar aguantar, soportar, conformarse, chincharse, aceptar, tragar, apencar, cargar, transigir, tolerar, sufrir, sobrellevar.

Apedazar despedazar, desgarrar, romper, destrozar, deshacer, destruir || remendar, componer, apañar, arreglar.

Apedreamiento pedrea, lapidación, maltrato, descalabro.

Apedrear lapidar, castigar, maltratar, descalabrar, derrengar, estropear, herir, matar.

Apegado encariñado, aficionado, adherido, v. apego.

Apegarse encariñarse, simpatizar, adorar, amar, querer, estimar, afeccionarse, aficionarse, amigarse, adherirse, interesarse, solidarizarse, encasillarse, estancarse.

Apego afecto, cariño, afición, amistad, adhesión, inclinación, interés, solidaridad, simpatía, cordialidad, estima, devoción, adoración, amor, querencia.

Apelación reclamación, recurso, interposición, revisión, casación, petición, requerimiento, demanda || consulta, reunión.

Apelante demandante, recurrente, reclamante, solicitante, peticionario, suplicante.

Apelar recurrir, reclamar, interponer, casar, requerir, demandar, solicitar, revisar, pedir, suplicar.

Apelativo nombre, apellido, designación, patronímico, denominación, título, mote, seudónimo, apodo, alias.

Apelmazado amazacotado, comprimido, compacto, apretado, pesado, duro, apiñado, arracimado, atiborrado, acumulado, amontonado.

Apelmazar comprimir, apretar, amazacotar, apiñar, arracimar, atiborrar, apachurrar, machacar, tupir, condensar, concentrar.

Apelotonamiento tropel, masa, muchedumbre, concurrencia, atiborramiento, acumulación, apiñamiento, amontonamiento.

Apelotonar amontonar, atiborrar,

acumular, apiñar, atascar, apelmazar, amazacotar.

APELLIDAR nombrar, designar, señalar, llamar, apelar, denominar, titular, motejar, bautizar, apodar, mencionar, aludir || gritar, vociferar, aclamar, convocar || APELLIDARSE llamarse, nombrarse, decirse, designarse, apelarse, denominarse, titularse, apodarse, motejarse.

APELLIDO nombre, denominación, designación, apelativo, patronímico, sobrenombre, título, seudónimo, apodo, alias || llamada, clamor, grito.

APENADO desconsolado, triste, apesadumbrado, apesarado, mohíno, inconsolable, melancólico, dolorido, contrito, mustio, afligido, abatido, atribulado, pesaroso, hipocondríaco, desventurado, desgraciado, cogitabundo, amargado, angustiado, afectado, acongojado, atormentado, desolado, entristecido, desesperado, contrariado, mortificado.

APENAR apesadumbrar, amohinar, entristecer, desconsolar, afligir, apesarar, atribular, abatir, desgraciar, amargar, angustiar, afectar, desolar, atormentar, acongojar, desesperar, mortificar, contrariar, compungir, abrumar || APENARSE entristecerse, atribularse, acongojarse, v. apenar.

APENAS escasamente, levemente, parcamente, difícilmente, ligeramente, cortamente, insuficientemente, exiguamente, limitadamente, casi no, luego que, al punto que.

APENCAR apechugar, tolerar, sufrir, transigir, cargar, tragar, aceptar, chincharse, conformarse, soportar, aguantar, sobrellevar.

APÉNDICE añadido, agregado, prolongación, aditamento, añadidura, adición, anexo, suplemento, adjunto, extensión, alargamiento || cola, rabo, extremidad, miembro, tentáculo, antena, rabillo, hopo.

APENDICITIS inflamación, peritonitis, dolencia, acceso, ataque.

APEÑUSCAR amontonar, apiñar, acumular, agrupar, arracimar, reunir, apretar, arrimar.

APEO sostén, apoyo, soporte, puntal, sustentáculo, arbotante.

APERADOR mayoral, capataz, encargado, cuidador.

APERAR cuidar, componer, proveer, suministrar.

APERCIBIMIENTO amonestación, advertencia, observación, admonición, aviso, consejo, exhortación, sugerencia || requerimiento, emplazamiento, citación, disposición.

APERCIBIR amonestar, avisar, observar, recomendar, recordar, advertir, sugerir, exhortar, prevenir, aconsejar || requerir, citar, emplazar, disponer, aprestar, preparar || APERCIBIR* divisar, observar, ver, columbrar, descubrir, distinguir.

APERGAMINADO enjuto, seco, arrugado, amojamado, avellanado, magro, delgado, momificado, correoso, aceitunado, acartonado, sarmentoso, acecinado, marchito, ajado, ahilado.

APERGAMINARSE marchitarse, arrugarse, ajarse, acartonarse, acecinarse, momificarse, avellanarse, amojamarse, secarse, adelgazar, ahilarse.

APERITIVO vermut, tónico, estimulante, licor, bebida || bocado, emparedado, canapé.

APEROS enseres, avíos, pertrechos, instrumentos, aparejos, útiles, herramientas, trebejos, aparatos, máquinas.

APERREADO molesto, trabajoso, difícil, incómodo, pesado, oneroso, embarazoso, duro, fatigoso, penoso.

APERREAR fatigar, cansar, agotar, rendir, ajetrear, molestar, incomodar, dificultar, fastidiar, enfadar, mortificar, impacientar || APERREARSE afanarse, cansarse.

APERSONARSE presentarse, comparecer, personarse, aparecer v.

APERTURA inauguración, estreno, comienzo, principio, iniciación, acto, sesión, función, ceremonia,

APESADUMBRADO solemnidad, gala, celebración.

APESADUMBRADO triste, mohíno, angustiado, amargado, acongojado, desolado, desconsolado, melancólico, dolorido, contrito, atribulado, abatido, afligido, apenado, contrariado, mortificado.

APESADUMBRAR apenar, amohinar, entristecer, desconsolar, afligir, apesarar, atribular, abatir, desgraciar, amargar, angustiar, desolar, afectar, atormentar, acongojar, desesperar, contrariar, mortificar, compungir, abrumar.

APESARADO apesadumbrado v.

APESARAR apesadumbrar v.

APESGAR agobiar, importunar, molestar, fastidiar, cansar, aburrir, incordiar, fatigar.

APESTADO enfermo, doliente, paciente, infectado, atacado, colérico, contagiado || pestilente, insalubre, infecto, maloliente, corrompido, hediondo, pestífero.

APESTAR heder, infectar, contagiar, corromper, inficionar, viciar, enfermar, transmitir || fastidiar, agobiar, importunar, molestar, cansar, aburrir.

APESTOSO fétido, corrompido, hediondo, pestilente, apestado, infecto, maloliente, repugnante || fastidioso, cargante, molesto, insufrible, agobiante, inoportuno, aburrido, cansador.

APETECER anhelar, desear, ambicionar, ansiar, codiciar, aspirar, suspirar, querer, gustar, pretender, antojarse.

APETECIBLE codiciable, deseable, sabroso, gustoso, regalado, rico, delicioso, exquisito, fino, delicado, apetitoso.

APETENCIA apetito v.

APETENTE * con apetito, hambriento v.

APETITO gana, apetencia, deseo, necesidad, inclinación, gusto, concupiscencia, hambre, voracidad, glotonería, carpanta, gazuza, colondro, tragaderas, bulimia, afán, ansia, avidez, gaza.

APETITOSO apetecible, exquisito, delicioso, rico, regalado, delicado, fino, sabroso, incitante, agradable, atrayente, gustoso.

APIADARSE compadecerse, condolerse, dolerse, apenarse, compungirse, conmoverse, emocionarse, impresionarse, enternecerse, inquietarse, turbarse, alterarse, trastornarse.

APICARARSE abribonarse, abellacarse, encanallarse, agranujarse, envilecerse, avillanarse, degradarse.

ÁPICE vértice, cima, cumbre, extremidad, pico, punta, remate, extremo, cúspide, fin, culminación || insignificancia, pizca, chispa, pellizco, migaja, pulgarada, adarme, pequeñez, nimiedad, nonada, fracción.

APICULTOR abejero, criador, granjero.

APILAR amontonar, agrupar, almacenar, aproximar, apretar, estrechar, arrimar, acercar, reunir, juntar, acopiar, aglomerar, acumular.

APIÑAMIENTO amontonamiento, apelotonamiento, v. apiñarse.

APIÑAR arracimar, conglomerar, apeñuscar, apilar v. || **APIÑARSE** amontonarse, agruparse, estrecharse, arracimarse, apretarse, arrimarse, reunirse, aglomerarse, juntarse, arremolinarse, apretujarse, apelotonarse.

APIOLAR matar, liquidar, eliminar, inmolar, sacrificar, exterminar, suprimir, finiquitar || atar, ligar, prender, detener, aherrojar, encadenar.

APIPARSE atracarse, hartarse, saciarse, atiborrarse, llenarse, atestarse, empapujarse, abarrotarse, henchirse, rellenarse.

APISONADORA v. aplanadora.

APISONAR aplastar, apretar, comprimir, pisotear, despachurrar, alisar, nivelar, suavizar, enrasar, explanar.

APLACADO calmado, serenado, tranquilizado, aliviado, mitigado, suavizado, amortiguado, amansado, moderado, calmado, sosegado, pacificado.

APLACAMIENTO aquietamiento, v. aplacar.

Aplacar tranquilizar, aquietar, suavizar, moderar, acallar, pacificar, sosegar, mitigar, calmar, amansar, apagar, amortiguar, aliviar, atenuar, ablandar, pacificar, desbravecer, desenconar, rehacer, desenfadar, serenar || Aplacarse sosegarse, tranquilizarse, aquietarse, acallarse, amansarse, pacificarse, desbravecerse, serenarse, calmarse, moderarse, callarse, suavizarse.

Aplacer agradar, gustar, deleitar, satisfacer, contentar, complacer, atraer, seducir.

Aplacimiento complacencia, gusto, agrado, placer, delicia, satisfacción, contento, deleite, delicadeza.

Aplanadora apisonadora, tractor, vehículo, rodillo.

Aplanamiento postración, abatimiento, extenuación, debilitamiento, desaliento, aniquilamiento, decaimiento, abrumación, inanidad || arrasamiento, nivelación, aplastamiento, allanamiento.

Aplanar allanar, nivelar, explanar, igualar, enrasar || debilitar, extenuar, postrar, abatir, decaer, desalentar, aniquilar, abrumar.

Aplastado achatado, aplanado, estrujado, despachurrado, prensado, comprimido, v. aplastar.

Aplastamiento despachurro, achatamiento, aplanamiento, allanamiento, compresión, torta, plasta, hundimiento, machacamiento, prensado, laminación, apisonado, deformación, molienda, trituración, pulverización.

Aplastante abrumador v.

Aplastar comprimir, despachurrar, machacar, prensar, chafar, despanzurrar, reventar, apisonar, escachar, estrujar, destripar, aplanar, hundir, laminar, deformar, estropear, arrugar, moler, triturar, pulverizar, deslucir, abollar, deteriorar, pisar, pisotear, remachar, allanar, achatar || abrumar, humillar, abatir, turbar, desconcertar, confundir, avergonzar, achicar, anonadar, apabullar, aniquilar, liquidar, exterminar, destruir, arrasar.

Aplatanarse * v. apoltronarse.

Aplaudir palmear, palmotear, ovacionar, vitorear, ponderar, loar, glorificar, celebrar, aclamar, animar, felicitar, estimular, encomiar, alabar, aprobar, ensalzar, exaltar, engrandecer, elogiar.

Aplauso palmoteo, aclamación, alabanza, aprobación, vítor, loa, glorificación, ánimo, felicitación, encomio, ponderación, estímulo, exaltación, elogio, engrandecimiento, panegírico, cumplido.

Aplazamiento retraso, dilación, demora, postergación, prórroga, moratoria, suspensión, retardo, tardanza, preterición, relegación.

Aplazar postergar, prorrogar, demorar, dilatar, retrasar, preterir, tardar, relegar, suspender, retardar, posponer, diferir.

Aplebeyarse envilecerse, avillanarse, abellacarse, apicararse, achularse, degradarse, mancharse, rebajarse, engolfarse, abaldonarse.

Aplicable adaptable, acomodable, superponible, acoplable, ajustable.

Aplicación uso, empleo, usanza, menester, práctica, modo, manejo, utilidad, destino, servicio, disfrute, utilización || cuidado, atención, afán, diligencia, esmero, estudio, perseverancia, tesón, asiduidad || adorno, ornamentación || suministro, colocación, administración.

Aplicado estudioso, diligente, tesonero, perseverante, afanoso, atento, aprovechado, laborioso, trabajador, empollón, asiduo || superpuesto, sobrepuesto, ornamentado, adaptado.

Aplicar adaptar, superponer, sobreponer, adherir, acomodar, poner, arrimar, fijar, sujetar, pegar, clavar, acercar || emplear, usar, suministrar, colocar, administrar, utilizar, manejar, aprovechar, valerse || destinar, asignar, adjudicar, dedicar, designar || achacar, imputar, atribuir, colgar, enjaretar, culpar || Aplicarse esmerarse, concentrarse, consagrarse, sacrificarse, perseverar, afanarse, aprovechar, ponerse, trabajar, estudiar, empollar, dedicarse v.

Aplique aplicación, adorno, ornamento, pieza, trasto, artefacto, aparato, adminículo, decoración.

Aplomado sereno, mesurado, compuesto, imperturbable, circunspecto, tranquilo, desenvuelto v., reposado, impertérrito, flemático || plomizo, oscuro, grisáceo, ceniciento.

Aplomo gravedad, serenidad, circunspección, mesura, flema, desenvoltura, seguridad, confianza, soltura, desembarazo, tranquilidad, imperturbabilidad, compostura, calma || verticalidad.

Apnea suspensión, detención, falta, ausencia de respiración, asfixia.

Apocado timorato, tímido, pusilánime, corito, corto, cobarde, asustado, vergonzoso, retraído, remiso, atarugado, acoquinado, melindroso, sumiso, menguado, cuitado, ñoño, encogido, achicado, calzonazos, flojo, infeliz, pobrete, apagado, medroso.

Apocalipsis hecatombe, catástrofe, cataclismo v.

Apocalíptico espantoso, terrorífico, horrible, horrendo, aterrador, enloquecedor, horripilante, pavoroso, espeluznante.

Apocamiento cortedad, timidez, encogimiento, pusilanimidad, cobardía, abatimiento, languidez, acoquinamiento, indecisión, irresolución, flaqueza, desaliento, aturdimiento, turbación, retraimiento, vergüenza, ñoñería, flojedad.

Apocar limitar, mermar, castrar, contener, reducir, achicar, menguar, constreñir, estrechar, humillar, degradar, sojuzgar, rebajar, afrentar, postrar, avergonzar, someter || Apocarse acobardarse, encogerse, acoquinarse, flaquear, aturdirse, turbarse, retraerse, avergonzarse, aflojar, acollonarse, limitarse, mermarse, contenerse, reducirse, achicarse, amedrentarse, deprimirse, amilanarse.

Apocopar suprimir, reducir, elidir, contraer.

Apócope supresión, metaplasmo, elisión, contracción, reducción.

Apócrifamente fingidamente, falsamente, v. apócrifo.

Apócrifo falsificado, fingido, falso, espurio, ficticio, adulterado, contrahecho, desnaturalizado, corrompido, mixtificado, sofisticado, ilegítimo, falseado, imitado, engañoso, fabuloso, supuesto, inventado, quimérico, erróneo, tergiversado.

Apodar denominar, designar, bautizar, nombrar, llamar, apellidar, titular.

Apoderado representante, encargado, delegado, mandatario, administrador, procurador, gerente, comisionado, tutor.

Apoderar representar, delegar, comisionar, tutelar, administrar, procurar, encargar, actuar, facultar, conferir || Apoderarse adueñarse, apropiarse, coger, quitar, tomar, enseñorearse, ocupar, instalarse, usurpar, robar, hurtar, quedarse con, hacerse con.

Apodíctico convincente, innegable, incontrovertible, decisivo, demostrativo, irrefutable.

Apodo mote, nombre, alias, apelativo, seudónimo, sobrenombre, remoquete, apellido.

Apófisis saliente, resalte, punta, ápice, vértice.

Apogeo esplendor, auge, florecimiento, culminación, ápice, cúspide, cumbre, cima, coronamiento, pináculo, remate, magnificencia.

Apógrafo copia, calco, reproducción, transcripción.

Apolillado roído, raído, carcomido, rateado, estropeado, deteriorado, destruido, minado.

Apolillarse raerse, estropearse, v. apolillado.

Apolíneo apuesto, hermoso, bello,

escultural, guapo, galán, lindo, bonito, bien parecido.
Apolo febo, sol, astro rey, hermoso, v. apolíneo.
Apologético elogioso, encomiástico, ensalzador.
Apología panegírico, elogio, encomio, alabanza, ensalzamiento, loa, bombo || defensa, justificación, ponderación, disculpa, vindicación.
Apólogo fábula, alegoría, cuento, ficción, relato, narración, ejemplaridad, enseñanza, parábola.
Apoltronado perezoso, vago, comodón, sedentario, poltrón, apático, gandul, haragán, aplatanado, desidioso, calmoso, holgazán, ocioso, tardo, flojo.
Apoltronamiento abandono, haraganería, dejadez, pereza, inercia, gandulería.
Apoltronarse vegetar, tumbarse, abandonarse, dejarse, gandulear, haraganear, holgazanear.
Apoplejía ataque, acceso, hemorragia, parálisis, derrame, embolia.
Apoquinar pagar, escotar, abonar, contribuir.
Aporcar recubrir, cubrir, revestir, arrimar, enterrar.
Aporreado maltrecho, golpeado, apaleado, zurrado, descalabrado, tundido || ajetreado, atareado, ocupado.
Aporrear zurrar, pegar, apalear, sacudir, tundir, golpear, abofetear, sopapear, abatanar, lisiar, descalabrar || Aporrearse atarearse, afanarse, fatigarse, agotarse, aperrearse.
Aporreo tunda, zurra, apaleo, paliza, aporreadura, golpe.
Aportación aporte, asistencia, tributo, contribución, cuota, participación, ayuda, canon, bienes.
Aportar contribuir, tributar, pagar, cooperar, colaborar, ayudar, añadir, auxiliar, participar, concurrir, asistir || causar, ocasionar, originar.
Aporte v. aportación.
Aposentar alojar, hospedar, acomodar, albergar, colocar, asilar, agasajar, recibir || ocupar, vivir, morar, avecindarse, establecerse, domiciliarse, arrendar, alquilar.
Aposento estancia, habitación, recinto, cuarto, alcoba, sala, salón, cámara, saleta, antesala || domicilio, morada, vivienda, alojamiento, hogar, residencia, mansión, edificio, casa, piso, apartamiento, departamento, nido.
Apósito gasa, venda, vendaje, paño, torunda, compresa, hilas, algodón, emplasto, cataplasma, parche, tópico, remedio, cura.
Aposta adrede, intencionadamente, de intento, deliberadamente, a propósito, ex profeso, premeditadamente, preconcebidamente.
Apostadero escondrijo, escondite, emboscada, trampa, celada.
Apostante jugador, competidor, desafiante, rival.
Apostar envidar, jugar, arriesgar, estipular, convenir, acordar, pactar, casar, apuntar, desafiar, retar, competir, rivalizar.
Apostasía repudio, abjuración, renegación, deserción, renuncia, repulsa, retractación, deslealtad, traición, abandono, perjurio.
Apóstata renegado, relapso, perjuro, desertor, desleal, traidor, negado, descreído.
Apostatar renegar, repudiar, abjurar, desertar, traicionar, retractarse, renunciar, abandonar, negar.
Apostema llaga, absceso, supuración, postema, herida, pústula, costra, inflamación, congestión, hinchazón, forúnculo, flemón, ántrax, tumor.
A posteriori posteriormente, después, luego.
Apostilla acotación, interpretación, aclaración, comentario, nota, posdata, glosa, adición, añadido, referencia, sugerencia, explicación.
Apostillar acotar, anotar, explicar, comentar, glosar, añadir, referirse, sugerir, marginar, adicionar.
Apóstol evangelista, discípulo, predicante, evangelizador, predica-

Apostolado

dor, misionero, propagandista, propagador, divulgador, catequista.

Apostolado divulgación, defensa, apoyo, propaganda, misión, cometido, campaña, tarea, afán, propósito, ideal.

Apostólico papal, envangélico, misional, catequístico.

Apostrofar insultar, ofender, acusar, denunciar, gritar, vociferar, achacar, culpar, imprecar, increpar.

Apóstrofe denuncia, acusación, increpación, imprecación, insulto, ofensa, grito, invectiva, catilinaria, dicterio, inculpación || v. apóstrofo.

Apóstrofo vírgula, acento, virgulilla, tilde, signo ortográfico.

Apostura gallardía, donaire, galanura, garbo, gentileza, arrogancia, elegancia, planta, arresto, empaque, belleza, hermosura desenvoltura.

Apotegma sentencia, aforismo, dicho, adagio, proverbio, refrán, axioma, agudeza, gracia, máxima, moraleja.

Apotema perpendicular, altura.

Apoteósico culminante, delirante, frenético, jubiloso, enardecido, entusiasta, arrebatador, glorificante.

Apoteosis júbilo, delirio, frenesí, enardecimiento, entusiasmo, arrebato, desenlace, culminación, remate, cúspide, exaltación, glorificación, divinización, deificación, homenaje.

Apoteótico v. apoteósico.

Apoyar recostar, adosar, descansar, descargar, gravitar, asentar, apuntalar, armar, reclinar, sostener, hincar, cargar, arrimar, soportar, sustentar, respaldar, afirmar || defender, favorecer, amparar, ayudar, auxiliar, secundar, sostener, fundar, soportar, sustentar, respaldar, confirmar, patrocinar, alentar, avalar, corroborar, probar || **Apoyarse** acodarse, recostarse, reclinarse, sostenerse, arrimarse, sujetarse, respaldarse, afirmarse, echarse.

Apoyo soporte, sostén, base, sustentáculo, puntal, arbotante, poste, viga, contrafuerte, columna, tarugo, cuña, cimiento, pilar || ayuda, socorro, defensa, amparo, auxilio, sostén, soporte, respaldo, confirmación, patrocinio, aliento, aval, protección.

Approach * entrada, acceso, acercamiento.

Apreciable estimable, respetable, querido, apreciado, considerado, amable, amigable, amistoso.

Apreciación evaluación, tasación, estimación, cálculo, valor, costo, dictamen, opinión, juicio, calificación.

Apreciado respetado, estimado, apreciable, amado, querido, amistoso, bienquisto, reputado, calificado, distinguido, considerado.

Apreciar querer, estimar, respetar, amar, reputar, considerar, distinguir, adorar || evaluar, tasar, calcular, contabilizar, estimar, justipreciar, valorar, calificar || notar, advertir v.

Aprecio afecto, cariño, estima, respeto, amor, consideración, distinción, veneración, bienquerencia, atención, crédito.

Aprehender apresar, prender, coger, aprisionar, asir, atrapar, agarrar, pillar, detener, enganchar, aferrar, sujetar || percibir, concebir, comprender, entender, penetrar, interpretar, discernir.

Aprehensión captura, asimiento, presa, enganche, agarro, detención, apresamiento, aferramiento, sujeción, prendimiento || percepción, comprensión, entendimiento, penetración, interpretación, discernimiento.

Apremiante urgente, perentorio, inaplazable, indispensable, inevitable, insistente, coactivo, forzoso, necesario, acuciante, inexcusable.

Apremiar urgir, apresurar, apurar, apretar, acelerar, compeler, azuzar, obligar, incitar, hostigar, aguijonear, atosigar, estimular, acuciar, apresurar, exigir.

Apremio premura, urgencia, apresuramiento, necesidad, perentoriedad, apuro, aprieto, atosigamiento, acuciamiento, precipitación, exigencia, inminencia, prisa, incitación, hostigamiento, estimulación.

APRENDER estudiar, instruirse, educarse, ilustrarse, cursar, formarse, cultivarse, asimilar, profundizar, penetrar, empollar, ejercitarse, practicar, aplicarse, repasar, ensayar, experimentar.

APRENDIZ principiante, novicio, bisoño, estudiante, novel, novato, neófito, catecúmeno, nuevo, inexperto, pasante, escolar, colegial, alumno, oyente, educando, discípulo, condiscípulo.

APRENDIZAJE educación, enseñanza, estudio, lección, práctica, instrucción, adiestramiento, ilustración, aplicación, noviciado, pasantía.

APRENSAR angustiar, agobiar, afligir, oprimir, sojuzgar, abrumar || machacar, prensar, moler, aplastar.

APRENSIÓN escrúpulo, prejuicio, recelo, repugnancia, manía, temor, miedo, ojeriza, tirria, neurosis, imaginación, reparo, miramiento, figuración, sospecha.

APRENSIVO receloso, escrupuloso, mirado, delicado, vergonzoso, timorato, miedoso, imaginativo, sospechoso, maniático, reparón, dengoso, tímido, apocado, neurótico, hipocondríaco.

APRESADO capturado, prisionero, prendido, secuestrado, aprehendido, sujeto, maniatado, esposado, ligado, atado, aherrojado.

APRESADOR captor, aprehensor, vigilante, guardia, policía, detective, agente.

APRESAMIENTO captura, detención, aprehensión, arresto, aprisionamiento, prendimiento, secuestro, asimiento, redada.

APRESAR capturar, detener, aprehender, atrapar, agarrar, prender, asir, aprisionar, coger, encerrar, enchiquerar, encarcelar, arrestar, secuestrar.

APRESTAR preparar, disponer, arreglar, organizar, prevenir, aparejar, aderezar, acondicionar, alistar, proyectar, elaborar || APRESTARSE prepararse, alistarse, disponerse, prevenir, proyectar, planear, arreglarse, organizarse, aderezarse, acondicionarse.

APRESTO almidón, cola, ingrediente, preparado || preparativo, prevención, disposición.

APRESURACIÓN v. apresuramiento.

APRESURADAMENTE rápidamente, v. apresurado.

APRESURADO rápido, acuciado, atareado, urgido, ocupado, veloz, superficial, acelerado, apremiado, ligero, pronto, vivo, activo, movido, inquieto.

APRESURAMIENTO urgencia, rapidez, celeridad, velocidad, apremio, ligereza, prontitud, vivacidad, actividad, movimiento, inquietud, ocupación, premura, prisa, presteza.

APRESURAR urgir, acelerar, apremiar, inquietar, hostigar, activar, aligerar, avivar, azuzar || APRESURARSE moverse, correr, trotar, aligerarse, avivarse, actuar, activar, obrar, darse prisa.

APRETADAMENTE estrechamente, reducidamente, escasamente, insistentemente, miserablemente, mezquinamente, duramente, cicateramente, fuertemente, roñosamente, arriesgadamente, arduamente, peligrosamente.

APRETADO arduo, duro, peligroso, arriesgado, fuerte, escaso, encogido, difícil, apurado, peliagudo || avaro, ruin, mezquino, agarrado, cicatero, roñoso, miserable, tacaño, avaricioso.

APRETAR oprimir, comprimir, estrujar, estrechar, aferrar, empuñar, prensar, agarrotar, estrangular, apretujar, exprimir, apisonar, condensar, trincar, despachurrar, chafar, abrazar, rodear || azuzar, acosar, urgir, instar, exhortar, exigir, incitar, apremiar, apurar, aguijonear, espolear, activar, hostigar, presionar, estimular, incitar, acelerar, atormentar, angustiar, obligar, forzar.

Apretón estrujón, apretujón, compresión, agarrotamiento, aplastamiento, opresión, estrangulamiento, magullamiento.

Apretujar v. apretar.

Apretura estrechez, incomodidad, v. apretón.

Aprieto conflicto, apuro, ahogo, dificultad, apretura, necesidad, tribulación, compromiso, urgencia, peligro, desasosiego, acoso, dilema, problema, trance, brete, prisa, premura.

A priori con anterioridad, por lo que precede.

Aprisa de prisa, rápidamente, velozmente, prestamente, prontamente, aceleradamente, urgentemente, apresuradamente.

Aprisco majada, redil, corral, encierro, chiquero, refugio, resguardo, encerradero, boyera, ovil.

Aprisionar encarcelar, detener, prender, aprehender, apresar, encerrar, enchiquerar, arrestar, coger, recluir, confinar, aislar, enrejar, capturar, atrapar || atar, sujetar, enlazar, esposar, aherrojar, maniatar, encadenar.

Aprobación consentimiento, aceptación, aquiescencia, acogimiento, beneplácito, aplauso, conformidad, asentimiento, asenso, permiso, admisión, venia, plácemes, elogio, loa, alabanza.

Aprobado idóneo, apto, competente, capacitado, aceptado, admitido, sancionado, ratificado, certificado.

Abrobador v. aquiescente.

Aprobar admitir, pasar, aceptar, acreditar, abonar, consentir, avenirse, acceder, autorizar, asentir, afamar, abonar, permitir, visar, reconocer, certificar, ratificar, sancionar, avala:, afirmar ||aplaudir, celebrar, alabar, elogiar.

Aproches trincheras, baterías, encuentro, avance, combate, ataque, acción.

Aprontar prevenir, disponer, preparar, aprestar, planear, proyectar, proporcionar, entregar.

Apropiación incautación, confiscación, adquisición, expropiación, privación, rapacidad, sustracción, conquista, rebatiña, usurpación, apresamiento, presa, retención, adjudicación, atribución, ocupación, detentación, requisa, escamoteo, acaparamiento, hurto, robo, absorción, despojo, captura, asimilación, adueñamiento, toma.

Apropiado adecuado, conveniente, apto, acomodado, proporcionado, oportuno, propio, discreto, conforme, pertinente, atinente, ajustado, justo, referente, correcto, decente, adaptado, a propósito, *ad hoc*.

Apropiar adecuar, acomodar, ajustar, arreglar, determinar, adaptar, preparar, aplicar || Apropiarse apoderarse, incautarse, adueñarse, atribuirse, arrogarse, adjudicarse, asimilarse, ocupar, tomar, coger, recobrar, detentar, birlar, robar, hurtar, apandar, despojar, escamotear, requisar, arramblar, acaparar, absorber, quitar, arrancar, rebañar, recoger, asir, apresar, captar, capturar, alcanzar, obtener, pringarse, untarse, aplicarse.

Apropincuarse acercarse, aproximarse, avecinarse, arrimarse, juntarse.

Aprovechable útil, utilizable, valedero, servible, explotable, disponible, recuperable, positivo, fructuoso, productivo, práctico, conveniente, beneficioso, lucrativo.

Aprovechado laborioso, aplicado, diligente, trabajador, concienzudo, consciente, estudioso, práctico, listo, activo, cuidadoso || egoísta, abusador, aprovechador v.

Aprovechador interesado, egoísta, abusador, aprovechado, positivista, codicioso, avaro, oportunista, sagaz, listo.

Aprovechamiento utilización, explotación, beneficio, producción, adaptación, disposición, conveniencia, lucro.

Aprovechar explotar, utilizar, gozar, usar, emplear, disfrutar, apurar, agotar, estrujar, exprimir, aplicar, dedicar, lograr, obtener, conseguir, lucrar, rendir, valer, fructificar || Aprovecharse beneficiarse, valerse, servirse, prevalerse, lucrarse, disfrutar, explotar, hacer su agosto, sacar tajada, abusar, engañar.

Aprovisionamiento abastecimiento, avituallamiento, suministro, provisión, distribución, reparto, municionamiento, almacenamiento, acumulación.

Aprovisionar avituallar, suministrar, proveer, abastecer, distribuir, repartir, almacenar, acumular.

Aproximación acercamiento, arrimo, avecinamiento, unión, cercanía, contigüidad, vecindad, inmediación, proximidad, adyacencia, propincuidad.

Aproximadamente cerca de, casi, alrededor de, por ahí, por poco, a ojo, al tanteo, poco más o menos, próximamente, cosa de.

Aproximado cercano, contiguo, vecino, lindante, inmediato, próximo, indeterminado, incierto, inseguro, inexacto, impreciso.

Aproximar acercar, juntar, arrimar, adosar, avecinar, apoyar, allegar, acostar, atinar, tantear, apropincuar || Aproximarse acercarse, andarle cerca, fallar por poco.

Áptero sin alas, inalado.

Aptitud idoneidad, capacidad, habilidad, facultad, suficiencia, disposición, inclinación, maña, talento, genio, preparación, posibilidades, potencial, competencia, destreza, industria, apaño, mano, arte, pericia, técnica, ingenio.

Apto capaz, idóneo, hábil, suficiente, dispuesto, mañoso, diestro, competente, perito, calificado, preparado, adiestrado.

Apuesta postura, envite, jugada, juego, envidada, posta, reto, desafío, competencia, rivalidad.

Apuesto gallardo, gentil, airoso, garrido, marchoso, bizarro, garboso, arrogante, galán, bello, hermoso, guapo || compuesto, adornado, ataviado, emperifollado, atildado, engalanado.

Apuntación nota, inscripción, acotación, anotación v., borrador, minuta, apunte, apuntamiento, registro, comentario, glosa, observación.

Apuntador traspunte, apunte, soplón, anotador, comentarista, asentador, insinuador.

Apuntalamiento consolidación, entibación, afirmación, apoyo, reforzamiento, sostén.

Apuntalar reforzar, entibar, consolidar, sostener, apoyar, asegurar, afirmar.

Apuntamiento apuntación v.

Apuntar anotar, inscribir, registrar, asentar, señalar, alistar, extender, sentar, matricular, trazar, escribir || estipular, afiliar, asociar, concertar, convenir, indicar, acotar, proponer, insinuar, sugerir, aludir || salir, nacer, aparecer, manifestarse, originarse, presentarse || encañonar, dirigir, asestar, encarar, volver.

Apunte nota, anotación, inscripción, registro, acotación, aclaración, asiento, observación || boceto, esbozo, bosquejo, diseño, dibujo, croquis, esquema.

Apuntillar rematar, pinchar, liquidar, eliminar.

Apuñalar acuchillar, herir, acribillar, pinchar, mechar, asestar, coser a puñaladas, propinar navajazos.

Apuradamente arduamente, difícilmente, dificultosamente, peligrosamente, apresuradamente, urgentemente, pobremente, miserablemente.

Apurado difícil, angustioso, apretado, riguroso, peligroso, arduo, peliagudo, dificultoso, comprometido || necesitado, indigente, pobre, miserable, hambriento, atribulado, acongojado, angustiado, escaso, afligido, abrumado.

Apurar acabar, agotar, concluir, terminar, rematar, consumir, ex-

Apuro

tremar, completar, pulir, perfeccionar, purificar || apremiar, urgir, activar, apresurar, aligerar, acelerar, apretar, compeler, ordenar, mandar, obligar || Apurarse atribularse, acongojarse, angustiarse, afligirse, apenarse, entristecerse, preocuparse, inquietarse, sufrir, impacientarse, incomodarse, irritarse, apresurarse, acelerar.

Apuro angustia, aprieto, conflicto, ahogo, problema, dilema, compromiso, dificultad, obstáculo, aflicción, necesidad, urgencia, premura.

Aquárium * v. acuario.

Aquejamiento inquietud, aflicción, congoja, incomodidad, fatiga, tristeza.

Aquejar afectar, acongojar, afligir, fatigar, entristecer, inquietar, incomodar, oprimir, atacar, padecer, sufrir.

Aquejoso afligido, acongojado, incómodo, fatigado, inquieto, oprimido, quejicoso, doliente.

Aquelarre batahola, estruendo, confusión, bulla, orgía, desenfreno, bacanal, baraúnda, escándalo, brujería, magia, nigromancia.

Aquerenciarse acostumbrarse, encariñarse, apegarse, aficionarse, interesarse.

Aquí acá, junto, en esto, en este lugar, aquende, inmediato, al lado.

Aquiescencia conformidad, consentimiento, aceptación, asenso, aprobación, confirmación, venia, refrendo, permiso, beneplácito, adhesión, acuerdo, voluntad, autorización, asentimiento, anuencia, tolerancia, visto bueno.

Aquiescente conforme, tolerante, aprobador, comprensivo.

Aquietar calmar, sosegar, tranquilizar, apaciguar, serenar, pacificar, adormecer, acallar, dulcificar, templar, moderar, aplacar, suavizar, relajar.

Aquilatamiento comprobación, determinación, contraste, apreciación, examen, análisis, verificación.

Aquilatar apreciar, comprobar, contrastar, examinar, verificar, analizar, graduar, establecer, tasar, probar, determinar || purificar, clarificar, depurar, refinar.

Aquilino aguileño, corvo, afilado, agudo, fino, encorvado, saliente, protuberante, jorobado || delgado, enjuto, flaco, enteco.

Aquilón vendaval, cierzo, bóreas, ventarrón, galerna, ventisca, huracán, ciclón, borrasca.

Ara altar, retablo, tabernáculo || en aras de, en honor de, en obsequio de, en homenaje a.

Árabe musulmán, moro, arábigo, rifeño, mauritano, mahometano, islamita, agareno, muslime, sarraceno, bereber, arabío, marroquí, islámico, mudéjar, morisco, mozárabe, druso, maronita.

Arabesco voluta, dibujo, adorno, ornato, espiral, follaje, decoración, tracería, cenefa, encajes, lazadas, taracea.

Arábigo árabe v. || incomprensible, difícil, complicado.

Arácnido artrópodo, araña, aracnoideo, sabandija, bicho.

Arada labrantío, aradura, terreno, campo, cultivo.

Arado reja, hierro, aladro, binador, forcate, cuchilla, roturador, apero, herramienta, artefacto.

Arador labrador, agricultor, labriego, campesino, cultivador.

Aradura arada, labrantío, campo, terreno, cultivo.

Aragonés baturro, maño.

Arambel andrajo, guiñapo, harapo, jirón, colgajo, remiendo.

Arana embuste, estafa, engaño, trampa, martingala, estratagema, argucia.

Arancel tarifa, derecho, tasa, impuesto, valoración, norma, ley, gabela, carga, tributo, arbitrio, imposición, tributación, honorarios, emolumentos, contribución.

Arancelario impositivo, tributario, atributivo.

Arandela disco, anilla, anillo, pie-

za, corona, chapa, aro, argolla.
ARANERO estafador, embustero, engañoso, tramposo, enredador, mentiroso, embaucador, petardista, falso, chantajista.
ARAÑA tarántula, tejedora, arácnido, artrópodo, sabandija, arañuela, aracnoideo || lámpara, candelero, candelabro, candil, quinqué, foco, lamparilla, bombilla, farol.
ARAÑAR rasguñar, rayar, rasgar, desgarrar, pinchar, picar, zarpear, herir, señalar, marcar, cortar, raspar, escarbar, gatuñar, arpar, carpir || reunir, juntar, acopiar, amontonar.
ARAÑAZO rasguño, zarpazo, rasgadura, araño, arañamiento, uñada, pinchazo, raspón, rasponazo, señal, marca, herida, escarbadura, picadura, roce, arpadura, gatuñada.
ARAR labrar, roturar, remover, surcar, enrejar, aladrar, alornar, binar.
ARBITRAJE juicio, decisión, dictamen, sentencia, peritaje, resolución, fallo, bando, veredicto, sanción, mediación, intercesión, intervención, interposición, injerencia.
ARBITRAR mediar, interceder, intermediar, interponer, intervenir, actuar, fallar, resolver, sentenciar, dictaminar, decidir, juzgar, establecer || ingeniarse, valerse, conseguir, lograr.
ARBITRARIEDAD injusticia, ilegalidad, abuso, iniquidad, atropello, capricho, antojo, veleidad, tiranía, alcaldada, cabildada, ligereza, parcialidad, despotismo, desafuero, improcedencia, ultraje, vejación, agravio, afrenta, inconsistencia, futilidad, absurdo, puerilidad.
ARBITRARIO injusto, ilegal, antirreglamentario, inicuo, abusivo, caprichoso, veleidoso, despótico, tiránico, injustificado, autoritario, improcedente, inoportuno, inconsistente, fútil, pueril, absurdo, ultrajante, vejatorio, afrentoso, agraviante, parcial.
ARBITRIO capacidad, recurso, medio, potestad, facultad, poder, voluntad, autoridad, derecho, albedrío, opción, aptitud, licencia || ARBITRIOS impuestos, tasas, tributo, contribución, carga, gabela, exacción, gravamen, derecho, imposición, tributación, emolumentos.
ÁRBITRO juez, mediador, intermediario, tercero, intercesor, interventor, dictaminador, regulador, perito, arbitrante, componedor.
ÁRBOL arbusto, arbolillo, planta leñosa, planta perenne, arbolito, mata, follaje, fronda, floresta, macizo, espesura || eje, palo, asta, barra, cigüeñal.
ARBOLADO arboleda, bosque, selva, fronda, floresta, espesura, macizo, arboledo, seto, soto, plantel, monte, follaje, vivero, parque, jardín || frondoso, umbrío, arbóreo, poblado, fértil, boscoso, selvático.
ARBOLADURA mástiles, aparejos, velamen, vergas, jarcias.
ARBOLAR enarbolar, izar, alzar, ondear, subir || ARBOLARSE encabritarse, encresparse, aborregarse, picarse, ensortijarse, rizarse, alborotarse, embravecerse (el mar).
ARBOLEDA fronda, floresta, bosque, follaje, espesura, bosquecillo, macizo, arboledo, selva, seto, soto, plantel, monte, parque, vivero.
ARBORECER crecer, desorrollarse, poblarse, espesarse, medrar, plantar.
ARBÓREO arborescente, frondoso, boscoso, selvático, montuoso, espeso, umbrío, poblado, fértil.
ARBORESCENTE arbóreo, v.
ARBORICULTURA silvicultura, cultivo de árboles.
ARBOTANTE sostén, apoyo, soporte, sustentáculo, sustentación, viga, contrafuerte, arco, arcada.
ARBUSTO arbolillo, mata, arbolito, fronda, matorral, matojo, seto, soto, floresta, macizo, chaparro, bejuco, zarza, zarzal.

Arca cofre, arcón, baúl, arquilla, arqueta, caja, bargueño, joyero, cajón, receptáculo.

Arcabuz fusil v., mosquete, carabina, espingarda, rifle, escopeta, arma de fuego.

Arcada arco, bóveda, curvatura, arquería, cimbra, vuelta, cúpula, ábside, medio punto || vómito, náusea, basca, vértigo, vahído, asco, ansia, angustia, desazón, espasmo, contracción.

Arcaduz caño, conducción, conducto, tubo, tubería.

Arcaico antiguo, anticuado, desusado, viejo, vetusto, añejo, venerable, añoso, anciano, primitivo, prehistórico, antediluviano, rancio, pasado, pretérito, remoto, veterano.

Arcaísmo antigualla, ranciedad, atraso, antiquismo.

Arcángel espíritu, mensajero celeste, bienaventurado, ángel v.

Arcano misterioso, secreto, recóndito, reservado, oculto, impenetrable, incógnito, enigmático, hermético, subrepticio, insondable, sibilino || misterio, secreto, enigma, problema, sigilo.

Arcediano archidiácono, eclesiástico, sacerdote v., dignatario, prelado, arcipreste, párroco.

Arcén borde, margen, orilla, brocal, costado, acera, canto, ribete.

Arcilla greda, marga, tierra, arena, calamita, caolín, asperón, argila, silicato, caliza.

Arcilloso arenoso, terroso, gredoso, calizo.

Arcipreste presbítero, párroco v. arcediano.

Arco curva, curvatura, arcada, arquería, bóveda, cúpula, vuelta, ábside, medio punto, cimbra, arbotante.

Arcón cofre, baúl, arca, arquilla, bargueño, arqueta, cajón, caja.

Archi- muy, mucho, superioridad, preeminencia.

Archicofradía cofradía, hermandad, asamblea, congregación, sociedad, fraternidad.

Archidiácono arcediano v.

Archidiócesis arquidiócesis, diócesis, jurisdicción, territorio, parroquia, término, circunscripción, demarcación, distrito, comarca.

Archiduque gran duque, príncipe, infante, delfín, heredero.

Archipámpano figurón, personaje, dignatario, eminencia.

Archipiélago piélago, grupo, conjunto, reunión, conglomerado de islas.

Archivador carpeta, legajo, registro, archivo v., cuadernillo || mueble, archivo.

Archivero archivista, funcionario, empleado.

Archivo registro, protocolo, repertorio, legajo, índice, padrón, matrícula, oficina, despacho, local.

Archivolta v. moldura.

Ardalear raer, encalvecer, ralear.

Ardentía ardor, pirosis, comezón, picazón || fosforescencia, luminiscencia, luminosidad, reverberación.

Arder quemar, prender, incendiar, encender, abrasar, incinerar, chamuscar, crepitar, chispear, carbonizar, escaldar, tirar, soflamar, flamear, inflamar, cocer, asar, tostar, hervir, freír, hornear.

Ardid maña, astucia, treta, trampa, engaño, artificio, amaño, artimaña, añagaza, falacia, emboscada, chasco, estafa, truco, trápala, trepa, dolo, fraude, estratagema, malicia, martingala, maturranga, maquinación, confabulación, lazo, celada, asechanza, insidia, timo, mentira, embuste, superchería, simulación, trapaza, socaliña, bribonada, zancadilla.

Ardido valiente, intrépido, osado, arrojado, denodado, temerario, bravo, audaz.

Ardiente tórrido, incendiario, caliente, ardoroso, quemante, incandescente, achicharrante, calcinante, encendido, abrasador, inflamado, carbonizado, ígneo, chispeante, crepitante, chamuscado, incinerado, incendiado, hir-

viente, humeante, candente ||
fervoroso, fogoso, vehemente,
violento, enérgico, amante, amatorio, apasionado, vigoroso, impetuoso, férvido.
ARDILLA arda, petigrís, roedor.
ARDIMIENTO valor, intrepidez, valentía, bravura, osadía, denuedo, arrojo, brío, temeridad, audacia || quemadura, chamusquina, v. arder.
ARDITE comino, menudencia, insignificancia, pizca, jeme, nimiedad, pequeñez, maravedí, bledo, pito.
ARDOR fogosidad, viveza, vehemencia, pasión, apasionamiento, delirio, arrebato, fanatismo, ceguera, entusiasmo, efervescencia, excitación, encendimiento, ofuscación, exaltación, denuedo, brío, arrojo, calor, acaloramiento.
ARDOROSO ardiente, fervoroso, fogoso, vehemente, inflamado, violento, enérgico, amante, apasionado, vigoroso, impetuoso, férvido, arrebatado, fanático, ciego, entusiasta, ferviente, excitado, alterado, encendido, ofuscado.
ARDUO espinoso, penoso, apurado, apretado, difícil, peliagudo, doloroso, complicado, intrincado, embrollado, laborioso, embarazoso, trabajoso, dificultoso || escarpado, fragoso, accidentado, empinado.
ÁREA superficie, cara, faceta, plano, espacio, perímetro, zona, medida, franja, lista, faja, contorno, plantación, cultivo, campo, terruño, gleba, terreno, parcela, suelo, tierra, campo, era, paraje, provincia, lugar, región, comarca, circunscripción, país, estado, nación, población, continente, marca, departamento, condado, jurisdicción, demarcación, distrito, término, pago, castellanía, ayuntamiento, parroquia, tramo.
AREL cedazo, criba, tamiz, cernedor, colador, garbillo, harnero, zaranda, granador, cernedero, pasador, desgranador.
ARENA polvo, polvillo, tierra, piedrecillas, partículas, grava, grano, sílice, recebo, arcosa, asperón, escoria, arenisca, albero, sablón, sábulo, arenilla || anfiteatro, ruedo, redondel, coso, plaza, campo, liza, palestra, palenque, pista, coliseo.
ARENAL duna, arenas, desierto, playa, montículo, márgenes, orilla.
ARENGA proclama, alocución, discurso v., plática, prédica, oración, conferencia, perorata, disertación, alegato, sermón, diatriba, invectiva, soflama, catilinaria, amonestación.
ARENGAR predicar, proclamar, sermonear, amonestar, hablar, dirigirse, perorar.
ARENILLA recebo, arenisca, arcosa, asperón, escoria, v. arena.
ARENOSO pedregoso, polvoriento, sabuloso, arenismo, arenáceo, desértico, pantanoso, desolado, yermo.
ARENQUE sardina, anchoa, pescado azul.
ARÉOLA círculo, circunferencia, anillo, corona, pezón, mamelón, tetilla, pústula, costra, fístula.
AREÓMETRO densímetro, medidor, tubo graduado.
AREÓPAGO tribunal, juzgado, corte, audiencia, senado, asamblea.
ARETE pendiente, zarcillo, arracada, arillo, aro, orejera, anillo, perendengue, candongas, broquelillo, pinjante.
ARFAR cabecear, balancearse, moverse, agitarse, mecerse, oscilar, columpiarse.
ARGADILLO devanadera, argadijo || inquieto, bullicioso, entremetido, vivaz, travieso.
ARGADO enredo, embrollo, disparate, dislate, galimatías, chasco, burla, broma.
ARGAMANDEL harapo, andrajo, pingajo, calandrajo, guiñapo, pingo, piltrafa, remiendo.
ARGAMASA cemento, mortero, hormigón, arena, betón, pellada, amasijo, mezcla, mazacote, casquijo, cascajo, grava.
ÁRGANA grúa, cabria, garrucha, aguilón, cabrestante || ÁRGANAS

angarillas v., parihuelas, alforjas, cestos.

Arganeo aro, anillo, argolla, arete, abrazadera.

Argavieso turbión, chubasco, borrasca v., tormenta, temporal.

Argentado plateado, argénteo, argentino, brillante, refulgente, bruñido.

Argentería adorno, bordadura, cordoncillo, ornato, gala || sutileza, ingeniosidad, agudeza.

Argentino v. argentado || cristalino, puro, vibrante, sonoro.

Argento plata, solimán, azogue, metal.

Argila arcilla v., greda, marga, asperón, silicato.

Argolla aro, anillo, sortija, arete, abrazadera, collar, gargantilla, brazalete, ajorca, dogal.

Argos vigilante, atento, avisado, alerta, observador, avizor, presto, preparado.

Argot * jerga, jerigonza, germanía, caló, lenguaje, idioma, galimatías.

Argucia falsedad, engaño, sofisma, sutileza, tergiversación, artimaña, componenda, mentira, evasiva, escapatoria, ambigüedad, contrasentido, añagaza, treta, trampa, artificio, cuento, calumnia, patraña, enredo, engaño, embuste.

Árguenas angarillas, parihuelas, camilla, alforjas, cestos, cuévanos.

Argüidor discutidor, polemista, litigante, disputador, terco, impugnador, opositor, tozudo, contendiente, porfiado.

Argüir argumentar, explicar, exponer, razonar, deducir, establecer, determinar, analizar, descubrir, probar || discutir, deliberar, debatir, disputar, impugnar, porfiar, altercar, litigar, contender, refutar, objetar, contradecir, acusar.

Argumentación razonamiento, v. argumento.

Argumentar razonar, discutir, v. argüir.

Argumentista escritor, guionista, autor.

Argumento razonamiento, juicio, razón, prueba, argumentación, demostración, motivo, tesis, conclusión, considerando, resultado, raciocinio, explicación, manifestación, comprobación, evidencia, testimonio, señal || libreto, guión, asunto, tema, trama, motivo, materia.

Aria canción, pieza, solo, melodía, canto, aire, tonada, romanza.

Aridez sequedad, esterilidad, desolación, devastación, soledad, rigor, aspereza, abandono, infecundidad, improductividad, infructuosidad.

Árido estéril, seco, desolado, devastado, sediento, solitario, riguroso, infecundo, improductivo, áspero, abandonado, infructuoso, desecado, yermo, desierto || aburrido, molesto, fastidioso, cansador, tedioso, enfadoso, estomagante || Áridos granos, semillas, legumbres.

Arietar batir, hundir, destruir, percutir.

Ariete viga, madero, poste, puntal, tronco || máquina, artefacto, artilugio, armatoste, aparato, ingenio.

Arijo labrantío, sembrado, cultivo, campo, sembradío.

Arimez resalto, cornisa, sostén, refuerzo, coronamiento, remate, moldura, adorno.

Ario indoeuropeo, indogermano, occidental, jafético, blanco, caucásico, caucasiano.

Ariscarse enfadarse, irritarse, enojarse, impacientarse, gruñir, protestar.

Arisco indócil, hosco, adusto, áspero, agreste, esquivo, autoritario, duro, bravío, montaraz, malhumorado, descontento, brusco, rudo, huraño, gruñón, cerril, impaciente, intratable, insociable, bravío.

Arista saliente, esquina, ángulo, borde v., línea, intersección, filo, orillo, margen, canto, costado.

Aristado elevado, saliente, anguloso, protuberante, esquinado.
Aristarco crítico, juez, censor, severo, riguroso, intransigente.
Aristocracia nobleza, linaje, abolengo, casta, raza, clase, genealogía, mundo, distinción, hidalguía, señorío, patriciado, alcurnia, estirpe, herencia, ascendencia, patrimonio, prosapia, solera, origen, sangre azul.
Aristócrata caballero, señor, noble, hidalgo, patricio, título, infanzón, prócer, ricohombre, hijodalgo, barón, vizconde, conde, marqués, duque, archiduque, gran duque, príncipe, infante, delfín, grande de España, v. aristocrático.
Aristocrático linajudo, noble, fino, distinguido, señorial, patricio, bien nacido, encopetado, godo, gótico, preclaro, ilustre, grande, alto, augusto, de alto copete, de alto rango, esclarecido, elegante, delicado, notable, principal, v. aristócrata.
Aritmética algoritmia, cálculo, matemáticas, operaciones.
Aritmético algorítmico, matemático, calculista, numérico.
Aritmómetro aritmógrafo, calculadora, máquina de calcular.
Arlequín bufón, gracioso, burlón, bromista, farsante, pícaro || informal, ridículo, despreciable, chisgarabís, botarate, mamarracho.
Arlequinada bufonada, gracia, picardía, broma, burla, ridiculez, mamarrachada, necedad.
Arlote desastrado, desarrapado, descuidado, sucio, dejado, desidioso, adán, desaliñado, haraposo, negligente.
Arma instrumento, aparato, artefacto, adminículo (ofensivo, defensivo) || arma blanca, a. arrojadiza, a. de fuego, a. de percusión, a. automática || Armas escudo, blasón, armadura.
Armada flota, escuadra, marina, convoy, escuadrilla, flotilla, navíos, barcos, embarcaciones, buques, naves, bajeles.
Armadía balsa, almadía, jangada, barcaza, embarcación, maderos, troncos.
Armadijo trampa, lazo, red, cepo, esplique.
Armado defendido, protegido, blindado, acorazado, forrado, provisto, dotado.
Armador naviero, fletador, consignatario, propietario.
Armadura protección, defensa, blindaje, caparazón, plancha, coraza, arnés, panoplia, indumentaria, pertrechos, armas || pieza, cota, sobreveste, gola, peto, espaldar, camisote, almete, yelmo, gorguera, morrión, tonelete, coraza, guantelete, manopla, codal, brazal || esqueleto, armazón, entramado, maderámen, tablazón, caparazón.
Armamento armas, equipo, pertrechos, fornitura, indumentaria.
Armar pertrechar, equipar, suministrar, proveer, dotar, preparar, disponer, aviar, empuñar las armas.
Armarla reñir, alborotar, pelear, escandalizar, disputar.
Armario guardarropa, ropero, aparador, cómoda, alacena, bufete, vitrina, trinchero, plúteo, anaquel, gaveta, estante, estantería, rinconero, mueble, bargueño, despensa.
Armatoste cachivache, trasto, ingenio, artilugio, artefacto, cacharro, máquina, aparato.
Armazón esqueleto, entramado, montura, chasis, maderamen, bastidor, soporte, sostén, apoyo, sustentáculo, base, andamio.
Armella anillo, aro, hembrilla, argolla, arete, tornillo.
Armería guadarnés, almacén, museo || blasón, heráldica.
Armero fabricante, artesano, vendedor, traficante.
Armígero belicoso, batallador, pendenciero, bravío, combativo, guerrero, armífero, luchador.
Armiño marta, mamífero, carnicero || puro, limpio, blanco, albo, inmaculado.
Armisticio tregua, pacto, conve-

nio, tratado, arreglo, acuerdo, negociación, conversaciones, reconciliación, paz, concierto, concordato, compromiso, transacción, ajuste.
Armón cureña, montura, armazón, plataforma, carro, carromato.
Armonía cadencia, acorde, consonancia, proporción, correspondencia, concordancia, eufonía, afinación, ritmo || concordia, avenencia, cordialidad, conformidad, acuerdo, paz, concierto, solidaridad, inteligencia, arreglo, convenio, amistad, calma, unión, unidad, hermandad, fraternidad, cariño, afecto.
Armónico unido, hermandado, conforme, solidario, avenido v.
Armonio órgano, instrumento de teclado.
Armonioso sonoro, melodioso, musical, grato, agradable, eufónico, afinado, cadencioso, arpado.
Armónium * v. armonio.
Armonizar avenir, concertar, acordar, aproximar, conciliar, consolidar, ligar, enlazar, ajustar, conformar, unir, arreglar, convenir, corresponder, proporcionar, igualar.
Arnés equipo, ajuar, bagaje, indumentaria, guarnición, arreos, aperos || armadura v.
Árnica tintura, linimento, desinfectante.
Aro anillo, argolla, sortija, arete, pieza, círculo, collar, abrazadera, zuncho.
Aroma perfume, fragancia, olor, bálsamo, esencia, efluvio, vaho, tufo, emanación.
Aromático fragante, perfumado, oloroso, odorífero, aromatizado, odorante, balsámico, grato, agradable.
Aromatizar perfumar, odorar, aromar, balsamizar.
Arpa lira, cítara, laúd, instrumento de cuerdas.
Arpado melodioso, musical, sonoro, afinado, armonioso v.
Arpadura arañazo v., rasguño, araño, arañada, raspón, uñada, rasgadura.

Arpar arañar v., rasguñar, desgarrar.
Arpegio acorde, armonía, sonido, melodía, cadencia, estrofa.
Arpeo garfio, gancho, arpón, punta, hierro, ancla, rezón, bichero.
Arpía bruja, furia, basilisco, esperpento, estantigua, malcarada, horrorosa, fiera, feróstica, grotesca.
Arpillera yute, estopa, saco, fardo, rázago.
Arpón gancho, garfio, punta, pincho, anzuelo, hierro, arpeo, lanza, venablo, bichero, fisga.
Arponear herir, ensartar, atravesar, picar, alancear, cazar, matar.
Arponero pescador, marinero, cazador.
Arqueado combado, curvo, alabeado, v. arquear.
Arqueamiento combadura, flexión, alabeo, encorvadura, doblez, torcedura, comba, curvatura, arqueo.
Arquear combar, curvar, alabear, cimbrear, escarzar, encorvar, enarcar, doblar, flexionar || medir, registrar, reconocer, calcular, determinar.
Arqueo balance, recuento, cálculo, cómputo, cuenta, comprobación, reconocimiento || tonelaje, cabida, desplazamiento || v. arqueamiento.
Arqueológico antiguo, fósil, prehistórico, anticuado, desusado, arcaico, vetusto, primitivo, pretérito, inmemorial, antediluviano, rancio.
Arqueólogo experto, científico, explorador, investigador, sabio.
Arquería arcada, arcos, galería, pasillo.
Arquero ballestero, soldado, infante, peón || deportista, tirador.
Arqueta arca v., arquilla, joyero, caja, arcón, baúl, cajoncito.
Arquetipo ejemplar, prototipo, modelo, tipo, dechado, ideal, paradigma, ejemplo, módulo, espejo, molde, matriz.
Arquidiócesis jurisdicción, archidiócesis v.

ARQUITECTO constructor, diseñador, proyectista, edificador, experto, perito, alarife, aparejador, urbanista.

ARQUITECTURA edificación, construcción, proyecto, diseño.

ARQUITRABE cornisa, friso, borde.

ARRABAL suburbio, barrio, contornos, barriada, extramuros, afueras, alrededores, alfoz, extrarradio, ensanche, aledaños, cercanías.

ARRABALERO grosero, tosco, vulgar, ordinario, deslenguado, verdulero, descarado, suburbano, periférico.

ARRABIO hierro colado, metal fundido.

ARRACADA zarcillo, pendiente, arete, candonga, pinjante, joya, colgante.

ARRACIMADO agrupado, concentrado, apiñado, aglutinado, reunido, apretujado, aglomerado.

ARRACIMAR apiñar, reunir, concentrar, aglutinar, agrupar, apretujar, aglomerar.

ARRÁEZ adalid, capitán, jefe, caudillo, patrón, guía morisco.

ARRAIGADO establecido, acostumbrado, aclimatado, fijado, radicado, enraizado, avecinado, encepado, habituado, adaptado, acomodado, naturalizado, curtido, v. fijo.

ARRAIGAR aclimatar, fijar, radicar, acostumbrar, establecer, adaptar, habituar, curtir, naturalizar, acomodar, encepar, avecinar, prender, agarrar, enraizar || ARRAIGARSE avecinarse, establecerse.

ARRAIGO solvencia, posición, situación, seriedad, dignidad.

ARRAMBLAR arrastrar, despojar, quitar, desvalijar, apandar, saquear, apañar, juntar, reunir, escamotear, birlar.

ARRANCADA aceleración, empuje, partida, salida, arranque.

ARRANCAMIENTO extirpación, extracción, arranque, separación, remoción, descuaje, desarraigo, erradicación, ablación.

ARRANCAR extraer, extirpar, desarraigar, quitar, separar, sacar, eliminar, suprimir, arrebatar, desgajar, remover, erradicar, descuajar, despegar, desenterrar, desraizar, descepar, desencajar, desclavar || iniciar, comenzar, partir, acelerar, salir, marchar.

ARRANQUE ímpetu, arrebato, impulso, pronto, acceso, rapto, brío, pujanza, prontitud, decisión, vehemencia, ira, furia || comienzo, iniciación, partida, principio, preámbulo, salida || acelerador, pedal, conmutador, pulsador, botón.

ARRAPIEZO rapaz, chiquillo, muchacho, mocoso, crío, pequeño, niño, criatura, peque, párvulo, golfo, chaval, chavea || harapo, jirón, guiñapo, gualdrapa, andrajo.

ARRAS prenda, señal, garantía, fianza, aval, caución || donación, dote, prenda, asignación, bienes, aportación.

ARRASADO arruinado, destruido, asolado, talado, devastado, derruido, desmantelado, saqueado, deshecho, aniquilado, exterminado || alisado, achatado, nivelado, allanado, igualado, rasado, aplanado, aplastado.

ARRASAR asolar, destruir, arruinar, exterminar, aniquilar, desmantelar, deshacer, saquear, talar, devastar, derruir || igualar, allanar, nivelar, achatar, alisar, aplanar, aplastar, rasar.

ARRASTRADAMENTE duramente, infelizmente, v. arrastrado.

ARRASTRADO aperreado, duro, pobre, menesteroso, difícil, miserable, aporreado, arduo, ajetreado, penoso, apurado, peliagudo, trabajoso || pícaro, bribón, pillo, tunante, villano.

ARRASTRAMIENTO arrastre, tracción, deslizamiento, tirón, tensión, remolque.

ARRASTRAR remolcar, tirar, empujar, halar, impeler, atraer, acarrear, atoar, trasladar, conducir, transportar, llevar, deslizar || obligar, persuadir, sedu-

cir, atraer, hechizar || ARRAS-
TRARSE humillarse, rebajarse, envilecerse,
encanallarse, prostituirse,
degradarse, disminuirse,
doblegarse, someterse, postrarse,
prosternarse, revolcarse || reptar,
serpentear, deslizarse.
ARRASTRE remolque, transporte,
traslado, conducción, porte, acarreo,
tracción, empuje.
ARRATONADO carcomido, comido,
roído.
ARREAR hostigar, fustigar, azuzar,
estimular, animar, activar, aguijonear,
aguijar, acelerar, exhortar
|| pegar, dar, tundir, zurrar,
atizar, golpear, apalear, fustigar,
sacudir.
ARREBAÑADURAS residuos, despojos,
restos, sobras, desperdicios, escurriduras,
remanentes.
ARREBAÑAR recoger, apañar, apandar,
quitar, arrebatar, arramblar
|| limpiar, rebañar, apurar,
terminar.
ARREBATADO vehemente, impetuoso,
precipitado, fogoso, ardoroso,
ardiente, intenso, impulsivo, violento,
súbito, virulento, colérico,
iracundo || arrebolado, colorado,
encendido, encarnado || extasiado,
conmovido, enajenado,
hechizado, admirado, arrobado,
maravillado, asombrado.
ARREBATADOR conmovedor, arrobador,
embrujador, seductor, encantador,
delicioso, apasionante,
embriagador, maravilloso, asombroso.
ARREBATAMIENTO vehemencia, pasión,
arrebato, acceso, ímpetu,
violencia, intensidad, ardor, impulso,
ira, cólera, furia, obcecación.
ARREBATAR despojar, quitar, tomar,
arrancar, coger, desposeer, extraer,
saquear, apandar, apañar,
arramblar, conquistar, apoderarse
|| extasiar, hechizar, conmover,
seducir, embriagar, exaltar,
apasionar, arrobar, maravillar ||
ARREBATARSE exaltarse, apasionarse,
enfurecerse, encolerizarse,
indignarse, alterarse, violentarse,
desbocarse, descontrolarse,
obcecarse.
ARREBATIÑA rapiña, saqueo, lucha,
pendencia, despojo, alboroto.
ARREBATO acceso, ímpetu, vehemencia,
pasión, ardor, impulso, violencia,
intensidad, cólera, furia,
obcecación, arranque, pronto,
flechazo || éxtasis, embriaguez,
arrobo.
ARREBOL encarnado, colorado, rojizo,
carmín, bermejo, carmesí,
escarlata, rojo v.
ARREBOZAR rebozar, recubrir, ocultar,
tapar, esconder, encubrir,
disfrazar, enmascarar || embobar,
abrigar, arropar, arrebujar,
apelotonar, arracimar.
ARREBUJADO apelotonado, arropado,
abrigado, embozado, oculto,
escondido, encubierto, disfrazado.
ARREBUJAR arropar, abrigar, embozar,
tapar, envolver, cubrir,
liar, esconder, encubrir || arrugar,
ajar, manosear, revolver,
estropear, aplastar, sobar.
ARRECIAR aumentar, crecer, fortalecerse,
incrementarse, redoblar,
apretar, agravarse, empeorar,
extenderse, acrecentarse,
agrandarse, ampliarse, elevarse.
ARRECIDO helado, congelado, entumecido,
embotado, entorpecido,
tullido, paralítico, impedido, baldado,
adormecido.
ARRECIFE escollo, banco, bajo, bajío,
roca, rompiente, obstáculo,
peñasco, atolón, sirte, médano,
farallón, barra, madrépora, encalladero,
varadero, cayo, punta,
islote, isleta, promontorio.
ARRECIRSE entumecerse, entorpecerse,
helarse, congelarse, enfriarse,
embotarse, tullirse, paralizarse,
insensibilizarse, adormecerse,
baldarse.
ARRECHUCHO achaque, indisposición,
malestar, acceso, ataque,
afección, mal, padecimiento, enfermedad
v. || arrebato, ímpetu,
impulso, vehemencia, pasión, ar-

dor, violencia, arranque, pronto, flechazo, éxtasis, arrobo, embriaguez.
ARREDILAR encerrar, acorralar, amajadar, apriscar, recoger, guardar, enchiquerar, resguardar.
ARREDRAR apartar, separar, atemorizar, intimidar ‖ ARREDRARSE intimidarse, atemorizarse, retraerse, amedrentarse, acobardarse, amilanarse, acoquinarse, asustarse, abatirse, apocarse, sobrecogerse, espantarse.
ARREDRO atrás, hacia atrás, detrás, a la zaga, a la espalda.
ARREGAZAR arremangar, alzar, recoger, rezagar, levantar, remangar, subir.
ARREGLADO cuidadoso, metódico, dispuesto, moderado, ordenado, atento, minucioso, detallista, regular, compuesto, dispuesto, organizado, coordinado, proporcionado, equilibrado, concertado, regulado, razonado, simétrico, armonioso, sistematizado, disciplinado, regulado, concertado, cuidado.
ARREGLAR ordenar, acomodar, disponer, organizar, aviar, modificar, conciliar, aderezar, apañar, reformar, regular, ajustar, concertar, perfilar, contentar, desembrollar, desenredar, casar, metodizar, decidir, zanjar, organizar, combinar, coordinar, preparar, adecuar, amañar, ajustar, disciplinar, sistematizar, armonizar, detallar, reparar, componer, v. ajustar, remendar, apañar, restaurar ‖ ARREGLÁRSELAS apañárselas, componérselas, valerse, darse maña.
ARREGLO avenencia, conciliación, acuerdo, pacto, convenio, transacción, concierto, resolución, decisión, determinación, estipulación, contrato, compromiso, tratado, acto, trato, negociación, componenda, acomodo, inteligencia, alianza ‖ compostura, aderezo, apaño, reparación, acomodo, reforma, remedio, restauración, aliño, adorno, atavío, aseo, acicalamiento, embellecimiento ‖ ARREGLO A (CON) según, conformemente, de acuerdo con.
ARREGOSTARSE engolosinarse, acostumbrarse, aficionarse, habituarse, enviciarse, abandonarse, encariñarse, prendarse.
ARREGOSTO gusto, afición, hábito, costumbre, tendencia, abandono, cariño, inclinación, afecto, apetito, regusto, deseo.
ARRELLANARSE repantingarse, acomodarse, retreparse, aclocarse, colocarse, ponerse, disponerse, sentarse, descansar, desahogarse.
ARRELLENARSE * arrellanarse v.
ARREMANGADO levantado, recogido, alzado, respingado, respingón.
ARREMANGAR recoger, enrollar, remangar, alzar, subir, levantar, respingar.
ARREMANGO remango, disposición, vivacidad, viveza, decisión, prontitud.
ARREMETER embestir, acometer, arrojarse, chocar, abalanzarse, agredir, atacar, cerrar, estrellarse, precipitarse, echarse, combatir, entrar, asaltar.
ARREMETIDA embestida, colisión, choque, abalanzamiento, ataque, asalto, combate, caída, agresión, acometida, entrada.
ARREMOLINARSE agruparse, juntarse, arracimarse, apelotonarse, apiñarse, reunirse, aglomerarse, concentrarse, apretujarse.
ARRENDADO alquilado, transferido, traspasado, ceñido, subarrendado, rentado, locado.
ARRENDADOR casero, propietario, locador, amo, patrono, terrateniente, hacendado, dueño, alquilador, patrón, latifundista, minifundista, jefe ‖ inquilino, ocupante, vecino, arrendatario, alquilador, alquilado, realquilado, cultivador, terrajero, labriego, aparcero, colono.
ARRENDAJO grajo, cuervo, pájaro.
ARRENDAMIENTO alquiler, locación,

ARRENDAR alquilamiento, arriendo, arrendación, contrato, transacción, inquilinato, corretaje, subarriendo, traspaso, transferencia, transmisión, renta, operación, cesión.

ARRENDAR alquilar, traspasar, subarrendar, ceder, rentar, dejar, transferir, transmitir, adquirir, ocupar, realquilar, subalquilar, cultivar, colonizar.

ARRENDATARIO inquilino, alquilado, realquilado, ocupante, vecino, arrendador, cultivador, colono, aparcero, labriego.

ARREO adorno, atavío, gala, aderezo, ornato, decorado, decoración, adobo, vestido, aparejo || **ARREOS** jaeces, atalaje, guarniciones, arnés, arzón, albarda, apero, silla, montura, aparejo, enseres, equipo, riendas, bridas.

ARREPANCHIGARSE repantigarse, retreparse, arrellanarse, acomodarse, desahogarse, descansar, sentarse, ponerse, colocarse, aclocarse.

ARREPENTIDO afligido, contrito, sentido, pesaroso, apesadumbrado, compungido, lloroso, suplicante, penitente, reconcomido, apesarado, apenado, atrito, abatido, disgustado, dolorido, abrumado, agobiado || retractado, apartado, disuadido, rajado.

ARREPENTIMIENTO pesadumbre, sentimiento, pesar, contrición, aflicción, penitencia, pesar, pena, atrición, abatimiento, agobio, dolor, disgusto || retractación, apartamiento, incumplimiento, disuasión, revocamiento, rescisión, abjuración, anulación, desdecimiento, denegación, rectificación.

ARREPENTIRSE afligirse, apesararse, disgustarse, agobiarse, abatirse, apenarse, pesar, sentir, lamentar || desdecirse, rectificar, denegar, anular, abjurar, incumplir, disuadir, revocar, rescindir, apartar, retractar.

ARREPISTAR triturar, machacar, moler, desmenuzar.

ARREPTICIO embrujado, endemoniado, hechizado, maldito, poseído, poseso, endiablado.

ARREQUESONARSE agriarse, cortarse, cuajarse, acidularse.

ARREQUIVE adorno, guarnición, atavío, labor, gala, aderezo, aliño, perifollo.

ARRESTADO detenido, preso, prisionero, encarcelado, encerrado, enchiquerado, enchironado, enjaulado, incomunicado, castigado, recluido, cautivo, recluso, penado, galeote, forzado, presidiario || intrépido, audaz, arrojado, atrevido, osado, valiente, resuelto, temerario.

ARRESTAR encarcelar, aprisionar, detener, encerrar, enchiquerar, recluir, forzar, castigar, prender, enjaular, incomunicar, reducir, aherrojar, esposar, maniatar.

ARRESTO detención, prendimiento, incomunicación, enchiqueramiento, enjaulamiento, reclusión, encierro, aprisionamiento, encarcelamiento, aherrojamiento, esposamiento, captura, corrección, castigo || **ARRESTOS** valor, arrojo, valentía, intrepidez, osadía, resolución, bizarría, decisión, determinación, enjundia, coraje, ánimo, atrevimiento, audacia, brío, ímpetu.

ARREVESADO enrevesado, intrincado, complicado, arduo, inescrutable, indescifrable, embrollado, enmarañado, difícil, peliagudo, espinoso.

ARRIA recua, reata, traílla, tropilla, tropa.

ARRIAR bajar, soltar, largar, descender, recoger, aflojar, abatir || inundar, anegar, sumergir.

ARRIATE macizo, plantío, parterre, jardinillo || calzada, camino, paseo, senda, sendero.

ARRIAZ empuñadura, puño, gavilán de espada, pomo, asidero, mango.

ARRIBA a lo alto, hacia lo alto, asuso, en la parte superior, por encima, en alto.

ARRIBADA recalada, arribo, arribaje, arribanza, atracada, anclaje, fondeado || aparición, presencia, presentación, comparecencia, llegada, asistencia, venida.

ARRIBAR llegar, presentarse, aparecer, asistir, venir, personarse, acudir, comparecer, descolgarse, dejarse caer || recalar, fondear, atracar, anclar.

ARRIBAZÓN afluencia, abundancia, concurrencia, profusión, prodigalidad, exceso.

ARRIBEÑO interior, mediterráneo, continental, central.

ARRIBISTA advenedizo, intruso, novel, foráneo, aprovechador, oportunista, materialista, egoísta, ambicioso v.

ARRIBO llegada, presencia, aparición, advenimiento, venida, comparecencia, asistencia, presencia.

ARRIENDO arrendamiento, alquiler, inquilinato, locación, alquilamiento, renta, cesión, operación, transmisión, transferencia, traspaso, subarriendo, transacción, contrato, aparcería.

ARRIERO yegüero, acemilero, mulero, carretero, trajinero, acarreador, porteador, carrero, mozo de mulas, trajinante, chalán, traficante.

ARRIESGADAMENTE aventuradamente, osadamente, v. arriesgado.

ARRIESGADO osado, temerario, audaz, atrevido, imprudente, arrojado, irreflexivo, resuelto, intrépido, decidido, valiente, arriscado, denodado, emprendedor, determinado || peligroso, expuesto, aventurado, incierto, fortuito, temible, alarmante, amenazador, comprometido, apurado, oscuro.

ARRIESGAR exponer, arriscar, afrontar, aventurar, apurar, comprometer, atreverse, decidirse, emprender, determinarse, osar, resolverse, lanzarse.

ARRIMADERO báculo, apoyo, base, sostén, sustentáculo, arrimo, puntal.

ARRIMAR aproximar, apoyar, colocar, estibar, juntar, aplicar, pegar, agregar, añadir, adosar, arrinconar, apropincuar, guarecer, acercar, avecinar, amontonar, unir, acompañar || ARRIMARSE aproximarse, juntarse, v. arrimar.

ARRIMO apoyo, base, sustentáculo, sostén, puntal, arrimadero, soporte, poste, columna, cimiento, pilar || favor, amparo, protección, auxilio, socorro, ayuda, apoyo, asistencia, refuerzo, defensa, patrocinio, subvención.

ARRIMÓN pegadizo, arrimadizo, pegote, gorrón, sobón, pesado, cargante, zalamero.

ARRINCONADO acorralado, asediado, hostigado, rodeado, circunscrito, encerrado, confinado, aislado, intimidado, perseguido || apartado, retirado, distante, alejado, lejano, aislado, solo, abandonado, dejado, despreciado, olvidado, desdeñado, menospreciado, desatendido, postergado.

ARRINCONAMIENTO retiro, rincón, recogimiento, cueva, escondrijo, yacija, soledad, destierro, celda, cenobio, claustro, estrechez, secesión, clausura, encierro, guarida, refugio, abrigo, apartamiento, retraimiento, aislación, alejamiento, misantropía, abandono.

ARRINCONAR confinar, retirar, apartar, alejar, aislar, abandonar, dejar, desdeñar, olvidar, despreciar, postergar, desechar, arrumbar, desatender, menospreciar, distanciar || acorralar, asediar, hostigar, perseguir, intimidar, aislar, confinar, encerrar, circunscribir, rodear || ARRINCONARSE retraerse, aislarse, apartarse, alejarse, humillarse, avergonzarse, recogerse, intimidarse, acobardarse.

ARRISCADO atrevido, resuelto, temerario, gallardo, listo, despabilado, arriesgado, aventurado, dispuesto, desenvuelto, resuelto, osado, audaz, arrojado, intrépido, bizarro, denodado, bragado, valiente || escarpado, áspero, abrupto, rocoso, empinado, fragoso.

ARRISCAMIENTO atrevimiento, reso-

lución, valentía, temeridad, intrepidez, arrojo, audacia, osadía, bizarría, desenvoltura.
Arriscarse arriesgar, exponer, aventurar, osar, resolverse, atreverse, disponerse, decidirse, arrojarse || encresparse, enfurecerse, alborotarse, irritarse, encolerizarse || engreírse, envanecerse, presumir, ufanarse, endiosarse, jactarse, creerse.
Arritmia irregularidad, desigualdad, infrecuencia, anomalía, desproporción, intermitencia, variación.
Arrivista * arribista v.
Arrizar atar, asegurar, afianzar, aferrar, afirmar, consolidar, reforzar, amarrar.
Arroaz delfín, narval, cachalote, delfínido, cetáceo.
Arrobado encantado, enajenado, extasiado, embelesado, entusiasmado, radiante, contento, arrebatado, entusiasta, embebecido, enamorado, transportado, enfervorizado, embobado, hechizado.
Arroba peso, carga.
Arrobador encantador, arrebatador, embelesador, embebecedor, enfervorizante, hechicero, seductor, agradable, exquisito.
Arrobamiento éxtasis, enajenación, encanto, arrebatamiento, entusiasmo, hechizo, embobamiento, contento, fervor, transporte, enamoramiento, embebecimiento, seducción, embeleso, arrebato, rapto, agrado.
Arrobar embelesar, arrebatar, encantar, enajenar, extasiar, entusiasmar, hechizar, embotar, contentar, enfervorizar, transportar, trastornar, maravillar, embeber, enamorar, agradar, seducir, embobar.
Arrobo v. arrobamiento.
Arrocinarse embrutecerse, aborricarse, ajumentarse, embobarse, apapanatarse, degradarse, atolondrarse, idiotizarse.
Arrodelar proteger, amparar, cubrir, defender, resguardar.
Arrodillada genuflexión, inclinación, venia, reverencia.
Arrodillarse hincarse, inclinarse, postrarse, prosternarse, ahinojarse, acuclillarse, agacharse, humillarse, adorar, venerar.
Arrogación atribución, apropiación, asignación, suposición, interpretación, calificación, arrogamiento, usurpación.
Arrogamiento v. arrogación.
Arrogancia soberbia, presunción, altivez, altanería, desdén, impertinencia, importancia, insolencia, envaramiento, dureza, imperio, orgullo, desprecio, facha, desplante, chulería, galleo, cimbreo, inmodestia, empaque, tufo, engreimiento, encopetamiento, petulancia, envanecimiento || garbo, brío, apostura, majeza, elegancia, gracia, donaire, salero, galanura, donosura, distinción, esbeltez, desenvoltura, soltura, valentía, valor.
Arrogante altanero, altivo, soberbio, presumido, majo, envanecido, petulante, encopetado, engreído, inmodesto, chulo, fachendoso, despreciativo, orgulloso, imperioso, envarado, insolente, desdeñoso, despectivo, impertinente, tieso, gallito, presuntuoso || apuesto, elegante, brioso, garboso, desenvuelto, esbelto, majo, distinguido, donoso, valiente, galán, saleroso, donairoso, gracioso.
Arrogar adoptar, prohijar, acoger, proteger || Arrogarse atribuirse, apropiarse, asignarse, achacarse, suponerse, aplicarse, señalarse, designarse.
Arrojado resuelto, intrépido, valiente, temerario, imprudente, osado, arriesgado, atrevido, audaz, irreflexivo, decidido, denodado, emprendedor, animoso, esforzado.
Arrojamiento lanzamiento, echazón, expulsión, impulsión, evacuación, eyaculación, emanación, defenestración, tiro, proyección, vómito, derramamiento.
Arrojar impeler, lanzar, echar, expulsar, impulsar, tirar, expeler, exhalar, derramar, sacudir,

dispensar, rociar, emitir, salpicar, despeñar, proyectar, evacuar, eyacular, emanar, defenestrar, vomitar, devolver, disparar, despedir, abalanzar, precipitar || Arrojarse abalanzarse, tirarse, precipitarse, lanzarse, impulsarse, empujarse, arremeter, cometer, atacar, agredir, saltar.

Arrojo osadía, denuedo, intrepidez, valentía, coraje, valor, resolución, arrebatamiento, vivacidad, entusiasmo, celo, arrojamiento, arresto, audacia, atrevimiento, ardor, bravura, decisión, bizarría, temeridad, impavidez, temple, agallas.

Arrollable enrollable, plegable, envolvible.

Arrollado atropellado, accidentado, herido, contuso.

Arrollador irresistible, invencible, pujante, violento, indomable, inquebrantable, impetuoso, intenso, implacable, rabioso, agresivo, brutal, furioso, furibundo.

Arrollar vencer, dominar, batir, superar, aniquilar, derribar, destrozar, aplastar, desbaratar, atropellar, pisotear, asolar, quebrantar, hundir, dispersar || atropellar v., derribar, pisar, herir, golpear, accidentar || enrollar, envolver, liar, enroscar.

Arromar achatar, despuntar, alisar, redondear.

Arropar abrigar, cubrir, someter, tapar, envolver, liar, arrebozar, apañar, tapujar, acuchar, resguardar, embozar.

Arrope jarabe, almíbar, cocimiento, dulce, miel.

Arropea grillete, traba, trabazón, freno.

Arrostrar resistir, sufrir, tolerar, enfrentarse, aguantar, revolverse, rebatir, rechazar, rebelarse, impedir, impugnar, desafiar, retar, despreciar, bravear, afrontar, aguantar, sostener, plantarse, revolverse, hacer frente, dar cara.

Arroyada inundación, crecida, riada, avenida, torrente, aluvión, desbordamiento || valle, cañada, surco, hondonada, hondura, hendedura.

Arroyarse enmohecerse, pudrirse, estropearse.

Arroyo riachuelo, torrente, arroyuelo, torrentera, rivera, regato, corriente, afluente, riacho, riatillo, reguero, brazo.

Arroyuelo v. arroyo.

Arroz grano, cereal, gramínea.

Arrozal sembrado, campo, plantación, cultivo.

Arrufaldado arremangado v., respingado, levantado, alzado, recogido, respingón.

Arrufo curvatura, combadura, arqueamiento, flexión, arco, curva, comba, arrufadura.

Arruga pliegue, rugosidad, repliegue, estría, surco, frunce, raya, rizo, lorza, cogido, fuelle, remango, plisado, dobladura, doblamiento, encarrujamiento, tabla.

Arrugado rugoso, ajado, marchito, seco, acartonado, contraído, escarolado, rizado, remangado, abolsado, encarrujado, encogido, arremangado, ranurado, ondulado, acanalado, alorzado, tableado, doblado, plegado, estriado, fruncido, surcado, arrebujado, tronzado, replegado, envejecido, estropeado.

Arrugar rizar, escarolar, abolsar, contraer, remangar, acartonar, secar, marchitar, ajar, encoger, arremangar, ranurar, acanalar, ondular, alorzar, tablear, doblar, plegar, estriar, fruncir, surcar, tronzar, replegar, envejecer, estropear.

Arruinado empobrecido, menesteroso, mísero, insolvente, indigente, mendigo, pordiosero, tronado, infortunado, fracasado, malogrado, acabado, caduco, frustrado, naufragado || destruido, demolido, aniquilado, asolado, talado, desmantelado, desplomado, derruido, abatido, hundido, destrozado, deshecho.

Arruinar asolar, destrozar, hundir, abatir, deshacer, aniquilar, demoler, destruir, derruir, talar, desmantelar, desplomar, reducir, perjudicar, dañar || Arruinarse empobrecerse, venir a menos, quedar sin blanca, frustrarse, malograrse, fracasar, quebrar, naufragar, anularse, aniquilarse, abolirse.

Arrullador susurrante, cantarín, adormecedor, sedante, grato.

Arrullar enamorar, cortejar, engatusar, agasajar, mimar, embelecar, galantear, requebrar || canturrear, acunar, tararear, murmurar, susurrar, cantar, musitar, gorjear, entonar, adormecer, sosegar, tranquilizar.

Arrullo galanteo, requiebro, arrumaco, carantoña, mimo, embeleco, agasajo, enamoramiento, engatusamiento || acunamiento, cantar, canturreo, tarareo, susurro, murmullo, cancioncilla, tonadilla, adormecimiento, gorjeo, tonada, canción de cuna, zureo.

Arrumaco carantoña, lagotería, engatusamiento, halago, zalamería, mimo, caricia, gatería, embeleco, marrullería, zalema, aspaviento, monada, coba, coquito.

Arrumbar arrinconar, desechar, desdeñar, despreciar, abandonar, olvidar, apartar, dejar, menospreciar, confinar, recluir || enfilar, navegar, dirigirse, poner rumbo, poner proa.

Arsenal armería, almacén, depósito, parque, santabárbara || astillero, atarazana, carraca, gradas, talleres.

Arsénico metaloide, tóxico, tósigo, veneno, toxina, ponzoña.

Arte habilidad, industria, maña, aptitud, capacidad, facultad, condiciones, práctica, experiencia, maestría, destreza, disposición, genio, talento, oficio, inspiración, afición, vocación || ciencia, disciplina, facultad, industria, técnica, procedimiento, método, norma, regla, orden, sistema || astucia, maña, cautela, artería, artificio, artimaña, sutileza, disimulo.

Artefacto armatoste, artilugio, máquina, ingenio, dispositivo, aparato, cachivache, trasto, cacharro, mecanismo, maquinaria, artificio.

Artejo nudillo, articulación, coyuntura, juntura, juego.

Arteria vaso, vena, arteriola, conducto, tubo || calle, vía, avenida, bulevar, ronda, pasaje, rúa, travesía.

Artería engaño, treta, traición, astucia, amaño, trampa, emboscada, triquiñuela, ardid, truco, artificio, maturranga, malicia, fraude, estratagema, artimaña, maquinación, picardía, marrullería.

Arterial circulatorio, venoso, sanguíneo, arterioso.

Arterioesclerosis * v. arteriosclerosis.

Arteriosclerosis endurecimiento, esclerosis de las arterias.

Artero disimulado, astuto, taimado, tramposo, traidor, bellaco, sutil, fino, sagaz, mañoso, lagarto, perillán, despabilado, hábil, socarrón, ladino, diestro, malicioso, marrullero, tortuoso, bribón, cuco, pillo, falso, engañoso.

Artesa batea, amasadera, duerna, cuenco, artesón, cuezo, dornajo, gamella, bandeja, recipiente, cajón, receptáculo, pila, lavadero.

Artesanía (De) manual, artístico.

Artesano obrero, artífice, trabajador, menestral, asalariado, operario, productor.

Artesiano (Pozo) perforación, horadación, alumbramiento.

Artesón v. artesa.

Artesonado moldura, adorno, florón, friso, arquitrabe, cornisa, filete, borde, ornamento, relieve.

Ártico boreal, septentrional, bóreo, hiperbóreo, norte, norteño, septentrional.

Articulación coyuntura, juntura, juego, sínfisis, enlace, vínculo, artejo, unión, junta, acopla-

miento || pronunciación, v. articular.
Articular unir, enlazar, juntar, vincular, concertar, acoplar, relacionar || pronunciar, modular, hablar, proferir, decir, expresar, emitir, exponer, enunciar, mascullar, declamar, manifestar, susurrar, murmurar.
Articulista gacetillero, periodista, cronista, ensayista, escritor, autor.
Artículo apartado, título, capítulo, párrafo, división, disposición, enumeración, enunciado || crónica, escrito, suelto, gacetilla, noticia, ensayo || mercancía, mercadería, género, efecto, producto, fabricado.
Artífice artesano, artista, virtuoso, creador, autor, promotor.
Artificial falso, fingido, innatural, apañado, adulterado, falsificado, ficticio, imitado, espurio, artificioso, afectado, amanerado, trucado, quimérico, compuesto, disfrazado, ilusorio, convencional, aparente, simulado, postizo, disimulado, contrahecho || sintético, fabricado, químico, industrial.
Artificio disimulo, doblez, ardid, asechanza, treta, artería, engaño, recoveco, truco, artimaña, afectación, amaño, socaliña, imitación, falsedad, fingimiento, falsificación, astucia, enredo, tinglado, quimera, disfraz, ilusión, apariencia, simulación, disimulo, argucia || arte, habilidad, destreza, ingenio, compostura, industria, pericia || artefacto, ingenio, máquina, aparato, artilugio.
Artificioso disimulado, cauteloso, aparente, artificial, falso, disfrazado, quimérico, astuto, fingido, afectado, engañoso, artero, taimado.
Artigar labrar, despejar, arar, quemar, roturar, desboscar, escaliar.
Artilugio armatoste, artefacto, trasto, aparato, máquina, artificio, mecanismo, ingenio.
Artillar armar, cargar, preparar, disponer, montar, equipar, aprestar, prevenirse, proveerse.
Artillería arma, cuerpo, servicio, arte, técnica.
Artillero armero, soldado, marinero, servidor, perito, experto.
Artimaña astucia, disimulo, intriga, ficción, maniobra, añagaza, trampa, emboscada, engaño, treta, amaño, ardid, enredo, truco, artificio v.
Artista artífice, artesano, virtuoso, creador, autor, ejecutante, productor || comediante, actor, ejecutante, galán, dama, protagonista, estrella || experto, perito, virtuoso, hábil, mañoso.
Artístico estético, atractivo, atrayente, grato, interesante, hermoso, bello, elevado, exquisito, primoroso, fino, noble, puro.
Artolas angarillas, árguenas, sillas, aguaderas, literas, parihuelas.
Artritis hinchazón, inflamación, artritismo, tumefacción, articular.
Artrópodo invertebrado, insecto, araña, ciempiés, cangrejo.
Arúspice adivino, adivinador, vidente, pronosticador, mago, hechicero, profeta, brujo, santón.
Aruspicina videncia, magia, adivinación, brujería, hechicería.
Arveja leguminosa, trepadora, hierba, algarroba, planta, semilla, guisante, arvejo.
Arvejo guisante, v. arveja.
Arzobispado jurisdicción, territorio, término, distrito del arzobispo.
Arzobispal archiepiscopal, arquiepiscopal, metropolitano.
Arzobispo prelado, mitrado, metropolitano, primado, cardenal, patriarca, v. sacerdote.
Arzón fuste, arreo, aparejo, albarda.
As campeón, triunfador, vencedor, invicto, ganador, insuperable, primero, descollante, sobresaliente || baraja, naipe.
Asa mango, asidero, puño, empuñadura, agarradero, pomo, asidor, guarnición, manubrio, tirador.

ASADO

Asado tostado, cocido, horneado, dorado, churrasco, chamuscado.
Asador varilla, astil, espetón, hurgón, ensartador, estoque.
Asaduras entrañas, vísceras, órganos, bofe, hígado || pachorra, calma, lentitud, cuajo.
Asaetear acribillar, disparar, tirar, flechar, alancear, acuchillar, herir || hostigar, importunar, molestar, enfadar, disgustar, acosar, atosigar, irritar.
Asalariado trabajador, empleado, productor, proletario, obrero, menestral, ganapán, peón, bracero, artesano, servidor, criado, a sueldo, pagado || esbirro, lacayo, mercenario, servil, esclavo, satélite, rastrero.
Asalariar emplear, contratar, gratificar, asoldar, pagar, retribuir.
Asalmonado sonrosado, rosa, rubicundo.
Asaltante atracador, salteador, ladrón, bandido, agresor, forajido, bandolero, malhechor, delincuente, atacante.
Asaltar atracar, robar, hurtar, delinquir, despojar, desplumar, sorprender, birlar || acometer, agredir, embestir, abordar, irrumpir, lanzarse, arremeter, atacar, invadir, entrar, tomar, conquistar.
Asalto atraco, robo, despojo, hurto, latrocinio, delito || embestida, abordaje, agresión, irrupción, acometida, arremetida, ataque, embate, invasión, entrada.
Asamblea agrupación, reunión, convención, conferencia, junta, mitin, congreso, auditorio, público, conclave, congregación, concilio, muchedumbre, multitud, tropel, aglomeración, corro, asistencia, legión, masa, turba, gentío || congreso, ágora, cámara, parlamento, cortes, senado, estamento, ayuntamiento, diputación, corporación.
Asambleísta v. congresista.
Asar tostar, dorar, cocer, caldear, calentar, quemar, achicharrar, chamuscar, asurar, emparrillar, carbonizar, abrasar, torrar ||
Asarse acalorarse, ahogarse, caldearse, achicharrarse, sudar, transpirar, asfixiarse, afogarse, arder.
Asaz bastante, mucho, harto, muy, suficiente, abundante.
Asbesto amianto, empaquetadura, aislante, incombustible.
Áscari soldado, combatiente, infante marroquí.
Ascáride ascaris, lombriz, verme, gusano, helminto.
Ascendencia estirpe, alcurnia, linaje, cuna, origen, tronco, prosapia, abolengo, cepa, raza, principio, sangre, casta, genealogía || influencia, v. ascendiente.
Ascendente empinado, escarpado, subido, elevado, enhiesto, en cuesta, pino || v. ascendiente.
Ascender subir, trepar, remontar, montar, escalar, gatear, elevarse, alzarse, auparse, empinarse, encaramarse, progresar, adelantar, mejorar, promover, levantarse.
Ascendiente antepasado, antecesor, progenitor, precursor, predecesor, mayor, familiar, pariente, abuelo, bisabuelo tatarabuelo, retatarabuelo || influencia, predominio, autoridad, influjo, prestigio, valimiento, poder, crédito, imperio || v. ascendente.
Ascensión asunción, elevación, ascenso, exaltación, subida, escalamiento, progreso, avance, encumbramiento.
Ascenso promoción, mejora, subida, recompensa, premio, escalafón, grado, aumento, progreso, adelanto || escalamiento, v. ascensión.
Ascensor montacargas, elevador, artefacto.
Asceta ermitaño, eremita, anacoreta, cenobita, monje, solitario, penitente, santón, faquir.
Ascético virtuoso, santo, frugal, casto, puro, incorruptible, parco, sobrio, moderado.
Ascetismo virtud, sobriedad, moderación, santidad, pureza, castidad, frugalidad, incorruptibilidad.
Asco repugnancia, repulsión, aversión, grima, aborrecimiento, te-

mor, disgusto, desagrado, empalago, hastío, saciedad, antipatía, desapego, oposición || náusea, vómito, arcada, basca, vahído, angustia, desazón.

Ascosidad v. asquerosidad.

Ascua brasa, rescoldo, chispa, lumbre, fuego, llama.

Aseado limpio, higiénico, pulcro, acicalado, aliñado, pulido, lamido, impecable, ataviado, engalanado, compuesto, cuidadoso, lavado, fregado, bañado, duchado.

Asear higienizar, limpiar, lavar, fregar, bañar, duchar, aliñar, acicalar, ataviar, cuidar, componer.

Asechanza engaño, treta, estratagema, artificio, sorpresa, zancadilla, emboscada, celada, lazo, intriga, perfidia, traición, insidia, trampa, garlito, asechamiento, acecho, maquinación, cepo, conspiración.

Asechar engañar, emboscar, intrigar, traicionar, acechar, maquinar, conspirar.

Asediar cercar, sitiar, bloquear, rodear, incomunicar, circundar, acorralar, encerrar, aislar || hostigar, importunar, molestar, cansar, fastidiar, pretender, pedir, solicitar, insistir.

Asedio bloqueo, sitio, cerco, acorralamiento, rodeo, asalto, ataque, embestida, aislamiento || insistencia, molestia, fastidio, pretensión, petición.

Aseguración seguro, convenio, pacto, contrato v.

Asegurado protegido, afianzado, reforzado, consolidado, fortalecido, sostenido, apoyado, atirantado, amarrado, aferrado, afirmado, amparado, protegido, salvaguardado.

Aseguramiento protección, consolidación, refuerzo, fortalecimiento, sostén, apoyo || seguro v.

Asegurar consolidar, afianzar, reforzar, fortalecer, sostener, apoyar, atirantar, amarrar, aferrar, afirmar, fijar, adherir, trincar, acuñar, clavar, atornillar || aseverar, afirmar, declarar, testificar, manifestar, garantizar, confirmar, atestiguar, ratificar, avalar || prevenir, proteger, cubrir, preservar, amparar, salvaguardar || Asegurarse cerciorarse v., comprobar, confirmar.

Asemejarse parecerse, semejar, asimilarse, heredar, inclinarse, igualarse, parangonarse, salir a, recordar a, tener un aire, tirar a.

Asendereado abrumado, agobiado, cansado, hastiado, hostigado, maltrecho, apesadumbrado, molesto, maltratado, perseguido || práctico, ducho, experto, experimentado, corrido, baqueteado, hábil, avezado, versado, curtido, veterano, encallecido, endurecido, aguerrido, entrenado, acostumbrado.

Asenderear abrir sendas, a. caminos, a. senderos, despejar || perseguir, hostigar, abrumar, molestar, maltratar, cansar.

Asenso asentimiento, conformidad, confirmación, aprobación, permiso, consentimiento, aquiescencia, anuencia, voluntad, venia, adhesión || creencia, fe, crédito, apoyo.

Asentaderas nalgas, culo, posaderas, nalgatorio, trasero, traspuntín, antifonario, tafanario, posas, asiento, pompis, cachas, ancas, posterior.

Asentado juicioso, formal, serio, reflexivo, recto, severo || estable, permanente, fijo, ajustado, puesto, afirmado, establecido, colocado, asegurado, avecindado, radicado.

Asentador contratista, mayorista, comerciante, negociante, tratante, traficante.

Asentamiento v. asiento.

Asentar fundar, establecer, situar, instalar, levantar, fijar, poner, colocar, sentar, crear, construir, edificar || ajustar, convenir, pactar, estipular, contratar, establecer, acordar, regular || aplanar, allanar, apisonar, alisar, suavizar, enrasar, planchar || anotar, registrar, inscribir, escribir, transcribir, pasar || Asentarse esta-

ASENTIMIENTO

blecerse, situarse, avecindarse, instalarse, colocarse, domiciliarse, fijarse, radicarse.

Asentimiento aprobación, asenso, adhesión, venia, voluntad, anuencia, aquiescencia, consentimiento, permiso, confirmación, conformidad, admisión.

Asentir admitir, aprobar, consentir, permitir, confirmar, conformarse, convenir, avenirse, afirmar, aceptar, acceder, autorizar, avalar, reconocer, ratificar, sancionar.

Aseñorado señoril, hidalgo, noble, distinguido, caballeresco, linajudo, encopetado, aristocrático, elegante.

Aseo higiene, lavado, limpieza, adorno, compostura, pulcritud, mundicia, esmero, curiosidad, cuidado.

Asepsia antisepsia, desinfección, esterilización, higiene, limpieza.

Aséptico esterilizado, desinfectado, limpio, higienizado, antiséptico, desinfectante, desinsectante.

Asequible factible, realizable, alcanzable, hacedero, posible, fácil, practicable.

Aserción afirmación, manifestación, declaración, aseveración, aserto, confirmación, afirmativa, testificación.

Aserradero carpintería, taller, industria, maderería.

Aserrado dentado, dentellado, dentelado, serrado, cortado, dividido, separado, talado, escindido.

Aserrar cortar, serrar, cercenar, talar, partir, destroncar, escindir, separar, seccionar.

Aserrín serrín, aserradura, partículas, residuos.

Aserto afirmación, v. aserción.

Asesinar matar, eliminar, liquidar, acogotar, estrangular, desnucar, acuchillar, envenenar, disparar, golpear, lapidar, apalear, delinquir, atentar.

Asesinato crimen, homicidio, delito, atentado, parricidio, fratricidio, magnicidio, regicidio.

Asesino criminal, homicida, matador, delincuente, culpable, condenado, fratricida, parricida, magnicida, regicida.

Asesor consejero, mentor, guía, supervisor, monitor, conductor, orientador, director, ordenador, adiestrador, rector.

Asesoramiento consejo, sugerencia, proposición, recomendación, parecer, aclaración, advertencia, lección, guía, orientación, encauzamiento, encarrilamiento, dirección, adiestramiento, informe, instrucción.

Asesorar aconsejar, proponer, sugerir, recomendar, aclarar, aleccionar, advertir, dirigir, encarrilar, encauzar, orientar, instruir, informar, adiestrar || Asesorarse consultar, preguntar, inquirir, solicitar, aclarar, pedir informes, p. consejo, p. opinión.

Asestar descargar, golpear, sacudir, pegar, aporrear, atizar || apuntar, dirigir, encañonar, encarar.

Aseveración afirmación, aserción, confirmación, declaración, aserto, afirmativa, testificación, manifestación.

Aseverar confirmar, armar, declarar, asegurar, avalar, garantizar, ratificar, reafirmar, testificar, manifestar.

Asexual ambiguo, indeterminado, agenésico, sin sexo, equívoco.

Asfaltado pavimentado, v. asfaltar.

Asfaltar pavimentar, hormigonar, alquitranar, recubrir, revestir, urbanizar, macadamizar.

Asfalto pavimento, hormigonado, empedrado, enlosado, recubrimiento, macadán, revestimiento, betún, alquitrán, pez.

Asfixia ahogo, sofocación, opresión, estrangulación, disnea, agobio, anhelo, sofoco, sumersión, inmersión, asma.

Asfixiante sofocante, irrespirable, opresivo, agobiante, enrarecido.

Asfixiar ahogar, sumergir, estrangular, ahorcar, agarrotar, sofocar, gastar, oprimir, apretar, acogotar.

Así justamente, asina, precisamente, mismamente, de este modo, de tal manera, de tal forma, de esta suerte.

Asiático oriental, mongólico, chino, amarillo || fastuoso, extremado, exagerado, fabuloso.

Asidero pretexto, justificación, ocasión, excusa, subterfugio, escapatoria || asa, mango, empuñadura, manija, pomo, guarnición, manubrio

Asido cogido, agarrado, aferrado, sujetado, apresado, enganchado, aprehendido, sujeto, preso, detenido.

Asiduamente frecuentemente, constantemente, incesantemente, continuamente, consuetudinariamente, puntualmente, habitualmente, aplicadamente, reiteradamente.

Asiduidad frecuencia, reiteración, hábito, constancia, puntualidad, costumbre, continuidad, asistencia, aplicación.

Asiduo habitual, reiterado, frecuente, constante, incesante, puntual, inclinado, afecto, acostumbrado, consuetudinario, continuo, contertulio, parroquiano, cliente, asistente, perseverante.

Asiento silla, sillón, butaca, banco, escaño, taburete, poltrona, tumbona, diván, sofá, trono, solio, sitial, mecedora, camón, banqueta, escabel, sitio, puesto, lugar || anotación, inscripción, apuntamiento, escrito, nota.

Asignación cuota, cantidad, retribución, sueldo, honorarios, gratificación, renta, concesión, haberes, pensión, estipendio, paga, salario, emolumentos.

Asignar dar, conceder, retribuir, gratificar, pagar, estipular, señalar, fijar, establecer, determinar, designar, ordenar, ofrecer.

Asignatura materia, disciplina, tratado, ciencia, arte, facultad, estudio, texto.

Asilado acogido, amparado, huérfano, hospiciano, pobre, desvalido, anciano, menesteroso, protegido, recluido, internado, recogido, albergado, expósito.

Asilar recluir, internar, recoger, amparar, albergar, proteger, acoger.

Asilo albergue, orfanato, orfelinato, hospicio, refugio, cobijo, inclusa, casa cuna, casa de expósitos, establecimiento benéfico ||amparo, favor, protección, cobijo, refugio, socorro, ayuda, abrigo, resguardo, defensa.

Asilla asa, asidero, mango, empuñadura, pomo.

Asimetría irregularidad, anomalía, desigualdad, desproporción.

Asimétrico desigual, desproporcionado, irregular, anómalo.

Asimiento captura, aprehensión, prendimiento, enganche, presa, agarro, apresamiento, aferramiento, sujeción || adhesión, apego, afecto, cariño, inclinación, propensión.

Asimilable digerible, provechoso, nutritivo, alimenticio, aprovechable, reconfortante, vigorizante, reparador, ligero, liviano.

Asimilación digestión, absorción, aprovechamiento, provecho, nutrición, alimento, reparación.

Asimilado igualado, equiparado, asemejado, comparado, cotejado, confrontado, parangonado || digerido, aprovechado, absorbido, difundido.

Asimilar equiparar, igualar, asemejar, cotejar, comparar, parangonar, confrontar, relacionar, parecerse, semejar || absorber, digerir, aprovechar, nutrir, difundir, reparar, alimentar.

Asimismo también, igualmente, del mismo modo, de igual forma, de esta manera, de la misma forma.

Asina así, mismamente, justamente, precisamente.

Asinino asnal, asnino, jumental, borriqueño, animal, bestial, brutal.

Asir tomar, coger, prender, agarrar, empuñar, atrapar, aprehender, aprisionar, aferrar, apresar, pescar, trabar, enganchar, alcanzar, atenazar, afianzar, apañar, blandir.

Asistencia socorro, ayuda, auxilio, protección, cooperación, favor, apoyo, colaboración, defensa, amparo, concurso, contribución, refuerzo, medio, recurso || presencia, estancia, concurrencia v.

Asistenta criada, fámula, sirvienta, muchacha, chica, doméstica, camarera, doncella, moza, maritornes, mandadera, azafata, mucama, dueña, ama, fregona.

Asistente ordenanza, criado, sirviente, mozo, soldado || ayudante, colaborador, suplente, auxiliar, agregado || Asistentes público, concurrentes, concurrencia, presentes, concurso, sala, auditorio, asamblea, asistencia, circunstantes, espectadores, muchedumbre.

Asistir socorrer, curar, cuidar, ayudar, acompañar, favorecer, auxiliar, amparar, proteger || colaborar, ayudar, cooperar, secundar, apoyar, contribuir, coadyuvar, participar || concurrir, presenciar, acompañar, visitar, presentarse, ir, estar, hallarse.

Asma sofoco, jadeo, asfixia, angustia, opresión, disnea, estertor.

Asmático jadeante, sofocado, asfixiado, oprimido, angustiado, anhelante, doliente, enfermo.

Asnada v. asnería.

Asnal asinino, asnino, jumental, borriqueño, bestial, brutal, animal.

Asnería asnada, burrada, borricada, pollinada, necedad, simpleza, tontería v., barbaridad, bestialidad, ignorancia, imbecilidad.

Asnilla apoyo, sostén, puntal, viga, refuerzo, soporte v.

Asnino asnal v.

Asno burro, rucio, pollino, borrico, jumento, rozno, garañón, guarán, onagro, rucho || bobo, necio, alcornoque, ceporro, papanatas, tonto v., leño, zoquete, animal, bestia, babieca, obtuso, rudo, tosco, mentecato, memo, lerdo, zopenco, bruto, simple.

Asobinarse encogerse, ovillarse, envolverse, acurrucarse.

Asociación sociedad, consorcio, entidad, empresa, firma, compañía, cofradía, hermandad, institución, cuerpo, corporación, mancomunidad, gremio, mesnada, grupo, mutualidad, ateneo, sindicato, club, círculo, pandilla, agrupación || alianza, liga, confederación, pacto, tratado, unión, federación, comunidad || reunión, colaboración, unión.

Asociado afiliado, socio, consocio, copropietario, copartícipe, miembro, adepto, cofrade, hermano, coligado, colega, compañero, agremiado, mancomunado, federado, confederado, ateneísta, agrupado, sindicado, inscrito, participante, accionista, agregado, adjunto, incorporado.

Asociar afiliar, agremiar, mancomunar, federar, confederar, coligar, hermanar, incorporar, agregar, participar, inscribir, sindicar, agrupar, solidarizar, relacionar, aunar, juntar, reunir, unir.

Asolador destructor, arrasador, v. asolar.

Asolamiento destrucción, devastación v.

Asolapar traslapar, solapar, superponer, imbricar, colocar, recubrir.

Asolar destruir, arrasar, saquear, talar, desmantelar, abismar, devastar, arruinar, agostar, aniquilar, hundir, demoler, desplomar, derruir, desolar.

Asoldar asalariar, emplear, pagar, contratar, retribuir.

Asoleado soleado, luminoso, claro, alegre, radiante, animado, agradable, cálido.

Asolearse broncearse, tostarse, quemarse, curtirse, acalorarse, transpirar, sudar, airearse, ventilarse, pasear, ponerse moreno, tomar el sol.

Asomar aparecer, presentarse, dejarse ver, salir, surgir, mostrarse, exhibirse, brotar, manifestarse, sacar, extraer, enseñar.

Asombradizo espantadizo, huidizo, asustadizo, temeroso, timorato, corito, susceptible, receloso.

Asombrado atónito, admirado, pasmado, aturdido, conmovido, con-

fundido, confuso, atolondrado.
Asombrar maravillar, fascinar, pasmar, desconcertar, sorprender, alelar, turbar, admirar, embobar, entontecer, atolondrar, confundir, conmover, fascinar, extrañar, embarazar, espantar, aturdir.
Asombro pasmo, desconcierto, maravilla, admiración, turbación, alelamiento, sorpresa, embobamiento, embebecimiento, extrañeza, embarazo, fascinación, conmoción, confusión, atolondramiento, espanto, aturdimiento, estupefacción, susto, estupor.
Asombroso pasmoso, desconcertante, fascinante, maravilloso, sorprendente, embobador, turbador, embebecedor, entontecedor, conmovedor, fascinador, extraño, embarazoso, espantable, fenomenal, prodigioso, increíble, milagroso, extraordinario, admirable, estupendo, portentoso.
Asomo indicio, señal, muestra, sospecha, barrunto, presunción, indicación, amago, pista, síntoma, vislumbre, conjetura || aparición, presencia, exhibición, manifestación.
Asonada algarada, revuelta, tumulto, motín, amotinamiento, disturbio, polvareda, desorden, perturbación, bullanga, sedición, alboroto, sublevación, pronunciamiento, alzamiento, revolución, movimiento.
Asonancia semejanza, parecido, similitud, relación, concordancia, equiparación, correspondencia, identidad.
Asonante concordante, parecido, semejante, correspondiente, idéntico, similar, relacionado, equiparable.
Asordar ensordecer v., atronar, abrumar, marear.
Asosegar sosegar v., calmar, tranquilizar, aplacar.
Aspa cruz, equis, brazo de molino, aspador, sotuer.
Aspar mortificar, azuzar, torturar, quejarse, contorsionarse.

Aspaventar atemorizar, espantar, intimidar, asustar v., amedrentar, sobrecoger, impresionar.
Aspaventero gestero, gesticulante, exagerado, vehemente, extremado, quejoso, quejumbroso, ñoño.
Aspaviento gesto, ademán, gesticulación, demostración, manifestación, exageración, vehemencia, extremo, exceso, lamento, pasmarote, queja, lloriqueo.
Aspecto traza, apariencia, presencia, porte, aire, exterior, físico, forma, talante, catadura, facha, fachada, pinta, figura, compostura, pelaje, empaque, envoltura, estampa, vista, semblante, fisonomía, estado, viso, parecer, materialidad, matiz, tinte, vitola, semejanza || asunto, orientación, cariz || asunto v.

Asperamente airadamente, intempestivamente, duramente, groseramente, antipáticamente, desabridamente, bruscamente, hoscamente, toscamente, rigurosamente, severamente, abruptamente, ariscamente, violentamente, desapaciblemente, agriamente.
Aspereza rudeza, acritud, hosquedad, tosquedad, desabrimiento, brusquedad, rigor, rigidez, dureza, inclemencia, acidez, acritud, dificultad, austeridad, severidad, furia, enojo, encono, violencia || escabrosidad, fragosidad, desigualdad, abruptez, rugosidad, desnivel, altibajo, escarpadura, escarpa, declive, cuesta, angulosidad, dificultad.
Asperges rociadura, aspersión, salpicadura, llovizna, ducha.
Asperjar salpicar, rociar, hisopear, esparcir, asperger, humedecer, mojar, duchar.
Áspero rudo, agrio, inclemente, severo, austero, violento, enconado, enojado, bronco, furioso, difícil, ácido, duro, insociable, arisco, enojoso, enconado, desapacible, rígido, riguroso, brusco, desabrido, tosco, hosco, huraño || desigual, escabroso, fragoso, anguloso, empinado, escarpado,

Asperón arenisca, piedra de amolar.
Aspersión rociadura, salpicadura, ducha, llovizna, riego, vaporización, humedecimiento.
Áspid víbora, culebra, ofidio, serpiente.
Aspillera tronera, saetera, ballestera, buhedera, abertura, orificio.
Aspiración anhelo, deseo, pretensión, sueño, esperanza, designio, ambición, apetencia, empeño, apetito, avidez, afán, ansia, pasión, inclinación || inhalación, succión, atracción, inspiración.
Aspirador aspiradora, aparato, *electrodoméstico*, artefacto.
Aspirante candidato, pretendiente, solicitante, postulante, demandante, suplicante.
Aspirar desear, anhelar, esperar, soñar, pretender, aguardar, ambicionar, apetecer, empeñarse, inclinarse, apasionarse, ansiar, afanarse, desear, querer, codiciar || inhalar, inspirar, respirar, jadear, suspirar, atraer, absorber, penetrar.
Aspirina analgésico, antidoloroso, calmante, sedante, lenitivo, antirreumático, comprimido, tableta.
Asquear repugnar, repeler, desagradar, disgustar, fastidiar, respingar, aborrecer, rehusar, resistir, producir... v. asco.
Asquerosidad porquería, inmundicia, basura, suciedad, mugre, roña, excrementos.
Asqueroso inmundo, puerco, repugnante, sucio, repulsivo, nauseabundo, mugriento, cerdo, roñoso, marrano, cochino, impuro, cochambroso, vicioso, deshonesto, impúdico.
Asta palo, mástil, rejón, madero, tronco, astil, pértiga, vara, varilla, eje, pica, lanza, alabarda || cuerno, cornamenta, pitón.
Astado cornúpeta, toro, bovino.
Astenia decaimiento, debilidad, cansancio, lasitud, flojedad, flojera, agobio, fatiga, desaliento, agotamiento.
Asténico fatigado, débil, cansado, agotado, v. astenia.
Asterisco estrellita, signo, señal, tilde, notación.
Asteroide planetoide, astro minúsculo, roca.
Astil mango, asa, palo, mástil, madero, tronco, pértiga, varilla, vara.
Astilla esquirla, fragmento, trozo, partícula, rancajo, añico, fracción, pedazo, cacho.
Astillar partir, fragmentar, fraccionar, cortar.
Astillero atarazana, carraca, grada, taller, factoría, cobertizo.
Astracán caracul, cordero nonato, piel.
Astracanada disparate, bufonada, barbaridad, necedad, vulgaridad, ordinariez.
Astrágalo taba, hueso, tarso, chita.
Astral sideral, cósmico, celeste, planetario, esteral, galáctico, espacial, universal.
Astreñir estrechar, v. astringir.
Astringente que contrae, que estrecha, que encoge, que sujeta, que constriñe.
Astringir contraer, astreñir, estrechar, apretar, constreñir, sujetar, obligar, restringir.
Astro planeta, mundo, satélite, sol, estrella, luna, cometa, asteroide, aerolito, constelación, nebulosa, galaxia, nova, supernova, quásar, cuerpo celeste, luminaria, lucero.
Astrolabio sextante, artefacto, instrumento, atacir.
Astrología pronosticación, adivinación, augurio, ocultismo, nigromancia, hechicería.
Astrólogo pronosticador, vaticinador, augur, nigromante, mago, brujo.
Astronauta cosmonauta, navegante espacial, celeste, sideral, cósmico.
Astronáutica cosmonáutica, nave-

gación cósmica, celeste, sideral, espacial.
Astronave cosmonave, nave espacial, celeste, sideral, cósmica, cohete, módulo.
Astronomía cosmografía, uranografía, astrofísica, uranometría, ciencia astral, estudio del cosmos.
Astronómico celeste, cósmico, astral, sideral, universal, galáctico, planetario.
Astrónomo cosmógrafo, observador, científico, investigador, astrólogo.
Astroso harapiento, andrajoso, desastrado, sucio, desaliñado, dejado, abandonado, pingajoso, zaparrastroso, deseaseado, mísero, cochino, puerco, descuidado || despreciable, vil v., desgraciado, desafortunado v., mala pata, mala sombra, gafe.
Astucia ardid, sutileza, artimaña, arte, artería, artificio, trepa, picardía, sagacidad, perfidia, cautela, socarronería, cuquería, cazurrería, política, zorrería, marrullería, engaño, fullería, treta, camándula, triquiñuela, habilidad, trampa.
Astuto calculador, avisado, artificioso, marrullero, chusco, perillán, socarrón, travieso, ladino, bribón, pícaro, cuco, malicioso, artero, sagaz, diestro, sutil, taimado, hábil, pérfido, cauteloso, fullero, tramposo, engañoso, zorro.
Asueto fiesta, vacaciones, festividad, recreo, descanso, holganza, pausa, diversión, ocio, reposo, alto, paro.
Asumir posesionarse, hacerse cargo, contraer, adjudicarse, arrogarse, apropiarse, apoderarse, atraer, tomar, lograr, conseguir, obtener, alcanzar.
Asunción ascenso, ascensión, exaltación, elevación.
Asunto tema, materia, cuestión, argumento, razón, tesis, propósito, fondo, proyecto, programa, esquema, tarea, trabajo, fin, objetivo || argumento, tema, motivo, trama, materia || negocio, transacción, empresa, venta, trato, operación.
Asurar quemar, chamuscar, tostar, abrasar, asar.
Asurcano próximo, contiguo, lindante, colindante, cercano, vecino, inmediato, adyacente.
Asustadizo medroso, pusilánime, timorato, impresionable, miedoso, cobarde, espantadizo, receloso, azarado, despavorido, corito, tímido, aprensivo, huidizo.
Asustado acobardado, atemorizado, impresionado, temeroso, huidizo, despavorido, azarado, espantado, v. asustadizo.
Asustar atemorizar, acoquinar, alarmar, aterrar, amedrentar, amilanar, aterrorizar, despavorir, inquietar, preocupar, azarar, imponer, horripilar, escamar, espantar, impresionar sobresaltar, aterrar, alarmar, sobrecoger, intimidar || Asustarse temblar, recelar, v. asustar.
Atabal timbal, tamboril, tambor, tamborcillo, atabalejo, tímpano, parche, caja.
Atacado afectado, enfermo, doliente, paciente || tímido, irresoluto, encogido, indeciso || avaro, mezquino, ruin, roñoso, usurero, tacaño, cicatero, miserable.
Atacador v. atacante || baqueta, varilla.
Atacante agresor, asaltante, atracador, acometedor, salteador, bandido, delincuente.
Atacar agredir, asaltar, acometer, embestir, arremeter, abalanzarse, arrojarse, lanzarse || refutar, impugnar, contradecir, contestar, rechazar, rebatir, replicar || abrochar, ajustar, atar, amarrar.
Atacir astrolabio, sextante.
Ataderas ligas, atapiernas, machos, cintas, fajas.
Atadero impedimento, atadura, esclavitud, sujeción, traba, obstáculo || gancho, anillo, argolla, garfio.
Atadijo paquete, bulto, lío, atado, fardo, envoltorio, bala.
Atado obstaculizado, impedido, fre-

nado, imposibilitado v. || paquete, v. atado.

ATADURA traba, impedimento, yugo, obstáculo, sujeción || enlace, vínculo, empalme, amarre, ligadura, unión, trinca, nudo, ligazón, trabazón, lazo, lazada.

ATAFAGAR molestar, importunar, abrumar, hostigar, irritar || atufar v., sofocar, asfixiar, marear, aturdir.

ATAGUÍA terraplén, dique, macizo, montón, montículo.

ATAJADERO obstáculo, caballón, lomo, lindón, surco.

ATAJADIZO tabique, tapia, muro, encañizada.

ATAJAR detener, contener, impedir, paralizar, obstaculizar, interrumpir, cortar, parar, interceptar, truncar || acortar, abreviar, acelerar, apresurar, disminuir, reducir, aminorar, simplificar.

ATAJO vereda, senda, hijuela, caminillo, trocha, alcorce, vericueto || acortamiento, abreviación, reducción, simplificación, disminución.

ATALAJE ajuar, equipo, guarniciones, arreos, enseres, menaje, efectos, pertenencias || v. atelaje.

ATALAYA torre, torreón, torrecilla, garita, caseta, casilla || otero, altura, altozano, cerro, promontorio, eminencia, alcor || centinela, observador, vigía, vigilante.

ATALAYAR espiar, vigilar, observar, escrutar, acechar, avizorar, atisbar, escudriñar, avistar.

ATAMIENTO cortedad, encogimiento, apocamiento, cobardía, pusilanimidad, timidez || v. atadura.

ATANCO atasco, atranco, dificultad, obstrucción, detención, traba.

ATANOR cañería, tubería, conducto, conducción, tubo.

ATAÑER concernir, incumbir, pertenecer, corresponder, importar, tocar, aludir, afectar, relacionar, competer, interesar, atribuir.

ATAPIERNAS ligas, ataderas, cintas, fajas.

ATAQUE arremetida, embestida, ofensiva, asalto, agresión, combate, lucha, acometida, acometimiento, embate, atraco, irrupción, empuje || invectiva, insulto, dicterio, ofensa, agresión, agravio || acceso, patatús, accidente, arrebato, enajenamiento, arrebatamiento, trastorno, indisposición, apoplejía.

ATAR anudar, ligar, ajustar, unir, sujetar, liar, aferrar, afirmar, asegurar, amarrar, apiolar, amanear, enlazar, maniatar, ceñir, uncir, trabar, empalmar, ensogar, encadenar, inmovilizar, aherrojar, consolidar, engrillar, atacar, atraillar, pegar, trincar, acordelar || juntar, relacionar, unir, adherir, adosar || embarazar, estorbar, impedir, dificultar, trabar, entorpecer, reprimir, contener.

ATARANTADO inquieto, bullicioso, jaranero, bullanguero, alegre || aturdido, espantado, confuso, azorado, desconcertado, atropellado.

ATARANTAR aturdir, confundir, desconcertar, espantar, asustar, atemorizar, atropellarse, precipitarse, azorar, aturullar, atontar.

ATARAXIA calma, tranquilidad, imperturbabilidad.

ATARAZANA astillero, grada, factoría, cobertizo, carraca, taller, arsenal.

ATARAZAR morder, dentellear, rasgar, romper.

ATARDECER anochecer, crepúsculo, ocaso, oscurecer, entenebrecerse, ángelus, tarde, víspera, anochecida, la oración, caer la noche, entre luces.

ATAREADO ocupado, apresurado, apurado, diligente, afanoso, agitado, activo, trabajador, atosigado, aperreado, afanado, engolfado, embebido, absorto, ajetreado, abrumado, afanado, sin tiempo, entregado.

ATAREARSE ocuparse, apresurarse, atosigarse, trabajar, ajetrear, v. atareado.

ATARJEA conducto, conducción, alcantarilla, cloaca, sumidero, canalón, caño, tubería, desagüe, colector, vertedero.

ATARUGAR atiborrar, tapar, cerrar,

obstruir, atestar, llenar, hendir || ATARUGARSE atragantarse, desconcertarse, aturdirse, azararse, confundirse, aturullarse, atontarse, atascarse, tartamudear || atracarse, saciarse, ahitarse, hartarse, empacharse, atragantarse.

ATASCADERO lodazal, barrizal, ciénaga, cenagal, charco, poza, bache, socavón || obstáculo, dificultad, estorbo, impedimento, traba, v. atascamiento.

ATASCADO obstruido, cerrado, v. atascar.

ATASCAMIENTO atasco v., estorbo, escollo, obstáculo, traba, dificultad, rémora, aprieto, trance, apuro, estrechez, brete, ahogo, impedimento, obstrucción, embotellamiento, peligro, dédalo, laberinto, atolladero, enredo, embrollo, conflicto, duda, complejidad, problema, nudo, tropiezo, engorro, inconveniente, contrariedad, pena, contra.

ATASCAR obstruir, cerrar, ahogar, tapar, ocluir, cegar, obturar, taponar, atrancar, atorrar, encasquillar, embotellar, estancar, obstaculizar, estorbar, detener, contener, retener, embarazar, impedir, contrariar, apurar, varar, encallar, trabar, dificultar.

ATASCO v. atascamiento, embotellamiento, obstrucción, obstáculo, embrollo, estancamiento, atolladero, dificultad.

ATAÚD féretro, caja, cajón, andas, sarcófago, catafalco.

ATAUJÍA damasquinado, taraceado, repujado, embutido, adorno.

ATAVIAR vestir, cubrir, poner, envolver, acicalar || ATAVIARSE vestirse, trajearse, ponerse, llevar, usar, lucir, tocarse, colocarse, cubrirse, envolverse, disfrazarse, endomingarse, embozarse, guarnecerse, enjaretarse, endosarse || recargarse, emperifollarse, adornarse, acicalarse, componerse, engalanarse, emperejilarse, apañarse.

ATÁVICO ancestral, familiar, recurrente, afín, consanguíneo, hereditario, patrimonial.

ATAVÍO vestido, indumento, indumentaria, ajuar, vestuario, prenda, atuendo, traje, ropaje, ropa, vestimenta || adorno, aderezo, perifollo.

ATAVISMO afinidad, semejanza, herencia, patrimonio, consanguinidad, recurrencia, instinto, salto atrás.

ATAXIA desorden, perturbación, desarreglo, irregularidad, trastorno del movimiento.

ATEÍSMO incredulidad, negación, impiedad, irreligiosidad, duda, escepticismo, nihilismo, irreligión, infidelidad.

ATELAJE guarnición, arreo, jaez, tiro, caballerías.

ATELANA sainete, entremés, pieza cómica.

ATELIER * taller, obrador, estudio, local.

ATEMORIZAR asustar, amedrentar, arredrar, apocar, acobardar, encoger, escamar, alarmar, acoquinar, amilanar, azarar, intimidar, espantar, horrorizar, aterrar, impresionar, inquietar, preocupar, sobresaltar, imponer, estremecer, sobrecoger.

ATEMPERAR moderar, templar, dulcificar, mitigar, suavizar, contemporizar, ablandar, atenuar, calmar, disimular, aplacar, aminorar, morigerar, aliviar || acomodar, amoldar, ajustar.

ATENAZAR aferrar, agarrar, coger, oprimir, apretar, sujetar, comprimir, estrujar, trincar || torturar, molestar, afligir, martirizar.

ATENCIÓN cuidado, interés, observación, escucha, curiosidad, inclinación, importancia, esmero, vigilancia, aplicación, meditación, reflexión || cortesía, cumplido, solicitud, consideración, miramiento, deferencia, obsequio.

ATENDER escuchar, oír, observar, ver, mirar, fijarse, considerar, estudiar, reflexionar, advertir, contemplar || cuidar, mimar, interesarse, conservar, velar, vigilar, curar, encargarse, acoger, agasajar || esperar, aguardar.

ATENEO asociación, agrupación, ca-

sino, sociedad, círculo, centro.
Atenerse ajustarse, circunscribirse, limitarse, sujetarse, ceñirse, adherirse, amoldarse, remitirse.
Atentado agresión, intento, intentona, tentativa, delito, conspiración, conjura, ataque, asalto, violencia, violación, infracción, golpe, crimen, asesinato, homicidio.
Atentamente consideradamente, afectuosamente, respetuosamente, cordialmente, afablemente, cariñosamente, cuidadosamente, alerta, v. atento.
Atentar infringir, transgredir, traspasar, quebrantar, burlar, romper, vulnerar, violar, atropellar, contravenir || agredir, delinquir, atacar, asaltar, asesinar, matar, liquidar.
Atento amable, cortés, comedido, afable, cariñoso, cuidadoso, interesado, considerado, mirado, esmerado, vigilante, complaciente, solícito, servicial, respetuoso, obsequioso, galante, educado, fino, cordial, simpático || interesado, vigilante, alerta, absorto, cuidadoso, observador, concienzudo, avizor.
Atenuación disminución, v. atenuar.
Atenuante paliativo, propiciatorio, lenitivo, mitigante, propicio, favorable || v. justificación.
Atenuar disminuir, debilitar, aminorar, amortiguar, mitigar, rebajar, menguar, sutilizar, paliar, adelgazar, afinar, aliviar, dulcificar.
Ateo incrédulo, impío, irreligioso, escéptico, nihilista, infiel, anticristiano, desconfiado, descreído v., irreverente, hereje.
Aterciopelado afelpado, suave, delicado, terso, fino, raso, velloso, velludo, algodonoso.
Aterido frío, helado, congelado, transido, yerto, arrecido, frígido, amoratado, azulado.
Aterirse helarse, congelarse, enfriarse, arrecirse, transirse, amoratarse, sobrecogerse, pasmarse, aterecerse.

Aterrador estremecedor, horrendo, horrible, horripilante, hórrido, tremebundo, espantoso, enloquecedor, impresionante, terrorífico, alucinante, turbador, espeluznante, tremendo, horrísono, pavoroso, espantable, apocalíptico.
Aterrar espantar, horrorizar, espeluznar, turbar, alucinar, estremecer, enloquecer, impresionar, aterrorizar, horripilar, arredrar, atemorizar, acoquinar || enterrar, recubrir, derribar, abatir, derrumbar.
Aterrizaje descenso, planeo, llegada, toma de tierra.
Aterrizar descender, bajar, planear, posarse, llegar, tomar tierra.
Aterrorizar v. aterrar.
Atesorar acumular, amasar, amontonar, apilar, guardar, entalegar, encerrar, ahorrar, economizar, depositar, ocultar, esconder, almacenar, hacinar, acaparar, acopiar.
Atestación declaración, atestado, manifestación, constancia, testimonio, deposición, aserción, mención, dictamen, comunicación, alegación, alegato.
Atestado repleto, henchido, colmado, atiborrado, completo, abarrotado, cargado, saturado, pletórico, harto, saciado, de bote en bote, hasta los topes || documento, escrito, v. atestación.
Atestar atiborrar, colmar, henchir, llenar, abarrotar, cargar, apiparse, atracarse, comprimir, rellenar, embutir, saturar, hartar || atestiguar v.
Atestiguar alegar, aseverar, deponer, testimoniar, manifestar, declarar, contestar, acotar, abonar, autentificar, atestar, afirmar, visar, legitimar, legalizar, certificar, testificar, rubricar, probar, cerciorar, refrendar, revelar, confesar, expresar, contar, decir.
Atetar amamantar, alimentar, nutrir, criar, lactar, cebar, dar de mamar, dar el pecho.
Atezado moreno, tostado, quema-

do, cetrino, cobrizo, bronceado, endrino, azabachado, oliváceo, terroso, oscuro, aceitunado, fuliginoso, pardo.

Atezar ennegrecer, oscurecer, tostar, quemar, broncear, aceitunar, azabachar, tiznar, manchar || alisar, lustrar, abrillantar, pulir, suavizar.

Atiborrar abarrotar, colmar, llenar, henchir, atestar, saturar, cargar, hartar, apipar, saciar, atracarse, comprimir, rellenar, embutir, acumular || Atiborrarse hartarse, atracarse, saciarse.

Aticismo elegancia, delicadeza, finura, galanura, gusto, estilo.

Ático último piso, altillo, desván, buhardilla, sobrado, chiribitil, tabuco.

Atierre escombro, desmoronamiento, hundimiento, derrumbe.

Atiesar atirantar, retesar, endurecer, templar.

Atigrado listado, manchado, rayado, veteado, marcado.

Atijara comercio, transacción, tráfico, mercancía, producto || merced, recompensa, premio, gracia.

Atildado pulcro, aseado, limpio, cuidadoso, acicalado, primoroso, relamido, pulquérrimo, pulido, delicado, esmerado, adornado, peripuesto, compuesto, emperejilado, emperifollado, arreglado, minucioso, impecable, elegante, atusado.

Atildamiento pulcritud, cuidado, acicalamiento, aseo, limpieza, primor, delicadeza, compostura, adorno, esmero, minuciosidad, elegancia, v. atildado.

Atildarse componerse, atusarse, arreglarse, emperifollarse, emperejilarse, esmerarse, adornarse, pulirse, relamerse, acicalarse, asearse, limpiarse, cuidarse, ataviarse.

Atinado diestro, acertado, seguro, certero v.

Atinar acertar, encontrar, hallar, topar, dar con, tropezar, lograr, conseguir, notar, descubrir.

Atinente concerniente, relativo, pertinente, referente, tocante, perteneciente, referido, conexo.

Atípico irregular, intermitente, desigual, variable, caprichoso, diferente, distinto, especial, extraño, raro, desusado.

Atiplado aflautado, agudo, v. atiplar.

Atiplar aflautar, agudizar, afinar, adelgazar, subir, alzar.

Atirantar reforzar, afirmar, asegurar v., afianzar, apoyar, consolidar, fortalecer || estirar, atiesar, alargar, atesar, templar, extender, aballestar.

Atisbar observar, escrutar, mirar, acechar, vigilar, espiar, escudriñar, avizorar, contemplar, advertir, examinar, fijarse, curiosear, ver, amaitinar.

Atisbo conjetura, sospecha, barrunto, vislumbre, señal, presunción, indicio, suposición, previsión || atisbadura, vigilancia, observación, contemplación, examen, acecho.

Atizador hurgón, espetón, hurgonero, removedor, varilla, hierro, barra, asador, estoque, ensartador, atizadero.

Atizar avivar, remover, azuzar, hurgar, promover, activar, fomentar, excitar, despabilar, reanimar, estimular || propinar, sacudir, aplicar, dar, proporcionar, enjaretar, encajar, endilgar.

Atlante telamón, cariátide, columna, pilastra, estatua, figura, sostén, apoyo, soporte, sustentáculo.

Atlántico oceánico, marítimo, náutico, naval, marinero, acuático.

Atleta gimnasta, deportista, competidor, participante, corredor, saltador, lanzador, tirador, discóbolo, gladiador, acróbata, púgil, jugador, luchador || v. atlético.

Atlético robusto, recio, fornido, membrudo, macizo, corpulento, potente, poderoso, vigoroso, nervudo, jayán, forzudo, hercúleo, pujante, gimnástico v.

Atletismo deporte, gimnasia, competencia, competición, participación, salto, carrera, lanzamiento, lucha.

ATMÓSFERA éter, aire, cielo, ambiente, espacio, masa gaseosa, estratosfera, ionosfera.

ATMOSFÉRICO aéreo, etéreo, celeste, espacial, meteorológico, gaseoso, estratosférico.

ATOAR remolcar, tirar, empujar, halar, arrastrar, sirgar.

ATOCINADO obeso, rollizo, grueso, corpulento, carnoso, cebón, barrigudo, barrigón, gordinflón, gordo v.

ATOCINAR descuartizar, cortar, cuartear, dividir, partir || asesinar, matar, liquidar, eliminar || ATOCINARSE enamorarse, amartelarse, acaramelarse, arrullarse || engordar, robustecer, echar grasas, echar barriga || irritarse, encolerizarse, amostazarse, enfadarse.

ATOCHA esparto, albardín, gramínea.

ATOCHADA terraplén, surco, caballón, lomo.

ATOCHAR atiborrar, atestar, rellenar, apretar, comprimir, presionar.

ATOLÓN arrecife, rompiente, islote, madrépora, bajío.

ATOLONDRADO aturdido, imprudente, ligero, distraído, botarate, irreflexivo, atarantado, tolondro, precipitado, alocado, tarambana, confuso, disparatado, imprudente, impetuoso || mareado v.

ATOLONDRAMIENTO aturdimiento, ligereza, distracción, imprudencia, irreflexión, alocamiento, precipitación, atarantamiento, disparate, impetuosidad, confusión.

ATOLONDRARSE aturdirse, distraerse, confundirse, disparatar, atarantarse, precipitarse, alocarse, marearse.

ATOLL * atolón v.

ATOLLADERO obstáculo, dificultad, engorro, rémora, laberinto, enredo, embrollo, brete, trance, peligro, aprieto, compromiso, dilema, problema, duda, conflicto, tropiezo, inconveniente, contrariedad, impedimento, escollo.

ATOLLARSE atascarse, enredarse, embrollarse, tropezar, v. atolladero.

ATÓMICO nuclear, corpuscular, molecular, elemental, indivisible.

ATOMIZAR pulverizar, fumigar, fragmentar, dividir, proyectar, lanzar.

ÁTOMO partícula, corpúsculo, ente indivisible, electrón, neutrón, protón || vestigio, indicio, traza, migaja, residuo, pizca.

ATONÍA debilidad, flaccidez, flojedad, flojera, inconsistencia, blandura, relajamiento, lasitud, decaimiento.

ATÓNITO pasmado, sorprendido, espantado, asombrado, estupefacto, turulato, maravillado, admirado, aturdido, boquiabierto, fascinado, conmovido, confundido, desconcertado.

ATONTADO necio, mareado, papanatas, aturdido, lelo, simple, zoquete, zopenco, pasmado, sandio, memo, babieca, alelado, majadero, mentecato, ganso, patoso, tonto, bobo v.

ATONTAMIENTO aturdimiento, mareo, azoramiento, aturullamiento, ofuscación, torpeza, turbación, desorientación, desconcierto, distracción, desatención, confusión, conmoción, ceguedad, precipitación, imprudencia, inconsecuencia, ligereza.

ATONTAR aturdir, atolondrar, desconcertar, desorientar, turbar, entorpecer, ofuscar, aturullar, azorar, marear, cegar, confundir, conmover, distraer || ATONTARSE aturdirse, v. atontar.

ATORAR atascar, obstruir, atarugar, atollar, atragantar, tupir, empantanar, ocluir, tapar, ahogar, cerrar, cegar, obturar, taponar, atrancar, estancar, embotellar, encasquillar, trabar, dificultar.

ATORMENTADO torturado, angustiado, martirizado, dolido, escocido, desolado, reconcomido, inquieto, desesperado, afligido, acongojado, disgustado, hostigado, cuitado, desconsolado, apenado, molesto, roído, acosado, abrumado, ansioso, atribulado, espantado.

ATORMENTADOR martirizante, angustioso, torturante, v. atormentar.

ATORMENTAR martirizar, angustiar, torturar, desolar, inquietar, desesperar, reconcomer, azuzar, apenar, molestar, desconsolar, disgustar, acongojar, atribular, abrumar, acosar, hostigar, afligir, enojar.

ATORNILLADOR destornillador, herramienta, instrumento.

ATORNILLAR enroscar, aterrajar, girar, avellanar, ajustar, acoplar, sujetar, unir, empalmar, ensamblar, ligar.

ATORTOLAR aturdir, acobardar, atemorizar, confundir, desconcertar, azorar, amedrentar.

ATORTUJAR aplastar, despachurrar, chafar, prensar, despanzurrar, reventar, destripar, hundir, achatar.

ATOSIGAR hostigar, importunar, apremiar, acuciar, urgir, molestar, azuzar, fastidiar, fustigar, inquietar, aguijonear, exigir, perseguir, acosar, insistir, fatigar, cansar, conminar, obligar || intoxicar, envenenar v.

ATRABAJADO ajetreado, aperreado, azacaneado, sobado, ajado, agotado, exhausto, abrumado, zarandeado, traqueteado, trajinado, baqueteado, cansado || afectado, artificial, forzado.

ATRABILIARIO melancólico, severo, hipocondríaco, triste, pesimista, bilioso, irritable, violento, colérico, avinagrado, acre, irascible, adusto, destemplado, airado, neurasténico, amargo, cascarrabias.

ATRACADERO muelle, dique, desembarcadero, espigón, malecón, dársena, rompeolas, escollera, ancladero, fondeadero, amarradero, tajamar, andén, pasarela, estación marítima.

ATRACADOR asaltante, salteador, bandido, ladrón, delincuente, forajido, agresor, bandolero, malhechor, atacante, caco, saqueador, depredador, desvalijador, descuidero, escalador.

ATRACAR asaltar, robar, delinquir, desvalijar, hurtar, saquear, agredir, atacar, depredar, pillar, rapiñar, limpiar, quitar, saltear, sustraer, secuestrar, birlar || anclar, fondear, aproximarse, acercarse, abarloarse, adosarse, juntarse || ATRACARSE hartarse, atiborrarse, llenarse, saciarse, colmarse, empacharse, atarugarse, apiparse, atestarse, ahitarse, hastiarse, indigestarse, comer, tragar, embaular, deglutir, devorar.

ATRACCIÓN seducción, simpatía, captación, persuasión, afinidad, v. atractivo || cohesión, afinidad, adherencia, gravitación, gravedad, fuerza, absorción, captación, empuje, imán.

ATRACO asalto, saqueo, hurto, robo, desvalijamiento, salteamiento, secuestro, sustracción, delincuencia, agresión, ataque, depredación, pillaje, rapiña, escalo, fractura, despojo, violencia, violación, delito.

ATRACÓN hartazgo, empacho, panzada, atiborramiento, saciedad, atarugamiento, apipamiento, indigestión, atestamiento, hastío, embaulamiento, deglución, comilona, hartazón.

ATRACTIVO fascinación, atracción, encanto, simpatía, afinidad, hechizo, gracia, donaire, interés, halago, gancho, ángel, anzuelo, incentivo, aliciente, cancamusa, magia, reclamo, quillotro, cebo, embeleso, afinidad, cordialidad, efusión, captación, sugestión, llamada, seducción || seductor, fascinante, fascinador, maravilloso, interesante, gracioso, hechicero, afín, simpático, encantador, sugestivo, efusivo, cordial, embelesador, mágico, hermoso, bello, bonito, hechicero, llamativo, agradable, ofuscador, perturbador, embelesador, alucinante, cautivante.

ATRAER seducir, embelesar, hipnotizar, sugestionar, ofuscar, deslumbrar, engañar, encandilar, perturbar, aojar, alucinar, fascinar, encantar, engaitar, hechizar, engolosinar, enamorar, captar, cautivar, arrebatar, absorber, interesar, agradar, conquistar, ganar, granjear || captar, polarizar, absorber, empujar, tirar de, halar, gravitar, forzar, acercar, aproximar, juntar, acarrear, trasladar.

ATRAFAGARSE fatigarse, cansarse, agotarse, deslomarse, afanarse, ajetrearse, atragantarse, apurarse.

ATRAGANTARSE atascarse, atorarse, atarugarse, ahogarse, asfixiarse, taparse, ocluirse, taponarse, obturarse, atrancarse, estancarse || desconcertarse, turbarse, tartamudear, vacilar.

ATRAILLAR atar, sujetar, ligar, enlazar || dominar, contener, refrenar, reducir.

ATRAMENTO negro, azabache, endrino.

ATRAMPARSE encerrarse, taponarse, cegarse, taparse, ocluirse, cerrarse, descomponerse, estropearse, atascarse, entramparse, deber.

ATRANCAR asegurar, atascar, cerrar, obstruir, afirmar, sujetar, afianzar, reforzar, trincar || ATRANCARSE encerrarse, recluirse, protegerse, defenderse, aislarse, resguardarse.

ATRANCO atolladero v., embarazo, apuro, obstáculo, dificultad.

ATRAPAR agarrar, coger, aferrar, aprisionar, inmovilizar, sujetar, detener, pillar, apoderarse, contener, retener, asir, enganchar, apresar || engañar, embaucar, atraer, enredar, embrollar, timar, engatusar.

ATRÁS detrás, allí, allá, a espaldas, a la cola, a la zaga, tras, en pos, lejos || antes, anteriormente, hace tiempo, años ha.

ATRASADO anticuado, viejo, pasado, tardío, anterior, añejo, vetusto, arcaico, estropeado, usado, ajado, rancio, descompuesto, podrido, mohoso || ignorante, zafio, inculto, pobre, mísero, retrógrado, tosco, obtuso, analfabeto, subdesarrollado || deudor, empeñado, entrampado, moroso.

ATRASAR retardar, postergar, posponer, relegar, rezagar, retrasar, retroceder, diferir, aplazar, preterir, retrotraer, dilatar, demorar, alargar, alejar, distanciar || ATRASARSE retrasarse, rezagarse, quedarse, distanciarse, alejarse, relegarse, demorarse, perder terreno || deber, adeudar.

ATRASO demora, retardo, retraso, aplazamiento, rezagamiento, retroceso, diferimiento, postergación, preterimiento, dilatación, alargamiento, distanciamiento, relegamiento || ignorancia, incultura, analfabetismo, rusticidad, zafiedad, tosquedad || deuda, empeño, trampa, morosidad, dilación, tardanza, demora.

ATRAVESADO perverso, avieso, ruin, malintencionado, maligno, malicioso, odioso, torcido, dañino, siniestro, malvado, malo, cerril, terco || cruzado, esquinado, cafdo, transversal, derrumbado, terciado, oblicuo, sesgado.

ATRAVESAR traspasar, ensartar, pasar, espetar, cruzar, enhebrar, perforar, horadar, agujerear, calar, enjaretar, engarzar, clavar, pinchar, penetrar, entrar || recorrer, cruzar, pasar, trasponer, salvar, traspasar, ascender, vadear, superar || ATRAVESARSE interponerse, cruzarse, obstaculizar, entremeterse, mezclarse, injerirse.

ATRAYENTE fascinante, seductor, fascinador, maravilloso, interesante, gracioso, afín, simpático, encantador, sugestivo, hermoso, bello, bonito, hechicero, apuesto, llamativo, agradable, cautivante.

ATREGUAR pactar, pacificar, apaciguar, calmar, demorar.

ATREVERSE osar, arriesgarse, decidirse, determinarse, resolverse, probar, intentar, aventurarse, lanzarse, crecerse, arrojarse, emprender || envalentonarse, insolentarse, enfrentarse, desmandarse, desbocarse, indisciplinarse.

ATREVIDAMENTE valientemente, intrépidamente, temerariamente, bragadamente, ufanamente, resueltamente, denodadamente, emprendedoramente, imprudentemente, alegremente, arriesgadamente, arrojadamente, audazmente, despreocupadamente, vigorosamente, enérgicamente, ciegamente, osadamente, descaradamente, insolentemente, indisciplinadamente, groseramente.

Atrevido audaz, osado, determinado, resuelto, ufano, bragado, temerario, intrépido, valiente, imprudente, despreocupado, emprendedor, resoluto, arrojado, arriscado, arriesgado, alegre, enérgico, vigoroso, insolente, descarado, indisciplinado, descocado, desvergonzado.

Atrevimiento intrepidez, temeridad, resolución, determinación, osadía, audacia, despreocupación, imprudencia, valentía, denuedo, vigor, energía, riesgo, arrojo, espíritu, guapeza, bizarría, empuje, brío, decisión, irreflexión, valor || desvergüenza, descoco, indisciplina, descaro, insolencia, desenvoltura, tupé, frescura, desfachatez.

Atribución facultad, prerrogativa, jurisdicción, poder, poderío, atributo v., asignación, autoridad, permiso, licencia, derecho, exención, mando, arbitrio, capacidad, albedrío, imperio, soberanía, superioridad, señorío, preponderancia.

Atribuir asignar, aplicar, achacar, imputar, suponer, cargar, enjaretar, encasquetar, dedicar, culpar, colgar, conceder, abonar, otorgar, arrogar, dar, inculpar, acusar || Atribuirse apropiarse, reclamar, apoderarse, reivindicar, v. atribuir.

Atribulado apenado, afligido, desolado, triste, consternado, acongojado, dolorido, inconsolable, v. atribular.

Atribular consternar, desconsolar, apenar, entristecer, acongojar, enlutar, angustiar, mortificar, contrariar, abatir, desesperar, atormentar, apesadumbrar, desolar, amargar, afligir.

Atributo propiedad, característica, cualidad, distintivo, particularidad, singularidad, especialidad, idiosincrasia, rasgo, carácter, individualidad, peculiaridad, especialidad, naturaleza, condición || símbolo, representación, distintivo, señal, emblema, signo.

Atrición remordimiento, pesar, dolor, arrepentimiento, pesadumbre, sentimiento, penitencia, disgusto, abatimiento, agobio.

Atril soporte, facistol, sostén, apoyo, mueble.

Atrincherar fortificar, blindar, acorazar || Atrincherarse parapetarse, protegerse, defenderse, guardarse, ocultarse, abrigarse, cubrirse, reforzarse, esconderse, resguardarse.

Atrio portal, pórtico, columnata, galería, corredor, propileo, pérgola, arcada, peristilo, porche, soportal, claustro, entrada, zaguán, marquesina, patio.

Atristar entristecer, apenar, acongojar, v. atribular.

Atrito arrepentido, dolido, apesadumbrado, v. atribulado.

Atrocidad brutalidad, salvajada, barbaridad, enormidad, bestialidad, necedad, exceso, crueldad, desenfreno, burrada, animalada.

Atrochar atajar, acortar, abreviar.

Atrofia anquilosamiento, debilitamiento, consunción, raquitismo, disminución, distrofia, estancamiento, invalidez, encanijamiento, inmovilidad, agotamiento, flojera.

Atrofiado raquítico, anquilosado, consumido, canijo, tullido, defectuoso, inválido, lisiado, baldado, disminuido, agotado, inmóvil, seco, paralítico, esmirriado, enclenque, enteco, escuchimizado, débil, estropeado.

Atrofiarse consumirse, encanijarse, anquilosarse, tullirse, debilitarse, escuchimizarse, esmirriarse, secarse, inmovilizarse, agotarse, disminuirse, invalidarse, estropearse, paralizarse.

Atrompetado abocinado, abocardado, acampanado, aboquillado, ampliado, ensanchado.

Atronado precipitado, impulsivo, vehemente, aturdido, alocado, atolondrado, irreflexivo, atarantado, atarugado, tarambana.

Atronador estruendoso, ensordecedor, retumbante, sonoro, estrepitoso, estridente, estentóreo, aturdidor, horrísono, fragoso, atronante, escandaloso, resonante.

Atronar retumbar, ensordecer, aturdir, escandalizar, resonar, marear, atemorizar.

Atropar reunir, congregar, agrupar, acuadrillar, encabezar, acaudillar || juntar, amontonar, agavillar, hacinar.

Atropelladamente confusamente, precipitadamente, v. atropellado.

Atropellado precipitado, atolondrado, confuso, inconsciente, distraído, ligero, frívolo, irreflexivo, aturdido, desordenado, apresurado, arrebatado, atronado, imprudente, alocado, descuidado, desatinado, impetuoso || derribado, v. atropellar.

Atropellar arrollar, derribar, empujar, tirar, lanzar, impulsar, arrojar, pasar por encima, hollar, herir, golpear, accidentar || abusar, agraviar, ultrajar, violar, ofender, oprimir, vejar, afrentar, insultar, mancillar, difamar, baldonar, deshonrar.

Atropello agravio, ofensa, violación, ultraje, abuso, opresión, deshonra, baldón, difamación, insulto, afrenta, vejación || arrollamiento, accidente, golpe, choque, derribo, empujón, herida.

Atroz horrendo, terrible, aterrador, repugnante, espantoso, horripilante, horrible, repelente, monstruoso, feo, impío, fiero, bestial, bárbaro, inhumano, salvaje, cruel, feroz, enorme, desmedido, descomunal, desmesurado, inaudito, excesivo, exagerado.

Attaché * adjunto, agregado, auxiliar.

Attrezzo * equipo, utensilios, instrumentos, trastos, útiles.

Atuendo vestimenta, vestido, ropa, ropaje, traje, prenda, vestuario, atavío, guardarropa, ajuar, indumento, indumentaria.

Atufar heder, sofocar, asfixiar, marear, aturdir, apestar, oler, husmear, estomagar, repugnar, olfatear, exhalar, aspirar, oliscar, ventear || Atufarse, incomodarse, enojarse, irritarse, enfadarse, molestarse, disgustarse, avinagrarse, alterarse.

Atufo enfado, enojo, disgusto, irritación, encrespamiento, enfurecimiento, ofensa, resentimiento, excitación, exasperación, alteración, ira, cólera.

Atún caballa, bonito, albacora, salmón || palurdo, paleto, zoquete, rudo, ignorante.

Atunara almadraba, atunera, banco, vivero.

Aturar tapar, cegar, obstruir, atorar, atascar v.

Aturdido precipitado, atropellado, impetuoso, distraído, descuidado, alocado, imprudente, apresurado, tarambana, azorado, atontado, desconcertado, vacilante, confundido, indeciso, mareado, turbado, desquiciado, ofuscado, apabullado || mareado v.

Aturdimiento apresuramiento, precipitación, atropello, impetuosidad, desorden, imprudencia, alocamiento, descuido, distracción, atontamiento, atolondramiento, confusión, inconsciencia, irreflexión, azoramiento, embriaguez, ofuscación, torpeza, estupefacción, perturbación, turbación, desconcierto, conmoción.

Aturdir trastornar, desorientar, desquiciar, ofuscar, deslumbrar, sorprender, pasmar, embarazar, enajenar, apabullar, achicar, alterar, atontar, consternar, turbar, confundir, azorar, apocar, atragantar, atarugar, aturullar, azogar, asombrar, admirar, atolondrar.

Aturquesado azulado, azulino, azulenco, azul, azur.

Aturullar v. aturdir.
Atusar alisar, suavizar, acariciar, emperifollar, adornar, arreglar, componer, acicalar, emperejilar, igualar, recortar.
Auca oca, ganso, ánsar, pato, ánade, palmípeda.
Audacia osadía, atrevimiento, intrepidez, temeridad, coraje, valor, arrojo, arresto, valentía, aplomo, resolución, decisión, brío, empuje, bizarría, riesgo, energía, denuedo, imprudencia, despreocupación, determinación || descaro, desvergüenza, insolencia, desparpajo, desfachatez, cinismo, tupé, descoco.
Audaz intrépido, atrevido, osado, temerario, resuelto, aplomado, valiente, arrojado, valeroso, determinado, despreocupado, imprudente, denodado, enérgico, arriesgado, bizarro, brioso, decidido, firme || insolente, desvergonzado, descarado, descocado, cínico, desfachatado, sinvergüenza, presuntuoso, jactancioso, fanfarrón.
Audible perceptible, oíble, escuchable, sensible.
Audición sesión, reunión, asamblea, espectáculo, concierto, ejecución, interpretación, escucha, conferencia, función, gala.
Audiencia entrevista, conferencia, reunión, recepción, visita, encuentro, diálogo, junta, cita, conversación || tribunal, sala, juzgado, corte, magistratura, auditoría, cancillería.
Auditor funcionario, asesor, magistrado, juez, letrado.
Auditorio concurrencia, asistencia, público, asamblea, oyentes, muchedumbre, espectadores, concurso, gentío, asistentes, presentes, circunstantes, concurrentes.
Auge esplendor, apogeo, culminación, cima, cúspide, elevación, fortuna, prosperidad, brillo, fulgor, lustre, fama, florecimiento, coronamiento, pináculo, remate, magnificencia.
Augur adivino, vidente, santón, sacerdote, mago, nigromante, hechicero, pronosticador, profeta, vaticinador, agorero.
Augurar adivinar, vaticinar, pronosticar, predecir, profetizar, presagiar, agorar, presentir, interpretar, prever, conjeturar, descifrar.
Augurio vaticinio, presagio, predicción, pronóstico, adivinación, conjetura, previsión, interpretación, presentimiento, agüero, profecía.
Augusto venerable, respetable, honorable, majestuoso, magnífico, espléndido, considerado, respetado, admirado, reverenciado.
Aula clase, sala, cátedra, salón, anfiteatro, hemiciclo, aposento, cámara, recinto, paraninfo.
Áulico cortesano, palaciego, palacial, palatino.
Aullador bramador, v. aullar.
Aullar bramar, mugir, ladrar, ulular, gruñir, rugir, gañir, roncar, baladrar, chillar, tronar, vociferar, gritar v.
Aullido bramido, mugido, chillido, grito, gañido, rugido, gruñido, ladrido, aúllo.
Aumentar incrementar, acentuar, agrandar, crecer, reforzar, intensificar, ensanchar, sumar, acrecer, hinchar, desarrollar, desenvolver, adicionar, agigantar, agravar, aumentar, alzar, amplificar, engrandecer, elevar, extender, exagerar, engrosar, alargar, acrecentar, acrecer, añadir, agregar, ensalzar.
Aumento incremento, intensificación, refuerzo, crecimiento, acentuación, desenvolvimiento, desarrollo, acrecimiento, suma, engrosamiento, extensión, exageración, ensanchamiento, elevación, ampliación, agregación, engrandecimiento, agrandamiento, añadido, acrecentamiento, adición, alargamiento, mejora.
Aún todavía || **Aun** incluso, aunque.
Aunar reunir, unir, congregar, juntar, sumar, concentrar, combinar, mezclar, armonizar, integrar, concertar, concordar, ajus-

tar, arreglar, acoplar, compaginar, asociar, federar, coligar.

Aunque si bien, bien que, no obstante, sin embargo, pese a que.

¡Aúpa! ¡upa!, ¡arriba!, ¡levanta!, ¡sube!

A upa en brazos, en el regazo, levantado.

Aupar levantar, subir, alzar, encaramar, ayudar, empujar, elevar, encumbrar, empinar || enaltecer, glorificar, ensalzar, alabar, honrar.

Aura céfiro, brisa, viento, airecillo, hálito, aliento, soplo || fama, renombre, popularidad, crédito, reputación, gloria, celebridad, prestigio, honra, halo, aureola, nombradía.

Áureo dorado, aurífero, áurico, aurífico, fulgurante, resplandeciente, brillante, rutilante, amarillo.

Aureola nimbo, corona, halo, aréola, cerco, resplandor, fulgor, círculo, anillo || fama, renombre, v. aura.

Aureolado afamado, nimbado, coronado, renombrado, provisto, dotado, santificado.

Aureolar nimbar, coronar, fulgurar, resplandecer, brillar.

Auricular receptor, pieza, teléfono.

Auriga cochero, conductor, postillón, faetonte, automedonte.

Aurora alba, amanecer, amanecida, madrugada, mañana, madrugón, albor, alborear, clarear, alborada, orto, temprano, primeras luces, entre dos luces, crepúsculo matutino.

Auscultación exploración, examen, reconocimiento, escucha.

Auscultar escuchar, explorar, observar, reconocer, diagnosticar.

Ausencia separación, partida, huida, alejamiento, viaje, marcha, abandono, desaparición, retirada, emigración, destierro, expatriación || omisión, defecto, carencia, insuficiencia, escasez, vacío, laguna, inexistencia, déficit, falta, privación || nostalgia, soledad, añoranza, morriña, tristeza.

Ausentarse alejarse, partir, marchar, separarse, emigrar, retirarse, desaparecer, abandonar, viajar, expatriarse, desterrar, eclipsarse, salir, faltar || añorar, entristecerse.

Ausente viajero, alejado, lejano, expatriado, desterrado, emigrado, retirado, desaparecido, huido, escapado, partido, desertor, perdido, ausentado, marchado || omitido, carente, insuficiente, escaso, vacío, inexistente, privado, falto || nostálgico, añorante, triste, solo.

Auspiciar proteger, favorecer, respaldar, salvaguardar, ayudar, amparar, asistir, socorrer, apoyar, patrocinar, sufragar, subvencionar, colaborar, cooperar, secundar, sostener, contribuir.

Auspicio agüero, señal, indicio, pronóstico, probabilidad, presagio, profecía, predicción, vaticinio || amparo, auxilio, ayuda, protección, favor, salvaguardia, v. auspiciar.

Auspicioso favorable, cooperador, propicio, protector, benéfico.

Austeridad frugalidad, sobriedad, rigor, rigurosidad, dureza, aspereza, severidad, seriedad, gravedad, rigidez, templanza, moderación, temperancia, prudencia, parquedad, economía, ahorro, continencia, mesura, abstinencia, ascetismo, pobreza, mortificación, misticismo, penitencia.

Austero sobrio, riguroso, frugal, templado, rígido, grave, serio, áspero, duro, inflexible, parco, prudente, temperado, ascético, abstinente, mesurado, continente, ahorrativo, económico, puritano, reposado, digno, inexorable, adusto, retirado, solitario, penitente, asceta, místico, idealista.

Austral meridional, sur, antártico, austro.

Austro sur, ostro, noto, viento.

Autarquía independencia, autonomía, soberanía, emancipación, separación, libertad || bienestar, tranquilidad.

Autárquico autónomo, libre, eman-

cipado, soberano, separado, independiente.
Autenticar legalizar, autorizar, acreditar, legitimar, atestar, certificar, formalizar, firmar, refrendar, sancionar.
Autenticidad legitimidad, realidad, v. auténtico.
Auténtico genuino, legítimo, real, seguro, original, verdadero, cierto, fidedigno, positivo, puro, innegable, justificado, probado, confirmado, acreditado, certificado, incontestable, autorizado, legalizado, sancionado, refrendado, firmado, formalizado, atestiguado, legitimado.
Autentificar * v. autenticar.
Autillo lechuza, búho, úlula, mochuelo, cárabo, alucón.
Auto coche, automotor, vehículo, carruaje, v. automóvil || acta, expediente, causa, escritura, documento || castigo, sentencia, condenación, pena.
Autobiografía diario, memorias, confesiones, recuerdos, vida.
Autobús ómnibus, autocar, camioneta, vehículo, carruaje, coche.
Autoclave caldera, recipiente, marmita, esterilizador.
Autocracia dictadura, tiranía, despotismo, absolutismo, totalitarismo.
Autócrata déspota, dictador, tirano, totalitario, absolutista, autarca, autocrático.
Autocrático v. autócrata.
Autóctono aborigen, indígena, natural, originario, vernáculo, nativo, oriundo, patrio.
Autodeterminación independencia, libertad, autonomía, soberanía.
Autodidacta autodidacto, que aprende solo.
Autogiro helicóptero, aeroplano, avión, aparato, artefacto volante.
Autógrafo firma, rúbrica, nombre, signatura || escrito, carta, manuscrito, caligráfico.
Autómata androide, robot, muñeco mecánico, maniquí, máquina, ordenadora, computadora, ingenio, artilugio.
Automático involuntario, inconsciente, irreflexivo, instintivo, instantáneo, impensado, maquinal || mecanizado, mecánico, automotriz.
Automatismo mecanización, inconsciencia, hábito, costumbre, instinto, irreflexión.
Automatizar mecanizar, industrializar, adelantar, proveer, motorizar.
Automedonte auriga, conductor, cochero, faetonte.
Automotor v. automóvil.
Automóvil coche, auto, vehículo, automotor, automotriz, carruaje, taxi, taxímetro, camión, autobús, camioneta, furgoneta, tractor.
Automovilista chófer, conductor, piloto, taxista, camionero.
Autonomía soberanía, libertad, independencia, separación, emancipación, autarquía, franquicia, potestad, albedrío.
Autónomo soberano, libre, independiente, emancipado, autárquico, separado, franco, exento, íntegro.
Autopista carretera, autovía, camino, pista, calzada, estrada, vía, acceso, travesía.
Autopropulsado automóvil, automotor, mecánico.
Autopsia necropsia, disección, examen, investigación.
Autor creador, inventor, descubridor, productor, fundador, innovador, padre, progenitor || causante, culpable, factor, ejecutor, delincuente, reo || escritor, prosista, poeta, ensayista, publicista, literato, dramaturgo, comediante, novelista, comediógrafo, libretista.
Autoridad poderío, poder, mando, imperio, dominio, dominación, potestad, jurisdicción, supremacía, jerarquía, preponderancia, prepotencia, superioridad, albedrío, arbitrio, facultad, omnipotencia, fuerza, atribución, prerrogativa, libertad, privilegio, exención, salvoconducto || ascendiente, influencia, influjo, prestigio, valía, peso, crédito || agente, delegado, representante, funciona-

rio, oficial, testaferro, factótum, mandatario, factor, apoderado, comisario, subalterno, comisionado, encargado, guardia, guardián.

AUTORITARIO imperioso, déspota, dictador, tirano, mandón, absorbente, arbitrario, despótico, imperativo, abusivo, absoluto, opresor, cacique, injusto, dominante || enérgico, resuelto, tenaz, firme, decidido.

AUTORIZACIÓN licencia, gracia, permiso, venia, libertad, aprobación, beneplácito, pase, salvoconducto, anuencia, asentimiento, aquiescencia, connivencia, concesión, otorgamiento, poder, carta blanca.

AUTORIZADO capacitado, acreditado, respetable, honrado, considerado, respetado, afamado.

AUTORIZAR consentir, conceder, acceder, permitir, tolerar, facultar, licenciar, agraciar, otorgar, apoderar, delegar, asentir, aprobar, acreditar, capacitar, comisionar, confirmar, homologar, comprobar, legalizar, visar.

AUTOSERVICIO supermercado, tienda, local, establecimiento de autoservicio.

AUTOSUGESTIÓN sugestión, convencimiento, convicción.

AUXILIAR socorrer, ayudar, amparar, remediar, subvenir, acoger, coadyuvar, favorecer, asistir, acudir, acorrer, acoger, remediar, secundar, acompañar, apoyar, abrigar, cooperar, colaborar, subvencionar, subsidiar, sufragar, donar, proteger || ayudante, agregado, suplente, asistente, colaborador, cooperador, adjunto, factor, subalterno, coadjutor, discípulo, coadyuvante || secundario, accesorio v.

AUXILIO ayuda, amparo, apoyo, asistencia, cooperación, colaboración, favor, protección, sufragio, subsidio, subvención, abrigo, compañía, remedio, acogida, socorro, mediación, refuerzo, concurso, alianza, caridad, donación, limosna.

AVAL garantía, firma, crédito, fianza, vale, palabra, resguardo, señal, recaudo.

AVALANCHA alud, derrumbe, desmoronamiento, arrasamiento, hundimiento, aplastamiento, desplome, desprendimiento, derribo, arrollamiento, empuje, oleada.

AVALAR fiar, acreditar, garantizar, firmar, apalabrar, respaldar, apoyar, responder, obligarse, proteger, endosar.

AVALORAR valorar, valorizar, evaluar, tasar, apreciar, calcular, estimar, justipreciar, mejorar.

AVALUAR evaluar, v. avalorar.

AVANCE adelanto, adelantamiento, progresión, ascenso, progreso, mejora, florecimiento, evolución, desarrollo, cultura, aumento, perfeccionamiento, prosperidad, ventaja || marcha, adelantamiento, delantera, rebasamiento, impulso, acometida, ataque, recorrido, tránsito, camino, paso, dirección, traslación, alejamiento, acercamiento, aproximación, anticipación, anticipo, adelanto.

AVANTE adelante, en marcha, en cabeza, en vanguardia.

AVANZADA vanguardia, destacamento, avanzadilla, descubierta, pelotón, delantera, frente, patrulla.

AVANZADO * atrevido, audaz, moderno, adelantado, progresista, desarrollado, evolucionado.

AVANZAR marchar, adelantarse, progresar, rebasar, aproximarse, acercarse, aventajar, recorrer, trasladarse, acometer, atacar, arrollar, embestir || anticipar, prever, predecir, pronosticar, adelantar || prosperar, perfeccionar, ascender, mejorar, florecer, evolucionar, desarrollar, progresar, adelantar.

AVARICIA codicia, ambición, avidez, mezquindad, tacañería, egoísmo, usura, sordidez, ruindad, cicatería, miseria, ahorro, economía, ansia, anhelo, deseo, envidia, rofiosería.

AVARICIOSO avariento, v. avaro.

AVARIOSIS * v. sífilis.

AVARO mezquino, tacaño, miserable, cicatero, ruin, sórdido, usurero, avariento, avaricioso, ahorrativo, egoísta, económico, envidioso, anhelante, ansioso, interesado, rapaz, manicorto, roñoso, estrecho, cutre, apegado, agarrado, ávido.

Avasallador abusador, injusto, inicuo, arbitrario, exigente, déspota, desmedido, tirano, opresor, dominante, esclavizador, imperioso, dictatorial, intolerante, intransigente.

Avasallamiento v. abuso.

Avasallar abusar, exigir, esclavizar, dominar, oprimir, tiranizar, humillar, rendir, someter, sojuzgar, atropellar, aherrojar, doblegar, rebajar, pisotear.

Avatares * cambios, transformaciones, alternativas.

Ave pájaro, volátil, alado, pajarraco, ovíparo, avechucho, voladora, avecilla.

Avecinarse aproximarse, acercarse, allegarse, arrimarse, adosarse.

Avecindarse establecerse, afincarse, localizarse, domiciliarse, residir, fijarse, arraigarse, asentarse, instalarse, radicarse, empadronarse.

Avechucho ave, pajarraco, espantajo, espantapájaros, adefesio.

Avejentado envejecido, aviejado, ajado, marchito, desmejorado, lacio, mustio, agostado, deslucido, arrugado, apergaminado, estropeado, avellanado, acecinado, amojamado.

Avejentarse marchitarse, ajar, aviejarse, envejecer, desmejorar, apergaminarse, arrugarse, deslucirse, agostarse, estropearse, amojamarse, ajamonarse, acecinarse, avellanarse.

Avellanado v. avejentado.

Avellanar avellanedo, avellaneda, arboleda.

Avemaría ángelus, oración, rezo, plegaria, invocación, adoración.

Avena salvado, gramínea, cereal, grano.

Avenar desaguar, canalizar, conducir, desagotar.

Avenencia convenio, transacción, acuerdo, conformidad, paz, armisticio, tregua, concierto, arreglo, compromiso, trato, negociación, inteligencia, alianza.

Avenida vía, bulevar, paseo, arteria, ronda, carrera, rúa, calle, travesía || inundación, riada, aluvión, crecida, desbordamiento, derrame, arroyada, torrente, torrentera, anegación, rebose.

Avenido (Bien) conforme, concorde, de acuerdo || (Mal) desconforme, discorde, en desacuerdo.

Avenir concordar, convenir, arreglar, allanar, componer, acordar || Avenirse conformarse, contentarse, doblegarse, resignarse, amoldarse || simpatizar, congeniar, amigarse, confraternizar, hermanarse, comprenderse.

Aventador abanico, pantalla, paipai, soplillo, flabelo, ventalle, ventilador.

Aventajado ventajoso, conveniente, provechoso, propicio, beneficioso, fructuoso || adelantado, aprovechado, aplicado, estudioso || alto, crecido.

Aventajar adelantar, rebasar, pasar, exceder, superar, sobrepujar, ganar terreno, desbordar, salvar.

Aventar airear, ventilar, orear, ventear || expulsar, echar, arrojar, impeler, empujar, expeler || Aventarse marcharse, huir, escapar, alejarse, largarse, irse, desaparecer, eclipsarse, retirarse.

Aventura suceso, lance, acaecimiento, episodio, hecho, incidente, hazaña, andanza, acontecimiento, empresa, riesgo, peligro, contingencia, evento, caso, sucedido, circunstancia, azar, casualidad.

Aventurado arriesgado, fortuito, aleatorio, peligroso, azaroso, expuesto, casual, incierto, comprometido, apurado, inseguro.

Aventurar intentar, arriesgar, probar, osar, exponerse, emprender, decidirse, atreverse, lanzarse, comprometerse.

Aventurero viajero, bohemio, trotamundos, inquieto || oportunista, vividor, ambicioso, intrigante, maniobrero, codicioso, conspirador.

AVERGONZADO azorado, sonrojado, ruborizado, abochornado, sofocado, confundido, desconcertado, pudoroso, ruboroso, vergonzoso, pudibundo, verecundo, corito || afrentado, humillado, agraviado, deshonrado, vejado, ultrajado, insultado, injuriado, vilipendiado.

AVERAGE * promedio, término medio.

AVERGONZAR humillar, agraviar, deshonrar, afrentar, vejar, ultrajar, insultar, vilipendiar, injuriar || azorar, sonrojar, ruborizar, abochornar, sofocar, confundir, desconcertar || AVERGONZARSE abochornarse, ruborizarse, sonrojarse, azorarse, sofocarse, desconcertarse, confundirse.

AVERÍA desperfecto, daño, deterioro, percance, perjuicio, defecto, detrimento, menoscabo, imperfección, accidente, rotura, estropicio, ruina, estrago, malogro, desgracia, inconveniente, mal, calamidad, retraso.

AVERIADO estropeado, dañado, perjudicado, deteriorado, accidentado, menoscabado, defectuoso, imperfecto, malogrado, arruinado, roto, calamitoso, retrasado.

AVERIARSE estropearse, v. averiado.

AVERIGUACIÓN pesquisa, investigación, indagación, búsqueda, busca, reconocimiento, examen, exploración, escrutinio, sondeo, tanteo, fisgoneo, curiosidad, información, encuesta, acecho, vigilancia, atención.

AVERIGUAR indagar, investigar, buscar, vigilar, tantear, fisgar, curiosear, informarse, acechar, sondear, escrutar, explorar, examinar, reconocer, husmear, oliscar, ventear, rebuscar, escudriñar, rastrear.

AVERÍO bandada, multitud, hervidero, masa de aves.

AVERNO infierno, abismo, tártaro, orco, báratro, tinieblas, antenora, perdición, tormento, castigo, condenación, fuego eterno, calderas de Pedro Botero.

AVERSIÓN repugnancia, antipatía, repulsión, aborrecimiento, oposición, prevención, hostilidad, odio, rencor, inquina, desafecto, tirria, desprecio, manía, hincha, rabia, ojeriza, encono, resentimiento, animadversión.

AVESTRUZ estrucio, ñandú, ave corredora || simple, zoquete, papanatas, necio, bobo v.

AVETADO veteado, rayado, listado, atigrado, manchado.

AVEZADO veterano, ducho, experimentado, endurecido, encallecido, curtido, ajetreado, aperreado, acostumbrado, habituado, baqueteado, traqueteado, trajinado, zarandeado, aguerrido, ejercitado, experto.

AVEZARSE curtirse, encallecerse, endurecerse, habituarse, acostumbrarse, ajetrearse, aguerrirse, zarandearse, baquetearse, experimentarse, ejercitarse.

AVIACIÓN aeronáutica, aerostación, navegación aérea, ejército del aire, fuerzas aéreas.

AVIADOR piloto, aeronauta, navegante, tripulante.

AVIAR aprestar, preparar, alistar, apañar, componer, arreglar, disponer, prevenir || despachar, urgir, apresurar, avivar.

AVICULTURA cría, fomento, reproducción, explotación, aprovechamiento de las aves.

ÁVIDAMENTE ambiciosamente, codiciosamente, ansiosamente, vorazmente, v. avidez.

AVIDEZ apetencia, ambición, ansia, hambre, sed, deseo, codicia, concupiscencia, glotonería, voracidad, insaciabilidad, anhelo, avaricia, apetito, afán, pasión, propensión, gana, ardor, aspiración, vehemencia.

ÁVIDO anhelante, codicioso, sediento, hambriento, apetente, ambicioso, insaciable, voraz, glotón, concupiscente, propenso, inclinado, apasionado, afanoso, avaricioso, avaro, vehemente, ardiente.

Aviejarse v. avejentarse.

Aviesamente perversamente, siniestramente, torcidamente, odiosamente, atravesadamente, v. avieso.

Avieso perverso, siniestro, malo, torcido, repugnante, odioso, atravesado, desviado, inicuo, maligno, malvado, infame, traidor, despreciable, abyecto, indigno, innoble, ignominioso, tortuoso, maquiavélico.

Avilantarse insolentarse, atreverse, osar, agraviar, ofender, insultar, levantarse, ensoberbecerse, descocarse.

Avilantez insolencia v., audacia, descaro, atrevimiento, desfachatez, frescura, osadía, descoco.

Avillanado abellacado v., ordinario, grosero, tosco, vulgar, golfo, pícaro, pillo, tunante, perillán.

Avinagrado ácido, agrio, acre, áspero, acedo, acidulado || irritable, cascarrabias, colérico, amargado, áspero, agriado, rudo, huraño, hosco, tosco, desabrido, brusco, riguroso, difícil, intratable, gruñón, violento, insociable, arisco, desapacible.

Avinagrarse irritarse, amargarse, agriarse, encolerizarse, gruñir, torcerse || agriarse, acidularse, amargar, echarse a perder.

Avío preparación, prevención, preparativo, apresto, preliminares || Avíos aperos, arreos, utensilios, enseres, artefactos, equipos, trastos, trebejos, provisiones, víveres.

Avión aeroplano, aparato, avioneta, aeronave, monoplano, biplano, bimotor, trimotor, caza, bombardero, reactor, autogiro, helicóptero, hidroplano, hidroavión.

Avioneta v. avión.

Avisado prudente, astuto, sagaz, previsor, despierto, listo, despabilado, agudo, discreto, diestro, capacitado, avispado, perspicaz, sutil, lince, inteligente, taimado, refinado, ladino || notificado, informado, aleccionado, enterado, intimado, amonestado, advertido, aconsejado.

Avisar anunciar, indicar, notificar, informar, advertir, prevenir, apercibir, aconsejar, observar, comunicar, participar, orientar, publicar, expresar, revelar, denunciar, llamar, convocar, reunir, aclarar, exponer.

Aviso observación, indicación, consejo, manifestación, amonestación, advertencia, informe, juicio, dictamen, comunicación, revelación, testimonio, indicio, señal, chisme, rumor, ficción, mensaje, carta, noticia, nueva, participación, parte, confidencia, referencia || cartel, circular, anuncio, octavilla, comunicación v.

Avispa véspido, avispón, abejón, abejorro, zángano, abejarrón, himenóptero, insecto.

Avispado astuto, sagaz, listo, despierto, discreto, ladino, refinado, taimado, inteligente, lince, sutil, perspicaz, avisado, vivaz, activo, previsor, prudente, dinámico, emprendedor, despabilado, vivaracho, penetrante, agudo.

Avisparse despabilarse, ingeniarse, despuntar, excitarse, inquietarse, aguzar el ingenio, arreglarse, apañarse, avivarse, agenciárselas, despertar, animarse, aligerar, apresurarse.

Avispero enredo, embrollo, maraña, trampa, emboscada, tinglado, fregado, confusión, trapisonda, intriga, complicación, celada.

Avispón abejorro, v. avispa.

Avistar divisar, avizorar, descubrir, otear, percibir, ver, alcanzar, advertir, observar, vislumbrar, columbrar, distinguir, precisar, resaltar, ojear, atisbar.

Avitaminosis falta, carencia, deficiencia de vitaminas.

Avituallar proveer, suministrar, entregar, abastecer, aprovisionar, proporcionar, llevar, dotar, equipar, surtir, facilitar.

Avivar atizar, excitar, incitar, enardecer, encender, reanimar, vivificar, activar, apresurar, acelerar, urgir, exigir, ordenar, acalorar, animar, empujar, aguijonear, espolear, exhortar, inyectar, enfervorizar || Avivarse despabilarse, ingeniarse, apañarse, v. avisparse.

Avizor atento, alerta, vigilante, preparado, dispuesto, listo, cuidadoso, presto, pronto, acechante, observador.

Avizorar acechar, observar, otear, atisbar, ojear, advertir, vislumbrar, columbrar, distinguir, precisar, divisar, descubrir, percibir, ver, alcanzar.

Avulsión extirpación, ablación, extracción, disección, corte, arrancamiento, descuajo, desarraigo, amputación, mutilación, supresión, escisión.

Avutarda avetarda, avucasta, grulla, zancuda, sisón, ave.

Axial central, mediano, axil, del eje.

Axila sobaco, unión, hueco, cavidad, oquedad.

Axioma aforismo, principio, proverbio, máxima, sentencia, verdad, evidencia, proposición, apotegma, precepto, adagio, regla.

Axiomático evidente, indiscutible, incontrovertible, irrebatible, irrefutable, innegable, indisputable, incuestionable, indudable, claro, cierto, elemental, matemático, palmario.

Ayear quejarse, lamentarse.

Ayer hace poco, antes, anteriormente, recientemente, no ha mucho || antiguamente, en el pasado.

Ayermar arrasar, asolar, secar, barbechar.

Aya niñera, nodriza, chacha, tata, ñaña, ama seca, institutriz, preceptora.

Ayo preceptor, maestro, orientador, educador, pedagogo, tutor, consejero, guía, instructor, dómine, profesor, mentor.

Ayuda asistencia, socorro, favor, auxilio, amparo, subvención, defensa, óbolo, sufragio, refuerzo, protección, donativo, subsidio, limosna, caridad, alianza, favor, concurso, paliativo, mediación, colaboración, cooperación, contribución.

Ayudante auxiliar, agregado, asistente, suplente, discípulo, acompañante, edecán, adjunto, cirineo, fautor, coadjutor, cooperador, colaborador, coagente, subalterno.

Ayudar secundar, auxiliar, asistir, apoyar, colaborar, cooperar, reforzar, coadyuvar, influir, soportar, socorrer, amparar, sufragar, remediar, sostener, subvencionar, donar, ofrecer, subvenir, favorecer, proteger, aliviar.

Ayunador penitente, abstinente, frugal, parco, sobrio, ascético || faquir, santón, asceta, cenobita, anacoreta.

Ayunar abstenerse, mortificarse, privarse, contenerse, renunciar, inhibirse, sacrificarse, abandonar, dejar, refrenarse.

Ayuno dieta, abstinencia, penitencia, privación, mortificación, continencia, renuncia, refreno, abandono, sacrificio, inhibición, contención, hambre.

Ayuntamiento alcaldía, municipio, municipalidad, concejo, consistorio, cabildo, mancomunidad, intendencia, corporación, junta, asamblea, consejo, comunidad || cópula, fornicación, coito, apareamiento, acceso, cubrición, cubrimiento, enlace, unión, cohabitación.

Ayuntar juntar, unir, enlazar, emparejar, reunir, enlazar, atar || aparear, copular, fornicar, cubrir, cohabitar.

Ayuso abajo, debajo, bajo, so.

Ayustar atar v., unir, aferrar, ligar, anudar.

Azabache lignito, mineral, ámbar negro || negro, oscuro, endrino.

Azacán ayudante, auxiliar, criado, siervo, peón || laborioso, diligente, trabajador, afanoso, ajetreado, incansable.

Azacanarse afanarse, trabajar, agotarse, ajetrearse, esforzarse, luchar, bregar, forcejear.

AZADA azadón, garabato, azadilla, escarbador, almocafre, escardadera, rastro, zapapico, herramienta, enser, apero, instrumento.
AZAFATA camarera, servidora, doncella, dueña, ama || aeromoza, cabinera, auxiliar, ayudante.
AZAFATE canastillo, cesta, bandeja, cestillo, canasta, banasta, cuévano.
AZAFRÁN croco, alazor, colorante, condimento, planta, hebra.
AZAFRANADO anaranjado, amarillento, rojizo.
AZAGADOR senda, paso, vereda, sendero, camino, rastro.
AZAGAYA lanza, venablo, dardo, flecha, azcona, arma arrojadiza, jabalina.
AZAHAR flor del naranjo, del limonero, del cidro.
AZANCA manantial, venero, fuente, surtidor.
AZAR ventura, albur, sino, destino, hado, acaso, eventualidad, fatalidad, casualidad, aventura, riesgo, contingencia, fortuna, chiripa, chamba, coincidencia, suerte, circunstancia, accidente, desgracia.
AZARADO v. azorado.
AZARAMIENTO v. azoramiento.
AZARARSE aturdirse, confundirse, desorientarse, ofuscarse, apabullarse, pasmarse, embarazarse, ruborizarse, turbarse, alterarse, aturullarse, atolondrarse, asustarse, acobardarse, apocarse, temer.
AZARBE acequia, cauce, canalillo, canal, zanja.
AZARCÓN minio, anaranjado, azafranado, amarillento.
AZAROSO aventurado, expuesto, fortuito, arriesgado, aleatorio, peligroso, casual, incierto, comprometido, apurado, inseguro || aciago, siniestro, nefasto, fatal, funesto, infausto, desdichado || turbado, aturdido, azorado v.
AZCONA dardo, lanza, venablo, jabalina, azagaya, astil, flecha, arma arrojadiza.

AZEMAR alisar, sentar, suavizar, allanar.
ÁZIMO hostia, masa, pan sin levadura.
AZOATO nitrato, sal, fertilizante, abono.
AZOCAR apretar, comprimir, ajustar, trabar.
ÁZOE nitrógeno, elemento, gas, cuerpo simple.
AZÓFAR latón, aleación, metal.
AZOGADO tembloroso, agitado, estremecido, tiritón, sobresaltado, asustado, inquieto.
AZOGARSE temblar, agitarse, estremecerse, sobresaltarse, tiritar, inquietarse.
AZOGUE mercurio, plata viva, hidrargirio, amalgama, metal.
AZOICO nítrico.
AZOLVAR obstruir, atascar, cegar, tapar, tupir, atorar, cerrar, obturar, atrancar.
AZOLVE tapón, obstrucción, atasco, lodo.
AZOR milano, esmerejón, ave rapaz, a. de rapiña, a. depredadora.
AZORADO aturdido, confundido, desorientado, ofuscado, apabullado, pasmado, embarazado, ruborizado, alterado, aturullado, atolondrado, asustado, acobardado, apocado, temeroso, azarado.
AZORAMIENTO ofuscación, apabullamiento, desorientación, confusión, aturdimiento, aturullamiento, azaramiento, alteración, rubor, embarazo, pasmo, atolondramiento, temor, apocamiento, cobardía, susto.
AZORARSE aturullarse, alterarse, ruborizarse, atolondrarse, pasmarse, apabullarse, azararse, ofuscarse, desorientarse, confundirse, aturdirse, acobardarse, apocarse, asustarse, temer.
AZORRARSE amodorrarse, adormecerse, dormitar, sestear, adormilarse, aletargarse.
AZOTACALLES haragán, vago, callejero, vagabundo, ocioso, golfo, desocupado.
AZOTADO vapuleado, golpeado, disciplinado, sacudido, baqueteado,

palmeado, golpeado, tundido, zurrado, castigado.

Azotador verdugo, flagelador, vapuleador.

Azotaina zurra, somanta, tunda, vapuleo, baqueteo, castigo, leña, paliza, felpa, soba, zurribanda, vareo, tundidura, tollina, sopapina.

Azotar vapulear, fustigar, flagelar, disciplinar, vergajear, baquetear, sopapear, tundir, varear, sobar, pegar, golpear, castigar, zurrar, hostigar, sacudir, batir.

Azotazo manotada, golpe, azote v.

Azote golpe, nalgada, palmada, azotazo, manotada, tortazo, v. azotaina || vergajo, látigo, flagelo, disciplinas, penca, vara, verdugo, fusta, tralla, zurriago, rebenque || plaga, calamidad, epidemia, castigo, aflicción, pena, catástrofe, desastre, prueba, cataclismo, adversidad, infortunio, desgracia || vapuleo, v. azotar.

Azotea terraza, terrado, mirador, tejado, solana, galería.

Azteca mejicano, mexicano.

Azúcar sustancia dulce, sacarosa, sacarina, hidrato de carbono, almíbar, caramelo.

Azucarado dulce, almibarado, dulzón, meloso, edulcorado, sacarino, acaramelado || untuoso, afectado, pringoso, zalamero, halagador, blando.

Azucarar endulzar, almibarar, sacarificar, edulcorar, melificar, dulcificar, suavizar, pringar, halagar, alabar.

Azucarillo esponjado, golosina, dulce.

Azud noria, azuda, rueda, cangilón.

Azuela hacha, hachuela, desbastadora, herramienta, instrumento.

Azufrado sulfuroso, azufroso, sulfúreo, sulfhídrico || amarillento, bilioso, gualdo.

Azufre alcrebite, elemento químico, metaloide.

Azul añil, azur, índigo, zarco, garzo, azulino, azulado, azulenco.

Azulado azulino, azulenco, v. azul.

Azulejo baldosa, baldosín, ladrillo, teja, mosaico, alicatado, cerámica, mayólica.

Azulino azulado, azulenco, v. azul.

Azumbrado bebido, alegre, borracho, alumbrado, ebrio v.

Azur azul oscuro, índigo, añil, azul v.

Azuzar hostigar, espolear, incitar, excitar, avivar, aguijar, instigar, pinchar, irritar, animar, estimular, enardecer, acosar, atosigar, fustigar, enzarzar, aguijonear, enzurizar.

Azuzón intrigante, chismoso, instigador, lioso, embrollón, embrollador, enredador, embaucador, cizañero, cuentista, cotilla, trapisondista, entremetido.

B

Baba saliva, babaza, humor, jugo, secreción, líquido glandular, espumajo, espumarajo, salivazo.
Babada babilla, extremidad, pata, músculo, carne, muslo, anca.
Babadero babador, babero, v.
Babanca babieca, mentecato, lelo,
Babádero babador, babero v.
Babaza limazo, babosa, molusco, gasterópodo, gusarapo, bicho || baba v.
Babear babosear, salivar, espumajear, espumarajear, desbabar, ensalivar, escupir, insalivar, chochear, pringar, caerse la baba.
Babel desorden, confusión, desbarajuste, baraúnda, barullo, leonera, revoltijo, pandemónium, embrollo, caos, galimatías, algarabía, guirigay, batiburrillo, maraña, lío, greña, fárrago, laberinto, desconcierto, campo de Agramante, merienda de negros, olla de grillos.
Babero babador, babera, delantal, servilleta, pechero.
Babia (Estar en) atontarse, alelarse, abobarse, aturdirse, atolondrarse, distraerse, confundirse, abstraerse, desorientarse, estar en el Limbo, pensar en las musarañas, estar en las Batuecas.
Babieca memo, lelo, tonto, bobo v., pasmado, gaznápiro, zopenco, papanatas, obtuso, botarate, alelado, beocio, mentecato, necio, simple, bodoque, primo, badulaque, pasmarote, sansirolé, idiota, majadero, patoso.
Babilonia caos, confusión, babel v.
Babilónico ostentoso, asiático, opulento, pomposo, lujoso, deslumbrante, espléndido, fastuoso v.
Babilla babada, extremidad, pata, miembro, muslo, carne, anca.
Babirusa jabalí, cerdo salvaje, mamífero, paquidermo.
Babor izquierda, siniestra, banda, costado, lado, parte.
Babosa limazo, babaza, gasterópodo, molusco, bicho, gusarapo.
Babosear v. babear.
Baboso almibarado, dulzón, zalamero, empalagoso, pegajoso, melindroso, cursi, despepitado, fastidioso, cargante, enamoradizo, tórtolo, pesado, obsequioso || chocho, senil, decrépito.
Babucha chancleta, pantufla, alpargata, zapatilla, chinela, abarca, sandalia, chanclo.
Babuino * zambo, mono americano, simio, mico, macaco, v. mono.
Baca portaequipajes, soporte, sostén, base, apoyo.
Bacalao abadejo, cardillo, pezpalo, pejepalo, pescado, pez azul.
Bacanal orgía, saturnal, francachela, juerga, festín, jolgorio, desenfreno, escándalo, jarana, parranda, cuchipanda, jaleo, desorden, tumulto, alboroto, libertinaje, lascivia, inmoralidad, impudicia.
Bacante libertina, descocada, desenfrenada, inmoral, ninfómana, impúdica, voluptuosa, cachonda, rijosa, disoluta, ebria, borracha, licenciosa, lasciva, sensual, jaranera, escandalosa, bulliciosa.
Bacará bacarrá, juego de cartas, de naipes.
Bacía vasija, cubeta, recipiente.
Bacilo microbio, microorganismo,

virus, germen, bacteria v., protozoo, protozoario.
BACILAR microbiano, bacteriano, vírico, microscópico.
BACÍN v. bacinilla.
BACINADA inmundicia, excremento v., orines, detritos, porquería.
BACINERO limosnero, santero, postulante.
BACINETE casco, almete, yelmo, morrión, casquete, capacete.
BACINICA v. bacinilla.
BACINILLA orinal, bacín, bacinica, chata, perico, dompedro, servicio, beque, vaso de noche.
BACK * defensa (fútbol).
BACKGROUND * antecedentes, formación, ambiente, medio.
BACTERIA microbio, microorganismo, protozoo, protozoario, germen, virus, bacilo, coco, vibrión, estafilococo, estreptococo, espirilo, espiroqueta, ser unicelular, ente microscópico.
BACTERICIDA microbicida, germicida, desinfectante, antiséptico, fumigatorio.
BACTERIOLOGÍA microbiología, virología, bacterioterapia.
BACTERIÓLOGO microbiólogo, investigador, científico, sabio, especialista.
BÁCULO cayado, bastón, palo, vara, cayada, estaca, apoyo, muleta, bordón.
BACHE hoyo, socavón, agujero, depresión, hundimiento, giba, excavación, hueco, zanja, poza, charco, surco, badén.
BACHEAR rellenar, cubrir, arreglar, reparar, allanar, alisar.
BACHILLER diplomado, graduado, titulado, licenciado, académico, estudiante, estudioso, docto, entendido, experto || locuaz, pedante, impertinente, sabelotodo, sabihondo.
BACHILLERADA pedantería, impertinencia, locuacidad, exageración, necedad, bachillería.
BACHILLERATO enseñanza media, estudios medios.
BADAJADA sandez, necedad, idiotez, bobada v., disparate, barbaridad, tontería, simpleza, memez, asnada, majadería.
BADAJEAR disparatar, parlotear, cotorrear, chismorrear, comadrear, murmurar, cotillear, charlar.
BADAJO pieza, hierro, colgante || necio, cotilla, charlatán, hablador, chismoso, cotorra, parlanchín.
BADALLAR bostezar, boquear, inspirar, aspirar, abrir la boca.
BADANA piel, cuero, pellejo, correa, tegumento, película || BADANA (ZURRAR LA) azotar, tundir, vapulear, sacudir, fustigar, castigar, flagelar, pegar, golpear.
BADEA sandía, melón, pepino, cohombro || insípido, necio, sandio, memo, bobo v. || memez, necedad, sandez, bobada v.
BADÉN zanja, cauce, hondonada, hoyo, hueco, depresión, hundimiento, excavación, surco, bache v.
BADILA paleta, pala, hurgón, hurgonero, badil.
BADOMÍA disparate, barbaridad, necedad, majadería, simpleza, estupidez v., bobada, tontería.
BADULAQUE irreflexivo, informal, atolondrado, necio, majadero, insulso, pasmarote, insípido, soso, simple, estúpido, bobo v., atontado, pasmado, zoquete.
BAFEAR vahear, exhalar, vaporizar, expulsar, expeler, emanar, emitir, humear, despedir.
BAGA cápsula, vaina, envoltura, túnica, cubierta, cáscara || soga, cuerda, ronzal, cordel, maroma.
BAGAJE pertrechos, arreos, impedimenta, equipo, batería, provisiones, vituallas, víveres, abastos, municiones || acervo, conjunto, cúmulo, patrimonio, pertenencia, fondo, base, posesión || BAGAJE * equipaje, maletas, baúles, bultos, mochilas, bártulos, impedimenta, equipo.
BAGASA ramera, prostituta v., meretriz, puta, hetera, buscona, zorra, pelandusca, mujerzuela.
BAGATELA chuchería, fruslería, nimiedad, baratija, insignificancia, futilidad, minucia, menudencia,

tontería, puerilidad, miseria, birria, nadería, niñería, frivolidad, bobada.
BAGAZO residuo, pellejo, cáscara, desecho, corteza, piel, fibra, celulosa, vaina, cubierta, despojos.
BAGRE fisóstomo, silúrido, pez, pescado.
BAGUAL bravo, indómito, salvaje, obcecado, cerril, montaraz.
BAGUÍO huracán, ciclón, tornado, tromba, torbellino, borrasca, galerna, vendaval, tifón, aquilón.
¡BAH! ¡pche!, ¡pchs!, ¡uf!
BAHARÍ tagarote, pájaro, ave rapaz.
BAHÍA ensenada, golfo, cala, caleta, abra, rada, estuario, refugio, abrigo, fiordo, ría.
BAHORRINA suciedad, porquería, excrementos, detritos, basura || morralla, gentuza, populacho, masa.
BAILABLE rítmico, cadencioso, movido, acompasado, alegre, vivaz || v. baile.
BAILADOR bailarín v., danzarín, ágil, incansable, saltarín, movedizo.
BAILAR danzar, bailotear, zapatear, valsar, agitarse, menearse, moverse, saltar, bullir, cabriolear, bornear, trenzar, tejer, jalearse, desgoznarse, descoyuntarse, retozar || sacudirse, estremecerse, temblar.
BAILARÍN bailador, danzarín, danzante, danzador, artista, divo, saltarín, ágil, incansable.
BAILARINA danzarina, danzadora, artista, diva.
BAILE danza, bailoteo, bailable, coreografía, representación, zapateo, meneo, salto, brinco, pantomima, bailete, cabriola, jaleo, descoyuntamiento, retozo, agitación, movimiento || sacudida, estremecimiento, temblor || magistrado, juez, togado, consejero.
BAILÍA jurisdicción, territorio, comarca, localidad, diputación, demarcación, municipio.
BAILOTEAR cabriolear, saltar, descoyuntarse, moverse, sacudirse, brincar, v. bailar.
BAILOTEO v. baile.
BAJA disminución, descenso, caída, aminoración, mengua, pérdida, quebranto, desvalorización, depreciación || víctima, muerto, accidentado, herido, desaparecido, caído.
BAJÁ personaje, jefe turco, *pachá*, dignatario.
BAJADA declive, descenso, cuesta, pendiente, caída, desnivel, ladera, repecho, talud, costanilla, escarpa, rampa, camino, acceso, subida.
BAJAMAR reflujo, descenso, retirada de las aguas.
BAJAR descender, caer, resbalar, aminorar, debilitarse, desaparecer, deslizarse, declinar, menguar, decrecer, achicar, decaer, abatir, disminuir, rebajar, reducir, desvalorar, desvalorizar, depreciar, abaratar || BAJARSE desmontar, descender, salir, apearse || agacharse, inclinarse, esconderse, amorrarse, tenderse, abatirse, echarse, ocultarse.
BAJEL nave, navío, barco, nao, buque, galera, carraca, carabela, galeón, v. embarcación.
BAJETE barítono, cantante v.
BAJEZA ruindad, indignidad, vileza, abyección, mezquindad, envilecimiento, ignominia, servilismo, humillación, degradación, vergüenza, bochorno, ofensa, infamia, iniquidad, deshonra, indecencia, baldón, oprobio.
BAJÍO arrecife, rompiente, banco, bajo, sirte, escollo, roca, obstáculo, atolón, médano, barra, farallón, madrépora, varadero, encalladero.
BAJISTA bolsista, espéculador, financista, financiero.
BAJO pequeño, menguado, menudo, chico, corto, achaparrado, retaco, apaisado, personilla, regozo, renacuajo, gorgojo, escaso, zancajo, tachuela, parvo, minúsculo, diminuto, enano, pigmeo, liliputiense, esmirriado, exiguo || rastrero, mezquino, ruin, soez, plebeyo, indigno, innoble, vil, despreciable, abyecto, villano, infame, canalla v., bribón || humilde, sencillo, apagado, mortecino, descolorido, apocado, inferior,

trivial || arrecife, rompiente, v. bajío.
BAJÓN disminución, descenso, caída, desmejoramiento, mengua, decaimiento || fagot, fagote, instrumento de viento.
BAJOS FONDOS * hampa, gentuza, chusma, canalla, morralla.
BAJONAZO golletazo, estocada, pinchazo.
BAJORRELIEVE bajo relieve, entretalla, entretalladura, esculpido, labrado, grabado, tallado.
BAJUNO ruin, soez, vil, v. bajo.
BAJURA superficialidad, poca profundidad, escaso fondo.
BAKELITA * v. baquelita.
BAQUELITA materia plástica, sintética.
BALA proyectil, tiro, balín, plomo, perdigón, munición, granada, explosivo, fulminante, metralla, detonación || fardo, bolsa, saco, atado, paca, bulto.
BALADA poema, poesía, evocación, lírica, cántico, tonada.
BALADÍ nimio, pueril, trivial, insignificante, insustancial, superficial, epidérmico, despreciable, frívolo, manido, sobado, fútil, anodino, venial, liviano, inane, vacío, hueco, huero, corto, pobre.
BALADRAR vociferar, aullar, gritar, vocear, alborotar, chillar, bramar, desgañitarse.
BALADRE adelfa, laurel, rosa, planta.
BALADRERO gritador, alborotador, chillón, bramador, aullador, vociferador, gritón, alharaquiento, ululador.
BALADRO alarido, aullido, chillido, bramido, grito, rugido, clamor, lamento, queja, vozarrón.
BALADRÓN fanfarrón, bravucón, farfallón, charlatán, matasiete, valentón, perdonavidas, matamoros, matón, guapo, chulo, cobarde.
BALADRONADA bravata, fanfarronada, desplante, jactancia, fanfarria, matonería, jácara, farfantonada, chulería, charlatanería, bravuconada, majeza, humos.
BALADRONEAR fanfarronear, jactarse, chularse, v. baladronada.

BÁLAGO paja, pajuela, tamo, tallo, rastrojo, broza, residuo, celulosa.
BALANCE arqueo, cómputo, recuento, cálculo, comprobación, cuenta, comparación, reconocimiento || vaivén, v. balanceo.
BALANCEAR equilibrar, contrapesar, bascular, compensar, igualar || columpiar, bambollear, mecer, oscilar, menear, mover, contonear, vacilar, acunar, fluctuar, bandear, tremolar, ondear, agitar.
BALANCEO vaivén, mecimiento, bamboleo, movimiento, balance, bandazo, inclinación, vacilación, columpiamiento, oscilación, desequilibrio, inseguridad, contoneo, abaniqueo, meneo, fluctuación, bandeo, agitación, acunamiento.
BALANCÍN columpio, mecedora, hamaca || madero, travesaño, traviesa, barra, palo, palanca, volante.
BALANDRA v. balandro.
BALANDRÁN hábito, esclavina, sotana, alba, palio, vestidura talar.
BALANDRO balandra, bote v., batel, lancha, barca, falúa, chalupa, embarcación v.
BALANDRONADA * baladronada v.
BÁLANO glande, cabeza, extremidad del pene.
BALANZA báscula, romana, b. de resorte, b. automática, b. de platillos, instrumento, aparato, artefacto.
BALAR gamitar, balitar, berrear, gemir, quejarse, lamentarse.
BALASTO grava, guijo, cascajo, casquijo, rocalla, recobo.
BALATA poema, canción, balada, tonada.
BALATE margen, borde, orilla, linde, límite.
BALAUSTRADA baranda, barandilla, barandal, balcón, antepecho, pasamanos, borde, barra, pretil, balaustre, brocal, barbacana, barandaje.
BALAUSTRE columnita, soporte, barra, hierro, palo, madero, balaústre.
BALAZO tiro, disparo, detonación,

descarga, estampido, fogonazo, fuego, explosión, estallido, herida.

BALBUCEAR v. balbucir.

BALBUCEO tartajeo, tartamudeo, chapurreo, ofuscación.

BALBUCIENTE tartamudo, corrido, azorado, tartajeante, murmurante.

BALBUCIR balbucear, barbotar, farfullar, mascullar, tartajear, tartamudear, murmurar, musitar, pronunciar, articular mal, chapurrear, gangosear.

BALCÓN mirador, galería, balconada, ventanal, miranda, balconcillo, baranda, barandilla, v. balaustrada.

BALDA anaquel, estante, plúteo, repisa, ménsula, tabla, rinconera, vasar, soporte, aparador.

BALDADO lisiado, impedido, inválido, paralítico, atrofiado, inútil, tullido, contrahecho, anquilosado, raquítico, defectuoso, mutilado, estropeado, inmóvil.

BALDADURA parálisis, atrofia, invalidez, impedimento, inutilidad, anquilosamiento, inmovilidad, defecto.

BALDAQUÍN dosel, pabellón, baldaquino, palio, colgadura, tapiz, marquesina, cubierta.

BALDAR atrofiar, paralizar, invalidar, inmovilizar, impedir, lisiar, estropear, anquilosar, tullir, deformar.

BALDE cubo, barreño, artesa, palangana, cubeta, recipiente || BALDE (DE) gratis, regalado, sin cargo, obsequiado, de bóbilis bóbilis.

BALDEAR fregar, limpiar, lavar, restregar, regar, duchar, asear.

BALDEO limpieza, fregoteo, lavado, ducha, regado, aseo, riego.

BALDÍAMENTE inútilmente, ociosamente, estérilmente, vanamente, en balde, infructuosamente, fútilmente.

BALDÍO estéril, yermo, inculto, desértico, improductivo, infecundo, infructuoso, árido, agotado, pobre, estepario, esquilmado || vano, inútil, ocioso, fútil, ineficaz, nulo.

BALDÓN oprobio, afrenta, ultraje, infamia, mancha, estigma, borrón, deshonor, deshonra, degradación, injuria, ignominia, vergüenza, vilipendio, mengua, mancilla, descrédito, insulto, ofensa.

BALDONAR injuriar, vilipendiar, insultar, ofender, deshonrar, degradar, ultrajar, afrentar, infamar, manchar, mancillar, desacreditar.

BALDOSA azulejo, baldosín, ladrillo, teja, mosaico, alicatado, mayólica, cerámica.

BALDRAGAS débil, impotente, flojo, apocado, pusilánime, alicaído, delicado, calzonazos.

BALDUQUE cinta, atadijo, cuerda, cordel, tira, banda, ribete, trencilla.

BALEAR tirotear, disparar, fusilar, abalear, tirar || baleárico, isleño, mallorquín, beleario.

BALEÁRICO v. balear.

BALERÍA balas, municiones, proyectiles, tiros, disparos, balerío.

BALERO boliche, juguete.

BALIDO gamitido, gamito, berrido, quejido, lamento, gemido, be.

BALÍN balita, metralla, v. bala.

BALISTA catapulta, petraria, máquina, artilugio, artefacto, aparato.

BALITAR gamitar, berrear, v. balar.

BALIZA boya, señal, rejera, reguera, indicación, bourel, calima, marca, mojón, hito, jalón, orientación.

BALIZAR abalizar, marcar, señalar, dirigir, orientar, indicar, jalonar.

BALNEARIO baños, playa, costa, ribera || caldas, termas, manantial, aguas termales, hidroterapia.

BALOMPIÉ fútbol, deporte, espectáculo.

BALÓN pelota, esfera, bola, esférico, cuero || vasija, recipiente, botellón.

BALOTA bolilla, bola, esferita, voto, papeleta, boleto.

BALOTADA corcovo, respingo, salto, brinco, corcoveta, sacudida, estremecimiento.

BALOTAR votar, elegir, pronunciarse, dictaminar, escoger, optar,

BALSA

preferir, designar, nombrar, emitir, enjuiciar, decidirse.

BALSA almadía, jangada, armadía, zata, zatara, belasa, maderamen, maderada, barcaza, embarcación || estanque, alberca, poza, laguna, charca, acequia.

BALSAMERA perfumador, perfumero, esenciero, frasco, tarro, pomo.

BALSÁMICO aromático, fragante, perfumado, oloroso, aromado, odorífero, odorante || curativo, lenitivo, suavizante, calmante, mitigante.

BÁLSAMO unto, ungüento, linimento, resina, oleorresina, gomorresina, goma, emplasto, medicamento, remedio, lenitivo, consuelo, curativo, calmante || perfume, aroma, fragancia.

BALUARTE bastión, ciudadela, torre, torreón, fuerte, fortificación, barbacana, fortín, parapeto, trinchera, garitón, almenado || defensa, protección, amparo, refugio, centro, sede.

BALUMBA bulto, volumen, espacio || desorden, caos, lío, embrollo, confusión.

BALUMBO bulto, fardo || embarazoso, abultado, incómodo.

BALLENA cetáceo, cachalote, narval, ballenato, mamífero, pez.

BALLESTA muelle, resorte, fleje, espiral, suspensión || arco, saetón, ballestón, arma, artefacto, artilugio.

BALLESTERA tronera, saetera, aspillera, abertura, orificio, bodoquera, estribera, buhedera.

BALLESTRINQUE nudo, atadura, ligadura, trinca, empalme.

BALLET * danza, baile, bailete, coreografía, bailable, representación, función, escenas de baile.

BAMBA casualidad, chamba, chiripa, suerte, azar, fortuna, potra, acierto, coincidencia, bambarria.

BAMBALEAR v. bambolearse.

BAMBALINA colgadura, decorado, decoración, telón, lienzo, cortina, cortinaje, cortinón, bastidor.

BAMBARRIA casualidad, chamba, v. bamba || necio, tonto, memo, bobo v.

BAMBOCHE obeso, gordo, grueso, gordinflón, rollizo, rechoncho, orondo, atocinado.

BAMBOLEARSE oscilar, tambalearse, vacilar, cabecear, moverse, menearse, trastabillar, fluctuar, mecerse, bandearse, columpiarse, acunarse, tremolar, ondear.

BAMBOLEO cabeceo, tambaleo, oscilación, vacilación, mecedura, fluctuación, bandeo, meneo, movimiento, columpio, acunamiento, vaivén.

BAMBOLLA fasto, lujo, ornato, boato, fausto, ostentación, pompa, aparato, empaque, rumbo, derroche, suntuosidad, faustosidad, riqueza, postín, fanfarria, apariencia, vanidad, presunción, engreimiento.

BAMBÚ caña, enea, bejuco, bengala, gramínea, planta.

BANAL * trivial, insustancial, anodino, insípido, nimio, pueril, baladí, incoloro, insignificante, superficial, fútil, sobado, chabacano, prosaico, manido, ligero, común, vulgar.

BANALIDAD * trivialidad, nimiedad, puerilidad, insignificancia, insipidez, insustancialidad, futilidad, superficialidad, vulgaridad, chabacanería.

BANANA banano, plátano, fruto.

BANANO plátano, cambur, platanero, bananero, árbol.

BANASTA cesto, cesta, canasto, canastilla, cuévano, cestilla.

BANCA v. banco.

BANCADA base, basamento, apoyo, pedestal, cimiento, soporte, sostén, asiento.

BANCAL sembrado, huerto, cultivo, parcela, terreno || grada, escalón, terraplén.

BANCARIO crediticio, mercantil, financiero, banquero.

BANCARROTA quiebra, ruina, fracaso, hundimiento, desastre, apremio, embargo, trance, suspensión de pagos.

BANCO taburete, escabel, escaño, grada, banqueta, alzapiés, peana, banca, camoncillo, sitial, poyo, asiento, silla || estableci-

BANQUILLLO

miento bancario, institución bancaria, institución crediticia, banca, valores, fondos, hacienda, bolsa.

BANDA cinta, faja, lista, tira, brazal, brazalete, bandolera, corbata, estola, cinturón, venda, orla, galón, alamar, lienzo, cenefa, trena, cincha, correa || costado, lado, parte, borde, margen || pandilla, cuadrilla, partida, tropa, horda, tropel, grupo, facción, camada, hueste, mesnada, caterva, gavilla, hato, manada, turba, clan, chusma || charanga, orquesta, comparsa, agrupación, conjunto, murga, grupo musical, instrumentos de viento.

BANDADA averío, grupo, camada, multitud, hervidero, masa de aves.

BANDAZO tumbo, cabezada, balance, balanceo, bordada, socollada, cuchareo, vaivén, bamboleo, oscilación, agitación, meneo.

BANDEARSE mecerse, columpiarse, balancearse, agitarse, oscilar, bambolearse, menearse || ingeniarse, arreglárselas, valerse, regirse, gobernarse, adaptarse, bastarse, acostumbrarse, desenvolverse.

BANDEJA fuente, plato, dulcera, recipiente, platillo, escudilla, patena, vasera, salvilla.

BANDERA estandarte, enseña, divisa, emblema, pabellón, insignia, pendón, oriflama, gallardete, lábaro, guión, confalón, distintivo, trofeo, banderola, empavesado, jirón, guía, banderín, blasón, grímpola, colores, señal, lienzo, tela.

BANDERÍA facción, bando, partido, parcialidad, pandilla, camarilla, grupo, secta, clan, corro, cotarro.

BANDERILLA rehilete, palitroque, vareta, puya, vara, dardo, remoquete, palo, arponcillo, garapullo.

BANDERÍN gallardete, oriflama, guía, grímpola, guión, grimpolón, banderola, v. bandera.

BANDERIZO parcial, fanático, ofuscado, fogoso, alborotador, faccioso, partidario, vehemente.

BANDEROLA v. banderín.

BANDIDAJE bandolerismo, delincuencia, criminalidad, delito, crimen, atentado, violación, transgresión, perpetración.

BANDIDISMO v. bandidaje.

BANDIDO malhechor, bandolero, forajido, facineroso, criminal, delincuente, salteador, reo, perpetrador, transgresor, infractor, violador, canalla, rufián, malandrín.

BANDO edicto, mandato, proclama, orden, decreto, publicación, cédula, reglamento, ordenación, sentencia, programa, cartel, aviso, anuncio || partido, facción, grupo, ala, camarilla, pandilla, taifa, secta, clan, corro, cotarro, parcialidad.

BANDOLERA correa, banda, correaje, tahalí, tira, cinturón, cinto.

BANDOLERISMO v. bandidaje.

BANDOLERO v. bandido.

BANDOLÍN mandolina, bandola, bandurria, guitarra, instrumento de cuerda.

BANDOLINA fijador, mucílago, goma, cosmético.

BANDULLO panza, vientre, barriga, tripa, andorga, mondongo, baúl, abdomen, intestinos, estómago.

BANDURRIA v. bandolín.

BANJO v. bandolín.

BANQUERO cambista, financiero, bolsista, capitalista, obligacionista, economista, hacendista, potentado, acaudalado, opulento.

BANQUETA escabel, banco, banquillo, taburete, escaño, alzapiés, peana, grada, banca, asiento, poyo.

BANQUETE festín, comilona, comida, cena, ágape, homenaje, convite, agasajo, fiesta, gaudeamus, cuchipanda, francachela, tragantona, simposio, invitación, pipiripao, colación, refacción, orgía, hartazgo.

BANQUETEAR agasajar, invitar, homenajear, convidar, festejar.

BANQUILLO v. banqueta.

BAÑADERA v. bañera.
BAÑADOR traje de baño, calzón, pantaloncillo, taparrabos.
BAÑAR mojar, remojar, sumergir, hundir, duchar, salpicar, inundar, lavar, humedecer, chapuzar, nadar, calar, chorrear, rezumar, infiltrar, rociar, regar, untar, empapar, pringar, ensopar, asperjar, limpiar, higienizar, refrescar || recubrir, chapar, platear, dorar || **BAÑARSE** remojarse, mojarse, ducharse, lavarse, limpiarse, higienizarse, chapuzarse, nadar, rociarse, regarse, empaparse, humedecerse, refrescarse, sumergirse, hundirse, salpicarse.
BAÑERA baño, tina, pila, artesa, barreño.
BAÑERO bañador, cuidador, vigilante, socorrista.
BAÑISTA nadador, deportista.
BAÑO ducha, lavado, remojón, chapuzón, rociado, limpieza, mojadura, regado, empapamiento, humedecimiento, inmersión, refrescamiento, hundimiento, salpicadura, chorreo, inundación, riego, natación, higiene, ablución, pediluvio, perfusión || tina, pila, v. bañera || capa, tintura, cubierta, mano, revestimiento.
BAO viga, sostén, madero, palo, travesaño.
BAPTISTERIO bautisterio, capilla, oratorio, pila bautismal.
BAQUE golpe, batacazo v., golpazo, caída, porrazo, costalada, choque, encontronazo.
BAQUEANO guía, práctico, experto, entrenado, ducho, versado, conocedor, avezado, conductor, perito.
BAQUELITA material plástico, resina sintética.
BAQUETA varilla, vara, palo, palillo, barra, atacador, taco, palitroque.
BAQUETAZO golpazo, v. baque.
BAQUETEADO veterano, ducho, avezado, experto, ejercitado, aguerrido, zarandeado, trajinado, traqueteado, habituado, acostumbrado, aperreado, ajetreado, curtido, encallecido, endurecido, experimentado, asendereado, entrenado.
BAQUETEAR hostigar, atosigar, aperrear, zarandear, traquetear, incomodar, trajinar, golpear, ajetrear.
BAQUÍA experiencia, práctica, conocimiento, entrenamiento, pericia.
BAQUIANO v. baqueano.
BAR café, cervecería, cafetería, taberna, cantina, tasca, bodegón, pulpería, figón, fonda, establecimiento.
BARAHÚNDA v. baraúnda.
BARAJA naipe, carta, juego.
BARAJAR mezclar, revolver, confundir, trastornar, embrollar, cortar, repartir.
BARAJÓN bastidor, armazón, raqueta.
BARANDA barandilla, antepecho, pasamanos, balaustrada, balaustre, barandal, balcón, borde, pretil, brocal, barbacana, barra, barandaje.
BARANDILLA v. baranda.
BARATA ocasión, barato, trueque, cambio, cambalache, permuta.
BARATEAR rebajar, descontar, abaratar, regatear.
BARATERÍA fraude, desfalco, dolo, timo, defraudación, engaño v., superchería, mentira, robo, martingala, treta.
BARATIJA fruslería, chuchería, friolera, perendengue, bagatela, bujería, bicoca, minucia, nadería.
BARATILLERO ropavejero, buhonero, prendero, prendista, cambalachero, saldista, trapero, quincallero, mercachifle, feriante, tendero.
BARATILLO saldo, liquidación, barato || tenderete, trapería, puesto, quiosco, ropavejería, cambalache.
BARATO rebajado, depreciado, saldado, abaratado, económico, conveniente, devaluado, asequible, disminuido, desvalorizado, ganga, ocasión, de bajo precio, de poco valor, oportunidad, saldo.
BÁRATRO averno, infierno, orco,

abismo, tártaro, fuego eterno, tinieblas, condenación, antenora, perdición.

BARATURA abaratamiento, devaluación, v. barato.

BARAÚNDA algarabía, alboroto, confusión, desbarajuste, jolgorio, desorden, batahola, tiberio, jarana, juerga, jaleo, tumulto, bullicio, guirigay, escándalo, estruendo, ruido, bulla.

BARAUSTAR señalar, dirigir, apuntar, asestar, desviar.

BARBA perilla, pera, pelo, vello, cerda, mosca, sotabarba, chiva, pelluzgón, patilla.

BARBACANA torreón, torre, garita, torrecilla, fortificación, defensa, muralla, saetera, tronera.

BARBACOA parrilla, asador, chimenea, cocinilla.

BARBADA quijada, maxilar, mandíbula (de animales).

BARBADO barbudo, peludo, velludo, hirsuto, respetable, viril, veterano.

BARBAR arraigar, desarrollarse, medrar, crecer v.

BÁRBARAMENTE ferozmente, atrozmente, fieramente, bestialmente, inhumanamente, cruelmente, salvajemente, desalmadamente, impíamente, monstruosamente, encarnizadamente, despiadadamente, acerbamente, sanguinariamente, sádicamente, violentamente, implacablemente, sañudamente.

BARBARIDAD crueldad, salvajada, bestialidad, atrocidad, monstruosidad, brutalidad, enormidad, disparate, desatino, ensañamiento, sevicia, rigor, dureza, impiedad, barbarie, horror, espanto, exceso.

BARBARIE crueldad, barbaridad v. || tosquedad, rudeza, incultura, ignorancia, rusticidad, atraso.

BARBARISMO solecismo, incorrección, inconveniencia, error, falta, inexactitud, vicio del lenguaje || barbarie v.

BARBAPIZAR disparatar, desbarrar, adulterar, errar, desatinar, equivocar.

BÁRBARO desalmado, salvaje, cruel, vandálico, inhumano, feroz, fiero, atroz, bestial, despiadado, monstruoso, duro, impío, acerbo, sanguinario, encarnizado, sañudo, violento, sanguinario, sádico, implacable, rústico, tosco, grosero, inculto, ignorante, rudo, atrasado, primitivo.

BARBECHAR labrar, arar, roturar, remover, surcar, enrejar, cultivar, sembrar.

BARBECHO erial, rastrojo, añojal, eriazo, barbechera, alijar || páramo, erial, estepa, calvero, desierto.

BARBERÍA peluquería, salón, tienda.

BARBERO peluquero, fígaro, rapador, rapabarbas, rapista, desuellacaras, alfajeme, afeitador.

BARBIÁN desenvuelto, decidido, osado, atrevido, valiente, bizarro, gallardo, desenfadado, descarado, pícaro, fresco, ufano.

BARBIHECHO afeitado, rasurado, rapado, aseado.

BARBILAMPIÑO lampiño, imberbe, rapagón, desbarbado, carilampiño, mozo, adolescente, pollo, joven.

BARBILINDO amanerado, remilgado, galancete, engreído, afeminado v.

BARBILLA mentón, perilla, mosca, barba, prominencia.

BARBIQUEJO carrillera, cinta, galón, barboquejo.

BARBITAHEÑO barbirrojo, pelirrojo.

BARBITÚRICO hipnótico, somnífero, soporífero, narcótico, dormitivo v.

BARBO carpa, pez.

BARBÓN barbudo, barbado, barbiluengo, barbiespeso, hirsuto, barboso || macho cabrío, cabrón.

BARBOQUEJO v. barbiquejo.

BARBOTAR farfullar, mascullar, barbotear, balbucir, balbucear, tartajear, tartamudear, murmurar, musitar, chapurrear, gangosear, articular, pronunciar, barbullar.

BARBOTEAR v. barbotar.

BARBUDO barbado, barboso, barbón, barbiluengo, barbiespeso, hirsuto, barbicerrado.

BARBULLA confusión, algazara, ba-

raúnda, ruido, desorden, griterío, bulla, animación, jolgorio, algarabía, bullicio, escándalo, jarana, jaleo, vocerío, tremolina.
BARBULLAR v. barbotar.
BARBUQUEJO v. barbiquejo.
BARCA lancha, bote, falúa, chinchorro, canoa, chalana, chalupa, batel, barcaza, lanchón, góndola, balandra, cárabo, dorna, esquife, trainera, gabarra, pinaza, piragua, gasolinera, motora, embarcación v., barco, barquichuelo.
BARCAL dornajo, cajón, artesa v.
BARCAROLA tonada, cántico, canción, aire marinero.
BARCAZA lanchón, lancha, chalana, gabarra, pontón, embarcación, v. barca.
BARCIA afrecho, salvado, cáscara, cascarilla, desecho, desperdicio.
BARCO nave, navío, buque, bajel, bastimento, embarcación v., galeón, carabela, fragata, bergantín, goleta, acorazado, portaaviones, crucero, destructor, portahelicópteros, minador, dragaminas, torpedera, cañonero, submarino, transatlántico, paquete, paquebote, petrolero, alije, carguero, pesquero, frutero, carbonero, yate, barca v.,
BARDA arnés, guarnición, arreos, armadura || seto, valla, espino, cercado, ramaje, cubierta.
BARDADO armado, cubierto, acorazado, blindado, protegido, defendido.
BARDAJE v. sodomita.
BARDO poeta, vate, juglar, rapsoda, oedo, coplero, recitador, trovador, trovero.
BAREMO tabla, lista, índice, escala, cómputo.
BARGUEÑO rinconero, arcón, armario, cómoda, cajón, mueble.
BARITEL malacate, cabrestante, torno, chigre, cabria.
BARÍTONO bajete, cantor, cantante, divo.
BARJULETA mochila, bolsa, macuto, saco, equipaje.
BARLOA cable, cabo, calabrote, soga, cuerda, amarra.

BARLOVENTO de donde sopla, de donde viene el viento.
BARNIZ pintura, tintura, lustre, esmalte, laca, baño, capa, charol, cera, pavón, resina, tinte, disolución.
BARNIZAR pintar, lustrar, esmaltar, encerar, charolar, pavonar, recubrir, bañar.
BARÓMETRO barógrafo, instrumento, aparato medidor, a. registrador.
BARÓN caballero, hidalgo, noble, aristócrata v., señor, castellano.
BARQUEAR cruzar, atravesar, pasar, salvar.
BARQUERO botero, remero, marinero, timonel, batelero.
BARQUICHUELO v. barca.
BARQUILLA cesto, canasta, cabina || lancha, canoa, piragua, v. barca.
BARQUILLO oblea, galleta, hostia, corteza, costra, canuto, cono, cucurucho, golosina.
BARQUINAZO tumbo, bandazo, bamboleo, vaivén, batatazo, vuelco, cabeceo, tambaleo, meneo, oscilación, movimiento.
BARQUINO odre, pellejo, cuero, bota, recipiente, tinaja, cuba.
BARRA palanca, barrote, eje, tranca, vástago, alzaprima, tocho, varilla, hierro, pértiga, tirante, viga, refuerzo, lingote, carril, riel, raíl, rejón, barreta || bajío v., bajo, banco, encalladero, varadero, arrecife.
BARRABÁS malo, travieso, díscolo, perverso, rebelde, pícaro, truhán, pillo, revoltoso, enredador, inquieto, escandaloso, atravesado, tunante.
BARRABASADA travesura, trastada, jugada, despropósito, disparate, barbaridad, torpeza, pillería, enredo, perversidad, diablura, jugarreta, calaverada, dislate.
BARRACA caseta, casilla, tinglado, cobertizo, choza, chabola, bohío, cabaña, v. barracón.
BARRACÓN almacén, nave, albergue, refugio, tinglado, depósito, cobertizo.
BARRAGÁN abrigo, gabán, gabardi-

na, trinchera, capote, tabardo, sobretodo.

BARRAGANA concubina, manceba, entretenida, amante, amiga, querida, mantenida, amasia, manuela, manfla, fulana, mujerzuela, prostituta v., puta, hetera, ramera, cortesana, meretriz, zorra, coima, furcia, mundana.

BARRAGANADA travesura, pillería, jugarreta, diablura, calaverada, v. barrabasada.

BARRAGANERÍA concubinato, apaño, arreglo, lío, cohabitación, enredo, amancebamiento v., contubernio, entendimiento.

BARRANCA v. barranco.

BARRANCO cañada, desfiladero, quebrada, valle, hoya, vaguada, cañón, hendedura, angostura, garganta, paso, puerto, collado, hondonada, depresión, sima, precipicio, barranca, abismo, despeñadero, rambla, torrentera; talud, terraplén, rampa, barrancal.

BARRAR embarrar, enlodar, encenagar, barrear, manchar, tiznar, pringar || tachar, rayar, anular, barrear, suprimir, borrar.

BARREAR cerrar, tapar, condenar, incomunicar, sellar, atrancar, encerrar, obstruir, afianzar, clausurar, barrar || tachar, rayar, anular, suprimir, borrar, barrear ||
BARREARSE encenagarse, enlodarse, revolcarse, chapotear, hozar, ensuciarse.

BARREDERA barredora, limpiadora, máquina, artefacto || escoba, escobón, cepillo || BARREDERAS desperdicios, residuos, sobrar, restos, basura, despojos, inmundicia, desechos.

BARREDOR barrendero, limpiador.

BARREDURAS inmundicias, residuos, desperdicios, v. barrederas.

BARRENA taladro, broca, berbiquí, punzón, fresa, trépano, lezna, cincel, escoplo, escofina, escariador, sacabocados.

BARRENADO chiflado, lunático, tocado, maniático, loco v.

BARRENAR horadar, agujerear, escariar, trepanar, calar, fresar, punzar, atravesar, taladrar, abrir, perforar || impedir, torpedear, zancadillear, evitar, desbaratar, estorbar, embarazar, estropear, dificultar, entorpecer, interrumpir, frenar, malograr || violar v., transgredir, infringir.

BARRENDERO barredor, limpiador, peón de limpieza.

BARRENERO dinamitero, cantero, minero, operario.

BARRENO petardo, explosivo, cartucho, fulminante, detonante, pólvora, dinamita, trinitrotolueno, nitroglicerina || orificio, perforación, taladro, abertura || broca, punzón, barrena v.

BARREÑO tina, jofaina, cubo, vasija, recipiente, palangana, tinaja.

BARRER escobar, cepillar, escobillar, limpiar, desempolvar, asear, higienizar || arrastrar, arrollar, atropellar, desbaratar, arramblar, aniquilar, pisotear, expulsar, dispersar.

BARRERA parapeto, empalizada, trinchera, barricada, cerca, valla, muro, pared, muralla, defensa, estacada, seto, reja, verja || obstáculo, traba, impedimento, inconveniente, atasco, rémora, estorbo, engorro, freno, tope, oposición.

BARRERO barrizal, cenagal, charca, poza, ciénaga || alfarero, ceramista, artesano.

BARRETA palanca, alzaprima, v. barra.

BARRETEAR trabar, afianzar, asegurar, cruzar, cerrar, atrancar.

BARRIADA v. barrio.

BARRICA v. barril.

BARRICADA parapeto, trinchera, empalizada, barrera, muralla, defensa, muro, nido, valladar, cercado, defensa, resguardo, pared, obstáculo, estorbo, valla, estacada.

BARRIDO limpieza, acicalamiento, orden, higiene.

BARRIGA panza, vientre, abdomen, tripa, andorga, bandullo, mondongo, baúl, timba, sorra, estómago, intestinos, grasas || bulto, comba, saliente, prominencia.

Barrigón panzudo, tripudo, gordo, rollizo, obeso, barrigudo, fofo, mantecoso, abultado, voluminoso, rechoncho, achaparrado.
Barrigudo v. barrigón.
Barril tonel, cuba, barrica, bocoy, pipa, casco, tina, pipote, barrilillo, anclote, belasa, bota, combo, cubeta, cuñete, vasija, recipiente, receptáculo.
Barrilla carambillo, algazul, salgader, marismo, planta.
Barrillo v. barro.
Barrio distrito, sector, división, cuartel, término, jurisdicción, parroquia, arrabal, suburbio, barriada, afueras, contornos, extramuros, alrededores, alfoz, ensanche, extrarradio.
Barrizal cenagal, lodazal, charca, poza, bache, fangal, lamedal, barrero, tremedal, tembladeral, ciénaga, pantano, chapatal, coluvie, tolla, leganal, charco, paular, marisma.
Barro fango, lodo, cieno, limo, légamo, azolve, horrura, bardomera, albardilla, pecina, tarquín, reboño, cazcarria, bardoma, gacha, lama, masa, plasta, mezcla ||granito, comedón, acné, puntito, sebo, grano, erupción, inflorescencia || terracota, loza, tiesto, cerámica.
Barroco rococó, churrigueresco, plateresco, recargado, profuso, excesivo, complicado, pomposo, charro, estrambótico, pródigo, exuberante, pletórico, rico, desbordante, adornado, ornamentado, rebuscado.
Barroquismo extravagancia, profusión, exuberancia, plétora, riqueza, prodigalidad, pomposidad, complicación, exceso.
Barroso cenagoso, lodoso, legamoso, fangoso, manchado, sucio, turbio.
Barrote barra, hierro, varilla, tranca, palanca, eje, tocho, tirante, viga, refuerzo, barreta, palo, travesaño, traviesa.
Barrumbada desplante, jactancia, fanfarronada, petulancia.
Barruntar presentir, prever, sospechar, presumir, suponer, presuponer, olfatear, oler, deducir, inferir, conjeturar, anunciar, señalar, colegir, intuir, recelar, escamarse, mosquearse, maliciar.
Barrunto sospecha, presentimiento, conjetura, suposición, deducción, inferencia, intuición, recelo, mosqueamiento, malicia, indicio, anuncio, noticia, presuposición, presunción, señal, premonición, atisbo.
Bartola (A la) descuidadamente, negligentemente, descansadamente, despreocupadamente, tranquilamente, displicentemente, indiferentemente, flemáticamente.
Bártulo trasto, chisme, cacharro, cachivache, chirimbolo, trebejo, enser, utensilio, útil, objeto, efecto, bulto, equipaje, maletas, baúles, ajuar, equipo, avíos.
Baruca embrollo, enredo, artificio, trampa, impedimento, obstáculo, tejemaneje, argucia, lío, maraña.
Barullero embrollón, tramposo, lioso, jaranero, ruidoso, alborotador.
Barullo confusión, desorden, revoltillo, anarquía, pandemónium, baraúnda, batiburrillo, mare mágnum, maraña, caos, conflicto, lío, laberinto, desconcierto, desbarajuste, fárrago, enredo, tiberio || jaleo, escándalo, alboroto, tumulto, algarada, baraúnda v., algarabía, jolgorio, batahola, jarana, juerga, estruendo, ruido, bulla.
Barza zarza, espino, escaramujo, zarzamora.
Barzal zarzal matorral, maleza, soto, breña.
Barzón vagancia, ociosidad, gandulería, holganza, holgazanería.
Barzonear gandulear, callejear, vagar, vagabundear.
Basa base, v. basamento.
Basalto basanita, feldespato, roca volcánica, acantilado, farallón.
Basamento pedestal, base, basa, zócalo, plinto, cimiento, fundamento, firme, zapata, recalzo, peana, podio, supedáneo, soporte, asiento, apoyo, torés, neto, plataforma, pie, sustentáculo.

BASAR fundar, asentar, fundamentar, cimentar, probar, afirmar, apoyar, establecer, estribar, demostrar, justificar, comprobar, alegar.
BASCA náusea, arcada, vómito, desazón, vértigo, vahído, asco, ansia, angustia, hipo, espasmo.
BASCOSIDAD inmundicia, suciedad, porquería, asquerosidad, basura, mugre, cochambre, desperdicios, excrementos.
BÁSCULA balanza, romana, aparato, artefacto.
BASCULAR * oscilar, tambalearse.
BASE principio, origen, raíz, fundamento, cimiento, sostén, apoyo, arranque, polo, centro, comienzo, razón, génesis, naturaleza, soporte, asiento, procedencia, derivación, emanación, ascendencia, prioridad, nacimiento, fuente, germen, semilla, motivo || pedestal, zócalo, podio, peana, v. basamento.
BASEBALL * béisbol, pelota base, juego, deporte.
BÁSICO fundamental, esencial, cardinal, principal, radical, primordial, elemental.
BASÍLICA templo, catedral, santuario, oratorio, colegiata, seo, iglesia v., || palacio, monumento, edificio.
BASILISCO reptil, dragón, animal fabuloso || energúmeno, cascarrabias, colérico, irritable, furioso, violento, iracundo, irascible, feróstico, quisquilloso, regañón, rabioso, frenético, poseído, exaltado || cañón, culebrina, pieza artillera.
BASQUEAR padecer, sufrir náuseas, s. arcadas, s. vértigos, s. ansias, s. ascos, s. vahídos, s. bascas v.
BASQUIÑA saya, basquilla, falda v., hopalanda, faldellín.
BASTA hilván, albardón, puntada.
BASTAJE peón, ganapán, faquín, menestral, mozo, soguilla, cargador, asalariado, obrero.
BASTANTE suficiente, sobrado, harto, asaz, conveniente, bueno, congruo, pasadero, adecuado, proporcionado, justo, preciso, algo, lo indispensable, lo justo, no más.
BASTAR alcanzar, convenir, llegar, adecuar, encajar, cuadrar, corresponder, pertenecer, ajustar, venir bien, conformar, ser suficiente.
BASTARDEAR degenerar, envilecer, viciar, corromper, desnaturalizar, degradar, depravar, adulterar, alterar, falsificar, viciar.
BASTARDILLA cursiva, inclinada, sesgada.
BASTARDO ilegítimo, natural, adulterino || espurio, ilegal, apócrifo, falso, supuesto, postizo, degenerado, corrompido, viciado, degradado, alterado, falsificado, adulterado, desnaturalizado.
BASTE arreo, albarda, silla, montura, almohadilla || hilván, v. basta.
BASTEDAD tosquedad, ordinariez, aspereza, rusticidad, grosura, zafiedad, grosería, basteza, rudeza, chabacanería, ramplonería, incultura.
BASTIDOR armazón, chasis, entramado, esqueleto, base, soporte, sostén, apoyo, sustentáculo, maderaje, maderamen.
BASTILLA dobladillo v., doblez, pliegue, repulgo, festón, alforza.
BASTIMENTO navío, nave, bajel, embarcación, barco v. || abastecimiento, suministro, provisión, entrega.
BASTIÓN baluarte, fortín, fortificación, fuerte, ciudadela, garitón, trinchera, barbacana, torre, torreón, parapeto, defensa, protección, amparo, refugio, centro.
BASTO grosero, tosco, rústico, áspero, ramplón, chabacano, rudo, inculto, incivil, villano, bajo, plebeyo, vulgar, incorrecto, zafio, ordinario.
BASTÓN cayado, báculo, estaca, palo, vara, tiento, apoyo, muleta, macana, bordón, rota, garrote, clava, rama, esteva, fuste, rodrigón, porra, barra, tirso, caduceo, cachiporra, arrimo, tranca.
BASTONAZO garrotazo, porrazo, golpazo, trancazo, estacazo, palo, varazo, varapalo.

Bastonero director, ordenador, jefe de ceremonias.
Basura desechos, desperdicios, despojos, suciedad, impureza, porquería, inmundicia, mugre, roña, restos, sobras, barreduras, sedimentos, excrementos, fiemo, cochambre.
Basurero vertedero, estercolero, muladar, letrina, sentina, albañal, cloaca, sumidero, pocilga, zahurda, corral, chiquero || trapero, barrendero, peón de limpieza.
Bata peinador, guardapolvo, batín, quimono, andriana, umbela, delantal, mandil, toga, túnica, ropa, prenda, vestidura, salto de cama.
Batacazo costalada, porrazo, golpe, choque, encontronazo, caída, tumba, pechugón, morrada, barquinazo, porrada, baque, talegazo, culada, trastazo, zambombazo, sopetón, leñazo.
Batahola ruido, bulla, bullicio, alboroto, tiberio, jaleo, juerga, tumulto, baraúnda, estruendo, escándalo, guirigay, jarana, desorden, jolgorio, desbarajuste, algarabía, confusión, algazara.
Batalla combate, lucha, lid, contienda, encuentro, choque, acometimiento, acometida, degollina, operación, matanza, conflicto, invasión, incursión, zalagarda, estrago, hostilidades, cruzada, pelea, escaramuza, justa, acción, torneo, zafarrancho, enfrentamiento, riña.
Batallador combativo, belicoso, luchador, acometedor, invasor, conflictivo, guerrero, militarista, peleador, combatiente, beligerante, campeador, pendenciero, contendiente, querellador, atacante, invasor, vencedor, conquistador, valiente, audaz.
Batallar luchar, combatir, guerrear, acometer, invadir, pelear, contender, querellarse, atacar, conquistar, vencer, batirse, apresar, pugnar, rivalizar, altercar, lidiar, hostilizar, chocar, reñir, campear || disputar, discutir, debatir, altercar, litigar, porfiar.
Batallón escuadrón, grupo, compañía, unidad táctica.
Batán taller, máquina, mazo.
Batanear golpear, sacudir, percutir, pegar, aporrear, atizar, zurrar, tundir, apalear.
Batata boniato, tubérculo, raíz, planta.
Bate maza, pala, palo.
Batea bandeja, dornajo, fuente, artesa, duerno, cuenco, recipiente, receptáculo.
Batel bote, lancha, barca v., falúa, canoa, chalana, chalupa, chinchorro, trainera.
Batelero barquero, remero, timonel, marinero.
Bateo bautizo, bautismo, cristianismo, sacramento, infusión, aspersión, gracia.
Batería conjunto, grupo, combinación, reunión, montón, número, hilera, formación, fila || cacharros, utensilios, cazos, peroles || pilas, acumulador, depósito,
Batiburrillo mezcla, confusión, fárrago, amasijo, desorden, revoltijo, revoltillo, frangollo, embrollo, lío, galimatías, mezcolanza, miscelánea, pisto, potaje.
Batida persecución, acoso, cerco, caza, búsqueda, reconocimiento, seguimiento, descubierta, hostigamiento, acorralamiento, acometimiento, rastreo, ojeo, cacería, montería.
Batidera azada, paleta, azadilla, herramienta.
Batido refresco, mezcla, combinación, bebida, combinado || recorrido, andado, hollado, pisado, trillado, conocido, transitado, frecuentado.
Batidor gastador, explorador, guía, conductor, observador, reconocedor, avanzado, soldado.
Batidora licuadora, mezcladora, homogeneizadora, agitadora, revolvedora, enser, artefacto, aparato, *electrodoméstico*.
Batiente puerta, ventana, persiana, hoja, parte, marco.

Batímetro v. batómetro.
Batín peinador, quimono, delantal, v. bata.
Batintín gong, tantán, platillo, instrumento de percusión.
Batir mezclar, revolver, agitar, remover, mover, condensar, trabar, espesar, licuar, disolver, menear || golpear, sacudir, percutir, abatanar, pegar, zurrar, tundir || explorar, reconocer, examinar, ojear, registrar, inspeccionar, recorrer || acuñar, troquelar, estampar, sellar, grabar || vencer, derrotar, arrollar, desarmar, sojuzgar, dominar, ganar, copar, deshacer, destrozar || batir, superar, rebasar, conseguir || Batirse pelear, luchar, combatir, batallar, contender, querellarse, rivalizar, disputar, chocar, reñir, guerrear, acometer, atacar.
Batista lienzo, tela fina, tejido.
Bato tonto, lelo, memo, bobo v., patán, rústico, zoquete, zafio.
Batojar sacudir, varear, agitar, derribar, golpear.
Batómetro batímetro, profundímetro, aparato, instrumento.
Batracio anfibio, anuro, ápodo, urodelo, vertebrado.
Batuecas (Estar en las) distraerse, descuidarse, olvidarse, entretenerse, pensar en las musarañas, estar en Babia.
Baturrillo v. batiburrillo.
Baturro baturrico, rústico, aragonés.
Batuta vara, bastoncillo, varilla.
Baúl cofre, arca, arcón, mundo, caja, arqueta, maletón, equipaje, valija, maleta, bulto || barriga v., vientre, panza, andorga, intestinos, mondongo.
Bausán necio, memo, lelo, estúpido, sandio, zopenco, tonto, zoquete, zafio, v. bobo.
Bautismo sacramento, cristianismo, bateo, bautizo, infusión, aspersión, gracia.
Bautisterio capilla, oratorio, pila butismal, baptisterio.
Bautizar cristianar, crismar, batear, administrar, sacramentar || denominar, designar, nombrar, motejar, apodar || aguar, aclarar, mezclar, adulterar, falsificar.
Bautizo ceremonia, sacramento, cristianización.
Bauza madero, palo, leño, traviesa, viga, travesaño.
Baya fruto carnoso, esferita pulposa, bolita, globo, uva, fresa, frambuesa, grosella, zarzamora.
Bayadera bailarina, danzarina, danzadora, cantora del Indostán.
Bayal lino, hilaza, tela.
Bayeta lanilla, trapo, paño, lienzo, guiñapo, pingo, tela.
Bayo rojizo, bermejo, cobrizo, caballo, corcel.
Bayoneta machete, terciado, machinte, peinilla, cuchillo, hoja, cuchilla, arma blanca.
Baza mano, tanto, juego, partida, ganancia.
Bazar comercio, tienda, almacén, local, establecimiento, botica, puesto, feria, mercado, lonja, tenderete, quiosco.
Bazo órgano, víscera, asadura, bofe, entraña, esplénico.
Bazofia comistrajo, potingue, guisote, mejunje, mezcla, caldo, bodrio, rancho, sancocho || sobras, desechos, desperdicios, heces, mondas, suciedad, asquerosidad, porquería.
Bazuca arma antitanque, arma portátil, *bazooka*.
Bazuquear agitar, sacudir, menear, traquetear, mover, revolver, bazucar.
Be balido, gamitido, berrido, quejido, lamento.
Beata devota, ferviente, piadosa, religiosa || santurrona, gazmoña, mojigata, puritana, hipócrita || bienaventurada, santa.
Beatería santurronería, gazmoñería, puritanismo, hipocresía, mojigatería || devoción, fervor, piedad, religiosidad.
Beatificación canonización, santificación, declaración, proceso.
Beatificar santificar, demostrar, canonizar, declarar, venerar, reverenciar, bendecir.
Beatífico bienaventurado, santo, beato, venerable, justo, modesto,

BEATITUD

cándido, bendito, augusto, puro, virtuoso, ejemplar, predestinado.
BEATITUD bienaventuranza, santidad, virtud, ejemplaridad, predestinación, pureza, candidez, modestia, veneración, bendición, gloria eterna || bienestar, felicidad, placidez, satisfacción, contento.
BEATO bienaventurado, santo, venerable, reverenciado, adorado, beatífico, justo, cándido, bendito, predestinado, virtuoso, puro, augusto || santurrón, mojigato, puritano, gazmoño, hipócrita || devoto, ferviente, piadoso, religioso.
BEBÉ * nene, rorro, crío, niño, pequeño, pequeñuelo, párvulo, chiquitín, criatura, angelito, infante, mocosuelo.
BEBEDERO abrevadero, fuente, venero, manantial, poza, laguna, remanso, pilón, pila, pileta, artesa.
BEBEDIZO brebaje, pócima, potingue, cocimiento, medicina, infusión, remedio, bebida, narcótico, filtro, veneno, tósigo, tóxico || potable, bebible, bebestible, bebedero.
BEBEDOR ebrio, dipsómano, alcohólico, alcoholizado, beodo, bebido, curdo, embriagado, alegre, achispado, v. borracho.
BEBER libar, sorber, catar, tomar, ingerir, tragar, probar, saborear, gustar, pimplar, refrescarse, escanciarse, servirse, absorber, copear, consumir, succionar, chupar, abrevarse, soplarse, chingar, emborracharse v., echar un trago, empinar el codo, humedecer el gañote, echar al coleto.
BEBERRÓN ebrio, beodo, bebido, curda, embriagado, achispado, borracho v.
BEBESTIBLE potable, bebible, bebedero, licor, bebida.
BEBIBLE bebestible, potable, bebedero.
BEBIDA líquido, licor, brebaje, poción, agua, jugo, zumo, néctar, elixir, refresco, caldo, tisana, infusión, solución, disolución, extracto || bebida alcohólica vino,

cerveza, sidra, aguardiente, ron, champaña, ginebra, coñac, anís, cazalla, tequila, jerez, manzanilla.
BEBIDO embriagado, achispado, curda, beodo, ebrio, mamado, v. borracho.
BEBISTRAJO pócima, brebaje, potingue, mezcla, mejunje, combinación.
BECA pensión, prebenda, plaza, ayuda, auxilio, subsidio, subvención, donación.
BECASINA * v. becada.
BECADA chocha, agachadiza, becacina, becardón, gallineta, zancuda, ave.
BECADO v. becario.
BECAR pensionar, subvencionar, v. becario.
BECARIO pensionado, subvencionado, auxiliado, pensionista, estudiante, colegial, universitario, escolar, becado, seminarista.
BECASINA v. becada.
BECERRA ternera, vaquilla, becerro, choto, jato, recental.
BECERRADA novillada, tienta, corrida, lidia.
BECERRO ternero, v. becerra.
BECHAMEL * besamela, salsa blanca, *besamel*.
BEDEL ordenanza, portero, conserje, mayordomo, cuidador, ujier, celador, empleado subalterno.
BEDELÍA portería, conserjería, mayordomía.
BEDUINO nómada, berberisco, beréber, transhumante, tuareg, árabe, mogrebí || bárbaro v., bruto, desaforado, inculto, incivil, atrasado, primitivo, cruel, feroz.
BEFA burla, mofa, escarnio, desdén, desprecio, chufla, pitorreo, ludibrio, chunga, ofensa, agravio, insulto, guasa, irrisión, afrenta, menosprecio.
BEFARSE burlarse, despreciar, escarnecer, mofarse, pitorrearse, ofender, menospreciar, afrentar, agraviar, insultar, guasearse, chunguearse.
BEFO belfo, morrudo, hocicudo, jetudo, bocudo || belfo, labio, morro, hocico, jeta.

Beguina mojigata, santurrona, hipócrita, v. beata.
Behetría demarcación, comarca, término, población, señorío, feudo || desorden, barullo, enredo, confusión, lío, embrollo, mezcolanza, galimatías.
Beige * color café con leche, pajizo, leonado, castaño.
Béisbol base-ball, pelota base, juego, deporte.
Bejín irritable, iracundo, excitable, vehemente, enojadizo, quejumbroso.
Bejuco hiedra, enredadera, clemátide, planta trepadora, liana.
Bejuquear azotar, sacudir, tundir, varear, apalear.
Belcebú lucifer, demonio v., diablo, satanás, mefistófeles, luzbel, arimán, leviatán, Pedro Botero.
Beldad hermosura, belleza, apostura, guapura, lindeza, majeza, galanura, perfección || guapa, hermosa, linda, maja, pimpollo, bella, venus, divina, sublime, agraciada, apuesta, buena moza, bien parecida, bonita, preciosa, perfecta, ideal.
Beldar aventar, separar, limpiar.
Belén nacimiento || jaleo, desorden, confusión, alboroto, tumulto, bulla, alharaca, lío, trapatiesta, embrollo, enredo.
Belez tinaja, cántaro, vasija, cántara, botijo, recipiente || menaje, ajuar, enseres.
Belfo labio, jeta, hocico, bocaza, bembo || morrudo, jetudo, bocón, hocicudo, bembón.
Belicismo agresividad, v. belicosidad.
Belicista v. belicoso.
Bélico guerrero, marcial, agresivo, v. belicoso.
Belicosidad agresividad, provocación, ofensa, bravuconería, marcialidad, pendencia, combatividad, acometividad.
Belicoso agresivo, pendenciero, marcial, batallador, acometedor, guerrero, combatiente, luchador, ofensivo, provocador, conquistador, belígero, contendiente, matón, bravucón, camorrista.

Beligerancia guerra, conflicto, contienda, lucha || importancia, valor, trascendencia, crédito, categoría.
Beligerante contendiente, enemigo, combatiente, luchador, bando, potencia, contrario, adversario, rival, contrincante, antagonista, oponente, en guerra.
Belígero v. belicoso.
Belitre rufián, pícaro, vil, ruin, truhán, pillo, perillán, barbián, travieso, granuja, bergante, taimado, bellaco, tunante, villano, tuno, astuto.
Belvedere * mirador, balcón, galería, corredor.
Bella hermosa, linda, guapa, bonita, apuesta, agraciada, sublime, divina, venus, pimpollo, bien parecida, ideal, perfecta, preciosidad.
Bellaco vil, ruin, rufián, perverso, bergante, tunante, bajo, malo, villano, belitre, pícaro, depravado, despreciable, perillán, barbián, rastrero, truhán, granuja || taimado, sagaz, hábil, astuto, pillo, sutil, agudo.
Bellamente hermosamente, primorosamente, bonitamente, atractivamente, v. bella.
Bellaquería truhanería, granujada, perversidad, vileza, maldad, bajeza, tunantada, rufianería, ruindad, pillería, deslealtad, perversidad, picardía.
Belleza hermosura, lindeza, majeza, apostura, preciosura, perfección, guapura, atractivo, encanto, gallardía, primor, divinidad, preciosidad, gracia, esplendor, finura, sublimidad, magnificencia, seducción, delicadeza || beldad, pimpollo, hermosa, linda, guapa, bonita, agraciada, preciosa, prototipo, ejemplar, norma, v. bella.
Bellido v. bello.
Bello apuesto, hermoso, lindo, majo, bonito, agraciado, bien parecido, precioso, perfecto, escultural, pimpollo, galán, adonis, guapetón || primoroso, grato, gentil, exquisito, elevado, delicado, de-

BEMBO licioso, agradable, sereno, placentero, puro, noble, pulcro, gracioso, majestuoso, atractivo.

Bembo bezo, labio, jeta, bocaza, belfo, bozal, hocico, morro.

Bembón jetudo, bezudo, bocudo, hocicudo, bocaza, morrudo.

Bemol nota, signo, alteración.

Bencina carburante, combustible, gasolina, *esencia*, disolvente, derivado del petróleo.

Bendecido v. bendito.

Bendecir consagrar, imponer, invocar, impetrar ‖ ensalzar, alabar, elogiar, honrar, exaltar, encumbrar, enaltecer, agradecer.

Bendición signo, seña, ademán, gesto, ceremonia, consagración, imposición, invocación, impetración ‖ favor, don, gracia, abundancia, prosperidad, dicha, fortuna, suerte, bienes.

Bendito consagrado, santo, bienaventurado, beato, santificado, bendecido ‖ humilde, modesto, sencillo, buenazo, ingenuo, inocente, feliz, dichoso, justo, venerable, ejemplar.

Benedícite anuencia, permiso, licencia, aquiescencia ‖ cántico, canto, oración, rezo.

Benefactor bienhechor, protector, caritativo, compasivo, humanitario, favorecedor, filántropo, valedor, generoso v., dadivoso, mecenas, defensor, sostén, patrocinador, tutor, benéfico.

Beneficencia filantropía, ayuda, amparo, auxilio, caridad, humanidad, favor, servicio, mecenazgo, patrocinio, limosna, pensión, socorro, subvención, benevolencia, merced, protección.

Beneficiado v. beneficiario.

Beneficiar favorecer, ayudar, auxiliar, amparar, patrocinar, subvencionar, agraciar, otorgar, conceder, dar, proteger, socorrer, dispensar, respaldar, cuidar, socorrer, atender, donar, legar, entregar, ofrecer ‖ **Beneficiarse** aprovecharse, emplear, utilizar, servir, obtener, lograr, lucrarse, enriquecerse, progresar, favorecerse, ganar.

Beneficiario favorecido, agraciado, remunerado, beneficiado.

Beneficio ganancia, provecho, lucro, usura, superávit, remuneración, recompensa, comisión, gajes, dividendo, estipendio ‖ favor, ayuda, bien, socorro, merced, servicio, atención, gracia, limosna, donación, ofrenda, subvención, regalo, patrocinio.

Beneficioso útil, provechoso, fructuoso, favorable, productivo, benéfico, lucrativo, eficaz, conveniente, bueno, valioso, ventajoso, remunerativo, rendidor, sano v., saludable, higiénico.

Benéfico humanitario, favorecedor, filántropo, mecenas, patrocinador, caritativo, protector, benefactor, beneficioso v.

Benemérito loable, encomiable, elogiable, meritorio, estimable, merecedor, acreedor, laudable, plausible, digno, honorable.

Beneplácito permiso, aprobación, aquiescencia, asentimiento, venia, consentimiento, tolerancia, conformidad, anuencia, asenso, licencia, acuerdo, condescendencia.

Benevolencia indulgencia, generosidad, bondad, magnanimidad, predilección, simpatía, afecto, piedad, complacencia, benignidad v., compasión, equidad, altruismo, liberalidad, templanza, lenidad, humanidad, cariño, consideración, docilidad.

Benevolente * v. benévolo.

Benévolo indulgente, magnánimo, bueno, generoso, complaciente, piadoso, afectuoso, simpático, humanitario, predilecto, liberal, considerado, cariñoso, piadoso, clemente, bondadoso, benigno v., afable, compasivo, conciliador, paternal, propicio.

Bengala cohete, luminaria, luz, señal, aviso.

Benignidad afabilidad, docilidad, humildad, suavidad, apacibilidad, mansedumbre, dulzura, delicade-

za, bondad, obediencia, sumisión, generosidad v. benevolencia.
BENIGNO apacible, afable, suave, humilde, dócil, obediente, bondadoso, delicado, dulce, manso, sumiso, generoso, complaciente, v. benévolo || templado, agradable, cálido, sereno.
BENJAMÍN menor, último, pequeño.
BENJUÍ bálsamo, aroma, perfume, oleorresina.
BEOCIO necio, memo, estúpido, bobo, lerdo, tonto, mentecato, zopenco.
BEODEZ embriaguez, curda, mona, ebriedad, tranca, v. borrachera.
BEODO ebrio, embriagado, borracho, curda, temulento, mamado, emborrachado, dipsómano, cuba, bebido, borrachín, alegre, achispado, alumbrado, alcoholizado.
BEOTISMO estupidez, idiotez, torpeza, grosería.
BEQUE bacinilla, orinal, bacín, pedrito, perico, vaso de noche, retrete, excusado.
BERBERECHO molusco, bivalvo, almeja.
BERBERISCO v. beréber.
BÉRBERO agracejo, agraz, arbusto, planta.
BERBIQUÍ taladro, trépano, broca, barrena, escariador, fresa, perforador.
BERÉBER berberisco, moro, rifeño, berebere, musulmán, mahometano, v. árabe.
BERENJENAL enredo, dificultad, lío, trampa, embrollo, confusión, maraña, barullo, alboroto, tumulto, desorden.
BERGAMOTA lima, pera, fruto.
BERGAMOTO peral, limero, árbol.
BERGANTE pícaro, belitre, rufián, truhán, rastrero, granuja, pillo, taimado, astuto, perillán, barbián, tunante, bellaco v.
BERGANTÍN velero, goleta, nave, embarcación, v. barco.
BERILIO glucinio, metal.
BERILO esmeralda, aguamarina, gema, piedra preciosa.
BERLINA coche, carruaje, cupé, vehículo.
BERLINGA pértiga, palo, percha, madero, vara, rollizo.
BERMEJO rojizo, encarnado, amarillento, cobrizo, azafranado, anaranjado.
BERMELLÓN colorado, rojo v., encarnado, escarlata, granate, carmesí, púrpura || cinabrio, mineral.
BERNEGAL taza, vaso, tinaja, recipiente, cántara, crátera.
BERREAR mugir, rugir, lloriquear, chillar, gritar, vociferar, desentonar, cantar, rabiar, aullar.
BERRENCHÍN v. berrinche.
BERRENDO manchado, tordo, pintado.
BERREO v. berrido, berrinche.
BERREÓN gritón, chillón, llorón, vociferante, desentonado, rabioso, encorajinado, irritado, aullador.
BERRIDO mugido, rugido, barrito, vozarrón, canto desafinado, grito, chillido, aullido, lloriqueo.
BERRÍN bejín, irritable, iracundo, enojadizo, excitable, vehemente, quejumbroso.
BERRINCHE rabieta, enojo, irritación, cólera, enfado, corajina, coraje, sofocación, disgusto, berrenchín, perra, pataleta, arrebato, ira, acceso, ataque.
BERRO balsamita, mastuerzo, crucífera, planta, vegetal.
BERROCAL pedregal, roquedal.
BERROQUEÑA roca, piedra, granito.
BERRUECO piedrecilla, nódulo, guijarro, tolmo, granítico, barrueco || tumor, grano, bulto.
BERZA repollo, col, lombarda, brécol, coliflor, nabicol.
BESALAMANO esquela, nota, misiva, carta, billete, volante, comunicación, tarjeta.
BESAMANOS reverencia, inclinación, venia, cortesía, sombrerazo, acatamiento, homenaje.
BESAMEL * besamela, salsa blanca, *bechamel*.
BESANA arada, labrantío, surcos, labor.
BESAR besuquear, rozar, acariciar, mimar, sobar, babosear, hocicar.
BESO besuqueo, roce, caricia, con-

BESTIA

tacto, arrumaco, carantoña, sobo, mimo, baboseo, hociqueo, terneza, galanteo.

BESTIA animal, cuadrúpedo, acémila, irracional, caballería, mula, caballo, burro, rapaz, carnicero, fiera, alimaña, bicho || bárbaro, cruel, v. bestial.

BESTIAL salvaje, inhumano, cruel, bárbaro, feroz, bruto, bravío, brutal, desalmado, sádico, cafre, sanguinario, atroz, fiero, insensible, duro, encarnizado, sañudo.

BESTIALIDAD brutalidad, irracionalidad, fiereza, crueldad, atrocidad, sadismo, insensibilidad, dureza, barbaridad, animalada, ferocidad, saña, encarnizamiento || perversión, desviación.

BESTIALMENTE ferozmente, sañudamente, encarnizadamente, fieramente, brutalmente, v. bestialidad.

BESTIÓN bestia, bicha, figura fantástica.

BÉSTOLA arrejada, aguijada, vara, paleta.

BEST-SELLER * el libro más vendido, un éxito.

BESUCÓN sobón, mimoso, acariciador, empalagoso.

BESUGO pajel, pescado, pez blanco.

BESUQUEAR acariciar, sobar, mimar, empalagar, rozar, hociquear, babosear, galantear, enamorar.

BESUQUEO v. beso.

BETARRAGA remolacha, batarrata, herbácea, planta.

BETÓN * argamasa, hormigón.

BETÚN asfalto, alquitrán, brea, pez, resina.

BEY dignatario, gobernador, turco.

BEZO belfo, labio grueso, jeta, bocaza, morro, hocico.

BEZUDO jetudo, bocón, hocicudo, bocaza, morrudo.

BIBELOT * figurilla, muñeco, juguete, chuchería, bujería.

BIBERÓN botellín, botella, frasco, recipiente.

BIBLIA Sagrada Escritura, Libros Santos, Sagrados Textos, Antiguo y Nuevo Testamento, Evangelio, Letras Divinas.

BÍBLICO sagrado, histórico, venerable, antiguo, evangélico, apocalíptico.

BIBLIÓFILO coleccionista, aficionado, entendido, experto.

BIBLIOGRAFÍA descripción, relación, lista, ordenación, catálogo (de libros).

BIBLIOTECA local, archivo, dependencia, organismo, centro, edificio || librería, estante, estantería, repisa, anaquel, rinconera, gaveta.

BIBLIOTECARIO archivero, encargado, cuidador, curador, conservador.

BICARBONATO antiácido, base, remedio, medicamento.

BICÉFALO bicípite, bifronte, de dos cabezas.

BÍCEPS de dos cabezas, de dos cimas, músculo.

BICICLETA velocípedo, biciclo, tándem.

BICÍPITE bicéfalo, de dos cabezas.

BICOCA fruslería, nadería, pequeñez, bagatela, insignificancia, baratija, chuchería, minucia, nimiedad || ocasión, ganga, breva, momio, negocio, oportunidad, saldo, bocado, provecho, mina.

BICOQUETE papalina, papahígo, bicoquín, gorra, cubrecabezas.

BICHA v. bicho.

BICHARRACO bicha, v. bicho.

BICHERO asta, vara, gancho, arpón, regatón, cloque, pértiga.

BICHO sabandija, gusarapo, musaraña, alimaña, parásito, gorgojo, bicha, górgola, bicharraco, reptil, insecto, batracio, renacuajo, larva, gusano, bestia, bestezuela || perverso, dañino, maligno, malvado v.

BICHOZNO quinto nieto, hijo del cuadrinieto, requetenieto, descendiente.

BIDÉ cubeta, receptáculo, mueble de tocador, *bidet.*

BIDÓN lata, bote, cuba, recipiente, envase, cubeta, barril, tonel.

BIELA cruceta, traviesa, barra, varilla, larguero, eje.

BIELDO horca, horquilla, aventador, aviento, tridente, horqueta, rastrillo, bidente, escarpidor.

BIEN beneficio, favor, merced, gracia, don, donación, servicio, atención, socorro, ayuda, auxilio, apoyo, ofrenda, limosna, concesión, dádiva, caridad, amparo, protección, altruismo, asistencia || perfecto, apropiado, aceptable, admisible, adecuado, conveniente, conforme, ajustado, bueno, proporcionado, oportuno, justo, acertado || fortuna, v. bienes.

BIENAL cada bienio, cada dos años, en años alternos.

BIENANDANTE feliz, afortunado, dichoso, favorecido, agraciado, venturoso.

BIENANDANZA ventura, suerte, felicidad, fortuna, dicha, gracia, favor, bienestar, satisfacción, contento, bienaventuranza.

BIENAVENTURADO santo, beato, beatífico, bendito, augusto, perfecto, elegido, predestinado, venerable || afortunado, venturoso, dichoso, agraciado, favorecido, contento, feliz, satisfecho, alegre, esperanzado, ilusionado || bueno, ingenuo, inocente, bonachón, sencillo, cándido, simple.

BIENAVENTURANZA santidad, beatitud, bendición, perfección, predestinación, salvación, inmortalidad, elevación, cielo, gloria, paraíso || dicha, felicidad, v. bienandanza.

BIENES fondos, fortuna, capital, riqueza, caudal, acervo, posesiones, pertenencias, recursos, peculio, patrimonio, herencia, heredad, bolsa, suma, posibilidades, medios, renta, ahorros, economías, hacienda, dinero.

BIENESTAR comodidad, desahogo, holgura, tranquilidad, prosperidad, descanso, acomodo, conveniencia, dicha, fortuna, suerte, felicidad, paz, regalo, riqueza, recurso, ventura, serenidad, confianza, seguridad.

BIENHABLADO educado, cortés, comedido, prudente.

BIGAMIA

BIENHECHOR benefactor, protector, filántropo, mecenas, patrocinador, tutor, caritativo, compasivo, defensor, sostén, piadoso, humanitario, benévolo, dadivoso, generoso, liberal, tutelar, desprendido, espléndido, benéfico v.

BIENINTENCIONADO comprensivo, virtuoso, justo, bueno, bienhechor v., afable, humano, bondadoso, benigno, indulgente, tierno, compasivo.

BIENIO dos años, bienal, bianual.

BIENMANDADO sumiso, obediente, dócil, manso, disciplinado.

BIENOLIENTE fragante, aromático, oloroso, perfumado, aromado, balsámico, odorífico.

BIENQUERENCIA afecto, cariño, inclinación, aprecio, simpatía, apego, adhesión, predilección, amistad, ternura, voluntad, dilección.

BIENQUISTO estimado, querido, apreciado, dilecto, considerado, respetado, amado, honrado, caro.

BIENVENIDA saludo, parabién, acogida, recibimiento, homenaje, recepción, acogimiento, panegírico, elogio, halago, atención, salutación, congratulación, abrazo, pláceme, agasajo, cortesía, enhorabuena, cumplido.

BIES * sesgo, oblicuidad, torcimiento, sesgado, cruzado, transversal, diagonal.

BÍFIDO dividido, partido, rasgado, hendido, de dos puntas.

BIFTEC * bistec, chuleta, tajada, carne.

BIFURCACIÓN desvío, ramal, cruce, derivación, ramificación, división, separación, divergencia, cruz, apartadero, atajo, camino, carretera, trocha, vericueto.

BIFURCADO dividido, separado, ramificado, ahorquillado, bífido, separado, desviado, escindido.

BIFURCARSE desviarse, separarse, ramificarse, dividirse, divergir, cruzarse, apartarse, ahorquillarse, escindirse.

BIGAMIA binubez, ilegalidad, ilegitimidad, infracción, delito.

BÍGAMO bínubo, esposo ilegal, ilegítimo, infractor, casado dos veces.
BIGARDEAR vagar, vagabundear, haraganear, callejear, holgazanear.
BIGARDÍA burla, chasco, fingimiento, disimulo, broma, befa, inocentada.
BIGARDO vago, vicioso, holgazán, licencioso, haragán, truhán, perillán.
BÍGARO molusco, caracol marino.
BIGOTE mostacho, bozo, vello, pelo, cerda, cepillo.
BIGOTUDO mostachudo, peludo, velludo, hirsuto, abigotado.
BIGUDÍ rizador, ondulador, adminículo.
BILATERAL doble, de dos partes, sinalagmático.
BILIOSO irritable, colérico, atrabiliario, excitable, iracundo, amargado, cascarrabias || ictérico, verdoso, amarillento.
BILIS hiel, atrabilis, humor, secreción || enojo, cólera, irritación, amargura, desazón, tristeza, desánimo, pesimismo, acrimonia, aspereza.
BILL * proyecto de ley, ley, decreto, acta.
BILLAR mesa, juego de destreza.
BILLETE boleto, bono, vale, cédula, comprobante, cupón, talón, pago, tarjeta, volante || carta, misiva, nota, mensaje || moneda, dinero, título al portador, cédula a. p.
BILLETERO cartera, carterita, bolso, monedero.
BILLÓN un millón de millones || En algunos países: mil millones.
BIMBA sombrero, chistera, bombín, hongo.
BÍNUBO v. bígamo.
BIMENSUAL quincenal, dos veces al mes || v. bimestral.
BIMESTRAL cada dos meses || v. bimensual.
BINAR arar, cavar, labrar, edrar, remover, revolver.
BINARIO de dos elementos, dos unidades, dos guarismos.
BINOCULARES binóculo, gemelos, anteojos, prismáticos, lentes, gafas, quevedos.

BINÓCULO v. binoculares.
BINZA laminilla, película, telita, cutícula, piel, membrana, túnica, pellejo.
BIOGRAFÍA vida, historia, carrera, crónica, existencia, hazañas, relación, aventuras, relato, acontecimientos, sucesos.
BIÓGRAFO escritor, historiador, cronista, ensayista.
BIOMBO pantalla, mampara, bastidor, visera, persiana, cancel.
BIOPSIA análisis, examen, disección, vivisección, corte, extracción.
BÍPEDO bípede, de dos pies.
BIRLAR hurtar, despojar, quitar, robar, apandar, rapiñar, arrebatar, desvalijar, limpiar, afanar, ratear, sisar, sustraer, pulir, expoliar.
BIRLESCO ladrón v., rufián, caco, villano.
BIRLOCHA volantín, pandorga, cometa v., barrilete.
BIRRETA solideo, birrete v.
BIRRETE gorro v., bonete, birreta, chapeo, gorra, sombrajo.
BIRRIA adefesio, mamarracho, espantajo, facha, espantapájaros, pelele, títere, ridículo, grotesco, extravagante, zaparrastroso, desastrado, canijo.
BIS segundo, dos, duplicado, repetido, segunda vez.
BISAGRA charnela, gozne, pernio, alguaza, charneta, articulación, juego.
BISAR repetir, reiterar, duplicar, doblar, binar.
BISBISAR musitar, murmurar, mascullar, susurrar, balbucear, balbucir, farfullar, barbotar, cuchichear, rumorear.
BISCUIT * bizcocho, masa || objeto de porcelana.
BISECAR disecar, cortar, escindir, partir, dividir.
BISEL corte, ángulo, chaflán, ochava, filo, borde, esquina, arista, sesgo, oblicuidad.
BISEMANAL quincenal, quincenario.
BISEXUAL hermafrodita, andrógino, ambiguo, equívoco, indefinido.
BISOJO bizco v., estrábico, estrabón.

BISONTE cíbolo, bóvido, búfalo americano.
BISOÑÉ peluca, peluquín, postizo, añadido, periquillo, perico.
BISOÑO novato, novicio, novel, inexperto, aprendiz, pipiolo, nuevo, neófito, principiante, verde, incipiente.
BISTEC chuleta, solomillo, tajada, loncha, lonja, carne, *bisté*.
BISTRE * pardo, gris, terroso, castaño, color.
BISTRO * taberna, tasca.
BISTURÍ lanceta, escalpelo, instrumento quirúrgico, cuchillo, hoja.
BISUNTO sucio, sobado, grasiento, percudido, ajado, manoseado, deslucido, marchito.
BISUTERÍA baratija, imitación, fruslería, buhonería, bagatela, brujería.
BITÁCORA compás, brújula, aguja, cuadrante, rosa de los vientos, caja.
BITUMINOSO abetunado, bituminado, graso, oleoso, pegajoso.
BIZANTINISMO corrupción, decadencia, depravación || inutilidad, sutileza, inanidad, futilidad, complicación, pamplina.
BIZANTINO fútil, baldío, inútil, nimio, insignificante.
BIZARRÍA valor, arrojo, osadía, intrepidez, denuedo, bravura, ímpetu, esfuerzo, arresto || apostura, gallardía, arrogancia, elegancia, garbo, prestancia || BIZARRÍA * extravagancia, capricho, rareza.
BIZARRO valiente, intrépido, arrojado, esforzado, denodado, impetuoso, bravo, osado, valeroso, audaz || apuesto, gallardo, arrogante, elegante, garboso, bien plantado, galán.
BIZCAR v. bizquear.
BIZCO bisojo, estrábico, trasojado, bizcuerno, estrabón, trascorneado.
BIZCOCHO galleta, torta, bollo, melindre, pastel, golosina, bizcochuelo, bizcotela, barquillo, hostia, oblea, || loza, porcelana, yeso.
BIZMA emplasto, pegote, plasta, ungüento, cataplasma, sinapismo.
BIZQUEAR embizcar, bizcar, bizconear, guiñar, extraviar, torcer, trabar (la vista).
BIZQUERA estrabismo, desviación, extravío de la mirada.
BLANCO albo, níveo, cándido, inmaculado, cano, cande, lechoso, pálido, albar, albugíneo, claro, nevado, albino || diana, centro, punto, hito || objetivo, fin, propósito, objeto, término || ario, caucásico, occidental, indoeuropeo, indogermánico, jafético.
BLANCURA albura, blancor, candor, albor, lechosidad, nieve, albicie.
BLANCUZCO v. blanquecino.
BLANDAMENTE suavemente, mansamente, muellemente, tiernamente, levemente, apaciblemente, serenamente, tranquilamente.
BLANDEAR aflojar, ceder, reblandecer, relajar.
BLANDENGUE blando, suave, benigno, apacible, pacífico, timorato, tímido, apocado, pusilánime, acoquinado, menguado, flojo.
BLANDICIA halago, coba, adulación || molicie, pereza, haraganería.
BLANDIR empuñar, aferrar, enarbolar, alzar, agitar, mover, balancear, oscilar, levantar, apretar, sujetar.
BLANDO tierno, suave, esponjoso, fofo, mórbido, leve, muelle, mullido, flojo, laxo, fláccido, maduro, dúctil, pastoso, maleable, pulposo, deformable, blandengue, blanduzco || dócil, suave, tranquilo, apacible, sereno, dulce, benigno, blandengue, apocado, pusilánime, tímido, timorato, calzonazos, menguado, acoquinado, cobarde.
BLANDÓN cirio, vela, hachón, candelabro, candelero.
BLANDUJO blanduzco, v. blando.
BLANDURA elasticidad, suavidad, flaccidez, ductilidad, maleabilidad, flexibilidad, morbidez, flojedad, pastosidad, madurez, deformación || mansedumbre, afabilidad, dulzura, benignidad, suavidad, abandono, indolencia, flema, flojedad, pusilanimidad, cortedad, encogimiento, retraimiento, irresolución, embarazo.

Blanduzco blandujo, v. blando.
Blanqueamiento v. blanqueo.
Blanquear aclarar, encanecer, albear, emblanquecer || enjabelgar, encalar, enyesar, enlucir, pintar.
Blanquecino blancuzco, lactescente, claro, perlino, nacarado, cano, plateado, albino, albero, v. blanco.
Blanqueo enjabelgamiento, jabelgue, enlucido, mano, pintura, enyesamiento, blanqueamiento.
Blasfemar maldecir, renegar, vituperar, jurar, execrar, imprecar, condenar, echar pestes.
Blasfemia maldición, juramento, imprecación, sacrilegio, reniego, terno, taco, palabrota, irreverencia, execración, vituperio, injuria, grosería, ultraje.
Blasfemo irreverente, sacrílego, pecador, maldiciente, malhablado, renegador, blasfemante, grosero, ultrajante.
Blasón escudo, emblema, armas, heráldica, alegoría, lema, símbolo, divisa, insignia, figura, leyenda, mote, timbre, señal, pieza || linaje, honor, gloria, fama.
Blasonado ilustre, linajudo, noble, aristocrático, patricio, señorial, godo, preclaro, encopetado.
Blasonador presuntuoso, fanfarrón, presumido, jactancioso, baladrón, pretencioso, hablador, ostentoso.
Blasonar jactarse, alabarse, pavonearse, vanagloriarse, presumir, fanfarronear, cacarear, darse bombo.
Blata cucaracha, otóptero, insecto, sabandija, bicharraco, parásito.
Bledo insignificancia, minucia, pizca, comino, ardite, nimiedad.
Blenorragia gonorrea, gonococia, blenorrea, uretritis, inflamación, flujo, enfermedad venérea.
Blinda viga, bastidor, soporte, madero.
Blindado acorazado, protegido, v. blindaje.
Blindaje coraza, plancha, defensa, protección, forro, revestimiento, recubrimiento, caparazón, placa, chapa, concha.
Blindar acorazar, proteger, defender, forrar, revestir, recubrir.
Bloc * *bloque*, taco, hojas, cuadernillo, libreta, librillo.
Blocao fortín, reducto, garita, fortificación, fuerte, torre.
Blockhaus * v. blocao.
Blonda encaje, puntilla, calado, bolillo, bordado.
Blondo rubio, bermejo, rubiales, rubicundo, pajizo.
Bloque sillar, trozo, masa, mazacote, paralelepípedo, cubo, piedra, dovela.
Bloque * librillo, libreta, cuadernillo, taco, hojas.
Bloquear asediar, cercar, sitiar, rodear, circundar, acorralar, encerrar, aislar, incomunicar || cerrar, cortar, intercomunicar, obstruir, obstaculizar.
Bloqueo asedio, sitio, cerco, acorralamiento, encierro, aislamiento, incomunicación || interrupción, obstrucción, obstáculo, corte, cierre.
Blue-jeans * pantalones vaqueros, tejanos.
Bluff *fanfarronada, farol, fachenda, baladronada, bravata, jactancia.
Blusa blusón, marinera, chambra, bata, camisola, camisa.
Boa pitón, anaconda, tragavenados, serpiente, ofidio, reptil.
Boalar dula, dehesa, pastizal, prado, campo.
Boardilla v. buhardilla.
Boato ostentación, lujo, fausto, derroche, pompa, rumbo, riqueza, fastuosidad, suntuosidad, postín, esplendor, esplendidez, lucimiento, gala, magnificencia, grandeza, aparato, grandiosidad, bambolla, relumbrón, apoteosis, bizantinismo, oropel, opulencia.
Bobada simpleza, necedad, sandez, tontada, tontería, gansada, fantochada, mentecatada, mentecatez, vaciedad, gedeonada, memez, idiotez, sosería, disparate, dislate, botaratada, bobería, majadería, ingenuidad, primada, puerilidad.
Bobalicón v. bobo.

BOBEAR tontear, fantochear, disparatar.

BOBERÍA v. bobada.

BÓBILIS BÓBILIS (DE) gratis, gratuitamente, regalado, franco, libre, obsequiado, sin cargo, de balde || fácilmente, sin esfuerzo, sin trabajo.

BOBINA carrete, canilla, devanadera, transformador, cilindro, devanado, electroimán, inductor.

BOBO necio, simple, insensato, simplicio, tonto, atontado, idiota, mentecato, vacío, vacuo, gedeón, ganso, fantoche, patoso, ñoño, botarate, soso, majadero, memo, borrico, burro, asno, lelo, papanatas, palurdo, obtuso, babieca, aturdido, alelado, sandio, pasmarote, pasmado, badulaque, ignorante, mameluco, rudo, gaznápiro, bodoque, primo, pazguato, pasmón, zopenco, rústico, animal, bestia, inocente, ingenuo, ababol, zote, zoquete, negado, torpe.

BOCA abertura, entrada, agujero, orificio, embocadura, acceso, ingreso, hueco, hendedura, boquete, grieta, raja, rendija, resquicio || morro, jeta, hocico, fauces, faringe, garganta, tragaderas, tarasca, bocaza, bocacha, labios, belfos.

BOCACALLE esquina, cruce, acceso, entrada, salida, embocadura, ingreso.

BOCACÍ bucarán, holandilla, esterlín, tela, hilo.

BOCADILLO emparedado, panecillo, canapé, empanadilla, bollo, bocado, fruslería, tentempié, piscolabis.

BOCADO mordisco, mordedura, dentellada, tarascada || trozo, cacho, fragmento, parte, pedazo, porción, sección || freno, correa, embocadura.

BOCAJARRO (A) a quemarropa, a la cara, cerca, de frente, de sopetón.

BOCAL presa, muro, azud.

BOCAMINA acceso, ingreso, entrada, orificio, embocadura, abertura de la mina.

BOCANA canal, entrada, acceso.

BOCANADA vaharada, aliento, hálito, emanación, resuello, espiración, vaho, soplo, jadeo, exhalación, vapor, fumarada, buche, bocado v.

BOCARTE sardina, anchoa, cría, alevín, pescado, pez azul.

BOCAZA charlatán, parlanchín, hablador, gárrulo, facundo.

BOCAZAS * v. bocaza.

BOCEL moldura, saliente, resalto, perfil, adorno, filete, nervadura, mediacaña, listón, faja, estría, cordón, franja.

BOCERA boquera, excoriación, llaga, herida.

BOCERAS v. bocaza.

BOCETO esbozo, bosquejo, esquema, apunte, croquis, borrador, proyecto, plan, dibujo, plano, diseño, nota.

BOCINA cuerno, corneta, trompeta, *claxon*, pabellón, caracola, instrumento, altavoz, altoparlante, megáfono.

BOCIO hipertiroidismo, hipertrofia, bulbo, tumor, papo, papera, papada, dolencia.

BOCK * jarro, vaso, jarra de cerveza.

BOCÓN charlatán, fanfarrón, parlanchín, hablador, bocaza || morrudo, jetudo, belfudo, befudo, hocicudo, morrazos, bocudo.

BOCOY barril, cuba, pipa, tonel, barrica, casco, tina, cubeta, pipote.

BOCUDO jetudo, morrudo, belfudo, morrazos, hocicudo, bocón, befudo.

BOCHA bola, esfera, bala, boliche, petanca.

BOCHINCHE barullo, escándalo, alboroto, tumulto, jaleo, trapatiesta, marimorena, desorden, estrépito, vocerío, jarana, griterío, baraúnda, guirigay, zapatiesta, tiberio.

BOCHINCHERO escandaloso, ruidoso, alborotador, agitador, estrepitoso, vocinglero, gritón, jaranero, pendenciero.

BOCHORNO canícula, calor, calina, ardor, vulturno, ardentía, sofoco, asfixia, ahogo, sofocamiento, ja-

BOCHORNOSO

deo || sonrojo, vergüenza, rubor, turbación, confusión, erubescencia, aturdimiento, desazón.

BOCHORNOSO vergonzoso, ofensivo, deshonroso, infamante, afrentoso, aflictivo, ignominioso || caluroso, canicular, caliginoso, cálido, ardoroso, sofocante, asfixiante, ardiente.

BODA matrimonio, enlace, esponsales, desposorio, himeneo, unión, nupcias, ceremonia, sacramento, vínculo, consorcio, coyunda, casorio, alianza, casamiento v., maridaje.

BODE macho cabrío, cabrón, chivo, beche, bardón.

BODEGA cava, sótano, bóveda, subsuelo, cripta, cueva, subterráneo, silo, despensa, almacén.

BODEGÓN figón, taberna, fonda, posada, fonducho, hostal, cantina, tasca, vinatería.

BODIGO panecillo, pan, bollo.

BODIJO casorio, casamiento deslucido, boda v.

BODOQUE memo, lelo, necio, zopenco, tonto, v. bobo || bordado, refuerzo, pespunte, cosido, puntada || bola, pelota, bulto.

BODORRIO v. bodijo.

BODRIO bazofia, guisote, comistrajo, mezcla, caldo, rancho, sancocho, potingue, mejunje, porquería.

BOFE pulmón, víscera, órgano, asadura.

BOFETADA tortazo, torta, bofetón, cachete, mamporro, guantazo, revés, pescozón, trompada, manotazo, moquete, soplamocos, sopapo, chuleta, galleta, mojicón, metido, tapaboca, cate, puñada, puñetazo, trompazo.

BOFETÓN v. bofetada.

BOFO fofo, blando v., inconsistente.

BOGA moda, actualidad, popularidad, reputación, aceptación, fortuna, fama, novedad, uso, costumbre || remadura, ciadura, bogadura, singladura, avance.

BOGAR remar, ciar, impulsar, avanzar, batir, sirgar, halar, bojear.

BOGAVANTE crustáceo, langosta, cabrajo.

BOHARDILLA buhardilla v.

BOHEMIA despreocupación, desorden, holganza, displicencia, indiferencia, vagancia, haraganería, libertad, dejadez, abandono, negligencia, descuido.

BOHEMIO despreocupado, dejado, abandonado, holgazán, vago, displicente, indiferente, libre, desordenado, vagabundo, errante, descuidado, negligente, gitano, irregular.

BOHÍO choza, cabaña, chabola, cobijo, casilla, barraca, tugurio.

BOHORDO venablo, lanza, dardo, jabalina, astil.

BOICOT aislamiento, exclusión, separación, apartamiento, alejamiento, rechazo, repulsión, expulsión, privación, desprecio.

BOICOTEAR aislar, rechazar, despreciar, privar, excluir, alejar, apartar, obstaculizar, separar, repeler, expulsar.

BOICOTEO boicot v.

BOINA gorra, chapela, casquete, gorro, chapeo, bonete, birrete.

BOIRA neblina, bruma, calina, niebla v., calígine.

BOÎTE * sala de fiestas, cabaret.

BOJ arbusto, boje, seto, buxácea, planta.

BOJEAR costear, circunvalar, rodear, navegar, bojar, ir en cabotaje.

BOJIGANGA farándula, comparsa, farsa, mojiganga, cómicos, compañía de la legua.

BOL ponchera, tazón, cuenco, taza, jícara, salserilla, pocillo, vaso || red, jábega, malla, tejido, redada.

BOLA esfera, pelota, globo, balón, pelotón, bala, bolita, canica, cuenta, abalorio, píldora, grano, pella, burujo || mentira, trola, embuste, fantasía, invención, fábula, cuento, falsedad, patraña, falacia.

BOLAÑO piedra, bola, pelota, bala.

BOLAZO (DE) apresuradamente, rá-

pidamente, ligeramente, de prisa, chapuceramente, descuidadamente, velozmente.
BOLCHEVIQUE comunista, marxista, soviético, ruso.
BOLCHEVISMO marxismo, comunismo, proletariado, soviet.
BOLDO infusión, té, tisana, bebida, solución || arbusto, planta.
BOLEAR arrojar, impeler, lanzar, tirar, echar.
BOLERA boliche, pista, local, cancha.
BOLERO baile, bailable, ritmo, aire musical || chaquetilla, blusa, camisola, guayabera, torera || trolero, mentiroso, embustero, cuentista.
BOLETA papeleta, volante, vale, boletín, bono, tarjeta, talón, billete, cupón, cédula, comprobante, recibo, libranza.
BOLETÍN gaceta, circular, revista, folleto, suplemento, publicación, impreso, periódico, hoja.
BOLETO v. boleta.
BOLICHE bolera, pista, local, bolos || v. bola || red, jábega, malla, tejido.
BÓLIDO aerolito, meteorito, exhalación, uranolito, piedra, asteroide, astrolito.
BOLÍGRAFO * esferógrafo, esferográfica, pluma, estilográfica, lápiz, instrumento de escritura.
BOLILLO palito, palillo, varita.
BOLINA cabo, cuerda, cordel, calabrote, soga, maroma || alboroto v., jaleo, escándalo, bulla.
BOLISA pavesa, chispa, ceniza.
BOLITA v. cuentecilla.
BOLO palitroque, palo, taco, tarugo, clava, pilote || necio, lelo, memo, zopenco, estúpido, v. bobo.
BOLONIO bolo, v. bobo.
BOLSA saco, talega, bolso, fardel, alforja, mochila, macuto, morral, funda, escarcela, zaina, zurrón, faltriquera, barjuleta, sacocha, costal, valija, bulto, envoltorio, atadizo, lío, cartera || lonja, edificio, entidad, organismo.
BOLSILLO saquillo, bolsilla, bolso, v. bolsa, faltriquera.

BOLSISTA financiero, especulador, banquero, cambista, alcista, bajista, corredor, hacendista, obligacionista.
BOLSO cartera, bolsillo, v. bolsa.
BOLLAR abollonar, repujar, marcar, sellar.
BOLLERÍA pastelería, confitería, panadería, tienda, establecimiento.
BOLLO panecillo, torta, bizcocho, rosca, ensaimada, suizo, trenza, pastel, galleta, bizcocho, barquillo, empanada, coca, magdalena, pasta, golosina, melindre || bulto, abolladura, prominencia, resalto, bombeo.
BOMBA máquina, artefacto, aparato, instrumento para impulsar líquidos, aguatocha, sacabuche, jeringa, pistón, elemento aspirante impelente || proyectil, granada, bala, explosivo, munición, pieza.
BOMBACHO calzón, pantalón, bombacha.
BOMBARDA cañón v., basilisco, lombarda, mortero, pieza artillera.
BOMBARDEAR cañonear, castigar, atacar, hostigar, destruir, arrasar, demoler, aniquilar.
BOMBARDEO incursión, ataque, alarma, castigo, arrasamiento, destrucción, amenaza, aniquilación, cañoneo, ametrallado, agresión, fuego.
BOMBASÍ fustán, tela de algodón.
BOMBÁSTICO ampuloso, redundante, engolado, pedante.
BOMBAZO explosión, zambombazo, estallido, voladura, estruendo, detonación.
BOMBEAR * impeler, impulsar, extraer, sacar, succionar, chupar, vaciar || adular, halagar, alabar, elogiar, dar coba, dar bombo || bombardear v.
BOMBEO bulto, convexidad, pandeo, barriga, bollo, abolladura, prominencia, resalto, comba.
BOMBILLA lámpara, lamparilla, globo, farol, bulbo.
BOMBÍN hongo, sombrero v., chistera, galera.
BOMBO tambor, timbal, atabal, par-

che, caja || coba, lisonja, alabanza, adulación, loa, encomio, elogio, vanagloria, jactancia, tono.
Bombón dulce, golosina, chocolate, chocolatina, chocolatín.
Bombona vasija, botella, botellón, recipiente, garrafa, redoma.
Bonachón bondadoso, buenazo, dócil, amable, crédulo, apacible, sencillo, cándido, candoroso, infeliz, ingenuo, manso, blando, calzonazos, apocado v. flojo.
Bona fide * de buena fe, honestamente, honradamente.
Bonancible sereno, despejado, raso, estrellado, claro, apacible, benigno, tranquilo, suave, favorable, hermoso.
Bonanza calma, tranquilidad, serenidad, escampada, claridad, suavidad, tersura, quietud, inmovilidad, reposo || prosperidad, bienestar, tranquilidad, dicha, felicidad, optimismo, auge, progreso, fortuna, opulencia.
Bondad afabilidad, amabilidad, benignidad, benevolencia, dulzura, cordialidad, cariño, afecto, ternura, simpatía, apego, virtud, abnegación, sacrificio, altruismo, generosidad, desinterés, celo, filantropía, desprendimiento, renuncia, piedad, indulgencia, misericordia, humanidad, compasión, clemencia, caridad, corazón, magnanimidad, cortesía.
Bondadosamente amablemente, cariñosamente, v. bondad.
Bondadoso amable, benévolo, benigno, afable, cortés, magnánimo, cordial, caritativo, indulgente, misericordioso, humanitario, compasivo, clemente, piadoso, desprendido, filantrópico, desinteresado, virtuoso, abnegado, sacrificado, simpático, tierno, afectuoso, cariñoso, dulce.
Bonete birrete, gorro v., boina, capelo, gorra, chapeo, sombrero, v., papalina, moña, montera, solideo, casquete.
Bonetería sombrerería || Bonetería * mercería, camisería.

Bongo canoa, lancha, barca v., piragua, esquife.
Bongó tamboril, parche, tamborino, atabal, timbal, tambor.
Bonhomía * bondad, sencillez, candor, ingenuidad.
Boniato batata, tubérculo, raíz, planta.
Bonificación reducción, deducción, descuento, compensación, rebaja, mejora, abono, ventaja, beneficio, disminución, ajuste, indemnización, remuneración, ganancia, provecho, ayuda, concesión.
Bonificar descontar, deducir, reducir, abonar, mejorar, rebajar, compensar, indemnizar, remunerar, beneficiar, disminuir, ajustar, favorecer, conceder, otorgar.
Bonito precioso, lindo, agraciado, fino, primoroso, airoso, mono, delicado, bello, v. hermoso, gentil, proporcionado, agraciado || atún, albacora, salmón, pescado, pez azul.
Bonitura * v. belleza.
Bono vale, título, cédula, tarjeta, papeleta, volante, comprobante, libranza, talón.
Bonzo monje, sacerdote, budista, santón, religioso, lama.
Boñiga excremento, fiemo, estiércol, guano, deyección, heces, abono, bosta, hienda, frezca, majada.
Boom * auge, prosperidad, éxito, esplendor, apogeo, florecimiento.
Boomerang * v. bumerang.
Boqueada resuello, espiración, estertor, jadeo, bocanada, vaharada, hálito, aliento, bostezo.
Boquear jadear, resollar, espirar, alentar, bostezar, exhalar, expirar, acabarse, fenecer, morirse, extinguirse, fallecer.
Boquera excoriación, úlcera, herida, afta, llaga || abertura, v. boquete.
Boquerón sardina, anchoa, heleche, aladroque, pez azul.
Boquete brecha, orificio, agujero, abertura, embocadura, angostura, hueco, perforación, portillo,

boca, ojo, raja, rendija, oquedad, grieta.
BOQUIABIERTO atontado, embobado, aturdido, alelado, lelo, aturullado, v. bobo.
BOQUILLA tubo, cilindro, canuto, tubito, cánula, cañita || corte, abertura, ranura, raja, embocadura, orificio.
BOQUIRRUBIO inexperto, cándido, novato, novel, inocente, bisoño, pipiolo || parlanchín, charlatán, hablador, cotorra.
BÓRAX atíncar, sal blanca, droga, medicamento, borraj, borra.
BORBOLLAR burbujear, hervir, borbotear, borboritar, gorgotear.
BORBOLLEO burbujeo, borbollón, borboteo, borborito, gorgoteo, hervor, ebullición, borbotón, burbuja.
BORBORIGMO ruido intestinal, gases, retortijones.
BORBOTEAR v. borbollar.
BORBOTEO v. borbolleo.
BORBOTÓN v. borbolleo.
BORCEGUÍ bota, botín, botina, escarpín, chanclo, zapato v.
BORCELLAR borde v., filo, canto, orilla, labio.
BORDA baranda, regala, barandilla, pasamanos, balaustrada, borde, barandal || choza, cabaña v., chabola.
BORDADA camino, navegación, rumbo, avance, dirección.
BORDADO labor, calado, encaje, entredós, recamado, bordadura, cosido, ornamento, adorno, festoneado, ribeteado, marcado, entorchado, hilván.
BORDAR coser, adornar, recamar, ribetear, festonear, marcar, adornar, ornamentar, entorchar, calar, rematar, hilvanar, embellecer.
BORDE canto, orilla, labio, reborde, arista, filete, filo, arcón, margen, linde, extremo, frontera, orla, ribete, festón, franja, límite, marco, extremidad, saliente, resalto, vera, cornisa, remate, moldura, esquina, línea, costado, coronamiento.
BORDEAR rodear, circunvalar, orillar, zigzaguear, serpentear, circundar, desviarse, eludir, rehuir, esquivar, ladear, separarse, alejarse.
BORDILLO canto, encintado, reborde, borde, orilla, margen, ribete (de acera, de andén).
BORDO (A) en el barco, embarcado, en el buque.
BORDÓN verso, estribillo, muletilla, repetición, bordoncillo || cuerdatripa || palo, vara, bastón.
BORDONEAR tocar, rasguear, ejecutar, interpretar || vagar, errar, mendigar.
BORDONEO rasgueo, sonido, acorde.
BORDONERO vagabundo, pordiosero, mendigo v., pobre, indigente, menesteroso.
BOREAL septentrional, nórdico, ártico, hiperbóreo, norteño.
BÓREAS viento ártico, viento nórdico, aquilón, vendaval, matacabras.
BORGOÑOTA morrión, celada, casco v., yelmo, bacinete, capacete.
BORLA pompón, madroño, cairel, fleco, flocadura, alamar, botón, bolita, colgante, guarnición, adorno, hebras, cordoncillos.
BORNE tornillo, punta, botón, polo || extremo, linde, límite, final, terminal.
BORNEAR girar, volver, torcer, retorcer, virar, voltear, mover, cambiar, mudar, combar, alabear, curvar.
BORNEO movimiento, giro, cambio, volteo, combadura.
BORNIZO vástago, renuevo, brote, botón, capullo.
BORONA mijo, maíz, áridos, pan de maíz.
BORRA pelusa, vello, lanilla, hebra, guata, tamo, pelo || sedimento, poso, hez, residuo.
BORRACHERA embriaguez, curda, ebriedad, alcoholismo, mona, merluza, emborrachamiento, dipsomanía, cogorza, beodez, turca, temulencia, tranca, tablón, moña, melopea, manta, pítima, tajada, delirium tremens, zamacuco.
BORRACHO ebrio, beodo, alcoholi-

BORRADOR

zado, alcohólico, alegre, bebido, borrachín, temulento, pellejo, mamado, emborrachado, embriagado, dipsómano, cuba, curda, bacante, alumbrado, achispado, azumbrado, ahumado, odre, catavinos, chispo.

BORRADOR bosquejo, boceto, proyecto, esbozo, esquema, apunte, proyecto, plan, diseño, nota.

BORRADURA tachadura, trazo, raya, tildón, corrección, anulación, supresión.

BORRAJEAR borronear, garabatear, emborronar, garrapatear, rayar, escarabajear, trazar.

BORRAR suprimir, anular, quitar, raspar, frotar, pasar la goma, rayar, tachar, tildar, corregir, rectificar, deshacer, desaparecer.

BORRASCA galerna, tormenta, temporal, turbión, tempestad, tromba, inclemencia, cerrazón, tronada, cellisca, torbellino, ráfaga, aquilón, vendaval, ciclón, huracán, tornado, tifón, ventisca, bórea, ventarrón, argavieso, diluvio, aguacero, granizada, nevada, lluvia, chaparrón.

BORRASCOSO tormentoso, tempestuoso, atemporalado, inclemente, cerrado, nublado, cubierto, huracanado, ventoso, lluvioso, proceloso, riguroso, turbulento, agitado, inclemente || licencioso, desordenado, desenfrenado, agitado, movido, libertino, disoluto, airado.

BORREGO cordero, ternasco, borro, andosco || apocado, calzonazos, manso, blando, infeliz, flojo, tímido, timorato, pusilánime, corito, menguado, encogido, achicado, sumiso.

BORRICADA barbaridad, bestialidad, burrada, animalada, sandez, idiotez, estupidez, bobada v.

BORRICO asno, jumento, rucio, pollino, rucho, rozno, burro v. || zoquete, bruto, torpe, bestia, mentecato, imbécil, memo, papanatas, insensato, majadero, zopenco, alcornoque, idiota, obtuso, negado, bobo, necio v.

BORRÓN manchón, mancha, chafarrinón, mácula, tacha, taca, churrete, tiznón, señal, lamparón || boceto, v. borrador.

BORRONEAR emborronar, garabatear, rayar, trazar, borrajear, escarabajear, manchar, churretear, tiznar, ensuciar, tachar.

BORROSO turbio, velado, nebuloso, confuso, opaco, impreciso, difuso, oscuro, vago, dudoso, indefinido, indeterminado, indistinto.

BORUCA algazara, bullicio, bullanga, alharaca, bulla v., jaleo, escándalo.

BOSCAJE fronda, enramada, zarzal, follaje, matorral, espesura, v. bosque.

BOSCOSO selvático, frondoso, espeso, denso, poblado, tupido, exuberante, impenetrable.

BOSQUE selva, floresta, fronda, espesura, manigua, frondosidad, algaba, boscaje, enramada, fosca, sobral, algaida, arboleda, arbolado, soto, monte, macizo, parque, follaje, seto.

BOSQUEJAR esbozar, abocetar, diseñar, delinear, trazar, esquematizar, apuntar, dibujar || proyectar, planear, planificar, concebir, imaginar, inventar, hilvanar, idear, pensar.

BOSQUEJO boceto, diseño, esbozo, nota, croquis, esquema, dibujo, apunte, borrador || plan, proyecto, planificación, concepción, idea.

BOSTA estiércol, fiemo, guano, deyección, heces, boñiga v.

BOSTEZAR boquear, inspirar, aspirar, suspirar, abrir la boca, espirar, respirar profundamente.

BOSTEZO boqueada, inspiración, suspiro, espiración, casmodia, oscitación, respiración profunda.

BOTA borceguí, botán, escarpín, botina, chanclo, zapato || cuba, barril v., barrica, tonel, tina, odre, pellejo, cuero.

BOTADURA lanzamiento, bautizo, apadrinamiento (de un barco).

BOTAFUMEIRO incensario v.

BOTALÓN palo, verga, vara, madero.

BOTANA remiendo, parche, pieza,

recosido, zurcido, codera, rodillera || cicatriz, marca, costurón.
BOTÁNICA fitología, flora, fitografía, ciencia de los vegetales, agronomía.
BOTÁNICO fitólogo, botanista, fitógrafo, especialista, experto.
BOTAR rebotar, brincar, saltar, impulsar, despedir || apadrinar, lanzar, echar, bautizar (un barco).
BOTARATE irreflexivo, atolondrado v., aturdido, precipitado, ligero, alocado, tarambana, disparatado, imbécil, necio v.
BOTAVARA palo, percha, pértiga, verga, madero (de vela cangreja).
BOTE lancha, barca, chalupa, chalana, canoa, chinchorro, falúa, batel, barcaza, lanchón, góndola, balandra, pinaza, gabarra, trainera, esquife, dorna, cárabo, barquichuelo, embarcación, gasolinera, motora, piragua, barco v., lugre, urca, patache || lata, pote, tarro, vasija, recipiente, envase || rebote, salto, brinco, rechazo, tumbo, impulso, pirueta.
BOTELLA frasco, botellón, redoma, casco, tarro, ampolla, damajuana, garrafa, envase, vasija, recipiente.
BOTELLERO trapero, chamarilero, casquero, quincallero, ropavejero, tripicallero.
BOTELLÓN v. botella.
BOTERO barquero, remero, marinero, sirgador, lanchero, patrón.
BOTICA farmacia, droguería, apoteca, establecimiento, venta de específicos.
BOTICARIO farmacéutico, droguero, licenciado.
BOTIJA vasija, v. botijo.
BOTIJO cántaro, botija, porrón, alcarraza, cántara, ánfora, jarro, recipiente, vasija.
BOTILLERÍA repostería, confitería, heladería, horchatería.
BOTÍN saqueo, presa, despojo, trofeo, captura, pillaje, rapiña, v. robo || borceguí, bota v.
BOTIQUÍN estante, armario, aparador, anaquel, mueble (para medicinas) || sala, estancia, departamento, sección de primeros auxilios, dispensario.
BOTO romo, obtuso, embotado, torpe, rudo, memo, lelo, bobo, necio v. || bota v.
BOTÓN broche, botonadura, pieza, resalto, automático, gemelo, presilla, asilla, corchete, alacrán || insignia, emblema, escudo, condecoración || yema, brote, renuevo, capullo, tallo, pimpollo, retoño, pezón || pulsador, interruptor, mando, tecla, llave, clavija.
BOTONES recadero, mandadero, muchacho, chico, mozo, ordenanza, dependiente, servidor, criado v.
BOU pesca de arrastre, pesca de dos barcas || bote, barca, lancha.
BOUDOIR * tocador, cómoda, mueble, || saloncito, aposento, *toilette*.
BOULEVARD * v. bulevar.
BOUQUET * perfume, aroma, gustillo, gusto, sabor || ramo, ramillete.
BOUTADE * desplante, exabrupto, salida de tono.
BOUTIQUE * tienda, establecimiento, casa de modas.
BÓVEDA cúpula, domo, arco, ábside, vuelta, pabellón, medio punto, cimborrio, bovedilla, cascarón, media naranja, luneto, embovedado, cripta, arquería.
BOVINO vacuno, boyal, bóvido, rumiante, mamífero, toro, buey, vaca, animal doméstico.
BOXEADOR púgil, luchador, atleta, deportista, contendiente, adversario, antagonista, contrario.
BOXEAR luchar, combatir, contender, disputar.
BOXEO pugilato, combate, lucha, enfrentamiento, disputa.
BOYA baliza, señal, indicación, bourel, calima, marca, hito, rejera, orientación.
BOYAL v. bovino.
BOYANTE próspero, afortunado, floreciente, radiante, dichoso, rico, feliz, acomodado, venturoso, acaudalado, pudiente, sobrado, adinerado, opulento, abundante || flotante, a flote, en superficie.

BOYARDO noble, hacendado, terrateniente, dignatario, feudatario, hidalgo, señor eslavo.
BOYCOT * v. boicot.
BOYERA corral, boyeriza, establo, cuadra, redil, encierro.
BOYERO guía, pastor, conductor, cuidador (de bueyes).
BOY SCOUT * muchacho explorador, excursionista.
BOZAL dogal, cabestro, correaje, sujetador, protector || negro, africano, moreno, retinto || bisoño, necio, inexperto, simple, cerril, indómito.
BOZO vello, pelo, pelillo, pelusa, cerda, bigote, barba.
BRACEAR nadar, agitar los brazos, hacer ademanes, gesticular || forcejear, esforzarse, afanarse, luchar, trabajar.
BRACERO peón, jornalero, obrero, trabajador, labriego, labrador, labrantín, sembrador, rústico.
BRACO chato, romo, respingado, respingón.
BRÁCTEA hojilla, hojuela, bracteola.
BRAGA calzón, pantalón, pantaloncito, calza, metedor, prenda interior.
BRAGADO enérgico, firme, esforzado, valiente, animoso, entero, resuelto, decidido, autoritario, tenaz.
BRAGADURA ingle, entrepierna.
BRAGAZAS apocado, flojo, calzonazos, corito, pasivo, débil, blando, indolente, pusilánime, timorato, sumiso, menguado, corto, encogido, achicado.
BRAGUERO aparato, vendaje, protector, sujetador.
BRAGUETA botonadura, abertura, hendedura, orificio.
BRAGUETAZO casamiento, matrimonio, enlace, boda ventajosa.
BRAGUETERO lujurioso, lascivo, sensual, concupiscente, libidinoso, lúbrico, licencioso, libertino.
BRAHMÁN brahmín, bracmán, noble, sacerdote hindú.
BRAMA celo, baladro, ardor, apetito genésico || rugido, gamitido, grito, bramido v.
BRAMANTE cordel, cuerda, cordón, cinta, cáñamo, guita, balduque, trencilla, tira.
BRAMAR mugir, rugir, aullar, tronar, berrear, ulular, baladrar, atronar, gritar, chillar, desgañitarse, vociferar, enronquecer.
BRAMIDO rugido, mugido, aullido, berrido, gamitido, bufido, gruñido, ululato, chillido, grito, vociferación || fragor, rumor, estruendo, estrépito, clamor.
BRAMURAS fiereza, ira, cólera, enojo, irritación.
BRANDY * aguardiente, coñac.
BRANQUIA agalla, membrana, laminilla, órgano respiratorio.
BRAÑA prado, pradera, pastizal, herbazal, cespedera, majada, pradería.
BRASA ascua, rescoldo, lengüeta, lumbre, chispa, fuego, llama, calibo, carbón.
BRASERO hogar, estufa, fuego, calientapiés, calentador, salamandra, lumbre, escalfeta.
BRASSERIE * cervecería.
BRAVAMENTE ferozmente, fieramente, atrevidamente, cruelmente, salvajemente || valientemente, bizarramente, animosamente, audazmente, atrevidamente, esforzadamente, intrépidamente, valerosamente.
BRAVATA fanfarronada, alarde, jactancia, fanfarronería, desplante, majeza, guapeza, farfantonada, braveza, chulería, vanagloria, bravuconería, baladronada, desgarro, valentonada, presunción, desafío, provocación, amenaza.
BRAVEAR desafiar, amenazar, provocar, retar.
BRAVEZA v. bravura.
BRAVÍO indómito, feroz, salvaje, fiero, cerril, bravo, indomable, inculto, rústico, montaraz, montés, inflexible, ingobernable, arisco, chúcaro, bagual, cimarrón, redomón, silvestre, traicionero.
BRAVO valiente, esforzado, atrevido, animoso, valeroso, resuelto, audaz, intrépido, bizarro, decidido, osado, temerario, arrojado, denodado || violento, impetuoso,

colérico, irritable, enojado, alborotado, enfadado || fanfarrón, matón, bravucón v. || silvestre, salvaje, v. bravío.

¡BRAVO! ¡ole!, ¡muy bien!, ¡estupendo!, ¡viva!

BRAVOSIDAD v. bravuconada.

BRAVUCÓN fanfarrón, jactancioso, camorrista, curro, chulo, baladrón, jácaro, guapetón, farfantón, matasiete, matón, matamoros, valentón, perdonavidas, matachín, tragahombres, pendenciero.

BRAVUCONADA jactancia, fanfarronada, farfantonada, camorra, chulería, matonismo, valentonada, v. bravata.

BRAVUCONERÍA fanfarronería, v. bravuconada.

BRAVURA coraje, valentía, valor, ánimo, resolución, intrepidez, bizarría, atrevimiento, esfuerzo, arrojo, ímpetu, decisión, agallas, entereza, impavidez, temple, temeridad, hombría || fiereza, ferocidad, bestialidad, rusticidad.

BRAZADA ademán, movimiento, impulso || cantidad, montón, conjunto, abundancia.

BRAZAL tira, tela, paño, distintivo, señal.

BRAZALETE pulsera, esclava, aro, argolla, muñequera, manilla, pionia, ajorca, temblante || v. brazal.

BRAZO extremidad, miembro, apéndice, remo, pata.

BREA alquitrán, pez, resina, goma, aceite esencial.

BREAK * rotura, ruptura, romper, separarse.

BREAR maltratar, molestar, hostigar, zumbar, chasquear, engañar.

BREBAJE pócima, potingue, bebedizo, cocimiento, caldo, poción, infusión, bebistrajo, enjuague, medicina, narcótico, filtro.

BRÉCOL col, repollo, coliflor, lombarda, berza, nabicol, colinabo, verdura.

BRECHA boquete, abertura, orificio, agujero, fisura, grieta, raja, rotura, hendedura, hueco, rendija, resquicio, perforación, oquedad.

BREGA trajín, afán, ajetreo, agitación, lidia, movimiento, esfuerzo, trabajo, meneo, cansancio, fatiga || riña, contienda, lucha, pelea, reyerta, pendencia, escaramuza, forcejeo, pugna, altercado, gresca, cisco.

BREGAR trajinar, trabajar, lidiar, ajetrearse, agitarse, afanarse, esforzarse, moverse, insistir, menearse, fatigarse, cansarse, agotarse || luchar, pelear, contender, reñir, altercar, pugnar, forcejear, batallar, combatir.

BREÑA aspereza, fragosidad, irregularidad, desigualdad, boscosidad, frondosidad, espesura, impenetrabilidad || matorral, zarzal, zarza, maleza, espesura, maraña, fronda, barzal.

BREÑAL v. breña.

BRETE apuro, aprieto, trance, compromiso, dificultad, apretura, necesidad, tribulación, ahogo, acoso, problema, dilema, premura, peligro || calabozo, v. cárcel.

BREVA higo, albacora, bayoco, berzagote, bujarasol, fruto || ganga v., ventaja, momio, ocasión, provecho, oportunidad, saldo.

BREVE reducido, limitado, resumido, corto, conciso, sucinto, precario, perecedero, temporal, lacónico, transitorio, momentáneo, fugitivo, frágil, efímero, provisional, accidental, circunscrito, ceñido, pequeño, estrecho, escueto, abreviado.

BREVEDAD laconismo, concisión, cortedad, limitación, reducción, accidentalidad, transitoriedad, fragilidad, estrechez, pequeñez, resumen, abreviación, caducidad, fugacidad, ligereza, prontitud, urgencia.

BREVEMENTE concisamente, lacónicamente, escuetamente, abreviadamente, transitoriamente, v. breve.

BREVET * patente, privilegio, documento, registro de invención.

BREVIARIO compendio, epítome, resumen, memorial, extracto, condensación, compilación, recopilación, sinopsis, sumario, diges-

to, reducción || agenda, dietario, memorándum, diario || misal, libro de rezos.
BREZO urce, brizo, arbusto.
BRIAGA maroma, cuerda, soga, cordel, cabo.
BRIAL falda, faldón, vestido, saya, guardapiés, tapapiés.
BRIBA vagancia, holgazanería, haraganería, pereza, picaresca, bohemia, vagabundeo.
BRIBÓN pícaro, bellaco, bergante, tunante, belitre, perillán, barbián, taimado, sagaz, hábil, astuto, pillo, sutil, agudo, vividor, villano, bajo, rufián, truhán, tuno, bellaco, granuja, canalla v.
BRIBONADA canallada, granujada, bellacada, pullería, sutileza, rufianería, truhanería, bellaquería, trastada, jugarreta, suciedad, jugada.
BRIBONERÍA v. bribonada.
BRIDA rienda, correa, correaje, freno, cincha, guía, ronzal, cucarda, bozo, cabestro, dogal.
BRIDÓN palafrén, corcel, caballo v.
BRIGADA unidad militar, ejército, tropa, hueste || cuadrilla, grupo, equipo, obreros.
BRIGADIER general, oficial, militar, jefe.
BRILLANTE fulgurante, refulgente, rutilante, resplandeciente, radiante, lustroso, esplendente, cegador, deslumbrante, centelleante, argénteo, terso, nítido, titilante, chispeante, luminoso, lucido, coruscante, tornasolado, satinado || descollante, sobresaliente, lúcido, admirable, espléndido, destacado, distinguido, ilustre, señalado, predominante, genial || diamante, gema, joya, piedra preciosa.
BRILLANTEMENTE admirablemente, destacadamente, lúcidamente, señaladamente, espléndidamente, distinguidamente, predominantemente, ilustremente, genialmente.
BRILLANTEZ v. brillo.
BRILLANTINA cosmético, fijador, vaselina, aceite, unto.
BRILLAR resplandecer, rutilar, refulgir, fulgurar, centellear, deslumbrar, esplender, irradiar, coruscar, lucir, iluminar, chispear, titilar, rielar, relumbrar, refractar, avivar, alumbrar, cintilar, fosforecer, espejear || destacar, descollar, sobresalir, distinguirse, señalarse, predominar, figurar.
BRILLO fulgor, centelleo, resplandor, refulgencia, esplendor, iluminación, luz, irradiación, deslumbramiento, alumbramiento, titilamiento, refracción, reflexión, chispeamiento, fosforescencia, reflejo, chispeo, lustre, vivacidad || charol, barniz, esmalte, oropel, enchapado, viso, pátina || gloria, esplendor, fama, culminación, apogeo, realce, lucimiento.
BRILLOSO * v. brillante.
BRINCADOR saltarín, saltador, ágil, juguetón, retozón, bailarín, danzarín || volatinero, acróbata, saltimbanqui.
BRINCAR saltar, botar, rebotar, triscar, retozar, danzar, pingar, impulsarse, girar, juguetear, piruetear.
BRINCO pirueta, salto, bote, rebote, tranco, impulso, corcovo, gambeta, volatín, cabriola, corveta, voltereta.
BRINDAR ofrecer, manifestar, dedicar, desear, consagrar, proponer, invitar, convidar.
BRINDIS ofrecimiento, dedicatoria, deseo, manifestación, consagración, proposición, convite, invitación.
BRIÑÓN melocotón, griñón, durazno.
BRÍO pujanza, espíritu, resolución, determinación, energía, reciedumbre, ímpetu, fuerza, empuje, esfuerzo, decisión, aliento, arranque, ánimo, vigor, arrojo, acometividad, ardor, bravura, arresto, fortaleza || gallardía, garbo, gentileza, apostura v.
BRIOCHE * pasta, bollo fino.
BRIOSAMENTE enérgicamente, resueltamente, impetuosamente, animosamente, v. brío.
BRIOSO enérgico, determinado, resuelto, pujante, decidido, esfor-

zado, fuerte, impetuoso, recio, acometedor, arrojado, vigoroso, animoso, bravo, ardoroso || garboso, gentil, bizarro, gallardo, apuesto v.
BRIQUETA ladrillo, conglomerado, bloque, pieza, taco.
BRISA céfiro, vientecillo, viento, airecillo, aire, aura, corriente, soplo, racha, hálito, ventisca.
BRITÁNICO inglés v., anglo, sajón.
BRIZAR acunar, mecer, balancear, columpiar, menear, adormecer, mover.
BRIZNA hebra, filamento, fibra, hilo, hila, pajita, ramita || menudencia, insignificancia, pequeñez, nadería, pizca.
BRIZO cuna, camita, moisés.
BROA ensenada, abra, caleta, bahía v. || galleta, golosina, bizcocho v.
BROADCASTING * radiodifusión, emisión, transmisión.
BROCA barrena, taladro, trépano, punzón, cincel, lezna, escofina, escariador, eje, hierro, barra.
BROCADO bordado, tejido, guadamecí, seda, brocatel, briscado, brochado.
BROCAL antepecho, pretil, parapeto, borde, reparo, orilla, reborde, resalto, coronamiento, costado.
BROCATEL tejido, tela, seda, cáñamo, damasco || mármol, piedra.
BRÓCOLI * brécol v.
BROCHA pincel, cepillo, escobilla, escobeta, escobillón, cerdamen, estregadera.
BROCHADO bordado, adornado, recamado.
BROCHAZO brochada, pincelada, escobillada, trazo.
BROCHE imperdible, pasador, prendedor, hebilla, corchete, fíbula, botón, alfiler, aguja, gancho.
BROCHETA broqueta, estaca, vara, asta, hierro, palo, espetón.
BRODEQUÍN * borceguí, botín, bota v.
BROMA chanza, burla, guasa, chunga, chasco, chiste, zumba, bufonada, camelo, chacota, diversión, alegría, animación, chufleta, cuchufleta, truco, candonga, caraba, inocentada, carnavalada, camama, pega, bromazo, chirigota, choteo, ingeniosidad, chuscada, irrisión, ludibrio, mojiganga, picardía, mofa, pulla, pitorreo, sarcasmo, remedo, ridiculez, ironía, befa, jocosidad, escarnio, desdén, chufla, imitación || teredo, molusco, perforador, horadador, vermiforme.
BROMATOLOGÍA alimentación, nutrición, dietética.
BROMAZO chasco, chacota, inocentada, escarnio, burla, broma pesada, v. broma.
BROMEAR chancear, chasquear, guasearse, chunguear, burlarse, chacotear, camelar, bufonear, candonguear, reírse, chotear, chirigotear, pitorrearse, mofarse, ironizar, ridiculizar, remedar, imitar, desdeñar, escarnecer, regodearse, cachondearse, rechiflarse, zumbar, juguetear, divertirse, befarse.
BROMISTA burlón, guasón, chunguero, chancero, choteador, candonguero, bufón, camelista, chacotero, irónico, ridiculizador, escarnecedor, imitador, remedador, divertido, jocoso, risueño, juguetón, zumbón, socarrón, chufletero, payaso, jaranero, alegre, jovial, animado, gracioso, jocundo, radiante, vivaz.
BROMURO sedante, tranquilizador, calmante, medicamento.
BRONCA gresca, riña, altercado, contienda, disputa, alboroto, trifulca, guajira, querella, chamusquina, zaragata, quimera, pelazga, zipizape, trapatiesta, zapatiesta, marimorena, tumulto, broncazo, pelotera, cisco, reyerta, agarrada, discusión, controversia, escándalo.
BRONCAMENTE roncamente, ásperamente, profundamente, toscamente, duramente, v. bronco.
BRONCE aleación, metal, latón.
BRONCEADO cobrizo, broncíneo, tostado, quemado, moreno, aceitunado, rojizo, atezado v.

BRONCEARSE tostarse, quemarse, dorarse, asolearse, enrojecer, atezarse, ennegrecerse.
BRONCÍNEO bronceado v.
BRONCO tosco, áspero, rudo, rústico, basto, grosero, riguroso, desabrido, brusco, desapacible, irritable, colérico, huraño, hosco, rígido, antipático, torvo, duro, erizado || profundo, bajo, áspero, desagradable, disonante, destemplado, desafinado, discorde, inarmónico, desentonado.
BRONCONEUMONIA * bronconeumonía, dolencia, enfermedad.
BRONQUIO conducto, tubo, ramificación (de la tráquea), árbol respiratorio.
BRONQUITIS catarro bronquial, inflamación, dolencia.
BROQUEL escudo, pavés, rodela, tarja, adarga, égida, clípeo || defensa, protección, amparo, resguardo, salvaguardia.
BROQUETA v. brocheta.
BROTAR surgir, manar, nacer, surtir, aparecer, emerger, salir, alzarse, levantarse, manifestarse, alumbrar, asomar, revelarse, presentarse, germinar, florecer, retoñar, arrojar, producir, originar.
BROTE retoño, pimpollo, capullo, renuevo, yema, botón, reveno, tallo, pezón, rama, vástago, cogollo || comienzo, germinación, principio, origen, iniciación.
BROZA maleza, zarza, zarzal, matorral, hojarasca, espesura || desechos, desperdicios, inutilidad, sobras, restos, residuos.
BRUCES (DE) boca abajo, echado, caído, tirado.
BRUJA hechicera, maga, encantadora, adivinadora, arpía, esperpento, vieja, fea, estantigua, lechuza.
BRUJERÍA hechizo, maldición, mal de ojo, aojo, nigromancia, magia, superstición, sortilegio, maleficio, alquimia, agorería, cábala, encantamiento, adivinación, predicción, taumaturgia, ensalmo, ocultación.
BRUJO mago, hechicero, nigromante, sibilino, aojador, ensalmador, vidente, zahorí, cabalista, ocultista, médium, taumaturgo, pronosticador, adivino, encantador, cabalístico, agorero, alquimista, maléfico, jorguín, embaucador.
BRÚJULA compás, aguja imantada, saetilla, barrita, flechilla, bitácora, cuadrante, rosa de los vientos.
BRUJULEAR adivinar, descubrir, barruntar, conjeturar || vacilar, dudar, zascandilear.
BRUMA, niebla, neblina, calima, boira, calina, fosca, vapor, nube, briza, vaho, vaharina, brumazón, cejo, calígine, añublo, celaje || sombra, vaguedad, oscuridad, confusión, imprecisión, velo.
BRUMOSO nublado, neblinoso, caliginoso, denso, oscuro, nebuloso, vaporoso, acelajado, sombrío, tétrico, velado || confuso, vago, incomprensible, impreciso.
BRUNO moreno, negro, oscuro, fosco, prieto.
BRUÑIDO pulido, lustrado, enlucido, abrillantado, charolado, acicalado, frotado, brillante, refulgente, reluciente, lustroso, esplendente.
BRUÑIDURA bruñido, pulido, frote, fricción, lustre.
BRUÑIR lustrar, pulir, abrillantar, charolar, acicalar, frotar, restregar, limpiar, pulimentar, esmerilar, esplender, refulgir, sacar brillo.
BRUSCAMENTE duramente, rudamente, broncamente, violentamente, descortésmente, desapaciblemente, destempladamente, groseramente, hoscamente, zafiamente || repentinamente, imprevistamente, rápidamente, inopinadamente, inesperadamente, insospechadamente, súbitamente.
BRUSCO rudo, desapacible, duro, descortés, violento, bronco, zafio, hosco, grosero, destemplado, tosco, acerbo, ceñudo || repentino, súbito, insospechado, inesperado, inopinado, imprevisto, rápido, pronto, precipitado.
BRUSQUEDAD rudeza, grosería, tosquedad, destemplanza, hosque-

dad, descortesía, zafiedad, dureza, violencia || precipitación, rapidez, premura, urgencia.

BRUTAL bestial, bárbaro, atroz, feroz, inhumano, cruel, salvaje, desalmado, sanguinario, acerbo, impío, duro, monstruoso, despiadado, sádico, violento, sañudo, encarnizado, implacable, irracional, déspota, grosero, tosco, intratable, inculto, incivil, cafre, vándalo.

BRUTALIDAD crueldad, bestialidad, ferocidad, incultura, grosería, vandalismo, zafiedad, atrocidad, barbaridad, monstruosidad, dureza, impiedad, encarnizamiento, violencia, sadismo, tosquedad, despotismo, irracionalidad, rigurosidad, saña, desenfreno, fiereza.

BRUTO torpe, tosco, rudo, zafio, grosero, patán, desmañado, aturdido, zopenco, obtuso, zote, cafre, bronco, agreste, cerril, rústico, palurdo, ordinario, descortés, brusco, inculto, necio v., tonto, negado, incapaz || violento, déspota, cruel, feroz, v. brutal.

BRUZA cepillo, raspador, estregadera, escobilla.

BU coco, fantasma, espantajo, tarasca, papón, monstruo, goznia.

BUBA v. bubón.

BUBÓN tumor, forúnculo, buba, postilla, flemón, divieso, ántrax, golondrino, inflamación, bulto, hinchazón, absceso.

BUCAL labial, lingual, dental, palatino, mucoso, glandular, faríngeo, amigdalar.

BUCANERO filibustero, pirata, corsario, corso, bandido, forajido, aventurero, contrabandista || feroz, sanguinario, desalmado, despiadado.

BUCARÁN bocací, holandilla, hilo, tela.

BUCARDO v. buco.

BÚCARO florero, jarrón, vaso, vasija, ramilletero, cántaro.

BUCEAR sumergirse, zambullirse, hundirse, descender, explorar, investigar, nadar, chapuzarse, bañarse.

BUCÉFALO estúpido, rudo, torpe, tosco, zopenco, v. bobo.

BUCEO inmersión, sumersión, zambullida, descenso, exploración, investigación, chapuzón, baño, hundimiento.

BUCLE rizo, tirabuzón, caracolillo, sortijilla, onda, sortija.

BUCO macho cabrío, cabrón, bucardo, morueco.

BUCÓLICA égloga, poesía, poema, v. bucólico || comida, alimento.

BUCÓLICO pastoril, campesino, campestre, idílico, sereno, apacible, placentero, grato.

BUCHADA bocanada, bocado v.

BUCHE esófago, estómago, molleja, bolsa, receptáculo, saco, pecho || enjuague, lavado.

BUCHETE carrillo, mejilla, moflete, cachete (inflados).

BUDÍN torta, tarta, bizcocho, bizcotela, natillas, dulce.

BUEN v. bueno.

BUENAMENTE voluntariamente, espontáneamente, libremente, francamente, naturalmente, de buen grado, fácilmente, sencillamente, cómodamente, agradablemente, placenteramente, v. bueno.

BUENAVENTURA pronóstico, adivinación, auspicio, predicción, vaticinio, augurio, profecía, superstición, suerte.

BUENAZO amable, bonachón, apacible, crédulo, sencillo, simple, calzonazos, cándido, apocado, flojo, pusilánime, sumiso, blando, condescendiente, complaciente.

BUENO benévolo, bondadoso, humano, afable, tierno, compasivo, piadoso, bienhechor, caritativo, sensible, excelente, comprensivo, indulgente, justo, honesto, virtuoso, benigno, afectuoso, cordial, misericordioso, piadoso, clemente, generoso, desprendido, desinteresado, abnegado, sacrificado || simple, cándido, v. buenazo || favorable, ventajoso, benéfico, beneficioso, provechoso, útil, saludable, sano, propicio, fructuoso, productivo, conveniente, valioso, rendidor, adecuado.

Buey manso, cabestro, boyazo, cotral, castrado, bovino, vacuno, rumiante.
Bufa burla, inocentada, broma v.
Búfalo bisonte americano, toro salvaje, bóvido.
Bufanda pañuelo, chalina, cubrecuello, tapabocas, pasamontes, prenda de abrigo.
Bufar resoplar, soplar, rebufar, jadear || refunfuñar, gruñir, rezongar, regañar, bramar, rabiar, rugir.
Bufete despacho, oficina, estudio, escritorio || mesa, escritorio, pupitre.
Buffet * aparador, mesa, mostrador, servicio, ambigú, bar.
Bufido resoplido, soplido, rebufo, soplo, jadeo || gruñido, bramido, rugido, regaño, denuesto, maldición, rabieta.
Bufo grotesco, extravagante, ridículo, burlesco, risible, burdo, cómico, hazmerreír, chocarrero, fachoso, absurdo, chocante, caricaturesco || payaso, v. bufón.
Bufón cómico, payaso, caricato, histrión, trovero, coplero, juglar, animador, burlesco, burlón, jocoso, chirigotero, bromista, chistoso, gracioso, retozón, hazmerreír, farsante, chancero, jacarero, remedador, guasón, imitador, jovial, alegre, jocundo, zumbón, chacotero.
Bufonada payasada, chiste, gracia, chirigotada, guasa, chacota, zumba, chanza, burla, broma v., necedad, sandez, estupidez, bobada v.
Bufonería v. bufonada.
Buhardilla desván, buharda, tabuco, chiribitil, zahurda, tugurio, altillo, sobrado, antro, camaranchón.
Buharro v. búho.
Buhedera aspillera, agujero, orificio, tronera, saetera.
Búho mochuelo, lechuza, ave rapaz, ave de rapiña || soplón, descubridor, chivato, confidente.
Buhonería baratija, chuchería, fantasía, fruslería, quincalla, menudencia, bagatela, bujería, bisutería, oropel.
Buhonero mercachifle, feriante, baratillero, quincallero, ambulante, mercader, baratero, marchante.
Buido aguzado, penetrante, afilado, puntiagudo, punzante || estriado, acanalado, rayado.
Buitre quebrantahuesos, catartes, cóndor, rapaz, ave de rapiña.
Buitrón butrón, red, trampa.
Bujarrón v. sodomita.
Buje cilindro, tubo, cubo, pieza.
Bujería baratija, chuchería, fruslería, friolera, perendengue, bagatela, bicoca, nadería.
Bujeta estuche, cajita, caja, cofrecillo, arqueta || pomo, esenciero, perfumador, ampolleta.
Bujía vela, candela, cirio, blandón, hacha, lamparilla, hachón, candelabro.
Bula privilegio, concesión, favor, gracia, beneficio, prerrogativa, excepción || documento, sello, autorización, breve, comunicación, impetra, encíclica, motu proprio.
Bulbo abultamiento, ensanchamiento, dilatación (del tallo), cebolla, camote, chalote, cebollino, binza, porreta, vástago subterráneo.
Bulboso abultado, redondeado, ensanchado, dilatado, abullonado, tuberoso, hinchado, turgente.
Buldog * dogo, perro alano, perro de presa.
Bulevar avenida, ronda, paseo, arteria, vía, carrera.
Bulimia hambre, ansia, voracidad, avidez, gula, glotonería, gaza, apetito, gazuza, gana.
Bulo falsedad, mentira, rumor, infundio, patraña, trola, engaño, chisme, filfa, paparrucha, murmuración, camelo, bola, cuento.
Bulto protuberancia, prominencia, joroba, lomo, saliente, resalte, convexidad, gibosidad, giba, abolladura, abombamiento, bollo, relieve || tumor, hinchazón, chichón, turgencia, inflamación, dureza, nudo, nódulo, absceso, quiste, excrecencia, bubón, lobani-

llo, flemón, grano, forúnculo ||
fardo, saco, bolsa, paca, bala,
lío, atadijo, paquete, embalaje,
envoltorio, maleta, bolso, caja,
cajón, baúl, valija, equipaje ||
mole, volumen, cuerpo, masa,
sombra, silueta, contorno.

Bulla escándalo, estrépito, bullicio, algazara, alboroto, algarabía, fandango, escandalera, estruendo, desorden, cisco, rumor, ruido, parranda, jácara, jollín, zalagarda, zurriburri, zaragata, zambra, zarabanda, tiberio, tremolina, vocinglería, vocerío, trápala, tole tole, trapatiesta, zapatiesta, tumulto, rifirrafe, jaleo, jolgorio, jarana, gresca, hilaridad, guirigay, bullanga, griterío, bochinche, baraúnda, batahola, vocerío.

Bullanga tumulto, confusión, turba, tropel, jaleo, tremolina, tiberio, gresca, v. bulla.

Bullanguero alborotador, escandaloso, bullicioso, estrepitoso, parrandero, ruidoso, vocinglero, jaranero, bochinchero, gritón, pendenciero.

Bulldozer * explanadora, tractor, vehículo, aplanadora.

Bullebulle entremetido, revoltoso, travieso, inquieto, alocado v.

Bullicio v. bulla.

Bullicioso escandaloso, inquieto, festivo, alegre, agitado, vivaz, trepidante, revoltoso, movido, jaranero, juerguista, juguetón, retozón, animado, vivaracho, bochinchero, ruidoso, estrepitoso, alborotador, gritón.

Bullir removerse, agitarse, moverse, menearse, revolverse, pulular, hormiguear, afanarse, trajinar, zarandearse, alborotarse, inquietarse, vibrar || hervir, burbujear, borbollar, gorgotear, borboritar, cocer, escaldar.

Bumerang arma arrojadiza, palo, madero.

Bungalow * chalé, chalet, hotelito, pabellón, cabaña.

Buñuelo masa, frisuelo, fritura, fritanga, frito, fritada, hojuela, juncada || chapucería, birria, pegote, remiendo, chapuza, adefesio.

Buque navío, nave, embarcación, barco v., transatlántico, paquebote, bajel, fragata, bergantín, goleta, galeón, galera, carabela.

Buqué * perfume, aroma, gustillo, gusto, sabor || ramillete, ramo.

Burato velo, tul, cendal, mantilla.

Burbuja glóbulo, pompa, gorgorismo, borborinto, esfera, bomba, globo, ampolla, vejiga, espumarajo.

Burbujear borboritar, borbotear, gorgotear, hervir, bullir, espumar.

Burbujeo borbolleo, borboteo, borborito, gorgoteo, borbotón, burbujas, espuma, hervor, ebullición.

Burdégano mulo, macho, caballería, bestia de carga.

Burdel prostíbulo, lupanar, mancebía, putaísmo, manfla, harén, serrallo, ramería, casa de citas, c. de lenocinio, c. de trato, c. pública, c. de prostitución.

Burdo tosco, rústico, grosero, basto, áspero, ordinario, vulgar, cerril, bronco, rampión, chabacano, agreste, silvestre, cafre, zamarro, zampatortas, paleto, cateto, palurdo, zafio, inculto, ignorante.

Bureau * v. buró.

Bureo entretenimiento, diversión v., distracción, parranda, jarana, solaz, esparcimiento, jolgorio, bullanga, paseo, fiesta, baile.

Burga terma, manantial, calda, balneario, baños.

Burgo pueblo v., aldea, villorrio, villa, población.

Burgués rentista, propietario, opulento, rico, acomodado, adinerado, pudiente, desahogado, capitalista, dueño, jefe, patrono || ciudadano, habitante, poblador, vecino.

Burguesía opulencia, riqueza, capitalismo, clase media, c. acomodada, c. desahogada, c. adinerada.

Buriel leonado, pardo, grisáceo, rojizo.

Buril punzón, cincel, gubia, escoplo, estilo, cortafrío, cuchilla, pincho.
Burilar grabar, esculpir, cincelar, inscribir, tallar, puntear.
Burjaca mochila, macuto, alforja, bolsa, zurrón.
Burla broma, bufonada, befa, camelo, chanza, chasco, chiste, chunga, chuscada, cachondeo, guasa, inocentada, mojiganga, pega, pitorreo, ridiculez, remedo, zumba, sátira, mofa, pulla, camama, candonga, chirigota, caraba, sarcasmo, choteo || desprecio, escarnio, zaherimiento, engaño, estafa, desaire.
Burladero valla, barrera, pared, tablazón, maderamen, defensa, refugio.
Burlado engañado, escarnecido, desairado, zaherido, estafado, despreciado, corrido, avergonzado, v. burlar.
Burlador seductor, licencioso, disoluto, cortejador, camelador, depravado, desenfrenado, liviano, inmoral, lascivo, intemperante, lúbrico, Don Juan, disipado, escandaloso, calavera, sensual, desvergonzado, v. libertino || chancero, guasón, bromista, zumbón, embromador, ridiculizador, chungón, v. burlón.
Burlar escarnecer, desairar, engañar, chasquear, chacotear, deshonrar, ironizar, embaucar, engatusar, embromar, ridiculizar, plantar, avergonzar, torear, estafar, timar, frustrar, embelecar, camelar, seducir, escandalizar || Burlarse chancearse, mofarse, pitorrearse, reírse, remedar, regodear, zaherir, imitar, befarse, embromar, divertirse.
Burlesco picaresco, festivo, jocoso, alegre, jovial, chancero, jaranero, divertido, entretenido, satírico, irónico, sarcástico, mordaz, picante, audaz.
Burlete relleno, ribete, borde, filete, orla, tira, goma, estopa, protección.
Burlón bromista, zumbón, guasón, socarrón, irónico, mordaz, sarcástico, chancero, satírico, escarnecedor, embromador, chungón, ridiculizador, burlador v., chistoso, farsante.
Burlonamente irónicamente, socarronamente, chistosamente, satíricamente, chungonamente, sarcásticamente, v. burlón.
Buró * escritorio, mesa, bufete, despacho, oficina.
Burócrata funcionario, empleado, oficial, oficinista, chupatintas.
Burocrático administrativo, oficinesco, premioso, moroso, lento, ineficaz.
Burra borrica, asna, jumenta, pollina || ignorante, inculta, grosera, torpe, bárbara, tosca v., necia v.
Burrada desatino, tontería, disparate, bestialidad, barbaridad v., necedad, simpleza, torpeza, estupidez, sandez, idiotez, insensatez.
Burro asno, rucho, pollino, jumento, garañón, onagro, cuadrúpedo, animal, bestia || torpe, necio v., inculto, ignorante, grosero, tosco, bárbaro, irracional.
Bursátil cotizable, crediticio, operativo, negociable, contratable, especulable.
Burujo pella, pelota, bolita, pelotón, apelotonamiento, amazacotamiento, mazacote.
Burujón chichón, bulto, golpe, abultamiento, hinchazón.
Busca v. búsqueda.
Buscador indagador, investigador, explorador, examinador, escudriñador, rastreador, perseguidor, registrador, averiguador, batidor, buscón.
Buscapié * buscapiés v.
Buscapiés cohete, volador, petardo, triquitraque.
Buscapleitos buscarruidos v.
Buscar investigar, indagar, rebuscar, pesquisar, perquirir, averiguar, perseguir, demandar, batir, examinar, escudriñar, preguntar, escrutar, escarbar, revolver, fisgonear, husmear, sondear, bucear, explorar, rastrear, cachear, registrar, esculcar || Buscársela

apañarse, arreglarse, ingeniarse, despabilarse, agenciárselas, componérselas.
BUSCARRUIDOS pendenciero, alborotador, jaranero, escandaloso, provocador, juerguista, díscolo, camorrista, matón, bravucón, peleador, quisquilloso.
BUSCAVIDAS diligente, trabajador, afanoso, activo, hormiga, dinámico, laborioso, aplicado, esforzado || fisgón, entremetido, cotilla, curioso, hurón.
BUSCÓN ratero, caco, descuidero, estafador, cuentista, timador, estraperlista.
BUSCONA ramera, meretriz, hetera, puta, zorra, prostituta v.
BUSILIS quid, clavo, nudo, centro, meollo, médula, núcleo, toque, punto álgido, punto principal, intríngulis, incógnita, duda.
BÚSQUEDA investigación, indagación, pesquisa, busca, rebusca, batida, examen, exploración, escudriñamiento, cacheo, averiguación, presunción, demanda, pregunta, sondeo, rastreo, registro, husmeo.
BUSTO tórax, cabeza, torso, caja, tronco || mama, pecho, seno, teta, ubre.
BUTACA sillón, silla, dormilona, regazo, hamaca, asiento, mecedora, luneta, localidad.
BUTANO hidrocarburo, gas, combustible.
BUTIFARRA embuchado, embutido, longaniza, mortadela, chacina, chorizo, morcilla, salchicha, salchichón.
BUTIONDO lujurioso, desvergonzado, perdido, hediondo.
BUTIRO manteca, mantequilla, grasa, óleo, aceite.
BUTIROSO mantecoso, grasoso, oleoso, aceitoso.
BUTRÓN buitrón, red, trampa.
BUZ beso, ósculo, labio, belfo, lisonja, halago.
BUZAR inclinarse, descender, bajar, desnivelarse el terreno.
BUZO buceador, zambullidor, investigador, rastreador, somormujador, especialista.
BUZÓN casilla, casillero, receptáculo, división, compartimiento, ranura, caja, agujero, orificio.
BUZONERA sumidero, conducto, canal, desagüe, cloaca, alcantarilla v.

C

¡CA! ¡quia!, ¡qué va!, de ningún modo, de ninguna forma, no, imposible.

CABAL justo, completo, acabado, perfecto, adecuado, íntegro, puntual, exacto, cumplido, recto, proporcionado, ajustado, puro, correcto, consumado, maduro, hecho, absoluto, completo, intachable.

CÁBALA conjetura, suposición, adivinación, cálculo, presentimiento, atisbo, presunción, sospecha, indicio, hipótesis, predicción, deducción, inferencia, secuela || signo, anagrama, superstición, sortilegio.

CABALGADA galopada, correría, jornada, marcha, trote, galope || tropa, v. cabalgata.

CABALGADOR jinete v., caballero, caballista, vaquero.

CABALGADURA montura, corcel, animal, cuadrúpedo, bruto, bestia, caballería, solípedo, caballo, potro, jaca, potranca, potrillo, yegua, penco, jamelgo, trotón, rocín, matalón, asno v., mula.

CABALGAR montar, jinetear, subir, ahorcajarse, encabalgar, acaballar, enarcarse, avanzar, dirigirse.

CABALGATA tropa, grupo, comitiva, comparsa, desfile, procesión, parada, revista, marcha, maniobra, evolución, paso, séquito, acompañamiento, romería, paseo, peregrinación, pompa, carrera, hilera, fila, columna.

CABALGAZÓN apareamiento, cópula, ayuntamiento, cubrición.

CABALÍSTICO secreto, recóndito, mágico v., nigromántico, arcano, oculto.

CABALMENTE íntegramente, acabadamente, perfectamente, adecuadamente, correctamente, honradamente, intachablemente, completamente, v. cabal.

CABALLA escombro, dorado, atún, bonito, pez azul.

CABALLADA manada, tropel, tropilla, yeguada.

CABALLAR equino, ecuestre, hípico, caballuno, yeguar, rocinal, acemilar, animal.

CABALLERESCO cortés, galante, noble, aristocrático, cortesano, fino, elegante, gentil, bizarro, correcto, generoso, valiente, noble, caballero, cumplido, paladín, campeón, v. caballeroso.

CABALLERETE petimetre, lechuguino, currutaco, pisaverde, gomoso, boquirrubio, mozalbete, jovenzuelo.

CABALLERÍA montura, cabalgadura, cuadrúpedo, solípedo, corcel, animal de tiro, caballo, mula, asno, v. cabalgadura || cuerpo, arma, servicio || nobleza, aristocracia, hidalguía, señorío.

CABALLERIZA cuadra, establo, corral, cobertizo, yuntería, acemilería, presepio, estala.

CABALLERIZO palafrenero, servidor, lacayo, criado, cuidador.

CABALLERO hidalgo, noble, señor, aristócrata, honorable, respetable, digno, cortesano, correcto, gentil, elegante, fino, paladín, campeón, defensor, leal, distinguido, altruista, generoso, magnánimo, probo || jinete v., caballista, cabalgador.

CABALLEROSAMENTE señorialmente, hidalgamente, noblemente, aristocráticamente, respetablemente, galantemente, honorablemente, generosamente, magnánimamente, v. caballero.

CABALLEROSIDAD señorío, nobleza, hidalguía, aristocracia, distinción, cortesía, urbanidad, educación, civismo, finura, delicadeza, elegancia, gentileza, crianza, diplomacia, consideración, corrección, trato, modales, amabilidad, indulgencia, magnanimidad, altruismo, lealtad, generosidad, desprendimiento, quijotismo, desinterés.

CABALLEROSO noble, hidalgo, generoso, romántico, desprendido, caballeresco v., cortés, galante, delicado, gentil, considerado, diplomático, fino, desinteresado, magnánimo, humanitario, correcto, amable, leal, filántropo, altruista v., cortés v.

CABALLETE armazón, bastidor, soporte, pie, sustentáculo, sustento, apoyo, base.

CABALLISTA jinete, caballero, cabalgador, vaquero.

CABALLITOS tiovivo, carrusel.

CABALLO corcel, palafrén, trotón, bridón, jaco, jamelgo, rocín, potro, potrillo, matalón, sotreta, cuartago, penco, percherón, frisón, equino, montura, bruto, caballería, cuadrúpedo.

CABALLÓN lomo, saliente, montón, camellón, acirate, atochada, gleba, resalte, joroba, surco, zanja.

CABAÑA choza, chamizo, bohío, casilla, chabola, barraca, tugurio, cobijo, rancho, refugio, cobertizo, pabellón, toldo, tienda, huta || ganado, hacienda, rancho, vacunos, bovinos, caprinos, ovinos, porcinos.

CABAÑAL cobertizo, tinglado, toldo || senda, caminillo, sendero, trocha, vereda, cañada.

CABAÑERO ganadero, ranchero, hacendado || vaquero, ovejero, cabrerizo, cuidador, pastor.

CABARET * sala de fiestas, *dancing*, *boîte*, café cantante.

CABÁS cartera, bolso, cesto, cestillo.

CABE cerca de, junto a, próximo, cercano.

CABECEAR inclinar, agachar, hundir, mover, volver, balancear, oscilar || amodorrarse, dormirse, adormilarse, dar cabezadas.

CABECEO balanceo, vaivén, oscilación, traqueteo, ajetreo, bandazo, mecimiento, bamboleo, meneo, columpiamiento.

CABECERA encabezamiento, comienzo, principio, iniciación, origen, nacimiento, arranque, partida, preámbulo, entrada, base || presidencia, preferencia, lugar de honor || testero, cabezal, almohada.

CABECILLA jefe, conductor, corifeo, dirigente, cacique, caudillo, capitán, guía de rebeldes.

CABELLERA pelambrera, pelambre, melena, rizos, ondas, mechas, guedejas, v. cabello.

CABELLO pelo, vello, pelusa, bozo, cerda, hebra, crin, pestaña, ceja, barba, pendejo || cabellera, melena, pelaje, pelambrera, pelambre, crin, rizo, onda, guedeja, mechón, greña, bucle, tirabuzón, caracolillo, sortijilla, vellón, copete, tusa, cerneja, barba, patilla, bigote, madeja, trenza, coleta, aladar, coca, flequillo, moño, tupé, rodete, tufo, postizo, añadido, peluca v.

CABELLUDO peludo, velludo, melenudo, v. cabello.

CABER contener, entrar, abarcar, abrazar, encerrar, englobar, reunir, comprobar, alcanzar, coger, hacer, ingresar, estar, tocar, participar.

CABESTRILLO vendaje, venda, pañuelo, banda, sostén, refuerzo, tira, brazal, brazalete.

CABESTRO brida, correa, correaje,

freno, ronzal, dogal, bozal, ramal, arreo, guarnición, cuerda, soga ‖ manso, buey, castrado.

Cabeza testa, sesera, mollera, cachola, coco, cráneo, testuz, morra, molondra, cholla ‖ mente, cerebro, seso, inteligencia, capacidad, entendimiento, sensatez, comprensión, chirumen, cacumen, talento, caletre, juicio, entendederas, discernimiento, razonamiento, razón, percepción, lucidez, claridad ‖ principio, extremo, extremidad, comienzo, iniciación, origen, nacimiento, partida, arranque, umbral, preámbulo, prólogo, entrada, preludio, preliminares ‖ jefe, director, patrono, amo, cabecilla, dirigente.

Cabezada movimiento, inclinación, balanceo, oscilación, vaivén, bandazo, mecimiento, bamboleo, meneo ‖ saludo, reverencia, venia, sombrerazo ‖ correaje, guarnición, ronzal, brida, v. cabestro ‖ morrada, v. cabezazo.

Cabezal almohadón, almohada, cojín, colchoncillo ‖ viga, larguero, travesaño, madero, palo.

Cabezazo testarazo, testarada, golpazo, topetazo, morrada, calabazada, cabezada, molondrón, calamorrada, golpe, choque.

Cabezo cerro, colina, alcor, montecillo, otero, loma, montículo, altozano, collado.

Cabezón cabezudo, cabezota, cabeciancho, cabezorro ‖ terco, porfiado, obstinado, testarudo v., tozudo.

Cabezonada v. testarudez, cabezonería.

Cabezota v. cabezón.

Cabezudo v. cabezón.

Cabida capacidad, volumen, espacio, contenido, aforo, extensión, tonelaje, porte.

Cabila tribu, cáfila, clan, horda, familia, grupo, conjunto, banda, pandilla, hatajo, beduinos, bereberes, rifeños.

Cabildada alcaldada, tropelía, injusticia, arbitrariedad, abuso v., atropello, despotismo.

Cabildeo conciliábulo, consulta, secreto, conspiración, intriga, consejo, conferencia, reunión, gestión.

Cabildo corporación, junta, ayuntamiento, concejo, organismo, entidad, diputación, consejo, cuerpo, colegio, pleno, asamblea, comunidad.

Cabileño beréber, berberisco, rifeño, moro.

Cabilla barra, mango, palo, clavija.

Cabina camarote, camareta, compartimiento, alojamiento ‖ locutorio, casilla, división.

Cabizbajo desanimado, abatido, triste, aturdido, melancólico, decaído, desalentado, descorazonado, aplanado.

Cable maroma, soga, cuerda, calabrote, guindaleza, v. cabo ‖ telegrama, cablegrama, despacho, telefonema, comunicación, radiograma ‖ hilo, alambre, cordón.

Cablegrafiar telegrafiar, despachar, comunicar, enviar.

Cablegrama telegrama, despacho, telefonema, comunicación.

Cabo soga, cuerda, cordel, merlín, cajeta, guindaleza, sardinel, boza, filástica, calabrote, cadena, cable, cordón, estrinque, rabiza, precinta, rabo, chicote, brandal, cáñamo, jarcia, floque, piola, hilo, hebra, fibra, maroma, bramante, guita, amarra, laja, andarivel, sirga ‖ extremo, terminación, fin, punta, término, extremidad, límite, remate, conclusión ‖ mango, empuñadura, pomo ‖ promontorio, punta, saliente, espolón, lengua de tierra.

Cabotaje navegación, circunnavegación, circunvalación, costear, travesía, crucero, tráfico.

Cabra íbice, rebeco, musmón, ceaja, hirco, rumiante, caprino.

Cabrearse enfadarse, irritarse, recelar, mosquearse.

Cabreo enfado, ira.

Cabreriza redil, aprisco, majada, corral, chiquero, cabrería, chivetero, establo.

Cabrerizo v. cabrero.
Cabrero cabrerizo, pastor, cuidador, cabritero.
Cabrestante torno, árgana, virador, chiguer, malacate, cabria, molinete, polea, garrucha.
Cabria grúa, árgana, aguilón, molinete, trucha, machina, titán.
Cabrio madero, pieza, viga, tablón, tabla.
Cabrío caprino, cabruno, caprípedo, caprario.
Cabriola pirueta, corcovo, brinco, voltereta, salto, bote, corveta, rebote, retozo, volantín.
Cabriolar piruetear, brincar, botar, saltar, volatinar, retozar, corvetear, corcovar, voltear.
Cabriolé birlocho, silla volante, carruaje ligero.
Cabriolear v. cabriolar.
Cabritilla piel de cabrito, de cordero.
Cabrito choto, chivo, chivato, ternasco, caloyo, cabronzuelo, bucarlo.
Cabrón cabro, chivo, macho, buco, barbado, bucardo, cabrío, caprino, bardón, bode || cornudo, sufrido, consentido, comblezo, gurrumino, cuclillo.
Cabronada deshonra, infamia, canallada, adulterio, ruindad, bribonada, bajeza, vileza, indignidad, faena, jugarreta, jugada.
Cabruno caprino, v. cabrío.
Cabuya pita, fibra, cuerda, soga, maroma.
Caca excremento, mierda, deposición, evacuación, deyección, heces, suciedad, inmundicia, porquería, boñiga, excreta, excreción.
Cacahuete maní, leguminosa, planta, fruto.
Cacao chocolate, teobromina, semilla, grano.
Cacareador jactancioso, alabancioso, fanfarrón, vanidoso, exagerado, bocazas, cuentero || cloqueador, piador.
Cacarear cloquear, piar, llamar || vanagloriarse, envanecerse, jactarse, exagerar, ponderar, alabar, fanfarronear.

Cacareo cloqueo, llamada, alboroto || charlatanería, palabrería, palabreo, monserga, retahíla, labia, cotilleo.
Cacatúa papagayo, guacamayo, cotorra, loro, periquito, ave trepadora.
Cacera acequia, zanja, canal, canalillo, conducción.
Cacería montería, partida, batida, ojeo, acecho, acoso, persecución, búsqueda, acorralamiento, cinegética.
Cacerola olla, cazo, pote, cazuela, tartera, puchero, perol, marmita, piñata, cadozo, vasija, recipiente.
Cacique amo, señor, dueño, superior, reyezuelo, déspota, tirano, opresor, abusador, jefe, personaje.
Caciquismo opresión, abuso, tiranía, dominación, influencia, despotismo.
Caco ratero, ladrón v., carterista, rata, descuidero, ganzúa, delincuente.
Cacofonía repetición, disonancia, discordancia, reiteración.
Cacofónico disonante, discordante, repetido, reiterado.
Cacoquimia melancolía, tristeza, debilitación, achaque, desnutrición, adelgazamiento.
Cacorro afeminado, amadamado, marica, invertido, v. homosexual.
Cacto chumbera, tuna, tunera, pala, penca, nopal, palera, planta perenne, garambullo, quisco, cordón, airampo.
Cactus * v. cacto.
Cacumen meollo, sesos, sesera, ingenio, chispa, talento, agudeza, cabeza, perspicacia, entendederas, cerebro, lucidez, inteligencia v.
Cacha chapa, placa, mango, empuñadura, pomo, puño, asa, guarnición, asidero || nalga, anca, asentaderas, posaderas, culo.
Cachalote cetáceo, ballena, narval, ballenato, pez mamífero.
Cachar destrozar, romper, estropear, partir, rajar, cortar.
Cacharrería tienda, bazar, tenderete.

CACHARRO vasija, pote, olla, recipiente, puchero, cazuela || cachivache, bártulo, trasto, utensilio, chirimbolo, artefacto, artilugio, trebejo, cachirulo, mecanismo, maquinaria, artificio, chisme, enser.

CACHAZA pachorra, parsimonia, cuajo, calma, lentitud, flema, indolencia, apatía, pesadez, asadura, morosidad, premiosidad, dilación.

CACHAZUDO parsimonioso, calmoso, flemático, lento, pachorrudo, pánfilo, tardo, moroso, premioso, tranquilo, indiferente.

CACHEAR registrar, esculcar, examinar, reconocer, palpar, inspeccionar, buscar, rebuscar.

CACHEMIR cachemira, casimir.

CACHEO registro, inspección, v. cachear.

CACHET * personalidad, estilo, distinción, sello.

CACHETADA v. cachete.

CACHETE carrillo, moflete, mejilla, pómulo, mollete, buchete, cara || bofetón, bofetada, soplamocos, torta, tortazo, revés, moquete, guantazo, sopapo.

CACHETERO puñal, puntilla, cachete, daga, cuchillo || rematador, puntillero, descabellador.

CACHETUDO carrilludo, mofletudo, cachetón.

CACHICÁN mayoral, capataz, jefe || astuto, sagaz, avisado, sutil, taimado, hábil, diestro.

CACHIFOLLAR deslucir, estropear, abatir, humillar, chasquear, turbar.

CACHIGORDO regordete, v. gordo.

CACHILLADA lechigada, ventregada, cría, camada, cama, animalillos.

CACHIMBA pipa, cazoleta, cachimbo.

CACHIPORRA porra, palo, clava, maza, rompecabezas, garrote, bastón, estaca, ferrada, cayada, tranca.

CACHIPORRAZO trancazo, estacazo, bastonazo, garrotazo, palo, mazazo.

CACHIRULO trasto, bártulo, trebejo, chisme, enser, chirimbolo, artefacto, artilugio, cacharro v., || inútil, inservible, torpe.

CACHIVACHE trasto, bártulo, trebejo, chisme, enser, chirimbolo, artefacto, artilugio, cacharro v. || inútil, inservible, torpe.

CACHO pedazo, trozo, fragmento, parte, porción, fracción, pieza, segmento, jirón, gajo, sección, triza, pizca.

CACHONDEARSE mofarse, burlarse, v. cachondeo.

CACHONDEO burla, befa, guasa, mofa, chanza, zumba, pitorreo, diversión.

CACHONDEZ excitación, celo, lujuria, sensualidad, libídine, lascivia, lubricidad, concupiscencia, impudicia, intemperancia, obscenidad, deshonestidad, apetito venéreo.

CACHONDO excitado, concupiscente, lascivo, libidinoso, sensual, lujurioso, obsceno, intemperante, impúdico, lúbrico, deshonesto.

CACHORRO cría, hijo, vástago, retoño, descendiente, cachorrillo.

CACHUCHA gorra, bonete, gorro, sombrero v. || lancha, piragua, bote, barca v.

CADALSO patíbulo, horca, guillotina, garrote, tormento, suplicio, pena, castigo, punición, ejecución, tablado, plataforma, estrado, entarimado.

CADAÑERO anual, añal, cadañal, anuo.

CADÁVER muerto, cuerpo, restos, fallecido, despojos, difunto, fiambre, finado, interfecto, víctima, extinto, occiso, inanimado, momia.

CADAVÉRICO macabro, fúnebre, lúgubre, sepulcral, mortuorio, fantasmal, desfigurado, pálido, hediondo, delgado, caquéctico, extenuado, flaco.

CADDIE * muchacho, chico, mozo, ayudante, botones.

CADEJO maraña, embrollo, lío, madeja, laberinto.

CADENA esposas, grilletes, ataduras, ligaduras, sujeción, hierros, cepo || eslabones, grillete, cadeneta, leontina || serie, encadena-

CADENCIA miento, sucesión, continuación, proceso, orden, curso, ciclo, rueda, progresión || cautiverio, esclavitud, sujeción, dependencia, cautividad, encarcelamiento, pena, condena, internamiento, confinación, aprisionamiento, castigo.

CADENCIA ritmo, movimiento, compás, paso, medida, acento, armonía, consonancia, conformidad, melodía.

CADENCIOSAMENTE acompasadamente, movidamente, rítmicamente, medidamente, armoniosamente, melodiosamente.

CADENCIOSO rítmico, armonioso, cadente, melódico, movido, acompasado, medido, armónico, consonante.

CADENETA labor, filigrana, orla, costura.

CADENTE v. cadencioso.

CADERA anca, cuadril, pelvis, grupa, flanco, culata, pernil.

CADETADA ligereza, chiquillada, travesura, inconstancia.

CADETE alumno, educando, estudiante, inscrito (en academia militar).

CADOZO remolino, vórtice, torbellino, embudo, corriente.

CADUCAR terminar, acabarse, extinguirse, prescribir, periclitar, arruinarse, concluir, finiquitar, cumplir, fenecer, suprimir, finalizar, agotarse, clausurar, consumirse, chochear.

CADUCEO vara, varilla, atributo, símbolo de paz, s. del comercio.

CADUCIDAD prescripción, extinción, conclusión, terminación, fenecimiento, cumplimiento, finiquitamiento, clausura, término, fin, supresión, ruina, consunción, agotamiento, chochera.

CADUCO senil, chocho, decrépito, achacoso, anciano, viejo, impotente, decadente, añejo, provecto, vetusto, acabado, pachucho, || perecedero, efímero, breve, pasajero, precario, fugaz, temporal, provisorio, momentáneo.

CADUQUEZ decrepitud, chochez, vejez, decadencia, v. caducidad.

CAEDIZO saliente, resalte, saledizo, colgadizo.

CAER incurrir, incidir, descender, bajar, aminorar, derribar, venir, presentarse, sobrevenir, desaparecer, borrarse, desvanecerse, rendirse, sucumbir, morir, entregarse, capitular, sentir || CAERSE desplomarse, derrumbarse, precipitarse, hundirse, derribarse, despeñarse, desmoronarse, abatirse, resbalar, deslizarse, tropezar, chocar, bajarse, descender.

CAFÉ infusión, estimulante, bebida, brebaje, cafeto, arbusto, grano, semilla, haba, caracolillo, cafeína || bar, cafetín, cafetucho, cafetería, establecimiento, cervecería, cantina, fonda, taberna, local.

CAFEÍNA alcaloide, estimulante.

CAFETAL plantación, cultivo, campo, hacienda.

CAFETERA cazo, pote, recipiente, vasija || molinillo, triturador, tambor, tostador.

CAFETERÍA bar, salón de té, cantina, v. café.

CAFETERO hacendado, plantador, propietario, comerciante, vendedor, tendero.

CAFETÍN cafetucho, bar, v. café.

CÁFILA caterva, tropel, horda, banda, turba, cuadrilla, bandada, pandilla, multitud, muchedumbre, tropa, infinidad, montón, fárrago, conjunto, hueste, partida, enjambre, tumulto, riada, patulea, ola, oleada, masa, populacho, gentuza, chusma.

CAFRE bárbaro, brutal, cruel, desalmado, bruto v., fiero, bestial || rústico, tosco, inculto, cerril, bruto, grosero, rudo, atrasado, primitivo.

CAFTÁN blusón, bata, blusa, túnica, manto morisco.

CAGADA excremento, deyección, deposición, heces, boñiga, excreta, excreción, caca, mierda, evacuación, suciedad, inmundicia, porquería.

CAGALERA v. diarrea.

CAGAR defecar, obrar, deponer, ex-

CRETAR, evacuar, ensuciar, descargar, soltar, mover el vientre, hacer sus necesidades, hacer de cuerpo.

CAGATINTAS chupatintas, escribiente, oficinista, amanuense, auxiliar, dependiente, subordinado, ayudante, pasante.

CAGÓN cobarde, pusilánime, medroso, gallina, apocado, miedoso, tímido, atemorizado.

CAÍD juez, gobernador, jefe musulmán.

CAÍDA declive, descenso, bajada, prolapso, declinación, ocaso, ruina, decadencia, eclipse, fracaso, desgracia || porrazo, golpe, culada, costalada, batacazo, revuelco, despeño, despeñamiento, derrumbe, desplome, desmoronamiento, abatimiento, desprendimiento || culpa, falta, desliz, pecado, flaqueza, error, yerro, lapso, omisión, descuido, tropiezo, culpabilidad, infracción.

CAÍDO postrado, humillado, derrotado, decaído, derrengado, degradado, desfallecido, acobardado, débil, abatido, amilanado, fracasado, malogrado, infortunado || macilento, pálido, marchito, ajado || muerto, víctima, mártir, inmolado, sacrificado, aureolado, venerado.

CAIMÁN yacaré, cocodrilo, gavial, reptil, saurio || astuto, pillo, artero, sutil, taimado, malicioso.

CAIMIENTO decaimiento, v. desfallecimiento.

CAÍN cruel, desalmado, avieso.

CAIQUE lancha, bote, esquife, v. barca.

CAIREL fleco, flequillo, orla, guarnición, adorno, cordón, reborde || postizo, peluquín, peluca.

CAJA cajón, arca, arqueta, estuche, envase, cartón, arcón, sombrerera, cepillo, joyero, urna, bombonera, tabaquera, escriño, bote, lata, vasija, paquete, bulto, recipiente, embalaje, jaula || ataúd, féretro || tambor, tamboril, bombo, timbal || pagaduría, tesorería, administración.

CAJERO cobrador, tesorero, pagador, encargado, empleado, dependiente, administrador.

CAJETILLA paquete, tabaco, cigarrillos, picadura.

CAJÓN gaveta, estante, naveta, compartimiento, v. caja.

CAKE * torta, tarta, pastel, bizcocho.

CAL creta, tiza, yeso, pucelana, puzol, caliza, cemento, dolomía, calcinita, calcio.

CALA abra, bahía, ensenada, caleta, golfo, rada, abrigo, refugio.

CALABACEAR reprobar, suspender, catear, revolcar || desdeñar, rechazar, desairar, rehusar, despedir, repeler, negarse.

CALABAZA calabacín, cucurbitácea, planta rastrera, p. trepadora || CALABAZAS desaire, desdén, negativa, rechazo, suspenso.

CALABOZO celda, mazmorra, cárcel, prisión, ergástula, trena, chirona, gayola, caponera, galera, encierro, trápana.

CALABROTE soga, maroma, cuerda, cable, cabo v.

CALADO encaje, labor, galón, puntilla, blonda || atravesado, traspasado, horadado, perforado, agujereado, recortado || mojado, húmedo, empapado v. || altura, profundidad, fondo.

CALAFATE calafateador, carpintero de ribera, operario.

CALAFATEAR cerrar, taponar, obstruir, recubrir, tapar, obturar, tupir.

CALAMAR pulpo, sepia, argonauta, cefalópodo, molusco, chipirón.

CALAMBRE contracción, encogimiento, espasmo, convulsión, contorsión, sacudida, estremecimiento, inmovilización, hormigueo, cosquillas, adormecimiento.

CALAMBUR * retruécano, equívoco, juego de palabras.

CALAMIDAD desastre, desgracia, desdicha, infortunio, contrariedad, plaga, azote, catástrofe, hecatombe, cataclismo, tragedia || torpe, calamitoso, inservible, inepto, incapaz.

CALAMITOSO aciago, desastroso, catastrófico, trágico, funesto, perjudicial, nocivo, infausto, nefasto || infortunado, desdichado, desventurado, desgraciado, malhadado, desafortunado, infeliz, triste, torpe, inepto, inservible, calamidad, incapaz.

CÁLAMO caña, tallo, tubo, pluma || flauta, pífano, flautín.

CALAMOCANO embriagado, bebido, alegre, v. borracho || decrépito, chocho, senil, v. caduco.

CALAMOCO carámbano, pinganello, punta, trozo de hielo.

CÁLAMO CURRENTE improvisado, espontáneo, de improviso, de repente, con presteza, sin pensar.

CALANDRAJO andrajo, pingo, harapo, jirón, gualdrapa, trapo || esperpento, adefesio, ridículo.

CALANDRIA alondra, guilloria, ave canora.

CALAÑA índole, ralea, naturaleza, calidad, jaez, categoría, especie, forma, raza, muestra, modelo.

CALAR perforar, horadar, atravesar, penetrar, pasar, agujerear, rajar, cortar, hender || adivinar, suponer, sospechar, descubrir, conocer, comprender || CALARSE mojarse, empaparse, humedecerse, inundarse, embeberse, bañarse, regarse, impregnarse, salpicarse.

CALASANCIO escolapio, clérigo regular, maestro, profesor.

CALAVERA cráneo, huesos de la cabeza || mujeriego, libertino, parrandero, jaranero, vicioso, tarambana, perdido, Don Juan.

CALAVERADA juerga, parranda, jarana, trastada, travesura, diablura, enredo, barrabasada, chiquillada, aventura, necedad.

CALCAÑAR talón, pulpejo, calcaño, mollear.

CALCAR copiar, reproducir, duplicar, repetir, remedar, imitar, plagiar || apretar, comprimir, oprimir, presionar, aplastar, reseguir.

CALCÁREO calizo, carbonatado, calcificado.

CALCE cuña, alza, calza, taco, traba, tarugo, madero.

CALCEDONIA ágata, cuarzo, nicle, carniola, gema, piedra semipreciosa.

CALCETA punto, media, tejido, malla, calcetín, calza || elástico.

CALCETÍN media, calceta v., escarpín.

CALCIFICACIÓN endurecimiento, osificación, soldadura, depósito, fortalecimiento, enriquecimiento.

CALCIFICAR endurecer, osificar, robustecer, fortalecer, depositar sales de calcio.

CALCINACIÓN incineración, carbonización v., calcinamiento, quemadura, tostado, tueste, torrefacción, tostadura, combustión, ignición, abrasamiento.

CALCINADO carbonizado, incinerado, v. calcinar.

CALCINAR incinerar, carbonizar, quemar, tostar, asar, abrasar, encender, incendiar, arder, consumir, combustionar, devorar, soflamar, torrar, rustir, socarrar.

CALCO reproducción, copia, facsímil, duplicado, repetición, plagio, imitación, apógrafo.

CALCOMANÍA imagen, figura, dibujo, adhesivo.

CALCULADOR * previsor, cauto, avisado, prudente, precavido, advertido, interesado, egoísta, ambicioso, intrigante, maniobrero, conspirador.

CALCULADORA computadora, procesadora, sumadora, multiplicadora, máquina, aparato, mecanismo, operadora.

CALCULAR computar, contar, sumar, multiplicar, numerar, valorar, tantear, establecer, determinar, restar, dividir, radicar, operar || suponer, deducir, creer, premeditar, meditar, reflexionar, pensar conjeturar || tasar, evaluar, justipreciar, valorar, estimar.

CÁLCULO cuenta, cómputo, recuento, enumeración, operación, suma, resta, multiplicación, división, radicación, logaritmación || deducción, suposición, creencia, reflexión, meditación, conjetura, pensamiento, imaginación || litiasis, concreción, depósito, residuo, piedra.

CALDAS termas, baños, manantial, balneario, aguas termales, minerales, medicinales.
CALDEAMIENTO calentamiento, caldeo, calefacción, enardecimiento, acaloramiento.
CALDEAR calentar, templar, abochornar, ahogar, asfixiar, encender, tostar, achicharrar || avivar, excitar, enardecer, enfervorizar, exaltar, irritar.
CALDERA fogón, calentador, termo, hogar, recipiente, depósito, calorífero, estufa, horno || marmita, olla, tina, perol, puchero, cacerola, pote, piñata, vasija, recipiente.
CALDERILLA suelto, cambio, monedas, numerario.
CALDERO perol, v. caldera.
CALDERÓN signo, suspensión, fermata || floreo, frase.
CALDO sopa, cocido, sopicaldo, chirlo, sustancia, adobo, pasta, aguadillo, líquido, salsa, unto, aderezo, jugo, zumo.
CALDOSO jugoso, líquido, sustancioso, sabroso, gustoso, aguado.
CALÉ * gitano, cíngaro, cañí, bohemio, flamenco, trashumante.
CALEFACCIÓN calor, caldeo, caldeamiento, calentamiento || estufa, calorífero, radiador, chimenea, hogar, fogón, calentador, termo, salamandra, brasero, calientapiés, horno, hornillo.
CALENDARIO almanaque, agenda, anuario, repertorio, efemérides, fastos, publicación, guía, tabla, cartilla, epacta, taco.
CALENDAS tiempo, período, época.
CALENTADOR calorífero, estufa, radiador, chimenea, fogón, hogar, hornillo, horno, calientapiés, salamandra, brasero, termo, escalfador, infiernillo.
CALENTAMIENTO caldeamiento, calor, calefacción, caldeo, recalentamiento, escaldadura, bochorno, achicharramiento.
CALENTAR templar, caldear, abochornar, achicharrar, cocer, escaldar, hervir, encender, tostar, freír, quemar, asar, carbonizar, calcinar, incendiar, arder, consumir, soflamar, torrar, rustir || CALENTARSE acalorarse, templarse, reponerse, irritarse, enardecerse, exaltarse, excitarse, enfervorizarse, encolerizarse, enfadarse.
CALENTURA temperatura, fiebre, hipertermia, décimas, paludismo, malaria, terciana, cuartana, pirexia, destemplanza, indisposición, acceso, escalofrío || fuego, ardor, enardecimiento.
CALENTURIENTO afiebrado, palúdico, enfermo, indispuesto, consumido, postrado, encendido, arrebatado, sofocado.
CALERA chalupa, lancha, bote, barca v. || cantera, calar, tobar, horno.
CALESA carruaje, coche, calesín, carricoche, tartana.
CALESERO cochero, conductor, guía, mayoral.
CALETA ensenada, v. cala.
CALETRE discernimiento, capacidad, tino, cacumen, meollo, ingenio, fósforo, cerebro, inteligencia, sesos, sesera, cabeza, talento, genio, chispa, agudeza, comprensión.
CALIBRACIÓN medición, graduación, comprobación, lectura, cálculo, apreciación, evaluación.
CALIBRAR medir, comprobar, graduar, evaluar, apreciar, calcular, leer, reconocer, establecer.
CALIBRE diámetro, ancho, anchura, abertura, amplitud, espacio, extensión, tamaño, dimensión, talla, formato || importancia, trascendencia, aptitud, capacidad, característica.
CALIDAD perfección, bondad, excelencia, virtud, eficacia || clase, cualidad, condición, carácter, categoría, índole, naturaleza, propiedad, atributo, adjetivo, modo, característica, especie, tenor, calificación, particularidad, cuantía, tipo, jaez, calaña, estofa, ralea, pelaje, aptitud, disposición

|| nobleza, importancia, lustre, categoría, linaje, posición, jerarquía, rango.
CALIDEZ fuego, ardor, bochorno, tibieza, calor v.
CÁLIDO caluroso, ardoroso, ardiente, tórrido, tropical, sofocante, canicular, caliente v., tibio, suave, moderado, templado.
CALIENTAPIÉS calorífero, termo, calentador, calefactor, hornillo, brasero.
CALIENTE cálido, caluroso, caldeado, ardoroso, ardiente, tórrido, tropical, sofocante, canicular, caliginoso, acalorado, estuoso, candente, quemante, inflamado, incandescente, ígneo, al rojo, abrasador, encendido, hirviente, humeante || acalorado, fogoso, excitado, exaltado, vehemente, violento, reñido.
CALIFA príncipe sarraceno, caudillo mahometano, notable moro, jefe musulmán.
CALIFICACIÓN nota, clasificación, apreciación, determinación, precisión, establecimiento, designación, señalamiento, discernimiento, distinción, asignación, evaluación, valoración, cálculo, estima, tasa || cualidad, aptitud, habilidad, capacidad, idoneidad, suficiencia, disposición, competencia, maña.
CALIFICADO hábil, apto, competente, experto, perito, dispuesto, suficiente, idóneo, capaz, capacitado, mañoso, preparado, entendido.
CALIFICAR determinar, establecer, valorar, estimar, calcular, evaluar, justipreciar, tasar, discernir, asignar, distinguir, apreciar, atribuir, adjetivar, tildar, llamar, clasificar.
CALIFICATIVO adjetivo, epíteto, nota, nombre, alias, apodo, dictado, título || determinante, apreciativo, valorativo.
CALÍGINE niebla, neblina, bruma, calima, boira, vaho, vapor, oscuridad, tenebrosidad, nebulosidad, vaguedad || CALÍGINE * bochorno, calor.
CALIGINOSO brumoso, nublado, nebuloso, nuboso, calinoso, vaporoso, oscuro, denso, tenebroso, borroso || CALIGINOSO * caluroso, bochornoso, sofocante.
CALIGRAFÍA escritura, letra, manuscrito, garabato, trazo, rasgo, plumazo, grafía, nota, apunte, inscripción, autógrafo, firma.
CALIGRAFIAR escribir, anotar, trazar, apuntar, redactar, inscribir, autografiar, firmar, garabatear, borronear.
CALÍGRAFO escribiente, escribano, pendolista, perito, experto, pasante, empleado, rotulista, copista, grafólogo, paleógrafo.
CALIMA v. calina.
CALINA bruma, niebla, neblina, vapor, vaho, calima, calígine, borrina, fosca, celaje, nube, nubosidad, bochorno.
CALINOSO neblinoso, brumoso, vaporoso, caliginoso, nuboso, bochornoso, borroso, canicular.
CALISTENIA gimnasia, ejercicio, movimiento, deporte.
CÁLIZ copa, vaso, grial, copón, recipiente.
CALIZA dolomía, dolomita, piedra, roca, cal.
CALIZO calcáreo, calcificado.
CALMA tranquilidad, paz, sosiego, quietud, reposo, placidez, descanso, tregua, moderación, aplacamiento, silencio || impavidez, imperturbabilidad, serenidad, entereza, flema, firmeza, frialdad, valor, estoicismo || pachorra, cachaza, parsimonia, lentitud, indolencia, apatía, pereza.
CALMADO tranquilizado, serenado, sosegado, pacificado, aquietado, descansado, reposado, aplacado.
CALMANTE sedante, narcótico, paliativo, lenitivo, sedativo, analgésico, barbitúrico, hipnótico, bálsamo, linimento, medicamento.
CALMAR sosegar, tranquilizar, apaciguar, aquietar, acallar, moderar, aplacar, silenciar, serenar,

pacificar, sedar, suavizar, moderar, enfriar, apagar, templar || calmarse, despejarse, serenarse, aclarar, abonanzar, encalmar, serenar.

Calmo erial, páramo, yermo || sosegado, v. calmoso.

Calmoso tranquilo, reposado, sosegado, plácido, parsimonioso, cachazudo, flemático, lento, indolente, apático, perezoso.

Caló jerga, germanía, jerigonza, lenguaje, dialecto.

Calomelanos calomel, purgante, laxante, cloruro mercurioso, vermífugo, antisifilítico, medicamento.

Calor bochorno, temperatura, sofoco, sofocación, canícula, sol, calina, vulturno, ardentía, ahogo || fuego, ardor, calidez, combustión, llama, hoguera, quemazón, incendio, encendimiento, caloría, irradiación, incandescencia || pasión, fervor, acaloramiento, animación, entusiasmo, energía, viveza, actividad, dinamismo, vehemencia, excitación.

Calorcillo tibieza, calidez.

Caloría poder || energético, capacidad alimenticia, unidad térmica.

Calorífero estufa, radiador, hornillo, fogón, brasero, infiernillo, calentador v.

Calorífico caliente, ardiente, quemante, v. calor.

Caloyo cabrito, cordero, borrego, andosco, ternasco || recluta, soldado, quinto.

Calumnia falsedad, maledicencia, falacidad, insidia, superchería, difamación, deshonra, descrédito, disimulo, artería, impostura, hipocresía, duplicidad, doblez, argucia, deslealtad, perjurio, suposición, exageración, chisme, mentira, engaño, bulo, inexactitud, absurdo, fábula, embuste, mendacidad, maledicencia.

Calumniador difamador, impostor, infamador, maldicente, perjuro, desleal, artero, hipócrita, impostor, disimulado, insidioso, falaz.

Calumniar difamar, deshonrar, denigrar, desacreditar, imputar, engañar, achacar, mentir, chismorrear, exagerar, suponer, infamar, colgar, levantar, disimular, falsear, desfigurar.

Calumnioso injuriante, deshonroso, infamante, ofensivo, ignominioso, v. calumniador.

Calurosamente vehementemente, cariñosamente, apasionadamente, fervorosamente, entusiásticamente, fervientemente, animadamente, afectuosamente.

Caluroso cálido, bochornoso, ardiente, sofocante, caliente, ardoroso, tórrido, tropical, canicular, caldeado, acalorado, quemante, abrasador || fogoso, exaltado, vehemente, vivo, enardecido, entusiasta, animado, apasionado, inflamado, ferviente.

Calva calvicie, claro, entradas, pelada, alopecia, pelona, decalvación, calvatrueno, depilación.

Calvario vía crucis, martirio, padecimiento, sufrimiento, tormento, tortura, suplicio, persecución, adversidad, pesadumbre, fatiga, dolor.

Calvatrueno alocado, calavera, tarambana, aturdido, irreflexivo, perdulario, atolondrado.

Calvero claro, espacio, intervalo, hueco, calvijar.

Calvicie calva, entradas, alopecia, pelada, pelona, decalvación, tiña, depilación, calvatrueno.

Calvo pelado, pelón, calvete, lampiño, mondo, mocho, motilón, roso, glabro, depilado, rapado, liso.

Calza cuña, alza, calce, taco, madero, traba, tarugo || media, calcetín, calceta, calcilla, escarpín, elástico || calzas, v. calzón.

Calzada asfalto, empedrado, adoquinado, camino, calle, pista, carretera.

Calzado zapato, bota, botín, borceguí, chanclo, chancleta, zapatilla, alpargata, pantufla, chine-

la, abarca, escarpín, sandalia, chapín, babucha, cáliga, coturno, zueco, almadreña.
CALZADOR tirabotas, abotonador, sacabotas, adminículo.
CALZAR acuñar, trabar, asegurar, afirmar || CALZARSE colocarse, ponerse, endosarse, meterse, embotarse, enchancletarse.
CALZAS v. calzón.
CALZÓN calzas, calzones, leonas, calcillas, taparrabo, pantalón, bragas, bombacha, botarga, zahones, calzoncillos, pantaloncito, bañador.
CALZONAZOS bragazas, apocado, flojo, pasivo, débil, blando, pusilánime, timorato, sumiso, menguado, encogido, corto, achicado, condescendiente.
CALZONCILLOS calzones, pantaloncito, prenda interior.
CALLADA silencio, mutis, sigilo, insonoridad, mutismo.
CALLADAMENTE quedamente, sigilosamente, mudamente, silenciosamente, tácitamente, sordamente, secretamente, reservadamente, discretamente, callandito, arteramente, traidoramente.
CALLADO silencioso, reservado, taciturno, tranquilo, reposado, sosegado, tácito, secreto, silente, cazurro, afónico, mudo, secreto || olvidado, omitido, sobreentendido, silenciado.
CALLAR ocultar, tapar, omitir, silenciar, sobreentender, reservarse, pasar, saltar, prescindir, excluir || CALLARSE enmudecer, silenciarse, amordazarse, no rechistar, no responder, no contestar, aguantarse, soportar, sufrir, tolerar, cerrar la boca, morderse la lengua.
CALLE vía, rúa, arteria, camino, calzada, pasaje, travesía, avenida, paseo, bulevar, corredera, carrera, ronda, callejón, callejuela.
CALLEJA callejuela, callejón, pasaje, pasadizo, v. calle.
CALLEJEAR vagabundear, vagar, pasear, errar, deambular, caminar, salir, airearse, corretear, holgazanear, pindonguear, zanganear, merodear, zascandilear.
CALLEJERO vago, vagabundo, errabundo, paseandero, caminante, merodeador, zascandil, haragán, holgazán.
CALLEJÓN v. calleja.
CALLISTA pedicuro, podólogo, practicante.
CALLO dureza, callosidad, cicatriz, ulceración, endurecimiento, tumoración, abultamiento, bulto, esclerosis, aspereza, rugosidad, ojo de gallo, juanete.
CALLOSO endurecido, cicatrizado, ulcerado, abultado, esclerosado, rugoso, áspero.
CAMA lecho, catre, litera, tálamo, yacija, camastro, hamaca, petate, camón, piltra, cama turca, sufrida.
CAMADA ventregada, lechigada, cría, hijuelos, prole, cachillada || serie, conjunto, hilera, fila || grupo, pandilla, cuadrilla, banda.
CAMAFEO, medallón, medalla, figurilla, imagen, joya.
CAMAL cabestro, ronzal, correa, cincha, cabezón.
CAMALEÓN reptil, iguana, lagarto.
CAMAMA embuste, falsedad, burla, treta, camelo, enredo, farsa, cuento.
CAMÁNDULA hipocresía, sutileza, artería, artificio, zorrería, triquiñuela, astucia v.
CAMANDULEAR halagar, engatusar, adular, lisonjear, lagotear || cotillear, chismorrear, murmurar.
CAMANDULERO cobista, adulón, lisonjero, tiralevitas, santurrón, hipócrita, zorro, embaucador, truhán, embustero, bellaco, embelecador.
CÁMARA aposento, sala, pieza, estancia, habitación, salón, cuarto, saleta, antesala, dormitorio, alcoba, cubículo, recinto || parlamento, congreso, senado, consejo, concejo, junta, asamblea, cortes, conclave || neumático, rueda, goma.
CAMARADA compañero, amigo, compadre, acompañante, colega, co-

frade, correligionario, compinche, adlátere, satélite, acólito, contertulio, compañía, igual, condiscípulo.

Camaradería compañerismo, amistad, compadrazgo, compañía, afecto, confianza, franqueza, familiaridad, intimidad, sinceridad, fraternización, relación, lealtad, fidelidad.

Camaranchón desván, buhardilla, sotabanco, tugurio, tabuco, chiribitil, altillo, sobrado, antro.

Camarera doncella, criada, muchacha, moza, azafata, servidora, sirvienta, asistenta, fámula, maritornes, doméstica.

Camarero mozo, criado, servidor, sirviente, doméstico, fámulo, asistente, muchacho, botones.

Camareta camarote, alojamiento, compartimiento.

Camarilla grupo, pandilla, corro, corrillo, cuadrilla, partida, caterva, liga, conjunto.

Camarín saleta, cuarto, aposento, compartimiento, recinto, tocador || capilla, oratorio, bautisterio.

Camarlengo cardenal, prelado, administrador.

Camarógrafo * operador, fotógrafo, técnico.

Camarón langostino, gamba, esquila, quisquilla, crustáceo, marisco, gambaro.

Camarote alojamiento, camareta, compartimiento, división, aposento, cubículo, recinto.

Camastro catre, hamaca, yacija, cama turca, jergón, coy, lecho, v. cama.

Camastrón hipócrita, embustero, zorro, ladino, camandulero v.

Cambalache trueque, barata, cambio, canje, permuta, trapicheo, regateo.

Cambalachear canjear, cambiar, trocar, permutar, trapichear, regatear.

Cambiable variable, mudable, alterable, convertible, transmutable, reformable.

Cambiadizo mudadizo, inseguro, inestable, variable, irregular, voluble, veleidoso, inconstante.

Cambiado transformado, desconocido v., irreconocible, transformado, alterado.

Cambiador modificador, transformador, alterador, reformista, innovador.

Cambiante variado, diferente, ameno, entretenido, grato, agradable, sugerente || variable, cambiadizo, inconstante, veleidoso, incierto, tornadizo, voluble, irregular.

Cambiar canjear, trocar, permutar, intercambiar, invertir, variar, mudar, alternar, volver, reemplazar, conmutar, innovar, rectificar, transformar, corregir, reformar, alterar, modificar, metamorfosear, convertir, deformar, enmendar, transmutar, transfigurar, renovar, evolucionar, disfrazar || Cambiarse mudarse, trasladarse, irse, renovarse, convertirse, transformarse, metamorfosearse.

Cambio trueque, permuta, permutación, canje, cambalache, trapicheo, negocio, regateo || innovación, conmutación, muda, mudanza, cambiazo, vicisitud, salto, permuta, trastueque, revolución, inversión, crisis, transformación, giro, vaivén, variación, variedad, perturbación, novedad, corrección, renovación, metamorfosis, evolución, variabilidad, alterabilidad, mutabilidad || suelto, calderilla, monedas.

Cambista banquero, bolsista, financiero, traficante, negociante.

Cambrón espino, zarza, matojo, matorral.

Cambuj mascarilla, antifaz, careta, carátula, gambox.

Cambur banano, plátano.

Camelador adulón, lisonjero, cobista v.

Camelar engatusar, engañar, adular, galantear, requebrar, piropear, seducir, lisonjear, dar coba, halagar.

CAMELO chasco, burla, cuento, tomadura de pelo || galanteo, lisonja, adulación, requiebro.
CAMELLO dromedario, rumiante, ungulado.
CAMERAMAN * operador, fotógrafo, técnico.
CAMERINO * camarín, cuarto, tocador.
CAMILLA parihuelas, angarillas, litera, hamaca, árganas, yacija, escaño, basterna, armazón, tabladillo, solio, soporte, caltrizas.
CAMILLERO enfermero, auxiliar, socorrista, ayudante, soldado, sanitario.
CAMINANTE viandante, transeúnte, viajero, peatón, andarín, andariego, paseante, peregrino, vagabundo, errabundo, ambulante.
CAMINAR andar, deambular, marchar, avanzar, moverse, transitar, pasear, viajar, peregrinar, vagar, errar, dirigirse, circular, recorrer, ir, venir, trasladarse, trotar, atajar, pasar, trajinar, llegar.
CAMINATA marcha, jornada, paseo, recorrido, trayecto, viaje, excursión, traslación, ida, venida, movimiento, avance, tránsito, peregrinación, vagabundeo, dirección, circulación, trote, atajo, paso, llegada, andanza.
CAMINO carretera, vía, pista, autopista, v. calle, senda, sendero, atajo, trocha, vereda, cañada, cruce, meandro, vado, galería, travesía, ronda, rodeo, alcorce, carril, rastro, línea || recorrido, v. caminata.
CAMIÓN vehículo, carruaje, camioneta, furgón, furgoneta, automotor.
CAMIONAJE servicio, transporte, reparto, distribución, acarreo, envío.
CAMIONISTA conductor, chófer, camionero.
CAMISA camisola, camiseta, camisón, sayuela, elástica, bata, delantal, guardapolvo, mandil, lienzo, ropa, vestidura, prenda, vestimenta, atavío.

CAMISETA camisola, camisilla, v. camisa.
CAMISÓN bata, camisola, v. camisa.
CAMOMILA manzanilla, hierba, infusión.
CAMÓN mirador, balcón, ventanal || armazón, listones, maderas, vigas || trono, sillón, asiento.
CAMORRA trifulca, pelea, pendencia, refriega, disputa, riña, bronca, gresca, pelotera.
CAMORRISTA pendenciero, provocador, matachín, bravucón, peleador, chulo, reñidor, camorrero, perdonavidas, díscolo, belicoso, valentón.
CAMPAMENTO cuartel, acantonamiento, acuartelamiento, acampamiento, acampada, vivaque, reales, campo, reducto, fortín, fuerte, posición, blocao, toldería, defensa, instalación, establecimiento, recinto, alojamiento, refugio, situación.
CAMPANA campanilla, carillón, sonería, bronce, campanillo, campano, címbano, cimbanillo, cencerro, esquila, gong, tantán, batintín, timbre, sonajero, sonaja, cascabel, badajo.
CAMPANADA toque, llamada, repique, rebato, campaneo, badajada, retintín, timbrazo, campanillazo, bandajazo, cascabeleo, tintineo, talán, tilín.
CAMPANARIO torre, espadaña, campanil, atalaya, torrecilla, linterna, aguja.
CAMPANEAR repicar, sonar, tocar, llamar, badaquear, repiquetear, campanillear, cascabelear, tintinear.
CAMPANEO llamada, toque, repique, rebato, v. campanada.
CAMPANERO sacristán, campanillero, ejecutante, campanólogo.
CAMPANIFORME acampanado, abocinado, abocardado, ensanchado.
CAMPANIL campanario v.
CAMPANILLA címbalo, timbre, segundilla, v. campana || úvula, membrana, carnosidad || v. campánula.
CAMPANILLAZO timbrazo, campani-

lleo, toque, llamada, campanada v.

CAMPANILLEO vibración, sonido, v. campanillazo.

CAMPANTE ufano, satisfecho, alegre, contento, gozoso, eufórico, optimista.

CAMPANUDO retumbante, pomposo, hinchado, altisonante, rimbombante, prosopopéyico.

CAMPÁNULA farolillo, repónchigo, campanilla, planta campanulácea.

CAMPAÑA empresa, tarea, operación, designio, cometido, plan, proyecto, obra, trabajo, esfuerzo, acto, misión, comisión || ejercicio, período, plazo, tiempo, duración || campo, campiña, llanura, sabana, planicie.

CAMPAR sobresalir, dominar, v. campear.

CAMPEADOR paladín, adalid, campeón v.

CAMPEAR sobresalir, dominar, campar, descollar, despuntar, destacarse, vencer, prevalecer, conquistar.

CAMPECHANÍA franqueza, sencillez, jovialidad, simpatía, llaneza, alegría, sinceridad, afabilidad, naturalidad, espontaneidad.

CAMPECHANO sencillo, espontáneo, natural, afable, alegre, sincero, llano, franco, jovial, simpático.

CAMPEÓN adalid, paladín, héroe, caudillo, jefe, cabecilla, guía, capitán || as, primero, destacado, sobresaliente, invencible, número uno, ganador, triunfador, vencedor.

CAMPEONATO certamen, contienda, disputa, lid, lucha, concurso, competencia, competición, porfía, pugna, oposición, emulación.

CAMPERO rural, campesino, agrícola, agreste, desbravado, tosco.

CAMPESINO labriego, labrador, agricultor, granjero, sembrador, aldeano, rústico, lugareño, paisano, cultivador, sembrador, labrantín, colono, hacendado v., quintero, veguero || bucólico, v. campestre.

CAMPESTRE silvestre, apacible, sencillo, rústico, primitivo, tosco, bucólico, campesino, natural.

CAMPING * excursión, acampada, acampar, campamento, parque, acotado.

CAMPIÑA v. campo.

CAMPO campiña, labrantío, tierra, terreno, terruño, ejido, campaña, pradal, pradera, pradería, prado, pasto, arada, huerta, granja, hacienda, latifundio, propiedad, cultivo, plantación, gleba, sembrado || v. campamento || superficie, espacio, zona, lugar || estadio, circuito v.

CAMPOSANTO necrópolis, cementerio, sacramental, galilea, fosal, huerto del Señor.

CAMUESO manzano, árbol || necio, ignorante, bruto, alcornoque, torpe, zote, zoquete.

CAMUFLAJE * ocultamiento, enmascaramiento, *camuflage*.

CAMUFLAR * disimular, disfrazar, enmascarar, desfigurar, ocultar.

CAN perro, chucho, gozque, tuso, cachorro, cadillo, perrezno, dogo, faldero, San Bernardo, Terranova, p. lobo, p. de presa, galgo, mastín, danés, podenco, sabueso, zorrero, pointer, pachón, setter, spaniel, lebrel, lulú, chihuahua, carlín, pekinés, pastor, braco, perdiguero.

CANA pelo blanco, cabello plateado, canicie.

CANAL cauce, reguero, zanja, acequia, sangradera, caz, álveo || acueducto, conducto, conducción, caño, cañería, gárgola, canalón, desagüe, atarjea, tubo, tubería, canaleta, cloaca, sumidero || estrecho, paso, istmo, bocana || acanaladura, rebajo, corte, estría, ranura.

CANALÉ * acanalado, estriado.

CANALIZAR encauzar, conducir, dirigir, llevar, regularizar, reunir, aprovechar, acanalar, regar, sangrar, acequiar.

CANALÓN tubería, tubo, cañería, gárgola, desagüe, conducto, canalillo.

CANALLA ruin, miserable, bajo, despreciable, bribón, rastrero, mez-

CANALLADA

quino, plebeyo, soez, indigno, vil, infame, villano, servil, galopín, renegado, desleal, innoble, alevoso, hampón, sinvergüenza, canallesco, charrán, tuno, pícaro, bergante, pillo, malandrín, bellaco, indecente, abominable, despreciable, soez, tunante, belitre, perillán, barbián, rufián, truhán, granuja || gentuza, chusma, populacho, masa, hampa, morralla.

CANALLADA bribonada, bajeza, ruindad, infamia, vileza, indignidad, mezquindad, deslealtad, bellaquería, indecencia, pillería, rufianería, truhanería, granujada.

CANALLESCO ruin, bajo, v. canalla.

CANANA cartuchera, cinto, correa, cinturón.

CANAPÉ diván, sofá, confidente, sillón, asiento, banco || CANAPÉ * emparedado, bocadillo.

CANASTA cesto, banasta, canasto, canastilla, cuévano, espuerta, talega, panero, cestilla.

CANASTILLA ajuar, equipo, ropa, indumentaria, vestimenta || cestilla, v. canasta.

CANASTO v. canasta.

CÁNCAMO armella, aro, anillo, argolla, hierro.

CANCAMUSA triquiñuela, superchería, engaño, artificio, argucia, picardía, trampa, truco, engañifa.

CANCEL mampara, antipara, contrapuerta, biombo.

CANCELA verja, puerta, puertecilla, reja.

CANCELACIÓN supresión, anulación, abolición, liquidación, suspensión, derogación, terminación, revocación, cumplimiento, inhabilitación, interrupción, detención.

CANCELAR suspender, suprimir, abolir, anular, terminar, derogar, liquidar, revocar, inhabilitar, concluir, archivar, borrar, interrumpir, detener, parar.

CÁNCER tumor, neoplasia, carcinoma, úlcera, llaga, nódulo, bulto, hinchazón, inflamación, cancro, sarcoma, epitelioma, leucemia, granuloma.

CANCERADO llagado, ulcerado, inflamado, hinchado, abultado, destruido, consumido, adelgazado, enflaquecido, desgastado.

CANCERBERO guardián, portero, conserje, bedel, ujier, déspota, intransigente, severo, incorruptible, brusco.

CANCEROSO neoplásico, v. cancerado.

CANCILLER dignatario, funcionario, secretario, auxiliar, empleado de embajada.

CANCIÓN cantar, cántico, canto v., himno, copla, tonada, balada, romanza, melodía, aire, aria, coro, letrilla, trova, cantiga, cantinela, cantilena, salmodia, tonadilla, estrofa, canturreo, tarareo.

CANCIONERO recopilación, recolección, antología.

CANCHA pista, terreno, local, frontón, campo, patio, explanada.

CANCHAL pedregal, peñascal, roquedal, terreno escarpado, escabroso, rocoso.

CANCHO roca, piedra, peñasco, cantal.

CANDADO cerradura, cierre, cerrojo, pasador.

CANDEAL blanco, refinado, superior.

CANDELA vela, cirio, bujía, candelero || fuego, lumbre, brasa.

CANDELABRO v. candelero.

CANDELERO candelabro, palmatoria, candil, velador, antorchero, lámpara, araña, blandón, cirial, almenara, hachero, bujía, lucerno, tenebrario, cornucopia, flamero, centellero, brazo, soporte, sostén, columnilla.

CANDENTE quemante, ardiente, incandescente, comburente, al rojo, caliente.

CÁNDIDAMENTE ingenuamente, inocentemente, candorosamente, sinceramente, sencillamente, crédulamente, francamente, inexpertamente.

CANDIDATO postulante, pretendiente, solicitante, suplicante, demandante, aspirante, interpelante, reclamante, peticionario, postulador.

CANDIDATURA aspiración, pretensión, interpelación, intención, solicitud, petición, ambición, deseos, anhelos, proposición, propuesta || papeleta, voto.

Candidez inocencia, candor, ingenuidad, inexperiencia, franqueza, credulidad, sinceridad, sencillez, simpleza.

Cándido crédulo, inocente, ingenuo, candoroso, confiado, inexperto, sencillo, franco, sincero || infantil, pueril, buenazo, simplón, párvulo, engañadizo, simple, bobo v., necio, gaznápiro, panoli, primo, pelele.

Candil lamparilla, lámpara, quinqué, farol, farolillo, fanal, mechero, linterna, foco, luz.

Candileja lucérnula, foco, candilejo, luz de proscenio.

Candonga chasco, burla, cancamusa, chanza, chunga, inocentada, chirigota.

Candongo zalamero, astuto, pícaro, truhán, pillo, remolón, perezoso.

Candonguear remolonear, gandulear, demorarse, holgazanear, rezagarse, retrasarse, vaguear.

Candor pureza, inocencia, ingenuidad, sencillez, simpleza, credulidad, inexperiencia, franqueza, candidez.

Candoroso ingenuo, inexperto, inocente, crédulo, sincero, sencillo, franco || buenazo, pueril, infantil, simplón, engañadizo, bobo, necio, gaznápiro, pelele, panoli, primo.

Canela condimento, corteza || exquisitez, delicadeza, finura, primor.

Canelo rojizo, pardo, terroso, oscuro, cobrizo.

Canelón canalón, tubería, caño, desagüe, gárgola || carámbano.

Canesú jubón, camisola, blusa, pieza, prenda.

Canga arado, reja, yunta, cepo.

Cangallo desgarbado, estropeado, desmañado, desgalichado, desastrado, destartalado.

Cangilón vasija, recipiente, vaso, receptáculo, cubo.

Cangrejo crustáceo, nécora, centolla, marisco, cárabo, crisuela.

Canguelo miedo, temor, espanto, pánico, pavor, terror, susto, sobresalto, cobardía.

Canguro marsupial, didelfo, mamífero.

Caníbal antropófago, salvaje, inhumano, feroz, cruel, sanguinario.

Canibalismo antropofagia, salvajismo, ferocidad, crueldad, bestialidad.

Canica bola, bolita, esferita.

Canicie canas, pelo blanco, plateado, canoso.

Canícula calor, bochorno, calina, sol, resol, reverberación, sofoco, sofocación, ahogo, vulturno, ardentía.

Canicular bochornoso, caluroso, ardiente, quemante, sofocante, caliente, tórrido, tropical.

Canijo débil, enteco, enclenque, enfermizo, escuchimizado, raquítico, esmirriado, desmedrado, renacuajo.

Canilla grifo, espita, llave, válvula || hueso de pierna, espinilla || bobina, carrete.

Canillera espinillera, acolchado, protección, forro.

Canino perruno || colmillo, diente.

Canje trueque, cambio, permuta, intercambio, transacción, sustitución, barata, cambalacheo, trapicheo.

Canjeable cambiable, v. canjear.

Canjear cambiar, trocar, permutar, intercambiar, sustituir, cambalachear, trapichear.

Cano canoso, plateado, blanquecino, blanco, anciano, viejo, antiguo, entrecano, encanecido, grisáceo.

Canoa piragua, bote, falúa, trainera, barca, lancha, esquife, chalana, chinchorro, batel, chalupa, dorna, góndola, embarcación de remo.

Canon tasa, pago, impuesto, tributo, contribución, derecho, gravamen, arbitrio, imposición, carga || precepto, regla, medida, ordenanza, guía, pauta, criterio, principio, recomendación.

Canónico conforme, regular, adecuado, apropiado, acorde, ajustado.
Canónigo prebendario, asesor, teólogo, predicador, confesor de cabildo catedralicio.
Canonización santificación, glorificación, ensalzamiento, beatificación, exaltación, veneración, adoración.
Canonizar santificar, glorificar, ensalzar, nimbar, alabar, exaltar, enaltecer, beatificar, venerar, adorar.
Canonjía prebenda, beneficio, canonicato, magistralía, breva, ganga, oportunidad, momio.
Canoro trinador, melodioso, cantor, armonioso, dulce, agradable.
Canoso v. cano.
Canotier * sombrero de paja.
Cansadamente fatigosamente, exhaustamente, agotadamente, cansinamente, v. cansado.
Cansado agotado, fatigado, agobiado, desalentado, aperreado, cascado, roto, ajetreado, jadeante, molido, deshecho, destrozado, debilitado, molesto || hastiado, importunado, aburrido, estomagado, estragado.
Cansador fatigoso, agotador, agobiante, debilitante, molesto, aburrido, importuno, estomagante, estragante, cargante.
Cansancio agobio, fatiga, agotamiento, aperreamiento, jadeo, debilitamiento, desaliento, ajetreo, ahogo, sofoco, agitación, molestia, desfallecimiento, laxitud, debilidad.
Cansar fatigar, agobiar, agotar, ajetrear, debilitar, sofocar, agitar, molestar, desfallecer, aperrear, deshacer, destrozar || hastiar, aburrir, molestar, importunar, estragar, estomagar.
Cansino v. cansado.
Cantábile * cantable, lento, despacio.
Cantador v. cantante.
Cantaleta ruido, alboroto, confusión, vocerío, copla, burla, broma.
Cantante cantor, intérprete, cantarín, divo, concertista, trovador, juglar, rapsoda, coplero, jacarero, payador, partiquino solista, tiple, soprano, tenor, barítono, bajo.
Cantar entonar, interpretar, vocalizar, modular, corear, berrear, tararear, canturrear, gorjear, salmodiar || loar, encomiar, celebrar, alabar, elogiar, glorificar, ensalzar || confesar, revelar, descubrir, hablar || canción, v. canto.
Cantarín cantor, cantante, alegre, gozoso, gorjeador, jovial, vivaz, chispeante.
Cántaro ánfora, vasija, recipiente, botijo, jarra, jarrón.
Cantazo pedrada, golpazo, contusión, herida.
Cante canción, canto v., sonsonete, aire popular.
Cantear apedrear, golpear, lapidar || labrar, alisar, desbastar, cincelar.
Cantera pedrera, pedriza, pedregai, roquedal, cantizal, guijarral, cascajar, cantal || filón, yacimiento, veta, mina, criadero, venero, origen, producción.
Cantería labrado, cincelado, trabajado, esculpido, tallado.
Cantero picapedrero, cincelador, tallista, dolador.
Canticio canturreo, salmodia, tarareo, mosconeo.
Cántico salmodia, salmo, aleluya, de profundis, motete, stábat, magníficat, tedéum, miserere, antífona, benedictus, gozos, gregoriano, villancico, saeta, alabanza, gracias, loa, composición sacra, c. litúrgica, canción, v. canto.
Cantidad cuantía, suma, total, importe, coste, número, conjunto, tanto, toma, dosis, porción, proporción, parte, escasez, suficiencia, disminución, raudal, millonada, miríada, cupo, cuota, medida, abundancia, aumento, exceso v.
Cantilena salmodia, canturreo, tarareo, mosconeo, canto v., copla || matraca, lata, tabarra, insistencia, perorata, monserga, fastidio, aburrimiento.

Cantimplora recipiente, frasco, vasija, caramayola, botella, bote, bota, reserva de agua.
Cantina bar, cafetería, taberna, tasca, figón, bodega.
Cantinela v. cantilena.
Cantinera camarera, moza, azafata.
Cantinero mozo, camarero, tendero, vinatero.
Cantizal pedregal, pedriza, roquedal, cantal, cantera.
Canto cántico, canción, tonada, cantar, copla, trova, balada, romanza, melodía, aire, aria, himno, coro, letrilla, cantiga, cantinela, cantilena, salmodia, tonadilla, estrofa, canturreo, tarareo, vocalización, acento, gorgorito, gorjeo, entonación, voz, salmo, aleluya, de profundis, motete, stábat, magníficat, tedéum, miserere, antífona, benedictus, gozos, gregoriano, villancico, saeta, alabanza, gracias, loa || guijarro, piedra, piedrecilla, cantal || arista, orilla, borde, esquina, margen, filo, orillo, saliente, costado.
Cantón esquina, quicio, ángulo, recoveco, rincón, rinconada, arista || país, región, comarca, territorio, demarcación, distrito, jurisdicción, término.
Cantonal comarcal, regional, territorial, local.
Cantonear callejear, deambular, vagar, pasear, vagabundear, corretear.
Cantonera refuerzo, adorno, pieza, hierro.
Cantor cantante, juglar, trovador, concertista, vocalista, divo, cantarín, partiquino, payador, coplero, jacarero, intérprete, solista, bajo, barítono, soprano, tiple.
Canturrear tararear, salmodiar, mosconear, zumbar, entonar a media voz.
Cánula tubo, tubito, caña, conducto, canuto.
Canutillo cuentecilla, abalorio, tubito, adorno.
Canuto tubito, boquilla, cánula, canutillo, caña, tubo, conducto, cilindro, cañita.
Canzoneta * copla, canción, cantar.
Canzonetista * cancionista, cantante, cantor.
Caña bambú, anea, mimbre, junco, vara, varita, bejuco, carrizo, rota, icho, cálamo || cánula, tubo, conducto, boquilla, tallo, palo, bastón, fuste, timón.
Cañada vaguada, valle, hondonada, desfiladero, barranca, cauce, torrentera, rambla, arroyada, cañón, quebrada, garganta, paso, puerto, collado, angostura || senda, vereda, rastro, camino, sendero, trocha, atajo.
Cañamazo tela basta, estopa de cáñamo, bordado, dibujo, bosquejo, boceto, esbozo, apunte.
Cáñamo lino, planta, lienzo, tejido.
Cañaveral cañizal, espesura, cañada, barranca, cañamelar, cañar, carrizal, cañedo.
Cañería tubería, conducto, conducción, distribución, fontanería, tubo.
Cañí calé, gitano, cíngaro, flamenco, trashumante, bohemio.
Caño tubo, cánula, espita, grifo, cañería, tubería, conducto, canalillo, cloaca, albañal.
Cañón pieza artillera, mortero, obús, bombarda, lombarda, culebrina, basilisco, morterete || conducto, tubo, hueco, túnel, chimenea.
Cañonazo descarga, disparo, tiro, proyectil || estallido, detonación, explosión, estampido, trueno, estruendo, fragor.
Cañonear bombardear, disparar, descargar, tirar, castigar, machacar, batir, aniquilar, hostigar, demoler.
Cañoneo bombardeo, cañonazo, descarga, tiro, disparo, castigo, hostigamiento, aniquilación, destrucción.
Cañonera tronera, aspillera, abertura, portañola.
Cañonero guardacostas, barco o lancha armados.
Cañutazo soplo, confidencia, chisme, chivatazo, acusación.

CAÑUTO v. canuto.
CAOBA caobo, árbol, caobana, madera.
CAOBO caoba, árbol.
CAOLÍN arcilla, porcelana, cerámica.
CAOS desconcierto, desorden, confusión, trastorno, embrollo, enredo, laberinto, lío, desorganización, anarquía, incoherencia, perturbación, desbarajuste, revoltillo, babel, pandemónium.
CAÓTICO embrollado, incoherente, anárquico, desorganizado, lioso, enredado, trastornado, confuso, desordenado, perturbado, desconcertante.
CAPA manto, manteo, capuz, pañosa, paño, prenda, capote, abrigo, túnica || estrato, tonga, tongada, faja, franja, veta, sedimento || baño, revestimiento, mano, recubrimiento, forro, cubierta v.
CAPACETE bacinete, casco, yelmo, morrión, almete, casquete.
CAPACIDAD volumen, cabida, tonelaje, arqueo, aforo, desplazamiento, porte, espacio, extensión, magnitud, dimensión || talento, disposición, genio, experiencia, suficiencia, facultad, habilidad, inteligencia, competencia, aptitud.
CAPACITACIÓN instrucción, aprendizaje, enseñanza, adiestramiento.
CAPACITADO competente, apto, hábil, inteligente, suficiente, preparado, dispuesto, experimentado, documentado, autorizado, experto, perito, diestro, idóneo, avezado.
CAPACITAR habilitar, facultar, investir, comisionar, encargar, delegar, conceder || permitir || educar, instruir, documentar, aleccionar, ilustrar, enseñar, iniciar.
CAPACHO cesto, espuerta, canasta, canasto, cesta, cestillo, serón.
CAPADOR emasculador, castrador, castrapuercas, veterinario.
CAPADURA mutilación, castración, emasculación, esterilización, incapacitación, amputación.
CAPAR castrar, emascular, mutilar, cercenar, recortar, disminuir, incapacitar, amputar, esterilizar, extirpar.
CAPARAZÓN concha, cubierta, coraza, carapacho, protección, defensa, valva, corteza, costra, telliz, lámina, quitina, calcificación, osificación, armazón, esqueleto.
CAPATAZ sobrestante, encargado, mayoral, caporal, jefe, vigilante, cachicán, ayudante, delegado, subalterno, factótum.
CAPAZ espacioso, amplio, grande, vasto, extenso, holgado, dilatado, desarrollado, ancho, anchuroso, profundo, hondo, abundante, cuantioso, completo, copioso || competente, v. capacitado.
CAPCIOSO engañoso, falaz, engañador, embaucador, artificioso, insidioso, especioso, sofístico, falso, aparente, supuesto, figurado, ilusorio.
CAPEA becerrada, novillada, lidia, corrida para aficionados.
CAPEAR resistir, soportar, aguantar, evadir, eludir, mantenerse, sortear, sostenerse, defenderse, engañar.
CAPELINA v. capellina.
CAPELO sombrero rojo, chapeo de cardenal.
CAPELLADA puntera, punta, refuerzo, contrafuerte de zapato.
CAPELLÁN eclesiástico, sacerdote, cura, clérigo, ordenado, secular, ungido, preste, abate.
CAPELLINA capucha, caperuza, bonete, gorro.
CAPERUZA capucha, bonete, gorro, capirote v.
CAPIGORRÓN vagabundo, errante, capigorrista, errabundo, ocioso.
CAPILAR pilífero, del cabello, del pelo || sutil, estrecho, fino, angosto.
CAPILLA oratorio, bautisterio, sagrario, ermita, templo, iglesia v.
CAPILLETA nicho, hueco, hornacina.
CAPIROTAZO coscorrón, capón, golpecito, papirote, capirote, molondrón, sopetón, cachete.
CAPIROTE cucurucho, capirucho, capucho, caperuza v.
CAPITAL urbe, ciudad, metrópoli, población principal || fortuna,

caudal, patrimonio, acervo, riqueza, herencia, heredad, fondos, tesoro, haber, cantidad, bienes, hacienda, ahorros, peculio, economías, posibles, dinero || fundamental, esencial, principal, básico, primordial, radical, cardinal, elemental.

CAPITALIDAD calidad, rango, categoría, prestigio.

CAPITALINO * metropolitano, urbano, ciudadano, de la capital.

CAPITALISTA financista, financiero, rico, opulento, acaudalado, hacendado, adinerado, pudiente, poderoso, terrateniente, latifundista, acomodado, ricachón, lauto, opimo, millonario, creso, magnate, potentado.

CAPITALIZAR atesorar, acumular, acaudalar, agregar.

CAPITÁN caudillo, jefe, adalid, oficial, cabeza, cabecilla, guía, director, dirigente, campeón, conductor, comandante.

CAPITANEAR acaudillar, encabezar, comandar, conducir, dirigir, ordenar, guiar, mandar, reunir.

CAPITANÍA demarcación, región, territorio, zona, jurisdicción militar.

CAPITEL chapitel, coronamiento, ábaco, extremidad, adorno, remate de columna.

CAPITOLIO palacio, congreso, cámara, parlamento, edificio majestuoso.

CAPITONÉ * acolchado, forrado.

CAPITOSTE * cabecilla, cabeza, jefe, adalid, superior, figurón, personaje.

CAPITULACIÓN entrega, rendición, sometimiento, sumisión, abandono, acatamiento, vasallaje, humillación, obediencia, resignación, subordinación, paz, pacificación, conclusión, término, fin de hostilidades || convenio, tratado, pacto, concierto, conciliación, trato, ajuste, compromiso, arreglo, avenencia, componenda, acuerdo.

CAPITULAR rendirse, entregarse, someterse, subordinarse, resignarse, abandonar, acatar, pacificar, ceder, pactar, concertar, ajustar, terminar las hostilidades, deponer las armas.

CAPÍTULO sección, parte, título, apartado, división, párrafo, artículo, parágrafo, aparte || junta, cabildo, asamblea, reunión.

CAPOLAR cortar, despedazar, destrozar, dividir, trinchar, degollar, decapitar.

CAPÓN castrado, eunuco, emasculado, estéril, esterilizado, disminuido, anulado || coscorrón, capirote, papirote, golpe, capirotazo.

CAPORAL capataz, mayoral, cabo, jefe, encargado, sobrestante, vigilante.

CAPOT * capota, cubierta, tapa, capó.

CAPOTA sombrero, casquete, tocado, gorro, chapeo || cubierta, toldillo, parasol, lona.

CAPOTAR volcar, tumbarse, invertirse, voltearse, girar.

CAPOTE gabán, abrigo, sobretodo, tabardo, paletó, capa, sarape.

CAPOTEAR capear, torear, evadirse, escurrirse, eludir, disimular.

CAPRICHO extravagancia, rareza, fantasía, ocurrencia, tontería, ridiculez, absurdo, excentricidad, incongruencia, manía, antojo, deseo, gusto, obstinación, voluntad, locura, singularidad, originalidad, anomalía, irregularidad, travesura, humorada, bufonada || pretensión, atropello, injusticia, exigencia, tropelía, improcedencia, cabildada, alcaldada, tiranía, arbitrariedad.

CAPRICHOSAMENTE excéntricamente, absurdamente, originalmente, ridículamente, arbitrariamente, infundadamente, injustamente, v. capricho.

CAPRICHOSO absurdo, extravagante, raro, tonto, ocurrente, fantástico, maniático, incongruente, excéntrico, ridículo, original, singular, humorístico, bufón, travieso, irregular, anómalo, injusto, exigente, improcedente, tiránico, arbitrario, voluble, veleidoso, antojadizo, obstinado, voluntario-

so, tornadizo, inconstante, absurdo, pueril, fútil, infundado.
Cápsula envoltura, cubierta, envase, caja, receptáculo, estuche, vasija, cilindro, vehículo espacial.
Captación persuasión, atracción, seducción, afinidad, atractivo, señuelo, tentación, halago, adulación, agasajo, engatusamiento, incitación.
Captar atraer, persuadir, seducir, engatusar, agasajar, incitar, adular, halagar, tentar, galantear, camelar, sugestionar, hechizar, fascinar, absorber, ganarse, cautivar, sobornar || recoger, lograr, conseguir, obtener.
Captura botín, presa, caza, trofeo, conquista, saqueo, despojo, pillaje, rapiña, prisioneros, rehenes || prendimiento, detención, aprehensión, arresto, encarcelamiento, internamiento, caza, apresamiento, aprisionamiento.
Capturar conquistar, saquear, cazar, apresar, rapiñar, despojar, aprisionar, prender, internar, encarcelar, arrestar, aprehender.
Capuana zurra, azotes, paliza, somanta.
Capucha capuchón, caperuza, capuz, capirote, chaperón, cuculla, cogulla.
Capuchino franciscano, fraile, religioso.
Capuchón v. capucha.
Capullo pimpollo, botón, brote, retoño || envoltura, cápsula, cubierta de gusano de seda.
Capuz v. capucha.
Caquéctico esquelético, flaco, delgado, consumido, descarnado, debilitado, adelgazado, momificado, agotado.
Caquexia consunción, momificación, adelgazamiento, debilitamiento, agotamiento.
Caqui pardo, ocre, amarillento, grisáceo, verdoso.
Cara semblante, fisonomía, rostro, facciones, jeta, faz, efigie, catadura, talante, imagen, rasgos, facies, aspecto, apariencia, continente, gesto, visaje, tipo, expresión, aire, carácter, perfil || fachada, frente, superficie, plano, exterior, anverso.
Carabao búfalo, rumiante, bestia de tiro.
Carabear distraerse, descuidarse, olvidarse, holgazanear.
Carabela nao, nave, navío, galeón v., galera, barco v.
Carabina rifle, fusil v., mosquete, máuser, escopeta, espingarda, trabuco, arcabuz, arma de fuego || acompañanta, dueña, doncella, dama de honor, señorita de compañía.
Carabinero fusilero, infante, vigilante, soldado || quisquilla, langostino, gamba, crustáceo.
Cárabo lancha, barca, batel, chalupa, bote || autillo, ave rapaz, ave de presa.
Caracol gasterópodo, molusco, babosa.
Caracola concha, caracol.
Caracolear cabriolear, respingar, corcovar, corvetear.
¡Caracoles! ¡caramba!, ¡demontre!, ¡diantre!, ¡caray!, ¡vaya!
Carácter temperamento, humor, temple, naturaleza, capacidad, conducta, manera, complexión, entraña, índole, genio, fondo, capacidad, cualidades, dotes, idiosincrasia, personalidad, distintivo, particularidad || expresión, aspecto, apariencia, fisonomía || energía, genio, voluntad, rigidez, entereza, firmeza, severidad, rigor, dureza || rasgo, signo.
Característica propiedad, particularidad, distintivo, cualidad, peculiaridad, diferencia, rasgo, especialidad, carácter, idiosincrasia.
Característicamente peculiarmente, especialmente, particularmente, distintivamente, v. característico.
Característico distintivo, particular, peculiar, especial, diferente, diferenciado, típico, propio, inconfundible, representativo, congénito, innato, original, privativo, exclusivo, singular.

CARACTERIZADO determinado, señalado, personalizado, especializado, diferenciado, singularizado, distinguido, representado, v. caracterizar.
CARACTERIZAR distinguir, señalar, diferenciar, especializar, determinar, representar, singularizar, especificar, particularizar, personalizar || CARACTERIZARSE pintarse, personificar, encarnar, representar, maquillarse.
CARADURA v. descarado.
CARAMAÑOLA cantimplora v., recipiente, vasija.
¡CARAMBA! ¡caracoles!, ¡demontre!, ¡diantre!, ¡caray!, ¡vaya!
CARÁMBANO canelón, hielo colgante, punta congelada.
CARAMBOLA chiripa, casualidad, suerte, azar, chamba, accidente, contingencia, eventualidad || toque, choque, percusión, contacto.
CARAMELO golosina, dulce, bombón, gollería, confite.
CARAMENTE encarecidamente, solícitamente, costosamente, rigurosamente.
CARAMILLO flauta, flautín, zampoña, pífano, instrumento de viento || enredo, embuste, chisme, lío.
CARANTAMAULA careta, máscara, antifaz, mascarilla, carátula, disfraz || esperpento, estantigua, espantajo, adefesio, birria.
CARANTOÑA mimo, zalamería, arrumaco, caricia, manoseo, sobo, monada, aspaviento, coba, marrullería, lagotería, embeleco, garatusa, zalema, mamolas, cucamonas, lisonja, terneza, cariño.
CARANTOÑERO zalamero, mimoso, pegajoso, sobón, acariciador, cobista, aspaventero, marrullero, lisonjero, embelecador, tierno, cariñoso, empalagoso, fastidioso.
CARAPACHO concha, cubierta, caparazón v.
¡CARAPE! v. ¡caramba!
CARÁTULA máscara, antifaz, careta v., mascarilla, disfraz, carantamaula, gambox || CARÁTULA * portada, sobrecubierta de libro.

CARAVANA columna, expedición, grupo, partida, romería, tropa, cuadrilla, gavilla, hato, conjunto, fila, hilera, línea, cáfila, procesión, desfile, multitud || reata, recua.
¡CARAY! v. ¡caramba!
CARBÓN hulla, antracita, coque, lignito, turba, picón, cisco, tizón, carbonilla, hornaguera, mineral, combustible.
CARBONEAR palear, cargar, almacenar, acumular carbón.
CARBONERA depósito, almacén, horno, tizonera.
CARBONERÍA carbonera, tienda, almacén, puesto.
CARBONERO piconero, cisquero, hullero.
CARBONILLA cisco, picón, orujo, v. carbón.
CARBONIZACIÓN incineración, calcinación, calcinamiento, torrefacción, ennegrecimiento, abrasamiento, ignición, quema, incendio, quemazón, combustión, consunción, fuego, inflamación, conflagración, cremación, chamusquina, achicharramiento.
CARBONIZAR achicharrar, calcinar, incinerar, ennegrecer, combustionar, torrefactar, quemar, incendiar, abrasar, conflagrar, inflamar, arder, consumirse, chamuscarse, socarrarse.
CARBUNCO forúnculo, ántrax, absceso, hinchazón, infección || carbunclo, enfermedad del ganado, epizootia.
CARBÚNCULO rubí, piropo, granate, gema, piedra preciosa.
CARBURANTE combustible, gasolina, bencina, petróleo, gas, nafta, aceite pesado.
CARBURAR * funcionar, marchar, andar, trabajar, actuar.
CARCAJ aljaba, funda, caja, cuja, carcaza, carcax.
CARCAJADA risotada, carcajeo, risoteo, risa desbordante, r. incontenible, r. contagiosa, jolgorio, algazara, alegría.
CARCAJEARSE * reírse, burlarse, mofarse.
CARCAMAL vejestorio, antañón, va-

letudinario, senil, veterano, maduro, decrépito, vetusto, provecto, achacoso, setentón, matusalén, v. anciano, chocho, vejancón.
Carcasa * caparazón, armazón, armadura, esqueleto.
Cárcava foso, zanja, hoya, carcavón, socavón, barranco.
Carcavón v. cárcava.
Cárcel prisión, penitenciaría, presidio, correccional, trena, galera, chirona, gayola, caponera, penal, encierro, ergástula, calabozo, mazmorra, trápana, banasto, saladero, prevención, reclusión, arresto, detención, encarcelamiento.
Carcelario penitenciario, correccional, preventivo, correctivo.
Carcelero guardián, guardia, guarda, cancerbero, vigilante, celador, calabocero, centinela, alcaide, director || v. carcelario.
Carcinoma tumor, cáncer v.
Carcoma gorgojo, insecto, polilla, coleóptero, caroncho, larva que roe, que taladra || polvillo, residuo, serrín || mortificación, inquietud, angustia.
Carcomer horadar, roer, taladrar, caronchar, corroer, desgastar, socavar, agujerear, consumir, desmenuzar || mortificar, inquietar, angustiar, corroer.
Carda escobilla, peine, rastrillo, carducha, cardón, palmar, escureta.
Cardar desenredar, peinar, desembrollar, suavizar, alisar.
Cardenal purpurado, prelado, eminencia, príncipe de la Iglesia || moretón, equimosis, verdugón, golpe, señal, contusión, magulladura.
Cardenalato sacro colegio, curia romana, consistorio.
Cardenillo verdín, herrumbre, veneno, orín, moho, tóxico, acetato de cobre.
Cárdeno amoratado, purpúreo, morado, azulado, verdoso, violáceo, renegrido.
Cardíaco paciente, afectado, delicado del corazón, enfermo.

Cardialgia cardiopatía, angina, carditis, pericarditis, miocarditis, endocarditis.
Cardinal principal, fundamental, esencial, básico, importante, radical, trascendental, capital, sustancial, vital, necesario, indispensable.
Cardiólogo cardiópata, especialista, médico.
Cardizal herbazal, zarzal, cardonal.
Cardo abrojo, espino, zarza, ortiga, cardancho, acantio, cardón, hierba.
Cardumen banco, grupo, muchedumbre, abundancia, cantidad de peces.
Careado * cariado, corroído, perforado.
Carear enfrentarse, encarar, confrontarse, comparar, cotejar, interrogar, investigar, esclarecer || Carearse * cariarse, corroerse, perforarse, pudrirse.
Carecer faltar, necesitar, no tener, no poseer, estar falto, estar carente.
Carena calafateo, arreglo, reparo, compostura, reparación || burla, chasco, pulla, mofa, reprensión.
Carenar calafatear, arreglar, reparar, componer.
Carencia ausencia, falta, insuficiencia, escasez, penuria, privación, laguna, vacío, marra, negación, menester, inexistencia, déficit, supresión, merma, terminación, defecto, carestía, exigüidad, parvedad, inopia.
Carente falto, privado, escaso, insuficiente, menesteroso, vacío, ausente, defectuoso, mermado, suprimido, agotado, deficitario, exiguo, parvo, libre, desprovisto, desguarnecido, ayuno, necesitado, huérfano, exhausto, incompleto.
Careo confrontación, enfrentamiento, encaramiento, comparación, cotejo, investigación, esclarecimiento, interrogatorio.
Carero aprovechador, abusador, agiotista, especulador, estafador.
Carestía encarecimiento, subida,

inflación, alza, sobreprecio, elevación, aumento || falta, insuficiencia, escasez, penuria, déficit, merma, defecto, inexistencia, carencia v.
CARETA máscara, mascarilla, carátula, antifaz, carantamaula, disfraz, cambuj, gambox.
CAREY tortuga, quelonio, reptil || queratina, concha, placa, materia córnea.
CARGA cargamento, cargazón, abarrote, pacotilla, carretada, mercancía, mercadería, producto, género, envío, remesa, expedición, estiba, cargo, flete, manifiesto, arrumaje, capacidad, volumen, espacio, artículo, efecto, producto, fabricado || fardo, bulto, bala, paca, lío, fardel, atadijo, paquete, envase, embalaje || impuesto, tasa, tributo, gabela, servidumbre, contribución, tributación, derechos, censo, canon, gravamen, emolumentos, arbitrio, subsidio, imposición, derrama, pago, agobio, obligación || embestida, arremetida, ataque, acometida, ofensiva, asalto, embate, agresión || v. aflicción.
CARGADO abarrotado, henchido, repleto, rebosante, lleno, colmado, atestado, saturado, atiborrado || agobiado, abrumado, vacilante, exhausto || fuerte, espeso, condensado, saturado, concentrado, consistente, abundante || tempestuoso, bochornoso, amenazador, cerrado, nuboso, tormentoso, nublado, oscuro.
CARGADOR costalero, estibador, esportillero, ganapán, lastrador, mozo, descargador, peón.
CARGAMENTO v. carga.
CARGANTE fastidioso, pesado, molesto, importuno, latoso, irritante, insoportable, aburrido, tedioso, impertinente, enfadoso, soporífero, chinche, pelma.
CARGAR abarrotar, embarcar, estibar, llenar, meter, colocar, subir, colmar, lastrar, acopiar, disponer, atiborrar, henchir, atestar, entrar, introducir, rebosar || gravar, imponer, tasar, obligar, aumentar, sobrecargar || atribuir, achacar, culpar, imputar, asignar, arrogar, aplicar, acusar, inculpar, colgar, enjaretar, endosar || fastidiar, irritar, importunar, aburrir, cansar, enfadar, dar la lata || arremeter, embestir, asaltar, atacar, acometer, agredir.
CARGAREME resguardo, talón, recibo, comprobante, documento.
CARGAZÓN v. carga.
CARGO puesto, empleo, función, plaza, destino, oficio, profesión, cometido, ocupación, responsabilidad, encargo, menester, ministerio, colocación, acomodo, vacante, sinecura, canonjía, prebenda, beneficio || custodia, dirección, salvaguardia, defensa, vigilancia || cargamento, v. carga.
CARGOSO v. cargante.
CARGUERO mercante, navío, buque, carbonero, frutero, petrolero, v. barco.
CARIACEDO áspero, agrio, adusto, hosco, desapacible, enojado, desagradable.
CARIACONTECIDO desconsolado, afligido, triste, apenado, atribulado, consternado, acongojado, dolorido, hosco, sombrío.
CARIADO corroído, ulcerado, podrido, horadado, perforado.
CARIADURA v. caries.
CARIARSE ulcerarse, corroerse, horadarse, perforarse, pudrirse, dañarse.
CARIÁTIDE columna, pilastra, estatua, telamón, atlante, figura, sostén, apoyo, soporte, sustentáculo.
CARIBE antillano, tropical, indígena, cruel, salvaje.
CARIBÚ reno, rumiante, cérvido.
CARICATO cómico, imitador, bufo, payaso, histrión, cantante, bajo.
CARICATURA dibujo, viñeta, historieta, sátira, crítica, ridiculización, exageración, parodia, ironía, sarcasmo, chanza, remedo.
CARICATURESCO satírico, irónico, ridículo, exagerado, crítico, cómico, sarcástico, bufo, histriónico.
CARICATURIZAR criticar, ridiculizar,

Caricia arrumaco, carantoña, manoseo, sobo, mimo, monada, roce, toque, beso, abrazo, cucamonas, mamolas, zalema || terneza, galanteo, amor, zalamería, coba, lisonja, gentileza, bondad, cariño, agrado, atención, agasajo, halago, demostración.
Caricioso acariciador, mimoso, besucón, sobón, zalamero, v. cariñoso.
Caridad misericordia, compasión, piedad, humanidad, filantropía, bondad, gracia, generosidad, desinterés, desprendimiento, celo, magnanimidad, lástima, conmiseración, clemencia, ternura, altruismo, sentimiento, sensiblería, liberalidad, beneficencia, esplendidez, afecto || limosna, ayuda, socorro, protección, donación, donativo, regalo, dádiva, óbolo, subvención, entrega, obsequio, auxilio.
Carie * v. caries.
Caries picadura, ulceración, horadación, perforación, corrupción, putrefacción.
Cariharto mofletudo, relleno, carirredondo, cariancho, carrilludo, carilleno.
Carilla página, plana, hoja, cuartilla, folio, anverso, reverso.
Carilleño v. cariharto.
Carillón campanería, juego de campanas, grupo de c., campanil, campanario.
Cariño afecto, ternura, apego, devoción, adoración, estima, interés, afición, cordialidad, amistad, amor, apasionamiento, inclinación, simpatía, predilección, adhesión, benevolencia, querencia, voluntad, dilección, bienquerencia || caricia v., mimo, halago, arrumaco, carantoña, manoseo, sobo, monada, zalamería.
Cariñosamente cordialmente, afectuosamente, devotamente, v. cariño.
Cariñoso devoto, tierno, apegado, afectuoso, apasionado, amoroso, amistoso, cordial, aficionado, interesado, benévolo, predilecto, simpático, inclinado, dilecto, afectivo || acariciador, mimoso, carantoñero, sobón, zalamero, besucón.
Carirredondo v. cariharto.
Carisma bendición, don, gracia, favor, misericordia, concesión, dádiva, otorgamiento, dispensa.
Caritativo compasivo, misericordioso, humano, filántropo, generoso, desprendido, desinteresado, liberal, benefactor, dadivoso, mecenas, protector, benéfico.
Cariz aspecto, traza, aire, apariencia, pinta, viso, porte, ambiente, matiz, situación, estado.
Carlanca collar, correa, cinto.
Carlinga cabina, hueco, asientos, espacio.
Carmenador peine, batidor, escarpidor.
Carmenar desenredar, desenmarañar, escarmenar, alisar, peinar.
Carmesí escarlata, grana, rojo, rubí, púrpura, granate, encarnado, colorado, bermellón, purpúreo, carmín.
Carmín rojo de labios, maquillaje, afeite || rojo, v. carmesí.
Carnada cebo, carnaza, señuelo, anzuelo || atractivo, incentivo, aliciente, atracción, trampa, añagaza.
Carnadura musculatura, encarnadura, carnes, robustez, vigor, fortaleza.
Carnaje tasajo, cecina, salazón, mojama, adobo, carne curada, carne ahumada.
Carnal consanguíneo, directo || sensual, mundano, terrenal, libidinoso, lujurioso, lascivo, lúbrico, licencioso, obsceno, erótico, voluptuoso, genérico, venéreo.
Carnalmente terrenalmente, sensualmente, v. carnal.
Carnaval carnestolendas, mascarada, comparsa, regocijo, bullicio, antruejo, antruido, desbarajuste.
Carnavalada broma, pega, chanza, burla, inocentada, ridiculez, extravagancia, fantochada.

CARNAVALES v. carnaval.
CARNAVALESCO ridículo, extravagante v.
CARNAZA piltrafa, carnadura, carnes.
CARNE carnadura, músculo, magro, chicha, crioja, bistec, chuleta, filete, solomillo, faldilla, morrillo, pernil, costillar, codillo, aguja, falda, espalda, pescuezo, pecho, lomo, || lujuria, sensualidad, libídine, obscenidad, licencia, lubricidad, lascivia, erotismo, voluptuosidad.
CARNEAR descuartizar, matar, sacrificar, achurar, degollar, descarnar, desollar, apuntillar, cortar, acuchillar.
CARNECERÍA * carnicería v.
CARNERO morueco, marón, musmón, balante, mardano, maroto, rumiante.
CARNESTOLENDAS v. carnaval.
CARNET * credencial, documento, justificante, comprobante, título, documentación, tarjeta de identidad, carné.
CARNICERÍA degollina, matanza, escabechina, aniquilación, mortandad, estrago, asesinato, exterminio, matadero, degolladero || tablajería, casquería, tocinería, fiambrería, pollería, chacinería, tienda, puesto.
CARNICERO tablajero, matarife, desollador, cortador, achurador, tripero, mondonguero, casquero || carnívoro, bestial, sanguinario, inhumano, cruel.
CARNÍVORO carnicero, rapaz, bestial, animal.
CARNOSIDAD excrecencia, quiste, carnaza, gordura, verruga, bulto, carúncula.
CARNOSO suculento, jugoso, apetitoso, blando, tierno, pulposo || rollizo, grueso, corpulento, voluminoso, rubicundo.
CARO costoso, encarecido, gravoso, dispendioso, valioso, abusivo, subido, aumentado, elevado, sobrecargado, alto, exorbitante, excesivo, inmoderado, exagerado, disparatado, precioso, lujoso, inapreciable, incalculable || querido, amado, apreciado, estimado, bienquisto, idolatrado.
CAROCA arrumaco, v. carantoña.
CARONCHAR carcomer, roer, pudrir, horadar.
CARONCHO carcoma, gusanillo, larva, caronjo.
CAROZO pepita, semilla, corazón, hueso, zuro, núcleo.
CARPA fisóstomo, ciprínido, carasio, pez de río.
CARPANTA hambre, ansia, gazuza, avidez, gula, voracidad, bulimia, necesidad.
CARPETA cartapacio, legajo, archivador, cartera || tapete, paño, forro, cubierta.
CARPETAZO suspender, liquidar, cesar, terminar, concluir, desistir, abandonar un trámite.
CARPINTERÍA ebanistería, marquetería, maderería, taller.
CARPINTERO ebanista, maderero, marquetero, fustero, dolador, ensamblador, listonero, aladrero, hachero.
CARPIR arañar, rascar, lastimar, rayar, rascar.
CARRACA armatoste, trasto, cachivache, artilugio, artefacto, cacharro || galera, galeón, nao, nave, navío || matraca, instrumento ruidoso.
CARRACO achacoso, chocho, vejestorio, carcamal, viejo, senil.
CARRADA carretada v.
CARRAL tonel, barril, pipa, bocoy, barrica.
CARRALEJA cubillo, cantárida, aceitera, insecto.
CARRASCA encina, carrasco, chaparro, árbol.
CARRASPEAR toser, despejarse, aclararse la garganta.
CARRASPEÑO acre, bronco, duro, áspero, ronco, carrasqueño.
CARRASPERA aspereza, ronquera, flema.
CARRERA corrida, carretilla, persecución, curso, trayecto, trayectoria, recorrido, prueba, pugna, lucha, deporte, pedestrismo,

competición || profesión, licenciatura, estudios, puesto, empleo, porvenir, futuro.

Carrerista jugador, apostador, competidor.

Carrero v. carretero.

Carreta carro, carromato, galera, carricoche, galerín, armatoste, rodal, carruaje, vehículo.

Carretada carrada, carretonada, cargamento, carga, viaje, porte, montón, transporte.

Carrete bobina, canilla, devanadera, cilindro, hueco.

Carretear acarrear, transportar, trasladar, llevar, conducir, guiar, gobernar, remolcar, empujar.

Carretel v. carrete.

Carretera vía, pista, calzada, camino, autopista, desvío, senda, sendero, atajo, trocha, vereda, cañada, cruce, meandro, vado, galería, travesía, ronda, rodeo, alcorce, carril, rastro, línea, v. calle.

Carretero carrero, guía, conductor, mayoral, boyero, yegüero, mulero.

Carretilla volquete, carretoncillo, carretón, forcaz, cangallo.

Carretón v. carretilla.

Carric gabán, levitón, sobretodo, abrigo.

Carricoche carruaje, coche, carro, carromato, vehículo de caballos.

Carril riel, raíl, barra, hierro, vía || carrilada, carrilera, senda, surco, huella, hendidura, sendero, rastro.

Carrilera carril v.

Carrillera barboquejo, barbiquejo, correa, cinta.

Carrillo mejilla, cachete, moflete, mollete, buchete, pómulo, cara.

Carrillón * v. carillón.

Carrilludo mofletudo, cachetudo, mejilludo, cachetón, cachigordete, chariharto, carilleno.

Carrizo cañavera, cisca, jisca, cañeta, gramínea, planta.

Carro carruaje, vehículo, carricoche, carreta, carromato, galera, galerín, rodal, diablo, biga, volquete, cangallo, forcaz, catanga, plaustro, carretón, castillejo, carraca, armatoste, carroza.

Carrocería cabina, compartimiento del coche.

Carromato carricoche, armatoste, carraca, v. carro.

Carroña podredumbre, carne corrompida, cadáver, putrefacción, descomposición.

Carroza carruaje grande, coche lujoso, vehículo adornado, v. carro.

Carruaje vehículo, carricoche, carromato, coche, v. carro.

Carrusel tiovivo, caballitos, rueda.

Carta misiva, mensaje, epístola, esquela, billete, postal, pliego, escrito, recado, aviso, comunicación, nota, correspondencia, memorándum, comunicado, oficio, despacho, anónimo, parte, dos letras || mapa, portulano, plano || naipe || estatuto, constitución, reglamento, ley, regla, disposición, ordenanza || Carta * minuta, lista, *menú*.

Cartabón escuadra, regla, ángulo, triángulo, rectángulo.

Cartapacio cartera, portafolio, portapapeles, vademécum, portafolios, cubierta || carpeta, cuaderno, librillo, libreta.

Cartearse escribirse, corresponderse, comunicarse, enviarse dos letras, mandarse un mensaje, intercambiar correspondencia.

Cartel letrero, anuncio, aviso, rótulo, pasquín, octavilla, muestra, inscripción, marbete, etiqueta, leyenda, publicación, edicto, informe, bando, proclama, papel, escrito || reputación, fama, nombre, crédito, prestigio.

Carteo correspondencia, correo, corresponsalía, epistolario, mensajería, comunicación, envío, intercambio, comunicación, v. carta.

Cárter * cubierta, protección, cubrecadena.

Cartera portafolio, vademécum, portapliegos, cartapacio, portapapeles, bolso, bolsa, billetero, monedero, bolsillo, zurrón, macuto, mochila, morral || ministerio, departamento, secretaría, ejercicio, función.

CARTERISTA caco, descuidero, ladrón, ratero, rata, delincuente, escamoteador.

CARTERO repartidor, funcionario, empleado, distribuidor de correspondencia.

CARTILAGINOSO elástico, flexible, blando, laminar.

CARTÍLAGO ternilla, recubrimiento, armazón, lámina elástica.

CARTILLA silabario, catón, abecedario, cuaderno, cuadernillo, libreta, abecé, cartapacio.

CARTOMANCIA adivinación, pronosticación, profecía, predicción, vaticinio, pronóstico por las cartas.

CARTÓN cartulina, lámina, hoja, tarjetón, tarjeta, ficha, pasta, tarja, papelón, cartonaje, cartoncillo.

CARTONÉ encartonado, encuadernación, tapas de cartón.

CARTUCHERA canana, cinto, cinturón, caja, cartera, bolso.

CARTUCHO carga, explosivo, detonante, perdigones, proyectil, bala || cucurucho, bolsa, papel, envoltura, envoltorio, cartulina, paquete.

CARTUJA monasterio, convento, cenobio, claustro, rábida, abadía, priorato, comunidad, noviciado, residencia, claustro, templo, iglesia v. || orden, regla, cofradía, comunidad, congregación.

CARTUJO monje, religioso, ermitaño, penitente, fraile, cenobita, eremita, regular, beato, hermano, anacoreta || solitario, taciturno, retraído.

CARTULARIO libro, cuaderno, cartapacio, libreta.

CARTULINA v. cartón.

CARÚNCULA carnosidad, excrecencia, bulto, lobanillo, verruga, quiste.

CASA vivienda, hogar, morada, domicilio, mansión, residencia, habitación, señas, dirección, techo, nido, cobijo, albergue, refugio, paradero, estancia, posada, lar, solar, palacio, palacete, chalet, villa, finca, casal, quintería, alquería, masía, masada, casería, caserón, edificio, edificación, inmueble, obra, construcción, piso, apartamento, departamento || familia, linaje, estirpe, casta, progenie, prosapia, solar, cepa, blasón || empresa, firma, razón social, sociedad, asociación, compañía, comercio, corporación, consorcio, agrupación, entidad.

CASACA levita, gabán, levitón, casacón, pelliza, guerrera, chaqueta, dormán, zamarra, cazadora, chaquetón, prenda, vestidura, tabardo, redingote.

CASACIÓN anulación, revocación, abolición, inhabilitación, desautorización, derogación, invalidación.

CASADERA núbil, conyugable, virgen, en sazón, púber.

CASADO desposado, comprometido, consorte, cónyuge, marido, esposo, unido en matrimonio, ligado, vinculado, atado.

CASAL caserío, finca, granja, alquería, hacienda, cortijo, masía, predio, rancho, estancia, masada, solar.

CASAMATA fortificación, bóveda, torrecilla, refugio, blocao, fortín, reducto, defensa, cobertizo, matacán.

CASAMENTERA oficiosa, celestina, entremetida, intermediaria.

CASAMIENTO enlace, boda, unión, matrimonio, nupcias, coyunda, alianza, desposorio, casorio, maridaje, vínculo, sociedad, consorcio, conyugio, connubio, maridanza, esponsales, himeneo, ceremonia, sacramento.

CASANOVA * tenorio, Don Juan, conquistador, mujeriego.

CASAR emparejar, juntar, coincidir, equiparar, nivelar, igualar, confrontar, reunir || anular, abrogar, derogar || CASARSE desposarse, unirse, enlazarse, vincularse, juntarse, matrimoniarse, enmaridarse, contraer nupcias, tomar estado, tomar mujer.

CASARIEGO casero, hogareño, familiar, doméstico.

Casba * alcazaba, reducto árabe, torre.
Casca corteza, costra, hollejo, v. cáscara.
Cascabel campanilla, sonajero, sonajas, timbre, sonajuelo, cascabillo.
Cascabelear resonar, cascabillear, campanillear, sonajear || alborotar, escandalizar, jaranear.
Cascabelero sonajero || casquivano, alocado, aturdido, irreflexivo.
Cascabillo cascarilla, cápsula, cubierta || v. cascabel.
Cascada catarata, despeñadero, torrente, salto, caída, rápidos, chorro, pimplón || voz ronca, bronca, profunda, senil, trabajosa.
Cascado estropeado, desgastado, trabajado, usado, ajado, consumido, marchito || rajado, agrietado, partido, roto, hendido.
Cascadura rajadura, grieta, corte, hendedura, rendija, fisura, raja.
Cascajar pedregal, guijarral, roquedal.
Cascajo guijo, guijarros, fragmentos, trozos, pedazos de piedra.
Cascanueces cascapiñones, trincapiñones, tenaza, pinzas, alicates.
Cascar quebrantar, aplastar, hender, rajar, agrietar, cortar, partir, romper, abrir, dividir || estopear, arruinar, desgastar, usar, ajar, consumir || charlar, parlotear, cotorrear.
Cáscara corteza, cubierta, costra, vaina, cascarilla, cápsula, envoltura, crústula, toba, caparazón, concha, coraza, carapacho, túnica, raspa, casca, fárfara, gárbula, hollejo, hojuela, brizna, pajita, binza, película, piel, lámina, cascabillo, camisa, tela, telilla.
Cascarilla hollejo, cascabilla, salvado, brizna, residuo, película, v. cáscara.
Cascarón cáscara de huevo, v. cáscara.
Cascarrabias quisquilloso, irritable, irascible, enojadizo, violento, energúmeno, bravo, furioso, rabioso, frenético, airado, encrespado, regañón, refunfuñón, ceñudo, sentido, delicado, gruñón, picajoso, puntilloso, susceptible, furibundo, descontentadizo, bejín, polvorilla.
Cascarria lodo, barro, cieno, cazcarria.
Cascarrinada granizada, pedrea, pedrisco, pedrisquero, precipitación.
Cascarrón bronco, áspero, desapacible, v. cascarrabias.
Cascarudo hollejudo, correoso, fibroso, costroso, grueso, duro, protegido, recubierto.
Casco yelmo, morrión, bacinete, almete, casquete, capacete, cecarnicol, pesuño, pata || envase, botella, recipiente, tonel, barril.
Cascote escombro, fragmento, trozo, piedra, cascajo, guijo, ripio, canto, guijarro, esquirla, pedazo, añico, ladrillo.
Caseificar coagular, agriar, cuajar, cortar.
Caseína albuminoide, cuajo, coágulo.
Caseoso cuajado, cáseo, agrio, coagulado, cortado.
Casera ama, dueña, encargada, administradora, gobernanta.
Casería finca, granja, alquería, villa, casal, quitería, masada, rancho, hacienda.
Caserío aldea, villorrio, pueblo, poblado, lugarejo, aldehuela, lugar, burgo, aldeorrio.
Caserna casamata, baluarte, blocao, fortín, reducto, fuerte, fortificación || Caserna * cuartel v.
Casero dueño, propietario, arrendador, administrador, cuidador, amo, hacendado, terrateniente, locador, patrono, latifundista, gerente || doméstico, hogareño, familiar, sencillo, natural, íntimo.
Caserón casona, casón, mansión, vivienda destartalada, v. casa.
Caseta casilla, garita, quiosco, puesto, tenderete, cabina, chamizo, choza, cabaña, barraca, chabola, refugio, albergue, locutorio, división.

CASETTE * v. cassette.
CASI aproximadamente, por poco, poco más o menos, cerca, con escasa diferencia.
CASILLA v. caseta || división, compartimiento, apartado, encasillado, subdivisión, partición, sección, caja, casillero, estante.
CASILLERO v. casilla.
CASIMIR tela, género, paño, lienzo, estambre, lana, tafetán, fieltro, franela, alpaca, trapo.
CASINO ateneo, club, asociación, sociedad, círculo, centro, casa de juego, c. de recreo.
CASO suceso, incidente, peripecia, ocurrencia, coyuntura, lance, ocasión, circunstancia, acontecimiento, hecho, advenimiento, sucedido, evento, accidente, trance, eventualidad, situación || tema, asunto, punto, cuestión, argumento, materia || sumario, proceso, juicio, procedimiento, trámite.
CASONA caserón, casón, mansión, v. casa.
CASORIO bodijo, boda, casamiento, matrimonio, enlace deslucido.
CASPA escama, escamilla, descamación, polvillo, partícula, pitiriasis, seborrea.
¡CÁSPITA! v. ¡caramba!
CASQUERO tripicallero, carnicero.
CASQUETE yelmo, morrión, v. casco || gorro, bonete, sombrerete, birrete, solideo, gorra || peluca, peluquín, bisoñé, postizo.
CASQUIJO grava, v. cascajo.
CASQUILUCIO voluble, veleidoso, inconstante, inconsecuente, v. casquivano.
CASQUILLO cartucho, vaina, cápsula || abrazadera, anillo, mango, cabeza.
CASQUIVANO veleidoso, voluble, inconsecuente, inconstante, versátil, antojadizo, frívolo, tornadizo, caprichoso, ligero, liviano, disipado, aturdido, irreflexivo, alocado.
CASSETTE * caja, cápsula, bobina, cartucho, estuche, cajuela, cajita.
CASTA linaje, abolengo, raza, clase, alcurnia, especie, ralea, variedad, progenie, generación, pueblo, clan, tribu, grupo, familia, estirpe, nobleza, herencia, ascendencia, genealogía, origen, prosapia, solera.
CASTÁLIDAS musas, diosas de las artes, aónides, pegásides.
CASTAMENTE puramente, virtuosamente, virginalmente, decorosamente, honestamente, pudorosamente, incesantemente, limpiamente, púdicamente, v. casto.
CASTAÑA drupa, candela, calabrote, erizo, callonca, nuez, fruto, semilla.
CASTAÑAR castañedo, castañal, castañera, arboleda.
CASTAÑETA v. castañuela.
CASTAÑETAZO castañetada, crujido, chasquido, estallido, zambombazo, golpazo.
CASTAÑETEAR chasquear, repiquetear, sonar, resonar, crujir, restallar, temblequear, tiritar.
CASTAÑETEO repiqueteo, chasquido, crujido, temblequeo, tiritona.
CASTAÑO pardo, trigueño, rojizo, cobrizo, marrón.
CASTAÑUELA castañeta, palillo, crótalo, postiza.
CASTELLANO señor, barón, hidalgo, amo, dueño, caballero, noble, alcaide, gobernador.
CASTICISMO pureza, limpieza, tipismo, autenticidad, naturalidad, legitimidad.
CASTIDAD virginidad, virtud, decoro, pureza, honor, limpieza, continencia, decencia, pudor, abstinencia, vergüenza, soltería, nubilidad, honestidad, candidez, integridad, doncellez.
CASTIGADOR conquistador, Don Juan, galán, enamoradizo, seductor, engatusador, mujeriego, faldero.
CASTIGAR escarmentar, mortificar, penar, condenar, sentenciar, penitenciar, sancionar, punir, disciplinar, expiar, apenar, ajusticiar, vengar, enmendar, cargar, corregir, reprender, inhabilitar, multar, confiscar, suspender, expulsar, desterrar, echar, aprisionar, encarcelar, arrestar, exco-

CASTIGO

mulgar, golpear, azotar, pegar, apalear, ahorcar, guillotinar, agarrotar, fusilar, lapidar, linchar, matar, eliminar.

Castigo correctivo, sanción, punición, escarmiento, condena, penalidad, recargo, venganza, justicia, expiación, penitencia, merecido, represión, pena, apercibimiento, expulsión, suspensión, inhabilitación, postergación, destierro, confiscación, multa, recargo, excomunión, aislamiento, boicot, arresto, encarcelamiento, aprisionamiento, azote, golpe, apaleo, horca, ahorcamiento, guillotina, garrote, fusilamiento, apaleamiento, lapidación, linchamiento, eliminación, purgatorio, infierno.

Castillejo armazón, andamio, maderamen, soporte.

Castillo fortaleza, fuerte, fortín, alcázar, torre, torreón, fortificación, cota, castillete, atalaya, ciudadela, reducto, recinto, alcazaba, defensa, alcolea, cueto, castro, mota, plaza fuerte, baluarte, muralla, parapeto.

Castizo auténtico, puro, típico, natural, legítimo, limpio, original.

Casto virtuoso, decoroso, puro, inmaculado, honesto, pudoroso, íntegro, cándido, núbil, soltero, virgen, decente, honrado, continente, abstinente, vergonzoso, honorable, virginal, pudibundo, platónico, incorruptible, limpio.

Castor bíbaro, roedor, mamífero, anfibio.

Castración esterilización, emasculación, capadura, extirpación, amputación, inutilización.

Castrado eunuco, capón, amputado, emasculado, soprano, espadón, esterilizado, incapacitado.

Castrador emasculador, capador, veterinario, amputador, esterilizador.

Castrar capar, emascular, esterilizar, extirpar, incapacitar, inutilizar, amputar, cortar, debilitar.

Castrense militar, marcial, bélico, guerrero, soldadesco.

Castro atalaya, fortín, fortaleza, fuerte, altozano, altura, otero, v. castillo.

Casual incidental, accidental, fortuito, esporádico, imprevisto, adventicio, inconsecuente, volandero, ocasional, inopinado, aleatorio, impensado, contingente.

Casualidad azar, acaso, accidente, contingencia, capricho, ventura, eventualidad, fortuna, imprevisión, ocurrencia, chamba, chiripa, suceso, hallazgo, encuentro, posibilidad, aventura, ocasión, albur, sino, acaso, fatalidad, coincidencia, circunstancia, desgracia, suerte.

Casualmente fortuitamente, accidentalmente, eventualmente, imprevistamente, ocasionalmente, v. casualidad.

Casuario avestruz, ñandú, corredora, ave.

Casucha casuca, chamizo, cabaña, choza, casa v.

Casulla sobrepelliz, vestidura, túnica, manto, veste, indumento litúrgico.

Casus belli caso o motivo de guerra.

Cata prueba, ensayo, examen, verificación, muestra, ejemplo, tanteo.

Catacaldos fisgón, curioso, entremetido || tarambana, alocado, catasalsas, inconstante, veleidoso.

Cataclismo hecatombe, catástrofe, desastre, tragedia, calamidad, infortunio, ruina, terremoto, tifón, revés, devastación, asolamiento, desgracia, adversidad, siniestro, trastorno, apocalipsis || conmoción, trastorno, perturbación, revolución, agitación.

Catacumbas subterráneo, cripta, gruta, bóveda, subsuelo, cueva, caverna, túnel, corredor, pasillo, escondrijo, escondite, refugio.

Catador saboreador, probador, sibarita, gastrónomo, degustador, catavinos, mojón.

Catadura facha, aspecto, talante, traza, apariencia, porte, aire, ca-

riz, pinta, figura, empaque, planta, presencia.
Catafalco túmulo, armazón, maderamen, entramado, monumento, tarima.
Catalejo anteojo, telescopio, binoculares, gemelos, prismáticos.
Catalepsia muerte aparente, suspensión vital.
Cataléptico muerto aparente, en suspensión vital.
Catálisis transformación, aceleración, reacción, disminución (de procesos).
Catalizador fermento v., levadura.
Catalogación registro, clasificación, inventario, relación, inscripción, descripción, apuntamiento, ordenamiento, anotación, enumeración.
Catalogar apuntar, registrar, ordenar, anotar, clasificar, describir, inscribir, relacionar, inventariar, enumerar.
Catálogo lista, inventario, memoria, registro, índice, nomenclátor, matrícula, cuadro, tabla, repertorio, apunte, ordenación, clasificación, descripción, relación, inscripción, folleto v., impreso, cuadernillo, fascículo.
Cataplasma sinapismo, emplasto, emoliente, bizma, parche, fomento.
Catapulta balista, petraria, lanzadora, artilugio, artefacto, máquina militar, dispositivo lanzador, aparato de lanzamiento.
Catar probar, saborear, gustar, libar, paladear, relamerse ǁ ver, observar, examinar, juzgar, determinar.
Catarata cascada, salto, rápidos, despeñadero, caída, chorro, torrente, pimplón, despeñamiento ǁ telilla, nubecilla, opacidad, enturbiamiento.
Catarro resfrío, constipado, resfriado, coriza, romadizo, enfriamiento, gripe, fluxión, anginas, tos, fiebre.
Catarsis purificación, purga, limpieza.
Catártico purgante, laxante, purificador, medicamento.

Catastro censo, padrón, estadística, registro, matrícula, empadronamiento, lista, nómina, inscripción.
Catástrofe desastre, hecatombe, cataclismo, tragedia, calamidad, siniestro, pérdida, ruina, asolamiento, devastación, accidente, desgracia, adversidad, infortunio, plaga, mortandad, apocalipsis, fatalidad, drama.
Catastrófico calamitoso, desastroso, ruinoso, trágico, asolador, devastador, infortunado, adverso, mortífero, desgraciado, fatal, dramático, espantoso, horrendo, apocalíptico.
Catavinos catador, probador, borracho, beodo, ebrio.
Catch * lucha libre, deporte, espectáculo.
Cate bofetón, bofetada, golpe, tortazo, mamporro ǁ suspenso, calabazas, nota deficiente, eliminación.
Cateado reprobado, suspenso, eliminado, calabaceado, cargado, revolcado, colgado.
Catear suspender, reprobar, calabacear, cargar, colgar, revolcar, eliminar ǁ catar, buscar, investigar.
Catecismo doctrina, prédica, elementos, rudimentos, resumen, explicación sucinta.
Catecúmeno educando, alumno, párvulo, aprendiz de la doctrina.
Cátedra asignatura, materia, ciencia, disciplina, clase, profesorado, estudio ǁ sillón, asiento, estrado, púlpito, aula, sala, clase.
Catedral basílica, seo, templo, parroquia, iglesia v.
Catedrático profesor, pedagogo, maestro, instructor, dómine, preceptor, educador, mentor.
Categoría grupo, clasificación, ordenación, estamento, nivel, separación, clase, género, tipo, esfera, casta, estado, condición, situación, rango, orden, grado, escala, cargo, función ǁ distinción, preeminencia, jerarquía, posición, importancia, calidad v., enjundia.

Categóricamente terminantemente, decisivamente, explícitamente, v. categórico.

Categórico absoluto, imperioso, imperativo, terminante, preciso, explícito, concluyente, inapelable, decisivo, limpio, claro, definitivo.

Catequesis catecismo, enseñanza, instrucción, ilustración, aleccionamiento.

Catequista instructor, aleccionador, maestro, predicador, propagador.

Catequizar instruir, educar, aleccionar, enseñar la doctrina.

Caterva tropel, muchedumbre, bandada, multitud, horda, turba, cáfila, cuadrilla, pandilla, tropa, enjambre, patulea, chusma, cúmulo, fárrago, infinidad, conjunto.

Catéter sonda, cánula, tubo.

Cateto paleto, palurdo, patán, rústico, lugareño, aldeano, bobo v. pueblerino, tosco, zafio, cerril || lado de triángulo.

Catilinaria sermón, invectiva, increpación, reprimenda, apóstrofe, prédica, reprensión, filípica, andanada, rociada, reproche, crítica, regaño, amonestación, escarmiento, acusación, censura.

Cátodo polo negativo.

Católicamente cristianamente, ortodoxamente, evangélicamente.

Catolicismo cristianismo, evangelismo, catolicidad, ortodoxia, fe, creencia, convicción, convencimiento, certidumbre, fidelidad.

Católico cristiano, apostólico, romano, catequístico, doctrinal, creyente, ferviente, fiel, convencido || sano, perfecto, bueno.

Catolizar evangelizar, catequizar, cristianar, aleccionar, atraer, convencer, convertir, propagar, predicar.

Catón manual, librillo, silabario, abecedario.

Catre camastro, hamaca, jergón, cama turca, lecho, yacija, litera, petate, cama.

Caucásico blanco, ario, indoeuropeo, occidental, indogermánico, jafético, caucasiano.

Cauce lecho, madre, terreno, conducto, acequia, álveo, badén, vaguada, rambla, barranquera, rehoyo, cárcava, carcavón, ramblizo, caja, cañada.

Caución fianza, depósito, garantía, aval, prenda, resguardo, señal, rehén, satisfacción, recaudo, abono, indemnización, palabra, vale || cautela, precaución, prevención.

Caucho goma, elástico, látex, ebonita.

Caudal cantidad, abundancia, volumen, aforo, raudal, capacidad, medida, nivel || riqueza, hacienda, bienes, capital, fondos, patrimonio, fortuna, dinero, bolsa, ahorros, economías, peculio, numerario, cuartos, pecunio, suma.

Caudaloso crecido, ancho, vasto, profundo, amplio || rico, opulento, acaudalado.

Caudatario doméstico, seguidor, paje, lacayo, criado.

Caudillaje jefatura, mando, dirección, dictadura, tiranía, liderato, poder, imperio, autoridad, dominio, dirección, superioridad.

Caudillo jefe, dirigente, líder, cabecilla, adalid, cacique, paladín, guía, campeón, director, capitán, superior, amo, señor, soberano, barón, héroe, cabeza, rector, arráez, presidente.

Cauro noroeste, viento.

Causa razón, motivo, fundamento, origen, causalidad, base, génesis, móvil, germen, fuente, impulso, base, cimiento, apoyo, pretexto, fondo, antecedente, precedente, raíz, principio, doctrina || caso, proceso, sumario, pleito, litigio, juicio.

Causalidad v. causa.

Causante promotor, culpable, autor, reo, incurso, infractor, actor, ejecutor v., autor, perpetrador.

Causar originar, obrar, producir, hacer, acarrear, crear, provocar, traer, engendrar, promover, mo-

tivar, formar, ocasionar, aportar, incitar, excitar, suscitar, influir, imprimir, infundir, meter, sembrar, introducir, determinar.
Causeur * conversador, hablador.
Causón temperatura, décimas, fiebre, calentura.
Cáusticamente mordazmente, satíricamente, agresivamente, v. cáustico.
Causticidad mordacidad, acrimonia, acidez, malignidad, sátira, socarronería, sarcasmo, ironía, virulencia, veneno, aspereza.
Cáustico corrosivo, corroyente, quemante, ácido, áspero, punzante, sarcástico, incisivo, criticón, irónico, satírico, vejador, acerado, virulento, venenoso, mordaz, agresivo, picante, agudo, sutil.
Cautamente prudentemente, sutilmente, astutamente, hábilmente, v. cauteloso.
Cautela precaución, prudencia, previsión, recelo, reserva, cuidado, miramiento, moderación, recato, mesura, discreción, juicio, formalidad, temple, cordura, circunspección || astucia, habilidad, sutileza, maña, cálculo, arte, destreza.
Cautelosamente sutilmente, prudentemente, precavidamente, v. cauteloso.
Cauteloso prudente, precavido, reservado, receloso, previsor, recatado, silencioso, callado, moderado, mirado, cuidadoso, cuerdo, templado, formal, juicioso, discreto, mesurado, circunspecto || calculador, mañoso, sutil, astuto, hábil, diestro, artificioso, fino, taimado.
Cauterio cauterizador, escarificador, bisturí eléctrico.
Cauterización quemadura, escarificación, escara, destrucción, hemostasia, extirpación.
Cauterizante hemostático, cicatrizante.
Cauterizar quemar, escarificar, restañar, corregir, extirpar.
Cautivador v. cautivante.
Cautivante atrayente, seductor, fascinante, maravilloso, interesante, encantador, sugestivo, hermoso, apuesto, hechicero, deslumbrante, conquistador, arrebatador, llamativo, simpático, grato, agradable.
Cautiverio esclavitud, cautividad, sumisión, sujeción, servidumbre, sojuzgamiento, prisión, encarcelamiento, cárcel, aprisionamiento, pena, calvario, tormento, confinamiento, reclusión, internamiento, humillación, encadenamiento, dependencia, servilismo, sometimiento.
Cautividad v. cautiverio.
Cautivo sojuzgado, prisionero, sumiso, esclavo, preso, aprisionado, encarcelado, recluso, confinado, atormentado, apenado, sometido, encadenado, humillado, internado, siervo, rehén, sujeto.
Cauto v. cauteloso.
Cava bodega, sótano, cueva, subsuelo, subterráneo, galería, foso, sección, hoyo.
Cavar profundizar, horadar, ahondar, penetrar, abrir, perforar, agujerear, taladrar, palear, excavar, remover, desenterrar.
Caverna cueva, gruta, subterráneo, sima, mina, subsuelo, fosa, catacumba, covacha, guarida, socavón, agujero, espelunca, horado, antro, algar, cubil, madriguera, grieta, cavidad, concavidad, refugio, abrigo, corredor, pasillo, galería, anfractuosidad, orificio, boca.
Cavernícola troglodita, troglodítico, cavernario || retrógrado, reaccionario, atrasado.
Cavernosa bronca, profunda, ronca, aguardentosa, áspera, enronquecida, ruda, desabrida, desagradable, desapacible (voz).
Cavernoso profundo, sepulcral, lúgubre, recóndito, sórdido, oscuro, húmedo, hondo, troglodítico, cavernario, anfractuoso.
Caviar huevas, ovadas de esturión, manjar, exquisitez.
Cavidad hueco, agujero, nicho, cueva, v. caverna, concavidad, sima, hendidura, grieta, orificio,

abertura, brecha, hoyo, excavación, boquete, taladro, perforación, pozo, boca, ojo, oquedad, depresión, seno, vano, escotadura, fosa, mina, hoya, socavón.

CAVILACIÓN reflexión, meditación, preocupación, ensimismamiento, concentración, abstracción, especulación, pensamiento, atención, ensueño, quebradero, introspección, preocupación, recogimiento, razonamiento.

CAVILAR razonar, meditar, reflexionar, preocuparse, ensimismarse, pensar, especular, abstraerse, concentrarse, soñar, imaginar, discurrir, deliberar, rumiar, madurar, abismarse, reconcentrarse.

CAVILOSO pensativo, meditabundo, preocupado, ensimismado, razonador, especulador, abstraído, reconcentrado, soñador, abismado, cogitabundo.

CAYADO bastón, cayada, báculo, palo, vara, muleta, garrote, clava, tranca, porra, fusta.

CAYO isla, islote, islilla, banco, barra, roca.

CAZ acequia, canal, canalillo, zanja, cauce, conducción, reguero, sangradera, arroyo, cuneta.

CAZA cinegética, cacería, venación, montería, cetrería, volatería || batida, persecución, acoso, ojeo, seguimiento, acecho, hostigamiento, cerco, apremio, importunación, sitio, provocación, excitación, acorralamiento, acometimiento, amenaza.

CAZADOR perseguidor, batidor, alimañero, ojeador, montero, trampero, cetrero, perdiguero, huronero, lacero, redero, seguidor, acechador, hostigador.

CAZADORA pelliza, zamarra, chaqueta, americana, guerrera, dormán, chaquetilla.

CAZAR perseguir, buscar, batir, acosar, ojear, seguir, acechar, hostigar, sitiar, cercar, importunar, apremiar, provocar, acometer, acorralar, amenazar huronear, levantar, montear || alcanzar, prender, coger, aprisionar, atrapar, sorprender, detener.

CAZCARRIA cieno, lodo, barro.

CAZO cucharón, v. cazuela.

CAZOLETA depósito, receptáculo, hueco, protección, defensa, resguardo.

CAZÓN tollo, selacio, tiburón, pez marino.

CAZUELA puchero, cacerola, perol, cazo, tartera, olla, paellera, pote, marmita, vasija, recipiente.

CAZURRO taimado, ladino, zorro, astuto, socarrón, pícaro, taciturno, callado, silencioso, reservado.

CAZUZ hiedra, enredadera, trepadora, planta.

CEBA engorde, sobrealimentación, cebadura, alimentación, preparación, nutrición, v. cebo.

CEBADA gramínea, cereal, malta, árido, grano.

CEBADERO cebadal, alfalfal, cebadera, engordadero, prado, bellotero.

CEBADO sobrealimentado, v. cebar.

CEBADURA ceba, engorde, sobrealimentación, preparación, alimentación, nutrición, atiborramiento, atracamiento.

CEBAR sobrealimentar, engordar, alimentar, fomentar, nutrir, atiborrar, atracar, rellenar, atipar, aforrar, embutir, henchir, atestar saturar, hartar, preparar, disponer, aderezar || CEBARSE: encarnizarse, ensañarse, endurecerse, irritarse, enfurecerse, enconarse, enojarse.

CEBELLINA cibelina, marta, piel, forro.

CEBO carnada, carnaza, señuelo, cebique, alimento, comida, ceba, engorde, sobrealimentación, alimentación, preparación, nutrición, cebadura, güeldo || incentivo, atractivo, atracción, aliciente, tentación, gancho, anzuelo, seducción || explosivo, fulminante, cápsula, mixto, detonador.

CEBOLLA cebolleta, cebollino, liliá-

cea, puerro, hortaliza, bulbo, algara, binza, cancho, porreta, cebollón, escalonia, albarranillo.
CEBOLLETA v. cebolla.
CEBOLLINO puerro, v. cebolla.
CEBOLLUDO tosco, basto, vulgar, ordinario, grueso, abultado, rechoncho.
CEBÓN capón, engordado, cebado, atiborrado, atracado, alimentado, preparado, aderezado.
CEBRADO listado, rayado, manchado, tigrado.
CECINA tasajo, salazón, adobo, mojama, chacina, carnaje, charqui, pernicote, carne salada, c. ahumada, c. curada.
CECINAR adobar, salar, ahumar, curar, atasajar, acecinar, amojamar.
CEDA ceta, zeta, zeda.
CEDAZO tamiz, criba, zaranda, granador, cernidero, zarandillo, vano, cándara, garbillo, tambor, torno, rompedera, colador, cernera, arel, triguero.
CEDENTE transferente, endosante, traspasador, dador, abandonador, dejador.
CEDER transferir, dar, traspasar, endosar, abandonar, dejar, trasladar, entregar, facilitar, prestar, vender, rendir, suministrar, procurar, proporcionar, conferir, transmitir, ofrecer, distribuir || consentir, acceder, transigir, inclinarse, replegarse, someterse, retirarse, capitular, sujetarse, pactar, condescender, rendirse, avenirse, aprobar, conceder, flaquear, aflojar, cesar, aminorar, disminuir, mitigar, cejar, doblar, hincarse, humillarse, claudicar v.
CEDRO conífera, alerce.
CÉDULA documento, letra, papeleta, ficha, despacho, rúbrica, pergamino, memoria, título, nota, carta, pliego, instrumento, tarjeta de identidad.
CEDULÓN edicto, bando, anuncio, pasquín, cartel.
CEFALEA cefalalgia, dolor de cabeza.

CÉFALO róbalo, lubina, pez marino.
CEFALÓPODO molusco, pulpo, sepia, calamar, argonauta, octópodo, nautilo.
CÉFIRO brisa, vientecillo, viento, aire, airecillo, aura, corriente, soplo, racha, hálito, poniente.
CEGADOR deslumbrador, alucinador, enceguecedor, encandilador, perturbador, v. cegar.
CEGAR encandilar, deslumbrar, enceguecer, ofuscar, alucinar, enturbiar, oscurecer, embobar, perturbar, atontar, confundir, pasmar, asombrar, impresionar, obcecarse, maravillar, perder la vista || obstruir, tapar, obturar, cerrar, taponar, rellenar, tapiar, ocluir, tupir, embozar.
CEGATO miope, ciego, cegarra, corto de vista.
CEGUERA ceguedad, oftalmía, pérdida de la vista, ablepsia, glaucoma, catarata, tracoma, amaurosis || ofuscación, ofuscamiento, obcecación, extravío, error, prejuicio, deslumbramiento, alucinación, tozudez, terquedad.
CEJA entrecejo, cejuela, grabelo, sobreceja, pelo, vello || borde, lista, banda, filete, filo, resalte.
CEJAR ceder, aflojar, retroceder, abandonar, rendirse, flaquear, replegarse, transigir, consentir, dejar, entregarse, desistir.
CEJIJUNTO ceñudo, enfadado, preocupado, inquieto, absorto, pensativo, cejudo.
CEJO bruma, neblina, calina, niebla, caligine.
CEJUDO cejijunto, de cejas pobladas.
CELADA casco, morrión, yelmo, borgoñota, capacete, bacinete, almete || trampa, garlito, cepo, engaño, fraude, emboscada, lazo, asechanza, estratagema, red, zancadilla, insidia.
CELADOR guardián, cuidador, vigilante, centinela, custodio, conserje, guardia.
CELAJE nubosidad, nube, nubarrón, cerrazón, bruma, nublado, neblina.

CELAR

Celar vigilar, cuidar, observar, atender, velar, guardar, custodiar, recelar, atisbar, acechar, espiar || ocultar, disimular, esconder, encubrir || tallar, esculpir, grabar.

Celda calabozo, mazmorra, ergástula, trena, chirona, gayola, caponera, encierro, trápana, antro, cueva, prisión, subterráneo, catacumba, cárcel || cuarto, célula, celdilla, aposento, habitáculo, casilla, saleta.

Celdilla casilla, división, sección, nicho, hueco, cavidad, compartimiento.

Celebérrimo famoso, glorioso, renombrado, v. célebre.

Celebración conmemoración, solemnidad, ceremonia, festividad, gala, dedicación, apoteosis, aniversario, fiesta, memoria, acto, acontecimiento, suceso, fasto, reminiscencia, evocación.

Celebrador enaltecedor, glorificador, v. celebrar || oficiante, v. celebrante.

Celebrante oficiante, cura, sacerdote, religioso, misacantano.

Celebrar conmemorar, festejar, solemnizar, evocar, recordar, rememorar, remembrar, enaltecer, encomiar, encarecer, elogiar, alabar, ensalzar, aplaudir, preconizar || oficiar, cantar, decir misa || realizar, efectuar, ejecutar, practicar, cumplir, llevar a cabo.

Célebre famoso, renombrado, afamado, glorioso, popular, celebérrimo, conocido, insigne, eximio, ilustre, reputado, acreditado, admirado, celebrado, prestigioso || chistoso, gracioso, excéntrico.

Celebridad renombre, popularidad, gloria, fama, reputación, prestigio, admiración, nombradía, notoriedad, nombre, consideración, boga, aplauso, crédito, honor || personaje, personalidad, figurón.

Celenterados celenterios, celentéreos, metazoos, pólipos, espongiarios, medusas.

Célere rápido, veloz, activo, presto, vivaz, pronto, dinámico, ágil.

Celeridad velocidad, rapidez, vivacidad, prontitud, diligencia, presteza, actividad, dinamismo, alacridad, prisa, premura, urgencia, resolución, agilidad, instantaneidad.

Celeste cósmico, astral, espacial, astronómico, cosmográfico, solar, lunar, galáctico, planetario, v. celeste || azulino, azulado, azul claro || paradisíaco, v. celestial.

Celestial paradisíaco, divino, celeste, célico, beatífico, empíreo, olímpico, etéreo, glorioso, sobrehumano, bienaventurado, apacible, sereno, admirable, inmaculado, puro, eterno, delicioso, feliz, dichoso, perfecto.

Celestialmente paradisíacamente, perfectamente, inmaculadamente, v. celestial.

Celestina alcahueta, encubridora, proxeneta, intermediaria, tercera, trotaconventos, corredera, cómplice, tapadera, mediadora, enredadora, soplona, comadre.

Celíaco abdominal, intestinal, ventral.

Celibatario * célibe v.

Celibato soltería, mocedad, castidad, nubilidad, libertad.

Célibe soltero, mozo, libre, suelto, doncel, núbil, casto, mancebo, casadero, misógamo, doncella, virgen.

Célico v. celestial.

Celo ahínco, ardor, entusiasmo, llama, asiduidad, actividad, diligencia, afán, apresuramiento, perseverancia, primor, cuidado, trabajo, interés, eficacia, preocupación || excitación, sensualidad, ardor, lujuria, concupiscencia, impulso genésico, apetito venéreo.

Celos recelo, sospecha, duda, inquietud, suspicacia, desconfianza, encelamiento, celera, celosía, aprensión, envidia, pelusa, dentera, rivalidad, resentimiento, pasión.

Celosamente suspicazmente, desconfiadamente, envidiosamente, v. celos.

CELOSÍA rejilla, enrejado, persiana, entramado, reja, corredera, enjaretado || v. celos.

CELOSO suspicaz, receloso, encelado, escamado, mosqueado, sospechoso, inquieto, desconfiado, dudoso, aprensivo, envidioso, resentido, apasionado, competidor, rival || activo, asiduo, entusiasta, ardoroso, perseverante, apresurado, afanoso, diligente, preocupado, eficaz, interesado, trabajador.

CELSITUD excelencia, elevación, esplendor, grandeza, dignidad, nobleza, gloria, alteza.

CELTÍBERO celtibero, celtibérico, celta, ibero, ibérico, español, hispánico, hispano, peninsular, godo, visigodo.

CÉLULA celdilla, cavidad, seno, celda, hueco, división, casilla, sección || elemento anatómico, e. morfológico, e. microscópico, e. histológico, e. fisiológico.

CELULAR laminar, filamentoso, microscópico, histológico, anatómico, morfológico || penitenciario, carcelario, incomunicado, recluso, aislado.

CELULOIDE plástico v., concha, material sintético, imitación, sustituto.

CELLISCA aguanieve, llovizna, ventisca, aguaviento, mollizna, chubasco, chaparrón, v. tormenta.

CELLO * violoncelo, violonchelo.

CEMENTERIO necrópolis, sacramental, camposanto, fosal, galilea, almacabra, coto, huerto del Señor.

CEMENTO caliza, hormigón, pucelana, *portland,* dolomía, cal, argamasa, polvo, polvillo, mortero.

CENA refrigerio, comida, colación, yantar, festín, banquete, comilona.

CENÁCULO reunión, tertulia, grupo, peña, corro, rueda, camarilla.

CENACHO espuerta, capacho, cesto, canasto, serón.

CENADOR glorieta, emparrado, galería, terraza, quiosco, mirador, pérgola, templete, marquesina.

CENAGAL barrizal, lodazal, tremedal, fangal, ciénaga, tembladal, pantano, charco, charca, laguna, lamedal, lapachar, tolla, chapatal, marisma, marjal, aguazal, atolladero, atascadero, poza, estero, balsa.

CENAGOSO turbio, barroso, fangoso, pantanoso, encharcado, inundado, lodoso, encenagado, legamoso.

CENAR comer, yantar, alimentarse, nutrirse.

CENCEÑO delgado, enjuto, flaco, magro, descarnado, escuálido, chupado, esquelético, seco.

CENCERRADA bulla, ruido, escándalo, alboroto.

CENCERRO esquila, campana, campanilla, cencerrilla, changarra, zumba, carlanca, campano, esquilón.

CENDAL velo, gasa, tul, seda, lino, burato, mantilla, tella || CENDAL * tendal, toldo.

CENEFA franja, lista, orillo, tira, veta, ribete, borde, fimbria, vivo, filete, festón, encaje, hirma, fleco, remate, bordado, adorno, guirnalda.

CENICERO platillo, bandeja, recipiente, receptáculo.

CENICIENTA desdeñada, desconsiderada, despreciada, postergada, fregona, maritornes, criada.

CENICIENTO grisáceo, oscuro, pardo, velado, borroso.

CÉNIT * v. cenit.

CENIT vertical, punto culminante || pináculo, apogeo, auge, culminación v.

CENIZA escoria, polvillo, polvo, residuo, resto, vestigio, favila, pavesa, hormigo || CENIZAS reliquias, restos, residuos, despojos de un cadáver.

CENIZO v. ceniciento || aguafiestas, *gafe,* malasombra, sombrón.

CENOBIO monasterio, abadía, cartuja, convento, colegiata, priorato, claustro, templo, v. iglesia.

CENOBITA ermitaño, eremita, anacoreta, monje, asceta, penitente, solitario, misógino, santón.

CENOBÍTICO monástico, conventual,

ascético, apartado, aislado, retirado.
Cenotafio monumento funerario, sepulcral || Cenotafio * mausoleo, sarcófago, sepulcro, tumba.
Censado empadronado, inscrito, registrado, matriculado, encabezado, asentado.
Censar empadronar, inscribir, v. censado.
Censo padrón, lista, registro, matrícula, asiento, relación, descripción, empadronamiento, encabezamiento, índice, tabla, inventario, cuadro, catastro, nómina, memoria || impuesto, carga, tributo, obligación, diezmo, contrato.
Censor funcionario, registrador, empadronador, interventor, corrector, examinador, magistrado, dictaminador || murmurador, criticón, descontentadizo, desconforme, reparón, reventón, catón, motejador, condenador.
Censura crítica, corrección, reprobación, reparo, vituperio, diatriba, sátira, reproche, burla, reconvención, amonestación, sermón, tacha, regañina, detracción, murmuración, anatema, condena || análisis, estimación, apreciación, juicio, consideración, opinión, dictamen.
Censurable reprobable, reprochable, criticable, vituperable, condenable, punible, indigno, bajo, malo v.
Censurado prohibido, tachado, mutilado, purgado, corregido, enmendado, reformado, modificado, retocado, rectificado, expurgado.
Censurador v. censor.
Censurar corregir, suprimir, tachar, borrar, rectificar, retocar, enmendar, reformar, expurgar, mutilar, prohibir || reprochar, recriminar, desaprobar, condenar, reprender, amonestar, sermonear, regañar, anatematizar, vituperar, criticar, murmurar, reconvenir, castigar || juzgar, analizar, enjuiciar, considerar, opinar, dictaminar, apreciar, estimar.
Centauro monstruo mitológico, jinete, caballista.
Centavo céntimo, centésimo, moneda, calderilla, ochavo.
Centella rayo, chispa, exhalación, meteoro, relámpago || vivaz, listo, despabilado, despierto, avispado, sagaz, rápido, veloz, ágil.
Centelleante refulgente, resplandeciente, brillante, rutilante, espléndido, llameante, vivo, luminoso, tornasolado, fúlgido, fosforescente, deslumbrador, fulgurante, chispeante, esplendente, radiante, cegador.
Centellear brillar, resplandecer, refulgir, relumbrar, rutilar, esplender, llamear, fulgurar, deslumbrar, fosforecer, irradiar, cegar, iluminar, lucir, coruscar, titilar, espejear, cabrillear, rielar, cintilar, destellar.
Centelleo resplandor, brillo, fulgor, fosforescencia, deslumbramiento, esplendor, llamarada, titilación, iluminación, irradiación, cabrilleo, cintilación, fulguración, deslumbre, chisporroteo.
Centena cien, ciento, centenar, centenal.
Centenario centena, centuria, siglo, conmemoración, acto, festividad, aniversario, evocación, remembranza, fiesta, solemnidad, suceso, fasto, acontecimiento || antiguo, añejo, añoso, ancestral, arcaico, vetusto, veterano, provecto, viejo v. || siglo.
Centeno cornezuelo, gramínea, cereal, grano, simiente, árido, morcajo, mitadenco.
Céntimo centésimo, moneda, calderilla, centavo, ochavo.
Centinela vigilante, guardián, soldado, vigía, guardia, cuidador, sereno, guiri, atalayero, observador.
Centollo crustáceo, centolla, marisco.
Centrado medido, calculado, equidistante, simétrico, ajustado, correcto, central, medio, acertado,

interior, céntrico, centralizado.
CENTRAL interior, céntrico, interno, v. centrado || capital, sede, base.
CENTRALISMO centralización, reunión, agrupación, congregación, concentración, unión.
CENTRALIZAR agrupar, reunir, congregar, concentrar, unir.
CENTRAR ajustar, colocar, medir, calcular, equidistar, acertar, señalar, promediar, apuntar.
CÉNTRICO urbano, ciudadano, metropolitano, capitalino, local, concurrido, frecuentado, central v.
CENTRO medio, mitad, promedio, núcleo, meollo, corazón, foco, interior, eje, yema, médula, fondo, miga, fin, objeto, sitio, lugar || sociedad, casino, círculo, agrupación, ateneo, club.
CENTURIA siglo, centena, ciento, cien.
CÉNZALO mosquito, cínife, díptero, insecto, violero.
CEÑIDO apretado, ajustado, estrecho, rígido, angosto, encogido, ahogado, justo || ceñidura, abrazo, envolvimiento, sujeción, atadura, cerco, contorno.
CEÑIDOR faja, cinta, correa, cinturón, corsé, justillo, fajín, sostén.
CEÑIR abarcar, rodear, encerrar, bordear, cercar, envolver, abrazar, comprender, acordonar, recoger, receñir || apretar, ajustar, estrechar, encoger, ahogar, comprimir, oprimir, aplastar || CEÑIRSE concretarse, limitarse, ajustarse, atenerse, sujetarse, circunscribirse, moderarse, reducirse, abreviar, compendiar, reducir.
CEÑO arruga, entrecejo, sobrecejo, expresión, gesto, cariz, aspecto, enfado, enojo, zuño, disgusto, irritación.
CEÑUDO irritado, disgustado, enfadado, enojado, hosco, sombrío, cejijunto, preocupado, pensativo, meditabundo.
CEPA raíz, tronco, parra, parriza, vid, cepón, labrusca || linaje, raza, tronco, origen, casta, sangre, ascendencia, principio, nacimiento, estirpe, alcurnia, genealogía, cuna, prosapia.
CEPILLADURA viruta, serrín, polvo, polvillo, residuo, sobrante, torneadura, acepilladura.
CEPILLAR limpiar, restregar, frotar, escobillar, acepillar, rascar, pasar el cepillo || lijar, igualar, alisar, rebajar, nivelar, desgastar.
CEPILLO escobilla, escobeta, estregadera, brocha, pincel, cerdamen, limpiadera, bruza || alcancía, tolva, cepo, caja, receptáculo || garlopa, galera, herramienta.
CEPO madero, trampa, sujetador, instrumento de castigo || cepillo, alcancía, tolva, caja || añagaza, trampa, anzuelo, cebo, ardid.
CEPORRO zoquete, zopenco, mendrugo, tonto, bobo v., bruto, cernícalo, rudo, tosco, ignorante, necio.
CEQUÍ moneda, pieza, dinero.
CERA esperma, cerote, lipoide, betún, cerón, naftadil, secón, éster, cerumen, capa, abrillantador, barniz, ceroleína, cerapez.
CERÁMICA porcelana, loza, arcilla, gres, mayólica, china, caolín, terracota, barro, bizcocho, saúco || vajilla, menaje, loza || alfarería, pichelería, cocimiento.
CERAMISTA alfarero, barrero, artesano, jarrero, alcaller, cacharrero, ollero, botijero, tinajero, pichelero.
CERAPEZ cerote, cera y pez.
CERBATANA canuto, tubo, bodoquera, caña, bambú, arma primitiva.
CERBERO cancerbero, portero, vigilante, guardia, guardián, estricto, brusco, despótico.
CERCA valla, verja, vallado, tapia, cercado, cerco, barrera, barandilla, estacada, empalizada, seto, palenque, pared, encierro || vecino, contiguo, próximo, cercano, inmediato, inminente, adyacente, lindante, comunicante.
CERCADO vallado, encierro, recinto, coto, huerto, corral, dehesa, vedado, patio, huerta, campo, propiedad, terreno, granja, predio, hacienda, rancho || valla, v. cer-

CERCAMIENTO ca || acorralado, sitiado, rodeado, v. cercar.
CERCAMIENTO v. cerca, v. cercado.
CERCANAMENTE próximamente, contiguamente, inmediatamente, adyacentemente, inminentemente, v. cercanía.
CERCANÍA contigüidad, proximidad, vecindad, inmediación, adyacencia, linde, frontera, confín, medianería, contacto, tangencia, aledaños, propincuidad, afinidad, parecido, semejanza, parentesco || CERCANÍAS. alrededores, aledaños, extramuros, arrabal, barriada, afueras, ensanche, extrarradio, suburbio, contornos, inmediaciones.
CERCANO contiguo, próximo, vecino, confinante, lindante, limítrofe, adyacente, propincuo, rayano, cerca, junto, inmediato, fronterizo, medianero, tocante, aledaño, citerior, afín, parecido, semejante.
CERCAR rodear, sitiar, arrinconar, asediar, perseguir, hostigar, circunscribir, limitar, confinar, aislar, incomunicar, encerrar, circuir, acordonar, ceñir, envolver, acotar, ajustar || vallar, tapiar, empalizar, enrejar, alambrar, amurallar, emparedar.
CERCENADO segado, mutilado, cortado, escindido, amputado, v. cercenar.
CERCENAR cortar, mutilar, escindir, separar, talar, truncar, segar, destroncar, decapitar, rebanar, guillotinar, amputar, lisiar, podar, desmochar, partir, guadañar, seccionar, sajar, hender, quitar, extirpar || suprimir, abreviar, acortar, compendiar, resumir, reducir.
CERCIORAR asegurar, corroborar, certificar, confirmar, manifestar, afirmar, apoyar, revalidar, acreditar, convalidar, garantizar, reputar, justificar || CERCIORARSE asegurarse, observar, examinar, comprobar, confirmar, investigar, determinar, establecer, atestiguar, ratificar.
CERCO asedio, sitio, encierro, bloqueo, acorralamiento, rodeo, asalto, ataque, hostigamiento, aislamiento || valla, empalizada, verja, barrera, estacada, v. cerca || corro, corrillo, rueda, circuito, anillo, marco, aureola, círculo, aro.
CERCHA cimbra, curva, bóveda, arco, piezas, armazón, tablazón, maderamen.
CERDA pelo, vello, cabello, hebra, seda, fibra, hilo, filamento, hila, brizna || puerca, cochina, marrana, lechona, chancha, manfla, cogolluda, guarra, gocha, tarasca.
CERDAMEN manojo, brocha, cepillo, pincel, v. cerda.
CERDEAR hozar, atocinar, bellotar, rebuscar, ensuciar.
CERDO marrano, cochino, puerco, gorrino, tocino, chancho, gocho, lechón, cebón, guarro, verrón, gruñete, tunco, porcachón, verriondo, sucio, desaseado, inmundo, roñoso, mugriento, asqueroso, repugnante, grosero.
CERDOSO hirsuto, peludo, velludo, áspero, tosco || porcino, suideo, verriondo, porcuno.
CEREAL grano, gramínea, árido, semilla, simiente, mies, farináceo, trigo, maíz, arroz, avena, alforfón, cebada, centeno, zahina, rubión.
CEREBRAL intelectual, mental, sesudo, reflexivo, genial, especulativo, intelectivo, pensante, imaginativo, inteligente, encefálico, meníngeo, cerebroespinal, craneal.
CEREBRO encéfalo, seso, sesos, sesera, mollera, meollo, mente, cacumen, inteligencia, intelecto, entendimiento, cabeza, materia gris, talento.
CERECILLA guindilla, pimiento, picante.
CEREMONIA acto, función, gala, fiesta, fasto, fausto, etiqueta, sesión, reunión, asamblea, conmemoración, aniversario, solemnidad, espectáculo, ceremonial, celebración, pompa, aparato, inauguración, rito, coronación, con-

sagración, recepción, cortejo, culto, v. ceremonial || cortesía, saludo, reverencia, ademán, maneras, formas, honores.

Ceremonial rito, ritual, culto, protocolo, fórmula, procedimiento, formalidad, solemnidad, práctica, etiqueta, v. ceremonia.

Ceremoniosamente solemnemente, protocolariamente, formalmente, ritualmente, cortésmente, amaneradamente, afectadamente, v. ceremonioso.

Ceremonioso solemne, formal, protocolario, ritual, pomposo, aparatoso, fastuoso, formulista, cortés, afectado, presuntuoso, ampuloso, hinchado, pretencioso.

Céreo ceroso, encerado, eucástico, cerífero.

Cereza guinda, capulina, tomatillo, ambrunesa, gayera, drupa, fruto.

Cerezal guindalera, cerecera, arboleda.

Cerezo guindo, guindal, capulín, árbol frutal.

Cerilla fósforo, mixto, misto, luz, llama.

Cernedor criba, zaranda, pasador, tamiz, cedazo.

Cerneja mechón, guedeja, mecha, bucle, vellón, aladar.

Cerner cribar, tamizar, zarandear, colar, filtrar, pasar, separar, limpiar, ahechar, depurar, afinar || Cernerse remontarse, sostenerse, mantenerse, volar, planear, elevarse, amenazar, sobrevolar, cubrir.

Cernícalo halcón, ave rapaz, a. de presa || ignorante, rudo, tosco, zoquete, bruto, grosero, zopenco, bestia.

Cernido cernidura, colado, tamizado, pasado, cribado, zarandeado, harina, polvo, polvillo.

Cernir v. cerner.

Cero nada, nulo, nulidad, ausencia, carencia.

Ceroso translúcido, transparente, pálido, amarillento, blanquecino.

Cerote pavor, miedo, temor, susto, pánico, espanto, terror, canguelo.

Cerquillo flequillo, corona, círculo, orla.

Cerrado tapado, cegado, obstruido, ocluido, clausurado, atrancado, tapiado, tabicado, obstaculizado, atascado, taponado, interceptado, entorpecido, tupido, vallado, encajado, cercado, ocupado, estorbado, engomado, lacrado, pegado, sellado, abotonado, abrochado || torpe, obtuso, negado, incapaz, necio, bruto, zopenco, zoquete || nublado, encapotado, cubierto, nuboso, tormentoso, oscuro || silencioso, callado, reservado, taciturno.

Cerradura pestillo, cerrojo, candado, rodete, cerraja, barra, falleba, pasador, picaporte, palastro, picolete, dentellón, aldaba, trinquete, tranca, cerramiento v.

Cerrajería ferretería, tienda, almacén.

Cerrajero mecánico, operario, artesano.

Cerramiento cierre, oclusión, incomunicación, sellado, obturado, v. cerrado.

Cerrar obstruir, cegar, ocluir, tapar, obstaculizar, tabicar, emparedar, tapiar, condenar, atrancar, clausurar, vallar, tupir, entorpecer, interceptar, taponar, atascar, obturar, cercar, ocupar, estorbar, sellar, lacrar, engomar, pegar, abotonar, abrochar, juntar, unir, encajar, rodear || terminar, concluir, finiquitar, levantar, acabar, rematar, finalizar, cesar, dejar, abandonar || cicatrizarse, unirse, juntarse, curarse, sanarse || acometer, embestir, arremeter, atacar, caer sobre.

Cerrazón nublado, tormenta, oscuridad, encapotamiento, tinieblas.

Cerril tosco, rudo, grosero, torpe, negado, bruto, zafio, patán, obtuso, cafre, palurdo || salvaje, bravío, bronco, montaraz, arisco, indomable, indómito, fiero,

bravo, ingobernable, montés, silvestre, áspero, agreste, escabroso.
Cerrillo montículo, altozano, colina, v. cerro.
Cerro loma, colina, montecillo, montículo, otero, altozano, elevación, collado, alcor, cuesta, altura, cueto, cota, mogote, morón, mégano, altillo, cabezo, recuesto, eminencia, sierra, pico, montaña, monte v.
Cerrojazo interrupción, clausura, terminación, cierre, conclusión, cese, suspensión, liquidación, disolución, truncamiento, corte.
Cerrojo pestillo, barra, barreta, hierro, eje, pasador, aldaba, falleba, fiador, picaporte, trinquete, tranca, cerrón, cremona, colanilla, candado.
Certamen concurso, competencia, competición, oposición, torneo, disputa, lucha, encuentro, justa, liza, combate v., desafío || exposición, exhibición, manifestación, salón, presentación, muestra.
Certeramente diestramente, acertadamente, v. certero.
Certero diestro, acertado, seguro, cierto, atinado, ajustado, eficaz, adecuado, oportuno, apto, firme, fijo, infalible, innegable, indudable, sólido, inquebrantable.
Certeza seguridad, confianza, convicción, certitud, evidencia, convencimiento, infalibilidad, solidez, certidumbre, persuasión, fe.
Certidumbre v. certeza.
Certificación testificación, atestado, atestiguación, alegación, prueba, demostración, afirmación, partida, palabra, juramento, cita, refrendo, legalización, autentificación, legitimación, autorización, testimonio, declaración, visado, fianza, v. certificado.
Certificado documento, título, letra, firma, sello, testimonio, atestado, diploma, pliego, pergamino, papel, legajo, tarjeta, pase, salvoconducto, documentación, carta, minuta, duplicado, extracto, expediente, cédula, v. certificación.
Certificar asegurar, aseverar, afirmar, afianzar, testimoniar, atestar, atestiguar, testificar, demostrar, probar, alegar, autenticar, legalizar, refrendar, citar, jurar, apalabrar, declarar, autorizar, legitimar, visar, afianzar, documentar, sellar, firmar, titular, apoyar, confirmar || despachar, enviar, franquear.
Certitud certidumbre, v. certeza.
Cerúleo azul, añil, índigo || Cerúleo * céreo, de cera, pálido, translúcido.
Cerumen cera, cerosidad, secreción de los oídos.
Cerval espanto, horror, temor, terror, pánico, pavor, pavura, miedo, susto || cervuno, cervario.
Cervantino cervantesco, cervantista, cervantófilo.
Cervato cervatillo, ciervo.
Cervecería cantina, bar, cafetería, taberna, tasca, figón, bodega, vinatería, establecimiento, local.
Cervecero cantinero, camarero, bodeguero, tabernero, propietario, dueño.
Cerveza bebida alcohólica, b. fermentada, cebada, malta, lúpulo, levadura.
Cerviz morrillo, cogote, nuca, cuello, testuz, degolladero, gollete, cerviguillo, tozo, pestorejo, colodrillo.
Cervuno cerval, cervino, cervario.
Cesación detención, cese, suspensión, interrupción, prescripción, intermisión, paréntesis, truncamiento, paro, ruptura, pausa, corte, disolución, terminación, quiebra, cesantía, conclusión, descanso, calma, tregua.
Cesamiento v. cesación.
Cesante parado, despedido, suspendido, expulsado, licenciado, despachado, destituido, echado, arrojado, desocupado, inactivo, ocioso.
Cesantía despido, suspensión, expulsión, paro, destitución, licen-

cia, separación, exoneración, relevo, desocupación, ocio || paga, indemnización, reparación, compensación, prestación, resarcimiento.
CESAR concluir, acabar, terminar, abandonar, dejar, finalizar, suspender, interrumpir, detener, cejar, extinguir, suprimir, apurar, concluir, finiquitar, liquidar, fenecer, rematar, ultimar, cerrar, despedirse, licenciarse, marcharse, separarse.
CESÁREA apertura, corte, disección, escisión, operación, intervención.
CESÁREO imperial, majestuoso, despótico, autoritario.
CESE v. cesantía || interrupción, discontinuidad, pausa, reposo, detención, paro, alto, terminación, conclusión, fin, desenlace, consumación, final, clausura, extinción, prescripción, ocaso.
CESIBLE transferible, negociable, endosable, traspasable, alienable, transmisible.
CESIÓN transferencia, transmisión, traspaso, concesión, entrega, préstamo, dádiva, donación, enajenación, herencia, renuncia, licencia, arriendo, alquiler, adquisición, compra, venta, endoso, abandono, suministro, ofrecimiento, oferta, dejación.
CESIONARIO receptor, beneficiario, heredero, prestatario.
CESIONISTA dador, prestamista, donador, cedente, transmisor, endosante, enajenante, transferidor.
CÉSPED hierba, pasto, verde, herbaje, prado, pastizal, pradera, campo, parterre, jardín.
CESTA canasto, canasta, cesto, banasta, cuévano, panero, espuerta, canastilla, cestilla, nasa, talega, macuto.
CESTO v. cesta.
CESURA pausa, interrupción, corte, descanso.
CETÁCEO mamífero acuático, m. pisciforme, ballena, cachalote, delfín, marsopa, narval, manatí, tonina, orca, cerdo marino, catodonte.
CETINA secreción, esperma de ballena.
CETRERÍA halconería, altanería, volatería, caza, arte, deporte.
CETRERO halconero, cazador.
CETRINO aceitunado, atezado, cobrizo, bronceado, tostado, oscuro, endrino, olivaceo, terroso, pardo, verdoso, amarillento, moreno || melancólico, hosco, adusto, sombrío.
CETRO vara, bastón, báculo, cayado, palo, fusta, barra, caduceo || reinado, reino, monarquía, imperio, gobierno, mando, dirección, corona, trono, majestad, dignidad, preeminencia, superioridad, poder, poderío, dominio, autoridad.
CIABOGA vuelta, giro, cambio.
CIANHÍDRICO ácido prúsico, tóxico, veneno.
CIANOSIS lividez, ennegrecimiento, azulamiento, coloración azulada.
CIANURO veneno, tóxico, tósigo, sal del ácido prúsico.
CIAR retroceder, remar, navegar, recular, volverse, retornar || ceder, aflojar, abandonar.
CIÁTICA neuralgia, coxalgia, dolencia, dolor.
CIBAL alimenticio, alimentoso, alimentario.
CIBELES Rea, madre de los dioses, la Tierra, nuestro planeta.
CIBELINA cibellina, marta, piel, forro.
CIBERA cebo, alimento, mantenimiento.
CÍBOLO bisonte, bóvido, búfalo americano.
CICATEAR regatear, tasar, negar, reducir, restringir, limitar, ahorrar, economizar.
CICATERÍA mezquindad, tacañería, roñosería, avaricia, ruindad, miseria, sordidez, egoísmo, usura, interés, rapacidad, ahorro, economía.
CICATERO ruin, miserable, mezquino, tacaño, cutre, roñoso, avaro, interesado, usurero, egoísta,

sórdido, mísero, ahorrador, económico, agarrado, manicorto.

Cicatriz escara, marca, señal, costurón, herida v., sutura, chirlo, huella, ramalazo, bregadura, botana || impresión, recuerdo, sensación.

Cicatrizado cerrado, curado, mejorado, olvidado, aplacado, calmado, marcado, señalado.

Cicatrizante hemostático, curativo.

Cicatrizar curar, secar, cerrar, mejorar, sanar || olvidar, aplacar, serenar, clamar, marcar, señalar, escarificar.

Cícera garbanzo, cicércula, almorta, leguminosa, planta.

Cicerón elocuente, facundo, persuasivo, convincente, orador, panegirista, arengador.

Cicerone * guía, intérprete, acompañante, conocedor, experto, entendido, lazarillo, orientador.

Ciclar bruñir, abrillantar, pulir, frotar.

Cíclico periódico, habitual, fijo, regular, metódico, exacto, recurrente, espaciado, constante, invariable, inmutable, consecuente, duradero, seguro, incesante, asiduo.

Ciclismo velocipedismo, deporte, carrera, competencia, prueba.

Ciclista velocipedista, deportista, corredor, competidor.

Ciclo período, época, lapso, espacio, tiempo, fase, faceta, etapa, grado, división, momento, instante, duración, número.

Ciclomotor velomotor, bicicleta con motor.

Ciclón huracán, tromba, torbellino, tornado, tifón, manga, galerna, tormenta, borrasca, baguío, vendaval, aquilón, turbión, tempestad, inclemencia, ventarrón.

Cíclope gigante, titán, ojanco, monstruo.

Ciclópeo gigantesco, hercúleo, titánico, enorme, colosal, formidable, desmesurado, imponente, abrumador.

Ciclostilo multicopista, copista, copiadora.

Cicuta veneno, tósigo, tóxico, toxina, alcaloide, pócima, brebaje, bebedizo.

Cid valeroso, fuerte, intrépido, valiente, arrojado, aguerrido.

Cidra limón, lima, agrio, fruto.

Cidro limonero, limero, árbol.

Ciego invidente, sin vista, no vidente, cegato, cegado, tuerto, miope, corto de vista || deslumbrado, ofuscado, alucinado, obsesionado, obcecado, obnubilado, turbado, hipnotizado, sordo, insensible || cegado, tapado, obstruido, obturado, atascado.

Cielo firmamento, cosmos, espacio, éter, atmósfera, bóveda celeste, vacío, infinito || paraíso, gloria, empíreo, olimpo, edén, alturas, elíseo, nirvana, reino celestial, corte celestial || gloria, beatitud, felicidad, paz, dicha, vida eterna, salvación.

Ciempiés miriápodo, centípedo, insecto, cientopiés, sabandija, bicho, escolopendra || incoherencia, desatino, absurdo.

Cien ciento, centena, centenar, diez veces diez.

Ciénaga barrizal, cenagal, fangal, lodazal, atascadero, atolladero, tremedal, chapatal, paular, lapachar, charco, laguna, poza, charca, pantano, marjal, estero, marisma.

Ciencia disciplina, tratado, libro, técnica, teoría, rama, arte, facultad, método, industria, habilidad, maestría, experiencia, saber, erudición, conocimientos, omnisciencia, sapiencia, cultura, ilustración, acervo, pericia, dogma, dogmatismo.

Ciencia-ficción * fantasía científica, novelas de anticipación.

Cieno barro, lodo, fango, légamo, limo, azolve, horrura, bardoma, albardilla, pecina, tarquín, reboño, gacha, lama.

Científicamente expertamente, seriamente, estudiosamente, sabiamente, responsablemente, v. científico.

CIENTÍFICO sabio, investigador, erudito, especialista, especializado, experto, perito, técnico, teórico, intelectual, docto, maestro, profesor, catedrático, doctor, lumbrera, genio, versado, experimentador, ilustrado, competente, politécnico || comprobado, estudiado, serio, experimentado, verificado, acreditado, probado, cierto, seguro, irrefutable, indiscutible, positivo, efectivo, sólido.

CIENTO cien, centena, centenar, diez veces diez.

CIERNE principio, comienzo, iniciación, inmadurez, inexperiencia, bisoñez, ciernes.

CIERRE clausura, cerrojazo, cese, suspensión, interrupción, terminación, liquidación || obturación, taponamiento, obstrucción, cegamiento, tapiado, vallado || cortina metálica, persiana, puerta, cerradura, cerrojo, pasador, candado, tapa v.

CIERTAMENTE indudablemente, evidentemente, positivamente, infaliblemente, v. cierto.

CIERTO indiscutible, incuestionable, indubitable, seguro, irrefutable, infalible, palmario, indefectible, incontestable, elemental, palpable, constante, averiguado, visible, tangible, manifiesto, auténtico, positivo, inopinable, histórico, inequívoco, inatacable, innegable, sólido, certero, matemático, absoluto, puntual, efectivo, claro, certísimo, llano, evidente, axiomático || alguien, alguno, indeterminado, impreciso, inseguro.

CIERVO venado, gamo, corzo, antílope, gacela, anta, rebeco, reno, alce, rumiante, cérvido, mamífero.

CIERZO viento, céfiro, corriente, aire, ventarrón, vendaval, ventisca, zarzagán.

CIFOSIS joroba, encorvadura, corcova, giba, chepa.

CIFRA número, guarismo, signo, representación, símbolo, cantidad, expresión, trazo, marca, señal, notación, nota, emblema, tipo, abreviatura, sigla, monograma, suma, compendio, clave, relación.

CIFRADO secreto, criptográfico, en clave, misterioso, oscuro, incomprensible, incógnito, enigmático, poligráfico.

CIFRAR transcribir, traducir, pasar, escribir || resumir, abreviar, limitar, compendiar, reducir, numerar.

CIGALA langostino, camarón, gamba, cangrejo, crustáceo, marisco.

CIGARRA chicharra, cicácido, hemíptero, insecto.

CIGARRAL finca, huerta, predio, propiedad.

CIGARRERA pitillera, petaca, cajetilla, fusique.

CIGARRILLO pitillo, colilla, cigarro v., tabaco.

CIGARRO habano, puro, tagarnina, veguero, breva, chicote, vitola, cigarrillo, colilla, tabaco.

CIGÜEÑA zancuda, cigoñuela, cigoñino, ave.

CIGÜEÑAL eje acodado, doble codo, eje, pieza acodada.

CIJA corral, cuadra, chiquero, establo.

CILICIO hábito, vestidura, saco, correa, cinto, cinturón, cadenilla, mortificación, penitencia, disciplina.

CILINDRAR laminar, comprimir, moldear, adelgazar.

CILÍNDRICO cilindroide, cilindriforme, tubular, alargado.

CILINDRO rollo, rodillo, rulo, tubo, tambor, caño, cañón, columna, eje.

CILLA granero, silo, almacén, depósito, despensa, bodega, sótano.

CILLERO despensero, almacenero, encargado, cuidador, mayordomo.

CIMA cúspide, cumbre, pico, punta, aguja, remate, corona, vértice, culmen, cresta, elevación, cabezo, copete, lomo, teso, altura || culminación, superiori-

dad, objetivo, coronamiento, máximo, pináculo, ápice, apogeo, fin, término, final.
CIMARRÓN montaraz, silvestre, salvaje, agreste, arisco.
CÍMBALO platillo, campana, campanilla, instrumento de percusión.
CIMBEL señuelo, anzuelo, cebo, trampa.
CIMBORRIO cúpula, torre, domo, bóveda.
CIMBRA arco, bóveda, dovela, armazón, maderamen, vuelta, curvatura.
CIMBRAR v. cimbrear.
CIMBREANTE flexible, vibrante, movible, movedizo, ondulante, oscilante.
CIMBREAR mover, oscilar, vibrar, ondular, agitar, torcer, flexionar, azotar.
CIMBREÑO delgado, esbelto, movedizo, ágil, flexible.
CIMBRIA filete, ribete, moldura, listón, resalte.
CIMBRONAZO cintarazo, latigazo, fustazo.
CIMENTACIÓN v. cimiento.
CIMENTADO basado, fundado, establecido, instituido, asentado, situado, afirmado, instalado, fijado, creado, construido || base, v. cimiento.
CIMENTAR fundar, instituir, establecer, alzar, levantar, asentar, afirmar, situar, colocar, instalar, fijar, crear, construir, consolidar, basar || recalzar, encajonar, excavar, ahondar, zanjar, poner los cimientos.
CIMERA plumero, penacho, airón, coronamiento, adorno, figura, alegoría, remate.
CIMERO culminante, superior, alto, sumo, sobresaliente, destacado, prominente, elevado, dominante.
CIMIENTO fundamento, cimentación, recalzo, socalce, zapata, alacer, pedestal, zócalo, podio, peana, basamento, firme, base, basa, zanja, zampeado, encajonado || principio, fundamento, base, causa, motivo, raíz, origen, sostén, apoyo, soporte, nacimiento, asiento, germen, semilla, fuente.
CIMITARRA alfanje, espada, sable, mandoble.
CINABRIO mineral, mercurio, azogue, bermellón.
CINAMOMO especia, canela, sustancia aromática, mirra || canelero, acederaque, laurácea, rosariera, agraz, árbol.
CINC calamina, cinz, zinc, metal, blenda.
CINCEL cortafrío, escoplo, buril, punzón, gubia, estilo, cuchilla, pincho, tajadera, gradina, cercador.
CINCELADO tallado, grabado, labrado, esculpido, cortado, punzonado, burilado, v. cinceladura.
CINCELADURA relieve, bajo relieve, escultura, talla, grabado, v. cincelado.
CINCELAR tallar, labrar, grabar, esculpir, cortar, burilar, punzonar.
CINCUENTA quincuagésimo, cincuenteno, cincuentenario.
CINCHA faja, cinto, correa, cinturón, cincho, ceñidor, pretina, traba, fajín, tira, cinta, abrazadera, cordón.
CINCHAR apretar, ceñir, asegurar, sujetar, ajustar, comprimir.
CINE sala, salón, teatro, cinema, local, edificio de espectáculos, lugar de exhibición || proyector, v. cinematógrafo || cinematografía.
CINEASTA director, productor, promotor, organizador, libretista, guionista.
CINEGÉTICA caza, cacería, venación, montería, cetrería.
CINEGÉTICO venatorio, de la caza.
CINEMÁTICA movimiento, velocidad, aceleración.
CINEMATOGRAFIAR filmar, impresionar, captar, pasar, proyectar, exhibir.
CINEMATÓGRAFO salón, v. cine || aparato, proyector, filmador, cámara, máquina || película, cinta, filme, film, proyección.
CÍNGARO gitano, bohemio, trashumante, errante.

Cíngulo cordón, cinta, faja, ceñidor, tira.
Cínicamente descaradamente, insolentemente, desfachatadamente, v. cínico.
Cínico descarado, insolente, desfachatado, desvergonzado, fresco, impúdico, procaz, atrevido, sinvergüenza, desenvuelto, deslenguado, inverecundo, sardónico, sarcástico, satírico, mordaz, irónico, descocado.
Cínife mosquito, díptero, insecto.
Cinismo insolencia, desvergüenza, desfachatez, descaro, desenvoltura, atrevimiento, procacidad, impudicia, frescura, sarcasmo, inverecundia, ironía, mordacidad, descoco, tupé, irreverencia.
Cinta banda, ribete, tira, galga, trencilla, balduque, cordón, cincha, faja, cíngulo, ceñidor, cinto, trenza, galón, brazal, brazalete, lista, venda, orla, alamar, lienzo, cenefa, trena, correa, cinturón || película, proyección, filme, film, sesión.
Cintarazo golpazo, sablazo, fustazo, trallazo, varazo, zurriagazo, azote, golpe.
Cintilar brillar, centellear, refulgir, relumbrar, resplandecer, titilar.
Cintillo sortija, anillo, solitario, aro || cordoncillo, cinta, ribete, tira, banda.
Cinto cintura, talle || cinturón v.
Cintura talle, cinto.
Cinturón correa, cinto, faja, ceñidor, canana, trena, cincha, tira, cíngulo, cordón, banda, talabarte, tahalí, bandolera, apretadera, traba, pretina, ventrera, liga, fajín, vencejo, abrazadera.
Cipayo espahí, soldado hindú, esclavo, criado, lacayo, escudero.
Cipo pilastra, columna, estela, mojón, hito, monumento.
Ciprés cipariso, conífera, árbol.
Circense espectacular, aparatoso, vulgar, ordinario.
Circo espectáculo, exhibición, tienda, instalación, pista, tramoya, carromatos, caravana || anfiteatro, estadio, hemiciclo, arena, pista, coliseo.
Circuir v. circundar.
Circuito recinto, pista, contorno, estadio, instalación, autódromo, trayecto, perímetro, giro, vuelta || tendido eléctrico, cable, conductor, alambre.
Circulación tránsito, tráfago, tráfico, movimiento, paso, comunicación, transporte, locomoción, travesía, camino, pasada, desfile, caravana.
Circulante movible, móvil, transeúnte, viajero, paseante, caminante, desfilante.
Circular transitar, moverse, andar, deambular, pasar, pasear, atravesar, caminar, desfilar, trasladarse, marchar, franquear, recorrer, cruzar, traspasar, entrar, salir, ir, venir, viajar || divulgarse, extenderse, correr, expandirse, difundirse, propagarse, propalarse, pregonarse, revelarse, generalizarse, anunciarse || orbital, orbicular, curvo, curvado, redondo, lenticular, discoidal || aviso, nota, notificación, orden, comunicación, panfleto, folleto, hoja, octavilla, carta, informe, parte.
Círculo circunferencia, redondel, aro, anillo, órbita, módulo, corona, nimbo, halo, aureola, rueda, circuito, disco, tejo, redondez, curvatura, rodaja || casino, centro, sociedad, asociación, ateneo, club, agrupación || medio, ambiente, ámbito, sector.
Circuncidar cortar, extirpar, cercenar, quitar, rebanar, amputar, mutilar, seccionar, sajar.
Circuncisión corte, extirpación, sección, amputación, mutilación.
Circunciso judío, hebreo, israelita, moro, musulmán, mahometano.
Circundante envolvente, periférico, externo, exterior, próximo, adyacente, vecino, contiguo, lindante, inmediato, limítrofe, pegado.
Circundar cercar, rodear, circunscribir, limitar, circuir, acordo-

nar, ceñir, encerrar, envolver, bordear, v. circunvalar.

Circunferencia v. círculo.

Circunlocución v. circunloquio.

Circunloquio rodeo, giro, ambigüedad, perífrasis, circunlocución, insinuación, alusión, digresión, ambages, evasiva, desvío, mención, indirecta.

Circunnavegación periplo, vuelta, travesía, derrota.

Circunscribir reducir, limitar, localizar, ajustar, amoldar, restringir, ceñir, cerrar, determinar, confinar, delimitar, concretar, fijar, establecer.

Circunscripción jurisdicción, división, demarcación, distrito, barrio, zona, partido, término, contorno, ayuntamiento, municipio, concejo, parroquia, comarca, territorio.

Circunscrito limitado, localizado, ajustado, amoldado, concretado, determinado, cerrado, ceñido, reducido, restringido, establecido, fijado, confinado, delimitado, rodeado, bordeado, envuelto, condicionado.

Circunspección cordura, atención, prudencia, seriedad, decoro, gravedad, juicio, discreción, continencia, formalidad, sensatez, reserva, mesura, consideración, miramiento, cautela.

Circunspecto sensato, formal, discreto, continente, juicioso, grave, decoroso, serio, prudente, atento, cuerdo, cauteloso, reservado, considerado, mesurado, cauto, respetable, formulista, callado.

Circunstancia situación, particularidad, coyuntura, ocasión, suceso, coincidencia, detalle, casualidad, suerte, eventualidad, ocurrencia, incidencia, incidente, hecho, caso, motivo, ambiente, escenario, condición, medio, requisito, modo, dato, pormenor.

Circunstancial eventual, accidental, casual, ocasional, incidental, condicional, ambiental, fortuito, interino, dependiente, contingente, provisional, temporal.

Circunstancialmente accidentalmente, eventualmente, casualmente, v. circunstancial.

Circunstanciar particularizar, estipular, pormenorizar, detallar, establecer, especificar, determinar.

Circunstantes concurrentes, asistentes, presentes, público, espectadores, concurso, concurrencia, muchedumbre, auditorio, sala, asistencia, asamblea, grupo.

Circunvalación rodeo, circuito, cerco, desvío, desviación, vuelta, giro, periplo, zigzag, alejamiento, apartamiento, extravío, bordeo.

Circunvalar rodear, bordear, circuir, desviarse, apartarse, alejarse, zigzaguear, girar, volver, extraviarse, cercar, envolver, encerrar, acordonar, cerrar, circundar.

Circunvecino contiguo, lindante, vecino, próximo, inmediato, cercano, colindante, adyacente.

Circunvolución relieve, protuberancia, eminencia, bulto, saliente, convexidad, abombamiento, surco, anfractuosidad ‖ rodeo, vuelta, giro, zigzag, desvío.

Cirial candelero, candelabro v.

Cirio bujía, vela, candela, blandón, ambleo, codal, hacha, lamparilla, luz, llama.

Cirro nube, manto, capa, bruma, nube filamentosa.

Cirrosis atrofia, degeneración, lesión visceral, dolencia hepática.

Cirrus * v. cirro.

Ciruela pernigón, pruna, abricotina, endrina, cascabellillo, pansida, redrojo, fruto, drupa.

Ciruelo cirolero, pruno, arán, endrino, verdal, bruño, árbol.

Cirugía arte operatoria, técnica quirúrgica, disección, corte, extirpación, ablación, amputación, resección, incisión.

Cirujano operador, experto, especialista, quirurgo.

Cisco carboncillo, polvo, polvillo, carbonilla, picón, orujo, morenillo, tizo, herral ‖ confusión,

desorden, estrépito, vocerío, escándalo, algarabía, riña, pelea, altercado, trifulca, marimorena, reyerta, pendencia, pelotera, jaleo, guirigay || Cisco (Hacer) destrozar, romper, pulverizar, estropear.
Cisma separación, escisión, desavenencia, rompimiento, disensión, división, discordia, secesión, alejamiento, apartamiento, desmembración.
Cismático disidente, separado, alejado, desunido, dividido, apartado, desmembrado, divorciado, distanciado, disperso, libre, independiente.
Cisne palmípeda, ave acuática.
Císter * v. cister.
Cister trapa, orden religiosa.
Cisterciense benedictino, trapense, monje, fraile.
Cisterna aljibe, depósito, pozo, tanque, receptáculo, almacenamiento.
Cisura hendedura, hendidura, grieta, raja, rotura, abertura, sajadura, corte, incisión, tajo.
Cita entrevista, encuentro, citación, convite, reunión, apalabramiento, acuerdo, convenio, compromiso, arreglo || referencia, alusión, nota, prueba, noticia.
Citación intimación, indicación, orden, requerimiento, convocatoria, edicto, llamamiento, aviso, emplazamiento, exhortación, notificación, mandato.
Citadino * ciudadano v.
Citado nombrado, señalado, aludido, designado, mencionado, antedicho, susodicho, referido, señalado || convocado, emplazado, requerido, intimado, llamado.
Citano zutano v.
Citar convocar, requerir, convidar, reunir, avisar, emplazar, apalabrar, intimar, ordenar, llamar, exhortar, notificar || Citarse acordar, convenir, reunirse, comprometerse, arreglarse, apalabrar.
Cítara instrumento de cuerda, lira, laúd, vihuela.
Citerior aquende, de acá, anterior.

Cítricos agrios, limón, naranja, toronja, frutos.
Citrón limón.
Ciudad metrópoli, urbe, capital, villa, población, localidad, centro, emporio, cabeza, ayuntamiento, municipio, suburbio v., pueblo v.
Ciudadanía nacionalidad, naturaleza, origen, nacimiento, procedencia, raza, derecho, obligación.
Ciudadano residente, habitante, vecino, poblador, domiciliado, natural, elector, avecindado, burgués, cosmopolita, oriundo, originario, procedente || urbano, metropolitano, municipal.
Ciudadela refugio, reducto, baluarte, fortín, fuerte, fortificación, fortaleza, recinto, defensa, casamata, blocao, barbacana, atrincheramiento, castillo v.
Cívico civil, ciudadano, político, urbano, patriótico, nacional, comunal, social, doméstico.
Civil v. cívico || paisano, no militar, laico || sociable, urbano, atento, afable, amable, considerado, educado, cortés, sensato, cabal, consciente.
Civilidad urbanidad, sociabilidad, afabilidad, amabilidad, educación, consideración, sensatez, prudencia, conciencia, cortesía, civismo v, honradez, trato.
Civilización perfección, progreso, adelanto, avance, desarrollo, cultura, ilustración, refinamiento, instrucción, evolución, prosperidad, bienestar.
Civilizado educado, culto, cultivado, delicado, pulido, avanzado, progresista, adelantado, ilustrado, instruido, refinado, evolucionado, próspero, desarrollado.
Civilizar educar, instruir, cultivar, pulir, perfeccionar, mejorar, desarrollar, evolucionar, prosperar, adelantar, avanzar || Civilizarse pulirse, ilustrarse, educarse, perfeccionarse, mejorarse, cultivarse, cepillarse.
Civismo patriotismo, lealtad, celo, nacionalismo, interés, conciencia, amor, fervor, respeto.

CIZALLA tijera, cortadora, guillotina.
CIZAÑA broza, matojo, herbajo, joyo, rabillo, bonachuela, gramínea, hierba || discordia, disensión, enemistad, desavenencia, conflicto, querella, daño, perjuicio, vicio.
CIZAÑAR enzarzar, molestar, enemistar, azuzar, malquistar, hostigar, pinchar, excitar, disgustar, desunir, indisponer, dividir, envenenar.
CIZAÑERO azuzador, malsín, encizañador, perverso, avieso, dañino, venenoso.
CLAC * v. claque.
CLAMAR quejarse, lamentarse, dolerse, condolerse, gemir, protestar, llorar, gimotear, suspirar, rebelarse, oponerse, gritar, vocear, vociferar.
CLÁMIDE manto, toga, capa corta.
CLAMOR grito, lamento, gemido, lamentación, queja, lloriqueo, gimoteo, vocerío, vociferación, estruendo, griterío, clamoreo, ruido, bulla, fragor, rumor.
CLAMOREO v. clamor.
CLAMOROSO estruendoso, rumoroso, ruidoso, bullanguero, fragoroso, vociferante, gritón, gemebundo, gimiente, lloroso, vocinglero || resonante, triunfal, colosal.
CLAN familia, tribu, grupo, agrupación, camarilla, pandilla, banda, partida, caterva, cuadrilla, secta.
CLANDESTINAMENTE secretamente, ocultamente, furtivamente, v. clandestino.
CLANDESTINIDAD ilegalidad, ocultación, secreto, furtividad, ilegitimidad, infracción, violación, reserva, encubrimiento.
CLANDESTINO furtivo, ilegal, secreto, oculto, encubierto, ilegítimo, reservado, delictivo, recóndito, escondido, ignorado, misterioso, enigmático, impenetrable, solapado.
CLANGOR clarinada, trompetada, toque, llamada, clarinazo.
CLAQUE alabarderos, mosqueteros, adulones, aplaudidores, pagados.
CLARA albúmina, humor, materia transparente.
CLARABOYA ventanuco, ventanal, ventanillo, lucerna, lumbrera, cristalera.
CLARAMENTE abiertamente, rotundamente, directamente, sinceramente, francamente, v. claro.
CLAREAR amanecer, alborear, nacer, apuntar, despuntar, rayar el alba || ralear, translucir, trasparentar, espaciar, atenuar, dispersar.
CLARIDAD fulgor, luz, resplandor, iluminación, brillo, luminosidad, esplendor, luminiscencia, refulgencia, luminaria, albor, irradiación, destello, relámpago, centelleo, reflejo, halo, aureola || sinceridad, franqueza, llaneza, limpieza, sencillez, lealtad, abertura, naturalidad, confianza, espontaneidad, descaro, desfachatez, desenvoltura.
CLARIFICACIÓN depuración, purificación, purga, filtrado, refinación, saneamiento, decantación || explicación, aclaración v.
CLARIFICAR filtrar, purificar, aclarar, decantar, limpiar, purgar, depurar, acrisolar, desembarazar, refinar, sanear.
CLARÍN trompeta, corneta, cuerno, cornetín, instrumento de viento.
CLARINADA toque, llamada, trompetazo, clangor, trompetada.
CLARIVIDENCIA penetración, perspicacia, intuición, sagacidad, tacto, comprensión, discernimiento, instinto, olfato, agudeza, percepción, visión, vista, vislumbre || adivinación, presentimiento, premonición, pronóstico, acierto.
CLARIVIDENTE v. imaginativo.
CLARO iluminado, alumbrado, diáfano, límpido, cristalino, transparente, terso, puro, limpio, neto, blanco, albo, traslúcido, despejado || rotundo, franco, sincero, llano, sencillo, espontáneo, natural, abierto, leal, palmario, explícito, positivo, meridiano, terminante, manifiesto, indudable, incontestable, evidente,

notorio ‖ calvero, espacio, hueco, intervalo, calvijar ‖ ralo, espaciado, atenuado, disperso, separado, enrarecido, difuso, fluido, licuado, líquido.

Clase aula, cátedra, sala, salón, hemiciclo, paraninfo ‖ asignatura, lección, conferencia, materia, disciplina ‖ naturaleza, índole, condición, carácter, laya, cualidad, idiosincrasia, calidad, genio, jaez ‖ ordenación, estamento, nivel, categoría, casta, esfera, mundo, posición, jerarquía ‖ grupo, línea, reino, subclase, género, subgénero, especie, orden, familia, variedad, raza, tipo.

Clasicismo antigüedad, pureza, refinamiento, tradición, limpieza, corrección, depuración, perfección, acendramiento, acrisolamiento.

Clásico tradicional, ancestral, antiguo, puro, perfecto, depurado, correcto, ideal, refinado, limpio, acrisolado, acendrado, conservador.

Clasificación separación, ordenación, división, agrupación, numeración, organización, reforma, compaginación, ajuste, disposición, arreglo, composición, unificación, coordinación, sistematización, distribución, catalogación, inscripción, registro.

Clasificador fichero, archivo, índice, registrador, casillero.

Clasificar ordenar, separar, dividir, agrupar, ajustar, organizar, numerar, unificar, coordinar, inscribir, componer, arreglar, registrar, catalogar, distribuir, sistematizar, compaginar, archivar.

Claudicación abandono, resignación, dimisión, retiro, alejamiento, desistimiento, desprendimiento, cese, entrega, condescendencia, transigencia, retractación, sumisión, humillación, renuncia, rendición.

Claudicar renunciar, ceder, rendirse, retractarse, entregarse, cesar, desprenderse, desistir, alejarse, retirarse, dimitir, resignar, abandonar, condescender, transigir, abdicar, flaquear, desertar, substraerse, declinar, desechar, someterse, pactar, cejar, abjurar.

Claustro galería, corredor, crujía, pasillo ‖ encierro, enclaustramiento, retiro, clausura, reclusión ‖ profesorado, junta, cuerpo, personal docente.

Cláusula disposición, artículo, estipulación, condición, norma, especificación, reserva, cortapisa, limitación, requisito, formalidad, excepción, obligación, precisión.

Clausura cierre, terminación, conclusión, cese, finalización, interrupción, suspensión, liquidación, truncamiento, disolución, cerrojazo ‖ enclaustramiento, encierro, retiro, reclusión, claustro.

Clausurar terminar, cerrar, finalizar, concluir, cesar, interrumpir, suspender, liquidar, truncar, disolver, anular, eliminar, cancelar, suprimir, abolir, inhabilitar.

Clava porra, maza, cachiporra, palo, tranca.

Clavado sujeto, empotrado, adherido, fijado, pegado, inmóvil, firme ‖ perfecto, cabal, adecuado, pintiparado, proporcionado, fijo, exacto.

Clavar asegurar, introducir, remachar, fijar, afirmar, sujetar, adherir, pegar, inmovilizar, hundir, meter, pinchar, incrustar.

Clave solución, explicación, definición, respuesta, quid, nota, noticia ‖ clavicordio, clavecín, clavicémbalo, espineta, clavicímbano ‖ cifra, jeroglífico, notación, signo.

Clavel clavellina, planta, flor.

Clavelina * clavellina, v. clavel.

Clavetear guarnecer, adornar, herretear, clavar v.

Clavicordio clave, clavecín, clavicémbalo, clavicímbano, espineta.

Clavija pieza, espiga, trozo, eje, palo, clavo, hierro, barra, sujeción, pasador.
Clavo punta, pieza, hierro, pincho, alcayata, tachuela, clavete, bobina, bellote, escarpia.
Claxon * bocina, cuerno, corneta, trompeta, pito, señal acústica.
Clearing * compensación, liquidación.
Clemencia piedad, indulgencia, merced, bondad, misericordia, benignidad, perdón, compasión, filantropía, generosidad, magnanimidad, comprensión, caridad, condescendencia, tolerancia, absolución, remisión, indulto.
Clemente indulgente, piadoso, misericordioso, bueno, generoso, benigno, filantrópico, compasivo, condescendiente, caritativo, comprensivo, magnánimo, tolerante.
Clementemente indulgentemente, piadosamente, misericordiosamente, v. clemente.
Clerecía v. clero.
Clerical sacerdotal, eclesiástico, monacal, v. clérigo.
Clérigo cura, sacerdote, v. eclesiástico, secular, padre, religioso, ungido, fraile, monje, preste, abate, capellán, presbítero, canónigo, párroco, coadjutor || seminarista, ordenado, becario, diácono, subdiácono, lector, misacantano, sacristán.
Clero clerecía, órdenes mayores, órdenes menores, clero regular, clero secular, parroquia, cleriguicia, curia romana.
Cliché * clisé v.
Clienta * cliente v.
Cliente comprador, consumidor, parroquiano, interesado, asiduo, adquirente, clientela, público, comerciante v.
Clientela consumidores, compradores, parroquia, adquirentes, asiduos, público.
Clima temperatura, condición atmosférica, situación a., característica climática, peculiaridad c., particularidad c., frío, calor, ambiente, ámbito, medio, atmósfera, aire, región, zona, área, franja, país, territorio, meteorología || clima, ambiente, estado.
Climatérico crítico, delicado, comprometido, apurado, turbulento, confuso, inseguro, difícil, duro, penoso, cambiante.
Climaterio menopausia, cambio, alteración, transformación, variación, cese, disminución de la función genital.
Climático ambiental, atmosférico, regional, zonal, territorial, climatológico, peculiar, isotermo, meteorológico.
Climatológico v. climático.
Clímax apogeo, auge, culminación, esplendor, momento crítico || orgasmo, eretismo || escala, gradación.
Clínica sanatorio, hospital, policlínico, nosocomio, dispensario, consultorio, departamento, cátedra, enseñanza, práctica.
Clip * broche, automático, enganche.
Clíper velero, goleta, barca, buque, nave, navío, barco v.
Clisé plancha, grabado, impresión, reproducción.
Clister enema, lavativa, ayuda.
Clítoris cuerpecillo eréctil, órgano genital femenino.
Cloaca alcantarilla, albañal, sumidero, atarjea, imbornal, colector, desagüe, vertedero, coluvie, conducción, tubería, conducto, canal, sentina.
Cloquear escandalizar, alborotar, cacarear, ganguear.
Cloqueo cacareo, gangueo, alboroto.
Clorofila sustancia, tinte, colorante, desodorante, purificante.
Clorófila * clorofila.
Cloroformizar narcotizar, anestesiar, adormecer, dormir, insensibilizar, aletargar, paralizar.
Cloroformo narcótico, anestésico, anestesia v., sedante, adormecedor.
Clown * caricato, bufón, mimo, cómico, payaso v.
Club círculo, centro, sociedad, asociación, agrupación, ateneo, casino, peña, tertulia, junta.

Clueca llueca, que empolla, que cloquea.

Coacción imposición, fuerza, coerción, intimación, compulsión, constreñimiento, obligación, tiranía, poder, influencia, amenaza, chantaje, conminación, apremio, violencia.

Coaccionar violentar, forzar, conminar, vencer, constreñir, estrechar, forzar, coartar, imponer, reducir, apremiar, obligar, chantajear, tiranizar, amenazar.

Coacervar amontonar, juntar, reunir.

Coactivamente forzadamente, obligadamente, apremiantemente, v. coaccionar.

Coactivo apremiante, obligatorio, forzoso, conminatorio, v. coaccionar.

Coach * entrenador, preparador, instructor.

Coadjutor auxiliar, ayudante, vicario, acompañante, eclesiástico, clérigo, sacerdote v.

Coadyuvante ayudante, cooperador, colaborador, ayuda, auxilio, cooperación, colaboración.

Coadyuvar contribuir, asistir, ayudar, colaborar, cooperar, participar, intervenir.

Coagulación cuajo, solidificación, espesamiento, apelotonamiento, condensación, cristalización, coagulamiento, precipitación, congelación, consolidación, apelmazamiento, enturbiamiento.

Coagulante solidificante, cristalizador, espesador, congelador, endurecedor, apelmazador, condensador.

Coagular cuajar, condensar, espesar, solidificar, precipitar, enturbiar, cristalizar, apelotonar, apelmazar, agrumar, trabar, helar, congelar.

Coágulo grumo, cuajarón, masa, espesamiento, apelmazamiento, condensación, apelotonamiento, precipitación, solidificación.

Coalición alianza, liga, unión, federación, confederación, asociación, pacto, convenio, concordato, compromiso, acuerdo, tratado.

Coaligarse * coligarse v.

Coartada justificación, disculpa, excusa, defensa, refugio, justificante, eximente, prueba, testimonio, demostración, comprobación, verificación, subterfugio, escapatoria.

Coartador limitador, moderador, obstaculizador, localizador, v. coartar.

Coartar restringir, impedir, evitar, limitar, tasar, circunscribir, confinar, localizar, delimitar, ceñir, reducir, atar, obligar, contener, cohibir.

Coautor colaborador, coadyuvante, cooperador, cómplice, participante.

Coba halago, adulación, alabanza, lisonja, embeleco, pelotilla, jabón, camelo, lagotería, panegírico.

Cobarde miedoso, pusilánime, temeroso, timorato, blando, atemorizado, menguado, amilanado, apocado, acoquinado, medroso, tímido, despavorido, espantadizo, asustadizo, pendejo, receloso, aprensivo, tembloroso, cagueta, cagón, irresoluto, huidizo, capón, gallina, follón, corito.

Cobardear desfallecer, acobardarse v., acoquinarse, espantarse, v. cobarde.

Cobardemente temerosamente, pusilánimemente, blandamente, tímidamente, apocadamente, menguadamente, aprensivamente, v. cobarde || traidoramente, vilmente, ruinmente, deslealmente, alevosamente, alevemente, pérfidamente, infielmente, fementidamente, a traición, por la espalda, por detrás.

Cobardía temor, miedo, pavor, pavura, acobardamiento, desmayo, flaqueza, pusilanimidad, cortedad, apocamiento, blandenguería, acoquinamiento, amilanamiento, aprensión, susto, espanto, timidez, cagalera, temblor, recelo, cerote, terror, espanto.

Cobaya v. cobayo.

Cobayo cobaya, conejillo de Indias, roedor.

Cobertera tapadera, tapa, cubierta || alcahueta, mediadora, intermediaria, proxeneta.

Cobertizo tinglado, techado, almacén, depósito, barracón, nave, bastimento, local, tejado, techo, marquesina, cobijo, abrigo, tapadizo, porche, cubierta.

Cobertor colcha, manta, edredón, frazada, abrigo, cobertera.

Cobertura cubierta, techado, tapadizo, abrigo, protección, cobijo, tapadera.

Cobija manta, frazada, cobertor, sábana, colcha, ropa de cama || mantilla, cubierta, funda, tela, cobertura.

Cobijar resguardar, auxiliar, ayudar, amparar, guarecer, refugiar, defender, abrigar, hospedar, alojar, albergar, aposentar, acoger || tapar, abrigar, cubrir, arrebujar, arropar.

Cobijo albergue, posada, hospedaje, alojamiento, refugio, defensa, amparo, resguardo, auxilio, ayuda, protección.

Cobista adulón, lisonjero, pelotillero, embelecador, camelista, lagotero, zalamero, tiralevitas, lavacaras, lameculos, quitamotas.

Cobra víbora, ofidio, naja, serpiente, reptil, sierpe, culebra.

Cobrable cobradero, recaudable, percibible, recolectable, v. cobrar.

Cobrador recaudador, exactor, recolector, agente, colector, habilitado, receptor, aduanero, factor, alcabalero, portazguero, inspector autorizado, tablajero, rodero, cuartero.

Cobranza recaudación, recaudo, cobro, recaudamiento, percibo, retención, reembolso, recolección, colecta, percepción, exacción.

Cobrar percibir, recaudar, recolectar, embolsar, atesorar, recibir, recoger, colectar, retener, reembolsar, exigir, reintegrar, recuperar || Cobrarse resarcirse, indemnizarse, compensarse, vengarse, ajustar, liquidar, v. cobrar.

Cobre metal, latón, bronce, auricalco.

Cobrizo bronceado, rojizo, oliváceo, aceitunado, cetrino, oscuro, tostado, quemado, terroso, fuliginoso, pardo.

Cobro cobranza, recaudación, percepción, exacción, colecta, recolección, recaudo, recepción, reembolso, recuperación, reintegro.

Coca arbusto, hoja, estimulante, anestésico, aletargante, mechón, torta, bollo, vuelta, torsión.

Cocaína alcaloide, estupefaciente, inyectable, tóxico, narcótico, soporífero.

Coccígeo coxígeo, sacrocoxígeo, óseo, raquídeo, vertebral.

Cocción brebaje, potingue, cocedura, cocimiento, bebedizo || ebullición, hervor, hervido, cochura, cocedura, torrefacción, burbujeo, cocido, fermentación, efervescencia.

Cóccix coxis, raquis, vértebras.

Coceador pateador, arisco, fiero, salvaje, indomable, traicionero, terco, rebelde.

Coceadura v. coz.

Cocear patear, revolverse, rebelarse, resistirse, enfurecerse.

Cocedura v. cocción.

Cocer hervir, escaldar, escalfar, calentar, cocinar, recocer, guisar, tostar, asar, freír, bullir, borbotear, burbujear || Cocerse sudar, sofocarse, ahogarse, padecer, v. cocer.

Cocido pote, olla, puchero, pringote, cocción, plato || escaldado, hervido, cocinado, escalfado, calentado, guisado.

Cociente razón, relación, fracción, resultado, producto.

Cocimiento v. cocción.

Cocina alimentación, culinaria, gastronomía, arte, habilidad, manera || fogón, cocinilla, horno, estufa, hornillo, calentador, infiernillo, pieza, habitación, recinto.

COCINAR guisar, calentar, hervir, recocer, asar, hornear, freír, escalfar, adobar, tostar, dorar, bullir, quemar, torrefactar, estofar, mechar, lardear, asurar, rebozar, rustir, rehogar, condimentar, aderezar, adobar, sazonar, aliñar, preparar.

COCINERO cantinero, ranchero, marmitón, pinche, jefe de cocina, guisandero, adobador, salsero, sollastre, pitancero.

COCINILLA fogón, cocina, horno, hornillo, estufa, calentador, infiernillo.

COCK * coque, hulla, carbón.

COCKPIT * cabina.

COCKTAIL * cóctel v.

COCO nuez, fruto, pulpa, copra, palmera, cocotero, palma || espantajo, duende, espectro, fantasma, papón, monstruo, fantasmón, camuñas, bu, vampiro, gomia, tarasca, estantigua, adefesio, trasgo, visión, sombra, espíritu || gusanillo, gorgojo, larva, bicho, gusarapo.

COCODRILO reptil, anfibio, saurio, caimán, gavial, yacaré, leviatán.

CÓCORA pelma, pelmazo, cargante, fastidioso, molesto, chinchorrero, pesado, importuno, inoportuno, patoso, impertinente.

COCOTAL palmeral, arboleda, oasis, bosquecillo.

COCOTERO palmera, palma, coco, árbol.

COCOTTE * mantenida, ramera, hetera, prostituta v.

CÓCTEL combinado, mezcla, bebida, bebistrajo.

COCTELERA vasija, recipiente, frasco, bote, vaso.

COCUYO luciérnaga, insecto, coleóptero, cocui.

COCHAMBRE porquería, basura, bazofia, inmundicia, miseria, mugre, roña, bahorrina, dejadez, abandono, indecencia, suciedad, guarrería.

COCHAMBROSO mugriento, sucio, inmundo, guarro, puerco, mísero, indecente, abandonado, dejado, roñoso, asqueroso, maloliente, grasiento.

COCHE vehículo, carruaje, auto, automóvil, vagón, carroza, carricoche, carro v.

COCHERA garaje, tinglado, cobertizo, recinto, estación, depósito, nave.

COCHERO chófer, conductor, taxista, piloto, postillón, mayoral, carrero, carretero, calesero, faetonte, auriga.

COCHINADA vileza, trastada, jugarreta, jugada, martingala, engaño, truhanería, picardía, tunantada, bribonada, pillería || mugre, v. cochinería.

COCHINERÍA porquería, suciedad, cochambre, mugre, guarrería, inmundicia, miseria, indecencia, roña, asquerosidad || vileza, v. cochinada.

COCHINILLA crustáceo, bicho, sabandija, porqueta, milpiés || insecto, hemíptero, polvillo, colorante, grana, tinte.

COCHINILLO lechón, lechal, cría, mamón, cerdito, puerco, cerdo, v. cochino.

COCHINO cerdo, puerco, marrano, gorrino, tocino, chancho, gocho, verrón, guarro || sucio, desaseado, mugriento, roñoso, inmundo, dejado, asqueroso, grosero, repugnante.

COCHIQUERA pocilga, porqueriza, chiquero, cochitril, zahurda, corral, establo, cuadra || cuchitril, chiribitil, tabuco, tugurio, desván.

COCHITRIL v. cochiquera.

COCHURA masa, pasta, plasta, amasado, pan || cocción v.

CODAZO golpe, hurgonazo, empujón, golpazo, empellón, insinuación, advertencia, aviso.

CODEAR empujar, golpear, atropellar, rechazar || CODEARSE alternar, relacionarse, tratarse, verse, rozarse, convivir, comunicarse, visitar, conocer, frecuentar.

CODERA pieza, remiendo, parche || cabo, calabrote, maroma, soga.

Codeso piorno, arbusto, mata, leguminosa.

Códice manuscrito, escrito, obra, texto, volumen, copia, tomo, ejemplar, cuerpo, libro v.

Codicia ansia, apetencia, ambición, avaricia, avidez, mezquindad, deseo, anhelo, ruindad, sordidez, cicatería, usura, egoísmo, tacañería, miseria, envidia, gana, vehemencia, ardor.

Codiciable apetecible, deseable, envidiable v. codiciar.

Codiciado ansiado, ambicionado, envidiado, querido, anhelado, pretendido, suspirado, deseado, apetecido, aspirado, esperado.

Codiciar ambicionar, desear, apetecer, envidiar, esperar, aspirar, querer, ansiar, suspirar, pretender, anhelar, pirrarse, perderse, desalarse, afanarse, encapricharse, luchar, apasionarse, maniobrar, urdir.

Codiciosamente ambiciosamente, afanosamente, caprichosamente, v. codicioso.

Codicioso ambicioso, ávido, ansioso, sediento, hambriento, anhelante, deseoso, acucioso, apetente, afanoso, esperanzado, mezquino, avaricioso, roñoso, tacaño, miserable, avaro v., interesado, egoísta.

Codificación recopilación, compilación, reunión, agrupamiento, inventario, catalogación.

Codificar recopilar, compilar, reunir, agrupar, juntar, recoger, inventariar, catalogar, legalizar, reglamentar, legislar, dictar, establecer, regular, promulgar.

Código compilación, carta, constitución, estatuto, regla, cédula, inventario, relación, legislación, ley, mandato, precepto.

Codillo codo, articulación, coyuntura, estribo.

Codo articulación, coyuntura, juntura, juego, enlace, codillo ǁ ángulo, esquina, recodo, vuelta, doblez.

Codorniz gallinácea, ave, guarnición.

Codorno rescaño, cantero, punta del pan.

Coeducación educación mixta, e. de ambos sexos.

Coeficiente factor, multiplicador, número, cifra.

Coercer refrenar, retener, contener, restringir, limitar, sujetar, constreñir, dominar, coartar, obligar.

Coerción limitación, restricción, sujeción, contención, dominación, freno, límite, cohibición, retención.

Coercitivo restrictivo, limitador, frenador, dominador.

Coetáneo contemporáneo, coexistente, simultáneo, coincidente, concomitante, sincrónico.

Coexistencia convivencia, entendimiento, avenencia, compatibilidad, simpatía, comprensión, compenetración, cohabitación.

Coexistir convivir, avenirse, entenderse, comprenderse, compenetrarse, simpatizar, cohabitar.

Cofia tocado, papalina, red, capilleja, escarcela, albanega, escofieta, gorro, birrete, sombrero.

Cofín canasto, cesto, canastilla, banasta.

Cofrade hermano, colega, congregante, asociado, prioste, archicofrade, asociado, consocio, esclavo, condiscípulo, redentorista, agremiado, componente, integrante.

Cofradía congregación, hermandad, archicofradía, orden, junta, conferencia, compañía, regla, comunidad, refugio, esclavitud, cabildo, sociedad, asociación, gremio, grupo, sacramental.

Cofre arcón, arca, baúl, caja, arquilla, arqueta, joyero, escriño, bargueño, receptáculo, arcón, cajón, bulto, equipaje, mueble.

Cogedero mango, asa, asidor, manija, puño, empuñadura, asidero v., botón, tirador, argolla.

Cogedor asidor, agarrador, enganchador, abarcador, aferrador, empuñador, aprehensor, recogedor, pala, v. coger.

COGEDURA cogida, aprehensión, aferramiento, agarro, presa, prendimiento, abarcamiento, empuñamiento, enganche, enganchamiento, asimiento, abarcamiento, v. coger.

COGER atrapar, apresar, asir, tomar, pillar, trabar, tener, haber, recoger, prender, pellizcar, alcanzar, arrebujar, apañar, apeñuscar, aferrar, arrebatar, aprehender, captar, capturar, recibir, obtener, alcanzar, adquirir, apañar, arrancar, quitar, robar v., despojar, requisar || extenderse, ocupar, abarcar, contener, englobar, comprender, contar, incluir || sorprender, hallar, encontrar, sobrevenir, cazar, pescar, pillar || descubrir, percibir, adivinar, penetrar, comprender.

COGIDA zarandeo, enganche, atrapamiento, alcance, revolcón, herida, contusión, atrapada, v. coger.

COGIDO asido, aferrado, tomado, agarrado, empuñado, trabado, prendido, aprehendido, cazado, pillado, sorprendido, alcanzado, capturado, v. coger.

COGITABUNDO ensimismado, reflexivo, meditabundo, pensativo, enfrascado, abismado, contemplativo, distraído, embebido, absorto, abstraído.

COGITACIÓN pensamiento, reflexión, contemplación, meditación, ensimismamiento, enfrascamiento, abstracción.

COGITAR pensar, meditar, ensimismarse, reflexionar, abstraerse, absorberse, embeberse, distraerse, contemplar, enfrascarse, abismarse.

COGNAC * coñac v.

COGNACIÓN parentesco, consanguinidad, familiaridad, afinidad, relación, lazo, vínculo, conexión, grado, entronque, alianza.

COGNADO pariente, familiar, consanguíneo, afín, entroncado, enlazado, vinculado, relacionado, emparentado || semejante, parecido, similar.

COGNOMENTO sobrenombre, título, apodo, denominación, designación.

COGOLLO centro, meollo, interior, brote, renuevo, yema, botón, vástago, capullo.

COGORZA borrachera v.

COGOTAZO manotazo, golpe, porrazo, manotada, palmada.

COGOTE cerviz, cuello, gollete, morrillo, nuca, pescuezo, testuz.

COGOTERA cubrenuca, tela, resguardo, protección.

COGOTUDO altivo, desdeñoso, altanero, orgulloso, soberbio, despreciativo.

COGUJADA alondra, calandria, copetuda, galerita, totovía, tova, copada, vejeta, terrera.

COGUJÓN punta, extremo, extremidad, remate.

COGULLA capucha, capuchón, caperuza, capuz || hábito, ropaje, manto, capa, vestidura, sotana.

COHABITACIÓN convivencia, coexistencia || amancebamiento, abarraganamiento, amontonamiento, entendimiento, lío, conchabamiento, arreglo, apaño, contubernio.

COHABITAR convivir, coexistir, habitar, vivir || abarraganarse, amancebarse, conchabarse, arreglarse, amontonarse, apañarse, entenderse, liarse, copular v.

COHECHADO vendido, sobornado, untado, corrompido, conquistado, pagado, captado.

COHECHAR sobornar, corromper, untar, pagar, comprar, conquistar, dar, ofrecer, captar, delinquir.

COHECHO soborno, corrupción, captación, compra, unto, pago, conquista, oferta, dádiva, regalo, venalidad, baratería, delito.

COHEN agorero, adivino, hechicero, mago || alcahuete, proxeneta, intermediario.

COHERENCIA conexión, relación, enlace, unión, vínculo, ligazón, correspondencia, afinidad, analogía, ilación, pertinencia, dependencia, encadenamiento, reciprocidad, correlación, contacto ||

sentido, razón, significado, lógica.
COHERENTE razonable, lógico, racional, pertinente || conexo, relacionado, vinculado, ligado, afín, análogo, correlativo, enlazado.
COHESIÓN coherencia, adhesión, textura, densidad, estructura, fuerza, retención, enlace, ligazón, unión, afinidad, contacto, encadenamiento, atracción, aglomeración, adherencia, viscosidad, aglutinación.
COHETE proyectil, artefacto, artilugio, aparato, arma, elemento propulsor, bólido || petardo, volador, buscapiés, triquitraque || señal, bengala, luz, aviso, luminaria.
COHIBIDO intimidado, arredrado, amilanado, atemorizado, acoquinado, amedrentado, cortado, refrenado, restringido, contenido, reprimido.
COHIBIR reprimir, coercer, contener, restringir, limitar, cortar, refrenar, atemorizar, amedrentar, acoquinar, amilanar, intimidar, arredrar.
COHOMBRO pepino, hortaliza, cucurbitácea, fruto.
COHONESTAR disculpar, disimular, atenuar, excusar, encubrir, paliar.
COHORTE legión, tropa, táctica, unidad || muchedumbre, multitud, serie, número, conjunto, masa, corro, grupo.
COIMA barragana, manceba, mantenida, concubina, amante, querida, ramera, prostituta v.
COIME garitero, tahúr, *crupier*, coimero.
COINCIDENCIA casualidad, contingencia, acaso, eventualidad, fortuna, chamba, chiripa, albur || simultaneidad, coexistencia, concurrencia, concomitancia, compatibilidad, concurso.
COINCIDENTE contingente, casual, eventual, fortuito, simultáneo, concurrente, concomitante, compatible, coexistente, coetáneo, sincrónico, isócrono, unánime, conforme, concorde.
COINCIDIR encontrarse, hallarse, verse, concordar, concurrir, convenir, acordar, ocurrir, producirse, presentarse, coexistir, simultanear, corresponder, sincronizar.
COINQUINAR mancillar, manchar, inficionar, ensuciar.
COITO cópula, fornicación, concúbito, acceso, ayuntamiento, cohabitación, enlace, unión || apareamiento, cubrimiento, cubrición.
COJA v. cojo || barragana, ramera, manceba, prostituta v.
COJEAR renquear, inclinarse, ladearse, derrengarse, torcerse, desnivelarse, vencerse, caerse, cargarse || claudicar, padecer, sufrir, adolecer.
COJERA renquera, recancamilla, inclinación, torcedura, derrengamiento, ladeo, caída, vencimiento, desnivelación, padecimiento, defecto, deficiencia, anormalidad, deformidad, anomalía.
COJIJO gusarapo, bicho, sabandija || disgusto, enfado, irritación, desazón, queja.
COJÍN almohadilla, almohadón, almohada, almadraque, colchoneta, transpuntín, respaldo, edredón, cabezal, cojinillo, colchoncillo.
COJINETE chumacera, rodamiento, palomilla, pieza, recambio || almohada, v. cojín.
COJO renco, rengo, paticojo, cojitranco, claudicante, cojuelo, candín, ladeado, derrengado, torcido, desnivelado, vencido, caído, cargado, lisiado, tullido, estropeado, defectuoso, deficiente, deforme, anómalo.
COJUDO macho, padrillo, verraco, morueco, no castrado.
COK * coque v.
COL repollo, coliflor, brécol, berza, lombarda, colinabo, nabicol, hortaliza, verdura.
COLA rabo, extremidad, apéndice, hopo, rabadilla, rabillo, cabo ||

extremo, punta, final, terminación, conclusión, cabo, orilla, fin, borde || goma, pegamiento, pegadura, liga, adhesivo, encoladura, aglutinante, engrudo, mucílago, gelatina, pez, pasta.
COLABORACIÓN contribución, cooperación, participación, asociación, alianza, apoyo, concurso, asistencia, reciprocidad, auxilio, socorro, ayuda, subvención, concurrencia.
COLABORACIONISTA traidor, desleal, renegado, vendido.
COLABORADOR cooperador, ayudante, auxiliar, participante, copartícipe, contribuyente, coadjutor, discípulo, coagente, aliado.
COLABORAR cooperar, participar, contribuir, asociarse, asistir, concurrir, apoyar, ayudar, auxiliar, secundar, aliarse, coadyuvar, favorecer, socorrer, subvencionar, sufragar, trabajar, tomar parte.
COLACIÓN refrigerio, tentempié, piscolabis, comida v., refacción, alimento, bocadillo, bocado.
COLADA blanqueamiento, lavado, lejía, ropa || desfiladero, paso, garganta || filtración, infiltración, permeabilidad, transvase, exudación.
COLADERO agujero, paso, orificio, abertura, hendedura, hueco, boquete, resquicio || colador v.
COLADOR filtro, pasador, tamiz, criba, cedazo, zaranda, embudo, escurridor, destilador, subicán, coladero, manga, membrana, vasija || coladero v.
COLADURA v. error, yerro, traspié, equivocación || chaladura v.
COLAGOGO depurador, purificante, purgante, depurativo.
COLAPSO ataque, postración, desmayo, vahído, acceso, síncope, patatús, trastorno, indisposición, decaimiento, debilitamiento || derrumbe, hundimiento, ruina, desplome.
COLAR filtrar, pasar, destilar, cribar, cerner, rezumar, exudar, depurar, purificar, purgar, sudar, tamizar, zarandear, escurrir ||
COLARSE escurrirse, introducirse,
eludir, meterse, engañar, deslizarse.
COLATERAL marginal, lateral, adyacente, contiguo, limítrofe, vecino, confinante, secundario, supletorio, complementario, anejo, anexo.
COLCHA cobertor, cobertura, edredón, cobija, sobrecama, frazada, manta.
COLCHÓN jergón, colchoneta, almohadilla, somier, plumón, bastidor, transpuntín, muelle, yacija.
COLCHONETA v. colchón.
COLD-CREAM * crema, afeite, pomada.
COLEAR agitar, mover, sacudir, fustigar, azotar, rabear, rabotear, hopear.
COLECCIÓN conjunto, repertorio, recolección, acopio, compilación, recopilación, surtido, suma, serie, florilegio, reunión, agrupación, grupo, variedad, pasatiempo, afición, inclinación.
COLECCIONADOR v. coleccionista.
COLECCIONAR reunir, juntar, seleccionar, recopilar, recoger, conseguir, recolectar, compilar, acopiar, surtirse, aficionarse.
COLECCIONISTA aficionado, inclinado, entendido, experto, apegado, devoto, dedicado, afín, simpatizante, atesorador, coleccionador.
COLECTA cuestación, recaudación, suscripción, petición, postulación, demanda, beneficio, sablazo.
COLECTIVAMENTE combinadamente, conjuntamente, agrupadamente, totalmente, v. colectivo.
COLECTIVIDAD sociedad, grupo, familia, clase, ambiente, medio, esfera, humanidad, población, nación, pueblo, estado, habitantes, semejantes.
COLECTIVO general, combinado, total, agrupado, compuesto, reunido, conjunto, fusionado, sumado, unido, global, corriente, público, comunal, universal, social, familiar.
COLECTOR recaudador, cobrador,

exactor, receptor, recolector, habilitado || conducto, canal, alcantarilla, cloaca, desagüe, vertedero, sumidero, albañal, atarjea, imbornal, tubería.

COLEGA compañero, cofrade, asociado, camarada, correligionario, igual, condiscípulo, adlátere, acólito, relacionado, hermanado, consocio, miembro, adepto, v. colegiado.

COLEGIADO sindicado, inscrito, mancomunado, agremiado, afiliado, incorporado, admitido, v. colega.

COLEGIAL escolar, alumno, estudiante, becario, pensionista, interno, educando, discípulo, oyente, aprendiz, párvulo, niño, muchacho, joven, universitario.

COLEGIARSE agremiarse, sindicarse, inscribirse, mancomunarse, afiliarse, incorporarse, relacionarse.

COLEGIATA iglesia v., templo, catedral, abadía, parroquia, basílica.

COLEGIO escuela, instituto, academia, estudio, seminario, liceo, gimnasio, conservatorio, facultad, universidad, institución docente || corporación, sociedad, asociación, cuerpo, junta, reunión, congregación, comunidad, agrupación.

COLEGIR deducir, inferir, razonar, derivar, seguir, sacar, discurrir, suponer, imaginar, desprender, conjeturar, concluir || juntar, recoger, reunir, unir.

COLEO coletazo, coleada, movimiento, contorsión, azote, sacudida.

COLEÓPTERO insecto, escarabajo, gorgojo, cantárida, cocuyo, gusarapo, bicho.

CÓLERA ira, irritación, rabia, exasperación, furia v., furor, violencia, enfado, fiereza, corajina, enojo, arrebato || plaga, peste, calamidad, infección, contagio, azote, morbo, flagelo, epidemia.

COLÉRICO irritable, furioso, iracundo, airado, exasperado, arrebatado, enojado, enfadado, encorajinado, fiero, violento, rabioso || apestado, infectado, contagiado, atacado, doliente, paciente, enfermo.

COLESTEROL colesterina, depósito, materia grasa.

COLETA trenza, mechón, guedeja, ristra, cabello, pelo, cabellera, melena, greña, tirabuzón, vellón, madeja, moño, rodete, postizo, añadido.

COLETAZO coleo, coleada, azote, sacudida, golpe, movimiento, contorsión.

COLETILLA adición, añadido, complemento, apostilla, comentario, nota || trenza, v. coleta.

COLETO cuerpo, organismo, ser, persona, interior, adentros, conciencia, fuero interno || zamarra, pelliza, chaqueta, prenda.

COLGADERO garfio, gancho, escarpia, asa, anilla, punta.

COLGADO frustrado, burlado, chasqueado, engañado, desairado || suspenso, pendiente, suspendido, colgante.

COLGADOR percha, gancho, v. colgadero.

COLGADURA cortinaje, entoldado, toldo, palio, tapiz, respostero, tela, trapo, guarnición, caída, cortina, alfombra, paño, pendón, estandarte, bandera v.

COLGAJO jirón, harapo, roto, descosido, andrajo, guiñapo, pingo, piltrafa, desgarrón, trozo, pellejo.

COLGANTE pendiente, suspenso, suspendido, colgado || festón, adorno, fleco, borla || medalla, pendiente, arete, arracada, aro, pinjante.

COLGAR pender, suspender, caer, descender || colocar, afirmar, enganchar, levantar, asegurar, fijar, suspender || ahorcar, estrangular, ejecutar, agarrotar, acogotar, ajusticiar || achacar, enjaretar, atribuir, imputar.

COLIBRÍ pájaro mosca, avecilla, pajarillo.

CÓLICO acceso, ataque, punzada, dolor intestinal.

COLICUAR desleír, derretir, liquidar, licuar, fundir, disolver.

Coliflor col, repollo, lombarda, brécol, berza, hortaliza, verdura.

Coligación enlace, unión, trabazón, ligazón, cohesión, fusión, vínculo, coligamiento, coligadura.

Coligado aliado, unido, confederado, asociado, vinculado, afiliado, adepto, compañero, consocio.

Coligarse aliarse, confederarse, unirse, asociarse, juntarse, reunirse, ligarse, vincularse, afiliarse, federarse, acordar, convenir, comprometerse, pactar, tratar.

Colilla resto, punta, pitillo, extremo, sobrante, pucho.

Colina cerro, montículo, otero, altozano, altura, alcor, cueto, collado, elevación, cota, eminencia, loma, montecillo, cuesta, altura, mogote, morón, cabezo, altillo, recuesto.

Colinabo berza, col, repollo, verdura, hortaliza.

Colindante adyacente, contiguo, fronterizo, vecino, lindante, divisorio, limítrofe, próximo, inmediato, confinante, medianero, rayano, aledaño, anejo, pegado.

Colindar limitar, lindar, confinar, mediar, aproximarse, acercarse, limitar, tocarse, rozarse, rayar.

Colirio medicamento, instilación, gotas, baño ocular.

Coliseo teatro, sala, salón, escena, foro, tablas, escenario, farándula, circo, anfiteatro.

Coliseum * v. coliseo.

Colisión choque, encontronazo, encontrón, encuentro, embate, topetazo, abordaje, tropezón, trompicón, golpe, sacudida || rebote || conflicto, oposición, pugna, riña, pelea, disputa, contienda v.

Colisionar * chocar v.

Colitis inflamación de colon, diarrea, descomposición, cursos, flujo, dolencia, achaque.

Colmadamente copiosamente, sobradamente, abundantemente, v. colmado.

Colmado atestado, abarrotado, copioso, abundante, completo, relleno, atiborrado, lleno, saturado, cargado, rebosante || tienda, comercio, ultramarinos, comestibles, droguería.

Colmar atiborrar, atestar, abarrotar, llenar, rellenar, saturar, cargar, rebosar, completar || fastidiar, abrumar, irritar, enfadar.

Colmena abejar, abejera, colmenar, panal, jeto, arna, escarzo, alvo, bresca, casilla, agujero, oquedad.

Colmenar v. colmena.

Colmillo canino, diente, comillejo || cuerno, marfil, asta.

Colmilludo dentón, dentudo, picón, canino || astuto, sagaz, taimado, perspicaz.

Colmo sumo, remate, término, final, cima, culmen, perfección, abuso, exceso, el acabóse, finibusterre.

Colocación empleo, destino, ocupación, puesto, trabajo, cargo, plaza, arte, encargo, menester, ministerio, acomodo, vacante, profesión, oficio || situación, disposición, postura, posición, instalación, dirección, emplazamiento, orientación, alineación, ordenación, ubicación, implantación, introducción.

Colocado situado, ubicado, v. colocar.

Colocar situar, poner, estacionar, ubicar, apostar, acomodar, aplicar, instalar, meter, alinear, ordenar, orientar, disponer, emplazar, introducir, implantar, plantar || Colocarse emplearse, ocuparse, trabajar, acomodarse, situarse, orientarse, meterse, v. colocar.

Colodrillo cerviz, testuz, nuca, cogote.

Colofón remate, término, conclusión, comentario, nota, explicación, acotación.

Coloidal emulsionado, disuelto, disgregado, líquido, fluido.

Coloide emulsión, disolución, solución, disgregación, fluido, líquido.

Colon intestino grueso, tripas, en-

COLONIA

trañas, bandullos || dos puntos, punto y coma.

COLONIA poblado, territorio, cultivo, establecimiento, fundación, patronato, instalación, asentamiento, emigración, población, fomento, colonización, emigrantes, extranjeros || conjunto, grupo, asociación, agrupación, reunión || dominio, posesión, feudo, territorio, mandato || perfume, aroma, esencia, fragancia.

COLONIAL ultramarino, transatlántico, fundacional, emigratorio, inmigratorio, migratorio, conquistado, dominado.

COLONIALISMO opresión, v. dominación.

COLONIALISTA opresor, dominador, fanático, extremista.

COLONIZACIÓN repoblación, fomento, desarrollo, emigración, inmigración, asentamiento, instalación, cultivo, v. colonia.

COLONIZADOR adelantado, conquistador, fundador, pionero, precursor, instaurador, v. colono.

COLONIZAR fomentar, repoblar, desarrollar, prosperar, emigrar, inmigrar, asentarse, instalarse, cultivar || someter, dominar, conquistar, abusar, humillar, oprimir, avasallar.

COLONO inmigrante, emigrante, extranjero, trabajador, agricultor, cultivador, plantador, colonizador v.

COLOQUIO plática, conversación, conciliábulo, diálogo, charla, entrevista, conferencia, discusión, parlamento, comentario, cháchara.

COLOR coloración, colorido, tinte, tono, matiz, gama, pigmento, tonalidad, tintura, tornasol, irisación, reflejo, espectro, viso, anilina.

COLORACIÓN irisación, colorido, tornasol, gama, tonalidad, reflejo, v. color.

COLORADO rojo, encarnado, escarlata, rubí, granate, púrpura, grana, bermellón, carmesí, bermejo, carmín, purpúreo, ígneo || encendido, sanguíneo, sofocado, avergonzado.

COLORANTE pigmento, anilina, tinte, tintura, tinta, color.

COLORAR teñir, pintar, matizar, pigmentar, tornasolar, irisar, colorir, colorear, jaspear.

COLOREADO teñido, pintado, v. colorar.

COLOREAR v. colorar.

COLORETE arrebol, afeite, maquillaje, carmín.

COLORIDO gama, tonalidad, policromía, tono, viso, cambiante, matiz, coloración, v. color || carácter, naturaleza, condición, índole.

COLOSAL enorme, ciclópeo, hercúleo, titánico, descomunal, formidable, monumental, piramidal, inmenso, desmedido, gigantesco, ingente, extraordinario, grandioso, voluminoso, grande, vasto, monstruoso || extraordinario, excepcional, estupendo, morrocotudo, increíble, inaudito, admirable, asombroso, prodigioso, portentoso, pasmoso.

COLOSO titán, hércules, cíclope, gigante, sansón || corpulento, vigoroso, forzudo, gigantesco, v. colosal.

COLUMBRAR divisar, ver, otear, escudriñar, vislumbrar, distinguir, percibir, descubrir, ojear, reparar || conjeturar, deducir, sospechar, suponer, imaginar, adivinar.

COLUMNA pilar, pilastra, poste, sostén, apoyo, cilindro, sustentáculo, balaustre, rollo, cipo, estípite, macho, contrafuerte, puntal, refuerzo, cepa, atlante, cariátide, estilita, picota || línea, fila, caravana, convoy, tropa, hilera, formación || COLUMNA VERTEBRAL espinazo, raquis, espina dorsal, lomo, espalda, vértebras.

COLUMNATA peristilo, pérgola, intercolumnio, claustro, galería, crujía, soportal, pórtico, emparrado, porche, atrio, propileo, arcada, portal.

COLUMPIAR balancear, mecer, acunar, bambolear, cabecear, mover, menear, oscilar, vacilar, fluctuar, bandear, tremolar, ondear, impeler, empujar.

COLUMPIO balancín, mecedora, hamaca.

COLUTORIO enjuagatorio, lavatorio, lavaje, higienizante, purificante.

COLUVIE sentina, alcantarilla, cloaca, albañal, vertedero, lodazal, cenagal, barrizal || pandilla, gavilla, banda, hato, hatajo.

COLLADO cerro, v. colina, otero, montículo, altozano, loma, alcor, elevación, cota, eminencia.

COLLAGE * encoladura, encolado.

COLLAR gargantilla, aro, argolla, collarín, joya, alhaja, cuentas, corales, abalorios, adorno, bejuquillo, cinta, lazo, faja, insignia, condecoración, correa, trailla, abrazadera, cadena, hierros, collera, carlanca, virote.

COLLARÍN alzacuello, sobrecuello, corbatín, cuello, reborde.

COLLAZO criado, mozo, servidor, labriego.

COLLERA v. collar.

COLLÓN tímido, apocado, pusilánime, cobarde v.

COMA virgulilla, signo, notación, trazo, tilde, vírgula || sopor, colapso, letargo, aletargamiento, estertor, insensibilidad.

COMADRE chismosa, parlanchina, chismorrera, cotilla, cuentista, vecina, entremetida, enredadora, confidente, mujeruca, amiga, alcahueta, mediadora, intermediaria, celestina, cobertera, corredera || madrina, comadrona, partera, matrona.

COMADREAR murmurar, cotillear, chismear, alcahuetear, enredar, chinchorrear, chismorrear.

COMADREJA garduña, fuina, carnicero, alimaña.

COMADREO cuento, hablilla, murmuración, chisme v.

COMADRONA partera, matrona, comadre.

COMANDANCIA demarcación, territorio, jurisdicción, subdivisión, circunscripción.

COMANDANTE jefe, militar, oficial, superior, gobernador, caudillo, adalid, cabecilla, paladín, cacique.

COMANDAR dirigir, mandar, acaudillar, encabezar.

COMANDO mando militar, dirección, gobierno, orden, autoridad, caudillaje, superioridad.

COMARCA territorio, país, región, sitio, lugar, paraje, división, circunscripción, demarcación, jurisdicción, distrito, zona, partido, término, contorno, terreno, tierras, terruño.

COMARCAL territorial, regional, v. comarca.

COMARCANO cercano, próximo, inmediato, lindante, adyacente, limítrofe, fronterizo, contiguo.

COMATOSO moribundo, agonizante, expirante, mortecino, desahuciado, anhelante, jadeante.

COMBA curvatura, curva, combadura, inflexión, torcedura, arqueamiento, alabeo || cuerda, saltador, soga, cordón.

COMBADO arqueado, curvado, alabeado, torcido, curvo, combo, adunco, abovedado, abarquillado, pandeado, retorcido, flexionado, ondulado.

COMBADURA v. comba.

COMBAR curvar, torcer, retorcer, arquear, alabear, flexionar, pandear, abovedar, encorvar, cimbrar, abarquillar, ondular.

COMBATE pelea, batalla, lucha, lid, lidia, riña, fregado, liza, pugilato, correría, conflicto, sitio, guerra, escaramuza, encuentro, zalagarda, sarracina, ataque, refriega, choque, acción, operación, ofensiva, torneo, naumaquia, justa, acometimiento, contienda, conflicto, hostilidades, estrago, zafarrancho, enfrentamiento, pugna, avance.

COMBATIENTE soldado, guerrero, batallador, beligerante, campeador, campeón, guerreador, adversario, enemigo, camarada, militar, guerrillero, estratega, táctico, belicoso, marcial.

COMBATIR luchar, batallar, pelear, reñir, lidiar, guerrear, operar, actuar, chocar, acometer, justar, atacar, hostilizar, contender, avanzar, pugnar, enfrentarse, invadir, conquistar, sitiar, perseguir || oponerse, rechazar, impugnar, refutar, desmentir, negar, contradecir, repeler, replicar, objetar.

Combatividad agresividad, acometividad, bravuconería, marcialidad, belicosidad, vehemencia, entusiasmo.

Combativo * batallador, belicoso, marcial, pendenciero, agresivo, acometedor, guerrero, combatiente v., luchador, ofensivo, provocador, belígero, vehemente, entusiasta, obstinado.

Combés espacio, ámbito, zona, parte central del buque.

Combinable transformable, cambiable, v. combinar.

Combinación unión, mezcla, conjunción, conjunto, composición, miscelánea, mixtura, mezcolanza, incorporación, emulsión, revoltillo, aleación, amalgama, mejunje, surtido, fusión, agregación, reunión, asociación || arreglo, disposición, plan, proyecto, maquinación, maniobra, acuerdo, conspiración.

Combinado compuesto, mixto, mezclado, conjuntado, misceláneo, variado, surtido.

Combinar mezclar, unir, componer, conjuntar, incorporar, fusionar, alear, amalgamar, surtir, asociar, reunir, agregar, variar, aunar, integrar, formar, constituir, acoplar, casar, compaginar, arreglar, acordar, disponer, planear, proyectar, maniobrar, maquinar, conspirar, establecer, concertar.

Combo v. combado.

Comburente v. combustible.

Combustible carburante, inflamable, comburente, crematorio, incendiable, ustible, que arde, que quema, que entra en ignición, que produce energía || leña, madera, tronco, carbón, antracita, lignito, coque, turba, aceite petróleo, queroseno, aceite pesado, nafta, gasolina, bencina, alcohol.

Combustión ignición, inflamación, incineración, encendido, deflagración, ustión, combustibilidad || llama, chispa, fuego, incendio, hoguera, calor, calefacción, energía, luz, ceniza, humo.

Comedero pesebre, dornajo, artesa, recipiente || comedor v.

Comedia farsa, enredo, ficción, drama, burla, sainete, bufonada, mojiganga, payasada, pieza, parodia, monólogo, pantomima || fingimiento, simulación, doblez, engaño, falsedad, estratagema, artificio, disimulo.

Comediante cómico, actor, artista, representante, intérprete, histrión, payaso, bufón, ejecutante, personaje, figurante, farandulero, galán, caricato, imitador, bufo || hipócrita, farsante, engañoso, falso, impostor, teatral, artificial, simulador, fariseo.

Comedido prudente, moderado, circunspecto, discreto, mesurado, templado, módico, modoso, modesto, parco, morigerado, sensato, juicioso, oficioso.

Comedimiento discreción, moderación, prudencia, circunspección, parquedad, modestia, templanza, mesura, juicio, sensatez, cortesía, política.

Comediógrafo dramaturgo, autor, escritor, literato, comediante.

Comedirse reprimirse, contenerse, moderarse, arreglarse.

Comedón barro, puntito, granito, sebo, seborrea, acné, grano, erupción, inflorescencia.

Comedor refectorio, sala, salón, estancia, pieza, merendero, comedero, cenador, cantina, restaurante, bar, figón, fonda, bodegón, hostal, hotel, tasca, taberna, establecimiento, casa de comidas.

Comején terme, hormiga, insecto, plaga.

Comendador caballero, superior, ilustre.

Comensal convidado, huésped, in-

vitado, asistente, participante, presente, compañero, contertulio.
Comentador v. comentarista.
Comentar explicar, declarar, parafrasear, glosar, aclarar, afirmar, elucidar, esclarecer, manifestar, revelar, dilucidar, definir.
Comentario explicación, aclaración, glosa, declaración, revelación, manifestación, afirmación, elucidación, definición, apostilla, paráfrasis, crítica.
Comentarista comentador, locutor, charlista, conferenciante, glosador, intérprete, crítico.
Comenzar iniciar, empezar, estrenar, inaugurar, lanzar, emprender, atacar, encabezar, abrir, preludiar, entablar, principiar, abordar, incoar, nacer, originarse, intentar, insistir, fundar, establecer, lanzar, partir, promover.
Comer masticar, mascar, desmenuzar, triturar, tragar, yantar, atiborrarse, embutirse, apiparse, nutrirse, tomar, sustentarse, saborear, alimentarse, mamar, consumir, zampar, embaular, devorar, manducar, absorber, ingurgitar, engullir, ingerir || desayunar, almorzar, merendar, cenar || roer, horadar, perforar, corroer || dilapidar, gastar, tirar, disipar, derrochar.
Comerciable negociable, transferible, adquirible, vendible, v. comerciar.
Comercial mercantil, mercante, beneficioso, productivo, especulativo, fructoso, fructífero, lucrativo, provechoso, remunerativo, operativo, comerciable.
Comercializar distribuir, preparar, organizar, desarrollar.
Comerciante vendedor, tendero, traficante, negociante, tratante, mercader, mercante, negociador, viajante, dependiente, intermediario, factor, consignatario, representante, mercachifle, comisionista, corredor, baratero, proveedor, buhonero, mayorista, minorista, detallista, exportador, importador, trajinante, especulador.
Comerciar negociar, traficar, vender, especular, mercar, lucrar, tratar, competir, representar, intermediar, proveer, baratear, suministrar, servir, exportar, importar, adquirir, intercambiar, contratar, pedir, comprar, canjear, regatear, traspasar, ceder, endosar, descontar, abonar, concertar, cambalachear, trafagar, trapichear, acaparar, remesar, facturar, establecerse, mercantilizar, comanditar, transferir.
Comercio negocio, tráfico, especulación, trato, venta, mercado, negociación, trajín, transacción, operación, contratación, compraventa, comisión, subasta, permuta, bolsa, banca, cuenta, lucro, provisión, mediación, competencia, consignación, representación, importación, exportación, suministro, adquisición, regateo, canje, compra, pedido, contrato, intercambio, abono, descuento, endoso, cesión, traspaso, acaparamiento, trapicheo, tráfago, remesa, cambalacheo, transferencia, comandita, mercantilización, facturación, establecimiento, balance, mercadería, corretaje, crédito || tienda, establecimiento, empresa, firma, sociedad, filial, sucursal, delegación, almacén, bazar, oficina || relación, comunicación, trato, intercambio, contacto || coito, ayuntamiento, amancebamiento, v. cópula.
Comestible nutritivo, alimenticio, sano, sustancioso, nutricio, completo || alimento, sustancia, comida, manjar, vianda, condumio, refrigerio, golosina, bazofia, potingue || Comestibles víveres, vituallas, ultramarinos, provisiones, coloniales, bastimento, género, mercancía, despensa, rancho, matalotaje, alimentos.
Cometa astro, cuerpo celeste, núcleo, cabeza, cabellera, cola || volantín, armazón, bastidor, bir-

locha, pandorga, milocha, cometón, dragón.

COMETER perpetrar, hacer, ejecutar, realizar, efectuar, caer, incurrir, incidir, cumplir, consumar, intervenir, llevar a cabo.

COMETIDO tarea, función, encargo, obligación, misión, labor, ocupación, quehacer, faena, cuidado, deber, afán, gestión, procedimiento, comisión, incumbencia, servicio.

COMEZÓN picazón, picor, prurito, desazón || deseo, anhelo, ansia, ardor, apetito, afán, sed, empeño.

COMIBLE v. comestible.

CÓMICAMENTE jocosamente, graciosamente, v. cómico.

COMICASTRO payaso, bufón, histrión, bufo.

COMICIDAD humor, gracia, hilaridad, chiste, donosura, humorismo, risión, risa, ocurrencia, alegría, chuscada, broma, entretenimiento, diversión, jocosidad, bufonada, burla, humorada, intención.

COMICIOS elecciones, votaciones, votación, voto, asamblea, sufragio, referéndum, plebiscito, nominación, reunión, junta, nombramiento, designación, conclave, concilio.

CÓMICO comediante, actor, artista, intérprete, payaso, bufón, histrión, bufo, imitador, mimo, representante, farandulero, caricato, ventrílocuo, animador || divertido, festivo, jocoso, gracioso, risible, bufo, burlesco, chistoso, donoso, humorístico, ocurrente, entretenido, chusco, alegre, grotesco, bromista, socarrón, intencionado.

COMICS * historietas, relatos gráficos, dibujos, viñetas.

COMIDA sustento, yantar, alimento, manutención, manducatoria, pitanza, manduca, pan, puchero, sustancia, manjar, plato, vianda, condumio, comestible, potingue, bazofia, bodrio, golosina, pábulo, ración, vitualla, nutrición || colación, tentempié, refrigerio, refacción, convite, piscolabis, bocadillo, festín, banquete, ágape, cuchipanda, comilona, gaudeamus, desayuno, almuerzo, comida, merienda, cena.

COMIDILLA murmuración, chisme, chismorreo, maledicencia, habilla, cotilleo, cuento, enredo, comadreo, chismería, invención, bulo, habladuría || preferencia, gusto, inclinación, apetencia.

COMIENZO origen, principio, iniciación, inauguración, apertura, introducción, embrión, brote, fundación, génesis, arranque, partida, estreno, primicia, preliminar, prolegómeno, preludio, entrada, umbral, preámbulo.

COMILÓN tragón, glotón, hambriento, insaciable, hambrón, voraz, gargantúa, tragaldabas, ávido, devorador.

COMILONA banquete, festín, ágape, cuchipanda, convite, gaudeamus, agasajo, francachela, tragantona, hartazgo, orgía, bacanal, banquetazo, pipiripao, comida v.

COMINERÍA minucia, detalle, menudencia, bagatela, pequeñez, nadería, tontería.

COMINO hierba, condimento, especia, aderezo, aromático || minucia, cominería v.

COMISARÍA jefatura, cuartelillo, oficina, sección, policía, delegación, tribunal, administración, mandato, ejecución.

COMISARIO jefe, policía, mandatario, delegado, ejecutor, administrador, magistrado, funcionario, encargado.

COMISIÓN junta, cuerpo, organismo, asamblea, reunión, grupo, corporación, agrupación, asociación, conjunto, comité, consejo, entidad, diputación, delegación, misión || encargo, mensaje, mandato, orden, tarea, misión, función, gestión, procedimiento, servicio, cometido v. || porcentaje, retribución, honorarios, parte, corretaje, derechos, premio, prima, participación, total.

COMISIONADO delegado, administrador, ejecutor, encargado, funcionario, representante, enviado, testaferro, embajador, diplomático, mandatario, ministro, parlamentario, apoderado, comisario, substituto.

COMISIONAR delegar, encargar, encomendar, mandar, ordenar, enviar, apoderar, substituir, confiar, dejar, conferir, facultar, acreditar, recomendar.

COMISIONISTA representante, vendedor, corredor, viajante, intermediario, consignatario, tratante, comerciante v.

COMISTRAJO bazofia, potingue, rancho, mejunje, guisote, mezcla, caldo, bodrio, sancocho, sobras.

COMISURA ángulo, unión, extremo, esquina, borde, juntura, sutura.

COMITÉ comisión v.

COMITIVA séquito, acompañamiento, compañía, comparsa, corte, grupo, desfile, cortejo, escolta, protección, custodia, columna, fila, grupo, procesión, marcha, hilera, manifestación, paseo.

COMO así, tan, tanto, tal, a modo, a manera, así que, pues que, puesto que, a fin de que.

CÓMODA tocador, mesa, guardarropa, armario, mueble.

CÓMODAMENTE oportunamente, fructuosamente, convenientemente, fácilmente, v. cómodo.

COMODIDAD holgura, bienestar, desahogo, conveniencia, regalo, desasimiento, prosperidad, descanso, molicie, placer, agrado, paz, serenidad, sosiego, tranquilidad, reposo, armonía, inmovilidad, riqueza, lujo || facilidad, ventaja, oportunidad, interés, provecho, utilidad, servicio.

COMODÍN recadero, mandadero, factótum, bullebulle || pretexto, excusa || naipe, baraja.

CÓMODO desahogado, holgado, descansado, agradable, oportuno, favorable, conveniente, acomodado, factible, simple, ventajoso, útil, proporcionado, regalado, grato, placentero, armonioso, interesante, manejable || comodón, egoísta, vago, haragán, indiferente, despreocupado.

COMODÓN regalado, egoísta, haragán, vago, despreocupado, indiferente, cómodo v.

COMODORO comandante naval, jefe, capitán.

COMPACTO macizo, cerrado, sólido, firme, pesado, denso, tupido, trabado, consistente, apretado, resistente, duro, coherente, espeso, amazacotado, fuerte, robusto, pastoso, relleno, puro, impenetrable.

COMPADECER lamentar, sentir, apiadarse, conmoverse, ablandarse, lastimarse, condolerse, dolerse, enternecerse, inquietarse, apenarse, compungirse, constristarse, deplorar.

COMPADRAZGO compadraje, vínculo, relación, afinidad.

COMPADRE compinche, camarada, compañero, amigo, amigote, pariente, familiar, padrino.

COMPAGINACIÓN arreglo, ajuste, organización, acoplamiento, agrupamiento, reunión, conjunción, ordenación, enlace, conexión, distribución, compenetración.

COMPAGINAR ordenar, ajustar, arreglar, equilibrar, alternar, armonizar, compenetrar, agrupar, enlazar, reunir, conectar, organizar, avenir, concertar, conformar, conciliar, igualar, distribuir.

COMPANAGE compango, condumio, guiso, fiambre, comida.

COMPANGO v. companage.

COMPAÑA compañía, acompañamiento, compañeros, presentes, circunstantes.

COMPAÑERA esposa, mujer, consorte, señora, novia, amiga, mitad, cónyuge, casada, media naranja, manceba, barragana v. || acompañanta, carabina, dueña, aya, ama, comadre.

COMPAÑERISMO amistad, camaradería, fraternización, compadrazgo, complicidad, lealtad, fidelidad, afecto, confianza, franqueza, familiaridad.

Compañero amigo, camarada v., acompañante, compadre, colega, adlátere, coadjutor, ayudante, auxiliar, discípulo, acólito, edecán, ayo, tutor, preceptor, pedagogo, rodrigón, compinche, cómplice || marido, esposo, consorte, cónyuge, casado, hombre, novio, querido, amancebado.

Compañía sociedad, empresa, *firma*, comercio, casa, asociación, corporación, consorcio, agrupación, entidad, comandita, razón social || compañerismo, adhesión, ayuda, gregarismo, fidelidad || elenco, conjunto, cuerpo || séquito, comitiva, cabalgata, convoy, acompañamiento, cortejo, corte, caravana, escolta, procesión, comparsa, tropa.

Compañón testículo, teste, glándula, criadilla, dídimo, sexo, escroto, órgano genital.

Comparable semejante, parecido, similar, equiparable, parangonable, cotejable, v. comparar.

Comparación cotejo, confrontación, equiparación, parangón, símil, paridad, paralelo, semejanza, diferencia, compulsación, careo, comprobación, verificación, examen, medida, compulsa, balance, justificación, demostración, prueba, ensayo, certidumbre.

Comparar parangonar, equiparar, cotejar, compulsar, diferenciar, asimilar, medir, examinar, verificar, comprobar, carear, cerciorarse, ensayar, probar, demostrar, justificar, concertar, igualar.

Comparativo relativo, verificante, comprobador, equiparable, v. comparar.

Comparecencia presentación, presencia, llegada, aparición, asistencia, revelación, manifestación, arribo, advenimiento, venida.

Comparecer presentarse, llegar, acudir, aparecer, mostrarse, venir, arribar, manifestarse, revelarse, asistir, surgir, exhibirse, salir.

Comparecimiento * v. comparecencia.

Comparsa comitiva, séquito, corte, compañía, acompañamiento, cortejo, grupo, desfile, escolta, procesión || figurante, extra, partiquino.

Compartimiento división, sección, estante, casilla, apartado, encasillado, partición, caja, departamento, apartamiento, camarote.

Compartir participar, intervenir, tomar parte, repartir, dividir, distribuir, colaborar, cooperar, auxiliar, ayudar.

Compás bigotera, instrumento, escabena || ritmo, cadencia, movimiento, paso, medida, pauta, norma, consonancia || brújula, aguja, bitácora, rosa de los vientos.

Compasado medido, reglado, acompasado, regular, moderado, ajustado, cuerdo, proporcionado.

Compasar regular, moderar, acompasar, reglar, medir, ajustar, proporcionar.

Compasión piedad, lástima, ternura, dolor, humanidad, sensiblería, sensibilidad, misericordia, sentimiento, condolencia, caridad, clemencia, aflicción, tristeza, conmiseración, altruismo, enternecimiento, devoción.

Compasivamente caritativamente, misericordiosamente, clementemente, piadosamente, v. compasivo.

Compasivo humanitario, sensible, tierno, piadoso, dolido, misericordioso, sensitivo, sensiblero, clemente, caritativo, devoto, tierno, enternecido, altruista, benéfico, pío, humano, blando, sentimental, benigno, bonachón.

Compatibilidad coexistencia, concurrencia, coincidencia, semejanza, afinidad, convivencia, entendimiento, avenencia, v. compenetración, relación, parecido.

Compatible compenetrado, avenido, semejante, parecido, similar, concurrente, concordante, coincidente, factible, posible, concomitante, relacionado.

COMPATRIOTA coterráneo, paisano, conciudadano, compatricio.

COMPELER impulsar, impeler, obligar, imponer, apremiar, coaccionar, violentar, constreñir, forzar, coercer, estimular, hostigar, exigir.

COMPENDIAR resumir, reducir, extractar, abreviar, acortar, esquematizar, truncar, achicar, cortar, disminuir, simplificar, sintetizar.

COMPENDIO extracto, resumen, esquema, abreviación, acortamiento, simplificación, corte, recorte, disminución, reducción, sumario, sinopsis, epítome, condensación, compilación, recopilación, digesto || manual, prontuario, rudimentos, fundamentos, elementos, principios.

COMPENDIOSO breve, sucinto, conciso, preciso, lacónico, abreviado, reducido, resumido, condensado.

COMPENETRACIÓN avenencia, similitud, entendimiento, comprensión, afinidad, identificación, concordancia, semejanza, homogeneidad, igualdad, coincidencia, concordia, compatibilidad.

COMPENETRARSE identificarse, comprenderse, concordar, asemejarse, parecerse, avenirse, entenderse, llevarse, coincidir.

COMPENSACIÓN indemnización, retribución, resarcimiento, prestación, paga, remuneración, recompensa, estímulo, reparación, devolución, satisfacción, remedio, alivio, ayuda, subsidio, desagravio, enmienda, retractación || equilibrio, igualdad, nivelación, equivalencia, contrapeso.

COMPENSAR resarcir, reparar, restablecer, indemnizar, remediar, ayudar, retribuir, satisfacer, desagraviar, enmendar, retractarse, pagar || equilibrar, contrapesar, igualar, nivelar.

COMPETENCIA pugna, lucha, oposición, emulación, antagonismo, rivalidad, porfía, enemistad, desafío, liza, combate, concurrencia, certamen, prueba, apuesta, competición, celebración, concurso || incumbencia, obligación, poder, autoridad, dominio, atribución, jurisdicción || idoneidad, aptitud, suficiencia, capacidad, habilidad, pericia, facultad, talento, destreza, disposición, industria, arte, maña, ciencia.

COMPETENTE capacitado, experto, hábil, perito, capaz, idóneo, entendido, diestro, dispuesto, preparado, apto, experimentado, industrioso, mañoso.

COMPETER corresponder, incumbir, tocar, pertenecer, atañer, concernir, importar, aludir, interesar, atribuir, afectar, relacionar.

COMPETICIÓN prueba, certamen, celebración, concurso, lucha, pugna, apuesta, emulación, porfía, rivalidad, antagonismo, v. competencia.

COMPETIDOR contendiente, rival, antagonista, concurrente, adversario, enemigo, contrincante, emulador, émulo, contrario.

COMPETIR luchar, pugnar, rivalizar, desafiar, emular, porfiar, hombrear, contender, apostar, combatir, oponerse, concursar, participar.

COMPETITIVO * v. competidor.

COMPILACIÓN recopilación, repertorio, florilegio, colección, reunión, inventario, clasificación, codificación, agrupamiento, compendio v.

COMPILADOR recopilador, codificador, investigador, escritor, ensayista.

COMPILAR recopilar, recoger, reunir, juntar, agrupar, inventariar, codificar, clasificar, coleccionar, compendiar v.

COMPINCHE amigo, amigote, camarada, compadre, acompañante, ayudante, auxiliar, cómplice, compañero v.

COMPLACENCIA agrado, gusto, satisfacción, contento, placer, alegría, delicia, interés, deleite, encanto, gracia, simpatía || con-

Complacer sentimiento, anuencia, beneplácito, conformidad, condescendencia.

Complacer satisfacer, conformar, contentar, acceder, consentir, admitir, condescender, transigir, plegarse, permitir, aprobar, conceder || alegrar, gustar, seducir, deleitar, agradar, entusiasmar, gozar.

Complacido contento, alegre, entusiasmado, gozoso, deleitado, satisfecho, encantado, conforme, halagado, seducido.

Complaciente benévolo, indulgente, tolerante, benigno, servicial, condescendiente, bueno, generoso, conciliador, paternal, propicio, magnánimo, afectuoso, simpático, bondadoso, dulce, delicado.

Complejidad dificultad, multiplicidad, variedad, diversidad, complicación, embrollo, lío, enredo, confusión, laberinto, engorro, tropiezo, problema.

Complejo manía, rareza, alteración, trastorno, disminución, inferioridad, superioridad, retraimiento, psicosis, neurosis, perturbación || conjunto, reunión, fusión, combinación, compuesto, suma, total || complicado, múltiple, variado, diverso, difícil, embrollado, lioso, enredado, engorroso, confuso, problemático, intrincado.

Complementar añadir, agregar, terminar, suplementar, perfeccionar, rematar, colmar, concluir, equilibrar.

Complementario suplementario, adjunto, extra, agregado, incrementado, sumado, añadido, aumentado.

Complemento aditamento, apéndice, añadido, añadidura, suplemento, remate, aumento, perfección, incremento, suma, plenitud, colmo, conclusión, integridad.

Completamente plenamente, totalmente, diametralmente, íntegramente, indiscutiblemente, v. completo.

Completar terminar, perfeccionar, concluir, acabar, rematar, finalizar, colmar, coronar, pulir, llenar, integrar, cumplir, ultimar, consumar, mejorar, apurar, retocar, limar.

Completo lleno, atiborrado, atestado, repleto, cuajado, abarrotado, saturado, colmado, pletórico || íntegro, cabal, total, justo, acabado, perfecto, absoluto, cumplido, consumado, rematado, finalizado, mejorado, apurado, retocado, entero, uno, indiviso, intacto.

Complexión constitución, aspecto, figura, temperamento, naturaleza, estructura, tez, color, apariencia.

Complicación obstáculo, tropiezo, dificultad, inconveniente, contratiempo, engorro, confusión, enredo, embrollo, lío, accidente, estorbo, desorden, complejidad, entorpecimiento, agravación.

Complicado difícil, complejo, arduo, embrollado, confuso, enredado, embarazoso, enmarañado, espinoso, indefinible, indescifrable, peliagudo, engorroso, problemático, lioso, desordenado.

Complicar dificultar, entorpecer, obstaculizar, enredar, embrollar, confundir, liar, enmarañar, enzarzar || mezclar, involucrar, injerir, introducir, incluir || **Complicarse** agravarse, enfermarse, recaer, empeorar.

Cómplice participante, asociado, colaborador, coautor, partícipe, cooperador, culpable, implicado, metido.

Complicidad connivencia, colaboración, cooperación, culpabilidad, asociación, participación, codelincuencia, alianza, conchabanza.

Complot conjura, conspiración, intriga, confabulación, maquinación, maniobra, traición, artimaña, contubernio, componenda, trama, ocultación, conchabanza, enredo, amasijo, manejo, ardid, faena, asechanza, insidia.

Complotar * conspirar v.

COMPONEDOR conciliador, pacificador, moderador, árbitro, reconciliador.

COMPONENDA chanchullo, arreglo, transacción, trato, acuerdo, compadrazgo, acomodo, concierto, inteligencia, compromiso, maniobra, pacto, contubernio, manejo.

COMPONENTE integrante, constituyente, elemento, parte, pieza, ingrediente, principio, factor, accesorio, complementario, adicional, sustancia, materia, material.

COMPONER reparar, corregir, arreglar, enmendar, modificar, amañar, ajustar, remendar, restaurar, remediar, subsanar, reconstruir, consolidar, pegar, soldar, renovar, modernizar, rehacer, armar, reformar, corregir, rectificar ‖ constituir, integrar, combinar, establecer, formar, tomar parte, totalizar, redondear ‖ adornar, engalanar, acicalar, emperifollar, atildar, embellecer, hermosear, preparar, aderezar ‖ reconciliar, pacificar, moderar, arbitrar, serenar, ajustar, arreglar, templar, reforzar, restaurar, calmar.

COMPORTAMIENTO proceder, conducta, costumbre, camino, norma, pauta, gobierno, modos, maneras, actuación, práctica, uso, hábito, rutina, estilo, usanza, táctica, política, convencionalismo.

COMPORTARSE proceder, actuar, gobernarse, conducirse, obrar, emplear, practicar, usar, portarse, regirse, hacer, dirigirse, operar, desenvolverse, intervenir, ejercer, llevarse.

COMPOSICIÓN obra, trabajo, labor, producción, producto, resultado ‖ libro, escrito, poesía, verso, poema ‖ pieza, música, canción, sinfonía, sonata, v. música ‖ hechura, contextura v.

COMPOSITOR músico, autor, maestro, musicólogo.

COMPOSTURA modestia, decoro, recato, sencillez, circunspección, prudencia, mesura, decencia, dignidad, respeto, pundonor, seriedad, gravedad, honestidad, respetabilidad ‖ arreglo, remiendo, reparación, rectificación, corrección, modernización, reforma, renovación, soldadura, cosido, pegado, consolidación, reconstrucción, remedio, restauración, ajuste, apaño, modificación, enmienda.

COMPOTA dulce, mermelada, almíbar, jalea, fruta cocida.

COMPRA adquisición, transacción, operación, negocio, obtención, captación, ganancia, ventaja, lucro, pérdida, arreglo, acuerdo, importe, total.

COMPRADOR cliente, parroquiano, marchante, negociante, tratante, comerciante v., consumidor, público, interesado.

COMPRAR adquirir, obtener, operar, captar, luchar, ganar, perder, conseguir, mercar, negociar, comerciar v., pagar, abonar, tratar, pactar, acordar, estipular ‖ corromper, sobornar, cohechar, conquistar, untar, dar, regalar, captarse, tapar la boca.

COMPRAVENTA tráfico, comercio, intercambio, cambalache, trueque.

COMPRENDER entender, penetrar, discernir, interpretar, advertir, vislumbrar, averiguar, resolver, descifrar, concebir, percibir, conocer, alcanzar, intuir, saber, pensar, juzgar, opinar, creer ‖ incluir, abarcar, rodear, contener, encerrar, englobar, ocupar, constar, incorporar, implicar, extenderse ‖ COMPRENDERSE avenirse, entenderse, simpatizar, amigarse, confraternizar, hermanarse, congeniar v.

COMPRENDIDO entendido, interpretado ‖ incluido, v. comprender.

COMPRENSIBLE claro, fácil, concebible, inteligente, evidente, manifiesto, patente, sensible, explicable, descifrable, inteligible, analizable, perceptible, palmario, obvio, disculpable v.

COMPRENSIÓN tolerancia, condescendencia, bondad, indulgencia, transigencia, concordia, adhesión, simpatía, unión, inteligencia, armonía, paz, unidad, fraternidad, compañerismo, acuerdo, asenso || inteligencia, talento v., agudeza, perspicacia, penetración || alcance, juicio, concepto v. || estrujadura, apretón, presión, compresión v.

Comprensivo amistoso, fraterno, tolerante v.

Compresa fomento v.

Compresión estrujamiento, aplastamiento, estrechamiento, presión, apelmazamiento, apretón, apretura, prensamiento.

Compresor comprimente, estrujador, apretador, prensa, apisonadora, torniquete, émbolo, rodillo.

Comprimido tableta, pastilla, píldora, oblea, gragea, sello || tupido, apretado, aplastado, apelmazado, concentrado, v. comprimir.

Comprimir prensar, oprimir, apretar, templar, apisonar, atacar, condensar, concentrar, astreñir, tupir, ceñir, apelmazar, aplastar, estrujar, reducir, estrechar, exprimir.

Comprobación verificación, cotejo, confrontación, control, confirmación, examen, investigación, revisión, prueba, repaso, demostración, evidencia, justificación, argumento, razonamiento, explicación.

Comprobante recibo, documento, garantía, albarán, libranza, justificante, vale, bono, papeleta, volante, tarjeta, talón, billete, cupón, cédula, resguardo.

Comprobar confirmar, confrontar, cotejar, verificar, controlar, revisar, probar, investigar, examinar, repasar, razonar, argumentar, justificar, evidenciar, demostrar, explicar, patentizar, asegurarse, cerciorarse, notar, compulsar, ver, observar, advertir v.

Comprometedor expuesto, arriesgado, peligroso, delicado, arduo, espinoso, difícil, aventurado, dificultoso, comprometido.

Comprometer enredar, liar, embrollar, mezclar, implicar, complicar, envolver, enzarzar, desacreditar, calumniar, deshonrar, responsabilizar, culpar, obligar ||
Comprometerse: arriesgarse, exponerse, aventurarse, responsabilizarse || asegurar, afirmar, garantizar, avalar, obligarse, endosar, responder, apoyar, abonar, respaldar.

Comprometido v. comprometedor || novio, pretendiente, futuro, cortejador, galanteador, rondador, enamorado || enredado, embrollado, implicado, mezclado, complicado v.

Compromisario representante, delegado, apoderado, comisionado, mandatario.

Compromiso obligación, deber, pacto, convenio, ajuste, trato, imposición, responsabilidad, carga, deuda, trabajo, tarea, contrato, juramento, gravamen, impuesto, vínculo, servidumbre || apuro, riesgo, peligro, dificultad, trance, brete, ahogo, problema, dilema, aprieto.

Compuerta portón, portalón, plancha, salida, cierre, evacuación.

Compuesto combinado, complejo, mixto, mezclado, agregado, misceláneo, variado, múltiple, surtido, conjuntado || combinación, suma, mixtura, mezcla, mezcolanza, multiplicidad, variedad, reunión, fusión, conjunto || acicalado, adornado, aderezado, engalanado, arreglado, emperejilado, endomingado, apañado.

Compulsa prueba, comprobación, cotejo, evidencia.

Compulsar confrontar, comparar, cotejar, examinar, verificar, comprobar v.

Compulsivo obligatorio, apremiante, coercitivo, v. constrictivo.

Compunción dolor, tristeza, pena, sentimiento, pesar, contrición, pesadumbre, aflicción, arrepentimiento, abatimiento, tribulación.

Compungido atribulado, dolorido,

arrepentido, contrito, abatido, afligido, apesadumbrado, sentido, apenado, entristecido.

Compungirse atribularse, dolerse, arrepentirse, afligirse, sentirse, apenarse, entristecerse, apesadumbrarse, desanimarse, abatirse.

Computadora * calculadora, procesadora, ordenadora, ordenador, evaluadora, operadora, máquina, aparato, ingenio, cerebro electrónico.

Computar calcular, contar, medir, regular, comprobar, operar, numerar, valorar, tantear, establecer, determinar, evaluar, tasar.

Cómputo cálculo, cuenta, operación, comprobación, evaluación, tanteo, determinación, total, resumen.

Comulgar recibir, tomar, admitir (la comunión), cumplir, obedecer, observar, acatar, sacramentar, recibir a Dios.

Común corriente, ordinario, usual, habitual, frecuente, abundante, vulgar, trivial, trillado, universal, general, público, conocido, tradicional, acostumbrado, diario, reiterado, continuo, mutuo, colectivo.

Comuna * comarca, municipio, jurisdicción.

Comunal público, general, colectivo, mutuo, universal, social, familiar, comarcal, ciudadano, regional, local, v. común.

Comunero copropietario, condueño, partícipe, participante, copartícipe.

Comunicación comunicado, nota, oficio, parte, aviso, memorándum, escrito, noticia, edicto, bando, despacho, telegrama, cable, circular, octavilla || correspondencia, trato, relación, vínculo, lazo, intercambio || Comunicaciones correos, telégrafos, teléfonos || transportes, enlaces, líneas, vehículos.

Comunicado v. comunicación.

Comunicar informar, notificar, avisar, anunciar, participar, manifestar, declarar, significar, revelar, prevenir || contagiar, transmitir, contaminar, infectar, pegar, apestar, inficionar, inocular || impartir, dar, ofrecer || Comunicarse alternar, conversar, tratarse, vincularse, relacionarse, consultarse.

Comunicativo expansivo, demostrativo, tratable, sociable, extravertido, conversador, parlanchín, sincero, accesible, humano, expresivo, efusivo, explícito, vehemente, apasionado, afectuoso,

Comunidad sociedad, colectividad, generalidad, asociación, congregación, corporación, agrupación, grupo, clase, estamento || convento, orden, regla, cenobio, cartuja, abadía, monasterio.

Comunión vínculo, lazo, unión, correspondencia, ligadura, nexo, relación, enlace, obligación, conexión, alianza, afinidad, similitud, aproximación || eucaristía, sacramento, participación, observancia, acatamiento, rito, ceremonia.

Comunista marxista, radical v.

Comúnmente corrientemente, ordinariamente, v. común.

Conato tentativa, intento, amago, intentona, proyecto, aborto, indicio, señal, empeño, esfuerzo.

Concadenar concatenar v.

Concatenación unión, enlace, sucesión, serie, proceso, cadena, continuación, curso, progresión, gradación, vinculación, encadenamiento.

Concatenar enlazar, unir, relacionar, vincular, referir, concadenar.

Concavidad hueco, oquedad, hoyo, depresión, fosa, agujero, seno, hendedura, cavidad, anfractuosidad, depresión, caverna, cueva, hondonada, alvéolo, sinuosidad, abolladura, hundimiento, socavón, zanja, bache, surco, excavación.

Cóncavo hundido, deprimido, entrante, profundo, hueco, hendido, anfractuoso, cavernoso, hondo, sinuoso, abollado, socavado, excavado.

Concebible comprensible, lógico, racional, razonable, natural, justo, legítimo, coherente v.

Concebir comprender, entender, imaginar, penetrar, percibir, interpretar, discernir, alcanzar, intuir, inferir || engendrar, crear, procrear, propagar, proyectar, planear.

Conceder dar, otorgar, conferir, dispensar, adjudicar, asentir, acceder, proporcionar, entregar, asignar, agraciar, permitir, suscribir, dignarse, atender, permitirse, escuchar, consentir. || admitir, reconocer, convenir v.

Concejal edil, regidor, cabildante, ejecutor, consejero, capitular.

Concejo municipio, municipalidad, cabildo, comunidad, asamblea, corporación, ayuntamiento, alcaldía, consistorio, mancomunidad, consejo, junta, distrito.

Concentración reunión, agrupación, centralización, unión, congregación || muchedumbre, manifestación, demostración, exteriorización || atención, meditación, reflexión, interés, abstracción.

Concentrar agrupar, unir, reunir, centralizar, fortalecer, espesar v., aunar, condensar, consolidar, aglomerar || **Concentrarse** pensar, reflexionar, embeberse, meditar, absorberse, abstraerse, ensimismarse, abismarse, enajenarse || reunirse, agruparse, manifestarse, demostrar, exteriorizar, aglomerarse.

Concéntrico centrado, central, paracéntrico, focal.

Concepción engendramiento, procreación || idea, noción, concepto, pensamiento, proyecto, plan, v. concepto.

Concepto frase, sentencia, noción, agudeza, opinión, juicio, v. concepción || reputación, fama, crédito, consideración, notoriedad, calificación, opinión, juicio, v. concepción.

Conceptuar calificar, juzgar, estimar, ponderar, enjuiciar, evaluar, apreciar, precisar, atribuir, adjetivar, clasificar, considerar, reputar.

Conceptuoso sentencioso, agudo, ingenioso, enfático, sutil, chispeante.

Concerniente relativo, referente, pertinente, respectivo, tocante, conexo, congénere, atinente, análogo, conforme, unido, perteneciente, referido, afín, relacionado, dependiente, vinculado, enlazado.

Concernir atañer, referirse, relacionarse, depender, enlazarse, vincularse, tocar, importar, competer, unirse, conectarse, pertenecer.

Concertar acordar, estipular, establecer, decidir, ajustar, pactar, cotejar, apalabrar, convenir, tratar, deliberar, proyectar, armonizar, conciliar.

Concertino primer violín, solo, solista, ejecutante, intérprete.

Concertista intérprete, solista, ejecutante, cantante, divo, artista, músico.

Concesión permiso, indulgencia, licencia, aprobación, beneplácito, otorgamiento, aquiescencia, autorización, venia, gracia, privilegio, merced, adjudicación, favor, donación, cesión, ventaja.

Concesionario autorizado, representante, delegado, agente, apoderado, comisionista, intermediario, corredor, encargado, viajante, comerciante v.

Conciencia escrúpulo, delicadeza, moralidad, remordimiento, reparo, melindre, pesar, miramiento, objeción, reserva, tiquismiquis, circunspección, consideración, recato || conocimiento, discernimiento, percepción, pensamiento, concepción, juicio, personalidad, alma, sujeto, sentimiento, corazón, yo, espíritu.

Concienzudamente minuciosamente, escrupulosamente, v. concienzudo.

Concienzudo minucioso, escrupuloso, reflexivo, atento, aplicado, consciente, exacto, tesonero, perseverante, afanoso, laborioso, quisquilloso, nimio, recto, inflexible.

Concierto audición, recital, sesión, función, espectáculo, gala, ejecución, interpretación || pacto, acuerdo, convenio, arreglo, armonía, orden, inteligencia, trato, ajuste, tratado.

Conciliable compatible v., conciliatorio, concertable.

Conciliábulo intriga, conjuración, conjura, complot, maquinación || consejo, corrillo, conversación, asamblea, conferencia.

Conciliación avenencia, acuerdo, arreglo, componenda, reconciliación, convenio, compromiso, trato, inteligencia, mediación, pacificación.

Conciliador mediador, pacificador, intermediario, tercero, componedor, árbitro, reconciliador, parlamentario, apaciguador, granjeador, moderador.

Conciliar pacificar, arreglar, acordar, avenir, reconciliar, mediar, complacer, transigir, componer, parlamentar, arbitrar, apaciguar, granjear, dirimir, armonizar, ganar, ajustar, atraer, unir || ecuménico, sinodal, valentino, tridentino || padre, sacerdote, prelado.

Conciliatorio pacificador, transigente, complaciente, acomodaticio, benévolo, indulgente, magnánimo, apaciguador, moderador.

Concilio junta, congreso, capítulo, asamblea, reunión, convención, conferencia, conclave, congregación, sínodo || diocesano, ecuménico.

Concisamente brevemente, sucintamente, v. conciso, en resumen, en substancia, en dos palabras.

Concisión laconismo, brevedad, parquedad, exactitud, precisión, síntesis, sobriedad, abreviación, sequedad.

Conciso sucinto, sobrio, breve, sumario, abreviado, corto, compendioso, sintético, compendiado, condensado, seco, tajante, sentencioso, escueto, exacto, reducido, parco, preciso, directo, concreto.

Concitación instigación, incitación, provocación, hostigamiento, persuasión, azuzamiento.

Concitador instigador, incitador, provocador, hostigador, azuzón, calumniador.

Concitar instigar, hostigar, provocar, excitar, persuadir, azuzar, calumniar, soliviantar, enemistar.

Conciudadano coterráneo, compatriota, paisano, compatricio, concive.

Conclave cónclave, junta, congreso, asamblea, reunión, convención, conferencia, congregación, consejo.

Concluir terminar, finalizar, finiquitar, acabar, rematar, completar, ultimar, consumar, cerrar, liquidar, saldar, finar, fenecer, agotar, apurar, gastar, consumir, || deducir, inferir, razonar, derivar, seguir, discurrir, suponer, colegir, sentar, determinar, resolver, decidir.

Conclusión resolución, consecuencia, deducción, decisión, resultado, inferencia, secuela, derivación, suposición, determinación, corolario, impresión || terminación, desenlace, fin, término, resultado, colofón, remate, coronamiento, consumación, cierre, liquidación, abandono.

Concluso terminado, consumado, rematado, decidido, concluido, resuelto, acabado.

Concluyente terminante, indiscutible, irrebatible, aplastante, definitivo, convincente, evidente, cierto, final, irrefutable, innegable, incuestionable, incontrovertible, palmario, axiomático, decisivo.

Concluyentemente indiscutiblemente, terminantemente, v. concluyente.

Concoideo *concóideo*, concoide, curvado, curvo.

Concomerse consumirse, reconcomerse, angustiarse, agitarse,

acongojarse, preocuparse, atormentarse, impacientarse.

CONCOMITANCIA relación, concordancia, correspondencia, coincidencia, coherencia, conexión, correlación, afinidad, analogía, parentesco.

CONCOMITANTE afín, análogo, conexo, concordante, pariente, correlativo, relacionado, coherente, correspondiente, próximo, contiguo, coincidente.

CONCOMITAR coincidir, concordar, corresponder, conectar, aproximarse, parecerse, asemejarse, acompañarse, relacionarse.

CONCORDANCIA relación, correspondencia, conformidad, concomitancia, parentesco, analogía, correlación, afinidad, coherencia, conexión, coincidencia, armonía, proporción.

CONCORDANTE compatible, relacionado, concomitante, conforme, coherente, afín, correlativo, análogo, pariente, proporcionado, armónico, coincidente, conexo, avenido, semejante, parecido.

CONCORDAR armonizar, coincidir, avenirse, semejarse, relacionarse, concomitar, ajustar, conformar, conciliar, ligar, enlazar, acomodarse.

CONCORDATO tratado, convenio, pacto, acuerdo con la Santa Sede.

CONCORDE conforme, acorde, ajustado, proporcionado, de acuerdo, conjuntado, armónico, v. concordante.

CONCORDIA armonía, paz, avenencia, conciliación, asenso, acuerdo, unidad, unanimidad, inteligencia, conformidad, fraternidad, convenio, arreglo, simpatía, adhesión, reciprocidad, consenso, camaradería, compañerismo, solidaridad, concierto, cordialidad.

CONCRECIÓN depósito, sedimento, acumulación, costra, masa, aglomeración.

CONCRETAMENTE especialmente, específicamente, sucintamente, resumidamente, v. concreto.

CONCRETAR abreviar, resumir, condensar, determinar, establecer, especificar, delimitar, circunscribir, limitar, ceñirse, atenerse, reducirse, individualizar || materializar v.

CONCRETO específico, determinado, preciso, delimitado, ceñido, fijado, especial, sucinto, resumido, abreviado, establecido, determinado, circunscrito, reducido, individualizado, limitado, típico, distinto, señalado, designado, definido, estipulado.

CONCUBINA querida, amante, amiga, entretenida, barragana, amasia, manfla, fulana, manuela, cortesana, mundana, prostituta, v. ramera.

CONCUBINATO amancebamiento, barraganería, apaño, arreglo, lío, comercio, contubernio, amasiato, cohabitación, entendimiento.

CONCÚBITO coito, cópula, fornicación, enlace, unión, cohabitación, acceso, cubrición, apareamiento.

CONCULCACIÓN infracción, delito, vulneración, atropello, escarnio, desprecio, falta, atentado, violación, contravención, quebrantamiento.

CONCULCAR vulnerar, atropellar, quebrantar, contravenir, delinquir, violar, atentar, faltar, escarnecer, transgredir.

CONCUPISCENCIA lujuria, incontinencia, sensualidad, erotismo, libidinosidad, sensualismo, lubricidad, voluptuosidad, libídine, lascivia, cachondez, excitación, celo, intemperancia, obscenidad, impudicia, deshonestidad.

CONCUPISCENTE sensual, erótico, incontinente, lujurioso, voluptuoso, lúbrico, libidinoso, lascivo, encelado, intemperante, cachondo, obsceno, impúdico, deshonesto, apetente, excitable.

CONCURRENCIA gentío, público, muchedumbre, presentes, auditorio, masa, multitud, afluencia, tropel, gente, asistentes, asistencia, abundancia, horda, caterva, manada, presencia || v. convergen-

cia || presencia, asistencia, estancia, presentación, comparecencia, visita || rivalidad, competencia.
CONCURRENTE asistente, presente, espectador, oyente, v. concurrencia.
CONCURRIDO frecuentado, animado, lleno, rebosante, multitudinario, movido, bullicioso, visitado, atestado, repleto, atiborrado, completo, abarrotado.
CONCURRIR visitar, asistir, presenciar, ver, ir, afluir, encontrarse, coincidir, reunirse, converger, bullir, agolparse, hormiguear, arremolinarse, presentarse, estar, hallarse || intervenir, concursar, competir, contender, luchar, rivalizar, participar.
CONCURSANTE competidor, asistente, rival, participante.
CONCURSAR competir, concurrir, intervenir, luchar, pugnar, contender, rivalizar, asistir, tomar parte, participar, presentarse.
CONCURSO certamen, competencia, competición, torneo, lucha, oposición, prueba, examen, disputa, pugna, participación, ejercicio || cooperación, ayuda, apoyo, auxilio, asistencia, colaboración, respaldo, intervención || reunión, afluencia, multitud, v. concurrencia.
CONCUSIÓN conmoción, estremecimiento, sacudida, sacudimiento, movimiento, vibración || malversación, prevaricación, exacción, peculado, extorsión, desfalco.
CONCHA valva, caparazón, cubierta, coraza, protección, carey, venera, nácar, nacre, caracol, molusco, tortuga, almeja, mejillón, ostra, caracola.
CONCHABANZA unión, acomodo, lío, contubernio, agrupación, monipodio, pastel, arreglo, avenencia, abarraganamiento, concubinato v.
CONCHABARSE unirse, apañarse, arreglarse, liarse, agruparse, avenirse, asociarse, abarraganarse, amancebarse v.
CONDADO territorio, lugar, comarca, término, distrito, zona, circunscripción, jurisdicción.
CONDE noble, aristócrata, título, caballero, hidalgo, castellano, señor.
CONDECORACIÓN medalla, cruz, insignia, emblema, distintivo, banda, botón, lazo, placa, venera, collar || distinción, honor, galardón, recompensa, premio.
CONDECORAR recompensar, galardonar, premiar, honrar, distinguir, laurear, homenajear, conceder, entregar, atribuir, ofrecer.
CONDENA sentencia, juicio, fallo, decisión, dictamen, veredicto, resolución, pena, sanción, justicia, penalidad, penitencia, correctivo, punición, escarmiento expiación, multa, castigo v. || censura, reprobación, vituperio, crítica v.
CONDENABLE punible, sancionable, castigable, vergonzoso, reprobable, censurable, vituperable, reprochable, criticable, indigno, bajo, vil, ruin.
CONDENACIÓN pena, tormento, castigo, maldición, infierno, v. condena.
CONDENADO reo, procesado, culpable, delincuente, criminal, inculpado, acusado, penado, convicto, forzado, confeso, rebelde, prisionero || endemoniado, réprobo, maldito, perverso, maligno, malvado, nocivo.
CONDENAR sentenciar, dictaminar, penar, sancionar, corregir, escarmentar, multar, expiar, castigar v. || maldecir, censurar, vituperar, desaprobar, reprobar, culpar, acusar || tapiar, cerrar, tapar, inutilizar, inhabilitar.
CONDENSACIÓN aglomeración, espesamiento, reducción, concentración, amontonamiento, licuefacción, licuación, liquidación, destilación || compendio, resumen, abreviación, digesto.
CONDENSADOR acumulador, batería, depósito, aparato, recipiente, destilador, serpentín.
CONDENSAR concentrar, espesar,

aglomerar, reducir, licuar, solidificar, destilar, disminuir || compendiar, resumir, abreviar, acortar, reducir.

CONDESCENDENCIA indulgencia, tolerancia, transigencia, beneplácito, anuencia, avenencia, acomodo, complacencia, contemporización, deferencia, consentimiento, componenda.

CONDESCENDER avenirse, tolerar, conseguir, transigir, acomodarse, complacer, contemporizar, dignarse, malcriar, mimar, doblegarse, acceder, entregarse, prestarse, conceder, otorgar, pactar.

CONDESCENDIENTE transigente, acomodaticio, complaciente, contemporizador, elástico, dúctil, bonachón, blando, calzonazos, indulgente, benigno, paternal.

CONDESTABLE general, caudillo, jefe militar || título honorífico, noble, dignatario.

CONDICIÓN requisito, estipulación, obligación, formalidad, limitación, cláusula, cortapisa, traba, restricción, excepción, reserva, ley, prohibición, barrera || situación, estado, posición, nivel, cualidad || índole, naturaleza, propiedad, entraña, genio, fondo, distintivo, particularidad, v. carácter.

CONDICIONADO limitado, restringido, circunscrito, coartado, confinado, ceñido, reducido, ajustado, fijado, establecido, concretado.

CONDICIONAL eventual, temporal, incidental, accidental, restringido, limitado, v. condicionado.

CONDICIONALMENTE restringidamente, limitadamente, circunscritamente, confinadamente, ajustadamente, ceñidamente, eventualmente, temporalmente, incidentalmente, accidentalmente.

CONDICIONAR limitar, estipular, restringir, prohibir, establecer, determinar, tasar, coartar, confinar, ceñir, ajustar, fijar, concretar, estipular, convenir, supeditar, depender, subordinar.

CONDIMENTACIÓN v. condimento.

CONDIMENTAR sazonar, aliñar, adobar, aderezar, especiar, salar, salpimentar, escabechar, aceitar, avinagrar, cocinar, preparar, guisar v.

CONDIMENTO aliño, adobo, aderezo, condimentación, salpimentación, preparación, salazón, escabeche, aceite, vinagre, limón, especia, picante, pimienta, canela, vainilla, hierbabuena, azafrán, pimentón, laurel, orégano, comino, menta, estragón, romero, caparra, alcaparrón, clavo, nuez, mostaza, anís, jengibre.

CONDISCÍPULO compañero, camarada, alumno, discípulo, estudiante, amigo, acólito, adiátere.

CONDOLENCIA compasión, piedad, pésame, lástima, simpatía, duelo, manifestación, expresión, dolor, comprensión, adhesión.

CONDOLERSE compadecerse, apiadarse, conmoverse, ablandarse, enternecerse, apenarse, compungirse, contristarse, deplorar, lamentar.

CONDOMINIO copropiedad, coparticipación, participación, consorcio, comunidad, colaboración, asociación, sociedad, ayuda, parte, porción, aparcería, retracto.

CONDÓN preservativo, goma, cubierta, funda, protección.

CONDONACIÓN perdón, remisión, absolución, indulto, gracia, clemencia, conmutación, olvido, amnistía, indulgencia, dispensa, disminución.

CONDONAR indultar, absolver, perdonar, remitir, agraciar, amnistiar, olvidar, conmutar, disminuir, dispensar, alzar, levantar, eximir, tolerar.

CÓNDOR buitre, ave rapaz, a. de presa, a. de rapiña.

CONDOTIERO cabecilla, caudillo, capitán, jefe, general, adalid, mercenario.

CONDUCCIÓN transporte, envío, traslado, acarreo, carga, corretaje, porte || cañerías, tuberías, cloacas, conductos, alcantarillas, sistema, red, drenaje, alcantarillado, instalación || dirección, guía, mando, gobierno, administración, gestión, riendas, caudillaje, manejo.

Conducente destinado, encaminado, orientado, enfocado, dirigido, encargado, encarrilado, enderezado.

Conducir trasladar, guiar, llevar, transportar, acarrear, encaminar, arrastrar, acompañar, portear, facturar, cargar, empujar, destinar, orientar, enfocar, encauzar, dirigir, encarrilar, enderezar, regir, gobernar, mandar, pilotar, inspirar, regular || manejar, pilotar, gobernar, guiar, llevar || Conducirse comportarse, proceder, manejar, actuar, obrar, portarse, orientarse, encarrilarse, desenvolverse, regirse, administrarse.

Conducta actuación, comportamiento, proceder, norma, costumbre, modo, manera, práctica, uso, hábito, rutina, estilo, usanza, pauta, táctica, política, ejercicio, fórmula, rumbo, camino, régimen, regla, diligencia, credo || mando, gobierno, gestión, dirección, guía, administración.

Conducto tubo, tubería, cañería, caño, manga, manguera, sifón, instalación, red, cloaca, alcantarilla, albañal, atarjea, vertedero, canalón, desagüe, vertedor, gárgola, vaciadero, canal, canalillo, acueducto, cauce, colector, acequia, zanja, túnel, subterráneo, arriate, conducción.

Conductor jefe, director, guía, mentor, orientador, consejero, dirigente, preceptor, caudillo, adalid, cabecilla, general || chófer, cochero, automovilista, taxista, maquinista, tranviario, carrero, mayoral, auriga, automedonte, faetón, piloto, timonel.

Conducho comida, provisiones, víveres, alimentos.

Condueño copropietario, copartícipe, participante, socio, asociado, mancomunado, accionista, miembro, colaborador, cooperador.

Condumio manjar, comida, sustento, manutención, compango, alimento, companage, manduca, pitanza.

Conectar acoplar, unir, enlazar, vincular, relacionar, enchufar, embutir, encajar, adosar, juntar, adherir, ajustar, ensamblar, enganchar, reunir.

Conejera madriguera, conejar, conejal, cueva, agujero.

Conejo gazapo, liebre, cobayo, cunículo, acutí, roedor.

Conexión enlace, enchufe, unión, relación, vínculo, acoplamiento, ajuste, ensamble, adherencia, embutimiento, reunión, enganche, ligazón, articulación, nexo, trabazón, engarce, ensambladura, combinación, lazo.

Conexionar* conectar, unir, ligar, vincular.

Conexo relacionado, vinculado, ligado, unido, conectado, enlazado, acoplado, análogo, similar, parecido, equivalente, semejante, afín.

Confabulación maquinación, complot, conspiración, conjura, componenda, intriga, maniobra, artimaña, contubernio, trama, manejo, ocultación, ardid, faena, asechanza, insidia, traición, connivencia, treta, plan, proyecto.

Confabulado maquinador, conspirador, conjurado, intrigante, insidioso, traicionero, maniobrero, juramentado, artero, complicado, traidor, implicado.

Confabularse conspirar, conjurar, maquinar, tramar, maniobrar, intrigar, ocultar, manejar, traicionar, planear, proyectar, unirse, acordar, decidir.

Confalón estandarte, pendón, enseña, guión, bandera v.

Confaloniero v. abanderado.

Confección elaboración, fabricación, realización, ejecución, proceso, producción, transformación, preparación, trabajo, obtención, manufactura, industria, creación || Confección* vestimenta, prenda, ropa hecha, atavío, atuendo, vestido, traje, indumentaria.

Confeccionar fabricar, ejecutar, elaborar, realizar, trabajar, preparar, transformar, hacer, producir, procesar, crear, industrializar, acabar, manufacturar, obtener || Confeccionar * coser, cortar, medir, ataviar, vestir.

Confeccionista * fabricante, creador, industrial, realizador, mayorista, sastre, cortador, modista.

Confederación alianza, liga, unión, pacto, coalición, federación, asociación, agrupación, mancomunidad, grupo, tratado, comunidad, reunión, convenio, concordato, compromiso, acuerdo.

Confederado coligado, aliado, federado, unido, ligado, agrupado, mancomunado, asociado, comprometido, comunitario, miembro, amigo, adepto, afiliado, cofrade, vinculado, colega, compañero.

Confederarse agruparse, ligarse, unirse, federarse, aliarse, coligarse, comprometerse, asociarse, mancomunarse, vincularse, afiliarse, asociarse, pactar, tratar, acordar.

Conferencia disertación, sermón, plática, charla, perorata, lección, discurso v., coloquio, conversación, diálogo, parlamento, conciliábulo, corrillo, confabulación || entrevista, cita, reunión, visita, audiencia, encuentro.

Conferenciante disertador, orador, charlista, charlatán, cicerón, elocuente.

Conferenciar entrevistarse, encontrarse, reunirse, deliberar, debatir, discutir, examinar, estudiar, tratar, acordar, consultar, platicar, considerar, decidir, conversar, parlamentar.

Conferir otorgar, entregar, ofrecer, dar, proporcionar, adjudicar, conceder, asignar, atribuir, pasar, ceder, dispensar, condescender, agraciar.

Confesar declarar, revelar, manifestar, admitir, establecer, relatar, reconocer, testimoniar, testificar, descubrir, decir, exteriorizar, cantar, desembuchar, confiar, desembaular, desahogarse || Confesarse revelar, declarar, descubrir, enumerar, desahogarse, v. confesar.

Confesión declaración, revelación, enumeración, confidencia, manifestación, penitencia, desahogo, alivio.

Confesionario casilla, cabina, confesonario, compartimiento, mueble.

Confesor sacerdote, director espiritual, cura, religioso v. || delator, confidente, denunciante.

Confeti papelillos, papelitos, papel picado, trocitos.

Confiabilidad v. confianza.

Confiable honesto, honrado, fiable, recto, digno de crédito || leal v.

Confiadamente optimistamente, ingenuamente, cándidamente, v. confiado.

Confiado optimista, animoso, esperanzado, tranquilo, seguro, cierto, convencido, entusiasta, sereno, impertérrito, satisfecho, presumido, fanfarrón || cándido, ingenuo, sencillo, crédulo, bonachón, incauto, fiado, candoroso, inexperto.

Confianza seguridad, esperanza, fe, creencia, decisión, tranquilidad, entusiasmo, serenidad, calma, certeza, certidumbre, fatuidad, convicción, presunción, fanfarronería || franqueza, sinceridad, amistad, familiaridad, compañerismo, intimidad, libertad, sencillez, llaneza, campechanía, claridad, cordialidad.

Confianzudo desenvuelto, fresco, atrevido, descarado, audaz, decidido, campechano, desfachatado.

Confiar creer, esperar, fiarse, descansar, entregarse, echarse, encomendarse, abandonarse, tener confianza, t. esperanza, t. fe, t. seguridad, t. certidumbre || dejar, ceder v. || Confiarse v. confesarse.

Confidencia revelación, noticia, secreto, declaración, manifestación, explicación, informe, información, testimonio || denuncia, acusación, delación, soplo, chisme, cuento.

Confidencial secreto, íntimo, recóndito, personal, particular, reservado, misterioso, inviolable, clandestino, furtivo, oculto, propio, privado, individual.

Confidencialmente reservadamente, íntimamente, personalmente, particularmente, v. confidencial.

Confidente amigo, compañero, camarada, acompañante, compadre, discípulo, consejero, mentor, maestro, tutor, guía, asesor || delator, soplón, acusador, denunciante, acusón, chivato, correveidile, chismoso, cuentista, espía, agente.

Configuración disposición, distribución, forma, figura, conformación, proporción, ordenación, alineación, arreglo, clasificación.

Configurar disponer, distribuir, formar, conformar, proporcionar, alinear, arreglar, ordenar, establecer, especificar.

Confín límite, término, frontera, linde, lindero, orilla, línea divisoria, extremidad, fin, meta, final, hito, cabo, punta, periferia, perímetro, aledaños, alrededores, afueras, contornos.

Confinación v. confinamiento.

Confinado recluido, encerrado, aislado, enclaustrado, internado, aprisionado, preso, presidiario, desterrado, castigado, condenado.

Confinamiento encierro, reclusión, aislamiento, internamiento, clausura, celda, prisión, calabozo, mazmorra, cárcel v., destierro, condena, castigo.

Confinante lindante, fronterizo, colindante, contiguo, limítrofe, lindero, divisorio, extremo, periférico.

Confinar recluir, encerrar, aislar, internar, clausurar, aprisionar, encarcelar, condenar, castigar, desterrar, enclaustrar || lindar, tocarse, limitar.

Confirmación ratificación, corroboración, sanción, certificación, legalización, aprobación, convalidación, revalidación, prueba, demostración, garantía, seguridad, certidumbre.

Confirmar corroborar, ratificar, sancionar, certificar, revalidar, convalidar, aprobar, legalizar, asegurar, garantizar, demostrar, probar, comprobar, testificar, atestiguar, aseverar, reafirmar, afirmar, fortalecer.

Confiscación apropiación, decomiso, incautación, requisa, retención, usurpación, expoliación, exacción, comiso, requisición, embargo, recogida.

Confiscado requisado, incautado, decomisado, apropiado, retenido, expoliado, usurpado, recogido, embargado.

Confiscar incautarse, requisar, decomisar, apropiarse, comisar, expoliar, usurpar, retener, recoger, embargar, desposeer, quitar.

Confitado azucarado, almibarado, edulcorado, endulzado, acaramelado, amerengado, clarificado, bañado, garapiñado, escarchado, alcorzado.

Confitar almibarar, azucarar, endulzar, edulcorar, acaramelar, amerengar, alcorzar, escarchar, bañar, clarificar, garapiñar.

Confite golosina, dulce, caramelo, bombón, chocolatina, pastilla, anís, peladilla, gollería.

Confíteor oración, plegaria, rezo.

Confitera dulcera, bombonera, repostera, caja, estuche.

Confitería tienda, comercio, dulcería, repostería, bollería, chocolatería, bizcochería, caramelería, bombonería.

Confitero repostero, pastelero, chocolatero, bollero, turronero, bizcochero.

Confitura fruta escarchada, confite v.

Conflagración guerra, hostilidad, contienda, revolución, perturbación, trastorno, choque, lucha || incendio, quema, fuego, siniestro.

CONFLAGRAR inflamar, quemar, incendiar, abrasar, arder.

CONFLICTO dificultad, apuro, apremio, contrariedad, inconveniente, engorro, tropiezo, problema, complejidad, compromiso, peligro, aprieto, trance, ahogo, brete, embrollo, atolladero, laberinto || lucha, guerra, conflagración, antagonismo, disputa, encuentro, choque, competencia, batalla, contienda, pugna, rivalidad.

CONFLUENCIA convergencia, unión, reunión, coincidencia, aproximación, acercamiento, concentración, congregación, agrupación, aglomeración, bifurcación, desembocadura.

CONFLUENTE afluente, tributario, brazo, convergente, riachuelo, corriente, arroyo.

CONFLUIR afluir, desembocar, converger, unirse, reunirse, aproximarse, coincidir, bifurcarse, aglomerarse, agruparse, congregarse, concentrarse, acercarse.

CONFORMACIÓN forma, configuración, figura, disposición, distribución, colocación, modo, manera, tipo, hechura, proporción, ordenación, arreglo, alineación, clasificación.

CONFORMAR contentar, satisfacer, complacer, agradar, halagar, saciar, atender, acceder, consentir, conceder, transigir, condescender || CONFORMARSE. resignarse, avenirse, prestarse, reducirse, plegarse, contentarse, someterse, amoldarse, doblegarse, renunciar, abandonar, dejar.

CONFORME acorde, ajustado, semejante, concordante, correspondiente, coincidente, compañero, gemelo, hermano, idéntico, igual, parecido, proporcionado || de acuerdo, perfectamente, correctamente, de perlas, muy bien, sí || aprobado, permitido, admitido, autorizado, otorgado, concedido, consentido || satisfecho, contento, complacido, halagado, de acuerdo.

CONFORMIDAD aprobación, consentimiento, aquiescencia, asenso, beneplácito, adhesión, acuerdo, venia, condescendencia, asentimiento, licencia, anuencia, permiso, autorización, concesión, otorgamiento || resignación, tolerancia, paciencia, sumisión, sometimiento, renuncia, doblegamiento, abandono, avenencia, amoldamiento.

CONFORMISTA resignado, avenido, contentado, sometido, doblegado, amoldado, blando, bonachón, bueno, dócil, manso, ingenuo, calzonazos, apocado, flojo.

CONFORT * comodidad v., bienestar, desahogo, lujo, prosperidad, riqueza.

CONFORTABLE cómodo, desahogado, holgado, descansado, regalado, grato, placentero, lujoso.

CONFORTADOR alentador, animador, tranquilizador, reanimador, fortalecedor, esperanzador, consolador, v. confortante.

CONFORTAMIENTO fortalecimiento, vigorización, animación, reanimación, fortificación, consolación, consuelo, confortación.

CONFORTANTE estimulante, restaurador, cordial, tónico, vigorizador, reconstituyente, vivificante, excitante, consolador, v. confortador.

CONFORTAR animar, alentar, vigorizar, fortalecer, fortificar, consolar, levantar, alentar, reconfortar, esperanzar, apaciguar, calmar, tranquilizar, aliviar.

CONFRATERNAR v. fraternizar.

CONFRATERNIDAD hermandad, fraternidad, logia, cofradía, congregación, orden, círculo, asociación, sociedad, gremio, agrupación, grupo || amistad, igualdad, armonía, concordia, hermandad, fraternidad, unión, apego, cariño, lealtad.

CONFRATERNIZACIÓN * v. confraternidad.

CONFRATERNIZAR * fraternizar v., confraternar, avenirse, simpatizar, alternar, tratarse.

CONFRONTACIÓN cotejo, comparación, equiparación, parangón, comprobación, verificación, ensayo, prueba, examen, careo, enfrentamiento, investigación, interrogatorio.

CONFRONTAR comparar, parangonar, equiparar, cotejar, examinar, verificar, probar, ensayar, comprobar, examinar, carear, enfrentar, interrogar, investigar, identificar.

CONFUNDIDO v. confuso.

CONFUNDIR desconcertar, despistar, extraviar, descarriar, turbar, embarazar, aturdir, humillar, desorientar, aturullar, avergonzar, abochornar, azorar, trastornar, desquiciar, ofuscar, pasmar, enajenar, apabullar, atragantar, atarugar, atolondrar || mezclar, revolver, embarullar, trastocar, embrollar, enredar, desordenar, desbaratar, trabucar.

CONFUSAMENTE complicadamente, enrevesadamente, imprecisamente, v. confuso.

CONFUSIÓN desorden, barullo, embrollo, revoltijo, trastorno, tiberio, amasijo, anarquía, caos, conflicto, maraña, mare mágnum, batiburrillo, mezcolanza, fárrago, enredo, guirigay, desconcierto, lío, laberinto || escándalo, baraúnda, pandemónium, batahola, ruido, estrépito, bulla v., jarana, algarabía || gresca, greña, pelea, pugna, riña, disputa v., pelotera, marimorena, zipizape, desorden, altercado || turbación, desorientación, desconcierto v.

CONFUSIONISMO v. confusión.

CONFUSO desorientado, turbado, desconcertado, aturdido, humillado, desquiciado, trastornado, azorado, atarugado, aturullado, perplejo, atolondrado, ofuscado, confundido || revuelto, mezclado, embrollado, trastrocado, embarullado, trabucado, desbaratado, desordenado, enredado, caótico || lioso, difícil, complicado, ininteligible, inextricable, borroso, incomprensible, incierto, difuso, vago, indefinido, impreciso, dudoso, obscuro, equivocado.

CONFUTACIÓN impugnación, refutación, v. confutar.

CONFUTAR impugnar, rebatir, refutar, desmentir, rechazar, contradecir, objetar, combatir, replicar, negar.

CONGELACIÓN enfriamiento, heladura, congelamiento, coagulación, frigidez, solidificación, rigidez, endurecimiento, entumecimiento, amoratamiento, gangrena.

CONGELAMIENTO v. congelación.

CONGELAR cuajar, helar, enfriar, endurecer, solidificar, coagular, entumecer, escarchar, amoratar, gangrenar.

CONGÉNERE semejante, análogo, afín, equivalente, pariente, hermano, gemelo, vecino, familiar, hombre, humano, individuo, ser, persona.

CONGENIAR simpatizar, avenirse, confraternizar, hermanarse, amigarse, comprenderse, alternar, tratarse, entenderse, conciliar, coincidir, hacer migas.

CONGÉNITO de nacimiento, natural, original, innato, constitucional, orgánico, engendrado, connatural.

CONGESTIÓN inflamación, hinchazón, acumulación, saturación, exceso, tumefacción, ahogo || ataque, apoplejía, sofocación, insolación, acceso, patatús || obstáculo, atasco, nudo, embotellamiento, embrollo, estancamiento, atolladero, dificultad, atascamiento, obstrucción.

CONGESTIONARSE inflamarse, hincharse, enrojecerse, abultarse, acalorarse, ahogarse, sofocarse || estancarse, atascarse, embrollarse, obstruirse, embotellarse, pararse, detenerse, inmovilizarse || acumularse, agolparse, saturarse, aglomerarse, reunirse, amontonarse.

CONGLOMERADO aglomeración, aglutinado, masa, mazacote, apiñadura, amontonamiento, compues-

CONGLOMERAR

to, unión, reunión, amasijo, acumulación, agolpamiento, depósito, concreción, racimo, grumo.

CONGLOMERAR aglomerar, conglutinar, adherir, unir, apiñar, reunir, pegar, agrupar, arracimar, estrechar, apelotonar, arremolinar, apretujar, arrimar, apretar, aglutinar.

CONGLUTINACIÓN aglomeración, conglomeración, unión, apiñamiento, apelotonamiento, apretujamiento, compresión, apretamiento, estrechamiento, agrupación.

CONGLUTINAR v. conglomerar.

CONGOJA angustia, aflicción, pesar, tribulación, desconsuelo, sinsabor, mortificación, sufrimiento, amargura, zozobra, tormento, ansiedad, soponcio, ansia.

CONGOLEÑO congolés, africano.

CONGRACIARSE captarse, atraerse, ganarse, conquistarse, granjearse, amigarse, seducir, encantar, cautivar.

CONGRATULACIÓN felicitación, parabién, enhorabuena, pláceme, saludo, cumplido, alabanza, bienvenida, cortesía, agasajo, atención, gentileza, firmeza, galantería, aplauso, elogio.

CONGRATULAR felicitar, aprobar, alabar, galantear, cumplimentar, agasajar, saludar, animar, aplaudir, celebrar, elogiar.

CONGREGACIÓN agrupación, hermandad, cofradía, secta, doctrina, grupo, orden, junta, conferencia, compañía, regla, comunidad, sociedad, asociación, gremio || reunión, convocación, v. congregar.

CONGREGACIONISTA * v. congregante.

CONGREGANTE hermano, asociado, miembro, adepto, cofrade, socio, integrante, siervo.

CONGREGAR convocar, reunir, unir, acabildar, citar, emplazar, reclamar, llamar, solicitar, requerir, avisar || CONGREGARSE: aglomerarse, aglutinarse, amontonarse, apiñarse, reunirse, unirse, presentarse, juntarse, hacinarse, agolparse, llegar, comprimirse.

CONGRESISTA asambleísta, participante, miembro, asistente, integrante, componente, conferenciante, legislador, parlamentario, diputado.

CONGRESO asamblea, reunión, convención, conferencia, junta, mitin, conclave, concilio, muchedumbre, agrupación, conversaciones || parlamento, cámara, senado, diputación, cortes, ágora.

CONGRIO anguila, murena, morena, pez marino.

CONGRUENCIA coherencia, pertinencia, sensatez, lógica, conveniencia, oportunidad.

CONGRUENTE coherente, racional, pertinente, sensato, comprensible, lógico, conveniente, oportuno.

CONGRUENTEMENTE racionalmente, coherentemente, sensatamente, v. congruente.

CÓNICO coniforme, conoidal, conoideo, puntiagudo.

CONÍFERA pino, ciprés, abeto, árbol.

CONJETURA hipótesis, presunción, suposición, interrogante, sospecha, creencia, inferencia, deducción, cálculo, teoría, predicción, suposición, figuración, posibilidad, barrunto, probabilidad.

CONJETURAR suponer, presumir, inferir, creer, sospechar, deducir, calcular, figurarse, predecir, atribuir, admitir, imaginar, intuir, estimar, antojarse, traslucir, entrever, columbrar, barruntar.

CONJUGACIÓN fusión, unión, reunión, aglutinación, unificación, enlace.

CONJUGADO enlazado, reunido, aglutinado, unificado, unido, fusionado.

CONJUGAR conciliar, compaginar, armonizar, ajustar, reunir, unir, fusionar, aglutinar, unificar, enlazar.

CONJUNCIÓN unión, reunión, unificación, enlace, aglutinación, fusión, armonización, compaginación, conciliación, ajuste.

CONJUNTAMENTE juntamente, simultáneamente, coincidentemente, al mismo tiempo, en conjunto, colectivamente, globalmente.

CONJUNTAR reunir, agrupar, apiñar, arremolinar, unir, congregar, enlazar.
CONJUNTIVA membrana, mucosa, capa.
CONJUNTO reunión, montón, grupo, agrupación, combinación, compuesto, fusión, totalidad, suma, todo, acervo, serie, miscelánea, amalgama, surtido, asociación, mezcla.
CONJURA conspiración, confabulación, complot, maquinación, conjuración, intriga, cábala, connivencia, trama, enredo, engaño, traición, componenda, maniobra, artimaña, treta, plan, proyecto, manejo, asechanza, insidia, conciliábulo.
CONJURACIÓN v. conjura, v. conjuro.
CONJURADO conspirador, maquinador, insidioso, intrigante, confabulado, artero, traidor, desleal, juramentado, complicado.
CONJURAR invocar, implorar, rogar, requerir, impetrar, apelar, evocar, exorcizar, solicitar, suplicar || impedir, alejar, evitar, remediar, solucionar, eliminar || CONJURARSE ligarse, juramentarse, intrigar, maquinar, conspirar, confabular, unirse, traicionar, engañar, enredar, tramar, manejar, proyectar, planear, asociarse, agruparse.
CONJURO invocación, exorcismo, sortilegio, hechizo, encantamiento, magia, evocación, impetración, embrujo, ruego, súplica, imprecación, requerimiento.
CONLLEVAR soportar, aguantar, sufrir, sobrellevar, tolerar, transigir, disimular, resignarse.
CONMEMORACIÓN celebración, aniversario, fiesta, solemnidad, ceremonia, festividad, evocación, recuerdo, reminiscencia, rememoración, recapitulación, recordación.
CONMEMORAR celebrar, rememorar, evocar, revivir, recapitular, festejar, recordar, solemnizar.
CONMEMORATIVO evocador, reminiscente, rememorativo, recordatorio, memorable.
CONMENSURABLE evaluable, medible, computable, tasable, calculable.
CONMILITÓN compañero, camarada, soldado, combatiente.
CONMINACIÓN intimación, amenaza, apercibimiento, orden, notificación, advertencia, aviso, requerimiento, ultimátum, exhortación.
CONMINAR ordenar, intimar, apercibir, amenazar, notificar, requerir, avisar, advertir, exhortar, intimidar.
CONMINATORIO amenazante, obligatorio, forzoso, ineludible, inexcusable, intimidante.
CONMISERACIÓN compasión, misericordia, lástima, piedad, ternura, humanidad, sensiblería, clemencia, enternecimiento, devoción, sentimiento, condolencia.
CONMOCIÓN perturbación, trastorno, sacudida, vibración, temblor, alteración, agitación, convulsión, movimiento, emoción, estremecimiento, turbación || revolución, levantamiento, tumulto, asonada, algarada, motín, revuelta, sedición, disturbio || v. sorpresa.
CONMOVEDOR emocionante, enternecedor, apasionante, impresionante, perturbador, inquietante, hondo, afectivo, emotivo, patético, sentimental, emocionante, turbador.
CONMOVER impresionar, emocionar, apasionar, enternecer, afectar, inquietar, perturbar, tocar, excitar, suscitar, apenar, alterar, turbar.
CONMUTACIÓN indulto, relevación, amnistía, absolución, gracia, remisión, condonación, favor, perdón, liberación, exculpación || cambio, trueque, permuta.
CONMUTADOR cortacorriente, pieza, cambio, artefacto, aparato.
CONMUTAR indultar, absolver, agraciar, relevar, liberar, perdonar, favorecer, condonar, remitir, ex-

culpar || cambiar, trocar, permutar, intercambiar, canjear.
CONNATURAL propio, conforme, natural, adecuado, apropiado, específico, congénito.
CONNIVENCIA disimulo, tolerancia, complicidad, indulgencia, compresión, colaboración, cooperación, culpabilidad, asociación, participación || maquinación, confabulación, conjura, conspiración, complot, intriga.
CONNOTACIÓN parentesco, relación, vínculo, lazo, afinidad.
CONNOTADO emparentado, relacionado, allegado, vinculado, afín.
CONNUBIO matrimonio, casamiento, enlace, boda, vínculo, nupcias, himeneo, casorio.
CONO conoide, cuerpo, curticono, capirote, cucurucho.
CONOCEDOR enterado, entendido, práctico, avezado, sabedor, ducho, experimentado, acostumbrado, versado, competente, documentado, diestro, ejercitado, idóneo, ilustrado, instruido, perito, técnico.
CONOCER frecuentar, tratar, alternar, presentar, introducir, codearse, rozarse, intimar, comunicarse, relacionarse, trabar conocimiento || enterarse, comprender, percatarse, dominar, saber, advertir, observar, penetrar, interpretar, adivinar, alcanzar, intuir, vislumbrar, creer, averiguar, percibir, presumir, conjeturar, notar, distinguir || CONOCERSE encontrarse, intimar, relacionarse, trabar conocimiento.
CONOCIDO amistad, relación, conocimiento, amigo, compañero, camarada || célebre, afamado, divulgado, visto, común, corriente, vulgar, difundido, acreditado, celebrado, ilustre, reputado, popular, familiar, sabido, recordado.
CONOCIMIENTO amistad, v. conocido || discernimiento, inteligencia, entendimiento, conciencia, consciencia, intuición, razón, sentimiento, noción || CONOCIMIENTOS cultura, sabiduría, ciencia, competencia, capacidad, pericia, experiencia, erudición, teoría, sapiencia, ciencia, omnisciencia, instrucción, ilustración, aptitud, estudios.
CONQUE de modo que, así que, ya que.
CONQUISTA ocupación, toma, invasión, incautación, usurpación, confiscación, presa, reconquista, apresamiento, aprehensión, captura, secuestro, botín, trofeo, pillaje, rapiña, robo, despojo, victoria, piratería, asalto, asedio v., batalla v.
CONQUISTADO ocupado, invadido, incautado, usurpado, confiscado, v. conquista.
CONQUISTADOR descubridor, adelantado, colonizador, adalid, explorador, capitán, jefe, batallador, guerrero, dominador, audaz, valiente, belicoso || mujeriego, castigador, enamoradizo, galán, tenorio, seductor, engatusador, Don Juan, faldero, libertino.
CONQUISTAR invadir, tomar, ocupar, liberar, apresar, capturar, despojar, vencer, forzar, dominar, sojuzgar, incautarse, usurpar, confiscar, reconquistar, pillar, aprehender, rapiñar, robar, ganar, asaltar, asediar v., batallar v. || seducir, enamorar, engatusar, castigar, camelar, amartelar, atraer, encandilar, convencer, persuadir, inducir, inclinar, sugestionar, arrastrar.
CONSAGRADO acreditado v.
CONSABIDO aludido, antedicho, nombrado, citado, mencionado, referido, señalado, designado, susodicho, habitual, conocido.
CONSAGRACIÓN sacramento, bendición, ofrecimiento, dedicación, coronamiento, coronación, apoteosis, promesa, presentación, ofrenda, confirmación, santificación.
CONSAGRAR bendecir, santificar, divinizar, beatificar, deificar, purificar, ofrecer, dedicar, coronar, prometer, confirmar, ofrendar, presentar || CONSAGRARSE aplicarse, dedicarse, sacrificarse, es-

merarse, concentrarse, perseverar, afanarse, esforzarse, bregar, aspirar, azacanarse.

CONSANGUÍNEO afín, pariente, familiar, cognado, allegado, deudo, ascendiente, descendiente, vinculado, relacionado.

CONSANGUINIDAD parentesco, afinidad, cognación, familiaridad, ascendencia, descendencia, relación, lazo, vínculo, conexión, entronque, alianza, grado, apellido, fuente, origen, atavismo, tronco, progenie.

CONSCIENCIA * v. conciencia.

CONSCIENTE serio, formal, escrupuloso, cuidadoso, cabal, consecuente, cumplidor, exacto, fiel, leal, puntual, juicioso, sensato, maduro, reflexivo, prudente, consecuente, cuerdo, recto.

CONSCIENTEMENTE seriamente, formalmente, v. consciente.

CONSCRIPCIÓN reclutamiento, leva, quinta.

CONSCRIPTO recluta, quinto, soldado.

CONSECUCIÓN logro, obtención, alcance, resultado, adquisición, satisfacción, conquista, ganancia, victoria.

CONSECUENCIA resultado, fruto, derivación, efecto, corolario, secuela, resulta, trascendencia, importancia, producto, emanación, alcance, ramificación, desenlace, conclusión, fin.

CONSECUENTE constante, firme, tesonero, inflexible, tenaz, perseverante, invariable, igual, férreo, empeñoso, resistente, paciente, tolerante || siguiente, continuado, próximo, vecino.

CONSECUENTEMENTE seguidamente, consiguientemente, por lo tanto, por consiguiente || constantemente, firmemente, v. consecuente.

CONSECUTIVAMENTE inmediatamente, continuadamente, seguidamente, próximamente, v. consecutivo.

CONSECUTIVO inmediato, continuado, seguido, próximo, lindante, contiguo, siguiente, sucesivo, ulterior, correlativo, subsiguiente.

CONSEGUIR obtener, alcanzar, lograr, adquirir, atrapar, pescar, sacar, agenciar, disfrutar, cazar, aprehender, agarrar, coger, apoderarse, apresar, adjudicarse, concederse, otorgarse, arrancar, ganar, embolsar, beneficiarse, recibir, percibir, cosechar, lucrarse, conquistar, vencer, triunfar.

CONSEJA cuento, fábula, patraña, leyenda, ficción, invención, mito, quimera, relato, historia, fantasía, superstición.

CONSEJERO guía, mentor, asesor, maestro, profesor, tutor, monitor, orientador, director, ordenador, adiestrador, rector, conductor || ministro, secretario, administrador, funcionario, gobernante, procurador, consiliario, vocal.

CONSEJO sugerencia, admonición, exhortación, lección, aviso, recomendación, parecer, insinuación, asesoramiento, apercibimiento, reparo, advertencia, dictamen, inspiración, indirecta, indicación, moción, proposición, propuesta, ofrecimiento, invitación, idea, oferta || asamblea, junta, reunión, congreso, conferencia, cámara, parlamento, cortes, senado, ágora, administración.

CONSENSO asenso, consentimiento, conformidad, unanimidad, asentimiento, aprobación, aquiescencia, beneplácito, adhesión, venia, permiso.

CONSENTIDO mimado, mal criado, mimoso, mal acostumbrado, grosero, terco, mal educado, resabiado, descarado, impertinente, insolente, contemplado, tirano || cornudo, v. consentidor || lícito, autorizado, admitido, tolerado, bueno, legal.

CONSENTIDOR cornudo, cabrón, consentido, cuclillo, gurrumino, sufrido, comblezo, apocado, calzonazos, bragazas, blando, bonachón.

CONSENTIMIENTO permiso, autorización, beneplácito, asenso, anuen-

CONSENTIR

cia, conformidad, venia, aprobación, adhesión, sí, visto bueno, acuerdo, condescendencia, licencia, gracia, pase, poder, concesión, otorgamiento, aquiescencia, salvoconducto || tolerancia, aguante, transigencia, conformidad, resignación, silencio.

CONSENTIR acceder, permitir, conceder, facultar, admitir, otorgar, autorizar, licenciar, aprobar, adherirse, asentir, acordar || tolerar, sufrir, soportar, aguantar, sobrellevar, resistir, transigir, callarse, conformarse, resignarse, dominarse || mimar, malcriar, resabiar.

CONSERJE bedel, portero, ordenanza, cancerbero, lacayo, criado, servidor, funcionario, empleado, ujier, mayordomo.

CONSERJERÍA portería, mayordomía, garita, pieza, pabellón, ingreso, acceso, entrada.

CONSERVA lata, bote, preparación, envase, esterilización, congelación, confitura, desecación, deshidratación, salazón, cecina.

CONSERVACIÓN defensa, protección, subsistencia, mantenimiento, manutención, conserva, custodia, entretenimiento, sostén, amparo, cuidado, atención, asistencia, vigilancia, precaución, celo, preservación.

CONSERVADOR curador, cuidador, encargado, custodio, vigilante, guardián, preservador || tradicionalista, moderado, ordenado, estable, retrógrado, anquilosado, carca.

CONSERVADURISMO tradicionalismo v.

CONSERVAR mantener, custodiar, guardar, vigilar, preservar, reservar, amparar, proteger, defender, resguardar, cubrir, salvar, garantizar, almacenar, depositar, atesorar, archivar, salvaguardar, entretener, sostener, cuidar, atender, asistir || esterilizar, congelar, confitar, desecar, deshidratar, salar, ahumar, escabechar, disecar, embalsamar || prolongar, perpetuar, dilatar, extender, alargar, retrasar, aplazar.

CONSERVATISMO * conservadurismo.

CONSERVATORIO escuela, academia, establecimiento, colegio.

CONSIDERABLE cuantioso, importante, amplio, formidable, extenso, alto, elevado, desmedido, largo, colosal, ancho, inmenso, vasto, numeroso, grande, enorme, fabuloso.

CONSIDERABLEMENTE cuantiosamente, ampliamente, formidablemente, v. considerable.

CONSIDERACIÓN deferencia, respeto, atención, miramiento, estima, cortesía, urbanidad, afecto, aprecio, solicitud, adhesión, comedimiento || renombre, nombradía, notoriedad, popularidad, honor, celebridad, reputación || CONSIDERACIONES móviles, observaciones, razones, reflexiones, motivos, pensamientos, reparos, argumentos, fines, pretextos, fundamentos.

CONSIDERADAMENTE respetuosamente, atentamente, v. considerado.

CONSIDERADO deferente, respetuoso, atento, mirado, reflexivo, amable, afable, comedido, obsequioso, solícito, servicial || respetado, apreciado, admirado, estimado, querido, calificado, distinguido, bienquisto, afamado.

CONSIDERANDO razón, motivo, causa, fundamento, consideración, móvil.

CONSIDERAR reflexionar, meditar, pensar, reparar, mirar, pesar, estudiar, examinar, cavilar, discurrir, recapacitar, calcular, juzgar, observar, especular || respetar, estimar, distinguir, honrar, apreciar.

CONSIGNA orden, santo y seña, contraseña, frase, lema, pase, salvoconducto || depósito, almacén.

CONSIGNACIÓN envío, expedición, depósito, entrega, remesa, transporte, manifiesto, firma, señal || paga, donativo, entrega, haber, suma

CONSIGNAR expedir, enviar, mandar, transportar, llevar, remitir, entregar, depositar, destinar, señalar || estipular, manifestar, afirmar, asentir, declarar, escribir, determinar, registrar, establecer.

Consignatario depositario, receptor, destinatario, administrador, acreedor, representante.

Consiguiente supeditado, consecuente, derivado, deducido, relacionado.

Consiguientemente por consiguiente, por ello, así pues, por lo tanto.

Consiliario consejero, orientador, asesor, mentor, guía, supervisor, director.

Consistencia resistencia, densidad, dureza, fuerza, reciedumbre, coherencia, trabazón, espesor, firmeza, solidez, concentración, viscosidad || duración, estabilidad, equilibrio, permanencia.

Consistente denso, resistente, recio, fuerte, duro, sólido, firme, espeso, viscoso, coherente, trabado, concentrado || estable, durable, permanente, equilibrado.

Consistir estribar, residir, fundamentarse, basarse, relacionarse, apoyarse, gravitar, radicar, fundarse, descansar.

Consistorial municipal, edilicio, corporativo, concejil, administrativo, comunitario, capitular.

Consistorio consejo, junta, tribunal, consulta, asamblea, entrevista, reunión, cabildo, ayuntamiento, municipio.

Consocio socio, asociado, copartícipe, colega, compañero, copropietario, afiliado, accionista.

Consola mesa, tocador, estante, repisa, sostén, aparador.

Consolación v. consuelo.

Consolado calmado, confortado, animado, descansado, desahogado, serenado, tranquilizado, apaciguado, fortalecido, reanimado, aliviado.

Consolador esperanzador, lenitivo, confortador, alentador, fortalecedor, estimulante, vivificante, reconfortante, sedativo.

Consolar animar, alentar, calmar, aliviar, confortar, reanimar, aligerar, tranquilizar, fortalecer, reconfortar, apaciguar, aplacar, sosegar, levantar, esperanzar, estimular, vivificar, sedar, aquietar, serenar, pacificar, suavizar ||

Consolarse olvidarse, desahogarse, descansar, serenarse, v. consolar.

Consolidación afianzamiento, fortalecimiento, apuntalamiento, robustecimiento, refuerzo, vigorización, afirmación, solidificación, fijación, arraigo, firmeza, seguridad.

Consolidado afianzado, apuntalado, fortalecido, afirmado, vigorizado, reforzado, robustecido, arraigado, fijado, solidificado, fijo, seguro, firme.

Consolidar afirmar, fortalecer, apuntalar, afianzar, vigorizar, reforzar, robustecer, arraigar, fijar, solidificar, basar, cimentar, reafirmar, asegurarse, reunir.

Consomé * caldo, consumado, sopa, sopicaldo, substancia.

Consonancia afinidad, relación, semejanza, similitud, conformidad, proporción, concordancia || armonía, acorde, eufonía, afinación, ritmo.

Consonante concordante, relacionado, afín, semejante, similar, acorde, correspondiente, correlativo, relativo, proporcionado, conforme || acorde, eufónico, afinado, rítmico.

Consorcio sociedad, asociación, monopolio, grupo, conjunto, comunidad, agrupación, empresa, compañía, firma, comercio, casa, corporación, entidad || participación, comunión, matrimonio, reunión, comunidad.

Consorte compañero, partícipe, participante || esposo, esposa, marido, mujer, cónyuge, casado, contrayente, desposado, media naranja, cara mitad.

Conspicuo sobresaliente, visible, perceptible, divisable, sensible, observable, notable, insigne, distinguido, famoso, ilustre, preclaro, eminente, relevante, esclarecido.

Conspiración maquinación, complot, confabulación, conjura, conjuración, traición, engaño, enredo, trama, connivencia, cábala, intriga, manejo, proyecto, treta, plan, artimaña, maniobra, insidia, componenda, conciliábulo, asechanza, pastel, amasijo, monipodio.

Conspirador confabulado, maquinador, conjurado, intrigante, artero, traidor, maniobrero, insidioso, juramentado, implicado, complicado.

Conspirar intrigar, conjurarse, maquinar, confabularse, tramar, enredar, engañar, traicionar, planear, proyectar, manejar, maniobrar, unirse, acordar, decidir.

Constancia perseverancia, firmeza, asiduidad, tenacidad, insistencia, aplicación, persistencia, empeño, tesón, paciencia, fijeza, inflexibilidad, lealtad, tozudez ‖ prueba, justificación, evidencia, muestra, certidumbre, convicción, seguridad, testimonio.

Constante tenaz, asiduo, firme, insistente, perseverante, aplicado, paciente, tesonero, empeñoso, persistente, leal, paciente, tozudo, inflexible, igual, entero, consecuente, invariable, inmutable, perdurable, seguro, cierto, positivo, formal.

Constantemente asiduamente, invariablemente, infatigablemente, continuamente, firmemente, tenazmente, v. constante.

Constar hallarse, reflejarse, estar, existir, evidenciarse, verse, justificarse, mostrarse, manifestarse ‖ componerse, poseer, tener, constituirse, formarse, detentar, disfrutar, emplear.

Constatación comprobación, verificación, cotejo, confrontación, examen, prueba, investigación.

Constatar comprobar, cotejar, verificar, confrontar, probar, investigar, examinar.

Constelación estrellas, zona, astros, región del firmamento.

Constelado sembrado, cubierto, recubierto, estrellado, lleno, repleto.

Constelar sembrar, recubrir, cubrir, llenar ‖ titilar, centellear, parpadear, refulgir, brillar.

Consternación aflicción, pesar, pesadumbre, abatimiento, desánimo, desconsuelo, amargura, angustia, turbación, pena, tribulación, tristeza, desolación, pesar, desesperación, desazón, congoja, desfallecimiento, asombro, sorpresa.

Consternar abatir, apesadumbrar, afligir, desanimar, apenar, turbar, angustiar, amargar, desconsolar, desazonar, desesperar, desolar, entristecer, atribular, sorprender, acongojar, asombrar, abrumar, alterar.

Constipación estreñimiento, irregularidad, obstrucción, dificultad ‖ constipado v.

Constipado catarro, resfriado, resfrío, enfriamiento, fluxión, gripe, tos.

Constipar cerrar, apretar, obstruir, tapar, obturar ‖ Constiparse engriparse, acatarrarse, resfriarse, enfriarse, toser.

Constitución temperamento, naturaleza, complexión, aspecto, figura, tipo, estructura, conformación, tez, color, apariencia ‖ estatuto, código, regla, carta, precepto, edicto, cédula, decreto, ley, pragmática, ordenanza, reglamento, norma, prescripción.

Constitucional legal, legítimo, reglamentario, legislativo, estatutario, plebiscitario, normativo, decretado, codificado, preceptivo, vigente.

Constitucionalista v. constitucional.

Constitucionalmente legalmente, legítimamente, v. constitucional.

Constituir componer, formar, establecer, ordenar, crear, organizar, fundar, integrar, instituir, instaurar, estatuir, erigir, implantar, asentar, dotar, totalizar, formar parte.

CONSTITUTIVO componente, integrante, complementario, adicional, accesorio, elemento, parte.

CONSTITUYENTE legislativo, v. constitucional || v. componente.

CONSTREÑIMIENTO coerción, obligación, apremio, compulsión, exigencia, violencia, necesidad, imposición.

CONSTREÑIR obligar, apremiar, impeler, compeler, impulsar, violentar, exigir, imponer, precisar, forzar || oprimir, apretar, estrujar, cerrar.

CONSTRICCIÓN contracción, encogimiento, disminución, retracción, mengua, apretamiento, opresión, compresión.

CONSTRICTIVO apremiante, exigente, obligatorio, coercitivo, compulsivo, compresivo, compresor.

CONSTRICTOR opresor, opresivo, aplastante, compresivo, compresor.

CONSTRUCCIÓN edificación, erección, alzamiento, reconstrucción, montaje, armazón, acoplamiento, fabricación, levantamiento, elevación, cimentación, urbanización || edificio, casa, edificación, fábrica, obra, residencia, inmueble, palacio, chalet.

CONSTRUCTIVO positivo, edificante, ejemplar, benéfico, útil, provechoso, fructuoso, productivo, favorable.

CONSTRUCTOR aparejador, maestro de obras, técnico, perito, experto, arquitecto, ingeniero.

CONSTRUIR edificar, elevar, erigir, alzar montar, fabricar, fundar, cimentar, levantar, obrar, confeccionar, disponer, colocar, elaborar, hacer, componer.

CONSUSTANCIAL igual, similar, equivalente, parecido, idéntico, semejante.

CONSUELO ánimo, aliento, alivio, calma, confortamiento, tranquilización, apaciguamiento, aplacamiento, sosiego, estímulo, esperanza, vivificación, sedación, serenamiento, aquietamiento, pacificación, gozo, alegría, descanso, júbilo.

CONSUETUDINARIO frecuente, tradicional, común, habitual, ordinario, corriente, acostumbrado.

CÓNSUL funcionario, diplomático, canciller, representante, delegado, encargado.

CONSULADO representación, delegación, cancillería.

CONSULAR diplomático, representativo, delegado.

CONSULTA conferencia, deliberación, consejo, asesoramiento, examen, entrevista, cita, conciliábulo, reunión, audiencia, parlamento, corrillo, discusión, debate, junta, aclaración, informe, instrucción.

CONSULTANTE solicitante || consejero, consultor, asesor, mentor, guía, supervisor, orientador, monitor.

CONSULTAR conferenciar, deliberar, examinar, entrevistar, citarse, reunirse, asesorarse, parlamentar, discutir, debatir, aclarar, informarse, instruirse.

CONSULTIVO informativo, consejero, v. consultante.

CONSULTOR v. consultante.

CONSULTORIO despacho, estudio, bufete, asesoría || dispensario, clínica, policlínica, servicio.

CONSUMACIÓN realización, cumplimiento, término, fin, acabamiento, extinción, conclusión, ejecución.

CONSUMADAMENTE perfectamente, acabadamente, v. consumado.

CONSUMADO acabado, terminado, cumplido, extinguido, realizado || perfecto, completo, cabal, magistral, inimitable, insuperable, único.

CONSUMAR terminar, completar, acabar, cumplir, extinguir, concluir, finalizar, realizar, perfeccionar, liquidar.

CONSUMICIÓN gasto, consumo, dispendio, cuenta, importe, nota, total, factura || agotamiento, consunción v., extenuación, debilitación, postración, delgadez, enflaquecimiento.

CONSUMIDO enflaquecido, delgado, descarnado, agotado, exhausto,

Consumidor cliente, usuario, parroquiano, comprador, público, clientela, interesado || derrochador, voraz, pródigo, gustador.

Consumir agotar, acabar, gastar, disipar, usar, extinguir, dilapidar, derrochar, emplear, utilizar || roer, aniquilar, eliminar, destruir, abatir, afligir || **Consumirse**: impacientarse, apurarse, afligirse, desazonarse, desesperarse, reconcomerse, requemarse, concomerse, disgustarse || adelgazar, enflaquecer, marchitarse, ajarse, agotarse, debilitarse, gastarse.

Consumo gasto, consumición, dispendio, empleo, uso, utilización, agotamiento, derroche, dilapidación || impuesto, tributo, tasa, exacción, derechos, carga, gravamen, arbitrio, fielato, registro, aduana.

Consunción extenuación, enflaquecimiento, delgadez, descarnamiento, debilidad, agotamiento, postración, debilitación, consumición.

Consuno (De) juntamente, mancomunadamente, reunidamente, en unión, de común acuerdo.

Consuntivo agotador, extenuante, debilitador.

Consustancial v. consubstancial.

Contabilidad teneduría, cuenta, balance, cálculo, cómputo, recuento, arqueo, comprobación.

Contabilizar anotar, registrar, inscribir, contar v.

Contable * contador, tenedor de libros, tesorero.

Contacto arrimo, unión, apoyo, acercamiento, reunión, aproximación, yuxtaposición, avecinamiento, empalme, relación, contigüidad, roce, fricción || **Contacto***: llave, mando, botón.

Contadero pasadizo, pasillo, corredor, galería, pasaje.

Contado calculado, sumado, numerado, computado, arqueado, comprobado || raro, escaso, exiguo, limitado, poco, insuficiente, pobre || **Contado (Al)** contante, en efectivo, en billetes, monedas, cheque.

Contador tesorero, contable, tenedor de libros || medidor, registrador, comprobador, aparato.

Contaduría administración, caja, taquilla, oficina, teneduría, despacho.

Contagiar transmitir, contaminar, pegar, infectar, infestar, inficionar, inocular, apestar, comunicar, corromper, manchar, ensuciar, pervertir.

Contagio contaminación, transmisión, infección, comunicación, propagación, inficionamiento, infestación, peste, inoculación, endemia, epizootia, plaga, corrupción, mancha, perversión, dolencia, enfermedad.

Contagioso infeccioso, infecto, enfermo, apestado, plagado, pestilente, pestilencial, sucio, corrompido, infectado, infestado, contaminado, endémico.

Contaminación v. contagio || profanación, ofensa, corrupción, vicio, quebrantación.

Contaminar v. contagiar || ofender, quebrantar, corromper, viciar, profanar.

Contante en efectivo, numerario, moneda acuñada, dinero, billetes, cheque.

Contar computar, numerar, calcular, valorar, saldar, suputar, ajustar, liquidar, tantear, enumerar, operar, tantear, establecer, determinar || relatar, narrar, referir, decir, recitar, detallar, expresar, reseñar.

Contemplación observación, atención, mirada, vigilancia, examen, vista, acecho, admiración, apreciación || meditación, imaginación, consideración, reflexión, especulación, recogimiento, devoción, piedad.

Contemplar observar, mirar, atender, vigilar, examinar, ver, acechar, admirar, revistar, revisar, apreciar, ojear, otear, atisbar, avizorar, distinguir, percibir, advertir, descubrir, notar, reparar, columbrar, vislumbrar, estimar || imaginar, meditar, especular, considerar, reflexionar || mimar, complacer, halagar, regalar, malcriar.

CONTEMPLATIVO soñador, imaginativo, iluminado, quimérico, utópico, especulador, meditabundo || observador, mirón, contemplador, curioso || lisonjero, complaciente, mimoso, condescendiente.

CONTEMPORÁNEO coetáneo, coincidente, simultáneo, coexistente, concomitante, sincrónico, moderno, actual.

CONTEMPORIZACIÓN avenencia, transigencia, amoldamiento, resignación, componenda, acuerdo, conformidad, inteligencia, concierto, entrega, doblegamiento, consentimiento.

CONTEMPORIZADOR transigente, avenido, resignado, conforme, acorde, doblegado, consentidor, vividor, amoldado, buenazo, calzonazos.

CONTEMPORIZAR acomodarse, avenirse, amoldarse, transigir, resignarse, conllevar, consentir, doblegarse, conformarse, entregarse.

CONTENCIÓN retención, detención, sujeción, suspensión, inmovilización, estancamiento, intercepción, embalse, impedimento.

CONTENCIOSO discutidor, contradictor, litigante, polemista, altercador, porfiado, crítico.

CONTENDER lidiar, pelear, batallar, pugnar, luchar, rivalizar, disputar, altercar, competir, pleitear, debatir, combatir, guerrear.

CONTENDIENTE contrario, luchador, beligerante, adversario, rival, oponente, competidor, guerrero, combatiente || demandante, polemista, crítico, contradictor, v. contencioso.

CONTENER dominar, refrenar, sujetar, vencer, coartar, sofrenar, tirar de, reducir, coercer, inmovilizar, moderar, detener, reprimir, aguantar, suspender, parar || abarcar, encerrar, englobar, comprender, abrazar, llevar, entrañar, embeber, incluir, ocupar, admitir, implicar || CONTENERSE reprimirse, dominarse, reportarse, comedirse, moderarse, v. contener.

CONTENIDO capacidad, cabida, volumen, espacio, aforo, extensión, tonelaje, porte, desplazamiento, magnitud, dimensión, arqueo || incluido, encerrado, comprendido, implícito, adjunto, incluso, rodeado, englobado || texto, tenor, tema.

CONTENTADIZO conformista, resignado, avenido, doblegado, amoldado, bonachón, flojo, calzonazos.

CONTENTAMIENTO * v. contento.

CONTENTAR complacer, satisfacer, agradar, halagar, saciar, conformar, entusiasmar, alegrar, deleitar, gustar, seducir, hartar, acceder, consentir, transigir, permitir, aprobar, condescender || CONTENTARSE resignarse, aceptar, conformarse.

CONTENTO felicidad, dicha, placer, agrado, alborozo, gozo, diversión, optimismo, regodeo, entusiasmo, fiesta, animación, jocundidad, jovialidad, exaltación, júbilo, risa, algazara, contentamiento, alegría, satisfacción, conformidad, euforia || ufano, risueño, alegre, jubiloso, radiante, jovial, divertido, alborozado, jocoso, animado, gozoso, regocijado, entusiasmado, eufórico, exaltado, optimista, complacido, conforme, satisfecho, ahíto.

CONTERA remate, punta, extremidad, cabo, perinola, pieza, extremo, añadidura.

CONTERRÁNEO v. coterráneo.

CONTERTULIO compañero, amigo, compadre, consocio, contertuliano, concurrente, asiduo, habitual, asistente, parroquiano, socio, cliente, miembro.

CONTESTABLE impugnable, rebatible, refutable, discutible, objetable, controvertible, problemático, opinable.

CONTESTACIÓN respuesta, réplica, corroboración, objeción, manifestación, declaración, expresión, demostración, indicación, revelación, solución, afirmación || negación, impugnación, contradicción, discusión, debate, controversia, querella, disputa, riña.

CONTESTAR replicar, corroborar, responder, objetar, manifestar, declarar, atestiguar, confirmar, indicar, revelar, afirmar || impugnar, negar, discutir, contradecir, querellarse, debatir, disputar, reñir, recusar.

CONTESTE acorde, conforme, concorde, consonante, armónico, de acuerdo, coincidente.

CONTEXTO texto, relación, contenido, tenor, pasaje, narración, encadenamiento, descripción, argumento, tejido, trama, hilo.

CONTEXTURA configuración, conformación, forma, trama, disposición, complexión, constitución || contexto v.

CONTIENDA riña, pelea, disputa, altercado, querella, ataque, acometividad, escaramuza, agarrada, refriega, lance, gresca, cisco, bronca, camorra, desafío, debate, torneo, lid, liza, guerra, lucha, hostilidad, beligerancia, rivalidad, combate, pugna, oposición, pleito, cuestión, disensión, discusión, disgusto, jollín, pendencia, reyerta, bronca, pelotera, controversia, escándalo, zipizape.

CONTIGÜIDAD vecindad, adyacencia, proximidad, cercanía, inmediación, contacto, tangencia, límite, linde, medianería, alojamiento, yuxtaposición, frontera, afinidad, aproximación.

CONTIGUO próximo, cercano, adyacente, yuxtapuesto, pegado, inmediato, adosado, junto, medianero, lindante, vecino, limítrofe, fronterizo, anexo, aledaño, comarcano, confinante, tangente, allegado, afín, paredaño, colindante.

CONTINENCIA moderación, templanza, sobriedad, parquedad, medida, virtud, castidad, frugalidad, abstinencia, pudor, pureza, pudibundez, honestidad, integridad, decoro, nubilidad, virginidad, decencia, temperancia.

CONTINENTAL interior, mediterráneo, crudo, riguroso || internacional, general, universal, hemisférico, mundial.

CONTINENTE zona, hemisferio, extensión de tierra, división, territorio || recipiente, vasija, caja, saco, embalaje, envoltorio || parco, sobrio, templado, moderado, morigerado, pudibundo, pudoroso, puro, abstinente, casto, frugal, virtuoso, virgen, núbil, decoroso, íntegro, honesto, decente, abstinente || aire, compostura, talante, aspecto, empaque, apariencia, desplante, expresión, porte, gesto, garbo, brío, físico.

CONTINGENCIA eventualidad, posibilidad, azar, evento, riesgo, suerte, fortuna, probabilidad, peligro, acaso, albur, ventura, sino, circunstancia, accidente, desgracia, suceso, chiripa, fatalidad.

CONTINGENTE grupo, conjunto, número, tropa, fuerza, reunión, agrupación || eventual, posible, azaroso, probable, accidental, circunstancial, aventurado || cuota, suma, cantidad, parte, porción, aportación.

CONTINUACIÓN prosecución, duración, continuidad, prolongación, seguimiento, persistencia, prórroga, repetición, proseguimiento, secuencia, insistencia, subsistencia, permanencia, estabilidad, conservación, mantenimiento, reanudación, extensión, perpetuación, hilo, cadena, ciclo, curso, serie, proceso, perennidad.

CONTINUADO v. continuo.

CONTINUADOR seguidor, discípulo, alumno, adepto, partidario, sucesor, heredero, devoto, adicto, leal, incondicional, afiliado || consecutivo, asiduo, incesante.

Continuamente incesantemente, ininterrumpidamente, inacabadamente, interminablemente, v. continuo.

Continuar seguir, proseguir, permanecer, perpetuar, extender, reanudar, prolongar, empalmar, mantener, prorrogar, insistir, conservar, proceder, adelantar, durar, subsistir, encadenar, relacionar, extender, repetir, persistir, suceder, heredar.

Continuidad persistencia, prolongación, encadenamiento, secuencia, unión, proceso, v. continuación.

Continuo incesante, ininterrumpido, perpetuo, continuado, prolongado, constante, durable, perenne, cíclico, encadenado, sucesivo, persistente, repetido, insistente, extenso, subsistente, mantenido, permanente, estable, asiduo, consecutivo, habitual, crónico, inacabable, inagotable, corrido, seguido.

Contonearse pavonearse, menearse, oscilar, moverse, agitarse, columpiarse, anadear, presumir, sacudirse, ondular.

Contoneo meneo, oscilación, pavoneo, movimiento, agitación, anadeo, sacudimiento, columpiamiento, ondulación, jactancia.

Contornear perfilar, rematar, perfeccionar, afinar, detallar, limitar, circunscribir, ceñir || rodear, bordear, circunvalar, eludir, circundar, esquivar, orillar.

Contorno perfil, silueta, figura, trazo, sombra, bosquejo, esbozo, rasgo, línea, orla, aureola, corona, nimbo || límite, borde, cerco, cuadro, marco, periferia, ámbito, circuito, vuelta, perímetro, derredor, periplo, proximidad, cercanía, inmediación, v. || Contornos suburbios, aledaños, extramuros, afueras, arrabales, cercanías, inmediaciones, alrededores, barrios, ensanche, extrarradio, proximidades.

Contorsión retorcimiento, contracción, convulsión, crispamiento, espasmo, calambre, encogimiento, acortamiento, encorvamiento, enroscamiento, arqueamiento, combadura, retortijón || movimiento, meneo, ademán, gesticulación, gesto, mueca, exageración.

Contorsionarse contraerse, retorcerse, convulsionarse, crisparse, encogerse, enroscarse, arquearse, menearse, gesticular, agitarse, exagerar.

Contorsionista cómico, artista, histrión, circense.

Contra oposición, resistencia, encaramiento, antagonismo, rivalidad, antítesis, adversidad, obstáculo, rechazo, contrariedad, inconveniente, dificultad.

Contraatacar rechazar, rehacerse, recuperarse, resistir, desalojar, expulsar.

Contraataque ofensiva, rechazo, reacción, avance, contragolpe, resistencia, oposición, recuperación, fortalecimiento, expulsión, desalojo, dominio, asalto.

Contrabajo violón, bajo, instrumento de cuerdas.

Contrabalancear compensar, contrarrestar, nivelar, neutralizar, equilibrar v.

Contrabandear alijar, matutear, meter, pasar, transbordar, desembarcar, transbordar, introducir, deslizar, escurrir, traficar, contravenir, defraudar, piratear, delinquir.

Contrabandista contraventor, traficante, matutero, alijero, bandido, delincuente, defraudador, pirata, gatunero.

Contrabando alijo, matute, tráfico, contravención, delincuencia, delito, fraude, desembarco, transbordo, introducción, mercadería, mercancía, artículos, género.

Contracción crispamiento, convulsión, espasmo, calambre, contorsión, crispación, agitación, temblor, conmoción, estremecimiento, inmovilización, atrofia, contractilidad, trismo, constricción, corrugación, encogimiento, disminución, mengua ‖ metaplasmo, sinalefa, sinérisis, supresión.

CONTRACEPTIVO * anticoncepcional, anticonceptivo, droga, píldora, procedimiento.

CONTRÁCTIL retráctil, crispado, astringente, espasmódico, que se contrae, que mengua, que disminuye, que encoge.

CONTRACTILIDAD crispación, constricción, astringencia, disminución, encogimiento, mengua.

CONTRACTUAL convenido, pactado, tratado, regulado, estipulado, establecido.

CONTRADECIR discutir, argumentar, oponer, contestar, replicar, atacar, objetar, repeler, confutar, refutar, rebatir, negar, redargüir, argüir, impugnar, controvertir, contender, altercar, acalorarse, litigar, porfiar, argumentar, batallar ‖ CONTRADECIRSE retractarse, desdecirse v.

CONTRADICCIÓN paradoja, absurdo, incoherencia, sinrazón, divagación, ridiculez, disparate, necedad, antítesis, incompatibilidad, extravagancia, imposibilidad, enredo, confusión, embrollo, discordancia ‖ discusión, rebatimiento, respuesta, argumentación, réplica, ataque, desacuerdo, incompatibilidad.

CONTRADICTORIO incoherente, paradójico, absurdo, disparatado, incompatible, extravagante, ridículo, imposible, confuso, enredado, embrollado, discordante, inconexo, ininteligible, incomprensible ‖ contrario, opuesto, antípoda, discrepante.

CONTRAER adquirir, tomar, infectarse, contagiarse, caer, obtener, enfermar ‖ CONTRAERSE encogerse, crisparse, acortarse, apretarse, achicarse, constreñirse, consumirse, retraerse, estrecharse, menguar, disminuir.

CONTRAFACTOR falsificador v.

CONTRAFUERTE refuerzo, sostén, pilar, apoyo, arbotante, soporte, base, puntal, sustentáculo.

CONTRAGOLPE contraofensiva, contraataque v.

CONTRAHACER imitar, remedar, copiar, falsificar, adulterar, desnaturalizar, disfrazar, suplantar.

CONTRAHAZ reverso, revés, cruz, dorso, envés, espalda, parte opuesta.

CONTRAHECHO deforme, monstruoso, grotesco, desproporcionado, imperfecto, feo, giboso, jorobado, corcovado, chepa, torcido, tullido, lisiado, defectuoso, atrofiado, estropeado.

CONTRAINDICACIÓN rechazo, exclusión, eliminación, supresión, exceptuación, reserva, recusación, disuasión, anulación.

CONTRAINDICADO desaconsejado, rechazado, excluido, rehusado, recusado, eliminado, exceptuado, anulado, descartado, suprimido.

CONTRAINDICAR disuadir, recusar, rechazar, excluir, eliminar, suprimir, exceptuar, anular.

CONTRALUZ de frente, enfrentado, opuesto a la luz.

CONTRAMAESTRE encargado, vigilante, jefe, capataz ‖ suboficial, oficial de mar, nostramo.

CONTRAMANO (A) al revés, al contrario, contrariamente, opuesto, a contrapelo.

CONTRAMARCHA retroceso, reculada, retrogradación, vuelta.

CONTRAORDEN cancelación, revocación, rescisión, retractación, desdecimiento, negación, arrepentimiento, anulación.

CONTRAPELO (A) v. contramano (a).

CONTRAPESO compensación, equilibrio, igualdad, equivalencia, neutralización, equiparación, igualamiento, igualación, ajuste, nivelación, carga, peso, tara.

CONTRAPONER oponer, comparar, cotejar, enfrentar, confrontar, contrastar, anteponer.

CONTRAPOSICIÓN oposición, rivalidad, contraste, enfrentamiento, cotejo, comparación, confrontación, cruce, antagonismo.

CONTRAPRODUCENTE adverso, contrario, desfavorable, discrepante, perjudicial, desventajoso, erróneo, equivocado, desacertado, disparatado, nocivo.

CONTRAPUESTO antagónico, opuesto, rival, enfrentado, cotejado, comparado, confrontado, cruzado, contrastado, adverso, encontrado, alterno, oponible.

CONTRA RELOJ a horario, controlado, cronometrado, rápido, urgente.

CONTRARIADO disgustado, decepcionado, v. contrariedad.

CONTRARIAMENTE pese a, no obstante, a pesar, inversamente v.

CONTRARIAR resistir, estorbar, obstaculizar, contradecir, dificultar, oponer, rechazar, entorpecer, impedir, embarazar, retrasar, confundir, decepcionar, desorientar, mortificar, fastidiar, enojar, despechar, inquietar, incomodar, molestar.

CONTRARIEDAD disgusto, decepción, desencanto, desilusión, desaliento, tristeza, molestia, dificultad, engorro, obstáculo, escollo, pena, inconveniente, tropiezo, problema, conflicto, peligro, aprieto, trance, brete, desgracia, atolladero, rémora.

CONTRARIO opuesto, hostil, discrepante, desacorde, antípoda, antitético, antónimo, reverso, inverso, desfavorable, diferente, distinto, repugnante, rebelde, refractario, contradictorio, encontrado, desigual, divergente, inverso, incompatible || adversario, rival, antagonista, contrincante, competidor, enemigo, oponente, émulo, contendiente, concurrente || dañino, nocivo, dañoso, perjudicial, pernicioso, funesto, maléfico.

CONTRARREFORMA reacción, resistencia, oposición, movimiento.

CONTRARRÉPLICA contestación, respuesta, réplica, rebatimiento, debate, discusión.

CONTRARRESTAR neutralizar, anular, debilitar, oponer, compensar, contrabalancear, equilibrar, igualar, contrapesar, equiparar, evitar, impedir, enfrentar, resistir, contener, entorpecer, dificultar, embarazar, estorbar.

CONTRASENTIDO equivocación, error, sinrazón, confusión, absurdo, contradicción v., disparate, desatino, despropósito, dislate, desliz.

CONTRASEÑA consigna, orden, lema, pase, salvoconducto, frase, santo y seña || contramarca, marca, signo, señal, sello, contraste.

CONTRASTAR comprobar, determinar, examinar, averiguar, verificar, establecer, controlar, revisar, repasar, compulsar, confirmar || sellar, marcar, señalar, grabar || diferenciarse, distinguirse, discrepar, disentir, discordar, diverger.

CONTRASTE disparidad, diferencia, antítesis, desigualdad, oposición, desemejanza, desproporción, diferenciación, discrepancia, disconformidad, incongruencia, deformidad || comprobación, verificación, examen, control, revisión, repaso, averiguación || comparación, combate, contienda, pugna || almotacén, controlador, interventor, comprobador, inspector, registrador.

CONTRATA arreglo, acuerdo, ajuste, compromiso, avenencia, v. contrato.

CONTRATACIÓN v. contrato || comercio, trueque, intercambio, tráfico, trato.

CONTRATADO concertado, estipulado, asegurado, convenido, obligado || asalariado, empleado, a sueldo, obrero.

CONTRATANTE contratista, empresario, parte, patrono, amo, dueño, propietario, empleador.

CONTRATAR pactar, ajustar, acordar, estipular, convenir, obligar, solemnizar, celebrar, cerrar, parlamentar || alquilar, locar, arrendar, ceder, transferir, rentar || emplear, asalariar, colocar, pagar, retribuir.

CONTRATIEMPO dificultad, accidente, percance, revés, contrariedad, inconveniente, tropiezo, problema, engorro, rémora, atolladero, desgracia, brete, trance, aprieto, peligro, conflicto, problema, escollo, pena, disgusto, decepción, desilusión.

CONTRATISTA empresario, constructor, v. contratante.

CONTRATO trato, transacción, regulación, convenio, pacto, compromiso, contrata, estatuto, concordato, inteligencia, tratado, estipulación, convención, concierto, avenencia, ajuste, acuerdo, arreglo || documento, escrito, protocolo, registro, escritura, copia, instrumento original, público, título, duplicado, minuta.

CONTRAVENCIÓN falta, culpa, atentado, violación, quebrantamiento, incumplimiento, abuso, exceso, infracción v., delito, crimen.

CONTRAVENENO antídoto, antitóxico, revulsivo, alexifármaco, desintoxicante, correctivo, antifármaco, vomitivo, triaca, medicamento, medicina.

CONTRAVENIR quebrantar, violar, atentar, faltar, incumplir, infringir, abusar, transgredir, vulnerar.

CONTRAVENTANA portezuela, resguardo, protección, madera.

CONTRAVENTOR violador, infractor, delincuente, abusador, transgresor, desobediente, vulnerador, quebrantador.

CONTRAYENTE novio, desposado, consorte, participante, pareja.

CONTRIBUCIÓN cuota, cantidad impuesto, exacción, canon, derrama, prestación, carga, subsidio, tasa, arancel, alcabala, arbitrio, gabela, diezmo, consumo, aduana, derecho, gravamen, costas, tarifa.

CONTRIBUIR colaborar, cooperar, participar, subvenir, coadyuvar, laborar, auxiliar, ayudar, concurrir, sufragar, subvencionar, socorrer, favorecer, aliarse, secundar, apoyar, asistir || pagar, tributar, abonar, cotizar, saldar, liquidar, depositar, apoquinar, apechugar, entregar.

CONTRIBUYENTE imponente, depositario, interesado, participante, colaborador, cooperador, ciudadano.

CONTRICIÓN pesar, dolor, pena, arrepentimiento, remordimiento, compunción, pesadumbre, aflicción, penitencia.

CONTRINCANTE rival, competidor, contrario, oponente, émulo, contendiente, antagonista, enemigo, adversario, opuesto, hostil.

CONTRISTARSE afligirse, dolerse, apenarse, llorar, entristecerse, atribularse, acongojarse, consternarse.

CONTRITO arrepentido, afligido, pesaroso, triste, compungido, atribulado, consternado, acongojado, entristecido, dolido, lloroso.

CONTROL comprobación, inspección, intervención, registro, examen, verificación, vigilancia, investigación, reconocimiento, revisión, prueba, demostración || dominio, poder, poderío, potestad, mando, gobierno, dominación, supremacía.

CONTROLAR inspeccionar, intervenir, comprobar, registrar, examinar, verificar, vigilar, investigar, demostrar, probar, revisar, regular, fiscalizar, reconocer || dominar, mandar, gobernar, someter || calmar v.

CONTROVERSIA discusión, disputa, debate, polémica, porfía, lid, dialéctica, litigio, rivalidad, altercación, réplica, querella, lucha, argumento.

CONTROVERTIBLE discutible, debatible, cuestionable, objetable, impugnable, problemático, polémico.

CONTROVERTIR discutir, debatir, polemizar, disputar, contender, impugnar, argüir, batallar, porfiar, litigar, acalorarse, ventilar.

CONTUBERNIO asociación, alianza, conchabanza, plan, confabulación, componenda, connivencia, pacto || cohabitación, arreglo, apaño, amancebamiento, abarragamiento, lío, entendimiento, amontonamiento, ayuntamiento, fornicación.

CONTUMACIA obstinación, porfía, rebeldía, terquedad, reincidencia, insurrección, subversión, soliviantamiento, reiteración, frecuencia, repetición, recaída, insistencia.

Contumaz rebelde, porfiado, tenaz, obstinado, terco, reincidente, insistente, reiterativo, soliviantado, sublevado, insurrecto.

Contumelia oprobio, injuria, ofensa, afrenta, ultraje, barbaridad, insulto.

Contundente concluyente, terminante, decisivo, convincente, impresionante, perentorio, definitivo, aplastante, irrebatible, palmario, incuestionable || magullador, machacante, hiriente, golpeador, brutal.

Contundir golpear, machacar, magullar, herir, palear, lastimar.

Conturbación inquietud, turbación, intranquilidad, alteración, revuelta, conmoción, desasosiego, nerviosidad.

Conturbado alterado, intranquilo, turbado, inquieto, conmocionado, revuelto, nervioso, conmovido, perturbado, confuso.

Conturbar perturbar, conmover, conmocionar, inquietar, turbar, intranquilizar, alterar.

Contusión magulladura, magullamiento, herida, lesión, daño, golpe, cardenal, moretón, señal, equimosis, machacamiento.

Contusionado * contuso v.

Contusionar * contundir v.

Contuso lesionado, magullado, dañado, golpeado, herido, accidentado, víctima.

Convalecencia recuperación, mejoría, restablecimiento, recobramiento, alivio, adelanto, cura, regeneración, reposo, restauración.

Convalecer mejorar, recuperarse, restablecerse, recobrarse, aliviarse, adelantar, curarse, regenerarse, reposar, restaurarse, sanar, reponerse.

Convaleciente paciente, enfermo, doliente, afectado, sufrido, aliviado, recuperado, mejorado.

Convalescencia * convalecencia v.

Convalidación reválida, confirmación, ratificación, revalidación, aprobación, legalización, sanción, reafirmación, prueba, certificación.

Convalidar revalidar, confirmar, aprobar, ratificar, reafirmar, sancionar, legalizar, probar, certificar.

Convecino cercano, contiguo, próximo, vecino, inmediato, adyacente.

Convencer persuadir, inducir, inclinar, inculcar, arrastrar, sugestionar, sugerir, imbuir, inspirar, satisfacer, demostrar, mover, inclinar, seducir, vencer, reducir, tentar, fascinar, impresionar, probar, argumentar, captar, atraer, coaccionar, exhortar, incitar, tentar, aconsejar.

Convencido persuadido, sugestionado, ganado, atraído.

Convencimiento certeza, certidumbre, persuasión, convicción, seguridad, confianza, certitud, evidencia, infalibilidad, solidez, fe, tranquilidad, serenidad, calma, prueba, satisfacción.

Convención asamblea, conferencia, mitin, congreso, junta, auditorio, reunión, conversaciones, comité, conclave, comisión, consejo || pacto, acuerdo, convenio, ajuste, trato, arreglo, conveniencia, conformidad.

Convencional artificioso, afectado, disimulado, simulado, ilusorio, amanerado, ficticio, aparente, forzado, estudiado, supuesto || usual, acostumbrado, corriente, normal, habitual, vulgar, común.

Convencionalismo artificio, afectación, disimulo, simulación, apariencia, falsedad, amaneramiento, ilusión, ñoñería, cursilería, afectación.

Convencionalmente afectadamente, artificiosamente, disimuladamente, v. convencional.

Convenido acordado, estipulado, concertado, consentido, conforme.

Conveniencia provecho, utilidad, beneficio, comodidad, ventaja, rendimiento, fruto, conformidad, aptitud, ajuste, oportunidad, adecuación, eficacia, proporción, calidad, acomodo, acuerdo, ajuste, correlación, correspondencia.

Conveniente eficaz, útil, provechoso, fructuoso, beneficioso, lucrativo, ventajoso, productivo, favorable, fértil, bueno, oficioso, servible, utilizable, disponible, aprovechable, satisfactorio, propio, decoroso, proporcionado, adecuado, cómodo, conforme.

Convenientemente útilmente, eficazmente, v. conveniente.

Convenio acuerdo, pacto, tratado, alianza, avenencia, compromiso, transacción, componenda, arreglo, ajuste, estipulación, resolución, acomodo, negociación, concordato, concierto, contrato, firma.

Convenir acordar, tratar, pactar, avenirse, aliarse, comprometerse, estipular, ajustar, arreglar, resolver, concertar, negociar, contratar, firmar || admitir, reconocer, confesar, conceder, establecer, determinar || corresponder, encajar, cuadrar, atañer, incumbir, tocar, relacionarse, importar, hacer al caso.

Convento monasterio, priorato, cenobio, cartuja, claustro, abadía, retiro, rábida, noviciado, templo, v. iglesia, beaterio, casa profesa.

Conventual monacal, cenobítico, monástico, cartujo, enclaustrado, abadengo, abacial, cerrado, aislado, religioso, retirado, eclesiástico.

Convergencia reunión, concurrencia, unión, fusión, coincidencia, concordancia, afinidad, juntura, concomitancia, analogía, correlación, tendencia, concentración, aproximación.

Convergente concurrente, coincidente, concordante, concomitante, afín, análogo, correlativo, fusionado, unido, reunido, tendiente.

Converger coincidir, convergir, concurrir, aproximarse, concentrarse, reunirse, dirigirse, tender, confluir, afluir, desembocar, congregarse.

Convergir v. converger.

Conversa cháchara, plática, charla, palique, labia, garla, conversación v.

Conversación coloquio, charla, plática, diálogo, parlamento, interlocución, entrevista, parrafada, conferencia, pregunta, respuesta, discusión, razonamiento, conciliábulo, comadreo, palique, cháchara, habladuría, comunicación, tertulia, conversa, chisme, habilidad || Conversaciones: tratado, v. convenio.

Conversador hablador, comunicativo, extravertido, sociable, interlocutor, parlanchín, verboso, locuaz, lenguaraz, gárrulo, charlatán, charlista, cotorra, bocazas, discutidor, indiscreto v.

Conversar charlar, hablar, departir, platicar, dialogar, parlamentar, comunicarse, chacharear, cuchichear, murmurar, susurrar, parlotear, chismorrear, entrevistarse, conferenciar, preguntar, responder, discutir, razonar, comadrear.

Conversión mutación, transformación, modificación, mudanza, metamorfosis, cambio, evolución, transmutación, variación, alteración, reconstrucción || abjuración, retractación, catolización, cristianización, bautizo, reconciliación.

Converso neófito, prosélito, catecúmeno, confeso, cristianizado, convertible, fiel.

Convertible transformable, modificable, cambiable, alterable, descapotable.

Convertidor crisol, caldera, fundidor, receptáculo.

Convertir transformar, cambiar, mudar, alterar, modificar, reformar, enmendar, rectificar, corregir, limitar, variar, transfigurar, transmutar, metamorfosear || apostolizar, evangelizar, propagar, difundir, cristianizar, catolizar, reconciliar, bautizar || Convertirse· abjurar, abandonar, renegar, abrazar, reconciliarse, bautizarse, retractarse.

Convexidad pandeo, alabeo, comba, curva, curvatura, barriga, panza, bulto, giba, prominencia, saliente, abombamiento, redondez.

Convexo curvado, pandeado, alabeado, combado, saliente, abultado, giboso, prominente, abombado, redondo, panzudo, barrigón.

Convicción convencimiento, certeza, certidumbre, persuasión, seguridad, confianza, certitud, evidencia, infalibilidad, solidez, fe, firmeza.

Convicto condenado, reo, procesado, culpable, inculpado, acusado, penado, forzado, confeso, prisionero, encausado, encartado, delincuente, demandado, juzgado.

Convidado invitado, huésped, comensal, asistente, concurrente, contertulio, compañero, agasajado, homenajeado.

Convidador anfitrión, huésped, celebrante, convidante, generoso, derrochador.

Convidar ofrecer, invitar, proponer, brindar, dedicar, ofrendar, agasajar, homenajear, servir, hospedar, recibir, alojar, acoger, acompañar, celebrar, derrochar.

Convincente persuasivo, terminante, concluyente, decisivo, contundente, sugestivo, sugeridor, seductor, sutil, elocuente, conmovedor, arrebatador, locuaz, facundo.

Convite agasajo, invitación, ofrenda, celebración, recepción, homenaje, proposición, brindis, acogida, banquete, ágape, ronda, colación, comilona, pipiripao.

Convivencia coexistencia, cohabitación, avenencia, entendimiento, comprensión, simpatía, compatibilidad, compenetración.

Convivir entenderse, coexistir, avenirse, cohabitar, compenetrarse, simpatizar, comprenderse, residir, vivir.

Convocación llamamiento, citación, convocatoria v.

Convocar citar, llamar, requerir, solicitar, reclamar, invitar, apelar, avisar, señalar, invocar, evocar, nombrar, reunir, congregar, emplazar, gritar, vocear, difundir.

Convocatoria edicto, aviso, decreto, nota, bando, anuncio, cartel, llamada, requerimiento, invocación, solicitación, invitación, reclamación, citación, emplazamiento, apelación, reunión, cita, nombramiento.

Convoy escolta, guardia, resguardo, protección, séquito, acompañamiento, custodia || caravana, columna, destacamento, fila, hilera, expedición, grupo, partida, tren.

Convoyar escoltar, acompañar, proteger, guardar, resguardar, agrupar, expedir.

Convulsión estremecimiento, sacudida, espasmo, conmoción, contracción, crispación, temblor, agitación, síncope, acceso, ataque, epilepsia, escalofrío, alferecía, eclampsia, gesto, tic, contorsión, retorcimiento || revolución, asonada, inquietud, conmoción, perturbación, alboroto, revuelta, algarada, rebeldía, insurrección, movimiento || terremoto, agitación, estremecimiento, temblor, seísmo, sismo, sacudida.

Convulsionado * convulso v.

Convulsionarse estremecerse, crisparse, contraerse, conmocionarse, sacudirse, temblar, agitarse, retorcerse, contorsionarse, gesticular, revolverse, revolucionarse, perturbarse, rebelarse.

Convulsivo tembloroso, agitado, gesticulante, estremecedor, revolucionario, perturbador, crispador, conmocionante, v. convulso.

Convulso excitado, alterado, agitado, estremecido, crispado, conmocionado, tembloroso, epiléptico, contorsionado, inquieto, revolucionario. sacudido. espasmó-

dico, trémulo, v. convulsivo.
Conyugal matrimonial, nupcial, connubial, marital, esponsalicio, familiar, íntimo.
Cónyuge consorte, contrayente, desposado, casado, compañero, esposo, esposa, marido, mujer, media naranja, cara mitad.
Coñac aguardiente, bebida, alcohol, destilado, licor.
Cooperación colaboración, asistencia, concurso, ayuda, reciprocidad, contribución, apoyo, alianza, asociación, participación, socorro, concurrencia, subvención, auxilio, unión, consorcio, compromiso, tratado.
Cooperador colaborador, dispuesto, predispuesto, cooperante, participante, ayudante, auxiliador, interesado, solidarizado, favorecedor, generoso, benéfico.
Cooperante v. cooperador.
Cooperar participar, colaborar, contribuir, asistir, asociarse, secundar, aliarse, auxiliar, apoyar, ayudar, concurrir, trabajar, sufragar, subvencionar, favorecer, socorrer, coadyuvar, tomar parte.
Cooperativa asociación, mutualidad, entidad, economato, montepío.
Cooperativo v. cooperador.
Coordenada línea, eje, plano.
Coordinación relación, combinación, ordenación, centralización, unión, regulación, arreglo, organización, enlace, conexión, vinculación, ligazón, acoplamiento, disposición, metodización.
Coordinado ordenado, combinado, v. coordinar.
Coordinador regulador, ordenador, centralizador, vinculador, de enlace, regularizador, organizador, combinador.
Coordinamiento v. coordinación.
Coordinar ordenar, combinar, relacionar, centralizar, organizar, arreglar, regular, unir, acomodar, metodizar, disponer, regularizar, vincular, ligar, acoplar, conectar, enlazar, encadenar.
Copa cáliz, bol, taza, crátera, vaso, ponchera, anáglifo, ciborio, copón, grial || premio, galardón, recompensa.
Copado cercado, rodeado, envuelto.
Copar jugar, apostar, arriesgar, envidar, saltar la banca || acaparar, acumular, monopolizar || cercar, envolver, rodear, sorprender, aprisionar, apresar.
Copartícipe consocio, copropietario, condueño, socio, asociado, cómplice, colaborador, aliado, participante.
Copete tupé, flequillo, mechón, vellón, pelo, cerneja, mecha, rizo, guedeja, onda, moño, penacho, plumas, cimera, plumero, pompón || cima, cúspide, cumbre || altanería, soberbia, altivez, presunción || linaje, nobleza, alcurnia, aristocracia.
Copetudo vanidoso, presuntuoso, fanfarrón, altivo, jactancioso, alabancioso.
Copia reproducción, duplicado, transcripción, extracta, calco, traslado, trasunto, facsímil, remedo, imitación, contrahechura, plagio, falsificación || abundancia, multitud, profusión, pluralidad, raudal, caterva, hartura, plaga, plétora.
Copiador copista, calcador, imitador, plagiario, reproductor.
Copiar reproducir, imitar, calcar, remedar, duplicar, transcribir, extractar, escribir, trasladar, trasuntar, contrahacer, registrar, extraer, tomar, plagiar, falsificar.
Copiloto piloto auxiliar.
Copiosamente nutridamente, abundantemente, v. copioso.
Copiosidad abundancia, cantidad, profusión, exceso.
Copioso nutrido, abundante, cuantioso, numeroso, fecundo, fértil, feraz, rico, incontable, opimo, profuso, pródigo, fructuoso, prolífico, exuberante, opulento, excesivo, colmado.
Copiright * v. copyright.
Copista escribano, amanuense, calígrafo, escribiente, empleado, oficinista, pendolista, chupatintas, pasante, mecanógrafo.

COPYRIGHT * derecho de autor, propiedad literaria.
COPLA tonada, cantar, canción, aire, canto, tonadilla, petenera, seguidilla, fandango || estrofa, poesía, verso.
COPLEAR jalear, cantar, jacarear, entonar.
COPLERO rapsoda, cantor, cantante, coplista, cancionista, jacarero, juglar.
COPO mechón, grumo, partícula, porción, pizca || cerco, rodeo, envolvimiento, redada.
COPÓN cáliz, grial, copa, píxide.
COPRA médula, meollo (del coco).
COPROPIEDAD condominio, coparticipación, sociedad, colaboración, participación, parte.
COPROPIETARIO copartícipe, condueño, asociado, consocio, socio, colaborador, aliado, participante.
CÓPULA fornicación, coito, unión, concúbito, ayuntamiento, cohabitación, acceso, apareamiento, cubrición || enlace, ligamiento, trabazón, atadura, unión.
COPULAR fornicar, ayuntarse, aparearse, unirse, yacer, cubrir, amarizarse, cohabitar, juntarse, conchabarse v., liarse, apañarse.
COQUE hulla, carbón v.
COQUELUCHE * tos ferina, tos convulsiva.
COQUETA casquivana, frívola, vanidosa, presumida, ligera, veleidosa, voluble, fatua, ufana, disipada, infiel, seductora, engañosa, engatusadora, cameladora, hechicera, provocadora.
COQUETEAR galantear, seducir, conquistar, presumir, engatusar, camelar, engañar, atraer, cautivar, enamorar, cortejar, provocar.
COQUETEO v. coquetería.
COQUETERÍA frivolidad, vanidad, coqueteo, presunción, afectación, ligereza, veleidad, fatuidad, disipación, infidelidad, seducción, hechizo, gracia, encanto, picardía, provocación, camelo, engatusamiento, engaño, galanteo.
COQUETÓN gracioso, atractivo, agradable, bonito || lechuguino, pisaverde, galancete, gomoso, tenorio, conquistador, bonito.
COQUITO arrumaco, mohín, gesto, carantoña, mimo, zalamería, monada, aspaviento.
CORACERO soldado, jinete, militar.
CORAJE ímpetu, arrojo, ánimo, valentía, atrevimiento, intrepidez, bravura, decisión, esfuerzo, osadía, denuedo, valor, resolución, arresto, audacia, agallas, temple, impavidez, temeridad, ardor, vehemencia, arrebato, impulso, arranque, furia, v. corajina.
CORAJINA irritación, furia, arrebato, ira, brusquedad, impulso, frenesí, arranque, violencia, cólera, pasión.
CORAJUDO valiente, intrépido, atrevido, arrojado, impetuoso, denodado, osado, bravo, templado, audaz, resuelto, temerario, valeroso || irritable, colérico, violento, iracundo, brusco, impulsivo.
CORAL pólipo, zoófito, gorgonia, actinia, madrépora || banco, arrecife, atolón || coro, orfeón, composición, canto, cántico.
CORAMBRE odre, pellejo, cuero, bota.
CORAZA armadura, coselete, peto, espaldar, camisote, protección, defensa, blindaje, forro, cubierta, revestimiento, plancha, placa, chapa, caparazón, concha.
CORAZÓN víscera, órgano, entraña || ánimo, valor, espíritu, fortaleza, ímpetu, v. coraje || amor, benevolencia, caridad, bondad || núcleo, meollo, centro, foco, interior, médula, fondo, miga, medio, mitad || pepita, hueso, cuesco v.
CORAZONADA presentimiento, presagio, inspiración, augurio, instinto, intuición, barrunto, telepatía, sospecha, premonición || impulso, arrebato, ímpetu, excitación, estímulo.
CORBACHO vergajo, azote, disciplina, látigo v.

Corbata lazo, chalina, corbatín, cogotera, trapo, tela, lista, banda.

Corbeta velero, fragata, navío, barco de vela.

Corcel palafrén, trotón, bridón, cabalgadura, jaco, jamelgo, rocín, potro, penco, montura, v. caballo.

Corcova joroba, chepa, giba v., cifosis, lordosis, deformidad.

Corcovado giboso, jorobado, cheposo, deforme, contrahecho || curvado, ondulado, irregular.

Corcovear corvetear, saltar, espantarse, agitarse, estremecerse, sacudirse, respingar.

Corcovo salto, estremecimiento, brinco, sacudida, respingo, corcoveta, corveta || sinuosidad, desigualdad, torcimiento, irregularidad.

Corcusido v. zurcido.

Corchete broche, prendedor, imperdible, hebilla, pasador, fíbula, gancho || ministril, satélite, polizonte, sayón, grullo, alguacil, guardia.

Corcho alcornoque, corteza || tapón, espiche, tarugo, cierre, tapa.

¡Córcholis! v. ¡caramba!

Cordaje jarcia, aparejo, cabos, arboladura.

Cordato prudente, juicioso, sensato, cabal, discreto.

Cordel bramante, cordón, cáñamo, cinta, balduque, trencilla, tira, soga, v. cuerda.

Cordero borrego, ternasco, andosco, caloyo.

Cordial amable, afable, efusivo, sencillo, hospitalario, sincero, franco, abierto, espontáneo, cariñoso, entusiasta, llano, expansivo, expresivo || bebida, infusión, estimulante, reconfortante, tisana.

Cordialidad afabilidad, amabilidad, sencillez, cariño, efusión, hospitalidad, espontaneidad, franqueza, sinceridad, llaneza, expresividad, expansión, entusiasmo, afecto.

Cordialmente sinceramente, llanamente, cariñosamente, afablemente, v. cordial.

Cordilla tripas, intestinos, desperdicios, desechos, entrañas.

Cordillera sierra, serranía, cadena, macizo, barrera, prominencia, cumbres, montes, montañas.

Cordobán cuero, piel, pellejo, badana.

Cordón trencilla, galón, tira, cinta, fleco, cuerda, v. cordel.

Cordura juicio, prudencia, seso, tiento, discreción, sabiduría, circunspección, gravedad, formalidad, seriedad, sensatez, cautela, reflexión, moderación, sentido común, tino, madurez, aplomo, equilibrio, mesura, ponderación, precaución, tacto.

Corea estremecimiento, movimiento, contracción, espasmo, sacudida, baile de San Vito.

Corear acompañar, cantar, entonar || asentir, adular, hacer coro.

Coreografía danza, baile, arte, composición.

Coriáceo correoso, fibroso, resistente, tenaz, duro, firme.

Corifeo cabecilla, cacique, jefe, conductor, director, caudillo, guía.

Corindón esmeralda, zafiro, rubí, gema, piedra preciosa.

Corista cantante, comparsa, figurante, extra, partiquino, bailarina.

Corito tímido, vergonzoso, ñoño, apocado, medroso, azorado, pusilánime || desnudo, en cueros, en pelota.

Coriza catarro, constipado, romadizo, resfrío, enfriamiento.

Cormorán cuervo marino, palmípeda, ave.

Cornada puntazo, puntada, empitonamiento, cogida, topetazo, herida, incisión, desgarrón.

Cornal coyunda, correa, yugo, soga.

Cornalina ágata, ónice, cuarzo, crisoprasa, gema, joya, piedra preciosa.

Cornamenta cornadura, encornadura, astas, cuernos, defensas, pitones, cuerna.

Cornamusa gaita, instrumento de viento.

Córnea membrana, túnica, esclerótica.

Cornear empitonar, coger, topar, herir, desgarrar, encornar.

Corneja cuervo, chova, grajo, ave rapaz.

Córneo encallecido, endurecido, correoso, coriáceo, duro, resistente, queratinizado, osificado.

Córner * ángulo, esquina, rincón.

Corneta trompeta, clarín, cornetín, cuerno, instrumento de viento, trompetilla, trompa || soldado, músico, ejecutante.

Cornete lámina ósea, placa, huesecillo.

Cornetín v. corneta.

Cornezuelo hongo, parásito.

Cornijal canto, esquina, ángulo, punta, calce, esquinazo.

Cornisa coronamiento, remate, cornisamiento, chapitel, capitel, moldura, arimez, saliente, resalte, friso, voladizo.

Cornisamento coronamiento, remate, arquitrabe, friso, v. cornisa.

Cornucopia espejo, imagen, figura, cuerno.

Cornudo cabrón, consentido, sufrido, comblezo, gurrumino, cuclillo.

Cornúpeta astado, toro, bovino, bóvido.

Coro orfeón, coral, ronda, grupo, masa coral, conjunto || figurantes, extras, partiquinos.

Corola pétalos.

Corolario consecuencia, conclusión, deducción, inferencia, derivación, secuela.

Corona diadema, tiara, mitra, guirnalda, blasón, florón, láurea, lemnisco || halo, aureola, esplendor, nimbo, aréola, círculo, anillo, cerco, fulgor || honor, premio, recompensa, galardón.

Coronación ceremonia, solemnidad, acto, investidura, fasto, rito || remate, v. coronamiento.

Coronamiento conclusión, remate, fin, término, terminación, final || cornisa, friso, cornisamento, chapitel, moldura, resalte.

Coronar investir, ceñir, ungir, conferir, proclamar, dignificar, elevar, entronizar || terminar, concluir, rematar, finalizar, completar, perfeccionar.

Coronel oficial, jefe, militar.

Coronilla tonsura, corona, cerco.

Coroza capirote, caperuza, cucurucho.

Corpachón corpazo, v. cuerpo.

Corpiño almilla, jubón, ajustador, blusa, vestidura.

Corporación cuerpo, junta, entidad, organismo, pleno, asociación, agrupación, grupo, cámara, instituto, cofradía, colegio, compañía, gremio, consejo, asamblea, comunidad, colectividad, ayuntamiento, diputación, universidad, ateneo, empresa.

Corporal orgánico, físico, corpóreo, material, anatómico, morfológico.

Corporativamente colectivamente, orgánicamente, comunitariamente, v. corporación.

Corporativo colectivo, comunitario, orgánico, empresarial, gremial, agrupado, asociado.

Corpóreo v. corporal.

Corporizar * encarnar v.

Corpulencia robustez, fortaleza, reciedumbre, gordura, obesidad, mole, humanidad, pesadez, bulto, estatura, enormidad, imponencia.

Corpulento robusto, recio, fuerte, obeso, grueso, rollizo, pesado, abultado, gigantesco, enorme, imponente, grande, macizo.

Corpúsculo partícula, elemento, cuerpecillo, célula, molécula, átomo, brizna, pizca, vestigio.

Corral redil, aprisco, majada, cerco, encierro, chiquero, encerradero, pocilga, establo, caballeriza, gallinero, cochiquero.

Correa cinto, cinturón, cinta, cuero, ceñidor, pretina, tahalí, banda, bandolera, faja, canana, cincha, trena, traba, tira, v. correaje.

CORREAJE bandolera, fornitura, traílla, atalaje, arnés, jaeces, riendas, bridas, v. correa.

CORRECCIÓN educación, cortesía, modales, compostura, urbanidad, discreción, amabilidad, circunspección, cultura, finura, delicadeza, consideración, gentileza, respeto, mesura, comedimiento, tacto, trato || rectificación, enmienda, reparación, retoque, remedio, modificación, mejora, cambio, transformación, variación || censura, represión, regañina, correctivo, castigo.

CORRECCIONAL penitenciaría, cárcel, prisión, presidio, encierro, trena, chirona, galera, penal || internado, reformatorio, asilo, establecimiento disciplinario.

CORRECTAMENTE cortésmente, educadamente, acertadamente, adecuadamente, v. correcto.

CORRECTIVO castigo, pena, sanción, escarmiento, condena, merecido, represión, azotes, golpes || correccional, disciplinario, corrector, enmendador, punitivo.

CORRECTO cortés, educado, discreto, amable, circunspecto, culto, delicado, decente, considerado, mesurado, comedido || adecuado, apropiado, acertado, oportuno, justo, puro, exacto, cabal, fiel, conforme, conveniente, ajustado, lógico, pertinente.

CORRECTOR supervisor, encargado, verificador, contrastador, examinador, censor.

CORREDERA carretel, nudo, barquilla, guindola, cordel || cucaracha, insecto, ortóptero || ranura, raíl, carril, riel || trotaconventos, alcahueta, comadre, chismosa, celestina.

CORREDIZO flojo, suelto, resbaladizo.

CORREDOR pasillo, galería, pasaje, claustro, balaustrada, arcada, crujía, mirador, pórtico, pérgola, columnata, túnel, subterráneo, pasadizo, angostura, recoveco || atleta, carrerista, deportista, velocista, gimnasta || agente, viajante, comisionista, representante, vendedor, tratante, delegado.

CORREDURÍA corretaje, representación, comisión.

CORREGIBLE v. remediable.

CORREGIDOR alcalde, regidor, magistrado, gobernador, funcionario.

CORREGIR modificar, enmendar, reparar, reformar, rehacer, repasar, mejorar, subsanar, rectificar, retocar, enderezar, remendar, cambiar, transformar, variar, limitar, restringir, moderar, incrementar, aumentar, acrecentar, hermosear, renovar, rehacer, reconstruir, desarrollar, pulir, perfeccionar, rematar, moderar, disminuir, templar || amonestar, reprender, reñir, sermonear, increpar, castigar, moralizar, escarmentar, pegar.

CORRELACIÓN relación, analogía, afinidad, semejanza, parecido, conexión, reciprocidad, parentesco, similitud, sucesión, orden, serie.

CORRELATIVAMENTE sucesivamente, ordenadamente, relativamente, análogamente, v. correlativo.

CORRELATIVO sucesivo, ordenado, seriado, continuado, relacionado, seguido, encadenado, gradual, progresivo, relativo, análogo, afín.

CORRELIGIONARIO cofrade, camarada, compañero, acólito, contertulio, socio, consocio, afín, condiscípulo, compinche, compadre.

CORREO correspondencia, carta, misiva, mensaje, epístola, esquela, certificado, giro, telegrama, postal || mensajero, emisario, enviado, recadero, postillón, cartero, peatón, ambulante, repartidor, distribuidor, heraldo || CORREOS comunicaciones, servicio, estafeta, oficina, administración, v. correo.

CORREOSO fibroso, coriáceo, duro, resistente, elástico, flexible.

CORRER trotar, apresurarse, acelerar, aligerar, volar, arrancar, trasladarse, adelantar, pasar, huir, escapar, viajar, desplazarse, desfilar, agilizar, activar, urgir, recorrer, caminar, avivar, salir pitando, salir a escape, perseguir, cazar || CORRERSE deslizarse, cambiarse, moverse, desplazarse, resbalar || difundirse, propagarse, divulgarse, propalarse, extenderse || turbarse, confundirse, aturullarse, avergonzarse, azorarse, desconcertarse.

CORRERÍA incursión, intrusión, penetración, irrupción, ataque, invasión, saqueo, pillaje, redada || excursión, paseo, viaje.

CORRESPONDENCIA correo, carta, misiva, epístola, esquela, mensaje, postal, telegrama, nota, certificado, sobre, giro || reciprocidad, correlación, intercambio, compensación, alternación, permuta, correlatividad, retribución, relación, trato.

CORRESPONDER retribuir, compensar, devolver, obligarse, recompensar, agradecer, cumplir, intercambiar, alternar, permutar || pertenecer, incumbir, atañer, tocar, referirse, relacionarse || CORRESPONDERSE amarse, quererse, apreciarse, adorarse, idolatrarse.

CORRESPONDIENTE adecuado, debido, proporcionado, conveniente, apto, oportuno, ajustado || representante, delegado, corresponsal, extranjero.

CORRESPONSAL periodista, enviado, reportero, cronista, delegado, representante.

CORRETAJE correduría, representación, delegación, gestión, cometido || prima, porcentaje, retribución, comisión, derechos, premio, participación.

CORRETEAR correr, brincar, saltar, jugar, retozar || vagar, deambular, recorrer, pasear, callejear, zanganear.

CORRETEO corrida, carrera, brinco, salto, retozo, juego || paseo, callejeo, zanganeo.

CORREVEIDILE entremetido, chismoso, alcahuete, cotilla, chismorrero, murmurador, cuentista, intermediario, tercero, celestina.

CORRIDA lidia, novillada, becerrada, capea, tienta, encierro, encerrona, lid, fiesta, espectáculo || carrera, carrerilla, huida, trote, escape, persecución, caza.

CORRIDO abochornado, avergonzado, confundido, confuso, desconcertado, humillado, sofocado, ruborizado, cortado || perseguido, seguido, acorralado, acosado, cercado || baqueteado, ducho, experimentado, avezado, experto, veterano, aguerrido, zarandeado, ajetreado, curtido, encallecido.

CORRIENTE común, habitual, ordinario, vulgar, usual, conocido, divulgado, visto, difundido, popular, frecuente, abundante, trivial, trillado, general, público, acostumbrado, tradicional || flujo, aflujo, tiro, aire, dirección, movimiento, líquido, torrente, río v., curso || tendencia, dirección, trayectoria, rumbo, sesgo, giro, sentido, orientación || electricidad, fuerza, energía, fluido.

CORRIENTEMENTE ordinariamente, habitualmente, comúnmente, v. corriente.

CORRIENTÍSIMO * muy corriente.

CORRILLO corro, grupo, conciliábulo, conferencia, reunión, camarilla, peña.

CORRIMIENTO desplazamiento, traslación, derrumbe, derrumbamiento, desmoronamiento, desplome, desprendimiento, alud, avalancha || bochorno, sonrojo, vergüenza, rubor, sofoco, humillación.

CORRO cerco, círculo, rueda, apiñamiento, multitud, grupo, reunión, peña, camarilla, conciliábulo.

CORROBORACIÓN prueba, demostración, constancia, ratificación, confirmación, v. corroborar.

CORROBORAR confirmar, ratificar, probar, demostrar, reafirmar, sancionar, certificar, aprobar, asegurar, garantizar, revalidar, legalizar, asentir, acreditar, abonar, autorizar, reconocer, avalar, apoyar.

CORROER carcomer, roer, desgastar, socavar, comer, gastar, consumir, horadar, minar, taladrar, desmenuzar || CORROERSE apenarse, afligirse, entristecerse, debilitarse, arruinarse, estropearse, preocuparse, concomerse.

CORROMPER pervertir, seducir, enviciar, viciar, depravar, dañar, inficionar, envenenar, estragar, bastardear, inocular, emponzoñar, contaminar, apestar, contagiar, encenagar, prostituir, torcer, extraviar || pudrirse, v. corromperse || sobornar, cohechar, comprar, untar || CORROMPERSE pudrirse, estropearse, averiarse, dañarse, enranciarse, descomponerse, picarse, desintegrarse, desmenuzarse, deteriorarse, malograrse, apestar, heder, emanar, rezumar, despedir || pervertir, v. corromper.

CORROMPIDO pervertido, depravado, prostituido, torcido, extraviado, contaminado, contagiado, emponzoñado, estragado, envenenado, inficionado, dañado, seducido, perverso, libertino, libidinoso, vicioso, venal, deshonesto || putrefacto, podrido, estropeado, rancio, pasado, pocho, infecto, corrupto, pútrido, averiado, dañado, descompuesto, agusanado, picado, desintegrado, deteriorado, malogrado, pestífero, maloliente.

CORROSIÓN carcoma, desgaste, desmenuzamiento, consunción, horadamiento, desintegración || úlcera, quemadura, causticidad, acidez, picazón, acrimonia, resquemor, recelo, angustia, resentimiento, envidia.

CORROSIVO ácido, cáustico, quemante, ulcerante, picante, desmenuzador || sarcástico, punzante, irónico, satírico, virulento, venenoso, agresivo, mordaz, picante.

CORRUGACIÓN encogimiento, contracción, retracción, acanalamiento, ondulación.

CORRUGADO ondulado, acanalado, encogido, retraído, contraído.

CORRUPCIÓN podredumbre, descomposición, moho, fermentación, hongo, pus, desintegración, demenuzamiento, deterioro, emanación, hedor, sepsia, putrefacción, pudrición, peste || perversión, depravación, vicio, seducción, contaminación, contagio, prostitución, extravío, descarrío, envilecimiento, desenfreno, libertinaje, escándalo || soborno, cohecho, compra, unto, pago, venalidad, baratería, delito.

CORRUPTOR vicioso, pervertido, depravado, seductor, libertino, v. corrompido.

CORRUSCO mendrugo, trozo, cacho, porción de pan.

CORSARIO pirata, filibustero, bucanero, corso, aventurero, contrabandista, bandido, forajido, malandrín.

CORSÉ faja, justillo, ajustador, jubón, apretador, emballenado, cotilla, ceñidor, cinto, *corset*.

CORSO licencia, patente, permiso, concesión, campaña, batida, persecución, v. corsario.

CORTABOLSAS ratero, rata, descuidero, saqueador, desvalijador, despojador, ladrón v.

CORTACIRCUITOS tapón, plomo, interruptor, cortacorriente.

CORTADO partido, seccionado, hendido, rajado, resquebrajado, escindido, agrietado, truncado, segado, mondado, pelado, rapado, esquilado, tronchado, tundido, escotado, decapitado, guillotinado, rebanado, amputado, mutilado, podado, desmochado, talado, partido, recortado, cercenado, guadañado, tajado, sajado, separado, trinchado, aserrado, trozado || desconcertado, turbado, azorado, indeciso, vacilante, parado, irresoluto, perplejo, dudoso, confuso, titubeante, corrido, avergonzado, humillado.

CORTADURA v. corte.

CORTAFRÍO escoplo, cincel, buril, gubia, *cortafríos*, cuchilla, tajador.

CORTAFUEGO vereda, espacio, franja, faja || pared, muro.

CORTANTE afilado, agudo, aguzado, acerado, tajante, punzante, puntiagudo, filoso || brusco, rudo, bronco, violento, descortés, tajante, autoritario, intransigente, severo, lacónico, adusto, destemplado.

CORTAPISA restricción, condición, limitación, traba, dificultad, inconveniente, obstáculo, reserva, barrera, escollo, engorro, rémora.

CORTAPLUMAS navaja, faca, cuchillo, cortalápices, tajaplumas.

CORTAR seccionar, hendir, partir, segar, tundir, escindir, separar, sajar, talar, mondar, pelar, esquilar, rapar, tronchar, doblar, decapitar, guillotinar, amputar, mutilar, guadañar, recortar, cercenar, segar, truncar || detener, interrumpir, parar, suspender, atajar, estorbar || grabar, tallar, esculpir, recortar || CORTARSE: azorarse, aturdirse, correrse, desconcertarse, turbarse, vacilar, dudar, confundirse, titubear, avergonzarse, humillarse.

CORTAVIENTO parabrisas, guardabrisas, cristal.

CORTE tajo, tajadura, cisura, incisión, cercenamiento, sección, muesca, escotadura, separación, herida, hendidura, ablación, amputación, mutilación, extirpación, chirlo, cicatriz, podadura, sajadura, poda, siega, tijeretada | filo, hoja, lámina, tajo | capital, sede, centro, población || comitiva, séquito, acompañamiento, compañía, comparsa, cortejo, camarilla, círculo || cortejar, galantear, enamorar, requebrar || CORTE*: v. tribunal, juzgado.

CORTEDAD timidez, apocamiento, pusilanimidad, vergüenza, embarazo, encogimiento, cobardía, acoquinamiento, irresolución, retraimiento, turbación, ñoñería, flojedad, indecisión || pequeñez, brevedad, escasez, falta, penuria, concisión, exigüidad, carencia, insuficiencia.

CORTEJADOR galán, enamorado, novio, festejante, acompañante, galante, cortejante, conquistador, castigador.

CORTEJANTE v. cortejador.

CORTEJAR festejar, enamorar, galantear, acompañar, requebrar, asistir, solicitar, coquetear, camelar, conquistar, arrullar, flechar, castigar.

CORTEJO séquito, acompañamiento, corte, comparsa, compañía, escolta, desfile, grupo, columna, fila, hilera, marcha, manifestación, procesión, paseo, comitiva || agasajo, fineza, atención, regalo, obsequio.

CORTÉS educado, amable, culto, delicado, considerado, mesurado, atento, caballeroso, urbano, galante, obsequioso, fino, simpático, agradable, gracioso, cortesano, complaciente, correcto, civil, comedido, exquisito, afable.

CORTESANA manceba, prostituta, ramera, mujerzuela, meretriz, hetera, puta, zorra, buscona, pelandusca, calientacamas, horizontal, tía, ninfa, pupila, bagasa, coima, entretenida, mantenida, pendanga, pingo.

CORTESANÍA cortesía v.

CORTESANO palaciego, palatino, noble, aristócrata, hidalgo, caballero, patricio, camarero, menino.

CORTESÍA urbanidad, educación, civilidad, cultura, finura, amabilidad, modos, modales, mesura, comedimiento, tacto, corrección, trato, respeto, política, diplomacia, consideración, atención, delicadeza, gentileza, crianza, distinción, cortesanía || cumplido, protocolo, ceremonia, etiqueta, reverencia, inclinación, genuflexión, abrazo, saludo, sombrerazo, ademán, congratulación.

CORTÉSMENTE educadamente, amablemente, cultamente, delicadamente, v. cortés.

CORTEZA cáscara, costra, cubierta, envoltura, vaina, cápsula, crústula, toba, caparazón, raspa, fárfara, gárbula, cortezuela, cortezón, corcho, casca, taño, quina, cincona || apariencia, as-

pecto, exterioridad, exterior, traza || rusticidad, grosería, malcrianza, tosquedad.
CORTEZUDO palurdo, inculto, patán, rústico, grosero, tosco, burdo, paleto.
CORTIJO hacienda, finca, alquería, predio, rancho, villoría, estancia, ranchería, casa de campo, casa de labor, posesión, propiedad.
CORTINA visillo, colgadura, cortinaje, dosel, transparente, empaliada, velo, antepuerta, biombo, persiana, celosía, pantalla, telón.
CORTINAJE v. cortina.
CORTO escaso, reducido, exiguo, limitado, poco, insuficiente, módico, pobre, falto, tasado, truncado, ralo, insignificante, irrisorio, mezquino, miserable, raquítico, incompleto, carente, deficiente || bajo, pequeño, menguado, menudo, chico, achaparrado, retaco, diminuto, enano, pigmeo, esmirriado || breve, fugaz, efímero, abreviado, parvo, lacónico, conciso, pasajero, precario, temporal, perecedero, momentáneo, provisional, provisorio || tímido, pusilánime, corito, pacato, apocado, encogido, timorato, azorado.
CORTOCIRCUITO corto circuito, contacto, avería, falla.
CORUSCANTE refulgente, brillante, fulgurante, rutilante, resplandeciente, radiante, esplendente, lustroso, deslumbrante, cegador, centelleante.
CORUSCAR fulgurar, destellar, brillar, refulgir, resplandecer, centellear, cegar, deslumbrar, esplender, irradiar, rutilar.
CORVA jarrete, corvejón, curva, hueco.
CORVADURA curvatura, encorvadura, vuelta, torsión, inflexión, ondulación, torcido, comba, concavidad, convexidad, recodo, revuelta, combadura, arqueo, seno, recoveco.
CORVATO cría, pollo de cuervo, ave.
CORVETA gambeta, respingo, corcovo, salto, brinco, movimiento.
CORVETEAR saltar, brincar, corcovear, gambetear, respingar, moverse, estremecerse.
CORVO encorvado, curvado, torcido, ondulado, combado, cóncavo, convexo, arqueado, sinuoso, abombado, cimbreado, enarcado.
CORZO venado, gamo, gacela, antílope, alce, cérvido, rumiante, ciervo v.
COSA ente, entidad, ser, sujeto, elemento, esencia, forma, cuerpo, organismo, componente, factor.
COSCOJA carrasca, chaparra, árbol, encina.
COSCOJAL chaparral, carrascal, marañal, zarzal.
COSCÓN astuto, hábil, socarrón, pícaro, cuco, avispado, pillo.
COSCORRÓN mamporro, capirotazo, golpe, testarazo, topetazo, cabezazo, molondrón.
COSCURRO * cuscurro v.
COSECHA recolección, siega, vendimia, colecta, agosto, cogida, guilla, rebusca, cobranza, rendimiento, producción, fruto, mies.
COSECHAR recolectar, vendimiar, segar, recoger, agostar, alzar, esquilmar, espigar, racimar, solmenar, destrozar, batojar, rebuscar, cobrar, producir, obtener, lograr, juntar, reunir.
COSECHERO agricultor, labrador, labriego, granjero, productor, recolector, vendimiador, segador, espigador, vareador, respicador, arriscador, viticultor, apicultor.
COSEDURA v. costura.
COSELETE coraza, protección, defensa ligera.
COSER hilvanar, zurcir, remendar, pespuntear, rematar, bordar, ribetear, festonear, pegar, unir, recoser, corcusir, calar, sobrehilar, embastar, puntear, apuntar, labrar, recomponer, reforzar, arreglar, enhebrar.
COSIDO costura, labor, hilvanado, zurcido, remendado, pespunteado, v. coser.
COSMÉTICO afeite, maquillaje, crema, pomada, unto, ungüento, tintura, potingue, carmín, pol-

vos, brillantina, fijador, loción, colorete.
Cósmico espacial, celeste, astral, sideral, planetario, estelar, galáctico, universal.
Cosmogonía formación, origen, comienzo (del universo).
Cosmografía astronomía, uranografía, astrofísica, uranometría, ciencia astral, estudio del cosmos.
Cosmología fisiología natural, leyes del mundo físico, ciencia física.
Cosmonauta astronauta, navegante espacial, celeste, sideral, cósmico.
Cosmonáutica v. astronáutica.
Cosmonave v. astronave.
Cosmopolita mundano, abierto, animado, abigarrado, internacional, universal.
Cosmos creación, universo, cielo, firmamento, alturas, espacio, infinito, vacío, astros.
Coso plaza, ruedo, redondel, arena || paseo, avenida, calle mayor, calle principal.
Cosquillas hormigueo, hormiguillo, cosquilleo, concomio, reconcomio, picor, picazón, estremecimiento, escalofrío.
Cosquillear hormiguear, picar, molestar, cosquillar, gusanear, hurgar, titilar, rozar, acariciar.
Cosquilleo hormigueo, v. cosquillas.
Cosquilloso sensible, susceptible, v. quisquilloso.
Costa litoral, playa, orilla, margen, ribera, marina, borde, riba, ribazo, grao, estuario, marisma, sablera, cantil, acantilado, batiente, rompiente, estero, ensenada, bahía, fondeadero, puerto || costo, coste, gasto, precio, importe, total, valor.
Costado lado, lateral, flanco, banda, ala, margen, cara, extremo, borde, mano, canto, chaflán, perfil, orilla, estribor, babor, parte.
Costal saco, saca, fardo, talego, bolsa, bolso, fardel, talega, taleguilla, quilma.
Costalada caída, golpe, costalazo, trastazo, porrazo, porrada, baque, tumbo, culada, talegazo, barquinazo.
Costalazo v. costalada.
Costalero esportillero, mozo de cuerda, cargador, peón, estibador.
Costana cuesta, pendiente, repecho, subida, calleja, calle.
Costaneras traviesas, vigas, galgas.
Costanero costero, litoral, ribereño, marginal, costeño.
Costanilla v. costana.
Costar valer, importar, totalizar, ascender a, montar, pagar, desembolsar, estimar || causar, ocasionar, producir, provocar, significar.
Costarriqueño costarricense, centroamericano.
Costas gastos, desembolsos, importe, total, dispendio, expensas, v. coste.
Coste precio, costo, importe, valor, total, valía, evaluación, valoración, tasación, cuantía, monta, dispendio, expensas, costa, gasto, desembolso.
Costear pagar, abonar, desembolsar, sufragar, subvencionar, satisfacer, cubrir, enjugar, socorrer, prestar, remunerar || navegar, bordear, circunvalar, circunnavegar, circuir, rodear.
Costeño v. costero.
Costero litoral, ribereño, costanero, costeño, marginal, marino, marítimo.
Costilla hueso, armazón || costilla, chuleta v.
Costillar costillaje, armazón, tórax, pecho, esqueleto.
Costo v. coste.
Costoso caro, gravoso, dispendioso, valioso, encarecido, subido, elevado, sobrecargado, alto, excesivo, exorbitante, inmoderado, exagerado, lujoso.
Costra corteza, cubierta, cáscara, capa, baño, revestimiento, recubrimiento, crústula, raspa, casca, taño, cortezuela || pústula, postilla, escara.
Costumbre hábito, uso, práctica,

estilo, usanza, modo, moda, tradición, conducta, manía, experiencia, maña, rutina.
COSTUMBRISTA folklórico, tradicional, local, regional.
COSTURA cosido, labor, zurcido, remiendo, bordado, hilván, hilvanado, puntada, pespunte, remate, ribete, festón, vainica, calado, deshilado, cadeneta, jaretón, sobrehilo, entorno, bastilla, punto, pestaña, pasada, dobladillo, costurón || v. coser.
COSTURERA modistilla, modista, sastra, zurzidora, pespunteadora, pantalonera, laborera, asalariada, oficiala, aprendiza.
COSTURERO estuche, cajita, mesilla, almohadilla, cojinillo, cojinete.
COSTURÓN cicatriz, señal, marca, escara, chirlo, sutura, huella, herida.
COTA altitud, altura, nivel, elevación, medida || malla, armadura, coraza, vestidura.
COTARRO hospicio, refugio, albergue, asilo, amparo, alojamiento || corrillo, tertulia, corro, peña, círculo, reunión.
COTEJAR comparar, parangonar, equiparar, compulsar, diferenciar, medir, examinar, verificar, comprobar, carear, cerciorarse, ensayar, probar, demostrar, justificar.
COTEJO equiparación, comparación, parangón, verificación, careo, comprobación, examen, medición, prueba, demostración, ensayo, justificación.
COTERRÁNEO compatriota, paisano, conciudadano, compatricio, conterráneo.
COTIDIANAMENTE diariamente, ordinariamente, corrientemente, v. cotidiano.
COTIDIANO diario, ordinario, corriente, habitual, seguido, usual, periódico, renovado, regular, común, fijo, frecuente, acostumbrado.
COTILLA chismoso, murmurador, cuentista, parlanchín, chismorrero, entremetido, enredador, comadre, corredera || ajustador, faja, corsé.
COTILLEAR chismear, murmurar, enredar, charlar, chismorrear, entremeterse, comadrear, calumniar.
COTILLEO comadreo, cuento, chisme v. cotillear.
COTILLÓN danza, baile, fiesta, figura.
COTIZACIÓN evaluación, tasación, justiprecio, valor, precio, valoración, importe, coste, cuantía, costo, monta.
COTIZADO evaluado, tasado, solicitado, apreciado, valioso, inestimable, deseable.
COTIZAR tasar, evaluar, valorizar, justipreciar, informar || contribuir, pagar, abonar.
COTO terreno, acotado, vedado, término, límite, zona, campo, monte, cercado, lugar privado || hito, mojón, poste, jalón.
COTORRA papagayo, guacamayo, cacatúa, periquito, loro, ave trepadora || charlatán, parlanchín, chismoso, conversador, gárrulo, locuaz.
COTUDO afelpado, algodonado, peludo, aterciopelado.
COTUFA golosina, gollería, palomita, maíz tostado.
COTURNO zapato, bota, calzado || COTURNO (DE ALTO) espléndido, opulento, magnífico, elevado, de categoría.
COUNTRY CLUB * club de campo, club campestre, sociedad.
COVACHA cueva, covachuela, antro, tugurio, sótano, subsuelo, tabuco, cuchitril.
COW-BOY * vaquero, jinete, caballista, mayoral, peón, mozo.
COXAL ilíaco, hueso innominado.
COXÍGEO v. coccígeo.
COY hamaca, dormilona, lona, yacija, lecho.
COYOTE lobo, cánido, carnicero, perro, alimaña.
COYUNDA unión, enlace, vínculo, matrimonio, casamiento, lazo, nupcias, alianza, maridaje, connubio, himeneo || yugo, dominio,

sujeción, sumisión, servidumbre || correa, cinto, soga, cuerda.

COYUNTURA articulación, juego, juntura, sínfisis, enlace, vínculo, artejo, unión, junta, acoplamiento || ocasión, oportunidad, sazón, momento, tiempo, fecha, circunstancia, situación, particularidad, ambiente, medio.

COYUNTURAL de la coyuntura, circunstancial, oportuno.

Coz patada, coceadura, golpe, sacudida, porrazo, culatada || grosería, injuria, barbaridad.

CRAC * quiebra, hundimiento, ruina comercial.

CRACK * as, ídolo, campeón, estrella.

CRANEAL craneano, cefálico, óseo, cerebral.

CRÁNEO cabeza, calavera, testa, sesera, mollera, coco.

CRÁPULA sinvergüenza, disoluto, vicioso, depravado, libertino, crapuloso || depravación, libertinaje, vicio, disipación || borrachera, embriaguez, alcoholismo.

CRAPULOSO sinvergüenza, v. crápula.

CRASCITAR graznar, crocitar, chirriar, chillar, gritar.

CRASITUD gordura, grasa, corpulencia, obesidad.

CRASO inexcusable, injustificable, inadmisible, imperdonable || gordo, grueso, rollizo, obeso, corpulento, fofo, espeso, denso, grasiento.

CRÁTER boca, abertura, agujero, orificio, boquete, cima, cumbre del volcán.

CRÁTERA vasija, jarra, ánfora, jarrón.

CRAYÓN * carboncillo, tiza.

CREACIÓN universo, cosmos, cielos, firmamento, espacio, infinito, astros, mundo, tierra || obra, producción, novedad, producto, resultado, trabajo, faena, labor, idea, origen, elaboración, confección, generación, innovación, mejora.

CREADOR Dios, Hacedor, Todopoderoso, Salvador, Altísimo || autor, artista, padre, inventor, productor, progenitor, descubridor, genio, innovador, fundador, instaurador, compositor.

CREAR inventar, engendrar, hacer, concebir, formar, producir, originar, componer, descubrir, innovar, reformar || instaurar, fundar, establecer, introducir, instituir, organizar || nombrar, designar, elegir.

CRECER desarrollarse, formarse, aumentar, criarse, hacerse, espigarse, elevarse, ganar, extenderse, espumar, madurar, progresar, medrar, granar, engordar, acrecentar, ampliar, expandir, ensanchar, extender, difundirse, multiplicarse, proliferar || CRECERSE animarse, envalentonarse, decidirse, proponerse.

CRECES (CON) ampliamente, sobradamente, generosamente, considerablemente, largamente, extensamente, copiosamente, pródigamente.

CRECIDA aumento, subida, ascenso, riada, inundación, arroyada, avenida, desbordamiento, aluvión, torrentera.

CRECIDAMENTE aventajadamente, v. crecido.

CRECIDO grande, alto, corpulento, aventajado, espigado, desarrollado, elevado, buen mozo, fuerte, vigoroso || numeroso, abundante, amplio, extenso, copioso, considerable, nutrido, múltiple, innumerable, profuso, incontable.

CRECIENTE progresivo, renovado, gradual, paulatino, aumentado, uniforme, firme || media luna, cuarto.

CRECIMIENTO aumento, elevación, desarrollo, progresión, incremento, intensificación, refuerzo, ensanchamiento, ampliación, engrosamiento, adición, añadido, agrandamiento, alargamiento, suma, estirón.

CREDENCIAL documento, título, jus-

CREDIBILIDAD

tificante, papel, documentación, cédula, comunicación, comprobante, tarjeta de identidad.

CREDIBILIDAD credulidad, ingenuidad, fe, creencia.

CREDITICIO bancario, mercantil, financiero, solvente, comercial.

CRÉDITO confianza, asenso, fe, seguridad, certidumbre, convicción, apoyo || prestigio, fama, renombre, consideración, favor, influencia, solvencia || préstamo, empréstito, prestación, adelanto, garantía, hipoteca, anticipo, fianza, ayuda, asistencia, financiación, capitalización.

CREDO creencia, dogma, fe, convicción, doctrina, convencimiento, confianza, evangelio, religión, culto, escuela, teoría, sistema, opinión.

CRÉDULAMENTE cándidamente, confiadamente, incautamente, v. crédulo.

CREDULIDAD candidez, ingenuidad, confianza, inocencia, candor, inexperiencia, sencillez, simpleza, bobería, papanatismo.

CRÉDULO inocente, ingenuo, cándido, confiado, candoroso, inexperto, sencillo, simple, bonachón, incauto, bobalicón, papanatas, soñador, visionario.

CREEDERAS credulidad, inocencia, candidez, ingenuidad, tragaderas, simpleza.

CREEDERO v. creíble.

CREENCIA crédito, fe, suposición, figuración, confianza, seguridad, creederas, convencimiento, convicción, opinión, fanatismo, ideología, certeza, certidumbre, credibilidad, opinión || religión, dogma, fe, doctrina, credo v.

CREER estimar, imaginar, suponer, considerar, pensar, admitir, entender, opinar, reputar, profesar, juzgar, conjeturar, conceptuar, parecerle || opinar, sostener, afirmar, pretender, manifestar, declarar, mantener, testimoniar || profesar, seguir, adorar, venerar.

CREÍBLE probable, posible, creedero, verosímil, aceptable, admisible, plausible.

CREMA nata, manteca, natillas, grasa, substancia || cosmético, pomada, afeite, maquillaje, unto, ungüento, potingue || diéresis, signo ortográfico || CREMA (LA) la flor, la nata, lo selecto, lo escogido, lo destacado, lo principal.

CREMACIÓN incineración, combustión, quema, calcinación, ignición.

CREMALLERA cierre || engranaje, diente, dentado.

CREMATÍSTICO económico, monetario, dinerario, financiero, comercial, administrativo.

CREMOSO mantecoso, suave, espeso, denso.

CREMATORIO horno, incinerador, quemador.

CRENCHA mechón, vellón, cerneja, guedeja || raya, línea, carrera.

CREPITACIÓN crujido, chasquido, rechinamiento, chirrido, restallamiento, rasgamiento, ruido, rumor.

CREPITANTE crujiente, v. crepitación.

CREPITAR crujir, chasquear, chirriar, restallar, rasgar, rechinar, traquear.

CREPUSCULAR vespertino, al atardecer, al anochecer.

CREPÚSCULO anochecer, atardecer, rosicler, ocaso, oscurecer, anochecida, la oración, entre luces, crepúsculo matutino, amanecer, crepúsculo vespertino, claridad, luz, luminosidad.

CRESCENDO * aumento, incremento.

CRESO millonario, acaudalado, opulento, capitalista, rico, adinerado, poderoso, potentado, magnate, pudiente, acomodado, ricachón.

CRESPO rizado, ensortijado, encrespado, retorcido, encarrujado, caracoleado, ondulado, enredado, enmarañado.

CRESPÓN gasa, tul, seda, muselina, cendal.

CRESTA copete, penacho, moño, carnosidad, protuberancia, excre-

cencia || cima, cumbre, pico, aguja, cúspide, culmen.
CRESTERÍA almenaje, coronamiento, filigrana, adorno, calado.
CRESTOMATÍA selección, antología, recopilación, compendio, florilegio, compilación, colección.
CRETA caliza, cal, polvillo.
CRETINISMO idiotez, imbecilidad, estupidez v., tara, debilidad mental, deficiencia, retraso.
CRETINO imbécil, idiota, torpe, retrasado, deficiente, débil mental, estúpido v., faltoso, subnormal, anormal.
CRETONA tela de algodón, trapo, retazo, retal.
CREYENTE fiel, religioso, seguidor, practicante, adorador, piadoso, pío, devoto, fervoroso, místico, ascético || fanático, supersticioso, crédulo v.
CREYÓN * carboncillo, tiza.
CRÍA hijo, vástago, descendiente, retoño, cachorro, criatura, feto, aborto || lechigada, camada, ventregada, cachillada || parto, nacimiento, alumbramiento, parición.
CRIADA sirvienta, doncella, moza, camarera, fámula, maritornes, chica, muchacha, servidora, asistenta, doméstica, azafata, niñera v.
CRIADERO vivero, semillero, invernadero, corral, redil, aprisco.
CRIADILLA testículo, compañón v.
CRIADO sirviente, camarero, mozo, fámulo, doméstico, asistente, servidor, recadero, lacayo, mayordomo, ayuda de cámara.
CRIADOR ganadero, hacendado, productor, agrónomo, agricultor, viticultor, cosechero v.
CRIANZA cortesía, finura, educación, urbanidad, cultura, delicadeza, modos, modales || cría, lactancia, amamantamiento, cuidado, atención, solicitud, celo, mimo, custodia, educación, enseñanza, formación, instrucción.
CRIAR amamantar, lactar, alimentar, nutrir, cebar, atender, mimar, custodiar, enseñar, educar, instruir, formar, dirigir || parir, engendrar, producir, originar, traer al mundo.
CRIATURA ser, organismo, espécimen, ente, cosa, individuo, sujeto, forma, entidad, cuerpo || chiquillo, niño, pequeño, muchacho, crío, párvulo, chico, rorro, chiquitín, nene, pituso, arrapiezo, infante, mocoso, impúber.
CRIBA cernedor, zaranda, cedazo, granador, tamiz, cernedero, rompedera, torno, peñada, tambor, cándara, garbillo, harnero || colador, filtro, pasapurés, rallador, espumadera.
CRIBADO cernido, tamizado, zarandeado, pasado, colado, v. criba.
CRIBAR tamizar, cerner, pasar, colar, filtrar, limpiar, depurar, separar, desgranar, garbillar, ahechar, jorcar, arelar.
CRIC gato, herramienta, palanca, prensa.
CRIMEN delito, atentado || culpa, falta, infracción, contravención, quebrantamiento, transgresión, violación, incumplimiento, injusticia, abuso, demasía, exceso, fechoría, maldad, asalto, violencia, golpe, homicidio, asesinato, suicidio, parricidio, magnicidio, atraco, robo.
CRIMINAL delincuente, asesino, homicida, reo, malhechor, culpable, infractor, contraventor, violador, abusador, atracador, ladrón, transgresor, perpetrador, facineroso, bandido, forajido, bandolero, salteador, fratricida, parricida, magnicida, regicida, sádico, perverso, malvado.
CRIMINALIDAD crimen, cómputo, recuento, número, frecuencia, incidencia de delitos.
CRIMINALISTA abogado, penalista, jurisconsulto, jurisperito, letrado, jurista, legista.
CRIMINALMENTE culpablemente, malignamente, perversamente, asesinamente, v. criminal.
CRIMINÓLOGO * criminalista v.
CRIMINOSO criminal v.
CRIN cerdas, cerdamen, pelo, melena, coleta, mata.

Crinolina * miriñaque, falda || crudillo, tela basta.
Crío niño, chiquillo, v. criatura.
Criollo americano, colonial, autóctono, acriollado, indiano, vernáculo, oriundo, nativo, natural.
Cripta subterráneo, mausoleo, excavación, tumba, oquedad, sibil, hipogeo, subsuelo, cueva, caverna, túnel, catacumba, bóveda, sótano.
Criptografía clave, cifra, abreviatura, jeroglífico, anagrama.
Criptográfico cifrado, secreto, jeroglífico, acróstico, poligráfico, en clave.
Criptograma documento, nota, v. criptografía.
Crisálida ninfa, insecto, larva, imago.
Crisis aprieto, apuro, trance, dificultad, brete, conflicto, tribulación, compromiso, dilema, problema, escollo, peligro, vicisitud || cambio, mutación, transformación, salto, desequilibrio, inseguridad, inestabilidad, mutabilidad, variación, oscilación, incertidumbre.
Crisma aceite y bálsamo, unción, unto, mezcla || Crisma (Romper la) descalabrar, estropear, maltratar, lesionar, golpear, aporrear, desnucar.
Crisol craza, callana, fusor, vasija, recipiente.
Crispación v. crispamiento.
Crispamiento contracción, crispación, espasmo, calambre, convulsión, contorsión, sacudida, conmoción, temblor, estremecimiento, encogimiento, retorcimiento.
Crispar contraer, convulsionar, acalambrar, conmocionar, sacudirse, temblar, estremecerse, retorcerse, encogerse, apretar, cerrar.
Cristal vidrio, vidriado, vitrificado, cristalino, transparente, espejo.
Cristalera vidriera, ventanal, escaparate, puerta || aparador, armario, trinchero.
Cristalino transparente, hialino, claro, diáfano, translúcido, límpido, puro, fresco.
Cristalizar solidificar, endurecerse, precipitar, concretarse, precisar, condensar, determinarse, producirse, cumplirse, realizarse.
Cristianamente debidamente, ortodoxamente, piadosamente, fielmente, católicamente, caritativamente, humildemente, sencillamente.
Cristianar bautizar, crismar, administrar, sacramentar, denominar, nombrar.
Cristiandad creyentes, fieles, católicos, humanidad, orbe cristiano, cristianismo v.
Cristianismo cristiandad, catolicidad, catolicismo, ortodoxia, religión, fe, creencia, doctrina (cristianas), protestantismo v., evangelismo, heterodoxia.
Cristianizar evangelizar, catolizar, catequizar, acristianar, bautizar, acoger, aceptar.
Cristiano católico, creyente, fiel, religioso, seguidor, practicante, piadoso, pío, devoto, bautizado, nazareno, catecúmeno || papista, copto, rumí, armenio, maronita, maladí, libelático, mozárabe || ortodoxo, protestante v.
Cristo Jesús, Jesucristo, el Hijo, el Ungido, el Mesías, el Crucificado, el Salvador, Eccehomo || crucifijo, cruz.
Criterio discernimiento, juicio, convencimiento, cordura, sentido común, discreción, sabiduría, ponderación, circunspección || norma, regla, pauta, principio, precepto, guía, medida, canon.
Crítica análisis, juicio, apreciación, estimación, opinión, evaluación, dictamen, calificación || censura, criticismo, reproche, acusación, cargo, burla, sátira, reprobación, vituperio, diatriba, reparo, murmuración, cotilleo.
Criticable censurable, reprochable, reprensible, vituperable, condenable, punible, malo, bajo, indigno.
Criticar analizar, enjuiciar, opinar, estimar, evaluar, calificar,

examinar || reprochar, censurar, satirizar, reprobar, vituperar, burlarse, acusar, fustigar, hostigar, desaprobar, tildar, tachar, motejar.

Crítico delicado, grave, importante, culminante, decisivo, capital, trascendental, arduo, difícil, serio, comprometido, peligroso || censor, juez, examinador, calificador, enjuiciador || acusador, reprobador, fustigador, murmurador, oponente, detractor v.

Criticón reparón, puntilloso, quisquilloso, severo, inflexible, exagerado, catón, rígido, melindroso, exigente, delicado, cotilla, murmurador.

Croar cantar, charlear, chirriar.

Crocante crujiente, restallante || guirlache, turrón.

Crocitar graznar, croscitar, crascitar.

Crochet * labor, gancho, ganchillo, croché.

Croissant * medialuna.

Cromar bañar, platear, niquelar, abrillantar, recubrir.

Cromático irisado, coloreado, pintado, matizado, pigmentado, tornasolado, jaspeado, teñido.

Cromatismo color, pigmentación, irisación, tornasol, tono, matiz.

Cromo estampa, imagen, figura, santo, viñeta, lámina, ilustración.

Cromlech * v. crónlech.

Crónica artículo, escrito, suelto, reportaje, gacetilla, noticia, ensayo, relato, descripción || anales, comentarios, historia, dietario, memorias, relatos, fastos, relaciones.

Crónico inveterado, habitual, acostumbrado, repetido, cotidiano, usual, arraigado, acostumbrado, enraizado || grave, enfermo, serio.

Cronista historiador, analista, investigador, comentarista, ensayista, escritor, literato, periodista, articulista, corresponsal.

Crónlech megalito, monumento, megalítico, monolito, círculo, menhires, piedras.

Cronógrafo reloj, cronómetro.

Cronología cronografía, cómputo, historia, serie, orden, cadena, encadenamiento, ciclo, sucesión, proceso, curso, gradación, progresión, desfile, lista, línea, continuación.

Cronológicamente ordenadamente, encadenadamente, sucesivamente, progresivamente, cíclicamente, v. cronología.

Cronológico gradual, ordenado, encadenado, sucesivo, cíclico, cronográfico, seriado, progresivo, continuado, prehistórico, antediluviano, antiguo, medieval, renacentista, moderno, contemporáneo, actual.

Cronometraje comprobación, determinación, evaluación del tiempo.

Cronometrar medir, computar, regular, apreciar, evaluar, comprobar, establecer, determinar.

Cronométrico exacto, fijo, puntual, fiel, preciso, correcto, riguroso, matemático, clavado.

Cronometrista * cronometrador, fiscalizador.

Cronómetro reloj, cronógrafo, horómetro, péndulo, instrumento, aparato.

Crooner * cantante v.

Croqueta fritura, rebozado, masa.

Croquis bosquejo, esbozo, diseño, dibujo, boceto, borrador, proyecto, nota, esquema, apunte, plano, tanteo.

Cross country * (carrera) competición, carrera de campo traviesa.

Crótalo víbora, ofidio, serpiente, sierpe, culebra, reptil, áspid, serpiente de cascabel || castañuela, palillos.

Crotón ricino, cascarillo, arbusto, árbol.

Croupier * v. crupier.

Cruce intersección, bifurcación, esquina, confluencia, encrucijada, encuentro, empalme, entrelazamiento, corte, cruz, cruzamiento, unión, reunión, concurrencia.

Crucería adorno, moldura, resalte.

CRUCERO sala, nave, estancia || encrucijada, v. cruce || buque, navío, barco (de guerra) || travesía, excursión, viaje, maniobra, expedición, paseo.

CRUCETA cruz, aspa, intersección, entrelazamiento.

CRUCIAL culminante, decisivo, crítico, cumbre, delicado, grave, capital, trascendental, arduo, difícil, serio, comprometido, peligroso.

CRUCIFICACIÓN * crucifixión.

CRUCIFICADO Jesucristo, v. Cristo.

CRUCIFICAR sacrificar, torturar, martirizar, atormentar, afligir, abrumar, acongojar, atribular, hostigar, clavar, fijar, sujetar.

CRUCIFIJO cruz, efigie, imagen, reliquia, símbolo, talla, escultura.

CRUCIFIXIÓN tormento, tortura, ejecución, muerte.

CRUCIGRAMA pasatiempo, rompecabezas, afición.

CRUDAMENTE rigurosamente, duramente, v. crudo.

CRUDEZA rigor, aspereza, dureza, acritud, acrimonia, austeridad, rigurosidad, severidad, destemplanza, grosería.

CRUDO tierno, verde, inmaturo, duro, áspero, agrio, ácido, amargo, indigesto, precoz || destemplado, riguroso, frío, frígido, helado, severo, grosero, áspero, agrio || fuerte, obsceno, realista, vívido.

CRUEL brutal, feroz, desalmado, rudo, inhumano, truculento, bárbaro, acerbo, sañudo, inexorable, inclemente, violento, implacable, encarnizado, severo, rígido, impío, duro, déspota, monstruoso, tirano, verdugo, fiero, sangriento, atroz, sanguinario, cafre, caníbal, sádico, insufrible, excesivo, riguroso, destemplado, bestial, salvaje.

CRUELDAD brutalidad, ferocidad, violencia, inclemencia, saña, barbaridad, truculencia, despotismo, dureza, impiedad, rigidez, severidad, encarnizamiento, tiranía, atrocidad, fiereza, monstruosidad, rigor, exceso, sadismo, canibalismo, destemplanza, venganza, inclemencia, sevicia, ensañamiento, bestialidad, barbarie, salvajada, salvajismo.

CRUELMENTE brutalmente, ferozmente, v. cruel.

CRUENTO sangriento, v. cruel.

CRUJÍA galería, pasillo, corredor, sala, estancia, ambiente, pasaje, claustro.

CRUJIDO crepitación, restallamiento, chasquido, traquido, rasgamiento, desgarramiento, chirrido, rumor, rechinamiento, estridencia.

CRUJIENTE crepitante, restallante, chasqueante, chirriante, rechinante, estridente, desvencijado, estropeado.

CRUJIR restallar, chasquear, crepitar, traquetear, rasgarse, desgarrarse, rechinar, chirriar, ludir, desvencijarse, estropearse.

CRÚOR coágulo, hemoglobina, sangre, glóbulo, colorante.

CRUP difteria, garrotillo, enfermedad infecciosa.

CRUPIER ayudante del banquero, empleado, jugador, tahúr.

CRUSTÁCEO marisco, artrópodo, langosta, langostino, bogavante, gamba, cangrejo, camarón, ermitaño, cirrípedo, percebe.

CRUZ aspa, cruceta, crucifijo, reliquia, símbolo, cristus, guión, lábaro, humilladero, calvario, *lignum crucis* || condecoración, medalla, placa, venera, premio, galardón || agobio, carga, peso, trabajo, condena, suplicio, pena, penitencia, expiación, pesadumbre, sufrimiento, dolor.

CRUZADA expedición, guerra, contienda, incursión, campaña, lucha, liberación, empresa.

CRUZADO caballero, expedicionario, soldado, libertador, guerrero || tachado, rayado, aspado || transversal, atravesado, oblicuo, torcido.

CRUZAMIENTO v. cruce.

CRUZAR atravesar, pasar, salvar, traspasar, trasponer, cortar, recorrer, atajar, vadear, ascender, rebasar, superar || entrelazar, entrecruzar, superponer, traslapar, atravesar, colocar, sobreponer || CRUZARSE, encontrarse, coincidir, concurrir, pasar, interponerse, atravesarse, obstaculizar, estorbar, mezclarse, inmiscuirse.

CUADERNA pieza, madero, costilla, costana.

CUADERNILLO fascículo, pliego, v. cuaderno.

CUADERNO libreta, cuadernillo, librillo, bloque, borrador, carpeta, cartapacio, folleto, fascículo.

CUADRA establo, caballeriza, corral, cobertizo, yuntería, acemilería.

CUADRADO rectángulo, rectangular, cuadrilátero, casilla, escaque, marco, paralelogramo, tetrógono, cuadrangular, cuadriforme, cuadrilongo, cuadriculado, cuadrante, ejedrezado.

CUADRAGÉSIMA cuaresma, cuarentena, lapso, período, penitencia, abstinencia, ayuno.

CUADRANGULAR v. cuadrado.

CUADRANTE parte, porción, sección || tabla, indicador, cuadro, esfera, disco.

CUADRAR concordar, justar, conformarse, acomodar, acoplar, encajar || complacer, convenir, gustar, agradar || CUADRARSE plantarse, resistirse, negarse, oponerse || erguirse, enderezarse, ponerse firme.

CUADRÍCULA escaque, ajedrezado, cuadrados, casillas, rayas.

CUADRIGA carro, coche, vehículo, cuádriga.

CUADRIL anca, grupa, cuadra, cadera, trasero.

CUADRILÁTERO polígono, paralelogramo, tetrágono, cuadrilongo, cuadrado, rectángulo, rombo, romboide, trapecio, trapezoide.

CUADRILLA partida, pandilla, gavilla, hato, tajo, camarilla, brigada, grupo, caterva, conjunto, tropel, bandada, horda, montón, chusma, multitud, turba.

CUADRO tela, lienzo, pintura, tabla, lámina, grabado, fresco, retrato, paisaje, panorama, marina, bodegón, naturaleza muerta, marco || acto, escena, parte, período, jornada, episodio, aspecto, espectáculo, visión || v. cuadrado || tabla, índice, lista.

CUADRÚMANO mono, antropoide, antropomorfo, pitecántropo, primate, cuadrumano.

CUADRÚPEDO animal, bestia, bicho, res, irracional, acémila, caballería.

CUAJADA requesón, queso, cáseo, yogur, kefir.

CUAJADO coagulado, grumoso, congelado, solidificado, apretado, comprimido, consolidado, trabado, agriado, agrio.

CUAJADURA coagulación, consolidación, solidificación, v. cuajado.

CUAJARSE coagularse, consolidarse, helarse, solidificarse, agrumarse, apretarse, comprimirse, trabarse, condensarse, concrecionarse, separarse, agriarse || plagarse, llenarse, poblarse, cubrirse.

CUAJARÓN coágulo, grumo, espesamiento, apelmazamiento, apelotonamiento, masa.

CUAJO fermento, extracto || pachorra, cachaza, lentitud, calma, pasividad, flema, indolencia.

CUALIDAD aptitud, facultad, habilidad, capacidad, carácter, circunstancia, atributo, propiedad, índole, naturaleza, condición, característica, particularidad, especie, cuantía, suerte, esencia, peculiaridad, rasgo, diferencia, especialidad, utilidad, provecho, comodidad, valor, interés, importancia, mérito, eficacia, poder, virtud, fruto, adecuación, calidad, conveniencia v.

CUALIFICAR v. capacitar.

CUALITATIVO atributivo, cualificativo, específico, peculiar, de calidad, de provecho, de interés, de eficacia, v. cualidad.

CUALQUIERA alguno, uno, indeterminado.

CUANDO en el tiempo, en el punto, en el momento que.

CUANTÍA cantidad, suma, total, importe, coste, costo, número, conjunto, dosis, porción, proporción, cuota, medida, cupo, suficiencia, escasez, abundancia, exceso, disminución, aumento, parte, caudal.

Cuantimás cuanto más, pues que, ya que, puesto que.

Cuantiosamente abundantemente, numerosamente, considerablemente, v. cuantioso.

Cuantioso abundante, numeroso, considerable, copioso, grande, excesivo, rico, profuso, pródigo, fructuoso, prolífico, fértil, fecundo, exuberante, opulento, pletórico, excesivo, colmado, nutrido, incontable, múltiple, innumerable, repetido, inagotable, infinito, acomodado, acaudalado, pudiente, sobrado, pingüe.

Cuantitativo de cantidad, de número, de proporción, de porción, de parte, v. cantidad.

Cuanto en qué manera, en qué grado, todo lo que.

Cuáquero estricto, rígido, severo, inflexible, cristiano, protestante, temblador.

Cuarentena aislamiento, incomunicación, encierro, retiro, separación, confinamiento, clausura, cierre || cuadragésima, v. cuaresma.

Cuarentón cuadragenario, maduro, formado, sosegado, solterón.

Cuaresma cuadragésima, cuarentena, lapso, período, penitencia, abstinencia, ayuno.

Cuarta cuarto, parte, fracción porción, fragmento, pedazo, trozo, sección, palmo.

Cuartago caballo, jamelgo, penco, matalón, rocín, jaca.

Cuartana paludismo, malaria, fiebre palúdica, enfermedad infecciosa, terciana || mosquito, plasmodium, quinina.

Cuartear dividir, partir, descuartizar, fragmentar, fraccionar, separar, romper || Cuartearse. rajarse, agrietarse, cascarse, resquebrajarse, henderse, romperse, desintegrarse, desmenuzarse, v. cuartear.

Cuartel acantonamiento, acuartelamiento, campamento, alojamiento, edificio, instalación, acampamiento, reales, reducto, fortín, defensa, establecimiento, recinto || cuadro, cuadrado, porción, terreno, distrito, división, tabla, armazón.

Cuartelada rebelión, cuartelazo, alzamiento, pronunciamiento, insurrección, insurgencia, revolución, sublevación, revuelta militar.

Cuartelazo v. cuartelada.

Cuartelillo jefatura, sección, división de tropa, comisaría.

Cuarteo cascadura, grieta, rasgadura, fragmento, fractura, agrietamiento, fragmentación, resquebrajadura.

Cuarterón cuarto, cuarta || cuatratuo, mestizo, mezclado, impuro, mixto, bastardo || postigo, puertecilla.

Cuarteta redondilla, estrofa, estanza.

Cuarteto agrupación, grupo, conjunto musical.

Cuarto habitación, pieza, alcoba, dormitorio, estancia, recinto, ambiente, cámara, aposento, sala, salón, saleta, antesala, cubículo, cuchitril, cuartucho v. || apartamento, departamento, piso, vivienda, casa, morada, residencia, alojamiento || cuarta, porción, parte, fracción, pedazo, fragmento, sección, trozo || v. cuartos.

Cuartos dinero, metálico, numerario, moneda, billetes, fondos, valores, ahorros, economías, caudal, hacienda, mosca, pecunio, suma, cantidad, capital || extremidades, miembros, patas, remos, manos.

Cuartucho cubículo, tabuco, tugurio, zahurda, cuchitril, chiribitil, antro, buhardilla, covacha, desván.

Cuarzo sílice, mineral, cristal.

Cuasi casi, por poco, aproximadamente, poco más o menos, cerca de.

Cuasimodo deforme, monstruoso, jorobado, corcovado, despropor-

cionado, grotesco, contrahecho v.
CUATRERO bandido, delincuente, depredador, ladrón de ganado.
CUATRILLIZOS cuatro gemelos, cuatro hermanos nacidos en un parto.
CUBA barril, casco, tonel, pipa, bocoy, barrica, tina, pipote, barrilillo, bota, cubeta, cuñete, belasa, anclote, tanque, vasija, recipiente, receptáculo || beodo, ebrio, bebedor, borracho v.
CUBETA bandeja, plato, platillo, escudilla, fuente, patena, vasera, salvilla, recipiente.
CUBICAR medir, arquear, apreciar, computar, calcular, elevar, multiplicar.
CUBÍCULO aposento, alcoba, pieza, cuarto, cuchitril, tugurio, v. cuartucho.
CUBIERTA funda, envoltorio, forro, capa, envoltura, sobre, lona, recubrimiento, revestimiento, tapa, chapa, tapadera, casquete, cobija, cobertizo, tejado, techumbre, tinglado || simulación, pretexto, disimulo, excusa, tapadera.
CUBIERTO utensilio, adminículo, cucharilla, cuchara, tenedor, cuchillo, servicio de mesa, juego, bandeja, plato || minuta, platos, menú, comida || tapado, protegido, oculto, velado, disimulado.
CUBIL madriguera, guarida, escondrijo, cueva, covacha, nido, refugio, manida, hura, agujero, abrigo, caverna || gazapera, ratonera, osera, lobera, huronera, topera, zorrera.
CUBILETE vaso, receptáculo, vasija, molde.
CUBO balde, cubeta, recipiente, vasija, receptáculo, barreño, palangana || poliedro, figura geométrica.
CUBRECAMA colcha, edredón, sobrecama, tapiz, cobertor, cobija, frazada, manta, sábana.
CUBRENUCA cogotera, tela, protección, resguardo.
CUBRICIÓN apareamiento, ayuntamiento, cópula, acceso, coito v.
CUBRIMIENTO cobertura, ocultación, revestimiento, envolvimiento, cubierta, cubrición v.
CUBRIR ocultar, esconder, disimular, disfrazar, entapujar, tapar, colocar, velar, poner, superponer, envolver, abrigar, embozar, arropar, vestir, tapujar, encasquetar, resguardar, rebozar, revestir, tapizar, forrar, entoldar, recubrir, traslapar || CUBRIRSE encasquetarse, tocarse, colocarse, ponerse, enjaretarse.
CUCA maliciosa, malvada, cuco, oruga, gusano, chufa.
CUCAMONAS arrumacos, carantoñas, zalamerías, lagoterías, manoseo, sobo, monerías, mimos.
CUCAÑA pértiga, palo, poste, tronco, estaca, madero, mástil, percha, asta.
CUCARACHA corredera, bicho, bicharraco, insecto, sabandija, gusarapo, parásito, ortóptero.
CUCARDA escarapela, distintivo, divisa, símbolo, cinta.
CUCLILLAS (EN) agachado, encogido, agazapado, doblado, acurrucado, oculto.
CUCLILLO cuco, trepadora, ave, pájaro, cucúlido || cornudo, cabrón, consentido, sufrido, gurrumino, comblezo.
CUCO astuto, taimado, calculador, avisado, egoísta, marrullero, perillán, sutil, engañoso || mono, bonito, pulido, fino, lindo, agradable || v. cuclillo.
CUCURBITÁCEA planta, fruto, calabaza, melón, sandía, pepino, coloquíntida.
CUCURUCHO capirote, caperuza, capucha, cono, cuartucho, cartón, envoltorio, bolsita.
CUCHARA cucharilla, cucharón, espátula, adminículo, utensilio, cubierto, instrumento, palita, cacillo.
CUCHARÓN cazo, cacillo, v. cuchara.
CUCHÉ papel satinado, barnizado, terso, lustroso, brillante.
CUCHICHEAR susurrar, murmurar, sisear, bisbisear, musitar, balbucir, farfullar || secretear, cotillear, chismorrear, criticar.

CUCHICHEO murmullo, susurro, bisbiseo, rumor, siseo, balbuceo || secreteo, cotilleo, crítica, chismorreo.

CUCHILLA hoja, guillotina, tajadera, cercenadera, filo, herramienta, espada, arma, archa, cuchillo v.

CUCHILLADA puñalada, tajo, corte, navajazo, machetazo, bayonetazo, lancetazo, guadañazo, sablazo, tajadura, cisura, herida, incisión, chirlo, cicatriz, marca, sajadura.

CUCHILLO navaja, faca, cuchilla, charrasca, machete, cortaplumas, daga, puñal, estilete, bayoneta, escalpelo, bisturí, lanceta, falce, trinchete, doladera, tajamar, asamuche, herramienta, cubierto, adminículo, instrumento.

CUCHIPANDA francachela, fiesta, jarana, jolgorio, comilona, banquete, festín, orgía.

CUCHITRIL tabuco, tugurio, cuartucho, zahurda, chiribitil, antro, desván, covacha, cubículo || pocilga, cochiquera v.

CUCHUFLETA zumba, chanza, broma, burla, chunga, guasa, chasco, chacota.

CUELLO garganta, pescuezo, cogote, gollete, degolladero, estrechamiento, angostura || gorguera, golilla, tirilla, valona, alzacuello, lechuguilla, esclavina.

CUENCA órbita, cavidad, concavidad, hueco, oquedad, agujero, ojo, depresión || cauce v., valle, zona, región, comarca cañada v.

CUENCO escudilla, vasija, vaso, cazuela, plato, bandeja, recipiente.

CUENTA cálculo, cómputo, recuento, enumeración, computación, suputación, operación, balance, comprobación, control, razón || importe, suma, total, monto, monta, valor, precio, factura, nota || cuentecilla, abalorio, bolita, esferita, coral.

CUENTAGOTAS gotero, dosificador.

CUENTERO v. cuentista.

CUENTISTA chismoso, cotilla, correveidile, alcahuete, enredador, murmurador, parlanchín, entremetido, comadre, corredera || novelista, escritor, literato, narrador, cronista, fabulista.

CUENTO narración, relato, historieta, relación, descripción, leyenda, fábula, reseña, tradición, novela, aventura, anécdota, chascarrillo || chisme, enredo, alcahuetería, murmuración, hablilla, lío, bulo, fábula, patraña, mentira, falsedad, rumor, infundio, camelo, bola, trola, engaño.

CUERDA soga, bramante, cordel, tralla, guita, maroma, cabo, guindaleta, guindaleza, correa, sirga, látigo, cordón, reata, calabrote, andarivel, cable, merlín, cajeta, sardinel, boza, filástica, estrinque, rabiza, precinta, chicote, jarcia, amarra, hilo, filamento, fibra, cáñamo, abacá || resorte, muelle, espiral.

CUERDAMENTE sabiamente, prudentemente, juiciosamente, véase cuerdo.

CUERDO sabio, prudente, juicioso, grave, serio, austero, pacífico, moderado, mesurado, prudente, reflexivo, formal, sensato, sesudo, cabal, ajustado, correcto, maduro.

CUERNA v. cornamenta.

CUERNO asta, pitón, cacho, punta, cornamenta, cornadura, defensas, cuerna, mogote, protuberancia || antena, prolongación, apéndice, extremidad || corneta, cornetilla, trompa, instrumento de viento.

CUERO pellejo, piel, cutícula, cubierta, pelleja, badana, dermis, epidermis, cáscara, corteza, tegumento || odre, bota, pellejo, receptáculo || correa, cinturón, cinto || CUEROS (EN) desnudo, desvestido, corito, en pelota, en carnes, sin ropa.

CUERPAZO * corpazo, corpachón, v. cuerpo.

CUERPO organismo, talle, tronco, materia, ser, soma, exterior, restos, cadáver || complexión, forma, apariencia, configuración, figura ‖ espesor, grueso, grosor, volumen, tamaño ‖ corporación, entidad, colegio, organismo, pleno, asociación, junta, grupo, cámara, instituto, compañía, sociedad.

Cuervo corneja, grajo, chova, ave rapaz, pájaro.

Cuesco pepita, hueso, pipa, semilla, simiente, núcleo, corazón, centro.

Cuesta pendiente, rampa, subida, repecho, costana, costanilla, declive, desnivel, caída, depresión, ladera, inclinación, vertiente, escarpa, talud, bajada.

Cuestación petición, recaudación, colecta, suscripción, postulación, demanda, beneficio, sablazo.

Cuestión asunto, punto, materia, tema, argumento, razón, tesis ‖ pregunta, interrogación, consulta, demanda, consejo, asesoramiento ‖ controversia, discusión, disputa, debate, litigio, querella, polémica.

Cuestionable dudoso, problemático, inseguro, incierto, discutible, controvertible, debatible, objetable, impugnable.

Cuestionar discutir, debatir, controvertir, reñir, polemizar, objetar, impugnar.

Cuestionario examen, pregunta, consulta, interrogatorio, sondeo, informe, estudio, lista, relación.

Cueto colina, loma, altura, otero, elevación, cerro v.

Cueva caverna, gruta, antro, cubil, madriguera, catacumba, socavón, cavidad, concavidad, espelunca, horado, oquedad, covacha, covachuela, sibil, sótano, subterráneo, bodega, cava, foso, mazmorra, guarida ‖ refugio, abrigo, reparo, cobijo, resguardo, amparo.

Cuévano cesto, cesta, canasto, canasta, canastillo, banasta, cestilla, nasa, panero, espuerta.

Cuezo artesa, cubeta, bandeja, artesilla, platillo.

Cuidado atención, celo, solicitud, diligencia, asistencia, esmero, afán, amor, exactitud, corrección, primor, interés, eficacia, preocupación, minuciosidad, mimo, cuenta, moderación, ojo, precaución, vigilancia, custodia, tiento, asiduidad, actividad ‖ temor, miedo, recelo, angustia, sobresalto, preocupación, zozobra, intranquilidad, inquietud, cuita, cautela, obsesión, manía, ofuscación ‖ cargo, negocio, asunto, trabajo, carga, labor, tarea, materia, fin, objetivo.

Cuidador vigilante, guardián, centinela, curador, conservador, encargado, custodio, preservador, vigía, observador, tutor, procurador.

Cuidadosamente solícitamente, diligentemente, esmeradamente, v. cuidadoso.

Cuidadoso solícito, esmerado, aplicado, celoso, metódico, pulcro, exacto, prolijo, nimio, concienzudo, curioso, escrupuloso, meticuloso, diligente, próvido, prevenido, extremado, activo, minucioso, curador, ponderado, afinado, desvelado.

Cuidar conservar, guardar, mantener, encargarse, mimar, desvelarse, extremarse, aplicarse, esmerarse, proveer, ponderar, curar, sanar, vigilar, velar, asistir, prevenir, afinar, recoger, defender, proteger, custodiar, guarecer, asegurar, concentrarse, perseverar, afanarse, aprovechar.

Cuita preocupación, inquietud, pena, aflicción, alarma, tribulación, tristeza, dolor, pesar, sinsabor, desconsuelo, pesadumbre, tormento, desesperación, sufrimiento, abatimiento, contrariedad, mortificación, angustia, congoja, desolación, consternación, zozobra, trabajo, brega.

Cuitado desdichado, afligido, desventurado, desgraciado, infeliz, angustiado, acongojado, apenado, desconsolado, abatido, atormentado, v. cuita ‖ pusilánime, tímido, apocado, irresoluto, corito, corto, cobarde, acoquinado, menguado, calzonazos, infeliz.

Cuitamiento timidez, apocamiento, cortedad, cobardía, acoquinamiento, pusilanimidad, alarma, preocupación, aflicción, desventura, v. cuita.

CULADA porrazo, costalada, golpe, trastazo, golpetazo, trancazo, batacazo, porrada, caída, tumbo, talegazo.

CULATA cachas, caja, mango, asidero || anca, grupa, cuadril, pernil, cuarto trasero, flanco, nalgas || zaga, fin, término, talón, trasera, popa, posterior, retaguardia, espalda, dorso, reverso, pie, extremo, extremidad, final, terminal, cabo, punta, borde, remate, cola, rabo.

CULATAZO retroceso, culataza, golpetazo, rechazo, coz, repercusión, rebote.

CULAZO v. culada.

CULEBRA serpiente, ofidio, sierpe, reptil, víbora, crótalo, áspid, cobra, cascabel, coral, boa, pitón, anaconda.

CULEBREAR serpentear, zigzaguear, reptar, arrastrarse, deslizarse, ondular.

CULEBRINA bombarda, cañón, obús, pieza artillera.

CULEBRÓN astuto, solapado, taimado, socarrón, artero, pícaro, pillo || alcahueta, intrigante, corredera, cotilla.

CULERA remiendo, pieza, parche.

CULINARIA gastronomía, cocina, gastrología, arte cisoria, sollastrería, alimentación, nutrición.

CULINARIO gastronómico, alimenticio, nutricio, de la cocina, coquinario, gastrológico.

CULMEN * cumbre, v. culminación.

CULMINACIÓN pináculo, cúspide, cima, cumbre, apogeo, auge, culmen, ápice, máximo, sumidad, coronamiento, remate, esplendor, florecimiento, punto culminante, perfección.

CULMINANTE principal, superior, sobresaliente, destacado, prominente, elevado, dominante, descollante, predominante, preponderante, señalado, distinguido, crecido, elevado, eminente, prominente || crucial, crítico, decisivo, trascendental, comprometido, difícil.

CULMINAR descollar, predominar, dominar, elevarse, destacar, sobresalir, distinguirse, llegar, producirse, acontecer, suceder.

CULO trasero, posaderas, nalgas, nalgatorio, asentaderas, posas, traspuntín, antifonario, tafanario, asiento, pompis, cachas, ancas, posterior.

CULÓN nalgudo, abultado, protuberante.

CULPA falta, infracción, delito, pecado, error, descuido, olvido, falla, fallo, inexactitud, incumplimiento, inobservancia, omisión, informalidad, negligencia, defecto, imperfección, abandono, incorrección, cargo, falsedad, mentira, imprudencia, culpabilidad, tropiezo, caída, lapso, yerro, tentación, maldad, vicio.

CULPABILIDAD v. culpa.

CULPABLE autor, causante, reo, incurso, promotor, infractor, ejecutor, delincuente, malhechor, violador, criminal, acusado, condenado, inculpado, procesado, encartado, penado, convicto, prisionero.

CULPAR atribuir, acusar, inculpar, denunciar, condenar, procesar, encartar, censurar, achacar, reprochar, querellar || cometer, resbalar, tropezar, incurrir, caer, deslizarse, pecar, ofender.

CULPOSO acto imprudente, a. negligente, a. responsable, a. incorrecto, v. culpa.

CULTAMENTE eruditamente, instruidamente, doctamente, ilustradamente, v. culto.

CULTERANISMO afectación, ampulosidad, pomposidad, gongorismo, fatuidad, amaneramiento, rebuscamiento, presunción, pedantería.

CULTERANO ampuloso, pedante, rebuscado, afectado, pomposo, presuntuoso, amanerado, fatuo, gongorino, campanudo, cultiparlista, petulante.

CULTIPARLISTA culterano v.

CULTISMO culteranismo v.

CULTIVABLE productivo, feraz, fértil, fecundo, fructuoso, inagotable, rico, generoso, fructífero, abundante, arable, labradero.

CULTIVADO labrado, arado, trabajado, sembrado, plantado, v. cultivar || instruido, v. culto.

CULTIVADOR labrador, agricultor, labriego, granjero, campesino, plantador, horticultor, colono, paisano, rústico, hortelano, sembrador, segador, recolector.

CULTIVAR arar, plantar, sembrar, labrar, roturar, colonizar, laborar, trabajar, barbechar, remover, cavar, escardar, rastrillar, segar, producir, recolectar, recoger || cuidar, atender, mantener, conservar, vigilar, sostener || practicar, ejercitar, desarrollar, fomentar, trabajar, vigorizar, enseñar, alentar, educar v.

CULTIVO labor, laboreo, labranza, cultivación, cultura, arada, granjería, agricultura, explotación, siembra, labor, recolección || sembrado, granja, parcela, campo, plantación, plantío, plantel, vivero, vergel, sembradío, jardín, huerto.

CULTO instruido, erudito, educado, ilustrado, docto, estudioso, sabio, cultivado, leído, científico, sapiente, letrado, entendido, conocedor, civilizado, superior, refinado, avanzado || rito, ceremonia, acto, pompa, aparato, ceremonial, solemnidad, servicio, celebración || adoración, veneración, devoción, fe, fervor, amor, exaltación, idolatría, fanatismo.

CULTURA erudición, sabiduría, saber, instrucción, educación, estudios, ilustración, sapiencia, conocimiento, ciencia, refinamiento, adelanto, desarrollo, civilización, perfección, progreso || cultivo v.

CULTURAL instructivo, educativo, pedagógico, formativo, ilustrativo, didáctico, progresista, adelantado.

CUMBRE cúspide, cima, pico, punta, aguja, cresta, vértice, culmen, cabezo, elevación, copete, lomo, teso, altura, remate, corona, cumbrera, divisoria || pináculo, ápice, culminación, elevación, superioridad, coronamiento, máximo, apogeo, fin, conclusión, objetivo.

CUMPLEAÑOS aniversario, conmemoración, fiesta, celebración, festividad, acto, acontecimiento, festejo, convite, recepción, evocación.

CUMPLIDAMENTE enteramente, cabalmente, debidamente, escrupulosamente, honradamente, honestamente, puntualmente, oportunamente, completamente, correctamente, v. cumplido.

CUMPLIDO galantería, atención, fineza, gentileza, obsequio, cortesía, solicitud, urbanidad, deferencia, miramiento, consideración, halago, agasajo, adulación, coba, lisonja || galante, atento, gentil, fino, obsequioso, cortés, solícito, urbano, deferente, mirado, considerado, lisonjero, cobista, adulador, halagador, correcto || completo, cabal, perfecto, escrupuloso, honesto, honrado, correcto, oportuno, puntual, completo || abundante, vasto, lleno, grande.

CUMPLIDOR puntual, exacto, estricto, observante, escrupuloso, minucioso, recto, honrado, cuidadoso, oficioso, asiduo, fiel, cabal, observador, celoso, rígido, exagerado.

CUMPLIMENTAR visitar, felicitar, saludar, agasajar, congratular, alabar, entrevistarse, asistir, cumplir || ejecutar, realizar, obedecer, acatar, satisfacer, efectuar, observar, consumar, verificar, cumplir, llevar a cabo.

CUMPLIMENTERO adulón, obsequioso, cobista, adulador, halagador, lisonjero, ceremonioso, etiquetero.

CUMPLIMIENTO observancia, ejecución, realización, acatamiento, consumación, cuidado, celo, escrupulosidad, asiduidad, fidelidad, rectitud, seriedad, justicia, formalidad, obediencia, verificación || v. cumplido || vencimiento, término, conclusión.

CUMPLIR realizar, ejecutar, efectuar, pagar, retribuir, corresponder, observar, acatar, consumar, cuidar, obedecer, verificar, practicar, cometer, celebrar, formalizar, plasmar, concluir, engendrar, establecer, desempeñar, satisfacer, llevar a cabo || licenciarse, terminar, concluir, finalizar, caducar, acabarse, expirar.

CUMQUIBUS dinero, moneda, metálico.

CÚMULO montón, multitud, cantidad, sinnúmero, abundancia, infinidad, mezcla, conjunto, aglomeración, acervo, hacina, pila, raudal, porrada, hatajo, rimero, muchedumbre, tropel.

CUNA camita, moisés, brizo, catre, lecho || estirpe, familia, linaje, sangre, alcurnia, nacimiento, raíz, extracción, tronco, ascendencia, procedencia, origen, patria, país, nación.

CUNDIR extenderse, desarrollarse, propagarse, multiplicarse, reproducirse, dividirse, divulgarse, difundirse, abundar, contagiarse, dilatarse, aumentar, desparramarse, dispersarse, esparcirse.

CUNETA zanja, reguero, excavación, desaguadero, socavón, depresión, trinchera, arrollada, canalillo, acequia.

CUÑA calzo, tarugo, taco, traba, alza, calce, zoquete, botana, alzaprima, mollete, falca.

CUÑADO hermano político, pariente, familiar.

CUÑAR calzar, trabar, acuñar, recalzar, falcar, atarugar, asegurar, afianzar.

CUÑETE barrililio, barril, cuba, casco, tonel, pipa, barrica, recipiente.

CUÑO impresión, señal, carácter, característica, cualidad, peculiaridad, diferencia, rasgo, idiosincrasia || troquel, sello, plancha, molde, matriz, punzón.

CUOTA porción, parte, cantidad, cupo, asignación, escote, aportación, contribución, mensualidad, participación, ayuda, tributo, canon, pago, asistencia.

CUOTIDIANO v. cotidiano.

CUPÉ berlina, coche, vehículo, automóvil.

CUPIDO amor, eros, angelito, arquero, flechador, diosecillo.

CUPLÉ tonadilla, copla, canción, tonada, cantar.

CUPLETISTA tonadillera, cancionista, cantante.

CUPO v. cuota.

CUPÓN talón, papeleta, boleta, volante, vale, bono, cédula, comprobante, recibo, tarjeta.

CÚPULA domo, bóveda, arco, ábside, medio punto, cimborrio, vuelta, bovedilla, embovedado, torrecilla, cripta, arquería, cascarón, copa.

CUQUERÍA marrullería, pillería, truhanería, ventaja, astucia, picardía, tunantada, egoísmo, bribonada.

CURA sacerdote, eclesiástico, clérigo, secular, padre, religioso, ungido, preste, abate, capellán, presbítero, canónigo, párroco, coadjutor, ordenado, diácono, subdiácono, misacantano, fraile, monje || tratamiento, régimen, medicación, v. curación.

CURABLE remediable, corregible, reparable, subsanable, evitable.

CURACIÓN alivio, cura, medicación, tratamiento, terapéutica, régimen, salud, medicina, método.

CURADO ahumado, conservado, endurecido, seco, acecinado, salado, curtido || sanado, aliviado, sano, recuperado, rehabilitado, restablecido.

CURADOR cuidador, tutor, procurador, administrador, representante, protector, defensor, preceptor, apoderado, guía || sanador, terapeuta, médico, curandero v.

CURALOTODO * panacea, remedio, triaca, poción, pócima, bálsamo, lenitivo, bebedizo, filtro, sanalotodo, medicina v.

CURANDERO charlatán, sacamuelas, matasanos, intruso, impostor, medicastro, ensalmador, brujo, hechicero.

Curar sanar, aliviar, tratar, medicar, administrar, recetar, atender, vigilar, cuidar, mejorar, rehabilitar, restablecer, reanimar, reponer, vendar, enjuagar, limpiar, desinfectar || acecinar, salar, secar, conservar, ahumar, curtir || Curarse convalecer, sanar, aliviarse, recuperarse, restablecerse, rehabilitarse, mejorarse.

Curativo restablecedor, rehabilitador, reanimador, benéfico, beneficioso, sano, saludable, higiénico, bueno, favorable.

Curato parroquia, vicaría, feligresía, jurisdicción, territorio, demarcación.

Curazao curasao, licor, bebida.

Cúrcuma jengibre, raíz, rizoma, planta, resina, condimento, curry.

Curda borrachera, embriaguez, alcoholismo, ebriedad, mona, merluza, dipsomanía, cogorza, beodez, turca, temulencia, tranca, tablón, moña, melopea, tajada, manta, delirium tremens.

Cureña armón, armazón, soporte, cureñaje, banco, bastidor, tronera, encabalgamiento.

Curia congregación, tribunal, nunciatura, concilio, rota, cancillería, administración, gobierno, iglesia.

Curial funcionario, empleado, escribano, alguacil, ujier.

Curiosear husmear, escudriñar, fisgonear, espiar, olfatear, fisgar, atisbar, entremeterse, huronear, olisquear, indagar, buscar, averiguar.

Curiosidad intriga, interés, atención, sugestión, atracción, indiscreción, extrañeza, admiración, anhelo, ansia, gana, deseo, sorpresa, expectación, expectativa || fisgoneo, huroneo, indagación, investigación, averiguación, búsqueda || pulcritud, limpieza, aseo, esmero, cuidado, primor.

Curioso indiscreto, fisgón, cotilla, entremetido, impertinente, importuno, descarado, intruso, incauto, oficioso, imprudente, preguntón, indagador, investigador || pulcro, aseado, limpio, esmerado, primoroso.

Curriculum vitæ hoja de servicios, antecedentes, historial, informes, datos.

Curro v. majo.

Currusco * v. cuscurro.

Currutaco presumido, lechuguino, pisaverde, gomoso, caballerete, figurín, petimetre, dandy, pollo pera.

Cursado versado, acostumbrado, habituado, curtido, perito, experimentado.

Cursar estudiar, asistir, seguir, frecuentar, preparar, instruirse, aplicarse, cultivar, repasar, empollar, aprender, practicar || tramitar, diligenciar, expedir, otorgar, conceder, firmar, entregar.

Cursi ñoño, afectado, amanerado, rebuscado, artificioso, fingido, estudiado, ridículo, extravagante, presuntuoso, pretencioso, chabacano, vulgar, charro, ordinario.

Cursilería afectación, ñoñería, amaneramiento, fingimiento, artificio, pretensión, presunción, extravagancia, ridiculez, chabacanería, vulgaridad, ordinariez.

Cursillista estudiante, alumno, asistente.

Cursillo curso breve, conferencias, temas, repaso, preparación, preparatorio, perfeccionamiento.

Cursiva bastardilla, letra, carácter, tipo.

Curso dirección, trayectoria, recorrido, transcurso, camino, ruta, rumbo, derrotero, destino, itinerario, sentido || orientación, tendencia, marcha, giro, sesgo, corriente || disciplina, materia, asignatura, texto, tratado, estudio, teoría, enseñanza || año, período, término, grado, ciclo, lapso || divulgación, circulación, difusión, extensión, propagación.

Curtido baqueteado, experimentado, ejercitado, experto, avezado, ducho, aguerrido, zarandeado, acostumbrado, encallecido, endurecido, ajetreado, aperreado, entrenado || tostado, bronceado,

atezado, moreno, quemado || cuero, piel, pellejo, corteza.
CURTIEMBRE tenería, curtiduría, taller.
CURTIMIENTO costumbre, encallecimiento, endurecimiento, entrenamiento, ejercicio, experiencia.
CURTIR adobar, aderezar, preparar || CURTIRSE: acostumbrarse, endurecerse, ajetrearse, entrenarse, aperrearse, baquetearse, ejercitarse, avezarse, aguerrirse, encallecerse || broncearse, tostarse, atezarse, quemarse, ennegrecerse, asolearse.
CURVA arco, línea, elipse, órbita, circunferencia, alabeo, espira, espiral, vuelta, sinusoide, parábola, onda, rodeo, alabeo, hélice, torsión, desviación, v. curvatura.
CURVADO v. curvo.
CURVAR torcer, encorvar, v. curvatura.
CURVATURA curva v., torsión, sinuosidad, encorvamiento, encorvadura, nodulación, tortuosidad, comba, combadura, pandeo, alabeo, arqueo, vencimiento, doblamiento, inflexión, torsión, desviación, torcido, contorsión, rizo, rosca, voluta, sortija, escorzo, alunamiento, concavidad, convexidad, revuelta, arrufadura, recodo, abarquillamiento.
CURVILÍNEO v. curvo.
CURVO encorvado, sinuoso, corvo, curvilíneo, torcido, pandeado, combado, tortuoso, ondulado, doblado, vencido, arqueado, alabeado, enroscado, rizado, ensortijado, contorsionado, desviado, cóncavo, convexo, abarquillado, arrufado, espiral, circular, redondo.

CUSCURRO mendrugo, corrusco, cantero, zoquete, trozo.
CÚSPIDE cima, pico, vértice, cresta, aguja, culmen, cabezo, altura, teso, lomo, copete, elevación, remate, divisoria, cumbrera, corona || culminación v.
CUSTODIA vigilancia, cuidado, guardia, defensa, protección, salvaguardia, escolta, guardería, conservación, amparo, resguardo, atención, celo, desvelo || sagrario, tabernáculo.
CUSTODIADO vigilado, guardado, cuidado, escoltado, protegido, v. custodiar.
CUSTODIAR proteger, vigilar, defender, guardar, cuidar, salvaguardar, escoltar, amparar, conservar, resguardar, atender, desvelarse, depositar, velar.
CUSTODIO guardián, protector, depositario, vigilante, defensor, guardia, cuidador, conservador, escolta.
CUTÁNEO dérmico, epidérmico, superficial, externo.
CUTÍCULA epidermis, pellejo, piel, película, cáscara, corteza, recubrimiento, membrana, cubierta.
CUTIR percutir, golpear, batir, aporrear.
CUTIS piel, dermis, epidermis, pellejo, tez, superficie, exterior.
CUTRE avaro, tacaño, miserable, agarrado, mezquino, cicatero, roñoso, ruin, sórdido, usurero.
CUZCO gozque, perrillo, cachorro, cachorrillo.
CZAR zar, emperador, soberano ruso.
CZARINA zarina, emperatriz, soberana rusa.

CH

Chabacanada v. chabacanería.
Chabacanamente vulgarmente, ordinariamente, ramplonamente, v. chabacano.
Chabacanería ordinariez, vulgaridad, tosquedad, ramplonería, chocarrería, inelegancia, tópico, insubstancialidad, simpleza, trivialidad, necedad, tosquedad, incorrección.
Chabacano ramplón, vulgar, ordinario, tosco, rústico, basto, charro, chocarrero, chanflón, grosero, pedestre, ridículo, simple, insubstancial, tópico, inelegante, incorrecto, necio, trivial, absurdo.
Chabola choza, chamizo, cabaña, refugio, cobijo, barraca, barracón, tugurio, antro, casucha, casilla, chozo, bohío, garabito, garita.
Chacina cecina, tasajo, salazón, adobo, carnaje, charqui, mojama, carne salada, carne ahumada, carne curada.
Chacinería tienda, embutidos, conservas de carne, comercio.
Chacó ros, morrión, quepis, teresiana, gorra.
Chacota burla, befa, broma, chanza, chasco, chunga, chuscada, cachondeo, guasa, pitorreo, remedo, mofa, pulla, zumba, sátira, chirigota, camama, choteo, escarnio, zaherimiento, sarcasmo, desaire, bulla, jarana, alegría, jolgorio.
Chacotear bromear, chancear, pitorrearse, chunguearse, guasearse, burlarse, chasquear, cachondearse, remedar, mofarse, satirizar, chotear, escarnecer, desairar, zaherir, jaranear, divertirse, reírse, gritar.
Chacotero burlón, guasón, chungón, chancero, bromista, satírico, escarnecedor, zaheridor, jaranero, divertido, gritón, chufletero, jacarero, zumbón.
Chacra granja v., finca, propiedad.
Chacha niñera, nodriza, aya, tata, ama de cría, ama seca, criada, muchacha, sirvienta, moza, doncella, fámula, maritornes, doméstica, servidora, asistenta, camarera.
Cháchara charla, verborrea, palabrería, trápala, charlería, charlatanería, palique, broza, picoteo, palabreo, garla, locuacidad, charloteo, parloteo, labia, verbosidad, facundia, monserga, retahíla, garrulería, verba.
Chacharear charlar, charlatanear, charlotear, parlotear, cascar, badajear, garlar, parlar, picotear, v. cháchara.
Chafaldita broma, burla, chanza, chasco, chunga, guasa, v. chacota.
Chafalditero bromista, burlón, chancero, v. chacotero.
Chafallar chapucear, remendar, corcusir, frangollar, guachapear, reparar sin arte.
Chafallo chapuza, remiendo, pegote, corcusido, chambonada, tosquedad, imperfección, pifia, buñuelo, churro, plepa, frangollo, chapucería, tosquedad, torpeza.
Chafallón chambón v., chapucero, remendón, frangollón, zarramplín, tosco, torpe.

Chafandín fatuo, vanidoso, pomposo, engreído, vano, hinchado, necio.

Chafar aplastar, despachurrar, prensar, machacar, reventar, cachifollar, apisonar, escachar, estrujar, destripar, pisotear, achatar, arrugar, deslucir.

Chafardero * cotilla, v. chismoso, entremetido.

Chafarote sable, mandoble, montante, espadón, charrasca, espada, machete, alfanje, arma blanca.

Chafarrinada borrón, mancha, tiznón, chafarrinón, lámpara, pringón, mácula, manchón, lamparón, churrete, señal, suciedad, chapuza, chapucería, chafallo, pegote.

Chafarrinar manchar, emborronar, ensuciar, embadurnar, pringar, tiznar, chapucear, deslucir, ajar, churretear.

Chafarrinón v. chafarrinada.

Chaflán bisel, ángulo, esquina, corte, ochava, borde, filo, cara, achaflanadura, arista, sesgo, oblicuidad.

Chaflanear biselar, cortar, achaflanar, ochavar, sesgar.

Chagrín * zapa, cuero, pellejo, piel trabajada.

Chaira cuchilla, hoja, cuchillo, lezna, trinchete.

Chaise-longue * cama turca, hamaca, sofá, diván, catre, yacija.

Chal paño, pañuelo, pañoleta, mantón, manteleta, abrigo, manto, serenero, esclavina.

Chalado guillado, ido, chiflado, trastornado, excéntrico, tocado, perturbado, estrafalario, estrambótico, descentrado, extravagante, maniático, loco v., pasmado, alelado, atontado, pasmarote || enamorado, acaramelado, amartelado, seducido, encariñado, atontado.

Chaladura enamoramiento, amartelamiento, ceguera, extravagancia, v. chalado.

Chalán tratante, traficante, negociante, mercader de bestias.

Chalana lancha, barca, barcaza, chata, gabarra, embarcación v., lanchón, bote, chalupa, chinchorro.

Chalanear traficar, tratar, negociar, cambalachear, comprar, vender.

Chalanería cuquería, astucia, ardid, maña, fullería, treta, engaño.

Chalarse enamorarse, enloquecer, chiflarse, alelarse, derretirse, acaramelarse, trastornarse.

Chalé villa, chalet, hotelito, hotel, casa, casita, finca, quinta, propiedad, casa de recreo.

Chaleco jubón, almilla, prenda, ropilla, chaquetilla.

Chalet v. chalé.

Chalina corbata, pañuelo, lazo, prenda.

Chalupa bote, lancha, chinchorro, barca, canoa, falúa, batel, balandra, trainera, esquife, embarcación v.

Chamarilero trapero, ropavejero, prendero, mercachifle.

Chamarra zamarra, chaquetón, pelliza, abrigo.

Chamba chiripa, suerte, fortuna, azar, casualidad, potra, coincidencia, acierto, bamba, bambarria, acaso.

Chambelán camarlengo, gentilhombre, camarero, ayudante, ayuda de cámara, mayordomo.

Chambergo chapeo, fieltro, flexible, sombrero v.

Chambón torpe, desmañado, tosco, obtuso, aturdido, modorro, tardo, chafallón, chapucero, frangollón, inepto, calamidad.

Chambonada desacierto, torpeza, barbaridad, chapucería, ineptitud, error, tropiezo || chiripa, casualidad, potra, suerte, coincidencia, chamba v.

Chambra camisón, blusa, camisa, vestidura, blusón.

Chamizo choza, cabaña, refugio, chabola, cobijo, barraca, barracón, casucha, casilla, chozo, bohío, garabito, tugurio, tabuco, cuchitril, cueva.

Chamorro pelado, esquilado, trasquilado, recortado, pelón.

CHAMPAGNE * v. champaña.
CHAMPÁN barco, navío chino, junco, sampán || v. champaña.
CHAMPAÑA vino espumoso, bebida alcohólica, champán, champagne.
CHAMPIÑÓN seta, hongo, talófita, agárico.
CHAMPÚ detergente, jabón, líquido jabonoso.
CHAMUSCADO tostado, socarrado, quemado, pasado, ahumado, dorado, torrado, soflamado.
CHAMUSCAR tostar, socarrar, quemar, ahumar, dorar, pasar, torrar, soflamar.
CHAMUSQUINA zapatiesta, alboroto, camorra, riña, disputa, tremolina, zipizape, trifulca, cisco, pelotera || tostadura, quemadura, chamuscadura.
CHANADA chasco, superchería, engaño, bribonada, pillería, trampa.
CHANCE * ocasión, oportunidad, suerte.
CHANCEAR bromear, chasquear, chacotear, zumbar, divertirse, jaranear, alegrarse, burlarse, mofarse, reírse, zaherirse, befarse, embromar.
CHANCERO burlón, juguetón, bromista, chacotero, jaranero, alegre, divertido, chistoso, gracioso.
CHANCILLERÍA tribunal, juzgado, audiencia, corte.
CHANCLA v. chancleta.
CHANCLETA zapatilla, chancla, babucha, pantufla, chinela, zapatón, sandalia, alpargata, chapín.
CHANCLO galocha, v. chancleta.
CHANCRO úlcera, llaga, lesión, enfermedad venérea, sífilis.
CHANCHO puerco, cerdo, marrano, cochino, gorrino, sucio, desastrado.
CHANCHULLO pastel, embrollo, manejo, maniobra, mangoneo, amaño, artimaña, manipulación, lío, trampa.
CHANFLÓN torpe, v. chafallón.
CHANSONNIER * cantante v.
CHANTAJE extorsión, amenaza, conminación, timo, exigencia, coacción, estafa, coerción, imposición, intimidación, abuso, apremio, violencia, compulsión, delito.
CHANTAJEAR * extorsionar, amenazar, intimidar, coaccionar, hacer chantaje.
CHANTAJISTA timador, estafador, abusador, delincuente, petardista, embaucador, bribón, tramposo.
CHANTAR clavar, espetar v., cantar, lanzar, decir, enjaretar.
CHANTILLÍ crema, nata batida, chantilly.
CHANTRE jefe de coro, director de coro, dignatario, dignidad catedralicia.
CHANZA burla, befa, chasco, diversión, zumba, chacota, zaherimiento, risa, mofa, broma, chunga, chuscada, pulla, pitorreo, cachondeo, guasa, sarcasmo, escarnio, choteo, chirigota, desaire.
CHAPA plancha, lámina, placa, hoja, laminilla, palastro, tabla, lata.
CHAPADO laminado, chapeado, recubierto, forrado, bañado, dorado, plateado, niquelado, cromado || CHAPADO (A LA ANTIGUA) apegado, habituado, estancado, anticuado, conservador.
CHAPALEAR chapotear v.
CHAPALEO chapoteo v.
CHAPAR laminar, recubrir, forrar, bañar, dorar, platear, niquelar, cromar, v. chapear.
CHAPARRAL bosquecillo, monte, espesura, breña, matorral, zarzal, coscojal.
CHAPARRO rechoncho, rollizo, grueso, retaco, bajo, enano.
CHAPARRÓN chubasco, aguacero, tromba, diluvio, nubarrada, borrasca, temporal, tormenta, nubada, turbonada, galerna, turbión, lluvia, inclemencia, tempestad.
CHAPATAL cenagal, lodazal, fangal, barrizal, pantano, ciénaga, tremedal, charca, laguna, poza, marjal.
CHAPEADO laminado, blindado, forrado, recubierto, enchapado, calandrado, afinado, adelgazado, v. chapado.

CHAPEAR blindar, forrar, recubrir, proteger, defender, enchapar, laminar, calandrar, afinar adelgazar, batir, v. chapar.

CHAPEO chambergo, fieltro, flexible, sombrero v.

CHAPERÓN capucha, caperuza, chapirón, cogulla, capuchón, capuz, capirote.

CHAPÍN chanclo, chancleta, zueco, zapatilla, galocha, v. zapato.

CHAPITEL capitel, coronamiento, ábaco, extremidad, adorno, remate, acanto.

CHAPOTEAR chapalear, batir, salpicar, rociar, mojar, juguetear, esparcir, regar, duchar.

CHAPOTEO chapaleo, salpicadura, rociadura, mojadura, jugueteo, riego, ducha.

CHAPUCEAR chafallar, remendar, pegotear, corcusir, frangollar, reparar sin arte, guachapear.

CHAPUCERAMENTE chambonamente, deficientemente, torpemente, desmañadamente, inadecuadamente, v. chapucero.

CHAPUCERÍA pegote, remiendo, frangollo, corcusido, churro, pifia, deficiencia, torpeza, chafallo, chambonada, tosquedad, imperfección, plepa.

CHAPUCERO chambón, chafallón, frangollón, remendón, tosco, imperfecto, torpe, inepto, despreocupado, informal, desastroso, calamidad.

CHAPURRAR v. chapurrear.

CHAPURREAR farfullar, barbotar, embrollar, embarullar, confundir, chapucear, desfigurar, deshacer, estropear el idioma.

CHAPUZA v. chapucería.

CHAPUZARSE zambullirse, sumergirse, bucear, somorgujar, hundirse, mojarse, remojarse, ducharse, rociarse, chapotear, chapalear, batir, juguetear, esparcir, rociar, salpicarse, bañarse, nadar.

CHAPUZÓN remojo, baño, ducha, buceo, mojadura, rociadura, chapoteo, chapaleo, salpicadura, natación, zambullida, inmersión.

CHAQUÉ levita, frac, *smoking*, levitón, traje de etiqueta, traje de ceremonia.

CHAQUETA americana, cazadora, chaquetón, prenda, v. chaquetilla.

CHAQUETEAR desertar, traicionar, aprovecharse, cambiar.

CHAQUETERO * aprovechado, pancista, deshonesto, infiel, traidor, desleal, desertor, oportunista.

CHAQUETILLA torera, bolero, guayabera, chaleco, prenda, v. chaqueta.

CHAQUETÓN zamarra, pelliza, cazadora, gabán, abrigo, prenda.

CHARADA acertijo, enigma, jeroglífico, adivinanza, pasatiempo, crucigrama, rompecabezas, entretenimiento, misterio, incógnita.

CHARANGA murga, banda, comparsa, conjunto, orquestina, grupo musical, agrupación militar.

CHARANGUERO v. chapucero.

CHARCA v. charco.

CHARCO poza, charca, balsa, hoyo, bache, cenagal, pecinal, cavidad, barrizal, lodazal, fangal, laguna.

CHARCUTERÍA * salchichería, tocinería, chacinería, tienda, comercio, embutidos, salazones, conservas.

CHARLA coloquio, plática, diálogo, parlamento, tertulia, entrevista, conversación, parloteo, charloteo, cháchara, verborrea, parla, parlería, palabrería, palabreo, secreteo, murmullo, cuchicheo.

CHARLAR conversar, dialogar, parlamentar, platicar, discutir, entrevistarse, parlotear, chacharear, charlotear, parlar, murmurar, cuchichear, secretear, charlatanear, garlar, badajear, picotear, cascar, rajar, despepitarse.

CHARLATÁN cotorra, bocazas, parlanchín, verboso, facundo, gárrulo, locuaz, lenguaraz, extravertido, murmurador, cotilla, hablador, sacamuelas, badajo, indiscreto, inoportuno, oficioso, entremetido, impertinente, descarado, necio, incauto, hablador, parlero, embaucador v.

CHARLATANEAR v. charlar.
CHARLATANERÍA verborrea, charlatanismo, locuacidad, parlería, verbosidad, labia, retahíla, broza, monserga, facundia, filatería, garrulería, palabreo, fraseología, decideras, desparpajo, verba, cotillería, murmuración, indiscreción, oficiosidad, entremetimiento, impertinencia, necedad, descaro.
CHARLATANISMO v. charlatanería.
CHARLISTA * conferenciante, conferencista.
CHARNELA bisagra, gozne, articulación, unión, juego, charneta, pernio.
CHARNETA v. charnela.
CHAROL barniz, brillo, lustre, brillantez, relumbro, piel, cuero, superficie.
CHAROLADO lustroso, lustrado, brillante, reluciente, tratado, barnizado.
CHAROLAR lustrar, abrillantar, barnizar, recubrir, tratar, aplicar, relucir.
CHARRADA ordinariez, vulgaridad, tosquedad, grosería.
CHARRÁN tunante, pillo, sinvergüenza, pícaro, perillán, mangante, trapisondista, bribón, tramposo, truhán, canalla, granuja, astuto, ladino.
CHARRANADA tunantada, pillería, picardía, v. charrán.
CHARRASCA sable, espadón, mandoble, chafarote v. || faca, navaja, machete.
CHARRETERA hombrera, pala, galón, trencilla, divisa, distintivo, insignia, alamar, cordón, fleco.
CHARRO basto, tosco, ordinario, vulgar, plebeyo, recargado, chillón, chabacano, cursi, rústico, barroco, estridente, profuso, estrambótico, exuberante, ridículo, inelegante.
CHASCAR v. chasquear.
CHASCARRILLO chiste, historieta, cuento, anécdota, agudeza, relato, broma, lance, fábula, hablilla, equívoco, ocurrencia.

CHASCO decepción, plancha, error, desilusión, desencanto, desengaño, sorpresa, burla, engaño, broma, desaire, fiasco, coladura, metedura, chambonada, ridículo, pifia, desacierto, equivocación.
CHASIS bastidor, armazón, montura, soporte, sostén, base, plancha, caja.
CHASQUEADO desilusionado, decepcionado, desencantado, errado, desairado, embromado, engañado, burlado, sorprendido, atónito, desengañado, ridículo, chambón, colado, desacertado, equivocado.
CHASQUEAR errar, desencantar, decepcionar, desilusionar, sorprender, burlar, engañar, embromar, desairar, equivocar, desacertar, colar, ridiculizar, desengañar || restallar, crujir, crepitar, traquetear, rechinar, chirriar, estallar, sonar, resonar, repercutir.
CHASQUIDO estallido, crujido, crepitación, rechinamiento, chirrido, sonido, traquido, rumor.
CHATA v. chato || orinal, bacín, receptáculo, recipiente, bacinilla.
CHATARRA hierro viejo, metal usado, desperdicios, desechos, escoria.
CHATEDAD calidad de chato v.
CHATO romo, plano, liso, raso, aplastado, nacho, chingo, braco, desnarigado, de nariz respingona, levantada, arremangada, menuda, pequeña.
CHAUVINISMO * patriotería, fanatismo, intransigencia, xenofobia, apasionamiento, ceguera, fervor, intolerancia, sectarismo.
CHAUVINISTA * patriotero, v. *chauvinismo*.
CHAVAL * chico, chiquillo, muchacho, niño, mozo, joven, pequeño, crío, rapazuelo, arrapiezo.
CHAVETA clavija, remache, clavo, pasador, espiga, eje, hierro, pieza || juicio, cordura, sensatez, seso, cabeza, prudencia, equilibrio.
CHECOESLOVACO * v. checoslovaco.

Chef * cocinero, jefe de cocina.
Chef d'oeuvre * obra maestra, obra de arte.
Cheik * jeque, jefe, régulo musulmán.
Chelo * violoncelo, violonchelo.
Chepa joroba, corcova, giba, bulto, cifosis, lordosis, deformidad, deformación.
Cheque talón, vale, bono, comprobante, libranza, pago, documento, orden, mandato de pago.
Chequeo * examen, exploración, control, reconocimiento médico.
Chic * elegante, distinguido, gracioso || elegancia, gracia, distinción.
Chica muchacha, moza, joven, señorita, chiquilla, adolescente, doncella, virgen, zagala || criada, sirvienta, camarera, doncella, maritornes, asistenta, fámula, servidora, doméstica, niñera.
Chicarrón mozallón, mozancón, joven robusto, fuerte, crecido, vigoroso.
Chicle goma, masticable, masticatorio, golosina.
Chico muchacho, pequeño, chicuelo, chiquillo, criatura, impúber, crío, hijo, niño, descendiente, vástago, retoño, gurrumino, galopín, chavea, chaval, pituso, rapaz, arrapiezo, mocoso, infante, braguillas, angelito, nene, rorro, bebé, párvulo, mozo v., angelote || bajo, minúsculo, pequeño, insignificante, retaco, corto, escaso, reducido, exiguo, limitado, poco, insuficiente, mezquino, deficiente, menguado, menudo, achaparrado, parvo, esmirriado.
Chicolear piropear, requebrar, halagar, elogiar, galantear, camelar, chichisbear, lisonjear, florearse, decir, arrullar, galantear, cortejar, enamorar.
Chicoleo piropo, requiebro, galantería, elogio, donaire, halago, dicho, flor, madrigal, lisonja, chichisbeo, camelo, arrullo, arrumaco.
Chicoria achicoria, sucedáneo, torrefacto, mezcla, café.

Chicote cuerda, cabo, soga, cordel.
Chicuelo v. chico.
Chicha bebida fermentada, bebida alcohólica || Chichas: carnes, carnadura, magro, músculo, grasa, gordura, humanidad, bulto.
Chicharra cigarra, insecto, ortóptero || cotorra, parlanchín, hablador, charlatán v.
Chicharro jurel, pescado, pez.
Chicharrón torrezno, coscurro, manteca derretida, sebo fundido, quemado, requemado, tostado.
Chichisbear galantear, cortejar, enamorar, discretear, requebrar, v. chicolear.
Chichisbeo cortejo, galanteo, discreteo, requiebro, v. chicoleo.
Chichón bulto, hinchazón, golpe, bollo, tumefacción, tolondro, bodoque, burujón, protuberancia, inflamación.
Chichonera gorro, protección, protector, frentera.
Chifla rechifla, silba, pitidos, desaprobación, abucheo, repudio.
Chiflado chalado, trastornado, ido, guillado, estrambótico, estrafalario, perturbado, tocado, excéntrico, descentrado, extravagante, maniático, loco v., pasmado, alelado, atontado, pasmarote, caprichoso, necio || enamorado v.
Chifladura manía, monomanía, chaladura, guilladura, trastorno, excentricidad, perturbación, extravagancia, locura v., alelamiento, atontamiento, capricho, necedad, fantasía, originalidad.
Chiflar silbar, pitar, rechiflar, desaprobar, repudiar || mofarse, burlarse, ridiculizar, escarnecer, v. chiflarse || Chiflarse: enamorarse, atontarse, embobarse, alelarse, chalarse, acaramelarse, prendarse, pirrarse, derretirse, enloquecer, trastornarse, perturbarse, perder la razón, perder el seso.
Chiflido silbido, pitido.
Chiflo silbato, pito, chifle, chiflete.
Chiffonnier * cómoda, tocador, mueble.

CHILABA albornoz, manto, prenda mora, capote, capuz morisco.
CHILE ají, pimiento, guindilla, chiltipiquín.
CHILINDRINA menudencia, pequeñez, bagatela, fruslería || anécdota, chiste, chascarrillo, broma, dicho, chasco.
CHILINDRINERO chirigotero, bromista, chistoso, ocurrente, gracioso, dicharachero, chispeante, jocoso.
CHI LO SA * ¡quién lo sabe!, ¡vaya usted a saber!
CHILLAR vocear, vociferar, gritar, increpar, ulular, bramar, aullar, desgañitarse, clamorear, exclamar, tronar, baladrar, llamar, escandalizar, atronar, alborotar, protestar, gruñir, gañir, rugir, abuchear, desaprobar, rechiflar, repudiar.
CHILLIDO grito, alarido, aullido, voz, vociferación, bramido, exclamación, lamento, queja, llamada, escándalo, alboroto, protesta, abucheo, rugido, gañido, gruñido, repudio, desaprobación, rechifla, baladro.
CHILLÓN vocinglero, gritón, alborotador, vociferante, aullador, bramador, escandalizador, gruñidor, abucheador, berreón, llorón, quejica || barroco, charro, sobrecargado, abigarrado, estridente, vulgar, ordinario || agudo, penetrante, aflautado, alto, estentóreo, potente, fuerte, fino, punzante.
CHIMENEA fogón, hogar, hogaril, fogaril, estufa, conducto, evacuación, tubo, cañón, escape de humos.
CHIMPANCÉ mono, primate, cuadrúmano, antropoide, antropomorfo, gorila, orangután.
CHINA guijarro, piedrecilla, canto, esquirla, trozo, fragmento || porcelana, loza, cerámica, mayólica, caolín, vidriado.
CHINCHAR fastidiar, incomodar, molestar, importunar, irritar, encocorar, disgustar, cansar.
CHINCHE hemíptero, insecto, sabandija, parásito, bicho, bicharraco || clavito, chincheta, tachuela.
CHINCHETA * clavito, chinche, tachuela.
CHINCHILLA roedor, mamífero, piel.
CHINCHORRERÍA impertinencia, pesadez, engorro, molestia, incomodidad, minucia, pejiguera, pesadez, fastidio, contrariedad, tabarra, lata || chisme, cuento, habladuría, cotillería, necedad, falsedad.
CHINCHORRERO pelma, pesado, pelmazo, cargante, chinche, impertinente, fastidioso, cuentista, cotilla, chismoso, comadrero.
CHINCHORRO bote, lancha, chalupa, canoa, batel, esquife, barquichuela, piragua, embarcación v.
CHINCHOSO v. chinchorrero.
CHINELA chapín, zapatilla, chancleta, sandalia, chanela, alpargata, babucha, zapato, calzado.
CHINGAR errar, fracasar, fallar, frustrar, malograr, pifiar, marrar, faltar.
CHINO oriental, amarillo, asiático, mongólico, enigmático.
CHIPÉN estupendo, magnífico, soberbio, espléndido, maravilloso, fantástico, superior || bullicio, alegría, jolgorio, animación.
CHIPIRÓN calamar, pulpo, cefalópodo, marisco.
CHIQUERO pocilga, cochiquera, zahurda, establo, porqueriza, cuchitril, cuadra, toril.
CHIQUILICUATRO mequetrefe, muñeco, títere, trasto, zascandil, fantoche, monicaco, insignificante, ridículo, informal, badulaque, botarate, tarambana.
CHIQUILLADA niñería, travesura, necedad, bobada, puerilidad, bagatela, futilidad, minucia, tontería, pamplina, monada, trivialidad, ingenuidad.
CHIQUILLERÍA v. chiquillada.
CHIQUILLO niño, crío, chico, pequeño, muchacho, rapaz, criatura, gurrumino, galopín, arrapiezo, pituso, chaval, mocoso, infante, nene, rorro, párvulo, angelito.
CHIRIBITA chispa, pavesa, centella,

favila, charamusca, partícula.
CHIRIBITIL cuchitril, desván, buhardilla, cuartucho, tabuco, tugurio, zahurda, antro, covacha, cubículo, rincón, escondrijo.
CHIRIGOTA cuchufleta, burla, broma, guasa, chasco, zumba, chacota, chufla, chuscada, mojiganga.
CHIRIGOTERO bromista, guasón, zumbón, chacotero, chusco, burlón, jaranero.
CHIRIMBOLO bártulo, chisme, cacharro, cachivache, utensilio, trebejo, útil, objeto, enser, trasto.
CHIRIMÍA clarinete, flauta, flautín, instrumento de viento.
CHIRIPA chamba, suerte, potra, fortuna, azar, casualidad, coincidencia, acierto, bamba, bambarria, acaso.
CHIRIPERO afortunado, favorecido, agraciado, venturoso.
CHIRLA almeja, molusco, bivalvo.
CHIRLE insulso, insípido, insubstancial, soso.
CHIRLO herida, incisión, corte, tajo, golpe, cicatriz, señal, marca, costurón.
CHIRONA prisión, cárcel, encierro, calabozo, mazmorra, gayola, trena, galera, ergástula, presidio.
CHIRRIANTE rechinante, estridente, destemplado, chirriador.
CHIRRIAR crujir, chillar, crepitar, rechinar, ludir, chasquear, quejarse, resonar.
CHIRRIDO crujido, chillido, crepitación, chasquido, rechinamiento, ruido, quejido, sonido, estridencia.
CHIRUMEN caletre, cacumen, talento, sesos, meollo, inteligencia, cabeza, capacidad.
CHISGARABÍS v. chiquilicuatro.
CHISGUETE trago, buche, chorro, chorrito.
CHISME murmuración, hablilla, comadreo, cuento, cotilleo, bulo, lío, maraña, enredo, historial, intriga, patraña, parlería, invención, chinchorrería, habladuría, comidilla, fábula, insidia, calumnia || trasto, bártulo v.
CHISMEAR comadrear, cotillear, hablar, murmurar, parlar, intrigar, enredar, enmarañar, liar, chinchorrear, inventar, calumniar, embolismar, charlatanear, cotorrear, azuzar.
CHISMORREAR v. chismear.
CHISMORREO v. chisme.
CHISMOSO cotilla, murmurador, hablador, intrigante, enredador, lioso, chinchorrero, comadre, calumniador, embolismador, charlatán, cotorra, bocazas, azuzón, maldiciente, cizañero, cuentero, correveidile, infundioso.
CHISPA pavesa, chiribita, centella, favila, charamusca || partícula, pizca, menudencia, gota, átomo, molécula, corpúsculo || rayo, centella, descarga, exhalación, relámpago.
CHISPAZO chisporroteo, fogonazo, llamarada, destello, centelleo, fulgor, brillo, lumbre, relumbrón, luz, combustión, viso, resplandor, contacto, corto circuito.
CHISPEANTE fulgurante, brillante, destelleante, centelleante, chisporroteante, resplandeciente, refulgente, relumbrante || ingenioso, agudo, ocurrente, expresivo, incisivo, vivaz, penetrante, gracioso.
CHISPEAR refulgir, fulgurar, destellear, centellear, chisporrotear, resplandecer, relumbrar || gotear, lloviznar, salpicar, mojar, llover.
CHISPERO majo, chulo, curro, herrero.
CHISPORROTEAR v. chispear.
CHISPORROTEO v. chispazo.
CHISQUERO encendedor, mechero, chisque, esquero, mecha, eslabón, pedernal.
CHISTAR llamar, chitar, silbar, reclamar, atraer la atención.
CHISTE chascarrillo, anécdota, historieta, cuento, agudeza, relato, broma, lance, fábula, hablilla, equívoco, ocurrencia, ingeniosi-

dad sutileza, chanza, chasco, burla, truco, salida, dicho, gracia.

Chistera sombrero de copa, galera, clac, bombín, hongo.

Chistoso gracioso, agudo, bromista, ocurrente, ingenioso, sutil, chancero, burlón, decidor, donoso, chusco, humorista, alegre, simpático.

Chita callando (A la) cautelosamente, silenciosamente, disimuladamente, ocultamente, veladamente, solapadamente, secretamente, sigilosamente, calladamente.

¡Chitón! ¡silencio!, ¡callad!, ¡chis!, ¡chito!, ¡a callar!

Chiva v. chivo.

Chivarse * delatar, acusar, denunciar, revelar, soplar, calumniar, descubrir, confesar, declarar.

Chivatazo soplo, delación, denuncia, confidencia.

Chivato * delator, soplón, cuentista, confidente, denunciante, acusón, calumniador || cabrito, v. chivo.

Chivo cabrito, cabritillo, choto, chivato, chivatero, cabrón, macho cabrío.

Chocante extraño, singular, sorprendente, original, raro, exótico, desusado, peregrino, extravagante, ridículo, absurdo, anormal, gracioso, insólito.

Chocar toparse, encontrarse, tropezar, colisionar, golpear, trompicar, percutir, batir, pegarse, darse, precipitarse, tocarse || enfrentarse, discutir, pelear, reñir, disputar, combatir, luchar, disgustarse, enojarse, arremeter, enfadarse, oponerse.

Chocarrería chiste, vulgaridad, grosería, payasada, bufonada, ordinariez, chascarrillo, burla, zumba.

Chocarrero guasón, vulgar, ordinario, grosero, payaso, gracioso, chistoso, bufón, zumbón, burlón.

Chocolate cacao y azúcar, golosina, dulce, libra, pastilla, tableta, bombón, chocolatín.

Chocolatín bombón, tableta, pastilla, chocolatina, v. chocolate.

Chocha becada, agachadiza, becacina, becardón, zancuda, ave, gallineta.

Chochear flaquear, aflojar, ceder, decaer, debilitarse, claudicar, confundirse, atolondrarse, atontarse, alelarse, despistarse, caducar, errar || minar, exagerar.

Chochera v. chochez.

Chochez senilidad, imbecilidad, atontamiento, alelamiento, vejez, decrepitud, senectud, caducidad, vetustez, ocaso, claudicación, debilitamiento.

Chocho senil, decrépito, vetusto, caduco, viejo, claudicante, valetudinario, atontado, alelado, lelo, atolondrado, despistado.

Chófer conductor, cochero, guía, taxista, piloto, automovilista, mecánico.

Cholo indio, mestizo, cruzado, mixto, chino.

Cholla testa, cachola, mollera, coco, molondra, cabeza, cráneo.

Chopo álamo negro, árbol.

Choque colisión, encontronazo, topetazo, golpe, embate, trompicón, percusión, tropezón, encuentro, trompada, abordaje, tropiezo, caída, sacudida, rebote || enfrentamiento, discusión, conflicto, oposición, riña, lucha, enojo, combate, pelea, reyerta, batalla || v. conmoción.

Choquezuela rótula, rodilla, hueso, articulación.

Chorizo embutido, chacina, embuchado, salchicha, salchichón, morcilla, butifarra, longaniza, mortadela, sobrasada, morcón, tripa.

Chorlito lelo, distraído, atolondrado, aturdido, botarate, tarambana, irreflexivo || zancuda, ave, pájaro.

Chorreado goteado, pringado, mojado, manchado, churreteado, calado, húmedo, duchado.

CHORREAR gotear, fluir, salir, surgir, brotar, perder, evacuar, vaciar, mojar, humedecer, duchar, pringar, manchar, churretear, calar.

CHORRERA encaje, guarnición, puntilla, adorno, camisola.

CHORRETADA v. chorro.

CHORRO surtidor, vena, hilo, manantial, caño, fuente, agua, salida, efusión, evacuación, pérdida, ducha.

CHOTEARSE burlarse, mofarse, escarnecer, reírse, chancearse, pitorrearse.

CHOTEO pitorreo, burla, chanza, befa, mofa, escarnio, risa, jolgorio, alegría, escándalo.

CHOTIS chotís, baile.

CHOTO chivo, cabrito, cabritillo, chivato, cría, ternero.

CHOZA cabaña, casucha, barraca, tugurio, chabola, bohío, garabito, chozo, casilla, chamizo, cobijo, rancho, pabellón, cobertizo, tienda, huta.

CHOZNO cuarto nieto, hijo del tataranieto, descendiente, sucesor.

CHRISTMAS * tarjeta, felicitación de Navidad.

CHUBASCO aguacero, chaparrón, diluvio, tromba, turbión, nubarrada, galerna, turbonada, nubada, tormenta, temporal, borrasca, tempestad, inclemencia, lluvia.

CHUBASQUERO impermeable, gabardina, trinchera.

CHUCHERÍA nadería, fruslería, menudencia, insignificancia, bagatela, minucia, nonada, pamplina, puerilidad.

CHUCHO gozque, perro, can, cachorro, cuzco.

CHUFA cotufa, tubérculo, rizona, nódulo || horchata, bebida, refresco.

CHUFLETA cuchufleta, zumba, burla, broma, chanza, chacota, guasa, chunga.

CHULA desenvuelta, flamenca, ordinaria, descarada.

CHULADA ordinariez, vulgaridad, descaro, incorrección, grosería, v. chulería.

CHULAPO v. chulo.

CHULEARSE burlarse, embromar, chacotear, chancear, fanfarronear, amenazar, guapear, bravear, presumir, plantarse, jactarse, blasonar.

CHULERÍA desplante, jactancia, fanfarronada, bravata, presunción, amenaza || ordinariez, v. chulada.

CHULETA costilla, carne, tajada, bistec, loncha, lonja || bofetada, tortazo, guantazo, torta, bofetón, sopapo, mojicón, soplamocos, mamporro, revés, pescozón.

CHULO fanfarrón, valentón, jactancioso, presumido, matasiete, farolero, chulapo, bravucón, perdonavidas, guapo, majo, curro, matamoros || rufián, alcahuete, mantenido, mediador, traficante, tratante de blancas.

CHUMACERA soporte, apoyo, sostén, tolete, hueco, pieza.

CHUMBERA tuna, tunera, palera, nopal, tunal, higuera chumba, cacto, planta perenne.

CHUMBO v. chumbera || fruto, higo.

CHUNGA broma, burla, chanza, chacota, zumba, guasa, pulla, pitorreo, ironía.

CHUNGUEARSE burlarse, bromear, chancear, chacotear, zumbar, guasearse.

CHUNGUERO chungón, burlón, bromista, guasón, zumbón, chacotero, chancero, irónico, jocoso, risueño, socarrón.

CHUPADA aspiración, succión, mamada, sorbo, chupete, bebida, absorción, v. chupar.

CHUPADO consumido, extenuado, delgado, flaco, caquéctico, apergaminado, adelgazado, descarnado, macilento, enjuto, esquelético.

CHUPAR succionar, mamar, lamer, chupetear, sorber, beber, extraer, tragar, atraer, sacar, absorber, empapar, embeber || CHUPARSE consumirse, adelgazarse, descarnarse, enflaquecer, apergaminarse, desmedrarse, encanijarse.

CHUPATINTAS oficinista, cagatintas, escribiente, dependiente, ama-

nuense, copista, empleado, pendolista, auxiliar, pasante, escribano, mecanógrafo, contable.
CHUPETE chupador, chupón, goma, pezón.
CHUPETEO succión, chupada, aspiración, absorción, bebida, trago, chupón, extracción, sorbo.
CHUPETÓN v. chupeteo.
CHUPÓN v. chupeteo.
CHURRASCO asado, carne, bistec, chuleta, solomillo, filete.
CHURRE pringue, grasa, sebo, unto, rezumado, v. churrete.
CHURRETE mancha, lámpara, chafarrinón, suciedad, pringue, v. churre.
CHURRIGUERESCO recargado, barroco, pomposo, exuberante, plateresco, profuso, excesivo, complicado, charro, pródigo, desbordante, rococó.

CHURRO frito, fritura, fritanga, buñuelo, fruta de sartén.
CHURUMBEL * niño, crío, arrapiezo, chiquillo.
CHUSCADA chiste, gracia, sutileza, ingeniosidad, picardía, ocurrencia, broma, donosura, burla, salida, torpeza, grosería.
CHUSCO gracioso, chistoso, ingenioso, pícaro, sutil, ocurrente, bromista, donoso, burlón, grosero, torpe.
CHUSMA gentuza, vulgo, masa, morralla, plebe, populacho, turba, patulea, horda, puntapié, tropel, muchedumbre, hez.
CHUT * patada, puntapié, golpe.
CHUTAR * golpear, pegar, impulsar.
CHUZO palo, pica, garrote, tranca, vara, estaca, porra, bastón.
CHUZONADA bufonada, payasada, gracia, chocarrería, chiste, valentonada, bravata.

D

Dable posible, hacedero, factible, asequible, realizable, fácil, practicable, ejecutable, accesible.
Dación entrega, transmisión, cesión, traspaso.
Dactilar digital, dactiloscópico.
Dactilógrafa mecanógrafa, copista, empleada, amanuense, pasante, auxiliar, taquimecanógrafa, secretaria.
Dactilografía mecanografía, escritura al tacto, escritura a ciegas.
Dactilógrafo v. dactilógrafa.
Dádiva donación, ofrenda, gracia, merced, entrega, obsequio, regalo, presente, óbolo, cesión, subsidio, subvención, propina, limosna, caridad, auxilio, unto, soborno.
Dadivosamente generosamente, v. dadivoso.
Dadivosidad generosidad, v. dadivoso.
Dadivoso generoso, espléndido, desprendido, desinteresado, liberal, pródigo, munífico, rumboso, magnánimo, altruista, filántropo, caritativo.
Dado cubo, pieza de hueso, de marfil || ofrecido, regalado, entregado, cedido, transmitido, traspasado, proporcionado, donado, legado.
Dador donador, legador, portador, librador, comisionado.
Daga puñal, estilete, cuchillo, rejón, navaja, charrasca, cortaplumas, faca, perica, cuchilla, machete, falce, trincheta, sacabuche, hoja, arma blanca.

Dalmática túnica, veste, manto, vestidura, librea, ropón.
Daltónico * daltoniano, que confunde colores.
Daltonismo defecto visual, confusión de colores.
Dama señora, matrona, ama, dueña, madre, ricahembra, cortesana, aristócrata, distinguida, camarera.
Damajuana garrafa, bombona, recipiente, botellón, caneca, castaña, vasija de cristal.
Damasquinado incrustado, embutido, taraceado, adornado, fileteado, trabajado, artesanía, arabesco, adorno.
Damasquinar embutir, incrustar, taracear, filetear, adornar, trabajar, adornar.
Damisela damita, doncella, señorita, joven, chica, dama, cortesana.
Damnación condenación v., maldición, pena, tormento, condena.
Damnificación deterioro, perjuicio, daño, lesión, menoscabo, ofensa, agresión, agravio, malogro, quebranto, calumnia, atropello.
Damnificado perjudicado, dañado, afectado, víctima, deteriorado, ofendido, lastimado, atropellado, agredido, calumniado, agraviado, malogrado, quebrantado.
Damnificador culpable, ofensor, autor, reo, infractor, ejecutor, violador, lesivo, perjudicial.
Damnificar dañar, perjudicar, deteriorar, afectar, lesionar, menoscabar, ofender, lastimar, ca-

DANCING

lumniar, agredir, agraviar, quebrantar, malograr.
DANCING * sala de fiestas, cabaret, boîte, baile público.
DANDY * pisaverde, petimetre, lechuguino, elegante, gomoso, currutaco, amanerado, figurín, caballerete, coqueto, presumido.
DANTESCO imponente, impresionante, grandioso, tremendo, espantoso, infernal, apocalíptico, espeluznante, horrendo.
DANZA baile, baileteo, salto, brinco, evolución, giro, vuelta, coreografía, representación, pantomima, ballet, cabriola, floreo, cimbrado || pasodoble, chotis, vals, tango, rumba, jota, mazurca, minué, contradanza, chacona, zarabanda, gavota, pavana, rondó, polka, fandanguillo, seguidillas, zapateado || fiesta, sarao, bailable, reunión.
DANZADOR v. danzarín.
DANZANTE v. danzarín.
DANZAR bailar, bailotear, evolucionar, girar, voltear, saltar, brincar, trenzar, tejer, cabriolear, zapatear, desfilar, agitarse, moverse, bullir, desgoznarse, florear, cimbrearse, valsar, rumbear, tanguear.
DANZARÍN bailarín, danzador, bailador, danzante, acompañante, pareja, acróbata, contorsionista, zapateador, mimo, cimbrador, volteador, trenzador || ágil, movedizo, movido, inquieto, saltarín, brincador, agitado.
DANZARINA bailarina, danzadora, bayadera, v. danzarín.
DAÑADO deteriorado, perjudicado, afectado, estropeado, podrido, carcomido, agusanado, damnificado, ajado, arruinado, desgraciado, maltratado, menoscabado, pervertido, inútil, roto, inservible || v. dañino.
DAÑADOR v. dañino.
DAÑAR perjudicar, afectar, menoscabar, damnificar, deteriorar, lesionar, herir, ofender, ajar, lacerar, estropear, deshacer, empeorar, arruinar, inutilizar, romper, maltratar, contrariar, infectar, emponzoñar, enconar, sacrificar, vulnerar, descalabrar, pervertir, descarriar, atropellar, lastimar, destrozar.
DAÑINO perjudicial, pernicioso, nocivo, desfavorable, lesivo, malo, nefasto, contrario, desventajoso, peligroso, funesto, malsano, deletéreo, infecto, ponzoñoso, pestífero, perverso, maligno, enconado, diabólico, ladino taimado, malicioso.
DAÑO perjuicio, menoscabo, mal, deterioro, calamidad, molestia, pérdida, destrucción, privación, deslealtad, ruina, avería, estrago, estropicio, impedimento, extorsión, malogro, enfermedad, desgracia, plaga, percance, inconveniente, corrupción, decadencia, empeoramiento, desgaste, rotura, nocividad, detrimento, calumnia, agravio, maldición, castigo, venganza, amenaza, enemistad, abandono || golpe, herida, contusión, lesión, muerte, latigazo, maltrato, estacazo, laceración, intoxicación, mutilación, quemadura, dolencia, enfermedad.
Dañoso v. dañino.
DAR entregar, proporcionar, regalar, ofrecer, transmitir, adjudicar, otorgar, conceder, facilitar, remitir, gratificar, remunerar, indicar, proponer, ofrecer, prestar, comunicar, suministrar, aportar, abastecer, proveer, surtir, administrar, propinar, conferir, procurar, rendir, originar, causar, repartir, distribuir || pegar, golpear, abofetear || atinar, acertar, hallar, topar || DARSE · dedicarse, entregarse, rendirse, absorberse, aplicarse, ofrecerse, embeberse, v. dar.
DARDO venablo, arpón, flecha, lanza, aguijón, chuzo, garrocha, jabalina, pica, asta, azagaya, alabarda, gorguz, rejón, arma blanca, a. arrojadiza || sátira, pulla, indirecta, sarcasmo, ironía, remoquete.
DÁRSENA fondeadero, amarradero, desembarcadero, descargadero,

atracadero, malecón, muelle, dique, andén.

Data fecha, encabezamiento, nota, tiempo, momento, término, cronología.

Datar remontarse, durar, originarse, venir, proceder, ascender, corresponder || fechar, anotar, escribir.

Dato antecedente, referencia, informe, noticia, relación, circunstancia, apunte, detalle, fundamento, testimonio, nota, pormenor, reseña, particularidad, enumeración.

Deambular vagar, callejear, errar, zanganear, merodear, pasear, caminar, marchar, corretear, vagabundear, circular, rondar, andar.

Deán canónigo, decano, rector, director, presidente.

Debacle * desastre, ruina, catástrofe, hecatombe.

Debajo abajo, bajo, so, soto, hipo, infra, sub, inferior.

Debate controversia, discusión, polémica, dialéctica, litigio, rivalidad, altercación, impugnación, argumento, porfía, forcejeo, altercado, lucha, combate, disputa, querella.

Debatir discutir, litigar, polemizar, controvertir, argumentar, impugnar, altercar, rivalizar, porfiar, querellar, disputar, combatir || debatirse, bregar, luchar, retorcerse, forcejear v.

Debe débito, pasivo, deuda, saldo, adeudamiento, columna, cantidad.

Debelar rendir, vencer, ganar, dominar, conquistar, batir.

Deber obligación, responsabilidad, cometido, carga, peso, imposición, cumplimiento, labor, tarea, necesidad, competencia, exigencia, peso, gravamen, cruz, lazo, servidumbre || adeudar, obligarse, comprometerse, incumbir, entramparse, contraer obligaciones.

Debidamente apropiadamente, justamente, adecuadamente, propiamente, correctamente, formalmente, v. apropiado.

Debido adeudado, debitado, obligado, entrampado, comprometido.

Débil frágil, flojo, flaco, blando, canijo, alfeñique, exangüe, enclenque, gastado, cansado, exhausto, anémico, escuchimizado, afeminado, calzonazos, enfermo, raquítico, enteco, esmirriado, feble, blandengue, pachucho, desmadejado, apagado, apático, lánguido, remiso, inseguro, vacilante, tenue, sutil, grácil, apocado, timorato, pusilánime, cobarde, encogido.

Debilidad flojedad, fragilidad, blandura, anemia, agotamiento, cansancio, enfermedad, afeminamiento, raquitismo, languidez, apatía, remisión, desmadejamiento, blandenguería, inseguridad, apocamiento, vacilación, cobardía, encogimiento, astenia, desfallecimiento, decaimiento, flaqueza, desmayo, inanición, debilitación, debilidad.

Debilitado v. débil.

Debilitamiento debilitación, v. debilidad.

Debilitar extenuar, gastar, amortiguar, marchitar, enflaquecer, suavizar, atenuar, desvirtuar, apagar, ablandar, disminuir, agotar, aplanar, consumir, desgastar, desmejorar, decaer, aflojar, desfallecer, languidecer, flojear, flaquear, enfermar, agravar || desarmar, despojar, privar v.

Débilmente flojamente, lánguidamente, v. débil.

Debitar * adeudar v.

Débito pasivo, deuda, saldo, adeudamiento, debe, adeudo, compromiso.

Debut * estreno, presentación, iniciación, inauguración, apertura, inicio, principio.

Debutante * presentada en sociedad || principiante, v. novel.

Debutar * presentarse, estrenarse, inaugurar, iniciarse, principiar, comenzar.

Década decenio, diez años, dos lustros, período, lapso, término, plazo, tiempo.

Decadencia declinación, ocaso, declive, caída, eclipse, descenso, deterioro, decaimiento, menoscabo, corrupción, acabamiento, postrimería, debilitamiento, caducidad, mengua, bajón, disminución, destrucción, degeneración.

DECADENTE decaído, caído, eclipsado, deteriorado, menoscabado, corrompido, acabado, debilitado, degenerado, caduco, menguado, disminuido, muerto, empobrecido || refinado, afectado, amanerado, rebuscado, excéntrico.

DECAER corromperse, caer, declinar, eclipsarse, descender, deteriorarse, acabarse, caducar, debilitarse, degenerar, disminuir, destruirse, bajar, menguar, desmoronarse, desfallecer, perder, flaquear, empeorar, arruinarse.

DECAÍDO débil v.

DECAIMIENTO debilidad v.

DECALCIFICACIÓN descalcificación v.

DECÁLOGO Diez Mandamientos, Ley de Dios.

DECALVAR rasurar, afeitar, rapar.

DECANO deán, rector, presidente, director, jefe.

DECANTACIÓN separación, limpieza, precipitación, poso, depuración, purga, refinación.

DECANTAR separar, precipitar, posar, limpiar, depurar, purgar, refinar.

DECAPITACIÓN degollamiento, guillotinamiento, descabezamiento, corte, cercenamiento, rebanamiento, truncamiento, tajo.

DECAPITAR degollar, guillotinar, descabezar, cortar, cercenar, tajar, segar, destroncar, rebanar, seccionar, truncar, separar.

DECENCIA honestidad, pudor, modestia, compostura, honradez, integridad, recato, castidad, pureza, honor, decoro, moderación, vergüenza, virtud, honra, dignidad, conveniencia, reserva, gravedad.

DECENIO década, diez años, dos lustros, período, lapso, término, plazo.

DECENTE modesto, honrado, pudoroso, honesto, moderado, decoroso, honorable, puro, casto, recatado, íntegro, conveniente, digno, virtuoso, vergonzoso, grave, reservado, compuesto.

DECENTEMENTE modestamente, honradamente, pudorosamente, honestamente, v. decente.

DECEPCIÓN desilusión, desencanto, desengaño, despecho, fiasco, engaño, chasco, burla, plancha, error, sorpresa, pifia, desacierto, equivocación, frustración, desaliento, desesperanza, contrariedad, amargura, fracaso.

DECEPCIONADO desengañado, desencantado, v. decepcionar.

DECEPCIONAR desengañar, desencantar, desilusionar, despechar, pifiar, defraudar, sorprender, engañar, errar, chasquear, desacertar, desalentarse, frustrarse, equivocarse, fracasar, amargarse, contrariarse, desesperarse.

DECESO muerte, defunción, fallecimiento, óbito, tránsito.

DECIDIDAMENTE evidentemente, indudablemente, perentoriamente, concluyentemente, v. decidido.

DECIDIDO valeroso, audaz, valiente, arriesgado, osado, emprendedor, enérgico, intrépido, esforzado, resuelto || irrevocable, concluyente, definitivo, contundente, decisivo, terminante, resuelto, zanjado, aclarado.

DECIDIR determinar, resolver, despachar, expedir, ventilar, zanjar, despejar, aclarar, disipar, arbitrar, solventar, satisfacer, enjuiciar, establecer, decretar, proveer, sentenciar, estatuir, adoptar, acordar, disponer, persuadir, convencer, inclinar.

DECIDOR dicharachero, ocurrente, gracioso, locuaz, verboso, agudo, chirigotero.

DÉCIMA décimo, diezmo.

DECIMAL quebrado, fracción, parte, sistema métrico, s. de pesas y medidas.

DÉCIMO décima, fracción, parte, billete, lotería, número.

DECIR manifestar, hablar, declarar, especificar, proferir, explicar, asegurar, indicar, expresar, anunciar, observar, nombrar, enumerar, formular, mencionar, concretar, exponer, señalar, indicar, dictar, detallar, informar, subrayar, soltar, echar, enjaretar, endilgar, cantar, recalcar, aducir, alegar, insinuar, considerar, proponer, opinar, aseverar, sostener, reiterar, argüir, responder, convenir, comentar, intervenir, advertir, confirmar, notar, contradecir, anunciar, mascullar, murmurar.

Decisión dictamen, sentencia, juicio, fallo, resolución, providencia, conclusión, determinación, decreto, resultado, inferencia, acuerdo, medida, parecer, arbitraje, laudo || arrojo, osadía, valor, valentía, determinación v.

Decisivamente concluyentemente, decididamente, irrevocablemente, v. decisivo.

Decisivo concluyente, decidido, irrevocable, contundente, perentorio, terminante, indiscutible, irrebatible, aplastante, definitivo, convincente, incuestionable, palmario, axiomático.

Declamación recitación, pronunciación, entonación, oratoria, melopea, lectura, representación, teatro, sermón, oración, discurso, invectiva, comedia.

Declamador recitador, rapsoda, poeta, orador, actor, lector, vate.

Declamar recitar, entonar, pronunciar, orar, leer, representar, sermonear, interpretar, ejecutar, actuar.

Declamatorio enfático, pomposo, exagerado, artificial, afectado, ampuloso, oratorio, teatral, rimbombante, campanudo, solemne.

Declarable confesable, revelable, v. declarar.

Declaración manifestación, afirmación, revelación, proclamación, testimonio, aserción, enunciado, mención, deposición, información, protesta, discurso, dictamen, comunicación, exposición, confesión, explicación, proposición, aseveración, expresión, versión, tesis, alegato.

Declaradamente abiertamente, paladinamente, lealmente, señaladamente, v. declarado.

Declarado manifiesto, claro, patente, evidente, abierto, franco, leal, paladino, señalado, explícito, concreto, innegable, palmario, ostensible, visible, aparente, público, notorio, expreso, decisivo, terminante.

Declarador v. declarante.

Declarante deponente, testificador, atestiguante, testigo, refrendador, informador, manifestante, confesor, confidente, acusador.

Declarar revelar, atestiguar, testificar, refrendar, manifestar, confesar, acusar, emitir, deponer, observar, anotar, decir, expresar, cantar, desembalar, desembuchar, evidenciar, señalar, acotar, informar, descubrir.

Declinación ocaso, ruina, caída, eclipse, degeneración, descenso, decadencia || bajada, depresión, v. declive.

Declinante decadente, deteriorado, moribundo, mortecino, debilitado, menguante, arruinado, caduco, empobrecido, agonizante, expirante, desahuciado.

Declinar decaer, deteriorarse, debilitarse, menguar, caer, eclipsarse, degenerar, descender, caducar, empobrecerse, expirar, agonizar, arruinarse, corromperse, acabarse, terminar, destruirse, desfallecer, flaquear, perder, hundirse, periclitar, envejecer, ir a menos.

Declive pendiente, cuesta, inclinación, desnivel, precipicio v., repecho, talud, costanilla, escarpa, rampa, vertiente, pendiente, ladera, subida, bajada, caída, depresión, declividad, abajadero, derrumbadero, ascenso, descenso, derrame, riba, verticalidad, desgalgadero, grada || decadencia, ocaso, ruina, caída, eclipse, degeneración, descenso, deterioro, debilitamiento, mengua, caducidad, envejecimiento, hundimiento, pérdida, desfallecimiento, destrucción, terminación, corrupción, agonía, empobrecimiento.

Declividad v. declive.

Decocción jarabe, mucílago, cocido, líquido, cocimiento, brebaje, hervido || ebullición, hervor, cocción v.

Decoloración desteñido, blanqueamiento, palidez, amarillez, ajamiento, difuminación, marchitamiento, deslucimiento, deslustre.

Decolorado pálido, incoloro, desteñido, amarillo, ajado, deslucido, marchito, blanco, blanqueado, difuminado, desgastado, deslustrado.

Decolorar desteñir, amarillear, ajar, palidecer, deslucir, marchitar, blanquear, desgastar, deslustrar, difuminar, despintar, lavar, descolorar.

Decolorido v. descolorido.

Decomisar confiscar, incautarse, requisar, apropiarse, expoliar, retener, usurpar, recoger, embargar, desposeer, quitar, aprehender, apoderarse.

Decomiso incautación, confiscación, requisa, apropiación, despojo, embargo, usurpación, retención, expoliación, aprehensión.

Decoración adorno, ornamentación, engalanamiento, acicalamiento, empavesamiento, perifollo, ornamento, exorno, aderezo, paramento, atavío, cuadro, estatua, mueble, ambientación, decorado v.

Decorado decoración v., escenografía, ambientación, fondo, cuadro, adorno, tramoya || engalanado, acicalado, v. decorar.

Decorador artista, entendido, experto, mueblista.

Decorar engalanar, ornamentar, acicalar, adornar, pintar, tapizar, amueblar, componer, arreglar, exornar, aderezar, emperifollar, distribuir, ambientar, empavesar, ataviar, enjoyar, emperejilar, guarnecer, apañar, adecentar, enriquecer, hermosear.

Decorativo ornamental, estético, adornado, afiligranado, festoneado, lucido, pintoresco, atractivo, gracioso, llamativo, interesante.

Decoro pundonor, dignidad, honra, prez, circunspección, decencia, pureza, honestidad, recato, gravedad, seriedad, modestia, sencillez, vergüenza, prudencia, delicadeza, orgullo.

Decorosamente decentemente, dignamente, honradamente, v. decoroso.

Decoroso decente, digno, honrado, honorable, pundonoroso, noble, honesto, púdico, recatado, respetable, delicado, puntilloso, orgulloso, susceptible, honroso, circunspecto, mesurado, prudente, sencillo, modesto, serio, grave.

Decrecer disminuir, menguar, declinar, debilitarse, decaer, aminorar, acortar, abreviar, atenuar, moderar, menoscabar, aplacar, rebajar, despreciar, empobrecer, cortar, reducir, restar, deteriorar, mermar, bajar, empequeñecer.

Decreciente menguante, decadente, descendiente, declinante, atenuante, agonizante, expirante, caduco.

Decrecimiento disminución, mengua, merma, encogimiento, reducción, achicamiento, debilitamiento, rebaja, decremento, decadencia, declinación, empequeñecimiento, bajón, descenso, resta, corte, depreciación, menoscabo, moderación, atenuación, empobrecimiento.

Decrépito caduco, vetusto, achacoso, valetudinario, chocho, senil, anciano, viejo, impotente, decadente, provecto, acabado, clueco || desvencijado, derruido, destartalado, ruinoso, arruinado.

Decrepitud chochez, vetustez, caducidad, decadencia, impotencia,

vejez, senilidad, ancianidad, acabamiento, ruina, ocaso, chochera.
Decretar determinar, ordenar, decidir, dictar, prescribir, mandar, resolver, preceptuar, legislar, deliberar, reglamentar, establecer, disponer, ajustar, concretar, concertar, estipular, imponer, estatuir, intimar, conminar, prevenir, observar, señalar.
Decreto decisión, resolución, estatuto, edicto, sentencia, mandato, proclama, determinación, orden, bando, reglamento, ley, dictado, dictamen, prescripción, legislación, precepto, disposición, estipulación, imposición, conminación.
Decúbito echado, acostado, tendido, yacente, apaisado, plano, horizontal, tumbado, prono, supino.
Decurso transcurso, curso, sucesión, continuación, discurrir, paso, carrera, lapso, espacio, tiempo, intervalo, proceso, duración, fecha, tracto.
Dechado modelo, ejemplo, espejo, muestra, ejemplar, tipo, prototipo, arquetipo, pauta, ideal, parangón, regla, paradigma.
Dedal dedil, protector, casquete.
Dedalera digital, planta medicinal, alcaloide.
Dédalo laberinto, meandro, lío, dificultad, caos, embrollo, enredo, confusión, maraña, complicación.
Dedicación consagración, aplicación, cuidado, atención, afán, diligencia, esmero, estudio, trabajo, perseverancia, tesón, asiduidad || homenaje, brindis, dedicatoria, ofrecimiento.
Dedicar destinar, consagrar, aplicar, asignar, emplear, disponer, reservar, adjudicar, conceder, establecer, estipular, ofrecer, dar, ofrendar, entregar, brindar, votar || Dedicarse aplicarse, consagrarse, esmerarse, atender, estudiar, trabajar, absorberse, perseverar, afanarse, volcarse, aprovechar, concentrarse.

Dedicatoria nota, ofrecimiento, homenaje, brindis, ofrenda.
Dedil dedal, protector, funda, casquete.
Dedillo (Al) perfectamente, acabadamente, irreprochablemente, consumadamente, a fondo, de corrido, de carrerilla.
Dedo prolongación, extremo, dedillo, meñique, anular, medio, índice, cordial, pulgar, gordo.
Deducción inferencia, consecuencia, suposición, secuela, derivación, razón, conclusión, presunción, supuesto, hipótesis, tesis, creencia, teoría, conjetura, sospecha, predicción || rebaja, disminución, descuento, reducción, abaratamiento, baja, depreciación.
Deducir suponer, inferir, derivar, creer, presumir, razonar, predecir, sospechar, teorizar, concluir, seguir, sacar, discurrir, colegir, desprender, conjeturar || descontar, rebajar, abaratar, depreciar.
Deductivo racional, razonado, inferente, derivativo, conclusivo, imaginativo, fundado, lógico, metódico, especulativo.
De facto de hecho, efectivo, de fuerza.
Defecación deposición, excremento, evacuación, deyección, heces, mierda, caca, cagada, inmundicia, porquería, boñiga excreta, zurullo, meconio, cámara, suciedad, excreción.
Defecar evacuar, obrar, deponer, cagar, ensuciar, excretar, descargar, soltar, descomer, hacer de cuerpo, hacer sus necesidades, mover el vientre.
Defección deserción, abandono, infidelidad, huida, separación, traición, apostasía, perfidia, deslealtad, felonía, abjuración, alejamiento.
Defeccionar * desertar v.
Defectivo v. defectuoso.
Defecto deficiencia, falta, carencia, anomalía, privación, irregularidad, anormalidad, vicio, lacra, falla, fallo, pecado, sino,

desperfecto, deterioro, daño, inconveniencia, sombra, pero, lunar, mancha, mácula, borrón, mota, imperfección, tacha, incorrección, déficit, escasez, insuficiencia, error, menoscabo, rareza, singularidad, peculiaridad, monstruosidad, deformidad.

DEFECTUOSAMENTE deficientemente, imperfectamente, incorrectamente, v. defecto.

DEFECTUOSO incorrecto, deficiente, anómalo, raro, singular, peculiar, monstruoso, deforme, irregular, privado, carente, falto, viciado, anormal, dañado, deteriorado, imperfecto, manchado, insuficiente, escaso, tachado, menoscabado, errado, inferior, mediano, defectivo, lisiado, cojo, manco, estropeado, baldado, tullido, jorobado, tosco, grosero, informe, incompleto.

DEFENDER amparar, proteger, preservar, valer, sostener, salvar, librar, salvaguardar, patrocinar, propugnar, mantener, cubrir, conservar, exculpar, escudar, disculpar, abogar, justificar, auxiliar, apoyar, abrigar, resguardar, resistir, acoger, cubrir, cobijar, ayudar, atender, adoptar, favorecer || prohibir, vedar, impedir, cerrar.

DEFENDIBLE perdonable, tolerable, justificable, comprensible.

DEFENESTRAR * arrojar, echar, lanzar, tirar por la ventana.

DEFENSA ayuda, auxilio, amparo, sostén, salvaguardia, protección, conservación, resguardo, abrigo, apoyo, favor, adopción, atención, cobijo || muralla, muro, fortificación, trinchera, baluarte, parapeto, bastión, broquel, escudo, armadura, coraza, blindaje, plancha, casco || alegato, discurso, declaración, exposición, manifiesto, invocación, fundamento, disculpa, justificación, justificante, testimonio, escrito, documento.

DEFENSIVA v. defensa.
DEFENSIVO v. defensa.
DEFENSOR protector, valedor, tutor, defendedor, favorecedor, amparador, guardián, sostén, salvaguardia, paladín, campeón, fiador, mecenas, bienhechor || abogado, letrado, jurisperito, jurisconsulto.

DEFERENCIA respeto, cortesía, atención, solicitud, miramiento, adhesión, condescendencia, complacencia, cuidado, interés, cumplido, ceremonia, urbanidad, obsequio.

DEFERENTE solícito, atento, cortés, respetuoso, mirado, cuidadoso, complaciente, condescendiente, adherido, cumplido, interesado, obsequioso, ceremonioso, urbano, fervoroso, simpático, afable.

DEFERIR admitir, adherirse, conceder, confirmar, corroborar, condescender, complacer || manifestar, comunicar, observar, declarar.

DEFICIENCIA carencia, falta, insuficiencia, privación, irregularidad, falla, anormalidad, daño, deterioro, desperfecto imperfección, nota, borrón, mácula, mancha, lunar, inconveniente, escasez, déficit, incorrección, tacha, rareza, menoscabo, deformidad.

DEFICIENTE anómalo, singular, raro, carente, privado, irregular, deforme, imperfecto, deteriorado, manchado, dañado, anormal, defectuoso, estropeado, escaso, insuficiente, inferior, menoscabado, incompleto, tosco, tullido || retrasado, imbécil, retardado, anormal, subnormal, idiota, mongólico, faltoso, cretino.

DÉFICIT descubierto, pérdida, quebranto, ruina, quiebra, malogro, deuda || falta, carencia, escasez, privación, insuficiencia, v. deficiencia.

DEFINICIÓN explicación, descripción, detalle, exposición, relación, tesis, reseña, exposición, esclarecimiento, especificación, aclaración, solución, ilustración, disquisición, dilucidación, razonamiento, revelación.

DEFINIDO específico, determinado, concreto, preciso, delimitado, fi-

Definir concretar, precisar, determinar, especificar, delimitar, fijar, individualizar, reducir, circunscribir, limitar, diferenciar, distinguir, puntualizar, exponer, detallar, aclarar, razonar, mostrar

Definitivamente decidamente, concluyentemente, terminantemente, v. definitivo.

Definitivo concluyente, terminante, resolutivo, decidido, perentorio, resuelto, permanente, indiscutible, irrebatible, convincente, evidente, incuestionable, decisivo, palmario, innegable, perpetuo, estable, conclusivo.

Definitorio determinante, puntualizante, aclaratorio, resolutorio.

Deflagración incendio, quema, ignición, encendimiento, combustión, fuego, llamarada, hoguera, siniestro, catástrofe.

Deflagrar arder, encenderse, incendiarse, quemarse, prenderse, inflamarse, abrasarse, achicharrarse, incinerarse.

Deformación deformidad, imperfección, anomalía, irregularidad, anormalidad, incorrección, rareza, singularidad, monstruosidad, teratología, fealdad, giba, joroba, desproporción, distorsión, aberración, desfiguración, alteración, transformación.

Deformar alterar, transformar, desfigurar, afear, distorsionar, desproporcionar, cambiar, trastornar, dañar, deteriorar, lisiar, tullir, baldar, torcer, romper, aplastar, doblar, perjudicar.

Deforme monstruoso, grotesco, contrahecho, imperfecto, informe, desproporcionado, feo, repugnante, repulsivo, ridículo, jorobado, giboso, corcovado, tullido, baldado, lisiado, torcido, teratológico, desfigurado, distorsionado, aplastado, roto, deteriorado, perjudicado, desagradable, aborto, engendro.

Deformidad v. deformación.

Defraudación fraude, engaño, dolo, falacia, timo, estafa, baratería, simulación, socaliña, contrabando, estraperlo, robo, hurto, usurpación, apaño, arreglo, desfalco, malversación, peculado, rapacidad, chantaje, escamoteo, sisa, sustracción, expoliación, delito.

Defraudador estafador, timador, engañoso, fraudulento, contrabandista, simulador, usurpador, ladrón, estraperlista, escamoteador, chantajista, malversador, expoliador, tramposo, matutero, petardista, birlador, delincuente.

Defraudar timar, estafar, engañar, contrabandear, simular, baratear, usurpar, hurtar, robar, apañar, escamotear, desfalcar, malversar, pecular, chantajear, sustraer, sisar, expoliar, delinquir || desilusionar, frustrar, decepcionar, desencantar, chasquear, contrariar, sorprender, desalentar, disgustar, entristecer.

Defunción muerte, fallecimiento, óbito, desaparición, tránsito, expiración, trance, fin, final, partida, acabamiento, desaparición, finamiento, fenecimiento, extinción, perecimiento.

Degeneración degradación, ocaso, ruina, menoscabo, descenso, declinación, corrupción, perversión, depravación, vicio, contaminación, extravío, descarrío, envilecimiento, desenfreno, libertinaje, inversión, bajeza, infamia.

Degenerado corrompido, degradado, pervertido, depravado, vicioso, descarriado, extraviado, contaminado, envilecido, desenfrenado, libertino, invertido, homosexual, bajo, infame, decadente, arruinado.

Degenerar declinar, decaer, menoscabarse, arruinarse, descender, contaminarse, enviciarse, depravarse, pervertirse, corrom-

Deglución perse, perderse, desenfrenarse, envilecerse, descarriarse, extraviarse, prostituirse, desfigurarse, transformarse, desmerecer, menguar, empeorar.

Deglución trago, ingestión, bocado, engullimiento, ingurgitación, bocanada.

Deglutir tragar, pasar, ingerir, engullir, ingurgitar, comer, beber, embaular, sorber, tomar, consumir, zampar, manducar.

Degolladero gaznate, pescuezo, cogote, cuello || cadalso, guillotina, patíbulo, estrado, plataforma.

Degollado decapitado, guillotinado, descabezado, cercenado, rebanado, v. degollar.

Degolladura corte, cortadura, tajo, sección, cercenamiento, amputación, mutilación, herida || degüello v.

Degollar descabezar, decapitar, guillotinar, cercenar, rebanar, cortar, tajar, segar, destroncar, seccionar, truncar, separar, asesinar, matar, pasar a cuchillo, liquidar.

Degollina carnicería, matanza, degüello, mortandad, aniquilación, estrago, exterminio, asesinato, matadero, degolladero, guillotinamiento, decapitación.

Degradación bajeza, vileza, humillación, ruindad, indignidad, abyección, mezquindad, envilecimiento, ignominia, servilismo, vergüenza, bochorno, ofensa, infamia, iniquidad, baldón, oprobio, indecencia, ruina, menoscabo, declinación, ocaso, corrupción, perversión, vicio, descarrío, desenfreno, libertinaje || destitución, deshonor, deshonra, remoción, separación, repudio, despido, exoneración, disminución, rebajamiento, descenso.

Degradado infame, ruin, bajo, indigno, servil, abyecto, mezquino, envilecido, indecente, corrompido, pervertido, descarriado, libertino, desenfrenado || destituido, deshonrado, repudiado, despedido, separado, rebajado, disminuido, exonerado, descendido.

Degradante infamante, bajo, indigno, vil, ignominioso, vergonzoso, bochornoso, ofensivo, inicuo, oprobioso, indecente, corrompido, abyecto, humillante.

Degradar destituir, deshonrar, rebajar, separar, despedir, disminuir, exonerar, descender, deponer, expulsar, infamar, afrentar, mancillar, ultrajar, escarnecer, disminuir || **Degradarse** envilecerse, humillarse, corromperse, pervertirse, descarriarse, desenfrenarse, enviciarse, rebajarse, menoscabarse, arruinarse, declinar, v. degradar.

Degüello decapitación, descabezamiento, degollación, degolladura, guillotinamiento, corte, cercenamiento, tajo, destroncamiento || matanza, mortandad, degollina, exterminio.

Degustación * saboreo, paladeo, prueba, cata, consumición, consumo, toma, bebida.

Degustar * saborear, probar, paladear, tomar, beber, consumir, catar, gustar, libar.

Dehesa pastizal, campo, coto, encerradero, apartadero, prado, campiña, monte, era, potril, redonda, cercado.

Deidad divinidad, omnipotencia, dios, superhombre, sumo, supremo, soberano, alto, héroe, semidiós, titán, ser divino, esencia divina, ídolo, representación.

Deificar divinizar, consagrar, entronizar, glorificar, santificar, ensalzar, alabar, ponderar.

Deífico divino, celestial, celeste, santo, excelso, alto, supremo, soberano.

Dejación donación, cesión, transmisión, traspaso, abandono, renuncia, resignamiento, deserción, dimisión, abdicación, desistimiento.

Dejadez negligencia, desgana, desidia, apatía, abandono, pereza, flojedad, lasitud, decaimiento, desapego, incuria, descuido, desaliño, suciedad, indolencia, iner-

cia, indiferencia, despreocupación.
Dejado negligente, descuidado, desidioso, flojo, abandonado, apático, desganado, perezoso, decaído, indiferente, indolente, desaliñado, descuidado, sucio, adán, despreocupado.
Dejamiento flojedad, descuido, decaimiento, desasimiento, desapego, dejadez v.
Dejar soltar, abandonar, rechazar, repudiar, desechar, renegar, renunciar, separar, desistir, arrinconar, plantar, arrimar, abdicar, dimitir, resignar, desamparar, apartar, deponer || irse, marcharse, partir, apartarse, desertar, retirarse, ausentarse, evacuar, salir || legar, transmitir, confiar, encargar, encomendar, ceder, dar, quitarse, privarse, proporcionar, despojarse || producir, rentar, redituar || tolerar, permitir, consentir, acceder, autorizar, licenciar, admitir, transigir || Dejarse descuidarse, decaer, abandonarse, despreocuparse, degradarse v.
Deje * v. dejo.
Dejo acento, tonillo, tono, entonación, *deje*, inflexión, pronunciación, modulación || sabor, gusto, regusto, paladar || flojedad, pereza, desidia.
De jure de derecho, legal.
Delación acusación, denuncia, soplo, confidencia, cargo, chivatazo, difamación, calumnia, chispazo.
Delantal mandil, falda, mantelo, cernedero, protección, guardapolvo, bata.
Delante primero, antes, al frente, al principio, al comienzo, enfrente.
Delantera frente, portada, cara, frontis, faz, haz, fachada, vista, atrio, testera, antecámara, antesala || principio, iniciación, comienzo, origen, frente, avanzada, avanzadilla, vanguardia || anverso, precedencia, anticipación, anteposición, prelación, antedata, antecedente.

Delantero primero, inicial, principal, anterior, primordial, preliminar, inaugural, de vanguardia, frontal v.
Delatar denunciar, descubrir, acusar, revelar, declarar, soplar, confesar, inculpar, achacar, avisar, notificar, difamar, calumniar.
Delator confidente, soplón, denunciante, chivato, revelador, acusador, acusón, denunciador, calumniador, difamador.
Delectación complacencia, goce, satisfacción, placer, fruición, regusto, deleite v.
Delegación agencia, sucursal, representación, filial, dependencia, rama, administración, sección, anexo, despacho, oficina, empresa || comisión, junta, cuerpo, organismo, consejo, comité, entidad, misión, grupo, corporación, agrupación, mandato, autorización, procuración, embajada, encomienda, encargo.
Delegado representante, enviado, comisionado, encargado, sustituto, subalterno, apoderado, diputado, ejecutor, testaferro, factótum, diplomático, embajador, mandatario, factor, ministro, parlamentario, síndico.
Delegar encomendar, confiar, dejar, mandar, encargar, comisionar, acreditar, recomendar, conferir, facultar, ceder, transmitir, apoderar, enviar.
Deleitable v. deleitoso.
Deleitar complacer, agradar, contentar, encantar, maravillar, satisfacer, conformar, seducir, entusiasmar, alegrar, agradar || Deleitarse regodearse, regocijarse, recrearse, gustar, saborear, complacerse, gozar.
Deleite placer, regodeo, fruición, delectación, solaz, agrado, gozo, goce, complacencia, gusto, satisfacción, regosto, regalo, holganza, bienestar, contentamiento, felicidad, delicia.
Deleitosamente deliciosamente, regaladamente, gozosamente, v. deleitoso.

Deleitoso regalado, gozoso, placentero, satisfactorio, grato, deleitable, agradable, encantador, exquisito, sabroso, ameno, v. delicioso.

Deletéreo mortal, mortífero, destructor, aniquilador, letal, fatal, nefasto, funesto, exterminador, tóxico, venenoso, nocivo, insalubre, contaminado.

Deletrear silabear, pronunciar, enunciar.

Deletreo silabeo, pronunciación, enunciado.

Deleznable débil, frágil, delicado, flojo, blando, canijo, alfeñique, enclenque, blandengue, despreciable, insignificante, ridículo || resbaladizo, escurridizo.

Delfín marsopa, narval, cachalote, orca, cetáceo, tonina, mamífero acuático.

Delgadez flacura, adelgazamiento, emaciación, consunción, amojamamiento, enflaquecimiento, depauperación, extenuación, desnutrición, demacración, escualidez, magrura || esbeltez, finura, delicadeza, estrechez, ligereza, sutileza, exigüidad, suavidad.

Delgado flaco, estrecho, enjuto, demacrado, acartonado, delgaducho, débil, cenceño, consumido, chupado, escuálido, desecado, afilado, escuchimizado, raquítico, enfermizo, endeble, enflaquecido, larguirucho, espigado, enteco, seco, macilento, magro, lamido, fideo, flojo, feble, esquelético, depauperado, descarnado, desmejorado, desmedrado, frágil || delicado, fino, esbelto, suave, vaporoso, ligero, tenue, sutil, exiguo, grácil.

Deliberación debate, discusión, polémica, consideración, estudio, examen, meditación, conversación, sesión, reunión.

Deliberadamente intencionadamente, premeditadamente, aposta, adrede, a propósito, voluntariamente, determinadamente, ex profeso, a sabiendas.

Deliberado voluntario, intencional, premeditado, determinado, pensado, preconcebido, proyectado, preparado, madurado, aposta, adrede, a sabiendas, a propósito, ex profeso.

Deliberar debatir, discutir, considerar, polemizar, conversar, tratar, examinar, estudiar, decidir, resolver, meditar, reflexionar, pensar.

Delicadamente suavemente, finamente, v. delicado.

Delicadeza finura, atención, cortesía, miramiento, urbanidad, modos, modales, mesura, cultura, comedimiento, tacto, respeto, consideración, atención, ternura, suavidad, cariño, afecto || escrúpulo, melindre, suspicacia, ñoñez, ridiculez, mimo, afeminación || exquisitez, manjar, golosina.

Delicado atento, fino, culto, comedido, mesurado, refinado, tierno, cortés, mirado, urbano, considerado, suave, cariñoso, afable || enfermizo, enclenque, endeble, débil, morboso, alfeñique, delgado, raquítico, merengue, pachucho || irritable, susceptible, suspicaz, quisquilloso, exigente, picajoso, minucioso, impertinente, irascible, ñoño, cursi, melindroso, desconfiado, malicioso, sospechoso, escamado, mosqueado || esbelto, fino, sutil, exquisito, grácil, pulcro, gracioso || arduo, difícil v.

Delicia fruición, delectación, deleite, placer, regodeo, recreo, agrado, regosto, satisfacción, gusto, complacencia, goce, gozo, felicidad, contentamiento, bienestar, holganza, regalo, primor, exquisitez, amenidad, encanto v.

Delicioso satisfactorio, placentero, gozoso, gustoso, rico, apetitoso, suculento, sabroso, exquisito, regalado, encantador, agradable, deleitable, deleitoso, grato, satisfactorio, ameno, primoroso, gustoso, atrayente, atractivo.

Delictivo criminal, delictuoso, punible, criminoso, reprensible, ofensivo, atentatorio.

Delictuoso delictivo v.

DELIMITACIÓN demarcación, limitación, circunscripción, localización, restricción, confinamiento, establecimiento, aclaración.

DELIMITAR limitar, demarcar, circunscribir, señalar, localizar, restringir, confinar, aclarar, establecer, concretar, fijar, reducir, ceñir.

DELINCUENCIA criminalidad, crimen, hampa, violación, atentado, infracción, v. delito.

DELINCUENTE malhechor, reo, criminal, forajido, culpable, infractor, contraventor, violador, abusador, transgresor, perpetrador, bandido, facineroso, asesino, homicida, reo, malvado, agresor.

DELINEACIÓN esquema, diseño, dibujo, croquis, trazado, plano, mapa, carta, delineamiento.

DELINEAMIENTO v. delineación.

DELINEANTE dibujante, diseñador, cartógrafo, delineador, perito, experto, proyectista, calquista.

DELINEAR trazar, dibujar, diseñar, calcar, esquematizar, proyectar || establecer, determinar, precisar, perfilar, apuntar, bosquejar, señalar.

DELINQUIR contravenir, perpetrar, incurrir, transgredir, abusar, violar, agredir, ofender, atentar, vulnerar, usurpar, desfalcar, estafar, malversar, calumniar, consumar, reincidir, infringir, cometer, matar, asesinar.

DELIQUIO desmayo, desfallecimiento, vahído, vértigo, mareo.

DELIRANTE exaltado, electrizado, enardecido, entusiasmado, animado, apasionado, ardoroso, excitado, extático, enajenado, encendido, fanático, místico, emocionado, arrebatado, exasperado, trastornado, enloquecido, frenético, extraviado || ardiente, calenturiento, afiebrado, inconsciente.

DELIRAR desvariar, desbarrar, disparatar, fantasear, soñar, chochear, extraviarse, enloquecer, trastornarse, chalarse, guillarse.

DELIRIO perturbación, desvarío, extravío, exaltación, frenesí, locura, trastorno, arrebato, enajenación, excitación, ardor, pasión, fanatismo, misticismo, entusiasmo, enardecimiento, disparate, despropósito, ensueño.

DELIRIUM TREMENS alcoholismo agudo, locura del bebedor, enajenación, desvarío, v. delirio.

DELITO crimen, atentado, infracción, violación, abuso, transgresión, perpetración, contravención, desfalco, usurpación, vulneración, ofensa, agresión, consumación, calumnia, robo, estafa, hurto, malversación, soborno, reincidencia, demasía, exceso, quebrantamiento, pecado, falta, culpa, asesinato, falsificación.

DELTA desembocadura, isla, barra, triángulo, marisma.

DELUDIR frustrar, burlar, engañar, chasquear, embaucar, enredar.

DELUSIVO v. delusorio.

DELUSORIO engañoso, aparente, artificioso, ficticio, decepcionante.

DEMACRACIÓN enflaquecimiento, desmejoramiento, adelgazamiento, delgadez, acartonamiento, amojamamiento, apergaminamiento, debilitamiento, consunción, caquexia, raquitismo, depauperación, enfermedad.

DEMACRADO desmejorado, delgado, v. demacrarse.

DEMACRARSE desmejorar, adelgazar, enflaquecer, desmejanarse, debilitarse, amojamarse, acartonarse, depauperarse, consumirse, enfermarse, chuparse.

DEMAGOGIA captación, dominio, tiranía, engaño, argucia, halago, atracción, política, elocuencia, oratoria.

DEMAGOGO cabecilla, charlatán, embaucador, tirano, halagador, aventurero, maniobrero, astuto, político, orador, elocuente, adulón, sectario, revolucionario.

DEMANDA ruego, petición, solicitud, súplica, requerimiento, reclamación, pedido, petitoria, impetración, instancia, pretensión, exigencia, interpelación, reivindicación || consulta, pregunta, asesoramiento, cuestión, interrogación ‖ pedido, encargo, mandado, comisión, encomienda, misión, servicio.

Demandante litigante, peticionario, solicitante, pretendiente, suplicante, reclamante, querellante.

Demandar pedir, rogar, suplicar, implorar, preguntar, inquirir, interrogar ‖ encausar, denunciar, pleitear, litigar, querellarse.

Demarcación circunscripción, jurisdicción, división, distrito, zona, partido, término, comarca, territorio ‖ amojonamiento, deslinde, marcaje, separación, determinación, localización, delimitación.

Demarcar limitar, amojonar, circunscribir, determinar, separar, deslindar, marcar, delimitar, localizar, señalar, delinear.

Demasía exceso, abundancia, superabundancia, plétora, colmo, profusión, exuberancia, raudal, saciedad, opulencia, cantidad ‖ descaro, atrevimiento, insolencia ‖ delito, abuso, injusticia, atropello, arbitrariedad, tropelía.

Demasiado excesivo, desmesurado, exuberante, pletórico, colmado, profuso, opulento, superabundante, harto, sobrado.

Demencia locura, enajenación, insania, aberración, delirio, enloquecimiento, trastorno, manía, monomanía, guilladura, desvarío, frenesí, esquizofrenia, paranoia, chaladura, chifladura, perturbación, vesania, anormalidad, delirio, desorden, insensatez.

Demente loco, delirante, aberrante, insano, enajenado, guillado, monomaníaco, maniático, trastornado, enloquecido, chiflado, chalado, paranoico, esquizofrénico, frenético, anormal, vesánico, perturbado, degenerado, imbécil, insensato, faltoso, venático, furioso, maníaco, ido, tocado, lunático, orate, mochales.

Demérito detrimento, menoscabo, desmerecimiento, perjuicio, lesión, daño, pérdida, mengua, disminución, deterioro, quebranto, desdoro, descrédito.

Demi-mondaine * mujer galante, de vida libre.

Democracia república, gobierno del pueblo, g. de la mayoría, g. de las masas, libertad.

Demócrata democrático, liberal.

Demodé * anticuado, rancio, trasnochado, pasado de moda.

Demografía población, habitantes, estadística.

Demográfico vegetativo, de la población, de los habitantes, de los pobladores, estadístico.

Demoledor destructor, desbaratador, devastador, asolador, aniquilador, exterminador, mortal, letal, mortífero, arrollador, tremendo, espantoso, terrible.

Demoler deshacer, derribar, arrasar, arruinar, desbaratar, desmantelar, devastar, destruir, exterminar, aniquilar, asolar, arrollar, desmoronar, romper, volar, saltar.

Demolición destrucción, devastación, desbaratamiento, arrasamiento, asolamiento, aniquilación, desmoronamiento, rotura, voladura, derrumbe, desplome.

Demoníaco diabólico, satánico, mefistofélico, diablesco, maligno, perverso, maléfico, virulento, infame, dañino, infernal, endemoniado, luciferino.

Demonio diablo, satán, satanás, lucifer, belcebú, mefisto, mefistófeles, luzbel, arimán, leviatán, demonche, anticristo, demontre, Pedro Botero, ángel caído, ángel del mal ‖ ¡Demonios! v. ¡demontre!

Demonología ocultismo, magia negra, demonografía, demonolatría, arte infernal.

¡Demontre! ¡diablos!, ¡demonios!, ¡diantre!, ¡cáspita!, ¡caramba!

Demora retraso, tardanza, prórroga, dilación, aplazamiento, morosidad, retardo, plazo, lentitud, remisión, atraso, espera, premiosidad, pachorra, cachaza, calma, detención, parsimonia.

Demorar retrasar, aplazar, dilatar, prorrogar, tardar, retardar, atrasar, detener, diferir, rezagar, parar, detenerse, eternizarse.

DEMÓSTENES elocuente, convincente, orador, persuasivo.

DEMOSTRABLE justificable, verificable, testimoniable, v. demostrar.

DEMOSTRACIÓN verificación, prueba, testimonio, comprobación, evidencia, confirmación, justificación, razón, fundamento, motivo, señal, indicio, declaración, certificación, manifestación, explicación, definición, aclaración || exhibición, exposición, presentación, muestra, exteriorización, publicación, manifestación v.

DEMOSTRADO confirmado, justificado, verificado, testimoniado, v. demostrar.

DEMOSTRAR probar, verificar, testimoniar, comprobar, establecer, fundamentar, razonar, justificar, confirmar, evidenciar, manifestar, certificar, declarar, indicar, señalar, motivar, patentizar || mostrar, enseñar, exhibir, presentar, exponer, exteriorizar, publicar, divulgar || argumentar, razonar, inferir, deducir, explicar, definir, aclarar, corroborar.

DEMOSTRATIVO aclaratorio, esclarecedor, ilustrativo, claro, explicativo, evidente, probatorio, persuasivo, convincente, categórico.

DEMUDADO alterado, sobresaltado, inquieto, perturbado, pálido, macilento, blanco, amarillo, exangüe, turbado, inmutado.

DEMUDARSE alterarse, trastornarse, perturbarse, turbarse, inquietarse, inmutarse, palidecer, transfigurarse, extraviarse, sobresaltarse.

DENEGACIÓN resistencia, oposición, negativa, rechazo, recusación, excusa, impugnación.

DENEGAR negar, rechazar, rehusar, refutar, recusar, desestimar, desechar, excusarse, desairar, oponerse, impugnar, enfrentarse, resistir, contrariar, objetar.

DENGOSO melindroso, ñoño, cursi, delicado, afectado, amanerado, rebuscado, artificioso, remilgado, lamido, mojigato, melifluo.

DENGUE melindre, afectación, cursilería, ñoñería, amaneramiento, mojigatería, remilgo, artificio, repulgo, tontería, delicadeza.

DENIGRACIÓN injuria, ofensa, deshonra, difamación, detracción, calumnia, maldición, vileza, infamia, demérito, maledicencia, descrédito, infamación.

DENIGRANTE deshonroso, ofensivo, injurioso, difamante, maldiciente, infamante, vil, calumnioso, infamatorio, humillante, afrentoso, ignominioso, oprobioso.

DENIGRAR difamar, injuriar, ofender, deshonrar, humillar, calumniar, maldecir, afrentar, estigmatizar, desacreditar, desprestigiar, baldonar, manchar, mancillar, menospreciar, agraviar.

DENODADAMENTE atrevidamente, esforzadamente, decididamente, v. denodado.

DENODADO esforzado, atrevido, decidido, determinado, valeroso, bravo, bizarro, intrépido, templado, farruco, animoso, arrestado, arrojado, audaz.

DENOMINACIÓN designación, nombre, calificación, título, renombre, indicación, apelativo, apodo, sobrenombre, alias, seudónimo.

DENOMINADOR divisor, número, cantidad.

DENOMINAR titular, calificar, nombrar, designar, renombrar, indicar, señalar, apelar, apodar, intitular, distinguir, llamar.

DENOSTADOR injuriador, infamador, v. denostar.

DENOSTAR injuriar, infamar, insultar, calumniar, ofender, denigrar, agraviar, baldonar, afrentar, ultrajar, zaherir, vilipendiar, lastimar, menoscabar.

DENOTAR anunciar, significar, indicar, advertir, apuntar, expresar, demostrar, mostrar, señalar, revelar, enseñar, representar.

DENSAMENTE compactamente, tupidamente, v. denso.

DENSIDAD consistencia, concentración, peso, cohesión, viscosidad,

Densímetro trabazón, dureza, espesor, cuerpo, condensación, impenetrabilidad, solidez.

Densímetro areómetro, medidor, tubo graduado.

Denso compacto, apretado, espeso, unido, cerrado, craso, consistente, concentrado, viscoso, pesado, condensado, duro, trabado, sólido, impenetrable, apiñado, comprimido, pastoso, pegajoso, grasiento, tupido || oscuro, confuso, ininteligible, turbio, incomprensible.

Dentada * dentellada v.

Dentado dentellado, *dentelado*, serrado, apuntado, cortado, irregular.

Dentadura dentición, dientes, muelas, incisivos, caninos, colmillos, premolares, molares, encías, boca.

Dental odontológico, estomatológico, bucal, gingival, molar.

Dentar dentellar, apuntar, aserrar, cortar.

Dentelado * v. dentado.

Dentellada mordisco, mordedura, bocado, tarascada, herida, señal.

Dentellado v. dentado.

Dentellar castañetear, entrechocar, batir, dar, temblar, convulsionar, estremecerse.

Dentellear mordisquear, mordiscar, morder, rasgar, tarazar, tarascar, roer, ratonar, carcomer, triturar, lacerar, desgastar, hincar, clavar los dientes.

Dentera acidez, amargor, acerbidad, aspereza, rechinamiento, rabanillo || envidia, pelusa, celos, resentimiento, anhelo, deseo, ansia, vehemencia, prurito.

Dentición v. dentadura.

Dentífrico pasta, polvos, licor, elixir, limpiador.

Dentista odontólogo, estomatólogo, especialista, doctor, cirujano, dentista, sacamuelas.

Dentro adentro, en el interior, en lo interno, interiormente, internamente, íntimamente, intrínsecamente, centralmente.

Dentudo dentón, colmilludo, dientudo.

Denudar despojar, desnudar, pelear, desplumar, cambiar la piel, mudar las plumas.

Denuedo brío, esfuerzo, valor, intrepidez, arresto, coraje, resolución, ánimo, corazón, arrojo, valentía, osadía, audacia, atrevimiento, ardor, bravura, decisión bizarría, temeridad, temple, agallas.

Denuesto insulto, injuria, afrenta, ofensa, dicterio, baldón, vituperio, invectiva, tarascada, ultraje, agravio, vejación, escarnio, juramento v.

Denuncia notificación acusación, aviso, cargo, revelación, imputación, querella, crítica, censura, atribución, delación, confidencia, soplo, chivatazo, calumnia, difamación.

Denunciante acusador, notificador, ofendido, víctima, querellante, censurador, denunciador, soplón, delator, confidente, *chivato*, difamador, calumniador.

Denunciar avisar, notificar, acusar, participar, revelar, imputar, criticar, censurar, declarar, manifestar, querellarse, delatar, soplar || promulgar, publicar, anunciar.

Deo gratias gracias a Dios, saludo.

Deo volente Dios mediante.

Deontología ética, moral profesional.

Deparar conceder, proporcionar, destinar, suministrar, ofrecer, mostrar, presentar, señalar, entregar, facilitar, dar.

Departamental comarcal, jurisdiccional, v. departamento.

Departamento distrito, jurisdicción, territorio, comarca, cantón, demarcación, zona, partido, término, división, circunscripción || ramo, sección, división, ministerio, dirección, rama, parte, sector || compartimiento, casilla, división, apartado, estante, encasillado, separación, partición, cajón, caja || piso, apartamiento, apartamento, habitación, vivienda, cuarto, alojamiento, domicilio, morada.

DEPARTIR conversar, charlar, hablar, dialogar, discutir, platicar, parlamentar, comunicarse, chacharear, parlotear, entrevistarse, conferenciar, razonar.

DEPAUPERACIÓN enflaquecimiento, desnutrición, agotamiento, anemia, debilidad, delgadez, inanición, escualidez, consunción, extenuación, postración, magrura || pobreza, miseria, escasez, indigencia.

DEPAUPERADO escuálido, agotado, desnutrido, flaco, enflaquecido, anémico, delgado, adelgazado, débil, debilitado, postrado, extenuado, esquelético, seco || mísero, indigente, pobre, escaso.

DEPAUPERAR enflaquecer, desnutrir, agotar, debilitar, adelgazar, consumir, postrar, extenuar, marchitar, decaer || empobrecer, arruinar, venir a menos.

DEPENDENCIA subordinación, sujeción, sumisión, adhesión, obediencia, supeditación, inferioridad, esclavitud, sometimiento, vasallaje, filiación, acatamiento, pleitesía, observancia || departamento, sección, división, comisaría, delegación, negociado, dirección, ministerio, filial, sucursal, factoría, agencia || secuela, consecuencia, derivación, resultado || despacho, oficina, habitación, sala, estudio, bufete.

DEPENDER subordinarse, sujetarse, someterse, adherirse, obedecer, supeditarse, afiliarse, acatar, servir, incumbir, reconocer, derivar, resultar.

DEPENDIENTE subordinado, sometido, supeditado, sujeto, dominado, subyugado, sumiso, vasallo, disciplinado, súbdito, satélite, inferior, sufragáneo, tributario, feudatario, accesorio || oficinista, auxiliar, subordinado, vendedor, tendero, burócrata, empleado, ayudante, subalterno.

DEPILACIÓN afeitado, rapamiento, rasuramiento, afeite, arrancamiento, tonsura, corte.

DEPILAR arrancar, extraer, afeitar, rasurar, rapar, tonsurar, cortar.

DEPILATORIO untura, loción, crema, líquido, depilador, dropacismo, atanquía.

DEPLORABLE lamentable, penoso, calamitoso, lastimoso, sensible, aflictivo, desolador, lastimero, triste, tremendo, terrible, doloroso, desconsolador, angustioso, desesperante, malhadado, irritante, vergonzoso.

DEPLORAR sentir, lamentar, afligirse, desolarse, entristecerse, desconsolarse, angustiarse, dolerse, conmoverse, afectarse, llorar, añorar, avergonzarse, afectarse, compadecerse, enternecerse.

DEPONENTE testificador, declarante, atestiguante, testigo, informador, refrendador, manifestante.

DEPONER declarar, testificar, testimoniar, atestiguar, informar, refrendar, manifestar, afirmar, aseverar || evacuar, hacer de vientre, defecar, cagar || separar, apartar, dejar, alejar, destronar, expulsar, destituir, derrocar v.

DEPORTACIÓN destierro, expulsión, exilio, expatriación, ostracismo, proscripción, alejamiento, confinamiento, extrañamiento, aislamiento, desarraigo, relegación, apartamiento, exclusión.

DEPORTADO desterrado, proscrito, confinado, expatriado, exiliado, expulsado, apartado, excluido, relegado, desarraigado, alejado.

DEPORTAR expatriar, expulsar, desterrar, extrañar, confinar, alejar, proscribir, echar, aislar, relegar, apartar, desarraigar, excluir, exiliar.

DEPORTE ejercicio, práctica, juego, adiestramiento, entrenamiento, ejercitación, gimnasia, recreo, pasatiempo, placer, diversión, entretenimiento.

Deportista aficionado, practicante, jugador, v. deporte.

Deportividad corrección, nobleza, observancia, juego limpio.

Deposición evacuación, defecación, heces, excremento, deyección, inmundicia, porquería, excreta, excreción, mierda, cagada || declaración, testimonio, exposición, manifestación, revelación, aserción, información, confesión, explicación, atestado, alegato, versión || expulsión, degradación, suspensión, cesantía, separación, relevo, exoneración.

Depositante imponente, consignante, ahorrador, propietario, consignador, dador.

Depositar entregar, poner, colocar, imponer, consignar, dar, guardar, proteger, ahorrar, confiar, fiar, almacenar, amontonar || sedimentar, posar, decantar, posarse, acumularse, precipitar.

Depositaría tesorería, depósito, almacén.

Depositario cajero, tesorero, banquero, encargado, cuidador, receptor, curador, consignatario, almacenero.

Depósito almacén, cobertizo, tinglado, nave, barracón, bastimento, granero, establecimiento, factoría, local, tienda, edificio || tanque, cuba, receptáculo, aljibe, pozo, recipiente || provisión, acopio, almacenamiento, reserva, repuesto, acumulación, acaparamiento || consignación, custodia, entrega, resguardo, vigilancia, conservación, fideicomiso, garantía, salvaguardia, amparo || sedimento, precipitado, poso, acumulación, concreción, decantación, separación.

Depravación desenfreno, corrupción, perversión, degradación, escándalo, vicio, libertinaje, licencia, contaminación, descarrío, envilecimiento, prostitución, indecencia, abyección.

Depravadamente viciosamente, v. depravado.

Depravado vicioso, degradado, pervertido, corrompido, desenfrenado, contaminado, licencioso, libertino, escandaloso, envilecido, descarriado, prostituido, indecente, abyecto, disoluto.

Depravar corromper, pervertir, degradar, viciar, contaminar, desenfrenar, escandalizar, envilecer, descarriar, prostituir, dañar, adulterar, enviciar, desmoralizar, malear, seducir.

Deprecación ruego, súplica, petición, impetración, imprecación, instancia, solicitud, invocación, intercesión, reclamación, apelación, pretensión.

Deprecar suplicar, pedir, rogar, impetrar, imprecar, reclamar, interceder, invocar, solicitar, instar, apelar, pretender, instar, conjurar.

Depreciación desvalorización, devaluación, rebaja, disminución, mengua, abaratamiento, baratura, baja, liquidación, ganga, demérito, saldo.

Depreciado devaluado, desvalorizado, rebajado, abaratado, liquidado, saldado, disminuido, reducido, regalado, tirado, barato, económico.

Depreciar rebajar, abaratar, devaluar, desvalorizar, saldar, liquidar, regalar, tirar, disminuir, reducir, malbaratar, malvender, baratear.

Depredación pillaje, saqueo, robo, despojo, rapiña, devastación, botín, saco, desvalijamiento, aprehensión, hurto || malversación, desfalco, cohecho, defraudación, fraude, escamoteo, sustracción, exacción, abuso.

Depredador ladrón, saqueador, devastador, desvalijador, dañino, perjudicial, nocivo.

Depredar despojar, pillar, robar, saquear, rapiñar, devastar, hurtar, desvalijar, aprehender, malversar, defraudar, escamotear, desfalcar, sustraer, abusar, perjudicar, dañar.

Depresión hondonada, barranco, cuenca, concavidad, seno, fosa, hoyo, sima, sinuosidad, hondura, quebrada, valle, vaguada, cañón, angostura || descenso, baja, disminución || decaimiento, postración, desánimo, desfallecimiento, flaqueza, apocamiento, desaliento, abatimiento, desmoralización, desesperanza, aplanamiento, agobio, cansancio, neurosis, agotamiento.

Depresivo v. deprimente.

Deprimente triste, lúgubre, desmoralizador, agobiante, desolador, doloroso, penoso, sombrío, desagradable, enojoso, tétrico, patético, lamentable, deplorable, luctuoso || degradante, humillante, vergonzoso.

Deprimir abollar, hundir, aplastar, ahuecar, chafar, bajar, rebajar, desnivelar, profundizar, hender, ahondar, socavar, excavar, disminuir || agobiar, desmoralizar, entristecer, desolar, apenar, enojar, desagradar, ensombrecer, avergonzar, humillar, lamentar, abatir, aplanar, cansar, agotar, desalentar, postrar, decaer.

De profundis desde las profundidades, penitencia, salmo.

Depuesto expulsado, exonerado, destituido, derrocado, destronado, substituido, privado, relevado, retirado, degradado, licenciado, deshonrado, repudiado, separado, descendido, despedido, purgado.

Depuración purificación, refinación, limpieza, saneamiento, filtrado, decantación || eliminación, supresión, exclusión, liquidación, expulsión, destitución, separación, purga.

Depurado puro, purificado, saneado, limpio, refinado, filtrado, decantado || destituido, v. depuesto || clásico, puro, sencillo, noble, limpio, tradicional, perfecto, correcto, acendrado, acrisolado.

Depurador v. depurativo.

Depurar sanear, purificar, refinar, filtrar, limpiar, decantar, acendrar, expurgar, alambicar, acrisolar, perfeccionar || purgar, eliminar, expulsar, destituir, separar, exonerar, excluir.

Depurativo purgante, laxante, catártico, emoliente, efervescente, refrescante, purificante.

Derechamente directamente, v. derecho.

Derechista tradicionalista, conservador, moderado, carca.

Derecho directo, seguido, recto, alineado, perpendicular, erguido, rectilíneo, tieso, rígido, plano, enhiesto, levantado, vertical, enfilado || justo, equitativo, sensato, recto, severo, rígido, intransigente, honesto, honrado, legítimo, conveniente, conforme, correcto, ajustado, adecuado, fiel, cabal, exacto, puro, acertado, apropiado, pertinente || poder, facultad, libertad, albedrío, opción, potestad, arbitrio, exención, prerrogativa, gusto, decisión, voluntad, capricho, deseo || equidad, igualdad, justicia, razón, entereza, ecuanimidad, legalidad, rectitud, imparcialidad || jurisprudencia, ley, legislación, justicia, ciencia legal.

Derechos honorarios, porcentaje, retribución, comisión, parte, emolumentos, corretaje, premio, prima || tasa, exacción, impuesto, tributo, contribución, canon, carga, gravamen, arbitrio, derrama, consumos, gabela, sobreprecio, imposición.

Derechura equidad, igualdad, rectitud v.

Deriva abatimiento, desvío, ángulo, alejamiento || Deriva (A la) al garete, abandonado, indefenso, sin gobierno.

Derivación consecuencia, resultado, fruto, efecto, corolario, secuela, producto, alcance, ramificación, desenlace, conclusión, fin.

Derivado obtenido, producido, engendrado, originado, emanado, procedente, nacido, originario, natural, oriundo, proveniente, dimanante, salido.

Derivar proceder, salir, venir, dimanar, emanar, provenir, originarse, engendrarse, producirse, obtenerse, nacer, resultar, seguirse || desviarse, abatir, perderse, descaminarse, alejarse, perder el rumbo.

Dermatitis inflamación, hinchazón, abultamiento, enrojecimiento de la piel.

Dérmico epidérmico, superficial, externo, cutáneo.

Dermis v. piel.

Derogación abolición, anulación, abrogación, supresión, revocación, extinción, prohibición, retiro, cancelación, invalidación, inhabilitación.

Derogado abolido, anulado, v. derogar.

Derogar abolir, anular, suprimir, abrogar, cancelar, retirar, prohibir, extinguir, revocar, invalidar, inhabilitar, modificar, reformar, destruir.

Derrama contribución, distribución, reparto, escote, impuesto, tasa, tributo, arbitrio, gabela, imposición, gravamen, carga, canon, exacción, tasa.

Derramadero vertedero, rebosadero, salida, abertura, orificio, agujero, desnivel, rampa, repecho.

Derramado caído, esparcido, salpicado, volcado, disperso, extendido, v. derramar.

Derramamiento efusión, caída, vertimiento, rebose, rebosamiento, desbordamiento, difusión, pérdida, dispersión.

Derramar verter, esparcir, dispersar, extender, desparramar, vaciar, echar, evacuar, volcar, tirar, difundir || Derramarse salirse, irse, desaguar, desbordarse, rebosar, fluir, verterse, cundir, v. derramar.

Derrame v. derramamiento || v. derramadero.

Derrapar * patinar, resbalar, deslizarse.

Derredor (En) en torno, alrededor, rodeando, circundando.

Derrelicto pecio, buque abandonado, objeto a la deriva.

Derrengado deslomado, escacharrado, agobiado, ajetreado, exhausto.

Derrengar deslomar, estropear, malograr, herir, lisiar, torcer, ladear, inclinar || cansar, agotar, agobiar, ajetrear, sofocar, aperrear.

Derretido fundido, líquido, licuado, desleído, disuelto || amartelado, enamorado, acaramelado, prendado.

Derretimiento licuación, fusión, disolución, solución, licuefacción, liquidación, fundición.

Derretir licuar, fundir, disolver, deshelar, descuajar, licuefacer, liquidar, descoagular, desleír || Derretirse enamorarse, acaramelarse, amartelarse, prendarse, encariñarse, atontarse.

Derribado abatido, derrumbado, v. derribar.

Derribar abatir, derrumbar, tumbar, hundir, volcar, precipitar, caer, tirar, desplomar, demoler, desbaratar, desarmar, revolcar, echar, lanzar, voltear, tender, derruir, destruir, arrasar, trastornar, devastar, aniquilar || derrocar, expulsar, deponer, destronar, exonerar, destituir, derrotar, degradar, separar, remover, privar, despedir.

Derribo demolición, desplome, desbaratamiento, derrumbamiento, destrucción, hundimiento, ruina, arrasamiento.

Derrocamiento destitución, expulsión, destronamiento, deposición, derrota, despido, remoción, separación, degradación, derribo, revolución, conjura, algarada.

Derrocar expulsar, destituir, destronar, derrotar, despedir, deponer, degradar, separar, remover, derribar, conjurarse, confabularse.

Derrochador despilfarrador, pródigo, manirroto, malgastador, profuso, malbaratador, dilapidador, disipador, gastador.

Derrochar despilfarrar, dilapidar, malgastar, desperdiciar, disipar, malbaratar, gastar, prodigar, liquidar, quemar, desaprovechar, malversar, desparramar.

Derroche despilfarro, dilapidación, desperdicio, dispendio, desaprovechamiento, malversación, liberalidad, malbarato, prodigalidad, pérdida, profusión, disipación.

Derrota revés, descalabro, catástrofe, desastre, capitulación, pérdida, vencimiento, aniquilación, destrucción, entrega, capitulación, huida, desgracia, paliza, fracaso, degollina, exterminio, esclavitud, desbandada, yugo, inferioridad, malogro || rumbo, derrotero, dirección, ruta, camino.

Derrotado vencido, descalabrado, entregado, capitulado, huido, aniquilado, destruido, fracasado, desgraciado, malogrado, víctima, prisionero, rehén, esclavo || andrajoso, pobre, mísero, harapiento, desgraciado, infeliz.

Derrotar vencer, descalabrar, exterminar, esclavizar, aprisionar, desbandar, malograr, batir, rendir, deshacer, destrozar, desbaratar, superar, aniquilar, destruir, arruinar, ganar.

Derrotero ruta, derrota, camino, dirección, rumbo, sentido.

Derrotismo insidia, falsedad, traición, mentira, engaño, pesimismo, murmuración, divulgación.

Derrotista insidioso, falso, traidor, mentiroso, engañoso, pesimista, murmurador, divulgador.

Derruido derribado, destruido, v. derruir.

Derruir derribar, destruir, arruinar, hundir, tumbar, derrumbar, desbaratar, demoler, desplomar, tirar, precipitar, voltear, lanzar, echar, revolcar, desarmar, devastar, trastornar, arrasar, aniquilar.

Derrumbadero despeñadero, precipicio, talud, derrocadero, abismo, barranco, piélago, fosa, acantilado, desgalgadero, derrumbe, farallón.

Derrumbamiento desmoronamiento, derrumbe, desplome, desprendimiento, corrimiento, alud, despeñamiento, *avalancha*, caída, destrucción, arrasamiento.

Derrumbar v. derruir.

Derrumbe v. derrumbamiento.

Derviche monje, anacoreta, cenobita, santón mahometano.

Desabillé * bata, peinador, salto de cama, ropa de casa.

Desaborido soso, insípido, apagado, insubstancial, insulso, frío, vacuo, huero, inexpresivo, necio, apático.

Desabotonar desabrochar, abrir, soltar, aflojar, desasir.

Desabridamente ásperamente, v. desabrido.

Desabrido áspero, insípido, insubstancial, soso, insulso, acre, amargo, desagradable, desapacible, desigual, descortés, montaraz, brusco, huraño, seco, serio, grosero, tosco, rudo, duro, bronco, intratable, arisco.

Desabrigado destapado, desnudo, desvestido, desamparado, inerme, indefenso, abandonado.

Desabrigar destapar, desvestir, desnudar, abandonar, desamparar, desatender, descuidar.

Desabrigo desamparo, abandono, descuido, desatención.

Desabrimiento insubstancialidad, sosería, descortesía, grosería, v. desabrido.

Desabrochar desabotonar, soltar, abrir, desasir, aflojar.

Desacatamiento v. desacato.

Desacatar insubordinarse, desobedecer, faltar, menospreciar, desdeñar, ultrajar, zaherir, atreverse, enfrentarse, burlar, ofender, despreciar, descararse.

Desacato insubordinación, desafío, reto, oposición, duelo, desobediencia, menosprecio, falta, burla, enfrentamiento, atrevimiento, ultraje, zaherimiento, desdén, descaro, desprecio, ofensa, irrespetuosidad, irreverencia, incorrección, desfachatez, insolencia.

Desacertadamente equivocadamente, engañosamente, erradamente, v. desacertado.

Desacertado equivocado, engañado, errado, inexacto, incorrecto, desorientado, falible, descuidado, pifiado, distraído, inadvertido, disparatado, absurdo, desatinado, omitido, fracasado, desafortunado, atolondrado, torpe, ofuscado.

DESACERTAR equivocar, engañar, errar. v. desacertado.

DESACIERTO yerro, error, engaño, equivocación, equívoco, inexactitud, incorrección, distracción, pifia, descuido, fallo, falla, desorientación, fracaso, omisión, desatino, absurdo, disparate, inadvertencia, atolondramiento, infortunio, ofuscación, torpeza, ceguera, dislate.

DESACOMPASADO * descompasado v.

DESACONSEJADO inconveniente, perjudicial, nocivo, dañino, inoportuno, incompatible, inadaptable, incongruente, impropio, incorrecto, discrepante, discordante, diferente, desproporcionado, contrario, opuesto || imprudente, caprichoso, impulsivo.

DESACONSEJAR desanimar, disuadir, convencer, desarraigar, cambiar, evitar, impedir, retraer, desviar, desmoralizar, descorazonar, cortar, consternar, encoger, aplanar, amilanar.

DESACOPLAMIENTO desencaje, desquiciamiento, dislocadura, aislamiento, separación, desembrague, v. desacoplar.

DESACOPLAR desmontar, separar, desenganchar, desunir, aislar, desconectar, desenchufar, desmembrar, desembragar, desengrasar, desconyuntar, destrabar, dislocar, desgoznar, desensamblar, desempotrar, desengastar, desengarzar, desencajar, desarmar, desarticular.

DESACORDE desconforme, discrepante, contrario, irreconciliable, incompatible, incongruente, desavenido, opositor, oponente, desfavorable, hostil || impropio, improcedente, inadecuado, inoportuno, indigno.

DESACOSTUMBRADO desusado, insólito, inusitado, nuevo, extraño, raro, inaudito, infrecuente, anticuado, asombroso, original, extraordinario, extravagante, excepcional, sobrehumano, increíble || inexperto, desconocedor v.

DESACREDITADO desprestigiado, impopular, desautorizado, malquisto, denigrado, detractado, criticado, acusado, deslucido, desdorado, deshonrado, difamado, estigmatizado, afrentado, vituperado, infamado, profanado, manchado, mancillado, baldonado.

DESACREDITAR criticar, denigrar, desautorizar, impopularizar, desprestigiar, deslucir, acusar, detractar, afrentar, estigmatizar, difamar, deshonrar, desdorar, baldonar, mancillar, manchar, profanar, infamar, vituperar, deslustrar || desmerecer v.

DESACUERDO discrepancia, divergencia, desavenencia, discordancia, disconformidad, desconformidad, disputa, cisma, cizaña, rompimiento, rotura, escisión, contrariedad, oposición, conflicto, querella, roce, tropiezo, diferencia, dificultad, separación, desunión, disentimiento, división, disensión, discordia.

DESAFECTO aversión, animosidad, enemistad, mala voluntad, inquina, malquerencia, animadversión, antipatía, desamor, desafecto, desapego, hostilidad, contrariedad, oposición, v. desacuerdo || opuesto, contrario, enemigo, animoso, antipático, hostil.

DESAFERRAR desasir, soltar, liberar, dejar, desligar, desatar, desprender, desunir, desmarrar.

DESAFIADOR v. desafiante.

DESAFIANTE provocador, retador, combativo, luchador, reñidor, peleador, contradictorio, discutidor, impugnador, opositor, bravucón, fanfarrón, jactancioso, curro, chulo, baladrón, pendenciero, altivo, desdeñoso, hosco.

DESAFIAR retar, provocar, bravuconear, amenazar, reñir, luchar, combatir, pelear, contradecir, discutir, impugnar, enfrentarse, chulearse, jactarse, fanfarronear,

oponerse, desdeñar, arrostrar, encararse.
DESAFILADO romo, embotado, mellado.
DESAFILAR embotar, alisar, enromar, desbocar, mellar.
DESAFINACIÓN discordancia, destemple, desentono, disonancia, gallo.
DESAFINADO desentonado, disonante, destemplado, discordante, falseado, horrísono, chirriante, discorde, dísono.
DESAFINAR disonar, desentonar, destemplar, discordar, desacordar, diferenciarse, destacar.
DESAFÍO provocación, duelo, reto, lance, bravata, encuentro, combate, justa, lucha, contienda, prueba, impugnación, discusión, contradicción, pelea, oposición, fanfarronada, jactancia, enfrentamiento, encaramiento, desdén.
DESAFORADAMENTE desmedidamente, abusivamente, atropelladamente, v. desaforado.
DESAFORADO desmedido, abusivo, atropellado, excesivo, descomedido, desproporcionado, desmesurado, exagerado, descomunal, inmoderado, enorme, grande, monstruoso, abultado, extremado, intemperante, desenfrenado, destemplado, libertino, desmandado, extralimitado, brutal, injusto, indebido, arbitrario.
DESAFORAR abusar, atropellar, v. desaforado.
DESAFORTUNADAMENTE desgraciadamente, desdichadamente, v. desafortunado.
DESAFORTUNADO desgraciado, desdichado, infausto, trágico, desastroso, infortunado, calamitoso, fatal, nefasto, fatídico, desagradable, adverso, feo, triste, duro, amargo, deplorable, azaroso, lamentable, mártir, víctima, infeliz, pobretón, miserable, oprimido, desventurado.
DESAFUERO abuso, violencia, exceso, tropelía, brutalidad, vejación, atropello, infracción, quebrantamiento, transgresión, vulneración, desmán, desaguisado, demasía, desorden, injusticia, iniquidad, ilegalidad, despotismo, extralimitación.
DESAGOTAR desaguar, agotar, achicar, vaciar, echar, verter, desocupar, escurrir, derramar, evacuar, sacar, canalizar, extraer, descargar, desangrar.
DESAGRADABLE insoportable, aburrido, antipático, despreciable, desgraciado, fastidioso, desapacible, desabrido, irritante, ingrato, feo, triste, molesto, riguroso, amargo, ácido, insípido, brusco, malo, sombrío, repulsivo, extravagante, insufrible, inaguantable, pesado, incómodo, repelente, árido, asqueroso, engorroso, patético, lúgubre, frío, destemplado.
DESAGRADABLEMENTE insoportablemente, aburridamente, v. desagradable.
DESAGRADAR irritar, fastidiar, molestar, entristecer, repeler, ensombrecer, asquear, incomodar, pesar, cansar, disgustar, desazonar, escocer, indigestarse, ofender, amargar, amohinar, descontentar, repugnar, fatigar.
DESAGRADECIDO ingrato, desleal, desnaturalizado, descastado, olvidadizo, egoísta, indiferente, infiel, desapegado, apático, frío, insensible, escéptico, empedernido.
DESAGRADECIMIENTO ingratitud, v. desagradecido.
DESAGRADO descontento, disgusto, resentimiento, enfado, incomodidad, amargura, sinsabor, tribulación, molestia, escozor, fastidio, ira, hastío, asco, aflicción, dolor, despecho, desazón, decepción, desasosiego, queja, contrariedad, impaciencia, preocupación, inquietud, pesadumbre, enojo, pesar, desconformidad.
DESAGRAVIAR compensar, resarcir, satisfacer, reparar, borrar, rehabilitar, indemnizar, excusar, vengar, restablecer, restituir, reivindicar, reponer, corregir, expiar, enmendar, revisar, enderezar, homenajear, ensalzar, elogiar.

Desagravio reparación, satisfacción, resarcimiento, compensación, reivindicación, restitución, venganza, excusa, indemnización, rehabilitación, enderezamiento, revisión, enmienda, expiación, corrección, homenaje, elogio.

Desagregación separación, división, disociación, desvinculación v.

Desagregar separar, dividir, v. desvincular.

Desaguadero v. desagüe.

Desaguar desembocar, afluir, verter, vaciar, achicar, agotar, evacuar, derramar, escurrir, desocupar, echar, sacar, desangrar, extraer, canalizar, avenar, baldear, descargar.

Desagüe desaguadero, salida, desembocadura, afluencia, avenamiento, achique, drenaje, zanja, escurridero, sangradura, gárgola, canalón, acequia, conducto, cuneta, canal, canalillo, cloaca, sumidero, alcantarilla, evacuación, vertedero, canalización.

Desaguisado barbaridad, torpeza, necedad, error, desatino, disparate, desacierto, despropósito, dislate, desbarro, yerro, pifia, agravio, perjuicio, injusticia, sinrazón, denuesto.

Desahogadamente holgadamente, cómodamente, tranquilamente, v. desahogado.

Desahogado holgado, cómodo, sereno, tranquilo, confiado, seguro, aliviado, desembarazado, dilatado, ancho, grande, amplio, espacioso, despejado, desocupado || próspero, rico, opulento.

Desahogar desembarazar, espaciar, agrandar, ensanchar, ampliar, desocupar, despejar || v. desahogarse || **Desahogarse** confesar, confiarse, franquearse, descubrir, revelar, aliviarse, serenarse, tranquilizarse, desembarazarse, desembaular, consolarse || v. desahogar.

Desahogo alivio, consuelo, lenitivo, bálsamo, confesión, confianza, revelación, tranquilidad, serenidad, desembarazo, confortación, prosperidad, riqueza, opulencia || anchura, amplitud, espacio, comodidad, holgura || distracción, diversión, regocijo, solaz, esparcimiento, jolgorio, expansión, descanso.

Desahuciado incurable, condenado, desesperado, gravísimo, moribundo, grave, sin remedio, sentenciado, acabado, irremediable, desesperanzado || expulsado, despedido, echado, arrojado, lanzado.

Desahuciar condenar, desesperar, abandonar, sentenciar || expulsar, lanzar, arrojar, echar, despedir.

Desahucio condena, sentencia, desesperanza || expulsión, despido, lanzamiento, arrojo, desamparo.

Desairadamente desdeñosamente, ridículamente, descortésmente, desatentamente. v. desairado.

Desairado desdeñado, despreciado, desatendido, menospreciado, ultrajado, ofendido, maltratado, relegado, arrinconado, humillado, vilipendiado, burlado, chasqueado, engañado, ridiculizado || ridículo, absurdo, grotesco, desgarbado.

Desairar menospreciar, despreciar, desdeñar, desatender, arrinconar, postergar, relegar, ultrajar, maltratar, ofender, chasquear, burlar, vilipendiar, humillar, ridiculizar, engañar, rechazar, rebajar.

Desaire desprecio, desdén, menosprecio, desatención, postergación, relegamiento, ultraje, ofensa, engaño, humillación, vilipendio, burla, chasco, decepción, grosería, befa, mofa, desconsideración, repulsa, descortesía, zaherimiento.

Desajustar descentrar, desconectar, desarticular, discrepar, disonar, v. desajuste.

Desajuste desarreglo, desacuerdo, trastorno, irregularidad, anomalía, desorganización, desorden, perjuicio, inconveniente, perturbación, incompatibilidad.

DESALADAMENTE ansiosamente, anhelantemente, v. desalado.

DESALADO ansioso, anhelante, acelerado, apresurado, presuroso, acucioso, rápido, vehemente, disparado, ajetreado, aperreado, desquiciado, ofuscado, trastornado, consternado, atragantado, descentrado.

DESALAR remojar, empapar, endulzar, quitar la sal || DESALARSE ansiar, anhelar, apresurarse, dispararse, ajetrearse, consternarse, desquiciarse, aperrearse, atragantarse, ofuscarse, suspirar.

DESALENTADO abatido, desanimado, deprimido, cabizbajo, lánguido, miserable, pobrete, apocado, cuitado, pobre, alicaído, desdichado, infeliz, triste, desmoralizado, desesperado, acobardado, consternado, agobiado, anonadado, amilanado, decaído, desengañado.

DESALENTADOR depresivo, deprimente, agobiante, aflictivo, desmoralizador, anonadante, consternador, desesperante, triste.

DESALENTARSE deprimirse, desanimarse, abatirse, desengañarse, languidecer, amilanarse, anonadarse, agobiarse, consternarse, acobardarse, desesperar, desmoralizarse, entristecerse, apocarse, postrarse, descorazonarse, desmayar, arredrarse, desistir, flaquear, ceder, retroceder, acoquinarse.

DESALIENTO desánimo, descorazonamiento, postración, apocamiento, desmayo, tristeza, desmoralización, desesperación, acobardamiento, consternación, languidez, agobio, anonadamiento, desengaño, abatimiento, depresión, flaqueza, retroceso, cobardía, temor, timidez, impotencia, debilidad, cansancio, aplanamiento, aflicción, abandono, retroceso.

DESALINEAR descolocar, mezclar, desordenar, desarreglar, descomponer, desorganizar.

DESALIÑADAMENTE desaseadamente, descuidadamente, desastradamente, v. desaliñado.

DESALIÑADO desaseado, descuidado, desastrado, sórdido, astroso, estrafalario, extravagante, desgalichado, ridículo, desnudo, desharrapado, desvaído, despeinado, harapiento, andrajoso, dejado, abandonado, desidioso, sucio, cochino, mugriento, adán, asqueroso, marrano, ajado, feo, deteriorado.

DESALIÑAR desastrar, descuidar, desasear, estropear, ajar, empañar, romper, deslustrar, ensuciar, v. desaliñado.

DESALIÑO suciedad, descuido, desaseo, sordidez, desnudez, marranería, asquerosidad, mugre, cochinería, desidia, abandono, dejadez, negligencia, ajamiento, incuria, desgaire, descompostura.

DESALMADO brutal, monstruoso, maligno, malo, cruel, inhumano, perverso, bruto, salvaje, bárbaro, sanguinario, despiadado, feroz, duro, rudo, sañudo, inexorable, inclemente, violento, bestial, sádico, riguroso, atroz, fiero, tiránico, encarnizado, implacable, severo, violento.

DESALOJAMIENTO v. desalojo.

DESALOJADO expulsado, despedido, arrojado, v. desalojar.

DESALOJAR echar, expulsar, arrojar, despedir, ahuyentar, plantar, enviar, sacar, lanzar, rechazar, proscribir, desterrar, apartar, alejar, espantar, extrañar, eliminar, excluir, expeler, impulsar, desechar, desahuciar, destituir, derrocar, destronar, quitar, desplazar || abandonar, irse, marcharse, dejar, desocupar, desalquilar, ceder, entregar, devolver.

DESALOJO desahucio, expulsión, despido, exclusión, apartamiento, eliminación, lanzamiento, rechazo, alejamiento, destitución, derrocamiento, desplazamiento ||

DESALQUILAR abandono, marcha, ida, devolución, entrega, cesión, desocupación.

DESALQUILAR abandonar, mudarse, trasladarse, desocupar, ceder, entregar, irse, marcharse, dejar.

DESALTERAR apaciguar, calmar, pacificar, aquietar, tranquilizar, serenar, sosegar, aplacar, amansar, dulcificar.

DESAMARRAR desatar, desligar, soltar, desprender, desanudar, destrincar, desmanear, desuncir, desceñir, desacoplar, desabotonar, desenlazar, desatracar, desaferrar, soltar amarras, levar anclas.

DESAMISTARSE enemistarse, indisponerse, distanciarse, enfadarse, reñir, disgustarse, romper, terminar, apartarse.

DESAMOBLAR v. desamueblar.

DESAMOR desafecto, enemistad, aborrecimiento, inquina, malquerencia, aversión, animadversión, antipatía, odio, rabia, ojeriza || ingratitud, infidelidad, indiferencia, olvido, egoísmo.

DESAMPARADAMENTE desvalidamente, abandonadamente, impotentemente, v. desamparado.

DESAMPARADO desvalido, abandonado, impotente, perdido, extraviado, rechazado, inerme, repudiado, desahuciado, desatendido, desabrigado, desvalido, huérfano, indefenso, descuidado, solitario, deshabitado, desierto, yermo, despoblado, desmantelado, solo, triste.

DESAMPARAR abandonar, dejar, rechazar, desatender, desahuciar, repudiar, extraviar, descuidar, desabrigar, desmantelar, despoblar, desertar, deshabitar, perder, desasistir, sacrificar, plantar, desanimar, aislar.

DESAMPARO aislamiento, desatención, abandono, rechazo, dejación, desahucio, desmantelamiento, descuido, extravío, repudio, sacrificio, desasistencia, pérdida, deserción, despoblamiento, aislamiento, desánimo, soledad, orfandad, desvalimiento, desabrigo.

DESAMUEBLAR desalojar, desamoblar, desmantelar, desalhajar, quitar, sacar, vaciar.

DESANDAR retroceder, recular, volver, regresar, retornar, retirarse, retrogadar, tornar, reanudar, emprender, repasar, repetir.

DESANGRADO debilitado, débil, agotado, extenuado, empobrecido, anémico, exangüe, pálido.

DESANGRAMIENTO efusión, debilitación, debilidad, anemia, agotamiento, pérdida, empobrecimiento, desagüe, merma, disminución, derramamiento, vertimiento, rebosamiento.

DESANGRARSE debilitarse, agotarse, perder, derramar, verter, empobrecerse || desaguar, disminuir, mermar, vaciar, evacuar, achicar.

DESANIMADO desalentado, deprimido, abatido, cabizbajo, lánguido, mísero, alicaído, cuitado, apocado, acobardado, decaído, amilanado, anonadado, agobiado, desengañado, consternado, entristecido, preocupado.

DESANIMAR disuadir, desaconsejar, desviar, convencer, impresionar, probar, argumentar, coaccionar, imbuir, sugestionar || **DESANIMARSE** deprimirse, desalentarse, abatirse, languidecer, decaer, acobardarse, apocarse, desengañarse, consternarse, agobiarse, preocuparse, anonadarse, amilanarse, entristecerse || retroceder, arrepentirse, arredrarse, achicarse || v. desanimar.

DESÁNIMO descorazonamiento, desaliento, postración, apocamiento, desesperación, desmoralización, tristeza, preocupación, desmayo, languidez, anonadamiento, agobio, consternación, acobardamiento, cobardía, flaqueza, depresión, abatimiento, desengaño, cansancio, debilidad, impotencia, timidez, temor, aplanamiento, abandono, aflicción.

DESANUDAR v. desamarrar.

DESAPACIBILIDAD destemplanza, desagrado, v. desapacible.

DESAPACIBLE destemplado, desagradable, brusco, seco, adusto, insociable, intratable, hosco, huraño, malhumorado, esquivo, desabrido, rudo, molesto, áspero, fastidioso, ingrato, enfadoso, fatigoso, enojoso, duro.

DESAPACIBLEMENTE desagradablemente, destempladamente, bruscamente, v. desapacible.

DESAPARECER esfumarse, ocultarse, disiparse, evaporarse, taparse, quitarse, velarse, obscurecerse, huir, borrarse, anularse, volar, eclipsarse, gastarse, consumirse, perderse, desvanecerse, dispersarse, difuminarse, ponerse, escamotearse, prescribir, terminar, caducar, concluir, morir, acabar, destruirse, cesar.

DESAPAREJAR quitar, desmontar, desarmar, arriar, bajar.

DESAPARICIÓN ocultación, evaporación, obscurecimiento, desvanecimiento, puesta, eclipse, ocaso, escamoteo, prestidigitación, disipación, dispersión, anulación, huida, consunción, pérdida, difuminación, prescripción, terminación, conclusión, muerte, acabamiento, destrucción, cese, supresión, fin, final.

DESAPASIONADAMENTE objetivamente, imparcialmente, fríamente, v. desapasionado.

DESAPASIONADO imparcial, frío, objetivo, desinteresado, tranquilo, sereno, equitativo, justo, justiciero, ecuánime, recto, neutral, honrado, honesto, correcto, moderado, íntegro || indiferente, apático, ingrato, desapegado v., displicente, insensible, distanciado, indolente, tibio.

DESAPASIONAMIENTO imparcialidad, objetividad, v. desapasionado.

DESAPASIONAR desarraigar, calmar, serenar, aplacar, v. desapegar.

DESAPEGADO insensible, ingrato, renegado, distante, displicente, apático, indiferente, frío, descastado, desinteresado, tibio, desencariñado, olvidadizo.

DESAPEGAR desencariñar, desinteresar, entibiar, descastar, enfriar, insensibilizar, desaficionar, desviar, distanciar, desasir, alejar, destemplar, desapasionar.

DESAPEGO distanciamiento, desvinculación, desamor, alejamiento, frialdad, indiferencia, apatía, displicencia, insensibilidad, tibieza, desinterés, ingratitud.

DESAPERCIBIDAMENTE desprevenidamente, impensadamente, v. desapercibido.

DESAPERCIBIDO desprevenido, desprovisto, carente, descuidado, falto, imprevisor, confiado, seguro || DESAPERCIBIDO* inadvertido, omitido, ignorado, no visto.

DESAPERCIBIMIENTO desprevención, desprovisión, falta, carencia, descuido, confianza, imprevisión, inadvertencia, irreflexión.

DESAPLICACIÓN negligencia, descuido, desatención, ocio, pereza, vagancia, holgazanería, desidia, desinterés, apatía, haraganería, gandulería.

DESAPLICADAMENTE negligentemente, descuidadamente, desatentamente, v. desaplicado.

DESAPLICADO negligente, descuidado, desatento, gandul, haragán, apático, desinteresado, desidioso, holgazán, vago, perezoso, ocioso.

DESAPLICARSE descuidarse, desatender, desinteresarse, holgazanear, vagar, haraganear, estropearse.

DESAPODERADO desenfrenado, precipitado, desalado, violento, impetuoso.

DESAPODERAR desposeer, despojar, quitar, retirar, desproveer, arrebatar, arrancar, separar, exonerar.

DESAPOSENTAR desalojar, echar, expulsar, arrojar, sacar, lanzar, desahuciar, quitar, desplazar, alejar.

DESAPRENSIÓN desenfado, desvergüenza, descaro, frescura, impasibilidad, desembarazo, desfachatez, descoco, atrevimiento, desgarro, procacidad, infidelidad, audacia, deshonestidad.

DESAPRENSIVO desvergonzado, descarado, fresco, desenfadado, atrevido, descocado, desfachatado, desembarazado, impasible, infiel, procaz, audaz, desgarrado, deshonesto, sinvergüenza.

DESAPROBACIÓN reconvención, censura, crítica, corrección, reprobación, reparo, vituperio, diatriba, sátira, reproche, burla, amonestación, sermón, tacha, regañina, anatema, condena || desautorización, disconformidad, disentimiento, desacuerdo, denegación.

DESAPROBAR criticar, censurar, reconvenir, corregir, reprochar, satirizar, vituperar, burlar, condenar, anatematizar, regañar, tachar, sermonear, amonestar, disentir, desautorizar, afear, oponerse, denegar.

DESAPROVECHADAMENTE ineficazmente, infructuosamente, ociosamente, v. desaprovechado.

DESAPROVECHADO ineficaz, infructuoso, ocioso, vano, baldío, inútil, perdido, nulo, inactivo, impotente || derrochado, desperdiciado, malgastado, deteriorado, dilapidado, malbaratado, desbaratado, despilfarrado, tirado, lastimoso, malogrado.

DESAPROVECHAMIENTO desperdicio, ineficacia, inutilidad, pérdida, nulidad, impotencia, incapacidad, ineptitud, derroche, deterioro, dilapidación, despilfarro, malbaratamiento, menoscabo, atraso, desmedro, malogro.

DESAPROVECHAR malgastar, desperdiciar, perder, malbaratar, despilfarrar, dilapidar, deteriorar, menoscabar, atrasarse, tirar, prodigar, arrinconar, malograr, extraviar, inutilizar, omitir, olvidar.

DESARBOLAR desmantelar v., desaparejar, deshacer.

DESARMADO indefenso, desprovisto, despojado, privado, desvalido, inerme, descubierto, impotente, desposeído, débil.

DESARMAR despojar, privar, desposeer, quitar, arrebatar, anular, debilitar || desmontar, desencajar, separar, desacoplar, desmenuzar, desencuadernar, desbaratar, descomponer, arrancar, destrozar, extraer, desunir, desajustar, deshacer, desaparejar.

DESARME pacificación, apaciguamiento, desarmamiento, aplacamiento, moderación || debilitamiento, desposesión, impotencia, privación, despojo, anulación.

DESARRAIGADO alejado, emigrado, apartado, separado, distanciado, retirado, expatriado, desviado, fracasado, inseguro, inestable, desterrado, expulsado || arrancado, descuajado, extraído, desenterrado, descepado || eliminado, anulado, quitado, suprimido, extirpado, matado, aniquilado, mitigado, suavizado.

DESARRAIGAR distanciar, separar, apartar, emigrar, huir, fracasar, desviar, expatriar, retirar, expulsar, desterrar || descuajar, arrancar, descepar, desenterrar, extraer || anular, eliminar, quitar, mitigar, suavizar, aniquilar, liquidar, suprimir, extirpar.

DESARRAPADO v. desharrapado.

DESARREGLADO desordenado, trastornado, absurdo, derrochador, desatinado, alterado, confuso, desorientado, atropellado, distraído || estropeado, descompuesto, roto, inútil, inservible, maltratado, deteriorado, mutilado, menoscabado, dañado, lastimado.

DESARREGLAR desordenar, confundir, trastornar, derrochar, alterar, desorganizar, desconcertar, desgobernar, mezclar, turbar, revolver, desorientar, descomponer, estropear, inutilizar, romper, maltratar, deteriorar, lastimar, dañar, menoscabar, mutilar, escacharrar, atrofiar.

DESARREGLO desorden, trastorno, confusión, desorientación, desatino, alteración, distracción, derroche, deterioro, inutilización, descompostura, estropicio, daño, rotura, destrozo, caos, laberinto, mezcolanza, irregularidad, desorganización, desbarajuste.

DESARRENDAR v. desalquilar.

DESARRIMAR separar, distanciar, alejar, echar, apartar, empujar.

DESARROLLADO próspero, fomentado, propagado, aumentado, acrecentado, impulsado, difundido, ampliado, acrecentado, perfeccionado, incrementado, rico, opulento, boyante, floreciente, radiante, afortunado || desplegado, desdoblado, tendido, abierto, distendido, desenvuelto, desliado || explicado, esclarecido, definido, comentado, especificado, interpretado, revelado, glosado, dilucidado, aclarado || fuerte, robusto, alto, crecido, espigado.

DESARROLLAR fomentar, prosperar, propagar, ampliar, aumentar, acrecentar, impulsar, expandir, difundir, amplificar, crecer, incrementar, perfeccionar || desliar, desenvolver, desplegar, desdoblar, tender, extender, distender, abrir || exponer, elucidar, explicar, esclarecer, definir, comentar, glosar, revelar, interpretar, especificar.

DESARROLLO auge, progreso, aumento, adelanto, prosperidad, impulso, expansión, difusión, crecimiento, incremento, perfeccionamiento, dilatación, ramificación, riqueza, opulencia, florecimiento, fortuna || explicación, esclarecimiento, interrogación, especificación, comentario, definición, glosa, aclaración.

DESARROPAR destapar, desabrigar, descobijar, despojar, desvestir, desnudar, descubrir, quitar, levantar, sacar.

DESARRUGAR estirar, planchar, alisar, arreglar, adecentar.

DESARTICULACIÓN desmembración, aniquilación, eliminación, anulación, disgregación, disociación, separación, destrucción, desunión, liquidación, desquiciamiento, descoyuntamiento, desacoplamiento || torcedura, luxación, distorsión, dislocación.

DESARTICULADO descoyuntado, desencajado, eliminado, anulado, v. desarticular.

DESARTICULAR desmembrar, disgregar, disociar, separar, desunir, destruir, aniquilar, eliminar, desacoplar, desquiciar || descoyuntar, luxar, torcer, dislocar, distender.

DESASEADO desaliñado, sucio, astroso, sórdido, desastrado, desharrapado, despeinado, harapiento, andrajoso, dejado, abandonado, deteriorado, ajado, desidioso, marrano, asqueroso, guarro, cochino, mugriento, adán.

DESASEAR desaliñar, ensuciar, v. desaseado.

DESASEO sordidez, suciedad, desaliño, dejadez, abandono, deterioro, desidia, marranería, asquerosidad, mugre, guarrería, cochinería.

DESASIMIENTO desprendimiento, desinterés, insensibilidad, indiferencia, dejadez, abandono, displicencia, descuido, impasibilidad || aflojamiento, suelta, desacoplamiento, liberación, alejamiento, rechazo, desligadura.

DESASIRSE desprenderse, soltarse, liberarse, desligarse, alejarse, rechazar, desacoplarse, aflojar, largar, desamarrarse, desatarse, arrancarse, despegarse, destrabarse, separarse, saltar, eludir.

DESASISTIDO desamparado, arrinconado, desatendido, abandonado, relegado, extraviado, huérfano, solo, repudiado, sacrificado, aislado, dejado.

DESASISTIR desamparar, abandonar, desatender, arrinconar, olvidar, repudiar, extraviar, sacrificar, aislar, dejar, relegar.

DESASNAR instruir, enseñar, pulir, cepillar, educar, ilustrar, adoctrinar, catequizar, aleccionar, cultivar, iniciar, documentar, revelar, adiestrar, disciplinar.

DESASOSEGADAMENTE inquietamente, intranquilamente, agitadamente, v. desasosegado.

DESASOSEGADO intranquilo, inquieto, agitado, desazonado, impaciente, conmovido, consumido, conturbado, turbado, perturbado, reconcomido, trastornado, soliviantado, confundido, desalentado, ansioso, expectante, preocupado, molesto, dudoso, receloso, alarmado, temeroso, desvelado, disgustado, desagradado, deseoso, anhelante.

DESASOSEGAR intranquilizar, inquietar, agitar, desazonar, v. desasosegado.

DESASOSIEGO impaciencia, desazón, agitación, inquietud, intranquilidad, perturbación, turbación, consunción, conmoción, soliviantación, trastorno, reconcomio, prurito, deseo, preocupación, expectación, ansiedad, desaliento, confusión, desvelo, temor, alarma, recelo, duda, molestia, desagrado, disgusto, anhelo.

DESASTRADAMENTE desaliñadamente, desaseadamente, descuidadamente, v. desastrado.

DESASTRADO desaseado, desaliñado, descuidado, sórdido, astroso, desidioso, abandonado, dejado, sucio, adán, cochino, marrano, guarro, asqueroso, harapiento, desharrapado, andrajoso, mugriento, calamitoso.

DESASTRE tragedia, calamidad, ruina, catástrofe, hecatombe, cataclismo, siniestro, pérdida, asolamiento, devastación, accidente, suceso, adversidad, infortunio, mortandad, fatalidad, drama, derrota, apocalipsis, bancarrota, hundimiento, naufragio, revés, fracaso, tristeza, dolor, desgracia, aniquilación.

DESASTROSO calamitoso, catastrófico, ruinoso, trágico, siniestro, mortal, infortunado, adverso, fatal, dramático, apocalíptico, doloroso, triste, tremendo, imposible || desastrado, dejado, desaliñado v.

DESATACAR desatar, desabrochar, soltar, liberar, desabotonar, desliar.

DESATADO desenfrenado, desaforado, desmandado, desbocado, excedido, propasado, desordenado, violento || desencadenado, estallado, iniciado, producido, sobrevenido, ocurrido || soltado, suelto, libre.

DESATANCAR v. desatascar.

DESATAR desanudar, soltar, desligar, desprender, destrincar, desunir, desmanear, desfajar, desenvolver, desceñir, desamarrar, destrabar, desencadenar, desabotonar, desabrochar, liberar, desasir, separar, desenganchar, desacoplar, desunir || estallar, desencadenarse, iniciarse, sobrevenir, producirse, ocurrir.

DESATASCAR desobstruir, limpiar, despejar, desembarazar, desatollar, evacuar, zafar, desbrozar, desembozar, desatorar, abrir, expurgar || ayudar, auxiliar, empujar, favorecer, impulsar.

DESATENCIÓN incorrección, desaire, descortesía, desprecio, grosería, ordinariez, incivilidad, menosprecio, relegamiento, postergación, arrinconamiento, humillación, rechazo, repudio, ofensa, ultraje, maltrato, abandono, descuido, negligencia, olvido.

DESATENDER descuidar, abandonar, olvidar, maltratar, despreciar, desairar, relegar, menospreciar, repudiar, rechazar, humillar, arrinconar, postergar, ofender, ultrajar, desacatar.

DESATENTADO desordenado, desatinado, embrollado, descomedido, lioso || riguroso, excesivo, abusivo, violento, extremado.

DESATENTAMENTE descortésmente, groseramente, incorrectamente, v. desatento.

DESATENTAR desazonar, desagradar, inquietar, turbar, desasosegar, perturbar.

DESATENTO descortés, grosero, despreocupado, desconsiderado, incorrecto, descomedido, incivil, impolítico, soez, ramplón, basto, agreste, rudo, ordinario, montaraz, ineducado, mal educado, inculto, despreciativo, ordinario, ultrajante, ofensivo, vulgar, patán, tosco.

DESATINADAMENTE desacertadamente, erróneamente, absurdamente, v. desatinado.

DESATINADO desacertado, erróneo, absurdo, descabellado, disparatado, irracional, ilógico, insensato, alocado, incoherente, extravagante.

DESATINAR disparatar, desbarrar, errar, equivocarse, fallar, chochear, tontear.

DESATINO disparate, dislate, desacierto, error, absurdo, incoherencia, insensatez, extravagancia, equivocación, fallo, falla, tontería, estupidez, necedad, desbarro, despropósito, yerro, pifia, locura, barbaridad.

DESATORAR v. desatascar.

DESATORNILLAR desenroscar, soltar, girar, desmontar, quitar, sacar, separar, desajustar, desacoplar, desarmar, desunir, desensamblar.

DESATRACAR zarpar, partir, desamarrar, desaferrar, alejarse, marchar, salir, levar anclas, hacerse a la mar, soltar amarras.

DESATRANCAR desobstruir, desembarazar, desatollar, desatandar, evacuar, zafar, limpiar, despejar, desbrozar, desembozar, desatorar, abrir, expurgar.

DESAUTORIZADO desacreditado, desprestigiado, malquisto, denigrado, rebajado, humillado, disminuido, deslucido, estigmatizado, difamado, deshonrado, relegado, mancillado, vituperado, degradado, depuesto, destituido.

DESAUTORIZAR relegar, deshonrar, rebajar, disminuir, deslucir, desprestigiar, denigrar, mancillar, difamar, destituir, deponer, vituperar, degradar.

DESAVECINDARSE mudarse, marcharse, irse, trasladarse, alejarse, cambiar, ausentarse.

DESAVENENCIA divergencia, discrepancia, desacuerdo, disgusto, discordancia, antagonismo, oposición, disentimiento, diferencia, desunión, desconformidad, desconcierto, disputa, discordia, división, desunión, escisión, ruptura, pugna, cisma, querella, conflicto, dificultad, descontento.

DESAVENIDO discrepante, disidente, discordante, inconciliable, cismático, opuesto, antagónico, antagonista, desconforme, descontento.

DESAVENIRSE discrepar, discordar, disgustarse, disentir, oponerse, romper, escindirse, desunirse, dividirse, disputar, pugnar, querellarse, separarse, enemistarse.

DESAVISADO inadvertido, ignorante, inexperto, desconocedor, distraído, descuidado.

DESAYUNAR almorzar, comer, consumir, alimentarse, tomar un bocado || DESAYUNARSE enterarse, informarse, advertir, conocer, caer en cuenta.

DESAYUNO almuerzo, comida, alimento, refuerzo, piscolabis, tentempié.

DESAZÓN zozobra, inquietud, intranquilidad, desasosiego, destemplanza, disgusto, molestia, pesadumbre, incomodidad, malestar, descontento, congoja, recelo, prurito, manía, comezón, desesperanza, pesar, indisposición, fastidio, enfado, impaciencia, irritación || insipidez, desabrimiento, sosería, insubstancialidad.

DESAZONADO destemplado, desasosegado, intranquilo, inquieto, incómodo, apesadumbrado, molesto, disgustado, receloso, acongojado, descontento, impaciente, enfadado, fastidiado, indispuesto, desesperado, pesaroso, maniático, irritado || desabrido, soso, insípido, insubstancial.

DESAZONAR inquietar, intranquilizar, desasosegar, destemplar, disgustar, molestar, apesadumbrar, incomodar, recelar, enfadar, impacientar, desesperar, acongojar, apesarar, desesperar, indisponer, fastidiar, fatigar, importunar, soliviantar.

DESBANCAR reemplazar, suplantar, sustituir, relevar, suplir, relegar, alejar, suceder, cambiar, quitar, apoderarse, arrebatar ‖ ganar, arruinar, arramblar, saltar la banca.

DESBANDADA fuga, dispersión, huida, atropello, escapada, estampía, estampida, derrota, descalabro, desastre, desorden, desconcierto, retirada, confusión, separación, disgregación.

DESBANDARSE dispersarse, fugarse, escapar, huir, retirarse, disgregarse, separarse, desparramarse, desperdigarse, desordenarse, desertar, abandonar, apartarse.

DESBANDE v. desbandada.

DESBARAJUSTAR desordenar, trastornar, desbaratar, confundir. v.

DESBARAJUSTE desorden, trastorno, desbaratamiento, confusión, laberinto, caos, fárrago, revoltillo, enredo, trastorno, anarquía, irregularidad, anomalía, desconcierto, desgobierno, desorganización, desarreglo, perturbación, alboroto, barullo, baraúnda, tumulto, pandemónium, babel.

DESBARATAMIENTO v. desbarajuste ‖ obstáculo, impedimento, corte, estorbo, anulación, supresión, inutilización, v. desbaratar.

DESBARATAR inutilizar, impedir, suprimir, obstaculizar, anular, estorbar, cortar, eliminar, estropear, deshacer, arruinar, desarticular, desarmar, desmoronar, desorganizar, descomponer, desperdigar, truncar, imposibilitar, alterar, desconcertar.

DESBARBAR rasurar, afeitar, rapar, apurar, cortar, pelar, raer.

DESBARRAR disparatar, desatinar, errar, equivocarse, fallar, pifiar, desvariar, delirar, despotricar, tergiversar, contradecirse.

DESBARRO desatino, disparate, yerro, error, equivocación, pifia, contradicción, tergiversación, delirio, desvarío, absurdo, estupidez, contrasentido, incoherencia, necedad, burrada, locura, despropósito, dislate.

DESBASTAR limar, lijar, alisar, pulir, acepillar, igualar, aplanar, suavizar ‖ educar, instruir, refinar, perfeccionar, cultivar, civilizar, depurar.

DESBASTE lijado, limado, pulido, alisado, igualado, acepillado, suavizado, aplanado ‖ refinamiento, instrucción, educación, perfeccionamiento, civilización.

DESBEBER orinar, mear, jar, hacer aguas.

DESBLOQUEAR liberar, soltar, desembarazar, despejar, facilitar, zafar, evitar, soslayar, eludir, desahogar.

DESBLOQUEO liberación, suelta, desembarazo, despeje, soslayo, evitación, zafadura.

DESBOCADO encabritado, embravecido, disparado, enloquecido, delirante, trastornado, agitado, inconsciente, insensato, disparatado, desatinado ‖ malhablado, desvergonzado, descarado, deslenguado, sinvergüenza, lenguaraz.

DESBOCARSE encabritarse, desmandarse, dispararse, embravecerse, enloquecerse, trastornarse, delirar, agitarse, desenfrenarse, disparatar, desatinar, insultar, denostar. v. desbarrar.

DESBORDAMIENTO inundación, rebosamiento, rebose, anegación, dispersión, efusión, derrame, derramamiento, riada, arroyada, avenida, crecida, aluvión, torrente, torrentera.

DESBORDANTE exuberante, profuso, abundante, excesivo v.

DESBORDARSE anegarse, inundar, rebosar, dispersarse, derramarse, crecer, salirse, esparcirse, cubrir ‖ desmandarse, desenfrenarse, desbocarse v.

DESBRAVADOR domador, domesticador, vaquero, caballista, adiestrador, amansador, amaestrador, apaciguador.

DESBRAVAR amansar, domesticar, domar, aplacar, adiestrar, apaciguar, amaestrar, someter, dominar, desbravecer.

DESBROCE limpieza, desembarazo, despeje, eliminación, supresión, extirpación, remoción, destrucción, exterminio, desarraigo.

DESBROZAR limpiar, eliminar, despejar, suprimir, desembarazar, desarraigar, exterminar, destruir, remover, extirpar, abrir, liquidar.

DESBROZO v. desbroce.

DESCABALAMIENTO trastorno, desparejamiento, truncamiento, mutilación, mengua, disminución, v. descabalar.

DESCABALAR desarmar, truncar, disminuir, desarticular, sustraer, mutilar, cortar, destrozar, partir, menguar, trastornar, embrollar, desarreglar, confundir, enredar, desajustar, revolver, desparejar.

DESCABALGAR desmontar, apearse, bajarse, descender.

DESCABELLADAMENTE insensatamente, disparatadamente, absurdamente, v. descabellado.

DESCABELLADO insensato, disparatado, absurdo, desatinado, desacertado, irracional, alocado, incoherente, ilógico, idiota, necio.

DESCABELLAR rematar, apuntillar, cachetear, acabar, terminar, pinchar, liquidar, matar || desgreñar, despeinar, desmelenar.

DESCABELLO puntilla, remate, liquidación, muerte, eliminación, pinchazo.

DESCABEZADO v. decapitado || descabellado.

DESCABEZAR desmochar, truncar, despuntar, alisar || v. decapitar.

DESCAECER menguar, aminorar, degenerar, disminuir, arruinarse, empobrecerse, decaer, desfallecer, desmejorar, enflaquecer, debilitarse, agotarse, postrarse.

DESCAECIMIENTO ruina, disminución, decaimiento, degeneración, ocaso, aminoración, mengua, decadencia, empobrecimiento, desfallecimiento, desmejoramiento, enflaquecimiento, agotamiento, debilitación, postración, abatimiento.

DESCALABAZARSE atormentarse, pensar, reflexionar, madurar, descabezarse, calentarse los cascos, preocuparse.

DESCALABRADO estropeado, arruinado, malparado, tundido, maltratado, lastimado, dañado, menoscabado, lisiado, mutilado, herido, accidentado, lesionado, escacharrado, malogrado, destrozado || escarmentado, perjudicado, timado, embaucado, arruinado.

DESCALABRADURA estropicio, tunda, maltrato, daño, herida, destrozo, malogro, escacharramiento, mutilación, menoscabo, perjuicio, engaño, timo, ruina, bancarrota, revés, infortunio, desgracia, accidente, lesión, golpe, chichón, perjuicio, lastimadura, v. descalabro.

DESCALABRAR lastimar, dañar, estropear, tundir, maltratar, herir, mutilar, escacharrar, malograr, destrozar, desgraciar, arruinar, engañar, perjudicar, menoscabar, timar, accidentar, lesionar.

DESCALABRO ruina, pérdida, fracaso, revés, perjuicio, quiebra, bancarrota, daño, quebranto, infortunio, desgracia, desventura, desastre, contratiempo || herida, v. descalabradura.

DESCALCIFICACIÓN debilitamiento, decalcificación, disminución, desaparición del calcio.

DESCALIFICACIÓN inhabilitación, v. descalificar.

DESCALIFICADO inhabilitado, incapacitado, v. descalificar.

DESCALIFICAR inhabilitar, incapacitar, degradar, rebajar, imposibilitar, anular, recusar, impedir, invalidar, inutilizar, desautorizar, desprestigiar, desacreditar, deponer.

DESCALZARSE quitarse, despojarse, desprenderse, desnudar, descubrir.

DESCALZO despojado, descubierto, desnudo, sin zapatos.

DESCAMACIÓN desprendimiento, caída, separación de escamillas.

DESCAMINADO equivocado, errado, desaconsejado, confundido, desacertado, inadvertido, erróneo, engañado, marrado, colado, distraído, disparatado, desatinado, incorrecto, omitido, desviado,

aberrante, extraviado, perdido, apartado, alejado.
DESCAMINARSE equivocarse, errar, v. descaminado.
DESCAMINO v. desatino.
DESCAMISADO desharrapado, andrajoso, harapiento, derrotado, desastrado, mísero, indigente, pobre, roto, zaparrastroso, desaliñado, abandonado.
DESCAMPADO descubierto, desembarazado, libre, llano, despejado, abierto, ilimitado, raso, liso, desértico, estepario || planicie, páramo, sabana, erial, meseta, estepa, llanura, pradera, raso, landa, meseta, era, vega, campiña, solar, campo.
DESCANSADAMENTE reposadamente, tranquilamente, holgadamente, v. descansado.
DESCANSADO reposado, tranquilo, holgado, sosegado, calmado, ocioso, muelle, agradable, cómodo, aliviado, pausado, inactivo, desahogado, regalado, grato, placentero, sedentario, fácil, ventajoso.
DESCANSAR reposar, holgar, sosegarse, calmarse, acomodarse, aliviarse, desahogarse, posar, respirar || apoyarse, reclinarse, acostarse, echarse, reposar, dormitar, sestear, tenderse, dormir, yacer, tumbarse || interrumpir, cesar, suspender, diferir, parar, pausar, detener.
DESCANSILLO rellano, plataforma, tramo, corredor.
DESCANSO sosiego, tregua, reposo, calma, holganza, acomodo, respiro, desahogo, alivio, siesta, sueño, ocio, interrupción, cese, suspensión, pausa, detención, paro, reclinamiento, apoyo, sostén, ánimo, parada, inactividad, inmovilidad, inacción, alto, vacaciones || entreacto, intermedio, intervalo.
DESCANTONAR despuntar, achaflanar, achatar, descabezar, alisar.
DESCARADAMENTE desvergonzadamente, desfachatadamente, atrevidamente, v. descarado.

DESCARADO desvergonzado, desfachatado, atrevido, insolente, cínico, sinvergüenza, fresco, deslenguado, descocado, desmandado, descomedido, petulante, verdulero, grosero, vulgar, inverecundo, licencioso, impúdico, procaz, frescales, desbocado, desgarrado, desahogado, descompuesto.
DESCARARSE atreverse, insolentarse, descocarse, desmandarse, desbocarse, desgarrarse, osar, v. descarado.
DESCARGA andanada, fuego, disparos, cañonazos, salva, ametrallamiento, barrido, fusilamiento || aligeramiento, desembarazo, liberación, alivio, exención, relevamiento || desembarco, fondeo, descenso, depósito, almacenamiento || sacudida, chispazo, electrocución, estremecimiento.
DESCARGADERO muelle, atracadero, andén, fondeadero, depósito, almacén, plataforma.
DESCARGADOR estibador, cargador, costalero, esportillero, ganapán, mozo, peón.
DESCARGAR bajar, sacar, descender, apear, descolocar, aligerar, desembarazar, alijar, depositar, almacenar, fondear, desembarcar || liberar, aliviar, eximir, relevar, tranquilizar || atizar, propinar, golpear, pegar, dar, suministrar, largar, proporcionar, zurrar || disparar, ametrallar, barrer, fusilar, tirar, descerrajar.
DESCARGO excusa, justificación, disculpa, explicación, respuesta, satisfacción, alegato, pretexto, defensa, coartada, salvedad, apología, evasiva.
DESCARNADO flaco, esquelético, caquéctico, enjuto, demacrado, débil, acartonado, delgaducho, consumido, chupado, seco, enflaquecido, enteco, endeble, macilento, frágil, depauperado, magro.
DESCARNAR quitar, despojar, arrancar, mondar, pelar, consumir ||
DESCARNARSE: demacrarse, enfla-

quecer, acartonarse, debilitarse, secarse, consumirse, chuparse, depauperarse.

DESCARO atrevimiento, insolencia, desvergüenza, descoco, desfachatez, petulancia, inverecundia, frescura, descomedimiento, licencia, verdulería, grosería, vulgaridad, impudicia, procacidad, desgarro, desahogo, contumelia, cinismo, irreverencia, osadía, valor, tupé.

DESCARRIADO extraviado, perdido, perdulario, calavera, sinvergüenza, fracasado, vicioso, pervertido, corrompido, errado, desviado, aberrante, apartado, equivocado, depravado, estragado, inficionado, malogrado, contaminado, frustrado, abortado, fallido, inútil, vencido.

DESCARRIAR extraviar, perder || DESCARRIARSE: perderse, errar, extraviarse, fallar, corromperse, pervertirse, viciarse, fracasar, estragarse, depravarse, equivocarse, apartarse, aberrar, desviarse, frustrarse, contaminarse, malograrse, inficionarse, vencerse, abortar, acabar.

DESCARRILAMIENTO accidente, siniestro, catástrofe, choque, percance, incidente.

DESCARRILAR salirse, saltar, accidentarse, siniestrarse, chocar.

DESCARRÍO extravío, pérdida, corrupción, error, depravación, estragamiento, fracaso, vicio, perversión, frustración, desvío, aberración, apartamiento, alejamiento, equivocación, inficionamiento, malogro, contaminación, final, relajación, perdición.

DESCARTAR desechar, apartar, suprimir, rechazar, eliminar, quitar, alejar, anular, separar, relegar, repudiar, recusar, excluir, posponer, arrumbar, arrinconar, despreciar.

DESCARTE supresión, eliminación, rechazo, apartamiento, recusación, repudio, relegamiento, separación, anulación, alejamiento, desprecio, arrinconamiento, arrumbamiento, exclusión || subterfugio, v. excusa.

DESCASAR separar, repudiar, divorciar v.

DESCASCARAR descascarillar, descascar, romper, limpiar, separar, aventar, cascar, hendir, pelar, recortar.

DESCASTADO ingrato, renegado, olvidadizo, desagradecido, desabrido, insensible, displicente, apático, tibio, frío, indiferente.

DESCENDENCIA casta, linaje, estirpe, prole, sucesión, posteridad, generaciones, abolengo, clase, alcurnia, especie, ralea, progenie, herencia, familia, grupo, tribu, clan, hijos, nietos, parientes, sucesores.

DESCENDENTE inclinado, desnivelado, escarpado, caído, deprimido, hundido, bajado, pendiente || decadente, ruinoso, debilitado, deteriorado, disminuido, rebajado, aminorado, perdido, empobrecido.

DESCENDER bajar, caer, precipitarse, apearse, descolgarse, saltar, manar, correr, fluir, resbalar, deslizarse, aminorar, debilitarse, declinar, decrecer, achicar, decaer, abaratarse || derivarse, originarse, proceder, suceder, heredar, nacer de, venir de.

DESCENDIENTE vástago, sucesor, heredero, familiar, pariente, hijo, nieto, sobrino.

DESCENDIMIENTO v. descenso.

DESCENSO bajada, descendimiento, deslizamiento, marcha, jornada, descolgamiento || declive, decadencia, declinación, ocaso, aminoración, debilitamiento, achicamiento.

DESCENTRADO agitado, excitado, alterado, exaltado, exacerbado, enajenado, inquieto, inflamado, confundido, desconcertado, desorientado, turbado, desquiciado, trastornado, ofuscado || desnivelado, desviado, excéntrico, apartado, alejado, desplazado, corrido.

DESCENTRALIZAR desconcentrar, distribuir, repartir, transferir, descongestionar, trasladar, dispersar, disgregar, separar, apartar, alejar.

DESCENTRAR alterar, desorientar, desviar, v. descentrado.

DESCEÑIR desatar, desliar, desabrochar, desabotonar, quitarse, desnudarse.

DESCEPAR desarraigar, descuajar, desraizar, arrancar, desprender, extraer, desenclavar, exterminar.

DESCERRAJADO forzado, violentado, v. descerrajar.

DESCERRAJAR forzar, violentar, fracturar, arrancar, quebrar, quebrantar, violar, romper, destrozar, estropear, abrir, desgajar, hender, partir.

DESCIFRABLE inteligible, legible, asequible, claro, accesible, penetrable, comprensible.

DESCIFRAR traducir, trasladar, interpretar, transcribir, leer || adivinar, desembrollar, penetrar, dilucidar, elucidar, acertar, comprender, entender, aclarar.

DESCLAVAR desprender, arrancar, extraer, desenclavar, quitar, sacar, separar, desunir, desengastar, desengarzar.

DESCOBIJAR desabrigar, desarropar, destapar, descubrir, desnudar, desguarecer, desproteger.

DESCOCADO impúdico, v. descarado.

DESCOCARSE v. descararse.

DESCOCO v. descaro.

DESCOLGADO bajado, arriado, descendido, desguindado, v, descolgar.

DESCOLGAR bajar, arriar, descender, desguindar, apear, deslizar, abatir, echar, suspender, oscilar, desmontar, resbalar, tirar, caer || DESCOLGARSE presentarse, caer, llegar, aparecer, sorprender.

DESCOLOCADO * desacomodado, desplazado, mal situado, mal orientado, descentrado, desalojado || cesante, desempleado, desocupado.

DESCOLORAR v. decolorar.

DESCOLORIDO incoloro, pálido, lívido, desvaído, tenue, blanquecino, blanco, apagado, amarillento, ajado, macilento, anémico, cadavérico, exangüe.

DESCOLLANTE sobresaliente, dominante, destacado, preponderante, predominante, señalado, ilustre, distinguido, elevado, diferenciado, culminante, excelente, superior, aventajado, prevaleciente, principal, superlativo.

DESCOLLAR preponderar, destacar, dominar, sobresalir, predominar, señalarse, distinguirse, elevarse, aventajar, superar, culminar, diferenciarse, prevalecer, rayar, despuntar, resaltar, figurar.

DESCOMBRAR limpiar, barrer, desescombrar, escombrar, librar, desobstruir, desembarazar, despejar, desbrozar, abrir.

DESCOMBRO despeje, limpieza, desbroce, desobstrucción, desescombro, liberación, barrido.

DESCOMEDIDAMENTE desconsideradamente, desatentamente, descortésmente, v. descomedido.

DESCOMEDIDO desconsiderado, desatento, descortés, incorrecto, incivil, impolítico, soez, rudo, ordinario, agreste, grosero, mal educado, ineducado, descarado, atrevido, insolente, inculto, montaraz, torpe, tosco, ordinario, vulgar, rústico, patán, destemplado, irreverente || exagerado, desmedido, excesivo, desproporcionado, anormal, descomunal, desmesurado.

DESCOMEDIMIENTO desatención, descortesía, incorrección, rudeza, incultura, torpeza, tosquedad, ordinariez, grosería, intemperancia, ira, barbaridad, atrocidad, rusticidad, insolencia, atrevimiento, irreverencia, descaro || exceso, exageración, desmesura, desproporción, demasía.

DESCOMEDIRSE descararse, atreverse, insolentarse, rebelarse, desmandarse, excederse, exagerar, propasarse, excederse, desatarse, irritarse, encolerizarse, violentarse.

DESCOMER defecar, evacuar, obrar, deponer, cagar, descargar, soltar, excretar, ensuciar, mover el vientre, hacer sus necesidades, hacer de cuerpo.

DESCOMPADRAR dividir, desunir, enemistar v.

DESCOMPAGINAR v. descomponer.

DESCOMPASADO descomedido, exagerado, excesivo, desproporcionado, anormal, infrecuente, desusado, desmedido.

DESCOMPONER desordenar, estropear, desarreglar, desbaratar, maltratar, deteriorar, desfigurar, dañar, lastimar, menoscabar, atrofiar, escacharrar, malograr, desbaratar, averiar, arruinar, demoler, desgastar, gastar, agotar, romper || separar, aislar, partir, desmontar, dividir, desunir, desacoplar, dispersar, desperdigar, analizar, disgregar || DESCOMPONERSE pudrirse, corromperse, alterarse, dañarse, enranciarse, agusanarse, picarse, estropearse, empobrecerse, desintegrarse, consumirse, malograrse, apestar, heder, emanar, rezumar, despedir || irritarse, descomedirse, desmandarse, alterarse, violentarse, encolerizarse, excederse, propasarse, destemplarse, excitarse || enfermar, indisponerse, adolecer, padecer, desazonarse, dolerse, quebrantarse, debilitarse, afectarse, desmejorar.

DESCOMPOSICIÓN corrupción, putrefacción, enranciamiento, agusanamiento, alteración, hedor, consunción, picadura || malogro, daño, avería v. || disgregación, desunión, desarme, desbaratamiento, desacoplamiento, desmontaje, desguace, desintegración, separación, análisis, división, investigación, aislamiento || diarrea, flujo, cursos, flojedad de vientre, achaque || v. descompostura.

DESCOMPOSTURA descaro, desvergüenza, descoco, incorrección, inconveniencia, incivilidad, desatención, descomedimiento, grosería, frescura, licencia, desgarro, cinismo, valor, osadía, tupé || dejadez, suciedad, desaliño, abandono, desidia, incuria, desaseo || exceso, irritación, cólera, violencia, alteración, excitación || indisposición, achaque, dolencia, desazón, enfermedad, afección, padecimiento, malestar, acceso, ataque, morbo, diarrea || daño, defecto, rotura, malogro, avería, v. descomposición.

DESCOMPUESTO estropeado, dañado, averiado, deteriorado, perjudicado, defectuoso, imperfecto, arruinado, roto, menoscabado, malogrado, escacharrado || podrido, corrompido, putrefacto, rancio, agusanado, alterado, consumido, picado, pútrido, corrupto, contaminado, inficionado, apestoso, maloliente || irritado, violento, desmandado, encolerizado, alterado, excitado || grosero, insolente, descomedido, atrevido, descortés, descarado || alterado, desquiciado v. || indispuesto v.

DESCOMULGADO perverso, malvado, réprobo, depravado, condenado, v. excomulgado.

DESCOMULGAR v. excomulgar.

DESCOMUNAL enorme, colosal, desmesurado, gigantesco, formidable, ciclópeo, monstruoso, extraordinario, grandioso, garrafal, morrocotudo, monumental, piramidal, inmenso, titánico, voluminoso, grande, vasto, deforme, disparatado, descabellado, inconcebible, tremendo, desusado.

DESCONCERTADO turbado, trastornado, confundido, perturbado, alterado, desorientado, sorprendido, ofuscado, despistado, aturdido, embarazado || desorganizado, desordenado, desarreglado, trastornado.

Desconcertante sorprendente, turbador, extraño, singular, raro, chocante, inesperado, extraordinario, imprevisto, prodigioso, increíble, inconcebible, inaudito, peregrino, conmovedor, asombroso.

Desconcertar turbar, sorprender, extrañar, perturbar, confundir, trastornar, despistar, ofuscar, desorientar, alterar, aturdir, embarazar, desquiciar, pasmar, apabullar, enajenar, deslumbrar, admirar, atontar, apocar, aturullar, azorar || desarreglar, descomponer, desordenar, mezclar, revolver, desorganizar, dislocar, trastrocar, desbarajustar, trastornar.

Desconcierto confusión, turbación, duda, desorientación, perturbación, extrañeza, sorpresa, alteración, ofuscación, despiste, trastorno, desorganización, embarazo, aturdimiento, enajenamiento, desarreglo, mezcla, desbarajuste, anarquía, embrollo.

Desconchado saltado, cuarteado, rajado, agrietado, descubierto, caído, estropeado.

Desconectar separar, desacoplar, interrumpir, desunir, extraer, desembragar, suspender, romper, cortar, detener, desensamblar, dividir, alejar, aislar, disgregar, disociar, despegar, destrabar, independizar.

Desconexión * desunión, separación, interrupción, independencia, alejamiento, disociación, división, corte, suspensión, aislamiento, desmembración.

Desconfiadamente recelosamente, suspicazmente, incrédulamente, v. desconfiado.

Desconfiado receloso, suspicaz, incrédulo, sospechoso, escamado, escéptico, mosqueado, malicioso, difidente, susceptible, delicado, quisquilloso, escaldado, desengañado, reconcomido, escrupuloso, celoso, dudoso, descreído, prevenido, astuto, cuidadoso, temeroso, aprensivo.

Desconfianza incredulidad, suspicacia, recelo, sospecha, susceptibilidad, malicia, mosca, escepticismo, reconcomio, desengaño, delicadeza, cuidado, astucia, prevención, celos, escrúpulo, temor, duda, aprensión, mosqueo, difidencia, barrunto, conjetura.

Desconfiar sospechar, recelar, escamarse, maliciar, mosquearse, dudar, reconcomerse, desengañarse, cuidar, prevenirse, temer, amoscarse, desesperar, pensar, barruntar, conjeturar, suponer, guardarse.

Desconformar disentir, discordar, discrepar, v.

Desconforme discrepante, discorde, contrario, desavenido, opuesto, oponente, hostil, desacorde, desfavorable, refractario, divergente, descontento v., encontrado, antagonista, contrincante, disconforme, incongruente, disonante, chocante, discordante, incompatible || inadaptable, inadecuado, impropio.

Desconformidad desavenencia, discordancia, contrariedad, disconformidad, desacuerdo, hostilidad, oposición, antagonismo, incompatibilidad, divergencia, choque, disonancia, incongruencia, desagrado, desproporción, inadaptabilidad, antipatía.

Descongestión alivio, descarga, reducción, desconcentración, desahogo, disminución, descentralización, distribución.

Descongestionar desahogar, desconcentrar, aliviar, reducir, disminuir, distribuir, descentralizar, repartir.

Desconocedor ignorante, inconsciente, descuidado, incauto, inexperto, ingenuo, bisoño, neófito, principiante, novato, torpe, lego, inculto, inadvertido, desacostumbrado.

Desconocer repudiar, rechazar, ignorar, impugnar, desestimar, refutar, repeler, recusar, resistir, desairar, desechar, despreciar, excluir, negar, abandonar, arrinconar, aborrecer, olvidar, desentenderse || no conocer, no recordar, ignorar.

Desconocido extraño, forastero, extranjero, nuevo, advenedizo, anónimo, alienígeno, incógnito, foráneo, ajeno, intruso || ignorado, ignoto, lejano, inexplorado, obscuro, recóndito || irreconocible, cambiado, transformado, alterado, mudado, disfrazado, corregido, reformado, metamorfoseado, deformado, renovado, transfigurado, convertido.

Desconocimiento ignorancia, descuido, inconsciencia, inexperiencia, ingenuidad, torpeza, incultura, inadvertencia, olvido, falta, dejadez, distracción, incuria, negligencia, abandono || ingratitud, repudio, desaire, aborrecimiento.

Desconsideración incorrección, desaire, descortesía, desatención, desprecio, menosprecio, relegamiento, postergación, rechazo, repudio, ofensa, ultraje, maltrato, abandono, descuido, negligencia, olvido.

Desconsiderado despreciativo, desatento, descortés, incorrecto, ultrajante, ofensivo, descuidado, negligente, olvidadizo, ingrato, grosero, incivil, soez, despreocupado, inconsciente.

Desconsiderar ofender, desatender, despreciar, v. desconsiderado.

Desconsolación v. desconsuelo.

Desconsoladamente afligidamente, angustiosamente, tristemente, v. desconsolado.

Desconsolado afligido, angustiado, triste, apesarado, dolorido, inconsolable, apenado, contrito, entristecido, quejoso, amargado, cuitado, compungido, atribulado, doliente, melancólico, pesaroso, lloroso, gimiente.

Desconsolador aflictivo, entristecedor, doloroso, angustioso, penoso, lamentable, irritante.

Desconsolar entristecer, angustiar, afligir, doler, aquejar, apenar, atribular, compungir, amargar, apesadumbrar, apesarar, impresionar, afectar, abrumar, desolar, desesperar, abatir, contristar.

Desconsuelo dolor, aflicción, angustia, tristeza, pesar, pesadumbre, amargura, congoja, tribulación, pena, abatimiento, desesperación, desesperanza, desolación, impresión, cuita, desazón.

Descontado restado, reducido, quitado, disminuido, substraído, abonado, desvalorizado, depreciado, abaratado, devuelto, retirado, despojado, escatimado || seguro, indudable, inequívoco.

Descontar deducir, restar, substraer, quitar, disminuir, abonar, devolver, reducir, abaratar, depreciar, desvalorar, aminorar, escatimar, despojar, retirar.

Descontentadizo v. descontento.

Descontentar contrariar, enfadar, molestar, incomodar, desagradar, v. descontento.

Descontento disgusto, desagrado, enfado, contrariedad, molestia, aflicción, pesar, enojo, inquietud, pesadumbre, preocupación, impaciencia, fastidio, mal humor, insatisfacción, resentimiento, queja, decepción, desasosiego, despecho, tedio, repugnancia || disconforme, discrepante, desavenido, opuesto, discordante, oponente, hostil, desfavorable, decepcionado, inquieto, quejoso, resentido, insatisfecho, impaciente, contrariado, preocupado, apesadumbrado, enojado, apenado, afligido, molesto, enfadado, disgustado.

Descontrolado * desmandado, descomedido, desaforado, desordenado, desbocado, propasado, excedido, rebelado.

Descontrolarse * desmandarse, v. descontrolado.

Desconveniencia incomodidad, molestia, perjuicio, v. inconveniencia.

Descorazonado desalentado, desfallecido, desanimado, abatido, v. descorazonamiento.

Descorazonamiento desaliento, flaqueza, desfallecimiento, desánimo, abatimiento, acobardamiento, cobardía, desesperanza, desmoralización, amedrentamiento, amilanamiento, arredramiento, temor, duda, vacilación, miedo, arrepentimiento, decaimiento.

Descorazonar desanimar, disuadir, impedir, flaquear, desalentar, desesperar, acobardar, abatir, arredrar, amedrentar, amilanar, desmoralizar, decaer, arrepentirse, temer, vacilar, dudar, desfallecer || **Descorazonarse** desanimarse, v. descorazonar.

Descorchador sacacorchos, tirabuzón, sacatapón.

Descorchar destaponar, destapar, abrir, empezar, comenzar.

Descornar cortar, arrancar, quitar, eliminar los cuernos || **Descornarse** cavilar, ensimismarse, concentrarse, rumiar, preocuparse, devanarse los sesos, calentarse los cascos, quebrarse la cabeza.

Descorrer retirar, plegar, correr, desenrollar, estirar, enrollar, retirar, quitar, descubrir, revelar, mostrar, exhibir.

Descortés incorrecto, inculto, incivil, desatento, grosero, despreocupado, desconsiderado, descomedido, ordinario, rudo, agreste, basto, ramplón, soez, impolítico, mal educado, ineducado, montaraz, vulgar, ofensivo, ultrajante, despreciativo, tosco, patán.

Descortesía grosería, desatención, incivilidad, incultura, incorrección, desconsideración, despreocupación, ramplonería, rudeza, ordinariez, vulgaridad, tosquedad, desprecio, ultraje, ofensa, inconveniencia, descaro, descomedimiento.

Descortésmente groseramente, desatentamente, incivilmente, v. descortesía.

Descortezar descascarar, mondar, pelar, cortar, quitar, descascarillar, limpiar, extraer, arrancar || desbastar, pulir, civilizar, instruir, educar, refinar.

Descosedura v. descosido.

Descoser deshacer, desatar, soltar, separar, desunir, deshilvanar, despegar, rasgar, cortar, romper, despedazar, desbaratar.

Descosido roto, rasgado, desgarrado, separado, desunido, deshilvanado, deshecho, desatado, despedazado, desbaratado || parlanchín, charlatán, cotorra.

Descostillarse v. descoyuntarse.

Descote v. escote.

Descoyuntado dislocado, desencajado, desarticulado, torcido, distendido, luxado, desquiciado, destroncado, separado, desmembrado, desacoplado, desunido.

Descoyuntamiento dislocación, desarticulación, torcedura, luxación, distensión, desquiciamiento, destroncamiento, separación, desmembración, desunión, desacoplamiento, desencaje.

Descoyuntar desarticular, dislocar, desencajar, torcer, separar, contorsionar, destroncar, desquiciar, distender, desacoplar, desunir, desmembrar || molestar, fastidiar || **Descoyuntarse** aperrearse, ajetrearse, trajinar, afanarse, fatigarse, matarse || menearse, agitarse, retorcerse, contorsionarse, v. descoyuntar.

Descrédito desprestigio, deshonor, deshonra, ignominia, oprobio, mancilla, estigma, vilipendio, afrenta, vergüenza, mancha, borrón, baldón, lunar, fango, mengua, caída, infamia, impopularidad, desgracia, desdicha, deslustre, desdoro, demérito, abyección, degradación.

Descreencia v. descreimiento.

Descreer negar, renegar, rechazar, apostatar, retractarse, desdecirse, blasfemar, abominar, abandonar.

Descreído irreverente, impío, ateo, incrédulo, irreligioso, anticlerical, infiel, materialista, escéptico, nihilista, anticristiano, anticatólico, desconfiado, hereje, herético.

DESCREIMIENTO incredulidad, irreverencia, impiedad, ateísmo, materialismo, irreligiosidad, infidelidad, anticlericalismo, desconfianza, herejía, nihilismo, escepticismo.

DESCRIBIR reseñar, especificar, puntualizar, definir, explicar, detallar, narrar, relatar, pormenorizar, representar, retratar, pintar, imaginar, dibujar, delinear, sintetizar, referir, contar, generalizar, inventariar, resumir.

DESCRIPCIÓN reseña, explicación, definición, puntualización, especificación, representación, relato, detalle, retrato, delineación, dibujo, imagen, pintura, cuadro, síntesis, resumen.

DESCRIPTIVO gráfico, claro, representativo, definido, detallado, expresivo, manifiesto, característico.

DESCRISMAR desnucar, descalabrar, estropear, dañar, escacharrar, golpear, aporrear || DESCRISMARSE v. descornarse.

DESCRITO explicado, reseñado, definido, puntualizado, detallado, relatado, representado, especificado, referido, sintetizado, retratado, dibujado, delineado, narrado, resumido, contado.

DESCUADERNAR desencuadernar, estropear, desbaratar, deshacer, arruinar, desarmar, descomponer, desmantelar, inutilizar, romper, destrozar, trastornar.

DESCUAJAR desarraigar, arrancar, extraer, descepar, extirpar, desenterrar, quitar, eliminar || licuar, liquidar, fundir, diluir, derretir, disolver.

DESCUAJARINGARSE agotarse, cansarse, desarmarse, desbaratarse, desmantelarse.

DESCUAJERINGARSE * v. descuajaringarse.

DESCUAJO arrancamiento, descuajamiento, desarraigo, extracción, descuaje, eliminación, extirpación.

DESCUARTIZADO dividido, cortado, despedazado, v. descuartizar.

DESCUARTIZAMIENTO división, corte, despedazamiento, troceado, desmembramiento, destrozo, sección, escisión, amputación, mutilación, cercenamiento, truncamiento.

DESCUARTIZAR dividir, cortar, despedazar, mutilar, amputar, cercenar, truncar, escindir, seccionar, destrozar, trocear, desmembrar.

DESCUBIERTA reconocimiento, inspección, expedición, incursión, batida, exploración, búsqueda, investigación, indagación, rastreo.

DESCUBIERTO destapado, desnudo, abierto, descobijado, desabrigado, destocado, desobstruido, descorrido, libre, raso, llano, pelado, quitado, despejado || sorprendido, desenmascarado, mostrado, revelado, publicado, divulgado, atrapado, cogido, prendido, cazado, pillado, pescado || déficit, pérdida, quebranto, ruina, quiebra, deuda.

DESCUBRIDOR explorador, adelantado, conquistador, pionero, expedicionador, colonizador, capitán || inventor, investigador, creador, productor, progenitor, autor, genio.

DESCUBRIMIENTO hallazgo, solución, respuesta, clave, averiguación, encuentro, invención, invento, creación, producto, obra, producción, resultado, trabajo, labor || reconocimiento, exploración, conquista, expedición, batida, colonización, colonia, gesta, epopeya.

DESCUBRIR revelar, mostrar, exhibir, enseñar, manifestar, confesar, exteriorizar, divulgar, pregonar, publicar, acusar, decir, cantar, desembuchar, propalar || sorprender, atrapar, coger, prender, localizar, cazar, apresar, pescar, pillar, desenmascarar ||

abrir, destapar, quitar, destocar, desnudar, exhumar, descorrer, desabrigar, descobijar, desobstruir, liberar, desembarazar || explorar, conquistar, colonizar, reconocer || Descubrirse destocarse, destaparse, quitarse, desnudar, descobijar || honrar, homenajear, venerar, distinguir, respetar, reverenciar.

Descuello elevación, superioridad, altura, eminencia, predominio, supremacía, preeminencia, preponderancia, apogeo, cenit, exceso, cumbre || altivez, orgullo, altanería.

Descuento rebaja, deducción, disminución, reducción, abaratamiento, baja, depreciación, porcentaje, cantidad, abono, beneficio, compensación, retención, impuesto, tasa, canon.

Descuidadamente abandonadamente, negligentemente, desidiosamente, v. descuidado.

Descuidado abandonado, negligente, desidioso, desaliñado, desastrado, sucio, desaseado, abúlico, apático, indiferente, despreocupado, inconsciente, imprevisor, desmemoriado, olvidadizo, tardo, desprevenido, atropellado, distraído, frío.

Descuidar abandonar, desatender, omitir, dejar, olvidar, postergar, relegar, arrinconar, tardar || Descuidarse olvidarse, distraerse, dormirse, aflojar, ceder, tropezar, errar, dejarse, abandonarse, desaliñarse, despreocuparse, ensuciarse, desasearse, desprevenirse.

Descuidero ratero, v. ladrón.

Descuido apatía, desgana, indolencia, desaplicación, frialdad, desidia, abulia, indiferencia, flojedad, pereza, abandono, olvido, omisión, error, imprevisión, despreocupación, postergación, culpa, falta, desliz, distracción, desatención, inadvertencia, incuria, imprudencia || desaliño, dejadez, suciedad, desidia, desaseo, abandono.

Descuitado v. despreocupado.

Desdecir desmerecer, decaer, desvalorizarse, declinar, degenerar, desmejorar, menguar, perder, deteriorarse, empeorar, arruinarse || Desdecirse retractarse, negar, renegar, abjurar, rechazar, apostatar, contradecirse, impugnar, cambiar, rectificar, ceder, traicionar, corregir, enmendar, justificar.

Desdén desaire, desprecio, menosprecio, repulsa, desatención, relegamiento, postergación, humillación, ultraje, ofensa, burla, vilipendio, grosería, befa, desconsideración, zaherimiento, arrogancia, altivez, orgullo.

Desdentado estropeado, achacoso, caduco, chocho, valetudinario, senil, anciano.

Desdentar arrancar, quitar, sacar, extraer los dientes.

Desdeñable despreciable v., fútil, insignificante, mínimo, insubstancial, venial, anodino, pequeño, baladí, superficial, trivial, pueril, menudo, exiguo, ruin, mezquino, indigno, infame.

Desdeñar menospreciar, despreciar, desairar, repeler, desatender, ofender, ultrajar, humillar, relegar, postergar, desconsiderar, burlarse, vilipendiar, zaherir, desestimar, desechar, esquivar.

Desdeñoso altanero, altivo, arrogante, despectivo, soberbio, orgulloso, despreciativo, displicente, frío, esquivo, desatento, ofensivo, ultrajante, humillante, desconsiderado, burlón, grosero.

Desdibujado impreciso, difuminado, borroso, turbio, obscuro, confuso, velado, nebuloso, difuso, indefinido, vago, indistinto.

Desdibujarse difuminarse, obscurecerse, velarse, confundirse, borrarse, enturbiarse, nublarse, desaparecer, evaporarse, diluirse.

Desdicha desventura, desamparo, adversidad, infelicidad, infortunio, desastre, fatalidad, ruina, cuita, peligro, desgracia, tristeza, carga, cruz, catástrofe, tragedia, calamidad, tribulación, trago, cáliz, trastorno, fracaso, perjuicio, dificultad, conflicto, peripecia, miseria, necesidad, pobreza.

DESDICHADO desgraciado, desventurado, infeliz, infortunado, cuitado, calamitoso, fracasado, atribulado, trastornado, perjudicado, necesitado, pobre, miserable, víctima, mísero, mártir || lamentable, aciago, irritante, deplorable, amargo, infausto, trágico, fatídico, adverso, nefasto, desagradable, feo, duro, negro, triste, azaroso.

DESDOBLAMIENTO separación, división, duplicación, partición, segmentación, fraccionamiento, bisección, fragmentación, escisión, desintegración.

DESDOBLAR extender, alisar, desenvolver, desplegar, desenrollar, desarrollar || DESDOBLARSE partirse, dividirse, duplicarse, separarse, fragmentarse, fraccionarse, desintegrarse, escindirse, segmentarse.

DESDORAR mancillar, deslustrar, denigrar, deslucir, difamar, calumniar, desprestigiar, desacreditar, manchar, afrentar, baldonar, deshonrar.

DESDORO desprestigio, denigración, difamación, deslustre, mancilla, afrenta, mancha, baldón, descrédito, calumnia, deshonra.

DESEABLE apetecible, codiciado, ansiado, ambicionado, anhelado, esperado, envidiado, querido, suspirado, apetitoso, codiciable, delicioso, apasionante, incitante.

DESEADO ansiado, ambicionado, anhelado, esperado, querido, v. desear.

DESEAR ansiar, ambicionar, anhelar, esperar, querer, apetecer, envidiar, aguardar, demandar, pedir, solicitar, pretender, acariciar, acuciar, urgir, aspirar, engolosinarse, antojarse, aficionarse, enamorarse, encapricharse, apasionarse, desvivirse, consumirse,

perderse, perecerse, desalarse, suspirar || augurar, esperar.

DESECACIÓN secado, secamiento, deshidratación, evaporación, desecamiento, oreo, agostamiento, marchitamiento, aridez.

DESECAMIENTO v. desecación.

DESECAR secar, deshidratar, deshumedecer, resecar, evaporar, enjugar, agotar, vaciar, desagotar, desaguar, desencharcar, cegar, extraer.

DESECHAR rechazar, excluir, apartar, expeler, posponer, arrojar, separar, desdeñar, rehuir, recusar, relegar, repudiar, despreciar, alejar, apartar, despreocuparse, desentenderse, librarse, arrinconar.

DESECHOS despojos, sobras, restos, detritos, desperdicios, residuos, piltrafas, retazos, migajas, basuras, remanentes, excrementos.

DESEMBALAR desempaquetar, desempacar, desatar, desenfardar, abrir, deshacer, desliar, desenvolver, soltar, desligar, destapar, descubrir.

DESEMBARAZADAMENTE libremente, despejadamente, v. desembarazado.

DESEMBARAZADO libre, despejado, expedito, desahogado, amplio, ancho, descubierto, descampado, desobstruido, claro, limpio, desocupado, desatascado, apartado, quitado, retirado || desenvuelto, desenfadado, atrevido, osado, audaz, descarado, vivo, fresco, ágil, diestro.

DESEMBARAZAR despejar, librar, desobstruir, aclarar, limpiar, descubrir, ampliar, retirar, quitar, apartar, desatascar, evacuar, separar, desocupar || DESEMBARAZARSE librarse, eliminar, liquidar, quitarse, sacarse, evitar, eludir, soslayar, zafarse, escapar, soltarse, desatarse.

DESEMBARAZO desenfado, desenvoltura, atrevimiento, audacia, osadía, viveza, descaro, desgarro, frescura, desempacho, desaho-

DESEMBARCADERO go, desparpajo, agilidad, destreza, habilidad || amplitud, desahogo, anchura, comodidad, libertad, claridad, vastedad, espacio.

Desembarcadero muelle, malecón, espigón, dique, dársena, fondeadero, atracadero, rompeolas, escollera, ancladero, amarradero, andén, pasarela, puerto, estación marítima.

Desembarcar bajar, descender, salir, apearse, desalojar, desocupar, llegar, abandonar, dejar || invadir, v. desembarco.

Desembarco descenso, salida, bajada, llegada, desalojo, abandono, marcha || invasión, incursión, operación, ocupación, asalto, irrupción, ataque.

Desembargar liberar, salvar, rescatar, desentrampar, desempeñar, eximir, descargar.

Desembarque v. desembarco.

Desembarrancar desencallar, liberar, rescatar, desatascar, zafar, desencajar, desempantanar, poner a flote.

Desembaular desembuchar, confesar, desahogarse, franquearse, confiar, descubrir, cantar, revelar || desempaquetar, v. desembalar.

Desembocadura boca, estuario, salida, delta, barra, embocadura, confluencia, unión, bifurcación, convergencia, desagüe.

Desembocar afluir, desaguar, verterse, derramarse, converger, bifurcarse, confluir, unirse, salir, llegar, comunicar, dar a, terminar en.

Desembolsar pagar, sufragar, abonar, gastar, costear, cumplir, satisfacer, liquidar, saldar, entregar, dar, subvencionar, cubrir, enjugar, prestar, invertir.

Desembolso pago, gasto, dispendio, coste, liquidación, subvención, prestación, entrega, inversión, préstamo, donación, saldo, abono, sacrificio.

Desembozar desatascar, desatorar, desatrancar, desatollar, desobstruir, limpiar, despejar, abrir, expurgar, despejar, evacuar.

Desembragar desconectar, desengranar, desacoplar, interrumpir, cambiar, pisar, maniobrar.

Desembravecer amansar, domesticar, domar, amaestrar, calmar, aquietar, desbravar, someter, dominar.

Desembrollar desenredar, aclarar, esclarecer, desenmarañar, dilucidar, elucidar, descubrir, enmendar, corregir, explicar, justificar, deshacer.

Desembuchar v. desembaular.

Desemejante distinto, diferente, desigual, dispar, diverso, disímil, discrepante, diferenciado, distanciado.

Desemejanza desigualdad, diferencia, diversidad, disparidad, discrepancia, disimilitud, distancia.

Desempacar v. desempaquetar.

Desempacho v. desembarazo.

Desempaquetar desembalar, desempacar, desatar, desenfardar, desligar, soltar, desenvolver, deshacer, abrir, descubrir, destapar.

Desemparejar deshermanar, cambiar, trastrocar, confundir, embrollar, mezclar, enredar, trastornar, invertir, variar, mudar, alterar, modificar, desigualar.

Desempatar desigualar, desemparejar, romper, deshacer el empate.

Desempeñar rescatar, librar, desembargar, salvar, recuperar, redimir, eximir, descargar || ejercer, ocupar, llenar, realizar, hacer, cumplir, ejecutar, ejercitar, actuar, practicar, desplegar, entregarse, dedicarse.

Desempeño desembargo, rescate, liberación, salvamento, descargo, redención, exención, recuperación || cargo, ejercicio, ocupación, actuación, práctica, ejecución, ejecutoria, realización, trayectoria, cometido, observancia, cumplimiento.

Desempleado parado, desocupado v.

Desempolvar limpiar, sacudir, ce-

pillar || exhumar, recuperar, desenterrar, rescatar, redimir, restaurar, restablecer, devolver, recobrar.

Desempotrar soltar, liberar, despegar, desunir, desacoplar, desclavar, extraer, sacar, arrancar.

Desencadenado estallado, v. desencadenarse.

Desencadenamiento estallido, comienzo, iniciación, principio, inicio, brote, arranque, preludio, preliminares, prolegómenos.

Desencadenar liberar, libertar, librar, soltar, desligar, desunir, romper, cortar, desatar, destrabar || **Desencadenarse**: estallar, arrancar, desatarse, iniciarse, comenzar, principiar, preludiar, brotar, empezar, abrirse.

Desencajar descoyuntar, dislocar, descolocar, desquiciar, desarticular, desmembrar, desunir, separar, desacoplar || **Desencajarse**: descomponerse, palidecer, demudarse, desfigurarse, enmudecer, desquiciarse, asombrarse, trastornarse, espantarse.

Desencaje dislocación, desquiciamiento, desarticulación, desmembración, desacoplamiento, separación, desunión, luxación, torcedura, descoyuntamiento.

Desencallar v. desembarrancar.

Desencantar decepcionar, desilusionar, desengañar, despechar, chasquear, sorprender, engañar, desalentar, frustrar, contrariar, amargar, apenar.

Desencanto desengaño, desilusión, decepción, despecho, contrariedad, frustración, desaliento, engaño, sorpresa, chasco, amargura, pena.

Desencerrar libertar, liberar, soltar, rehabilitar, recuperar, restituir, reivindicar, sacar, extraer.

Desencolar despegar, desunir, separar, arrancar, quitar, desprender.

Desencolerizar aplacar, apaciguar, calmar, serenar, sosegar, aquietar, acallar, pacificar, sedar, suavizar, apagar, templar, moderar, tranquilizar.

Desenconar v. desencolerizar.

Desencorvar enderezar, rectificar, alinear, erguir.

Desencuadernar v. descuadernar.

Desenchufar desconectar, desunir, desempotrar, desacoplar, extraer, sacar, destrabar, tirar, quitar, interrumpir, desencajar.

Desenfadadamente libremente, desenvueltamente, descaradamente, v. desenfadado.

Desenfadado desenvuelto, libre, descarado, atrevido, cínico, fresco, descomedido, petulante, frescales, desahogado, desgarrado, osado, audaz.

Desenfadarse v. desencolerizar.

Desenfado descaro, libertad, desenvoltura, cinismo, atrevimiento, desgarro, desahogo, petulancia, descomedimiento, audacia, osadía, desembarazo.

Desenfrenado desordenado, descarriado, desaforado, desmedido, abusivo, atropellado, descomedido, desproporcionado, inmoderado, intemperante, libertino, inmoral, licencioso, lascivo, escandaloso, disoluto, libidinoso.

Desenfrenarse descarriarse, desmandarse, abusar, desmedirse, desaforarse, desordenarse, extralimitarse, desencadenarse, pervertirse, escandalizarse, degradarse, enviciarse, disiparse, desvergonzarse.

Desenfreno inmoralidad, licencia, libertinaje, intemperancia, inmoderación, abuso, descarrío, desorden, atropello, exceso, escándalo, desvergüenza, incontinencia.

Desenfundar extraer, sacar, empuñar, aferrar, coger, tomar, soltar, desenvainar.

Desenganchar desunir, soltar, desprender, desligar, despegar, desensamblar, desarticular, desmembrar, alejar, apartar, deshacer, desasir, desconectar, desenchufar, destrabar, quitar, desencajar, aislar.

Desengañado desanimado, decepcionado, desilusionado, defraudado, chasqueado, equivocado, amargado, errado, contrariado, desesperado, frustrado, escéptico, desesperanzado, desencantado, escarmentado, desalentado, despechado, disgustado.

Desengañar defraudar, desilusionar, decepcionar, desanimar, contrariar, equivocar, chasquear, errar, desesperanzar, desencantar, frustrar, desesperar, amargar, despechar, desalentar, escarmentar, disgustar.

Desengaño decepción, desfraudación, desilusión, desánimo, contrariedad, desencanto, desesperanza, desesperación, chasco, error, yerro, equivocación, desaliento, despecho, amargura, frustración, disgusto, escarmiento, fracaso.

Desengarzar desprender, desenclavar, desligar, desensamblar, despegar, separar, quitar, desencajar.

Desengastar v. desengarzar.

Desengranar desacoplar, destrabar, desencajar, desembragar, destrabar, desconectar, interrumpir, desempotrar, soltar, separar.

Desengrasar lavar, limpiar, enjabonar, frotar, restregar, enjuagar || adelgazar, enflaquecer v. Desenjaezar v. desguarnecer.

Desenjaular libertar, soltar, sacar, desentrampar, desencerrar, largar, librar, zafar, salvar.

Desenlace colofón, consumación, conclusión, término, terminación, fin, final, solución, resultado, secuela, remate, coronamiento, alcance, derivación, producto, epílogo, efecto, consecuencia, resulta.

Desenlazar desatar, soltar, librar, desnudar, desligar, destrincar, separar, desceñir, desmarrar, desprender || aclarar, elucidar, desenredar, desembrollar, descubrir, descifrar, dilucidar, averiguar, demostrar, solucionar, esclarecer, ordenar, arreglar, colocar.

Desenmarañar desenredar, deshacer, desovillar, desliar, desatar, soltar, desanudar, desamarrar, desprender || aclarar, elucidar, desenredar, desembrollar, descubrir, descifrar, dilucidar, averiguar, demostrar, solucionar, esclarecer, ordenar, arreglar, colocar.

Desenmascarar descubrir, revelar, descorrer, destapar, mostrar, denunciar, atrapar, sorprender, pregonar, publicar, acusar, señalar.

Desenredar v. desenmarañar.

Desenredo aclaración, solución, desembrollo, esclarecimiento.

Desenrollar desplegar, extender, estirar, desarrollar, desliar, desenvolver, desdoblar, distender, exponer, exhibir, mostrar.

Desenroscar desatornillar, retorcer, torcer, girar, desenrollar, desarrollar.

Desensamblar desarticular, v. desenlazar.

Desensillar desenjaezar, desguarnecer, despojar, desmontar, quitar.

Desentenderse despreocuparse, inhibirse, abstenerse, guardarse, prescindir, eludir, evadir, excusarse, desdecirse, disimular, evitar, rehuir, omitir, relegar, desechar, renunciar, abandonar, desamparar, dejar, desatender, retraerse, arrepentirse, apartarse, arrinconar, relegar, desdeñar, despreciar.

Desenterrar exhumar, extraer, excavar, descubrir, recuperar, encontrar, hallar, sacar, socavar, cavar, abrir, ahondar, revelar, mostrar || desempolvar, resucitar, revivir, evocar, recordar.

Desentonado desafinado, discordante, destemplado, disonante, desacordado, falseado, discrepante, diferente, extravagante, fuera de lugar, equivocado, errado.

Desentonar discordar, desafinar,

destemplar, disonar, desacordar, falsear, pifiar, errar, equivocar, discrepar, diferenciarse, destacar, desbarrar, desbocarse, descomponerse, descomedirse, encolerizarse.

DESENTONO descompostura, descomedimiento, destemplanza, discrepancia, grosería, ordinariez || disonancia, desafinación, gallo, desacorde.

DESENTORPECER despertar, avivar, agitar, estimular, excitar, incitar, desentumecer, desentumir, desperezarse, estirarse.

DESENTRAÑAR elucidar, desenredar, aclarar, descifrar, desembrollar, descubrir, dilucidar, averiguar, esclarecer, demostrar, penetrar, solucionar || destripar, aplastar, despanzurrar, arrancar, sacar, extraer || regalar, ofrecer, donar, sacrificarse, renunciar.

DESENTRONIZAR deponer, derrocar, destituir, destronar, expulsar, exonerar, degradar, separar, quitar.

DESENTUMECER v. desentorpecer.

DESENVAINAR extraer, desenfundar, sacar, desnudar, tirar, descubrir, aferrar, empuñar la espada.

DESENVOLTURA naturalidad, aplomo, desembarazo, facilidad, soltura, elegancia, habilidad, seguridad, confianza, destreza, desahogo, resolución, llaneza || libertad, desparpajo, desenfado, descomedimiento, atrevimiento, desgarro, descaro, desvergüenza, descoco, desfachatez, frescura, cinismo, tupé, valor.

DESENVOLVER desliar, destapar, desarrollar, desenrollar, descubrir, desatar, abrir, desplegar, desdoblar, desempaquetar, desembalar || DESENVOLVERSE apañarse, arreglarse, despabilarse, agenciárselas, componérselas, administrarse, aviarse, obrar, actuar, ejercer, intervenir, conducirse.

DESENVOLVIMIENTO desarrollo, ampliación, expansión v.

DESENVUELTO aplomado, desembarazado, seguro, confiado, desahogado, resuelto, expeditivo, fácil, diestro, hábil, tranquilo, sereno, compuesto || desenfadado, descomedido, desfachatado, descarado, desvergonzado, descocado, fresco, cínico, barbián.

DESEO anhelo, ansia, afán, pretensión, aspiración, prurito, capricho, pasión, inclinación, vehemencia, apetito, hambre, sed, antojo, ambición, apetencia, codicia, esperanza, empeño, manía, propensión, voluntad, avidez, agonía, acucia, ardor, vicio, reconcomio, dentera, gana, gusto.

DESEOSO afanoso, ansioso, anhelante, aspirante, pretendiente, hambriento, sediento, apetente, vehemente, inclinado, apasionado, caprichoso, empeñado, esperanzado, codicioso, ambicioso, antojadizo, ávido, voluntarioso, propenso, maniático, inclinado, vicioso, ardoroso, goloso.

DESEQUILIBRADO trastornado, perturbado, extraviado, chiflado, desasosegado, tocado, ido, neurótico, neurasténico, excéntrico, maniático, maníaco, insano, delirante, enajenado, insensato, loco, demente, chalado, lunático, orate, vesánico, anormal, alocado || inestable, desigual, inseguro, descentrado, desproporcionado.

DESEQUILIBRAR desigualar, diferenciar, discriminar, desproporcionar, tambalear, distanciar, debilitar, vacilar, distanciar, desemparejar || DESEQUILIBRARSE chiflarse, extraviarse, perturbarse, trastornarse, desasosegarse, irse, enajenarse, delirar, enloquecer, chalarse, alocarse.

DESEQUILIBRIO inestabilidad, inseguridad, cambio, oscilación, tambaleo, vacilación, debilidad, flaqueza, diferencia, variabilidad, mutabilidad, desigualdad, fragilidad || chifladura, extravío, perturbación, trastorno, chaladura, guilladura, neurosis, manía, neurastenia, locura, delirio, enajenación, insania, demencia, vesania, anormalidad.

Deserción defección, abandono, huida, abjuración, traición, apostasía, felonía, perfidia, infidelidad, alevosía, deslealtad, separación, alejamiento, cisma, desunión.

Desertar abandonar, abjurar, huir, traicionar, apostatar, alejarse, separarse, desunirse, desamparar, escapar, escabullirse.

Desértico árido, desierto, despoblado, deshabitado, desolado, yermo, vacío, solitario, abandonado, inexplorado, estéril, seco, devastado, sediento, agostado, reseco, improductivo, infecundo, riguroso, caluroso, áspero.

Desertor traidor, prófugo, fugitivo, desleal, pérfido, tránsfuga, infiel, felón, escapado, evadido, fugado, cobarde.

Descombrar v. descombrar.

Desesperación consternación, abatimiento, exasperación, despecho, impotencia, desaliento, desilusión, decepción, descorazonamiento, desmoralización, desesperanza, exacerbación, pesimismo, enfado, duda, irritación, enojo, ira, agobio, aflicción, desánimo, disgusto, alteración, dolor, pena.

Desesperadamente terriblemente, tremendamente, espantosamente, urgentemente, atrozmente, desmesuradamente, violentamente, lamentablemente || exasperadamente, v. desesperado.

Desesperado exasperado, abatido, despechado, consternado, descorazonado, decepcionado, desilusionado, desalentado, impotente, pesimista, exacerbado, desmoralizado, agobiado, iracundo, enojado, irritado, enfadado, alterado, disgustado, desanimado, afligido, dolorido, apenado.

Desesperante irritante, insoportable, indignante, vergonzoso, provocativo, escandaloso, vejatorio, enojoso, enfadoso, fastidioso, molesto, apático, indolente, perezoso, abúlico, calmoso, agobiante, exasperante, aflictivo, doloroso.

Desesperanza v. desesperación.

Desesperar dudar, desconfiar, rendirse, renunciar, ceder, recelar, maliciar, temer, sospechar, cavilar || **Desesperarse** consternarse, abatirse, exasperarse, desalentarse, desilusionarse, decepcionarse, descorazonarse, agobiarse, desanimarse, desmoralizarse, exacerbarse, apesararse, apesadumbrarse, disgustarse, alterarse, enfadarse, irritarse, enojarse, apenarse, dolerse, afligirse.

Desespero impaciencia, desesperación v.

Desestimación rechazo, recusación, negativa, negación, denegación, desaprobación, rehusamiento, desechamiento, repulsa, impugnación, resistencia, oposición, repudio, exclusión || menosprecio, desdén, desprecio, desaire, ofensa.

Desestimar desechar, rechazar, negar, denegar, rehusar, repeler, desaprobar, repudiar, oponerse, resistir, impugnar, excluir || desdeñar, menospreciar, desairar, ofender.

Desfachatadamente descaradamente, desvergonzadamente, atrevidamente, v. desfachatado.

Desfachatado descarado, desvergonzado, atrevido, insolente, cínico, sinvergüenza, fresco, desmandado, descocado, deslenguado, grosero, vulgar, inverecundo, descomedido, licencioso, petulante, desahogado, desgarrado, desbocado, frescales, procaz.

Desfachatez insolencia, atrevimiento, descaro, desvergüenza, descoco, desmandamiento, frescura, licencia, descomedimiento, inverecundia, vulgaridad, grosería, desgarro, desahogo, descoco, procacidad, osadía, cinismo.

Desfalcar estafar, defraudar, timar, substraer, engañar, apañar, escamotear, baratear, aprovecharse, sisar, expoliar, malversar, malbaratar, pecular, simular, falsear, falsificar, alterar, robar, hurtar, delinquir.

DESFALCO defraudación, fraude, timo, substracción, engaño, baratería, escamoteo, apaño, aprovechamiento, expoliación, sisa, simulación, falseamiento, falsificación, peculado, malbaratamiento, malversación, alteración, hurto, robo, delito, crimen.

DESFALLECER flaquear, extenuarse, decaer, debilitarse, gastarse, desmayarse, desmadejarse, languidecer, flojear, enfermarse, agravarse, aflojar, desmejorar, desgastarse, consumirse, aplanarse, agotarse, disminuirse, ablandarse, apagarse, marchitarse, amortiguarse, gastarse, sucumbir, desanimarse, acobardarse.

DESFALLECIDO débil, debilitado, decaído, extenuado, gastado, enfermo, flojo, lánguido, desmadejado, desmayado, consumido, desgastado, desmejorado, grave, agravado, apagado, disminuido, agotado, aplanado, desanimado, amortiguado, marchito, acobardado, desanimado.

DESFALLECIENTE v. desfallecido.

DESFALLECIMIENTO decaimiento, debilidad, debilitamiento, extenuación, desmayo, desmadejamiento, languidez, flojedad, enfermedad, desgaste, apagamiento, agravación, desánimo, aplanamiento, agotamiento, disminución, acobardamiento, vértigo, síncope, mareo, ataque, acceso, quebranto, achaque, dolencia.

DESFASADO * desavenido, opuesto, disconforme, diferente v.

DESFASE * desacuerdo, discordancia, oposición, diferencia v.

DESFAVORABLE adverso, contrario, hostil, enemigo, adversario, contraproducente, aciago, contrapuesto, azaroso, infortunado, fatal, pernicioso, perjudicial, nefasto, nocivo, dañino, malo, lesivo, ofensivo.

DESFIGURADO herido, dañado, v. desfigurar.

DESFIGURAR herir, dañar, afear, deformar, tullir, baldar, distorsionar, cambiar, transformar, lisiar, perjudicar, deteriorar, estropear, lastimar, maltratar || falsear, disfrazar, cambiar, encubrir, modificar, desnaturalizar, mentir, variar, mudar, disimular, alterar, falsificar.

DESFILADERO cañada, quebrada, valle, hoya, vaguada, cañón, hendedura, angostura, garganta, paso, puerto, collado, hondonada, depresión, sima, barranco, barranca, precipicio, despeñadero.

DESFILAR marchar, evolucionar, pasar, maniobrar, circular, cruzar, moverse, caminar, recorrer, discurrir, formar, lucirse, exhibirse, desaparecer, transitar.

DESFILE revista, parada, maniobra, marcha, evolución, paso, tránsito, circulación, fila, columna, recorrido, carrera, camino, movimiento, lucimiento, exhibición, homenaje, conmemoración, procesión, festejo, solemnidad, espectáculo.

DESFLECAR deshilachar, separar, cortar, disgregar, destejer, deshacer, ajar, raer.

DESFLORACIÓN violación, estupro, violencia, profanación, desfloramiento, rapto, abducción, desvirgamiento, primicia, iniciación, escarnecimiento, abuso, atropello, deshonra, mancilla, tropelía, iniquidad || deslucimiento, ajamiento, marchitamiento.

DESFLORAR violar, forzar, estuprar, profanar, raptar, violentar, iniciar, estrenar, desvirgar, abusar, escarnecer, deshonrar, mancillar, atropellar, vulnerar || estropear, deslucir, ajar, marchitar.

DESFOGAR desahogar, desbordar, manifestar, desencadenar, desatar, liberar.

DESFONDAR romper, destrozar, desbaratar, despedazar, quebrantar, fracturar, estropear, escacharrar, inutilizar, deteriorar el fondo.

DESGAIRE descuido, afectación, desaliño, fingimiento, inelegancia, amaneramiento, desdén, indolencia, apatía, abandono, despreocupación fingida.

Desgajar arrancar, destrozar, despedazar, descuajar, desarraigar, extraer, separar, romper, quebrar, extirpar, despegar, desprender.

Desgalgadero precipicio, derrumbadero, sima, pendiente, cuesta, pedregal, talud, v. despeñadero.

Desgalichado desgarbado, torpe, deslucido, desmadejado, patoso, desmañado, grotesco, ridículo, absurdo, extravagante, flaco, escuálido, larguirucho, desmedrado || descuidado, desaliñado, desastrado, sucio, abandonado.

Desgana inapetencia, anorexia, saciedad, hartura, flojedad, decaimiento, languidez, apatía, desmadejamiento, astenia, indolencia, tedio, disgusto, fastidio, repugnancia, cansancio.

Desgañitarse vociferar, vocear, chillar, gritar, enronquecer, increpar, ulular, bramar, aullar, clamorear, exclamar, atronar, escandalizar, alborotar, rugir, abuchear, rechiflar.

Desgarbado desgalichado, deslucido, torpe, desmadejado, patoso, extravagante, absurdo, ridículo, grotesco, desmañado, flaco, desmedrado, escuálido, larguirucho, desproporcionado, desaliñado, descuidado.

Desgarrado roto, destrozado, deteriorado, rasgado, desgajado, arañado, arrancado, v. desgarrar || descarado.

Desgarradura v. desgarrón.

Desgarrar destrozar, romper, rasgar, arrancar, desgajar, rajar, despedazar, desbaratar, deteriorar, descuartizar, estropear, arrruinar.

Desgarro petulancia, presunción, fanfarronería, insolencia, desvergüenza, desfachatez, atrevimiento, frescura, descaro v. || desgarrón v.

Desgarrón jirón, rotura, desgarro, rasgón, andrajo, tira, calandrajo, siete, pingo, guiñapo, harapo, corte, rasgadura, descosido.

Desgastado raído, ajado, usado, consumido, rozado, adelgazado, deshecho, comido, carcomido, frágil, apolillado, corroído, dañado, estropeado, limado, lijado, afinado, debilitado, extenuado, envejecido, viciado, exangüe, desmadejado, escuchimizado, deteriorado, marchito, arruinado.

Desgastar usar, ajar, raer, consumir, rozar, adelgazar, afinar, lijar, limar, dañar, viciar, corromper, deteriorar, arruinar, corroer, roer, apolillar, carcomer, comer, deshacer, estropear || **Desgastarse** debilitarse, extenuarse, desmadejarse, escuchimizarse, viciarse, envejecer, marchitarse, v. desgastar.

Desgaste uso, consunción, rozadura, roce, adelgazamiento, daño, envejecimiento, deterioro, deslucimiento, vejez, raedura, decadencia, desmedro, deslustre, empeoramiento, corrosión, ruina, alteración, fricción, erosión.

Desglosar separar, retirar, quitar, arrancar, extraer, despegar, cortar, elegir, desprender, sacar.

Desglose separación, extracción, desprendimiento, corte, arrancamiento.

Desgobernado descuidado, abandonado, desarreglado, desordenado, negligente, anárquico, embrollado.

Desgobernar descuidar, v. desgobernado.

Desgobierno anarquía, desbarajuste, trastorno, desorganización, confusión, desconcierto, desarreglo, desorden, abandono, incuria, negligencia, perturbación, ilegalidad, caos, irregularidad, anomalía.

Desgracia adversidad, desdicha, infortunio, infelicidad, desamparo, fatalidad, desastre, cuita, peligro, ruina, calamidad, tragedia, catástrofe, tristeza, perjuicio, fracaso, trastorno, cáliz, trago, tribulación, pobreza, necesidad, miseria, peripecia, conflicto, dificultad, contratiempo, desventura, aflicción, tropiezo, acciden-

te, siniestro, descalabro, revés, percance.
DESGRACIADAMENTE desdichadamente, infortunadamente, infelizmente, v. desgracia.
DESGRACIADO lamentable, fatal, aciago, azaroso, infausto, trágico, catastrófico, perjudicial, calamitoso, peligroso, ruinoso, difícil, siniestro, accidentado, descalabrado, fúnebre, desastroso, ominoso, fatídico, nefasto, triste, amargo, deplorable, azaroso, feo, duro, negro, sombrío || desdichado, miserable, mísero, infortunado, afligido, desventurado, necesitado, pobre, atribulado, trastornado, fracasado, oprimido, perjudicado, arruinado, cuitado, desamparado || infeliz, pusilánime, encogido, cobarde; apocado, corto, tímido, ñoño, gallina, corito, desangelado, insulso, soso, desabrido.
DESGRACIAR malograr, perjudicar, arruinar, accidentar, descalabrar, entristecer, afligir, empobrecer, atribular, trastornar, desamparar, frustrar, lastimar, herir, lisiar, mutilar, dañar, vulnerar, desbaratar, estropear, ajar, escacharrar, abortar.
DESGRANAR desmenuzar, soltarse, desensartarse, deshacerse, desmigajar.
DESGRASAR v. desengrasar.
DESGRAVACIÓN liberación, aminoración, rebaja, reducción, exención, descarga, dispensa.
DESGRAVAR rebajar, aminorar, liberar, reducir, eximir, dispensar, descargar.
DESGREÑADO despeinado, encrespado, desmelenado, hirsuto, cerdoso, erizado, enmarañado, revuelto, desordenado, abandonado, desastrado, zarrapastroso, dejado, desidioso.
DESGREÑAR desmelenar, encrespar, despeinar, enmarañar, erizar, revolver, desordenar, abandonarse, dejarse.
DESGUACE desmontaje, despiece, desbaratamiento, desarme, desencuadernamiento, separación, desacoplamiento, separación, eliminación, inutilización.
DESGUARNECER desarmar, privar, despojar, quitar, arrancar, desposeer, debilitar.
DESGUARNECIDO desarmado, indefenso, inerme, desvalido, desamparado, impotente, despojado, privado, desposeído, debilitado.
DESGUAZAR desmontar, desarmar, desbaratar, desacoplar, separar, desencuadernar, inutilizar, eliminar, destruir, deshacer.
DESHABILLÉ * bata, batín, ropa de casa, salto de cama, peinador.
DESHABITADO solitario, abandonado, vacío, despoblado, desierto, desolado, yermo, desguarnecido, desamparado, retirado, apartado, aislado, solo.
DESHABITAR abandonar, vaciar, despoblar, desertar, aislar, desamparar, desguarnecer, desolar, apartar, dejar, marcharse.
DESHABITUAR desacostumbrar, desterrar, erradicar, suprimir, eliminar una costumbre.
DESHACEDOR anulador, destructor, desbaratador, desfacedor, exterminador, liquidador.
DESHACER desmontar, partir, dividir, romper, desarmar, descomponer, desmoronar, desmenuzar, desmigajar, desarticular, desentablar, desbaratar, desgastar, raer, estropear, consumirse, desvencijar, desorganizar, desperdigar, desencajar, desordenar, separar, suprimir, anular || derrotar, vencer, aniquilar, quebrantar, liquidar, eliminar, exterminar, matar || disolver, licuar, derretir, desleír, fundir, desguajar, descoagular, deshelar || DESHACERSE esfumarse, desvanecerse, desaparecer, disolverse, fundirse, evaporarse || pirrarse, perecerse, desvivirse, ansiar, anhelar, acaramelarse, embobarse.
DESHARRAPADO desastrado, andrajoso, harapiento, haraposo, roto,

miserable, vagabundo, indigente, pobre, mendigo, mugriento, sucio.

Deshecho desarmado, dividido, partido, roto, desmontado, descompuesto, desarticulado, desmenuzado, desmoronado, consumido, estropeado, raído, desgastado, desbaratado, desvencijado, desorganizado, anulado, suprimido, separado, desordenado, desarticulado, desencajado || quebrantado, aniquilado, vencido, derrotado, desmoralizado, decaído, desanimado || derretido, licuado, desleído, disuelto, fundido, deshelado, deformado, esfumado, evaporado, desvanecido.

Deshelado derretido, v. deshelar.

Deshelar derretir, fundir, disolver, licuar, descuajar, desleír, deformar.

Desherbar escardar, limpiar, desbrozar, eliminar, desarraigar, exterminar, descuajar, despejar, desembarazar.

Desheredado desamparado, desvalido, abandonado, impotente, inerme, repudiado, desahuciado, desatendido, privado, olvidado, preterido, relegado, excluido, diferenciado.

Desheredar relegar, olvidar, privar, preterir, excluir, diferenciar, desatender, repudiar, desahuciar, abandonar, desamparar.

Deshermanar v. desemparejar.

Deshidratación secado, desecación, deshumedecimiento, resecamiento, evaporación, marchitamiento, agostamiento, consunción, acartonamiento.

Deshidratar resecar, desecar, deshumedecer, agostar, consumir, marchitar, evaporar, acartonar.

Deshielo fusión, licuación, desleimiento, derretimiento, disolución, primavera, calor, buen tiempo.

Deshilachar desflecar, deshacer, separar, disgregar, destejer, raer, gastar, usar.

Deshilvanado incoherente, incongruente, inconexo, absurdo, discontinuo, incomprensible, ininteligible, confuso, desordenado, discordante, enredado, embrollado.

Deshilvanar descoser, separar, desunir, despegar.

Deshinchado desinflado, v. deshinchar.

Deshinchar desinflar, desinflamar, vaciar, evacuar, achicar, disminuir, rebajar, aflojar, soltar, mejorar, normalizar || Deshincharse acobardarse, humillarse, rebajarse, achicarse, ablandarse.

Deshojar arrancar, despojar, quitar, extirpar, exfoliar, separar, despegar, descuajar, marchitar, sobar, manosear, ajar.

Deshollinar limpiar, desatascar, raspar, destapar, desembarazar, desobstruir.

Deshonestidad indignidad, desaprensión, incorrección, ilicitud, desorden, desvergüenza, cinismo, liviandad, deshonor, vileza, bajeza, ruindad, abyección, vergüenza, afrenta, vilipendio, deslealtad, infidelidad, estafa, trampa, corrupción, venalidad, truhanería || vicio, descoco, sensualidad, lujuria, concupiscencia, pornografía, obscenidad, torpeza, libertinaje, licencia, impureza, impudicia, liviandad, impudor, indecencia.

Deshonesto desleal, corrompido, venal, truhán, infiel, estafador, tramposo, embaucador, pícaro, bribón, indigno, desaprensivo, desvergonzado, cínico, vil, bajo, ruin, abyecto || lujurioso, vicioso, sensual, libertino, torpe, obsceno, pornográfico, concupiscente, indecente, impúdico, liviano, descocado, impuro, licencioso, picaresco, escabroso, grosero, verde.

Deshonor v. deshonra.

Deshonra ignominia, deshonor, infamia, afrenta, degradación, oprovio, alevosía, mezquindad, escándalo, ruindad, vileza, vilipendio, mancha, deslustre, desprestigio, desdoro, descrédito, mancilla, estigma, vergüenza, baldón, borrón, fango, caída, desgracia, demérito, abyección.

DESHONRAR infamar, burlar, escarnecer, calumniar, incriminar, mancillar, afrentar, ensuciar, menospreciar, ultrajar, desacreditar, desprestigiar, difamar, estigmatizar, avergonzar, enfangar, defraudar, arruinar.

DESHONROSO degradante, infamante, ignominioso, vil, ruin, escandaloso, mezquino, alevoso, oprobioso, vergonzoso, abyecto, desgraciado, escarnecedor, calumnioso, ultrajante, abominable, nefando, indecente, despreciable, indecoroso, v. deshonesto.

DESHORA (A) intempestivamente, inoportunamente, inconvenientemente, inadecuadamente, impropiamente, inopinadamente, extemporáneamente, fuera de lugar.

DESIDERÁTUM colmo, súmmum, cima, culmen, culminación, modelo, fin, objetivo || ambición, anhelo, deseo v.

DESIDIA negligencia, inercia, indolencia, flojedad, abandono, descuido, dejadez, incuria, pereza, ligereza, indiferencia, desaliño, despreocupación, flema, pachorra, suciedad, mugre, desaseo, apatía, abulia, incuria.

DESIDIOSO abandonado, indolente, inerte, negligente, flojo, indiferente, ligero, perezoso, dejado, descuidado, mugriento, sucio, desaseado, desaliñado, desastrado, adán, flemático, despreocupado, abúlico, apático.

DESIERTO deshabitado, despoblado, desértico, solitario, solo, vacío, abandonado, desamparado, desguarnecido, desolado, retirado, apartado, aislado, yermo, árido, estéril, seco, improductivo, infructuoso, infecundo, riguroso, abrupto || páramo, estepa, llanura, meseta, sabana, erial, baldío, landa, pedregal, arenal.

DESIGNACIÓN elección, nombramiento, señalamiento, llamamiento, candidatura, investidura, ascenso, mención, calificación, denominación, indicación, alusión, apodo, llamamiento.

DESIGNAR elegir, escoger, nombrar, señalar, llamar, requerir, solicitar, investir, ascender, otorgar, mencionar, calificar, aludir, indicar, denominar, apodar, titular, distinguir, mostrar, marcar.

DESIGNIO propósito, intención, pensamiento, decisión, determinación, ánimo, plan, voluntad, arreglo, concepción, resolución, disposición, empresa, maquinación, proyecto, mira, fin, objeto, idea, intento, objetivo.

DESIGUAL desemejante, distinto, disconforme, discordante, diverso, otro, diferente, desparejo, discrepante, heterogéneo, dispar, extremo, opuesto, inverso, divergente, disímil, encontrado, adverso || escarpado, desparejo, accidentado, irregular, abrupto.

DESIGUALAR diferenciar, desemparejar, discrepar, discordar, diversificicar, distinguir, oponer, invertir, desemejar, deshermanar, desempatar.

DESIGUALDAD diferencia, discordancia, disconformidad, distinción, desemejanza, discrepancia, heterogeneidad, disimilitud, divergencia, oposición, extremo, disparidad, adversidad, variedad, desproporción, distancia, discriminación, disentimiento, desavenencia || rugosidad, aspereza, desnivel v.

DESILUSIÓN desengaño, decepción, fiasco, despecho, desacierto, pifia, sorpresa, error, plancha, desaliento, desencanto, fracaso, amargura, contrariedad, frustración, burla, equivocación.

DESILUSIONADO desengañado, decepcionado, v. desilusión.

DESILUSIONAR desencantar, desengañar, despechar, decepcionar, desalentar, sorprender, pifiar, frustrar, contrariar, amargar, fracasar, burlar, equivocar, contrariar, apenar, entristecer.

DESINENCIA terminación, final, término, fin.

DESINFECCIÓN esterilización, asepsia, antisepsia, fumigación, higiene, pureza, abstersión, desinsectación, purificación, pasteurización, ebullición, hervido, saneamiento.

Desinfectante antiséptico, aséptico, abstergente, antipútrido, fumigatorio, detergente, esterilizante, higiénico, purificador, activo, enérgico.

Desinfectar purificar, esterilizar, fumigar, desinsectar, absterger, higienizar, limpiar, hervir, pasteurizar, rociar, lavar, sanear.

Desinflamar deshinchar, desinflar, disminuir, reducir, rebajar, mejorar, normalizarse.

Desinflar deshinchar, vaciar, evacuar, disminuir, achicar, reducir, aflojar, soltar.

Desinsectar fumigar, purificar, higienizar, limpiar, rociar, sanear, lavar, desinfectar, matar, liquidar, exterminar.

Desintegración descomposición, disgregación, desunión, desbaratamiento, desacoplamiento, desmontaje, desmoronamiento, corrupción, decadencia, destrucción, separación, división, desmenuzamiento || desaparición, evaporación, consunción, dispersión.

Desintegrarse descomponerse, desbaratarse, desunirse, disgregarse, desmoronarse, desmontarse, desacoplarse, corromperse, dividirse, separarse, destruirse, decaer, deshacerse, desmenuzarse, pulverizar || desaparecer, desvanecerse, evaporarse, esfumarse, disiparse, consumirse, dispersarse.

Desinterés indiferencia, insensibilidad, dejadez, abandono, desidia, desgana, indolencia, impasibilidad, inapetencia, molicie, inactividad, pereza, descuido, frialdad, apatía, displicencia, inercia || generosidad, despego, desprendimiento, altruismo, devoción, abnegación, benevolencia, piedad, magnanimidad, humanidad.

Desinteresadamente generosamente, desprendidamente, v. desinterés.

Desinteresado altruista, desprendido, generoso, devoto, magnánimo, piadoso, humano, benévolo, abnegado, filántropo, caritativo || apático, indiferente, abandonado, displicente, impasible, insensible.

Desinteresarse descuidar, abandonar, dejar, desentenderse, despreocuparse, inhibirse, abstenerse, guardarse, omitir, desechar, relegar, desatender.

Desistimiento renuncia, abandono v., dejación, apartamiento, inhibición, abstención, omisión, desentendimiento, abdicación.

Desistir abandonar, renunciar, dejar, apartarse, desentenderse, omitir, abstenerse, inhibirse, abdicar, renunciar, dimitir, disuadir, cesar, abandonar, someterse, retractarse, rescindir, guardarse, prescindir, retraerse, arrepentirse, excusarse, eludir.

Desjarretar cortar, amputar, cercenar, segar, cansar, agotar, extenuar.

Desjuntar separar, dividir, segmentar, desunir, apartar, alejar, despegar.

Deslabonar v. desjuntar.
Deslazar v. desatar.
Desleal infiel, traidor, ingrato, inconfidente, indigno, pérfido, renegado, desertor, tránsfuga, falso, vil, perjuro, felón, impío, engañador, adúltero, aleve, alevoso, fementido, delator, renegado, traicionero, infame, villano, intrigante, engañoso.

Deslealtad ingratitud, infidelidad, traición, indignidad, desconfianza, perjurio, vileza, falsedad, deserción, alevosía, adulterio, engaño, impiedad, felonía, intriga, villanía, infamia, delación, defección, falsía, mala fe, fingimiento, estratagema, disimulo, maquiavelismo, zancadilla, perrería, artificio, retractación, incumplimiento.

Desleído disuelto, licuado, deshecho, disgregado, emulsionado, precipitado, dividido, descompuesto, separado, aguado, hidratado, derretido.

DESLEIMIENTO disgregación, licuación, disolución, solución, emulsión, precipitación, división, descomposición, separación, derretimiento, hidratación.

DESLEÍR licuar, colicuar, disolver, disgregar, fundir, deshacer, separar, emulsionar, descomponer, dividir, precipitar, aguar, derretir, hidratar, batir, concentrar.

DESLENGUADO procaz, malhablado, desfachatado, fresco, grosero, insolente, sinvergüenza, atrevido, lenguaraz, descarado, descocado, desbocado.

DESLENGUARSE descararse, desbocarse, descocarse, insolentarse, atreverse, desmandarse, propasarse, excederse.

DESLIGADO separado, independiente, alejado, libre, retirado, distanciado, desunido, emancipado, desprendido, desconectado, aislado, divorciado, desatado, incomunicado, substraído, excluido.

DESLIGAR desatar, soltar, desanudar, deshacer, desunir, separar, desenlazar || dispensar, librar, eximir, absolver, descargar || DESLIGARSE independizarse, liberarse, separarse, alejarse, desunirse, emanciparse, distanciarse, retirarse, rehuir, eludir, divorciarse, aislarse, desconcertarse, desprenderse, substraerse, desatarse.

DESLINDAMIENTO v. deslinde.

DESLINDAR puntualizar, aclarar, determinar, establecer, apuntar, señalar, fijar, especificar, precisar, detallar, enumerar, definir, pormenorizar, elucidar, esclarecer, delimitar || limitar, demarcar, amojonar, dividir, separar, señalar.

DESLINDE límite, demarcación, v. deslindar.

DESLIZ falta, caída, traspié, pecado, flaqueza, debilidad, fragilidad, descuido, tropiezo, tropezón, resbalón, error, yerro, gazapo, distracción, omisión.

DESLIZAMIENTO resbalamiento, corrimiento, movimiento, traslación, escurrimiento, rodamiento || evasión, escapada, huida, fuga.

DESLIZANTE resbaloso, resbaladizo, escurridizo, rodante, corredizo, movedizo, liso, terso, encerado.

DESLIZARSE desplazarse, resbalar, escurrirse, correr, rodar, moverse, trasladarse, patinar, irse, serpentear, arrastrarse, avanzar, reptar || escabullirse, eludir, fugarse, retirarse, escaparse, huir.

DESLOMADO maltrecho, quebrantado, roto, estropeado, molido, reventado, lisiado, golpeado, descostillado, deshecho, exhausto, agotado.

DESLOMAR descostillar, estropear, romper, quebrantar, moler, golpear, deshacer, reventar, lisiar, maltratar, agotar, cansar, desriñonar.

DESLUCIDO ajado, desaliñado, sobado, raído, obscurecido, marchito, estropeado, pálido, decolorado, desfigurado, pobre, mezquino, usado, gastado, apagado, mate, opaco, sobado, empañado, desmañado, desgarbado || frustrado, fracasado, desgraciado.

DESLUCIMIENTO fracaso, frustración, marchitamiento, desgracia, deslustre, ajamiento, obscurecimiento, decoloración, uso.

DESLUCIR marchitar, ajar, estropear, gastar, raer, desaliñar, desfigurar, empobrecer, deslustrar, opacar, sobar, obscurecer, decolorar, palidecer || DESLUCIRSE frustrarse, fracasar, empañarse, desgraciarse, marchitarse.

DESLUMBRADO enceguecido, encandilado, ofuscado, maravillado, v. deslumbrar.

DESLUMBRADOR cegador, enceguecedor, encandilador, brillante, refulgente, ígneo, áureo, relumbrante, destelleante, fulgurante, rutilante, resplandeciente, luminoso, molesto, insoportable || maravilloso, pasmoso, asombroso, perturbador, ofuscador, alucinante, obsesionante, espléndido, fascinante, embelesador, portentoso, rico, opulento, lujoso, ostentoso, asiático, fastuoso.

DESLUMBRAMIENTO ceguedad, reflejo, ceguera, encandilamiento, velo, brillo, espejismo, refracción, reverberación, resol, destello || ofuscamiento, obcecación, alucinación, obsesión, perturbación, atontamiento, confusión, maravilla, pasmo, asombro, fascinación.

DESLUMBRANTE v. deslumbrador.

DESLUMBRAR cegar, encandilar, velar, enceguecer, relumbrar, destellar, refulgir, fulgurar, rutilar, resplandecer, brillar, reverberar, molestar || alucinar, obcecar, ofuscar, obsesionar, confundir, impresionar, atontar, perturbar, fascinar, asombrar, pasmar, maravillar.

DESLUSTRADO v. deslucido.
DESLUSTRAR v. deslucir.
DESLUSTRE v. deslucimiento.

DESMADEJADO decaído, desanimado, flojo, quebrantado, apagado, apático, lánguido, deshecho, torpe, lacio, débil, desalentado, inerte, laxo, enervado, blando, pachucho, cansado, agotado, exhausto.

DESMADEJAMIENTO flojedad, languidez, torpeza, debilidad, agotamiento, decaimiento, desánimo, quebrantamiento, blandura.

DESMADEJAR desanimar, decaer, quebrantar, apagar, aflojar, desalentar, debilitar, deshacer, languidecer, agotar, cansar, entorpecer.

DESMAMAR destetar, separar, quitar.

DESMÁN tropelía, exceso, abuso, atropello, violencia, trastorno, desorden, demasía, injusticia, arbitrariedad, iniquidad, extralimitación, ilegalidad, despotismo, tiranía, barbaridad, brutalidad, desafuero, vejación, atrocidad, salvajismo, barbarie, vandalismo.

DESMANDADO descomedido, desobediente, insolente, descarriado, rebelde, desaforado, desatado, propasado, bruto, arisco, extraviado, desviado, depravado, excedido.

DESMANDARSE descarriarse, descomedirse, insolentarse, desobedecer, extraviarse, arriscarse, propasarse, desatarse, desaforarse, rebelarse, depravarse, desviarse, desbocarse, excederse.

DESMANTELADO desarbolado, desarmado, desaparejado, derribado, estropeado, arruinado, abatido, arrasado, demolido, destruido, desguarnecido, desabrigado.

DESMAÑA torpeza, impericia, incapacidad, ineptitud, inutilidad, tosquedad, desgarbo.

DESMAÑADO tosco, torpe, incapaz, inepto, inservible, patoso, chambón, tardo, obtuso, zopenco, desgarbado, inhábil, incompetente, nulo, negado, inútil, inexperto.

DESMAÑO desaliño, descuido, torpeza, v. desmañado.

DESMARRIDO mustio, triste, desfallecido, abatido, debilitado, v. desmadejado.

DESMAYADAMENTE cansinamente, fatigosamente, desalentadamente, v. desmayado.

DESMAYADO accidentado, desvanecido, privado, inconsciente, mareado, débil, desfallecido, decaído, quebrantado, inerte, inmóvil, desplomado, aletargado, cansino, aplanado, desalentado, fatigado, anonadado, lánguido.

DESMAYAR ceder, flaquear, renunciar || DESMAYARSE: desvanecerse, accidentarse, desfallecer, debilitarse, marearse, privarse, decaer, derrumbarse, caerse, desplomarse, aletargarse, inmovilizarse, aplanarse, desalentarse, languidecer, aflojar, fatigarse, anonadarse.

DESMAYO desfallecimiento, desvanecimiento, accidente, debilitamiento, síncope, mareo, patatús, colapso, soponcio, letargo, inconsciencia, debilidad, privación, insensibilidad, decaimiento, aletargamiento, inmovilidad, inercia, quebrantamiento, fatiga, desaliento, aplanamiento, cansancio, renuncia, abandono.

Desmedido desproporcionado, desmesurado, descomunal, descomedido, exagerado, excesivo, inmoderado, gigantesco, monstruoso, extraordinario, enorme, colosal, inmenso.

Desmedirse desmandarse, descomedirse, descontrolarse.

Desmedrado débil, debilitado, delgado, adelgazado, desmejorado, esmirriado, consumido, pequeño, renacuajo, ruin, gurrumino, canijo, escuálido, enclenque, escuchimizado, enano, menudo, enteco, flaco, esquelético.

Desmedrar deteriorar, estropear, consumir, v. desmedrado.

Desmedrarse debilitarse, adelgazar, desmejorar, esmirriarse, v. desmedrado.

Desmejoramiento decaimiento, indisposición, debilitamiento, empeoramiento, declinación, decadencia, deterioro, marchitamiento, agravación, postración, enfermedad, dolencia, retroceso.

Desmejorar decaer, debilitarse, indisponerse, empeorar, declinar, marchitarse, deteriorarse, enfermar, postrarse, agravarse, retroceder, enflaquecer, adolecer, padecer, quebrantarse, descomponerse.

Desmelenado desmandado, despeinado, v. desmelenarse.

Desmelenarse despeinarse, desgreñarse, encresparse, enmarañarse, revolverse, desordenarse ‖ desbocarse, desmandarse, embravecerse, encabritarse, dispararse, trastornarse, disparatar, enfurecerse, perder el control.

Desmembración separación, división, desunión, segmentación, disociación, disgregación, despedazamiento, mutilación, descuartizamiento, dislocación.

Desmembrar dividir, segmentar, desunir, separar, disociar, disgregar, apartar, despedazar, mutilar, dislocar, descuartizar.

Desmemoriado distraído, olvidadizo, imprevisor, abstraído, desatento, frágil, ido, aturdido, negligente, atolondrado, ligero, irreflexivo, confuso, tarambana, torpe.

Desmemoriarse olvidarse, distraerse, descuidarse, abstraerse, desatender, irse, aturdirse, confundirse, atolondrarse, entorpecerse.

Desmenguar v. disminuir.

Desmentida v. desmentido.

Desmentido rebatido, impugnado, refutado, objetado, disimulado, contradicho, negado ‖ negativa, refutación, objeción, contradicción, impugnación, negación.

Desmentir impugnar, rebatir, refutar, objetar, negar, contradecir, rechazar, denegar, manifestar, desfigurar, disfrazar, disimular.

Desmenuzamiento desgranamiento, desmigajamiento, v. desmenuzar.

Desmenuzar desgranar, desmigajar, desleír, desintegrar, disgregar, deshacer, pulverizar, dividir, partir, cortar, rallar, destrozar ‖ analizar, estudiar, examinar, considerar, profundizar.

Desmerecedor imperfecto, indigno, inadecuado, impropio, inoportuno.

Desmerecer desprestigiar, rebajar, desvalorizar, menguar, depreciar, deslucir, empobrecer, empañar, marchitar, arruinar.

Desmerecimiento desvalorización, demérito, depreciación, desprestigio v.

Desmesurado excesivo, descomunal, descomedido, desproporcionado, desmedido, gigantesco, inmoderado, exagerado, monstruoso, enorme, colosal, inmenso, extraordinario.

Desmesurarse insolentarse, excederse, propasarse, exagerar, ensoberbecerse.

Desmigajar v. desmenuzar.

Desmineralizar empobrecer, rebajar, perder, debilitar, reducir.

Desmirriado flaco, débil, delgado, esmirriado, consumido, pequeño, renacuajo, ruin, gurrumino, canijo, desmedrado, enclenque, escuchimizado, extenuado, caquéctico, enteco, esquelético, menudo.

Desmochar podar, cortar, cercenar, despuntar, descabezar, rebanar, arrancar, desgajar, amputar, quitar, eliminar.

Desmontable desarmable, desacoplable, separable, desajustable, cómodo, fácil, transportable, portátil.

Desmontar desarmar, desajustar, separar, desacoplar, desunir, desencuadernar, desencajar, desbaratar, descomponer, disgregar, desmenuzar, arrancar, deshacer, desaparejar || descabalgar, bajarse, apearse, descender.

Desmonte páramo v.

Desmoralización desaliento, desánimo, abatimiento, pesimismo, amilanamiento, desconcierto, desorientación, descorazonamiento, postración, apocamiento, desesperación, tristeza, impotencia, timidez, aplanamiento, abandono, agobio, consternación.

Desmoralizador desalentador, desconcertante, desorientador, descorazonador, desesperante, entristecedor, triste, agobiante, lamentable, consternador, penoso, pesimista, desdichado.

Desmoralizar descorazonar, desalentar, desconcertar, agobiar, entristecer, desesperar, desorientar, consternar, atribular, desanimar, apesarar, abatir, amilanar, postrar, aplanar, atemorizar, amedrentar.

Desmoronamiento desprendimiento, desplome, derrumbe, derrumbamiento, hundimiento, corrimiento, caída, alud, arrasamiento, destrucción, voladura, fracaso, ruina, declive, ocaso, decadencia, desintegración.

Desmoronar destruir, deshacer, desintegrar, derribar, derruir, demoler, arrasar, arruinar, desplomar, derrumbar, volar, hundir, desprender || Desmoronarse fracasar, hundirse, arruinarse, decaer, debilitarse.

Desnarigado chato, mutilado, braco, desfigurado, dañado, afeado, estropeado, lastimado.

Desnarigar achatar, mutilar, v. desnarigado.

Desnatar desgrasar, espumar, limpiar, aligerar, escoger, quitar, extraer.

Desnaturalizado inhumano, cruel, brutal, feroz, desalmado, bárbaro, sañudo, impío, monstruoso, descastado, fiero, encarnizado, salvaje || transformado, cambiado, variado, pervertido, alterado, deformado, desfigurado.

Desnaturalizar cambiar, transformar, variar, alterar, deformar, pervertir, desfigurar || desterrar, expulsar, extrañar, deportar.

Desnivel declive, cuesta, rampa, altibajo, peralte, pendiente, depresión, hondonada, inclinación, repecho, talud, costanilla, ladera, subida, bajada, ascenso, descenso, escarpa, vertiente || diferencia, desigualdad, desproporción, desemejanza.

Desnivelar desigualar, bachear, estropear, desordenar, torcer, inclinar, deprimir, bajar.

Desnucar descalabrar, escacharrar, romper, quebrar, matar, estropear, dañar, lastimar, malograr, lesionar, desgraciar.

Desnudamente claramente, sinceramente, llanamente, v. desnudo.

Desnudar desvestir, despojar, quitar, desabrigar, desarropar, descubrir, descobijar, descalzar, exponer, exhibir, mostrar, sacar, extraer || desposeer, despojar, expoliar, quitar, arrebatar.

Desnudez desvestimiento, despojo, exhibición, exposición, desnudo, descubrimiento, desabrigo || indigencia, escasez, privación, falta, pobreza, miseria.

Desnudismo nudismo.

Desnudista nudista.

Desnudo desvestido, despojado,

desabrigado, desarropado, descubierto, descobijado, nudo, corito, destocado, descalzo, escotado, remangado, expuesto, exhibido, mostrado, imberbe, lampiño, terso, liso, árido, desierto v. || despojado, pobre, falto, carente, privado, desprovisto, indigente, escaso, mísero || manifiesto, sincero, claro, patente, explícito, descarnado, sin disimulos.

DESNUTRICIÓN debilidad, depauperación, extenuación, flacura, delgadez, escualidez, agotamiento, desfallecimiento, inanición, decaimiento, hambre, pobreza, miseria.

DESNUTRIDO extenuado, depauperado, débil, debilitado, flaco, enflaquecido, delgado, escuálido, esquelético, raquítico, agotado, decaído, desfallecido, hambriento, necesitado, pobre, mísero.

DESOBEDECER infringir, vulnerar, contradecir, quebrantar, resistirse, transgredir, desmandarse, encararse, insolentarse, enfrentarse, desdeñar, indisciplinarse, insubordinarse, violar, replicar.

DESOBEDIENCIA indisciplina, resistencia, rebeldía, transgresión, contravención, insubordinación, repugnancia, violación, insolencia, enfrentamiento, quebrantamiento, resistencia, infracción, vulneración, contradicción, terquedad, independencia.

DESOBEDIENTE rebelde, indisciplinado, transgresor, contraventor, infractor, insubordinado, violador, insolente, quebrantador, vulnerador, discutidor, renuente, desmandado, insumiso, irrespetuoso, indócil, arisco, terco, contumaz, independiente.

DESOBSTRUCCIÓN desatasco, desembozo, limpieza, desatranco, desembarazo, liberación, despejo, descombro, aclaramiento, desbroce, remoción, vaciado.

DESOBSTRUIR destapar, quitar, desatascar, liberar, desembarazar, desocupar, vaciar, desatrancar, limpiar, desembozar, despejar, descombrar, aclarar, desbrozar, remover, vaciar, desagotar, achicar.

DESOCUPACIÓN inactividad, ocio, ociosidad, vagancia, pereza, apatía, indolencia, inacción || cesantía, paro, vacación, descanso, pausa.

DESOCUPADO ocioso, inactivo, perezoso, vago, haragán, apático, indolente, descansado, desidioso, dejado || vacante, libre, expedito, disponible, vacío, vacuo, hueco, carente, ausente, deshabitado, despoblado, desierto.

DESOCUPAR vaciar, dejar, abandonar, trasladar, mudar, evacuar, librar, destapar, desobstruir, desagotar, desembarazar, limpiar, despejar, despoblar, deshabitar.

DESODORANTE cosmético, perfume, antiséptico.

DESOÍR desatender, rechazar, descuidar, abandonar, despreciar, desairar, relegar, repudiar, desacatar, desobedecer, contradecir, desdeñar, omitir.

DESOLACIÓN pena, tristeza, pesar, tormento, aflicción, angustia, dolor, desamparo, desconsuelo, pesadumbre, amargura, tribulación, congoja, abatimiento, desesperación, cuita || ruina, destrucción, soledad, devastación, estrago, aniquilación, decadencia, deterioro, daño, aridez, pobreza.

DESOLADO afligido, atormentado, apenado, entristecido, angustiado, amargado, apesadumbrado, desconsolado, desamparado, dolorido, cuitado, desesperado, abatido, acongojado, atribulado || arruinado, devastado, destruido, aniquilado, decadente, pobre, yermo, desértico, infecundo, árido, seco, solitario, apartado.

DESOLADOR aflictivo, penoso, triste, angustioso, amargo, desconsolador, doloroso, desesperanzador, arruinado, devastado, decadente, yermo, desértico, árido, solitario, apartado, reseco, infecundo.

DESOLAR afligir, atormentar, apesadumbrar, angustiar, entristecer, amargar, desconsolar, desamparar, doler, desesperar, abatir, acongojar, atribular ‖ asolar, destruir v., arruinar, demoler.

DESOLLADO despellejado, descarnado, arrancado ‖ descarado, insolente, desvergonzado.

DESOLLADURA rasponazo, señal, herida, matadura, equimosis, peladura, despellejamiento, arañazo, desgarrón.

DESOLLAR despellejar, descarnar, arrancar, quitar, la piel, lastimar, herir, raspar, arañar, desgarrar ‖ murmurar, criticar, censurar, vilipendiar, vituperar.

DESOPILANTE * jocoso, divertido, gracioso.

DESORBITADO exagerado, abultado, v. desorbitar.

DESORBITAR exagerar, abultar, hinchar, aumentar, inflar, amplificar, recargar.

DESORDEN desbarajuste, desconcierto, desorganización, anarquía, caos, laberinto, embrollo, enredo, irregularidad, anomalía, fárrago, galimatías, mezcla, mezcolanza, frangollo, revoltillo, desgobierno, trastorno, desarreglo, babel, pandemónium, bullicio, barullo, leonera, tumulto, baraúnda, incoherencia, perturbación.

DESORDENADAMENTE confusamente, atropelladamente, incoherentemente, v. desordenado.

DESORDENADO confuso, atropellado, incoherente, desorganizado, revuelto, descabellado, desarreglado, anárquico, caótico, laberíntico, embrollado, enredado, irregular, anómalo, mezclado, farragoso, trastornado, tumultuoso, bullicioso, perturbado, desenfrenado, desquiciado, desmandado, desconcertado, descompuesto, alterado.

DESORDENAR desorganizar, confundir, atropellar, desarreglar, revolver, enredar, embrollar, trastornar, mezclar, desquiciar, desenfrenar, perturbar, desmandar, desconcertar, descomponer, trastrocar, invertir, cambiar, descompaginar, alterar.

DESOREJADO mutilado, desfigurado, dañado, estropeado, desgraciado, afeado.

DESOREJAR mutilar, cortar, arrancar, desfigurar, estropear, afear.

DESORGANIZACIÓN v. desorden.

DESORGANIZADO v. desordenado.

DESORGANIZAR v. desordenar.

DESORIENTACIÓN turbación, ofuscamiento, desconcierto, embarazo, aturdimiento, confusión, despiste, desmoralización, pérdida, extravío, engaño, azoramiento, laberinto, consternación, trastorno.

DESORIENTADO ofuscado, desconcertado, turbado, desmoralizado, despistado, confuso, aturdido, embarazado, consternado, azorado, engañado, extraviado, perdido, trastornado.

DESORIENTADOR turbador, desconcertante, engañoso, v. desorientado.

DESORIENTAR desconcertar, desmoralizar, turbar, ofuscar, consternar, embarazar, aturdir, confundir, despistar, azorar, trastornar, perderse, extraviarse, engañarse, desmoralizar.

DESOVAR poner, soltar, expulsar, echar, arrojar.

DESOVE puesta, suelta, expulsión ‖ fecha, época, período de poner.

DESOVILLAR desenrollar, desenredar, desarrollar, desliar, deshacer, desatar, soltar ‖ elucidar, aclarar, desembrollar, esclarecer, descubrir.

DESOXIDANTE limpiador, preservador, conservador, protector.

DESPABILADO vivaz, despejado, astuto, pillo, dinámico, activo, agudo, enérgico, sagaz, competente, perspicaz, vivo, ingenioso ‖ desvelado, insomne, sin sueño, despierto.

DESPABILAR avivar, incitar, enseñar, exigir, ordenar, empujar, espolear, aguijonear, instruir, iniciar, adoctrinar, revelar, explicar, avezar, adiestrar, avispar, agzar ‖ DESPABILARSE avivarse, iniciarse, avisparse, adiestrarse, aprender, arreglárselas, componérselas || despertarse, desvelarse.

Despacio lentamente, poco a poco, paso a paso, pausadamente, despaciosamente, tardíamente, espaciosamente, acompasadamente, indolentemente, lánguidamente, soñolientamente, premiosamente, torpemente, pesadamente, perezosamente. v. despacioso.

Despacioso lento, pausado, tardío, lánguido, indolente, acompasado, espaciado, pesado, torpe, premioso, soñoliento, perezoso, reacio, flemático, flojo, remiso, moroso, lerdo.

Despachar enviar, remitir, expedir, mandar, remesar, dirigir, consignar, facturar, exportar || vender, expender, detallar, atender, cuidar, servir || solucionar, tramitar, resolver, concluir, diligenciar, acabar, ventilar, arreglar, solventar, finiquitar, liquidar, abreviar, acelerar, apresurar, despabilar || despedir, echar, expulsar, destituir, plantar, arrojar, poner en la calle || matar, asesinar, liquidar, finiquitar, librarse, desembarazarse, deshacerse.

Despacho oficina v., escritorio, bufete, estudio || tienda, comercio, establecimiento, almacén, bazar || comunicación, noticia, comunicado, nota, oficio, parte, aviso, memorándum, telegrama, cablegrama, radiograma, cable, circular, edicto, cédula, misiva.

Despachurrado despanzurrado, estrujado, aplastado, destripado, chafado, prensado, comprimido, apisonado, v. despachurrar.

Despachurrar despanzurrar, reventar, aplastar, destripar, estrujar, apisonar, comprimir, prensar, chafar, hundir, machacar, deformar, triturar.

Despampanante asombroso, fenomenal, prodigioso, desconcertante, pasmoso, admirable, estupendo, extraordinario, maravilloso, sorprendente, increíble, milagroso, portentoso, impresionante.

Despampanar asombrar, desconcertar, admirar, pasmar, sorprender, maravillar, impresionar, embobar, aturdir, atontar.

Despanzurrar v. despachurrar.

Desparejar mezclar, desigualar, confundir, entreverar, promiscuar, embarullar, alternar.

Desparejo dispar, distinto, variado, desigual, abrupto, escarpado, accidentado, irregular, áspero.

Desparpajo descaro, frescura, desembarazo, atrevimiento, insolencia, desvergüenza, descoco, desfachatez, petulancia, inverecundia, licencia, grosería, verdulería, vulgaridad, desgarro, desahogo, cinismo, tupé, irreverencia, osadía, valor.

Desparramado amplio, ancho, vasto, separado, extendido, dilatado, espacioso, abierto || esparcido, disperso, dividido, suelto, derramado, diseminado, desperdigado.

Desparramar dispersar, esparcir, dividir, soltar, extender, separar, abrir, derramar, diseminar desperdigar, disipar || derrochar, malgastar, dilapidar.

Despatarrado estirado, desmadejado, tumbado, v. despatarrarse.

Despatarrarse estirarse, abrirse, tirarse, tumbarse, extenderse, tenderse, echarse, desmadejarse, revolcarse, acostarse.

Despavorido espantado, asustado, amedrentado, atemorizado, medroso, aterrorizado, horripilado, horrorizado, aterrado, consternado, empavorecido.

Despectivamente desdeñosamente, despreciativamente, altivamente, v. despectivo.

Despectivo desdeñoso, despreciativo, altivo, desatento, orgulloso, soberbio, altanero, arrogante, imperioso, envanecido, vano, engreído, petulante, vanidoso, presumido, ofensivo.

Despechar destetar, desmamar.

Despecho resentimiento, envidia,

rencor, encono, aborrecimiento, aversión, enemistad, saña, tirria, desafecto, antipatía, inquina, bilis, animosidad, desamor, malquerencia, malevolencia, desengaño, desesperación, desilusión, impaciencia, rabia, celos.

Despechugar mostrar, exhibir, enseñar, desnudar, ostentar, exponer el pecho.

Despedazamiento descuartizamiento, destrozo, desmembramiento, división, sección, troceado, mutilación, amputación, cercenamiento, corte, fragmentación.

Despedazar destrozar, desmembrar, descuartizar, amputar, trocear, seccionar, dividir, mutilar, cortar, cercenar, arrancar, fragmentar.

Despedida adiós, partida, separación, desbandada, ausencia, ida, marcha, alejamiento || cortesía, homenaje, celebración, ceremonia, saludo, recuerdos.

Despedir expulsar, despachar, licenciar, destituir, arrojar, exonerar, echar, eliminar, alejar, apartar, desterrar, proscribir, rechazar, lanzar, desalojar, excluir, separar, desahuciar || desprender, lanzar, arrojar, soltar, echar, disparar, emitir || Despedirse saludarse, abrazarse, besarse, bendecir, partir, separarse, ausentarse, marcharse, irse, alejarse || celebrar, conmemorar, homenajear.

Despegado desabrido, arisco, áspero, antipático, tosco, huraño || desencolado, desengomado, separado, desprendido, arrancado, quitado, desasido.

Despegar arrancar, quitar, desencolar, desengomar, levantar, separar, desprender, desasir || remontarse, levantar, iniciar el vuelo.

Despego v. desapego.

Despegue arranque, partida, ascenso, inicio, comienzo, principio del vuelo.

Despeinado greñudo, desgreñado, v. despeinar.

Despeinar desgreñar, desmelenar, erizar, revolver, desordenar, encrespar, descuidarse.

Despejado claro, limpio, sereno, terso || libre, desembarazado, desobstruido, descombrado, aclarado, vasto, amplio, holgado, dilatado, espacioso || inteligente, ingenioso, talentoso, despierto, despabilado, lúcido, penetrante, sutil, perspicaz, sagaz.

Despejar limpiar, desembarazar, librar, desobstruir, descombrar, abrir, quitar, desatascar, desocupar, desembozar, aclarar, remover, barrer, echar, arrojar || Despejarse aclararse, limpiarse, serenarse, calmarse, abonanzar, mejorar, escampar, abrir.

Despejo limpieza, desobstrucción, soltura, desembarazo, talento, inteligencia, sagacidad.

Despeluchar * despeluzar, despeinar v.

Despeluzar erizar, despeinar v.

Despeluznante v. espeluznante.

Despellejar desollar, descarnar, arrancar, quitar el pellejo, lastimar, herir, raspar, desgarrar, arañar || criticar, murmurar, censurar, vituperar, vilipendiar.

Despenar rematar, matar, liquidar, exterminar, ultimar, finiquitar, acabar, eliminar, suprimir, despachar.

Despensa alacena, armario, trinchero, estante, estantería, almacén, aparador, fresquera, nevera || alimentos, víveres, provisiones.

Despensero mayordomo, cocinero, encargado, administrador, cuidador.

Despeñadero precipicio, talud, barranco, abismo, piélago, derrocadero, fosa, acantilado, desgalgadero, farallón, derrumbe, escarpa, sima, profundidad, altura.

Despeñar arrojar, precipitar, lanzar, tirar, abismar, derrumbar, despedir, empujar, impulsar, impeler, caer, bajar, descender, rebotar, desriscar.

Despeño caída, ruina, perdición, desconcierto, diarrea.

Despepitarse deshacerse, derretirse, pirrarse, halagar, mimar, querer, atender, interesarse, obsequiar, considerar, agasajar, regalar, festejar, lisonjear || desmandarse, descomedirse, gritar, vociferar.

DESPERDICIADO malgastado, derrochado, malbaratado, despilfarrado, dilapidado, disipado, desaprovechado, gastado, prodigado, quemado, tirado, desechado.

DESPERDICIAR despilfarrar, malbaratar, derrochar, malgastar, desaprovechar, disipar, dilapidar, prodigar, gastar, tirar, quemar, desechar, desatender, perder, relegar, arrinconar.

DESPERDICIO sobra, resto, exceso, residuo, escombro, broza, desecho, sobrante, despojo, detritos, retazo, migaja, basura, remanente, excremento, piltrafa, bazofia || despilfarro, derroche, gasto.

DESPERDIGADO disperso, v. desperdigar.

DESPERDIGAR dispersar, diseminar, desparramar, esparcir, extender, separar, dividir, soltar, derramar, abrir, ampliar, dilatar, desunir, aislar.

DESPEREZARSE estirarse, extender, desentumecerse, desentorpecerse, desentumirse, agitarse, despertarse, bostezar.

DESPEREZO bostezo, estirón, desentumecimiento, desentorpecimiento, movimiento, contracción, extensión.

DESPERFECTO deterioro, avería, percance, daño, perjuicio, defecto, detrimento, menoscabo, imperfección, accidente, rotura, ruina, estrago, malogro, inconveniente, tara.

DESPERNADO derrengado, exhausto, cansado, agotado, fatigado, deslomado, deshecho.

DESPERTADOR reloj, campanilla, aviso.

DESPERTAR despabilar, avivar, mover, animar, sacudir, estimular, desvelar || recordar, evocar, renovar, resucitar, acordarse ||

DESPERTARSE reanimarse, recobrarse, volver, despabilarse, desvelarse.

DESPIADADAMENTE cruelmente, bárbaramente, fieramente, v. despiadado.

DESPIADADO bárbaro, cruel, fiero, feroz, brutal, desalmado, rudo, inhumano, violento, inclemente, inexorable, sañudo, acerbo, implacable, déspota, duro, impío, rígido, severo, encarnizado, tirano, monstruoso, atroz, salvaje, sanguinario, riguroso, destemplado, insufrible, excesivo, empedernido, perverso, inflexible.

DESPIDO exoneración, degradación, cesantía, relevo, suspensión, v. destitución.

DESPIERTO desvelado, despabilado, insomne, vigilante, atento, recobrado, animado || sagaz, avispado, listo, vivaracho, alerta, avisado, astuto, advertido, lúcido, penetrante, sutil, perspicaz.

DESPIEZAR desarmar, desmontar, desacoplar.

DESPILFARRADOR pródigo, manirroto, derrochador, malgastador, malbaratador, malrotador, dilapidador, disipador, desperdiciador, dispendioso, desordenado, tarambana, gastador.

DESPILFARRAR malgastar, derrochar, prodigar, disipar, dilapidar, malbaratar, gastar, desperdiciar, tirar, arrojar, desparramar, malversar, dispersar.

DESPILFARRO derroche, prodigalidad, disipación, dilapidación, malbaratamiento, gasto, dispendio, desperdicio, malversión, desorden, malgaste, exceso.

DESPINTAR borrar raspar, raer, eliminar, quitar, decolorar, desteñir, empalidecer, desvanecer, esfumar || alterar, modificar, cambiar.

DESPIQUE revancha, desquite, venganza, satisfacción.

DESPISTADO * atolondrado, distraído, aturdido, irreflexivo, botarate, tarambana, imprudente, perdido, aislado.

DESPISTARSE confundirse, aturdir-

DESPLACER

se, distraerse, atolondrarse, salirse, apartarse, perderse.

Desplacer desagradar, disgustar, enfadar, enojar, contrariar || enfado, disgusto, desagrado, enojo, contrariedad, descontento.

Desplanchar arrugar, apretujar, ajar, marchitar.

Desplante desfachatez, descaro, atrevimiento, audacia, desgarro, arrogancia, insolencia, desvergüenza, enfrentamiento, contestación, grosería.

Desplazado descentrado, corrido, desalojado, apartado, alejado, arrinconado, relegado, eliminado, deslizado, lanzado, quitado || inconveniente, inoportuno, inadecuado, impropio, extemporáneo, ridículo, absurdo.

Desplazamiento corrimiento, apartamiento, eliminación, descentramiento, desalojo, arrinconamiento, traslado, ida, deslizamiento || volumen, cabida, espacio, peso, arqueo de un buque.

Desplazar correr, deslizar, descentrar, trasladar, desalojar, quitar, apartar, arrinconar, relegar || caber, pesar, desalojar || **Desplazarse** viajar, trasladarse, dirigirse, transitar, marcharse, ausentarse, irse.

Desplegar extender, desdoblar, desenrollar, desarrollar, expandir, dispersar, dilatar, distender, desenvolver, ensanchar, separar, exhibir, mostrar, lucir || efectuar, ejercitar, activar, realizar, llevar a cabo.

Despliegue marcha, maniobra, evolución, cerco, dispersión, ensanchamiento, desarrollo, dilatación, expansión, extensión || actividad, ejercicio, realización.

Desplomarse desmoronarse, hundirse, derrumbarse, abatirse, caerse, tumbarse, derribar, destruir, arruinar, desbaratarse, demoler, arrasar, aniquilar, estrellarse, inclinarse, desviarse || desmayarse, desvanecerse, accidentarse.

Desplome desvío, inclinación, desviación, saliente, desplomo || derrumbamiento, caída, ruina, hundimiento, derribo, arrasamiento, despeño, desmoronamiento.

Desplomo v. desplome.

Desplumar pelar, arrancar, quitar, extraer, sacar las plumas || despojar, estafar, robar, arruinar.

Despoblación abandono, éxodo, emigración, marcha, partida, decadencia, ruina, soledad, desolación, aislamiento, alejamiento.

Despoblado abandonado, desierto, deshabitado, solitario, aislado, alejado, remoto, vacío, desolado, yermo, arruinado, empobrecido, desértico || páramo, descampado, estepa, erial, arenal, llano, meseta, andurrial, afueras, contornos.

Despoblar abandonar, dejar, deshabitar, marcharse, apartar, desguarnecer, desamparar, aislar, desertar, vaciar, desamueblar, empobrecer, arruinar.

Despojar privar, quitar, arrancar, desposeer, desnudar, saquear, expoliar, confiscar, desplumar, desproveer, estafar, usurpar, robar, arruinar, abusar || **Despojarse** privarse, entregar, sacrificarse, ofrecer, dar, desprenderse, renunciar, v. despojar.

Despojo presa, botín, desvalijamiento, saqueo, expoliación, robo, abuso, confiscación, pillaje, expropiación, usurpación, desalojo, desposeimiento || piltrafa, resto || **Despojos** residuos, restos, piltrafas, desechos, sobras, desperdicios, basura, escombros, cadáveres, restos mortales.

Desportilladura desconchadura, fragmento, astilla, trozo, pedazo.

Desportillar deteriorar, estropear, desconchar, astillar, fragmentar.

Desposado casado, novio, consorte, cónyuge, marido, esposo, unido, vinculado, atado, ligado.

Desposar casar, esposar, vincular, atar, ligar, relacionar, unir, prometerse, contraer nupcias.

Desposeer v. despojar.

Desposorio casorio, boda, nupcias, casamiento, compromiso.

Déspota dictador, tirano, autócrata, opresor, cacique, amo, dueño, cabecilla, v. despótico.

Despótico dominador, tiránico, fanático, imperioso, dictatorial, intolerante, inflexible, intransigente, exigente, dominante, injusto, arbitrario.

Despotismo tiranía, dictadura, autocracia, imperio, fanatismo, caciquismo, opresión, exigencia, intransigencia, inflexibilidad, intolerancia, injusticia, arbitrariedad, absolutismo.

Despotricar desbarrar, disparatar, desatinar, desvariar, errar, criticar, vilipendiar.

Despreciable abyecto, ruin, vil, infame, bajo, miserable, indigno, rastrero, innoble, depravado, servil, ignominioso, vergonzoso, humillante, ofensivo, repugnante, repulsivo || ridículo, insignificante, desdeñable v.

Despreciar menospreciar, desairar, repeler, desatender, ofender, ultrajar, humillar, relegar, postergar, desconsiderar, desestimar, zaherir, vilipendiar, burlarse, desechar, esquivar, arrinconar, maltratar, deslucir.

Despreciativo despectivo, altanero, altivo, arrogante, soberbio, esquivo, frío, displicente, orgulloso, desconsiderado, humillante, ultrajante, ofensivo, desatento, grosero, burlón.

Desprecio altanería, altivez, soberbia, displicencia, arrogancia, frialdad, ofensa, ultraje, humillación, orgullo, burla, desatención, grosería, zaherimiento, repulsa, indiferencia, vilipendio, desaire, descortesía, desdén, desconsideración.

Desprender separar, desunir, desatar, despegar, desanudar, quitar, desgajar, soltar, desencadenar, desamarrar, desaferrar, desenganchar, desasir, destrabar, descoser, desceñir, desglosar, desensartar, desviar, desensamblar, descamar, segregar, expeler || Desprenderse despojarse, renunciar, sacrificarse, privarse, entregar, ofrecer, dar || deducirse, inferir, concluir, entender, significar, v. desprender.

Desprendido altruista, generoso, filántropo, magnánimo, dadivoso, liberal, desinteresado, benefactor, protector, benévolo, humano, misericordioso || suelto, separado, arrancado, caído, desatado, desgajado.

Desprendimiento alud, corrimiento, derrumbe, derrumbamiento, avalancha, desplome, desmoronamiento, hundimiento, derribo, arrasamiento, catástrofe || separación, desunión, desgajamiento, suelta, segregación, caída || generosidad, altruismo, filantropía, desasimiento, desapego, desinterés, liberalidad, humanidad, misericordia.

Despreocupación serenidad, calma, tranquilidad, flema, indiferencia, pachorra, indolencia, desidia, negligencia, descuido, apatía, desgana, incuria, desatención, abandono, pereza, imprevisión.

Despreocupado indiferente, tranquilo, calmoso, flemático, sereno, fresco, apático, displicente, superficial, indolente, descuidado, desganado, perezoso, negligente.

Despreocuparse desentenderse, desatender, descuidar, serenarse, calmarse, olvidarse, arrinconar, postergar, abandonar, relegar.

Desprestigiar desacreditar, denigrar, criticar, desautorizar, deslucir, acusar, estigmatizar, detractar, afrentar, mancillar, baldonar, desdorar, deshonrar, difamar, deslustrar, vituperar, infamar, profanar, manchar.

Desprestigio crítica, descrédito, desautorización, detractación, estigma, afrenta, acusación, deslucimiento, vituperio, deslustre, difamación, deshonra, desdoro, infamia, baldón, mancha, profanación.

Desprevención descuido, imprevisión, olvido, omisión, despreocupación v.

Desprevenido imprevisor, descuidado, incauto, desapercibido, indiferente, despreocupado, tranquilo, apático, superficial, indolente, inadvertido.

DESPROPORCIÓN desigualdad, diferencia, discordancia, disconformidad, heterogeneidad, desemejanza, discrepancia, disimilitud, divergencia, oposición, extremo, disparidad, variedad, distancia, disentimiento, asimetría, deformidad, incongruencia, exceso.

DESPROPORCIONADO discrepante, desigual, disconforme, discordante, disímil, desemejante, heterogéneo, vario, dispar, extremado, opuesto, divergente, incongruente, deforme, asimétrico, distanciado, excesivo.

DESPROPORCIONAR aumentar, desmesurar, exagerar, deformar, extremar.

DESPROPÓSITO disparate, barbaridad, absurdo, inconveniencia, necedad, desacierto, dislate, desatino, yerro, error, equivocación, torpeza, descuido, fallo, falla.

DESPROVEER v. despojar.

DESPROVISTO carente, falto, despojado, desnudo, privado, desguarnecido, escaso, insuficiente, menesteroso, defectuoso, mermado, necesitado, exhausto, incompleto, ausente, agotado, deficitario, desabastecido.

DESPUÉS luego, seguidamente, posteriormente, ulteriormente, inmediatamente, a continuación, más tarde, detrás, en seguida, próximamente.

DESPULPAR estrujar, exprimir, extraer, apretar, comprimir.

DESPUNTADO obtuso, romo, embotado, chato, mellado, boto, desbocado.

DESPUNTAR embotar, enromar, desbocar, achatar, mellar, gastar, quitar la punta || brotar, salir, surgir, aparecer, nacer, levantarse, asomar, germinar, florecer, retoñar, alumbrar, amanecer, clarear || descollar, sobresalir, distinguirse, prometer, resaltar, destacar, demostrar.

DESQUICIADO perturbado, descompuesto, turbado, aturdido, desordenado, alterado, conmocionado, excitado, sobresaltado, enloquecido, nervioso, trastornado.

DESQUICIAR turbar, perturbar, aturdir, descomponer, trastornar, desordenar, alterar, sobresaltar, excitar, conmocionar, enloquecer.

DESQUITARSE resarcirse, vengarse, compensar, indemnizar, reparar, recuperar, rescatar, recobrar, restaurar, reintegrar.

DESQUITE venganza, compensación, indemnización, resarcimiento, reparación, rescate, recuperación, restauración, desagravio, represalia, satisfacción.

DESRATIZAR fumigar, limpiar, eliminar, aniquilar, exterminar, liquidar.

DESRIÑONADO derrengado, deslomado, v. desriñonar.

DESRIÑONAR derrengar, deslomar, descostillar, quebrantar, moler, golpear, tundir, reventar, lisiar, maltratar.

DESTACADO sobresaliente, descollante, preponderante, relevante, predominante, señalado, ilustre, distinguido, superior, aventajado || adelantado, avanzado, separado, alejado, apartado, aislado, despegado, desprendido.

DESTACAMENTO avanzada, avanzadilla, pelotón, patrulla, grupo, vanguardia, descubierta, delantera.

DESTACAR descollar, preponderar, predominar, sobresalir, aventajar, superar, distinguirse, señalarse, despuntar || subrayar, especificar, recalcar, acentuar, insistir, repetir, marcar, agrandar, abultar || DESTACARSE separarse, alejarse, adelantarse, avanzar, apartarse, despegarse, desprenderse, aislarse, v. destacar.

DESTAJO tanto alzado, por cuenta propia, por un tanto.

DESTAPAR descubrir, abrir, quitar, mostrar, exhibir, enseñar, revelar, desarropar, descobijar, desenmascarar, desabrigar, descorrer, desnudar || desobstruir, desembarazar, limpiar, desatascar,

destrancar, desembozar || v. destaponar.
Destaponar descorchar, destapar, quitar, extraer, empezar.
Destartalado desvencijado, estropeado, ruinoso, deteriorado, escacharrado, inútil, inservible, malogrado, viejo, desordenado, descompuesto, incómodo, feo, desagradable.
Destejer deshilar, deshacer, desbaratar.
Destellar refulgir, centellear, resplandecer, brillar, fulgurar, relumbrar, rutilar, chispear, deslumbrar, irradiar, lucir, titilar.
Destello resplandor, brillo, chispazo, centelleo, fulgor, irradiación, luz, luminaria, vislumbre, viso.
Destempladamente descomedidamente, inmoderadamente, v. destemplado.
Destemplado inmoderado, descomedido, alterado, desequilibrado, desmedido, desconsiderado, descompuesto, desabrido, áspero, descortés, brusco, huraño, grosero, tosco, rudo, arisco, intratable || frío, desapacible, desagradable, fresco, húmedo, lluvioso, tormentoso, inclemente.
Destemplanza descompostura, alteración, desequilibrio, indisposición, achaque, perturbación, exceso, desorden || aspereza, descortesía, tosquedad, rudeza, desconsideración, grosería || frío, humedad, lluvia, mal tiempo, inclemencia.
Destemplarse alterarse, descomponerse, perturbarse, turbarse, irritarse, encolerizarse, enfurecerse, desequilibrarse || indisponerse, enfermar, sentirse mal.
Destemple v. destemplanza.
Desteñido decolorado, v. desteñir.
Desteñir decolorar, blanquear, borrar, aclarar, desvanecer, amarillear, palidecer, deslucir, marchitar, desgastar, difuminar, despintar, lavar, quitar, eliminar.
Desternillarse desarmarse, descuajaringarse, deslomarse, escacharrarse, destornillarse, morirse de risa.
Desterrado deportado, proscrito, confinado, expulsado, expatriado, desarraigado, excluido, alejado, exiliado, condenado, castigado.
Desterrar expulsar, confinar, deportar, proscribir, expatriar, exiliar, alejar, excluir, desarraigar, echar, relegar, extrañar, apartar, castigar, condenar.
Destetar desmamar, separar, apartar.
Destete separación, apartamiento, desmamamiento.
Destiempo (A) inoportunamente, intempestivamente, inadecuadamente, impropiamente, indebidamente, indiscretamente, incorrectamente, a deshora, a contrapelo.
Destierro deportación, ostracismo, expulsión, proscripción, confinamiento, expatriación, relegamiento, desarraigo, exclusión, alejamiento, apartamiento, exilio, condena, castigo, extrañamiento, retiro, desnaturalización.
Destilación volatilización, separación, sublimación, evaporación, alambicamiento, cohobación, purificación, condensación, ebullición, extracción, obtención, proceso.
Destiladera alambique, destilador, alcatara, alquitara, caldera, recipiente, redoma, rectificador.
Destilador v. destiladera.
Destilar separar, volatilizar, evaporar, sublimar, alambicar, purificar, cohobar, condensar, hervir, extraer, obtener.
Destilería factoría, fábrica, bodega.
Destinar distribuir, designar, marcar, proponer, señalar, ordenar, encargar, predestinar, aplicar, prescribir, sentenciar, reservar, elegir, consignar, dedicar, asignar, escoger, requerir, investir,

ascender, enviar, mandar, otorgar, nacer para, disponer, determinar.

DESTINATARIO receptor, recibidor, aceptante.

DESTINO sino, hado, suerte, fatalidad, azar, providencia, estrella, casualidad, ventura, albur, acaso, eventualidad, fortuna || dirección, rumbo, camino, señas, domicilio || puesto, empleo, función, plaza, ocupación, responsabilidad, encargo, cometido, menester, ministerio, colocación, acomodo, vacante, sinecura, canonjía, prebenda, beneficio, grado || propuesta, designación, determinación, asignación, ordenación, disposición.

DESTITUCIÓN despido, exoneración, degradación, cesantía, relevo, suspensión, relevación, licencia, licenciamiento, remoción, expulsión, eliminación, apartamiento, exclusión, separación, destronamiento, derrocamiento, levantamiento, insubordinación, revolución, substitución.

DESTITUIDO relevado, despedido, cesante, degradado, exonerado, licenciado, suspendido, eliminado, expulsado, removido, separado, excluido, apartado, derrocado, destronado, deportado, depuesto, retirado, desposeído, privado, substituido, arrinconado.

DESTITUIR exonerar, degradar, cesar, despedir, relevar, remover, expulsar, deliminar, suspender, licenciar, deportar, destronar, derrocar, apartar, excluir, separar, substituir, privar, desposeer, deponer, arrinconar, repudiar, retirar, inhabilitar.

DESTOCARSE descubrirse, quitarse, desnudar, destaparse, saludar.

DESTORCER aflojar, deshacer, desenrollar, retorcer, torcer.

DESTORNILLADO precipitado, aturdido, tarambana, irreflexivo.

DESTORNILLADOR atornillador, herramienta, instrumento, adminículo, utensilio, útil.

DESTORNILLAR extraer, sacar, girar, aflojar || DESTORNILLARSE* desternillarse v.

DESTRABAR desprender v.

DESTRAL hachuela, hacha, segur, azuela, astral.

DESTRENZAR deshacer, aflojar, soltar, separar, despeinar.

DESTREZA habilidad, pericia, maña, maestría, primor, arte, industria, agilidad, experiencia, facultad, capacidad, aptitud, condiciones, práctica, disposición, talento, oficio.

DESTRINCAR desmarrar, desatar, desligar, deshacer, soltar, separar.

DESTRIPAR reventar, despanzurrar, despachurrar, aplastar, chafar, estrujar, apisonar, comprimir, prensar, hundir, machacar, deformar.

DESTRIPATERRONES gañán, labriego, campesino, jornalero, paleto, cateto, inculto.

DESTRONADO derrocado, depuesto, desposeído, privado, substituido, degradado, relevado, expulsado, eliminado, excluido, separado, repudiado, suplantado, reemplazado.

DESTRONAMIENTO desposeimiento, derrocamiento, degradación, expulsión, substitución, eliminación, separación, repudio, reemplazo.

DESTRONAR deponer, derrocar, privar, desposeer, excluir, eliminar, expulsar, relevar, degradar, substituir, reemplazar, suplantar, repudiar, separar.

DESTRONCAR cortar, talar, segar, tronchar, derribar, trocear partir, aserrar || estropear, perjudicar, dañar, arruinar.

DESTROYER * destructor, cazatorpedos, torpedero, navío, buque de guerra, barco v.

DESTROZADO roto, despedazado, v. destrozar.

DESTROZAR romper, despedazar, quebrar, partir, desbaratar, quebrantar, maltratar, destruir, escacharrear, estrellar, arrancar, tronchar, forzar, fracturar, desgarrar, descuartizar, deteriorar, desmembrar, amputar, seccionar, dividir, cercenar, fragmentar || derrotar, aniquilar, aplastar, vencer, arrollar, ganar, eliminar, batir, destruir.

Destrozo rotura, estrago, quebranto, fractura, desbaratamiento, despedazamiento, arrancamiento, desgarrón, desmembración, escacharramiento, deterioro, estropicio, fragmentación, daño, menoscabo, derribo, pérdida, avería, v. destrucción.

Destrucción devastación, desolación, ruina, estrago, quebranto, fragmentación, desbaratamiento, menoscabo, pérdida, desgracia, cataclismo, catástrofe, rotura, muerte, exterminio, aniquilación, saqueo, vandalismo, voladura, asolamiento, supresión, anonadamiento, deterioro, decadencia, derribo, demolición, desmoronamiento, desmantelamiento, eliminación, liquidación, v. destrozo.

Destructivo v. destructor.

Destructor cazatorpedero, torpedero, navío, barco v., buque de guerra || demoledor, asolador, exterminador, aniquilador, destructivo, devastador, catastrófico, voraz, bárbaro, salvaje, dañino.

Destruir demoler, desbaratar, dañar, deshacer, derribar, desmoronar, desmantelar, devastar, exterminar, extinguir, extirpar, arruinar, arrasar, arrollar, aniquilar, anonadar, anular, agotar, romper, escacharrar, volar, batir, sacrificar, talar, desarraigar, desintegrar, desorganizar, descomponer, desolar, desgastar, hundir, abatir.

Desuellacaras barbero, fígaro, peluquero, rapador, rapabarbas, chapucero, torpe || desvergonzado, descarado v.

Desuello despellejadura, desolladura, matadura, raspón, herida, arañazo, rozadura || desvergüenza, insolencia, v. descaro.

Desuncir soltar, separar, desyugar, librar, quitar.

Desunido separado, desavenido, desconforme, suelto, libre, discorde, independiente, solo, apartado, disociado, disgregado, aislado, desvinculado.

Desunión ruptura, apartamiento, división, aislamiento, desmembración, disgregación, disociación, desconexión, desconcierto, abandono, segregación, desvinculación, discordia, disensión, desavenencia, disconformidad, desacuerdo, disentimiento, oposición, divergencia, diferencia, conflicto, querella, escisión, cisma, discrepancia.

Desunir separar, apartar, dividir, aislar, romper, desmembrar, desconcertar, desconectar, disociar, disgregar, disentir, desvincular, segregar, abandonar, desavenirse, diverger, dividirse, oponerse, discrepar, escindirse, alejar, desglosar, despegar, desarticular, descomponer, divorciar, enemistar, indisponer, malquistar, encizañar, enzarzar.

Desusado inusitado, inaudito, desacostumbrado, anormal, raro, extraño, infrecuente, anticuado, insólito, pasado, asombroso, nuevo, excepcional, extraordinario, extravagante, increíble.

Desusarse olvidarse, relegarse, perderse, proscribir, deshabituarse, desterrar, desacostumbrarse.

Desuso inutilización, desempleo, antigüedad, vejez, inutilidad ineficacia, anulación, incapacitación, inhabilitación, nulidad, desaprovechamiento, esterilidad, improductividad, incapacidad, olvido, interrupción, caducidad, prescripción, cesación.

Desvaído descolorido, borroso, vago, impreciso, despintado, pálido, amarillento, ajado, marchito, gastado, rebajado, incoloro, tenue, blanquecino, macilento || desgarbado, flaco, alto, larguirucho.

Desvalido abandonado, desamparado, pobre, huérfano, impotente, perdido, inerme, repudiado, desahuciado, desatendido, desabrigado, indefenso, descuidado, solo, triste, desanimado, mísero, mendigo, pordiosero.

DESVALIJAMIENTO despojo, ratería, hurto, robo, latrocinio, pillaje, rapiña, atraco, secuestro, salteamiento, asalto, saqueo, depredación, expoliación, substracción.

DESVALIJAR despojar, asaltar, atracar, saltear, robar, hurtar, pillar, rapiñar, saquear, expoliar, substraer, coger, apandar, usurpar, depredar, quitar, limpiar.

DESVALIMIENTO abandono, desamparo, pobreza, orfandad, impotencia, mendicidad, miseria, desánimo, tristeza, soledad, desatención, descuido.

DESVALORIZACIÓN depreciación, devaluación, rebaja, disminución, abaratamiento, mengua, baja, liquidación, baratura, ganga, demérito, saldo.

DESVALORIZAR desvalorar, devaluar, depreciar, perder, rebajar, disminuir, abaratar, liquidar, bajar, menguar.

DESVÁN buhardilla, altillo, sotabanco, sobrado, buharda, tabuco, chiribitil, zahurda, tugurio, camaranchón, antro, cuartucho.

DESVANECER disipar, atenuar, esfumar, aclarar, borrar, palidecer, difuminar, disgregar || DESVANECERSE desmayarse, marearse, accidentarse, desfallecer, debilitarse, derrumbarse, caerse, desplomarse, languidecer, anonadarse || evaporarse, esfumarse, disiparse, disgregarse, desaparecer, borrarse, aclararse, atenuarse, disminuir, huir, escapar, escurrirse.

DESVANECIDO inconsciente, desmayado, mareado, accidentado, desfallecido, caído, derrumbado, debilitado, anonadado, inmóvil, tendido || desdibujado, difumado, tenue, vago, borroso, impreciso, confuso, esfumado, disipado, desaparecido, evaporado.

DESVANECIMIENTO mareo, síncope, acceso, ataque, soponcio, desmayo, inconsciencia, debilidad, flaqueza, perturbación, vértigo, accidente, desfallecimiento, caída, derrumbe, anonadamiento.

DESVARIAR disparatar, delirar, desbarrar, fantasear, enloquecer, trastornarse, guillarse, chalarse, soñar, chochear, extraviarse, prevaricar, desatinar.

DESVARÍO disparate, delirio, desatino, quimera, fantasía, locura, despropósito, barbaridad, dislate, desbarro, monstruosidad, aberración, absurdo, necedad, capricho.

DESVELADO despabilado, insomne, despierto, preocupado, sin sueño, nervioso.

DESVELAR * descubrir, exponer, revelar, mostrar, exteriorizar || DESVELARSE despabilarse, despertar, no dormir, no conciliar el sueño || preocuparse, afanarse, esmerarse, cuidar, extremarse, aplicarse, trabajar, estudiar, interesarse, atender, vigilar.

DESVELO preocupación, esmero, cuidado, aplicación, trabajo, estudio, celo, vigilancia, atención, inquietud, desasosiego, interés || vigilia, insomnio, nerviosidad, vela.

DESVENCIJADO estropeado, destartalado, arruinado, desquiciado, desordenado, descompuesto, malogrado, inutilizado, escacharrado.

DESVENCIJAR estropear, destartalar, arruinar, deteriorar, escacharrar, inutilizar, malograr, descomponer, desordenar, desquiciar.

DESVENDAR desatar, quitar, destapar, descubrir, librar, soltar, desanudar.

DESVENTAJA perjuicio, mengua, inconveniente, rémora, quebranto, inferioridad, menoscabo, dificultad, obstáculo, trastorno, incompatibilidad, subordinación, sumisión, daño.

DESVENTAJOSO perjudicial, dificultoso, incompatible, subordinado, inferior, difícil, arduo, menor, dañoso, desfavorable, lesivo, contrario, maléfico.

DESVENTURA desdicha, infortunio,

infelicidad, cuita, desamparo, adversidad, perjuicio, desgracia, tristeza, tragedia, calamidad, necesidad, contratiempo, dificultad, conflicto, peripecia, miseria, tropiezo, percance, revés, accidente.

Desventurado desdichado, desgraciado, desamparado, cuitado, infeliz, infortunado, necesitado, calamitoso, triste, miserable, perjudicado, trágico, pobre, indigente, mísero.

Desvergonzado atrevido, insolente, descarado, cínico, sinvergüenza, fresco, desfachatado, deslenguado, desmandado, descocado, verdulero, grosero, vulgar, impúdico, procaz, deshonesto, corrompido, vil, ruin, vicioso, libertino, picaresco, escabroso, liviano.

Desvergonzarse atreverse, insolentarse, v. desvergonzado.

Desvergüenza descaro, insolencia, atrevimiento, cinismo, frescura, desfachatez, desmán, descoco, grosería, corrupción, deshonestidad, procacidad, vulgaridad, picardía, vicio, liviandad, impureza.

Desvestir desnudar, despojar, quitar, descubrir, desarropar, desabrigar, descobijar, exponer.

Desviación descarrío, desorientación, desvío, descamino, extravío, pérdida, apartamiento, alejamiento, error, equivocación, fracaso, frustración, corrupción, depravación, estragamiento, vicio, perversión, inversión, perdición, contaminación || virada, desvío, curva, atajo, oblicuidad v.

Desviar descaminar, desorientar, descarriar, extraviar, perderse, frustrar, fracasar, equivocar, alejar, errar, estragar, depravar, corromper, viciar, pervertir, invertir, contaminar || Desviarse separarse, apartarse, torcer, volverse, virar, vagar, perderse, esquivar, escurrirse, escapar, alejarse, marcharse.

Desvincularse v. desviarse.

Desvío v. desviación || aguja, apartadero, estación.

Desvirgar desflorar, violar, estuprar, corromper, forzar, deshonrar, profanar, mancillar, raptar, asaltar, romper, desgarrar.

Desvirtuar deformar, transformar, alterar, adulterar, desfigurar, cambiar, modificar, falsear, falsificar.

Desvivirse perecerse, derretirse, chalarse, morirse, pirrarse, interesarse, deshacerse, embobarse, ansiar, anhelar.

Desyerbar v. desherbar.

Detall * por menor, al menudeo, al público.

Detalladamente minuciosamente, prolijamente, v. detallado.

Detallado minucioso, prolijo, escrupuloso, preciso, exacto, cuidadoso, esmerado, puntilloso, nimio, latoso, farragoso, largo.

Detallar precisar, especificar, determinar, aclarar, establecer, definir, señalar, explicar, enumerar, deslindar, puntualizar, pormenorizar, narrar, referir, tratar.

Detalle pormenor, relación, especificación, determinación, aclaración, definición, explicación, puntualización, deslinde, enumeración, pormenorización, narración, referencia, particularidad, fragmento, elemento || gesto, rasgo.

Detallista minucioso, prolijo, v. detallado || tendero, comerciante, minorista.

Detección localización, descubrimiento, determinación.

Detectar descubrir, revelar, señalar, manifestar, mostrar, localizar, individualizar, determinar.

Detective agente, policía, investigador, agente secreto.

Detector localizador, señalador, determinador, revelador, instrumento.

Detención arresto, captura, apresamiento, encarcelamiento, prendimiento, aprehensión, caza,

DETENER

persecución || demora, dilación, retraso, rémora, paralización, estancamiento, atasco, atraso, retraso, interrupción, fin, marasmo, atranco, dificultad, impedimento, alto, estacionamiento, espera, descanso, inactividad, parada, obstáculo.

DETENER retrasar, demorar, dilatar, atascar, estancar, paralizar, atrasar, interrumpir, concluir, atrancar, dificultar, descansar, esperar, estacionar, impedir, parar, obstaculizar, atajar, contener, inmovilizar, estorbar, embarazar || capturar, arrestar, apresar, encarcelar, prender, aprehender, cazar, perseguir, encerrar, aprisionar, incomunicar, aislar || DETENERSE quedarse, retrasarse, demorarse, continuar, seguir, prolongar, alargar, permanecer, v. detener.

DETENIDO preso, convicto, recluso, apresado, capturado, arrestado, encarcelado, prendido, aprehendido, cazado, perseguido, encerrado, aprisionado, incomunicado || estancado, inconcluso, pendiente, estático, estacionario, inmóvil, atascado, retrasado, parado, interrumpido, demorado, obstaculizado, dilatado || cuidadoso, minucioso, detallado.

DETENIMIENTO minuciosidad, cuidado, detalle, atención, solicitud, esmero, primor, celo, amor, exactitud, mimo, precaución, diligencia || demora, v. detención.

DETENTACIÓN retención, apropiamento, usurpación, exacción, obtención, logro, consecución.

DETENTAR apropiarse, retener, conseguir, usurpar, obtener, lograr, conservar, mantener.

DETERGENTE polvo jabonoso, detersivo, polvo limpiador, purificador, blanqueador, higienizante, desinfectante.

DETERGER limpiar, enjabonar, higienizar, blanquear, purificar, desinfectar.

DETERIORACIÓN v. deterioro.

DETERIORADO averiado, estropeado, maltratado, deformado, roto, escacharrado, menoscabado, desfigurado, desmedrado, afeado, dañado, malogrado, destrozado, innútil, inservible, viejo, quebrado, partido, desbaratado, perjudicado, arruinado descalabrado, afectado, ajado, maltrecho, descompuesto, corrompido, podrido, carcomido, apolillado.

DETERIORAR estropear, deformar, maltratar, averiar, romper, escarchar, menoscabar, afear, desmedrar, desfigurar, envejecer, inutilizar, destrozar, malograr, dañar, descalabrar, arruinar, perjudicar, desbaratar, partir, quebrar, descomponer, ajar, afectar, carcomer, pudrir, corromper, apolillar.

DETERIORO avería, rotura, estropicio, daño, desmedro, afeamiento, menoscabo, escacharramiento, descalabro, ruina, malogro, destrozo, inutilización, perjuicio, ajamiento, descompostura, quebrantamiento, desbaratamiento, carcoma, putrefacción, corrupción, desperfecto, depreciación, alteración, destrucción, desgaste, deslustre, decadencia.

DETERMINACIÓN aquilatación, identificación, establecimiento, señalamiento, precisión, discernimiento, distinción, designación, fijación, cálculo, evaluación, aquilatamiento, comprobación, contraste, verificación, apreciación, análisis, examen, investigación || decisión, arrojo, resolución, osadía, valor, valentía, voluntad, designio, energía, fuerza, vigor, potencia, intrepidez, denuedo.

DETERMINADO preciso, fijo, señalado, establecido, designado, prescrito, reglado, estipulado, definido, específico, concreto, rotundo, taxativo, explícito, determinante, expreso, definitivo, concluyente, terminante, especial, circunscrito, típico, distinto, limitado || intrépido, valeroso, valiente, osado, arrojado, decidido, voluntarioso, esforzado, resuelto, enérgico, fuerte.

Determinante v. determinado.
Determinar distinguir, comprobar, establecer, definir, concretar, limitar, circunscribir, especificar, estipular, reglamentar, prescribir, designar, señalar, fijar, precisar, concluir, expresar, explicar, manifestar, disponer, resolver, decidir || provocar, ocasionar, causar, producir, promover, motivar, originar, crear, suscitar, motivar, engendrar.
Detersivo v. detergente.
Detestable execrable, abominable, aborrecible, reprobable, odioso, condenable, vituperable, espantable, atroz, repugnante, incalificable, pésimo, infame, despreciable.
Detestar odiar, abominar, aborrecer, reprobar, execrar, repugnar, espantarse, vituperar, condenar, maldecir, despreciar, desdeñar.
Detonación descarga, estampido, explosión, estallido, disparo, tiro, sonido, trueno, ruido, estruendo.
Detonador mixto, detonante, cebo, carga, espoleta.
Detonante ruidoso, resonante, retumbante, ensordecedor, atronador || v. detonador.
Detonar estallar, resonar, tronar, sonar, explotar, descargar, disparar, retumbar, reventar, saltar, volar, atronar, ensordecer, rugir, restallar.
Detracción difamación, calumnia, infamación, murmuración, maledicencia, denigración, vilipendio.
Detractar infamar, calumniar, detraer, murmurar, desacreditar, denigrar, maldecir, vilipendiar.
Detractor crítico, oponente, contrario, impugnador, reclamante, rival, contendiente, murmurador, desacreditador, acusador, fustigador, censor, enjuiciador, reprobador, maldiciente, inflamador.
Detraer apartar, substraer, quitar, desviar, alejar, descaminar, restar || v. detractar.

Detrás atrás, después, posteriormente, luego, tras, en pos, a la cola, a la zaga, en retaguardia.
Detrimento perjuicio, menoscabo, pérdida, daño, quebranto, desventaja, impedimento, extorsión, molestia, malogro, inconveniente, nocividad, mal, agravio, abuso.
Detrito restos, residuos, sobras, despojos, desperdicios, desechos, piltrafas, remanentes, basura, corrupción, putrefacción, excrementos, descomposición.
Detritus * v. detrito.
Deuda obligación, compromiso, responsabilidad, imposición, carga, deber, peso, gravamen, déficit, saldo, débito, pasivo, adeudo, apuro, dificultad, trance, brete, problema, aprieto, culpa, pecado, irregularidad, engaño.
Deudo pariente, familiar, allegado, relativo, agnado, cognado, emparentado, relacionado, ascendiente, descendiente.
Deudor responsable, adeudado, insolvente, comprometido, quebrado, atrasado, apurado, obligado, deficitario, recargado, abrumado, culpable, estafador, truhán, pillo.
Devaluación * v. desvalorización.
Devaluar * v. desvalorizar.
Devanadera argadillo, bastidor, artefacto, devanador.
Devanar arrollar, enrollar, envolver, liar, enroscar || Devanarse los sesos. atormentarse, pensar, preocuparse, cavilar, discurrir, rumiar, meditar, ensimismarse, abstraerse, madurar, abismarse, romperse la cabeza.
Devaneo amorío, galanteo, coqueteo, idilio, conquista, cortejo, festejo, enamoramiento, noviazgo, aventura, amor || desatino, disparate, locura, divagación, absurdo, fantasía, ensueño, ilusión, quimera, imaginación, utopía, visión || diversión, entretenimiento, distracción, pasatiempo.
Devanear disparatar, divagar, fantasear, v. devaneo.

DEVASTACIÓN

Devastación ruina, destrucción, desolación, quebranto, estrago, pérdida, desgracia, cataclismo, muerte, catástrofe, aniquilación, desmantelamiento, demolición, destrozo, asolamiento, vandalismo, saqueo.

Devastador catastrófico, destructor, desolador, ruinoso, aniquilador, demoledor, asolador, vandálico, desmantelador, tremendo, horroroso.

Devastar desolar, destruir, arruinar, quebrantar, aniquilar, matar, desgraciar, asolar, destrozar, demoler, desmantelar, saquear, pillar, robar, deshacer, arrasar.

Develar * descubrir v.

Devengar adquirir, obtener, lograr, conseguir, percibir, atribuirse, producir, ofrecer, proporcionar.

Devenir sobrevenir, ocurrir, acaecer, suceder, acontecer, pasar, producirse, verificarse, llegar a ser.

De visu por haberlo visto, de vista.

Devoción unción, piedad, fervor, recogimiento, fe, misticismo, éxtasis, veneración, adoración, contemplación, celo, religiosidad || apego, cariño, afición, inclinación, aplicación, dedicación, interés, afecto, estima, amor, querencia, solidaridad, fidelidad, adhesión.

Devocionario misal, breviario, eucologio, libro de misa, libro de horas.

Devolución restitución, reintegro, retorno, vuelta, reemplazo, entrega, compensación, recuperación, reembolso, envío, redención, rendimiento, restablecimiento, reposición, retrocesión.

Devolver reintegrar, retornar, restituir, volver, reemplazar, reembolsar, restablecer, reponer, enviar, recuperar, compensar, entregar, tornar, rendir || vomitar, arrojar, echar, lanzar, regurgitar, basquear, marearse.

Devorador engullidor, zampador, tragón, glotón, salvaje, primitivo, antropófago, caníbal, carnicero.

Devorar zampar, engullir, tragar, morder, masticar, comer, despedazar, desgarrar || consumir, destruir, disipar, agotar, quemar, evaporar, desvanecer, aniquilar, arruinar.

Devotamente píamente, religiosamente, v. devoto.

Devoto piadoso, religioso, fiel, místico, creyente, practicante, seguidor, adorador, pío, fervoroso, místico, ascético, santurrón, beato, mojigato, timorato, hipócrita || adicto, admirador, apegado, afecto, entusiasta, partidario, secuaz, seguidor, adherido, aficionado, inclinado, simpatizante, interesado, solidario.

Dextrosa glucosa, azúcar, hidrato de carbono.

Deyección defecación, evacuación, excreción, deposición, cagada, heces, mierda, caca, inmundicia, detrito, excremento, boñiga, suciedad.

Día jornada, fecha, plazo, tiempo, ciclo, data || amanecer, alba, mañana, mediodía, siesta, tarde, crepúsculo, atardecer, anochecer, noche || sol, luz, claro, claridad.

Diabetes hiperglucemia, glucosa, trastorno, enfermedad, dolencia.

Diabético hiperglucémico, paciente, enfermo.

Diablesco infernal, demoníaco, luciferino, satánico, v. diabólico.

Diablillo travieso, pícaro, pillo, revoltoso, inquieto, vivaracho || diablejo, v. diablo.

Diablo demonio, satanás, satán, mefistófeles, mefisto, belcebú, lucifer, luzbel, anticristo, leviatán, arimán, demontre, demonche, ángel caído, ángel del mal, Pedro Botero.

¡Diablos! ¡demonios!, ¡demontre!, ¡diantre!, ¡caramba!

Diablura travesura, pillería, picardía, chiquillada, trastada, imprudencia, temeridad, jugarreta, treta.

Diabólico infernal, satánico, demoníaco, diablesco, luciferino,

mefistofélico, maligno, endemoniado, perverso, malo, sutil, astuto, pérfido, artero, traicionero.
DIÁCONO sacerdote, clérigo, religioso, ministro, eclesiástico, cura v.
DIADEMA joya, presea, cinta, corona, aderezo, adorno, aureola.
DIÁFANO claro, transparente, translúcido, luminoso, cristalino, puro, límpido, terso, limpio, neto, despejado, abierto, tenue.
DIAFRAGMA músculo, membrana, división, separación || lámina, disco, regulador.
DIAGNOSIS v. diagnóstico.
DIAGNOSTICAR determinar, establecer, especificar, calificar, definir, prescribir, fijar.
DIAGNÓSTICO determinación, calificación, especificación, diagnosis, definición, prescripción, análisis.
DIAGONAL sesgado, oblicuo, inclinado, transversal, cruzado, soslayado, torcido, desviado, atravesado || recta, línea, trazo, sesgo, transversal, cruce, desvío.
DIAGRAMA esquema, dibujo, bosquejo, esbozo, croquis, plano, detalle.
DIAL * cuadrante, escala graduada, disco.
DIALECTAL provincial, lingüístico, regional.
DIALÉCTICA lógica, raciocinio, razonamiento.
DIALECTISMO * dialectalismo, provincialismo, vulgarismo.
DIALECTO lengua, lenguaje, variedad, habla, idioma, jerga, germanía, jerigonza, caló, argot.
DIALOGAR conferenciar, parlamentar, hablar, conversar, departir, charlar, platicar, comunicar, perorar, discutir, considerar, estudiar, intercambiar, comentar, entrevistarse, visitar, consultar, razonar, cotorrear, cotillear, chacharear.
DIÁLOGO conversación, charla, plática, coloquio, conferencia, habla, parlamento, discusión, perorata, comunicación, entrevista, visita, intercambio, consideración, razonamiento, consulta, comentario, cháchara, cotilleo, discreteo, palique.
DIAMANTE brillante, gema, joya, piedra preciosa, carbono cristalizado.
DIAMANTINO duro, durísimo, inquebrantable, pétreo, tenaz, acerado, roqueño, irrompible.
DIAMETRALMENTE enteramente, totalmente, completamente, plenamente, íntegramente, absolutamente, indiscutiblemente.
DIÁMETRO recta, línea, eje, radio, raya, trazo.
DIANA toque, llamada, clarinazo, cornetazo, señal, alborada, orden || blanco, centro, punto, hito.
DIANTRE diablo v. || ¡DIANTRE! ¡diablo!, ¡demonio!, ¡demontre!, ¡caramba! ¡vaya!
DIAPASÓN tono, voz, inflexión, matiz, sonido, fuerza || regulador, varilla, reglilla, horquilla, instrumento.
DIAPOSITIVA positiva en cristal, fotografía para proyectores.
DIARIAMENTE cotidianamente, regularmente, periódicamente, ordinariamente, corrientemente, fijamente, habitualmente, día a día, todos los días, cada día.
DIARIO periódico, gaceta, hoja, publicación, impreso, rotativo, boletín, noticiero, órgano, portavoz, suplemento, folleto, pasquín || cotidiano, regular, ordinario, corriente, habitual, periódico, fijo, continuo, incesante, seguido, renovado || memorias, relación, registro, dietario, relato, narración, anales.
DIARREA descomposición, flujo, cámaras, cursos, cagalera, disentería, descompostura, achaque, dolencia, flojedad de vientre, colerina.
DIÁSPORA dispersión, disgregación, diseminación, desbandada, éxodo, marcha.
DIÁSTOLE ensanchamiento, dilatación, ampliación, distensión.
DIATERMIA corriente eléctrica, terapéutica, calentamiento interno.
DIATRIBA invectiva, crítica, catili-

naria, perorata, discurso violento, sermón, injuria.
DIBUJANTE diseñador, pintor, delineante, artista, calquista, proyectista, caricaturista.
DIBUJAR delinear, trazar, rayar, diseñar, perfilar, proyectar, calcar, esbozar, bosquejar, sombrear, apuntar, contornear difuminar, caricaturizar, representar, reproducir, ilustrar.
DIBUJO ilustración, imagen, figura, diseño, esbozo, bosquejo, caricatura, croquis, proyecto, grabado, pintura, retrato, plano, mono, santo, delineación, contorno, apunte, sombreado, calco, perfil, figurín, silueta, gráfico.
DICACIDAD agudeza, ingenio, mordacidad, causticidad, socarronería.
DICAZ mordaz, chistoso, cáustico, agudo, ingenioso, socarrón.
DICCIÓN palabra, término, expresión, vocablo, voz || elocución, construcción, pronunciación, articulación.
DICCIONARIO enciclopedia, vocabulario, léxico, lexicón, repertorio, glosario, catálogo, índice, tesauro, lista, relación.
DICOTOMÍA división, reparto, apaño, arreglo, partición.
DICTADO precepto, deber, inspiración, orden, mandato, pauta, canon, guía.
DICTADOR autócrata, autarca, déspota, tirano, totalitario, absolutista, jefe, cabecilla, amo, opresor, esclavizador.
DICTADURA autocracia, absolutismo, despotismo, tiranía, totalitarismo, autarquía, opresión, feudalismo, abuso, intolerancia, dominación, esclavitud.
DICTÁFONO v. magnetófono.
DICTAMEN opinión, juicio, informe, decisión, veredicto, sentencia, sentir, creencia, conjetura, parecer, acuerdo, reseña, referencia, confidencia, parte, noticia, testimonio.
DICTAMINAR enjuiciar, sentenciar, decidir.

DICTAR mandar, imponer, ordenar, sugerir, decretar, despachar, preceptuar, expedir, promulgar, conminar, imponer, disponer, estatuir, prescribir, establecer || leer, decir, pronunciar, transcribir.
DICTATORIAL despótico, tiránico, absoluto, autocrático, autárquico, opresivo, feudal, intolerante, abusivo, dominante, arbitrario, imperioso.
DICTERIO insulto, invectiva, provocación, grosería, injuria, insolencia, denuesto, improperio, agravio, afrenta.
DICHA felicidad, ventura, suerte, fortuna, prosperidad, auge, salud, bonanza, bienestar, comodidad, complacencia, encanto, tranquilidad, seguridad, gloria, beatitud, placer, gusto, contento.
DICHARACHERO chistoso, bromista, ocurrente, ingenioso, chancero, jocoso, burlón, parlanchín.
DICHO concepto, máxima, refrán, sentencia, proverbio, aforismo, fórmula, adagio, apotegma, precepto || chiste, ocurrencia, chanza, broma, agudeza.
DICHOSO afortunado, venturoso, feliz, próspero, complacido, cómodo, contento, placentero, rico, desahogado, gustoso, beatífico, encantado, satisfecho, tranquilo.
DIDÁCTICO pedagógico, comprensible, claro, fácil, inteligible.
DIDELFO marsupial, mamífero, canguro, zarigüeya.
DIEDRO ángulo, arista, intersección, corte.
DIELÉCTRICO aislante, aislador, mal conductor.
DIENTE hueso, muela, colmillo, canino, incisivo, premolar, molar || punta, resalte, pico, cresta, prominencia.
DIENTUDO dentón, dentudo.
DIÉRESIS crema, signo ortográfico.
DIESTRA derecha, mano.
DIESTRAMENTE hábilmente, expertamente, mañosamente, v. diestro.
DIESTRO hábil, experto, mañoso, habilidoso, competente, ejercitado, idóneo, ducho, docto, indus-

trioso, técnico, fogueado, corrido, perito, apañado, apto, capaz, entendido, versado, despabilado, listo, astuto, sagaz, avisado || torero, matador, novillero.

Dieta régimen, privación, abstinencia, ayuno, tratamiento, medicación, métodos || congreso, parlamento, junta || Dietas, honorarios, retribución, indemnización, estipendio, gajes, sueldo, emolumentos, salario, paga, jornada, gratificación, remuneración, comisión.

Dietario agenda, libreta, memorándum, breviario, diario, cuaderno.

Dietética higiene de la alimentación, regulación, estudio de la dieta.

Diezmar aniquilar, barrer, exterminar, destruir, eliminar, arrasar, asolar, liquidar, matar, menoscabar.

Diezmo impuesto, tasa, tributo, contribución, percepción, derecho, cuota, exacción, canon, carga, arancel, gabela, arbitrio, gravamen.

Difamación maledicencia, calumnia, denigración, detracción, descrédito, zaherimiento, desprecio, infamación, afrenta, oprobio, vilipendio, vituperio, mengua, murmuración, falsedad, falacia, insidia, superchería, perjurio, suposición, exageración, chisme, mentira, bulo, inexactitud.

Difamador detractor, calumniador, maldiciente, denigrante, afrentoso, infamante, despreciativo, insidioso, falaz, falso, falsario, murmurador, chismoso, cotilla, exagerado, perjuro, inexacto, mentiroso, deshonrador.

Difamar denigrar, desacreditar, deshonrar, calumniar, menospreciar, imputar, achacar, colgar, falsear, disimular, infamar, maldecir, afrentar, exagerar, cotillear, chismorrear, murmurar, mentir.

Difamatorio v. difamador.

Diferencia disparidad, desigualdad, extremo, variedad, desemejanza, disimilitud, heterogeneidad, diferenciación, desproporción, distancia || desavenencia, disentimiento, controversia, disconformidad, disensión, discrepancia, oposición, contradicción, discusión || residuo, resta.

Diferenciación v. diferencia.

Diferencial engranaje, transmisión, mecanismo.

Diferenciar distinguir, separar, enfrentar, oponer, catalogar, calificar, establecer, determinar, definir, comprobar, fijar, precisar || desemparejar, deshermanar, variar, diversificar, desigualar, desempatar, discordar, desemejar, discrepar, distar.

Diferente desigual, diverso, dispar, disímil, distinto, contrario, opuesto, divergente, discrepante, desemejante, disconforme, vario, otro, enfrentado, ajeno, nuevo, separado, encontrado.

Diferido retrasado, aplazado, v. diferir.

Diferir retrasar, aplazar, suspender, prorrogar, postergar, retardar, rezagar, dilatar, posponer, atrasar, entretenerse, demorar, entorpecer, eternizar, rezagar, parar.

Difícil laborioso, embarazoso, dificultoso, fatigoso, complicado, agotador, duro, espinoso, enojoso, enrevesado, delicado, peligroso, dudoso, problemático, engorroso, trabajoso, penoso, endiablado, inaccesible, incomprensible, intrincado, imposible.

Difícilmente fatigosamente, embarazosamente, laboriosamente, v. difícil.

Dificultad inconveniente, contrariedad, obstáculo, engorro, escollo, atolladero, rémora, fatiga, problema, conflicto, peligro, trance, aprieto, brete, molestia, complicación, duda, trabajo, embrollo, laberinto, enredo, apuro, desahogo, estrechez, complejidad, tropiezo, contra, estorbo, traba, cuita, retraso, demora.

Dificultar obstaculizar, contrariar, demorar, retrasar, molestar, apurar, enredar, embrollar, com-

plicar, estorbar, contradecir, tropezar, trabar, retardar, entorpecer, intrincar, imposibilitar.
DIFICULTOSO v. difícil.
DIFIDENCIA desconfianza, incredulidad, suspicacia, recelo, sospecha, escepticismo, prevención, susceptibilidad, aprensión, temor, duda.
DIFIDENTE suspicaz, desconfiado, incrédulo, receloso, aprensivo, susceptible, prevenido, escéptico, dudoso, reservado, temeroso.
DIFLUIR difundirse, desparramarse, derramarse, extenderse.
DIFRACCIÓN desviación, división, inflexión, desvío.
DIFTERIA garrotillo, enfermedad infecciosa.
DIFUMINAR esfumar, desdibujar, borrar, desvanecer, disipar, diluir.
DIFUMINO esfumino.
DIFUNDIR esparcir, extender, propagar, divulgar, perifonear, emitir, transmitir, desparramar, derramar, diseminar, contagiar, dispersar, propalar, publicar, trascender, circular, cundir, comunicar.
DIFUNTO extinto, finado, cadáver, muerto, fallecido, occiso, interfecto, víctima, exánime, inanimado.
DIFUSAMENTE confusamente, embrolladamente, v. difuso.
DIFUSIÓN propagación, divulgación, extensión, esparcimiento, transmisión, dispersión, contagio, diseminación, derramamiento, desparramamiento, circulación, comunicación, trascendencia, publicación, irradiación, efluvio, propaganda, expansión, abundancia.
DIFUSO prolijo, detallado, nimio, confuso, embrollado, obscuro, borroso, vago, incomprensible, indefinido, dudoso.
DIGERIBLE asimilable, provechoso, nutritivo, alimenticio, aprovechable, reconfortante, vigorizante, reparador, estomacal, ligero, liviano.
DIGERIR asimilar, absorber, aprovechar, nutrirse, alimentarse, sentar bien, vigorizar, reconfortar, transformar, convertir || aguantar, soportar, sufrir, sobrellevar, padecer || madurar, meditar, entender, comprender.
DIGESTIÓN asimilación, absorción, transformación, conversión, alimentación, nutrición, aprovechamiento, vigorización, proceso,
DIGESTIVO estomacal, intestinal, nutritivo, digerible v.
DIGESTO compilación, colección, recopilación, repertorio, reunión, selección.
DIGITAL dactilar, manual || dedalera, planta, glucósido, tóxico, medicamento cardíaco.
DIGNAMENTE honradamente, decentemente, decorosamente, gravemente, v. digno.
DIGNARSE consentir, condescender, aceptar, acceder, servirse, permitir, admitir, conceder, facultar, tolerar.
DIGNATARIO personaje, figurón, cortesano, personalidad, notable, señor, cacique, cabecilla, funcionario, representante, delegado, mandatario.
DIGNIDAD decoro, gravedad, decencia, honradez, seriedad, mesura, majestad, solemnidad, respeto, integridad, mérito, pundonor, nobleza, recato, sobriedad, modestia, orgullo || puesto, cargo, prerrogativa, ocupación, empleo, función, cometido, prebenda, responsabilidad || título, tratamiento, consideración, honor, preeminencia.
DIGNIFICAR enaltecer, realzar, honrar, ensalzar, engrandecer, corregir, levantar, encarrilar, rehabilitar.
DIGNO honrado, decente, decoroso, grave, serio, meritorio, íntegro, respetable, solemne, majestuoso, mesurado, moderado, modesto, sobrio, recatado, noble, pundonoroso, orgulloso, airoso || acreedor, merecedor.
DIGRESIÓN divagación, paréntesis, rodeo, escarceo, desviación, vaguedad, acotación, observación.
DIJE medalla, relicario, alhaja, col-

gante, joya, pinjante, presea, baratija, chuchería.

Dilacerar despedazar, desgarrar, lacerar, lastimar, herir, destrozar.

Dilación retraso, demora, detención, paréntesis, alto, prórroga, aplazamiento, lentitud, remisión, espera, premiosidad, retardo, morosidad, moratoria, tardanza, atraso.

Dilapidación despilfarro, derroche, dispendio, desperdicio, malversación, malbaratamiento, prodigalidad, profusión, pérdida, liberalidad, disipación.

Dilapidador despilfarrador, derrochador, v. dilapidar.

Dilapidar despilfarrar, derrochar, prodigar, disipar, perder, tirar, malbaratar, malversar, desperdiciar, malrotar, quemar, malgastar, dispersar, gastar.

Dilatable ensanchable, ampliable, extensible, hinchable, expansible, agrandable.

Dilatación expansión, agrandamiento, ampliación, extensión, aumento, tensión, presión, amplificación, difusión, distensión, dispersión, desenvolvimiento, dilatabilidad, abultamiento, hinchazón, estiramiento.

Dilatado hinchado, extendido, estirado, abultado, agrandado, distendido, aumentado, expandido || vasto, amplio, extenso, grande, desahogado, libre, anchuroso, inmenso, espacioso || prolongado, farragoso, prolijo, difuso, largo, premioso, interminable.

Dilatar hinchar, abultar, extender, estirar, agrandar, distender, expandir, aumentar, amplificar, difundir, dispersar || prolongar, alargar, retardar, retrasar, diferir, demorar, postergar, posponer.

Dilección afecto, cariño, amor, voluntad, preferencia, amistad, devoción, estima, apego.

Dilecto amado, querido, preferido, estimado, predilecto, bienquisto, venerado, admirado.

Dilema disyuntiva, alternativa, problema, conflicto, opción, dificultad, contradicción, complejidad, aprieto, rémora, engorro, inconveniente.

Diletante * aficionado, devoto, entusiasta, entendido, admirador, amante, melómano, musicólogo.

Diletantismo * afición, entusiasmo, devoción, amor, interés.

Diligencia rapidez, prontitud, apresuramiento, prisa, presteza, celeridad, actividad, urgencia || esmero, aplicación, atención, cuidado, celo, afán, ahínco, dedicación, solicitud || encargo, comisión, negocio, mandado, cometido, misión, servicio, trámite, tarea, trabajo || carruaje, coche, vehículo, carro, carroza, carreta, carricoche, carromato.

Diligenciar tramitar, despachar, negociar, comisionar, ejecutar, resolver, procurar, emprender, acometer, abordar, promover, activar, empujar.

Diligente rápido, veloz, pronto, listo, resuelto, activo, ágil, ligero, presto, ubicuo, solícito, aplicado, esmerado, atento, dedicado, afanoso, celoso, cuidadoso, servicial, prolijo, exacto, puntual.

Diligentemente rápidamente, velozmente, prontamente, v. diligente.

Dilucidar aclarar, explicar, elucidar, ilustrar, puntualizar, justificar, esclarecer, especificar, desembrollar, desenredar, despejar, explicar.

Dilución disolución, desleimiento, disgregación, infusión, emulsión, solución.

Diluente v. disolvente.

Diluido licuado, desleído, disuelto, deshecho, emulsionado, aguado, precipitado, dividido, descompuesto, separado, hidratado, disgregado.

Diluir desleir, licuar, colicuar, deshacer, disolver, emulsionar, separar, descomponer, dividir, precipitar, aguar, hidratar, disgregar.

Diluviar llover, rociar, empapar,

mojar, inundar, desbordarse, descargar, gotear, lloviznar, caer chuzos, caer un chaparrón, v. diluvio.

Diluvio chaparrón, aguacero, chubasco, turbonada, temporal, nubarrada, tromba, catarata, torrente, lluvia, borrasca, inundación, desbordamiento || abundancia, plenitud, plétora, chorro, afluencia, torrente.

Dimanación procedencia, origen, principio, fundamento, fuente, nacimiento.

Dimanar originarse, nacer, proceder, comenzar, provenir, venir, salir, arrancar, derivarse.

Dimensión medida, extensión, longitud, volumen, tamaño, calibre, capacidad, proporción, magnitud, grandor, grosor, delgadez, profundidad, altura, corpulencia, cuerpo, cantidad, cálculo, evaluación.

Dimes y diretes discusiones, réplicas, debates, controversias, polémicas, argumentos, porfía.

Diminuto mínimo, minúsculo, microscópico, pequeñísimo, ínfimo, liliputiense, enano, pequeño, imperceptible, menudo, miniatura, deficiente, falto.

Dimisión renuncia, abdicación, cesión, abandono, cese, resignación, dejación, desistimiento, abjuración, deserción, transmisión, entrega, traspaso, jubilación, retiro.

Dimisionario renunciante, dimitente, cesante, retirado, jubilado, emérito.

Dimitir cesar, abandonar, renunciar, abdicar, dejar, resignar, desistir, desertar, abjurar, transmitir, entregar, traspasar, jubilarse, retirarse.

Din dinero, pasta, mosca, efectivo, numerario, moneda, billetes, metálico, cuartos, caudal.

Dinámico diligente, activo, eficaz, ligero, veloz, ágil, vivaz, despabilado, raudo, atareado, afanoso, trabajador, laborioso, solícito, enérgico, apresurado, pronto, rápido, hacendoso.

Dinamismo actividad, ligereza, velocidad, agilidad, eficacia, diligencia, trabajo, afán, vivacidad, rapidez, prontitud, apresuramiento, energía, solicitud, laboriosidad, aplicación, dedicación.

Dinamita explosivo, nitroglicerina, carga, detonante, fulminante || pólvora, trinitrotolueno, piroxilina.

Dinamitar * volar, saltar, estallar, detonar, reventar, destruir, explotar, romper.

Dínamo generador, transformador, inductor, máquina, aparato, artefacto, dinamo.

Dinastía familia, casa, estirpe, linaje, casta, progenie, prosapia, reinado, realeza, monarquía, sucesión, herencia.

Dinástico sucesorio, hereditario, real, monárquico.

Dineral fortuna, enormidad, cantidad, caudal, dinero, exageración, capital, platal, tesoro.

Dinero moneda, billete, capital, fortuna, fondos, tesoro, riqueza, peculio, patrimonio, caudal, cantidad, ahorros, economías, hacienda, valores, posición, metálico, numerario, divisas, cuartos, mosca, pecunio, efectivo, oro, plata, suelto, calderilla, cambio.

Dinosaurio reptil fósil, reptil extinguido, dinosauro, brontosaurio, tiranosaurio, estegosaurio, iguanodonte.

Dintel cumbrera, lintel, parte superior || Dintel* umbral v.

Diñarla * morirse, fallecer, estirar la pata.

Diócesis territorio, distrito, jurisdicción, circunscripción, obispado, sede eclesiásica.

Diorama cuadro, transparencia, panorama, imagen.

Dios Creador, Todopoderoso, Altísimo, divinidad, deidad, Señor, Excelso, Glorificador, Ser Supremo, Providencia, Poder Celestial, Omnipresencia, Jesucristo, Espíritu Santo, Jehová, Yahvé, Adonai.

Diosa deidad, divinidad, deesa, heroína.

Diplodocus * diplodoco, reptil fósil, dinosaurio.

Diploma título, credencial, nombramiento, certificado, despacho, documento, pergamino, cédula, grado, autorización, recompensa, privilegio, acta, bula, expediente, certificación.

Diplomacia tacto, política, habilidad, astucia, disimulo, maquiavelismo, arte, tiento, estrategia.

Diplomado * titulado, graduado, autorizado, reconocido, licenciado, doctor, universitario, profesional, perito, experto.

Diplomarse * graduarse, licenciarse v.

Diplomáticamente hábilmente, astutamente, políticamente, disimuladamente, maquiavélicamente, estratégicamente.

Diplomático embajador, plenipotenciario, ministro, enviado, legado, funcionario, comisionado, representante, agente, cónsul, secretario, agregado, canciller || sutil, hábil, astuto, disimulado, maquiavélico, estratega, ladino, taimado, político.

Dipsomanía alcoholismo, enfermedad, vicio, manía, ebriedad, borrachera v., delírium tremens.

Dipsómano dipsomaníaco, alcohólico, vicioso, enfermo, delirante, ebrio, borracho v.

Díptero insecto, mosca, mosquito.

Díptico cuadro, bajo relieve, tablero (doble, plegable).

Diputación comisión, representación, corporación, organismo, cuerpo, junta, consejo.

Diputado representante, parlamentario, congresista, delegado, comisionado, apoderado, legislador, procurador.

Diputar conceptuar, reputar, tener por || señalar, elegir, designar.

Dique malecón, rompeolas, escollera, espigón, tajamar, muelle, andén, desembarcadero, atracadero, dársena, ribera, fondeadero, ancladero || muro, pared, obstáculo, barra, barrera.

Dirección rumbo, destino, camino, ruta, trayectoria, sentido, orientación, tendencia, viraje, marcha, derrotero, giro, curso, itinerario, desviación || señas, domicilio, destinatario || consejo, enseñanza, orientación, tutela, guía, patrocinio, amparo, adiestramiento, educación, encauzamiento, conducción.

Directamente llanamente, verdaderamente, claramente, concisamente, v. directo.

Directiva junta, comisión || **Directiva** *: orientación, trayectoria, línea.

Directivo dirigente, director, regente, rector, v. director.

Directo llano, verdadero, claro, conciso, rotundo, franco, sincero, sencillo, espontáneo, natural, abierto, leal, palmario, explícito, positivo, meridiano, manifiesto, evidente, riguroso, absoluto || recto, seguido, derecho, continuo, ininterrumpido.

Director regente, rector, jefe, presidente, encargado, dirigente, directivo, dignatario, guía, autoridad, principal, encauzador, tutor, adiestrador, orientador, conductor, gobernador, ordenador, cabecilla, administrador, superior, decano, cabeza, magistrado, funcionario, cacique.

Directorio junta, asamblea, reunión, congregación, asociación, comité, consejo, sesión, convención, conferencia, gobierno.

Directriz norma, regla, pauta, criterio, conducta, precepto, principio, sistema || recta, línea, generatriz.

Dirigente v. director.

Dirigible aeróstato, zepelín, globo dirigible.

Dirigir guiar, conducir, gobernar, ordenar, regir, mandar, administrar, presidir, encauzar, adiestrar, orientar, enseñar, tutelar, enderezar, encarrilar, enfocar, desviar, virar, volver, llevar, seguir, derivar, enviar, aconsejar, encaminar, destinar, preceptuar, disponer, imponer, establecer, dictar, estatuir, regentar, dominar || DIRIGIRSE encaminarse, convergir, converger, ir, trasladarse, rumbear, marcharse, presentarse, salir para.

DIRIMIR zanjar, resolver, ajustar, decidir, componer, solventar, satisfacer, despejar, ventilar, aclarar, disipar, arbitrar, concluir, terminar.

DISANTO festividad, onomástico, celebración, domingo, fiesta religiosa.

DISCERNIMIENTO lucidez, perspicacia, penetración, clarividencia, distinción, juicio, sagacidad, agudeza, comprensión, olfato, percepción, visión, sutileza.

DISCERNIR distinguir, diferenciar, percibir, comprender, juzgar, enjuiciar, apreciar, penetrar, aclarar, ver || DISCERNIR * otorgar, adjudicar, conceder.

DISCIPLINA rigor, dureza, austeridad, severidad, aspereza, templanza, intolerancia, intransigencia, minuciosidad, exactitud, rigidez, regla, método, orden, subordinación, sumisión, conducta, norma, imposición, castigo, corrección, instrucción, enseñanza, educación || ciencia, arte, facultad, materia, doctrina, asignatura, ramo, tratado, estudio, texto || látigo, v. disciplinas.

DISCIPLINADAMENTE ordenadamente, sumisamente, metódicamente, v. disciplinado.

DISCIPLINADO ordenado, subordinado, sumiso, correcto, metódico, atento, cuidadoso, subyugado, sometido, doblegado, dominado, enseñado, aleccionado, instruido || riguroso, inflexible, recto, severo, intolerante, intransigente, minucioso, exacto.

DISCIPLINANTE penitente, nazareno, flagelado, azotado, arrepentido, anacoreta.

DISCIPLINAR azotar, castigar, flagelar, vapulear, fustigar, pegar, zurrar, sacudir || corregir, instruir, enseñar, aleccionar, someter, dominar, doblegar, subyugar, v. disciplinarse || DISCIPLINARSE: dominarse, contenerse, mortificarse, refrenarse, vencerse, sujetarse.

DISCIPLINARIO penal, correctivo, correccional, rígido, severo, estricto, intransigente, reformatorio, educativo, riguroso, austero, de castigo.

DISCIPLINAS látigo, azote, vergajo, flagelo, fusta, vara, zurriago, rebenque.

DISCÍPULO alumno, estudiante, educando, colegial, escolar, becario, asistente, oyente || seguidor, partidario, adepto, adicto, leal, incondicional, sectario, devoto, simpatizante, secuaz.

DISCO círculo, tejo, chapa, tapa, rueda, rodaja, redondel, aro, anillo, corona, pieza, cuerpo, lámina || señal, luz, indicación, semáforo.

DISCOIDAL lenticular, aplanado, achatado, aplastado, circular, redondo, anular.

DÍSCOLO revoltoso, indisciplinado, travieso, desobediente, rebelde, reacio, recalcitrante, sedicioso, indomable, insumiso, intratable, incorregible, ingobernable, alborotador, enredador, perturbador.

DISCONFORME desconforme, discrepante, discorde, contrario, desavenido, opuesto, oponente, renuente, reacio, desfavorable, descontento, hostil.

DISCONFORMIDAD oposición, diferencia, discrepancia, desunión, contrariedad, incoherencia, hostilidad, descontento, discordancia, desavenencia, desagrado.

DISCONTINUIDAD interrupción, suspensión, paréntesis, descanso, paro, alto, detención, tregua, intervalo, intermitencia, truncamiento, corte, pausa, irregularidad.

DISCONTINUO intermitente, irregular, interrumpido, detenido, cortado, variable, desigual, alterno.

DISCORDANCIA disconformidad, contrariedad, discrepancia, divergencia, desacuerdo, oposición, desavenencia, hostilidad, disentimiento.

Discordante opuesto, contrario, discorde, desconforme, discrepante, hostil, divergente, encontrado, falso, disonante, inarmónico, destemplado, desafinado, inconciliable, cismático, disidente.

Discordar discrepar, diverger, disentir, oponerse, contrariar, hostilizar, dificultar.

Discorde v. discordante.

Discordia discrepancia, divergencia, desavenencia, discordancia, disconformidad, desconformidad, disputa, cisma, cizaña, rompimiento, escisión, contrariedad, oposición, conflicto, querella, tropiezo, roce, diferencia, separación, desunión, división, disentimiento, disensión, descontento, desconcierto.

Discreción sensatez, juicio, tacto, oportunidad, mesura, medida, circunspección, moderación, cordura, reserva, discernimiento, formalidad, miramiento, cautela, tino || ingenio, agudeza, perspicacia.

Discrecional circunstancial, prudencial, libre, liberal, facultativo v.

Discrepancia diferencia, divergencia, disconformidad, desavenencia, oposición, disentimiento, disensión, descontento, conflicto, escisión, rompimiento, desigualdad, v. discordia.

Discrepante v. discordante.

Discrepar diverger, disentir, discordiar, contrariar, oponerse, dificultar, hostilizar, negar, discutir, diferenciarse, disputar.

Discretamente juiciosamente, moderadamente, mesuradamente, v. discreto.

Discreteo comedimiento, oficiosidad, entretenimiento.

Discreto moderado, juicioso, mesurado, razonable, sensato, oportuno, comedido, formal, cauteloso, sesudo, grave, reflexivo, prudente, sentencioso, cuerdo, derecho, recto, cabal, lógico.

Discriminación diferencia, segregación, distinción, apartamiento, separación, postergación, aislamiento, exclusión, distanciamiento, alejamiento.

Discriminar diferenciar, distinguir, separar, postergar, segregar, distanciar, apartar, relegar, excluir, aislar.

Disculpa excusa, alegato, justificación, defensa, pretexto, descargo, evasiva, subterfugio, razón, escapatoria, coartada, apología, salvedad, prueba, testimonio.

Disculpable justificable, comprensible, lógico, razonable, defendible, perdonable.

Disculpar defender, apoyar, justificar, alegar, excusar, pretextar, descargar, razonar, testimoniar, probar, salvar, eximir, dispensar, librar, vindicar, atenuar, paliar || Disculparse sincerarse, descargarse, confesar, responder.

Discurrir reflexionar, pensar, cavilar, meditar, razonar, elucubrar, cogitar, repasar, recapacitar, calcular, juzgar, considerar, examinar, especular, profundizar, rumiar, figurarse, concebir, idear, proyectar, imaginar, intentar, planear, inventar, fantasear || deducir, calcular, inferir, conjeturar, suponer, creer || transitar, pasar, marchar, andar, desfilar, caminar, correr, transcurrir, trasladarse, ir, venir, vagar, deambular.

Discursar tratar, conjeturar, discurrir, razonar, perorar, meditar.

Discursear sermonear, perorar, disertar, aconsejar, amonestar, advertir.

Discursivo meditabundo, farragoso, extenso, prolongado, tedioso, complejo.

Discurso alocución, arenga, perorata, disertación, soflama, plática, prédica, oración, alegato, sermón, charla, panegírico, apología, homilía, conferencia, palabra, oratoria, invectiva, catilinaria, apóstrofe, amonestación, diatriba, razonamiento, reflexión, raciocinio, inferencia.

Discusión examen, consideración,

estudio || controversia, debate, polémica, dialéctica, disputa, discordia, diferencia, pleito, apuesta, rivalidad, bronca, agarrada, porfía, pugilato, bizantinismo, competición, competencia, litigio, problema, altercación, altercado, impugnación, cuestión, desacuerdo.

DISCUTIBLE problemático, cuestionable, impugnable, objetable, controvertible, opinable, debatible, dudoso, inseguro, incierto.

DISCUTIDOR polemista, polémico, argumentador, razonador, disputador, competidor, rival, litigante, impugnador, oponente, porfiado, insistente, obstinado, testarudo, pesado, machacón, terco.

DISCUTIR considerar, examinar, estudiar, ventilar, tratar, deliberar, argüir, batallar, razonar, argumentar, litigar, porfiar, acalorarse, altercar, contender, controvertir, conferir, cuestionar, rivalizar, polemizar, disputar, impugnar, oponer, insistir, obstinarse, machacar.

DISECAR conservar, preparar, embalsamar, momificar, preservar, proteger || dividir, cortar, seccionar.

DISECCIÓN corte, sección, división, examen, estudio, investigación || embalsamamiento, conservación, taxidermia, preservación.

DISECTOR anatomista, disecador, anatómico, investigador, profesor, estudioso, patólogo, médico.

DISEMINACIÓN dispersión, siembra, propagación, desparramamiento, disgregación, separación, irradiación, esparcimiento, derramamiento, desviación, difusión, desbandada, desperdigamiento.

DISEMINADO disgregado, disperso, desparramado, esparcido, v. diseminar.

DISEMINAR disgregar, dispersar, repartir, esparcir, desparramar, propalar, sembrar, irradiar, separar, desperdigar, desbandar, difundir, desviar, derramar.

DISENSIÓN diferencia, desacuerdo, discrepancia, divergencia, desavenencia, desconformidad, disputa, cisma, cizaña, rompimiento, rotura, contrariedad, escisión, oposición, conflicto, querella, tropiezo, roce, dificultad, separación, división, discordia, riña, altercado, contienda.

DISENTERÍA inflamación intestinal, diarrea, cólico, infección.

DISENTIMIENTO v. disensión.

DISENTIR discrepar, diverger, discordar, contrariar, oponerse, dificultar, hostilizar, negar, discutir, diferenciarse, disputar.

DISEÑADOR proyectista, dibujante, artista, delineante, perito, modista, creador, inventor.

DISEÑAR dibujar, trazar, esbozar, bosquejar, delinear, proyectar, crear, inventar.

DISEÑO dibujo, esbozo, bosquejo, croquis, proyecto, delineación, creación, plano, gráfico || descripción, explicación, detalle.

DISERTACIÓN conferencia, charla, discurso, lección, sermón, plática, perorata, coloquio, conversación, oración, razonamiento, tratado, exposición, explicación.

DISERTANTE conferenciante, charlista, orador v., disertador, profesor, experto, facundo, florido, elocuente.

DISERTAR hablar, exponer, tratar, explicar, discursear, sermonear, conferenciar, charlar, platicar, perorar, conversar, discurrir, razonar.

DISFAVOR descortesía, desatención, desaire, perjuicio, daño, mengua.

DISFORME v. deforme.

DISFORMIDAD v. deformidad.

DISFRAZ máscara, traje, atavío, careta, atuendo, velo, embozo, tapujo, disimulo, ocultación, artificio, alteración, cambio, engaño, modificación, encubrimiento, falsificación.

DISFRAZADO enmascarado, ataviado, trajeado, vestido, velado, tapado, embozado, alterado, desfigurado, oculto, disimulado, encubierto, modificado, engañoso, cambiado, artificioso, falso.

Disfrazar enmascarar, vestir, trajear, ataviar, tapar, velar, encubrir, disimular, ocultar, alterar, embozar, engañar, modificar, falsificar, cambiar, trastrocar, desnaturalizar, falsear, desfigurar.

Disfrutar gozar, aprovechar, poseer, tener, disponer, usar, utilizar, emplear, percibir, recibir, complacerse, regocijarse, alegrarse, saborear, gustar, deleitarse, recrearse, contentarse.

Disfrute gozo, posesión, utilización, empleo, percepción, uso, regocijo, alegría, complacencia, contento.

Disgregación desintegración, desmenuzamiento, desunión, separación, segregación, división, decadencia, destrucción, corrupción, desmoronamiento, desbaratamiento, descomposición, pulverización.

Disgregador desintegrador, separador, destructor, corruptor, desbaratador, disolvente.

Disgregar desintegrar, desmenuzar, separar, desunir, destruir, dividir, segregar, pulverizar, descomponer, desbaratar, desmoronar, corromper, decaer, disolver.

Disgresión * digresión v.

Disgustado contrariado, decepcionado, desencantado, desilusionado, desalentado, molesto, apenado, triste, desconsolado, mortificado, amargado, pesaroso, afligido, mustio, desabrido, malhumorado, irritado, enfadado, quejoso, arrepentido.

Disgustar desencantar, decepcionar, desilusionar, apesadumbrar, desconsolar, entristecer, apenar, molestar, desalentar, afligir, mortificar, amargar, enfadar, irritar, malhumorar, cansar, fatigar, hastiar, repugnar, aburrir, incomodar, desagradar, contrariar.

Disgusto pesadumbre, desilusión, desencanto, decepción, molestia, pena, tristeza, desconsuelo, desaliento, mortificación, amargura, aflicción, irritación, enfado, incomodidad, aburrimiento, hastio, repugnancia, fatiga, cansancio, malhumor, desagrado, contrariedad, aversión, dolor, desolación, inquietud, angustia || disensión, disputa, riña, desavenencia, enfado, pelea, altercado, desacuerdo, discordia, discrepancia.

Disidencia desacuerdo, desavenencia, disputa, cisma, escisión, conflicto, diferencia, separación, división, discordia, discrepancia.

Disidente desconforme, disconforme, discrepante, divergente, desavenido, cismático, oponente, contrario, querellante, conflictivo, dividido, desunido, separado, difícil, discordante, independiente.

Disímil v. diferente.

Disimilitud v. diferencia.

Disimuladamente fingidamente, solapadamente, silenciosamente, v. disimulado.

Disimulado solapado, silencioso, furtivo, subrepticio, embozado, diplomático, callado, hipócrita, socarrón, tortuoso, sinuoso, cerrado, reservado, camandulero, zorro, ladino, taimado || disfrazado, enmascarado, fingido, desfigurado, oculto, encubierto, escondido, velado, tapado.

Disimular silenciar, callar, reservarse, esconder, velar, tapar, encubrir, ocultar, desfigurar, fingir, enmascarar, disfrazar, permitir, tolerar, perdonar, disculpar, dispensar.

Disimulo fingimiento, malicia, reserva, ocultación, silencio, enmascaramiento, desfiguración, encubrimiento, argucia, diplomacia, táctica, estrategia, socarronería, astucia, tapujo, sigilo, capa, velo, pretexto, embozo, engaño, disfraz, eufemismo, hipocresía, ficción, zorrería, sinuosidad || tolerancia, disculpa, indulgencia, benevolencia.

Disipación libertinaje, vicio, depravación, licencia, desenfreno, disolución, crápula, perversión, liviandad, inmoralidad, intemperancia, abuso, descarrío, exceso, desvergüenza, incontinencia ||

DISIPADO

desaparición, evaporación, desvanecimiento, difuminación.

DISIPADO desenfrenado, licencioso, depravado, vicioso, libertino, inmoral, liviano, pervertido, crápula, disoluto, desvergonzado, descarriado, intemperante, incontinente || evaporado, desaparecido, desvanecido, difuminado, borrado, esfumado.

DISIPADOR derrochador, manirroto, pródigo, malgastador, despilfarrador, dilapidador, gastador, tarambana.

DISIPAR despilfarrar, malgastar, derrochar, prodigar, dilapidar, desperdiciar, gastar, malbaratar, arrojar, tirar, quemar, dispersar, malversar, desparramar || desaparecer, aclarar, esparcir, evaporarse, desvanecerse, perderse, esfumarse, borrar, difuminar.

DISLATE disparate, barbaridad, insensatez, imprudencia, contrasentido, absurdo, inconsecuencia, incoherencia, necedad, extravagancia, rareza, locura, burrada, aberración, delirio, enormidad, desacierto, desatino, desvarío, despropósito, desbarro.

DISLOCACIÓN desarticulación, luxación, descoyuntamiento, desencajamiento, separación, torcedura, desacoplamiento, desunión.

DISLOCAR descoyuntar, luxar, desarticular, desencajar, torcer, separar, desunir, desacoplar, romper, descontar, desquiciar.

DISLOQUE colmo, remate, culmen, perfección, increíble, inaudito.

DISMINUCIÓN aminoración, mengua, descenso, reducción, rebaja, substracción, merma, menoscabo, baja, depreciación, descuento, deterioro, descrecimiento, descrecencia, degradación, caída, quebranto, desvalorización, resta, restricción, deducción, corte, limitación, abreviación, acortamiento.

DISMINUIDO * mutilado, tullido, inválido, baldado, enfermo.

DISMINUIR reducir, descender, menguar, aminorar, depreciar, bajar, menoscabar, mermar, substraer, rebajar, decrecer, deteriorar, descontar, degradar, desvalorizar, quebrantar, perder, caer, escatimar, restar, deducir, cortar, empobrecer, descargar, cercenar, restringir, limitar, tasar, atenuar, abreviar, estrechar.

DISNEA fatiga, jadeo, dificultad respiratoria.

DISOCIACIÓN separación, descomposición, disgregación, análisis, desunión, desintegración, disolución, destrucción, desconexión, segregación, desacoplamiento, división, pulverización.

DISOCIAR disgregar, descomponer, separar, analizar, desconectar, destruir, diluir, disolver, desintegrar, desunir, pulverizar, dividir, desacoplar, segregar, apartar, desmembrar, divorciar.

DISOLUBLE soluble, desleíble, disgregable, diluible, divisible, analizable.

DISOLUCIÓN dilución, solución, solubilidad, disolubilidad, desleimiento, disgregación, separación, difusión, infusión, emulsión, compuesto, mezcla, precipitado, coloide, disolvente || libertinaje, vicio, relajación, disipación, liviandad, licencia, crápula, corrupción, decadencia, ocaso, rompimiento, desvinculación, ruptura.

DISOLUTO disipado, vicioso, libertino, relajado, liviano, licencioso, corrompido, crápula, pervertido, depravado, prostituido, extraviado, libidinoso, degradado, envilecido, descarriado, abyecto, indecente, escandaloso, desenfrenado, contaminado.

DISOLVENTE solvente, diluente, líquido, vehículo, coloide, disolutivo, infusión, emulsión, agua, alcohol, aceite, acetona, aguarrás || discordante, negativo, cismático, discrepante, inarmónico, separador.

DISOLVER licuar, colicuar, desleír, diluir, disgregar, deshacer, fundir, emulsionar, separar, descomponer, aguar, precipitar, dividir, concentrar, batir, hidratar, derretir || separar, desunir, desbaratar, deshacer, arruinar, interrumpir.

DISONANCIA discrepancia, desproporción, discordancia, desavenencia, desacuerdo, destemplanza, inarmonía, desentono, descompostura.

DISONANTE discordante, desentonado, destemplado, desproporcionado, desavenido, inarmónico, descompuesto, desacorde, discorde, chocante, disconforme, desagradable.

DISONAR desentonar, destemplar, discordar, descomponerse, chocar, extrañar, repugnar, desagradar, repeler, desacordar, discrepar.

DISPAR desparejo, desigual, diferente, distinto, disímil, heterogéneo, desemejante, diverso, otro, opuesto, inverso, adverso, encontrado.

DISPARADOR artillero, tirador, apuntador, certero, gatillo, pieza.

DISPARAR descargar, percutir, tirar, hacer fuego, ametrallar, abalear, tirotear, cañonear, bombardear, apuntar, lanzar, arrojar, proyectar, despedir, enviar, echar || DISPARARSE: precipitarse, desmandarse, desbocarse, impacientarse, encolerizarse, desbarrar, irritarse, correr, escapar, perder los estribos.

DISPARATADAMENTE desatinadamente, absurdamente, descabelladamente, v. disparatado.

DISPARATADO desatinado, absurdo, descabellado, irracional, extravagante, paradójico, raro, extraño, inconveniente, inverosímil, contradictorio, ilógico, atroz, increíble.

DISPARATAR desvariar, desbarrar, desatinar, delirar, errar, equivocarse, fallar, pifiar, contradecirse, enloquecer, trastornarse.

DISPARATE barbaridad, extravagancia, atrocidad, demasía, absurdo, paradoja, contrasentido, contradicción, insensatez, incoherencia, imprudencia, inconsecuencia, necedad, impertinencia, burrada, enormidad, locura, desacierto, delirio, devaneo, despropósito, dislate, desvarío, desbarro.

DISPAREJO v. dispar.

DISPARIDAD desigualdad, diferencia, desemejanza, discrepancia, desproporción, disconformidad, distinción, diversidad, variedad, desavenencia, disentimiento, discriminación, distancia, extremo, oposición, divergencia, disimilitud, heterogeneidad.

DISPARO tiro, descarga, balazo, fuego, andanada, salva, detonación, estallido, explosión, fogonazo, trueno.

DISPENDIO gasto, desembolso, dilapidación, derroche, despilfarro, desperdicio, prodigalidad, pérdida, profusión, difusión, disipación, desaprovechamiento, malbarato, malversación.

DISPENDIOSO costoso, exorbitante, caro, gravoso, valioso, alto, excesivo, exagerado, inmoderado, disparatado, precioso, lujoso.

DISPENSA privilegio, excepción, exención, concesión, permiso, bula, descargo, gracia, indulgencia, licencia, aprobación, otorgamiento, aquiescencia, merced, adjudicación, favor, cesión, autorización, venia, absolución.

DISPENSAR otorgar, dar, distribuir, eximir, conceder, exceptuar, privilegiar, licenciar, agraciar, descargar, permitir, adjudicar, aprobar, autorizar, ceder, favorecer, librar, exonerar, absolver, perdonar, excusar.

DISPENSARIO consultorio, clínica, policlínica, servicio, botiquín, establecimiento benéfico, casa de socorro.

DISPEPSIA digestión laboriosa, imperfecta.

DISPERSAR esparcir, desparramar, extender, soltar, dividir, desperdigar, disipar, diseminar, derramar, abrir, separar, desunir, sembrar, irradiar, rociar, desordenar, difundir, despedir, desviar || derrotar, vencer, aniquilar,

ahuyentar, desbaratar, perseguir.
DISPERSIÓN disgregación, diseminación, división, suelta, desparramo, esparcimiento, separación, derramamiento, disipación, desperdigamiento, difusión, propagación, extensión, desorden, irradiación, siembra, desunión, despido, distribución, desaparición, desviación || desbandada, huida, desbaratamiento, fuga, éxodo, persecución, aniquilación.
DISPERSO diseminado, desperdigado, desparramado, disgregado, esparcido, extendido, desviado, disipado, despedido, desunido, sembrado, irradiado, desordenado, propagado, difundido, desglosado, derramado, separado, suelto, dividido, sembrado.
DISPLAY * cartel, muestra, exhibición.
DISPLICENCIA indiferencia, desabrimiento, desgana, apatía, despreocupación, impasibilidad, insensibilidad, desinterés, despego, desasimiento, desamor, distancia, desgana, fastidio, frialdad, tibieza, desdén, desprecio.
DISPLICENTE indiferente, apático, desganado, desabrido, desinteresado, insensible, impasible, despreocupado, fastidioso, distante, antipático, desagradable, frío, tibio, despreciativo, desdeñoso.
DISPONER arreglar, colocar, preparar, ordenar, instalar, aparejar, aprestar, aderezar, adornar, concertar, situar, poner, ubicar, plantar, acomodar, aplicar, meter, alinear, orientar || ordenar, decidir, proyectar, mandar, determinar, preceptuar, resolver, prescribir, deliberar, despachar, expedir, arbitrar, solventar, establecer, decretar, sentenciar, acordar || DISPONERSE: prepararse, decidirse, determinarse, resolverse, ponerse, afanarse, alistarse, aprestarse, aprontarse, organizarse, v. disponer.
DISPONIBLE libre, vacante, aprovechable, utilizable, desocupado, útil, utilizable, valedero, servible, explotable, apto, favorable, adecuado.
DISPOSICIÓN mandato, orden, edicto, precepto, prescripción, ordenanza, bando, decisión, providencia, ordenación, instrucción, regla, ley, decreto || inclinación, vocación, tendencia, gusto, aptitud, habilidad, ingenio, idoneidad, capacidad, práctica, facultad, suficiencia, maña, talento, genio, destreza, mano, arte, pericia, soltura, desembarazo, facilidad, condiciones || colocación, distribución, arreglo, instalación, situación, posición, ubicación, acomodo, agrupamiento, coordinación, alineación, orden, orientación || gallardía, apostura, gentileza, donaire, galanura, garbo, empaque, elegancia, arrogancia.
DISPOSITIVO aparato, mecanismo, artefacto, ingenio, máquina, artilugio, artificio, instalación, instrumento.
DISPUESTO capaz, idóneo, ingenioso, hábil, apto, gustoso, diestro, perito, talentoso, mañoso, despierto, despejado, vivo, adiestrado || servicial, predispuesto, favorable, inclinado, propicio || preparado, listo, maduro, a punto.
DISPUTA discusión, controversia, contienda, trifulca, conflicto, zipizape, combate, altercado, reyerta, camorra, lucha, disensión, emulación, discrepancia, discordia, desavenencia, debate, disidencia, pelea, pelotera, querella, cuestión, polémica, dialéctica, peleona, rivalidad, bronca, agarrada, competición, desacuerdo.
DISPUTABLE problemático, discutible, cuestionable, objetable, controvertible, dudoso, inseguro, incierto.
DISPUTAR pelear, discutir, altercar, contender, combatir, discrepar, disentir, luchar, debatir, polemizar, rivalizar, agarrarse, competir, querellarse, reñir, porfiar, habérselas, pugnar.

DISQUISICIÓN análisis, examen, detalle, estudio, comparación, investigación, observación, relación, discusión, controversia, dialéctica, debate, cuestión, polémica.

DISTANCIA intervalo, medida, longitud, anchura, altura, separación, apartamiento, alejamiento, retiro, lejanía, campo, alcance, lapso, margen, extensión, dimensión, cercanía, proximidad, contigüidad || recorrido, trecho, trayecto, camino, tracto, singladura, jornada, viaje, alcance, travesía, vuelo, tirada, carrera, marcha, paseo, avance, progreso || diferencia, disparidad, desemejanza, discrepancia, desafecto, desvío, frialdad, desamor, desapego, indiferencia.

DISTANCIADO enemistado, enfadado || DISTANCIADO* rezagado, retrasado.

DISTANCIAR alejar, repeler, rechazar, apartar, separar, abandonar, relegar, repudiar, eludir, arrumbar, quitar, disuadir, despreciar, desdeñar || DISTANCIARSE enemistarse, separarse, marcharse, irse, desviarse, v. distanciar.

DISTANTE apartado, remoto, lejano, alejado, retirado, espaciado, lejos, separado, distanciado, desviado, arrumbado, solitario, solo, aislado, arrinconado, oculto.

DISTAR apartarse, alejarse, retirarse, espaciarse, distanciarse, separarse || diferenciarse, diferir, discrepar, distinguirse.

DISTENDER extender, estirar, traccionar, tensar, alargar, luxar, torcer, dislocar, descoyuntar.

DISTENSIÓN torcedura, esguince, descoyuntamiento, separación, desunión, dislocación, luxación || alivio, relajación.

DISTINCIÓN diferencia, diferenciación, discriminación, separación, disparidad, desigualdad, variedad, desemejanza, disimilitud, heterogeneidad, desproporción, distancia, apreciación, particularidad, singularidad, diversidad, discernimiento || honor, honra, homenaje, prerrogativa, excepción, consideración, respeto, miramiento, deferencia || elegancia, educación, nobleza, caballerosidad, gracia, finura, gentileza, garbo, atractivo, desenvoltura, estilo, donaire, gusto || precisión, claridad, orden, rigor, exactitud.

DISTINGO reparo, limitación, diferencia, discriminación, separación, desprecio, desdén.

DISTINGUIDO fino, elegante, noble, educado, caballeresco, garboso, gentil, gracioso, donairoso, desenvuelto, esclarecido, señorial, ilustre, selecto, cortesano, correcto, cumplido, cortés || esbelto, delgado, apuesto, bien parecido.

DISTINGUIR diferenciar, discriminar, separar, desigualar, apreciar, distanciar, discernir, singularizar, diversificar, particularizar, seleccionar, destacar, reconocer, elegir, calificar, honrar, preferir, exceptuar, considerar, respetar, conocer, descubrir || DISTINGUIRSE sobresalir, despuntar, destacar, resaltar, señalarse, descollar, dominar, predominar, aventajar, superar, prevalecer.

DISTINTAMENTE claramente, manifiestamente, llanamente, evidentemente, v. distinto.

DISTINTIVO señal, marca, insignia, botón, emblema, símbolo, alegoría, lema, escudo, divisa, imagen || característica, particularidad, cualidad, propiedad, rasgo, diferencia, especialidad, idiosincrasia, carácter || peculiar, propio, característico, particular, diferente, especial, individual, categórico, distinto.

DISTINTO diferente, particular, característico, propio, peculiar, individual, especial, categórico, diverso, dispar, disímil, contrario, opuesto, divergente, discrepante, desemejante, vario, otro, enfrentado, separado, encontrado, nuevo, ajeno || claro, manifiesto, preciso, personal.

DISTORSIÓN torsión, deformación,

deformidad, desproporción, desfiguración, alteración, transformación || torcedura, luxación, distensión, desarticulación, dislocación.

DISTORSIONAR * retorcer, desfigurar, deformar.

DISTRACCIÓN descuido, olvido, omisión, imprevisión, ligereza, inconsciencia, desatención, error, despreocupación, postergación, falta, desliz, inadvertencia, incuria, imprudencia, obcecación, enajenamiento || entretenimiento, diversión, pasatiempo, recreo, juego, espectáculo, deporte, afición, devoción.

DISTRAER entretener, divertir, recrear, amenizar, solazar, animar, bromear, alegrar, interesar, cautivar || engañar, apartar, desviar, separar, alejar, descuidar, entretener, retener, substraer, rogar, hurtar, quitar, defraudar || DISTRAERSE: olvidarse, descuidarse, entretenerse, atontarse, dormirse, aflojar, ceder, errar, abandonarse, despreocuparse, desprevenirse || divertirse, v. distraer.

DISTRAÍDO descuidado, olvidadizo, atontado, despreocupado, desatento, abandonado, dormido, desprevenido, abstraído, embobado, ido, imprevisor, ligero, inconsciente, imprudente || divertido, entretenido, agradable, grato, animado, alegre, cautivante, interesante, ameno, variado.

DISTRIBUCIÓN reparto, repartimiento, repartición, partición, parte, porción, entrega, contingente, donación, adjudicación, prorrateo, dividendo, lote, conjunto, división, ronda || ordenación, colocación, disposición, ubicación, posición, instalación, alineación, orientación, dirección, implantación.

DISTRIBUIDOR representante, intermediario, delegado, agente, comisionista, consignatario, almacenista || repartidor, dispensador, distribuyente.

DISTRIBUIR repartir, dividir, adjudicar, donar, asignar, racionar, prorratear, entregar, proporcionar, partir, dosificar, impartir, dispensar, dar.

DISTRIBUTIVO equitativo, proporcional, justo, igual, adjudicable, dosificable.

DISTRITO jurisdicción, circunscripción, división, demarcación, partido, término, contorno, concejo, parroquia, comarca, territorio, marca, municipio, ayuntamiento, zona, barrio, parte, lugar.

DISTURBAR v. perturbar.

DISTURBIO trastorno, revuelta, desorden, perturbación, contienda, levantamiento, motín, asonada, tumulto, sedición, algarada, sublevación, revolución, alteración, convulsión, escándalo, alboroto, jaleo.

DISUADIR inducir, aconsejar, desanimar, desarraigar, convencer, desviar, desmoralizar, descorazonar, cortar, encoger, amilanar, cambiar, retraer, evitar, impedir, sugerir, desaconsejar, persuadir.

DISUASIÓN descorazonamiento, persuasión, desánimo, desmoralización, impedimento, desaliento, retractación, desvío.

DISUASIVO persuasivo, desmoralizador, descorazonador, desalentador, convincente, sugerente.

DISUELTO desleído, licuado, diluido, deshecho, combinado, líquido, disperso, difundido.

DISYUNCIÓN desunión, separación, alejamiento, apartamiento, desarticulación.

DISYUNTIVA alternativa, dilema, opción, elección, dificultad, problema, conflicto, contradicción, complejidad, aprieto, rémora, inconveniente, engorro.

DISYUNTIVO separador, antagónico, contrario.

DITA garantía, aval, prenda, préstamo, responsable, garantizador, avalista.

DITIRÁMBICO exagerado, exaltado, desmesurado, desmedido, encomiástico, alabancioso, ponderativo, arrebatado, hiperbólico, laudatorio, lisonjero, excesivo.

DITIRAMBO alabanza, exageración, lisonja, exceso, encomio, apología, panegírico.

DIURNO matinal, vespertino, de día.

DIVA cantante, estrella, diosa, dea, heroína.

DIVAGACIÓN vaguedad, digresión, confusión, rodeo, desviación, imprecisión, desconcierto, ambigüedad, indeterminación, equívoco, incertidumbre, duda, desconocimiento, vacilación, enredo, fárrago || pereza, vagancia.

DIVAGAR vacilar, confundir, desviarse, desconcertarse, equivocar, dudar, desconocer, enredarse, rodear, embrollar, alejarse, desorientarse, apartarse || vagabundear, errar, merodear.

DIVÁN sofá, canapé, sillón, asiento, banco, confidente, silla.

DIVERGENCIA discrepancia, disconformidad, desavenencia, oposición, disentimiento, descontento, distensión, desigualdad, rompimiento, escisión, discordia, separación, bifurcación, alejamiento, apartamiento.

DIVERGENTE bifurcado, separado, alejado, apartado, desconcertado, desavenido, discrepante, diferente, disidente, opuesto, desigual, discordante, cismático.

DIVERGER * v. divergir.

DIVERGIR alejarse, bifurcarse, apartarse, separarse, discrepar, diferir, oponer, discordar, disentir, diferenciarse, diversificarse.

DIVERSIDAD variedad, desemejanza, diferencia, multiplicidad, heterogeneidad, complejidad, dualidad, disconformidad, pluralidad, sinfín, infinidad, plétora, amenidad, novedad, abundancia.

DIVERSIFICAR variar, diferenciar, pluralizar, amenizar, renovar, extender.

DIVERSIÓN entretenimiento, distracción, pasatiempo, recreo, juego, espectáculo, deporte, afición, devoción, amenidad, esparcimiento, solaz, placer, desahogo, gusto, fiesta, festejo, verbena, feria, velada, celebración, festín, banquete, sarao, convite, reunión, festividad, parranda, juerga, jaleo, jolgorio, bureo, broma.

DIVERSO variado, ameno, diferente, nuevo, vario, distinto, desemejante, otro, tercero, múltiple, heterogéneo, desparejo, dispar, desigual, disímil, híbrido, misceláneo || DIVERSOS varios, muchos, numerosos, abundantes, bastantes, algunos, diferentes, distintos.

DIVERTIDO entretenido, distraído, recreativo, placentero, agradable, ameno, grato, animado, cautivante, interesante, variado || cómico, alegre, juerguista, parrandero, chistoso, ocurrente, bromista, animador, chunguero, jovial, festivo, juguetón.

DIVERTIMIENTO distracción, recreamiento, v. diversión.

DIVERTIR recrear, distraer, entretener, complacer, agradar, amenizar, animar, cautivar, interesar, alegrar, contentar, regodear, festejar, solazar || DIVERTIRSE esparcirse, explayarse, retozar, jugar, bromear, festejar, farrear, chunguear, parrandear.

DIVIDENDO cuota, interés, renta, porción, parte, cantidad, utilidad, provecho, rédito, rendimiento, lucro, beneficio, ganancia, producto, tanto.

DIVIDIDO partido, fraccionado, cortado, repartido, bifurcado, seccionado, fragmentado, escindido, roto, separado, despedazado, desintegrado.

DIVIDIR separar, partir, fraccionar, seccionar, desmenuzar, fragmentar, cortar, recortar, bisecar, bifurcar, romper, trozar, despedazar, escindir, desintegrar || repartir, distribuir, compartir, asignar, prorratear, dosificar || enemistar, indisponer, malquistar, desavenir, desunir, separar.

DIVIESO flemón, forúnculo, tumor, inflamación, golondrino, grano,

Divinamente

lobanillo, hinchazón, bulto, absceso, quiste, infección, purulencia, postema, panadizo, bubón.

Divinamente admirablemente, espléndidamente, magníficamente, v. divino.

Divinidad deidad, dios, superhombre, semidiós, héroe || belleza, hermosura, preciosidad, primor, beldad, lindeza, majeza, galanura.

Divinizar santificar, venerar, adorar, glorificar, deificar, reverenciar, idolatrar, exaltar, honrar, ensalzar.

Divino celestial, paradisíaco, beatífico, celeste, célico, etéreo, glorioso, sobrehumano, bienaventurado, apacible, sereno, inmaculado, puro, eterno, delicioso, feliz, perfecto, omnipotente, poderoso || admirable, hermoso, soberbio, precioso, primoroso, espléndido, excelente, extraordinario.

Divisa insignia, señal, emblema, marca, distintivo, enseña, signo, lema, lazo, cinta, faja || moneda, billete, dinero, valor, numerario, metálico (extranjeros).

Divisar ver, percibir, observar, avistar, distinguir, vislumbrar, columbrar, avizorar, descubrir, otear, alcanzar, precisar, atisbar, detallarse, traslucirse, mostrarse, aparecerse, resaltar.

Divisible fraccionable, partitivo, fragmentable, desintegrable, desmenuzable.

División partición, separación, segmentación, fraccionamiento, repartición, parcelación, distribución, desmenuzamiento, fragmentación, corte, bisección, disección, rotura, desintegración, ramificación, fracción || compartimiento, estante, casilla, apartado, sección, encasillado || partición, caja, departamento || discordia, disidencia, escisión, indisposición, desavenencia, desunión, separación, desmembración, enemistad || operación, cuenta, cálculo, razón, cómputo || parte, pieza, fracción, tajada, recorte, porción, sección, grupo, clase, categoría, agrupación, conjunto.

Divisor submúltiplo, denominador, divisorio, divisivo, diviso.

Divisorio limítrofe, lindante, fronterizo, contiguo, colindante, marginal, confinante, tangente, medianero.

Divo divino, deidad, dios, cantante, sobresaliente, estrella.

Divorciarse separarse, desunirse, descasarse, repudiarse, apartarse, romper, malquistarse, terminar, desligarse, desviarse.

Divorcio ruptura, desavenencia, separación, desacuerdo, disolución, repudio, desunión, descasamiento, apartamiento, desligamiento, independencia, desviación, alejamiento.

Divulgación difusión, generalización, publicidad, propaganda, reclamo, anuncio, información, revelación, descubrimiento, manifestación, expresión, propagación, extensión, transmisión, dispersión, circulación, expansión, irradiación, publicación, trascendencia.

Divulgado conocido, popular, famoso, notorio, sonado, sabido, paladino, generalizado, difundido, publicado, propagado, revelado, extendido, trascendente, oficial, manifestado, descubierto.

Divulgador anunciador, vocero, pregonero, publicador, soplón, murmurador, propagandista v.

Divulgar propagar, publicar, generalizar, difundir, descubrir, revelar, informar, anunciar, transmitir, extender, comunicar, expresar, manifestar, perifonear, irradiar, expandir, circular, dispersar, trascender, esparcir, vocear, popularizar, pregonar, cotillear, murmurar.

Diz dicen, dice, dícese.

Do donde, en donde.

Dobladillo doblez, pliegue, repulgo, bastilla, alforza, plisado, frunce, remate, jaretón.

Doblado plegado, recogido, quebrado, torcido, acodado, arquea-

do, roblonado, retorcido, jorobado, encorbado, doblegado, cimbreado, curvado, combado, flexionado, alisado, planchado.
DOBLADURA v. doblamiento.
DOBLAJE * traducción, interpretación, versión, substitución.
DOBLAMIENTO doblez, dobladura, pliegue, torcedura, torcimiento, cimbreo, flexión, acodadura, curvatura, ángulo, codo, repliegue, arqueamiento, combadura, alisamiento, zigzag, desviación.
DOBLAR plegar, torcer, retorcer, quebrar, recoger, acodar, arquear, encorvar, jorobar, roblonar, flexionar, combar, curvar, cimbrear, doblegar, alisar, planchar, inclinar, refractar || tañer, tocar, repicar, voltear || traducir, substituir || DOBLARSE: agacharse, inclinarse, arrodillarse, someterse, humillarse, ceder, v. doblegarse.
DOBLE duplicado, repetido, facsímil, reiterado, reproducido, imitado, falsificado, reeditado || copia, facsímil, pareja, par, duplo, duplicado, repetición, reproducción, imitación, falsificación, reiteración || grande, vasto, amplio, extenso || taimado, artificioso, disimulado, fingido, artero, hipócrita.
DOBLEGAR someter, humillar, domar, dominar, amansar, domesticar, sujetar, rendir, vencer, reprimir, contener, subyugar, avasallar, moderar, oprimir, tiranizar, sojuzgar, sujetar, contener || flexionar, v. doblar || DOBLEGARSE ceder, acatar, acceder, conformarse, resignarse, consentir, transigir, inclinarse, capitular, rendirse, condescender, claudicar, humillarse.
DOBLEMENTE repetidamente, reiteradamente, duplicadamente, v. doble.
DOBLEZ pliegue, dobladillo, bastilla, alforza, plisado, frunce, remate, repulgo, dobladura, doblamiento v. || hipocresía, disimulo, duplicidad, simulación, ficción, astucia, farsa, artificio, fariseísmo, mojigatería.
DOBLÓN moneda, pieza, oro, dinero, ducado, maravedí, duro, escudo, dobla, real.
DOCE docena, duodécimo, doceno, dozavo, doceavo.
DOCEAVO * dozavo, duodécimo.
DOCENA v. doce.
DOCENCIA enseñanza, instrucción, v. docente.
DOCENTE didáctico, pedagógico, instructivo, educativo, profesoral, magistral.
DÓCIL manso, obediente, disciplinado, sumiso, suave, dúctil, dulce, benigno, apacible, sosegado, humilde, manejable, fiel, sujeto, subyugado, borrego, infeliz.
DOCILIDAD sumisión, obediencia, mansedumbre, ductilidad, suavidad, fidelidad, manejabilidad, humildad, apacibilidad, benignidad, dulzura, sujeción, flexibilidad, disciplina, dependencia.
DÓCILMENTE mansamente, obedientemente, v. dócil.
DOCK * dársena, muelle, almacén, depósito, descargadero, dique, malecón.
DOCTAMENTE sabiamente, cultamente, v. docto.
DOCTO sabio, culto, ilustrado, instruido, erudito, letrado, entendido, educado, estudioso, cultivado, leído, sapiente, conocedor.
DOCTOR graduado, diplomado, titulado, universitario, académico, profesor, catedrático, facultativo, médico, cirujano, erudito, v. docto.
DOCTORADO título, grado, diploma, reválida, examen, estudios, carrera, conocimientos.
DOCTORAL grave, solemne, formal, ceremonioso, pomposo, enfático, mayestático.
DOCTORARSE graduarse, titularse, diplomarse, revalidar, estudiar, examinarse.
DOCTRINA teoría, dogma, opinión, sistema, enseñanza, escuela, creencia, religión, credo, fe, evangelio, ciencia, saber, erudición, sabiduría, instrucción.

DOCTRINAL dogmático, teórico, científico, erudito, sistemático.

DOCTRINAR instruir, enseñar, educar, cultivar, v. adoctrinar.

DOCTRINARIO sectario, partidario, fanático, banderizo, simpatizante.

DOCUMENTACIÓN identidad, tarjeta de identificación, documento, cédula, pasaporte, credencial, *carnet*, justificante, comprobante, título, diploma, expediente, registro, protocolo, archivo, repertorio, notas, legajo.

DOCUMENTADO preparado, instruido, aleccionado, adiestrado, ilustrado, entendido, fundamentado, asesorado, acreditado, enterado, capacitado.

DOCUMENTAL fehaciente, evidente, irrefutable, cierto, fidedigno, indiscutible, documentado, positivo, gráfico, escrito, registrado, fundamentado || película instructiva, filme didáctico.

DOCUMENTAR fundamentar, probar, demostrar, acreditar, establecer, certificar, legalizar, autorizar, justificar, evidenciar || DOCUMENTARSE instruirse, prepararse, adiestrarse, aleccionarse, entender, asesorarse, capacitarse, enterarse, adoctrinarse, aprender, investigar, estudiar.

DOCUMENTO manuscrito, pergamino, original, expediente, registro, protocolo, archivo, repertorio, legajo, nota, cédula, copia, minuta, instrucción, extracto, duplicado, papel, auto, carta, contrato, recibo, comunicación, pliego, instrumento, diploma, título, justificante, comprobante, credencial, documentación, tarjeta de identificación, identidad, cédula, pasaporte, *carnet*.

DOGAL cuerda, soga, maroma, cabo, correa, lazo, lazada, nudo, horca.

DOGMA verdad, credo, misterio, creencia, fe, doctrina v., base, fundamento, apoyo, puntal, raíz, principio.

DOGMÁTICO irrefutable, innegable, indiscutible, fidedigno, fundamentado, fehaciente || tajante, imperioso, autoritario, imperativo || impenetrable, incomprensible, misterioso, arcano, oculto.

DOGMATISMO autoritarismo, imperio, rigidez, infalibilidad, rigor.

DOGMATIZAR enseñar, profesar, sermonear, declarar, asegurar, afirmar, pavonearse, presumir.

DOGO alano, can, perro v.

DOLAR labrar, pulir, desbastar, lijar, acepillar.

DOLCE FAR NIENTE * indolencia, holganza, pereza, ocio.

DOLENCIA achaque, afección, padecimiento, indisposición, mal, morbo, arrechucho, malestar, alifafe, acceso, daño.

DOLER sufrir, padecer, atormentarse, acongojarse, torturarse, arrepentirse, quejarse, lamentarse || DOLERSE compadecerse, apiadarse, condolerse, conmoverse, ablandarse, apenarse, inquietarse.

DOLIENTE enfermo, paciente, indispuesto, malo, afectado, achacoso, enfermizo, delicado, débil || quejumbroso, apenado, quejoso, lloroso, llorón, gemebundo, afligido, lastimero, lastimoso, desconsolado, contristado, abatido.

DOLO fraude, simulación, engaño, estafa, doblez, disimulo, trampa, mala fe.

DOLOR sufrimiento, daño, suplicio, tormento, padecimiento, congoja, tortura, aflicción, calvario, martirio, pena, angustia, desconsuelo, arrepentimiento, desazón, pesar, contricción, lamento, queja.

DOLORIDO molido, golpeado, lastimado, maltratado, molesto, agotado, reventado, descoyuntado, agobiado, quebrantado, lacerado, herido || apenado, v. doliente.

DOLOROSO lamentable, lastimoso, penoso, triste, aflictivo, deplorable, desesperante, desgarrador, lastimero, horrible, desolador || lacerante, punzante, penetrante, agudo, pungente, terebrante, agobiante, torturante.

Doloso fraudulento, engañoso, tramposo, simulado, falso, aparente.

Doma adiestramiento, domesticación, amaestramiento, amansamiento, apaciguamiento, aplacamiento, dominación, sometimiento, represión, contención.

Domado amaestrado, domesticado, v. domar.

Domador domesticador, adiestrador, desbravador, amaestrador, amansador, apaciguador, dominador.

Domar domesticar, amaestrar, adiestrar, amansar, someter, dominar, aplacar, apaciguar, contener, desbravar, desbravecer, rendir, someter, subyugar, contener, sujetar, domeñar, reprimir, vencer.

Domeñar v. dominar.

Doméstica doncella, sirvienta, criada, moza, fámula, servidora, maritornes, camarera, asistenta, ayudante, chica, muchacha, azafata, niñera, ama, lavandera, cocinera.

Domesticación v. doma.

Domesticado v. domado.

Domesticar v. domar.

Doméstico hogareño, casero, familiar, sencillo, natural, maternal, paternal || servidor, criado, fámulo, sirviente, mozo, camarero, mayordomo, asistente, servidor, lacayo, ayudante || v. domesticado.

Domiciliarse establecerse, avecindarse, trasladarse, arraigar, afincarse, mudarse, fijarse, instalarse, asentarse, residir, radicarse, empadronarse, localizarse, poner casa.

Domicilio dirección, señas, casa, mansión, residencia, hogar, finca, morada, habitación.

Dominación dominio, poder, autoridad, señorío, imperio, supremacía, yugo, sujeción, vasallaje, tiranía, absolutismo, dictadura, autocracia, despotismo, abuso, opresión.

Dominador opresor, tirano, dictador, sojuzgador, conquistador, vencedor, señor, avasallador, subyugador, predominante, v. dominante.

Dominante dictatorial, tiránico, intolerante, imperioso, fanático, intransigente, severo, despótico, absoluto, autocrático, opresivo, abusivo, soberbio, orgulloso, arbitrario || sobresaliente, predominante, destacado, reinante, descollante, preponderante, v. dominador.

Dominar someter, imperar, reinar, avasallar, sojuzgar, conquistar, vencer, señorear, subyugar, predominar, tiranizar, dictar, oprimir, sujetar, abusar, supeditar, esclavizar, refrenar, contener, reprimir, reducir || descollar, sobresalir, destacar, preponderar, distinguirse, aventajar || Dominarse contenerse, refrenarse, sobreponerse, reprimirse, sujetarse, vencerse, moderarse.

Dómine preceptor, maestro, profesor, mentor, instructor, consejero, ayo || pedante, engolado, doctoral, enfático.

Dominus vobiscum el Señor esté con vosotros, bendición.

Domingo festividad, fiesta, asueto, descanso, vacación, domínica, disanto.

Dominguero festivo, engalanado, emperifollado, alegre, jovial, descansado.

Dominguillo títere, pelele, tentetieso, monigote, muñeco || recadero, mandadero, botones.

Domínica v. domingo.

Dominical dominguero, del domingo, semanal, periódico.

Dominio sujeción, poder, poderío, mando, potestad, superioridad, coacción, apremio, señorío, dominación, victoria, avasallamiento, arbitrariedad, tiranía, absolutismo, autocracia, esclavitud, servidumbre, dictadura, despotismo, abuso, feudalismo, yugo, apremio, imperio, sometimiento || hacienda, pertenencia, propiedad, feudo, posesión, territorio, terreno, colonia, mandato.

Dominó disfraz, capa, capuchón,

embozo, chamelo, correlativa, juego.

DOMO cúpula, bóveda, arco, cimborrio, medio punto, ábside, torrecilla, bovedilla, vuelta, cripta, arquería.

DOMPEDRO bacinilla, orinal, vaso de noche.

DON regalo, presente, dádiva, oferta, ofrenda, ofrecimiento, donativo, donación, merced, entrega, obsequio, cesión, subvención, óbolo || cualidad, facultad, aptitud, habilidad, capacidad, gracia, idoneidad, dote, suficiencia, disposición, maña, merced, virtud, poder, fuerza || tratamiento, título, señor, caballero.

DONACIÓN cesión, legado, dote, usufructo, manda, entrega, traspaso, transferencia, concesión, v. don.

DONADOR v. donante.

DONAIRE gentileza, gallardía, soltura, agilidad, galanura, garbo, apostura, arrogancia, elegancia, plante, empaque, belleza, hermosura || ingenio, gracia, sal, salero, sombra, gracejo, agudeza, ocurrencia, chiste, chuscada.

DONAIROSO gallardo, gentil, galán, ágil, esbelto, elegante, arrogante, apuesto, garboso, hermoso, bello || gracioso, ingenioso, saleroso, agudo, ocurrente, chusco, chistoso, bromista.

DONANTE donador, legador, generoso, espléndido, dadivoso, donatario.

DONAR regalar, obsequiar, entregar, ofrendar, subvencionar, legar, ceder, dotar, traspasar, transferir, conceder, conferir.

DONATARIO receptor, beneficiario, beneficiado, favorecido, agraciado.

DONATIVO donación, óbolo, dádiva, ofrenda, subvención, obsequio, v. don.

DONCEL mancebo, adolescente, efebo, paje, mozo, joven, muchacho, chico, impúber, imberbe, pubescente, zagal, pollo.

DONCELLA virgen, damisela, muchacha, chica, chiquilla, moza, señorita, adolescente, zagala, impúber || virginal, virtuosa, pura, casta, intacta, entera, inocente || camarera, sirvienta, criada v.

DONCELLEZ virginidad, pureza, virtud, castidad, inocencia, candor, soltería, honestidad.

DONDE adonde, en donde, do, en que, en el que, en el cual.

DONDEQUIERA doquiera, doquier, por doquiera, por dondequiera, en cualquier parte.

DONJUÁN conquistador, tenorio, mujeriego, burlador, castigador, enamoradizo, galán, seductor, faldero, libertino.

DONOSO v. donairoso.

DONOSURA v. donaire.

DOPAR * drogarse v.

DOQUIER v. dondequiera.

DOPING * inyección, droga, administración, estímulo, fraude.

DORADO recubierto, bañado, chapado, áureo, bruñido, brillante, refulgente, fulgurante || venturoso, floreciente, esplendoroso, feliz, bienhadado, próspero, radiante.

DORAR chapar, bañar, recubrir, bruñir, pulir, abrillantar, frotar, ensalzar, elogiar, encubrir.

DORMIDO alelado, atontado, pasmado, lelo, aturdido, torpe, zopenco, simple || adormecido, durmiente, adormilado, descansado, inconsciente, inmóvil, tendido.

DORMILÓN lirón, soñoliento, adormilado, gandul, poltrón, haragán, vago, tumbón, perezoso v.

DORMILONA butaca, poltrona, sillón, diván, sofá, hamaca || perezosa v., haragana, soñolienta.

DORMIR dormitar, adormecerse, reposar, descansar, sestear, holgar, pernoctar, tenderse, tumbarse, echarse, sosegarse, acomodarse, yacer, acostarse || DORMIRSE descuidar, olvidarse, abandonar, adormecerse, adormilarse, entretenerse, distraerse, dejarse, abandonarse, v. dormir.

DORMITAR adormecerse, cabecear, adormilarse, reposar, v. dormir.

DORMITIVO somnífero, sedante, soporífero, estupefaciente, barbitúrico, tranquilizante, aletargante, narcótico, anestésico.

DORMITORIO alcoba, cuarto, pieza, aposento, cámara, habitación, estancia, recinto, cubículo.

DORNAJO artesa, batea, amasadera, duerno, cuenco, cuezo, gamella, bandeja, recipiente.

DORNILLO escupidera, hortera, salivadera.

DORSAL lumbar, espaldar, zaguero, trasero, posterior.

DORSO reverso, revés, espalda, respaldo, trasera, zaguera, envés, cruz, lomo, zaga, retaguardia, posterior.

DOSAJE * v. dosis.

DOSEL palio, estrado, toldo, baldaquino, resguardo, colgadura, antepuerta, tapiz, pabellón, cortina.

DOSIFICACIÓN v. dosis.

DOSIFICAR graduar, medir, determinar, dividir, administrar, repartir, tomar.

DOSIS medida, cantidad, porción, toma, parte, proporción, cuantía, cuota.

DOSSIER * legajo, expediente, protocolo, documentación, carpeta, sumario.

DOTACIÓN tripulación, equipo, equipaje, oficialidad, marinería, gente, tripulantes, servicio || v. dote.

DOTAR asignar, dar, conceder, ofrecer, señalar, proporcionar, entregar, otorgar, adjudicar, aportar, proveer, conferir, transmitir.

DOTE caudal, prenda, prebenda, patrimonio, pertenencia, fortuna, hacienda, bienes, capital, fondos, bolsa || DOTES capacidad, idoneidad, facultad, prendas, aptitud, habilidad, virtud, cualidades.

DRAGA barcaza, lanchón, máquina, aparato, embarcación.

DRAGAR despejar, desembarazar, limpiar, excavar, ahondar, librar, abrir, remover.

DRAGOMÁN intérprete, interpretador, trujamán, truchimán, drogmán.

DRAGÓN animal fabuloso, ser mítico, lagarto, reptil.

DRAMA tragedia, melodrama, suceso, desgracia, calamidad, desastre, fatalidad, desdicha.

DRAMÁTICO trágico, espeluznante, conmovedor, desgraciado, calamitoso, tremendo, impresionante, emocionante, sensible, fatal, desastroso, teatral, espectacular.

DRAMATISMO emoción, impresión, emotividad, sensibilidad, fuerza, garra.

DRAMATIZAR exagerar, adornar, abultar, emocionar, impresionar.

DRAMATURGO autor, literato, escritor, comediante, comediógrafo.

DRÁSTICO radical, enérgico, eficaz, decisivo, concluyente, contundente, aplastante, rápido, violento, fuerte, rudo, tajante.

DRENAJE desagüe, derrame, avenamiento, vaciado.

DRENAR * desaguar, vaciar, avenar.

DRÍADA dríade, ninfa, dría.

DRIBLAR * regatear, esquivar, eludir, burlar, pasar.

DRIZA cuerda, cabo, soga.

DRIZAR izar, subir, arriar, bajar.

DROGA ingrediente, compuesto, medicamento, substancia, medicina, especialidad, remedio, poción, específico, fármaco, preparado, narcótico, estupefaciente, estimulante.

DROGADICTO * toxicómano, v. drogado.

DROGADO adicto, vicioso, morfinómano, cocainómano, *drogadicto*.

DROGARSE inyectarse, enviciarse, corromperse, administrarse, absorber, tomar.

DROGUERÍA tienda, establecimiento, farmacia, perfumería, ferretería, abacería.

DROMEDARIO camello, ungulado, rumiante.

DRUPA fruto carnoso, ciruela, melocotón, albaricoque.

DUALIDAD duplicidad, reiteración, repetición, duplicación.

DUBITACIÓN v. duda.

DUBITATIVO indeciso, vacilante, irresoluto, perplejo, confuso, titubeante, dudoso v.

DÚCTIL maleable, flexible, blando, dócil, acomodaticio, condescendiente, comprensivo, conformis-

DUCTILIDAD

ta, complaciente, adaptable, transigente.
DUCTILIDAD v. plasticidad.
DUCTOR guía, caudillo, capitán, cabecilla, jefe, dirigente, rector, director.
DUCHA chorro, lluvia, riego, irrigación, mojadura, chorretada, aspersión, llovizna.
DUCHAR regar, bañar, lavar, higienizar, mojar, empapar, humedecer.
DUCHO experimentado, diestro, capaz, competente, apto, hábil, experto, preparado, mañoso, fogueado, entendido, corrido, baqueteado, dispuesto, avezado, idóneo.
DUDA indecisión, vacilación, dilema, dubitación, hesitación, perplejidad, titubeo, cambio, fluctuación, incertidumbre, irresolución, indeterminación, imprecisión, alternativa || sospecha, recelo, barrunto, desconfianza, aprensión, prejuicio, presunción, prevención, conjetura, suspicacia, temor.
DUDAR titubear, fluctuar, hesitar, vacilar indeterminarse, cambiar, tantear, oscilar, preocuparse, confundirse, turbarse || desconfiar, barruntar, sospechar, presumir, conjeturar, temer, recelar, prevenirse, escamarse.
DUDOSO inseguro, incierto, problemático, equívoco, sospechoso, hipotético, eventual, fortuito, mudable, inexacto, inconstante, variable, obscuro, confuso, precario, nebuloso, vago, incógnito || indeciso, vacilante, perplejo, titubeante, indeterminado, fluctuante, preocupado, turbado, temeroso, desconfiado, receloso, prevenido, escamado, suspicaz.
DUELA tabla, tablilla, madera de barril.
DUELISTA pendenciero, camorrista, espadachín, matamoros, reñidor, quisquilloso, desafiador, batallador, matachín, belicoso, díscolo, guapo, matón, bravucón.
DUELO desafío, encuentro, pendencia, provocación, reto, lance, contienda, lucha, justa, combate, pelea, enfrentamiento || luto, dolor, aflicción, tristeza, desconsuelo, pena, sentimiento || entierro, sepelio, funeral, ceremonia, inhumación, conducción || padecimiento, trabajo, fatiga, quebranto, esfuerzo.
DUENDE trasgo, genio, geniecillo, gnomo, espíritu, fantasma, espectro, visión, aparición, coco, aparecido, alma en pena.
DUEÑA propietaria, ama, señora, casera, patrona, jefa, poseedora, beneficiaria || acompañante, carabina, celestina, señorita de compañía, dama de honor, camarera, v. sirvienta.
DUEÑO amo, propietario, señor, patrón, jefe, patrono, principal, cabeza, superior, poseedor, titular, mayorazgo, hacendado, casero, terrateniente, heredero, comprador.
DUERNA artesa, batea, amasadera, cuenco, artesón, dornajo, receptáculo.
DUETO dúo, pareja, dos.
DULCE dulzón, exquisito, grato, agradable, suave, sabroso, rico, gustoso, delicado, azucarado || caramelo, confite, golosina, bombón, chocolatina, anís, peladilla, gollería || manso, dócil, sumiso, tierno, blando, complaciente, indulgente, pacífico, afable, bondadoso, inofensivo, dúctil, benigno, apacible.
DULCEMENTE suavemente, mansamente, v. dulce.
DULCERÍA confitería, pastelería, repostería, bollería, tienda, establecimiento.
DULCIFICAR suavizar, apaciguar, calmar, enfriar, amansar, serenar, aplacar, mitigar, sosegar, pacificar || DULCIFICARSE ablandarse, ceder, serenarse, humanizarse, condescender, comprender, transigir.
DULZAINA chirimía, flautín, flauta, instrumento de viento.
DULZÓN dulzarrón, empalagoso, in-

digesto, pesado, desagradable ||
cargante, fastidioso, molesto,
amanerado, afectado.
Dulzura suavidad, bondad, blandura, ternura, afabilidad, cordialidad, afecto, sencillez, benevolencia, gracia, benignidad, gentileza, familiaridad, humanidad, expresividad, indulgencia, moderación.
Dum-dum bala explosiva, proyectil, munición.
Dumping * maniobra, venta a bajo precio, liquidación.
Duna médano, montículo, montón, prominencia, arenal, arenas, colina, eminencia, altozano, joroba.
Dúo dueto, pareja, dos.
Duodeno intestino, tripa, entraña.
Duplicado copia, reproducción, réplica, transcripción, extracta, calco, trasunto, facsímil, plagio, falsificación.
Duplicar reproducir, copiar, calcar, transcribir, plagiar, falsificar, doblar, multiplicar.
Duplicidad hipocresía, doblez, falsedad, fingimiento, engaño, disimulo, malicia, reserva, ocultación, socarronería, astucia, tapujo, sinuosidad || dualidad, reiteración, repetición, duplicación.
Duplo v. doble.
Duque noble v.
Durable v. duradero.
Duración persistencia, permanencia, aguante, vitalidad, perennidad, firmeza, estabilidad, resistencia, existencia, continuación, conservación, inalterabilidad, inmutabilidad || tiempo, lapso, período, curso, extensión, espacio, plazo, etapa, fase, ciclo, momento, instante.
Duradero resistente, durable, estable, firme, permanente, persistente, continuado, inmutable, inalterable, inmemorial, eterno, sempiterno, perpetuo, perdurable, crónico, perenne, pertinaz, vitalicio, largo, interminable, inmortal, ilimitado, indefinido, prolongado.
Duramente tenazmente, fuertemente, reciamente, sólidamente, v. duro.
Durante mientras, en tanto que, al tiempo que.
Durar subsistir, perdurar, persistir, continuar, permanecer, resistir, eternizarse, perpetuarse, inmortalizarse, mantenerse, sostenerse, alargarse, extenderse, arraigar, tirar, vivir, prolongarse.
Durazno melocotón, fruto, melocotonero, árbol.
Dureza callosidad, aspereza, tumor, endurecimiento, costra, cicatriz, callo, ulceración, esclerosis, bulto, abultamiento, rugosidad || rigidez, tenacidad, solidez, fortaleza, firmeza, consistencia, reciedumbre, resistencia || inflexibilidad, crueldad, severidad, intolerancia, disciplina, rigor, rudeza, violencia, inclemencia.
Durmiente dormido, soñador, yacente, tendido, echado, inconsciente, acostado || viga, madero, traviesa, leño, tablón, tirante, palo.
Duro recio, firme, tenaz, sólido, fuerte, consistente, diamantino, acerado, pétreo, férreo, granítico, concreto, compacto, resistente, irrompible, inquebrantable, rígido, tieso, erecto, calloso, correoso || inflexible, cruel, inhumano, severo, rígido, riguroso, áspero, violento, inclemente, despiadado, insensible, rugoso, rudo, intolerante || terco, tenaz, resistente, sufrido, porfiado, perseverante, estoico, entero, recio.
Dux magistrado, príncipe, soberano, gobernador.

E

¡Ea! ¡vamos!, ¡adelante!, ¡ánimo!, ¡eso!, ¡cuidado!, ¡atención!

Ebanista mueblista, carpintero, artesano, operario.

Ebriedad borrachera, embriaguez, curda, alcoholismo, mona, emborrachamiento, merluza, beodez, cogorza, dipsomanía, tajada, pítima, manta, delírium tremens, moña, melopea, tablón, tranca, temulencia.

Ebrio embriagado, borracho, alcohólico, dipsómano, beodo, delirante, temulento, bebido, achispado, ahumado, mamado, azumbrado, alcoholizado, alegre, borrachín, alumbrado, pellejo, odre.

Ebullición hervor, cocción, hervido, burbujeo, fermentación, cocido, efervescencia, hervidero, espuma, borbotón.

Ebúrneo marfileño, marfilino, claro, blanco.

Eccehomo atormentado, torturado, lacerado, roto, herido, lastimoso, penoso.

Eccema v. eczema.

Ecléctico moderado, conciliador, comedido, transigente, justo, imparcial.

Eclesiástico clérigo, cura, sacerdote v., padre, religioso, ungido, abate, capellán, presbítero, canónigo, párroco, coadjutor, fraile, monje || sacerdotal, clerical, religioso.

Eclipsar ocultar, tapar, interceptar, interponerse, cubrir, esconder, obscurecer || desmerecer, deslucir, superar, empobrecer, exceder, sobrepujar, destacarse, vencer, ganar, aventajar || Eclipsarse desaparecer, desvanecerse, esfumarse, escapar, huir, deslizarse, ausentarse, esconderse, escabullirse, evadirse.

Eclipse ocultación, desaparición, obscurecimiento, interposición, desvanecimiento, huida, ausencia, evaporación, evasión, ocaso, decadencia, declinación, declive, mengua.

Eclosión brote, nacimiento, aparición, revelación, manifestación, salida, comienzo.

Eco resonancia, repetición, sonido, retumbo, reproducción, imitación, repercusión, sonoridad, voz, altisonancia, rimbombancia, retintín, estrépito, rumor, acústica.

Economato cooperativa, mutualidad, almacén, establecimiento, tienda, depósito.

Economía administración, ahorro, parvedad, sobriedad, frugalidad, previsión, prudencia || avaricia, estrechez, miseria, restricción, tacañería, sordidez || riqueza pública, intereses, distribución, crematística, crematología, producción.

Económicamente ahorrativamente, sobriamente, frugalmente, v. económico.

Económico ahorrativo, sobrio, frugal, parvo, administrador, prudente, previsor, sensato || miserable, mezquino, roñoso, sórdido, tacaño, avaro, avariento || barato, rebajado, conveniente, asequible, ganga, ocasión, saldo || administrativo, distributivo, crematístico, monetario.

Economista colectivista, proteccio-

nista, ecónomo, experto, perito, especialista, administrador.

Economizar administrar, ahorrar, guardar, apartar, depositar, prever, reservar || entalegar, restringir, privarse, quitar, evitar, acumular, atesorar, codiciar, negar, cicatear.

Ecuánime justo, equitativo, imparcial, objetivo, recto, neutral, íntegro, honrado, razonable, ajustado, incorruptible, insobornable || constante, sereno, igual, inalterable, estoico.

Ecuanimidad honradez, integridad, rectitud, neutralidad, razón, justicia, objetividad, imparcialidad, incorruptibilidad, honestidad || serenidad, constancia, estoicismo, inalterabilidad.

Ecuestre hípico, equino, caballar.

Ecuménico universal, mundial, general, total, internacional.

Ecuyère * amazona de circo.

Eczema sarpullido, erupción, irritación, descamación, vejiguillas, costras.

Echacuervos embustero, ruin, despreciable, alcahuete, tercero, intermediario.

Echadizo desperdicios, sobras, desechos, despojos, restos, residuos.

Echado tumbado, tendido, yacente, acostado, dormido, prono, tirado, extendido, horizontal, apaisado, plano, supino || expulsado, arrojado, arrinconado, desterrado, deportado, excluido, separado, alejado, proscrito.

Echamiento v. expulsión.

Echar arrojar, expulsar, alejar, separar, excluir, deportar, desterrar, arrinconar, proscribir, repeler, barrer, retirar, desalojar, lanzar, tirar, volcar, despedir, rechazar, perseguir, ahuyentar, espantar, deponer, destituir || **Echarse** tumbarse, acostarse, tenderse, tirarse, extenderse, yacer, dormirse, encamarse, encogerse, agacharse, ocultarse, esconderse.

Echarpe * chal, manteleta, paño, pañoleta.

Edad años, tiempo, vida, primaveras, duración, longevidad, vitalidad, aguante, existencia || época, período, lapso, era, tiempo || infancia, niñez, juventud, madurez, plenitud, ocaso, ancianidad, decrepitud, senilidad.

Edecán ayudante de campo, auxiliar, acompañante || soplón, cotilla, alcahuete, dominguillo.

Edema hinchazón, infiltración, serosidad, abultamiento, acumulación, hidropesía.

Edematoso hinchado, infiltrado, seroso, abultado.

Edén paraíso, gloria, empíreo, cielo, nirvana, elíseo, vergel, oasis, jardín.

Edición publicación, impresión, reproducción, reimpresión, estampación || tirada, ejemplares.

Edicto orden, bando, reglamento, ley, dictado, dictamen, sentencia, mandato, proclama, legislación, precepto, disposición, decisión, resolución, estatuto, constitución || escrito, cartel, pasquín, programa.

Edículo templete, palacete, edificio pequeño.

Edificación erección, levantamiento, construcción, obra, alzamiento, elevación, cimentación, urbanización || v. edificio.

Edificante estimulante, aleccionante, instructivo, sugerente, virtuoso, ejemplar, modelo.

Edificar erigir, levantar, construir, fundar, alzar, elevar, cimentar, fabricar, labrar, proyectar, urbanizar, poblar || estimular, aleccionar, instruir, ejemplarizar, sugerir, dar ejemplo.

Edificio obra, construcción, casa, inmueble, residencia, fábrica, vivienda, mansión, palacio, templo.

Edil concejal, regidor, consejero, ejecutor, cabildante, capitular, jurado.

Edilicio urbano, urbanístico, municipal, concejal.

Editar publicar, imprimir, reimprimir, estampar, tirar, reproducir, copiar.

Editor impresor, librero, empresario.

Editorial empresa, librería, casa editora || artículo de fondo, escrito, suelto, gacetilla, ensayo.

Editorialista * redactor, articulista, periodista, gacetillero.

Edredón colcha, cobertor, sobrecama, cobija, frazada, manta, almohadón.

Educación instrucción, formación, enseñanza, adiestramiento, didáctica, pedagogía, cultura, vulgarización, divulgación, iniciación, aleccionamiento, apostolado, catequesis, doctrina, ilustración, adoctrinamiento, disciplina, documentación, sistema, método, lección, cátedra, conferencia || urbanidad, delicadeza, corrección, cortesía v.

Educacional * educativo v.

Educado cortés, amable, culto, delicado, instruido, atento, considerado, caballeroso, fino, simpático, agradable, complaciente, correcto, comedido, exquisito, afable.

Educador maestro, profesor, tutor, preceptor, mentor, ayo, instructor, institutor, dómine, pedagogo, catedrático, conferenciante.

Educando alumno, estudiante, discípulo, condiscípulo, colegial, escolar, aprendiz, interno, pensionista.

Educar enseñar, adiestrar, instruir, formar, divulgar, vulgarizar, cultivar, aleccionar, iniciar, disciplinar, adoctrinar, ilustrar, documentar, preparar, dirigir, encaminar, iluminar, alumbrar, catequizar, profesar, repasar, leer, explicar, desarrollar, perfeccionar, afinar.

Educativo pedagógico, instructivo, cultural, formativo, ilustrativo, disciplinario, documentador, explicativo, doctrinal, docente, didáctico, magistral.

Educir v. deducir.

Edulcorar endulzar, suavizar, sacarificar, mezclar, dulcificar, sacarinear.

Efebo adolescente, mancebo, púber, imberbe, pubescente, mozo, zagal, joven, muchacho, chico, pollo, paje.

Efectismo sensacionalismo, artificiosidad, falsedad, ficción, sensación, impresionismo, fatuidad, petulancia.

Efectista sensacionalista, falso, presumido, pedante, vano, artificioso, ególatra, fatuo, farolero, petulante, pretencioso.

Efectivamente en efecto, realmente, naturalmente, ciertamente, indudablemente, desde luego, justamente, evidentemente, sin duda, verdaderamente.

Efectividad eficacia v., objetividad, seguridad, seriedad, certeza, certidumbre, firmeza, confianza, raigambre, garantía, fidelidad, inmunidad.

Efectivo objetivo, seguro, serio, cierto, eficaz, garantizado, arraigado, conable, firme, inmune, fiel, enérgico, adecuado, conveniente, válido, eficiente, duradero, fuerte, poderoso, activo, valioso || moneda, numerario, metálico, billetes, dinero contante.

Efecto resultado, secuela, consecuencia, fruto, resulta, acción, producto, fruto, derivación, corolario, emanación, alcance, desenlace, conclusión, fin, deducción, trascendencia, importancia, origen, causa, dependencia, relación, objeto, motivo || impresión, sensación, apariencia, emoción, sentimiento || artículo, producto, género, mercancía || documento, valor, cheque, talón, pagaré, libranza, letra, libramiento || Efectos enseres, muebles, bienes, útiles, mobiliario, artefactos, trebejos, trastos, instrumentos, utensilios, bártulos.

Efectuado consumado, realizado, perpetrado, cumplido, verificado, ejecutado, hecho, obrado, logrado, puesto, llevado a cabo, cometido, formalizado, desempeñado, celebrado.

Efectuar cumplir, perpetrar, realizar, verificar, consumar, lograr, poner, obrar, hacer, ejecutar,

EFÉLIDE practicar, cometer, desempeñar, celebrar, formalizar, llevar a cabo.

EFÉLIDE peca, mancha, mota, lunar, mácula.

EFEMÉRIDES sucesos, hechos, acontecimientos, recuerdos, comentarios, acaecimientos, advenimientos, eventos, incidentes, casos, lances, situaciones || crónica, comentario, diario, calendario, almanaque.

EFERVESCENCIA burbujeo, borboteo, hervidero, ebullición, hervor, espuma, borbollón, borbotón || agitación, exaltación, ardor, arrebato, acaloramiento, arrebatamiento, intranquilidad, desasosiego, alarma, inquietud, conmoción, perturbación, impaciencia, confusión, expectación, ansiedad.

EFERVESCENTE burbujeante, hirviente, espumoso, borboteante, espumante || exaltado, agitado, intranquilo, arrebatado, inquieto, alarmado, desasosegado, ansioso, expectante, impaciente.

EFICACIA garantía, efectividad, capacidad, habilidad, aptitud, fuerza, energía, poder, virtud, vigor, eficiencia, firmeza, actividad, duración, vigencia, conveniencia, valor, validez, seguridad, seriedad, certeza, arraigo, certidumbre, raigambre, fidelidad.

EFICAZ capaz, efectivo, apto, hábil, competente, dispuesto, preparado, firme, eficiente, vigoroso, poderoso, enérgico, fuerte, válido, conveniente, vigente, durable, activo, cierto, arraigado, serio, seguro, fiel, duradero || provechoso v.

EFICAZMENTE efectivamente, hábilmente, competentemente, v. eficaz.

EFICIENCIA v. eficacia.
EFICIENTE v. eficaz.

EFIGIE representación, figura, imagen, hechura, modelo, apariencia, imitación, copia, calco, simulacro, símbolo, emblema, reliquia, retrato, grabado, pintura, escultura, santo, icono, ídolo, estatua, tótem, fetiche.

EFÍMERO corto, fugaz, breve, precario, frágil, perecedero, provisional, provisorio, momentáneo, circunstancial, temporal, limitado, transitorio, fugitivo, pasajero.

EFLUVIO irradiación, emanación, exhalación, emisión, efluxión, difusión, onda, olor, aroma.

EFRACCIÓN * v. fractura.
EFUGIO v. subterfugio.

EFUSIÓN derramamiento, derrame, flujo, vertimiento, rebosamiento, esparcimiento, riego || entusiasmo, expansión, desahogo, expresión, vehemencia, afecto, cariño, ternura, pasión.

EFUSIVO cariñoso, afectuoso, afectivo, tierno, entusiasta, expresivo, vehemente, apasionado, cordial, amistoso, demostrativo.

ÉGIDA protección, defensa, escudo, coraza, amparo, salvaguardia, tutela, apoyo, abrigo, resguardo, cobijo.

ÉGLOGA pastoral, poesía, poema, oda, bucólica.

EGOCÉNTRICO v.ególatra.
EGOCENTRISMO v. egolatría.

EGOÍSMO codicia, interés, ambición, apetencia, materialismo, avaricia, avidez, ansia, ruindad, sordidez, envidia, usura, egocentrismo, desdén, individualismo, egolatría, egotismo, personalismo, positivismo, comodidad, indiferencia, aislamiento, ingratitud, infidelidad, escepticismo, apatía.

EGOÍSTA codicioso, ambicioso, interesado, ávido, avaro, egocéntrico, materialista,ególatra, personalista, positivista, práctico, individualista, apático, escéptico, infiel, ingrato, aislado, indiferente, cómodo, positivo, desdeñoso, ruin, sórdido, ansioso, comodón.

EGÓLATRA vanidoso, envanecido, fatuo, pedante, presumido, presuntuoso, petulante, fachendoso, v. egoísta.

EGOLATRÍA pedantería, fatuidad, envanecimiento, vanidad, presunción, petulancia, soberbia, orgullo, v. egoísmo.

Egotismo v. egolatría.

Egregio glorioso, famoso, ilustre, insigne, renombrado, afamado, excelso, magno, esclarecido, preclaro, célebre, ínclito, honorable.

Egresar * salir, terminar, licenciarse, graduarse.

Egreso salida, descargo, partida, marcha, terminación.

¡Eh! ¡oiga!, ¡usted!, ¡escuche!, ¡atención!, ¡cuidado!

Eje barra, vara, varilla, árbol, manivela, cigüeñal, barrote, palanca, hierro || línea, recta, raya, diámetro, trazo, divisoria || fundamento, base, sostén, cimiento, polo, centro, apoyo, arranque, foco.

Ejecución realización, celebración, procedimiento, actuación, establecimiento, formalización, cumplimiento, conclusión, construcción, armado, confección, composición, formación, elaboración, perpetración, práctica, marcha, curso, interpretación, factura || muerte, condena, ajusticiamiento, sacrificio, inmolación, eliminación, supresión, destrucción, aniquilación, exterminio, fusilamiento, ahorcamiento, guillotinamiento, decapitación, degollación, electrocución, garrote, gaseamiento, envenenamiento.

Ejecutante artista, intérprete, músico, solista, acompañante || v. ejecutor.

Ejecutar actuar, realizar, proceder, celebrar, concluir, cumplir, formalizar, establecer, componer, formar, elaborar, confeccionar, armar, interpretar, perpetrar, practicar || matar, condenar, inmolar, sacrificar, ajusticiar, aniquilar, destruir, suprimir, eliminar, exterminar, decapitar, degollar, guillotinar, ahorcar, agarrotar, fusilar, electrocutar, gasear, envenenar.

Ejecutivo directivo, dirigente, empresario, director, gerente, administrador, alto empleado || expeditivo, rápido, urgente, diligente, pronto.

Ejecutor consumador, actor, perpetrador, agente, autor, ejecutante, mano, operador, interventor, realizador, causante, celebrante, constructor, fundador, promotor, poderhabiente || verdugo v.

Ejecutoria acción, hecho, actuación, maniobra, conducta, ejercicio, trayectoria, desempeño.

Ejemplar modelo, molde, ejemplo, espécimen, tipo, prototipo, original, muestra, patrón, horma, dechado, paradigma || íntegro, intachable, irreprochable, incorruptible, probo, recto, honrado, perfecto, cabal, desinteresado, equitativo, justo, virtuoso || copia, reproducción, duplicado, impreso, folleto, texto, periódico, tomo, volumen, libro.

Ejemplaridad v. ejemplo.

Ejemplarizar ejemplificar, aleccionar, instruir, aconsejar, ilustrar, edificar, guiar, asesorar, dar ejemplo.

Ejemplarmente íntegramente, intachablemente, irreprochablemente, v. ejemplar.

Ejemplo patrón, modelo, molde, prototipo, tipo, espécimen, original, muestra, paradigma, dechado, horma || parábola, anécdota, caso, cita, lección, muestra, prueba, demostración, argumento, texto, referencia, alusión, nota, noticia, hecho.

Ejercer practicar, actuar, cultivar, ejercitar, desplegar, accionar, intervenir, proceder, desenvolverse, funcionar, trabajar, ejecutar, hacer, conducirse.

Ejercicio gimnasia, adiestramiento, práctica, deporte, entrenamiento, ejercitación, paseo, excursión, caminata || maniobra, marcha, fogueo, instrucción, evolución || composición, deberes, trabajo, prueba, oposición, examen || actuación, práctica, cultivo, función, desenvolvimiento, proceder, intervención, acción, uso, conducta, ejecución, trabajo.

Ejercitar adiestrar, entrenar, instruir, formar, foguear, preparar, practicar, maniobrar, marchar, caminar, pasear || v. ejercer.

Ejército hueste, tropa, milicia, guardia, banda, falange, mesnada, cruzada, guerrilla, facción, multitud, bando, combatientes, soldados, militares, mercenarios, veteranos, reclutas, quintos.

Ejido campo, campiña, labrantío, terreno, pradera, era, cultivo, gleba, sembrado, prado, pasto.

Elaboración fabricación, producción, transformación, realización, confección, forja, trabajo, hechura, preparación, obtención, explotación, montaje, construcción, industria, ejecución, proceso, manufactura, creación.

Elaborar producir, realizar, transformar, fabricar, preparar, hacer, trabajar, forjar, confeccionar, obtener, ejecutar, construir, montar, explotar, crear, manufacturar, procesar, proyectar.

Elación altivez, presunción, soberbia, altanería, arrogancia, engreimiento, entono, orgullo, fatuidad, pedantería, ampulosidad, lirismo, hinchazón || grandeza, elevación, nobleza, magnanimidad.

Elasticidad flexibilidad, tonicidad, ajuste, ductilidad, plasticidad, blandura || docilidad, obediencia.

Elástico flexible, ajustable, plástico, dúctil, blando || resorte, muelle, espiral, cuerda, ballesta, fleje, arco, goma, caucho || acomodaticio, conformista, complaciente, dócil, adaptable.

Elche morisco, renegado, infiel, apóstata.

Elección votación, voto, comicios, sufragio, referéndum, plesbiscito, nominación, nombramiento, designación, selección, reelección, escogimiento, deliberación, reunión, junta, asamblea, conclave, concilio || arbitrio, opción, preferencia, capricho, dilema, alternativa, iniciativa.

Electivo electoral, elegible, designable, selectivo.

Electo designado, elegido, escogido, nombrado, nominado, seleccionado.

Elector votante, nominador, votador, escogedor.

Electorado votantes, electores, cuerpo, junta, asamblea.

Electoral plebiscitario, comicial, electivo, deliberante, votante.

Electricidad corriente, energía, fluido, fuerza, electrónica, electrotécnica.

Electricista perito, técnico, experto, electrotécnico, ingeniero.

Eléctrico dieléctrico, electrizante, conductor, electrógeno, galvánico, automático, automatizado.

Electrificar electrizar, tender, extender, mejorar, progresar, fomentar.

Electrizante arrebatador, embriagador, apasionante, asombroso, maravilloso, pasmoso, arrobador, absorbente, excitante, palpitante, enardecedor.

Electrizar apasionar, magnetizar, embriagar, arrebatar, asombrar, enardecer, excitar, absorber, arrobar, pasmar, maravillar, exaltar, inflamar || electrificar, automatizar, galvanizar, polarizar, comunicar.

Electrocardiograma gráfico, trazado.

Electrocución ejecución, ajusticiamiento, muerte, pena, condena.

Electrocutar ejecutar, ajusticiar, matar, eliminar, liquidar.

Electrodo polo, barra, lámina, varilla.

Electrólisis descomposición, disgregación, disociación por electricidad.

Electrón elemento, partícula, componente negativo.

Electrónica v. electricidad.

Electrotécnico v. electricista.

Elefante paquidermo, proboscidio, mamífero, mastodonte, mamut.

Elegancia distinción, gusto, garbo, tono, atractivo, originalidad, desenvoltura, gentileza, delicadeza, finura, gracia, estilo, donaire, coquetería.

Elegante distinguido, donairoso,

fino, gracioso, delicado, gentil, desenvuelto, atractivo, original, entonado, garboso, airoso, galano, apuesto, esbelto, gallardo || figurín, pisaverde, gomoso, lechuguino, currutaco, petimetre.

ELEGÍA lamentación, queja, plañido, lamento (poético).

ELEGÍACO lastimero, triste, plañidero, melancólico, tierno, quejumbroso.

ELEGIDO escogido, distinguido, favorecido, seleccionado, designado, nombrado, preferido, señalado, destacado, electo, nominado, votado, predestinado v.

ELEGIR favorecer, distinguir, escoger, seleccionar, designar, nombrar, preferir, señalar, destacar, nominar, optar, entresacar, votar, adoptar, reelegir.

ELEMENTAL primordial, fundamental, simple, sencillo, básico, obvio, evidente, conocido, fácil, corriente, principal, claro, palmario, palpable.

ELEMENTO parte, pieza, factor, ingrediente, principio, base, fundamento, instrumento, componente, integrante, constituyente, partícula, polo, par || elementos, rudimentos, nociones, principios, fundamentos, ideas, conocimientos.

ELENCO catálogo, índice, relación, repertorio, lista || elenco, personal, compañía, intérpretes, actores.

ELEVACIÓN subida, aumento, encarecimiento, alza, puja, acrecentamiento, superación, mejora, encumbramiento, ascenso, ascensión, exaltación || eminencia, altitud, altura, prominencia, montículo, altozano, colina, otero || nobleza, grandeza, superioridad, magnanimidad, perfección, excelencia, bondad || enajenamiento, exaltación, éxtasis, arrobamiento.

ELEVADO alto, crecido, aumentado, prominente, enorme, destacado, empinado, eminente, superior, caro, encarecido, excelente, dominante, sublime, excelso, noble.

ELEVADOR * ascensor, montacargas.

ELEVAGE * remonta, cría, recría.

ELEVAR levantar, alzar, izar, empinar, ascender, promover, encumbrar, engrandecer, ennoblecer, realzar, enaltecer, acrecentar, aumentar, construir, edificar, erigir || ELEVARSE extasiarse, arrobarse, transportarse, enajenarse, embelesarse, encantarse.

ELFO genio, geniecillo, duende, espíritu, deidad.

ELIDIR frustrar, desvanecer, debilitar, menguar || suprimir, v. eliminar.

ELIMINACIÓN expulsión, supresión, anulación, separación, exclusión, abolición, extirpación, alejamiento, baja, destrucción, exterminio, aniquilación, matanza.

ELIMINADO suprimido, expulsado, anulado, v. eliminar.

ELIMINAR suprimir, elidir, expulsar, anular, separar, excluir, abolir, alejar, arrinconar, desterrar, quitar, destruir, exterminar, extirpar, matar, aniquilar.

ELIPSE óvalo, órbita, sinusoide, parábola, curva cerrada.

ELÍPTICO oval, ovalado, parabólico, sinusoidal, circular, curvo, curvado.

ELÍSEO paraíso, edén, empíreo, gloria, vergel.

ELISIÓN v. eliminación.

ÉLITE * la flor, lo escogido, lo mejor.

ELIXIR licor, panacea, curalotodo, remedio, bálsamo, medicamento, medicina, pócima, brebaje, líquido.

ELOCUCIÓN expresión, dicción, construcción, pronunciación, articulación.

ELOCUENCIA oratoria, facundia, verborrea, grandilocuencia, altisonancia, retórica, razón, persuasión, convicción, fogosidad, arrebatamiento, argumentación, captación, atracción, labia, seducción, sugestión.

ELOCUENTE persuasivo, fogoso, convincente, sutil, conmovedor, locuaz, arrebatador, facundo, seductor, sugestivo, retórico, altisonante, orador, grandilocuente || significativo, revelador, expresivo v.

ELOCUENTEMENTE persuasivamente, fogosamente, convincentemente, v. elocuente.

ELOGIABLE encomiable, ponderable, plausible, loable, laudable.

ELOGIADO aplaudido, celebrado, loado, alabado, adulado, incensado, encomiado, ensalzado, lisonjeado, ponderado, glorificado, aclamado, celebrado, afamado, v. elogiar.

ELOGIAR ponderar, loar, ensalzar, encarecer, encomiar, encumbrar, aprobar, aplaudir, elevar, enaltecer, adular, acrecer, celebrar, aclamar, bendecir, glorificar, lisonjear, honrar, proclamar, realzar, exagerar, entronizar.

ELOGIO encomio, loa, apología, panegírico, cumplido, alabanza, ponderación, lisonja, glorificación, aclamación, aplauso, incienso, aprobación, adulación, exageración, realce, proclamación, honra, celebración, enaltecimiento.

ELOGIOSO aprobador, encomiástico, honroso, lisonjero, enaltecedor, ponderado, apologético, laudatorio.

ELUCIDACIÓN aclaración, explicación, declaración, esclarecimiento, solución, explanación, especificación, deslindamiento, dilucidación.

ELUCIDAR esclarecer, aclarar, declarar, explicar, deslindar, especificar, explanar, solucionar, dilucidar.

ELUCUBRACIÓN lucubración, obra, trabajo, creación, resultado, consecuencia, vigilia, vela, esfuerzo.

ELUCUBRAR * crear, lucubrar v.

ELUDIBLE evitable, esquivable, soslayable, v. eludir.

ELUDIR evitar, esquivar, soslayar, prescindir, sortear, huir, hurtarse, escaparse, rehuir, rehusar, retraerse, obviar, prevenir, precaver, excusar, salvar, sacudirse, espantarse.

EMACIACIÓN adelgazamiento, caquexia, consunción, enflaquecimiento, depauperación, demacración, escualidez.

EMANACIÓN efluvio, irradiación, exhalación, emisión, difusión, ondas, olor, aroma, hedor || derivación, consecuencia, resultado, producto, secuela, efecto.

EMANADO derivado, obtenido, producido, procedente, nacido, originario, oriundo, dimanante, salido.

EMANAR irradiar, exhalar, fluir, difundir, desprender, emitir, heder, oler || derivar, resultar, proceder, nacer, salir, dimanar, originarse, engendrarse, provenir.

EMANCIPACIÓN independencia, libertad, autonomía, soberanía, autarquía, franquicia, potestad, albedrío, separación, alejamiento, manumisión.

EMANCIPADO libertado, libre, liberado, autónomo, soberano, manumitido, separado, autárquico, independiente.

EMANCIPADOR libertador, protector, campeón, paladín, bienhechor, defensor, sostén, salvaguardia, salvador, redentor, amparador.

EMANCIPAR liberar, libertar, librar, manumitir, separar, independizar, salvar, redimir, salvaguardar, defender, amparar, sostener, proteger.

EMASCULACIÓN capadura, castración, esterilización, extirpación, amputación, inutilización.

EMASCULAR capar, castrar, esterilizar, extirpar, inutilizar.

EMBABIAMIENTO distracción, descuido, embobamiento, despreocupación, abstracción.

EMBADURNAR pintarrajear, pringar, untar, manchar, ungir, emplastar, ensuciar, pegar, engrasar, encerar, bañar, recubrir, embrear, frotar, aceitar, rebozar.

EMBAIDOR mentiroso, embaucador, embustero, engañoso, charlatán, cuentista.

EMBAÍR * v. embair.

EMBAIR embaucar, embelesar, engañar, ilusionar, atontar, estafar, convencer, ofuscar.

EMBAJADA representación, misión, legación, delegación, consulado || mensaje, encargo, tarea, comisión, trabajo, gestión, cometido, mandato, orden, exigencia, servicio.

EMBAJADOR diplomático, plenipotenciario, ministro, representante, delegado, legado, comisionado, enviado, emisario, mensajero.

EMBALAJE caja, cubierta, jaula, cesta, bolsa, saco, vasija, recipiente, cajón, arca, arqueta, estuche, envase, cartón, bote, lata, paquete, bulto, fardo, envoltorio, lío, bala, fardel, paca, atadizo.

EMBALAR empaquetar, envolver, empacar, enfardar, enfardelar, liar, atar, envasar, ensacar, embolsar, encestar, cubrir, encajonar, enlatar.

EMBALDOSADO enladrillado, embaldosinado, pavimento, adoquinado, solería, piso, suelo, azulejería, azulejos, revestimiento, recubrimiento, cubierta.

EMBALDOSAR solar, enlosar, enladrillar, adoquinar, revestir, cubrir, recubrir, pavimentar.

EMBALSAMAMIENTO momificación, conservación, preparación, preservación, inyección, taxidermia.

EMBALSAMAR momificar, conservar, preservar, preparar, inyectar.

EMBALSAR contener, detener, retener, represar, recoger, estancar, empozar, acumular, almacenar, depositar.

EMBALSE presa, represa, dique, balsa, *pantano*, rebalse, estancamiento, detención, contención, retención, acumulación, almacenamiento, depósito de aguas.

EMBANASTAR encestar, embalar, meter, introducir.

EMBANDERADO adornado, v. embanderar.

EMBANDERAR adornar, engalanar, ornar, decorar, empavesar, exornar, izar.

EMBARAZADA encinta, preñada, grávida, fertilizada, fecundada, gestante, parturienta.

EMBARAZAR preñar, fecundar, fertilizar, concebir, engendrar, parir, nacer, engordar || estorbar, dificultar, molestar, incomodar, trabar, entorpecer, retrasar || embarazarse, aturdirse, confundirse, desconcertarse, atarugarse, azorarse, aturullarse, atontarse.

EMBARAZO preñez, gravidez, gestación, maternidad, fecundación, fertilización, concepción, engorde || molestia, entorpecimiento, obstrucción, dificultad, turbación, impedimento, perplejidad, confusión, desconcierto.

EMBARAZOSO desconcertante, confuso, incómodo, molesto, difícil, turbador, dificultoso, delicado, serio.

EMBARCACIÓN navío, nave, buque, barco, bajel, bastimento, galera, galeón, carraca, nao, carabela, fragata, bergantín, goleta, portaaviones, acorazado, crucero, destructor, portahelicópteros, minador, torpedera, dragaminas, submarino, cañonero, remolcador, pontón, gabarra, pinaza, aljibe, tanque, transatlántico, paquete, paquebote, petrolero, carguero, frutero, pesquero, carbonero, yate, lancha, barca, bote, falúa, chinchorro, chalana, chalupa, batel, barcaza, lanchón, esquife, trainera, gabarra, piragua, motora, barquichuelo.

EMBARCADERO muelle, dique, malecón, amarradero, escollera, espigón, tajamar, andén, desembarcadero, atracadero, dársena, ribera.

EMBARCAR subir, ingresar, colocar, instalar, meter, introducir, estibar, almacenar, despachar, enviar, fletar || inducir, impulsar, exhortar, incitar, empujar || EMBARCARSE aventurarse, lanzarse, empeñarse, arriesgarse, emprender, exponerse, atreverse, comprometerse.

EMBARGAR decomisar, confiscar, secuestrar, incautarse, requisar,

EMBARGO

apropiarse, retener, recoger, desposeer, quitar, aprehender, apoderarse, usurpar || estorbar, embarazar, impedir, retener, suspender || abrumar, dominar.

EMBARGO confiscación, decomiso, secuestro, incautación, requisa, apropiación, desposesión, usurpación.

EMBARQUE embarco, ingreso, instalación, subida, entrada, acceso, introducción, estiba, almacenamiento, envío, despacho, fletamiento.

EMBARRADO untado, manchado, embadurnado, enfangado, sucio, encenagado, enlodado.

EMBARRANCAR varar, encallar, atascarse, atollar, empantanar, abordar, zozobrar, naufragar.

EMBARRAR manchar, embadurnar, untar, encenagar, ensuciar, enlodar.

EMBARULLAR confundir, enredar, embrollar, mezclar, revolver, enmarañar, desordenar || EMBARULLARSE azorarse, atarantarse, aturullarse, ofuscarse, desorientarse, aturdirse, asustarse.

EMBASTAR hilvanar, coser, remendar.

EMBATE embestida, acometida, arremetida, ataque, acometimiento, agresión, golpe, choque, asalto, irrupción, empuje.

EMBAUCADOR impostor, charlatán, farsante, embustero, engañoso, tramposo, timador, chantajista, estafador, embelecador, embaidor, bribón.

EMBAUCAMIENTO engaño, embuste, farsa, charlatanería, impostura, embeleco, estafa, chantaje, timo, trampa, bribonada, embaimiento, fraude, mentira.

EMBAUCAR estafar, timar, engañar, chantajear, mentir, enredar, seducir, atraer, engatusar, embelecar.

EMBAULAR tragar, devorar, zampar, engullir, embuchar, manducar, hartarse, hincharse, comer, atracarse || empaquetar, meter, introducir.

EMBAUSAMIENTO embobamiento, abstracción, embeleso, distracción, suspensión.

EMBAZAR asombrar, pasmar, maravillar, detener, suspender, admirar.

EMBEBECER v. embelesar.
EMBEBECIDO v. embelesado.
EMBEBECIMIENTO v. embeleso.

EMBEBER empapar, absorber, humedecer, mojar, remojar, bañar, regar, rociar, salpicar, impregnar, sumergir, calar, ensopar, rezumar, infiltrar, saturar || EMBEBERSE instruirse, empaparse, v. embelesarse.

EMBEBIDO empapado, húmedo, mojado, bañado, rociado, humedecido, impregnado, calado, sumergido, saturado, infiltrado, rezumante, remojado || absorto, abstraído, ensimismado, abismado, distraído, extasiado, v. embelesado.

EMBELECADOR v. embaucador.
EMBELECAR v. embaucar.
EMBELECO v. embaucamiento.

EMBELESADO extasiado, arrobado, seducido, hechizado, suspendido, enajenado, arrebatado, encantado, embobado, maravillado, atónito, absorto, pasmado, asombrado, admirado.

EMBELESAMIENTO v. embeleso.

EMBELESAR arrobar, suspender, hechizar, seducir, extasiar, maravillar, embobar, encantar, arrebatar, enajenar, absorber, pasmar, admirar, asombrar, cautivar, embaír.

EMBELESO arrobamiento, seducción, hechizo, suspenso, enajenación, arrebato, embobamiento, maravilla, embaimiento, asombro, admiración, éxtasis, pasmo, ilusión, encanto.

EMBELLECER hermosear, adornar, acicalar, arreglar, componer, ornar, decorar, agraciar, emperifollar, emperejilar, aderezar, arreglar, endomingar, asear, atildar, atusar, limpiar, bruñir, pulir, preparar, idealizar, poetizar, maquillar.

EMBELLECIDO adornado, hermoseado, v. embellecer.

EMBELLECIMIENTO adorno, hermoseamiento, ornato, acicalamiento, decoración, arreglo, aderezo, emperejilamiento, emperifollamiento, atildamiento, limpieza, pulido, bruñido, preparación, idealización, maquillaje.

EMBERRENCHINARSE enfurecerse, irritarse, airarse, alterarse, excitarse, trastornarse, encapricharse.

EMBESTIDA acometida, embate, acometimiento, ataque, arremetida, irrupción, asalto, choque, golpe, agresión, empuje, abalanzamiento.

EMBESTIR arremeter, atacar, acometer, abalanzarse, empujar, agredir, golpear, chocar, asaltar, irrumpir, arrojarse, cerrar, estrellarse, precipitarse, echarse.

EMBETUNAR untar, embadurnar, engrasar, pringar, encerar, recubrir, limpiar, frotar, pulir, abrillantar.

EMBLANDECER v. ablandar.

EMBLANQUECER v. blanquear.

EMBLEMA símbolo, alegoría, divisa, lema, escudo, imagen, expresión, representación, figura, iconografía, atributo, marca, señal, enseña, insignia.

EMBLEMÁTICO representativo, simbólico, alegórico, expresivo, iconográfico, figurado, imaginativo, marcado, atribuido.

EMBOBADO pasmado, absorto, admirado, maravillado, abstraído, boquiabierto, turulato, atónito, atolondrado, confuso, estupefacto, fascinado, encandilado, deslumbrado, asombrado, suspenso || necio, v. bobo.

EMBOBAMIENTO admiración, pasmo, abstracción, maravilla, estupefacción, confusión, asombro, éxtasis, atolondramiento deslumbramiento, encandilamiento, fascinación || necedad, v. estupidez.

EMBOBAR pasmar, admirar, maravillar, abstraer, encandilar, deslumbrar, fascinar, suspender, asombrar, extasiar, atolondrar, confundir, entretener, enajenar, embelesar.

EMBOCADURA entrada, acceso, boca, ingreso, abertura, comienzo, embocadero.

EMBOCAR meter, introducir, embutir, insertar, embaular, tragar, colocar, llenar, acertar.

EMBOLIA obstrucción, trombo, coágulo, ataque, acceso, parálisis, apoplejía.

EMBOLISMAR enredar, cotillear, mentir, chismorrear, chismear, murmurar, charlar, entremeterse, comadrear, calumniar, embrollar.

EMBOLISMÁTICO recóndito, ininteligible, confuso, enredado, complicado, lioso, embrollado.

EMBOLISMO confusión, mezcla, enredo, chisme, dificultad.

ÉMBOLO pistón, disco, pieza, cilindro.

EMBOLSAR meter, introducir, recibir, empacar, embalar, ensacar || EMBOLSARSE guardarse, cobrar, retener, apañar, recaudar, atesorar, percibir, recolectar.

EMBOQUE introducción, inserción, colocación, acierto, blanco.

EMBORRACHADO v. embriagado.

EMBORRACHAMIENTO v. embriaguez.

EMBORRACHARSE achisparse, embriagarse, ahumarse, mamarse, alcoholizarse, alumbrarse, encurdelarse, amonarse, beber, marearse, aturdirse, adormecerse, atontarse, empinar el codo, pescar una merluza.

EMBORRASCARSE encapotarse, cargarse, nublarse, obscurecerse, empeorar || irritarse, encolerizarse, ofuscarse, alterarse, enfurecerse.

EMBORRONADO garabateado, rayado, manchado, chafarrinado, garrapateado, dibujado, escrito.

EMBORRONAR garabatear, chafarrinar, rayar, trazar, manchar, garrapatear, escribir, dibujar, llenar, rellenar.

EMBOSCADA trampa, celada, asechanza, lazo, cepo, sorpresa, engaño, garlito, maquinación, es-

EMBOSCARSE

tratagema, red, zancadilla, insidia, anzuelo, ardid, ocultación, escondite, añagaza.

Emboscarse esconderse, acechar, ocultarse, maquinar, engañar, resguardarse, atisbar, espiar, aguardar, esperar, vigilar, tender una trampa.

Embotado despuntado, gastado, desafilado, mellado, romo, chato, obtuso, mocho, desbocado || entorpecido, entumecido, insensible, adormecido, aplanado, envarado, anquilosado.

Embotamiento entumecimiento, entorpecimiento, adormecimiento, insensibilidad, aplanamiento, envaramiento, torpeza, anquilosamiento || desgaste, melladura, mella, despunte.

Embotar entorpecer, adormecer, entumecer, aplanar, insensibilizar, envarar, anquilosar, debilitar || mellar, desgastar, desafilar, despuntar, enromar, desbocar, engrosar.

Embotellado atascado, obstruido, inmovilizado, trabado, cerrado, tapado, estancado || envasado, fraccionado, dosificado.

Embotellamiento atasco, estancamiento, obstrucción, detención, inmovilización, obstáculo, atascamiento, embrollo, atolladero.

Embotellar envasar, fraccionar, dosificar, tapar, taponar, llenar || Embotellarse atascarse, obstruirse, estancarse, detenerse, atollarse, embrollarse, obstaculizar, inmovilizarse.

Embotijarse inflarse, hincharse, engordar || indignarse, irritarse, encolerizarse, alterarse.

Embozado cubierto, arrebujado, tapado, envuelto, oculto, encubierto, sospechoso, disimulado, recatado, disfrazado, desfigurado, taimado, cauteloso || obstruido, atrancado, atorado, atascado, cegado.

Embozar obstruir, atorar, atrancar, atascar, ocluir, cegar, obturar || Embozarse arrebujarse, taparse, envolverse, ocultar, encubrirse, cubrirse, disfrazarse, recatarse, disimular, desfigurarse.

Embozo doblez, cuello, tela, capa, rebozo, tapujo, vuelta, disfraz, disimulo, encubrimiento, recato, tabujo, engaño.

Embragar conectar, acoplar, enchufar, encajar, pisar, maniobrar, cambiar.

Embrague mecanismo, acoplamiento, dispositivo, conexión, encaje, cambio.

Embravecer irritar, enfurecer, encolerizar, excitar, alterar, sacar de sus casillas.

Embravecido enfurecido, irritado, excitado, encolerizado, alterado, iracundo.

Embravecimiento cólera, furia, ira, irritación, excitación, alteración, furor.

Embrear untar, pringar, embadurnar, engrasar, recubrir, calafatear.

Embriagado ebrio, alcoholizado, borracho, beodo, alcohólico, alegre, bebido, emborrachado, mamado, pellejo, temulento, borrachín, achispado, alumbrado, bacante, curda, cuba, dipsómano, chispo, catavinos, odre, ahumado, azumbrado || enajenado, transportado, encantado, seducido, enloquecido, mareado, fascinado, aturdido, extasiado, arrebatado, exaltado.

Embriagador arrebatador, enloquecedor, seductor, encantador.

Embriagarse emborracharse, alegrarse, alcoholizarse, beber, mamarse, achisparse, encurdelarse, alumbrarse, ahumarse, chingarse, empinar el codo || encantarse, enajenarse, transportarse, extasiarse, aturdirse, arrebatarse, exaltarse, enloquecer.

Embriaguez borrachera, ebriedad, alcoholismo, achispamiento, curda, alumbramiento, cuba, dipsomanía, alegría, pítima, tajada, mona, merluza, emborrachamiento, cogorza, beodez, tablón, tranca, moña, delírium tremens, zamacuco, melopea, manta || éxtasis, arrebato, transporte, enloquecimiento, exaltación, encanto, enajenamiento, trastorno.

EMBRIDAR guiar, dominar, frenar, sujetar, contener.

EMBRIOLOGÍA embriogenia, desarrollo, formación, crecimiento del embrión.

EMBRIÓN germen, feto, huevo, aborto, organismo, engendro, criatura, semilla, ser, ente, rudimento || principio, comienzo, inicio, proyecto.

EMBRIONARIO rudimentario, tosco, elemental, inicial, primario, primitivo, rudo, fetal.

EMBROCACIÓN fricción, untura, unto, aceite, pringue, líquido, ungüento, pomada, emplasto, cataplasma, medicamento.

EMBROLLADO confuso, aturdido, desorientado, turbado, trastornado || revuelto, mezclado, enredado, desordenado, caótico, enmarañado, difícil, complicado, incomprensible, confuso, impreciso.

EMBROLLADOR v. embrollón.

EMBROLLAR aturdir, confundir, trastornar, desorientar, turbar || mezclar, revolver, desordenar, enredar, confundir, complicar, dificultar, enmarañar.

EMBROLLISTA * v. embrollón.

EMBROLLO enredo, confusión, maraña, desorientación, trastorno, revoltillo, mezcla, desorden, dificultad, caos, complicación, lío, jaleo, trampa, añagaza, asunto, embuste, mentira, tropiezo, problema, traba, estorbo.

EMBROLLÓN lioso, embrollador, embarullador, trapisondista, enredador, revoltoso, mentiroso, embustero, pícaro, cuentero, chismoso, charlatán, alborotador, diablillo, bribón, pillastre.

EMBROMAR embarullar, enredar, engañar, timar, chasquear, chancear, bromear.

EMBRUJADO cautivado, fascinado, v. embrujar.

EMBRUJADOR fascinante, atractivo, cautivante, hechicero, seductor, incitante, subyugante, embelesador v.

EMBRUJAMIENTO hechizo, encantamiento, prodigio, conjuro, maleficio, aojamiento, evocación, ensalmo, pacto, encantación || fascinación, encanto, atractivo, seducción, embeleso, incitación, arrobo, suspensión, éxtasis, embobamiento, maravilla, pasmo, arrebato, enajenación.

EMBRUJAR cautivar, atraer, fascinar, camelar, seducir, incitar, subyugar, arrobar, suspender, extasiar, embobar, maravillar, pasmar, arrebatar, enajenar || hechizar, encantar, aojar, maldecir, evocar, conjurar, pactar.

EMBRUJO * v. embrujamiento.

EMBRUTECEDOR entorpecedor, idiotizador, anquilosador, paralizador, ofuscador, atontador.

EMBRUTECER entorpecer, atontar, atolondrar, anquilosar, idiotizar, paralizar, ofuscar, retrasar, encallecer, estancar.

EMBRUTECIDO atontado, entorpecido, retrasado, idiotizado, encallecido, anquilosado, ofuscado, estancado, estúpido, imbécil, necio, bruto v.

EMBRUTECIMIENTO entorpecimiento, atontamiento, ofuscación, encallecimiento, anquilosamiento, retraso, estancamiento, brutalidad, imbecilidad.

EMBUCHADO v. embutido.

EMBUCHAR engullir, embaular, tragar, devorar, zampar, manducar, hartarse, atracarse, atiborrarse, hincharse, comer || embutir, meter, introducir, empotrar.

EMBUDO cono, fonil, tragavino, pipeta, adminículo, enser, accesorio.

EMBUSTE enredo, mentira, engaño, cuento, artificio, patraña, novela, invención, infundio, falacia, fingimiento, farsa, filfa, ficción, fábula, error, exageración, embrollo, disimulo, chisme, calumnia, bulo, falsedad, bola, burla, argucia, trápala, gazapo, embeleco.

EMBUSTERO engañoso, mentiroso, cuentista, artificioso, enredador,

EMBUTIDO

farsante, fingido, falaz, inventor, disimulado, embrollón, exagerado, errado, falso, falsario, chismoso, burlón, calumniador, infundioso, lioso, patrañero, fulero, embaidor, embaucador.

EMBUTIDO embuchado, tripa, conserva de carne, picadillo, carne de cerdo, chacina, chorizo, salchichón, longaniza, morcilla, sobrasada, mortadela, butifarra, morcón, salchicha || incrustación, mosaico, damasquinado, taraceado, fileteado, trabajo, arabesco, adorno || encajado, incrustado, enquistado, ajustado, alojado, empotrado, ensamblado, enchufado, empalmado, atiborrado, lleno.

EMBUTIR meter, introducir, apretar, comprimir, llenar, incrustar, encajar, enchufar, ensamblar, empotrar, alojar, ajustar, enquistar, empalmar, acoplar, trabajar, taracear, damasquinar || EMBUTIRSE hartarse, saciarse, embaular, atracarse, atiborrarse, atestarse, empacharse, tragar, devorar.

EMERGENCIA suceso, eventualidad, accidente, peripecia, contrariedad, hecho, ocurrencia, incidente, urgencia, acontecimiento, imprevisto || aprieto, perentoriedad, apremio.

EMERGER salir, brotar, surgir, nacer, aparecer, ascender, sobrenadar, asomar, manifestarse.

EMÉRITO jubilado, retirado, pensionista, pensionado, licenciado, eximido, pasivo, apartado.

EMERSIÓN salida, surgimiento, afloración, aparición, ascenso, subida.

EMÉTICO vomitivo, vómico, vomitorio, medicamento.

EMIGRACIÓN éxodo, despoblación, traslado, marcha, alejamiento, migración, partida, cambio, desplazamiento, ausencia, expatriación, abandono, colonización, inmigración.

EMIGRANTE emigrado, expatriado, colono, poblador, viajero, colonizador, trabajador, inmigrante, trasladado, desplazado, ausente.

EMIGRAR desplazarse, expatriarse, cambiar, partir, migrar, alejarse, marcharse, viajar, despoblar, ausentarse, abandonar, colonizar, inmigrar.

EMINENCIA personalidad, sabio, lumbrera, personaje, notabilidad || distinción, superioridad, sublimidad, excelencia || elevación, montículo, otero, cerro, altozano, colina, loma.

EMINENTE descollante, sobresaliente, ilustre, distinguido, destacado, excelente, superior, sabio, competente, notable, célebre, insigne, elevado, encumbrado.

EMINENTEMENTE predominantemente, especialmente, preponderantemente, preferentemente, particularmente.

EMIR personaje, caudillo, príncipe, cabecilla árabe.

EMISARIO enviado, legado, embajador, plenipotenciario, delegado, representante, comisionado, encargado, diplomático, mandatario, parlamentario, nuncio, diputado, mensajero, recadero, mandadero.

EMISIÓN transmisión, difusión, radiación, audición, programa, espacio || lanzamiento, despido, expulsión, arrojo, dispersión, impulsión, proyección, producción, emanación, evacuación, circulación, irradiación.

EMISOR v. emisora, v. transmisor.

EMISORA estación, radio, difusora, transmisor, emisor, central, estudio.

EMITIR radiar, difundir, transmitir, retransmitir, propalar || despedir, lanzar, expulsar, arrojar, dispersar, impulsar, evacuar, emanar, producir, proyectar, circular.

EMOCIÓN conmoción, agitación, exaltación, angustia, intriga, interés, alteración, alarma, turbación, vibración, trastorno, inquietud, desasosiego, excitación || sentimiento, ternura, enternecimiento, piedad, lástima, compasión, humanidad, sensiblería.

EMOCIONADO agitado, conmocionado, v. emocionar.

EMOCIONAL sensible, compasivo, humanitario, emotivo v.

EMOCIONANTE inquietante, interesante, excitante, alarmante, sugestivo, animado, inesperado, curioso, conmovedor, enternecedor, turbador, penoso, doloroso, emotivo.

EMOCIONAR agitar, conmocionar, alterar, alarmar, exaltar, excitar, desasosegar, inquietar, trastornar, vibrar, turbar, enternecer, apiadarse, conmover, compadecer, sobreexcitar.

EMOLIENTE suavizante, mitigante, calmante, descongestionante, medicamento, ablandativo.

EMOLIR ablandar, relajar, suavizar, calmar.

EMOLUMENTOS honorarios, sueldo, paga, salario, gratificación, pago, retribución, soldada, remuneración, estipendio, haberes, gajes, mensualidad, cuenta.

EMOTIVIDAD v. emoción.

EMOTIVO enternecedor, lastimoso, conmovedor, emocionante, impresionante, inquietante, penoso, hondo, patético || sentimental, sensible, emocional, compasivo, sensitivo, impresionable, sensiblero, tierno, delicado, susceptible.

EMPACAR ensacar, empaquetar, enfardar, encajonar, liar, envolver, embolsar, encestar, preparar || EMPACARSE v. emperrarse.

EMPACHADO empalagado, ahíto, estragado, harto, hastiado, saciado, lleno, atracado, estomagado, indigestado, atiborrado, asqueado || tímido, vergonzoso, corto, encogido.

EMPACHAR hastiar, hartar, llenar, saciar, estragar, empalagar, asquear, atiborrar, indigestar, atracar, repugnar, estomagar || estorbar, embarazar, molestar, cargar.

EMPACHO indigestión, hartazgo, repugnancia, atiborramiento, asco, empalagamiento, estragamiento, saciedad || molestia, embarazo, turbación, cortedad, timidez, vergüenza, encogimiento.

EMPACHOSO v. empachado.

EMPADRONADO censado, asentado, registrado, inscrito, matriculado, relacionado.

EMPADRONAMIENTO padrón, censo, lista, registro, matrícula, asiento, relación, nómina, catastro, memoria, inventario, encabezamiento, descripción.

EMPADRONAR asentar, censar, registrar, inscribir, relacionar, matricular.

EMPALAGAMIENTO v. empalago.

EMPALAGAR empachar, estomagar, hartar, estragar, saciar, asquear, indigestar, repugnar || aburrir, fastidiar, cansar, irritar, hastiar.

EMPALAGO hartazgo, empacho, estragamiento, saciedad, asco, repugnancia, indigestión || fastidio, hastío, cansancio, irritación.

EMPALAGOSO estomagante, indigesto, empachoso, estragador, repugnante, asqueroso, dulzarrón, dulzón, pesado, molesto, fastidioso, irritante, cargante.

EMPALAR clavar, espetar, ensartar, atravesar, perforar.

EMPALIZADA cerca, valla, cercado, estacada, vallado, cerco, barrera, verja, seto, palenque, pared, tapia.

EMPALMAR entrelazar, acoplar, ensamblar, reunir, unir, agrupar, conectar, ligar, combinar, ajustar, soldar, articular, embragar, enchufar, incrustar, enganchar, engranar, enlazar, atar, pegar || continuar, proseguir, sucederse, relevar, seguir.

EMPALME enlace, acoplamiento, ensambladura, unión, reunión, articulación, soldadura, ajuste, ligazón, combinación, conexión, enganche, incrustación, enchufe, embrague || continuación, sucesión, relevo.

EMPANADA pastel, empanadilla, agu-

ja, bartolillo, masa, relleno || enredo, embrollo, lío, fraude, pastel.
EMPANADO rebozado, recubierto, envuelto.
EMPANAR rebozar, envolver, recubrir, encerrar, sofocar.
EMPANTANADO inundado, estancado, anegado, sumergido, embalsado, mojado, lleno || atascado, paralizado, detenido, obstruido, embarazado, impedido, embotellado.
EMPANTANAR estancar, inundar, sumergir, anegar, embalsar, llenar, mojar || detener, atascar, paralizar, obstruir, embarazar, impedir.
EMPAÑADO obscurecido, borroso, deslucido, opaco, mortecino, mate, amortiguado, manchado, húmedo, sucio, turbio, deslustrado, ronco || estropeado, arruinado, desacreditado.
EMPAÑAR manchar, humedecer, enturbiar, ensuciar, deslustrar, borrar, obscurecer, amortiguar || deslucir, estropear, arruinar, desacreditar.
EMPAPADO calado, mojado, húmedo, chorreante, inundado, rezumante, rociado, duchado, pringado, salpicado, sumergido, remojado, regado, bañado, infiltrado, embebido, impregnado.
EMPAPAMIENTO mojadura v.
EMPAPAR mojar, calar, rezumar, inundar, chorrear, humedecer, remojar, sumergir, impregnar, salpicar, pringar, duchar, bañar, rociar, infiltrar, regar || EMPAPARSE enterarse, imponerse, entender, imbuirse, comprender, embeberse, penetrar, discernir, instruirse, prepararse.
EMPAPELAR forrar, recubrir, cubrir, envolver, revestir, tapizar, guarnecer, decorar, arreglar || condenar, encausar, procesar, enjuiciar.
EMPAPUZAR empapujar, empapuciar, atracar, saciar, hartar, atiborrar, empalagar, empapizar.
EMPAQUE porte, figura, aire, traza, catadura, presencia, facha, continente, aspecto, planta, pinta, cariz, apariencia || gravedad, seriedad, amaneramiento, afectación, tiesura, orgullo.
EMPAQUETADOR embalador, empacador, enfarfador, dependiente, empleado.
EMPAQUETADURA guarnición, revestimiento, ajuste, cáñamo, amianto, goma, caucho, plástico.
EMPAQUETAR empacar, embalar, envolver, enfardar, encajonar, liar, ensacar, embolsar, encestar, preparar, atar, empapelar, forrar, recubrir.
EMPAREDADO bocadillo, canapé, panecillo, medianoche, bollo, bocado, tentempié, piscolabis || preso, recluso, encerrado, enjaulado.
EMPAREDAR tapiar, encerrar, recluir, ocultar, meter, aprisionar, enclaustrar, encarcelar.
EMPAREJADO igualado, reunido, conformado, apareado, empatado, asimilado, equilibrado, nivelado, ajustado, equiparado, parejo.
EMPAREJAR igualar, reunir, juntar, conformar, aparear, asimilar, empatar, equiparar, ajustar, nivelar, equilibrar, allanar, alisar.
EMPARENTADO relacionado, conectado, vinculado, unido, ligado, atado.
EMPARENTAR relacionarse, entroncarse, vincularse, connotar, ligarse, unirse, atarse, contraer lazos.
EMPARRADO pérgola, cenador, glorieta, mirador, quiosco, galería, terraza.
EMPARRILLADO enrejado, armazón, bastidor, zampeado.
EMPASTAR rellenar, recubrir, reparar, arreglar, encuadernar.
EMPASTE relleno, recubrimiento, reparación, arreglo || pasta, amalgama.
EMPASTELAR embrollar, mezclar, liar, descomponer.
EMPATADO igualado, v. empatar.
EMPATAR igualar, emparejar, nivelar, equilibrar, equiparar, compensar, contrarrestar, reparar, enmendar.

EMPATE nivelación, emparejamiento, igualamiento, compensación, recuperación, igualdad, paridad, equilibrio, nivel.

EMPAVESADO engalanado, embanderado, adornado, ornado, exornado, decorado.

EMPAVESAR embanderar, engalanar, adornar, exornar, decorar, ornar.

EMPECATADO incorregible, pertinaz, recalcitrante, impenitente, travieso, truhán, perillán.

EMPECER perjudicar, dañar, obstaculizar, impedir.

EMPECINADO obstinado, terco, tenaz, testarudo, pertinaz, tozudo, porfiado, incorregible, impenitente, cabezudo.

EMPECINARSE obstinarse, porfiar, encapricharse, aferrarse, reincidir.

EMPEDERNIDO cruel, duro, inexorable, rígido, despiadado, implacable, insensible, brutal, desalmado, impío, riguroso, feroz, inhumano.

EMPEDERNIRSE insensibilizarse, endurecerse, volverse cruel, duro, inexorable, v. empedernido.

EMPEDRADO adoquinado, enlosado, pavimentado || pavimento, calzada, piso, suelo, afirmado.

EMPEDRAR adoquinar, pavimentar, enlosar, afirmar, cubrir, recubrir.

EMPEINE pubis, bajo vientre || dorso, parte superior del pie.

EMPELOTARSE enredarse, disputar, reñir, embrollarse, contender.

EMPELLAR empujar v.

EMPELLÓN empujón, choque, impulso, lanzamiento, atropello, envión, envite, codazo, golpe, respingo, violencia, brusquedad.

EMPENACHAR adornar, emplumar, acicalar.

EMPENTA puntal, apoyo, sostén, soporte, viga.

EMPEÑADO entrampado, arruinado, endeudado, insolvente, tronado, infortunado || enconado, arduo, duro, recio, reñido, disputado, acalorado || obstinado, emperrado, encaprichado, porfiado.

EMPEÑAR pignorar, ceder, trocar, dejar || EMPEÑARSE entramparse, endeudarse, arruinarse, comprometerse, exponerse, arriesgarse || emperrarse, obstinarse, encapricharse, porfiar, insistir.

EMPEÑO deseo, vehemencia, anhelo, propósito, ansia, pretensión, capricho, pasión, ambición, apetencia, avidez, ardor, gana, tesón, firmeza, constancia, voluntad, perseverancia || pignoración, cesión, deuda.

EMPEÑOSO vehemente, ambicioso, tesonero, perseverante, obstinado.

EMPEORAMIENTO disminución, deterioro, decadencia, declinación, desmejoramiento, periclitación, ocaso, bajón, pérdida, degradación, depravación, daño, agravación.

EMPEORAR decaer, deteriorarse, desmejorar, disminuir, declinar, bajar, perder, periclitar, afear, dañar, agravar, degradar || obscurecerse, encapotarse, nublarse, encelajarse, cubrirse.

EMPEQUEÑECER disminuir, aminorar, reducir, menguar, mermar, decrecer, perder, restar, limitar || desdeñar, rebajar, despreciar, menoscabar, degradar, desvalorizar, atenuar, humillar.

EMPEQUEÑECIDO reducido, disminuido, menguado, limitado, mermado, rebajado, desdeñado, menoscabado, desvalorizado, atenuado, degradado, humillado.

EMPERADOR soberano, monarca, señor, príncipe, rey, jefe supremo, césar, kaiser, zar.

EMPEREJILADO v. emperifollado.

EMPEREJILAR adornar, engalanar, emperifollar, acicalar, endomingar, ataviar, hermosear, componer, maquillar, asear, atildar, aderezar.

EMPEREZAR entorpecer, alargar, dilatar, retardar, retrasar || haraganear, vaguear.

EMPERIFOLLADO engalanado, acicalado, adornado, endomingado, atildado, aseado, maquillado, compuesto, aderezado, hermoseado, ataviado.

Emperifollar v. emperejilar.
Empernar atornillar, clavar, remachar, asegurar, fijar.
Empero pero, sin embargo, no obstante, pese a, a pesar de.
Emperrarse encapricharse, insistir, obstinarse, porfiar, encastillarse, aferrarse, machacar, discutir, cerrarse.
Empezar comenzar, iniciar, emprender, preludiar, entablar, principiar, abrir, abordar, incoar, intentar, insistir, lanzar, promover, estrenar, fundar, establecer, inaugurar, nacer, originarse, surgir, crearse, despuntar, brotar, germinar, proceder, derivarse.
Empicarse aficionarse, absorberse, chalarse, enviciarse.
Empiece v. comienzo.
Empinado pino, inclinado, retrepado, escarpado, caído, vencido, desnivelado, ladeado, subido, encaramado, levantado, elevado, alto || orgulloso, altivo, estirado.
Empinar inclinar, escarpar, caer, vencer, desnivelar, ladear || Empinarse levantarse, elevarse, alzarse, auparse, subirse, encaramarse, encumbrarse, enderezarse, erguirse, estirarse.
Empingorotado encopetado, ensoberbecido, presuntuoso, engreído, realzado, opulento, advenedizo.
Empíreo cielo, paraíso, edén, gloria, nirvana, elíseo || celestial, paradisíaco, supremo, excelso, glorioso.
Empíricamente prácticamente, rutinariamente, v. empírico.
Empírico práctico, rutinario, experimental, familiar, conocido, positivo, real, efectivo.
Empirismo práctica, experiencia, realidad, positivismo, efectividad, conocimiento, familiaridad, rutina.
Empitonar cornear, coger, topar, herir, encornar, desgarrar, abalanzarse.
Emplastar embadurnar, untar, pringar, manchar, engrasar, recubrir, maquillar, aceitar, rebozar || entorpecer, estropear, detener, obstaculizar.
Emplástico pegajoso, adhesivo, untuoso, grasiento, pringoso, aceitoso, glutinoso.
Emplasto cataplasma, parche, sinapismo, pegote, unto, ungüento, bizma, fomento || componenda, pastel, apaño, arreglo, chapuza.
Emplazado situado, colocado, ubicado, estacionado, apostado, instalado, orientado, dispuesto, plantado || citado, convocado, requerido, intimado, llamado, exhortado, mandado.
Emplazamiento colocación, situación, ubicación, estacionamiento, disposición, orientación, instalación, posición, implantación, alineación, dirección, postura || citación, convocatoria, requerimiento, intimación, llamamiento, exhortación, orden, mandato.
Emplazar colocar, situar, ubicar, poner, estacionar, instalar, disponer, orientar, implantar, dirigir, alinear || convocar, citar, ordenar, exhortar, llamar, intimar, requerir, mandar.
Empleado funcionario, productor, oficinista, subalterno, auxiliar, subordinado, burócrata, oficial, dependiente, encargado, chupatintas, cagatintas, amanuense, escribiente, mecanógrafo, taquígrafo, pasante || colocado, destinado, conchabado, acomodado, situado.
Emplear colocar, contratar, destinar, asalariar, pagar, retribuir, utilizar, usar, consumir, gastar, aprovechar, aplicar, explotar, servirse, valerse, disponer, adoptar || Emplearse situarse, acomodarse, conchabarse, ingresar, trabajar, ocuparse, encargarse.
Empleo puesto, colocación, cargo, acomodo, trabajo, ocupación, oficio, encargo, ministerio, menester, plaza, hueco, vacante, destino || prebenda, ganga, momio, sinecura, enchufe, beneficio, canonjía || aplicación, destino, fun-

ción, uso, usanza, utilidad, manejo, disfrute, utilización || grado, jerarquía, categoría, título.

EMPLOMAR soldar, obturar, recubrir, sellar.

EMPOBRECER arruinar, asolar, hundir, abatir, deshacer, aniquilar, demoler, destruir, talar, arrasar, perjudicar, dañar || EMPOBRECERSE declinar, decaer, debilitarse, agotarse, degenerar, endeudarse, arruinarse, venir a menos.

EMPOBRECIDO arruinado, asolado, hundido, desolado, abatido, deshecho, aniquilado, destruido, talado, arrasado, dañado, perjudicado, decaído, endeudado, degenerado, debilitado, agotado.

EMPOBRECIMIENTO decadencia, ruina, desolación, hundimiento, aniquilación, destrucción, arrasamiento, perjuicio, daño, deuda, declinación, ocaso, debilitamiento, decadencia, degeneración.

EMPOLVAR espolvorear, empolvorar, ensuciar, manchar || EMPOLVARSE acicalarse, maquillarse, arreglarse.

EMPOLLAR criar, incubar, calentar, cuidar || meditar, reflexionar, estudiar, memorizar, aplicarse.

EMPOLLÓN estudioso, aplicado, afanoso, trabajador, sacrificado.

EMPONZOÑAR envenenar, inocular, intoxicar, inficionar, atosigar, inyectar, contagiar, transmitir, comunicar, contaminar || dañar, pervertir, amargar, estropear, corromper, enviciar.

EMPORCAR ensuciar, manchar, engrasar, percudir, pringar, enlodar, salpicar.

EMPORIO establecimiento, almacén, depósito, mercado, foco, centro, núcleo.

EMPOTRAR encajar, introducir, meter, embutir, incrustar, enchufar, ensamblar, asegurar, alojar, ajustar, enquistar, empalmar, acoplar, apretar, comprimir, clavar, atornillar.

EMPOZAR encharcar, estancar, detener, inundar, llenar, encenagar, atascar, embotellar.

EMPRENDEDOR dinámico, activo, diligente, resuelto, trabajador, ambicioso, denodado, osado, eficaz, enérgico, hacendoso, afanoso, laborioso, capaz, astuto, hábil.

EMPRENDER acometer, comenzar, empezar, iniciar, intentar, atacar, encabezar, lanzarse, principiar, abordar, insistir, promover.

EMPRESA tarea, operación, trabajo, ocupación, acción, intento, tentativa, intervención, maniobra, diligencia, obra, labor, función, afán, deber, misión, cuidado, faena, quehacer, cometido, plan, proyecto, negocio, asunto, iniciativa || compañía, sociedad, firma, industria, casa, razón social, comercio, asociación, corporación, agrupación, entidad, explotación.

EMPRESARIO patrón, patrono, amo, dueño, jefe, propietario, cabeza, principal, titular, empleador, contratante || productor, apoderado, agente, administrador, especulador, financiero, explotador.

EMPRÉSTITO préstamo, prestación, adelanto, anticipo, pignoración, ayuda, colaboración, respaldo, financiación, hipoteca, garantía.

EMPUJAR impulsar, impeler, forzar, propulsar, empellar, lanzar, sacudir, aventar, echar, barrer, despedir, atropellar, chocar, alejar, rechazar.

EMPUJE arranque, brío, empaque, energía, vigor, fuerza, coraje, decisión, impulso, pujanza, vehemencia, ímpetu || propulsión, impulsión, empujón, envión, presión, tracción, arrastre, fuerza, esfuerzo.

EMPUJÓN empellón, choque, impulso, lanzamiento, atropello, envión, codazo, envite, respingo, golpe, violencia, brusquedad, rechazo, sacudimiento, sacudida, alejamiento, apartamiento, movimiento, presión, avance.

EMPUÑADURA asa, asidero, pomo, guarnición, mango, manubrio, puño, cacha, picaporte, falleba,

manija, agarradero, asidor, tirador.
EMPUÑAR aferrar, blandir, asir, apretar, coger, tomar, asegurar, retener, aprisionar, enarbolar, alzar, sujetar.
EMULACIÓN rivalidad, oposición, competencia, pugna, lucha, antagonismo, porfía, desafío, certamen, prueba, apuesta, competición, estímulo, celos, diferencia, disparidad, discrepancia, contraposición.
EMULADOR v. émulo.
EMULAR imitar, copiar, remedar, reproducir, competir, rivalizar, oponerse, pugnar, porfiar, luchar, desafiar, apostar, discrepar, diferenciarse, intentar, superar.
ÉMULO rival, oponente, competidor, antagonista, luchador, desafiante, apostante, celoso, dispar, discrepante, contrario.
EMULSIÓN coloide, suspensión, mezcla, disolución, solución, disgregación, líquido, fluido.
EMULSIONAR suspender, mezclar, disolver, disgregar, combinar.
EMUNTORIO conducto excretor, canal evacuador.
ENAGUAS saya, refajo, falda, faldellín, camisa, bajos, prenda interior.
ENAJENABLE vendible, adjudicable, transferible, pignorable, traspasable, saldable, realizable.
ENAJENACIÓN venta, pignoración, cesión, adjudicación, traspaso, realización, transferencia, transmisión || locura, trastorno, arrebato, acceso, desvarío, disparate, desatino, fantasía, despropósito, barbaridad, demencia, insania, delirio, frenesí, furia, chifladura || embelesamiento, abstracción, admiración, sorpresa, pasmo, transporte, rapto, éxtasis, asombro.
ENAJENADO vendido, adjudicado, cedido, pignorado, transmitido, transferido, realizado, traspasado || desatinado, trastornado, insano, demente, frenético, furioso, delirante, chiflado, lunático, v. loco || abstraído, embelesado, extático, turulato, estupefacto, pasmado, sorprendido, admirado, asombrado, alelado, absorto, atónito, suspenso, encantado.
ENAJENAMIENTO v. enajenación.
ENAJENAR vender, pignorar, adjudicar, ceder, transmitir, transferir, realizar, traspasar, hipotecar, gravar || ENAJENARSE enloquecer, trastornarse, arrebatarse, desvariar, disparatar, desatinar, fantasear, delirar, enfurecerse, chiflarse || embelesarse, abstraerse, pasmarse, extasiarse, suspenderse, atontarse, absorberse, alelarse, encantarse || privarse, desposeerse, enemistarse, disgustarse, retraerse, apartarse, alejarse.
EN ALBIS * en blanco, en ayunas, in albis, sin comprender.
ENALTECER ensalzar, alabar, exaltar, honrar, elogiar, elevar, encumbrar, glorificar, realzar, ilustrar, destacar.
ENALTECIDO alabado, exaltado, ensalzado, honrado, elogiado, glorificado, encumbrado, elevado.
ENALTECIMIENTO alabanza, honra, elogio, ensalzamiento, exaltación, elevación, encumbramiento, glorificación, panegírico, auge, gloria, fama.
ENAMORADIZO apasionado, vehemente, ardiente, voluble, mujeriego, faldero, amoroso, amante, enamorado v.
ENAMORADO amartelado, flechado, conquistado, encariñado, engolosinado, prendado, interesado, acaramelado, aficionado, camelado, chalado, seducido, amoroso, apasionado, tierno, afectuoso, cariñoso, devoto, considerado, mirado, sensible, vehemente, ardiente, voluble || adorador, galán, tórtolo, querido, cortejador, galanteador, amador, pretendiente.
ENAMORAMIENTO afición, amartelamiento, seducción, interés, pasión, ternura, v. amor.
ENAMORAR conquistar, engolosinar, requebrar, piropear, flechar, camelar, chalar, seducir, adorar,

querer, cortejar, galantear, pretender, castigar, v. amar || Enamorarse prendarse, aficionarse, apasionarse, enternecerse, encariñarse, interesarse, acaramelarse, enamoriscarse, pirrarse, derretirse.

Enanismo pequeñez, raquitismo, anomalía, deficiencia, trastorno.

Enano minúsculo, diminuto, mínimo, microscópico, ínfimo, liliputiense, pequeño, imperceptible, menudo, miniatura, chico, renacuajo, gorgojo, pequeño, raquítico, deficiente, falto, escaso.

Enarbolar izar, levantar, alzar, elevar, subir, colocar, ondear, arbolar, blandir, empuñar.

Enarcar v. arquear.

Enardecedor excitante, animador, estimulante, incitante, provocador, irritante, soliviantador, vivificador, activador, inquietante, exasperante, electrizante.

Enardecer provocar, irritar, soliviantar, inquietar, exasperar, electrizar, encolerizar, picar, encender, acalorar, arrebatar, exaltar, descomponer, enfurecer, excitar, estimular, incitar, activar, vivificar, entusiasmar, apasionar, inflamar, embriagar, fanatizar, delirar, conmover.

Enardecimiento excitación, entusiasmo, exaltación, pasión, ardor, irritación, exasperación, inquietud, soliviantamiento, provocación, furia, trastorno, emoción, delirio, conmoción, arrebato, fanatismo.

Enarenar espolvorear, esparcir, cubrir, recubrir.

Encabalgar apoyar, soportar, colocar, disponer, sostener, descansar.

Encabezamiento preámbulo, prefacio, prólogo, introducción, exordio, prolegómeno, advertencia, preliminar, principio, comienzo, título, epígrafe, titular, letrero, inscripción, intitulación, rótulo, lema, fórmula.

Encabezar acaudillar, mandar, dirigir, capitanear, guiar, conducir, abanderar, preceder, llevar || comenzar, iniciar, principiar, titular, intitular, inscribir, rotular, prologar, introducir, advertir, escribir.

Encabritarse empinarse, levantarse, corcovear, corvetear, saltar, espantarse, agitarse, estremecerse, sacudirse, respingar.

Encadenado sojuzgado, esclavizado, subyugado, sometido, oprimido, cautivo, prisionero, siervo, rendido, aherrojado, esposado, atado, sujeto, inmovilizado, dominado.

Encadenamiento sucesión, conexión, trabazón, relación, unión, serie, proceso, cadena, continuación, decurso, ciclo, rueda, gradación, progresión || esclavitud, sometimiento, opresión, aherrojamiento, esposamiento, prisión, atadura, sujeción, inmovilización, dominación.

Encadenar aherrojar, esposar, ligar, atar, inmovilizar, sujetar, retener, aprisionar, someter, esclavizar, oprimir, dominar, subyugar || relacionar, trabar, conectar, suceder, continuar, enlazar.

Encajado embutido, ajustado, empalmado, articulado, enlazado, conectado, incrustado, metido, introducido, engranado, ensamblado, alojado, enchufado, acoplado, inmovilizado, obstruido, detenido.

Encajamiento v. encaje.

Encajar incrustar, articular, empalmar, empotrar, embutir, ajustar, introducir, meter, conectar, enlazar, inmovilizar, acoplar, enchufar, alojar, ensamblar, engranar, resistir, aguantar || encajarse, inmovilizarse, obstruirse, detenerse, plantarse, atrancarse, pararse.

Encaje puntilla, bordado, blonda, bolillo, calado, entredós, tejido, randa, labor, artesanía || acoplamiento, ajuste, articulación, conexión, unión, enlace, ensambladura, embrague, enchufe, incrustación, enganche, engranaje, empalme, introducción.

Encajonado embalado, metido, v. encajonar.

Encajonar embalar, meter, encerrar, empacar, empaquetar, envolver, enfardar, introducir, envasar, prensar || Encajonarse angostarse, estrecharse, reducirse, disminuir.

Encalabrinarse turbarse, excitarse, irritarse, exaltarse, empeñarse, encapricharse.

Encalado blanqueado, revocado, enjalbegado, enyesado, enlucido, estucado, pintado.

Encaladura v. encalado.

Encalar enlucir, blanquear, enyesar, enjalbegar, revocar, estucar, pintar.

Encalmarse serenarse, abonanzarse, tranquilizarse, apaciguarse, aquietarse, suavizar, mejorar, abrir, aplacarse.

Encalvecer perder el pelo, p. el cabello, p. la melena, p. la cabellera, quedar calvo.

Encalladura varadura, varamiento, embarrancamiento, atasco, atolladura, abordaje, accidente, naufragio.

Encallar varar, atascarse, embarrancar, atollarse, abordar, detenerse, inmovilizarse, empantanarse, zozobrar, naufragar.

Encallecerse endurecerse, curtirse, acostumbrarse, avezarse, habituarse, ejercitarse, baquetearse, aguerrirse, insensibilizarse, pervertirse.

Encallecido endurecido, curtido, v. encallecerse.

Encamarse acostarse, echarse, yacer, tumbarse, tenderse, enfermar, reposar, convalecer.

Encaminar orientar, encauzar, guiar, conducir, enderezar, encarrilar, enfocar, adiestrar, ayudar || encaminarse, dirigirse, trasladarse, rumbear, marchar, ir, converger, caminar, desplazarse, salir para.

Encamisar cubrir, enfundar, disfrazar, disimular, tapar, ocultar.

Encanallarse embrutecerse, denigrarse, envilecerse, corromperse, degradarse, agranujarse, apicararse, enfangarse, abribonarse, pervertirse, rebajarse.

Encandilado deslumbrado, cegado, enceguecido, alucinado, obcecado, obsesionado, maravillado, impresionado, fascinado, pasmado, absorto, embaucado, engañado.

Encandilar cegar, deslumbrar, enceguecer, fascinar, impresionar, maravillar, obsesionar, obcecar, pasmar, absorber, engañar, embaucar.

Encanecer blanquear, emblanquecer, platear, aventajar, aviejar, envecejer.

Encanecido v. canoso.

Encanijarse desmejorar, enflaquecer, adelgazar, decaer, enfermar.

Encantado hechizado, embrujado, aojado, maldito || abstraído, distraído, absorto, extático, ensimismado || contento, satisfecho, complacido, gozoso, divertido, alegre, conforme, entusiasmado, feliz, dichoso, radiante, ufano.

Encantador cautivador, fascinante, agradable, sugestivo, seductor, maravilloso, atractivo, atrayente, cautivante, llamativo, interesante || mago, hechicero, brujo, nigromante, aojador, ensalmador, taumaturgo, agorero, alquimista, cabalista, ocultista.

Encantamiento hechicería, sortilegio, filtro, nigromancia, brujería, magia, aojo, ensalmo, taumaturgia, alquimia, hechizo, cábala, agorería, agüero || seducción, fascinación, impresión, sugestión, gracia, embeleso, atractivo, interés, hechizo.

Encantar embrujar, hechizar, aojar, maldecir, conjurar, invocar, hipnotizar, dominar, inmovilizar || seducir, fascinar, interesar, atraer, embelesar, agradar, sugestionar, impresionar, cautivar, maravillar.

Encante subasta, almoneda, remate, compraventa.

Encanto maravilla, portento, belleza, monada, monería, hermosura, primor, lindeza, exquisitez, embrujo, hechizo, preciosidad, delicia, perfección || brujería, v. encantamiento.

Encañado enrejado, valla, persiana, celosía.

Encañonar apuntar, asestar, dirigir, amenazar, encarar, volver.

Encapotado nublado, cerrado, cubierto, negro, obscuro, sombrío, entoldado, enfoscado, encelajado, borrascoso, destemplado, desagradable.

Encapotarse nublarse, obscurecerse, ennegrecerse, cubrirse, cerrarse, aborrascarse, aborregarse, encelajarse, enfoscarse, entoldarse, destemplarse, anubarrarse.

Encaprichamiento v. capricho.

Encapricharse obstinarse, emperrarse, insistir, porfiar, aferrarse, machacar, importunar, reiterar, pedir, reclamar || enamorarse, prendarse, aficionarse, apasionarse, enternecerse, encariñarse, interesarse, acaramelarse, enamoriscarse, pirrarse, derretirse.

Encapuchado encaperuzado, encapirotado, tapado, envuelto, oculto, encubierto, disfrazado, desfigurado, sospechoso, penitente, nazareno, disciplinante.

Encarado (Mal) feo, malcarado, desagradable, antiestético, repulsivo, grotesco.

Encaramarse empinarse, auparse, alzarse, subirse, trepar, elevarse, levantarse, encumbrarse, erguirse, estirarse, ayudarse, empujarse, colocarse, situarse.

Encarar enfrentar, arrostrar, oponerse, resistir, sufrir, revolverse, desafiar, retar, plantarse, hacer frente, dar la cara.

Encarcelado encerrado, aprisionado, v. encarcelar.

Encarcelamiento arresto, detención, reclusión, internamiento, enchiqueramiento, condena, aislamiento, captura, confinamiento, incomunicación, encierro, apresamiento, prendimiento.

Encarcelar encerrar, aprisionar, arrestar, enjaular, detener, prender, apresar, enchiquerar, recluir, internar, incomunicar, confinar, enrejar, capturar, atrapar, aislar, enchironar, condenar.

Encarecer aumentar, subir, elevar, alzar, incrementar, acrecentar, gravar, exagerar, añadir, especular, traficar, estafar, abusar, negociar || recomendar, repetir, encomendar, encargar, suplicar, rogar.

Encarecidamente insistentemente, repetidamente, reiteradamente.

Encarecimiento carestía, aumento, subida, incremento, alza, elevación, especulación, negocio, abuso, estafa, sobreprecio, exceso, valorización.

Encargado delegado, representante, reemplazante, substituto, comisionado, subalterno, síndico, mandatario, testaferro, ejecutor, apoderado, administrador, poderhabiente, procurador, factótum, gestor, comisario, agente, responsable, comprometido.

Encargar pedir, mandar, solicitar, recomendar, ordenar, gestionar, requerir || encomendar, facultar, delegar, comisionar, apoderar, responsabilizar, comprometer || encargarse, asumir, adjudicarse, arrogarse, posesionarse, responsabilizarse, tomar, alcanzar, hacerse cargo.

Encargo mandado, mandato, petición, orden, solicitud, gestión, requerimiento, favor, servicio, comisión, pedido, cometido, misión, recomendación, embajada, delegación, responsabilidad, compromiso.

Encariñado enternecido, apegado, devoto, interesado, aficionado, apasionado, simpatizante, adherido, inclinado, enamorado, encaprichado.

Encariñarse aficionarse, interesarse, apegarse, enternecerse, inclinarse, simpatizar, apasionarse, adherirse, encapricharse, enamorarse, amar.

Encarnación misterio, personifica-

ENCARNADO

ción, representación, símbolo, imagen, figura, idea, incorporación.

Encarnado colorado, rojo, escarlata, granate, rubí, púrpura, grana, bermellón, carmesí, bermejo, carmín, purpúreo, ígneo, corinto, coralino, amaranto.

Encarnadura cicatrización, reparación, reconstitución, curación.

Encarnar simbolizar, representar, personalizar, significar, personificar, incorporar, reproducir, figurar.

Encarnizadamente cruelmente, sañudamente, implacablemente, v. encarnizado.

Encarnizado cruel, sañudo, implacable, duro, sangriento, inflexible, rabioso, feroz, reñido, rencoroso, virulento, enconado, iracundo, colérico, salvaje, bárbaro.

Encarnizamiento saña, crueldad, inflexibilidad, dureza, ferocidad, rabia, salvajismo, encono, virulencia, rencor, barbarie, cólera, ira.

Encarnizarse cebarse, ensañarse, endurecerse, enconarse, odiar, abusar, irritarse, enfurecerse, ensangrentar, herir, golpear.

Encaro enfrentamiento, oposición, rebeldía, antagonismo, encuentro.

Encarpetar archivar, guardar, terminar, concluir, liquidar.

Encarrilar encauzar, orientar, enderezar, conducir, guiar, adiestrar, enfocar, regenerar, rehabilitar, regular, gobernar, inspirar, ayudar.

Encarrujado ensortijado, rizado, escarolado, retorcido, rufo, corrugado, arrugado, plegado.

Encarrujar rizar, ensortijar, escarolar, corrugar, retorcer, arrugar, plegar.

Encartado acusado, encausado v., rebelde, desertor, convocado, citado, emplazado, requerido, sospechoso.

Encartar requerir, llamar, convocar, emplazar, citar, acusar, condenar, juzgar.

Encasillado clasificado, asignado, separado, individualizado, catalogado, limitado, circunscrito.

Encasillar circunscribir, clasificar, encuadrar, individualizar, separar, asignar, limitar, catalogar.

Encasquetarse ponerse, encajarse, calarse, meterse, colocarse, enjaretarse.

Encasquillado atascado, obstruido, trabado, atrancado, estropeado.

Encasquillar trabar, obstruir, estropear, atrancar, atascar, descomponer.

Encastillado porfiado, terco, obstinado, tozudo, tenaz, testarudo, irreducible, soberbio, altivo, aislado.

Encastillarse porfiar, obstinarse, empecinarse, aferrarse, insistir, aislarse, desdeñar, despreciar, encumbrarse.

Encastrar v. encajar.

Encausado procesado, enjuiciado, empapelado, acusado, inculpado, reo, concausado, encartado.

Encausar enjuiciar, procesar, acusar, empapelar, inculpar, concausar, encartar, proceder, actuar.

Encauzado encarrilado, orientado, v. encauzar.

Encauzar encarrilar, orientar, encaminar, guiar, enderezar, adiestrar, enfocar, regenerar, rehabilitar, inspirar, ayudar, regular, gobernar.

Encefálico cerebral, craneal, mental.

Encéfalo cerebro, sesos, mollera, cabeza, cráneo.

Encelado enamorado, apasionado, perdido, chalado, acaramelado, rendido, pringoso, amartelado, flechado, engolosinado, vehemente, ardiente, deseoso, ardoroso, concupiscente, excitado, verriondo.

Encelajarse cubrirse, encapotarse, obscurecerse, nublarse, anubarrarse.

Encelamiento amartelamiento, vehemencia, amor, ardor, pasión, enamoramiento, chaladura, deseo, concupiscencia.

Encelarse apasionarse, enamorarse, chalarse, amartelarse, desear,

engolosinarse, acaramelarse, arder, perderse, entrar en celo.
ENCELDAR encerrar, encarcelar, enjaular, aprisionar v.
ENCENAGADO enfangado, embarrado, enlodado, manchado, sucio, enviciado, pervertido, encanallado.
ENCENAGAR enlodar, embarrar, enfangar, ensuciar, manchar, enviciar, pervertir, encanallar.
ENCENDEDOR mechero, chisquero, chisque, esquero, yesca, eslabón, pedernal, cerilla, fósforo, mixto.
ENCENDER prender, iluminar, incendiar, quemar, avivar, abrasar, incinerar, chamuscar, achicharrar, inflamar, asar, tostar, freír, hacer fuego || ENCENDERSE enardecerse, encolerizarse, exaltarse, irritarse, sulfurarse.
ENCENDIDO enardecido, exaltado, irritado, encolerizado, vehemente, apasionado, ardiente, inflamado, incendiado, sulfurado, ardoroso || chillón, subido, acentuado, fuerte.
ENCENDIMIENTO ardor, vehemencia, exaltación, pasión, cólera, enardecimiento, combustión, fuego.
ENCERADO pizarra, tablero, hule.
ENCERAR untar, frotar, proteger, impermeabilizar, abrillantar, lustrar, pulir.
ENCERRADERO encierro, toril, corral, redil.
ENCERRAMIENTO v. encerradero.
ENCERRAR aprisionar, recluir, meter, introducir, incomunicar, enchiquerar, confinar, aislar, enrejar, enceldar, emparedar, enclaustrar, internar || esconder, guardar, ocultar, asegurar, depositar || ENCERRARSE enclaustrarse, aislarse, incomunicarse, recluirse, retraerse, apartarse, separarse, recogerse, abandonar, desvincularse, sepultarse.
ENCERRONA trampa, engaño, añagaza, celada, artificio, engañifa, treta, ardid.
ENCESTAR meter, introducir, embocar, empacar, enfardar, envolver, preparar.
ENCÍA mucosa, carne.

ENCÍCLICA carta, circular, misiva, comunicado papal.
ENCICLOPEDIA diccionario, léxico, lexicón, vocabulario, repertorio, tesauro, compendio, resumen, texto, manual, prontuario, fundamentos, obra, conjunto.
ENCICLOPÉDICO general, total, conjunto, universal.
EN CIERNE en desarrollo, en curso, creciendo, *en ciernes*, en potencia.
ENCIERRO reclusión, clausura, retiro, aislamiento, apartamiento, alejamiento, prisión, mazmorra, cárcel, celda, calabozo.
ENCIMA arriba, sobre, además, aparte.
ENCIMAR superponer, colocar, cubrir, alzar, tapar, elevar, levantar, superar.
ENCINA carrasco, chaparro, jaro, roble, árbol cupulífero.
ENCINTA embarazada, preñada, grávida, fertilizada, fecundada, gestante.
ENCINTADO borde de acera, bordillo, canto, reborde, piedra, margen, ribete.
ENCIZAÑAR instigar, urdir, enemistar, enconar, agriar, disgustar, malquistar, desunir, dividir, enzarzar.
ENCLAUSTRAR v. encerrar.
ENCLAVADO situado, emplazado, instalado, asentado, apostado, colocado, ubicado, plantado, estacionado, encerrado.
ENCLAVAR situar, emplazar, ubicar, colocar, instalar, apostar, encerrar || atravesar, pasar, traspasar, clavar, asegurar.
ENCLAVAMIENTO situación, ubicación, asentamiento, instalación, emplazamiento, estacionamiento, colocación, apostamiento, enclave, territorio, terreno, zona.
ENCLAVE * territorio, terreno, región, comarca, emplazamiento, estado circundado.
ENCLAVIJAR fijar, trabar, enlazar, apretar.
ENCLENQUE enfermizo, canijo, enteco, desmirriado, desmedrado, es-

ENCOCORAR cuchimizado, raquítico, renacuajo, delicado, débil, achacoso, valetudinario.

ENCOCORAR fastidiar, incomodar, molestar, importunar, irritar, excitar, mortificar, sulfurarse.

ENCOFRADO revestimiento, armazón, recubrimiento, tablazón, maderaje, maderamen, molde, bastidor.

ENCOFRAR armar, revestir, montar, apuntalar, recubrir, sujetar.

ENCOGER menguar, disminuir, contraer, achicar, reducir, mermar, decrecer, acortar, abreviar, rebajar, cortar, debilitar || **ENCOGERSE** agacharse, esconderse, ocultarse, agazaparse, acurrucarse || amilanarse, acobardarse, atemorizarse, arredrarse, intimidarse, asustarse.

ENCOGIDO tímido, apocado, amilanado, temeroso, cobarde, corto, abatido || menguado, disminuido, contraído, achicado, rebajado, mermado, arrugado, plegado.

ENCOGIMIENTO disminución, mengua, contracción, achique, reducción, decrecimiento, abreviación, rebaja || apocamiento, timidez, cortedad, amilanamiento, temor, miedo, cobardía, abatimiento, pusilanimidad.

ENCOLAR pegar, adherir, fijar, sujetar, engrudar, unir, ligar, aglutinar, consolidar, soldar.

ENCOLERIZAR provocar, excitar, pinchar, desafiar, exacerbar, incitar || **ENCOLERIZARSE** irritarse, acalorarse, exasperarse, enfurecerse, alterarse, impacientarse, arrebatarse, enojarse, encorajinarse, inflamarse, excitarse, crisparse, encocorarse, sulfurarse, sobreexcitarse, molestarse, fastidiarse, sublevarse, agriarse.

ENCOMENDAR encargar, recomendar, pedir, mandar, solicitar, requerir, demandar, pretender, gestionar, confiar, suplicar, comisionar, delegar || **ENCOMENDARSE** entregarse, abandonarse, confiarse, fiarse, esperar, creer, tener fe, tener esperanza.

ENCOMIABLE elogiable, loable, plausible, laudable v.

ENCOMIAR alabar, elogiar, ensalzar, ponderar, loar, encarecer, encumbrar, aprobar, aplaudir, elevar, enaltecer, adular, acrecer, celebrar, aclamar, glorificar, lisonjear.

ENCOMIÁSTICO elogioso, enaltecedor, glorificador, lisonjero, halagador, favorable, halagüeño, adulador, laudatorio, ponderativo, ditirámbico, entusiasta, panegirista.

ENCOMIENDA encargo, recomendación, mandato, petición, solicitud, comisión, delegación, confianza, gestión, demanda, requerimiento || patrocinio, custodia, amparo, guardia, protección || renta, merced, dádiva, concesión.

ENCOMIO lisonja, elogio, alabanza, panegírico, apología, glorificación, halago, ponderación, ditirambo, adulación, enaltecimiento.

ENCONADO infectado, irritado, v. enconarse.

ENCONAMIENTO infección, inflamación supuración, tumefacción, congestión || v. encono.

ENCONARSE infectarse, inflamarse, congestionarse, llagarse, hincharse, supurar, envenenarse || irritarse, exasperarse, agriarse, desesperarse, enemistarse, odiar, resentirse.

ENCONO animadversión, rencor, fobia, inquina, tirria, odio, ojeriza, enemistad, aversión, hincha, saña, resentimiento, irritación, exasperación, acritud.

ENCONTRADIZO ubicuo, topadizo, astuto, omnipresente, pesado, latoso, cargante.

ENCONTRADO adverso, contrario, opuesto, contradictorio, rival, enemigo, antitético, hostil, desacorde, antípoda, divergente, inverso, incompatible || hallado, descubierto, tropezado, topado, acertado.

ENCONTRAR descubrir, hallar, topar, tropezar, dar con, acertar, atinar, ver, idear, inventar, descu-

brir, imaginar, perfeccionar ||
ENCONTRARSE reunirse, coincidir, concurrir, topar, tropezar, dar con, acertar || oponerse, contrariar, enfrentarse, desafiar, diverger, disentir, rivalizar, chocar.
ENCONTRÓN v. encontronazo.
ENCONTRONAZO topetazo, tropezón, encontrón, golpe, tropiezo, colisión, encuentro, estrellón, embate, trompicón, empujón, empellón.
ENCOPETADO linajudo, noble, elevado, patricio, aristocrático, distinguido, señorial, gordo, ilustre, preclaro, grande || soberbio, vanidoso, orgulloso, desdeñoso, presumido, vano, jactancioso, ostentoso.
ENCOPETARSE engreírse, presumir, ensoberbecerse, envanecerse, jactarse, desdeñar.
ENCORAJINADO encolerizado, irritado, v. encorajinarse.
ENCORAJINARSE encolerizarse, irritarse, rabiar, emberrenchinarse, sulfurarse, enfurecerse, exasperarse, indignarse, desmandarse, encapricharse.
ENCORCHAR taponar, tapar, cerrar, sellar.
ENCORDELAR atar, ligar, liar, anudar, sujetar, ajustar, amarrar, enlazar.
ENCORNADURA cornamenta, cuernos, astas, cornadura, defensas, pitones.
ENCORSETAR ceñir, fajar, apretar, oprimir, reducir, comprimir, estrechar, estrujar.
ENCORVADO jorobado, torcido, corcovado, giboso, v. encorvar.
ENCORVADURA v. curvatura.
ENCORVAR curvar, jorobar, torcer, retorcer, arquear, pandear, alabear, enarcar, corcovar, flexionar, doblar, bornear, inclinar, bajar.
ENCRESPADO rizado, crespo, ensortijado, acaracolado, escarolado, alborotado, encarrujado, rufo, enmarañado, hirsuto, rebelde, erizado, áspero, duro || encorajinado, irritado, emberrenchinado, encolerizado, sulfurado, enfurecido, indignado, desmandado.
ENCRESPAR rizar, ensortijar, encarrujar, enmarañar, erizar, escarolar, engrifar, desgreñar || ENCRESPARSE enrabietarse, encorajinarse, irritarse, indignarse, enfurecerse, sulfurarse, encolerizarse, emberrenchinarse, desmandarse.
ENCRUCIJADA cruce, intersección, bifurcación, confluencia, encuentro, empalme, corte, cruzamiento, reunión, concurrencia || hito, disyuntiva, alternativa, dilema.
ENCUADERNACIÓN cubierta, forro, protección, resguardo, encartonamiento, empastamiento, arreglo, compostura, restauración.
ENCUADERNAR forrar, proteger, encartonar, empastar, arreglar, reparar, componer, restaurar.
ENCUADRADO encasillado, v. encuadrar.
ENCUADRAR encasillar, circunscribir, asignar, separar, delimitar, catalogar, calificar, encerrar, encajar, incluir, insertar, recuadrar.
ENCUBIERTAMENTE disimuladamente, furtivamente, secretamente, dolosamente, fraudulentamente, ocultamente, sigilosamente, veladamente, v. encubierto.
ENCUBIERTO disimulado, furtivo, secreto, doloso, fraudulento, oculto, sigiloso, velado, callado, fingido, omitido, solapado, silencioso, subrepticio, tortuoso, sinuoso.
ENCUBRIDOR cómplice, pantalla, amparador, protector, ocultador, colaborador, participante, simpatizante, partidario.
ENCUBRIMIENTO ocultación, complicidad, v. encubrir.
ENCUBRIR esconder, ocultar, disimular, callar, fingir, omitir, silenciar, complicarse, proteger, amparar, tapar, simpatizar, colaborar, participar.
ENCUENTRO reunión, coincidencia, concurrencia, hallazgo, descubrimiento, cruce, casualidad || cho-

ENCUESTA

que, lucha, batalla, combate, escaramuza, pelea, reyerta, oposición, enfrentamiento, rivalidad, competencia, competición, partido || golpe, v. encontronazo.

ENCUESTA indagación, informe, averiguación, investigación, examen, exploración, escrutinio, búsqueda, sondeo, opinión, reportaje, estudio, pesquisa.

ENCUMBRADO eminente, elevado, alto, prominente, destacado, sobresaliente, poderoso, influyente, importante, prestigioso, acreditado, descollante, preponderante.

ENCUMBRAMIENTO preponderancia, descuello, progreso, influencia, importancia, ascenso, subida, prestigio, elevación.

ENCUMBRARSE destacar, elevarse, sobresalir, progresar, subir, ascender, encaramarse, descollar, preponderar, aventajar, despuntar.

ENCURTIDO conserva, preparación, salazón.

ENCURTIR conservar, envinagrar, preparar.

ENCHAPADO v. chapeado.

ENCHAPAR v. chapear.

ENCHARCADO inundado, anegado, aguado, enfangado, empantanado, enlodado, embarrado, regado.

ENCHARCAR inundar, humedecer, empantanar, enlodar, enfangar, anegar, aguar, mojar, regar.

ENCHIQUERAR enredilar, v. enchironar.

ENCHIRONAR encerrar, meter, recluir, encarcelar, aprisionar, aislar, enceldar, emparedar, confinar.

ENCHUFADO * v. enchufista.

ENCHUFAR conectar, acoplar, unir, vincular, embutir, encajar, encastrar, ajustar, ensamblar, enganchar, meter, introducir, empalmar || ENCHUFARSE acomodarse, situarse, emplearse, lograr un momio, una canonjía, una sinecura, una breva.

ENCHUFE dispositivo, clavija, placa, conectador, unión, empalme || sinecura, momio, canonjía, breva, recomendación, acomodo, empleo, favoritismo.

ENCHUFISTA recomendado, parásito, protegido, favorito, favorecido, privilegiado, enchufado.

ENDE (POR) por consiguiente, por tanto, en consecuencia.

ENDEBLE enclenque, flojo, flaco, delgado, débil, escuchimizado, delicado, blandengue, frágil, canijo, enteco, desmirriado, desmedrado, quebradizo.

ENDEBLEZ debilidad, delgadez, flacura, flojedad, encanijamiento, fragilidad, blandenguería, delicadeza, achaque, desánimo.

ENDECHA elegía, lamentación, canción triste.

ENDECHAR plañir, cantar, lamentar, quejarse.

ENDÉMICO habitual, permanente, constante, frecuente, común, vulgarizado, extendido, epidémico.

ENDEMONIADO poseído, embrujado, poseso, condenado, endiablado, maligno, satánico, perverso, difícil, arduo, energúmeno, colérico.

ENDEMONIAR embrujar, poseer, endiablar, inficionar, condenar || encolerizar, irritar.

ENDENTAR v. engranar.

ENDEREZADO erguido, derecho, recio, rectificado, erecto, alineado, levantado, tieso, rígido, recto || encarrilado, reformado, regenerado, encauzado, rehabilitado, corregido.

ENDEREZAR erguir, alinear, rectificar, levantar, componer, arreglar || regenerar, reformar, encarrilar, rehabilitar, corregir, encauzar, enmendar.

ENDEUDARSE entramparse, empeñarse, comprometerse, adeudarse, hipotecarse, aventurarse, responsabilizarse, obligarse.

ENDIABLADAMENTE complicadamente, condenadamente, difícilmente, endemoniadamente.

ENDIABLADO v. endemoniado.

ENDIABLAR v. endemoniar.

ENDIBIA escarola, lechuga, hortaliza, verdura.

ENDILGAR endosar, encajar, enjaretar, soltar, espetar, encasquetar, cantar, lanzar, decir.

ENDIOSAMIENTO engreimiento, altivez, soberbia, egolatría, fatuidad, envanecimiento, orgullo, petulancia, ensoberbecimiento.

ENDIOSAR venerar, adorar, idolatrar, ensoberbecer, encumbrar, envanecer, exaltar || ENDIOSARSE engreírse, enorgullecerse, creerse, figurarse.

ENDOCRINO hormonal, glandular, secretorio.

ENDOMINGADO acicalado, adornado, emperifollado, emperejilado, engalanado, compuesto, arreglado.

ENDOMINGARSE componerse, arreglarse, emperejilarse, emperifollarse, adornarse, acicalarse, engalanarse.

ENDOSAR endilgar, enjaretar, encajar, soltar, encasquetar, ceder, espetar, cargar, encargar, encomendar || firmar, transferir, ceder, traspasar.

ENDOSO nota, firma, transferencia, cesión, traspaso.

ENDRINO renegrido, azulado, azulino, obscuro.

ENDULZAR azucarar, sacarinear, enmelar, dulcificar, suavizar, mitigar, apaciguar, atemperar, aplacar, allanar, conformar, calmar.

ENDURADOR avaro, tacaño, mezquino, roñoso, ahorrativo.

ENDURAR ahorrar, economizar, cicatear, amontonar, atesorar || soportar, sufrir, tolerar, aguantar || diferir, dilatar, prolongar, alargar.

ENDURECER fortalecer, acerar, robustecer, curtir, fortificar, vigorizar, acostumbrar || ENDURECERSE embrutecerse, encallecerse, tiranizar, abusar, excederse || solidificarse v.

ENDURECIDO resistente, curtido, acerado, fortalecido, fuerte, robusto, vigoroso, pujante || encallecido, insensible, cruel, embrutecido, duro, correoso, fibroso, córneo.

ENDURECIMIENTO dureza, reciedumbre, resistencia, consistencia, fortaleza, robustez, tenacidad || terquedad, obstinación, testarudez, pertinacia || v. solidificación.

ENEA anea, corteza, planta.

ENEMA irrigación, lavativa, ayuda, clister.

ENEMIGA enemistad, odio, inquina, rencor, antipatía, encono, tirria, mala voluntad.

ENEMIGO contrario, contrincante, adversario, rival, competidor, oponente, contendiente, antagonista, opuesto, hostil, refractario, discrepante, disidente.

ENEMISTAD rivalidad, hostilidad, discrepancia, oposición, antagonismo, competencia, animadversión, odio, pugna, aborrecimiento, discordia, antipatía, desapego, roce, desavenencia, desunión, riña.

ENEMISTAR enzarzar, desunir, indisponer, dividir, encizañar, separar, malquistar || ENEMISTARSE enfadarse, enojarse, disgustarse, reñir, romper, pelearse, indisponerse, odiar, pugnar, aborrecer, rivalizar, hostilizar, discrepar, oponerse, antagonizar, competir, rozar, separarse, alejarse.

ENERGÉTICO vigorizante, fortalecedor, robustecedor, alimenticio, potente, activo.

ENERGÍA potencia, vigor, fuerza, eficacia, robustez, empuje, violencia, nervio, arranque, brío, empaque, coraje, impulso, pujanza, vehemencia, ímpetu, fibra, tenacidad, firmeza, resolución, entereza.

ENÉRGICAMENTE vigorosamente, eficazmente, pujantemente, v. enérgico.

ENÉRGICO vigoroso, eficaz, pujante, robusto, fuerte, potente, impulsivo, corajudo, brioso, nervioso, violento, vehemente, impetuoso, pujante, resuelto, entero, firme, tenaz, decidido, recio, emprendedor, activo, autoritario.

ENERGÚMENO furioso, atroz, fiero, violento, frenético, enloquecido, exaltado, fiera, bestia, bruto ||

ENERVACIÓN

endemoniado, endiablado, poseso, poseído, condenado, embrujado.

ENERVACIÓN debilitación, decaimiento, v. enervado.

ENERVADO debilitado, decaído, agotado, embotado, frágil, flojo, gastado, exangüe, cansado, blando, desmadejado, apagado, afeminado, encogido, apocado, postrado, embotado || ENERVADO * excitado, exaltado, nervioso.

ENERVANTE agotador, enervador, cansador, debilitante, aplanador || ENERVANTE * excitante, irritante.

ENERVARSE agotarse, debilitarse, desmadejarse, ablandarse, embotarse, postrarse, apocarse, encogerse, afeminarse, apagarse, cansarse || ENERVARSE * excitarse, exaltarse.

ENÉSIMO infinito, indeterminado, repetido, reiterado.

ENFADADO disgustado, fastidiado, enojado, v. enfadar.

ENFADAR disgustar, fastidiar, enojar, irritar, cansar, molestar, desagradar, aburrir, amohinar, cargar, estomagar, hastiar, encolerizar, repugnar, incomodar, contrariar, mortificar, amargar, enemistarse.

ENFADO enojo, fastidio, disgusto, molestia, irritación, cansancio, hastío, desagrado, aburrimiento, mortificación, contrariedad, incomodidad, repugnancia, cólera, amargura, enemistad, furia, arrebato.

ENFADOSO fastidioso, irritante, molesto, enojoso, mortificante, estomagante, cargante, desagradable, aburrido, amargo, insoportable, latoso, engorroso, pesado.

ENFAENADO v. atareado.

ENFANGADO encenagado, enlodado, v. enfangar.

ENFANGAR encenagar, enlodar, embarrar, salpicar, ensuciar, manchar, enviciar, pervertir, encanallar.

ENFARDAR ensacar, empacar, embolsar, liar, envolver, meter, apretar, comprimir, encestar, encajonar, preparar, enfardelar.

ÉNFASIS fuerza, empaque, energía, intensidad, poder, viveza, vehemencia, vigor, profundidad, hondura, reciedumbre, agudeza, importancia, intención, significado, doble sentido, pedantería, pomposidad, prosopopeya.

ENFÁTICAMENTE pomposamente, solemnemente, v. enfático.

ENFÁTICO solemne, pomposo, ampuloso, afectado, doctoral, campanudo, redundante, pedante, rimbombante, significativo, internacional, hondo, profundo, importante, agudo, recio, intenso, enérgico.

ENFATIZAR * resaltar, subrayar, acentuar, destacar v.

ENFATUADO * infatuado v.

ENFERMAR indisponerse, dolerse, trastornarse, complicarse, decaer, debilitarse, arruinarse, desordenarse, desarreglarse, adolecer, padecer, sufrir, desazonarse, soportar, tolerar, penar, contagiarse, infectarse, contraer, quebrantarse, agravarse, empeorar, hospitalizarse, internarse, encamarse, desmejorar, afectarse, caer en cama.

ENFERMEDAD dolencia, padecimiento, trastorno, complicación, desarreglo, desorden, desmejoramiento, molestia, arrechucho, ruina, alifafe, indisposición, afección, sufrimiento, perturbación, achaque, malestar, alteración, morbo, mal, gravedad, dolor, anormalidad, contagio, decaimiento.

ENFERMERÍA pabellón, sala, dependencia, anexo, dispensario, consultorio, servicio, casa de socorro, hospital, clínica, sala de primeros auxilios.

ENFERMERA asistente, ayudante, auxiliar sanitaria, cuidadora, practicante.

ENFERMERO v. enfermera.

ENFERMIZO enclenque, achacoso, valetudinario, delicado, débil, inválido, propenso, maluco, enteco, mórbido, crónico, morboso, malsano, v. enfermo.

Enfermo doliente, paciente, indispuesto, contagiado, infectado, aquejado, acometido, grave, acabado, desmejorado, afectado, mórbido, morboso, malo, decaído, abatido, perturbado, molesto, sufrido, agonizante, v. enfermizo.

Enfervorizar exaltar, animar, infundir, alentar, inflamar, enardecer, excitar, incitar, suscitar, desatar, acalorar, arrebatar, entusiasmar, provocar, apasionar, emocionar, convulsionar.

Enfilar apuntar, encañonar, asestar, encarar, volver || encaminarse, dirigirse, marchar, entrar, desfilar, pasar, recorrer, arrumbar || ordenar, colocar, situar, disponer, poner, formar.

Enfisema tumefacción, dilatación, distensión, acumulación de aire.

Enflaquecer adelgazar, demacrarse, secarse, chuparse, desmejorar, decaer, debilitarse, acecinarse, amojamarse, acartonarse, apergaminarse, depauperarse, esmirriarse, escuchimizarse, descarnarse, reducir, disminuir peso, extenuarse, consumirse, encanijarse.

Enflaquecimiento delgadez, adelgazamiento, desnutrición, demacración, consunción, extenuación, disminución, reducción de peso, depauperación, acartonamiento, amojamamiento, acecinamiento, debilitación, decaimiento, desmejoramiento, flacura.

Enfocar encauzar, encarar, encaminar, orientar, estudiar, descubrir, comprender, examinar, enfilar, dirigir, considerar.

Enfoque orientación, camino, dirección, guía, rumbo, encauzamiento.

Enfoscarse nublarse, obscurecerse, anubarrarse, encapotarse, cubrirse, ensombrecerse || enfurruñarse v.

Enfrascado embebido, aplicado, abstraído, dedicado, enzarzado, metido, absorto, ensimismado, abismado, sumergido, embelesado, distraído, engolfado.

Enfrascarse abstraerse, embeberse, aplicarse, dedicarse, enzarzarse, embelesarse, sumergirse, abismarse, ensimismarse, absorberse, meterse, distraerse, engolfarse.

Enfrenar contener, reprimir, frenar, refrenar, domar, sujetar.

Enfrentar encarar, arrostrar, oponerse, resistir, sufrir, revolverse, desafiar, retar, plantarse, hacer frente, dar la cara || Enfrentarse luchar, contender v., pelearse.

Enfrente delante, opuesto, al otro lado || en contra, en pugna, contra.

Enfriamiento refrigeración, congelación, refrescamiento, disminución, descenso de temperatura || resfrío, constipado, catarro, resfriado.

Enfriar congelar, refrigerar, refrescar, helar || Enfriarse constiparse, acatarrarse, indisponerse, resfriarse || entibiarse, apaciguarse, amortiguarse, disminuir, aminorar.

Enfrontar v. enfrentar.

Enfundar cubrir, tapar, encamisar, forrar, revestir, poner, meter, encasquetar, colocar, envolver || llenar, colmar, henchir, atiborrar.

Enfurecer provocar, exacerbar, irritar, pinchar, desafiar, incitar, excitar || Enfurecerse irritarse, exasperarse, acalorarse, encolerizarse, encorajinarse, enojarse, arrebatarse, impacientarse, alterarse, sulfurarse, encocorarse, crisparse, excitarse, inflamarse, agriarse, sublevarse, fastidiarse, molestarse, sobreexcitarse.

Enfurecimiento v. furia.

Enfurruñarse disgustarse, molestarse, mortificarse, enfadarse, incomodarse, irritarse, contrariarse, enfoscarse, encapricharse, poner ceño.

Engaitar v. engatusar.

Engalanado adornado, atusado,

ENGALANAR compuesto, atildado, peripuesto, relamido, emperejilado, ataviado, limpio, pulcro, endomingado, arreglado, emperifollado, empavesado, embanderado.

ENGALANAR adornar, empavesar, limpiar, embanderar, atusar, componer, atildar, endomingar, limpiar, emperejilar, arreglar, emperifollar, ataviar.

ENGALGAR apretar, afirmar, calzar, sujetar.

ENGALLADO ensoberbecido, presumido, tieso, derecho, erguido, firme, arrogante.

ENGALLARSE ensoberbecerse, presumir, erguirse, rebelarse, encararse.

ENGANCHADO unido, prendido, v. enganchar.

ENGANCHAR unir, prender, sujetar, reunir, juntar, atar, anudar, empalmar, ensamblar, ligar, enlazar, acoplar, asegurar, uncir, trabar, encadenar, trincar, atraillar, colgar, suspender, fijar || reclutar, alistar, enrolar, inscribir, incorporar || seducir, atarear, embaucar, engatusar, encandilar.

ENGANCHE reclutamiento, alistamiento, enrolamiento, incorporación.

ENGAÑABOBOS charlatán, embaucador, trapacero, mangante, mentiroso, timador, estafador, tramposo.

ENGAÑADIZO ingenuo, inocente, necio, bobo.

ENGAÑADOR mentiroso, timador, v. engañoso.

ENGAÑAR mentir, timar, embaucar, estafar, engatusar, burlar, embelecar, inventar, fingir, aparentar, mixtificar, disfrazar, falsificar, falsear, embrollar, enredar, exagerar, disimular, clavar, entrampar, colar, seducir, frustrar, embromar, camelar, gitanear, encandilar, perjudicar, dañar, chasquear || **ENGAÑARSE** equivocarse, errar, fallar, fracasar.

ENGAÑIFA v. engaño.

ENGAÑO falsedad, mentira, apariencia, invención, embeleco, burla, estafa, embaucamiento, chasco, daño, perjuicio, gitanería, camelo, frustración, seducción, trampa, disimulo, exageración, enredo, embrollo, falseamiento, falsificación, disfraz, mixtificación, ficción, invención, pretexto, señuelo, truco, picardía, fraude, argucia, superchería, embuste, astucia, artificio.

ENGAÑOSAMENTE falsamente, mentirosamente, v. engaño.

ENGAÑOSO falaz, mentiroso, ilusorio, capcioso, irreal, falso, aparente, disfrazado, inventado, camelista, perjudicial, dañoso, embaucador, enredoso, exagerado, disimulado, tramposo, seductor, falsificado, embrollado, mixtificado, pícaro, fraudulento, embustero, astuto, artificioso.

ENGARCE engaste, encaje, encastramiento, incrustación, ajuste, introducción, enchufe, alojamiento || encadenamiento, unión, trabazón.

ENGARNIO nulidad, trasto, inutilidad, plepa.

ENGARZADO engastado, encastrado, v. engarzar.

ENGARZAR engastar, encastrar, encajar, embutir, incrustar, alojar, enchufar, introducir, ajustar, acoplar || encadenar, unir, trabar.

ENGASTAR v. engarzar.

ENGASTE v. engarce.

ENGATUSAR v. engañar.

ENGENDRADOR progenitor, procreador, padre, genitor, generador, creador, criador, reproductor, propagador.

ENGENDRAMIENTO cría, procreación, reproducción, propagación, generación || v. cópula.

ENGENDRAR procrear, generar, propagar, reproducir, criar, crear, poblar, ahijar, producir, fecundar || causar, originar, ocasionar, formar, hacer, promover, motivar, suscitar, infundir || v. copular.

ENGENDRO monstruo, feto, aborto,

espantajo, endriago, fenómeno, embrión, criatura deforme, ser grotesco || barbaridad, error, desacierto, equivocación, equívoco, yerro, aberración, defecto.

Englobado incluido, contenido, encerrado, abarcado, comprendido, rodeado, abrazado, envuelto, reunido.

Englobar incluir, abarcar, contener, comprender, encerrar, rodear, abrazar, reunir, envolver, unir, juntar.

Engolado pomposo, vano, inflado, hinchado, hueco, ampuloso, pretencioso, pedante, fatuo v.

Engolfarse enzarzarse, enfrascarse, abstraerse, embeberse, aplicarse, dedicarse, sumergirse, ensimismarse, abismarse, absorberse, meterse, distraerse.

Engolosinar atraer, seducir, excitar, sugestionar, ofuscar, deslumbrar, encandilar, fascinar, cautivar || Engolosinarse encapricharse, aficionarse, prendarse, apasionarse, interesarse, acaramelarse, pirrarse, derretirse.

Engolletarse v. engreírse.

Engomado encolado, pegado, engrudado, fijado, adherido, unido, asegurado, sujeto, impregnado, untado.

Engomar pegar, encolar, engrudar, unir, adherir, fijar, asegurar, sujetar, afirmar, impregnar, untar.

Engordadero criadero, cebadero, vivero, corral, redil, aprisco.

Engordar robustecer, cebar, aumentar, medrar, engrosar, abultar, ensanchar, ampliar, atocinarse, inflarse, hincharse, espesar, achaparrarse, abotijarse, abotagarse, criar, echar carnes.

Engorde cebadura, alimento, crianza, cuidado, fomento.

Engorro atolladero, escollo, rémora, dificultad, molestia, inconveniente, obstáculo, problema, conflicto, trance, brete, complicación, embrollo, enredo, apuro, tropiezo, traba, estorbo.

Engorroso molesto, difícil, complicado, embrollado, enredado, problemático, apurado, complejo, trabajoso, laborioso, embarazoso, fatigoso, arduo, espinoso, enojoso, delicado, comprometido.

Engranaje transmisión, diferencial, mecanismo, dispositivo, artefacto, cremallera, piñones, ruedas dentadas, dientes, embrague, enlace, maquinaria.

Engranar encajar, encastrar, empalmar, embutir, ajustar, ensamblar, embragar.

Engrandecer aumentar, incrementar, acentuar, agrandar, crecer, exaltar, elevar, progresar, fomentar, vigorizar, vivificar, ennoblecer, ilustrar, realzar, enaltecer, acrecentar, construir, erigir, promover, encumbrar, desarrollar.

Engrandecimiento progreso, desarrollo, fomento, exaltación, elevación, vigorización, ennoblecimiento, ilustración, acrecentamiento, realce, enaltecimiento, encumbramiento, construcción, promoción.

Engranujarse v. encanallarse.

Engrapar fijar, coser, unir, juntar, reunir.

Engrasado pringado, untado, v. engrasar.

Engrasar pringar, untar, manchar, embadurnar, lubrificar, suavizar, ungir, emplastar, aceitar, recubrir, encerar, proteger.

Engrase lubrificación, aceitado, embadurnamiento, unto, suavizamiento, recubrimiento, protección, cuidado.

Engreído envanecido, petulante, encopetado, altivo, altanero, orgulloso, encrestado, vanidoso, presumido, encastillado, desdeñoso, despectivo, arrogante, imperioso, soberbio, fatuo, ególatra, ensoberbecido, chulo, fanfarrón, presuntuoso, pretencioso, postinero, jactancioso, fachendoso.

Engreimiento altanería, envanecimiento, presunción, jactancia, pretensión, fanfarronería, chulería, soberbia, egolatría, fatuidad, imperio, arrogancia, desdén, encastillamiento, vanidad, encrestamiento, orgullo, altivez, petulancia, ensoberbecimiento, endiosamiento, suficiencia.

ENGREÍRSE jactarse, presumir, envanecerse, ensoberbecerse, chulearse, fanfarronear, pretender, encastillarse, desdeñar, enorgullecerse, encrestarse, endiosarse.

ENGRESCAR encizañar, enfrentar, enredar, enardecer, incitar, enzarzar.

ENGRIFARSE encresparse, erizarse, alzarse, levantarse, empinarse.

ENGRILLAR aherrojar, encadenar, esposar, sujetar, inmovilizar, aprisionar, dominar, oprimir.

ENGRINGARSE extranjerizarse, amanerarse, imitar, remedar, renegar.

ENGROSAR v. engordar.

ENGRUDAR engomar, encolar, adherir, pegar, fijar, ligar.

ENGRUDO pasta, adhesivo, goma, cola, mucílago, liga, pegamento.

ENGUANTAR enfundar, poner, meter, colocar, ajustar, cubrir, ocultar.

ENGUIJARRAR empedrar, pavimentar, enladrillar, enlosar, recubrir, revestir.

ENGUIRNALDAR adornar, aderezar, arreglar, engalanar, decorar, exornar, acicalar, emperejilar.

ENGULLIR tragar, devorar, embuchar, manducar, comer, zampar, embaular, ingerir, atragantarse, atiborrarse, saciarse, deglutir, atrancarse, masticar, morder.

ENHARINAR rebozar, recubrir, revestir, empanar.

ENHEBRAR ensartar, introducir, pasar, traspasar, enfilar, enhilar.

ENHIESTO erguido, derecho, recto, tieso, vertical, perpendicular, erizado, levantado, rígido, enderezado, alzado.

ENHORABUENA felicitación, pláceme, parabién, congratulación, cumplido, saludo, brindis, alabanza, aplauso, agasajo.

ENHORAMALA disgusto, desaprobación v.

ENIGMA misterio, secreto, incógnita, entresijo || rompecabezas, acertijo, jeroglífico, charada, entretenimiento, pasatiempo, crucigrama, adivinanza.

ENIGMÁTICO misterioso, secreto, extraño, inexplicable, incomprensible, esotérico, arcano, abstruso, recóndito, complicado, turbio, obscuro, inescrutable, exótico, indescifrable, ininteligible.

ENJABONAR bañar, fregar, limpiar, jabonar, restregar, frotar || adular, halagar, lisonjear, camelar, elogiar, embelecar, dar coba.

ENJAEZAR guarnecer, adornar, acicalar, ornar, engalanar, preparar.

ENJALBEGADO blanqueo, blanqueado, encalado, enlucido, enyesado, revocado, estucado, pintado.

ENJALBEGAR encalar, enlucir, blanquear, pintar, enyesar, estucar, revocar.

ENJALMA albarda, cincha, aparejo, almohadilla, guarnición.

ENJAMBRE profusión, muchedumbre, multitud, cantidad, abundancia, turba, hervidero, torrente, hormiguero, hatajo, miríada, infinidad, cúmulo, sinnúmero.

ENJARETAR endosar, encajar, soltar, endilgar, espetar, encasquetar, lanzar, cantar, decir.

ENJAULAR encerrar, aprisionar, recluir, meter, encarcelar, aislar, enceldar, emparedar, confinar, enredilar.

ENJOYADO recamado, recubierto, engalanado, embellecido, adornado, fastuoso, rico, opulento, engastado.

ENJOYAR recamar, adornar, recubrir, engalanar, embellecer, enriquecer, engastar.

ENJUAGAR aclarar, lavar, limpiar, higienizar, bañar, rociar, baldear.

ENJUAGUE lavado, limpieza, aclarado, baño, enjuagatorio, líquido, licor || chanchullo, embrollo, trampa.

ENJUGAR secar, escurrir, recoger, frotar, limpiar, empapar || extinguir, liquidar, cancelar, terminar.

ENJUICIAMIENTO proceso, expediente, instrucción, encausamiento, empapelamiento, incoación.

ENJUICIAR calificar, valorar, estimar, calcular, examinar, justipreciar, discernir, evaluar, precisar, atribuir, distinguir, apreciar || procesar, empapelar, instruir, incoar, encausar || condenar, juzgar, sentenciar, dictaminar.

ENJUNDIA substancia, meollo, cualidad, carácter, fondo, médula, envergadura, esencia, quid, miga || fuerza, vigor, arrestos, energía, potencia, empuje, arranque, brío, empaque, coraje, impulso, pujanza, vehemencia || gordura, grasa, adiposidad.

ENJUNDIOSO substancioso, importante, esencial, fundamental, principal || vigoroso, enérgico, poderoso, impulsivo, fuerte, pujante.

ENJUTO flaco, delgado, enteco, magro, sarmentoso, seco, frágil, desmedrado, larguirucho, descarnado, estrecho, afilado, chupado, cenceño, demacrado, consumido.

ENLABIAR embaucar, engañar v.

ENLACE casamiento, boda, nupcias, matrimonio, unión, alianza, desposorio, casorio, vínculo, esponsales || trabazón, encadenamiento, ensambladura, unión, vínculo, ligazón, enchufe, articulación, relación, acoplamiento, engarce, lazo, combinación, cohesión, nexo || v. contacto.

ENLADRILLAR solar, embaldosar, pavimentar, recubrir.

ENLATAR envasar, introducir, meter, conservar, esterilizar, llenar, embutir.

ENLAZAR unir, vincular, ligar, conectar, acoplar, trabar, concatenar, empalmar, entrelazar, enchufar, liar, encadenar, juntar, reunir, aglutinar, combinar, aparear, arrimar, aunar || aprisionar, inmovilizar, sujetar, forzar, detener, derribar, dominar, atar, trabar || emparentar, casarse, unirse, vincularse, relacionarse.

ENLODAR encenagar, enfangar, embarrar, manchar, ensuciar, salpicar, embadurnar || degradar, envilecer, mancillar, infamar, calumniar.

ENLOQUECEDOR tremendo, horroroso, impresionante, imponente, insoportable, espantoso, espeluznante || arrebatador, embriagador, maravilloso, apasionante, embrujador || alucinante v.

ENLOQUECER delirar, trastornarse, extraviarse, chalarse, chiflarse, exaltarse, enardecerse, enajenarse, guillarse, chochear, disparatar, desbarrar, desvariar, perder el seso, perder la razón.

ENLOQUECIDO delirante, trastornado, extraviado, enajenado, guillado, enardecido, exaltado, chiflado, arrebatado, exasperado, frenético, entusiasmado, emocionado, v. loco.

ENLOQUECIMIENTO trastorno, delirio, enajenación, extravío, exaltación, enardecimiento, frenesí, v. locura.

ENLOSAR embaldosar, solar, pavimentar, enladrillar, recubrir.

ENLUCIDO blanqueado, encalado, enyesado, estucado, pintado || revoque, estuco, yeso.

ENLUCIR encalar, enyesar, blanquear, estucar, pintar || limpiar, acicalar, frotar, abrillantar.

ENLUTAR afligir, entristecer, desconsolar, atribular, mortificar, desolar, apesadumbrar, atormentar, abatir.

ENMADERADO maderaje, entablado, armazón, tablazón.

ENMADERAR recubrir, forrar, tapar, vallar.

ENMAGRECER v. enflaquecer.

ENMARAÑADO enredado, embrollado, revuelto, desordenado, caótico, difícil, espinoso, complicado, incomprensible, confuso || hirsuto, erizado, cerdoso, revuelto, desordenado.

ENMARAÑAR embrollar, revolver, enredar, desordenar, dificultar, complicar, confundir, erizar.

ENMARCAR encuadrar, encerrar en marco o cuadro.

Enmascarado disfrazado, tapado, cubierto, oculto, disimulado, desfigurado, encubierto, sospechoso, bandido, facineroso.

Enmascaramiento ocultación, disimulo, encubrimiento, emboscada, cobertura, disfraz, desfiguramiento.

Enmascarar disimular, encubrir, ocultar, emboscarse, disfrazar, desfigurar, tapar, cubrir.

Enmendar rectificar, reformar, corregir, modificar, reparar, rehacer, mejorar, subsanar, enderezar, transformar, variar, reconstruir, perfeccionar, revisar, indemnizar, compensar.

Enmienda corrección, modificación, reforma, rectificación, reparación, variante, transformación, mejora, revisión, perfeccionamiento, retoque, remedio, conversión, moralización, cambio, variación, compensación, indemnización.

Enmohecerse oxidarse, estropearse, inutilizarse, herrumbrarse, anquilosarse, arruinarse.

Enmohecimiento oxidación, anquilosamiento, inutilización, ruina, menoscabo.

Enmudecer callar, silenciarse, alelarse, amordazarse, atontarse, desconcertarse, turbarse, desorientarse, amorrar, no rechistar, no responder, no contestar.

Enmudecimiento silencio, amorramiento, afonía, mudez, mutismo, turbación, desconcierto.

Ennegrecer atezar, obscurecer, sombrear, ahumar, quemar, teñir, pintar || **Ennegrecerse** nublarse, encapotarse, cubrirse, encelajarse.

Ennegrecimiento obscurecimiento, sombreado, ahumado, quemado, pintado, teñido.

Ennoblecedor enaltecedor, honroso, engrandecedor, dignificante, glorificador, honorífico.

Ennoblecer engrandecer, elevar, enaltecer, realzar, honrar, ensalzar, levantar, exaltar, encumbrar, glorificar, enriquecer, adornar, ilustrar, dignificar.

Ennoblecimiento engrandecimiento, elevación, honra, enaltecimiento, enriquecimiento, glorificación, encumbramiento, exaltación, ensalzamiento, dignificación, lustre, honor.

Enojadizo irritable, colérico, iracundo, airado, susceptible, melindroso, puntilloso, quisquilloso.

Enojarse encolerizarse, irritarse, enfadarse, encorajinarse, enfurecerse, violentarse, rabiar, acalorarse, exasperarse, alterarse, disgustarse, airarse, encresparse, encocorarse, amohinarse, molestarse.

Enojo irritación, enfado, ira, rabia, acaloramiento, cólera, coraje, exasperación, disgusto, alteración, encrespamiento, furia, enfurecimiento, rabieta, arrebato, corajina, fiereza, berrinche, estallido, arrechucho.

Enojoso irritante, enfadoso, exasperante, fastidioso, molesto, mortificante, estomagante, desagradable, amargo, engorroso, insoportable, pesado.

Enorgullecerse complacerse, satisfacerse, ufanarse, preciarse, alegrarse, gloriarse, pavonearse, jactarse, blasonar, presumir, alardear, vanagloriarse, hincharse esponjarse, encopetarse, fanfarronear.

Enorme ciclópeo, descomunal, colosal, formidable, monumental, piramidal, inmenso, desmedido, ingente, gigantesco, extraordinario, grandioso, titánico, voluminoso, grande, vasto, monstruoso, excepcional, morrocotudo.

Enormemente considerablemente, extraordinariamente, excepcionalmente, v. enorme.

Enormidad barbaridad, desatino, atrocidad, disparate, extravagancia, despropósito, dislate, desacierto, error, absurdo, incoherencia, insensatez, extravagancia, equivocación, estupidez, necedad, desbarro, locura || exceso, abundancia, plétora, profusión, exuberancia, raudal, opulencia, riqueza, demasía.

Enquillotrarse v. enamorarse.
Enquistado encajado, embutido, atascado, atrancado, incrustado, obturado, alojado, inmovilizado || inflamado, hinchado, infectado, abultado, turgente, enrojecido.
Enquistarse atascarse, encajarse, atrancarse, incrustarse, obturarse, alojarse, inmovilizarse || hincharse, inflamarse, abultarse, infectarse, enrojecerse.
Enrabiar v. enojar.
Enragé * extremoso, fanático, exaltado.
Enraizar arraigar, aclimatar, fijar, acostumbrar, establecer, adaptar, agarrar.
Enramada emparrado, cobertizo, pérgola, follaje, verdura, cenador.
Enramar entrelazar, enlazar, entretejer, cubrir, emparrar, tarpar.
Enranciarse pasarse, estropearse, malograrse, añejarse, envejecer.
Enrarecerse rarificarse, dilatarse, dispersarse, expandirse, aclararse, extenderse, escasear.
Enrarecido rarificado, dilatado, expandido, disperso, claro, ralo, escaso, extendido.
Enrarecimiento rarefacción, expansión, dispersión, dilatación, escasez.
Enrasar nivelar, igualar, alisar, aplanar, allanar.
Enrase nivelación, allanamiento, aplanamiento, alisamiento, igualación.
Enredadera trepadora, hiedra, yedra, madreselva, pasionaria, liana, bejuco.
Enredado enmarañado, embrollado, intrincado, confundido, confuso, complicado, atarugado, aturullado, liado.
Enredador lioso, embrollón, cuentero, chismoso, trapisondista, revoltoso, travieso, pícaro, embustero, mentiroso, inquieto, embarullador.
Enredar liar, enmarañar, embrollar, entrampar, confundir, atarugar, aturullar, intrigar, intrincar, complicar, entorpecer, obstaculizar, enzarzar, mezclar.
Enredo embrollo, maraña, lío, trampa, intriga, confusión, complicación, obstáculo, entorpecimiento, trastorno, revoltillo, desorden, caos, dificultad, jaleo, tropiezo, traba, estorbo, fregado, maquinación, cuento, engaño, mentira, fraude, estafa.
Enredoso complicado, difícil, lioso, confuso, embrollado, caótico, dificultoso, fraudulento.
Enrejado verja, reja, cancela, persiana, emparrillado, bastidor, celosía, encañado, entretejido || preso, prisionero, recluso, detenido, penado.
Enrejar vallar, cercar, cerrar, aislar, cruzar, entrelazar || apresar, recluir, encarcelar, enchiquerar, encerrar.
Enrevesado complejo, embrollado, oscuro, peliagudo, confuso, difícil, indescifrable, espinoso, enmarañado, embarazoso, arduo.
Enriquecerse mejorar, prosperar, medrar, florecer, adelantar, progresar, incrementar, acrecentar, aumentar, desarrollar, perfeccionar, ascender, ganar, crecerse, subir, adquirir, embolsar, beneficiarse, lucrar, lograr, explotar, especular, hincharse, cosechar, cobrar.
Enriquecido próspero, floreciente, beneficiado, lucrado, hinchado, v. rico.
Enriquecimiento prosperidad, florecimiento, adelanto, progreso, incremento, desarrollo, aumento, ascenso, ganancia, adquisición, subida, crecimiento, especulación, explotación, lucro, beneficio, cosecha.
Enriscado abrupto, áspero, escabroso, quebrado, rocoso, peñascoso.
Enriscar empinar, elevar, alzar, ocultarse, guarecerse, cobijarse.
Enristrar afianzar, preparar, bajar, empuñar, apuntar, lancear, acometer, ensartar, atravesar, acertar, pasar.

ENROJECER avergonzarse, encenderse, abochornar, acalorarse, sonrojarse, ruborizarse, azorarse, desconcertarse || empurpurar, pintar, teñir, colocar.

ENROJECIMIENTO encendimiento, bochorno, vergüenza, acaloramiento, sonrojo, rubor, azoramiento.

ENROLAR alistar, enganchar, inscribir, reclutar, incorporar.

ENROLLAR envolver, arrollar, liar, enroscar, retorcer, plegar.

ENRONQUECER desgañitarse, vociferar, chillar, bramar, aullar, rugir, quedarse afónico, perder la voz.

ENRONQUECIMIENTO, afonía, ronquera, carraspera.

ENROÑARSE oxidarse, enmohecerse, estropearse, arruinarse.

ENROSCAR atornillar, retorcer, arrollar, envolver, girar, liar.

ENSABANAR cubrir, tapar, ocultar, amortajar, vestir.

ENSACAR enfardar, empacar, meter, introducir, embolsar, encestar, encajonar, enfardelar.

ENSAIMADA bollo, pastel, fruslería, golosina, suizo, trenza.

ENSALADA hortaliza, lechuga, escarola, apio, berro || revoltijo, mezcla, confusión, barullo, tiberio, amasijo, caos, maraña, mezcolanza.

ENSALADERA fuente, plato, recipiente, bandeja.

ENSALIVAR empapar, impregnar, mojar, humedecer, infiltrar.

ENSALMADOR curandero, exorcizante, charlatán, brujo, hechicero, nigromante.

ENSALMAR exorcizar, hechizar, embrujar, conjurar.

ENSALMO conjuro, exorcismo, brujería, hechizo, superstición.

ENSALZADO aplaudido, celebrado, alabado, loado, adulado, encomiado, lisonjeado, glorificado, aclamado, ponderado, enaltecido.

ENSALZAMIENTO v. encomio.

ENSALZAR ponderar, loar, encarecer, encomiar, encumbrar, aprobar, aplaudir, elevar, enaltecer, adular, acrecer, celebrar, aclamar, bendecir, glorificar, lisonjear, honrar, proclamar, entronizar.

ENSAMBLADURA enlace, juntura, acoplamiento, encaje, articulación, empalme, enchufe, encastre, ensamble, ensamblaje.

ENSAMBLAR acoplar, encajar, encastrar, enchufar, empalmar, articular, juntar, enlazar, machihembrar.

ENSAMBLE v. ensambladura.

ENSANCHADO extendido, dilatado, ampliado, v. ensanchar.

ENSANCHAMIENTO v. ensanche.

ENSANCHAR extender, dilatar, ampliar, engrandecer, agrandar, aumentar, estirar, distender, expandir, difundir, dispersar, abultar, hinchar, prolongar, alargar, escariar, abocinar.

ENSANCHE ampliación, extensión, dilatación, agrandamiento, aumento, expansión, difusión, dispersión, prolongación, alargamiento, abultamiento, hinchazón.

ENSANGRENTADO manchado, teñido, v. ensangrentar.

ENSANGRENTAR manchar, teñir, bañar, impregnar, salpicar, rezumar, rociar, empapar, matar, liquidar.

ENSAÑAMIENTO brutalidad, encarnizamiento, crueldad, ferocidad, violencia, inclemencia, saña, barbaridad, truculencia, impiedad, dureza, despotismo, fiereza, atrocidad, exceso, sadismo, sevicia, bestialidad, barbarie, salvajismo.

ENSAÑARSE encarnizarse, cebarse, excederse, endurecerse, enconarse, abusar, irritarse, enfurecerse, ensangrentar, herir, golpear, matar.

ENSARTAR traspasar, atravesar, espetar, perforar, introducir, meter, pasar, cruzar, horadar, calar || engarzar, enhilar, enristrar, enfilar, unir, reunir.

ENSAYADO experimentado, examinado, estudiado, reconocido, tanteado, sondeado, comprobado, probado, gustado, catado.

ENSAYAR experimentar, investigar, examinar, estudiar, comprobar, tantear, sondear, reconocer, catar, gustar || probar, v. intentar.

ENSAYISTA escritor, literato, investigador, articulista, autor.

ENSAYO prueba, experimento, investigación, tanteo, estudio, examen, sondeo, reconocimiento, cata, contraste, toque, intento, tentativa, verificación, experiencia || escrito breve, investigación, esquema, esbozo, proyecto, bosquejo, estudio.

EN SEGUIDA inmediatamente, al momento, a continuación, luego, prontamente, al punto, en el acto, incontinenti.

ENSEMBLE * conjunto, atuendo, prendas, vestido.

ENSENADA cala, caleta, rada, abrigo, bahía, fondeadero, seno, entrante, refugio, abra, ría, fiordo, golfo, puerto, concha, recodo.

ENSEÑA insignia, estandarte, divisa, emblema, pabellón, pendón, oriflama, gallardete, guión, lábaro, confalón, distintivo, banderola, trofeo, guía, banderín, blasón.

ENSEÑADO educado, instruido, culto, adiestrado, aleccionado, disciplinado, v. enseñar.

ENSEÑANZA adiestramiento, instrucción, iniciación, cultura, ilustración, vulgarización, educación, aleccionamiento, apostolado, catequesis, didáctica || lección, cátedra, sistema, método, conferencia, clase, asignatura, magisterio, programa, escuela, disciplina, doctrina.

ENSEÑAR adiestrar, iniciar, instruir, aleccionar, educar, catequizar, adoctrinar, documentar, disciplinar, ilustrar, iluminar, imponer, indicar, profesar, explicar, programar, vulgarizar, divulgar, repasar || mostrar, exhibir, revelar, descubrir, destapar, extraer, sacar, exponer, señalar, indicar, ofrecer, desplegar, evidenciar, exteriorizar, ostentar, lucir.

ENSEÑOREARSE apoderarse, apropiarse, adueñarse, posesionarse, dominar, ocupar, coger, quitar, tomar, instalarse, usurpar, robar, hurtar, asentarse.

ENSERES muebles, instrumentos, utensilios, efectos, bártulos, útiles, trebejos, pertenencias, bienes, mobiliario, artefactos, cacharros.

ENSILLAR aparejar, poner, preparar, disponer, enjaezar, guarnecer, equipar.

ENSIMISMADO abstraído, embebido, extasiado, reconcentrado, recogido, pensativo, enajenado, embobado, absorto, abismado, enfrascado, aplicado, enzarzado, engolfado, sumergido, embelesado.

ENSIMISMAMIENTO v. embeleso.

ENSIMISMARSE reconcentrarse, embebecerse, abstraerse, extasiarse, absorberse, embobarse, enajenarse, pensar, recogerse, engolfarse, sumergirse, enzarzarse, aplicarse, enfrascarse, abismarse, embelesarse, reflexionar, meditar.

ENSOBERBECERSE hincharse, ufanarse, inflarse, esponjarse, encopetarse, engreírse, creerse, empingorotarse, estirarse, encastillarse, envanecerse, presumir, fanfarronear, enorgullecerse, endiosarse, pavonearse, desdeñar, despreciar.

ENSOBERBECIDO altanero, altivo, fatuo, hueco, fanfarrón, orondo, pedante, vanidoso, presuntuoso, ufano, vano, afectado, encastillado, arrogante, estirado, empampirolado, empingorotado, engreído, presumido, hinchado, orgulloso, soberbio, desdeñoso, despectivo.

ENSOBERBECIMIENTO v. envanecimiento.

ENSOMBRECERSE obscurecerse, encapotarse, nublarse, encelajarse, ennegrecerse, cubrirse, entenebrecerse, cerrarse, aborrascarse, aborregarse, enfoscarse, entoldarse, destemplarse, anubarrarse || entristecerse, afligirse,

apenarse, atribularse, consternarse, atormentarse, desesperar.
Ensombrecido obscurecido, encapotado, v. ensombrecerse.
Ensoñación * v. ensueño.
Ensoñador visionario, quimérico, imaginativo, iluso, soñador, lírico, utopista, idealista, fantaseador, novelero, embelesado, abstraído.
Ensoñar soñar, ilusionarse, abstraerse, idealizar, fantasear, embelesarse.
Ensopar migar, desmenuzar, humedecer, remojar.
Ensordecedor atronador, estruendoso, retumbante, sonoro, estrepitoso, estentóreo, aturdidor, horrísono, fragoso, atronante, escandaloso, ruidoso, resonante, chillón, estridente.
Ensordecer atronar, retumbar, aturdir, resonar, escandalizar, chillar, enredar, marear, fastidiar.
Ensortijado rizado, crespo, rufo, encrespado, retorcido, encarrujado, caracoleado, ondulado.
Ensortijar rizar, encrespar, retorcer, encarrujar, ondular, caracolear, arrufar.
Ensuciar manchar, percudir, pringar, tiznar, emporcar, salpicar, motear, entintar, entarquinar, macular, vetear, churretear, enlodar, enfangar, embarrar, untar, emplastar, emborronar, embadurnar, engrasar, deslucir, deslustrar ‖ mancillar, deshonrar, empañar, desdorar, afrentar, calumniar ‖ ensuciarse, cagarse, defecarse, enmerdarse, descargar.
Ensueño ilusión, fantasía, quimera, esperanza, imaginación, ambición, sueño, figuración, utopía, alucinación, fantasmagoría, espejismo, visión, entelequia, aparición, invención, ficción, irrealidad.
Entablado entarimado, estrado, tablazón, tarima, escenario, tilla, tinglado, peana, armazón, andamio, palco, tribuna, plataforma.
Entablamento cornisamento, coronamiento, arquitrabe, remate, friso, moldura.
Entablar enmaderar, recubrir, forrar, entablillar, trabar ‖ iniciar, comenzar, emprender, disponer, preparar, pleitear, empezar, originar, causar.
Entablillar inmovilizar, afirmar, asegurar, sujetar, vendar, curar.
Entalamar entoldar, cubrir, revestir, proteger.
Entalegar atesorar, embolsar, guardar, amontonar, economizar, ahorrar, v. ensacar.
Entalladura corte, muesca, esculpido, grabado, incisión, tajo, sección, escotadura, cincelado, tallado.
Entallar esculpir, tallar, cincelar, grabar, cortar, tajar, seccionar.
Entapizar cubrir, forrar, revestir, v. tapizar.
Entapujar disimular, ocultar, embrollar, encubrir, esconder, tapar.
Entarimado v. entablado.
Entarimar v. entablar.
Entarquinar rellenar, abonar, ensuciar, manchar.
Ente ser, sujeto, esencia, entidad, existencia, substancia, naturaleza, entelequia, cosa, criatura, mónada.
Enteco enfermizo, enclenque, canijo, esmirriado, desmedrado, escuchimizado, raquítico, renacuajo, delicado, débil, achacoso, valetudinario.
Entelequia * ficción, ensueño, invención, irrealidad.
Entelerido aterido, helado, enfriado, sobrecogido, espantado, atemorizado.
Entenado alnado, hijastro, descendiente.
Entendederas sesos, meollo, cacumen, inteligencia, sesera, chispa, agudeza, talento, cabeza, lucidez, v. entendimiento.
Entender inferir, comprender, intuir, discernir, interpretar, alcanzar, concebir, percibir, penetrar, saber, opinar, creer, pensar, juzgar, conocer ‖ Entenderse amancebarse, liarse, concha-

barse, abarraganarse, liarse, amontonarse, apañarse, avenirse, compenetrarse.

Entendido experto, perito, docto, sapiente, erudito, versado, culto, sabio, letrado, ilustrado, estudioso, conocedor, cultivado, diestro.

Entendimiento talento, comprensión, agudeza, perspicacia, penetración, alcance, juicio, inteligencia, capacidad, sutileza, intelecto, cacumen, meollo, sesos, chispa, cabeza, entendederas, cerebro, lucidez, razón, alma, espíritu || v. comprensión.

Entenebrecer ensombrecer, obscurecer, nublar, enlobreguecer, anochecer, tenebrar, enfoscar, cerrar, encapotarse, entoldarse, anubarrarse.

Entente * convenio, trato, acuerdo, pacto secreto.

Enterado * apto, capacitado, entendido, versado, conocedor, culto, perito, informado.

Enteramente plenamente, absolutamente, cabalmente, perfectamente, completamente, totalmente, íntegramente, indiscutiblemente, cumplidamente, rematadamente.

Enterar advertir, informar, imponer, comunicar, explicar, revelar, participar, contar, avisar, anunciar, instruir, iniciar, relatar || Enterarse saber, conocer, oír, percatarse, advertir, notar, distinguir, averiguar, percibir, descubrir.

Entercarse emperrarse, obstinarse, plantarse, empeñarse, encapricharse.

Entereza integridad, energía, firmeza, fortaleza, carácter, aguante, determinación, genio, valor, ánimo, denuedo, aliento, brío, vigor, hombría, fuerza, espíritu, alma || honradez, rectitud, integridad, mesura, equilibrio, honestidad, probidad, lealtad, moralidad, desinterés.

Enterizo entero, completo, de una pieza.

Enternecedor emocionante, conmovedor, apasionante, impresionante, perturbador, inquietante, hondo, afectivo, emotivo, patético, turbador, sentimental.

Enternecer turbar, conmover, emocionar, impresionar, perturbar, inquietar, afectar, apasionar, compadecerse, ablandarse, apenarse, sentir, lamentar.

Entero íntegro, total, cabal, absoluto, cumplido, completo, justo, acabado, perfecto, indiviso, intacto, incorrupto, virgen, colmado, consumado, integral, exacto, pleno, lleno, enérgico, firme, fuerte, determinado, animoso, denodado, vigoroso || recto, honrado, honesto, probo, leal, desinteresado, íntegro.

Enterrador sepulturero, sepultador, cavador, zacateca.

Enterramiento sepultura, sepulcro, panteón, nicho, fosa, tumba, cripta, túmulo, mausoleo || entierro, sepelio, inhumación, conducción, traslado, acompañamiento, comitiva, cortejo.

Enterrar soterrar, ocultar, esconder, cavar || inhumar, sepultar, conducir, acompañar, trasladar || relegar, olvidar, arrinconar, desechar, sobrevivir || Enterrarse aislarse, retirarse, enclaustrarse, alejarse.

Entesar atirantar, tesar, estirar, vigorizar, avivar, fortalecer.

Entibar apuntalar, reforzar, consolidar, apoyar, asegurar, afirmar, enmaderar.

Entibiar templar, moderar, rebajar, dominar, sofocar, disminuir.

Entibo apoyo, fundamento, sostén, base, estribo, armazón, madero, viga.

Entidad ente, ser, sujeto, esencia, existencia, carácter, rasgo, forma, substancia, naturaleza, valor, importancia, trascendencia || corporación, sociedad, empresa, firma, asociación, colectividad, consorcio, compañía, cofradía, cuerpo, mancomunidad, gremio.

Entierro sepelio, inhumación, enterramiento, ceremonia, acto, traslado, acompañamiento, conducción, comitiva, cortejo fúnebre.

ENTINTAR teñir, impregnar, humedecer, ensuciar, manchar.

ENTOLDADO toldo, tendal, palio, enramada, tienda, umbráculo, lona, sombrajo, protección, cubierta.

ENTOLDAR cubrir, proteger, tapar, tapizar || entoldarse, nublarse, obscurecerse, encapotarse, empeorar.

ENTONACIÓN acento, tono, afinación, modulación, entono, armonía, acentuación, *deje*, tonillo.

ENTONADO ajustado, adecuado, apto, apropiado, conveniente, conforme, proporcionado, oportuno, lógico, correcto.

ENTONAR cantar, modular, vocalizar, corear, canturrear, tararear, berrear, gorjear, salmodiar, afinar, armonizar || vigorizar, fortalecer, levantar, animar, realzar.

ENTONCES en aquel tiempo, en aquella época, en esos días, por aquellos años, en aquel momento.

ENTONO arrogancia, vanidad, presunción, soberbia, altivez, altanería, desdén, impertinencia, orgullo || v. entonación.

ENTONTECERSE atontarse, embobarse, alelarse, aborricarse, embrutecerse, bobear, tontear.

ENTORCHADO galón, fleco, adorno, recamo, alamar, guarnición, cairel, bordado, ribete, orla, franja.

ENTORCHAR retorcer, enroscar, adornar.

ENTORNAR juntar, entreabrir, entrecerrar, adosar.

ENTORPECEDOR embarazoso, dificultoso, abrumador, molesto, engorroso, premioso, latoso, inoportuno.

ENTORPECER retardar, dificultar, estorbar, embarazar, paralizar, impedir, abrumar, molestar, embotar, entumecer, envarar, anquilosar, agarrotarse, insensibilizarse, acalambrarse, paralizarse.

ENTORPECIDO impedido, embarazado, paralizado, abrumado, entumecido, envarado, molesto, estorbado, retardado, aturdido, adormecido, insensible, anquilosado, tullido, embotado, ofuscado.

ENTORPECIMIENTO torpeza, sopor, entumecimiento, aturdimiento, adormecimiento, anquilosamiento, aplanamiento, insensibilidad, parálisis, embotamiento, ofuscación, traba, obstáculo, estorbo, retraso, dificultad, engorro.

ENTRADA puerta, pórtico, acceso, ingreso, embocadura, boca, embocadero, vestíbulo, salón, zaguán, umbral, hueco, abertura, agujero, corredor, pasillo || irrupción, llegada, invasión, incursión, presentación, aparición, intrusión, paso, tránsito, acogida, recepción, admisión || boleto, billete, papeleta, comprobante, volante, vale, cupón || introducción, introito, obertura, preámbulo, prólogo, preliminares, prefacio.

ENTRAMADO maderamen, bastidor, andamio, armazón, esqueleto, montura, soporte, sostén, base, entablado, tablazón.

ENTRAMAR montar, armar, levantar, enmaderar.

ENTRAMBOS ambos, los dos, uno y otro.

ENTRAMPAR engañar, timar, estafar, sablear, defraudar, enredar, liar, petardear || ENTRAMPARSE endeudarse, adeudarse, comprometerse, empeñarse, hipotecarse, aventurarse, responsabilizarse, meterse, liarse, enredarse.

ENTRANTE ángulo, concavidad, hueco, rebajo.

ENTRAÑA víscera, órgano, entretelas, bofe, asadura || alma, corazón, interior, esencia, fondo, centro, entresijo, meollo, núcleo || carácter, índole, genio, temperamento, humor, temple, naturaleza.

ENTRAÑABLE afectuoso, íntimo, cordial, estimado, apreciado, bienquisto, caro, amado, dilecto,

predilecto, idolatrado, adorado.
ENTRAÑABLEMENTE afectuosamente, íntimamente, cordialmente, v. entrañable.
ENTRAÑAR suponer, contener, causar, producir, significar, involucrar.
ENTRAR penetrar, pasar, meterse, colarse, ingresar, acceder, llegar, deslizarse, introducirse, irrumpir, embocar, invadir, incursionar, acometer, presentarse, aparecer, transitar, escabullirse, escalar, subir || inscribirse, afiliarse, adherirse, registrarse, asociarse.
ENTRE enmedio, de por medio, dentro, a través de.
ENTREABRIR entornar, entrecerrar, juntar, adosar, separar.
ENTREACTO intermedio, descanso, intervalo, reposo, interludio.
ENTRECANO grisáceo, canoso, blanquecino, plateado.
ENTRECEJO ceño, sobrecejo, arruga.
ENTRECERRAR v. entreabrir.
ENTRECOMILLADO * entrecomado.
ENTRECORTADO irregular, vacilante, intermitente, interrumpido, esporádico, discontinuo.
ENTRECOTE * solomillo, chuleta, carne, bistec.
ENTRECRUZAR entrelazar, cruzar, entretejer, tramar, urdir, entreverar, trenzar, enredar, trabar.
ENTRECHOCAR castañetear, percutir, golpear, trompicar, batir, chasquear.
ENTREDICHO veto, prohibición, censura, sospecha, indignidad, prevención, desconfianza, recelo.
ENTREDÓS encaje, bordado, puntilla, blonda, bolillo, calado, labor, artesanía.
ENTREFINO mediano, regular, intermedio.
ENTREFORRO v. entretela.
ENTREGA cesión, transmisión, traspaso, transferencia, concesión, donación, dádiva, préstamo, renuncia, licencia, suministro, ofrecimiento, oferta, reparto, retribución, adjudicación, envío, distribución, prestación ||
rendición, capitulación, sometimiento, subordinación, obediencia, resignación, humillación, vasallaje, acatamiento.
ENTREGADO cedido, transmitido, v. entrega.
ENTREGAR transferir, transmitir, ceder, traspasar, conceder, renunciar, prestar, dar, donar, licenciar, retribuir, repartir, facilitar, prodigar, distribuir, proporcionar, procurar, suministrar, rendir, ofrecer, adjudicar || ENTREGARSE rendirse, capitular, humillarse, resignar, obedecer, subordinarse, someterse, acatar || aplicarse, afanarse, enfrascarse.
ENTRELAZAR v. entrecruzar.
ENTREMEDIAS en medio, entre.
ENTREMÉS tapa, platillo, encurtido, fiambre, aperitivo || sainete, atelana, pieza breve.
ENTREMETER intercalar, meter, introducir, interponer, encajar, engastar, mechar, ensartar || entremeterse, injerirse, inmiscuirse, zascandilear, intervenir, atravesarse, cominear, mangonear, fisgonear, curiosear.
ENTREMETIDO intruso, indiscreto, zascandil, fisgón, curioso, imprudente, incauto, necio, descarado, impertinente, oficioso, boquirrubio, charlatán, chisgarabís.
ENTREMETIMIENTO injerencia, curiosidad, fisgoneo, indiscreción, intrusión, oficiosidad, impertinencia, descaro, necedad, imprudencia, mediación, mangoneo.
ENTREMEZCLAR v. entremeter.
ENTRENADOR preparador, adiestrador, instructor, guía.
ENTRENAMIENTO ejercicio, ensayo, preparación, adiestramiento, instrucción, aleccionamiento, guía.
ENTRENAR preparar, ensayar, ejercitar, instruir, guiar, aleccionar, adiestrar, habituar, amaestrar.
ENTREPIERNA bragadura, muslo, fondillo, refuerzo, parche.
ENTRESACAR elegir, escoger, seleccionar, extraer, sacar, quitar, descargar, espigar, aclarar, cortar, espaciar, aligerar.

Entresijo complicación, dificultad, inconveniente, contrariedad, atolladero, engorro.

Entretalla bajorrelieve, tallado, esculpido, entretalladura, labrado, grabado.

Entretallar esculpir, grabar, trabajar, labrar, recortar, calar.

Entretanto mientras tanto, ínterin, mientras, entre tanto.

Entretejer entrelazar, urdir, tramar, entreverar, trenzar, enredar, trabar, cruzar, tejer.

Entretela entreforro, forro, guata, relleno, lienzo, refuerzo || **Entretelas** entrañas, alma, corazón.

Entretener divertir, recrear, distraer, solazar, complacer, alegrar, amenizar, animar, interesar, cautivar, consolar || retrasar, retardar, demorar, dilatar, diferir, postergar, engañar, distraer, retener, alargar || mantener, conservar, preservar, cuidar.

Entretenida * manceba, querida, barragana, amasia, concubina, amante, amiga, mantenida, prostituta v.

Entretenido gracioso, divertido, distraído, alegre, ameno, animado, cautivante, interesante, chistoso, festivo, recreativo, sugestivo, dicharachero, bromista, decidor, zaragatero.

Entretenimiento pasatiempo, distracción, recreo, diversión, solaz, placer, esparcimiento, regocijo, holgorio, desahogo, gusto, fiesta, || manutención, conservación, servicio.

Entrever vislumbrar, columbrar, percibir, divisar, ver, otear, distinguir, descubrir, reparar, ojear || prever, sospechar, conjeturar, adivinar, presentir, presumir, creer, figurarse, predecir.

Entreverado veteado, intercalado, interpolado, cruzado, entrelazado, incluido, entremezclado.

Entreverar entretejer v., entremezclar, confundir.

Entrevista conferencia, recepción, reunión, audiencia, conversación, cita, junta, diálogo, encuentro, visita.

Entrevistar visitar, interrogar, ver, consultar, interpelar || **Entrevistarse** conferenciar, conversar, reunirse, recibir, dialogar, encontrarse, juntarse, citarse, verse.

Entripado enojo, encono, resentimiento, irritación || cólico, acceso, punzada, dolor intestinal.

Entristecer consternar, afligir, atribular, desconsolar, apenar, abatir, contrariar, mortificar, angustiar, enlutar, acongojar, amargar, desolar, apesadumbrar, atormentar, desesperar.

Entrometerse v. entremeterse.

Entrometido v. entremetido.

Entrometimiento v. entremetimiento.

Entroncar unir, vincular, enlazar, juntar, reunir, emparentar, relacionarse, connotar, atarse, contraer lazos.

Entronización instalación, v. entronizar.

Entronizar ungir, colocar, instalar, implantar, situar, coronar || ensalzar, alabar, elevar, elogiar.

Entronque parentesco, relación, vínculo, lazo, unión, afinidad, enlace, consanguinidad, alianza, grado, filiación, apellido.

Entruchar embaucar, engañar, engatusar, burlar, disfrazar, falsear.

Entrujar embolsar, guardar, encerrar, atesorar.

Entubar canalizar, instalar, conducir, encauzar, dirigir, llevar, acanalar.

Entuerto agravio, injuria, ofensa, daño, perjuicio, baldón, ultraje, insulto, oprobio.

Entumecerse entorpecerse, impedirse, paralizarse, envararse, adormecerse, acalambrarse, agarrotarse, dormirse, aterirse, pasmarse, alterarse, amoratarse.

Entumecido paralizado, adormecido, dormido, rígido, yerto, gélido, congelado, aterido, agarrotado, acalambrado, envarado, impedido, entorpecido, amoratado, inmovilizado, helado.

Entumecimiento parálisis, adormecimiento, rigidez, envaramiento, acalambramiento, calambre, agarrotamiento, aterimiento, congelación, inmovilización, entorpecimiento, amoratamiento, letargo, torpeza, insensibilidad, sueño, sopor, frío.

Entumirse v. entumecerse.

Enturbiamiento turbiedad, turbulencia, opacidad, oscuridad, confusión, ennegrecimiento, obscurecimiento, entenebrecimiento.

Enturbiar obscurecer, entenebrecer, revolver, agitar, ofuscar, cerrarse, entoldarse, anublarse, ensombrecerse, apagarse, sombrearse || alterar, turbar, trastornar, cambiar, transformar, modificar.

Entusiasmado apasionado, exaltado, emocionado, arrebatado, delirante, fervoroso, enardecido, vehemente, ardiente, ardoroso, caluroso, agitado, entusiasta, contento, satisfecho, fanático.

Entusiasmar apasionar, exaltar, arrebatar, emocionar, enardecer, satisfacer, contentar, agitar, delirar, fanatizar, conmover, encantar, transportar, embriagar, arrobar, enfervorecer, admirar, adorar.

Entusiasmo admiración, pasión, emoción, arrebato, exaltación, apasionamiento, fanatismo, delirio, agitación, contento, satisfacción, arrobo, embriaguez, encanto, transporte, conmoción, arrebatamiento, frenesí, vehemencia, ardor.

Entusiasta admirador, partidario, devoto, fanático, adorador, incondicional, v. entusiasmado.

Entusiástico v. entusiasmado.

Enucleación extirpación, corte, eliminación, supresión, separación, extracción.

Enumeración relación, lista, cuenta, cómputo, inventario, expresión, recapitulación, catalogación, enunciación, detalle, declaración, exposición, mención, especificación.

Enumerar expresar, contar, relacionar, detallar, enunciar, catalogar, recapitular, especificar, mencionar, exponer, declarar.

Enunciación mención, enumeración, declaración, formulación, exposición, explicación, manifestación, expresión, discurso, relación, enunciado, recapitulación, especificación.

Enunciado v. enunciación.

Enunciar declarar, enumerar, mencionar, expresar, manifestar, explicar, exponer, formular, especificar, recapitular, relacionar.

Envainar enfundar, revestir, cubrir, tapar, meter, introducir, poner, colocar, envolver.

Envalentonado animado, exaltado, determinado, crecido, decidido, resuelto, atrevido, fanfarrón, matamoros, majo, chulo, bravucón, matasiete, perdonavidas, baladrón, farfantón.

Envalentonarse exaltarse, animarse, crecerse, determinarse, atreverse, resolverse, decidirse, fanfarronear, bravuconear, chulearse, guapear, bravear, baladronear, encampanarse.

Envanecerse engreírse, encopetarse, esponjarse, inflarse, ufanarse, hincharse, ensoberbecerse, encastillarse, estirarse, empingorotarse, creerse, enorgullecerse, fanfarronear, presumir, desperdiciar, desdeñar, pavonearse, endiosarse, alabarse, vanagloriarse.

Envanecido soberbio, encopetado, engreído, esponjado, inflado, hinchado, estirado, encastillado, presumido, fanfarrón, orgulloso, creído, empingorotado, endiosado, desdeñoso, despreciativo, alabancioso.

Envanecimiento engreimiento, soberbia, ensoberbecimiento, presunción, fanfarronería, orgullo, endiosamiento, desdén, desprecio, vanagloria, alabanza, encastillamiento.

Envarado entorpecido, entumecido, v. envaramiento.

Envaramiento entorpecimiento, entumecimiento, adormecimiento, torpeza, embotamiento, ofuscación, apocamiento, traba, desacierto, deslucimiento, anquilosamiento, desmaña, agarrotamiento, letargo, azoramiento, timidez.

ENVARARSE ofuscarse, entorpecerse, entumecerse, trabarse, apocarse, embotarse, agarrotarse, anquilosarse, deslucirse, aletargarse, entumirse, paralizarse, azorarse.

ENVASADO embotellado, fraccionado, empaquetado, embolsado, dosificado, llenado, embalado, conservado, preparado, encajonado.

ENVASAR embotellar, enfrascar, enlatar, encajonar, empaquetar, embolsar, fraccionar, dosificar, introducir, llenar, colmar, embalar, preparar, conservar.

ENVASE recipiente, lata, bote, vaso, frasco, botella, casco, vasija, caja, estuche, cartón, embalaje || v. envasado.

ENVEJECER avejentarse, marchitarse, gastarse, ajarse, estropearse, encanecer, decaer, apergaminarse, aviejarse, caducar, chochear, declinar, acabarse, degenerar, menguar, perder, empeorar, amojamarse.

ENVEJECIDO decrépito, avejentado, caduco, acabado, ajado, chocho, senil, provecto, vetusto, decadente, encanecido, marchito, acartonado, amojamado, aviejado, anciano v.

ENVEJECIMIENTO avejentamiento, chochera, decrepitud, ajamiento, amojamamiento, acartonamiento, marchitamiento, encanecimiento, caducidad, decadencia, pérdida, mengua, degeneración, acabamiento, declive, vetustez.

ENVENENADO intoxicado, emponzoñado, contaminado, inficionado, inoculado, atosigado, contagiado, transmitido, corrompido, pervertido, estropeado, enviciado, amargado, dañado, resentido.

ENVENENAMIENTO intoxicación, contaminación, inficionamiento, corrupción, transmisión, contagio, inoculación, perversión, vicio, daño, amargura, resentimiento, encono.

ENVENENAR emponzoñar, intoxicar, inficionar, contaminar, inocular, corromper, transmitir, contagiar, atosigar, inocular, estropear, pervertir, enviciar, dañar, agriar, enconar, amargar, resentirse, afligirse.

ENVERGADURA amplitud, extensión, anchura, dilatación, medida, distancia, ancho, abertura, espacio || ENVERGADURA * importancia, magnitud, trascendencia, fuste, calidad, prestigio.

ENVÉS dorso, espalda, revés, detrás, reverso, respaldo, trasera, zaguera, lomo, zaga, posterior.

ENVIADO emisario, comisionado, delegado, representante, encargado, diplomático, plenipotenciario, legado, embajador, agente, parlamentario, mandatario, propio, misionero, nuncio, diputado, mensajero, mandadero, recadero.

ENVIAR mandar, despachar, remitir, expedir, remesar, dirigir, consignar, facturar, cursar, facilitar, diligenciar, tramitar, exportar, comisionar, delegar, emitir, encargar, pasar, llevar, trasladar.

ENVICIADO corrompido, dañado, inficionado, pervertido, depravado, torcido, estragado, envenenado, extraviado, contaminado, contagiado, dañado, seducido, perverso, libertino, libidinoso, vicioso.

ENVICIAR pervertir, depravar, dañar, corromper, inficionar, contaminar, extraviar, envenenar, estragar, torcer, seducir || ENVICIARSE aficionarse, encapricharse, resabiarse, pervertirse, acostumbrarse, entregarse, darse, abandonarse, habituarse, inclinarse.

ENVIDAR apostar, jugar, desafiar, retar, invitar.

ENVIDIA celos, pelusa, dentera, rivalidad, resentimiento, pasión, rencor, animosidad, rabia, tirria, resquemor, disgusto, desazón.

ENVIDIABLE apetecible, deseable,

Envidiado apetecido, deseado, v. envidiable.

Envidiar ansiar, codiciar, desear, apetecer, apasionar, querer, suspirar, anhelar, ambicionar, incitar, resentirse, rivalizar, encelarse, disgustarse, reconcomerse.

Envidioso ávido, ansioso, receloso, apasionado, codicioso, egoísta, sediento, hambriento, acuciado, resentido, anhelante, encelado, disgustado, reconcomido, insaciable, celoso, suspicaz, desconfiado.

Envido v. envite.

Envilecer deshonrar, humillar, degradar, corromper, pervertir, descarriar, desenfrenar, enviciar, declinar, depravar, dañar, contaminar, extraviar, torcer, prostituir, rebajar, desacreditar, enlodar, manchar || **Envilecerse** enfangarse, abellacarse, rebajarse, humillarse, encanallarse, mancharse.

Envilecido deshonrado, humillado, v. envilecer.

Envilecimiento deshonra, humillación, corrupción, v. envilecer.

Envío remesa, expedición, transporte, encargo, pedido, carga, porte, exportación, facturación, mensaje, correo, paquete, bulto.

Envión empujón, empellón, choque, impulso, lanzamiento, atropello, golpe, sacudida, rechazo, brusquedad, violencia, respingo, envite.

Envirotado tieso, rígido, envarado, enhiesto, soberbio, orgulloso.

Enviscar untar, pringar, pegarse, adherirse || enconar, irritar, azuzar.

Envite apuesta, jugada, envido, puesta, cantidad, invitación, desafío, reto || empujón, v. envión.

Enviudar perder el cónyuge, quedar solo.

Envoltorio paquete, fardo, lío, bulto, saco, bolsa, paca, atadijo, embalaje v., ovillo, rebujo.

Envoltura capa, cubierta, recubrimiento, funda, forro, sobre, envoltorio v., revestimiento, cobertura, corteza, cáscara, pellejo, piel, vaina.

Envolvente circundante, que rodea, que cerca, que encierra.

Envolver cubrir, enrollar, empaquetar, liar, embolsar, atar, tapar, enroscar, arrollar, empapelar, encartuchar, enfundar, arrebujar, ocultar, fajar, vendar, ceñir, embalar v. || rodear, circundar, cercar, encerrar, aislar, sitiar, circunscribir, limitar, acotar.

Envuelta * v. envoltura.

Envuelto cubierto, enrollado, v. envolver.

Enyesado v. enlucido.

Enyesar entablillar, inmovilizar, vendar, asegurar || v. enlucir.

Enzarzar malquistar, encizañar, enzurizar, aguijar, azuzar, hostigar, espolear, pinchar, incitar, instigar, irritar, enardecer, acosar, intrigar, engrescar, picar || **Enzarzarse** reñir, pelearse, enredarse, liarse, enfrentarse, pugnar, rivalizar, pleitear, discutir || meterse, comprometerse, sumergirse, aventurarse, arriesgarse.

Enzima fermento v.

Enzurizar v. enzarzar.

Eón periodo, espacio, época, edad, eternidad.

Epatar * pasmar, maravillar, asombrar, aplastar, despampanar, deslumbrar.

Epaté * pasmado, maravillado, v. epatar.

Épica epopeya, romance, balada, cuento, leyenda, narración.

Epiceno común, genérico.

Epicentro centro, núcleo, foco, punto.

Épico heroico, hazañoso, glorioso, perínclito, grande, grandioso, aventurero, legendario.

Epicúreo voluptuoso, sibarita, sensual, refinado, comodón, regalado, delicado, gozador, conocedor, mundano.

Epidemia peste, morbo, pandemia, contagio, epizootia, plaga, dolencia, azote, calamidad, enfermedad infecciosa, cólera, fiebre amarilla, peste bubónica, viruela, tifus.

Epidémico pestífero, morboso, contagioso, insano, calamitoso, pandémico.

Epidérmico superficial, exterior, cutáneo, dérmico, cortical.

Epidermis cutis, piel, pellejo, cutícula, membrana, película, superficie, corteza, capa.

Epifanía festividad, Reyes, Adoración de los Reyes.

Epígrafe rótulo, inscripción, título, letrero, encabezamiento, titular, lema, fórmula || resumen, cita, exordio, prolegómeno, preliminar, introducción, sumario, sentencia, pensamiento.

Epigrama inscripción, título, rótulo, sátira, agudeza, burla, sentencia.

Epilepsia ataque, acceso, convulsión, espasmo, contorsión, síncope, crispación.

Epilogar resumir, compendiar, reducir, extractar, abreviar, simplificar.

Epílogo desenlace, conclusión, remate, compendio, resumen, recapitulación, colofón, coronamiento, fin, final, terminación, consumación.

Epiplón peritoneo, redaño, membrana, pliegue.

Episcopado obispado, obispos.

Episódicamente incidentalmente, espaciadamente, discontinuamente, intermitentemente, irregularmente, interrumpidamente, desigualmente, variablemente.

Episódico discontinuo, incidental, espaciado, interrumpido, irregular, intermitente, desigual, variable, raro, desusado, extraño.

Episodio incidente, suceso, hecho, asunto, caso, ocurrencia, peripecia, aventura, lance, ocasión, acontecimiento, advenimiento, sucedido, evento, trance, eventualidad || jornada, capítulo, parte, digresión, división, sección, aparte.

Epístola misiva, mensaje, carta, despacho, esquela, escrito, comunicación, comunicado.

Epistolar postal, por carta, por correspondencia.

Epitafio inscripción, título, epigrama, leyenda, exergo, letrero, anotación sepulcral.

Epíteto calificativo, adjetivo, título, nombre, apodo.

Epítome compendio, resumen, extracto, abreviación, sumario, esquema, condensación, compilación.

Epizootia plaga, azote, peste animal.

Época período, era, tiempo, fecha, temporada, etapa, fase, lapso, ciclo, espacio, instante, división, momento, duración, estación, sazón.

Epopeya hazaña, gesta, aventura, empresa, proeza, heroicidad, heroísmo, gloria, leyenda, épica, romance, balada, narración, relato, suceso, hecho, acontecimiento.

Eppur * y sin embargo, no obstante, a pesar de.

Equidad ecuanimidad, imparcialidad, integridad, rectitud, objetividad, justicia, honestidad, igualdad, moderación, templanza, entereza.

Equidistante a igual distancia, en medio, paralelo.

Equilibrado ponderado, sensato, ecuánime, igual, moderado, templado, armónico, prudente, estable, mesurado, medido, proporcionado, cuerdo, ordenado.

Equilibrar compensar, nivelar, estabilizar, contrabalancear, contrarrestar, contrapesar, igualar, armonizar, proporcionar, moderar, medir, ordenar.

Equilibrio nivelación, contrapeso, estabilización, estabilidad, permanencia, duración, armonía, proporción, medida, compensación, ponderación, igualdad, me-

sura, ecuanimidad, sensatez, orden, moderación.
Equilibrista funámbulo, acróbata, volatinero, titiritero, trapecista, saltimbanqui, gimnasta, circense.
Equimosis moretón, cardenal, magulladura, roncha, golpe, señal, contusión, mancha.
Equino caballar, hípico, ecuestre, caballuno, yeguar, acemilar, animal.
Equipaje equipo, maletas, baúles, bultos || tripulación, dotación, oficialidad, marinería, tripulantes, marinos, marineros.
Equipar proveer, dotar, abastecer, aprovisionar, suministrar, vestir, avituallar, adjudicar, entregar, surtir, facilitar.
Equiparable comparable, cotejable, v. equiparar.
Equiparación comparación, cotejo, confrontación, parangón, compulsación, paralelo, examen, verificación.
Equiparar comparar, cotejar, confrontar, parangonar, verificar, compulsar, asimilar, carear, concertar, igualar, promediar, identificar.
Equipier * jugador, miembro, componente, integrante de un equipo.
Equipo grupo, conjunto, bando, agrupación, combinación, cuadrilla, brigada, operarios, obreros, pandilla, partida, camarilla || equipaje, bultos, baúles, maletas || indumentaria, vestuario, ajuar, ropa || juego, instrumental, herramientas || suministro, pertrechos v.
Equitación monta, caballería, jineta, maniobra, evolución, doma, escuela.
Equitativamente justamente, imparcialmente, moderadamente, v. equitativo.
Equitativo imparcial, justo, moderado, recto, igual, justiciero, honrado, incorruptible, neutral, íntegro, ecuánime, honesto, distributivo, ajustado.
Equivalencia igualdad, equilibrio, semejanza, paridad, nivelación, estabilidad, armonía, acontrapeso, proporción, moderación, medida, correspondencia, conformidad, simetría, paralelismo, consonancia.
Equivalente semejante, similar, parecido, parejo, nivelado, conforme, simétrico, correspondiente, medido, paralelo, consonante, igual, gemelo, proporcionado, armónico.
Equivaler semejar, parecerse, nivelarse, corresponder, igualarse, proporcionarse, asimilarse, identificarse, emparejarse, ajustarse, equilibrar.
Equivocación falta, descuido, omisión, yerro, incorrección, desliz, despropósito, disparate, desatino, dislate, errata, distracción, culpa, engaño, inadvertencia, pifia, desacierto, injusticia, inexactitud, falsedad, mentira, equívoco, gazapo, defecto.
Equivocadamente incorrectamente, erradamente, desatinadamente, v. equivocado.
Equivocado incorrecto, errado, desatinado, omitido, descuidado, disparatado, desacertado, inadvertido, engañoso, distraído, injusto, inexacto, defectuoso, desaconsejado, alejado, apartado, extraviado, erróneo, descaminado.
Equivocar descuidar, omitir, disparatar, desatinar, errar, distraer, engañar, descaminar, extraviar, apartar, confundir, marrar, fallar, desbarrar, faltar, pifiar, falsear, deformar, mentir.
Equívoco tergiversación, ambigüedad, imprecisión, vaguedad, indeterminación, doble sentido, juego de palabras, retruécano, anfibología, rodeo, confusión || misterioso, obscuro, dudoso, indeterminado, confuso, sospechoso.
Era época, período, tiempo, temporada, fase, etapa, momento, división, espacio, ciclo, lapso, es-

tación, duración, cómputo || campo, terreno, prado, huerto, granja, cultivo.
ERAL novillo, becerro, torillo, vaquilla, torete.
ERARIO fisco, hacienda, tesoro público, deuda pública, efectos públicos.
ERECCIÓN elevación, levantamiento, alzamiento, erguimiento, enderezamiento, empinamiento, tiesura, rigidez, tirantez, tensión, firmeza.
ERECTO erguido, levantado, alzado, firme, tenso, tirante, rígido, tieso, empinado, enderezado, elevado, enhiesto.
EREMITA v. ermitaño.
ERETISMO exaltación, estimulación, irritación, exacerbación, sobreexcitación, exasperación || orgasmo v.
ERGÁSTULA mazmorra, calabozo, cárcel, prisión, trena, gayola, galera.
ERGO por tanto, pues, luego, por consiguiente, en consecuencia.
ERGUIDO levantado, enhiesto, tieso, derecho, recto, erecto, subido, empinado, pino, enderezado, elevado, firme, tirante, alzado.
ERGUIMIENTO v. erección.
ERGUIR enderezar, levantar, atirantar, afirmar, elevar, empinar, subir || envanecerse, engallarse, engreírse, pavonearse.
ERIAL descampado, páramo, planicie, landa, yermo, estepa, llanura, pradera, raso, era, solar, eriazo, barbecho, baldío.
ERIGIR alzar, levantar, construir, edificar, montar, fundar, cimentar, elevar, establecer, instituir, crear, constituir, formar.
ERISIPELA inflamación, enrojecimiento, isípula, rubefacción.
ERITEMA enrojecimiento, inflamación, roncha, sarpullido, rubefacción, irritación, lesión, afección cutánea.
ERIZADO tieso, erguido, rígido, levantado, enhiesto, derecho || espinoso, punzante, híspido, áspero, hosco, difícil, duro, arduo, complicado, lleno, cubierto, colmado, cargado, plagado.
ERIZAR erguir, levantar, enderezar, empinar, atiesar, endurecer, dificultar, complicar, plagar, cubrir, llenar.
ERMITA oratorio, capilla, eremitorio, santuario, templo, iglesia, adoratorio, templete.
ERMITAÑO monje, asceta, anacoreta, eremita, cenobita, santón, penitente, solitario, misógino.
EROGAR distribuir, repartir, adjudicar, dispensar.
EROSIÓN desgaste, roce, uso, depresión, merma, corrosión, consunción, fricción, alteración, transformación, ruina, raedura, deterioro || v. escocedura.
EROSIONADO desgastado, rozado, usado, corroído, deteriorado.
EROSIONAR desgastar, deteriorar, usar, rozar, corroer.
ERÓTICO voluptuoso, amatorio, sensual, amoroso, mórbido, carnal, libidinoso, lascivo, lujurioso, lúbrico, concupiscente, pornográfico, sicalíptico, deshonesto.
EROTISMO pasión, voluptuosidad, sensualidad, amor, libídine, lascivia, morbidez, carnalidad, concupiscencia, lubricidad, lujuria, deshonestidad, pornografía.
ERRABUNDO v. errante.
ERRADAMENTE v. erróneamente.
ERRADICACIÓN eliminación, extirpación, arrancamiento, descuaje, supresión, anulación, exterminio, aniquilación.
ERRADICAR arrancar, descuajar, extirpar, eliminar, suprimir, anular, aniquilar, exterminar, quitar.
ERRADO equivocado, incorrecto, desacertado, engañado, inexacto, alejado, erróneo, descaminado, disparatado, frustrado.
ERRANTE vagabundo, vagamundo, ambulante, nómada, errátil, errático, desorientado, trashumante, andarín, inestable, callejero, perdido, incansable, peregrino, trotamundos.
ERRAR deambular, vagar, vagabundear, apartarse, desviarse, alejar-

se, callejear, andar, pasear, perderse, desencaminarse, divagar || fallar, equivocarse, frustrar, fracasar, pifiar, malograr, marrar, faltar, confundir, desbarrar, engañarse, omitir.

ERRATA error, incorrección, omisión, equivocación, falla, fallo, defecto, desliz, distracción, disparate, gazapo, yerro, inexactitud.

ERRÁTICO v. errante.

ERRÁTIL variable, inconstante, incierto, inseguro, mudable, indeciso, v. errante.

ERRÓNEAMENTE equivocadamente, erradamente, inexactamente, v. erróneo.

ERRÓNEO equivocado, errado, incorrecto, inexacto, omitido, descuidado, desatinado, engañoso, inadvertido, desacertado, disparatado, alejado, desaconsejado, defectuoso, descaminado, apartado, falso, iluso, falible.

ERROR equivocación, incorrección, omisión, yerro, descuido, falta, fallo, falla, errata, dislate, desatino, disparate, desliz, desacierto, pifia, inadvertencia, engaño, culpa, distracción, gazapo, equívoco, mentira, falsedad, inexactitud, injusticia, defecto, aberración, espejismo.

ERUBESCENCIA rubor, vergüenza, sonrojo, bochorno.

ERUCTAR expeler, regoldar, rotar, rutar, emitir, lanzar gases.

ERUCTO regüeldo, gas, vaharada, eructación, vapor, taco, emisión de gases.

ERUDICIÓN sabiduría, sapiencia, conocimientos, ciencia, cultura, instrucción, saber, educación, estudios, ilustración, investigación.

ERUDITO docto, ilustrado, sabio, sapiente, investigador, experto, entendido, conocedor, leído, letrado, culto, estudioso, educado, instruido, científico.

ERUPCIÓN lanzamiento, emisión, expulsión, arrojo, estallido, explosión, voladura || granulación, eritema, inflamación, rubefacción, irritación, afección cutánea.

ERUPTIVO inflamatorio, eritematoso, irritante || explosivo, volcánico.

ESBELTEZ delgadez, finura, gallardía, donaire, gracia, arrogancia, elegancia, gentileza, palmito, galanura, apostura, garbo, plante, empaque, delicadeza, ligereza, sutileza.

ESBELTO delicado, ligero, delgado, sutil, garboso, galán, apuesto, gentil, elegante, arrogante, gracioso, donairoso, gallardo, fino, grácil.

ESBIRRO secuaz, paniaguado, segundón, partidario, seguidor, sicario, sometido || alguacil, polizonte, policía.

ESBOZAR bosquejar, esquematizar, trazar, delinear, diseñar, abocetar, apuntar, dibujar || plantear, proponer, proyectar, imaginar, sugerir, hilvanar, idear.

ESBOZO apunte, boceto, dibujo, diseño, delineación, trazado, esquema, nota, croquis, borrador, bosquejo || proyecto, propósición, planteamiento, idea, sugerencia, plan, concepción.

ESCABECHAR adobar, aderezar, conservar, aliñar, salar || matar, liquidar, eliminar, asesinar, suprimir, aniquilar, destruir, exterminar.

ESCABECHE conserva, adobo, aderezo, aliño.

ESCABECHINA matanza, liquidación, asesinato, carnicería, eliminación, exterminio, estrago, mortandad.

ESCABEL banquillo, banqueta, banco, peana, estrado, escaño, tarima, asiento, tablado.

ESCABIOSO sarnoso, roñoso, cochambroso, mugriento.

ESCABROSAMENTE abruptamente, escarpadamente, tortuosamente, v. escabroso.

ESCABROSIDAD v. fragosidad.

ESCABROSO abrupto, escarpado, tortuoso, áspero, desigual, anfractuoso, salvaje, quebrado, cerril, breñoso, intrincado, fragoso, apartado, empinado, rocoso, difícil, duro || impúdico, obsceno, libertino, indecente, inconve-

ESCABULLIRSE niente, inmoral, sucio, erótico, picante, verde, deshonesto, licencioso, sicalíptico, pornográfico.

ESCABULLIRSE ocultarse, escurrirse, escaparse, deslizarse, irse, eclipsarse, desaparecer, huir, marcharse, esfumarse, disiparse, desvanecerse, evaporarse.

ESCACHAR despachurrar, aplastar, cascar, despanzurrar.

ESCACHARRAR malograr, romper, despanzurrar, estropear, maltratar, deteriorar, dañar, lastimar, descalabrar, destrozar, inutilizar, romper, deshacer, ajar, menoscabar.

ESCAFANDRA traje, vestido, vestimenta, indumentaria, equipo de buzo.

ESCAFANDRISTA buceador, submarinista, buzo autónomo.

ESCALA escalerilla, escalera de mano, gradilla, brandal, flechaste, tablazón || sucesión, gradación, grado, graduación, serie, progresión, escalafón, nivel, comparación, patrón, tamaño, proporción || puerto, detención, parada.

ESCALABRAR v. descalabrar.

ESCALADA ascenso, subida, escalamiento, ascensión, progreso, encumbramiento, encaramamiento, gateo, progresión, avance, aumento.

ESCALAFÓN grado, orden, graduación, categoría, clasificación, grupo, ordenación, estamento, rango, jerarquía, lista, escala, comparación.

ESCALAMIENTO v. escalada.

ESCALAR ascender, trepar, subir, gatear, arrastrarse, montar, empinarse, alzarse, progresar, encumbrarse, encaramarse, aumentar, avanzar, salvar, franquear, entrar, invadir, acometer, atacar.

ESCALDADO atemorizado, escocido, escarmentado, receloso, advertido, avisado, castigado, desengañado, cauteloso, prudente || quemado, abrasado, hervido, cocido.

ESCALDAR abrasar, quemar, hervir, cocer, bañar, escalfar, salpicar, sumergir || escarmentar, escocer, atemorizar, desengañar, enseñar, aprender.

ESCALERA escalinata, escala, escalerilla, gradería, gradas, brandal, flechaste, gradilla, rampa, cantil, escalones, peldaños, subida, pretorio, ramal, tramo.

ESCALFAR cocer, hervir, calentar, abrasar, bañar.

ESCALINATA v. escalera.

ESCALO v. escalada.

ESCALOFRIANTE estremecedor, emocionante, impresionante, conmovedor, turbador, espeluznante, excitante, alarmante, penoso, interesante, absorbente.

ESCALOFRÍO estremecimiento, conmoción, temblor, alteración, sacudida, repeluzno, impresión, excitación, alarma, espasmo, indisposición.

ESCALÓN peldaño, madero, viga, losa, piedra, grada, estribo, zanca, gualdera || paso, avance, grado, adelanto.

ESCALONADO paulatino, gradual v.

ESCALONAR distribuir, emplazar, situar, colocar, ubicar, apostar, ordenar, instalar, disponer, graduar, regular, medir, intercalar.

ESCALOPE tajada, loncha, lonja, carne empanada.

ESCALPELO bisturí, lanceta, cuchillo, hoja, instrumento quirúrgico.

ESCAMA membrana, placa, lámina, película || sospecha, desconfianza, recelo, desazón, inquietud.

ESCAMADO receloso, desconfiado, resentido, sospechoso, temeroso, malicioso, inquieto, mosqueado, suspicaz, susceptible, aprensivo, quisquilloso, reconcomido, celoso, delicado, escaldado, escarmentado.

ESCAMAR limpiar, quitar, raspar || ESCAMARSE desconfiar, sospechar, recelar, resentirse, temer, mosquearse, inquietarse, maliciar, barruntar, reconcomerse, desazonarse, escarmentar, escaldarse.

ESCAMÓN v. escamado.

ESCAMONDAR podar, cortar, talar, aligerar, desmochar, limpiar, desramar, quitar, cercenar.

Escamoso membranoso, laminar, imbricado, córneo, áspero, desigual, protegido.

Escamotear hurtar, apañar, quitar, robar, birlar, apandar, pillar, apropiarse, esconder, ocultar, deslizar, disimular, engañar.

Escamoteo truco, disimulo, ocultamiento, engaño, juego de manos, prestidigitación, habilidad, trampa || robo, hurto, apaño, aligeramiento.

Escampado expedito, despejado, libre, raso, descampado, desembarazado.

Escampar aclarar, mejorar, abonanzar, serenar, calmar, abrir, limpiar, despejar, librar, desembarazar.

Escampavía patrullero, escolta, lancha rápida, embarcación v.

Escamujar v. escamondar.

Escanciar verter, echar, servir, beber, tomar bebidas.

Escandalera v. escándalo.

Escandalizar vocear, alborotar, molestar, perturbar, gritar, trastornar, jaranear, disputar, reñir, chillar, aullar, vociferar, jalear || Escandalizarse ofenderse, encocorarse, incomodarse, molestarse, horrorizarse, irritarse, sulfurarse, espantarse.

Escándalo batahola, alboroto, vocerío, estrépito, desorden, confusión, tumulto, jarana, griterío, algarabía, bullicio, bulla, ruido, tropel, estruendo, aquelarre, bullanga || riña, altercado, zapatiesta, jollín, cisco, tole tole, revolución, zipizape, tremolina, disputa, pendencia || desvergüenza, desenfreno, impudicia, licencia, inmoralidad, libertinaje.

Escandaloso alborotador, estrepitoso, chillón, vocinglero, gritón, bullicioso, jaranero, tumultuoso, confuso, estruendoso, bullanguero, ruidoso, inquieto, perturbador, molesto, vociferante, peleador, pendenciero, provocador || desvergonzado, inmoral, libertino, licencioso, impúdico, desenfrenado || exagerado, exorbitante, inaudito, extraordinario, desmedido, abusivo.

Escandallo sonda, sondaleza, plomada, batómetro, talasómetro || determinación, prueba, procedimiento, método.

Escantillón regla, patrón, plantilla, escuadra, horma, modelo, molde.

Escaño grada, banco, poyo, gradilla, sitio, puesto, asiento, peana, sitial.

Escapada evasión, huida, fuga, estampida, desbandada, dispersión, retirada, disgregación, corrida, carrera, partida, abandono.

Escapar huir, fugarse, evadirse, desbandarse, dispersarse, partir, correr, disgregarse, separarse, retirarse, abandonar, pirarse, evaporarse, escurrirse, ausentarse, eludir, evitar, escabullirse, salir pitando.

Escaparate vidriera, vitrina, estante, muestra, exhibición, exposición, mostrador.

Escapatoria disculpa, excusa, evasiva, pretexto, subterfugio, coartada, recurso, salida || huida, v. escapada.

Escape salida, pérdida, fuga, paso, derrame, rebose, dispersión || válvula, llave, grifo || huida, v. escapada.

Escápula omóplato, paletilla, espaldilla.

Escapulario medalla, insignia, distintivo, colgante, imagen.

Escaque casilla, cuadro, división, encasillado.

Escara costra, pústula, postilla, descamación, incisión.

Escarabajear garrapatear, garabatear, borronear, emborronar || moverse, agitarse, bullir, corretear, molestar.

Escarabajo insecto, coleóptero, gorgojo, bicho, gusarapo.

Escaramujo rosal silvestre, zarzaperruno, galabardera || percebe, marisco, cirrópodo.

Escaramuza refriega, reyerta, pelea, batalla, combate, contienda, riña, encuentro, zalagarda, pen-

ESCARAPELA

dencia, choque, enfrentamiento.
ESCARAPELA distintivo, divisa, lazo, emblema, cinta || disputa, riña, altercado, pendencia.
ESCARBADIENTES mondadientes, palillo.
ESCARBAR remover, cavar, revolver, arañar, rascar, raspar, gatuñar, profundizar, ahondar, desenterrar.
ESCARCELA mochila, bolsa, macuto, zurrón, morral, saco || faldón, faldellín de armadura.
ESCARCEO divagación, rodeo, digresión, ambigüedad, devaneo || cabriola, pirueta, corveta, corcovo || oleaje, cabrilleo, movimiento, vaivén.
ESCARCHA rocío, sereno, hielo, helada, relente.
ESCARCHAR confitar, cristalizar, rociar, azucarar, helar, congelar.
ESCARDAR arrancar, aligerar, limpiar, librar, sachar, conservar, quitar, escarbar, cavar, entresacar.
ESCARDILLA azadilla, almocafre, escardadera.
ESCARIAR agujerear, perforar, horadar, redondear, agrandar, barrenar, taladrar, calar, abrir.
ESCARIFICAR cortar, incidir, sajar.
ESCARLATA carmesí, grana, rojo, púrpura, granate, encarnado, carmín, purpúreo, bermellón, colorado.
ESCARMENAR escoger, limpiar, seleccionar, espigar.
ESCARMENTAR disciplinar, corregir, castigar, punir, enmendar, sancionar, penar || desengañarse, chasquearse, frustrarse, recelar, escocerse.
ESCARMIENTO corrección, castigo, pena, sanción, enmienda, correctivo || desengaño, frustración, chasco, prudencia, cautela, cuidado, recelo, miedo.
ESCARNECER ofender, humillar, burlar, afrentar, mofarse, ridiculizar, deshonrar, vilipendiar, ultrajar, injuriar, insultar, agraviar, vejar.
ESCARNIO afrenta, mofa, burla, humillación, ofensa, ridiculización, insulto, injuria, ultraje, vilipendio, agravio, vejación, menosprecio, befa.
ESCAROLA achicoria, endibia, lechuga, hortaliza.
ESCAROLADO encarrujado, rizado, ensortijado, caracolado, rufo, retorcido, corrugado, arrugado, plegado.
ESCARPA cuesta, declive, pendiente, subida, repecho, talud, bajada, ladera, vertiente, v. escarpadura.
ESCARPADO abrupto, empinado, inclinado, arriscado, quebrado, infranqueable, escabroso, pino, áspero, fragoso, pendiente, difícil.
ESCARPADURA cuesta, declive, talud, repecho, subida, vertiente, ladera, bajada, precipicio, abajadero, caída, riba, costana, costanilla, acantilado, desgalgadero, rampa, inclinación, pendiente, escarpa, aspereza.
ESCARPIA alcayata, gancho, clavo, punta.
ESCARPÍN chinela, pantufla, zapatilla, chancleta, babucha, zapato.
ESCARZAR quitar, extraer, arrancar, limpiar, hurtar, sustraer.
ESCASAMENTE difícilmente, apenas, raramente, pobremente, parcamente, insuficientemente.
ESCASEAR carecer, faltar, disminuir, cesar, bajar, quitar, cicatear, reducir, mezquinar, ahorrar, economizar, excusar, limitar.
ESCASEZ insuficiencia, falta, exigüidad, carencia, parvedad, penuria, disminución, pobreza, rareza, dificultad, baja, cese, limitación, reducción, tasa, economía, cicatería, roñosería, mezquindad, pequeñez, pobretería, tacañería, poco, gota, migaja, puñado, miseria, pizca, partícula, ápice, adarme, grano, insignificancia, ridiculez.
ESCASO exiguo, insuficiente, falto, carente, parvo, raro, pobre, disminuido, penoso, tasado, reducido, limitado, económico, roñoso, mezquino, pequeño, tacaño, insignificante, poco, ridículo, triste, ralo, irrisorio, minúsculo, diminuto, menguado.

ESCATIMAR tasar, economizar, ahorrar, regatear, disminuir, limitar, reducir, empobrecer, carecer, faltar, bajar, interrumpir, cercenar, guardar, reservar, restringir, entalegar.

ESCAYOLA estuco, yeso, enlucido, enyesado, espejuelo.

ESCAYOLADO enyesado, inmovilizado, entablillado, vendado.

ESCENA motivo, cuadro, escenario, proscenio, acto, parte || hecho, suceso, manifestación, acontecimiento || teatro, literatura dramática, drama, ambiente teatral || panorama, ambiente, circunstancia, condición.

ESCENARIO v. escena.

ESCÉNICO teatral, dramático.

ESCENIFICAR representar, poner en escena.

ESCEPTICISMO incredulidad, duda, recelo, desconfianza, aprensión, prevención, suspicacia, temor, prejuicio, desengaño, desilusión, despecho, frustración, indiferencia, ateísmo, apatía, frialdad, desgana, desdén, desinterés, insensibilidad.

ESCÉPTICO incrédulo, insensible, indiferente, desinteresado, desdeñoso, desganado, frío, apático, ateo, frustrado, despechado, descreído, desilusionado, temeroso, desengañado, suspicaz, prevenido, aprensivo, desconfiado, receloso, dudoso, displicente.

ESCIENTE instruido, culto, sabio, docto, conocedor.

ESCINDIR cortar, separar, partir, dividir, disecar, seccionar.

ESCISIÓN corte, división, sección, disección, separación, ablación, tajo || cisma, rompimiento, disidencia, desavenencia, disensión, discordia, secesión, separación, desmembración, apartamiento, alejamiento.

ESCLARECEDOR demostrativo, explicativo, aclaratorio, claro, evidente, convincente, categórico.

ESCLARECER aclarar, iluminar, explicar, demostrar, justificar, evidenciar, demostrar, puntualizar, elucidar, reseñar, especificar, desembrollar, descubrir, desenredar || ennoblecer, honrar, ensalzar.

ESCLARECIDO insigne, preclaro, noble, grande, famoso, ilustre, singular, ínclito, afamado, prestigioso, célebre, glorioso, eximio.

ESCLARECIMIENTO aclaración, evidencia, demostración, elucidación, puntualización, descubrimiento, investigación, explicación, justificación, comprobación.

ESCLAVINA embozo, cuello, manteleta, chal, capita, vuelta, camba, capa corta.

ESCLAVISTA tirano, negrero, déspota, amo, señor, hacendado, terrateniente.

ESCLAVITUD sumisión, yugo, sujeción, servidumbre, opresión, tiranía despotismo, injusticia dominación, dominio, vasallaje, hegemonía, abuso, vejación.

ESCLAVIZAR oprimir, subyugar, someter, sujetar, avasallar, dominar, tiranizar, vejar, abusar, encadenar, aherrojar, aprisionar.

ESCLAVO siervo, cautivo, prisionero, sometido, subyugado, oprimido, sujeto, encadenado, avasallado, aherrojado, vejado, tiranizado, dominado, aprisionado || rendido, obediente, enamorado, sumiso, humilde, apasionado.

ESCLEROSIS endurecimiento, encallecimiento, dureza, fibrosidad.

ESCLEROSO fibroso, duro, encallecido, córneo, correoso.

ESCLUSA depósito, compartimiento, recinto, canal, presa, división, barrera, compuerta, obstrucción, paso, tramo, separación.

ESCOBA cepillo, barredera, escobajo, escobilla, lampazo, plumero.

ESCOBAR barrer, limpiar, cepillar, despejar, escobillar, desempolvar.

ESCOBILLA cepillo, estregadera, brocha, pincel, cerdamen, limpiadera, bruza.

ESCOCEDURA rozadura, rasponazo, señal, herida, marca, erosión, excoriación, arañazo, irritación.

ESCOCER doler, quemar, resquemar, pinchar, punzar, picar || enrojecerse, rozarse, excoriarse, irritarse || angustiar, apenar, doler, atribular, atormentar, mortificar, contrariar, abrumar, reconcomerse.

ESCOCIMIENTO v. escozor.

ESCOFINA lima, desbastadora, rallador, herramienta.

ESCOGER elegir, seleccionar, tomar, preferir, distinguir, destacar, señalar, optar, separar, apartar, marcar, descartar, cerner, cribar, quitar, aislar, sacar, decidir, cotar, investir, denominar, nombrar.

ESCOGIDO selecto, elegido, superior, seleccionado, excelente, notable, perfecto, sobresaliente, descollante, distinguido, granado, preferido, destacado, votado, designado, investido, nombrado.

ESCOLANÍA coro, orfeón, monaguillos, escolares.

ESCOLAR estudiante, alumno, discípulo, educando, colegial, becario, párvulo, interno, externo, oyente.

ESCOLARIDAD cursos, estudios, asignaturas, término.

ESCOLÁSTICO escolar, docente, pedagógico, profesoral.

ESCOLIAR comentar, anotar, acotar, explicar.

ESCOLIASTA comentarista, anotador, intérprete, parafraseador.

ESCOLIMADO enfermizo, delicado, enclenque, débil, endeble, canijo.

ESCOLIO comentario, nota, acotación, apostilla, explicación, paráfrasis.

ESCOLOPENDRA ciempiés, miriápodo, insecto, sabandija, bicho, centípedo.

ESCOLTA cortejo, compañía, séquito, comitiva, comparsa, corte, grupo, custodia, columna, protección, acompañamiento, fila, convoy.

ESCOLTAR acompañar, proteger, resguardar, conducir, convoyar, custodiar, guardar, cuidar, vigilar.

ESCOLLERA malecón, dique, rompeolas, muro, muralla, espigón, tajamar, muelle, andén, desembarcadero.

ESCOLLO peñasco, roca, arrecife, banco, bajo, bajío, rompiente, atolón, farallón, barra, madrépora || obstáculo, inconveniente, problema, tropiezo, dificultad, riesgo, barrera.

ESCOMBRAR limpiar, desembarazar, despejar, librar, eliminar, quitar.

ESCOMBRO cascote, cascajo, residuo, escoria, desecho, añico, derribo, broza, ripio, piedra, ladrillo, resto, ruina, vestigio.

ESCONCE ángulo, sesgo, saliente, corte, punta, rincón, resalte.

ESCONDER ocultar, guardar, disimular, apartar, tapar, encubrir, disfrazar, enmascarar, fingir, desfigurar, silenciar, callar, retirar, enclaustrar, encerrar, contener, velar, arrinconar || esconderse, agazaparse, agacharse, desaparecer, evaporarse, esfumarse, escurrirse.

ESCONDIDO secreto, misterioso, disimulado, recóndito, apartado, remoto, anónimo, furtivo, incógnito, clandestino, obscuro, velado, disimulado, oculto, guardado, v. esconder.

ESCONDITE refugio, escondrijo, retiro, guarida, madriguera, abrigo, chiribitil, nido, rincón, asilo, cobijo, resguardo, cueva, protección.

ESCONDRIJO v. escondite.

ESCOPETA fusil, rifle, carabina, espingarda, arcabuz, mosquete, naranjera, trabuco, tercerola, máuser, arma de fuego.

ESCOPLO cincel, gubia, formón, buril, cortafrío, estilo, herramienta.

ESCORA inclinación, oblicuidad, caída, ángulo, ladeo, desviación, torcimiento.

ESCORAR inclinarse, ladearse, torcerse, desviarse.

ESCORIA despojo, desecho, sobra, detrito, desperdicio, residuo, remanente, impureza, ceniza, lava, hez.

ESCORPIÓN alacrán, arácnido, artrópodo, bicho, sabandija.

Escorzar representar, pintar, bosquejar, dibujar, diseñar.
Escorzo dibujo, perspectiva, figura.
Escotado abierto, amplio, bajo, holgado, ancho.
Escotadura muesca, corte, mella, cortadura, rotura, hendedura, rebajo, entalladura, tajo, cisura, incisión, fisura.
Escotar cortar, ampliar, bajar, ensanchar, abrir || pagar, apoquinar, abonar, contribuir, colaborar, participar.
Escote descote, abertura, cuello, escotadura, hendedura, busto, seno || cuota, parte, proporción, participación, derrama.
Escotilla abertura, hueco, portillo.
Escotillón trampa, cierre, puertecilla.
Escozor punzada, picor, dolor, pinchazo, quemazón, irritación, prurito, desazón || disgusto, resentimiento, arrepentimiento, desazón, molestia, inquietud.
Escriba copista, escribano, amanuense, funcionario, doctor, intérprete.
Escribanía despacho, oficina, escritorio, mesa, recado de escribir.
Escribano notario, actuario, funcionario, secretario, v. escribiente.
Escribiente amanuense, pasante, copista, pendolista, calígrafo, secretario, escritor, escribano, empleado, mecanógrafo, oficinista, tagarote, burócrata, estenógrafo, taquígrafo, cagatintas, chupatintas.
Escribir redactar, expresar, componer, transcribir, copiar, caligrafiar, garabatear, garrapatear, rasguear, consignar, representar, asentar, reflejar, apuntar, borronear, subrayar, trazar, extender, anotar, dictar, firmar, autografiar, documentar, rotular, publicar, editar, estenografiar, mecanografiar.
Escriño cesta, cestillo, joyero, cofrecito.

Escrito documento, nota, apunte, minuta, copia, acta, contexto, alegato, borrador, manuscrito, papeleta, cédula, obra, libro, texto, inscripción, manifiesto, misiva, mensaje, carta, anónimo, comunicación, volante, apunte, memorándum, resumen.
Escritor autor, literato, publicista, novelista, comediógrafo, dramaturgo, comediante, ensayista, poeta, prosista, creador.
Escritorio mesa, pupitre, bufete, buró, escribanía, contador, escaño || oficina, bufete, despacho, estudio, administración.
Escritura documento, copia, escrito, contrato, manuscrito, pergamino, instrumento público, original, protocolo, registro, legajo, cédula, minuta || grafía, representación, expresión, redacción, transcripción, caligrafía, ideografía, pictografía, taquigrafía, estenografía.
Escriturar legalizar, registrar, inscribir, constar, formalizar, asentar.
Escrófula tumefacción, hinchazón, abultamiento.
Escroto bolsa, piel, recubrimiento, envoltura testicular.
Escrúpulo duda, recelo, desasosiego, conciencia, miramiento, aprensión, reparo, escozor, pesar, respeto, recato, cautela, consideración, circunspección, temor, reserva, objeción, pero || Escrúpulos melindres, remilgos, aspavientos, afectación, reparos.
Escrupulosidad v. minuciosidad.
Escrupuloso minucioso, puntilloso, verídico, cuidadoso, esmerado, justo, puntual, concienzudo, fiel, consciente, aplicado, tesonero, recto, inflexible || quisquilloso, nimio, puntilloso, delicado, miedoso, aprensivo.
Escrutar escudriñar, otear, explorar, observar, examinar, investigar, sondear, averiguar, comprobar, verificar, indagar, reconocer, inquirir.
Escrutinio examen, cómputo, re-

Escuadra cuento, investigación, comprobación, verificación, reconocimiento, averiguación, indagación.

Escuadra cartabón, ángulo, regla, patrón || grupo, pelotón, unidad, conjunto || flota, armada, marina, convoy, escuadrilla, unidad, navíos.

Escuadrilla flotilla, unidad, v. escuadra.

Escuadrón batallón, grupo compañía, unidad táctica.

Escualidez delgadez, flacura, v. escuálido || suciedad v.

Escuálido delgado, flaco, enjuto, demacrado, acartonado, esquelético, debilucho, consumido, depauperado, descarnado, desmejorado, desmedrado, frágil, macilento, magro, lamido, afilado, escuchimizado, seco || sucio v.

Escualo tiburón, selacio, marrajo, mielga, tollo, cazón, lija, tintorera, pez.

Escucha audiencia, audición, sesión || oyente, escuchador, centinela, batidor.

Escuchar atender, oír, percibir, auscultar, sentir, enterarse, prestar atención, prestar oídos.

Escuchimizado enfermizo, enteco, canijo, débil, desmedrado, esmirriado, achacoso, delicado, raquítico, valetudinario, escacharrado.

Escudar proteger, amparar, defender, resguardar, cubrir, tapar, preservar, abrigar, cobijar.

Escudero paje, asistente, sirviente, criado, ayudante, acompañante, adarguero, broquelero.

Escudilla platillo, cazuela, tazón, vasija, recipiente, pote, plato, cuenco.

Escudo broquel, rodela, pavés, tarja, adarga, rueda, clípeo, égida || protección, defensa, amparo, salvaguardia, resguardo, cobijo, abrigo.

Escudriñamiento v. averiguación.

Escudriñar escrutar, otear, explorar, observar, examinar, investigar, indagar, verificar, comprobar, averiguar, sondear, inquirir, reconocer, mirar, rebuscar.

Escuela colegio, instituto, academia, estudio, seminario, liceo, conservatorio, gimnasio, facultad, universidad, institución docente || doctrina, principios, sistema, enseñanza, opinión, teoría, dogma, credo, método, estilo.

Escuerzo sapo, batracio || enclenque, esmirriado, flaco, canijo, enteco.

Escuetamente sucintamente, brevemente, concisamente, v. escueto.

Escueto sucinto, breve, conciso, sobrio, corto, sintético, estricto, exacto, preciso, parco, directo, desnudo, libre, desembarazado.

Esculcar espiar, inquirir, averiguar, registrar, cachear, palpar,

Esculpir tallar, labrar, grabar, cincelar, burilar, punzonar, cortar, repujar, bocelar, plasmar, representar, modelar, crear, forjar.

Escultor artista, imaginero, cincelador, tallista, grabador, modelador, decorador, estatuario, artífice, creador.

Escultura figura, estatua, imagen, efigie, talla, relieve, ornamento, entalladura, modelo, cariátide, atlante, monumento, torso, busto, bajorrelieve || estatuaria, imaginería, arte, modelado, talla, ornamentación.

Escultural escultórico, bello, estatuario, sobrehumano, hermoso, esbelto, apolíneo, perfecto.

Escupidera salivadera, dornillo, hortera.

Escupido v. escupitajo.

Escupir salivar, expectorar, esputar, gargajear, babosear, desflemar, esgarrar || despedir, arrojar, echar, expeler, lanzar, expulsar.

Escupitajo esputo, escupido, gargajo, flema, espumarajo, salivazo, escupidura.

Escurribanda salida, escapatoria, excusa, evasiva, pretexto, recurso || zurribanda, paliza, somanta, zurra, tunda.

Escurridizo resbaloso, resbaladizo, deslizable, deslizante, terso || ágil, listo, raudo, veloz, ligero, hábil.

Escurrido estrecho, ajustado, apretado.
Escurridor colador, pasador, cedazo, tamiz, escurreplatos.
Escurriduras restos, residuos, remanentes, sobras.
Escurrir secar, apurar, exprimir, enjugar, gotear, destilar || Escurrirse deslizarse, correrse, resbalar, escabullirse, huir, escapar, infiltrarse.
Esencia naturaleza, principio, ser, existencia, substancia, identidad, propiedad, inherencia, entidad, materia, tenor, constitución, mónada, consubstancialidad, carácter, particularidad, cualidad, importancia, propiedad, enjundia, miga, fondo, meollo, médula, alma || perfume, aroma, extracto, fragancia, concentración, bálsamo || Esencia * gasolina, bencina, carburante.
Esencial fundamental, básico, cardinal, principal, radical, primordial, elemental, substancial, imprescindible, consubstancial, natural, propio, innato, intrínseco, inmanente, inseparable, inherente, connatural, concreto.
Esencialmente fundamentalmente, básicamente, v. esencial.
Esenciero frasco, bujeta, pomo.
Esfera globo, pelota, bola, balón, pelotón, bala, gurullo, rulo, bolita, cuenta, abalorio, canica, píldora, grano, pella, burujo || espacio, campo, zona, alcance, actividad || clase, nivel, círculo, condición, categoría || cielo, firmamento, universo, espacio || cuadrante, círculo.
Esfericidad redondez, curvatura, globulosidad, convexidad.
Esférico globoso, globular, redondo, esferoidal, globuloso, convexo, curvado, rotundo, orbital, circular, anular, discoidal, combado, abultado, hemisférico.
Esferoidal v. esférico.
Esferoide v. esfera.
Esfinge reservado, enigmático, misterioso, esotérico, inescrutable, impasible, secreto.
Esfínter orificio, músculo anular.

Esforzadamente denodadamente, arrojadamente, animosamente, v. esforzado.
Esforzado denodado, arrojado, bizarro, animoso, valeroso, valiente, alentado, empeñoso, ferviente, acucioso, arriesgado, desvelado, luchador, batallador, esmerado, decidido, vehemente, ardoroso, pujante, afanoso, brioso.
Esforzarse pugnar, luchar, desvelarse, matarse, querer, intentar, trabajar, afanarse, aperrearse, azacanarse, sudar, agotarse, desvelarse, arriesgarse, procurar, batallar, empeñarse, bregar, forcejear, consagrarse.
Esfuerzo trajín, afán, ajetreo, trabajo, forcejeo, empeño, batalla, lucha, desvelo, riesgo, agotamiento, sudor, intento, voluntad, pugna, celo, solicitud, fervor, afición, ahínco, vehemencia, ardor, pujo, impulso, vigor, empuje, brío, denuedo, ánimo.
Esfumar rebajar, borrar, desdibujar, suavizar, difuminar, atenuar || Esfumarse desaparecer, evaporarse, huir, escapar, marcharse, diluirse, desvanecerse, disiparse.
Esgarrar carraspear, toser, despejarse, aclararse la garganta.
Esgrima duelo, desafío, reto, lance, juego, deporte, enfrentamiento, arte, manejo, destreza, asalto, ataque, defensa.
Esgrimidor esgrimista, espadachín, contendiente, ducho, diestro, maestro, matón, valentón.
Esgrimir blandir, manejar, desafiar, retar, contender, enfrentarse, atacar, defenderse || emplear, utilizar, usar, servirse, recurrir.
Esguazar vadear, franquear, pasar, salvar, traspasar, atravesar, cruzar.
Esguince distensión, torcedura, dislocación, daño, luxación || finta, amago, esquive, movimiento, apartamiento, escape.
Eslabón mallete, grillete, hierro, anillo, anilla, argolla, empernada, pieza, unión.
Eslabonar unir, juntar, encadenar, engarzar.

Eslogan *. frase, lema, muletilla propagandística.
Eslora largo, longitud, largura, dimensión, medida.
Esmaltar recubrir, cubrir, revestir, vidriar, barnizar, nielar, bañar, adornar, realzar, guarnecer, decorar, ornar.
Esmalte vidriado, cerámica, mayólica, porcelana, nielado, barniz, vidrio, recubrimiento, revestimiento, baño, labor, lustre.
Esmeradamente solícitamente, escupulosamente, cuidadosamente, v. esmerado.
Esmerado solícito, cuidadoso, escrupuloso, aplicado, celoso, metódico, pulcro, prolijo, diligente, exacto, concienzudo, detallista, minucioso, *meticuloso*, activo, desvelado.
Esmeralda corindón, gema, piedra preciosa.
Esmerarse aplicarse, cuidar, desvelarse, afanarse, concentrarse, consagrarse, sacrificarse, perseverar, dedicarse, esforzarse, trabajar.
Esmeril abrasivo, esmoladera.
Esmerilar pulir, limpiar, amolar, pulimentar, abrillantar.
Esmero cuidado, desvelo, afán, concentración, trabajo, esfuerzo, dedicación, aplicación, perseverancia, sacrificio, consagración, pulcritud, diligencia, escrupulosidad, celo, solicitud.
Esmirriado enclenque, canijo, desmirriado, desmedrado, escuchimizado, débil, enteco, raquítico, renacuajo, consumido, pequeño, gurrumino.
Esmoking * v. esmoquin.
Esmoquin chaqueta, levita, frac, prenda de ceremonia.
Esnob * presumido, afectado, petimetre, moderno, pedante, exótico.
Esnobismo * presunción, afectación v. *esnob*.
Esotérico secreto, oculto, reservado, recóndito, escondido, misterioso, enigmático, impenetrable, furtivo.

Espabilado avispado, listo, veloz, ligero, despierto.
Espabilar avivar, incitar, exhortar, empujar, espolear, enseñar, iniciar, adoctrinar, aguijonear, revelar, explicar, avezar, avispar, adiestrar || Espabilarse avivarse, avisparse, adiestrarse, aprender, arreglárselas, apañarse, valerse, componérselas.
Espacial cósmico, sideral, celeste, astral, planetario, estelar, galáctico, universal, astronómico, sidéreo.
Espaciar apartar, separar, dilatar, distanciar, alejar, extender, esparcir.
Espacio cielo, firmamento, cosmos, infinito, vacío, universo, creación, altura || dimensión, volumen, medida, capacidad, lugar, sitio, área, hueco, puesto, punto, parte, rincón, terreno, territorio, situación, lapso, transcurso, tiempo, dominio, campo, medio, ambiente || anchura, amplitud, holgura, capacidad, extensión, vastedad, desahogo, libertad, soltura.
Espacioso amplio, ancho, libre, desahogado, desembarazado, extenso, vasto, capaz, holgado, suelto, dilatado, despejado, desobstruido, ilimitado.
Espachurrar v. despachurrar.
Espada estoque, mandoble, sable, montante, alfanje, cimitarra, tizona, charrasca, colada, florete, acero, hierro, hoja, daga, puñal, verduguillo, espadín, arma blanca.
Espadachín esgrimidor, contendiente, duelista, belicoso, pendenciero, matón, matamoros, fanfarrón, bravucón, valentón, camorrista.
Espadaña campanario, campanil, pared, muro, torrecilla.
Espadilla remo, paleta, canalete, timón.
Espadín estoque, verduguillo, daga, puñal, espiche, espetón, arma blanca.
Espadón mandoble, montante, cha-

rrasca, chafarote, sable, arma blanca, v. espada.

Espalda dorso, lomo, espinazo, zaguera, cruz, zaga, retaguardia, posterior, envés, reverso, revés, respaldo, trasera, espaldar, espaldilla.

Espaldarazo confirmación, sanción, reconocimiento, empuje, aliento, reválida, refirmación, certificación.

Espaldilla espalda, omóplato, hombro.

Espantable v. espantoso.

Espantada huida, retirada, abandono, respingo, rechazo, desistimiento.

Espantadizo cobarde, asustadizo, pusilánime, temeroso, apocado, miedoso, timorato, blando, medroso, impresionable, despavorido, huidizo.

Espantajo adefesio, esperpento, estantigua, birria, coco, monstruo, papón, bu || v. espantapájaros.

Espantamoscas mosqueador, mosquero.

Espantapájaros espantajo, pelele, muñeco, fantoche, monigote.

Espantar asustar, horrorizar, aterrorizar, horripilar, atemorizar, aterrar, espeluznar, turbar, alucinar, estremecer, enloquecer || ahuyentar, echar, expulsar, repeler, rechazar, alejar.

Espanto horror, terror, susto, temor, estremecimiento, turbación, consternación, pavor, pánico, alarma, sorpresa, sobresalto, miedo, aprensión, recelo, asombro.

Espantosamente terriblemente, pavorosamente, tremendamente, v. espantoso.

Espantoso terrible, pavoroso, tremendo, horrible, aterrador, estremecedor, horrendo, horripilante, hórrido, tremebundo, enloquecedor, impresionante, terrorífico, alucinante, turbador, horrísono, apocalíptico, espantable, increíble, pasmoso.

Español hispano, hispánico, celtíbero, celtibérico, celta, ibero, ibérico, godo, visigodo, peninsular, latino, europeo.

Esparadrapo lienzo, vendaje, tela engomada.

Esparaván gavilán, ave de presa, ave de rapiña.

Esparcer * v. esparcir.

Esparcido disperso, diseminado, desperdigado, desparramado, disgregado, separado, extendido, difundido, suelto, sembrado.

Esparcimiento diversión, distracción, entretenimiento, pasatiempo, solaz, recreo, alegría, juego, espectáculo, placer, regocijo, holgorio, desahogo, gusto, fiesta.

Esparcir desparramar, dispensar, extender, soltar, dividir, desperdigar, disipar, diseminar, derramar, abrir, separar, desunir, sembrar, irradiar, rociar, desordenar, despedir || divulgar, propalar, propagar, publicar, difundir, transmitir.

Espárrago turión, brote, yema, rizoma, legumbre, planta || eje, barrita, hierro.

Esparrancarse v. espatarrarse.

Esparto atocha, albardín, gramínácea, planta.

Espasmo contracción, contorsión, convulsión, sacudida, pasmo, estremecimiento, crispación, temblor, agitación, síncope, acceso.

Espasmódico convulsivo, tembloroso, agitado, crispado.

Espatarrarse esparrancarse; desmadejarse, abrirse, tumbarse, extenderse, tenderse.

Espátula paleta, cucharilla, palustre, llana, rasera.

Especia condimento, adobo, aderezo, condimentación, salpimentación, hierba.

Especial singular, propio, particular, único, solo, privativo, individual, específico, característico, distintivo, peculiar, raro, personal, típico, inconfundible, representativo, exclusivo, diferente, diferenciado.

Especialidad característica, propiedad, singularidad, cualidad carácter idiosincrasia, peculiari-

Especialista dad, distinción, personalidad, individualidad, particularidad, distintivo, diferencia, rasgo || v. especialización.

Especialista experto, especializado, perito, versado, entendido, técnico, avezado, diestro.

Especialización especialidad, preparación, técnica, rama, aplicación.

Especializarse dedicarse, aplicarse, consagrarse, concentrarse, estudiar.

Especialmente fundamentalmente, principalmente, primordialmente, esencialmente, cardinalmente, substancialmente, necesariamente, v. especial.

Especie familia, variedad, género, tipo, clase, orden, raza, tribu, grupo, conjunto, serie, línea, reino || rumor, noticia, bulo, tema, asunto, caso, suceso, dicho, pretexto, evasiva || producto, género, mercancía, fruto || Especie * condimento, especia v.

Especificación determinación, declaración, enumeración, individualización, establecimiento, detalle, explicación, diferenciación, distinción, relación, lista, descripción.

Especificar enumerar, individualizar, explicar, declarar, deslindar, diferenciar, distinguir, detallar, establecer, determinar, precisar, definir, relacionar, describir.

Específico determinado, típico, especial, concreto, distinto, delimitado, ceñido, fijado, circunscrito, reducido, individualizado, señalado, definido, estipulado || medicamento, medicina, preparado, remedio, poción, fármaco, brebaje, potingue, elixir, droga.

Espécimen muestra, modelo, prueba, ejemplar, tipo, molde, ejemplo, prototipo, original, patrón.

Especioso capcioso, engañoso, falaz, artificioso, aparente, falso, ilusorio.

Especiota exageración, extravagancia, ridiculez, rumor, bulo.

Espectacular aparatoso, dramático, ostentoso, grandioso, espléndido, teatral, fastuoso, rimbombante.

Espectáculo exhibición, representación, función, demostración, presentación, gala, acto, fiesta, fasto, fausto, ceremonia, desfile, feria, diversión, distracción, deporte, teatro, cine, toros.

Espectador concurrente, presente, asistente, oyente, circunstante || Espectadores público, auditorio, masa, muchedumbre, asistencia, multitud, gentío.

Espectral fantasmal, sombrío, espantoso, aterrador, estremecedor, fantasmagórico, alucinante.

Espectro fantasma, aparecido, espíritu, trasgo, espantajo, duende, ánima, sombra, imagen, fantasía, visión, fantasmón, redivivo, bu, alma en pena, estantigua || banda, dispersión, descomposición de la luz, arco iris.

Especulación agio, abuso, encarecimiento, lucro, agiotaje, monopolio, estraperlo, tráfico, usura, botín, operación, negocio, jugada || reflexión, meditación, examen, pensamiento, contemplación.

Especulador agiotista, traficante, estraperlista, usurero, abusador, estafador, monopolizador, negociante.

Especular traficar, lucrarse, encarecer, monopolizar, operar, negociar, ganar, embolsar || pensar, reflexionar, meditar, teorizar, examinar, contemplar.

Especulativo contemplativo, reflexivo, teórico, imaginativo, utópico, quimérico.

Espejado limpio, claro, refulgente, brillante, terso, reluciente.

Espejear resplandecer, relucir, brillar, fulgurar, reflejar, refulgir, oscilar.

Espejismo visión, ofuscación, ilusión, apariencia, engaño, fantasmagoría, quimera, delirio || refracción, reverberación.

Espejo luna, cristal, azogue, lámina || dechado, ejemplo, modelo, retrato, arquetipo, prototipo, ideal.

Espejuelo yeso, escayola, estuco, enlucido, enyesado || Espejuelos gafas, impertinentes, quevedos, anteojos, antiparras, lentes.

Espeleólogo explorador, investigador de cavernas.

Espelunca gruta, cueva, antro, cubil, caverna, catacumba, oquedad, subterráneo, concavidad.

Espeluznante pavoroso, alucinante, aterrador, horrible, tremendo, terrible, tremebundo, hórrido, horripilante, horrendo, horrísono, terrorífico, impresionante, enloquecedor, apocalíptico, espantable, espantoso.

Espeluznar atemorizar, horripilar, aterrorizar, horrorizar, asustar, enloquecer, alucinar, turbar, aterrar, espantar, erizar, impresionar.

Espeluzno estremecimiento, escalofrío, alteración, temblor, impresión, espasmo.

Espeque puntal, alzaprima, palanca, leva.

Espera expectativa, expectación, demora, acecho, aguardo, plantón, dilación, permanencia, retraso, prórroga, diferimiento, postergamiento, esperanza, creencia, presunción, aplazamiento, plazo.

Esperanza seguridad, confianza, creencia, fe, tranquilidad, certeza, certidumbre, convicción, presunción, aliento, ánimo, promesa, perspectiva, ilusión, expectativa, espera, expectación, aguardo, paciencia, anhelo, optimismo.

Esperanzado convencido, seguro, confiado, cierto, tranquilo, animoso, ilusionado, paciente, anhelante, optimista, expectante, iluso.

Esperar anhelar, desear, querer, confiar, animarse, ilusionarse, prometerse, alentarse, presumir, convencerse, tranquilizarse, suponer, creer, pensar, imaginar, fiar, concebir, abrigar, alimentar || aguardar, atender, permanecer, prorrogar, diferir, postergar, quedarse, persistir, durar, perseverar, aguantar, conservarse, sostenerse.

Esperma semen, secreción, licor seminal || cera, cerumen, lipoide, estearina.

Espermatozoide germen, semilla, espermatozoo, espermatocito, espermatozoario, zoospermo, gameto, célula masculina, célula sexual.

Esperpento adefesio, estantigua, espantajo, birria, hazmerreír, mamarracho, facha, espantapájaros, grotesco, extravagante || absurdo, desatino, barbaridad, necedad, ridiculez.

Espesado v. espeso.

Espesar condensar, concentrar, tupir, apelmazar, cerrar, unir, compactar, batir, trabar, encrasar, aglomerar, amazacotar, empastar, solidificar.

Espeso concentrado, condensado, compacto, consistente, amazacotado, cerrado, apelmazado, tupido, pastoso, grasiento, viscoso, pesado, sólido, solidificado, empastado, aglomerado, craso, trabado, batido, denso, comprimido, pegajoso || frondoso, abundante, lujuriante, exuberante, tupido, cerrado, || sólido, grueso, macizo, pesado, corpulento, fuerte, compacto, robusto.

Espesor grosor, anchura, grueso, dimensión, volumen, amplitud, mole, corpulencia, bulto, solidez, fortaleza, reciedumbre, consistencia, densidad, crasitud.

Espesura fronda, selva, bosque, boscaje, ramaje, follaje, frondosidad, broza, copa, verde, hojarasca.

Espetar endilgar, enjaretar, encajar, soltar, encasquetar, cantar, lanzar, decir, chantar || ensartar, atravesar, clavar, encajar, meter.

Espetón estoque, asador, hierro, varilla, atizador, hurgón, ensartador.

Espía agente, confidente, observador, soplón, delator, informador, atisbador, investigador.

Espiar informar, observar, atisbar, acechar, delatar, soplar, investigar, vigilar, ojear, escuchar, averiguar, escudriñar.

Espichar morirse, diñarla, fallecer, reventar, estirar la pata.

Espiga panícula, panoja || clavija, estaquilla, clavo, púa, aguja, punta, extremo.

Espigado alto, desarrollado, crecido, medrado, grande, esbelto.

Espigar escoger, elegir, seleccionar, separar, apartar, descartar, cribar, aislar || crecer, desarrollarse, medrar, aumentar.

Espigón escollera, rompeolas, tajamar, dique, muro, muelle, andén, desembarcadero, malecón.

Espiker * locutor, presentador, animador.

Espina púa, pincho, punta, puya, aguijón, pico, espínula, espinilla || espinazo, raquis, columna vertebral || recelo, remordimiento, pesar, dolor, inquietud, resentimiento, disgusto, reconcomio, escrúpulo.

Espinal vertebral, raquídeo, dorsal, lumbar, cervical, sacrococcígeo.

Espinazo raquis, espina dorsal, columna vertebral, vértebras, lomo, espalda.

Espineta clavicordio, clavecín, clave, clavicémbalo, clavicímbano.

Espingarda escopeta, tagarote, trabuco, carabina, arcabuz, mosquete, rifle, fusil, arma de fuego.

Espinilla canilla, tibia || barrillo, comedón, puntito, acné, grano, erupción, inflorescencia, seborrea.

Espinillera canillera, protección, defensa.

Espino zarza, cardo, abrojo, ortiga, arbusto, mata, matorral, escaramujo.

Espinoso puntiagudo, punzante, punzador, agudo, aguzado, afinado, fino || arduo, difícil, peliagudo, dificultoso, complicado, apurado, penoso, embarazoso, embrollado, laborioso, trabajoso.

Espionaje investigación, averiguación, observación, información, delación, soplo, confidencia, pesquisa, indagación, fisgoneo, acecho, vigilancia.

Espira v. espiral || vuelta de hélice, de espiral.

Espiración exhalación, expulsión, emanación, soplo, aliento.

Espiral hélice, espira, vuelta, armilla, curva, rosca, tornillo, voluta, rizo, caracol, bucle.

Espirar exhalar, emanar, expulsar, alentar, soplar, echar, lanzar.

Espiritar conmover, agitar, inquietar, endemoniar.

Espiritismo v. ocultismo.

Espiritista médium, ocultista, evocador, pitonisa, charlatán, emcaucador.

Espiritoso vivo, animoso, espirituoso, vivaz, brioso, templado, estimulante, fuerte, enérgico.

Espíritu alma, esencia, substancia, principio, ánima, intimidad, interior, psiquis, ánimo, energía, fuerza, sentimiento, juicio, conciencia, corazón, hálito, soplo, impulso, viveza, sensibilidad, aliento, brío, esfuerzo, valor, moral, inteligencia, raciocinio, genio, carácter, esencia || ingenio, sal, humor, agudeza, vivacidad || demonio, duende, espectro.

Espiritual moral, anímico, íntimo, subjetivo, psicológico, emocional, entrañable, vital, interior, místico || agudo, fino, inteligente, delicado, sensible.

Espiritualidad inmaterialidad, finura, delicadeza, inmortalidad, sensibilidad, espiritualismo, idealismo v.

Espiritualizar transmigrar, animar, atenuar, afinar, adelgazar, sutilizar.

Espiritualmente moralmente, anímicamente, íntimamente, v. espiritual.

Espirituoso v. espiritoso.

Espiroqueta bacilo, germen, microbio, microorganismo.

Espita canuto, salida, válvula, grifo.
Esplendente v. esplendoroso.
Esplender v. resplandecer.
Espléndidamente magníficamente, soberbiamente, estupendamente, v. espléndido.
Esplendidez generosidad, largueza, magnificencia, rumbo, desprendimiento, altruismo, filantropía, desinterés, liberalidad, abundancia, fausto.
Espléndido generoso, liberal, desprendido, altruista, filántropo, desinteresado, magnánimo, dadivoso, rumboso || magnífico, soberbio, estupendo, rico, ostentoso, regio, brillante, noble.
Esplendor magnanimidad, magnificencia, riqueza, ostentación, brillo, lustre, resplandor, auge, culminación, cenit, apogeo.
Esplendoroso regio, resplandeciente, brillante, maravilloso, fastuoso, imponente, espléndido, soberbio, ostentoso.
Espliego lavándula, alhucema, planta aromática.
Esplín tedio, melancolía, fastidio, aburrimiento, tristeza, hipocondría, desazón.
Espolear picar, avivar, estimular, incitar, excitar, mover, aguijonear, pinchar, punzar, animar, exhortar, fustigar, enardecer, provocar, atizar.
Espoleta detonador, mecanismo, aparato, dispositivo de detonación.
Espolón punta, uña, garra, púa || tajamar, contrafuerte, prominencia.
Espolvorear esparcir, diseminar, polvorear, desparramar, extender, desperdigar, rociar.
Esponjarse hincharse, ahuecarse, engreírse, infatuarse, envanecerse.
Esponjoso poroso, hueco, hinchado, fofo, inconsistente, ralo, tenue, acorchado, blando, elástico.
Esponsales compromiso, promesa, obligación, pacto, juramento || v. casamiento.
Espontáneamente naturalmente, sencillamente, llanamente, v. espontáneo.
Espontaneidad sencillez, llaneza, naturalidad, pureza, realidad, franqueza, ingenuidad, abertura, campechanía, afabilidad, confianza, familiaridad, esparcimiento.
Espontáneo natural, sencillo, llano, puro, real, sincero, franco, ingenuo, abierto, campechano, afable, confiado familiar, directo, voluntario, propio || Espontáneo * mozo, sujeto que se arroja al ruedo.
Espora esporo, célula sexual, corpúsculo reproductor.
Esporádico ocasional, desusado, contingente, eventual, azaroso, accidental, circunstancial, fortuito, provisional, temporal, incidental, condicional, casual.
Esportillo v. espuerta.
Esposa mujer, señora, cónyuge, pareja, compañera, costilla, consorte, contrayente, desposada, casada, media naranja, cara mitad.
Esposado sujeto, atado, aherrojado, aprisionado, v. desposado.
Esposar aherrojar, sujetar, aprisionar, inmovilizar, encadenar, ligar, atar.
Esposas manilla, cadenas, grilletes, ataduras, ligaduras, sujeción, hierros, cepo.
Esposo compañero, marido, cónyuge, hombre, consorte, pareja, contrayente, casado, cara mitad, media naranja.
Esprit * chispa, gracia, agudeza, sal, ingenio.
Espuela rodaja, espiga, aguijón, espolín, punta, pincho || acicate, incentivo, estímulo, ánimo, atractivo.
Espuerta capacho, capazo, cesta, cesto, canasto, cuévano, esportilla, sera.
Espulgar desinsectar, limpiar, quitar, librar, examinar, observar.
Espuma efervescencia, hervor, hervidero, borboteo, burbujeo, borbollón, borbotón, burbujas, pom-

ESPUMADERA

pas, espumarajo, saliva, baba, jabonadura.
Espumadera paleta, cucharón, espumador.
Espumajear borbotear, burbujear, hervir, babear.
Espumante espumoso, efervescente, jabonoso, burbujeante, borboteante, hirviente.
Espumar limpiar, quitar, librar, aclarar || v. espumajear.
Espumarajo baba, saliva, v. espuma.
Espumoso v. espumante.
Espurio bastardo, falso, fraudulento, falsificado, mistificado, corrompido, falseado, imitado, remedado, adulterado, contrahecho, ilegítimo.
Espurrear rociar, salpicar, regar, humedecer.
Esputar expectorar, salivar, desflemar, gargajear, esgarrar, escupir, babosear, echar, lanzar.
Esputo expectoración, escupitajo, flema, gargajo, saliva, salivazo, mucosidad, desgarro.
Esqueje vástago, tallo, injerto, acodo, brote, pimpollo, cogollo.
Esquela misiva, billete, carta, comunicación, invitación, tarjeta, impreso, saluda.
Esquelético escuálido, descarnado, depauperado, consumido, debilucho, acartonado, momificado, demacrado, enjuto, seco, flaco, delgado, desmedrado, frágil, macilento, magro, lamido, afilado, esmirriado.
Esqueleto osamenta, armazón, entramado, montura, chasis, bastidor, soporte, sostén, apoyo, base || bosquejo, croquis, esbozo, proyecto || escuálido, esquelético.
Esquema bosquejo, esbozo, boceto, diseño, nota, croquis, apunte, borrador, proyecto, guión, sinopsis, representación, compendio, resumen.
Esquemático sinóptico, compendiado, representativo, sintético, extractado, esbozado, reducido, bosquejado, abreviado.
Esquematizar compendiar, sintetizar, abreviar, extractar, esbozar, bosquejar, reducir, representar, substanciar, proyectar.
Esquí deslizador, patín, tabla, madero || deslizamiento, deporte, afición, competencia.
Esquiador patinador, deslizador, deportista, competidor, carrerista.
Esquicio v. esquema.
Esquife lancha, barca, bote, falúa, batel, chalupa, chalana, canoa, chinchorro, balandro, trainera, dorna, motora, embarcación.
Esquila cencerro, campana, campanilla, esquilón, cardanca, zumba || esquileo, corte, trasquiladura.
Esquilar cortar, tundir, trasquilar, afeitar, rapar, pelar, recortar, segar, marcear.
Esquilimoso v. escrupuloso.
Esquilmar empobrecer, explotar, agotar, arruinar, asolar, hundir, abatir, deshacer, aniquilar, demoler, destruir, arrasar, dañar.
Esquina ángulo, arista, recodo, chaflán, cantón, saliente, borde, filo, orillo, margen, canto, costado.
Esquinado ladeado, torcido, marginado, aristado, achaflanado || intratable, huraño, difícil, áspero.
Esquinar colocar, situar, disponer, escuadrar || rehuir, evitar v.
Esquinazo plantón, desaire, desprecio, desatención, ofensa, ultraje, humillación, burla, descortesía, retraso.
Esquirla astilla, fragmento, trozo, fracción, pedazo, pizca, añico.
Esquirol rompehuelgas, sustituto, reemplazante.
Esquisto pizarra, marga, roca laminar.
Esquivar eludir, rehuir, huir, evitar, rechazar, rehusar, retraerse, soslayar, prescindir, sortear, escaparse, sacudirse, espantar.
Esquivez rechazo, despego, aspereza, retraimiento, soslayo, desagrado, desdén, desprecio, desabrimiento.
Esquivo áspero, huraño, arisco,

hosco, adusto, agreste, montaraz, malhumorado, descontento, brusco, rudo, insociable, cerril || taimado, huidizo v.

Estabilidad equilibrio, fijeza, inmovilidad, quietud, permanencia, duración, nivelación, contrapeso, estabilización, duración, armonía, compensación, raigambre, durabilidad, firmeza, consistencia, seguridad, fijación, constancia, solidez.

Estabilizar fijar, equilibrar, afianzar, inmovilizar, aquietar, nivelar, contrapesar, arraigar, compensar, armonizar, asegurar, garantizar, sujetar, atar, apuntalar, consolidar.

Estable permanente, firme, constante, afianzado, equilibrado, fijo, inmóvil, armonioso, compensado, arraigado, contrapesado, nivelado, quieto, apuntalado, sujeto, garantizado, consolidado, indeleble, irreducible, inalterable, inconmovible, invariable, duradero, durable.

Establecer instalar, asentar, instituir, fundar, situar, levantar, fijar, poner, colocar, sentar, construir, crear, edificar, instaurar, formar, organizar, erigir, plantar, alzar, abrir, fijar, decretar, ordenar, mandar, disponer || comprobar, determinar, averiguar || Establecerse avecindarse, afincarse, domiciliarse, localizarse, residir, arraigarse, fijarse, asentarse, instalarse, radicarse, empadronarse, quedarse.

Establecimiento empresa, firma, casa, comercio, tienda, almacén, bazar, compañía, industria, manufactura, sociedad, entidad, agrupación, corporación, fundación, institución, patronato || instauración, creación, v. establecer.

Establo caballeriza, cuadra, pesebre, corral, cobertizo, acemilería, yuntería, pocilga, cabañal, boyeriza.

Estaca tranca, palo, madero, rama, garrote, porra, cayado, bastón, vara, tronco.

Estacada cerca, empalizada, valla, vallado, cerco, palenque, seto, verja, barrera, pared.

Estacazo trancazo, garrotazo, palo, bastonazo, golpe, porrazo, golpazo, varapalo, varazo.

Estación época, temporada, período, momento, tiempo, era, etapa, fase, lapso, ciclo, espacio, división, momento || pausa, detención, parada, alto || apeadero, terminal, parada || Estación de servicio * gasolinera.

Estacionado aparcado, detenido, inmóvil, parado, quieto, fijo, situado, estancado, colocado, asentado.

Estacionamiento aparcamiento, detención, parada, inmovilización, situación, estancamiento, colocación, ubicación.

Estacionar aparcar, colocar, ubicar, estancar, situar, dejar, detener, parar, inmovilizar, quedarse.

Estacionario fijo, inmóvil, estancado, parado, detenido, invariable, inalterable, inmutable.

Estacha cuerda, cable, cabo.

Estadía estancia, detención, permanencia, parada, alto, pausa.

Estadio coliseo, campo, circuito, recinto, pista, graderío, instalación, arena, ruedo, hemiciclo, autódromo, hipódromo, velódromo || período, fase, ciclo, etapa.

Estadista político, gobernante, dirigente, guía, rector, administrador, jefe, regidor, regente, presidente, director, autoridad, ministro, conductor, timonel, gobernador.

Estadística censo, recuento, lista, padrón, catastro, matrícula, descripción, detalle, registro, asiento, relación, descripción, índice, inventario, tabla, cuadro, esquema, diagrama, nómina, memoria.

Estadístico catastral, descriptivo, esquemático, detallado, relacionado.

Estado nación, país, territorio, patria, potencia, tierra, pueblo || gobierno, administración, poder, mandato, jefatura, dirección ||

situación, disposición, condición, postura, actitud, colocación, dirección, ubicación, aspecto, constitución, curso, etapa, circunstancia, suerte, puesto || memoria, inventario, resumen, cuadro, diagrama, estadística v. || temperamento, humor, talante, carácter.

ESTADOUNIDENSE norteamericano, yanqui, gringo, americano.

ESTAFA fraude, engaño, timo, trampa, chantaje, embeleco, bribonada, embaucamiento, mentira, embuste, farsa, charlatanería, pillería, defraudación, dolo, falacia, baratería, simulación, socaliña, estraperlo, robo, hurto, usurpación, apaño, arreglo.

ESTAFADOR embaucador, timador, defraudador, pícaro, bribón, socaliñero, sablista, petardista, tramposo, usurpador, ladrón, estraperlista, simulador, falaz, pillo, charlatán, farsante, embustero, embelecador, chantajista, engañoso, abusador.

ESTAFAR embaucar, timar, defraudar, sablear, usurpar, simular, embelecar, chantajear, engañar, robar, hurtar, baratear, socaliñar, trampear, birlar, truhanear, quitar, abusar.

ESTAFERMO pasmarote, badulaque, embobado, parado, alelado, atontado || adefesio, v. estantigua.

ESTAFETA oficina, administración, despacho, agencia, delegación, puesto || mensajero, correo, enviado, postillón, emisario.

ESTALACTITA columnilla, concreción, estagolito, pilar calcáreo, colgante.

ESTALAGMITA estalactita invertida, v. estalactita.

ESTALLANTE deflagrador, detonante, fulminante, atronador, ensordecedor, explosivo.

ESTALLAR reventar, deflagrar, romperse, saltar, volar, descargar, inflamarse, *explotar*, detonar, resonar, tronar, ensordecer, restallar.

ESTALLIDO explosión, reventón, deflagración, voladura, descarga, detonación, inflamación, rotura, disparo, estruendo, trueno, zambombazo, crepitación.

ESTAMBRE lana, urdimbre, tela, estameña, hebra.

ESTAMENTO clase, cuerpo, estado, nivel, categoría, jerarquía, esfera.

ESTAMEÑA v. estambre.

ESTAMPA figura, efigie, grabado, imagen, ilustración, lámina, viñeta, vista, cromo, impresión, imprenta, huella, señal, santo, aguafuerte, litografía.

ESTAMPACIÓN impresión, grabado, litografiado, estampado, v. estampa.

ESTAMPADO coloreado, dibujado, pintado, impreso, v. estampación.

ESTAMPAR imprimir, grabar, ilustrar, iluminar, reproducir, inscribir, copiar, dibujar, colorear, pintar, impresionar, cincelar, burilar, litografiar, calcografiar, fotograbar, prensar, embutir, moldear, señalar, marcar, timbrar || estrellar, arrojar, lanzar, tirar.

ESTAMPÍA (DE) velozmente, apresuradamente, instantáneamente, de repente, aprisa, de improviso.

ESTAMPIDA * carrera, terror, huida, espantada, fuga.

ESTAMPIDO explosión, descarga, detonación, estallido, estruendo, ruido, trueno, sonido, tiro, disparo, reventón, voladura, estrépito, zambombazo.

ESTAMPILLA sello, marca, huella, timbre.

ESTAMPILLAR marcar, sellar, timbrar, señalar.

ESTANCACIÓN v. estancamiento.

ESTANCADO detenido, anquilosado, inmovilizado, parado, paralizado, atrofiado, entorpecido, estacionario, atascado, embotellado, suspendido, obstruido, invariable, inalterable, fijo, atrasado, estático.

ESTANCAMIENTO paralización, detención, atascamiento, atrofia, inmovilización, anquilosamiento, embotellamiento, atasco, estacionamiento, entorpecimiento, obstrucción, suspensión, retraso, rebalse, inundación.

ESTANCAR atascar, detener, paralizar, atrofiar, embotellar, anquilosar, inmovilizar, estacionar, suspender, obstruir, entorpecer, retrasar, empantanar, rebalsar, inundar, empozar, concentrarse.

ESTANCIA pieza, cuarto, habitación, recinto, dormitorio, alcoba, antesala, sala, aposento, cámara, salón, saleta, ambiente, cubículo, cuchitril || hospedaje, alojamiento, permanencia, estadía, detención || hacienda, ganadería, rancho, finca, propiedad, heredad.

ESTANCIERO hacendado, ganadero, propietario, dueño, ranchero, terrateniente.

ESTANCO hermético, impermeable, seco, impenetrable, aislado, incomunicado, clausurado, cerrado || quiosco, puesto, tienda, expendeduría, tabaquería || archivo, depósito, almacén.

ESTANDARIZAR.* igualar, nivelar, homogeneizar.

ESTANDARTE enseña, bandera, divisa, emblema, pabellón, insignia, pendón, gallardete, oriflama, confalón, lábaro, guión, grímpola, blasón, banderín, guía, banderola, empavesado, trofeo, distintivo.

ESTANQUE alberca, laguna, lago, piscina, presa, embalse, depósito, tanque, pantano, marjal, vivero, albufera, aljibe, cisterna.

ESTANTE anaquel, repisa, ménsula, tabla, alacena, vasar, aparador, estantería, rinconera, compartimiento, armario, soporte, apoyo, plúteo, balda, casillero, escaparate.

ESTANTERÍA v. estante.

ESTANTIGUA fantasma, trasgo, espíritu, aparecido, espantajo, duende, fantasmón, visión, fantasía, sombra, ánima, redivivo, alma en pena, bu || esperpento v.

ESTAÑADURA soldadura, galvanización, restañadura, compostura, arreglo, capa, recubrimiento, baño.

ESTAÑAR galvanizar, restañar, soldar, arreglar, componer, recubrir, bañar.

ESTAR permanecer, quedarse, mantenerse, hallarse, encontrarse, sentirse, verse, reposar, sentarse, ubicarse, vivir, existir, ser, tardar, detenerse.

ESTARCIR estampar, pintar, iluminar, colorear.

ESTASIS estancamiento v.

ESTATAL gubernativo, gubernamental, nacional, oficial, administrativo, público.

ESTÁTICO fijo, quieto, inmóvil, parado, detenido, paralizado, estacionario, atascado, suspendido, obstruido, invariable, inalterable, atrasado, inmutable || pasmado, asombrado, atónito, alelado.

ESTATUA escultura, efigie, imagen, monumento, talla, ídolo, icono, santo, modelo, representación, cariátide, atlante, tótem, fetiche, relieve, entalladura, torso, busto, bajorrelieve.

ESTATUARIA arte, escultura, talla, modelado.

ESTATUARIO escultural, perfecto, escultórico, majestuoso, imponente || v. escultor.

ESTATUIR establecer, determinar, ordenar, instituir, arreglar, decidir, mandar, decretar, probar, demostrar.

ESTATURA altura, talla, alzada, corpulencia, magnitud, alto, medida, descuello, encumbramiento, proceridad.

ESTATUTO reglamento, ordenanza, disposición, ley, decreto, establecimiento, régimen, norma, precepto, prescripción, instrucción, regla.

ESTE levante, oriente, saliente, naciente, orto.

ESTELA rastro, señal, paso, marca, vestigio, pista, traza, huella, indicio || monumento, mojón, lápida, pedestal, losa, piedra.

ESTENÓGRAFA taquígrafa, empleada, secretaria, oficinista, taquimecanógrafa.

ESTENOGRAFÍA taquigrafía, escritura rápida.

ESTENÓGRAFO v. estenógrafa.

Estenosis estrechez, estrechamiento, angostura, constricción.

Estentóreo potente, retumbante, fuerte, ruidoso, estrepitoso, estruendoso, sonoro, resonante, alto, agudo, rimbombante, poderoso, formidable.

Estepa páramo, erial, llanura, planicie, sabana, yermo, desierto, llano, altiplanicie, meseta, raso, landa, descampado, eriazo.

Estepario desértico, llano, yermo, raso, pobre, raquítico, mezquino, seco, áspero.

Estera alfombra, felpudo, tapiz, moqueta, cubierta, limpiabarros.

Estercolar abonar, fertilizar, fecundar, enriquecer, meteorizar.

Estercolero muladar, estercolar, basurero, vertedero, albañal, sumidero, corral, pocilga, zahurda, chiquero.

Estereotipado fijo, invariable, calcado, repetido, constante, inmutable, redundante.

Estéril infecundo, improductivo, inútil, ineficaz, infructuoso, yermo, pobre, estepario, desértico, mezquino, seco, agostado, agotado, esquilmado, árido, desolado, sediento, riguroso || v. esterilizado.

Esterilidad impotencia, improductividad, infecundidad, ineficacia, agotamiento, infructuosidad, sequedad, agostamiento, mezquindad, pobreza, inutilidad, rigor, desolación, aridez || v. esterilización.

Esterilización castración, capadura, emasculación, extirpación, amputación, inutilización || desinfección, asepsia, antisepsia, purificación, pasteurización, fumigación, higiene, ebullición, hervido.

Esterilizado impotente, eunuco, emasculado, castrado, capado, amputado, inutilizado, extirpado || desinfectado, estéril, aséptico, purificado, higiénico, hervido, pasteurizado, fumigado.

Esterilizar castrar, capar, emascular, extirpar, inutilizar, amputar || desinfectar, purificar, higienizar, hervir, pasteurizar, fumigar.

Estero charca, albufera, desembocadura, delta, pantano, marjal.

Estertor agonía, jadeo, opresión, fatiga, ansia, respiración silbante.

Estético artístico, decorativo, gracioso, atractivo, atrayente, lucido, ornamental, interesante, hermoso, bello, exquisito, primoroso, fino, elevado, espiritual, de buen gusto.

Estetoscopio fonendoscopio, trompetilla acústica, aparato de auscultación.

Estevado arqueado, torcido, alabeado.

Estiaje caudal mínimo, nivel bajo, altura inferior.

Estiba carga, colocación, disposición, distribución, ordenación del cargamento.

Estibador cargador, esportillero, costalero, descargador, peón, mozo.

Estibar colocar, cargar, distribuir, disponer, ordenar, almacenar.

Estiércol abono, boñiga, humus, fiemo, excremento, bosta, guano, porquería, hienda, basura, freza, cagatula.

Estigma mancha, mácula, señal, traza, marca, huella, signo, llaga, lesión, trastorno, herencia, tara || baldón, afrenta, infamia, deshonor, desdoro, borrón, vergüenza, mancilla, vilipendio.

Estigmatizar marcar, señalar, vilipendiar, manchar, afrentar, infamar, mancillar, deshonrar.

Estilar usar, acostumbrar, soler, practicar, emplear, gastar, utilizar, servirse.

Estilete puñal, daga, cuchillo, rejón, navaja, charrasca, cortaplumas, faca, perica, cuchilla, falce, trincheta, sacabuche, hoja, arma blanca.

Estilista purista, hablista, elegante, pulcro, cuidadoso, clásico, esmerado.

Estilizado esbelto, fino, elegante, delicado, gracioso, airoso.

Estilizar caracterizar, personalizar, simplificar, resaltar, manifestar, realzar.

Estilo punzón, púa, clavo, cincel, estilete, hierro || modo, manera, forma, género, costumbre, práctica, uso, moda, personalidad, carácter, giro, expresión.

Estilográfica pluma, útil, instrumento de escritura.

Estima aprecio, consideración, estimación, afecto, cariño, apego, interés, respeto, crédito, atención, honra, mérito, ternura, devoción, afición, amistad, predilección || v. estimación.

Estimable apreciable, útil, importante, valioso.

Estimación apreciación, evaluación, valor, importancia, monta, utilidad, precio, tasación, justiprecio, valoración, peritaje || v. estima.

Estimado querido, apreciado, considerado, respetado, honrado, amigo, predilecto, caro, preferido || evaluado, tasado. v. estimar.

Estimar evaluar, tasar, apreciar, valorar, justipreciar, conceptuar, conjeturar, presumir, reputar, enjuiciar || juzgar, creer, considerar, pensar || querer, preferir, honrar, respetar, considerar, amar.

Estimulante incitante, tentador, provocador, confortador, alentador, vivificante, sugerente, inspirador, apremiante, acuciador, atractivo, interesante || alcohol, bebida, licor, pócima, aguardiente.

Estimular espolear, aguijonear, pinchar, punzar, picar, provocar, alentar, tentar, incitar, atraer, interesar, inspirar, sugerir, vivificar, animar, activar, mover, empujar, apoyar, apremiar.

Estímulo aguijón, pinchazo, espuela, provocación, aliento, inspiración, interés, atracción, incitación, atractivo, tentación, apoyo, empuje, ánimo, sugerencia, apremio, persuasión, instigación.

Estío verano, canícula, veranillo, bochorno, calor.

Estipendiar abonar, pagar, remunerar, retribuir, recompensar.

Estipendio remuneración, pago, abono, honorarios, paga, retribución, recompensa, sueldo, salario, comisión, jornal, haberes, soldada, emolumentos, gratificación.

Estíptico agarrado, apretado, mezquino, avaro, miserable, estreñido.

Estipulación cláusula, apartado, condición, disposición, artículo, norma, especificación, reserva, limitación, formalidad, requisito || tratado, convenio, pacto, negociación, acuerdo, contrato, alianza, compromiso.

Estipular convenir, pactar, tratar, negociar, acordar, contratar, comprometerse, disponer, especificar, formalizar, requerir, establecer, determinar, decretar, concertar, negociar, concretar.

Estirado orgulloso, afectado, vanidoso, desdeñoso, despreciativo, altanero, altivo || dilatado, alargado, espigado, alto, tenso.

Estiramiento v. extensión.

Estirar extender, alargar, ensanchar, dilatar, tensar, distender, aumentar, ampliar, prolongar, desarrollar, desplegar, tender || Estirarse desperezarse, bostezar, desentumecerse, desentorpecerse, contraerse, despertar.

Estirón crecimiento, impulso, tirón, desarrollo.

Estirpe linaje, abolengo, alcurnia, prosapia, ascendencia, casta, sangre, cuna, ralea, cepa, genealogía, tronco, origen, distinción, nobleza, nacimiento, raíz.

Estival veraniego, canicular, estivo, caluroso, bochornoso.

Estocada punzada, golpe, impulso, hurgonazo, sablazo, cuchillada, pinchazo, herida, lesión, corte, arañazo, chirlo, lanzada.

Estofa ralea, laya, pelaje, calaña, clase, casta, calidad, nivel, categoría, condición || tela, tejido, seda.

Estofado guiso, adobo, aderezo, guisado, vianda, cocido, escal-

Estofar fado, cocinado, preparado, salteado, sofrito, frito, horneado.

Estofar guisar, adobar, aderezar, cocinar, preparar, saltear, freír, sofreír, hornear.

Estoicamente serenamente, fuertemente, insensiblemente, v. estoico.

Estoicismo fortaleza, dominio, dureza, imperturbabilidad, insensibilidad, serenidad, firmeza, ecuanimidad, inquebrantabilidad, impasibilidad, indiferencia, resistencia, aguante, paciencia, tolerancia.

Estoico sereno, firme, duro, imperturbable, insensible, fuerte, inquebrantable, ecuánime, paciente, tolerante, sufrido, resistente, impasible.

Estola piel, banda, tira, faja, bufanda.

Estolidez necedad, equivocación, sinrazón, despropósito, insensatez, torpeza, error.

Estólido necio, insensato, torpe, desacertado, equivocado, errado, descaminado.

Estolón vástago, brote, talluelo, estípite, latiguillo.

Estomacal gástrico, abdominal, digestivo, ventral.

Estomagante fastidioso, cargante, enfadoso, aburrido, cansador, pesado, molesto, importuno, latoso, insoportable, irritante, indigesto.

Estomagar hartar, hastiar, empachar, pesar, cansar, aburrir, enfadar, cargar, fastidiar, irritar, importunar, molestar, afectar, estragar, indigestar.

Estómago víscera, buche, abdomen, vientre, tragadero, rumen, epigastrio, tubo digestivo.

Estomatitis hinchazón, inflamación de la encía.

Estomatología odontología, dentistería, especialidad.

Estomatólogo dentista, odontólogo, doctor, especialista.

Estopa hilaza, bagazo, cañamiza, carrasca, cáñamo.

Estoque florete, espada, tizona, acero, hierro, hoja, espadín, arma blanca.

Estoquear punzar, herir, pinchar, atravesar, ensartar, tocar, acertar.

Estorbar obstaculizar, impedir, dificultar, entorpecer, embarazar, reprimir, contener, interrumpir, paralizar, frenar, detener, disuadir, perturbar, quitar, prohibir, negar, vedar, contrariar, demorar, retrasar, molestar, enredar, complicar, trabar, imposibilitar.

Estorbo freno, obstáculo, barrera, engorro, rémora, atasco, impedimento, dificultad, escollo, tropiezo, valla, límite, prohibición, resistencia, molestia, embarazo, traba, complicación, enredo, retraso, contrariedad, perturbación, detención, interrupción.

Estornudar expeler, arrojar, exhalar, espirar violentamente.

Estornudo exhalación, espasmo, crispación, sacudida, espiración violenta.

Estrabismo bizquera, desviación, alteración visual.

Estrábico bizco, bisojo, trasojado, estrabón.

Estrada carretera, camino, vía, pista, senda, calle.

Estrado entablado, tarima, entarimado, grada, tablado, peana, pedestal, plataforma, armazón, tribuna, tablazón.

Estrafalario estrambótico, raro, ridículo, extravagante, excéntrico, extraño, desusado, grotesco, fachoso, cómico, risible, esperpento, adefesio, desaliñado.

Estragamiento hartura, empacho, hastío, molestia, pesadez, aburrimiento, enfado, irritación, fastidio, cansancio.

Estragado hastiado, empachado, harto, molesto, enfadado, aburrido, irritado, importunado, estomagado, fastidiado, corrompido, viciado, estropeado, dañado.

Estragar corromper, viciar, estropear, arruinar, dañar, descomponer, hastiar, enfadar, molestar, hartar, empachar, irritar, importunar, estomagar.

Estrago ruina, daño, destrucción, asolamiento, perjuicio, trastorno, devastación, destrozo, quebranto, desolación, menoscabo, pérdida, desgracia, siniestro, deterioro, catástrofe.

Estrambótico v. estrafalario.

Estrangulación ahogamiento, ahogo, ahorcamiento, constricción, compresión, sofocación, agarrotamiento, presión, acogotamiento.

Estrangular acogotar, ahogar, sofocar, ahorcar, agarrotar, comprimir, apretar, presionar, asfixiar, matar, liquidar, oprimir.

Estraperlo negocio clandestino, chanchullo, especulación, mercado, tráfico, sobreprecio, agio, abuso, encarecimiento, contrabando, contravención, fraude, alijo, mercado negro.

Estratagema ardid, engaño, astucia, celada, emboscada, asechanza, trampa, artimaña, fingimiento, artificio, astucia, intriga, añagaza, engaño, treta, truco.

Estratega táctico, maniobrero, perito, hábil, ducho, competente, general, genio guerrero, militar diestro.

Estrategia táctica, maniobra, habilidad, destreza, pericia, competencia, capacidad militar.

Estratégico importante, fundamental, valioso, principal, vital, necesario, indispensable, trascendental.

Estratego v. estratega.

Estrato capa, masa, faja, franja, veta, sedimento, tonga, tongada, estría, vena.

Estratosfera atmósfera, cielo, capa superior.

Estraza harapo, trapo, andrajo, desecho, guiñapo, papel basto.

Estrechamiento v. estrechez.

Estrechar apretar, ceñir, rodear, abrazar, abarcar, constreñir, condensar, escoger, angostar, reducir, estrangular, menguar, disminuir, aminorar, acorralar ‖ Estrecharse angostarse, encajonarse, abocinarse, recogerse, ceñirse.

Estrechez aprieto, falta, carencia, privación, escasez, conflicto, apuro, ahogo, dificultad, apretura, pobreza, miseria, necesidad, tribulación, compromiso, problema, trance, brete, acoso ‖ estrechamiento, angostura, apretura, ahogo, disminución, reducción, contracción, encogimiento, mengua, constricción.

Estrecho ajustado, apretado, angosto, reducido, ahogado, contraído, menguado, constreñido, ceñido, escurrido, justo ‖ paso, canal, acceso, freo, comunicación, angostura, embocadura, vía, pasadizo, portillo, garganta ‖ avaro, mezquino, tacaño, escaso, miserable.

Estrechura v. estrechez.

Estregadura frotamiento, fricción, fregado, refregón, restregamiento, fregadura, restregón, estregamiento, frote, masaje, fricación.

Estregamiento v. estregadura.

Estregar frotar, friccionar, restregar, refregar, fregar, amasar, pulir, lijar, rascar, fricar, ludir, rozar, raspar, rallar.

Estregón fricción, frotamiento, frotación, roce, refregón, restregón, rascamiento, ludimiento.

Estrella astro, lucero, luminaria, cuerpo celeste ‖ hado, sino, suerte, destino, fortuna, azar, fatalidad, providencia, ventura, acaso ‖ Estrella fugaz meteorito, meteoro, exhalación.

Estrellado claro, diáfano, despejado, brillante, refulgente, cuajado, constelado.

Estrellar arrojar, lanzar, tirar, impulsar, proyectar, precipitar, romper, despedazar, escacharrar, fracturar, reventar, quebrar, desbaratar ‖ Estrellarse chocar, darse, precipitarse, lanzarse, tropezar, colisionar, pegarse, hundirse, golpearse, fracasar, herirse, accidentarse.

Estremecedor conmovedor, escalofriante, turbador, espeluznante, emocionante, impresionante, interesante, alarmante, penoso, absorbente, lamentable, apasionante, perturbador, inquietante, hondo, afectivo, emotivo, patético, triste.

Estremecer sacudir, menear, agitar, zarandear, remover, vibrar, zamarrear || Estremecerse turbarse, alterarse, conmoverse, impresionarse, alarmarse, emocionarse, perturbarse, apasionarse, apenarse, entristecerse, afectarse, inquietarse, sobresaltarse, tiritar, asustarse, temblar.

Estremecimiento escalofrío, sacudida, sobresalto, temblor, espasmo, conmoción, alteración, espeluzno, meneo, agitación, vibración, impresión, excitación, alarma, perturbación, inquietud, emoción.

Estrenar inaugurar, iniciar, empezar, comenzar, emprender, principiar, abrir, intentar, abordar, acometer, promover, lanzarse.

Estreno inauguración, apertura, comienzo, principio, inicio, lanzamiento, promoción, acometimiento, intento.

Estrenuo fuerte, ágil, esforzado, vigoroso, valiente.

Estreñido apretado, estíptico, constipado || avaro, tacaño, miserable, cicatero.

Estreñimiento constipación, indisposición, trastorno digestivo.

Estreñir constipar, apretar, trastornar, astringir.

Estrepada esfuerzo, tirón, arrancada, empuje.

Estrépito estruendo, ruido, fragor, alboroto, alharaca, clamor, bullicio, confusión, bulla, rumor, tumulto, algarabía, escándalo, batahola, baraúnda, cisco, jaleo, aquelarre, bullanga.

Estrepitoso ruidoso, escandaloso, bullicioso, estruendoso, alborotador, tumultuoso, bullanguero, jaranero, vocinglero, bochinchero.

Estría surco, ranura, muesca, rebajo, acanaladura, hendedura, canal, raya, hueco, entalle, mediacaña, alefriz, galces, corredera.

Estriar acanalar, rayar, surcar, hender, entallar, ranurar, marcar, tallar.

Estribación derivación, ramificación, ramal, monte, colina, escalón, eminencia, estribo.

Estribar fundarse, apoyarse, descansar, radicar, gravitar, consistir, basar, residir.

Estribillo muletilla, repetición, insistencia, bordón, tranquillo, matraca, reiteración, cantinela.

Estribo apoyo, sostén, supedáneo, escalón, peldaño, soporte || contrafuerte, arbotante, soporte, puntal.

Estricnina alcaloide, tóxico, veneno, tósigo, droga, medicamento.

Estrictamente ajustadamente, rigurosamente, exactamente, v. estricto.

Estricto riguroso, ajustado, exacto, preciso, severo, disciplinado, justo, minucioso, escrupuloso, cabal, recto, escueto, extremado, rígido, austero.

Estridencia chirrido, disonancia, destemplanza, inarmonía, desentono, ruido, rechinamiento, discordancia.

Estridente chirriante, destemplado, rechinante, disonante, ruidoso, desentonado, inarmónico, desapacible, agrio, agudo, discordante.

Estridor v. estridencia.

Estro estímulo, ardor, acicate, inspiración, aliento, interés || moscardón, larva, rezno.

Estrofa parte, sección, división, fragmento, *estanza*.

Estroma trama, armazón, malla, red histológica.

Estropajo fregador, lampazo, bayeta, guiñapo, estraza, andrajo, desecho.

Estropajoso confuso, tartajoso, tartamudo, ininteligible, trapajoso, gangoso, balbuciente.

Estropeado deteriorado, inservible, inútil, roto, descompuesto, dañado, averiado, defectuoso, imperfecto, arruinado, malogrado, escacharrado || tullido, lisiado, baldado, impedido, imposibilitado, mutilado, inválido.

ESTROPEAR inutilizar, descomponer, romper, deteriorar, arruinar, averiar, dañar, escacharrar, malograr, desarreglar, desbaratar, desgastar || lisiar, tullir, lastimar, baldar, impedir, invalidar, mutilar, imposibilitar, lesionar || ESTROPEARSE pudrirse, enranciarse, pasarse, malograrse.

ESTROPICIO destrozo, rotura, descalabro, desbaratamiento, trastorno, estrago, quebranto, fractura, escacharramiento, daño, menoscabo, avería, destrucción.

ESTRUCTURA distribución, constitución, combinación, orden, agrupación, ordenación, disposición, organización, armazón, entramado.

ESTRUCTURAL constitutivo, ordenado, organizado, distributivo, arquitectónico, orgánico.

ESTRUCTURAR constituir, combinar, distribuir, organizar, disponer, ordenar, agrupar, armar, entramar.

ESTRUENDO fragor, estrépito, clamor, alharaca, alboroto, ruido, tumulto, rumor, bulla, confusión, bullicio, aquelarre, bullanga, jaleo, cisco, baraúnda, batahola, escándalo, algarabía, detonación, estampido, explosión, estallido, trueno.

ESTRUENDOSO estrepitoso, alborotador, clamoroso, bullicioso, confuso, rumoroso, tumultuoso, ruidoso, escandaloso, bullanguero, atronador, ensordecedor.

ESTRUJAMIENTO compresión, presión, aplastamiento, apretón, apretura, prensamiento, estrechamiento, apelmazamiento, ceñimiento, abrazo.

ESTRUJAR prensar, comprimir, presionar, exprimir, extraer, esquilmar, agotar, empobrecer, oprimir, abusar, apretar, lastimar, aplastar, estrechar, apelmazar, ceñir, abrazar, ahogar, asfixiar.

ESTRUJÓN apretón, pisotón, presión, compresión, abrazo.

ESTUARIO estero, embocadura, entrada, desembocadura, delta, ría, fiordo, boca, desagüe.

ESTUCAR encalar, enyesar, blanquear, pintar, enlucir, escayolar.

ESTUCO yeso, enyesado, enlucido, escayola, masa, pasta, cal.

ESTUCHE cajita, caja, escriño, cofrecito, funda, envase, joyero, arqueta, arquilla, vaina, bolsa, envoltorio, cartera.

ESTUDIADO * fingido, afectado, amanerado, artificioso.

ESTUDIANTADO alumnado, estudiantes, v. estudiante.

ESTUDIANTE alumno, escolar, educando, colegial, discípulo, becado, becario, aprendiz, interno, externo, pensionista, oyente, neófito, catecúmeno.

ESTUDIANTIL escolar, educativo, colegial, juvenil, asociativo, corporativo.

ESTUDIANTINA tuna, rondalla, ronda, comparsa, agrupación, grupo, conjunto musical.

ESTUDIAR aprender, ilustrarse, educarse, instruirse, cursar, formarse, cultivarse, asimilar, profundizar, penetrar, empollar, ejercitarse, practicar, aplicarse, repasar, ensayar, experimentar, embeberse, preparar || investigar, observar, escrutar, buscar, examinar, meditar, proyectar.

ESTUDIO aprendizaje, curso, instrucción, educación, ilustración, penetración, asimilación, cultivo, profundización, formación, repaso, aplicación, práctica, ejercicio, experimento, investigación, experiencia, lección, práctica, análisis, labor, tarea || tesis, tratado, ensayo, monografía, artículo, obra, disquisición, memoria, resumen, publicación || despacho, bufete, oficina, escritorio, taller, obrador, local.

ESTUDIOSO aplicado, diligente, tesonero, perseverante, afanoso, atento, aprovechado, laborioso, trabajador || investiga-

ESTUFA

dor, sabio, científico, especialista, experto, hombre de ciencia.
ESTUFA hogar, salamandra, radiador, calorífero, brasero, calentador, chimenea, escalfeta || invernáculo, invernadero, cristalera.
ESTULTICIA tontería, necedad, estupidez, sandez, idiotez, v. bobería.
ESTULTO tonto, necio, idiota, sandio, estúpido, majadero, memo, v. bobo.
ESTUOSIDAD calentura, ardor, calor, enardecimiento, insolación, bochorno.
ESTUOSO ardiente, calenturiento, abrasado, enardecido, acalorado, insolado, bochornoso, ardoroso.
ESTUPEFACCIÓN pasmo, asombro, estupor, desconcierto, maravilla, admiración, turbación, alelamiento, éxtasis, sorpresa, extrañeza, embarazo, fascinación, atolondramiento, aturdimiento, susto, embobamiento.
ESTUPEFACIENTE narcótico, anestésico, soporífero, dormitivo, aletargante, hipnótico, barbitúrico, somnífero, sedante, tranquilizante, droga, alcaloide, tóxico, cocaína, morfina, heroína.
ESTUPEFACTO asombrado, maravillado, desconcertado, pasmado, extrañado, sorprendido, alelado, turbado, admirado, asustado, aturdido, atolondrado, fascinado, embarazado, embobado, turulato, atónito.
ESTUPENDO maravilloso, magnífico, soberbio, asombroso, portentoso, milagroso, prodigioso, sorprendente, pasmoso, admirable, fascinante, fenomenal, increíble, extraordinario.
ESTUPIDEZ bobada, simpleza, necedad, memez, sandez, tontada, tontería, gansada, vaciedad, vacuidad, mentecatez, fantochada, gedeonada, asnada, dislate, disparate, sosería, idiotez, botaratada, primada, ingenuidad, majadería, bobería.
ESTÚPIDO tonto, bobo, simple, mentecato, insensato, atontado, patoso, ganso, vacuo, vacío, asno, burro, majadero, memo, soso, botarate, ñoño, lelo, aturdido, babieca, obtuso, palurdo, papanatas, mameluco, ignorante, badulaque, pasmado, sandio, zopenco, gaznápiro, animal, zote, zoquete, torpe, negado, bestia.
ESTUPOR v. estupefacción || insensibilidad, embotamiento, sopor, adormecimiento, atonía, indiferencia, letargo, modorra, coma, somnolencia, pesadez.
ESTUPRAR violar, abusar, desvirgar, desflorar, profanar, raptar, deshorar, violentar, atropellar, escarnecer, mancillar, manchar, forzar, fornicar.
ESTUPRO abuso, violación, desfloración, profanación, acceso, atropello, violencia, deshonra, rapto, abducción, desvirgamiento, tropelía, mancilla, fornicación.
ETAPA fase, período, parte, paso, momento, grado, lapso, ciclo, instante, división, espacio, época, curso || parada, alto, detención, descanso.
ETCÉTERA y demás, lo demás, omitido, sobreentendido, se sobreentiende, se omite.
ÉTER espacio, cielo, firmamento, cosmos, infinito, vacío, universo, creación, altura || fluido, vacío, substancia imponderable.
ETÉREO sutil, vaporoso, incorpóreo, volátil, impalpable, fluido, ligero, tenue, delicado, grácil, irreal, ideal, alado, abstracto, intangible, inmaterial, sublime, puro, elevado.
ETERNAMENTE perpetuamente, imperecederamente, inmortalmente, v. eterno.
ETERNIDAD inmortalidad, perpetuidad, perpetuación, perdurabilidad, perennidad, persistencia, permanencia, pertinacia, infinitud.
ETERNIZAR perdurar, perpetuar, inmortalizar, permanecer, persistir, mantener || ETERNIZARSE demorarse, retrasarse, aplazar, dilatar, tardar, prorrogar, detener, diferir, rezagarse, parar, atrasarse.

ETERNO perpetuo, inmortal, perdurable, pertinaz, permanente, fijo, estable, persistente, perenne, infinito, sempiterno, interminable, indestructible, inacabable, imperecedero, inmarcesible, constante, eternal.

ÉTICA moral, norma, conducta, comportamiento, proceder, actuación, práctica.

ÉTICO normativo, moral v.

ETIMOLOGÍA origen, procedencia, raíz, cuna, ascendencia, fuente, principio, génesis de las palabras.

ETIOLOGÍA causa, motivo, razón, origen de las enfermedades.

ETÍOPE abisinio, etiópico, africano.

ETIQUETA ceremonial, protocolo, rito, ritual, fórmula, culto, formalidad, ceremonia, solemnidad, pompa, aparato, formulismo || rótulo, marbete, marca, inscripción, sello, precinto.

ETIQUETAR * rotular, marcar, precintar.

ETIQUETERO cumplido, ceremonioso, protocolario, pomposo, aparatoso, cortés, afectado, ampuloso, solemne, minucioso.

ÉTNICO racial, etnográfico, nacional, familiar, especial, peculiar, característico, propio.

EUCALIPTO mirtácea, árbol.

EUCALIPTUS * v. eucalipto.

EUCARISTÍA sacramento, comunión, hostia, forma, viático, el Santísimo, el Señor, transubstanciación, pan eucarístico.

EUCOLOGIO misal, devocionario, libro de rezos.

EUFEMISMO rodeo, paliativo, disimulo, perífrasis, ambage, circunloquio, capa, velo, giro, ambigüedad, alusión indirecta, tapujo, embozo, disfraz.

EUFÓNICO agradable, grato al oído, melodioso.

EUFORIA bienestar, contento, exaltación, optimismo, animación, entusiasmo, efervescencia, ímpetu, arrebato, satisfacción, embriaguez, vehemencia, ardor.

EUFÓRICO satisfecho, contento, animado, optimista, entusiasmado, exaltado, embriagado, arrebatado, impetuoso, ardiente, vehemente.

EUGENESIA mejoramiento, desarrollo, perfeccionamiento de la raza.

EUNUCO castrado, emasculado, capón, soprano, impotente, esterilizado, incapacitado, espadón.

EUPÉPTICO digestivo, estomacal.

¡EUREKA! ¡lo encontré!, ¡lo hallé!, ¡por fin!

EURITMIA equilibrio, proporción, armonía, relación, correspondencia, disposición.

EUROPEO occidental, ario, blanco.

ÉUSCARO vascuence, vasco, vascongado.

EUTANASIA muerte sin dolor, eliminación, liquidación.

EUTRAPELIA donaire, chiste, ingeniosidad, broma, gracia, ocurrencia || moderación, mesura.

EUTRAPÉLICO gracioso, humorístico, ingenioso, chistoso, ocurrente, donairoso, bromista.

EVACUACIÓN deposición, excreción, defecación, deyección, necesidad, menester, cagada, heces, detrito, excremento, inmundicia, orina, aligeramiento || desocupación, abandono, salida, marcha, huida, retirada, fuga, ausencia, éxodo, emigración, peregrinación.

EVACUAR abandonar, desocupar, vaciar, dejar, trasladarse, mudarse, retirarse, fugarse, ausentarse, peregrinar, desalojar, marcharse, salir, huir || defecar, excretar, obrar, soltar, deponer, deyectar, descomer, cagar, mover el vientre, orinar, mear || informar, cumplimentar, ejecutar, solucionar, realizar, desempeñar.

EVADIR eludir, substraerse, evitar, rehuir, esquivar, escapar, soslayar, prescindir, sortear, rehusar, sacudirse, espantarse || EVADIRSE escaparse, huir, fugarse, marcharse, desaparecer, desvanecerse, evaporarse, desertar, librarse, escabullirse, salvarse.

EVALUACIÓN valoración, tasa, apreciación, cálculo, justiprecio, estimación, aprecio, valor, tasación, ajuste, tanteo.

EVALUAR tasar, valorar, apreciar, justipreciar, calcular, tantear, ajustar, estimar, valuar.

EVANGELIO Nuevo Testamento, vida de Cristo, religión cristiana || verdad, certidumbre, axioma, dogma, certeza, evidencia, realidad, artículo de fe.

EVANGELIZAR convertir, predicar, catequizar, divulgar, propagar, difundir, enseñar, apostolizar, cristianizar, bautizar, reconciliar.

EVAPORACIÓN volatilización, vaporización, disipación, gasificación, ebullición, sublimación, hervor || desaparición, escamoteo, huida, difuminación, fuga, desvanecimiento.

EVAPORAR vaporizar, volatilizar, disipar, gasificar, hervir, sublimar || EVAPORARSE huir, fugarse, desaparecer, desvanecerse, difuminarse.

EVASIÓN huida, fuga, desaparición, liberación, escapada, escapatoria, salida, marcha, evaporación, difuminación, escamoteo, abandono, deserción, estampida, escabullimiento, éxodo, escape.

EVASIVA excusa, subterfugio, pretexto, disculpa, justificación, descargo, escapatoria, coartada, triquiñuela, rodeo, recurso, regate.

EVASIVO esquivo, huidizo, precavido, ambiguo, impreciso, vago, equívoco, confuso, incierto.

EVENTO suceso, acontecimiento, incidente, hecho, accidente, imprevisto, lance, acaecimiento.

EVENTUAL fortuito, contingente, accidental, casual, interino, ocasional, adventicio, incidental, provisional, circunstancial, imprevisto, inseguro.

EVENTUALIDAD contingencia, casualidad, emergencia, posibilidad, probabilidad, evento, peripecia, hecho, incidente, urgencia, imprevisto, accidente, suceso.

EVENTUALMENTE fortuitamente, accidentalmente, casualmente, v. eventual.

EVICCIÓN desposesión, despojo, privación, desprendimiento, usurpación.

EVIDENCIA certidumbre, certeza, realidad, demostración, prueba, testimonio, comprobación, certificación, confirmación, justificación, muestra.

EVIDENCIAR demostrar, probar, manifestar, testimoniar, comprobar, certificar, confirmar, justificar || reflejar, traslucir, mostrar, enseñar, exhibir.

EVIDENTE claro, cierto, patente, indiscutible, indudable, innegable, irrebatible, incuestionable, palmario, sólido, absoluto, positivo, tangible, elemental, manifiesto, axiomático, auténtico, comprensible.

EVIDENTEMENTE ciertamente, indudablemente, obviamente, indiscutiblemente, v. evidente.

EVITABLE soslayable, eludible, sorteable, esquivable, previsible, predecible, pronosticable.

EVITAR eludir, sortear, prescindir, soslayar, esquivar, rehusar, rehuir, hurtarse, escaparse, retraerse, prevenir, obviar, quitarse, evadir, caucionar, excusar, precaver, sortear, prever, predecir || impedir v.

EVOCACIÓN reminiscencia, memoria, remembranza, recuerdo, repaso, rememoración, recordación, presencia, mención, invocación, sugerencia, alusión.

EVOCADOR sugerente, sugestivo, insinuante, alusivo, reminiscente.

EVOCAR recordar, rememorar, repasar, mencionar, sugerir, aludir, insinuar, despertar, desenterrar, revivir, reanimar, invocar, llamar, apostrofar, apelar.

EVOLUCIÓN transformación, desarrollo, mudanza, progreso, cambio, mutación, proceso, metamorfosis, variación, alteración, modificación, aumento, adelanto, prosperidad, crecimiento, incremento || movimiento, maniobra, marcha, despliegue.

EVOLUCIONAR cambiar, transformarse, progresar, mudar, desarrollarse, alterarse, variar, modificarse, aumentar, adelantar, prosperar, crecer, incrementarse, transmutarse, metamorfosearse, desenvolverse || maniobrar, moverse, marchar, desplegarse.

Evolutivo progresivo, creciente, gradual, escalonado, paulatino, suave.

Ex abrupto repentinamente, bruscamente, impensadamente.

Exabrupto salida de tono, desbarro, inconveniencia, grosería, incorrección.

Exacción imposición, requerimiento, coacción, robo, exigencia, reclamación, abuso, injusticia, estafa, atropello, retención, arbitrariedad.

Exacerbación v. exaltación.
Exacerbado v. excitado.
Exacerbar v. excitar.

Exactamente puntualmente, fielmente, cabalmente, textualmente, v. exacto.

Exactitud puntualidad, fidelidad, minuciosidad, v. exacto.

Exacto puntual, fiel, cabal, textual, correcto, debido, literal, conforme, severo, cumplidor, minucioso, escrupuloso, estricto, riguroso, diligente, fijo, preciso, cierto, verdadero, justo.

Exactor recaudador, cobrador, colector, habilitado, receptor, factor, aduanero, funcionario.

Ex aequo con igualdad, empatados, igualados, parejos.

Exageración exceso, aumento, engrandecimiento, fantasía, ponderación, ilusión, ensueño, quimera, imaginación, desarrollo, colmo, exuberancia, demasía, abultamiento, incremento, amplificación, bombón, utopía, extremo, figuración.

Exagerado excesivo, desmedido, desmesurado, descomunal, inmoderado, gigantesco, colosal, ampliado, abultado, engrandecido, charlatán, cuentista, fantástico, ilusorio, imaginario, quimérico, desarrollado, incrementado, exuberante, utópico, extremado.

Exagerar abultar, engrandecer, ponderar, aumentar, desarrollar, incrementar, ampliar, extremar, hinchar, inflar, recargar, cacarear, encarecer, imaginar.

Exaltación arrebato, excitación, efervescencia, animación, fogosidad, emoción, ímpetu, entusiasmo, enardecimiento, exacerbación, inflamación, alteración, irritación || glorificación, enaltecimiento, elogio, alabanza, apoteosis, elevación, encumbramiento, panegírico, honra.

Exaltado excitado, exagerado, fanático, excitable, entusiasta, ardiente, inflamable, irritable, fogoso, provocativo, impetuoso, exacerbado, alterado, apasionado, violento, radical, rabioso.

Exaltar enaltecer, elevar, ensalzar, glorificar, encumbrar, alabar, elogiar, honrar, realzar, encomiar || Exaltarse inflamarse, excitarse, animarse, emocionarse, arrebatarse, enardecerse, acalorarse, desatarse, exasperarse, irritarse.

Examen prueba, ejercicio, oposición, repaso, convocatoria, concurso, selección || investigación, comparación, reconocimiento, exploración, cuidado, vigilancia, ensayo, inspección, escrutinio, análisis, crítica, revisión, averiguación, búsqueda, sondeo, indagación.

Examinador juez, examinante, profesor, catedrático, investigador, crítico, inspector, vigilante, tribunal, jurado, verificador.

Examinando concursante, opositor, alumno, estudiante, postulante, concurrente, participante, convocado.

Examinar investigar, convocar, reconocer, comparar, comprobar, explorar, escrutar, inspeccionar, vigilar, cuidar, buscar, averiguar, revisar, analizar, indagar, seleccionar, verificar, pesar, discutir, aquilatar, sondear, fiscalizar, probar, ensayar, tantear, catar, calar, contemplar, considerar, observar, estudiar, mirar || Examinarse concursar, presentarse,

EXANGÜE

postular, concurrir, participar, someterse, pasar, sufrir.

EXANGÜE debilitado, exánime, flojo, exhausto, agotado, débil, desangrado, anémico, aniquilado, desmadejado, desmayado, desalentado, desfallecido, decaído, extenuado, aplanado, desgastado, muerto.

EXÁNIME desmayado, muerto, inmóvil, tendido, yacente, quieto, extenuado. v. exangüe.

EXANTEMA erupción, enrojecimiento, sarpullido, eritema, rubefacción, irritación.

EXASPERACIÓN excitación, desesperación, enardecimiento, exacerbación, irritación, alteración, fogosidad, efervescencia, arrebato, enojo, ira, delirio, conmoción, fanatismo, trastorno, furia, berrinche, cólera, indignación, rabia, furor, despecho, corajina.

EXASPERANTE v. irritante.

EXASPERAR enardecerse, irritar, desesperar, excitar, alterarse, arrebatar, conmocionar, delirar, enojar, rabiar, indignar, encolerizar, enfurecer, trastornar, encoraginar, despechar, airar, exaltarse.

EXCARCELACIÓN liberación, perdón, indulto, condonación, exoneración, eximición, licenciamiento, manumisión, suelta, favor, gracia.

EXCARCELAR libertar, liberar, indultar, perdonar, soltar, manumitir, licenciar, eximir, exonerar, salvar, condonar, favorecer, agraciar.

EX CÁTHEDRA desde la cátedra, en tono magistral, decisivo.

EXCAVACIÓN perforación, ahondamiento, penetración, horadación, profundización, dragado, escarbado, socavación, cavado, extracción, zapa, vaciado, erosión, exploración, investigación, agujereamiento, avance, progreso, sondeo, descenso || hoyo, agujero, socavón, zanja, cuneta, mina, pozo, foso, hueco, barranco, torrentera, surco, canal, cauce, caverna, cueva, subterráneo, cimientos, concavidad, trinchera.

EXCAVADORA tractor, pala mecánica, perforadora, máquina, draga.

EXCAVAR profundizar, ahondar, perforar, penetrar, escarbar, socavar, cavar, extraer, dragar, sondear, agujerear, erosionar, vaciar, avanzar, progresar, explorar, investigar, descender, minar, ahuecar, encauzar, canalizar, zapar, abrir.

EXCEDENCIA disponibilidad, apartamiento, alejamiento, cese temporal.

EXCEDENTE sobrante, excesivo, superabundante, innecesario, remanente, residuo, resto, supernumerario.

EXCEDER superar, rebasar, sobrepujar, aventajar, ganar, pasar, adelantar, salvar, desbordar, sobrar, abundar, superabundar, holgar || EXCEDERSE extralimitarse, pasarse, propasarse, desmandarse, desbarrar, salirse, abusar, pasar de la raya.

EXCELENCIA grandeza, notabilidad, magnificencia, superioridad, altura, dignidad, magnitud, majestad, poder, soberanía, fama, sublimidad, grandiosidad, importancia, elevación, excelsitud, exquisitez || eminencia, alteza, señoría, excelentísimo, ilustrísimo, honorable, vuecencia.

EXCELENTE excelso, magnífico, extraordinario, perfecto, inestimable, soberano, insuperable, soberbio, precioso, refinado, exquisito, colosal, escogido, inmejorable, sublime, divino, maravilloso, óptimo, primoroso, bueno, ideal || bondadoso, generoso, recto, ecuánime, eximio, magnánimo, liberal, considerado, cariñoso, afectuoso, piadoso, clemente, benigno, justo, cabal.

EXCELENTEMENTE extraordinariamente, excelsamente, magníficamente, v. excelente.

EXCELENTÍSIMO ilustrísimo, eminentísimo, nobilísimo, señoría, excelencia.

EXCELSIOR el más alto, supremo.

EXCELSITUD v. excelencia.

Excelso v. excelente.
Excentricidad extravagancia, rareza, incongruencia, paradoja, manía, ridiculez, locura, trastorno, chaladura, guilladura, singularidad, originalidad, capricho, curiosidad, fantasía, genialidad, humorada, peculiaridad.
Excéntrico raro, extravagante, paradójico, incongruente, ridículo, guillado, chalado, trastornado, loco, maniático, fantástico, curioso, caprichoso, original, singular, peculiar, genial, humorístico, desusado, insólito, grotesco, absurdo, estrambótico, estrafalario || descentrado, desviado, desnivelado, desplazado, corrido.
Excepción privilegio, favor, preferencia, parcialidad, distinción, concesión, ventaja, prerrogativa, indulgencia, otorgamiento, merced, gracia || irregularidad, singularidad, anomalía, rareza, particularidad, anormalidad, originalidad, curiosidad, peculiaridad, capricho, fantasía, extravagancia, paradoja, incongruencia, ridiculez.
Excepcional insólito, desusado, raro, anómalo, sólo, singular, irregular, anormal, particular, extravagante, fantástico, caprichoso, peculiar, curioso, incongruente, paradójico, genial, exclusivo, inaudito, increíble || estupendo, extraordinario, magnífico, soberbio, maravilloso, asombroso, portentoso, milagroso, pasmoso, fenomenal.
Excepto salvo, menos, aparte, solamente, sólo, a excepción de, fuera de, amén de.
Exceptuación v. excepción.
Exceptuar v. excluir.
Excerpta colección, compilación, extracto, selección, florilegio, recopilación, antología.
Excesivamente exageradamente, enormemente, formidablemente, v. excesivo.
Excesivo exagerado, enorme, formidable, sobrado, desatinado, descomedido, desmesurado, fabuloso, exorbitante, demasiado, grande, extremado, fenomenal, titánico, colosal, descomunal, fiero, monstruoso, disparatado, sobrado, inmoderado, abusivo, caro, harto, excedente, superabundante, garrafal.
Exceso superabundancia, demasía, exuberancia, plétora, abundancia, exageración, sobra, colmo, superávit, residuo, sobrante, profusión, cantidad, opulencia, acopio || abuso, violencia, delito, crimen, libertinaje, vicio, intemperancia, desorden, desarreglo.
Excipiente mezcla, cuerpo, substancia inerte, substancia anodina.
Excitabilidad v. excitación.
Excitable irritable, nervioso, inquieto, febril, fogoso, impulsivo, apasionado, violento, arrebatado, acalorado, ardoroso, emotivo.
Excitación agitación, pasión, inquietud, fiebre, inflamación, provocación, fanatismo, locura, acceso, ardor, ansia, enajenamiento, emoción, exasperación, exacerbación, alteración, fogosidad, irritación, violencia, borrachera, frenesí, arrebato, animación, entusiasmo, efervescencia, encendimiento, exaltación.
Excitado entusiasmado, encendido, agitado, estimulado, exasperado, v. excitar.
Excitante apasionante, interesante, conmovedor, intrigante.
Excitar entusiasmar, encender, agitar, estimular, exasperar, irritar, provocar, molestar, soliviantar, exacerbar, hurgar, pinchar, instigar, enardecer, inquietar, animar, atraer, seducir, incitar, mover, activar, avivar, atizar, impulsar, exaltar, emocionar, enloquecer, arrebatar, enajenar, electrizar.
Exclamación grito, voz, interjección, imprecación, apóstrofe, voto, juramento, chillido, alarido, clamor, queja, lamento, insulto, vítor, aclamación, ovación, viva, alabanza.

Exclamar, vocear, gritar, imprecar, apostrofar, jurar, chillar, clamorear, quejarse, lamentarse, insultar, clamar, lanzar, proferir, emitir, protestar, prorrumpir, aclamar, vitorear, ovacionar, alabar.

Excluir rechazar, echar, descartar, negar, apartar, separar, eliminar, relegar, arrinconar, posponer, desechar, desheredar, reservar, desterrar, dejar, quitar, repudiar, preterir, omitir, exceptuar, eliminar, prescindir, abandonar, desairar.

Exclusión expulsión, eliminación, destierro, silencio, substracción, preterición, supresión, descarte, omisión, salvedad, separación, excomunión, destitución, exención, excepción, apartamiento, arrinconamiento, rechazo, alejamiento, desaire.

Exclusiva privilegio, concesión, preferencia, monopolio, franquicia, patente, autorización, exclusión, distinción, ventaja, permiso, prerrogativa, gracia.

Exclusivamente únicamente, solamente, meramente, justamente, solo, tan sólo.

Exclusive exclusivamente, aparte, sin contar, fuera de.

Exclusividad v. exclusiva.

Exclusivismo sectarismo, partidismo, fanatismo, prejuicio, pertinacia, personalismo, obstinación, irreductibilidad, favoritismo.

Exclusivo privilegiado, preferente, propio, peculiar, característico, distintivo, especial, personal, típico, representativo.

Excogitar reflexionar, meditar, pensar, elucubrar, encontrar, hallar.

Excomulgado rechazado, anatematizado, castigado, repudiado, apartado, estigmatizado, execrado, condenado, censurado, reprobado, maldito.

Excomulgar repudiar, anatematizar, estigmatizar, castigar, rechazar, censurar, condenar, execrar, apartar, maldecir, reprobar, fulminar, privar.

Excomunión anatema, estigma, repudio, rechazo, castigo, reprobación, maldición, execración, apartamiento, condena, censura, fulminación, privación.

Excoriación erosión, rozadura, rasponazo, escocedura, marca, arañazo, señal, herida, irritación.

Excoriar raspar, rozar, gastar, arrancar, irritar, herir, arañar, marcar, erosionar, escocer.

Excrecencia verruga, carnosidad, bulto, carúndula, tumor, abultamiento, lobanillo, mamelón.

Excreción eliminación, secreción, expulsión, emisión, lanzamiento, evacuación, deposición, deyección, heces, v. excremento.

Excrementar v. excretar.

Excrementicio fecal, residual.

Excremento deyección, defecación, deposición, excreción, evacuación, eliminación, emisión, expulsión, detrito, inmundicia, suciedad, heces, excreta, porquería, mierda, caca, cagada, zurullo, freza, boñiga, estiércol, guano, fiemo, humus, hienda, residuos.

Excretar eliminar, segregar, emitir, expulsar, lanzar, echar, arrojar, excrementar, expeler, evacuar, deponer, defecar, deyectar, soltar, cagar, obrar.

Exculpación descargo, apología, disculpa, defensa, exención, vindicación, salvedad, evasiva, coartada, pretexto, paliación, justificación, excusa.

Exculpar disculpar, defender, eximir, dispensar, descargar, paliar, salvar, reivindicar, justificar, atenuar, expiar, excusar.

Excursión caminata, paseo, salida, viaje, ejercicio, diversión, recreo, jira, ronda, esparcimiento, marcha, jornada, correría || invasión, incursión.

Excursionista caminante, deportista, paseante, viajero, montañero.

Excusa pretexto, disculpa, motivo, descargo, excepción, escapatoria, razón, subterfugio, evasiva, alegato, justificación, defensa, coartada, apología, salvedad, prueba, testimonio, salvación, dispensación.

Excusable disculpable, razonable, lógico, justificable, defendible, comprensible.

Excusado reservado, servicios, lavabos, baño, retrete, urinario, mingitorio, común, letrina, evacuatorio, water-closet || privilegiado, exento, inútil, superfluo.

Excusar disculpar, pretextar, razonar, alegar, evadir, justificar, testimoniar, probar, defender, dispensar, salvar, responder, descargar, eximir || excusarse, eludir, rehuir, esquivar, evitar, negarse.

Execrable abominable, maldito, detestable, aborrecible, reprobable, odioso, condenable, repugnante, atroz, incalificable, infame, despreciable.

Execración aborrecimiento, abominación, reprobación, repugnancia, horror, condenación, maldición, infamia || juramento, blasfemia, voto, taco, anatema, imprecación.

Execrar condenar, maldecir, anatematizar, aborrecer, detestar, odiar, abominar, reprobar, repugnar, horrorizar, vituperar, criticar.

Exégesis explicación, interpretación, comentario, análisis, glosa, exposición, aclaración, revelación, elucidación.

Exegeta comentarista, intérprete, revelador, glosador, expositor, exégeta.

Exención dispensa, privilegio, prerrogativa, indemnidad, ventaja, franquicia, gracia, merced, facultad, inmunidad, descargo, liberación, exculpación, perdón, revelación, exclusión, redención.

Exento libre, desembarazado, inmune, indemne, privilegiado, agraciado, favorecido, exceptuado, liberado, exculpado, perdonado, relevado, excluido, redimido, descargado, ajeno.

Exequátur autorización, permiso, concesión, venia.

Exequias funerales, velorio, honras, homenaje, réquiem, ofrenda, ofrecimiento.

Exfoliación descamación, pérdida, caída, roce, desgaste.

Exfoliar descamar, desgastarse, caer, perder, rozarse.

Exhalación rayo, centella, veloz, rápido, raudo, vertiginoso || tufo, vapor, emanación, vaho, olor, aroma, perfume || meteorito, estrella fugaz, meteoro.

Exhalar emanar, despedir, desprender, lanzar, emitir, producir, humear, vaporizar, expulsar.

Exhaustivo completo, profundo, total, íntegro, perfecto, absoluto, rematado.

Exhausto extenuado, agotado, cansado, postrado, fatigado, debilitado, consumido, acabado, consumado, desprovisto, falto, carente.

Exhibición presentación, ostentación, manifestación, publicación, exteriorización, descubrimiento, revelación || exposición, muestra, feria, certamen, concurso, demostración, competencia, competición, prueba.

Exhibir exponer, mostrar, ostentar, enseñar, desplegar, revelar, exteriorizar.

Exhortación advertencia, aviso, ruego, sugerencia, invitación, petición, súplica, observación, consejo, indicación, insinuación, admonición, amonestación, sermón, plática || incitación, ánimo, instigación, estímulo, acicate.

Exhortar inducir, estimular, animar, incitar, impulsar, convencer, persuadir, suplicar, rogar, sugerir, invitar, pedir, aconsejar, indicar, insinuar, avisar, advertir, sermonear, amonestar.

Exhuberancia * v. exuberancia.

Exhumar desenterrar, extraer, sacar, descubrir || recuperar, desempolvar, resucitar, revivir, evocar, recordar, rememorar.

Exigencia demanda, pretensión, petición, reclamación, requerimiento, pedido, interpelación, reivindicación, exacción, coacción, orden, mandato, conminación, capricho, derecho, necesidad, menester, obligación, precisión.

Exigente riguroso, severo, recto, rígido, minucioso, quisquilloso, inflexible, inexorable, estricto, exacto, intolerante, insistente, pedigüeño, demandante, reclamante, requeridor.

Exigir pretender, reclamar, pedir, demandar, requerir, reivindicar, interpelar, conminar, mandar, ordenar, coaccionar, compeler, invitar, exhortar, obligar, sostener, necesitar, clamar, solicitar.

Exigüidad insuficiencia, escasez, parvedad, pequeñez, mezquindad, ruindad, falta, penuria, disminución, pobreza, insignificancia, ridiculez, cortedad, carencia.

Exiguo escaso, reducido, insuficiente, carente, falto, raro, parvo, minúsculo, diminuto, menguado, irrisorio, insignificante, limitado, tasado, disminuido, pobre, corto, mínimo, pequeño.

Exilado * v. exiliado.

Exilar * v. exiliar.

Exiliado alejado, expatriado, apartado, desterrado, extrañado, aislado, desarraigado, proscrito, confinado, expulsado, emigrante, retirado.

Exiliar desterrar, desarraigar, confinar, expulsar, proscribir, extrañar, apartar, echar || Exiliarse expatriarse, confinarse, emigrar, retirarse, aislarse, apartarse, alejarse, abandonar.

Exilio desarraigo, destierro, expulsión, confinamiento, proscripción, apartamiento, extrañamiento, expatriación, abandono, alejamiento, apartamiento, aislamiento, retiro, emigración.

Eximente atenuante, favorable, salvador, protector, preservador, paliativo.

Eximición v. exención.

Eximio excelente, notable, magnífico, ducho, diestro, hábil, grande, excelso, extraordinario, perfecto, inmejorable, escogido, soberbio.

Eximir aliviar, librar, exceptuar, excluir, redimir, indultar, relevar, excusar, favorecer, agraciar, perdonar, desligar.

Existencia vida, supervivencia, paso, duración, lapso, energía, subsistencia, conducta, actuación, comportamiento, proceder, manera, modo, realidad, coexistencia, esencia, estado, acción, substrato, presencia, substantividad, veras, verdad, realidad || Existencias almacenamiento, depósito, cantidad, acopio, provisión, abastecimiento, suministro, surtido, víveres, vituallas, colección, muestrario, repertorio.

Existencialismo realismo, positivismo, doctrina.

Existente real, actual, positivo, cierto, verdadero, presente, coexistente, reciente, moderno, efectivo, auténtico, innegable, evidente.

Existimar considerar, enjuiciar, juzgar, opinar.

Existir ser, vivir, subsistir, coexistir, hallarse, estar, prevalecer, permanecer, concurrir, florecer, acaecer, obrar, actuar, quedarse, vegetar, medrar, haber, durar, conservarse, mantenerse, pasar.

Éxito conquista, victoria, celebridad, honra, renombre, crédito, reputación, auge, boga, notoriedad, aureola, aplauso, prestigio, brillo, triunfo, gloria, honor, fama, logro, alcance, adquisición, consecución, ganancia, satisfacción, palma, laurel, trofeo, corona, superioridad, premio, dominio, botín, ventaja, superación, resultado, fin, conclusión, terminación.

Exitoso * triunfante, victorioso, famoso, célebre.

Ex libris de los libros || marca,

señal, cédula, sello, etiqueta, grabado.

Éxodo emigración, huida, marcha, salida, peregrinación, traslado, alejamiento, partida, desplazamiento, cambio, expatriación, ausencia, abandono.

Exoneración destitución, degradación, despido, cesantía, relevo, dispensa, franquicia, exención. privación || descargo, alivio, dispensa, franquicia, exención.

Exonerar despedir, degradar, destituir, relevar, licenciar, expulsar, suspender, privar, echar || aliviar, descargar, librar, dispensar, eximir.

Exorbitante excesivo, exagerado, abusivo, desatinado, enorme, descomunal, caro, harto, inmoderado, sobrado, extremado, fabuloso, demasiado, desmesurado, descomedido, disparatado, monstruoso.

Exorcismo sortilegio, conjuro, invocación, encantamiento, hechizo, magia, embrujo.

Exorcizar conjurar, invocar, expulsar, echar, alejar al demonio.

Exordio introducción, preámbulo, prólogo, principio, prolegómenos, prefacio, proemio, advertencia, nota, encabezamiento.

Exornar adornar, engalanar, embellecer, hermosear, acicalar, empavesar, embanderar, arreglar, decorar, ornar, ornamentar.

Exotérico asequible, comprensible, fácil, común, corriente, vulgar.

Exótico chocante, extraño, extravagante, desusado, raro, original, singular, irregular, insólito, curioso, peregrino || extranjero, forastero, foráneo, lejano.

Expandir dilatar, extender, crecer, ensanchar, difundir, hinchar, abultar, agrandar, distender, aumentar, dispersar, propagar.

Expansión ensanchamiento, extensión, agrandamiento, aumento, florecimiento, difusión, dispersión, propagación, dilatación, hinchazón, crecimiento, desarrollo || diversión, distracción, solaz, esparcimiento, recreo, juego || desahogo, confidencia, secreto, revelación, manifestación.

Expansionarse desahogarse, revelar, confiar || distraerse, divertirse, solazarse, recrearse.

Expansivo comunicativo, tratable, sociable, expresivo, efusivo, vehemente, franco, afable, cariñoso, extravertido, parlanchín, conversador, sincero, apasionado, humano, explícito, afectuoso.

Expatriación v. exilio.

Expatriado exiliado, alejado, apartado, aislado, emigrante, desterrado, deportado, expulsado, retirado, confinado, proscrito, desarraigado.

Expatriar v. exiliar.

Expectación v. expectativa.

Expectante atento, curioso, vigilante, interesado, alerta, absorto, avizor, observador.

Expectativa esperanza, ilusión, confianza, expectación, perspectiva, posibilidad, interés, curiosidad, atención, cuidado, observación, vigilancia.

Expectoración esputo, flema, salivazo, gargajo, escupido, carraspeo, tos, expulsión, desflemamiento, escupimiento.

Expectorante suavizante, calmante, mitigante.

Expectorar escupir, salivar, desflemar, esgarrar, carraspear, toser, gargajear, expulsar, echar, lanzar.

Expedición excursión, partida, caravana, cuadrilla, grupo, equipo, empresa, tropa, viaje, exploración, marcha, correría, incursión, invasión || remesa, envío, transporte, encargo, pedido, facturación, exportación, paquete, bulto || desembarazo, prontitud, facilidad, presteza, diligencia, rapidez.

Expedicionario viajero, explorador, excursionista, deportista || punitivo, conquistador, militar, invasor.

Expedidor remitente, despachante,

exportador, comisionista, facturador.
Expedientar enjuiciar, castigar, criticar.
Expediente sumario, legajo, documento, registro, escrito, protocolo, archivo, nota, cédula, minuta, extracto, auto, pliego, instrumento, documentación || negocio, caso, asunto, papeleo, despacho, curso || pretexto, recurso, motivo, subterfugio, medio, salida, ocasión, excusa, evasiva, disculpa, desembarazo.
Expedienteo papeleo, burocracia, tramitación, demora, tardanza, complicación.
Expedir despachar, enviar, remitir, facturar, remesar, exportar, dirigir, mandar, consignar || cursar, extender, otorgar, tramitar, diligenciar, emitir, instruir.
Expeditivo activo, dinámico, diligente, eficaz, enérgico, rápido, pronto, vivaz, resuelto, tajante, directo, diestro, habilidoso.
Expedito libre, despejado, desembarazado, desobstruido, espacioso, amplio, holgado, desahogado, descubierto, desatascado, retirado, quitado.
Expeler v. expulsar.
Expendedor v. vendedor.
Expendeduría estanco, quiosco, puesto, v. tienda.
Expender despachar, vender, revender, comerciar, distribuir, servir, detallar.
Expendio v. dispendio.
Expensas (A) a cargo, a cuenta, a costa || gastos, dispendio, costas.
Experiencia conocimiento, pericia, erudición, práctica, costumbre, habilidad, uso, rutina, destreza, ejercicio, hábito, maña, modo, usanza, estilo, lección, escarmiento, desengaño, fogueo || ensayo, prueba, intento, observación, tentativa, experimentación, comprobación, tanteo, v. experimento.
Experimentación v. experimento.
Experimentado ducho, versado, acostumbrado, práctico, perito, habituado, ejercitado, experto, diestro, hábil, mañoso, fogueado, baqueteado, corrido, escaldado, desengañado, escarmentado.
Experimental empírico, práctico, positivo, real, efectivo, familiar.
Experimentar sufrir, padecer, soportar, advertir, notar, apreciar, observar, percatarse, desengañarse, escarmentar, foguearse || probar, ensayar, intentar, observar, examinar, estudiar, comprobar, tantear, sondear, reconocer.
Experimento ensayo, prueba, experimentación, experiencia, comprobación, tanteo, tentativa, observación, intento, examen, estudio, sondeo, reconocimiento.
Expertamente hábilmente, diestramente, prácticamente, idóneamente, v. experto.
Experto hábil, diestro, práctico, idóneo, baqueteado, granado, técnico, perito, corrido, mañoso, ejercitado, competente, habilidoso, industrioso, ducho, fogueado, apto, capaz, entendido, versado.
Expiación pena, sacrificio, reparación, arrepentimiento, padecimiento, sufrimiento, enmienda, compensación, castigo, purga, satisfacción, cumplimiento, pago.
Expiar purgar, reparar, penar, pagar, compensar, satisfacer, purificarse, lavar, borrar, cumplir, enmendar, padecer, sacrificarse.
Expiatorio reparador, compensador, purificador, expiativo.
Expiración muerte, fallecimiento, fenecimiento, defunción, óbito, fin, tránsito, trance, partida, acabamiento, final.
Expirar morir, sucumbir, fenecer, fallecer, perecer, acabar, finar, caer, espichar, palmar, partir, agonizar, diñarla, perder la vida, dejar de existir || finalizar, concluir, terminar, finiquitar, cesar, acabarse.
Explanación nivelación, alisamiento, allanamiento, desmonte || v. explicación.

Explanada llano, llanura, extensión, descampado, planicie, plaza, patio, terraza, solar, espacio, plano, superficie, explanación.
Explanadora allanadora, tractor, niveladora, aplanadora.
Explanar allanar, desmontar, emparejar, igualar, nivelar, terraplenar, alisar, aplanar.
Explayar ensanchar, extender, dilatar, ampliar || Explayarse extenderse, detenerse, profundizar, alargar, confiarse, desahogarse, franquearse, expansionarse || recrearse, divertirse, esparcirse, solazarse, entretenerse, gozar.
Explicable razonable, comprensible, lógico, concebible, inteligible, evidente, obvio, palmario, disculpable, manifiesto, patente.
Explicablemente razonablemente, comprensivamente, v. explicable.
Explicación aclaración, elucidación, descripción, interpretación, dilucidación, cuenta, definición, disquisición, demostración, declaración, ilustración, solución, ejemplificación, expresión, exposición, exégesis, especificación, esclarecimiento, conclusión, razonamiento, deducción, ilación, inferencia, secuela, comentario, crítica, advertencia, nota, llamada leyenda, apostilla, preámbulo, glosa, prólogo.
Explicar describir, elucidar, aclarar, interpretar, demostrar, definir, contar, dilucidar, ejemplificar, solucionar, ilustrar, declarar, esclarecer, especificar, exponer, expresar, glosar, apostillar, anotar, advertir, criticar, comentar, descifrar, revelar, manifestar, afirmar, hablar, decir, relatar, narrar || Explicarse entender, comprender, concebir, inferir, deducir, razonar, concluir, penetrar, discernir, caer, percatarse, advertir.
Explicativo aclaratorio, especificativo, definidor.
Explícitamente expresamente, claramente, manifiestamente, intencionadamente, ex profeso, abiertamente, rotundamente, directamente, sinceramente, francamente, v. explícito.
Explícito claro, manifiesto, rotundo, directo, abierto, intencionado, franco, sincero, llano, sencillo, leal, palmario, positivo, meridiano, terminante, tajante, incontestable, evidente.
Exploración reconocimiento, inspección, expedición, marcha, viaje, batida, búsqueda, incursión, descubierta, rastreo, indagación, investigación, examen.
Explorador expedicionario, excursionista, viajero, batidor, reconocedor, avanzadilla, rastreador, guía, descubridor, *pionero*, precursor, colono, buscador, investigador, estudioso, especialista, arqueólogo, aventurero.
Explorar rastrear, inspeccionar, marchar, viajar, recorrer, atravesar, descubrir, buscar, batir, internarse, aventurarse, bucear, estudiar, examinar, investigar, averiguar, indagar, reconocer, auscultar.
Explosión estallido, reventón, descarga, detonación, trueno, estrépito, estampido, zambombazo, estruendo, crepitación, deflagración, voladura, rotura, disparo || arrebato, manifestación, expansión, acceso, ímpetu, vehemencia, impulso, arranque, pronto.
Explosivo fulminante, detonante, espoleta, carga, cebo, mixto, barreno, petardo, cartucho, bomba, pólvora, dinamita, nitroglicerina, trinitrotolueno || sensacional, peligroso, comprometido, delicado, impresionante, inaudito, increíble, insólito, asombroso, fantástico.
Explotación aprovechamiento, utilización, fructificación, empleo, usufructo, disfrute, *comercialización*, desarrollo, producción, beneficio, empleo, aplicación, dedicación, obtención, logro, rendimiento || abuso, fraude, estafa, engaño, lucro, agio, robo, injusticia, tropelía, rapacería, chantaje, expoliación || empresa,

EXPLOTADOR

industria, factoría, firma, instalación, sociedad, fábrica, cultivo, plantación, hacienda, granja.

Explotador abusador, estafador, ladrón, expoliador, chantajista, negrero, sanguijuela, usurero, tramposo, embaucador.

Explotar aprovechar, utilizar, emplear, disfrutar, comercializar, beneficiarse, producir, desarrollar, rendir, lograr, obtener, aplicar, dedicar, emplear || engañar, estafar, defraudar, embaucar, timar, trampear, abusar, lucrarse, robar, chantajear, expoliar || Explotar * estallar, volar, detonar, saltar, reventar, descargar, deflagrar.

Expoliación robo, substracción, estafa, fraude, explotación, tropelía, chantaje, rapacería, usurpación, injusticia, abuso, engaño, trampa, timo, defraudación, incautación.

Expoliador v. ladrón.

Expoliar estafar, substraer, robar, explotar, quitar, abusar, atropellar, chantajear, engañar, defraudar, timar, usurpar, birlar, forzar.

Exponente guarismo, número, factor, base, potencia || muestras, índice, ejemplo, prototipo.

Exponer v. explicar || arriesgar, aventurar, comprometer, atreverse, decidirse, emprender, determinarse, osar, resolverse, lanzarse || exhibir, ostentar, mostrar, enseñar, desplegar, revelar, exteriorizar.

Exportación remesa, envío, expedición, venta, transacción, intercambio, negocio, transporte, carga, facturación, pedido.

Exportador comerciante, traficante, vendedor, industrial, negociante, remitente.

Exportar expedir, enviar, mandar, remitir, vender, transportar, llevar, intercambiar, cargar, facturar, comerciar, traficar, negociar.

Exposición muestra, certamen, feria, exhibición, manifestación, salón, museo v., presentación, ostentación || v. explicación.

Expósito inclusero, desamparado, abandonado, huérfano, hospiciano, pobre, echadizo, cunero.

Expositor concurrente, participante, feriante, presentador, exhibidor, industrial, comerciante.

Exprés * expreso, rápido, tren directo.

Expresado mencionado, indicado, antedicho, susodicho, referido, señalado.

Expresamente manifiestamente, explícitamente, claramente, formalmente || especialmente, adrede, ex profeso, intencionadamente, a propósito.

Expresar afirmar, manifestar, declarar, confirmar, reiterar, testificar, asentir, atestiguar, aseverar, garantizar, mantener, sostener, testimoniar, certificar, proclamar, alegar, ratificar, reiterar, tratar, nombrar, citar, opinar, aclarar, definir, representar, pronunciar, insinuar, proferir, comunicar, enunciar, formular, observar, señalar, precisar, emitir, significar, decir, indicar, exponer, sugerir, enumerar || escribir, redactar, anotar.

Expresión enunciado, palabra, vocablo, término, voz, dicción, locución, verbo, dicho || declaración, manifestación, insinuación, afirmación, testimonio, alegato, exposición || gesto, actitud, aspecto, semblante, cara, rostro, catadura, aire, apariencia, mueca, ademán, mímica, visaje, mohín.

Expresivamente efusivamente, explícitamente, vehementemente, v. expresivo.

Expresividad * vehemencia, pasión, animación, franqueza, v. expresivo.

Expresivo efusivo, explícito, vehemente, afectuoso, comunicativo, apasionado, cariñoso, parlero, animado, franco, extravertido, insinuante, significativo, sugeridor, conversador, parlanchín ||

revelador, significativo, característico, representativo, típico.
Expreso deliberado, intencionado, preconcebido, premeditado, a sabiendas, adrede, ex profeso || rápido, directo.
Exprimir extraer, estrujar, retorcer, apretar, prensar, comprimir, presionar, agotar, esquilmar, empobrecer.
Ex profeso de propósito, intencionadamente, deliberadamente.
Expropiación desposeimiento, embargo v.
Expropiar desposeer, privar, confiscar, requisar, incautarse, decomisar, embargar, quitar, expoliar, apropiarse, retener, recoger, indemnizar.
Expuesto peligroso, aventurado, incierto, arriesgado, azaroso, comprometido, apurado, inseguro || exhibido, mostrado, desplegado, revelado, enseñado.
Expugnable frágil, indefenso, desprotegido, desguarnecido, debilitado.
Expugnar asaltar, tomar, invadir, conquistar, apoderarse, arremeter, entrar.
Expulsado arrojado, eliminado, desalojado, desterrado, v. expulsar.
Expulsar arrojar, desterrar, desalojar, echar, deportar, excluir, separar, apartar, retirar, barrer, repeler, proscribir, arrinconar, ahuyentar, perseguir, rechazar, despedir, lanzar, espantar, deponer, destituir, expeler, excretar, eliminar.
Expulsión separación, destitución, rechazo, desalojo, destierro, lanzamiento, exoneración, despido, degradación, cesantía, relevo, eliminación, liquidación, suspensión, licenciamiento, exclusión, destronamiento, derrocamiento.
Expulsor lanzador, separador, eliminador.
Expurgación purificación, limpieza, censura, enmienda, corrección, rectificación, supresión, eliminación, recorte, omisión, anulación, revisión, retoque, modificación, poda.
Expurgar purificar, corregir, enmendar, censurar, limpiar, eliminar, suprimir, rectificar, modificar, retocar, revisar, anular, omitir, recortar, podar, adecentar.
Exquisitez atención, finura, miramiento, modales, suavidad, excelencia, primor, pulcritud, lindeza, cuidado, esmero || golosina, delicadeza, manjar, delicia, gollería.
Exquisito delicioso, sabroso, grato, placentero, satisfactorio, dulce, rico, apetitoso, gustoso, suculento || atento, fino, delicado, esmerado, suave, primoroso, cortés, excelente.
Extasiado embelesado, hechizado, arrobado, v. extasiarse.
Extasiarse embelesarse, hechizarse, arrobarse, abstraerse, maravillarse, suspenderse, embobarse, encantarse, arrebatarse, admirarse, asombrarse, pasmarse, absorberse, enajenarse, embriagarse.
Éxtasis arrobo, hechizo, embeleso, abstracción, arrebato, encantamiento, embobamiento, suspenso, maravilla, enajenación, pasmo, admiración, asombro, embriaguez, transporte, rapto, ensimismamiento, hipnosis.
Extático extasiado v.
Extemporáneo impropio, inoportuno, inconveniente, inadecuado, intempestivo, inopinado, anticipado, imprevisto, improcedente, inesperado.
Extender desenvolver, estirar, desplegar, desdoblar, desenrollar, desarrollar || expandir, dispersar, ensanchar, distender, dilatar, separar, desparramar, sembrar, irradiar, difundir, propagar, aumentar, incrementar, diseminar, divulgar, vulgarizar || Extenderse explayarse, detenerse, profundizar, recrearse, alargar, desahogarse.
Extendido dilatado, amplio, exten-

so, holgado, desarrollado, anchuroso, vasto, profundo, abundante, cuantioso, espacioso, grande || tendido, tumbado, yacente, tirado, desparramado, desplegado.

EXTENSAMENTE ampliamente, dilatadamente, holgadamente, v. extendido.

EXTENSIBLE ampliable, agrandable, ensanchable, desplegable, desarmable.

EXTENSIÓN vastedad, amplitud, inmensidad, espaciosidad, anchura, dilatación || propagación, difusión, ramificación, desarrollo, incremento, dilatación, ensanchamiento.

EXTENSO amplio, vasto, espacioso, inmenso, ancho, dilatado, desarrollado, grande, cuantioso, profundo, abundante, anchuroso, holgado, prolongado, libre, desahogado, desembarazado, dilatado, capaz, ilimitado.

EXTENUACIÓN agotamiento, debilitamiento, consunción, cansancio, fatiga, postración, debilidad, desgana, impotencia, depauperación, enflaquecimiento, adelgazamiento, flacura, acabamiento.

EXTENUADO consumido, agotado, cansado, debilitado, impotente, desganado, postrado, fatigado, flaco, adelgazado, enflaquecido, depauperación, acabado, enervado.

EXTENUANTE v. fatigante.

EXTENUAR cansar, fatigar, consumir, agotar, debilitar, enervar, adelgazar, enflaquecer, postrar, desganar, acabarse, depauperar, agobiar, secarse.

EXTERIOR superficial, externo, delantero, frontal, anterior, visible, aparente, somero, manifiesto, saliente, conspicuo || extranjero, foráneo, extraño || apariencia, figura, aspecto, fachada, portada, frente, cara, delantera.

EXTERIORIZAR manifestar, revelar, demostrar, evidenciar, testimoniar, descubrir.

EXTERIORMENTE externamente, superficialmente, extrínsecamente, frontalmente, anteriormente, someramente, aparentemente, por fuera.

EXTERMINACIÓN v. exterminio.

EXTERMINADOR aniquilador, destructor, mortal, mortífero, deletéreo, vengativo, demoledor, asolador, destructivo, devastador, catastrófico.

EXTERMINAR destruir, aniquilar, liquidar, matar, eliminar, suprimir, extinguir, borrar, extirpar, ahogar, asolar, acabar, demoler.

EXTERMINIO eliminación, liquidación, matanza, carnicería, destrucción, supresión, extinción, extirpación, aniquilación, asolamiento, demolición, escabechina.

EXTERNAMENTE v. exteriormente.

EXTERNO v. exterior.

EXTINCIÓN desaparición, obscurecimiento, decadencia, eclipse, ocaso, consunción, pérdida, conclusión, muerte, acabamiento, cese, final, prescripción, declive, caída, postrimería, debilitamiento.

EXTINGUIR apagar, sofocar, ahogar, liquidar, terminar, concluir, obscurecer, suprimir, extirpar, destruir, finalizar || EXTINGUIRSE agotarse, decaer, languidecer, apagarse, desaparecer, esfumarse, fenecer, morir, acabarse.

EXTINTO finado, difunto, occiso, víctima, interfecto, fallecido, cadáver, muerto, inanimado, exánime.

EXTINTOR matafuego, artefacto, recipiente, depósito, aparato contra incendios.

EXTIRPACIÓN desarraigo, extracción, arrancamiento, separación, descuaje, erradicación, ablación, eliminación, supresión, anulación, exterminio, destrucción, extinción, cercenamiento, sección, amputación, corte.

EXTIRPAR arrancar, separar, desarraigar, extraer, descuajar, erradicar, cortar, amputar, cercenar, seccionar, destruir, extinguir, anular, suprimir, eliminar.

EXTORSIÓN usurpación, despojo, desposeimiento, expoliación, confiscación, abuso, robo, expropiación, pillaje, saqueo, desvalijamiento || perjuicio, daño, molestia, pérdida, privación, estrago, estropicio, malogro, percance, venganza, inconveniente.

Extorsionar molestar, dañar, perjudicar, privar, malograr, usurpar, despojar, robar.

Extra inmejorable, óptimo, extraordinario, superior, excelente, soberbio, espléndido, maravilloso || complemento, suplemento, sobresueldo, aditamento, subsidio, incremento, suma, añadido, agregado, sobra, plus, gaje || comparsa, figurante, partiquino.

Extracción arrancamiento, extirpación, separación, remoción, desarraigo, erradicación, ablación, eliminación, privación, descuaje, substracción, supresión, cercenamiento || ascendencia, cuna, origen, procedencia, linaje, prosapia, raza, tronco, familia, sangre, nacimiento, alcurnia, raíz.

Extractar compendiar, abreviar, reducir, resumir, acortar, disminuir, simplificar, esquematizar, achicar, cortar, podar, sintetizar.

Extracto abreviación, compendio, resumen, acortamiento, esquema, simplificación, sinopsis, reducción, sumario, recopilación, digesto || condensación, concentración, perfume, esencia, aroma, fragancia, bálsamo, infusión, jugo, zumo, néctar.

Extractor ventilador, artefacto, aparato.

Extradición entrega, envío, cesión, reclamación, castigo.

Extraer quitar, sacar, vaciar, apartar, abrir, descubrir, desenterrar, subir, desaguar, exprimir, arrancar, despojar, privar.

Extralimitación exceso, abuso, desorden, desarreglo, exageración, atropello, injusticia, arbitrariedad, trastorno, irregularidad, desorganización, desbarajuste.

Extralimitarse abusar, exceder, propasarse, desorganizarse, exagerar, menoscabarse, perjudicarse.

Extramuros alrededores, afueras, inmediaciones, contornos, cercanías, periferia, extrarradio, arrabal, aledaños, barrio, suburbio.

Extranjerismo incorrección, barbarismo, afectación.

Extranjerizarse * afectarse, engringarse, amanerarse, renegar, repudiar.

Extranjero forastero, foráneo, advenedizo, intruso, extraño, naturalizado, nuevo, gringo, bárbaro, ajeno, exótico, alienígeno.

Extranjis (De) subrepticiamente, de tapadillo, ocultamente, a escondidas, furtivamente, tortuosamente, ilícitamente.

Extrañamiento apartamiento, alejamiento, expulsión, destierro, ostracismo, confinamiento.

Extrañar desterrar, alejar, apartar, confinar, relegar, expulsar, arrinconar || echar en falta, echar de menos, añorar, rememorar, evocar || Extrañarse admirarse, asombrarse, maravillarse, aturdirse, pasmarse, desconcertarse, sorprenderse, confundirse, dudar, preocuparse, chocar, vacilar.

Extrañeza asombro, duda, admiración, maravilla, pasmo, desconcierto, sorpresa, vacilación, preocupación, confusión || rareza, irregularidad, peculiaridad, anomalía, singularidad.

Extraño chocante, raro, insólito, singular, original, desusado, infrecuente, inexplicable, inconcebible, inverosímil, exótico, sorprendente, anormal, absurdo, ridículo, extravagante, irreconocible, cambiado, renovado, transformado, peregrino, especial, excepcional, irregular, maravilloso || extranjero, desconocido, forastero, foráneo, advenedizo, intruso, nuevo, ajeno, alienígeno, anónimo, incógnito.

Extraoficial oficioso, particular, privado, no oficial.

Extraoficialmente oficiosamente,

Extraordinariamente particularmente, privadamente.
Extraordinariamente asombrosamente, excepcionalmene, maravillosamente, v. extraordinario.
Extraordinario asombroso, excepcional, maravilloso, insólito, fantástico, caprichoso, magnífico, soberbio, portentoso, milagroso, pasmoso, fenomenal, peculiar, curioso, incongruente, anormal, irregular.
Extrarradio alrededores, afueras, inmediaciones, contornos, cercanías, periferia, extramuros, aledaños, arrabal, barrio, suburbio.
Extraterrestre * cósmico, astral, sideral, planetario, galáctico, espacial, celeste.
Extraterritorialidad privilegio, concesión, derecho, ventaja, prerrogativa, preeminencia, exención.
Extravagancia rareza, incongruencia, manía, trastorno, locura, chaladura, guilladura, ridiculez, paradoja, fantasía, capricho, curiosidad, extrañeza, originalidad, singularidad, peculiaridad, humorada, genialidad, ridiculez, ridículo.
Extravagante original, caprichoso, raro, genial, humorístico, peculiar, singular, curioso, fantástico, paradójico, ridículo, incongruente, guillado, chalado, loco, trastornado, extraordinario, extraño, estrafalario, estrambótico, excéntrico, grotesco.
Extravasarse salirse, rezumar, derramar, perder, verterse.
Extravertido v. sociable.
Extraviado desordenado, relajado, descarriado, pervertido, corrompido, depravado, malogrado, frustrado || perdido, errado, desviado, apartado, descaminado, desconcertado, despistado, desorientado, dejado, descuidado, traspapelado, confundido, olvidado, abandonado.
Extraviar perder, descuidar, olvidar, dejar, abandonar, traspapelar, confundir || Extraviarse perderse, descaminarse, apartarse, errar, desviarse, despistarse, desconcertarse, confundirse, desorientarse || corromperse, relajarse, descarriarse, depravarse, malograrse, frustrarse.
Extravío descarrío, corrupción, error, depravación, relajación, perdición, contaminación, malogro, equivocación, aberración, vicio, perversión || alejamiento, pérdida, desvío, apartamiento, despiste, desconcierto, confusión, desorientación.
Extremadamente considerablemente, enormemente, cuantiosamente, v. extremado.
Extremado enorme, considerable, cuantioso, exagerado, desatinado, sobrado, demasiado, exorbitante, fabuloso, desmesurado, colosal, fenomenal, inmoderado, disparatado, pésimo, abusivo, excesivo v.
Extremar reforzar, exagerar, recargar, ponderar, aumentar, incrementar, ampliar, abultar.
Extremaunción viático, sacramento, santos óleos, unción.
Extremidad miembro, apéndice, pierna, brazo, rabo, cola, parte || punta, extremo, fin, final, borde, orilla, límite, remate, término, margen, canto.
Extremista fanático, agitador, revolucionario, exaltado, ferviente, obcecado, intolerante, intransigente, recalcitrante, sectario, exagerado, ardiente, exacerbado, rabioso, violento, apasionado, radical.
Extremo extremidad, límite, orilla, borde, frontera, separación, fin, final, punta, remate, canto, margen, lado, costado, flanco, terminal, principio, origen || último, intenso, elevado, v. extremado.
Extremoso v. exagerado.
Extrínseco accesorio, accidental, circunstancial, anexo, episódico,
Extrovertido * extravertido v.
Exuberancia plenitud, prodigalidad, abundancia, exceso, profusión, plétora, infinidad, colmo, desbordamiento, raudal, multi-

plicidad, riqueza, fertilidad, frondosidad, opulencia, afluencia, saciedad, superabundancia, fecundidad.

Exuberante ubérrimo, profuso, lujuriante, fecundo, copioso, abundante, superabundante, opulento, frondoso, fértil, rico, multiplicado, desbordante, colmado, infinito, pletórico, excesivo, pródigo, pleno.

Exudación extravasación, exudado, suero.

Exudar extravasarse, rezumar, salirse, perder.

Exultación regocijo, alborozo, júbilo, contento, euforia, gozo, alegría, retozo, jovialidad, optimismo, regodeo, exaltación, satisfacción, excitación, triunfo.

Exultante alborozado, eufórico, contento, jubiloso, regocijado, gozoso, exaltado, optimista, jovial, alegre, satisfecho, excitado, triunfante.

Exultar regocijarse, gozar, exaltarse, alborozarse, alegrarse, excitarse, regodearse.

Exvoto ofrenda, gratitud, agradecimiento, dedicación, don, presente, ofrecimiento.

Eyaculación emisión, expulsión, excreción, polución, espasmo, orgasmo, eretismo, convulsión, crispación.

Eyacular arrojar, excretar, emitir, lanzar, expeler, evacuar, crisparse, convulsionarse.

Eyector expulsor, pieza, mecanismo.

F

Fabada potaje, guiso, estofado, plato.

Fábrica manufactura, industria, explotación, empresa, instalación, *factoría*, producción, firma, taller, nave || construcción, edificio, obra, edificación.

Fabricación elaboración, producción, explotación, manufactura, industria, obtención, montaje, construcción, transformación, hechura, realización, confección, creación, proceso, ejecución.

Fabricante industrial, constructor, elaborador, montador, realizador, confeccionista, creador, ejecutor, empresario, productor.

Fabricar construir, manufacturar, explotar, producir, elaborar, obtener, transformar, montar, industrializar, ejecutar, procesar, crear, confeccionar, hacer, realizar.

Fabril industrial, empresarial, manufacturero, obrero, productivo.

Fábula leyenda, mito, cuento, ficción, quimera, apología, alegoría, invención, superstición, tradición, poema, narración, relato || chisme, bulo, habladuría, mentira, cotillería, rumor, murmuración, patraña, invención, enredo, embuste.

Fabuloso quimérico, legendario, ficticio, mitológico, alegórico, tradicional, supersticioso, inventado, imaginado, increíble, fingido, fantástico, inverosímil || excesivo, exagerado, prodigioso, maravilloso, sorprendente, fenomenal, monstruoso, extraordinario, excepcional, insólito, magnífico, soberbio, asombroso, portentoso.

Faca cuchillo, navaja, charrasca, machete, falce, puñal, bayoneta, daga, estilete.

Facción bando, partido, grupo, camarilla, ala, pandilla, secta, clan, corro, cotarro, parcialidad, partida || Facciones rasgos, fisonomía, rostro, cara, catadura, líneas, perfil, aspecto, apariencia.

Faccioso perturbador, revolucionario, sedicioso, revoltoso, provocador, insurgente, rebelde, sublevado, amotinado, cabecilla, cacique.

Faceta lado, cara, canto, banda || fase, aspecto, matiz, apariencia, traza, circunstancia, perspectiva.

Facial fisonómico, del rostro, de la cara.

Facies aspecto, semblante, rostro, cara, facciones v.

Fácil sencillo, hacedero, realizable, factible, asequible, posible, claro, elemental, llano, natural, simple, practicable, operable, cómodo, accesible, viable, corriente, obvio, comprensible, inteligible || mujer liviana, ligera, sensual, infiel, viciosa, casquivana, alegre, perdida.

Facilidad sencillez, simplicidad, comodidad, posibilidad, naturalidad, llaneza, practicabilidad, accesibilidad, viabilidad, claridad || desenvoltura, experiencia, habilidad, pericia, destreza, maña, aptitud, maestría, condiciones, talento, práctica, arte || Facilidades concesiones, ocasiones, oportunidades.

Facilitar proporcionar, entregar, dar, suministrar, proveer, transmitir, otorgar, conceder, ofrecer, prestar, aportar, repartir, distribuir || allanar, simplificar, obviar, quitar, desembarazar, zanjar, solucionar, aclarar, endulzar, suavizar, desenredar, posibilitar, resolver.

Fácilmente sencillamente, factiblemente, asequiblemente, v. fácil.

Facineroso bandido, delincuente, forajido, malhechor, bandolero, criminal, asesino, salteador, canalla, rufián, malandrín, cruel, perverso, desalmado.

Facistol atril, soporte, apoyo, armazón.

Facón v. faca.

Facsímil reproducción, imitación, copia, calco, duplicado, transcripción, trasunto, remedo, facsímile.

Factible posible, hacedero, realizable, practicable, asequible, accesible, viable, simple, llano, sencillo, elemental, operable.

Facticio v. ficticio.

Factor elemento, agente, causa, parte, pieza, ingrediente, constituyente, hecho, componente, integrante, principio || coeficiente, multiplicador, número, cifra || apoderado, encargado, delegado, representante, factótum, ejecutor, testaferro, procurador.

Factoría emporio, representación, agencia, almacén, depósito, establecimiento, empresa, comercio, explotación, instalación, firma, corporación, institución || Factoría * fábrica, industria, manufactura, producción, taller, nave, obrador.

Factótum recadero, mandadero, botones, bullebulle, mozo, criado, faraute, representante, delegado, encargado, ejecutor, testaferro.

Factura nota, cuenta, relación, extracto, detalle, cargo, estado, resumen, importe, suma, monto, valor, total || hechura, confección, elaboración, ejecución, realización, manufactura, proceso, creación.

Facturación envío, remesa, expedición, transporte, encargo, pedido, despacho, carga, exportación || registro, asiento, inscripción, detalle, anotación, liquidación.

Facturar mandar, expedir, enviar, transportar, remesar, despachar, remitir, exportar, cargar || anotar, detallar, inscribir, asentar, registrar, liquidar.

Facultad licencia, permiso, autorización, exención, jurisdicción, autoridad, mando, prerrogativa, capacidad, venia, beneplácito, poder, derecho, concesión, carta blanca, imperio, soberanía || universidad, colegio, escuela, academia, seminario, instituto, sección || Facultades capacidad, disposición, habilidad, aptitud, inteligencia, inclinación, talento, genio, destreza, arte, pericia, desembarazo, condiciones, idoneidad, ingenio.

Facultar permitir, autorizar, capacitar, apoderar, conceder, eximir, mandar, licenciar, otorgar, consentir, acceder, tolerar, delegar, acreditar, comisionar, encargar.

Facultativamente potestativamente, voluntariamente, libremente, discrecionalmente.

Facultativo potestativo, libre, voluntario, espontáneo, discrecional, prudencial, privativo || médico, cirujano, doctor, universitario, profesional.

Facundia verborrea, verbosidad, charlatanería, elocuencia, labia, pico, facilidad, desenvoltura, locuacidad, afluencia, desparpajo, cháchara, garrulería.

Facundo locuaz, charlatán, elocuente, gárrulo, desenvuelto, verboso, parlanchín, cotorra, hablador, lenguaraz, incansable, parlero.

Facha traza, apariencia, catadura, pinta, estampa, empaque, pela-

je, figura, fachada, exterior, cariz, talante, aire, porte, presencia, aspecto || mamarracho, esperpento, birria, adefesio, espantajo.
FACHADA frente, frontispicio, frontis, exterior, portada, cara, delantera || v. facha.
FACHENDA fanfarronería, vanidad, presunción, jactancia, alarde, soberbia, ostentación, petulancia.
FACHENDEAR v. fanfarronear.
FACHENDOSO jactancioso, presumido, fanfarrón, vanidoso, ostentoso, petulante, soberbio, alabancioso, farolón, fatuo, marchoso.
FACHOSO mamarracho, ridículo, cómico, risible, irrisorio, extravagante, adefesio, visión, raro, estrafalario, estrambótico, grotesco.
FAENA labor, trajín, trabajo, tarea, quehacer, fajina, ocupación, deber, cuidado, obra, operación || trastada, judiada, porquería.
FAGOCITO leucocito, célula, glóbulo blanco.
FAIR PLAY * juego limpio, honradez, honestidad.
FAJA ceñidor, corsé, justillo, ajustador, emballenado, cinto || banda, tira, lista, franja, veta, cinta, zona, línea, sector, borde, ribete.
FAJAR envolver, rodear, ceñir, comprimir, apretar, abarcar, enzunchar, comprender, abrazar, ajustar, estrechar, oprimir || pegar, propinar, dar, maltratar, asestar, zurrar, tundir.
FAJÍN ceñidor, distintivo, tira, banda, cinta, faja.
FAJINA v. faena.
FAJO montón, puñado, manojo, haz, atado, brazado, mogote.
FAKIR * v. faquir.
FALACIA engaño, mentira, falsedad, mixtificación, embeleco, disfraz, burla, embaucamiento, chasco, camelo, disimulo, exageración, enredo, invención, trampa, argucia, superchería, embuste, artificio.
FALANGE tropa, legión, cohorte, batallón, ejército, grupo, conjunto, cuerpo, masa, tropel, caterva.
FALAZ falso, engañoso, embelecador, mentiroso, disimulado, camelista, embaucador, tramposo, enredador, embrollón, exagerado, artificioso, embustero, simulador, impostor, insidioso, hipócrita, artero, halagador.
FALCE hoz, faca, charrasca, machete, cuchillo.
FALCONETE culebrina, bombarda, cañón, pieza artillera.
FALDA saya, refajo, faldellín, halda, regazo, basquiña, polisón, miriñaque, hopalanda, vuelos, bullarengue, combinación, enaguas.
FALDERO mujeriego, mocero, tenorio, Don Juan, sensual, concupiscente, perdido, vicioso.
FALDÓN colgadura, cola, vuelo.
FALENCIA v. engaño.
FALIBLE incierto, inseguro, inexacto, dudoso, precario, erróneo, engañoso, equívoco, débil, humano.
FALO pene, verga, miembro, príapo, pudendo, méntula, órgano viril, glande, bálano, prepucio.
FALSABRAGA contramuro, antemuro, antemuralla, muro.
FALSAMENTE arteramente, falazmente, pérfidamente, deslealmente, v. falso.
FALSARIO tramposo, disimulado, mentiroso, embelecador, engañoso, falso, artero, hipócrita, insidioso, simulador, embustero, artificioso, exagerado, falseador, impostor, embrollón, enredador, falaz.
FALSEADOR v. falsificador.
FALSEAMIENTO adulteración, desnaturalización, corrupción, disimulo, engaño, impostura, enredo, embrollo, mentira, hipocresía, v. falsedad.
FALSEAR enredar, embrollar, adulterar, desnaturalizar, corromper, disimular, engañar, mentir, tergiversar, fingir, afectar, calumniar, exagerar, chismear, traicionar, equivocar, simular, apañar, arre-

glar, amañar, desfigurar, disfrazar, aparentar, falsificar, imaginar.

FALSEDAD mentira, calumnia, engaño, adulteración, embrollo, enredo, desnaturalización, corrupción, fingimiento, tergiversación, disimulo, traición, chisme, exageración, simulación, disfraz, desfiguración, apaño, arreglo, falsificación, apariencia, falsía, error, ilegitimidad, duplicidad, hipocresía.

FALSETE voz aguda, registro alto.

FALSÍA v. falsedad.

FALSIFICACIÓN falseamiento, adulteración, engaño, fraude, mixtificación, sofisticación, perjurio, remedo, imitación, corrupción, reproducción, contrahacimiento, delito, impostura, apaño, arreglo, amaño.

FALSIFICADO v. falso.

FALSIFICADOR adulterador, mixtificador, imitador, delincuente, impostor, corruptor, defraudador, engañoso, falseador, infractor, transgresor.

FALSO engañoso, fingido, simulado, bastardo, adulterino, espurio, ilegítimo, ficticio, artificial, postizo, ilusorio, incorrecto, absurdo, inexistente, aparente, supuesto, incierto, falsificado, apócrifo, inexacto, imaginario, quimérico, plagiado, copiado, equívoco, preparado, amañado, arreglado, disfrazado || falaz, falsario, embelecador, mentiroso, disimulado, tramposo, doble, sidisimulado, embustero, insidioso, hipócrita, artero, impostor, exagerado, artificioso, enredador, felón, perjuro, pérfido, traidor.

FALTA defecto, falla, fallo, anomalía, irregularidad, lacra, pero, sombra, daño, deterioro, desperfecto, inobservancia, incumplimiento, abandono, insuficiencia, incorrección, negligencia, tacha, informalidad, imperfección, omisión, infracción, inexactitud, olvido, descuido, error, pecado, culpa || carestía, privación, escasez, insuficiencia, carencia, déficit, parvedad, penuria, pobreza, disminución, exigüidad, rareza, dificultad, baja, cese, limitación, economía, mezquindad, ausencia v.

FALTAR fallar, no presentarse, no asistir, no estar, no encontrarse, incumplir, inobservar, eludir, evitar, abstenerse, romper, quebrantar, pecar, abandonar, omitir, errar, descuidar, olvidar, falsear, mentir, abstenerse || carecer, escasear, disminuir, bajar, cesar, quitar, cicatear, reducir, limitar, necesitar || ofender, insultar, humillar, injuriar, ultrajar, deshonrar.

FALTO carente, desprovisto, privado, escaso, insuficiente, deficitario, exiguo, necesitado, incompleto, mermado, defectuoso || pobre, huérfano, indigente, mísero, desvalido, abandonado, menesteroso.

FALTÓN informal, inobservante, inconsecuente, veleidoso, alocado, descuidado, engañoso, tramposo, frívolo, superficial, tronera, botarate, aturdido, inconstante, ligero, voluble, tornadizo.

FALTRIQUERA bolsa, bolso, bolsillo, escarcela, saquillo, landre.

FALTOSO anormal, retrasado, retardado, imbécil, subnormal, idiota, cretino || torpe, necio, zopenco, aturdido, botarate, v. bobo.

FALÚA lancha, barca, bote, canoa, chalupa, batel, góndola, balandra, trainera, gabarra.

FALUCHO lancha, balandra, embarcación, barquichuelo, barca v.

FALLA defecto, falta, deficiencia, anomalía, error, vicio, lacra, menoscabo, irregularidad, insuficiencia, incorrección, tacha, imperfección, mota, borrón, mancha, lunar, inconveniente, daño, desperfecto || grieta, hendedura, corte, raja, quiebra, fosa, abertura, desnivel, fisura, talud, resquebrajadura || hoguera, fogata, pira, fuego, lumbre.

FALLAR errar, marrar, frustrar, pifiar, fracasar, engañarse, desbarrar, confundir, faltar, malograr, omitir, chingar, descuidar, no cumplir || sentenciar, dictaminar, resolver, decidir, enjuiciar, condenar, informar, determinar, establecer, ventilar, zanjar, decretar, disponer, estatuir, proveer.

Falleba pasador, barra, pestillo, fiador, traba, cierre, varilla.

Fallecer morir, fenecer, perecer, finar, expirar, extinguirse, acabar, agonizar, espichar, irse, quedarse, palmar, sucumbir, estirar la pata, dejar de existir.

Fallecimiento muerte, extinción, perecimiento, expiración, fenecimiento, finamiento, agonía, acabamiento, defunción, tránsito, óbito, fin.

Fallido fracasado, frustrado, malogrado, abortado, desaprovechado, errado, marrado, perdido, defraudado, vano, inútil, imperfecto, deslucido, burlado, chasqueado, estropeado, desgraciado.

Fallo veredicto, sentencia, dictamen, resolución, decisión, arbitraje, arbitrio, encartamiento, laudo, decisión, decreto, informe, condena, disposición, determinación, provisión || defecto, v. falla.

Fama reputación, celebridad, gloria, popularidad, renombre, consideración, nombre, admiración, prestigio, notoriedad, honor, crédito, aplauso, boga, aura, aureola, lustre, auge, éxito, brillo, nombradía, exaltación, laureles, triunfo, prez.

Famélico hambriento, ansioso, hambrón, necesitado, ávido, canijo, flaco, transido.

Familia parentela, familiares, ascendientes, descendientes, estirpe, linaje, dinastía, casta, sangre, progenie, cepa, raza, rama, línea, grado, sucesión, dependencia, posteridad, parentesco, consanguinidad, generación, clan, tribu, grupo, ralea, prole || casa, hogar, solar, domicilio, morada.

Familiar íntimo, sencillo, casero, natural, corriente, llano, doméstico, hogareño || conocido, común, popular, sabido, recordado, visto, ordinario, usual, habitual, acostumbrado, tradicional || allegado, deudor, afín, pariente, ascendiente, descendiente, consanguíneo, colateral, cognado, agnado, relativo, emparentado, relacionado.

Familiaridad intimidad, franqueza, llaneza, sencillez, confianza, libertad, amistad, compañerismo, campechanía, claridad, cordialidad, hábito, costumbre, relación.

Familiarización v. habituación.

Familiarizarse habituarse, hacerse, acostumbrarse, avezarse, aclimatarse, instruirse, educarse, endurecerse, curtirse, amoldarse, encallecerse.

Familiarmente íntimamente, francamente, sencillamente, v. familiaridad.

Famoso renombrado, popular, glorioso, célebre, reputado, considerado, prestigioso, admirado, ilustre, aureolado, triunfador, exaltado, brillante, acreditado, notorio, esclarecido, insigne, conspicuo, notable, memorable, inolvidable, conocido, distinguido, inmortal, afamado.

Fámula doméstica, criada, sirvienta, servidora, asistenta, maritornes, chica, muchacha, fregatriz, moza, camarera, doncella, azafata, niñera.

Fámulo sirviente, criado, servidor, doméstico, mozo, camarero, recadero, asistente, ayudante, lacayo, mayordomo, portero, ayuda de cámara.

Fan * v. fans.

Fanal farola, farol, foco, faro, tulipa, linterna, luz, lámpara, reflector, candil.

Fanáticamente apasionadamente, exaltadamente, obstinadamente, v. fanático.

Fanático apasionado, exaltado, intransigente, obstinado, intolerante, obcecado, sectario, incondicional, recalcitrante, ferviente, idólatra, fiel, leal, ardiente, fo-

FANATISMO goso, celoso, entusiasta, ciego, acalorado, vehemente, ardoroso, supersticioso, delirante.

FANATISMO exaltación, ardor, fervor, intransigencia, obstinación, apasionamiento, sectarismo, intolerancia, obcecación, idolatría, lealtad, fidelidad, vehemencia, acaloramiento, ceguera, entusiasmo, celo, delirio, superstición, exacerbación.

FANATIZAR apasionar, convencer, arrastrar, enfervorizar, exaltar, entusiasmar, cegar, acalorar, exacerbar, inflamar, excitar, convertir, enardecer, conquistar.

FANDANGO jaleo, bulla, bullicio, alboroto, juerga, parranda, alharaca, escándalo || danza, baile, canto.

FANDANGUERO bullicioso, alegre, jocoso, parrandero, juerguista.

FANÉ * lacio, ajado, estropeado, sobado, marchito.

FANEGA medida, porción, terreno, tierra, campo.

FANFARRIA fanfarronada v. || charanga, banda, murga, comparsa, conjunto, orquestina, agrupación musical || toque, aire, llamada.

FANFARRÓN jactancioso, ostentoso, cacareador, alabancioso, ufano, postinero, afectado, gallo, fiero, flamenco, fatuo, vanidoso, pedante, orgulloso, presumido, matamoros, chulo, curro, bravucón, matasiete, farfantón, baladrón, perdonavidas.

FANFARRONADA alarde, bravata, jactancia, fanfarronería, chulería, farfantonada, guapeza, desplante, majeza, baladronada, bravuconería, vanagloria, desgarro, valentonada, provocación, desafío, presunción, amenaza.

FANFARRONEAR jactarse, alardear, chulearse, vanagloriarse, alabarse, gloriarse, ufanarse, engreírse, presumir, cacarear, plantarse, provocar, desafiar.

FANFARRONERÍA v. fanfarronada.

FANGAL lodazal, barrizal, cenagal, tremedal, ciénaga, laguna, charca, pantano, tembladal, lapachar, tolla, marjal, marisma, poza, atascadero.

FANGO lodo, barro, cieno, légamo, limo, pecina, tarquín, bardoma, lama.

FANGOSO cenagoso, lodoso, barroso, encharcado, pantanoso, encenagado, legamoso, turbio, inundado.

FANS * admiradores, partidarios, fanáticos, seguidores.

FANTASEADOR soñador, ensoñador, quimérico, imaginativo, utopista, inquieto, visionario, iluso, lírico, alucinado, idealista, novelero, cuentista.

FANTASEAR soñar, imaginar, idealizar, especular, pensar, alucinarse, ilusionarse, idealizarse, inventar, antojarse, figurarse, suponer, evocar, idear.

FANTASÍA ficción, mito, ilusión, fábula, invención, novela, cuento, leyenda, delirio, capricho, utopía, visión, sueño, ensueño, extravagancia, quimera, ofuscación, espejismo, entelequia, fantasmagoría, simulacro, representación, idea || tono, presunción, afectación, jactancia, vanidad, vanagloria, humos, fatuidad, orgullo.

FANTASIOSO vano, presuntuoso, jactancioso, imaginativo, afectado, fatuo, vanidoso, orgulloso, iluso, novelero, cuentista, soñador.

FANTASMA espectro, espíritu, espantajo, coco, aparecido, aparición, visión, genio, trasgo, estantigua, alma en pena, sombra, quimera || v. fantasioso.

FANTASMAGORÍA ilusión, alucinación, espejismo, imaginación, ensueño, visión, pesadilla, imagen, espectro, v. fantasía, v. fantasma.

FANTASMAGÓRICO espectral, alucinante, sombrío, fantasmal, estremecedor, aterrador, sobrecogedor.

FANTASMAL v. fantasmagórico.

FANTASMÓN espantajo, esperpento, estantigua, espantapájaros, mamarracho.

FANTÁSTICAMENTE espléndidamente, estupendamente, magníficamente, soberbiamente, maravillosamente.

Fantástico quimérico, fingido, imaginario, fabuloso, fantasmagórico, ilusorio, supuesto, utópico, inexistente, inmaterial, falso, ficticio, ideal, apócrifo, prodigioso, novelesco, irreal, increíble, milagroso, inverosímil || soberbio, estupendo, magnífico, espléndido, maravilloso, fenomenal, extraordinario.

Fantochada v. fanfarronada.

Fantoche v. fanfarrón || títere, polichinela, marioneta, muñeco, bufón, espantajo, pelele, monigote.

Faquín cargador, esportillero, estibador, mozo, ganapán, costalero, descargador, peón.

Faquir santón, asceta, penitente, austero.

Faralá v. farandola.

Farallón roca, acantilado, barranco, despeñadero, sima, talud, precipicio, escarpadura, declive, escabrosidad, cresta, muro, caída.

Faramalla farfolla, bicoca, baratija, relumbrón, oropel, engaño || cotorreo, palabrería, trápala, cuento, enredo, embrollo, patraña, fábula, cháchara, habladuría, verbosidad, falsedad.

Faramallero charlatán, embaucador, embrollón, cuentista, sacamuelas, falsario, verboso, hablador, cotorra, chicharra, trapacero, farandulero.

Farandola volante, adorno, aderezo, oropel.

Farándula compañía, teatro, cómicos, actores, representantes, comedia, farsa, ambiente teatral.

Farandulero v. faramallero, v. comediante.

Faranga pereza, dejadez, haraganería, desgana.

Faraón monarca, rey, deidad, divinidad, soberano.

Faraute mensajero, recadero, mandadero, enviado || entremetido, oficioso, mandón.

Fardar proveer, suministrar, proporcionar, abastecer, equipar, surtir.

Fardel v. fardo || mochila, morral, zurrón, talega, macuto.

Fardería v. embalaje.

Fardo bulto, lío, atadijo, paquete, paca, bala, embalaje, saco, saca, talego, bolsa, envoltorio, carga, peso.

Farero * torrero, cuidador, vigilante.

Farfallón frangollón, chapucero, embrollón, atropellado, confuso, precipitado, farfullero.

Farfalloso tartamudo, tartajoso, tartaja, estropajoso, tato, balbuciente.

Farfantón v. fanfarrón.

Fárfara telilla, binza, película, túnica, capa.

Farfolla v. faramalla.

Farfulla balbuceo, tartamudeo, confusión.

Farfullar balbucir, tartamudear, murmurar, susurrar, musitar, balbucear, pronunciar, articular || chapucear, embrollar, frangollar, enredar, embarullar, chafallar.

Farináceo harinoso, feculento, amiloideo, albuminoso, albuminóideo.

Faringe conducto, tubo, tragadero.

Farisaico v. fariseo.

Fariseísmo hipocresía, fingimiento, malicia, astucia, ficción, zorrería, doblez, simulación.

Fariseo hipócrita, malicioso, astuto, simulador, beato, solapado, socarrón, sinuoso, zorro, camandulero, tortuoso, ladino, taimado.

Farmacéutico boticario, licenciado, droguero, droguista, herbolero.

Farmacia botica, laboratorio, despacho, droguería, establecimiento, apoteca.

Fármaco medicina, medicamento, especialidad, específico, droga, remedio, preparado, poción.

Farmacopea recetario, petitorio, relación, enumeración, lista de medicinas.

Faro fanal, linterna, luz, lámpara, foco, farola, reflector || torre, señal, baliza.

Farol v. faro || lance, jugada, engaño, trampa, truco, argucia || v. fanfarronada.
Farola v. faro.
Farolear v. fanfarronear.
Farolero v. fanfarrón.
Farra juerga, jarana, parranda, francachela, regocijo, diversión, fiesta.
Fárrago amontonamiento, revoltijo, confusión, desbarajuste, caos, embrollo, laberinto, *mare mágnum*, barullo, galimatías, jerigonza, desorden, pesadez, trivialidad.
Farragoso pesado, cargante, superfluo, trivial, aburrido, tedioso, fastidioso, difícil, enfadoso, inteligible, minucioso, largo.
Farruco impávido, encarado, plantado, impertérrito, valiente, insolente.
Farsa comedia, drama, sainete, pantomima, parodia, mojiganga, bufonada, payasada, pieza, obra, cuadro, enredo, ficción, monólogo || fingimiento, simulación, doblez, engaño, falsedad, estratagema, disimulo, artificio, jugarreta, tramoya, ficción, enredo.
Farsante simulador, engañoso, falso, falsario, disimulado, taimado, enredador, embaucador, mentiroso, embustero, impostor, hipócrita, pérfido, santurrón.
Fascículo cuadernillo, cuaderno, folleto, entrega.
Fascinación atracción, encanto, simpatía, afinidad, gracia, atractivo, hechizo, donaire, gancho, ángel, anzuelo, seducción, sugestión, captación, embeleso, magia, aliciente, incentivo, ofuscación, deslumbramiento, alucinación, embeleco, hipnotismo.
Fascinado atraído, encantado, v. fascinar.
Fascinador deslumbrador, ofuscador, atractivo, encantador, alucinante, mágico, sugestivo, seductor, hechicero, atrayente, simpático, gracioso, afín, perturbador, maravilloso, espléndido soberbio.
Fascinante v. fascinador.

Fascinar atraer, encantar, alucinar, deslumbrar, embelesar, ofuscar, captar, sugestionar, seducir, hechizar, perturbar, maravillar, hipnotizar, encandilar, engañar, embaucar.
Fase apariencia, aspecto, forma, período, parte, paso, momento, grado, ciclo, instante, división, espacio, época, curso, lapso, faceta, cambio.
Fastidiar cansar, hastiar, molestar, importunar, jeringar, incomodar, enfadar, empalagar, hartar, encocorar, disgustar, estomagar, aburrir, cargar, malhumorar, incordiar, impacientar.
Fastidio molestia, incomodidad, cansancio, hastío, disgusto, hartura, empalago, enfado, impaciencia, mal humor, aburrimiento, disgusto, desagrado, hartura, tedio, monotonía, enojo, desgana, asco.
Fastidioso aburrido, enfadoso, empalagoso, cansador, incómodo, molesto, enojoso, monótono, tedioso, desagradable, cargante, insoportable, soporífero, soso, insípido, inoportuno, latoso, pesado.
Fasto v. fausto.
Fastos anales, sucesos, crónicas, comentarios, memorias, relatos, relaciones.
Fastuosidad v. fausto.
Fastuoso ostentoso, suntuoso, lujoso, pomposo, aparatoso, regio, magnífico, espectacular, espléndido, teatral, rimbombante, opulento, grande, costoso.
Fatal irremediable, indefectible, inevitable, infalible, imperioso, inexcusable, forzoso, predestinado, obligatorio, inapelable, ineluctable, irrevocable, irreparable, necesario, seguro || nefasto, letal, mortífero, mortal, infausto, funesto, triste, aciago, ominoso, desgraciado, infortunado, desventurado, sombrío, adverso, infeliz, amargo, deplorable, fatídico, negro.
Fatalidad hado, suerte, destino, sino, azar, fortuna, estrella, ca-

sualidad, ventura, albur, eventualidad, providencia, predestinación || desdicha, desgracia, infortunio, calamidad, adversidad, cuita, contratiempo, tragedia, tristeza, conflicto, desventura, percance, aflicción, mala suerte, mala sombra.

FATALISMO desánimo, desaliento, pesimismo, desesperanza, melancolía, tristeza, desilusión, predestinación, certeza, certidumbre.

FATALISTA v. pesimista.

FATALMENTE irremediablemente, indefectiblemente, inevitablemente, v. fatal.

FATÍDICAMENTE v. fatalmente.

FATÍDICO agorero, nefasto, sombrío, negro, ominoso, atrabiliario, triste, v. fatal.

FATIGA agitación, agotamiento, cansancio, desfallecimiento, extenuación, postración, laxitud, aperreamiento, molimiento, agobio, impotencia, debilitamiento, ajetreo, hastío, aburrimiento, saciedad, hartura, disgusto, sofoco, jadeo, sofocación, ahogo, asma || penuria, penalidad, molestia, trabajo, agobio, sufrimiento, pena, pesadumbre, brega.

FATIGADO agotado, cansado, extenuado, desfallecido, postrado, aplanado, maltrecho, quebrantado, roto, descostillado, molido, aperreado, laxo, agobiado, debilitado, impotente, ajetreado, cascado, deslomado, reventado, rendido, cansino, transido, despernado, descuajaringado, abatido, harto, hastiado, aburrido, disgustado, sofocado, ahogado, jadeante, asmático.

FATIGANTE * fatigoso v.

FATIGAR cansar, agotar, extenuar, agitar, desfallecer, postrar, debilitar, agobiar, aperrear, moler, ajetrear, descuajaringar, despernar, transir, cascar, abatir, disgustar, aburrir, hastiar, hartar, sofocar || fatigarse, jadear, sudar, ahogarse, asfixiarse.

FATIGOSO penoso, agotador, extenuante, agobiante, cansador, sofocante, duro, difícil, debilitante.

FATUIDAD presunción, vanidad, fachenda, vacuidad, impertinencia, jactancia, petulancia, inmodestia, presuntuosidad, soberbia, hinchazón, arrogancia, altanería, altivez, humos, postín, ínfulas.

FATUO vanidoso, vacuo, presumido, impertinente, fachendoso, soberbio, presuntuoso, inmodesto, petulante, jactancioso, altivo, altanero, arrogante, hinchado, pomposo, vano, necio, vacío, hueco.

FAUCES boca v.

FAUNA animales, v. animal.

FAUSTO pompa, aparato, grandiosidad, magnificencia, fasto, gala, esplendidez, alarde, boato, lujo, solemnidad, suntuosidad, derroche, ostentación, bambolla, esplendor, postín, rumbo, lujo, apoteosis, ornato || feliz, aforridad, altruismo, limosna, propicio, próspero.

FAUTOR ayudante, asistente, correveidile, entremetido, intermediario, tercero.

FAVILA pavesa, ceniza, chispa v.

FAVOR ayuda, socorro, amparo, caridad, altruismo, limosna, protección, dádiva, concesión, donación, recompensa, gracia, merced, privilegio, bien, honra, servicio, distinción, cortesía, atención, generosidad, desinterés, donación, donativo, subvención, auxilio.

FAVORABLE propicio, próspero, inclinado, adecuado, dispuesto, amable, benévolo, benigno, oportuno, apropiado, feliz, providencial, conveniente, apto, acomodado, conforme, pertinente, justo, discreto.

FAVORABLEMENTE adecuadamente, propiciamente, prósperamente, v. favorable.

FAVORECEDOR benefactor, defensor, protector, bienhechor, caritativo, compasivo, desprendido, espléndido, generoso, benévolo, humanitario, mecenas, filántropo.

FAVORECER ayudar, amparar, socorrer, auxiliar, asistir, apoyar,

FAVORECIDO

colaborar, socorrer, proteger, defender, beneficiar, aliviar, subvencionar, donar, preferir, dispensar, conceder, otorgar, sostener.

FAVORECIDO mejorado, agraciado, hermoseado, rejuvenecido, aventajado, afortunado.

FAVORITA predilecta, v. favorito.

FAVORITISMO predilección, distinción, preferencia, privilegio, parcialidad, inclinación, propensión, cariño, capricho, protección, nepotismo, privanza, supremacía, parcialidad, elección, ventaja, gracia, favor.

FAVORITO preferido, predilecto, privilegiado, protegido, elegido, distinguido, agraciado, favorecido, mimado, consentido, valido, privado.

FAZ semblante, cara, rostro, fisonomía, facciones, jeta, catadura, efigie, aspecto, facies, rasgos, imagen, aire, expresión, tipo, visaje, gesto, continente, apariencia, perfil, talante, vista, anverso, aspecto.

FE confianza, certidumbre, credulidad, creencia, crédito, seguridad, esperanza, certeza, convicción, certitud, evidencia, convencimiento, infalibilidad, solidez, persuasión, creederas, fanatismo || constancia, prueba, aseveración, justificación, evidencia, testimonio, juramento, promesa, certificado, papel, documento, justificante.

FEALDAD desproporción, deformidad, asimetría, imperfección, irregularidad, incorrección, desfiguración, monstruosidad, desgracia, afeamiento, fiereza, defecto || torpeza, indignidad, deshonestidad.

FEBLE débil, flaco, endeble, flojo, enclenque, escuchimizado, canijo, enteco, desmedrado.

FEBO sol, astro rey, Apolo.

FEBRÍFUGO antifebril, antipirético.

FEBRIL calenturiento, ardiente, afiebrado, enfermo, postrado, agotado, consumido, encendido, sofocado, arrebatado || agitado, nervioso, intranquilo, desasosegado, inquieto, desazonado, turbado, ansioso, expectante, convulsionado, tembloroso, palpitante, jadeante, convulso, activo, dinámico.

FECAL excrementicio, residual.

FÉCULA harina, almidón, albumen, hidrato de carbono, polvillo, pasta.

FECULENTO harinoso, farináceo, amilóideo, amiláceo.

FECUNDACIÓN fertilización, generación, unión, fusión, reproducción, engendramiento, origen, procreación, propagación, polinización, fertilidad, cópula v.

FECUNDAMENTE fértilmente, fructuosamente, productivamente, v. fecundo.

FECUNDAR fertilizar, fecundizar, engendrar, reproducir, procrear, unirse, fusionarse, originar, cubrir, preñar, aparearse, copular v.

FECUNDIDAD fertilidad, fecundación, feracidad, abundancia, riqueza, opulencia, exuberancia, difusión, proliferación, copiosidad.

FECUNDO fértil, feraz, abundante, prolífico, exuberante, opulento, rico, copioso, fructuoso, productivo, opimo, ubérrimo, pingüe, inagotable.

FECHA data, momento, día, tiempo, cronología, plazo, vencimiento, término, encabezamiento, nota.

FECHADOR sello, matasellos, sellador.

FECHAR datar, inscribir, anotar, encabezar, registrar.

FECHORÍA felonía, trastada, maldad, infamia, indignidad, alevosía, deslealtad, traición, perfidia, ingratitud, insidia, jugarreta, truhanería, vileza, bajeza.

FEDERACIÓN agrupación, confederación, asociación, sindicato, coalición, unión, grupo, entidad, mancomunidad, organismo || alianza, convenio, pacto, liga, tratado, compromiso, acuerdo.

FEDERAL federativo, central, estatal, federalista.

FEDERAR agrupar, confederar, asociar, sindicar, unir, coligar, mancomunar, aliar, comprometer, inscribir, pactar.

FEDERATIVO v. federal.

FEÉRICO * maravilloso, fantástico, encantador, asombroso.

FEHACIENTE irrefutable, fidedigno, evidente, cierto, indiscutible, irrebatible, incuestionable, patente, palmario, manifiesto.

FELICIDAD ventura, dicha, prosperidad, fortuna, suerte, bienestar, comodidad, complacencia, auge, bonanza, salud, desahogo, contento, gusto, placer, beatitud, gloria, despreocupación, tranquilidad, seguridad.

FELICITACIÓN enhorabuena, congratulación, pláceme, parabién, saludo, cortesía, agasajo, cumplido, felicidades, alabanza, bienvenida, aplauso, elogio, galantería, fineza, atención, visita, brindis, expresión, manifestación.

FELICITAR congratular, cumplimentar, manifestar, expresar, cumplir, agasajar, saludar, elogiar, aplaudir, brindar, visitar, alabar, aprobar.

FELIGRES fiel, devoto, piadoso, congregante, parroquiano, concurrente, asistente, asiduo.

FELIGRESÍA parroquia, congregación, fieles, curato.

FELINO gatuno, fiero, ágil, escurridizo, rápido, taimado || félido, carnicero, tigre, lince, leopardo, pantera, puma, gato.

FELIZ venturoso, dichoso, afortunado, próspero, contento, despreocupado, tranquilo, seguro, desahogado, saludable, propicio, radiante, ufano, boyante, bienhadado, beatífico, bienaventurado, beato, bendito, alegre, satisfecho, risueño.

FELIZMENTE venturosamente, dichosamente, afortunadamente, v. feliz.

FELÓN desleal, infiel, traidor, indigno, ingrato, perjuro, vil, falso, falaz, pérfido, impío, alevoso, engañoso, villano, infame, renegado, perverso.

FELONÍA indignidad, traición, infidelidad, deslealtad, ingratitud, perjurio, villanía, engaño, alevosía, impiedad, perfidia, falsedad, vileza, perversidad, infamia, maldad.

FELPA tripe, terciopelo, tela, pelusa || zurra, somanta, leña, paliza, tunda || rapapolvo, regañina, filípica, bronca, represión, sermón.

FELPUDO afelpado, peludo, velludo, aterciopelado, velloso || esterilla, alfombrilla, alfombra, moqueta.

FEMENIL v. femenino.

FEMENINO mujeril, femenil, suave, débil, afeminado, amujerado, gracioso, sutil, grácil, delicado.

FEMENTIDO v. felón.

FEMINEIDAD feminidad, suavidad, gracilidad, delicadeza, debilidad, sutileza, finura, ternura, afeminamiento.

FEMINIDAD v. femineidad.

FEMINISTA sufragista.

FENDA hendedura, raja, grieta, resquicio, resquebrajadura.

FENECER morir, fallecer, perecer, expirar, finar, acabar, palmar, agonizar, quedarse, irse, espichar, extinguirse, sucumbir, dejar de existir.

FENECIMIENTO v. fallecimiento.

FÉNIX ave fabulosa, ave mítica, símbolo, inmortalidad, perpetuidad, perennidad.

FENOMENAL monstruoso, grotesco, desmedido, desmesurado, descomunal, colosal, tremendo, prodigioso, portentoso, milagroso, maravilloso, morrocotudo, extraordinario, estupendo.

FENÓMENO monstruo, engendro, aborto, embrión, feto, endriago, rudimento, espantajo, anómalo, aberrante, deforme, teratológico, raro, desusado || rareza, prodigio, monstruosidad, deformidad, anomalía, milagro || manifestación, apariencia, exteriorización, aparición, revelación, expresión, evidencia, demostración.

FEO desagradable, antiestético, deslucido, repulsivo, deforme, informe, fenómeno v., sombrío, repelente, grotesco, espantoso, horroroso, ridículo, risible, caricaturesco, irregular, desproporcionado, asimétrico, imperfecto, incorrecto, desfigurado, afeado, defectuoso, malcarado || vergonzoso, reprobable, indigno, torpe, inelegante, censurable || desaire, desprecio, desdén, ofensa, descortesía.

FERACIDAD v. fertilidad.

FERAL cruel, sangriento, bestial.

FERAZ v. fértil.

FÉRETRO caja, ataúd, andas, cajón, sarcófago.

FERIA descanso, vacación, asueto, suspensión, cese, interrupción || fiesta, celebración, festejos, festividad, verbena, alegría, regocijo || mercado, concurso, certamen, exposición, exhibición, manifestación, presentación, muestra, salón.

FERIADO festivo, asueto, descanso, feria, fiesta, celebración, festividad, festejos, conmemoración, suspensión, interrupción, vacación.

FERIANTE comerciante, concurrente, asistente, vendedor, comprador, expositor.

FERIAR v. comerciar || descansar, suspender, cesar, celebrar, festejar, interrumpir.

FERMENTACIÓN transformación, descomposición, efervescencia, corrupción, alteración || agitación, nerviosidad, excitación, inquietud, fanatismo, exacerbación.

FERMENTADO transformado, descompuesto, efervescente, alterado, ácimo, agrio, agriado, corrompido.

FERMENTAR descomponerse, transformarse, alterarse, corromperse, agriarse, ahilarse || agitarse, excitarse, inquietarse, exacerbarse.

FERMENTO levadura, catalizador, substancia transformadora, lab, pepsina, diastasa, oxidasa.

FEROCIDAD brutalidad, crueldad, fiereza, salvajismo, saña, barbarie, encarnizamiento, atrocidad, sadismo, bestialidad, violencia, odio.

FERÓSTICO colérico, irritable, iracundo, airado, fiero, violento, rabioso || horrible, feísimo, repulsivo.

FEROZ bárbaro, salvaje, fiero, cruel, brutal, violento, bestial, sádico, atroz, encarnizado, odioso, sanguinario, indómito, rudo, inhumano, implacable, despiadado.

FÉRREO tenaz, duro, fuerte, resistente, acerado, irrompible, sólido, diamantino, pétreo, granítico, inquebrantable, consistente || inflexible, implacable, severo, riguroso, despiadado, cruel, inhumano.

FERRETERÍA establecimiento, comercio, tienda, venta de herramientas.

FERROCARRIL compañía, sociedad, firma, empresa ferroviaria, tren, convoy, vía férrea, línea férrea.

FERROVIARIO empleado, trabajador, operario, funcionario, obrero del ferrocarril.

FERRIBOTE * v. *ferry-boat*.

FERRY-BOAT * transbordador, lanchón, pontón, embarcación.

FÉRTIL fecundo, feraz, fructuoso, fructífero, prolífico, productivo, abundante, ubérrimo, rico, pingüe, opimo, inagotable, generoso, exuberante, poblado.

FERTILIDAD abundancia, fecundidad, feracidad, productividad, riqueza, generosidad, exuberancia, opulencia, proliferación, copiosidad.

FERTILIZANTE abono, estiércol, mantillo, bosta, boñiga, fiemo, humus, excremento, guano, substancia fertilizante, nitrato.

FERTILIZAR fecundizar, fecundar, procrear, reproducir, engendrar, cubrir, preñar, aparearse, v. copular || abonar, estercolar, meteorizar, enriquecer, esparcir.

FÉRULA dominio, influencia, poder, mando, imperio, sometimiento, tiranía, sujeción, dictadura || tablilla, sostén.

FÉRVIDO v. ferviente.

FERVIENTE apasionado, vehemente, ardiente, ardoroso, volcánico, virulento, indomable, delirante, desenfrenado, acalorado, febril, agitado, ciego, fanático, furioso, loco, frenético, entusiasta, enajenado, impulsivo, ebrio, efusivo, celoso, arrebatado, furibundo.

FERVIENTEMENTE apasionadamente, vehementemente, ardientemente, v. ferviente.

FERVOR devoción, piedad, fe, unción, recogimiento, misticismo, éxtasis, contemplación, celo, religiosidad || impetuosidad, excitación, pasión, ardor, llama, furia, vehemencia, arrebato, entusiasmo, frenesí, locura, fanatismo, acaloramiento, desenfreno, delirio, apasionamiento, agitación, impulso.

FERVOROSAMENTE devotamente, piadosamente, apasionadamente, impetuosamente, v. fervor.

FERVOROSO v. ferviente.

FESTEJANTE cortejante, cortejador, galán, novio, enamorado, acompañante, galanteador, pretendiente, rondador.

FESTEJAR agasajar, homenajear, obsequiar, halagar, lisonjear, ofrecer || cortejar, galantear, pretender, acompañar, enamorar, rondar, requerir, camelar.

FESTEJO galanteo, cortejo, homenaje, agasajo, lisonja, ofrecimiento || FESTEJOS v. festividad.

FESTERO fiestero, parrandero, jaranero, alegre.

FESTÍN convite, festejo, banquete, comilona, gaudeamus, gala, orgía, bacanal, cena, ágape, homenaje, agasajo, cuchipanda, francachela, tragantona, invitación, pipiripao, colación, hartazgo.

FESTINA LENTE apresúrate lentamente, sin prisa y sin pausa.

FESTINACIÓN celeridad, prisa, velocidad, rapidez, diligencia, apresuramiento.

FESTIVAL fiesta, función, festividad, festejo, concierto, solemnidad, velada, gala, espectáculo, danzas, certamen.

FESTIVIDAD celebración, conmemoración, solemnidad, asueto, fiesta, descanso, vacación, feria, suspensión, cese, interrupción, festejos, regocijo, diversión, domingo, festivo, gala.

FESTIVO libre, vacación, fiesta, domingo, celebración, solemnidad, conmemoración, festejos, interrupción, diversión, contento || jocoso, gozoso, alegre, salado, chistoso, agudo, chusco, entretenido, gracioso, jovial, sandunguero, chispeante, chirigotero, jocundo.

FESTÓN guirnalda, bordado, adorno, ribete, borde, remate, orilla, filete, orla, franja, faja, tira, cenefa, encaje.

FESTONEAR adornar, bordar, ribetear, orlar, rematar.

FETÉN * bueno, estupendo, extraordinario, cabal.

FETICHE ídolo, estatuilla, amuleto, mascota, talismán, reliquia, candorga, filactería, estatua, tótem, efigie, deidad, tabú.

FETICHISMO idolatría, superstición, ignorancia, salvajismo, adoración, veneración, paganismo, gentilismo, politeísmo, infidelidad.

FETICHISTA pagano, idólatra, supersticioso, ignorante, salvaje, gentil, politeísta, infiel, adorador.

FETIDEZ pestilencia, hedor, olor, hediondez, tufo, cochambre, peste, hedentina, catinga.

FÉTIDO hediondo, pestilente, cochambroso, apestoso, inmundo, maloliente, pestífero, nauseabundo, infecto, viciado, mefítico, repugnante, catingoso.

FETO embrión, germen, aborto, ser, criatura, ente, rudimento, engendro, organismo.

FEUDAL solariego, señorial, noble, ancestral, hereditario, castellano, medieval, dominante, tiránico, tributario, sujeto, sumiso.

FEUDALISMO vasallaje, dependencia, dominación, tributación, sujeción, sumisión, herencia, su-

FEUDATARIO

cesión, propiedad, dominio, territorio, feudo v.

FEUDATARIO siervo, vasallo, tributario, sumiso, dependiente, esclavo, plebeyo, villano, servidor, sujeto, súbdito, sometido, collazo, pechero.

FEUDO heredad, dominio, posesión, propiedad, hacienda, pertenencia, herencia, territorio, terreno, comarca, mandato, señorío, baronía, condado, marquesado, ducado, principado || vasallaje, servidumbre, tributo, sujeción, dependencia, sumisión, respeto.

FIABLE fiel, íntegro, honrado, leal, ferviente, devoto, sincero, probo, insobornable.

FIACRE * simón, manuela, coche de punto, tartana.

FIADOR avalista, garantizador, garante, responsable, abonador, segurador, prendador.

FIAMBRE conserva, embutido, embuchado, plato frío || FIAMBRE * cadáver v.

FIAMBRERA tartera, recipiente, portaviandas, cacerola.

FIANZA depósito, garantía, prenda, aval, señal, precinto, resguardo, gravamen, hipoteca, carga, caución, arras, rehén, evicción.

FIAR confiar, dejar, prestar, ceder, facilitar, dar, procurar, suministrar || avalar, garantizar, responder, asegurar || FIARSE confiar, esperar, encomendarse, tener confianza, tener esperanza, abandonarse, entregarse, dormirse.

FIASCO chasco, fracaso, frustración, revés, naufragio, infortunio, desengaño, descalabro, hundimiento, malogro.

FIAT consentimiento, mandato, venia, autorización, conformidad, aprobación.

FIAT LUX hágase la luz.

FIBRA filamento, hebra, hilaza, pelo, hilo, brizna, veta, filástica, torzal, hilacha, cerda || energía, vigor, nervio, robustez, resistencia, potencia, fuerza, brío, empuje, arranque, pujanza, ímpetu.

FIBROMA tumor, bulto, abultamiento, dureza, nódulo, excrecencia, nacencia.

FIBROSO coriáceo, duro, correoso, resistente, escleroso, nervudo, robusto.

FÍBULA pasador, hebilla, broche, imperdible, alfiler, prendedor, corchete.

FICCIÓN fantasía, mito, quimera, visión, sueño, invención, utopía, ilusión, entelequia, leyenda, poesía, cuento, novela, fábula || hipocresía, mentira, fingimiento, doblez, artificio, disimulo, falsedad, comedia, engaño.

FICTICIO imaginado, supuesto, inventado, irreal, quimérico, utópico, ideal, fantástico, soñado, novelesco, fabuloso || falsificado, falso, fingido, artificioso, disimulado, engañoso || afectado, aparente, convencional, artificial, amanerado, forzado, cursi.

FICHA cédula, cartulina, papeleta, registro, inscripción, datos, señas, filiación || pieza, disco, rueda, chapa, placa, moneda.

FICHAR inscribir, anotar, filiar, registrar, catalogar, apuntar, relacionar, asentar || desconfiar, sospechar, recelar, señalar, reconocer.

FICHERO archivador, caja, mueble, archivo, cedulario.

FICHÚ * pañoleta, toquilla.

FIDEDIGNO verídico, cierto, auténtico, verdadero, fehaciente, palmario, manifiesto, irrefutable, seguro, inequívoco, indiscutible.

FIDEICOMISO transferencia, dependencia, cesión, mandato, administración.

FIDELIDAD lealtad, confianza, observancia, cumplimiento, franqueza, rectitud, acatamiento, sinceridad, constancia, adhesión, fe, amistad, honradez, nobleza, escrupulosidad, veracidad, honestidad, austeridad, probidad, devoción, apego.

FIDEO pasta, macarrón, tallarín || delgado, endeble, flaco, larguirucho.

FIDUCIARIO legatario, heredero, beneficiario, fideicomisario, mandatario, administrador || crediticio, monetario, crematístico.

FIEBRE temperatura, calentura, destemplanza, hipertermia, décimas, pirexia, estuosidad, terciana, cuartana, causón.

FIEL honrado, sincero, devoto, apegado, probo, austero, honesto, veraz, escrupuloso, noble, leal, constante, recto, franco, cumplidor, observador, amigo, ferviente, perseverante, insobornable || exacto, escrupuloso, puntual, minucioso, calcado || devoto, creyente, feligrés, cristiano, congregante, asiduo, concurrente || aguja, varilla, hierro, marcador, indicador.

FIELATO fielazgo, oficina de consumos, aduana interior, puesto recaudador.

FIELMENTE honradamente, sinceramente, devotamente, honestamente, v. fiel.

FIELTRO paño, género, tela, sombrero.

FIEMO estiércol, fimo, abono, boñiga, excremento, guano, fertilizante.

FIERA bestia, bicho, alimaña, rapaz, carnicero, animal || bruto, salvaje, indómito, cruel, feroz, brutal, violento, bestial, rudo, inhumano, implacable.

FIERABRÁS rudo, iracundo, colérico, brutal, v. fiera.

FIEREZA ferocidad, violencia, brutalidad, bestialidad, crueldad, salvajismo, inhumanidad, rudeza, saña, barbarie, encarnizamiento, atrocidad, violencia, arrogancia || deformidad, fealdad, monstruosidad.

FIERO feroz, inhumano, cruel, bestial, brutal, violento, encarnizado, bárbaro, sañudo, rudo, salvaje, atroz, arisco, indomable, montaraz, bestia, bravío, bravo, agreste, duro, intratable, terrible, díscolo || feo, deforme, defectuoso, desfigurado.

FIERRO v. hierro.

FIESTA vacación, feria, festividad, asueto, descanso, cierre, cese, interrupción || celebración, conmemoración, festejos, gala, convite, velada, solemnidad, recepción, sarao, función, reunión, espectáculo, verbena, romería, baile, certamen, juego, placer, alegría, diversión || FIESTAS mimos, halagos, caricias, arrumacos, agasajos.

FIESTERO v. festero.

FÍGARO barbero, peluquero, rapabarbas, rapador, desuellacaras, rapista.

FIGÓN fonda, taberna, bodegón, posada, fonducho, bodega, merendero, tasca.

FIGONERO tabernero, posadero, bodeguero, fondista.

FIGULINA estatuilla, v. figurilla.

FIGURA efigie, forma, imagen, representación, hechura, modelo, apariencia, símbolo, emblema, continente, aspecto, silueta, físico, complexión, cuerpo, estampa, líneas, cara, rostro, semblante, faz, fisonomía, retrato, pintura, estatua || tropo, alegoría, metáfora, imagen || FIGURA personalidad, notabilidad, personaje.

FIGURACIÓN imaginación, suposición, sospecha, creencia, pensamiento, conjetura.

FIGURADO metafórico, alegórico, secundario, supuesto, imaginario, retórico.

FIGURANTE partiquino, comparsa, extra, comicucho.

FIGURAR asistir, concurrir, presenciar, participar, hallarse, estar, presentarse, permanecer, contarse, encontrarse || conformar, delinear, modelar, configurar, plasmar, formar, dibujar, representar || simular, fingir, aparentar, enmascarar, disimular, engañar || FIGURARSE imaginar, pensar, creer, suponer, sospechar, conjeturar.

FIGURATIVO representativo, simbólico, alegórico, metafórico, figurado.

FIGURILLA estatuilla, muñeco, muñeca, adorno, chuchería, bujería, baratija.

Figurín patrón, dibujo, modelo, molde, guía || petimetre, elegante, lechuguino, currutaco, pisaverde, gomoso, *dandy*, filistrín.

Figurón pomposo, hinchado, vano, engreído, pretencioso, presuntuoso, hueco.

Fijado v. fijo.

Fijador goma, bandolina, cosmético, mucílago.

Fijamente atentamente, cuidadosamente, persistentemente, insistentemente, firmemente, inmutablemente.

Fijar asegurar, asentar, sujetar, inmovilizar, afianzar, amarrar, aferrar, afirmar, sostener, clavar, pegar, adherir, acuñar, trincar, atornillar, incrustar, empotrar, introducir || determinar, establecer, resolver, decidir, precisar, limitar, reglar, señalar, designar, asignar || sellar, marcar, imprimir, grabar || Fijarse observar, atender, ver, mirar, considerar, estudiar, contemplar, advertir, notar, reparar, percatarse, darse cuenta || establecerse, asentarse, afincarse, domiciliarse, avecinarse, mudarse, residir, quedarse.

Fijeza firmeza, persistencia, insistencia, cuidado, determinación.

Fijo sujeto, asegurado, fijado, inmóvil, afianzado, quieto, asentado, amarrado, adherido, pegado, clavado, sostenido, afirmado, aferrado, introducido, empotrado, incrustado, atornillado, trincado, estacionario, seguro, inalterable, permanente, estable, inmutable, invariable, inconmovible, consolidado, determinado, inequívoco.

Fila hilera, línea, columna, orden, serie, cadena, ala, sarta, hilada, cola, ringlera, ristra, procesión, desfile, rosario, cáfila, recua, sucesión, letanía, retahíla, tirada || tirria, aversión, antipatía, asco, odio, enemistad, repulsión, desprecio, repugnancia.

Filacteria amuleto, talismán, fetiche.

Filamento hebra, hilo, fibra, cabo, hilaza, pelo, brizna, veta, filástica, cerda, sirgo, hilván, sedal, pita, liza, torzal, estambre, cordón, cuerda, beta.

Filantropía magnanimidad, generosidad, liberalidad, altruismo, caridad, amor, desprendimiento, desinterés, cordialidad, esplendidez, beneficiencia, protección, cuidado, humanidad, bondad, piedad.

Filántropo benefactor, protector, altruista, magnánimo, desprendido, desinteresado, bienhechor, caritativo, humano, humanitario, generoso, cordial, espléndido.

Filarmónico melómano, aficionado, musicólogo, entusiasta, entendido, amante, musicómano, musical, músico.

Filástica hilo, hebra, fibra, cuerda.

Filatélico relativo a la filatelia || Filatélico * v. filatelista.

Filatelista entendido, entusiasta, amante, aficionado a la filatelia, *filatélico*.

Filatelia coleccionismo, reunión, recopilación, inclinación, afición a los sellos.

Filatería verbosidad, verborrea, palabrería, facundia, charlatanería, enredo, engaño, estafa.

Filatero embaucador, palabrero, charlatán, sacamuelas, estafador, facundo, engañoso.

Fileno delicado, afeminado, amaricado, amanerado, amujerado, cursi, amadamado.

Filete solomillo, chuleta, tajada, loncha, lonja, carne || tira, cenefa, ribete, franja, lista, dobladillo, guirnalda, adorno, remate, línea, veta, orillo, vivo, fimbria.

Filfa trola, mentira, engaño, bulo, fantasía, cuento, bola, camelo, chisme, rumor, patraña.

Filiación descripción, señas, detalle, retrato, referencia, reseña, datos, ficha, registro, procedencia.

Filial sucursal, delegación, agencia, dependencia, representación, rama || familiar, consanguíneo, allegado, del hijo.

Filiar v. fichar.

FILIBUSTERO pirata, corsario, bucanero, corso, aventurero, contrabandista, bandido, forajido, malandrín.
FILIFORME delgado, tenue, fino, ahilado.
FILIGRANA adorno, primor, decorado, finura, exquisitez, sutileza, guirnalda, fililí, ribete, cenefa || marca, señal, cuño, contraste, huella.
FILILÍ filigrana.
FILÍPICA invectiva, diatriba, sermón, catilinaria, reprimenda, censura, regaño, reprensión, apóstrofe, prédica, andanada, reproche, imprecación, amonestación, crítica, acusación.
FILIS sutileza, gracia, donaire, delicadeza, primor, perfección, finura.
FILISTRÍN petimetre, v. figurín.
FILM * v. filme.
FILMAR impresionar, reproducir, fotografiar, captar, tomar.
FILME película, cinta cinematográfica, rollo.
FILO arista, borde, corte, tajo, línea, punta, hoja, lámina, releje.
FILOLOGÍA lingüística, lexicología, lenguaje, lengua, léxico, gramática, etimología, lexicografía, estudio, ciencia.
FILOLÓGICO lingüístico, lexicográfico, gramatical, etimológico, lexicológico.
FILÓLOGO lexicólogo, lingüista, gramático, académico.
FILÓN veta, masa, yacimiento, vena, mina, venero || negocio, ventaja, provecho, usura, gaje, ganga, fruto, breva, momio, ocasión.
FILOSO afilado, agudo, aguzado, cortante.
FILOSOFAR razonar, meditar, reflexionar, discurrir, pensar, examinar, analizar, especular, elucubrar, profundizar, rumiar, fantasear, discutir.
FILOSOFÍA ciencia, doctrina, escuela, lógica, ética, metafísica, psicología, estética, moral, ontología, teología, cosmología || resignación, serenidad, ánimo, conformidad, paciencia, mansedumbre, conformismo, docilidad, sabiduría.
FILOSÓFICAMENTE resignadamente, serenamente, pacientemente, dócilmente, mansamente, sabiamente.
FILOSÓFICO sabio, sereno, resignado, paciente, dócil, manso, comprensivo, firme, tranquilo || metafísico, lógico, moral, teológico, estético, ontológico, doctrinario, escolástico, ideológico.
FILÓSOFO sabio, estudioso, pensador, prudente, comprensivo, firme, tranquilo, sereno, paciente, dócil, resignado, austero, virtuoso, solitario, retirado.
FILTRACIÓN filtrado, colado, infiltración, destilación, exudación, permeabilidad, ósmosis, purificación.
FILTRAR colar, pasar, repurar, purificar, refinar, purgar, destilar || FILTRARSE rezumar, trasvenarse, exudar, sudar, infiltrarse, transpirar || escurrirse, deslizarse, desaparecer, esfumarse.
FILTRO colador, manga, filtrador, membrana, pasador, tamiz, tubo, vaso, aparato, dispositivo || cristal, pantalla.
FILUSTRE finura, elegancia, exquisitez, refinamiento.
FIMBRIA franja, ribete, orla, dobladillo, guirnalda, remate, borde, cenefa.
FIMO v. fiemo.
FIMOSIS estrechez, dificultad, angostura del prepucio.
FIN término, remate, consumación, desenlace, conclusión, solución, terminación, agotamiento, cese, fenecimiento, acabamiento, resultado, cierre, abandono, liquidación, ocaso || extremidad, límite, punta, cola, cabo, orilla, borde, frontera, final, margen || muerte, defunción, fallecimiento v.
FINADO difunto, extinto, muerto,

fallecido, occiso, interfecto, víctima, cadáver, cuerpo, exánime, inanimado.

FINAL v. fin || marginal, terminal, último, extremo.

FINALIDAD objeto, motivo, propósito, razón, designio, fin, mira, objetivo, intención, determinación, ánimo, plan, proyecto, resolución.

FINALISTA contendiente, participante, adversario, rival, oponente, competidor, vencedor, ganador.

FINALIZAR concluir, terminar, rematar, acabar, cesar, agotar, solucionar, abandonar, cerrar, consumar, liquidar, clausurar, suprimir, exterminar, apurar, finiquitar, extinguir, completar, cumplir, ultimar, consumir, expirar, prescribir, morir, fallecer v.

FINALMENTE por fin, al fin, por último, últimamente, definitivamente.

FINAMENTE suavemente, delicadamente, refinadamente, grácilmente, v. fino.

FINAMIENTO v. fallecimiento.

FINANCIAR invertir, fomentar, desarrollar, subvencionar, respaldar.

FINANCIERO banquero, negociante, capitalista, bolsista, economista, obligacionista, hacendista, especulador, potentado, acaudalado, opulento.

FINANCISTA * v. financiero.

FINANZAS * negocio, hacienda, economía, banca, capital, bolsa, especulaciones, transacciones, dinero, asuntos monetarios.

FINAR v. fallecer.

FINCA propiedad, inmueble, posesión, pertenencia, heredad, predio, dominio, latifundio, hacienda, granja, tierra, prado, herencia || casa, vivienda, morada, hogar, edificio, solar.

FINCHADO vano, fatuo, engreído, soberbio, pedante, presuntuoso, hinchado.

FINEZA atención, delicadeza, consideración, agasajo, cumplido, deferencia, cortesía, miramiento, solicitud, respeto, obsequio, regalo, presente, dádiva || primor, delicadeza, finura, elegancia, exquisitez, suavidad, v. finura.

FINGIDAMENTE simuladamente, aparentemente, ilusoriamente, afectadamente, v. fingido.

FINGIDO simulado, aparente, ilusorio, afectado, teatral, artificial, postizo, insincero, innatural, supuesto, disimulado, desleal, hipócrita, solapado, engañoso, encubierto, desfigurado, oculto.

FINGIDOR farsante, simulador, impostor, fariseo, comediante, teatral, gazmoño, mojigato, hipócrita, tramoyista, engañoso, solapado, disimulado, desleal.

FINGIMIENTO artificio, afectación, simulación, apariencia, disimulo, insinceridad, encubrimiento, engaño, hipocresía, deslealtad, gazmoñería, mojigatería, tramoya, comedia, teatro, fariseísmo, impostura, farsa, estratagema, disfraz, falsedad, ficción, dolo.

FINGIR aparentar, simular, afectar, disimular, engañar, encubrir, falsear, disfrazar, ocultar, imitar, representar, amagar, desfigurar.

FINIBUSTERRE colmo, acabóse, culmen, perfección, cima, remate.

FINIQUITAR v. finalizar.

FINIQUITO v. final, saldo, remate.

FINITO limitado, determinado, circunscrito, definido, restringido, reducido.

FINO delgado, sutil, endeble, esbelto, estrecho, enjuto, angosto, ahusado, puntiagudo, aguzado || refinado, exquisito, sutil, elegante, gracioso, ligero, hermoso, bonito, agradable, lindo, atractivo, primoroso, pulcro, grácil, delicioso, selecto, tenue, suave, delicado || cortés, amable, educado, urbano, cumplido, correcto, servicial, atento, comedido, considerado, afable.

FINOLIS presumido, pedante, remilgado, cursi.

FINURA delgadez, esbeltez, sutilidad, estrechez, angostura, ahusamiento, aguzamiento, punta ||

exquisitez, refinamiento, hermosura, ligereza, gracia, elegancia, sutileza, delicia, pulcritud, primor, atractivo, delicadeza, suavidad, tenuidad, delicia ‖ educación, cortesía, urbanidad, consideración, comedimiento, atención, corrección, afabilidad, discreción, tacto, amabilidad.

FIORDO golfo, ría, ensenada, cala, estuario, abrigo.

FIORITURAS * floreos, adornos, fantasías, sutilezas.

FIRMA rúbrica, nombre, apellido, signatura, autógrafo, signo, señal, marca ‖ empresa, comercio, casa, compañía, sociedad, industria, asociación, corporación, agrupación, entidad, razón social.

FIRMADO rubricado, escrito, autografiado, estampado, refrendado, subscrito, aprobado, sancionado.

FIRMAMENTO cielo, cosmos, espacio, vacío, infinito, éter, atmósfera, bóveda celeste.

FIRMANTE signatario, infrascrito, refrendario, subscritor, rubricante, contratante, negociante, compromisario, parte.

FIRMAR rubricar, escribir, estampar, autografiar, sellar, marcar ‖ refrendar, sancionar, aprobar, subscribir, certificar, visar, legalizar, acordar, signar.

FIRME estable, fuerte, compacto, apretado, denso, macizo, entero, trabado, resistente, consistente, duro, sólido, fijo, recio, robusto, vigoroso ‖ imperturbable, constante, impávido, seguro, sereno, invariable, inflexible, intransigente, inconmovible, incorruptible ‖ rígido, tieso, envarado, erguido, atento, inmóvil, derecho.

FIRMEMENTE imperturbablemente, impávidamente, serenamente, v. firme.

FIRMEZA estabilidad, fortaleza, resistencia, trabazón, densidad, solidez, dureza, consistencia, inmovilidad, tiesura, rigidez, robustez, vigor, reciedumbre, resistencia ‖ entereza, imperturbabilidad, impavidez, serenidad, seguridad, constancia, tenacidad, resolución, osadía, voluntad, determinación, intransigencia, inflexibilidad, severidad, disciplina, decisión.

FISCAL acusador, incriminador, denunciador, inculpador, representante, ministerio público, abogado, jurisconsulto ‖ inspector, interventor, comprobador, fiscalizador ‖ público, estatal, monetario, crematístico, del fisco, del tesoro.

FISCALIZACIÓN inspección, intervención, comprobación, investigación, examen, crítica, censura.

FISCALIZADOR interventor, investigador, comprobador, examinador, inspector, crítico, censurador.

FISCALIZAR investigar, inspeccionar, intervenir, comprobar, examinar, criticar, censurar, inquirir.

FISCO hacienda, erario, tesoro público, efectos públicos, deuda pública, administración.

FISGA burla, chanza, befa, chasco, guasa, mofa, chunga, zumba, cachondeo, pitorreo, choteo.

FISGAR curiosear, husmear, oler, atisbar, fisgonear, entremeterse, indagar, espiar, huronear, olisquear, averiguar, cotillear.

FISGÓN entremetido, curioso, hurón, espía, indagador, atisbador, husmeador, catacaldos, fisgador, preguntón, descarado, cotilla, indiscreto.

FISGONEAR v. fisgar.

FISGONEO entremetimiento, indagación, curiosidad, indiscreción, huroneo, investigación, búsqueda, descaro, intrusión, cotillería, impertinencia.

FÍSICA ciencia, leyes de la naturaleza, mecánica, acústica, termodinámica, óptica, electricidad, magnetismo, física atómica.

FÍSICAMENTE corporalmente, realmente, verdaderamente, concretamente.

FÍSICO material, concreto, real, verdadero, corporal, orgánico ‖

cuerpo, apariencia, exterior, presencia, forma, figura, complexión, configuración, imagen, naturaleza, fisonomía, aspecto.
Fisiología ciencia, estudio, tratado, funcionamiento del organismo.
Fisiológico funcional, orgánico, vital.
Fisión desintegración, escisión, división, rotura.
Fisonomía semblante, rostro, cara, faz, rasgos, expresión, jeta, efigie, facies || aspecto, imagen, carácter, perfil, apariencia, continente, catadura, talante.
Fisonómico facial, del rostro, de la cara, exterior.
Fisonomista observador, reconocedor, memorista, atento.
Fístula úlcera, llaga, lesión, conducto anormal.
Fisura grieta, hendedura, rendija, raja, surco, falla, raya, corte, fractura || v. cuarteo.
Flabelo abanico v.
Flaccidez flojedad, laxitud, decaimiento, flojera, relajamiento, blandura, enervamiento, atonía.
Fláccido laxo, flojo, lacio, decaído, relajado, enervado, blando, fofo, desmadejado, caído.
Flaco enjuto, delgado, estrecho, demacrado, consumido, cenceño, débil, delgaducho, acartonado, escuchimizado, afilado, desecado, chupado, larguirucho, enflaquecido, endeble, enfermizo, raquítico, flojo, feble, fideo, lamido, magro, macilento, seco, enteco, desmedrado, descarnado, depauperado, esquelético, frágil, hético, amojamado, famélico, escuálido, caquéctico.
Flacura delgadez, estrechez, demacración, escualidez, magrura, desnutrición, extenuación, depauperación, enflaquecimiento, amojamamiento, consunción, resecamiento, emanación, adelgazamiento, debilitamiento, fragilidad, descarnamiento, flojera, raquitismo, caquexia, acartonamiento.
Flagelación azotamiento, azotaina, vapuleo, azote, fustigamiento, castigo.
Flagelante penitente, disciplinante, aspado, flagelado, azotado, arrepentido.
Flagelar disciplinar, fustigar, vapulear, vergajear, castigar, sacudir, zurrar, tundir, varear || acusar, fustigar, vituperar, criticar, hostigar.
Flagelo azote, látigo, vergajo, disciplinas, vara, verdugo, rebenque, tralla, fusta, zurriago || plaga, peste, epidemia, calamidad, azote, desgracia, infortunio, contrariedad, catástrofe, hecatombe, cataclismo, tragedia.
Flagrante claro, evidente, cierto, indudable, actual, presente ||
Flagrante (En) en el momento, justamente, oportunamente, con las manos en la masa.
Flagrar resplandecer, arder, deslumbrar, llamear, refulgir.
Flama v. llama.
Flamante reciente, nuevo, fresco, original, actual, lozano, virgen, inmaculado, pulcro, limpio, estrenado || brillante, ardiente, llameante, rutilante.
Flamear ondular, ondear, flotar, agitar, mover, sacudir, fluctuar, mecer, tremolar || llamear, quemar, desinfectar, esterilizar.
Flamenco bravucón, fanfarrón, cacareador, descarado, camorrista, curro, chulo, jactancioso, guapetón, gallito, matón, matamoros, pendenciero || cañí, agitanado, gitano, andaluz, calé.
Flamenquería gitanería, chulería, fanfarronería, bravuconería, desplante, jactancia, descaro, insolencia.
Flamígero llameante, ardiente, flameante, resplandeciente, refulgente.
Flámula grímpola, banderín, gallardete, oriflama, banderola, cataviento.
Flan postre, crema, plato, dulce, molde.
Flanco costado, lado, ala, extremidad, extremo, borde, orilla, lí-

mite, margen, canto || cadera, anca, grupa, cuadril, pernil, culata.

FLANEAR * vagar, callejear, errar, deambular.

FLANQUEADO rodeado, cercado, ceñido, escoltado, sitiado, acompañado, envuelto.

FLANQUEAR ceñir, cercar, rodear, escoltar, sitiar, acompañar, envolver.

FLAQUEAR ceder, debilitarse, aflojar, someterse, ablandarse, menguar, desalentarse, humillarse, rendirse, doblegarse, recular, claudicar, quebrarse, desmayar, decaer, desistir, cejar.

FLAQUEZA fragilidad, tentación, debilidad, desfallecimiento, debilitamiento, sometimiento, blandura, desaliento, claudicación, desmayo, quebranto, decaimiento, lenidad, mengua, apatía, indiferencia.

FLASH * destello, relámpago, fogonazo, resplandor.

FLATO v. flatulencia.

FLATULENCIA gases, viento, aire, ventosidad, vapor, pedo, cuesco, eructo, regüeldo.

FLAUTA caramillo, flautín, zampoña, pífano, instrumento de viento.

FLAVO amarillento, rojizo, azafranado, anaranjado.

FLÉBIL lamentable, triste, lastimoso, lastimero, lacrimoso, suspirante, acongojado, lloriqueante, apenado, quejumbroso, plañidero.

FLEBITIS inflamación, hinchazón, congestión venosa.

FLECO cordón, hilo, adorno, galoncillo, flequillo, pasamanería, trencilla, canutillo, deshilachado.

FLECHA dardo, saeta, venablo, sagita, rehilete, astil, virote, repullo.

FLECHADOR arquero, ballestero, rehiletero, saetero, infante, soldado, flechero.

FLECHAR cautivar, enamorar, hechizar, seducir, enajenar, embrujar, atraer || disparar, arrojar, lanzar, asaetear, herir, matar.

FLECHAZO pasión, arrebato, ardor, seducción, hechizo, amor, enajenamiento, enamoramiento, impulso, pronto || herida, golpe, impacto.

FLEJE tira, zuncho, lámina, chapa, aro, varilla, resorte, muelle, ballesta.

FLEMA mucosidad, esputo, expectoración, escupitajo, gargajo, saliva, salivazo || pachorra, parsimonia, cachaza, calma, cuajo, impasibilidad, imperturbabilidad, frialdad, tranquilidad, lentitud, tardanza.

FLEMÁTICO impasible, imperturbable, sereno, tranquilo, reposado, frío, impávido, impertérrito, indiferente, tardo, lento, pachorrudo, calmoso, cachazudo.

FLEMÓN absceso, forúnculo, inflamación, infección, tumor, grano, hinchazón.

FLEQUILLO copete, mechón, vellón, pelo, fleco, tupé, rizo, cerneja, guedeja, mecha.

FLETADOR armador, contratista, naviero.

FLETAMENTO carga, embarque, armamento, transporte, contrato, acarreo, envío, arrendamiento, alquiler, flete v.

FLETAR contratar, armar, cargar, arrendar, alquilar, acarrear, enviar, transportar, exportar, embarcar || echar, expulsar, despedir, arrojar.

FLETE precio, importe, suma, costo || mercancía, mercadería, carga, cargamento, cargazón, abarrote, envío, remesa, productos || v. fletamento.

FLEXIBILIDAD ductilidad, elasticidad, maleabilidad, plasticidad, cimbreo, torcedura, arqueamiento, resistencia, tonicidad, ajuste || conformidad, complacencia, docilidad, obediencia, resignación, tolerancia, doblegamiento, amoldamiento, avenencia.

FLEXIBLE elástico, dúctil, maleable, plástico, cimbreante, resistente, mimbreño, vibrante, movible || amoldable, tolerante, conformis-

FLEXIÓN

ta, resignado, obediente, dócil, complaciente, calzonazos, sumiso.

FLEXIÓN curvatura, torcedura, arqueamiento, doblegamiento, cimbreamiento. v. flexibilidad.

FLEXUOSO ondulante, ondulado, sinuoso, ondulatorio, dúctil, maleable, blando, fláccido.

FLIRT * v. flirteo.

FLIRTEAR galantear, coquetear, camelar, conquistar, engatusar, cortejar, enamorar.

FLIRTEO galanteo, cortejo, coqueteo, engatusamiento, conquista, enamoramiento, aventura.

FLOJEAR ceder, soltar, aflojar, decaer, enervar, remitir, disminuir, debilitar, flaquear, perder, rendirse, entregarse, desmadejarse, relajarse.

FLOJEDAD decaimiento, debilidad, flojera, laxitud, enervamiento, desánimo, atonía, desaliento, flaqueza, pérdida, entrega, desmadejamiento, relajación || pereza, negligencia, descuido, desidia, indolencia.

FLOJERA v. flojedad.

FLOJO suelto, desatado, laxo, libre || desanimado, decaído, fláccido, apagado, quebrantado, débil, desalentado, lacio, torpe, lánguido, apático, agotado, cansado, enervado, inerte, blando, fofo, perezoso, negligente, tímido, pusilánime, lento, inactivo, cobarde, indolente.

FLOR pimpollo, capullo, botón, yema, brote || nata, crema, selección, lo escogido, lo selecto, lo principal || requiebro, piropo, galantería, ternura, lisonja, alabanza, elogio, madrigal, chicoleo.

FLORA vegetación, plantas, vegetales, botánica.

FLORACIÓN v. florecimiento.

FLOREAR adornar, componer, recrearse, piropear, requebrar.

FLORECER abrirse, brotar, desarrollarse, aparecer, lucir, medrar, echar, romper, florar || progresar, prosperar, brillar, engrandecerse, adelantar, aumentar, incrementar, realzar, enaltecer, acrecentar.

FLORECIENTE florido, exuberante, poblado, brillante, lucido, hermoso || próspero, pujante, grande, adelantado, rico, opulento, favorable, propicio, radiante, avanzado, afortunado, venturoso.

FLORECIMIENTO floración, exuberancia, nacimiento, brote, aparición, florescencia, lucimiento, brillo, lozanía, apertura || prosperidad, adelanto, grandeza, pujanza, fortuna, ventura, avance, desarrollo, auge, crecimiento, perfeccionamiento, impulso.

FLOREO charla, cháchara, fantasía, sutileza, adorno, superficialidad, ligereza, insubstancialidad, frivolidad.

FLORERÍA floristería, tienda, puesto de flores.

FLORERO búcaro, jarrón, vaso, vasija, cántaro, ramilletero, tiesto, maceta.

FLORESCENCIA v. florecimiento.

FLORESTA fronda, espesura, arboleda, alameda, bosque, parque, jardín, selva, boscaje, ramaje.

FLORETE estoque, espadín, espada, acero, hierro, hoja, arma blanca.

FLORICULTOR jardinero, cultivador, plantador, agricultor, hortelano, florista, experto.

FLORICULTURA jardinería, horticultura, agricultura, cultivo, plantación.

FLORIDO floreciente, exuberante, poblado, cuajado, brillante, lucido, hermoso || adornado, retórico, pomposo, barroco, gracioso, ameno, galano, profuso, rico, brillante, elocuente || escogido, seleccionado, selecto.

FLORILEGIO antología, repertorio, selección, compendio, miscelánea, recopilación, analectas, resumen, colección, compilación, crestomatía, centón, reunión, parnaso, romancero, selectas.

FLORÍN escudo, moneda, pieza.

FLORIPONDIO florón, estampa, dibujo, estampado, figura.

FLORISTA vendedora, floricultora,

jardinera, ramilletera, canéfora.
FLORISTERÍA v. florería.
FLORITURAS * v. floreos.
FLORÓN floripondio, adorno, remate, rosetón || laurel, corona, palma, honor, premio.
FLOTA escuadra, marina, armada, unidad, fuerza, expedición, flotilla, convoy, escuadrilla, embarcaciones, buques, navíos.
FLOTABLE insumergible, boyante, flotante, flotador.
FLOTACIÓN flotadura, flote, navegación, desplazamiento, natación.
FLOTADOR salvavidas, guindola, boya, corcho, cámara, aparato insumergible.
FLOTANTE v. flotable.
FLOTAR emerger, sobrenadar, sostenerse, mantenerse, sobresalir, boyar, nadar, navegar, desplazar, desencallar, desembarcar || flamear, ondear, agitar, enarbolar, ondular, tremolar, mecerse, columpiarse.
FLOTE v. flotación.
FLOTILLA v. flota.
FLUCTUACIÓN irresolución, vacilación, duda, indecisión, titubeo, indeterminación, incertidumbre || variación, oscilación, cambio, vaivén, mudanza, modificación, alteración, azar, contingencia, mutación, irregularidad.
FLUCTUANTE variable, oscilante, alterno, mudable, cambiante, irregular, inseguro, azaroso, vacilante, indeciso, titubeante, incierto, irresoluto, indeterminado, dudoso || ondulante, ondeante, tremolante.
FLUCTUAR oscilar, cambiar, mudar, alternar, variar, modificar, transformar, subir, bajar || ondear, tremolar, flamear, ondular, mecerse, columpiarse, agitarse.
FLUENTE v. fluido.
FLUIDEZ fluidificación, lucuación || facilidad, sencillez, expresividad, claridad, naturalidad, practicabilidad.
FLUIDIFICAR licuar, fundir, derretir, licuefacer, colicuar, diluir, batir.
FLUIDO líquido, gas, vapor, agente, cuerpo || gaseoso, vaporoso, líquido, fluente, licuable, corriente || sencillo, fácil, claro, expresivo, natural, practicable, inteligible, límpido.
FLUIR circular, manar, correr, pasar, atravesar, discurrir, gotear, chorrear, rezumar, caer, mojar, destilar, botar, salir, segregar, resbalar.
FLUJO movimiento, vaivén, corriente, circulación, chorreo, salida || marea, subida, ascenso, pleamar || excreción, evacuación, derrame, secreción, supuración, mucosidad, diarrea.
FLUORESCENCIA luminosidad, luminiscencia, irradiación, fosforescencia, brillo, fulgor, fenómeno luminoso.
FLUORESCENTE luminoso, luminiscente, fosforescente.
FLUVIAL de los ríos, de las vías de agua, de las vías navegables.
FLUXIÓN acumulación, estancamiento, congestión || resfriado, constipado, catarro, resfrío, enfriamiento.
FOBIA aversión, repugnancia, antipatía, repulsión, aborrecimiento, odio, manía.
FOCA elefante marino, lobo marino, león marino, morsa, manatí, mamífero, pinnípedo.
FOCO lámpara, fanal, faro, luz, linterna, farola, reflector, bombilla || núcleo, centro, meollo, médula, corazón, eje, fondo, base, miga, medio.
FODOLÍ charlatán, parlanchín, hablador, gárrulo, entremetido, cotilla.
FOFO blando, muelle, esponjoso, fláccido, inconsistente, obeso, gordo, orondo, paposo.
FOGARADA v. fogata.
FOGARIL hornillo, hogar, cocina, fogón, jaula, farol.
FOGATA hoguera, pira, fogarata, alcandora, fuego, hogar, lumbre, falla, candelada.
FOGÓN hornillo, hogar, cocina, cocinilla, horno, anafe, brasero, calentador, chimenea, estufa.
FOGONAZO llamarada, chispazo, ful-

gor, destello, chisporroteo, resplandor, relumbrón, contacto, cortocircuito.
Fogosidad vehemencia, ardor, viveza, pasión, arrebato, entusiasmo, efervescencia, ofuscación, encendimiento, arrojo, brío, exaltación, acaloramiento, impetuosidad, calor, efusión, actividad.
Fogoso apasionado, vehemente, ardiente, ardoroso, arrebatado, encendido, ofuscado, efervescente, acalorado, impetuoso, efusivo, entusiasmado, exaltado, brioso, impulsivo, inflamado, febril, excitado, ciego, arrebatado.
Fogueado ducho, veterano, experto, ejercitado, avezado, aguerrido, habituado, traqueteado, trajinado, zarandeado, curtido, encallecido, acostumbrado, ajetreado, experimentado, entrenado, hecho, aperreado.
Foguearse avezarse, aguerrirse, acostumbrarse, baquetearse, entrenarse, adiestrarse, hacerse, aperrearse, curtirse, encallecerse, habituarse, ejercitarse.
Foliar numerar, marcar, señalar, inscribir, ordenar, registrar, anotar.
Foie-gras * pasta de hígado, hígado graso.
Folículo conducto, tubo, glándula.
Folio hoja, papel, pliego, página, carilla, plana, documento.
Folklore tradición, carácter, costumbres populares.
Folklórico típico, tradicional, característico, popular, pintoresco, costumbrista.
Follaje espesura, fronda, boscaje, ramaje, frondosidad, hojarasca, verde, copa, broza, coscoja, selva, bosque.
Folletín escrito, serial, drama, novela, aventura, fantasía.
Folletinesco novelesco, imaginario, fantástico, romántico, aventurero.
Folleto impreso, cuadernillo, librillo, opúsculo, revista, cuaderno, entrega, fascículo, panfleto, prospecto, catálogo.

Folletón * folletín v.
Follón cobarde, ruin, miedoso, despreciable || perezoso, holgazán, dejado, poltrón, negligente, vago || jaleo, embrollo, cisco, bronca, alboroto, zapatiesta.
Fomentar promover, proteger, vivificar, vigorizar, mantener, apoyar, organizar, impulsar, generar, desarrollar, fundar, establecer, inspirar, animar, empujar, lanzar || excitar, atizar, avivar, azuzar, hurgar, remover.
Fomento paño, cataplasma, sinapismo, emplasto, parche, bizma, medicamento || promoción, protección, impulso, organización, apoyo, vigorización, vivificación, amparo, ayuda, auxilio, desarrollo, sostén.
Fonda posada, figón, bodegón, mesón, venta, cantina, pensión, albergue, hostelería, hotel.
Fondeadero ensenada, rada, ancladero, dársena, abra, cala, puerto, agarradero, surgidero, recaladero, embarcadero, ancón, amarradero.
Fondear anclar, recalar, atracar, aferrar, engalgar, entalingar, tocar, amarrar, llegar, arribar, echar anclas, dar fondo.
Fondeo anclaje, recalada, arribo, llegada, amarre.
Fondo base, raíz, apoyo, fundamento, arranque, hondo, hondura, profundidad, calado, culo, fin, término, extremo, asiento || carácter, genio, condición, modo, manera, intimidad, esencia, interior, personalidad.
Fonendoscopio estetoscopio, trompetilla acústica, aparato de auscultación.
Fonética pronunciación, fonología, ciencia, estudio.
Fonético vocal, oral, fonológico.
Fonógrafo gramófono, gramola, tocadiscos, aparato.
Fonología v. fonética.
Fontana v. fontanar.
Fontanar manantial, fuente, fontana, hontanar, ventero, oasis, alfaguara, manadero, chortal, surtidor, chorro.

FONTANERÍA instalación, distribución, conducción, tuberías, caños, conductos.
FONTANERO operario, pocero, obrero, artesano, técnico.
FOOT BALL * fútbol v.
FORAJIDO facineroso, bandido, malhechor, bandolero, delincuente, salteador, perpetrador, criminal, transgresor, infractor, violador, rufián, malandrín, reo.
FORAMEN orificio, agujero, taladro, abertura, boquete, boca, ojo, ojete.
FORÁNEO v. forastero.
FORASTERO extranjero, extraño, desconocido, ajeno, foráneo, nuevo, gringo, naturalizado, alienígeno, advenedizo, exótico, bárbaro, refugiado, exiliado, anónimo, incógnito, intruso, inmigrante, emigrante.
FORCEJEAR debatirse, bregar, pugnar, luchar, bracear, esforzarse, retorcerse, empujarse, resistir, oponerse, combatir, discutir, rebatir.
FORCEJEO brega, lucha, braceo, esfuerzo, retorcimiento, pugna, resistencia, oposición, combate, discusión, contradicción.
FÓRCEPS instrumento, pinzas, tenazas, artefacto.
FORENSE doctor, médico de juzgado, especialista, experto, perito.
FORESTAL boscoso, agreste, rústico, selvoso.
FORFAIT * ajuste, a prorrata, a destajo.
FORJA fragua, ferrería, horno, fogón, crisol, tobera, taller, obrador.
FORJADOR herrero, herrador, chispero, quincallero.
FORJAR fraguar, formar, moldear, golpear, percutir || inventar, imaginar, crear, fingir, urdir, discurrir, tramar, concebir.
FORMA imagen, hechura, figura, silueta, perfil, conformación, efigie, representación, modelo, apariencia, continente, aspecto, formato, estampa, tamaño, línea, proporción, constitución, disposición, contorno, contextura, estructura, diseño, dibujo, configuración || modo, manera, carácter, estilo, tono, medio, sistema, procedimiento, aire, guisa, método, proceder.
FORMACIÓN alineación, fila, columna, cuadro, orden, hilera, serie, cadena, ala, hilada, ringlera, ristra, desfile, procesión, destacamento, pelotón, escuadra, avanzadilla || v. forma || capa, veta, estrato, tonga, sedimento, faja, franja, manto geológico.
FORMAL serio, juicioso, callado, reposado, tranquilo, severo, cumplidor, exacto, escrupuloso, consecuente, cabal, sensato, sesudo, grave, prudente, maduro, recto || determinado, explícito, preciso, expreso, terminante, manifiesto, directo.
FORMALIDAD seriedad, juicio, severidad, dignidad, tranquilidad, reposo, sensatez, escrupulosidad, minuciosidad, exactitud, gravedad, prudencia, madurez, rectitud, entereza, veracidad, celo, compostura, puntualidad.
FORMALIDADES procedimientos, reglas, requisitos, exigencias, condiciones, obligaciones.
FORMALISMO v. formulismo.
FORMALISTA v. formulista.
FORMALIZAR concretar, precisar, establecer, determinar, fijar, señalar, delimitar, ceñirse, estipular.
FORMALMENTE expresamente, precisamente, determinadamente, explícitamente, adecuadamente, debidamente.
FORMAR establecer, crear, producir, hacer, fundar, coordinar, ordenar, organizar, instituir || moldear, labrar, configurar, plasmar, trabajar || constituir, integrar, componer, entrar, tomar parte || educar, adiestrar, criar, ejercitar, enseñar, aleccionar, iniciar, preparar, dirigir, desarrollar, perfeccionar.
FORMATIVO educativo, pedagógico, explicativo, instructivo, didáctico, ilustrativo, docente.

Formato tamaño, forma, dimensión, hechura, conformación, configuración.
Formidable colosal, imponente, enorme, descomunal, gigantesco, excesivo, considerable, monstruoso || estupendo, magnífico, soberbio, portentoso, prodigioso, fantástico, asombroso, pasmoso, admirable || temible, espantoso, pavoroso, tremendo, aterrador.
Formón escoplo, cincel, gubia, buril, cortafrío, estilo, herramienta, instrumento.
Fórmula expresión, término, enunciado, ley, representación, enumeración, formulación || receta, prescripción, récipe || reglamento, ordenanza, canon, norma, ley, regla, requisito, modelo, método, técnica, pauta, proceder, manera, modo, procedimiento || v. formulismo.
Formular expresar, manifestar, precisar, establecer, enunciar, concretar, proponer, exponer, aclarar, estipular, decir || recetar, prescribir, ordenar, aconsejar.
Formulario recetario, vademécum, prontuario, manual.
Formulismo ceremonia, etiqueta, formalidades, fórmula, formalismo, protocolo, rito, ritual, culto, solemnidad, pompa, aparato.
Formulista ceremonioso, formal, etiquetero, protocolario, rutinario, solemne, pomposo, aparatoso, severo, rígido, riguroso, puntilloso, detallista.
Fornicación barraganería, amancebamiento, concubinato, lío, apaño, arreglo, contubernio, comercio, amasiato, cohabitación, entendimiento, fornicio, prostitución v., coito, cópula, concúbito, acceso, ayuntamiento, enlace, unión, apareamiento, cubrición.
Fornicador adúltero, infiel, amancebado, adulterino, corrompido, viciado, ilegal, abarraganado, liado, conchabado, amontonado, copulador, lascivo, libidinoso, lujurioso, lúbrico, sensual, erótico, licencioso, libertino.
Fornicar abarraganarse, amancebarse, liarse, entenderse, conchabarse, arreglarse, apañarse, juntarse, enredarse, cohabitar, copular, unirse, aparearse, ayuntarse, cubrir, yacer, amarizarse.
Fornido robusto, fuerte, forzudo, membrudo, nervudo, poderoso, corpulento, pujante, potente, recio, macizo, hercúleo, rebolludo, brioso, formidable, gigantesco, musculoso.
Fornitura correaje, guarnición, bandolera, traílla, arreos || Fornitura * guarnición, adorno, aderezo || provisión, abasto, suministro.
Foro tribunal, curia, juzgado, audiencia, corte, abogacía, jurisprudencia, escena, escenario, plaza.
Forofo * v. fanático.
Forraje pienso, pasto, heno, verde, hierba, herbaje, pación, paja, grano, semilla, pastura, alimento.
Forrar revestir, tapizar, recubrir, cubrir, guarnecer, acolchar, enguatar, proteger, empapelar, envolver, enfundar, embalar.
Forro revestimiento, funda, tapizado, recubrimiento, acolchado, envoltura, protección, guata, cubierta, embalaje, entretela, viso, vaina, papel, tela, plástico, resguardo.
Fortachón v. fornido.
Fortalecedor tonificante, reanimador, reparador, vigorizante, robustecedor, confortador, vivificador, fortificante.
Fortalecer reanimar, tonificar, vigorizar, robustecer, confortar, vivificar, fortificar, rejuvenecer, mejorar, remozar, endurecer, entonar, reforzar || defender, v. fortificar.
Fortalecimiento v. fortaleza.
Fortaleza castillo, fuerte, fortín, torre, torreón, alcázar, reducto, ciudadela, atalaya, cota, fortificación, castro, defensa, recinto, baluarte, muralla, plaza fuerte ||

fuerza, vigor, poder, robustez, empuje, esfuerzo, ánimo, vitalidad, nervio, fibra, poderío, reciedumbre, pujanza, eficacia, brío, firmeza, dureza, resistencia, energía, ímpetu, esfuerzo, tenacidad, potencia, corpulencia, musculatura.

FORTIFICACIÓN fortín, fortaleza, alcázar, torreón, torre, castillo, fuerte, castro, cota, atalaya, ciudadela, reducto, defensa, baluarte, recinto, plaza fuerte, trinchera, casamata, muralla, muro, empalizada, barbacana, valla, foso, excavación, atrincheramiento, terraplén, batería, blocao.

FORTIFICANTE v. fortalecedor.

FORTIFICAR amurallar, reforzar, guarnecer, proteger, parapetar, atrincherar, defender, afianzar, consolidar, fortalecer, almenar, construir, erigir, flanquear, zapar, blindar, acorazar || v. fortalecer.

FORTÍN v. fortificación.

FORTUITAMENTE casualmente, accidentalmente, inopinadamente, v. fortuito.

FORTUITO accidental, casual, inopinado, imprevisto, eventual, impensado, aleatorio, ocasional, esporádico, circunstancial, contingente.

FORTUNA sino, suerte, ventura, providencia, azar, destino, fatalidad, hado, eventualidad, acaso, albur, casualidad, estrella, riesgo, suceso, vicisitud, signo, sombra || capital, hacienda, dinero, caudal, patrimonio, heredad, herencia, riqueza, acervo, ahorros, bienes, cantidad, haber, tesoro, fondos, posibles, economías, peculio, posición, valores, cuartos, metálico, numerario, dineral.

FORÚNCULO inflamación, infección, absceso, tumor, bulto, hinchazón, purulencia, grano, postema, pústula, bubón, ántrax, golondrino, flemón, panadizo.

FORZADAMENTE obligadamente, violentamente, apremiantemente, v. forzado.

FORZADO obligado, apremiado, violentado, constreñido, apretado, compelido, azuzado, retenido, ocupado, exigido, comprometido, gravado, sujeto, mandado, cargado, forzoso, impuesto, obligatorio, vital, fatal, preciso, necesario, imprescindible, ineludible, inevitable, indefectible, impostergable, inexcusable || presidiario, penado, galeote, condenado, reo, procesado, culpable, criminal, delincuente, convicto, rebelde, prisionero || rebuscado, artificioso, afectado, falso, fingido, postizo, artificial, antinatural, amanerado, estudiado, ñoño, cursi, pedante, relamido.

FORZAR obligar, apremiar, constreñir, violentar, exigir, comprometer, ocupar, retener, azuzar, cargar, compeler, mandar, gravar, imponer, impulsar, convencer, sujetar, dominar || violar, raptar, violentar, estuprar, desflorar, profanar, desvirgar, abusar, escarnecer, deshonrar, mancillar, atropellar, vulnerar || tomar, penetrar, conquistar, asaltar, expugnar, invadir.

FORZOSAMENTE imprescindiblemente, obligatoriamente, ineludiblemente, v. forzoso.

FORZOSO obligatorio, imprescindible, ineludible, inexcusable, obligado, indefectible, impostergable, necesario, preciso, fatal, impuesto, vital, mandado, irrevocable, inapelable, irremediable.

FORZUDO musculoso, robusto, recio, nervudo, acérrimo, fortachón, fornido, pujante, macizo, imponente, hercúleo, poderoso, potente, membrudo, gigantesco, formidable, brioso, fuerte.

FOSA tumba, sepultura, huesa, hoyo, hoya, enterramiento, sepulcro, cripta, túmulo, cárcava, yacija || depresión, cavidad, dilatación, hueco, hoyo, cueva, concavidad, sima, hendedura, excavación, agujero, pozo, oquedad, abismo, barranco, seno, escotadura, socavón, mina.

FOSCO lóbrego, obscuro, tenebroso, negro, pardo, gris, opaco, entenebrecido, umbroso, apagado, sombrío, nebuloso || hosco, agrio, desabrido, intratable, insociable, montaraz, amargo, desagradable, desapacible, descortés, huraño, brusco, seco, tosco, rudo, bronco, arisco.

FOSFORESCENCIA luminosidad, luminiscencia, fluorescencia, fulgor, brillo, irradiación, fenómeno luminoso.

FOSFORESCENTE luminiscente, fluorescente, luminoso, brillante, fulgurante, chispeante.

FOSFORESCER irradiar, brillar, fulgurar, chispear, relumbrar, emitir luz.

FÓSFORO cerilla, mixto, bengala, llama, luz.

FÓSIL vestigio, resto, huella, residuo, traza, reliquia, impresión, v. fosilizado.

FOSILIZADO petrificado, marcado, señalado, impreso, mineralizado, conservado || anquilosado, anticuado, viejo, arcaico, antediluviano, arqueológico, prehistórico, vetusto, desusado, antiguo, primitivo, pretérito, rancio.

FOSILIZARSE anquilosarse, anticuarse, estancarse, envejecer, atascarse, detenerse, atrofiarse, paralizarse, entorpecerse, estacionarse.

Foso cavidad, fosa, depresión, sima, concavidad, cueva, hoyo, hueco, pozo, oquedad, socavón, mina, excavación, agujero, trinchera, cuenco, defensa, protección.

FOTOCOPIA reproducción, copia, fotografía, duplicado, calco, facsímil.

FOTOFOBIA aversión, horror, repugnancia a la luz.

FOTOGÉNICO propicio, adecuado, favorecido, agraciado, hermoseado.

FOTOGRABADO plancha, lámina, grabado, impresión, clisé, reproducción.

FOTOGRABAR estampar, impresionar, imprimir, reproducir, grabar.

FOTOGRAFÍA retrato, imagen, estampa, reproducción, lámina, ilustración, cromo, vista, representación, efigie, figura, instantánea, clisé, fotocopia.

FOTOGRAFIAR retratar, reproducir, fijar, representar, plasmar, impresionar, reflejar, captar, ilustrar.

FOTOGRÁFICO fiel, exacto, reproducido, calcado, representado, plasmado, impresionado.

FOTÓGRAFO artista, experto, técnico, retratista.

FOYER * salón, vestíbulo, sala de descanso.

FRAC levita, casaca, levitón, fraque, futraque, vestimenta, vestidura, chaqueta.

FRACASADO frustrado, malogrado, fallido, estropeado, perdido, desaprovechado, inútil, abortado, derrotado, vencido, acabado, aniquilado, arruinado, malparado, hundido, decepcionado, descalabrado, caído, deshecho, naufragado, desafortunado.

FRACASAR frustrarse, malograrse, fallar, abortar, naufragar, arruinarse, estropearse, decaer, hundirse, desmoronarse, acabarse, perderse, estrellarse, desengañarse, desilusionarse, venirse abajo, desgraciarse.

FRACASO revés, malogro, frustración, chasco, naufragio, desmoronamiento, hundimiento, decadencia, estropicio, ruina, aborto, falla, fallo, desilusión, desengaño, deslucimiento, infortunio, desgracia, descalabro.

FRACCIÓN quebrado, decimal, división, cociente, expresión || porción, parte, fragmento, trozo, pedazo, pizca, partícula, triza, migaja, cacho, proporción.

FRACCIONADO dividido, partido, troceado, fragmentado, separado, repartido, cortado, seccionado, despedazado, desintegrado, roto, segmentado.

FRACCIONAMIENTO división, separación, reparto, corte, sección, despedazamiento, partición, desintegración, segmentación, parcelación, fragmentación.

FRACCIONAR seccionar, dividir, separar, repartir, cortar, desmenuzar, fragmentar, descomponer, partir, despedazar, quebrantar, parcelar.

FRACCIONARIO decimal, quebrado, cociente, parcial, v. fraccionado.

FRACTURA rotura, fragmentación, fisura, quebradura, ruptura, quebranto, desgarro, quiebra, brecha, cisura, tronchamiento, destrozo, accidente, percance.

FRACTURAR partir, romper, quebrar, fragmentar, tronchar, desgarrar, quebrantar, destrozar, hender, desgajar, estropear, accidentar, herir.

FRAGA fragosidad, espesura, breñal, aspereza, boscosidad, frondosidad.

FRAGANCIA aroma, perfume, esencia, olor, efluvio, bálsamo, vaho, emanación.

FRAGANTE oloroso, aromático, perfumado, odorífero, balsámico, aromado, aromatizante, suave, agradable.

FRAGATA velero, corbeta, navío, embarcación, buque, barco v.

FRÁGIL quebradizo, rompible, endeble, débil, delicado, flojo, inconsistente, fino, friable, lábil, tenue, sutil, liviano, ligero, gastado, esmirriado, delgado, enclenque, enfermizo.

FRAGILIDAD flojedad, delicadeza, endeblez, sutilidad, tenuidad, labilidad, finura, inconsistencia, ligereza, delgadez, debilidad, inestabilidad.

FRAGMENTACIÓN desintegración, rotura, fraccionamiento, división, descomposición, quebrantamiento, desmenuzamiento, corte, separación, despedazamiento, troceado, parcelación, segmentación.

FRAGMENTAR fraccionar, dividir, desintegrar, romper, partir, despedazar, separar, cortar, desmenuzar, descomponer, quebrantar, parcelar, trocear.

FRAGMENTARIO incompleto, inconcluso, inacabado, insuficiente, imperfecto, escaso, falto, truncado, cojo, rudimentario, defectuoso.

FRAGMENTO pedazo, pieza, trozo, fracción, parte, corte, parcela, segmento, separación, sección, división, ración, lote, tramo, cacho, porción, resto, añico, vestigio, pizca, pormenor, detalle, accesorio.

FRAGOR estruendo, ruido, estrépito, rumor, trueno, retumbo, clamor, tumulto, estallido, batahola, alboroto, alharaca, sonoridad.

FRAGOROSO ruidoso, estruendoso, fragoso, atronador, rumoroso, estrepitoso, retumbante, sonoro, alborotador, tumultuoso, escandaloso, clamoroso.

FRAGOSIDAD escabrosidad, aspereza, escarpadura, tortuosidad, anfractuosidad, intrincamiento, desigualdad, quebradura, cuesta, breña, breñal, espesura, boscosidad.

FRAGOSO escarpado, áspero, abrupto, escabroso, tortuoso, quebrado, desigual, intrincado, anfractuoso, empinado, rocoso, boscoso, cerrado, breñoso || ruidoso, estrepitoso, v. fragoroso.

FRAGUA fogón, forja, horno, hornillo, brasero, chimenea, crisol, tobera.

FRAGUADOR forjador, creador, autor, promotor.

FRAGUAR crear, proyectar, forjar, planear, hacer, discurrir, idear, pensar || forjar, trabajar, formar, moldear, golpear, percutir || endurecerse, trabarse, secarse.

FRAILE religioso, monje, regular, hermano, cartujo, cenobita, fray, ermitaño, asceta, eremita, santón, penitente.

FRAMBUESA churdón, sangüesa, mora, fruto.

FRANCACHELA juerga, parranda, jarana, comilona, jolgorio, merendola, banquete, cuchipanda, orgía, bacanal, tragantona, fiesta, festín, desenfreno, escándalo, jaleo, libertinaje, gaudeamus, alboroto, convite.

FRANCAMENTE sinceramente, abiertamente, llanamente, lealmente, v. franco.
FRANCÉS galo, franco, gabacho, transpirenaico.
FRANCMASÓN masón, cofrade, hermano, adepto, iniciado, asociado, juramentado.
FRANCMASONERÍA masonería, organización, hermandad, asociación, entidad secreta.
FRANCO sincero, abierto, llano, leal, verdadero, cándido, justo, honrado, natural, veraz, real, espontáneo, claro, explícito, efusivo, cordial, serio, comunicativo, ingenuo, candoroso, sencillo, noble, generoso || exceptuado, libre, limpio, desembarazado, exento, gratis, privilegiado, dispensado || v. francés.
FRANCOTIRADOR * guerrillero, emboscado, combatiente, faccioso.
FRANELA tejido, tela, lana, algodón, género.
FRANGIR dividir, partir, fragmentar, romper, quebrar, cortar, deshacer.
FRANGOLLAR chapucear, apresurarse, embrollar, chafallar, remendar, guachapear, reparar sin arte || barbotear, mascullar, v. farfullar.
FRANGOLLO chapuza, embrollo, remiendo, mezcla, revoltillo, mezcolanza, batiburrillo.
FRANGOLLÓN v. chapucero.
FRANJA banda, tira, lista, faja, cinta, veta, guarnición, borde, ribete, zona, línea, sector, área, superficie.
FRANQUEABLE accesible, traspasable, vadeable, transitable.
FRANQUEAR sellar, pagar, abonar, pesar, pegar, adherir, despachar || exceptuar, redimir, liberar, conceder, libertar, dispensar, manumitir, otorgar || desembarazar, desatascar, abrir, librar, ampliar || FRANQUEAR * traspasar, pasar, salvar, vadear, transitar, atravesar, cruzar, rebasar || FRANQUEARSE confesar, confiarse, revelar, declarar, descubrir, desahogarse, abrir.
FRANQUEO sellos, tasa, pago, importe, peso.
FRANQUEZA claridad, sinceridad, llaneza, candidez, ingenuidad, verdad, lealtad, espontaneidad, realidad, veracidad, naturalidad, honradez, honestidad, seriedad, cordialidad, nobleza, sencillez, limpieza, confianza, descaro.
FRANQUÍA v. franquicia.
FRANQUICIA libertad, licencia, facultad, poder, permiso, facilidad, pase, privilegio, dispensa, inmunidad, exención, excepción, prerrogativa.
FRAQUE v. frac.
FRASCO envase, botella, casco, botellín, ampolla, damajuana, tarro, redoma, recipiente, vasija, vaso.
FRASE expresión, locución, párrafo, dicho, enunciado, proposición, oración, artículo, parágrafo, palabras, aparte.
FRASEOLOGÍA v. frase || verborrea, charlatanería, palabrería, garrulería.
FRATERNA v. filípica.
FRATERNAL entrañable, cariñoso, amistoso, profundo, íntimo, cordial, afectuoso, v. fraterno.
FRATERNIDAD hermandad, igualdad, unión, unidad, identificación, solidaridad, vínculo, armonía, concordia, lealtad, cariño, adhesión, compenetración || v. cofradía.
FRATERNIZAR compenetrarse, unirse, identificarse, hermanarse, alternar, igualarse, compartir, adherirse, unificarse, vincularse, tratarse, convivir, relacionarse, confraternizar, avenirse.
FRATERNO entrañable, cariñoso, amistoso, profundo, afectuoso, cordial, íntimo, hermano, unido, identificado, vinculado, solidario, compenetrado.
FRATRICIDA parricida, homicida, criminal, asesino de su hermano.
FRAUDE engaño, defraudación, estafa, timo, falacia, dolo, robo,

expoliación, substracción, sisa, escamoteo, chantaje, rapacidad, malversación, desfalco, apaño, usurpación, estraperlo, contrabando, simulación.

Fraudulento falso, engañoso, falaz, ficticio, espurio, falsificado, apañado, simulado, desfalcado, malversado, expoliado, artificial, postigo, apócrifo, ilegítimo.

Fraulein * señorita, aya, señorita de compañía.

Fray v. fraile.

Frazada manta, cobertor, edredón, cubrecama, colcha, abrigo, cobertera.

Frecuencia repetición, asiduidad, reiteración, costumbre, continuidad, menudeo, insistencia, multiplicación, periodicidad, reincidencia, recidiva, reproducción, recaída.

Frecuentado concurrido, animado, rebosante, lleno, poblado, multitudinario, bullicioso, movido, repleto, atestado, visitado, abarrotado, completo, transitado.

Frecuentar concurrir, asistir, volver, visitar, regresar, acostumbrar, repetir, menudear || alternar, relacionarse, intimar, conocer.

Frecuente asiduo, repetido, continuo, acostumbrado, reiterado, periódico, multiplicado, insistente, reincidente, habitual, corriente, usual, abundante, vulgar, ordinario, común, natural, diario, normal, incesante.

Frecuentemente asiduamente, repetidamente, continuamente, v. frecuente.

Fregadero lavadero, fuente, pila, pilón, pileta, artesa, barreño, dornajo, gamella, bañera, recipiente.

Fregado embrollo, enredo, lío, maraña, confusión, añagaza, trampa || lavado, limpieza, restregado, frotado, enjabonado, enjuagado.

Fregamiento v. fricción.

Fregar lavar, limpiar, enjabonar, bañar, enjuagar, baldear, colar, fregotear, aclarar, purificar, lavotear || restregar, frotar, friccionar, rozar, rascar, lijar, ludir, refregar, raer, gastar || fastidiar, molestar, importunar, incomodar, irritar, jorobar.

Fregona criada, fregatriz, fámula, maritornes, chica, muchacha, doméstica.

Freile monje, caballero profeso, religioso, sacerdote.

Freír cocinar, sofreír, rehogar, saltear, pasar, calentar, recalentar, hervir, cocer, dorar || fastidiar, incomodar, molestar, importunar, jorobar, irritar.

Fréjol v. fríjol.

Frémito bramido, mugido, alarido, rugido.

Frenar parar, detener, moderar, domeñar, sujetar, dominar, paralizar, contener, inmovilizar, suspender, impedir, aplacar, serenar, tranquilizar, aquietar, atajar, cortar, estorbar, impelir, entorpecer, obstaculizar.

Frenesí arrebato, exaltación, enardecimiento, exacerbación, delirio, furor, furia, rabia, ardor, ímpetu, violencia, corajina, pasión, desvarío, extravío, locura, trastorno, entusiasmo, fanatismo, excitación, enajenación, perturbación.

Frenéticamente arrebatadamente, exaltadamente, furiosamente, v. frenético.

Frenético exaltado, arrebatado, furioso, extraviado, loco, desvariado, apasionado, rabioso, encorajinado, violento, impetuoso, ardoroso, delirante, exacerbado, enardecido, colérico, irritable, ciego, energúmeno, fanático, excitado, perturbado, enajenado, trastornado.

Frenillo membrana, ligamento, telilla || cabo, correa, tirante, rebenque, ligadura.

Freno pedal, mando, palanca, mecanismo || contención, sujeción, dominio, impedimento, paralización, inmovilización, suspensión, moderación, detención, parada, aplacamiento, tranquiliza-

Frente

miento, estorbo, impedimento, obstáculo, entorpecimiento, corte || bocado, brida, correa, embocadura, rienda, cincha, ronzal, cabestro, dogal.

Frente delantera, anverso, frontis, portada, fachada, faz, cara, vista, testera || vanguardia, avanzada, avanzadilla, primera fila, línea de fuego || testuz, testero, testa, curva, bóveda.

Freo canal, estrecho, paso, comunicación, acceso.

Fresa fresón, fragaria, fraga, fruto, rosácea, planta.

Fresar agujerear, escariar, perforar, horadar, redondear, barrenar, calar, abrir, taladrar, labrar, cortar.

Fresca brisa, vientecillo, fresco, aire, airecillo, céfiro.

Frescachón sano, robusto, lozano, rubicundo, hermoso, rollizo, fresco, saludable, joven.

Frescales sinvergüenza, desvergonzado, descarado, sinvergonzón, vividor, v. fresco.

Fresco reciente, lozano, flamante, puro, nuevo, verde, inmarchitable, airoso, sano, moderno, inédito, actual, original, virginal, limpio, estrenado, joven, vivaz, juvenil || frío, templado, moderado, agradable || frescura, frialdad, frigidez, brisa, vientecillo, céfiro || descarado, desvergonzado, sinvergüenza, vividor, frescales, desfachatado, verdulero, grosero, vulgar, insolente, atrevido, descocado.

Frescor v. frescura.

Frescura atrevimiento, descaro, desfachatez, desvergüenza, insolencia, grosería, vulgaridad, descoco, desgarro, desenfado, tupé || lozanía, pureza, amenidad, fertilidad, novedad, actualidad, juventud, vivacidad, estreno, limpieza, virginidad, originalidad || frialdad, fresco, frescor, frigidez, brisa, céfiro.

Fresquera alacena, nevera, despensa.

Freza estiércol, excremento, fiemo, boñiga, abono || desove, puesta, huevas.

Friable disgregable, desintegrable, desmenuzable, pulverizable.

Frialdad v. frío || indiferencia, despego, negligencia, desatención, apatía, displicencia, insensibilidad, tibieza, desinterés, ingratitud, altanería, desdén || impotencia, esterilidad, frigidez, infecundidad, incapacidad, agotamiento, decaimiento.

Fríamente indiferentemente, displicentemente, tibiamente, impasiblemente, v. frío.

Fricación v. fricción.

Fricandó guiso, estofado, plato.

Fricar v. friccionar.

Fricción frote, frotación, friega, fregado, refregón, estregón, refregadura, roce, fricación, refregamiento, estregadura, ludimiento || tratamiento, remedio, masaje.

Friccionar frotar, restregar, refregar, fregar, fricar, acariciar, rozar, estregar, ludir, masajear, sobar.

Friega v. fricción.

Friera sabañón, congelación, hinchazón, congestión, enrojecimiento.

Frigidaire * nevera, v. frigorífico.

Frigidez impotencia, esterilidad, infecundidad, agotamiento, decaimiento, frialdad, incapacidad || v. frialdad.

Frígido v. frío.

Frigorífico cámara, nevera, congeladora, fresquera, depósito, almacén.

Fríjol alubia, judía, habichuela, fréjol, legumbre, leguminosa, frísol.

Frío frigidez, fresco, frescura, frialdad, crudeza, congelación, baja temperatura, aterimiento, temblor, refrigeración, enfriamiento || helado, congelado, aterido, amoratado, yerto, transido, tembloroso, álgido, crudo, glacial, refrigerado, enfriado, frígido, fresco || impasible, desatento, negligente, desapegado, indiferente, tibio, insensible, desinteresado, displicente, apático, desdeñoso, altanero, ingrato, reservado, flemático, imperturbable, inmutable, impávido || impotente, frígido, infecundo, estéril, incapacitado, agotado, decaído.

FRIOLERA v. fruslería.

FRIOLERO sensible, débil, endeble, friolento, aterido, transido, yerto, esmorecido, friático.

FRISAR acercarse, aproximarse, alcanzar, llegar, cumplir, bordear || retorcer, frotar, ahuecar, levantar || avenirse, congeniar, comprenderse.

FRISO moldura, borde, cornisamento, franja, faja, banda, orla, ribete, decoración, pintura.

FRÍSOL v. fríjol.

FRISUELO tortilla, masa, fruta de sartén.

FRITADA frito v.

FRITO fritada, fritanga, fritura || cocinado, pasado, dorado, guisado, asado || consumido, impaciente, angustiado, irritado, nervioso, inquieto, desesperado.

FRITURA v. frito.

FRÍVOLAMENTE volublemente, trivialmente, veleidosamente, v. frivolidad.

FRIVOLIDAD volubilidad, trivialidad, veleidad, superficialidad, vaciedad, vacuidad, inutilidad, fruslería, puerilidad, liviandad, inconstancia, futilidad, ligereza, insubstancialidad.

FRÍVOLO veleidoso, superficial, trivial, voluble, pueril, vacuo, vacío, insubstancial, ligero, fútil, inconstante, liviano, informal, anodino, baladí, huero, inconstante.

FRONDA espesura, ramaje, boscaje, follaje, frondosidad, broza, copa, verde, hojarasca, bosque, selva, coscoja.

FRONDOSIDAD v. fronda.

FRONDOSO boscoso, espeso, denso, impenetrable, selvático, agreste, exuberante, tupido, poblado, lujuriante.

FRONTAL anterior, delantero, exterior, primero, superior.

FRONTERA límite, confín, borde, línea, linde, término, divisoria, aledaños, coto, raya, separación, orilla, contorno, margen || fachada, frontis v.

FRONTERIZO divisorio, limítrofe, colindante, lindante, rayano, vecino, contiguo, próximo, frontero, ladero, confinante, marginal, terminal.

FRONTIS fachada, frente, frontispicio, exterior, portada, cara, delantera, frontera.

FRONTISPICIO v. frontis || rostro, frente, cara, semblante, faz.

FRONTÓN cancha, pared, trinquete, pabellón, instalación || remate, coronación, frontispicio, frontis, cerramiento, acrótera, fastigio.

FROTACIÓN v. frote.

FROTAMIENTO v. frote.

FROTAR restregar, refregar, friccionar, fregar, fricar, masajear, estregar, ludir, rozar, acariciar, sobar, manosear, palpar, estrujar, amasar, raer, raspar, pulir, lijar, limar, desgastar, ajar.

FROTE frotamiento, frotación, fricción, fricación, roce, friega, fregado, refregamiento, frotadura, masaje, estregadura, ludimiento, restregón, rozamiento, rozadura, refregón, amasamiento, caricia, sobo, manoseo, estrujamiento, raedura, pulimiento, limadura, lijadura, desgaste, ajamiento.

FRUCTÍFERO productivo, provechoso, fructuoso, lucrativo, beneficioso, fértil, fecundo, feraz, prolífero, generoso, inagotable, exuberante, opimo, pingüe, rico, ubérrimo, abundante, conveniente, valioso, útil.

FRUCTIFICACIÓN cargazón, granazón, grana, madurez, producción, rendimiento, beneficio, producto, v. fruto.

FRUCTIFICAR granar, madurar, dar fruto, cerner || producir, rendir, beneficiar, ofrecer, recompensar, aprovechar, rentar, ofren-

Fructuoso

dar, desarrollarse, progresar, resultar.
Fructuoso v. fructífero.
Frugal sobrio, temperado, comedido, parco, moderado, templado, simple, sencillo, abstemio, abstinente, escueto, temperante, prudente, mesurado, ponderado, morigerado, modesto, ascético, económico, escaso, parsimonioso, parco.
Frugalidad moderación, templanza, mesura, sobriedad, temperancia, abstinencia, sencillez, simplicidad, ascetismo, modestia, morigeración, moderación, ponderación, prudencia, parsimonia, parquedad, escasez, economía.
Frugalmente moderadamente, mesuradamente, templadamente, v. frugal.
Fruición deleite, regodeo, delectación, placer, gozo, complacencia, goce, disfrute, delicia, satisfacción, contento, gusto, regosto.
Fruir deleitarse, gozar, complacerse, regodearse, disfrutar, satisfacerse, contentarse, saborear, gustar, recrearse.
Frunce pliegue, arruga, alforza, plegazo, rizo, plisado, encarrujamiento.
Fruncimiento v. frunce.
Fruncir arrugar, plegar, encoger, estrechar, reducir, rizar.
Fruslería menudencia, pequeñez, insubstancialidad, insignificancia, niñería, nonada, minucia, miseria, inanidad, futilidad, chuchería, baratija, bagatela, bicoca, ardite, relumbrón, puerilidad, pamplina.
Frustración fracaso, malogro, fallo, chasco, naufragio, desilusión, deslucimiento, desengaño, aborto, falla, revés, desgracia, infortunio, falta, dificultad, pérdida, error, desacierto, equivocación, torpeza, fiasco.
Frustrado fracasado, malogrado, chasqueado, fallado, abortado, desengañado, deslucido, desgraciado, errado, perdido, infortunado, equivocado, desacertado, anulado, reprimido, contenido.
Frustrar reprimir, contener, anular, evitar, eludir, burlar, chasquear, impedir, abortar, fracasar, fallar, deslucir, equivocar, malograr, desgraciar, desilusionar, decepcionar, dificultar, escacharrar, estrellarse, desaprovechar.
Fruta v. fruto.
Fruto fruta, producto, cosecha, colecta, artículo, substancia, género, pieza || rendimiento, producción, provecho, lucro, ganancia, renta, interés, utilidad, rédito, beneficio, usura, jugo, recompensa, remuneración.
Fuagrás * hígado graso, pasta de hígado.
Fúcar potentado, millonario, opulento, creso, acaudalado, poderoso.
Fucilar v. fulgurar.
Fucilazo v. relámpago.
Fuego hoguera, fogata, fogarata, pira, alcandora, hogar, lumbre, falla, candelada, incendio, lumma, conflagración, ignición || llama, lumbre, brasa, ascua, chispa, flama, llamarada || claridad, fulgor, brillo, chispazo, resplandor, fulguración || pasión, ardor, vehemencia, ímpetu, arrojo, transporte, fiebre, efusión, ceguera, paroxismo, emoción, delirio, efervescencia.
Fuel oil * petróleo, aceite, combustible, carburante.
Fuelle aventador, artefacto, aparato || pliegue, arruga, bolsa, odre.
Fuente manantial, fontanar, fontana, hontanar, venero, fluencia, alfaguara, manadero, oasis || surtidor, chorro, chortal, caño, grifo, pila, pilón, artesa, lavadero || principio, origen, fundamento, germen, semillero, comienzo, inicio, arranque, partida, brote, causa, motivo || bandeja, plato, platillo, dulcera, patena, vasera.
Fuera exteriormente, externamen-

te, superficialmente, extrínsecamente, frontalmente, anteriormente.

FUERO privilegio, exención, franquicia, concesión, merced, favor, prerrogativa, gracia, ventaja || jurisdicción, poder, gobierno, ley, dominio, alcance, decreto || FUEROS presunción, arrogancia, orgullo, jactancia, soberbia.

FUERTE robusto, fornido, poderoso, membrudo, nervudo, forzudo, hercúleo, macizo, vigoroso, recio, potente, pujante, corpulento, rebolludo, musculoso, gigantesco, formidable, potente, imponente, atlético || animoso, brioso, esforzado, enérgico, bizarro, dinámico, impetuoso, afanoso, ardoroso, tenaz, resistente, viril, varonil || duro, granítico, férreo, acerado, diamantino.

FUERTEMENTE vigorosamente, pujantemente, potentemente, animosamente, v. fuerza.

FUERZA vigor, pujanza, potencia, ánimo, resistencia, energía, aliento, fibra, nervio, vitalidad, reciedumbre, poder, poderío, robustez, brío, firmeza, fortaleza, dureza, ímpetu, bizarría, dinamismo, vivacidad, corpulencia || forcejeo, empuje, tirón, impulso, presión, esfuerzo, afán, empeño, batalla, lucha, sudor, pugna, puja, fervor, ahínco, brega || destacamento, avanzada, avanzadilla, pelotón, grupo, patrulla, vanguardia, delantera, descubierta, formación, columna, ejército, escuadra, tropa, flota.

FUETE * látigo, fusta v.

FUGA evasión, escapada, escapatoria, marcha, huida, desaparición, salida, evaporación, eclipse, derrota, retirada, escamoteo, liberación, escabullida, abandono, deserción, éxodo, estampida || escape, pérdida, derrame, rebose, dispersión, filtración, salida, paso.

FUGACIDAD brevedad, caducidad, cortedad, rapidez, limitación, transitoriedad, pequeñez.

FUGADO v. fugitivo.

FUGARSE evadirse, huir, escapar, desaparecer, marcharse, eclipsarse, evaporarse, salir, desertar, abandonar, escabullirse, liberarse, perderse, dispersarse.

FUGAZ breve, corto, limitado, rápido, transitorio, pequeño, pasajero, fugitivo, momentáneo, perecedero, efímero, huidizo, caduco.

FUGAZMENTE brevemente, cortamente, limitadamente, rápidamente, v. fugaz.

FUGITIVO desertor, prófugo, fugado, escapado, evadido, tránsfuga, huido, liberado, perseguido, acosado, hostigado, seguido, cazado, escondido, oculto.

FUL * falso, adulterino, espurio, ilegítimo, apócrifo, amañado, postizo.

FULANA v. prostituta.

FULANO tipo, individuo, personaje, persona, sujeto, hombre, prójimo || mengano, zutano, perengano, robiñano, citano, tercera persona.

FULAR seda, tafetán, tejido, tela fina, tela estampada.

FULASTRE v. chapucería.

FULCRO apoyo, punto, sostén, fiel.

FULERO v. chapucero.

FULGENTE brillante, claro, esplendoroso, chispeante, resplandeciente, centelleante, esplendente, rutilante, fúlgido, radiante, v. fulgurante.

FÚLGIDO v. fulgurante.

FULGIR * v. fulgurar.

FULGOR resplandor, centelleo, fulguración, esplendor, brillo, brillante, claridad, luz, luminosidad, chispa, relámpago, lumbre, fosforescencia, cintilación, luminiscencia, irradiación, chisporroteo.

FULGURANTE brillante, esplendoroso, centelleante, resplandeciente, relampagueante, chispeante, luminoso, claro, irradiante, luminiscente, fosforescente, deslumbrante, coruscante, esplendente, fulgente.

FULGURAR centellear, resplandecer, fulgir, esplender, brillar, irradiar, clarear, iluminar, chispear,

FULIGINOSO relampaguear, coruscar, deslumbrar, fosforescer.

FULIGINOSO tiznado, percudido, oscurecido, ahumado, sucio, denegrido.

FULMINANTE detonante, explosivo, carga, detonador, mixto, cebo, espoleta, barreno, petardo, cartucho || repentino, súbito, rapidísimo, drástico, radical, tajante, galopante, brusco, violento, agudo, vertiginoso, raudo, veloz.

FULMINAR liquidar, matar, exterminar, excomulgar, eliminar, aniquilar, borrar, extinguir || lanzar, tronar, arrojar, estallar, detonar.

FULLERÍA trampa, engaño, astucia, ardid, treta, socaliña, estafa, dolo, trapacería, fraude.

FULLERO tramposo, engañoso, astuto, trapacero, estafador, doloso, pícaro, bribón, tahúr, garitero, jugador.

FULLONA v. gresca.

FULL-TIME * dedicación exclusiva.

FUMAR humear, aspirar, espirar, expeler, echar, expulsar, chupar, lanzar bocanadas || FUMARSE consumir, gastarse, malgastar, dilapidar, derrochar || eludir, evitar, soslayar, prescindir.

FUMARADA bocanada, humo, fumada, vaharada.

FUMIGACIÓN desinfección, desinsectación, desratización, limpieza, purificación, saneamiento, impregnación.

FUMIGAR desinsectar, desratizar, desinfectar, limpiar, purificar, sanear, vaporizar, impregnar.

FUMISTA deshollinador, mecánico, artesano, operario.

FUMOIR * salón de fumar, fumadero, vestíbulo.

FUNÁMBULO volatinero, equilibrista, trapecista, saltimbanqui, acróbata, gimnasta, circense.

FUNCIÓN espectáculo, fiesta, diversión, concierto, conferencia, gala, representación, velada, recepción, solemnidad, acto, sesión, reunión, asamblea || cargo, ocupación, labor, tarea, puesto, cometido, actividad, ejercicio, empleo, ministerio, destino, dignidad, oficio, profesión, desempeño, cometido, actividad v.

FUNCIONAL práctico, eficaz, útil, simple, sencillo, utilizable, moderno.

FUNCIONAMIENTO trabajo, marcha, movimiento, juego, maniobra, labor, tarea, ejercicio, actividad.

FUNCIONAR trabajar, marchar, moverse, maniobrar, realizar, desempeñar, activarse, andar, desarrollar, ejecutar.

FUNCIONARIO empleado público, oficinista, escribiente, oficial, delegado, agente, comisionado, subalterno, autoridad.

FUNDA cubierta, envoltura, sobre, bolsa, vaina, forro, capa, recubrimiento, revestimiento, cobija, protección, estuche, lona, tela.

FUNDACIÓN creación, asentamiento, establecimiento, instalación, colocación, erección, radicación, implantación, instauración || patronato, instituto, institución, establecimiento, centro, corporación, sociedad.

FUNDADAMENTE razonadamente, racionalmente, lógicamente, legítimamente, legalmente, justamente, debidamente.

FUNDADO razonado, racional, lógico, v. fundadamente.

FUNDADOR instaurador, creador, patrono, autor, patrocinador, constituyente, institutor, inventor, impulsor, productor, promotor || colonizador, conquistador, pionero, precursor, adelantado.

FUNDAMENTAL primordial, esencial, cardinal, básico, principal, elemental, substancial, imprescindible, inherente, concreto, sólido.

FUNDAMENTALMENTE primordialmente, esencialmente, v. fundamental.

FUNDAMENTAR establecer, asegurar, afirmar, razonar, apoyar, basar, fundar, cimentar, probar, justificar, demostrar, estipular.

FUNDAMENTO base, cimiento, sostén, apoyo, razón, motivo, razonamiento, prueba, justificante, demostración, pretexto, título, antecedente || cimiento v. || fundamentos, nociones v.

FUNDAR crear, establecer, instaurar, instituir, organizar, formar, originar, componer, instalar, asentar, situar, levantar, fijar, poner, colocar, construir, erigir, plantar, alzar, abrir, decretar, implantar, empezar, poblar, aclimatar, edificar.

FUNDENTE licuable, delicuescente, fundible, fusible, colicuante.

FUNDIBLE v. fundente.

FUNDICIÓN herrería, taller, factoría, horno, acería, crisol || licuación, fusión, colicuación, liquidación, derretimiento, licuefacción, refundición, disolución, desleimiento, vaciado, moldeado.

FUNDIR derretir, licuar, liquidar, colicuar, fusionar, disolver, desleír, descuajar, deshelar, descoagular, plasmar, modelar, formar, vaciar || reunir, unir, juntar, amalgamar, confundir, hermanar.

FUNDO finca, heredad, propiedad, predio, posesión, inmueble, hacienda.

FÚNEBRE mortuorio, necrológico, luctuoso, triste, funesto, tétrico, lúgubre, sombrío, tenebroso, taciturno, funéreo, aciago, sepulcral, macabro v.

FUNERALES exequias, honras, homenaje, ofrendas, ofrecimiento, velatorio, velorio, réquiem, entierro, sepelio, inhumación, memento, acompañamiento.

FUNERARIA establecimiento, compañía, empresa de pompas fúnebres.

FUNESTAR profanar, mancillar, manchar, deshonrar, ajar, deslustrar.

FUNESTO infausto, aciago, nefasto, fatídico, luctuoso, ominoso, adverso, sombrío, desgraciado, desdichado, infeliz, infortunado, triste, desafortunado, malhadado, doloroso, desastroso.

FUNGOSO fofo, esponjoso, blando, poroso, carnoso.

FUNICULAR tren, ferrocarril de pendientes, teleférico, telecabina.

FUÑICAR chapucear, guachapear, frangollar, chafallar, remendar.

FURCIA ramera, prostituta, pelandusca, puta, coima, v. fulana.

FURENTE v. furioso.

FURGÓN vagón, vagoneta, camioneta, camión, carro, vehículo, furgoneta.

FURGONETA v. furgón

FURIA irritación, cólera, ira, pasión, violencia, furor, rabia, arrebato, vehemencia, excitación, exaltación, irascibilidad, irritabilidad, enojo, corajina, fiereza, enfado, exasperación, indignación, saña, coraje, locura, acceso, vesania, trastorno, arrebato, desesperación, berrinche, rabieta, impetuosidad, frenesí, delirio, rencor, odio, encono || energía, actividad, fuerza, empuje.

FURIBUNDO v. furioso.

FURIOSAMENTE coléricamente, frenéticamente, apasionadamente, v. furioso.

FURIOSO colérico, frenético, apasionado, impetuoso, rabioso, arrebatado, desesperado, trastornado, encorajinado, fiero, indignado, exasperado, violento, enfadado, enojado, irritado, irascible, exaltado, excitado, vehemente, iracundo, delirante, loco, vesánico, poseso, enajenado, terrible, energúmeno.

FURO hosco, huraño, retraído, áspero, montaraz.

FUROR v. furia.

FURRIEL despensero, pagador, cantinero, distribuidor, encargado.

FURTIVAMENTE cautelosamente, sigilosamente, ocultamente, v. furtivo.

FURTIVO cauteloso, sigiloso, oculto, escondido, silencioso, disimulado, discreto, solapado, subrepticio, tortuoso, taimado, secreto.

FURÚNCULO v. forúnculo.

Fusco obscuro, borroso, confuso.

FUSELAJE * cuerpo, cabina, casco del avión.

FUSIBLE cortacircuitos, tapón, plomo, hilo, alambre, interruptor, cortacorriente || fundente v.

FUSIFORME ahusado, alargado, fino, largo, aguzado, puntiagudo, afilado, estrecho.

FUSIL rifle, carabina, mosquete, mosquetón, escopeta, máuser, trabuco, naranjera, tercerola, arcabuz, espingarda, bocarda, arma de fuego.

FUSILAMIENTO ejecución, ajusticiamiento, muerte, inmolación, eliminación, ametrallamiento, disparo.

FUSILAR ejecutar, ajusticiar, inmolar, eliminar, matar, acribillar, ametrallar, disparar, descerrajar.

FUSILERO infante, soldado, carabinero.

FUSIÓN fundición, licuación, colicuación, derretimiento, liquidación, disolución, refundición, licuefacción, desleimiento || unión, reunión, incorporación, agrupación, asociación, concentración, conciliación, reconciliación, unificación, mezcla, combinación, amalgama, identificación.

FUSIONAR reunir, unir, conciliar, combinar, amalgamar, incorporar, agrupar, identificar, mezclar, unificar, congregar, asociar, juntar, concentrar, coligar, aglutinar || fundir v.

FUSTA vara, vergajo, látigo, tralla, rebenque, disciplina, correa, azote, flagelo, zurriago, nervio.

FUSTE asta, palo, poste, madero, vara, pértiga, astil, mástil, mango, columna, pilar || carácter, nervio, substancia, entidad, personalidad, energía, importancia, fundamento.

FUSTIGACIÓN flagelación v.

FUSTIGAR azotar, flagelar, vapulear, disciplinar, vergajear, tundir, varear, castigar, pegar, dar, golpear, zurrar, batir, sacudir, arrear || censurar, criticar, vituperar, reprochar, recriminar, condenar, desaprobar, hostigar.

FÚTBOL balompié, juego, deporte, espectáculo, distracción.

FUTBOLISTA jugador, deportista, atleta, participante, integrante, miembro del equipo.

FUTESA nadería, fruslería, nimiedad, menudencia, pequeñez, insignificancia, v. futilidad.

FÚTIL trivial, inútil, pueril, insignificante, insubstancial, anodino, venial, baladí, pequeño, corto, pobre, vacuo, vacío, inane, hueco, frívolo.

FUTILEZA * v. futilidad.

FUTILIDAD puerilidad, inutilidad, trivialidad, frivolidad, vacuidad, pequeñez, superficialidad, inanidad, bagatela, fruslería, nimiedad, menudencia, pequeñez, insignificancia, futesa.

FUTRAQUE levita, casaca, levitón, frac, fraque, vestidura, chaqueta.

FUTURA prometida, novia, compañera.

FUTURO mañana, porvenir, destino, espera, predicción, posterioridad, hado, suerte, azar, eventualidad, fortuna || venidero, ulterior, posterior, eventual, pendiente, expectante, en cierne, en germen || novio, prometido, compañero.

G

Gabacho galo, franco, franchute, francés, gálico.

Gabán sobretodo, abrigo, capote, trinchera, gabardina, levitón, paletó.

Gabardina, trinchera, chubasquero, abrigo, gabán, capote.

Gabarra barcaza, lanchón, lancha, barca, chalana, pontón, embarcación v.

Gabela contribución, impuesto, tributo, gravamen, carga, obligación, subsidio, fisco, canon, pecho, tasa, servidumbre, derechos, imposición, arbitrio.

Gabinete recibidor, salita, sala, saleta, aposento, cuarto, camarín, tocador || gobierno, ministerio, poder, cartera, junta, régimen, administración.

Gacela antílope, corzo, venado, gamo, alce, ciervo, rumiante, cuadrúpedo.

Gaceta boletín, periódico, diario, publicación, hoja, rotativo, órgano, suplemento.

Gacetilla noticia, artículo, escrito, crónica, suelta, ensayo.

Gacetillero cronista, articulista, periodista, redactor, escritor.

Gachas papillas, masa, pasta, sopas, papas, puches.

Gachí * moza, chica v.

Gacho encorvado, inclinado, caído, torcido, doblado, derrengado, agobiado, hundido || Gachó * mozo, hombre v.

Cachón atractivo, gracioso, dulce, meloso, seductor.

Gachonería gracia, donaire, atractivo, seducción, dulzura.

Gafa grapa, gancho, tenaza, laña, zuncho, enganche || Gafas anteojos, lentes, impertinentes, antiparras, quevedos, espejuelos.

Gafe * cenizo, maléfico, sombrón, malhadado, infortunado, mala pata, mala sombra.

Gaffe * disparate, error, lapso, yerro, desatino.

Gaita dulzaina, cornamusa, chirimía, instrumento de viento, odre, bolsa || engorro, pejiguera, embarazo, dificultad, estorbo, inconveniente.

Gajes emolumentos, sueldo, paga, haberes, estipendio, salario, remuneración || utilidad, provecho, rendimiento, lucro, beneficio, producto, ventaja, ganga, fruto || molestias, incomodidades, inconveniente, dificultades.

Gajo división, parte, lóbulo, racimo || rama, vara, garrón.

Gala fiesta, ceremonia, recepción, velada, festejo, convite, solemnidad, recepción, espectáculo || admiración, honra, excelencia, orgullo, renombre, distinción, gloria, reputación || Galas vestiduras, vestimentas, ropaje, atuendo, atavíos, arreos, aderezos, trajes, uniformes, fraques, levitas, mantos, joyas, alhajas, adornos, perifollos, tocados.

Galaico gallego, galiciano.

Galán apuesto, gallardo, hermoso, majo, adonis, apolo, bello, guapo || actor, estrella, intérprete, artista, figura, personaje || pretendiente, novio, galanteador,

cortejador, enamorado, festejante, acompañante, conquistador, castigador, galante.

Galanamente elegantemente, graciosamente, pulcramente, v. galano.

Galano elegante, gracioso, pulcro, compuesto, adornado, bonito, agraciado, adornado, estético, emperifollado, cuidado, pulido, primoroso, fresco, lozano || ingenioso, sutil, chispeante, profundo, agudo.

Galante cortés, educado, amable, culto, delicado, considerado, urbano, caballeroso, atento, mesurado, gracioso, simpático, fino, obsequioso, correcto, complaciente, afable, exquisito || liviana, disoluta, sensual, desaprensiva, ligera, frívola, viciosa, libertina.

Galanteador v. galán.

Galantear cortejar, festejar, rondar, conquistar, coquetear, enamorar, acompañar, camelar, amartelar, flechar, castigar || requebrar, piropear, florear adular, arrullar.

Galanteo festejo, coqueteo, cortejo, ronda, conquista, enamoramiento, amartelamiento || piropo, requiebro, floreo, adulación, arrullo, arrumaco, camelo, flor, chicoleo, chichisbeo, lisonja, madrigal, dicho, halago, elogio, donaire, galantería, galanura.

Galantería piropo, v. galanteo || delicadeza, cortesía, atención, finura, modos, modales, gentileza, miramiento, obsequiosidad, rendimiento.

Galantina fiambre, ave rellena, carne fría.

Galanura gentileza, gallardía, gracia, donosura, elegancia, distinción, garbo, soltura, brío, desenvoltura, lozanía, apostura, salero.

Galápago tortuga, quelonio, reptil, carey, calapé.

Galardón recompensa, distinción, premio, laurel, estímulo, condecoración, medalla, compensación, retribución, lauro, merced, homenaje, concesión, honra.

Galardonado premiado, recompensado, distinguido, laureado, compensado, condecorado, retribuido, estimulado, homenajeado.

Galardonar distinguir, recompensar, premiar, laurear, retribuir, compensar, condecorar, estimular, conceder, otorgar, homenajear, honrar.

Galaxia nebulosa, universo, cúmulo estelar, Vía Láctea.

Galbana pereza, desidia, ociosidad, haraganería, flojedad, indolencia, flojera.

Galbanoso desidioso, perezoso, flojo, haragán, ocioso, indolente, holgazán.

Galeaza v. galeón.

Galeno médico, doctor, facultativo, profesional, físico.

Galeón galera, bajel, galeaza, carraca, galeota, barca, carabela, nao, nave, navío, embarcación, velero, barco de vela.

Galeote forzado, preso, penado, presidiario, condenado, reo, prisionero, criminal, convicto, delincuente, recluso, galeoto, desposado, aherrojado, encadenado.

Galera v. galeón || carro, carromato, carreta, carricoche, carraca, carroza, carretón, vehículo de caballos || cárcel, trena, mazmorra, ergástula, chirona, trápana, presidio, prisión || chistera, clac, bombín, hongo.

Galerada prueba, composición, impresión, tirada.

Galería corredor, pasillo, pasaje, claustro, balaustrada, arcada, crujía, mirador, pórtico, pérgola, columnata, triforio, emparrado, soportal, solana, túnel, pasadizo, paso, subterráneo, angostura, recoveco || exposición, museo, muestra, pinacoteca, colección v.

Galerna tormenta, borrasca, ventolera, vendaval, tromba, manga, racha, ráfaga, huracán, ciclón, temporal, turbión, ventisca, aguacero, chaparrón.

GALGA pedrusco, roca, piedra, canto, guijarro || palo, vara, madero, andas.
GÁLIBO arco, varilla, plantilla.
GÁLICO galo, galicado, gabacho, galicano, franco, francés || sífilis, enfermedad venérea.
GALIMATÍAS jerigonza, embrollo, cotorrería, fárrago, confusión, pesadez, caos.
GALO franco, francés, gabacho, franchute, gálico, galicado.
GALOCHA zueco, madreña, almadreña, abarca, chanclo, zapatón.
GALOCHO tramposo, truhán, licencioso, disoluto, sinvergüenza, charrán.
GALÓN alamar, trencilla, cinta, entorchado, cairel, guarnición, fleco, ribete, borde, sardineta, orla, franja, recamo, bordado, distintivo, insignia.
GALOPADA v. galope.
GALOPANTE fulminante, rapidísimo, violento, brusco, agudo, vertiginoso, radical, gravísimo, repentino, incurable, mortal.
GALOPAR correr, trotar, volar, cabalgar, perseguir, escapar, pasar, arrancar, enfilar, desbocarse.
GALOPE galopada, carrera, trote, corrida, carrerilla, persecución, huida.
GALOPÍN arrapiezo, rapaz, mocoso, crío, chiquillo, pequeño, golfo, niño desharrapado || bribón, pícaro, tunante, pillo, astuto, curtido, aperreado.
GALPÓN cobertizo, tinglado, nave, almacén, depósito.
GALVANIZAR recubrir, bañar, forrar, cubrir, platear, dorar || avivar, estimular, espolear, vivificar, animar, excitar, arrebatar, exaltar, unificar, reunir.
GALVANÓMETRO amperímetro, voltímetro, medidor, instrumento, indicador.
GALLADURA prendedura, mancha, pinta.
GALLARDAMENTE gentilmente, donosamente, garbosamente, v. gallardía.

GALLARDEAR v. gallear.
GALLARDETE banderola, oriflama, grímpola, guión, estandarte, banderín, guía, señal, distintivo, pendón, bandera v.
GALLARDÍA gentileza, donosura, garbo, bizarría, desenvoltura, apostura, esbeltez, donaire, galanura, arrogancia, elegancia, empaque, plante, arresto, belleza, hermosura, soltura, brío, distinción, gala, sal, salero, lozanía, gracia, rumbo, majeza, marcialidad || valor, valentía, osadía.
GALLARDO garboso, brioso, airoso, apuesto, desenvuelto, bizarro, donoso, gentil, elegante, arrogante, galán, esbelto, hermoso, bello, guapo, majo, curro, gracioso, lozano, saleroso, distinguido, marcial, marchoso, lucido, garrido || valiente, osado, audaz.
GALLEAR vocear, amenazar, fanfarronear, alardear, chulearse, jactarse, vanagloriarse, alabarse, cacarear, ufanarse, presumir.
GALLEGO galaico, galiciano.
GALLERA gallinero, jaula, ruedo, arena.
GALLETA bizcocho, barquillo, hostia, oblea, pasta, golosina, bollo, pan || bofetada, tortazo, bofetón, cachete, soplamocos, sopapo, guantazo, chuleta, mojicón.
GALLINA gallineta, polla, pita, volátil, ave doméstica, gallinácea || cobarde, timorato, miedoso, cagueta, capón, asustadizo.
GALLINERO criadero, corral, gallera, nido, gallinería, ponedero, pollera || paraíso, gradería, general, galería, cazuela.
GALLINETA chocha, becada, agachadiza, becardón, becacina, pintada, ave.
GALLIPAVO gallo, nota falsa, desafinación, desentono.
GALLITO fanfarrón, alabancioso, jactancioso, presumido, chulo, marchoso, mandamás, mandón, mangoneador.
GALLO volátil, ave de corral, ma-

cho, gallinácea, ave doméstica || gallipavo, nota falsa, destemple, desentono, desafinación || gallito, mangoneador, mandamás, mandón, fanfarrón, alabancioso, presumido, jactancioso.

GALLOFA cuento, hablilla, murmuración, cotillería, chisme, bulo || limosna, donativo, caridad.

GALLOFERO vagabundo, mendigo, pordiosero, holgazán, mangante, pedigüeño, sablista.

GAMA gradación, escala, serie, progresión, sucesión, grado, graduación, cadena, ristra, matiz, coloración.

GAMBA langostino, quisquilla, crustáceo, marisco.

GAMBERRA ramera, fulana, hetera, prostituta v.

GAMBERRADA * salvajada, atrocidad, barbaridad, torpeza, necedad, incultura, bestialidad, exceso, animalada, valentonada, fanfarronada, gansada.

GAMBERRO incivil, chulo, inculto, desaprensivo, sinvergüenza, grosero, fanfarrón, valentón, ganso, necio, pandillero || disoluto, libertino.

GAMBETA corveta, quite, finta, salto, movimiento, respingo, baileto.

GAMBOX v. antifaz.

GAMELLA batea, artesa, cuenco, cuezo, dornajo, cajón, comedero, pila, recipiente.

GAMITIDO llamada, balido, bramido, berrido, gamito, quejido, gemido, be.

GAMO ciervo, venado, corzo, alce, rebeco, antílope, gacela, mamífero, rumiante.

GAMUZA v. gamo || paño, bayeta, trapo, piel.

GANA deseo, avidez, ansia, apetencia, ambición, anhelo, afán, afición, prurito, capricho, gusto, empeño, esperanza, pasión, apetito, hambre, voracidad.

GANADERÍA hacienda, rancho, finca, rebaño, tropa, manada, hato, grey, marca, hierro, ganado v.

GANADERO hacendado, terrateniente, propietario, ranchero, criador || pecuario, vacuno, ovino, bovino.

GANADO manada, rebaño, tropilla, tropa, grey, hato, vacada, piara, torada, yeguada, grupo, cabestraje, boyada, caballerías, animales, reses, bestias mansas.

GANADOR vencedor, triunfador, victorioso, campeón, beneficiado, remunerado, gratificado, lucrado, agraciado, aprovechado, favorecido, enriquecido, ganancioso, logrero, ventajista.

GANANCIA beneficio, lucro, ventaja, rendimiento, provecho, remuneración, usura, logro, utilidad, fruto, producto, dividendo, gajes, comisión, recompensa, estipendio, momio, ganga, regalo, negocio, cosecha, explotación, especulación, riqueza.

GANAPÁN cargador, estibador, costalero, esportillero, descargador, peón, mozo, maletero, jornalero, faquín, bracero, mandadero || tosco, rudo, ordinario.

GANAR obtener, cobrar, beneficiarse, lucrar, aprovecharse, lograr, especular, explotar, cosechar, enriquecerse, recoger, recolectar, reunir, apandar, esquilmar, juntar, percibir, retener, embolsarse, recuperar, hincharse, devengar, sacar, adquirir || triunfar, vencer, conquistar, apoderarse, asaltar, ocupar || aventajar, adelantar, exceder, pasar, superar, rebasar, sobrepujar, desbordar || prosperar, mejorar, medrar, ascender, subir, adelantar, triunfar.

GANCHILLO aguja, labor, trabajo, artesanía.

GANCHO garfio, uña, broche, garabato, ganzúa, laña, arpón, hierro, garra, gafa, gavilán, anzuelo, lengüeta, fiador, arete, ancla, arpeo, rezón, corchete, bichero || habilidad, pulso, don, gracia, seducción, atractivo.

GANCHUDO curvado, ganchoso, puntiagudo, aguileño, aquilino, corvo, arqueado.

GANDAYA vagancia, holgazanería, gandulería, tunantería, bohemia.

GANDUJAR arrugar, fruncir, encoger, plegar, encarrujar, alechugar.

GANDUL holgazán, remolón, ocioso, vago, tardo, tumbón, dejado, perezoso, indolente, haragán, poltrón, vilordo, apático, desidioso, vagabundo.

GANDULEAR holgazanear, haraganear, remolonear, apoltronarse, vagabundear, vegetar, tumbarse, abandonarse, dejarse, aplatanarse, roncear.

GANDULERÍA pereza, haraganería, holgazanería, dejadez, vagancia, remolonería, desidia, apatía, indolencia, candonguería, roncería, zanganería, tuna, flojera, holganza, briba, panarrería.

GANDUMBAS v. gandul.

GANFORRO v. bribón.

GANGA breva, momio, ventaja, ocasión, provecho, oportunidad, saldo, utilidad, beneficio, ganancia, prebenda, sinecura, canonjía, enchufe, mina, negocio || residuo, escoria, sedimento, desecho.

GANGLIO nódulo, nudo, abultamiento, escrófula, tumor, bulto.

GANGOSO nasal, defectuoso, confuso, ininteligible.

GANGRENA necrosis, desorganización, corrupción, putrefacción, desintegración.

GANGRENARSE necrosarse, corromperse, pudrirse, desorganizarse, desintegrarse, viciarse.

GANGSTER * bandido, atracador, pandillero, malhechor, salteador, criminal, v. forajido.

GANGUEAR farfullar, arrastrar, mascullar.

GANGUEO habla nasal, defecto, farfulla.

GÁNGUIL barcaza, chalana, gabarra, lanchón, lancha, pontón, v. embarcación.

GANOSO deseoso, anhelante, ansioso, ávido, apetente, afanoso, ambicioso.

GANSADA estupidez, necedad, bobada, memez, sandez, tontería, majadería, vacuidad, mentecatez, *gamberrada*.

GANSO ánade, oca, pato, ánsar, ansarón, cisne, palmípeda, ave || necio, bobo, memo, sandio, tonto, majadero, vacuo, mentecato, soso, torpe, lerdo, gamberro.

GANZÚA gancho, garfio, hierro, lengüeta, alambre, instrumento, palanqueta.

GAÑÁN labriego, bracero, mozo, collazo, peón, jornalero, labrantín, labrador, cateto, paleto, rústico, destripaterrones, patán, rudo, tosco.

GAÑIDO quejido, aullido, grito, mugido, gruñido, bramido, chillido, aúllo, graznido, resuello, jadeo.

GAÑIR aullar, quejarse, bramar, gruñir, chillar, gritar, mugir, graznar, resollar, jadear.

GAÑOTE gaznate, garguero, garganta, tragadero, faringe, laringe.

GARABATEAR emborronar, escarabajear, pintarrajear, borronear, trazar, chafarrinar, rayar, manchar, dibujar, garrapatear.

GARABATO borrón, chafarrinón, garrapato, mancha, raya, trazo, dibujo, escarabajo, rasgo, garambainas || almocafre, gancho, garfio, herramienta, rastrillo, horca.

GARAJE cochera, encierro, depósito, nave, recinto, tinglado, cobertizo, estación.

GARAMBAINA adorno, perifollo, ringorrango || garabato, chafarrinón, rasgo, trazo, escarabajo, dibujo || mueca, visaje, gesto, ademán.

GARANTE fiador, garantizador, avalista, responsable, firmante, asegurador.

GARANTÍA depósito, fianza, señal, aval, prenda, resguardo, carga, caución, rehén, gravamen, vale, palabra, firma, hipoteca, evicción, recaudo, confianza, confirmación, obligación.

GARANTIR v. garantizar || **GARANTIR** * preservar, librar, defender.

GARANTIZADOR v. garante.

GARANTIZAR asegurar, confirmar, corroborar, sancionar, atestiguar, probar, certificar, avalar, endosar, proteger, obligarse, comprometerse, responder, fiar, caucionar.

GARAÑÓN semental, padre, macho, caballo, asno.
GARAPIÑADA almibarada, bañada, recubierta, agrumada, almendra, piñón, golosina, dulce.
GARAPIÑAR bañar, almibarar, recubrir, agrumar.
GARAPULLO rehilete, banderilla, palitroque, puya, vareta, flechilla.
GARATUSA caricia, arrumaco, v. carantoña.
GARBANZO semilla, leguminosa, cícera, cicércula, almorta, planta.
GARBEAR presumir, fanfarronear, gallardear, pavonearse || robar, pillar, saquear, trampear, estafar || pasear, caminar, andar.
GARBEO * paseo, caminata, vuelta.
GARBILLO cedazo, tamiz, criba, zaranda, harnero, cándara, colador.
GARBO donaire, donosura, gentileza, bizarría, desenvoltura, elegancia, arrogancia, galanura, esbeltez, apostura, brío, soltura, gallardía, arresto, empaque, majeza, rumbo, gracia, lozanía, salero, sal, gala, distinción, perfección.
GARBOSO donoso, gentil, gracioso, desenvuelto, donairoso, bizarro, brioso, apuesto, esbelto, galán, saleroso, lozano, rumboso, majo, distinguido, gallardo, airoso, elegante, arrogante, marchoso, lucido, garrido.
GARÇONNIÈRE * cuarto, vivienda, apartamiento, piso de soltero.
GARBULLO confusión, inquietud, desazón, barullo.
GARDUÑA fuina, comadreja, alimaña, carnicero, mamífero.
GARDUÑO ratero, rata, caco, carterista, randa, descuidero, ladrón v.
GARETE (AL) sin gobierno, a la deriva, sin rumbo.
GARFA v. garra.
GARFIO gancho, arpón, hierro, garra, uña, gafa, anzuelo, ganzúa, arpeo, rezón, ancla, bichero.
GARGAJO esputo, expectoración, escupitajo, flema, salivazo, saliva, mucosidad, desgarro, pollo, gallo.
GARGANTA gañote, gaznate, tragadero, cuello, faringe, laringe, gola, gorja, garguero, pescuezo, cogote, gollete, degolladero || estrechamiento, angostura, desfiladero, paso, cañada, quebrada, valle, vaguada, cañón, hendedura, puerto, depresión, barranco, sima, precipicio.
GARGANTILLA collar, collarín, alhaja, joya, argolla, cuenta, abalorio.
GÁRGARA gargarismo, gorgorito, gorgoteo, borborito, desinfección, lavaje, limpieza, enjuague, licor, desinfectante, medicamento.
GARGARISMO gárgara v.
GARGARIZAR enjuagar, desinfectar, lavar, gorgotear, borboritar, limpiar, tratar.
GÁRGOLA canalón, caño, desagüe, conducto, canalillo, tubería, cañería.
GARGUERO v. garganta.
GARITA casilla, torrecilla, cuartucho, caseta, cabina, choza, barraca, refugio, división, compartimiento || letrina, excusado, retrete.
GARITERO fullero, tahúr, jugador, trapacero, tramposo, truhán.
GARITO timba, antro, leonera, cubil, tascón, burdel, tasca, matute, boliche, chirlata, casa de juego.
GARLA parla, charla, plática, conversación, cháchara, cotorreo, labia, palique, habla.
GARLADOR charlatán, parlanchín, hablador, cotorra, conversador, parlero, gárrulo.
GARLAR parlotear, chacharear, cascar, charlatanear, cotorrear, conversar, parlar, hablar, platicar, picotear, rajar.
GARLITO trampa, lazo, red, cepo, celada, engaño, emboscada, asechanza || nasa, jaula, encañizada, cesto, cesta, buitrón.
GARLOPA cepillo, galera, herramienta, instrumento.
GARNACHA toga, manto, vestidura, talar, ropa, ropón.
GARRA mano, zarpa, uñas, garfa || garfio, gancho, gafa, anzuelo, rezón, arpeo.
GARRAFA damajuana, bombona, ga-

rrafón, botellón, redoma, caneca, castaña, vasija, recipiente.
GARRAFAL enorme, descomunal, colosal, tremendo, inconcebible, morrocotudo, monumental, extraordinario, excesivo, disparatado, descabellado.
GARRAFÓN v. garrafa.
GARRAPATA parásito, ácaro, insecto, arácnido.
GARRAPATEAR v. garabatear.
GARRAPATO v. garabato.
GARRAPIÑADA * v. garapiñada.
GARRAR garrear, arrastrar, soltarse.
GARRIDO garboso, brioso, gallardo, apuesto, desenvuelto, bizarro, arrogante, galán, esbelto, hermoso, saleroso, marcial, marchoso, lucido, galano, gracioso, pulcro, elegante, adornado, compuesto, bonito, agraciado, cuidado, emperifollado.
GARROCHA pica, vara, puya, palo, pértiga, percha.
GARRÓN espolón, uña, garra, gancho, pincho, punta.
GARROTA v. garrote.
GARROTAZO estacazo, trancazo, bastonazo, varapalo, varazo, cachiporrazo, golpe, porrazo, golpazo.
GARROTE palo, tranca, porra, cayado, clava, bordón, macana, tronco, vara, estaca, caduceo, cachiporrada, báculo, muleta, rama.
GARROTILLO difteria, crup, dolencia, enfermedad infecciosa.
GARRUCHA polea, roldana, aparejo, motón, cuadernal, carrillo, trocla, vigota.
GARRULERÍA verborrea, verbosidad, cháchara, charlatanería, locuacidad, parlería, labia, retahíla, facundia, filatería, palabreo, parla, broza, monserga, cotorrería, parlanchinería, charla.
GÁRRULO charlatán, parlanchín, cotorra, bocazas, verboso, facundo, locuaz, lenguaraz, sacamuelas, badajo, indiscreto, palabrero, hablador, parlero, necio, incauto, extravertido, murmurador.
GARUJO hormigón, mortero.
GARZA zancuda, ave, garzón, garzota.

GARZO azul, azulado, zarco, azulino, azulenco.
GARZÓN mozo, joven, mancebo, adolescente, efebo, impúber, zagal, paje, muchacho, pollo, chico.
GAS fluido, vaho, vapor, emanación, efluvio, éter, aire, espíritu, hálito, exhalación, agente.
GASA tul, cendal, crespón, seda, velo, tela, muselina, lino, mantilla || apósito, venda, hilas, compresa, tira, banda.
GASEODUCTO * v. gasoducto.
GASEOSA refresco, bebida refrescante, efervescente, sin alcohol.
GASEOSO fluido, vaporoso, etéreo, aéreo, volátil, espiritoso, atmosférico, gaseiforme.
GASIFICACIÓN evaporación, vaporización, sublimación, volatilización, exhalación, fumigación, transformación.
GASIFICAR evaporar, vaporizar, sublimar, volatilizar, exhalar, gasear, humear, fumigar, transformar.
GASODUCTO tubería, canal, cañería de conducción.
GAS-OIL * aceite pesado, gasóleo, combustible, carburante, derivado del petróleo.
GASÓLEO aceite pesado, carburante, combustible.
GASOLINA carburante, bencina, combustible, *esencia*, nafta, derivado del petróleo.
GASOLINERA lancha automóvil, motora, bote, barca, embarcación v.
GASÓMETRO depósito, recipiente, tanque, receptáculo, aparato, distribuidor, dosificador.
GASTADO raído, usado, ajado, deslucido, marchito, deteriorado, sobado, arruinado, maltratado, manoseado, rozado, desgastado, deslustrado || cansado, debilitado, envejecido, acabado, consumido, chupado, vencido, derrotado.
GASTADOR derrochador, manirroto, dilapidador, malbaratador, pródigo, profuso, disipador, despilfarrador || batidor, soldado, guía, conductor.
GASTAR comprar, desembolsar, abo-

GASTO

nar, pagar, sufragar, costear, entregar, dar, subvencionar, emplear, invertir, cubrir, prestar, enjugar, consumir, acabar, malgastar, derrochar, disipar, dilapidar, malbaratar, prodigar, despilfarrar, fumarse, comerse, mermar, arruinarse || desgastar, rozar, raer, usar, ajar, deslucir, manosear, sobar, adelgazar, afinar, lijar, limar, corroer, roer, carcomer, comer, deshacer, viciar, corromper, arruinar, deteriorar || usar, llevar, ponerse, vestir, colocarse, utilizar, poseer.

Gasto compra, desembolso, pago, liquidación, entrega, inversión, préstamo, donación, saldo, abono, subvención, cuota, expensas, presupuesto, derroche, despilfarro, desperdicio, dispendio, malbarato, prodigalidad, pérdida, disipación.

Gástrico estomacal, digestivo, abdominal, ventral, gastrointestinal.

Gastritis inflamación, irritación, gastralgia, dolor, achaque, dolencia.

Gastronomía sibaritismo, epicureísmo, glotonería, voracidad, cocina, buena mesa.

Gastrónomo epicúreo, sibarita, entendido, comilón, voraz, regalado.

Gata v. gato.

Gatada jugarreta, treta, picardía, socaliña, engaño, trampa, mala pasada.

Gatas (A) gateando, arrastrándose, deslizándose, en cuatro patas, reptando, serpenteando.

Gaté * mimado, malcriado, consentido.

Gatear arrastrarse, deslizarse, escurrirse, reptar, serpentear, trepar, avanzar.

Gatera orificio, agujero, abertura, hueco.

Gatería v. gatada.

Gatillo percutor, percusor, detonador, pieza, llave, martillo.

Gato minino, micifuz, morrongo, micho, mizo, mamífero doméstico || cric, herramienta, palanca, prensa || taimado, astuto, zorro, sagaz, gatuno.

Gatuno felino, taimado, traicionero, astuto, zorro, sagaz.

Gatuña detienebuey, arnallo, uña de gato, leguminosa, planta.

Gatuperio embrollo, lío, maraña, chanchullo, enredo, revoltillo, mezcla.

Gaudeamus fiesta, regocijo, comida, banquete, comilona, cuchipanda, parranda, jarana.

Gaveta cajón, compartimiento, división, estante, naveta, cofrecito, escriño.

Gavia cofa, rellano, meseta, vela.

Gavial caimán, yacaré, cocodrilo, saurio, reptil.

Gavilán esparaván, halcón, águila, gerifalte, ave de rapiña, ave rapaz || hierro, garfio, barra.

Gavilla fajo, haz, brazada, manojo, mogote, fajina, garba, hacina, paquete, atado || hatajo, caterva, tropel, bandada, pandilla, horda, cuadrilla, tropa, patuela, chusma, turba, cáfila, grupo, manada.

Gavillar atar, agavillar, hacinar, reunir, amanojar, garbar, liar, juntar, amarrar.

Gaviota gavina, palmípeda, ave acuática.

Gaya franja, raya, lista, banda, línea, veta, ribete, borde.

Gayo festivo, divertido, alegre, jovial, entretenido, agradable, vistoso, lucido.

Gayola prisión, trena, mazmorra, jaula, galera, chirona, trápana, cárcel, calabozo.

Gaza lazo, lazada, vuelta, soga, cabo.

Gazapa embuste, engaño, mentira, trola, trápala.

Gazapera madriguera, cueva, conejera, escondrijo, topera, ratonera, agujero, refugio || pendencia, riña, altercado, alboroto, jaleo.

Gazapo conejo, cría, retoño || equivocación, yerro, error, falta, descuido, omisión, desliz, disparate, desatino, pifia, desacierto, inexactitud || embuste, v. gazapa.

Gazmiar husmear, olfatear, oliscar, ventear, gulusmear, huronear.

Gazmoñería hipocresía, santurronería, fariseísmo, mojigatería, afectación, beatería, disimulo, amaneramiento, ñoñería, cursilería, melindre.

Gazmoño hipócrita, santurrón, melindroso, cursi, afectado, ñoño, amanerado, fariseo, disimulado, beato, mojigato.

Gaznápiro simplón, papanatas, torpe, memo, negado, lelo, necio, zopenco, palurdo, bobo v.

Gaznate garguero, garganta, gañote, tragadero, cuello, faringe, laringe, gola, gorja, pescuezo, gollete.

Gazpacho sopa fría, caldo frío, plato.

Gazuza hambre, apetito, carpanta, gana, apetencia, necesidad, voracidad, glotonería.

Gedeonada gansada, perogrullada, necedad, simpleza, bobería, gracia, mentecatez.

Geiser fuente termal, surtidor, manantial, chorro.

Geisha * bailarina, cantante del Japón.

Gelatina jalea, emulsión, mucílago, masa, jugo, conserva, substancia.

Gelatinoso viscoso, blando, resbaladizo, inconsistente, amorfo, pegajoso, adherente.

Gélido helado, frígido, glacial, yerto, congelado, frío, fresco, álgido, crudo, aterido.

Gema piedra preciosa, pedrería, joya || brote, renuevo, botón, yema, retoño.

Gemebundo plañidero, llorón, lastimero, quejumbroso, gemidor, quejicoso, triste, lloroso, quejica, apesadumbrado, afligido, implorante.

Gemelo mellizo, hermano, mielgo || igual, idéntico, par, parejo, exacto, hermanado, equivalente, común, semejante || Gemelos prismáticos, anteojos, binoculares, binóculos || botones, sujetadores, broches.

Gemido lamento, quejido, queja, sollozo, lloro, llanto, clamor, lamentación, protesta, vagido, suspiro, zollipo, gimoteo, aflicción, súplica.

Gemidor v. gemebundo.

Gemir sollozar, quejarse, lamentarse, llorar, clamar, gimotear, aullar, chillar, suspirar, protestar, zollipar, afligirse, suplicar, implorar.

Gendarme guardia, policía, agente, vigilante.

Genealogía estirpe, linaje, casta, alcurnia, cuna, prosapia, abolengo, tronco, cepa, ralea, ascendencia, descendencia, familia, nobleza, nacimiento, raíz, origen, sangre, clan, dinastía, parentela, progenitores, ascendientes, descendientes || escrito, documento, arbol genealógico.

Generación reproducción, engendramiento, creación, fecundación, cría, concepción, formación, producción || vivientes, coexistentes, progenie, prole, filiación, descendencia, herencia, germen, familia, casta, origen, especie, v. genealogía.

Generador dínamo, transformador, inductor, motor, máquina, aparato, gasógeno || creador, productor, padre, autor, genitor, fundador, instaurador, causante, inventor, descubridor || procreador v.

General común, total, universal, unido, global, reunido, agrupado, combinado, genérico, conjunto, corriente, absoluto, íntegro, usual, colectivo, ordinario, habitual, popular, divulgado, frecuente, extendido, difundido || militar, oficial, jefe superior, rango supremo, estratega, soldado.

Generalidad mayoría, totalidad, masa, pluralidad, lo común, lo corriente, conjunto, público, infinidad, sinfín, variedad, diversidad, multiplicidad, concurrencia, universalidad, colectividad, hu-

manidad, muchedumbre, generalización.
GENERALÍSIMO jefe supremo, caudillo, autoridad máxima.
GENERALIZACIÓN divulgación, vulgarización, generalidad v., difusión, publicación || pluralización, universalización.
GENERALIZAR pluralizar, universalizar, extender, divulgar, difundir, publicar, diversificar, popularizar.
GENERALMENTE corrientemente, habitualmente, ordinariamente, comúnmente, v. general.
GENERAR crear, engendrar, propagar, difundir, producir, hacer, formar, concebir, originar, componer, descubrir, inventar, innovar, sacar, causar, rendir, originar, elaborar, gestar, multiplicar, fabricar || procrear v.
GENERATRIZ línea, generadora, figura.
GENÉRICAMENTE v. generalmente.
GENÉRICO v. general.
GÉNERO especie, conjunto, grupo, reunión, agrupación || especie, clase, orden, familia, variedad, tipo || mercancías, mercaderías, productos, efectos, artículos || naturaleza, condición, índole, clase, carácter, estilo, manera || paño, trapo, tejido, lienzo, tela v.
GENEROSAMENTE pródigamente, espléndidamente, desprendidamente, v. generosidad.
GENEROSIDAD prodigalidad, esplendidez, desprendimiento, largueza, magnificencia, rumbo, liberalidad, desinterés, filantropía, altruismo, magnanimidad, caridad, favor, derroche, munificencia, dadivosidad, nobleza, humanidad, misericordia, merced, beneficio.
GENEROSO espléndido, desprendido, pródigo, filántropo, altruista, desinteresado, magnánimo, liberal, rumboso, caritativo, misericordioso, humano, noble, benéfico, mecenas, munífico, manilargo, derrochador || abundante, fértil, productivo, ubérrimo, fecundo, feraz.

GENÉSICO venéreo, carnal, sensual, erótico, sexual.
GÉNESIS origen, creación, principio, fuente, comienzo, arranque, fundamento, raíz, naturaleza, embrión, germen, cimientos.
GENÉTICA herencia, ciencia, biología.
GENÉTICO hereditario, atávico, heredado.
GENIAL sobresaliente, fenomenal, superlativo, único, talentoso, inteligente, agudo, destacado, eminente, descollante, ilustre, insigne, encumbrado || festivo, placentero, grato, animado.
GENIALIDAD agudeza, gracejo, ocurrencia, gracia, rasgo, chispa, penetración, ingenio, inteligencia, genio v.
GENIO índole, carácter, tendencia, disposición, talante, humor, aptitud, inclinación, temperamento, energía, temple, naturaleza, entraña, fondo, condición, natural, modo, idiosincrasia, personalidad, distintivo || ingenio, talento, inteligencia, imaginación, sabiduría, penetración, perspicacia, discernimiento, agudeza, cabeza, genialidad, aptitud, capacidad, chispa, intelecto, razón || sabio, talentoso, v. genial || irritación, cólera, ira v. || duende, espíritu, elfo, visión, aparición, gnomo.
GENITAL sexual, v. genésico || GENITALES sexo, órganos reproductores.
GENITOR v. progenitor.
GENTE muchedumbre, concurrencia, multitud, aglomeración, público, masa, auditorio, afluencia, hervidero, tropel, turba, conjunto, presentes, asistentes, asistencia, gentío v. || GENTE BIEN * personas distinguidas, de clase elevada.
GENTIL apuesto, brioso, galán, garboso, bizarro, gallardo, gracioso, marchoso, esbelto, elegante, agradable, airoso || pagano, infiel, idólatra, hereje, incrédulo, ateo, fetichista, supersticioso, adorador, fanático, politeísta, descreído, irreligioso || GENTIL *

educado, cortés, urbano, amable, atento.
GENTILEZA garbo, bizarría, apostura, brío, gallardía, gracia, elegancia, esbeltez, donaire, soltura, galanura || cortesía, urbanidad, educación, finura, amabilidad, atención, galantería.
GENTILHOMBRE hidalgo, noble, aristócrata, cortesano, caballero, palaciego, señor, patricio, título, infanzón, prócer, ricohombre, acompañante.
GENTILICIO nacional, patrio, originario, oriundo, natural.
GENTILIDAD paganismo v.
GENTILMENTE cortésmente, educadamente, amablemente, garbosamente, v. gentil.
GENTÍO multitud, caterva, afluencia, hervidero, apreturas, oleada, horda, tumulto, turba, tropel, romería, caravana, manada, cáfila, comitiva, hormiguero, masa, torrente, chusma, plebe, legión, conjunto, grupo, concurrencia, abundancia, miríada, aluvión, gentuza v.
GENTLEMAN * caballero, señor, hidalgo, noble.
GENTUZA chusma, vulgo, masa, morralla, plebe, muchedumbre, tropel, horda, patulea, turba, populacho, manada, cáfila, caterva, pueblo, turbamulta, legión, v. gentío.
GENUFLEXIÓN reverencia, venia, inclinación, homenaje, saludo, cortesía, sombrerazo, cumplido, ceremonia, prosternación, sumisión.
GENUINO puro, natural, auténtico, real, seguro, original, verdadero, cierto, fidedigno, firmado, legitimado, legalizado, sancionado, refrendado, acreditado, probado, justificado, innegable, propio.
GEODESIA planimetría, agrimensura, cartografía, topografía, medición, triangulación.
GEOGRAFÍA ciencia, descripción de la Tierra, orografía, geodesia, topografía, cartografía, hidrografía.
GEOLOGÍA ciencia, constitución de la Tierra, mineralogía, petrografía, estratigrafía, orogenia, geodinámica.
GEOLÓGICO físico, estratigráfico, mineral, sedimentario, pétreo, mineralógico.
GEOMETRÍA planimetría, descriptiva, espacial, analítica.
GEOMÉTRICO exacto, matemático, calculado, simétrico, fiel, correcto, riguroso, preciso.
GEOPOLÍTICA geografía política, social, económica, racial.
GERENCIA administración, dirección, gestión, intendencia, conducción, manejo, gobierno, regencia.
GERENTE administrador, director, gestor, asesor, directivo, apoderado, jefe, intendente, regente.
GERIATRA gerontólogo, especialista, médico de ancianos.
GERIATRÍA gerontología, especialidad, medicina de ancianos.
GERIFALTE halcón, buitre, gavilán, ave de presa, ave de rapiña, rapaz || GERIFALTE * cabecilla, mandamás, jefazo.
GERMANÍA jerigonza, jerga, caló, lenguaje, argot, dialecto || rufianesca, hermandad, gremio, grupo.
GERMÁNICO germano, alemán, tudesco, teutónico, teutón, ario, indoeuropeo.
GERMANO v. germánico.
GERMEN embrión, semilla, grano, ente, rudimento, feto, huevo, elemento, aborto || principio, origen, comienzo, fuente, causa, base, raíz, razón, motivo, fundamento, génesis, móvil, impulso, cimiento.
GERMINACIÓN brote, formación, gestación, desarrollo, nacimiento, florecimiento, crecimiento, progresión, estirón, principio, comienzo.
GERMINAR formarse, gestarse, brotar, desarrollarse, nacer, florecer, crecer, progresar, medrar, originarse, surgir, principiar, prosperar.
GESTA proeza, hazaña, heroicidad, heroísmo, hecho, empresa, hom-

brada, acción, aventura, leyenda.
GESTACIÓN preñez, embarazo, gravidez, maternidad, engorde || germinación, formación, desarrollo, florecimiento, crecimiento, trámite, impulso, expansión, incremento, preparación.
GESTERO gesticulante, aspaventero, exagerado, vehemente, extremado, melindroso, delicado, ñoño.
GESTICULACIÓN v. gesto.
GESTICULADOR v. gestero.
GESTICULANTE * v. gestero.
GESTICULAR accionar, guiñar, gestear, bracear, manotear, mover, menear, agitar, expresar, señalar, indicar, guiznar, hacer gestos, visajes, ademanes, muecas, mohínes, señas, movimientos.
GESTIÓN trámite, diligencia, encargo, comisión, negocio, mandado, cometido, misión, servicio, tarea, trabajo, representación, procedimiento, expediente, despacho, oficio, intento, entrevista, visita || administración, gobierno, guía, mandato, delegación.
GESTIONAR tramitar, negociar, comisionar, intentar, realizar, tratar, diligenciar, solucionar, encargarse, proceder, formalizar, oficiar, facilitar, expedir, despachar, dirigir, asesorar, procurar, resolver, administrar.
GESTO mueca, mímica, acción, aspaviento, alharaca, esguince, guiñada, guiño, mohín, tic, visaje, momo, arrumaco, ademán, seña, movimiento, manoteo, meneo, agitación || aire, expresión, catadura, semblante, aspecto, postura, rostro, apariencia || GESTO rasgo, acción.
GESTOR apoderado, administrador, procurador, mandatario, representante, tutor, delegado, gerente, encargado, comisionado.
GHETTO * judería, barrio judío, suburbio, arrabal.
GIBA joroba, corcova, protuberancia, chepa, gibosidad, deformidad, lordosis, cifosis, desviación.
GIBOSIDAD v. giba.
GIBOSO jorobado, corcovado, contrahecho, chepudo, deforme, cheposo, monstruoso, mal hecho || abultado, protuberante, saliente, ondulado, desigual.
GIGANTE cíclope, titán, hércules, superhombre, goliat, gigantón, monstruo, acromegálico || v. gigantesco.
GIGANTESCO hercúleo, descomunal, desmesurado, ciclópeo, altísimo, titánico, enorme, colosal, formidable, monumental, inmenso, piramidal, desmedido, extraordinario, grandioso, abrumador, imponente, excesivo, voluminoso, grande, vasto, monstruoso.
GIGANTISMO anomalía, enfermedad, acromegalia, monstruosidad, exceso de crecimiento.
GIGOLÓ * chulo, rufián, mantenido.
GILI tonto, lelo, memo, babieca, papanatas, necio, infeliz, bobo v.
GIMNASIA ejercicio, atletismo, deporte, práctica, entrenamiento, ejercitación, adiestramiento, preparación, calistenia, acrobacia, flexión, juego, saltos, movimientos, equilibrismo, cabriolas, volteretas.
GIMNASIO sala, salón, recinto, local, pabellón, palestra, estadio, liza, arena || liceo, academia, colegio, escuela v.
GIMNASTA atleta, deportista, practicante, participante, competidor, corredor, saltador, tirador, discóbolo, gladiador, acróbata, púgil, jugador, luchador, volatinero, equilibrista.
GIMNÁSTICO deportivo, atlético, acrobático, ágil, ligero, enérgico, vivaz, dinámico.
GIMOTEAR v. gemir.
GIMOTEO v. gemido.
GINEBRA alboroto, confusión, embrollo, alharaca, zapatiesta, jaleo, ruido, barullo || licor, bebida, alcohol, aguardiente.
GINECEO harén, serrallo.
GIRA excursión, expedición, viaje, vuelta.
GIRAMIENTO v. giro.
GIRAR rotar, rodar voltear, virar, bornear, rular, mover, rondar, contonear, desviar, torcer, volver, invertir, cambiar, mudar,

trasladar, circular, tornar, desplazar, deslizar, retorcer, menear, correr.

Girasol mirasol, tupinambo, gigantea, mirabel, planta.

Giratorio rotatorio, movible, circulatorio, desplazable, desligable, movedizo, girante, circulante.

Giro rotación, vuelta, volteo, borneo, molinete, rodeo, viraje, desplazamiento, circulación, traslación, círculo, curva, desvío, inversión, cambio, vuelco, ruedo, revolución, movimiento || dirección, cariz, matiz, sentido, orientación, aspecto || letra, libranza, libramiento, envío, pago, remesa || modismo, locución.

Giroscopio girocompás, giróscopo, giróstato, compás, giroscópico, aparato, instrumento, estabilizador.

Giróscopo v. giroscopio.

Giróvago vagabundo, errabundo, errante, ambulante, nómada, inestable.

Gitanada adulación, mimo, caricia, halago, arrumaco, zalamería, pillería.

Gitanería v. gitanada.

Gitano calé, cañí, flamenco, bohemio, cíngaro, trashumante, nómada, errante.

Glabro calvo, lampiño, mondo, pelado, pelón, calvete, rapado, liso.

Glacial gélido, helado, congelado, frígido, yerto, fresco, álgido, crudo, aterido, frío || indiferente, desapegado, imperturbable, frío, insensible, apático, flemático, sordo, duro, cruel.

Glaciar helero, ventisquero, nevero, corriente de hielo.

Gladiador luchador, atleta, combatiente, competidor, circense, mirmillón, reciario, bestiario.

Glamour * atractivo, encanto, hechizo.

Glande bálano, cabeza, extremidad del pene.

Glándula órgano de secreción, de excreción, glándula sudorípara, sebácea, salival, lagrimal, endocrina, linfática, mamaria, sexual, hipófisis, tiroides, suprarrenal, timo, testículo, próstata, ovario.

Glandular secretorio, excretor, endocrino, interno, externo, glanduloso, hipofisario, tiróideo, suprarrenal, sudoríparo, v. glándula.

Glasear abrillantar, cubrir, recubrir, bañar, pulir, bruñir, charolar, pulimentar.

Glauco verde claro, verdoso, verdemar.

Gleba terrón, trozo, tierra, masa, tabón, tormo, terruño, terreno, prado, campo, ejido, heredad.

Glera pedregal, carcajar, pedriza, pedrera, cantizal, desgalgadero.

Global integral, completo, total, general, íntegro, entero, todo, conjunto.

Globe-trotter * trotamundos, viajero, turista, vagabundo.

Globo bola, esfera, balón, pelota, pelotón, bala, gurullo, rulo, bolita, canica, abalorio, cuenta, píldora, grano, pella, burujo || dirigible, aerostato, aparato, artefacto || planeta, orbe, mundo, tierra, astro, cuerpo celeste.

Globoso esférico, redondo, globuloso, globular, esferoidal, curvado, rotundo, circular, abultado, combado, convexo.

Globular v. globoso.

Glóbulo bolita, esferita, pelotita, rulo, canica, abalorio, cuenta, píldora, grano, pella, eritrocito, leucocito.

Globuloso v. globoso.

Gloria bienaventuranza, elevación, beatitud, paraíso, cielo, edén, empíreo, salvación, inmortalidad, felicidad, perfección || reputación, fama, notoriedad, celebridad, prestigio, admiración, nombradía, nombre, consideración, renombre, popularidad, honor, aplauso, crédito, triunfo, palma, prez, victoria, aura, aureola, lustre, auge, éxito, brillo, esplendor, laureles, exaltación, grandeza, majestad, magnificencia || gusto, deleite, placer, encanto, delicia, satisfacción.

Gloriar glorificar, alabar, loar,

GLORIETA

ponderar, enaltecer, honrar, ensalzar, exaltar, aureolar, aplaudir, engrandecer, celebrar, encomiar, aclamar, encumbrar || Gloriarse preciarse, vanagloriarse, jactarse, alabarse, presumir, envanecerse, alardear, pavonearse, engreírse, fanfarronear.

Glorieta cenador, rotonda, merendero, quiosco, templete, pabellón, marquesina, mirador, emparrado, pérgola || plaza, plazoleta, plazuela, explanada.

Glorificación alabanza, loa, enaltecimiento, aplauso, engrandecimiento, aureola, ensalzamiento, exaltación, honra, encumbramiento, aclamación, encomio, celebración, ponderación.

Glorificar v. gloriar.

Gloriosamente prestigiosamente, honrosamente, ilustremente, brillantemente, v. glorioso.

Glorioso prestigioso, honroso, ilustre, brillante, eminente, memorable, reputado, famoso, célebre, afamado, insigne, inmortal, notorio, admirado, renombrado, consignado, triunfante, victorioso, espléndido || alabado, paradisíaco, celeste, divino, olímpico, santo, celestial, venerable, bienaventurado, beato || espléndido, magnífico, estupendo, maravilloso, hermoso, soberbio.

Glosa comentario, explicación, interpretación, nota, aclaración, declaración, revelación, elucidación, apostilla, paráfrasis, crítica, exégesis.

Glosar aclarar, interpretar, anotar, explicar, comentar, parafrasear, apostillar, elucidar, declarar, revelar, criticar, enunciar.

Glosario vocabulario, léxico, diccionario, catálogo, lista, relación, definición.

Glosopeda fiebre aftosa, enfermedad infecciosa, plaga, dolencia del ganado.

Glotón comilón, tragón, hambrón, hambriento, insaciable, voraz, gargantúa, tragaldabas, ávido, devorador, intemperante, heliogábalo, ansioso.

Glotonería gula, voracidad, apetito, hambre, avidez, ansia, tragonería, intemperancia, avaricia, desenfreno, adefagia, hambronería.

Glucosa azúcar, carbohidrato.

Glúteo v. nalgas.

Glutinoso adhesivo, adherente, pegajoso, viscoso.

Gnomo duende, espíritu, genio, enano, elfo, geniecillo, visión, espectro.

Goalkeeper * guardameta, portero, jugador.

Gobernable dócil, manejable, manso, obediente, disciplinado, sumiso, borrego, infeliz.

Gobernación v. gobierno.

Gobernador representante, gobernante, dirigente, mandatario, director, jefe, rector, regente, presidente, autoridad, guía, tutor, conductor, superior, cabecilla, administrador, cabeza, magistrado, funcionario, regidor, cacique.

Gobernalle timón, caña, gobierno, dirección, mando.

Gobernante v. gobernador.

Gobernar mandar, dirigir, representar, guiar, presidir, regir, encabezar, administrar, conducir, tutelar, regentar, enderezar, manipular, manejar, cuidar, timonear.

Gobierno dirección, mando, presidencia, representación, guía, regencia, tutela, conducción, administración, manejo, manipulación, mandato, cargo, régimen, timón, gobernalle, riendas, autoridad || estado, administración, gabinete || cartera, junta, régimen, poder, ministerio.

Goce deleite, placer, regodeo, fruición, gusto, satisfacción, regusto, solaz, agrado, delectación, complacencia, gozo v. felicidad, contento, bienestar, holganza, regalo, agrado, dicha, sensualidad, voluptuosidad, epicureísmo, sibaritismo, entretenimiento, fiesta, diversión, bienestar, alegría, delicia || usufructo, uso, posesión, disfrute, utilización, empleo.

GOCHO cochino, cerdo, puerco, sucio, marrano.

GODO ilustre, noble, gótico, linajudo, aristocrático, hispano, español || visigodo, ostrogodo, germánico, ario, indoeuropeo.

GOFIO harina de maíz, de trigo, de cebada.

GOFO tosco, torpe, rudo, zafio, grosero, ignorante.

GOL tanto, punto, diana, acierto, centro.

GOLA garganta, gañote, gaznate, tragadero, faringe, gorja, garguero || gorguera, adorno, golilla, fruncido, cuello de tul, de encaje.

GOLEAR marcar, hundir, apabullar.

GOLETA velero, bergantín, fragata, navío, nave, barco, v. embarcación.

GOLFEAR vaguear, callejear, vagabundear, perderse, corromperse, enviciarse.

GOLFERÍA chusma, morralla, hez, pillería, hampa, pandilla, bajos fondos || trastada, granujada, bribonada, villanería, truhanería, canallada, tunantada.

GOLFA ramera, puta, zorra, fulana, mujerzuela, hetera, prostituta v.

GOLFO pillo, pilluelo, arrapiezo, vagabundo, vago, indeseable, hampón, buscón, perdido, granujilla, pícaro, bribón, truhán, chiquillo, desharrapado || bahía, ensenada, cala, caleta, abra, rada, estuario, refugio, abrigo, ría, fiordo, seno, concha, fondeadero.

GOLIARDO parrandero, vividor, jaranero, tuno, estudiante, tarambana, vagabundo, pícaro.

GOLILLA gorguera, v. gola.

GOLONDRINO absceso, inflamación, hinchazón, tumor, purulencia, forúnculo, grano en la axila || vagabundo, errante, trashumante, peregrino.

GOLONDRO anhelo, deseo, gana, antojo, apetencia, apetito.

GOLOSINA confite, dulce, caramelo, bombón, chocolatina, gollería, manjar, delicia, exquisitez, delicadeza, pastel, anís, peladilla, garapiñada.

GOLOSINEAR melindrear, comistrajear, probar, gazmiar, apartar, picar.

GOLOSO ávido, apetente, glotón, voraz, delicado, galamero.

GOLPAZO v. golpe.

GOLPE porrazo, choque, caída, empellón, colisión, encontronazo, embate, trompicón, topetazo, percusión, empujón, encuentro, tropiezo, sacudida, rebote || golpazo, trastazo, soplamocos, mojicón, zurrido, puñetazo, cachete, revés, coscorrón, morrada, zambombazo, voleo, guantazo, tiento, papirotazo, mazazo, martillazo, cantazo, pedrada, latigazo, azote, patada, pisotón, codazo || moretón, cardenal, verdugón, equimosis, señal, contusión, magulladura || ocurrencia, gracia, salida, agudeza, chiste, ingenio, rasgo || desgracia, tribulación, trago, desdicha, infortunio, revés, percance, tropiezo, accidente, conflicto, desventura, peripecia.

GOLPEADO vapuleado, sacudido, pegado, castigado, magullado, contuso, herido, molido, v. golpear.

GOLPEAR pegar, percutir, dar, chocar, encontrarse, batir, topar, empujar, tropezar, caer, rebotar || apalear, cachetear, pisotear, abofetear, tundir, zurrar, calentar, cascar, sopapear, atizar, patear, estropear, machacar, magullar, fustigar, flagelar, azotar, vergajear, descrismar, martillar, percutir, apedrear, sobar.

GOLPETEO v. golpe.

GOLLERÍA manjar, golosina, delicadeza, exquisitez, melindre, finura, delicia, confite || superfluidad, exceso, demasía.

GOLLETAZO estocada, pinchazo, punzada, golpe.

GOLLETE cuello, abertura, entrada, boca, estrechamiento || garganta, v. gola.

Goma liga, adhesivo, cola, pegamento, pegadura, mucílago, engrudo, aglutinante, resina, caucho, gelatina, pez, pasta, encoladura || tira, banda elástica.

Gomia tarasca, papón, espantajo, coco, camuñas, bu, estantigua, trasgo, fantasma || glotón, voraz, ávido, derrochador, despilfarrador, manirroto.

Gomoso lechuguino, petimetre, pisaverde, figurín, currutaco, elegante, dije.

Góndola barca, lancha, piragua, bote, embarcación v.

Gonela clámide, manto, túnica, veste, toga.

Gonfalón estandarte, confalón, pendón, enseña, guión, v. bandera.

Gonfaloniero confaloniero, v. abanderado.

Gongo batintín, tantán, gong, platillo, instrumento de percusión.

Gongorismo culteranismo, ampulosidad, cultilatiniparla, amaneramiento.

Gonococia v. gonorrea.

Gonorrea gonococia, blenorragia, blenorrea, uretritis, inflamación, flujo uretral, enfermedad venérea.

Gordinflón v. gordo.

Gordo rollizo, carnoso, obeso, grueso, abultado, voluminoso, corpulento, achaparrado, rechoncho, regordete, tripón, retaco, mofletudo, ceporro, atocinado, culón, orondo, inflado, abultado, pesado, cachigordo, gordinflón, adiposo, robusto, amondongado, craso, mantecoso || sebo, manteca, grasa, tocino, gordura, tejido adiposo || sonado, importante, trascendente, considerable, grave, trascendental || **Gordo** (El) primer premio, premio mayor, pleno, acierto.

Gordura obesidad, carnosidad, adiposidad, abultamiento, volumen, carnes, corpulencia, pesadez, humanidad, bulto, solidez, enjundia, balumba || manteca, sebo, grosor, tripa, vientre, panza, tocino, gordo, grasa, tejido adiposo.

Gorgojo insecto, coleóptero, larva, calandra, escarabajo, parásito || enano v.

Gorgoritear gorjear, trinar, modular, cantar.

Gorgorito gorjeo, trino, modulación, quiebro, canto || borborito, burbuja v.

Gorgoteo borboteo, burbujeo, borbollón, hervor.

Gorguera gola, golilla, adorno, fruncido, cuello de tul, de encaje, lienzo plegado, alechugado.

Gorguz dardo, lanza, venablo, puya, rejón, jabalina, vara, pértiga, garrocha.

Gorila mono, antropomorfo, simio, orangután, chimpancé, cuadrumano.

Gorja v. garganta.

Gorjear trinar, modular, gorgoritear, silbar, canturrear, tararear, murmurar, balbucear.

Gorjeo trino, gorgorito, canturreo, murmullo, modulación, canto, quiebro, balbuceo.

Gormar v. vomitar.

Gorra birrete, boina, bonete, v. gorro.

Gorrear parasitar, abusar, chupar, sablear, arrimarse, pedir, pegarse.

Gorrinería suciedad, porquería, cochinada, marranada, faena, trastada, grosería.

Gorrino cerdo, marrano, cochino, tocino, cebón, animal, puerco || sucio, desaseado, grosero, dejado, desaliñado, mugriento.

Gorrión pardal, pardillo, pájaro, ave.

Gorrista v. gorrón.

Gorro gorra, birrete, bonete, boina, montera, chambergo, cofia, pamela, capota, toca, chichonera, capucha, capillero, escarcela, moña, papalina, cachucha, casco, teresiana, quepis, chacó, ros, bicornio, tricornio, capelo, chapeo, solideo, casquete, sombrero, fieltro, galera, chistera, clac, bombín, hongo.

GORRÓN parásito, vividor, gorrista, sablista, pegote, gorrero, petardista, sacacuartos, pedigüeño, mangante, parchista, mogollón, comensal, arrimadizo, aprovechado, abusador, sopista, mogrollo.
GORRONA v. ramera.
GORRONEAR pedir, sablear, abusar, insistir, arrimarse, aprovecharse, suplicar, exigir, sacar, parasitar, esquilmar, pegotear, vivir del cuento.
GORRONERÍA sablazo, abuso, parasitismo, descaro, desfachatez, vicio, defecto, petición, súplica, pretensión, ruego, exigencia.
GOTA parte, fracción, lágrima, poco, pinta, gotera, pizca, partícula, parte, molécula, ápice, grano, chispa, migaja, menudencia.
GOTEAR rezumar, escurrir, destilar, chorrear, filtrarse, llorar, pingar, perder, salir, fluir, mojar, humedecer, pringar, manchar, calar || lloviznar, v. llover.
GOTERA grieta, mancha, hendedura, filtración, raja, ranura, abertura.
GOTERO cuentagotas, dosificador.
GÓTICO v. godo || ojival.
GOURMET * gastrónomo, sibarita, entendido, regalado, delicado.
GOZADOR v. epicúreo.
GOZAR deleitarse, disfrutar, recrearse, gustar, saborear, alegrarse, regodearse, complacerse, regocijarse, regalarse, holgar, satisfacer, solazarse, contentarse, fruir || aprovechar, tener, poseer, disponer, usar, utilizar, emplear, percibir || poseer, amar, fornicar, v. copular.
GOZNE bisagra, charnela, pernio, alguaza, charneta, articulación, juego.
GOZO alegría, placer, alborozo, contento, júbilo, deleite, gusto, exultación, jovialidad, hilaridad, humor, satisfacción, animación, regocijo, esparcimiento, algazara, risa, diversión, goce v., fiesta, regodeo, entusiasmo, optimismo, algarabía, delicia, felicidad, fruición, bienestar, holganza, solaz, regusto.
GOZOSAMENTE alegremente, placenteramente, alborozadamente, v. gozo.
GOZOSO jubiloso, contento, alborozado, complacido, alegre, satisfecho, hilarante, jovial, exultante, gustoso, divertido, riente, regocijado, animado, festivo, entusiasta, optimista, radiante, feliz.
GOZQUE perrillo, chucho, cachorro, perrezno, faldero, chihuahua.
GRABACIÓN disco, cinta, impresión, reproducción.
GRABADO lámina, estampa, viñeta, ilustración, figura, imagen, vista, cromo, impresión, santo, dibujo, pintura, aguafuerte, clisé, litografía, huecograbado, fotografía, xilografía, fototipia.
GRABADOR artista, tallador, artesano, cincelador, estampador, impresor.
GRABAR tallar, cincelar, cortar, esculpir, rebajar, morder, imprimir, puntear, inscribir || inculcar, incrustar, aprender, recordar, evocar, rememorar.
GRACEJO agudeza, ingeniosidad, humorada, ocurrencia, chiste, ingenio, dicho, ironía, chispa, humor, salero, donosura.
GRACIA gentileza, gallardía, donaire, soltura, desenvoltura, agilidad, galanura, garbo, apostura, belleza, hermosura, empaque, elegancia, arrogancia || ingenio, v. gracejo || indulto, perdón, indulgencia, amnistía, absolución, exculpación, condonación, remisión, compasión, misericordia || don, merced, favor, beneficio, dádiva || GRACIAS agradecido, reconocido, obligado || agradecimiento, reconocimiento, gratitud.
GRÁCIL menudo, sutil, gracioso, fino, tenue, delicado, pequeño, chico, esbelto, delgado, ligero, bonito, suave, primoroso, vaporoso.
GRACIOSAMENTE gratis, gratuita-

mente, regalado, sin cargo, de balde.
GRACIOSO chistoso, ingenioso, ocurrente, bromista, agudo, humorista, chusco, donoso, cómico, decidor, burlón, chancero, sutil, irónico, chirigotero, saleroso, sandunguero, entretenido, divertido, chusco, festivo, alegre, picante || encantador, gentil, agradable, simpático, atrayente, delicioso, bonito, grácil, primoroso, ligero, esbelto, elegante, delicado, fino, tenue.
GRADA peldaño, escalón, estribo, gualdera, zanca, losa, piedra, banco, asiento, bancal, tribuna, escalinata, escalera, gradería || tarima, podio, pedestal, estrado, tablado, peana, plataforma, tribuna, tablazón.
GRADACIÓN serie, progresión, sucesión, proceso, cadena, transformación, evolución, desarrollo, aumento, disminución, escalera, escala || matiz v.
GRADERÍA escalinata, anfiteatro, hemiciclo, tribuna, localidades, asientos, peldaños, escalones, gradas, bancos, armazón, tablado.
GRADILLA escalerilla, escala, brandal, tablazón.
GRADO jerarquía, cargo, graduación, rango, empleo, título, categoría || límite, nivel, extremo, altura, punto, estado, margen, valor, calidad || parentesco, relación, lazo, vínculo, conexión, afinidad, enlace, generación || división, fracción, porción, parte del círculo.
GRADUABLE regulable, desmontable, ajustable, acoplable, ampliable.
GRADUACIÓN cantidad, contenido, proporción, división, parte, porción || grado, categoría, empleo, título, cargo, rango, jerarquía.
GRADUADO titulado, investido, diplomado, doctorado, autorizado, reconocido, licenciado, doctor, universitario, profesional, graduando.
GRADUAL paulatino, progresivo, sucesivo, creciente, continuo, uniforme, insensible, imperceptible, lento, escalonado, suave, rítmico, moderado, proporcionado.
GRADUALMENTE paulatinamente, sucesivamente, progresivamente, v. gradual.
GRADUAR medir, regular, limitar, nivelar, circunscribir, arreglar, ajustar, acomodar, tantear, tasar, calcular || fraccionar, dividir, partir, fragmentar, descomponer || licenciar, titular, investir, designar, diplomar, doctorar, reconocer, autorizar.
GRAFÍA representación, escritura, expresión, rasgo, letra, signo, cifra, carácter.
GRÁFICA esquema, v. gráfico.
GRÁFICAMENTE descriptivamente, claramente, explícitamente, manifiestamente, expresivamente, detalladamente, v. gráfico.
GRÁFICO descriptivo, representativo, claro, explícito, expresivo, manifiesto, meridiano, transparente, detallado || esquema, plano, boceto, dibujo, bosquejo, cuadro, estadística, líneas, trazos, gráfica, representación.
GRAFILADO estriado, rayado, marcado, ranurado, surcado, grabado.
GRAFITO carbono, mina, carboncillo.
GRAFOLOGÍA interpretación, análisis, explicación, examen, estudio de la escritura.
GRAGEA píldora, comprimido, tableta, pastilla, oblea.
GRAJO chova, cuervo, arrendajo, cascanueces, córvido, pájaro.
GRAMÁTICA lingüística, lengua, arte, estudio, disciplina.
GRAMÍNEAS cereales, granos, semillas.
GRAMO unidad, medida, peso.
GRAMÓFONO fonógrafo, *gramola*, tocadiscos, aparato.
GRAMOLA * v. gramófono.
GRAN v. grande.
GRAN MUNDO * la aristocracia, la nobleza, la sociedad, gente elegante.

Grana granazón, crecimiento, desarrollo, florecimiento, madurez, || granate v.

Granada proyectil, bomba, obús, explosivo, bala, munición || milgrana, ciñuela, fruto.

Granadero soldado, mocetón, zagalón, gigante.

Granado escogido, sobresaliente, notable, descollante, ilustre, principal, destacado, distinguido, señalado, selecto || espigado, alto, crecido, maduro, desarrollado || experto, curtido, avezado, ducho, ajetreado.

Granar desarrollarse, crecer, florecer, madurar, prosperar, aumentar, fructificar, cerner.

Granate encarnado, escarlata, rojo, colorado, rubí, púrpura, grana, carmesí.

Granazón desarrollo, crecimiento, florecimiento, grana, madurez, aumento, fructificación.

Grande mayúsculo, considerable, magno, monumental, superlativo, desmesurado, extraordinario, ingente, inusitado, gigantesco, crecido, descomunal, vasto, grandioso, ilimitado, extenso, exorbitante, enorme, elevado, colosal, amplio, espacioso, holgado, ancho, alto, elevado || notable, ilustre, noble, prócer, egregio, distinguido, célebre, insigne, eximio, excelso, ínclito, sobresaliente, conspicuo.

Grandemente considerablemente, mayúsculamente, superlativamente, v. grande.

Grandeza majestad, honor, dignidad, nobleza, magnificencia, excelsitud, esplendor, poder, gloria, magnanimidad, lustre, brillo, fama || extensión, vastedad, amplitud, desarrollo, holgura, enormidad, dimensión.

Grandilocuencia pomposidad, énfasis, prosopopeya, pedantería, afectación, ampulosidad, fatuidad.

Grandilocuente pomposo, altisonante, enfático, pedante, afectado, ampuloso, fatuo.

Grandiosamente admirablemente, espléndidamente, superlativamente, v. grandioso.

Grandiosidad grandeza, magnificencia, esplendor, magnitud, excelsitud, aparato, fastuosidad, lucimiento, boato, pompa, ostentación, vastedad, inmensidad.

Grandioso admirable, espléndido, magnífico, esplendoroso, excelso, lucido, pomposo, fastuoso, aparatoso, ostentoso, vasto, inmenso, impresionante, dantesco, maravilloso, tremendo.

Grandor v. tamaño.

Grandullón mozallón, mozancón, gigantesco, alto, grande, fornido, crecido.

Graneado incesante, ininterrumpido, continuo, constante, intenso.

Granel (A) suelto, sin envase, sin empaquetar, en abundancia.

Granero pajar, silo, almacén, depósito, tinglado, hórreo, cobertizo, barracón, almiar, pósito, bodega, panera, troje, cilla, cija.

Granítico pétreo, diamantino, férreo, acerado, duro, tenaz, sólido, compacto, inquebrantable, irrompible, resistente, recio, rocoso.

Granito piedra, roca, veta, mineral.

Granizada v. granizo.

Granizar caer, precipitarse, llover, apedrear.

Granizo granizada, pedrisco, pedrea, cascarrinada, precipitación, lluvia, tormenta, aguacero, temporal, borrasca, diluvio || piedra, cascarrina, pedrisco, agua congelada.

Granja finca, quinta, cortijo, alquería, predio, explotación, hacienda, cultivo, huerto, plantación, mazada, villoría, rancho, hato, estancia.

Granjearse adquirir, conseguir, captar, obtener, lograr, atraer, alcanzar, ganarse, conquistar, apoderarse.

Granjería provecho, beneficio, utilidad, ganancia, lucro, rendimiento, producto, fruto.

Granjero cultivador, criador, agricultor, labrador, hacendado, ranchero, quintero, cortijero, propietario, horticultor, colono, hortelano, paisano.

Grano semilla, fruto, cereal, gramínea || hinchazón, bulto, tumor, absceso, forúnculo, inflamación, infección, postema, bubón, pústula, purulencia, ántrax, golondrino, panadizo, flemón, divieso || pizca, chispa, pellizco, parte, migaja, pulgarada, insignificancia.

Granoso granuloso v.

Granuja bribón, pícaro, bellaco, tunante, bergante, belitre, perillán, pillo, golfo, taimado, barbián, astuto, vagabundo, vago, indeseable, villano.

Granujada bribonada, tunantada, bellaquería, picardía, pillería, granujería, truhanada, villanía, canallada, trastada, porquería, faena.

Granujería v. granujada.

Granujiento granoso, infectado, purulento, inflamado, áspero, desagradable, granuloso v.

Granulación imperfección, desigualdad, aspereza, rugosidad, granos, gránulos, granillos, granitos.

Gránulo v. granulación.

Granuloso desigual, áspero, imperfecto, rugoso, arrugado, granoso.

Granza cascajo, arena, grava, trozo, piedras, residuos, desechos, pajas.

Grao playa, fondeadero, desembarcadero, ancladero, cala, recaladero, puerto.

Grapa laña, enganche, gancho, gafa, zuncho, fiador, ajuste, pieza, hierro.

Grasa sebo, unto, tocino, gordo, gordura, lardo, manteca, mantequilla, aceite, butiro, oleína, crasitud, margarina, pringue, juarda, churre || obesidad, v. gordura.

Grasiento v. graso.

Graso seboso, aceitoso, mantecoso, gordo, untuoso, brillante, resbaladizo, craso, oleoso, butiroso, sebáceo, pringoso, lardoso, cremoso, enjundioso, oleaginoso, grasoso, grasiento, churretoso.

Grasoso v. graso.

Gratamente placenteramente, satisfactoriamente, agradablemente, v. grato.

Gratificación recompensa, retribución, estipendio, asignación, prima, aguinaldo, galardón, premio, compensación, indemnización, propina, sobrepaga, sobresueldo, asistencia, prebenda, regalía, dietas, subvención, beca, pensión, renta, cesantía, pago, remuneración, regalo.

Gratificar recompensar, retribuir, remunerar, asignar, indemnizar, compensar, premiar, ofrecer, becar, subvencionar, regalar, galardonar, refrendar, pagar, dar, satisfacer, contentar.

Gratin * salsa dorada, tostada, horneada.

Gratinado * tostado, dorado, horneado.

Gratis gratuitamente, ventajosamente, beneficiosamente, graciosamente, sin cargo, de balde, gratuito v.

Gratitud agradecimiento, reconocimiento, correspondencia, retribución, devolución, satisfacción, complacencia, obligación, ofrenda, recompensa, lealtad, fidelidad.

Grato placentero, agradable, amable, atractivo, atrayente, afectuoso, alegre, cautivante, complaciente, delicioso, encantador, afable, interesante, cómodo, dulce, ameno, simpático, seductor, risueño, tratable, deleitoso, lisonjero, sabroso, bueno, satisfactorio.

Gratuitamente ventajosamente, arbitrariamente, v. gratuito.

Gratuito gratis, sin cargo, de balde, ventajoso, beneficioso, regalado, tirado, remunerativo || infundado, arbitrario, injusto, injustificado, improcedente, in-

consciente, fútil, pueril, baldío.
GRATULAR congratular v., alegrarse, complacerse.
GRAVA guijo, balasto, cascajo, rocalla, recobo, piedrecillas, guijarros, fragmentos, trozos, pedazos de piedra.
GRAVAMEN impuesto, tributo, arbitrio, consumo, derrama, pechería, imposición, sobreprecio, carga, canon, derecho, contribución, tributación, obligación, servidumbre, subsidio, hipoteca.
GRAVAR imponer, obligar, cargar, recargar, sobrecargar, aumentar, asignar, pesar.
GRAVE arduo, espinoso, delicado, molesto, importante, considerable, capital, difícil, embarazoso, serio, riguroso, complicado, engorroso, penoso, peligroso, rudo, doloroso, comprometido, trascendental || enfermo, delicado, débil, pachucho, malo, morboso, decaído, afectado, atacado, contagiado, doliente, agonizante, agónico, moribundo, semidifunto || formal, reservado, serio, juicioso, callado, reposado, tranquilo, severo, sesudo, sensato.
GRAVEDAD recaída, dolencia, enfermedad, peligro, ataque, agonía, acceso, trastorno || amenaza, riesgo, trascendencia, trance, dificultad, conflicto, peligro, ventura, inminencia, importancia, exposición, responsabilidad, rigor, compromiso || seriedad, formalidad, reserva, juicio, compostura, tranquilidad, severidad, sensatez, reposo, decoro, circunspección || pesantez, pesadez, peso, gravitación, ponderosidad.
GRAVEMENTE arduamente, espinosamente, delicadamente, considerablemente, v. grave.
GRAVIDEZ preñez, gestación, embarazo, maternidad, fecundidad, concepción.
GRÁVIDA embarazada, encinta, preñada, fecundada, fertilizada, gestante, parturienta.
GRÁVIDO cargado, lleno, abundante, rebosante, pletórico, opulento, colmado, nutrido.
GRAVITACIÓN atracción, gravedad, fuerza, ponderosidad, pesantez.
GRAVITAR apoyarse, descansar, reclinarse, sustentarse, basarse, cargar, pesar, afectar, agobiar, abrumar, reposar, recostarse, caer.
GRAVOSO enfadoso, molesto, pesado, intolerable, estomagante, fastidioso, enfadoso, aburrido, cargante, agobiante, abrumador, || oneroso, caro, dispendioso, costoso, elevado, alto, sobrecargado, exorbitante, excesivo, inmoderado, abusivo, disparatado, exagerado.
GRAZNAR crascitar, crocitar, parpar, chirriar, chillar, gritar, cantar, llamar.
GRAZNIDO chillido, chirrido, grito, canto, llamada, voz, reclamo.
GRECA franja, lista, ribete, borde, cenefa, faja, adorno.
GREDA marga, arcilla, tierra, arena, argila, silicato, caliza, asperón.
GREDOSO arcilloso, terroso, arenoso, calizo.
GREGARIO adocenado, dócil, vulgar, incoloro, chabacano, impersonal, borreguil || componente, integrante, constituyente.
GREGARISMO docilidad, mansedumbre, adocenamiento, vulgaridad.
GREGUERÍA frase breve, definición, pirueta verbal || alboroto, gritería, algarabía.
GREGÜESCOS calzones, calzas, leonas, pantalones, trusas.
GRELO nabiza, sumidad, tallo del nabo.
GREMIAL sindical, corporativo, laboral, colectivo, comunitario, empresarial, agrupado, asociado.
GREMIO sindicato, corporación, hermandad, colectividad, agrupación, asociación, cofradía, junta, reunión, cuerpo, comunidad, empresa, grupo.
GREÑA pelambrera, pelambre, mechas, guedejas, cabellera, melena, tufo, vedija || embrollo, en-

redo, alboroto, lío, confusión, riña, pelea, disputa, v. gresca.

Greñudo despeinado, melenudo, desmelenado, erizado, revuelto, desordenado, encrespado, descuidado, desaseado.

Gres arcilla, cerámica, greda, marga, pasta.

Gresca riña, pendencia, pelea, querella, reyerta, zipizape, trifulca, zapatiesta, pelotera, marimorena, camorra, bronca, agarrada, altercado || alboroto, tumulto, confusión, estrépito, escándalo, bulla, algazara.

Grey congregación, conjunto, agrupación, grupo, hermandad, comunidad, fieles || rebaño, hatajo, hato, manada.

Grial vaso místico, copón, cáliz copa, píxide.

Griego heleno, oriundo, natural de Grecia || difícil, ininteligible, chino, álgebra, gringo.

Grieta abertura, hendedura, raja, rendija, ranura, resquicio, oquedad, boquete, fisura, juntura, resquebrajadura, fenda, fractura, intersticio.

Grifa * v. marijuana.

Grifo válvula, espita, llave, salida, obturador, escape, bitoque, canilla || animal fabuloso, mitológico, legendario, fantástico.

Grilla * rejilla.

Grillado * guillado, trastornado, chalado, chiflado, ido.

Grillete anilla, argolla, hierro, pieza, eslabón || Grilletes cadenas, grillos, esposas, hierros, ataduras, ligaduras, cepo.

Grillos v. grilletes.

Grill-room * comedor, restaurante, salón, establecimiento especializado en asados.

Grima desazón, disgusto, repulsión, aversión, asco, repugnancia, temor.

Grímpola v. gallardete.

Gringo forastero, extranjero, extraño, bárbaro, exótico, yanqui, norteamericano || jerga, galimatías, jerigonza, árabe, chino, griego.

Gripe catarro, influenza, trancazo, achaque, dolencia, resfriado, constipado, infección vírica.

Griposo * acatarrado, resfriado, constipado, enfermo.

Gris ceniciento, plomizo, grisáceo, obscuro, pardo, velado, borroso || monótono, anodino, aburrido, triste, apagado, melancólico, soso, insubstancial, lánguido, frío, desangelado.

Grisáceo v. gris.

Griseta * artesana, moza, modistilla, coqueta.

Grisú mofeta, gas, emanación.

Grita v. griterío.

Gritar vocear, vociferar, chillar, ulular, bramar, aullar, increpar, clamorear, exclamar, desgañitarse, llamar, escandalizar, atronar, alborotar, gruñir, gañir, rugir, abuchear, desaprobar, rechiflar, repudiar, pitar, protestar, clamar.

Griterío alboroto, clamor, escándalo, rugido, abucheo, protesta, rechifla, repudio, bramido, pita, vociferación, vocerío, estruendo, algarabía, bullicio, bulla, batahola, confusión, v. grito.

Grito chillido, voz, alarido, bramido, aullido, exclamación, llamada, vociferación, lamento, queja, rugido, gañido, baladro, v. griterío.

Gritón chillón, vocinglero, alborotador, vociferante, aullador, escandalizador, escandaloso, bullicioso.

Groggy * vacilante, tambaleante, mareado, turulato.

Groom * botones, lacayo, criado.

Groseramente toscamente, descortésmente, desatentamente, v. grosero.

Grosería tosquedad, descortesía, desatención, incivilidad, descaro, descomedimiento, incorrección, incultura, despreccupación, rudeza, inconveniencia, insolencia, impertinencia, ramplonería, descompostura, mala educación, mala crianza, ineducación, brutalidad, tosquedad, zafiedad.

Grosero descarado, desatento, incivil, descortés, descomedido, incorrecto, inculto, rudo, despreocupado, ramplón, impertinente, insolente, inconveniente, descompuesto, desvergonzado, ineducado, malcriado, mal educado, zafio, brutal, vulgar, villano, soez, patán, bajo, bruto || tosco, áspero, burdo, rugoso, desigual, chapucero, desagradable, rudimentario, basto, rudo.

GROSOR grueso, espesor, anchura, amplitud, mole, bulto, dimensión, altura, densidad, consistencia pesadez, corpulencia, ancho, magnitud, ensanche, ensanchamiento, calibre, abertura, cuerpo || obesidad, v. gordura.

GROSSO MODO aproximadamente, alrededor de, a ojo.

GROSURA obesidad, v. gordura || sebo, v. grasa.

GROTESCAMENTE risiblemente, extravagantemente, ridículamente, v. grotesco.

GROTESCO risible, extravagante, ridículo, fachoso, caricaturesco, cómico, irrisorio, adefesio, burlón, raro, estrafalario, estrambótico, desagradable, antiestético, deforme, grosero, tosco.

GRÚA cabestrante, cabria, molinete, titán, torno, máquina, aparato, trucha, aguilón, árgana, brazo, puntal.

GRUESO gordo, obeso, rollizo, carnoso, abultado, voluminoso, retaco, rechoncho, tripón, regordete, achaparrado, corpulento, abultado, inflado, orondo, culón, atocinado, ceporro, mofletudo, robusto, adiposo, gordinflón, cachigordo, regordete, pesado, mantecoso, craso, amondongado || espesor, anchura, v. grosor.

GRUMETE marinero, aprendiz, novicio, bisoño.

GRUMO cuajarón, coágulo, espesamiento, apelotonamiento, amazacotamiento, masa, condensación, apelmazamiento, precipitación, solidificación, mazacote.

GRUMOSO apelotonado, condensado, amazacotado, espesado, coagulado, precipitado, apelmazado, solidificado, cuajado, espeso, churretoso.

GRUÑIDO gañido, mugido, bufido, graznido, ronquido, berrido, quejido, chillido, protesta, regaño, reproche, murmuración, rezongo.

GRUÑIDOR v. gruñón.

GRUÑIR gañir, mugir, bufar, graznar, roncar, berrear, quejarse, murmurar, rezongar, reprochar, regañar, protestar, chillar, rechinar.

GRUÑÓN regañón, protestón, refunfuñón, rezongón, murmurador, descontento, desconforme, hostil, quejoso, enojado, antipático, insistente.

GRUPA cuadril, anca, culata, pernil, flanco, cadera, cuarto trasero.

GRUPO conjunto, agrupación, reunión, asociación, conglomerado, clan, camarilla, corro, corrillo, pandilla, cuadrilla, partida, caterva, liga, comunidad, sociedad, colectividad, congregación, corporación, equipo, masa, montón, rueda, hatajo, colección, unión, amasijo, acumulación, agolpamiento, racimo, grumo.

GRUTA cueva, caverna, sima, mina, subsuelo, fosa, galería, antro, cubil, madriguera, socavón, oquedad, agujero, catacumba, cavidad, concavidad, subterráneo, sala, espelunca, horado, anfractuosidad.

GUACAMAYO papagayo, cacatúa, periquito, loro, cotorra, pájaro, ave.

GUACHAPEAR chapotear, chapalear, batir, salpicar || frangollar, chapucear, embrollar, chafallar, remendar.

GUACHO huérfano, expósito, desamparado.

GUADAMECÍ cuero repujado, dibujado, adornado, pintado.

GUADAÑA segur, hoz, segadera, rozón, dalle, doladera, falce, hocino.

GUADAÑAR segar, cortar, podar, abatir, tumbar, tronchar, recoger, dallar.

GUADARNÉS depósito, almacén, armería.

GUAGUA nene, rorro, crío || GUAGUA (DE) gratis, gratuitamente, sin cargo.

GUAJA pícaro, truhán, granuja, pillo.

GUAJIRO campesino, cultivador, labrador cubano.

GUALDO amarillo, ambarino, azafranado, amarillento, pajizo, rubio, limón.

GUALDRAPA cobertura, manta, tela, funda, cubierta, jirel || harapo, jirón, andrajo, calandrajo.

GUANACO llama, rumiante, camélido, cuadrúpedo, mamífero.

GUANO abono, estiércol, abonadura, mantillo, humus, fiemo, excremento, deyecciones.

GUANTADA tortazo, torta, bofetón, cachete, mamporro, guantazo, moquete, manotazo, trompada, pescozón, revés, tapabocas, metido, mojicón, galleta, chuleta, sopapo, soplamocos, trompazo, puñetazo, cate.

GUANTAZO v. guantada.

GUANTE mitón, manopla, guantelete, manguito, dedil, funda, prenda, protección.

GUAPEAR alardear, fanfarronear, presumir, jactarse, balandronar, plantarse, encararse, desafiar.

GUAPETÓN perdonavidas, fanfarrón, presumido, jactancioso, bravucón, baladrón || apuesto, v. guapo.

GUAPEZA valentía, intrepidez, resolución, ánimo, valor, bizarría || fanfarronería, alarde, presunción, desafío, plante, jactancia || hermosura v.

GUAPO apuesto, hermoso, galán, gallardo, gentil, airoso, bello, arrogante, majo, lucido, perfecto, bonito, precioso, agraciado, pimpollo, agradable || pendenciero, bravucón, fanfarrón, matamoros, valentón, chulo, matasiete, curro.

GUAPURA v. hermosura.

GUARDA tutela, v. guardia || vigilante, guardia v., cancerbero, custodio, encargado, guardián, depositario, protector, defensor, cuidador, conservador, escolta.

GUARDABARRERA vigilante, cuidador, encargado, guarda v.

GUARDABARROS alero, guardafango:, protección, resguardo.

GUARDABOSQUE v. guarda.

GUARDACANTÓN mojón, piedra, hito, poste, protección, defensa, resguardo.

GUARDACOSTAS lancha rápida, cañonero, embarcación de vigilancia.

GUARDADOR cuidador, conservador, custodio, depositario || avaro, roñoso, mezquino, miserable, cicatero || puntual, observante, cumplidor, formal, exacto.

GUARDAESPALDAS esbirro, acompañante, salvaguardia, escolta.

GUARDAGUJAS ferroviario, empleado, cambiavía, guardaagujas.

GUARDAINFANTE armazón, tontillo, falda, hopalanda.

GUARDAMETA portero, meta, cancerbero.

GUARDAMUEBLES almacén, depósito, nave, local.

GUARDAPELO medallón, joya, alhaja, colgante.

GUARDAPOLVO delantal, bata, mandil, faldar, funda, protección, prenda.

GUARDAR embolsar, recoger, almacenar, atesorar, recaudar, apañar, envasar, embaular, depositar, retener, ahorrar, poner, colocar, meter, introducir, esconder, ocultar, disimular, conservar, amontonar, custodiar, proteger, asegurar, defender, vigilar, resguardar, salvaguardar, cuidar, amparar, atender, velar || respetar, cumplir, obedecer, acatar, seguir, observar || GUARDARSE cuidarse, evitar, prevenirse, recelar, eludir, protegerse, defenderse, velar, vigilar, atender.

GUARDARROPA armario, ropero, cómoda, estantería, mueble, local, estancia, dependencia || v. guardarropía.

GuardarropÍa vestuario, vestidos, trajes, atuendos || v. guardarropa.

Guardasol quitasol, sombrilla, parasol.

GuarderÍa parvulario, jardín de infantes.

Guardia vigilante, agente, policía, urbano, número, miembro, componente, polizonte, guindilla, guardián, defensor, cuidador, escolta, cancerbero, uniformado || custodia, defensa, cuidado, vigilancia, resguardo, salvaguardia, protección, tutela, vela, atención, amparo, conservación, retención, cuidado, asistencia || patrulla, escolta, retén, pelotón, vanguardia, destacamento, atalaya, avanzada, piquete, vigía, escucha, ronda, pareja, centinela.

Guardia marina alumno naval, oficial, guardiamarina.

GuardiÁn vigilante, cancerbero, custodio, guarda, defensor, cuidador, curador, protector, depositario, tesorero, escolta, encargado, guardia v.

Guardilla buhardilla, desván v.

Guarecerse refugiarse, cobijarse, asilarse, abrigarse, ocultarse, protegerse, defenderse, cubrirse, recogerse, ampararse, albergarse, acogerse, resguardarse.

Guarida cueva, covacha, cubil, madriguera, nido, manida, hura, agujero, caverna, oquedad || escondrijo, refugio, antro, albergue, amparo.

Guarir mantenerse, subsistir, sobrevivir.

Guarismo signo, cifra, número, expresión, símbolo, representación, notación.

Guarnecer dotar, proveer, equipar, asignar, dar, conceder, entregar, adjudicar, aprovisionar, suministrar, avituallar, surtir, facilitar || revestir, adornar, decorar, embellecer, ornar, guarnir, paramentar, amueblar || defender, proteger, ocupar, armar, amurallar, preparar, disponer.

GuarniciÓn tropa, destacamento, cuartel, fuerte, defensa, vigilancia, avanzada, patrulla, grupo, guardia || aderezo, adorno, accesorio, ornato, arreo, paramento, atavío, avío || defensa, empuñadura, protección || arnés, apero, arreos, jaeces, montura, silla, albardón, arzón, aparejo, atelaje, correajes.

Guarnir v. guarnecer.

GuarrerÍa cochinada, porquería, suciedad, trastada, faena, truhanada, canallada.

Guarro cerdo, cebón, lechón, tocino, cochino, puerco, marrano, sucio, desaseado, inmundo, roñoso, mugriento, asqueroso, repugnante, desastrado.

Guasa chanza, burla, zumba, choteo, pitorreo, chungueo, chuscada, befa, chufla, chacota, chasco, camelo, chiste, broma, mofa, cuchufleta.

Guasearse chancearse, burlarse, v. guasa.

GuasÓn chacotero, chancero, chungón, burlón, zumbón, bromista, chistoso, camelista, cuchufletero, embromador, condonguero.

Guata relleno, acolchado, borra, algodón.

Guateque jarana, fiesta, jolgorio, convite, reunión, bulla, baile, comida, banquete.

Guaya queja, lamento, lloro, plañido.

Guayabera chaquetilla, torera, bolero, chaleco, prenda.

Guayabo jovencita, muchacha, chica, bonita, guapa, bombón.

Gubernamental estatal, oficial, gubernativo, administrativo, público.

Gubernativo v. gubernamental.

Gubia formón, escoplo, cincel, buril, cortafrío, herramienta, instrumento.

Guedeja mecha, pelambre, melena, mechón, mata, cabellera, cabello, pelo, crin, greña, tusa, cerneja, rizo, tirabuzón, aladar, flequillo.

Guerra contienda, conflicto, lucha, batalla, combate, choque, lidia, refriega, escaramuza, hostilidades, ataque, beligerancia, acción, ofensiva, encuentro, cruzada, operaciones, campaña, pelea, lid, avance, retirada, invasión, acometida, incursión, guerrilla || pugna, pleito, discordia, desavenencia, diferencia, rivalidad, oposición, riña, desacuerdo, disidencia, querella.

GUERREAR combatir, batallar, luchar, contender, chocar, atacar, hostilizar, operar, encontrarse, pelear, avanzar, retirarse, invadir, acometer, incursionar, pugnar, rivalizar, reñir, querellarse.

GUERRERA casaca, chaqueta, chaquetón, dormán, pelliza, cazadora, sahariana, zamarra, uniforme.

GUERRERO combatiente, soldado, militar, beligerante, luchador, estratega, táctico, general, caudillo, adalid, capitán, batallador, campeador, armígero, belicoso, bélico, marcial, aguerrido, guerreador, acometedor, provocador, conquistador, contendiente.

GUERRILLA partida, tropa, hueste, banda, mesnada, caterva, milicia, grupo, unidad, facción.

GUERRILLERO combatiente, guerreador, faccioso, luchador, *partisano*.

GUÍA dirección, orientación, consejo, tutela, supervisión, enseñanza || rumbo, destino, meta, blanco, norte, faro, indicador, pauta, mira, hito, jalón, derrotero, curso || práctico, conductor, baqueano, experto, conocedor, piloto, timonel, orientador, cochero, postillón, lazarillo, *cicerone*, intérprete || director, consejero, maestro, preceptor, tutor, dirigente, mentor, asesor, supervisor, monitor, orientador, ordenador, entrenador, rector, profesor || manual, prontuario, compendio, breviario, sumario, epítome || itinerario, plano, folleto, recorrido, callejero.

GUIAR orientar, dirigir, indicar, aconsejar, encaminar, encauzar, conducir, encarrilar, enviar, ordenar, adiestrar, gobernar, mandar, entrenar, asesorar, tutelar, regir, preceptuar, educar, disciplinar || manejar, conducir, pilotar, gobernar, llevar.

GUIGNOL * v. guiñol.

GUIJA v. guijarro.

GUIJARRAL pedregal, cascajar, roquedal, pedriza, cantizal.

GUIJARRO piedra, piedrecilla, canto, guija, cantal, peladilla, almendra, china, pedrusco, morro, fragmento.

GUIJO cascajo, piedrecillas, balasto, rocalla, trozos, fragmentos, guijarros, pedazos, pedrisco, firme.

GUILLADO chiflado, chalado, trastornado, ido, perturbado, tocado, excéntrico, descentrado, maniático, caprichoso, pasmado, loco v.

GUILLADURA chifladura, v. guillado.

GUILLARSE chiflarse, chalarse, perturbarse, irse, trastornarse, descentrarse, pasmarse, enloquecer, desequilibrarse, perder el juicio.

GUILLOTE gandul, holgazán, bisoño, inexperto.

GUILLOTINA patíbulo, cadalso, cuchilla, hoja || aparato, artefacto, máquina cortadora.

GUILLOTINAR decapitar, cortar, degollar, descabezar, cercenar, tajar, segar, destroncar, rebanar, seccionar, truncar, separar, ajusticiar, matar, ejecutar, eliminar.

GUINCHO gancho, pincho, punta, pico.

GUINDA cereza, capulina, tomatillo, ambrunesa, gayera, drupa, fruto || altura, medida, distancia.

GUINDALEZA cabo, maroma, calabrote, soga, cuerda.

GUINDAR izar, subir, colgar, levantar || conseguir, quitar, birlar, arrebatar || ahorcar ||

GUINDILLA pimiento, chile, cerecilla, ají, chiltipiquín, condimento || polizonte, policía, guardia.

GUINDOLA salvavidas, flotador, corcho, rueda.

GUIÑADA v. guiño || desvío, apartamiento, alejamiento del rumbo.

GUIÑAPO harapo, jirón, andrajo,

H

Haba leguminosa, semilla, legumbre, herbácea, planta.

Habano puro, cigarro, veguero, tagarnina, tabaco.

Hábeas corpus derecho a ser oído, prerrogativa, privilegio, garantía.

Haber tener, poseer, conservar, mantener, detentar, gozar, disfrutar || Haberes honorarios, paga, sueldo, mensualidad, jornal, emolumentos, salario, gratificación, retribución, soldada, remuneración, estipendio, gajes || bienes, caudal, hacienda, intereses, posesiones, pertenencias, capital, rentas, fondos, fortuna, riqueza, acervo, recursos, peculio, patrimonio, medios, ahorros.

Haberío ganado, bestia de carga, animales domésticos.

Habichuela alubia, judía, fríjol, leca, ayarote, legumbre, leguminosa, semilla, grano.

Hábil competente, apto, adecuado, diestro, idóneo, experto, ducho, perito, fogueado, capacitado, capaz, entendido, preparado, dispuesto, experimentado, mañoso, industrioso, habilidoso, virtuoso, maestro, apañado || astuto, ladino, diplomático, calculador, avisado, sagaz, sutil, taimado || laborable.

Habilidad capacidad, competencia, aptitud, destreza, experiencia, preparación, capacitación, pericia, industria, disposición, maestría, ingenio, soltura, práctica, don, cualidad, facultad, arte, mano, maña || sagacidad, astucia, sutileza, diplomacia, tacto, pulso, tiento.

Habilidoso v. hábil.

Habilitado capacitado, competente, autorizado, preparado, documentado, instruido, aleccionado || gestor, apoderado, encargado, representante, delegado, mandatario, procurador, comisionado.

Habilitar capacitar, preparar, disponer, autorizar, facultar, investir, conceder, permitir, licenciar, otorgar, delegar, acreditar, comisionar.

Hábilmente competentemente, adecuadamente, diestramente, idóneamente, v. hábil.

Habitable acondicionado, adecuado, cómodo, apto, arreglado, en condiciones, decente.

Habitación cuarto, pieza, estancia, recinto, ambiente, cámara, aposento, sala, salón, saleta, alcoba, dormitorio, cuchitril, chiribitil || piso, apartamiento, domicilio, residencia, hogar, morada, casa.

Habitáculo v. habitación.

Habitante poblador, natural, residente, súbdito, aborigen, autóctono, oriundo, originario, procedente, indígena, nativo, coterráneo, compatriota, paisano, cortesano, ciudadano, burgués, aldeano, lugareño || morador, vecino, inquilino, ocupante, residente, arrendatario, domiciliado, avecindado.

Habitar residir, vivir, ocupar, morar, alojarse, asentarse, domiciliarse, avecindarse, arrendar, arraigarse, establecerse, anidar, estar, parar, aposentarse, echar raíces, poner casa.

Hábito costumbre, uso, usanza, estilo, práctica, modo, moda, conducta, experiencia, maña, rutina, tradición, regla, manía, capricho, facilidad, destreza || vestidura, toga, sotana, manto, túnica, capa, bata, manteo, vestido, traje, uniforme.

Habituación acostumbramiento, familiarización, aclimatación, enseñanza, aprendizaje, preparación, encallecimiento, endurecimiento, avezamiento, instrucción, curtimiento, amoldamiento.

Habituado familiarizado, aclimatado, acostumbrado, endurecido, encallecido, preparado, enseñado, aleccionado, amoldado, curtido, instruido, avezado, práctico, veterano, experto, diestro, experimentado, conocedor, versado, hecho, hábil v.

Habitual usual, común, corriente, ordinario, frecuente, familiar, tradicional, vulgar, divulgado, visto, difundido, asiduo, repetido, reiterado, periódico, insistente, reincidente, natural, diario, normal, continuo, incesante, inveterado.

Habituar aclimatar, acostumbrar, familiarizar, endurecer, curtir, amoldar, aleccionar, enseñar, preparar, encallecer, avezar, instruir, adiestrar || Habituarse practicar, experimentar, aprender, repetir, conocer, hacerse, insistir, v. habituar.

Habitué * asiduo, concurrente, frecuentador, cliente, parroquiano, habitual, habituado v.

Habla lengua, lenguaje, expresión, discurso, oración, razonamiento, arenga, sermón || idioma, lengua, dialecto.

Hablador parlanchín, charlatán, locuaz, facundo, cotorra, sacamuelas, verboso, gárrulo, vocinglero, lenguaraz, palabrero, bocazas, badajo || chismoso, cotilla, entremetido, murmurador, indiscreto, calumniador.

Habladuría chisme, murmuración, bulo, hablilla, cuento, comadreo, cotilleo, enredo, intriga, comidilla, insidia, calumnia || parlería, verborrea, garrulería, cháchara, palabrería.

Hablar decir, manifestar, comunicar, conversar, opinar, proferir, razonar, explicar, asegurar, perorar, pronunciar, recitar, declamar, articular, expresar, dialogar, platicar, departir, charlar, parlamentar, chacharear, cuchichear, murmurar, susurrar, parlotear, chismorrear, comadrear, conferenciar, entrevistar, responder, discutir, razonar, afirmar, declarar, confirmar, reiterar, atestiguar, proclamar, alegar, ratificar, proferir, enunciar, formular, balbucear, mascullar, barbotar.

Hablilla v. habladuría.

Hablista estilista, purista, elegante, pulcro, clásico, cuidadoso, esmerado.

Habón roncha, bulto, abultamiento, equimosis, eritema, inflamación.

Hacedero factible, practicable, posible, realizable, asequible, accesible, viable, simple, llano, sencillo, elemental, operable.

Hacedor Creador, Todopoderoso, Altísimo, v. Dios || v. constructor, creador, autor.

Hacendado terrateniente, latifundista, granjero, ranchero, agricultor, cultivador, plantador, ganadero, criador, colono, propietario, dueño, potentado, capitalista, rico, opulento, pudiente.

Hacendoso diligente, trabajador, atareado, laborioso, aplicado, activo, pronto, listo, esmerado, dedicado, atento, afanoso, celoso, cuidadoso, prolijo, eficaz, dinámico, apresurado, despabilado.

Hacer producir, formar, crear, engendrar, concebir, originar, componer, descubrir, inventar, innovar, organizar, armar, construir, elaborar, trabajar, confeccionar, componer, acabar, forjar, arreglar, plasmar, realizar, reparar, actuar, obrar, intervenir, ejercer, proceder, ejecutar, representar, causar, establecer, fundar, proceder, urdir || Hacerse habi-

tuarse, acostumbrarse, curtirse, avezarse, aclimatarse, endurecerse, predisponerse, amoldarse.

Hacia alrededor de, cerca de, aproximadamente || en dirección a, con destino a.

Hacienda propiedad, latifundio, finca, rancho, plantación, predio, heredad, posesión, terreno, granja, campo, ganadería, cultivo, dominio, tierra || erario, fisco, tesoro, efectos públicos, deuda pública, administración, economía, crédito público || bienes, pertenencias, posesiones, caudales, fondos, dinero, crematística.

Hacina montón, cúmulo, rimero, conjunto, aglomeración, estiba, pila, porrada, hatajo, mezcla, acervo, parva, colección, tonga, v. hacinamiento.

Hacinamiento acumulación, amontonamiento, aglomeración, apilamiento, almacenamiento, agrupamiento, agolpamiento, masa, muchedumbre, multitud, chusma, legión, tropel, asamblea, v. hacina.

Hacinar acumular, aglomerar, apilar, amontonar, almacenar, agrupar, juntar, reunir, comprimir, agolpar, acopiar, guardar, depositar.

Hacha segur, hachuela, azuela, hachote, astral, doladera, hoja, machado, aja, herramienta || cirio, blandón, candela, vela, hachón, mecha, bujía, antorcha, tea.

Hachazo golpe, corte, percusión, tajo.

Hachear cortar, trozar, romper, talar, abatir, hendir, seccionar, tronchar.

Hachero candelero, candelabro, candil, blandón, cirial, tenebrario, brazo, pie, soporte, columnilla, sostén, lucerno, flamero || v. leñador.

Hachís * bebida, narcótico, bebistrajo, *hachich*.

Hachón antorcha, v. hacha.

Hada hechicera, maga, ser fantástico, sobrenatural.

Hadado prodigioso, mágico, sobrenatural, maravilloso, encantado, sobrehumano.

Hadar hechizar, encantar, aojar, embrujar, augurar, anunciar, prever.

Hado providencia, azar, fatalidad, suerte, sino, destino, aventualidad, albur, ventura, casualidad, estrella, fortuna, signo, acaso.

¡Hala! ¡adelante!, ¡vamos!, ¡hale!, ¡aprisa!, ¡pronto!

Halagador lisonjero, obsequioso, agradable, zalamero, roncero, lagotero, carantoñero, mimoso, cariñoso, complaciente, adulador, halagüeño, oficioso, encomiástico || alentador, complaciente, satisfactorio, confortador, animador, grato, incitante.

Halagar lisonjear, adular, agasajar, loar, exaltar, camelar, elogiar, incensar, embelecar, alabar, requebrar, piropear, cortejar, lagotear, complacer, consentir, engatusar, festejar, obsequiar, mimar, regalar, cuidar, encomiar, dar coba, dar jabón.

Halago agasajo, lisonja, adulación, loa, exaltación, camelo, piropo, requiebro, alabanza, embeleco, elogio, festejo, engatusamiento, lagotería, coba, gitanería, galanteo, zalamería, mimo, cuidado, encomio, marrullería, ronceria, garatusa, arrumaco, carantoña, fiesta, caricia, cucamona, cariño, monada, caroca.

Halagüeño v. halagador.

Halar atraer, tirar de, recoger, cobrar.

Halcón azor, gerifalte, neblí, ave rapaz, de presa.

Halconería cetrería, altanería, volatería, caza, arte, deporte.

Halconero cetrero, cazador, deportista.

Halda falda, regazo, saya, refajo.

Haldudo faldudo, volatón, amplio, ancho, ondeante.

¡Hale! * v. ¡hala!

Hálito soplo, aliento, resuello, espiración, respiración, aire, vapor, emanación, exhalación, aura, vaho, olor.

Halo corona, cerco, aureola, nimbo, aréola, círculo, anillo, fulgor, esplendor, luminosidad.

Hall * vestíbulo, salón, sala, recibimiento, zaguán, entrada, ingreso.

Hallar descubrir, encontrar, sacar, topar, tropezar, acertar, atinar, ver, idear, inventar, imaginar, perfeccionar, observar, desenterrar, dar con || **Hallarse** estar, presenciar, concurrir, coincidir, reunirse, acertar.

Hallazgo descubrimiento, solución, respuesta, clave, averiguación, encuentro, invento, invención, creación, producto, obra, producción, resultado, trabajo, labor, perfeccionamiento, observación, idea.

Hamaca coy, dormilona, yacija, catre, red, lona, tumbona, lecho.

Hámago náusea, fastidio, disgusto, desazón.

Hambre apetito, apetencia, gana, voracidad, glotonería, carpanta, bulimia, insaciabilidad, adefagía, ansia, gazuza, gaza, polifagia, hambruna, avidez, deseo, necesidad, afán, tragaderas.

Hambrear padecer, malcomer, sufrir, ansiar, anhelar, necesitar || matar de hambre, escatimar.

Hambriento famélico, necesitado, transido, ávido, ansioso, insaciable, glotón, deseoso, hambrón, debilitado, comilón, tragón, voraz, tragaldabas, gargantúa.

Hambrón v. hambriento.

Hamburguesa filete picado, carne picada.

Hampa chusma, canalla, morralla, hez, golfería, *bajos fondos*, bribonería, vicio, picaresca, delincuencia, delincuentes, criminales, truhanes.

Hampón matón, bribón, delincuente, criminal, truhán, malandrín, canalla, bravucón, valentón, golfo, pillo.

Handicap * desventaja, inconveniente, obstáculo, impedimento, restricción || ventaja, concesión.

Hangar cobertizo, tinglado, barracón, almacén, nave, depósito.

Haragán perezoso, gandul, holgazán, vago, tardo, remolón, indolente, tumbón, dejado, poltrón, apático, desidioso, ocioso, maula, flojo.

Haraganear gandulear, holgazanear, vagar, remolonear, apoltronarse, dejarse, tumbarse, aflojar, vaguear, flojear.

Haraganería ociosidad, holgazanería, vagancia, vaguería, pereza, inercia, molicie, gandulería, galbana, poltronería, flojera, dejadez, apatía, desidia, descuido, ocio, ociosidad, inercia, pigricia.

Harakiri * v. haraquiri.

Harapiento andrajoso, haraposo, zarrapastroso, desharrapado, desaliñado, pingajoso, guiñaposo, astroso, roto, enmendado, descosido, gualdrapero.

Harapo guiñapo, andrajo, pingajo, jirón, pingo, piltrafa, remiendo, argamandel, descosido, desgarrón, colgajo, gualdrapa, trapo.

Haraposo v. harapiento.

Haraquiri suicidio, inmolación, corte, tajo en el vientre.

Harbullar farfullar, mascullar, frangollar, embarullar, tartajear.

Harén serrallo, gineceo, encierro, harem.

Harina polvillo, molienda, polvo, cernido, almidón, fécula, gluten, fariña, gofio.

Harinoso farináceo, feculento, pulverulento, amiláceo, amilóideo.

Harmonía v. armonía.

Harnero criba, cedazo, tamiz, zaranda, granador, cernidero, garbillo.

Harón v. haragán.

Haronear v. haraganear.

Haronía v. haraganería.

Harpía v. arpía.

Harpillera v. arpillera.

Hartar saciar, atiborrar, ahitar, estragar, estomagar, saturar, empachar, empapujar, llenar, atarugar, empalagar, cebar, reembaular || molestar, importunar, fastidiar, hastiar, cansar, aburrir.

Hartazgo v. hartura.

HARTO ahíto, saciado, atiborrado, estragado, saturado, empachado, estomagado, empapujado, lleno, tupido, repleto, atracado, atestado, atarugado, saturado, saciado, satisfecho, cebado || hastiado, cansado, aburrido, molesto, irritado, importunado.

HARTURA saciedad, empalago, repleción, hartazgo, saturación, atiborramiento, empacho, estomagamiento, satisfacción, atarugamiento, abundancia, exceso || hastío, aburrimiento, cansancio, molestia, irritación.

HASTA incluso, inclusive, virtualmente.

HASTIADO fastidioso, cansado, aburrido, molesto, importunado, irritado, harto, saturado, empalagado, estomagado, estragado.

HASTIAR importunar, molestar, fastidiar, aburrir, cansar, estomagar, empalagar, saturar, hartar, irritar, estragar, repugnar, repeler.

HASTÍO aburrimiento, fastidio, cansancio, molestia, irritación, saturación, hartura, estragamiento, estomagamiento, malhumor, disgusto, empalago, aversión, tedio, desgana, indiferencia.

HATAJO cúmulo, conjunto, hato, masa, abundancia, montón, gavilla, multitud, caterva, tropel, bandada, horda, cáfila, cuadrilla, pandilla, tropa, patulea.

HATILLO v. hato.

HATO fardel, hatillo, impedimenta, bulto, atadijo, lío, ajuar, ropa, provisiones || v. hatajo || ganado, manada, rebaño, piara, tropel, tropilla.

HAXIX estimulante, droga, excitante.

HAZ gavilla, fajo, brazada, manojo, mogote, atado, paquete, hacina, fajina, mostela, fagote, moraga, garba || cara, v. faz.

HAZAÑA proeza, gesta, heroicidad, empresa, heroísmo, hecho, hombrada, acción, aventura, valentía, guapeza, obra, faena, iniciativa, labor.

HAZAÑOSO heroico, temerario, valiente, valeroso, bravo, animoso, arrojado.

HAZMERREÍR adefesio, mamarracho, esperpento, espantajo, birria, estantigua, facha, espantapájaros, bufón, tipo, pelele, títere.

HEBDOMADARIO semanal, semanario, periódico, publicación, revista.

HEBILLA pasador, broche, prendedor, fíbula, ajustador, pieza, imperdible, corchete.

HEBRA filamento, fibra, hilo, hilaza, pelo, brizna, veta, filástica, torzal, hilacha, cerda, hila, sirgo, cabo, hilván, torcido.

HEBRAICO judaico, mosaico, talmúdico, v. hebreo.

HEBRAÍSMO judaísmo, semitismo, mosaísmo, sionismo.

HEBREO judío, israelita, israelí, semita, sionista, mosaico, circunciso, chueta, semítico, hebraico, judaico.

HECATOMBE sacrificio, mortandad, desastre, cataclismo, catástrofe, tragedia, calamidad, infortunio, siniestro, fatalidad, drama, carnicería, degollina, sarracina, inmolación, matanza, destrozo.

HECES excrementos, deyección, defecación, deposición, excreción, evacuación, suciedad, excreta, porquería, mierda, cagada, caca, zurullo, freza, boñiga, estiércol, gusano, fiemo, humus, hienda, residuo.

HÉCTICO hético, consumido, tísico, esquelético, flaco, afiebrado.

HECHICERA sibila, pitonisa, v. hechicero.

HECHICERÍA encantamiento, maleficio, brujería, maldición, mal de ojo, aojo, nigromancia, magia, sortilegio, superstición, cábala, agorería, alquimia, ocultismo, ensalmo, taumaturgia, predicción, adivinación, mandinga, conjuro, jorguinería, espiritismo, hechizo, bebedizo, pacto, prodigio.

HECHICERO brujo, mago, nigromante, sibilino, aojador, ensalmador, vidente, zahorí, cabalista, ocultista, médium, taumaturgo, pro-

HECHIZADO

nosticador, adivino, encantador, cabalístico, agorero, alquimista, maléfico, embaucador, jorguín, mágico, espiritista, sortílego || fascinador, subyugante, incitante, cautivante, atractivo, embelesador, hechizador, seductor, sugestivo, atrayente, encantador, maravilloso.

HECHIZADO embrujado, encantado, hipnotizado, ensalmado, embaucado, aojado, dominado, conjurado, fascinado, embelesado, maravillado, atraído, seducido, sugestionado, subyugado.

HECHIZAR embrujar, aojar, encantar, embaucar, ensalmar, maleficiar, hipnotizar, dominar, subyugar || fascinar, cautivar, embelesar, seducir, atraer, maravillar.

HECHIZO v. hechicería || fascinación, atracción, atractivo, embeleso, seducción, encanto.

HECHO acto, acción, incidente, suceso, lance, ocasión, obra, hazaña, proeza, gesta, empresa, aventura, labor, faena, tarea, trabajo, realización, cometido, resultado, caso, peripecia, ocurrencia, coyuntura, circunstancia, acontecimiento, advenimiento, sucedido, evento, peripecia, accidente, trance, enventualidad, situación || formado, maduro, corrido, avezado, habituado, familiarizado, acostumbrado, baqueteado, ducho, experimentado, experto, veterano, aguerrido || conforme, aceptado, sea, de acuerdo, vale.

HECHURA composición, formación, organización, contextura, configuración, conformación, forma, trama, disposición, distribución, complexión, constitución, imagen, figura, perfil || producto, fruto, resultado, creación.

HEDER apestar, viciar, repugnar, atufar, marear, asquear, arrojar, emitir, emanar, lanzar, expeler (mal olor).

HEDIONDO pestilente, mefítico, maloliente, nauseabundo, pestífero, fétido, viciado, catingoso, repugnante, estomagante, insufrible, insoportable, asqueroso, sucio.

HEDONISMO epicureísmo, sibaritismo, placer, gusto, goce, sensualidad, voluptuosidad.

HEDOR pestilencia, fetidez, tufo, cochambre, ocena, catinga, hircismo, hedentina, peste, vaho, emanación, mal olor, repugnancia, asquerosidad, suciedad, sentina, efluvio, aroma, emisión, exhalación.

HEGEMONÍA supremacía, superioridad, predominio, preponderancia, preferencia, ventaja, ascendencia, dominación, dominio, poder, potestad, influencia, influjo, imperio, señorío.

HÉGIRA héjira, huida, era mahometana.

HELADA escarcha, relente, sereno, hielo, congelación, helamiento.

HELADO gélido, frío, frígido, yerto, congelado, escarchado, tieso, duro, glacial, cuajado, amoratado, gangrenado, tembloroso, aterido, transido, álgido, crudo, refrigerado, enfriado, fresco || atónito, estupefacto, pasmado, aturdido || sorbete, mantecado.

HELAR congelar, enfriar, cuajar, escarchar, refrigerar, refrescar || HELARSE amoratarse, gangrenarse, aterirse, inmovilizarse, temblar, transir, endurecerse, coagularse, consolidarse || pasmarse, aturdirse, sobrecogerse, paralizarse.

HELECHO fronda, polipodio, culantrillo, criptógama, planta.

HELÉNICO griego, heleno, de Grecia.

HELENISMO clasicismo, pureza, antigüedad.

HELENO v. helénico.

HELERO ventisquero, nevero, glaciar, campo de hielo, cumbre helada.

HÉLICE paleta, propulsor, aspa, pala, aleta || espiral, espira, curva.

HELICÓPTERO autogiro, aparato, artefacto de aviación.

HELIOGÁBALO voraz, hambrón, glotón v.

HELMINTO gusano, verme, tenia, triquina.
HELVÉTICO helvecio, suizo.
HEMATÍE eritrocito, glóbulo rojo, corpúsculo sanguíneo.
HEMATOMA cardenal, moretón, verdugón, equimosis, golpe, señal, contusión, magulladura, chichón. bulto.
HEMBRA mujer, *fémina*, señora, dama, doncella, adulta, matrona, sujeto femenino.
HEMEROTECA biblioteca, archivo de revistas.
HEMICICLO semicírculo, anfiteatro, graderío, gradas, tribuna, aula, asientos.
HEMICRÁNEA jaqueca, neuralgia, migraña, dolor de cabeza, achaque.
HEMIPLEJÍA parálisis, inmovilización, anquilosis, perlesía.
HEMIPLÉJICO paralítico, tullido, lisiado.
HEMISFERIO mitad, porción, parte (de la esfera).
HEMOGLOBINA colorante, crúor.
HEMOPTISIS v. hemorragia.
HEMORRAGIA hemoptisis, efusión, pérdida, flujo, salida de sangre.
HEMORROIDES almorranas, várices, abultamiento, tumorcillo venoso.
HEMOSTÁTICO cauterizante, cicatrizante, escarificante.
HENCHIMIENTO plétora, plenitud, atestamiento, atiborramiento, repleción, abultamiento, hinchazón.
HENCHIR colmar, llenar, rellenar, atestar, cargar, embutir, apipar, repletar, hinchar, atiborrar, inflar, saturar, comprimir, atarugar, apretar, abarrotar, rebosar, ocupar, saciar, hartar.
HENDEDURA grieta, abertura, raja, rendija, resquicio, oquedad, fractura, intersticio, fenda, resquebrajadura, juntura, fisura, boquete, cuarteo, falla, incisión, muesca, surco, corte, ranura, quiebra, hendidura.
HENDER rajar, romper, cortar, cascar, abrir, hendir, resquebrajar, agrietar, fracturar, cuartear, quebrantar, partir, rasgar, acuchillar, atravesar, horadar, perforar.
HENDIDO rajado, roto, v. hender.
HENDIDURA v. hendedura.
HENDIR v. hender.
HENIL pajar, almiar, granero v.
HENO hierba, yerba, paja, pasto, forraje, herbaje, pienso, pación, verde, pastura, alimento.
HEÑIR amasar, sobar, manosear, estrujar, masajear, trabajar.
HERÁLDICA ciencia, descripción (del blasón).
HERALDO enviado, mensajero, correo, rey de armas.
HERBAJAR pastar, pacer, ramonear, apacentar v.
HERBAJE herbazal, pasto, v. heno.
HERBOLARIO herbario, tienda, establecimiento de hierbas.
HERBORISTERÍA * v. herbolario.
HERBOSO espeso, denso, poblado, exuberante, verde.
HERCÚLEO fornido, musculoso, forzudo, fuerte, membrudo, titánico, corpulento, pujante, poderoso, vigoroso, macizo, gigantesco, formidable, sansón.
HÉRCULES v. hercúleo.
HEREDAD posesión, pertenencia, inmueble, propiedad, herencia, hacienda, bienes, predio, finca, granja, rancho, latifundio, campo, cultivo.
HEREDAR recibir, adquirir, suceder, obtener, percibir, alcanzar, conseguir, disfrutar, entrar en posesión || semejarse, parecerse, sacar, manifestar.
HEREDERO beneficiario, sucesor, legalitario, favorecido, asignatario, fiduciario, usufructuario, beneficiado, mayorazgo, primogénito, descendiente, continuador.
HEREDITARIO atávico, ancestral, familiar, recurrente, afín, consanguíneo, genético, troncal, patrimonial, sucesible, heredable, sucesorio, transitivo, transmisible, testado, codicilar, testamentario.
HEREJE apóstata, renegado, cismático, disidente, relapso, perjuro, desertor, desleal, traidor, negado, descreído, incrédulo, impío, infiel, iconoclasta, disconforme,

separado, desviado, sectario, fanático, descastado, ateo || desvergonzado, procaz, insolente.

HEREJÍA sacrilegio, apostasía, error, impiedad, cisma, traición, perjurio, deserción, deslealtad, incredulidad, descreimiento, fanatismo, ateísmo, sectarismo, desvío, separación, infidelidad, negación, equivocación, yerro.

HERENCIA legado, dejación, manda, patrimonio, espolio, bienes, fortuna, pertenencias, cuarta, mejora, legítima, sucesión, transmisión, beneficio, disfrute, usufructo, adquisición, representación, heredad v., primogenitura || atavismo, afinidad, inclinación, temperamento, propensión, sangre, parecido, recurrencia, consanguinidad.

HERÉTICO v. hereje.

HERIDA lesión, traumatismo, contusión, equimosis, cardenal, golpe, excoriación, erosión, magulladura, desolladura, moretón, livor, arañazo, rasponazo, pellizco, punzadura, mordedura, dentellada, corte, estocada, sablazo, lanzada, cuchillada, puñalada, chirlo, quemadura, descalabradura, fractura, llaga, perjuicio, laceración, daño, mutilación, dislocación, torcedura.

HERIDO lesionado, contuso, víctima, magullado, maltrecho, descalabrado, golpeado, fracturado, quemado, cortado, acuchillado, apuñalado, lacerado, mutilado, dislocado, dañado, lastimado, derrengado, baldado, perjudicado, desgraciado.

HERIR lesionar, lastimar, vulnerar, dañar, descalabrar, magullar, contundir, contusionar, golpear, fracturar, apuñalar, acuchillar, cortar, quemar, baldar, dislocar, mutilar, lacerar, desgraciar, perjudicar, derrengar, torcer, deslomar, mancar, inutilizar, inferir, lisiar, asestar, acribillar || agraviar, ofender, humillar, ultrajar, injuriar, vilipendiar, escarnecer.

HERMAFRODITA andrógino, bisexual, ambiguo, equívoco, indefinido, anormal.

HERMAFRODITISMO ambigüedad, bisexualidad, anomalía, anormalidad.

HERMANA sor, religiosa, monja, profesa, novicia, madre superiora || v. hermano.

HERMANADO igualado, equiparado, fraterno, v. hermano.

HERMANAR equiparar, igualar, unir, fraternizar, confraternizar, ahermanar, avenirse, compenetrarse, armonizar.

HERMANDAD congregación, cofradía, comunidad, compañía, regla, junta, conferencia, gremio, sociedad, asociación, grupo, sindicato || avenencia, simpatía, armonía, amistad, unión, compenetración, entendimiento, igualdad, camaradería, fidelidad || consanguinidad, parentesco, hermanazgo, fraternidad, afinidad, lazo, sangre.

HERMANO consanguíneo, familiar, pariente, allegado, deudo, colactáneo, colácteo, tato, germano || fraterno, entrañable, íntimo, vinculado, compenetrado || lego, donado, fraile, monje, cofrade, congregante, colega, agremiado.

HERMÉTICAMENTE impenetrablemente, v. hermético.

HERMETICIDAD aislamiento, impenetrabilidad, impermeabilidad.

HERMÉTICO impenetrable, estanco, cerrado, aislado, clausurado, impermeable, seco, incomunicado || reservado, silencioso, circunspecto, callado, mudo.

HERMETISMO ocultismo, magia, hechicería, brujería || reserva, circunspección, silencio || v. hermeticidad.

HERMOSA beldad, venus, guapa, v. hermoso.

HERMOSEAR embellecer, maquillar, arreglar, adornar, emperifollar, acicalar, endomingar, agraciar, componer, emperejilar, asear, aderezar, atildar, atusar, ornar, bruñir, pulir, preparar, idealizar, poetizar.

Hermoso bello, guapo, apuesto, bonito, agraciado, majo, galán, lindo, atractivo, encantador, precioso, sublime, divino, excelente, gracioso, gallardo, primoroso, estético, perfecto, ideal, maravilloso, bien parecido, pulcro, fastuoso, adonis, pimpollo || despejado, claro, asoleado, brillante, resplandeciente, sereno, apacible, radiante.

Hermosura apostura, belleza, beldad, primor, lindura, preciosura, encanto, atractivo, majeza, galanura, gallardía, gracia, excelencia, divinidad, sublimidad, maravilla, ideal, perfección, estética, pulcritud, fastuosidad || bella, beldad, venus, bonita, preciosa, guapa, v. hermoso.

Hernia prolapso, salida, ruptura, rotura, relajación, potra, cistocele, eventración, bulto.

Herniado quebrado, lesionado, hernioso, abultado, forzado, prolapso, potroso, relajado, abierto, salido, roto, eventrado.

Herniarse lesionarse, forzarse, quebrarse, abultarse, relajarse, abrirse, salirse, romperse, eventrarse.

Héroe campeón, triunfador, vencedor, adalid, paladín, v. heroico, invicto, victorioso, ganador, campeador, ídolo, figura, invencible, glorioso, insigne || superhombre, titán, semidiós || protagonista, intérprete, galán, actor, estrella.

Heroicidad proeza, gesta, hazaña, hecho, empresa, hombrada, acción, aventura, leyenda, valentía, rasgo, guapeza, obra, faena, v. heroísmo.

Heroico valiente intrépido, bravo, osado, épico, indomable, agalludo, invencible, hazañoso, atrevido, animoso, arrojado, audaz, denodado, intrépido, v. héroe || memorable, grande, trascendental.

Heroína actriz, estrella, protagonista, intérprete, diva || valerosa, intrépida, osada, v. heroico.

Heroísmo arrojo, intrepidez, valor, atrevimiento, ánimo, bravura, osadía, v. heroicidad.

Herpes erupción, micosis, infección, irritación, vesículas.

Herrada cubo, recipiente, vasija.

Herrador chispero, forjador, herrero, artesano, quincallero, rejero, ferrón.

Herradura casquillo, herraje, hierro, resguardo.

Herraje hierros, bisagras, herraduras.

Herramienta instrumeuto, utensilio, útil, aparato, artefacto, material, arma, aparejo, bártulo, trasto, trebejo, chirimbolo, pertrecho, avío, enser, artilugio, apero.

Herrar clavar, asegurar, ajustar, proteger, encasquillar, forjar.

Herrería forja, fragua, taller.

Herrero v. herrador.

Herrete punta, cabo, hierro, adorno.

Herrumbrarse enmohecerse, oxidarse, estropearse, aherrumbrarse.

Herrumbre óxido, orín, robín, verdín, roya, moho, roña, pátina, cardenillo, herrín, hongo.

Herrumbroso enmohecido, oxidado, mohoso, ruginoso, roñoso, estropeado.

Hervidero hormiguero, multitud, muchedumbre, masa, abundancia, enjambre, torbellino, afluencia, vorágine, efervescencia, hervor, ebullición.

Hervir bullir, cocer, escaldar, escalfar, calentar borbotear, burbujear, borboritar || agitarse, alborotarse, encresparse, picarse, levantarse, hormiguear.

Hervor ebullición, efervescencia, cocción, burbujeo, borbotón, espuma, borbollón || inquietud, intranquilidad, fogosidad, vehemencia, ardor, v. hervidero.

Hervoroso v. fervoroso.

Hesitación duda, indecisión, vacilación, dilema, dubitación, titubeo, incertidumbre.

Hesitar vacilar, dudar, titubear, fluctuar, cambiar, desconfiar.

Hespérico esperio, peninsular, español, italiano.
Hetera ramera, cortesana, meretriz, puta, zorra, prostituta, buscona, pupila, ninfa, golfa, hetaira.
Heteróclito irregular, extraño, desusado, raro, heterodoxo, singular, anormal.
Heterodoxia v. herejía.
Heterodoxo apóstata, renegado, hereje, cismático, relapso, perjuro, descastado, ateo, fanático, sectario, desvaído, separado, iconoclasta, infiel, impío, incrédulo, descreído, negado, traidor, irregular, extraño.
Heterogeneidad variedad, diversidad, mezcla, multiplicidad, desemejanza, diferencia, pluralidad, sinfín, abundancia, complejidad, infinidad.
Heterogéneo múltiple, variado, diverso, mezclado, complejo, abundante, infinito, plural, diferente, vario, híbrido, distinto.
Hético tísico, adelgazado, flaco, delgado, consumido, esquelético.
Hez chusma, gentuza, vulgo, morralla, plebe, populacho, turba, patulea, horda, tropel, muchedumbre, canalla || sedimento, depósito, poso, precipitación, residuo, madre || excrementos, v. heces.
Hialino diáfano, transparente, cristalino, claro.
Hiato abertura, grieta, raja, rendija, orificio.
Hibernación letargo, somnolencia, sopor, sueño invernal.
Hibridación mestizamiento, cruzamiento, mezcla, combinación, hibridismo.
Híbrido mestizo, cruzado, mezclado, combinado, mixto, atravesado, heterogéneo, bastardo.
Hidalgamente señorialmente, noblemente, caballerescamente, v. hidalgo.
Hidalgo señor, noble, caballero, aristócrata, godo, gótico, hijodalgo, infanzón, prócer, patricio, grande, ricohombre, ilustre, distinguido, preclaro, linajudo || magnánimo, generoso, noble, digno, respetable, excelente, fiel.
Hidalguía caballerosidad, señorío, nobleza, aristocracia, linaje, distinción, cuna, grandeza, lustre, calidad, sangre azul || magnanimidad, excelencia, nobleza, respetabilidad, generosidad, justicia, fidelidad, integridad, honradez, dignidad, altruismo, honorabilidad.
Hidatídico equinococo, vesícula, quiste.
Hidra monstruo, animal fabuloso, ser mitológico, serpiente marina || pólipo, hidrozoario, animal inferior.
Hidrargirio mercurio, azogue, plata viva, amalgama, metal.
Hidratación absorción, combinación, humedecimiento.
Hidratarse humedecerse, combinarse, absorber.
Hidráulica conducción, contención, elevación, aprovechamiento de aguas.
Hidro agua, líquido, hidrógeno.
Hidroavión hidroplano, aeroplano, avión, aparato con flotadores.
Hidrocefalia hinchazón, acumulación, abombamiento, abultamiento, agrandamiento, hidropesía de la cabeza.
Hidrófilo absorbente, ávido, que se empapa, humedece, embebe, aspira, chupa.
Hidrofobia rabia, horror al agua, enfermedad infecciosa.
Hidrófobo rabioso, enfermo, contagiado.
Hidromel aguamiel, hidromiel, hidrolizado.
Hidropesía edema, derrame, acumulación, infiltración, hinchazón, abultamiento.
Hidroplano v. hidroavión.
Hiedra trepadora, bejuco, cazuz, planta sarmentosa.
Hiel bilis, atrabilis, humor, secreción || desabrimiento, amargura, aspereza, irritación, melancolía, disgusto.
Hielo granizo, nieve, escarcha, carámbano, congelación, agua he-

lada || frialdad, antipatía, indiferencia, desinterés, displicencia, desapego.
Hienda v. excrementos.
Hierático solemne, pomposo, grave, imponente, augusto, mayestático, enfático.
Hieratismo gravedad, pomposidad, solemnidad, majestad, grandeza.
Hierba pasto, yerba, forraje, heno, verde, pación, pastura, pienso, paja, herbaza, yuyo || pastizal, césped, herbaje, prado, maleza, garba, henar, campo.
Hierro metal, fierro, arrabio, acero ||lingote, barra, tocho, plancha, placa, chapa, punta, pica, pincho, gancho || señal, marca, estigma, signo, cuño, huella || arma, hoja, acero || Hierros grilletes, cadenas, esposas, grillos, ataduras.
Higa chanza, burla, desprecio, mofa, befa || dije, amuleto.
Hígado víscera, entraña, asadura, higadillo || valor, valentía, coraje, arrojo, brío, ánimo.
Higiene sanidad, limpieza, aseo, pulcritud, lavado, pureza, compostura, cuidado, profilaxis, precaución, preservación, desinfección.
Higiénico sano, limpio, puro, pulcro, lavado, cuidado, preservado, desinfectado, profiláctico, preventivo, sanitario.
Higienizar lavar, limpiar, cuidar, preservar, desinfectar, prevenir, sanear.
High life * aristocracia, nobleza, buena sociedad.
Higo fruto, breva, bayoco, albacora, bujarasol.
Higroscópico absorbente, ávido, hidrófilo v.
Hijastro entenado, alnado, familiar, descendiente.
Hijo retoño, vástago, descendiente, sucesor, heredero, familiar || oriundo, natural, nacido, originario, procedente, nativo.
Hijodalgo v. hidalgo.
Hijuela vereda, atajo, vericueto, ramal || dependencia, anexorama.
Hilas vendaje, apósito, venda, gasa, paño, torunda, compresa.
Hilacha hebra, hilo, fibra, filamento, hilaza, brizna, filástica, torzal, hila, cabo, sirgo, hilván, torcido.
Hilada v. hilera.
Hilado v. hilo.
Hilar ovillar, envolver, devanar, enroscar, rehilar, retorcer, elaborar.
Hilarante cómico, festivo, jocoso, gracioso, regocijante, alegre, chistoso, humorístico.
Hilaridad algazara, risa, jarana, jocosidad, regocijo, alegría, jaleo, risotada, carcajeo, carcajada.
Hilaza v. hilacha, v. hilo.
Hilera fila, línea, columna, formación, orden, serie, lista, hilada, cadena, sucesión, ala, sarta, cola, ringlera, ristra, rosario, procesión, desfile, cáfila, recua, letanía, retahíla, tirada, escala, curso, rueda, ringla.
Hilo hebra, fibra, filamento, hilaza, filástica, torzal, hilacha, hila, cabo, hilván, torcido, sirgo, veta, cerda, pelo, brizna, canutillo || alambre, trafilado, cable, conductor || serie, continuación, continuidad, secuencia, ciclo, curso, cadena, encadenamiento.
Hilván puntada, costura, embaste, basta, cosido, zurcido, labor, pespunte, hilo, hebra, fibra.
Hilvanar coser, unir, embastar, zurcir, pespuntear || proyectar, tragar, bosquejar, idear, preparar, esbozar, emprender, estudiar rápidamente.
Himen membrana, virgo, película, telilla.
Himeneo casamiento, nupcias, boda, esponsales, enlace, unión, matrimonio, coyunda, alianza, casorio, maridaje, connubio, ceremonia, vínculo.
Himno cántico, canción, poema, balada, melodía, romanza, aire, aria, marcha, alabanza, loor.

Hincapié insistencia, confirmación, afirmación, reiteración, repetición.

Hincar clavar, plantar, alojar, injertar, ensartar, meter, introducir, empotrar, fijar, embutir, atravesar, enterrar, engastar || colocar, apoyar, poner, arrodillarse.

Hinco poste, palo, puntal.

Hincha odio, enemistad, encono, tirria, rivalidad, hostilidad, discrepancia, antipatía, aborrecimiento || partidario, fanático, apasionado, seguidor.

Hinchada * partidarios, fanáticos, seguidores, apasionados.

Hinchado abultado, inflado, turgente, abotagado, túrgido, tumefacto, mórbido, ensanchado, agrandado || vano, fatuo, ampuloso, engreído, petulante, presumido, fachendoso, redundante, pomposo, enfático, facundo, prosopopéyico.

Hinchar inflar, abultar, aumentar, soplar, ensanchar, agrandar, levantar, congestionar, inflamarse, abotagarse || exagerar, abultar, cacarear, recargar, ampliar || Hincharse envanecerse, engreírse, presumir, ensoberbecerse, inflarse.

Hinchazón abultamiento, inflamación, bulto, tumor, tumefacción, turgencia, enfisema, chichón, roncha, prominencia, dilatación, ensanchamiento, grano v., absceso, bubón, hidropesía, edema.

Hindú indio, oriental, asiático, indostánico.

Hiniesta retama, mata, leguminosa.

Hinojos (De) arrodillado, hincado de rodillas.

Hinterland * zona geográfica, territorio interior.

Hipar convulsionarse, estremecerse, contraerse || resollar, jadear, fatigarse || sollozar, lloriquear, gimotear, llorar, lamentarse || codiciar, ambicionar, desear.

Hiper- superior, exceso, supremacía, máximo.

Hipérbola curva, línea.

Hipérbole exageración, amplificación, aumento, agrandamiento, abultamiento, ponderación.

Hiperbólico aumentado, exagerado, agrandado, amplificado, ponderado, abultado, hinchado.

Hiperbóreo nórdico, septentrional, polar.

Hipercloridria acidez, ardor, acedía, secreción excesiva.

Hipertrofia aumento, agrandamiento, abultamiento, incremento.

Hípica hipismo, carreras de caballos.

Hípico equino, ecuestre, caballar.

Hipnosis v. hipnotismo.

Hipnótico magnético, v. magnetismo || somnífero, v. barbitúrico.

Hipnotismo magnetismo, sugestión, dominio, fascinación, hechizo, seducción, captación || sueño, inconsciencia, irresponsabilidad, desmayo, insensibilidad, letargo, hipnosis.

Hipnotizador hipnotista, magnetizador, dominador, médium.

Hipnotizar sugestionar, magnetizar, captar, dominar, seducir, fascinar, hechizar, dormir.

Hipo contracción, estremecimiento, convulsión, espasmo diafragmático.

Hipo- debajo, inferioridad, subordinación, defecto.

Hipocampo caballo, marino, pez lofobranquio.

Hipocondría sensibilidad, tristeza, melancolía, neurastenia, rareza, extravagancia, pesimismo, preocupación, miedo a la enfermedad.

Hipocondríaco sensible, triste, melancólico, neurasténico, extravagante, pesimista, raro, preocupado, temeroso de las enfermedades.

Hipocresía falsedad, simulación, doblez, fingimiento, disimulo, afectación, artificio, apariencia, insinceridad, encubrimiento, engaño, deslealtad, gazmoñería, mojigatería, tramoya, comedia, teatro, fariseísmo, impostura,

farsa, dolo, ficción, disfraz, estratagema, recoveco, santurronería.
HIPÓCRITA simulador, farsante, disimulado, fingidor, falso, afectado, artificioso, engañoso, mojigato, gazmoño, desleal, engañoso, encubierto, impostor, fariseo, teatral, comediante, santurrón, insincero, camandulero, beatón, tramoyista.
HIPODÉRMICO subcutáneo.
HIPÓDROMO estadio, campo, recinto, instalación, pista de carreras.
HIPÓFISIS pituitaria, glándula endocrina.
HIPOGEO subterráneo, cripta, tumba, bóveda, túnel, catacumba, excavación.
HIPOGRIFO animal fabuloso, ser mitológico, caballo y grifo.
HIPOPÓTAMO paquidermo, mamífero.
HIPOTECA carga, gravamen, obligación, compromiso, fianza, señal, rehén, deuda.
HIPOTECAR gravar, obligarse, afectar, comprometerse, adeudar, cargar.
HIPÓTESIS suposición, presunción, creencia, posibilidad, supuesto, conjetura, sospecha, probabilidad, figuración, deducción, inferencia, cálculo, teoría, barrunto.
HIPOTÉTICO supuesto, dudoso, teórico, figurado, problemático, incierto, posible, gratuito, inseguro, fortuito, confuso, precario, nebuloso.
HIRIENTE ofensivo, insultante, ultrajante, injurioso, vejatorio, agraviante, humillante, despectivo, desdeñoso, sarcástico, cínico, grosero.
HIRMA orillo, borde, orla, ruedo.
HIRSUTO erizado, áspero, cerdoso, enmarañado, despeinado, peludo, rufo, desordenado, duro, tieso, híspido, espinoso.
HIRVIENTE efervescente, borboteante, burbujeante, espumoso, agitado, revuelto.
HISOPEAR rociar, asperjar, salpicar, esparcir, humedecer, duchar, mojar.
HISOPO varilla, aspersorio, palillo
HISPALENSE sevillano, natural, oriundo, originario de Sevilla.
HISPÁNICO v. hispano.
HISPANIDAD comunidad, conjunto, grupo, agrupación de pueblos hispánicos.
HISPANO español, hispánico, ibérico, celtíbero, peninsular, godo || hispanoamericano.
HISPANOAMERICANO hispano, hispánico, sudamericano, centroamericano, mexicano.
HÍSPIDO v. hirsuto.
HISPIR esponjar, ahuecar, mullir.
HISTERIA v. histerismo.
HISTÉRICA v. histérico.
HISTÉRICO sofocado, convulso, excitado, nervioso, perturbado, trastornado, agitado, enajenado.
HISTERISMO convulsión, sofocación, perturbación, nerviosidad, *nerviosismo,* enajenación, agitación, trastorno, excitación.
HISTORIA narración, relato, cuento, leyenda, descripción, gesta, versión, comentarios, epopeya, relación, memorias, anales, fastos, conseja, historieta, reseña, tradición, novela, aventura, anécdota, chascarrillo, chiste, informe, exposición, referencia, crónica, detalle, pormenor, dietario, autobiografía, semblanza, santoral, efemérides, actas, documentos, testimonio, episodio, versión, incidente, suceso || patraña, ficción, chisme, hablilla, cotilleo, murmuración, comadreo, bulo, lío, enredo, intriga, parlería, habladuría, insidia, calumnia.
HISTORIADO recargado, abigarrado, complicado, manido, gastado.
HISTORIADOR cronista, biógrafo, narrador, escritor, hagiógrafo, ensayista.
HISTORIAL reseña, relación, antecedentes, referencias, informes, datos, hoja de servicios.
HISTORIAR relatar, narrar, referir, explicar.
HISTÓRICAMENTE comprobadamente, auténticamente, verdaderamente, v. histórico.

Histórico comprobado, auténtico, verdadero, cierto, seguro, fidedigno, indudable, fiel, legendario, tradicional.

Historieta fábula, anécdota, chascarrillo, chiste, detalle, episodio, cuento, conseja, v. historia || viñeta, ilustración, dibujo, relato ilustrado.

Histrión bufón, saltimbanqui, juglar, cómico, comediante, farsante, payaso, caricato, actor, coplero, animador, mimo, ilusionista, malabarista, prestidigitador, transformista, ventrílocuo, charlatán, truhán, pícaro.

Histriónico cómico, bufo, caricaturesco, picaresco.

Histrionismo bufonería, comicidad, payasada, bufonada, chirigotada, comedia, farsa, imitación, parodia, pantomima, mímica, malabarismo.

Hit * triunfo, éxito, acierto.

Hito señal, mojón, poste, piedra, jalón, indicación, guardacantón, marca || objetivo, blanco, diana, centro.

Hobachonería holgazanería, pereza, dejadez, desidia.

Hobby * afición, pasatiempo, entretenimiento, pasión, distracción.

Hocicar hozar, revolver, desenterrar, rebuscar, husmear.

Hocico morro, jeta, cara, boca, labios, belfos.

Hocicudo jetudo, morrudo, hocicón, bocón, bocudo.

Hocino v. hoz || v. cañada.

Hogaño hoy, actualmente, en nuestros tiempos, en esta época, contemporáneamente.

Hogar morada, domicilio, casa, residencia, mansión, vivienda, techo, nido, cobijo, albergue, refugio, solar || intimidad, familia, parentela, prole, progenie || chimenea, lar, brasero, estufa, fogón, horno, hoguera, lumbre, fuego, llama, fogata.

Hogareño casero, familiar, íntimo, sencillo, doméstico, natural, llano.

Hogaza pan, pieza, libreta, bodigo, barra.

Hoguera fuego, fogata, fogarata, lumbre, pira, candelada, falla, alcandora, flama, rogo, llamas, brasas, cenizas.

Hoja página, plana, papel, pliego, cuartilla, carilla, folio, escrito, impreso, anverso, reverso || lámina, chapa, disco, lata, placa, plancha, laminilla || hojuela, pétalo, fronda, verde, cogollo, bractéola, broza || cuchilla, espada, tizona, sable, puñal, daga, navaja.

Hojalata chapa, lata, lámina, placa, laminilla, plancha, hoja.

Hojaldre masa, hoja, pasta, pastel.

Hojarasca broza, maleza, zarza, matorral, espesura, fronda, boscaje, ramaje, follaje, frondosidad || fárrago, pesadez, trivialidad, tópico, exceso, fruslería, bagatela, inutilidad.

Hojear repasar, examinar, trashojar, revisar, escrutar, observar.

Hojuela laminilla, lámina, v. hoja.

Holgachón comodón, poltrón, regalado, vividor.

Holgadamente desahogadamente, fácilmente, sencillamente, tranquilamente, v. holgado.

Holgado ancho, sobrado, amplio, desahogado, espacioso, extendido, desparramado, abierto, abundante, laxo, desembarazado, dilatado || acomodado, situado, pudiente, rico || desocupado, ocioso, inactivo.

Holganza inactividad, ocio, desocupación, reposo, descanso, quietud, paz, inacción, indolencia, apatía, pereza, gandulería, descuido, desidia, indiferencia || diversión, vacación, asueto, recreo, placer, regocijo, contento, entretenimiento.

Holgar descansar, reposar, descuidarse, gandulear, sosegarse, aliviarse, desahogarse, sestear, vegetar, dormitar, yacer, tumbarse || distraerse, divertirse, recrearse, complacerse, regocijarse, entretenerse, gozar.

Holgazán perezoso, gandul, haragán, vago, tardo, remolón, indolente, tumbón, ocioso, flojo, maula, desidioso, apático, poltrón, dejado, mogollón, harón.

HOLGAZANEAR gandulear, haraganear, vaguear, remolonear, haronear, apoltronarse, holgar, descansar, reposar, tumbarse, yacer, vegetar, dormitar, sestear.

HOLGAZANERÍA holganza, ociosidad, ocio, vagancia, vaguería, poltronería, galbana, gandulería, molicie, inercia, pereza, descuido, desidia, apatía, dejadez, flojera, pigricia.

HOLGORIO regocijo, fiesta, diversión, bullicio, algazara, jarana, juerga, parranda, farra, alegría, jaleo, fandango, francachela.

HOLGURA anchura, amplitud, espacio, desahogo, extensión, desembarazo, desarrollo, capacidad, libertad, soltura, abundancia, profundidad.

HOLOCAUSTO sacrificio, inmolación, ofrenda, dedicación, expiación, matanza, mortandad.

HOLÓGRAFO de puño y letra, manuscrito.

HOLLAR pisar, andar, marcar, señalar, imprimir, apisonar, patear, calcar, taconear, pisotear || mancillar, humillar, manchar, ajar, escarnecer, abatir, ultrajar, agraviar, afrentar, quebrantar, derribar.

HOLLEJO pellejo, piel, película, cascarilla.

HOLLÍN humo, tizne, suciedad, cenizo, fulígine, fumosidad, mugre, mancha, tiznajo, tizón.

HOLLINIENTO tiznado, manchado, ahumado, grasiento, fuliginoso, mugriento.

HOMBRACHO v. hombrón.

HOMBRADA proeza, hazaña, heroicidad, guapeza, valentía, osadía, magnanimidad, esfuerzo, trabajo, empeño, riesgo, intento, empuje, lucha, desvelo.

HOMBRE varón, macho, persona, individuo, mortal, criatura, semejante, prójimo, ser humano, sujeto, cristiano, quídam, personaje, ente, ser, fulano, tipo ||

¡HOMBRE! ¡caramba!, ¡vaya!, ¡caray!, ¡bueno!, ¡diantre!, ¡vamos!

HOMBREAR aparentar, afectar, imitar, presumir, fanfarronear || rivalizar, competir, luchar || cargarse, echarse, mover, empujar, sostener, trasladar.

HOMBRECILLO enano, gorgojo, canijo, pequeño, homúnculo, hominicaco, muñeco, renacuajo, chisgarabís, chiquilicuatro.

HOMBRERA charretera, pala, galón, trencilla, distintivo, divisa, insignia, cordón, alamar.

HOMBRETÓN v. hombrón.

HOMBRÍA corrección, honestidad, honradez, decencia, caballerosidad, integridad, honor, decoro, honra, dignidad, gravedad, reserva || fortaleza, energía, valor, virilidad.

HOMBRO articulación, omóplato, espalda.

HOMBRÓN gigante, hombretón, hércules, titán, hombracho, jayán, mozallón, robusto, fornido, musculoso.

HOMBRUNA virago, sargentona, marimacho, amazona, machota, masculina, varonil, viril, poco femenina.

HOMBRUNO v. hombruna.

HOMENAJE ofrecimiento, ofrenda, testimonio, acto, demostración, dedicatoria, cumplido, confirmación, prueba, declaración, manifestación, premio, recompensa, estímulo, lauro, compensación || fidelidad, juramento, acatamiento, sumisión, obediencia, respeto, pleitesía, reverencia, supeditación.

HOMENAJEADO * agasajado, festejado, invitado.

HOMENAJEAR * festejar, agasajar, celebrar.

HOMEO- semejante, igual, similar, parecido.

HOMÉRICO épico, heroico, glorioso, grandioso, legendario, grande, titánico.

HOMICIDA culpable, reo, delincuente, matador, condenado, fratricida, parricida, magnicida, regicida, asesino, criminal.

Homicidio muerte, violencia, delito, asesinato, crimen, atentado.
Homilía sermón, plática, lección, explicación, conferencia, discurso, exégesis.
Hominicaco v. hombrecillo.
Homo- v. homeo.
Homogeneidad uniformidad, igualdad, semejanza, similitud, parecido, identidad, consonancia, equilibrio || finura, suavidad.
Homogéneo uniforme, similar, semejante, parecido, igual, idéntico, equilibrado, consonante || parejo, suave, terso, liso, fino.
Homologación verificación, equiparación, confirmación, comprobación, registro, aprobación.
Homologado aprobado, verificado, confirmado, registrado, comprobado, equiparado.
Homologar comprobar, equiparar, aprobar, confirmar, verificar, conceder, otorgar, registrar.
Homólogo análogo, equivalente, parecido, sinónimo, concordante, similar, conforme, comparable, equiparable, parejo, correspondiente, paralelo.
Homónimo tocayo, colombroño, de igual nombre.
Homosexual invertido, pederasta, marica, maricón, sodomita, ninfo, fileno, cacorro, bujarrón, corrompido, bardaje, nefandario, garzón, pervertido, desviado || tríbada, lesbiana, sáfica, pervertida, viciosa.
Homosexualidad inversión, perversión, sodomía, pederastia, desvío, corrupción, tribadismo, safismo, lesbianismo.
Homúnculo v. hombrecillo.
Honda tira, trenza, guaraca, perigallo, hondijo, pedrera, arma para lanzar.
Hondamente profundamente, intensamente, íntimamente, entrañablemente, v. hondo.
Hondazo cantazo, pedrada, disparo, impacto, tiro, golpazo, contusión, herida.
Hondo profundo, insondable, abismo, precipicio, barranco, profundidad, pozo, caverna, cueva, hoyada, depresión, concavidad, bajura, pozo, cuenca, grieta, fosa, dilatación, hueco, hoyo, hendedura, agujero, excavación, oquedad, seno, escotadura, socavón, mina, v. hondonada.
Hondonada barranco, cuenca, depresión, concavidad, seno, fosa, hoyo, vaguada, sinuosidad, hondura, quebrada, valle, cañón, angostura.
Hondura profundidad, altura, amplitud, fondo, calado, medida, dimensión || sima, abismo, precipicio, barranco, profundidad, fondo, pozo, caverna, cueva, hoyada, depresión, concavidad, bajura, cuenca, grieta, fosa, dilatación, hueco, hoyo, hendedura, agujero, excavación, oquedad, seno, escotadura, socavón, mina, v. hondonada.
Honestamente decentemente, decorosamente, castamente, virtuosamente, v. honesto.
Honestidad decoro, pureza, decencia, castidad, recato, pudor, honra, virtud, vergüenza, moderación, continencia, pudicia, honor, compostura, modestia || honradez, integridad, dignidad, probidad, lealtad, rectitud, moralidad, conciencia, austeridad, justicia, desinterés, desprendimiento.
Honesto decoroso, pudoroso, recatado, casto, decente, puro, vergonzoso, virtuoso, modesto || honrado, honorable, leal, probo, digno, íntegro, justo, austero, consciente, recto, desprendido, desinteresado || educado, cortés, urbano.
Hongo seta, talófita, bejín, *champiñón*, trufa || bombín, sombrero, convexidad, abombamiento.
Honor honra, reputación, consideración, respeto, honradez, caballerosidad, hombría, conciencia, dignidad, vergüenza, decoro, pundonor, estima, prez, fama, renombre, distinción, celebridad, miramiento, deferencia, veneración || pudor, v. honra || Honores prerrogativa, distinción, con-

sideración, homenaje, ofrenda, testimonio, premio, recompensa.
HONORABILIDAD v. honor.
HONORABLE v. honrado.
HONORABLEMENTE decentemente, decorosamente, pundonorosamente, honradamente, v. honrado.
HONORAR v. honrar.
HONORARIO honorífico, representativo, honorable, honroso, simbólico, imaginario, figurado, teórico || HONORARIOS emolumentos, sueldo, paga, salario, gratificación, pago, retribución, soldada, remuneración, estipendio, haberes, cuenta, mensualidad, gajes, comisión, devengo.
HONORÍFICO v. honorario || v. honroso.
HONORIS CAUSA * v. honorario.
HONRA recato, pudor, decoro, pureza, decencia, castidad, virtud, vergüenza, continencia, pudicia, honor, compostura, honestidad || v. honor, honradez.
HONRADAMENTE rectamente, lealmente, íntegramente, decentemente, v. honrado.
HONRADEZ integridad, decencia, lealtad, rectitud, hombría, moralidad, probidad, honestidad, pulcritud, miramiento, desinterés, justicia, conciencia, austeridad, virtud, honorabilidad, limpieza, dignidad.
HONRADO recto, leal, íntegro, decente, desinteresado, mirado, honesto, probo, moral, pulcro, honorable, virtuoso, austero, consciente, justo, pundonoroso, puntilloso, digno, limpio, incorruptible, sano || respetado, venerado, ensalzado, enaltecido, ennoblecido, premiado, favorecido, alabado, encumbrado, condecorado, realzado, afamado, distinguido, estimado, apreciado, benemérito, apreciado.
HONRAR premiar, ennoblecer, enaltecer, ensalzar, realzar, condecorar, encumbrar, alabar, favorecer, estimar, afamar, distinguir, respetar, venerar, reverenciar, apreciar.

HONRILLA puntillo, orgullo, pundonor, dignidad, amor propio, vergüenza, honra v.
HONROSAMENTE dignamente, decorosamente, pundonorosamente, v. honrado.
HONROSO preciado, estimable, singular, señalado, honorífico, preeminente, honorario, digno, respetable, apreciable || decente, decoroso, digno, pundonoroso, v. honrado.
HONTANAR fuente, fontana, manantial, fontanar, venero, fluencia, manadero, oasis, surtidor, chorro.
HOPALANDA ropón, hopa, sotana, falda, faldón, túnica, vuelos, embozo, ropaje, vestidura.
HOPO cola, rabo, apéndice, extremidad, mechón, copete.
HORA momento, instante, tiempo, oportunidad, período, etapa, lapso, minuto, segundo, espacio, intervalo, duración, curso, transcurso, horario.
HORADADO agujereado, perforado, traspasado, abierto, taladrado, escariado, barrenado, acribillado, calado, atravesado, fresado, punzonado, cavado, excavado, avellanado, penetrado, carcomido, apolillado.
HORADAR perforar, taladrar, cavar, excavar, abrir, traspasar, agujerear, atravesar, acribillar, calar, barrenar, escariar, avellanar, penetrar, punzonar, apolillar, carcomer.
HORADO agujero, perforación, abertura, cueva, caverna, oquedad, concavidad, subterráneo, sima, hoyo v.
HORARIO cuadro, indicador, programa, guía, lista, plan, itinerario, agenda, memento.
HORCA cadalso, patíbulo, palo, dogal, cuerda, soga, torga, pena, castigo, tormento, punición, ejecución, tablado, plataforma || horquilla, borne, horqueta, tridente, herramienta, instrumento.
HORCAJADAS (A) a caballo, montado, abierto, separado de piernas.

Horcajo confluencia, reunión, separación, bifurcación.
Horchata bebida, refresco, jugo de chufas, de almendras.
Horda tropel, turba, patulea, cáfila, caterva, banda, cuadrilla, pandilla, multitud, muchedumbre, tropa, enjambre, riada, oleada, masa, populacho, gentuza, chusma, clan, tribu, partida.
Horizontal tendido, apaisado, plano, yacente, echado, acostado, alargado, paralelo, decúbito, supino, prono, extendido, estirado, dilatado || Horizontal * prostituta, v. fulana.
Horizontalidad paralelismo, nivel, alargamiento, extensión, línea, llanura, rasante.
Horizontalmente a nivel, de bruces, boca arriba, boca abajo, v. horizontal.
Horizonte línea, confín, límite, lejanía, distancia, espacio, círculo, perspectiva, contorno.
Horma plantilla, molde, módulo, forma, modelo, original, diseño, contorno, perfil.
Hormiga insecto himenóptero, salpuga, anay || trabajador, dinámico, movedizo, diligente, presuroso.
Hormigón mortero, mezcla, cemento, cascajo, argamasa, portland, betón, amasijo, forja, pilón.
Hormiguear cosquillear, picar, reconcomer, molestar, inquietar, titilar || abundar, bullir, verbenear, moverse, dispersarse, pulular.
Hormigueo cosquilla, sensibilidad, escalofrío, cosquilleo, prurito, reconcomio, picor, picazón, molestia, hormiguillo.
Hormiguero agujero, horado, cueva, refugio, hoyo, orificio, abertura, entrada || hervidero, masa, enjambre, multitud, muchedumbre, afluencia.
Hormiguillo v. hormigueo.
Hormona secreción interna, producto glandular, insulina, tiroxina, adrenalina, corticosuprarrenal, androsterona, testosterona, foliculina, luteína.

Hornacina hueco, nicho, cavidad, concavidad, oquedad, cuenca, celdilla, casilla.
Hornada promoción, serie, conjunto, grupo, curso.
Hornaguero amplio, ancho, holgado, suelto, flojo.
Hornear asar, tostar, cocer, dorar, pasar, calentar, preparar.
Hornecino bastardo, adulterino, fornecino, ilegítimo.
Hornero panadero, pastelero, confitero, menestral, artesano, pinche.
Hornillo infiernillo, cocinilla, brasero, calentador, hornilla, escalfador, rejilla, parrilla, anafe, cocina, fogón, v. horno, estufa.
Horno cocina, cocinilla, hogar, chimenea, fogón, estufa, cubilote, mufla, hornaza, jabeca, buitrón, parrilla, crisol, v. hornillo, incinerador.
Horóscopo predicción, pronóstico, augurio, adivinación, profecía, oráculo, vaticinio, observación.
Horqueta bifurcación, reunión, ángulo, v. horquilla.
Horquilla alambre, sujetador || horqueta, bieldo, tridente, horca, horcón, rastrillo, tenedor, escarpidor.
Horrendo v. horrible.
Hórreo granero, depósito, almacén, estancia, cámara, troje, panera.
Horrible pavoroso, horrendo, horripilante, horroroso, apocalíptico, espantoso, espeluznante, aterrador, horrísono, imponente, fiero, repulsivo, repugnante, feo, deforme, monstruoso, repelente, siniestro, sombrío, tétrico, tremebundo, terrible, enloquecedor, terrorífico, alucinante, espantable, turbador.
Horriblemente pavorosamente, horrendamente, horrorosamente, v. horrible.
Hórrido v. horrible.
Horripilante v. horrible.
Horripilar aterrar, horrorizar, imponer, espeluznar, espantar, repeler, repugnar, estremecer, tur-

bar, alucinar, enloquecer, arredrar, asustar, erizar, impresionar, acoquinar, amedrentar.

HORRÍSONO ensordecedor, estrepitoso, fragoroso, atronador, retumbante, sonoro, impresionante, apocalíptico, terrible, alucinante, enloquecedor, v. horrible.

HORRO libre, liberto, manumitido.

HORROR espanto, temor, terror, angustia, estremecimiento, turbación, miedo, alarma, pánico, consternación, sobresalto, recelo, aprensión, asombro, pavor, susto, pavura, aversión, repugnancia, fobia, odio, canguelo, atrocidad, enormidad.

HORRORIZAR v. horripilar.

HORROROSAMENTE terriblemente, espantosamente, angustiosamente, enormemente, v. horrible.

HORROROSO v. horrible.

HORRURA escoria, sedimento, peso, légamo, bascosidad, superfluidad.

HORS D'OEUVRE * entremeses, fiambres, tapas, aperitivos, platillos.

HORTALIZA verdura, legumbre, vegetal, hierba, verde, hojas, planta.

HORTELANO granjero, horticultor, agricultor, labrador, campesino, cultivador, agrónomo, plantador, sembrador, verdulero, labriego.

HORTERA dependiente, mancebo, recadero, mozo, muchacho, empleadillo || cazuela, escudilla, plato.

HORTICULTOR v. hortelano.

HORTICULTURA cultivo, agricultura, agronomía, siembra, plantación, labor, laboreo, labranza, granjería, producción, explotación, recolección.

HOSANNA exclamación, alabanza, júbilo, alegría, himno.

HOSCO ceñudo, intratable, áspero, antipático, torvo, hermético, desabrido, brusco, huraño, seco, serio, grosero, tosco, arisco, montaraz, retraído, triste.

HOSPEDAJE alojamiento, albergue, posada, cobijo, pupilaje, hospedería, hostal, mesón, figón, amparo, asilo, aposentamiento, cotarro, venta, refugio, guarida, casa, hostal, fonda, parador, hostería, pensión, hotel, habitación, cabaña, techo, choza | cuenta, factura, nota, importe, suma, total.

HOSPEDAR alojar, recibir, cobijar, albergar, aposentar, proteger, asilar, amparar, acoger || HOSPEDARSE guarecerse, pernoctar, refugiarse, habitar, acogerse, parar, estar, pasar la noche.

HOSPEDERÍA v. hospedaje.

HOSPEDERO anfitrión, hospedador, aposentador, posadero, mesonero, ventero, figonero, tabernero, hostelero, hotelero, fondista, albergador, pupilero, huésped.

HOSPICIANO expósito, inclusero, cobijado, asilado, huérfano, desamparado, abandonado, echadizo, cunero, pobre.

HOSPICIO refugio, asilo, cobijo, albergue, orfanato, orfelinato, refugio, inclusa, casa cuna, casa de expósitos, establecimiento benéfico, alojamiento, hospedaje.

HOSPITAL clínica, policlínico, dispensario, enfermería, sanatorio, nosocomio, lazareto, manicomio, consultorios, servicios, cátedras || hospicio, cobijo, establecimiento benéfico.

HOSPITALARIO generoso, acogedor, noble, espléndido, anfitrión, albergador, altruista, caritativo, desprendido, magnánimo, protector.

HOSPITALIDAD asilo, acogida, amparo, albergue, protección, alojamiento, techo, habitación, refugio, cobijo, aposentamiento, pensión, cama || generosidad, altruismo, caridad, desprendimiento, esplendidez, nobleza.

HOSPITALIZAR internar, recluir, llevar, acogerse, encerrar, ingresar.

HOSQUEDAD aspereza, antipatía, hermetismo, tosquedad, rudeza, grosería, seriedad, sequedad, brusquedad, desabrimiento, taciturnidad.

HOSTAL v. hostería.

HOSTELERO v. hospedero.

HOSTERÍA hostal, hospedaje, alber-

HOSTIA

gue, alojamiento, posada, aposentamiento, mesón, hospedería, hotel, pensión, fonda, parador, techo, refugio, cobijo, pupilaje, figón, habitación.

HOSTIA oblea, pan ázimo, Sagrada Forma, Sacramento, Eucaristía, Cuerpo de Cristo.

HOSTIGADOR fustigador, molesto, exigente, fastidioso, perseguidor, atosigador, censurador, crítico, recriminador, irritante.

HOSTIGAMIENTO acoso, atosigamiento, exigencia, persecución, aguijonamiento, acorralamiento, importunación, molestia, fastidio, crítica, recriminación.

HOSTIGAR atosigar, acosar, vejar, molestar, importunar, perseguir, acometer, irritar, apurar, fatigar, acorralar, aguijonear, exigir, fustigar, criticar.

HOSTIL contrario, adverso, desfavorable, enemigo, adversario, contrapuesto, irreconocible, discrepante, oponente, antagonista, opuesto, incompatible.

HOSTILIDAD enemistad, discrepancia, oposición, incompatibilidad, antagonismo, contrariedad, contraposición, rivalidad, disparidad, hincha, ojeriza, antipatía, diferencia, competencia || HOSTILIDADES contienda, agresión, lucha, beligerancia, combate, refriega, ataque, escaramuza, guerra v.

HOSTILIZACIÓN * hostilidad v.

HOSTILIZAR mortificar, martirizar, jeringar, jorobar, acosar, perseguir, incordiar, encocorar, agobiar, irritar, impacientar, importunar, incomodar, atacar, acometer, agredir, desgastar.

HOSTILMENTE adversamente, contrariamente, antagónicamente, v. hostil.

HOTEL hostería, hospedaje, albergue, alojamiento, hostal, posada, aposentamiento, fonda, pensión, hospedería, parador, mesón, figón, pupilaje, cobijo, acomodo, refugio, techo, habitación, aposento.

HOTELERO v. hospedero.

HOY actualmente, ahora, al presente, hogaño, en la actualidad, en nuestros días, en esta época, en el momento.

HOYA v. hoyo.

HOYO concavidad, depresión, foso, socavón, excavación, hoya, hondonada, zanja, cavidad, sima, hueco, pozo, oquedad, mina, agujero, trinchera, cuenco, defensa, protección, subterráneo, caverna, cueva, vacío, agujero, cárcava, ranura, surco, grieta, barranco, cauce, canal || fosa, tumba, huesa, sepultura, sepulcro, cripta, enterramiento, túmulo.

HOYUELO hoyito, concavidad, depresión, surco, ranura, v. hoyo.

HOZ segur, falce, segadera, hocino, guadaña, dalla, podón, doladera, cuchillo, corvo, hoja, machete, rozón herramienta, apero, instrumento.

HOZAR hocicar, revolver, desenterrar, rebuscar, husmear, encenagarse.

HUCHA alcancía, caja, arca, cepillo, receptáculo, cofre || ahorros, economía, reservas, dineros.

HUECO oquedad, depresión, concavidad, hoya, ahuecamiento, cavidad, abertura, puerta, ventana, orificio, entrada, escotadura, hendedura, vano, seno, hornacina, pozo, zanja, v. hoyo || cóncavo, vacío, deprimido, escotado, ahuecado, hundido, frágil, horadado, perforado, abultado, hinchado, esponjado, excavado, socavado, agujereado, vaciado || vano, superfluo, pomposo, afectado, rimbombante.

HUELGA paro, suspensión, interrupción, detención, inactividad, cese, alto, brazos caídos, movimiento.

HUELGO resuello, respiración, jadeo, aliento || holgura, anchura, espacio, amplitud.

HUELGUISTA parado, inactivo, pasivo, agitador, revoltoso, reclamante, solicitante.

HUELLA señal, marca, pisada, estampa, traza, paso, impresión, rastro, patada, indicio, vestigio, pista, estela, carril, surco, rodada, señal || evocación, recuerdo, memoria, vestigio, reminiscencia, remembranza, rememoración || cicatriz, erosión, cardenal, v. herida.

HUÉRFANO inclusero, expósito, desvalido, abandonado, desamparado, hospiciano, pobre, echadizo, cunero || carente, falto, desprovisto, privado, insuficiente, despojado.

HUERO vacuo, vano, vacío, afectado, insubstancial, insípido, anodino, soso || podrido, malogrado, estropeado.

HUERTA regadío, tierra, cultivo, campo, terreno, granja, prado, plantación, vergel, vega, cercado, navazo, sembrado, huerto, labor, parcela, plantío, plantel, vivero, sembradío, jardín.

HUERTANO cultivador, labrador, plantador, campesino, granjero, sembrador, labriego, horticultor, colono, recolector, paisano, rústico.

HUERTO v. huerta.

HUESA tumba, sepultura, hoyo, hoya, enterramiento, sepulcro, cripta, túmulo, cárcava, yacija, nicho, panteón.

HUESO pieza, parte del esqueleto, armazón, sostén || semilla, pepita, cuesco, grano, pipa, simiente, núcleo, corazón, centro || incómodo, ingrato, difícil, penoso, duro, áspero.

HUÉSPED invitado, convidado, alojado, acogido, amparado, recibido, comensal, visita, visitante, forastero, pupilo, pensionista, gorrón || anfitrión, v. hospedero.

HUESTE banda, partida, guerrilla, grupo, horda, tropel, tribu, turba, cáfila, caterva, enjambre, oleada, riada, ejército, tropa, milicia, guardia, falange, mesnada, facción, mercenarios, militares, soldados, aventureros, combatientes.

HUESUDO enjuto, flaco, caquético, esquelético, consumido, escuálido, descarnado, depauperado, demacrado, seco, delgado, desmedrado, macilento, afilado, esmirriado.

HUEVAS huevecillos, masa, caviar, ovadas, manjar, exquisitez.

HUEVO óvulo, germen, embrión, célula, ovoide, esferoide, bola, protuberancia.

HUGONOTE calvinista, protestante, reformista, cismático, hereje, cristiano.

HUIDA evasión, fuga, escapada, escapatoria, desaparición, marcha, salida, eclipse, evaporación, escabullida, abandono, deserción, estampida, escape, dispersión, suelta, defección, éxodo, emigración, ausencia, derrota, retirada, escamoteo, liberación.

HUIDIZO escurridizo, taimado, evasivo, esquivo, solapado, hipócrita.

HUIDO fugitivo, fugado, escapado, evadido, tránsfuga, prófugo, huidor, desertor.

HUIR desaparecer, fugarse, irse, evadirse, escapar, marcharse, salir, desertar, abandonar, escabullirse, evaporarse, eclipsarse, dispersarse, soltarse, liberarse, retirarse, ausentarse, emigrar, escurrir, sortear, obviar, esquivar, eludir, zafarse, desbandarse, aventarse, apartarse, salir pitando, salir de estampía.

HULE tela impermeable, pintada, barnizada; linóleo, caucho, goma.

HULLA carbón, coque, mineral, combustible.

HUMANAMENTE caritativamente, filantrópicamente, misericordiosamente, piadosamente, v. humano || realmente, verdaderamente, prácticamente.

HUMANAR v. humanizar.

HUMANIDAD género humano, sociedad, razas, seres, individuos, semejantes, mortales, criaturas, nacidos, personas, hombres || naturaleza, cualidad, condición, esencia humana || corpulencia, gordura, cuerpo, organismo, corpachón, obesidad, bulto, estatura, mole, balumba, enormidad || compasión, sensibilidad, bondad, caridad, piedad, filantropía, misericordia, benignidad, comprensión, benevolencia.

HUMANIDADES letras, lenguas clásicas, literatura, humanismo, propedéutica, filosofía, teología, bachillerato, cultura, erudición.

HUMANISMO v. humanidades.

HUMANISTA erudito, docto, culto, literato, versado, filósofo, ilustrado, cultivado.

HUMANITARIO caritativo, bondadoso, bueno, sensible, compasivo, comprensivo, benigno, misericordioso, filantrópico, piadoso, benévolo, sensato, afable, tierno, bienhechor, benefactor, indulgente.

HUMANIZARSE dulcificarse, ablandarse, compadecerse, cambiar, transformarse, apaciguarse, condescender, comprender, transigir, sosegarse.

HUMANO v. humanitario || terrenal, terreno, frágil, perecedero, débil, mortal, efímero || persona, hombre v., individuo, ser, mortal, cristiano, ente, sujeto.

HUMAREDA humo, nube, humazo, fumarada, vaho, vapor, niebla, humarada, cortina telón.

HUMEANTE humoso, fumante, caliente, ardiente, hirviente, quemante, vaporizado, vaporoso, nuboso, fuliginoso, fumígero, holliniento.

HUMEAR exhalar, expeler, arrojar vaho, lanzar vapor, sahumar, ahumar, fumar, vaporizarse, arder, hervir, quemar.

HUMECTACIÓN empapamiento, impregnación, rociada, baño, inmersión, salpicadura, saturación, infiltración, regado, remojo.

HUMECTANTE impregnador, higroscópico, higrométrico, delicuescente.

HUMEDAD vapor, agua, rocío, relente, sereno, lluvia, niebla, vaho, impregnación, empapamiento, saturación, salpicadura, infiltración, regado, remojo.

HUMEDECER mojar, empapar, bañar, rociar, impregnar, remojar, salpicar, regar, infiltrar, saturar, sumergir, pringar, chapotear, untar, humectar rezumar, embeber, calar, inundar, chorrear, duchar.

HÚMEDO mojado, remojado, impregnado, rociado, bañado, empapado, chorreante, pringado, sumergido, saturado, infiltrado, regado, salpicado, embebido, rezumante, calado, duchado, inundado, aguado.

HUMILDAD sumisión, docilidad, sencillez, modestia, recato, acatamiento, obediencia, mansedumbre, ductilidad, suavidad, fidelidad, manejabilidad, dulzura, benignidad, dependencia, disciplina, flexibilidad, sujeción, respeto, reserva, paciencia, timidez || pobreza, indigencia, desamparo, ruindad.

HUMILDE sencillo, sumiso, modesto, recatado, fiel, manejable, suave, dúctil, manso, obediente, flexible, disciplinado dependiente, benigno, dulce, tímido, reservado paciente, respetuoso, dócil || pobre, indigente, bajo, ruin, servil, pequeño, desamparado, desvalido.

HUMILDEMENTE sencillamente, sumisamente, modestamente, recatadamente, v. humilde.

HUMILLACIÓN ofensa, desdén, burla, vergüenza, afrenta, deshonra, mortificación, doblegamiento, degradación, bajeza, vileza, indignidad, ruindad, abyección, ignominia, servilismo, baldón, menoscabo, iniquidad.

HUMILLANTE deshonroso, ofensivo, vergonzoso, degradante, vil, servil, bajo, mortificante, ignominioso, abyecto, ruin, indigno, inicuo.

HUMILLAR ofender, deshonrar, avergonzar, afrentar, burlar, desdeñar, envilecer, degradar, doblegar, mortificar, menoscabar, sojuzgar, oprimir, abochornar, dominar, domeñar, insultar, herir, lastimar, postrarse, abatirse, someterse, prosternarse, arrastrarse, retractarse.

HUMILLO v. humos.

HUMO humareda, humazo, nube, fumarada, vaho, vapor, niebla,

cortina, telón, gas, vapor, emanación, exhalación, bocanada, tufo, fumarola, fumada, hollín, ceniza, tizne, suciedad, fulígine || Humos altanería, soberbia, jactancia, vanidad, presunción, orgullo, empaque, engreimiento, arrogancia, envanecimiento, fatuidad, humillo.

Humor gracia, agudeza, ingenio, ingeniosidad, gracejo, v. humorada, humorismo, ocurrencia, chispa, salero, ironía, donosura, garbo, jovialidad, alegría || carácter, genio, talante, disposición, temperamento, modo, condición, índole || líquido, linfa, licor, secreción, excreción, serosidad, aguaza, sudor, supuración, flujo, edema, mucosidad, derrame, evacuación, acuosidad.

Humorada chiste, ocurrencia, gracia, agudeza, jocosidad, chascarrillo, ingeniosidad, chispa, ironía, sarcasmo, sátira, socarronería, chuscada, humor v. || extravagancia, antojo, fantasía, capricho, rareza.

Humorismo v. humor, v. humorada.
Humorista v. humorístico.
Humorístico agudo, gracioso, jocoso, chistoso, ocurrente, ingenioso, satírico, sarcástico, irónico, humorista, saleroso, donoso, garboso, jovial, alegre, mordaz, cáustico, burlón, socarrón.
Humoso v. humeante.
Humus capa, mantillo, abono, estiércol, fiemo, excrementos, guano, boñiga, bosta.
Hundido v. hondo.
Hundimiento derrumbe, caída, desmoronamiento, enterramiento, desplome, cataclismo, desprendimiento, corrimiento, alud, despeñamiento, *avalancha*, destrucción, arrasamiento, inmersión, naufragio, siniestro, derribo, aplastamiento, abolladura, depresión, desaparición || ocaso, ruina, decadencia, declive, acabamiento, postrimería, fin.
Hundir desmoronar, enterrar, derrumbar, caerse, corroerse, desprenderse, desplomarse, arrasar, despeñar, derribar, destruir, vencer, aplastar, abollar, deprimir || Hundirse desaparecer, naufragar, zozobrar, sumirse, tragar, abismarse, ir a pique.
Húngaro magiar, eslavo, oriundo, natural, nativo de Hungría.
Huno asiático, bárbaro, salvaje, sanguinario, invasor, guerrero.
Huracán ciclón, tromba, torbellino, tornado, galerna, manga, tifón, tormenta, borrasca, baguío, aquilón, vendaval turbión, tempestad, inclemencia, ventarrón.
Huracanado tormentoso, borrascoso, ventoso, tempestuoso, inclemente, violento, fuerte, intenso, recio, rabioso.
Huraco v. hueco, agujero.
Huraño hosco, huidizo, ceñudo, intratable, áspero, antipático, hermético, torvo, arisco, tosco, grosero, serio, seco, brusco, desabrido, montaraz, insociable, misántropo, retraído, esquivo, solitario.
Hurgar escarbar, remover, menear, revolver, mover, cavar, arañar, rascar, raspar, profundizar, manosear, sobar || incitar, azuzar, pinchar, irritar.
Hurgón atizador, hurgador, espetón, hurgonero, removedor, barra, varilla, hierro, asador, estoque, ensartador.
Hurgonazo v. estocada.
Hurgonear v. hurgar.
Hurí beldad, ninfa, náyade, venus, sílfide, hermosura paradisíaca.
Hurón turón, mustélido, carnicero, mamífero || curioso, fisgón, entremetido, insistente, indagador, v. husmeador.
Huronear fisgonear, curiosear, escudriñar, indagar, entremeterse, v. husmear.
Huronera v. madriguera.
¡Hurra! ¡viva!, ¡magnífico!, ¡espléndido!
Hurtadillas (A) secretamente, sigilosamente, furtivamente, ocultamente, silenciosamente, subrepticiamente.

Hurtar robar, substraer, limpiar, quitar, sisar, sacar, ratear, timar, atracar, asaltar, saquear, despojar, desvalijar, privar, rapiñar, estafar, malversar, usurpar, apandar, coger, tomar, latrocinar || apartarse, desviarse, esquivar, eludir, rehuir, separar, evitar, quitarse, esconderse, agazaparse, ocultarse.

Hurto ratería, substracción, rapiña, rapacidad, rapacería, robo, uña, cleptomanía, latrocinio, saqueo, atraco, despojo, desvalijamiento, sisa, timo, escamoteo, depredación malversación.

Húsar soldado, jinete, militar de caballería ligera.

Husmeador fisgón, curioso, entremetido, indagador, investigador, escudriñador, oliscador, indiscreto, hurón, oportunista.

Husmear curiosear, fisgonear, indagar, escudriñar, oliscar, huronear, entremeterse, investigar, indagar, escarbar || olfatear, notar, oler, percibir, sentir, rastrear, sospechar, barruntar, presentir.

Husmeo fisgoneo, curioseo, indagación, investigación, rastreo, huroneo, sondeo, olfateo, olor, sensación, percepción, presentimiento.

Husmo hedor, olor, tufo, fetidez, vaho, emanación, efluvio, exhalación.

Huso devanadera, torcedor, malacate, argadillo, rueca, aspador || sector, parte, faja, zona de una esfera.

Huta choza, cabaña, chabola, tugurio, casucha, barraca, chamizo, rancho.

¡Huy! ¡ay!, ¡oh!, ¡ah!, ¡caramba!, ¡cielos!

I

Ibérico ibero, íbero, celtíbero, celtibérico, hispano, hispánico, español, godo, visigodo, peninsular, latino, europeo, occidental.
Ibero v. ibérico.
Iberoamericano hispanoamericano, sudamericano, hispánico.
Íbice cabra montés, gamuza, rebeco, cervicabra, rumiante, cuadrúpedo.
Ibídem en el mismo lugar, allí mismo, en aquel sitio.
Iceberg * témpano, hielo, banco, bloque, masa flotante.
Icono imagen, efigie, representación, cuadro, figura.
Iconoclasta hereje, vándalo, bárbaro, impío, infiel, descastado, fanático.
Iconografía retratos, imágenes, cuadros, estatuas, representaciones pictóricas.
Ictericia biliosidad, piel amarillenta, piel verdosa.
Ictérico amarillento, amarillo, verdoso, bilioso, enfermo, paciente.
Ictiológico piscícola, del pescado, del pez.
Ida desplazamiento, traslación, mudanza, marcha, viaje, cambio, traslado, visita, llegada, presencia, asistencia || ímpetu, arranque, impulso.
Idea representación, imagen, sensación, percepción, pensamiento, imaginación, juicio, comprensión, conocimiento, vislumbre, rudimento, concepto, noción, reflexión, designio || fantasía, ideal, quimera, modelo, arquetipo, paradigma, tipo, prototipo, patrón, molde || obsesión, imaginación, manía, prejuicio, sospecha, conjetura, premonición || proyecto, plan, bosquejo, esbozo, diseño, combinación, aspiración, especulación.
Ideal arquetipo, prototipo, molde, modelo, paradigma, patrón, tipo, fantasía, quimera, ejemplar, dechado, ejemplo, matriz, módulo, espejo || perfecto, sublime, excelente, puro, magistral, correcto, inimitable, inigualable, único, insuperable, excelente, espléndido || consumado, completo || imaginario, incorpóreo, inmaterial, irreal, metafísico, poético, fantástico, platónico, puro, elevado || ilusión, ambición, deseo, anhelo, ansia, afán, aspiración, esperanza, propósito, fin.
Idealismo nobleza, espiritualidad, inmaterialidad, altruismo, desinterés, magnanimidad, quijotismo, hidalguía, pureza, elevación, generosidad.
Idealista noble, altruista, espiritual, hidalgo, quijote, puro, magnánimo, desinteresado, elevado, generoso, filántropo, desprendido.
Idealizar espiritualizar, elevar, sublimar, imaginar, engrandecer, ensalzar.
Idealmente noblemente, altruistamente, espiritualmente, v. idealista.
Idear imaginar, inventar, concebir, crear, pensar, proyectar, ingeniar discurrir, arbitrar, fraguar, forjar, hollar, trazar, sacar, ingeniar, improvisar, suponer, conjeturar, sospechar, recordar, evo-

car, creer, abrigar, meditar, reflexionar, poetizar, idealizar.
Ideario repertorio, doctrina, enseñanza, teoría, sistema, opinión, escuela, creencia.
Ídem el mismo, lo mismo, igual, igualmente.
Idénticamente igualmente, exactamente, equivalente, v. idéntico.
Idéntico igual, exacto, parecido, equivalente, parejo, mismo, semejante, paralelo, homónimo, hermanado, gemelo, común, consonante, sinónimo, conforme, par, parigual, similar, análogo, congénere, afín, uno, propio.
Identidad similitud, igualdad, semejanza, equivalencia, parecido, exactitud, consonancia, hermanamiento, paralelismo, analogía, conformidad, sinonimia, afinidad, uniformidad, coincidencia, homogeneidad || v. identificación.
Identificable reconocible, determinable, reseñable.
Identificacón filiación, señas, ficha, identidad, detalles, rasgos, descripción, retrato, referencia, reseña, datos, registro || coincidencia, concordancia, acuerdo, inteligencia, entendimiento, comprensión, concordancia, adhesión, simpatía, unión, armonía, paz, fusión.
Identificado reconocido, determinado, fichado, establecido, reseñado, descrito, señalado, detallado, retratado, referido, registrado || unido, armónico, hermanado.
Identificar reconocer, determinar, establecer, fichar, retratar, detallar, señalar, describir, reseñar, referir, registrar || unificar, fusionar, hermanar, coincidir, emparejar, igualar, uniformar, aparear, empatar, equilibrar, equiparar, nivelar, semejar.
Ideográfico simbólico, gráfico, dibujado, pictórico, representativo.
Ideograma signo, elemento, símbolo, trazo, representación.
Ideología ideal, creencia, ideario, doctrina, opinión, convicción, convencimiento, credo, fe, partido.
Idílico bucólico, pastoril, campestre, apacible, sereno, plácido, virgiliano, campesino, grato, pacífico, ameno, paradisíaco, delicioso, feliz, dichoso, celestial, sentimental, amoroso, íntimo.
Idilio amorío, noviazgo, festejo, devaneo, relaciones, galanteo, cortejo, coqueteo, enamoramiento, amartelamiento, pasión.
Idioma lengua, habla, lenguaje, dialecto, expresión, jerga, germanía, caló, *argot*.
Idiomático lingüístico, peculiar, característico, propio.
Idiosincrasia peculiaridad, característica, propiedad, particularidad, distintivo, rasgo, diferencia, carácter, índole, personalidad, temperamento, especialidad.
Idiota imbécil, retrasado, deficiente, débil mental, anormal, subnormal, mongólico, faltoso, loco, cretino || memo, lelo, negado, zoquete, inculto, necio, insensato, tonto, mentecato, majadero, borrico, ganso, papanatas, babieca, bobo.
Idiotez imbecilidad, deficiencia, anormalidad, retraso mental, cretinismo, mongolismo || necedad, insensatez, majadería, incultura, tontería, estupidez, memez, bobería.
Ido v. chiflado.
Idólatra infiel, pagano, gentil, hereje, fetichista, supersticioso, adorador, fanático, politeísta, irreligioso.
Idolatrar venerar, amar, adorar, reverenciar, honrar, querer, admirar, exaltar, respetar, postrarse, servir, celebrar, ensalzar.
Idolatría fetichismo, paganismo, gentilismo, herejía, infidelidad, politeísmo, fanatismo, mito, superstición, adoración, irreligiosidad || veneración, exaltación, adoración, amor, reverencia, pleitesía, respeto.
Ídolo efigie, fetiche, imagen, figura, tótem, amuleto, mascota,

símbolo, icono, estatua, emblema, deidad, divinidad, estatuilla, reliquia, tabú || ejemplo, arquetipo, ideal, dechado, espejo, paradigma.

IDONEIDAD capacidad, aptitud, competencia, habilidad, pericia, facultad, talento, suficiencia, disposición, destreza, ciencia, maña, arte, industria.

IDÓNEO competente, hábil, capaz, apto, perito, diestro, dispuesto, talentoso, capacitado || adecuado, apropiado, conveniente, útil, provechoso, favorable, ventajoso, satisfactorio, aprovechable, cómodo, conforme.

IGLESIA santuario, templo, parroquia, catedral, basílica, seo, oratorio, ermita, capilla, colegiata, templete, abadía, convento, monasterio, cenobio, priorato, cartuja, rábida, casa de Dios || congregación, grey, grupo, rebaño, seno, comunión, parroquia, asociación, cristiandad, catolicismo, cristianismo, creyentes, fieles.

IGNARO v. ignorante.

IGNAVO flojo, indolente, perezoso, cobarde.

ÍGNEO llameante, ardiente, incandescente, candente, inflamado, encendido, resplandeciente, flamígero, chispeante, rutilante, centelleante, luminoso, brillante.

IGNICIÓN encendido, combustión, inflamación, deflagración, combustilidad, quema, incendio.

IGNOMINIA afrenta, humillación, deshonor, abyección, baldón, oprobio, ultraje, infamia, mancha, estigma, injuria, degradación, mancilla, descrédito, vilipendio, bajeza, ludibrio, vergüenza.

IGNOMINIOSO deshonroso, humillante, abyecto, afrentoso, degradante, injurioso, infamante, ultrajante, oprobioso, vergonzoso, bajo, vil, odioso, innoble, infame.

IGNORADO desconocido, anónimo, oculto, incógnito, ignoto, secreto, inexplorado, incierto, lejano, remoto, inadvertido v.

IGNORANCIA incultura, analfabetismo, atraso, obscurantismo, tosquedad, rudeza, torpeza, barbarie, rusticidad, grosería, ineducación || omisión, olvido, inexperiencia, duda, ingenuidad.

IGNORANTE inculto, analfabeto, ignaro, iletrado, lego, ayuno, profano, atrasado, ineducado, indocto || zafio, rústico, tosco, rudo, torpe, grosero, patán, paleto, pedestre, alcornoque asno, obtuso, cernícalo, inepto, necio.

IGNORAR desconocer, no saber, no comprender, no recordar, no entender || desdeñar, repudiar, rechazar, desentenderse, olvidar, arrinconar, omitir, excluir, desechar, desairar, relegar.

IGNOTO v. ignorado.

IGUAL idéntico, mismo, parejo, exacto, gemelo, análogo, uno, semejante, equivalente, parecido, consonante, común, hermanado, homónimo, paralelo, similar, proporcionado, parigual, par, conforme, sinónimo, afín, congénere || uniforme, liso, llano, raso, plano, homogéneo, invariable, parejo, suave, fino.

IGUALACIÓN v. igualdad.

IGUALADO emparejado, empatado, equilibrado, nivelado, ajustado, equiparado, parejo, v. igual.

IGUALAMIENTO v. igualdad.

IGUALAR emparejar, equiparar, empatar, equilibrar, nivelar, ajustar, contrapesar, rasar, uniformar, identificar, promediar, comparar, asimilar, unificar, asemejar, equivaler, hermanar, proporcionar, conformar || allanar, nivelar, aplanar, explanar, rasar, igualar, emparejar, rellenar, || IGUALARSE compararse, equipararse, emparejarse, identificarse, asimilarse, hermanarse, parecerse.

IGUALATORIO asociación, sociedad médica.

IGUALDAD equivalencia, correspondencia, proporción, identidad, similitud, analogía, exactitud, consonancia, parecido, semejanza, hermanamiento, paralelismo,

uniformidad, afinidad, homogeneidad, coincidencia, igualación, igualamiento, empate, emparejamiento, equiparación, ajuste, equilibrio, nivelación, paridad || justicia, equidad, ecuanimidad, imparcialidad, integridad, objetividad.
Igualitario v. igual.
Igualmente asimismo, también, del mismo modo, de igual forma, además, todavía, aún.
Ijada ijar, depresión, cavidad lateral.
Ijar v. ijada.
Ilación conexión, deducción, inferencia, consecuencia, derivación, secuela, conclusión.
Ilapso éxtasis, arrobo, hechizo, abstracción, pasmo.
Ilegal ilícito, ilegítimo, prohibido, indebido, injusto, clandestino, antijurídico, injustificado, inmoral, furtivo, atentatorio, falso, subrepticio, secreto, encubierto, delictivo, solapado.
Ilegalidad clandestinidad, ilegitimidad, inmoralidad, injusticia, infracción, violación, omisión, delito, falta, encubrimiento, secreto, atentado, prohibición, trampa, transgresión, inobservancia, desafuero, incumplimiento, quebrantamiento, atropello.
Ilegalmente clandestinamente, ilegítimamente, inmoralmente, v. ilegalidad.
Ilegible indescifrable, incomprensible, ininteligible, confuso, difícil, complicado, obscuro, dudoso, borroso, inextricable, lioso.
Ilegítimamente v. ilegalmente.
Ilegitimar repudiar, desconocer, rechazar, desechar, desdeñar, excluir, negar, despreciar, desheredar, privar.
Ilegitimidad v. ilegalidad.
Ilegítimo bastardo, adulterino, natural, falso, falsificado, espurio, postizo, supuesto, dudoso, fementido, v. ilegal.
Íleon intestino delgado, tripa, entraña.
Ileso indemne, incólume, intacto, sano, salvo, seguro, saludable, entero, íntegro, incorrupto, completo, inmune, protegido, invulnerable.
Iletrado v. ignorante.
Ilícitamente v. ilegalmente.
Ilícito v. ilegal.
Ilimitadamente sin límites, infinitamente, considerablemente, v. ilimitado.
Ilimitado infinito, vasto, extenso, extendido, amplio, enorme, considerable, dilatado, holgado, inmenso, ancho, interminable, inagotable, innumerable, incalculable, incontable, cuantioso, abundante.
Iliterato v. ignorante.
Ilógico disparatado, absurdo, desatinado, descabellado, incoherente, irracional, extravagante, ridículo, insensato, ingenuo, falso, engañoso, contradictorio, incongruente, inverosímil.
Ilota esclavo, paria, siervo, oprimido, sometido.
Iluminación alumbrado, luz, instalación, tendido, luminosidad, luminotecnia, luces, focos, faroles, luminaria, irradiación, fulgor, brillo, resplandor, fulguración, luminiscencia, claridad, fuego, llama || sugestión, inspiración, bendición, elección, sugerencia.
Iluminado inspirado, sugestionado, infundido, bendecido, imbuido, inculcado, elegido, esclarecido.
Iluminar encender, alumbrar, aclarar, esplender, irradiar, relucir, dar luz || esclarecer, inspirar, infundir, sugestionar, imbuir, inculcar, elegir, bendecir, ilustrar.
Ilusión anhelo, esperanza, aliento, ánimo, perspectiva, confianza, sueño, afán, ensoñación, deseo, creencia, fe, seguridad, certidumbre, convicción || imaginación, ficción, mito, fábula, novela, ofuscación, espejismo, quimera, delirio, utopía, ensueño, visión, ingenuidad, candor.
Ilusionado optimista, esperanzado, anhelante, animoso, seguro, deseoso, afanoso, confiado, con-

vencido, cierto, entusiasta, soñador.

ILUSIONAR animar, asegurar, convencer, entusiasmar, esperanzar, alentar || ILUSIONARSE confiar, abrigar, alimentar, creer, convencerse, entusiasmarse, esperar, aguardar, soñar, fiarse, afanarse, desear.

ILUSIONISMO * prestidigitación, magia, v. *ilusionista.*

ILUSIONISTA * prestidigitador, mago, animador, artista, histrión, farandulero, escamoteador, truquista, charlatán, hipnotizador.

ILUSIVO v. ilusorio.

ILUSO visionario, idealista, soñador, quimerista, utopista, ingenuo, cándido, candoroso, inocente, sencillo, crédulo, simple, necio, bobo, tonto, panoli.

ILUSORIO engañoso, ficticio, inexistente, falso, aparente, supuesto, fingido, apócrifo, artificial, incierto, inexacto, imaginario.

ILUSTRACIÓN educación, cultura, instrucción, formación, enseñanza, adiestramiento, erudición, sabiduría, saber, estudios, sapiencia, ciencia, conocimientos, preparación, aleccionamiento || lámina, grabado, dibujo, figura, fotografía, estampa, efigie, litografía, cromo || aclaración, comentario, explicación, esclarecimiento, crítica, nota, glosa, apostilla.

ILUSTRADO erudito, culto, instruido, docto, sabio, sapiente, educado, leído, estudioso, entendido documentado, científico, letrado, conocedor, refinado, avanzado || dibujado, grabado, estampado, litografiado, coloreado, animado.

ILUSTRADOR v. dibujante.

ILUSTRAR instruir, educar, cultivar, formar, enseñar, adiestrar, preparar, aleccionar, catequizar, iniciar, disciplinar, adoctrinar, dirigir || dibujar, pintar, grabar, litografiar, colorear, estampar, animar || aclarar, divulgar, vulgarizar, esclarecer, dilucidar, explicar, complementar, informar, manifestar, reseñar, puntualizar.

ILUSTRATIVO demostrativo, aclaratorio, esclarecedor, explicativo, evidente, claro, categórico, convincente, persuasivo.

ILUSTRE insigne, glorioso, famoso, egregio, renombrado, afamado, excelso, magno, esclarecido, preclaro, célebre, honorable, ínclito, distinguido, eminente, aplaudido, augusto, notable, conspicuo, inimitable, admirable, consagrado, maestro, reputado, prestigioso, eximio.

ILUSTRÍSIMO eminentísimo, excelentísimo, v. ilustre.

IMAGEN representación, idea, figuración, sensación, percepción, pensamiento, imaginación, vislumbre, concepto, noción || figura, efigie, símbolo, emblema, hechura, perfil, aspecto, apariencia, reproducción, copia, semejanza, parecido, modelo || lámina, grabado, dibujo, pintura, cuadro, figura, ilustración, fotografía, estampa || descripción, imagen, reseña, detalle, síntesis, metáfora.

IMAGINABLE lógico, concebible, creíble, comprensible, razonable.

IMAGINACIÓN clarividencia, inteligencia, intuición, agudeza, chispa, recurso, iniciativa, capacidad, talento, aptitud, facultad, genio || ficción, mito, utopía, espejismo, ilusión, novela, fábula, invención, simulacro, especie, delirio, espectro, capricho, visión, sueño, quimera, ensueño, fingimiento, fantasma, fantasmagoría, entelequia, parábola || idea, comprensión, representación, sensación, percepción, pensamiento, juicio, conocimiento, vislumbre, noción, reflexión, designio, elucubración.

IMAGINAR idear, comprender, representar, sentir, percibir, pensar, enjuiciar, conocer, reflexionar, vislumbrar, figurarse, conjeturar, suponer, sospechar, divagar, fantasear, recordar, representar, creer, evocar, abrigar || proyectar, planear, inventar,

IMAGINARIA

crear, idear, ingeniar, concebir, trazar, fraguar, forjar elucubrar, madurar, especular, esbozar, bosquejar, ingeniarse, especular, discurrir, calcular, hallar, arbitrar, tejer, pensar, descubrir, improvisar.

IMAGINARIA guardia, vigilancia, custodia, vela, atención, cuidado || centinela v.

IMAGINARIAMENTE supuestamente, utópicamente, fantásticamente, v. imaginario.

IMAGINARIO supuesto, utópico, fantástico, fabuloso, quimérico, inmaterial, inexistente, falso, ficticio, fingido, ideal, apócrifo, prodigioso, novelesco, irreal, ilusorio, inconcebible, hipotético, falaz, aparente.

IMAGINATIVO ingenioso, inteligente, intuitivo, agudo, perspicaz, talentoso, genial, apto, clarividente, penetrante, sagaz || visionario, soñador, iluso, ingenuo, novelero, fantaseador, quimerista, idealista.

IMAGINERÍA talla, pintura, escultura, creación de imágenes.

IMAGINERO estatuario, escultor, artista, creador, pintor.

IMÁN hierro magnético, piedra imán, magnetita, polo, electroimán || atractivo, seducción, hechizo, gancho, sugestión, anzuelo, incentivo.

IMANTACIÓN magnetización, imanación, transmisión, comunicación.

IMANTAR imanar, magnetizar, comunicar, transmitir.

IMBATIBLE * v. invencible.

IMBÉCIL idiota, retrasado, deficiente, anormal, subnormal, débil mental, mongólico, faitoso, loco, cretino || lelo, memo, negado, zoquete, inculto, necio, insensato, torpe, mentecato, majadero, borrico, ganso, papanatas, babieca.

IMBECILIDAD idiotez, deficiencia, debilidad mental, anormalidad, retraso, cretinismo, mongolismo, locura, tara, flaqueza || memez, zoquetería, alelamiento, majadería, mentecatez, tontería, torpeza, insensatez, bobería, gansada, necedad, estupidez.

IMBERBE barbilampiño, lampiño, rapagón, desbarbado, carilampiño, adolescente, pollo, joven, mozo, pubescente, impúber.

IMBIBICIÓN impregnación, absorción, humedecimiento, embebimiento, hidratación, empapamiento || embelesamiento, embebecimiento, éxtasis.

IMBORNAL agujero, salida, orificio, desagüe.

IMBORRABLE indestructible, indeleble, indisoluble, permanente, persistente, perdurable, definitivo, eterno, fijo, inalterable, impresionante, maravilloso, estremecedor.

IMBRICACIÓN superposición, traslapo, solapo, aplicación, recubrimiento.

IMBRICADO superpuesto, traslapado, montado, cubierto, asolapado, aplicado, rebasado, pisado, alterno.

IMBUIR inculcar, infundir, inspirar, comunicar, animar, propagar, contagiar, infiltrar, traspasar, persuadir, convencer.

IMITABLE elogiable, conveniente, adecuado, encomiable, plausible, loable.

IMITACIÓN falsificación, plagio, facsímil, copia, reproducción, oropel, bisutería, simulacro, artificio, contrahechura, duplicado, calco, trasunto || parodia, remedo, caricatura, simulación, fingimiento, representación, repetición, eco, emulación, arte, semejanza, rutina, onomatopeya, simulacro.

IMITADO copiado, plagiado, calcado, falsificado, reproducido, artificial, duplicado, simulado, fingido, repetido, emulado, semejante, parecido.

IMITADOR émulo, rival, remedador, competidor, oponente, concurrente || falsificador, contrahacedor, adulterador, mixtificador, falseador, impostor, transgresor || mimo, parodista, animador,

artista, histrión, cómico, bufón.
Imitar plagiar, copiar, calcar, reproducir, falsificar, duplicar, contrahacer, simular, repetir, asemejar, parecer || parodiar, remedar, fingir, simular, burlarse, representar, animar.
Impaciencia ansiedad, inquietud, expectación, preocupación, ansia, alarma, turbación, intranquilidad, comezón, nerviosidad, *nerviosismo*, excitación, zozobra, desvelo, urgencia, prisa, diligencia, vehemencia, ardor, pasión, fogosidad, efusión, ímpetu.
Impacientar inquietar, preocupar, intranquilizar, turbar, alarmar, angustiar, agitar, excitar, apasionarse, desvelarse, irritarse, desesperarse.
Impaciente inquieto, vehemente, ardoroso, apasionado, fogoso, efusivo, impetuoso, diligente, apresurado, urgente, desvelado, agitado, excitado, nervioso, intranquilo, turbado, alarmado, ansioso, preocupado, expectante, irritable, excitable.
Impacto choque, balazo, golpe, colisión, encontronazo, percusión, huella, señal, marca, impresión, sensación, recuerdo.
Impagable extraordinario, maravilloso, estupendo, asombroso, soberbio.
Impalpable fino, sutil, suave, tenue, menudo, imperceptible, aéreo, etéreo, inmaterial, intangible, imperceptible, incorpóreo, invisible, microscópico.
Impar non, desigual, dispar || extraordinario, excepcional, maravilloso, único, singular, raro, desusado, sobresaliente.
Imparcial equitativo, justo, íntegro, recto, honesto, honrado, insobornable, ecuánime, incorruptible, ajustado, justiciero, neutral, indiferente, razonable, frío, objetivo, desapasionado.
Imparcialidad ecuanimidad, justicia, honradez, honestidad, rectitud, integridad, neutralidad, incorruptibilidad, conciencia, moralidad, equidad, razón, igualdad, indiferencia, objetividad, frialdad.
Imparcialmente neutralmente, justamente, ecuánimemente, v. imparcial.
Impartir distribuir, dar, ofrecer, repartir, comunicar, asignar, transmitir, ceder.
Impasibilidad impavidez, inalterabilidad, equilibrio, imperturbabilidad, tranquilidad, serenidad, entereza, inmutabilidad, estoicismo, aplomo, carácter, apatía, flema, pachorra, inexpresividad, seriedad, frialdad.
Impasible imperturbable, impávido, inalterable, inexpresivo, serio, frío, inmutable, equilibrado, sereno, tranquilo, flemático, apático, aplomado, estoico, impertérrito, entero.
Impasiblemente imperturbablemente, impávidamente, inalterablemente, v. impasible.
Impasse * atasco, atolladero, problema, estancamiento, lío, punto muerto, callejón sin salida.
Impavidez v. impasibilidad.
Impávido v. impasible.
Impecabilidad irreprochabilidad, corrección, rectitud, limpieza, intachabilidad, perfección, pulcritud, pureza, elegancia.
Impecable irreprochable, intachable, perfecto, pulcro, limpio, puro, correcto, elegante.
Impedido baldado, lisiado, inválido, paralítico, defectuoso, anquilosado, raquítico, contrahecho, tullido, inútil, mutilado, estropeado, inmóvil, entumecido, atrofiado, inhabilitado, incapacitado, imposibilitado, impotente.
Impedimenta equipaje, bagaje, pertrechos, equipo, vituallas, bultos, bártulos, maletas.
Impedimento estorbo, obstáculo, freno, barrera, engorro, rémora, atasco, dificultad, escollo, tropiezo, valla, límite, prohibición, resistencia, molestia, embarazo, traba, complicación, enredo, retraso, contrariedad, perturbación, detención, interrupción, veto, imposibilidad.

Impedir obstaculizar, embarazar, estorbar, frenar, limitar, prohibir, vallar, tropezar, dificultar, atascar, complicar, trabar, molestar, detener, perturbar, contrariar, retrasar, interrumpir, vetar, imposibilitar, embargar, entorpecer, vedar, negar, paralizar, contener, reprimir, evitar, empantanar.

Impelente v. impulsor.

Impeler empujar, impulsar, propulsar, lanzar, arrojar, rechazar, empellar, aventar, sacudir, despedir, alejar, forzar, echar || estimular, animar, incitar.

Impender gastar, derrochar, desembolsar, invertir.

Impenetrabilidad reserva, hermetismo, secreto, misterio, incógnita, circunspección, silencio, dificultad || fuerza, fortaleza.

Impenetrable duro, recio, fuerte, macizo || hermético, reservado, misterioso, secreto, arcano, circunspecto, silencioso, difícil, inexplicable, insoluble, incomprensible, impasible, aislado.

Impenitencia v. contumacia.

Impenitente obstinado, obcecado, contumaz, persistente, reincidente, duro, cruel, pecador, impío, rebelde, terco, relapso, incorregible, recalcitrante, protervo, empedernido.

Impensadamente imprevistamente, inadvertidamente, espontáneamente, de sopetón, de repente, de improviso, v. impensado.

Impensado imprevisto, inadvertido, espontáneo, inesperado, inopinado, insospechado, repentino, súbito, fortuito, casual, improvisado.

Impepinablemente * v. indefectiblemente.

Imperante reinante, dominante, vigente, descollante, destacado, preponderante, propagado, sobresaliente, difundido, divulgado, corriente, habitual.

Imperar reinar, dominar, mandar, descollar, destacar, preponderar, sobresalir, prevalecer, regir, distinguirse, aventajar, señorear, sojuzgar, someter, tiranizar.

Imperativamente imperiosamente, categóricamente, absolutamente, v. imperativo.

Imperativo categórico, imperioso, preceptivo, necesario, obligado, absoluto, dominante, prevaleciente, preponderante, destacado, descollante, reinante || necesidad, exigencia, menester, obligación, precisión.

Imperceptible minúsculo, mínimo, microscópico, invisible, diminuto, pequeñísimo, ínfimo, enano || gradual, insensible, paulatino, progresivo, sucesivo, escalonado, suave, uniforme, lento.

Imperceptiblemente gradualmente, insensiblemente, suavemente, escalonadamente, sucesivamente, progresivamente, uniformemente, lentamente.

Imperdible broche, pasador, prendedor, hebilla, aguja, corchete, alfiler, gancho, fíbula.

Imperdonable inexcusable, injustificable, indisculpable, inaceptable, vergonzoso, infame, enorme, considerable, garrafal.

Imperecedero perdurable, perpetuo, inmortal, eterno, sempiterno, renovado, pertinaz, permanente, fijo, estable, persistente, perenne, infinito, interminable, indestructible, inacabable, constante.

Imperfección defecto, deficiencia, falla, tacha, mota, sombra, lacra, desperfecto, borrón, lunar, pero, laguna, errata, error, daño, plepa, chapuza, falca, deterioro, fealdad, deformidad, tosquedad, desacierto, incorrección, rusticidad, aspereza.

Imperfectamente defectuosamente, deficientemente, desacertadamente, v. imperfecto.

Imperfecto defectuoso, deficiente, dañado, deforme, feo, deteriorado, tosco, desacertado, incorrecto, rústico, áspero, errado, falto, inacabado, monstruoso, chapucero, grosero, mediano, malo, perfunctorio, anómalo, anormal.

Imperial real, regio, soberano, palatino, palaciego, mayestático, soberbio, fastuoso, majestuoso, espléndido, magnífico, poderoso, despótico, autoritario, absoluto.

Imperialismo dominación, yugo, sujeción, despotismo, abuso, opresión, coloniaje.

Imperialista déspota, dominador, opresor, abusador, absolutista.

Impericia incompetencia, ineptitud, incapacidad, desmaña, nulidad, torpeza, necedad, ignorancia, impotencia, incompatibilidad, insuficiencia, inhabilidad, inexperiencia, negación, ineficacia.

Imperio reino, potencia, estado, nación, confederación, liga, poder, país, territorio || dominio, autoridad, despotismo, mando, poder, poderío, dominación, supremacía, yugo, sujeción, vasallaje, tiranía, absolutismo, autocracia || orgullo, altanería, soberbia, arrogancia, altivez, desdén, desprecio, petulancia.

Imperiosamente autoritariamente, despóticamente, autocráticamente, v. imperioso.

Imperioso autoritario, dominante, despótico, autocrático, absolutista, tiránico, dominador, orgulloso, despectivo, altivo, arrogante, soberbio, altanero, dictatorial, intransigente, severo, abusivo.

Imperito v. inepto.

Impermeabilidad impenetrabilidad, aislamiento, sequedad, rechazo, repulsión, v. impermeabilización.

Impermeabilización encerado, engrasado, embreado, alquitranado, barnizado, calafateado, recubrimiento, forro, engomado, v. impermeabilidad.

Impermeabilizar aislar, recubrir, forrar, alquitranar, embrear, barnizar, calafatear, engrasar, engomar.

Impermeable impenetrable, aislado, seco, alquitranado, barnizado, forrado, calafateado, recubierto, embreado, encerado, engrasado || gabardina, chubasquero, trinchera, gabán, sobretodo, capote, camalote, abrigo, capa || hule, linóleo, caucho, gutapercha, lona, encerado, plástico, goma.

Impersonal impreciso, vago, indeterminado, indefinido, ambiguo, indistinto, común, vulgar, gregario, adocenado, corriente, amplio.

Impertérrito v. imperturbable.

Impertinencia frescura, descaro, grosería, necedad, atrevimiento, osadía, audacia, imprudencia, desvergüenza, insolencia, desfachatez, indiscreción, inconveniencia, despropósito, estupidez.

Impertinente descarado, fresco, grosero, necio, atrevido, insolente, desvergonzado, imprudente, audaz, osado, desfachatado, inconveniente, indiscreto, importuno, estúpido, fisgón, cotilla, mirón, cargante, molesto, pesado, fastidioso patoso, curioso || Impertinentes quevedos, gafas, anteojos, monóculo.

Imperturbabilidad v. impasibilidad.

Imperturbable impasible, impávido, inexpresivo, inalterable, serio, tranquilo, sereno, equilibrado, entero, inmutable, frío, impertérrito, aplomado, apático.

Imperturbablemente impasiblemente, impávidamente, inexpresivamente, v. imperturbable.

Impétigo exantema, erupción cutánea, sarpullido, vesículas, pústulas, costras.

Impetra facultad, permiso, beneficio, gracia, merced, licencia, prerrogativa, bula.

Impetración súplica, imploración, ruego, solicitud, demanda, petición, plegaria, apelación, insistencia.

Impetrador suplicante, demandante, solicitante, implorante, insistente.

Impetrar implorar, suplicar, pedir, rogar, demandar, solicitar, insistir, apelar || lograr, obtener, conseguir, alcanzar, recibir.

ÍMPETU fuerza, violencia, energía, impulso, vigor, furia, prontitud, resolución, hervor, viveza, ardor, arrebato, arranque, fogosidad, ira, frenesí, brusquedad, impetuosidad, vehemencia, arrebato, cólera, precipitación.

IMPETUOSAMENTE enérgicamente, violentamente, impulsivamente, v. impetuoso.

IMPETUOSO enérgico, violento, impulsivo, fuerte, furioso, vigoroso, arrebatado, ardoroso, ardiente, vivaz, resuelto, brusco, impulsivo, frenético, iracundo, fogoso, precipitado, colérico, arrebatado, vehemente, rápido, vertiginoso, febril, rudo, irrefrenable.

IMPIEDAD incredulidad, escepticismo, ateísmo, irreverencia, indiferencia, descreimiento, irreligiosidad, herejía, apostasía, impenitencia, desacato, profanidad, infidelidad, libertinaje, sacrilegio, profanación, heterodoxia.

IMPÍO irreverente, escéptico, incrédulo, ateo, apóstata, hereje, irreligioso, descreído, indiferente, infiel, impenitente, sacrílego, librepensador, anticatólico, antirreligioso, profano, heterodoxo.

IMPLACABLE desalmado, despiadado, sañudo, inexorable, inclemente, violento, inhumano, rudo, brutal, feroz, fiero, cruel, bárbaro, severo, rígido, impío, duro, déspota, acerbo, encarnizado, sanguinario, salvaje, tirano, atroz, monstruoso, empedernido, excesivo, insufrible, destemplado, riguroso, intolerante, tiránico.

IMPLACABLEMENTE despiadadamente, sañudamente, inexorablemente, v. implacable.

IMPLANTACIÓN fundación, establecimiento, institución, creación, formación || introducción, inserción, colocación, ajuste, enchufe, incrustación.

IMPLANTAR establecer, instituir, crear, fundar, constituir || colocar, insertar, introducir, ajustar, enchufar, incrustar, meter.

IMPLEMENTO utensilio, aparato, artefacto, cacharro, herramienta.

IMPLICACIÓN intervención, complicidad, enredo, connivencia, participación || significado, contenido, sentido, alcance, extensión, importancia || discrepancia, oposición, contradicción.

IMPLICADO complicado, cómplice, participante, partícipe, colaborador, coautor, enredado, liado, comprometido, embrollado, mezclado.

IMPLICAR enredar, complicar, liar, comprometer, embrollar, mezclar, envolver, enzarzar, responsabilizar, culpar || contener, significar, importar, expresar, manifestar, simbolizar, figurar.

IMPLÍCITAMENTE tácitamente, expresamente, virtualmente, manifiestamente, v. implícito.

IMPLÍCITO tácito, expreso, virtual, manifiesto, incluido, contenido, entendido, expreso, sobreentendido, comprendido.

IMPLORACIÓN súplica, ruego, impetración, petición, demanda, plegaria, oración, prez, deprecación, apelación, exhortación, invocación, clamor, lamento, queja.

IMPLORANTE suplicante, implorador, demandante, lloroso, quejoso, invocante, postulante, solicitante.

IMPLORAR invocar, suplicar, clamar, rogar, apelar, deprecar, rezar, orar, demandar, quejarse, lamentarse, exhortar, postular, solicitar, llorar, pedir, instar, impetrar.

IMPLUME bisoño, neófito, pipiolo, incipiente, novato, inexperto, imberbe.

IMPOLÍTICA descortesía, ordinariez, tosquedad, desatención, incorrección, incivilidad.

IMPOLÍTICO tosco, desatento, incivil, incorrecto, ordinario, descortés, inoportuno, extemporáneo.

IMPOLUTO inmaculado, limpio, impecable, irreprochable, intachable, perfecto, pulcro, puro, correcto, nítido.

IMPONDERABLE inestimable, insuperable, inmejorable, excelente, maravilloso, soberbio, espléndido, superior, ejemplar, modelo, único, magnífico, impar, relevante, desusado || IMPONDERABLES contingencias, azares, riesgos, circunstancias, factores, eventualidades.

IMPONENTE impresionante, formidable, considerable, conmovedor, alarmante, emocionante, sobrecogedor, turbador, temible, descomunal, enorme, grandioso, soberbio, maravilloso, monumental, majestuoso, solemne, magnífico, impar, único || depositante, consignante, ahorrador.

IMPONER impresionar, conmover, amedrentar, asustar, sobrecoger, emocionar, alarmar, turbar, maravillar || gravar, cargar, aplicar, recargar, aumentar, asignar, establecer, obligar || atribuir, calumniar, acusar, imputar || castigar, corregir, disciplinar, increpar, escarmentar || depositar, consignar, poner.

IMPOPULAR desagradable, enojoso, fastidioso, antipático, desprestigiado, desautorizado, odiado, malquisto, molesto, odioso, incompatible.

IMPOPULARIDAD descrédito, desprestigio, desagrado, antipatía, incompatibilidad, disconformidad, repugnancia, hostilidad, descontento, discrepancia.

IMPORTACIÓN introducción, transacción, compra, negocio, convenio, intercambio, operación, adquisición.

IMPORTADOR negociante, comerciante, comprador, introductor, traficante.

IMPORTANCIA trascendencia, interés, conveniencia, influencia, alcance, consideración, magnitud, cuantía, monta, valor, calidad, substancia, eficacia, utilidad, provecho, rendimiento, atractivo, atracción, fuste, gravedad, ascendiente, categoría, enjundia, clase, excelencia, virtud, eficacia || fatuidad, presunción, orgullo, soberbia, vanidad, humos, suficiencia.

IMPORTANTE trascendental, fundamental, substancial, principal, primordial, esencial, cardinal, básico, elemental, imprescindible, inherente, sólido, vital, grave, urgente, conveniente, significativo, notable, señalado, solemne, preponderante, grande, superior, valioso, enorme, excesivo || poderoso, influyente, prestigioso, afamado, famoso, encumbrado, omnipotente, todopoderoso, grande, excelente, destacado, prominente, sobresaliente, alto.

IMPORTAR incumbir, interesar, atañer, concernir, afectar, relacionarse, referirse, tocar, enlazarse, vincularse, competer, conectarse, unirse, pertenecer, significar, valer || introducir, meter, entrar, comprar, traficar, negociar, intercambiar, adquirir.

IMPORTE cuantía, monto, total, suma, cuenta, precio, valor, valía, coste, deuda, saldo.

IMPORTUNACIÓN insistencia, impertinencia, molestia, acoso, persecución, agobio, porfía, asedio, ataque, obstinación, pesadez, chinchorrería, lata, indiscreción.

IMPORTUNAMENTE impertinentemente, insistentemente, porfiadamente, v. importuno.

IMPORTUNAR insistir, porfiar, fastidiar, pedir, molestar, machacar, cargar, enfadar, irritar, hostigar, jeringar, jorobar, rondar, perseguir, asediar, acosar, amolar, cansar, agobiar, chinchar, aburrir, fatigar.

IMPORTUNO fastidioso, enfadoso, cansador, incómodo, molesto, empalagoso, cargante, desagradable, tedioso, monótono, enojoso, insoportable, latoso, pesado, majadero, machacón, impertinente, cargante, pedigüeño, indiscreto, insistente, inoportuno. v.

IMPOSIBILIDAD

IMPOSIBILIDAD dificultad, inconveniente, traba, escollo, valla, obstáculo, contra, impedimento, incompatibilidad, oposición, contradicción, impracticabilidad, ilusión, utopía, quimera, engorro, rémora, complicación, peligro, aprieto, trance, brete, contrariedad.

IMPOSIBILITADO baldado, impedido, lisiado, paralítico, inválido, tullido, inútil, anquilosado, defectuoso, entumecido, estropeado, mutilado, incapacitado, inhabilitado, atrofiado, impotente, inmóvil || atado, sujeto, frenado, trabado, obstaculizado, impedido, maniatado, encadenado.

IMPOSIBILITAR impedir, obstaculizar, estorbar, embarazar, frenar, limitar, trabar, dificultar, prohibir, retrasar, contrariar, perturbar, detener, entorpecer, atascar, interrumpir, vedar, negar, paralizar, contener, reprimir || tullir, baldar, lisiar, inutilizar, mutilar, incapacitar.

IMPOSIBLE impracticable, irrealizable, utópico, quimérico, ficticio, ilusorio, ideal, inaplicable, inejecutable, absurdo, inverosímil, incompatible, inútil, inadecuado, insoluble, improbable, inasequible, inaccesible, increíble, inadmisible, difícil || inaguantable, insufrible, fastidioso.

IMPOSICIÓN obligación, carga, exigencia, coacción, gravamen, compromiso, fuerza, coerción, intimación, compulsión, conminación, apremio, violencia, impuesto, gabela.

IMPOSTOR farsante, simulador, engañoso, falso, falsario, disimulado, embaucador, enredador, pérfido, falaz, tramposo, taimado, embustero, mentiroso, charlatán, camandulero, comediante, estafador.

IMPOSTURA engaño, farsa, estafa, enredo, simulación, disimulo, falsedad, falsificación, comedia, teatro, charlatanería, trampa, falacia, perfidia, artificio, superchería || murmuración, calumnia, imputación.

IMPOTENCIA incapacidad, ineptitud, insuficiencia, nulidad, deficiencia, cortedad, falta, carencia, defecto || esterilidad, infecundidad, agotamiento, debilidad, decrepitud, frialdad, insensibilidad, indiferencia.

IMPOTENTE infecundo, estéril, incapaz, incapacitado, agotado, debilitado, eunuco, emasculado, frío, indiferente, castrado, capado, amputado, inutilizado || incompetente, incapaz, inerme, imposibilitado, desvalido, inexperto, infructuoso, débil, ineficaz, inútil.

IMPRACTICABILIDAD v. imposibilidad.

IMPRATICABLE v. imposible || tortuoso, desigual, áspero, escabroso, anfractuoso, quebrado, difícil, duro, escarpado, empantanado.

IMPRECACIÓN maldición, condenación, abominación, anatema, apóstrofe, exclamación, juramento, insulto, invectiva, improperio, denuesto.

IMPRECAR maldecir, denostar, abominar, condenar, anatematizar, apostrofar, insultar, jurar, exclamar, proferir.

IMPRECISIÓN ambigüedad, vaguedad, inexactitud, inseguridad, rodeo, confusión, tergiversación, equívoco, indeterminación, vacilación, duda, indecisión, desconcierto, desconocimiento, aproximación.

IMPRECISO confuso, vago, ambiguo, indefinido, indeterminado, indistinto, dudoso, vacilante, equívoco, aproximado, desconcertante, inexacto, inseguro, incierto, indeciso, desconocido, neutro, enrevesado.

IMPREGNACIÓN embebimiento, humedecimiento, humectación, absorción, empapamiento, infiltración, saturación, humedad, salpicadura.

IMPREGNAR humedecer, embeber, empapar, infiltrar, saturar, salpicar, llenar, rociar, regar, calar, pringar, ensopar, remojar, escaldar, bañar, untar.

Impremeditado espontáneo, claro, sincero, franco, abierto, leal, honrado.

Imprenta taller, instalación, tipografía, linotipia, rotativa, máquina, aparato.

Imprescindible indispensable, ineludible, esencial, insustituible, irreemplazable, imperioso, forzoso, indefectible, necesario, preciso, útil, conveniente, vital, obligatorio, inevitable, substancial, urgente.

Impresentable desagradable, desastrado, desaliñado, desharrapado, sucio, roto.

Impresión sensación, efecto, huella, emoción, sobrecogimiento, recuerdo, evocación, vestigio, reminiscencia, remembranza, señal, marca, rastro, percepción, indicio, excitación, pasmo || edición, tirada, estampación, compaginación, ajuste, reimpresión, composición || v. imprenta.

Impresionable sensible, emotivo, sensitivo, excitable, afectivo, hiperestésico, sensiblero, tierno, delicado, susceptible, sentimental, emocionable, nervioso, ingenuo, crédulo.

Impresionante conmovedor, emocionante, v. impresionar.

Impresionar conmover, emocionar, interesar, apasionar, enternecer, conquistar, afectar, inquietar, perturbar, tocar, excitar, suscitar, turbar, alterar, sobrecoger, sobresaltar, suspender, conturbar.

Impreso folleto, panfleto, hoja, volante, tarjeta, papel, fascículo, cuaderno, cuadernillo, cuartilla, pasquín, escrito, ejemplar.

Impresor editor, artífice, artesano, tipógrafo, linotipista, grabador.

Imprevisible inesperado, inadvertido, casual, fortuito, impensado, inopinado, insospechado, brusco, súbito, casual, imprevisto, sorprendente, accidental, azaroso, espontáneo, repentino.

Imprevisión inadvertencia, descuido, olvido, omisión, error, despreocupación, postergación, desliz, distracción, falta, desatención, inadvertencia, incuria, imprudencia, abandono indiferencia, negligencia, abulia, desidia, frialdad, apatía.

Imprevisor negligente, confiado, descuidado, abandonado, desidioso, indiferente, despreocupado, inconsciente, desmemoriado, perezoso, desprevenido, atropellado, inadvertido, inseguro, apático.

Imprevistamente inesperadamente, bruscamente, súbitamente, v. imprevisto.

Imprevisto inesperado, inopinado, fortuito, casual, súbito, brusco, insospechado, impensado, inadvertido, espontáneo, azaroso, accidental, sorprendente, repentino, imprevisible, impróvido.

Imprimar preparar, pintar, encolar, recubrir.

Imprimátur licencia, autorización, concesión, permiso, imprímase.

Imprimido * impreso.

Imprimir estampar, editar, publicar, tirar, grabar, marcar, tipografiar, divulgar, señalar, prensar, fijar, conservar, guardar, retener.

Improbable imposible, difícil, dudoso, incierto, remoto, impracticable, inalcanzable, inverosímil, absurdo, quimérico, utópico, irrealizable, inaplicable, duro.

Improbar reprobar, desaprobar, negar.

Improbidad infidelidad, deslealtad, perfidia.

Ímprobo agotador, pesado, abrumador, fatigoso, excesivo, rudo, duro, difícil, incómodo, ingrato, laborioso, costoso, agobiante || desleal, infiel, malvado, pérfido.

Improcedencia v. impropiedad.

Improcedente v. impropio.

Improductivo estéril, infecundo, infructuoso, yermo, inútil, pobre, infructífero, ineficaz, estepario, desértico, seco, agotado, esquilmado, árido, desolado.

IMPRODUCTIVIDAD esterilidad, infecundidad, inutilidad, pobreza, ineficacia, nulidad, sequedad, agotamiento, aridez, desolación.

IMPRONTA marca, huella, señal, impresión, traza, rastro, reproducción.

IMPROPERIO insulto, injuria, dicterio, invectiva, provocación, agravio, afrenta, grosería, insolencia, denuesto, baldón, vituperio, ultraje, vejación, escarnio, maldición, ludibrio, irreverencia, calumnia.

IMPROPIAMENTE inadecuadamente, improcedentemente, indebidamente, v. impropio.

IMPROFIEDAD incorrección, inconveniencia, falta, incongruencia, inexactitud, extemporaneidad, discordancia.

IMPROPIO inadecuado, improcedente, indebido, incorrecto, indecoroso, incongruente, inoportuno, contrario, opuesto, grosero, desproporcionado, diferente, discordante, disonante, discrepante, disconforme, inconexo, incompatible, inconcibliable, desacorde, extemporáneo, chocante, desplazado, indigno, intempestivo, inexacto.

IMPRORROGABLE inaplazable, impostergable, ineludible, fijo, señalado, definitivo, establecido, determinado, decidido, perentorio, urgente.

IMPRÓSPERO v. pobre.

IMPRÓVIDO, v. imprevisor.

IMPROVISACIÓN impremeditación, intuición, espontaneidad, sencillez, naturalidad, llaneza, invención, arreglo, innovación, creación.

IMPROVISADO espontáneo, natural, sencillo, llano, puro, imprevisto, impremeditado, impensado, real, franco, abierto, familiar, intuitivo, repentino.

IMPROVISADAMENTE espontáneamente, naturalmente, sencillamente, v. improvisado.

IMPROVISADOR creador, organizador, intuitivo, innovador, reformador, inventor, ingenioso, listo, dinámico, diestro, avispado, capaz.

IMPROVISAR crear, organizar, reformar, innovar, intuir, inventar, ingeniárselas, arreglar, componer, reparar.

IMPROVISO (DE) espontáneamente, naturalmente, sencillamente, rápidamente, repentinamente, impensadamente, impremeditadamente, imprevistamente, urgentemente, de pronto, súbitamente.

IMPRUDENCIA temeridad, ligereza, precipitación, irreflexión, osadía, confianza, insensatez, indiscreción, necedad, desatino, barbaridad, riesgo, ventura, peligro, audacia, aturdimiento, contingencia, atrevimiento, azar, exposición, lance, trance, albur, inseguridad, descuido, despreocupación, alocamiento, atolondramiento.

IMPRUDENTE temerario, confiado, irreflexivo, precipitado, insensato, osado, aturdido, audaz, expuesto, azaroso, atrevido, alocado, despreocupado, descuidado, atolondrado, inseguro, inhábil, inexperto, indiscreto, incauto, arriesgado, aventurado, arrojado.

IMPRUDENTEMENTE temerariamente, confiadamente, irreflexivamente, v. imprudente.

IMPÚBER niño, chico, pequeño, efebo, muchacho, adolescente, impúbero.

IMPUDENCIA v. impudicia.

IMPUDENTE v. impúdico.

IMPÚDICAMENTE deshonestamente, libertinamente, livianamente, v. impúdico.

IMPUDICIA indecencia, impureza, impudor, deshonestidad, profanidad, desvergüenza, cinismo, liviandad, vicio, lujuria, concupiscencia, descoco, descaro, libertinaje, obscenidad, pornografía, desenvoltura, torpeza, escabrosidad, sordidez, libertad, atrevimiento, desfachatez, desdoro, procacidad.

IMPÚDICO deshonesto, libertino, liviano, desvergonzado, descocado, desfachatado, cínico, descarado, atrevido, obsceno, torpe, profano, impuro, inmundo, escabroso, sicalíptico, pornográfico, sórdido, sucio, profano, torpe, libre, obsceno, licencioso, lujurioso.

IMPUDOR v. impudicia.

IMPUESTO arbitrio, carga, gravamen, tributo, tributación, consumo, derrama, pechería, contribución, canon, carga, sobreprecio, imposición, subsidio, servidumbre, obligación, catastro, emolumentos, gabela, censo, derrama, consumos, aduanas, derechos.

IMPUGNABLE refutable, discutible, rebatible, contestable, objetable, argumentable.

IMPUGNACIÓN oposición, argumentación, objeción, mentís, demostración, discusión, contradicción, tapaboca, réplica, instancia, reconvención, negación, refutación, reclamación.

IMPUGNADOR oponente, impugnante, refutador, argumentador, contrario, reclamante.

IMPUGNAR replicar, objetar, argumentar, oponerse, contradecir, discutir, demostrar, reclamar, refutar, negar, reconvenir, hostigar, desmentir, combatir, rechazar, repeler.

IMPULSAR empujar, impeler, propulsar, arrojar, rechazar, lanzar, echar, forzar, alejar, despedir, sacudir, empellar, aventar || fomentar, promover, proteger, inspirar, animar, desarrollar, organizar.

IMPULSIÓN v. impulso.

IMPULSIVIDAD vehemencia, ímpetu, brusquedad, atolondramiento, ardor, arrebato, fogosidad, viveza, pasión, efervescencia, entusiasmo, ofuscación, exaltación, calor.

IMPULSIVO impetuoso, vehemente, brusco, atolondrado, arrebatado, ardoroso, entusiasta, efervescente, apasionado, vivaz, fogoso, acalorado, exaltado, ofuscado, efusivo, nervioso, súbito, enérgico, violento, precipitado, vertiginoso, febril, raudo, intuitivo.

IMPULSO empujón, empuje, propulsión, rechazo, impulsión, envión, presión, tracción, golpe, percusión, arrastre, fuerza, esfuerzo, choque, movimiento, empellón, ímpetu || estímulo, incentivo, incitación, ánimo, aliento, aguijón, interés, instigación, acicate.

IMPULSOR propulsor, motor, impelente, tractor, cinético, motriz || promotor, alentador, estimulador.

IMPUNE indemne, inmune, privilegiado, abusivo, despótico, arbitrario, afortunado, perdonado, excluido, inatacable, seguro, libre, ilegal, excesivo, incólume, exento, sin castigo.

IMPUNEMENTE libremente, abusivamente, arbitrariamente, despóticamente, ilegalmente, protegido, apoyado.

IMPUNIDAD indemnidad, inmunidad, privilegio, abuso, despotismo, arbitrariedad, libertad, libertinaje, ilegalidad, exceso, perdón, suerte, apoyo, protección, exclusión, seguridad, exención.

IMPUREZA mezcla, mancha, sedimento, residuo, adulteración, corrupción, turbiedad, suciedad || impudicia, indecencia, deshonestidad, vicio, liviandad, desvergüenza, libertinaje, descaro, indignidad, deshonor, deshonra, corrupción, perversión, vileza, bajeza.

IMPURIFICAR v. contaminar.

IMPURO manchado, mezclado, adulterado, corrompido, turbio, sucio, revuelto, inmundo || mestizo, cruzado, híbrido, bastardo, mixto || indecente, impúdico, deshonesto, vicioso, liviano, desver-

Imputable gonzado, libertino, descarado, indigno, deshonroso, corrompido, pervertido, vil, bajo.

Imputable achacable, atribuible, endosable, aplicable, enjaretable, denunciable, censurable, criticable.

Imputación cargo, incriminación, acusación, denuncia, atribución, reproche, emplazamiento, inculpación, tacha, querella, censura, crítica.

Imputar incriminar, endosar, enjaretar, denunciar, acusar, cargar, atribuir, tachar, inculpar, emplazar, reprochar, querellarse, censurar, delatar, colgar, achacar, criticar.

In en, dentro, no, negativo.

Inabordable v. inaccesible.

Inacabable interminable, inagotable, perpetuo, eterno, lento, largo, tedioso, aburrido, continuo, infinito, ininterrumpido, prolongado, inextinguible, v. inacabado.

Inacabado incompleto, inconcluso, truncado, cojo, pendiente, aplazado, imperfecto, suspenso, diferido, aplazado, interminable, v. inacabable.

Inaccesibilidad aspereza, impracticabilidad, impenetrabilidad, escabrosidad, fragosidad.

Inaccesible escarpado, impracticable, inabordable, impenetrable, áspero, fragoso, escabroso, cerrado, aislado, intrincado, quebrado, abrupto || ininteligible, incomprensible, difícil, complicado, imposible.

Inacción v. inactividad.

Inaceptable insostenible, inadmisible, absurdo, injusto, ilógico, falso, indefendible, refutable, rebatible, contestable, descabellado, desatinado, incoherente.

Inactividad inmovilidad, paro, inercia, inacción, quietud, descanso, interrupción, reposo, paralización, detención, inocuidad, tranquilidad, calma, anquilosamiento, parálisis, sueño, espera, abstención, pausa, tregua || ocio, pereza, desidia, apatía, indolencia, pasividad, estatismo, letargo.

Inactivo quieto, inerte, parado, inmóvil, descansado, detenido, paralizado, reposado, pasivo, interrumpido, anquilosado, calmoso, tranquilo, aletargado, pausado, estático, expectante, contemplativo, indiferente, inútil, ineficaz, latente || cesante, jubilado, retirado || perezoso, ocioso, indolente, apático, desidioso, haragán, vago.

Inadaptable intransigente, inconformista, rebelde, indócil, reacio, refractario, indisciplinado, recalcitrante, descontento, v. inadaptado.

Inadaptación inconformismo, intransigencia, rebeldía, indisciplina, descontento, aislamiento, incapacidad, inutilidad, inoperancia.

Inadaptado desplazado, aislado, inservible, incompatible, descentrado, ajeno, incómodo, inútil, incapaz, desarraigado, incomprendido, desavenido, inoperante, desacostumbrado, incivil, huraño, v. inadaptable.

Inadecuado inconveniente, incongruente, impropio, disonante, discrepante, desproporcionado, opuesto, contrario, extravagante, raro, anacrónico, extemporáneo, discorde, incorrecto, inoportuno, inadaptable v., incompatible, indecoroso, inmoral.

Inadmisible v. inadecuado, v. inaceptable.

Inadvertencia descuido, negligencia, omisión, irreflexión, olvido, distracción, error, imprudencia, incuria, desatención, distracción, desliz, falta, imprevisión, despreocupación, apatía, indolencia.

Inadvertidamente inesperadamente, repentinamente, impensadamente, v. inadvertido.

Inadvertido repentino, inesperado, impensado, distraído, descuidado, negligente, atolondrado, imprudente || ignorado, omitido, incógnito, oculto, anónimo, desde-

fiado, olvidado, arrinconado, relegado, insignificante.
IN AETERNUM para siempre, definitivamente, eternamente.
INAGOTABLE inacabable, interminable, perpetuo, eterno, continuo, infinito, ininterrumpido, prolongado, inextinguible, fértil, fecundo, abundante, rico, opulento.
INAGUANTABLE insufrible, intolerable, insoportable, cargante, fastidioso, pelmazo, pesado, importuno, latoso, aburrido, tedioso, impertinente, descarado.
IN ALBIS en blanco, desengañado, chasqueado, desalentado, frustrado, fracasado, en ayunas.
INALCANZABLE imposible, impracticable, utópico, quimérico, ilusorio, inverosímil, difícil, inaccesible, inabordable, impenetrable, cerrado, aislado.
INALIENABLE intransferible, propio, intransmisible, personal, intraspasable, privativo, exclusivo, individual.
INALTERABILIDAD v. inmutabilidad.
INALTERABLE invariable, inmutable, intacto, indeleble, permanente, persistente, imborrable, indestructible, inquebrantable, inextinguible, fijo, estático, firme, vigente, constante, perdurable, seguro, inamovible v. || inexpresivo v.
INAMISTOSO * hostil, enemigo.
INAMOVIBLE estable, arraigado, inmóvil, persistente, perdurable, fijo, seguro, inmutable, consolidado, firme, v. inalterable.
INANE vano, fútil, inútil, trivial, pueril, insignificante, baladí, insubstancial, anodino.
INANICIÓN debilidad, desfallecimiento, extenuación, agotamiento, depauperación.
INANIDAD futilidad, trivialidad, insignificancia, puerilidad, inutilidad, insubstancialidad, vacuidad, minucia, bobada, necedad.
INANIMADO exánime, yerto, yacente, quieto, inmóvil, desmayado, insensible, muerto.
INAPAGABLE v. inextinguible.
INAPELABLE inevitable, irremediable, ineludible, inexcusable, irrevocable, ineluctable, necesario, fatal, forzoso, obligatorio || indiscutible, irrefutable, incuestionable, incontrovertible.
INAPERCIBIDO * v. inadvertido.
INAPETENCIA desgana, hastío, hartura, empacho, anorexia, asco, repugnancia, indiferencia.
INAPETENTE desganado, hastiado, lleno, saciado, harto, empachado, asqueado, indiferente.
INAPLAZABLE improrrogable, impostergable, ineludible, fijo, señalado, definitivo, establecido, determinado, decidido, perentorio, urgente.
INAPRECIABLE insignificante, insubstancial, inútil, trivial, minúsculo, diminuto, imperceptible, pequeño, leve, superficial, exiguo || precioso, valioso, singular, único, inestimable, insustituible, irreemplazable.
INARMÓNICO discordante, destemplado, desafinado, desentonado, disonante, falseado, horrísono, chirriante, dísono, discorde.
INARTICULADO inconexo, confuso, desarticulado.
IN ARTICULO MORTIS in extremis, en la hora de la muerte, en el último momento, en trance de muerte.
INASEQUIBLE inalcanzable, inaccesible, inabordable, impracticable, cerrado, imposible, ilusorio, aislado || ininteligible, abstruso, incomprensible, intrincado, difícil, confuso.
INATACABLE invulnerable, inexpugnable, inconquistable, inmune, fuerte, inobjetable, irreprochable, impecable.
INATENCIÓN v. desatención.
INAUDITO increíble, insólito, inverosímil, inconcebible, inadmisible, extraordinario, raro, sorprendente, singular, fantástico, descomunal, monstruoso, atroz.
INAUGURACIÓN estreno, apertura, comienzo, principio, inicio, lanzamiento, promoción, ceremonia, acto.
INAUGURAL inicial, primero, preli-

minar, naciente, original, originario, fundacional.

INAUGURAR comenzar, estrenar, iniciar, abrir, principiar, lanzar, promover, originar, fundar, establecer.

INCALCULABLE innumerable, considerable, inmenso, infinito, ilimitado, incontable, múltiple, numeroso, copioso, abundante, crecido, inagotable, descomunal, enorme, inconmensurable, sin fin.

INCALIFICABLE censurable, vituperable, reprobable, indigno, reprochable, criticable, condenable, punible, vergonzoso, bajo, malo, monstruoso, tremendo, inaudito.

INCANDESCENCIA ignición, combustión, inflamación, encendimiento, resplandor, brillo, fulgor, lumbre, llama, luz, ardor.

INCANDESCENTE ígneo, inflamado, encendido, quemante, ardiente, candente, resplandeciente, brillante, fulgurante, llameante, luminoso, al rojo.

INCANSABLE resistente, infatigable, tenaz, vigoroso, firme, recio, persistente, obstinado, constante, perseverante, terco, voluntarioso, laborioso, activo, inagotable, trabajador, incesante, celoso, dinámico.

INCANSABLEMENTE infatigablemente, tenazmente, vigorosamente, v. incansable.

INCAPACIDAD incompetencia, inhabilitación, descalificación, invalidación, insuficiencia, anulación || ineptitud, ignorancia, torpeza, incompetencia, nulidad, impotencia, impericia, desmaña || invalidez, inutilidad, mutilación, parálisis, atrofia.

INCAPACITADO inhabilitado, descalificado, invalidado, anulado, excluido, insuficiente, rechazado || ignorante, inepto, torpe, impotente, nulo, negado, incompetente, v. incapaz, negado || impedido, lisiado, atrofiado, tullido, mutilado, inútil, inválido, imposibilitado.

INCAPACITAR descalificar, inhabilitar, anular, invalidar, negar, retirar, prohibir, imposibilitar, impedir, inutilizar, rechazar, excluir || mutilar, tullir, herir, lisiar.

INCAPAZ torpe, negado, nulo, ignorante, necio, inepto, inhábil, ineficaz, incompetente, inexperto, desmañado || v. incapacitado.

INCAUTACIÓN decomiso, confiscación, requisa, apropiación, despojo, embargo, usurpación, retención, expoliación, aprehensión, abuso.

INCAUTADO decomisado, confiscado, v. incautarse.

INCAUTAMENTE inocentemente, ingenuamente, v. incauto.

INCAUTARSE decomisar, confiscar, despojar, requisar, apropiarse, aprehender, expoliar, retener, usurpar, embargar, abusar, quitar, arrebatar.

INCAUTO inocente, ingenuo, crédulo, cándido, candoroso, confiado, bonachón, sencillo, bobalicón, papanatas, imprudente, inexperto, simple, soñador, arriesgado, aventurado, alocado, audaz, primo, insensato.

INCENDIAR quemar, inflamar, incinerar, encender, achicharrar, arder, prender, conflagrar, deflagrar, abrasar, chamuscar, calcinar, carbonizar, asar.

INCENDIARIO pirómano, perturbado, loco, vesánico, lunático, trastornado || fogoso, ardiente, vehemente, agresivo, violento, subversivo, apasionado, arrebatado, sedicioso, inflamado, férvido, vigoroso.

INCENDIO quema, fuego, deflagración, ignición, abrasamiento, chamuscamiento, carbonización, calcinación, ustión || desastre, siniestro, accidente, percance, desgracia, ruina, daño, perjuicio.

INCENSAR adular, v. incensador.

INCENSADOR adulador, adulón, zalamero, lisonjero, cobista, lagotero, pelotillero, tiralevitas, lavacaras || v. incensario.

INCENSARIO braserillo, turífero, naveta, turíbulo, recipiente, botafumeiro.

INCENTIVO acicate, aliciente, incitación, aguijón, estímulo, cebo, hechizo, ánimo, atractivo, encanto, espejuelo, señuelo, imán, impulso.

INCERTIDUMBRE inseguridad, duda, indecisión, dilema, dubitación, titubeo, irresolución, fluctuación, imprecisión, sospecha, recelo, vacilación, desconfianza, perplejidad, volubilidad, variabilidad.

INCESABLE v. incesante.

INCESANTE persistente, continuo, permanente, perpetuo, perdurable, ininterrumpido, prolongado, encadenado, cíclico, perenne, durable, constante, insistente, repetido, asiduo, consecutivo, crónico, habitual, seguido.

INCESANTEMENTE persistentemente, continuamente, permanentemente, v. incesante.

INCESTO pecado, fornicación v., falta, culpa, escándalo, infracción, violación, transgresión, quebrantamiento.

INCESTUOSO pecador, fornicador, transgresor, violador, escandaloso, culpable.

INCIDENCIA acaecimiento, hecho, suceso, acontecimiento, caso, lance, episodio, sucedido, advenimiento, realización, ocurrencia, evento, circunstancia, incidente v.

INCIDENTAL secundario, accesorio, ocasional, episódico, complementario, dependiente, circunstancial, auxiliar, conexo, relativo, accidental, supletorio.

INCIDENTE cuestión, disputa, litigio, discusión, riña, eventualidad, caso, peripecia, ocurrencia, lance, circunstancia, accidente, desgracia, trance, suceso, situación, v. incidencia.

INCIDIR incurrir, cometer, caer, tropezar, deslizarse, contravenir, reincidir, pecar, transgredir, quebrantar, violar, faltar || cortar, sajar, disecar, dividir.

INCIENSO gomorresina, resina, mirra, goma, mezcla aromática, fragante || lisonja, adulación, zalamería, coba, lagotería, elogio.

INCIERTAMENTE confusamente, inseguramente, dudosamente, v. incierto.

INCIERTO confuso, inseguro, inconstante, dudoso, vacilante, titubeante, perplejo, indeciso, indeterminado, mudable, variable, vago, obscuro, nebuloso, precario, fortuito, inexacto, incógnito, ignoto, aleatorio, desconocido, ignorado.

INCINERACIÓN cremación, calcinación, carbonización, quema, encendido, achicharramiento, abrasamiento, ignición, combustión, consunción, fuego, conflagración, chamusquina.

INCINERADO cremado, calcinado, quemado, v. incinerar.

INCINERAR cremar, calcinar, quemar, carbonizar, encender, incendiar, consumir, abrasar, achicharrar, chamuscar, deflagrar, ennegrecer.

INCIPIENTE rudimentario, embrionario, primitivo, naciente, inicial, inaugural, preliminar, elemental, primario, tosco, somero, nuevo, principiante, primerizo, novato, novicio.

INCISIÓN tajo, corte, cisura, sección, punción, hendidura, cuchillada, punzada, herida, chirlo, sajadura, raja.

INCISIVO punzante, mordaz, penetrante, agudo, cáustico, agresivo, tajante, acre, cortante, picante, irónico, burlón, profundo, hiriente.

INCISO apartado, acotación, párrafo, apunte, observación, nota || cortado, dividido, tajado, seccionado.

INCITACIÓN instigación, estímulo, acicate, aliciente, incentivo, apremio, pinchazo, aguijón, sugerencia, excitación, importunación, tentación, invitación, persuasión, ánimo, exhortación, apremio, halago, soborno, hostigamiento, provocación.

INCITADOR v. incitante.
INCITAMIENTO v. incitación.
INCITANTE estimulante, excitante, interesante, tentador, provocador, vivificante, atractivo, inspi-

INCITAR rador, apremiante, acuciador, fascinante, maravilloso, hechicero, instigador, insinuante, sugerente.

Incitar excitar, estimular, interesar, tentar, apremiar, inspirar, atraer, vivificar, provocar, instigar, hechizar, maravillar, fascinar, acuciar, insinuar, sugerir, persuadir, mover, aguijonear, provocar, hostigar, importunar, exhortar, animar, empujar, hurgar, pinchar, soliviantar, alterar, revolucionar, perturbar.

Incivil inculto, descortés, ineducado, pedestre, bruto, ramplón, grosero, salvaje, zafio, rudo, patán, desvergonzado, villano, mal educado, incorrecto, impolítico, inurbano, desatento, bajo, *gamberro*.

Incivilidad grosería, incultura, descortesía, ramplonería, brutalidad, rudeza, zafiedad, salvajismo, desvergüenza, bajeza, villanía, *gamberrismo*, incorrección.

Inclasificable indefinible, complicado, difícil, confuso, vago, impreciso, indeterminado, ambiguo.

Inclemencia rigor, frío, destemplanza, frigidez, crudeza, baja temperatura, dureza, aspereza || crueldad, brutalidad, violencia, impiedad, severidad, rigor, exceso, encarnizamiento, rigidez, ensañamiento.

Inclemente riguroso, frío, bajo, crudo, frígido, destemplado, áspero, duro, helado, gélido, tormentoso, desapacible || violento, cruel, brutal, rígido, encarnizado, excesivo, riguroso, severo, impío, sañudo, rudo, despiadado, inexorable, inhumano, desalmado.

Inclinación caída, ángulo, oblicuidad, sesgo, desplome, escora, desvío, ladeo, torcimiento, apartamiento, cruce, atravesamiento, declive, cuesta, pendiente, desnivel, talud, escarpa, depresión || saludo, reverencia, cabezada, sombrerazo, ademán, señal, seña, venia, cortesía || propensión, tendencia, vocación, disposición, índole, preferencia, apego, proclividad, querencia, cariño, afecto, distinción, protección, predilección, favoritismo.

Inclinado caído, oblicuo, sesgado, escorado, anguloso, apartado, torcido, ladeado, desviado, desnivelado, pendiente, acostado, atravesado, deprimido, escarpado, pino, derrengado, retrepado, cruzado, diagonal || proclive, propenso, tendiente, dispuesto, apegado, cariñoso, afectuoso, aficionado, querencioso, encariñado.

Inclinar torcer, doblar, ladear, desviar, desnivelar, acostar, atravesar, sesgar, cruzar, derrengar, empinar, escarpar, deprimir, escorar, apartar, caerse, irse, cargarse, echarse, recostarse, apoyarse, vencerse, terciar, escorzar || **Inclinarse** agacharse, bajarse, doblarse, ocultarse, torcerse, caer, hundirse, aflojar, ceder, tender, optar, aficionarse, decidirse, propender, apegarse.

Inclito ilustre, esclarecido, célebre, insigne, glorioso, famoso, egregio, renombrado, excelso, magno, esclarecido, conspicuo, eximio, prestigioso.

Incluido contenido, comprendido, circunscrito, encerrado, incluso, abarcado, implícito.

Incluir comprender, contener, abarcar, abrazar, injerir, englobar, envolver, encerrar, circunscribir, implicar, meter, poner, adentrar, introducir, adjuntar, acompañar, reducir.

Inclusa orfanato, asilo, hospicio, refugio, albergue, orfelinato, casa cuna, casa de expósitos, establecimiento benéfico, alojamiento.

Inclusero expósito, hospiciano, huérfano, desamparado, abandonado, refugiado, asilado, beneficiado, acogido, amparado, protegido, pobre, echadizo, cunero.

Inclusión introducción, colocación, inserción, penetración, fijación, instalación, intercalación, publicación, acompañamiento.

Inclusive incluso, hasta, virtual-

mente, implícitamente, inclusivamente.
Incluso v. inclusive || v. incluido.
Incoación comienzo, principio, inicio, encausamiento, enjuiciamiento, juicio.
Incoar comenzar, iniciar, principiar, empezar, entablar, emprender, encausar, pleitear.
Incobrable perdido, fallido, frustrado, abandonado, inútil, infructuoso, nulo.
Incoercible incontenible v., indomable, irreducible, irrefrenable, irresistible.
Incógnita enigma, misterio, secreto, interrogante, entresijo, adivinanza, rompecabezas, acertijo, arcano, reserva, ocultación.
Incógnito enigmático, secreto, arcano, oculto, disimulado, tapado, desconocido, ignorado, ignoto, encubierto, falso, cambiado, enmascarado, anónimo, misterioso, reservado, v. incognoscible.
Incognoscible abstruso, obscuro, recóndito, incomprensible, misterioso, insondable, inescrutable, inasequible, ininteligible, v. incógnito.
Incoherencia absurdo, desatino, barbaridad, ingenuidad, tontería, simpleza, necedad, disparate, extravagancia, inanidad, vacuidad, rareza, sinrazón, divagación, insensatez, enormidad, estupidez.
Incoherente incomprensible, desatinado, confuso, desordenado, absurdo, inane, vacuo, extravagante, disparatado, necio, simple, insensato, raro, inconexo, estúpido, embrollado, vacilante, discordante, discontinuo, ininteligible.
Incoherentemente incomprensiblemente, desatinadamente, v. incoherente.
Íncola habitante, poblador, morador, lugareño, residente, nativo.
Incoloro desteñido, decolorado, apagado, descolorido, blanqueado, aclarado, borrado, desvanecido, desvaído, deslucido, difuminado, transparente, claro, blanco, translúcido || insípido, soso, insulso, desabrido, patoso, anodino, frío, inane.
Incólume indemne, intacto, ileso, sano, salvo, seguro, saludable, entero, íntegro, incorrupto, completo, inmune, protegido, invulnerable, campante.
Incombustible refractario, resistente, tratado, ininflamable, ignífugo, húmedo, verde.
Incomible desagradable, repugnante, insípido, indigesto, desabrido, podrido, nauseabundo, asqueroso.
Incómodamente fatigosamente, enfadosamente, pesadamente, v. incomodar.
Incomodar fatigar, enfadar, irritar, fastidiar, mortificar, molestar, enojar, embarazar, dificultar, cargar, estorbar, perturbar, extorsionar, disgustar, desagradar, obstaculizar, contrariar, enredar, embrollar, entorpecer.
Incomodidad fatiga, enfado, irritación, fastidio, mortificación, obstáculo, entorpecimiento, enredo, embrollo, contrariedad, disgusto, extorsión, perturbación, estorbo, carga, dificultad, embarazo, molestia.
Incómodo fatigoso, mortificante, fastidioso, irritante, enfadoso, perturbador, cargante, dificultoso, embarazoso, enojoso, molesto, desagradable, entorpecedor, enredoso, cargante, pesado, arduo, difícil.
Incomparable insuperable, imparangonable, inmejorable, inconmensurable, imponderable, impar, perfecto, óptimo, excelente, magnífico, espléndido.
Incomparablemente enormemente, terriblemente, sumamente, v. incomparable.
Incompartible indivisible, uno, unitario, único, exclusivo.
Incompasivo v. inhumano.
Incompatibilidad discrepancia, imposibilidad, impedimento, oposición, obstáculo, disconformidad, repugnancia, incapacidad, discordancia, diferencia, contra-

riedad, incongruencia, inadecuación.

Incompatible discordante, opuesto, disconforme, diferente, contrario, incongruente, inadecuado, inadaptado, desavenido, discrepante, inconciliable.

Incompetencia ineptitud, ignorancia, torpeza, impericia, nulidad, desmaña, impotencia, inutilidad, insuficiencia, inexperiencia, necedad, negación.

Incompetente torpe, ignorante, inepto, nulo, inexperto, inútil, impotente, desmañado, negado, necio, débil, ineficaz, inhábil, insuficiente.

Incompletamente insuficientemente, imperfectamente, parcialmente, v. incompleto.

Incompleto insuficiente, imperfecto, parcial, fragmentario, escaso, falto, trunco, truncado, mocho, inconcluso, cojo, precoz, inmaduro, verde, prematuro, rudimentario, defectuoso, medio, desparejo.

Incomponible v. irreparable.

Incomprendido relegado, postergado, difícil, incomprensible, raro, caprichoso, solitario, triste.

Incomprensible indescifrable, ininteligible, inexplicable, incoherente, embrollado, misterioso, enigmático, difícil, obscuro, inconcebible, ambiguo, abstruso, turbio, denso, cerrado, nebuloso, oculto, inimaginable, incognoscible, inasible, indemostrable, profundo, arcano, esotérico, equívoco, hermético, sibilino, recóndito, secreto, impenetrable, ilegible, insondable, inescrutable.

Incomprensiblemente inexplicablemente, misteriosamente, v. incomprensible.

Incomprensión desatención, negligencia, omisión, maltrato, postergación, relegamiento, arrinconamiento, egoísmo, ruindad, indiferencia, ingratitud, infidelidad, frialdad, insensibilidad, apatía, displicencia, desamor, despreocupación, desinterés.

Incomprensivo v. irrazonable.

Incompresible duro, firme, recio, denso, pétreo, macizo, fuerte, férreo, diamantino.

Incomunicación confinamiento, aislamiento, retraimiento, retiro, clausura, soledad, exclusión, encierro, apartamiento, separación, recogimiento, abandono, desamparo, orfandad, ascetismo, misoginia.

Incomunicado aislado, encerrado, encarcelado, aprisionado, retirado, clausurado, excluido, confinado, apartado, separado, cortado, relegado, olvidado, solitario.

Incomunicar aislar, apartar, separar, encerrar, excluir, clausurar, retirar, desamparar, olvidar, relegar, abandonar, encarcelar, encerrar, arrinconar, privar, quitar comunicación.

Inconcebible absurdo, ilógico, increíble, sorprendente, ridículo, extraño, extraordinario, inadmisible, extravagante, desatinado, descabellado, insensato, ingenuo, disparatado.

Inconciliable v. incompatible.

Inconcluso inacabado, fragmentario, truncado, cojo, pendiente, v. incompleto.

Inconcuso seguro, evidente, incuestionable, palmario, cierto, firme, innegable.

Incondicional partidario, adepto, seguidor, leal, adicto, sectario, prosélito, fanático, devoto, simpatizante, secuaz .|| total, completo, absoluto, ilimitado, categórico, definitivo, terminante, tajante.

Incondicionalmente completamente, totalmente, absolutamente, v. incondicional.

Inconducta * mala conducta, mal comportamiento.

Inconexión desconexión, discontinuidad, desunión, aislamiento, separación, independencia.

Inconexo aislado, independiente, separado, desconectado, apartado, incomunicado || ininteligible, inexplicable, extraño, deshilvanado, incongruente, incoherente, impropio, heterogéneo, descabellado.

INCONFESABLE vergonzoso, deshonesto, inmoral, deshonroso, infamante, torpe, feo, ignominioso, bochornoso.

INCONFUNDIBLE característico, distintivo, particular, peculiar, típico, propio, representativo, específico, exclusivo, singular, diferente, original.

INCONGRUENCIA incoherencia, absurdo, disparate, barbaridad, ingenuidad, tontería, simpleza, necedad, extravagancia, rareza, desatino, sinrazón, ridiculez, enormidad, insensatez, inconveniencia.

INCONGRUENTE absurdo, incoherente, disparatado, impropio, inoportuno, inadecuado, inconexo, ininteligible, inexplicable, insensato, ridículo, desatinado, extravagante, inconveniente.

INCONGRUENTEMENTE absurdamente, incoherentemente, disparatadamente, v. incongruente.

INCONGRUO v. incongruente.

INCONMENSURABLE v. infinito.

INCONMOVIBLE inalterable, impasible, imperturbable, impávido, estoico, impertérrito, apático, flemático, entero, equilibrado, frío, serio, inexpresivo || estable, fijo, permanente, firme, sólido, arraigado, perenne, fuerte.

INCONQUISTABLE inexpugnable, invencible, firme, sólido, fuerte, invulnerable, invicto, inquebrantable.

INCONSCIENCIA desconocimiento, ingenuidad, candidez, ignorancia, descuido, torpeza, inadvertencia, irresponsabilidad, irreflexión, ligereza, aturdimiento, atolondramiento || desmayo, desfallecimiento, desvanecimiento, colapso, soponcio, síncope, mareo, patatús, insensibilidad, privación.

INCONSCIENTE torpe, descuidado, irresponsable, atolondrado, ignorante, cándido, ingenuo || instintivo, irreflexivo, involuntario, maquinal, automático, subconsciente, impensado, espontáneo || desvanecido, desmayado, desfallecido, insensible, privado, yerto, inmóvil.

INCONSCIENTEMENTE insensiblemente, instintivamente, irresponsablemente, v. inconsciente.

INCONSECUENCIA informalidad, irreflexión, ligereza, alocamiento, aturdimiento, inconstancia v.

INCONSECUENTE inconstante, aturdido, alocado, ligero, irreflexivo, frívolo, informal, voluble || absurdo, ilógico, inconexo, incoherente, incongruente v.

INCONSIDERACIÓN desconsideración, desatención, negligencia, v. incomprensión.

INCONSIDERADAMENTE v. desconsideradamente.

INCONSIDERADO desconsiderado, desatento, negligente, abusador, desidioso, altivo, grosero, insensible, cruel, desdeñoso || irreflexivo, alocado, precipitado, atolondrado, aturdido, temerario, imprudente.

INCONSIGUIENTE v. inconsecuente.

INCONSISTENCIA fragilidad, maleabilidad, flojedad, blandura, ductibilidad, sutilidad, tenuidad, finura, ligereza, debilidad, deleznabilidad || incoherencia, desatino, necedad.

INCONSISTENTE flojo, frágil, blando, maleable, débil, endeble, ligero, fino, tenue, sutil, dúctil, deleznable || incoherente, desatinado, absurdo, necio.

INCONSOLABLE afligido, apenado, abatido, desconsolado, apesadumbrado, atormentado, desesperado, acongojado, consternado, atribulado, entristecido, dolorido, amargado, desolado, mortificado, contrariado, abrumado, triste.

INCONSTANCIA ligereza, frivolidad, informalidad, liviandad, fragilidad, flaqueza, capricho, desigualdad, alocamiento, mudanza, veleidad, variabilidad, versatilidad, inestabilidad, inconsecuencia, infidelidad, vaivén, retractación, revés, levedad, irreflexión.

Inconstante informal, liviano, frívolo, voluble, ligero, mudable, alocado, desigual, caprichoso, frágil, inconsecuente, inestable, versátil, variable, veleidoso, leve, retractado, infiel, irreflexivo, tornadizo.

Inconstitucional v. anticonstitucional.

Incontable innumerable, infinito, ilimitado, inconmensurable, inmenso, interminable, inagotable, incalculable, indefinido, considerable, numeroso, múltiple, abundante, descomunal, enorme, crecido.

Incontenible irresistible, desenfrenado, indomable, pujante, invencible, violento, indómito, arrollador, poderoso, ingobernable.

Incontestable indiscutible, incuestionable, irrebatible, irrefutable, incontrovertible, indisputable, innegable, cierto, evidente, axiomático, palmario, seguro, demostrado, probado, irrecusable, inatacable.

Incontestablemente * indiscutiblemente, incuestionablemente, v. incontestable.

Incontinencia libertinaje, lascivia, lujuria, liviandad, concupiscencia, sensualidad, desenfreno, lubricidad, deshonestidad, obscenidad, impudicia, intemperancia, erotomanía, rijosidad, desorden, abuso, desenfreno.

Incontinente libertino, lujurioso, liviano, lascivo, concupiscente, deshonesto, lúbrico, desenfrenado, sensual, rijoso, erótico, intemperante, impúdico, obsceno, desenfrenado, desordenado, libidinoso.

Incontinenti rápidamente, inmediatamente, prontamente, urgentemente, seguidamente, pronto, rápido, prestamente, sin demora, al momento, al instante.

Incontrastable v. incontestable.

Incontrito impenitente, impertérrito, insensible, contumaz, persistente, pecador, impío, incorregible, recalcitrante, empedernido, reincidente.

Incontrolado * libre, suelto, sin vigilancia, indisciplinado, rebelde.

Incontrovertible v. incontestable.

Inconveniencia incomodidad, perjuicio, trastorno, entorpecimiento, carga, dificultad, embarazo, molestia, extorsión, perturbación, embrollo, enredo, obstáculo, mortificación, fastidio, fatiga, conflicto, inconveniente, despropósito, daño, desacuerdo, discordia, discrepancia, impropiedad, incompatibilidad, incongruencia, imposibilidad || grosería, desatención, incivilidad, inurbanidad, incorrección v.

Inconveniente perjuicio, conflicto, molestia, trastorno, dificultad, v. inconveniencia || molesto, perjudicial, incongruente, incompatible, impropio, discrepante, discorde, fastidioso, mortificante, perturbador, embarazoso, difícil, cargante, entorpecedor, incómodo, inoportuno, inadecuado, incorrecto, indecoroso, deshonesto, libre, licencioso, descortés, incivil, grosero.

Incordiar molestar, fastidiar, irritar, cargar, hostigar, insistir, agobiar, cansar.

Incordio bubón, bubas, bulto, tumor glandular || pelma, pelmazo, cargante, irritante, fastidioso.

Incorporación ingreso, acceso, entrada, recepción, admisión, alta, llegada, presentación, aparición, acogida, asociación, afiliación, agregación, añadidura, acrecentamiento, aditamento, anexión, inscripción, alistamiento, agremiación.

Incorporal v. incorpóreo.

Incorporar unir, juntar, arrimar, mezclar, fusionar, concentrar, admitir, recibir, acoger, agregar, añadir, acrecentar, anexar, acceder || Incorporarse levantarse, enderezarse, erguirse, alzarse, encaramarse, auparse, elevarse

|| ingresar, entrar, asociarse, agregarse, añadirse, presentarse, aparecer, acogerse, llegar, inscribirse, agremiarse, aliarse, alistarse, sumarse, colegiarse.

INCORPOREIDAD v. inmaterialidad.

INCORPÓREO inmaterial, etéreo, abstracto, imponderable, intangible, invisible, sutil, vaporoso, impalpable, ligero, tenue, delicado, irreal, ideal, alado, sobrenatural, imaginario, metafísico.

INCORRECCIÓN error, falta, tacha, inexactitud, falla, fallo, defecto, equivocación, omisión, yerro, errata, desliz, desatino, barbarismo, solecismo, vicio idiomático || grosería, desatención, inurbanidad, incivilidad, falta, descaro, descomedimiento, inconveniencia, descortesía, insolencia, impertinencia, tosquedad.

INCORRECTAMENTE defectuosamente, equivocadamente, erróneamente, v. incorrecto.

INCORRECTO inexacto, errado, defectuoso, equivocado, omitido, desatinado, falso, erróneo, imperfecto, infiel, incierto || grosero, descomedido, descarado, incivil, inurbano, desatento, impertinente, insolente, descortés, inconveniente, tosco, impolítico, inadecuado, inoportuno.

INCORREGIBLE recalcitrante, empedernido, reincidente, pertinaz, obstinado, terco, testarudo, cabezota, impenitente, incontrito, contumaz, persistente, empecinado, porfiado, relapso, vicioso, perdido.

INCORREGIBLEMENTE empedernidamente, obstinadamente, pertinazmente, v. incorregible.

INCORRUPTIBILIDAD integridad, honradez, v. incorruptible.

INCORRUPTIBLE íntegro, honrado, austero, intachable, probo, recto, leal, fiel, decente, honesto, moral, pundonoroso, digno || limpio, puro, casto, virtuoso, decente, pudoroso.

INCORRUPTO entero, incólume, íntegro, indemne, intacto, completo, conservado, momificado || puro, virtuoso, casto, limpio, decente, pudoroso.

INCREDULIDAD desconfianza, recelo, sospecha, suspicacia, malicia, susceptibilidad, escepticismo, escrúpulo, prevención, aprensión, duda || irreligiosidad, ateísmo, escepticismo, impiedad, duda, nihilismo, irreligión, infidelidad, negación, descreencia, difidencia.

INCRÉDULO irreligioso, ateo, escéptico, impío, descreído, infiel, nihilista, difidente || suspicaz, malicioso, sospechoso, receloso, desconfiado, dudoso, aprensivo, escrupuloso, prevenido, escéptico, susceptible.

INCREÍBLE inconcebible, inaudito, insólito, inverosímil, inadmisible, fantástico, singular, sorprendente, raro, extraordinario, descomunal, absurdo, asombroso, extravagante, extraño, irracional, improbable, enorme, inexplicable, atroz, monstruoso.

INCREÍBLEMENTE extraordinariamente, enormemente, considerablemente, v. increíble.

INCREMENTAR aumentar, acentuar, agrandar, intensificar, reforzar, crecer, desenvolver, desarrollar, hinchar, acrecer, sumar, ensanchar, agravar, agigantar, adicionar, engrandecer, elevar, extender, alargar, acrecentar, añadir, agregar, ensalzar, amplificar, dilatar.

INCREMENTO desarrollo, intensificación, agrandamiento, acentuación, aumento, crecimiento, engrandecimiento, adición, agigantamiento, agravamiento, ensanchamiento, ampliación, agregado, añadido, alargamiento, extensión, dilatación.

INCREPACIÓN regaño, reprimenda, reprensión, sermón, catilinaria, amonestación, filípica, grito.

INCREPAR sermonear, reprender, regañar, amonestar, reñir, corregir, gritar.

INCRIMINACIÓN v. inculpación.

INCRIMINAR v. inculpar.

INCRUENTO plácido, suave, benigno, apacible, pacífico, no sangriento.

INCRUSTACIÓN sedimento, depósito, costra, adherencia, capa, corteza, recubrimiento || damasquinado, embutido, taracea, marquetería, artesanía.

INCRUSTADO empotrado, encajado, embutido, introducido, damasquinado, v. incrustar.

INCRUSTAR empotrar, encajar, embutir, introducir, meter, enchufar, ensamblar, enquistar, ajustar, alojar, clavar, pegar, apretar, acoplar, damasquinar, taracear, trabajar || sedimentar, depositar, recubrir, pegar, adherir.

INCUBACIÓN empolladura, echadura, pollazón, cloquera, cuidado, calentamiento || período, desarrollo, expansión, incremento, desenvolvimiento.

INCUBADORA aparato, artefacto, calefactor, acondicionador.

INCUBAR empollar, enclocar, echarse, encobar, cloquear, calentar, cuidar || desarrollarse, expandirse, incrementarse, desenvolverse.

ÍNCUBO demonio, diablo, espíritu, aparición, transformación.

INCUESTIONABLE inobjetable, indiscutible, indudable, evidente, innegable, v. incontestable.

INCUESTIONABLEMENTE evidentemente, indudablemente, innegablemente, indiscutiblemente.

INCULCADO imbuido, infundido, enseñado, v. inculcar.

INCULCAR imbuir, infundir, enseñar, comunicar, contagiar, infiltrar, persuadir, aleccionar, sugestionar, grabar, inspirar, animar, dar, repetir.

INCULPABILIDAD v. inocencia.

INCULPACIÓN acusación, incriminación, atribución, culpa, recriminación, denuncia, imputación, tacha, reproche, censura, cargo.

INCULPADO procesado, acusado, incriminado, reo, culpado, encartado, encausado || inocente, exculpado, salvo, libre, absuelto.

INCULPAR atribuir, incriminar, acusar, culpar, cargar, censurar, reprochar, tachar, imputar, denunciar, recriminar, colgar, achacar, enjaretar, procesar, encartar, encausar.

INCULTAMENTE toscamente, rústicamente, groseramente, ordinariamente, v. inculto.

INCULTIVABLE estéril, infecundo, desértico, improductivo, yermo, infructífero, infructuoso, árido.

INCULTO ignorante, analfabeto, iletrado, ignaro, lego, ayuno, profano, atrasado, ineducado, indocto, inepto, incompetente, torpe, tosco, rudo, rústico, aldeano, patán.

INCULTURA atraso, analfabetismo, ignorancia, ineducación, rusticidad, tosquedad, barbarie, zafiedad, aridez, simpleza, obscurantismo, cerrilidad.

INCUMBENCIA deber, obligación, atribución, compromiso, competencia, cargo, jurisdicción, relación.

INCUMBIR competer, concernir, corresponder, pertenecer, tocar, interesar, atañer, importar, relacionarse.

INCUMPLIDO infringido, violado, vulnerado, quebrantado, v. incumplir.

INCUMPLIDOR infractor, informal, descuidado, culpable, despreocupado, frívolo, desleal, inobservante, contraventor, vulnerador, pecador.

INCUMPLIMIENTO infracción, inobservancia, contravención, delito, culpa, falta, descuido, quebrantamiento, desobediencia, negligencia, violación, ilegalidad, injusticia, ilegitimidad, engaño, deslealtad, olvido, omisión, informalidad, vulneración, frivolidad.

INCUMPLIR quebrantar, infringir, contravenir, inobservar, desobedecer, descuidar, faltar, violar, vulnerar, omitir, olvidar, eludir, claudicar, caer, perder, abstenerse, prevaricar, pecar, engañar.

INCURABLE desahuciado, irremediable, gravísimo, desesperado, condenado, sentenciado, acabado,

desesperanzado, sin remedio ‖ sin arreglo, perdido, inútil, reincidente.

Incuria negligencia, descuido, desidia, desaliño, apatía, desgana, indiferencia, abandono, pereza, flojedad, frialdad, imprevisión, despreocupación.

Incurrir incidir, tropezar, caer, cometer, resbalar, merecer, pecar, deslizarse, infringir, v. incumplir.

Incursar imputar, cargar, acusar, incriminar, inculpar.

Incursión correría, irrupción, ataque, invasión, saqueo, pillaje, avance, conquista, penetración, ocupación, batida, exploración, redada.

Incurso incriminado, inculpado, acusado.

Indagación pesquisa, búsqueda, investigación, información, busca, rebusca, examen, exploración, escudriñamiento, pregunta, rastreo, averiguación, demanda, inspección, sondeo, inquisición, indagatoria, informe, encuesta.

Indagador investigador, averiguador, inquisidor, inspector, policía, *detective*, psicólogo, examinador, analizador, curioso, preguntón, cotilla.

Indagar investigar, preguntar, buscar, rebuscar, pesquisar, inquirir, husmear, inspeccionar, sondear, informarse, demandar, averiguar, rastrear, preguntar, escudriñar, explorar, examinar, analizar.

Indagatoria examen, exploración, averiguación, sondeo, inquisición, pregunta, declaración, demanda, apremio, informe, investigación, v. indagación.

Indebidamente ilegalmente, ilícitamente, prohibidamente, v. indebido.

Indebido ilegal, ilícito, prohibido, inconveniente, incorrecto, vedado, injusto, improcedente, impropio, perturbador, entorpecedor, inadecuado, indecoroso, deshonesto, descortés, perjudicial, incompatible.

Indecencia suciedad, obscenidad, porquería, cochinada, deshonestidad, grosería, indignidad, incorrección, desvergüenza, abyección, descoco, descaro, impudicia.

Indecente deshonesto, obsceno, sucio, puerco, cochino, impúdico, descarado, descocado, abyecto, desvergonzado, incorrecto, indigno, grosero, indecoroso, vicioso, lujurioso, concupiscente, libidinoso.

Indecentemente deshonestamente, obscenamente, suciamente, v. indecente.

Indecible indescriptible, inenarrable, inexpresable, imposible, inconfesable, tácito, implícito, inexplicable, intransmisible ‖ soberbio, maravilloso, espléndido, grandioso, inefable, estupendo.

Indecisión vacilación, titubeo, irresolución, duda, incertidumbre, indeterminación, inseguridad, dilema, fluctuación, disyuntiva, encrucijada, conjetura, ambigüedad, perplejidad, confusión, apuro, preocupación.

Indeciso titubeante, dudoso, vacilante, fluctuante, inseguro, indeterminado, incierto, irresoluto, confuso, perplejo, ambiguo, preocupado, apurado, cambiante, inestable.

Indeclinable obligatorio, ineludible, inexcusable, inevitable, necesario, forzoso, fatal, irrevocable, indefectible, imprescindible, preciso, indispensable.

Indecoro v. indecencia.

Indecorosamente v. indecentemente.

Indecoroso v. indecente.

Indefectible v. indeclinable ‖ seguro, cierto, infalible, evidente, axiomático.

Indefectiblemente obligatoriamente, ineludiblemente, inexcusablemente, v. indeclinable.

Indefendible insostenible, endeble,

refutable, impugnable, débil, falso, rebatible, contestable, absurdo, ridículo.
Indefensión desamparo, abandono, v. indefenso.
Indefenso desamparado, abandonado, impotente, desvalido, inerme, huérfano, solo, imposibilitado, desarmado, mostrenco, pobre, perdido, extraviado, expuesto, desasistido, dejado, desatendido, arrinconado, débil, aislado.
Indefinible impreciso, vago, confuso, dudoso, nebuloso, desconocido, ambiguo, indeterminado, indistinto, equívoco, desconcertante, raro.
Indefinidamente perpetuamente, continuamente, eternamente, inacabablemente, incesantemente, ininterrumpidamente, interminablemente, perennemente.
Indefinido v. indefinible.
Indeformable v. inextensible.
Indeleble imborrable, fijo, firme, permanente, inalterable, durable, indestructible, definitivo, eterno, profundo, hondo, indisoluble.
Indeliberación irreflexión, precipitación, espontaneidad, ligereza, v. inconsciencia.
Indeliberado precipitado, apresurado, espontáneo, maquinal, irreflexivo, v. impremeditado.
Indelicadeza tosquedad, desatención, grosería, rudeza, inconveniencia, v. incorrección.
Indemne incólume, intacto, ileso, sano, salvo, saludable, seguro, inmune, completo, incorrupto, íntegro, entero, campante, invulnerable.
Indemnidad invulnerabilidad, inmunidad, seguridad, integridad, impunidad, protección, privilegio, garantía, exención.
Indemnización compensación, retribución, resarcimiento, prestación, reparación, estímulo, recompensa, remuneración, paga, desagravio, enmienda, ayuda, alivio, remedio, satisfacción, devolución, subsidio.

Indemnizar resarcir, retribuir, compensar, reparar, pagar, remunerar, prestar, recompensar, compensar, desagraviar, devolver, satisfacer, remediar, aliviar, ayudar, equilibrar, enmendar, subsanar.
Independencia emancipación, libertad, autonomía, soberanía, separación, autarquía, manumisión, inconexión, alejamiento, neutralidad || entereza, firmeza, personalidad, carácter, integridad, rebeldía.
Independiente neutral, imparcial, libre, autónomo, justo, indiferente, árbitro, emancipado, liberado, soberano, autárquico, separado, alejado, rebelde, firme.
Independientemente aparte, sin contar, sin tener en cuenta, omitiendo.
Independizar emancipar, libertar, separar, manumitir, alejar, desvincular, desligar.
Indescifrable incomprensible, ininteligible, ilegible, embrollado, enrevesado, confuso, obscuro, impenetrable, misterioso, arcano, recóndito, insondable, inexplicable.
Indescriptible inenarrable, inexpresable, inefable, fabuloso, extraordinario, maravilloso, perfecto, increíble, inconcebible, inaudito, inverosímil, fantástico.
Indeseable maleante, bellaco, pícaro, truhán, aventurero, golfo, *gamberro*, villano, tunante, vago || peligroso, arriesgado, indigno, expuesto.
Indestructibilidad inalterabilidad, firmeza, dureza, robustez, eternidad, fortaleza, v. indestructible.
Indestructible inalterable, invulnerable, inmune, firme, duro, robusto, fuerte, perenne, eterno, invariable, inmutable, intacto, indeleble, inquebrantable, inextinguible, permanente, irrompible, inconmovible, fijo, constante, perdurable, persistente.
Indeterminable v. indefinible.
Indeterminación irresolución, va-

cilación, titubeo, duda, incertidumbre, inseguridad, perplejidad, indecisión, confusión, preocupación, apuro, alternativa.

INDETERMINADAMENTE dudosamente, vagamente, imprecisamente, inciertamente, confusamente, v. indeterminado.

INDETERMINADO dudoso, vago, impreciso, incierto, confuso, indistinto, equívoco, ambiguo, aproximado, desconcertante || vacilante, indeciso, titubeante, inseguro, perplejo, apurado.

INDETERMINAR esbozar, bosquejar, sugerir, apuntar, indicar.

INDIADA horda, tribu, caterva, hatajo, turba, indígenas, salvajes.

INDIANO rico, creso, pudiente, opulento, millonario, acaudalado, adinerado, potentado, ricachón, emigrado, colono.

INDIAS América, Nuevo Continente, Nuevo Mundo.

INDICACIÓN advertencia, observación, consejo, aviso, exhortación, sugerencia, insinuación, amonestación, aclaración, explicación || señal, barrunto, indicio, muestra, índice, manifestación, pista, rastro || guía, v. indicador.

INDICADOR poste, señal, guía, indicación, muestra, hito, bandera, insignia, figura, jalón, pilar, mojón, disco, semáforo || horario, cuadro, anuncio, nota, advertencia, guía, indicación, itinerario, cartel, inscripción, aclaración.

INDICAR señalar, advertir, guiar, mostrar, orientar, aconsejar, encaminar, enviar, ordenar, exhortar, avisar, observar, explicar, aclarar, amonestar, insinuar, sugerir, apuntar, subrayar, marcar, determinar, establecer.

INDICATIVO muestra, exponente, ejemplo, índice.

ÍNDICE lista, catálogo, enumeración, relación, detalle, tabla, repertorio, rol, nómina, programa, censo, inventario, elenco, serie, registro, nomenclátor, directorio, plan, guía || v. indicio.

INDICIO demostración, muestra, exponente, indicativo, índice, manifestación, síntoma, seña, sospecha, barrunto, vislumbre, asomo, ribete || marca, signo, rastro, pista, huella, señal, paso, estela, pisada || traza, vestigio, reliquia, resto, remanente, trozo, partícula.

INDIFERENCIA desinterés, apatía, displicencia, despego, insensibilidad, despreocupación, dejadez, abandono, inapentencia, inercia, frialdad, aburrimiento, fastidio, desgana, desamor, impasibilidad, escepticismo, desabrimiento, tibieza, flema, neutralidad || v. ingratitud.

INDIFERENTE insensible, desinteresado, displicente, despreocupado, dejado, desganado, aburrido, frío, hastiado, inerte, inapetente, desabrido, escéptico, impasible, flemático, tibio, sordo, neutral.

INDIFERENTEMENTE indistintamente, igualmente, impasiblemente, v. indiferente.

INDÍGENA salvaje, nativo, aborigen, bárbaro, antropófago, caníbal, cafre, beduino, indio || natural, autóctono, nativo, oriundo, originario, aborigen, vernáculo, regional, del país.

INDIGENCIA carencia, penuria, pobreza, carestía, hambre, miseria, mengua, desdicha, necesidad, ahogo, apuro, estrechez, desnudez, inopia, escasez, falta, ausencia.

INDIGENTE mísero, pobre, mendigo, pordiosero, hambriento, carente, desnudo, apurado, ahogado, necesitado, desdichado, miserable, desprovisto, falto.

INDIGERIBLE * indigestible, indigesto. v.

INDIGESTAR hartar, empachar, hastiar, estragar, llenar, saciar, ahitar, empalagar, atracar, repugnar, estomagar, atiborrar, asquear, irritar, enfadar, desagradar.

INDIGESTIÓN empacho, hartura, saciedad, entripado, hartazgo, atiborramiento, repugnancia, asco, empalagamiento, saciedad, estragamiento, dispepsia, cólico.

INDIGESTO incomible, pesado, repugnante, empalagoso, lento.

INDIGNACIÓN ira, enfado, irritación, cólera, furor, furia, corajina, exasperación, arrebato, enojo, rabia, violencia, fiereza, berrinche, rabieta, exacerbación, excitación, despecho, inflamación.

INDIGNANTE ultrajante, irritante, enfadoso, enojoso, provocador, injusto, exasperante, vejatorio, insoportable, ofensivo.

INDIGNAR irritar, enfadar, encolerizar, encorajinar, exasperar, enfurecer, violentarse, rabiar, enojar, arrebatarse, ofenderse, excitarse, exacerbarse, inflamarse.

INDIGNIDAD vileza, abyección, deshonor, ultraje, bajeza, ruindad, mezquindad, envilecimiento, ignominia, servilismo, humillación, degradación, vergüenza, bochorno, ofensa, infamia, iniquidad, deshonra, indecencia, oprobio.

INDIGNO ruin, bajo, abyecto, vil, ultrajante, deshonroso, humillante, servil, ignominioso, envilecido, mezquino, inicuo, infame, ofensivo, bochornoso, vergonzoso, degradante, oprobioso, indecente, deshonroso || inmerecido, injusto, impropio, improcedente, incorrecto, inadecuado.

ÍNDIGO añil, azul oscuro.

INDIO aborigen, indígena, salvaje, antropófago, nativo, primitivo || índico, hindú, indostánico, indo, indostanés.

INDIRECTA insinuación, alusión, doblez, rodeo, eufemismo, perífrasis, digresión, embozo, ambages, evasiva, circunloquio, referencia, mención, reticencia, puntada, ambigüedad.

INDIRECTAMENTE encubiertamente, furtivamente, secretamente, veladamente, secundariamente, disimuladamente.

INDIRECTO, secundario, sinuoso, oblicuo, tortuoso, laberíntico, diagonal, transversal, evasivo, ambiguo, colateral, furtivo, encubierto, secundario, disimulado, secreto, velado, insinuado.

INDISCIPLINA rebeldía, desobediencia, insinuación, anarquía, alboroto, insubordinación, desorden, obstinación, porfía, subversión, soliviantamiento, revolución, resistencia, independencia, sedición, desafío.

INDISCIPLINADO desobediente, insumiso, rebelde, anárquico, alborotador, subversivo, porfiado, obstinado, desordenado, independiente, revolucionario, sedicioso, díscolo, reacio, renuente, recalcitrante, incorregible.

INDISCIPLINARSE sublevarse, rebelarse, alborotarse, independizarse, obstinarse, porfiar, desobedecer, alzarse, pronunciarse, insubordinarse, levantarse, enfrentarse, desafiar, encararse.

INDISCRECIÓN impertinencia, imprudencia, revelación, confesión, confidencia, indelicadeza, habladuría, cotillería, murmuración, necedad, estupidez, irreflexión, precipitación, desatino, curiosidad.

INDISCRETAMENTE imprudentemente, irreflexivamente, impertinentemente, v. indiscreto.

INDISCRETO imprudente, irreflexivo, charlatán, impertinente, hablador, cotilla, necio, precipitado, desatinado, estúpido, murmurador, hablador, indelicado, confidente, revelador, bocazas, indelicado, entremetido, inoportuno, curioso, incauto, parlanchín, fisgón.

INDISCRIMINADO * indistinto, confuso, obscuro, lioso, borroso, indistinguible, imperceptible.

INDISCULPABLE v. inexcusable.

INDISCUTIBLE inobjetable, incuestionable, indudable, evidente, innegable, incontestable, irrebatible, irrefutable, incontrovertible, cierto, evidente, axiomático, palmario, seguro, irrecusable, inatacable, probado, demostrado.

Indiscutiblemente incuestionablemente, indudablemente, v. indiscutible.

Indisolubilidad firmeza, fuerza, perennidad, permanencia, v. indisoluble.

Indisoluble firme, fuerte, permanente, perenne, fijo, estable, resistente, perdurable, sólido, imperturbable, constante, invariable, inconmovible.

Indisolublemente firmemente, perennemente, v. indisoluble.

Indispensable necesario, imprescindible, esencial, insustituible, irreemplazable, imperioso, indefectible, forzoso, ineludible, inevitable, obligatorio, vital, conveniente, útil, preciso, forzoso, principal, substancial.

Indisponer malquistar, enzarzar, enemistar, encizañar, desunir, azuzar, enredar, hostigar, liar || **Indisponerse** reñir, discutir, enfrentarse, discrepar, rivalizar, pleitear, encararse, pelearse, pugnar || enfermarse, dolerse, trastornarse, adolecer, padecer, sufrir, quebrantarse, agravar, empeorar, desmejorar, contraer, contagiarse.

Indisposición achaque, afección, enfermedad, dolencia, padecimiento, trastorno, malestar, quebranto, sufrimiento, desmejoramiento, empeoramiento, agravación, mal, morbo, plepa, acceso, ataque, desazón || enfrentamiento, enemistad, desunión, rivalidad, pugna, lucha, pelea.

Indispuesto malo, doliente, afectado, achacoso, trastornado, quebrantado, sufriente, enfermo, desmejorado, morboso, empeorado, agravado, débil, flojo.

Indisputable v. indiscutible.

Indistintamente equitativamente, imparcialmente, sin distinción, v. indistinto.

Indistinto igual, parecido, similar, semejante || confuso, borroso, indistinguible, esfumado, imperceptible, indescernible, indiferenciable.

Individual particular, propio, característico, personal, singular, peculiar, privado, privativo, original, íntimo, típico, inconfundible, específico, exclusivo.

Individualidad personalidad, característica, propiedad, particularidad, singularidad, intimidad, originalidad, peculiaridad, idiosincrasia, carácter, rasgo, distintivo.

Individualismo independencia, rebeldía, egoísmo, alejamiento, separación, desunión, aislamiento, autonomía.

Individualista rebelde, egoísta, independiente, aislado, libre, autónomo, anárquico.

Individualizar especificar, particularizar, concretar, estipular, establecer, fijar, determinar.

Individualmente, aisladamente, específicamente, particularmente, personalmente, privadamente, exclusivamente.

Individuo sujeto, tipo, fulano, persona, personaje, quídam, prójimo, hombre || ser, ente, organismo, espécimen.

Indivisible unitario, uno, simple, puro, individual, individuo, unidad, mero, entero, inseparable, unido, adjunto.

Indiviso v. indivisible.

Indo v. indostánico.

Indócil v. indómito.

Indocilidad rebeldía, bravura, fiereza, indisciplina, impenitencia, terquedad, desobediencia, obstinación, resistencia, oposición, independencia, cerrilidad.

Indocto iletrado, inculto, incapaz, ignorante v.

Indocumentado desconocido, forastero, vago, maleante, desarraigado, vagabundo, paria || inepto, incapaz, iletrado, inculto, ignorante v.

Indoeuropeo indoario, indogermano, ario, blanco, europeo, indogermánico.

Indogermano v. indoeuropeo.

Índole condición, naturaleza, cácácter, personalidad, inclinación, propensión, fondo, temperamento, conducta, madera, idiosincra-

INDOLENCIA

sia, natural, humor, calidad, cualidad, constitución, complexión, jaez, tipo, don, dote, genio.

INDOLENCIA flojera, pereza, negligencia, abandono, apatía, desidia, desgana, incuria, desapego, decaimiento, lasitud, indiferencia, despreocupación, inercia, poltronería, galbana, flema, pachorra, descuido, dejadez.

INDOLENTE negligente, apático, desidioso, abandonado, perezoso, vago, flojo, desganado, indiferente, poltrón, despreocupado, descuidado, flemático, insensible, gandul, haragán, dejado, calmoso, pelmazo.

INDOLENTEMENTE negligentemente, desidiosamente, perezosamente, v. indolente.

INDOLORO leve, suave, insensible, imperceptible, mínimo, analgésico, calmante.

INDOMABLE v. indómito.

INDÓMITO ingobernable, independiente, rebelde, indisciplinado, renuente, remiso, reacio, terco, fiero, obstinado, tenaz, indomable, indócil, incorregible, impenitente, bravo, indomesticado, salvaje, montés, cerril, silvestre, montaraz, arisco, brutal.

INDOSTÁNICO indo, indostanés, indostano, hindú, indio.

INDUBITABLE v. indudable.

INDUCCIÓN acción, influencia, incitación, estímulo, instigación, persuasión, influjo, raciocinio, reflexión.

INDUCIA demora, tregua, dilación, postergación, aplazamiento, retraso.

INDUCIR instigar, incitar, mover, provocar, persuadir, fustigar, punzar, soliviantar, azuzar, pinchar, alentar, animar, empujar, exhortar, estimular, excitar, impeler, impulsar, enzarzar, liar, inspirar, promover, espolear || derivar, concluir, inferir.

INDUDABLE indiscutible, inobjetable, evidente, indubitable, innegable, incontestable, irrebatible, incontrovertible, irrefutable, seguro, irrecusable, palmario, axiomático, evidente, cierto, demostrado, probado, inatacable, indisputable, incuestionable, lógico, manifiesto, positivo.

INDUDABLEMENTE evidentemente, lógicamente, indiscutiblemente, innegablemente, v. indudable.

INDULGENCIA condescendencia, tolerancia, disimulo, paciencia, pasividad, correa, benevolencia, transigencia, anuencia, avenencia, complacencia, comprensión, compasión, contemporización, consentimiento, componenda || clemencia, piedad, perdón, absolución.

INDULGENTE benévolo, benigno, paciente, condescendiente, tolerante, transigente, pasivo, comprensivo, contemporizador, suave, bonachón, calzonazos, compasivo, clemente, paternal, deferente, blando.

INDULGENTEMENTE benévolamente, pasivamente, comprensivamente, v. indulgente.

INDULTAR conmutar, eximir, perdonar, absolver, agraciar, relevar, liberar, favorecer, condonar, remitir, exculpar, tolerar, levantar, alzar, amnistiar, olvidar.

INDULTO perdón, conmutación, privilegio, merced, gracia, absolución, relevación, exención, exculpación, remisión, condenación, favor, liberación, tolerancia, amnistía, olvido, venia, libertad.

INDUMENTARIA vestimenta, vestido, ropa, ropaje, vestidura, ajuar, traje, atavío, indumento, vestuario, atuendo, prenda, trapos, paños, galas, terno, guardarropa.

INDUMENTO v. indumentaria.

INDUSTRIA manufactura, fabricación, explotación, producción, construcción, industrialización, elaboración, mecanización, obtención, automatismo, montaje, transformación, realización, hechura, confección, creación, proceso, ejecución || empresa, firma, fábrica, factoría, manufactura, instalación, taller, nave, casa, compañía, sociedad, asociación, corporación, entidad || habilidad, capacidad, maña, destreza, pericia, maestría, arte, aptitud, condiciones, facultad, talento, disposición.

Industrial fabricante, empresario, productor, constructor, creador, ejecutor, técnico, montador, realizador, confeccionista, capitalista || fabril, manufacturero, empresarial, productivo, automático, mecánico, técnico.

Industrialización progreso, avance, desarrollo, incremento, florecimiento, auge, expansión, prosperidad || mecanización, automatismo, proceso, manufactura, fabricación, v. industria.

Industrializar desarrollar, expandir, crear, fundar, establecer, progresar, avanzar, prosperar, florecer, incrementar || fabricar, manufacturar, mecanizar, producir, ejecutar, crear, confeccionar, hacer, realizar, transformar, montar, obtener, automatizar, elaborar, construir, explotar.

Industriar adiestrar, preparar, enseñar, instruir || ingeniarse, componérselas, apañarse.

Industrioso trabajador, afanoso, diligente, dinámico, aplicado, esmerado, atento, dedicado, celoso, hacendoso, atareado, esforzado, competente, diestro, ingenioso, hábil, capacitado.

Inédito original, nuevo, desconocido, ignorado, puro, fresco, virgen, estrenado.

Ineducación v. ignorancia, grosería.

Ineducado v. ignorante, grosero.

Inefable sublime, espléndido, magnífico, soberbio, maravilloso, inenarrable, divino, delicioso, insuperable.

Ineficacia inoperancia, incapacidad, incompetencia, nulidad, inutilidad, insuficiencia, ineptitud, desmaña, esterilidad.

Ineficaz incapaz, incompetente, inoperante, nulo, torpe, ignorante, inepto, insuficiente, inútil, estéril, desmañado, vano, infructífero, improductivo, infructuoso, inexperto.

Inelegancia ordinariez, cursilería, tosquedad, grosería, ridiculez, bajeza, mezquindad.

Inelegante grosero, tosco, cursi, ordinario, ridículo, bajo, mezquino, ruin, miserable.

Ineluctable v. ineludible.

Ineludible inevitable, irremediable, irrevocable, ineluctable, forzoso, fatal, obligatorio, necesario, inapelable, inexcusable, insalvable, infalible.

Inenarrable inefable, apoteótico, grandioso, colosal, maravilloso, v. indescriptible.

Inepcia v. ineficacia.

Ineptitud v. ineficacia.

Inepto v. ineficaz.

Inequívoco indudable, indiscutible, indubitable, evidente, inobjetable, irrefutable, demostrado, seguro, probado, cierto, palmario, axiomático, incuestionable, infalible, positivo, manifiesto, palpable.

Inercia indolencia, inacción, inactividad, pereza, desidia, dejadez, apatía, indolencia, pasividad, estatismo, letargo, flema, negligencia, desgana, flojedad.

Inerme v. indefenso.

Inerte yerto, inmóvil v., paralizado, paralítico, quieto, yacente, estático, tieso, inanimado, exánime || inactivo, ineficaz, inútil, flojo, desidioso, apático, negligente.

Inescrutable insondable, misterioso, arcano, recóndito, secreto, enigmático, oscuro, indescifrable, impenetrable, impávido, inexplicable, impasible, imperturbable, inexpresivo, inalterable, frío.

Inesperadamente repentinamente, inopinadamente, súbitamente, v. inesperado.

Inesperado repentino, inopinado, súbito, fortuito, casual, brusco, insospechado, impensado, inadvertido, espontáneo, azaroso,

Inestabilidad imprevisible, sorprendente, accidental.

Inestabilidad desequilibrio, variabilidad, fluctuación, altibajo, desigualdad, alternativa, fragilidad, debilidad, oscilación, variación, cambio, vaivén, irregularidad, inseguridad, tambaleo, vacilación, bamboleo, movimiento.

Inestable variable, fluctuante, desequilibrado, débil, frágil, alternativo, desigual, inseguro, irregular, cambiante, tambaleante, bamboleante, vacilante, oscilante, móvil, movedizo, endeble, precario, inconstante, mudable, voluble.

Inestimable preciso, valioso, inapreciable, singular, único, insustituible, irreemplazable, único, perfecto, magnífico, competente, capacitado, provechoso, útil.

Inevitable irremediable, ineludible, ineluctable, irrevocable, inexcusable, inapelable, necesario, fatal, obligatorio, forzoso, insalvable, infalible.

Inevitablemente irremediablemente, ineludiblemente, ineluctablemente, v. inevitable.

Inexactitud error, equivocación, falsedad, falta, yerro, incorrección, omisión, desliz, disparate, desacierto, distracción, gazapo, defecto, mentira, tergiversación, imperfección.

Inexacto incorrecto, errado, falso, equivocado, desacertado, omitido, disparatado, incompleto, tergiversado, defectuoso, erróneo, imperfecto.

Inexcusable imperdonable, injustificable, inaceptable, vergonzoso, indebido, inadmisible, absurdo, insostenible, ilógico, descabellado, desatinado, increíble.

Inexcusablemente v. inevitablemente.

Inexistencia carencia, ficción, entelequia, falta, privación, insuficiencia, vacío, laguna, déficit, defecto, omisión, irrealidad, insubsistencia.

Inexistente irreal, ausente, falso, ficticio, aparente, quimérico, fantástico, hipotético, teórico, supuesto, fortuito, precario, nebuloso, falaz, engañoso, inconcebible, ilusorio, insubsistente, nulo, imaginario.

Inexorabilidad inflexibilidad, infabilidad, v. inexorable.

Inexorable inflexible, infalible, duro, implacable, irremediable, ineludible v., fatal, forzoso, inapelable, insalvable, cruel, despiadado, obligatorio.

Inexorablemente fatalmente, infaliblemente, inflexiblemente, v. inexorable.

Inexperiencia ineptitud, ignorancia, novatada, impericia, inocencia, torpeza, ingenuidad, bisoñada, falta, ausencia, carencia, incompetencia.

Inexperto novato, neófito, novicio, novel, principiante, aprendiz, bisoño, pipiolo, nuevo, incipiente, inepto, incapaz, inútil, torpe, desmañado.

Inexplicable incomprensible, inconcebible, enigmático, obscuro, denso, cerrado, turbio, abstruso, nebuloso, hermético, secreto, impenetrable, insondable, inescrutable, raro, extraño, misterioso, difícil.

Inexplicablemente incomprensiblemente, extrañamente, misteriosamente, v. inexplicable.

Inexplorado remoto, virgen, recóndito, impenetrable, ignoto, lejano, solitario, deshabitado, desconocido, oculto, yermo, desértico, selvático, abandonado, despoblado, desolado, apartado, aislado, solo.

Inexpresable v. indescriptible.

Inexpresivo inmutable, frío, inalterable, reservado, imperturbable, impasible, impávido, serio, impertérrito, flemático, indiferente, enigmático, seco.

Inexpugnable invencible, inconquistable, inabordable, invulnerable, impenetrable, invicto, inquebrantable, fuerte, sólido, recio, indomable.

INEXTENSIBLE duro, macizo, firme, limitado, indeformable, indestructible, estable, fijo.
IN EXTENSO en toda su extensión, a lo largo.
INEXTINGUIBLE insaciable, inapagable, infinito, inacabable, inagotable, interminable, perpetuo, eterno, continuo, prolongado, permanente, constante.
INEXTIRPABLE v. inoperable.
IN EXTREMIS en el último momento, en el último instante, en el momento decisivo, a punto de morir.
INEXTRICABLE incomprensible, embrollado, indescifrable, turbio, v. intrincado.
INFALIBILIDAD seguridad, inexorabilidad, certeza, certidumbre, obligatoriedad, firmeza, garantía, acierto, clarividencia, perspicacia, juicio.
INFALIBLE seguro, inexorable, puntual, cierto, firme, garantizado, acertado, obligatorio, clarividente, perspicaz, inevitable, verdadero, fatal, forzoso, inapelable.
INFALIBLEMENTE inexorablemente, inevitablemente, inapelablemente, v. infalible.
INFAMACIÓN v. difamación.
INFAMADOR v. difamador.
INFAMANTE denigrante, ofensivo, deshonroso, injurioso, humillante, infamatorio, calumnioso, vil, oprobioso, afrentoso, maldiciente, ultrajante, ignominioso, degradante, vituperable, v. infame.
INFAMAR deshonrar, denigrar, humillar, injuriar, ofender, afrentar, envilecer, calumniar, degradar, ultrajar, maldecir, vituperar, obscurecer, empañar, deslucir, desacreditar, desprestigiar, manchar, enlodar, estigmatizar, profanar, encenagar, arrastrar.
INFAME malvado, perverso, malo, maligno, deshonesto, despreciable, vil, inicuo, bellaco, protervo, traidor, maldito, siniestro, endiablado, monstruoso, satánico, nefando, infernal, depravado, vicioso, corrompido, disoluto || v. infamante.
INFAMIA iniquidad, afrenta, ofensa, humillación, denigración, deshonra, maldición, ultraje, degradación, calumnia, envilecimiento, vileza, desprestigio, descrédito, vituperio, mancha, estigma, profanación, corrupción, vicio, depravación, monstruosidad, traición, bellaquería, desdoro, indecencia, baldón, crimen, vergüenza, vilipendio, fango, mancha, degradación.
INFANCIA niñez, inocencia, pequeñez, puericia, minoría, menoría, principio, comienzo, nacimiento, lactancia.
INFANDO v. nefando.
INFANTA princesa, noble, aristócrata, damita, alteza, heredera || niña, chiquilla, pequeña, mocosa, cría, nena.
INFANTE príncipe, aristócrata, noble, heredero, alteza, señor, prócer, delfín || crío, pequeño, mocoso, niño, nene, chiquillo, impúber, pituso, v. niño || soldado, militar, peón, recluta, quinto, alistado, enrolado.
INFANTERÍA tropa, hueste, falange, milicia, banda, mesnada, legión, cohorte, ejército, cuerpo, grupo.
INFANTICIDA filicida, parricida, criminal, asesino, homicida, culpable, infame, bestial.
INFANTIL pueril, cándido, ingenuo, inocente, candoroso, aniñado, pequeño, tierno, impúber, trivial, vano, necio, ridículo.
INFANTILISMO candor, ingenuidad, inocencia, puerilidad, necedad.
INFANZÓN v. hidalgo.
INFARTO obstrucción, coágulo, tapón, oclusión, atasco, tumefacción, ataque, embolia, apoplejía.
INFATIGABLE resistente, tenaz, incansable, vigoroso, firme, inagotable, incesante, persistente, recio, duro, trabajador, celoso, dinámico, laborioso, constante, voluntarioso, terco, perseverante.
INFATIGABLEMENTE tenazmente, incansablemente, v. infatigable.

Infatuación engreimiento, envanecimiento, fatuidad, vanidad, orgullo, soberbia, endiosamiento, vanagloria, ensoberbecimiento, presunción, encastillamiento.

Infatuado envanecido, engreído, ensoberbecido, endiosado, v. infatuación.

Infatuarse pavonearse, hincharse, envanecerse, engreírse, ensoberbecerse, vanagloriarse, endiosarse, encastillarse, presumir, jactarse.

Infausto desdichado, desgraciado, infortunado, aciago, nefasto, funesto, desventurado, desafortunado, malhadado, triste, infeliz, desdichado, desgraciado, adverso, sombrío, duro, azaroso, fatídico, negro, doloroso.

Infección contaminación contagio, inoculación, infestación, propagación, comunicación, transmisión, inficionamiento, peste, endemia, epidemia, inflamación, enfermedad, dolencia, penetración de agentes patógenos ‖ perversión, corrupción, extravío, descarrío.

Infeccioso contagioso, patógeno, apestado, plagado, pestilente, pestilencial, corrompido, infectado, infestado, contaminado, endémico, enfermo, séptico, infecto v.

Infectar contagiar, apestar, plagar, inficionar, contaminar, corromper, inocular, infestar, comunicar, transmitir, propagar, penetrar, inflamar, apestar, inficionar, enfermar, emponzoñar ‖ corromper, pervertir, enviciar, descarriar.

Infecto v. infeccioso ‖ pestilente, repugnante, mefítico, repulsivo, repelente, corrupto, apestoso, nauseabundo, putrefacto, pútrido, asqueroso, emponzoñado, envenenado, podrido, fétido, sucio, corrompido.

Infecundidad esterilidad, infertilidad, impotencia, improductividad, infructuosidad, ineficacia, agotamiento, castración, capadura, debilidad, sequedad, pobreza, aridez, desolación, rigor.

Infecundo impotente, infértil, estéril, improductivo, castrado, capado, agotado, débil, ineficaz, infructuoso, árido, desolado, pobre, seco, riguroso, estepario, yermo, esquilmado, sediento, inútil.

Infelicidad desdicha, desventura, infortunio, adversidad, desamparo, cuita, ruina, fatalidad, desastre, desgracia, calamidad, tragedia, tristeza, peripecia, conflicto, dificultad, trastorno, trago, cáliz, prueba, carga, tribulación, contratiempo, aflicción, tropiezo, pobreza, miseria.

Infeliz desventurado, desdichado, desamparado, infortunado, desgraciado, arruinado, cuitado, entristecido, atribulado, afligido, pobre, mísero, necesitado, oprimido ‖ pusilánime, apocado, encogido, tímido, corto, gallina, ñoño, cobarde, corito, insulso, desabrido, calzonazos.

Inferencia deducción, conexión, relación, consecuencia, derivación, secuela, conclusión.

Inferior peor, deficiente, malo, imperfecto, deteriorado, defectuoso, anómalo, irregular, regular, accesorio, ínfimo, menor, desventajoso, mínimo ‖ subalterno, sometido, subordinado, auxiliar, dependiente, empleado, ayudante, vasallo, sumiso, subyugado, dominado, secundario, siervo, doméstico, criado ‖ bajo, debajo, hundido, descendente, profundo, subterráneo, hondo, deprimido, excavado, desnivelado, inclinado.

Inferioridad subordinación, sometimiento, dependencia, obediencia, dominio, sujeción, supeditación, esclavitud, vasallaje, filiación, acatamiento, pleitesía, observancia, servilismo, humildad ‖ deficiencia, desventaja, imperfección, deterioro, defecto, anomalía, carencia, falta, imperfección, falla, irregularidad, inconveniente, tacha, menoscabo.

INFERIR inducir, deducir, relacionar, derivar, concluir, suponer, conjeturar, desprender, colegir, discurrir, sacar, seguir, teorizar, sospechar, predecir, razonar, presumir || provocar, causar, originar, ocasionar, hacer, herir, cortar, agraviar, ofender, injuriar, insultar.

INFERNAL demoníaco, satánico, diabólico, mefistofélico, diablesco, maligno, perverso, maléfico, virulento, infame, monstruoso, dañino, endemoniado, endiablado, horrendo.

INFERNAR irritar, inquietar v.

INFERNILLO v. infiernillo.

INFÉRTIL v. infecundo.

INFERTILIDAD v. infecundidad.

INFESTADO v. infectado.

INFESTAR v. infectar.

INFICIONAR v. infectar.

INFIDELIDAD deslealtad, ingratitud, traición, indignidad, alevosía, deserción, falsedad, vileza, perjurio, desconfianza, infamia, villanía, felonía, impiedad, engaño, falsía, defección, delación, fingimiento, doblez, falacia, disimulo, intriga, incumplimiento || adulterio, amancebamiento, ilegitimidad, amontonamiento, abarraganamiento, lío || irreligiosidad, ateísmo, paganismo, incredulidad, impiedad, herejía, idolatría, fetichismo.

INFIEL incrédulo, impío, irreligioso, hereje, pagano, ateo, idólatra, fetichista, escéptico, disidente, anticristiano, descreído, irreverente || adúltero, amancebado, ilegítimo, amontonado, liado, abarraganado || ingrato, desleal, alevoso, indigno, traidor, desconfiado, perjuro, felón, vil, desertor, engañoso, impío, villano, infame, falaz, delator, falso, intrigante, informal, disimulado.

INFIERNILLO hornillo, cocinilla, calentador, fogón, cocina, horno, estufa, brasero.

INFIERNO averno, báratro, tártaro, abismo, orco, antenora, perdición, tormento, castigo, condenación, tinieblas, fuego eterno, calderas de Pedro Botero || hoguera, pira, incendio, fogata, lumbre, llamas, fuego.

INFILTRACIÓN impregnación, embebimiento, introducción, exudación, filtración, transpiración, permeabilidad, infusión, inculcación || deslizamiento, penetración, escurrimiento, introducción, invasión.

INFILTRAR impregnar, embeber, exudar, infundir, transpirar, filtrarse || INFILTRARSE penetrar, deslizarse, introducirse, escurrirse, eludir, burlar, pasar, escabullirse, meterse, invadir.

ÍNFIMO peor, malo, deficiente, imperfecto, defectuoso, mínimo, desastroso, último, insignificante, final, inferior, deleznable, vil, bajo, ruin, desdeñable || mínimo, v. infinitesimal.

INFINIDAD abundancia, cúmulo, inmensidad, sinfín, montón, multitud, enormidad, profusión, plétora, raudal, demasía, exceso, muchedumbre, sinnúmero, barbaridad, exuberancia, riqueza || vastedad, infinito v.

INFINITAMENTE considerablemente, enormemente, incomparablemente, v. infinito.

INFINITESIMAL minúsculo, mínimo, imperceptible, microscópico, inapreciable, pequeñísimo, ínfimo.

INFINITO ilimitado, incalculable, inmenso, vasto, extenso, extendido, amplio, enorme, considerable, dilatado, ancho, interminable, inagotable, innumerable, incontable, cuantioso, abundante || imperecedero, renovado, perenne, perdurable, perpetuo, inmortal, eterno, sempiterno, indestructible, indeterminable.

INFINITUD v. infinidad.

INFLACIÓN abundancia, exceso, afluencia, profusión, superabundancia, plétora, encarecimiento, carestía, aumento, subida, alza, especulación, desvalorización || v. infatuación || v. hinchazón.

INFLACIONARIO inflacionista, encarecedor, especulador.

INFLADO hinchado, abultado, turgente, abotagado, túrgido, tumefacto, mórbido, ensanchado, gordo, agrandado, grueso, grande || vano, fatuo, ampuloso, engreído, vanidoso, pomposo, enfático.

INFLAMABLE combustible, incendiable, ustible, que arde, que quema, peligroso, explosivo || apasionado, vehemente, exaltado, irritable, excitable.

INFLAMACIÓN congestión, hinchazón, tumefacción, abultamiento, turgencia, enfisema, hiperemia, edema, hidropesía, bulto, infección, absceso, grano, forúnculo, tumor, flemón.

INFLAMADO hinchado, congestionado, tumefacto, abultado, edematoso, hiperémico, turgente, infectado, enrojecido || ardiente, quemante, llameante, v. inflamable || apasionado, v. inflamable.

INFLAMAR quemar, encender, incendiar, arder, abrasar, incinerar, llamear, propagar, comunicar || enardecer, acalorar, animar, avivar, irritar, enconar, excitar, entusiasmar, arrebatar, exaltar, atizar, apasionar || INFLAMARSE hincharse, congestionarse, abultarse, infectarse, enrojecerse.

INFLAMIENTO v. hinchazón.

INFLAR hinchar, agrandar, abultar, crecer, aumentar, ensanchar, levantar, soplar, insuflar, ahuecar, engordar || exagerar, deformar, cacarear, recargar, ampliar || INFLARSE ensoberbecerse, engreírse, envanecerse, infatuarse.

INFLEXIBILIDAD rigidez, severidad, tenacidad, firmeza, constancia, dureza, incorruptibilidad, impasibilidad, inexorabilidad, crueldad, impiedad.

INFLEXIBLE severo, rígido, constante, tenaz, firme, inexorable, impasible, incorruptible, duro, implacable, inapelable, cruel, despiadado.

INFLEXIÓN tono, modulación, dejo, acento, tonillo, entonación, deje, pronunciación || desviación, alabeo, pandeo, torcimiento, inclinación.

INFLIGIR imponer, condenar, castigar, aplicar, penar || provocar, causar, originar, producir, acarrear, ocasionar, motivar, determinar.

INFLORESCENCIA brote, retoño, espiga, umbela, capullo, yema.

INFLUENCIA influjo, autoridad, poder, ascendiente, predominio, prestigio, valimiento, crédito, imperio, efecto, peso || confianza, amistad, privanza, favor, camarilla, mano, apoyo, amparo, respaldo.

INFLUENCIAR * influir v.

INFLUENZA gripe, catarro, trancazo, achaque, constipado, resfriado, infección vírica, dolencia.

INFLUIR actuar, predominar, ejercer, intervenir, imperar, afectar, participar, terciar, mezclarse, ingerirse, mediar, entremeterse, fiscalizar, obrar, contribuir, ayudar, apoyar, respaldar, pesar.

INFLUJO v. influencia.

INFLUYENTE prestigioso, poderoso, importante, encumbrado, acreditado, reputado, responsable, renombrado, conocido, respetado, omnipotente, destacado, prominente, de campanillas, pez gordo, personaje, cacique.

INFOLIO libro en folio, mamotreto, librote, pesadez, tabarra.

INFORMACIÓN averiguación, pesquisa, investigación, indagación, búsqueda, examen, exploración, escrutinio, encuesta, sondeo, tanteo || declaración, reseña, detalle, dato, manifestación, afirmación, revelación, testimonio, aserción, enunciado, dictamen, comunicación, nota, advertencia, informe, confidencia, consejo, aviso, aclaración, explicación || noticia, nueva, reportaje, especie, novedad, rumor, gacetilla, artículo.

INFORMADOR periodista, gacetillero, cronista, reportero, articulista, corresponsal, colaborador, redactor, locutor || confidente, delator, soplón, cotilla, denunciante, acusón, chivato, chismoso, cuentista, espía, agente.

Informal descuidado, voluble, inconsecuente, inobservante, veleidoso, faltón, inconstante, tornadizo, tronera, alocado, insensato, alegre, despreocupado, tarambana, fresco, negligente, charlatán, botarate, engañoso, irresponsable, pueril.

Informalidad inconstancia, incumplimiento, inconsecuencia, veleidad, inobservancia, descuido, negligencia, despreocupación, insensatez, frescura, charlatanería, engaño, trastada, jugarreta, puerilidad, irresponsabilidad, culpa, deslealtad, olvido, omisión, necedad.

Informante v. informador.

Informar declarar, afirmar, manifestar, detallar, reseñar, dictaminar, enunciar, aseverar, testimoniar, avisar, aconsejar, advertir, anotar, comunicar, aclarar, explicar, revelar, publicar, notificar, expresar, indicar, enterar.

Informativo periodístico, revelador, confidencial, explicativo, noticiario.

Informe v. información || deforme, contrahecho, desproporcionado || Informes referencias, recomendación, certificado.

Infortunadamente desventuradamente, desdichadamente, desgraciadamente, v. infortunado.

Infortunado desdichado, desgraciado, desventurado, infeliz, calamitoso, atribulado, cuitado, mísero, víctima, miserable, pobre, necesitado, perjudicado, trágico, mártir.

Infortunio desventura, desgracia, desdicha, infelicidad, tribulación, miseria, pobreza, calamidad, tragedia, martirio, perjuicio, necesidad.

Infracción violación, incumplimiento, transgresión, vulneración, falta, culpa, atentado, quebrantamiento, abuso, incumplimiento, exceso, delito, crimen, tropelía, desafuero, contravención, desobediencia, ilegalidad, injusticia, ilegitimidad, inobservancia, estafa.

Infractor violador, transgresor, culpable, vulnerador, quebrantador, delincuente, abusador, injusto, ilegal, desobediente, contraventor, inobservante, conculcador, aprovechador, estafador.

In fraganti en flagrante, en el momento, con las manos en la masa.

Infrangible v. inquebrantable.

Infranqueable insalvable, invencible, impracticable, intransitable, imposible, tortuoso, desigual, áspero, escarpado, quebrado, intrincado, abrupto, incómodo, difícil, inabordable, insuperable.

Infrascrito firmante, suscrito, signatario, refrendario, rubricante.

Infrecuencia excepción, irregularidad, desuso, rareza, particularidad, anomalía, discontinuidad, interrupción, paréntesis, suspensión, intermitencia, desigualdad.

Infrecuente desusado, raro, irregular, excepcional, particular, anómalo, discontinuo, interrumpido, desigual, intermitente, extraño, inverosímil, estrambótico, grotesco, insólito, peregrino, sorprendente, único.

Infringir quebrantar, transgredir, romper, pisotear, vulnerar, lesionar, faltar, violar, pecar, atentar, atropellar, cometer, contravenir, desobedecer, traspasar, delinquir, incurrir.

Infructífero v. infructuoso.

Infructuosamente inútilmente, estérilmente, ineficazmente, v. infructuoso.

Infructuosidad v. ineficacia.

Infructuoso estéril, inútil, ineficaz, inoperante, nulo, insuficiente, infructífero, improductivo, infecundo, yermo, inadecuado, negativo.

Ínfulas presunción, vanidad, orgullo, soberbia, fatuidad, engreimiento, humos, fantasías.

INFUNDADAMENTE injustificadamente, indebidamente, arbitrariamente, v. infundado.

INFUNDADO injustificado, indebido, arbitrario, irreal, irracional, pueril, baldío, inconsistente, inaceptable, ilógico, absurdo, insostenible, inmotivado, gratuito, fútil.

INFUNDIO mentira, patraña, embuste, enredo, engaño, calumnia, falacia, falsedad, bulo.

INFUNDIOSO calumnioso, ofensivo, falso, mentiroso, engañoso, artificioso.

INFUNDIR inspirar, provocar, causar, originar, crear, infiltrar, meter, comunicar, animar, propagar, impulsar, inculcar, producir, engendrar, suscitar.

INFUSIÓN tisana, cocción, cocimiento, bebida, brebaje, bebedizo, potingue, disolución, solución, extracto, té, manzanilla.

INFUSORIO protozoo, protozoario, microbio, microorganismo.

INGENIAR idear, inventar, crear, engendrar, concebir, hacer, formar, producir, originar, descubrir, innovar || **INGENIÁRSELAS** apañarse, arreglarse, despabilarse, componérselas, agenciárselas, aviarse, desenvolverse.

INGENIERÍA técnica, mecánica, industria, mecanización, automatismo, arte, ciencia.

INGENIERO técnico, perito, profesional, experto, especialista, diplomado.

INGENIO capacidad, entendimiento, inteligencia, seso, cerebro, comprensión, sensatez, cacumen, caletre, discernimiento, entendederas, juicio, talento, lucidez, percepción, claridad, razón, razonamiento, mente, imaginación, intelecto, sutileza, agudeza, mollera, viveza, perspicacia, clarividencia || salida, ocurrencia, humor, gracia, gracejo, chiste, agudeza, chispa, salero, donosura || artefacto, aparato, máquina, instrumento, utensilio, artificio, cacharro, arma, artilugio, mecanismo, dispositivo, armatoste.

INGENIOSAMENTE sutilmente, agudamente, diestramente, v. ingenioso.

INGENIOSIDAD salida, ocurrencia, v. ingenio.

INGENIOSO sutil, agudo, diestro, penetrante, perspicaz, sagaz, vivaz, talentoso, inteligente, astuto, mordaz, irónico, sarcástico, gracioso, ocurrente, humorístico, chistoso, saleroso, chispeante, donoso.

INGÉNITO v. innato.

INGENTE enorme, inmenso, colosal, descomunal, formidable, monumental, grandioso, abrumador, gigantesco, extraordinario, titánico, abundante, numeroso, extenso.

INGENUAMENTE inocentemente, candorosamente, sinceramente, v. ingenuo.

INGENUIDAD candor, inocencia, candidez, credulidad, franqueza, pureza, sencillez, simpleza, llaneza, naturalidad, buena fe, necedad, bobería, idealismo, inexperiencia.

INGENUO inocente, candoroso, sincero, franco, crédulo, cándido, natural, llano, simple, puro, sencillo, bobo, inexperto, idealista, necio.

INGERENCIA v. injerencia.

INGERIR v. ingurgitar.

INGESTIÓN alimentación, toma, comida, deglución, consumición, absorción, ingurgitación.

INGLE bragadura, pliegue, entrepierna.

INGLÉS anglo, británico, sajón, anglosajón.

INGOBERNABLE rebelde, indisciplinado, independiente, díscolo, incorregible, desordenado, terco, obstinado, porfiado, insumiso.

INGRATAMENTE deslealmente, egoístamente, desagradecidamente, v. ingrato.

INGRATITUD egoísmo, deslealtad, desagradecimiento, infidelidad, desafección, olvido, indiferencia, desapego, apatía, frialdad, insensibilidad, escepticismo, repudio, desconocimiento.

INGRATO desleal, egoísta, desagradecido, infiel, desapegado, indiferente, descastado, olvidadizo, escéptico, insensible, frío, desnaturalizado, apático.

Ingravidez ligereza, tenuidad, levedad, liviandad, sutilidad, suavidad, vaporosidad.

Ingrávido liviano, tenue, ligero, leve, vaporoso, sutil, suave, etéreo, fino, irreal.

Ingrediente componente, substancia, constituyente, elemento, materia, material, principio, compuesto, potingue, medicamento, droga, fármaco, remedio, principio, base, factor.

Ingresar afiliarse, asociarse, integrar, entrar, pertenecer, incorporarse, adherirse, inscribirse, anotarse, unirse, iniciarse, agruparse || ganar, obtener, entrar, guardar, recoger.

Ingreso asociación, afiliación, entrada, admisión, incorporación, iniciación, adhesión, unión, anotación, inscripción, agrupación, alta || ganancia, entrada, beneficio.

Ingurgitar tragar, engullir, embuchar, manducar, ingerir, devorar, deglutir, atragantarse, atiborrarse, atracarse, masticar.

Inhábil v. inepto.

Inhabilidad v. ineptitud.

Inhabilitación descalificación, incapacitación, invalidación, negación, exclusión, imposibilitación, inutilización, rechazo, prohibición.

Inhabilitar invalidar, incapacitar, descalificar, rechazar, inutilizar, prohibir, imposibilitar, excluir, negar.

Inhabitable incómodo, destartalado, ruinoso, arruinado, viejo, feo, desagradable, desmantelado, desolado, frío, desvencijado.

Inhabitado v. deshabitado.

Inhalación aspiración, absorción, infiltración, toma, aplicación, dosificación, vaporización.

Inhalador vaporizador, nebulizador, dosificador.

Inhalar aspirar, absorber, tomar, aplicarse, infiltrar, dosificar, vaporizar, nebulizar.

Inherencia relación, unión, v. inherente.

Inherente relacionado, agregado, unido, anexo, consubstancial, inseparable, inmanente, propio, peculiar, personal, característico, relativo, congénito, innato, nativo, constitutivo, esencial, tocante.

Inhibición privación, abstención, renuncia, sacrificio, contención, refrenamiento, alejamiento, apartamiento, excusa, abandono, retraimiento, v. inhabilitación.

Inhibir quitar, privar, vedar, impedir, prohibir, retirar, inhabilitar v. || Inhibirse abstenerse, renunciar, privarse, contenerse, sacrificarse, abandonar, excusar, apartarse, alejarse, refrenarse, retraerse.

Inhospitalario descortés, incivil, cruel, desatento, duro, grosero, inhumano v.

Inhóspito desértico, desagradable, agreste, árido, yermo, frío, salvaje, desolado, deshabitado, despoblado.

Inhumación entierro, sepelio, enterramiento, ceremonia, acto.

Inhumanidad crueldad, ferocidad, inclemencia, v. inhumano.

Inhumano cruel, feroz, inclemente, salvaje, bárbaro, brutal, duro, atroz, monstruoso, violento, malvado, perverso, egoísta, impío, desalmado, despiadado, implacable, sanguinario.

Inhumar sepultar, enterrar, soterrar, despedir, dejar.

Iniciación noviciado, ingreso, admisión, aprendizaje, preparación, instrucción, comienzo, principio, afiliación.

Iniciado novicio, neófito, adepto, ingresado, admitido, aprendiz, catecúmeno, afiliado, principiante, novato, discípulo, seguidor, partidario, profeso.

Iniciador creador, inventor, introductor, innovador, autor, fundador, instaurador, descubridor.

Inicial letra, signo, símbolo, sello, sigla, mayúscula, monograma || primero, original, originario, preliminar, inaugural, primitivo, preparatorio, elemental, primordial, fundacional, naciente, básico, fundamental.

Iniciar admitir, afiliar, adherir, acoger, aleccionar, catequizar, enseñar, adoctrinar, formar, instruir || empezar, comenzar, principiar, preludiar, estrenar, emprender, entablar, intentar, incoar, abordar, abrir, inaugurar, fundar, establecer, promover, lanzar, brotar, despuntar, surgir, originar, nacer, florecer, encabezar.

Iniciativa dinamismo, actividad, rapidez, prontitud, vivacidad, diligencia, celo, acción, seguridad, empuje, capacidad, imaginación, recursos, talento, aptitud, ingenio, decisión, vehemencia.

Inicio comienzo, principio, preludio, origen, preámbulo, encabezamiento, preparación, intento, estreno, promoción, establecimiento, fundación, inauguración, apertura, lanzamiento, causa, germen, base, arranque, proyecto, esbozo, rudimento, primicia.

Inicuamente perversamente, ignominiosamente, vilmente, v. inicuo.

Inicuo perverso, ignominioso, vil, malvado, maligno, malo, arbitrario, injusto, inaudito, infame, inmoral, abusivo, inaceptable, humillante, ultrajante.

Inigualado v. impar.
Inimaginable v. inconcebible.
Inimitable inconfundible, único, singular, personal, característico, propio, peculiar, magnífico, espléndido.

Ininflamable v. incombustible.
Ininteligible incomprensible, indescifrable, incoherente, obscuro, difícil, enigmático, embrollado, misterioso, abstruso, turbio, nebuloso, hermético, ilegible, impenetrable, recóndito, confuso, ambiguo, inconcebible.

Ininterrumpido v. incesante.

Iniquidad ignominia, perversidad, injusticia, arbitrariedad, inmoralidad, abuso, infamia, maldad, vileza, ultraje, monstruosidad, humillación.

Injerencia entremetimiento, intrusión, oficiosidad, mangoneo, mediación, impertinencia, fisgoneo, indiscreción, curiosidad, descaro, necedad, intervención, interposición, obstáculo.

Injerir * ingerir, deglutir, tragar, engullir, ingurgitar, embaular, comer, zampar, devorar, embuchar, manducar || **Injerirse** entremeterse, mangonear, curiosear, fisgonear, mediar, terciar, disponer, inmiscuirse, mezclarse, interponerse, estorbar, obstaculizar, meterse, intervenir.

Injertar aplicar, meter, introducir, incrustar, agregar, añadir, colocar, prender, brotar, agarrar, adaptar.

Injerto brote, yema, añadido, incrustación, cuña, agregado, trozo, pedazo, parte, postizo.

Injuria ultraje, denuesto, baldón, ofensa, vilipendio, deshonra, infamia, agravio, insulto, improperio, vejación, insolencia, dicterio, blasfemia, pulla, maldición, grosería, desprecio, desaire, escarnio.

Injuriar afrentar, insultar, deshonrar, vilipendiar, ofender, denostar, ultrajar, vejar, infamar, agraviar, maldecir, blasfemar, escarnecer, desairar, despreciar, herir, lastimar, molestar, faltar, denigrar, zaherir, menoscabar || dañar, herir, vulnerar, perjudicar.

Injurioso ultrajante, ofensivo, infamante, deshonroso, vejatorio, insultante, infame, agraviante, grosero, escarnecedor, humillante, despreciativo.

Injustamente ilegalmente, ilícitamente, improcedentemente, v. injusticia.

Injusticia ilegalidad, ilicitud, improcedencia, arbitrariedad, desafuero, abuso, parcialidad, iniquidad, irregularidad, infamia, vergüenza, culpa, tiranía, sinrazón, favoritismo, componenda, deslealtad, infracción, inmoralidad, atropello, capricho, antojo, despotismo, absurdo.

Injustificable inexcusable, inaceptable, indisculpable, v. injusto.

Injustificado v. injusto.

Injusto improcedente, abusivo, inicuo, indebido, ilegal, inmoral, odioso, violento, inexcusable, indisculpable, inaceptable, antirreglamentario, injustificado, tiránico, despótico, caprichoso, fútil, inconsistente, inoportuno, autoritario, agraviante, afrentoso, ultrajante, parcial, infundado, inmerecido.

Inmaculada Purísima, María, Virgen, Nuestra Señora, Madre de Dios.

Inmaculado impecable, irreprochable, intachable, limpio, nítido, puro, perfecto, pulcro, correcto, depurado, virgen, flamante, estrenado.

Inmaduro tierno, precoz, nuevo, incipiente, verde, bisoño, aprendiz, novato, inexperto, incapaz, ineficaz, inútil, desmañado, ignorante, prematuro, inmaturo.

Inmanente v. inherente.

Inmarcesible lozano, inmarchitable, fresco, rozagante, perenne, eterno, juvenil, perpetuo, imperecedero, duradero, durable, puro, sempiterno.

Inmarchitable v. inmarcesible.

Inmaterial intangible, imponderable, incorpóreo, irreal, abstracto, etéreo, irreal, ideal, imaginario, impalpable, alado, espiritual, metafísico, abstracto, suprasensible, aparente, espectral, invisible, quimérico.

Inmaterialidad irrealidad, incorporeidad, espiritualidad, abstracción, apariencia, invisibilidad, levedad, sutileza, ligereza, tenuidad.

Inmaturo v. inmaduro.

Inmediaciones proximidades, cercanías, vecindad, alrededores, contigüidad, contornos, aledaños.

Inmediatamente rápidamente, inminentemente, prontamente, urgentemente, prestamente, raudamente, velozmente, pronto, presto, rápido, al momento, en el acto, al punto, en seguida.

Inmediato urgente, inminente, rápido, pronto, presto, veloz, raudo, ininterrumpido, seguido || vecino, lindante, contiguo, cercano, próximo, seguido, rayano, limítrofe, fronterizo, tocante, adyacente, junto, seguido.

Inmejorable insuperable, imponderable, magnífico, espléndido, perfecto, óptimo, superior, excelente, impar, sin par, notable, soberbio.

Inmemorial antiquísimo, antiguo, remoto, arcaico, prehistórico, vetusto, añejo, primitivo, antediluviano, pretérito.

Inmensamente enormemente, infinitamente, incalculablemente, v. inmenso.

Inmensidad vastedad, extensión, infinidad, grandiosidad, grandeza, magnitud, anchura, enormidad, gigantismo, monstruosidad, dilatación, infinitud, desolación, vacío, espacio, universo, cantidad, muchedumbre.

Inmenso infinito, extenso, vasto, grande, grandioso, enorme, ancho, dilatado, anchuroso, desmedido, descomunal, desmesurado, ilimitado, insondable, incalculable, innumerable, exorbitante, gigantesco, colosal, extraordinario, inconmensurable.

Inmensurable v. inmenso.

Inmerecidamente injustamente, ilógicamente, arbitrariamente, v. inmerecido.

Inmerecido injusto, ilógico, arbitrario, indebido, ilegal, inicuo, abusivo, caprichoso, fútil, parcial, infundado, improcedente, absurdo.

Inmergir * sumergir v.

Inmersión descenso, sumersión, hundimiento, zambullida, buceo, chapuzón, bajada, introducción, baño, remojo, mojadura.

Inmerso sumido, sumergido, metido, introducido, embebido, hun-

INMIGRACIÓN llegada, afluencia, migración, desplazamiento, cambio, traslado, éxodo, emigración.

INMIGRANTE expatriado, llegado, desplazado, trabajador, emigrado, emigrante, inmigrado.

INMIGRAR llegar, arribar, establecerse, desplazarse, afluir, migrar, cambiar, trasladarse, emigrar.

INMINENCIA proximidad, cercanía, contigüidad, perentoriedad, proximidad, prontitud, apremio, urgencia.

INMINENTE cercano, próximo, perentorio, contiguo, pronto, próximo, urgente, apremiante.

INMISCUIRSE entremeterse, injerirse, intervenir, mezclarse, mangonear, curiosear, cotillear, fisgonear, disponer, mediar, terciar, meterse, obstaculizar, estorbar.

INMODERACIÓN desenfreno, exageración, intemperancia, v. inmoderado.

INMODERADO desenfrenado, exagerado, intemperante, excesivo, desmedido, destemplado, incontinente, vicioso, libertino, desvergonzado, descarado, descarriado.

INMODESTIA engreimiento, altanería, fatuidad, vanidad, presunción, pedantería, arrogancia, altivez, petulancia, humos, ínfulas.

INMODESTO fatuo, vano, altanero, engreído, presuntuoso, petulante, altivo, arrogante, pedante.

INMOLACIÓN ofrenda, sacrificio, homenaje, ofrecimiento, voto, holocausto, expiación, muerte, degollación.

INMOLAR ofrendar, ofrecer, sacrificar, matar, degollar, eliminar, expiar, pagar.

INMORAL indecente, impúdico, indecoroso, escandaloso, perdido, calavera, desvergonzado, liviano, picaresco, desaprensivo, vicioso, obsceno, impuro, escabroso, verde, licencioso, descocado, lujurioso, pornográfico, sicalíptico, torpe, libertino, sensual, depravado, corrompido || truhán, deshonesto, embaucador, pícaro, bribón, infiel || indigno, inicuo, injusto, ilícito, ilegal, prohibido, venal.

INMORALIDAD desvergüenza, impudicia, indecencia, picaresca, liviandad, licencia, escabrosidad, impureza, obscenidad, vicio, libertinaje, torpeza, pornografía, lujuria, sensualidad, relajamiento, depravación, corrupción, descoco, descaro || truhanería, deshonestidad, picardía, bribonada, infidelidad, indignidad, iniquidad, ilegalidad, prohibición, injusticia, venalidad.

INMORTAL eterno, perenne, perpetuo, imperecedero, sempiterno, perdurable, renovado, permanente, persistente, infinito, interminable, constante, indestructible, inacabable.

INMORTALIDAD perennidad, eternidad, perpetuidad, persistencia, permanencia, renovación, indestructibilidad, constancia, invulnerabilidad, impasibilidad, continuidad, firmeza.

INMORTALIZAR ensalzar, honrar, encumbrar, ennoblecer, enaltecer, realzar, glorificar.

INMOTIVADAMENTE infundadamente, injustificadamente, v. inmotivado.

INMOTIVADO infundado, injustificado, inconsistente, irreal, irracional, indebido, gratuito, fútil, absurdo.

INMÓVIL inerte, quieto, paralizado, estático, inanimado, exánime, detenido, pasivo, clavado, sedentario, petrificado, sosegado, estacionario, inconmovible, estable.

INMOVILIDAD quietud, paro, inercia, detención, estatismo, paralización, parálisis, pasividad, estabilidad, reposo, descanso, interrupción, pausa, espera, anquilosamiento, permanencia.

INMOVILIZACIÓN detención, paralización, sujeción, encadenamiento, consolidación, v. inmovilidad.

INMOVILIZAR paralizar, parar, detener, sujetar, atar, afirmar, encadenar, consolidar, clavar, plantar, obstaculizar, retener, estan-

Inmutarse car, dominar, vencer, subyugar, aquietar, estabilizar, interrumpir, sosegar, calmar.

Inmueble propiedad, finca, edificio, casa, vivienda, construcción, tierra, predio.

Inmundicia basura, porquería, cochambre, mugre, desperdicios, desechos, despojos, roña, suciedad, excrementos || vicio, desvergüenza, impudicia, libertinaje, obscenidad, deshonestidad, depravación.

Inmundo mugriento, puerco, cochambroso, sucio, roñoso, repugnante, cerdo, cochino, nauseabundo || impúdico, libertino, deshonesto, obsceno, depravado, desvergonzado, vicioso, impuro.

Inmune invulnerable, inviolable, fuerte, resistente, protegido, inatacable, duro, invencible, inexpugnable, tenaz, vigoroso, potente || privilegiado, consentido, apoyado, respaldado, dispensado, exento, exceptuado, libre.

Inmunidad exención, privilegio, prerrogativa, protección, apoyo, respaldo, dispensa, libertad, descargo, inviolabilidad, gracia, merced || resistencia, fortaleza, robustez, tenacidad, vigor, dureza, potencia.

Inmunización inyección, prevención, v. inmunizar.

Inmunizar inyectar, prevenir, precaver, inocular, proteger, vacunar, robustecer, endurecer, fortalecer.

Inmutabilidad inalterabilidad, invariabilidad, estabilidad, v. inmutable.

Inmutable inalterable, invariable, estable, indisoluble, firme, constante, persistente, imborrable, indeleble, indestructible, inquebrantable, inextinguible, estático, firme, vigente, permanente, perdurable, seguro || inexpresivo, reservado, frío, impávido, impasible, serio, flemático, impertérrito, indiferente, seco.

Inmutarse emocionarse, alterarse, trastornarse, conmoverse, turbarse, desconcertarse, palidecer, sonrojarse, enrojecer, temblar.

Innato congénito, connatural, personal, constitucional, propio, peculiar, natural, característico.

Innatural artificial, falso, ilógico, absurdo, afectado, aparente.

Innavegable obstruido, obstaculizado, infranqueable, peligroso, bajo, rocoso.

Innecesariamente superfluamente, infundadamente, inútilmente, v. innecesario.

Innecesario superfluo, infundado, inútil, superficial, sobrado, excesivo, exagerado, superabundante, fútil, trivial, pueril, nimio.

Innegable incuestionable, indiscutible, evidente, palmario, positivo, real, seguro, indudable, indubitable, indisputable, irrefutable, incontrovertible.

Innoble vil, abyecto, despreciable, ruin, bajo, infame, miserable, indigno, rastrero, innoble, depravado, servil, ignominioso, traidor, mezquino.

Innocuidad inoperancia, inocencia v., inactividad, inercia, inacción.

Innocuo inofensivo, inactivo, inocente v., inoperante, inerte, anodino, inerme, inocuo.

Innominado sin nombre, sin denominación.

Innovación creación, novedad, invento, invención, idea, primicia, perfeccionamiento, mejora, adelanto, progreso, renovación, descubrimiento, improvisación, introducción, transformación, modificación, cambio, alteración.

Innovador creador, autor, inventor, descubridor, renovador, perfeccionador, modificador, transformador, improvisador.

Innovar idear, inventar, crear, descubrir, renovar, progresar, adelantar, mejorar, perfeccionar, introducir, modificar, transformar, improvisar, alterar, cambiar.

Innumerable incontable, incalculable, considerable, ilimitado, infinito, inmenso, copioso, numeroso, múltiple, inconmensurable, enorme, descomunal, inagotable, crecido, abundante, sin fin.

INNÚMERO v. innumerable.

INOBEDIENCIA v. desobediencia.

INOBEDIENTE v. desobediente.

INOBSERVANCIA incumplimiento, infracción, contravención, informalidad, quebrantamiento, desobediencia, violación, negligencia, olvido, omisión, vulneración, descuido.

INOBSERVANTE incumplidor, informal, contraventor, infractor, negligente, violador, desobediente, quebrantador, vulnerador, descuidado.

INOCENCIA ingenuidad, sencillez, honestidad, honradez, candor, credulidad, candidez, llaneza, simpleza, buena fe, inexperiencia, idealismo, necedad, bobería || pureza, virginidad, honestidad, castidad, doncellez, integridad || exculpación, sobreseimiento, rehabilitación, irresponsabilidad, salvación, inculpabilidad, descargo, libertad, vindicación, exención.

INOCENTADA broma, chasco, engaño, burla, sorpresa, plancha, metedura, coladura, ridículo, enredo, pega, novatada.

INOCENTE sencillo, ingenuo, candoroso, honesto, honrado, inexperto, cándido, llano, crédulo, simple, idealista, bobo, necio || casto, virgen, puro, honesto, íntegro || exento, exculpado, sobreseído, irresponsable, rehabilitado, salvado, vindicado, descargado.

INOCENTEMENTE sencillamente, ingenuamente, candorosamente, v. inocente.

INOCUIDAD v. innocuidad.

INOCULACIÓN contaminación, infección, contagio, vacunación, comunicación, transmisión, implantación, penetración, inficionamiento, inyección, inmunización.

INOCULAR inyectar, inmunizar, vacunar, introducir, penetrar, implantar, transmitir, comunicar, contagiar, infectar, contaminar, inficionar.

INOCUO v. innocuo.

INODORO sin olor, limpio, grato, puro, soso, flojo || evacuatorio, sanitario, artefacto, accesorio, letrina, taza, aparato, retrete.

INOFENSIVO inocente, bonachón, pacífico, tranquilo, dulce, benigno, manso, infeliz, inerme, desarmado.

INOLVIDABLE imborrable, indeleble, permanente, persistente, perdurable, definitivo, eterno, fijo, impresionante, maravilloso, estremecedor, inmortal, histórico.

INOPE indigente, pobre, escaso, necesitado, apurado, mísero, carente, desnudo, falto, desprovisto.

INOPERABLE incurable, desesperado, desahuciado, difícil, inalcanzable, inabordable, imposible.

INOPERANTE ineficaz, inútil, innocuo, inactivo, inerte, nulo, insuficiente, estéril, vano, infructífero.

INOPIA pobreza, escasez, indigencia, miseria, apuro, falta, necesidad, desnudez, carencia || INOPIA * ignorancia, desconocimiento.

INOPINADAMENTE imprevistamente, repentinamente, inesperadamente, v. inopinado.

INOPINADO imprevisto, repentino, inesperado, fortuito, casual, súbito, brusco, insospechado, impensado, inadvertido, espontáneo, azaroso, sorprendente, imprevisible, accidental, rápido.

INOPORTUNAMENTE imprevistamente, intempestivamente, inadecuadamente, v. inoportuno.

INOPORTUNIDAD improcedencia, inconveniencia, incorrección, incomodidad, perjuicio, trastorno, molestia, perturbación, conflicto, discrepancia, incompatibilidad, retraso, anticipación, deshora, impertinencia, desacierto.

INOPORTUNO intempestivo, imprevisto, inesperado, inadecuado, inconveniente, incorrecto, tardío, temprano, desusado, prematuro, extemporáneo, retrasado, anticipado, desacertado, incompatible, molesto, perjudicial, incómodo, improcedente.

INORDENADO v. desordenado.

INORGÁNICO mineral, compuesto.

INOXIDABLE resistente, indestructible.

IN PÉCTORE reservadamente, reservado, secreto.

IN PROMPTU de pronto, improvisado, repentino.

INQUEBRANTABLE inflexible, inexorable, inalterable, inexpugnable, tenaz, firme, invariable, rígido, duro, persistente, constante.

INQUIETANTE alarmante, amenazador, intranquilizador, estremecedor, angustioso, temible, impresionante, peligroso, peliagudo, difícil, grave, turbador, incómodo.

INQUIETAR intranquilizar, estremecer, amenazar, alarmar, impresionar, angustiar, incomodar, turbar, agravar, dificultar, agobiar, preocupar, molestar, enfadar, irritar, excitar, perturbar, impacientar, atormentar, afligir, mortificar, fastidiar, desvelar.

INQUIETO intranquilo, impaciente, movedizo, activo, nervioso, inestable, fogoso, efusivo, excitado, desasosegado, revuelto, bullicioso, travieso, revoltoso, turbulento, incansable, activo, dinámico, emprendedor, ambicioso.

INQUIETUD impaciencia, nerviosidad, nerviosismo, intranquilidad, angustia, excitación, desasosiego, inestabilidad, preocupación, imaginación, escrúpulo, vacilación, sospecha, alarma, aflicción, mortificación, desvelo, ansiedad, efusión, actividad, ambición, dinamismo.

INQUILINATO arriendo, alquiler, cesión || INQUILINATO * vecindad, tugurio, casona.

INQUILINO ocupante, arrendatario, alquilado, vecino, habitante.

INQUINA animosidad, aversión, odio, tirria, ojeriza, enemistad, aborrecimiento, animadversión, antipatía, malquerencia, repugnancia, repulsión, rencor, hostilidad, manía, hincha, rabia, resentimiento.

INQUIRIR averiguar, indagar, preguntar, interrogar, interpelar, demandar, exigir, consultar, examinar, investigar, sondear, escudriñar, informarse.

INQUISICIÓN tribunal, Santo Oficio, audiencia, corte || indagación, interrogatorio, interpelación, examen, investigación, sondeo, pesquisa.

INQUISIDOR juez, magistrado, eclesiástico, interrogador, indagador, investigador.

INQUISITIVO investigador, interrogador, indagador, preguntón, cotilla, curioso, averiguador, inquieto.

INSACIABLE inextinguible, inapagable, infinito, inagotable, prolongado, constante || ansioso, ávido, ambicioso, insatisfecho, avaro, egoísta, explotador, glotón, hambriento, hambrón, famélico, comilón.

INSALIVAR humedecer, remojar, empapar, masticar, embeber.

INSALUBRE malsano, nocivo, perjudicial, dañino, insano, dañoso, enfermizo, pernicioso, desfavorable, malo, infecto, pestífero.

INSALUBRIDAD nocividad, daño, perjuicio.

INSALVABLE v. insuperable.

INSANABLE v. incurable.

INSANIA enajenación, locura, desvarío, vesania, frenesí, demencia, alienación, aberración, chifladura, delirio, trastorno, perturbación, monomanía, furia, anormalidad.

INSANO demente, frenético, loco, vesánico, enajenado, trastornado, delirante, chiflado, alienado, perturbado, monomaníaco, furioso, anormal, insensato, chalado, orate || v. insalubre.

INSATISFECHO descontento, disconforme, discrepante, disgustado, desavenido, decepcionado, quejoso, resentido, contrariado, afligido || anhelante, ambicioso, codicioso, ansioso, avaro, insaciable v.

INSCRIBIR anotar, apuntar, escribir, asentar, registrar, consignar || grabar, trazar, tallar, cincelar || circunscribir, delimitar, introducir, meter, limitar, ajustar, ceñir, encerrar || **INSCRIBIRSE** asociarse, adherirse, alistarse, apuntarse, afiliarse, agremiarse.

INSCRIPCIÓN letrero, leyenda, rótulo, emblema, lema, talla, nota, epígrafe, apunte, epitafio, lápida, piedra, losa, cartel, marbete || asociación, alistamiento, adhesión, apunte, afiliación, agremiación, alta, enganche, subscripción, asiento, abonamiento.

INSCRITO inscripto, circunscrito, delimitado, ajustado, ceñido, encerrado, rodeado, metido, introducido || asociado, apuntado, alistado, adherido, afiliado, agremiado, enganchado, subscrito, abonado.

INSECTICIDA veneno, tóxico, fumigación, repelente.

INSECTO animal articulado, bicho, sabandija, parásito, bicharraco, larva, gorgojo.

INSEGURAMENTE inestablemente, inciertamente, variablemente, v. inseguro.

INSEGURIDAD incertidumbre, inestabilidad, variación, agitación, oscilación, cambio, desequilibrio, fluctuación, altibajo, alternativa, duda, indecisión, vacilación, irresolución, titubeo, vaguedad, imprecisión.

INSEGURO inestable, incierto, variable, oscilante, desequilibrado, fluctuante, cambiante, indeciso, dudoso, vacilante, irresoluto, titubeante, vago, indeterminado, impreciso, inconstante.

INSEMINAR * fecundar, fertilizar, fecundizar.

INSENSATEZ barbaridad, necedad, tontería, majadería, desatino, disparate, extravagancia, atrocidad, locura, demencia, demasía, absurdo, paradoja, contrasentido, contradicción, incoherencia, imprudencia, burrada, enormidad, dislate, desvarío.

INSENSATO desatinado, descabellado, extravagante, disparatado, incoherente, contradictorio, paradójico, zoquete, burro, asno, papanatas, majadero, tonto, obtuso, memo, necio v., simple, ingenuo, inocente.

INSENSIBILIDAD letargo, inconsciencia, desmayo, parálisis, inmovilidad, inercia, frialdad, enajenamiento, atontamiento, síncope, ataque, acceso, indiferencia, impasibilidad, embotamiento, anestesia, analgesia, displicencia, entorpecimiento || crueldad, dureza, rigor, impiedad, brutalidad, inclemencia, severidad.

INSENSIBILIZAR anestesiar, cloroformizar, embotar, atontar, aletargar, paralizar, inmovilizar, entorpecer, adormecer, calmar || **INSENSIBILIZARSE** endurecerse, encallecerse, pervertirse, embrutecerse.

INSENSIBLE inanimado, inerte, aletargado, inconsciente, desmayado, paralizado, exánime, yerto, inmóvil, frío, atontado, enajenado, indiferente, embotado, entorpecido, anestesiado, cloroformizado || cruel, duro, encallecido, pervertido, impío, empedernido, inclemente, severo, riguroso, brutal || indoloro, leve, suave, imperceptible, gradual, paulatino.

INSENSIBLEMENTE gradualmente, imperceptiblemente, poco a poco, lentamente, suavemente.

INSEPARABLE fiel, entrañable, íntimo, devoto, apegado, hermano || unido, adjunto, inherente, fijado, atado, ligado, junto, indivisible, unitario, indiviso.

INSEPULTO sin enterrar, sin inhumar, no sepultado.

INSERCIÓN implantación, introducción, embutimiento, engastamiento, inclusión, encajamiento, empotramiento.

INSERTAR introducir, implantar, engastar, embutir, incluir, encajar, empotrar, colocar, intercalar, inserir, meter, hincar, fijar, enterrar, clavar, afianzar || publicar, anunciar, imprimir, editar, divulgar.

Inservible infructuoso, inútil, improductivo, ineficaz, impotente, infructífero, infecundo, caduco, estéril, nulo || estropeado, arruinado, deteriorado, roto, descompuesto, defectuoso, averiado, dañado, malogrado.

Insidia perfidia, asechanza, intriga, traición, trampa, garlito, maquinación, conspiración, estratagema, emboscada, engaño, calumnia, embrollo, celada, lazo, felonía, deslealtad, infidelidad.

Insidioso traicionero, pérfido, tramposo, conspirador, traidor, engañoso, desleal, felón, astuto, calumnioso, espía, lioso, embrollón.

Insigne célebre, famoso, glorioso, renombrado, popular, reputado, notorio, ilustre, admirado, prestigioso, aureolado, acreditado, brillante, exaltado, triunfador, esclarecido, conspicuo, afamado, inmortal, distinguido, conocido, inolvidable, memorable, preclaro, relevante.

Insignia emblema, distintivo, alegoría, divisa, marca, señal, escudo, símbolo, lema, imagen, figura, botón || enseña, v. bandera.

Insignificancia futilidad, menudencia, bagatela, nadería, minucia, chuchería, fruslería, baratija, frivolidad, tontería, bobada, birria, miseria, puerilidad, trivialidad, pequeñez, mezquindad, insubstancialidad, pizca, vestigio, residuo.

Insignificante baladí, despreciable, pequeño, leve, pobre, corto, escaso, exiguo, insuficiente, poco, ridículo, minúsculo, irrisorio, diminuto, menguado, módico, ruin, miserable, inane, vacío, pueril, trivial, infeliz, apocado, tímido, insubstancial, soso, intrascendente.

Insinceridad v. hipocresía.

Insincero v. hipócrita.

Insinuación sugerencia, indirecta, ambigüedad, alusión, doblez, rodeo, eufemismo, perífrasis, digresión, esbozo, ambages, evasiva, circunloquio, referencia, mención, reticencia, puntada, indicación, pulla.

Insinuante sugerente, sugestivo, sugeridor, incitante, excitante, interesante, tentador, provocativo, atractivo, fascinante, hechicero.

Insinuar aludir, sugerir, esbozar, rodear, mencionar, referirse, indicar, inspirar, apuntar, soplar, delinear || **Insinuarse** infiltrarse, manifestarse, inspirar, sugerir, impresionar.

Insipidez insulsez, desabrimiento, sosería, insubstancialidad, bobería, desazón, puerilidad.

Insípido desabrido, desaborido, insulso, soso, insubstancial, frío, vacuo, huero, inexpresivo, necio v.

Insipiencia v. ignorancia.

Insistencia reiteración, terquedad, tozudez, obstinación, machaconería, testarudez, pesadez, porfía, pertinacia, repetición, frecuencia, reincidencia, redundancia, muletilla, cantinela, lata, tabarra.

Insistente reiterado, repetido, machacón, pertinaz, reincidente, redundante, contumaz, pesado, porfiado, testarudo, obstinado, tozudo, terco, latoso.

Insistentemente reiteradamente, repetidamente, machaconamente, v. insistente.

Insistir repetir, reiterar, instar, machacar, obstinarse, perseverar, continuar, pedir, solicitar, reclamar, exhortar, suplicar, discutir, porfiar, reincidir.

In situ en el sitio, en el lugar.

Insobornable fiel, recto, honrado, honesto, justo.

Insociable huraño, intratable, misántropo, hosco, retraído, esquivo, huidizo, solitario, montaraz, desabrido, brusco, seco, serio, torvo, hermético, antipático, reservado, ceñudo, áspero, salvaje.

Insocial v. insociable.

Insolación desvanecimiento, acaloramiento, recalentamiento, so-

INSOLENCIA

poncio, acceso, ataque, patatús.

Insolencia descaro, frescura, atrevimiento, desvergüenza, descoco, desfachatez, inverecundia, licencia, verdulería, grosería, descomedimiento, vulgaridad, impudicia, procacidad, desgarro, desahogo, contumelia, cinismo, irreverencia, osadía, valor, tupé, audacia.

Insolentarse descararse, atreverse, descocarse, desbocarse, desmandarse, descarriarse, osar, descomedirse, enfrentarse, encararse.

Insolente desvergonzado, atrevido, fresco, descarado, descocado, grosero, verdulero, inverecundo, desfachatado, desgarrado, procaz, impúdico, vulgar, descomedido, osado, irreverente, cínico, audaz, ofensivo, soberbio, altanero, petulante, deslenguado, insultante, injurioso.

Insólito desusado, inusitado, inaudito, desacostumbrado, anormal, raro, extraño, infrecuente, increíble, extravagante, extraordinario, excepcional, asombroso, nuevo.

Insoluble impenetrable, indescifrable, hermético, misterioso, arcano, recóndito, incomprensible, inexplicable, difícil || inseparable, indisoluble, firme, perenne, resistente, inconmovible.

Insolvencia irresponsabilidad, pobreza, ruina, incapacidad, deuda, quiebra, compromiso, descrédito, empobrecimiento, inhabilitación.

Insolvente incapacitado, arruinado, irresponsable, desacreditado, empobrecido, pobre, inhabilitado, comprometido, quebrado, cesante, tronado, indigente, apurado.

Insomne desvelado, despabilado, despierto, intranquilo, nervioso, preocupado, sin sueño.

Insomnio vigilia, desvelo, vela, intranquilidad, preocupación, nerviosidad, agripnia.

Insondable profundo, inescrutable, recóndito, obscuro, impenetrable, insoluble, inexplicable, misterioso, incomprensible, indescifrable.

Insoportable inaguantable, insufrible, intolerante, cargante, fastidioso, aburrido, latoso, importuno, pesado, pelmazo, tedioso, impertinente, enfadoso, enojoso, molesto, irritante, descarado.

Insoslayable v. ineludible.

Insospechado inesperado, inadvertido, increíble, raro, excepcional, imprevisible, sorprendente, v. insólito.

Insostenible inadmisible, indefendible, rebatible, falso, absurdo, injusto, ilógico, refutable, contestable, descabellado, incoherente, desatinado, flojo, endeble.

Inspección examen, vigilancia, investigación, control, observación, comprobación, intervención, registro, verificación, revisión, reconocimiento, prueba, demostración, visita, revista, fiscalización.

Inspeccionar controlar, investigar, vigilar, observar, examinar, verificar, registrar, intervenir, comprobar, visitar, demostrar, probar, reconocer, revisar, revistar, determinar, fiscalizar.

Inspector verificador, interventor, investigador, examinador, observador, fiscalizador, revisor, comprobador, demostrador, controlador, funcionario, aduanero, delegado.

Inspiración aspiración, respiración, inhalación, atracción, henchimiento, expansión, jadeo || iluminación, idea, sugerencia, sugestión, estímulo, acicate, soplo, arrebato, musa, estro, voz, vocación, infusión, entusiasmo, intuición, furia creadora.

Inspirado iluminado, sugestionado, estimulado, entusiasmado, arrebatado, intuitivo, creador, genial, infundido, imbuido.

Inspirar provocar, causar, originar, infiltrar, imbuir, sugerir, entusiasmar, infundir, inculcar, crear, fomentar || aspirar, respirar, inhalar, henchir, expandir,

jadear, atraer || Inspirarse basarse, apoyarse, fundarse, sustentarse.
Instabilidad v. inestabilidad.
Instable v. inestable.
Instalación montaje, colocación, erección, construcción, emplazamiento, ordenación, ubicación, establecimiento, fundación, disposición, creación, alojamiento, situación || equipo, planta, montaje, red, construcción, edificación, dispositivo, conjunto, local, nave, tienda, establecimiento.
Instalador montador, operario, mecánico, obrero, constructor, decorador, electricista, armador.
Instalar emplazar, construir, erigir, colocar, montar, establecer, ubicar, ordenar, fundar, situar, alojar, disponer, crear, equipar, edificar, localizar, preparar, poner, acomodar, armar.
Instancia petición, solicitud, memorial, ruego, súplica, petitoria, nota, solicitación, demanda, exhortación, reclamación, pedido, postulación, pretensión || grado, escalón, etapa, escala jurídica, pleito, recurso.
Instantánea fotografía, impresión, copia, reproducción, prueba, positiva.
Instantáneamente súbitamente, repentinamente, rápido, v. instantáneo.
Instantáneo súbito, repentino, rápido, imprevisto, brusco, pronto, presto, precipitado, breve, corto, fugaz, fugitivo, momentáneo, radical.
Instante segundo, tris, santiamén, relámpago, periquete, soplo, momento, minuto, insignificancia, menudencia, abrir y cerrar de ojos.
Instar urgir, apresurar, pedir, solicitar, suplicar, rogar, apretar, apurar, apremiar, exhortar, clamar, insistir, presionar, reclamar.
Instauración establecimiento, fundación, institución, creación, situación, asentamiento, formación, entronización, implantación, organización, decreto, renovación, restauración.
Instaurar instituir, crear, establecer, fundar, organizar, formar, situar, asentar, decretar, renovar, restaurar, restablecer, implantar, entronizar.
Instigación acicate, incitación, apremio, pinchazo, aguijón, exhortación, hostigamiento, provocación, invitación, sugerencia, impulso, persuasión, inspiración, conspiración.
Instigador promotor, incitador, inductor, provocador, fustigador, inspirador, conspirador, agitador, culpable, creador, causante.
Instigar provocar, incitar, inducir, promover, crear, hostigar, inspirar, originar, persuadir, pinchar, azuzar, empujar, exhortar, animar, alentar, engrescar, enemistar, agitar, conspirar.
Instilación gotas, medicamento, líquido, elixir, colirio, licor.
Instilar verter, gotear, echar || infiltrar, infundir, inspirar, provocar, causar, originar, comunicar, inculcar, engendrar, suscitar.
Instintivamente involuntariamente, automáticamente, maquinalmente, v. instintivo.
Instintivo involuntario, automático, maquinal, inconsciente, reflejo, mecánico, espontáneo, impensado, irreflexivo, indeliberado, intuitivo.
Instinto impulso, reflejo, estímulo, incentivo, inspiración, propensión, empuje, atavismo, herencia, inconsciencia, intuición, inclinación, naturaleza, corazonada, automatismo.
Institución instituto, establecimiento, fundación, patronato, centro, corporación, organismo, sociedad, entidad, asociación, colectividad, consorcio || implantación, v. instauración.
Institucional corporativo, asociativo, colectivo, fundacional, empresarial.
Instituir fundar, establecer, crear,

patrocinar, formar, v. instaurar.

Instituto colegio, academia, escuela, estudio, seminario, liceo, gimnasio, conservatorio, facultad, universidad, institución docente || fundación, organismo, corporación, v. institución.

Institutor v. instructor.

Institutriz maestra, monitora, aya, educadora, profesora, preceptora, niñera, tutora, guía, instructora, señora de compañía.

Instrucción enseñanza, adiestramiento, iniciación, vulgarización, educación, aleccionamiento, catequesis, apostolado, difusión, divulgación || cultura, sabiduría, sapiencia, ciencia, ilustración, conocimientos, erudición, saber || **Instrucciones** órdenes, disposiciones, explicaciones, advertencias, sugerencias, mandatos, preceptos, bandos, decisiones, providencias.

Instructivo educativo, pedagógico, formativo, ilustrativo, explicativo, cultural, docente, didáctico, científico, beneficioso.

Instructor educador, monitor, guía, dómine, pedagogo, maestro, profesor, director, catedrático, entrenador, ayudante, ayo, preceptor, tutor, mentor, consejero.

Instruido culto, erudito, educado, ilustrado, docto, estudioso, sabio, sapiente, cultivado, leído, científico, preparado, capacitado, competente, letrado, entendido, conocedor, civilizado, superior, avanzado.

Instruir enseñar, educar, adiestrar, formar, divulgar, cultivar, aleccionar, iniciar, disciplinar, adoctrinar, ilustrar, documentar, preparar, dirigir, encaminar, iluminar, catequizar, perfeccionar, explicar, leer || formalizar, iniciar, incoar.

Instrumental herramientas, instrumentos, artefactos, utensilios, equipo.

Instrumentar * arreglar, componer, organizar, instigar, apañar, crear, fomentar.

Instrumentista músico, ejecutante, profesor, integrante, componente de orquesta.

Instrumento utensilio, artefacto, aparato, herramienta, útil, material, arma, aparejo, bártulo, elemento, trasto, trebejo, chirimbolo, pertrecho, avío, aparejo, enser, apero || escritura, documento, prueba, justificante.

Insubordinación desobediencia, rebeldía, insumisión, anarquía, alboroto, desorden, obstinación, subversión, soliviantamiento, resistencia, independencia, desafío, sedición, revolución, conjura, conspiración.

Insubordinado desobediente, rebelde, v. insubordinación.

Insubordinarse rebelarse, desobedecer, alborotar, desordenar, obstinarse, desafiar, independizarse, resistirse, soliviantarse, conspirar, alzarse, amotinarse, sublevarse, levantarse, enfrentarse, desafiar.

Insubstancial soso, insípido, vano, hueco, vacío, insulso, trivial, vulgar, frívolo, pueril, huero, vacuo, necio, indiferente, apático, frío.

Insubstancialidad sosería, trivialidad, insulsez, vaciedad, vacuidad, necedad, puerilidad, frivolidad, vulgaridad, indiferencia, frialdad, apatía.

Insubstituible v. insustituible.

Insuficiencia falta, escasez, carencia, penuria, privación, laguna, vacío, menester, déficit, defecto, carestía, exigüidad, parvedad, inopia, indigencia, deficiencia, rareza, anormalidad || ineptitud, incapacidad, torpeza, impericia.

Insuficiente escaso, falto, incompleto, deficiente, carente, privado, defectuoso, poco, exiguo, indigente, caro, raro, menesteroso, vacío, parvo || incapaz, ignorante, torpe, inhábil.

Insuflar inflar, soplar, hinchar, introducir, comunicar, meter, inyectar, ensanchar.

Insufrible insoportable, inaguantable, intolerable, irritante, descarado, enojoso, enfadoso, impertinente, tedioso, pelmazo, pesado, importuno, latoso, aburrido, fastidioso, cargante.

Insufriblemente insoportablemente, inaguantablemente, v. insufrible.

Ínsula gobierno, canonjía, prebenda, feudo || isla, islote.

Insular isleño, insulano.

Insulsez sosería, simpleza, insipidez, insubstancialidad, puerilidad, necedad, tontería, frialdad, apatía, inexpresividad, estupidez, vacuidad, bobería v.

Insulso insubstancial, insípido, soso, simple, vacuo, vacío, necio, pueril, tonto, estúpido, inexpresivo, frío, apático, bobo v.

Insultante ofensivo, injurioso, agraviante, humillante, ultrajante, provocativo, afrentoso, infamante, escarnecedor, despreciativo, infame, vejatorio, insolente, descarado, desvergonzado, irrespetuoso, grosero, deslenguado, desfachatado.

Insultar agraviar, injuriar, ofender, humillar, ultrajar, provocar, escarnecer, infamar, afrentar, descararse, insolentarse, vejar, despreciar, deslenguarse, desvergonzarse, desfachatarse, denostar, herir, denigrar, vilipendiar, enfrentarse.

Insulto injuria, ofensa, agravio, ultraje, humillación, provocación, insolencia, afrenta, infamia, escarnio, befa, mofa, desfachatez, desvergüenza, desprecio, denuesto, vilipendio, baldón, oprobio, vituperio, dicterio, invectiva.

Insumergible flotante, boyante, estanco, cerrado, hermético, flotador.

Insumisión v. insubordinación.

Insumiso v. insubordinado.

Insuperable insalvable, infranqueable, impracticable, invencible, intransitable, imposible, difícil, arduo, duro, incómodo, inabordable, irrealizable, utópico, inaccesible, inasequible || soberbio, inmejorable, espléndido, excelente, superior, óptimo, impar, sin par, perfecto, magnífico, invencible.

Insurgente v. insurrecto.

Insurrección sublevación, rebelión, levantamiento, sedición, revuelta, cuartelada, alzamiento, asonada, insubordinación, tumulto, alcaldada, motín, revolución, alboroto, algarada, disturbio, pronunciamiento, movimiento, conspiración.

Insurreccionarse v. insubordinarse.

Insurrecto sedicioso, rebelde, sublevado, insubordinado, revoltoso, tumultuoso, amotinado, revolucionario, alborotador, faccioso, levantado, conspirador.

Insustancial v. insubstancial.

Insustituible irreemplazable, indispensable, imprescindible, necesario, esencial, imperioso, indefectible, ineludible, inevitable, obligatorio, forzoso, principal, importante, inapreciable, vital, fundamental, primordial.

Intacto íntegro, entero, completo, incólume, indemne, ileso, inmune, perfecto, cabal, total, sano, salvo, seguro, invulnerable, virgen, puro, v. intachable.

Intachable irreprochable, honesto, honrado, íntegro, incorruptible, recto, cabal, desinteresado, inmaculado, impoluto, probo, respetable, honorable, justo, equitativo, insobornable, limpio, v. intacto.

Intangible impalpable, imperceptible, incorpóreo, inmaterial, invisible, etéreo, aéreo, sutil, fino, menudo, tenue, suave, leve, espiritual.

Integérrimo v. íntegro.

Integración reunión, composición, unión, unificación, nivelación, mezcla, combinación, igualdad.

Integral v. integrante, v. íntegro.

Íntegramente completamente, en-

INTEGRANTE

teramente, totalmente, absolutamente, cumplidamente, rematadamente, consumadamente, plenamente, cabalmente.

INTEGRANTE componente, constituyente, elemento, parte, pieza, principio, ingrediente, material, materia, substancia, factor, accesorio || adicional, complementario, integral, parcial, suplementario.

INTEGRAR constituir, componer, formar, participar, completar, totalizar, suplir, entrar, coronar, añadir, llenar, colmar, incluir.

INTEGRIDAD honradez, decencia, lealtad, rectitud, hombría, miramiento, pulcritud, honestidad, probidad, moralidad, austeridad, virtud, honorabilidad, limpieza || virginidad, pureza, doncellez, castidad, inocencia, himen || indemnidad v.

ÍNTEGRO irreprochable, honrado, decente, recto, leal, austero, probo, honesto, mirado, honorable, limpio, virtuoso, cabal, justo, puro, casto, inocente, intacto, completo, incólume, entero, total, invulnerable, sano, salvo, indemne, ileso, seguro, inmune.

INTELECTO v. inteligencia.

INTELECTUAL estudioso, ilustrado, erudito, docto, culto, pensador, sapiente, cultivado, instruido, letrado, superior, avanzado || especulativo, espiritual, mental, subjetivo, psicológico, interior, cerebral, anímico.

INTELECTUALIDAD clase culta, estudiosa, ilustrada, erudita, superior, instruida || v. intelecto.

INTELIGENCIA juicio, alcance, intelecto, cacumen, entendimiento, talento, comprensión, penetración, perspicacia, agudeza, sutileza, capacidad, lucidez, entendederas, cerebro, cabeza, sesos, chispa, meollo, razón, ingenio, clarividencia, mente, percepción, discernimiento || comprensión, acuerdo, armonía, pacto, asenso, simpatía.

INTELIGENTE talentoso, perspicaz, agudo, sagaz, entendido, cerebral, penetrante, lúcido, capaz, sutil, clarividente, ingenioso, profundo, despierto, despabilado, listo, diestro.

INTELIGENTEMENTE talentosamente, agudamente, sagazmente, v. inteligente.

INTELIGIBLE comprensible, claro, fácil, concebible, evidente, manifiesto, patente, explicable, perceptible, palmario, obvio, asequible, accesible, legible, descifrable, transparente, penetrable, audible.

INTEMPERANCIA incontinencia, desenfreno, exceso, libertinaje, liviandad, concupiscencia, sensualidad, abuso || destemplanza, descortesía, tosquedad, grosería, rudeza, desconsideración, insolencia.

INTEMPERANTE desenfrenado, inmoderado, incontinente, abusador, liviano, apasionado, sensual, concupiscente, libertino || descortés, destemplado, desconsiderado, rudo, grosero, tosco, insolente.

INTEMPERIE exterior, afuera, fuera, a cielo abierto, sin techo.

INTEMPESTIVAMENTE repentinamente, inopinadamente, imprevistamente, v. intempestivo.

INTEMPESTIVO repentino, inopinado, imprevisto, inesperado, impensado, extemporáneo, inoportuno, anticipado, adelantado, retrasado, desusado, impropio, incómodo, irritante, inconveniente, improcedente, inadecuado, sorprendente.

INTENCIÓN determinación, propósito, voluntad, designio, resolución, empeño, mira, deseo, propensión, ánimo, idea, pensamiento, plan, arreglo, proyecto, fin.

INTENCIONADAMENTE deliberadamente, premeditadamente, v. intencionado.

INTENCIONADO v. intencional.

INTENCIONAL deliberado, premeditado, preconcebido, determinado, pensado, proyectado, preparado, intencionado, voluntario, maduro, adrede, aposta, ex profeso.

INTENDENCIA dirección, administración, gobierno, manejo, cuidado, gestión, gerencia, régimen, tutela, guía, regencia.

INTENDENTE gestor, administrador, gerente, jefe, mayordomo, apoderado, curador, supervisor.

INTENSAMENTE fuertemente, enérgicamente, vivamente, v. intensidad.

INTENSIDAD fuerza, energía, viveza, vigor, violencia, vehemencia, profundidad, poder, grandeza, penetración, poderío, virulencia, rigor, potencia, brío, ímpetu, persistencia, firmeza, tenacidad, eficacia, dominio.

INTENSIFICACIÓN incremento, desarrollo, aceleración, aumento, acentuación, crecimiento, vigorización, engrandecimiento, extensión, frecuencia, rapidez.

INTENSIFICAR incrementar, desarrollar, aumentar, acelerar, engrandecer, vigorizar, crecer, acentuar, extender, urgir, reiterar, repetir, reanudar, extremar, profundizar, ahondar, penetrar, fomentar.

INTENSIVAMENTE exhaustivamente, agotadoramente, v. intenso.

INTENSIVO exhaustivo, agotador, demoledor, v. intenso.

INTENSO crecido, acentuado, acelerado, aumentado, extendido, vigoroso, grande, urgente, fuerte, frecuente, rápido, profundo, rabioso, hondo, recio, penetrante, agudo, vivo, insufrible, intolerable.

INTENTAR pretender, probar, procurar, ensayar, proyectar, tratar, tantear, entablar, iniciar, acometer, abordar, trabajar, gestionar, diligenciar, incoar, proponer, ansiar, aspirar, ambicionar, desear, embarcarse, querer, ejecutar, realizar, reanudar.

INTENTO prueba, ensayo, proyecto, tentativa, intentona, pretensión, tanteo, aspiración, ansia, gestión, ejecución, deseo, ambición, reanudación, propósito, designio, medio, oficio, campaña, cruzada, empresa, estudio, impulso, afán, intención, comprobación, sondeo, reconocimiento, experimento.

INTENTONA tentativa, atentado, algarada, rebelión, fracaso, fiasco, v. intento.

INTER- entre, en medio, de por medio.

INTERCADENCIA desigualdad, irregularidad, interrupción, inconstancia.

INTERCALACIÓN interposición, mezcla, combinación, inserción, v. intercalar.

INTERCALADO interpolado, interpuesto, superpuesto, insertado, trasladado, alternado, metido, introducido, barajado, interlineado, combinado, mezclado, turnado, agregado, añadido, colocado.

INTERCALAR interponer, mezclar, combinar, insertar, interpolar, interlinear, barajar, introducir, meter, alternar, superponer, añadir, agregar, turnar, traslapar.

INTERCAMBIABLE recambiable, desmontable, desarmable, de repuesto, de recambio, corriente, común.

INTERCAMBIO permuta, trueque, cambio, canje, reciprocidad, compensación, negocio, cambalache, exportación, importación, compraventa, barata, trapicheo.

INTERCEDER mediar, intervenir, terciar, influir, participar, interponerse, mezclarse, defender, reconciliar, inmiscuirse, entremeterse, abogar, ayudar, respaldar, interesarse, recomendar, suplicar, rogar.

INTERCEPCIÓN detención, interrupción, interceptación, obstrucción, entorpecimiento, estorbo, corte, incomunicación, aislamiento, neutralización.

INTERCEPTAR interrumpir, detener, obstruir, incomunicar, aislar, cortar, estorbar, entorpecer, obstaculizar, parar, impedir.

INTERCESIÓN intervención, mediación, influencia, participación, reconciliación, protección, defensa, interposición, mezcla, entretenimiento, recomendación, interés, respaldo, ayuda, súplica, ruego, injerencia, arbitraje, conciliación, concordia, oficiosidad, diligencia.

Intercesor mediador, influyente, participante, reconciliador, defensor, entremetido, interesado, abogado, protector, árbitro, conciliador, oficioso, diligente, suplicante, intermediario, negociador, agente.

Intercontinental transatlántico, oceánico, marítimo, internacional, mundial, universal, general.

Interdependencia reciprocidad, v. dependencia.

Interdicción prohibición, oposición, privación, suspensión, veto, negativa, exclusión,

Interés afecto, atención, propensión, inclinación, curiosidad, tendencia, disposición, vocación, apego, predilección, protección, distinción, querencia, cariño || provecho, utilidad, beneficio, ganancia, usura, lucro, rendimiento, ventaja, usura, logro, fruto, producto, dividendo, gajes, recompensa, v. intereses || atractivo, atracción, encanto, fascinación, gracia, incentivo, aliciente, afinidad, sugestión, seducción.

Interesadamente codiciosamente, egoístamente, ambiciosamente, v. interesado.

Interesado egoísta, codicioso, ambicioso, materialista, ávido, avaro, positivo, infiel, aprovechado, ingrato, desdeñoso, sórdido, ruin, egocéntrico || intrigado, seducido, atraído, encantado, fascinado, sugestiando || afectado, solicitante, compareciente, demandante, aspirante, suplicante.

Interesante atrayente, fascinante, encantador, hechicero, seductor, maravilloso, gracioso, sugestivo, hermoso, bello, llamativo, agradable, cautivante, curioso, animado, abigarrado, raro, desusado, infrecuente || Interesante * v. embarazada.

Interesar incumbir, concernir, atañer, afectar, importar, relacionarse, competer, corresponder, pertenecer, tocar || seducir, atraer, cautivar, maravillar, agradar, sugestionar, hechizar, encantar, fascinar, impresionar ||

Interesarse encariñarse, encantarse, enamorarse, preocuparse, inquietarse, desvelarse, impacientarse, absorberse.

Intereses bienes, riqueza, fortuna, capital, caudal, acervo, posesiones, inversiones, negocios, hacienda, asuntos, medios.

Interestelar espacial, cósmico, celeste, universal, astral.

Interfecto víctima, occiso, cadáver, difunto, muerto, baja || Interfecto * interesado, aludido, mencionado, protagonista.

Interferencia neutralización, detención, interceptación, interrupción, obstrucción, incomunicación, corte, estorbo, entorpecimiento.

Interferir interceptar, neutralizar, detener, estorbar, cortar, incomunicar, obstruir, interrumpir, entorpecer, obstaculizar.

Interfoliar intercalar v.

Ínterin entretanto, mientras, provisionalmente, transitoriamente, en tanto, de momento, interinamente.

Interinamente momentáneamente, provisoriamente, transitoriamente, v. interino.

Interinidad transitoriedad, suplencia, precariedad, brevedad, fugacidad, caducidad, substitución, periodicidad, intermedio, reemplazo.

Interino provisorio, momentáneo, transitorio, suplente, substituto, reemplazante, breve, fugaz, temporal, transeúnte, accidental.

Interior interno, central, profundo, intrínseco, recóndito, íntimo, secreto, familiar, entrañable, céntrico, rodeado, limitado, oculto, intestino, subjetivo, anímico, mental, espiritual.

INTERIORIDADES intimidades, secretos, reservas, misterios, confidencias, enigmas, incógnitas.
INTERIORIZADO * enterado, conocedor, sabedor, capacitado, competente.
INTERIORMENTE internamente, centralmente, profundamente, v. interior.
INTERJECCIÓN exclamación, grito, voz, imprecación, apóstrofe, juramento, voto, aclamación, alarido, lamento.
INTERLINEAR v. intercalar.
INTERLOCUCIÓN conversación, plática, charla, diálogo v.
INTERLOCUTOR oponente, escucha, oyente, dialogador, participante.
INTERLUDIO v. intermedio.
INTERMEDIAR terciar, mediar, interceder, intervenir v.
INTERMEDIARIO comisionista, agente, mediador, medianero, árbitro, intercesor, tercero, conciliador, comerciante, traficante, negociante, componedor.
INTERMEDIO entreacto, descanso, interludio, interrupción, alto, espera, intervalo, tregua, pausa, espacio, cese.
INTERMINABLE continuo, inacabable, inagotable, perpetuo, lento, eterno, infinito, ininterrumpido, prolongado, inextinguible, largo, tedioso, cargante.
INTERMISIÓN alto, detención, cese, interrupción v.
INTERMITENCIA discontinuidad, interrupción, suspensión, recurrencia, truncamiento, corte, pausa, alternación, detención, alto, irregularidad.
INTERMITENTE discontinuo, interrumpido, irregular, alterno, suspendido, recurrente, aislado, remitente, entrecortado, esporádico, ocasional.
INTERNACIONAL mundial, universal, interestatal, cosmopolita, abigarrado, híbrido, mezclado, difundido, unido.
INTERNACIONALIZAR generalizar, popularizar, universalizar, difundir, abrir, unir.
INTERNADO pensionado, pupilaje, colegio, escuela, seminario, instituto, institución educativa.
INTERNAMENTE interiormente, centralmente, intrínsecamente, v. interno.
INTERNAMIENTO * reclusión, encierro, internación, concentración, apartamiento, encarcelamiento, prisión, aislamiento.
INTERNAR encerrar, recluir, encarcelar, aprisionar, apartar, aislar, concentrar, cercar || INTERNARSE penetrar, adentrarse, emboscarse, ocultarse, entrar, esconderse, aventurarse, explorar, introducirse, meterse, avanzar.
INTERNO interior, central, intrínseco, céntrico, limitado, rodeado, secreto, íntimo, familiar, doméstico, oculto, intestino, orgánico, personal, propio || pensionista, alumno, colegial, educando, becario.
INTER NOS entre nosotros, confidencialmente, aparte, personalmente.
INTERPELACIÓN requerimiento, demanda, pregunta, petición, ruego, súplica, exhortación, exigencia, solicitación, solicitud, reclamación, petitoria, interrogación.
INTERPELAR preguntar, requerir, pedir, demandar, solicitar, suplicar, exigir, exhortar, interrogar, reclamar, instar, intimar, rogar, recurrir, compeler.
INTERPLANETARIO cósmico, celeste, espacial, universal, interestelar, astral, intersideral.
INTERPOLACIÓN inserción, intercalación, interposición, superposición, introducción, combinación.
INTERPOLAR intercalar, insertar, interlinear, v. interponer.
INTERPONER intercalar, entreverar, insertar, meter, introducir, interpolar, interlinear, combinar, mezclar, superponer, traslapar, presentar, alternar, engranar, entremezclar || INTERPONERSE obstaculizar, interrumpir, detener, atravesarse, entremeterse, injerirse, mezclarse.
INTERPOSICIÓN intercalación, introducción, interpolación, superpo-

sición, mediación, combinación, mezcla, injerencia, interrupción, entremetimiento.

INTERPRETACIÓN comentario, explicación, análisis, comprensión, aclaración, elucidación, descripción, definición, disquisición, demostración, deducción, inferencia, conclusión, glosa, ejecución.

INTERPRETAR comentar, explicar, analizar, definir, describir, elucidar, aclarar, comprender, concluir, inferir, deducir, demostrar, asimilar, exponer, descifrar, entender, traducir, glosar, expresar || representar, actuar, declamar, trabajar.

INTÉRPRETE guía, traductor, *cicerone*, experto, polígloto, lingüista || expositor, comentarista, demostrador, anotador, glosador, exegeta || ejecutante, músico, profesor, solista, cantante.

INTERPUESTO intercalado, introducido, interpolado, v. interponer.

INTERREGNO interrupción, intervalo, paréntesis, cesación, suspensión, lapso, período.

INTERROGACIÓN interpelación, pregunta, petición, demanda, requerimiento, solicitud, exhortación, exigencia, súplica, ruego, reclamación, propuesta, v. interrogante.

INTERROGADOR investigador, juez, examinador, fiscal, letrado, consultante.

INTERROGANTE incógnita, enigma, misterio, secreto, entresijo, adivinanza, cuestión, caso, problema.

INTERROGAR preguntar, inquirir, averiguar, indagar, interpelar, examinar, investigar, consultar, sondear, escudriñar, informarse, demandar, interesarse, comunicar, solicitar, exhortar, obligar.

INTERROGATORIO examen, sondeo, investigación, indagación, interpelación, pregunta, consulta, informe, demanda, cuestionario, brega, insistencia.

INTERRUMPIR suspender, detener, impedir, parar, atajar, romper, obstaculizar, estorbar, frenar, limitar, trabar, complicar, atascar, evitar, reprimir, contener, paralizar, entorpecer, perturbar, molestar, dificultar, prohibir.

INTERRUPCIÓN detención, suspensión, paro, limitación, freno, estorbo, obstáculo, traba, paralización, parálisis, contención, atasco, complicación, dificultad, molestia, perturbación, entorpecimiento, prohibición, intervalo, descanso, intermedio.

INTERRUPTOR pulsador, mando, botón, llave, palanca, clavija.

INTERSECCIÓN bifurcación, cruce, confluencia, encrucijada, esquina, encuentro, empalme, corte, cruz, unión, reunión, concurrencia.

INTERSTICIO rendija, hendedura, raja, grieta, abertura, resquicio, oquedad, fractura, resquebrajadura, juntura, fisura, cuarteo, falla, incisión, muesca, surco, corte, ranura, quiebra, hueco, paso, espacio.

INTERURBANO metropolitano, ciudadano, urbano, municipal, capitalino.

INTERVALO lapso, espacio, distancia, medida, separación, apartamiento, duración, periodicidad, interregno, ínterin, hueco, claro, alcance, margen, extensión, dimensión || intermedio, entreacto, interludio, descanso, interrupción, alto, espera, tregua, pausa, cese, detención.

INTERVENCIÓN mediación, intromisión, injerencia, ayuda, respaldo, entremetimiento, intrusión, oficiosidad, interposición, actuación, acción, función, diligencia, maniobra, control, inspección, arbitraje, fiscalización, participación, influencia, dominación.

INTERVENIR injerirse, mediar, entremeterse, interponerse, oficiar, actuar, maniobrar, ayudar, respaldar, apoyar, controlar, inspeccionar, arbitrar, dominar, influir, participar, celebrar, mezclarse || operar, tajar.

INTERVENTOR funcionario, inspector, comisario, mediador, tercero, fiscalizador, verificador, examinador, observador, revisor, delegado.

Intervievar * entrevistar, interrogar, conferenciar, visitar.

Interview * v. *interviú.*

Interviú * entrevista, conferencia, audiencia, cita, diálogo, conversación, interrogación, visita.

Intestino interno, civil, interior, doméstico, familiar || Intestinos tripas, entrañas, vísceras, conducto digestivo.

Intimación exhortación, requerimiento, aviso, notificación, comunicación, advertencia, sugerencia, observación, indicación, ultimátum, admonición, orden, exigencia.

Íntimamente profundamente, interiormente, entrañablemente, v. íntimo.

Intimar confraternizar, fraternizar, avenirse, simpatizar, congeniar, tratarse, alternar, comprenderse, entenderse, hacer migas || requerir, exhortar, conminar, exigir, ordenar, reclamar, prescribir, avisar, notificar, comunicar.

Intimidación amenaza, aviso, reto, desafío, provocación, bravata, miedo, susto, temor.

Intimidad familiaridad, confianza, aislamiento v., retiro.

Intimidar amenazar, retar, desafiar, provocar, avisar, asustar, atemorizar, empequeñecer.

Íntimo profundo, interno, interior, recóndito, intrínseco, secreto, familiar, doméstico, personal, propio, entrañable, subjetivo, espiritual, oculto, recóndito, particular, esencial || amigo, camarada, compañero, inseparable, hermano, fraternal, incondicional.

Intitular titular, encabezar, inscribir, rotular, escribir, mencionar, llamar, nombrar, designar.

Intolerable inadmisible, inaceptable, injusto, abusivo, indebido, inicuo, ilegal, inmoral, inexcusable, indisculpable, antirreglamentario, despótico, tiránico, agraviante, ultrajante, inaguantable, insufrible.

Intolerancia intransigencia, terquedad, oposición, obstinación, tozudez, resistencia, pertinacia, superstición, fanatismo, ceguera, sectarismo, celo, exaltación, obcecación, severidad, rigidez.

Intolerante obstinado, intransigente, terco, opuesto, pertinaz, resistente, tozudo, supersticioso, exaltado, celoso, obcecado, sectario, ciego, fanático, cerrado, severo, rígido.

Intoxicación envenenamiento, inficionamiento, accidente, emponzoñamiento, absorción, aspiración, ingestión de tóxicos || perversión, vicio, daño, encono, perjuicio, saturación.

Intoxicado emponzoñado, envenenado, accidentado, víctima || saturado, enconado, pervertido, enviciado.

Intoxicante v. tóxico.

Intoxicar envenenar, emponzoñar, absorber, ingerir, aspirar tóxicos || enviciar, pervertir, enconar, saturar, perjudicar.

Intraducible inexpresable, inenarrable, ininteligible, incomprensible, embrollado.

Intramuros dentro, interiormente, céntricamente, centralmente, en el interior.

Intranquilidad inquietud, excitación, nerviosidad, *nerviosismo*, desasosiego, impaciencia, angustia, aflicción, mortificación, desvelo, ansiedad, duda, recelo, conmoción, perturbación, zozobra, desazón, turbación, cuidado, congoja, alarma.

Intranquilizador alarmante, angustioso, sombrío, triste, amenazador, perturbador, inquietante, estremecedor, impresionante, peligroso, peliagudo, difícil, grave, turbador, incómodo.

Intranquilizar desasosegar, atormentar, entristecer, angustiar, alarmar, impresionar, estremecer, inquietar, perturbar, tur-

bar, incomodar, conmover, conmocionar, desazonar, mortificar, impacientar.
Intranquilo nervioso, excitado, inquieto, desvelado, mortificado, afligido, angustiado, desasosegado, perturbado, conmocionado, receloso, dudoso, ansioso, alarmado, acongojado, turbado, desazonado, estremecido, incómodo, impresionado, agitado, impaciente.
Intransferible inalienable, propio, intransmisible, intraspasable, personal, privativo, individual, exclusivo.
Intransigencia terquedad, intolerancia, obstinación, oposición, severidad, rigidez, dureza, celo, fanatismo, exaltación, obcecación, ceguera, sectarismo, pertinacia, resistencia, tozudez.
Intransigente intolerante, obstinado, terco, opuesto, severo, rígido, fanático, celoso, pertinaz, sectario, ciego, obcecado, tozudo, exaltado.
Intransitable tortuoso, desigual, escabroso, accidentado, escarpado, atascado, obstruido, obstaculizado, anfractuoso, quebrado, difícil, duro, empantanado.
Intransitado solitario, apartado, aislado, desierto, solo.
Intransmisible v. intransferible.
Intrascendente v. insignificante.
Intratable huraño, insociable, retraído, hosco, misántropo, brusco, desabrido, montaraz, solitario, huidizo, esquivo, incivil, ceñudo, reservado, antipático, serio, torvo, seco, salvaje, áspero, malhumorado, esquivo, arisco, ingrato, inaguantable, grosero, avinagrado.
Intrépidamente valerosamente, denodadamente, temerariamente, v. intrépido.
Intrepidez arrojo, audacia, osadía, temeridad, valentía, valor, determinación, resolución, despreocupación, arresto, arrojo, coraje, decisión, brío, denuedo, energía, bravura, atrevimiento.
Intrépido valiente, temerario, osado, audaz, arrojado, valeroso, resuelto, despreocupado, determinado, decidido, denodado, enérgico, atrevido, bravo, animoso, impávido, corajudo, irreflexivo.
Intriga maquinación, maniobra, embrollo, treta, ardid, enredo, chanchullo, tejemaneje, disimulo, tinglado, complot, confabulación, trama, trapisonda, emboscada, trampa, enredo, asechanza, astucia, chisme || interés, curiosidad, suspenso, *suspense*, incertidumbre, misterio.
Intrigado interesado, curioso, sugestionado, atraído, extrañado.
Intrigante enredador, maniobrero, trapisondista, solapado, traidor, taimado, urdidor, embrollón, disimulado, confabulado, complotado, tramposo, astuto, chismoso, maquinador, aventurero, hábil, conspirador, entremetido.
Intrigar maniobrar, maquinar, conspirar, conjurarse, confabularse, tramar, enredar, engañar, traicionar, planear, proyectar, entremeterse, urdir, disimular, manejar, trapichear, elaborar.
Intrincado enredado, complicado, confuso, enmarañado, embrollado, difícil, complejo, arduo, indescifrable, espinoso, ininteligible, peliagudo, engorroso, problemático || escarpado, accidentado, áspero, v. intransitable.
Intrincar enmarañar, complicar, embarullar, confundir, tergiversar, enredar v.
Intríngulis maniobra, tejemaneje, disimulo, v. intriga || dificultad, busilis, clavo, meollo, incógnita, quid, toque, obstáculo.
Intrínsecamente básicamente, interiormente, esencialmente, íntimamente, v. intrínseco.
Intrínseco interior, íntimo, esencial, propio, personal, peculiar, privativo, característico, específico, especial, taxativo, exclusivo, individual, fundamental, básico.
Introducción inserción, colocación, penetración, entrada, fijación,

acoplamiento, enclavación, impregnación, inyección, inclusión, implantación, embutimiento, engastamiento, encaje, empotramiento || prólogo, exordio, preliminar, prefacio, preámbulo, prolegómenos, introito, obertura, principio, pórtico, nota, advertencia, preludio |' preparación, disposición, proyecto, preliminares, ensayo, gestación, preparativos || presentación, conocimiento, relación, intimación.

INTRODUCIR meter, insertar, colocar, entrar, penetrar, enclavar, acoplar, fijar, inyectar, impregnar, incluir, implantar, empotrar, encajar, engastar, embutir, engarzar, enterrar, incorporar, inculcar, insuflar, llenar, afianzar, clavar, colocar, sujetar, plantar, ensartar || encestar, empacar, envolver, ensacar, embaular, encajonar || presentar, relacionar, intimar, reunir, amigar || INTRODUCIRSE escabullirse, internarse, aventurarse, filtrarse, entremeterse, injerirse.

INTROITO principio, comienzo, entrada, prólogo, advertencia, nota, exordio, preliminar, prefacio, prolegómenos, preámbulo, preludio, obertura.

INTROMISIÓN injerencia, indiscreción, entremetimiento, fisgonería, mediación, oficiosidad, curiosidad, tercería, mangoneo.

INTROSPECCIÓN observación, examen, repaso, reflexión.

INTROSPECTIVO reflexivo, íntimo, interior, anímico.

INTROVERTIDO introverso, retraído, huraño, insociable, hosco, misántropo, huidizo, incivil, intratable v.

INTRUSIÓN injerencia, intrusismo, competencia, desleal, delito, abuso, infracción, intromisión.

INTRUSISMO v. intrusión.

INTRUSO entremetido, fisgón, indiscreto, curioso, cotilla, mangoneador, metomentodo || advenedizo, forastero, extraño, extranjero, nuevo, foráneo, anónimo, ajeno || impostor v., charlatán, incompetente, competidor desleal, practicante, ilegal, infractor, suplantador, falsario, tramposo.

INTUICIÓN visión, percepción, vislumbre, conocimiento, clarividencia, discernimiento, idea, penetración, perspicacia, sagacidad, sospecha, adivinación, presentimiento.

INTUIR vislumbrar, presentir, sospechar, percibir, columbrar, discernir, entrever, adivinar, barruntar.

INTUITIVO inconsciente, instintivo, maquinal, automático, irreflexivo, presentido, sospechado, barruntado.

INTUMESCENCIA tumefacción, hinchazón, turgencia, bulto, tumor, inflamación, chichón.

INUNDACIÓN desbordamiento, riada, anegación, anegamiento, aluvión, avenida, crecida, torrente, diluvio, corriente, derramamiento, difusión, inmersión, arroyada || plétora, plenitud, abundancia, exceso, demasía.

INUNDADO desbordado, anegado, v. inundación.

INUNDAR sumergir, desbordarse, anegar, derramarse, diluviar, subir, crecer, cubrir, tapar, ahogar, empapar, mojar, arrastrar || llenar, colmar, cargar, atiborrar, abrumar, difundir.

INURBANIDAD incultura, grosería, descortesía, ordinariez, tosquedad, v. incivilidad.

INURBANO descortés, grosero, inculto, tosco, ordinario, v. incivil.

INUSITADAMENTE increíblemente, desusadamente, desmedidamente, v. inusitado.

INUSITADO desusado, increíble, desmedido, desacostumbrado, raro, nuevo, insólito, inaudito, extraordinario, excepcional, asombroso, anormal, infrecuente.

INUSUAL v. inusitado.

INÚTIL inservible, ineficaz, inactivo, infructuoso, nulo, improductivo, infecundo, caduco, incapaz,

INUTILIDAD

torpe, negado, ignorante, inepto, incompetente, inexperto, imposible, superfluo, ocioso, excesivo, redundante, fútil || lisiado, inválido, imposibilitado, mutilado, disminuido, baldado, tullido, débil, impedido.

INUTILIDAD futilidad, ineficacia, exceso, demasía, infructuosidad, redundancia, superfluidad, incapacidad, torpeza, ignorancia, inepcia, incompetencia, inexperiencia || invalidez, incapacidad, disminución, debilidad.

INUTILIZAR anular, inhabilitar, incapacitar, invalidar, abrogar, abolir, desautorizar, arruinar, estropear, descomponer, romper, deteriorar, averiar, dañar, malograr, desgastar, desechar, arrinconar || invalidar, lisiar, herir, tullir, baldar, disminuir, mutilar, imposibilitar, impedir.

INÚTILMENTE infructuosamente, vanamente, ociosamente, en vano, v. inútil.

INVADIR ocupar, conquistar, irrumpir, penetrar, asaltar, violentar, entrar, acometer, atacar, desbordarse, tomar, apresar, capturar, despojar, vencer, dominar, sojuzgar, incautarse, usurpar, pillar, asediar, saquear.

INVALIDACIÓN anulación, desautorización, abolición, inhabilitación, incapacitación, inutilización v.

INVALIDAR abolir, anular, desautorizar, incapacitar, inhabilitar, inutilizar v.

INVALIDEZ incapacidad, disminución, inutilidad, debilidad, mutilación, parálisis, atrofia.

INVÁLIDO lisiado, tullido, baldado, disminuido, mutilado, imposibilitado, desfigurado, impedido, paralítico, atrofiado, anquilosado, estropeado, contrahecho, desgraciado, parapléjico, lesionado, inhabilitado, inútil, incapacitado, defectuoso, cojo, manco, débil, herido.

INVARIABILIDAD v. inmutabilidad.

INVARIABLE constante, inmutable, inalterable, estable, indisoluble, firme, indestructible, indeleble, imborrable, persistente, permanente, estático, fijo, inquebrantable, perdurable, seguro, impasible.

INVARIABLEMENTE constantemente, fijamente, frecuentemente, habitualmente, asiduamente, infatigablemente, tenazmente, reiteradamente, repetidamente.

INVASIÓN penetración, ocupación, conquista, asalto, irrupción, captura, toma, ataque, acometimiento, entrada, violencia, asedio, pillaje, saqueo, usurpación, incautamiento, dominio, sojuzgamiento, despojo, triunfo, victoria, guerra, hostilidades, correría, incursión.

INVASOR conquistador, ocupante, asaltante, atacante, captor, sojuzgador, dominador, usurpador, saqueador, guerrero, triunfador, victorioso.

INVECTIVA apóstrofe, imprecación, increpación, catilinaria, dicterio, diatriba, injuria, insulto, filípica, denuncia, acusación, inculpación.

INVENCIBLE invulnerable, invicto, victorioso, vencedor, indomable, triunfador, insuperable, inmune, campeón, inexpugnable, fuerte, resistente, indestructible || irresistible v.

INVENCIÓN engaño, ficción, cuento, embuste, fábula, fantasía, mito, quimera, utopía, mentira, artificio, ilusión, entelequia, trapisonda || invento v.

INVENTAR crear, imaginar, descubrir, hallar, concebir, discurrir, pensar, idear, forjar, fraguar, proyectar, planear, ingeniar, elucubrar, madurar, calcular, hallar, improvisar, sacar, obtener || fingir, engañar, mentir, urdir, tramar, ocultar.

INVENTARIAR registrar, catalogar, apuntar, anotar, clasificar, compilar, inscribir, relacionar, numerar, enumerar, describir, ordenar, censar.

INVENTARIO registro, relación, clasificación, catalogación, enumeración, inscripción, compilación, numeración, descripción, censo, ordenación, lista, catálogo, repertorio, nomenclátor.

Inventiva imaginación, idea, ingenio, talento, fantasía, inspiración, creación, capacidad, genio, improvisación, aptitud.

Invento descubrimiento, creación, invención, hallazgo, solución, perfeccionamiento, combinación, innovación, intento, ensayo, obtención, improvisación, elucubración, proyecto, idea, ocurrencia, concepción || engaño, v. invención.

Inventor creador, descubridor, innovador, perfeccionador, proyectista, improvisador, productor, padre, autor, genio, fraguador, forjador.

Inverecundia desvergüenza, desfachatez, descaro, insolencia, v. inverecundo.

Inverecundo desvergonzado, desfachatado, descarado, insolente, descomedido, impúdico, descocado, grosero, desgarrado, indecente.

Invernáculo v. invernadero.

Invernadero invernáculo, cobertizo, cristalera, estufa, aposento.

Invernal frío, duro, riguroso, inclemente, gélido, helado, crudo.

Invernar refugiarse, cobijarse, pasar el invierno.

Inverosímil inadmisible, improbable, raro, extraño, extravagante, fantástico, dudoso, increíble, imposible, absurdo, sorprendente, inconcebible, ilógico, desatinado, disparatado.

Inverosimilitud rareza, extrañeza, desatino, fantasía, extravagancia, duda, insensatez, ingenuidad, disparate, ridiculez.

Inversamente recíprocamente, contrariamente, en cambio, no obstante, a pesar.

Inversión cambio, trastorno, alteración, subversión, vuelco, transformación, mudanza, transposición || aplicación, empleo, financiación, colocación, gasto, negocio, transacción, especulación || v. homosexualidad.

Inversionista capitalista, especulador, negociante, financiero.

Inverso transformado, transpuesto, contrario, opuesto, discrepante, antípoda, diferente, distinto, contradictorio, incompatible, invertido, alterado, trastornado, cambiado.

Invertido sodomita, pederasta, maricón, marica, puto, pervertido, desviado, bujarrón, homosexual v. || v. inverso.

Invertir transformar, alterar, volcar, contraponer, mudar, trocar, volver, cambiar, variar, subvertir, trastornar, modificar || emplear, aplicar, financiar, colocar, negociar, gastar, poner, especular, destinar.

Investido ungido, proclamado, v. investir.

Investidura toma de posesión, ceremonia, acto, solemnidad, concesión, otorgamiento, cargo, dignidad.

Investigación pesquisa, búsqueda, indagación, busca, información, pregunta, escudriñamiento, exploración, examen, rebusca, inquisición, inspección, sondeo, demanda, averiguación, encuesta, informe, indagatoria, vigilancia, estudio, supervisión, ensayo, experimento, perfeccionamiento.

Investigador indagador, averiguador, inquisidor, examinador, funcionario, juez, delegado, inspector, policía, *detective*, agente || científico, sabio, experimentador, técnico, experto, descubridor, inventor.

Investigar inspeccionar, buscar, indagar, escrutar, rebuscar, examinar, explorar, escudriñar, preguntar, informarse, averiguar, demandar, sondear, inquirir, estudiar, vigilar, ensayar, supervisar, descubrir, experimentar, perfeccionar, inventar, husmear, acechar, revolver.

Investir conferir, otorgar, conceder, ungir, dispensar, asignar, honrar, proclamar.

Inveterado antiguo, arraigado, enraizado, viejo, habitual, persistente, tenaz, incorregible.

Invicto vencedor, victorioso, invencible, invulnerable, triunfador, campeón, indomable, inmune, inexpugnable, resistente, indestructible, fuerte, dominador, conquistador, glorioso, famoso, insigne.

Invidencia ceguedad, ceguera, falta de vista.

Invidente ciego, sin vista, no vidente.

Invierno estación, época, período, lapso, ciclo, tiempo frío, riguroso, inclemente.

Inviolabilidad inmunidad, protección, privilegio, prerrogativa, respaldo, invulnerabilidad.

Inviolable protegido, inmune, invulnerable, sagrado, intocable, seguro, privilegiado, respaldado, respetable, hermético, secreto.

Inviolado v. íntegro.

Invisible imperceptible, inapreciable, impalpable, microscópico, minúsculo, inmaterial, etéreo, incorpóreo, escondido, oculto, emboscado, encubierto, misterioso, secreto, inalcanzable, indistinto.

Invitación ofrecimiento, convite, oferta, propuesta, proposición, llamada, convocatoria, reunión || mensaje, tarjeta, pase, entrada, nota, billete, carta || sugerencia, ruego, súplica, exhortación, conminación, advertencia, aviso, indicación, insinuación, consejo.

Invitado asistente, convidado, agasajado, homenajeado, concurrente, comensal, participante, presente, oyente, espectador, huésped, contertulio.

Invitar convidar, ofrecer, hospedar, agasajar, proponer, brindar, servir, acoger, rogar, llamar, reunir, convocar || exhortar, sugerir, conminar, advertir, avisar, indicar, insinuar, aconsejar, rogar, suplicar, solicitar.

In vitro en el vidrio, en el laboratorio.

In vivo en el ser vivo, viviente.

Invocación impetración, ruego, solicitud, rezo, plegaria, oración, súplica, llamada, petición, evocación, conjuro, imploración, clamor, exhortación, apelación, demanda.

Invocado evocado, conjurado, llamado, solicitado, suplicado, v. invocar.

Invocar conjurar, llamar, solicitar, suplicar, rezar, orar, implorar, evocar, pedir, impetrar, demandar, apelar, exhortar, clamar, conjurar || fundarse, alegar, apoyarse, basarse, acogerse, establecer, recurrir.

Involución regresión, retrogradación, modificación.

Involucrado envuelto, complicado, mezclado, implicado, comprendido, abarcado.

Involucrar introducir, injerir, comprender, abarcar, constar, implicar, complicar, mezclar, envolver.

Involuntariamente instintivamente, espontáneamente, maquinalmente, v. involuntario.

Involuntario instintivo, espontáneo, natural, maquinal, automático, irreflexivo, intuitivo, inconsciente, impensado, reflejo, indeliberado, mecánico.

Invulnerabilidad inmunidad, resistencia, indestructibilidad, v. invulnerable.

Invulnerable inmune, resistente, invencible, indestructible, inatacable, inalterable, perenne, inmutable, inquebrantable, inextinguible, inconmovible, fuerte, robusto, sólido, duro, inexpugnable, blindado, acorazado.

Inyectable v. inyección.

Inyección introducción, administración, dosificación, pinchazo, infusión, transfusión, irrigación || fluido, medicamento, medicina, ampolla, enema, lavativa, clister, inyectable.

Inyectado enrojecido, escocido, inflamado, irritado || administrado, dosificado, introducido, irrigado, pinchado.

Inyectar administrar, introducir,

dosificar, poner, colocar, suministrar, pinchar || irrigar, insuflar, meter, lavar, embeber || Inyectarse enrojecerse, irritarse, inflamarse, escocerse los ojos.
Inyector aparato, mecanismo, válvula, irrigador.
Iodo * yodo, desinfectante, antiséptico, yodoformo, tintura.
Ion átomo, radical, parte disociada, porción molecular.
Ipso facto instantáneamente, inmediatamente, prontamente, rápidamente, en el acto, sin tardanza.
Ir dirigirse, encaminarse, partir, trasladarse, marchar, rumbear, caminar, desplazarse, salir para, viajar, cambiar, recorrer, seguir, asistir, presentarse, visitar, llegar, acudir, moverse || Irse marcharse, desaparecer, evaporarse, esfumarse, huir, escapar, evadirse, extraviarse, mudarse, alejarse, abandonar, dejar, trasladarse, emigrar || morirse, consumirse, derramar, esparcirse.
Ira cólera, furor, furia, rabia, irritación, exasperación, enojo, corajina, fiereza, enfado, violencia, estallido, arrechucho, indignación, pasión, irascibilidad, irritabilidad, odio, rencor, delirio, encono, frenesí, rabieta, berrinche, arrebato.
Iracundo colérico, irritable, rabioso, furioso, exasperado, violento, enfadado, fiero, feroz, encorajinado, enojado, arrebatado, irascible, apasionado, indignado, frenético, enconado, delirante, rencoroso, rabioso, nervioso, excitable, poseído, furibundo, brusco, rudo.
Iraní persa, oriental, asiático, iranio.
Irascibilidad v. ira.
Irascible irritable, colérico, excitable, v. iracundo.
Iridiscente v. irisado.
Iris arco, espectro, franja, fenómeno atmosférico || membrana, niña del ojo.
Irisación tornasol, fulgor, matiz, color, viso.
Irisado iridiscente, tornasolado, refulgente, jaspeado, coloreado, matizado, resplandeciente.
Irisar tornasolar, jaspear, refulgir, matizar, colorear, resplandecer.
Ironía sarcasmo, sátira, mordacidad, retintín, causticidad, chanza, acrimonia, socarronería, virulencia, puya, chasco, zumba, broma, fisga, cinismo.
Irónico mordaz, sarcástico, satírico, cáustico, socarrón, hiriente, insultante, cínico, sardónico, burlón, virulento, venenoso, bromista, guasón, punzante, chocarrero.
Ironizar satirizar, herir, punzar, bromear.
Irracional absurdo, insensato, descabellado, ilógico, disparatado, incoherente, extravagante, incongruente, contradictorio, infundado, incomprensible, inverosímil || animal, bestia, bruto, bicho, fiera.
Irracionalidad insensatez, disparate, v. irracional.
Irradiación emisión, difusión, proyección, transmisión, dispersión, expulsión, emanación, brillo, fulgor, centelleo.
Irradiar difundir, emitir, dispersar, transmitir, proyectar, lanzar, esparcir, despedir, expulsar, emanar, brillar, fulgurar, centellear.
Irrazonable injusto, autoritario, despótico, intransigente, indisculpable, errado, equivocado, descaminado.
Irreal ilusorio, engañoso, inexistente, ficticio, aparente, falso, fingido, apócrifo, artificial, incierto, inexacto, imaginario, utópico, quimérico, vano, hipotético, supuesto, fantástico, v. irrealizable.
Irrealidad ficción, engaño, fantasía, apariencia, artificio, quimera, utopía, imaginación, inexactitud, falsedad, mentira, sueño,

idealismo, entelequia, alucinación, inexistencia, teoría.

IRREALIZABLE impracticable, imposible, inaplicable, inejecutable, inasequible, inaccesible, difícil, insoluble, inútil, incompatible, ilusorio, ficticio, quimérico, v. irreal.

IRREBATIBLE irrefutable, indiscutible, indisputable, incontrovertible, seguro, cierto, probado, innegable, incuestionable.

IRRECONCILIABLE contrario, opuesto, adverso, antípoda, encontrado, hostil, discrepante, divergente, incompatible, enemigo, adversario.

IRRECUPERABLE perdido, abandonado, extraviado, arruinado, destruido, inservible.

IRRECUSABLE v. irrebatible.

IRREDENTO reclamado, reivindicado, exigido, pretendido, separado, alejado, independiente.

IRREDUCTIBLE rebelde, insumiso, insubordinado, desobediente, desordenado, obstinado, independiente, desafiante, sedicioso, alborotador, fiero, terco, bravo, indómito.

IRREEMPLAZABLE insustituible, indispensable, imprescindible, ineludible, necesario, esencial, indefectible, forzoso, inevitable, obligatorio, fundamental, único.

IRREFLEXIÓN precipitación, atolondramiento, ofuscación, aturdimiento, ligereza, inconsciencia, inadvertencia, irresponsabilidad, imprevisión, descuido, omisión, espontaneidad, instinto, impulso, arranque.

IRREFLEXIVAMENTE impulsivamente, instintivamente, imprudentemente, v. irreflexivo.

IRREFLEXIVO impulsivo, instintivo, imprudente, precipitado, ofuscado, atolondrado, inadvertido, irresponsable, ligero, aturdido, descuidado, imprevisor, espontáneo, involuntario, indeliberado, inconsciente, reflejo, automático, mecánico, alocado, tarambana, informal, botarate, desquiciado, tronera.

IRREFRAGABLE v. irrebatible.

IRREFRENABLE irresistible, incontenible, invencible, indómito, ingobernable, violento, pujante, poderoso, arrollador, indomable.

IRREFUTABLE v. irrebatible.

IRREGULAR anormal, desusado, particular, peregrino, desacostumbrado, anómalo, heterodoxo, extraño, especial, desigual, raro, caprichoso, variable, especial, infrecuente, inconcebible, ilógico, imposible, paradójico, excéntrico, arbitrario, injusto, ilícito || infrecuente, intermitente, discontinuo, recurrente, desigual.

IRREGULARIDAD anormalidad, anomalía, paradoja, excentricidad, arbitrariedad, injusticia, abuso, infracción, capricho, rareza, excepción, exención || falta, infrecuencia, intermitencia, desigualdad, desproporción, discontinuidad, pausa, recurrencia.

IRREGULARMENTE intermitentemente, discontinuamente, anormalmente, v. irregularidad.

IRRELIGIÓN v. irreligiosidad.

IRRELIGIOSIDAD irreverencia, irreligión, materialismo, ateísmo, anticlericalismo, blasfemia, herejía, paganismo, impiedad, infidelidad, incredulidad.

IRRELIGIOSO ateo, irreverente, materialista, hereje, pagano, fetichista, blasfemo, anticlerical, incrédulo, infiel, impío, escéptico, descreído, impenitente, indiferente, librepensador.

IRREMEDIABLE irreparable, irremisible, insalvable, invencible, imposible, difícil, arduo, irrealizable, seguro, fijo, infalible, inquebrantable, cierto, inexorable, indefectible, fatal, perdido, abandonado, desesperado, incurable.

IRREMEDIABLEMENTE irremisiblemente, irreparablemente, v. irremediable.

IRREMISIBLE v. irremediable.

IRREMISIBLEMENTE v. irremediablemente.

IRRENUNCIABLE invencible, inquebrantable, indomable, irrevocable v.

Irreparable v. irremediable || considerable, enorme, insustituible.
Irreprimible v. irrefrenable.
Irreprochable intachable, incorruptible, íntegro, honrado, honesto, probo, desinteresado, recto, insobornable, justo, honorable, respetable || impoluto, inmaculado, intachable, limpio, intacto, impecable, elegante, atildado.
Irresistible invencible, fuerte, indomable, poderoso, dominante, inquebrantable, inexorable, fatal, violento, pujante, irremisible || invicto, victorioso, vencedor, invencible, triunfador, insuperable.
Irresolución inseguridad, indecisión, timidez, apocamiento, v. irresoluto.
Irresoluto inseguro, indeciso, tímido, apocado, vacilante, ambiguo, fluctuante, confundido, confuso, titubeante, dudoso, perplejo, incierto, inseguro, indeterminado, turbado, embarazado, oscilante, remiso, débil.
Irrespetuosamente desconsideradamente, groseramente, descaradamente, v. irrespetuoso.
Irrespetuoso desconsiderado, grosero, descarado, desatento, atrevido, desfachatado, injurioso, inconveniente, irreverente, desvergonzado, audaz, desmandado, insolente, fresco, sinvergüenza.
Irrespirable sofocante, asfixiante, opresivo, agobiante, denso, pesado, cargado, enrarecido.
Irresponsable incapaz, incompetente, incapacitado, invalidado, inepto, inhabilitado, insensato, loco, desequilibrado || informal, inconsecuente, veleidoso, alocado, inconsciente, negligente, inconstante.
Irresponsabilidad incapacidad, incompetencia, ineptitud, v. irresponsable.
Irreverencia grosería, desconsideración, descaro, desatención, desfachatez, atrevimiento, inconveniencia, desvergüenza, frescura, insolencia, audacia, ultraje, ofensa, descortesía, desdén, sacrilegio, profanación, blasfemia, menosprecio.
Irreverente desconsiderado, grosero, descarado, inconveniente, desatento, atrevido, desfachatado, insolente, fresco, desvergonzado, desdeñoso, descortés, ofensivo, ultrajante, audaz, sacrílego, blasfemo.
Irreversible inalterable, invariable, definitivo, estático.
Irrevocable inapelable, inevitable, irremediable, fijo, resuelto, decidido, irreparable, irremisible, insalvable, inexorable, fatal, indefectible, inalterable, inconmovible.
Irrigación lavativa, enema, clister, ayuda, inyección, introducción || regadura, riego, rociadura, humedecimiento, ducha, baño.
Irrigar inyectar, introducir, administrar una irrigación || Irrigar * rociar, regar, duchar, humedecer, empapar, bañar, canalizar, mojar, inundar.
Irrisión mofa, befa, burla, escarnio, desdén || ridiculez, absurdo, esperpento, mamarracho.
Irrisorio grotesco, cómico, absurdo, ridículo, risible || insignificante, menudo, mezquino, corto, poco, pequeño, despreciable, minúsculo.
Irritabilidad v. irritación.
Irritable iracundo, colérico, excitable, violento, enojadizo, impaciente, irascible, cascarrabias, furibundo, rabioso, ceñudo, encrespado, frenético, airado, susceptible, puntilloso, delicado, regañón, gruñón, quisquilloso, nervioso, rencoroso.
Irritación comezón, picazón, inflamación, congestión, hinchazón, picor, infección, prurito, enrojecimiento, sarpullido, escocedura, rozadura, erosión, excoriación || ira, berrinche, enojo, excitación, cólera, rabia, furia, furor, impaciencia, frenesí, encrespamiento, rencor, susceptibilidad, indignación, enfado, exacerbación, agitación, arrebato, acce-

IRRITADO

so, ensañamiento, exasperación, alteración, despecho, fastidio, resentimiento, molestia.

IRRITADO escocido, excoriado, enrojecido, inflamado, congestionado, hinchado, rozado, erosionado, infectado || colérico, iracundo, airado, enojado, frenético, impaciente, furioso, furibundo, rabioso, excitado, indignado, susceptible, rencoroso, encrespado, arrebatado, agitado, exacerbado, enfadado, fastidiado, molesto, exasperado, resentido.

IRRITANTE enojoso, enfadoso, exasperante, provocador, insoportable, injusto, vejatorio, humillante, provocativo, mortificante, desagradable, engorroso || inflamatorio, excitante, alérgico, estimulante, erosionante, infeccioso.

IRRITAR indignar, encrespar, impacientar, enfurecer, encolerizar, excitar, enojar, fastidiar, alterar, exasperar, arrebatar, agitar, exacerbar, enfadar, molestar, enconar, embravecer, ofender, picarse, amoscarse, encorajinarse, escandalizar, encalabrinar, sulfurar, crispar, sublevar, encocorar || congestionar, inflamar, picar, hinchar, escocer, enrojecer, infectar, excoriar, erosionar, rozar.

IRROGAR provocar, causar, originar, ocasionar, producir, acarrear, determinar.

IRROMPIBLE fuerte, robusto, indestructible, recio, duro, inquebrantable, reforzado, firme, inalterable, invulnerable, inmune, intacto, indeleble, perenne, inconmovible, resistente, perdurable.

IRRUMPIR entrar, penetrar, presentarse, meterse, colarse, introducirse, invadir, acometer, asaltar, violentar, echarse, saltar, arrollar.

IRRUPCIÓN entrada, penetración, presentación, introducción, invasión, violencia, asalto, acometimiento, desbordamiento, intrusión, incursión, correría.

ISAGOGE prólogo, prolegómeno, introducción, exordio, preámbulo.

ISBA cabaña, choza, vivienda, casa.

ISLA islote, arrecife, cayo, escollo, ínsula, columbrete, delta, banco, bajío, roca, atolón, barra, isleta.

ISLAM islamismo, mahometismo, arabismo, sofismo, morisma, morería, árabes, musulmanes, v. islámico.

ISLAMICO arábigo, árabe, musulmán, morisco, moro, mahometano, agareno, muslímico, maronita, sarraceno, ismaelita, muslime, mudéjar, mozárabe.

ISLAMISMO v. islam.

ISLAMITA v. islámico.

ISLEÑO insulano, insular.

ISLOTE v. isla.

ISÓCRONO regular, constante, cadencioso, igual, medido, uniforme, acompasado, rítmico, cronométrico.

ISRAELITA judío, *israelí*, hebreo, semita, sefardita, sefardí, efraimita, circunciso, sionista, mosaico, chueta, judaico, hebraico.

ISTMO prolongación, unión, extensión, lengua de tierra.

ITALIANO ítalo, itálico, latino, meridional, mediterráneo.

ÍTEM también, asimismo, del mismo modo, igualmente || añadidura, aditamento, agregado.

ITERACIÓN insistencia, repetición, v. iterar.

ITERAR repetir, insistir, reiterar, machacar, fastidiar.

ITERATIVO reiterativo, repetido, insistente, fastidioso, aburrido, cargante.

ITINERARIO recorrido, camino, dirección, línea, trayecto, ruta, viaje, trecho, travesía, caminata, marcha, tránsito, peregrinación, excursión || guía, horario, plan, lista, agenda, programa, plano.

IZAR subir, levantar, alzar, ascender, elevar, drizar, arbolar, ondear, enarbolar, exhibir, mostrar.

IZQUIERDA siniestra, zurda.

IZQUIERDISTA v. radical.

IZQUIERDO zurdo, siniestro, levógiro || torcido, corvo, combado.

J

JABALÍ cerdo salvaje, jabato, mamífero, paquidermo, fiera, bestia.
JABALINA venablo, lanza, pica, alabarda, garrocha, arma arrojadiza.
JABARDILLO enjambre, bandada, tropel, muchedumbre, manada, corrillo.
JABATO cachorro, cría, retoño de jabalí.
JÁBEGA jabeque, barca, lanchón, lancha, embarcación, barco de pesca || red, malla.
JABÓN detergente, detersivo, pastilla, adipocira, producto limpiador || lisonja, alabanza, halago, coba.
JABONAR v. enjabonar.
JABONOSO espumoso, turbio, viscoso.
JACA caballo, yegua, corcel, potro, jaco, caballería, montura.
JÁCARA cantar, copla, romance, tonada, aire, música, danza || ronda, grupo, parranda || molestia, pejiguera, embuste, cuento, patraña.
JACARANDOSO airoso, alegre, desenfadado, desenvuelto, donoso, garboso, chistoso, chispeante, saleroso, marchoso, gracioso.
JACAREAR cantar, rondar, alborotar, molestar.
JÁCARO fanfarrón, baladrón, matasiete, bravucón, jactancioso, cacareador, matamoros.
JÁCENA viga, madero, traviesa, tablón.
JACO v. jaca.
JACOBINO extremista, fanático, demagogo, revolucionario, sanguinario, obcecado.
JACTANCIA alarde, alabanza, presunción, fanfarronería, flamenquería, chulería, petulancia, presunción, pedantería, orgullo, vanidad, baladronada, bravuconería, fatuidad, inmodestia, farol, charlatanería, cacareo, altanería, postín, afectación, ostentación, comedia, teatro, amenaza, bravata, vanagloria.
JACTANCIOSAMENTE fanfarronamente, presuntuosamente, v. jactancioso.
JACTANCIOSO presuntuoso, fanfarrón, ostentoso, afectado, bravucón, postinero, amenazador, teatral, altanero, altivo, charlatán, farolero, inmodesto, fatuo, baladrón, vanidoso, orgulloso, pedante, presuntuoso, petulante, chulo, flamenco, presumido, alabancioso, figurón, curro, aparatoso.
JACTARSE presumir, fanfarronear, alabarse, alardear, amenazar, vanagloriarse, gloriarse, ostentar, afectar, cacarear, chulearse, gallardear, farolear, engreírse, ufanarse, preciarse, pavonearse, darse tono.
JACULATORIA invocación, súplica, oración, rezo.
JADE lemanita, piedra dura, mineral.
JADEANTE sofocado, anhelante, agitado, cansado, transido, exhausto.
JADEAR resollar, bufar, sofocarse,

ahogarse, respirar fatigosamente.
JADEO ahogo, sofoco, estertor, resuello, opresión, ansia, respiración silbante, fatigosa, anhelante.
JAEZ carácter, índole, calidad, pelaje, estofa, laya, ley, clase, tipo || aderezo, adorno, guarnición, arreos.
JALAR * halar, tirar, atraer, arrastrar.
JALBEGAR v. enjalbegar.
JALDE gualdo, amarillo v.
JALEA gelatina, emulsión, substancia, masa, conserva, jugo.
JALEAR animar, alentar, incitar, exhortar, aplaudir, espolear, apoyar.
JALEO bulla, escándalo, estrépito, bullicio, algazara, desorden, estruendo, algarabía, jollín, jácara, ruido, rumor, zambra, tiberio, tremolina, jarana, trapatiesta, baraúnda, batahola, vocerío.
JALIFA lugarteniente, delegado, gobernante, representante, mandatario, gobernador marroquí.
JALÓN vara, estaca, tablilla, señal, marca, hito, mojón v.
JALONAR señalar, marcar, indicar, alinear.
JAMAR comer, engullir, devorar, tragar, manducar, embuchar, embaular, zampar.
JAMÁS nunca, en la vida, ninguna vez, en ningún tiempo, no, de ningún modo.
JAMBA pieza, madero, columnilla, tabla, poste, puntal, sostén, viga.
JAMELGO penco, jaco, cuartago, caballejo, matalón, rocín, caballo, caballería, montura.
JAMÓN anca, pierna, pernil, fiambre, carne curada.
JAMONA rolliza, cuarentona, mujerona, ajamonada, conservada, oronda, rechoncha.
JAMUGA silla, montura, angarilla.
JANGADA almadía, balsa, maderamen, tablazón, zatara, embarcación || necedad, bobería, trastada.

JAPONÉS nipón, oriental, asiático, amarillo.
JAQUE peligro, amenaza, aviso, hostilidad, alerta, lance, jugada.
JAQUECA neuralgia, migraña, hemicránea, achaque, dolor de cabeza.
JAQUETÓN valentón, fanfarrón, farfantón, perdonavidas, matasiete, matamoros.
JÁQUIMA cabestro, ronzal, correa, brida, freno.
JARA arbusto, mata, cistácea, heliantemo, breña, matorral.
JARABE almíbar, *sirope*, líquido, poción, medicina, medicamento, específico.
JARAMUGO pececillo, alevín, cría.
JARANA diversión, bullicio, fiesta, parranda, verbena, juerga, jolgorio, bulla, escándalo, algazara, algarabía, tiberio, desorden, baraúnda, francachela, jaleo v.
JARANEAR bromear, parrandear, escandalizar, divertirse, regocijarse.
JARANERO parrandero, juerguista, bullicioso, ruidoso, divertido, calavera, alegre, vividor, alborotador.
JARCIA cordaje, aparejo, arboladura, cabos.
JARDÍN parque, huerto, prado, vergel, parcela, rosaleda, parterre, umbría, oasis, edén, campo, patio.
JARDINERÍA floricultura, horticultura, cultivo, plantación.
JARDINERO floricultor, cultivador, plantador, granjero, hortelano.
JARETA dobladillo, costura, jaretón, borde, doblez, pliegue, alforza.
JARETÓN v. jareta.
JARIFO galano, compuesto, adornado, rozagante, apuesto, vistoso, majo.
JAROCHO tosco, palurdo, insolente, descortés.
JARRA vasija, recipiente, jarro, jarrón, pichel, aguamanil, vaso, cacharro, cántaro.
JARRETAR debilitar, enervar, aplanar, desanimar, agotar.

Jarrete corva, curva, corvejón.
Jarretera liga, atapierna, goma, elásticos.
Jarro vaso, taza, tazón, jarra, recipiente, vasija, envase, cántaro, pichel, aguamanil.
Jarrón florero, vaso, vasija, jarra, búcaro, recipiente, cacharro.
Jaspe diaspro, mármol, cuarzo, piedra silícea.
Jaspeado veteado, salpicado, moteado, manchado, pintado.
Jaspear salpicar, vetear, pintar, motear, manchar.
Jato ternero, becerro, choto, recental.
Jauja abundancia, riqueza, exuberancia, fertilidad, opulencia, gloria, edén, paraíso, El Dorado, ganga, momio.
Jaula caja, encierro, pajarera, armazón, embalaje || gayola, cárcel, calabozo, trena, mazmorra, celda.
Jauría manada, traílla, grupo, conjunto de perros.
Jayán mozallón, hombrón, hombretón, gigante, robusto, zagalón, hercúleo, fornido || rufián, valentón, bravucón.
Jazz * música sincopada.
Jefatura dirección, gobierno, dominio, mando, poder, poderío, autoridad, caudillaje, magistratura, regencia, patriarcado, autocracia, dictadura, tiranía, soberanía, reinado, patronato, señorío, decanato, superioridad, rectorado, superintendencia, jurisdicción.
Jefe director, dirigente, superior, regente, rector, superintendente, decano, señor, patrón, patrono, amo, dueño, soberano, tirano, dictador, autócrata, patriarca, magistrado, caudillo, adalid, conductor, guía, autoridad, dominador, gobernante, cabeza.
Jehová v. Dios.
Jején mosquito, insecto, díptero.
Jenabe mostaza, condimento, salsa.
Jenízaro soldado, infante, guardia turco.
Jeque jefe, cacique, caudillo, gobernador, musulmán.

Jerarca dignatario, mandatario, prelado, personalidad, personaje, figurón.
Jerarquía grado, orden, escalafón, rango, cargo, escala, graduación, categoría, clasificación, ordenación, estamento, comparación, subordinación || Jerarquía * personaje, v. jerarca.
Jerárquico subordinado, ordenado, escalonado, graduado, honorífico, organizado, diferenciado.
Jeremiada lamentación, queja, plañido, llanto, lloro, lamento, gemido, lloriqueo.
Jeremías quejumbroso, doliente, gemebundo, quejicoso, doliente, lagrimoso, lloroso.
Jerga jerigonza, germanía, caló, galimatías, argot, lenguaje, idioma, gringo, chino.
Jergón colchoneta, colchón, somier, yacija, camastro, bastidor, cojín.
Jerifalte * gerifalte, halcón || cabecilla, jefazo, mandamás.
Jerigonza v. jerga.
Jeringa cánula, jeringuilla, lavativa, tubo, inyección.
Jeringar fastidiar, amolar, molestar, irritar, cargar, importunar, enfadar, incomodar.
Jeroglífico charada, acertijo, adivinanza, pasatiempo, rompecabezas, entretenimiento, misterio, incógnita, enigma || signo, grafía, figura, representación, cifra, carácter, expresión, escritura.
Jersey chaleco, elástica, camiseta, jubón.
Jesucristo Cristo, Jesús, Nazareno, Crucificado, Redentor, Ungido, Salvador, Mesías, Señor, Hijo de Dios, Eccehomo, el Galileo.
Jesús v. Jesucristo.
Jeta morro, boca, hocico, labios, belfos.
Jettatura * mala sombra, mal de ojo, maleficio.
Jetudo morrudo, belfudo, hocicudo, morrazos, bocudo, jetón.
Jíbaro indio, salvaje, feroz, sanguinario, cazador de cabezas.

JIBIA sepia, calamar, cefalópodo, molusco.
JÍCARA tacita, taza, tazón, vasija, pocillo, pilche, salserilla, arrebolera.
JIFERO matarife, matachín, degollador || soez, sucio, grosero, basto.
JILGUERO colorín, pintadillo, pájaro canoro.
JINETA galón, trencilla, insignia, símbolo, charretera.
JINETE caballista, caballero, cabalgador, montador, centauro, vaquero, gaucho, llanero, desbravador, amansador, amazona.
JINETEAR cabalgar, montar, domar, amansar, desfilar.
JINGOÍSMO fanatismo, xenofobia, patriotería, intransigencia, intolerancia.
JINGOÍSTA xenófobo, patriotero, fanático, exaltado, intolerante, intransigente.
JIRA excursión, viaje, ronda, vuelta, visita, salida, paseo || merienda, merendola, diversión, juerga.
JIRÓN andrajo, guiñapo, harapo, pingo, remiendo, piltrafa, trapo, trapajo, gualdrapa, colgajo, desgarrón, descosido, trozo, calandrajo.
JIRONADO andrajoso, harapiento, v. jirón.
JIU-JITSU * lucha japonesa, defensa personal, deporte, judo.
JOB paciente, sufrido, tolerante, resignado, manso, estoico, filósofo.
JOCKEY * jinete, montador, caballista, caballero.
JOCOSAMENTE graciosamente, humorísticamente, festivamente, v. jocoso.
JOCOSIDAD comicidad, humorismo, agudeza, jovialidad, gracia, chiste, alegría, humor, entretenimiento, ocurrencia, diversión, broma, socarronería, ironía, chocarrería, donaire, donosura, salero, sal, chuscada.
JOCOSO gracioso, humorístico, festivo, jovial, agudo, cómico, divertido, ocurrente, entretenido, alegre, chistoso, donoso, donairoso, chocarrero, irónico, socarrón, bromista, chusco, saleroso.
JOCUNDIDAD alegría, placidez, v. jocosidad.
JOCUNDO alegre, plácido, agradable, v. jocoso.
JOFAINA palangana, aguamanil, lavamanos, recipiente, vasija.
JOLGORIO v. jarana.
JOLLÍN gresca, jolgorio, bullicio, alharaca, jarana, bulla, tiberio, zapatiesta, pelea.
JORGUÍN hechicero, mago, brujo, encantador, nigromante, adivino.
JORGUINERÍA brujería, hechicería, encantamiento, adivinación, nigromancia.
JORNADA camino, caminata, viaje, trecho, recorrido, marcha, correría, trayecto, excursión, tránsito, paso, andanza, peregrinación, expedición, ruta || día, lapso, tiempo, fecha, plazo, ciclo, data.
JORNAL salario, pago, retribución, estipendio, sueldo, paga, remuneración, recompensa, soldada.
JORNALERO bracero, trabajador, obrero, artesano, asalariado, labriego, labrador, peón, rústico.
JOROBA giba, chepa, corcova, gibosidad, deformidad, lordosis, cifosis, desviación || molestia, impertinencia, enfado.
JOROBADO corcovado, giboso, deforme, monstruoso, contrahecho, jorobeta, chepudo, cheposo, mal hecho, lordótico.
JOROBAR irritar, enfadar, molestar, cansar, importunar, encocorar, insistir, cargar.
JOVEN muchacho, chico, adolescente, mozo, jovenzuelo, pollo, pollito, efebo, púber, pubescente, mozalbete, zagal, mancebo || imberbe, novato, novicio, inexperto, inmaduro, bisoño, verde, tierno.
JOVIAL jocundo, bromista, alegre, radiante, bullicioso, jaranero, divertido, entretenido, ameno, chancero, comunicativo, ufano, satisfecho, dichoso, feliz, opti-

mista, entusiasmado, juguetón, vivaracho, placentero, agradable, animado, alborozado, regocijado, risueño, plácido, apacible.

JOVIALIDAD contento, alegría, alborozo, animación, regocijo, agrado placer, vivacidad, entusiasmo, optimismo, felicidad, dicha, satisfacción, ufanía, chanza, amenidad, entretenimiento, diversión, jarana, broma, jocundidad, buen humor, placidez.

JOVIALMENTE jocundamente, alegremente, radiantemente, v. jovial.

JOYA alhaja, adorno, aderezo, presea, prenda, gala, joyel, gema, perifollo, relumbrón, reliquia, piedra preciosa.

JOYEL alhaja pequeña, v. joya.

JOYERÍA platería, orfebrería, bisutería, tienda, establecimiento.

JOYERO cofre, cofrecillo, estuche, escriño, receptáculo, caja ‖ orfebre, platero, lapidario, artífice, artesano, artista.

JUANETE sobrehueso, deformidad, abultamiento, bulto, callo v.

JUARDA suciedad, grasa, pringue.

JUBILACIÓN pensión, retiro, subsidio, subvención, renta, compensación ‖ apartamiento, separación, alejamiento, exclusión, arrinconamiento.

JUBILADO retirado, pensionado, subvencionado, pensionista, pasivo, licenciado, apartado, eximido, separado, alejado, arrinconado, excluido.

JUBILAR pensionar, retirar, licenciar, subvencionar, eximir, apartar, separar, alejar, excluir, arrinconar, desechar, renovar, cambiar.

JUBILEO celebración, conmemoración, solemnidad, festividad, fiesta, aniversario ‖ indulgencia, concesión, merced ‖ gentío, multitud, muchedumbre.

JÚBILO alborozo, alegría, placer, gozo, contento, exultación, jovialidad, hilaridad, humor, satisfacción, animación, regocijo, algazara, risa, diversión, regodeo, fiesta, jarana, alharaca, bullicio, bulla, entusiasmo, optimismo, baraúnda, jolgorio, transporte, exaltación.

JUBILOSAMENTE jovialmente, regocijadamente, alegremente, v. jubiloso.

JUBILOSO jovial, regocijado, alegre, exultante, contento, gozoso, placentero, animado, satisfecho, hilarante, jaranero, festero, divertido, risueño, optimista, entusiasmado, bullicioso, exaltado, radiante, alborozado.

JUBÓN chaquetilla, almilla, ajustador, blusa, prenda, vestidura.

JUDAICO v. judío.

JUDAÍSMO semitismo, sionismo, hebraísmo, mosaísmo.

JUDAS traidor, alevoso, desleal, hipócrita, delator, falso, falsario.

JUDERÍA aljama, barriada, suburbio, *ghetto*.

JUDÍA alubia, habichuela, fréjol, legumbre, leguminosa, semilla, grano.

JUDIADA trastada, villanía, deslealtad, tunantada, truhanería, bribonada, perrería.

JUDICIAL legal, procesal, sumarial, contencioso, pericial, legislativo, reglamentario.

JUDÍO hebreo, semita, israelita, *israelí*, sionista, semítico, circunciso, mosaico, chueta, judaico, hebraico, sefardí, sefardita ‖ avaro, mezquino, ávido, tacaño, usurero.

JUDO yudo, deporte, combate, competición, lucha, defensa, jiujitsu.

JUEGO diversión, entretenimiento, esparcimiento, recreación, pasatiempo, solaz, distracción, descanso, retozo, deporte, expansión, recreo, desahogo, placer, broma, chanza, travesura, regocijo ‖ colección, serie, surtido, conjunto, grupo, combinación, reunión, repertorio, muestrario ‖ equipo, suministro, instrumental, herramientas ‖ coyuntura, articulación, bisagra, gozne, enlace, vínculo, giro, junta, movimiento, movilidad, funcionamiento ‖ JUEGOS reflejos, visos,

JUERGA cambiantes, efectos, impresiones.

JUERGA parranda, diversión, jolgorio, jaleo, jarana, placer, fiesta, festín, juego, regodeo, alboroto, bullicio, escándalo, bacanal, orgía, francachela, cuchipanda, libertinaje, desenfreno.

JUERGUISTA jaranero, parrandero, divertido, alegre, vividor, inconsciente, escandaloso, bullicioso, alborotador, jugador, libertino, desenfrenado, calavera, mujeriego, vicioso, tarambana, perdido.

JUEZ magistrado, togado, consejero, baile, árbitro, mediador, intermediario, tercero, dictaminador, arbitrante, componedor.

JUGADA tirada, lance, mano, pasada, turno || trastada, v. jugarreta.

JUGADOR tahúr, fullero, ventajista, vicioso, tramposo, timbero, perdido, envidador, punto, banquero, compañero, tanteador, cuco || participante, integrante, componente, miembro de equipo.

JUGAR retozar, travesear, triscar, brincar, corretear, enredar, recrearse, entretenerse, divertirse, juguetear, distraerse || participar, integrar, componer, tomar parte, intervenir, actuar || arriesgar, aventurar, poner, envidar, apostar, competir, estipular, convenir, acordar, desafiar, retar, rivalizar pugnar.

JUGARRETA trastada, bribonada, truhanería, picardía, villanía, vileza, suciedad, jugada, trampa, engaño, artimaña, treta.

JUGLAR coplero, bardo, trovador, trovero, rapsoda, poeta, vate, cómico, saltimbanqui, prestidigitador, charlatán.

JUGO substancia, zumo, extracto, néctar, esencia, condensación, concentrado, caldo, líquido, excreción, secreción || meollo, fondo, miga, medula, espíritu, importancia, transcendencia || beneficio, provecho, utilidad, ventaja, conveniencia, lucro.

JUGOSO caldoso, substancioso, suculento, acuoso, fresco, líquido, aguado, sabroso || provechoso, beneficioso, fructífero.

JUGUETE muñeco, trebejo, chisme, baratija, trasto, cacharro, artefacto, chirimbolo, cachivache.

JUGUETEAR v. jugar.

JUGUETEO v. juego.

JUGUETÓN retozón, travieso, inquieto, bullicioso, saltarín, revoltoso, vivaracho, enredador, alocado, alegre, regocijado, incansable.

JUICIO proceso, causa, caso, sumario, pleito, litigio, querella, contendencia, diferencia || reflexión, cordura, sensatez, discreción, tiento, prudencia, madurez, formalidad, seriedad, tino, discernimiento, criterio, razón, inteligencia, comprensión || dictamen, parecer, opinión, crítica, censura, sentencia, veredicto, resolución, sentir, creencia, parecer.

JUICIOSAMENTE sensatamente, cuerdamente, prudentemente, v. juicioso.

JUICIOSO sensato, cuerdo, prudente, formal, maduro, discreto, inteligente, razonable, atinado, justo, reflexivo, grave, sesudo, formado, sentencioso, bueno, aplicado, obediente, cabal, recto, dócil.

JULEPE poción, jarabe, bebida.

JUMARSE * v. emborracharse.

JUMENTO asno, pollino, burro, rucho, onagro, garañón, cuadrúpedo, animal, bestia.

JUNCAL apuesto, gallardo, bizarro, esbelto, majo, galano, marchoso.

JUNCO tallo, vara, mata, planta.

JUNGLA selva, bosque, espesura, floresta, fronda, boscaje, follaje, arboleda, monte.

JUNIOR * joven, hijo.

JUNTA reunión, comité, comisión, consejo, grupo, asamblea, congregación, asociación, sociedad, corporación, cuerpo, organismo, agrupación, conjunto, entidad, delegación, diputación, misión, peña, pandilla || sesión, mitin,

JUSTICIA

deliberación, congreso, rueda, recepción, corro, tertulia || acoplamiento, v. juntura.

JUNTAMENTE junto, con, en unión, al unísono, a un tiempo, a la par, a la vez.

JUNTAR unir, reunir, acoplar, enlazar, articular, ligar, empalmar, pegar, soldar, anudar, atar, asociar, aparear, hermanar, fusionar, fundir, mancomunar, casar, mezclar, agregar, reconcentrar, englobar, conglomerar, incorporar, aunar, agavillar, arrimar, combinar, ensamblar, estrechar, sellar, conectar, yuxtaponer, apretar, añadir, aliar, aglutinar, amontonar, agrupar, coleccionar || JUNTARSE * amancebarse, liarse, conchabarse, entenderse, abarraganarse.

JUNTO cercano, próximo, adyacente, contiguo, vecino, confinante, lindante, limítrofe, rayano, cerca, inmediato, fronterizo, tocante, aledaño, pegado, conexo, unido, acoplado, ligado, enlazado, asociado, casado, mancomunado, fusionado, yuxtapuesto, conectado, aglutinado.

JUNTURA articulación, enlace, reunión, acoplamiento, unión, soldadura, empalme, fusión, aglutinación, costura, atadura, coyuntura, junta, enchufe, encastre, gozne, bisagra, juego, ensambladura.

JURA v. juramento.

JURADO cuerpo, tribunal, junta, grupo, conjunto, comité, organismo, delegación, comisión, miembros, componentes, integrantes.

JURAMENTARSE conspirar, obligarse, confabularse, integrar, planear, proyectar, maniobrar, maquinar, complotar, tramar, traicionar, rebelarse.

JURAMENTO promesa, compromiso, testimonio, ofrecimiento, palabra, voto, ofrenda, fe, honor, certificación, confirmación || imprecación, denuesto, reniego, terno, palabrota, taco, blasfemia, voto, perjurio, pestes, dicterio, insulto, grosería, maldición.

JURAR comprometerse, prometer, testimoniar, apalabrar, ofrendar, votar, afirmar, certificar, confirmar, honrar || renegar, denostar, blasfemar, perjurar, votar, insultar, imprecar, echar pestes.

JURÍDICAMENTE legalmente, judicialmente, v. jurídico.

JURÍDICO legal, judicial, forense, procesal, sumarial, procedente, lícito.

JURISCONSULTO abogado, legista, jurista, jurisperito, criminalista, defensor, acusador, asesor, licenciado, consejero, legisperito, letrado, picapleitos, doctor en leyes.

JURISDICCIÓN circunscripción, término, partido, distrito, territorio, comarca, división, demarcación, barrio, zona, contorno, municipio || poder, competencia, autoridad, mando, gobierno, fuero, atribución, dominio, facultad, carta blanca, fuerza.

JURISDICCIONAL territorial, departamental, comarcal, municipal, propio, privado, interno.

JURISPERITO v. jurisconsulto.

JURISPRUDENCIA legislación, derecho, ley, justicia, ciencia legal.

JURISTA v. jurisconsulto.

JUSTA torneo, pelea, combate, competencia, desafío, emulación, concurso, prueba, certamen, liza, lucha, pugna, juicio de Dios.

JUSTADOR competidor, combatiente, luchador, campeón, caballero, rival, adversario.

JUSTAMENTE precisamente, efectivamente, realmente, naturalmente, ciertamente, evidentemente, en efecto || imparcialmente, v. justo.

JUSTAR competir, pelear, combatir, desafiar, emular, concursar, luchar, pugnar, rivalizar.

JUSTICIA razón, derecho, ley, imparcialidad, igualdad, equidad, ecuanimidad, neutralidad, honradez, pundonor, honestidad, moralidad, severidad, conciencia, austeridad, probidad, rectitud, jurisprudencia || fallo, decisión, castigo, pena, condena, veredicto, sentencia, dictamen, resolución, arbitraje.

JUSTICIERO v. justo, vengador.

JUSTIFICABLE disculpable, comprensible, lógico, defendible, razonable.

JUSTIFICACIÓN testimonio, comprobación, defensa, excusa, coartada, prueba, argumento, razón, fundamento, motivo, señal, evidencia, demostración, confirmación, alegato.

JUSTIFICADAMENTE correctamente, comprobadamente, sobradamente, debidamente, v. justificado.

JUSTIFICADO admitido, aceptado, permitido, reconocido, comprendido, concedido, aprobado, comprobado, correcto, apropiado, justo, debido, acordado.

JUSTIFICANTE comprobante, garantía, recibo, documento, resguardo, cupón, talón, cédula, volante, papeleta, bono, vale, libranza.

JUSTIFICAR demostrar, fundar, fundamentar, argumentar, probar, defender, comprobar, testimoniar, confirmar, evidenciar, razonar, documentar, verificar, aducir, autorizar, alegar, acreditar, enmendar || disculpar, defender, apoyar, respaldar, proteger, valer, salvar, librar, escudar, favorecer, vindicar.

JUSTILLO jubón, camisola, ajustador, prenda interior.

JUSTIPRECIAR evaluar, tasar, estimar, valorar, apreciar, calcular, tantear, ajustar, valuar.

JUSTIPRECIO tasación, estimación, valor, precio, apreciación, cálculo, tanteo, evalúo, ajuste.

JUSTO equitativo, imparcial, honrado, honesto, recto, justiciero, incorruptible, insobornable, neutral, ecuánime, diferente, desapasionado, objetivo, frío, razonable, decente, correcto, íntegro, austero, escrupuloso || exacto, preciso, medido, calibrado, ajustado, cabal, puntual || fundado, indiscutible, apropiado, adecuado, razonable, conveniente, lícito, legítimo, procedente, legal, equitativo, justificado.

JUVENIL joven, verde, tierno, alegre, rozagante, lozano, vivaz, inexperto.

JUVENTUD mocedad, adolescencia, pubertad, pubescencia, nubilidad, lozanía, abriles, inexperiencia || adolescentes, mozos, muchachos, v. joven.

JUZGADO magistratura, tribunal, curia, audiencia, sala, corte, chancillería, supremo.

JUZGADOR crítico, censor, juez, examinador, fustigador, oponente, detractor.

JUZGAMUNDOS criticón, chismoso, murmurador v.

JUZGAR considerar, conceptuar, calificar, estimar, enjuiciar, clasificar, calificar, evaluar, apreciar, precisar, atribuir, adjetivar, ponderar, conjeturar, parecer, sentir, pensar, reputar, opinar, discernir, creer || fallar, sentenciar, dictaminar, condenar, enjuiciar, pronunciar, deliberar, estatuir, arbitrar, resolver, solucionar, pronunciar, decretar, establecer.

K

Kaiser * emperador v.
Kaki * caqui, pardo, ocre, verdoso.
Kan jefe, príncipe, caudillo, soberano, adalid, dirigente tártaro.
Kasbah * v. alcazaba.
Kermesse * verbena, feria, fiesta, festejo, tómbola, rifa, beneficio, velada, baile.
Kerosene * queroseno, nafta, carburante, combustible, petróleo, derivado.
Khedive * jedive v.
Kilate * v. quilate.
Kilo v. kilogramo.
Kilogramo kilo, mil gramos, peso.
Kilométrico quilométrico, interminable, inacabable, vasto, extenso, enorme, larguísimo, infinito, latoso, farragoso.

Kimono * quimono, batín, bata, túnica, delantal, clámide, camisón, salto de cama.
Kindergarten * parvulario, escuela de párvulos, jardín de infancia.
Kiosco quiosco, garita, templete, casilla, puesto, tenderete, cabina, división, compartimiento, caseta, barraca.
Kirsch licor de cereza.
Klaxon * claxon, bocina, señal acústica.
Knock-out * fuera de combate, inconsciencia, desmayo.
Korán * Corán, Alcorán, libro sagrado musulmán.
Kurdo * curdo, asiático.

L

Lábaro estandarte, pendón, enseña, guión, pabellón, monograma, signo.

Laberíntico intrincado, embrollado, oscuro, complicado, tortuoso, enmarañado, difícil, caótico, enredado, confuso, dificultoso.

Laberinto dédalo, meandro, complicación, confusión, maraña, enredo, embrollo, caos, dificultad, lío.

Labia verbosidad, parla, palique, elocuencia, verborrea, facundia, oratoria, facilidad de palabra, poder de convicción.

Lábil débil, endeble, frágil, caduco, precario, mezquino, delicado, flojo.

Labilidad fragilidad, delicadeza, flojera, mezquindad, precariedad, caducidad, endeblez

Labio belfo, bembo, bezo, labro, buz || borde, arista, ribete, resalte, reborde || **Labios** hocico, jeta, morro, boca.

Labor tarea, faena, trabajo, cuidado, ocupación, función, misión, afán, deber, quehacer, obra, trajín, empresa, cometido, oficio, fajina, operación || adorno, calado, bordado, primor, artesanía || v. labranza.

Laborable hábil, no festivo.

Laboral profesional, del trabajo, v. labor.

Laborante trabajador, v. labrador.

Laborar trabajar, ocuparse, aplicarse, afanarse, atarearse, bregar, sudar, luchar, consagrarse, actuar, perseguir.

Laboratorio estancia, recinto, oficina de investigación.

Laborear v. labrar.

Laboreo v. labranza.

Laboriosamente asiduamente, diligentemente, aplicadamente, v. laborioso.

Laboriosidad aplicación, diligencia, trabajo, esfuerzo, estudio, actividad, dinamismo, esmero, atención, cuidado, celo, afán, ahínco, dedicación, solicitud, asiduidad, tenacidad, perseverancia.

Laborioso diligente, aplicado, hacendoso, industrioso, estudioso, esforzado, trabajador, cuidadoso, celoso, asiduo, solícito, dedicado, afanoso, perseverante, tenaz || arduo, difícil, complicado, trabajoso, duro, espinoso, peliagudo, intrincado, penoso, embrollado.

Labrado trabajado, adornado, grabado, tallado, cincelado, repujado || cultivado, laborado, arado, cavado, removido, sembrado, plantado.

Labrador labriego, campesino, cultivador, plantador, labrantín, paisano, rústico, sembrador, segador, hacendado, propietario, colono, agricultor, granjero, horticultor, quintero.

Labrantín v. labrador.

Labrantío v. labranza.

Labranza cultivo, laboreo, labrantío, plantación, siembra, faena, cultura, agricultura, horticultura, arado, cavado || campo, predio, hacienda, cultivo, granjería, labrantío, sembradío, parcela, tierra.

Labrar adornar, trabajar, grabar,

LABRIEGO repujar, esculpir, cincelar, tallar || cultivar, laborear, plantar, sembrar, cavar, arar, surcar, trajinar, escardar, romper, roturar || LABRARSE formarse, crearse, hacerse, prepararse, forjarse.

LABRIEGO v. labrador.

LACA barniz, recubrimiento, tintura, lustre, capa, resina, tinte, disolución.

LACAYO criado, sirviente, doméstico, asistente, servidor, paje, criado de librea.

LACEAR sujetar, afirmar, atar, ligar, detener, atrapar, apresar, trabar, retener, capturar.

LACERACIÓN magullamiento, lesión, herida, traumatismo, contusión, magulladura, lastimadura, cardenal, equimosis, golpe, excoriación, moretón, desolladura, arañazo, rasponazo, llaga, roce, irritación.

LACERADO magullado, lesionado, contuso, lastimado, raspado, arañado, excoriado, desollado, llagado, irritado, rozado, desgarrado, herido.

LACERANTE hiriente, punzante, profundo, doloroso, hondo, penoso, intenso.

LACERAR lesionar, lastimar, magullar, herir, *contusionar*, contundir, dañar, vulnerar, desgarrar, rozar, irritar, llagar, desollar, excoriar, arañar.

LACERÍA miseria, estrechez, pobreza, molestia, trabajo, fatiga, pena.

LACERO vaquero, gaucho, jinete, llanero, centauro, caballista, desbravador.

LACERTOSO robusto, musculoso, membrudo, fornido.

LACIO marchito, ajado, flojo, laxo, suelto, desmadejado, blanco, caído, mustio, débil, decaído, liso, tieso, hirsuto.

LACÓN brazuelo, pata de cerdo, carne curada.

LACÓNICAMENTE sucintamente, brevemente, resumidamente, v. lacónico.

LACÓNICO sucinto, breve, resumido, escueto, seco, sumario, sobrio, conciso, compendioso, abreviado, corto, sintético, condensado, compendiado.

LACONISMO sobriedad, síntesis, brevedad, sequedad, abreviación, concisión, condensación, sencillez, pocas palabras.

LACRA marca, señal, cicatriz, huella, escara, costurón, herida, sutura, chirlo, costra, pústula || defecto, vicio, deficiencia, mancha, mácula, borrón, mota, imperfección, tacha, monstruosidad, daño, perjuicio.

LACRAR sellar, cerrar, estampar, imprimir, marcar, grabar, fundir, derretir, precintar || contagiar, perjudicar.

LACRE barra, pasta, sello.

LACRIMÓGENO irritante, picante, congestivo, inflamatorio || v. lacrimoso.

LACRIMOSO lastimero, triste, lastimoso, penoso, conmovedor, folletinesco, lacrimógeno, melodramático || afligido, lloroso, compungido, gimiente, quejumbroso, lagrimoso, llorón, triste, tribulado.

LACTANCIA crianza, amamantamiento, lactación, infancia, cría, cuidado.

LACTANTE mamón, nene, rorro, crío, *bebé*, pequeñuelo, mocosuelo, infante, niño.

LACTAR criar, amamantar, atetar, tetar, alimentar, nutrir, cuidar, sorber, tomar, ingerir.

LÁCTEO láctico, lechoso, lactario, lacticíneo.

LÁCTICO v. lácteo.

LADEADO oblicuo, inclinado, sesgado, terciado, desplazado, diagonal, torcido, esquinado, arrinconado.

LADEAR terciar, sesgar, desplazar, inclinar, esquinar, torcer, arrinconar, perfilar, flanquear, volver, cambiar, correr, colocar.

LADEO sesgo, inclinación, v. ladear.

LADERA cuesta, declive, pendiente, talud, desnivel, inclinación, repecho, costanilla, escarpa, rampa, vertiente, falda, bajada, depresión.

Ladero v. lateral.
Ladilla parásito, insecto, bicho.
Ladino sagaz, taimado, astuto, calculador, avisado, artificioso, marrullero, chusco, perillán, pícaro, pillo, bribón, cuco, malicioso, artero, sagaz, diestro, sutil, fino, hábil, pérfido, tramposo, zorro.
Lado borde, cara, costado, flanco, ala, mano, banda, lateral, margen, extremo, canto, arista, generatriz, chaflán, perfil, orilla, parte, anverso, reverso || lugar, sitio, puesto, parte, ambiente, medio, situación, ámbito, andurrial, punto, posición, paraje, emplazamiento.
Ladrador aullador, alborotador, gruñidor, inquieto, excitado, escandaloso, amenazador.
Ladrar aullar, alborotar, gruñir, escandalizar, amenazar, gritar, avisar.
Ladrido aullido, aúllo, quejido, grito, chillido, aviso, amenaza, alboroto, escándalo.
Ladrillo briqueta, teja, baldosín, baldosa, adobe, rasilla, azulejo, elemento.
Ladrón ratero, carterista, caco, randa, petardista, descuidero, cortabolsas, cleptómano, timador, lagarto, sisón, garduño, desfalcador, escalador, descuidero, ganzúa, delincuente, depredador, desvalijador, expoliador, hurtador, salteador, saqueador, raptor, rata, bandido, bandolero, atracador || especulador, abusador, agiotista, traficante, usurero, estafador.
Ladronera guarida, cueva, antro, escondrijo.
Ladronzuelo caco, ratero, descuidero, v. ladrón.
Lagar pisadera, recipiente, gamellón, tinillo, bodega, cava.
Lagartija lagarto, reptil, saurio.
Lagarto reptil, saurio, lagartija || taimado, pícaro, astuto, zorro, pillo, hipócrita, falso.
Lago estanque, laguna, marisma, pantano, charca, estero, albufera, embalse, depósito, marjal.

Lagotear halagar, adular, lisonjear, loar, camelar, embelecar, atraer, dar coba.
Lagotería zalamería, halago, carantoña, arrumaco, roncería, alabanza, coba, adulación, lisonja, camelo.
Lagotero zalamero, carantoñero, adulador, lisonjero, cobista, lavacaras, oficioso.
Lágrima gota, lagrimón, excreción, humor, pizca, sollozo, lloro, lamento.
Lagrimear sollozar, llorar, lloriquear, quejarse, gimotear, lamentarse, rezumar, exudar.
Lagrimeo sollozo, lloro, lloriqueo, gimoteo, lamento, queja || secreción, excreción, goteo.
Lagrimoso v. lacrimoso.
Laguna charca, estanque, alberca, balsa, acequia, v. lago || omisión, olvido, lapso, vacío, hueco, falta, defecto, espacio, error.
Laicado laicos, conjunto de fieles.
Laicismo secularización, temporalización, desvinculación, apartamiento, independencia, irreligiosidad.
Laico lego, seglar, secular, civil, secularizado, temporal, terrenal, separado, independiente, mundano, irreligioso, profano.
Laja losa, lastra, piedra lisa, meseta pétrea.
Lama lodo, fango, cieno, barro, arena.
Lambrija lombriz, gusano, verme || esquelético, flaco, escuálido, consumido.
Lamedal cenagal, fangal, barrizal, tremedal, lodazal.
Lamedura v. lamida.
Lamentable penoso, lastimoso, triste, deplorable, calamitoso, sensible, aflictivo, desolador, lastimero, tremendo, terrible, doloroso, desconsolador, angustioso, desesperante, irritante, vergonzoso.
Lamentablemente lastimosamente, deplorablemente, desgraciadamente, desdichadamente, penosamente, v. lamentable.
Lamentación queja, lamento, ge-

LAMENTAR

mido, clamor, plañido, llanto, lloro, lloriqueo, sollozo, suspiro, súplica, gimoteo, gruñido, protesta.

LAMENTAR arrepentirse, desdecirse, rectificar, retractarse, deplorar, sentir, afligirse, desolarse, apenarse, añorar, extrañar, echar de menos || LAMENTARSE gemir, clamar, plañir, quejarse, suspirar, sollozar, lloriquear, llorar, protestar, gruñir, gimotear, clamar, suplicar, dolerse.

LAMENTO v. lamentación.

LAMER lengüetear, repasar, lamber, relamer, lamiscar, chupar, chupetear || rozar, tocar, acariciar, besar.

LAMETÓN v. lamida.

LAMIDA lametón, lengüetada, lengüetazo, lamedura, lambetazo, lengüeteo, chupeteo, chupetón.

LAMIDO flaco, delgado, huesudo, fino, enjuto, esquelético || pulido, cuidadoso, relamido, limpio, minucioso, acicalado.

LÁMINA ilustración, estampa, pintura, grabado, dibujo, efigie, litografía, figura, imagen, viñeta, vista, impresión, aguafuerte, santo, cromo || plancha, placa, hoja, película, chapa, laminilla, capa, cubierta, disco, lata, tabla, viruta, cáscara, rodaja, tajada, loncha, lonja, tejo, plano.

LAMINADO batido, adelgazado, chapado, rebanado, aplastado, comprimido, calandrado, exfoliado, laminar, laminoso, fino.

LAMINADORA cilindro, prensa, calandria, prensadora, rodillo, batihoja, laminador.

LAMINAR comprimir, adelgazar, batir, aplastar, calandrar, exfoliar, afinar, chapar, rebanar || v. laminado.

LAMINERO goloso, apetente, delicado, galamero, sibarita, ávido, glotón.

LAMINOSO v. laminado.

LAMISCAR v. lamer.

LÁMPARA lamparilla, bombilla, foco, farol, fanal, candil, linterna, luz, quinqué, candelero, farola, reflector, tulipa, araña, mechero, velón, lantía || mancha, churrete, chafarrinón, lamparón.

LAMPARILLA candelilla, lamparín, mariposa, velita.

LAMPARÓN mancha, churrete, chafarrinón, lámpara, grasa, suciedad.

LAMPAZO estropajo, borlón, trapo, bayeta, guiñapo, estraza, fregador, escobón.

LAMPIÑO imberbe, barbilampiño, rapagón, desbarbado, carilampiño, impúber, adolescente, pollo.

LAMPISTA * lamparero.

LAMPO fulgor, resplandor, relámpago, destello.

LAMPREAZO v. latigazo.

LANA vellón, pelusa, borra, guedeja, tusa, vedija, pelo, hebra, guata || paño, tejido, tela.

LANAR ovino, ovejuno.

LANCE suceso, acontecimiento, episodio, hecho, incidente, ocurrencia, caso, asunto, advenimiento, ocasión, aventura, sucedido, evento, trance, eventualidad, accidente, situación, casualidad || jugada, suerte, tirada, mano, pasada, turno || LANCE (DE) de ocasión, barato, económico, saldo.

LANCEAR v. alancear.

LANCEOLADO puntiagudo, aguzado, ahusado.

LANCERO jinete, caballero, ulano, alabardero, alanceador, rejoneador, picador.

LANCETA bisturí, escalpelo, cuchillo, cuchilla, hoja, sangradera, instrumento quirúrgico.

LANCHA bote, barca, falúa, chalana, chinchorro, canoa, batel, barcaza, lanchón, trainera, balandra, góndola, esquife, pinaza, piragua, gasolinera, motora, chalupa, barquichuelo, embarcación || piedra, laja v.

LANCHERO barquero, remero, batelero, marinero.

LANCHÓN barcaza, gabarra, chalana, pinaza, v. lancha.

LANDA llanura, páramo, yermo, sabana, erial, meseta, desierto, estepa, descampado, planicie.

LANDRE tumor, absceso, bulto.

LANGOSTA saltamontes, ortóptero,

insecto, plaga, acrídido, grillo, mantis, beata || crustáceo, marisco, bogavante, v. langostino.

LANGOSTINO gamba, quisquilla, marisco, crustáceo, langostín.

LANGUIDECER abatirse, extenuarse, debilitarse, entorpecerse, descorazonarse, desanimarse, desmayarse, flojear, ceder, aflojar, postrarse, desalentarse, adormecerse, decaer, disminuir, remitir, cesar.

LANGUIDEZ desánimo, extenuación, debilidad, entorpecimiento, flojera, desmayo, descorazonamiento, decaimiento, disminución, adormecimiento, desaliento, postración, cese, poltronería, afectación.

LÁNGUIDO flojo, desanimado, desmayado, descorazonado, entorpecido, debilitado, débil, extenuado, abatido, disminuido, decaído, adormecido, desalentado, postrado, amanerado, poltrón, afectado.

LANOSO velludo, lanudo, aterciopelado, peludo, velloso, hirsuto, espeso, denso, cerdoso.

LANUGO vello, pelusa, pelillo, pelo, bozo.

LANZA pica, alabarda, venablo, chuzo, asta, vara, rejón, garrocha, gorguz, lanzón, bichero, palo.

LANZADA lanzazo, rejonazo, alanceadura, puyazo, pinchazo, corte, herida.

LANZADERA espolín, jugadera, instrumento, pieza de telar.

LANZADOR tirador, arrojador, atleta, discóbolo, deportista.

LANZAMIENTO expulsión, desahucio, despojo, desalojo, exclusión, separación, exoneración, despido, eliminación || impulsión, impulso, tiro, tirada, proyección, empujón, empuje, propulsión, envión, botadura, dispersión, emanación, irradiación, efluvio.

LANZAR tirar, arrojar, despedir, impeler, expeler, exhalar, proyectar, impulsar, arrojar, descargar, emitir, precipitar, botar, verter, echar, disparar, vomitar, escupir, soltar, descargar, derramar, salpicar, rociar, emanar, propulsar, empujar || desahuciar, despedir, desalojar, despojar, excluir, separar, exonerar, eliminar, expulsar || exhalar, prorrumpir, soltar, divulgar, extender, difundir, propalar, emitir.

LANZAZO v. lanzada.

LAÑA grapa, gancho, gafa, ajuste, pieza, alambre.

LAÑAR trabar, unir, gafar, sujetar, ajustar, enganchar, afianzar.

LAPA molusco, gasterópodo, lápade.

LAPACHAR cenagal, barrizal, lodazal, tremedal, fangal, pantano, ciénaga, marjal.

LAPICERO lápiz, mina, grafito, barrita, carboncillo, útil de escritura.

LÁPIDA losa, estela, piedra, laude, mármol, inscripción, tumba.

LAPIDACIÓN apedreamiento, pedrea, castigo, pena, eliminación, aniquilación.

LAPIDAR apedrear, castigar, matar, eliminar, aniquilar, destrozar.

LAPIDARIO escueto, conciso, sobrio, sucinto, breve || joyero, tallador, tallista, grabador.

LAPISLÁZULI ciánea, lazulita, mineral, piedra de adorno.

LÁPIZ lapicero, mina, carboncillo, grafito, barrita, útil de escritura.

LAPO golpe, bastonazo, varazo, cintarazo, palo, bofetón.

LAPSO error, desliz, traspié, falta, caída, descuido, tropiezo, errata, yerro, gazapo, distracción, omisión || espacio, tiempo, curso, duración, período, extensión, plazo, etapa, fase.

LAPSUS * v. lapso || LAPSUS CALAMI error al escribir, errata || LAPSUS LINGUÆ error al hablar.

LAQUEADO barnizado, cubierto, recubierto, pintado, brillante, pulido.

LAQUEAR barnizar, cubrir, recubrir, pulir, abrillantar, pintar.

LAR hogar, morada, domicilio, residencia, casa, mansión, vivienda, techo, nido, cobijo, refugio, solar, intimidad, familia.

LARDEAR pringar, untar, engrasar.

LARDO grasa, gordo, tocino, sebo, unto, manteca, butiro.
LARDOSO grasiento, pringoso, untuoso, mantecoso, butiroso.
LARES v. lar.
LARGAMENTE prolongadamente, ampliamente, dilatadamente, v. largo.
LARGAR aflojar, librar, soltar, tirar, arriar, echar, arrojar || LARGARSE marcharse, escabullirse, irse, escurrirse, ausentarse, desaparecer, evaporarse, partir, separarse, emigrar, retirarse, abandonar.
LARGAS dilación, demora, prolongación, prórroga, aplazamiento, morosidad, retraso, premiosidad.
LARGO prolongado, amplio, dilatado, extenso, luengo, longo, extendido, interminable, enorme, apaisado, continuado, grande, estirado, holgado, espacioso, desarrollado, abundante || longitud, amplitud, extensión, dilatación, prolongación, espacio, holgura, medida, largura || dadivoso, generoso, derrochador, despilfarrador, dispendioso, liberal || interminable, inacabable, lento, premioso, tedioso, fastidioso.
LARGOR v. longitud.
LARGUERO palo, tabla, viga, tablón, madero, barrote, apoyo, soporte, cabezal.
LARGUEZA generosidad, liberalidad, prodigalidad, esplendidez, desprendimiento, desinterés, filantropía, altruismo, munificencia, dadivosidad.
LARGUIRUCHO desgarbado, desgalichado, alto, flaco, desproporcionado, desmedrado, escuálido, esquelético.
LARGURA v. largo.
LARINGE nuez, glotis, órgano de la voz, conducto.
LARVA oruga, gusano.
LASCA esquirla, fragmento, trozo, fracción, añico, pizca, pedazo de piedra.
LASCIVAMENTE lujuriosamente, eróticamente, sensualmente, v. lascivia.
LASCIVIA lujuria, incontinencia, erotismo, sensualidad, voluptuosidad, lubricidad, sensualismo, libidinosidad, celo, excitación, cachondez, libídine, deshonestidad, impudicia, celo, obscenidad, intemperancia, satiriasis, apetito venéreo.
LASCIVO impúdico, deshonesto, libidinoso, intemperante, obsceno, sensual, lúbrico, voluptuoso, cachondo, erótico, incontinente, lujurioso, carnal, vicioso, sátiro, salaz, liviano, libertino, licencioso.
LASITUD cansancio, agotamiento, flojedad, postración, agobio, desfallecimiento, languidez, desmadejamiento, decaimiento, debilidad, depresión, abatimiento.
LASO cansado, flojo, macilento, lánguido, fatigado, debilitado, decaído, desmadejado, desfallecido, agobiado, postrado, flojo, agotado, cansado, deprimido, abatido.
LÁSTIMA compasión, piedad, conmiseración, sensibilidad, humanidad, dolor, ternura, condolencia, sentimiento, misericordia, sensiblería, altruismo, tristeza, pena, aflicción, clemencia, caridad, devoción, enternecimiento.
LASTIMADO herido, lesionado, magullado, golpeado, afectado, agraviado, ofendido.
LASTIMADURA magulladura, contusión, golpe, cardenal, lesión, herida, daño.
LASTIMAR lesionar, vulnerar, dañar, descalabrar, magullar, contundir, contusionar, golpear, fracturar, lacerar, mancar, deslomar, derrengar, perjudicar, inferir, inutilizar, vulnerar || ofender, agraviar, injuriar, ultrajar, humillar, escarnecer, vilipendiar.
LASTIMERO quejumbroso, plañidero, doliente, quejicoso, triste, adolorido, suspirante, suplicante, afligido, conmovedor, lúgubre, doloroso, desgarrador.
LASTIMOSAMENTE penosamente, lamentablemente, deplorablemente, desdichadamente, desafortunadamente, v. lastimoso.
LASTIMOSO penoso, lamentable, de-

plorable, desdichado, desafortunado, miserable, desesperanzado, doloroso, desgarrador, desolador, triste.

Lastra laja, losa, piedra ancha.

Lastrar cargar, contrapesar, equilibrar, sobrecargar, abarrotar, afirmar, afianzar, estabilizar.

Lastre contrapeso, peso, carga, sobrecarga, estabilización || rémora, carga, impedimento, obstáculo, embarazo, traba, estorbo, freno, barrera, molestia, escollo || balasto, piedra, grava.

Lata hojalata, chapa, lámina, placa, bote, envase, pote, tarro, recipiente, receptáculo || tabarra, monserga, pesadez, tedio, fastidio, aburrimiento, pejiguera, rollo, matraca, mareo.

Latebra escondrijo, madriguera, cueva, refugio.

Latente potencial, disimulado, oculto, furtivo, subrepticio, traicionero, solapado, silencioso, enmascarado, encubierto, velado.

Lateral adyacente, ladeado, limítrofe, confinante, secundario, colateral, anexo, adjunto, supletorio, vecino, contiguo, desplazado, arrinconado, diagonal.

Látex goma, jugo, fluido, secreción.

Latido palpitación, pulsación, golpe, percusión, contracción, dilatación, pulso, sístole, diástole.

Latifundio hacienda, heredad, extensión, territorio, propiedad, rancho, plantación, campo, dominio, feudo.

Latifundista terrateniente, hacendado, potentado, ganadero, ranchero.

Latigazo trallazo, fustazo, varazo, vergajazo, zurriagazo, flagelación, azote, fustigamiento, castigo, vapuleo, golpe, chasquido, daño, marca, señal.

Látigo azote, flagelo, fusta, vergajo, zurriago, vara, tralla, manatí, correa, disciplina, nervio, rebenque, penca, verdugo, cinto.

Latiguear v. fustigar.

Latino meridional, mediterráneo, europeo.

Latinoamericano * hispanoamericano, iberoamericano, americano, sudamericano.

Latir palpitar, pulsar, percutir, vivir, funcionar.

Latitud anchura, ancho, extensión, amplitud || zona, clima, región, comarca.

Lato amplio, extenso, vasto, dilatado.

Latón aleación, metal, ceni.

Latoso molesto, cargante, pelma, pesado, fastidioso, chinche, aburrido, enojoso, monótono, tedioso, soporífero, insoportable, importuno, insistente.

Latría culto, adoración, veneración.

Latrocinar robar, hurtar, rapiñar, timar, estafar, aprovecharse, desfalcar, desvalijar, expoliar, saquear, saltear, atracar.

Latrocinio robo, hurto, substracción, rapacería, rapacidad, rapiña, atraco, despojo, saqueo, cleptomanía, uña, escamoteo, depredación, sisa, desvalijamiento, estafa, desfalco, abuso.

Laúd vihuela, bandurria, instrumento de cuerda.

Laudable encomiable, elogiable, plausible, ejemplar, loable, admirable, estimable, apreciable, notable, excelente, meritorio, digno, laudatorio v.

Láudano sedante, calmante, alcaloide.

Laudatorio lisonjero, halagüeño, encomiástico, ditirámbico, elogioso, apologético, aprobador, ponderativo, adulador, panegirista, v. laudable.

Laude v. alabanza.

Laudo sentencia, fallo, decisión, veredicto, dictamen, resolución, arbitraje.

Laureado recompensado, honrado, premiado, condecorado, coronado, vencedor, triunfante.

Laurear recompensar, honrar, premiar, enaltecer, coronar, glorificar, ensalzar, condecorar.

Laurel premio, corona, recompensa, honra, glorificación, honor, gloria, victoria, triunfo.

LAURÉOLA v. aureola.
LAURO v. laurel.
LAUTO espléndido, rico, opulento, fastuoso, potentado, abundante, regio, magnífico.
LAVA magma, fusión, masa, escoria, erupción, roca fluida.
LAVABO tocador, jofaina, aguamanil, palangana || baño, servicio, excusado.
LAVACARAS adulón, lisonjero, cobista, tiralevitas, lameculos, lagotero.
LAVADERO artesa, tina, pilón, fregadero, pila.
LAVADO lavadura, ablución, fregado, limpieza, baño, purificación, higienización, colada, blanqueo, enjuague, ducha, riego, fregoteo, jabonadura, jabonado.
LAVADORA aparato, artefacto electrodoméstico, máquina de lavar.
LAVADURA v. lavado.
LAVAJE v. lavado.
LAVAMANOS aguamanil, lavabo, recipiente, palangana, jofaina.
LAVANDA * lavándula, agua de espliego, de alhucema, perfume, loción, aroma.
LAVANDERÍA lavadero, tintorería.
LAVAR limpiar, fregar, jabonar, enjuagar, aclarar, bañar, purificar, duchar, fregotear, higienizar, colar, baldear, enjabonar, lavotear, mojar, humedecer, regar, empapar, refrescar, sanear.
LAVATIVA clister, ayuda, irrigación, lavamiento, medicamento líquido, jeringa.
LAVATORIO v. lavado || colirio, enjuague, gargarismo.
LAXANTE depurativo, purgante, laxativo, catártico, emoliente, purificante, drástico, suavizante, refrescante, efervescente.
LAXAR purgar, depurar, purificar || aflojar, disminuir, relajar, suavizar, ablandar.
LAXATIVO v. laxante.
LAXITUD relajamiento, distensión, ablandamiento, suavizamiento, disminución, aflojamiento.
LAXO distendido, flojo, relajado, suavizado, desmadejado, aflojado, inmoral, amoral.

LAYA clase, condición, calidad, especie, calaña, género, estirpe, categoría, naturaleza, índole, idiosincracia, genio, jaez, ralea, linaje.
LAZADA lazo, atadura, nudo, vuelta, ligadura, amarre, ligazón.
LAZAR v. enlazar.
LAZARETO dispensario, leprosería, hospital, sanatario.
LAZARILLO guía, destrón, gomecillo, ayudante.
LAZO cuerda, cordón, traílla, cabo, lazada, vuelta, nudo, atadura, ligadura, amarre, ligazón || trampa, asechanza, emboscada, ratonera, ardid, garlito, red, celada, estratagema || vínculo, afinidad, conexión, obligación, unión, parentesco, alianza, familiaridad.
LEADER * líder, dirigente, conductor, caudillo, jefe, guía, cabecilla.
LEAL noble, recto, honrado, fiel, devoto, honesto, apegado, insobornable, perseverante, ferviente, amigo, cumplidor, franco, recto, pundonoroso, sincero, escrupuloso, constante, veraz, probo, adepto, fidedigno, seguidor, seguro, confiable, sumiso, vasallo.
LEALMENTE noblemente, rectamente, honradamente, fielmente, v. leal.
LEALTAD devoción, fidelidad, honradez, rectitud, nobleza, fervor, perseverancia, apego, honestidad, constancia, sinceridad, pundonor, franqueza, amistad, probidad, veracidad, escrúpulo, confianza, seguridad, acatamiento, ley, observancia, cumplimiento, adhesión, vasallaje, sumisión, homenaje, fervor, amor.
LECCIÓN clase, conferencia, asignatura, materia, disciplina, disertación, lectura, enseñanza, instrucción, adiestramiento, iniciación, aleccionamiento, catequesis || escarmiento, ejemplo, aviso, consejo, amonestación, experiencia, advertencia || deber, tarea, capítulo, parte, título.
LECTIVO escolar, oficial.
LECTOR leyente, leedor, descifra-

dor || maestro, catedrático, profesor, conferenciante, disertador.
Lectura leída, repaso, asimilación, ojeada, examen, estudio, lección, análisis || obra, texto, libro, composición, escrito, documento, nota, manuscrito, manifiesto.
Lechada cal, pintura, encalado.
Lechal mamón, mamador, lactante, cría, lechón.
Leche secreción, excreción, emulsión, líquido, zumo, jugo, suspensión, alimento, lacticinio, calostro, caseína, cuajo, cáseo.
Lechera cuenco, vasija, recipiente, hervidor.
Lechería vaquería, granja, establecimiento, establo.
Lechero vaquero, granjero, ordeñador, comerciante.
Lechigada camada, cría, ventregada, cachillada, hijuelos, prole, descendencia || pandilla, cuadrilla, hato, hatajo, banda, grupo.
Lecho cama, catre, litera, tálamo, yacija, camastro, hamaca, petate, camón, jergón, somier, camilla, triclinio, cama turca || cauce, álveo, madre, conducto, terreno || fondo, base, hondo, asiento, hondura, profundidad || estrato, capa, veta, filón, tongada.
Lechón cochinillo, mamón, lechal, cría || sucio, cerdo, desaseado.
Lechoso blanquecino, pegajoso, blanco, lacticíneo, viscoso, líquido, jugoso, turbio.
Lechuga escarola, endibia, verdura, hortaliza || ensalada.
Lechuguina pizpireta, coqueta, peripuesta, vanidosa, acicalada, elegante.
Lechuguino pisaverde, elegante, petimetre, gomoso, amanerado, currutaco, caballerete, figurín, coqueto, mozo, pollo, imberbe, inexperto.
Lechuza búho, mochuelo, ave rapaz, de rapiña, nocturna, estigre, curuca, autillo.
Ledo contento, alegre, gozoso, jubiloso, agradable, placentero, plácido.
Leer estudiar, examinar, repasar, asimilar, analizar, descifrar, hojear, ojear, averiguar, devorar, deletrear, explicar, contar, decir || adivinar, penetrar, observar, descubrir, acertar, comprender.
Legación representación, delegación, misión, embajada, consulado.
Legado manda, cesión, donación, adjudicación, dote, dejación, herencia, testamento, codicilo, sucesión, transmisión || nuncio, comisionado, enviado, embajador, representante, delegado, mandatario.
Legajo expediente, protocolo, registro, repertorio, documentación, documentos, papeles, carpeta.
Legal reglamentario, lícito, legítimo, constitucional, permitido, autorizado, admitido, vigente, imperante, actual, exacto, verídico, fiel, justo, judicial, pericial, legislativo, procesal.
Legalidad justicia, legitimidad, moralidad, constitucionalidad, vigencia, actualidad, efectividad, autenticidad, propiedad, conveniencia, sanción, promulgación, refrendo, certificación.
Legalización refrendo, legitimación, sanción, certificación, certificado, documento, visado, sello, firma, comprobación, confirmación, promulgación, habilitación, autenticación, justificación.
Legalizar legitimar, refrendar, autenticar, *autentificar*, suscribir, promulgar, sancionar, firmar, certificar, documentar, sellar, visar, atestar, confirmar, justificar, habilitar.
Legalmente lícitamente, reglamentariamente, legítimamente, v. legal.
Légamo barro, lodo, cieno, fango, limo, gacha, lama, bardoma, pecina.
Legamoso cenagoso, lodoso, barroso, fangoso, turbio.
Legaña humor, excreción, pitaña, pitarra.
Legañoso pitañoso, pitarroso, sucio, repugnante, infectado.

Legar ceder, donar, dejar, testar, transmitir, transferir, traspasar, dar, adjudicar.

Legatario heredero, beneficiario, sucesor, favorecido, asignatario, fiduciario, usufructuario, beneciado.

Legendario quimérico, fabuloso, fantástico, maravilloso, valeroso, inverosímil, utópico, antiguo, proverbial, tradicional, rancio.

Legible inteligible, claro, explícito, comprensible, fácil, descifrable.

Legión falange, cohorte, cuerpo, tropa, batallón || conjunto, tropel, masa, caterva, cáfila, exceso, profusión, abundancia.

Legionario soldado, infante, mercenario.

Legislación código, fuero, cuerpo, régimen, compilación, reglamentación, leyes, decretos, carta, estatuto, constitución, relación.

Legislador parlamentario, congresista, codificador, leguleyo, compilador, asambleísta, procurador, miembro, diputado, senador, delegado, representante, legista.

Legislar estatuir, reglamentar, codificar, decretar, ordenar, constituir, proclamar, aplicar, sancionar, promulgar, formalizar, regular, dictar, establecer, disponer, refrendar, aplicar, abrogar, derogar, firmar, compilar, representar.

Legislativo legal, reglamentario, representativo, senatorial, parlamentario, constituyente.

Legislatura tiempo, plazo, período, lapso, sesión, reunión, funcionamiento.

Legista v. jurisconsulto || **Médico legista** * médico forense.

Legítima parte, fracción, porción de herencia.

Legitimación v. legalización.

Legítimamente auténticamente, indiscutiblemente, evidentemente, v. legítimo.

Legitimar v. legalizar.

Legitimidad v. legalidad.

Legítimo auténtico, legal, lícito, reglamentario, genuino, cierto, evidente, indiscutible, efectivo, fundado, positivo, ortodoxo, probado, fidedigno, verdadero, fiel, justo, verídico, admitido, autorizado, permitido, constitucional, vigente.

Lego seglar, donado, hermano, religioso, profeso, laico, secular || inculto, ignorante, iletrado, analfabeto, profano, ayuno, indocto.

Legrar raer, raspar.

Legua medida, distancia, recorrido, longitud.

Leguleyo picapleitos, abogadillo, abogaducho, embaucador, charlatán, ignorante.

Legumbre hortaliza, vegetal, planta, verdura, semilla, grano, fruto, verde.

Leíble v. legible.

Leído instruido, culto, erudito, preparado, docto, experto, entendido, sabio, letrado, cultivado, capacitado, conocedor, sapiente.

Leitmotiv * motivo principal, tema, idea básica.

Lejanía lontananza, distancia, alejamiento, apartamiento, retiro, separación, desvío, soledad, destierro, emigración, ausencia, a lo lejos.

Lejano apartado, distante, remoto, retirado, alejado, espaciado, lejos, separado, distanciado, desviado, solitario, arrumbado, ultramarino, extremo, último || antiguo, pasado, remoto, añejo.

Lejía recuelo, clarilla, solución acuosa.

Lejos allí, allá, acullá, remotamente, v. lejano.

Lelo pasmado, simple, necio, pasmarote, atontado, zoquete, bobo, memo, necio v.

Lema divisa, mote, letra, sentencia, emblema, frase, locución, expresión, enunciado, consigna, contraseña.

Lémures fantasmas, espíritus, genios, duendes, espectros, sombras.

Lena esfuerzo, vigor, aliento, empuje.

Lene leve, ligero, dulce, benévolo, suave, blando, apacible, pacífico, moderado.

Lengua órgano muscular, apéndice, prolongación, sin hueso, alargamiento || unión, conexión, relación, franja, tierra || idioma, lenguaje, habla, dialecto, expresión, jerga, germanía, argot, caló, jerigonza.

Lenguaje v. lengua || expresión, estilo, frase, modo, locución, enunciado, tono, tonillo, deje, voz, acento.

Lenguaraz desvergonzado, descarado, deslenguado, desfachatado, atrevido, procaz, fresco, insolente, descocado, inverecundo, frescales.

Lengüeta laminilla, placa, chapa, tira, espiga.

Lengüetada lengüetazo, lametón, lamida, lengüeteo, lamedura, chupeteo, chupetón, lenguarada.

Lenidad blandura, benevolencia, indulgencia, bondad, benignidad, mansedumbre, delicadeza, suavidad, miramiento, docilidad.

Lenificar suavizar, calmar, mitigar, dulcificar, ablandar, aliviar, consolar.

Lenitivo calmante, suavizante, emoliente, sedante, alivio, bálsamo, consuelo, ánimo, aliento.

Lenocinio alcahuetería, tercería, rufianería, prostitución, trata, proxenetismo.

Lentamente despaciosamente, pausadamente, quedamente, paulatinamente, progresivamente, v. lento.

Lente cristal, vidrio, cristalino, cuerpo vítreo, lupa, luneta, objetivo, ocular, menisco || tabalejo, anteojo, prismáticos, binocular, gemelos, telescopio, ecuatorial, periscopio, microscopio, monóculo || Lentes gafas, quevedos, antiparras, anteojeras, espejuelos, ojuelos, impertinentes.

Lenteja leguminosa, semilla, lentejuela v.

Lentejuela disco, planchita, lenteja, laminilla.

Lenticular convexo, combado, cóncavo, circular, discoidal, vítreo.

Lentilla lente de contacto, microlentilla.

Lentisco mata, arbusto, almácigo, planta.

Lentitud morosidad, tardanza, calma, pereza, pesadez, torpeza, premiosidad, languidez, indolencia, dilación, rodeo, pachorra, cuajo, flema, cachaza, posma, apatía, tranquilidad, pausa, duración, parsimonia.

Lento tardo, pesado, perezoso, calmoso, moroso, torpe, indolente, lánguido, premioso, pausado, tranquilo, apático, cachazudo, flemático, parsimonioso, tardón, parado, soñoliento, remiso, reacio, flojo, acompasado, despacioso.

Leña madera, troncos, palos, tarugos, astillas, v. leño, rozo, seroja, chasca || tunda, zurra, paliza, somanta, vapuleo, felpa, soba, azotaina.

Leñador hachero, podador, leñero, peón, jornalero.

Leñazo garrotazo, golpe, palo.

Leño madero, madera, tabla tablón, palo, poste, viga, astilla, tronco, traviesa, toza, tarugo, listón, zoquete.

Leñoso duro, consistente, fuerte, reacio, fibroso.

León fiera, carnicero, mamífero, félido || valiente, audaz, arrojado, indomable.

Leonado rubio, castaño, rojizo, bermejo.

Leonera antro, cueva, buhardilla, cuchitril, huronera, tabuco, tugurio, cuartucho, zahurda, covacha || timba, garito, casa de juego, matute.

Leonino injusto, abusivo, desmedido, exagerado, exorbitante, excesivo.

Leopardo pantera, felino, fiera, carnicero, mamífero.

Leporino hendido, partido, abierto, perforado, anómalo, teratológico.

Lepra malatía, lacería, albarazo, enfermedad infecciosa.

Leprosería lazareto, dispensario, sanatorio, hospital.
Leproso contagiado, malato, gafo, infectado, enfermo, lacerado, llagado, lazarino.
Lerdo v. lento.
Lesbiana tríbada, sáfica, lesbia, pervertida, viciosa, homosexual femenina.
Lesbianismo v. tribadismo.
Lesión herida, daño, erosión, magulladura, desolladura, magullamiento, moretón, traumatismo, equimosis, golpe, contusión, cardenal, excoriación, distensión, dislocación, esguince, luxación, fractura, mordedura, arañazo, pellizco, distorsión, torcedura, deformidad, atrofia, anquilosis, parálisis || perjuicio, detrimento, daño, menoscabo, pérdida, mal, deterioro, privación, estrago.
Lesionar magullar, desollar, erosionar, dañar, herir, contundir, golpear, dislocar, distender, excoriar, torcer, pellizcar, arañar, morder, fracturar, luxar, paralizar, anquilosar, atrofiar, deformar, derrengar, deslomar, baldar, mancar, lacerar, desgraciar, vulnerar, descalabrar, lastimar || perjudicar, menoscabar, privar, deteriorar, dañar, damnificar, arruinar, quebrantar.
Lesivo perjudicial, dañoso, dañino, nocivo, peligroso, pernicioso, ofensivo, contrario.
Leso dañado, perjudicado, lastimado, agraviado, vulnerado, herido, malparado, damnificado, ofendido.
Letal deletéreo, mortal, mortífero, destructor, fatal, nefasto, funesto, exterminador, aniquilador, nocivo, insalubre, tóxico, venenoso.
Letanía sarta, retahíla, lista, rosario, sucesión, serie, recua, ristra || súplica, invocación, impetración, imploración.
Letárgico adormecido, aletargado, adormilado, amodorrado, entorpecido, entumecido, soñoliento || pesado, aburrido, soporífero, fastidioso.
Letargo modorra, torpeza, entumecimiento, entorpecimiento, insensibilidad, adormilamiento, sopor, pereza, coma, desmayo.
Letificar regocijar, animar, alegrar, contentar, divertir, alborozar.
Letra carácter, signo, símbolo, grafía, cifra, rasgo, representación, garabato, monograma || versos, romance, composición || giro, documento, compromiso, pago, pagaré || v. letras.
Letrado abogado, jurisconsulto, jurista, defensor, perito en derecho, doctor en leyes, licenciado, jurisperito, legista, legisperito, consejero, asesor, leguleyo, picapleitos || instruido, doctor, ilustrado, sabio, erudito, cultivado || pedante, purista, engolado, afectado.
Letras literatura, humanismo, cultura, ciencias.
Letrero cartel, rótulo, anuncio, aviso, pasquín, octavilla, muestra, inscripción, marbete, etiqueta, leyenda, pancarta, epígrafe, placarte, edicto, ordenanza.
Letrilla coplas, estrofas, v. letra.
Letrina excusado, retrete, común, evacuatorio, reservado, *water*.
Leucemia leucocitemia, exceso de leucocitos, cáncer sanguíneo, dolencia incurable.
Leucocito corpúsculo, célula sanguínea, glóbulo blanco.
Leva reclutamiento, recluta, quinta, alistamiento, enganche, incorporación, enrolamiento || palanca, espeque, barra, alzaprima.
Levadura fermento, diastasa, catalizador.
Levantado elevado, alzado, alto, erguido, izado, aupado, incorporado, encaramado, subido, v. levantar.
Levantador perturbador, agitador, provocador, sedicioso, alborotador || pesista, deportista.
Levantamiento revolución, algarada, alzamiento, asonada, cuartelada, desorden, alboroto, pronunciamiento, revuelta, rebelión,

motín, insurrección || subida, elevación, v. levantar.

LEVANTAR izar, alzar, elevar, incorporar, aupar, erguir, encaramar, encimar, recoger, destacar, subir, enarbolar, arbolar, encumbrar, enderezar, empujar, remontar, empinar, acrecentar, sobresalir || despegar, desprender, arrancar, quitar, retirar, apartar || construir, erigir, fundar, alzar, edificar, asentar, establecer || condonar, perdonar, remitir, exculpar, dispensar, rebajar, amnistiar || reanimar, animar, alegrar, vivificar, vigorizar, confortar, consolar, alentar, aliviar || LEVANTARSE sublevarse, amotinarse, rebelarse, alzarse, soliviantarse, revolucionarse, alborotar, perturbar, agitar, provocar.

LEVANTE Oriente, Este, naciente, saliente, orto || costa mediterránea, Valencia, Murcia.

LEVANTINO mediterráneo, valenciano, murciano.

LEVANTISCO inquieto, turbulento, díscolo, revoltoso, indisciplinado, rebelde, reacio, recalcitrante, indómito, intratable, ingobernable, alborotador, perturbador.

LEVAR izar, alzar, levantar, subir, descepar, desamarrar, zarpar, partir.

LEVE ligero, liviano, sutil, tenue, suave, ingrávido, vaporoso, etéreo, aéreo, feble || imperceptible, venial, intrascendente, insignificante, despreciable, minúsculo, irrisorio, trivial, exiguo.

LEVEDAD ligereza, sutilidad, tenuidad, suavidad, ingravidez, liviandad, mudanza, volubilidad, frivolidad || intrascendencia, trivialidad, insignificancia, futilidad, insubstancialidad.

LEVEMENTE ligeramente, sutilmente, tenuemente, imperceptiblemente, v. leve.

LEVIATÁN monstruo marino, ballena, cachalote || demonio, diablo, satanás, lucifer, mefistófeles.

LEVIGAR disolver, desleír, diluir, disgregar, deshacer, precipitar.

LEVITA frac, casaca, levitón, fraque, futraque, vestimenta, vestidura, chaqueta.

LÉXICO terminología, vocabulario, repertorio, glosario, caudal, voces, palabras, giros, modismos, términos, vocablos, diccionario.

LEY legislación, reglamento, decreto, estatuto, imposición, precepto, proclama, mandato, disposición, prescripción, dictamen, orden, bando, plebiscito, edicto, pragmática, constitución, código, carta || cariño, amor, afecto, fidelidad, lealtad, predilección, estima || clase, juez, pelaje, condición, ralea, índole, estofa, calidad || peso, medida, cantidad, proporción.

LEYENDA mito, epopeya, tradición, gesta, fábula, narración, cuento, ficción, quimera, invención, superstición, relato || inscripción, letrero, rótulo, emblema, lema, nota, apunte, epígrafe, cartel, marbete.

LEZNA punzón, pincho, herramienta, instrumento.

LÍA cuerda, soga, cabo, bramante.

LIANA * bejuco, enredadera, hiedra, clemátide, planta trepadora.

LIAR atar, asegurar, envolver, enrollar, arrollar, ligar, arrebujar, empaquetar, embalar, aferrar, amarrar, sujetar, fajar, enroscar || enredar, complicar, engañar, embaucar, engatusar, enmarañar.

LIBACIÓN bebida, sorbo, toma, trago, saboreo, paladeo, prueba, succión.

LIBAR sorber, tomar, probar, catar, paladear, saborear, succionar, beber, chupar, gustar, *degustar*.

LIBELO panfleto, impreso, escrito, folleto difamatorio.

LIBÉLULA caballito del diablo, insecto.

LIBERACIÓN independencia, emancipación, autonomía, rescate, salvación, suelta, huida, escapada, fuga, evasión, seguridad, licenciamiento, redención, exención, cancelación, licencia, franquicia,

LIBERADO

permiso, descargo, libramiento, remisión, protección, recobro, excarcelación, manumisión.
LIBERADO rescatado, salvado, soltado, licenciado, redimido, librado, protegido, recobrado, excarcelado, evadido, fugado, escapado.
LIBERADOR v. libertador.
LIBERAL demócrata, democrático, socialista || generoso, espléndido, dadivoso, noble, desprendido, desinteresado, altruista, caritativo, rumboso.
LIBERALIDAD esplendidez, generosidad, rumbo, caridad, altruismo, desinterés, desprendimiento, nobleza, dadivosidad, munificencia, largueza, lujo, derroche, fasto.
LIBERALISMO democracia, socialismo, independencia, autonomía, laicismo.
LIBERALIZAR eximir, dispensar, descargar, v. liberar.
LIBERAR salvar, soltar, rescatar, redimir, librar, libertar, descargar, proteger, recobrar, excarcelar, licenciar, eximir, asegurar, emanciparse, independizar, huir, evadirse, fugarse, eludir, largar, lanzar, desatar, manumitir, cancelar, remitir, dispensar, remediar, relevar, preservar, despejar, facilitar, desocupar.
LIBERTAD autonomía, independencia, rescate, suelta, excarcelación, v. liberación || descaro, desembarazo, soltura, desahogo, atrevimiento, desenvoltura, osadía, despejo || espontaneidad, familiaridad, franqueza, sinceridad, confianza || inmoralidad, desenfreno, libertinaje, anarquía, desorden, caos || permiso, prerrogativa, inmunidad, privilegio, licencia, poder, facultad, dispensa, exención, concesión.
LIBERTADO v. liberado.
LIBERTADOR salvador, protector, liberador, emancipador, redentor, campeón, paladín, bienhechor, amparador, salvaguardia, sostén, defensor.

LIBERTAR v. liberar.
LIBERTARIO anarquista, nihilista, ácrata.
LIBERTINAJE inmoralidad, desvergüenza, impudicia, indecencia, picaresca, vicio, obscenidad, impureza, escabrosidad, licencia, liviandad, sensualidad, corrupción, depravación, lujuria, torpeza, pornografía, concupiscencia, orgía, disipación, lascivia.
LIBERTINO licencioso, sensual, corrompido, depravado, lujurioso, torpe, concupiscente, vicioso, disipado, liviano, escabroso, impuro, obsceno, indecente, impúdico, desvergonzado, inmoral, erótico, escandaloso, perdido, lúbrico, lascivo, intemperante, desenfrenado, perverso, juerguista, calavera, mujeriego, libre.
LIBÍDINE erotismo, concupiscencia, lujuria, incontinencia, sensualidad, voluptuosidad, lubricidad, sensualismo, libidinosidad, excitación, cachondez, lascivia, celo, intemperancia, obscenidad, impudicia.
LIBIDINOSO v. libertino.
LIBRACO mamotreto, libracho, *rollo, tostón.*
LIBRANZA cheque, letra de cambio, libramiento, talón, orden de pago, entrega.
LIBRAR v. liberar || expedir, extender, ceder, entregar, confiar, despachar, enviar, depositar, fiar.
LIBRE autónomo, independiente, manumiso, neutral, imparcial, emancipado, soberano, autárquico, separado, exento, franco, espontáneo, voluntario, montaraz, silvestre, indemne, inmune || liberado, rescatado, soltado, suelto, redimido, librado, protegido, recobrado, excarcelado, evadido, huido, fugado, escapado || licencioso, depravado, lascivo, v. libertino || desenvuelto, desembarazado, descarado, atrevido, osado, descocado, audaz || vacante, disponible, vacío, desocupado, abandonado.

Librea uniforme, levita, levitón, casaca, casacón, atavío, vestimenta.

Libremente autónomamente, desenvueltamente, independientemente, v. libre.

Librepensador irreligioso, laicista, laico, racionalista.

Librería estante, estantería, armario, repisa, anaquel, casillero, vitrina, gaveta, bargueño, mueble || biblioteca, local, tienda, editorial, imprenta, editores, impresores.

Librero editor, impresor, empresario, vendedor.

Libreta cartilla, librillo, cuaderno, cartapacio, cuadernillo, bloque, borrador, carpeta || pan, pieza, hogaza, bodigo, barra.

Libretista autor, escritor, argumentista, guionista, dramaturgo, comediante, comediógrafo.

Libreto argumento, obra, comedia, drama, trama, guión.

Librillo v. libreta.

Libro volumen, ejemplar, obra, tomo, cuerpo, texto, tratado, manual, compendio, vademécum, epítome.

Licencia autorización, venia, permiso, aprobación, beneplácito, pase, anuencia, asentimiento, aquiescencia, connivencia, concesión, otorgamiento, poder, carta blanca || patente, documento, título, despacho, privilegio, cédula, testimonio, concesión, diploma, certificado || abuso, descaro, desvergüenza, desfachatez, desvoltura.

Licenciado titulado, graduado, diplomado, universitario, abogado.

Licenciamiento despido, descargo, despacho, exención, relevo, exclusión, pase.

Licenciar autorizar, aprobar, permitir, asentir, conceder, otorgar, consentir, facultar || librar, despedir, descargar, despachar, eximir, relevar, excluir || Licenciarse graduarse, diplomarse, titularse, terminar, finalizar, coronar.

Licenciatura carrera, estudios, doctorado, grado, título, diploma, autorización, graduación.

Licencioso sensual, lujurioso, vicioso, concupiscente, corrompido, depravado, escabroso, disipado, lúbrico, lascivo, libertino v.

Liceo asociación, ateneo, sociedad, casino, círculo, centro, agrupación cultural, de recreo || colegio, escuela, instituto, gimnasio, pensionado, academia.

Licitación oferta, subasta, concurso, puja, concurrencia. participación.

Licitador postor, concursante, participante, concurrente, aspirante, licitante, pujador.

Lícitamente legalmente, autorizadamente, legítimamente, v. lícito.

Licitante v. licitador.

Lícito legal, autorizado, justo, razonable, legítimo, apropiado, permitido, fundado, concedido, admitido, adecuado.

Licor brebaje, líquido, bebida, poción, agua, jugo, zumo, elixir, néctar, refresco, caldo, extracto, humor, exudación, secreción.

Licorista refinador, destilador, tabernero, aguardentero.

Licuable diluible, liquidable, desleíble.

Licuación disolución, licuefacción, liquidación, fusión, derretimiento, desleimiento, fluidificación.

Licuar disolver, fundir, desleír, licuefacer, fluidificar, derretir, liquidar, diluir, deshacer, colicuar.

Licuefacción v. licuación.

Licuefacer v. licuar.

Licurgo legislador, ingenioso, diestro, astuto.

Lid combate, pelea, lidia, batalla, liza, lucha, contienda, refriega, encuentro, escaramuza || altercado, discusión, disputa, pelotera, agarrada, polémica, debate,

LÍDER

controversia, bronca, pugna, rivalidad.
LÍDER caudillo, jefe, guía, dirigente, conductor, adalid, cabeza, paladín, cabecilla.
LIDERATO jefatura, guía, cabeza, superioridad.
LIDIA v. lid || corrida, becerrada, capea, novillada, tienta, encierro.
LIDIADOR combatiente, luchador, peleador, torero, novillero, picador.
LIDIAR batallar, pelear, combatir, luchar, pugnar, reñir, contender || enfrentarse, oponerse, disputar, altercar, discutir || torear, picar, banderillear, muletear, capotear, sortear, burlar, matar, estoquear.
LIEBRE roedor, lepórido, conejo.
LIENDRE huevecillo, parásito, piojo.
LIENTO rociado, húmedo, poco mojado.
LIENZO paño, tela, sábana, trapo, pañuelo, tejido || pared, muro, muralla, fachada, paramento, || cuadro, pintura, tela.
LIGA federación, coalición, alianza, asociación, confederación, agrupación, unión, pacto, convenio || mezcla, combinación, aleación, unión, ligazón, trabazón || cinta, atapierna, elástico, goma, jarretera, ataderas, faja, venda, lazo.
LIGADO unido, mezclado, combinado, atado, v. ligar.
LIGADURA atadura, lazo, nudo, venda, cinta, cuerda, amarradura, dogal, vuelta, sujeción, trabazón, unión, engarce.
LIGAMENTO cordón fibroso, pliegue membranoso, telilla, repliegue, haz, tendón, fibra.
LIGAR amarrar, atar, enlazar, sujetar, trabar, vendar, liar, encadenar, aprisionar, inmovilizar, agarrotar, apiolar || mezclar, alear, combinar, fundir, unir, trabar || LIGARSE coligarse, agruparse, confederarse, aliarse, unirse, asociarse, pactar.
LIGAZÓN trabazón, unión, concatenación, enlace, ensambladura, vínculo, ayuntamiento, combinación, mezcla, apareamiento, acoplamiento, engarce, soldadura.
LIGERAMENTE levemente, tenuemente, sutilmente, imperceptiblemente, v. ligero.
LIGEREZA prontitud, presteza, rapidez, viveza, agilidad, velocidad, celeridad, actividad, apresuramiento || delgadez, gracilidad, levedad, pequeñez, menudencia, suavidad, tenuidad || irreflexión, atolondramiento, imprudencia, frivolidad, insubstancialidad, futilidad, insignificancia, inconstancia, volubilidad, inestabilidad, versatilidad.
LIGERO rápido, ágil, pronto, vivaz, veloz, acelerado, activo, apresurado, presto, raudo, célere, listo, vertiginoso, presuroso || grácil, delgado, tenue, leve, liviano, ingrávido, vaporoso, etéreo, aéreo, feble, suave, sutil, menudo, impalpable, insignificante, portátil, manejable || trivial, frívolo, insubstancial, fútil, anodino, baladí, somero, voluble, inconstante, versátil, mudable, tarambana, atolondrado, irreflexivo, imprudente.
LIGNUM CRUCIS reliquia, vestigio, trozo, astilla de la Santa Cruz.
LIGUSTRO alheña, arbusto, mata.
LIJAR pulir, raspar, alisar, suavizar, pulimentar, limar, esmerilar, igualar.
LILAILA treta, astucia, bellaquería, martingala, maturranga, estratagema, trampa.
LILIPUTIENSE minúsculo, diminuto, enano, pigmeo, mínimo, ínfimo, microscópico.
LIMA escofina, mediacaña, rallador, limatón, fresa, herramienta, instrumento.
LIMACO v. limaza.
LIMADURAS fragmentos, esquirlas, residuos, polvillo, raeduras, vestigios, virutas, recortes.
LIMAR alisar, raspar, pulir, suavizar, pulimentar, esmerilar, lijar, igualar, desgastar, raer, frotar,

LIMPIEZA

rallar, fresar, escofinar || enmendar, pulir, corregir, retocar, mejorar, completar, acabar.

LIMAZA babosa, limaco, molusco, gasterópodo.

LIMAZO viscosidad, babaza, mucosidad, secreción.

LIMBO corona, aureola, halo, orla, borde, ribete, contorno.

LIMITACIÓN localización, restricción, acotación, condición, barrera, traba, cortapisa, prohibición, deslindamiento, obstáculo, inconveniente, demarcación, circunscripción.

LIMITADO circunscrito, restringido, acotado, localizado, obstaculizado, impedido, prohibido, condicionado, suficiente, definido, establecido.

LIMITAR localizar, acotar, restringir, circunscribir, obstaculizar, condicionar, prohibir, impedir, establecer, definir, confinar, relegar, coartar, ceñir, reducir, abreviar, compendiar, amojonar, jalonar.

LÍMITE frontera, confín, borde, línea, linde v., aledaños, término, divisoria, coto, raya, separación, margen, contorno, orilla, afueras, extremidad, periferia, ensanche || meta, fin, final, término, culminación, mínimo, máximo, remate, consumación, conclusión, fondo, desenlace.

LIMÍTROFE fronterizo, lindero, divisorio, confinante, aledaño, comarcano, vecino, rayano, frontero, adyacente, lindante, contiguo.

LIMO légamo, lodo, barro, cieno, fango, bardoma, azolve, pecina, tarquín.

LIMÓN cidra, citrón, fruto, agrios.

LIMONADA refresco, gaseosa, bebida sin alcohol.

LIMOSNA socorro, caridad, donativo, protección, ayuda, dádiva, subvención, óbolo, regalo, entrega, obsequio, auxilio, largueza, beneficencia, donación.

LIMOSNERO pordiosero, mendigo, indigente, pobre, menesteroso || dadivoso, caritativo, generoso.

LIMOSO cenagoso, barroso, lodoso, fangoso, turbio, legamoso, pantanoso.

LIMPIA v. limpieza.

LIMPIABOTAS limpiador, lustrador.

LIMPIADIENTES palillo, mondadientes.

LIMPIADOR detergente, purificante, expurgador, lavador, higienizador, quitamanchas, frotador, paño, bayeta, escoba, cepillo, escobilla.

LIMPIADURA residuo, desperdicio, sobrante.

LIMPIAMENTE finamente, fácilmente, sencillamente, aseadamente, rápidamente, v. limpio.

LIMPIAR lavar, fregar, bañar, duchar, asear, higienizar, cuidar, enjuagar, humedecer, mojar, rociar, expurgar, purgar, quitar, desembarazar, desobstruir, deterger, desempolvar, deshollinar, cepillar, barrer, baldear, abrillantar, pulir, frotar, lustrar, refinar, purificar || eliminar, suprimir, expulsar, desterrar, quitar, destruir, librar, extirpar, aniquilar, ahuyentar, echar, alejar || hurtar, robar, apandar, apañar, quitar, estafar.

LIMPIDEZ pureza, claridad, tersura, transparencia, nitidez, diafanidad, limpieza, suavidad, opalescencia, blancura, albura, frescura.

LÍMPIDO claro, nítido, transparente, terso, puro, blanco, opalescente, suave, limpio, diáfano, albo, cristalino, hialino, translúcido, fresco, impoluto, inmaculado.

LIMPIEZA higiene, aseo, pulcritud, nitidez, curiosidad, lavado, mundicia, cuidado, fregado, barrido, cepillado, frotado, baldeo, abstersión, expurgo, limpia, detersión, ablución, baño, ducha, riego, purificación, higienización, colada, enjuague, blanqueo, fregoteo, jabonadura, jabonado || precisión, exactitud, facilidad, minuciosidad, perfección, nitidez, agilidad, destreza || honradez, pundonor, integridad, des-

LIMPIO

interés, franqueza, nobleza || inocencia, virginidad, pureza, castidad, honor, decencia, pudor, candidez, integridad.

Limpio nítido, pulcro, aseado, higiénico, higienizado, lavado, fregado, cepillado, frotado, barrido, bañado, duchado, regado, limpiado, expurgado, enjuagado, purificado, jabonado, enjabonado, fregoteado, blanqueado, depurado, lamido, lirondo, neto, terso, claro, límpido v., || casto, intacto, acendrado, virginal, impecable, impoluto, inviolado, inocente, virgen, decente, puro, íntegro || honrado, desinteresado, pundonoroso, noble, franco || exacto, preciso, minucioso, perfecto, fácil, escueto, diestro.

Linaje estirpe, ascendencia, prosapia, alcurnia, abolengo, origen, tronco, genealogía, cepa, ralea, sangre, cuna, casta, raíz, nacimiento, nobleza, distinción, aristocracia, blasón, hogar, solar, familia, progenie, raza, descendencia || clase, categoría, género, índole.

Linajudo noble, distinguido, aristocrático, fino, señorial, patricio, encopetado, godo, gótico, preclaro, ilustre, grande, alto, augusto, esclarecido, prócer.

Lince félido, mamífero, carnicero, fiera || astuto, sagaz, listo, agudo, perspicaz, penetrante, clarividente, avispado, rayo, genio, águila.

Linchamiento eliminación, ajusticiamiento, lapidación, liquidación, castigo, ejecución, venganza, tumulto, alboroto, atropello, abuso.

Linchar eliminar, liquidar, ajusticiar, lapidar, ejecutar, castigar, vengarse, ajustar, cuentas, atropellar, abusar, acogotar.

Lindamente bonitamente, v. lindo.

Lindante fronterizo, limítrofe, confinante, divisorio, lindero, adyacente, frontero, rayano, vecino, comarcano, aledaño, contiguo, pegado.

Lindar confinar, tocarse, rozarse, colindar, limitar; estar contiguo, fronterizo, lindante v.

Linde límite, término, línea, marca, divisoria, señal, mojón, hito, jalón, coto, poste, guardacantón, confín, ribazo, lindero, divisa, frontera v., orilla, extremidad, perímetro, aledaños, contornos.

Lindero v. lindante.

Lindeza belleza, preciosura, gracia, donosura, atractivo, primor, exquisitez, delicadeza, preciosidad, v. hermosura || ingeniosidad, gracia, ironía, salida, ocurrencia, humorada, chispa || Lindezas improperios, insultos, denuestos.

Lindo bonito, bello, hermoso v., grato, precioso, delicado, mono, atractivo, simpático, agradable, primoroso, airoso, fino, agraciado, proporcionado, gentil || encanto, sueño, adonis, majo, serafín, barbilindo, afeminado, peripuesto.

Lindura v. lindeza.

Línea raya, lista, trazo, estría, rasgo, surco, tilde, marca, señal, veta, vírgula, barra, guión, rayita || límite, v. linde || renglón, impresión, serie de letras || fila, columna, orden, serie, cadena, ristra, ringlera, cola, hilada, sarta, ala || estirpe, v. linaje || itinerario, camino, trayecto, recorrido, dirección, ruta || horizontal, vertical, paralela, perpendicular, diagonal, tangente, secante, radio, diámetro, eje, flecha, cuerda, sagita, coordenada, ordenada, abscisa.

Lineal rectilíneo, recto, largo, delgado, derecho, seguido, directo.

Linear bosquejar, dibujar, rayar, trazar.

Linfa acuosidad, humor, jugo, licor, secreción, líquido, serosidad, aguaza.

Linfático ganglionar, nodular.

Lingote barra, trozo, hierro, tocho, pieza.

Lingüista filólogo, lexicólogo, políglota, gramático, académico.

Lingüística filología, lexicología,

gramática, ciencia del lenguaje.
LINGÜÍSTICO filológico, gramatical, académico, lexicológico.
LINIMENTO bálsamo, fricción, friega, embrocación, ungüento, medicamento.
LINK * campo de golf, prado, parque.
LINO lienzo, tela, hilaza, hilo.
LINÓLEO hule, tela impermeable, pintada, barnizada.
LINEÓLEUM * v. linóleo.
LINOTIPIA linotipo, máquina de componer, máquina, impresora, semiautomática.
LINOTIPISTA tipógrafo, impresor, operario.
LINOTIPO v. linotipia.
LINTEL v. dintel.
LINTERNA fanal, farol, luz, lámpara, foco, reflector, lantía, proyector, faro.
LÍO embrollo, confusión, revoltijo, desbarajuste, enredo, maraña, trastorno, complicación, dificultad, caos, desorden, mezcla, revoltillo, mentira, trampa, jaleo, estorbo, tropiezo || amancebamiento, barraganería, concubinato, apaño, amontonamiento, contubernio || bulto, fardo, atadijo, envoltorio, paquete, ovillo, paca, bala, fardel.
LIORNA algazara, desorden, confusión, v. lío.
LIOSO desordenado, confuso, enredado, difícil, enmarañado, complicado || embrollador, mentiroso, embrollón, trapisondista, pícaro, embustero, cuentero, charlatán, pillastre, chismoso, enredador.
LIPÓIDEO grasoso, mantecoso, aceitoso, butiroso, grasiento, pringoso, sebáceo, gordo.
LIPOTIMIA acceso, ataque, desvanecimiento, desmayo, patatús, arrechucho.
LIQUEN criptógama, planta, alga, hongo.
LIQUIDACIÓN saldo, rebaja, baratura, barato, ganga, venta, abaratamiento, baja || eliminación, supresión, anulación, destrucción, extirpación, exterminio, aniquilación, matanza || balance, arqueo, cómputo, recuento, comprobación, cálculo, cuenta, resumen || licuación v.
LIQUIDAR destruir, anular, suprimir, eliminar, matar, aniquilar, exterminar, rematar, ultimar, extirpar || saldar, rebajar, abaratar, vender, bajar, regalar || pagar, ajustar, arreglar, abonar, cumplir, satisfacer, saldar, terminar || diluir, derretir, fundir, v. licuar.
LIQUIDEZ v. licuación.
LÍQUIDO fluido, humor, licor, agua, acuosidad, linfa, brebaje, poción, jugo, zumo, néctar, elixir, caldo, solución, disolución, infusión, bebida || neto, deducido, saldo.
LIRA cítara, instrumento de cuerda.
LÍRICA poesía, poética, oda, elegía, himno, soneto.
LÍRICO poético, elegíaco, tierno, inspirado, idílico, bucólico, épico.
LIRIO lis, liliácea, planta.
LIRISMO inspiración, poesía, ternura, vehemencia.
LIRÓN dormilón v.
LIRONDO escueto, limpio, sencillo, solo, desnudo, mondo.
LIS v. lirio.
LISIADO baldado, tullido, inválido, impedido, atrofiado, paralítico, estropeado, mutilado, defectuoso, inmóvil, anquilosado, contrahecho, inútil, imposibilitado, lesionado.
LISIAR atrofiar, impedir, tullir, baldar, paralizar, anquilosar, inmovilizar, mutilar, estropear, lesionar, imposibilitar, inutilizar, maltratar, herir, descalabrar.
LISO terso, fino, parejo, suave, leve, llano, plano, raso, lene, romo, chato, igual, homogéneo, recto, monótono, sencillo, uniforme.
LISONJA alabanza, adulación, incienso, halago, aplauso, elogio, zalamería, coba, embeleco, carantoña, pelotilla, jabón, camelo, exaltación, loa, requiebro.
LISONJEAR adular, elogiar, aplaudir, halagar, incensar, alabar,

Lisonjero camelar, requebrar, loar, piropear, ensalzar, dar coba, dar jabón.

Lisonjero elogioso, halagador, embelecador, adulador, zalamero, cobista, tiralevitas, lameculos, pelotillero || grato, satisfactorio, complaciente, halagüeño, favorable.

Lista franja, tira, faja, raya, banda, veta, cinta, zona, línea, sector, borde, ribete || relación, índice, serie, catálogo, programa, censo, repertorio, letanía, retahíla, rol, canon, minuta, tabla, cuadro, plan, detalle, cuenta, tarifa, registro, padrón, nómina, catastro, nomenclátor, directorio, anuario, memoria, cuenta, arancel, enumeración, cómputo, inventario, especificación.

Listado rayado, veteado, pintado, barrado, estriado.

Listar registrar, inventariar, inscribir.

Listeza v. inteligencia || prontitud, v. ligereza.

Listo perspicaz, despabilado, despierto, despejado, agudo, clarividente, penetrante, astuto, precoz, avispado, inteligente v., claro, sutil, ingenioso, pillo || preparado, dispuesto, apercibido, atento, alerta, maduro, a punto || diligente, dinámico, activo, vivo, ligero, presto, pronto.

Listón tabla, tablón, viga, madero, palo, puntal, refuerzo, travesaño, larguero || moldura, filete.

Lisura igualdad, tersura, homogeneidad, uniformidad, monotonía, sencillez, ras, suavidad, brillo, lustre, pulimento, finura.

Litera hamaca, catre, camastro, cama, yacija || palanquín, angarillas, andas, camilla, parihuelas, silla de mano.

Literal textual, fiel, completo, exacto, recto, propio, idéntico, preciso, calcado, igual.

Literalmente textualmente, fielmente, v. literal.

Literario retórico, poético, intelectual, elevado, culto, rebuscado, afectado, pedante.

Literato escritor, autor, redactor, novelista, publicista, dramaturgo, comediógrafo, comediante, ensayista, poeta, prosista, creador, guionista, libretista, académico, crítico, estilista.

Literatura letras, lenguaje, humanidades, escritos, obras, bibliografía, publicaciones, conocimientos, textos.

Litiasis cálculo, piedra, concreción, depósito, residuo.

Litigante querellante, contendiente, demandante, denunciante, adversario, pleiteador.

Litigar querellarse, pleitear, denunciar, demandar, contender, comparecer, deponer, proceder, actuar, recurrir || reñir, disputar, altercar, pelear.

Litigio juicio, querella, pleito, proceso, recurso, causa, caso, sumario, demanda, contendencia, diferencia || contienda, riña, debate, disputa, polémica, discusión, controversia, porfía.

Litigioso v. litigante || disputable, cuestionable, dudoso, indeciso, indeterminado.

Litografía impresión, dibujo, grabado en piedra.

Litoral ribera, costa, playa, margen, orilla, marina, borde, riba, ribazo || costero, ribereño, marítimo, marginal.

Litro unidad de capacidad, decímetro cúbico, medida.

Liturgia culto, rito, ceremonia, solemnidad, acto, servicio, celebración, oficios.

Litúrgico ritual, solemne, v. liturgia.

Liviandad ligereza, inconstancia, frivolidad, impudicia, desvergüenza, inmoralidad, desenfreno, lujuria || levedad, ligereza.

Liviano ligero, etéreo, grácil, tenue, ingrávido, vaporoso, aéreo, feble, suave, sutil, menudo, delgado, insignificante, manejable, portátil || inmoral, impúdico, desvergonzado, desenfrenado, lujurioso, libertino, lascivo || frívolo, inconstante, voluble, superficial, versátil, trivial, fútil, tornadizo.

LIVIDEZ congestión, amoratamiento, enrojecimiento || palidez, marchitamiento, blancura, demacración.

LÍVIDO amoratado, azulado, congestionado, violáceo, cárdeno || LÍVIDO * pálido, descolorido, cadavérico, marchito, blanco, apagado, cerúleo, exangüe.

LIVING ROOM * cuarto de estar, recibimiento, sala, salón.

LIVOR cárdeno, violáceo, amoratado || odio, malignidad, envidia, perversidad.

LIZA lucha, pugna, combate, batalla, justa, torneo, rivalidad, lid, disputa || campo, palestra, palenque, arena, plaza, estadio.

LOA panegírico, elogio, encomio, aplauso, alabanza, glorificación, exaltación, celebración, apología, enaltecimiento, aclamación, adulación.

LOABLE encomiable, elogiable, plausible, ponderable, laudable, meritorio.

LOAR encomiar, glorificar, alabar, aplaudir, elogiar, aclamar, enaltecer, celebrar, exaltar, adular, incensar, ensalzar, honrar.

LOBANILLO bulto, excrecencia, carnosidad, tumor, verruga, carúncula, abultamiento.

LOBATO lobezno, lobito, cría, cachorro de lobo.

LOBBY * vestíbulo, pasillo, antecámara.

LOBEZNO v. lobato.

LOBINA róbalo, serránido, pez.

LOBO mamífero carnicero, fiera, alimaña, animal salvaje, coyote.

LÓBREGO tenebroso, obscuro, sombrío, tétrico, lúgubre, velado, triste, húmedo.

LOBREGUEZ obscuridad, tenebrosidad, melancolía, tristeza, humedad.

LOBULADO ondulado, escotado, redondeado, abultado.

LÓBULO prominencia, abultamiento, circunvolución, bulto, onda, redondez, escotadura, cisura.

LOBUNO salvaje, fiero, feroz, bestial.

LOCACIÓN arrendamiento, arriendo, contrato, transacción, inquilinato, subarriendo, traspaso, transferencia, transmisión, renta, cesión.

LOCAL recinto, nave, salón, sala, espacio, habitación, aposento, negocio, comercio, tienda, sitio || comarcal, regional, provincial, municipal, particular, especial, circunscrito, limitado.

LOCALIDAD butaca, sillón, asiento, puesto, sitio, lugar, colocación, plaza, entrada, billete, contraseña || comarca, región, municipio, lugar, paraje, punto, sitio, aldea, pueblo, burgo, villa, territorio, circunscripción, v. jurisdicción.

LOCALISMO modismo, provincialismo, vulgarismo, dialectalismo.

LOCALIZACIÓN situación, emplazamiento, colocación, ubicación, estacionamiento, instalación, disposición, orientación, implantación || delimitación, circunscripción, restricción.

LOCALIZAR ubicar, colocar, emplazar, situar, implantar, disponer, orientar, instalar, estacionar, fijar, determinar || circunscribir, limitar, delimitar, restringir, ceñir, cerrar, confinar || hallar, encontrar, descubrir, buscar.

LOCAMENTE atolondradamente, insensatamente, neciamente, v. loco.

LOCATARIO arrendatario, inquilino, alquilado, realquilado, ocupante, vecino, arrendador.

LOCIÓN colonia, enjuague, perfume, fricción.

LOCK-OUT * cierre de fábrica, suspensión, cese, medida antihuelga.

LOCO demente, aberrante, orate, delirante, insano, enajenado, chiflado, enloquecido, trastornado, maniático, monomaníaco, anormal, frenético, esquizofrénico, paranoico, chalado, faltoso, insensato, imbécil, degenerado, perturbado, vesánico, psicópata, mochales, lunático, tocado, ido,

LOCOMOCIÓN

maníaco, furioso, venático ‖ disparatado, imprudente, irreflexivo, atolondrado, excéntrico, absurdo, ridículo.

LOCOMOCIÓN traslación, transporte, traslado, trasiego, tránsito, marcha.

LOCOMOTORA máquina, tren, locomotriz, propulsora, motriz.

LOCOMOTOR motriz, locomóvil, propulsor, vehículo, impulsor, automotor.

LOCUACIDAD garrulería, verbosidad, facundia, verborrea, palabrería, labia, pico, facilidad, afluencia, desparpajo, cháchara, garla.

LOCUAZ facundo, verboso, gárrulo, palabrero, parlero, charlatán, hablador, verborreo, comunicativo, extravertido, parlanchín.

LOCUCIÓN frase, sentencia, expresión, dicho, enunciado, párrafo.

LOCUELO atolondrado, travieso, vivaracho, irreflexivo, despreocupado.

LOCURA demencia, insania, delirio, aberración, enajenación, desvarío, guilladura, monomanía, manía, trastorno, enloquecimiento, chifladura, chaladura, paranoia, esquizofrenia, frenesí, anormalidad, vesania, perturbación, desorden ‖ insensatez, barbaridad, absurdo, ridículo, disparate, excentricidad, exaltación.

LOCUTOR animador, anunciador, avisador, presentador.

LOCUTORIO casilla, cabina, compartimiento, garita, división, confesionario.

LODAZAL cenagal, barrizal, tremedal, ciénaga, fangal, tembladal, pantano, charco, laguna, lamedal, lapachar, tolla, chapatal, marisma, marjal, aguazal, atolladero, atascadero, poza, balsa, estero, paular, coluvie.

LODO fango, cieno, légamo, barro, limo, azolve, horrura, pecina, tarquín, reboño.

LODOSO cenagoso, barroso, fangoso, pantanoso, encharcado, empantanado, legamoso, encenagado.

LOGARITMO exponente, base.

LOGIA asamblea, conciliábulo, junta, reunión ‖ galería, pórtico, arcada.

LÓGICA razonamiento, razón, juicio, inferencia, deducción, capacidad, sensatez, sentido común.

LÓGICAMENTE naturalmente, evidentemente, indudablemente, indiscutiblemente, v. lógico.

LÓGICO natural, legítimo, evidente, indudable, indiscutible, justo, sensato, correcto, normal.

LOGÍSTICA movimiento, alojamiento, transporte de tropas.

LOGOGRIFO pasatiempo, rompecabezas, enigma.

LOGRADO acabado, perfecto, conseguido, terminado, rematado, captado.

LOGRAR alcanzar, conseguir, obtener, adquirir, atrapar, pescar, aprehender, disfrutar, agenciarse, sacar, concederse, otorgarse, adjudicarse, apresar, apoderarse, percibir, recibir, beneficiarse, ganar, embolsar, arrancar, vencer, conquistar, lucrarse, cosechar, triunfar, merecer.

LOGRERO agiotista, especulador, vividor, abusador, usurero, aprovechado.

LOGRO consecución, obtención, resultado, conquista, ganancia, consecuencia, fruto, producto ‖ usura, lucro, abuso, agio, especulación.

LOMA montículo, cerro, colina, otero, altozano, altura, alcor, cueto, collado, cota, elevación, montecillo, loma, eminencia, cuesta.

LOMBARDA berza, repollo, verdura, hortaliza.

LOMBRIZ gusano, verme, anélido, larva, oruga, parásito, tenia, solitaria, helminto, gusarapo.

LOMO espinazo, espalda, dorso, envés, cruz, espaldar, respaldo, joroba, bulto, caderas, posaderas.

LONA tela, tejido, funda, cubierta, vela, saco, lienzo, toldo.

LONCHA tajada, lonja, hoja, lámina, corte, raja, rebanada, rodaja.

LONGANIMIDAD entereza, valor, fortaleza, firmeza, perseverancia, constancia.

LONGÁNIMO firme, perseverante, entero, fuerte, constante, magnánimo.
LONGANIZA embutido, chorizo, salchichón, salchicha, embuchado, tripa, chacina.
LONGEVIDAD supervivencia, duración, vida, persistencia, permanencia, duración, vitalidad, perennidad, conservación, prolongación.
LONGEVO anciano, superviviente, vetusto, perdurable, veterano, añoso, setentón, octogenario, matusalén.
LONGITUD largo, envergadura, largura, largor, medida, distancia, magnitud, altura, eslora, tiro, amplitud, extensión, dilatación, prolongación, espacio.
LONGITUDINAL alargadamente, a lo largo, prolongado.
LONG-PLAY * microsurco, disco de larga duración.
LONJA v. loncha || bolsa, edificio, galería, atrio.
LONTANANZA lejanía, distancia, separación, alejamiento, apartamiento, retiro, a lo lejos.
LOOR loa, alabanza, elogio, glorificación, encomio, aplauso, panegírico, apología, exaltación.
LOQUEAR travesear, revolver, descarriarse.
LOQUERA jaula, calabozo, encierro, manicomio.
LOQUERO enfermero, cuidador, vigilante, guardián.
LOQUESCO alocado, atolondrado, irreflexivo, precipitado || bromista, chancero.
LORDOSIS corcova, joroba v.
LORIGA malla, protección, defensa, armadura.
LORO papagayo, cotorra, cacatúa, guacamayo, periquito, ave trepadora.
LOSA piedra, lápida, estela, mármol, plancha, placa, laude || sepulcro, tumba.
LOSANGE rombo, fuso, figura geométrica.
LOSAR v. enlosar.
LOSETA losa, azulejo, baldosa, baldosín.

LOTE parte, porción, partición, división, distribución, conjunto, grupo, serie, terreno, solar.
LOTEAR dividir, fraccionar, separar en lotes.
LOTERÍA sorteo, rifa, juego, azar, tómbola.
LOZA porcelana, cerámica, gres, mayólica, china, arcilla, caolín, terracota, barro, bizcocho, saúco, vidriado, platos, fuentes.
LOZANÍA frescura, vivacidad, vigor, amenidad, fertilidad, gallardía, juventud, frondosidad, verdor, salud.
LOZANO fresco, vigoroso, vivaz, fértil, ameno, gallardo, joven, saludable, sano, exuberante, frondoso, verde, flamante, nuevo, v. lucido.
LUBIGANTE bogavante, langosta, crustáceo.
LUBINA róbalo, pez.
LUBRICACIÓN engrase, lubrificación, aceitado.
LÚBRICAMENTE lascivamente, libidinosamente, obscenamente, v. lúbrico.
LUBRICANTE lubrificante, aceite, grasa || resbaladizo, deslizante, liso, resbaloso.
LUBRICAR aceitar, engrasar, lubrificar, bañar.
LUBRICIDAD lascivia, obscenidad, lujuria, indecencia, libídine, salacidad.
LÚBRICO libidinoso, lascivo, lujurioso, salaz, impúdico, obsceno, erótico, sensual, voluptuoso, licencioso, libertino, incontinente.
LUBRIFICANTE v. lubricante.
LUBRIFICAR v. lubricar.
LUCERA claraboya, ventana, lumbrera, cristalera, lucerna.
LUCERNA lámpara, araña, v. lucera.
LUCERO planeta, astro, estrella, Venus.
LUCIDEZ clarividencia, sagacidad, sutileza, penetración, inteligencia, perspicacia, capacidad, claridad.
LÚCIDO claro, penetrante, clarividente, sagaz, inteligente, perspicaz, sutil, capaz.

Lucido gracioso, grato, agradable, hermoso, sano, espléndido, v. lozano.

Luciente reluciente, brillante, resplandeciente, claro, luminoso.

Luciérnaga gusano, coleóptero, insecto fosforescente, bicho, larva, nitídula.

Lucifer demonio, diablo, satanás, mefistófeles, leviatán, belcebú, satán, mefisto, luzbel, anticristo, arimán, ángel caído, Pedro Botero.

Luciferino demoníaco, satánico, mefistofélico, diablesco, diabólico.

Lucífero refulgente, resplandeciente, luminoso, brillante, luminoso, luciente.

Lucimiento exhibición, demostración, ostentación, manifestación, alarde, pavoneo, presunción || éxito, triunfo, logro.

Lucir mostrar, exhibir, ostentar, manifestar, alardear, enseñar, exponer, desplegar, adornarse, revelar, exteriorizar || refulgir, brillar, resplandecer, coruscar, fulgurar, rutilar || **Lucirse** ganar, triunfar, demostrar, descollar, sobresalir.

Lucrarse especular, beneficiarse, aprovecharse, emplear, utilizar, servirse, enriquecerse, favorecerse.

Lucrativo beneficioso, provechoso, favorable, especulativo, pingüe, útil, ganancioso, fructífero, ventajoso, productivo, fructuoso.

Lucro provecho, beneficio, ganancia, especulación, utilidad, producto, fruto, ventaja, negocio, botín, usura, interés, abuso, agio.

Luctuoso lamentable, triste, funesto, angustioso, fúnebre, doloroso, deplorable, trágico, dramático, penoso.

Lucubración vigilia, vela, trabajo, esfuerzo, resultado, consecuencia, estudio, pensamiento, reflexión, *elucubración*, creación.

Lucubrar velar, trabajar, pensar, estudiar, reflexionar, investigar, especular, esforzarse, *elucubrar*, elaborar, crear.

Lucha pelea, lid, combate, contienda, disputa, refriega, lance, escaramuza, justa, torneo, competencia, competición, pugilato, riña, liza, pugna, batalla, guerra, acometimiento, controversia, debate, polémica, reyerta, altercado, conflicto, oposición, rivalidad, hostilidad.

Luchador contendiente, rival, oponente, contrario, antagonista, adversario, combatiente, peleador, justador, lidiador, púgil, atleta, gladiador || tenaz, perseverante, firme, batallador, emprendedor, enérgico, trabajador.

Luchar contender, batallar, rivalizar, competir, combatir, pelear, lidiar, disputar, reñir || perseverar, bregar, trabajar, afanarse.

Ludibrio escarnio, mofa, befa, burla, desprecio, oprobio, desaire, ofensa.

Ludimiento roce, frotamiento, rozamiento, estregamiento, estregadura.

Ludir frotar, restregar, rozar, fregar.

Lúe lúes, peste, infección, contaminación, contagio, sífilis, enfermedad venérea.

Luego después, posteriormente, ulteriormente, próximamente, más tarde, pronto, prontamente, seguidamente.

Luengo largo, prolongado, extenso, amplio, grande, desarrollado, extendido, dilatado.

Lugar parte, punto, sitio, espacio, emplazamiento, puesto, territorio, zona, esfera, situación, localidad, comarca, paraje, rincón, término, terreno, recinto, banda, medio, posición, colocación, asentamiento || ocasión, tiempo, momento, oportunidad, circunstancia || pueblo, villa, aldea, distrito, ciudad, población.

Lugareño aldeano, rústico, campesino, pueblerino, paleto, paisano, agreste, campestre, sencillo.

LUGARTENIENTE delegado, representante, comisionado, encargado, autorizado, apoderado, substituto, subalterno, testaferro, teniente.

LÚGUBRE triste, funesto, melancólico, sombrío, tétrico, taciturno, tenebroso, pavoroso, desagradable, obscuro, fúnebre, luctuoso, aciago, funéreo.

LÚGUBREMENTE tristemente, funestamente, melancólicamente, v. lúgubre.

LUJO fasto, fausto, boato, ostentación, opulencia, pompa, esplendor, rumbo, magnificencia, riqueza, exhibición, demasía, aparato, grandiosidad, suntuosidad.

LUJOSO suntuoso, grandioso, aparatoso, rico, opulento, fastuoso, ostentoso, pomposo, magnífico, rumboso, esplendoroso, espléndido, profuso, recargado, excesivo.

LUJURIA concupiscencia, lascivia, sensualidad, voluptuosidad, erotismo, incontinencia, excitación, celo, libidinosidad, libídine, impudicia, obscenidad, satiriasis, cachondez, deshonestidad, intemperancia, rijosidad, salacidad, carnalidad, apetito venéreo.

LUJURIANTE exuberante, abundante, lozano, excesivo, frondoso, denso, verde, impenetrable.

LUJURIOSO lascivo, voluptuoso, sensual, concupiscente, libidinoso, excitable, incontinente, erótico, cachondo, sátiro, intemperante, obsceno, impúdico, desvergonzado, deshonesto, rijoso, salaz, torpe, vicioso, faldero, mujeriego || exuberante, v. lujuriante.

LUMBAGO reuma, reumatismo, dolor, achaque, mal, padecimiento.

LUMBAR dorsal, zaguero, trasero, vertebral.

LUMBRE fuego, fogata, brasa, hoguera, ascua, rescoldo, llama || resplandor, luz, brillo, iluminación, claridad, destello, fulgor.

LUMBRERA tragaluz, ventana, claraboya, ventanal, cristalera, ojo, abertura, escotilla, tronera, lucerna, hueco || eminencia, genio, sabio, personalidad, notabilidad.

LUMIA v. prostituta.

LUMINARIA luz, ascua, lámpara, farol, alcandora, candil, faro, fanal, foco, linterna, reflector, tea, hachón, astro, estrella, planeta.

LUMINISCENCIA fosforescencia, fluorescencia, brillo, fulgor, irradiación, luminosidad, v. luz, fenómeno luminoso.

LUMINOSIDAD iluminación, irradiación, v. luz.

LUMINOSO resplandeciente, fulgurante, brillante, radiante, claro, centelleante, fúlgido, rutilante, coruscante, refulgente, esplendente, esplendoroso, llameante, lumínico, fluorescente, fosforescente, luminiscente, espléndido.

LUNA Diana, Artemisa, Febe, satélite, astro, planeta || espejo, vidrio, cristal, cristalera, vidriera, escaparate.

LUNAR mancha, verruga, excrecencia, carnosidad, tumorcillo, bulto, lupia, peca || tacha, defecto, falta, vicio, lacra, falla, sombra, pero, mácula, borrón, imperfección.

LUNÁTICO maníaco, maniático, chiflado, demente, orate, tocado, chalado, barrenado, mochales, ido, caprichoso, extravagante, venático, vesánico, excéntrico, perturbado, trastornado, monomaníaco, insano, insensato, enajenado, frenético, furioso, loco, anormal, raro.

LUNCH * refrigerio, merienda, piscolabis, colación, tentempié, comida, almuerzo.

LUNETA anteojo, cristal, vidrio || sillón, butaca, asiento.

LUPA lente, cristal, lente de aumento.

LUPANAR mancebía, prostíbulo, burdel, putaísmo, manfla, ramería, casa de citas, de lenocinio, de trato, de prostitución, casa pública.

LUPIA lobanillo, lunar, verruga, tumorcillo.

LUPUS tuberculosis cutánea, enfermedad de la piel.

LUSTRAR pulir, abrillantar, bruñir,

frotar, restregar, acicalar, charolar, esplender, refulgir, esmerilar, pulimentar, limpiar, avivar, sacar brillo.

Lustre brillo, tersura, fulgor, esplendor, pulimento, pátina, refulgencia, reflexión, reflejo, charol, barniz, esmalte, oropel, enchapado, viso, pulido || esplendor, gloria, prestigio, renombre, honor, fama.

Lustro lapso, espacio de tiempo, cinco años.

Lustroso brillante, terso, bruñido, pulido, fulgurante, refulgente, pulimentado, enchapado, esmaltado, barnizado, charolado, esmerilado, limpio, claro, esplendoroso, acicalado, restregado, frotado, abrillantado, nítido, coruscante, rutilante, radiante, flamante, resplandeciente.

Luto aflicción, pena, duelo, dolor, tristeza, desconsuelo, sentimiento, quebranto || paños, vestidos, atuendo, ropa, atavíos negros.

Luxación dislocación, desconyuntamiento, torcedura, desarticulación, desencajamiento, separación, accidente, percance, distorsión.

Luz claridad, resplandor, luminosidad, iluminación, irradiación, esplendor, fulgor, refulgencia, luminaria, albor, destello, relámpago, centelleo, reflejo, halo, aureola, luminiscencia, fosforescencia, fluorescencia, emisión || fuego, candil, vela, bombilla, farol, foco, faro.

Luzbel mefistófeles, demonio, diablo, v. lucifer.

Lynchar * v. linchar.

LL

Llaga herida, úlcera, postilla, fístula, afta, grieta, chancro, cáncer, tumor, maceración, lesión, pústula, costurón, absceso, supuración, matadura.

Llagarse supurar, ulcerarse, agrietarse, abrirse, corromperse, cancerarse, macerarse, lesionarse, herirse.

Llama llamarada, flama, lumbre, fuego, brasa, ascua, chispa, alcandora, candelada, fogata, fogarata, pira, hogar, fogonazo, chispazo, explosión, deflagración, soflama, fulgor, luz, resplandor, brillo, claridad, tea, antorcha || pasión, ardor, vehemencia, fogosidad, encendimiento, ofuscación, entusiasmo || guanaco, alpaca, vicuña, rumiante.

Llamada llamamiento, voz, grito, reclamo, invocación, señal, gesto, seña, evocación, indicación, toque, rebato, golpe, aldabonazo, timbrazo || cita, aviso, convocatoria, edicto, orden, mandato, cédula, citación || toque, señal, diana, clarinazo, orden.

Llamador aldaba, balda, aldabón, aro, anilla, argolla, picaporte, pulsador, timbre, campanilla.

Llamamiento v. llamada.

Llamar vocear, reclamar, gritar, invocar, señalar, nombrar, exclamar, vociferar, chistar, silbar, atraer la atención || emplazar, convocar, citar, reunir, invitar, solicitar, requerir, exigir, mandar, atraer, ordenar || golpear, picar, tocar, pulsar, oprimir, aldabear, percutir, aporrear || denominar, designar, apellidar, titular, calificar, nombrar, distinguir, intitular, apodar, apelar.

Llamarada fogonazo, resplandor, centelleo, deflagración, chispazo, chispa, fuego, relámpago, rayo, centella, combustión, ignición, llama, fogata, pira, explosión, brillo, fulgor.

Llamativo extravagante, excéntrico, chillón, barroco, charro, sobrecargado, abigarrado, estridente, vulgar, ordinario, provocador, sugestivo, interesante, atrayente, atractivo, raro, desusado, extraño, original, aparatoso, espectacular.

Llameante ígneo, ardiente, incandescente, candente, inflamado, encendido, flamígero, chispeante, rutilante, centelleante, luminoso, brillante, quemante, abrasador, fulgurante, resplandeciente.

Llamear centellear, arder, inflamarse, rutilar, chispear, encenderse, brillar, quemar, abrasar, fulgurar, resplandecer, iluminar, clarear, irradiar, despedir, relucir.

Llana badilejo, trulla, herramienta.

Llanada v. llanura.

Llanamente sencillamente, sinceramente, campechanamente, v. llaneza.

Llaneza sencillez, sinceridad, confianza, campechanía, moderación, familiaridad, simpatía, afabilidad, franqueza, naturalidad, espontaneidad, jovialidad, modestia.

Llano liso, raso, plano, parejo, uniforme, suave, monótono, leve,

Llanta igual, homogéneo, recto, sencillo, aplastado, romo, chato || v. llanura || sencillo, natural, espontáneo, afable, simpático, modesto, jovial, franco, familiar, moderado, accesible, tratable, campechano, sincero || evidente, claro, palmario, cierto, palpable, elemental, manifiesto, axiomático, correcto, fácil, obvio.

Llanta aro, cerco, calce, pieza, rueda, goma, cubierta, neumático.

Llantina llorera, lloro, berrinche, desconsuelo, v. llanto.

Llanto lloro, plañido, lloriqueo, sollozo, zollipo, queja, lágrimas, desconsuelo, aflicción, pena, gemido, gimoteo, rabieta, berrinche, perra, suspiro, vagido, lamento, súplica, dolor, sentimiento.

Llanura planicie, llano, altiplanicie, meseta, explanada, estepa, sabana, pampa, páramo, campo, descampado, raso, desierto, altozano, erial, plano, llanada, puna, campiña, extensión, vastedad, pradera, landa.

Llave llavín, pieza, hierro, ganzúa, picaporte, corchete || grifo, válvula, espita, salida, obturador, escape, canilla, mecanismo, aparato || pinzas, tenazas, alicates, palanca || zancadilla, presa, movimiento, impulso, empujón, traspié || dato, clave v.

Llavero anillo, aro, argolla, cadena, gancho.

Lleco erial, infecundo, estéril.

Llegada presencia, aparición, venida, arribo, presentación, comparecencia, asistencia, revelación, exhibición, muestra, advenimiento, acceso, arribada, ida, regreso, vuelta, retorno, acercamiento, aproximación.

Llegar aparecer, presentarse, venir, arribar, revelarse, asistir, comparecer, mostrarse, retornar, regresar, volver, ir, acercarse, aproximarse, abordar, atracar, anclar, aterrizar || alcanzar, durar, extenderse, alargarse, permanecer, resistir, mantenerse, sostenerse, prolongarse || obtener, lograr, triunfar, conseguir, vencer, situarse || Llegarse dirigirse, encaminarse, acercarse, trasladarse, ir.

Llenamente copiosamente, repletamente, abundantemente, v. lleno.

Llenar colmar, atiborrar, atestar, abarrotar, rellenar, saturar, rebosar, completar, cargar, henchir, hinchar, inflar, insuflar, embutir, meter, repletar, cegar, tapar, saturar, comprimir, explanar, allanar, nivelar || desempeñar, ocupar, ejercer, ejercitar || satisfacer, gustar, complacer || Llenarse cansarse, irritarse, impacientarse, hartarse, negarse, plantarse.

Lleno colmado, saturado, relleno, abarrotado, atestado, insuflado, inflado, hinchado, henchido, cargado, rebosante, completo, comprimido, tapado, cegado, repleto, metido, embutido, nivelado, allanado, explanado || atiborrado, ahíto, harto, satisfecho, complacido || irritado, impaciente, cansado, hastiado, enfadado.

Llenura plenitud, hartura v.

Llevadero tolerable, admisible, soportable, sufrible, pasadero, pasable, digerible, aceptable, válido, bueno.

Llevar trasladar, guiar, transportar, transferir, acarrear, carretear, enviar, mandar, portear, facturar, cargar, despachar, remitir, expedir, remesar, acompañar, convoyar, escoltar, dirigir, remolcar, arrastrar, encaminar, conducir || aguantar, sufrir, tolerar, sobrellevar, soportar, resignarse, adaptarse || usar, vestir, ponerse, enjaretarse, colocarse, traer, gastar || Llevarse conseguir, lograr, obtener, apropiarse, apoderarse, robar, hurtar, arrebatar.

Llorar lloriquear, sollozar, lamentarse, implorar, gemir, gimotear, condolerse, implorar, dolerse, sentir, hipar, zollipar, plañir, lagrimear, afligirse, suspirar, derramar lágrimas || rezumar, fluir, salir, verterse, manar, gotear, chorrear, mojar, caer, destilar, brotar, segregar || lamentar, sentir, añorar, arrepentirse, extrañar, deplorar, echar de menos, echar en falta.

LLORERA v. lloro.

LLORIQUEAR gimotear, sollozar, v. llorar.

LLORIQUEO gimoteo, v. lloro.

LLORO plañido, llanto, sollozo, lloriqueo, llorera, zollipo, queja, gimoteo, gemido, pena, aflicción, desconsuelo, lágrimas, sentimiento, dolor, súplica, lamento, vagido, suspiro, perra, rabieta, berrinche, llantina.

LLORÓN quejica, quejicoso, plañidero, lacrimoso, lloriqueador, quejoso, suspirante, sollozante, tierno, débil, apocado, cobarde, bejín, berreador, gemebundo, lloroso, lloraduelos, caprichoso.

LLOROSO lacrimoso, v. llorón.

LLOVEDIZO rezumante, húmedo, chorreante.

LLOVER diluviar, caer, gotear, descargar, abrirse, correr, lloviznar, molliznar, rociar, mojar, empapar, calar, bañar, duchar, regar, salpicar, sumergir, ensopar, venirse.

LLOVIZNA calabobos, mollizna, orvallo, sirimiri, rocío, v. lluvia.

LLOVIZNAR v. llover.

LLUVIA chubasco, chaparrón, nubarrada, tromba, aguacero, temporal, argavieso, aguaviento, diluvio, cellisca, galerna, tormenta, borrasca, inclemencia, turbión, tempestad, turbonada, granizada, llovizna, rocío, mollizna, calabobos, sirimiri, orvallo || afluencia, profusión, abundancia, exceso, riada, inundación, plaga, peste.

LLUVIOSO tormentoso, desagradable, encapotado, obscuro, grisáceo, triste, pluvioso, húmedo, mojado, borrascoso, inclemente, tempestuoso.

M

MACA señal, defecto, mancha, marca, daño, imperfección.

MACABRO lúgubre, tétrico, lóbrego, fúnebre, sombrío, mortuorio, necrológico, sepulcral, cadavérico, tenebroso, funéreo, aciago, triste, impresionante, desagradable, horrendo, espeluznante, espectral.

MACACO mico, cuadrumano, simio, cercopiteco, mono v.

MACADAM * v. macadán.

MACADÁN pavimento, firme, hormigonado, revestimiento, recubrimiento, asfalto, empedrado.

MACANUDO extraordinario, portentoso, grande, espléndido, magnífico.

MACARENO camorrista, bravucón, pendenciero, curro, chulo, guapo, baladrón.

MACARRO pasado, estropeado, podrido.

MACARRÓN fideo, pasta, tubo.

MACARRÓNICO impuro, grotesco, imperfecto, defectuoso, ridículo, chapucero, tosco, vulgar.

MACARSE pudrirse, estropearse, pasarse, arruinarse.

MACEDONIA * mezcla, miscelánea, mezcolanza.

MACELO matadero, degolladero, desolladero, tablada.

MACERACIÓN ablandamiento, remojo, baño, inmersión, estrujamiento, machacamiento, descomposición || penitencia, mortificación, sufrimiento.

MACERAR machacar, ablandar, remojar, sumergir, bañar, empapar, estrujar, golpear, descomponer || maltratar, mortificar, dañar.

MACERO acompañante, escolta, guardia, acompañamiento.

MACETA tiesto, vasija, vaso, receptáculo, recipiente, pote, jardinera, florero, jarrón.

MACILENTO descolorido, flaco, triste, ajado, marchito, pálido, exangüe, débil, birria, canijo, enjuto.

MACIZO sólido, compacto, fuerte, duro, recio, pesado, denso, tupido, cerrado, apretado, resistente, tenaz, relleno, impenetrable, amazacotado, espeso, trabado, consistente || sierra, cordillera, serranía, sistema, montañas || mata, agrupación, conjunto de plantas.

MACROCÉFALO cabezón, cabezudo.

MÁCULA tacha, mancha, marca, maca, sombra, señal, suciedad, imperfección, defecto, deficiencia, vicio, lacra, falla, lunar, pero, borrón, mota.

MACULAR v. manchar.

MACUTO morral, mochila, escarcela, saco, costal, bolsa, zurrón.

MACHACADERA mortero, mazo, machaca, majadero, almirez, trituradora, machacadora.

MACHACAMIENTO trituración, aplastamiento, compresión, estrujamiento, molienda, majamiento, majadura, quebrantamiento, pulverización, rotura, desmenuzamiento.

MACHACAR estrujar, triturar, pulverizar, desmenuzar, romper, quebrantar, majar, comprimir, aplastar, picar, apretar, moler, aporrear, cortar, deshacer, desintegrar, partir, cascar || insistir, reiterar, porfiar, repetir, discutir, fastidiar, importunar.

MACHACÓN importuno, pesado, insistente, reiterativo, porfiado, fastidioso, tozudo, terco, repetidor, discutidor, latoso, cargante.

MACHACONERÍA pesadez, insistencia, reiteración, porfía, lata, discusión, repetición, terquedad, tozudez, fastidio, plomo, machaquería, molestia, tenacidad.

MACHADA necedad, sandez, estupidez || MACHADA * hazaña, hombrada, intrepidez.

MACHAQUEO v. machacamiento.

MACHAQUERÍA v. machaconería.

MACHAR v. machacar.

MACHETAZO tajo, golpe, corte, herida, cercenamiento, cuchillada.

MACHETE cuchillo, hoja, podadera, hoz, bayoneta, charrasca, tajamar, sacabuche, arma blanca, herramienta.

MACHIHEMBRAR encastrar, ensamblar, empotrar, embutir, introducir, acoplar, enchufar.

MACHINA grúa, cabria, cabrestante, molinete.

MACHO varón, hombre, animal del sexo masculino, semental, padrote, garañón, verraco, morueco, mulo || viril, robusto, vigoroso, masculino, valiente, fuerte, firme, enérgico || mazo, martillo, mallo, martinete.

MACHÓN pilastra, puntal, columna, pilar.

MACHORRO estéril, infructífero, infructuoso.

MACHOTA virago, marimacho, hombruna, sargentona, maritornes, amazona, varona.

MACHOTE robusto, v. macho.

MACHUCAR v. machacar.

MACHUCHO sosegado, juicioso, prudente, sensato, sereno || veterano, otoñal, maduro, curtido.

MADAMA señora, dama.

MADE IN * fabricado en, hecho en, industria...

MADEJA ovillo, vuelta, rollo, carrete, bobina.

MADERA leña, astillas || v. madero.

MADERAJE v. maderamen.

MADERAMEN tablazón, tablado, armazón, tablaje, maderaje, andamio, armadura, entramado, entibación, viguería, artesonado, recubrimiento, estrado, andamiaje.

MADERO tabla, tablón, traviesa, viga, puntal, tronco, leño, palo, entibo, percha, codal, jácena, fuste, poste, ensamblaje, tirante, vigueta, falca, zapata, durmiente, cabrio, toza, tarugo, zoquete, listón, astilla, maderamen v.

MADONA * Virgen María.

MADRE matrona, señora, ama, mujer, hembra, dama, madraza, mamá || lecho, cauce, acequia, álveo, badén, curso, cuenca, rambla, vaguada, cañada || religiosa, monja, superiora, sor, hermana || motivo, origen, causa, raíz, fundamento.

MADREÑA almadreña, zueco, galocha, chanclo.

MADREPERLA molusco, concha, bivalvo.

MADRÉPORA pólipo, polípero, escollo, arrecife.

MADRIGADO curtido, experimentado, perito, experto.

MADRIGAL poesía, poema, composición poética.

MADRIGUERA guarida, cueva, escondrijo, cubil, nido, topera, ratonera, gazapera, asilo, albergue, escondrijo, covacha, agujero, caverna, huronera, zorrera, abrigo, refugio.

MADRINA protectora, comadre, padrina, prónuba.

MADROÑO borla, pompón, cairel, alamar, colgante, adorno.

MADRUGADA amanecer, alba, aurora, amanecida, mañana, albor, temprano, pronto, de buena hora, a primeras luces.

MADRUGADOR tempranero, anticipado, temprano, previsor, adelantado, mañanero, diligente, trabajador.

MADRUGAR amanecer, mañanear, levantarse, adelantarse, anticiparse, prever, ganar tiempo.

MADURADO meditado, pensado, reflexionado, considerado, estudiado, resuelto, decidido.

MADURAR meditar, reflexionar, pensar, considerar, estudiar, resolver, decidir || sazonar, crecer, desarrollarse, florecer, fructificar, granar, enriquecerse, cerner, medrar, colorearse || curtirse, endurecerse, avezarse, aguerrirse, encallecerse, sosegarse, adquirir experiencia.

MADUREZ sazón, desarrollo, florecimiento, fructificación, lozanía, granazón, enriquecimiento, maduración, punto || juicio, sensatez, prudencia, moderación, experiencia, conocimiento, práctica, sabiduría.

MADURO lozano, hecho, a punto, floreciente, fructificado, granado, rico, abundante, serondo, desarrollado, formado, adelantado || sensato, prudente, juicioso, moderado, experimentado, práctico, sabio, sosegado, reflexivo, machucho || v. madurado || talludo, veterano, pasado, avejentado.

MAESTOSO * aire solemne, majestuoso.

MAESTRA profesora, educadora, instructora, consejera, guía, catedrática || experta, avezada, v. maestro.

MAESTRANTE caballero v.

MAESTRANZA talleres, operarios de artillería || instrucción, equitación, caballería.

MAESTRE superior, jefe, cabeza, director, oficial.

MAESTRÍA pericia, habilidad, destreza, maña, arte, industria, experiencia, capacidad, aptitud, talento, disposición, oficio, dominio, facultad.

MAESTRO profesor, educador, tutor, preceptor, mentor, ayo, instructor, instituidor, dómine, pedagogo, conferenciante, consejero, catedrático, doctrinador || diestro, hábil, perito, industrioso, ducho, avezado artista, mañoso, dispuesto, apto, capaz, experto, práctico, experimentado || meritorio, insuperable, perfecto, consumado, acabado || compositor, músico, ejecutante, intérprete.

MAGA bruja, pitonisa, vidente, sibila, adivinadora, encantadora, hechicera, v. mago.

MAGANCERÍA engaño, trapacería, jugarreta, traición.

MAGANTO pensativo, melancólico, triste, macilento, reflexivo, débil, sombrío, enfermizo.

MAGAÑA artificio, ardid, astucia, engaño, trampa, treta.

MAGAZINE * revista, publicación, semanario, boletín, órgano, portavoz.

MAGDALENA penitente, arrepentida, llorosa, lacrimosa, desconsolada, quejumbrosa, doliente || bollo, bizcocho.

MAGIA brujería, nigromancia, superstición, sortilegio, aojo, ocultismo, ensalmo, taumaturgia, predicción, adivinación, encantamiento, cábala, agorería, alquimia, maleficio, maldición, hechizo, jorguinería || fascinación, encanto, seducción, atractivo, sugestión, embeleso, hechizo.

MAGIAR húngaro, transilvano, centroeuropeo.

MÁGICA v. maga.

MÁGICAMENTE sorprendentemente, misteriosamente, asombrosamente, repentinamente, v. mágico.

MÁGICO sorprendente, asombroso, repentino, extraordinario, increíble, pasmoso, fantástico, milagroso, estupendo, maravilloso || cabalístico, misterioso, oculto, taumatúrgico, agorero, maléfico, supersticioso, ultraterreno, nigromántico, sobrenatural, secreto, recóndito, arcano || v. mago.

MAGÍN imaginación, caletre, entendimiento, cerebro, capacidad, talento, chirumen, mollera, mente.

MAGISTER DIXIT lo dijo el maestro, dogma, verdad.

MAGISTERIO enseñanza, educación, instrucción || cargo, profesión, título, puesto.

MAGISTRADO juez, togado, conse-

MAGISTRAL

jero, asesor, ministro, funcionario, corregidor, alcalde.

MAGISTRAL meritorio, espléndido, soberbio, maestro, perfecto, dechado, ejemplar, paradigma, logrado, acabado, grande, noble, magnífico, solemne, sabio.

MAGISTRALMENTE meritoriamente, perfectamente, espléndidamente, v. magistral.

MAGISTRATURA judicatura, tribunal, juzgado, curia, censura, auditoría, cancillería, poder judicial.

MAGMA lava, masa fundida, residuo, escoria, roca fluida.

MAGNANIMIDAD nobleza, grandeza, altura, generosidad, altruismo, caballerosidad, dignidad, magnificencia, liberalidad, desinterés, esplendidez.

MAGNÁNIMO grande, noble, altruista, desinteresado, liberal, digno, cabal, caballeroso, generoso, espléndido, magnífico, compasivo.

MAGNATE potentado, personaje, personalidad, poderoso, acaudalado, pudiente, rico, opulento, millonario, rey, soberano.

MAGNÉTICO imantado, inducido ‖ atractivo, sugestivo, seductor, hipnótico, dominador, hechicero, fascinador.

MAGNETISMO imantación, inducción, propiedad, fenómeno ‖ sugestión, atractivo, hipnosis, atracción, fascinación, hechizo, dominio, poder.

MAGNETIZAR imantar, inducir ‖ sugestionar, fascinar, hipnotizar, atraer, dominar, hechizar, electrizar.

MAGNETO generador, transformador, inductor, aparato.

MAGNETOFÓN magnetófono v.

MAGNETÓFONO dictáfono, grabadora, registradora, aparato de registro sonoro.

MAGNÍFICAMENTE espléndidamente, soberbiamente, lucidamente, v. magnífico.

MAGNIFICAR engrandecer, alabar, ensalzar, honrar ‖ agrandar, aumentar, ampliar.

MAGNIFICENCIA grandeza, ostentación, pompa, aparato, esplendor, fastuosidad, fausto, derroche, alarde, rumbo, opulencia, boato, aparato, suntuosidad, excelsitud ‖ liberalidad, esplendidez, nobleza, generosidad, magnanimidad v.

MAGNÍFICO espléndido soberbio, lucido, suntuoso, excelente, admirable, estupendo, rico, ostentoso, regio, brillante, noble, excelso, aparatoso, opulento, rumboso, fastuoso, esplendoroso, pomposo, grande, vistoso.

MAGNITUD dimensión, tamaño, medida, extensión, longitud, volumen, calibre, capacidad, proporción, grosor ‖ alcance, importancia, trascendencia, influencia, potencia.

MAGNO excelso, ilustre, glorioso, egregio, importante ‖ extenso, dilatado, extraordinario, trascendental, amplio, grande v.

MAGO brujo, nigromante, hechicero, sibilino, ensalmador, aojador, taumaturgo, médium, ocultista, cabalista, zahorí, vidente, alquimista, agorero, cabalístico, encantador, adivino, pronosticador, jorguín, mágico, espiritista.

MAGREAR * sobar, palpar, acariciar, toquetear, manosear, rozar.

MAGREZ v. delgadez.

MAGRO delgado, enjuto, flaco, descarnado, enteco, sarmentoso, seco, desmedrado, cenceño, demacrado, consumido.

MAGUER aunque, si bien.

MAGULLADO maltratado, lastimado, herido, golpeado, molido, contuso, apaleado, machacado, aporreado, dolorido, amoratado, sacudido, castigado, zurrado.

MAGULLADURA cardenal, moretón, verdugón, equimosis, señal, contusión, golpe, porrazo, choque, caída.

MAGULLAR lastimar, moler, apalear, machacar, aporrear, amoratar, sacudir, castigar, zurrar, herir, estropear, azotar, señalar, marcar.

MAHOMET * Mahoma.

MAHOMETANO muslime, musulmán, islamita, ismaelita, maronita,

agareno, moro, sarraceno, berberisco, beréber, mogrebí.
MAHOMETISMO islamismo, arabismo.
MAHONESA mayonesa, salsa, condimento, aderezo, adobo.
MAILLOT * bañador, calzones, pantalones, traje de baño.
MAITINES rezos, oraciones de amanecer.
MAÎTRE * maestresala, jefe de comedor, encargado, supervisor.
MAÍZ grano, mazorca, gramínea, herbácea, planta.
MAJA v. majo.
MAJADA redil, aprisco, corral, encierro, chiquero, refugio, resguardo, ovil.
MAJADERÍA bobería, sandez, estupidez, simpleza, tontería, memez, v. necedad.
MAJADERO estúpido, simple, sandio, bobo, memo, tonto, mentecato, fastidioso, cargante, pesado, v. necio.
MAJAR machacar, triturar, moler, desmenuzar, pulverizar, romper, quebrantar || fastidiar, importunar, molestar, cargar.
MAJARETA chiflado, ido, guillado, tocado, maniático v.
MAJESTAD grandeza, esplendor, señorío, solemnidad, pompa, majestuosidad, magnificencia, sublimidad, gravedad, encumbramiento, dignidad.
MAJESTUOSAMENTE imponentemente, solemnemente, gravemente, v. majestuoso.
MAJESTUOSIDAD v. majestad.
MAJESTUOSO imponente, solemne, grave, digno, señorial, esplendoroso, espléndido, magnífico, sublime, grande, encumbrado, regio, pomposo, augusto, mayestático.
MAJEZA vistosidad, adorno, lucimiento || guapeza, chulería, fanfarronería, desplante.
MAJO curro, chulo, chulapo, macareno, jácaro, jacarandoso || guapo, bonito, agradable, vistoso, lindo, hermoso, simpático, compuesto, ataviado, adornado, peripuesto.
MAL perjuicio, daño, ofensa, menoscabo, deterioro, pérdida, destrucción, privación, ruina, estrago || enfermedad, dolencia, achaque, morbo, padecimiento, trastorno, complicación, desarreglo, molestia, indisposición, malestar || aflicción, dolor, desolación, pena, amargura, tristeza, sufrimiento || deficientemente, nocivamente, perversamente, v. maldad.
MALABARISMO prestidigitación, escamoteo, funambulismo, truco, tejemaneje, habilidad, engaño, ilusionismo, trampa.
MALABARISTA prestidigitador, ilusionista, funámbulo, escamoteador, equilibrista, saltimbanqui, juglar.
MALACATE cabrestante, torno, molinete, chigre, cabria.
MALACONSEJADO desatinado, incauto, imprudente.
MALACOSTUMBRADO v. malcriado.
MALAGANA desfallecimiento, desgana, apatía, desinterés, desilusión.
MALAMENTE v. mal.
MALANDANTE desdichado, desgraciado, infortunado, infeliz, malhadado.
MALANDANZA desgracia, desdicha, infortunio, desventura, adversidad, mala suerte.
MALANDRÍN truhán, pillo, pícaro, bellaco, bribón, ruin, perverso, maligno, malvado, villano.
MALARIA paludismo, cuartana, terciana, fiebre palúdica, enfermedad infecciosa.
MALATERÍA leprosería, lazareto, dispensario, sanatorio.
MALATÍA lepra, gafedad, lacería, enfermedad infecciosa.
MALATO leproso, gafo, llagado, lacerado, contagiado, infectado, lazarino.
MALAVENTURA v. malaventuranza.
MALAVENTURADO desdichado, desgraciado, desventurado, infeliz, infortunado, malhadado, triste, calamitoso.
MALAVENTURANZA infelicidad, infortunio, desgracia, desdicha, desventura, percance, contratiempo, tropiezo, malandanza, calamidad.

Malbaratador v. malgastador.
Malbaratar v. malgastar.
Malbarato despilfarro, derroche, disipación, dilapidación, desperdicio.
Malcarado torvo, repulsivo, hosco, feo, desagradable, patibulario, repugnante.
Malcomer ayunar, privarse, mortificarse, sacrificarse, economizar, pasar hambre.
Malcontento v. descontento.
Malcriado descortés, grosero, consentido, mimado, incivil, incorrecto, desconsiderado, descomedido.
Malcriar mimar, viciar, consentir, regalar, halagar, resabiar, permitir, tolerar, estropear.
Maldad perversidad, villanía, vileza, crueldad, vicio, malignidad, inmoralidad, abuso, infamia, execración, ingratitud, bellaquería, ruindad, perfidia, malicia, hipocresía, traición, envidia, daño, virulencia.
Maldecir renegar, blasfemar, insultar, injuriar, anatematizar, imprecar, execrar, jurar, abominar, detestar || ofender, denigrar, murmurar, calumniar.
Maldiciente blasfemo, insultante, imprecatorio, abominador, execrador, injurioso, ultrajante, ofensivo, murmurador, calumnioso, chismoso, injuriante, infamante.
Maldición imprecación, amenaza, anatema, advertencia, juramento, blasfemia, reniego, insulto, injuria, abominación, palabrota, pestes, reprobación, execración || sortilegio v.
Maldispuesto indispuesto, renuente, reacio, tardo, cachazudo.
Maldita la lengua, la sin hueso || v. maldito.
Maldito condenado, maldecido, réprobo, excomulgado, endemoniado, perverso, maligno, malvado, nocivo, embrujado, aborrecible, miserable, ruin, execrable, detestable, protervo, malévolo, detestado, anatematizado, abominado.

Maleabilidad elasticidad, flexibilidad, suavidad, blandura plasticidad || docilidad, obediencia, mansedumbre.
Maleable flexible, elástico, plástico, deformable, moldeable, suave, blando || obediente, dócil, manso.
Maleante bandido, malhechor, forajido, bandolero, facineroso, criminal, vago, perdido, salteador, malandrín, canalla, rufián, villano, bribón, granuja.
Malear pervertir, corromper, viciar, enviciar, depravar, desnaturalizar, inficionar, perjudicar, dañar, estropear, alterar, deteriorar.
Malecón escollera, rompeolas, dique, espigón, tajamar, muralla, murallón, terraplén, atracadero, desembarcadero.
Maledicencia chisme, habladuría, chismorreo, murmuración, cotillería, denigración, insidia, detracción, calumnia, falsedad, falacia, bulo, mendacidad, infamia.
Maleficio hechizo, encantamiento, sortilegio, magia, embrujo, ensalmo, aojamiento, agüero, presagio, brujería, nigromancia, aojo, taumaturgia.
Maléfico pernicioso, maligno, nocivo, perjudicial, virulento, perverso, dañino, pecaminoso, lesivo, dañoso.
Malentendido * equivocación, tergiversación, interpretación errónea, error.
Maléolo tobillo, protuberancia ósea.
Malestar desazón, desasosiego, inquietud, pesadumbre, ansiedad, zozobra, intranquilidad, destemplanza, disgusto, molestia, descontento, congoja, recelo, manía, incomodidad, enfado, impaciencia, irritación, indisposición, molestia, achaque.
Maleta valija, maletín, bártulo, equipaje, bulto, baúl, cofre, bolso, maletín.
Maletero mozo, faquín, cargador.
Malevolencia rencor, enemistad,

Tirria, odio, animosidad, resentimiento, hostilidad, animadversión, aborrecimiento, antipatía, desunión.

Malévolo rencoroso, perverso, resentido, hostil, malo, maligno v.

Maleza breña, aspereza, fragosidad, espesura, fronda, hojarasca, zarzal, soto, jaral, matorral, zarza, escabrosidad, manigua, broza, maraña.

Malformación deformidad, deformación, anomalía.

Malgastador derrochador, despilfarrador, pródigo, manirroto, profuso, malbaratador, dilapidador, gastador, disipador, desordenado, alocado.

Malgastar disipar, dilapidar, gastar, malbaratar, prodigar, despilfarrar, derrochar, tirar, quemar, evaporar, perder, desperdiciar, desbaratar, desaprovechar.

Malhablado grosero, descocado, deslenguado, procaz, desvergonzado, atrevido, lenguaraz, fresco, insolente.

Malhadado desventurado, infeliz, desgraciado, infortunado, cuitado, atribulado, mísero, miserable, calamitoso, víctima, mártir, perjudicado.

¡Malhaya! * ¡mal haya...!, ¡maldito...!

Malhecho v. contrahecho.

Malhechor maleante, delincuente, forajido, bandolero, bandido, facineroso, rufián, canalla, malandrín, salteador, perdido, vago, criminal, villano, granuja, bribón, transgresor, infractor.

Malherido grave, agónico, moribundo, semidifunto, dañado, mutilado.

Malhumor enojo, ira, impaciencia, irritación, disgusto, desazón, susceptibilidad, encrespamiento, irritación, enfado, molestia, inquietud, amargura, hastío.

Malhumorado irritable, enojadizo, impaciente, irascible, iracundo, cascarrabias, ceñudo, encrespado, airado, susceptible, disgustado, gruñón, quisquilloso, hosco, antipático.

Malicia picardía, astucia, disimulo, hipocresía, sutileza, artería, artificio, perfidia, socarronería, cuquería, recelo, sospecha, barrunto, desconfianza.

Maliciar desconfiar, barruntar, sospechar, recelar, temer, pensar, dudar, olerse, escamarse, suponer, conjeturar.

Malicioso pícaro, astuto, ladino, taimado, hipócrita, socarrón, desconfiado, cuco, receloso, sospechoso, escamado, mosqueado, mal pensado, zorro, solapado.

Malignidad perversidad, malicia, malevolencia, vileza, iniquidad, perfidia, odio, crueldad, v. maldad.

Maligno perverso, malévolo, malicioso, pérfido, vil, odioso, cruel, inicuo, virulento, malintencionado, malandrín, taimado, maléfico, diabólico, retorcido, solapado; v. malo || v. incurable.

Malintencionado v. maligno.

Malmirado desacreditado, malquisto, desconceptuado, despres- tigiado, denigrado, desdeñado, despreciado || grosero, tosco, desconsiderado, descortés.

Malo malvado, maligno, ruin, perverso, pérfido, vil, inicuo, diabólico, solapado, execrable, infame, maléfico, infernal, detestable, bribón, criminal, protervo, bajo, depravado, ignominioso, injusto, malandrín, maldito, infernal, fementido, diabólico, odioso, cruel, virulento || nocivo, peligroso, aciago, infausto, funesto, perjudicial, dañino, desagradable, catastrófico, desolador, lamentable, nefasto, repelente, molesto, fastidioso, penoso, trabajoso, difícil, dificultoso || enfermo, doliente, indispuesto, aquejado, acometido, afectado, delicado, contagiado, infectado, decaído, abatido, postrado, paciente, achacoso, convaleciente || viejo, usado, estropeado, inservible, deficiente, imperfecto,

MALOGRADO

dañado, defectuoso, incompleto, tosco, inferior || revoltoso, travieso, enredador, inquieto, desobediente, malcriado.

MALOGRADO frustrado, fracasado, inútil, fallido, vano, imperfecto, deficiente, defectuoso, burlado, estropeado, arruinado, desgraciado, abortado, vencido, derrotado, desairado, deslucido, acabado, maltrecho, maltratado.

MALOGRAR fallar, frustrar, fracasar, alborotar, faltar, estropear, arruinar, deslucir, desairar, burlar, estrellarse, desvanecer, chasquear, perder, desperdiciar, desaprovechar, defraudar, desgraciar.

MALOGRO fracaso, revés, frustración, chasco, decadencia, estropicio, ruina, aborto, falla, fallo, desilusión, desengaño, deslucimiento, infortunio, desgracia, descalabro, derrota, error, torpeza, fiasco, desacierto, pérdida.

MALOLIENTE hediondo, fétido, pestilente, nauseabundo, mefítico, pestífero, viciado, enrarecido, catingoso, repugnante, insoportable, sucio, cochambroso, asqueroso.

MALPARADO maltrecho, maltratado, derrotado, estropeado, v. malogrado.

MALPARAR maltratar, deteriorar, arruinar, estropear, vencer, v. malograr.

MALPARIR abortar, malograr, frustrarse, perder.

MALPARTO aborto, frustración, malogro, pérdida, fracaso.

MALQUERENCIA aversión, odio, antipatía, tirria, animosidad, resentimiento, desamor, ojeriza, enemistad, desagrado, repulsión.

MALQUISTAR enemistar, dividir, separar, indisponer, disgustar, enzarzar, desajustar, azuzar, cizañar, desquiciar, enredar, desavenir, dividir, desunir || MALQUISTARSE reñir, discrepar, encresparse, pelearse.

MALQUISTO enemistado, desavenido, desunido, separado, odiado, relegado, desdeñado, disidente, discorde, malmirado, desacreditado, denigrado.

MALROTADOR v. malgastador.

MALROTAR v. malgastar.

MALSANO insaluble, nocivo, perjudicial, dañino, insano, dañoso, pernicioso, desfavorable, malo, infecto, mefítico, enrarecido.

MALSÍN murmurador, soplón, cizañero, delator, cotilla, hablador, calumnioso.

MALSONANTE discordante, ofensivo, grosero, escandaloso, deshonesto, inconveniente, desagradable.

MALTRATADO malparado, maltrecho, estropeado, malogrado, aporreado, gastado, arruinado, golpeado, ofendido, agraviado, insultado.

MALTRATAMIENTO v. maltrato.

MALTRATAR estropear, malograr, golpear, aporrear, arruinar, malparar, deteriorar, derrengar, lisiar, atropellar, herir, zurrar, apalear, pegar, deslomar, descalabrar, desriñonar, moler, dañar, tundir || agraviar, ofender, vejar, insultar, injuriar, ultrajar, despreciar, desdeñar, vilipendiar, zaherir, menoscabar.

MALTRATO castigo, daño, golpe, lesión, herida, violencia, atropello, perjuicio, zurra, palo, descalabramiento, derrengamiento || ofensa, injuria, agravio, vejación, insulto, ultraje, desprecio, desdén, menoscabo, vilipendio, zaherimiento.

MALTRECHO estropeado, malogrado, tundido, zurrado, deshecho, deslomado, desriñonado, vendido, agotado, tronado, víctima, malparado, maltratado, derrengado.

MALUCO enfermizo, endeble, enteco, pachucho, flaco, delicado, enclenque, doliente, malucho.

MALVADO malo, maligno, ruin, perverso, pérfido, vil, inicuo, maléfico, infame, execrable, solapado, diabólico, bajo, protervo, criminal, bribón, detestable, infernal, maldito, malandrín, in-

justo, ignominioso, depravado, virulento, cruel, odioso, diabólico, fementido, infernal, villano, granuja, perdido.
MALVENDER liquidar, regalar, desperdiciar, desvalorizar, depreciar, malbaratar, tirar.
MALVERSACIÓN desfalco, peculado, fraude, defraudación, estafa, engaño, falseamiento, alteración, delito, irregularidad, exacción, concusión.
MALVERSAR desfalcar, falsear, defraudar, estragar, engañar, apropiarse, apoderarse, delinquir.
MALLA red, tejido, punto, elástico, cota, armadura, protección, defensa.
MALLO mazo, martillo, macho, martinete, clava.
MAMA seno, busto, teta, pecho, glándula, ubre || pezón, tetilla, aréola || v. mamá.
MAMÁ madre, mama, matrona, hembra, madraza.
MAMACALLOS pusilánime, apocado, tímido, tonto, bobo, simple, necio v.
MAMADA chupada, chupón, chupetón, lengüetazo, sorbo, succión, trago, ingestión.
MAMADERA biberón v.
MAMADO borracho, achispado, ebrio v.
MAMAR chupar, succionar, sorber, ingerir, tragar, engullir || aprender, iniciarse, descubrir.
MAMARRACHADA ridiculez, extravagancia, rareza, estupidez, bobería, necedad v.
MAMARRACHO grotesco, ridículo, risible, extravagante, raro, fachoso, caricaturesco, bufón, cómico, irrisorio, estrafalario, estrambótico, antiestético, tosco || informal, inconsecuente, veleidoso, inconstante, irresponsable, tarambana, botarate, pueril.
MAMELÓN excrecencia, bulto, carnosidad, pezón, abultamiento, tumorcillo, verruga, carúncula, lobanillo.
MAMELUCO bobo, zoquete, simple, necio v.
MAMÍFERO vertebrado, animal superior, cuadrúpedo, bestia, vivíparo.
MAMOLA carantoña, caricia, arrumaco, burla, engaño, mofa, escarnio.
MAMÓN lechón, lechal, cría, chupón, tragón, ávido.
MAMOTRETO librote, legajo, infolio, pesadez, tabarra, rollo || armatoste, trasto, cachivache, artefacto, cacharro.
MAMPARA pantalla, biombo, cancel, división, bastidor.
MAMPARO tabique, separación, división, plancha.
MAMPORRO bofetada, bofetón, golpe, golpazo, porrazo, coscorrón, guantazo, capón, capirotazo, testarazo, molondrón.
MAMPOSTERÍA obra, construcción, albañilería, cantería || sillar, piedra, bloque, mampuesto.
MAMPUESTO piedra, bloque, sillar || pared, matacón, parapeto, defensa, reparo.
MANÁ bendición, favor, merced, salvación, manjar milagroso.
MANADA rebaño, hato, vacada, piara, tropa, grey, bandada, grupo, conjunto || cuadrilla, caterva, cáfila, banda, hatajo, gavilla, multitud, muchedumbre.
MANADERO v. manantial.
MANAGER * administrador, representante, apoderado, entrenador, gerente.
MANANTIAL fuente, fontana, hontanar, venero, surtidor, fluencia, alfaguara, manadero, oasis, venaje, chortal || origen, semillero, principio, comienzo, nacimiento, germen, base, antecedente.
MANAR fluir, salir, chorrear, correr, surtir, brotar, aparecer, saltar, nacer, borboritar, deslizarse, rezumar || abundar, pulular, afluir, sobrar.
MANATÍ sirenio, mamífero acuático, rosmaro.
MANCAR lisiar, herir, arruinar, estropear, dañar, desgraciar, tullir.
MANCEBA barragana, concubina, querida, amante, amiga, entre-

tenida, amasia, manfla, fulana, manuela, cortesana, mundana, favorita, mantenida, moza, coima, querindanga, ramera, v. prostituta.

MANCEBÍA burdel, lupanar, prostíbulo, putaísmo, ramería, manfla, casa de citas, de lenocinio, de trato, de prostitución, casa pública.

MANCEBO muchacho, mozo, joven, efebo, pubescente, adolescente, imberbe, zagal, chico, pollo, paje || ayudante, dependiente, empleado.

MÁNCER hijo de mujer pública.

MANCILLA desdoro, deshonor, ultraje, afrenta, agravio, mancha, ofensa, baldón.

MANCILLADO espurio, bastardo, deshonrado, empañado, agraviado, ultrajado.

MANCILLAR afrentar, ultrajar, agraviar, manchar, ofender, desdorar, deshonrar, empañar, insultar, vilipendiar, infamar, vejar, humillar.

MANCIPAR esclavizar, dominar, sujetar, someter, sojuzgar.

MANCO lisiado, tullido, mutilado, incompleto, inválido, baldado, defectuoso, falto, carente || torpe, incapaz, desmañado, chapucero.

MANCOMUNADO asociado, unido, de acuerdo, fusionado, aunado, reunido, afiliado, federado, agregado, coligado, incorporado, solidarizado.

MANCOMUNAR reunir, asociar, fusionar, unir, aunar, federar, incorporar, coligar agregar, afiliar, solidarizar, concentrar.

MANCOMUNIDAD corporación, agrupación, fusión, unión, asociación, solidarización, concentración, incorporación, congregación, federación, reunión, confederación, liga.

MANCUERNA pareja, yunta, par || manubrio, pesa, haltera.

MANCHA borrón, pinta, lunar, peca, mácula, sombra, churrete, tizne, pringue, lámpara, suciedad, señal, huella, marca, cha‑ farrinón, lamparón, taca, defecto, maca, tacha, tilde, manchón, cardenal, equimosis, moretón, verdugón || deshonra, desdoro, baldón, deshonor, ultraje, infamia, degradación, opropio, mancilla, descrédito, estigma, vergüenza, vilipendio, abyección.

MANCHADO pintado, jaspeado, berrendo, veteado, rayado, listado, pecoso, maculado || sucio, pringado, puerco.

MANCHAR ensuciar, pringar, emporcar, tiznar, enlodar, enfangar, salpicar, engrasar, pintar || deshonrar, mancillar, ultrajar, infamar, calumniar, vilipendiar, profanar, afrentar, degradar.

MANDA legado, cesión, donación, adjudicación, dote, dejación, herencia, testamento, codicilo, sucesión, transmisión, oferta, promesa.

MANDADERO v. recadero.

MANDADO comisión, recado, encargo, orden, precepto, diligencia || mandamiento, v. mandato.

MANDAMÁS * mandón, jefe, cabecilla, patrono, dueño, amo, gallo, cabeza.

MANDAMIENTO precepto, orden, ley, regla, ordenanza, bando, decreto, edicto, despacho, instrucción, prescripción || orden, v. mandato.

MANDANGA pachorra, cachaza, calma, lentitud.

MANDAR ordenar, disponer, dictar, conminar, decretar, establecer, intimar, estatuir, prescribir, imponer, preceptuar, advertir, encargar, encomendar, decidir, pedir, obligar || enviar, despachar, llevar, remitir, expedir, remesar, dirigir, consignar, facturar, cursar, emitir, exportar, pasar || gobernar, conducir, administrar, regir, regentar, dirigir, presidir, tutelar, enderezar, manejar, guiar.

MANDATARIO representante, delegado, comisionado, encargado, apoderado, ejecutor || MANDATARIO * presidente, personaje, gobernante, jefe.

MANDATO orden, precepto, dictamen, disposición, imposición, decisión, obligación, advertencia, prescripción, encargo, pedido || poder, potestad, atribución, encargo, representación, comisión, delegación, autoridad, imperio, mando v.

MANDÍBULA quijada, maxilar, hueso.

MANDIL delantal, faldar, mantelo, cernedero, bata, guardapolvo, protección, prenda.

MANDO autoridad, poder, poderío, imperio, potestad, atribución, señorío, dirección, gobierno, administración, regencia, guía, presidencia, tutela, conducción, manejo, superioridad, mangoneo, caudillaje, dominio.

MANDOBLE tajo, cuchillada, golpe, cintarazo, corte, cercenamiento, fendiente || montante, espadón, sable.

MANDOLINA bandolín, bandurria, bandola, guitarra, instrumento de cuerda.

MANDÓN gallo, cabecilla, *mandamás*, amo, abusón, desconsiderado, mangoneador.

MANDRIA holgazán, perezoso, remolón, abúlico, dejado, vago || apocado, simple, necio, pusilánime, inútil.

MANDRIL simio, mono, macaco, mico, cuadrumano || vástago, eje, cilindro, pieza.

MANDUCA v. manducatoria.

MANDUCAR comer, tragar, ingerir, tomar, alimentarse, nutrirse, atiborrarse, consumir, zampar, embaular, devorar.

MANDUCATORIA alimento, sustento, comida, manduca, colación, nutrición, refrigerio, piscolabis, tentempié.

MANECILLA aguja, saetilla, horario, minutero, segundero, indicador.

MANEJABLE cómodo, ligero, portátil, manuable, manual, transportable, adaptable, plegable, fácil || dócil, manso, obediente, disciplinado, sumiso, borrego, infeliz.

MANEJAR operar, manipular, tocar, empuñar, coger, utilizar, usar, asir, manosear, sobar, esgrimir, blandir, tratar, tomar || conducir, guiar, maniobrar, gobernar, dirigir, llevar, mandar.

MANEJO empleo, uso, administración, práctica, operación, manipulación, utilización, aplicación, función, uso, usanza, utilidad, disfrute, maniobra || artimaña, treta, trampa, jugarreta, ardid || gobierno, dirección, conducción, guía, tutela, administración, mando.

MANERA forma, método, modo, proceder, procedimiento, medio, guisa, suerte, condición, estilo, conducta, actitud, costumbre, carácter, fórmula, técnica, curso, régimen, sistema, orden || MANERAS: modales, modos, aire, tono, porte, continente, ademanes, educación, crianza.

MANERISMO * amaneramiento, afectación, rebuscamiento.

MANES almas, sombras, espíritus, espectros, fantasmas, visiones, apariciones.

MANEZUELA manija, v. mango.

MANFLA v. manceba, v. mancebía.

MANFLORITA * hermafrodita v.

MANGA codín, brahonera, brahón, tela || tromba, tifón, torbellino, vorágine, remolino.

MANGANTE sablista, gorrón, pedigüeño, aprovechado, gorrista, parásito, vividor, petardista, sacacuartos, abusador || mendigo, pordiosero.

MANGAR pedir, mendigar, sacar, abusar, sablear, gorronear.

MANGO asidero, manija, tirador, agarradero, astil, empuñadura, cabo, manubrio, espiga, asa, puño, cogedero, prendedero, manezuela.

MANGONEADOR entremetido, v. mandón.

MANGONEAR entremeterse, mandar, ordenar, decidir, imponer, obligar, disponer, dictar, impedir, fiscalizar.

MANGONEO entremetimiento, imposición, dictado, orden, fiscalización, mando, mandato, obligación.

Mangonero v. mandón.
Manguera tubo, manga, goma, conducto, lona, ventilador.
Manguito funda, rollo, protección, cubierta, mongote, dedil, confortante, mitón || cilindro, tubo, empalme, unión, anillo, funda.
Maní cacahuete, leguminosa, cacahuey, planta.
Manía rareza, extravagancia, capricho, trastorno, chaladura, guilladura, ridiculez, fantasía, originalidad, singularidad, extravío, antojo, monomanía, excentricidad, vicio, prurito || delirio, agitación, furor, furia, arrebato, demencia, desconfianza, recelo.
Maniable * manejable.
Maníaco lunático, extraviado, enajenado, chiflado, trastornado, perturbado, venático, insano, delirante, frenético, furioso, chalado, orate, demente, v. loco.
Maniatar inmovilizar, aprisionar, ligar, aferrar, asegurar, amanear, trabar, encadenar, esposar, engrillar, aherrojar, sujetar las manos, *amanillar*.
Maniático chiflado, estrambótico, estrafalario, caprichoso, ridículo, excéntrico, trastornado, ido, guillado, tocado, extravagante, neurasténico, raro, v. maníaco.
Manicomio asilo, hospital, casa de reposo, sanatorio.
Manicorto avaro, roñoso, cicatero, mezquino, ruin, tacaño, sórdido, miserable, económico.
Manida cobijo, refugio, albergue, casa.
Manido sobado, ajado, gastado, pasado, vulgar, manoseado, trivial, conocido, trillado, visto.
Maniego ambidextro, hábil, diestro.
Manifestación reunión, desfile, concentración, demostración, exhibición, exteriorización, protesta, marcha, algarada, rebelión || presentación, aparición, presencia, exhibición, existencia, fenómeno, señal, exposición, revelación, publicación, exteriorización, muestra, ostentación || expresión, declaración, afirmación, mención v.
Manifestante participante, reclamante, componente, integrante de manifestación.
Manifestar exponer, revelar, publicar, exteriorizar, ostentar, expresar, mostrar, señalar, apuntar, exhibir, presenciar, aparecer, presentar, decir, declarar, afirmar, asegurar, aseverar, establecer || Manifestarse mostrarse, opinar, enunciar, protestar, aplaudir, aprobar, desaprobar.
Manifiestamente evidentemente, claramente, indudablemente, notoriamente, v. manifiesto.
Manifiesto evidente, claro, indudable, notorio, palmario, patente, desnudo, escueto, público, declarado, expreso, sabido, evidente, paladino, ostensible, visible || proclama, declaración, escrito, documento, aclaración, alocución, nota, aviso.
Manigua espesura, fronda, selva, matorral, zarzal.
Manija empuñadura, manubrio, puño, v. mango.
Manilargo generoso, liberal, dadivoso, espléndido, derrochador || caco, cleptómano, descuidero, ratero.
Manilla pulsera, anillo, argolla, esposa, hierro, sujeción, grillo || Manilla * aguja, saetilla, v. manecilla.
Maniobra operación, ensayo, evolución, adiestramiento, ejercicio, práctica, marcha, instrucción || manipulación, manejo, uso, empleo, utilización, recurso, faena, trabajo, procedimiento, proceso, paso || artimaña, ardid, intriga, treta, maquinación, manejo, artificio, trampa, subterfugio, engaño.
Maniobrar evolucionar, marchar, desfilar, avanzar, retroceder, ejercitarse, instruir || manipular, manejar, usar, emplear, proceder, utilizar || intrigar, maquinar, engañar, urdir, tramar.

Maniobrero intrigante, maquinador, engañoso, artificioso, astuto, ladino.

Manipulación manejo, uso, utilización, empleo, maniobra, proceso, procedimiento, recurso, faena, trabajo, ejecución, elaboración, fabricación, administración, práctica, operación, aplicación, función, usanza.

Manipular manejar, operar, actuar, tocar, empuñar, coger, utilizar, usar, asir, sobar, manosear, esgrimir, blandir, tomar, tratar, emplear, maniobrar || mangonear, decidir, ordenar, entremeterse, dictar, imponer, obligar.

Maniquí figura, muñeco, armazón.

Manir ablandar, pasar.

Manirroto despilfarrador, derrochador, malgastador, pródigo, gastador, disipador, malbaratador, profuso, desordenado, tarambana.

Manivela cigüeña, manubrio, manija, empuñadura, eje, herramienta.

Manjar golosina, delicadeza, exquisitez, delicia, gollería, alimento, comestible, comida, yantar, sustento, pitanza, plato, vianda, manduca.

Mano lado, costado, banda, dirección, ala || baño, capa, pintura, recubrimiento, revestimiento || destreza, habilidad, pericia, maña, maestría, arte, aptitud, talento || lance, juego, tirada, pasada, turno, jugada || poder, mando, influencia, prerrogativa, amistad, privanza, confianza.

Manojo fajo, haz, puñado, brazada, gavilla, mogote, garba, fajina, hatajo, atado, ramo, ramillete.

Manómetro indicador, instrumento, barómetro, medidor de presiones.

Manopla guante, guantelete, mitón, manguito, funda, prenda, protección.

Manoseado sobado, ajado, usado, v. manosear.

Manosear sobar, ajar, usar, deslucir, manir, arrugar, raer, arrebujar, deslustrar, fregar, tentar, tocar, palpar, manipular, acariciar, magrear.

Manoseo sobo, manipulación, toqueteo, manejo, palpamiento, uso, tocamiento.

Manotada manotazo, manotón, guantazo, golpe, bofetada, tortazo.

Manotear agitar, mover, menear, sacudir las manos, accionar, gesticular, manosear v.

Manoteo meneo, movimiento, toqueteo, gesticulación, sobo, v. manoseo, manotada.

Manotón v. manotada.

Manquera manquedad, incapacidad, mutilación, amputación, invalidez, inutilidad.

Mansalva (A) sin peligro, con seguridad, cobardemente, despiadadamente, cruelmente, traidoramente.

Mansamente suavemente, dócilmente, apaciblemente, dulcemente, v. manso.

Mansarda * buhardilla, desván v.

Mansedumbre docilidad, suavidad, dulzura, apacibilidad, bondad, sumisión, obediencia, ductilidad, fidelidad, manejabilidad, humildad, benignidad, disciplina, benevolencia, tranquilidad, dependencia.

Mansión residencia, morada, edificio, palacio, casa, vivienda, albergue, palacete, castillo, caserón, casona, heredad, propiedad, casa solariega.

Manso suave, dócil, apacible, dulce, bondadoso, bueno, manejable, fiel, dúctil, obediente, sumiso, tranquilo, benévolo, disciplinado, benigno, dependiente || doméstico, domesticado, desbravado, amaestrado, enseñado, domado, mansurrón, cabestro.

Mansurrón v. manso.

Manta frazada, cobertor, edredón, colcha, cubrecama, abrigo, cobertera, mantón, capa, gualdrapa, ropa, prenda.

Mantear levantar, sacudir, alzar, tirar, moler, derrengar,

MANTECA grasa, tocino, sebo, gordo, gordura, lardo, mantequilla, butiro, crasitud, margarina.

MANTECOSO untuoso, pringoso, craso, aceitoso, grasiento, seboso, obeso, gordo, fofo.

MANTEL lienzo, paño, mantelería, servilleta, tela, tejido.

MANTELERÍA juego, servilletas, mantel v.

MANTELETA esclavina, chal, rebozo, abrigo, manto, pañoleta, prenda.

MANTENEDOR cuidador, encargado, animador, sustentador, paladín, defensor.

MANTENER sostener, sustentar, alimentar, nutrir, amparar, defender, apoyar, proteger, cuidar, conservar, entretener, resistir, perseverar, continuar, seguir, proseguir, prolongar, alargar.

MANTENIDA v. manceba.

MANTENIMIENTO sostenimiento, sustentamiento, sustento, alimento, manutención, conservación, defensa, protección, subsistencia, entretenimiento, cuidado, sostén, amparo, asistencia, vigilancia, preservación.

MANTEO v. manto.

MANTEQUILLA manteca v., butiro, margarina, grasa.

MANTILLA velo, rebozo, cobija, manto, flámeo, pañuelo, toca, mantellina, encaje, mantón, prenda.

MANTILLO humus, estiércol, abono, guano, fiemo, capa, sedimento.

MANTO túnica, clámide, manteo, veste, toga, hábito, ropa, ropón, sotana, capa, bata, vestidura, prenda, mantón, mantilla || veta, capa, estrato, tonga, tongada, faja, franja.

MANTÓN pañuelo, pañoleta, manto, mantilla, chal, rebozo, cobija, abrigo, prenda.

MANUAL artístico, artesano, laboral, obrero, casero || manejable, fácil, cómodo, portátil || compendio, sumario, breviario, epítome, prontuario, texto, rudimentos, fundamentos, elementos, principios, apuntes.

MANUBRIO empuñadura, puño, manija, manivela, cigüeña, mango.

MANUFACTURA producción, fabricación, obtención, elaboración, construcción, montaje, confección, hechura, ejecución, proceso, creación, preparación || fábrica, industria, taller, empresa, firma, factoría, instalación, sociedad.

MANUFACTURAR fabricar, producir, elaborar, obtener, construir, montar, confeccionar, hacer, ejecutar, crear, preparar, realizar, instalar.

MANU MILITARI por la fuerza, por las armas.

MANUMISIÓN liberación, emancipación, independencia, rescate, salvación, suelta, redención, licenciamiento, descargo, libramiento, remisión.

MANUMITIR redimir, rescatar, liberar, emancipar, independizar, salvar, librar, descargar, licenciar, soltar, dispensar, relevar, perdonar.

MANUSCRITO escrito, códice, documento, pergamino, original, legajo, papel, libro, apunte, copia, acta, inscripción.

MANUTENCIÓN v. mantenimiento.

MANZANA poma, pomácea, reineta, fruto.

MANZANAR pomar, pomarada, arboleda, frutales.

MANZANILLA camomila, hierba, infusión, cocimiento.

MAÑA destreza, habilidad, pericia, maestría, primor, arte, industria, agilidad, experiencia, facultad, capacidad, aptitud, condiciones, práctica, oficio, talento, disposición || artificio, picardía, astucia, marrullería, artería, triquiñuela, pillería || vicio, capricho, resabio, desviación, mala costumbre.

MAÑANA madrugada, mañanita, alba, amanecer, alborada, amanecida, aurora || al día siguiente, temprano, pronto, próximamente, inmediatamente.

MAÑANEAR v. madrugar.
MAÑANERO madrugador, tempranero, temprano, previsor, adelantado, trabajador, diligente.
MAÑERO astuto, sagaz, hábil, sutil, pillo.
MAÑO baturro, aragonés.
MAÑOSAMENTE hábilmente, diestramente, ágilmente, expertamente, v. mañoso.
MAÑOSO hábil, diestro, ágil, experto, maestro, artista, industrioso, perito, capaz, capacitado, apto, práctico, talentoso, dispuesto, apañado, industrioso.
MAPA plano, carta, portulano, representación cartográfica, proyección, mapamundi, planisferio, atlas, cartografía, topografía.
MAQUETA modelo, prototipo, muestra, espécimen, patrón, pauta, ejemplar, módulo, ejemplo, proyecto, esbozo, boceto.
MAQUIAVÉLICO taimado, sutil, intrigante, artero, astuto, pérfido, solapado, trapisondista, maquinador, conspirador, hipócrita, falaz.
MAQUILLAJE afeite, pintura, retoque, caracterización, cosmético, aderezo, adorno, crema, colorete.
MAQUILLAR pintar, retocar, aderezar, adornar, hermosear, embellecer, empolvar, caracterizarse, componerse.
MÁQUINA aparato, mecanismo, artefacto, artilugio, artificio, instrumento, utensilio, útil, armatoste, dispositivo, ingenio, maquinaria, herramienta, tramoya, autómata, locomotora, invención.
MAQUINACIÓN conspiración, confabulación, treta, maniobra, intriga, enredo, engaño, conjura, complot, cábala, asechanza, astucia, artería, ardid, perfidia, sutileza.
MAQUINADOR conspirador, confabulado, v. maquinación.
MAQUINAL instintivo, mecánico, involuntario, automático, impensado, irreflexivo, indeliberado, espontáneo, natural, habitual, inconsciente.
MAQUINAR intrigar, enredar, conspirar, maniobrar, confabularse, conjurarse, engañar, fraguar, urdir, tramar, forjar, planear, proyectar, manejar, resolver.
MAQUINARIA v. máquina.
MAQUINISTA operario, técnico, mecánico, perito, fogonero, encargado, experto, ingeniero.
MAR océano, extensión, vastedad, masa de agua, piélago, profundidad, abismo, charco, fondo, líquido elemento || abundancia, multitud, infinidad, cantidad, sinfín || marejada, oleaje, cabrilleo, agitación, olas.
MARAÑA breña, aspereza, maleza, fragosidad, espesura, fronda, hojarasca, zarzal, soto, jaral, matorral, zarza, escabrosidad, manigua, broza || enredo, embuste, engaño, artificio, chisme, intriga, trama || confusión, embrollo, lío, desorden, barullo, enredo, desconcierto, fárrago, caos, anarquía.
MARASMO paralización, inmovilidad, inercia, apatía, suspensión, debilitación, atonía, atrofia, enflaquecimiento.
MARATHON * v. maratón.
MARATÓN carrera, competición, competencia, prueba olímpica, pugna de resistencia.
MARAVEDÍ moneda, dinero, pieza.
MARAVILLA portento, fenómeno, milagro, asombro, prodigio, quimera, magia, pasmo, admiración, esplendidez, grandeza, magnitud, estupefacción, majestad, fascinación.
MARAVILLAR asombrar, admirar, fascinar, pasmar, chocar, sorprender, extasiar, embarazar, deslumbrar, aturdir, extrañar.
MARAVILLOSAMENTE magníficamente, espléndidamente, fantásticamente, v. maravilloso.
MARAVILLOSO deslumbrante, fascinante, sorprendente, chocante, pasmoso, admirable, asombroso, grande, majestuoso, espléndido, soberbio, mágico, quimérico, fan-

MARBETE

tástico, prodigioso, milagroso, fenomenal, portentoso, inusitado, raro, inesperado, sobrenatural, increíble, magnífico.

MARBETE orillo, perfil, filete, borde, reborde, tira, cenefa, ribete, lista, franja, veta ‖ etiqueta, precinto, marca, rótulo, inscripción, cédula, tarjeta.

MARCA cuño, timbre, signo, contraseña, rúbrica, firma, nota, lema, nombre, vitola, etiqueta, rótulo, inscripción, cédula, estampilla, contraste, hierro, reseña ‖ huella, señal, muesca, cicatriz, lunar, estigma, mancha, pisada, estampa, traza, rastro, indicio, vestigio, surco, pista, paso ‖ resultado, prueba, hazaña, *récord*.

MARCADAMENTE señaladamente, intensamente, acentuadamente, notablemente, destacadamente, v. marcado.

MARCADO * señalado, acentuado, intenso, notable, destacado, manifiesto, evidente, palpable, característico.

MARCADOR impresor, grabador, señalador, contraste ‖ anotador, tanteador, cartelón.

MARCAR sellar, precintar, acuñar, timbrar, firmar, rubricar, contraseñar, rotular, etiquetar, denominar, nombrar, inscribir, reseñar, señalar, estigmatizar, manchar, trazar, imprimir, numerar, anotar, estampillar ‖ distinguir, caracterizar, señalar, discriminar, separar, apartar, seleccionar, elegir, singularizar, destacar.

MARCEAR esquilar, tundir, trasquilar, cortar, pelar, rapar, afeitar.

MARCIAL bélico, militar, castrense, intrépido, bizarro, guerrero, gallardo, belicoso, arrojado, varonil, soldadesco, aguerrido, bravo.

MARCIALIDAD bizarría, apostura, gallardía, intrepidez, militarismo, belicismo, belicosidad, arrojo, bravura.

MARCIANO alienígeno, selenita, venusiano, *extraterrestre*, ser de otro mundo.

MARCO recuadro, cerco, cuadro, guarnición, moldura, soporte.

MARCHA paso, movimiento, andadura, tren, desplazamiento, camino, jornada, expedición, movimiento, avance, traslación, paseo, tránsito, viaje, dirección, circulación, recorrido, ida, venida, carrera, trote, adelanto, atraso, atajo, vagabundeo, llegada, ajetreo, trajín, velocidad, celeridad ‖ salida, despedida, partida, abandono, emigración, huida, fuga, evacuación, éxodo, retirada, traslado, ausencia, ida, encaminamiento, alejamiento ‖ pieza, himno, ritmo, aire, toque, tonada ‖ curso, procedimiento, giro, sesgo, tendencia, rumbo, trayectoria, camino, funcionamiento, evolución.

MARCHAMAR v. marcar.

MARCHAMO v. marbete.

MARCHANTE negociante, traficante, comerciante, mercader, buhonero, trajinante, mercachifle, feriante, quincallero, baratillero.

MARCHAR caminar, andar, desplazarse, moverse, trasladarse, recorrer, avanzar, circular, dirigirse, viajar, pasear, transitar, adelantar, atrasar, cortar, correr, venir, ir, acelerar, trajinar, ajetrearse, llegar, vagabundear, atajar ‖ salir, partir, emigrar, abandonar, despedirse, evacuar, encaminarse, fugarse, huir, ausentarse, trasladarse, retirarse, alejarse, largarse, mudarse, desalojar.

MARCHITAMIENTO ajamiento, agostamiento, sequedad, deslucimiento, laciedad, amustiamiento, apergaminamiento, envejecimiento, arrugamiento.

MARCHITARSE agostarse, secarse, ajarse, deslucirse, amustiarse, apergaminarse, acartonarse, debilitarse, amojamarse, acabarse, consumirse, gastarse, arrugarse, envejecer, decolorarse, decaer, amarillear, palidecer.

MARCHITO ajado, seco, mustio, deslucido, agostado, apergaminado, amojamado, acabado, debilitado, acartonado, consumido, decolorado, amarillento, pálido, envejecido, viejo, arrugado, lacio, muerto.

MARCHOSO garboso, gallardo, airoso, donoso, bromista, saleroso, juerguista, galante.

MAREA pleamar, bajamar, flujo, reflujo, resaca, ascenso, descenso, estuación, corriente.

MAREADO desfallecido, aturdido, atontado, descompuesto, indispuesto, afectado, atacado, debilitado, aletargado, pálido, exangüe.

MAREANTE navegante, lobo de mar, hombre de mar, v. marino.

MAREAR impacientar, aburrir, agobiar, fastidiar, jorobar, incomodar, jeringar, molestar, importunar, enfadar, encocorar, apurar, abrumar, ejetrear, cargar, irritar, hostigar || navegar, gobernar, dirigir, mandar || MAREARSE desfallecer, atontarse, descomponerse, afectarse, indisponerse, aletargarse, debilitarse, palidecer, aturdirse, accidentarse, pasmarse, perder la cabeza, el conocimiento, sufrir un síncope, un vahído, padecer vértigo.

MAREJADA oleaje, cabrilleo, ondulación, olas, ondeo, marejadilla, inclemencia, violencia || agitación, excitación, exaltación, perturbación, desorden, inquietud.

MARE MÁGNUM confusión, desorden, desbarajuste, desconcierto, desorganización, anarquía, caos, laberinto, embrollo, babel, pandemónium, tumulto, baraúnda || profusión, abundancia, infinidad.

MAREO vahído, vértigo, desmayo, descompostura, desfallecimiento, indisposición, ataque, lipotimia, palidez, debilitamiento, atontamiento, aturdimiento, congoja, síncope || engorro, fastidio, pesadez, aburrimiento, incomodidad, molestia, enfado, irritación.

MARFILEÑO ebúrneo, reluciente, deslumbrante, marfilino, claro, blanco, marfilado.

MARGA arcilla calcárea, piedra caliza.

MARGARINA grasa, mantequilla, lipoide, aceite, aderezo.

MARGEN canto, borde, orilla, labio, reborde, arista, filo, filete, arcén, ribete, orla, frontera, extremo, extremidad, marco, límite, franja, esquina, línea, costado, remate, vera || espacio, blanco, lado || beneficio, cuantía, ganancia, rendimiento, fruto, utilidad, producto, comisión, dividendo, logro || diferencia, tolerancia, permiso.

MARGINAL lateral, extremo, secundario, anexo, adjunto, contiguo.

MARGINAR * arrinconar, relegar, rechazar, postergar.

MARICA afeminado, mariquita, v. maricón.

MARICÓN invertido, sodomita, afeminado, amadamado, cacorro, fileno, bardaje, homosexual, ninfo, pederasta, bujarrón, corrompido, pervertido, desviado || v. mariquita.

MARIDAJE unión, conformidad, correspondencia, enlace, vínculo, armonía, identificación, solidaridad, adhesión, comprensión, concordia, inteligencia, acuerdo, simpatía, alianza, asociación, sociedad.

MARIDAR unir, enlazar, vincular, armonizar, acoplar, juntar, casar, desposar.

MARIDAZO gurrumino, bragazas, apocado, flojo, condescendiente, encogido.

MARIDO consorte, esposo, cónyuge, compañero, hombre, pareja, novio, contrayente, casado, cara mitad, media naranja.

MARIHUANA mariguana, marijuana, narcótico, droga, estupefaciente.

MARIJUANA v. marihuana.

MARIMACHO virago, amazona, varona, sargentona, machota, viriloide, masculina, maritornes, poco femenina.

MARIMANDONA mandona, dominan-

MARIMBA

te, mangoneadora, desconsiderada, ama, abusona.
MARIMBA tamboril, tímpano, instrumento de percusión.
MARIMORENA camorra, riña, alboroto, desorden, desbarajuste, altercado, agarrada, trapatiesta, trifulca, pelotera.
MARINA flota, armada, escuadra, unidad, fuerza, flotilla, embarcaciones, buques, navíos, v. barco || litoral, costa, ribera, orilla, ribazo, margen || cuadro, pintura, óleo, acuarela, representación.
MARINAR tripular, equipar, pilotar, enrolar || sazonar, aderezar, adobar, conservar.
MARINERÍA tripulación, dotación, equipaje, equipo, tripulantes, marineros, servicio, gentes de mar.
MARINERO tripulante, v. marino.
MARINES * infantes de marina, soldados.
MARINO navegante, oficial, piloto, capitán, tripulante, mareante, lobo de mar, hombre de mar, argonauta, marinero || náutico, marítimo, naval, oceánico, marinero, abisal, pelágico, litoral, costero.
MARIONETA títere, fantoche, figurilla, muñeco, polichinela, pelele, monigote.
MARIPOSA lepidóptero, alevilla, insecto, polilla || candelilla, velita, lamparilla, luz.
MARIPOSEAR rodear, importunar, girar, pegarse, dar vueltas, seguir || variar, mudar, arrepentirse, cambiar.
MARIPOSÓN galanteador, mujeriego, faldero, galante.
MARIQUITA afeminado, amanerado, amadamado, pusilánime, cobarde, apocado, encogido, marica, maricón v. || cochinilla, insecto, coleóptero.
MARISABIDILLA sabelotodo, presumida, pedante, rabisalsera, sabihonda.
MARISCADOR camaronero, pescador, mejillonero.

MARISCAL general jefe, general de división, oficial superior.
MARISCO molusco, crustáceo, artrópodo, langosta, langostino, gamba, cigala, quisquilla, camarón, percebe, ostra, mejillón, almeja.
MARISMA marjal, pantano, cenagal, ciénaga, charca, estero, paular, laguna, tierra baja.
MARITAL conyugal, nupcial, connubial, familiar, esponsalicio, carnal.
MARÍTIMO náutico, marino, naval, oceánico, marinero, abisal, pelágico, litoral, costero, ribereño.
MARITORNES moza, fámula, fregona, fregatriz, criada, asistenta || v. marimacho.
MARJAL pantano, ciénaga, barrizal, lodazal, cenagal, fangal, atascadero, atolladero, tremedal, paular, lapachar, charco, laguna, estero, poza, marisma.
MARMITA puchero, olla, pote, cacerola, cazo, tartera, perol, piñata, vasija, recipiente.
MARMITÓN pinche, ayudante, mozo, aprendiz, catasalsas, galopín.
MÁRMOL alabastro, jaspe, piedra caliza, serpentina.
MARMÓREO alabastrino, translúcido, resistente, duro, noble, blanco.
MARMOTA mamífero, roedor || dormilón, lirón, soñoliento, adormilado, poltrón, perezoso || fámula, criada, moza, maritornes v.
MAROMA soga, cuerda, cable, cabo, calabrote, andarivel, guita, guindaleza, amarra, chicote, reata, cordón.
MARÓN carnero, morueco, musmón, mardano, maroto, rumiante.
MARQUÉS señor, noble, título, aristócrata, prócer, patricio.
MARQUESINA pabellón, dosel, baldaquín, baldaquino, palio, cubierta, techo, resguardo, cobertizo.
MARQUETERÍA ebanistería, embutido, taracea, incrustación, artesanía.
MARRA carencia, falta, defecto, falla, ausencia.
MARRAJO taimado, marrullero, trai-

cionero || tiburón, escualo, cazón, selacio, lija, mielga, pez.
MARRANA v. marrano.
MARRANADA porquería, cochinada, jugarreta, faena, judiada, feo, desaire, desprecio, marranería.
MARRANO puerco, tocino, cebón, lechón, guarro, cerdo, gorrino, gocho, gruñete, tunco, porcachón, verriondo, sucio, desaseado, inmundo, mugriento, asqueroso, roñoso, grosero, repugnante.
MARRAR errar, fallar, pifiar, malograr, faltar, desviarse, equivocarse.
MARRAS (De) aludido, referido, mencionado, citado, antedicho, pasado, remoto.
MARRO ladeo, quiebro, esguince, regate || carencia, falta, omisión, yerro, error.
MARRÓN * castaño, pardo, rojizo, cobrizo || MARRÓN GLACÉ * castaña confitada, castaña en dulce.
MARROQUÍ magrebí, marrueco, berberisco, rifeño, moro, musulmán, v. mahometano.
MARROQUINERÍA * tafiletería, tapicería, del cuero, de la piel.
MARRULLERÍA astucia, halago, treta, artimaña, maturranga, martingala, ardid, picardía, pillería, truhanería, bellaquería, maña, artificio, socaliña, superchería, trampa.
MARRULLERO tramposo, zorro, artero, astuto, artificioso, ladino, truhán, pillo, pícaro, taimado, lagarto, camastrón, enredador, camandulero.
MARSOPA delfín, cetáceo, mamífero marino.
MARSUPIAL didelfo, mamífero, canguro, zarigüeya.
MARTA armiño, hurón, visón, comadreja, rapaz, alimaña.
MARTILLAR golpear, machacar, clavar, percutir, remachar, batir, sacudir, laminar, hundir, empotrar, forjar, pegar.
MARTILLAZO golpe, percusión, golpazo, impacto, choque.
MARTILLEO golpeteo, v. martillazo.
MARTILLO mazo v., maza, macillo, mallo, macho, marra, porra, clava, herramienta, utensilio.
MARTINETE batán, pilón, mazo, prensa, batidor, martillo v., machina.
MARTINGALA v. marrullería.
MÁRTIR víctima, sacrificado, inmolado, caído, abnegado, supliciado, torturado, aureolado, venerado, santificado, beatificado.
MARTIRIO suplicio, tortura, tormento, muerte, padecimiento, dolor, sacrificio, sufrimiento, aureola, persecución, santidad, abnegación, inmolación || molestia, fastidio, engorro, insistencia, fatiga, pena, ajetreo.
MARTIRIZADOR torturante, lacerante, atormentador, verdugo, molesto, importuno, inquietante.
MARTIRIZAR atormentar, torturar, lacerar, matar, crucificar, sacrificar, inmolar, perseguir, hostigar, acosar || angustiar, desesperar, reconcomer, atribular, abrumar.
MARXISMO socialismo, comunismo, radicalismo.
MAS pero, si bien, no obstante.
MÁS crecidamente, aumento, acrecentamiento, cantidad.
MASA volumen, conjunto, cuerpo, compuesto, suma, materia, concreción, reunión, todo, aglomeración, elemento, principio || mezcla, mazacote, pasta, gacha, plasta, magma, papilla, masilla.
MASACRAR * matar, asesinar, degollar, ejecutar, linchar, aniquilar, liquidar, destruir, escabechar, exterminar, inmolar, sacrificar, apiolar, acabar.
MASACRE * matanza, asesinato, degollina, aniquilación, ejecución, sacrificio, inmolación, exterminio, escabechina, destrucción, liquidación, linchamiento.
MASADA finca, granja, masería, masía, hacienda, casa de campo, casa de labor, alquería, cortijo.
MASAJE amasamiento, fricción, sobo, friega, frote, frotación, estregadura, ludimiento.
MASAJEAR * amasar, friccionar, fro-

tar, refregar, fregar, estregar.
Masar v. amasar.
Masajista enfermero, quiropráctico.
Mascar masticar, triturar, desmenuzar, roer, rumiar, tascar, comer, morder, mordisquear, roznar, disgregar, deshacer.
Máscara antifaz, careta, mascarilla, mascarón, carátula, carantamaula, cambuj, gambox || embozo, tapujo, disimulo, disfraz, ocultación, artificio, capuchón || disfrazado, histrión, cómico, mamarracho, caricatura.
Mascarada mojiganga, comparsa, carnaval, baile, sarao, reunión || comedia, engaño, farsa, payasada, bufonada, enredo, ficción, burla, parodia, pantomima.
Mascarilla v. máscara || vaciado, molde, reproducción.
Mascarón figura, adorno, representación.
Mascota fetiche, amuleto, talismán, estatuilla, idolillo, figura, animal.
Mascujar mascullar v., farfullar, mascar, masticar v.
Masculinidad virilidad, energía, hombría, fortaleza, vigor, reciedumbre, valentía.
Masculino varonil, viril, fuerte, hombre, macho, recio, enérgico, vigoroso, valiente, hombruno.
Mascullar farfullar, balbucir, tartajear, barbotar, murmurar, articular, pronunciar, balbucear, musitar, tartamudear, bisbisear, cuchichear, susurrar, gruñir, mascujar.
Masera artesa, amasador, duerna.
Masería v. masada.
Masía v. masada.
Masilla mástique, pasta, masa.
Masivo máximo, límite, intensivo, fuerte || Masivo grande, fuerte, macizo, pesado.
Maslo astil, tallo, tronco.
Masón francmasón, cofrade, adepto, juramentado.
Masonería francmasonería, cofradía, organización, entidad secreta.
Mastelero palo, v. mástil.
Mástic * mástique, v. masilla.

Masticación trituración, desmenuzamiento, disgregación. mascada, mascadura, roznido.
Masticar mascar, desmenuzar, triturar, roer, rumiar, morder, comer, tascar, mordisquear, roznar, disgregar.
Mástil palo, árbol, asta, mastelero, arboladura, guinda, percha, vara, cucaña, madero, pértiga, puntal, fuste, poste, apoyo, soporte.
Mastín can, perro, dogo.
Mástique v. masilla.
Mastodonte elefante, mamut, paquidermo, fósil || corpulento, voluminoso, gigantesco, cacharro, trasto, armatoste.
Mastuerzo majadero, necio, estúpido, zoquete, bobalicón, memo, bobo.
Masturbación onanismo, vicio, placer solitario.
Mata arbusto, matojo, soto, chaparro, espino, macizo, maleza, matorral, zarza, planta.
Matacán voladizo, saledizo, parapeto, protección, resguardo.
Matachín camorrista, pendenciero, matamoros, bravucón, perdonavidas, v. matón.
Matadero degolladero, tablada, desolladero, macelo, chacinería, tablajería, casquería, carnicería.
Matador v. homicida || torero, diestro, espada, novillero, maestro.
Matadura llaga, herida, úlcera, postilla, maceración, lesión, grieta, afta.
Matafuego extintor, artefacto, aparato contra incendios.
Matalón penco, rocín, jamelgo, jaco, cuartago, caballejo, caballería, montura.
Matamoros v. matón.
Matanza degollina, carnicería, exterminio, mortandad, degolladero, aniquilación, liquidación, eliminación, escabechina, estrago.
Matar inmolar, eliminar, suprimir, asesinar, liquidar, despachar, destruir, aniquilar, exterminar, finiquitar, sacrificar, ejecutar, apiolar, acabar, degollar, guillo-

tinar, decapitar, ahorcar, estrangular, asfixiar, agarrotar, electrocutar, envenenar, despanzurrar, despenar, destripar, escabechar, fusilar, linchar, desnucar, lapidar, ejecutar || evitar, suprimir, impedir, terminar, acabar, finiquitar, atenuar, rebajar, disminuir, saciar, calmar, satisfacer, extinguir, apagar || Matarse ajetrearse, abrumarse, sacrificarse, consagrarse, sufrir, resignarse, dedicarse, aplicarse, privarse, embeberse, apurarse, molestarse, cansarse, afanarse, angustiarse, desazonarse, acalorarse, fatigarse.

Matarife jifero, desolladero, degollador, tablajero, carnicero.

Matarratas tóxico, veneno, tósigo, polvo.

Matasanos curandero, mediquillo, medicastro, medicucho, charlatán, ensalmador.

Matasellos estampilla, sellador, sello, timbre, marca, señal.

Matasiete v. matón.

Match * partido, lucha, competición, competencia, partida, juego, certamen.

Mate amortiguado, opaco, borroso, deslucido, atenuado, apagado, sin brillo, empañado, decolorado, pálido.

Matemáticamente precisamente, exactamente, justamente, puntualmente, detalladamente, infaliblemente, rigurosamente, cronométricamente.

Matemáticas cálculo, cuenta, cómputo, operación, aritmética, álgebra, geometría, trigonometría, ciencias exactas.

Matemático riguroso, justo, preciso, exacto, detallado, infalible, puntual, cronométrico, calculado, computado, contabilizado, comprobado.

Materia substancia, elemento, material, principio, substrato, factor, ingrediente, componente, fundamento, base, masa, cuerpo, constituyente, parte || asunto, motivo, esencia, razón, causa, móvil || asignatura, disciplina, tema, sujeto, punto, curso, campo.

Material elemento, materia, ingrediente, componente, base, principio, masa, parte, substancia, factor, constituyente || instrumental, herramientas, instrumentos, máquinas, equipo, avíos, aperos, enseres, cachivaches, trebejos || palpable, tangible, corpóreo, orgánico, físico || materialista, utilitario, práctico, burdo, basto, sensual, ramplón.

Materialidad apariencia, calidad, aspecto.

Materialismo utilitarismo, egoísmo, avidez, sensualismo, torpeza, ramplonería.

Materialista práctico, egoísta, utilitario, sensual, ávido, torpe, racionalista, ramplón, prosaico v.

Materializarse concretarse, encarnarse, personificarse, representarse, aparecer, surgir.

Materialmente realmente, verdaderamente, ciertamente.

Maternal cuidadoso, cariñoso, solícito, afectuoso, materno.

Maternalmente cariñosamente, solícitamente, afectuosamente, cuidadosamente.

Materno v. maternal.

Matinal matutino, temprano, tempranero, adelantado, de buena hora, de madrugada, al amanecer.

Matinée * representación, función, sesión matutina, vespertina.

Matiz tinte, tono, juego, gradación, viso, cambiante, tornasol, tonalidad, gama, escala, serie.

Matizar amenizar, variar, realzar, destacar, manifestar, medir, regular, equilibrar, nivelar, ajustar, graduar, diversificar, escalonar, combinar, componer, casar || teñir, colorear, tornasolar, jaspear, irisar.

Matojo v. mata.

Matón bravucón, fanfarrón, jactancioso, camorrista, curro, baladrón, chulo, matasiete, farfantón, matamoros, valentón, perdonavidas, matachín, pendenciero, jácaro, tragahombres.

MATORRAL zarzal, breñal, espesura, soto, breña, aspereza, fragosidad, maleza, fronda, maraña, barzal, boscosidad, impenetrabilidad.

MATRACA carraca, instrumento ruidoso || insistencia, tabarra, machaconería, porfía, pesadez.

MATRAQUEAR porfiar, insistir, importunar, machacar, embromar, jorobar.

MATRAZ vasija, recipiente de vidrio.

MATRERÍA astucia, perspicacia, suspicacia, recelo, sospecha, picardía.

MATRERO astuto, suspicaz, receloso, pícaro, diestro, experimentado, curtido.

MATRICIDA parricida, homicida, asesino, desalmado.

MATRÍCULA registro, lista, relación, censo, catastro, padrón, alistamiento, estadística, catálogo, inscripción, documento, patente.

MATRICULADO registrado, inscrito, censado, alistado, patentado, relacionado, empadronado.

MATRICULAR empadronar, censar, relacionar, alistar, registrar, inscribir, catalogar, patentar, inventariar, asentar, anotar, apuntar, enrolar.

MATRIMONIAL conyugal, marital, nupcial, connubial, esponsalicio, familiar, hogareño, íntimo, particular.

MATRIMONIAR desposarse, casarse, unirse, vincularse, v. matrimonio.

MATRIMONIO casorio, unión, nupcias, enlace, casamiento, vínculo, desposorio, himeneo, maridaje, esponsales, coyunda, alianza, boda, sociedad, consorcio, connubio, ceremonia, sacramento || consortes, pareja, esposos, casados, cónyuges, desposados.

MATRIZ útero, órgano, víscera, seno, claustro materno || molde, cuño, troquel, punzón, horma || principal, original, central, primera.

MATRONA madre, dama, hembra, señora, ama, mujer, madraza, mamá || partera, comadrona, comadre.

MATURRANGA artimaña, jugarreta, treta, marrullería, truhanería, maña, artificio, superchería, trampa.

MATUSALÉN longevo, vetusto, veterano, antañón, carcamal, vejestorio, añoso, octogenario.

MATUTE alijo, contrabando, tráfico, contravención, fraude, delito, infracción || garito, timba, tasca, leonera, boliche, casa de juego.

MATUTERO contrabandista, traficante, pasador, paquetero, defraudador, delincuente, infractor.

MATUTINO matinal, temprano, tempranero, adelantado, a primeras horas.

MAULA remolón, holgazán, tramposo, falaz, engañoso, marrullero, deudor.

MAULERÍA truhanería, marrullería, engaño, falacia, pereza, haraganería.

MAULLAR mayar, miar, miagar, chillar, quejarse.

MAULLIDO mayido, maúllo, quejido, lamento.

MÁUSER fusil, rifle, carabina, escopeta, arma de fuego.

MAUSOLEO sepulcro, túmulo, panteón, tumba, monumento, sepultura, cripta, nicho, cenotafio, huesa, fosa.

MAXILAR mandíbula, hueso, quijada.

MÁXIMA aforismo, sentencia, axioma, dicho, refrán, proverbio, frase, moraleja, fórmula, regla, precepto, concepto, adagio, principio.

MÁXIME sobre todo, principalmente, especialmente, mayormente, fundamentalmente.

MÁXIMO mayúsculo, enorme, colosal, grande, fenomenal, superlativo || límite, extremo, tope, final, fin, máximum, extremo.

MÁXIMUM v. máximo.

MAYAR v. maullar.

MAYESTÁTICO majestuoso, imponente, solemne, esplendoroso, señorial, grave, digno, espléndido, pomposo, augusto, encumbrado, magnífico.

Mayólica cerámica, loza, porcelana, gres, china, caolín, terracota.

Mayonesa mahonesa, condimento, aderezo, salsa, adobo.

Mayor grande, magno, importante, considerable, principal, primordial, esencial, significativo, notable, grande, superior, excesivo, enorme, superlativo || añoso, anciano, veterano, longevo, vetusto, antañón, maduro, viejo || jefe, superior, decano, cabeza.

Mayoral conductor, cochero, postillón, carrero, carretero, auriga, calesero, faetonero || capataz, encargado, cortijero, caporal, sobrestante.

Mayorazgo primogenitura, herencia, prerrogativa, derecho, ventaja, privilegio || heredero, primogénito, beneficiario, sucesor, legatario, descendiente, continuador, hijo mayor.

Mayordomo criado principal, lacayo, camarero, maestresala, sirviente, administrador, encargado, intendente.

Mayores antepasados, predecesores, antecesores, ascendientes, precursores, abuelos, progenitores.

Mayoría generalidad, conjunto, infinidad, diversidad, multiplicidad, totalidad, todos, masa, suma, sinfín, colectividad, humanidad, lo común, lo corriente, el vulgo || ventaja, quórum, representación, ganancia.

Mayorista comerciante, almacenista, representante, agente, traficante.

Mayormente principalmente, máxime, especialmente, fundamentalmente, sobre todo.

Mayúscula versal, inicial, letra, capital.

Mayúsculo grande, considerable, morrocotudo, enorme, intenso, fuerte.

Maza porra, clava, marra, cetro, cachiporra, v. mazo.

Mazacote pegote, masa, pasta, bazofia, guisote, potingue, fangollo || esperpento, pesadez, chapucería, volumen, masa.

Mazazo golpe, martillazo, percusión, golpazo, martilleo, impacto, choque, mazada.

Mazmorra calabozo, ergástula, chirona, celda, trena, gayola, caponera, cárcel, prisión, reclusión, galera, encierro, trápana.

Maznar estrujar, heñir, amasar, machacar.

Mazo mallo, macho, martillo, maza, clava, porra, marro, batán, martinete, mandarria, escoda, machote, macillo || manojo, atado, fajo, gavilla, puñado, atajo, haz, brazada.

Mazorca panoja, panocha, panícula, espiga.

Mazorral grosero, rudo, basto, tosco, ramplón, chabacano, patán, palurdo.

Mea culpa por mi culpa, soy culpable.

Meada chorro, micción, orines, orina, meados, pis, necesidad, urea, excreción, aguas menores.

Meadero evacuatorio, mingitorio, común, urinario, orinal, bacinilla, v. letrina.

Meados v. meada.

Meandro recodo, recoveco, sinuosidad, curva, rodeo, revuelta, ángulo, esquina, vuelta.

Mear orinar, evacuar, desbeber, expulsar, vaciar, hacer aguas menores.

Meato intersticio, orificio, agujero, hueco, espacio, poro.

¡Mecachis! ¡cáspita!, ¡caracoles!, ¡caramba!, ¡demontre!, ¡demonios!

Mecánica manejo, funcionamiento, trabajo, marcha, movimiento, maniobra, juego, actividad, ejercicio || mecanismo, aparato, artefacto, artilugio || ciencia, arte, maquinismo, automatismo, dinámica, cinemática, física.

Mecánicamente automáticamente, inconscientemente, inadvertidamente, maquinalmente, v. mecánico.

Mecánico maquinal, automático, inconsciente, atávico, inadvertido, impensado, instintivo, involuntario, espontáneo || mecanizado, automático, automotriz, dinámico, energético, móvil || operario, trabajador, artesano, técnico, experto, perito, ingeniero.

Mecanismo dispositivo, artilugio, artificio, aparato, engranaje, máquina, maquinaria, artefacto, ingenio, tramoya, instrumento.

Mecanizar automatizar, motorizar, transformar, dotar, industrializar, desarrollar, fomentar.

Mecanógrafa dactilógrafa, copista, amanuense, pasante, auxiliar, secretaria, oficinista, taquimecanógrafa.

Mecanografía dactilografía, escritura al tacto, a máquina, a ciegas.

Mecanografiar dactilografiar, escribir, copiar, pasar, transcribir.

Mecanógrafo v. mecanógrafa.

Mecedor balancín, columpio, mecedero, mecedora v.

Mecedora hamaca, sillón, silla.

Mecedura v. oscilación.

Mecenas favorecedor, protector, valedor, tutor, defensor, sostén, bienhechor, patrocinador, padrino, patrono, fiador, propagador, benefactor.

Mecenazgo patrocinio, protección, tutela, defensa, sostén, beneficio, favor.

Mecer mover, oscilar, balancear, acunar, bambolear, fluctuar, columpiar, agitar, ondear, tremolar, vacilar.

Meconio excremento, alhorre, erupción cutánea.

Mecha pabilo, cabo, cinta, cordón, filamento, cuerda || hilas, algodón, gasa || espiga, pieza, eje.

Mechar adobar, insertar, introducir.

Mechera descuidera, ratera, ladrona, cleptómana.

Mechero encendendor, chisquero, chisque, esquero, yesca, eslabón, pedernal || boquilla, espita, válvula.

Mechón guedeja, bucle, mecha, pelambre, mata, crin, greña, tusa, cerneja, rizo, tirabuzón, aladar, flequillo, cabello, pelo, cabellera, vellón.

Medalla placa, disco, moneda, medallón, chapa, ficha, pieza, símbolo, emblema, distintivo, insignia, guardapelo, joya, colgante, pinjante || condecoración, cruz, distinción, honor, galardón, premio.

Medallón v. medalla.

Médano duna, montículo, arenal, altozano, joroba, montón, colina.

Medanoso arenoso, desigual, ondulado, desértico, seco.

Media escarpín, calcetín, calceta, calcilla, elástico, calza.

Mediacaña moldura, listón, perfil, resalto, adorno || lima, formón, herramienta.

Mediación intervención, intercesión, arreglo, acuerdo, arbitraje, juicio, decisión, interposición, injerencia, tercería, conciliación, diplomacia.

Mediado por el medio, por el centro, por la mitad, inconcluso, incompleto.

Mediador intermediario, agente, intercesor, árbitro, tercero, juez, conciliador, negociador, componedor, delegado, abogado, entremetido, participante, mezclado, diplomático, apaciguador.

Medianamente mediocremente, moderadamente, regularmente, v. mediano.

Medianero divisorio, intermedio, medio, marginal, tangente, confinante, lindante || v. mediador.

Medianía vulgaridad, mediocridad, trivialidad, insignificancia, adocenamiento, limitación, chabacanería, moderación, término medio || chabacano, vulgar, mediocre, adocenado, ramplón, trivial, escaso, limitado, insignificante, v. mediano.

Mediano intermedio, moderado, mediocre, limitado, módico, razonable, asequible, regular, pasadero, ramplón, vulgar, escaso,

medianía, insignificante, pasable, trivial, equilibrado.
MEDIANOCHE las doce de la noche, las 24 hs. || bollo, pastelillo relleno.
MEDIANTE en atención a, por razón de, por medio de, gracias a.
MEDIAR interceder, arbitrar, conciliar, negociar, juzgar, participar, abogar, componer, apaciguar, mezclarse, entremeterse, reconciliar, interponer, empeñarse, actuar, inmiscuirse, interesarse, terciar, intervenir.
MEDIATO indirecto, secundario, colateral, subsiguiente, anexo, próximo, cercano.
MEDICACIÓN administración, tratamiento, receta, indicación, cura, régimen, medicina, específico, medicamento v.
MEDICAL * medicinal, médico.
MEDICAMENTO medicina, específico, remedio, fármaco, droga, preparado, ingrediente, potingue, mejunje, menjurje, elixir, brebaje, pócima, poción, substancia, panacea, antídoto, reconstituyente, vacuna, suero, narcótico, ungüento, inyección.
MEDICAMENTOSO v. medicinal.
MEDICASTRO mediquillo, medicucho, matasanos, curandero, charlatán, ensalmador.
MEDICINA v. medicamento || ciencia, arte, alopatía, homeopatía, cirugía, terapéutica, ginecología, obstetricia, oftalmología, radiología, otorrinolaringología, dermatología, urología, psiquiatría, neurología, pediatría, anatomía, histología, embriología, fisiología, patología, higiene, traumatología, odontología.
MEDICINAL curativo, medicamentoso, higiénico, saludable, terapéutico, beneficioso.
MEDICINAR administrar, tratar, recetar, indicar, ordenar, suministrar, curar, dar, aplicar, propinar, inyectar.
MEDICIÓN medida, cálculo, comprobación, verificación, cotejo, control.
MÉDICO facultativo, doctor, galeno, terapeuta, clínico, especialista, alópata, homeópata, cirujano, oftalmólogo, ginecólogo, tocólogo, urólogo, dermatólogo, otorrinolaringólogo, patólogo, pediatra, traumatólogo, odontólogo, psiquiatra, neurólogo || v. medicinal.
MEDICUCHO v. medicastro.
MEDIDA dimensión, extensión, longitud, tamaño, volumen, calibre, capacidad, grosor, grandor, magnitud, envergadura, proporción, delgadez, cálculo, verificación, cotejo, control, cantidad, cuerpo, corpulencia, altura, profundidad, evaluación, cómputo, graduación, comprobación, medición, escala, marca, regla, sistema || disposición, providencia, orden, decisión, bando, regla, ley, decreto, resolución, prevención, mandato, remedio || moderación, cordura, mesura, prudencia, tiento, cuidado, circunspección, sensatez.
MEDIDOR contador, comprobador, registrador, aparato, artefacto, taxímetro.
MEDIEVAL feudal, gótico, histórico, antiguo, medioeval.
MEDIO mitad, centro, corazón, núcleo, médula, interior || manera, procedimiento, método, forma, proceder, guisa, suerte, condición, costumbre, técnica, fórmula, táctica, curso, régimen, arbitrio, recurso, expediente, disculpa || ámbito, ambiente, lugar, esfera, espacio, zona, escena, nivel, estado || v. mediano || renta, v. medios || partido, fragmentado, dividido, trozo, pedazo, mitad, cacho, parte.
MEDIOCRE v. mediano.
MEDIOCRIDAD v. medianía.
MEDIODÍA sur, sud, antártico, austro, meridional || culminación, cenit, paso, las doce.
MEDIOEVAL v. medieval.
MEDIOEVO Edad Media, medievo.
MEDIOS renta, hacienda, caudal, bienes, fortuna, ahorros, riqueza, posibilidades, recursos, reservas, capital, dinero, patrimo-

nio, acervo, cuartos || manera, v. medio.
Mediquillo v. medicastro.
Medir calcular, calibrar, computar, graduar, marcar, tasar, arquear, evaluar, apreciar, tantear, regular, establecer, determinar, comprobar, establecer, señalar, precisar, observar, comparar || Medirse contenerse, refrenarse, dominarse, moderarse, sujetarse.
Meditabundo pensativo, absorto, cogitabundo, cabizbajo, abstraído, cavilante, ensimismado, reflexivo, abismado, enfrascado, distraído, embebido.
Meditación abstracción, reflexión, cavilación, ensimismamiento, enfrascamiento, distracción, embebecimiento, preocupación, quebradero, especulación, recogimiento, silencio, ensueño, embeleso, imaginación, juicio, consideración, repaso.
Meditar cavilar, reflexionar, pensar, discurrir, especular, profundizar, imaginar, rumiar, abstraerse, reconcentrarse, preocuparse, ensimismarse, sopesar, abismarse, profundizar, filosofar, considerar, juzgar, repasar, discurrir, recapacitar, cogitar, distraerse, enfrascarse, enjuiciar, devanarse los sesos.
Mediterráneo interior, interno, continental, central || costero, marítimo, marino, litoral || meridional, latino.
Médium espiritista, ocultista, evocador, charlatán, embaucador, pitonisa, medio.
Medra mejora, aumento, progreso, adelanto, medro, crecimiento, desarrollo, ascenso, incremento.
Medrar crecer, desarrollarse, incrementar, ascender, adelantar, mejorar, aumentar, progresar, prosperar, florecer, acrecentar.
Medro v. medra.
Medroso miedoso, pusilánime, apocado, cobarde, asustadizo, corito, tímido, irresoluto, timorato, temeroso.
Médula tuétano, caña, meollo, substancia, centro, corazón, esencia.
Medular esencial, principal, fundamental, substancial, central, cardinal.
Medusa celenterio, aguamala, aguamar.
Meeting * v. mitin.
Mefistofélico demoníaco, diabólico, infernal, luciferino, satánico, diablesco, maligno, perverso, endemoniado, maquiavélico, sutil, astuto.
Mefítico fétido, hediondo, pestilente, insalubre, malsano, dañoso, apestoso, inmundo, cochambroso, maloliente, pestífero, nauseabundo, infecto, viciado, repugnante.
Megáfono bocina, altavoz, altoparlante, amplificador.
Megalito monumento, piedra, dólmen, menhir, crónlech.
Megalomanía ansia, manía, deseo, furor, delirio de grandezas.
Megalómano fantasioso, imaginativo, presuntuoso, maniático, fatuo, egoísta.
Mego apacible, suave, blando, tratable, dócil, afable, afectuoso.
Meiga hechicera, bruja, maga, encantadora.
Mejicano mexicano, azteca, charro.
Mejilla moflete, carrillo, cachete, mollete, cara, pómulo.
Mejillón molusco, marisco, bivalvo.
Mejor superior, excelente, alto, supremo, sumo, sobresaliente, dominante, conspicuo, prevaleciente, preeminente, principal, aventajado, adelantado.
Mejora perfeccionamiento, mejoría, progreso, adelanto, crecimiento, desarrollo, medra, prosperidad, florecimiento, acrecentamiento, incremento, ascenso, intensificación, expansión, ampliación, agrandamiento || v. mejoría.
Mejoramiento v. mejora.
Mejorar progresar, adelantar, florecer, prosperar, medrar, desarrollar, expandir, intensificar, as-

cender, incrementar, acrecentar, agrandar, ampliar, perfeccionar, reparar, corregir, enmendar, renovar, hermosear, rejuvenecer, regenerar || aclarar, despejar, abonanzar, serenarse, calmarse || MEJORARSE aliviarse, sanarse, curarse, convalecer, restablecerse, recuperarse, rehabilitarse.

MEJORÍA alivio, cura, convalecencia, restablecimiento, rehabilitación, recuperación || v. mejora.

MEJUNJE potingue, menjurje, pócima, mezcla, brebaje, bebedizo, droga, medicina, medicamento.

MELADURA melado, jugo, zumo, miel de caña, melaza.

MELANCOLÍA tristeza, pesadumbre, cuita, aflicción, nostalgia, añoranza, postración, languidez, recuerdo, pena, *morriña*, evocación, decaimiento, pesar, hipocondría.

MELANCÓLICAMENTE nostálgicamente, mohínamente, mustiamente, v. melancólico.

MELANCÓLICO nostálgico, mohíno, mustio, desilusionado, afligido, cuitado, apesadumbrado, triste, apenado, lánguido, postrado, añorante, decaído, hipocondríaco, apesarado, doliente, taciturno, sombrío, hosco.

MELAZA v. meladura.

MELÉE * lío, revoltijo, pelea, riña, desorden.

MELENA cabellera, pelambrera, pelambre, rizos, ondas, mechas, guedejas, cabello, pelo, crin, mata.

MELENUDO peludo, hirsuto, desastrado, adán, enmarañado, despeinado.

MELIFLUAMENTE empalagosamente, dulcemente, tiernamente, v. melifluo.

MELIFLUIDAD v. melindre.

MELIFLUO dulce, tierno, empalagoso, servil, pulido, pamplinero, rebuscado, afectado, mimoso, remilgado, dengoso, dulzón, melindroso, delicado, *melifluo*.

MELINDRE afectación, remilgo, ñoñez, mimo, cursilería, escrúpulo, dengue, amaneramiento, fingimiento, artificio, extravagancia, ridiculez, capricho, fantasía, necedad.

MELINDROSO ñoño, cursi, mimoso, remilgado, afectado, escrupuloso, delicado, extravagante, artificioso, fingido, amanerado, dengoso, ridículo, fantasioso, caprichoso, necio, tierno, chinchorrero, quisquilloso.

MELOCOTÓN durazno, paraguaya, albérchigo, griñón, blanquillo, fruto.

MELODÍA tema, motivo, frase, música, armonía, dulzura, suavidad, melopea, composición, cadencia, sonoridad.

MELÓDICO v. melodioso.

MELODIOSAMENTE dulcemente armoniosamente, gratamente, v. melodioso.

MELODIOSO dulce, armonioso, grato, suave, agradable, musical, acorde, arpado, melódico, sonoro, eufónico, afinado, cadencioso.

MELODRAMA tragicomedia, farsa, sainete, pantomima, mojiganga, bufonada, payasada, drama, dramón, tragedia, exageración.

MELODRAMÁTICO tragicómico, bufo, dramático, exagerado, lacrimoso, ridículo, cómico, trágico.

MELOMANÍA musicomanía, propensión, afición a la música.

MELÓMANO musicólogo, musicómano, *diletante*, propenso, aficionado a la música.

MELÓN cucurbitácea, meloncillo, badea, calabaza, sandía.

MELOPEA curda, borrachera v. || salmodia v.

MELOSIDAD v. melindre.

MELOSO melindroso, melifluo, dulzón, empalagoso, afectado, escrupuloso, pegajoso, tierno, necio, dengoso, amanerado, artificioso, delicado, remilgado, almibarado, ñoño, cursi, mimoso, suave, blando.

MELLA hendedura, huella, rotura, entrante, menoscabo, deterioro, desperfecto, desgaste.

MELLADO dentado, arruinado, estropeado, desgastado, romo, deteriorado, embotado, gastado, desafilado.

MELLADURA v. mella.

MELLAR dentar, embotar, gastar, desafilar, desgastar, estropear, arruinar, deteriorar, consumir, mermar.

MELLIZO gemelo, hermano, mielgo, idéntico, parecido, equivalente, común, semejante, parejo.

MEMBRANA tegumento, túnica, cápsula, tela, telilla, binza, piel, película, epitelio, mucosa, ligamento, pellejo, cutícula, revestimiento.

MEMBRANOSO tegumentario, tunicado, epitelial, fibroso, mucoso, ligamentoso.

MEMBRETE encabezamiento, nombre, título, rótulo, sello, monograma, epígrafe, lema, inscripción, marbete.

MEMBRUDO robusto, fornido, vigoroso, corpulento, forzudo, fuerte, recio, atlético, nervudo, poderoso, potente, pujante, musculoso.

MEMENTO memorándum, agenda, vademécum, libreta, notas.

MEMEZ bobada, sandez, tontería, estupidez, necedad v.

MEMO estúpido, sandio, tonto, bobo, mentecato, necio v.

MEMORABLE famoso, renombrado, popular, ilustre, aureolado, recordado, celebrado, inolvidable, importante, notable, desusado, glorioso.

MEMORANDO v. memorable.

MEMORÁNDUM libreta, memento, agenda, vademécum, notas || comunicación, nota, circular, oficio, parte, aviso, escrito, despacho.

MEMORAR rememorar, recordar v.

MEMORIA reminiscencia, recuerdo, remembranza, evocación, repaso, presencia, rememoración, mención || retentiva, capacidad, don, facultad, aptitud || relación, resumen, escrito, anales, estudio, exposición, descripción, detalle, comunicación, boletín, folleto.

MEMORIAL solicitud, demanda, ruego, memorándum, v. memoria.

MEMORIÓN memorioso, retentivo, empollón, infalible.

MEMORIZAR * aprender, recordar, empollar, retener, grabar, repetir.

MENA mineral, metalífero, roca, piedra.

MENAJE equipo, moblaje, ajuar, enseres, mobiliario, bártulos, utensilios, chismes, material || MENAJE*. vajilla, loza.

MENCIÓN referencia, recuerdo, cita, alusión, citación, indicación, insinuación, indirecta, sugerencia, reminiscencia, evocación, v. memoria.

MENCIONADO aludido, citado, antedicho, v. mencionar.

MENCIONAR aludir, citar, recordar, referirse, sugerir, insinuar, indicar, evocar, contar, llamar, nombrar, rememorar, señalar, hablar.

MENDACIDAD falsedad, engaño, doblez, artificio, disimulo, chismorrería, falacia, novelería, fantasía, exageración, calumnia, v. mentira.

MENDAZ v. mentiroso.

MENDICANTE v. mendigo.

MENDICIDAD mendicación, vagancia, pobretería, carencia, pobreza, necesidad, miseria, privación.

MENDIGAR pedir, solicitar, requerir, plañir, suplicar, quejarse, dolerse, humillarse, rebajarse.

MENDIGO indigente, pobre, pordiosero, mendicante, menesteroso, desvalido, necesitado, pobrete, mangante, mísero, sablista, gorrón, vago, vagabundo.

MENDOSO v. mendaz.

MENDRUGO pedazo, cacho, corrusco, cuscurro, regojo, trozo de pan || tonto, necio, zoquete, bobo.

MENEAR agitar, mover, sacudir, accionar, manejar, impulsar, revolver, hurgar, ondular, vibrar, temblar, oscilar, balancear, batir, remover, blandir, empuñar, zarandear, convulsionar, estremecer || MENEARSE, desplazarse, caminar, andar, apresurarse, activar, trabajar, bullir, afanarse, moverse, acelerar.

MENEO sacudida, movimiento, convulsión, agitación, impulso, oscilación, balanceo, ondulación, vibración, temblor, zarandeo, estremecimiento, golpe, impacto, contoneo, conmoción || paliza, vapuleo, somanta, zurra, tunda, felpa, soba, azotaina.

MENESTER falta, necesidad, carestía, privación, escasez, insuficiencia, penuria, pobreza, déficit, limitación || ejercicio, empleo, ministerio, función, desempeño, tarea, ocupación, cargo.

MENESTEROSO indigente, carente, pobre, falto, mísero, privado, escaso, miserable, desvalido, necesitado, mendigo.

MENESTRA guisado, plato, legumbres, hortalizas, ración.

MENESTRAL obrero, artesano, trabajador, asalariado, operario, productor.

MENGANO fulano, zutano, perengano, uno, cualquiera, tercera persona.

MENGUA descrédito, deshonra, deshonor, baldón, menoscabo, perjuicio, afrenta, desdoro || disminución, merma, pérdida, derroche, desgaste, acortamiento, perjuicio, quebranto, baja, descenso, privación, defecto, falta || necesidad, v. menester.

MENGUADAMENTE míseramente, cobardemente, v. menguado.

MENGUADO mísero, cobarde, pusilánime, apocado, ruin, villano, tacaño, necio, tonto.

MENGUANTE decreciente, descendiente, declinante, decadente, agonizante, caduco || descenso, decadencia, disminución, bajada, decremento, consunción, falta, merma, cuarto.

MENGUAR disminuir, encoger, decrecer, mermar, aminorarse, acortarse, rebajar, depreciar, empequeñecer, restar, reducir, bajar, consumirse, apagarse, extinguirse, contraerse, abreviarse, debilitarse.

MENGUE demonio, diablo, satanás, lucifer v.

MENHIR megalito, monumento, monolito, piedra vertical.

MENINA camarera, cortesana, damita.

MENINGE membrana, tegumento, túnica, revestimiento, telilla.

MENINGITIS inflamación, infección de las meninges.

MENINO paje, camarero, cortesano, caballerete.

MENISCO disco, redondel, rodaja, lente, lámina, nivel, superficie.

MENJURJE v. mejunje.

MENOPAUSIA climaterio, alteración, transformación, cese de la función genital, época crítica.

MENOR pequeño, mínimo, exiguo, reducido, chico, ruin, minúsculo, diminuto, menudo, corto, menguado, escaso || niño, criatura, párvulo, impúber, huérfano, pupilo.

MENORÍA niñez, pupilaje, tutela, minoría, menor edad, irresponsabilidad.

MENOS escasez, carencia, falta, disminución, ausencia, baja, descenso, defecto.

MENOSCABAR dañar, perjudicar, herir, afectar, damnificar, ofender, rebajar, quitar, deslucir, mancillar, desacreditar, deshonrar, disminuir, desprestigiar.

MENOSCABO disminución, ofensa, perjuicio, daño, herida, descrédito, deshonra, deshonor, mancilla, desprestigio, disminución, quebranto, desdoro.

MENOSPRECIAR desdeñar, despreciar, desairar, deslucir, repeler, ofender, ultrajar, humillar, relegar, postergar, arrinconar, ignorar, desechar.

MENOSPRECIO desaire, desprecio, desdén, ofensa, ultraje, humillación, postergación, vilipendio, desatención, repulsa, displicencia, descortesía, zaherimiento.

MENSAJE misiva, aviso, recado, comisión, nota, comunicación, carta, billete, memorias, encargo, correo, envío, tarjeta, esquela, anuncio, escrito.

Mensajero mandadero, recadero, correo, enviado, heraldo, comisionado, botones, correveidile, faraute, intermediario.

Menstruación período, menstruo, regla, mes, sanguina, desopilación, achaque, menorragia, sangre.

Menstruar evacuar, excretar, expeler el menstruo.

Menstruo v. menstruación.

Mensual periódico, regular, fijo, habitual, de cada mes, del mes.

Mensualidad sueldo, emolumentos, mes, salario, pago, honorarios, haberes.

Ménsula repisa, rinconera, apoyo, anaquel, vasar || moldura, resalto, viga.

Mensura v. medida.

Mensurar v. medir.

Menta hierbabuena, planta.

Mentado célebre, famoso, v. mentar.

Mental cerebral, especulativo, intelectual, imaginativo, espiritual.

Mentalidad modo, característica, peculiaridad, capacidad, forma de pensar, pensamiento, conocimiento, comprensión, v. mente.

Mentar mencionar, recordar, citar, evocar, nombrar, designar, rememorar.

Mente inteligencia, entendimiento, cerebro, cabeza, caletre, imaginación, magín, intelecto, comprensión, pensamiento, instinto, percepción, juicio, razón, sentido, clarividencia, talento.

Mentecatada simpleza, majadería, necedad, estupidez, idiotez, v. mentecato.

Mentecato simple, majadero, necio, estúpido, idiota, sandio, zoquete, memo, tonto, bobo, imbécil.

Mentir engañar, fingir, aparentar, disfrazar, disimular, falsear, falsificar, mixtificar, desvirtuar, trapalear, liar, exagerar, embrollar, calumniar, burlarse, enredar, chismorrear.

Mentira engaño, disimulo, falsedad, chisme, enredo, burla, calumnia, embrollo, exageración, lío, trápala, apariencia, falacia, mixtificación, falseamiento, falsificación, disfraz, apariencia, ficción, patraña, quimera, mendacidad, novela, cuento, invención, infundio, farsa, fábula, argucia, embuste, artificio.

Mentirosamente engañosamente, disimuladamente, falsamente, v. mentira.

Mentiroso embustero, disimulado, engañoso, artificioso, burlón, enredador, chismoso, falso, falaz, lioso, exagerado, embrollón, mixtificador, mendaz, artificioso, trolero, quimerista, infundioso, exagerado, calumniador, cobista, cuentista, novelero.

Mentís desmentida, denegación, contradicción, reprobación, contestación, respuesta, tapaboca, negativa, repulsa, negación, desaprobación, impugnación.

Mentón barbilla, perilla, barba, prominencia del maxilar, de la mandíbula.

Mentor instructor, preceptor, ayo, guía, maestro, profesor, consejero, tutor.

Menú * minuta, lista, carta.

Menudear repetir, insistir, machacar, porfiar, perseverar, obstinarse, reiterar, frecuentar, acostumbrar.

Menudencia insignificancia, pequeñez, bagatela, pizca, partícula, nadería, minucia, detalle.

Menudillo molleja, higadillo, vísceras.

Menudo chico, pequeño, insignificante, diminuto, minúsculo, fino, endeble, delgado, baladí, despreciable.

Meollo substancia, núcleo, fondo, médula, corazón, base || entendimiento, juicio, caletre, cacumen, inteligencia, seso, razonamiento.

Mequetrefe tarambana, chiquilicuatro, zascandil, informal, entremetido, superficial, trivial.

Meramente solamente, puramente, simplemente, únicamente, exclusivamente.

MERCACHIFLE marchante, buhonero, mercader, quincallero, baratillero, ambulante, baratero, feriante.

MERCADER negociante, comerciante, tratante, negociador, especulador, traficante, minorista, mayorista, exportador, importador, vendedor, v. mercachifle.

MERCADERÍA v. mercancía.

MERCADO plaza, feria, ágora, lonja, emporio, baratillo, zoco, rastro, ferial ‖ MERCADO NEGRO estraperlo, tráfico clandestino, contrabando.

MERCANCÍA mercadería, efectos, género, carga, artículos, existencias.

MERCANTE mercantil, especulativo, comercial, traficante.

MERCANTIL v. mercante.

MERCANTILISMO positivismo, avaricia, egoísmo.

MERCAR negociar, tratar, comprar, especular, adquirir, vender, importar, exportar, intercambiar, trapichear, registrar, traficar.

MERCED concesión, favor, servicio, gracia, dádiva, don, recompensa, beneficio, galardón, premio ‖ compasión, indulgencia, piedad, misericordia, bondad.

MERCENARIO soldado, militar, combatiente ‖ asalariado, jornalero.

MERCURIO azogue, hidrargirio, argento vivo, metal.

MERCHANTE v. marchante.

MERDOSO sucio, inmundo, cochino, repugnante.

MERECEDOR digno, acreedor, benemérito, meritorio, laudable, estimable, loable, plausible.

MERECER ganar, lograr, obtener, recibir, cosechar, beneficiarse, percibir.

MERECIDAMENTE justamente, meritoriamente, apropiadamente, debidamente, v. merecido.

MERECIDO justo, meritorio, apropiado, debido, adecuado, proporcionado.

MERECIMIENTO virtud, mérito, derecho, estimación, servicio, justicia, sensatez, razón, equidad.

MERENDAR comer, tomar ‖ MERENDARSE apropiarse, apoderarse, quitar, arrebatar.

MERENDERO mesón, quiosco, puesto, establecimiento, figón, venta, bodegón, parador, ventorro ‖ cenador, glorieta, templete, emparrado, pérgola.

MERENDOLA merendona, merienda v.

MERETRIZ prostituta, ramera, hetera, horizontal, mujerzuela, pelandusca, zorra, buscona, tía, puta, cortesana, pupila, ninfa, golfa.

MERIDIANO inobjetable, claro, preciso, explícito, manifiesto, terminante, evidente, positivo, notorio ‖ círculo, línea.

MERÍDIEM v. ante merídiem, v. post merídiem.

MERIDIONAL austral, del sur ‖ latino, mediterráneo, apasionado.

MERIENDA piscolabis, merendola, refrigerio, tentempié, comida ligera.

MERINDAD jurisdicción, juzgado, territorio, sitio, comarca, distrito, circunscripción.

MERINO oveja, carnero, ovino de raza.

MERITÍSIMO virtuosísimo, alabadísimo, dignísimo, plausible, elogiable.

MÉRITO valor, interés, incentivo, atractivo, provecho, utilidad v. ‖ merecimiento, derecho, justicia, servicio, reconocimiento, alabanza, loa.

MERITORIO laudable, plausible, encomiable, loable, ensalzable ‖ aprendiz, mozo, mancebo.

MERLUZA pescadilla, pescado ‖ mona, curda, embriaguez, borrachera.

MERMA disminución, desgaste, pérdida, quebranto, descenso, rebaja, baja, depreciación, reducción, menoscabo, mengua, deterioro.

MERMAR perder, menguar, disminuir, desgastarse, quebrantarse, descender, rebajar, depreciarse, menoscabar, deteriorar, decaer.

MERMELADA compota, confitura, golosina, dulce, jalea, gelatina.

MERO puro, simple, único, exclusivo, solo, propio.

Merodeador malhechor, delincuente, ladrón, maleante, forajido, malandrín, sospechoso, furtivo, oculto, vago, vagabundo, bandido.

Merodear vagar, recorrer, vigilar, observar, acechar.

Mes mensualidad, período, lapso, plazo, término, intervalo || menstruo v., regla.

Mesa consola, escritorio, mostrador, tocador, banco, tablero, repisa, apoyo, soporte, sostén, ménsula, camilla, velador, mesilla, bufete, coqueta, mueble.

Mesada paga, sueldo, mensualidad.

Mesalina disoluta, viciosa, pervertida, corrompida.

Mesarse tirarse, arrancarse los cabellos.

Mescolanza v. mezcolanza.

Mesenterio membrana, redaño, peritoneo, repliegue, entresijo.

Meseta llano, mesa, altiplanicie, altura, altiplano, sabana, tundra || rellano, descansillo.

Mesías v. Jesucristo.

Mesilla v. mesa.

Mesnada tropa, partida, grupo, hueste, banda, guerrilla, cáfila, caterva, ejército, milicia, guardia, falange, fuerza, facción, soldados, mercenarios, militares, aventureros, combatientes.

Mesnadero mercenario, soldado, militar, combatiente, luchador, aventurero.

Mesón posada, figón, fonda, fonducho, hostal, hospedaje, albergue, hospedería, hotel, hostería, parador, cobijo, pensión, venta, taberna.

Mesonero posadero, hospedero, tabernero, hostelero, anfitrión, figonero, aposentador, fondista, huésped, patrón, dueño, propietario.

Mesteño mostrenco, libre, suelto, desamparado, solo.

Mesticia melancolía, tristeza, decaimiento, nostalgia.

Mestizaje cruce, mezcla, degeneración, combinación, cría, cruzamiento.

Mestizar mezclar, cruzar, combinar, degenerar, criar.

Mestizo mixto, híbrido, cruzado, mezclado, bastardo, combinado, heterogéneo.

Mesura circunspección, gravedad, compostura, moderación, comedimiento, prudencia, juicio, cordura, seriedad, decoro, formalidad, discreción, sensatez, consideración, reserva, miramiento, cautela, templanza, parquedad.

Mesurado comedido, moderado, compuesto, grave, circunspecto, formal, decoroso, serio, cuerdo, juicioso, prudente, reservado, considerado, sensato, discreto, cauteloso, ponderado, mirado, parco, templado, ordenado, correcto.

Mesurarse contenerse, dominarse, reprimirse.

Meta fin, final, término, objeto, objetivo, remate, culminación, coronamiento, cima, cumbre, cúspide, pináculo.

Meta después, posterior.

Metabolismo transformación, asimilación, desintegración.

Metafísico abstruso, obscuro, difícil, confuso, abstracto, teórico.

Metáfora alegoría, imagen, figura, símbolo, representación, parábola, comparación, ficción, alusión.

Metal aleación, mineral, cuerpo simple || latón, azófar || timbre, sonido, voz, tono, sonoridad, resonancia.

Metálico resistente, duro, firme, recio, inquebrantable, mineral, férreo, acerado || efectivo, moneda, billetes, dinero contante.

Metalizar recubrir, bañar, forrar, tratar, transformar, convertir.

Metalurgia siderurgia, industria, transformación, extracción, tratamiento.

Metalúrgico siderúrgico, fabril, industrial, metalurgista.

Metamorfosear transformar, convertir, transubstanciar, transfigurar, disfrazar, transmutar, mudar, cambiar, alterar, modificar, reformar, enmendar, rectificar.

Metamorfosis conversión, transformación, transfiguración, transubstanciación, transmutación, mudanza, cambio, alteración, modificación, rectificación, enmienda, reforma, metempsicosis, variación.

Meteco advenedizo, intruso, forastero, extranjero, extraño, desconocido.

Metempsicosis transmigración, metamorfosis, reencarnación, transmutación, transformación.

Meteorito bólido, aerolito, astrolito, exhalación, uranolito, piedra, estrella fugaz.

Meteoro v. meteorito || fenómeno atmosférico, precipitación, viento, lluvia, rayo.

Meteorología ciencia, predicción del tiempo.

Meteorológico atmosférico, aéreo, celeste, espacial, gaseoso, estratosférico, etéreo.

Meteorólogo meteorologista, técnico, experto, científico, perito.

Meter insertar, introducir, colocar, entrar, penetrar, enclavar, acoplar, fijar, inyectar, impregnar, incluir, implantar, empotrar, encajar, engastar, embutir, engarzar, enterrar, incorporar, inculcar, insuflar, ensartar, plantar, sujetar, poner, clavar, afianzar || encajonar, encestar, ensacar, envasar, embalar, envolver, embaular || Meterse ingerirse, entremeterse, escurrirse, embeberse, absorberse, compenetrarse.

Meticón v. entremetido.

Meticuloso minucioso, detallista, escrupuloso, exacto, quisquilloso, nimio, puntilloso, reparón, observador, exagerado, excesivo || medroso, timorato, miedoso v.

Metido abundante, copioso, profuso, pródigo, fecundo, pletórico, nutrido || golpe, codazo, empujón, puñada, puñetazo || introducido, inserto, colocado, v. meter || Metido * v. entremetido.

Metódicamente regularmente, ordenadamente, cuidadosamente, v. metódico.

Metódico regular, ordenado, cuidadoso, sistemático, exacto, preciso, arreglado, esmerado, aplicado, celoso, prolijo, concienzudo, minucioso.

Metodizar ordenar, arreglar, sistematizar, cuidar, organizar, reglamentar, normalizar.

Método modo, forma, uso, costumbre, hábito, práctica, estilo, usanza, moda, tradición, conducta, manía, experiencia, rutina, maña, procedimiento, vía, regla, orden, proceso, curso, sistema, expediente, régimen, rumbo, rito, medio, actuación, manera, marcha.

Metomentodo v. entremetido.

Metralla fragmentos, trozos, hierros, esquirlas, munición.

Metralleta subfusil, arma de fuego portátil.

Metrificar versificar, componer.

Metro unidad de longitud, medida || metropolitano, ferrocarril subterráneo.

Metrópoli ciudad, capital, urbe, población principal || patria, nación, cuna, origen.

Metropolitano ciudadano, capitalino, urbano, arzobispal || metro, ferrocarril subterráneo.

Mexicano mejicano, azteca, charro.

Mezcla combinación, unión, conjunto, composición, miscelánea, emulsión, incorporación, mezcolanza, mixtura, surtido, mejunje, revoltillo, amalgama, aleación, asociación, reunión, agregación, fusión, argamasa, ligazón, liga, pisto, ensalada, fárrago, frangollo, amasijo, adulteración.

Mezclado compuesto, combinado, surtido, mixto, misceláneo, incorporado, emulsionado, unido, reunido, asociado, amalgamado, impuro, adulterado, promiscuo, revuelto, híbrido, variado, falsificado.

Mezclar unir, combinar, componer, conjuntar, surtir, incorporar, emulsionar, reunir, asociar,

MEZCOLANZA

alear, amalgamar, revolver, ligar, fusionar, agregar, frangollar, surtir, adulterar, variar, falsificar, confundir, embrollar, entreverar, cortar, diluir, aguar, agitar, revolver, menear, ligar, mixturar, introducir || Mezclarse injerirse, inmiscuirse, intervenir, terciar, arbitrar, entremeterse, curiosear, complicarse, enzarzarse.

Mezcolanza revoltijo, frangollo, promiscuidad, amasijo, miscelánea, ensalada, potaje, pepitoria, pisto, enredo, embrollo, fárrago, batiburrillo, mixtura, mezcla, confusión, potingue.

Mezquindad cicatería, miseria, ruindad, usura, sordidez, interés, egoísmo, economía, roñosería, estrechez, parquedad, ahorro.

Mezquino tacaño, miserable, cicatero, ruin, sórdido, usurero, ávido, agarrado, estrecho, roñoso, económico, manicorto, interesado, ansioso, egoísta, ahorrativo || pequeño, diminuto, chico.

Mezquita alminar, aljama, rábida, morabito, templo musulmán.

Miagar v. maullar.

Miaja v. migaja.

Miasma emanación, efluvio, irradiación, exhalación, hedor, emisión infecciosa.

Miasmático contagioso, infeccioso, corrompido, mefítico, insalubre, malsano, dañoso, maligno.

Miau v. maullido.

Micción orina, meada, pis, necesidad, aguas menores.

Mico macaco, cuadrumano, v. mono.

Micra micrón, micromilímetro, milésima de milímetro.

Microbiano bacteriológico, contagioso, infeccioso, microscópico.

Microbio microorganismo, bacteria, protozoo, protozoario, germen, virus, coco, bacilo, vibrión, espiroqueta, estafilococo, estreptococo, ser unicelular, ente microscópico.

Microcosmos * microcosmo, el hombre.

Microfilme * película, rollo, negativos, reproducción, copia, reducción.

Micrón v. micra.

Microorganismo v. microbio.

Microscópico diminuto, minúsculo, imperceptible, invisible, pequeñísimo.

Microsurco grabación, disco, reproducción.

Micho gato, mizo, minino, michino.

Miedo pavor, temor, susto, sobrecogimiento, desaliento, desasosiego, turbación, sorpresa, sobresalto, horror, terror, alarma, pavura, pavidez, pánico, canguelo, julepe, cerote, desconfianza, sospecha, cuidado, aprensión, recelo, amilanamiento, pusilanimidad, timidez, temblor, cobardía.

Miedoso medroso, pusilánime, cobarde, temeroso, asustadizo, espantadizo, timorato, despavorido, amilanado, desconfiado, aterrado, espantado, desasosegado, inquieto, desalentado, sobrecogido, asustado.

Miel jarabe, almíbar, melada, melaza, meladura, meloja, arropía, melcocha.

Mielga selacio, escualo, v. tiburón.

Mielgo mellizo, gemelo, idéntico.

Miembro órgano, parte, extremidad, componente, integrante, pieza, porción, segmento, tramo, sección, punta, cabo || falo, verga, pene, príaco, méntula, pudendo || asociado, socio, afiliado, adepto, cofrade, hermano, colega, compañero, participante.

Mierda excremento, deyección, defecación, deposición, excreción, evacuación, eliminación, emisión, expulsión, detrito, inmundicia, suciedad, heces, excreta, porquería, caca, cagada, hienda, humus, fiemo, guano, estiércol, boñiga, freza, zurullo, residuos.

Mies grano, cereal, espiga, siega, cosecha, recolección.

Miga v. migaja || substancia, meollo, corazón, núcleo, entidad, gravedad.

Migaja miga, porción, residuo, pe-

dazo, trozo, parte, menudencia, insignificancia, desecho, desperdicio, sobras.
MIGAR desmenuzar, deshacer, partir, echar, remojar.
MIGRACIÓN éxodo, emigración, traslado, salida, marcha, alejamiento, partida, cambio, desplazamiento, ausencia, peregrinación, viaje.
MIGRAÑA jaqueca, hemicránea, neuralgia, dolor de cabeza, achaque.
MIJO gramínea, cereal, grano, semilla.
MIL millar, milésimo.
MILAGRERO charlatán, cuentista, embaucador, estafador.
MILAGRO portento, prodigio, maravilla, fenómeno, asombro, quimera, magia, pasmo, admiración, esplendidez, grandeza, magnitud, estupefacción, fascinación.
MILAGROSO portentoso, prodigioso, fenomenal, asombroso, maravilloso, grande, espléndido, admirable, pasmoso, mágico, quimérico, sobrehumano, sobrenatural, extraordinario, estupendo, mirífico, ultraterreno, maravilloso.
MILAGROSAMENTE portentosamente, prodigiosamente, asombrosamente, v. milagroso.
MILANO azor, esmerejón, ave de rapiña, ave rapaz.
MILENARIO antiquísimo, vetusto, antiguo, añejo, añoso, arcaico, histórico.
MILI- milésimo, milésima parte.
MILICIA tropa, ejército, hueste, guardia, banda, falange, mesnada, cuerpo, facción, guerrilla, bando, combatientes, soldados, militares, mercenarios, reclutas, soldadesca, organización.
MILICIANO soldado, combatiente, guardia, guerrillero, mercenario, recluta.
MILITANTE componente, integrante, actuante, participante, contribuyente, asociado.
MILITAR servir, engancharse, enrolarse, alistarse, integrar, ingresar, unirse, formar, movilizarse, componer, actuar, participar, contribuir, asociarse || guerrero, soldado, combatiente, mercenario, oficial, jefe, superior, mílite, estratega, táctico, general, caudillo, adalid, capitán || marcial, castrense, belicoso, soldadesco, armígero, luchador, conquistador, guerreador.
MILITARISMO belicismo, agresividad, marcialidad.
MILITARIZAR disciplinar, reclutar, someter, incorporar, dominar.
MÍLITE v. militar.
MILLONARIO potentado, acaudalado, creso, fúcar, ricacho, opulento, poderoso, magnate, capitalista, rico, adinerado, pudiente, acomodado.
MIMADO consentido, malcriado, resabiado, mal acostumbrado, regalado, viciado, descortés, grosero, descarado, impertinente.
MIMAR malcriar, consentir, resabiar, mal acostumbrar, regalar, viciar, halagar, permitir, condescender, fomentar.
MIMBRE varita, rama, mimbrera, zade.
MIMBREAR moverse, agitarse, ondular, oscilar flexiblemente.
MIMBREÑO flexible, elástico, delgado, esbelto.
MIMETISMO adaptación, imitación, semejanza, disfraz, ocultación.
MÍMICA expresión, gesto, ademán, actitud, imitación, parodia, remedo, repetición, trasunto, caricatura, mimesis, arte.
MÍMICO imitativo, expresivo, representativo.
MIMO carantoña, arrumaco, caricia, cariño, halago, ternura, demostración, expresión || condescendencia, indulgencia, tolerancia, anuencia || caricato, bufo, cómico, parodista, mímico, imitador.
MIMOSO delicado, melindroso, regalón, consentido, mimado, malcriado, mal acostumbrado, resabiado, descarado, impertinente, v. mimado.
MINA excavación, pozo, túnel, galería, depósito, yacimiento, filón, criadero, veta, masa, vena, ve-

nero, bocamina, panizo, perforación, extracción, explotación, placer, cantera.

MINAR horadar, perforar, excavar, profundizar, ahondar, socavar, agujerear, ahuecar, zapar, abrir || debilitar, consumir, extenuar, gastar, agotar, desgastar.

MINARETE alminar v.

MINERAL inorgánico, pétreo, sólido, nativo, mineralógico.

MINERALIZAR endurecer, impregnar, embeber, calcificar.

MINERÍA explotación, perforación, excavación, zapa, investigación.

MINERO obrero, trabajador, productor, cantero.

MINGITORIO urinario, evacuatorio, común, letrina, retrete, excusado, servicios, lavabos.

MINIATURA pintura, reducción, representación, medallón.

MINIMIZAR empequeñecer, disminuir, restar, quitar importancia.

MÍNIMO imperceptible, diminuto, minúsculo, microscópico, pequeñísimo, ínfimo, liliputiense, enano, menudo, miniatura || límite, extremo, fondo, raya, línea, borde, término.

MÍNIMUM v. mínimo.

MININO gato, micifuz, morrongo, micho, mizo, mamífero doméstico, carnicero.

MINISTERIAL administrativo, oficial, gubernativo.

MINISTERIO departamento, servicio, administración, gobierno, gabinete, dirección, cartera, mando, consejo, autoridad || profesión, ocupación, cargo, función, desempeño, empleo, tarea, oficio.

MINISTRA v. ministro.

MINISTRIL corchete, alguacil, agente, guardia, delegado, polizonte.

MINISTRO consejero, gobernante, secretario, funcionario, administrador, valido || agente, representante, enviado, delegado, embajador, plenipotenciario, legado, alguacil.

MINORAR empequeñecer, atenuar, aminorar, disminuir, reducir, paliar, acortar.

MINORÍA oposición, grupo, facción minoritaria || menoría, menor edad, minoridad.

MINORIDAD minoría, menoría, menor edad.

MINORISTA tendero, comerciante, por menor.

MINUCIA insignificancia, menudencia, nimiedad, pequeñez, futilidad, miseria, bagatela, nadería, fruslería.

MINUCIOSAMENTE escrupulosamente, cuidadosamente, v. minucioso.

MINUCIOSIDAD escrúpulo, nimiedad, reparo, meticulosidad, chinchorrería, exactitud, miramiento, circunspección.

MINUCIOSO nimio, detallista, chinchorrero, cuidado, quisquilloso, exacto, mirado, meticuloso, escrupuloso, circunspecto, puntilloso, reparón.

MINUÉ baile, danza, *minuet*.

MINÚSCULO diminuto, microscópico, pequeñísimo, ínfimo, imperceptible, menudo, enano, liliputiense, miniatura, deficiente, falto.

MINUTA anotación, borrador, apunte, manuscrito, extracto, copia, nómina, lista, relación, cuenta, honorarios, factura, nota.

MINUTERO manecilla, saeta, aguja.

MINUTO lapso, tiempo, espacio, parte.

MIÑÓN guardia, soldado, miliciano, guardián.

MIOPE cegato, cegarra, corto de vista.

MIOPÍA ceguera, cortedad de vista.

MIOSOTA miosotis, raspilla, nomeolvides.

MIRA idea, intención, propósito, designio, objetivo, pensamiento, fin, ánimo, aspiración || mecanismo, pieza, dispositivo de puntería, retículo.

MIRABEL girasol, mirasol, planta.

MIRADA vistazo, ojeada, atisbo, repaso, visión, columbrón, visual, atisbadura, fisgonería, examen, percepción, contemplación, descubrimiento.

MIRADO cuidadoso, cauteloso, reservado, circunspecto, reflexivo, prudente, atento, considerado, cortés, afectuoso.

Mirador galería, corredor, balcón, balaustrada, miranda, terrado, cristalera, cenador, templete, pérgola, emparrado, pabellón, terraza.

Miramiento respeto, circunspección, prudencia, recato, cuidado, cautela, reflexión, afecto, cortesía, consideración, atención, reserva.

Miranda v. mirador.

Mirar ver, observar, contemplar, atisbar, ojear, otear, columbrar, vislumbrar, reparar, descubrir, notar, advertir, avistar, fijarse, percibir, divisar, avizorar, distinguir, vigilar, velar, examinar, estudiar, fisgar, curiosear || tocar, atañer, relacionarse, concernir, pertenecer || atender, cuidar, velar, defender, proteger, amparar, apreciar, estimar, considerar, respetar || enfrentarse, limitar, dar, lindar.

Mirasol girasol, mirabel, planta.

Miria- diez mil.

Miríada sinnúmero, multitud, cantidad, abundancia, infinidad, legión, plétora, exceso.

Mirífico admirable, maravilloso, prodigioso, soberbio, espléndido, portentoso, bello.

Mirilla abertura, rejilla, ventanillo, agujero.

Miriñaque armazón, falda, zagalejo.

Mirón curioso, fisgón, cotilla, entremetido, espectador, observador, vigilante.

Mirra gomorresina, bálsamo, substancia aromática.

Mirto arrayán, luma, arbusto.

Misa celebración, servicio, sacrificio, culto, oración, ceremonia, ofrenda, oficio divino.

Misacantano celebrante, sacerdote, oficiante, ministro, clérigo, ordenado.

Misal breviario, devocionario, eucologio, libro de misa, libro de horas.

Misantropía retraimiento, insociabilidad, hosquedad, misoginia, melancolía, timidez, cortedad, reserva, introversión, soledad, ascetismo, penitencia, pesimismo, tristeza, amargura, hipocondría.

Misántropo insociable, retraído, misógino, hosco, huraño, introvertido, reservado, corto, tímido, melancólico, triste, pesimista, penitente, ascético, solitario, hipocondríaco, amargado, intratable.

Miscelánea mezcla, unión, conjunto, revoltillo, combinación, mezcolanza, amalgama, amasijo.

Misceláneo mixto, compuesto, variado, combinado, mezclado, heterogéneo, diverso.

Miserable avaro, tacaño, roñoso, mezquino, cicatero, ruin, sórdido, usurero, ahorrativo, egoísta, estrecho, agarrado, ávido || vil, abyecto, canalla, bajo, despreciable, bribón, granuja, truhán, rufián, bergante, bellaco, indecente, infame, innoble || desdichado, desgraciado, desventurado, v. mísero.

Miserablemente avaramente, abyectamente, desgraciadamente, v. miserable.

Miseria escasez, indigencia, necesidad, pobreza, carencia, penuria, fatiga, hambre, desgracia, infortunio, desdicha, mengua, ahogo, apuro, estrechez, desnudez, inopia, falta, ausencia || avaricia, tacañería, mezquindad, ruindad, cicatería, egoísmo, ahorro, economía, usura, avidez.

Misericordia compasión, piedad, lástima, ternura, dolor, humanidad, sensiblería, sensibilidad, sentimiento, condolencia, caridad, clemencia, aflicción, tristeza, conmiseración, altruismo, enternecimiento, devoción || gracia, perdón, indulto, indulgencia, amnistía, absolución.

Misericordioso humanitario, compasivo, piadoso, tierno, sensible, sentimental, humano, caritativo, altruista, clemente, devoto, comprensivo, bondadoso, indulgente, filántropo, bueno, dulce, propicio, benigno.

MÍSERO

Mísero avaro, v. miserable ‖ vil, abyecto, v. miserable ‖ desgraciado, desdichado, desventurado, triste, pobre, sufrido, infeliz, infortunado, atribulado, calamitoso, cuitado, víctima, perjudicado, indigente, necesitado.

Misérrimo pobrísimo, paupérrimo, v. mísero.

Misión cometido, comisión, gestión, tarea, trabajo, encargo, función, labor, ocupación, quehacer, servicio, poder, delegación, facultad ‖ embajada, delegación, representación, envío, comisión ‖ territorio, jurisdicción, provincia, edificio misional.

Misionero predicador, evangelizador, propagador, divulgador, apóstol, catecúmeno.

Misiva nota, carta, billete, escrito, esquela, mensaje, aviso.

Mismamente precisamente, justamente, cabalmente, idénticamente, exactamente.

Mismo semejante, igual, idéntico, exacto, justo, cabal, uno, propio, similar, equivalente, homogéneo, parecido, congénere, equiparable.

Misoginia retraimiento, timidez, cortedad, complejo, ascetismo, aversión a las mujeres.

Misógino retraído, tímido, corto, ascético, enemigo de las mujeres.

Miss * señorita, reina, triunfadora.

Misterio enigma, secreto, incógnita, entresijo, reserva, sigilo, arcano, ocultación, recato, intimidad.

Misteriosamente enigmáticamente, secretamente, reservadamente, v. misterioso.

Misterioso enigmático, secreto, reservado, indescifrable, ininteligible, sibilino, hermético, esotérico, impenetrable, recóndito, obscuro, oculto, exótico, mágico, incomprensible, ultraterreno, metafísico.

Mística espiritualidad, contemplación, v. misticismo.

Místicamente espiritualmente, contemplativamente, extáticamente, v. místico.

Misticismo éxtasis, arrobo, contemplación, espiritualidad, vida interior, unción, arrebato, enajenamiento, mística, revelación.

Místico espiritual, contemplativo, extático, arrobado, arrebatado, enajenado, revelado, interior, religioso, piadoso.

Mitad medio, parte, fracción, porción, fragmento ‖ centro, medio, promedio.

Mítico legendario, fabuloso, famoso, ficticio, falso, inventado, mitológico.

Mitigar suavizar, moderar, disminuir, aminorar, calmar, sedar, dulcificar, aplacar, atemperar, atenuar, consolar.

Mitin reunión, junta, asamblea, convención, conferencia, congreso, conclave, sesión, concilio.

Mito fábula, ficción, quimera, leyenda, tradición, superstición, saga, cuento, apología, alegoría, invención, narración, relato, mitología.

Mitología v. mito.

Mitológico fabuloso, quimérico, legendario, inventado, narrado, tradicional.

Mitón guante, maniquete, prenda.

Mitra toca, adorno, ornamento, insignia.

Mitrado arzobispo, obispo, prelado, purpurado.

Mixtificación artificio, fraude, engaño, adulteración, falsificación, enredo, truco, trampa, superchería.

Mixtificado falso, engañoso, adulterado.

Mixtificar engañar, enredar, burlar, embaucar, falsificar, adulterar.

Mixto compuesto, complejo, misceláneo, combinado, heterogéneo, dispar, mezclado, incorporado ‖ cerilla, fósforo.

Mixtura v. mezcla ‖ pócima, medicina, medicamento, poción, brebaje, bebedizo, elixir.

Mixturar v. mezclar.

Mizo gato, micho, minino, michino, felino.

Moaré v. muaré.

Mobiliario moblaje, muebles, atalaje, menaje, ajuar, enseres, trebejos, bártulos, efectos, trastos.

Moblaje v. mobiliario.

Mocar sonarse, limpiarse, secarse.

Mocedad juventud, adolescencia, pubertad, pubescencia, nubilidad, lozanía, abriles, inexperiencia.

Mocerío jóvenes, muchachos, mozos, grupo, conjunto, pandilla.

Mocero disoluto, lascivo, libertino, mujeriego v.

Mocetón mozallón, mozancón, muchachote, hombretón, chicarrón.

Moción proposición, iniciativa, propuesta, sugerencia, idea, invitación, oferta, consulta || movimiento, desplazamiento, corrimiento.

Mocito v. muchacho.

Moco secreción, humor, mucosidad, moquillo, flema, gargajo, escupitajo.

Mocoso chiquillo, arrapiezo, crío, rapaz, golfo, muchacho, niño || atrevido, descarado, inexperto.

Mocha cabeza, coco, sesera, mollera, cachola, molondra, cholla || inclinación, reverencia, saludo.

Mochales chiflado, chalado, v. loco.

Mochar desmochar, podar, cortar, cercenar, rebanar, desgajar, amputar, quitar.

Mochila zurrón, morral, macuto, saco, escarcela, bolsa, barjuleta.

Mocho chato, boto, romo, obtuso, mellado, achaflanado, aplastado, achatado, despuntado, esquilado, pelado.

Mochuelo lechuza, búho, autillo, ave rapaz, nocturna.

Moda uso, boga, modo, modalidad, costumbre, novedad, actualidad, práctica, usanza, conducta, manía, hábito, estilo.

Modales educación, maneras, crianza, ademanes, porte, acciones, gestos, principios.

Modalidad particularidad, característica, peculiaridad, modo, forma, manera, tipo, clase.

Modelado tallado, cincelado, formado, esculpido.

Modelar formar, crear, cincelar, tallar, componer, ajustar, organizar.

Modélico * modelo, ejemplar, único, ideal.

Modelo ejemplar, prototipo, tipo, pauta, espejo, arquetipo, dechado, ejemplo, regla, muestra, original, origen, paradigma, patrón, espécimen, molde, horma, ideal, módulo, plantilla, figura, representación, reproducción.

Moderación cordura, templanza, sobriedad, parsimonia, freno, frugalidad, continencia, rienda, discreción, tolerancia, ponderación, virtud, decencia, modestia, compostura, circunspección, regla, medida, comedimiento, mesura, sensatez, juicio, suavidad.

Moderadamente templadamente, mesuradamente, comedidamente, v. moderado.

Moderado templado, mesurado, comedido, sobrio, parsimonioso, frugal, cuerdo, juicioso, sensato, tolerante, discreto, continente, circunspecto, compuesto, modesto, decente, virtuoso, medido, suave, dulce, honesto, transigente, parco, humilde, modoso, módico, mediano, regular, ajustado, conveniente, calmado, mitigado, temperado.

Moderador suavizador, componedor, árbitro, tercero, aligerador, dulcificador, regulador, ordenador.

Moderar sofrenar, refrenar, calmar, mitigar, aligerar, aliviar, aplacar, corregir, disminuir, modificar, componer, morigerar, enfriar, entibiar, limitar, ceñir, reducir, mesurar, frenar, suavizar, ablandar, dulcificar, corregir, arreglar, tasar, medir, atemperar, ajustar, regular, tolerar || Moderarse contenerse, dominarse, limitarse, ceñirse, reportarse.

Modernidad actualidad, novedad, renovación, restauración. inno-

MODERNIZAR

vación, actualización, rejuvenecimiento.

MODERNIZAR remozar, restaurar, renovar, actualizar, rejuvenecer, innovar, modificar, reformar, transformar.

MODERNO actual, renovado, nuevo, restaurado, flamante, innovado, rejuvenecido, actualizado, remozado, transformado, reformado, modificado, fresco, último, naciente, original, desusado, juvenil.

MODESTAMENTE humildemente, rectamente, moderadamente, v. modesto.

MODESTIA decencia, sencillez, humildad, pudor, moderación, comedimiento, recato, honestidad, reserva, pobreza, vergüenza, timidez, pequeñez, insignificancia, templanza, sobriedad, reserva.

MODESTO humilde, recatado, moderado, pudoroso, sencillo, decoroso, decente, pobre, honesto, comedido, templado, insignificante, pequeño, tímido, vergonzoso, sobrio, reservado, pudibundo.

MÓDICAMENTE asequiblemente, económicamente, convenientemente, v. módico.

MÓDICO económico, asequible, conveniente, moderado, ajustado, limitado, reducido, barato, prudente.

MODIFICABLE transformable, alterable, cambiable, desarmable, rectificable, desmontable.

MODIFICACIÓN reforma, cambio, transformación, alteración, rectificación, trueque, permuta, innovación, muda, mudanza, revolución, variación, giro, novedad, corrección, renovación, enmienda, restricción, metamorfosis, evolución, variabilidad, crisis.

MODIFICAR restringir, limitar, rectificar, alterar, transformar, reformar, cambiar, revolucionar, mudar, innovar, permutar, trocar, renovar, corregir, variar, enmendar, revolucionar, metamorfosear.

MODISMO locución, giro, expresión, dicho, modo, peculiaridad, característica, idiomática.

MODISTA diseñador, creador || costurera, modistilla, sastra, oficiala, aprendiza.

MODISTO * modista v.

MODO forma, manera, guisa, método, proceder, procedimiento, medio, suerte, costumbre, actitud, conducta, estilo, condición, régimen, curso, táctica, técnica, fórmula, carácter, orden, sistema, rumbo, derrotero, regla, lado, salida, curso, vía, modalidad, tenor, práctica, uso, disposición, talante, estado, género, cualidad.

MODORRA letargo, pesadez, torpeza, entumecimiento, entorpecimiento, adormilamiento, insensibilidad, sopor, pereza, coma, aturdimiento, desmayo, flojera.

MODOSO compuesto, cortés, educado, comedido, circunspecto, discreto, amable, culto, delicado, atento, urbano, mesurado, considerado, fino.

MODULAR entonar, afinar, armonizar, variar, vocalizar, salmodiar, canturrear, expresar.

MÓDULO medida, canon, tipo, modelo, paradigma, ejemplar, patrón, regla, ejemplo || nave espacial, nave lunar.

MODUS VIVENDI convenio, arreglo, transacción, acuerdo, pacto, modo de vivir.

MOFA burla, escarnio, befa, desdén, desprecio, chufla, pitorreo, ludibrio, afrenta, irrisión, menosprecio, guasa, insulto, agravio, ofensa, chunga, chanza.

MOFARSE escarnecer, agraviar, despreciar, desdeñar, burlarse, guasearse, insultar, menospreciar, reírse, afrentar, chancearse, chunguearse, ofender.

MOFETA zorrillo, mamífero hediondo, carnicero.

MOFLETE carrillo, cachete, mejilla, mollete, buchete, bulto.

MOFLETUDO cachetudo, carrilludo, abultado, hinchado, gordo, rollizo, gordinflón, carirredondo.

MOGOL mongol, tártaro, asiático, nómada, bárbaro.

MOGOLLÓN haragán, vago, holgazán, perezoso || gorrón, parásito, vividor, mogrollo, sablista, sopista, pegote || MOGOLLÓN (DE) de gorra, de balde, gratis, gratuitamente.

MOGOTE montículo, otero, altozano, colina, elevación, altura, montón, loma.

MOGROLLO parásito, gorrón, sablista, sopista, pegote, vividor, gorrista, mogollón.

MOHATRA engaño, fraude, estafa, chantaje, timo, trampa, defraudación, venta simulada.

MOHATRERO chantajista, timador, tramposo, defraudador, fraudulento, engañoso, estafador, embaucador, ladrón.

MOHÍN gesto, mueca, guiño, monería, ademán, coco, coquito, tic, visaje, mímica, aspaviento, esguince.

MOHÍNA enojo, enfado, disgusto, rencor, resquemor, despecho, resentimiento, descontento.

MOHÍNO triste, disgustado, descontento, resentido, amargado, rencoroso, enfadado, enojado, melancólico, cabizbajo, sombrío.

MOHO hongo, roña, descomposición, putrefacción || herrumbre, orín, verdín, cardenillo, pavonado, óxido.

MOHOSO oxidado, herrumbroso, ruginoso, oriniento, estropeado, roñoso, florecido, rancio, descompuesto, putrefacto.

MOISÉS cuna, canastillo.

MOJADO calado, humedecido, empapado, bañado, salpicado, v. mojar.

MOJADURA humedecimiento, empapamiento, caladura, remojón, ducha, chapuzón, baño, calamiento, impregnación, salpicadura, riego, rociada, infiltración.

MOJAMA cecina de atún, adobo, tasajo.

MOJAR calar, humedecer, empapar, bañar, salpicar, duchar, remojar, regar, impregnar, chapuzar, infiltrar, rociar, pringar, rezumar, asperjar, ensopar, sumergir.

MOJE caldo, salsa, substancia, aderezo, adobo.

MOJICÓN tortazo, bofetada, bofetón, torta, golpe, mamporro, soplamocos, cachete, sopapo || bollo, bizcocho, torta.

MOJIGANGA mascarada, farsa, carnaval, jolgorio, fiesta || burla, chanza, mofa, befa, broma.

MOJIGATERÍA gazmoñería, hipocresía, puritanismo, afectación, santurronería, beatería, ranciedad, temor, necedad, melindre, ñoñería, cursilería.

MOJIGATO gazmoño, santurrón, afectado, hipócrita, beato, disimulado, solapado, puritano, rancio, timorato, cobarde, melindroso, cursi, ñoño.

MOJÓN hito, poste, jalón, señal, estaca, marca, mogote, caballón, columna, piedra, guardacantón, muga, cipo, indicación.

MOJONAR v. amojonar.

MOLDE matriz, troquel, pieza, horma, cuño, punzón, terraja || tipo, regla, módulo, ejemplo, muestra, paradigma, modelo, figura || recipiente, vasija.

MOLDEADO estampado, vaciado, fundido, ahormado, troquelado, formado, acuñado.

MOLDEAR formar, acuñar, troquelar, fundir, vaciar, estampar, reparar, ahormar, crear, fabricar, obtener.

MOLDURA saliente, resalto, perfil, adorno, bocel, imposta, archivolta, friso, faja, corona, arquitrabe, acodo, listel, cornisa, filete, nervadura, mediacaña.

MOLE bulto, masa, balumba, volumen v., cuerpo, sombra, mazacote, corpulencia, montón, fardo.

MOLÉCULA corpúsculo, partícula, elemento, ápice, átomo, brizna, punto, gota, grano, migaja, pizca, chispa, triza, vestigio, residuo.

MOLEDURA v. molimiento.

Moler machacar, triturar, aplastar, molturar, desmenuzar, pulverizar, estrujar, romper, quebrantar, majar, comprimir, picar, apretar, desintegrar, partir, cascar || derrengar, maltratar, tundir, golpear, castigar, zurrar, deslomar, cansar.

Molestar fastidiar, disgustar, fatigar, dañar, incomodar, aperrear, marear, irritar, incordiar, vejar, contrariar, estorbar, apesadumbrar, cansar, perjudicar, enojar, aspar, chinchar, jeringar, importunar, insistir, porfiar, pedir, machacar, cargar, agobiar, aburrir, asediar, freír, mortificar.

Molestia fastidio, contrariedad, vejación, irritación, mareo, incomodidad, daño, fatiga, disgusto, estorbo, enojo, perjuicio, cansancio, pesadumbre, insistencia, porfía, agobio, aburrimiento, asedio, mortificación, lata, tabarra, pesadez, engorro, cansera, impaciencia, desagrado, desazón, enfado, trabajo, amargura || achaque v.

Molesto irritante, fastidioso, perjudicial, enojoso, fatigoso, incómodo, aburrido, agobiante, pesado, cansado, engorroso, latoso, amargo, trabajoso, enfadoso, desagradable, embarazoso, chinche, pegajoso, inoportuno, antipático, patoso, insoportable, oneroso, importuno.

Molicie blandura, relajo, degeneración, afeminación, regalo, pereza, flojera, desidia, relajación.

Molido maltrecho, derrengado, maltratado, tundido, golpeado, deslomado, cansado, exhausto, fatigado || triturado, machacado, molturado, v. moler.

Molienda molturación, trituración, machacamiento, majamiento, pulverización, compresión, aplastamiento, quebrantamiento, desintegración, rotura, desmenuzamiento.

Molificar suavizar, ablandar, reblandecer, emolir, mitigar.

Molimiento v. molienda || v. molestia.

Molinete ruedecilla, molinillo, aspa, ventilador || movimiento, giro, vuelta, golpe, sablazo, estocada, volteo.

Molino triturador, molturador, máquina, artefacto, aparato para moler, trapiche, azud, molinejo, aceña.

Molondro zoquete, torpe, ignorante, perezoso, poltrón, vago, inútil.

Molturación v. molienda.

Molturar v. moler.

Molusco marisco, almeja, cefalópado, caracol, concha.

Molla magro, carne, músculo.

Mollar tierno, blando, frágil, quebradizo.

Molleja estómago muscular, buche.

Mollejón poltrón, perezoso, holgazán, gordo, rollizo, blando, fofo.

Mollera sesera, cabeza, seso, caletre, cacumen, meollo, testa, cachola, coco, molondro, cholla.

Mollete v. moflete.

Molletudo v. mofletudo.

Mollizna v. llovizna.

Momentáneamente de momento, por el momento, por ahora, mientras tanto, v. momentáneo.

Momentáneo efímero, transitorio, corto, fugaz, breve, precario, rápido, circunstancial, pasajero, provisional, provisorio, temporal, limitado.

Momento instante, segundo, tris, santiamén, relámpago, periquete, soplo, minuto, tiempo, insignificancia, menudencia, período, etapa, lapso || actualidad, oportunidad, coyuntura, ocasión, circunstancia, tiempo.

Momia cuerpo, cadáver, restos, despojos, muerto, difunto, fiambre.

Momificarse desecarse, secarse, acartonarse, amojamarse, apergaminarse, acecinarse, avellanarse, atrofiarse, embalsamar.

Momio ganga, breva, oportunidad,

ventaja, ocasión, provecho, saldo, utilidad, beneficio, prebenda, ganancia, sinecura, negocio.
Momo gesto, ademán, mohín, figura, mofa, chirigota.
Mona borrachera, embriaguez, curda, pítima, ebriedad, alcoholismo, merluza, dipsomanía.
Monacal conventual, monástico, cenobítico, cartujo, abacial, abadengo, enclaustrado, cerrado, aislado, eclesiástico, religioso.
Monada mohín, monería, gesto, zalamería, arrumaco, carantoña, lagotería, mimo, caricia, aspaviento.
Monaguillo escolano, monacillo, acólito, ayudante, obispillo, misario.
Monarca soberano, rey, emperador, príncipe, señor, majestad, jefe supremo, césar, káiser, zar.
Monarquía realeza, soberanía, principado, señorío, imperio, estado, gobierno.
Monárquico realista, conservador, tradicionalista.
Monasterio convento, priorato, cenobio, cartuja, claustro, abadía, retiro, rábida, noviciado, templo, beaterio, iglesia v., casa profesa.
Monástico v. monacal.
Monda v. mondadura.
Mondadientes escarbadientes, palillo, punta, escarbador.
Mondadura despojo, desperdicio, cáscara, monda, pellejo, peladura, piel, corteza, vaina.
Mondar descortezar, pelar, descascarar, despellejar, descascarillar, limpiar, podar, cortar, quitar.
Mondo limpio, despellejado, pelado, descortezado, descascarillado, podado, cortado.
Mondongo intestino, panza, andorga, vísceras, barriga, vientre, abdomen.
Moneda pieza, sello, medalla, disco, ceca, numisma || dinero, billete, capital, fortuna, fondos, caudal, metálico, numerario, divisas, cuartos, efectivo, suelto, calderilla, cambio.
Monedero bolsita, bolsillo, faltriquera, saquillo.
Monería v. monada.
Monetario crematístico, pecuniario, fiduciario, financiero, numerario, económico, dinerario, administrativo.
Mongol mogol, tártaro, asiático, bárbaro.
Mongolismo idiocia, debilidad mental, cretinismo.
Monicaco hominicaco, hombrecillo, pusilánime, canijo, tímido, v. monigote.
Monigote fantoche, pelele, muñeco, títere, polichinela, marioneta, espantapájaros, bufón, espantajo, v. monicaco.
Monipodio hatajo, turba, junta, conchabanza, reunión, patulea, contubernio, grupo.
Monitor celador, guardián, cuidador, instructor, maestro, vigilante, custodio, tutor.
Monitorio advertencia, aviso, exhortación, amonestación, admonición, consejo.
Monja religiosa, hermana, sor, profesa, madre, novicia, postulanta, freila, superiora, abadesa, prelada, reverenda, priora.
Monje fraile, anacoreta, religioso, regular, cenobita, cartujo, capuchino, ermitaño, santón, penitente, solitario, misógino, asceta, eremita, prior, abad.
Mono bonito, primoroso, gracioso, pulido, delicado, hermoso, lindo, agraciado, fino, airoso, bello, gentil, proporcionado || simio, macaco, mico, cuadrumano, antropoide, primate, chimpancé, orangután, gorila, mandril.
Mono- uno, uno solo, único.
Monocorde * monótono, uniforme, igual, aburrido, invariable.
Monocromático monocromo, de un solo color.
Monóculo lente, cristal, anteojo, vidrio, lupa, ocular, menisco.

MONOGRAFÍA tratado, descripción, relación, exposición, explicación, estudio.

MONOGRÁFICO descriptivo, expositivo, explicativo.

MONOGRAMA letra, cifra, inicial, abreviatura, sello, marca, contraste.

MONOLITO monumento, piedra, roca, bloque, megalito, dolmen, menhir.

MONOLOGAR recitar, soliloquear, hablar, farfullar, decir, razonar uno solo.

MONÓLOGO soliloquio, razonamiento, discurso, parlamento, recitación, aparte.

MONOMANÍA rareza, manía, extravagancia, obsesión, capricho, trastorno, chaladura, ridiculez, fantasía, originalidad, guilladura, singularidad, extravío, antojo, excentricidad, vicio, prurito, preocupación, delirio, locura v.

MONOMANÍACO extravagante, obsesionado, caprichoso, maniático, raro, guillado, chalado, tocado, original, fantástico, ridículo, vicioso, trastornado, excéntrico, antojadizo, extraviado, singular, obsesivo, paranoico, preocupado, delirante, loco v.

MONOPOLIO consorcio, sindicato, centralización, especulación, comunidad, conjunto, grupo, agrupación, *trust*, *cartel*, privilegio, exclusiva, monopolización, acaparamiento.

MONOPOLIZADOR monopolista, acaparador, especulador, centralizador, logrero, agiotista, traficante, comerciante.

MONOPOLIZAR especular, reunir, centralizar, acaparar, mancomunar, fusionar, abarcar, acumular, retener, copar, agrupar, comerciar, aprovechar.

MONOTEÍSTA religioso, fiel, devoto, creyente en un solo dios.

MONOTONAMENTE igualmente, uniformemente, aburridamente, v. monótono.

MONOTONÍA regularidad, uniformidad, igualdad, invariabilidad, homogeneidad, aburrimiento, semejanza, fastidio, periodicidad, insistencia, pesadez.

MONÓTONO uniforme, regular, invariable, periódico, semejante, insistente, pesado, fastidioso, aburrido, homogéneo, continuo, enojoso, cargante.

MONSERGA confusión, necedad, embrollo, lío, fárrago.

MONSTRUO engendro, feto, aborto, espantajo, endriago, embrión, fenómeno, quimera, prodigio, v. monstruoso, v. monstruosidad.

MONSTRUOSIDAD aberración, anomalía, deformidad, irregularidad, teratología, rareza, prodigio, deformación, desproporción, v. monstruo, v. monstruoso.

MONSTRUOSO anómalo, aberrante, deforme, irregular, prodigioso, feo, horripilante, horrible, espantoso, horrendo, abortivo, embrionario, fenomenal, quimérico, extraordinario, increíble, excesivo, enorme, gigantesco, colosal, grotesco, ridículo, contrahecho, v. monstruo || cruel, inhumano, execrable, vituperable, desalmado.

MONTA suma, relación, total, valor, precio, estimación, apreciación, adición, resumen, monto.

MONTACARGAS ascensor, elevador, artefacto.

MONTADOR operario, mecánico, perito, ensamblador, obrero, constructor.

MONTADURA v. montura, v. montaje.

MONTAJE acoplamiento, ensambladura, enlace, juntura, articulación, empalme, enchufe, erección, construcción, levantamiento, disposición, fabricación.

MONTANTE espadón, mandoble, sable, chafarote || listón, columnita, soporte || MONTANTE * suma, gasto, importe, total.

MONTAÑA monte, cadena, cordillera, macizo, pico, cerro, risco, peña, promontorio, prominencia, eminencia, peñasco, estribo, sierra, hacho, serranía, loma, otero, altozano, collado, cabezo, mogote, cueto, alcor, volcán, altura, elevación, montículo, cum-

bre, divisoria, cresta, cima, estribación, ladera, falda.
Montañero alpinista, deportista, trepador, excursionista, explorador.
Montañés lugareño, rústico, nativo, natural.
Montañismo alpinismo, excursionismo, ascenso, subida, exploración.
Montañoso escarpado, abrupto, accidentado, empinado, inclinado, desigual, áspero, escabroso, infranqueable, pino, fragoso, difícil, pendiente, irregular, rocoso, serrano, salvaje, montuoso, ondulado.
Montar cabalgar, subirse, jinetear, ponerse, auparse, colocarse || acaballar, cubrir, copular, aparearse || armar, ajustar, ensamblar, acoplar, enlazar, juntar, articular, empalmar, erigir, alzar, construir, disponer, fabricar, engastar || totalizar, importar, elevarse, sumar.
Montaraz agreste, silvestre, rudo, selvático, salvaje, rural, zafio, bucólico, campestre, campesino, incivil, tosco, grosero, inculto, rústico, montés, bravío, indómito, arisco, huraño.
Monte v. montaña || soto, sotillo, carrascal, zarzal, espesura, bosque, boscosidad, fronda, floresta, fosca, enramada, calvero, lentiscal.
Montear ojear, perseguir, cazar, buscar.
Montepío cooperativa, mutualidad, entidad, asociación, agrupación, organismo.
Montera casquete, birrete, bonete, papahigo, sombrerete, prenda.
Montería caza, persecución, cinegética, cacería, venación, cetrería, volatería, batida, ojeo.
Montero cazador, ojeador, cetrero, batidor, perseguidor.
Montés v. montaraz.
Montículo altozano, elevación, eminencia, colina, otero, mogote, cerro, altura, alcor, cueto, collado, cota, loma, montón v.
Monto suma, v. monta.
Montón pila, cúmulo, rimero, raudal, hacina, porrada, parva, tonga, acumulación, columna, acervo, amontonamiento, acopio, depósito, colecta, reserva, aglomeración, acaparamiento, hacinamiento, muchedumbre, tropel, hatajo, legión, masa, tropa, caterva.
Montuosidad aspereza, escabrosidad, desigualdad, irregularidad, inclinación, pendiente.
Montuoso v. montañoso.
Montura cabalgadura, corcel, animal, cuadrúpedo, bruto, bestia, caballería, caballo, jaca, potro, yegua, penco, jamelgo, trotón, rocín, matalón, asno, mula || arreos, aperos, guarniciones, arnés, ataláje, arzón, albarda, silla, riendas, bridas || soporte, sostén, armazón, apoyo, sustentáculo, base.
Monumental grandioso, prodigioso, estatuario, extraordinario, colosal, enorme, piramidal, gigantesco, fenomenal, magnífico, majestuoso, admirable, sorprendente, ciclópeo, formidable, inmenso, ingente, titánico, monstruoso.
Monumento monolito, estela, megalito, estatua, obra pública, túmulo, panteón, obelisco, pirámide, mausoleo, dolmen, menhir, crónlech, bloque, vestigio, sepultura, tumba.
Monzón vendaval, viento periódico.
Moña borrachera, curda, pítima, tranca, embriaguez, merluza, cogorza, turca, tablón, melopea, tajada, manta || lazo, adorno, cinta.
Moño rodete, castaña, copete, rosca, penacho, bucle, onda, adorno, peinado.
Moquero pañuelo, mocador, lienzo, trapo.
Moqueta alfombra v., tela fuerte.
Moquete soplamocos, puñetazo,

puñada, golpe, tortazo, torta, mojicón, coscorrón, cachete.
MOR (POR) por amor a, a causa de.
MORA zarzamora, baya, fruto, morera, moral, arbusto.
MORABITO ermita, capilla, templete musulmán.
MORADA vivienda, residencia, domicilio, hogar, casa, habitación, mansión, finca, techo, nido, cobijo, albergue, refugio, solar.
MORADO violáceo, cárdeno, amoratado, purpúreo, azulado, renegrido.
MORADOR poblador, residente, habitante, vecino, domiciliado, inquilino, ocupante, natural, súbdito, aborigen.
MORADURA v. moretón.
MORAGA manojo, haz, atado, gavilla, brazada.
MORAL ético, espiritual, honesto, estricto, normativo, decoroso, pudoroso, decente, puro, púdico, moderado, honorable, íntegro, austero, recto, severo, serio || deontología, ética, filosofía, conciencia, albedrío, escrúpulo, delicadeza, moralidad, remordimiento, reparo, miramiento, circunspección, consideración || morera, zarzamora, mora, arbusto.
MORALEJA enseñanza, lección, máxima, consejo, parábola, aleccionamiento, caso, cita, muestra, prueba, demostración, alusión.
MORALIDAD conciencia, albedrío, ética, delicadeza, escrúpulo, circunspección, miramiento, reparo, remordimiento, consideración, integridad, honradez, lealtad, cumplimiento, virtud, bondad.
MORALISTA moralizador, ético, sermoneador, predicador, reformador, catequista, evangelizador, aleccionador, amonestador, decoroso, v. moral.
MORALIZADOR v. moralista.
MORALIZAR sermonear, predicar, reformar, evangelizar, amonestar, aleccionar, catequizar, discurrir, ejemplarizar, edificar.
MORAR residir, habitar, vivir, domiciliarse, afincarse, anidar, albergarse, refugiarse, permanecer, alojarse, establecerse, estar, hallarse, parar.
MORATORIA plazo, prórroga, espera, aplazamiento, retraso, dilación, retardo, prolongación, suspensión, tardanza, preterición, concesión, permiso.
MORBIDEZ suavidad, blandura, elasticidad, flojedad, maleabilidad, flaccidez, laxitud, delicadeza.
MÓRBIDO suave, blando, fláccido, delicado, muelle, fofo, flojo, maleable, laxo || v. morboso.
MORBILIDAD enfermedad, proporción, relación, número, estadística.
MORBO mal, enfermedad, dolencia, padecimiento, trastorno, complicación, desarreglo, desorden, arrechucho, indisposición, afección, sufrimiento, perturbación, achaque, malestar, contagio, decaimiento.
MORBOSO malsano, insano, mórbido, insalubre, nocivo, perjudicial, dañoso, pernicioso, malo, infecto, mefítico, enrarecido || enfermo, doliente, indispuesto, perturbado, decaído, complicado, trastornado, malo.
MORCILLA tripa, embutido, embuchado, morcón, salchicha, chorizo, picadillo.
MORCÓN v. morcilla || gordo, grueso, rechoncho, flojo, desaseado, sucio.
MORDACIDAD aspereza, acritud, ironía, causticidad, virulencia, reticencia, indirecta, pulla, sátira, burla, vejamen, mortificación, zaherimiento, acrimonia, acidez, malignidad, socarronería, sarcasmo, veneno.
MORDAZ irónico, agrio, ácido, áspero, virulento, cáustico, burlón, mortificador, satírico, maligno, socarrón, sarcástico, venenoso, acerado, criticón, incisivo, punzante, picante, acre.
MORDAZA venda, trapo, bozal, correa || herramienta, sujetador, cepo.

MORDEDOR roedor, arisco, salvaje, indomable || satírico, murmurador, mordaz, venenoso.

MORDEDURA mordisco, bocado, tarascada, dentellada, herida, señal, raedura, picotazo, daño, lesión.

MORDER dentellear, masticar, mordisquear, roer, raer, herir, señalar, dañar, lesionar, picar, atenazar, apresar, tarascar, lacerar, desgarrar, arrancar, corroer, ratonar, triturar, carcomer, desgastar.

MORDICANTE v. mordaz.

MORDICAR picar, punzar, satirizar, criticar, ironizar, corroer.

MORDIDA v. mordedura.

MORDIDO dentelleado, masticado, mordisqueado, roído, raído, v. morder.

MORDIENTE cáustico, ácido, fijador, substancia, penetrante || causticidad, v. mordacidad.

MORDISCAR v. mordisquear.

MORDISCO v. mordedura.

MORDISQUEAR dentellear, roer, lacerar, corroer, ratonar, carcomer, desgastar, v. morder.

MORENA murena, pez marino, fisóstomo, murénido, anguila || pedregal, roquedal, montón de piedras.

MORENO atezado, tostado, quemado, cetrino, cobrizo, bronceado, endrino, azabachado, oliváceo, terroso, obscuro, aceitunado, fuliginoso, pardo || negro, mulato.

MORERA moral, mora, zarzamora, arbusto, árbol.

MORERÍA aljama, barrio, *ghetto*, distrito musulmán.

MORETÓN moradura, equimosis, cardenal, magulladura, roncha, contusión, señal, golpe, mancha, verdugón.

MORFINA alcaloide, anestésico, soporífero, narcótico, sedante, analgésico, calmante.

MORFINÓMANO vicioso, drogadicto, adicto, drogado, depravado, degenerado.

MORFOLOGÍA forma, constitución, hechura, figura, conformación, formato, tamaño, configuración.

MORGANÁTICO casamiento, matrimonio desigual.

MORGUE * depósito de cadáveres; sala de autopsias.

MORIBUNDO expirante, agónico, agonizante, doliente, semidifunto, desahuciado, incurable, mortecino, enfermo, gravísimo, acabado.

MORIGERACIÓN sobriedad, templanza, mesura, circunspección, moderación, comedimiento, parquedad, cautela, miramiento, reserva, juicio, prudencia, frugalidad, abstinencia, continencia, ayuno.

MORIGERADO mesurado, sobrio, templado, circunspecto, cauto, parco, comedido, moderado, continente, abstinente, frugal, prudente, juicioso, reservado.

MORIGERARSE moderarse, templarse, contenerse, comedirse, mesurarse, abstenerse, frenarse.

MORIR expirar, fenecer, perecer, fallecer, finar, extinguirse, acabar, agonizar, matarse, espichar, irse, quedarse, palmar, sucumbir, diñarla, boquear, penar, entregar el alma, dejar de existir, perder la vida || cesar, terminar, concluir, acabar, extinguirse || MORIRSE perecerse, pirrarse, desvivirse, anhelar, ansiar, codiciar.

MORISCO moruno, v. moro.

MORISMA morería, multitud, horda de moros.

MORISQUETA engaño, burla, desprecio, treta, añagaza, ardid || gesto, mueca, mohín.

MORLACO v. toro.

MORO mahometano, muslime, musulmán, islamita, ismaelita, maronita, agareno, morisco, moruno, mauritano, rifeño, berberisco, beréber, mogrebí, marroquí.

MORÓN v. montículo.

MORONDANGA fárrago, revoltillo, mezcla, inutilidad, hatajo, trivialidad, tontería.

MORONDO mondo, pelado, mondado, liso, libre.

MOROSIDAD dilación, tardanza, le-

mora, retraso, detención, paréntesis, alto, prórroga, aplazamiento, lentitud, remisión, premiosidad, espera, detención, retardo, moratoria, atraso.

Moroso lento, premioso, remiso, retrasado, atrasado, maula, informal, deudor.

Morrada torta, tortazo, soplamocos, bofetada, guantada ‖ testarazo, cabezazo, coscorrón, golpe, choque, topetazo, molondrón.

Morral bolsa, talego, macuto, zurrón, saco, escarcela, barjuleta.

Morralla gentuza, chusma, vulgo, masa, plebe, muchedumbre, tropel, horda, patulea, turba, populacho, cáfila, manada, caterva, pueblo, legión, turbamulta, gentío ‖ fárrago, montón, trivialidad, desperdicios, desechos, inutilidad, baratijas, chatarra.

Morrillo nuca, testuz, cogote, pescuezo, cuello.

Morriña * melancolía, tristeza, nostalgia, añoranza, falta, recuerdo, evocación, pena, tristeza, aislamiento.

Morrión casco, yelmo, bacinete, almete, casquete, capacete, celada, borgoñota ‖ chacó, gorro, chascás, sombrero.

Morro hocico, boca, jeta, labios, belfos, cara ‖ monte, peñasco, roca, altura, elevación, promontorio, pico, cerro, risco, peña, hacho, collado, sierra, altura, montículo, cumbre, cresta.

Morrocotudo pistonudo, pasmoso, fenomenal, colosal, prodigioso, sorprendente, descomunal.

Morrón pimiento, hortaliza, verdura.

Morrongo micifuz, minino, gato, micho, mizo.

Morrudo bocón, bocudo, morrazos, hocicudo, jetudo, bezudo, abultado, protuberante.

Morsa mamífero marino, pinnípedo, foca.

Mortadela salchichón, embutido, embuchado, longaniza.

Mortaja sudario, lienzo, sábana, hábito, vestidura.

Mortal hombre, humano, ser, terrenal, terreno, mundanal, mundano, persona, individuo, ente, sujeto ‖ mortífero, peligroso, letal, deletéreo, nefasto, funesto, aniquilador, exterminador, irreparable, nocivo, insalubre, tóxico ‖ perecedero, efímero, frágil, transitorio, corto, fugaz, breve, precario, momentáneo, temporal, limitado.

Mortalidad mortandad, defunciones, muertes, fallecimientos, estadística, proporción ‖ aniquilación, exterminio, destrucción, matanza, carnicería, eliminación, escabechina, acabamiento, fin, degollina.

Mortandad v. mortalidad

Mortecino tenue, apagado, débil, agonizante, vacilante, debilitado, decaído, amortiguado, moribundo, expirante, agónico.

Morterada molturación, molienda, trituración, machacamiento, majamiento.

Mortero almirez, conacho, molcajete, machacador, molino, triturador ‖ bombarda, cañón, obús, pieza artillera ‖ argamasa, mezcla, hormigón, cemento, betón, amasijo, casquijo, cascajo.

Mortífero letal, mortal, fatal, deletéreo, nefasto, funesto, peligroso, destructor, aniquilador, exterminador, tóxico, venenoso, nocivo, insalubre, contaminado.

Mortificación privación, penitencia, ayuno, castigo, disciplina, laceración, maceración, aflicción, agonía, humillación, pesadumbre, desazón, tormento.

Mortificado atormentado, castigado, humillado, ofendido, afligido, privado, lacerado, apesadumbrado, resentido, escamado, irritado, disgustado ‖ azotado, castigado, flagelado, disciplinante, penitente.

Mortificador v. mortificante.

Mortificante atormentador, ofensivo, humillante, irritante, aflictivo, degradante, deshonroso, mortificador, ultrajante, vejatorio, agraviante, injurioso.

Mortificar afligir, irritar, humillar, ofender, atormentar, ultrajar, deshonrar, degradar, injuriar, jorobar, jeringar, apesadumbrar, desazonar, molestar, disciplinar, vejar, molestar, fastidiar.

Mortuorio fúnebre, funerario, necrológico, luctuoso, tétrico, lúgubre, triste, sombrío.

Morucho torillo, novillo, becerro, vaquilla, eral.

Morueco musmón, marón, carnero macho, carnero padre.

Moruno v. moro.

Mosaico baldosín, azulejo, mayólica, baldosa, cerámica, teja, ladrillo, alicatado.

Mosca moscón, insecto, moscardón v., tsetsé, díptero, bicho || perilla, barba, barbilla, pelillos || dinero, cuartos, numerario, moneda, perras.

Moscardón moscón, moscarda, rezno, estro, moscarrón, tsetsé, insecto, díptero, bicho, abejón, avispón.

Moscatel uva, agracejo, vid, viña || fastidioso, cargante, molesto, pesado, inoportuno.

Moscón v. moscardón.

Mosconear molestar, jeringar, importunar, porfiar, insistir, girar, rodear, dar vueltas.

Mosqueado escamado, resentido, ofendido, suspicaz, receloso, escarmentado.

Mosquearse escamarse, molestarse, ofenderse, resentirse, sospechar, recelar, disgustarse, irritarse.

Mosqueo resentimiento, suspicacia, disgusto, irritación, recelo, sospecha, ofensa, molestia.

Mosquete arcabuz, espingarda, carabina, rifle, fusil, escopeta, mosquetón, arma de fuego.

Mosquetón v. mosquete || anilla, argolla, cierre, aro.

Mosquitero mosquero, gasa, colgadura, velo.

Mosquito cínife, insecto, violero, cénzalo, díptero.

Mostacilla abalorio, cuentecilla, bolita, munición, esferilla.

Mostacho bigote, bozo, pelo, cerda, cepillo, perilla, mosca, guía.

Mostaza jenabe, condimento, salsa, adobo, picante, especia.

Mostela fajo, gavilla, haz, manojo, brazada.

Mosto zumo, jugo, extracto, néctar, concentrado, caldo de uva.

Mostrable presentable, estético, ostensible, agradable.

Mostrado enseñado, expuesto, v. mostrar.

Mostrador mesa, banco, tablero, repisa, soporte, sostén, ménsula, velador, mesilla, bufete, tabla.

Mostrar enseñar, exponer, exhibir, presentar, manifestar, sacar, exhumar, asomar, poner, desenvolver, desempaquetar, descubrir, publicar, extender, desplegar, producir, abrir, ostentar, revelar, destapar, extraer, evidenciar, lucir || señalar, indicar, advertir, guiar, orientar, aconsejar, encaminar, explicar, aclarar, sugerir, apuntar, marcar, determinar, subrayar.

Mostrenco mesteño, independiente, aislado, solo, solitario, salvaje, errabundo || ignorante, inculto, tosco, torpe || gordo, pesado, corpulento.

Mota partícula, nudillo, granillo, pella, pelusa, migaja, pulgarada, lunar, insignificancia, pizca, pinta v., chispa, pellizco, hilacha, grano.

Mote apodo, alias, sobrenombre, nombre, seudónimo, remoquete || sentencia, proverbio, máxima, adagio, frase, dicho, refrán.

Motear salpicar, tiznar, manchar, vetear, abigarrar, jaspear, pintar.

Motejador criticón, reparón, cotilla, chismoso, crítico, censor, enjuiciador.

Motejar criticar, censurar, calificar, enjuiciar, reparar, reprochar, satirizar, reprobar, acusar, desaprobar, tildar, tachar.

Motel * parador, hostería, albergue de carretera, para automovilistas.

Motete cantata, cántico, composición musical || sobrenombre, v. mote.

Motilar pelar, rapar, esquilar, cortar el pelo.

Motilón rapado, pelón, pelado, esquilado.

Motín sublevación, rebelión, insurrección, levantamiento, sedición, insubordinación, alzamiento, asonada, cuartelada, revuelta, tumulto, alcaldada, revolución, alboroto, algarada, disturbio, pronunciamiento, movimiento, conspiración, desorden.

Motivación v. motivo.

Motivar originar, causar, hacer, acarrear, promover, suscitar, influir, determinar, crear, engendrar, ocasionar, producir || explicar, razonar.

Motivo causa, razón, fundamento, origen, influencia, determinación, causalidad, base, génesis, móvil, germen, fuente, impulso, apoyo, cimiento, pretexto, fondo, antecedente, precedente, raíz, principio, doctrina, elemento, inspiración || asunto, tema, materia, cuestión, argumento, razón, esquema, trama.

Motocicleta moto, ciclomotor, bicicleta, automóvil, vehículo.

Motociclista motorista, conductor.

Motón garrucha, polea, cuadernal, roldana, aparejo, trocla, vigota.

Motonave navío, nave, buque, embarcación, v. barco.

Motor mecanismo, aparato, máquina, maquinaria, dispositivo, ingenio, artilugio, artefacto || motriz, impulsor, propulsor, impelente, cinético.

Motora v. gasolinera.

Motorismo motociclismo, deporte, manejo, conducción.

Motorista motociclista, conductor, deportista, corredor.

Motorizado mecanizado, automatizado, v. motorizar.

Motorizar mecanizar, automatizar, desarrollar, transformar, aplicar, proveer, dotar de motor.

Motriz motor, impulsor, propulsor, impelente, cinético.

Motu proprio voluntariamente, libremente, espontáneamente, de buen grado || bula, cédula, decreto espontáneo.

Movedizo movible, portátil, móvil || inquieto, intranquilo, impaciente, inestable, excitado, bullicioso, travieso, revuelto, revoltoso, turbulento || variable, voluble, versátil, inconstante, tornadizo, inestable.

Mover desplazar, cambiar, correr, deslizar, descentrar, trasladar, desalojar, quitar, apartar, arrinconar, relegar, empujar, echar, impulsar || menear, bullir, sacudir, agitar, accionar, manejar, impulsar, revolver, hurgar, ondular, vibrar, temblar, oscilar, balancear, blandir, empuñar, zarandear, convulsionar, estremecer || Moverse caminar, andar, pasar, marchar, desplazarse, activar, apresurarse, trabajar, bullir, afanarse, acelerar.

Movible v. movedizo.

Movido borroso, confuso, corrido, velado, nebuloso, desdibujado, desplazado, v. mover.

Móvil v. movedizo || causa, razón, fundamento, origen, motivo, génesis, impulso, inspiración, principio, raíz, precedente, antecedente, pretexto, germen, fuente, base.

Movilidad v. movimiento.

Movilización reclutamiento, reunión, congregación, llamada, levantamiento, militarización, orden.

Movilizar reclutar, llamar, ordenar, congregar, reunir, levantar, militarizar, activar, mover, armar || v. mover.

Movimiento celeridad, velocidad, desplazamiento, apresuramiento, actividad, impulso, meneo, aceleración, adelanto, atraso, marcha, maniobra, evolución, ejercicio, circulación, traslación, tracción, acción, oscilación, vibración, ondulación, temblor, sacudida, convulsión, compás, ritmo, agitación, inestabilidad, cambio, prontitud, conmoción, variación || revolución, levantamiento, pronunciamiento, algarada, motín v.

MOZA muchacha, zagala, chica, criada, doncella, camarera, sirvienta, asistenta, fámula, servidora, doméstica, maritornes.

MOZALBETE v. mozo.

MOZALLÓN mozancón, grandullón, alto, grande, fornido, gigantesco, chicarrón, crecido, v. mozo.

MOZANCÓN v. mozallón.

MOZO joven, muchacho, chico, mozalbete, mozuelo, chiquillo, zagal, doncel, efebo, mancebo, adolescente, paje, imberbe, pubescente, pollo || soltero, célibe, libre, suelto, núbil, casto, puro || gañán, costalero, cargador, estibador, ganapán, esportillero, peón.

MU mugido, bramido, ululato, berrido.

MUARÉ tela, paño, tejido, seda, algodón, lana, moaré.

MUCETA esclavina, chal, cuello, manteleta, vuelta, embozo, capa corta.

MUCILAGINOSO viscoso, gomoso, pastoso, pringoso, gelatinoso, pegajoso, adherente, glutinoso, aglutinante, resbaladizo.

MUCÍLAGO gelatina, goma, pasta, emulsión, masa, viscosidad, solución, disolución.

MUCOSA membrana, tegumento, túnica, tela, telilla, epitelio, película, cutícula, revestimiento.

MUCOSIDAD flema, moco, secreción, moquillo, humor, gargajo, escupitajo, moqueo, vela.

MUCOSO pegajoso, adherente, pastoso, gomoso, pringoso, resbaladizo, secretorio, mucilaginoso, viscoso.

MUCHACHA chica, moza, zagala, adolescente, doncella, virgen, criada, camarera, doméstica, maritornes, servidora, fámula, asistenta, sirvienta.

MUCHACHADA chiquillada, niñería, travesura, necedad, trivialidad, puerilidad.

MUCHACHO niño, chico, pequeño, mozo, mozalbete, mozuelo, joven, chiquillo, zagal, doncel, efebo, adolescente, paje, imberbe, galopín, gurrumino, pollo, mancebo, rapaz, arrapiezo.

MUCHEDUMBRE gentío, gente, multitud, tropel, bandada, horda, turba, cáfila, cuadrilla, pandilla, enjambre, patulea, chusma, concurrencia, aglomeración, masa, público, afluencia, auditorio, hervidero, conjunto, presentes, asistentes, asistencia, manada, caravana, hormiguero, plebe, legión, oleada, tumulto, romería.

MUCHO bastante, abundante, extremado, exagerado, excesivo, demasiado || profusión, cantidad, exuberancia, abundancia, riqueza, fertilidad, demasía, raudal, afluencia, exceso, saciedad, plétora, montón, cúmulo.

MUDA mudanza, cambio, transformación, trueque, permuta, variación, vaivén, metamorfosis, evolución, renovación, crisis, salto, paso, tránsito || ropa, prendas, trapos, ajuar.

MUDABLE voluble, versátil, tornadizo, inconstante, inconsecuente, informal, veleidoso, indeciso, frívolo, ligero, inestable, caprichoso || alterable, modificable, transformable, desarmable, convertible, transportable.

MUDADIZO v. mudable.

MUDANZA traslado, cambio, marcha, salida, muda, transporte, traspaso, trasiego, tránsito, ida, partida, viaje, llegada, instalación, asentimiento || reforma, vaivén, enmienda, corrección, innovación, alteración, variación, transposición, inversión, modificación, transformación, evolución, trastrueque.

MUDAR alterar, cambiar, reformar, enmendar, corregir, innovar, invertir, trasponer, variar, trastrocar, desfigurar, evolucionar, transformarse, modificar, transportar, traspasar, trasegar || MUDARSE trasladarse, cambiarse, marcharse, salir, transitar, irse, partir, viajar, llegar, instalarse, asentarse.

MUDEZ silencio, reserva, sigilo, insonoridad, taciturnidad, hosquedad, afonía, ronquera, afasia.

MUDO silencioso, afónico, ronco, afásico, sordomudo, callado, reservado, sigiloso, taciturno, hosco, obstinado.

MUEBLE enser, efecto, mobiliario, instrumento, utensilio, bártulo, útil, trebejo, artefacto, cacharro, cachivache, chirimbolo, chisme, prenda.

MUECA gesto, contorsión, visaje, mímica, aspaviento, coquito, esguince, guiño, guiñada, mohín, tic, momo, arrumaco, ademán, seña, movimiento, dengue, monería.

MUECÍN almuédano, almuecín, invocador, salmodiante moro.

MUELA molar, diente, premolar || disco, piedra, rueda, pieza trituradora.

MUELLE resorte, ballesta, pieza elástica, fleje, espiral, suspensión, alambre || escollera, desembarcadero, malecón, rompeolas, atracadero, dique, andén, espigón, tajamar, muralla, muro || delicado, suave, blando, fino, voluptuoso, mórbido, fláccido, fofo, flojo, maleable, laxo, cómodo, refinado, regalado.

MUELLEMENTE cómodamente, regaladamente, refinadamente, v. muelle.

MUERTE defunción, fin, fallecimiento, extinción, expiración, perecimiento, fenecimiento, agonía, finamiento, acabamiento, tránsito, óbito, partida, trance, estertor, desenlace, postrimería, hora suprema || destrucción, ruina, aniquilamiento, estrago, asolamiento || asesinato, homicidio, crimen, exterminio, matanza, liquidación, atentado, violencia, delito, degollina, escabechina || parca, destino, hado, sino || baja, víctima, accidentado, caído.

MUERTO cadáver, difunto, fallecido, finado, fiambre, interfecto, víctima, occiso, extinto, restos, despojos, momia, exánime, exangüe, inanimado, ajusticiado, acabado. || desolado, deshabitado, marchito, apagado.

MUESCA corte, escotadura, mella, hendedura, incisión, rotura, cortadura, rebajo, entalladura, tajo, cisura, fisura, uña, grieta, abertura, raja, rendija, resquicio, surco, ranura, quiebra.

MUESTRA ejemplar, modelo, prototipo, pauta, ejemplo, tipo, original, patrón, espécimen, molde, horma, módulo, muestrario v., ideal, representación || rótulo, cartel, signo, letrero, anuncio, aviso, inscripción, marbete || prueba, señal, demostración, indicio, evidencia, testimonio, comprobación, justificación, señal ||

MUESTRA * exposición, feria, exhibición.

MUESTRARIO colección, repertorio, conjunto, surtido, serie, grupo, variedad, selección, v. muestra.

MUGA límite, mojón, hito, término, linde, poste || desove, fecundación.

MUGIDO bramido, rugido, aullido, berrido, gamitido, bufido, gruñido, ululato, grito, llamada.

MUGIDOR bramador, gruñidor, aullador, rugidor, mugiente.

MUGIENTE v. mugidor.

MUGIR bramar, rugir, gruñir, aullar, bufar, berrear, ulular, gritar, tronar, llamar.

MUGRE porquería, suciedad, grasa, pringue, inmundicia, guarrería, mancha, roña, cochambre, churre, basura.

MUGRIENTO sucio, roñoso, puerco, inmundo, pringoso, guarro, manchado, cochambroso, desastrado, cerdo, cochino, repugnante, nauseabundo.

MUGRÓN sarmiento, vástago, rastro, acodo, codal, greña, pámpano.

MUJER hembra, señora, dama, dueña, matrona, ama, señorita, doncella, venus, eva, niña, joven, chica, muchacha, moza, zagala, adulta, anciana || criada, sirvienta, servidora, asistenta, camarera, fámula, doméstica, maritornes || esposa, compañera, cónyuge, pareja, costilla, consorte, contrayente, desposada, casada, novia, media naranja, cara mitad.

Mujeriego faldero, mocero, tenorio, Don Juan, conquistador, sensual, concupiscente, libertino, vicioso, perdido, disipado, liviano, desenfrenado, calavera.

Mujeril femenino, femenil, sutil, grácil, amujerado, delicado, gracioso, afeminado, adamado, afectado, amaricado.

Mujerío conjunto, grupo, tropel, reunión de mujeres.

Mujerona matrona, virago, marimacho, maritornes, sargentona, amazona.

Mujerzuela mujeruca, mujercilla, mujercita || ramera, fulana, hetera, v. prostituta.

Mújol múgil, lisa, pez.

Mula acémila, caballería, montura, animal de carga, hembra del mulo.

Muladar estercolero, basurero, albañal, vertedero, sumidero, corral, pocilga, zahurda, chiquero.

Mulato mestizo, híbrido, cruzado, mezclado, bastardo, negro, moreno, obscuro.

Mulero arriero, yegüero, acemilero, trajinero, chalán, mozo de mulas.

Muleta sostén, apoyo, palo, soporte, sustentáculo, puntal, ayuda.

Muletilla repetición, estribillo, tranquillo, bordón, insistencia, matraca, reiteración, cantinela.

Mulo burdégano, cuadrúpedo, caballería, muleto, montura, bestia de carga, animal de tiro.

Multa sanción, pena, castigo, punición, recargo, gravamen, correctivo, confiscación, comiso, indemnización, imposición.

Multar castigar, sancionar, gravar, recargar, penar, imponer, indemnizar, decomisar, confiscar, corregir, escarmentar.

Multi- numeroso, mucho, abundante, excesivo, múltiple, plural, pluri.

Multicolor polícromo, policromo, coloreado, cromático, vario, pintado, matizado, pigmentado, variado, colorido, vivaz, animado, abigarrado.

Multicopista autocopista, copiadora.

Multiforme variado, polimorfo, diverso, heterogéneo, desparejo, desigual, disímil, híbrido.

Multimillonario potentado, acaudalado, millonario, opulento, riquísimo, pudiente, poderoso, creso, magnate.

Múltiple diverso, vario, variado, numeroso, complejo, diferente, nuevo, misceláneo, heterogéneo, mixto, compuesto, combinado, mezclado, agregado, surtido, conjuntado.

Multiplicación operación, producto, duplicación, reproducción, repetición, difusión, propagación, proliferación, división, crecimiento, aumento.

Multiplicar operar, contar, duplicar, reproducir, dividir, proliferar, propagar, difundir, repetir, engendrar, retoñar, pulular.

Multiplicidad diversidad, variedad, complejidad, composición, heterogeneidad, combinación, mezcla, surtido, conjunto, pluralidad, abundancia, muchedumbre, exceso.

Multitud gentío, muchedumbre, turba, horda, bandada, tropel, gente, chusma, patulea, enjambre, corrillo, pandilla, cáfila, manifestación, reunión, demostración, concurrencia, aglomeración, masa, auditorio, presentes, asistentes, asistencia, espectadores, público, plebe, legión, oleada, tumulto, pueblo, romería || abundancia, exceso, profusión, cantidad, exuberancia, pletora, raudal.

Multitudinario público, general, popular, tumultuario, profuso.

Mullido blando, cómodo, esponjoso, ahuecado, elástico, mórbido, muelle, suave, laxo, deformable, holgado, descansado.

Mundanal terrenal, terreno, humano, perecedero, mortal, efímero, v. mundano.

Mundanalidad frivolidad, mundanidad, vanidad, futilidad, cosmopolitismo.

Mundano frívolo, fútil, vano, elegante, cosmopolita, profano, conocedor, experimentado, vividor.

Mundial general, universal, planetario, internacional, interestatal, cosmopolita, común, ecuménico.

Mundicia limpieza, higiene, aseo, pulcritud, nitidez, lavado, cuidado.

Mundificar limpiar, lavar, asear, cuidar.

Mundillo ambiente, medio, círculo, sector, ámbito, camarilla, grupo.

Mundo orbe, tierra, planeta, globo, astro, universo, cosmos, creación, naturaleza, elementos || humanidad, raza, género humano, sociedad.

Mundología conocimiento del mundo, experiencia, veteranía, educación, trato.

Munición provisión, pertrecho, vituallas, bastimentos, equipo, armamento, víveres, forraje, abastos || balas, carga, perdigones, proyectiles, granadas, metralla.

Municionar suministrar, proveer, abastecer, aprovisionar, pertrechar, enviar.

Municiones v. munición.

Municipal edilicio, consistorial, corporativo, concejil, administrativo, local, comunitario, capitular, urbano, metropolitano, comunal.

Municipalidad ayuntamiento, municipio, concejo, cabildo, mancomunidad, consistorio, asamblea, merindad, junta, alcaldía, intendencia, corporación, vecindad.

Munícipe vecino, habitante || **Munícipe** * concejal, funcionario.

Municipio v. municipalidad || jurisdicción, término, distrito, concejo, circunscripción, división.

Munido * provisto, dotado.

Munificencia generosidad, esplendidez, magnificencia, largueza, desprendimiento, rumbo, liberalidad, desinterés, altruismo, filantropía.

Munificente * v. munífico.

Munífico desprendido, espléndido, generoso, altruista, desinteresado, liberal, rumboso, dadivoso, filántropo, caritativo.

Muñeca articulación, juego || pepona, v. muñeco.

Muñeco figurilla, monigote, juguete, títere, fantoche, polichinela, pelele, dominguillo, maniquí || mozuelo, pollo, frívolo, insubstancial.

Muñidor intermediario, tercero, entremetido, gestor.

Muñir concertar, disponer, manejar, convocar, reunir.

Muñón tocón, amputación, bulto, protuberancia, parte, sección.

Muralla murallón, muro, pared, paredón, defensa, lienzo, paramento, barbacana, baluarte, barrera, tapia, tabique, cerca, fortificación.

Murciélago quiróptero, mamífero nocturno, vampiro.

Murena v. morena, pez.

Murga banda, comparsa, orquestina, charanga, conjunto, grupo musical || lata, tabarra, molestia, fastidio.

Muriático clorhídrico, ácido.

Murmullo susurro, bisbiseo, balbuceo, rumor, cuchicheo, siseo, rezongo, zumbido, runrún, ruido.

Murmuración chisme, maledicencia, cotilleo, comidilla, habladuría, infundio, calumnia, descrédito, habladilla, cuento, comadreo, intriga, patraña, parlería, insidia.

Murmurador chismoso, cotilla, hablador, maldiciente, calumniador, malsín, murmurador, intrigante, insidioso, enredador, lioso, cuentero, comadre.

Murmurar susurrar, bisbisear, rumorear, balbucear, cuchichear, sisear, rezongar, farfullar, zumbar, runrunear || calumniar, desacreditar, chismorrear, cotillear, comadrear, intrigar, comentar, censurar, criticar, despellejar.

Muro tapia, pared, tabique, medianera, lienzo, paredón, panel, contrafuerte, parapeto, murallón, cerca, valla, mamparo, cortafuego, antepecho.
Murria melancolía, tristeza, nostalgia, postración, languidez, decaimiento, hipocondría.
Musa deidad, diosa, v. musas || inspiración, numen, poesía, ingenio, soplo, estímulo, intuición, sugestión, arrebato.
Musaraña musgaño, sabandija, bicho, animalillo.
Musas deidades, diosas, Calíope, Clío, Euterpe, Melpómene, Talía, Urania, Erato, Terpsícore, Polimnia.
Musculado * v. musculoso.
Muscular nervudo, tendinoso, carnoso, musculoso v.
Musculatura carnes, carnosidad, carnadura, músculos, encarnadura, tejido carnoso.
Músculo v. musculatura.
Musculoso membrudo, fornido, robusto, *musculado*, vigoroso, corpulento, forzudo, fuerte, atlético, poderoso, pujante, recio, muscular v.
Muselina tela, tejido fino.
Museo exposición, colección, galería, armería, pinacoteca, salón, muestra, exhibición, sala, edificio.
Musgaño v. musaraña.
Musgo muscínea, capa vegetal.
Música armonía, melodía, sinfonía, concierto, canción, canto, cántico, cantar, ritmo, modulación, vocalización, consonancia, polifonía, cromatismo, filarmonía, composición, cadencia, acorde, eufonía, afinación, arte, combinación, sonido, son, tema, motivo, frase, melopea, sonoridad, solfeo, melomanía.
Musical melodioso, armonioso, rítmico, consonante, polifónico, filarmónico, sonoro, artístico, estético, afinado, eufónico, cadencioso, cromático, modulado.
Musicalidad eufonía, armonía, melodía, dulzura, suavidad, cadencia, sonoridad, ritmo, acorde, afi-

nación, arte, combinación, v. música.
Music-hall * sala de fiestas, teatro alegre, sala de conciertos.
Músico compositor, musicólogo, autor, maestro, ejecutante, artista, intérprete, solista, concertista, acompañante, profesor, director, melómano, filarmónico, sinfónico, v. musical.
Musicólogo compositor, musicógrafo, autor, maestro, melómano, v. músico.
Musicómano v. melómano.
Musitar murmurar, susurrar, cuchichear, balbucear, bisbisear, mascullar, farfullar, sisear, balbucir.
Muslime v. musulmán.
Muslo pernil, anca, pata, jamón, pierna, pospierna, zanca, extremidad, remo.
Mustiarse v. marchitarse.
Mustio ajado, marchito, seco, macilento, deslucido, agostado, apergaminado, amojamado, debilitado, consumido, decolorado, amarillento, pálido, envejecido, viejo, lacio, lánguido, triste, mohíno, melancólico.
Musulmán muslime, mahometano, moro, sarraceno, islamita, islámico, agareno, ismaelita, maronita, morisco, mozárabe, mudéjar, moruno, mauritano, rifeño, marroquí, beréber, mogrebí, berberisco.
Mutación transformación, cambio, muda, mudanza, vicisitud, vaivén, variación, perturbación, novedad, salto, inversión, crisis, metamorfosis, evolución, alteración.
Mutatis mutandi cambiando lo que hay que cambiar.
Mutilación cercenamiento, amputación, corte, ablación, truncamiento, muñón, incapacidad, invalidez, resección, disminución.
Mutilado lisiado, tullido, inválido, incapacitado, disminuido, imposibilitado, impedido, cojo, manco, trunco, cortado, amputado.
Mutilar cercenar, amputar, cortar, truncar, resecar, dañar, he-

rir, desgraciar, incapacitar, disminuir, quitar, romper, deteriorar, estropear.

Mutis retirada, salida, desaparición, marcha, escape || silencio, pausa, mutismo v.

Mutismo silencio, reserva, pausa, mutis, secreto, mudez, discreción, sigilo.

Mutual v. mutuo, v. mutualidad.

Mutualidad cooperativa, mutual, montepío, entidad, asociación, organismo, agrupación.

Mutualista miembro, socio, asociado.

Mutuamente recíprocamente, correlativamente, solidariamente, v. mutuo.

Mutuo recíproco, correlativo, solidario, correspondiente, alterno, mutual, cambiado, bilateral, equitativo.

Muy bastante, demasiado, mucho, excesivo, sobrado, asaz, abundante.

N

Nabab creso, multimillonario, potentado, acaudalado, opulento, poderoso, magnate, pudiente, ricachón, príncipe, gobernador.

Nabo crucífera, raíz, hortaliza, planta.

Nácar capa irisada, concha.

Nacarado irisado, iridiscente, nacarino, tornasolado, refulgente, matizado, brillante, liso, pulido.

Nacencia bulto, excrecencia, tumor, carnosidad, verruga, lobanillo || v. nacimiento.

Nacer salir, empezar, originarse, vivir, surgir, brotar, germinar, despuntar, llegar, iniciarse, emanar, derivarse, aparecer, sobrevenir, crearse, mostrarse, venir al mundo.

Nacido nativo, natural, nato, originario, oriundo, autóctono, aborigen, indígena || connatural, intrínseco, propio, original, personal.

Naciente nuevo, original, reciente, flamante, incipiente, principiante, moderno, fresco, actual, inédito, desconocido || este, levante, oriente, orto, punto cardinal.

Nacimiento origen, comienzo, salida, brote, germinación, llegada, aparición, derivación, creación, venida, inicio, natalidad, vida, principio || linaje v. || belén, portal, representación.

Nación país, pueblo, tierra, patria, territorio, estado, reino, sitio, lugar, región, comarca || pueblo, gente, raza, casta, linaje, familia, ralea, clan, tribu, habitantes, pobladores, súbditos, aborígenes, nativos, moradores, ciudadanos, naturales.

Nacional patrio, regional, territorial || estatal, oficial, gubernativo, gubernamental, administrativo, público || oriundo, originario, natural, nativo, habitante, hijo, compatriota, súbdito.

Nacionalidad ciudadanía, origen, procedencia, nacionalización, naturalización, raza, país, patria, raíz, estirpe, cuna, naturaleza, pabellón.

Nacionalismo patriotismo, tradicionalismo, amor, fervor, respeto a la patria || patriotería, fanatismo, *chauvinismo*, xenofobia, localismo, provincialismo, regionalismo.

Nacionalista patriota, tradicionalista || patriotero, fanático, xenófobo, *chauvinista*, regionalista.

Nacionalización incautación, confiscación, apropiación || v. naturalización.

Nacionalizar naturalizar, incautarse, confiscar, apropiarse ||
Nacionalizarse v. naturalizarse.

Nada ausencia, carencia, cero, falta, nulo, nulidad, poco, poquísimo, ninguna cosa, nadie.

Nadador bañista, deportista, competidor, buceador.

Nadar bañarse, bucear, bracear, zambullirse, chapuzarse, flotar, avanzar, deslizarse.

Nadería fruslería, menudencia, pequeñez, bagatela, insubstancia-

NADIE

lidad, insignificancia, minucia, miseria, futilidad, chuchería, baratija, bicoca, nonada.

Nadie ninguno, ninguna persona, nada v.

Nado (A) nadando, flotando, buceando, bañándose, braceando, avanzando, zambulléndose, por el agua.

Nafta combustible, petróleo, gasolina.

Naipes cartas, barajas, juego.

Naja víbora, cobra, áspid, ofidio, serpiente, reptil.

Nalga v. nalgas.

Nalgada golpe, azote, azotaina, vapuleo, soba, somanta, azotazo.

Nalgas posaderas, trasero, asentaderas, culo, posterior, ancas, cachas, tafanario, pompis, antifonario, nalgatorio, asiento, traspuntín.

Nalgudo culón, rollizo, gordo.

Nana arrullo, canto, cántico, acunamiento, canturreo, tarareo, tonadilla, canción de cuna || abuela, yaya, nodriza.

Nao nave, navío, barco, embarcación v., bajel, carabela, galeón, galera, carraca, velero.

Napias narices, v. nariz.

Naranja cítrico, agrio, fruto, mandarina, tangerina, bergamota, lima, toronja.

Naranjada refresco, limonada, gaseosa, bebida sin alcohol.

Narcisismo presunción, vanidad, egolatría, afeminamiento, afectación.

Narciso vanidoso, presumido,ególatra, ninfo, afeminado.

Narcosis sopor, modorra, anestesia, embotamiento, sueño, hipnosis, inconsciencia, adormecimiento.

Narcótico estupefaciente, soporífero, hipnótico, dormitivo, droga, alcaloide, somnífero, barbitúrico, aletargante, tranquilizante, sedante, calmante.

Narcotizar anestesiar, embotar, amodorrar, cloroformar, hipnotizar, dormir, aletargar, tranquilizar, sedar, calmar, adormecer.

Nardo liliácea, espinacardo, tuberosa, narciso, planta.

Narigón narigudo, narizotas, aguileño, narizón.

Narigudo v. narigón.

Nariz naso, narices, napias, apéndice, protuberancia, trompa, hocico, morro.

Narizón v. narigón.

Narración cuento, descripción, relato, historia, relación, reseña, pormenor, memorias, detalle, crónica, referencia, exposición, explicación, informe, apólogo, chisme, chascarrillo, chiste, conseja, fábula, anécdota, novela, leyenda, tradición, versión, epopeya, aventura, gesta, saga, odisea, exposición.

Narrador cronista, novelista, escritor, autor, fabulista, cuentista, recitador, relator, anecdótico, informador, historiador.

Narrar relatar, describir, reseñar, contar, exponer, referir, detallar, rememorar, pormenorizar, informar, novelar, explicar, verter, escribir, recitar, extenderse, puntualizar, historiar, expresar, mencionar, representar, transmitir.

Narrativa v. narración.

Narrativo explicativo, descriptivo, informativo, expresivo, representativo, expositivo, legendario, tradicional, fabuloso, novelístico.

Nasa arte de pesca, cesto, cesta, red, garlito, trampa, jaula, encañizada, buitrón.

Nasal gangoso, ininteligible, defectuoso, imperfecto.

Naso narizota, v. nariz.

Nasudo narigudo.

Nata crema, natillas, grasa, substancia || la flor, lo selecto, lo escogido, lo principal, exquisitez, excelencia, selección.

Natación flotación, baño, inmersión, buceo, zambullida, deporte.

Natal originario, nativo, procedente, oriundo, nacional || aniversario, natalicio v.

Natalicio cumpleaños, nacimiento, aniversario, natal, celebración,

conmemoración, fiesta, festividad, acto, festejo, acontecimiento.
NATALIDAD nacimientos, proporción, estadística, población, demografía.
NATILLAS crema, dulce, golosina, manjar.
NATIVIDAD nacimiento, venida, llegada, Navidad.
NATIVO natural, oriundo, originario, propio, hijo, procedente, nato, poblador, habitante || aborigen, indígena, salvaje.
NATO originario, congénito, ingénito, de nacimiento, natural v.
NATURA v. naturaleza.
NATURAL originario, nativo, congénito, original, innato, de nacimiento || oriundo, v. nativo || normal, corriente, habitual, común, ordinario, visto, frecuente, acostumbrado, vulgar, usual || sencillo, franco, espontáneo, real, puro, verdadero, llano, propio, ingenuo, abierto, campechano, familiar, directo || carácter, v. naturaleza.
NATURALEZA genio, índole, natural, temperamento, condición, carácter, humor, temple, manera, complexión, conducta, entraña, fondo, capacidad, cualidades, dotes, idiosincrasia, personalidad, particularidad, distintivo || esencia, substancia, virtualidad, principio, ser, existencia, propiedad, entidad, materia, cualidad, importancia, identidad, virtud, orden || tendencia, propensión, instinto, inclinación, vocación, disposición || creación, universo, mundo, cosmos, elementos.
NATURALIDAD sencillez, franqueza, espontaneidad, pureza, realidad, llaneza, ingenuidad, abertura, campechanía, familiaridad, afabilidad, confianza, simplicidad.
NATURALISTA científico, licenciado, sabio, geólogo, biólogo, paleontólogo, botánico, entomólogo.
NATURALIZACIÓN nacionalización, v. naturalizar.
NATURALIZAR nacionalizarse, establecerse, asentarse, introducir, admitir, adquirir derechos, conceder ciudadanía || habituarse, aclimatarse, acostumbrarse.
NATURALMENTE sencillamente, espontáneamente, francamente, v. natural || lógicamente, evidentemente, ciertamente.
NATURISMO terapéutica natural, homeopatía, vegetarianismo.
NATURISTA vegetariano, homeópata.
NAUFRAGAR hundirse, zozobrar, perderse, anegarse, sumirse, tragarse, abismarse, irse a pique || derrumbarse, fracasar, malograrse, frustrarse, arruinarse.
NAUFRAGIO hundimiento, inmersión, anegamiento, pérdida, desastre, siniestro, abordaje || fracaso, ruina, derrumbe, frustración.
NÁUFRAGO desamparado, abandonado, víctima, infortunado.
NÁUSEA arcada, basca, ansia, angustia, vómito, vértigo, vahído, espasmo, asco, repugnancia, desazón, aversión.
NAUSEABUNDO repugnante, asqueroso, inmundo, puerco, repulsivo, fétido, impuro, viciado.
NAUTA marino, navegante, mareante, argonauta, piloto, lobo de mar, hombre de mar.
NÁUTICA navegación, pilotaje, marina, marinería, ciencia, arte de navegar.
NÁUTICO marítimo, naval, oceánico, transatlántico, marinero, marino.
NAVAJA faca, cuchillo, hoja, cortaplumas, daga, puñal, charrasca, perica, sacabuche, arma blanca.
NAVAJAZO cuchillada, corte, tajo, puñalada, herida, incisión, chirlo, marca, sajadura.
NAVAL v. náutico.
NAVE v. navío || sala, salón, crujía, espacio, recinto.
NAVEGABLE practicable, profundo, hondo, dragado.
NAVEGACIÓN v. náutica || crucero, viaje, periplo, singladura, pilotaje, regata, travesía, carrera, cabotaje.
NAVEGANTE v. nauta.
NAVEGAR surcar, hender, singlar, flotar, bordear, viajar, cruzar,

atravesar, pilotar, conducir, mandar, rodear, circunnavegar, derivar, orzar, abordar, embarcarse, hacerse a la mar.

NAVETA gaveta, cajón, estante, tabla.

NAVIDAD nacimiento, natividad, llegada, venida del Señor.

NAVIERO armador, propietario, dueño, fletador, consignatario.

NAVÍO barco, nave, buque, bajel, embarcación, nao, carabela, galeón, galera, carraca, bastimento, bergantín, goleta, fragata, acorazado, portaaviones, crucero, destructor, portahelicópteros, dragaminas, minador, cañonero, torpedera, submarino, transatlántico, paquebote, petrolero, carguero, pesquero, carbonero, yate, barca v.

NÁYADE ninfa, nereida, ondina, dríada, hespéride, sílfide, oceánida.

NAZARENO v. Jesucristo || penitente, disciplinante, flagelado, aspado, arrepentido || cristiano, fiel, creyente, católico.

NEBLÍ halcón, ave rapaz, de presa, de rapiña.

NEBLINA bruma, niebla, celaje, calima, fosca, vapor, boira, calígine, celaje, añublo, nube, vaho.

NEBLINOSO brumoso, caliginoso, acelajado, nublado, cerrado, vaporoso, nebuloso.

NEBULOSA galaxia, universo, cúmulo estelar, Vía Láctea, universo, isla, aglomeración cósmica.

NEBULOSAMENTE vagamente, borrosamente, inciertamente, v. nebuloso.

NEBULOSIDAD obscuridad, sombra, lobreguez, imprecisión, vaguedad, v. neblina.

NEBULOSO brumoso, caliginoso, cerrado, nublado, acelajado, vaporoso, neblinoso || confuso, borroso, obscuro, gris, vago, incierto, incomprensible, problemático, ininteligible.

NECEDAD desatino, majadería, pamplina, disparate, dislate, desacierto, absurdo, error, incoherencia, estupidez, despropósito, pifia, barbaridad, sandez, tontería, mentecatez, memez, idiotez, bobería, cretinismo, torpeza, inepcia, inutilidad, incapacidad, deficiencia, retraso, debilidad mental.

NECESARIA v. letrina.

NECESARIAMENTE esencialmente, imperiosamente, obligatoriamente, v. necesario.

NECESARIO esencial, obligatorio, imperioso, forzoso, vital, fundamental, imprescindible, ineludible, inexcusable, inevitable, fatal, absoluto, preciso, indefectible, indispensable, indeclinable, inapelable, irremediable, básico, cardinal, primordial, elemental, intrínseco, inseparable.

NECESER estuche, caja, maletín con objetos de tocador.

NECESIDAD obligación, exigencia, requisito, precisión, urgencia, menester, condición || aprieto, apuro, escasez, falta, carestía, privación, insuficiencia, penuria, pobreza, déficit, limitación, ahogo, miseria, estrechez, indigencia, hambre, carencia || evacuación, deposición, excreción, deyección, menester, aligeramiento, defecación, micción.

NECESITADO requerido, precisado, solicitado, necesario v., indispensable, obligado || indigente, pobre, apurado, falto, escaso, apretado, privado, hambriento, mísero, ahogado, limitado, carente, pordiosero, mendigo, desheredado, menesteroso, miserable, desamparado.

NECESITAR precisar, requerir, urgir, solicitar, obligar, exigir, condicionar, pedir || carecer, faltar, escasear, no temer, no poseer, no disponer, estar falto, estar carente.

NECIAMENTE bobamente, tontamente, estúpidamente, torpemente, v. necio.

NECIO bobo, tonto, estúpido, torpe, incapaz, inepto, simple, zote, zoquete, patoso, fantoche, ganso, gedeón, vacío, vacuo, mentecato, idiota, asno, burro, memo, majadero, soso, botarate, ñoño, alelado, aturdido, babieca, obtuso, palurdo, papanatas, pasmarote, sandio, pasmado, badulaque, ignorante, primo, gaznápiro, animal, bestia, negado, incompetente, nulo, inútil, inexperto.

NECROLOGÍA noticia, nota, relación, aviso, referencia, anuncio, informe, reseña, advertencia, biografía, homenaje.

NECRÓPOLIS cementerio, sacramental, camposanto, fosal, galilea, almacabra, coto, huerto del Señor.

NECROSIS gangrena, destrucción, mortificación, desintegración, corrupción.

NÉCTAR elixir, licor, zumo, jugo, substancia, bebida, líquido.

NÉE * nacida, de nombre, de soltera.

NEFANDO vergonzoso, torpe, infame, abominable, repugnante, execrable, vituperable, atroz, indigno, odioso.

NEFASTO aciago, funesto, fatídico, luctuoso, ominoso, sombrío, adverso, desgraciado, desdichado, infeliz, infortunado, triste, malhadado, doloroso, desastroso, catastrófico, deplorable.

NEFRÍTICO renal, urinario.

NEGACIÓN desmentido, negativa, impugnación, oposición, repulsa, denegación, contradicción || falta, carencia, ausencia, insuficiencia, vacío, privación, inexistencia, déficit, defecto, parvedad || no, nones.

NEGADO torpe, zoquete, incapaz, inepto, obtuso, incompetente, animal, v. necio.

NEGAR desmentir, impugnar, oponerse, contradecir, rebatir, refutar, rechazar, rehusar, discutir, objetar || renegar v., || denegar, prohibir, privar, quitar, condenar, impedir, obstaculizar || NEGARSE eludir, evitar, esquivar, soslayar, huir, hurtarse, rehuir, retraerse, sacudirse, excusarse.

NEGATIVA v. negación.

NEGATIVAMENTE destructivamente, dañosamente, nocivamente, v. negativo.

NEGATIVO destructivo, dañino, dañoso, nocivo, perjudicial, pernicioso, contrario, desventajoso, maligno, lesivo, malo, riguroso, inflexible, inexorable, crítico, mordaz || imagen, placa, película.

NEGLIGÉ * peinador, bata, batín, quimono, prenda, salto de cama || descuidado, desaliñado.

NEGLIGENCIA desidia, descuido, apatía, desgana, indolencia, abandono, pereza, flojedad, indiferencia, abulia, frialdad, inercia, imprevisión, despreocupación, error, omisión, olvido, desatención, distracción, desliz, falta, culpa, incuria.

NEGLIGENTE indolente, desidioso, descuidado, despreocupado, distraído, desatento, culpable, imprevisor, abandonado, flojo, abúlico, indiferente, perezoso, desganado, apático, desaplicado, holgazán, informal.

NEGLIGENTEMENTE indolentemente, desidiosamente, descuidadamente, v. negligente.

NEGLIGIBLE * desdeñable, v. nimio.

NEGOCIABLE traspasable, adquirible, vendible, permutable, disponible.

NEGOCIACIÓN convenio, acuerdo, pacto, transacción, conversación, trato, tratado, alianza, compromiso, componenda, arreglo, ajuste, contrato, firma || v. negocio.

NEGOCIADO sección, departamento, dependencia, oficina, división, comisaría, delegación, dirección, ministerio, organismo, filial, administración, despacho.

NEGOCIADOR firmante, compromisario, gestor, intermediario, componedor, delegado, embajador, enviado, representante, comisionado, mandatario, parlamentario, diplomático.

NEGOCIANTE traficante, comerciante, mercader, tratante, mercante, especulador, financiero, vendedor, tendero, viajante, consignatario, comisionista, mayoris-

Negociar ta, minorista, exportador, importador, intermediario.

Negociar comerciar, traficar, tratar, mercar, vender, comprar, especular, financiar, consignar, cambiar, importar, exportar, intercambiar, regatear || pactar, convenir, tratar, comprometerse, ajustar, contratar, firmar, concertar, estipular, acordar || endosar, ceder, traspasar, descontar.

Negocio comercio, especulación, finanzas, intercambio, permuta, exportación, importación, transacción, operación, financiación, consignación, regateo, tráfico, compra, venta, transferencia, lucro, firma, contrato || comisión, beneficio, utilidad, interés, gajes, dividendo, estipendio, oportunidad, ganga, ganancia, fruto, filón || asunto, ocupación, tarea, menester, cuestión, ejercicio, servicio, labor, trabajo, actividad || trato, pacto, compromiso, v. negociación.

Negrero explotador, abusador, avaro, déspota, tirano, cruel, tratante, traficante, pirata.

Negro atezado, obscuro, endrino, azabache, quemado, tostado, retinto, bronceado, pardusco, negruzco, fuliginoso, bruno, renegrido, negral, sable || africano, negroide, moreno, mulato, indígena, nativo || aciago, sombrío, triste, desventurado, infausto.

Negrura obscuridad, lobreguez, cerrazón, tenebrosidad, sombra, tinieblas, noche, opacidad, apagón, ennegrecimiento, obscurecimiento.

Negruzco pardusco, moreno, obscuro, atezado, v. negro.

Nema cierre, sello, lacre.

Nemoroso boscoso, frondoso, selvático, umbrío, lujuriante, exuberante, espeso, denso, poblado.

Nene párvulo, rorro, pequeño, *bebé*, chiquitín, pequeñín, angelito, infante, v. niño.

Nenúfar ninfea, ninfácea, planta.

Neo nuevo, reciente, moderno, inédito.

Neófito novicio, profeso, iniciado, adepto, ingresado, admitido, catecúmeno, principiante, discípulo, afiliado, seguidor, novato, aprendiz, inexperto, pipiolo, converso.

Neologismo vocablo, giro nuevo.

Neoplasia tumor, cáncer, llaga, bulto.

Nepotismo favoritismo, predilección, privilegio, privanza, preferencia.

Nereida ninfa, oceánida, náyade, sílfide, ondina, dríada, hespéride.

Neroniano sanguinario, cruel, despótico, arbitrario, desalmado.

Nervadura saliente, resalte, moldura, ribete, reborde, borde.

Nervio haz fibroso, vía conductora, tendón, neurona || cuerda, hilo, cordoncillo, fibra || energía, ímpetu, vigor, fuerza, eficacia, empuje, arranque, brío.

Nerviosidad excitación, inquietud, agitación, nerviosismo, exacerbación, exaltación, frenesí, angustia, alteración, intranquilidad, desasosiego, perturbación, histerismo, neurosis.

Nerviosismo v. nerviosidad.

Nervioso excitado, agitado, inquieto, alterado, angustiado, frenético, exaltado, exacerbado, perturbado, desasosegado, intranquilo, neurótico, histérico, impresionable, irritable, excitable || fibroso, magro, coriáceo, correoso, escleroso, nervudo, tendinoso.

Nervosidad v. nerviosidad.

Nervudo fibroso, tendinoso, magro, enjuto, fuerte, robusto, membrudo.

Nesciencia incultura, ignorancia, torpeza, rudeza, incapacidad, ineptitud, inopia.

Netamente puramente, limpiamente, directamente, tersamente, v. neto.

Neto puro, limpio, terso, claro, transparente, inmaculado, sano,

nítido, pulcro, aseado, higienizado, purificado || deducido, líquido, exacto, saldo.
NEUMÁTICO cámara, llanta, goma, rueda, cubierta.
NEUMONÍA pulmonía, enfermedad infecciosa.
NEURÁLGICO * vital, central, principal, fundamental, básico.
NEURASTENIA neurosis, manía v., perturbación, histeria, excitación, depresión, trastorno, rareza, inquietud, v. nerviosidad.
NEURASTÉNICO neurótico, maniático v., perturbado, hipocondríaco, raro, irritable, excitable, intranquilo, histérico, deprimido, v. nervioso.
NEUROSIS v. neurastenia.
NEURÓTICO v. neurastenico.
NEUTRAL imparcial, justo, equitativo, recto, ecuánime, insobornable, justiciero, indiferente, frío, objetivo, desapasionado, neutralista, pacifista.
NEUTRALIDAD justicia, imparcialidad, rectitud, ecuanimidad, desapasionamiento, objetividad, indiferencia, frialdad, neutralismo, pacifismo.
NEUTRALISMO v. neutralidad.
NEUTRALISTA v. neutral.
NEUTRALIZACIÓN * interrupción, cese, paro.
NEUTRALIZAR anular, contrarrestar, compensar, oponer, debilitar, contrapesar, equilibrar, igualar, evitar, impedir, contener, dificultar.
NEUTRO impreciso, indefinido, indiferente, ambiguo, indeterminado, indistinto, v. neutral.
NEVADA cellisca, nevisca, precipitación, meteoro, ventisca, nevazo, nieve, temporal.
NEVADO blanco, inmaculado, albo, níveo, claro || cubierto, oculto, tapado.
NEVAR caer, neviscar, cubrir, tapar, precipitarse.
NEVERA frigorífico, congeladora, fresquera, depósito, despensa, armario aislante.
NEVERO glaciar, helero, ventisquero, campo de hielo, cumbre helada.
NEVISCA v. nevada.
NEXO vínculo, unión, lazo, enlace, afinidad, conexión, parentesco, familiaridad, atadura, ligadura.
NIAL almiar, pajar, henil, montón.
NICOTINA alcaloide, tóxico, veneno.
NICHO hornacina, concavidad, hueco, oquedad, bóveda, celda, cuenca || enterramiento, fosa, sepultura, tumba, sepulcro, cripta.
NIDADA puesta, huevos, crías, pajarillos, pollada.
NIDAL escondrijo, ponedero, refugio, hueco, v. nido.
NIDO cavidad, agujero, celdilla, hueco, nidal, ponedero, refugio, gallinero, guarida, madriguera, palomar || hogar, morada, casa, techo, cobijo, albergue.
NIEBLA bruma, calima, neblina, fosca, boira, celaje, calígine, brumazón, vaharina, vaho, nube, vapor || confusión, oscuridad, velo, sombra, tinieblas.
NIETO descendiente, familiar, pariente, vástago, sucesor, retoño.
NIEVE nevisca, cellisca, nevada, precipitación, copos, meteoro, nevazo, temporal, tormenta.
NIGROMANCIA magia, hechicería, brujería, sortilegio, superstición, adivinación, aojo, ocultismo, ensalmo, taumaturgia, predicción, encantamiento, agorería, maleficio, alquimia, cábala, hechizo, nigromancia.
NIGROMANTE mago, brujo, hechicero, adivino, taumaturgo, agorero, augur, sibilino, ensalmador, aojador, médium, ocultista, cabalista, vidente, alquimista, encantador, espiritista.
NIHILISMO anarquismo, escepticismo, negación, desgobierno, desbarajuste.
NIHILISTA anarquista, escéptico, ácrata, revolucionario.
NILÓN producto plástico, sintético, fibra artificial.
NIMBAR coronar, aureolar, circuir, ceñir, ungir, rodear, resplandecer.

NIMBO corona, aureola, halo, aréola, cerco, resplandor, fulgor, círculo, anillo.

NIMIEDAD puerilidad, menudencia, insignificancia, pequeñez, bagatela, nadería, tontería, frivolidad, miseria, ridiculez, trivialidad, fruslería, prolijidad, minuciosidad, exceso, demasía.

NIMIO pequeño, insignificante, menudo, frívolo, ridículo, mísero, prolijo, minucioso, ampuloso, excesivo, detallado, baladí, despreciable, exiguo, minúsculo, irrisorio, trivial, pueril.

NINFA nereida, sílfide, náyade, sirena, ondina, hespéride, oceánida, dríada || crisálida, insecto, larva.

NINFO narciso, afeminado, pulido, presumido.

NINFOMANÍA furor uterino, lujuria, ansia, avidez sexual.

NINFOMANÍACA ninfómana, lujuriosa, ansiosa, ávida sexual.

NINGUNO nadie, ningún.

NIÑA nena, chiquilla, infanta, cría, chicuela, mocosuela, muchacha, chica, pequeña, hija || pupila.

NIÑADA chiquillada, travesura, tontería, bobada, necedad, puerilidad, bagatela, futilidad, minucia, tontería, pamplina, trivialidad, monada.

NIÑERA nodriza, ama, zagala, chacha, nana, tata, criandera, nutriz, criada, aya, doncella, institutriz.

NIÑERÍA v. niñada.

NIÑEZ infancia, puericia, minoría, menoría, pequeñez, lactancia, inocencia, menor edad, bisoñez.

NIÑO nene, rorro, pequeño, infante, chiquitín, criatura, párvulo, crío, pituso, mocoso, arrapiezo, gurrumino, angelote, braguillas, galopín, chiquillo, chaval, impúber, descendiente, pollito, hijo.

NIPÓN japonés, oriental, asiático, amarillo.

NÍQUEL metal, elemento, aleación || dinero, moneda, pieza.

NIQUELAR bañar, recubrir, proteger, tratar.

NIRVANA bienaventuranza, gracia, beatitud, gloria, paraíso, felicidad.

NITIDEZ pureza, tersura, limpidez, transparencia, claridad, diafanidad, limpieza, suavidad, perfección, blancura, albura, frescura.

NÍTIDO límpido, puro, claro, transparente, terso, limpio, albo, níveo, blanco, diáfano, suave, perfecto, inmaculado, pulido, neto, brillante.

NITRATO azoato, abono, fertilizante, compuesto, nitro.

NITRÓGENO ázoe, elemento, gas, metaloide.

NITROGLICERINA explosivo, detonante, dinamita.

NIVEL línea, cota, altura, marca, raya, señal, elevación, medida, rasante, horizonte, inclinación, grado, límite, extremo, margen, valor, calidad.

NIVELADO horizontal, plano, liso, explanado, apaisado, parejo, llano, chato, igual, recto, monótono, uniforme || equiparado, empatado, igualado, parejo, equilibrado, compensado, contrarrestado.

NIVELAR alisar, allanar, igualar, explanar, aplanar, achatar, enrasar, suavizar, uniformar, rellenar || equiparar, equilibrar, compensar, empatar, contrarrestar, emparejar.

NÍVEO albo, blanco, claro, inmaculado, impoluto, puro, cano, lechoso, albino, nevado.

No quia, ca, nones, nunca, jamás, de ningún modo, ni mucho menos.

NOBILIARIO genealógico, dinástico, aristocrático, v. noble.

NOBLE preclaro, ilustre, aristocrático, linajudo, distinguido, señorial, encopetado, bien nacido, godo, gótico, granado, patricio, esclarecido, augusto, alto, grande, principal, caballeroso || caballero, aristócrata, hidalgo, señor, prócer, patricio, título, infanzón, ricohombre, hijodalgo, grande || magnánimo, generoso, altruista, desinteresado, sincero, abierto, grande, digno, cabal, magnífico, espléndido.

NOBLEMENTE generosamente, magnánimamente, altruistamente, v. noble.

NOBLEZA generosidad, altruismo, esplendidez, magnanimidad, dignidad, grandeza, sinceridad, caballerosidad, desinterés, bondad, gallardía || aristocracia, linaje, hidalguía, distinción, señorío, abolengo, casta, raza, clase, alcurnia, estirpe, ascendencia, prosapia, calidad, condición, sangre azul.

NOCAUT * v. knock-out.

NOCIÓN idea, conocimiento, discernimiento, entendimiento, conciencia || NOCIONES rudimentos, elementos, fundamentos, principios, conocimientos, noticias, base, barniz, baño.

NOCIVO pernicioso, dañino, perjudicial, lesivo, desfavorable, desventajoso, peligroso, funesto, maligno, perverso, insano, insalubre, malsano, dañoso, infecto, deletéreo, ponzoñoso, tóxico, pestífero.

NOCTÁMBULO noctívago, trasnochador, nocherniego, callejero, vagabundo, paseandero, parrandero.

NOCTILUCA luciérnaga, insecto, larva, bicho, gusano.

NOCTÍVAGO v. noctámbulo.

NOCTURNAL v. nocturno.

NOCTURNIDAD agravante, delito.

NOCTURNO nocturnal, noctámbulo, trasnochador, noctívago, nocherniego || serenata, composición, pieza musical.

NOCHE obscuridad, tinieblas, sombras, vigilia, vela, sueño, crepúsculo, anochecer, anochecida, la oración, medianoche, altas horas, madrugada.

NOCHEBUENA vigilia de Navidad, fiesta, festividad, celebración.

NOCHERNIEGO v. noctámbulo.

NODRIZA ama, niñera, nutriz, criandera, chacha, nana, tata, zagala.

NÓDULO bulto, tumor, turgencia, dureza, nudo, lobanillo, quiste, excrecencia || concreción, masa, depósito, acumulación, aglomeración, bolita, pella.

NOGAL noceda, noguera, árbol.

NOLI ME TÁNGERE nadie me toque, nadie se meta conmigo.

NÓMADA errante, trashumante, vagabundo, vagamundo, ambulante, errátil, enrático, errabundo, andarín, inestable, gitano, bohemio, nómada, trotamundos, viajero.

NOMADISMO trashumancia, vagabundeo, inestabilidad, desarraigo, bohemia, traslado.

NOMBRADÍA reputación, fama, popularidad, renombre, consideración, nombre, prestigio, notoriedad, crédito, boga, aureola, exaltación, brillo, celebridad, esplendor.

NOMBRAMIENTO designación, elección, investidura, ascenso, denominación, llamamiento, candidatura, calificación, mención, distinción || título, despacho, diploma, certificado.

NOMBRAR designar, investir, elegir, ascender, calificar, distinguir, proclamar, escoger, señalar, requerir || mencionar, aludir, mentar, apodar, motejar, calificar, bautizar, denominar, nominar || titular, diplomar, otorgar.

NOMBRE patronímico, apelativo, denominación, apellido, designación, apodo, alias, mote, sobrenombre, seudónimo, título, gracia || fama, v. nombradía || marca, membrete, firma, razón social.

NOMENCLÁTOR índice, relación, lista, repertorio, catálogo, enumeración, detalle, tabla, nomenclatura, registro, directorio, guía.

NOMENCLATURA vocabulario, léxico, repertorio, relación, lista, enumeración, v. nomenclátor.

NÓMINA plantilla, lista, relación, registro, índice, detalle, enumeración.

NOMINACIÓN v. nombramiento.

NOMINAL honorario, representativo, figurado, simbólico, imaginario, teórico, honorífico.

NOMINALMENTE figuradamente, simbólicamente, honoríficamente, v. nominal.

NOMINAR v. nombrar.

NOMINATIVO v. nominal.

NON impar, desigual, dispar, desparejo || no, nones, negación.

NONADA menudencia, pequeñez, fruslería, insignificancia, minucia, chuchería, bagatela, bicoca.

NONAGENARIO valetudinario, senil, anciano v.

NONATO en gestación, inexistente, no nacido, no acaecido.

NONIO vernier, reglilla, limbo graduado.

NONO noveno, nueve.

NON PLUS ULTRA súmmum, sumo, supremo, lo mejor, no más allá.

NON SANCTO de mal vivir, maleante, perdulario.

NOQUEAR * vencer, derrotar, ganar por fuera de combate, desmayar, atontar.

NORAY bita, bitón, poste, amarradero, prois.

NÓRDICO septentrional, escandinavo, germánico, ártico, hiperbóreo, norteño, boreal.

NORIA azuda, rueda, artefacto, aparato, aguaducho.

NORMA patrón, medida, regla, canon, guía, modelo, pauta, conducta, criterio, procedimiento, actuación, principio, política, precepto || plantilla, escuadra, regla, horma.

NORMAL corriente, vulgar, común, ordinario, usual, habitual, frecuente, abundante, general, trivial, trillado, universal, público, conocido, acostumbrado, tradicional, diario, reiterado, continuo, proverbial, regular, natural, regulado, ritual || consciente, sensato, cuerdo, juicioso, moderado, cabal, tranquilo || perpendicular, vertical, línea.

NORMALIDAD tranquilidad, serenidad, apaciguamiento, regularidad, naturalidad, sensatez, cordura, juicio, moderación, calma.

NORMALIZACIÓN v. normalidad.

NORMALIZAR regularizar, calmar, tranquilizar, apaciguar, serenar, moderar, reanudar, restablecer, ordenar, metodizar, preceptuar.

NORMALMENTE habitualmente, regularmente, corrientemente, v. normal.

NORMATIVO preceptivo, regular, regulado, sistemático, legal, ritual, formal.

NORTE septentrión, ártico, boreal, punto cardinal || objetivo, rumbo, fin, propósito, meta, objeto, finalidad, camino, dirección, guía, orientación.

NORTEAMERICANO yanqui, americano, gringo, estadounidense.

NORTEÑO nórdico, septentrional, boreal, hiperbóreo, ártico, escandinavo, germánico || cantábrico, cántabro.

NOSOCOMIO hospital, clínica, sanatorio, dispensario, policlínico, establecimiento sanitario.

NOSTALGIA melancolía, tristeza, pesadumbre, cuita, aflicción, añoranza, pena, recuerdo, morriña, evocación, pesar, hipocondría.

NOSTÁLGICO melancólico, evocador, triste, apesadumbrado, penado, afligido, pesaroso, arrepentido.

NOSTRAMO contramaestre, oficial de mar, suboficial, encargado, jefe, vigilante.

NOTA apunte, anotación, inscripción, registro, acotación, aclaración, asiento, observación, borrador, plan, advertencia, noticia, dato, comunicación, minuta, glosa, explicación, comentario, acta, apostilla, señal, llamada || renombre, reputación, nombradía, fama, prestigio, crédito, categoría, altos vuelos.

NOTA BENE nota, observación, acotación || calificación v.

NOTABILIDAD personalidad, figura, lumbrera, portento, eminencia, personaje, dignatario, héroe, figurón, patricio, gobernante || fama, v. notoriedad.

NOTABLE importante, extraordinario, sobresaliente, trascendental, trascendente, capital, fundamental, cardinal, culminante, esencial, vital, substancial, primordial, distinguido, valioso, principal, superior, considerable, excelente, grande, singular, raro, desusado, interesante || personaje, v. notabilidad.

NOTACIÓN signos, clave, escritura, alfabeto, anotación.

NOTAR advertir, reparar, apreciar, percibir, distinguir, observar, ver, señalar, comprobar, establecer, sentir, percatarse, darse cuenta || anotar v.

NOTARÍA despacho, dependencia, bufete, oficina del notario.

NOTARIAL legal, oficial, legalizado, certificado.

NOTARIO actuario, escribano, curial, secretario, funcionario || escribiente, amanuense.

NOTICIA novedad, suceso, acaecimiento, nueva, gacetilla, especie, parte, referencia, reseña, reportaje, comunicación, comunicado, informe, información, dato, hecho || rumor, chisme, bulo, hablilla || anuncio, aviso, advertencia, indicación, informe, comunicación, parte || recuerdo, noción, evocación, idea, conocimiento || anotación, v. nota.

NOTICIAR comunicar, enterar, informar v.

NOTICIERO documental, parte, informador, gacetillero, cronista, periodista.

NOTICIÓN noticia bomba, suceso, acaecimiento, hecho importante, v. noticia.

NOTICIOSO erudito, conocedor, experto, sabio.

NOTIFICACIÓN comunicación, aviso, participación, comunicado, informe, revelación, nota, oficio, parte, memorándum, edicto, bando, despacho, circular, escrito, documento, nombramiento.

NOTIFICADO avisado, informado, comunicado, advertido, prevenido, aconsejado.

NOTIFICAR comunicar, participar, avisar, revelar, informar, declarar, prevenir, aconsejar, denunciar, manifestar, anunciar, significar, exhortar.

NOTORIAMENTE públicamente, manifiestamente, claramente, v. notorio.

NOTORIEDAD fama, celebridad, prestigio, reputación, nombradía, nombre, popularidad, renombre, gloria, aplauso, crédito, honor.

NOTORIO manifiesto, público, claro, evidente, visible, patente, cierto, palpable, probado, palmario, sabido, conocido, indudable, paladino, ostensible.

NOVADOR innovador v.

NOVATADA inocentada, burla, jugarreta, jugada, bisoñada, chasco, engaño, plancha, ridículo, pega, sorpresa.

NOVATO novicio, novel, principiante, aprendiz, neófito, iniciado, bisoño, inexperto, pipiolo.

NOVEDAD nueva, noticia, suceso, acaecimiento, hecho, ocurrencia, lance, acontecimiento, advenimiento, sucedido, evento, peripecia, accidente, trance || primicia, invención, creación, moda, innovación, perfeccionamiento, invento, idea, mejora, adelanto, progreso, descubrimiento, improvisación || modificación, cambio, transformación, alteración, variación, trueque, mudanza.

NOVEDOSO v. nuevo.

NOVEL v. novato.

NOVELA relato, narración, folletín, novelón, cuento, descripción, fábula, romance, historia, relación, leyenda, versión, gesta, obra literaria || ficción, mentira, farsa, comedia, engaño.

NOVELERÍA fantasía, ficción, capricho, inconstancia, volubilidad.

NOVELERO cuentista, farsante, imaginativo, antojadizo, voluble, caprichoso, inconstante, informal, v. novelesco.

NOVELESCO singular, sorprendente, interesante, aventurero, folletinesco, maravilloso, fabuloso, soñador, fantástico, imaginativo, v. novelero.

NOVELISTA escritor, literato, cuen-

NOVELÓN

tista, autor, creador, prosista, novelador, ensayista.

NOVELÓN folletín, mamotreto, v. novela.

NOVENA sufragio, ofrenda, promesa.

NOVENO nono, nueve.

NOVIAZGO idilio, amorío, festejo, devaneo, relaciones, amartelamiento, cortejo, enamoramiento, compromiso.

NOVICIADO formación, aprendizaje, preparación, educación, iniciación, instrucción, principio, comienzo.

NOVICIO novel, principiante, iniciado, aprendiz, neófito, novato, bisoño, inexperto.

NOVILLADA becerrada, lidia, corrida de novillos.

NOVILLERO torerillo, lidiador, torero de novillos.

NOVILLO torillo, becerro, eral, vaquilla || NOVILLOS (HACER) faltar, eludir, soslayar, rehuir, hurtarse, evitar.

NOVIO prometido, pretendiente, festejante, enamorado, cortejador, comprometido, futuro, esposado, desposado, recién casado.

NUBADA chaparrón, turbonada, chubasco, aguacero, tormenta || cantidad, abundancia, montón.

NUBARRADA v. nubada.

NUBE celaje, velo, vapor, capa, estrato, nubarrón, nublado, humo, vaho, vaharada, niebla v. || montón, caterva, aglomeración, tropel, masa, torbellino.

NÚBIL casadero, púber, pubescente, conyugable, virgen, en sazón.

NUBILIDAD pubertad, pubescencia, madurez, virginidad.

NUBLADO cubierto, cerrado, velado, anubarrado, encapotado, encelajado, obscuro, gris, plomizo, ceniciento, amenazador, cargado, nuboso, turbio, sucio || nube, nubarrón, nubarrada, nubada v.

NUBLARSE cerrarse, encapotarse, anubarrarse, velarse, cubrirse, obscurecerse, encelajarse, amenazar, cargarse, entoldarse, enfoscarse, ennegrecerse.

NUBOSIDAD v. nube.

NUCA cerviz, cogote, testuz, cuello, gollete, morrillo.

NUCLEAR atómico, molecular.

NÚCLEO centro, foco, corazón, masa, meollo, mitad, interior, yema, médula, miga, corpúsculo, elemento.

NUDILLO juntura, artejo, articulación de los dedos.

NUDISMO desnudismo.

NUDISTA desnudista.

NUDO lazo, atadura, ligadura, lazada, enlace, vínculo, unión || razón, motivo, causa, origen || tumor, bulto, v. nódulo.

NUDOSO rugoso, desigual, áspero, sarmentoso.

NUEVA novedad, noticia, suceso, acaecimiento, hecho, acontecimiento, ocurrencia, lance, sucedido, evento, advenimiento, trance, peripecia, especie.

NUEVAMENTE de nuevo, otra vez, reiteradamente.

NUEVO reciente, fresco, inédito, moderno, flamante, original, actual, lozano, virgen, naciente, inmaculado, impoluto, estrenado || desconocido, diferente, distinto, ignorado, extraño, forastero, extranjero, anónimo, ajeno || principiante, v. novicio || NUEVO RICO * arribista, advenedizo, recién llegado, enriquecido.

NUEZ semilla, fruto || laringe, cartílago, prominencia, bocado de Adán.

NUGATORIO engañoso, ilusorio, equívoco, decepcionante, delusorio.

NULIDAD ineptitud, inutilidad, torpeza, incapacidad, inepcia, infructuosidad, incompetencia, insuficiencia, ignorancia, impericia, desmaña, necedad, estupidez || abolición, derogación, contraorden, cancelación, anulación, rescisión, invalidación, supresión, liquidación, suspensión, interrupción, revocación, terminación, inhabilitación, destitución, desautorización, prohibición || inepto, torpe, incapaz, ignorante, incompetente, infructuoso, nulo, desmañado, estúpido, necio.

Nulo inepto, v. nulidad || anulado, revocado, abolido, cancelado, rescindido, derogado, suprimido, suspendido, terminado, inhabilitado, invalidado, destituido, desautorizado || ninguno, nadie, inexistente, ni uno solo.

Numen inspiración, musa, estro, soplo, idea, estímulo || deidad, dios, divinidad, ser divino.

Numeración ordenación, notación, anotación, marca, cifra, número, apunte, enumeración, foliación, inscripción || orden, alineación, disposición, distribución, clasificación, sistematización, serie, sucesión.

Numeral numerario, numérico.

Numerar contar, anotar, marcar, expresar, ordenar, enumerar, apuntar, foliar, inscribir, escribir, ordenar, alinear, disponer, sistematizar, clasificar, distribuir.

Numerario moneda, dinero, billetes, efectivo, metálico, dinero contante || numeral, numérico.

Numérico numeral, numerario, matemático.

Número guarismo, cifra, expresión, símbolo, signo, representación, notación || cantidad, conjunto, cuantía, total, proporción, parte, cupo, cuota, medida.

Numerosidad v. abundancia.

Numeroso abundante, profuso, innumerable, múltiple, inagotable, infinito, interminable, diverso, copioso, repetido, nutrido, considerable, pródigo, rico, fructuoso, fecundo, exuberante, pletórico, excesivo.

Numisma moneda, pieza, sello, ceca, medalla.

Numismática estudio, ciencia, conocimiento de las monedas.

Nunca jamás, no, de ningún modo, en la vida, ninguna vez, en ningún tiempo.

Nuncio legado, emisario, representante, embajador, ministro, ablegado, enviado pontificio.

Nupcial conyugal, matrimonial, connubial, marital, esponsalicio, íntimo, casamentero.

Nupcias esponsales, casamiento, enlace, boda, matrimonio, casorio, himeneo, maridaje, coyunda, unión, vínculo.

Nurse * niñera, aya, nodriza, institutriz.

Nutria marta, mamífero, carnicero.

Nutricio v. nutritivo.

Nutrición alimentación, sostenimiento, mantenimiento, manutención, sustento, comida, sustentación, asimilación, subsistencia, suministro, régimen.

Nutrido abundante, pletórico, colmado, atiborrado, atestado, abarrotado || alimentado, rozagante, vigoroso, cebado, v. nutrir.

Nutrimento alimento, substancia, sustento, nutriente, comida || nutrición v.

Nutrir alimentar, sostener, mantener, sustentar, suministrar, cebar, atiborrar, rellenar, aforrar, embutir, atestar, sobrealimentar || vigorizar, fortalecer, aumentar, reforzar, robustecer, desarrollar.

Nutritivo suculento, substancioso, alimenticio, fortificante, opíparo, apetitoso, carnoso, jugoso, reconfortante, vigorizante, reparador, reconstituyente, completo, vitaminado, trófico.

Nutriz nodriza, ama, niñera, criandera, chacha, tata.

Nylon * nilón, fibra sintética, plástico.

Ñ

Ñame batata, boniato, tubérculo feculento.

Ñandú avestruz, estrucio, ave corredora.

Ñaque fárrago, montón, desperdicios, residuos, broza, ripio.

Ñiquiñaque insignificante, birria, despreciable, pelele, títere, mamarracho.

Ñoñería melindre, tontería, cursilería, aspaviento, afectación, cobardía, cortedad, timidez, remilgo, escrúpulo, dengue, necedad, apocamiento, capricho.

Ñoñez v. ñoñería.

Ñoño remilgado, dengoso, escrupuloso, cursi, melindroso, afectado, quisquilloso, chinchorrero, caprichoso, delicado, necio, quejicoso, corito, tímido, timorato, apocado, cobarde, pusilánime, insubstancial, soso.

Ñu antílope, gacela, gamuza, cuadrúpedo africano.

O

Oasis palmeral, palmar, bosquecillo, vergel, arboleda || refugio, descanso, tregua, cobijo, respiro.

Obcecación obstinación, ofuscación, obsesión, prejuicio, perturbación, terquedad, ceguera, ceguedad, confusión, equivocación, error, deslumbramiento, encandilamiento, fascinación, turbación, alucinación, insistencia, testarudez, tozudez.

Obcecado testarudo, terco, tozudo, obstinado, obsesionado, ofuscado, equivocado, errado, ciego, confundido, perturbado, turbado, alucinado, emperrado, empeñado, insistente.

Obcecarse obstinarse, ofuscarse, equivocarse, encandilarse, fascinarse, alucinarse, obsesionarse, errar, cegarse, confundirse, perturbarse, emperrarse, empeñarse, insistir, obnubilarse, deslumbrarse.

Obduración v. obcecación.

Obedecer acatar, cumplir, respetar, adherirse, sujetarse, observar, subordinarse, disciplinarse, rendirse, asentir, seguir, escuchar, atender, conformarse, ceder, transigir, inclinarse, someterse.

Obediencia subordinación, sumisión, sometimiento, disciplina, conformidad, transigencia, adhesión, sujeción, atención, asentimiento, observancia, respeto, cumplimiento, acatamiento, servilismo, dependencia, docilidad, pasividad.

Obediente dócil, sumiso, manso, disciplinado, suave, dúctil, benigno, humilde, manejable, fiel, sujeto, subyugado, servil, rendido, esclavo, borrego, subordinado, sometido, transigente, adherido, observante, respetuoso, acatador, cumplidor, dependiente, pasivo.

Obedientemente dócilmente, sumisamente, mansamente, v. obediente.

Obelisco pilar, columna, aguja, monumento, cipo, pilastra, monolito, piedra, bloque.

Obertura introducción, introito, preludio, preliminar, entrada, principio, comienzo.

Obesidad corpulencia, gordura, grasa, adiposidad, carnosidad, pesadez, humanidad, bulto, solidez, enjundia, balumba, adiposis, carnaza, abultamiento, grosor, tripa, panza, vientre, barriga, carnes.

Obeso rollizo, gordo, grueso, adiposo, carnoso, abultado, voluminoso, corpulento, achaparrado, rechoncho, regordete, tripón, retaco, mofletudo, atocinado, culón, ceporro, orondo, inflado, abultado, pesado, gordinflón, robusto, craso, mantecoso, turgente, cipote.

Objetable * discutible, censurable, criticable.

Óbice inconveniente, impedimento, obstáculo, rémora, dificultad, estorbo, embarazo, perjuicio, trastorno, conflicto, entorpecimiento.

Obispado diócesis, territorio, distrito, jurisdicción, circunscripción, sede eclesiástisca.

Obispo prelado, arzobispo, patriarca, auxiliar, sufragáneo, metropolitano.

ÓBITO defunción, fallecimiento, desaparición, tránsito, muerte, extinción, perecimiento, fenecimiento, finamiento, agonía, fin, acabamiento.

OBJECIÓN reparo, observación, pero, tacha, crítica, censura, advertencia, nota, dificultad, inconveniente, impugnación, razonamiento, desacuerdo, discrepancia, réplica, oposición.

OBJETAR rebatir, refutar, replicar, rechazar, observar, reparar, tachar, criticar, advertir, censurar, discrepar, razonar, impugnar, oponerse, desmentir, resistir, repeler, contradecir.

OBJETIVAMENTE desinteresadamente, desapasionadamente, imparcialmente, v. objetividad.

OBJETIVIDAD desapasionamiento, desinterés, imparcialidad, frialdad, justicia, ecuanimidad, rectitud, neutralidad, honradez, honestidad, corrección, integridad, moderación.

OBJETIVO meta, fin, propósito, intención, plan, mira, empresa, intento, objeto, designio, pensamiento, decisión, ánimo, finalidad, aspiración, anhelo, ideal, centro, blanco, hito || imparcial, desinteresado, recto, desapasionado, neutral, honrado, ecuánime, justo, frío, moderado, íntegro, correcto, honesto || lente, cristal.

OBJETO cosa, ente, entidad, elemento, cuerpo, forma, factor, componente, masa, materia, naturaleza, substrato, substancia || asunto, materia, idea, tema, cuestión, argumento || finalidad, propósito, v. objetivo.

OBLACIÓN sacrificio, ofrenda, promesa, ofrecimiento, entrega, donación, oblada.

OBLADA v. oblación.

OBLEA hostia, pan ácimo, sello, lámina, hoja.

OBLICUAMENTE diagonalmente, sesgadamente, torcidamente, desviadamente, esquinadamente, atravesadamente, transversalmente, de refilón.

OBLICUIDAD sesgo, desvío, inclinación, refilón, torcimiento, torcedura, caída, apartamiento, desnivelación, través, soslayo, bies, cruce.

OBLICUO sesgado, diagonal, torcido, inclinado, desviado, atravesado, desnivelado, apartado, caído, transversal, cruzado, esquinado, escorzado.

OBLIGACIÓN cargo, carga, deber, responsabilidad, cometido, peso, imposición, cumplimiento, labor, tarea, necesidad, competencia, exigencia, gravamen, cruz, lazo, servidumbre, vínculo, cadena, impuesto, cuenta, incumbencia, compromiso || contrato, convenio, título, deuda, documento.

OBLIGADO forzado, gravado, impuesto, apremiado, violentado, constreñido, precisado, comprometido, cargado, abrumado, sujeto, atado, obligatorio, necesario, imprescindible, ineludible, inexcusable || agradecido, reconocido.

OBLIGAR apremiar, forzar, constreñir, imponer, violentar, exigir, gravar, comprometer, cargar, abrumar, sujetar, atar, impulsar, exhortar, mover, compeler, coaccionar, persuadir, intimar.

OBLIGATORIAMENTE imprescindiblemente, forzosamente, necesariamente, v. obligatorio.

OBLIGATORIEDAD apremio, imposición, sujeción, coacción, intimación, fuerza, carga, constricción, violencia, exigencia, compromiso, atadura.

OBLIGATORIO forzoso, necesario, imprescindible, exigible, violento, apremiante, comprometido, ineludible, inexcusable, preciso, necesario, impostergable, indefectible, obligado, inapelable, irrevocable, irremediable, vital, impuesto, coercitivo, oneroso, imperativo.

OBLITERACIÓN oclusión, cierre, obstrucción, atasco, atranco, atora-

miento, obturación || aplastamiento, inutilización, sello, sellado, marca, matasellos.
OBLITERAR obturar, obstruir, cerrar, atascar, tapar, cegar, atorar, atrancar || inutilizar, aplastar, sellar, matasellar, marcar.
OBLONGO prolongado, alargado, largo, luengo, longo, alongado.
OBNUBILACIÓN ofuscamiento, ofuscación, confusión, obcecación, alucinamiento, ceguera, prejuicio, obstinación, obsesión || turbiedad, velo, tiniebla, sombra.
OBNUBILAR * nublar, ensombrecer, obscurecer, velar || ofuscar, confundir, obcecarse.
ÓBOLO donativo, contribución, dádiva, limosna, cantidad, caridad, ayuda, subvención, entrega, donación.
OBRA labor, tarea, faena, trabajo, cuidado, misión, función, ocupación, afán, deber, quehacer, trajín, fajina, actuación, ejercicio, operación || fruto, creación, producto, producción, resultado, obtención || libro, texto, composición, escrito, tratado, manual, tomo, volumen || construcción, edificio, edificación, cimentación, fábrica, erección || poder, medio, virtud, acción.
OBRADOR estudio, taller, local, nave, dependencia, fábrica, manufactura, laboratorio, obraje.
OBRAJE v. obrador.
OBRAR actuar, ejercitar, ocuparse, ejecutar, intervenir, ejercer, proceder, hacer, trabajar, elaborar, maniobrar, operar, realizar, portarse, comportarse || defecar, evacuar, deponer, cagar, ensuciar, excretar, descargar, soltar, hacer de cuerpo, mover el vientre.
OBRERO artesano, productor, menestral, trabajador, asalariado, proletario, operario, peón, bracero, jornalero.
OBSCENAMENTE licenciosamente, indecentemente, deshonestamente, v. obsceno.
OBSCENIDAD indecencia, sensualidad, impudicia, lujuria, libertinaje, lubricidad, hediondez, pornografía, sicalipsis, torpeza, suciedad, licencia, deshonestidad, liviandad, vicio, fornicación, concupiscencia, desvergüenza.
OBSCENO licencioso, indecente, deshonesto, libertino, lujurioso, impúdico, desvergonzado, libre, sicalíptico, pornográfico, hediondo, lúbrico, sensual, concupiscente, vicioso, liviano, indecoroso, verde, picante, torpe, inmundo, ofensivo.
OBSCURAMENTE tenebrosamente, lóbregamente, humildemente, desconocidamente, v. obscuro.
OBSCURANTISMO atraso, ignorancia, incultura, analfabetismo, postergación.
OBSCURECER ensombrecer, nublar, apagar, enlutar, ennegrecer, atezar, sombrear, teñir, ahumar, entenebrecer, encapotarse, cubrirse, encelajarse, eclipsarse, apagarse, enlobreguecer, ocultar, anochecer || confundir, ofuscar, turbar, obnubilar, desconcertar.
OBSCURECIMIENTO apagón, corte, interrupción, ocultación, ensombrecimiento, eclipse, ennegrecimiento.
OBSCURIDAD sombras, tinieblas, negrura, noche, tenebrosidad, lobreguez, nube, nebulosidad, niebla, eclipse, opacidad, cerrazón || incultura, ignorancia, atraso, analfabetismo, ceguera, obscurantismo, incompresión || humildad, sencillez, bajeza, modestia, pobreza, ruindad || confusión, ambigüedad, embrollo, incertidumbre, complicación, abstracción, enigma.
OBSCURO lóbrego, obscurecido, sombrío, tenebroso, fosco, nebuloso, negro, gris, pardo, opaco, indistinto, borroso, velado, atezado, endrino, azabache, quemado, tostado, retinto, fuliginoso, renegrido, apagado, nocturno, eclipsado, umbrío, umbroso, cargado, cerrado, nublado, cubierto, anubarrado, encapotado, encelajado, nuboso || ininteligible, confuso, incomprensible, incierto,

Obsecración dudoso, indescifrable, incoherente, difícil, embrollado, misterioso, ilegible, impenetrable, ambiguo || sencillo, bajo, humilde, modesto, pobre, ruin.

Obsecración ruego, instancia, exhortación, súplica.

Obsecuencia obediencia, docilidad, sumisión, mansedumbre, amabilidad, atención.

Obsecuente dócil, obediente, manso, sumiso, manejable, atento, amable.

Obsequiar regalar, dar, donar, dejar, legar, ofrendar, dedicar, conferir, proporcionar, entregar, dispensar, agraciar, favorecer, ceder, gratificar, subvencionar, conceder || agasajar, festejar, convidar, homenajear, halagar, mimar, lisonjear, galantear, requebrar.

Obsequio regalo, donativo, dádiva, ofrenda, legado, donación, entrega, cesión, gratificación, subvención, concesión, óbolo, contribución, limosna, cantidad, ayuda, caridad, propina || rendimiento, deferencia, afabilidad, atención, homenaje, halago, galanteo.

Obsequiosidad amabilidad, atención, cortesía, servicio, favor, oficiosidad, sumisión, servilismo, adulación, lisonja, reverencia, bajeza, zalamería.

Obsequioso amable, servicial, cortés, atento, sumiso, oficioso, galante, complaciente, rendido, zalamero, adulador, servil, lisonjero, reverente.

Observación advertencia, aviso, consejo, exhortación, sugerencia, insinuación, reflexión, indicación, opinión, información, apercibimiento, nota, aclaración, sermón, amonestación, admonición, reprimenda || examen, investigación, comparación, vigilancia, inspección, escrutinio, análisis, crítica, sondeo, indagación.

Observador espectador, asistente, presente, oyente, concurrente, circunstante, mirón, curioso, fisgón, preguntón, indagador || enviado, delegado, representante.

Observancia acatamiento, cumplimiento, ejecución, realización, cuidado, celo, disciplina, escrúpulo, asiduidad, fidelidad, rectitud, seriedad, formalidad, obediencia, reverencia, honor, respeto.

Observante cumplidor, obediente, disciplinado, formal, serio, recto, fiel, asiduo, escrupuloso, celoso, cuidadoso, respetuoso, justo.

Observar contemplar, mirar, curiosear, fisgar, examinar, reparar, fijarse, ver, atisbar, ojear, otear, columbrar, vislumbrar, notar, descubrir, advertir, atender, avistar, percibir, divisar, avizorar, distinguir, acechar, espiar, vigilar || cumplir, obedecer, respetar, acatar, cuidar, reverenciar, ejecutar, realizar, seguir, guardar.

Observatorio mirador, punto, puesto meteorológico, puesto astronómico, edificio, laboratorio, dependencia.

Obsesión ofuscación, perturbación, prejuicio, manía, monomanía, obstinación, ceguera, preocupación, obnubilación, alucinación, error, obcecación, insistencia, fascinación, testarudez, tozudez, terquedad, empeño, neurosis, angustia.

Obsesionar ofuscar, perturbar, enceguecer, obnubilar, alucinar, obcecar, fascinar, cegar, obstinarse, preocupar, angustiar, dominar, abrumar.

Obsesivo alucinante, ofuscador, perturbador, insistente, deslumbrador, reiterativo.

Obseso perturbado, ofuscado, maniático, obcecado, errado, alucinado, obnubilado, ciego, cegado, terco, tozudo, fascinado, insistente, empeñado, deslumbrado, neurótico, poseído, poseso, loco v., obstinado v.

Obsoleto anticuado, desusado, viejo, vetusto, antiguo, añejo, arcaico, pretérito, añoso, rancio.

OBSTACULIZAR obstruir, impedir, embarazar, trabar, entorpecer, v. estorbar.

OBSTÁCULO inconveniente, impedimento, dificultad, atolladero, tropiezo, atasco, freno, estorbo, embarazo, entorpecimiento, rémora, engorro, óbice, traba, contratiempo, barrera, escollo, molestia, complicación, detención, interrupción, valla.

OBSTANTE (No) sin embargo, empero, a pesar de, pese a, sin perjuicio de.

OBSTAR impedir, estorbar, oponerse, trabar, entorpecer, dificultar, complicar, detener.

OBSTETRICIA tocología, partos, especialidad.

OBSTINACIÓN terquedad, tozudez, pertinacia, contumacia, testarudez, tenacidad, porfía, obcecación, capricho, intransigencia, ofuscación, obsesión, prejuicio, insistencia, empeño, obnubilación, fanatismo, cabezonería, renuencia, tesón, resistencia.

OBSTINADAMENTE tozudamente, tercamente, tenazmente, v. obstinado.

OBSTINADO contumaz, tozudo, terco, tenaz, testarudo, intransigente, pertinaz, caprichoso, obcecado, porfiado, obnubilado, empeñado, insistente, obseso v., ofuscado, tesonero, renuente, cabezón, fanático, incorregible, rebelde, recalcitrante, impenitente.

OBSTINARSE obcecarse, porfiar, encapricharse, ofuscarse, obsesionarse, insistir, empeñarse, rebelarse, negarse, empecinarse, emperrarse, aferrarse, encastillarse.

OBSTRUCCIÓN oclusión, atasco, atolladero, obliteración, obstáculo v., tapón, embozo, estorbo, estancamiento, dificultad, escollo, traba, embotellamiento, impedimento, estrechez, ahogo, atoramiento, obturación.

OBSTRUIDO embozado, atascado, taponado, tapado, obturado, trabado, embotellado, estrecho, ahogado, estancado, obstaculizado, atorado, atravesado, tupido, cerrado, ocluido, interceptado, entorpecido, ocupado, estorbado, embarazado.

OBSTRUIR trabar, taponar, tapar, atascar, embozar, cegar, atrancar, estancar, ahogar, estrechar, embotellar, interceptar, cerrar, ocluir, tupir, ocupar, atravesar, atorar, embarazar || estorbar, entorpecer, impedir, dificultar, obstaculizar.

OBTENCIÓN resultado, logro, conquista, alcance, consecución, ganancia, consecuencia, fruto, producto, adquisición || producción, fabricación, elaboración, manufactura, transformación, confección, preparación, ejecución, proceso, creación, realización.

OBTENER lograr, alcanzar, conseguir, agenciar, disfrutar, adjudicarse, apoderarse, ganar, adquirir, arrancar, embolsar, recibir, percibir, cosechar, lucrarse, beneficiarse, conquistar, sacar, extraer || producir, fabricar, elaborar, transformar, manufacturar, realizar, crear, ejecutar, preparar, confeccionar.

OBTURACIÓN v. obstrucción.

OBTURADOR cierre, válvula, tapa, tapón, taco, corcho, grifo, espiche, tarugo, escape || disco, placa, distintivo.

OBTURAR v. obstruir.

OBTUSO mocho, romo, despuntado, chato, boto, mellado, achaflanado, achatado, aplastado || negado, lerdo, torpe, tonto, necio, rudo, tardo, zoquete.

OBÚS cañón, mortero, bombarda, pieza artillera || OBÚS * proyectil, bala, granada.

OBVENCIÓN utilidad, beneficio, ganancia, rendimiento, producto, dividendo, remuneración, gratificación.

OBVIAR quitar, eliminar, evitar, rehuir, solucionar, resolver, orillar, apartar, eludir, esquivar.

OBVIO evidente, claro, cierto patente, indiscutible, aparente, innegable, irrebatible, palmario, elemental, tangible, manifiesto, comprensible.

Oca ganso, ánsar, ánade, pato, ansarón, palmípeda, auca, anadeja, ave.

Ocasión coyuntura, oportunidad, momento, trance, lance, sazón, fecha, tiempo, circunstancia, situación, particularidad, coincidencia, casualidad, eventualidad, ocurrencia, incidencia, medio || ganga, breva, momio, ventaja, oportunidad, provecho, saldo, negocio, mina, sinecura.

Ocasional circunstancial, esporádico, temporal, accidental, contingente, eventual, azaroso, incidental, condicional, casual, fortuito, provisional, casual.

Ocasionar causar, producir, originar, motivar, promover, provocar, obrar, hacer, acarrear, suscitar, influir, determinar, crear, introducir.

Ocaso crepúsculo, obscurecer, anochecer, atardecer, puesta || declive, decadencia, postrimería, fin || occidente, poniente, oeste.

Occidental europeo, ario, blanco, civilizado, culto.

Occidente Europa, civilización, cultura || oeste, ocaso, poniente.

Occipital occipucio, nuca, craneal, cervical.

Occipucio nuca, occipital.

Occiso interfecto, víctima, cadáver, muerto, baja, asesinado.

Oceánico marítimo, náutico, naval, marino, atlántico, transatlántico, marinero, abisal, pelágico.

Oceánidas nereidas, ninfas, ondinas, hespérides, náyades, dríadas.

Océano mar, extensión, inmensidad, abismo, piélago, vastedad, charco, profundidad, masa de agua.

Ocio holganza, asueto, inactividad, desocupación, inacción, reposo, abstención, descanso, quietud, indolencia, apatía, descuido, desidia, indiferencia, vagancia, poltronería, molicie, inercia, pereza, gandulería || recreo, diversión, fiesta, vacación, asueto, descanso, retiro, jubilación, entretenimiento, ratos perdidos.

Ociosamente indolentemente, perezosamente, inactivamente, v. ocioso.

Ociosidad vagancia, molicie, pereza, inactividad, inercia, apatía, desidia, poltronería, indolencia, v. ocio.

Ocioso inactivo, desocupado, parado, indolente, apático, indiferente, poltrón, vago, descuidado, desidioso, perezoso, holgazán, gandul, haragán, remolón, dejado, tumbón || infructuoso, vano, estéril, inútil, ineficaz, inoperante, nulo, insuficiente, inadecuado, negativo || parado, cesante, jubilado, retirado.

Ocluir cerrar, obstruir, tapar, tupir, embozar, taponar, atascar, cegar, atrancar, estancar, atorar.

Oclusión obstrucción, cierre, atasco, taponamiento, estancamiento, obturación, cegamiento, oclusión, ahogo, atoramiento, embozo.

Ocre tostado, amarillento, sil, almagre, amarillo.

Octavilla libelo, folleto, panfleto, hoja, cuartilla, papel, nota, pasquín, escrito, propaganda.

Octogenario v. anciano.

Octópodo cefalópodo, molusco, pulpo, calamar, sepia.

Ocular lente, cristal, vidrio, sistema óptico || oftalmológico, visual, palpebral, oftálmico.

Oculista oftalmólogo, especialista, médico, facultativo.

Ocultación encubrimiento, disimulo, disfraz, envoltura, escondite, enmascaramiento, desfiguración, retiro, arrinconamiento, eclipse, fraude, desaparición, silencio, secreto, recato, clandestinidad, enclaustramiento, omisión, fingimiento, emboscamiento, emboscada, estratagema.

Ocultamente secretamente, silenciosamente, ilícitamente, v. oculto.

Ocultar encubrir, disimular, desfigurar, esconder, guardar, apartar, tapar, disfrazar, enmascarar, fingir, silenciar, callar, retirar, enclaustrar, encerrar, velar, arrinconar, arrebozar, envolver, enterrar, sepultar, cubrir, omitir, recatar ‖ OCULTARSE emboscarse, esconderse, acechar, espiar, aguardar, esperar, resguardar, protegerse, desaparecer, internarse.

OCULTISMO espiritismo, parapsicología, telepatía, levitación, misterio, enigma, incógnita, arcano, magia v.

OCULTO disimulado, escondido, encubierto, desfigurado, enmascarado, disfrazado, tapado, apartado, guardado, callado, silencioso, retirado, recatado, cubierto, omitido, sepultado, enterrado, envuelto, embozado, arrinconado, velado, encerrado, enclaustrado, reservado, anónimo, esotérico, subrepticio, furtivo, clandestino ‖ secreto, arcano, recóndito, ignoto, hondo, indescifrable, inescrutable, insondable.

OCUPACIÓN quehacer, actividad, tarea, trabajo, función, labor, faena, afán, deber, obligación, trajín, fajina, operación, ejercicio, servicio, asunto, diligencia, cuidado, empleo, cargo, responsabilidad, cometido, profesión, oficio, ministerio, colocación, acomodo, carrera, ciencia, arte.

OCUPADO agobiado, atareado, abrumado, afanoso, apurado, diligente, activo, trabajador, atosigado, aperreado, afanado, engolfado, embebido, absorto, ajetreado ‖ completo, lleno, invadido, asaltado, conquistado, tomado, apresado, capturado, despojado, vencido, sojuzgado.

OCUPANTE inquilino, vecino, arrendatario, alquilado, habitante ‖ invasor, conquistador, captor, vencedor, asaltante, dominador, usurpador, saqueador, triunfador.

OCUPAR apoderarse, adueñarse, apropiarse, tomar, entrar, invadir, conquistar, asaltar, apresar, capturar, vencer, sojuzgar, dominar, despojar, irrumpir, pillar, saquear ‖ instalarse, llenar, meterse, ponerse, acomodarse, colocarse, situarse, establecerse, arrellanarse, habitar, mudarse, vivir ‖ OCUPARSE ejercer, actuar, practicar, cultivar, ejecutar, desenvolverse, ejercitar, desempeñar, llenar, realizar, cumplir, desplegar, entregarse, profesar, atender, dedicarse, consagrarse, trabajar, aplicarse.

OCURRENCIA agudeza, salida, gracia, chiste, idea, chispa, gracejo, donaire, ingeniosidad, sutileza, dicho, burla ‖ suceso, ocasión, acontecimiento, coyuntura, casualidad, circunstancia, contingencia, incidencia, lance.

OCURRENTE gracioso, agudo, chistoso, ingenioso, sutil, dicharachero, donairoso, burlón, socarrón, irónico, saleroso, garboso.

OCURRIR suceder, sobrevenir, acaecer, pasar, producirse, llegar, advenir, verificarse, cumplirse, realizarse, acontecer, ser, efectuarse, salir, venir, empezar.

OCHAVA chaflán, esquina, ángulo, vuelta.

OCHENTÓN v. anciano.

ODA composición poética, verso, exaltación, loa, glorificación, alabanza, apología, poema v.

ODALISCA bailarina, esclava, concubina.

ODIAR detestar, abominar, aborrecer, reprobar, execrar, maldecir, despreciar, desdeñar, vituperar, repugnar, condenar, indigestársele.

ODIO rencor, aborrecimiento, resentimiento, animadversión, antipatía, malevolencia, desafecto, desamor, horror, tirria, desprecio, rabia, encono, hincha, ojeriza, abominación, inquina, repugnancia, enemistad, desdén, desprecio, saña, envidia, fobia.

ODIOSO aborrecible, antipático, despreciable, abominable, repugnante, horroroso, malévolo, detestable, execrable, condenable, reprobable, atroz, infame, vituperable, indigno.

ODISEA aventura, hazaña, andanza, empresa, riesgo, evento, sucedido, tragedia, drama, sufrimiento, martirio, sacrificio, persecución, éxodo, huida.

Odontólogo dentista, estomatólogo, especialista.

Odorante v. odorífero.

Odorífero oloroso, odorante, fragante, aromático, odorífico, perfumado, balsámico.

Odorífico v. odorífero.

Odre cuero, pellejo, bota, recipiente, receptáculo || beodo, curda, borracho v.

Oeste occidente, ocaso, poniente.

Ofender injuriar, afrentar, insultar, burlar, insolentarse, desairar, despreciar, ultrajar, descararse, escarnecer, agraviar, menospreciar, vituperar, denostar, humillar, difamar, vejar, dañar, agredir, atropellar, lastimar, herir, vilipendiar, denigrar, deshonrar, zaherir, faltar, provocar, renegar, soltar, proferir || Ofenderse amoscarse, mosquearse, resentirse, irritarse, picarse, escamarse, molestarse, incomodarse, sospechar, recelar, disgustarse.

Ofendido resentido, amoscado, irritado, mosqueado, escamado, incomodado, molesto, picado, disgustado, receloso, sospechoso || injuriado, afrentado, insultado, burlado, desairado, v. ofender.

Ofensa afrenta, agravio, injuria, burla, insolencia, escarnio, descaro, ultraje, desprecio, desaire, difamación, humillación, denuesto, vituperio, menosprecio, desprecio, insulto, invectiva, irreverencia, baldón, oprobio, dicterio, improperio, maldición, blasfemia, amenaza, reniego, perjuicio.

Ofensiva ataque, embestida, arremetida, asalto, agresión, marcha, incursión, correría, combate, lucha, acometida, empuje, embate, irrupción.

Ofensivamente humillantemente, injuriosamente, agresivamente, v. ofensivo.

Ofensivo humillante, injurioso, ultrajante, agresivo, agraviante, provocativo, afrentoso, infamante, escarnecedor, despreciativo, infame, vejatorio, insolente, descarado, desvergonzado, desfachatado, deslenguado, grosero, irrespetuoso.

Ofensor v. ofensivo.

Oferente donante, donador, legador, generoso, donatario, espléndido.

Oferta propuesta, proposición, ofrecimiento, promesa, sugerencia, ofrenda, consagración, voto, obligación, convite, palabra, estipulación, servicio, invitación.

Ofertar * ofrecer v., ofrendar, proponer.

Office * dependencia, antecocina, cuarto de servicio, despensa || oficina, despacho.

Offside * fuera de juego.

Oficial estatal, gubernativo, gubernamental, nacional, administrativo, público, legal, representativo || militar, jefe, superior, comandante, soldado || secretario, empleado, artesano, trabajador, experto.

Oficialmente administrativamente, públicamente, legalmente, v. oficial.

Oficiante celebrante, misacantano, cura, religioso, sacerdote v.

Oficiar celebrar, solemnizar, cantar, decir misa || actuar, ejercer, mediar, terciar, arbitrar, intervenir, ejecutar.

Oficina despacho, bufete, estudio, escritorio, notaría, ayudantía, intendencia, delegación, asesoría, cancillería, tesorería, contaduría, administración, caja, negociado, dirección, secretaría, centro, agencia, departamento, ministerio, comisaría.

Oficinal medicinal, médico.

Oficinesco burocrático, administrativo.

Oficinista empleado, escribiente, funcionario, burócrata, oficial, auxiliar, ayudante, subalterno, pasante, amanuense, chupatintas, cagatintas, dependiente, mecanógrafo, taquígrafo, dactilógrafo, estenógrafo, taquimecanógrafo, cajero, secretario.

Oficio profesión, ocupación, tarea, cargo, trabajo, actividad, empleo, labor, arte, colocación, ministerio, menester, ejercicio, faena, quehacer, puesto, función, destino, plaza, cometido, beneficio, acomodo, acción, gestión || escrito, documento, instancia, comunicación, nota, manuscrito, expediente, registro, protocolo, legajo, minuta || dependencia, cuarto, despensa, antecocina.

Oficiosamente extraoficialmente, privadamente, particularmente, v. oficioso.

Oficiosidad diligencia, aplicación, esmero, atención, cuidado, celo, afán, ahínco, dedicación, solicitud || entremetimiento, intercesión, tercería, oficio, ingerencia, indiscreción, intrusión, mediación, mangoneo.

Oficioso extraoficial, privado, particular, amistoso || indiscreto, entremetido, intruso, mediador, intercesor, árbitro, servil, importuno, adulador || servicial, hacendoso, diligente, complaciente, solícito, eficaz.

Ofidio reptil, serpiente, culebra, víbora, sierpe, crótalo.

Ofrecer ofrendar, prometer, dedicar, consagrar, proponer, invitar, convidar, brindar, sugerir, formular, insinuar, exponer, presentar, plantear, procurar, desear, dar, entregar, donar, comprometerse, obligarse, asegurar, afirmar, garantizar, avalar, responder, respaldar, apoyar, abonar, suscribir.

Ofrecimiento convite, invitación, promesa, propuesta, proposición, palabra, v. oferta.

Ofrenda homenaje, sacrificio, testimonio, acto, demostración, dedicatoria, cumplido, honra, premio, recompensa, regalo, servicio, cómpensación, obsequio, dádiva, donación, voto, v. ofrecimiento.

Ofrendar v. ofrecer.

Oftalmía inflamación, dolencia, enfermedad ocular.

Oftálmico ocular, oftalmológico, visual, palpebral.

Oftalmológico v. oftálmico.

Ofuscación obcecación, obstinación, obsesión, prejuicio, perturbación, equivocación, confusión, ceguedad, ceguera, terquedad, error, fascinación, turbación, alucinación, insistencia, tozudez || deslumbramiento, encandilamiento, enceguecimiento.

Ofuscado obsesionado, obstinado, obcecado, terco, ciego, confundido, equivocado, perturbado, obseso, alucinado, turbado, fascinado, insistente, tozudo, errado || deslumbrado, encandilado, enceguecido.

Ofuscamiento v. ofuscación.

Ofuscarse obsesionarse, obstinarse, obcecarse, enceguecerse, confundirse, equivocarse, turbarse, perturbarse, alucinarse, fascinarse, errar, insistir, trastornarse, chiflarse, abobarse, obnubilarse || deslumbrarse, encandilarse, enceguecerse.

Ogro gigante, monstruo, espantajo, coco, fantasmón || bárbaro, feroz, salvaje, cruel, fierabrás, intratable, glotón.

¡Oh! ¡ah!, ¡vaya!, ¡caramba!, ¡caray!, ¡huy!, ¡arrea!, ¡cáspita!

Oíble audible, perceptible, escuchable.

Oídas (De) por referencia, por noticia, escuchado, oído.

Oído oreja, sentido, percepción, aptitud, escucha, audición, atención.

Oidor juez, magistrado, togado, auditor.

Oír escuchar, percibir, notar, sentir, advertir, atender, auscultar, enterarse, prestar atención, prestar oídos, aguzar los sentidos || atender, acceder, conceder, otorgar, admitir.

Ojal ojete, corte, abertura, hendedura, agujero, presilla, alamar, ojaladura.

¡Ojalá! ¡Dios lo quiera!, ¡que suceda!, ¡que ocurra!

Ojeada mirada, vistazo, columbrón,

atisbadura, repaso, percepción, atisbo.
OJEADOR cazador, montero, ahuyentador, batidor, acosador, peón, ayudante.
OJEAR cazar, ahuyentar, batir, acosar, perseguir, espantar, acorralar, levantar || columbrar, atisbar, repasar, percibir, mirar, fisgar || aojar, encantar, embrujar.
OJEO batida, acoso, persecución, acorralamiento, caza, seguimiento.
OJERA mancha lívida, cerco, círculo.
OJERIZA tirria, inquina, odio, hincha, rencor, aversión, enemistad, aborrecimiento, rabia, manía, prejuicio, malquerencia, fobia.
OJEROSO macilento, marchito, ajado, pálido, exangüe, agotado, triste.
OJETE v. ojal || esfínter, ano v.
OJIVA arco, arcada, vuelta, figura.
OJIVAL gótico, medioeval, antiguo.
OJO globo ocular, órgano visual, vista, sentido, luceros, fanales || agujero, abertura, orificio, horado, boca, foramen, ojete, ojal v. || ¡Ojo! ¡cuidado!, ¡atención!, ¡alto!, ¡precaución!
OKEY * bien, está bien, conforme, visto bueno.
OLA onda, oleaje, marejada, rompiente, maretazo, batiente, roción, embate, cabrilleo, oleada.
¡OLE! ¡bravo!, ¡muy bien!, ¡estupendo!, ¡viva!, ¡olé!
OLEADA torbellino, multitud, riada, muchedumbre, tropel, aglomeración || v. oleaje.
OLEAGINOSO v. oleoso.
OLEAJE marejada, oleada, ondas, rompiente, maretazo, cabrilleo, embate, batiente, violencia, empuje, resaca, ondulación.
ÓLEO aceite, olio, unto, oleína, lípido, líquido graso, untuoso, lubrificante || ÓLEOS (SANTOS) extremaunción, sacramentos, viático.
OLEOSO aceitoso, untuoso, graseoso, resbaladizo, lubrificante, seboso, grasiento, lipoideo, oleaginoso, graso, manchado, untado.
OLER husmear, olfatear, oliscar, ventear, percibir, notar, advertir, sentir, aspirar || trascender, exhalar, sofocar, asfixiar, emanar, despedir, odorizar, perfumar, aromatizar || investigar, inquirir, fisgar, averiguar, perquirir, buscar || OLERSE barruntar, sospechar, recelar, mosquearse, amoscarse, temer.
OLFACCIÓN olfateo, husmeo, percepción, venteo, aspiración.
OLFATEAR v. oler.
OLFATEO v. olfacción.
OLFATIVO olfatorio, sensorial.
OLFATO percepción, sentido, venteo, aspiración, olfateo, olfacción, husmeo || sagacidad, astucia, intuición, perspicacia, instinto, penetración, sutileza.
OLFATORIO olfativo, sensorial.
OLIGARQUÍA camarilla, pandilla, gobierno de minorías, círculo.
OLIMPÍADAS juegos, fiestas, celebraciones, competiciones, juegos olímpicos, justas atléticas.
OLÍMPICO altanero, soberbio, desdeñoso, despectivo, orgulloso, majestuoso, imponente.
OLISCAR olfatear, v. oler.
OLISQUEAR * oliscar, v. oler.
OLIVA aceituna, fruto del olivo.
OLIVARERO oleícola, olivícola.
OLIVO olivera, oliva, alberquín, árbol.
OLÓGRAFO autógrafo, escrito, manuscrito, caligráfico, de puño y letra.
OLOR fragancia, aroma, emanación, efluvio, perfume, esencia, vaho, exhalación, fetidez, miasmas, tufo, husmo, pestilencia, hedor, hediondez, cochambre, peste, hedentina, catinga, percepción, sentido.
OLOROSO perfumado, aromático, fragante, odorífico, odorífero, balsámico, odorante, grato, agradable.
OLVIDADIZO distraído, desmemoriado, *despistado*, negligente, aturdido, abandonado, descuidado, atolondrado, desatento, ido, imprevisor, ligero, irreflexivo, tarambana || desagradecido, ingrato, indiferente, descastado.

OLVIDADO arrinconado, relegado, desdeñado, postergado, omitido, v. olvidar.

OLVIDAR arrinconar, relegar, desdeñar, postergar, omitir, descuidar, negar, desconocer, desatender, preterir, negligir, enterrar || dejar, perder, abandonar, extraviar.

OLVIDO omisión, pérdida, abandono, negligencia, distracción, descuido, desatención, atolondramiento, aturdimiento, ligereza, imprevisión, amnesia || indiferencia, ingratitud, egoísmo, desdén, desagradecimiento, repudio, abandono.

OLLA cazo, pote, cazuela, tartera, puchero, perol, marmita, vasija, recipiente || cocido, guiso, vianda, plato.

OMBLIGO cicatriz, hueco, depresión || centro, medio, mitad, promedio, núcleo, corazón, meollo, foco, médula.

OMINAR presagiar, anunciar, agorar, predecir, pronosticar, vaticinar.

OMINOSO amenazador, aciago, abominable, siniestro, trágico, funesto, infausto, execrable, desastroso, fatal, calamitoso, azaroso.

OMISIÓN negligencia, descuido, exclusión, falta, laguna, inadvertencia, v. olvido.

OMISO descuidado, flojo, negligente, dejado || olvidado, abandonado, relegado.

OMITIR dejar, abandonar, relegar, excluir, arrinconar, saltar, pasar, preterir, olvidar, silenciar, prescindir, truncar, abstenerse, despreocuparse, cortar, suprimir.

ÓMNIBUS autobús, camioneta, vehículo, carruaje, *autocar,* coche.

OMNÍMODO total, completo, absoluto, general, integral, v. omnipotente.

OMNIPOTENCIA poderío, supremacía, poder, dominio, superioridad, absolutismo, soberanía, imperio, mando, potestad, preponderancia, influencia.

OMNIPOTENTE todopoderoso, poderoso, dominante, supremo, influyente, preponderante, soberano, absoluto, superior, irresistible, sumo, altísimo || Dios, v.

OMNIPRESENCIA ubicuidad, universalidad, difusión, propagación, || actividad, dinamismo, curiosidad.

OMNIPRESENTE ubicuo, universal, general, difundido, propagado || activo, dinámico, curioso.

OMNISAPIENTE omnisciente, omniscio, erudito, sapientísimo, sabio, universal, docto.

OMNISCIENCIA conocimiento total, absoluto, integral, universal.

OMNISCIENTE v. omnisapiente.

OMÓPLATO escápula, paletilla, espaldilla, espalda, omoplato.

ONAGRO asno, burro, cuadrúpedo silvestre, animal salvaje.

ONANISMO masturbación, vicio, placer solitario.

ONCOLOGÍA cancerología, estudio del cáncer.

ONCÓLOGO cancerólogo, especialista.

ONDA rizo, tirabuzón, bucle, sortija, v. ondulación.

ONDEADO v. ondulado.

ONDEANTE ondulante, flameante, sinuoso, ondulatorio, serpentino, flexible, movedizo, flexuoso, flotante, fluctuante, tremolante.

ONDEAR ondular, flamear, tremolar, fluctuar, flotar, mover, mecer, enarbolar, sacudir, agitar, columpiar, serpentear.

ONDEO serpenteo, flameo, culebreo, cabrilleo, oleaje, flexibilidad, ondulación v.

ONDINA ninfa, náyade, oceánida, nereida, hespéride, dríade.

ONDULACIÓN oscilación, ondeado, serpenteo, ondeo, flameo, culebreo, cabrilleo, oleaje, sinuosidad, curvatura, vibración || permanente, peinado, tocado.

ONDULADO ondeado, irregular, desigual, ondulante, sinuoso, v. ondeante || rizado, ensortijado, encrespado, ondeado.

ONDULANTE v. ondeante.

ONDULAR encrespar, rizar, ensortijar, ondear || tremolar, v. ondear.

ONDULATORIO vibratorio, v. ondeante.

ONEROSO costoso, dispendioso, caro, exorbitante, excesivo, lujoso, abusivo, enfadoso, gravoso, engorroso, pesado, molesto.

ÓNICE ónix, ágata, piedra, gema.

ÓNIX v. ónice.

ONOMÁSTICO cumpleaños, aniversario, conmemoración, celebración, fiesta, festejo, convite || patronímico, apelativo.

ONOMATOPEYA imitación, reproducción, remedo.

OPACAR velar, v. opaco.

OPACIDAD turbiedad, velo, obscuridad, turbulencia, calina, confusión, vaguedad, sombra, nebulosidad.

OPACO deslustrado, mate, turbio, obscuro, velado, gris, nebuloso, fúnebre, tétrico, lúgubre.

OPALESCENTE irisado, iridiscente, tornasolado, refulgente, jaspeado.

OPCIÓN alternativa, disyuntiva, dilema, elección, dificultad, preferencia, iniciativa, adopción, resolución, determinación, derecho, facultad, libertad.

ÓPERA poema dramático, drama lírico, melodrama, función, festival, representación.

OPERACIÓN manipulación, realización, ejecución, ejercicio, acción, trabajo, actuación, procedimiento || negocio, convenio, contrato, trato, especulación, asunto || maniobra, ejercicio, marcha, evolución || intervención quirúrgica, extirpación, erradicación.

OPERACIONAL táctico, estratégico, operativo v.

OPERADOR cirujano, especialista, quirúrgico || manipulador, ejecutor, elaborador, practicante, operante, obrador, actuante, v. operario.

OPERAR intervenir, sajar, cortar, extirpar, erradicar, curar || ejecutar, realizar, actuar, obrar, manipular, elaborar, practicar, efectuar, maniobrar, ejercitar || especular, negociar, pactar, contratar.

OPERARIO obrero, trabajador, artesano, productor, mecánico, menestral, asalariado, proletario, peón, bracero, v. operador.

OPERATIVO operante, ejecutivo, activo, ejecutivo, activo, agente, obrante, ejecutor, operacional v.

OPERATORIO quirúrgico, médico, terapéutico.

OPERETA zarzuela, obra musical, comedia musical.

OPILACIÓN impedimento, obstrucción, atascamiento, atoramiento, atasco.

OPIMO rico, fértil, abundante, exuberante, pródigo, cuantioso, feraz, copioso, próspero.

OPINABLE criticable, discutible, enjuiciable, conjeturable, reputable.

OPINANTE calificador, crítico, dictaminador, juez, censor, enjuiciador.

OPINAR considerar, enjuiciar, dictaminar, emitir, librar, discernir, fallar, reputar, creer, suponer, valorar, criticar, calificar, sentir, estimar, juzgar, pensar, conceptuar, presumir, declarar, establecer, manifestar, exponer, revelar, publicar, expresar, señalar, apuntar, afirmar, aseverar.

OPINIÓN dictamen, parecer, juicio, sentencia, resolución, creencia, afirmación, sugerencia, aseveración, expresión, revelación, exposición, manifestación, declaración, concepto, pensamiento, discernimiento, consideración, dictamen, voto, voz, enjuiciamiento, consejo, informe || fama, reputación, prestigio, predicamento, crédito, consideración, boga, nombre, concepto.

OPIO narcótico, alcaloide, tóxico, estupefaciente, aletargante.

OPÍPARAMENTE suculentamente, espléndidamente, abundantemente, v. opíparo.

OPÍPARO suculento, abundante, espléndido, substancioso, copioso,

Oponente contrincante, contrario, rival, competidor, émulo, contendiente, antagonista, enemigo, adversario, opuesto, hostil.

Oponer enfrentar, encarar, arrostrar, resistir, revolverse, obstruir, afrontar, contrarrestar, impugnar, dificultar, pelear, repugnar, objetar, rechazar, estorbar, reclamar, sublevar, dar la cara.

Oponible enfrentable, impugnable, discutible, objetable, criticable.

Oportunamente convenientemente, adecuadamente, pertinentemente, puntualmente, debidamente, v. oportuno.

Oportunidad conveniencia, ocasión, pertinencia, congruencia, puntualidad, exactitud, precisión, propiedad, conformidad, coyuntura, sazón, trance, lance, fecha, tiempo, circunstancia, situación, particularidad, coincidencia, casualidad, eventualidad, ocurrencia, incidencia, medio, asidero || ganga, breva, momio, ventaja, saldo, provecho, utilidad, beneficio, negocio.

Oportunismo beneficio, ocasión, sazón, provecho, utilidad, especulación, v. oportunidad.

Oportunista aprovechador, aprovechado, sagaz, listo, especulador, astuto, positivista, práctico, abusador, utilitario, pancista.

Oportuno pertinente, congruente, puntual, conveniente, propio, conforme, debido, exacto, preciso, coincidente, tempestivo, correspondiente, apropiado, adecuado, casual, crítico, ocasional || gracioso, ocurrente, chistoso, ingenioso, donoso.

Oposición antagonismo, antítesis, contrariedad, contraposición, discrepancia, disparidad, disconformidad, contradicción, contrapartida, emulación, competentencia, barrera, estorbo, dique, reacción, discusión, repugnancia, pugna, impedimento, obstáculo, negativa, enfrentamiento, rebeldía || Oposiciones exámenes, prueba, concurso, selección, certámenes, ejercicios, convocatoria || minoría, grupo, facción minoritaria.

Opositar concursar, intervenir, concurrir, participar en oposiciones.

Opositor concursante, pretendiente, aspirante, convocado, seleccionado, examinando || contrincante, rival, émulo, v. oponente.

Opresión dominio, despotismo, absolutismo, autocracia, intolerancia, tiranía, abuso, exceso, dictadura, caciquismo, intransigencia, arbitrariedad, dominación, vejación, humillación || ahogo, asfixia, congoja, ansia, angustia, asma, sofocación, sofoco, dificultad || compresión, apretura, v. presión.

Opresivo asfixiante, sofocante, angustioso || dominante, intolerante, tiránico, abusivo, excesivo, intransigente, arbitrario.

Opresor tirano, déspota, dominador, intransigente, dictador, abusador, intolerante, avasallador, autócrata, absolutista, sojuzgador, amo, invasor.

Oprimir esclavizar, dominar, tiranizar, abusar, humillar, vejar, imperar, sojuzgar, subyugar, vencer, vejar, aherrojar, agobiar, avasallar || apretar, comprimir, presionar, pulsar, tocar.

Oprobiar v. mancillar.

Oprobio deshonra, afrenta, ignominia, humillación, deshonor, baldón, degradación, injuria, estigma, mancha, infamia, ultraje, vergüenza, ludibrio, bajeza, vilipendio, descrédito, mancilla.

Oprobioso deshonroso, humillante, ignominioso, afrentoso, ultrajante, infamante, injuriante, degradante, vergonzoso, denigrante, repugnante.

Optar escoger, elegir, seleccionar, preferir, señalar, adoptar, decidir, resolver || ingresar, acceder, destinar, nombrar.

Optativo voluntario, facultativo,

ÓPTICO selectivo, discrecional, espontáneo, potestativo, libre, prudencial, primitivo.

ÓPTICO visual, ocular, oftálmico, cromático, espectral, refrigente, focal || perito, técnico, v. oculista.

ÓPTIMAMENTE espléndidamente, perfectamente, magníficamente, v. óptimo.

OPTIMISMO ánimo, esperanza, brío, aliento, entusiasmo, seguridad, convicción, tranquilidad, confianza, fe, certeza, certidumbre, fanfarronería, ingenuidad, credulidad, fantasía, ilusión, aliento, afán.

OPTIMISTA confiado, convencido, tranquilo, cierto, crédulo, ingenuo, fanfarrón, ardoroso, atrevido, impulsivo, alegre, ilusionado, esperanzado, afanoso.

ÓPTIMO perfecto, espléndido, magnífico, próspero, inmejorable, soberbio, excelente, inapreciable, superior, maravilloso, bonísimo.

OPUESTO contrario, enemigo, encontrado, refractario, adversario, reluctante, reacio, antípoda, antagónico, adverso, incompatible, inverso, divergente, contradictorio, contrapuesto, desigual, distinto, disímil, negativo, enfrentado, antagonista.

OPUGNACIÓN v. oposición.

OPUGNADOR v. opuesto.

OPUGNAR v. oponer.

OPULENCIA profusión, abundancia, exuberancia, superabundancia, riqueza, demasía, copiosidad, plétora, sobra, plenitud, prodigalidad, profusión, infinidad, colmo, desbordamiento, generosidad, fertilidad, afluencia || prosperidad, riqueza, fortuna, bienestar, hacienda, posición, situación, bienes, caudales.

OPULENTO copioso, abundante, pleno, desbordante, pródigo, profuso, pletórico, rico, superabundante, exuberante, generoso, fértil, lujuriante, ubérrimo, colmado, afluente, fecundo, excesivo || próspero, rico, adinerado, pudiente, acaudalado, millonario, creso.

OPÚSCULO obrita, ensayo, folleto, monografía, escrito, cuadernillo, fascículo.

OQUEDAD depresión, hueco, hoyo, concavidad, seno, orificio, agujero, abertura, entrada, vano, hornacina, cavidad, escotadura, hendedura, pozo, zanja, foso, excavación, hondonada, mina, sima, vacío, caverna, cueva, gruta, ranura, surco, grieta, intersticio.

ORACIÓN rezo, súplica, plegaria, preces, invocación, ruego, deprecación, imploración, jaculatoria, rogativa, voto, petición, adoración, rosario, culto, recogimiento, acción de gracias || alocución, discurso, disertación, arenga, exposición, perorata, sermón, panegírico, razonamiento, explicación, tratado, plática, conferencia, charla || frase, palabra, locución, expresión, enunciado, proposición, parágrafo || toque, repique, llamada, anochecer, atardecer, crepúsculo.

ORÁCULO predicción, pronóstico, profecía, auspicio, augurio, agüero, anuncio, vaticinio, adivinación || consulta, consejo, respuesta, réplica || templo, templete.

ORADOR conferenciante, disertador, charlista, predicador, tribuno, disertante, demagogo, panegirista, demóstenes, cicerón, arengador, abogado, charlatán, facundo, florido.

ORAL verbal, hablado, expresado, enunciado || bucal, digestivo.

ORANGUTÁN primate, mono, simio, antropomorfo.

ORANTE suplicante, implorante, arrodillado, devoto, piadoso, beato

ORAR invocar, rezar, suplicar, pedir, rogar, implorar, deprecar, adorar, agradecer, solicitar, hablar, alzar, elevar plegarias || arengar, hablar, disertar v.

ORATE loco, chiflado, demente, insano, chiflado, trastornado, maniático, mochales, perturbado, maníaco, anormal, enajenado, maniático.

Oratoria dialéctica, retórica, facundia, elocuencia, verborrea, grandilocuencia, altisonancia, razón, persuasión, convicción, fogosidad, arrebato, labia, captación, demagogia, prédica, panegírico, discurso v.

Oratorio dialéctico, retórico, elocuente, grandilocuente, altisonante, persuasivo, convincente, fogoso, arrebatado, demagógico, tribunicio, ciceroniano || ermita, capilla, templete, adoratorio, santuario, templo, v. iglesia.

Orbe mundo, esfera, globo, tierra, planeta, universo, creación.

Orbicular circular, redondo, orbital.

Órbita curva, trayectoria, recorrido, parábola, elipse || cuenca, concavidad, hueco, agujero, cavidad, oquedad || ámbito, área, dominio, esfera, círculo, espacio, zona.

Orco averno, báratro, infierno, tártaro, abismo, condenación, antenora.

Órdago (DE) excelente, magnífico, espléndido, soberbio, estupendo, colosal, asombroso.

Ordalía prueba, duelo, tormento, juicio de Dios.

Orden mandato, imposición, obligación, exigencia, precepto, dictamen, pedido, encargo, prescripción, advertencia, decisión, mandamiento, disposición, bando, decreto, ley, edicto, ordenanza || disposición, colocación, sucesión, serie, formación, estructura, distribución, arreglo, instalación, situación, ubicación, posición, acomodo, alineación, orientación || armonía, tranquilidad, paz, concierto, regularidad, disciplina, método, equilibrio, simetría, seguridad, normalidad || cofradía, comunidad, hermandad, regla, institución || condecoración, medalla, premio, recompensa, cruz.

Ordenación v. orden.

Ordenadamente cuidadosamente, regularmente, metódicamente, v. ordenado.

Ordenado cuidadoso, regular, metódico, atento, minucioso, sistemático, detallista, escrupuloso, exacto, observador, preciso, esmerado, aplicado, celoso, pulcro, prolijo, nimio, concienzudo || v. sacerdote.

Ordenador computadora, v. ordenadora || organizador, reformador, instaurador, creador, formador, coordinador.

Ordenadora ordenador, computadora, calculadora, procesadora, evaluadora, operadora, aparato, máquina, cerebro electrónico.

Ordenamiento v. orden.

Ordenancista escrupuloso, riguroso, severo, rígido, dictatorial, minucioso, quisquilloso.

Ordenanza mandato, decreto, orden, edicto, precepto, dictamen, decisión, disposición, bando, ley, reglamento, estatuto, régimen, legislación || asistente, ayudante, bedel, subalterno, conserje.

Ordenar acomodar, ajustar, arreglar, disponer, preparar, aparejar, instalar, colocar, concertar, adornar, aprestar, ubicar, poner, situar, organizar, regularizar, reformar, aviar, desenredar, desembrollar, adecuar, combinar, casar, coordinar, componer, compaginar, foliar, numerar || mandar, prescribir, imponer, obligar, preceptuar, dictaminar, pedir, exigir, advertir, decidir, disponer, establecer, decretar || Ordenarse recibir la tonsura, las órdenes, los grados.

Ordeñar exprimir, extraer, estrujar, comprimir, vaciar, agotar, esquilmar.

Ordeño extracción, obtención, estrujamiento.

Ordinariamente vulgarmente, groseramente, incorrectamente, corrientemente, v. ordinario.

Ordinariez incorrección, grosería, vulgaridad, zafiedad, villanía, bajeza, chocarrería, ramplonería, chabacanería, incultura, incivilidad, tosquedad, descortesía, desatención, descaro, rudeza, impertinencia, palabrota, barbaridad, rabotada.

ORDINARIO vulgar, grosero, incorrecto, zafio, villano, bajo, inculto, chabacano, ramplón, chocarrero, descarado, desatento, descortés, tosco, incivil, inculto, impertinente, rudo, descarado, soez, plebeyo, basto || corriente, común, usual, habitual, frecuente, acostumbrado, regular, normal, conocido, abundante, periódico, diario.

OREAR ventilar, refrescar, airear, ventear, abrir, purificar, refrescar, secar, tender.

OREJA oído, ternilla, cartílago, pabellón, auricular || adulón, adulador, correveidile, chismoso, cuentista, cobista, tiralevitas.

OREJUDO orejón, de orejas grandes.

OREO ventilación, venteo, purificación, secamiento, *aireación*.

ORFANATO hospicio, asilo, inclusa, casa cuna, refugio, albergue, *orfelinato*, alojamiento, casa de expósitos, establecimiento benéfico.

ORFANDAD desamparo, abandono, soledad, carencia, falta, privación, insuficiencia.

ORFEBRE joyero, artífice, platero, orífice, artesano, artista, grabador.

ORFEBRERÍA artesanía, platería, joyería, arte, filigrana, grabado, cincelado.

ORFELINATO * v. orfanato.

ORFEÓN coro, coral, ronda, conjunto, grupo, masa coral.

ORGÁNICO armónico, consonante, conjuntado, unido || organizado, viviente.

ORGANILLO órgano de manubrio, pianola, artefacto musical.

ORGANISMO ser, criatura, espécimen, ente, individuo, cuerpo, forma, animal || entidad, institución, corporación, asociación, mancomunidad, gremio, colectividad, cámara, dependencia, secretaría, instituto, establecimiento, patronato, centro, corporación, consorcio.

ORGANIZACIÓN instauración, sistematización, ordenación, disposición, colocación, serie, estructura, formación, distribución, arreglo, alineación, sistema, método, v. orden || institución, v. organismo.

ORGANIZADO v. orgánico.

ORGANIZADOR ordenador, dinámico, reformador, creador, productor, instaurador, fundador, introductor.

ORGANIZAR establecer, reformar, fundar, crear, introducir, instaurar, producir, ordenar, estatuir, instituir, constituir, proyectar, sistematizar, ajustar, preparar, instalar, regularizar, coordinar.

ÓRGANO víscera, entraña, parte, masa, porción, sección, pieza, miembro || instrumento, relación, medio, portavoz, representante || armonio, instrumento de teclado.

ORGASMO eretismo, clímax, eyaculación, espasmo, convulsión, polución.

ORGÍA bacanal, saturnal, franchela, juerga, festín, jolgorio, desenfreno, escándalo, aquelarre, jarana, cuchipanda, jaleo, libertinaje, lascivia, inmoralidad, comilona, banquete.

ORGIÁSTICO escandaloso, desenfrenado, saturnal, libertino, lascivo, lujurioso, inmoral.

ORGULLO arrogancia, vanidad, soberbia, impertinencia, engreimiento, endiosamiento, jactancia, aires, alas, humos, ínfulas, pedantería, afectación, hinchazón, fatuidad, suficiencia, imperio, altanería, altivez, inmodestia || satisfacción, contento, agrado, ufanía, euforia, optimismo, gozo, honra, prez || v. dignidad.

ORGULLOSAMENTE arrogantemente, vanidosamente, ufanamente, gozosamente, v. orgulloso.

ORGULLOSO soberbio, vano, vanidoso, arrogante, impertinente, engreído, endiosado, jactancioso, suficiente, fatuo, hinchado, afectado, pedante, inmodesto, altivo, altanero, imperioso, empingorotado, encastillado, insolente, olímpico, estirado, fanfarrón, pedante, presuntuoso, hueco || satisfecho, ufano, gozoso, optimista, eufórico, contento.

ORIENTACIÓN colocación, ubicación, disposición, distribución, arreglo, situación, posición, acomodo, alineación, ordenación || consejo, guía, encauzamiento, instrucción, informe, sugerencia, aviso, recomendación, indicación, moción, propuesta, encarrilamiento.

ORIENTADOR consejero, guía, instructor, encauzador, adiestrador.

ORIENTAL asiático, amarillo, chino.

ORIENTAR colocar, disponer, ubicar, alinear, acomodar, poner, situar, arreglar, distribuir, ordenar || aconsejar, guiar, encauzar, indicar, recomendar, avisar, sugerir, informar, instruir, encarrilar, enderezar, encaminar, adiestrar || ORIENTARSE buscar, rastrear, reconocer, explorar, examinar, indagar, tantear.

ORIENTE levante, este, naciente, saliente, orto, punto cardinal.

ORÍFICE artífice, joyero, orfebre, artista, artesano.

ORIFICIO agujero, ojo, boquete, abertura, boca, taladro, hoyo, hueco, perforación, portillo, foramen, brecha, hoyo, entrada, pozo, ojete, ojal.

ORIFLAMA estandarte, pendón, bandera, guión, enseña, divisa, emblema, pabellón, insignia, gallardete, confalón, lábaro, banderín.

ORIGEN principio, nacimiento, germen, manantial, fundamento, fuente, ascendencia, anterioridad, naturaleza, procedencia, derivación, arranque, comienzo, salida, brote, germinación, llegada, inicio, cimiento, fundamento, etimología, raíz, causa, génesis || nacionalidad, nación, patria, país, naturaleza, oriundez || linaje, estirpe, ascendencia, cuna, casta, prosapia, alcurnia, abolengo, tronco, genealogía.

ORIGINAL desusado, inusitado, inaudito, insólito, desacostumbrado, infrecuente, extraordinario, excepcional, asombroso, curioso, interesante, extraño, singular, peculiar, especial, caprichoso, personal, particular, único, inimitable || nuevo, inédito, primitivo, primario, inicial, primero, inaugural, preliminar, originario, preparatorio, básico || manuscrito, borrador, apunte, documento, escrito || muestra, modelo, ejemplar, tipo, patrón, molde || ancestral, primitivo v.

ORIGINALIDAD particularidad, especialidad, peculiaridad, singularidad, rareza, curiosidad, extrañeza, innovación, novedad, extravagancia, capricho.

ORIGINALMENTE primitivamente, primariamente, inicialmente, primeramente, originariamente, preliminarmente, básicamente, en un principio.

ORIGINAR causar, obrar, producir, provocar, crear, acarrear, hacer, promover, motivar, formar, ocasionar, aportar, incitar, excitar, suscitar, influir, imprimir, infundir, meter, sembrar, introducir, determinar, establecer || ORIGINARSE derivar, venir, nacer, provenir, dimanar, arrancar, descender, proceder, comenzar, salir, brotar, germinar, llegar, iniciar.

ORIGINARIAMENTE v. originalmente.

ORIGINARIO procedente, oriundo, nativo, propio, hijo, poblador, habitante, indígena, aborigen, paisano, coterráneo, vecino, ciudadano, compatriota || primitivo, primario, inicial, primero, inaugural, preliminar, preparatorio.

ORILLA litoral, costa, márgenes, ribera, playa, marina, riba, ribazo || borde, margen, canto, extremo, límite, término, remate, labio, arista, filo, filete, ribete, arcén, orla, frontera, extremidad, franja, esquina, línea,

ORILLAR

costado, vera, banda, faja.
ORILLAR concluir, resolver, arreglar, zanjar, disponer, terminar, liquidar, solventar, decidir ‖ eludir, marginar, rodear, evitar, esquivar, soslayar, sortear, bordear, prescindir.
ORILLO cenefa, borde, orla, ribete, franja, faja, filete, tira, orilla.
ORÍN óxido, moho, herrumbre, cardenillo, verdín, roña.
ORINA orines, meados, evacuación, excreción, micción, pis, necesidad, urea, aguas menores.
ORINAL bacinilla, bacín, chata, servicio, dompedro, perico, recipiente, vaso de noche.
ORINAR evacuar, excretar, mear, desbeber, expulsar, hacer aguas menores, hacer pis.
ORINES v. orina.
ORINIENTO oxidado, herrumbroso, enmohecido, entorpecido, embotado, mohoso, roñoso.
ORIUNDO v. originario.
ORLA borde, canto, extremo, margen, límite, término, remate, filete, ribete, franja, línea, costado, banda, faja, contorno, orillo, orilla, adorno, ornamento, aureola, cenefa, tira.
ORLAR adornar, rematar, ribetear, orillar, ornamentar, aureolar, marginar.
ORNAMENTACIÓN adorno, decoración, ornamento, aderezo, gala, atavío, ornato, decorado, realce, arreglo.
ORNAMENTAL estético, decorativo, artístico, primoroso, atractivo, lucido, afiligranado.
ORNAMENTAR decorar, adornar, ornar, aderezar, arreglar, realzar, cuidar, engalanar, amueblar, acicalar, componer, guarnecer, hermosear, afiligranar, enriquecer, exornar, revestir, pintar.
ORNAMENTO v. ornamentación.
ORNAR v. ornamentar.
ORNATO v. ornamentación.
ORO metal noble, precioso, amarillo ‖ moneda, dinero, caudal, riquezas, fondos.

OROGRAFÍA relieve, geografía física.
ORONDO satisfecho, ufano, contento, rozagante, eufórico, optimista, campechano, infatuado, engreído, presuntuoso, orgulloso ‖ grueso, voluminoso, barrigudo, corpulento, rollizo, robusto, pletórico.
OROPEL adorno, chuchería, relumbrón, apariencia, bisutería, quincalla, bicoca, baratija, fruslería.
OROZUZ regaliz, medicamento, pectoral, emoliente.
ORQUESTA conjunto, grupo, agrupación musical ‖ músicos, maestros, profesores, ejecutantes, intérpretes.
ORQUESTACIÓN instrumentación, organización, arreglo, dirección, guía.
ORQUESTAR instrumentar, arreglar, organizar, guiar, dirigir, fomentar.
ORSAY * fuera de juego, *offside*.
ORTIGA hierba, planta, urticácea, broza, cardo.
ORTO levante, este, naciente, oriente, salida, aparición, nacimiento.
ORTODOXIA fidelidad, rectitud, apego, severidad, integridad, lealtad, veracidad, escrupulosidad.
ORTODOXO apegado, fiel, recto, severo, escrupuloso, veraz, leal, íntegro ‖ cristiano, separado, griego.
ORTOGRAFÍA corrección, gramática, acentuación, puntuación, escritura correcta.
ORTOPEDIA rehabilitación, recuperación, corrección de malformaciones.
ORTOPÉDICO artificial, corrector, rehabilitador.
ORUGA gusano, larva, lombriz, gusarapo.
ORUJO hollejo, residuo, pellejo, piel, brisa.
ORVALLO llovizna, mollizna, calabobos, lluvia v.
ORZAR virar, inclinar, apuntar hacia el viento.
ORZAYA v. niñera.

ORZUELO divieso, inflamación, absceso, infección, grano palpebral.
OSADAMENTE temerariamente, resueltamente, atrevidamente, v. osado.
OSADÍA decisión, intrepidez, valentía, temeridad, ánimo, audacia, atrevimiento, riesgo, valor, arriscamiento, arrojo, coraje, brío, empuje, determinación, imprudencia || descaro, desvergüenza, desfachatez, insolencia, fanfarronería, imprudencia, frescura.
OSADO temerario, resuelto, atrevido, valiente, animoso, audaz, intrépido, arriesgado, valeroso, decidido, determinado, brioso, corajudo, imprudente *|| insolente, descarado, fresco, importuno, fanfarrón, desfachatado, desvergonzado.
OSAMENTA esqueleto, restos, huesos, armazón, carcasa.
OSAR arriesgarse, animarse, atreverse, arriscarse, decidirse, intentar, emprender, lanzarse, afrontar, aventurarse, resolver, probar || envalentonarse, insolentarse, descararse, enfrentarse, desmandarse.
OSARIO cárcava, osar, osero, calvero, fosa, hoyo, huesa, sepultura.
OSCILACIÓN mecimiento, balanceo, columpio, vaivén, bamboleo, acunamiento, bandeo, agitación, temblor, balance, bandazo, mecedura, vibración, vacilación, cabeceo, traqueteo, barquinazo, tumbo, movimiento, fluctuación, variación, altibajo, desigualdad, alternativa, cambio, irregularidad.
OSCILANTE basculante, fluctuante, vacilante, movedizo, irregular, cambiante, alternativo, desigual, variable, traqueteante, inseguro, endeble, bamboleante, tembloroso, flotante, oscilatario, pendular, tambaleante.
OSCILAR fluctuar, mecerse, vacilar, columpiarse, balancearse, tambalearse, acunar, bandear, bambolearse, agitarse, vibrar, temblar, moverse, cabecear, traquetear, variar, alternar, cambiar.
OSCILATORIO v. oscilante.
ÓSCULO beso, besuqueo, caricia, carantoña, arrumaco, mimo, roce.
OSCURAMENTE v. obscuramente.
OSCURANTISMO v. obscurantismo.
OSCURECER obscurecer, ensombrecer, nublar, anochecer, ocultar, enlobreguecer, encapotarse, cubrirse, encelajarse, eclipsarse, apagarse, entenebrecer, ennegrecer, atezar, sombrear, teñir, ahumar || turbar, ofuscar, confundir, obnubilar, desconcertar, embrollar, liar.
OSCURECIMIENTO v. obscurecimiento.
OSCURIDAD obscuridad, sombras, tinieblas, noche, negrura, nube, lobreguez, tenebrosidad, opacidad, cerrazón, niebla, eclipse, nebulosidad || ignorancia, analfabetismo, incultura. atraso, incompresión, ceguera, obscurantismo || ruindad, pobreza, modestia, bajeza, sencillez, humildad || incertidumbre, embrollo, ambigüedad, confusión, enigma, abstracción, complicación.
OSCURO obscuro, lóbrego, obscurecido, sombrío, tenebroso, velado, borroso, indistinto, opaco, pardo, gris, negro, nebuloso, fosco, atezado, fuliginoso, retinto. tostado, quemado, azabache, endrino, renegrido, apagado, nocturno, eclipsado, umbrío, umbroso, nuboso, encelajado, encapotado, anubarrado, cubierto, cerrado, cargado || ininteligible, difícil, incoherente, indescifrable, incierto, dudoso, incomprensible, confuso, ambiguo, impenetrable, ilegible, misterioso, embrollado || sencillo, bajo, modesto, pobre, ruin, humilde.
ÓSEO huesoso, osificado, duro, resistente, esquelético.
OSERA cueva, madriguera, refugio, cubil.
OSERO v. osario.
OSEZNO cachorro, hijo, pequeñuelo, cría de oso.
OSIFICACIÓN calcificación, endureci-

OSIFICARSE

miento, consolidación, encallecimiento, transformación.

Osificarse endurecerse, calcificarse, encallecerse, consolidarse, transformarse, convertirse en hueso.

Ósmosis difusión, paso, presión, penetración.

Oso plantígrado, mamífero, carnicero, animal salvaje, fiera.

Ostensible notorio, evidente, manifiesto, visible, aparente, patente, público, palpable, claro, indudable, palmario.

Ostensiblemente visiblemente, notoriamente, manifiestamente, patentemente, públicamente, palmariamente, evidentemente, indudablemente, claramente, palpablemente, aparentemente.

Ostentación fausto, fasto, pompa, boato, suntuosidad, aparato, exhibición, magnificencia, fastuosidad, lujo, exteriorización, despliegue, revelación || alarde, jactancia, presunción, fanfarronería, vanagloria, petulancia, afectación, exhibición.

Ostentar mostrar, manifestar, enseñar, evidenciar, patentizar, exhibir, exteriorizar, desplegar, revelar || alardear, ufanarse, cacarear, blasonar, pavonearse, fantasear, gallear, lucir, preciarse || tener, poseer, detentar.

Ostentosamente aparatosamente, suntuosamente, fastuosamente, v. ostentoso.

Ostentoso aparatoso, suntuoso, fastuoso, magnífico, espléndido, teatral, espectacular, grandioso, lujoso, regio || petulante, fanfarrón, afectado, vanidoso, jactancioso, presumido, ufano.

Ostra molusco, bivalvo, concha, marisco.

Ostracismo destierro, proscripción, deportación, expulsión, confinamiento, expatriación, desarraigo, exilio, condena, castigo.

Oteador escudriñador, vigilante, centinela, observador, cuidador.

Otear avizorar, vislumbrar, columbrar, distinguir, divisar, descubrir, percibir, ver, registrar, examinar, buscar, mirar.

Otero cerro, montículo, loma, colina, montecillo, altozano, elevación, collado, alcor, eminencia, altura, mogote, cabezo, monte v.

Otomana sofá, diván, canapé, triclinio, sillón, cama turca.

Otomano turco, osmanlí, oriental, asiático.

Otoñal maduro, veterano, añejo, vetusto, conservado, cuarentón, jamona || autumnal, tardío.

Otoño entretiempo, otoñada, estación, período, lapso, transición.

Otorgamiento concesión, entrega, donación, cesión, permiso, consentimiento, licencia, acuerdo, afirmación, confirmación, condescendencia, gracia, merced.

Otorgar ceder, donar, entregar, conceder, dar, agraciar, conferir, condescender, consentir, dispensar, acordar, confirmar || estipular, contratar, establecer, prometer, disponer, declarar.

Otro diferente, distinto, tercero, nuevo, ajeno, dispar, separado.

Otrora antiguamente, antes, en otro tiempo, entonces.

Otrosí además, también, igualmente, asimismo, amén.

Ovación aclamación, aplauso, vítor, loa, vivas, palmoteo, delirio, entusiasmo, frenesí, exaltación, alabanza, glorificación.

Ovacionar aclamar, aplaudir, vitorear, loar, alabar, glorificar, exaltarse, entusiasmarse.

Oval v. ovalado.

Ovalado oval, óvalo, elíptico, aovado, curvado.

Óvalo elipse, curva cerrada.

Ovante triunfante, victorioso, vencedor, glorificado, aclamado.

Ovario órgano reproductor, glándula genital femenina || v. matriz.

Oveja ovino, cordero, borrego, ternasco, carnero, mamífero rumiante.

Ovejero pastor, cabrero, apacentador, cabrerizo, mayoral, rabadán, zagal.
Ovejuno ovino, v. oveja.
Overo amarillento, blanquecino, claro || huero, velado, turbio.
Ovil aprisco, redil, majada, encerradero.
Ovillar enrollar, envolver, arrollar, liar || Ovillarse acurrucarse, encogerse, contraerse, recogerse, apelotonarse.
Ovillo rollo, lío, bola, pelota, madeja, vuelta, carrete, bobina || enredo, confusión, embrollo.
Ovino ovejuno, v. oveja.
Óvulo huevo, germen, embrión, célula sexual.
Oxidación enmohecimiento, inutilización.
Oxidarse herrumbrarse, enmohecerse, estropearse, inutilizarse, anquilosarse, atascar, dañar.
Óxido herrumbre, moho, orín, verdín, cardenillo.
Oxigenarse purificarse, vivificarse, reanimarse, reconfortarse.
Oyente asistente, alumno, libre, presente, espectador, observador.

P

PABELLÓN nave, edificio, ala, sector, cobertizo, tinglado, techado, barracón, local, tienda, carpa, templete, tabernáculo || bandera, estandarte, enseña, divisa, emblema, pendón, oriflama, insignia, distintivo, colores, gallardete, guión, lábaro, grímpola || nacionalidad, procedencia, origen, nación, matrícula.

PABILO mecha, torcida, cordón, filamento, cabo, cuerda.

PÁBULO comida, alimento, pasto, sustento, mantenimiento || motivo, pie, fundamento, base.

PACA bulto, fardo, lío, saco, bala, bolsa, atado.

PACATO bonachón, timorato, encogido, corito, pusilánime, apocado, modesto, acobardado, vacilante, tímido, moderado, tranquilo, pacífico.

PACER pastar, ramonear, comer, alimentarse, nutrirse, tascar, rumiar, herbajar, masticar, apacentar.

PACIENCIA conformidad, estoicismo, resignación, aguante, mansedumbre, sumisión, docilidad, resistencia, humildad, conformismo, tolerancia, transigencia, dominio, freno, disimulo, condescendencia, entereza, imperturbabilidad, flema, cuajo, espera, pasividad, filosofía.

PACIENTE resignado, estoico, manso, conformista, humilde, resistente, dócil, sumiso, transigente, tolerante, pacienzudo, benévolo, sufrido, sereno, flemático, filósofo, pasivo, imperturbable, entero, condescendiente || enfermo, convaleciente, doliente, acometido, aquejado, afectado, atacado, hospitalizado, internado.

PACIENTEMENTE resignadamente, estoicamente, mansamente, v. paciente.

PACIENZUDO v. paciente.

PACIFICACIÓN apaciguamiento, mediación, tranquilizamiento, serenamiento, dulcificación, amansamiento, arreglo, reconciliación, trato, componenda, intercesión, aquietamiento, calma, mitigación.

PACIFICADOR reconciliador, tranquilizador, mediador, apaciguador, intercesor, componedor, mitigador, parlamentario, enviado, árbitro, juez.

PACÍFICAMENTE reposadamente, sosegadamente, tranquilamente, v. pacífico.

PACIFICAR apaciguar, tranquilizar, mediar, reconciliar, mitigar, componer, interceder, arbitrar, calmar, serenar, ordenar, arreglar, aquietar, sosegar, dulcificar, aplacar, parlamentar.

PACÍFICO sosegado, reposado, tranquilo, inofensivo, manso, plácido, suave, afable, dócil, inocente, bonachón, dulce, benigno, inerme, pacifista, pacato, condescendiente, benévolo.

PACIFISMO benevolencia, transigencia, condescendencia, v. pacificación.

PACIÓN pasto, hierba, verde, herbaje, forraje, pienso, heno, paja, ración.

PACOTILLA baratija, quincalla, desecho, sobrante, mercancía, mercadería, fruslería.

PACOTILLERO buhonero, marchante, traficante.

PACTAR concertar, estipular, negociar, obligarse, ajustar, contratar, convenir, avenirse, acomodarse, transigir, componer, arreglar, armonizar, comprometerse, acordar, aliarse, tratar, contemporizar, unirse, entenderse, celebrar, apalabrar, capitular, rendirse, firmar.

PACTO convenio, trato, avenencia, negociación, estipulación, concierto, acuerdo, alianza, compromiso, arreglo, componenda, celebración, entendimiento, contemporización, unión, firma, contrato, obligación, transacción, inteligencia, tratado, capitulación, rendición.

PACHÁ * bajá, personaje, jefe turco.

PACHÓN calmoso, cachazudo, lento, tardo, pachorrudo v.

PACHORRA cachaza, flema, calma, lentitud, indolencia, tardanza, parsimonia, cuajo, apatía, morosidad, premiosidad, dilación.

PACHORRUDO indolente, cachazudo, tardo, calmoso, lento, flemático, premioso, moroso, apático, parsimonioso, haragán, vago.

PACHUCHO alicaído, decaído, enfermizo, achacoso, enclenque, maluco, valetudinario, débil || maduró, pasado, sobado.

PADECER soportar, aguantar, sufrir, resistir, tolerar, sobrellevar, conformarse, resignarse, disimular, condescender, sostener, pasar, digerir, acusar, aceptar, recibir, expiar, penar, enfermarse, dolerse, angustiarse.

PADECIMIENTO sufrimiento, angustia, daño, mal, pena, dolor, tortura, martirio, tormento, aflicción, malestar, tolerancia, conformidad, estoicismo, resignación || enfermedad, dolencia, achaque, trastorno, complicación, desarreglo, molestia, indisposición, afección, perturbación, malestar, alteración, morbo, mal, anormalidad.

PADRAZO padre bonachón, indulgente, tolerante.

PADRE progenitor, procreador, padrazo, papá, cabeza, padrastro, familiar, ascendiente, autor de los días || inventor, creador, generador, productor, autor, responsable || religioso, cura, sacerdote v.

PADRINAZGO protección, mecenazgo, apoyo, sostén.

PADRINO acompañante, asistente, testigo, valedor, protector, favorecedor, bienhechor, mecenas.

PADRÓN nómina, lista, censo, registro, empadronamiento, catastro, asiento, vecindario, encabezamiento.

PAGA haberes, honorarios, remuneración, sueldo, gratificación, mensualidad, emolumentos, salario, soldada, estipendio, dieta, jornal, recompensa, retribución, compensación.

PAGADERO pagable, remunerable, gratificable.

PAGADO envanecido, vano, soberbio, orgulloso, creído, presumido || abonado, desembolsado, v. pagar.

PAGADOR cajero, tesorero, administrador, habilitado, autorizado.

PAGADURÍA caja, administración, tesorería, oficina, dependencia.

PAGANISMO idolatría, gentilidad, incredulidad, fetichismo, impiedad, herejía, descreimiento, escepticismo, irreligión, ateísmo, infidelidad, politeísmo, superstición.

PAGANO idólatra, gentil, infiel, descreído, incrédulo, supersticioso, politeísta, irreligioso, ateo, materialista, hereje, impío, fetichista, escéptico.

PAGAR desembolsar, abonar, escotar, remunerar, entregar, dar, retribuir, compensar, recompensar, gratificar, subvencionar, sufragar, costear, prestar, socorrer, anticipar, adelantar, consignar, reintegrar, saldar, indemnizar, enjugar, satisfacer, cancelar, sol-

VENTAR, ingresar, cubrir, liquidar, gastar, invertir, corresponder, devolver || PAGARSE enorgullecerse, envanecerse, ensoberbecerse, fanfarronear || prendarse, aficionarse.

PAGARÉ obligación, letra, documento, compromiso.

PÁGINA carilla, anverso, reverso, plana, folio, hoja.

PAGO retribución, entrega, desembolso, gratificación, adelanto, anticipo, saldo, recompensa, compensación, indemnización, cancelación, devolución, suma, importe, dinero, v. paga || comarca, localidad, territorio, distrito, término, región.

PAGODA adoratorio, templo oriental.

PAILEBOTE goleta, velero, nave, barco, embarcación.

PAIRO (AL) quieto, inmóvil, parado, detenido, con velas tendidas.

PAÍS territorio, comarca, región, zona, provincia, nación, reino, estado, patria, suelo, paraje, lugar, sitio, contorno, terruño, tierra, terreno, cuna, circunscripción, jurisdicción, demarcación, pueblo, gente, suelo natal.

PAISAJE vista, panorama, espectáculo, campiña || cuadro, pintura, dibujo, marina, acuarela, óleo.

PAISANO coterráneo, compatriota, conciudadano, compatricio || aldeano, campesino, paleto, lugareño || civil, no militar.

PAJA brizna, bálago, tamo, heno, hierba, forraje, rastrojo || desecho, inutilidad, superficialidad, broza.

PAJAR henil, almiar, granero, cija, almacén, depósito, cobertizo, tinglado.

PAJARERA jaula, encierro, caja, nido.

PAJARERO bromista, jaranero, festivo, chancero.

PAJARITA figurilla, pájara de papel.

PÁJARO volátil, ave, animal de pluma, animal volador || pillo, truhán, taimado, pícaro, bribón, perillán.

PAJAROTA rumor, bulo, chisme, infundio.

PAJARRACO avechucho, pajarote || truhán, v. pájaro.

PAJE acompañante, ayudante, criado, servidor, escudero, fámulo, mancebo, efebo.

PAJIZO amarillento, desteñido, hirsuto, pajoso.

PALA zapa, badila, paleta, laya, cuchara, herramienta, utensilio, espátula, palustre, paleta, lámina.

PALABRA voz, vocablo, expresión, término, dicho, voquible, representación, verbo, locución || lenguaje, dicción, vocabulario, terminología, léxico, nomenclatura || promesa, oferta, juramento, ofrecimiento, compromiso, obligación, deber, pacto, convenio.

PALABRERÍA cháchara, charla, palabreo, verborrea, facundia, palique, garla, parla, charlatanería, labia, pico, locuacidad, garrulería.

PALABRERÍO * v. palabrería.

PALABRERO v. charlatán.

PALABROTA blasfemia, insulto, grosería, barbaridad, juramento, imprecación, maldición, reniego, terno, taco.

PALACE * palacio, gran hotel, cine, teatro, salón, sala.

PALACETE mansión, v. palacio.

PALACIEGO cortesano, palatino, real, noble, aristocrático, áulico.

PALACIO mansión, alcázar, castillo, heredad, casona, caserón, palacete, residencia, edificio, casa solariega.

PALADAR cielo de la boca || gusto, sabor, apreciación, discernimiento, sensibilidad.

PALADEAR saborear, catar, probar, gustar, libar, relamerse, *degustar*, gozar.

PALADEO saboreo, libación, prueba, *degustación*.

PALADÍN campeón, adalid, caballero, defensor, héroe, mantenedor, guerrero, valiente, arrojado.

PALADINAMENTE claramente, mani-

PALADINO

fiestamente, explícitamente, v. paladino.
Paladino claro, manifiesto, explícito, patente, evidente, notorio, público.
Palafrén corcel, cabalgadura, caballo, montura, bridón, trotón.
Palafrenero caballerizo, criado, lacayo, mozo, cochero, servidor.
Palanca barra, hierro, alzaprima, barrote, eje, tranca, tocho, varilla, pértiga, viga, palo, palanqueta || mano, influencia, amistad, valimiento.
Palangana lavamanos, jofaina, lavabo, aguamanil, recipiente, cubeta.
Palanqueta v. palanca.
Palanquín litera, andas, angarillas, parihuelas, camilla, basterna, silla de manos.
Palastro chapa, lámina, plancha, hoja.
Palatino v. palaciego.
Palco aposento, división, compartimiento, localidad, sector, sección.
Palear cavar, desenterrar, ahondar, llenar, cargar.
Palenque valla, estacada, cerca, cercado, empalizada || coso, arena, liza, plaza, palestra v.
Palestino israelita, *israelí*, judío, semita.
Palestra liza, coso, arena, circo, campo, plaza, estadio || lucha, reto, duelo, combate, lidia, desafío, rivalidad, pugna.
Paleta tabla, espátula, llana, palustre, v. pala.
Paletilla omóplato, escápula, espaldilla, espalda.
Paleto cateto, palurdo, rústico, burdo, aldeano, campesino, labriego, lugareño, pueblerino, tosco, cerril, zafio, ordinario, vulgar.
Paletó gabán, abrigo, sobretodo, capote, levitón.
Paliación mitigación, suavizamiento, disminución, aminoración, alivio, calma, dulcificación, atenuación, apaciguamiento, aquietamiento.
Paliar mitigar, suavizar, calmar, moderar, disminuir, aliviar, dulcificar, atenuar, apaciguar, rebajar, aquietar, aminorar || encubrir, disimular, velar, disculpar, excusar.
Paliativo suavizante, mitigante, calmante, sedante, emoliente, lenitivo, atenuante, analgésico, bálsamo, medicamento, medicina.
Palidecer desencajarse, demudarse, alterarse, inmutarse, turbarse, perder el color || amarillear, blanquear, descolorar, desvaírse.
Palidez blancura, amarillez, decoloración, marchitamiento, ajamiento, alteración, inmutación, turbación, debilidad, anemia.
Pálido descolorido, blanquecino, blanco, cerúleo, incoloro, desvaído, marchito, amarillento, cadavérico, macilento, exangüe, agotado, débil, anémico || alterado, desencajado, turbado, inmutado, tembloroso, angustiado.
Palillo escarbadientes, mondadientes, punta, escarbador.
Palimpsesto manuscrito, documento, pergamino, tablilla, papiro.
Palinodia retractación, reconocimiento, desdecimiento, rectificación.
Palio dosel, colgadura, resguardo, toldo, pabellón, baldaquino.
Palique cháchara, parla, charla, parloteo, cotilleo, charlatanería, conversación.
Palitroque palo, bolo, palillo, banderilla.
Paliza tunda, soba, zurra, somanta, vapuleo, solfa, azotaina, leña, tundidura, zurribanda, vuelta, castigo, apaleo, meneo.
Palizada v. empalizada.
Palma v. palmera || recompensa, laurel, triunfo, gloria, honor, honra, premio || **Palmas** aplausos, vítores, ovación, aclamación, palmoteo, palmadas.
Palmada golpe, manotazo, bofetón, guantazo, tortazo, manotón || **Palmadas** v. palmas.
Palmar palmeral, oasis, bosquecillo, arboleda || diñarla, morirse, fenecer, fallecer, espichar, estirar la pata.

PALMARIAMENTE palpablemente, notoriamente, manifiestamente, v. palmario.
PALMARIO palpable, notorio, manifiesto, patente, evidente, claro, visible, perceptible, indiscutible, incontrovertible, paladino, ostensible.
PALMATORIA candelero, lamparilla, bujía, lucerno, platillo || palmeta, tabla, tablilla.
PALMEADO palmípedo, membranoso.
PALMEAR v. palmotear.
PALMERA palma, datilera, cocotero, platanero.
PALMERAL v. palmar.
PALMETA tablilla, tabla, palma.
PALMÍPEDO palmeado, ganso, pato, gaviota, ave.
PALMITO semblante, rostro, cara, gracia, garbo, donosura, figura, tipo.
PALMO medida, longitud, mano.
PALMOTEAR aplaudir, palmear, manotear, celebrar, animar, alegrarse.
PALMOTEO aplauso, manoteo, júbilo, alegría.
PALO poste, estaca, clava, vara, tronco, madero, cayado, báculo, porra, cachiporra, tranca, fusta, pilote, tirso, caduceo, barra, viga, puntal, traviesa, rama, pértiga, mástil, tabla, tablón, leño, entibo, percha, fusta, tirante, tarugo, durmiente, listón, astilla, asta, bastón || golpe, estacazo, bastonazo, trancazo, garrotazo, porrazo, golpazo, varapalo, varazo.
PALOMA tórtola, pichón, palomo, palomino, zurita, torcaz, mensajera, ave.
PALOMAR casilla, caseta, refugio, nido.
PALOMINO v. palomo.
PALOMO pichón, palomino, v. paloma || necio, simple, inocente, ingenuo, bobo, mentecato.
PALOTE trazo, raya, rasgo, línea.
PALPABLE material, tangible, concreto, real, perceptible, sensible, asequible, cierto, positivo, manifiesto, evidente, claro, patente, palmario, notorio, visible, indiscutible, paladino, ostensible.
PALPABLEMENTE paladinamente, manifiestamente, indiscutiblemente, v. palpable.
PALPACIÓN tiento, tacto, palpamiento, manoseo, toque, tocamiento, sobo, tanteo, caricia, magreo, roce.
PALPAMIENTO v. palpación.
PALPAR tocar, tentar, manosear, sobar, rozar, tantear, acariciar, restregar, frotar, rascar, toquetear, magrear, andar, hurgar, cosquillear, manipular || experimentar, reconocer, comprobar, apreciar.
PALPITACIÓN pulsación, latido, pulso, contracción, dilatación, sístole, diástole, estremecimiento, angustia, emoción, ahogo, sofoco.
PALPITANTE anhelante, jadeante, fatigado || conmovedor, interesante, emocionante, estremecedor, vehemente, cálido, vital, viviente.
PALPITAR latir, contraerse, dilatarse, estremecerse, vivir, conmoverse, emocionarse.
PALTA aguacate, fruto.
PALÚDICO pantanoso, insano, insalubre, estancado, miasmático, contagioso, infeccioso, corrompido, mefítico, malsano, dañoso.
PALUDISMO terciana, cuartana, malaria, enfermedad infecciosa, afección endémica.
PALURDO rústico, paleto, aldeano, tosco, grosero, basto, zopenco, zafio, rudo, labriego, pueblerino, lugareño, burdo, cateto.
PALUSTRE paleta, llana, espátula || pantanoso, lacustre, estancado.
PAMELA sombrero, gorro, toca, papalina.
PAMEMA nadería, futilidad, paparrucha, necedad, bobada, fruslería, insignificancia, v. pamplina.
PAMPA llanura, sabana, pradera, planicie, llano, extensión, vastedad.
PÁMPANO sarmiento, vástago, hojilla, pimpollo, hojuela.
PAMPIROLADA estupidez, majadería, necedad, bobada, insubstancialidad, v. pamplina.

PAMPLINA

PAMPLINA melindre, tontería, cursilería, aspaviento, remilgo, escrúpulo, manía, dengue, necedad, capricho, majadería, pampirolada v., insubstancialidad, nadería, futilidad, pamema v., insignificancia, fruslería, paparrucha, payasada.

PAMPLINERO melindroso, remilgado, escrupuloso, maniático, necio, caprichoso, dengoso.

PAN hogaza, pieza, libreta, bodigo, barra, trenza, panecillo, bollo, rosca, chusco.

PANACEA curalotodo, remedio, bálsamo, sanalotodo, medicina, poción, pócima, bebedizo, filtro, lenitivo.

PANADERÍA panificación, horno, tahona, establecimiento, tienda, fábrica de pan.

PANADIZO absceso, inflamación, infección, purulencia, forúnculo, grano.

PANAL celdillas, bresca, tártano, colmena.

PANARRA mentecato, necio, papanatas, flojo, haragán.

PANCAKE * torta, tortita, frisuelo, masa, fruta de sartén.

PANCARTA cartel, letrero, rótulo, cartelón, inscripción.

PANCISTA vividor, oportunista, contemporizador, aprovechador, utilitario, práctico, positivista, astuto.

PANDEARSE alabearse, torcerse, retorcerse, flexionarse, abarquillarse, combarse, curvarse, ondularse, arquearse, bornearse.

PANDEMIA epidemia, peste, plaga, calamidad.

PANDEMÓNIUM alboroto, bulla, confusión, griterío, algazara, barullo, tiberio, estrépito, anarquía, caos, maraña, guirigay, mare mágnum.

PANDEO flexión, alabeo, abarquillamiento, torcedura, retorcimiento, arqueo, ondulación, curvatura, borneo.

PANDERETA v. pandero.

PANDERO pandera, pandereta, panderete, adufe, instrumento de percusión || charlatán, necio, chiflado.

PANDILLA gavilla, caterva, cuadrilla, camarilla, grupo, corrillo, hato, hatajo, tropel, bandada, horda, turba, chusma, amigos, amigotes, compadres || unión, reunión, liga, asociación.

PANDILLERO delincuente, gamberro, inculto, incivil, pandillista.

PANDORGA mujerona, rolliza, gruesa, voluminosa, corpulenta || zambomba, instrumento rústico.

PANECILLO bollo, chusco, trenza, rosca, bodigo, bizcochada, v. pan.

PANEGÍRICO alabanza, loa, elogio, encomio, aplauso, glorificación, exaltación, enaltecimiento, aclamación, adulación, halago, apología, homenaje.

PANEGIRISTA alabador, elogiador, apologista, encomiasta, loador, entusiasta, fervoroso.

PANEL división, compartimiento, moldura, faja, cuarterón, artesonado, sección, tabla, madera, tablero || PANEL tablero de mando, de instrumentos, indicador, cuadro.

PANE LUCRANDO utilitariamente, positivamente, lucrativamente, materialmente, prácticamente, para ganar el pan.

PANERA canasta, cesta, cesto, nasa || troje, cámara, hórreo, depósito, almacén.

PÁNFILO flojo, tardo, pausado, lerdo, lento, cachazudo, memo, necio, bobo, tonto, pazguato, alelado, panoli.

PANFLETISTA * libelista, crítico, solapado, insultante, difamador.

PANFLETO * libelo, folleto, volante, impreso, escrito difamatorio.

PANIAGUADO asalariado, servidor, esbirro, secuaz, segundón, criado, asistente, ayudante, lacayo || protegido, favorecido.

PÁNICO horror, terror, espanto, pavura, miedo, pavor, temblor, susto, canguelo, sobresalto.

PANÍCULA panoja, espiga, inflorescencia.

PANIFICACIÓN v. panadería || elaboración, fabricación, amasado, horneado, cocción de pan.

PANIFICAR elaborar, fabricar, obte-

ner, cocer, hornear, amasar pan.
PANNE * avería, accidente, parada, detención, rotura, daño, atasco.
PANOCHA v. panoja.
PANOJA mazorca, panocha, panícula, espiga.
PANOLI lelo, memo, simple, necio, v. pánfilo.
PANOPLIA escudo, tabla, colección de armas, armadura, trofeos.
PANORAMA paisaje, vista, cuadro, panorámica, horizonte, perspectiva, espectáculo, campiña, extensión, grandiosidad.
PANORÁMICA v. panorama.
PANORÁMICO general, total, extenso, grandioso.
PANTAGRUÉLICO excesivo, abundante, descomunal, enorme, opíparo, desbordante, exuberante, desmesurado, glotón, comilón, insaciable.
PANTALÓN pantalones, calzones, calzas, bombacha, botarga, zahones, gregüescos, taleguilla, bragas, prenda.
PANTALLA visera, lámina, placa, cubierta, antipara, quitasol, tulipa, globo, toldo, persiana, mampara, biombo || telón, tela, fondo, superficie.
PANTANAL v. pantano.
PANTANO ciénaga, marisma, fangal, tremedal, lodazal, estero, atascadero, atolladero, tembladal, chapatal, paular, lapachar, marjal, barrizal, tolla, aguazal, cenagal, laguna || PANTANO * embalse, presa, represa, dique, acumulación, depósito de aguas.
PANTANOSO cenagoso, fangoso, barroso, inseguro, peligroso, agreste, anegadizo, palúdico, malsano.
PANTEÓN mausoleo, sepulcro, tumba, túmulo, monumento, cenotafio, cripta, sepultura, templo.
PANTERA leopardo, felino, fiera, animal de presa.
PANTOMIMA mímica, gesto, remedo, imitación, expresión, ademán, parodia, actitud, caricatura, mimesis, arte, representación.
PANTOMIMO v. mimo.

PANTORRILLA pantorra, pierna, parte posterior, parte carnosa.
PANTUFLA chinela, chancleta, chapín, babucha, zapatilla, sandalia, calzado.
PANZA barriga, vientre, tripa, andorga, abdomen, bandullo, mondongo, baúl, estómago, intestinos, grasas || convexidad, abultamiento, curva, curvatura, cavidad.
PANZADA hartazgo, atracón, empacho, atiborramiento, saciedad, indigestión, comilona.
PANZUDO panzón, barrigón, barrigudo, tripudo, fofo, obeso, grueso, voluminoso, corpulento, gordo v.
PAÑAL tela, lienzo, sabanilla, envoltura, v. paño.
PAÑO lienzo, tela, género, trapo, casimir, tejido, estambre, lana, fieltro || colgadura, tapiz.
PAÑOL compartimiento, almacén, depósito, departamento, sección, división.
PAÑOLETA toquilla, pañuelo, pañolón, capidengue, prenda de abrigo.
PAÑOSA v. capa.
PAÑUELO lienzo, moquero, sonador, trapo, mocador || v. pañoleta.
PAPA sumo pontífice, santo padre, vicario de Cristo, sucesor de San Pedro || PAPAS sopas, gachas, masa, papilla.
PAPÁ padre, padrazo, progenitor, procreador, cabeza, autor de los días.
PAPADA abultamiento, carnosidad, sobarba, pliegue, doble mentón.
PAPADO pontificado, reino, lapso, período, tiempo.
PAPAGAYO cotorra, loro, cacatúa, guacamayo, periquito, ave trepadora.
PAPAL pontificio, apostólico, vaticano, romano.
PAPALINA birrete, papahigo, cachucha, gorra, cofia, sombrero, toca, prenda.
PAPAMOSCAS v. papanatas.
PAPANATAS mentecato, simple, ingenuo, inocente, memo, bobo,

tonto, tontaina, sansirolé, pazguato, bobalicón, papamoscas, v. necio.
PAPANDUJO pachucho, pasado, maduro, sobado.
PAPAR desatender, descuidarse, olvidarse, omitir, distraerse || comer, tragar.
PAPARRUCHA necedad, bobada, insubstancialidad, desatino, estupidez, memez, majadería || chisme, bulo, falsedad.
PAPEL pliego, hoja, cuartilla, octavilla, impreso, folleto, documento, escrito, original, pergamino, título, credencial, carta, nota, misiva, papiro || representación, actuación, encargo, cometido, labor, tarea.
PAPELEO trámites, expedientes, tramitación, burocracia, complicación, trabas, inconvenientes.
PAPELERA cesto, cesta, caja para papeles.
PAPELETA recibo, talón, cupón, cédula, comprobante, resguardo, tarjeta, ficha, entrada, rifa || dificultad, engorro, rémora, brete, traba, obstáculo.
PAPELÓN figurón, hinchado, vano, pretencioso.
PAPELORIO fárrago, montón, pila de papeles, papeleo.
PAPELUCHO papelote, libelo, panfleto.
PAPERAS bocio, parotiditis, inflamación, tumor, escrófulas, enfermedad infecciosa.
PAPILLA gachas, papas, masa, sopa.
PAPIRO hoja, pliego, pergamino, lámina, papel v.
PAPIROTAZO capirotazo, papirote, capirote, golpe, coscorrón, capón, molondrón.
PAPO v. papada || bocio.
PAPÓN bu, coco, trasgo, espantajo, fantasmón.
PÁPULA erupción, pústula, costra, tumorcillo.
PAQUEBOTE transatlántico, paquete, buque, navío, correo, vapor, motonave, embarcación, barco v.
PAQUETE envoltorio, bulto, atado, atadijo, lío, fardo, bala, paca, saco, envío || transatlántico, v. paquebote.
PAQUIDERMO proboscidio, elefante, hipopótamo, rinoceronte, cerdo, tapir, mamífero.
PAR pareja, yunta, duplo, doble, dos, ambo || igual, semejante, parecido, correspondiente, equivalente, similar, equiparable, parejo.
PARABIÉN pláceme, felicitación, enhorabuena, cumplido, congratulación, elogio, fineza, brindis, expresión, manifestación.
PARÁBOLA alegoría, metáfora, comparación, moraleja, narración, enseñanza, fábula || curva, trayectoria, línea.
PARABRISAS guardabrisa, cristal, guardaviento, resguardo, protección.
PARACAÍDAS tela, seda, lona, artefacto.
PARACAIDISTA combatiente, soldado, comando.
PARACHOQUES defensa, resguardo, protección, barra, pieza, aparato, tope, barra.
PARACHUTISTA * v. paracaidista.
PARADA alto, detención, descanso, espera, permanencia, interrupción, atranco, estacionamiento, aparcamiento, inactividad, suspensión, pausa, cese, quietud, término, fin || desfile, formación, revista, evolución, maniobra, marcha, carrera, exhibición, espectáculo.
PARADERO destino, fin, final, lugar, domicilio, situación, posición, señas, dirección, sitio, escondite, refugio, término.
PARADIGMA ejemplo, muestra, ejemplar, prototipo, espécimen, dechado, tipo.
PARADISÍACO idílico, bucólico, feliz, celeste, celestial, plácido, apacible, campestre, hermoso, tranquilo, natural, maravilloso.
PARADO detenido, inmóvil, estacionado, aparcado, suspendido, interrumpido, quieto, estático, firme, estancado || inactivo, desocupado, ocioso, cesante, vacante,

huelguista, sin trabajo || remiso, tímido, corto, timorato, corito, vacilante, indeciso, pazguato, flojo.

PARADOJA contradicción, contrasentido, absurdo, rareza, singularidad.

PARADÓJICO chocante, contradictorio, raro, extraño, singular, incompatible, incomprensible.

PARADOR mesón, posada, figón, hostal, fonda, hospedaje, albergue, hotel, hostería, venta, hospedería.

PARAFRASEAR glosar, comentar, explicar, interpretar, apostillar, elucidar, revelar, enunciar, amplificar, ilustrar || imitar, seguir, reproducir, parodiar.

PARÁFRASIS interpretación, explicación, comentario, glosa, amplificación, enunciación, revelación, elucidación, apostilla || imitación, parodia, reproducción.

PARAGOGE metaplasmo, adición, agregado.

PARÁGRAFO v. párrafo.

PARAGUAS sombrilla, parasol, quitasol, protección, resguardo, adminículo, utensilio.

PARAGÜERO perchero, bastonero, mueble.

PARAÍSO edén, empíreo, cielo, gloria, nirvana, elíseo, vergel, bienaventuranza, felicidad || gallinero, anfiteatro, cazuela, general.

PARAJE sitio, lugar, punto, parte, emplazamiento, espacio, puesto, zona, situación, territorio, localidad, comarca, rincón, término, terreno, región, posición, colocación, paisaje, tierra.

PARALELAMENTE comparablemente, correspondientemente, similarmente, v. paralelo.

PARALELISMO semejanza, similitud correspondencia, comparación, concordancia, analogía, afinidad, correlación, relación, reciprocidad.

PARALELO equidistante || semejante, correspondiente, comparable, concordante, análogo, afín, correlativo, relacionado, recíproco || similitud, analogía, semejanza, v. paralelismo || comparación, cotejo, examen.

PARALELOGRAMO cuadrilátero, polígono, tetrágono.

PARÁLISIS inmovilización, agarrotamiento, entumecimiento, aterimiento, envaramiento, embotamiento, insensibilización, entorpecimiento, paraplejía, hemiplejía, perlesía, torpor, anquilosis, baldadura, atrofia, invalidez, impedimento, inutilidad, privación, v. paralización.

PARALÍTICO baldado, tullido, lisiado, impedido, inmovilizado, agarrotado, insensible, anquilosado, atrofiado, inválido, patitieso, inútil, defectuoso, parapléjico, hemipléjico, perlático, v. paralizado.

PARALIZACIÓN detención, estancamiento, suspensión, cese, inmovilización, obstáculo, embotellamiento, estorbo, marasmo, cierre, corte, impedimento, interrupción, discontinuidad, paro, alto, v. parálisis.

PARALIZADO detenido, estancado, suspendido, inmovilizado, v. paralización.

PARALIZADOR inmovilizador, inutilizador, insensibilizador, fulminante, poderoso.

PARALIZAR lisiar, tullir, inmovilizar, agarrotar, atrofiar, anquilosar, inutilizar, impedir, tullir, baldar, insensibilizar || detener, cesar, suspender, estancar, estorbar, embotellar, obstaculizar, inmovilizar, interrumpir, impedir, cortar, cerrar, parar.

PARALOGISMO sofisma, razonamiento falso, argumentación viciosa.

PARAMENTAR decorar, adornar, v. ornamentar.

PARAMENTO ornato, adorno, atavío, decorado, decoración, aparato, gala, ornamento, vestidura || cara, superficie, plano, frente, pared.

PARAMERA v. páramo.

PÁRAMO erial, landa, desierto, paramera, estepa, pedregal, sabana, meseta, yermo, arenal, des-

campado, planicie, llanura, raso.
PARANGÓN semejanza, comparación, paralelo, paralelismo, correspondencia, concordancia, cotejo, analogía, confrontación, equiparación, paridad, correlación, relación.
PARANGONAR equiparar, comparar, asimilar, semejar, corresponder, confrontar, cotejar, concordar, relacionar, correlacionar, establecer.
PARANINFO salón, sala, anfiteatro, recinto, local de actos.
PARANOIA alucinación, monomanía, locura, demencia, chifladura, fantasía.
PARANOICO maniático, loco, demente, maníaco, chiflado, exaltado.
PARAPETARSE resguardarse, atrincherarse, cubrirse, protegerse, defenderse, guardarse, ocultarse, abrigarse, reforzarse, esconderse.
PARAPETO baranda, antepecho, balaustrada, pretil, brocal, balcón || pared, muro, defensa, valladar, cerca, cercado, barricada, reparo, muralla, trinchera, terraplén, resguardo.
PARAPLEJÍA v. parálisis.
PARAPLÉJICO v. paralítico.
PARAR frenar, detener, atajar, sujetar, contener, impedir, inmovilizar, embarazar, estorbar, obstaculizar, dificultar, atrasar, concluir, interrumpir, atrancar, estancar, dilatar, demorar, retrasar, estacionar, aparcar, atascarse, plantarse || quedarse, acampar, hospedarse, alojarse, vivir, habitar || convertirse, reducirse, transformarse || cesar, concluir, terminar.
PARARRAYOS varilla, barra, conductor, dispositivo, artefacto protector.
PARASITISMO gorronería, inutilidad, explotación, abuso, aprovechamiento.
PARÁSITO insecto, comensal, pulgón, garrapata, chinche || inútil, gorrón, explotador, aprovechador, abusador, inservible, vividor.

PARASOL sombrilla, quitasol, guardasol, toldo, pantalla, umbela.
PARCA muerte, Cloto, Láquesis, Átropos.
PARCAMENTE sobriamente, frugalmente, mesuradamente, ahorrativamente, v. parco.
PARCELA solar, terreno, tierra, propiedad, zona, superficie, espacio, fracción, parte.
PARCELAR dividir, fraccionar, separar, partir, repartir, fragmentar, medir.
PARCIAL fraccionario, incompleto, escaso, falto, truncado, inconcluso, imperfecto, divisionario, fragmentario, rudimentario || propenso, inclinado, injusto, simpatizante, favorecedor, aficionado, apegado, arbitrario, apasionado, partidario, defensor, protector.
PARCIALIDAD favoritismo, preferencia, distinción, injusticia, protección, defensa, partidismo, arbitrariedad, pasión, apasionamiento, apego, simpatía, inclinación, propensión, arbitrariedad, inmoralidad, abuso, privilegio, improcedencia, nepotismo, bandería.
PARCIALMENTE fraccionariamente, incompletamente, escasamente, v. parcial.
PARCO sobrio, frugal, mesurado, ahorrativo, moderado, corto, escaso, templado, sencillo, abstinente, escueto, prudente, modesto, ponderado, morigerado, mezquino, económico, agarrado, avaro || circunspecto, serio, reservado v.
PARCHE remiendo, pedazo, trozo, pieza, recosido, codera, culera, rodillera, compostura || cataplasma, pegote, emplasto, bizma || piel, pellejo.
PARCHISTA v. sablista.
PARDAL paleto, cateto, palurdo, rústico, aldeano, campesino, labriego, lugareño, pueblerino, pardillo.
¡PARDIEZ! ¡por Dios!, ¡cielos!, ¡cáspita!, ¡caramba!
PARDILLO v. pardal.

Pardo grisáceo, terroso, obscuro, ceniciento, plomizo, sombrío, sucio, pardusco.
Parduzco * pardusco, v. pardo.
Parear juntar, igualar, parangonar, cotejar, comparar.
Parecer opinión, dictamen, consejo, informe, sugerencia, creencia, juicio, afirmación, expresión, voto, consideración, concepto, declaración, manifestación, idea, entender, pensamiento || Parecerse asemejarse, semejar, asimilar, heredar, inclinarse, igualarse, parangonarse, salir a, recordar a, tirar a, tener un aire.
Parecido semejanza, similitud, afinidad, aire, sombra, vislumbre, parentesco, analogía, relación, parangón, herencia, atavismo, inclinación, conexión, aproximación, copia, parentesco, maridaje || afín, semejante, idéntico, similar, igual, relacionado, análogo, copiado, imitado, aproximado, conforme, rayano, gemelo, comparable, hermano, pariente, parejo, homólogo, paralelo, equivalente.
Pared tapia, tabique, muro, medianera, lienzo, paredón, panel, muralla, parapeto, contrafuerte, murallón, cerca, valla, mamparo, cortafuego, antepecho, obra.
Paredaño vecino, inmediato, limítrofe.
Paredón murallón, muralla, tabique, muro, v. pared.
Pareja par, yunta, duplo, doble, dos, ambo, dualidad, pareo, apareamiento || compañero v.
Parejo llano, liso, uniforme, regular, terso, plano, leve, monótono, recto, homogéneo, igual || similar, semejante, v. parecido.
Parentela v. pariente.
Parentesco afinidad, lazo, vínculo, familiaridad, consanguinidad, herencia, atavismo, conexión, relación, alianza, entronque, agnación, cognación, apellido, filiación, grado.
Paréntesis signo, notación || interrupción, inciso, disgresión, suspensión, descanso, cese, alto, detención.
Paria excluido, desheredado, relegado, repudiado, separado, segregado, arrinconado, infeliz, desventurado, mendigo, desvalido, pelagatos, rufián, canalla, vil, apátrida, intocable, sin casta.
Parida parturienta, puérpera, madre, hembra.
Paridad identidad, igualdad, similitud, semejanza, parecido, afinidad, uniformidad, paralelismo, coincidencia, consonancia || comparación, equiparación, cotejo, confrontación, parangón, paralelo.
Pariente deudo, familiar, allegado, afín, ascendiente, descendiente, consanguíneo, colateral, agnado, cognado, relativo, emparentado, relacionado, vinculado, heredero || similar, semejante, v. parecido || Parientes parentela, familia, hogar, casa, allegados, v. pariente.
Parigual igual, idéntico, exacto, gemelo, similar, semejante, v. parecido.
Parihuelas angarillas, camilla, litera, hamaca, andas, árganas, armazón, bayarte.
Paripé (Hacer el) presumir, envanecerse, fingir, aparentar, ufanarse.
Parir alumbrar, engendrar, procrear, dar a luz, traer al mundo, abortar, echar, expulsar || producir, crear, formar, idear, inventar, concebir, descubrir.
Parisién * parisiense.
Parisino * parisiense.
Parla labia, parloteo, charla, verbosidad, verborrea, cháchara, parola, parlería.
Parlador v. hablador.
Parlamentar dialogar, conferenciar, capitular, pactar, entrevistarse, tratar, discutir, ajustar, estipular, concertar, reunirse, consultar, considerar, decidir, deliberar, discutir, debatir.
Parlamentario diputado, senador, procurador, congresista, legisla-

Parlamento

dor, delegado, representante || embajador, enviado, emisario, plenipotenciario, delegado, legado || legislativo, constituyente, senatorial, bicameral, consistorial.

Parlamento congreso, asamblea, cámara, senado, diputación, cortes, ágora, comisión, cuerpo legislativo, estamento, dieta, junta, conclave || discurso, alocución, arenga, perorata, disertación, oración, alegato, conferencia, conversación, plática, discusión, polémica, diálogo, pacto, acuerdo, trato.

Parlanchín locuaz, facundo, hablador, cotorra, lenguaraz, parlero, palabrero, gárrulo, verboso, sacamuelas, bocazas, badajo, garlador, faramallero, entremetido, indiscreto, fastidioso, cargante, insistente.

Parlante expresivo, hablador, v. parlanchín || oral, hablado, hablante.

Parlar charlar, conversar, cascar, chacharear, garlar, badajear, parlotear, picotear, predicar, sermonear, insistir, fastidiar, hablar v.

Parlería cotilleo, chisme, cuento, murmuración, hablilla, parloteo, cháchara, v. parla.

Parlero v. parlanchín.

Parlotear v. parlar.

Parloteo cháchara, cotorreo, charla, verbosidad, verborrea, parlería, labia, palique, conversación.

Parnaso reino del Arte, de las Musas, de la Poesía.

Parné * v. dinero.

Paro detención, suspensión, interrupción, freno, paralización, parálisis, entorpecimiento, atasco, término, fin, descanso, intermedio, intervalo, dificultad, complicación, pausa, huelga, revuelta, agitación.

Parodia remedo, imitación, burla, simulacro, caricatura, simulación, fingimiento, copia, repetición, representación, actuación.

Parodiar imitar, caricaturizar, remedar, simular, fingir, repetir, copiar, representar, actuar.

Parodista imitador, caricato, mimo, simulador, actor, artista, cómico, bufón.

Parola v. parloteo.

Paroxismo exacerbación, enajenación, acceso, ataque, síncope, exaltación, arrebato, excitación, efervescencia, enardecimiento, inflamación, alteración, furia, ira, violencia, acaloramiento, fiebre, exasperación, irritación.

Parpadear pestañear, abrir, cerrar, guiñar, mover, menear los párpados.

Parpadeo pestañeo, guiño, movimiento, cierre, abertura de los párpados.

Párpado membrana, piel, repliegue cutáneo, protección, cubierta ocular.

Parpar graznar, gritar, crocitar, crascitar, llamar, chillar.

Parque jardín, vergel, campo, patio, huerto, rosaleda, bosque, bosquecillo, arboleda, fronda, espesura, prado, oasis, edén, terreno, cercado || almacén, depósito local.

Parqué entarimado, suelo, pavimento, piso de madera.

Parquedad sobriedad, frugalidad, mesura, ahorro, economía, prudencia, abstinencia, sencillez, escasez, templanza, moderación, modestia, mezquindad, avaricia, tacañería || parsimonia, circunspección, seriedad, severidad, mesura, prudencia, v. reserva.

Parquet * v. parqué.

Parra vid, cepa, lebrón, parriza.

Parrafada charla, conferencia, confidencia, conversación, explicación.

Párrafo parágrafo, división, artículo, frase, oración, enunciado, palabras, aparte.

Parranda jarana, juerga, diversión, jolgorio, jaleo, placer, fiesta, festín, juego, regodeo, escándalo, bacanal, francachela, orgía, cuchipanda, libertinaje, desenfreno, bulla, romería.

PARRANDEAR divertirse, jaranear, correrla, regodearse, escandalizar, regocijarse, bromear, pasarlo bien.

PARRANDERO juerguista, jaranero, calavera, vividor, alegre, fandanguero, zaragatero, verbenero, mujeriego, libertino, calavera, parrandista.

PARRICIDA homicida, asesino, criminal, delincuente, condenado, reo, culpable, fratricida, filicida, matricida.

PARRICIDIO homicidio, crimen, asesinato, delito, culpa, fratricidio, filicidio, matricidio.

PARRILLA rejilla, asador, armazón, enrejado, emparrillado.

PÁRROCO rector, vicario, prior, cura, sacerdote v.

PARROQUIA feligresía, congregación, fieles, curato, territorio, demarcación || iglesia, templo v. || clientela, público, asiduos, consumidores, compradores.

PARROQUIANO comprador, cliente, consumidor, asiduo, público, adquiriente, abonado || feligrés, fiel, congregante, concurrente, devoto.

PARSIMONIA lentitud, calma, pachorra, tranquilidad, cuajo, minuciosidad, cuidado, cachaza, circunspección || templanza, morigeración, frugalidad, moderación.

PARSIMONIOSO calmoso, lento, tranquilo, cachazudo, minucioso, circunspecto, cuidadoso || frugal, escaso, cicatero, ahorrativo, económico.

PARTE porción, fragmento, trozo, pedazo, pizca, triza, partícula, migaja, cacho, pieza, corte, segmento, parcela, sección, división, ración, lote, tramo, resto, añico, vestigio, detalle, accesorio, miembro, fase, retazo, sector, tranco, escote, cuota, residuo, cantidad, número || sitio, lugar, paradero, paraje, punto, emplazamiento, puesto, territorio, zona, situación, posición, colocación, asentamiento || noticia, aviso, orden, despacho, comunicación, telegrama, comunicado || capítulo, sección, renglón, apartado, título, división || partícipe, interesado, copartícipe, copropietario, participante, cómplice || litigante, querellante, contendiente, denunciante, pleiteador || asociación, sociedad, v. participación.

PARTENAIRE * pareja, compañero, acompañante, colaborador, artista.

PARTERA matrona, comadrona, comadre, tocóloga.

PARTERO tocólogo, especialista, médico.

PARTERRE macizo, arriate, plantío, jardinillo, jardín.

PARTIBLE divisible, fraccionable, distribuible, separable.

PARTICIÓN reparto, división, fraccionamiento, distribución, parcelación, sección, partimiento, desmembración.

PARTICIPACIÓN colaboración, cooperación, contribución, asociación, sociedad, concurso, asistencia, reciprocidad, concurrencia, auxilio, ayuda, intervención, solidaridad, complicidad, consorcio, condominio, copropiedad || nota, aviso, parte, noticia, despacho, comunicación, tarjeta, invitación.

PARTICIPANTE colaborador, cooperador, asociado, socio, asistente, copartícipe, copropietario, contribuyente, ayudante, militante, cómplice, auxiliar, solidario || concurrente, integrante, inscrito, jugador, competidor, rival || componente, elemento, parte, pieza, factor.

PARTICIPAR cooperar, colaborar, asociarse, ayudar, auxiliar, solidarizarse, contribuir, concurrir, integrar, inscribirse, componer, jugar, competir, rivalizar, entrar, intervenir, celebrar, presentarse, interesarse, militar || informar, avisar, comunicar, anunciar, invitar.

PARTÍCIPE copropietario, condueño, copartícipe, cointeresado, v. participante.

PARTÍCULA parte, pizca, porción, fragmento, fracción, trozo, pedazo, triza, migaja, átomo, molécula, miga, corpúsculo, chispa, grano, gota, menudencia, insignificancia, fruslería.

Particular privativo, peculiar, propio, exclusivo, característico, distintivo, especial, personal, típico, representativo, diferente, diferenciado, inconfundible, congénito, innato, original, específico, singular, solo, único, respectivo, privado, personal, individual, distinto, raro, esencial, aislado, extraño, extraordinario, prodigioso || punto, materia, asunto, tema, motivo.

Particularidad peculiaridad, característica, propiedad, diferencia, distinción, rareza, singularidad, originalidad, personalidad, especialidad, rasgo, carácter, detalle, idiosincrasia, cualidad, individualidad.

Particularizar detallar, especificar, concretar, distinguir, pormenorizar, singularizar, diferenciar, caracterizar, expresar, destacar, realzar, sobresalir, diferenciar, definir, concretar, determinar.

Particularmente privativamente, peculiarmente, exclusivamente, v. particular.

Partida salida, marcha, abandono, emigración, huida, éxodo, fuga, evacuación, retirada, traslado, mudanza, ausencia, ida, alejamiento, viaje, paseo, desplazamiento, destierro, despedida, separación, distanciamiento || defunción, fallecimiento, muerte, óbito v. || banda, pandilla, cuadrilla, caterva, hatajo, facción, camarilla, tropel, grupo, brigada, horda || remesa, envío, expedición, género, artículos, mercancías, mercaderías, cantidad, porción || certificado, certificación, copia, fe, documento || inscripción, anotación, asiento, registro || juego, mano, partido, lance, tirada, pasada, jugada.

Partidario adepto, afiliado, adicto, satélite, fanático, sectario, discípulo, seguidor, banderizo, siervo, allegado, gregario, incondicional, secuaz, esbirro, proséli-to, admirador, simpatizante, inclinado, amigo, acólito.

Partido camarilla, secta, corrillo, grupo, clan, taifa, bandería, liga, conjunto, agrupación, asociación, congregación, unión, equipo || fragmentado, roto, cascado, cortado, dividido, fraccionado, desmenuzado, molido, picado, quebrado, quebrantado, fracturado, truncado, tajado, escindido, seccionado, trozado, tronchado, abierto, hendido, segmentado, separado, cuarteado, descuartizado, despedazado, bífido, bifurcado || juego, partida, competencia, competición, jugada, desafío, prueba, lucha, pugna, emulación, porfía, rivalidad || beneficio, provecho, utilidad, ventaja, interés, ganancia, lucro, rendimiento, producto, fruto || decisión, resolución, determinación, camino, dirección || distrito, territorio, jurisdicción, término, circunscripción, demarcación, zona, concejo.

Partiquino figurante, comparsa, extra, comicucho, cantante.

Partir fragmentar, cortar, dividir, fraccionar, separar, escindir, cascar, romper, quebrantar, quebrar, moler, desmenuzar, tajar, truncar, fracturar, segmentar, hender, abrir, tronchar, seccionar, bifurcar, despedazar, descuartizar, cuartear || irse, marcharse, salir, huir, emigrar, mudarse, abandonar, ausentarse, trasladarse, retirarse, evacuar, fugarse, despedirse, desplazarse, viajar, alejarse, distanciarse, separarse, largarse.

Partisano * guerrillero, combatiente, guerreador, comando, rebelde, faccioso.

Partitura pieza, obra musical, texto.

Parto alumbramiento, parición, nacimiento || producto, creación, fruto, obra.

Parturienta madre, hembra recién parida.

Parva mies, trilla, aventa, abaleo.

Parvedad escasez, pequeñez, cor-

tedad, mezquindad, exigüidad, insignificancia, tenuidad.
PARVENU * v. advenedizo.
PARVO escaso, pequeño, insignificante, tenue, exiguo, mezquino, corto, chico.
PÁRVULO niño, chiquillo, nene, pequeño, infante, criatura, crío, mocoso, gurrumino || ingenuo, sencillo, cándido, humilde, inocente.
PASA uva seca, fruto seco.
PASABLE * aceptable, mediano, v. pasadero.
PASABLEMENTE * aceptablemente, v. pasaderamente.
PASACALLE marcha, baile, aire, tonada, pieza.
PASADA paso, cruce, tránsito, circulación, marcha, recorrido, ida, venida, desfile, repaso.
PASADERA v. pasarela.
PASADERAMENTE aceptablemente, tolerablemente, mediadamente, v. pasadero.
PASADERO aceptable, tolerable, mediano, llevadero, razonable, soportable, sufrible, regular, admisible, aguantable.
PASADIZO galería, pasaje, pasillo, corredor, túnel, subterráneo, angostura, recoveco, abertura, comunicación, excavación, coladero, portillo, callejón, calleja, travesía, atajo, garganta, paso, cañón, desfiladero.
PASADO remoto, antiguo, pretérito, lejano, añejo, acaecido, ocurrido, sucedido || antigüedad, tradición, ayer, retrospección, anterioridad, uso, costumbre, práctica, hábito || maduro, rancio, ajado, estropeado.
PASADOR cerrojo, pestillo, barra, hierro, varilla, fiador || sujetador, aguja, imperdible, punzón, broche || colador, manga, filtro, cedazo.
PASAJE paso, calleja, callejón, pasadizo v. || fragmento, trozo, parte, párrafo, texto || precio, pago, valor del viaje || pasajeros, viajeros, turistas, emigrantes || pasada, tránsito, v. paso.

PASAJERO viajero, turista, excursionista, peregrino, emigrante, caminante, viandante, transeúnte || efímero, corto, fugaz, breve, perecedero, frágil, precario, circunstancial, temporal, momentáneo, provisorio, provisional, limitado, transitorio, fugitivo.
PASAMANERÍA galón, entorchado, cordón, trencilla, pasamano, sardineta, franja, fleco, orla, alamar, vivo, cordón.
PASAMANO barandal, listón, madero, asidero, balaustrada v.
PASANTE auxiliar, ayudante, asistente, amanuense, escribiente, oficinista, meritorio.
PASANTÍA ayudantía, aprendizaje, noviciado.
PASAPORTAR * echar, expulsar, desterrar, arrojar, mandar, destituir, despedir.
PASAPORTE permiso, salvoconducto, licencia, pase, visado, autorización, aval, documento, certificación, credencial, documentación, *carnet*.
PASAR ocurrir, suceder, acontecer, sobrevenir, acaecer, producirse, llegar, advenir, verificarse, cumplirse, realizarse, acontecer, ser, efectuarse, empezar, venir, salir || cruzar, transitar, recorrer, circular, desfilar, traspasar, rebasar, vadear, saltar, franquear, salvar, entrar, penetrar, ir, venir, andar, caminar || llevar, conducir, trasladar, guiar, transportar, cargar, acarrear || meter, alijar, introducir, contrabandear || superar, aventajar, rebasar, exceder, sobrepujar, ganar, dejar atrás || colar, filtrar, depurar, limpiar, refinar, tamizar, cerner || engullir, tragar, deglutir, injerir, comer, consumir || admitir, aprobar, aceptar, autorizar, acreditar, avalar, reconocer, certificar || disimular, callar, esconder, ocultar, dispensar, transigir || PASARSE desertar, huir, fugarse, entregarse, traicionar || comunicarse, propagarse, correrse || excederse v.

Pasarela puente, plancha, puentecillo, escala, tabla, maderamen, planchada.

Pasatiempo entretenimiento, esparcimiento, diversión, juego, solaz, recreo, distracción, devaneo, placer, afición, inclinación || acertijo, rompecabezas, jeroglífico, crucigrama, problema, solitario, charada.

Pasavante permiso, salvoconducto, pase v.

Pascua Resurrección, Nacimiento, Adoración, Venida, Pentecostés || solemnidad, fiesta, festividad.

Pase salvoconducto, permiso, licencia, documento, autorización, venia, aprobación, título, pasaporte, visado, aval, credencial, documentación.

Paseante caminante, viandante, excursionista, viajero, peatón, vagabundo, trotacalles, vago, callejero, errante, andarín.

Pasear deambular, caminar, andar, recorrer, observar, vagar, errar, callejear, viajar, rondar, airearse, asolearse, salir, tomar el aire.

Paseo caminata, salida, callejeo, viaje, recorrido, itinerario, excursión, camino, escapada, ejercicio || avenida, ronda, calle, vía, alameda, camino, prado, parque, plaza, acera, andén.

Pasillo corredor, galería, pasaje, crujía, arcada, pérgola, columnata, travesía, pasadizo, túnel, angostura, recoveco, comunicación, callejón, atajo, garganta, paso, desfiladero.

Pasión efusión, emoción, frenesí, ímpetu, calor, llama, fuego, fiebre, ardor, vehemencia, efervescencia, fanatismo, delirio, transporte, paroxismo, furor, ceguera, entusiasmo, arrebato, arranque, violencia, nerviosidad, impaciencia || inclinación, preferencia, querencia, favoritismo, predilección, cariño, propensión, parcialidad || erotismo, apetito, amor, lujuria.

Pasional amoroso, erótico, apasionado, vehemente, irresistible, volcánico, ardiente, febril, desatado, delirante, ardoroso.

Pasito silenciosamente, callando, cuidadosamente, en voz baja.

Pasivamente inactivamente, indiferentemente, estáticamente, v. pasivo.

Pasividad indiferencia, inercia, inmovilidad, indolencia, apatía, displicencia, despreocupación, tibieza, neutralidad, insensibilidad.

Pasivo indiferente, inerte, inmóvil, inactivo, estático, quieto, insensible, neutral, despreocupado, displicente, frío, apático, indolente, paciente, transigente || total, deuda, gravamen, débito.

Pasmado papanatas, aturdido, lelo, memo, atontado, embobado, simple, zoquete, alelado, pasmarote, sandio, babieca, mentecato, majadero, v. tonto.

Pasmar asombrar, embelesar, extasiar, suspender, maravillar, sugestionar, atontar, admirar, embobar, alelar || desmayarse, desfallecer, inmovilizarse, aterirse, helarse.

Pasmarota aspaviento, gesto, ademán, demostración, asombro, admiración, alelamiento.

Pasmarote v. pasmado.

Pasmo embeleso, asombro, admiración, maravilla, éxtasis, alelamiento, embobamiento, sugestión, estupefacción, enajenación, aturdimiento || enfriamiento, catarro, constipado, resfriado, acceso, ataque, tétanos.

Pasmosamente prodigiosamente, sorprendentemente, asombrosamente, v. pasmoso.

Pasmoso prodigioso, sorprendente, asombroso, maravilloso, admirable, sugestivo, imponente, portentoso, estupendo, extraordinario, extraño, raro, increíble, milagroso, inconcebible, formidable.

Paso tranco, zancada, movimiento, espacio, medida, marcha || huella, pisada, marca, señal, rastro || senda, vereda, camino, sendero, atajo, desfiladero, garganta, cañón || acceso, salida, entrada, abertura, comunicación, puerta, v. pasadizo || progreso, avance, ascenso, adelanto, cambio, transformación.

PASPARTÚ * orla, recuadro, cartón, cartulina.

PASQUÍN libelo, cartel, impreso, escrito, anónimo, folleto, difamatorio.

PASSE-PARTOUT * v. *paspartú*.

PÁSSIM aquí y allí, en una y otra parte, por doquier, en lugares diversos.

PASTA masa, gacha, mezcla, mazacote, crema, empaste, engrudo, mucílago, cola, goma, adhesivo || fideos, tallarines, sopa, macarrones || encuadernación, cartón.

PASTAR pacer, herbajar, apacentar, ramonear, comer, alimentarse, nutrirse el ganado, tascar, rumiar, masticar.

PASTEL dulce, pasta, masa, bollo, torta, hojaldre, tarta, empanada, golosina, fruslería || apaño, amaño, lío, embrollo, componenda, confabulación, trampa, fullería, chanchullo, conchabanza.

PASTELERÍA confitería, dulcería, repostería, panadería, bollería, tienda, establecimiento.

PASTERIZAR esterilizar, higienizar, purificar, eliminar las bacterias.

PASTEURIZAR * v. pasterizar.

PASTICHE * imitación, remedo, copia, plagio, calco.

PASTILLA comprimido, tableta, grajea, píldora, oblea, medicamento, golosina.

PASTIZAL prado, campo, pradera, pradería, herbazal, majada, campiña, terreno, pasto, hacienda, monte, dehesa.

PASTO hierba, forraje, pación, verde, pienso, heno, paja, grano, semilla, pastura, alimento, ceba || PASTOS v. pastizal.

PASTOR cabrero, ovejero, porquerizo, cabrerizo, vaquero, apacentador, caporal, mayoral, rabadán, zagal || clérigo, ministro, sacerdote, eclesiástico, cura.

PASTORAL v. pastoril || encíclica, misiva, circular, comunicado papal.

PASTOREAR v. pastar.

PASTOREO apacentamiento, pacedura, pastoraje, ramoneo, cebado, alimento, nutrición del ganado.

PASTORIL bucólico, campestre, idílico, pastoral, apacible, campesino, natural, sencillo.

PASTOSO viscoso, mucilaginoso, espeso, denso, grumoso, fangoso, blando, cremoso, adhesivo, pringoso.

PASTURA v. pasto.

PASTURAJE v. pastizal.

PATA pierna, miembro, mano, remo, zanca, extremidad, cuartos, perneta, base, apoyo, soporte.

PATADA puntapié, golpe, coz, coceadura, sacudida, porrazo, culatada, pateo, pataleo || paso, huella, rastro, marca, señal, pisada.

PATALEAR patear, cocear, saltar, aporrear, golpear, bailotear, encapricharse, irritarse, agitar, desaprobar, mover las piernas.

PATALEO pateo, patadas, ruido, estrépito, abucheo, reprobación, desaprobación, rechifla.

PATALETA convulsión, rabieta, perra, patatús, soponcio, ataque, acceso, berrinche.

PATÁN palurdo, cateto, paleto, aldeano, lugareño, pardillo, campesino, labriego, rústico, pueblerino || grosero, tosco, zafio, cerril, mal educado, descortés, inculto, soez, ordinario.

PATANERÍA grosería, ordinariez, tosquedad, incultura, zafiedad, cerrilidad, rudeza, ignorancia, vulgaridad, torpeza, rusticidad, catetismo.

PATARATA zalema, carantoña, zalamería, lagotería, arrumaco, monada, aspaviento || fruslería, insignificancia, nimiedad, tontería.

PATATA tubérculo, solanácea, batata, planta.

PATATÍN PATATÁN (QUE) disculpas, evasivas, subterfugios, excusas, cháchara, cuentos.

PATATÚS soponcio, síncope, vahído, desfallecimiento, desmayo, convulsión, ataque, accidente, acce-

PATEADURA so, arrebato, indisposición, apoplejía.

PATEADURA v. pataleo, v. patada.

PATEAR golpear, cocear, agredir, sacudir, pegar, patalear, aporrear, desaprobar, irritarse || andar, deambular, afanarse, correr, apresurarse.

PATENA platillo, bandeja, fuente.

PATENTAR registrar, inscribir, presentar, licenciar, inventar, obtener, autorizar, conceder, otorgar patente.

PATENTE licencia, cédula, título, invención, invento, certificado, certificación, permiso, concesión, privilegio, exclusiva, franquicia, arbitrio || manifiesto, visible, notorio, palpable, ostensible, cierto, perceptible, evidente, claro, palmario, incontrovertible, indiscutible, paladino, irrecusable, real, verídico.

PATENTIZAR evidenciar revelar, exteriorizar, mostrar, exponer, ostentar, manifestar, aclarar, demostrar, establecer, determinar.

PATEO v. pataleo.

PATERNAL paterno, familiar, afectuoso, cariñoso, solícito, bondadoso, comprensivo, indulgente.

PATERNALMENTE afectuosamente, cariñosamente, solícitamente, v. paternal.

PATERNIDAD origen, descubrimiento, creación, producción, invento, concepción, prioridad.

PATERNO v. paternal.

PATERNÓSTER Padrenuestro, rezo, oración.

PATETA demonio, diablo, lucifer, satanás v.

PATÉTICAMENTE tristemente, conmovedoramente, dramáticamente, v. patético.

PATÉTICO triste, conmovedor, dramático, sentimental, enternecedor, doloroso, melancólico, trágico, impresionante, turbador, emocionante, tierno, desgarrador.

PATETISMO dramatismo, sentimiento, tristeza, ternura, emoción, dolor, melancolía, tragedia.

PATIBULARIO siniestro, horrible, espantoso, espantable, feroz, amenazador, impresionante, aterrador, perverso, avieso, horroroso, terrible, mal encarado.

PATÍBULO cadalso, tablado, plataforma, estrado, horca, suplicio.

PATIDIFUSO estupefacto, turulato, boquiabierto, petrificado, confuso, anonadado, desconcertado, pasmado, asombrado, admirado, extasiado, patitieso, sorprendido, extrañado.

PATILLAS chuletas, pelo, barba, vello.

PATÍN deslizador, trineo, esquí, artefacto, aparato.

PÁTINA lustre, tono, viso, brillo, apariencia, aspecto, barniz.

PATINADO antiguo, añejo, lustroso, barnizado, suave.

PATINADOR esquiador, deportista, corredor.

PATINAR resbalar, deslizarse, esquiar, evolucionar, escurrirse || errar, equivocarse, colarse.

PATINAZO resbalón, frenazo, deslizamiento || equivocación, error, coladura, yerro.

PATIO cercado, vallado, huerto, jardín, espacio, exedra, impluvio.

PATITIESO rígido, yerto, exánime, inmóvil || estupefacto, turulato, v. patidifuso.

PATITUERTO patizambo, zambo, deforme, torcido, desviado, mal hecho, pernituerto.

PATIZAMBO v. patituerto.

PATO palmípeda, ánade, ganso, oca, ánsar, auca, ansarón, cisne, ave.

PATOCHADA disparate, despropósito, majadería, gansada, necedad, sandez, tontería, desatino, barbaridad, bobada.

PATÓGENO infeccioso, morboso, contagioso, nocivo, pernicioso, perjudicial, dañoso.

PATOLÓGICO enfermo, enfermizo, anormal, obsesivo, anómalo, malsano.

PATOSO cargante, necio, pelmazo, pesado, soso, impertinente, insulso, aburrido, enfadoso, mala sombra.

PATRAÑA infundio, mentira, em-

buste, enredo, engaño, calumnia, falacia, falsedad, bulo, bola, chisme, farsa, cuento, embrollo, invención, fábula.
PATRAÑERO trolero, mentiroso v.
PATRIA nación, cuna, pueblo, país, tierra, hogar, lugar, terruño, suelo natal, nacionalidad, origen, procedencia, naturaleza, ciudadanía, raza, estirpe, raíz, pabellón.
PATRIARCA cabeza, jefe de familia, anciano, sabio || patriarcal, venerable, honorable, respetado, influyente || obispo, prelado.
PATRIARCAL venerable, respetable, majestuoso, anciano || ancestral, antiguo, familiar.
PATRICIADO aristocracia, nobleza, clase, señorío, títulos, próceres, personajes.
PATRICIO prócer, aristócrata, noble, señor, hidalgo, título, personaje, personalidad.
PATRIMONIAL familiar, hereditario, comunitario, propio, personal, patrio.
PATRIMONIO hacienda, bienes, propiedades, fortuna, fondos, capital, riqueza, caudal, acervo, posesiones, pertenencias, medios, herencia, heredad.
PATRIO nacional, propio, patrimonial, comunitario, nativo, natural.
PATRIOTA leal, fiel, fervoroso, respetuoso, amante de la patria, héroe, defensor, devoto, pundonoroso.
PATRIOTERÍA fanatismo, chauvinismo, xenofobia, intransigencia, apasionamiento, v. patriotismo.
PATRIOTERO fanático, intransigente, apasionado, xenófobo, chauvinista, v. patriota.
PATRIÓTICO fervoroso, nacional, benéfico, constructivo, patrio, entusiástico.
PATRIOTISMO exaltación, respeto, fervor, amor a la patria, lealtad, fidelidad, devoción, pundonor.
PATROCINADOR protector, defensor, bienhechor, favorecedor, mecenas, respaldo, sostén, apoyo, amparador, tutor, patrono, padrino, guardián, cliente.
PATROCINAR defender, proteger, amparar, auspiciar, financiar, respaldar, apoyar, favorecer, apadrinar, tutelar, sostener, desarrollar, fomentar.
PATROCINIO auspicio, protección, amparo, defensa, tutela, sostén, apoyo, padrinazgo, fomento, desarrollo, respaldo, beneficio, advocación.
PATRÓN v. patrono || molde, horma, modelo, figurín, original, muestra.
PATRONATO fundación, corporación, institución, organismo, centro, sociedad, asociación.
PATRONÍMICO apellido, nombre, apelativo.
PATRONO patrón, amo, señor, dueño, principal, jefe, cabeza, director, propietario, superior, poseedor, titular, hacendado, casero || padrino, protector, defensor, patrocinador, favorecedor || santo, titular, protector.
PATRULLA partida, guardia, destacamento, cuadrilla, pelotón, grupo, avanzada, avanzadilla, vanguardia, escuadrón, piquete, ronda, escuadra.
PATRULLAR rondar, vigilar, recorrer, inspeccionar, custodiar, guardar, velar.
PATRULLERO vigilante, v. patrulla.
PATULEA turba, caterva, hatajo, chusma, hato, hez, ralea, gavilla, enjambre, populacho, horda, tropel, soldadesca, muchedumbre.
PATULLAR v. pisotear.
PAULAR pantano, ciénaga, cenagal, barrizal, marjal, marisma, tremedal, lodazal, estero, atascadero, atolladero, chapatal.
PAULATINAMENTE gradualmente, v. pausadamente.
PAULATINO gradual, v. pausado.
PAUPÉRRIMO miserable, mísero, misérrimo, pobrísimo, indigente.
PAUSA interrupción, intervalo, descanso, detención, tregua, espera, alto, cese, paro, reposo, paréntesis, parada || lentitud, tar-

danza, cachaza, pachorra, flema, calma.

PAUSADAMENTE lentamente, flemáticamente, calmosamente, cachazudamente, paulatinamente, v. pausado.

PAUSADO lento, flemático, calmoso, cachazudo, lánguido, lerdo, pesado, tardo, moroso, despacioso, tranquilo, acompasado, sereno, paulatino, progresivo, gradual.

PAUSAR interrumpir, detener, cesar, parar, descansar, retardar, retrasar, espaciar, sincronizar.

PAUTA norma, modelo, dechado, ejemplo, patrón, medida, regla, compás, falsilla, raya.

PAUTADO rayado, marcado, impreso.

PAVADA sosería, insulsez, necedad, gansada, patochada, bobada, memez.

PAVÉS broquel, escudo, protección, resguardo, rodela, defensa.

PAVESA chispa, favila, chiribita, pizca, menudencia, insignificancia, partícula.

PAVIDEZ v. pavor.

PÁVIDO miedoso, medroso, tímido, apocado, despavorido, v. pusilánime.

PAVIMENTACIÓN pavimentado, asfaltado, arreglo, mejora, recubrimiento, v. pavimento.

PAVIMENTAR asfaltar, adoquinar, empedrar, enlosar, embaldosar, enladrillar, hormigonar, cementar, recubrir, mejorar, solar, entarimar.

PAVIMENTO piso, suelo, firme, asfalto, enladrillado, empedrado, macadán, adoquinado, embaldosado, hormigonado, cementado, recubrimiento, entarimado, calzada.

PAVISOSO necio, bobo, desangelado, patoso, estúpido, ñoño, v. tonto.

PAVO gallinácea, ave, guajalote, gallipavo, pavezno, pavipollo || necio, soso, v. pavisoso.

PAVONADA ostentación, pompa, presunción, postín || paseo, recreo, diversión.

PAVONADO coloreado, recubierto, protegido, azul obscuro, castaño, patinado, obscurecido.

PAVONEARSE vanagloriarse, ufanarse, jactarse, blasonar, cacarear, presumir, envanecerse, fanfarronear, alardear, exhibirse, lucirse, ostentar.

PAVONEO jactancia, presunción, vanagloria, cacareo, envanecimiento, fanfarronería, alarde, exhibición, ostentación, lucimiento.

PAVOR espanto, pánico, miedo, horror, terror, aprensión, pavidez, mieditis, canguelo, cerote, julepe, cobardía, sobresalto, susto, pavura, alarma, amedrentamiento, sobrecogimiento, truculencia.

PAVORIDO v. despavorido.

PAVOROSAMENTE horriblemente, espantosamente, temiblemente, v. pavoroso.

PAVOROSO espantoso, horrible, temible, horrendo, tremendo, sobrecogedor, impresionante, espantable, terrible, trágico, luctuoso, apocalíptico, imponente, espeluznante, horripilante, truculento, estremecedor.

PAVURA v. pavor.

PAYASADA bufonada, gansada, mamarrachada, ridiculez, necedad, bobada, farsa, comedia.

PAYASO caricato, bufón, mimo, cómico, clown, gracioso, actor, saltimbanqui, titiritero || mamarracho, ganso, ridículo, necio, farsante, bobo.

PAYO aldeano, campesino, rudo, ignorante, paleto, cateto, pueblerino, patán.

PAZ armonía, calma, tranquilidad, tregua, sosiego, reposo, quietud, afabilidad, concordia, amistad, neutralidad, pacifismo, acuerdo, avenencia, conciliación, asenso, unanimidad, inteligencia, equilibrio, estabilidad, descanso, silencio.

PAZGUATERÍA alelamiento, embobamiento, papanatismo, ñoñería, simpleza, majadería, memez, necedad v.

PAZGUATO memo, lelo, atontado, papanatas, ñoño, necio, zoquete, pasmarote, sandio, babieca, majadero, mentecato, simple, tonto v.

¡PCHE! ¡pchs!, ¡bah!

PE A PA (DE) enteramente, completamente, íntegramente, de corrido, detalladamente.

PEAJE derecho, tasa, tributo, carga, portazgo, canon, pago por tránsito.

PEANA tarima, plataforma, estrado, pedestal, base, apoyo, fundamento, basamento.

PEATÓN transeúnte, viandante, caminante, paseante, andarín, andariego, ambulante, peón.

PEBETERO perfumador, incensador, recipiente, vaso.

PEBRE salsa, condimento, aderezo, pimienta.

PECA mancha, efélide, lunar, mota, mácula.

PECADO falta, culpa, yerro, caída, infracción, imperfección, abandono, tentación, culpabilidad, tropiezo, lapso, vicio, maldad, imprudencia, mentira, falsedad, venialidad, escándalo, deuda, desliz.

PECADOR culpable, infractor, violador, autor, miserable, arrepentido, tentado, relapso, penitente, mortal, humano, falible.

PECAMINOSO corrompido, obsceno, indecente, impuro, tentador, peligroso, nefando, deshonesto, liviano, vergonzoso, picaresco.

PECAR caer, errar, faltar, tropezar, infringir, abandonarse, tentarse, enviciarse, escandalizarse, corromperse, degradarse, quebrantar.

PÉCARI saíno, jabalí americano.

PECCATA MINUTA pecado, error, falta, vicio, defecto, imperfección leve.

PECERA recipiente, vaso, vasija, globo de cristal.

PECINA cieno, lodo, barro, fango, limo, légamo.

PECINAL barrizal, lodazal, cenagal, charco, poza.

PECIO derrelicto, buque abandonado, objeto a la deriva.

PECÍOLO pedúnculo, rabillo, tallo.

PÉCORA taimada, astuta, malvada, viciosa, deshonesta, perversa, maliciosa.

PECOREA hurto, robo, saqueo, pillaje, rapiña, latrocinio ‖ juerga, diversión, jarana, parranda.

PECOSO moteado, manchado.

PECTORAL torácico, pulmonar, costal, respiratorio, mamario ‖ cruz, crucifijo, insignia, distintivo.

PECUARIO ganadero, vacuno, bovino, ovino, caprino, equino, porcino.

PECULADO desfalco, fraude, defraudación, expoliación, malversación, baratería, delito.

PECULIAR propio, característico, distintivo, particular, especial, diferente, diferenciado, típico, inconfundible, representativo, congénito, privativo, específico, singular, sui géneris.

PECULIARIDAD característica, particularidad, singularidad, especialidad, diferencia, propiedad, rareza, diversidad, exclusividad.

PECULIARMENTE especialmente, típicamente, inconfundiblemente, v. peculiar.

PECULIO caudal, hacienda, patrimonio, fondos, bienes, propiedades, fortuna, capital, riqueza, acervo, posesiones, pertenencias, medios, dinero.

PECUNIA moneda, dinero, metálico, efectivo.

PECUNIARIO monetario, dinerario, crematístico, fiduciario, numerario, económico.

PECHAR pagar, escotar, tributar, abonar.

PECHERA chorrera, peto, prenda, camisa.

PECHINA venera, concha, peche.

PECHO tórax, torso, busto, caja torácica ‖ tributo, contribución, impuesto ‖ brío, fortaleza, valor, ánimo ‖ PECHOS tetas, mamas, busto, senos, ubres, escote, descote, pechuga.

PECHUGA v. pecho.

PECHUGÓN empujón, impulso, esfuerzo, golpe, choque, encontronazo.

PEDAGOGÍA didáctica, enseñanza,

instrucción, educación, ilustración, aleccionamiento, formación.
PEDAGÓGICO educativo, instructivo, didáctico, formativo, ilustrativo, aleccionador.
PEDAGOGO profesor, educador, instructor, maestro, ayo, mentor, experto.
PEDAL palanca, barra, placa, apoyo.
PEDALEAR mover, girar, menear, voltear, acelerar, correr, avanzar, desplazarse.
PEDANTE fatuo, engolado, encopetado, pomposo, inflado, hinchado, pretencioso, vano, hueco, ampuloso, jactancioso, estirado, enfático, afectado, cargante, desdeñoso.
PEDANTERÍA jactancia, afectación, énfasis, pomposidad, fatuidad, vanidad, vacuidad, ampulosidad, necedad, suficiencia, desdén.
PEDANTESCO v. pedante.
PEDAZO trozo, porción, fragmento, sección, fracción, parte, partícula, pizca, gajo, gota, cacho, triza, resto, residuo, lote, división, miembro, migaja, jirón, añico, esquirla, astilla, bocado, mordisco, rebanada, tajada, loncha, lonja, rodaja, rueda, raja.
PEDERASTA sodomita, invertido, bujarrón, desviado, bardaje, marica, maricón, homosexual v.
PEDERASTIA sodomía, inversión, desviación, abuso, v. homosexualidad.
PEDERNAL piedra, cuarzo || duro, resistente, granítico.
PEDESTAL base, podio, fundamento, peana, zócalo, plinto, supedáneo, basamento, cimiento, firme, soporte, plataforma, pie, sustentáculo.
PEDESTRE caminante, peatón v. || vulgar, chabacano, adocenado, común, ordinario, corriente, inculto, llano, bajo.
PEDIATRA médico de niños, puericultor, especialista, pedíatra.
PEDIATRÍA medicina de la infancia, puericultura, especialidad.
PEDÍCULO pedúnculo v.

PEDICURO callista, podólogo, practicante.
PEDIDO encargo, petición, orden, solicitud, gestión, requerimiento, demanda, petitoria, reclamación, exigencia, súplica, ruego, postulación.
PEDIDOR v. peticionario.
PEDIGÜEÑO sablista, sacadineros, gorrón, gorrista, parásito, vividor, pegote, petardista, sacacuartos, mangante, parchista, aprovechado, abusador, mogollón, insistente, cargante, mendigo, pordiosero, solicitante.
PEDIR requerir, solicitar, demandar, exigir, exhortar, encargar, comisionar, pretender, ordenar, sugerir, advertir, intimar, postular, instar, desear, querer, insistir, reivindicar, reclamar, suplicar, rogar, rezar, orar, impetrar, interpelar || mendigar, sablear, mangar, sacar, insistir.
PEDO ventosidad, gases, flatulencia.
PEDRADA cantazo, golpe, guijarrazo, golpazo, contusión, herida, chinazo.
PEDREA apedreamiento, refriega, escaramuza, lucha, alboroto, desorden.
PEDREGAL pedriza, desgalgadero, pedrera, cascajar, pedriscal, cantizal, peñascal, roquedal, canchal, desierto, erial.
PEDREGOSO rocoso, áspero, desigual, árido, desértico, abrupto, guijarroso.
PEDRERA cantera, yacimiento, explotación || roquedal, v. pedregal.
PEDRERÍA gemas, piedras preciosas, joya, joyería.
PEDRERO cantero, picapedrero, tallista, dolador.
PEDRISCO granizo, granizada, precipitación, tormenta || piedras, pedriza, pedrea.
PEDRIZA v. pedregal.
PEDRUSCO canto, china, guijarro, chinarro, guija, v. piedra.
PEDÚNCULO rabillo, pedículo, pezón, tallo, prolongación, apéndice.
PEER ventosear, irse, arrojar, expeler, expulsar ventosidades.

PEGA * dificultad, obstáculo, inconveniente || chasco, burla, inocentada.
PEGADIZO contagioso, fácil || arrimadizo, insistente, cargante, parásito, pegajoso v.
PEGADO parche, bizma, emplasto, pegote || adherido, unido, encolado, engomado, v. pegar.
PEGADURA v. pegamiento.
PEGAJOSO viscoso, mucilaginoso, adherente, gelatinoso, untuoso, pegadizo, pringoso, cohesivo, grasiento, craso, aglutinante, resbaladizo || parásito, gorrón, arrimadizo, pegadizo, insistente, cargante || meloso, melifluo, dulzón, empalagoso, almibarado, remilgado.
PEGAMENTO * cola, goma, mucílago, adhesivo, engrudo.
PEGAMIENTO adherencia, pegadura, encoladura, aglutinación, adhesión, pegado.
PEGAR encolar, engomar, adherir, fijar, ligar, sujetar, engrudar, soldar, aglutinar, consolidar, afirmar, unir, arrimar, aplicar, juntar, atar, coser, prender || contagiar, transmitir, comunicar, contaminar, infectar || maltratar, castigar, propinar, zurrar, dar, aporrear, abofetear, apalear, deslomar, moler, tundir || PEGARSE luchar, disputar, agarrarse, querellarse, reñir, pugnar, habérselas, altercar.
PEGO engaño, fullería, trampa, truco, fraude, argucia, picardía, burla.
PEGOTE parche, chapucería, remiendo || emplasto, bizma, parche, pegado, apósito || bodrio, frangollo, guisote, bazofia, comistrajo.
PEINADA peinadura, peinado, tocado, adorno, compostura, arreglo del pelo.
PEINADO tocado, v. peinada.
PEINADOR bata, batín, quimono, prenda, salto de cama.
PEINAR acicalar, componer, atusar, alisar, ordenar, desenredar, desenmarañar, limpiar, desembrollar, carmenar, crinar, cardar, batir.
PEINE peineta, peinilla, escarpidor, carmenador, carda, partidor, utensilio.
PEINETA v. peine.
PEJE pez, pescado, animal acuático.
PEJIGUERA molestia, impertinencia, incomodidad, dificultad, lata, pesadez, inconveniencia, fastidio, engorro.
PELADA * v. peladera.
PELADERA calvicie, alopecia, pelona, caída del pelo.
PELADILLA golosina, confite, dulce, almendra confitada || canto, guijarro, china, pedrusco, piedra.
PELADO calvo, pelón, mondo, lirondo, liso, lampiño || mocho, despojado, árido, yermo, inhóspito, desértico, desnudo, descubierto || raído, gastado, ajado, usado, marchito || v. peladura.
PELADURA mondadura, corteza, cáscara, recorte || tonsura, pelado, rapadura, corte, trasquiladura.
PELAFUSTÁN v. pelagatos || holgazán, perdido, vago, haragán, indeseable.
PELAGATOS pobretón, mísero, insignificante, menesteroso, paria, miserable, infeliz, pelafustán, pinchaúvas, pelón, don Nadie.
PELÁGICO abisal, abismal, oceánico, profundo.
PELAJE pelo, piel, pelambrera, pelambre, cabello, mechón, vedija, melena, vellón, guedeja, pelusa, vello, crin, cerneja, lanosidad, lanas || traza, calaña, jaez, laya, clase, calidad, categoría, naturaleza, aspecto, disposición, apariencia.

PELAMBRERA v. pelaje.
PELANDUSCA ramera, hetera, zorra, mujerzuela, barragana, buscona, v. prostituta.
PELAR cortar, rapar, quitar, entresacar, afeitar, trasquilar, recortar, tonsurar, depilar, decalvar, arrancar || mondar, descortezar, descascarar, desplumar || desprenderse, soltarse, caerse el

PELAZGA
pelo || ganar, despojar, desnudar, timar, robar.
PELAZGA v. pelea.
PELDAÑO escalón, grada, paso, madero, estribo, zanca, tablón, tabla.
PELEA combate, contienda, disputa, lucha, escaramuza, batalla, liza, pugna, lance, refriega, pugilato, riña, guerra, altercado, conflicto, rivalidad, hostilidad, acometimiento, controversia, discusión, disgusto || afán, ajetreo, fatiga, aperreo, agobio, esfuerzo.
PELEADOR agresivo, belicoso, camorrista, combativo, pendenciero, ofensivo, alborotador, impulsivo, provocador, fanfarrón, chulo, quisquilloso.
PELEAR contender, combatir, luchar, guerrear, batallar, disputar, acometer, rivalizar, enfrentarse, atacar, hostilizar, reñir, discutir || disgustarse, enemistarse, indisponerse, desavenirse, agarrarse, enfadarse, regañar, reñir || pugnar, afanarse, aperrearse, abrumarse, matarse, esforzarse, azacanarse, sacrificarse.
PELECHAR recuperarse, mejorar, medrar, restablecerse.
PELELE monigote, espantapájaros, muñeco, espantajo, fantoche, títere, polichinela, monicaco, hominicaco, hombrecillo, infeliz, desgraciado.
PELEONA v. pelea || v. borrachera.
PELERINA * v. esclavina.
PELIAGUDO enrevesado, complicado, difícil, intrincado, arduo, complejo, laborioso, espinoso, endiablado, embrollado.
PELÍCULA laminilla, piel, capa, cutícula, costra, binza, corteza, telilla, membrana, pellejo, hollejo, cascarilla, escama || filme, cinta, rollo, negativo, positivo, celuloide.
PELICULERO cinematográfico, v. actor, actriz.
PELIGRAR amenazar, arriesgar, exponer, sacrificarse, aventurarse, comprometerse, temer, alarmar, apurarse, correr riesgo.

PELIGRO contingencia, riesgo, inseguridad, trance, aventura, ventura, lance, albur, apuro, azar, conflicto, dificultad, inminencia, escollo, exposición, amenaza, eventualidad, accidente, desgracia, peligrosidad.
PELIGROSAMENTE aventuradamente, arriesgadamente, azarosamente, v. peligroso.
PELIGROSIDAD v. peligro.
PELIGROSO aventurado, arriesgado, azaroso, comprometido, inseguro, contingente, difícil, inminente, apurado, eventual, amenazador, expuesto, incierto, fortuito.
PELILLO nimiedad, menudencia, insignificancia, puntillo, fruslería, susceptibilidad.
PELILLOSO quisquilloso, susceptible, puntilloso, delicado, melindroso.
PELIRROJO taheño, barbitaeño, bermejo.
PELMA cargante, pesado, pelmazo, fastidioso, inoportuno, molesto, latoso, insoportable, chinche || lento, calmoso, tardo, remiso, torpe.
PELMACERÍA v. pachorra.
PELMAZO v. pelma.
PELO cabello, pelusa, vello, bozo, crin, hebra, cerda, ceja, pestaña, pelambrera, melena, vellón, guedeja, cerneja, mechón, vedija, lanosidad, lanas, pelaje, barba, tusa, copete, rizo, tirabuzón, bucle, onda || filamento, hebra, fibra.
PELÓN v. pelado.
PELONA v. peladera.
PELOTA bola, bala, balón, ovillo, esfera, esférico || **PELOTA** (EN) desnudo, desvestido, corito, descubierto, desabrigado, sin ropas.
PELOTAZO balonazo, golpe, golpazo, patada.
PELOTEAR jugar, entrenarse, correr, ensayar, arrojar, rebotar, lanzar, rechazar, patear.
PELOTERA riña, contienda, disputa, altercado, discusión, v. pelea.
PELOTILLA adulación, coba, halago, lisonja, alabanza, jabón, camelo, embeleco.

Pelotillero adulador, cobista, lisonjero, halagador, embelecador, adulón, camelista, lameculos, tiralevitas, lavacaras.

Pelotón cuerpo, grupo, escuadra, destacamento, patrulla, unidad, conjunto.

Pelouse * césped, prado, parque, hierba, verde, campo, cancha.

Peluca bisoñé, peluquín, postizo, añadido, periquillo, perico, casquete, cabellera postiza.

Peluche * felpa, tripe, pelusa.

Peludo velludo, lanudo, velloso, piloso, lanoso, cerdoso, hirsuto, espeso, denso, enmarañado, cerrado, tupido, barbudo, melenudo.

Peluquería barbería, salón, negocio, tienda.

Peluquero barbero, fígaro, rapabarbas, rapista, desuellacaras, afeitador, oficial, artesano.

Peluquín v. peluca.

Pelusa vello, bozo, pelusilla, lanugo, pelillo, hebra || envidia, celos, pelusilla.

Pélvico pelviano.

Pelvis cinturón pélvico, cintura ósea, cadera.

Pella bola, pelota, bolita, porción, masa, amasijo.

Pellejo piel, cuero, tegumento, epidermis, cutis, dermis, membrana, cutícula, película, capa, binza, corteza, telilla, hollejo, cascarilla || odre, cuero, bota, recipiente, receptáculo || borracho, cuba, temulento, dipsómano, ebrio v.

Pelliza zamarra, chaqueta, dormán, guerrera, cazadora, gabán corto.

Pellizcar apretar, retorcer, repizcar, pizcar, sobar, pinchar || picar, picotear, tomar, mordisquear.

Pellizco pulgarada, pizco, repizgo, tornisón, sobo || menudencia, pizca, chispa, gota, fruslería, insignificancia, trozo, triza.

Pena tristeza, nostalgia, dolor, desventura, pesadumbre, congoja, duelo, desazón, inquietud, sufrimiento, cuidado, angustia, aflicción, pesar, mortificación, amargura, zozobra, tormento, ansiedad || condena, sentencia, sanción, castigo, penalidad, correctivo, inhabilitación, prohibición, punición, escarmiento, expiación, multa, destierro, prisión, corrección || fatiga, agobio, trabajo, quebranto, dificultad, ajetreo, aperreamiento.

Penacho cimera, copete, airón, pompón, plumero, adorno, plumas.

Penado condenado, preso, presidiario, convicto, forzado, prisionero, galeote, reo, culpable, criminal, delincuente, rebelde.

Penal presidio, cárcel, penitenciaría, correccional, encierro, prisión, fortaleza || punible, punitivo, disciplinario, penitenciario, criminal || penitenciario.

Penalidad penuria, aflicción, disgusto, molestia, trabajo, pena, desgracia, sufrimiento, mortificación, contrariedad, apuro, falta, miseria, pobreza, escasez, indigencia, insuficiencia || sanción, castigo, v. pena.

Penalty * sanción, castigo.

Penar sufrir, aguantar, expiar, soportar, tolerar, padecer, afligirse, dolerse, lamentarse, acongojarse, entristecerse || castigar, condenar, encarcelar, sentenciar, sancionar, corregir, escarmentar, multar, imponer, expiar, infligir, desterrar.

Penco rocín, jamelgo, matalón, jaco, cuartago, caballejo, caballería, montura, caballo.

Pendanga v. prostituta.

Pendantif * v. pendentif.

Pendejo pelo, vello, cabello del pubis || cobarde, pusilánime, infeliz, calzonazos.

Pendencia riña, reyerta, gresca, disputa, discusión, pelotera, porfía, lid, lucha, jollín, disensión, desorden, camorra, chamusquina, batalla, bronca, agarrada, altercado, alboroto, zipizape, trifulca, trapatiesta, querella, rivalidad, cuestión, debate, oposición.

Pendenciar v. reñir.

Pendenciero peleador, camorrista, belicoso, agresivo, combativo, ofensivo, alborotador, impulsivo, provocador, fanfarrón, chulo, quisquilloso, porfiado, terco, discutidor, bravucón, matón, díscolo, batallador.

Pendentif * dije, colgante, pinjante, joya, alhaja.

Pender colgar, caer, descender, suspender, oscilar, pesar, depender, inclinarse.

Pendiente arete, pinjante, colgante, arracada, zarcillo, joya, candonga || aplazado, diferido, suspendido, prorrogado, postergado, retrasado, demorado, suspenso, incompleto, en curso, en trámite || colgante, suspendido, pensil, oscilante || inclinado, empinado, oblicuo, pino, retrepado, escarpado, caído, vencido, desnivelado, ladeado, levantado || cuesta, declive, rampa, subida, bajada, repecho, costana, costanilla, desnivel, caída, depresión, ladera, inclinación, vertiente, escarpa.

Péndola v. péndulo, v. pluma.

Pendolista escribiente, calígrafo, amanuense, escribano, copista, rotulista.

Pendón bandera, estandarte, gallardete, enseña, divisa, emblema, pabellón, confalón, lábaro, guión, oriflama, distintivo, trofeo, colores, banderola, empavesado, grímpola, jirón, guía, insignia || mujerzuela, fulana, deshonesta, indecente, liviana, descocada, v. prostituta.

Pendonear callejear, pindonguear, vagar, errar, deambular, holgazanear.

Péndulo péndola, regulador, varilla, cuerpo oscilante, cuerpo suspendido || colgante, pendiente, suspendido, oscilante.

Pene miembro, falo, verga, príapo, pudendo, méntula, órgano viril, órgano genital || glande, bálamo, prepucio.

Penetrabilidad permeabilidad, accesibilidad, filtrabilidad, impregnabilidad, v. penetración.

Penetrable accesible, introducible, insertable, impregnable, filtrable, infiltrable, permeable || fácil, inteligible, transparente, comprensible, claro, diáfano.

Penetración introducción, inserción, colocación, impregnación, inyección, inclusión, implantación, enclavamiento, embutimiento, engastamiento, encaje, empotramiento || entrada, acceso, invasión, incursión, correría, avance, progreso || ingenio, perspicacia, comprensión, discernimiento, cacumen, sutileza, lucidez, talento, agudeza, clarividencia, imaginación.

Penetrador ingenioso, v. perspicaz.

Penetrante agudo, subido, alto, estrepitoso, fuerte, elevado, acentuado, exagerado, ensordecedor, desgarrador, hiriente || hondo, profundo, metido, implantado, enclavado, incluido, embutido, encajado.

Penetrar entrar, pasar, ingresar, escurrirse, filtrarse, invadir || implantar, encajar, empotrar, engastar, embutir, enclavar, incluir, inyectar, impregnar, embeber, calar, insuflar || entender, interpretar, comprender, concluir, inferir, deducir, asimilar, descifrar, intuir, discernir, alcanzar, percibir, conocer, adivinar.

Península penisla, peñíscola, istmo.

Peninsular ibérico, hispánico, español v.

Penitencia mortificación, disciplina, expiación, arrepentimiento, pesar, dolor, contrición, padecimiento, sufrimiento, enmienda, castigo, purga, sacrificio, pena, reparación, compensación, pago, satisfacción, cumplimiento, austeridad, ayuno, maceración.

Penitenciar castigar, v. penar.

Penitenciaría prisión, penal, presidio, cárcel, correccional, encierro, fortaleza, reclusión, establecimiento penitenciario.

Penitenciario penal, carcelario, correccional.

Penitente mortificado, arrepentido,

disciplinante, flagelado, sacrificado, austero, dolorido, contrito, nazareno, aspado, cenobita, eremita, anacoreta, monje.

PENOL punta, extremo, extremidad de las vergas o perchas.

PENOSAMENTE duramente, trabajosamente, difícilmente, deplorablemente, v. penoso.

PENOSO duro, trabajoso, difícil, laborioso, costoso, ímprobo, oneroso, ingrato, molesto || doloroso, enfadoso, deplorable, lamentable, irritante, triste, terrible, injusto, enternecedor.

PENSADOR filósofo, sabio, investigador, erudito, docto, lumbrera, estudioso || v. pensativo.

PENSAMIENTO reflexión, raciocinio, razón, talento, atención, especulación, abstracción, meditación, razonamiento, ponderación, preocupación, quebradero, cogitación, cavilación, cálculo, elucubración, reconcentración, recogimiento, introspección, examen, consideración, mente, inteligencia, intelecto || aforismo, máxima, sentencia, frase, proverbio, refrán, adagio, axioma, moraleja, precepto, principio, dicho, concepto || plan, designio, proyecto, intento, intención, propósito, idea, programa, aspiración.

PENSANTE * v. pensativo, v. pensador.

PENSAR meditar, cavilar, reflexionar, especular, razonar, abstraerse, preocuparse, ponderar, calcular, cogitar, considerar, recogerse, reconcentrarse, recapacitar, discurrir, repasar, juzgar, observar, ver, profundizar, rumiar, examinar || sospechar, figurarse, creer, recelar, maliciar, olerse, escamarse || proyectar, elucubrar, imaginar, idear, concebir, intentar, acariciar, soñar, inventar, crear, planear, trazar, calcular, fraguar, urdir, tramar, madurar.

PENSATIVO meditabundo, ensimismado, cogitabundo, absorto, embebido, cavilante, distraído, enfrascado, abismado, preocupado, reflexivo, reconcentrado, abstraído, embelesado.

PENSEQUE omisión, error, descuido.

PENSIL pendiente, colgante, colgado, suspendido || jardín, parque, Edén, oasis.

PENSIÓN retiro, renta, subsidio, subvención, compensación, pago, gratificación, jubilación, orfandad, viudedad, donación, cantidad || fonda, hospedaje, pupilaje, alojamiento, albergue, posada, hospedería, casa de huéspedes.

PENSIONADO internado, colegio, instituto, escuela, pupilaje, seminario, institución educativa || jubilado, retirado, pensionario, becario, pensionista, pasivo, inválido, subvencionado, compensado.

PENSIONAR conceder, asignar, subvencionar, gratificar, pagar, compensar, donar, retirar, jubilar.

PENSIONISTA alumno, interno, seminarista, educando, colegial, pupilo, huésped, alojado, albergado || retirado, jubilado, subvencionado, becario, pensionario, compensado, pasivo, inválido.

PENTAGRAMA pauta, renglonadura, líneas paralelas.

PENUMBRA sombra, opacidad, media luz, crepúsculo, tenuidad.

PENURIA escasez, falta, carencia, insuficiencia, mezquindad, exigüidad, parvedad, cortedad || pobreza, indigencia, necesidad, carestía, hambre, desgracia, desdicha, estrechez, desnudez, miseria, inopia.

PEÑA roca, risco, piedra, peñasco, arrecife, escollo || morro, castro, alcor, cerro, mogote, roquedo, peñón || tertulia, grupo, corro, círculo, reunión, corrillo, casino, centro, asociación.

PEÑASCAL roquedal, pedregal, canchal, pedriza, pedriscal, cantizal, pedrera, cascajar, desgalgadero, páramo, desierto, erial.

PEÑASCO v. peña.

PEÑASCOSO rocoso, pedregoso, escabroso, desértico, desnudo, roqueño, montañoso.

PEÑÓN cerro, monte, roca, peñasco, peña, mogote, alcor, elevación, eminencia, altura, promontorio.

PEÓN jornalero, bracero, trabajador, asalariado, menestral, obrero || infante, soldado || peatón, transeúnte || trompo, v. peonza.

PEONZA perinola, trompo, zaranda, galdrufa, moninfla, peón, juguete.

PEOR malo, malísimo, inferior, desdeñable, execrable, infame, deficiente, vil, bajo.

PEORÍA empeoramiento, agravamiento, recaída || deficiencia, inferioridad.

PEPERMÍN * menta, hierbabuena, licor, bebida.

PEPINO cohombro, cucurbitácea, hortaliza, fruto.

PEPITA simiente, pipa, hueso, cuesco, semilla, corazón, núcleo.

PEPITORIA fárrago, revoltijo, confusión, embrollo, caos, mare mágnum, desorden.

PEPÓN sandía, badea, cucurbitácea, fruto.

PEPONA muñeca, juguete.

PEPSINA fermento, catalizador, secreción gástrica.

PEQUEÑEZ nimiedad, mezquindad, menudencia, parvedad, fruslería, puerilidad, insignificancia, bagatela, trivialidad || cortedad, exigüedad, escasez, falta, disminución, pobreza.

PEQUEÑO minúsculo, diminuto, menudo, chico, breve, corto, limitado, enano, pigmeo, liliputiense, canijo, raquítico, ruin, escaso, reducido, exiguo, insuficiente, insignificante, irrisorio, mezquino, deficiente, fino, tenue, delicado || niño, chico, chiquillo, infante, crío, criatura, pequeñuelo, nene, rorro, chiquitín, pituso, mocoso, arrapiezo, gurrumino, chaval, galopín.

PERA fruto, bergamota, ocal, perojo || barbita, barba, perilla.

PERAL frutal, árbol, bergamoto.

PERALTE elevación, desnivel, altura, rampa, declive, inclinación.

PERCAL género, tela, tejido de algodón.

PERCANCE contratiempo, daño, perjuicio, accidente, contingencia, mal, contrariedad, avería, desgracia, peripecia, catástrofe, siniestro, incidente.

PER CÁPITA por cabeza, por persona, por individuo.

PERCATARSE notar, advertir, reparar, apreciar, percibir, distinguir, observar, ver, señalar, comprobar, establecer, darse cuenta.

PERCEBE cirrópodo, marisco, escaramujo || tonto, ignorante, mentecato, papanatas.

PERCEPCIÓN impresión, sensación, imagen, representación, alucinación, sentimiento, emoción, conocimiento, aprehensión, excitación, idea, pensamiento || inteligencia, penetración, clarividenvia, perspicacia.

PERCEPTIBLE apreciable, manifiesto, ostensible, sensible, visible, evidente, cierto, real, corpóreo, notorio, palpable, material, aparente.

PERCEPTIBLEMENTE apreciablemente, manifiestamente, ostensiblemente, v. perceptible.

PERCIBIR observar, notar, advertir, percatarse, apreciar, establecer, descubrir, comprobar, señalar, ver, divisar, distinguir, reparar, columbrar, avistar, avizorar, oír, escuchar, oler, olfatear, gustar, saborear, tocar, palpar || cobrar, recoger, recaudar, ingresar, recolectar, embolsar, recibir, colectar || entender, comprender, discernir, interpretar, penetrar, alcanzar, intuir, saber.

PERCUDIDO sucio, sobado, ajado, rozado, v. percudir.

PERCUDIR, ensuciar, ajar, sobar, tiznar, manchar, pringar, deslucir, deslustrar, marchitar, rozar, deteriorar, desgastar, manosear.

PERCUSIÓN golpe, sacudida, embate, choque, topetazo, porrazo, golpeteo, tañido, repiqueteo, pulsación.

PERCUSOR v. percutor.

Percutir golpear, chocar, pulsar, tocar, dar, herir, sacudir, vibrar, batir, topar, tañir, repicar, pegar, aporrear.

Percutor percusor, martillo, llave, detonador, pieza de arma de fuego.

Percha perchero, gancho, mueble, colgadero, tendedero, alcándara, espetera, paragüero || madero, estaca, palo, vara, varilla, pértiga, listón, asta.

Perchero v. percha.

Percherón caballo, caballería, bruto, cuadrúpedo, animal de tiro.

Perdedor damnificado, perjudicado, arruinado, dañado, malparado, quebrantado, infortunado, desafortunado, fracasado, jugador, frustrado, víctima.

Perder olvidar, dejar, abandonar, confundir, extraviar, traspapelar, omitir, descuidar, desatender, preterir, desaprovechar, malograr, malgastar, desperdiciar, derrochar, frustrar, dañar, fracasar, malparar, quebrantar, jugar || Perderse descarriarse, desviarse, desorientarse, extraviarse, torcerse, corromperse, estropearse, arruinarse, enviciarse.

Perdición ruina, caída, daño, menoscabo, pérdida, quiebra, hundimiento, decadencia, destrucción, fracaso, fin, bancarrota, revés, frustración, descalabro, infortunio, desgracia, descarrío, extravío, corrupción, desarreglo, condenación.

Pérdida olvido, abandono, omisión, descuido, desatención, extravío, carencia, privación, daño, menoscabo, perjuicio, mal, detrimento, lesión, quebranto, desventaja, percance, malogro, avería, merma, ruina, déficit, derroche, desgaste, deuda, compromiso.

Perdidamente irremediablemente, totalmente, absolutamente, completamente, v. perdido.

Perdido extraviado, olvidado, abandonado, dejado, descuidado, omitido, confundido, desatendido, traspapelado || privado, dañado, perjudicado, desaprovechado, derrochado, malgastado, desperdiciado, malogrado, arruinado, fracasado, malparado, quebrantado || vagabundo, extraviado, errante, *despistado*, desorientado, descaminado, desviado, apartado, alejado, desconcertado, descarriado || perdulario, calavera, vicioso, degenerado, perdis, libertino, tarambana, Don Juan, mujeriego, depravado, crápula, inmoral, sinvergüenza.

Perdigón grano, plomo, balín, munición, esferilla, bolita || pollo, cría de perdiz.

Perdis calavera, perdulario, v. perdido.

Perdiz gallinácea, ave, garbón, urú, perdigón.

Perdón indulto, gracia, remisión, absolución, clemencia, merced, olvido, amnistía, conmutación, piedad, indulgencia, condonación, misericordia, benignidad, compasión, generosidad, magnanimidad, comprensión, caridad, condescendencia, tolerancia, dispensa, exención.

Perdonable disculpable, comprensible, tolerable, justificable, lógico, razonable.

Perdonar indultar, absolver, amnistiar, remitir, agraciar, conmutar, olvidar, compadecer, condonar, comprender, tolerar, condescender, relevar, rebajar, borrar, disimular, exceptuar, eximir, dispensar.

Perdonavidas valentón, bravucón, matachín, tragahombres, matamoros, fanfarrón, baladrón, chulo, curro.

Perdulario perdido, calavera, vicioso, incorregible, depravado, libertino, tarambana, degenerado, perdis, sinvergüenza, inmoral, Don Juan, mujeriego, crápula || descuidado, negligente, abandonado, dejado.

Perdurable imperecedero, perpetuo, inmortal, sempiterno, eterno, renovado, pertinaz, permanente, fijo, estable, persistente, perenne, infinito, indestructible,

Perdurar inacabable, constante, interminable.

Perdurar continuar, subsistir, seguir, permanecer, mantenerse, durar, fijarse, renovarse, eternizarse, inmortalizarse, perpetuarse, resistir.

Perecedero mortal, humano, carnal, falible, fugaz, efímero, corto, breve, precario, frágil, momentáneo, temporal, circunstancial, limitado, transitorio, pasajero, caduco, provisorio, fugitivo.

Perecer expirar, morir, fallecer, fenecer, finar, extinguirse, acabar, agonizar, matarse, espichar, irse, quedarse, palmar, sucumbir, diñarla, boquear, dejar de existir, perder la vida ‖ **Perecerse** desear, apetecer, ansiar, anhelar, pirrarse, desvivirse.

Perecimiento v. fallecimiento.

Peregrinación viaje, peregrinaje, excursión, romería, penitencia, voto, promesa, éxodo, cruzada, odisea, emigración, periplo, itinerario, travesía, jornada, trayecto, caminata, aventura, andanza, riesgo, sacrificio, martirio, persecución, huida.

Peregrinaje v. peregrinación.

Peregrinamente singularmente, raramente, extrañamente, insólitamente, v. peregrino.

Peregrinante v. peregrino.

Peregrinar errar, viajar, deambular, recorrer, vagar, andar, caminar, huir, aventurarse, atravesar, emigrar, cruzar, sacrificarse.

Peregrino penitente, romero, palmero, emigrante, cruzado, viajero, caminante, errante, errabundo, andariego, aventurero, arrepentido, pecador ‖ singular, raro, extraño, insólito, exótico, interesante, especial, inaudito, increíble, extraordinario, notable ‖ hermoso, bello, perfecto, primoroso.

Perendengue fruslería, baratija, fantasía, chuchería, friolera, bagatela, bujería, nadería, minucia, bisutería, imitación ‖ pendiente, zarcillo, arete.

Perengano fulano, zutano, mengano, robiñano.

Perenne perdurable, perpetuo, persistente, sempiterno, inmortal, estable, fijo, permanente, pertinaz, renovado, eterno, constante, inacabable, indestructible, infinito, interminable, imperecedero, continuo.

Perennidad persistencia, inmortalidad, perpetuidad, perdurabilidad, constancia, eternidad, renovación, pertinacia, permanencia, fijeza, estabilidad, continuidad, indestructibilidad, subsistencia.

Perentoriamente terminantemente, apremiantemente, urgentemente, v. perentorio.

Perentoriedad apremio, urgencia, apuro, prisa, precipitación, exigencia, obligación, determinación, decisión.

Perentorio terminante, apremiante, urgente, obligatorio, decisivo, definitivo, tajante, concluyente, ineludible, apresurado, inaplazable.

Pereza haraganería, holgazanería, holganza, ocio, ociosidad, molicie, gandulería, poltronería, vaguería, galbana, vagancia, pigricia, flojera, dejadez, apatía, desidia, descuido, zanganería, roncería, haronía, molicie, inercia, indolencia, remolonería, negligencia, tardanza, lentitud.

Perezosamente indolentemente, holgazanamente, v. perezoso.

Perezoso indolente, holgazán, haragán, remolón, harón, roncero, zángano, descuidado, desidioso, apático, dejado, negligente, flojo, vago, poltrón, gandul, ocioso, maula, pigre, tumbón, panarra, tardo, lento, cansino, despacioso.

Perfección corrección, pureza, primor, excelencia, excelsitud, superioridad, magnificencia, magnitud, sublimidad, exquisitez, elevación, importancia, altura, notabilidad, madurez, sazón, modelo, prototipo, esmero, finura, elegancia, garbo, delicadeza.

Perfeccionamiento mejora, adelanto, incremento, desarrollo, refinamiento, corrección, invento, invención, procedimiento, aumento, impulso, retoque, coronamiento, conclusión, afinamiento, beneficio.

Perfeccionar corregir, desarrollar, incrementar, adelantar, mejorar, inventar, refinar, afinar, concluir, coronar, retocar, impulsar, aumentar, completar, acabar, quintaesenciar, apurar, limar, pulir, progresar, prosperar, proyectar, beneficiar.

Perfectamente, magníficamente, divinamente, espléndidamente, estupendamente, soberbiamente, v. perfecto || de acuerdo, comprendido, entendido, muy bien.

Perfectibilidad deficiencia, defecto, insuficiencia, carencia, imperfección, tacha.

Perfectible deficiente, defectuoso, insuficiente, carente, imperfecto, escaso, falto.

Perfecto correcto, excelso, excelente, puro, clásico, primoroso, exquisito, sublime, magnífico, superior, elevado, notable, importante, fino, elegante, garboso, delicado, magistral, maestro, único, insuperable, inimitable, inigualable, hecho, completo, acabado, consumado, cabal, irreprochable, intachable, ideal, esmerado, impecable.

Pérfidamente deslealmente, infielmente, traidoramente, alevosamente, v. pérfido.

Perfidia insidia, falacia, alevosía, traición, infidelidad, deslealtad, bellaquería, falsedad, felonía, perjurio, astucia, iniquidad.

Pérfido desleal, infiel, traidor, alevoso, falaz, insidioso, perjuro, felón, falso, renegado, traicionero, aleve, bellaco, fementido, astuto, marrullero.

Perfil silueta, contorno, línea, figura, postura, cara, sector, sombra, orla, lado || trazo, rasgo, adorno, raya.

Perfilado formado, nítido, contorneado, esmerado, rematado, pulcro || largo, adelgazado, estrecho.

Perfilar rematar, perfeccionar, acabar, esmerarse, contornear, trazar, afinar, arreglar ||Perfilarse manifestarse, presentarse, señalarse, destacarse, sobresalir.

Perforación horadamiento, excavación, agujereamiento, ahondamiento, penetración, profundización, cavado, escarbado, extracción, sondeo, investigación || hueco, hoyo, agujero, taladro, mina, pozo, foso, orificio, oquedad, cavidad, conducto, túnel.

Perforador excavador, penetrador, agujereador, barrena, escariador, fresa, trépano, broca, taladro v.

Perforar horadar, ahondar, agujerear, taladrar, extraer, excavar, cavar, profundizar, penetrar, investigar, sondear, zapar, trepanar, abrir.

Performance * actuación, realización, resultado, hazaña.

Perfumado aromático, fragante, oloroso, odorífero, balsámico, aromado, suave, agradable, grato.

Perfumador pebetero, pulverizador, perfumero, frasco, recipiente, vaso.

Perfumar aromatizar, embalsamar, sahumar, aromar, odorar, balsamizar, emanar, difundir, exhalar.

Perfume fragancia, aroma, bálsamo, efluvio, sahumerio, loción, esencia, emanación, exhalación, buen olor.

Perfumero perfumista, perfumador v.

Perfumista perfumero, químico, droguero, tendero.

Perfunctorio descuidado, chapucero, despreocupado, a la ligera.

Perfusión untura, baño, humedecimiento.

Pergamino piel, vitela, pellejo || documento, título, manuscrito, original.

PERGEÑAR ejecutar, realizar, disponer, efectuar, preparar, combinar, trazar, concebir, hacer.
PERGEÑO traza, apariencia, disposición, aspecto, empaque, porte, figura.
PÉRGOLA emparrado, galería, glorieta, cenador, mirador, terraza, quiosco.
PERI- alrededor, en torno a.
PERICIA destreza, aptitud, habilidad, práctica, capacidad, preparación, idoneidad, conocimiento, experiencia, sabiduría, arte, mano, maña, facultad, cualidad, soltura, don, maestría, disposición, industria.
PERICLITAR declinar, caducar, degenerar, decaer, envejecer, hundirse, menguar, peligrar, ir a menos.
PERICO periquito, papagayo, loro, cotorra || orinal, bacinilla, vaso de noche, bacín.
PERIFERIA contorno, borde, ámbito, derredor, perímetro, circunferencia, término, alrededores, aledaños, afueras, extramuros, suburbios.
PERIFÉRICO circundante, envolvente, adyacente, exterior, externo, limítrofe, inmediato, lindante, vecino, contiguo, próximo.
PERIFOLLOS aderezos, adornos, garambainas, ornamentos, galas, tocado.
PERIFONEAR transmitir, radiar, difundir, propagar, divulgar, emitir.
PERÍFRASIS circunlocución, circunloquio, rodeo, giro, ambigüedad, digresión, evasiva.
PERILLA barba, barbilla, mosca || perinola, esferita, pera || PERILLAS (DE) oportunamente, a propósito, a tiempo, espléndidamente, magníficamente.
PERILLÁN bribón, pillo, truhán, pícaro, astuto, marrullero, bellaco, granuja.
PERÍMETRO contorno, exterior, límite, periferia, borde, derredor, circunferencia, ámbito.
PERÍNCLITO insigne, heroico, ilustre, aureolado, esclarecido, preclaro, relevante, grande.
PERINOLA v. peonza || perilla, pera, esferita.
PERIÓDICAMENTE regularmente, diariamente, habitualmente, v. periódico.
PERIÓDICO regular, habitual, asiduo, diario, fijo, corriente, normal, repetido, reiterado, constante || gaceta, boletín, diario, rotativo, noticiero, semanario, hoja, publicación, órgano, suplemento, impreso, portavoz, hebdomadario, revista.
PERIODISMO prensa, información, ejercicio, profesión de periodista.
PERIODISTA reportero, redactor, gacetillero, articulista, corresponsal, cronista, comentarista, informador, colaborador, director, editor.
PERIODÍSTICO informativo, publicitario.
PERÍODO lapso, ciclo, fase, plazo, etapa, espacio, división, duración, tiempo, extensión, parte, paso, momento, grado, instante, división, época, curso || menstruo, regla, menstruación, mes, sanguina, desopilación, menorragia || frase, oración, párrafo, locución, enunciado, proposición, parágrafo, expresión.
PERIPATÉTICO absurdo, extravagante, ridículo, descabellado, incongruente.
PERIPECIA incidente, accidente, suceso, caso, aventura, ocurrencia, lance, circunstancia, trance, desgracia, drama, tragedia, odisea.
PERIPLO viaje, circuito, circunnavegación, travesía, itinerario, excursión, peregrinaje, navegación.
PERIPUESTO atildado, compuesto, acicalado, endomingado, emperifollado, arreglado, adornado, atusado, relamido, pulcro, aderezado.
PERIQUETE instante, segundo, momento, tris, santiamén, relámpago, abrir y cerrar de ojos.
PERIQUITO perico, cotorra, papagayo, guacamayo, loro, ave.

Periscopio tubo, sistema óptico.
Peristilo atrio, columnata, pérgola, galería, claustro, soportal, crujía, intercolumnio, propileo.
Peritaje peritación, estudio, trabajo, ejecución, realización, labor, tasa, valoración.
Perito técnico, experto, práctico, hábil, idóneo, conocedor, diestro, capaz, experimentado, competente, entendido, ducho, fogueado, corrido.
Peritoneo epiplón, membrana, pliegue, redaño.
Perjudicado damnificado, dañado, afectado, víctima, perdedor, menoscabado, lesionado, lastimado, herido, arruinado, castigado.
Perjudicar damnificar, dañar, afectar, castigar, arruinar, herir, lastimar, lesionar, menoscabar, reventar, deteriorar, vulnerar, estropear.
Perjudicial nocivo, dañino, dañoso, lesivo, desventajoso, calumnioso, injurioso, agraviante, hostil, ofensivo, molesto, fastidioso, maléfico, insalubre, deletéreo, peligroso, mortífero, funesto, nefasto, malo, pernicioso.
Perjuicio menoscabo, daño, detrimento, quebranto, deterioro, calamidad, molestia, pérdida, privación, ruina, avería, estrago, estropicio, impedimento, extorsión, malogro, desgracia, percance, inconveniente, calumnia, castigo, agravio, maldición, abandono, descrédito.
Perjurio infidelidad, incumplimiento, retractación, apostasia, deslealtad, prevaricación, falsedad.
Perjuro desleal, infiel, renegado, apóstata, incumplidor, relapso, falso.
Perla concreción nacarada, esferita, aljófar, aderezo, adorno.
Perlesía v. parálisis.
Permanecer mantenerse, resistir, persistir, aguantar, conservarse, perseverar, seguir, estar, subsistir, continuar, durar, perpetuarse, eternizarse, afirmarse, sujetarse, insistir, residir, quedarse, fijarse, arraigar, establecerse.
Permanencia duración, persistencia, resistencia, aguante, conservación, continuación, subsistencia, estancia, perseverancia, perpetuación, insistencia, afirmación, sujeción, existencia, inalterabilidad, invariabilidad, firmeza, arraigo, establecimiento, residencia, constancia, estabilidad.
Permanente persistente, perseverante, inalterable, invariable, firme, arraigado, estático, estable, habitual, crónico, intacto, fijo, firme, eterno, indestructible, incorregible, incesante, duradero, inmutable, perpetuo, continuo, definitivo || ondulación, peinado, tocado.
Permanentemente persistentemente, inalterablemente, invariablemente, v. permanente.
Permeabilidad embebimiento, empapamiento, impregnación, absorción, filtrabilidad, ósmosis, porosidad, filtración, imbibición, humedecimiento.
Permeable poroso, absorbente, impregnable, infiltrable, empapable, humedecido.
Permisible tolerable, admisible, aceptable, válido, plausible, bueno, pasadero, razonable, suficiente, conveniente, lícito, legal, permisivo.
Permisión v. permiso.
Permisivo v. permisible.
Permiso aprobación, aquiescencia, autorización, conformidad, pase, beneplácito, poder, anuencia, venia, concesión, gracia, libertad, facultad, tolerancia, salvoconducto, pasaporte, visado, otorgamiento, carta blanca.
Permitir autorizar, aprobar, conformar, conceder, agraciar, otorgar, visar, tolerar, condescender, asentir, admitir, dejar, acceder, consentir.
Permuta trueque, cambio, canje, cambalache, trapicheo, negocio, compraventa, permutación, renovación, rescate, compensación,

retorno, intercambio, reciprocidad, transferencia.

PERMUTABLE canjeable, negociable, cambiable, rescatable, renovable, intercambiable, transferible.

PERMUTACIÓN v. permuta.

PERMUTAR canjear, trocar, cambiar, transferir, intercambiar, retornar, compensar, rescatar, renovar, negociar, trapichear, cambalachear, alternar, variar.

PERNEAR patalear, patear, mover, agitar las piernas || andar, fatigarse, cansarse, aperrearse, deambular.

PERNERA pernil, parte, pieza del pantalón.

PERNICIOSAMENTE nocivamente, peligrosamente, dañinamente, v. pernicioso.

PERNICIOSO nocivo, peligroso, dañino, perjudicial, malo, dañoso, lesivo, nefasto, infecto, pestífero, maligno, perverso, enconado, desfavorable.

PERNIL anca, muslo, pata, cuarto trasero || pernera, parte del pantalón.

PERNIO gozne, bisagra, charnela, articulación, juego.

PERNITUERTO patituerto, patizambo, zambo, torcido, deforme, desviado.

PERNO eje, espiga, fijador, pasador, barra, hierro, varilla, pieza, tornillo, clavija.

PERNOCTAR alojarse, hospedarse, acogerse, parar, detenerse, refugiarse, retirarse, dormir, hacer alto, pasar la noche.

PERO empero, no obstante, sin embargo, aunque, a pesar, bien que || defecto, inconveniente, lunar, falla, fallo, tacha, mota, imperfección, vicio, lacra, dificultad, obstáculo, oposición.

PEROGRULLADA necedad, simpleza, tontería, evidencia, verdad notoria.

PEROL cuenco, cazo, recipiente, olla, puchero, marmita, pote, vasija, cacerola.

PERORACIÓN charla, conversación, razonamiento, alocución, discurso, arenga, v. perorata.

PERORAR hablar, conversar, razonar, arengar, declamar, discursear, charlar, sermonear.

PERORATA cháchara, sermón, lata, tabarra, insistencia, monserga, matraca, v. peroración.

PERPENDICULAR normal, vertical, recto, derecho, parado, erguido, a plomo, en ángulo recto.

PERPETRACIÓN consumación, realización, ejecución, actuación, intervención.

PERPETRAR consumar, cometer, ejecutar, realizar, hacer, caer, incidir, incurrir, intervenir, llevar a cabo.

PERPETUACIÓN conservación, mantenimiento, prolongación, preservación, persistencia, subsistencia, perduración, resistencia, reproducción, continuación.

PERPETUAMENTE eternamente, interminablemente, perennemente, v. perpetuo.

PERPETUAR preservar, conservar, mantener, prolongar, persistir, resistir, perdurar, subsistir, continuar, reproducirse, alargar, inmortalizar, eternizar.

PERPETUIDAD perennidad, eternidad, inmortalidad, continuación, subsistencia, perduración, perpetuación, persistencia, permanencia, pertinacia, infinitud.

PERPETUO eterno, interminable, perenne, inmortal, continuo, inacabable, constante, imperecedero, indestructible, infinito, persistente, estable, fijo, permanente, pertinaz, inmarcesible, sempiterno, inagotable, vitalicio.

PERPLEJIDAD duda, vacilación, turbación, desconcierto, desorientación, extrañeza, embarazo, aturdimiento, sorpresa, indecisión, vacilación.

PERPLEJO desorientado, desconcertado, turbado, vacilante, aturdido, extrañado, sorprendido, estupefacto, asombrado, preocupado, confuso, indeciso.

PERQUIRIR investigar, buscar, escudriñar, indagar, examinar, rebuscar, escrutar, olfatear.

PERQUISICIÓN indagación, investi-

gación, pesquisa, búsqueda, tanteo, sondeo.
PERQUISIDOR indagador, investigador, examinador, escrutador, escudriñador.
PERRA v. perro || pataleta, rabieta, berrinche, corajina, berrenchín, manía.
PERRADA v. perrería.
PERRERA casilla, encierro, jaula, recinto.
PERRERÍA judiada, perrada, trastada, villanía, deslealtad, tunantada, bribonada, truhanería, jugarreta, mala pasada.
PERRO. can, chucho, gozque, cachorro, cadillo, perrezno, tuso, dogo, faldero, San Bernardo, Terranova, podenco, galgo, mastín, danés, sabueso, zorrero, pachón, lebrel, lulú, braco, perdiguero, pastor, lobo, de presa, chihuahua.
PERRUNO canino, animal, irracional.
PER SE por sí, por sí mismo.
PERSECUCIÓN caza, seguimiento, acoso, hostigamiento, asechanza, acorralamiento, rastreo, cacería, ojeo, alcance, importunación, vejación, amenaza.
PERSEGUIDO fugitivo, huido, seguido, acosado, buscado, hostigado, sitiado, acorralado, rastreado, importunado, vejado, amenazado, alcanzado, cazado.
PERSEGUIDOR seguidor, rastreador, cazador, ojeador, hostigador, indagador, husmeador, investigador, policía, polizonte.
PERSEGUIR rastrear, seguir, buscar, cazar, ojear, husmear, acorralar, hostigar, acosar, acechar, alcanzar, importunar, amenazar, vejar, humillar, apremiar, molestar.
PERSEVERANCIA persistencia, tenacidad, constancia, asiduidad, firmeza, insistencia, aplicación, empeño, tesón, paciencia, fijeza, inflexibilidad, lealtad, tozudez, paciencia, voluntad, entereza.
PERSEVERANTE tenaz, consecuente, asiduo, constante, persistente, fijo, paciente, tesonero, empeñoso, aplicado, insistente, voluntarioso, tozudo, leal, inflexible, entero, firme, porfiado, resistente, férreo, incansable, obstinado, animoso.
PERSEVERAR insistir, persistir, aplicarse, empeñarse, resistir, continuar, seguir, proseguir, reanudar, prolongar, mantener, durar, perpetuar, extender, prolongar.
PERSIANA celosía, rejilla, enjaretado, corredera, toldo, cortina.
PERSIGNARSE signarse, santiguarse, hacerse cruces.
PERSISTENCIA continuidad, inmortalidad, perennidad, eternidad, perpetuación, subsistencia, continuación, permanencia || tenacidad, v. perseverancia.
PERSISTENTE perenne, eterno, perpetuo, continuo, inmortal || tenaz, perseverante.
PERSISTIR continuar, permanecer, seguir, subsistir, mantenerse, resistir, perpetuarse, eternizarse, inmortalizarse, renovarse, fijarse, durar || aplicarse, empeñarse, proseguir, v. perseverar.
PERSONA ser, individuo, mujer, hombre, prójimo, sujeto, tipo, fulano, personaje, humano, quídam, cristiano, semejante, alma, bicho viviente.
PERSONAJE notabilidad, personalidad, figura, lumbrera, portento, eminencia, dignatario, héroe, figurón, patricio, gobernante || actor, protagonista, héroe, galán, intérprete, comediante, figura, figurante, ejecutante || ser, individuo, v. persona.
PERSONAL propio, individual, peculiar, particular, íntimo, privado, subjetivo, singular, privativo, exclusivo, característico, distintivo, típico, representativo, diferente, inconfundible, sólo, único || servicio, servidumbre, empleados.
PERSONALIDAD carácter, individualidad, naturaleza, idiosincrasia, distintivo, particularidad, sello, temperamento, temple, índole, genio, diferencia || identificación, identidad, filiación, señas, ficha, referencia, datos || PERSONALI-

PERSONALIZAR

DAD* notabilidad, v. personaje.
PERSONALIZAR * personificar v.
PERSONALMENTE por sí mismo, en persona, uno mismo.
PERSONARSE presentarse, comparecer, llegar, acudir, aparecer, venir, mostrarse, arribar, manifestarse, revelarse, asistir, surgir, exhibirse, salir.
PERSONERÍA personalidad, capacidad legal.
PERSONIFICACIÓN encarnación, representación, símbolo, imagen, incorporación, figura, idea.
PERSONIFICAR representar, encarnar, incorporar, simbolizar, figurar.
PERSPECTIVA representación, disposición, figura, configuración, plano, vista || apariencia, aspecto, faceta, fase, matiz, traza, circunstancia, probabilidad, contingencia.
PERSPICACIA discernimiento, agudeza, penetración, clarividencia, sagacidad, sutileza, astucia, inteligencia, previsión, talento, cacumen, lucidez, olfato, intuición, imaginación.
PERSPICAZ sagaz, sutil, clarividente, penetrante, agudo, inteligente, astuto, intuitivo, lúcido, talentoso, previsor, imaginativo, lince, listo.
PERSPICUIDAD tersura, limpieza, claridad.
PERSPICUO claro, limpio, terso, transparente, inteligible, manifiesto, comprensible, evidente.
PERSUADIR inducir, mover, convencer, tentar, inculcar, sugestionar, imbuir, inspirar, decidir, inclinar, arrastrar, seducir, vencer, fascinar, argumentar, captar, atraer, coaccionar, exhortar, aconsejar, incitar, decidir.
PERSUASIÓN convencimiento, inspiración, sugestión, seducción, tentación, argumentación, captación, atracción, coacción, consejo, incitación, fascinación, sugerencia, impresión, convicción.
PERSUASIVO convincente, sugestivo, tentador, fascinador, sugerente, elocuente, seductor, sutil, arrebatador, conmovedor, locuaz, facundo, concluyente, terminante.
PERTENECER concernir, corresponder, atañer, relacionarse, referirse, incumbir, alcanzar, recaer, afectar, vincularse, tocar, importar, competer, conectarse || ser de, depender, subordinarse, sujetarse, someterse, supeditarse, acatar.
PERTENECIENTE concerniente, relacionado, referido, vinculado, v. pertenecer.
PERTENENCIA posesión, propiedad, adquisición, bienes, participación, goce, dominio, usufructo, disfrute, donación, copropiedad, hacienda, feudo, territorio, renta, riqueza, fortuna v.
PÉRTIGA palo, vara, mástil, bastón, rama, asta, percha, cayado, caña, tubo, fusta.
PERTINACIA tozudez, tenacidad, terquedad, empeño, porfía, testarudez, contumacia, obstinación || resistencia, duración, mantenimiento, persistencia v.
PERTINAZ porfiado, terco, tenaz, tozudo, testarudo, contumaz, obstinado, recalcitrante, protervo, reincidente || resistente, duradero, persistente.
PERTINENCIA conveniencia, conformidad, aptitud, oportunidad, eficacia, adecuación, congruencia, puntualidad, propiedad, coyuntura, sazón.
PERTINENTE oportuno, apto, conforme, apropiado, conveniente, propio, puntual, congruente, adecuado, eficaz, debido || referente, concerniente, relativo, perteneciente, relacionado, concomitante, conectado, conducente.
PERTINENTEMENTE convenientemente, oportunamente, apropiadamente, v. pertinente.
PERTRECHAR proveer, avituallar, abastecer, suministrar, aprovisionar, entregar, guarnecer, proporcionar, surtir, dotar, equipar, facilitar, ofrecer, preparar.
PERTRECHOS vituallas, equipo, provisiones, víveres, enseres, suministros, raciones, municiones, do-

tación, avíos, repuestos, alimentos, forraje, abastos, despensa.

Perturbación trastorno, variación, mudanza, conmoción, inquietud, desorden, desarreglo, revuelo, efervescencia, cambio, revolución, revuelta, alboroto, motín, asonada, sedición, conflagración.

Perturbado desequilibrado, trastornado, extraviado, loco v., chiflado, tocado, ido, neurótico, insensato, maniático, delirante || soliviantado, alborotado, inquieto, conmovido, resuelto, efervescente.

Perturbador inquietante, turbador, alarmante, amenazador, intranquilizador, angustioso, temible, impresionante, peligroso, incómodo, grave || revolucionario, agitador, sedicioso, rebelde, turbulento, revoltoso, díscolo, subversivo, tumultuoso.

Perturbar agitar, desordenar, alborotar, trastornar, revolucionar, inquietar, alarmar, amenazar, intranquilizar, angustiar, incomodar, revolver, turbar, desorganizar, interrumpir, amotinar, enturbiar.

Perversamente depravadamente, disolutamente, corrompidamente, v. perverso.

Perversidad malevolencia, maldad, iniquidad, malignidad, villanía, vileza, crueldad, infamia, execración, ruindad, malicia || inmoralidad, vicio, corrupción, v. perversión.

Perversión vicio, depravación, inmoralidad, corrupción, libertinaje, pecado, amoralidad, estragamiento, contaminación, descarrío, desenfreno, escándalo, envilecimiento, seducción, contaminación, homosexualismo, inversión, degeneración, sodomía, pederastia, tribadismo, lesbianismo, sadismo, masoquismo || maldad, v. perversidad.

Perverso maligno, malo, malvado, malévolo, villano, vil, malicioso, ruin, bajo, execrable, infame, cruel, pérfido, odioso, inicuo, diabólico, satánico, retorcido || disoluto, vicioso, pervertido v.

Pervertido depravado, inmoral, corrompido, vicioso, descarriado, nefando, licencioso, libertino, degenerado, invertido, homosexual, sodomita, pederasta, lesbiana, tríbada, masoquista, sádico, exhibicionista.

Pervertir corromper, seducir, viciar, inficionar, envenenar, contagiar, encenagar, descarriar, depravar, prostituir, degenerar, invertir, estragar, contaminar.

Pervivencia * continuidad, persistencia v.

Pervivir durar, subsistir, persistir v.

Pesa peso, pieza, plomo, contrapeso, haltera, hierro.

Pesada v. peso.

Pesadamente torpemente, fatigosamente, trabajosamente, v. pesado.

Pesadez aburrimiento, lata, fastidio, tabarra, monserga, tedio, pejiguera, rollo, matraca, mareo, chinchorrería, fatiga, molestia, carga, terquedad, insistencia, impertinencia, tozudez || gravedad, pesantez, peso v.

Pesadilla delirio, ensueño, alucinación, desvarío, espejismo, visión, sueño, onirismo || horror, drama, tragedia, desastre, pánico, susto, catástrofe.

Pesado ponderoso, cargado, oneroso, recargado, saturado, atiborrado, henchido, macizo, amazacotado, neto, bruto, gravoso, plúmbeo || cargante, latoso, fastidioso, aburrido, insoportable, enojoso, impertinente, deprimente, agotador, enfadoso, abrumador || cachazudo, torpe, lento, inepto, patoso, tardo, calmoso, lerdo || obeso, gordo, grueso, corpulento, macizo, musculoso, robusto || profundo, intenso, fuerte, violento, duro, doloroso.

Pesadumbre disgusto, pesar, molestia, desazón, aflicción, arrepentimiento, sentimiento, dolor, re-

PÉSAME

mordimiento, pena, abatimiento, congoja, sufrimiento, inquietud, duelo, cuidado, fatiga.

PÉSAME, condolencia, sentimiento, expresión, duelo, compasión, dolor, simpatía, piedad, lástima, manifestación, comprensión, adhesión.

PESANTEZ gravitación, gravedad, fuerza de atracción, pesadez, peso.

PESAR dolor, aflicción, sentimiento, pena, duelo, remordimiento, abatimiento, arrepentimiento, disgusto, v. pesadumbre || determinar, establecer, comprobar, precisar, averiguar el peso, cargar, equilibrar, contrapesar || influir, intervenir, ejercer, obrar, actuar || disgustar, molestar, afligir, arrepentirse, remorder, apenar, acongojar, inquietar, fatigar, enojar, importunar, agravar, doler.

PESAROSO arrepentido, apenado, dolido, acongojado, consternado, afligido, sentido, apesadumbrado, molesto, disgustado, abatido, dolorido.

PESCA captura, pesquería, industria, actividad, redada.

PESCADERO tendero, vendedor de pescado.

PESCADO pez, animal acuático || agarrado, atrapado, cogido, detenido.

PESCADOR marinero, marino, hombre de mar.

PESCANTE asiento, banco, tabla, madera || sostén, soporte, sustentáculo, aparejo.

PESCAR capturar, extraer, sacar, atrapar, lograr, coger, agarrar, apresar, cazar, arponear.

PESCOZÓN sopapo, palmada, golpe, cachete, mojicón.

PESCUEZO cogote, cuello, cerviz, morrillo, degolladero, gollete, nuca, garganta.

PESEBRE establo, caballeriza, cuadra, corral, pocilga, cubil, cajón, comedero, dornajo.

PESETA moneda, pieza, unidad monetaria.

PÉSETE juramento, maldición, reniego, terno, blasfemia.

PESETERO interesado, ávido, sórdido, aprovechado.

PESIAR renegar, maldecir, jurar, blasfemar.

PÉSIMAMENTE malísimamente, rematadamente, terriblemente, v. pésimo.

PESIMISMO desesperanza, melancolía, abatimiento, consternación, desilusión, decepción, desmoralización, desesperación, tristeza, aflicción, desánimo.

PESIMISTA melancólico, abatido, consternado, desesperado, desesperanzado, desmoralizado, decepcionado, desilusionado, desanimado, afligido, agorero, sombrío, atrabiliario, triste, fatídico.

PÉSIMO malísimo, rematado, terrible, atroz, irremediable, lo peor.

PESO gravedad, gravitación, pesadez, pesantez, carga, tara, lastre, ponderosidad, masa, contrapeso, sobrecarga || eficacia, importancia, fuerza, consistencia, entidad, substancia, base, fundamento.

PESPUNTE puntada, costura, labor, cosido, zurcido, hilvanado, rematado.

PESPUNTEAR coser, rematar, hilvanar, zurcir.

PESQUERO piscícola, pescadero.

PESQUIS v. perspicacia.

PESQUISA indagación, información, búsqueda, busca, rebusca, examen, investigación, rastreo, exploración, averiguación, sondeo, gestión, indagatoria.

PESQUISAR buscar, rebuscar, indagar, informarse, gestionar, averiguar, explorar, rastrear, investigar, examinar, husmear, gestionar.

PESTAÑA pelo, pelillo, hebra || borde, extremidad, orilla, reborde, refuerzo.

PESTAÑEAR parpadear, abrir, cerrar los párpados.

PESTAÑEO parpadeo, movimiento de las pestañas.

Peste plaga, azote, calamidad, infección, contagio, morbo, dolencia, flagelo, epidemia, pandemia || exceso, demasía, superabundancia, saturación || fetidez, hedor, pestilencia, mal olor.

Pestífero pestilente, hediondo, fétido, maloliente, apestoso, mefítico, nauseabundo, viciado, repugnante, estomagante, insoportable || dañino, pernicioso.

Pestilencia peste, hedor, fetidez, tufo, cochambre, catinga, hedentina, vaho, emanación, efluvio, mal olor, repugnancia.

Pestilente v. pestífero.

Pestillo cerrojo, pasador, barra, barreta, hierro, fiador, picaporte, falleba, tranca.

Petaca estuche, cigarrera, pitillera, tabaquera.

Pétalo hojilla, hoja, parte de la corola.

Petar gustar, agradar, seducir.

Petardear engañar, timar, estafar, embaucar, defraudar, birlar, trampear.

Petardista tramposo, estafador, embaucador, cuentista, timador, gorrón, sacadineros, sablista.

Petardo cohete, morterete, volador, buscapiés, triquitraque || trampa, timo, cuento, estafa, sablazo, engaño.

Petate bártulos, lío, bulto, equipaje, pertenencias, equipo, atadijo.

Petera riña, gresca, pelotera, rabieta, cólera.

Peteretes golosinas, dulces, laminerías, gollerías.

Petición solicitud, instancia, súplica, ruego, impetración, deprecación, reclamación, pretensión, interpelación, imploración, pedido, encargo, orden, gestión, requerimiento, reclamación || postulación, petitoria, colecta, cuestación, recaudación, demanda, préstamo, sablazo.

Peticionario solicitante, demandante, signatario, interesado, suplicante, pretendiente, aspirante.

Petigrís piel, ardilla.

Petimetre figurín, coqueto, pollo, pisaverde, gomoso, lechuguino, currutaco, elegante, amanerado.

Petitorio petitoria, v. petición.

Peto pechera, coraza, coselete, armadura, revestimiento, protección.

Pétreo granítico, roqueño, duro, diamantino, tenaz, inquebrantable, recio, rocoso.

Petrificarse endurecerse, solidificarse, anquilosarse, fosilizarse.

Petróleo carburante, combustible, queroseno, hidrocarburo, betún líquido.

Petrolero barco, aljibe, buque tanque, petrolífero.

Petrolífero rico, pródigo, fecundo, abundante en petróleo.

Petroso v. pétreo.

Petulancia engreimiento, vanidad, insolencia, descaro, presunción, fatuidad, pedantería, humos, jactancia, ínfulas, afectación.

Petulante presumido, engreído, fatuo, vano, jactancioso, afectado, pedante, presuntuoso, vanidoso, insolente, descarado.

Peyorativo despectivo, desdeñoso, despreciativo, ofensivo.

Pez peje, animal acuático, pescado || brea, alquitrán, resina, goma.

Pezón tetilla, mamelón, punta, saliente, botón || extremo, rabillo, pedúnculo.

Pezuña casco, vaso, pata hendida, uña, pesuño, pata.

Piadosamente compasivamente, misericordiosamente, religiosamente, v. piadoso.

Piadoso compasivo, misericordioso, benigno, caritativo, bondadoso, sensible, sentimental, humano, filantrópico, altruista, generoso || pío, religioso, ferviente, devoto, fiel, místico, beato.

Piafar patear, pisotear, escarbar, agitarse.

Pianista concertista, ejecutante, solista, músico, intérprete, artista.

Piano pianoforte, pianola, instrumento de teclado, clavicordio v.

Pianola piano mecánico.

Pian piano poco a poco, despacio,

PIAR gradualmente, progresivamente.
PIAR llamar, clamar, emitir, cantar, cacarear.
PIARA manada, rebaño, hato de cerdos.
PICA lanza, alabarda, rejón, partesana, chuzo, dardo, venablo, asta, puya, pértiga, garrocha.
PICACHO cumbre, punta, pico, aguja, cúspide, cima, cresta, remate, corona, vértice.
PICADA v. picadura.
PICADILLO desmenuzamiento, picado, guisado, adobo.
PICADO picoteado, punzado, pinchado, mordido, apolillado, raído, estropeado, cariado, corroído.
PICADOR caballista, jinete, alanceador, rejoneador.
PICADURA punzada, pinchazo, picotazo, punción, mordedura || caries, horadación, perforación, corrupción, putrefacción del diente.
PICAJOSO susceptible, quisquilloso, puntilloso, receloso, mosqueado, escamado, suspicaz.
PICANTE acre, cáustico, agrio, avinagrado, fuerte, intenso, excitante, corrosivo, penetrante, ácido || satírico, mordaz, agudo, chispeante, verde, obsceno, desenfadado, picaresco || condimentado, sazonado, fuerte.
PICAPEDRERO cantero, tallista, dolador.
PICAPLEITOS abogadillo, leguleyo, v. abogado.
PICAFORTE pestillo, pasador, aldaba, aldabón, falleba.
PICAR punzar, pinchar, clavar, aguijar, aguijonear, morder, acribillar, herir || desmenuzar, machacar, dividir, cortar, partir, moler, majar, trinchar || espolear, incitar, alentar, estimular, aguijonear || **PICARSE** ofenderse, molestarse, enfadarse, mosquearse, escamarse, irritarse, inquietarse, desazonarse || encresparse, alborotarse, agitarse || apolillarse, raerse, estropearse, pudrirse, cariarse, corroerse.
PICARDÍA travesura, pillería, tunantada, trastada, bribonada, granujada, perrería, canallada.
PICARESCA tuna, truhanería, rufianería, hampa, bajos fondos.
PICARESCO truhanesco, rufianesco.
PÍCARO pillo, travieso, tunante, bribón, ladino, listo, perillán, barbián, hábil, astuto, pilluelo, pillastre, tuno, sagaz, dañoso, malicioso, socarrón, descarado, bufón, golfo, granuja, canalla, villano, truhán, sinvergüenza, enredador, ruin, disimulado.
PICARSE v. picar.
PICATOSTE tostada, rebanada, torrija, tajada, rodaja de pan.
PICAZÓN desazón, molestia, prurito, comezón, picor v.
PICLE * encurtido, conserva, preparación.
PICNIC * excursión, gira, merienda campestre.
PICK-UP * fonocaptor, brazo, pieza de fonógrafo || camioneta, vehículo.
PICO punta, extremidad, hocico, morro, boca, rostro || cresta, cumbre, picacho, punta, aguja, cúspide, cima, remate, corona, vértice, monte || locuacidad, oratoria, facundia, labia, persuasión, verborrea || zapapico, piqueta, piocha, herramienta, utensilio.
PICOR comezón, prurito, picazón, escozor, molestia, desazón, resquemor, urticaria, reconcomio, cosquillas, hormigueo, sensibilidad, enrojecimiento, irritación.
PICOTA columna, rollo, poste, viga.
PICOTAZO punzada, pinchazo, picadura, mordedura, herida, punción.
PICOTEAR picar, golpear, acribillar, pinchar, morder, herir, agujerear.
PICOTERO parlanchín, charlatán, hablador, chismoso, locuaz, parlero, lenguaraz.
PICTÓRICO gráfico, iconográfico, representativo, artístico.
PICUDO hocicudo, jetudo, bezudo.
PICHEL vaso, jarro, recipiente, cacharro, vasija.
PICHÓN pollo, cría, palomo, palomino.
PIDÓN v. pedigüeño.

PIE extremidad, extremo, mano, pata, casco, pezuña, bajo || base, fundamento, razón, motivo, principio, apoyo, ocasión, oportunidad.

PIEDAD caridad, misericordia, compasión, clemencia, lástima, conmiseración, humanidad, ternura, sentimiento, sensiblería, beneficencia, afecto, enternecimiento, condolencia, virtud, devoción.

PIEDRA mineral, roca, granito, pedernal, sílice, guijarro, guija, china, canto, peladilla, almendra, pedrusco, morro, fragmento, adoquín, losa, lasca, lápida, laja, rollo, veta, vena, galga, risco, peña, peñasco, dovela, sillar, monolito, aerolito.

PIEL epidermis, dermis, pellejo, tegumento, cutis, cutícula, panículo, corion, cuero, badana, forro || cáscara, corteza, cubierta, vaina, cascarilla, cápsula, envoltura, túnica, fárfara.

PIÉLAGO océano, mar, inmensidad, vastedad, abismo, charco, masa de agua.

PIENSO forraje, pación, heno, paja, pasto, verde, hierba, herbaje, grano, pastura, alimento.

PIERNA extremidad, pata, remo, muslo, zanca, pernil, anca, jamón.

PIERROT * payaso, bufón, mascarita, disfrazado.

PIEZA trozo, fragmento, pedazo, cacho, fracción, parte, corte, segmento, sección, división, resto, vestigio || habitación, cuarto, estancia, aposento, sala, dormitorio, alcoba, recinto || moneda, ficha, disco, redondel, corona, chapa, tapa, aro, anillo, repuesto, recambio v.

PÍFANO flautín, caramillo, instrumento de viento.

PIFIA equivocación, error, chasco, descuido, plancha, coladura, metedura, fiasco, ridículo, falla, fallo.

PIFIAR fallar, marrar, errar, equivocarse, chasquearse, confundirse.

PIGMENTADO teñido, coloreado, matizado, pintado, tornasolado, irisado, jaspeado.

PIGMENTO color, colorante, tinte, tornasol, jaspe, pintura, adobo, matiz.

PIGMEO liliputiense, enano, pequeño, diminuto, insignificante, minúsculo, mínimo, microscópico, ínfimo, menudo, miniatura, chico, renacuajo, gorgojo, raquítico, escaso.

PIGNORACIÓN hipoteca, prenda, empeño, transferencia, traspaso, cesión.

PIGNORAR hipotecar, empeñar, ceder, transferir, traspasar, dar en prenda.

PIGRE negligente, descuidado, desidioso, holgazán, lento, tardo, cachazudo.

PIGRICIA pereza, ociosidad, negligencia, holgazanería, lentitud, flojera, desidia, descuido.

PIJOTERÍA minucia, chinchorrería, necedad, menudencia, fastidio, impertinencia, bobada.

PIJOTERO fastidioso, cargante, necio, impertinente, pesado, desagradable, irritante.

PILA fuente, pilón, lavabo, artesa, lavadero, abrevadero, bebedero, bañera, receptáculo, recipiente || cúmulo, montón, hacina, rimero, raudal, porrada, acumulación, acervo, amontonamiento, acopio, depósito, caterva || acumulador, generador, batería.

PILAR pilastra, columna, cilindro, rollo, estípite, puntal, apoyo, sostén, sustentáculo, poste, cepa, estribo, machón, refuerzo, hito, mojón, contrafuerte, botarel, pilastrón, base, cimiento.

PILASTRA v. pilar.

PÍLDORA comprimido, tableta, pastilla, gragea, sello, bolita, medicamento.

PILÓN v. pila.

PILONGO macilento, flaco, extenuado, ajado.

PILOSO peludo, velludo, velloso, lanudo, cerdoso, hirsuto, tupido, enmarañado.

PILOTAJE navegación, conducción, guía, gobierno, dirección, mando.

PILOTAR

PILOTAR mandar, guiar, conducir, navegar, dirigir, gobernar, timonear.

PILOTE madero, v. pilar.

PILOTO marino, oficial, navegante, nauta, tripulante, lobo de mar, hombre de mar, práctico, timonel || aviador, conductor, director, guía, chófer.

PILTRAFA despojo, desecho, pellejo, residuo, sobras, desperdicios || andrajo, pingajo v.

PILLADA v. pillería.

PILLAJE rapiña, saqueo, despojo, hurto, robo, latrocinio, desvalijamiento, estafa, botín, desfalco, saco, escamoteo, malversación, presa, trofeo, captura, atraco, depredación, sustracción.

PILLAR desvalijar, despojar, saquear, rapiñar, robar, hurtar, desfalcar, estafar, atracar, violentar, capturar, apresar, malversar, escamotear, sustraer, trincar, ratear, limpiar, soplar, sisar, apandar || apresar, agarrar, sorprender, prender, coger, aprehender, capturar.

PILLASTRE v. pillo.

PILLERÍA travesura, tunantada, bribonada, trastada, granujada, perrería, canallada, pillada.

PILLETE granujilla, travieso, pilluelo, pillín, golfo, golfillo, galopín, arrapiezo, v. pillo.

PILLO pícaro, ladino, listo, bribón, tunante, travieso, barbián, perillán, tuno, pillastre, pilluelo, astuto, hábil, sagaz, golfo, bufón, descarado, socarrón, malicioso, canalla, villano, enredador, ruin, sinvergüenza, truhán, disimulado, tramposo, pillete v.

PILLUELO v. pillete.

PIMENTÓN polvo, condimento, especia.

PIMIENTA fruto, polvo, especia, condimento.

PIMIENTO morrón, guindilla, chile, ají, cerecilla, fruto, pimentón.

PIMPLAR beber, tomar, catar, empinar el codo.

PIMPOLLO capullo, brote, vástago, renuevo, botón, tallo || mocita, bonita, beldad, hermosa v.

PINABETE abeto, árbol.

PINACOTECA museo, galería, exposición, sala, colección, muestra, exhibición.

PINÁCULO cúspide, cumbre, cima, culmen, remate, coronamiento, vértice, cresta, ápice, apogeo, fin, término, máximo, colmo, objetivo.

PINAR pineda, pinatar, arboleda, bosquecillo.

PINAZA barca, falúa, embarcación v.

PINCEL brocha, escobilla, cerdamen.

PINCELADA brochazo, trazo, rasgo, raya, huella || expresión, idea, descripción, explicación.

PINCHADO clavado, atravesado, picado, v. pinchar.

PINCHADURA v. pinchazo.

PINCHAR clavar, atravesar, punzar, aguijar, aguijonear, acribillar, herir, acuchillar, agujerear, ensartar, espetar, perforar, introducir || hostigar, provocar, excitar, aguijonear, importunar, atosigar, irritar, insistir.

PINCHAÚVAS infeliz, mísero, mequetrefe, insignificante, despreciable.

PINCHAZO punzada, picadura, aguijonazo, alfilerazo, picotazo, puntura, puntazo, cuchillazo, navajazo, incisión, corte, herida, roncha, salpullido, irritación || pinchadura, reventón, accidente, avería.

PINCHE mozo, ayudante, aprendiz, marmitón, galopín, sollastre, catasalsas.

PINCHO punta, aguja, púa, aguijón, puya, pico, punzón, aguijada, espuela, alfiler, clavo, diente, espina, lezna, rejón, estilete, apículo, ápice.

PINDONGA callejera, paseandera, vagabunda, haragana, trotacalles.

PINDONGUEAR callejear, pasear, haraganear, errar, trotar, ir y venir.

PINEDA v. pinar.

PINGAJO andrajo, harapo, jirón, piltrafa, pingo, remiendo, guiñapo, argamandel, descosido, desga-

rrón, colgajo, gualdrapa, trapo.
PINGAJOSO v. haraposo.
PINGAR gotear, chorrear, rezumar, escurrir, mojar, llorar || saltar, brincar, inclinar.
PINGO v. pingajo ||hetera, golfa, ramera, meretriz, v. prostituta.
PINGOROTUDO empinado, alto, elevado.
PING-PONG * tenis de mesa, deporte, juego.
PINCÜE copioso, fértil, abundante, ventajoso, provechoso, beneficioso, cuantioso, profuso || craso, mantecoso, gordo.
PINGÜINO pájaro bobo, pájaro niño, palmípeda, ave marina.
PINITOS pasitos, tanteos, andar vacilante.
PINJANTE arete, pendiente, arracada, colgante, zarcillo, candonga, joya.
PINO conífera, pinsapo, abeto, ocote, pinocho, candalo || pendiente, empinado, inclinado, retrepado, escarpado, caído, vencido, desnivelado, levantado.
PINOCHO pinillo, pino nuevo, v. pino.
PINTA mota, peca, mancha, lunar, efélide, tacha, mácula, roseta, señal || catadura, aspecto, cara, faz, apariencia, facha.
PINTADO moteado, jaspeado, manchado, coloreado, matizado, teñido, iluminado.
PINTAMONAS pintorzuelo, embadurnador, pintor inepto.
PINTAR dibujar, trazar, representar, abocetar, iluminar, matizar, perfilar, colorear, pincelar, pintarrajear, teñir, manchar, motear, jaspear, adecentar, componer, arreglar, decorar || narrar, describir, explicar, representar.
PINTARRAJEAR v. pintar.
PINTIPARADO adecuado, apropiado, conveniente, oportuno, útil, provechoso, a la medida || parecido, semejante.
PINTIPARAR asemejar, parecer, comparar.
PINTOR artista, retratista, paisajista, maestro, decorador, creador, acuarelista.

PINTORESCO expresivo, vivo, animado, singular, atractivo, típico, característico, curioso, interesante.
PINTURA cuadro, lienzo, fresco, lámina, tela, paisaje, marina, bodegón, retrato, estudio, esbozo, boceto, apunte || color, pátina, matiz, tono, sombra, toque.
PINTURERO marchoso, presumido, jacarandoso.
PÍNULA tablilla, varilla, mirilla.
PINZAS tenacillas, sujetador, herramienta, instrumento, utensilio.
PIÑA ananás, fruto.
PIÑATA olla, puchero, vasija, recipiente.
PIÑÓN semilla, simiente, almendra || rueda dentada, engranaje.
Pío religioso, devoto, beato, fiel, creyente, adorador, fervoroso, místico || piadoso, caritativo, compasivo, misericordioso, benefactor.
PIOCHA zapapico, piqueta, pico, herramienta.
PIOJO parásito, insecto, liendre, cáncano, carángano.
PIOJOSO sucio, desastrado, andrajoso, asqueroso, inmundo || miserable, mezquino, tacaño, cicatero, avaro, ruin.
PIONERO * precursor, colonizador, explorador, adelantado, fundador, colono.
PIORREA gingivitis, inflamación purulenta.
PIPA barrica, tonel, barril, cuba, bocoy, pipote, candiota || semilla, simiente, pepita.
PIPE-LINE * oleoducto, gasoducto, tubería, instalación.
PIPERMÍN * menta, hierbabuena, licor, bebida.
PIPIOLO principiante, bisoño, novato, aprendiz, inexperto, boquirrubio, novel.
PIPIRIPAO banquete, festín, comilona.
PIQUE resentimiento, desazón, disgusto, resquemor, escozor, pesadumbre.
PIQUETA zapapico, piocha, pico, herramienta.
PIQUETE grupo, conjunto, patrulla,

PIRA

soldados || pinchazo, punzadura.
PIRA fogata, hoguera, fogarata, alcandora, fuego, hogar, lumbre, falla, candelada.
PIRAGUA lancha, canoa, barca, bote, dorna, esquife, chalupa, chinchorro.
PIRAMIDAL * enorme, colosal, excepcional, fenomenal, extraordinario.
PIRÁMIDE sepulcro, monumento, tumba || poliedro, cuerpo, sólido.
PIRARSE * huir, marcharse, fugarse, irse, esfumarse, desaparecer.
PIRATA filibustero, corsario, bucanero, corso, aventurero, contrabandista, bandido, forajido, malandrín, despiadado, cruel.
PIRATEAR apresar, capturar, abordar, atacar, perseguir, robar, saquear.
PIRATERÍA corso, contrabando, saqueo, pillaje, abordaje, persecución, ataque, robo.
PIRÓMANO piromaníaco, incendiario, lunático, loco, perturbado v.
PIROPEAR adular, alabar, lisonjear, requebrar, florear, halagar, echar flores.
PIROPO requiebro, floreo, adulación, alabanza, flor, lisonja, terneza, ternura, galantería, chicoleo, cortejo.
PIROTECNIA fuegos artificiales.
PIRRARSE desvivirse, despepitarse, perecerse, derretirse, interesarse, enloquecer.
PIRRIARSE * v. pirrarse.
PIRUETA voltereta, cabriola, salto, brinco, bote, rebote, gambeta, volatín, retozo, danza, corveta, vuelta, giro, contorsión.
PIRUETEAR brincar, saltar, voltear, girar, botar, retozar, contorsionarse, corvetear.
PIRULÍ caramelo, golosina, dulce.
PISADA huella, señal, paso, marca, rastro, vestigio, pista, holladura, pisotón, patada.
PISAR hollar, pisotear, pasar, andar, calcar, taconear, patear, tropezar, marcar, señalar, aplastar, apretar, estrujar, apisonar.
PISAVERDE presumido, amanerado, afeminado, lechuguino, gomoso, currutaco, barbilindo, chisgarabís, petimetre, afectado, virote.
PISCICULTURA fomento, reproducción, repoblación de peces.
PISCINA estanque, alberca, pileta, laguna, depósito, aljibe, baños.
PISCOLABIS refrigerio, colación, tentempié, refacción, refección, bocadillo, aperitivo.
PISO pavimento, suelo, firme, asfalto, enladrillado, tierra, empedrado, macadán, adoquinado, embaldosado, hormigonado, cementado, recubrimiento, entarimado, tablado || apartamiento, apartamento, casa, cuarto, morada, residencia, domicilio, habitación, habitáculo, vivienda, hogar, alojamiento.
PISOTEAR pisar, apisonar, hollar, zapatear, calcar, taconear, patear, aplastar, estrujar || escarnecer, atropellar, humillar, maltratar, mancillar, ofender, agraviar.
PISOTÓN holladura, pisoteo, tropezón, patada, taconeo, apisonamiento, aplastamiento.
PISTA huella, señal, rastro, vestigio, indicio, signo, traza, paso, estela, pisada, marca.
PISTACHO alfóncigo, fruto, árbol.
PISTO fritada, picadillo, revoltillo || darse importancia, presumir, gloriarse, alardear.
PISTOLA revólver, cachorrillo, pistolete, arma de fuego.
PISTOLERA funda, estuche, cinto, correa, canana.
PISTOLERO bandido, atracador, delincuente, asaltante, malhechor, forajido, gangster, asesino.
PISTOLETAZO tiro, disparo, estampido, estallido, detonación, explosión.
PISTÓN émbolo, disco, pieza, cilindro, varilla, llave.
PISTONUDO morrocotudo, soberbio, magnífico, espléndido, estupendo, fenomenal.
PISTRAJE bebistrajo, brebaje, bodrio.
PITA rechifla, silba, abucheo, chifla, silbidos, pitidos, pitos, bronca,

protesta, alboroto || maguey, pitera, agave, cabuya || gallina, ave.
PITADA v. pita.
PITANZA comida, alimento, ración, comestibles, víveres, vituallas.
PITAÑA legaña, pitarra, humor, excreción.
PITAÑOSO legañoso, pitarroso, sucio, repugnante, infectado.
PITAR tocar, silbar, soplar, rechiflar, abuchear, protestar, alborotar, desaprobar, patalear.
PITARRA v. pitaña.
PITARROSO v. pitañoso.
PITCHER * lanzador, arrojador.
PITIDO silbido, soplido, señal, toque, llamada, chiflido, silba, v. pita.
PITILLERA cigarrera, petaca, tabaquera, estuche.
PITILLO cigarrillo, colilla, cigarro, tabaco, pito.
PÍTIMA borrachera, melopea, curda, cogorza, mona, merluza, turca.
PITO silbato, silbo, chiflo, chifle || PITOS silbidos, rechifla, v. pita.
PITÓN cuernecillo, cuerno, bulto, apéndice, protuberancia, brote, renuevo, pitorro, ápice || serpiente, ofidio, boa, anaconda.
PITONISA sacerdotisa, adivinadora, adivina, vidente, vaticinadora, hechicera, encantadora, maga.
PITORREARSE guasearse, burlarse, chancearse, chunguearse, chacotear, chasquear.
PITORREO guasa, chunga, chacota, burla, befa, mofa, chanza, chasco, cuchufleta.
PITORRO pitón, pico, protuberancia.
PITUSO niño, pequeño v., lindo, bonito, gracioso.
PIVOT * eje, v. pivote.
PIVOTE apoyo, punta, eje, espiga, extremo.
PÍXIDE copón, vaso, receptáculo.
PIZARRA tablero, encerado, hule || esquisto, roca, mineral.
PIZCA menudencia, partícula, porción, fragmento, fracción, pellizco, triza, migaja, átomo, molécula, chispa, grano, gota, insignificancia, fruslería.

PLAGA

PIZPIRETA coqueta, ligera, veleidosa, presumida, ufana, casquivana, vivaz, lista, aguda.
PLACA plancha, lámina, película, chapa, hoja || disco, rueda, insignia, distintivo, clisé, vidrio.
PLACARTE cartel, letrero, ordenanza, edicto, bando.
PLÁCEME parabién, felicitación, congratulación, enhorabuena, elogio, brindis, manifestación.
PLACENTERAMENTE agradablemente, gratamente, gozosamente, v. placentero.
PLACENTERO grato, agradable, gozoso, satisfactorio, delicioso, reconfortable, gustoso, apacible, plácido, entretenido, gracioso, encantador, atractivo.
PLACER goce, deleite, regodeo, fruición, gozo, gusto, satisfacción, complacencia, delicia, contento, bienestar, regalo, sibaritismo, epicureísmo, voluptuosidad, sensualidad, molicie, delectación, blandura, dulzura, diversión, entretenimiento || complacer, agradar, regalar, satisfacer, deleitar, contentar, halagar, recrear, regodear, regocijar, maravillar, encantar, enamorar || arenal, banco, yacimiento, mina, depósito, filón.
PLÁCET consentimiento, venia, aprobación, aquiescencia.
PLÁCIDAMENTE apaciblemente, pacíficamente, sosegadamente, v. plácido.
PLACIDEZ sosiego, tranquilidad, serenidad, calma, quietud, suavidad, dulzura, paciencia, flema, afabilidad, paz, impavidez, mansedumbre, inalterabilidad.
PLÁCIDO apacible, pacífico, sosegado, afable, tranquilo, sereno, flemático, calmoso, placentero, paciente, quieto, dulce, suave, inalterable, impávido, manso.
PLAGA peste, azote, flagelo, epidemia, pandemia, calamidad, desgracia, infortunio, contrariedad, daño, ruina, catástrofe, desastre, tragedia || exceso, abundancia, raudal, caterva, diluvio, enjambre, multitud, cantidad, plétora,

PLAGADO

profusión, sobra || herida, llaga, úlcera, maceración, supuración, matadura.

PLAGADO invadido, lleno, cubierto, rebosante, atestado, cargado, desbordante || apestado, arruinado, v. plaga.

PLAGAR invadir, llenar, cubrir, rebosar, atestar, cargar, desbordar || apestar, arruinar, v. plaga.

PLAGIAR copiar, remedar, imitar, calcar, robar, hurtar, reproducir, apropiarse, estafar.

PLAGIARIO imitador, remedador, copista, estafador.

PLAGIO imitación, copia, calco, remedo, hurto, robo, reproducción, refrito, apropiación, estafa.

PLAN aspiración, proyecto, propósito, intención, mira, idea, designio, objetivo, pensamiento, fin, ánimo, previsión, combinación, especulación, programa, intento, intriga, maquinación, confabulación, maniobra, conjura || bosquejo, croquis, borrador, esquema, esbozo, diseño, apunte, síntesis, extracto, minuta, lista.

PLANA página, cara, carilla, anverso, reverso, folio, hoja || llana, herramienta.

PLANCHA chapa, lámina, placa, tabla, tablilla, recubrimiento, cubierta, lata, hoja || utensilio, enser doméstico || chasco, metedura, error, desacierto, coladura, ridículo, vergüenza, equivocación.

PLANCHADA tablazón, pasarela, escala, tabla, maderamen, puentecillo.

PLANCHADO liso, llano, asentado, allanado, v. planchar.

PLANCHAR asentar, alisar, allanar, estirar, acondicionar, arreglar, aplastar, comprimir, prensar, chafar, estrujar, apisonar, aplanar, laminar.

PLANEADO calculado, proyectado, previsto, fraguado, v. planear.

PLANEAR calcular, proyectar, prever, fraguar, maquinar, tantear, bosquejar, esbozar, idear, madurar, hilvanar, preparar, forjar, trazar || volar, descender, deslizarse, resbalar, evolucionar.

PLANEO descenso, evolución, vuelo, deslizamiento.

PLANETA astro, mundo, satélite, asteroide, cuerpo celeste.

PLANETARIO astral, celestial, mundial, universal.

PLANICIE llanura, estepa, llano, sabana, meseta, llanada, extensión, altiplanicie, explanada, páramo, descampado, campo, pampa, desierto, raso, erial, altozano, plano, llanada, puna, campiña, vastedad, pradera, landa.

PLANIFICAR v. planear.

PLANO liso, llano, parejo, uniforme, suave, aplastado, romo, chato, igual, horizontal, raso, monótono, leve, homogéneo, recto, sencillo, terso, bruñido, regular || cara, superficie, extensión, lado || mapa, carta, portulano, dibujo, representación.

PLANTA vegetal, mata, arbusto, árbol, hortaliza, verdura, legumbre, verde.

PLANTACIÓN cultivo, plantío, sembradío, vivero, semillero, vergel, plantel, jardín, hacienda, terreno, propiedad, heredad, latifundio, finca, rancho, predio, posesión, campo, dominio, tierras || cultivo, siembra v.

PLANTADOR agricultor, cultivador, hacendado, terrateniente, latifundista, ranchero, propietario, hortelano, granjero, agrónomo.

PLANTAR cultivar, poblar, repoblar, sembrar, trasplantar, laborar, cuidar, conservar, cavar, trabajar || introducir, hincar, fijar, poner, colocar, asentar, meter, alojar, injertar, ensartar, empotrar, embutir, enterrar, engastar, apoyar, depositar || abandonar, dejar, desdeñar, burlar, relegar, postergar || fundar, establecer, crear, formar, instituir, organizar || propinar, dar, pegar, soltar, plantificar, espetar, decir, largar || PLANTARSE detenerse, oponerse, enfrentarse, encararse, rechazar, revolverse, objetar, rebelarse || presentarse, llegar, volver, arribar, trasladarse, caer, aparecer.

PLANTE paro, huelga, enfrentamiento, oposición, reclamación, reivindicación, exigencia, acuerdo, rechazo, confabulación, complot.

PLANTEAMIENTO proyecto, plan, esbozo, planteo, tanteo, bosquejo, programa, idea, designio, propósito, desarrollo || ejecución, creación, fundación, establecimiento || sugerencia, exposición, explicación, proposición.

PLANTEAR planear, trazar, bosquejar, programar, esbozar, idear, desarrollar, diseñar || establecer, fundar, crear, ejecutar || exponer, proponer, explicar, sugerir, tratar.

PLANTEL vivero, criadero, semillero, origen, formación, creación.

PLANTEO v. planteamiento.

PLANTIFICADO plantado, colocado, situado, asentado, metido, inmóvil, establecido.

PLANTIFICAR plantar, golpear, propinar, dar, pegar, soltar, espetar, largar, decir, enjaretar || PLANTIFICARSE plantarse, colocarse, llegar, aparecer, presentarse, volver, arribar, caer.

PLANTILLA suela, cuero, pieza, corcho, recubrimiento, forro || nómina, lista, relación, registro, enumeración || patrón, horma, molde, tabla, plancha, módulo, forma, modelo, contorno, perfil.

PLANTÍO cultivo, granja, hacienda, campo, plantación, sembradío, semillero, vivero, finca, terreno, vergel, parcela, jardín, huerto.

PLANTÓN espera, retraso, demora.

PLAÑIDERA llorona, suspirante, quejumbrosa, lacrimosa, sollozante, gemebunda, v. plañidero.

PLAÑIDERO lastimero, suplicante, desgarrador, triste, lúgubre, quejicoso, sollozante, lacrimoso, quejumbroso, llorón, gemebundo, cobarde, apocado, pusilánime.

PLAÑIDO queja, lamento, lloro, llanto, gemido, súplica, sollozo, gimoteo, lloriqueo, lamentación, clamor.

PLAÑIR llorar, gemir, suplicar, sollozar, lamentarse, quejarse, lloriquear, gimotear, suplicar, dolerse, clamar, hipar, gritar.

PLAQUÉ chapa, placa, recubrimiento, baño.

PLASMA líquido, albuminoide, substancia, componente sanguíneo.

PLASMADOR formador, forjador, hacedor, creador.

PLASMAR formar, hacer, crear, forjar, modelar, figurar, esculpir, tallar, moldear, originar.

PLASTA masa, pasta, mazacote, mezcla, gacha, magma, papilla, masilla, pegote, bodrio.

PLASTICIDAD ductilidad, flexibilidad, blandura, maleabilidad, docilidad.

PLÁSTICO dúctil, flexible, maleable, deformable, blando, modelable, moldeable || PLÁSTICOS materiales sintéticos, substancias artificiales.

PLASTRÓN * pechera, chorrera || peto.

PLATA metal, argento.

PLATABANDA * arriate, macizo, parterre, jardinillo.

PLATAFORMA estrado, tablado, tribuna, tarima, entarimado, grada, peana, pedestal, armazón, tablazón, tablero, suelo, compartimiento, departamento || motivo, trampolín, ideal, causa, impulso.

PLÁTANO fruto, banana, banano, cambur.

PLATEA patio, butacas, preferencia.

PLATEADO bañado, recubierto, argénteo, argentino, brillante, refulgente, bruñido, blanco.

PLATEAR bañar, recubrir, tratar, nielar, argentar.

PLATEAU * v. plató.

PLATERÍA orfebrería, taller, obrador, joyería.

PLATERO artífice, orfebre, artesano, argentario, joyero.

PLÁTICA charla, conversación, coloquio, diálogo, parlamento, conferencia, conciliábulo, palique,

PLATICAR

cháchara, tertulia || discurso, prédica, sermón, conferencia, coloquio, exposición, razonamiento.
PLATICAR charlar, conversar, dialogar, razonar, parlamentar, conferenciar, predicar, exponer, razonar.
PLATILLO escudilla, plato, cuenco, receptáculo, gábata, mancerina, patena, bandejita.
PLATINA soporte, placa.
PLATINADO v. plateado || rubio, oxigenado, blanco.
PLATINAR v. platear.
PLATO patena, platillo, escudilla, cuenco, bandejita || comida, alimento.
PLATÓ escenario, escena, estrado, estudio.
PLATÓNICO desinteresado, honesto, idealista, sentimental, puro, romántico, ideal, virtuoso, altruista, quijote, espiritual.
PLAUSIBLE laudable, loable, meritorio, digno, encomiable, elogiable, ponderable || aceptable, probable, admisible.
PLAYA arenal, ribera, costa, dunas, litoral, orilla, margen, marina, borde, riba, ribazo, grao.
PLAYGROUND * patio, campo de juego.
PLAZA glorieta, plazoleta, plazuela, explanada, ágora, espacio || mercado, zoco, feria, lonja, emporio, baratillo, rastro || oficio, puesto, empleo, ministerio, colocación, trabajo, ocupación || población, ciudad, lugar, sitio, centro || PLAZAS * asientos, lugares, sitios.
PLAZO tiempo, término, período, intervalo, lapso, cita, emplazamiento, dilación, tregua, aplazamiento, fecha, espacio, extensión, curso || vencimiento, pago, cuota, porción, parte, cantidad, contribución, mensualidad, pago.
PLEAMAR creciente, flujo, aguas llenas, marea alta.
PLEBE populacho, gentuza, vulgo, masa, morralla, turba, patulea, horda, tropel, muchedumbre, hez, hampa, villanaje.

PLEBEYEZ ordinariez, grosería, vulgaridad.
PLEBEYO villano, siervo, vasallo, advenedizo, pechero || vulgar, grosero, ordinario, humilde, pobre, populachero.
PLEBISCITO sufragio, votación, elección, comicio, nombramiento, selección, asamblea, conclave, concilio.
PLECTRO inspiración, musa, estilo, soplo, estro.
PLEGABLE plegadizo, desmontable, desarmable, portátil, cómodo, dúctil, maleable.
PLEGADERA plegador, cuchillo, rasgador, instrumento, adminículo.
PLEGADIZO v. plegable.
PLEGADO doblado, fruncido, planchado, escarolado, encarrujado || v. plegadura.
PLEGADOR v. plegadera.
PLEGADURA arrugamiento, fruncimiento, planchado, doblado, plegado.
PLEGAR doblar, fruncir, plisar, tablear, planchar, encañonar, tronzar, encoger, remangar, encarrujar, alechugar, arrugar || PLEGARSE ceder, someterse, doblegarse, subordinarse, humillarse, entregarse, resignarse, avenirse, prestarse, supeditarse, sujetarse, amoldarse.
PLEGARIA oración, rezo, súplica, invocación, preces, voto, rogativa, jaculatoria, imprecación, deprecación, ruego, recogimiento, culto, adoración, rosario, acción de gracias.
PLEITEADOR v. pleiteante.
PLEITEANTE litigante, pleiteador, pleitista, querellante, demandante, denunciante, adversario, contendiente, litigioso.
PLEITEAR demandar, litigar, querellarse, contender, denunciar, entablar.
PLEITESÍA acatamiento, sumisión, obediencia, reverencia, supeditación, sometimiento.
PLEITISTA v. pleiteante || revoltoso, camorrista, pendenciero, belicoso, alborotador, díscolo.
PLEITO litigio, demanda, juicio, con-

troversia, diferencia, proceso, debate, causa, caso, contendencia || batalla, contienda, lucha, pugna, disputa, discusión, riña, pendencia, altercado.
PLENAMENTE totalmente, completamente, absolutamente, enteramente, v. pleno.
PLENARIO completo, lleno, entero, íntegro, cabal, total, absoluto, v. pleno.
PLENILUNIO luna llena.
PLENIPOTENCIARIO enviado, embajador, legado, representante, diplomático, ministro, comisionado, emisario.
PLENITUD integridad, totalidad, indemnidad, plétora, abundancia, exceso, saciedad, saturación, henchimiento, hartura.
PLENO completo, atiborrado, lleno, colmado, henchido, abarrotado, saturado, ocupado, atestado, repleto, cuajado, pletórico || reunión, junta, comité, comisión, sesión, congreso, deliberación.
PLEONASMO redundancia, repetición, exceso, insistencia.
PLEPA birria, ruina, sobra, basura, calamidad, desastre, defecto || defectuoso, calamitoso, anómalo, monstruoso, estropeado, menoscabado.
PLÉTORA plenitud, abundancia, exceso, hartura, henchimiento, saturación, saciedad, exuberancia, copia, raudal, lleno, fecundidad, cargazón, demasía, superabundancia, multitud.
PLETÓRICO exuberante, pleno, lleno, colmado, henchido, repleto, saturado, cuajado, cargado.
PLEURA membrana, recubrimiento.
PLEURESÍA pleuritis, infección, inflamación, dolencia.
PLEXO ramificación, red, retículo, filamentos entrelazados, anastomosis.
PLÉYADE grupo, hornada, generación, conjunto, personalidades, celebridades.
PLICA sobre cerrado, pliego lacrado, cubierta sellada.
PLIEGO hoja, folio, papel, oficio, cuadernillo, documento, nota, formulario, carta.
PLIEGUE dobladillo, doblez, bastilla, alforza, plisado, dobladura, repulgo, remate, fuelle, frunce, ondulación, rugosidad, arruga, repliegue.
PLINTO basa, base, pedestal, torés, embasamiento, asiento, fundamento.
PLISADO * v. pliegue.
PLISAR fruncir, doblar, plegar v.
PLOMADA sonda, barrita, peso, cuerda con pesa.
PLOMÍFERO soporífero, pesado, soso, plúmbeo, aburrido, cargante, tedioso.
PLOMIZO grisáceo, obscuro, cargado, anubarrado, cerrado, plúmbeo.
PLOMOS * fusibles, cortacircuitos.
PLONGEON * zambullida, salto, impulso, estiramiento.
PLUMA cálamo, estilo, plumilla, péndola, estilográfica, instrumento de escritura.
PLUMADA v. plumazo.
PLUMAJE plumas, plumero, penacho, copete, moño, airón, plumazón, plumerío.
PLUMAZO trazo, rasgo, plumada, tachadura, raya || abolición, supresión, prohibición, anulación.
PLUMAZÓN v. plumaje.
PLÚMBEO pesado, ponderoso, oneroso, gravoso, cargado, saturado, macizo, v. plomífero.
PLUMERO escobilla, limpiadera, adminículo de limpieza, utensilio || penacho, copete, moño, airón, plumaje.
PLUMIER caja, estuche.
PLUMÓN pluma suave, sedosa, fina.
PLURAL múltiple, vario, diverso, numeroso.
PLURALIDAD diversidad, infinidad, sinnúmero, multiplicidad, variedad, complejidad, abundancia, multitud, sinfín, muchedumbre.
PLURALIZAR generalizar, atribuir, achacar, diversificar, extender.
PLUS gratificación, gaje, sobresuel-

do, dieta, remuneración, compensación, propina, regalía, retribución.
PLUSMARCA marca, prueba, resultado, hazaña, record.
PLUSVALÍA valorización, encarecimiento, sobreprecio, incremento, aumento, ascenso, subida del valor.
PLÚTEO estante, anaquel, gaveta, repisa, ménsula, tabla, cajón, soporte.
PLUTOCRACIA preponderancia, predominio, gobierno de los ricos.
PLUVIA v. lluvia.
PLUVIOSO lluvioso, húmedo, frío, cerrado, tormentoso, encapotado, desapacible, inclemente.
POBLACIÓN habitantes, residentes, ciudadanos, súbditos, pobladores, vecinos, naturales, moradores || demografía, estadística, censo, registro, empadronamiento, catastro, lista || ciudad, metrópoli, urbe, capital, emporio, cabeza, centro, corte, villa, localidad, municipio, partido, burgo, aldea, pueblo, parroquia, merindad, caserío, aduar, poblado, villorrio, lugar.
POBLADO pueblo, aldea, burgo, caserío, villorrio, lugar, v. población || populoso v.
POBLADOR morador, habitante, residente, ciudadano, vecino, súbdito, natural, lugareño || fundador, colonizador, adelantado, precursor, colono, pionero, emigrante.
POBLAR colonizar, establecer, fundar, asentarse, repoblar, fomentar, desarrollar, urbanizar, edificar, construir || incrementar, aumentar, crecer, llenar, abarrotar.
POBRE indigente, menesteroso, pordiosero, mendigo, tronado, necesitado, paupérrimo, desheredado, desamparado, infeliz, desvalido, infortunado, pelagatos, paria, proscrito, hospiciano, triste, asilado, mísero, miserable || falto, carente, escaso, corto, insuficiente, mezquino, raquítico, exiguo, humilde, bajo.

POBREMENTE mezquinamente, humildemente, míseramente, miserablemente, v. pobre.
POBRETE bonachón, infeliz, ingenuo, inocente, bondadoso, sumiso, complaciente.
POBRETERÍA miseria, escasez, mezquindad, humildad, exigüidad, falta, desamparo, v. pobreza.
POBREZA estrechez, miseria, indigencia, penuria, escasez, carencia, hambre, carestía, inopia, desnudez, apuro, mengua, desgracia, infortunio, desdicha, fatiga, necesidad || falta, ausencia, escasez, insuficiencia, disminución.
POCILGA porqueriza, cochiquera, cuchitril, chiquero, zahurda, corral, establo, cuadra.
POCILLO taza, jícara, recipiente, tazón, vaso.
PÓCIMA potingue, brebaje, bebedizo, cocimiento, bebistrajo, medicina, poción, narcótico, tósigo, tóxico, veneno, bálsamo, filtro, bebida.
POCIÓN v. pócima.
POCO escaso, exiguo, corto, parco, poquito, insuficiente, limitado, falto, carente, parvo, raro, limitado, reducido, tasado, penoso, disminuido, pobre, pequeño, mezquino, roñoso, insignificante, minúsculo, irrisorio, ralo, triste, ridículo, menguado, módico.
POCHO descolorido, pálido, desvaído, ajado, marchito, achacoso, enfermizo, podrido, estropeado.
PODA desmoche, corta, tala, acopadura, ramoneo, expurgo, escamonda, podadura.
PODAR cortar, talar, aligerar, desmochar, escamondar, limpiar, quitar, desramar, cercenar, purgar, destallar, escandalar, castrar.
PODENCO can, perro, chucho.
PODER poderío, dominio, potestad, autoridad, facultad, preponderancia, omnipotencia, albedrío, prepotencia, jerarquía, supremacía, jurisdicción, imperio, mando, pujanza, potencia, soberanía,

vigor, fuerza || autorización, delegación, permiso, licencia, venia, pase, salvoconducto, concesión, otorgamiento, exención, libertad, facultad, atribución, prerrogativa, privilegio, carta blanca || conseguir, lograr, alcanzar, obtener, permitirse, agenciarse, disfrutar, otorgarse, merecer, ser capaz, valer, saber, tomar || v. poderío.

PODERDANTE otorgador, dispensador.

PODERHABIENTE autorizado, representante, delegado, apoderado, administrador, ejecutor, facultado, concesionario.

PODERÍO v. poder || riquezas, bienes, hacienda, potencia, fuerza, vigor, facultades.

PODEROSAMENTE pujantemente, vigorosamente, enérgicamente, v. poderoso.

PODEROSO pujante, enérgico, vigoroso, recio, fuerte, potente, eficaz, omnipotente, valiente, intenso, heroico, ardiente, activo, irresistible || opulento, rico, acaudalado, millonario, potentado, pudiente, importante, grande, excelente, magnífico.

PODIO base, pedestal, basa, torés, plinto, basamento, estilobato.

PODRE v. podredumbre.

PODREDUMBRE putrefacción, descomposición, carroña, enranciamiento, corrupción, alteración, agusanamiento, hedor, consunción, disgregación, purulencia, ulceración, gangrena, podredura, podre, pus, moho.

PODREDURA v. podredumbre.

PODRIDO corrompido, descompuesto, putrefacto, rancio, consumido, alterado, agusanado, disgregado, gangrenado, ulcerado, picado, pocho, cariado, purulento, viciado, inficionado, contaminado, estropeado, pasado, pútrido.

PODRIRSE pudrirse, descomponerse, corromperse, consumirse, enranciarse, ulcerarse, gangrenarse, disgregarse, agusanarse, alterarse, averiarse, viciarse, inficionarse, estropearse, contaminarse, cariarse, picarse.

POEMA balada, oda, verso, poesía, cantiga, trova, juglaría, himno, loa, tonada, copla, estrofa, cantar, aire, alabanza, composición poética.

POESÍA v. poema || numen, inspiración, musa, plectro, estro, arte, expresión || dulzura, placidez, encanto, atractivo.

POETA bardo, vate, rapsoda, trovador, juglar, coplero, cantor, aedo, recitador, trovero, rimador, lírico, versificador.

POÉTICA arte, v. poesía.

POÉTICAMENTE dulcemente, platónicamente, plácidamente, bucólicamente, inspiradamente, expresivamente, apasionadamente, líricamente.

POÉTICO bucólico, dulce, plácido, placentero, hermoso, atractivo, maravilloso, campestre, paradisíaco, inspirado, expresivo, apasionado, lírico, elegíaco, pastoral, idílico, épico, epitalámico.

POETIZAR embellecer, engrandecer, ensalzar, hermosear, inspirar, versificar, componer, trovar, cantar, rimar.

POKER * v. póquer.

POLAINA sobrecalza, sobrebota, antipara, trabilla, bota, botín, cáliga.

POLARIZAR concentrar, atraer, absorber, captar.

POLEA rueda, roldana, garrucha, pastega, motón, tambor, trocla, galápago.

POLÉMICA controversia, debate, dialéctica, porfía, argumento, réplica, discusión, disputa, querella, lucha, rivalidad, litigio, lid, apuesta, altercado, perorata.

POLÉMICO dialéctico, argumentativo, controvertible, discutible, debatible.

POLEMISTA dialéctico, argumentador, razonador, orador, discutidor, luchador, porfiado.

POLEMIZAR debatir, discutir, argumentar, querellarse, disputar, replicar, rivalizar, apostar, litigar,

porfiar, insistir, argüir, perorar.
POLEN polvillo, gránulos, granos.
POLI- mucho, muchos, varios, pluralidad.
POLICÍA guardia, vigilante, agente, guardián, urbano, *detective*, investigador, polizonte, alguacil, número, miembro, autoridad, escolta, cancerbero, uniformado || seguridad, vigilancia, orden, autoridad, disciplina, reglamento || fuerza pública, autoridad, brazo de la ley.
POLICÍACO policial, autoritario, despótico.
POLICIAL v. policíaco.
POLICLÍNICA consultorio, clínica, sanatorio, hospital, establecimiento sanitario.
POLICROMO coloreado, irisado, vivo, llamativo, tornasolado, teñido, pintado, matizado, pigmentado, *polícromo*.
POLICHINELA fantoche, títere, muñeco, arlequín, payaso, bufón.
POLIEDRO sólido, cuerpo.
POLIFACÉTICO múltiple, vario, diverso, heterogéneo, variado.
POLIFAGIA hambre, avidez, glotonería, ansia.
POLIFONÍA armonía, conjunto, pluralidad de voces.
POLIFÓNICO armónico, conjuntado, musical.
POLÍGAMO infractor, infiel, contraventor.
POLÍGLOTO plurilingüe, cosmopolita, poligloto.
POLÍGONO figura, porción de plano.
POLÍGRAFO autor, escritor, sabio, erudito, enciclopédico.
POLILLA mariposa, alevilla, larva, insecto.
POLINIZACIÓN fecundación, fertilización, propagación, difusión.
POLIPASTO aparejo, cuadernal, motonería.
PÓLIPO excrecencia, fibroma, vegetación, tumor, carnosidad || madrépora, coral, animal marino.
POLISÓN armazón, ahuecador, entramado.
POLITEÍSMO herejía, paganismo, idolatría, infidelidad, irreverencia.

POLITEÍSTA hereje, pagano, gentil, idólatra, infiel, irreverente.
POLÍTICA asuntos públicos, gobierno, manejo, dirección, guía, régimen, legalidad || astucia, habilidad, arte, marrullería, cálculo, v. politiqueo.
POLÍTICO gubernativo, estatal, público, general, social, ministerial || dirigente, gobernante, estadista, mandatario, director, personaje, hombre público || astuto, hábil, calculador, marrullero.
POLITIQUEAR intrigar, enredar, apañar, embrollar, servirse, valerse, maniobrar, maquinar, manejar.
POLITIQUEO manejo, maniobra, apaño, intriga, maquinación, embrollo, enredo.
PÓLIZA documento, justificante, libranza, contrato, instrumento legal, papeleta, sello, timbre.
POLIZÓN viajero clandestino, ilegal, furtivo.
POLIZONTE guardia, guardián, cancerbero, escolta, v. policía.
POLO extremo, punta, cabo, remate, borne.
POLTRÓN gandul, haragán, perezoso, cómodo, flojo, vago, holgazán.
POLTRONERÍA comodidad, haraganería, holgazanería, pereza, flojera, gandulería, vagancia.
POLUCIÓN contaminación, mancha, corrupción || efusión, derrame, flujo.
POLUTO manchado, sucio, contaminado.
POLVAREDA polvo, nube, velo.
POLVERA estuche, cajita, recipiente, receptáculo.
POLVO partículas, moléculas, corpúsculos, pizca, triza, residuo, resto, ceniza, serrín, harina || polvareda, nube, velo.
PÓLVORA explosivo, detonante, fulminante, carga.
POLVOREAR espolvorear, esparcir, echar, derramar, diseminar, extender.
POLVORIENTO sucio, abandonado, polvoroso, **arrinconado**, cubierto de polvo.

Polvorín depósito, almacén de explosivos, arsenal, santabárbara, pañol.
Polvoroso v. polvoriento.
Polla gallina, pita, ave doméstica || mocita, pollita, muchacha, jovencita.
Pollada nidada, crías, descendencia, pollazón.
Pollazón v. pollada.
Pollera corral, nido, andador, falda.
Pollino burro, borrico, asno, rucio, jumento, guarán, onagro, rozno, garañón || ignorante, bruto, rudo, tosco, bestia, inculto, negado, torpe, palurdo, rústico.
Pollito v. pollo || mocito, muchachito, chico, jovencito, adolescente.
Pollo pollito, cría, capón, pito, pollastro, pollancón, retoño, vástago || mozo, muchacho, adolescente, joven, chico, jovenzuelo.
Poma manzana, fruto.
Pomada ungüento, mixtura, crema, unto, potingue, embrocación, bálsamo.
Pomarada pomar, manzanar, arboleda, huerto.
Pomo extremo, remate, bola, puño || perfumador, bujeta, ampolla, frasco, vaso.
Pompa fastuosidad, esplendor, boato, fasto, fausto, ostentación, lujo, derroche, rumbo, postín, suntuosidad, grandiosidad, aparato, grandeza, magnificencia, gala, lucimiento, oropel, apoteosis, relumbrón, bambolla, opulencia, exhibición, majestad, gala, alarde, solemnidad || ampolla, esfera, bola.
Pompear v. pavonearse.
Pompón borla, cairel, fleco, colgante, bolita, cordoncillos.
Pomposamente presuntuosamente, ostentosamente, ampulosamente, v. pomposo.
Pomposidad ampulosidad, grandilocuencia, vanidad, hinchazón, afectación, presuntuosidad, ostentación, suntuosidad, magnificencia.
Pomposo ostentoso, ampuloso, hinchado, grandilocuente, pretencioso, presuntuoso, afectado, vano, hueco, inflado, enfático, recargado, exagerado, barroco || aparatoso, suntuoso, lujoso, magnífico, señorial, solemne, esplendoroso, rumboso, fastuoso.
Pómulo malar, hueso, mejilla.
Poncho capote, manta, manto.
Ponderable encomiable, elogiable, loable, plausible, v. ponderar.
Ponderación elogio, encomio, loa, aplauso, alabanza, aprobación, enaltecimiento, exageración, encarecimiento, engrandecimiento || equilibrio, sensatez, mesura, orden, sobriedad, cordura, razón, medida, proporción, compensación, exactitud, justicia.
Ponderado comedido, moderado, compuesto, grave, circunspecto, reservado, prudente, juicioso, serio, cuerdo, decoroso, sensato, discreto, cauteloso, mirado, equilibrado, mesurado, ordenado, sobrio, proporcionado, exacto.
Ponderar alabar, elogiar, loar, encomiar, aplaudir, aprobar, enaltecer, encarecer, aumentar, engrandecer, exagerar, recargar || considerar, examinar, pesar, estudiar.
Ponderativo enaltecedor, engrandecedor, exagerado, encarecedor, desmesurado, adulador, excesivo.
Ponderoso prudente, v. ponderado || pesado, grave, macizo.
Ponedero nidal, nido, gallinero, caseta.
Ponencia informe, dictamen, declaración, reseña, testimonio, manifestación, afirmación, comunicación, aclaración.
Ponente informador, informante, dictaminador, procurador, defensor, orador.
Poner situar, colocar, ubicar, depositar, acomodar, asentar, sujetar, afianzar, dejar, instalar, aplicar, adaptar, estacionar, alinear, apostar, orientar, meter, emplazar, introducir, plantar, disponer || contribuir, concurrir, escotar, colaborar || Ponerse

PONIENTE

aplicarse, disponerse, dedicarse, consagrarse, afanarse || vestir, colocarse, enfundarse, enjaretarse, meterse, ataviarse.

PONIENTE ocaso, occidente, oeste.

PONTIFICADO lapso, período, reino, duración, tiempo, etapa || papado, tiara, trono, dignidad.

PONTIFICAL v. pontificio.

PONTÍFICE Papa, Santo Padre, Sumo Pontífice, Vicario de Cristo, Romano Pontífice.

PONTIFICIO papal, vaticano, pontifical, apostólico, santo, romano.

PONTO mar, piélago, inmensidad, océano.

PONTÓN barcaza, lanchón, lancha, buque viejo.

PONZOÑA tóxico, tósigo, veneno, toxina, virus.

PONZOÑOSO venenoso, nocivo, dañino, dañoso, virulento, perjudicial, deletéreo, tóxico, intoxicante.

POOL * fondo común, fusión de capitales, mancomunidad, unión comercial.

POPA atrás, parte trasera, parte posterior.

POPE sacerdote, cura, religioso, cismático griego.

POPELÍN * popelina, tela delgada, sedosa.

POPULACHERO vulgar, plebeyo, grosero, arrabalero, tosco, inculto, ordinario.

POPULACHO vulgo, plebe, masa, patulea, gentuza, turba, horda, morralla, villanaje, hampa, hez, muchedumbre, tropel.

POPULAR conocido, divulgado, corriente, público, general, habitual, normal, famoso, renombrado, reputado, querido, respetado, admirado, acreditado, afamado || vulgar, v. populachero.

POPULARIDAD renombre, notoriedad, fama, respeto, admiración, reputación, difusión, divulgación, conocimiento, crédito, boga, estimación, aplauso, gloria.

POPULARIZAR divulgar, difundir, extender, generalizar, afamar, publicar, acreditar.

POPULOSO poblado, numeroso, desbordante, ruidoso, bullicioso, activo.

POPURRI * miscelánea, mesa revuelta, revoltillo, mezcla, mezcolanza, amasijo.

POQUEDAD v. escasez || v. apocamiento.

PÓQUER juego de envite, de naipes, de cartas.

PORCELANA loza, cerámica, caolín, china, mayólica, vidriado || esmalte, recubrimiento, capa.

PORCENTAJE tanto por ciento, comisión, derechos, prima, participación.

PORCINO v. porcuno.

PORCIÓN fragmento, fracción, parte, pedazo, ración, segmento, tranco, cacho, pieza, girón, escote, lote, pizca, vestigio, parcela, separación, división, cantidad, proporción, cuota, partícula, triza, migaja.

PORCUNO porcino, cerdoso, suideo, suino.

PORCHE soportal, atrio, cobertizo, entrada, columnata, galería, zaguán, vestíbulo, pórtico, portal.

PORDIOSEAR mendigar, pedir, suplicar, insistir, pobretear, plañir, humillarse, requerir.

PORDIOSEO mendicidad, vagancia, pobreza, pordiosería, mendicación.

PORDIOSERO pobre, mendicante, indigente, menesteroso, desvalido, necesitado, mísero, mangante, sablista, gorrón, vago, vagabundo, pedigüeño, gallofero, sopista.

PORFÍA pertinacia, obstinación, pesadez, ofuscación, intransigencia, insistencia, tozudez, molestia, fanatismo, pesadez, empeño, empecinamiento, terquedad, emperramiento, testarudez, obcecación, encastillamiento, contumacia, tenacidad, constancia, continuación, tesonería, entereza || disputa, altercado, discusión, controversia, debate, polémica, discordia. diferencia.

PORFIADAMENTE tercamente, obstinadamente, testarudamente, v. porfiado.

PORFIADO obstinado, terco, testa-

rudo, pesado, fanático, ofuscado, necio, contumaz, encastillado, obcecado, emperrado, empecinado, tozudo, insistente, intransigente, pertinaz, tesonero, constante, tenaz.
PORFIADOR tesonero, tenaz, constante, insistente, persistente, v. porfiado.
PORFIAR machacar, insistir, importunar, repetir, obstinarse, ofuscarse, encastillarse, empecinarse, emperrarse, obcecarse || disputar, altercar, discutir, debatir, polemizar.
PORFOLIO folleto, catálogo, cuadernillo, cuaderno, opúsculo, volumen, tomo.
PORMENOR detalle, relación, especificación, nimiedad, minucia, menudencia, pequeñez, puntualización, deslinde, referencia, particularidad, dato, reseña, enumeración.
PORMENORIZAR detallar, particularizar, describir, enumerar, reseñar, puntualizar, deslindar, especificar, relacionar.
PORNOGRAFÍA obscenidad, sicalipsis, impudicia, indecencia, desvergüenza, inmoralidad, depravación, escabrosidad, profanidad, torpeza, verdura.
PORNOGRÁFICO obsceno, desvergonzado, indecente, impúdico, sicalíptico, depravado, escabroso, verde, profano, torpe, picante, picaresco, inmoral, licencioso.
PORO orificio, intersticio, agujero, abertura, ojo.
POROSIDAD permeabilidad, esponjosidad, ligereza, filtrabilidad.
POROSO esponjoso, permeable, agujereado, perforado, filtrable, embebible, absorbente.
PORQUE ya que, pues que, puesto que, debido a, como || PORQUÉ razón, motivo, causa, fundamento, origen.
PORQUERÍA inmundicia, mugre, basura, suciedad, roña, cochambre, desperdicios, desechos, despojos, excrementos || trastada, faena, judiada, villanía, deslealtad, tunantada, truhanería, bribonada,
perrería, grosería, desatención.
PORQUERIZA pocilga, cochiquera, chiquero, cochitril, zahurda, corral, establo, cuadra.
PORQUERIZO porquero, pastor, guarrero, cuidador.
PORRA cachiporra, clava, maza, palo, rompecabezas, garrote, estaca, ferrada, tranca, cayada, mazo.
PORRADA montón, conjunto, hatajo, acumulación, abundancia, exceso || v. porrazo.
PORRAZO golpe, trompazo, caída, trancazo, costalada, batacazo, golpetazo, tumbo, culada, encontronazo, trompicón, topetazo, tropiezo, porrada.
PORREAR v. porfiar.
PORRERÍA tontería, necedad, sandez, memez, disparate, pesadez, tardanza, morosidad.
PORRETADA v. porrada.
PORRILLO (A) copiosamente, abundantemente, excesivamente, en abundancia.
PORRO necio, rudo, torpe, zote, zoquete.
PORRÓN recipiente, redoma, botijo, botellón, botella || pachorrudo, tardo, pelmazo, calmoso.
PORTA ventanilla, abertura, portillo, hueco, tronera, cañonera, portañola.
PORTAAVIONES buque de guerra, transporte de aviones.
PORTABLE * v. portátil.
PORTADA fachada, frontispicio, exterior, frente, frontis, cara, primera plana.
PORTADOR acarreador, transportador, conductor.
PORTAESTANDARTE abanderado, alférez, portaenseña, confaloniero, oficial.
PORTAFOLIO * cartera, vademécum, portapliegos, portapapeles.
PORTAL zaguán, entrada, soportal, pórtico, columnata, galería, ingreso, atrio, vestíbulo, puerta, porche.
PORTALÓN portón, puerta.
PORTAMONEDAS monedero, cartera, carterita, bolsita, bolso, bolsillo.

PORTAÑOLA v. porta.

PORTAPLUMAS mango, utensilio, adminículo, útil de escritura.

PORTAR traer, llevar, conducir, trasladar, guiar, transportar, acarrear || **PORTARSE** comportarse, proceder, actuar, obrar, conducirse, gobernarse, practicar.

PORTÁTIL manejable, móvil, movedizo, desarmable, cómodo, desmontable, transportable, manual, movible.

PORTAVIANDAS fiambrera, tartera, cacerola, receptáculo, cazuela.

PORTAVIONES * v. portaaviones.

PORTAVOZ representante, delegado, vocero, agente, cabecilla, emisario, enviado.

PORTAZGO peaje, derecho, tasa, tributo, carga, canon, pago por tránsito.

PORTAZO golpe, estrépito, desaire.

PORTE presencia, continente, aspecto, apariencia, exterior, ademanes, modales, maneras, actitud, aire, gallardía, disposición || pago, cantidad, suma || transporte, porteo, conducción, acarreo.

PORTEADOR acarreador, transportador, trajinero, trajinante, mozo, conductor, chófer.

PORTEAR transportar, acarrear, trajinar, conducir, llevar, traer, guiar, trasladar.

PORTENTO prodigio, maravilla, fenómeno, asombro, milagro, primor, pasmo, admiración, esplendidez, grandeza, magnitud, estupefacción.

PORTENTOSAMENTE prodigiosamente, maravillosamente, asombrosamente, v. portentoso.

PORTENTOSO prodigioso, maravilloso, asombroso, singular, extraño, admirable, deslumbrante, imponente, milagroso, increíble, fenomenal, grandioso, pasmoso, extraordinario.

PORTEO transporte, conducción, acarreo, porte.

PORTERÍA conserjería, garita, dependencia, servicios, pieza, estancia, pabellón.

PORTERO conserje, cuidador, bedel, guardián, ujier, cancerbero, ordenanza, servidor, mayordomo.

PÓRTICO soportal, entrada, zaguán, atrio, galería, ingreso, acceso, columnata, vestíbulo, claustro, arcada, fachada, propileo, peristilo, portal, porche, portada.

PORTILLA barrera, portezuela, abertura, v. portillo.

PORTILLO abertura, postigo, puerta, portañola, portezuela, ventana, ventanilla, vano, resquicio, cancel, gatera.

PORTORRIQUEÑO puertorriqueño.

PORVENIR destino, futuro, eventualidad, mañana, espera, predicción, posterioridad, hado, suerte, azar, fortuna.

POS- detrás, después.

POS (EN) detrás, en seguida, después, en busca.

POSADA figón, mesón, fonda, fonducho, hostal, hospedaje, albergue, hospedería, hotel, parador, cobijo, pensión, venta, taberna, ventorro.

POSADERAS asentaderas, nalgas, trasero, culo, nalgatorio, posterior, ancas, cachas, tafanario, pompis, antifonario, asiento, traspuntín, posas.

POSADERO mesonero, hospedero, tabernero, hostelero, anfitrión, figonero, aposentador, fondista, huésped, patrón, dueño, propietario.

POSAR permanecer, estar, servir de modelo, dejarse retratar || soltar, dejar, depositar, poner, colocar, situar, ubicar || **POSARSE** descansar, asentarse, reposar, descender, bajar, detenerse || alojarse, hospedarse || sedimentar, depositarse, caer.

POSAS v. posaderas.

POSDATA nota, acotación, aclaración, apostilla, observación, añadido.

POSE * postura, posición, actitud, fingimiento, apariencia, afectación.

POSEEDOR dueño, propietario, amo, titular, heredero, comprador, adquirente, señor, sucesor, beneficiario, usufructuario, habiente.

POSEER tener, detentar, usufructuar, beneficiarse, disfrutar, gozar de, obtener, haber, tomar || gozar, forzar, fornicar, copular, unirse, cohabitar, yacer, aparearse.

POSEÍDO poseso, endemoniado, endiablado, hechizado, embrujado, condenado, maligno, satánico, energúmeno, colérico.

POSESIÓN disfrute, dominio, usufructo, goce, poder, detentación || hacienda, heredad, tierras, pertenencias, propiedad || colonia, territorio, dominio, mandato, feudo, establecimiento.

POSESIONAR investir, otorgar, adjudicar, conceder || POSESIONARSE instalarse, asentarse, apoderarse. tomar posesión.

POSESO endemoniado, endiablado, energúmeno, embrujado, hechizado, v. poseído.

POSIBILIDAD eventualidad, probabilidad, contingencia, poder, aptitud, riesgo, verosimilitud, casualidad, emergencia, evento, peripecia || v. viabilidad || POSIBILIDADES medios, caudal, hacienda, riquezas, fortuna, bienes, rentas.

POSIBLE verosímil, admisible, aceptable, probable, practicable, hacedero, factible, viable, creíble, ejecutable, realizable, potencial, fácil, concebible, cómodo || POSIBLES v. posibilidades.

POSIBLEMENTE quizá, acaso, tal vez, seguramente, probablemente, verosímilmente, hacederamente, v. posible.

POSICIÓN postura, situación, colocación, ubicación, actitud, estado, disposición, ademán, sitio, lugar, punto || categoría, nivel, clase, casta, esfera, condición social || punto, reducto, trinchera, cota, fortificación, loma, colina.

POSITIVAMENTE ciertamente, verdaderamente, efectivamente, v. positivo.

POSITIVISTA materialista, utilitario, práctico, v. positivo.

POSITIVO cierto, efectivo, verdadero, real, concreto, objetivo, seguro, serio, eficaz, garantizado, arraigado, confiable, firme, innegable, indudable, auténtico, válido, eficiente, activo || afirmativo.

PÓSITO almacén, depósito, silo, cooperativa, asociación.

POSITURA v. postura.

POSMA pachorra, cachaza, pesadez, lentitud, flema || cachazudo, lento, pesado, tardo, flemático.

POSO residuo, sedimento, asiento, heces, turbiedad, resto, remanente, horrura, madre, zupia.

POSFONER v. postergar.

POST MERIDIEM después del mediodía, por la tarde.

POST MORTEM después de la muerte, luego del fallecimiento.

POSTA estafeta, correo, valija, caballerías, silla de postas.

POSTAL tarjeta, felicitación, misiva, mensaje, comunicado, nota.

POSTE palo, madero, columna, mástil, cucaña, estaca, tronco, sustentáculo, pilote, pértiga, tabla, leño, percha, fuste, listón, asta || señal indicadora, aviso.

POSTEMA absceso, supuración, grano, purulencia, bubón, forúnculo, pústula, infección || molesto, v. posma.

POSTERGACIÓN aplazamiento, atraso, retraso, dilación, demora, moratoria, prórroga, suspensión, retardo, tardanza || relegación, arrinconamiento, desprecio, desdén, retiro, confinamiento, olvido, desatención, humillación.

POSTERGAR aplazar, prorrogar, suspender, retardar, retrasar, demorar, dilatar, atrasar, diferir || arrinconar, relegar, olvidar, retirar, confinar, desdeñar, despreciar, desatender, posponer, humillar.

POSTERIDAD progenie, descendencia, sucesión, herederos || futuro, porvenir, mañana, hado, suerte.

POSTERIOR trasero, zaguero, extremo, ulterior, postrero, rezagado, dorsal, popel, caudal, subsiguiente, consecutivo, siguiente, sucesivo, postrimero.

POSTERIORIDAD continuación, sucesión, efecto, orden, serie, turno, vicisitud, tanda, retraso, atraso, retardación, aplazamiento, diferimiento || dorso, zaga, trasera, revés, envés, cola, rabo, epílogo, respaldo, vuelta, popa.

POSTERIORMENTE subsiguientemente, ulteriormente, luego, después, a continuación, entonces, detrás.

POSTERNARSE * prosternarse v.

POSTIGO ventanillo, ventanuco, mirilla, trampilla, contrapuerta, puertecilla, puerta falsa, maderas.

POSTILLA costra, pústula, escara.

POSTILLÓN jinete, guía, conductor, mozo, servidor, lacayo.

POSTÍN lujo, boato, fasto, ostentación, tono, presunción, vanidad, pisto, alarde, jactancia, farol, fachenda.

POSTINERO presumido, farolero, fachendoso, vano, jactancioso, encopetado, ufano, ostentoso, fatuo, pretencioso, vanidoso, pinturero, petulante, lujoso.

POSTIZO agregado, imitado, fingido, sobrepuesto, artificial, añadido, falso, ficticio, engañoso, relleno, peluquín v.

POSTOR licitador, concursante, participante, licitante, pujador, concurrente.

POSTRACIÓN decaimiento, desánimo, abatimiento, languidez, debilidad, desfallecimiento, desaliento, flojedad, aplanamiento, extenuación, desmadejamiento.

POSTRARSE arrodillarse, hincarse, adorar, venerar, respetar, inclinarse, prosternarse || humillarse, rendirse, abatirse, debilitarse, desvanecerse, desfallecer, languidecer, extenuarse, aplanarse, desalentarse, desanimarse.

POSTRE complemento, fruta, dulce, golosina, sobremesa || al fin, a lo último, por fin.

POSTREMO v. postrero.

POSTRERAMENTE últimamente, finalmente, al fin.

POSTRERO último, zaguero, retrasado, postrimero, posterior, terminal, extremo, ulterior, postrer, postremo, final, rezagado.

POSTRIMERÍAS al final, al terminar, al concluir, en el ocaso, último período.

POSTRIMERO v. postrero.

POST SCRIPTUM v. posdata.

POSTULACIÓN cuestación, petición, demanda, petitorio, solicitud, súplica, recaudación, colecta, suscripción, beneficio, sablazo.

POSTULADO supuesto, proposición, principio, razonamiento, fundamento, base.

POSTULADOR v. postulante.

POSTULANTE solicitante, demandante, pretendiente, suplicante, solicitador, aspirante, candidato, reclamante, impetrador, peticionario, postulador || mendigo, sablista, pedigüeño, parásito, sacacuartos.

POSTULAR solicitar, pedir, demandar, suplicar, rogar, reclamar, pretender, aspirar, impetrar, mendigar, recaudar.

PÓSTUMO ulterior, sucesivo, postrimero, final, superviviente.

POSTURA posición, actitud, continente, porte, compostura, apariencia, aire, forma, modo, colocación, ubicación, presencia, figura, planta, situación, orientación || apuesta, envite, jugada, juego.

POTABILIDAD pureza, depuración, limpieza, transparencia, esterilidad.

POTABLE puro, límpido, bebible, esterilizado, depurado, transparente, inodoro.

POTAJE guiso, guisado, estofado, plato, olla, legumbres || mezcolanza, revoltijo, frangollo, confusión, mezcla, ensalada, pisto, pepitoria, amasijo.

POTAR beber, ingerir, catar, sorber, libar, tomar, tragar, escanciarse, absorber, consumir.

POTE tarro, bote, lata, vasija, envase, recipiente, vaso, cubilete, tiesto, maceta.

POTENCIA vigor, fuerza, robustez, brío, energía, reciedumbre, pujanza, fibra, nervio, aliento, predominio, poder, fortaleza, ánimo, resistencia, vitalidad, firmeza, dureza, dinamismo, corpulencia, ímpetu, esfuerzo || estado, nación, país, reino, pueblo.

Potencial latente, encubierto, disimulado, contenido, inactivo, posible, eventual, probable || capacidad, energía, posibilidad, aptitud.

Potencialmente latentemente, contenidamente, eventualmente, v. potencial.

Potenciar incrementar, desarrollar, favorecer.

Potentado magnate, personaje, personalidad, millonario, creso, soberano, rey || acaudalado, poderoso, opulento, hacendado, pudiente.

Potente vigoroso, fuerte, robusto, enérgico, recio, pujante, animoso, esforzado, impetuoso, corpulento, fornido, dinámico, duro, firme, resistente, poderoso, brioso, membrudo, hercúleo, rebolludo, recio, formidable, eficaz.

Poterna portillo, puerta, abertura.

Potestad poder, jurisdicción, dominio, mando, facultad, ascendiente, autoridad, imperio, atribución, dirección.

Potestativo facultativo, libre, espontáneo, voluntario, discrecional, prudencial, privativo.

Potetería halago, carantoña, zalema, zalamería, arrumaco.

Potingue brebaje, pócima, bebistrajo, bebida, bebedizo, cocimiento, caldo, poción, infusión, medicina, remedio, droga, mejunje, mezcolanza.

Potísimo principalísimo, fortísimo, poderoso.

Potpurri * v. popurrí.

Potra chiripa, chamba, suerte, fortuna, ventura, éxito || v. potranca.

Potranca potra, yegua, jaca, potro v.

Potrear incomodar, molestar, fastidiar, mortificar, brincar, retozar.

Potro potrillo, jaco, corcel, montura, caballo, caballería || artefacto, aparato de tortura.

Potroso afortunado, dichoso, chiripero, suertoso.

Poyo banco, arrimadero, poyal, piedra, estrado, asiento.

Poza charca, alberca, balsa, charco, hoyo, cenagal, barrizal, lodazal.

Pozo hoyo, excavación, depresión, sima, hueco, foso, bache, oquedad, agujero, mina, trinchera, fosa, túnel, perforación, v. poza.

Práctica costumbre, experiencia, rutina, uso, ejercicio, hábito, habilidad, maña, pericia, industria, conocimiento, facilidad, destreza, recurso.

Practicable expedito, libre, despejado, transitable, franqueable, desembarazado, abierto || factible, realizable, hacedero, posible, cómodo.

Prácticamente experimentadamente, hábilmente, diestramente, v. práctico.

Practicante auxiliar, ayudante sanitario, enfermero, alumno, estudiante.

Practicar ejercitar, instruirse, avezarse, adiestrarse, acostumbrarse, cultivarse, foguearse, iniciarse, ejercer, experimentar, curtirse.

Práctico útil, cómodo, funcional, conveniente, provechoso, beneficioso, utilizable, disponible, aprovechable, positivo, real || experimentado, avezado, diestro, perito, versado, experto, hábil, conocedor, ducho, acostumbrado, mañoso, habituado, ejercitado, v. practicón.

Practicón veterano, baqueteado, fogueado, corrido, curtido, v. práctico.

Pradera prado, pradería, campo, herbazal, pastizal, campiña, terreno, ejido, pradal, pasto, latifundio, propiedad, camba, braña, majada, cespedera, larra, extensión, sabana, pampa, llanura.

Prado v. pradera.

Pragmática ley, declaración, decreto, orden, edicto, mandato, proclama.

Pravo perverso, malvado, inicuo, maligno, corrompido, depravado, inmoral.

Pre- prioridad, antelación, anticipación, anterioridad.

Preámbulo prefacio, preludio, encabezamiento, introito, preliminares, advertencia, prólogo, introducción, exordio, exposición, entrada, comienzo, preparación, proemio.

Prebenda beneficio, gaje, lucro, canonjía, sinecura, renta, momio, dote, ganga, provecho, ventaja.

Preboste jefe, director, regidor, guía, gobernante, capitán, conductor.

Precariamente inseguramente, efímeramente, inestablemente, v. precario.

Precario inseguro, inestable, efímero, incierto, perecedero, transitorio, frágil, irregular.

Precaución cautela, prudencia, previsión, cuidado, reserva, miramiento, moderación, mesura, recato, discreción, juicio, cordura, circunspección, sensatez, parquedad, medida, equilibrio, seso, reflexión, tino, tiento, tacto, astucia, disimulo, prevención.

Precaver evitar, prevenir, obviar, eludir, prever, preparar, aprestar, disponer, aprontar, eludir, evitar, recelar, advertir, adelantar, anticipar, guardarse, resguardar, ahorrar, esquivar, rehuir, remediar, arreglar, preservar.

Precavidamente cautamente, cautelosamente, prevenidamente, con tiento, con cuidado, v. precavido.

Precavido cauteloso, prevenido, cauto, sagaz, vigilante, atento, previsor, receloso, circunspecto, prudente, desconfiado, discreto, reservado.

Precedencia prioridad, anteposición, antelación, anticipación, antecedencia, preexistencia, anterioridad, adelanto, delantera, primacía, predominio, preferencia, preeminencia, superioridad, presidencia.

Precedente ejemplo, antecedente, referencia, semejanza, parecido, similitud || anterior, antepuesto, preliminar, precursor, primario, primero, preexistente, previo.

Preceder anticipar, anteceder, adelantar, anteponer, aventajar, presidir, destacarse, predominar, sobresalir, prevalecer, descollar, superar.

Preceptivamente normativamente, regularmente, reglamentariamente, v. preceptivo.

Preceptivo normativo, regular, reglamentario, formal, normal, ordenado, sistemático, ritual, reglado, regulado, imperioso, obligatorio, legítimo, legal.

Precepto mandato, orden, instrucción, disposición, reglamento, norma, regla, regulación, rito, ritual, sistema, ley, formalidad, divisa, estatuto, técnica, método, derecho, mandamiento, canon, disciplina, formulismo, régimen, arreglo, regularidad, ortodoxia.

Preceptor profesor, maestro, instructor, ayo, mentor, tutor, consejero, pasante, guía, director.

Preceptuar ordenar, mandar, reglamentar, regular, sistematizar, arreglar, prescribir, disponer, guiar, instruir, tutelar, estatuir, formular, regularizar, legalizar, formalizar, pautar.

Preces ruegos, súplicas, peticiones, plegarias, rezos, oraciones, invocaciones, votos, rogativas.

Preciado estimado, querido, solicitado, caro, precioso, excelente, estimable, valioso, considerado, respetado, predilecto, preferido || jactancioso, fatuo, vano, presumido, presuntuoso, pagado, orgulloso, vanidoso, engreído.

Preciarse gloriarse, jactarse, vanagloriarse, engreírse, envanecerse, presumir, pagarse, enorgullecerse, alabarse, creerse, ensoberbecerse, alardear, blasonar.

Precintar lacrar, sellar, cerrar, asegurar, garantizar, estampar, marchamar, marcar, estampillar.

Precinto ligadura, fleje, marchamo, sello, lacre, marbete, cordón, cinta, tira, precinta.

Precio valor, importe, costo, valía, coste, señal, estimación, pago, cuantía, monto, total, suma, cuenta, deuda, saldo, tasa, evaluación, justiprecio, valoración, ajuste || esfuerzo, sacrificio, sufrimiento, menoscabo, ofrenda, riesgo.

Preciosidad hermosura, belleza, primor, beldad, lindeza, maravilla, perfección, hechizo, encanto, gracia.

Precioso bonito, hermoso, bello, guapo, lindo, atractivo, gracioso, peregrino, sugestivo, encantador, hechicero, perfecto, primoroso, excelente, exquisito, delicioso, magnífico, costoso, preciado, raro, rico, caro, inestimable, importante, estimado, querido, solicitado, buscado.

Preciosura * v. preciosidad.

Precipicio barranco, despeñadero, talud, abismo, farallón, piélago, desgalgadero, acantilado, fosa, derrocadero, sima, altura, derrumbe, escarpa, profundidad, altura, tajo, cantil, declive.

Precipitación lluvia, agua, meteoro, fenómeno meteorológico, chaparrón, tromba, aguacero || apresuramiento, presteza, prisa, premura, celeridad, velocidad, rapidez, prontitud, ímpetu, fogosidad, atolondramiento, arrebato, aturdimiento, brusquedad, ardor, imprudencia, irreflexión, alocamiento, desatino, festinación || decantación, sedimentación, sedimento v.

Precipitadamente apresuradamente, prestamente, velozmente, v. precipitado.

Precipitado apresurado, veloz, presto, rápido, acelerado, pronto, desatinado, atolondrado, alocado, irreflexivo, imprudente, ardoroso, brusco, aturdido, arrebatado || residuo, poso, vestigios, sedimentos, heces.

Precipitar arrojar, lanzar, tirar, empujar, derrumbar, despeñar, impeler, derribar, despedir, impulsar || decantar, sedimentar v. || Precipitarse apresurarse, aturdirse, atolondrarse, embrollarse, arrebatarse, embarullarse, atropellarse || abalanzarse, arrojarse, tirarse, impulsarse, lanzarse, saltar, correr.

Precipitoso pendiente, inclinado, resbaladizo.

Precipuo señalado, principal, notable, descollante, destacado, sobresaliente.

Precisamente justamente, evidentemente, ciertamente, exactamente, obligatoriamente, indispensablemente, necesariamente, esencialmente.

Precisar necesitar, requerir, demandar, solicitar, obligar, exigir, condicionar, pedir, faltar, carecer, anhelar, forzar || fijar, determinar, establecer, estipular, señalar, concretar, deslindar, detallar.

Precisión exactitud, puntualidad, concisión, acierto, rigor, escrupulosidad, minuciosidad, regularidad, corrección, fidelidad, claridad, determinación || obligación, necesidad, exigencia, requerimiento, requisito, urgencia, falta, conveniencia.

Preciso escrupuloso, exacto, justo, puntual, conciso, riguroso, acertado, fiel, correcto, regular, claro, determinado, definido, formal, concluyente, categórico, textual, minucioso, matemático, cabal || necesario, indispensable, imprescindible, útil, conveniente, esencial, obligatorio, urgente, imperioso, insustituible, fatal, vital.

Precitado antedicho, mencionado, aludido, referido.

Preclaramente ilustremente, notablemente, esclarecidamente, v. preclaro.

Preclaro ilustre, notable, esclarecido, ínclito, principal, conspicuo, perínclito, insigne, célebre, afamado, famoso, destacado.

Precocidad prontitud, anticipación, inexperiencia, adelanto, primicia, promesa, antelación.

Preconcebido premeditado, pensado, madurado, reflexionado,

considerado, estudiado, meditado, proyectado, planeado, anticipado.

Preconcebir pensar, premeditar, meditar, anticipar, planear, proyectar, meditar, estudiar, considerar, reflexionar, madurar.

Preconizar alabar, apoyar, recomendar, defender, exaltar, elogiar, celebrar, ponderar, encomiar, ensalzar.

Preconocer v. presentir.

Precoz temprano, prematuro, inmaturo, verde, tierno, crudo, prometedor, adelantado, anticipado, prodigio, fenómeno.

Precursor antecesor, ascendiente, antepasado, predecesor, mayor, anterior, primero, *pionero*, precedente, adelantado, fundador, colono, explorador, colonizador.

Predecesor antepasado, ascendiente, precursor, antecesor, mayor, anterior, progenitor, padre, familiar, pariente.

Predecible v. previsible.

Predecir vaticinar, pronosticar, profetizar, anunciar, augurar, agorar, adivinar, prenunciar, presagiar, presentir, revelar, conjeturar, adelantarse, imaginar.

Predestinación fatalidad, destino, sino, hado, suerte, fortuna, futuro, estrella, ventura, vicisitud, azar, acaso.

Predestinado elegido, destinado, reservado, nacido, señalado, consagrado, propuesto, sentenciado, escogido, seleccionado, iluminado.

Predestinar elegir, destinar, señalar, reservar, iluminar, seleccionar, escoger, sentenciar, proponer, consagrar.

Predeterminar anticipar, resolver, establecer, adelantar, augurar, v. predecir.

Prédica sermón, plática, perorata, discurso, panegírico, exhortación, homilía, arenga, alocución, disertación, diatriba, razonamiento, charla.

Predicador orador, apóstol, catequista, sermoneador, evangelista, evangelizador, misionero, predicante, instructor, maestro, propagandista.

Predicamento concepto, consideración, crédito, opinión, calificación, juicio, reputación, fama.

Predicar evangelizar, instruir, catequizar, adiestrar, misionar, platicar, arengar, disertar, razonar, perorar || reprender, amonestar, exhortar, sermonear.

Predicción pronóstico, vaticinio, profecía, anuncio, auspicio, augurio, agüero, presciencia, presentimiento, juicio, horóscopo, oráculo, adivinación, conjetura, previsión, promesa, adivinanza, suposición.

Predilección preferencia, propensión, cariño, inclinación, favor, nepotismo, protección, favoritismo, valimiento, parcialidad, privanza, distinción.

Predilecto preferido, favorito, valido, privado, distinguido, favorecido, protegido, privilegiado, amado, mimado, señalado, querido.

Predio heredad, hacienda, tierra, posesión, pertenencia, propiedad, finca, feudo, dominio, campo, prado.

Predisponer preparar, disponer, prevenir, poner, animar, convencer, persuadir, inducir, inclinar, inculcar, sugestionar, imbuir, impresionar.

Predisposición inclinación, propensión, tendencia, afición, atracción, interés, debilidad, voluntad, preferencia, devoción, vocación, gusto.

Predominante preponderante, prevaleciente, preeminente, prestigioso, sobresaliente, prestigiado, superior, aventajado, influyente, elevado, dominante.

Predominar prevalecer, sobresalir, preponderar, influir, aventajar, dominar, superar, sujetar, mandar, reinar, imperar, exceder, rebasar.

Predominio preponderancia, superioridad, preeminencia, dominio, superación, sujeción, dominación, preferencia, imperio, poder,

PREHISTÓRICO

PODERÍO, influjo, fuerza, potestad, señorío, ascendencia, sugestión, supremacía, opresión.
PREEMINENCIA privilegio, exención, ventaja, gracia, favor, superioridad, supremacía, preferencia v.
PREEMINENTE superior, dominante, aventajado, supremo, preferente, destacado, preclaro, sublime, egregio, elevado, insigne, alto, ilustre, honroso, eximio, excelso.
PREEXCELSO v. preeminente.
PREEXISTENCIA anterioridad, existencia, precedencia, prioridad, prelación, antelación.
PREEXISTENTE existente, anterior, conocido, precedente, prioritario, precursor, previo, predecesor, primigenio.
PREEXISTIR preceder, anteceder, existir, anteponer, aventajar, anticipar.
PREFACIO preámbulo, prólogo, introito, preliminar, preludio, advertencia, nota, introducción, exordio, prolegómeno, isagoge, aclaración, encabezamiento, comienzo, proemio.
PREFECTO magistrado, funcionario, jefe, ministro, inspector, gobernador, gobernante, autoridad, juez, comandante.
PREFECTURA territorio, provincia, zona, comarca, jurisdicción del prefecto.
PREFERENCIA primacía, ventaja, privilegio, superioridad, preeminencia, exención, gracia, favor, supremacía, preponderancia, dominio, inclinación, elección, propensión, nepotismo, amor, cariño, predilección, parcialidad, privanza, valimiento, distinción, diferencia || platea, butacas, patio.
PREFERENCIAL * v. preferente.
PREFERENTE preponderante, prevaleciente, preeminente, superior, aventajado, influyente, dominante, ventajoso, destacado, elevado, predilecto, distinguido, supremo, predominante.
PREFERENTEMENTE preponderantemente, predominantemente, destacadamente, v. preferente.

PREFERIBLE deseable, ventajoso, beneficioso, superior, destacado, v. preferente.
PREFERIBLEMENTE v. preferentemente.
PREFERIDO predilecto, favorito, distinguido, privado, valido, favorecido, señalado, mimado, amado, privilegiado, dilecto, protegido, querido, seleccionado, escogido, elegido.
PREFERIR distinguir, favorecer, señalar, mimar, proteger, defender, seleccionar, escoger, elegir, querer, amar, anteponer, desear, ansiar.
PREFIGURAR representarse, concebir, anticipar, suponer.
PREFIJAR determinar, señalar, fijar, anticipar, establecer, estipular, precisar.
PREFIJO afijo, partícula, parte.
PREGÓN anuncio, proclama, divulgación, promulgación, publicación, alocución, aviso, notificación, bando, edicto.
PREGONAR divulgar, proclamar, publicar, avisar, notificar, promulgar, anunciar, vocear, transmitir, propagar, extender, informar, cotillear, murmurar.
PREGONERO anunciador, proclamador, notificador, divulgador, informador.
PREGUNTA demanda, interrogación, cuestión, curiosidad, interrogatorio, interpelación, duda, investigación, examen, propuesta, pesquisa, averiguación, consulta, cuestionario, inquisición, ruego, aclaración.
PREGUNTAR interrogar, inquirir, demandar, interpelar solicitar, pedir, rogar, consultar, cuestionar, aclarar, averiguar, examinar, investigar, dudar, curiosear, interesarse.
PREGUNTÓN curioso, impertinente, interrogador, importuno, entremetido, indiscreto, preguntador, molesto, fastidioso, insistente.
PREHISTORIA amanecer, principio, albores, comienzo de la historia.
PREHISTÓRICO antiquísimo, antedi-

Prejuicio luviano, vetusto, troglodítico, paleolítico, neolítico, paleontológico.

Prejuicio aprensión, error, ofuscación, monomanía, equivocación, manía, convencionalismo, conveniencia, obcecación, confusión, ceguera, terquedad, alucinación, tozudez, arbitrariedad, injusticia, parcialidad, preferencia, prevención, recelo, desconfianza, suspicacia.

Prejuzgar calificar, criticar, enjuiciar, desconocer, analizar, opinar, estimar, examinar, equivocarse, errar, preferir, recelar, desconfiar, ofuscarse.

Prelación antelación, anticipación, prioridad, primacía, preferencia v.

Prelado superior, eclesiástico, mitrado, patriarca, dignatario, abad, obispo, arzobispo, cardenal, pontífice, sacerdote v.

Prelatura dignidad, mitra, obispalía, cardenalato.

Preliminar preámbulo, proemio, introducción, exordio, comienzo, principio, preparación, prólogo, advertencia, encabezamiento || inicial, preparatorio, primordial, básico, fundamental.

Preludiar comenzar, empezar, iniciar, preparar, disponer, ensayar, probar, tantear, abrir.

Preludio v. preliminar.

Prematuramente tempranamente, precozmente, apresuradamente, v. prematuro.

Prematuro precoz, temprano, verde, apresurado, anticipado, adelantado, tierno, crudo, abortivo.

Premeditación preparación, disposición, deliberación, proyecto, reflexión, recapacitación, agravante.

Premeditado deliberado, planeado, pensado, proyectado, preparado, estudiado, madurado, rumiado, meditado, tramado, urdido.

Premeditar planear, preparar, madurar, rumiar, estudiar, meditar, proyectar, pensar, urdir, tramar.

Premiado recompensado, galardonado, gratificado, laureado, honrado, v. premiar.

Premiar galardonar, recompensar, honrar, laurear, gratificar, enaltecer, coronar, estimular, conceder, homenajear, condecorar, satisfacer, retribuir.

Premier * presidente del consejo de ministros, primer ministro, jefe de gobierno, político, estadista.

Première * estreno, inauguración, apertura.

Premio galardón, gratificación, lauro, laurel, honra, recompensa, homenaje, concesión, estímulo, corona, enaltecimiento, satisfacción, retribución, condecoración, prima, compensación, medalla, beneficio, merced, pago, plus, sobreprecio.

Premiosidad morosidad, lentitud, cachaza, tardanza, calma, pesadez, dilación, pachorra, parsimonia, dificultad, torpeza, ineptitud.

Premioso lento, moroso, tardo, cachazudo, parsimonioso, pesado, pausado, apático, flemático, calmoso, perezoso, torpe, incapaz, inepto, gravoso, molesto, aburrido.

Premisa señal, indicio, inferencia, deducción, proposición, condición.

Premonición presentimiento, barrunto, corazonada, conjetura, sospecha.

Premonitorio precursor, anticipado, adelantado, precedente.

Premura urgencia, prisa, apuro, prontitud, alacridad, celeridad, diligencia, apresuramiento, presteza, ligereza, rapidez, velocidad, vivacidad, aprieto, apremio, trance, brete.

Prenda cualidad, virtud, perfección, aptitud, facultad, habilidad, capacidad, dote, atributo, idoneidad || fianza, garantía, rehén, vale, carga, caución, aval, hipoteca, prueba, firma, seguro, resguardo, depósito, señal, gravamen, recaudo, obligación ||

ropa, vestido, atavío, traje, ropaje, vestimenta, trapo || enser, mueble, alhaja, joya, pertenencia, posesión, útil, utensilio, bienes.

PRENDAR satisfacer, atraer, subyugar, hechizar, complacer || PRENDARSE enamorarse, aficionarse, enviciarse, encariñarse, amartelarse, pirrarse, chiflarse, chalarse, derretirse, perder la cabeza.

PRENDEDOR fíbula, broche, gancho, aguja, alfiler, prendedero, joya, alhaja.

PRENDEDURA galladura, mancha, pinta.

PRENDER sujetar, asir, agarrar, coger, aprehender, cazar, apresar, aprisionar, detener, encarcelar || clavar, fijar, unir, enganchar, enredar, coser, pegar, adherir, hilvanar || encender, inflamar, quemar, arder, avivar, comunicarse, propagarse, abrasar, iluminar, hacer fuego || arraigar, encepar, enraizar, agarrar, echar raíces, medrar, prosperar || PRENDERSE adherirse, sujetarse, pegarse, fijarse, enzarzarse, liarse, acoplarse.

PRENDERÍA compraventa, ropavejería, Monte de Piedad, casa de préstamos.

PRENDERO ropavejero, cambalachero, buhonero, tendero, prestamista, usurero, traficante.

PRENDIMIENTO detención, captura, arresto, apresamiento, aprisionamiento, encierro, aprehensión.

PRENSA compresora, estampadora, impresora, máquina, aparato, artilugio, apelmazadora, apisonadora, troqueladora, imprenta || publicaciones, periódicos, diarios, revistas, rotativos, órganos, noticieros.

PRENSAR apretar, estrujar, comprimir, oprimir, apisonar, condensar, estampar, imprimir, troquelar, exprimir, estrechar, reducir, aplastar, apelmazar, ceñir, concentrar, despachurrar, agarrotar.

PREÑADA encinta, fecundada, grávida, embarazada, fertilizada, gestante, gruesa.

PREÑADO lleno, cargado, atiborrado, atestado, desbordante, sobrecargado, rebosante, ubérrimo, exuberante, rico, lujuriante, copioso, nutrido, colmado, abundante, fecundo.

PREÑAR fecundar, fertilizar, cubrir, aparearse, copular, ayuntarse, montar.

PREÑEZ gravidez, embarazo, gestación, concepción, preñado, tripa, vientre.

PREOCUPACIÓN intranquilidad, inquietud, excitación, nerviosidad, *nerviosismo*, desasosiego, tribulación, ansiedad, ansia, desvelo, cuidado, angustia, impaciencia, aflicción, mortificación, duda, recelo, conmoción, perturbación, zozobra, desazón, congoja, alarma, turbación, obsesión, manía, neurosis || interés, previsión, prevención, cuidado, inclinación, curiosidad, afecto, desvelo.

PREOCUPADO intranquilo, inquieto, desvelado, ansioso, atribulado, desasosegado, nervioso, excitado, mortificado, turbado, alarmado, acongojado, perturbado, conmocionado, receloso, dudoso, afligido, obsesionado, neurótico, maniático.

PREOCUPAR intranquilizar, desasosegar, perturbar, inquietar, alarmar, agitar, conmocionar, acongojar, turbar, mortificar, excitar, obsesionar, afligir, absorber, remorder, ofuscar, desvelar, reconcomer, impacientar, irritar || PREOCUPARSE interesarse, desvelarse, cuidar, fomentar.

PREPARACIÓN disposición, preparativo, apresto, providencia, prevención, gestación, desarrollo, organización, medida, intento, ensayo, preliminares, comienzo, ordenación, sistematización, distribución, arreglo.

PREPARADO droga, medicamento, medicina, específico, especialidad || presto, listo, dispuesto, v. prepararse || documentado, capacitado, competente, apto, educado, instruido, experimentado, documentado.

PREPARAR disponer, arreglar, pertrechar, proyectar, planear, organizar, tramar, urdir, combinar, elaborar, hacer, disponer, guisar, cocinar, adobar, aliñar, acomodar, aprontar, alistar, aparejar, acondicionar, poner, proporcionar, prevenir || PREPARARSE aprestarse, armarse, disponerse, alistarse, pertrecharse, vigilar.

PREPARATIVOS planes, proyectos, disposiciones, previsiones, trámites, arreglos.

PREPARATORIO iniciador, inicial, preventivo, educativo.

PREPONDERANCIA preeminencia, superioridad, primacía, autoridad, predominio, prestigio, consideración, hegemonía, preferencia, exceso, abundancia.

PREPONDERANTE predominante, superior, preeminente, sobresaliente, abundante, prevaleciente, influyente, elevado, prestigioso, aventajado, crecido, dilatado, extendido, descollante, reinante, imperante.

PREPONDERAR prevalecer, influir, predominar, dominar, determinar, decidir, sobresalir, abundar, extenderse, dilatarse, descollar, reinar, imperar, crecer, aventajar, elevarse, exceder, ejercer.

PREPONER anteponer, destacar, distinguir, preferir, resaltar, señalar, colocar.

PREPOSICIÓN prefijo, parte, partícula, afijo.

PREPÓSITO principal, primero, presidente, jefe, director.

PREPÓSTERO trastrocado, cambiado, invertido, trastornado, revuelto, embrollado, desordenado.

PREPOTENCIA superioridad, poder, poderío, mando, dominación, dominio.

PREPOTENTE poderoso, superior, dominante, dominador.

PREPUCIO piel, cubierta del bálano, pellejo del glande.

PRERROGATIVA privilegio, gracia, exención, merced, ventaja, preferencia, deferencia, favor, dispensa, derecho, facultad, poder, atributo, preeminencia, indulto, fuero, regalía, franquicia, bula, concesión, permiso, venia.

PRESA botín, captura, trofeo, despojo, caza, resto, pillaje, rapiña, robo v. || tajada, porción, trozo, pedazo, loncha || muro, dique, tajamar, represa, espigón, barrera || embalse, pantano, conducto, cañal, acequia || zancadilla, llave, toma, movimiento, impulso, empujón, postura.

PRESAGIAR presentir, vaticinar, pronosticar, augurar, agorar, adivinar, anunciar, auspiciar, conjeturar, profetizar, predecir, ver, prever, prenunciar, revelar, conjeturar, adelantarse, imaginar, figurarse, suponer.

PRESAGIO pronóstico, vaticinio, presentimiento, augurio, agüero, predicción, profecía, conjetura, auspicio, anuncio, adivinación, adelanto, revelación, previsión, imaginación, suposición, figuración, horóscopo, juicio, oráculo || señal, indicio, síntoma, manifestación, seña, sospecha, barrunto.

PRESBICIA hipermetropía, vista cansada, defecto, imperfección visual.

PRÉSBITA hipermétrope, présbite.

PRESBÍTERO clérigo, capellán, párroco, cura, sacerdote v.

PRESCIENCIA vaticinio, augurio, adivinación, predicción, revelación, presagio.

PRESCINDIBLE sustituible, reemplazable, desechable, innecesario, inservible.

PRESCINDIR eliminar, quitar, reemplazar, excluir, desterrar, desechar, repudiar, relegar, separar, arrinconar, privar, evitar, ahorrarse, descartar, apartar, omitir, exceptuar, abandonar, desairar.

PRESCRIBIR preceptuar, ordenar, recetar, dictar, disponer, señala., fijar, determinar, establecer

|| perderse, caducar, extinguirse, concluir, finalizar, anularse, terminarse, vencer.

Prescripción disposición, orden, mandato, precepto, ordenanza || extinción, conclusión, terminación, anulación, pérdida, caducidad, vencimiento.

Prescrito caducado, anulado, nulo || ordenado, preceptuado, mandado.

Presea joya, alhaja, gema, adorno, aderezo, perifollo, prenda, filigrana.

Presencia asistencia, aparición, estancia, comparecencia, presentación, audiencia, frecuentación, entrevista || talle, figura, disposición, aspecto, catadura, facha, talante, traza, apariencia, porte, aire, planta, empaque, pinta.

Presenciar contemplar, observar, ver, hallarse, asistir, encontrarse, personarse, comparecer, mirar, estar presente, ser testigo.

Presentable decente, correcto, digno, conveniente, adecuado, apropiado, limpio, aseado, pulcro.

Presentación manifestación, exhibición, revelación, publicación, exteriorización, inauguración, demostración, ostentación || introducción, preámbulo, prólogo v. || saludo, introducción, conocimiento, salutación, ceremonia, cortesía, venia.

Presentar relacionar, introducir, reunir || mostrar, exhibir, revelar, exteriorizar, ostentar, demostrar, enseñar, descubrir, sacar, destapar, exponer, desplegar, lucir || exponer, explicar, manifestar, anunciar || Presentarse introducirse, relacionarse, saludar, conocer || acudir, personarse, comparecer, asistir, aparecer, llegar, venir, ir, mostrarse, arribar, revelarse, surgir, exhibirse, salir.

Presente obsequio, ofrenda, regalo, donativo, dádiva, fineza, cumplido || actual, contemporáneo, reciente, moderno || hoy, ahora, actualidad || Presentes concurrentes, asistentes, espectadores, circunstantes, testigos, oyentes, público, auditorio, masa, muchedumbre, asistencia, multitud, gentío.

Presentimiento corazonada, barrunto, presagio, augurio, instinto, revelación, intuición, telepatía, sospecha, premonición, conjetura, agüero, adivinación.

Presentir presagiar, barruntar, intuir, revelarse, augurar, sospechar, conjeturar, agorar, remusgar, adivinar.

Preservación conservación, mantenimiento, defensa, subsistencia, amparo, vigilancia, asistencia, atención, cuidado, manutención, custodia, sostén, resguardo, salvaguardia.

Preservador conservador, custodio, cuidador, protector, vigilante, defensor.

Preservar mantener, defender, conservar, custodiar, sostener, salvaguardar, resguardar, cuidar, atender, asistir, vigilar, amparar, garantizar, salvar, proteger.

Preservativo condón, protección, cubierta, goma, funda, profiláctico.

Presidencia gobierno, jefatura, decanato, mando, guía, directiva, directorio, junta, mesa, dirección, cabecera, estrado.

Presidente jefe, director, gobernante, gobernador, decano, rector, guía, conductor, político, cabeza, superior, magistrado, regente, juez, dignatario, autoridad, principal, cabecilla, administrador, funcionario.

Presidiario penado, condenado, preso, convicto, forzado, prisionero, galeote, reo, culpable, criminal, delincuente, rebelde, incomunicado, encerrado, confinado, cautivo, recluso.

Presidio cárcel, penal, correccional, penitenciaría, encierro, prisión, fortaleza, guarnición, galeras, cautiverio, cautividad, reclusión, confinamiento, condena, pena, prisión v.

Presidir regir, mandar, dirigir, gobernar, guiar, legislar, disponer, conducir, llevar, aconsejar, encaminar, arbitrar, imponer, enjuiciar, regentar, dominar, tutelar, orientar || influir, predominar, dominar, ejercer.

Presilla cordón, trencilla, galón, tira, alamar, lazo, vuelta, costurilla, ojal.

Presión estrujamiento, compresión, empuje, fuerza, estrechamiento, aplastamiento, apretón, apretura, apelmazamiento, prensamiento, machacadura, estrujón, prensadura, tensión, apretamiento, aprieto || coacción, influencia, apremio, imposición, coerción, conminación, fuerza.

Presionar influir, obligar, forzar, imponer, coaccionar.

Preso arrestado, detenido, encarcelado, recluido, encerrado, penado, v. presidiario.

Prestación servicio, tributo, asistencia, obligación, ayuda, socorro, auxilio, reparto, distribución, beneficio.

Prestado dejado, fiado, facilitado, dado, ofrecido, proporcionado, procurado, entregado, suministrado.

Prestador v. prestamista.

Prestamente rápidamente, velozmente, vertiginosamente, raudamente, prontamente, diestramente, hábilmente, v. presto.

Prestamista prendero, usurero, prestador, agenciero, mohatrero, mutuante, especulador, negociante.

Préstamo empréstito, prestación, adelanto, anticipo, ayuda, colaboración, pignoración, hipoteca, financiación, garantía, respaldo, colaboración, dita, entrega, ofrecimiento.

Prestancia porte, distinción, elegancia, gusto, garbo, atractivo, estilo, donaire, belleza, figura || excelencia, superioridad, calidad, grandeza.

Prestante excelente, superior, notable.

Prestar entregar, ofrecer, facilitar, dejar, fiar, proporcionar, dar, suministrar, procurar, asistir, ayudar, socorrer, auxiliar, distribuir, favorecer, beneficiar, contribuir, anticipar || Prestarse avenirse, ofrecerse, acceder, conformarse, allanarse, resignarse, colaborar, contribuir, participar, secundar, ayudar, apoyar.

Preste sacerdote, oficiante, celebrante, clérigo, cura, religioso v.

Presteza rapidez, velocidad, diligencia, prontitud, brevedad, vivacidad, ímpetu, celeridad, alacridad, actividad, dinamismo, urgencia, prisa, premura, agilidad, instantaneidad, ligereza.

Prestidigitación truco, escamoteo, habilidad, tejemaneje, trampa, ilusión, engaño, apariencia, ocultamiento, juego de manos.

Prestidigitador escamoteador, *ilusionista*, animador, histrión, juglar, artista, cómico, fullero, charlatán, tramposo, truquista, hábil, diestro, *prestimano*, jugador de manos.

Prestigiar honrar, realzar, popularizar, v. prestigio.

Prestigio reputación, fama, crédito, influencia, ascendiente, autoridad, influjo, renombre, honra, celebridad, gloria, popularidad, prez, auge, realce, consideración, notoriedad, respeto, veneración.

Prestigioso famoso, afamado, célebre, popular, acreditado, influyente, reputado, glorioso, renombrado, honrado, notorio, venerado, considerado, respetado, querido, apreciado, bienquisto, autorizado.

Prestimano * v. prestidigitador.

Presto pronto, al instante, al momento, rápidamente, velozmente, diligentemente, urgentemente, apresuradamente || raudo, veloz, urgente, apresurado, impetuoso, febril, vivo, alígero, listo, célere, rápido, pronto, ligero, ágil, activo, alado || dis-

puesto, preparado, listo, aprestado, alistado, pertrechado, vigilante, alerta.
PRESUMIBLE previsible, conjeturable, posible, sospechable, factible, probable, comprensible, presunto.
PRESUMIBLEMENTE previsiblemente, posiblemente, conjeturablemente, probablemente, presuntamente, comprensiblemente.
PRESUMIDO creído, fatuo, preciado, jactancioso, vano, presuntuoso, pagado, orgulloso, vanidoso, engreído, ufano, ostentoso, ensoberbecido.
PRESUMIR engreírse, jactarse, preciarse, creerse, pagarse, ensoberbecerse, ostentar, fanfarronear, gallear, enorgullecerse, envanecerse, vanagloriarse, blasonar, alardear || sospechar, suponer, inferir, deducir, pensar, creer, husmear, oler, barruntar, prever, conjeturar.
PRESUNCIÓN orgullo, vanidad, fanfarronería, ostentación, soberbia, jactancia, engreimiento, vanagloria, alarde, fatuidad, inmodestia, afectación, petulancia || conjetura, sospecha, deducción, inferencia, suposición, barrunto, creencia, pensamiento.
PRESUNTAMENTE v. presumiblemente.
PRESUNTO v. presumible.
PRESUNTUOSAMENTE orgullosamente, jactanciosamente, vanamente, v. presumido.
PRESUNTUOSO v. presumido.
PRESUPONER aceptar, admitir, suponer, reconocer, abonar, ratificar.
PRESUPUESTAR computar, calcular, valorar, tantear, establecer, determinar, evaluar.
PRESUPUESTO cálculo, cómputo, determinación, cuenta, evaluación, valoración, tanteo, importe, costo, coste, estudio || causa, motivo, sospecha, creencia, suposición v.
PRESURA prisa, presteza, rapidez, prontitud || opresión, congoja, aprieto.
PRESUROSAMENTE apresuradamente, rápidamente, prontamente, v. presuroso.
PRESUROSO apresurado, rápido, ligero, pronto, veloz, raudo, vivo, listo, diligente, febril, activo, vertiginoso.
PRETENCIOSO presuntuoso, creído, fatuo, v. presumido.
PRETENDER ambicionar, ansiar, aspirar, tratar, trabajar, desear, anhelar, probar, procurar, intentar, solicitar, acometer, ensayar, proyectar, ejecutar, realizar, reanudar, reclamar.
PRETENDIDO * imaginario, supuesto, fabuloso, quimérico, ilusorio, hipotético, admisible, teórico, gratuito, problemático, apócrifo, falso, fingido.
PRETENDIENTE galanteador, cortejador, comprometido, enamorado, novio, festejante, acompañante || candidato, interesado, aspirante, solicitante, postulante, demandante, suplicante.
PRETENSIÓN petición, aspiración, deseo, anhelo, designio, ambición, sueño, esperanza, solicitación, existencia, intención, reclamación, demanda, voluntad, capricho, derecho, empeño, afán, apetencia || PRETENSIONES ínfulas, humos, fantasías, engreimiento, fatuidad, orgullo, soberbia, presunción.
PRETERICIÓN postergación, omisión, relegación, abandono, desamparo, descuido, arrinconamiento, olvido.
PRETERIR relegar, omitir, postergar, abandonar, desamparar, descuidar, arrinconar, olvidar.
PRETÉRITO lejano, remoto, pasado, ocurrido, sucedido, acaecido, caducado, antiguo, distante, vetusto.
PRETEXTAR alegar, simular, aparentar, excusarse, disculparse, valerse, aducir, invocar, fingir, disimular, ocultar, explicar, achacar.
PRETEXTO excusa, disculpa, alegato, disimulo, explicación, argumento, argucia, fingimiento, invoca-

ción, simulación, motivo, velo, máscara, apariencia, asidero, salida, causa, ocasión, evasiva, achaque ‖ Pretextos pamplinas, tonterías, aspavientos, pamemas, paparruchas.

Pretil balaustrada, baranda, antepecho, mampuesto, murete, vallado, pared, balcón, barbacana, balaustre, barandal, borde, brocal.

Pretina cinto, correa, cinturón, sujetador, ceñidor, cincha, tira, banda, traba.

Pretor magistrado, juez, funcionario, gobernador.

Prevalecer predominar, sobresalir, preponderar, imperar, exceder, rebasar, reinar, mandar, sujetar, superar, dominar, aventajar, influir, vencer, ganar, descollar, crecer, aumentar, medrar, desarrollar.

Prevaleciente v. predominante.

Prevaler v. prevalecer.

Prevaricación infidelidad, quebrantamiento, deslealtad, delación, incumplimiento, infracción, delito, violación, transgresión, vulneración, falta, abuso, exceso, contravención, ilegalidad, inobservancia, estafa.

Prevaricador transgresor, violador, infractor, delincuente, vulnerador, incumplidor, contraventor, inobservante, estafador.

Prevaricar violar, transgredir, infringir, delinquir, contravenir, incumplir, estafar, faltar, vulnerar.

Prevención recelo, suspicacia, sospecha, desconfianza, barrunto, temor, cuidado, aprensión, escrúpulo, duda, prejuicio ‖ organización, preparación, disposición, preliminares, preparativos, medida, providencia, provisión, previsión.

Prevenido presto, pronto, dispuesto, alerta, preparado, aparejado, listo, maduro, a punto, notificado, apercibido, avisado, informado, enterado, aconsejado, advertido.

Prevenir notificar, informar, aconsejar, apercibir, alertar, advertir, adelantar, avisar ‖ disponer, aparejar, armar, aprontar, organizar, aprovisionar, avituallar, arreglar, aviar, acondicionar, preparar ‖ prever, ver, conocer, presentir, barruntar, predecir ‖ evitar, precaver, impedir, estorbar, dificultar, eludir, entorpecer.

Preventivo preparatorio, protector, defensor, provisorio, preservador, amparador, tutelar, anticipado.

Prever predecir, vaticinar, presentir, conjeturar, adelantarse, imaginar, revelar, presagiar, enunciar, adivinar, agorar, augurar, anunciar, profetizar, pronosticar, sospechar.

Previamente primeramente, adelantadamente, antecedentemente, anticipadamente, anteriormente, antes, primero, preliminarmente.

Previo anterior, preliminar, antecedente, precursor, precedente, antepuesto, anticipado, adelantado, delantero.

Previsible imaginable, predecible, pronosticable.

Previsión prudencia, reserva, cautela, cuidado, prevención ‖ presentimiento, barrunto, predicción, prognosis, pronóstico, pronosticación, premonición, conjetura, creencia, sospecha.

Previsor cauto, prudente, juicioso, mesurado, discreto, circunspecto, avisado, sagaz, perspicaz, sutil, advertido, precavido ‖ pronosticador, barruntador.

Previsto presentido, barruntado, sospechado, conocido, sabido, predicho, pronosticado, advertido.

Prez fama, honor, honra, gloria, distinción, reputación, renombre, consideración, estima, nobleza.

Príapo falo, pene, miembro, verga, pudendo.

Prieto ceñido, apretado, ahogado, estrujado, oprimido, comprimido, constreñido, apretujado ‖ oscuro, negro, retinto, atezado, bruno || avaro, mísero, tacaño, mezquino.

Prima gratificación, recompensa, sobresueldo, premio, cantidad, suma, estímulo, precio, indemnización || pariente, familiar, allegada.

Primacía predominio, superioridad, descuello, preponderancia, preeminencia, ventaja, excelencia, supremacía.

Primada engaño, embeleco, trampa, extorsión, necedad, estupidez, ingenuidad.

Primado superior, prelado, preeminente, primero, principal, v. sacerdote.

Primadona * diva, cantante, estrella.

Prima facie a primera vista, aparentemente, en apariencia, superficialmente.

Primariamente primeramente, inicialmente, superiormente, preponderantemente, sobresalientemente.

Primario primitivo, elemental, antiguo, viejo, anticuado, rudimentario, embrionario || principal, primero, primordial, fundamental, preferente.

Primate jefe, cabecilla, prócer, dirigente, personaje, líder, superior, caudillo || antropoide, antropomorfo, mono, simio, mico, macaco.

Primavera sazón, florecimiento, floración, esplendor, lucimiento, lustre, frescura, alegría, juventud, renacimiento.

Primaveral nuevo, joven, fresco, flamante, espléndido, lucido, juvenil, florecido, templado, renacido.

Primeramente inicialmente, primariamente, previamente, preponderantemente, en primer lugar, ante todo, primordialmente.

Primerizo inexperto, principiante, novato, neófito, bisoño, inhábil, novel.

Primero inicial, v. primitivo, inaugural, primigenio, originario, original, precedente, anterior, previo, primario || antes, primeramente, previamente, inicialmente || superior, excelente, sobresaliente, aventajado, eminente.

Primicia exclusividad, preferencia, primacía, ventaja, privilegio, comienzo, principio.

Primigenio original, originario, primitivo, inicial, v. primero.

Primípara primeriza, inexperta, novicia, novel.

Primitivamente primariamente, v. primitivo.

Primitivo primario, antiguo, viejo, anticuado, rudimentario, embrionario, tosco, rudo, primero v. || originario, inicial, original, primordial.

Primo inicial, primero, previo, precedente, primario || pariente, familiar, agnado, cognado, consanguíneo || incauto, cándido, inocente, simple, ingenuo, necio, v. bobo.

Primogénito mayorazgo, heredero, sucesor, beneficiario, legatario, hijo mayor.

Primogenitura mayorazgo, prerrogativa, progenitura, heredad, herencia.

Primor esmero, cuidado, delicadeza, finura, perfección, maña, habilidad, pulcritud, maestría, destreza, exquisitez, gracia.

Primordial principal, fundamental, primero, preferente, capital, sustancial, esencial || inicial, primitivo, original, originario.

Primorosamente delicadamente, finamente, refinadamente, pulcramente, pulidamente, cuidadosamente, esmeradamente, v. primoroso.

Primoroso refinado, pulcro, fino, elegante, hermoso, bello, delicado, exquisito, suave, lindo, sutil, atractivo, delicioso, mono, selecto, pulido, perfecto, esmerado, excelente || diestro, hábil, mañoso.

Princesa alteza, soberana, primogénita heredera, sucesora, descendiente, infanta, consorte, noble, aristócrata.

Principado heredad, comarca, re-

PRINCIPAL

gión, delfinado, territorio, soberanía.

PRINCIPAL primero, trascendental, cardinal, fundamental, importante, vital, necesario, esencial, primordial, capital, substancial || ilustre, noble, distinguido, esclarecido.

PRINCIPALMENTE primordialmente, esencialmente, substancialmente, capitalmente, sobre todo, ante todo, v. principal.

PRÍNCIPE infante, delfín, consorte, soberano, primogénito, heredero, sucesor, descendiente, alteza, personaje, prócer.

PRINCIPESCO espléndido, real, magnífico, soberano, rico, opulento, magnánimo, generoso.

PRINCIPIANTE neófito, novato, pipiolo, novicio, incipiente, inexperto, primerizo, aprendiz, bisoño, aspirante, novel.

PRINCIPIAR iniciar, empezar, comenzar, inaugurar, emprender, estrenar, originar, introducir, preludiar, encabezar, establecer.

PRINCIPIO origen, arranque, partida, umbral, preámbulo, entrada, comienzo, inicio, iniciación, inauguración, estreno, introducción, preludio, encabezamiento, primicia, germen, base, fundamento, génesis, causa, motivo, raíz, || precepto, tesis, política, reglamento, regla, razonamiento v.

PRINGADO pringoso, grasiento, tiznado, manchado, sucio, cochino, puerco, asqueroso, untado || infamado, denigrado, mancillado, vilipendiado.

PRINGAR tiznar, engrasar, untar, ensuciar, emporcar, manchar || mancillar, denigrar, infamar, vilipendiar.

PRINGÓN pringue, mancha, suciedad, tizne, unto, grasa, mácula, churrete, lámpara, tiznón || v. pringoso.

PRINGOSO grasiento, aceitoso, tiznado, churreteado, engrasado, untado || manchado, emporcado, maculado, sucio, cochino, puerco.

PRINGUE grasa, manteca, unto, sebo, aceite || suciedad, porquería, churrete, mugre, lámpara, tiznón, mácula, mancha.

PRIOR superior, prelado, rector, párroco, pastor, primado, abad, dignatario, cura, clérigo, v. sacerdote.

PRIORATO monasterio, convento, abadía, curato, parroquia, rectoría, zona, comarca, región.

PRIORIDAD preferencia, anterioridad, ventaja, primacía, antelación, preeminencia, preponderancia, precedencia.

PRIOSTE mayordomo, hermano, cofrade.

PRISA urgencia, prontitud, celeridad, velocidad, premura, presteza, vivacidad, apresuramiento, ligereza, brevedad, rapidez, alacridad, apremio, perentoriedad, emergencia, diligencia.

PRISIÓN cárcel, calabozo, penitenciaría, correccional, reformatorio, mazmorra, encierro, penal, presidio, gayola, trena, chirona, ergástula, galera, celda || encarcelamiento, aprisionamiento, reclusión, pena, condena, arresto, detención, cautividad, cautiverio.

PRISIONERO cautivo, preso, detenido, arrestado, encarcelado, aprisionado, recluido, penado, encerrado, condenado, presidiario, galeote, rehén, enrejado, recluso.

PRISMA cuerpo prismático, cuerpo geométrico.

PRISMÁTICOS binoculares, gemelos, anteojos, largavistas.

PRÍSTINO original, antiguo, puro, primero, inicial.

PRIVACIÓN falta, carencia, ausencia, penuria, necesidad, deficiencia, escasez || despojo, exacción, usurpación, desposeimiento, expropiación, expoliación || prohibición v.

PRIVADAMENTE íntimamente, particularmente, familiarmente, personalmente, individualmente, secretamente, especialmente, separadamente.

PRIVADO personal, particular, íntimo, secreto, individual, especial, familiar, privativo, exclusivo || desposeído, expropiado, usurpado, despojado, expoliado || valido, favorito, privilegiado, predilecto, preferido.

PRIVANZA valimiento, distinción, nepotismo, predilección, poder, gracia, favor, favoritismo, confianza || despojo, expropiación, usurpación, v. privación.

PRIVAR despojar, quitar, desposeer, expropiar, usurpar, expoliar, desproveer, confiscar, desheredar, vedar, impedir, anular, suspender, destituir, prohibir.

PRIVATIVAMENTE singularmente, especialmente, exclusivamente, específicamente, propiamente, peculiarmente, personalmente, individualmente, característicamente.

PRIVATIVO característico, propio, exclusivo, singular, especial, peculiar, personal, específico, individual.

PRIVILEGIADO excepcional, notable, sobresaliente, único, extraordinario, excelente || predilecto, favorito, escogido, elegido, favorecido, rico, pudiente, opulento, afortunado.

PRIVILEGIO prerrogativa, derecho, exención, poder, ventaja, gracia, favor, dispensa, regalía, preeminencia, franquicia, concesión, facultad, pase, merced, monopolio, exclusividad, libertad, bula, fuero.

PRO- delante, antes.

PROA tajamar, roda, delantera, parte anterior.

PROBABILIDAD eventualidad, posibilidad, verosimilitud, contingencia, evento, riesgo, apariencia, hipótesis, suposición, perspectiva.

PROBABLE posible, verosímil, factible, admisible, eventual, viable, hacedero, asequible, ejecutable, dable, hipotético, supuesto, aleatorio, aceptable.

PROBABLEMENTE posiblemente, seguramente, verosímilmente, factiblemente, quizá, acaso, tal vez, v. probable.

PROBADO comprobado, ensayado, experimentado, acreditado, auténtico, fundado, garantizado, seguro, demostrado.

PROBANZA v. prueba.

PROBAR ensayar, comprobar, experimentar, tantear, intentar || evidenciar, acreditar, justificar, alegar, atestiguar, asegurar, demostrar, convencer, aducir, citar || catar, gustar, saborear, paladear, libar, relamerse, gozar, *degustar*.

PROBATORIO justificativo, demostrativo, acreditativo, evidenciable, justificante, comprobante, probador.

PROBATURA experimento, ensayo, experiencia, tanteo, tentativa, v. prueba.

PROBETA tubo, vasija, vaso, recipiente.

PROBIDAD integridad, honradez, rectitud, honestidad, lealtad, honorabilidad, nobleza, escrupulosidad, decencia, seriedad, moralidad, ecuanimidad, virtud.

PROBLEMA dilema, dificultad, conflicto, contrariedad, alternativa, enigma, inconveniente, rompecabezas, duda, incertidumbre, incógnita, cuestión, duda, asunto, punto, traba.

PROBLEMÁTICO dudoso, incierto, difícil, enigmático, ambiguo, discutible, inseguro, cuestionable, hipotético, insoluble.

PROBO honrado, noble, escrupuloso, decente, serio, leal, honesto, recto, íntegro, honorable, virtuoso, inflexible.

PROBOSCIDIO ungulado, paquidermo, elefante, mamífero.

PROCACIDAD descaro, insolencia, desvergüenza, descoco, atrevimiento, cinismo, desfachatez, audacia, osadía, tupé, frescura.

PROCAZ insolente, desfachatado, desvergonzado, descocado, atrevido, descarado, cínico, fresco, osado, audaz, inverecundo, grosero, sinvergüenza.

PROCEDENCIA origen, fuente, raíz, nacimiento, comienzo, génesis, ascendencia, extracción, arran-

PROCEDENTE que, cimiento, fundamento, cuna, causa, principio, naturaleza, derivación.

PROCEDENTE originario, oriundo, nativo, derivado, dimanante, natural, proveniente, emergente || conforme, correcto, adecuado, justo, apropiado, propio.

PROCEDER actuación, costumbre, uso, hábito, rutina, estilo, comportamiento, conducta, modos, maneras, gobierno || provenir, emanar, arrancar, nacer, derivarse, resultar, originarse, dimanar, salir, descender, venir || portarse, comportarse, actuar, conducirse, obrar, ejecutar.

PROCEDIMIENTO método, manera, actuación, forma, sistema, modo, guisa, curso, conducta, práctica, medio, fórmula, rito, regla, camino, expediente, marcha.

PROCELA tormenta, borrasca, tempestad, temporal, rigor, inclemencia, galerna.

PROCELOSO tempestuoso, borrascoso, inclemente, riguroso, aborrascado, tormentoso, atemporalado, oscuro, tenebroso.

PRÓCER eminente, insigne, alto, elevado, primate, noble, prohombre, ilustre, esclarecido, preclaro, egregio, ínclito.

PROCERIDAD alcurnia, distinción, nobleza, eminencia || pujanza, vigor, lozanía, frescura.

PROCESADO acusado, reo, inculpado, encartado, culpable, delincuente, condenado.

PROCESAMIENTO v. proceso.

PROCESAR inculpar, acusar, encausar, enjuiciar, condenar, incriminar, achacar.

PROCESIÓN comitiva, desfile, acompañamiento, séquito, hilera, fila, columna, cortejo, marcha, carrera, romería, peregrinación, manifestación.

PROCESO pleito, sumario, juicio, vista, procedimiento, atestado, causa || procedimiento, evolución, desarrollo, progreso, serie, fase, transformación.

PROCLAMA alocución, pregón, discurso, edicto, bando, notificación, arenga, perorata, aviso, exhortación, anuncio, manifestación.

PROCLAMACIÓN publicación, divulgación, anuncio, revelación || nombramiento, elección, coronación.

PROCLAMAR pregonar, divulgar, perorar, arengar, notificar, anunciar, publicar, revelar || nombrar, ungir, elegir, aclamar, coronar, distinguir, destacar.

PROCLIVE propenso, inclinado, aficionado, atraído, devoto, tendiente.

PROCLIVIDAD propensión, devoción, inclinación, atracción, afición, tendencia.

PROCÓNSUL gobernador, representante, dirigente, magistrado.

PROCREACIÓN multiplicación, engendramiento, germinación, cría, producción, propagación, fecundación, parto, fructificación.

PROCREADOR generador, progenitor v.

PROCREAR engendrar, fecundar, parir, fructificar, propagar, producir, germinar, criar, multiplicar, generar.

PROCURA poder, delegación, procuraduría, comisión, cuidado, v. procuración.

PROCURACIÓN diligencia, esmero, atención, cuidado, procuraduría, poder, administración, representación, delegación, mandato.

PROCURADOR representante, apoderado, agente, delegado, celador, cuidador, encargado, administrador, substituto.

PROCURAR diligenciar, negociar, esforzarse, cabildear, administrar, acometer, emprender, entablar, empezar, tramitar, gestionar, pretender, proponerse, proyectar, planear, tantear, intentar, ensayar, trabajar, abordar, encaminar.

PRODICIÓN traición, alevosía, felonía, deslealtad, perfidia, falsedad, infidelidad, engaño.

PRODIGALIDAD despilfarro, malbarato, liberalidad, profusión, largueza, generosidad, dispendio, desperdicio, gasto, dilapidación,

derroche || abundancia, profusión, exuberancia, exceso, demasía, superabundancia.
PRÓDIGAMENTE liberalmente, generosamente, derrochadoramente, abundantemente, v. pródigo.
PRODIGAR malgastar, derrochar, disipar, malbaratar, dar, regalar, dilapidar, tirar, despilfarrar, desperdiciar, gastar, desaprovechar || PRODIGARSE excederse, aplicarse, esforzarse, multiplicarse, empeñarse, superarse, trabajar.
PRODIGIO portento, maravilla, milagro, asombro, fenómeno, primor, excelencia, pasmo, admiración, grandeza, magnitud.
PRODIGIOSO asombroso, maravilloso, milagroso, sobrenatural, portentoso, extraordinario, estupendo, admirable, increíble, fenomenal, fantástico, pasmoso, grande, inconcebible.
PRÓDIGO derrochador, dilapidador, manirroto, dispendioso, generoso, munífico, liberal, despilfarrador, dadivoso, disipador, malbaratador, gastador.
PRÓDROMO síntoma, malestar, indisposición, señal, signo, barrunto.
PRODUCCIÓN fabricación, elaboración, producto v., manufactura, rendimiento, obtención, creación, industria, productividad.
PRODUCIR crear, hacer, elaborar, fabricar, fructificar, inventar, provocar, causar, rendir, rentar, originar, ocasionar, ocurrir, multiplicar, obtener, formar, forjar || PRODUCIRSE explicarse, expresarse, manifestarse, darse a entender.
PRODUCTIVIDAD rendimiento, producto, creación, obtención.
PRODUCTIVO fecundo, provechoso, lucrativo, fértil, fructuoso, remunerador, beneficioso, fructífero, feraz, prolífico.
PRODUCTO manufactura, artículo, género, fabricado, elaboración, hechura, producción, fruto, obra || lucro, provecho, rédito, ganancia, interés, rendimiento, beneficio, renta, utilidad.
PRODUCTOR fabricante, industrial, creador, elaborador || obrero, artesano, empleado, trabajador, asalariado.
PROEMIO prólogo, prefacio, introducción, preámbulo, introito, advertencia, exordio, preludio, nota preliminar, entrada, principio, isagoge.
PROEZA heroicidad, valentía, hazaña, osadía, gallardía, majeza, gesta, empresa, heroísmo, hecho, hombrada, acción, aventura, valentía, guapeza, obra, faena, iniciativa, labor, rasgo.
PROFANACIÓN sacrilegio, deshonra, deslucimiento, desdoro, prostitución, envilecimiento, degradación, mofa, escarnio, blasfemia, apostasía, perjurio, violación, desfloración, corrupción, irreverencia.
PROFANADOR envilecedor, sacrílego, blasfemo, escarnecedor, apóstata, irreverente, violador, perjuro, impío, corruptor.
PROFANAMIENTO v. profanación.
PROFANAR deshonrar, envilecer, escarnecer, violar, desflorar, mofarse, degradar, corromper, prostituir, desdorar, deslucir, quebrantar.
PROFANIDAD v. profanación || lujo, fausto, boato, pompa, vanidad, mundanería, mundanalidad, sensualidad, relajo, secularización, laicismo.
PROFANO mundano, carnal, temporal, terreno, terrenal, laico, seglar, secular, lego, civil || inexperto, ignorante, incapacitado, ineducado, lego, indocto, inculto, atrasado || sacrílego, impío, irreverente, irreligioso, ateo, deshonesto, licencioso, libertino, concupiscente, v. profanador.
PROFECÍA pronóstico, predicción, augurio, presentimiento, vaticinio, agüero, conjetura, previsión, oráculo, adivinamiento, auspicio, anuncio, adivinanza, agorería, adivinación, telepatía, prenuncio, presciencia, horóscopo, conjetura.
PROFERIR prorrumpir, exclamar, gritar, vocear, pronunciar, decir,

PROFESAR

articular, enunciar, declarar, alegar, endilgar, enjaretar.

PROFESAR practicar, desempeñar, ejercer, actuar, cultivar, desplegar, accionar, intervenir, proceder, desenvolverse, funcionar, trabajar, ejecutar, hacer, conducirse, ocuparse || creer, confesar, reconocer, seguir.

PROFESIÓN tarea, carrera, ocupación, actividad, trabajo, labor, oficio, quehacer, faena, ministerio, ejercicio, función, cuidado, afán, colocación, acomodo, cargo, cometido, responsabilidad, deber, obligación, menester, empleo || confesión, religión, creencia, pensamiento, idea, sentimiento, inclinación, demostración.

PROFESIONAL universitario, experto, perito, entendido, facultativo, capacitado, técnico, idóneo, diestro, conocedor, ducho, competente.

PROFESO neófito, religioso, iniciado, novicio, adepto, ingresado, discípulo, seguidor, admitido.

PROFESOR educador, maestro, preceptor, instructor, catedrático, dómine, pedagogo, mentor, conferenciante, consejero, doctrinador.

PROFESORADO claustro, cuerpo docente, profesores, catedráticos, educadores, maestros, v. profesor.

PROFETA vaticinador, adivinador, vidente, augur, pronosticador, agorero, adivino, arúspice, augurador, enviado, iluminado, inspirado, elegido, esclarecido.

PROFÉTICO iluminado, inspirado, seguro, cierto, esclarecido, intuitivo, genial, imbuido, sibilino, fatídico, ominoso, aciago, adivinatorio.

PROFETISA v. pitonisa.

PROFETIZAR presagiar, augurar, ver, pronosticar, prever, intuir, esclarecer, adivinar, agorar, vaticinar, predecir, hadar, presentir, prefigurar, anunciar, asegurar.

PROFICUO útil, provechoso, ventajoso, válido, valioso, remunerativo, lucrativo, fructuoso, beneficioso, eficaz.

PROFILÁCTICO higiénico, preservativo v.

PROFILAXIS higiene, preservación, limpieza, desinfección, depuración, purificación, defensa, esterilización, cuidado, vigilancia, conservación.

PRO FORMA por la forma.

PRÓFUGO fugitivo, huido, fugado, desertor, escapado, evadido, seguido, tránsfuga, perseguido, escondido, acosado, hostigado, delincuente, oculto, transgresor.

PROFUNDAMENTE intensamente, extremadamente, hondamente, agudamente, v. profundo.

PROFUNDIDAD hondura, depresión, fondo, calado, sima, abismo, precipicio, barranco, pozo, cuenca, grieta, hoyada, oquedad, socavón, hondonada || alto, ancho, espesor, grosor, grueso.

PROFUNDIZAR ahondar, excavar, cavar, penetrar, perforar, hundir, taladrar, sondear, sumergir, escarbar, investigar, penetrar, progresar, agujerear, horadar, picar, socavar, abrir || escudriñar, escrutar, indagar, examinar, analizar, estudiar, investigar, fiscalizar.

PROFUNDO hondo, insondable, abisal, abismal, inmenso, hundido, sumergido, recóndito, bajo, deprimido, alto, excavado, vasto, amplio, inmenso || intenso, penetrante, hondo, fuerte, interior, recóndito, acentuado, recio, agudo, vivo, insufrible, intolerable.

PROFUSAMENTE copiosamente, abundantemente, cuantiosamente, v. profuso.

PROFUSIÓN abundancia, exceso, infinidad, prodigalidad, exageración, exuberancia, superabundancia, colmo, raudal, riqueza, multitud, amontonamiento, plétora.

PROFUSO abundante, superfluo, excesivo, copioso, pródigo, fecundo, grávido, colmado, cuantio-

so, nutrido, pletórico, amontonado, rico, superabundante, exuberante.
PROGENIE casta, generación, familia, dinastía, cepa, prosapia, alcurnia, sangre, antecesores, antepasados, abolengo, descendencia, origen, hogar, solar, ascendencia, mayores.
PROGENITOR pariente, familiar, padre, cabeza, antepasado, ascendiente, antecesor, precursor, predecesor, abuelo, bisabuelo, tatarabuelo, retatarabuelo.
PROGENITURA v. progenie.
PROGNATISMO prominencia, protuberancia, mandíbula saliente.
PROGNOSIS v. pronóstico.
PROGRAMA proyecto, plan, exposición, sistema, línea, conducta, previsión, disposición, esquema, bosquejo, boceto, doctrina, declaración, esbozo, orden, divulgación, lista, anuncio, aviso, bando, edicto, proclama || materias, asignaturas.
PROGRAMACIÓN * v. programa.
PROGRAMAR disponer, arreglar, proyectar v.
PROGRESAR mejorar, adelantar, desarrollar, prosperar, medrar, expandir, evolucionar, ampliar, perfeccionar, agrandar, acrecentar, incrementar, ascender, intensificar germinar, florecer, aventajar, enmendar, renovar, hermosear, rejuvenecer, regenerar.
PROGRESIÓN serie, proporción, graduación, cantidad || v. progreso.
PROGRESISTA v. progresivo.
PROGRESIVAMENTE paulatinamente, gradualmente, sucesivamente, insensiblemente, v. progresivo.
PROGRESIVO avanzado, progresista, adelantado, desarrollado, evolucionado, atrevido, audaz, moderno, floreciente, próspero || gradual, insensible, paulatino, sucesivo, creciente, continuo, uniforme, imperceptible, lento, escalonado.
PROGRESO avance, desarrollo, adelanto, evolución, florecimiento, prosperidad, éxito, auge, bonanza, intensificación, ascenso, incremento, acrecentamiento, ampliación, expansión, mejora, empujón, impulso, logro, cultura, civilización, aumento.
PROHIBICIÓN interdicción, privación, inhibición, orden, precepto, mandato, exclusión, negativa, desposeimiento, usurpación, obstáculo, estorbo, anulación, proscripción, veto, tabú, oposición, entredicho, impedimento.
PROHIBIDO negado, impedido, vedado, privado, excluido, proscrito, anulado, ilícito, indebido, ilegal, malo, injusto, clandestino, eliminado, quitado, condenado.
PROHIBIR negar, vedar, impedir, denegar, privar, quitar, condenar, obstaculizar, frenar, limitar, estorbar, embarazar, trabar, complicar, atascar, vetar, excluir, proscribir, anular, usurpar, desposeer, mandar, preceptuar, ordenar, inhibir, imposibilitar, entorpecer, paralizar, evitar, reprimir, contener, perturbar.
PROHIBITIVO exorbitante, desmesurado, excesivo, exagerado, caro, abusivo, desatinado, inmoderado, desmedido, disparatado, fabuloso.
PROHIJAMIENTO adopción, prohijación, aceptación, amparo, protección, ayuda, patrocinio, apadrinamiento, arrogación, afiliación, admisión, tutela.
PROHIJAR adoptar, amparar, proteger, aceptar, patrocinar, afiliar, apadrinar, ayudar, arrogar, acoger, tutelar.
PROHOMBRE magnate, prócer, noble, personaje, personalidad, potentado, figura, lumbrera, portento, patricio, héroe, figurón, eminencia.
PRO INDIVISO sin dividir, en comunidad.
PROÍS noray, amarradero, bita, bitón.
PRÓJIMA mujerzuela, fulana, mujeruca, ramera v.
PRÓJIMO semejante, pariente, hermano, vecino, igual, afín, allegado.

Prolapso caída, descenso, aflojamiento, salida de un órgano.

Prole descendencia, familia, cría, progenie, generación, camada, lechigada, ventregada, hijos, retoños, vástagos, cachorros, criaturas.

Prolegómenos preliminares, comienzos, inicios, prólogo, preámbulo, preparación, preludio, introducción, exordio, advertencia, prefacio.

Proletariado artesanado, obreros, trabajadores, asalariados, productores, clase trabajadora.

Proletario asalariado, trabajador, obrero, artesano, productor, jornalero, menestral, operario, peón, bracero || indigente, desheredado, pobre, plebeyo.

Proliferación abundancia, difusión, propagación, divulgación, extensión, exceso, desarrollo, incremento, dispersión, diseminación, irradiación, expansión.

Proliferar abundar, irradiar, expandirse, diseminarse, dispersarse, incrementarse, desarrollarse, exceder, extenderse, divulgarse, propasarse, difundirse, pulular, hormiguear, bullir.

Prolífico fecundo, fértil, feraz, abundante, exuberante, opulento, rico, copioso, fructuoso, inagotable, productivo, reproductor, generador, potente.

Prolijamente cuidadosamente, esmeradamente, minuciosamente, detalladamente, v. prolijo.

Prolijidad escrupulosidad, minuciosidad, reparo, meticulosidad, exactitud, circunspección, cuidado, detalle, esmero || pesadez, redundancia, nimiedad, extensión, molestia, fárrago, pomposidad, lata, tabarra.

Prolijo minucioso, cuidadoso, escrupuloso, detallado, esmerado, circunspecto, cuidado || farragoso, extenso, pomposo, latoso, nimio, difuso, amplio, cargante, largo, redundante, pesado, prolongado, aburrido, molesto, dilatado.

Prologar introducir, preludiar, advertir, anotar, encabezar, exponer, comenzar.

Prólogo prefacio, preludio, preámbulo, encabezamiento, introito, preliminar, exposición, exordio, introducción, advertencia, preparación, proemio, comienzo, entrada.

Prolongable extensible, alargable, estirable, aplazable, prorrogable, diferible, postergable.

Prolongación alargamiento, extensión, desarrollo, estiramiento, dilatación, amplificación, ampliación, distensión, ensanchamiento, expansión, agrandamiento, estirón, continuación, tirón, prolongamiento || cola, extremo, extremidad, apéndice, miembro, ala, cabo || prórroga, aplazamiento, retraso, postergación, demora, plazo, lentitud.

Prolongadamente continuamente, dilatadamente, extensamente, v. prolongado.

Prolongado continuo, dilatado, extenso, largo, distendido, ampliado, amplificado, estirado, extendido, alargado, grande, agrandado, expandido, ensanchado, luengo, longo, interminable, desarrollado || aplazado, retrasado, demorado, postergado, lento, prorrogado.

Prolongamiento v. prolongación.

Prolongar extender, alargar, dilatar, estirar, desarrollar, agrandar, expandir, ensanchar, amplificar, ampliar, continuar || diferir, retrasar, aplazar, postergar, prorrogar, demorar, retardar.

Promediar nivelar, repartir, dividir, igualar, equivaler, distribuir, dosificar, prorratear, partir.

Promedio cociente, término medio, media, mitad, centro, medio.

Promesa oferta, ofrecimiento, palabra, proposición, invitación, convite, protesta, envite, promisión, juramento, compromiso, obligación, deber, pacto, convenio, voluntad, ofrenda, voto, fe, salva.

Prometedor adelantado, precoz,

capacitado, promisorio, competente, satisfactorio.

PROMETER proponer, ofrendar, ofrecer, convenir, pactar, deber, jurar, obligarse, comprometerse, protestar, convidar, invitar, apalabrar, dedicar, consagrar, afirmar, aseverar, brindar, asegurar.

PROMETIDA v. prometido.

PROMETIDO novio, futuro, comprometido, pretendiente, enamorado, festejante, cortejador.

PROMETIMIENTO v. promesa.

PROMINENCIA saliente, relieve, resalte, lomo, abombamiento, turgencia, realce, protuberancia, joroba, giba, gibosidad, convexidad, elevación, altura, eminencia, montículo || preponderancia v.

PROMINENTE destacado, sobresaliente, elevado, ilustre, esclarecido, afamado, famoso, descollante, preponderante, predominante, señalado, superior, aventajado || abombado, saliente, turgente, jorobado, giboso, convexo, saltón, abultado.

PROMISCUAR amalgamar, revolver, confundir, embarullar, entremezclar, v. mezclar.

PROMISCUIDAD mezcla, confusión, entrevero, diversidad, mixtura, revoltillo, mezcolanza, frangollo, amasijo, miscelánea, fárrago, batiburrillo, pepitoria.

PROMISCUO revuelto, entreverado, confuso, mezclado, surtido, misceláneo, impuro, ambiguo, impreciso.

PROMISIÓN ofrecimiento, oferta, palabra, juramento, compromiso, v. promesa.

PROMISORIO v. prometedor.

PROMOCIÓN hornada, grupo, curso, serie, conjunto, pléyade, titulados, licenciados, diplomados || fomento, impulso, protección, organización, apoyo, desarrollo.

PROMOTOR organizador, protector, inspirador, fundador, iniciador, creador, generador, impulsor, autor, realizador, causante, culpable.

PROMOVEDOR v. promotor.

PROMOVER fomentar, impulsar, desarrollar, proteger, organizar, apoyar, iniciar, adelantar, realizar, causar, generar, crear, inspirar, fundar, originar || ascender, promocionar, subir, elevar, levantar.

PROMULGACIÓN propagación, divulgación, publicación, difusión, generalización, decreto, proclamación, revelación, anuncio, manifiesto, aprobación.

PROMULGADO decretado, proclamado, v. promulgar.

PROMULGAR decretar, proclamar, revelar, disponer, difundir, generalizar, divulgar, publicar, propagar, aprobar, anunciar.

PRONO aficionado, inclinado, apegado, entusiasta, admirador, devoto.

PRONOSTICACIÓN v. pronóstico.

PRONOSTICADOR vidente, adivino, adivinador, v. profeta.

PRONOSTICAR presagiar, augurar, profetizar, predecir, intuir, ver, prever, vaticinar, agorar, adivinar, esclarecer, presentir, anunciar, prefigurar, manifestar.

PRONÓSTICO juicio, conjetura, opinión, presagio, anuncio, predicción, profecía, augurio, presentimiento, manifestación, previsión, vaticinio, horóscopo, auspicio, presciencia, agorería.

PRONTAMENTE prestamente, rápidamente, apresuradamente, precipitadamente, v. pronto.

PRONTITUD celeridad, presteza, velocidad, rapidez, apresuramiento, precipitación, viveza, urgencia, vehemencia, alacridad, ímpetu, arranque, diligencia, actividad, dinamismo, soltura, festinación, prisa, ligereza, instantaneidad, vivacidad, agilidad, energía, brevedad.

PRONTO presto, acelerado, veloz, rápido, apresurado, precipitado, breve, enérgico, ágil, vivaz, instantáneo, ligero, dinámico, activo, diligente, impetuoso, vehemente, urgente, vivo, febril || dispuesto, preparado, listo, alistado, pertrechado, alerta, vigilante, en guardia || prontamente, prestamente, aceleradamente, rápidamente, en seguida, en breve, inmediatamente, al punto, ahora, ya, incontinenti, al instante, luego.

PRONTUARIO compendio, resumen, manual, breviario, epítome, síntesis, esquema, sumario, opúsculo, texto, vademécum, sinopsis, suma, extracto.

PRONUNCIACIÓN articulación, enunciación, habla, deletreo, emisión, modulación, dicción, declamación, manifestación, fonética, retórica, oratoria.

PRONUNCIADO acentuado, abultado, prominente, agudo, marcado, señalado, subrayado, recalcado.

PRONUNCIAMIENTO rebelión, alzamiento, amotinamiento, revolución, sublevación, insurrección, cuartelada, motín, asonada, algarada, sedición || declaración, mandato, condena, manifestación, dictamen, juicio, resolución, decisión, determinación.

PRONUNCIAR emitir, modular, articular, deletrear, enunciar, hablar, declamar, manifestar, decir, silabear, balbucir, chapurrear, farfullar, tartamudear || dictaminar, decidir, resolver, manifestar, condenar, mandar, declarar, determinar, juzgar, emitir || PRONUNCIARSE amotinarse, alzarse, rebelarse, sublevarse, levantarse, insurreccionarse.

PROPAGACIÓN difusión, extensión, dispersión, diseminación, divulgación, esparcimiento, expansión, transmisión, irradiación, publicación, efluvio, circulación, comunicación, desparramamiento, reproducción, proliferación v.

PROPAGADOR v. propagandista.

PROPAGANDA publicidad, difusión, anuncio, divulgación, expansión, publicación, radiodifusión, comunicación, proselitismo.

PROPAGANDISTA divulgador, difusor, activista, prosélito, secuaz, seguidor, partidario, portavoz, propagador, agitador, misionero, apóstol, vocero, pregonero.

PROPAGAR extender, transmitir, expandir, irradiar, difundir, vulgarizar, esparcir, contagiar, contaminar, vocear, popularizar, pregonar, trascender, dispersar, comunicar, publicar, manifestar, expresar, generalizar, enseñar || PROPAGARSE multiplicarse, procrearse, generarse, retoñar, proliferar, crecer, aumentar, reproducirse, engendrar.

PROPALAR divulgar, pregonar, publicar, transmitir, comunicar, vocear, emitir, v. propagar.

PROPASADO descarado, desfachatado, desvergonzado, extralimitado, v. propasarse.

PROPASAR adelantar, avanzar, rebasar, pasar, dejar atrás || PROPASARSE desmandarse, insolentarse, extralimitarse, abusar, excederse, desaforarse, desatarse, encararse, enfrentarse, descomedirse.

PROPEDÉUTICA instrucción preliminar, primaria, inicial, preparatoria.

PROPENDER simpatizar, tender, inclinarse, aficionarse, apasionarse, engolosinarse, preferir, encapricharse, apegarse, tirar a.

PROPENSIÓN tendencia, apego, inclinación, afición, simpatía, proclividad, preferencia, apasionamiento, capricho, fuerte, flaco, devoción, vocación, atracción, gusto, interés, instinto.

PROPENSO adicto, proclive, inclinado, aficionado, simpatizante, interesado, atraído, devoto, encaprichado, apasionado, apegado, tendiente, sujeto, sometido, adepto, fanático.

PROPIAMENTE adecuadamente, convenientemente, oportunamente, debidamente, conformemente, v. propio.

PROPICIAMENTE favorablemente, v. propiamente.

PROPICIAR favorecer, apoyar, respaldar, patrocinar, predisponer ‖ calmar, atenuar, aplacar, ablandar, serenar, atraer.

Propicio favorable, adecuado, próspero, útil, ventajoso, apropiado, dispuesto, conforme, pertinente, oportuno, inclinado, amable, benévolo.

Propiedad posesión, pertenencia, dominio, usufructo, goce, poder, adquisición, bienes, participación, disfrute, copropiedad, hacienda, feudo, territorio, latifundio, finca, predio, tierra, mayorazgo, renta, ahorro, capital, título, adquisición ‖ atributo, cualidad, característica, facultad, rasgo, peculiaridad, particularidad, esencia, carácter ‖ rigor, exactitud, realidad, conveniencia, ajuste, pureza, conformidad, aptitud, oportunidad, legitimidad, naturalidad.

Propietario amo, dueño, adquirente, comprador, heredero, terrateniente, latifundista, hacendado, casero, mayorazgo, señor, titular, poseedor, superior, cabeza, principal, empresario, capitalista, rentista.

Propileo pórtico, peristilo, vestíbulo, atrio, columnata, soportal, entrada, portada, arcada, fachada, portal, galería, ingreso.

Propina dádiva, gratificación, óbolo, recompensa, retribución, estipendio, prima, aguinaldo, galardón, premio, compensación, regalía, regalo, pago, gaje, plus, extra, unto, suma, dinero, monedas.

Propinar atizar, dar, pegar, descargar, zumbar, encajar, largar, tirar, echar, meter, sacudir, proporcionar, aplicar, enjaretar, endilgar ‖ suministrar, ofrecer, entregar, proporcionar, dar, administrar.

Propincuidad cercanía, vecindad, contigüidad, inmediación, proximidad v.

Propincuo allegado, cercano, inmediato, contiguo, vecino, v. próximo.

Propio adecuado, conveniente, conforme, oportuno, apto, debido, justo, ajustado, proporcionado, lógico, correcto, bueno, favorable ‖ característico, peculiar, individual, personal, exclusivo, especial, privativo, específico, distintivo, diferente, típico, inconfundible ‖ perteneciente, concerniente, relacionado, referido, vinculado, correspondiente, tocante, competente ‖ enviado, mensajero, emisario, recadero, correo, mandadero.

Proponente ponente, sugerente, pretendiente, postulante, formulante.

Proponer plantear, sugerir, expresar, exponer, formular, opinar, insinuar, brindar, prometer, manifestar, declarar, presentar, designar ‖ Proponerse intentar, aspirar, tratar, querer, ensayar, procurar, desear, pensar, pretender, proyectar, resolver, decidir, gestionar, ambicionar, embarcarse, realizar.

Proporción disposición, conformidad, conveniencia, concordancia, correspondencia, armonía, ponderación, simetría, ritmo, correlación, relación, compensación, tamaño, medida, magnitud, canon, equilibrio, mesura, igualdad, comparación.

Proporcionado armonioso, simétrico, equilibrado, medido, ponderado, igual, compensado, relacionado, correspondiente, concordante, conveniente, conforme, dispuesto, adecuado, ajustado, proporcional.

Proporcional conveniente, correspondiente, conforme, adecuado, equitativo, ajustado, v. proporcionado.

Proporcionalidad v. proporción.

Proporcionalmente equitativamente, convenientemente, adecuadamente, v. proporcional.

Proporcionar entregar, conceder, facilitar, proveer, suministrar, dar, prestar, transmitir, otorgar, ofrecer, aportar, repartir, distribuir ‖ equilibrar, adecuar, preparar, ajustar, solucionar.

PROPOSICIÓN oferta, propuesta, sugerencia, ofrecimiento, invitación, palabra, promesa, convite, estipulación, insinuación, consejo, consulta, indirecta || oración, palabra, expresión, frase, concepto, idea, enunciado, exposición, afirmación, enunciación.

PROPÓSITO intención, fin, proyecto, arreglo, determinación, voluntad, resolución, empeño, interés, deseo, anhelo, mira, ánimo, idea, pensamiento, finalidad, intento, empresa, aspiración, maquinación, plan, designio.

PROPUESTA v. proposición.

PROPUESTO designado, nombrado, elegido, presentado, insinuado, sugerido, planteado, formulado, señalado, llamado, calificado, requerido.

PROPUGNAR amparar, defender, respaldar v., apoyar, patrocinar, mantener, auxiliar, ayudar, abogar, adoptar, favorecer.

PROPULSAR impulsar, impeler, mover, empujar, lanzar, desplazar, forzar, navegar, avanzar, marchar || v. propugnar.

PROPULSIÓN empuje, marcha, avance, impulso, movimiento, fuerza, desplazamiento, lanzamiento, impulsión, envión, tracción, arrastre, navegación.

PROPULSOR impulsor, motor, impelente, tractor, cinético, motriz, hélice, rueda, paleta, remo || promotor, alentador, mecenas, protector, patrocinador, favorecedor.

PRORRATA cupo, escote, cuota, contingente, parte, porción, partición, cantidad, asignación, reparto, proporción, contribución, cuenta, división, distribución.

PRORRATEAR distribuir, proporcionar, contribuir, repartir, asignar, partir, escotar, dividir.

PRORRATEO repartición, división, v. prorrata.

PRÓRROGA retraso, aplazamiento, demora, retardo, dilación, moratoria, suspensión, plazo, espera, prolongación, tardanza, preterición, concesión, permiso.

PRORROGABLE ampliable, prolongable, aplazable, retardable, retrasable, dilatable, incrementable.

PRORROGACIÓN v. prórroga.

PRORROGAR diferir, aplazar, prolongar, esperar, suspender, dilatar, retardar, retrasar, extender, ampliar, conceder, permitir.

PRORRUMPIR proferir, exclamar, vocear, gritar, increpar, clamar, emitir, ovacionar, aclamar, vociferar.

PROSA lenguaje, expresión, verbo, parola, palabras, frases, sentencias.

PROSAICAMENTE materialmente, vulgarmente, prácticamente, v. prosaico.

PROSAICO material, práctico, vulgar, pedestre, adocenado, materialista, ramplón, sobado, común, manido, tosco, trivial, bajo, chabacano, utilitario.

PROSAÍSMO materialismo, vulgaridad, ordinariez, chabacanería, trivialidad, ramplonería.

PROSAPIA abolengo, alcurnia, linaje, estirpe, ascendencia, genealogía, cepa, casta, familia, progenie, sangre, tronco, blasón, nacimiento, cuna.

PROSCENIO tablado, escenario, parte anterior.

PROSCRIBIR excluir, prohibir, vedar, anular, impedir || expulsar, desterrar, expatriar, extrañar, confinar, relegar, echar, arrojar.

PROSCRIPCIÓN prohibición, veda, exclusión, anulación || destierro, expulsión, confinamiento, relegamiento, expatriación, ostracismo, extrañamiento.

PROSCRITO expulsado, desterrado, relegado, expatriado, condenado, bandido, bandolero, delincuente.

PROSECUCIÓN continuación, prolongación, seguimiento, persistencia, subsistencia, reanudación || acoso, persecución, seguimiento, caza.

PROSEGUIR reanudar, continuar, seguir, subsistir, persistir, insistir, prolongar, perpetuar, extender, repetir, durar, mantener, permanecer, perpetuar.

Proselitismo propaganda, entusiasmo, celo, vehemencia, sectarismo, afán, afiliación, partidismo, fanatismo.

Prosélito partidario, seguidor, entusiasta, fanático, satélite, incondicional, discípulo, banderizo, allegado, adicto, afiliado, secuaz.

Prosista escritor, novelista, literato, dramaturgo, autor, cuentista, ensayista.

Prosodia pronunciación, acentuación, fonología, fonética.

Prosopopeya afectación, pedantería, pompa, presunción, vanidad, énfasis, pomposidad, ampulosidad.

Prospección exploración, investigación, perforación, búsqueda.

Prospecto folleto, octavilla, cuartilla, impreso, opúsculo, panfleto, catálogo, cuadernillo, programa, anuncio.

Prósperamente florecientemente, venturosamente, favorablemente, v. próspero.

Prosperar progresar, mejorar, adelantar, medrar, desarrollar, expandir, ampliar, perfeccionar, agrandar, acrecentar, incrementar, ascender, intensificar, florecer, aventajar, renovar, triunfar.

Prosperidad bienestar, progreso, bonanza, adelanto, florecimiento, triunfo, intensificación, ascenso, incremento, acrecentamiento, agrandamiento, perfeccionamiento, ampliación, fortuna, ventura, éxito, auge, medra, bienandanza, suerte, desarrollo.

Próspero floreciente, progresista, ampliado, perfeccionado, adelantado, rico, fértil, opulento, afortunado, boyante, propicio, venturoso, acomodado, aventajado, triunfante.

Prosternarse postrarse, hincarse, humillarse, arrodillarse, adorar, venerar.

Prostíbulo mancebía, burdel, lupanar, putaísmo, manfla, ramería, casa de citas, de lenocinio, de trato, de prostitución, casa pública.

Prostitución trata, putaísmo, ramería, alcahuetería, amancebamiento, fornicación, meretricio, vida airada, putería || degradación, envilecimiento, deshonra, degeneración, corrupción, relajación, deshonestidad, abyección, vicio, descarrío, baldón, iniquidad.

Prostituir degradar, corromper, pervertir, envilecer, humillar, deshonrar, mancillar, desacreditar || Prostituirse descarriarse, degradarse, humillarse, rebajarse, arrastrarse, enviciarse, menoscabarse.

Prostituta ramera, cortesana, tía, zorra, puta, fulana, perendenga, mujerzuela, *horizontal*, pupila, pelandusca, pelleja, pingo, mundana, ninfa, meretriz, mesalina, hetera, mantenida, maturranga, coima, bagasa, buscona, calientacamas, germana, callonca, cantonera, zurrona, furcia.

Protagonista intérprete, personaje, actor, estrella, galán, héroe, comediante, figura, principal.

Protagonizar interpretar, desempeñar, actuar, figurar, representar.

Protección apoyo, defensa, amparo, sostén, abrigo, auxilio, salvaguardia, favor, atención, cobijo, cuidado, resguardo, conciliación, garantía, seguridad, tutela, sombra, calor, patrocinio, asilo, refugio, ayuda, acompañamiento, escolta, adopción.

Protector bienhechor, defensor, patrocinador, acompañante, ayudante, valedor, tutor, escolta, favorecedor, acogedor, cuidador, auxiliador, mantenedor, guardián, campeón, abogado, sostén, preservador, padrino, patrono, mecenas, fiador.

Protectorado mandato, dominio, posesión, colonia, feudo, territorio.

Proteger favorecer, salvaguardar,

auxiliar, abrigar, sostener, defender, apoyar, amparar, patrocinar, tutelar, asegurar, garantizar, resguardar, cuidar, cobijar, atender, adoptar, escoltar, acompañar, ayudar, refugiar, esconder, asilar, mantener, conservar, socorrer, acoger || Protegerse escudarse, atrincherarse, resguardarse, esconderse, agacharse, parapetarse, arrimarse, ampararse.

Protegido favorito, predilecto, privilegiado, favorecido, mimado, consentido, valido, privado, agraciado, distinguido, elegido, pupilo, recomendado, ahijado.

Proteico albuminóideo, albuminoide || cambiante, versátil, inconstante.

Proteína albuminoide, albúmina, aminoácido, substancia orgánica.

Protervidad maldad, perversidad, obstinación, impenitencia, pertinacia, contumacia, protervia, rebeldía.

Protervo malvado, perverso, impenitente, contumaz, pertinaz, rebelde, obstinado, malo, maligno, recalcitrante, empedernido, relapso.

Prótesis substitución, ortopedia, reparación, corrección, colocación, reemplazo, aparato, órgano artificial.

Protesta queja, demanda, reclamación, reproche, desaprobación, reparo, crítica, condena, censura, acusación, cargo, lamentación, súplica, tacha, anatema, bronca, represión, descontento, pataleo, abucheo, rechifla, silba, pita || declaración, promesa, oferta, protestación v.

Protestación declaración, protesta, promesa, oferta, ofrecimiento, confesión.

Protestante hugonote, reformista, cismático, hereje, cristiano, luterano, calvinista, evangélico, anglicano, metodista, presbiteriano, confesionista, puritano.

Protestantismo reforma, cisma, luteranismo, herejía, calvinismo, puritanismo, anglicanismo, presbiterianismo, metodismo, evangelismo.

Protestar reclamar, quejarse, demandar, reprochar, criticar, condenar, censurar, desaprobar, reprender, anatematizar, tachar, suplicar, lamentarse, sublevarse, rebelarse, indignarse || pitar, silbar, abuchear, patalear || afirmar, profesar, declarar, confesar, negar.

Protesto requerimiento, reclamación, testimonio.

Proto- prioridad, preeminencia, superioridad.

Protocolario ceremonioso, pomposo, aparatoso, solemne, formal, grave, formulista, ampuloso, afectado, ritual, fastuoso.

Protocolo etiqueta, ceremonia, aparato, solemnidad, formalidad, pompa, ritual, rito, costumbre, regla, fasto, formulismo, ceremonial || escritura, documento, acta, cuaderno.

Protoplasma substancia esencial, activa, viva, vital, básica, elemental.

Prototipo dechado, modelo, ejemplo, muestra, tipo, ejemplar, espejo, paradigma, regla, parangón, ideal, pauta, arquetipo, original, molde.

Protozoario animálculo, protozoo, microbio, microorganismo, animal microscópico.

Protuberancia saliente, bulto, realce, turgencia, abombamiento, lomo, resalte, relieve, convexidad, gibosidad, giba, joroba, abolladura, hinchazón, tumor, abultamiento, elevación, relieve, prominencia, eminencia.

Protuberante saliente, abultado, v. protuberancia.

Provecto anciano, viejo, caduco, decrépito, senil, maduro, valetudinario, añoso.

Provecho beneficio, utilidad, fruto, ganancia, conveniencia, comodidad, ventaja, lucro, rendimiento, producto, dividendo, gajes, comisión, recompensa, remuneración, usura, logro, utilidad,

ganga, jugo, servicio, renta, interés, valor, rédito, precio, eficacia.
PROVECHOSAMENTE beneficiosamente, lucrativamente, fructuosamente, v. provechoso.
PROVECHOSO lucrativo, fructuoso, beneficioso, eficaz, precioso, interesante, rentable, servicial, jugoso, productivo, útil, logrado, remunerativo, rendidor, ventajoso, cómodo, conveniente, proficuo, válido, valioso.
PROVEEDOR abastecedor, suministrador, aprovisionador, despensero, asentador, abastero, distribuidor, agente, comisionista, consignatario, administrador.
PROVEEDURÍA administración, distribución, suministro, agencia, despensa, abasto, abastecimiento, aprovisionamiento, mercado, lonja, plaza.
PROVEER abastecer, avituallar, suministrar, aprovisionar, entregar, proporcionar, dotar, equipar, surtir, facilitar, guarnecer, habilitar, aviar, pertrechar, suplir, administrar, juntar, reunir || disponer, resolver, decidir, diligenciar, despachar, solventar, solucionar, tramitar.
PROVENIENTE originario, dimanante, descendiente, derivado, procedente, resultante.
PROVENIR descender, derivar, dimanar, originarse, proceder, nacer, emanar, salir, venir, surgir, resultar, seguirse.
PROVERBIAL característico, notorio, habitual, típico, tradicional, distintivo, conocido, acostumbrado, propio, representativo, privativo, singular.
PROVERBIO sentencia, adagio, máxima, aforismo, axioma, dicho, principio, concepto, precepto, regla, fórmula, moraleja, frase, refrán, símbolo, pensamiento.
PRÓVIDAMENTE previsoramente, cuidadosamente, minuciosamente, v. próvido.
PROVIDENCIA destino, suerte, hado, sino, fatalidad, azar, estrella, casualidad, ventura, albur, acaso, eventualidad, fortuna, vocación, predestinación, voluntad divina, Dios || disposición, prevención, provisión, distribución, arreglo, acomodo, coordinación, orientación, regla, resolución, mandato, orden, medida, remedio.
PROVIDENCIAL propicio, favorable, salvador, adecuado, apropiado, pertinente, oportuno, feliz, predestinado.
PROVIDENCIAR disponer, asignar, prevenir, arreglar, acomodar, coordinar, dictaminar, sentenciar, asignar.
PROVIDENTE v. próvido.
PRÓVIDO previsor, cuidadoso, minucioso, diestro, listo, hábil, sagaz, prudente, avisado, mañoso, diligente, prevenido || favorable, benévolo, propicio.
PROVINCIA demarcación, división, marca, departamento, distrito, jurisdicción, término, comarca, región, localidad.
PROVINCIAL departamental, jurisdiccional, comarcal, regional, local.
PROVINCIANO rústico, burdo, tosco, aldeano, paleto, atrasado, pueblerino, vulgar, ordinario, sencillo, simple, llano, intrascendente.
PROVISIÓN avituallamiento, abastecimiento, suministro, acopio, racionamiento, avío, víveres, dotación, abasto, equipo, surtido, comestibles, bastimento, alimentos, vituallas, racionamiento, depósito, despensa, subsistencia, prevención, forraje, repuesto || providencia, disposición, prevención, resolución, mandato, orden, medida, remedio, arreglo, acomodo.
PROVISIONAL efímero, interino, fugaz, temporal, circunstancial, momentáneo, accidental, provisionario, pasajero, transitorio, transeúnte.
PROVISIONALMENTE efímeramente, interinamente, fugazmente, v. provisional.
PROVISIONES v. provisión.

PROVISOR v. proveedor.
PROVISORIAMENTE * v. provisionalmente.
PROVISORIO * v. provisional.
PROVISTO dotado, suministrado, avituallado, aprovisionado, equipado, surtido, pertrechado, guarnecido.
PROVOCACIÓN reto, bravata, desafío, oposición, enfrentamiento, pugna, lance, punzada, insulto, incitación, hostilidad, hostigamiento.
PROVOCADOR fanfarrón, provocativo, flamenco, chulo, pendenciero, alborotador, peleador, camorrista, belicoso, agresivo, quisquilloso, matón, discutidor, díscolo, bravucón.
PROVOCAR pinchar, hostigar, molestar, retar, desafiar, exacerbar, irritar, hurgar, excitar, azuzar, aguijar, enardecer, acosar, atosigar, fustigar, enzarzar || estimular, incitar, inducir, espolear, avivar || originar, causar, promover, suscitar, crear, fomentar, inducir, determinar, engendrar, levantar, ocasionar, producir, motivar.
PROVOCATIVO v. provocador || incitante, estimulante, instigador, tentador, interesante, excitante, insinuante, sugerente.
PROXENETA alcahuete, tercero, rufián, chulo, mediador, traficante, tratante, celestina, comadre, cobertera.
PROXENETISMO rufianería, alcahuetería, tráfico, mediación, trata de blancas.
PRÓXIMAMENTE presto, pronto, rápidamente, en breve, seguidamente, al punto, inmediatamente, en seguida.
PROXIMIDAD vecindad, cercanía, inmediación, contigüidad, propincuidad, contacto, aledaños, medianería, confín, frontera, linde, adyacencia, inminencia || semejanza, parecido, similitud, afinidad.
PRÓXIMO vecino, cercano, frontero, lindero, inminente, adyacente, inmediato, propincuo, fronterizo, tocante, medianero, junto, cerca, rayano, contiguo, anexo, comunicante, pegado, limítrofe, confinante || parecido, similar, afín, semejante, hermano, gemelo.
PROYECCIÓN influencia, influjo, ascendiente, predominio, poder, peso, efecto, imperio, autoridad, perspectiva || impulso, empuje, disparo, empujón, propulsión, envión, arrastre, fuerza, esfuerzo || figura, representación, imagen, dibujo, esquema, perspectiva.
PROYECTAR lanzar, arrojar, tirar, echar, despedir, empujar, enviar, dirigir, disparar || idear, trazar, planear, bosquejar, esbozar, discurrir, imaginar, madurar, acariciar, calcular, fraguar, hilvanar, concebir, proponerse, elucubrar, prever, maquinar, forjar, preparar, pensar, inventar.
PROYECTIL bala, munición, perdigón, bomba, granada, cohete, plomo, tiro, balín, explosivo, metralla, torpedo, bola, venablo, saeta, flecha, almendra, peladilla, guijarro, piedra, cuerpo arrojadizo.
PROYECTISTA diseñador, creador, dibujante, delineante, calculista, proyectador, artista, inventor.
PROYECTO idea, plan, bosquejo, invento, elucubración, concepción, cálculo, imaginación, esbozo, diseño, trazado, borrador, plano, esquema, boceto, croquis, apunte || propósito, fin, intención, elucubración, especulación, ideal, aspiración, deseo, sueño, intento, intriga.
PROYECTOR reflector, foco, faro, linterna, fanal || aparato, artefacto de proyección.
PRUDENCIA sensatez, moderación, cordura, juicio, seso, tiento, discreción, sabiduría, circunspección, tacto, precaución, ponderación, mesura, equilibrio, aplomo, madurez, tino, sentido común, reflexión, seriedad, formalidad, gravedad, cautela, equilibrio, serenidad, pulso.
PRUDENCIAL moderado, juicioso, v. prudente.

PRUDENTE juicioso, cuerdo, sensato, moderado, precavido, circunspecto, sabio, discreto, sesudo, sereno, equilibrado, cauto, cauteloso, grave, formal, serio, reflexivo, atinado, maduro, aplomado, mesurado, ponderado, precavido, templado, avisado, modesto.

PRUDENTEMENTE juiciosamente, moderadamente, cuerdamente, sensatamente, v. prudente.

PRUEBA ensayo, experimento, investigación, comprobación, tanteo, estudio, examen, sondeo, reconocimiento, cata, contraste, toque, intento, tentativa, verificación, experiencia, procedimiento || testimonio, argumento, demostración, motivo, fundamento, razón, justificación, señal, indicio, declaración, certificación, explicación, aclaración, evidencia, muestra, confirmación, comprobación || pena, fatiga, agobio, trabajo, sufrimiento, infortunio, dolor, desgracia, trago, cáliz, fracaso, peripecia, lucha, revés, contratiempo, ordalía.

PRURITO comezón, picazón, picor, resquemor, escozor, desazón, molestia, urticaria, reconcomio, hormigueo, cosquillas, irritación, enrojecimiento, sensibilidad || deseo, anhelo, reconcomio, ansia, afán, pretensión, pasión, apetito, sed, apetencia, avidez, gana, ardor.

PSEUDO- seudo, supuesto, falso, imaginario, apócrifo, fingido, infundado.

PSICOANÁLISIS tratamiento, examen, exploración, análisis retrospectivo.

PSICOLOGÍA rasgo, personalidad, índole, carácter, temperamento, característica, modo de sentir, peculiaridad.

PSICOLÓGICO psíquico, anímico, espiritual, interior, moral, característico.

PSICÓLOGO conocedor, sagaz, perspicaz, sutil || experto, especialista, consejero, asesor.

PSICÓPATA neurótico, desequilibrado, demente, orate, chiflado, neurasténico, trastornado, maniático, lunático, perturbado, vesánico, v. loco.

PSICOPATÍA desequilibrio, psicosis, neurosis, trastorno, demencia, vesania, perturbación, manía, neurastenia, trastorno, chifladura, enfermedad mental, locura v.

PSICOSIS v. psicopatía.

PSICOTERAPIA tratamiento, persuasión, sugestión, psicoanálisis.

PSIQUIATRA alienista, neurólogo, neuropsiquiatra, loquero, especialista, facultativo.

PSIQUIATRÍA neuropsiquiatría, neurología, especialidad, psicoanálisis, psicoterapia v.

PSÍQUICO interior, anímico, mental, psicológico, espiritual, inmaterial, moral.

PÚA pincho, aguijón, espina, punta, aguja, puya, pico, espinilla, espínula, uña, diente, cerda, pelo.

PÚBER pubescente, adolescente, joven, mozo, púbero.

PUBERTAD adolescencia, mocedad, juventud, pubescencia.

PUBESCENCIA v. pubertad.

PUBESCENTE v. púber.

PUBLICACIÓN difusión, divulgación, generalización, expresión, manifestación, propagación, circulación, expansión, dispersión, revelación, transmisión, información, propaganda, proclamación, anuncio, publicidad || edición, periódico, gaceta, boletín, rotativo, noticiero, semanario, hoja, órgano, prospecto, folleto, suplemento, revista, obra literaria, cédula, bando, proclama, edicto, pregón, impreso, impresión.

PÚBLICAMENTE abiertamente, notoriamente, paladinamente, claramente, francamente, directamente, lealmente, a voces, oficialmente.

PUBLICAR divulgar, generalizar, difundir, circular, propagar, expresar, manifestar, informar, extender, transmitir, disponer, esparcir, anunciar, revelar, mostrar, denunciar, descubrir, pregonar, propalar, sembrar, vocear || editar, imprimir, copiar, lanzar, distribuir.

Publicidad divulgación, propaganda, difusión, propagación, expresión, anuncio, revelación, pregón, propalación || propaganda, radiodifusión.

Publicista cronista, escritor, autor, literato, novelista, ensayista, prosista, dramaturgo.

Público espectadores, auditorio, masa, asistencia, multitud, gentío, presentes, oyentes, concurrentes, asistentes || notorio, sabido, divulgado, extendido, difundido, sonado, paladino, conocido, famoso || oficial, estatal, administrativo, nacional, gubernamental, gubernativo, legal, representativo.

Puchero marmita, cacerola, olla, cazuela, pote, cazo, vasija, perol, tartera, recipiente || cocido, plato, alimento || **Pucheros** sollozos, gemidos, zollipos, lloriqueos, lamentos, gimoteos, gestos, muecas, visajes.

Puches gachas, sopas, papas, papillas, masa.

Pudelar quemar, tratar, purificar.

Pudendo vergonzoso, torpe, feo, inmoral, afrentoso, deshonroso, deshonesto, nefando.

Pudibundez puritanismo, mojigatería, ñoñería, afectación, exageración, pudor v.

Pudibundo mojigato, ñoño, puritano, exagerado, afectado, pudoroso, púdico v.

Pudicia v. pudor.

Púdico recatado, modesto, decoroso, honesto, honrado, decente, reservado, casto, moderado, vergonzoso, pudoroso, pudibundo, digno, respetable, mojigato, puritano, ñoño, afectado, exagerado.

Pudiente acomodado, opulento, próspero, rico, adinerado, acaudalado, millonario, creso, hacendado, poderoso, magnate, potentado.

Pudin * budín, bizcocho, tarta, golosina, pastel.

Pudor decoro, modestia, recato, honestidad, honradez, pudibundez, pudicia, vergüenza, moderación, castidad, reserva, decencia, respetabilidad, dignidad, puritanismo, exageración, afectación, ñoñería, mojigatería.

Pudoroso v. púdico.

Pudrición v. putrefacción.

Pudridero cámara, panteón, depósito de cadáveres.

Pudrimiento v. putrefacción.

Pudrirse corromperse, descomponerse, enranciarse, consumirse, alterarse, agusanarse, disgregarse, gangrenarse, ulcerarse, contaminarse, inficionarse, viciarse, estropearse, averiarse, picarse, cariarse, encarroñarse, podrirse, alunarse, dañarse, macarse.

Pueblerino provinciano, aldeano, rústico, tosco, paleto, atrasado, burdo, vulgar, ordinario, sencillo.

Pueblo poblado, población, villorrio, villa, lugar, aldea, caserío, parroquia, municipio, partido, burgo, merindad || país, nación, reino, estado, patria, suelo, terruño, gentes, habitantes, pobladores, nativos, ciudadanos, vecinos, súbditos, vulgo, público, vecindario || tribu, clan, raza, casta, familia, linaje, ascendientes, ralea.

Puente pasarela, planchada, tablazón, pontón, viaducto, acueducto, pontana, pasadera, plataforma, maderamen, armazón.

Puerco cerdo, tocino, gocho, lechón, cebón, marrano, guarro, verrón, gruñete, verriondo, mugriento, asqueroso, roñoso, inmundo, desaseado, sucio, repugnante, desaliñado.

Puericia infancia, niñez, inocencia, minoría, menoría.

Puericultor pediatra, especialista, médico de niños.

Puericultura pediatría, especialidad, medicina infantil, cuidado, crianza del niño.

Pueril trivial, fútil, infundado, baladí, manido, insubstancial, ligero, insignificante, necio, soso.

vano, hueco, vacío, anodino, frívolo, huero, vacuo || infantil, inocente, tierno, inexperto, ingenuo, inerme.
PUERILIDAD futilidad, trivialidad, niñería, niñada, chiquillada, ligereza, futileza, nimiedad, necedad, frivolidad, tontería || candor, ingenuidad, inocencia, inexperiencia, infantilismo.
PUERILMENTE trivialmente, fútilmente, v. pueril.
PUÉRPERA parturienta, parida, madre, hembra.
PUERPERIO sobreparto, momento, lapso, tiempo que sigue al parto.
PUERTA cancela, portón, abertura, entrada, salida, acceso, ingreso, vano, gatera, trampa, resquicio, poterna, postigo, portillo, pórtico, portezuela, portón.
PUERTO fondeadero, desembarcadero, amarradero, muelle, dique, ensenada, estuario, dársena, bahía, rada, abra, refugio, amparo, proís || garganta, desfiladero, paso, quebrada, angostura, collado.
PUERTORRIQUEÑO portorriqueño.
PUES ya que, luego, por tanto, puesto que.
PUESTA apuesta, cantidad, postura, envite, jugada || ocaso, crepúsculo, anochecer, atardecer, rosicler, obscurecer, anochecida.
PUESTO sitio, lugar, espacio, punto, rincón, posición, situación, parte, emplazamiento, zona, paraje, terreno || tiendecilla, tenderete, quiosco, barraca || empleo, cargo, función, destino, plaza, oficio cometido, responsabilidad, profesión, ocupación, encargo, menester, ministerio, colocación, acomodo, posición, dignidad.
PÚGIL boxeador, contendiente, rival, luchador, adversario, combatiente, profesional, gladiador.
PUGILATO disputa, riña, pelea, contienda, pugna, combate, batalla, lucha, boxeo, puñetazos.
PUGILISMO * boxeo, lucha, contienda, combate, v. pugilato.
PUGILISTA * v. púgil.

PUGNA desafío, porfía, oposición, antagonismo, discrepancia, competición, diferencia, rivalidad, enfrentamiento, batalla, lucha, disputa, contienda, combate.
PUGNANTE v. pugnaz.
PUGNAR porfiar, discrepar, competir, oponerse, desafiar, enfrentarse, rivalizar, luchar, batallar, contender, combatir, disputar || intentar, pretender, trabajar, esforzarse, procurar, porfiar, aplicarse, desvelarse, intentar, matarse, afanarse, bregar.
PUGNAZ belicoso, agresivo, pendenciero, pugnante, acometedor, provocador, batallador.
PUJA forcejeo, esfuerzo, lucha, pugna v. || oferta, ofrecimiento, tanteo, cantidad, suma || subasta, almoneda, licitación, concurso, venta pública.
PUJADOR licitante, licitador, postor, concursante, participante, concurrente.
PUJANTE potente, poderoso, enérgico, vigoroso, fuerte, recio, activo, irresistible, intenso, eficaz, forzudo, dinámico.
PUJANZA poder, potencia, poderío, reciedumbre, fortaleza, vigor, energía, eficacia, intensidad, actividad, robustez, impulso, ardor.
PUJAR subir, licitar, concursar, aumentar, incrementar, elevar, ascender.
PUJO deseo, ansia, vehemencia, anhelo, afán, apetencia, gana, hambre, ambición.
PULCRITUD esmero, cuidado, escrupulosidad, minuciosidad, prolijidad, detalle, aplicación, atildamiento, delicadeza, limpieza, solicitud, aseo.
PULCRO atildado, esmerado, cuidado, minucioso, escrupuloso, detallista, aseado, limpio, delicado, aplicado, solícito, relamido, pulquérrimo, pulido, primoroso.
PULCHINELA v. polichinela.
PULGA díptero, parásito, insecto, bicho.
PULGAR dedo primero, dedo grueso, pólice.
PULGARADA pellizco, pizca, polvo.

PULGÓN insecto, parásito, bicho.
PULGUILLAS cascarrabias, polvorilla, susceptible.
PULIDO liso, terso, alisado, bruñido, lustroso, brillante, fino, parejo, suave, llano, limado, lijado || primoroso, v. pulcro || v. cortés.
PULIMENTAR pulir, alisar, lustrar, bruñir, limar, lijar, frotar, allanar, suavizar, afinar, acepillar, abrillantar, esmerilar, alcorzar.
PULIMENTO brillo, esmerilado, limado, lijado, lustre, alisado, pulido, afinado, acepillado, suavizado, abrillantado, bruñido, lustrado, brillante.
PULIR v. pulimentar || adornar, arreglar, componer, aderezar ||
PULIRSE instruirse, educarse, cepillarse, refinarse, mejorar.
PULMÓN órgano, víscera, entraña, bofe.
PULMONAR respiratorio, bronquial.
PULMONÍA neumonía, bronconeumonía, enfermedad infecciosa, respiratoria, inflamación del pulmón.
PULPA médula, carne, tuétano, masa, mollar, amasijo, pasta, gacha, plasta, papilla, mazacote.
PULPEJO carnosidad, prominencia, lóbulo, parte carnosa.
PÚLPITO plataforma, tribuna, estrado, antepecho, balconcillo, tarima, peana.
PULPO octópodo, cefalópodo, molusco, calamar.
PULPOSO carnoso, pastoso, jugoso, tierno, blando, fofo, suculento.
PULQUÉRRIMO v. pulcro.
PULSACIÓN latido, palpitación, contracción, dilatación, percusión, movimiento, pulso, sístole, diástole.
PULSADOR botón, interruptor, mando, llave, palanca, clavija, tecla, pieza.
PULSAR oprimir, apretar, tocar, teclear, presionar || palpitar, latir, contraerse, dilatarse, percutir || tañer, rasguear, tocar.
PULSÁTIL palpitante, pulsativo, percutor.
PULSEAR luchar, competir, pugnar, hombrear, hacer fuerza.
PULSERA argolla, manilla, brazalete, esclava, ajorca, cerco, aro, muñequera.
PULSO latido, palpitación, pulsación, contracción, dilatación, sístole, diástole, movimiento, percusión || seguridad, firmeza, tiento, cuidado, acierto, habilidad, pericia, tino, muñeca, puntería, destreza.
PULTÁCEO blando, fofo, pastoso, laxo, blanduzco, pulposo.
PULULAR multiplicarse, abundar, hervir, hormiguear, proliferar, bullir, agitarse, moverse, diseminarse.
PULVERIZACIÓN polvo, polvillo, lluvia, llovizna || vaporización, rociadura, llovizna.
PULVERIZADOR rociador, frasco, recipiente, aparato, perfumero.
PULVERIZAR rociar, fragmentar, desintegrar, fraccionar, desmenuzar, esparcir, desparramar, diseminar.
PULVERULENTO polvoroso, polvoriento, harinoso, desmenuzado, desintegrado, molido, machacado.
PULLA mofa, escarnio, befa, chufla, chunga, chanza, guasa, menosprecio, afrenta, broma, burla, agudeza.
PULLMAN * coche cama, autobús moderno.
PUMA mamífero, carnicero, fiera, tigre americano.
PUNA meseta, páramo, altiplanicie.
PUNCIÓN pinchazo, punzadura, puntura, aguijonazo, punzada, herida, incisión, operación, picadura.
PUNCH * puñetazo, golpe.
PUNCHA espina, v. púa.
PUNCHAR v. punzar.
PUNDONOR honra, crédito, honor, caballerosidad, vergüenza, hombría, decencia, decoro, dignidad, puntillo, orgullo, conciencia, estima.
PUNDONOROSAMENTE honrosamente, caballerosamente, decentemente, v. pundonoroso.
PUNDONOROSO honroso, caballeroso, decente, respetable, digno, cumplidor, formal, consciente, or-

gulloso, puntilloso, decoroso, honorable, honrado.
Pungente hiriente, punzante, punzador, mortificante, lacerante.
Pungir punzar, herir, mortificar, lacerar, pinchar.
Punible condenable, reprobable, sancionable, castigable, censurable, vituperable, reprochable, criticable, indigno, vergonzoso, vil, ruin, bajo.
Punición sanción, castigo, pena, condena, sentencia, penalidad, correctivo, escarmiento.
Púnico cartaginés, de Cartago.
Punir * castigar, corregir, escarmentar, sancionar, penar, condenar.
Punitivo correctivo, penal, penitenciario, correccional, disciplinario, de castigo, de escarmiento.
Punta extremo, extremidad, vértice, arista, cresta, fin, remate, pincho, pico, púa, aguijón, aguja, espolón, clavo, diente, uña, espina, pitón, puya, espinilla || promontorio, cima, picacho, pico, cumbre, aguja, cresta, vértice.
Puntada hilván, cosido, costura, embaste, zurcido, pespunte, hilo, hebra, orificio || alusión, indirecta, pinchazo, pulla, insinuación.
Puntal madero, contrafuerte, pilar, pilastra, pilote, columna, mástil, percha, palo, tronco, tablón, poste, pata, estribo, arrimo || apoyo, sostén, soporte, cimiento, fundamento, sustentáculo, base.
Puntapié patada, golpe, coz, cocedura, porrazo, pateo, pataleo.
Puntear pulsar, tocar, marcar, señalar, coser, dibujar, grabar, compulsar, comparar.
Puntera contrafuerte, sobrepuesto, remiendo, refuerzo, punta, delantera.
Puntería acierto, tino, habilidad, ojo, mano, destreza, vista, pulso, suerte, dirección.
Puntero vara, palo, caña || sobresaliente, primero, cabeza.
Puntiagudo afilado, agudo, ahusado, afinado, delgado, fino, punzante, penetrante, erizado, aguzado, picudo, adelgazado, buido.
Puntilla blonda, bordado, bolillo, calado, entredós, tejido, randa, labor, artesanía || puñal, cachetero, pincho, cuchillo.
Puntillo honrilla, dignidad, orgullo, vergüenza, honor, honra, pundonor.
Puntilloso pundonoroso, minucioso, *meticuloso*, detallista, quisquilloso, chinchorrero, susceptible, chinche.
Punto señal, marca, trazo || puntada, lazada, nudo, costura || lugar, parte, sitio, espacio, puesto, paraje, localidad, situación, esfera, zona, territorio, localización, recinto, término, medio, posición, asentamiento || asunto, cuestión, tema, materia, argumento, tesis.
Puntuación calificación, apreciación, nota, evaluación, valoración, cálculo, estima, aptitud || signos, señales, trazos.
Puntual cumplidor, regular, exacto, preciso, metódico, formal, diligente, pronto, observante, escrupuloso, rígido, asiduo, fiel, estricto.
Puntualidad formalidad, exactitud, precisión, regularidad, rigidez, escrupulosidad, prontitud, diligencia, fidelidad, asiduidad, seguridad, cuidado.
Puntualizar determinar, detallar, aclarar, estipular, esclarecer, recalcar, concretar, establecer, precisar, fijar, señalar, deslindar.
Puntualmente regularmente, exactamente, precisamente, metódicamente, v. puntual.
Puntuar anotarse, sumar, obtener, registrar, calificar, valorar, apreciar || marcar, señalar, anotar.
Puntura v. punzada.
Punzada pinchazo, picadura, puntada, puntura, incisión, punción, herida, aguijonazo, pinchadura, agujeta, dolor, retortijón, molestia, acceso || aflicción, arrepentimiento, pena.
Punzadura v. punzada.
Punzante lacerante, agudo, hondo, penoso, intenso, fuerte, hiriente,

PUNZAR profundo || picante, sutil, mordaz, satírico, violento, duro, virulento, agudo.

PUNZAR picar, pinchar, herir, clavar, aguijonear, acribillar, clavar, atravesar, aguijar, lacerar, mortificar, remorder.

PUNZÓN estilo, buril, aguja, pincho, aguijón, clavo, punta, instrumento, herramienta.

PUÑADA v. puñetazo.

PUÑADO porción, conjunto, cantidad || **PUÑADOS** (A) abundantemente, en cantidad, largamente, excesivamente.

PUÑAL estilete, daga, cuchillo, cachetero, navaja, rejón, falce, cuchilla, faca, machete, trincheta, sacabuche, hoja, arma blanca.

PUÑALADA cuchillada, navajazo, herida, corte, incisión, golpe, machetazo.

PUÑETAZO golpe, puñada, tortazo, guantada, remoquete, puñete, metido, mamporro, bofetón, revés, trompada, mojicón, guantazo, torta.

PUÑO mango, empuñadura, pomo, asidero, guarnición, manubrio, cacha.

PUPA erupción, excoriación, postilla, llaga, herida, mal, dolor, daño.

PUPILA niña del ojo, abertura del iris || huérfana, v. pupilo || v. prostituta.

PUPILAJE pensión, alojamiento, hospedería, hospedaje, fonda, casa de huéspedes.

PUPILO interno, alumno, residente, alojado, hospedado, huérfano, huésped, pensionista.

PUPITRE mesa, escritorio, mueble, bufete.

PURÉ pasta, sopa, gacha, plasta, papilla, mazacote, crema.

PUREZA virginidad, castidad, virtud, decoro, honor, honra, continencia, decencia, pudor, abstinencia, honestidad, integridad, incorruptibilidad, doncellez || perfección, sencillez, casticismo, limpieza, autenticidad, legitimidad.

PURGA medicina, catártico, depurador, purgante, medicamento, laxante || depuración, v. purificación.

PURGACIÓN blenorragia v.

PURGANTE v. purga.

PURGAR medicinar, administrar, purificar, limpiar, depurar || padecer, pagar, expiar, satisfacer || expulsar, eliminar, destituir.

PURGATORIO expiación, penalidad, pena, dolor, tormento, angustia.

PURIDAD v. pureza || secreto, sigilo, reserva || **PURIDAD** (EN) claramente, sin rodeos, sin rebozos, directamente.

PURIFICACIÓN depuración, limpieza, purga, clarificación, saneamiento, desinfección, refinación, filtrado, cribado, catarsis, lavado.

PURIFICADOR depurador, limpiador, clarificador, curativo, purgador, detersivo, purificante.

PURIFICANTE v. purificador.

PURIFICAR sanear, refinar, filtrar, limpiar, decantar, purgar, acendrar, expurgar, alambicar, acrisolar, perfeccionar, clarificar, desinfectar, cribar, lavar.

PURÍSIMA inmaculada, Virgen María, madre del Señor.

PURISTA afectado, amanerado, rebuscado, pedante || refinado, estilista, esmerado, elegante.

PURITANO rígido, austero, severo, inflexible, recto, sobrio, ascético, abstinente, penitente, místico, mojigato, ñoño, hipócrita.

PURO simple, sencillo, neto, limpio, límpido, natural, llano, espontáneo, real, normal, mero, mondo, libre, exento, depurado, castizo, exacto, sano, correcto, recto, perfecto || virginal, inmaculado, intacto, incólume, casto, virtuoso, cándido, incorrupto, honesto, inocente || cigarro, habano, tagarnina, veguero, breva, chicote, vitola, tabaco.

PÚRPURA escarlata, granate, rubí, colorado, rojo, grana, carmesí, purpúreo, ígneo || tinte, color, tintura, colorante, anilina, tinta || dignidad imperial, real, consular, cardenalicia.

PURPURADO cardenal, prelado, primado, dignatario.

Purpúreo v. púrpura.
Pur sang * caballo de raza, de casta, noble.
Purulencia supuración, absceso, llaga, infección, humor, pus.
Purulento supurante, supurativo, piógeno, llagado, infectado, repugnante.
Pus humor, secreción, supuración, purulencia, podre.
Pusilánime apocado, encogido, cobarde, ñoño, corto, corito, tímido, timorato, asustado, acoquinado, menguado, melindroso, cuitado, calzonazos, flojo, pobrete, medroso.
Pusilanimidad cortedad, cobardía, timidez, miedo, flojedad, melindre, ñoñería, mengua, acoquinamiento, apocamiento, susto, temor, encogimiento, desánimo.
Pústula costra, postilla, vejiguilla, escara viruela, granillo.
Puta ramera, prostituta, cortesana, zorra, tía, fulana, perendenga, mujerzuela, furcia, *horizontal*, pingo, pelleja, pelandusca, pupila, maturranga, mantenida, hetera, mesalina, meretriz, ninfa, mundana, cantonera, zurrona, callonca, germana, calientacamas, buscona, bagasa, coima.

Putaísmo putería, v. prostíbulo.
Putería putaísmo, prostitución, v. prostíbulo.
Putero putañero, vicioso, perdido, calavera, mujeriego, faldero, inmoral.
Puto invertido, v. sodomita.
Putrefacción podredumbre, carroña, corrupción, descomposición, alteración, enranciamiento, hedor, consunción, disgregación, purulencia, ulceración, gangrena, podre, pus, moho, inmundicia, fermentación, desintegración.
Putrefacto podrido, corrompido, corrupto, descompuesto, consumido, alterado, rancio, hediondo, mohoso, purulento, gangrenado, ulcerado, disgregado, desintegrado, fermentado, inmundo, séptico, pocho, infecto.
Pútrido v. putrefacto.
Puya pica, púa, punta, garrocha, vara, pértiga, lanza, asta, rejón.
Puyazo herida, lanzada, picadura, pinchazo, rejonazo.
Puzzle * rompecabezas, juego, pasatiempo.

Q

Quebrada desfiladero, cañón, angostura, garganta, hendedura, paso, puerto, collado, valle, cañada, hoya, vaguada, barranco, depresión, despeñadero, hondonada.

Quebradero problema, dificultad, conflicto, dilema, traba, tropiezo, inconveniente, inquietud.

Quebradizo endeble, frágil, delicado, inconsistente, rompible, caduco, débil.

Quebrado escabroso, abrupto, desigual, escarpado, tortuoso, áspero, duro, difícil, rocoso, empinado, apartado, fragoso, intrincado, salvaje, anfractuoso, infranqueable || roto, quebrantado, dividido, doblado, cascado, torcido, tronchado, cortado, separado, despedazado || fracción v.

Quebradura fractura, rotura, fragmentación, fisura, ruptura, quebranto, desgarro, quiebra, brecha, cisura, tronchamiento, corte, separación, división, quebrantamiento || grieta, hendidura, v. quebrada.

Quebrantadura v. quebrantamiento.

Quebrantamiento rotura, v. quebradura || violación, infracción, transgresión, omisión, incumplimiento, vulneración, falta, culpa, atentado, abuso, delito, exceso, tropelía, desafuero, contravención, desobediencia, ilegalidad.

Quebrantar infringir, transgredir, vulnerar, violar, atentar, faltar, omitir, incumplir, contravenir, delinquir, abusar, desobedecer, profanar, violentar || romper, quebrar, fragmentar, tronchar, cortar, torcer, cascar, doblar, dividir, separar, despedazar, machacar, moler, triturar, desmenuzar, rajar, hender, aplastar, cascar || cansarse, fatigarse, resentirse, enfermarse, debilitarse.

Quebranto deterioro, pérdida, perjuicio, daño, menosprecio, menoscabo, ruina, déficit, merma, avería, deuda, desaliento, aflicción, agotamiento, laxitud, debilidad, fatiga, enfermedad.

Quebrar romper, doblar, fragmentar, tronchar, cortar, despedazar, desmenuzar, rajar, hender, aplastar, cascar, torcer, interrumpir, detener, quebrantar, v. || arruinarse, hundirse, empobrecerse, naufragar, fracasar.

Queda toque, aviso, atención, descanso.

Quedamente calladamente, silenciosamente, sigilosamente, reservadamente, v. quedo.

Quedar convenir, acordar, pactar, avenirse, decidir || Quedarse resistir, permanecer, mantenerse, persistir, aguantar, conservarse, subsistir, estar, seguir, continuar, durar, perpetuarse, eternizarse || residir, fijarse, establecerse, arraigarse || cesar, terminar, rendirse, acabar, ceder.

Quedo despacio, callado, bajo, silencioso, quieto, suave, v. quedamente.

Quehacer tarea, ocupación, faena, asunto, actividad, trabajo, función, labor, cuidado, afán, deber, obligación, trajín, fajina, operación, ejercicio, diligencia, empleo, cargo, responsabilidad, cometido, profesión, oficio, ministerio, colocación, acomodo, carrera, ciencia, arte, servicio, industria.

QUEJA gemido, lamento, lamentación, plañido, gimoteo, clamor, llanto, lloro, lloriqueo, sollozo, suspiro, gruñido || protesta, súplica, demanda, reclamación, reproche, desaprobación, querella, reparo, crítica, condena, censura || descontento, resentimiento, desazón, disgusto, cuita, pena, sentimiento.

QUEJARSE lamentarse, plañir, gemir, clamar, gimotear, suspirar, sollozar, lloriquear, llorar, penar, gruñir, dolerse, suplicar, hipar, implorar, impetrar, exhalar, prorrumpir, resentirse, murmurar, desahogarse, gruñir, protestar, querellarse.

QUEJICOSO v. quejumbroso.

QUEJIDO v. queja.

QUEJOSO disgustado, descontento, resentido, agraviado, ofendido, apesarado, contrariado, decepcionado, triste, molesto, desilusionado, arrepentido, pesaroso, irritado, amargado, mortificado. || gemebundo, v. quejumbroso.

QUEJUMBROSO gemebundo, plañidero, llorón, gemidor, lastimero, apesadumbrado, quejica, pesimista, doliente, elegíaco, melindroso, ñoño, delicado, implorante, afligido, gemidor, triste, mustio || resentido, v. quejoso.

QUELONIO tortuga, galápago, carey, reptil.

QUEMA incendio, combustión, deflagración, ignición, ustión, calcinación, ardimiento, conflagración, inflamación, quemazón, llama, carbonización, chamuscamiento, abrasamiento, fuego, hoguera.

QUEMADERO crematorio, horno, incinerador, hornillo.

QUEMADO calcinado, incendiado, inflamado, abrasado, chamuscado, carbonizado, consumido, devorado, achicharrado, incinerado, encendido, destruido.

QUEMADOR abrasador, incendiario, devorador, achicharrante, calcinante, ardiente, voraz, candente, abrasante, voraz, ígneo.

QUEMADURA llaga, señal, ampolla, erosión, marca, cicatriz, úlcera, herida, achicharramiento, carbonización, chamusquina, abrasamiento, chamuscamiento.

QUEMAR incendiar, abrasar, carbonizar, chamuscar, calentar, incinerar, calcinar, achicharrar, devorar, consumir, arder, inflamar, encender, destruir, secar, agostar, llagar, marcar, ulcerar, herir, erosionar, señalar || picar, escocer, hormiguear, doler, punzar || liquidar, saldar, malbaratar, destruir, vender, eliminar, abaratar, regalar || QUEMARSE gastarse, decaer, destruirse, malograrse, arruinarse, acabarse, desmoronarse, hundirse, desgastarse, agotarse, terminar.

QUEMARROPA (A) a bocajarro, de cerca.

QUEMAZÓN v. quema || resquemor, resentimiento, escocimiento, picazón, reconcomio, disgusto, escozor.

QUEPIS gorra, chacó, ros, teresiana, prenda.

QUERELLA litigio, pleito, reclamación, demanda, queja, protesta, súplica, reproche, lamentación, desaprobación, plañido, acusación, crítica, condena, censura || discordia, pendencia, contienda, disputa, rencilla, pelotera, altercado, reyerta, riña, discusión.

QUERELLANTE litigante, demandante, pleiteante, contendiente, denunciante, adversario, oponente, parte.

QUERELLARSE pleitear, litigar, contender, demandar, denunciar, recurrir, actuar, proceder, deponer, comparecer, reclamar || reñir, altercar, pelear, disputar, contender.

QUERENCIA tendencia, inclinación, afecto, propensión, afinidad, cariño.

QUERER desear, apetecer, anhelar, ansiar, ambicionar, suspirar, esperar, aguardar, envidiar, encapricharse, aficionarse, antojarse, aspirar, acariciar, pretender, perecerse || amar, adorar, venerar, desear, idolatrar, apreciar, estimar, respetar, reverenciar, apasionarse, enamorarse, prendarse, chalarse, derretirse, morirse por, perecerse || consentir, dignarse, acceder, servirse, aceptar || amor, cariño, afecto, adoración, aprecio, devoción, ternura, afición, querencia, estima, dilección, apego, inclinación, idolatría.

QUERIDA amante, manceba, concubina, barragana, coima, mantenida, amiga, entretenida.

QUERIDO v. querida || apreciado, estimado, adorado, dilecto, idolatrado, amado, v. querer.

QUERMESE * verbena v.

QUEROSENO combustible, carburante, inflamable, comburente, petróleo, derivado.

QUERUBE v. querubín.

QUERUBÍN serafín, ángel, querube, angelito, angelote, espíritu celeste || hermoso, bello, bonito.

QUESO requesón, cuajada, lacticinio, producto lácteo.

QUEVEDOS gafas, lentes, anteojos, antiparras, impertinentes, espejuelos.

¡QUIA! ¡no!, ¡de ningún modo!, ¡increíble!, ¡imposible!

QUICIO jamba, jambaje, quicial, madero, mangueta, pieza ¶ QUICIO (SACAR DE) desesperar, irritar, exasperar, trastornar, enloquecer.

QUID razón, esencia, porqué, motivo, causa, base, fondo, miga, busilis.

QUÍDAM sujeto, individuo, fulano, tipo, personaje, prójimo, uno, alguien, cualquiera.

QUID PRO QUO una cosa por otra, error, confusión.

QUIEBRA bancarrota, ruina, fracaso, hundimiento, desastre, embargo, trance, pérdida, apremio, suspensión de pagos || rotura, abertura, grieta, fractura, hendedura, tajo, reja.

QUIEBRO esguince, finta, esquive, amago, movimiento, apartamiento, escape, regate, contoneo, lance, suerte, adorno.

QUIENQUIERA cualquiera, uno, alguien, un sujeto, v. quídam.

QUIETISMO inactividad, inercia, indiferencia, inacción, contemplación.

QUIETO inmóvil, parado, detenido, inerte, paralizado, estático, inanimado, exánime, petrificado, sedentario, clavado, pasivo, estable, estacionario, inconmovible, fijo, firme, tieso || sosegado, tranquilo, pacífico, formal, reposado, calmado, serio, juicioso.

QUIETUD sosiego, tranquilidad, calma, serenidad, paz, reposo, silencio, placidez, descanso, ocio, apacibilidad, bonanza, inmovilidad, letargo, sopor, sueño, pausa, detención, inactividad, inacción, inercia, inanición, paralización, pasividad, estabilidad.

QUIJADA maxilar, mandíbula, hueso, quijar.

QUIJOTADA v. quijotismo.

QUIJOTE idealista, abnegado, ingenuo, pundonoroso, quijotesco, hidalgo, iluso, bueno, sacrificado, altruista, desinteresado, caballeresco, soñador.

QUIJOTESCO v. quijote.

QUIJOTISMO idealismo, desinterés, generosidad, exageración, abnegación, ingenuidad, pundonor, hidalguía, necedad, sacrificio, altruismo, bondad.

QUILATES perfección, pureza, excelencia, superioridad, magnificencia, primor.

QUILO linfa, emulsión, humor || kilo, kilogramo, peso.

QUILOGRAMO quilo, kilo, kilogramo, peso.

QUILOMÉTRICO interminable, inacabable, infinito, vasto, extenso, enorme, larguísimo, farragoso, latoso, cansador.

QUILLA

QUILLA pieza, madero, hierro, parte inferior, casco.

QUILLOTRA amiga, manceba, mantenida, querida, amante, barragana.

QUILLOTRAR excitar, estimular, incitar, avivar, hostigar, azuzar || cautivar, enamorar, seducir, atraer.

QUILLOTRO excitación, estímulo, incentivo, incitación, hostigamiento || amor, enamoramiento, amorío, devaneo, requiebro, galantería, piropo.

QUIMERA delirio, fantasía, ficción, mito, ilusión, fábula, invención, novela, cuento, leyenda, capricho, utopía, visión, sueño, ensueño, desvarío, alucinación, figuración || pendencia, riña, pelea, contienda || monstruo, endriago, dragón, engendro, animal fabuloso.

QUIMÉRICO fantástico, fabuloso, figurado, caprichoso, alucinante, soñado, utópico, legendario, inventado, ilusorio, mitológico, falso, delirante, imposible, irrealizable, irreal, imaginario.

QUIMERISTA imaginativo, iluso, ingenuo, idealista, quijote v. || camorrista, pendenciero, revoltoso.

QUIMONO kimono, túnica, vestidura, bata, peinador, prenda, salto de cama.

QUINCALLA baratijas, imitaciones, fruslerías, fantasías, chucherías, frioleras, bagatelas, bujerías, herramientas.

QUINCALLERÍA ferretería, v. quincalla.

QUINCENAL bisemanal, quincenario, periódico, regular.

QUINCUAGENARIO cincuentón, adulto, hombre maduro.

QUINQUÉ lámpara, foco, farol, fanal, candil, linterna, candelero, luz, farola, tulipa.

QUINTA propiedad, inmueble, finca, quintería v., granja, villa, hotelito, casa de recreo || recluta, leva, enganche, incorporación, reclutamiento, alistamiento.

QUINTAESENCIA refinamiento, esencia, extracto, el colmo, el súmmum, lo mejor.

QUINTAÑÓN centenario.

QUINTERÍA granja, finca, alquería, cortijo, masada, casa de campo, quinta.

QUINTERO colono, labrador, labriego, granjero, agricultor.

QUINTETO conjunto, grupo, agrupación musical.

QUINTILLIZOS * cinco gemelos, cinco hermanos nacidos en un parto.

QUINTO recluta, soldado, bisoño, mílite, sorche, conscripto.

QUIÑÓN porción, parte, tierra, parcela.

QUIOSCO tenderete, puesto, barraca, tiendecilla || templete, pabellón, cenador, pérgola, mirador, glorieta, emparrado.

QUIRÓFANO sala de operaciones, de intervenciones, anfiteatro.

QUIROMANCIA buenaventura, adivinación, vaticinio, augurio, superstición, quiromancía.

QUIROMÁNTICO adivino, augur, gitano, charlatán.

QUIRÚRGICO operatorio, médico, terapéutico, curativo.

QUISICOSA incógnita, enigma, problema, misterio, secreto, entresijo.

QUISQUE (CADA) cada cual, todos.

QUISQUILLA camarón, gamba, crustáceo, marisco || dificultad, reparo, tropiezo.

QUISQUILLOSO puntilloso, susceptible, minucioso, detallista, chinchorrero, meticuloso, cascarrabias, chinche, delicado, molesto, fastidioso.

QUISTE bulto, tumor, protuberancia, grano, hinchazón, turgencia, excrecencia, bubón, dureza, nudo, nódulo, lobanillo, absceso.

QUITACIÓN quita, remisión, condonación, perdón.

QUITAMANCHAS preparado, producto limpiador, gasolina, líquido, detergente.

QUITAR despojar, arrebatar, tomar, coger, birlar, robar, hurtar, desposeer, privar, desnudar, desplumar, saquear, usurpar, expropiar || separar, eliminar, arrancar, remover, desalojar, alzar, liquidar, retirar, extirpar, cortar, extraer, suprimir, anular || estorbar, impedir, negar, obstruir, evitar || dejar, alejarse, apartarse, irse, marcharse, salir, abandonar.

Quitasol sombrilla, parasol, guardasol, paraguas.

Quite regate, escorzo, esquive, esguince, finta, amago, apartamiento, lance, defensa, ayuda, auxilio, amparo, protección.

Quitinoso córneo, duro, resistente.

Quizá quizás, tal vez, acaso, a lo mejor, quién sabe, pudiera ser, posiblemente.

Quórum, número suficiente, cantidad necesaria, total de miembros.

R

Rabadán pastor, mayoral, cabrero, ovejero, caporal.
Rabadilla cóccix, punta, extremidad, huesecillo, curcusilla.
Rabanera desvergonzada, descarada, ordinaria, grosera, vulgar, verdulera, rabisalsera, malhablada.
Rábano rabanillo, hortaliza, raíz, planta.
Rabdomante zahorí, rabdomántico, adivinador, vidente.
Rabel laúd, instrumento de cuerdas || nalgas, asentaderas, posaderas v.
Rabia cólera, ira, furor, furia, exasperación, irritación, arrebato, enojo, corajina, fiereza, enfado, violencia, estallido, arrechucho, irascibilidad, indignación, berrinche, rabieta, frenesí, delirio || odio, inquina, rencor, resentimiento, fobia, aborrecimiento, aversión, antipatía, hincha || hidrofobia, enfermedad infecciosa.
Rabiar irritarse, enfurecerse, encolerizarse, exasperarse, estallar, enfadarse, encorajinarse, indignarse, enojarse, arrebatarse, delirar, exaltarse, patalear, desesperarse, impacientarse, disgustarse.
Rábido v. rabioso.
Rabieta perra, berrinche, berrenchín, capricho, pataleo, pataleta, v. rabia.
Rabillo pedúnculo, pecíolo, tallo, pedículo, pezón, prolongación, apéndice, rabo v.
Rabino rabí, maestro, sacerdote hebreo, clérigo.

Rabión corriente, torrente, torrentera, rápidos.
Rabiosamente furibundamente, coléricamente, frenéticamente, v. rabioso.
Rabioso furibundo, colérico, frenético, delirante, indignado, irascible, violento, enfadado, iracundo, fiero, feroz, encorajinado, enojado, arrebatado, irritado, exasperado, enfurecido, airado, encolerizado || hidrófobo, rábido, contaminado, atacado.
Rabisalsera desenvuelta, vivaz, vivaracha, grosera, ordinaria, v. rabanera.
Rabo cola, extremidad, apéndice, hopo, rabadilla, cabo, pedúnculo, v. prolongación, rabillo.
Rabosear sobar, manosear, ajar, deslucir, rozar, gastar, usar, desaliñar, deshilachar.
Rabotada grosería, barbaridad, burrada, incorrección, destemple, rudeza, brutalidad, exabrupto, andanada.
Rabudo rabilargo, colín.
Rábula picapleitos, abogadillo, indocto, charlatán, inepto.
Racial étnico, etnográfico, nacional, propio, característico, peculiar.
Racimo conjunto, colgajo, manojo, ristra, ramillete, grupo, porción.
Raciocinar razonar, discurrir, pensar, juzgar, reflexionar, meditar, cavilar, elucubrar, v. raciocinio.
Raciocinio razonamiento, juicio, reflexión, inferencia, deducción, pensamiento, razón, meditación, cavilación, elucubración, imagi-

RACIÓN, nación, proyecto, concepción, especulación, idea, examen, consideración, cálculo, recapacitación, repaso, cogitación, discurso, argumento, lógica, criterio.

RACIÓN parte, porción, lote, escote, cantidad, proporción, cuota, tasa, asignación, medida, racionamiento, reparto, distribución, cupo, porcentaje.

RACIONAL coherente, lógico, fundado, justo, apropiado, natural, legítimo, evidente, sensato, correcto, pertinente, equitativo, deductivo, inferente, especulativo.

RACIONALIDAD coherencia, lógica, justicia, pertinencia, corrección, sensatez, razón.

RACIONALMENTE lógicamente, coherentemente, fundadamente, v. racional.

RACIONAMIENTO tasa, reparto, distribución, medida, asignación, limitación, suministro, proporción, restricción.

RACIONAR medir, tasar, repartir, limitar, restringir, proporcionar, suministrar, asignar, distribuir, proveer.

RACISTA fanático, intolerante, intransigente.

RACHA ráfaga, lapso, espacio, período breve, serie || torbellino, v. ráfaga.

RADA ensenada, bahía, fondeadero, puerto, golfo, caleta, cala, abra, amarradero.

RADAR artefacto, aparato, antena, pantalla, detector.

RADIACIÓN propagación, fulguración, irradiación, refulgencia, difusión, emisión, transmisión, expulsión, proyección, lanzamiento, dispersión, centelleo, fulgor, fosforescencia, luminiscencia.

RADIACTIVIDAD energía, irradiación, emisión, radiación v.

RADIACTIVO irradiante, activo.

RADIADOR artefacto, aparato de calefacción, calefactor.

RADIANTE feliz, dichoso, alegre, alborozado, contento, gozoso, animado, jubiloso, risueño, eufórico || rutilante, fulgurante, resplandeciente, brillante, refulgente, reluciente, centelleante, luminoso, claro.

RADIAR emitir, perifonear, transmitir, divulgar, informar, difundir, comunicar, publicar, avisar || irradiar, relucir, refulgir, centellear, brillar, resplandecer, fulgurar, rutilar, chispear, fosforecer.

RADICACIÓN arraigo, permanencia, establecimiento, estancia, localización, asentamiento, afincamiento.

RADICAL drástico, tajante, violento, duro, absoluto, extremado, excesivo, extremista, enérgico, decisivo, concluyente, contundente, aplastante, rápido, rudo, básico, esencial.

RADICALMENTE drásticamente, de raíz, tajantemente, violentamente, v. radical.

RADICARSE localizarse, afincarse, establecerse, asentarse, permanecer, arraigar, quedarse.

RADIO línea, rayo, recta || alcance, distancia, zona de influencia || receptor, radiorreceptor, aparato || transmisión, emisión, difusión, v. radiodifusión || metal, elemento, cuerpo simple.

RADIO vagabundo, errante, errático, inestable.

RADIOACTIVIDAD v. radiactividad.

RADIOACTIVO v. radiactivo.

RADIODIFUSIÓN emisión, programa, transmisión, difusión, radiación, audición, espacio, radiofonía.

RADIOESCUCHA radioyente, escucha, oyente, auditorio.

RADIOFONÍA v. radiodifusión.

RADIOFÓNICO, transmitido, emitido, radiado, de la radio, de la radiodifusión v.

RADIOGRAFÍA placa, negativo.

RADIOGRAMA despacho, mensaje, telegrama, radiotelegrama.

RADIOLOGÍA v. radioscopia.

RADIÓLOGO especialista, experto en rayos X.

RADIORRECEPTOR aparato, radio, receptor.

RADIOSCOPIA examen, investigación, inspección, observación con rayos X.

Radiotelegrafista operador, telegrafista, técnico, perito, funcionario.
Radioyente radioescucha, escucha, oyente, auditorio.
Radium * radio, metal, elemento químico, cuerpo simple.
Raeduras raspaduras, virutas, serrín, partículas, limaduras, ralladuras.
Raer raspar, quitar, desgastar, rozar, legrar, rallar, usar, frotar, limar, acuchillar, lijar, desmenuzar.
Ráfaga torbellino, racha, vendaval, ventolera, ventolina, ramalazo, tromba, borrasca, golpe de viento || ametrallamiento, andanada, descarga, salva, fuego, disparos, tiros.
Rafe saliente, resalte, cordoncillo, costura, rugosidad.
Rafia fibra, hebra.
Ragout * guisado, guiso, cazuela.
Raid * incursión, ataque, expedición, irrupción, correría, invasión, batida, vuelo, recorrido.
Raído ajado, gastado, rozado, viejo, usado, desgastado, deslucido, marchito, deteriorado, sobado, maltratado, ralo, v. manoseado || rallado, limado, raspado, desmenuzado.
Raigambre firmeza, estabilidad, prosapia, solera, abolengo v., seguridad, consistencia, base, fundamento.
Raigón v. raíz.
Raíl riel, carril, vía, corredera, hierro, viga.
Raimiento v. raspadura.
Raíz raigón, cepa, rizoma, radícula, bulbo || fundamento, principio, comienzo, razón, causa, motivo, origen, base, cimiento, sostén, ley.
Raja hendedura, grieta, abertura, resquebrajadura, rendija, fisura, juntura, raya, ranura, resquicio, boquete, fenda, fractura, intersticio || v. rebanada.
Rajá soberano, príncipe, potentado índico.
Rajadura * hendedura, v. raja.
Rajar abrir, partir, hender, quebrantar, romper, agrietar, cuartear, resquebrajar, cascar, fracturar || Rajarse arrepentirse, eludir, desdecirse, evitar, rectificar, incumplir, retractarse, desertar, huir, abandonar.
Rajatabla (A) inflexiblemente, rígidamente, severamente, rigurosamente, absolutamente.
Ralea laya, estofa, pelaje, calaña, casta, clase, condición, nivel, categoría, género.
Ralear adelgazarse, aclararse, espaciarse, dispersarse, raerse, desgastarse.
Ralentizar * frenar, parar, disminuir velocidad.
Ralo espaciado, disperso, tenue, raro, enrarecido, gastado, desgastado, raído v.
Ralladura frotadura, raspadura, limadura, v. raeduras.
Rallar restregar, frotar, limar, lijar, desmenuzar, triturar, pulverizar, rascar, desgastar, rozar.
Rallye * competencia, competición, carrera de automóviles.
Rama gajo, vástago, vara, ramo, mugrón, cepo, sarmiento, acodo, tallo, brazo || derivación, ramificación, bifurcación, división, filial, ramal, sucursal, subdivisión.
Ramaje enramada, fronda, follaje, espesura, ramazón, frondosidad, boscaje, broza, copa, hojarasca, coscoja, verde.
Ramal división, bifurcación, ramificación, rama, derivación, divergencia, cruce, cruz.
Ramalazo punzadura, dolor, acceso, agujeta || ráfaga, racha, golpe de suerte, adversidad || vergajazo, chirlo, costurón, verdugón, vestigio, golpe.
Ramazón v. ramaje.
Rambla cauce, torrentera, lecho, suelo, ramblazo, álveo.
Ramera prostituta, cortesana, fulana, buscona, meretriz, pelandusca, puta, zorra, furcia, perendenga, tía, pingo, pelleja, pupila, *horizontal*, mujerzuela, maturranga, mantenida, hetera, mesalina, ninfa, mundana, cantone-

ra, zurrona, callonca, germana, calientacamas, bagasa, coima, mujer pública.
RAMERÍA v. prostíbulo.
RAMIFICACIÓN bifurcación, derivación, división, ramal, rama, brazo, vástago, divergencia, cruce, cruz, separación, horquilla, alejamiento.
RAMIFICARSE dividirse, bifurcarse, derivarse, diverger, alejarse, separarse, esparcirse, extenderse, proliferar, propagarse, retoñar.
RAMILLETE v. ramo.
RAMO ramillete, manojo, brazada, gavilla, atado, ristra || departamento, sección, parte, renglón.
RAMONEAR pacer, pastar, nutrirse, tascar, rumiar, herbajar, apacentar, masticar, comer, alimentarse,
RAMPA declive, cuesta, subida, bajada, pendiente, desnivel, costanilla, repecho, vertiente, inclinación, ladera, depresión, caída, talud, escarpa.
RAMPLÓN tosco, desaliñado, vulgar, zafio, rudo, ordinario, chabacano, rústico, basto, chanflón, grosero, chocarrero, pedestre, deficiente.
RAMPLONERÍA vulgaridad, zafiedad, rudeza, ordinariez, chabacanería, chocarrería, tosquedad, grosería, deficiencia, carencia, desaliño.
RANA batracio, sapillo, sapo, renacuajo.
RANCAJO astilla, punta, púa, pincho, aguja, espina.
RANCIEDAD antigüedad, vejez, vetustez, decrepitud, veteranía, senilidad, ñoñez, chochez || descomposición, putrefacción, enranciamiento, alteración, podredumbre.
RANCIO añejo, antiguo, vetusto, envejecido, rudo, maduro, de solera, linajudo, tradicional, viejo, arcaico, remoto, veterano, achacoso || tradicionalista, apegado, conservador, retrógrado || podrido v.
RANCHERÍA poblado, aldea, suburbio.
RANCHERO granjero, propietario, hacendado, ganadero, cultivador, criador, colono, dueño.
RANCHO hacienda, granja, propiedad, ganadería, latifundio, plantación, predio, terreno || choza, cabaña, albergue, chabola, caseta, casilla || comida, guisado, guisote, potingue, bazofia, menestra, alimento, pitanza.
RANDA ratero, granuja, pícaro, ladrón, caco, truhán.
RANGO categoría, nivel, importancia, clase, casta, esfera, estado, condición, situación, jerarquía, calidad.
RANKING * orden, lista, jerarquía, situación, categoría, escalafón, clasificación, escala.
RANURA hendedura, estría, surco, muesca, hueco, rebajo, acanaladura, canal, entalle, galce, grieta, abertura, raja, rendija, resquicio, oquedad, fractura, intersticio, fenda, resquebrajadura, fisura, juntura, boquete, cuarteo, falla, incisión, corte, quiebra.
RAPABARBAS barbero, fígaro, peluquero, desuellacaras, rapador, rapista.
RAPACERÍA v. rapacidad.
RAPACIDAD codicia, ansia, apetencia, ambición, avaricia, usura, avidez || latrocinio, rapiña, saqueo, despojo, robo, expoliación.
RAPADOR v. rapabarbas.
RAPADURA afeitada, rasuración, rasura, rapamiento, rape.
RAPAGÓN barbilampiño, imberbe, lampiño, barbilindo, joven, mozo, muchacho.
RAPAMIENTO v. rapadura.
RAPAPOLVO represión, regañina, regaño, amonestación, admonición, filípica, reprimenda, riña, reconvención, sermón, admonición, bronca.
RAPAR rasurar, afeitar, descalvar, pelar, raer, cortar, quitar, esquilar, trasquilar, tundir, recortar || robar v.
RAPAZ codicioso, ansioso, apetente, avaro, avaricioso, ambicioso, ladrón, usurero, saqueador, expoliador, despojador, usurpador, rapiñador || muchacho, mozuelo,

chico, chiquillo, mocoso, arrapiezo, *chaval*, niño v.
RAPAZADA chiquillada, muchachada, travesura, trapacería, diablura.
RAPE v. rapadura || pejesapo, pez, pescado || RAPE (AL) de raíz, muy corto, al cero.
RÁPIDAMENTE velozmente, vertiginosamente, prontamente, raudamente, v. rápido.
RAPIDEZ velocidad, celeridad, diligencia, actividad, ligereza, prontitud, apresuramiento, premura, aceleración, urgencia, ímpetu, soltura, festinación, vivacidad, agilidad, instantaneidad, prisa, dinamismo, presteza.
RÁPIDO veloz, vertiginoso, raudo, ligero, activo, diligente, acelerado, impetuoso, urgente, apresurado, pronto, instantáneo, ágil, vivaz, suelto, presto, dinámico, repentino, febril, alígero, alado, agudo, expedito, presuroso, resuelto, vivo, listo, célere || rabión, corriente, torrente, torrentera.
RAPIÑA despojo, robo, expoliación, saqueo, usurpación, rapacidad, latrocinio, rapacería, botín.
RAPIÑADOR v. rapaz.
RAPIÑAR saquear, despojar, usurpar, expoliar, hurtar, quitar, arrebatar, robar v.
RAPISTA v. rapabarbas.
RAPOSA zorra, vulpeja, alimaña, fiera, mamífero, carnicero.
RAPOSEAR engañar, engatusar, timar, camelar, socaliñar.
RAPOSERÍA treta, engaño, socaliña, raposeo, timo, camelo, engatusamiento.
RAPOSO zorro, macho, v. raposa || astuto, taimado, engañoso, artero.
RAPPORT * informe, información, reseña, memoria.
RAPSODA bardo, poeta, trovador, juglar, vate, aedo, coplero, recitador, trovero.
RAPSODIA pieza musical, selección, fragmentos, recopilación || poema, poesía, versos homéricos.
RAPTADO secuestrado, forzado, retenido, encerrado, detenido, recluido, preso, prisionero, rehén, engañado.
RAPTAR secuestrar, forzar, retener, detener, llevar, encerrar, recluir, esconder, aprisionar, engañar, arrebatar, arrancar.
RAPTO secuestro, retención, detención, encierro, reclusión, fuerza, traslado, engaño, violencia || arrebato, arranque, impulso, acceso, pronto, ímpetu, vehemencia, ardor, pasión || éxtasis, arrobamiento, enajenamiento, ensimismamiento.
RAPTOR secuestrador, violador, delincuente, transgresor, chantajista, ladrón.
RAQUETA paleta, pala, bastidor, armazón.
RAQUÍDEO vertebral, espinal, cervical, dorsal, lumbar, sacrococcígeo.
RAQUIS espinazo, columna vertebral, espina dorsal, vértebras.
RAQUÍTICO enclenque, canijo, desmedrado, débil, enteco, desmirriado, enfermizo, mísero, escaso, exiguo, endeble, anémico, renacuajo, corto.
RAQUITISMO debilidad, anemia, fragilidad, encanijamiento, enflaquecimiento.
RARA AVIS excepción, singularidad, rareza, peculiaridad, capricho, incongruencia || anómalo, singular, caprichoso, incongruente, excepcional, v. raro.
RARAMENTE ocasionalmente, escasamente, espaciadamente, insólitamente, v. raro.
RAREFACCIÓN rarificación, enrarecimiento, dispersión, expansión, dilatación, escasez.
RAREFACER rarificar, enrarecer, expandirse, dilatarse, dispersarse.
RAREZA anomalía, extravagancia, incongruencia, originalidad, singularidad, ridiculez, genialidad, peculiaridad, capricho, extrañeza, fantasía, paradoja, curiosidad, guilladura, chaladura, locura, trastorno, manía.
RARIDAD v. rarefacción.
RARIFICAR v. rarefacer.

Raro extravagante, extraño, singular, original, incongruente, caprichoso, anómalo, peculiar, genial, ridículo, curioso, paradójico, fantástico, sorprendente, accidental, anormal, peregrino, desusado, insólito, inusitado, extraordinario, inaudito, excepcional || chalado, guillado, loco, lunático, trastornado, maniático, neurasténico.

Ras igualdad, nivelación, nivel, altura, igualación, línea, rasante.

Rasante inclinación, nivelación, nivel, línea, caída, ángulo, declive.

Rasar nivelar, igualar, contrapesar, equilibrar, promediar || rozar, tocar, pasar.

Rascacielos edificio, obra, construcción monumental.

Rascadera rascador, estropajo, cepillo, frotador.

Rascadura rozamiento, erosión, rozadura, retregadura, fregadura, arañazo, rascamiento.

Rascar frotar, refregar, arañar, fregar, restregar, raspar, friccionar, fricar, rozar, escarbar, raer, limar, pulir, acepillar, lijar, alisar, limpiar.

Rascazón picazón, comezón, picor, prurito.

Rasero rasera, paleta, palo, nivel.

Rasgado desgarrado, roto, hendido, quebrado, destrozado, desgajado, rajado, despedazado, deteriorado, estropeado, arrancado, desbaratado, deshilachado.

Rasgadura rasgón, desgarrón, andrajo, siete, roto, desgarro, jirón, tira, calandrajo, pingo, guiñapo, harapo, corte, descosido, grieta.

Rasgar desgarrar, romper, descoser, cortar, desgajar, destrozar, quebrar, hender, desbaratar, estropear, arrancar, deteriorar, despedazar, deshilachar, quebrar, agrietar.

Rasgo línea, trazo, adorno, raya, plumazo, perfil, marca, señal, letra, caligrafía || carácter, cualidad, atributo, distintivo, propiedad, característica, peculiaridad, naturaleza, condición || demostración, manifestación, muestra, exteriorización, expresión || Rasgos facciones, líneas, rostro, semblante, cara, aspecto, apariencia, fisonomía, catadura.

Rasgón v. rasgadura.

Rasguear pulsar, tocar, acariciar, tañer, rozar, puntear || escribir, trazar, rayar, garabatear, emborronar.

Rasgueo pulsación, tañido, tiento, tañimiento, toque, sonido || trazo, v. rasgo.

Rasguñar arañar, escarbar, rozar, rasgar, zarpear, herir, marcar, señalar, rayar, carpir.

Rasguño arañazo, zarpazo, rasgadura, araño, arañamiento, picadura, roce, escarbadura, marca, señal, herida, erosión, excoriación, uñada, rasponazo v.

Raso liso, plano, pelado, abierto, descubierto, simple, desnudo, calvo, llano, desembarazado, libre, despejado, claro, sencillo || satén, tela, seda, tejido arrasado.

Raspador rasqueta, rallador, raspa, lima, cepillo.

Raspadura viruta, serrín, partícula, limadura, ralladura || raimiento, raedura, legradura, raspamiento v.

Raspamiento raedura, raspadura, raimiento, desgaste, roce, fricción.

Raspar raer, rozar, frotar, rallar, limar, arañar, rayar, restregar, arrancar, quitar, desprender, legrar, acuchillar || escocer, picar, quemar, hormiguear || rozar, acariciar, tocar, pasar.

Rasponazo señal, herida, erosión, excoriación, zarpazo, arañazo, rozadura, escocedura, marca, irritación, magullón.

Rasposo áspero, basto, desigual, rugoso.

Rasqueta v. raspador.

Rastacueros * vividor, advenedizo, fatuo, enriquecido, vulgar.

Rastra v. rastrillo || Rastras (A) arrastrando, de mal grado, obligado, forzado.

Rastreador explorador, batidor,

guía, conductor, observador, reconocedor, avanzado, baquiano, práctico.
Rastrear batir, explorar, guiar, reconocer, conducir, observar, indagar, inquirir, averiguar, preguntar, perseguir, seguir, buscar, escudriñar, sondear.
Rastreo batida, reconocimiento, exploración, guía, observación, seguimiento, búsqueda, sondeo, persecución, averiguación, indagación, pregunta.
Rastreramente indignamente, servilmente, aduladoramente, abyectamente, v. rastrero.
Rastrero indigno, servil, adulador, abyecto, bajo, vil, lisonjero, zalamero, despreciable, innoble, sumiso, borrego, pelotillero, tiralevitas, lameculos, lagotero, lavacaras, ruin, esclavo, lacayo.
Rastrillo rastra, rastro, herramienta, horquilla, grada, rufa, trailla || compuerta, reja, verja, estacada.
Rastro vestigio, señal, marca, traza, indicio, reliquia, signo, pista, huella, paso, pisada, estela, patada, rodada, sendero.
Rastrojal rastrojera, terreno, campo sin arar.
Rastrojos cañas, restos, residuos del cultivo.
Rasuración afeitada, rapadura, rasura, rapamiento, rape, tonsura.
Rasurado afeitado, tonsurado, cortado, barbirrapado, rapado, arreglado, desbarbado, depilado.
Rasurar afeitar, rapar, desbarbar, tonsurar, cortar, barbirrapar, depilar, arreglar, acicalar.
Rata roedor, ratón || ladrón, caco, descuidero, ratero.
Ratear hurtar, birlar, robar, substraer, quitar || distribuir, prorratear, repartir.
Raté * fracasado, resentido, amargado.
Ratería hurto, robo, substracción, despojo, latrocinio, uña, sisa, escamoteo, desvalijamiento, timo.
Ratero caco, carterista, rata, descuidero, ladrón v., ganzúa, delincuente.

Ratificación corroboración, confirmación, sanción, certificación, revalidación, convalidación, legalización, aprobación, reafirmación, adhesión.
Ratificar corroborar, sancionar, confirmar, certificar, convalidar, revalidar, reafirmar, legalizar, aprobar, adherirse, defender, abonar.
Rato momento, tiempo, período, etapa, lapso, racha, pausa, soplo, instante, segundo, periquete, tris, santiamén, minuto.
Ratón roedor, rata, mur, rato.
Ratonar roer, mordisquear, desmenuzar, morder, desgastar, carcomer.
Ratonera trampa, cepo, lazo || madriguera, escondrijo, agujero, hueco || artificio, ardid, engaño, celada.
Rauco bronco, áspero, ronco v.
Raudal cantidad, abundancia, exceso, afluencia, profusión, exuberancia, riqueza, plétora, demasía, torbellino, diluvio, lluvia, inundación.
Raudamente rápidamente, velozmente, vertiginosamente, prontamente, v. raudo.
Raudo rápido, veloz, vertiginoso, pronto, diligente, acelerado, vivo, presuroso, expedito, urgente, dinámico, instantáneo, activo, precipitado, apresurado.
Raya trazo, línea, lista, rasgo, perfil, surco, estría, tilde, tachadura, marca, señal, veta, faja, banda, franja, rayita, guión, vírgula || confín, límite, frontera, término, fin, linde, horizonte, extremo || carrera, crencha || manta, selacio, pez.
Rayado listado, estriado, veteado, fajado, marcado, señalado, trazado, barrado.
Rayano cercano, fronterizo, contiguo, próximo, vecino, confinante, lindante, limítrofe, adyacente, inmediato, aledaño, parecido, semejante, afín.
Rayar trazar, señalar, marcar, vetear, estriar, surcar, listar, delinear, dibujar, tachar, pautar,

RAYO

barrear, subrayar || confinar, limitar, lindar, parecer, asemejar, aproximarse, acercarse, igualar || destacar, descollar, sobresalir, superar, exceder, distinguirse.

RAYO centella, exhalación, chispa, fulgor, meteoro, fulguración, relámpago, destello || radio, línea, varilla, barra.

RAYÓN seda artificial, fibra sintética, tejido.

RAZA linaje, casta, abolengo, clase, alcurnia, género, especie, ralea, variedad, progenie, generación, pueblo, clan, tribu, grupo, familia, estirpe, ascendencia, origen, prosapia || grieta, hendidura, raya, rayo.

RÁZAGO arpillera, yute, estopa, saco.

RAZÓN discernimiento, raciocinio, inteligencia, lógica, juicio, reflexión, racionalidad, entendimiento, comprensión, agudeza, perspicacia, facultad, penetración, alcance, capacidad, sutileza, intelecto, cacumen, lucidez, alma, espíritu || móvil, motivo, causa, porqué, motivación, fundamento, origen, base, germen, fuente, cimiento, fondo, raíz, principio, impulso || argumento, demostración, elucubración, discurso, pretexto, excusa || equidad, justicia, acierto, tino, cordura, prudencia, tacto, tiento, rectitud, buen sentido, poder, derecho || recado, noticia, aviso || fracción, cociente, división, comparación.

RAZONABLE equitativo, justo, legítimo, procedente, legal, fundado, asequible, moderado, comprensivo, sensato, lógico, racional, prudente, bondadoso, bueno, cabal, justificado, conveniente, lícito, sobrio, bastante, mediano, suficiente, razonado v.

RAZONABLEMENTE equitativamente, justamente, legítimamente, v. razonable.

RAZONADAMENTE fundadamente, lógicamente, procedentemente, v. razonado.

RAZONADO fundado, basado, racional, lógico, legítimo, legal, justo, debido, sensato, plausible, procedente, equitativo, razonable v.

RAZONADOR dialéctico, discursivo, explicativo, especulativo, analítico, aclaratorio.

RAZONAMIENTO concepto, argumento, explicación, aclaración, disquisición, demostración, exposición, especificación, deducción, inferencia, secuela, comentario, consideración, discurso, dialéctica, palabra.

RAZONAR discernir, enjuiciar, comprender, entender, reflexionar, penetrar, colegir, inducir, inferir, alcanzar, discurrir, fundar, motivar, analizar, proponer, sugerir, exponer, aducir, demostrar, dilucidar, argumentar.

RAZZIA * incursión, irrupción, invasión, correría || saqueo, pillaje, botín.

REACCIÓN oposición, resistencia, repulsión, negativa, rechazo, obstrucción, desobediencia, rebeldía, obstinación, intransigencia, fuerza, acción, antagonismo, retroceso, rebote, repercusión || cambio, modificación, progreso, reanudación, mudanza, vicisitud, salto, revolución, inversión, crisis, transformación, giro, corrección, renovación, metamorfosis, evolución || respuesta, reflejo, contracción, movimiento.

REACCIONAR reanimarse, reanudar, cambiar, mudar, transformarse, progresar, mejorar, renovarse, evolucionar || resistir, oponerse, rechazar, negarse, rebelarse, desobedecer, obstinarse, repeler.

REACCIONARIO retrógrado, carca, conservador, apegado, rancio, obcecado.

REACIO remiso, opuesto, contrario, refractario, enemigo, adverso, antagónico, reluctante, adversario, incompatible, divergente, indisciplinado, contrapuesto, porfiado, indócil, terco, rebelde, desobediente, renuente.

REACTIVACIÓN * reacción, renovación, exigencia, petición, solici-

REACTIVO substancia, droga, producto químico.

REACTOR aparato, avión, aeroplano || pila atómica.

REAFIRMAR insistir, repetir, ratificar, confirmar, corroborar, sancionar, asegurar, revalidar, abonar, afianzar, defender.

REAGRAVARSE recaer, reincidir, empeorar, desmejorar, declinar, perder.

REAJUSTE * renovación, reforma, modificación, actualización, ajuste, rectificación.

REAL regio, imperial, principesco, soberano, palaciego, palatino || verdadero, verídico, auténtico, efectivo, cierto, existente, positivo, serio, práctico, innegable, histórico || espléndido, suntuoso, regio, magnífico, opulento.

REALCE esplendor, brillo, magnificencia, grandeza, suntuosidad, lustre, estimación, importancia, magnitud || v. relieve, saliente.

REALEZA majestad, grandiosidad, magnificencia, esplendor, brillo || monarquía, soberanos, reyes, coronas, testas coronadas.

REALIDAD verdad, existencia, efectividad, certidumbre, certeza, autenticidad, legitimidad, seguridad, pureza, prueba, confirmación, presencia, materialidad, substantividad, naturalidad, propiedad || REALIDAD (EN) en verdad, verdaderamente, realmente.

REALISMO verismo, crudeza, autenticidad, veracidad, v. realidad || monarquía, monarquismo, imperialismo, absolutismo.

REALISTA monárquico, conservador, tradicionalista, absolutista, imperialista || REALISTA * práctico, sensato, efectivo, cabal, acertado, conocedor, versado, positivo, avezado, objetivo, materialista, verdadero.

REALÍSTICO * v. realista.

REALIZABLE posible, factible, hacedero, practicable, asequible, accesible, viable, operable, sencillo, simple.

REALIZACIÓN ejecución, actuación, procedimiento, celebración, establecimiento, curso, interpretación, marcha, práctica, perpetración, elaboración, formación, composición, confección, armado, construcción || obra, labor, tarea, faena, trabajo, misión, producto, resultado, creación || rebaja, saldo, liquidación, descuento, venta.

REALIZADO ejecutado, elaborado, formado, v. realizar.

REALIZAR ejecutar, elaborar, formar, construir, producir, armar, confeccionar, componer, perpetrar, celebrar, formalizar, establecer, proceder, actuar, cumplir, concluir, plasmar, cometer, efectuar, forjar, crear || vender, liquidar, saldar, reducir.

REALMENTE verdaderamente, en verdad, en realidad, ciertamente, de hecho.

REALQUILADO subarrendado.

REALQUILAR subarrendar.

REALZAR enaltecer, levantar, engrandecer, ilustrar, ensalzar, alabar, encumbrar, glorificar, destacar, subrayar, acentuar, agrandar, abultar.

REANIMAR reconfortar, alentar, vigorizar, tonificar, estimular, devolver, restablecer, reponer, restituir, rehabilitar, cuidar, curar, sanar, recuperarse, convalecer, consolar, animar.

REANUDACIÓN * continuación, prosecución, v. reanudar.

REANUDAR proseguir, continuar, restaurar, seguir, repetir, mantener, perpetuar, renovar, reavivar, revivir, restablecer, devolver, volver, reponer, restituir, rehabilitar, resucitar, renacer, instaurar, remozar.

REAPARECER volver, presentarse, regresar, mostrarse, exhibirse, tornar, retornar, resucitar, renacer, reanudar v.

REAPARICIÓN regreso, vuelta, presentación, retorno, renacimiento, reanudación, continuación.

REARMAR reforzar, equipar, incrementar, aumentar el armamento, militarizar.

REARME militarización, refuerzo,

REASUMIR v. reanudar, recuperar.
REATA traílla, cuerda, correa || hilera, recua, tropa, grupo, fila de caballerías.
REAVIVAR resucitar, vivificar, rehabilitar, confortar, vigorizar, v. reanimar.
REBABA resalte, reborde, saliente, cordón, relieve, labio, filete, ribete.
REBAJA disminución, reducción, descuento, deducción, aminoración, desvalorización, abaratamiento, depreciación, merma, mengua, descenso, baja, saldo, liquidación.
REBAJADO abaratado, depreciado, saldado, liquidado, descontado, desvalorizado, reducido, disminuido || degradado, abatido, humillado, menospreciado.
REBAJAMIENTO humillación, degradación, envilecimiento || disminución, v. rebaja.
REBAJAR abaratar, descontar, liquidar, saldar, depreciar, desvalorizar || disminuir, reducir, bajar, descender, cortar, atenuar, aminorar, debilitar, menguar, restringir, restar, substraer, escatimar || envilecer, humillar, degradar, menospreciar, avergonzar, abatir, infamar, afrentar, mancillar, ultrajar, escarnecer, menoscabar, destituir, exonerar.
REBAJO corte, acanaladura, ranura, muesca, escotadura, incisión.
REBALSAR estancarse, detenerse, estacionarse, empantanarse, empozarse, concentrarse, reunirse.
REBALSE estancamiento, detención, concentración, inundación.
REBANADA tajada, loncha, lonja, sección, parte, raja, porción, trozo, corte, rueda.
REBANAR cortar, tajar, seccionar, partir, separar, sajar, amputar, mutilar, cercenar, truncar, segar.
REBAÑAR arrebañar, limpiar, recoger, apurar, terminar, aprovechar.
REBAÑO tropel, tropilla, hato, manada, piara, bandada, conjunto, grupo || grey, congregación, fieles.
REBASAMIENTO v. desbordamiento.
REBASAR pasar, exceder, traspasar, desbordar, sobrepujar, superar, aventajar, ganar, dejar atrás, colmar, salirse, rebosar, desbordarse, derramarse.
REBATIBLE discutible, refutable, inconsistente, impugnable, infundado.
REBATIMIENTO impugnación, discusión, rechazo, resistencia, refutación v.
REBATIR refutar, impugnar, rechazar, discutir, oponerse, argüir, argumentar, vencer, resistir.
REBATO llamada, convocación, aviso, llamamiento, toque, campanadas, tañido, alarma, conmoción, alboroto.
REBECO gamuza, antílope, ante, gacela, rumiante.
REBELAR incitar, agitar, perturbar, azuzar, hostigar, fomentar, urdir, tramar || REBELARSE sublevarse, levantarse, insubordinarse, amotinarse, soliviantarse, indisciplinarse, insurreccionarse, alborotarse, pronunciarse || oponerse, enfrentarse, protestar, encararse, desobedecer, resistirse, negarse, irritarse.
REBELDE insurrecto, amotinado, sublevado, sedicioso, activista, perturbador, agitador, revolucionario, incitador, conspirador, conjurado, faccioso || desobediente, indócil, tozudo, terco, contumaz, indisciplinado, recalcitrante, descontento, reacio, refractario.
REBELDÍA oposición, obstinación, desobediencia, contumacia, indisciplina, descontento, terquedad, reincidencia, porfía, soliviantamiento || v. rebelión.
REBELIÓN subversión, conjura, revolución, conspiración, anarquía, motín, levantamiento, revuelta, pronunciamiento, asonada, alboroto, cuartelada, insurrección, desorden, movimiento, disturbio, algarada, tumulto, insubordina-

ción, sublevación || desobediencia, v. rebeldía.

REBENQUE látigo, fusta, azote, vergajo, vara, tralla.

REBISABUELO tatarabuelo v.

REBLANDECER suavizar, ablandar, molificar, emolir, macerar, mullir, ahuecar, esponjar, sobar, ajar, aplastar, chafar, enternecer.

REBLANDECIDO blando, muelle, mórbido, pultáceo, fofo, molificado, ablandado, débil, afeminado, degenerado.

REBLANDECIMIENTO ablandamiento, molificación, degeneración, disminución, morbidez, blandura, afeminamiento, debilidad.

REBOÑO cieno, lodo, fango, barro.

REBORDE resalte, saliente, rebaba, relieve, estría, borde, remate, doblez, refuerzo, cordoncillo, ceja, pestaña, moldura, proyección, labio, filete, ribete.

REBOSADERO derramadero, salida, abertura, compuerta, orificio, vertedero.

REBOSAMIENTO rebosadura, derramamiento, derrame, desbordamiento, rebose, efusión, inundación.

REBOSANTE abundante, holgado, repleto, rico, lleno, cargado, sobrado.

REBOSAR derramarse, salirse, meterse || abundar, sobrar, llenar, henchir.

REBOTADURA v. rebote.

REBOTAR saltar, rechazar, devolver, percutir, botar, despedir, repercutir, volver, retroceder, brincar, impulsar.

REBOTE rechazo, salto, devolución, repercusión, bote, percusión, retroceso, brinco, vuelta, impulso.

REBOTICA trastienda, dependencia, pieza, aposento, accesorio.

REBOZAR empanar, bañar, recubrir, envolver, tapar, cubrir, embozar, ocultar, disimular, arrebujarse, encubrirse.

REBOZO recubrimiento, embozo, rebujo, ocultamiento, disimulo, encubrimiento || pretexto, simulación, fingimiento.

REBROTAR v. retoñar.

REBROTE retoño, vástago, renuevo, brote, hijo, cogollo, estolón, reveno, capullo.

REBUFAR bufar, resoplar, soplar, jadear, exhalar.

REBUFO bufido, resoplido, soplido, jadeo.

REBUJARSE v. arrebujarse.

REBUJIÑA algazara, bullicio, desorden, alharaca, trapatiesta, alboroto, estrépito.

REBUJO v. rebozo.

REBULLIR moverse, agitarse, menearse, bullir, inquietarse, zarandearse, alterarse, sacudirse, estremecerse, alborotarse.

REBUMBIO confusión, rebujo, lío, alboroto, rebujiña v.

REBURUJÓN envoltorio, rebujo, lío, guiñapo, bola.

REBUSCA indagación, investigación, inquisición, escudriñamiento, exploración, examen, análisis, escrutinio, búsqueda, sondeo.

REBUSCADO amanerado, afectado, artificial, fingido, falso, ficticio, artificioso, convencional, simulado, postizo.

REBUSCAMIENTO afectación, artificio, amaneramiento, disimulo, convencionalismo, simulación, fingimiento, ficción, falsedad, preciosismo.

REBUSCAR investigar, escudriñar, inquirir, examinar, buscar, sondear, analizar, explorar, indagar, revolver, desordenar, fisgonear, averiguar, registrar, husmear, curiosear, escarbar.

REBUZNAR roznar, escandalizar, lanzar rebuznos.

REBUZNO roznido, grito, llamada.

RECABAR alcanzar, conseguir, adjudicarse, obtener, lograr, ganar, percibir, recaudar.

RECADERO mandadero, botones, factótum, ordenanza, mozo, empleado, emisario, enviado, mensajero.

RECADO mensaje, aviso, encargo, respuesta, comunicación, comisión, mandado, mandato, gestión, requerimiento, servicio, cometido, favor.

Recaer empeorar, agravarse, desmejorar, declinar, perder || reincidir, reiterar, repetir, insistir || recibir, beneficiarse, percibir, obtener, lograr, favorecerse.

Recaída empeoramiento, agravamiento, agravación, desmejoramiento, retroceso, declinación, recidiva, repetición, hundimiento, declive || reiteración, reincidencia, repetición, insistencia.

Recalada llegada, arribo, entrada, fondeo, escala.

Recalar arribar, llegar, entrar, fondear, hacer escala.

Recalcar acentuar, subrayar, insistir, repetir, resaltar, marcar, hacer hincapié.

Recalcitrante pertinaz, impenitente, terco, reacio, reincidente, obstinado, contumaz, relapso, incorregible, empedernido, protervo, inveterado.

Recalcitrar reincidir, obstinarse, pugnar, resistir, oponerse, recaer.

Recalentar calentar v.

Recamado bordado, adornado, afiligranado, labrado, realzado, constelado.

Recamar adornar, realzar, bordar, afiligranar, labrar, constelar.

Recámara cuarto, estancia, saleta, compartimiento || ánima, espacio, hueco.

Recambio repuesto, suplemento, accesorio, pieza, agregado, complemento, reserva.

Recamo alamar, galón, cordoncillo, trencilla.

Recapacitar recapitular, reflexionar, rememorar, recordar, pensar, meditar, sosegarse.

Recapitulación rememoración, membranza, repaso, sumario, síntesis, resumen, compendio, examen, revisión, evocación, reconstrucción, recuerdo, repetición, inventario, revista.

Recapitular resumir, revisar, rememorar, compendiar, repasar, rever, examinar, sintetizar, sumariar, inventariar, repetir, recordar, reconstruir, evocar.

Recargado profuso, excesivo, rococó, churrigueresco, complicado, exuberante, charro, sobrecargado, abigarrado, estridente, vulgar, ordinario.

Recargar sobrecargar, abigarrar, complicar, llenar, acumular, abrumar || aumentar, encarecer, sobrecargar, subir, elevar, alzar, especular, incrementar, gravar, imponer.

Recargo aumento, subida, elevación, encarecimiento, alza, incremento, imposición, especulación, sobreprecio, gravamen, impuesto.

Recatadamente modestamente, pudorosamente, honestamente, v. recatado.

Recatado honesto, pudoroso, púdico, modesto, decoroso, humilde, sencillo, comedido, decente, vergonzoso, reservado, pudibundo, sobrio.

Recatar encubrir, ocultar, disimular, esconder || **Recatarse** moderarse, controlarse, reportarse, comedirse.

Recato pudor, decoro, comedimiento, pundonor, dignidad, honra, circunspección, honestidad, pureza, vergüenza, respetabilidad, gravedad, mesura, moderación, decencia || cautela, reserva, cuidado, tiento, prudencia.

Recauchutar reparar, arreglar, restaurar.

Recaudación colecta, cobro, cobranza, percepción, percibo, recolección, exacción, recaudo, recepción, reembolso, reunión, ingreso.

Recaudador cobrador, receptor, habilitado, autorizado, agente, recolector, colector, aduanero, factor, inspector, portazguero, peajero.

Recaudar percibir, cobrar, recolectar, ingresar, reunir, embolsar, recibir, exigir, imponer, recoger, guardar, obtener.

Recaudo cuidado, precaución, seguridad, cautela, previsión || cobro, v. recaudación.

Recebo grava, arenilla, arena, piedrecilla.

RECEJAR retroceder, recular, ir marcha atrás.

RECELAMIENTO v. recelo.

RECELAR desconfiar, maliciar, dudar, sospechar, temer, barruntar, conjeturar, suponer, guardarse, pensar, desesperar, amoscarse, mosquearse, resentirse, reconcomerse, cuidar, escamarse, preocuparse.

RECELO desconfianza, barrunto, sospecha, preocupación, suposición, conjetura, temor, duda, malicia, cuidado, reconcomio, escama, resentimiento, desasosiego, celos, prejuicio, prevención, espina, escrúpulo.

RECELOSO malicioso, desconfiado, suspicaz, temeroso, prevenido, celoso, escrupuloso, escamado, mosqueado, resentido, reconcomido, escarmentado, cuidadoso, precavido, difidente, susceptible, caviloso, escaldado.

RECENSIÓN reseña, noticia, informe, nota, crítica, descripción, juicio.

RECENTAL cordero, ternero, lechal, cría v.

RECEPCIÓN admisión, recibo, permiso, aceptación, entrada, ingreso || bienvenida, recibimiento, acogida, acogimiento || reunión, fiesta, visita, celebración, conmemoración, festejo, gala, convite, banquete, velada, solemnidad, agasajo, sarao, función, baile, homenaje.

RECEPTÁCULO vasija, recipiente, cavidad, vaso, cápsula, cazoleta, cuenco, fuente, cacharro, pote, bote, olla, caja, urna, envase.

RECEPTIVIDAD afinidad, propensión, atracción, tendencia.

RECEPTIVO recibidor, afín, propenso.

RECEPTOR aceptante, recibidor, recipiente, aceptador, beneficiado, destinatario || radiorreceptor, radio, aparato.

RECESO suspensión, cese, detención, descanso, intervalo, pausa || separación, apartamiento, desvío, alejamiento.

RECETA prescripción, orden, récipe, fórmula, orden facultativa, nota.

RECETAR prescribir, ordenar, escribir, formular, aconsejar.

RECETARIO formulario, asiento, libro, apunte, libreta || farmacopea.

RECIAMENTE vigorosamente, fuertemente, poderosamente, duramente, v. recio.

RECIBIDOR antesala, antecámara, recibimiento, salón, saleta, vestíbulo, estancia, sala || v. receptor.

RECIBIMIENTO saleta, v. recibidor || recepción, acogida, admisión, aceptación, acogimiento, bienvenida, demostración, expresión, manifestación.

RECIBIR acoger, aceptar, tomar, tolerar, admitir, recoger, adoptar, percibir, coger, absorber, sufrir, tolerar, incluir, llegar, venir, aprobar.

RECIBO resguardo, acuse, vale, documento, garantía, justificante, comprobante, bono, papeleta, talón, albarán, recibí, descargo, conocimiento || recepción, v. recibimiento.

RECIDIVA v. recaída.

RECIEDUMBRE fortaleza, vigor, fuerza, poder, empuje, ánimo, vitalidad, energía, firmeza, corpulencia, musculatura, potencia, tenacidad, dureza, fibra, nervio.

RECIÉN v. recientemente.

RECIENTE moderno, actual, nuevo, flamante, fresco, inédito, original, lozano, virgen, naciente, estrenado.

RECIENTEMENTE últimamente, actualmente, modernamente, ahora, hace poco, ayer, antes.

RECINTO estancia, aposento, cuarto, habitación, ambiente, perímetro, ámbito, espacio.

RECIO poderoso, fuerte, vigoroso, vital, potente, tenaz, duro, fibroso, nervudo, musculoso, macizo, corpulento, firme, resistente, gordo, obeso, abultado || riguroso, rígido, áspero, duro, difícil.

RÉCIPE v. receta.

RECIPIENDARIO admitido, aceptado,

miembro, componente, integrante, nuevo, novicio.

RECIPIENTE vasija, vaso, receptáculo, cavidad, cazoleta, cuenco, cacharro, pote, bote, olla.

RECÍPROCAMENTE mutuamente, correlativamente, solidariamente, equitativamente, correspondientemente, v. recíproco.

RECIPROCAR corresponder, concordar, relacionarse, alternar, compensarse, intercambiar.

RECIPROCIDAD correspondencia, relación, compensación, alternación, correlatividad, intercambio, cambio, dependencia, conexión, concordancia.

RECÍPROCO correspondiente, relacionado, dependiente, conectado, correlativo, mutuo, alterno, bilateral, equitativo, compensado, inverso, concordante.

RECITADO declamación, narración, pronunciación, entonación, oratoria, lectura, oración, representación, discurso, enunciado, enumeración, monólogo, melopea.

RECITADOR declamador, vate, poeta, narrador.

RECITAR declamar, cantar, decir, narrar, entonar, pronunciar, representar, leer, enumerar, enunciar || contar, exponer, relatar, referir, narrar.

RECIURA v. reciedumbre || inclemencia, rigor, dureza.

RECLAMACIÓN protesta, queja, demanda, reproche, reivindicación, desaprobación, derecho, oposición v.
tud, pretensión, lamentación, súplica, cargo, acusación, censura, condena, crítica, reparo.

RECLAMANTE solicitante, acusador, demandante, suplicante, crítico, pedigüeño, querellante, requirente, exigente, pretendiente, postulante, quejoso.

RECLAMAR solicitar, pedir, pretender, reivindicar, exigir, demandar, requerir, interpelar, conminar, compeler, invitar, solicitar, protestar, clamar, quejarse, reprochar, lamentarse.

RECLAME * aviso, anuncio, propaganda, publicidad.

RECLAMO llamada, canto, voz, grito, señuelo, atracción || RECLAMO * v. reclame.

RECLINADO inclinado, apoyado, ladeado, recostado, sostenido, adosado, descansado, cargado, sustentado, respaldado, afirmado.

RECLINARSE apoyarse, sostenerse, inclinarse, recostarse, ladearse, sustentarse, descansar, adosarse, afirmarse.

RECLINATORIO mueble, apoyo, silla, balaustrada, sostén.

RECLUIR confinar, encerrar, incomunicar, introducir, aprisionar, enceldar, enrejar, aislar, enchiquerar, internar, enclaustrar, relegar, emparedar, acoger, encarcelar. || RECLUIRSE aislarse, alejarse, separarse.

RECLUSIÓN retiro, aislamiento, enclaustramiento, encierro, internamiento, secuestro, cárcel, prisión, celda, enchiqueramiento, reja, alejamiento.

RECLUSO presidiario, preso, forzado, convicto, condenado, penado, cautivo, confinado, encerrado, incomunicado, rebelde, delincuente, criminal, culpable, reo, galeote, prisionero, enrejado, internado, emparedado.

RECLUTA soldado, quinto, mílite, conscripto, cuartelero, bisoño, mozo, sorche, enrolado, enganchado, incorporado a filas || leva, v. reclutamiento.

RECLUTAMIENTO alistamiento, leva, enganche, enrolamiento, quinta, incorporación.

RECLUTAR levar, alistar, enganchar, incorporar, enrolar, inscribir, levantar.

RECOBRAR rescatar, recuperar, redimir, reembolsar, reparar, restaurar, reivindicar, restablecer, retirar, resarcir, desquitar, instaurar, devolver, rejuvenecer, reconstruir, rehabilitar, restituir, volver, reanudar, librar, libertar, reconquistar, reintegrar || RECOBRARSE reanimarse, reponerse, mejorarse, recuperarse, sanarse, convalecer, fortalecerse, aliviarse, vigorizarse, tranquilizarse, serenarse.

RECOCER requemar, recalentar || RECOCERSE consumirse, atormentarse, reconcomerse.

RECODO revuelta, ángulo, esquina, rincón, meandro, recoveco, sinuosidad, curva, rodeo, vuelta.

RECOGEDOR colector, arrebañador, acopiador, rastra.

RECOGER reunir, levantar, alzar, agrupar, guardar, juntar, congregar, amasar, acumular, ayuntar, aglutinar, amontonar, aglomerar, apiñar, arracimar, acopiar, recolectar, coger, unir || asilar, albergar, proteger, defender, amparar || RECOGERSE aislarse, incomunicarse, encerrarse, rehuir, evitar, apartarse, retirarse, acostarse.

RECOGIDA v. recolección.

RECOGIDAMENTE aisladamente, retiradamente, apartadamente, v. recogido.

RECOGIDO aislado, retirado, apartado, encerrado, recluido, alejado, solitario, retraído || reunido, levantado, alzado, agrupado, v. recoger.

RECOGIMIENTO aislamiento, apartamiento, encierro, reclusión, retraimiento, alejamiento, retiro || devoción, piedad, veneración, contemplación, unción, concentración, meditación || recogida, v. recolección.

RECOLECCIÓN cosecha, acopio, reunión, congregación, acumulación, aglomeración, aglutinación, almacenamiento, amontonamiento, atesoramiento, cobranza, recaudación, resumen, compendio, recopilación.

RECOLECTAR cosechar, vendimiar, segar, espigar || acopiar, acumular, almacenar, amontonar, aglomerar, congregar, atesorar, cobrar, recaudar, reunir, juntar, amasar.

RECOLECTOR cobrador, recaudador || vendimiador, cosechero, espigador, segador, agricultor.

RECOLETO modesto, retirado, apartado, humilde, recatado, moderado, decoroso, tranquilo, apacible.

RECOMENDABLE elogiable, encomiable, meritorio, fiel, digno, honrado, probo, honesto, leal.

RECOMENDACIÓN exhortación, consejo, advertencia, aviso, ruego, sugerencia, invitación, petición, observación, indicación, insinuación, admonición || encargo, súplica, comisión, encomienda || sinecura, momio, enchufe, ventaja, canonjía, breva, acomodo, favoritismo, protección.

RECOMENDADO favorecido, privilegiado, enchufado, enchufista, parásito, protegido.

RECOMENDAR advertir, rogar, exhortar, pedir, aconsejar, avisar, insinuar, indicar, observar, invitar, sugerir, encargar, suplicar, comisionar, encomendar || enchufar, acomodar, proteger, favorecer, ayudar || elogiar, ponderar, loar, ensalzar, enaltecer, honrar, alabar.

RECOMENZAR v. reanudar.

RECOMPENSA gratificación, galardón, premio, lauro, laurel, honra, homenaje, compensación, remuneración, indemnización, prima, retribución, satisfacción, estímulo, enaltecimiento, concesión, merced, beneficio, paga, plus, sobreprecio, medalla, condecoración.

RECOMPENSAR galardonar, honrar, laurear, premiar, gratificar, satisfacer, retribuir, compensar, homenajear, pagar, beneficiar, conceder, estimular, enaltecer, condecorar, indemnizar, resarcir, remunerar, favorecer.

RECOMPONER arreglar, reparar, remendar, rehacer, reformar, apañar, remediar, renovar, restaurar.

RECOMPUESTO arreglado, reparado, v. recomponer.

RECONCENTRACIÓN abstracción, ensimismamiento, recogimiento, v. reconcentrarse.

RECONCENTRADO abstraído, ensimismado, abismado, pensativo, v. reconcentrarse.

RECONCENTRARSE abstraerse, ensimismarse, abismarse, pensar, reflexionar, embebecerse, extasiarse, absorberse, meditar, embelesarse, enfrascarse, aplicarse, enzarzarse, engolfarse, sumergirse.

RECONCILIACIÓN aproximación, reunión, reanudación, continuación, prosecución, renovación, restablecimiento, olvido, arreglo, trato, componenda, intercesión, mediación, apaciguamiento.

RECONCILIADOR intercesor, componedor, mediador, apaciguador, tercero, aproximador.

RECONCILIAR arreglar, interceder, mediar, apaciguar, componer, olvidar, restablecer, renovar, proseguir, continuar, reanudar, reunir, aproximar, amigar.

RECONCOMERSE concomerse, angustiarse, agitarse, consumirse, impacientarse, atormentarse, preocuparse, acongojarse, recelar, sospechar.

RECONCOMIO angustia, recelo, sospecha, congoja, preocupación, tormento, impaciencia, nerviosidad || deseo, prurito, afán, anhelo, ansia.

RECÓNDITO escondido, oculto, hondo, profundo, disimulado, encubierto, apartado, guardado, callado, subrepticio, furtivo, insondable, inescrutable.

RECONFORTAR animar, alentar, confortar, fortalecer, consolar, levantar, calmar, tranquilizar, aliviar.

RECONOCER observar, escrutar, estudiar, examinar, investigar, inspeccionar, explorar, considerar, advertir, contemplar, visitar, mirar, buscar, registrar, tantear, juzgar, aquilatar, enfocar, considerar || admitir, confesar, conceder, convenir, aceptar || distinguir, recordar, acordarse, rememorar, evocar || cachear, registrar, buscar, palpar.

RECONOCIMIENTO observación, investigación, estudio, examen, registro, tanteo, mirada, búsqueda, visita, exploración, inspección, contemplación, cacheo, escrutinio, análisis || recuerdo, reminiscencia, memoria, evocación, remembranza || agradecimiento, gratitud, complacencia, satisfacción.

RECONQUISTA recuperación, redención, recobro, restauración, reparación, rescate, liberación, restablecimiento, desquite, reivindicación, cruzada.

RECONQUISTAR recuperar, redimir, restaurar, recobrar, reivindicar, desquitarse, restablecerse, reparar, rescatar, librar, reintegrar, libertar.

RECONSTITUIR v. reconstruir.

RECONSTITUYENTE medicamento, tónico, remedio, reconfortante, vigorizante, cordial, estimulante.

RECONSTRUCCIÓN reedificación, reanudación, recuperación, restauración, reparación, arreglo, rescate, redención, recobro, restablecimiento || reproducción, repetición, reiteración.

RECONSTRUIR reedificar, restaurar, rehacer, recuperar, reanudar, recobrar, restablecer, redimir, rescatar, arreglar, reparar, levantar, alzar || reproducir, repetir, revivir, reiterar.

RECONVENCIÓN regañina, rapapolvo, admonición, regaño, reprensión, recriminación, riña, reproche, amonestación, sermón, censura, crítica.

RECONVENIR reprender, regañar, reñir, sermonear, censurar, amonestar, reprochar, criticar, recriminar.

RECOPILACIÓN selección, resumen, compendio, extracto, epítome, condensación, antología, repertorio, colección, compilación.

RECOPILAR seleccionar, coleccionar, compilar, reunir, juntar, resumir, compendiar, recoger, extractar.

RÉCORD * marca, prueba, hazaña, resultado, puntuación excepcional, plusmarca, triunfo, victoria.

RECORDABLE v. memorable.
RECORDAR rememorar, acordarse, evocar, reconstruir, resucitar, revivir, recapitular, recapacitar, retener, hacer memoria, repasar, mencionar, aludir, invocar.
RECORDATORIO aviso, advertencia, nota, inscripción, memorándum, documento, agenda.
RECORDMAN * campeón, ganador, primero.
RECORRER transitar, pasar, andar, deambular, ir, venir, caminar, viajar, cruzar, rodear, atravesar, vagar, peregrinar, explorar, circular, trasladarse, callejear, correr, trotar.
RECORRIDO itinerario, camino, ruta, trayecto, marcha, jornada, viaje, excursión, ida, venida, avance, progreso, traslado, tránsito, peregrinación, exploración, andanza, paso, atajo, trote, circulación, dirección, vagabundeo, movimiento, travesía, rodeo, caminata, cruce.
RECORTADO desigual, irregular, desparejo, dentado, serrado, cercenado, cortado, partido, sesgado, seccionado, escindido, segado, truncado, mutilado.
RECORTADURAS v. recortes.
RECORTAR podar, cercenar, mutilar, truncar, escindir, segar, seccionar, partir, cortar, rebajar, disminuir, menguar, ajustar, arreglar, desmochar, escotar, mondar, esquilar, afeitar, rapar, pelar, trasquilar.
RECORTE poda, truncamiento, cercenamiento, sección, corte || suelto, noticia, artículo || RECORTES residuos, virutas, limaduras, pedazos, desperdicios, partes, esquirlas, fragmentos, raeduras.
RECOSER zurcir, remendar, componer, arreglar.
RECOSTARSE apoyarse, reclinarse, sostenerse, retreparse, ladearse, sustentarse, afirmarse, adosarse, descansar.
RECOVECO recodo, sinuosidad, rincón, meandro, revuelta, curva, rodeo, ángulo, esquina, vuelta || ardid, artimaña, simulación, artificio.
RECREACIÓN v. recreo.
RECREARSE distraerse, alegrarse, divertirse, entretenerse, complacerse, contentarse, regodearse, animarse, solazarse, jugar, retozar, explayarse, esparcirse, parrandear, chunguear, farrear, correrla, holgarse, festejar, refocilarse, deleitarse, bromear, chacotear.
RECREATIVO distraído, entretenido, divertido, ameno, variado, interesante, cautivante, grato, animado, agradable, placentero, beneficioso, bueno.
RECRECER acrecentar, aumentar, ampliar, amplificar, agrandar, desarrollar, engrosar || RECRECERSE reanimarse, envalentonarse, afrontar, arriesgarse.
RECREO distracción, esparcimiento, diversión, recreación, entretenimiento, alegría, parranda, retozo, juego, solaz, animación, regodeo, contento, holganza, farra, festejo, deleite, broma, chacota, vacación, asueto, reposo, ocio, ociosidad, fiesta, pausa.
RECRIMINACIÓN reproche, reprensión, reprobación, censura, reparo, tacha, regañina, correctivo, sermón, bronca, reconvención, acusación, desaprobación, amonestación, afeamiento, riña, increpación, aviso, admonición, filípica, observación, reprimenda.
RECRIMINAR censurar, reprobar, reprender, reprochar, acusar, reconvenir, sermonear, corregir, regañar, amonestar, desaprobar, acusar, observar, avisar, increpar, reñir, afear, culpar, echar en cara.
RECRUDECERSE intensificarse, redoblar, incrementarse, reanudarse, aumentar, crecer, acentuarse, extenderse, agrandarse, empeorar, repetirse, ahondarse, enconarse.
RECRUDECIMIENTO incremento, intensificación, agrandamiento, encono, empeoramiento, agrava-

ción, extensión, acentuación, aumento, crecimiento, reanudación, repetición, recrudescencia.

RECRUDESCENCIA v. recrudecimiento.

RECTAMENTE honradamente, honestamente, íntegramente, justamente, v. recto.

RECTANGULAR cuadrangular, cuadriforme, cuadrilongo, v. rectángulo.

RECTÁNGULO cuadrángulo, cuadrilongo, paralelepípedo, paralelogramo, v. rectangular.

RECTIFICACIÓN enmienda, modificación, corrección, retoque, mejora, alteración, remedio, reparación, cambio, transformación, variación, repaso, reforma, innovación, perfeccionamiento, progreso, revisión.

RECTIFICADO modificado, corregido, retocado, enmendado, v. rectificar.

RECTIFICAR modificar, corregir, retocar, enmendar, revisar, perfeccionar, innovar, reformar, repasar, progresar, variar, transformar, reparar, remediar, alterar, cambiar, mejorar, limar, pulir, rehacer, enderezar.

RECTILÍNEO, v. recto.

RECTITUD integridad, imparcialidad, severidad, justicia, razón, ecuanimidad, honestidad, honradez, conciencia, neutralidad, incorruptibilidad, objetividad, moralidad, frialdad, rigidez, honorabilidad, dignidad.

RECTO honrado, honesto, íntegro, justo, justiciero, severo, disciplinado, rígido, imparcial, sincero, objetivo, frío, neutral, incorruptible, consciente, ecuánime, razonable, digno, honorable || rectilíneo, derecho, tieso, llano, liso, plano, directo, seguido, erguido, vertical, perpendicular.

RECTOR superior, regente, decano, regidor, presidente, director || párroco, cura, prior, superior, vicario.

RECUA reata, traílla, arria, tropa, tropilla, fila, manada, cáfila, caterva.

RECUADRAR encuadrar, encasillar, circunscribir, encerrar, encajar, incluir, insertar.

RECUADRO marco, casilla, compartimiento, división, cuadro, cuadrícula,

RECUBRIR forrar, cubrir, revestir, tapizar, bañar, vestir, rebozar, velar, embozar, arropar, tapar, disfrazar, abrigar, poner, superponer, encasquetar, resguardar.

RECUENTO arqueo, inventario, enumeración, cuenta, cálculo, cómputo, balance, control, comprobación.

RECUERDO memoria, reminiscencia, evocación, remembranza, repaso, presencia, rememoración, retentiva, mención, invocación, sugerencia, alusión.

RECUESTA requerimiento, exigencia, intimación, demanda.

RECUESTAR requerir, demandar, intimar, exigir.

RECUESTO v. cuesta.

RECULADA v. retroceso.

RECULAR retroceder, retrogradar, cejar, volver, desandar, rebotar, repercutir, refluir, retraerse, retrechar, retirarse, retornar, rebotar, regresar, saltar.

RECUPERABLE aprovechable, redimible, reversible, reivindicable, útil, utilizable, valedero, práctico.

RECUPERACIÓN reparación, restauración, reivindicación, resarcimiento, recobro, compensación, rescate, redención, renacimiento, salvación, independencia, rehabilitación, indemnización, corrección, enmienda, restitución, reposición || mejoría, convalecencia, restablecimiento, alivio, adelanto, cura, regeneración, reposo.

RECUPERAR rescatar, recobrar, redimir, reembolsar, reparar, restaurar, reivindicar, reconquistar, reintegrar, libertar, librar, reanudar, volver, desquitarse, resarcirse, restablecer || RECUPERARSE reponerse, mejorarse, restablecerse, vigorizarse, aliviarse, fortalecerse, convalecer, sanar-

RECURRENTE periódico, repetido, reiterado || demandante, litigante, solicitante, pretendiente, suplicante, reclamante.

RECURRIR apelar, solicitar, pretender, pedir, reclamar, requerir, suplicar, acudir, acogerse, preguntar, interrogar, echar mano || litigar, entablar, interponer, demandar || volver, repetirse, reiterarse.

RECURSO medio, expediente, subterfugio, salida, procedimiento, técnica, táctica, práctica, ingenio, astucia, modo, manera, arbitrio, previsión || demanda, litigio, juicio, causa, querella, proceso, pleito, caso, sumario, revisión, apelación, diferencia || trámite, expediente, memorial, escrito, petición, procedimiento, arbitrio || RECURSOS bienes, medios, fondos, fortuna, capital, riqueza, caudal, acervo, pertenencias, posesiones, peculio, patrimonio, heredad, rentas, ahorros, economías, hacienda, dinero.

RECUSABLE impugnable, rehusable, repudiable, rechazable, refutable, objetable, discutible.

RECUSACIÓN v. rechazamiento.

RECUSAR v. rechazar.

RECHACE * v. rechazamiento, v. rechazo.

RECHAZAMIENTO repudio, impugnación, rechazo, refutación, expulsión, exclusión, apartamiento, destitución, remoción, renuncia, desaire, devolución, desprecio, despido, desdén, denegación, negativa, repulsa || contradicción, argumentación, oposición, mentís, negativa.

RECHAZAR impugnar, repudiar, rehusar, echar, negar, refutar, excluir, apartar, expulsar, desdeñar, despreciar, despedir, devolver, desairar, denegar, negar, repeler, desalojar, alejar, desestimar, desechar, oponerse, contrariar, objetar, enfrentarse, derrotar, vencer, repeler, resistir.

RECHAZO rebote, salto, devolución, retroceso, vuelta, impulso, brinco, percusión, bote, repercusión, despido || v. rechazamiento.

RECHIFLA abucheo, pita, silba, chifla, bronca, pataleo, protesta, alboroto, mofa, burla, escarnio.

RECHIFLAR silbar, pitar, abroncar, abuchear, patalear, protestar, alborotar || mofarse, ridiculizar, burlarse, escarnecer, befar.

RECHINAMIENTO chirrido, rechino, rozamiento, crujido, chillido, estridencia, ruido, quejido.

RECHINANTE chirriante, crujiente, chillón, estridente, crepitante, resonante, quejumbroso, ruidoso, destemplado, desapacible.

RECHINAR chirriar, chillar, crujir, rozar, estridular, quejarse, resonar, crepitar.

RECHINO v. rechinamiento.

RECHISTAR contestar, hablar, responder, oponerse, encararse, enfrentarse.

RECHONCHO regordete, achaparrado, gordinflón, rollizo, orondo, obeso, grueso, gordo, robusto, abultado, tripón, culón, barrigón, mofletudo, atocinado, corpulento.

RECHUPETE (DE) exquisito, agradable, espléndido, delicado, superior, excelente, sabroso, rico, suculento.

RED malla, retículo, redecilla, trama, urdimbre, elástico, cota, tejido, punto || aparejo, jábega, traína || trampa, lazo, engaño, ardid, celada, asechanza, estratagema || sistema, servicio, conjunto, organización, ordenación, distribución, conducción.

REDACCIÓN composición, escritura, escrito, representación, expresión, transcripción || oficina, despacho, salón, sala, escritorio.

REDACTAR escribir, componer, expresar, representar, consignar, transcribir, manifestar, reflejar, apuntar, dictar, pergeñar, concebir, idear.

REDACTOR periodista, reportero, gacetillero, articulista, corresponsal, cronista, comentarista, in-

REDADA formador, colaborador, editor, director, escritor.

REDADA incursión, invasión, detención, batida, ocupación || grupo, conjunto, bandada, hatajo.

REDAÑO peritoneo, epiplón, mesenterio, entresijo || REDAÑOS valor, brío, fuerzas, energía, vitalidad.

REDARGÜIR contradecir, impugnar, objetar, rebatir, argüir, discutir.

REDECILLA v. red.

REDEDOR contorno, marco, periferia, ámbito, perímetro, cercanía, proximidad || alrededor, cerca, junto, en torno, en rededor.

REDENCIÓN salvación, liberación, emancipación, independencia, libertad, rescate, manumisión, defensa, protección || remedio, recurso, refugio.

REDENTOR salvador, emancipador, libertador, protector || v. Jesucristo.

REDICHO v. pedante.

REDIL aprisco, majada, corral, encierro, chiquero, refugio, resguardo, móvil.

REDIMIBLE defendible, rescatable, emancipable, liberable, licenciable.

REDIMIR salvar, liberar, librar, reconquistar, recuperar, recobrar, eximir, defender, proteger, independizar, manumitir, rescatar, emancipar, asegurar, sacar, desempeñar, remediar, exculpar, perdonar, condonar.

REDINGOTE capote, gabán, sobretodo, levitón, abrigo.

RÉDITO utilidad, beneficio, renta, interés, ganancia, provecho, rendimiento, *porcentaje*, tanto por ciento, lucro, producto, fruto, dividendo.

REDITUAR rendir, producir, fructificar, rentar, beneficiar.

REDIVIVO resucitado, aparecido, renacido, resurgido, reaparecido.

REDOBLAR duplicar, aumentar, repetir, agrandar || tocar, percutir, tamborilear, golpear.

REDOBLE tamborileo, rataplán, toque, percusión, golpes || redoblamiento, redobladura, duplicación, aumento, agrandamiento, incremento.

REDOLENTE dolorido, aquejado, doliente, afectado.

REDOMA frasco, botella, vasija, recipiente, bombona, damajuana, garrafa.

REDOMADO prudente, cauteloso, astuto, taimado, ladino, sagaz, pícaro.

REDONDAMENTE rotundamente, manifiestamente, claramente, categóricamente, decididamente.

REDONDEADO ovalado, elíptico, anular, circular, v. redondo.

REDONDEAR completar, pulir, terminar, apurar || tornear, ovalar, curvar, abombar.

REDONDEL círculo, circunferencia, anillo, aro, v. redondez || ruedo, arena.

REDONDEZ esfericidad, curvatura, abombamiento, rotundidad, convexidad, concavidad, turgencia, combadura || círculo, circunferencia, redondel, anillo, aro, óvalo, elipse, globo, bola, esfera, disco, ruedo, rueda, corro, órbita.

REDONDO circular, anular, rotundo, abombado, curvo, curvado, esférico, combado, turgente, cóncavo, convexo, elíptico, redondeado, orbital, discoidal, torneado, orbicular, cilíndrico || claro, rotundo, evidente, manifiesto, palpable.

REDOPELO pelea, riña, altercado, trifulca.

REDROJO birria, canijo, enclenque, enteco, desmedrado, escuchimizado.

REDUCCIÓN aminoración, disminución, descenso, mengua, depreciación, baja, menoscabo, merma, substracción, descrecencia, deterioro, resta, desvalorización, caída, pérdida, quebranto, restricción.

REDUCIBLE transformable, mermable, disminuible, alterable, modificable.

REDUCIDO limitado, circunscrito, localizado, restringido, insuficiente, pequeño, ceñido, estrecho, aminorado, disminuido, minúsculo, breve, alterado.

REDUCIR aminorar, descender, disminuir, menguar, decrecer, substraer, mermar, menoscabar, bajar, deteriorar, restringir, quebrantar, perder, caer, decaer, desvalorizar, restar, contraer, dividir, cortar, cercenar, mutilar, achicar, sintetizar, compendiar, abreviar, alterar, modificar, adelgazar, estrechar || moderar, vencer, domar, dominar, someter, sujetar, aplacar, debilitar, mitigar || resumir, compendiar, condensar, sintetizar, extractar.

REDUCTO fortín, blocao, matacán, defensa, fortificación, fuerte, torre, garita, fortaleza.

REDUNDANCIA repetición, reiteración, inutilidad, superfluidad, demasía, exceso, plétora, sobra, insistencia.

REDUNDANTE superfluo, reiterado, reiterativo, repetido, inútil, insistente, sobrante, excesivo, demasiado, pesado, cargante, ampuloso, abundante.

REDUNDAR causar, actuar, obrar, acarrear, provocar, originar, influir, crear, motivar || rebosar, sobrar, derramarse, exceder.

REEDIFICAR v. reconstruir.

REEDITAR reimprimir, repetir, renovar, restaurar, remozar, revivir, reanudar, rehabilitar.

REEDUCACIÓN rehabilitación, recuperación v.

REEDUCAR rehabilitar, desarrollar, adiestrar, restablecer, recuperar, regenerar, reponer, restaurar.

REELEGIR confirmar, ratificar, reafirmar, restaurar, renovar, nombrar.

REEMBOLSAR devolver, reintegrar, reponer, compensar, entregar, indemnizar, restituir, reemplazar, volver.

REEMBOLSO reintegro, entrega, devolución, compensación, restitución, indemnización, reemplazo.

REEMPLAZABLE intercambiable, renovable, sustituible, cambiable, suplantable, relevable, permutable, de recambio, de repuesto, desmontable.

REEMPLAZANTE suplente, substituto, sucesor, delegado, relevo, representante, apoderado, interino, auxiliar, transeúnte, accidental.

REEMPLAZAR relevar, suceder, substituir, suplir, representar, apoderar, auxiliar, delegar, permutar, heredar, renovar, mudar, cambiar.

REEMPLAZO cambio, substitución, relevo, renovación, permuta, mudanza, trueque, cambiazo, innovación, variación, novedad, sucesión, muda, suplantación, interinidad, suplencia || reclutamiento, recluta, quinta, leva, enganche, incorporación.

REENCARNACIÓN resurrección, reaparición, transformación, resurgimiento, renacimiento, regeneración.

REENCARNAR renacer, resucitar, resurgir, transformarse, reaparecer, regenerarse.

REENCUENTRO reunión, coincidencia, concurrencia, cruce, casualidad.

REESTRENO reposición, reaparición.

REESTRUCTURAR v. reformar, modificar.

REEXPEDIR devolver, remitir, reintegrar, entregar, restituir, mandar, enviar.

REFACCIÓN v. refección.

REFAJO falda, enagua, saya, faldellín, prenda.

REFECCIÓN tentempié, piscolabis, refacción, refrigerio, colación, aperitivo, bocadillo || arreglo, reparación, compostura, restauración.

REFECTORIO comedor, cenador, salón, cantina, restaurante, estancia, merendero.

REFEREE * árbitro, juez de campo, juez.

REFERENCIA cita, nota, noticia, alusión, observación, advertencia, llamada, señal, apostilla, comentario, acotación, anotación, explicación || narración, relación,

REFERÉNDUM

relato, detalle, reseña, leyenda, crónica || REFERENCIAS informes, recomendación, certificado, datos.

REFERÉNDUM consulta, votación, sufragio, plebiscito, elección, comicio, asamblea.

REFERENTE concerniente, relativo, pertinente, conexo, atinente, referido, relacionado, vinculado.

REFERIR relatar, contar, explicar, narrar, detallar, decir, historiar, puntualizar, exponer, reseñar || relacionar, enlazar, ligar, encadenar, vincular, conectar || REFERIRSE aludir, mencionar, citar, apuntar, insinuar, sugerir, manifestar, ocuparse, tratar, considerar.

REFILÓN (DE) de soslayo, de pasada, de lado, lateralmente.

REFINACIÓN purificación, clarificación, expurgación, limpieza, depuración, purga, refinamiento, refino, filtrado, cribado, lavado, decantación.

REFINADO delicado, primoroso, distinguido, elegante, epicúreo, fino, culto, suave, cortés, educado, sibarita, sensual, regalado, mundano, conocedor || cruel, sutil, diabólico v.

REFINAMIENTO distinción, delicadeza, primor, elegancia, epicureísmo, regalo, sensualidad, sibaritismo, educación, cortesía, cultura, suavidad, mundanería, esmero || purificación, v. refinación || ensañamiento, encarnizamiento, malicia, astucia.

REFINAR depurar, limpiar, purificar, expurgar, clarificar, filtrar, purgar, lavar, decantar, colar, tamizar, cribar, acrisolar, cuidar, acabar, perfeccionar, mejorar.

REFINERÍA instalación, factoría, fábrica, complejo industrial.

REFINO v. refinación.

REFIRMAR confirmar, raticar, afirmar, corroborar, sancionar, aseverar.

REFITOLERO entremetido, indiscreto, zascandil, fisgón, cominero, chisgarabís, catacaldos.

REFLECTANTE irradiante, reverberante, fulgurante, brillante, pulido, liso, plateado, bruñido.

REFLECTAR v. reflejar.

REFLECTOR foco, proyector, faro, farol, luz, fanal, linterna, espejo, aparato.

REFLEJAR repercutir, reverberar, irradiar, devolver, rebotar, reflectar, fulgurar, brillar, emitir, lanzar, destellar || REFLEJARSE reproducirse, verse, traslucirse, evidenciarse, manifestarse, aparecer, mostrarse, duplicarse.

REFLEJO destello, reverbero, irradiación, emisión, luz, reflexión, brillo, fulgor, viso, vislumbre, eco, rebote, rechazo, resol, refracción, espejeo || reacción, respuesta, contracción, movimiento || imagen, figura, sombra, muestra, representación || automático, inconsciente, espontáneo, involuntario, innato, condicionado, instintivo, natural, maquinal, irreflexivo, indeliberado, mecánico.

REFLEXIÓN meditación, consideración, atención, pensamiento, razonamiento, cogitación, idea, cavilación, cálculo, especulación, recapacitación, introversión, juicio, repaso || consejo, advertencia, sugerencia, exhortación, aviso, insinuación, reparo, indicación || v. reflejo.

REFLEXIONAR pensar, meditar, considerar, idear, cavilar, razonar, enjuiciar, recapacitar, calcular, atender, repasar, abismarse, ensimismarse, preocuparse, reconcentrarse, madurar, rumiar, deliberar, discurrir, imaginar, soñar, concentrarse, abstraerse, especular, filosofar, digerir, examinar, cogitar.

REFLEXIVAMENTE pensativamente, contemplativamente, ponderadamente, v. reflexivo.

REFLEXIVO pensativo, contemplativo, meditabundo, ensimismado, preocupado, reconcentrado, abstraído, especulativo, prudente, metódico, ponderado, reposado, sabio, avisado, sensato, calculador.

REFLUIR retroceder, volver, regolfar, retirarse, recular, rebotar || redundar, influir, motivar, causar.

REFLUJO bajamar, descenso, retirada de las aguas.

REFOCILACIÓN v. regodeo.

REFOCILARSE deleitarse, gozar, recrearse, regodearse, alegrarse, solazarse, divertirse, entretenerse, expansionarse, alborozarse, saborear, gustar.

REFOCILO refocilación, v. regodeo.

REFORMA modificación, cambio, alteración, transformación, rectificación, revolución, mudanza, muda, innovación, permuta, trueque, renovación, corrección, novedad, giro, variación, enmienda, crisis, evolución, metamorfosis, perfeccionamiento, revisión, reparación, restauración.

REFORMABLE rectificable, modificable, transformable, alterable, v. reformar.

REFORMADO modificado, cambiado, transformado, alterado, v. reformar || enmendado, moralizado, corregido, moderado, mejorado, enderezado, rehabilitado v.

REFORMADOR renovador, instaurador, modificador, reformista, reconstructor, regenerador, reparador, revolucionario, progresista, avanzado, atrevido, audaz.

REFORMAR rectificar, cambiar, modificar, transformar, alterar, innovar, trocar, permutar, mudar, revolucionar, enmendar, variar, girar, corregir, renovar, perfeccionar, metamorfosear, evolucionar, restaurar, revisar, reparar, restablecer, suprimir, quitar, anular || REFORMARSE enmendarse, arreglarse, moralizarse, moderarse, corregirse, mejorar, rehabilitarse v., enderezarse, recuperarse, progresar.

REFORMATORIO correccional, internado, asilo, encierro, penal, establecimiento || correctivo, disciplinario, penal, punitivo.

REFORMISTA v. reformador.

REFORZADO fortalecido, robustecido, consolidado, fortificado, vigorizado, endurecido, remozado, rejuvenecido, espesado, engrosado, aumentado, multiplicado, defendido, protegido.

REFORZAMIENTO * v. refuerzo.

REFORZAR fortalecer, consolidar, robustecer, fortificar, endurecer, vigorizar, remozar, rejuvenecer, engrosar, espesar, aumentar, defender, multiplicar, proteger, incrementar, mejorar, reformar v.

REFRACCIÓN alteración, variación, modificación, cambio de la dirección de un rayo de luz.

REFRACTARSE refringir, alterarse, modificar, variar, cambiar la dirección de un rayo de luz.

REFRACTARIO reacio, opuesto, rebelde, contumaz, remiso, contrario, enemigo, adverso, antagónico, reluctante, terco, rebelde, renuente || incombustible, ininflamable, resistente, ignífugo, tratado.

REFRÁN proverbio, dicho, adagio, pensamiento, aforismo, sentencia, máxima, moraleja, frase, precepto, fórmula, regla.

REFRANERO colección, antología, selección, recopilación de refranes.

REFREGADURA v. refregamiento.

REFREGAMIENTO restregamiento, refregón, refregadura, frotamiento, frotación, estrujamiento, manoseo, restregadura, sobo, amasamiento, rozadura, rozamiento, masaje, fregado, friega, roce, fricción, ludimiento.

REFREGAR restregar, frotar, estrujar, rozar, fregar, manosear, amasar, masajear, friccionar, ludir, rascar, estregar.

REFREGÓN v. refregamiento.

REFRENABLE sujetable, reprimible, sofrenable, corregible, reducible, contenible.

REFRENAMIENTO contención, suje-

REFRENAR ción, detención, corrección, moderación, limitación, parada, reducción, comedimiento, freno.

REFRENAR moderar, detener, sujetar, contener, corregir, comedir, reducir, frenar, medir, limitar, reformar, parar, mesurarse, comedirse, reportarse, comportarse, contenerse, apaciguar.

REFRENDACIÓN v. refrendo.

REFRENDAR aprobar, autorizar, firmar, respaldar, confirmar, permitir, legalizar, acreditar.

REFRENDO firma, autorización, permiso, aprobación, confirmación, legalización, acreditación, refrendación, validez.

REFRESCANTE mitigante, fresco, frígido, agradable, vigorizante, refrigerador, sano, sedante, calmante.

REFRESCAR mitigar, enfriar, refrigerar, calmar, sedar, vigorizar, helar, congelar, atemperar, moderar, disminuir || renovar, rejuvenecer, reeditar, revivir, despertar, renacer.

REFRESCO bebida, libación, limonada, naranjada, granizado, sorbete, horchata, batido, gaseosa.

REFRIEGA escaramuza, riña, encuentro, lucha, choque, reyerta, pelea, zalagarda, pendencia, enfrentamiento, contienda, batalla, combate.

REFRIGERACIÓN aire acondicionado, clima artificial || refrescamiento, congelación, enfriamiento.

REFRIGERADOR nevera, frigorífico, congelador, refrigeradora, aparato, instalación || v. refrigerante.

REFRIGERANTE refrigerador, refrescante, enfriador, atemperante, congelador.

REFRIGERAR enfriar, refrescar, helar, congelar, atemperar, pasmar, conservar.

REFRIGERIO refección, tentempié, piscolabis, colación, aperitivo, bocadillo.

REFRINGENCIA v. refracción.

REFRINGIR v. refractarse.

REFRITO refundición, combinación, revoltillo, recopilación, frangollo, extracto, copia.

REFUERZO socorro, ayuda, auxilio, asistencia, apoyo, colaboración || remiendo, pieza, sostén, traba, viga, apoyo, soporte, contrafuerte, chapa, placa, lámina.

REFUGIADO asilado, exiliado, acogido, amparado, protegido, emigrante, perseguido, víctima, damnificado, expatriado, deportado, desterrado, desarraigado.

REFUGIARSE guarecerse, ocultarse, esconderse, arrimarse, cobijarse, asilarse, abrigarse, albergarse, acogerse, resguardarse, ampararse, recogerse, cubrirse, defenderse, protegerse.

REFUGIO cobijo, abrigo, protección, amparo, favor, socorro, ayuda, resguardo, defensa, arrimo, hospitalidad, acogida || alojamiento, asilo, albergue, orfanato, hospicio, inclusa, casa cuna, casa de expósitos, establecimiento benéfico.

REFULGENCIA fulgor, reflejo, brillo, brillantez, esplendor, lustre, resplandor, centelleo, relumbre.

REFULGENTE fulgurante, brillante, esplendoroso, relumbrante, centelleante, resplandeciente, esplendente, fulgente, coruscante, deslumbrante, fosforescente, luminiscente, irradiante, chispeante, relampagueante, reluciente.

REFULGIR relumbrar, brillar, fulgurar, esplender, resplandecer, centellear, coruscar, irradiar, fosforecer, iluminar, alumbrar, relampaguear, deslumbrar, rielar, chispear, cabrillear, espejear, titilar, rutilar, relucir, arder, lucir.

REFUNDICIÓN reforma, condensación, compendio, mejora, modificación, transformación.

REFUNDIR rehacer, reformar, condensar, combinar, compendiar, mejorar, modificar, transformar.

REFUNFUÑAR rezongar, gruñir, protestar, mascullar, murmurar, regañar, reprochar, quejarse, lamentarse.

REFUNFUÑO rezongo, protesta, gruñido, murmuración, regaño, reproche, masculliamento, refunfuñadura, queja, lamento.

Refutable impugnable, rebatible, rechazable, inconsistente, infundado, indefendible, insostenible, discutible, objetable.

Refutar impugnar, rechazar, rebatir, objetar, discutir, desmentir, contradecir, oponerse, argüir, argumentar, vencer, resistir, negar, repeler, criticar, hostigar, instar, opugnar.

Regadío cultivo, sembrado, granja, parcela, plantación, sembradío, plantío, huerta.

Regadura v. riego.

Regaladamente cómodamente, exquisitamente, placenteramente, v. regalado.

Regalado placentero, exquisito, cómodo, grato, deleitoso, reconfortante || obsequiado, gratuito, donado, gratis, concedido, de balde.

Regalar obsequiar, donar, dar, dedicar, ofrendar, legar, dejar, dispensar, agraciar, entregar, proporcionar, conferir, conceder, subvencionar, gratificar, ceder, favorecer, contribuir || Regalarse deleitarse, recrearse, solazarse, gozar, refocilarse, alegrarse, reconfortarse, satisfacerse.

Regalía prerrogativa, privilegio, derecho, exención, poder, preeminencia, excepción, gaje, provecho, franquicia, concesión, merced || tributo, impuesto, gravamen.

Regaliz orozuz, emoliente, pectoral, medicamento.

Regalo obsequio, donación, donativo, legado, don, ofrenda, dádiva, contribución, óbolo, concesión, subvención, gratificación, cesión, entrega, propina, caridad, ayuda, cantidad, limosna, fineza, agasajo, merced, presente, aguinaldo, cortesía, recuerdo || comodidad, descanso, conveniencia, beneficio, bienestar, mejora, deleite, gozo, complacencia, placer, gusto.

Regalón mimado, consentido, regalado, malcriado, preferido, favorito.

Regañadientes (A) refunfuñando, protestando, forzadamente, murmurando, de mala gana, a la fuerza.

Regañar reprender, amonestar, reñir, sermonear, apercibir, predicar, moralizar, corregir, increpar, censurar, reprochar, criticar, reconvenir, reprobar || disputar, reñir, pelearse, enzarzarse, pugnar, bregar, lidiar, chocar, armarla, contender || enfadarse, enemistarse, indisponerse, malquistarse, enojarse, romper, separarse, alejarse.

Regañina v. regaño.

Regaño reprimenda, amonestación, regañina, reprobación, reconvención, crítica, censura, increpación, correctivo, moralización, sermón, riña, represión, admonición, filípica, reproche, repasata.

Regañón refunfuñón, rezongón, gruñón, sermoneador, desconforme, descontento, chinchorrero, quisquilloso, protestón, murmurador, antipático, quejoso.

Regar mojar, irrigar, rociar, empapar, bañar, humedecer, salpicar, duchar, calar, infiltrar, impregnar, pringar, asperjar, ensopar, verter, derramar, esparcir, inundar, baldear.

Regata carrera, competencia, pugna, prueba, certamen, competición entre embarcaciones.

Regate amago, finta, movimiento, escorzo, esguince, esquive, escape.

Regatear esquivar, eludir, burlar, pasar, soslayar, sortear, escaparse || trapichear, discutir, tratar, porfiar, determinar el precio || restringir, economizar, negar, cicatear, privar.

Regateo trapicheo, discusión, trato, porfía, tira y afloja, pugna, compra.

Regato arroyuelo, reguera, surco, acequia, riachuelo, torrentera, corriente, reguero, brazo.

Regatón contera, virola, extremo,

REGAZO

extremidad, punta, gancho, casquillo, puntera.

REGAZO falda, halda, hueco, seno, brazos, enfaldo || amparo, consuelo, refugio, cobijo.

REGENCIA gobierno, tutela, administración, representación, substitución.

REGENERACIÓN rehabilitación, reeducación, restablecimiento, recuperación, reivindicación, recobro, redención, salvación, corrección, enmienda, renovación, reforma, restauración, renacimiento.

REGENERADO rehabilitado, recuperado, restablecido, reeducado, v. regenerar.

REGENERAR rehabilitar, recuperar, restablecer, reeducar, redimir, recobrar, reivindicar, restaurar, reformar, renovar, enmendar, corregir, salvar, renacer, reconstituir.

REGENTAR dirigir, regir, administrar, gobernar, tutelar, mandar, conducir, llevar, guiar, ejercer, desempeñar.

REGENTE gobernante, reemplazante, tutor, gobernador, director, substituto, representante, administrador, rector.

REGIAMENTE majestuosamente, espléndidamente, suntuosamente, v. regio.

REGICIDIO magnicidio, atentado, homicidio.

REGIDOR edil, concejal, gobernante, funcionario, consejero, ejecutor, cabildante.

RÉGIMEN sistema, política, regla, curso, modo, método, plan, gobierno, ordenanza, reglamento, técnica, conjunto, procedimiento, norma, administración, dirección || dieta, tratamiento, medicación, cura, ayuno, abstinencia.

REGIMIENTO unidad, tropa, coronelía.

REGIO majestuoso, espléndido, suntuoso, magnífico, grandioso, ostentoso, soberbio, mayestático, pomposo, fastuoso || imperial, real, palatino, palaciego, principesco.

REGIÓN territorio, comarca, país, demarcación, zona, terruño, tierra, provincia, lugar, distrito, contorno, término, división.

REGIONAL comarcal, local, provincial, territorial, departamental, particular.

REGIONALISMO localismo, provincialismo, modismo.

REGIR regentar, dirigir, administrar, gobernar, mandar, conducir, tutelar, coincidir, llevar, desempeñar, guiar, ejercer || funcionar, actuar, obrar, estar vigente.

REGISTRADO patentado, inscrito, matriculado, asentado, consignado.

REGISTRAR rebuscar, cachear, inspeccionar, examinar, buscar, revolver, rastrear, reconocer, observar, investigar, explorar || inscribir, asentar, escribir, matricular, copiar, anotar, sentar, apuntar, consignar, presentar, patentar.

REGISSEUR * director de escena, traspunte.

REGISTRO búsqueda, rastreo, examen, inspección, cacheo, rebusca, exploración, investigación, observación, reconocimiento, batida, incursión || inscripción, anotación, matriculación, matrícula, asiento, apunte, copia, padrón, nómina, lista, censo, catastro || protocolo, archivo, índice.

REGLA tablilla, cartabón, falsilla, pauta, escuadra, cuadradillo, tirador, planchuela, plantilla, rasero || precepto, mandato, orden, instrucción, regulación, medida, guía, pauta, máxima, compás, canon, principio, ritual, rito, etiqueta, formalidad, receta, rúbrica, fórmula, ordenanza, reglamento, código, derecho, ley, medio, modo, arte, divisa, gobierno, política, método, técnica, directorio, sistema, estatuto, regularidad || menstruación, período, menstruo, mes, sanguina, desopilación, achaque, menorragia, sangre || modelo, ejemplo, dechado, muestra, original, paradigma, módulo, patrón, arquetipo.

REGLADO regularizado, preceptuado, normalizado, ordenado, codificado, regulado || templado, parco, sobrio.

REGLAJE regulación, reajuste, corrección, rectificación, ajuste.

REGLAMENTACIÓN regulación, ordenación, codificación, estatuto, v. reglamento.

REGLAMENTADO * v. reglado.

REGLAMENTAR preceptuar, ordenar, codificar, normalizar, regular, sistematizar, reglar, establecer, legalizar, estatuir, formular, mandar.

REGLAMENTARIAMENTE legalmente, lícitamente, sistemáticamente, v. reglamentario.

REGLAMENTARIO legal, lícito, sistemático, ordenado, sistematizado, reglamentado, legalizado, establecido, normalizado, preceptuado, regular, normal.

REGLAMENTO precepto, regulación, medida, canon, ordenanza, estatuto, instrucción, código, derecho, ley, sistema, ordenación, orden, norma, v. regla.

REGLAR sujetar, ajustar, medir, circunscribir, condicionar, preceptuar, ordenar, v. reglamentar.

REGLETA planchuela, falsilla, alidada, rasero, v. regla.

REGOCIJADO alborozado, gozoso, jubiloso, alegre, contento, satisfecho, exultante, entusiasmado, jovial, radiante, ufano, jocundo, risueño, animado.

REGOCIJANTE V. regocijado.

REGOCIJARSE alborozarse, entusiasmarse, contentarse, gozar, ufanarse, exultar, animarse, holgarse, recrearse, deleitarse, divertirse, retozar, reír, regodearse, refocilarse, complacerse, alegrarse.

REGOCIJO contento, gozo, alegría, entusiasmo, ufanía, jocundidad, exaltación, optimismo, animación, bulla, hilaridad, distracción, diversión, fiesta, regodeo, refocilo, jolgorio, satisfacción, placer, gusto, dicha, felicidad, alborozo, júbilo, deleite, risa, humor, jovialidad.

REGODEARSE recrearse, deleitarse, refocilarse, gozar, complacerse, regalarse, alegrarse, solazarse, alborozarse, expansionarse, entretenerse, divertirse, gustar, catar, saborear, libar.

REGODEO deleite, placer, complacencia, gozo, refocilo, refocilación, recreo, expansión, alborozo, solaz, alegría, diversión, entretenimiento, gusto, regusto, saboreo, v. regocijo.

REGOJO v. redrojo || v. mendrugo.

REGOLDAR eructar, expeler, rotar, rutar, emitir, lanzar gases.

REGOLFAR remansar, retroceder, detenerse, estancarse, refluir, repercutir, desviarse.

REGOLFO seno, recodo, cala, caleta, remanso || vuelta, retroceso, reflujo.

REGORDETE rechoncho, achaparrado, chaparro, cachigordo, gordinflón, orondo, rollizo, grueso, obeso, gordo, robusto, tripón, culón, barrigón, mofletudo.

REGOSTARSE engolosinarse, aficionarse, v. arregostarse.

REGOSTO gusto, afición, v. arregosto.

REGRESAR tornar, retornar, volver, venir, llegar, repatriarse, reintegrarse, reanudar, reemprender, resurtir, retroceder, retrogradar, egolfar, rebotar, recular.

REGRESIÓN retroceso, desmejoramiento, empeoramiento, retraso, regolfar, rebotar, recular.

REGRESIVO retrógrado, negativo, adverso, desfavorable, contraproducente, nocivo.

REGRESO vuelta, retorno, venida, llegada, repatriación, reintegro, reanudación, retrogradación, v. regresión.

REGÜELDO eructo, gas, vaharada, eructación, vapor, taco, emisión, expulsión de gases.

REGUERA cauce, surco, canalillo, acequia, colector, conducto, zanja, v. reguero.

REGUERO arroyo, arroyuelo, corriente, riachuelo, regato, riatillo, bazo, cauce, v. reguera || rastro, trazo, residuo.

REGULACIÓN reglamentación, reglamento, precepto, medida, canon, ordenanza, estatuto, instrucción, ordenación, sistema, ley, derecho, código, norma, orden, v. regla.

REGULADO reglamentado, reglado, regularizado, preceptuado, normalizado, ordenado, codificado, arreglado, ajustado, previsto, medido.

REGULADOR ordenador, normalizador, reglamentador, organizador, reformador, moderador, modificador, suavizador, componedor || mecanismo, aparato, artefacto.

REGULAR reglamentar, ordenar, normalizar, organizar, suavizar, modificar, moderar, reformar, preceptuar, codificar, sistematizar, reglar, establecer, mandar, formular, estatuir, legalizar, acompasar, medir || mediocre, mediano, intermedio, moderado, tibio, indiferente, limitado, razonable, pasadero, ramplón, vulgar, pasable, aceptable || normal, común, estable, permanente, corriente, ordinario, usual, habitual, frecuente, abundante, general, universal, público, conocido, acostumbrado, tradicional, diario, repetido, reiterado, continuo, natural, regulado, ritual, exacto, preciso, puntual, cadencioso, cumplidor, periódico.

REGULARIDAD estabilidad, permanencia, puntualidad, exactitud, formalidad, fijeza, uniformidad, periodicidad, método, orden, precisión, equilibrio.

REGULARIZADOR v. regulador.

REGULARIZAR v. regular.

REGULARMENTE habitualmente, frecuentemente, normalmente, comunmente, v. regularidad.

REGULATIVO v. regulador.

RÉGULO reyezuelo, señor, tirano, déspota, monarca, jefe, soberano.

REGURGITAR expulsar, expeler, vomitar, arrojar, lanzar, devolver, eructar, repetir, echar por la boca.

REGUSTO gusto, resabio, sabor.

REHABILITACIÓN restitución, reivindicación, reparación, satisfacción, resarcimiento, indemnización, reposición, corrección, enmienda, reeducación, recuperación, recobro, rescate, redención, salvación.

REHABILITADO restituido, reivindicado, indemnizado, v. rehabilitar.

REHABILITAR restituir, reivindicar, indemnizar, salvar, redimir, rescatar, recobrar, recuperar, reeducar, enmendar, corregir, reponer, resarcir, satisfacer, reparar, v. rehacer.

REHACER restaurar, reedificar, recuperar, reanudar, restablecer, recobrar, redimir, rescatar, arreglar, reparar, levantar, alzar, reestructurar, renovar, reformar, reintegrar, v. rehabilitar || REHACERSE recuperarse, fortalecerse, vigorizarse, reponerse, mejorarse, restablecerse, reanimarse, desquitarse, resarcirse, redimirse, reivindicarse, renacer, volver, reanudar.

REHALA rebaño, tropel, tropilla, hato, manada.

REHECHO restaurado, reedificado, recuperado, reconstruido, v. rehacer.

REHÉN prenda, fianza, garantía, seguro, recaudo, prisionero, retenido, encerrado.

REHILETE banderilla, garapullo, vara, flechilla || pulla, agudeza, burla, zaherimiento.

REHOGAR cocinar, dorar, estofar, cocer, guisar, recocer, asar, adobar, preparar.

REHOYO barranco, hoyo, cárcava, zanja.

REHUIR evitar, soslayar, eludir, rehusar, esquivar, sortear, hurtarse, evadir, retraerse, aislarse, desentenderse, desinteresarse.

REHUSAR rechazar, negar, repudiar, impugnar, refutar, excluir, desdeñar, despreciar, devolver, de-

sairar, denegar, repeler, alejar, desestimar, desechar, oponerse, contrariar, objetar, enfrentarse, resistirse, recusar, declinar.

Reidor riente, alegre, gozoso, jocoso, guasón, alborozado, animado.

Reimprimir reeditar, copiar, reproducir, repetir.

Reina soberana, emperatriz, señora, princesa, gobernante, majestad.

Reinado dominio, mando, autoridad, potestad, dominación, imperio, lapso, plazo, época, regencia, dinastía, sucesión.

Reinante dominante, gobernante, imperante, actual, presente, existente, preponderante, destacado, descollante.

Reinar mandar, dominar, gobernar, imperar, imponerse, regir, señorear, someter, suceder, heredar, dirigir, prevalecer, predominar, destacar, sobresalir.

Reincidencia recaída, reiteración, insistencia, contumacia, repetición, agravamiento, obstinación, porfía, rebeldía, soliviantamiento, terquedad.

Reincidente contumaz, relapso, rebelde, obstinado, terco, reiterativo, indócil, recalcitrante, reacio, refractario, indisciplinado.

Reincidir recaer, reiterar, repetir, incurrir, rebelarse, indisciplinarse, insubordinarse, obstinarse, insistir, reanudar.

Reincorporación reposición, restitución, devolución, reintegración, regreso, vuelta, restablecimiento, rehabilitación, reintegro, reingreso, reinstalación.

Reincorporar reponer, reintegrarse, reingresar, restituir, restablecer, rehabilitar, devolver, regresar, volver, reinstalar.

Reingresar v. reincorporar.

Reino feudo, reinado, territorio, gobierno, dominio, país, nación, monarquía, soberanía || campo, extensión, espacio, ámbito, marco.

Reinstalación v. reincorporación.

Reinstalar v. reincorporar.

Reintegrable restituible, rehabilitable, redimible, recuperable, reparable.

Reintegración v. reincorporación.

Reintegrar v. reincorporar.

Reintegro v. reincorporación || devolución, pago, entrega, premio, liquidación, restitución, compensación.

Reír carcajear, reírse, desternillarse, alborotar, escandalizar, celebrar, gozar, descoyuntarse, reventar, estallar || Reírse de chancearse, mofarse, burlarse, humillar, ofender, ridiculizar.

Reiteración repetición, reincidencia, reproducción, recaída, recidiva, redundancia, insistencia, frecuentación, reedición, reposición, frecuencia.

Reiteradamente frecuentemente, repetidamente, insistentemente, v. reiterado.

Reiterado frecuente, repetido, insistente, redundante, reeditado, obstinado, terco, reiterativo, contumaz, renovado, periódico, regular, machacón.

Reiterar repetir, machacar, insistir, confirmar, asegurar, recalcar, porfiar, frecuentar, redundar, renovar.

Reiterativo v. reiterado.

Reivindicación reclamación, pretensión, demanda, exigencia, protesta, queja, petición, solicitud || desagravio, restitución, reparación, redención, resarcimiento, recuperación, v. rehabilitación.

Reivindicar exigir, pretender, reclamar, demandar, solicitar, pedir, protestar, conminar, compeler, requerir || desagraviar, resarcir, redimir, reparar, restituir, recuperar, rehabilitar.

Reja verja, cancela, enrejado, barrotes, hierros.

Rejilla celosía, mirilla, enrejado, alambrera, armazón, redecilla, tejido.

Rejón asta, vara, hierro, aguijón, punta, pincho.

Rejoneador jinete, caballista, lidiador, caballero.

Rejonear herir, pinchar, picar, li-

REJONEO diar, aguijonear, torear a caballo.

REJONEO lidia, toreo a caballo.

REJUVENECER remozar, vigorizar, renovar, robustecer, refrescar, reparar, fortalecer, reanimar, tonificar, vivificar, endurecer, entonar, reforzar, restaurar, recuperar, restablecer, redimir.

REJUVENECIMIENTO vivificación, remozamiento, renovación, robustecimiento, vigorización, endurecimiento, tonificación, reanimación, fortalecimiento, reparación, restablecimiento, recuperación, restauración, refuerzo, redención.

RELACIÓN concomitancia, correspondencia, concordancia, coincidencia, coherencia, unión, conexión, correlación, analogía, dependencia, pertinencia, relatividad, reciprocidad, contacto || parentesco, vínculo, familiaridad, afinidad, lazo || relato, informe, explicación, memoria, declaración, descripción, reseña, manifestación, afirmación, testimonio, aserción, aclaración || RELACIONES amistades, vínculos, familiares, parientes, conexiones, lazos.

RELACIONAR conectar, unir, enlazar, vincular, depender, concordar, corresponder, concomitar, encadenar, enlazar || relatar, explicar, describir, declarar, reseñar, narrar, testimoniar || RELACIONARSE concernir, atañer, tocar, referirse, pertenecer || alternar, tratarse, visitarse, conocerse, amigarse, reunirse, presentarse, codearse, convivir, verse, frecuentar, rozarse.

RELAJACIÓN aflojamiento, relajamiento, laxitud, flojedad, debilitamiento, distensión || alivio, distensión, disminución, desahogo, tranquilidad, paliativo, calma || desenfreno, corrupción, depravación, licencia, libertinaje, vicio, envilecimiento, descarrío, inmoralidad.

RELAJADAMENTE tranquilamente, laxamente, flojamente || desenfrenadamente, depravadamente, v. relajación.

RELAJADO laxo, flojo, distendido, v. relajar.

RELAJAMIENTO v. relajación.

RELAJAR distender, aflojar, debilitar, desahogar, tranquilizar, calmar, paliar, disminuir, ablandarse, aliviar || RELAJARSE corromperse, desenfrenarse, envilecerse, viciarse, depravarse, descarriarse.

RELAJO v. relajación.

RELAX * relajación, relajamiento, aflojamiento, laxitud, distensión, alivio, descanso.

RELAMERSE regodearse, saborear, chuparse, humedecerse, lamerse los labios.

RELAMIDO acicalado, afectado, peripuesto, atusado, emperifollado, pulcro, presumido, prolijo, recompuesto.

RELÁMPAGO resplandor, centella, fulguración, relampagueo, chispazo, exhalación, chispa, brillo, descarga, fulgor, rayo.

RELAMPAGUEANTE centelleante, fulgurante, chispeante, fulminante, resplandeciente, brillante, deslumbrante, vivaz, colérico, iracundo.

RELAMPAGUEAR chispear, fulgurar, centellear, fulminar, brillar, resplandecer, deslumbrar.

RELAMPAGUEO centelleo, v. relámpago.

RELAPSO contumaz, reincidente, recalcitrante, refractario, reacio, indisciplinado, indócil, terco, rebelde, obstinado, traidor, reiterativo, v. renegado.

RELATA REFERO como lo cuentan, según lo refieren.

RELATAR narrar, referir, exponer, contar, reseñar, describir, reseñar, explicar, novelar, informar, pormenorizar, puntualizar, rememorar, detallar, extenderse, recitar, escribir, verter, transmitir, representar, expresar, historiar, mencionar.

RELATIVAMENTE comparativamente, condicionalmente, limitadamente, indefinidamente, indeterminadamente, inciertamente, parcialmente. v. relativo.

RELATIVIDAD indeterminación, limitación, comparación, contingencia.

RELATIVO condicional, limitado, incidental, comparativo, accidental, restringido, circunscrito, indefinido, indeterminado, contingente.

RELATO descripción, narración, exposición, referencia, pormenor, informe, explicación, reseña, detalle, rememoración, puntualización, mención, representación, transmisión, escrito, cuento, historia, novela, relación, crónica, memorias, apólogo, chisme, fábula, anécdota, conseja, chiste, chascarrillo, saga, gesta, aventura, epopeya, leyenda, tradición, versión, odisea.

RELATOR narrador, reseñador, cronista, novelista, cuentista, informador, historiador.

RELAY * v. relé.

RELÉ regulador, disyuntor, interruptor, dispositivo, mecanismo, mando, distribuidor.

RELEER repasar, repetir, estudiar, profundizar, asimilar, penetrar, empollar, insistir, aplicarse, embeberse, empaparse, enterarse, aprenderse, analizar.

RELEGACIÓN confinamiento, rechazo, desplazamiento, arrinconamiento, postergación, retiro, olvido, apartamiento, desatención, humillación, destierro.

RELEGAR postergar, desplazar, rechazar, arrinconar, confinar, desatender, olvidar, retirar, apartar, extrañar, humillar, desterrar, retener, aplazar, suspender, atrasar.

RELENTE rocío, humedad, sereno, helada, escarcha, condensación.

RELEVACIÓN liberación, alivio, absolución, indulto, exención, perdón.

RELEVANTE sobresaliente, excelente, superior, eximio, aventajado, superlativo, principal, prevaleciente, destacado, descollante, distinguido.

RELEVAR reemplazar, substituir, suceder, suplir, permutar, renovar, mudar, suplantar, heredar, continuar, proseguir, auxiliar, socorrer, ayudar || absolver, perdonar, excusar, descargar, liberar, indultar, eximir || exonerar, expulsar, echar, despedir, quitar, eliminar.

RELEVO substitución, reemplazo, cambio, renuevo, mudanza, permuta.

RELICARIO guardapelo, medallón, dije || estuche, cofrecillo, joyero, cajita.

RELIEVE realce, resalte, saliente, prominencia, protuberancia, bulto, abultamiento, lomo, convexidad, elevación || importancia, magnitud, grandeza, magnificencia, brillo, esplendor.

RELIGIÓN creencia, fe, doctrina, credo, dogma, teología, convicción, convencimiento, evangelio, culto || piedad, devoción, observancia, unción, fervor, recogimiento, religiosidad, adoración.

RELIGIOSAMENTE exactamente, puntualmente, precisamente, piadosamente, v. religiosidad.

RELIGIOSIDAD devoción, piedad, convicción, creencia, fe, fidelidad, convencimiento, observancia, fervor, unción, recogimiento, religión, adoración || exactitud, puntualidad, minuciosidad, precisión, detalle, fidelidad, justeza.

RELIGIOSO creyente, devoto, piadoso, fervoroso, fiel, convencido, practicante, seguidor, adorador, pío, ascético, místico, santurrón, beato, mojigato || fraile, monje, regular, hermano, cartujo, cenobita, cura, sacerdote v. || minucioso, puntual, exacto, justo, fiel, detallado, preciso, cumplidor, concienzudo, escrupuloso, nimio, severo.

RELIMPIO pulcro, escrupuloso, relamido, pulquérrimo, exagerado, impecable.

RELINCHAR chillar, alborotar, quejarse, avisar.

RELINCHO relinchido, alboroto, queja, aviso.

RELIQUIA vestigio, traza, resto, porción, parte, fragmento, pieza, partícula || antigualla, anacronismo, estafermo, ranciedad, vejestorio.

RELOJ cronómetro, cronógrafo, horómetro, péndulo, péndola, despertador, máquina, mecanismo, clepsidra, ampolleta.

RELUCIENTE fulgurante, brillante, refulgente, resplandeciente, esplendoroso, relumbrante, esplendente, centelleante, irradiante, luminiscente, fosforescente, coruscante, deslumbrante, relampagueante, chispeante.

RELUCIR resplandecer, refulgir, brillar, fulgurar, irradiar, centellear, chispear, relampaguear, coruscar, deslumbrar, fosforescer, iluminar, lucir, alumbrar, relumbrar.

RELUCTANCIA resistencia, oposición, renuencia, repugnancia, repulsa.

RELUCTANTE renuente, reacio, remiso, contrario, refractario, antagónico, opuesto, enemigo, rebelde.

RELUMBRANTE v. reluciente.

RELUMBRAR v. relucir.

RELUMBRÓN destello, fulgor, resplandor, relámpago, brillo, chispazo || RELUMBRÓN (DE) de oropel, aparente, ficticio, aparatoso, exagerado.

RELLANO descansillo, meseta, descanso, plataforma, tramo.

RELLENAR atiborrar, henchir, atestar, embutir, saturar, repletar, allanar, aplanar, alisar, terraplenar, nivelar, explanar, cegar, tapar, repletar, meter, completar, rebosar, abarrotar.

RELLENO henchido, atestado, saturado, atiborrado, repleto, explanado, nivelado, terraplenado, liso, llano, plano, rebosante, cegado, tapado, ahíto, harto, satisfecho || guata, acolchado, borra, postizo, picadillo.

REMACHADO unido, fijo, clavado, sujeto, atornillado, machacado, afianzado, roblonado || recalcado, subrayado, acentuado, marcado, repetido.

REMACHAR unir, fijar, clavar, atornillar, machacar, roblonar, sujetar, afianzar || acentuar, subrayar, recalcar, marcar, repetir, sentenciar.

REMACHE roblón, clavo, pieza, sujeción, tornillo.

REMADURA palada, ciaboga, bogada, cía, boga, avance, remamiento, impulso.

REMALLAR componer, reparar, tejer, zurcir.

REMANENTE sobrante, residuo, resto, exceso, desecho, rastrojo, recortes, raeduras, sobras, saldo, sedimento, poso, heces, desperdicios, escoria, ceniza, vestigio, despojos, saldo, liquidación.

REMANGAR arremangar, enrollar, levantar, alzar, subir || REMANGARSE decidirse, aplicarse, resolverse, ventilar, zanjar, solventar, solucionar, disponerse.

REMANGO prontitud, vivacidad, disposición, decisión, presteza, arte, resolución, alacridad, energía.

REMANSARSE estancarse, atascarse, estacionarse, empantanarse, embalsarse, detenerse, suspenderse, aquietarse, pararse, concentrarse.

REMANSO meandro, recodo, poza, recoveco, revuelta, esquina, vado, paso, curva, hoya, vuelta.

REMAR bogar, ciar, impulsar, avanzar, batir, paletear, progresar, cinglar.

REMARCABLE * notable, señalado, sobresaliente, importante, trascendental, superior, primordial, distinguido, interesante, singular.

REMARCAR * subrayar, notar, reseñar, recalcar v.

REMATADAMENTE totalmente, absolutamente, completamente, enteramente, irremediablemente.

REMATADO irremediable, fatal, perdido, desesperado, incurable, insalvable, irreparable.

REMATAMIENTO v. remate.

REMATAR liquidar, eliminar, matar, suprimir, aniquilar, exterminar, finiquitar, ultimar, destruir || finalizar, concluir, completar, cerrar, terminar, perfeccionar, coronar, consumar, apurar, asegurar, afianzar || subastar, licitar, pujar, vender, liquidar, adjudicar.

REMATE conclusión, fin, término, coronamiento, terminación, cierre, acabamiento, cabo, extremidad, extremo, final, punta, penacho, adorno, copete, chapitel || subasta, licitación, concurso, puja, venta, liquidación, adjudicación.

REMEDADOR imitador, mimo, parodista, falseador, burlón, cómico.

REMEDAR parodiar, imitar, fingir, copiar, burlarse, reírse, mofarse, falsificar, contrahacer, calcar.

REMEDIABLE corregible, reparable, subsanable, rectificable, enmendable.

REMEDIAR corregir, enmendar, reparar, rehacer, mejorar, subsanar, enderezar, variar, reconstruir, evitar, impedir, transformar, perfeccionar, revisar, obviar, compensar || socorrer, aliviar, ayudar, solucionar, curar, salvar, indemnizar, beneficiar, favorecer.

REMEDIO enmienda, compensación, arreglo, corrección, solución, reparación, rectificación, revisión, perfeccionamiento, conversión || conciliación, acuerdo, componenda, pacto || auxilio, socorro, ayuda, solución, beneficio, favor || medicina, medicamento, específico, fármaco, droga, elixir, mejunje, menjurje, potingue, ingrediente, preparado, reconstituyente, antídoto, panacea, poción, pócima, brebaje, cura, tratamiento.

REMEDO imitación, caricatura, simulación, fingimiento, emulación, pantomima, burla, copia, reproducción, mofa, facsímil, simulacro, duplicado, calco, trasunto.

REMEMBRANZA evocación, recuerdo, memoria, reminiscencia, repaso, presencia, rememoración, conmemoración, mención, retentiva, invocación, sugerencia, alusión.

REMEMBRAR v. rememorar.

REMEMORACIÓN v. remembranza.

REMEMORAR recordar, evocar, remembrar, repasar, acordarse, revivir, recapitular, resucitar, reconstruir, recapacitar, retener, citar, mencionar, aludir, invocar, sugerir.

REMENDADO zurcido, arreglado, corcusido, apañado, v. remendar.

REMENDAR zurcir, recoser, arreglar, corcusir, reparar, apañar, apuntar, restaurar, chafallar, recomponer, reforzar || corregir, enmendar, rectificar, modificar, reformar.

REMENDÓN zapatero, artesano, menestral, operario.

REMERO barquero, lanchero, bogador, bogante, remador, patrón, marinero, batelero.

REMESA envío, expedición, paquete, carga, pedido, encargo, exportación, transporte, facturación, bulto.

REMESAR enviar, expedir, transportar, cargar, facturar, mandar, remitir, exportar.

REMIENDO pieza, parche, compostura, zurcido, rodillera, codera, culera, recosido, arreglo, apaño, corcusido, refuerzo, pedazo, trozo, enmienda, añadido.

REMILGADAMENTE melindrosamente, relamidamente, afectadamente, v. remilgado.

REMILGADO melindroso, relamido, afectado, ñoño, cursi, mojigato, amanerado, rebuscado, artificioso, caprichoso, quisquilloso, fingido, estudiado, presuntuoso.

REMILGO melindre, mojigatería, ñoñez, cursilería, afectación, capricho, artificio, rebuscamiento, amaneramiento, fingimiento, presuntuosidad.

REMINISCENCIA remembranza, evocación, recuerdo, memoria, repaso, conmemoración, rememoración, presencia, mención, retentiva, invocación, alusión, sugerencia.

REMIRADO minucioso, prudente, cuidadoso, reflexivo, esmerado, escrupuloso, cauto.
REMIRAR cuidar, reflexionar, esmerarse, tantear, preocuparse, observar, recrearse, contemplar.
REMISAMENTE reaciamente, opuestamente, refractariamente, v. remiso.
REMISIBLE perdonable, conmutable, dispensable.
REMISIÓN indulto, perdón, conmutación, eximición, indulgencia || envío, remesa, expedición, indicación.
REMISO renuente, refractario, antagónico, reluctante, reacio, contrario, opuesto, tardo, lento, perezoso, terco, rebelde, flojo.
REMITENTE expedidor, que envía, que manda, que escribe.
REMITIDO nota, artículo, comunicado, escrito, noticia particular.
REMITIR mandar, expedir, enviar, despachar, remesar, dirigir, cursar, facturar, consignar, encargar, exportar, tramitar, diligenciar || ceder, disminuir, aflojar, menguar, aminorar, mermar, decrecer, perder, atenuarse, decaer || indultar, eximir, perdonar, suspender, aplazar, diferir || REMITIRSE sujetarse, someterse, atenerse, referirse, aludir.
REMO espadilla, paleta, propulsor, aleta, canalete, pala || pata, extremidad, miembro, pierna, brazo.
REMOCIÓN traslado, desplazamiento, eliminación, separación, destitución, privación, exclusión, expulsión.
REMOJAR regar, humedecer, empapar, bañar, duchar, salpicar, chapuzar, irrigar, ensopar, mojar, macerar, sumergir, ablandar || convidar, celebrar, beber.
REMOJO riego, baño, maceración, humedecimiento, irrigación, inmersión, ablandamiento, v. remojón.
REMOJÓN chapuzón, zambullida, baño, ducha, mojadura, empapamiento, v. remojo.
REMOLACHA betarraga, hortaliza.
REMOLCADOR barco, nave, lanchón, embarcación portuaria.
REMOLCAR arrastrar, tirar, empujar, halar, impeler, atraer, acarrear, atoar, trasladar, conducir, transportar, llevar, deslizar || forzar, obligar, conminar.
REMOLINAR remolinear, girar, voltear, remover.
REMOLINO vorágine, vórtice, torbellino, manga, ciclón, tolvanera, espiral, embudo, hoya, poza, rápido, corriente || gentío, apelotonamiento, confusión, amontonamiento.
REMOLÓN flojo, cachazudo, negligente, perezoso, parsimonioso, calmoso, renuente, tardo, moroso, premioso, remiso, refractario, maula, apático, cachazudo, indolente, informal.
REMOLONEAR tardar, demorarse, gandulear, rezagarse, holgazanear, retrasarse, postergar, aplazar.
REMOLQUE arrastre, transporte, traslado, conducción, acarreo, sirga.
REMONTA compra, cría, cuidado de caballos del ejército || mulas, caballos, caballerías del ejército.
REMONTAR subir, ascender, elevarse, encumbrarse, alzarse, volar, escalar, gatear || progresar, superar, mejorar, adelantar, aventajar.
REMOQUETE agudeza, sátira, indirecta, ocurrencia, gracia, pulla || puñetazo, moquete, soplamocos, guantazo.
RÉMORA obstáculo, dificultad, inconveniente, impedimento, atolladero, atasco, freno, engorro, traba, contratiempo, escollo, interrupción.
REMORDER inquietar, desasosegar, preocupar, punzar, pesar, lamentar, alterar, arrepentirse, deplorar, sentir, doler, apenar.
REMORDIMIENTO pesadumbre, sentimiento, contrición, aflicción, penitencia, pesar, pena, dolor, disgusto, preocupación, desasosiego, inquietud.
REMOTAMENTE lejanamente, aparta-

damente, vagamente, confusamente, v. remoto.
Remoto lejano, apartado, distante, retirado, aislado, separado, alejado, oculto, arrinconado, antiguo, añejo, inmemorial, vetusto, arcaico || improbable, inverosímil, dudoso, incierto, difícil.
Remover menear, agitar, escarbar, revolver, mover, sacudir, hurgar || desplazar, trasladar, cambiar, quitar, eliminar || destituir, deponer, relevar, expulsar, retirar, inhabilitar, derrocar, excluir, suspender.
Remozar rejuvenecer, renovar, reponer, rehabilitar, reformar, reparar, refrescar, regenerar, restablecer, restaurar, restituir, acicalar, arreglar.
Remuda substitución, cambio, reposición, reemplazo, relevo.
Remuneración retribución, gratificación, estipendio, asignación, prima, aguinaldo, indemnización, compensación, dieta, subvención, pago, premio, recompensa, galardón, honorarios, jornal, salario, sueldo, haberes, paga.
Remunerador provechoso, beneficioso, lucrativo, fructuoso, remunerativo, rentable, productivo, útil, rendidor, ventajoso, valioso, conveniente.
Remunerar pagar, retribuir, asignar, compensar, indemnizar, subvencionar, premiar, galardonar, recompensar, asalariar, devengar, gratificar.
Remunerativo v. remunerador.
Remusgar barruntar, conjeturar, sospechar, maliciar, recelar, desconfiar, amoscarse.
Remusgo barrunto, recelo, sospecha, desconfianza, malicia, conjetura.
Renacer revivir, resucitar, resurgir, renovarse, reanimarse, vivificarse, reaparecer, retoñar, florecer, reanudar, continuar, restaurar, reponer.
Renacido resucitado, redivivo, reaparecido, v. renacer.
Renacimiento resurrección, reaparición, reanimación, renovación, reanudación, vivificación, florecimiento, continuación, restauración.
Renacuajo cría, bicho, gusarapo || canijo, raquítico, enclenque, enteco, esmirriado.
Renal nefrítico, reniforme.
Renard * piel de zorro.
Rencilla conflicto, altercado, reyerta, distensión, desavenencia, querella, cuestión, controversia, trifulca, polémica, discordia, agarrada, resentimiento, encono.
Rencilloso camorrista, peleador, discutidor, pendenciero, belicoso.
Renco v. cojo.
Rencor resentimiento, aborrecimiento, odio, animadversión, antipatía, malevolencia, tirria, hincha, ojeriza, inquina, fobia, saña, rabia.
Rencorosamente sañudamente, enconadamente, encarnizadamente, malévolamente, v. rencoroso.
Rencoroso sañudo, enconado, encarnizado, malévolo, resentido, irreconciliable, virulento, vengativo, perverso, hostil, malintencionado, retorcido, solapado, malo.
Rendez-vous * cita, entrevista, encuentro, reunión.
Rendibú agasajo, v. acatamiento.
Rendición capitulación, entrega, sometimiento, sumisión, abandono, subordinación, resignación, obediencia, humillación, vasallaje, acatamiento, dependencia, pacto, componenda.
Rendidamente galantemente, obsequiosamente, enamoradamente, sumisamente, v. rendido.
Rendido fatigado, cansado, molido, agotado, deshecho, extenuado, postrado, deslomado, reventado, jadeante, desfallecido || galante, obsequioso, enamorado, prendado, ardiente, devoto || sumiso, obediente, dócil, esclavo, vasallo, sometido, subyugado, forzado.
Rendija grieta, resquicio, hendedura, abertura, raja, ranura, oquedad, intersticio, fractura, resquebrajadura, fenda, juntura, fisura, boquete.

Rendimiento producto, utilidad, beneficio, ganancia, provecho, interés, ventaja, compensación, dividendo, gajes, fruto, lucro || capitulación, v. rendición || fatiga, cansancio, extenuación, postración, desfallecimiento, agotamiento.

Rendir producir, fructificar, aprovechar, beneficiar, dar, compensar, recompensar, lucrar, rentar, ocasionar || vencer, ganar, tomar, avasallar, someter, asaltar || **Rendirse** capitular, someterse, entregarse, humillarse, obedecer, resignar, subordinarse, abandonar, acatar, pactar, parlamentar, ceder, subyugarse, doblegarse || fatigarse, cansarse, agotarse, extenuarse, desfallecer, jadear, reventarse, deslomarse, postrarse, molerse.

Rene riñón, riñonada.

Renegado relapso, apóstata, traidor, desertor, negado, perjuro, desleal, descreído, infiel, pérfido, fementido.

Renegar desertar, renunciar, abominar, negar, traicionar, apostatar, retractarse, abjurar, repudiar, abandonar, pasarse, detestar || blasfemar, insultar, maldecir, jurar, injuriar, execrar, vituperar, imprecar.

Renegrido amoratado, cárdeno, morado, violáceo, oscuro.

Renglón línea, serie de caracteres, de letras || ramo, departamento, sección, parte, capítulo, apartado, división, sector.

Rengo renco, cojo, lisiado, lesionado.

Reniego maldición, blasfemia, insulto, juramento, imprecación, terno, vituperio, execración, voto, taco, atrocidad, barbaridad.

Renitencia aversión, renuencia, repugnancia, resistencia, oposición.

Renitente reacio, renuente, opuesto, adverso, refractario, contrario.

Reno ciervo, alce, anta, rumiante, cérvido.

Renombrado popular, célebre, famoso, glorioso, reputado, ilustre, aureolado, admirado, prestigioso, notorio, acreditado, brillante, notable, exaltado, triunfador, conspicuo, insigne, esclarecido, afamado, inmortal, distinguido.

Renombre popularidad, fama, gloria, celebridad, reputación, notoriedad, prestigio, distinción, aureola, lustre, nombradía, crédito, honra, aplauso, brillo, aura, boga, honor.

Renovable reemplazable, reparable, cambiable, intercambiable, permutable, substituible.

Renovación reemplazo, substitución, cambio, intercambio, reparación, arreglo, permuta, restablecimiento, reconstrucción, reforma, restauración, regeneración, rehabilitación, rejuvenecimiento, transformación, renacimiento, renuevo, innovación, variación.

Renovador reformador, modificador, restaurador, innovador, regenerador, transformador, instaurador, progresista, progresivo, avanzado, atrevido, audaz, moderno, desarrollado, revolucionario.

Renovar restaurar, modificar, innovar, reformar, regenerar, desarrollar, transformar, modernizar, progresar, revolucionar, cambiar, reemplazar, substituir, permutar, arreglar, componer, reconstruir, rehabilitar.

Renquear cojear, ladearse, inclinarse, vencerse, derrengarse, cargarse.

Renta beneficio, utilidad, rendimiento, fruto, valor, ganancia, devengo, producto, provecho, lucro, ventaja, dividendo, gaje, interés, rédito, anualidad, tanto por ciento || alquiler, arrendamiento, locación, arriendo || **Rentas** fondos, capital, fortuna, medios.

Rentabilidad provecho, v. renta.

Rentable útil, provechoso, beneficioso, v. renta.

Rentar producir, rendir, fructificar, aprovechar, dar, compensar, recompensar, lucrar, valer, redituar, proporcionar, beneficiar.

Rentista pensionista, propietario, hacendado, burgués, acomodado, adinerado, jubilado, retirado.

Rentrée * reincorporación, reanudación, presentación, entrada.

Renuencia reluctancia, repugnancia, resistencia, oposición, repulsa, rebeldía, antagonismo.

Renuente reluctante, remiso, reacio, contrario, refractario, opuesto, enemigo, antagónico, rebelde.

Renuevo brote, vástago, retoño, yema, pimpollo, capullo, tallo, pezón, cogollo, pitón.

Renuncia abandono, dimisión, resignación, abdicación, cese, cesión, dejación, desistimiento, abjuración, deserción, transmisión, entrega, traspaso, retiro, jubilación, despedida.

Renunciación v. renuncia.

Renunciante dimisionario, dimitente, cesante, retirado, jubilado, resignante.

Renunciar dimitir, cesar, abdicar, resignar, abandonar, desertar, abjurar, desistir, dejar, despedir, jubilarse, retirarse, traspasar, entregar, transmitir, declinar, repudiar, prescindir, privarse, despojarse, ceder.

Reñidamente duramente, encarnizadamente, enconadamente, hostilmente, v. reñido.

Reñido encarnizado, duro, enconado, hostil, sañudo, implacable, sangriento, rabioso, feroz, disputado, virulento.

Reñir amonestar, reprender, regañar, sermonear, increpar. censurar, reprobar, reprochar, criticar, reconvenir || pelear, luchar, contender, pugnar, disputar, lidiar, bregar, enzarzarse, chocar, armarla, rivalizar, enfrentarse, hostilizar, discutir || enemistarse, indisponerse, desavenirse, regañar, alejarse, desvincularse, enfadarse.

Reo inculpado, culpable, culpado, criminoso, penado, condenado, confeso, convicto, delincuente, criminal, acusado, demandado, procesado.

Reojo (De) de soslayo, oblicuamente, sesgadamente, disimuladamente.

Reorganización renovación, reestructuración, modificación, cambio, mejora, restablecimiento, reparación, arreglo, restauración, innovación.

Reorganizar modificar, reestructurar, renovar, cambiar, mejorar, restablecer, reparar, arreglar, innovar, restaurar, proyectar.

Repanchigarse v. repantigarse.

Repantigado arrellanado, v. repantigarse.

Repantigarse arrellanarse, acomodarse, retreparse, repanchigarse, colocarse, ponerse, sentarse, descansar, relajarse.

Reparable corregible, subsanable, remediable, reformable, renovable, restaurable.

Reparación arreglo, reforma, enmienda, obra, compostura, apaño, remiendo, reposición, restauración, renovación, aderezo, remedio, rectificación, corrección, modernización, reconstrucción, ajuste, modificación || desagravio, satisfacción, indemnización, compensación, reivindicación, resarcimiento, restitución, excusa, rehabilitación, enmienda, expiación, rectificación.

Reparado arreglado, reformado, v. reparar.

Reparador tonificante, vigorizante, restaurador, reconfortante, vigorizador, fortalecedor, fortificante, reanimador, confortador, vivificador.

Reparar reformar, arreglar, apañar, componer, enmendar, remediar, aderezar, renovar, restaurar, reponer, remendar, ajustar, reconstruir, modernizar, corregir, rectificar, modificar, remozar, reforzar, subsanar, consolidar, pegar, soldar, clavar, rehacer || resarcir, compensar, indemnizar, satisfacer, desagraviar, rehabilitar, excusar, restituir,

reivindicar, rectificar, expiar, enmendar, purgar || mirar, notar, advertir, descubrir, observar, percatarse, atender, apercibir, ver, avistar.

REPARO censura, objeción, tacha, crítica, oposición, discrepancia, desacuerdo, duda, reserva, razonamiento, inconveniente, dificultad, pero, observación, advertencia || defensa, resguardo, parapeto, abrigo, protección.

REPARÓN quisquilloso, chinche, puntilloso, minucioso, *meticuloso*, criticón, escrupuloso.

REPARTIBLE distribuible, divisible, partible, fraccionable, asignable.

REPARTICIÓN v. reparto.

REPARTIDAMENTE equitativamente, separadamente, divididamente, v. repartido.

REPARTIDO distribuido, separado, dividido, apartado, diseminado, disperso, desparramado, desperdigado, dosificado.

REPARTIDOR distribuidor, mensajero, mozo, recadero, mandadero, enviado, correo, comisionado.

REPARTIMIENTO v. reparto.

REPARTIR dividir, distribuir, racionar, asignar, donar, adjudicar, dosificar, partir, proporcionar, entregar, prorratear, dispensar, dar, impartir, promediar, otorgar, entregar, clasificar.

REPARTO distribución, asignación, adjudicación, donación, racionamiento, división, prorrateo, entrega, partición, dosificación, donativo, otorgamiento, proporción, participación, clasificación, separación, contingente, parte, dividendo, lote, cuota.

REPASAR revisar, verificar, examinar, estudiar, releer || corregir, enmendar, reconocer, retocar, rectificar, mejorar, subsanar, pulir, rematar || coser, zurcir, remendar, recoser, aderezar.

REPASATA reprimenda, represión, corrección, rapapolvo, regañina, filípica, sermón.

REPASO revisión, verificación, reconocimiento, leída, ojeada, estudio, examen || retoque, mejora, rectificación, remate.

REPATRIAR devolver, mandar, reintegrar, restituir, enviar, entregar.

REPECHO pendiente, cuesta, subida, rampa, costana, declive, desnivel, vertiente, escarpa.

REPELAR cortar, cercenar, pelar, quitar, disminuir, arrancar, rebajar.

REPELENTE repugnante, desagradable, repulsivo, incompatible, indeseable, insoportable, feo, molesto, ingrato, asqueroso, inmundo, odioso, despreciable.

REPELER repugnar, desagradar, rechazar, disgustar, molestar, asquear, aborrecer, odiar, incomodar, ofender, resistir, excluir, lanzar, arrojar, desdeñar || objetar, impugnar, contradecir, negar, argüir.

REPELO desagrado, disgusto, repugnancia, resistencia || reyerta, riña, pelea.

REPELUZNO escalofrío, estremecimiento, temblor, sacudida, alteración, contracción.

REPENSAR reflexionar, meditar, pensar, madurar, considerar, estudiar.

REPENTE (DE) súbitamente, repentinamente, imprevistamente, impensadamente, inopinadamente, improvisadamente, de improviso, espontáneamente, rápidamente, de pronto.

REPENTINAMENTE v. repente (de).

REPENTINO pronto, impensado, imprevisto, súbito, insospechado, inopinado, rápido, inesperado, momentáneo.

REPERCUSIÓN consecuencia, efecto, derivación, secuela, alcance, ramificación, desenlace, influencia, trascendencia, producto, resultado || eco, reflexión, reflejo, reverbero, resonancia, retumbo || rebote, desvío, choque, cambio, rechazo, repulsión, percusión.

REPERCUTIR trascender, resultar, influir, actuar, ejercer, intervenir, afectar, participar, contribuir, obrar, implicar, resultar, causar || chocar, desviarse, rebotar, rechazar, repeler, reflejar, reverberar, resonar, retumbar, cambiar, percutir.

Repertorio recopilación, colección, selección, epítome, índice, lista, catálogo, inventario, compilación, memoria, registro, nomenclátor, prontuario, indicador, ordenación, clasificación, relación.

Repetición reiteración, insistencia, reproducción, frecuencia, reincidencia, pertinacia, reanudación, asiduidad, costumbre, continuidad, período, menudeo, multiplicación, periodicidad, recidiva, reproducción, recaída || redundancia, cantilena, matraca, muletilla, estribillo, lata, tabarra, salmodia, monserga, insistencia.

Repetidamente frecuentemente, periódicamente, reiteradamente, v. repetido.

Repetido frecuente, periódico, reiterado, insistente, asiduo, pertinaz, renovado, reincidente, múltiple, continuo, acostumbrado, uniforme, diario, cotidiano, redundante, reiterativo, regular, machacón, terco, contumaz || duplicado, doble, reproducido, imitado, copiado, calcado.

Repetidor insistente, reiterativo, v. repetido.

Repetir insistir, reiterar, frecuentar, acostumbrar, continuar, renovar, multiplicar, reincidir, machacar, redundar, porfiar, volver, tornar, menudear, redoblar, duplicar, reproducir, copiar, calcar, imitar || regurgitar, devolver.

Repicar tañer, doblar, sonar, tocar, resonar, voltear, repiquetear.

Repintarse acicalarse, componerse, presumir, emperifollarse, emperejilarse.

Repipi marisabidilla, sabelotodo, pedante, fatuo, sabihondo, resabido.

Repique toque, rebato, tañido, sonido, campaneo, volteo, repiqueteo, alarma || riña, gresca, altercado, pelotera, disputa, pelea.

Repiquetear v. repicar.

Repiqueteo v. repique.

Repisa estante, anaquel, ménsula, tabla, alacena, vasar, soporte, apoyo, rinconera, plúteo, estantería.

Repizco v. pellizco.

Replantar trasplantar, repoblar, trasladar, mudar.

Replantear modificar, alterar, trazar, cambiar.

Replanteo trazado, alteración, modificación, cambio.

Repleción saciedad, hartura, abundancia, plétora, plenitud, atiborramiento, atestamiento.

Replegarse retirarse, retroceder, alejarse, ceder, derrumbarse, retraerse, desviarse, recular, desandar, eludir, volverse, huir, aislarse, encerrarse, encogerse.

Repletar llenar, atiborrar, hartar, saciar, colmar, atestar, desbordar.

Repleto atestado, colmado, saciado, harto, lleno, desbordante, atiborrado, pletórico, abundante, ahíto, grávido, preñado, relleno.

Réplica contestación, manifestación, respuesta, afirmación, negación, revelación, indicación, demostración, expresión, declaración, objeción, oposición, corroboración, confesión, alegato, protesta, testimonio, mentís, argumento || copia, reproducción, facsímil, calco, duplicado.

Replicar contestar, alegar, responder, argumentar, testimoniar, protestar, objetar, confesar, corroborar, declarar, expresar, demostrar, indicar, revelar, negar, afirmar, manifestar, retrucar, argüir, criticar, rebatir, censurar, contradecir, rechazar, impugnar, oponer.

Repliegue retroceso, retirada, alejamiento, desvío, huida, reculada, vuelta, derrumbe, aislamiento || doblez, pliegue, dobladillo, arruga, frunce, ondulación, rugosidad, rizo.

Repoblación colonización, fomento, desarrollo, emigración, inmigración, migración, asentamiento, instalación, trasplante, cultivo, traslado.

REPOBLAR colonizar, fomentar, desarrollar, inmigrar, emigrar, instalar, asentar, afincar, trasplantar, trasladar, sembrar, cultivar, plantar.

REPOLLO col, coliflor, berza, lombarda, hortaliza, verdura.

REPOLLUDO abultado, hinchado, turgente, voluminoso, achaparrado, grueso, gordo v.

REPONER restituir, reintegrar, restablecer, devolver, rehabilitar, reinstalar, renovar, restaurar, reanudar, reconstruir, regenerar, rehacer, consolidar, colocar || REPONERSE recobrarse, recuperarse, sanar, curarse, convalecer, mejorar, restablecerse, aliviarse, adelantar || rehacerse, serenarse, calmarse, tranquilizarse.

REPORTAJE información, crónica, escrito, relato, noticia, artículo, reseña, gacetilla.

REPORTAR producir, provocar, ocasionar, engendrar, crear, causar, beneficiar, favorecer || trasladar, transportar, traer, llevar, conducir || REPORTAR * informar, reseñar, relatar, escribir || REPORTARSE moderarse, reprimirse, refrenarse, contenerse, sosegarse, apaciguarse, calmarse.

REPORTE noticia, crónica, v. reportaje || chisme, hablilla, bulo, patraña, historia, cuento.

REPÓRTER * v. reportero.

REPORTERO periodista, informador, cronista, corresponsal.

REPOSADAMENTE tranquilamente, sosegadamente, plácidamente, v. reposado.

REPOSADO tranquilo, sosegado, plácido, apacible, manso, calmoso, pacífico, quieto, sereno, imperturbable, impávido, juicioso, moderado.

REPOSAR dormir, descansar, echarse, yacer, tumbarse, acostarse, sestear, dormitar, tenderse || sosegarse, aplacarse, detenerse, descansar, respirar, holgar, aliviarse, interrumpir, calmarse, serenarse, recuperarse.

REPOSICIÓN restitución, rehabilitación, restablecimiento, reintegro, reanudación, restauración, renovación, reinstalación, reconstrucción, consolidación, regeneración, recuperación, devolución, repetición, reembolso, retorno.

REPOSO descanso, siesta, ocio, sopor, sueño, letargo, inmovilidad, calma, sosiego, detención, pausa, placidez, tranquilidad, quietud, paz, serenidad, moderación.

REPOSTERÍA confitería, pastelería, dulcería, bollería, panadería, establecimiento, tienda.

REPOSTERO pastelero, confitero, panadero || colgadura, paño, tapiz.

REPRENDER increpar, reñir, recriminar, reconvenir, regañar, sermonear, amonestar, apercibir, afear, reprochar, reprobar, corregir, escarmentar, censurar, criticar, vituperar, predicar, desaprobar.

REPRENSIBLE reprochable, censurable, condenable, criticable, vituperable, repudiable, incalificable, recriminable, malo, inconveniente, punible.

REPRENSIÓN reprimenda, reproche, regaño, reconvención, reprobación, riña, sermón, filípica, rapapolvo, desaprobación, prédica, vituperio, crítica, censura, escarmiento, correctivo, amonestación, increpación, recriminación, acusación, rociada, andanada, repasata, lección, apercibimiento, consejo.

REPRESA presa, embalse, balsa, estanque, entibo, dique, *pantano*, rebalse, estancamiento, contención, retención, depósito de aguas.

REPRESALIA desquite, venganza, reparación, compensación, castigo, satisfacción, resarcimiento, desagravio, vindicta, vindicación, expiación, amenaza, revancha.

REPRESAR embalsar, detener, estancar, contener, retener, depositar, canalizar, entibar, encauzar.

Representación imagen, idea, figura, símbolo, alegoría, atributo, signo, alusión, encarnación, personificación, incorporación, simulacro, muestra || delegación, sucesión, reemplazo, suplencia, relevo, poderes, veces, suplantación, sustitución, mandato, autorización, procuración, embajada, encomienda, encargo || autoridad, dignidad, carácter, personalidad, prestigio, crédito, influencia, reputación || función, comedia, drama, teatro, sesión, espectáculo, gala, velada.

Representante mandatario, delegado, apoderado, comisionado, encargado, enviado, ejecutor, diputado, embajador, diplomático, parlamentario, síndico, ministro, factor, factótum, testaferro, portavoz, subalterno, interino, suplente, substituto, reemplazante, sucesor || comisionista, agente, corredor, intermediario, delegado, viajante, negociante.

Representar reemplazar, suplir, suplantar, sustituir, suceder, relevar, subrogar, ejecutar, encargarse, apoderar || constituir, encarnar, figurar, simbolizar, personificar, incorporar, personalizar, significar, aparentar, parecer, evidenciar, mostrar || actuar, declamar, interpretar, recitar, decir, trabajar, incorporar.

Representativo característico, descriptivo, gráfico, claro, definido, manifiesto, típico, específico, distintivo, particular || honorífico, honroso, simbólico, imaginario, figurado, teórico.

Represión contención, dominación, yugo, sujeción, abuso, opresión, sometimiento, castigo, violencia, prohibición, restricción, coerción, limitación, represalia.

Represivo dominante, restrictivo, opresivo, abusivo, violento, autoritario, cruel, implacable, vengativo, enérgico, coercitivo.

Reprimenda amonestación, increpación, recriminación, reprobación, reproche, reconvención, regaño, reprensión, desaprobación, rapapolvo, filípica, sermón, riña, correctivo, escarmiento, censura, crítica, vituperio, prédica, apercibimiento, consejo, lección, repasata, andanada, rociada, metido, acusación.

Reprimir dominar, contener, moderar, apaciguar, refrenar, someter, reducir, aplacar, domar, forzar, constreñir, prohibir, refrenar, sujetar, reducir, moderar, aguantar, vencer, sofrenar, templar, reportar, comprimir.

Reprise * reposición, repetición, continuación || aceleración, incremento, aumento de velocidad.

Reprobable reprochable, reprensible, vituperable, criticable, repudiable, incalificable, recriminable, punible, condenable, malo, inconveniente.

Reprobación desaprobación, censura, crítica, afeamiento, tacha, desautorización, reprensión, reconvención, reproche, reparo, condena, anatema, vituperio, reprimenda v.

Reprobado suspenso, cateado, eliminado, colgado.

Reprobar desaprobar, tachar, criticar, afear, censurar, reparar, reprochar, reconvenir, reprimir, desautorizar, vituperar, anatematizar || catear, suspender, eliminar, colgar, revolcar, dar calabazas.

Réprobo maldito, condenado, endemoniado, excomulgado, execrable, protervo.

Reprochable v. reprobable.

Reprochador crítico, censurante, reparón, quisquilloso, criticón.

Reprochar reconvenir, desaprobar, censurar, criticar, afear, tachar, vituperar, desautorizar, regañar, reñir, sermonear, increpar, recriminar, amonestar, corregir, apercibir, aconsejar, acusar, reprender.

Reproche crítica, censura, reconvención, desaprobación, sermón, riña, regañina, regaño, recriminación, vituperio, anatema, afeamiento, tacha, desautorización, reprensión, reparo, condena, reprimenda.

REPRODUCCIÓN proliferación, multiplicación, diseminación, incremento, difusión, desarrollo, expansión, aumento, escisión, cría, fecundación, división, propagación, dispersión || copia, imitación, calco, falsificación, duplicado, transcripción, extracto, facsímil, trasunto, plagio, repetición.

REPRODUCIR copiar, imitar, transcribir, calcar, duplicar, repetir, falsificar, plagiar, remedar, grabar || REPRODUCIRSE proliferar, multiplicarse, pulular, dividirse, cundir, retoñar, engendrar, dispersarse, fecundar, criar, aumentar, expandirse, desarrollarse, difundirse, incrementar, diseminarse.

REPRODUCTOR semental, garañón, verraco, morueco, macho, padrote || copista, imitador, duplicador, repetidor, copiador.

REPTAR serpentear, arrastrarse, culebrear, zigzaguear, avanzar, deslizarse.

REPTIL saurio, vertebrado, serpiente, ofidio, lagarto || rastrero, pérfido, servil, bajo.

REPÚBLICA democracia, estado, régimen representativo, gobierno del pueblo, de la mayoría.

REPUBLICANO democrático, popular, representativo.

REPUDIACIÓN v. repudio.

REPUDIAR rechazar, apartar, excluir, desairar, impugnar, refutar, negar, rehusar, echar, despreciar, desdeñar, expulsar, repeler, alejar, desconocer, recusar, abandonar, arrinconar, aborrecer, abominar.

REPUDIO rechazo, desdén, desprecio, negación, impugnación, desaire, exclusión, apartamiento, recusación, desconocimiento, alejamiento, abandono, expulsión, repulsa, aborrecimiento, abominación, relegamiento.

REPUESTO reserva, recambio, suplemento, pieza, accesorio, complemento, provisión || restablecido, recuperado, mejorado, aliviado, convaleciente, curado.

REPUGNANCIA repulsión, aversión, asco, oposición, repulsa, aborrecimiento, desagrado, grima, empalago, hastío, saciedad, disgusto, fastidio, desgana, renuencia, resistencia || náusea, vómito, arcada, basca, angustia, desazón.

REPUGNANTE repulsivo, desagradable, asqueroso, horrible, inmundo, puerco, mugriento, roñoso, nauseabundo, fétido, cochambroso, infecto, impuro, impúdico, vicioso, odioso.

REPUGNAR repeler, asquear, desagradar, espantar, oponerse, aborrecer, resistirse, molestar, empalagar, hastiar, saciar, incomodar, ofender, odiar.

REPUJADO labrado, trabajado, cincelado, grabado, tallado, adornado.

REPUJAR cincelar, labrar, trabajar, grabar, tallar, adornar, realzar, bocelar.

REPULGADO amanerado, afectado, pedante, pomposo, remilgado.

REPULGO escrúpulo, miramiento, melindre, aspaviento, remilgo, afectación || dobladillo, cenefa, borde.

REPULIDO emperejilado, acicalado, peripuesto, relamido, melifluo, engalanado, emperifollado.

REPULIR acicalar, emperejilar, engalanar, emperifollar, adornar, componer.

REPULSA v. repudio.

REPULSAR v. repudiar.

REPULSIÓN v. repugnancia.

REPULSIVO v. repugnante.

REPULLO sobresalto, sorpresa, salto, estremecimiento || banderilla, rehilete, garapullo.

REPUNTAR comenzar, iniciar, empezar, despuntar.

REPUTACIÓN notoriedad, prestigio, fama, honra, crédito, nombradía, lustre, aureola, celebridad, gloria, consideración, prez, popularidad.

REPUTAR estimar, juzgar, conceptuar, calificar, considerar, apreciar, reconocer, establecer, pon-

derar, enjuiciar, evaluar, atribuir.
REQUEBRAR galantear, piropear, alabar, florear, halagar, adular, mimar, agasajar, cortejar, echar flores.
REQUEMADO renegrido, negro, oscuro, tostado, quemado, calcinado, reseco.
REQUEMAR ennegrecer, oscurecer, tostar, quemar, calcinar, resecar || escocer, picar, pinchar, punzar, cosquillear || REQUEMARSE dolerse, angustiarse, reconcomerse, consumirse.
REQUEMO angustia, reconcomio, dolor.
REQUERIDOR v. requirente.
REQUERIMIENTO aviso, demanda, orden, intimación, mandato, imposición, obligación, mandamiento || REQUERIMIENTO * exigencia, condición, formalidad, v. requisito.
REQUERIR avisar, notificar, ordenar, intimar, mandar, imponer, obligar, solicitar, pedir, advertir, exhortar, prevenir, persuadir, necesitar.
REQUESÓN cuajada, cuajo, caseo, queso.
REQUETEBIÉN magníficamente, espléndidamente, estupendamente, soberbiamente, insuperable, perfectamente, muy bien.
REQUIEBRO galanteo, piropo, flor, halago, adulación, mimo, agasajo, cortejo, ternura, terneza, lindeza, chicoleo, madrigal, quillotro.
RÉQUIEM misa, servicio, oficio de difuntos.
REQUIÉSCAT IN PACE descanse en paz.
REQUINTAR sobrepujar, exceder, aventajar, adelantar.
REQUIRENTE solicitante, demandante, requeridor, interesado, pretendiente, aspirante, suplicante.
REQUISA embargo, incautación, decomiso, confiscación, apropiación, despojo, retención, aprehensión, expoliación, usurpación, requisición.
REQUISAR confiscar, embargar, decomisar, incautarse, apropiarse, despojar, retener, aprehender, expoliar.
REQUISICIÓN v. requisa || requerimiento, apercibimiento, reclamación.
REQUISITO formalidad, condición, estipulación, cortapisa, cláusula, limitación, traba, cualidad, barrera, reserva, restricción, obligación, circunstancia.
REQUISITORIA interpelación, interrogación, pregunta.
RES cuadrúpedo, animal, rumiante, cabeza, ganado, bestia, vaca, toro, vacuno, bovino.
RESABIADO enviciado, pervertido, v. resabiarse.
RESABIARSE pervertirse, enviciarse, habituarse, descarriarse, corromperse, estragarse, malograrse.
RESABIDO pedante, sabelotodo, sabihondo, sabidillo, marisabidilla.
RESABIO defecto, achaque, vicio, lacra, falla, perversión, mancha, mácula, tacha, menoscabo || desabrimiento, regusto, amargura, rastro, desazón || v. residuo.
RESACA corriente, retroceso, flujo, aflujo, marea, bajamar || malestar, desazón, efectos, consecuencias de la bebida.
RESALTAR descollar, sobresalir, distinguirse, destacar, preponderar, dominar, sobresalir, predominar, señalarse, aventajar, diferenciarse, prevalecer, proyectarse, levantarse, abultar.
RESALTE borde, reborde, saliente, remate, filo, pestaña, punta, espiga, lomo, diente, ceja, proyección, protuberancia, rebaba, relieve, remate, refuerzo, cordoncillo, filete, ribete, resalto, convexidad, eminencia.
RESALTO v. resalte.
RESARCIMIENTO compensación, reparación, desquite, reintegro, recobro, indemnización, desagravio, devolución, enmienda, recompensa, retractación, venganza, restitución.
RESARCIR compensar, reintegrar, reparar, enmendar, devolver, desagraviar, indemnizar, restituir, recompensar, equilibrar, subsa-

nar, remediar || Resarcirse desquitarse, recobrar, recuperar, vengarse, rescatar.

Resbaladizo escurridizo, resbaloso, deslizable, deslizante, terso, liso, húmedo, aceitoso.

Resbalamiento v. resbalón.

Resbalar patinar, deslizarse, escurrirse, correr, desplazarse, irse, arrastrarse, rodar || errar, equivocarse, fallar, pifiar, marrar, chasquearse.

Resbalón patinazo, deslizamiento, desliz, traspié, tropiezo, resbalamiento, escurrimiento, desplazamiento, pifia, chasco, equivocación, error, patinazo.

Resbaloso v. resbaladizo.

Rescaño resto, remanente, parte, trozo, fragmento.

Rescatador salvador, libertador, redentor, protector, defensor, vencedor.

Rescatar recuperar, redimir, salvar, liberar, reconquistar, libertar, reembolsar, reparar, restituir, reivindicar, reintegrar, restablecer, reanudar, resarcir.

Rescate restitución, recuperación, reconquista, redención, liberación, salvamento, reintegro, reivindicación, reembolso, reparación, resarcimiento, reanudación, restablecimiento, fuga, huida, evasión || desempeño, redención, recobro, devolución || pago, entrega, suma, dinero, compensación.

Rescindir cancelar, anular, revocar, invalidar, abolir, suprimir, suspender, terminar, concluir, inhabilitar, liquidar, derogar, detener, interrumpir.

Rescisión cancelación, abolición, anulación, supresión, invalidación, revocación, derogación, liquidación, inhabilitación, conclusión, terminación, suspensión.

Rescoldo brasa, ascua, lumbre, ceniza, fuego || escozor, desazón, recelo, resentimiento.

Resecar extirpar, cortar, extraer, erradicar, eliminar, seccionar, amputar, suprimir || Resecarse agostarse, secarse, desecarse, requemarse, marchitarse, ajarse.

Resección extirpación, extracción, supresión, sección, eliminación, erradicación, corte, amputación.

Reseco agostado, requemado, marchito, ajado, desecado, agrietado, sediento.

Reseguir v. repasar.

Resentido disgustado, ofendido, picado, enfadado, irritado, mosqueado, agraviado, quejoso, resquemado, animoso, rencoroso, susceptible, suspicaz, contrariado, decepcionado, molesto, mortificado, amargado, afligido, arrepentido.

Resentimiento disgusto, mortificación, contrariedad, aflicción, amargura, pena, arrepentimiento, molestia, decepción, susceptibilidad, rencor, animosidad, resquemor, queja, agravio, suspicacia, irritación, enfado, animadversión, tirria.

Resentirse contrariarse, mortificarse, disgustarse, afligirse, decepcionarse, molestarse, arrepentirse, apenarse, amargarse, irritarse, picarse, enfadarse, mosquearse || dolerse, debilitarse, desmejorar, flaquear, desmayar, debilitarse, aflojar, quejarse.

Reseña descripción, resumen, detalle, noticia, examen, narración, datos, nota, juicio, aclaración, referencia, explicación.

Reseñar examinar, describir, aclarar, explicar, referir, enjuiciar, criticar, anotar, narrar, examinar, detallar, resumir, subrayar.

Reserva discreción, cautela, circunspección, prudencia, miramiento, tino, moderación, sigilo || recambio, repuesto, depósito, almacenamiento, ahorro, base, fondo, provisión, acopio, acumulación, acaparamiento || depósito, provisión, resguardo, retención ||
Reservas restricciones, salvedades, limitaciones, cortapisas, excusas.

Reservadamente cautelosamente, comedidamente, prudentemente, v. reservado.

Reservado comedido, cauteloso,

prudente, mirado, circunspecto, discreto, sigiloso, moderado, serio, modesto, sobrio, disimulado, receloso, solapado, cauto, callado, diplomático || guardado, depositado, apartado, disponible, retirado, separado || compartimiento, apartamiento, casilla, acotado, privado.

RESERVAR guardar, retener, apartar, retirar, depositar, separar, ocultar, ahorrar, almacenar, acumular, economizar, aprovisionar, acopiar, acaparar || retrasar, diferir, dilatar, prolongar, aplazar || RESERVARSE mantenerse, conservarse, prolongarse, resistir, perseverar.

RESERVÓN reservado v., cauteloso, malicioso.

RESERVORIO * receptáculo, depósito.

RESFRIADO constipado, resfrío, catarro, coriza, romadizo, enfriamiento, destemple, gripe, fluxión, achaque, dolencia.

RESFRIARSE acatarrarse, constiparse, enfriarse, estornudar, toser.

RESFRÍO v. resfriado.

RESGUARDAR amparar, proteger, guarecer, preservar, abrigar, auxiliar, ocultar, defender, prevenir, cuidar, precaver, cubrir, tapar.

RESGUARDO documento, recibo, talón, cupón, comprobante, vale, acuse, justificante, bono, papeleta, descargo, boleto, contraseña || seguridad, guardia, amparo, abrigo, cobijo, auxilio, defensa, prevención, cuidado, cobertura, protección, refugio, respaldo || guardia, custodia, vigilancia, puesto, aduana, aduaneros.

RESIDENCIA morada, domicilio, vivienda, casa, hogar, nido, cobijo, refugio, albergue, techo, habitación, mansión, rincón || paradero, dirección, señas.

RESIDENCIAL selecto, elegante, distinguido, recoleto, tranquilo.

RESIDENTE morador, habitante, vecino, arrendatario, ocupante, inquilino, afincado, asentado, poblador, domiciliado.

RESIDIR morar, vivir, habitar, radicar, albergarse, refugiarse, permanecer, afincarse, asentarse, parar, hallarse, estar, convivir, establecerse, alojarse, anidar, arraigar, ocupar.

RESIDUAL sobrante, fraccionario, excedente, secundario.

RESIDUO parte, porción, vestigio, sedimento, poso, remanente, sobras, sobrante, resto, exceso, desecho, rastrojo, recortes, raeduras, heces, desperdicio, escoria, ceniza, despojo, saldo, reliquia, migajas.

RESIGNACIÓN conformidad, paciencia, estoicismo, aguante, mansedumbre, sumisión, docilidad, resistencia, humildad, conformismo, tolerancia, entereza, imperturbabilidad, flema, pasividad, filosofía, doblegamiento, acatamiento || renuncia, dimisión, abandono, cese.

RESIGNADAMENTE sumisamente, pacientemente, mansamente, dócilmente, v. resignado.

RESIGNADO sumiso, paciente, manso, doblegado, filosófico, pasivo, flemático, imperturbable, entero, tolerante, conformista, humilde, resistente, dócil, estoico.

RESIGNAR dimitir, abandonar, renunciar, cesar, cejar, ceder, entregar, claudicar, apartarse, retirarse || RESIGNARSE conformarse, avenirse, prestarse, doblegarse, allanarse, someterse, condescender, acatar, filosofar, tolerar, resistir, aguantar, sufrir.

RESINA goma, bálsamo, óleorresina, gomorresina, barniz, abetinote, laca, ámbar, benjuí.

RESISTENCIA aguante, fortaleza, vigor, fuerza, poder, nervio, vitalidad, ánimo, empuje, robustez, firmeza, brío, eficacia, pujanza, reciedumbre, poderío, fibra, tenacidad, dureza, entereza, potencia || reluctancia, renuencia, repugnancia, oposición, repulsa, rebeldía, antagonismo.

RESISTENTE tenaz, duro, robusto, poderoso, vigoroso, fuerte, eficaz, aguantador, brioso, firme,

animoso, vital, fibroso, recio, pujante, entero, potente, invulnerable, sólido, infatigable, férreo, granítico || renuente, rebelde, opuesto, antagónico, reluctante, testarudo, terco.
Resistero siesta, calor, bochorno.
Resistible tolerable, aguantable, soportable, v. resistir.
Resistir tolerar, aguantar, soportar, sobrellevar, sufrir, disimular, admitir, transigir, tragarse, sostener, digerir, comportar, tascar || rechazar, oponerse, enfrentarse, encararse, arrostrar, revolverse, obstruir, afrontar, contrarrestar, impugnar, dificultar, objetar, estorbar, reaccionar, pelear, rebelarse, plantarse, cuadrarse, desafiar.
Resol reverberación, solana, bochorno, reflejo, espejeo, reverbero, canícula, sofoco.
Resoluble fraccionable, separable, fragmentable, divisible.
Resolución audacia, osadía, decisión, determinación, brío, valor, valentía, intrepidez, denuedo, aplomo, bizarría, espíritu, empuje, atrevimiento, arresto, designio, voluntad || conclusión, dictamen, fallo, sentencia, decreto, determinación, decisión, resultado, inferencia, acuerdo || separación, división, fragmentación.
Resolutorio decisivo, terminante, categórico, tajante, concluyente.
Resolver solucionar, decidir, concluir, determinar, remediar v., despachar, ventilar, expedir, zanjar, satisfacer, solventar, arbitrar, disipar, aclarar, sentenciar, proveer, decretar, establecer, disponer, acordar, adoptar, tramitar, descifrar, despejar, adivinar, descubrir, hallar || dividir, analizar, separar, partir, fragmentar, atenuar, deshacer, reducir, destrozar.
Resollar jadear, resoplar, bufar, sofocarse, ahogarse, respirar agitadamente.
Resonancia sonoridad, profundidad, repercusión, eco, sonido, reflexión, reverberación, rumor, retumbo, retintín, rimbombancia || divulgación, repercusión, generalización, difusión, consecuencia, influencia.
Resonante retumbante, sonoro, ruidoso, rimbombante, profundo, rumoroso, resonador, ensordecedor, estrepitoso, clamoroso, estruendoso, bullanguero, fragoroso, difundido, divulgado.
Resonar retumbar, atronar, ensordecer, rugir, tronar, sonar, bramar, estallar, repercutir, reverberar, tintinear, cascabelear, doblar, tocar, tañir, rugir.
Resoplar bufar, jadear, resollar, roncar, rebufar, soplar, alentar, gruñir, respirar.
Resoplido bufido, soplido, rebufo, jadeo, gruñido, ronquido, exhalación, espiración.
Resorte ballesta, muelle, fleje, espiral, suspensión, alambre || Resortes influencias, medios, amistades, poder, valimiento, mano, privanza.
Respaldar apoyar, proteger, defender, favorecer, amparar, ayudar, auxiliar, secundar, sostener, soportar, sustentar, confirmar, patrocinar, alentar, propugnar, mantener, abogar, favorecer.
Respaldo espaldera, espaldar, descanso, apoyo, sostén, soporte, sustentáculo, auxilio, patrocinio, favor.
Respectivamente individualmente, correspondientemente, comparativamente, equitativamente, distributivamente, proporcionalmente, mutuamente, v. respectivo.
Respectivo recíproco, individual, comparativo, equitativo, correspondiente, personal, distributivo, proporcional, mutuo, concerniente, pertinente, perteneciente, referido, dependiente, vinculado.
Respecto a relacionado con, relativo a, con referencia, en cuanto a, tocante a.
Respetabilidad seriedad, dignidad, decoro, gravedad, decencia, mesura, honradez, majestad, solem-

nidad, integridad, mérito, pundonor, nobleza, recato, sobriedad, compostura, preeminencia, categoría, importancia, poder, fama, v. respeto.

RESPETABLE digno, serio, decente, grave, decoroso, íntegro, respetado, solemne, majestuoso, mesurado, honrado, compuesto, sobrio, recatado, noble, pundonoroso, afamado, famoso, importante, preeminente, considerado, honorable, admirado || considerable, grande, tremendo, importante, amplio, vasto, extenso.

RESPETADO v. respetable.

RESPETAR venerar, admirar, considerar, enaltecer, homenajear, mirar, tolerar, someterse, acatar, obedecer, rendirse, reverenciar, postrarse, saludar, adorar, tributar, honrar, ponderar, amar.

RESPETO homenaje, consideración, deferencia, miramiento, atención, solicitud, aprecio, afecto, urbanidad, cortesía, estima, adhesión, comedimiento, homenaje, admiración, veneración, reverencia, obediencia, acatamiento, sometimiento, tolerancia, honra, adoración, amor, culto, sumisión, devoción, recato, v. respetabilidad.

RESPETUOSAMENTE dignamente, seriamente, decentemente, gravemente, v. respetable.

RESPETUOSIDAD * v. respeto.

RESPETUOSO cortés, deferente, educado, atento, mirado, urbano, amable, afable, cuidadoso, complaciente, condescendiente, cumplido, ceremonioso, fervoroso.

RÉSPICE regañina, represión, rapapolvo, v. reprimenda.

RESPINGADA v. respingona.

RESPINGAR estremecerse, corcovear, resistirse, oponerse, sacudirse, menearse, brincar.

RESPINGO estremecimiento, movimiento, sacudida, brinco, corveta, contracción, sobresalto, reacción, reflejo.

RESPINGONA arremangada, respingada, levantada, recogida, alzada.

RESPIRABLE puro, sano, limpio, oxigenado, ventilado, aireado.

RESPIRACIÓN inspiración, aspiración, absorción, inhalación, exhalación, espiración, succión, suspiro, aliento, hálito, ronquido, resoplido, soplo, resuello, vaharada, jadeo, estertor, sofoco, fatiga, opresión.

RESPIRADERO tragaluz, lumbrera, abertura, orificio, tronera, conducto, ventilador.

RESPIRAR inspirar, aspirar, inhalar, absorber, espirar, exhalar, expulsar, eliminar, alentar, jadear, resollar, roncar, gañir, anhelar, resoplar, suspirar, ventilarse || descansar, aliviarse, calmarse, serenarse, sosegarse.

RESPIRO tregua, descanso, alivio, sosiego, calma, reposo, alto, pausa, prórroga.

RESPLANDECER refulgir, relucir, fulgurar, relumbrar, brillar, esplender, alumbrar, iluminar, fosforecer, centellear, coruscar, espejear, cabrillear, chispear, rielar, relampaguear, deslumbrar, titilar, lucir, arder, rutilar, clarear, irradiar, emitir, destellar.

RESPLANDECIENTE fulgurante, reluciente, refulgente, relumbrante, brillante, coruscante, centelleante, fosforescente, luminoso, iluminado, esplendoroso, relampagueante, chispeante, espejeante, irradiante, rutilante, ardiente, titilante, destelleante, cegador, radiante, deslumbrante.

RESPLANDINA filípica, regaño, rapapolvo, represión, sermón, v. reprimenda.

RESPLANDOR fulgor, brillo, luminosidad, centelleo, esplendor, iluminación, titilación, irradiación, espejeo, cabrilleo, destello, albor, claridad, reflejo, halo, aureola, luz, aurora, alba, crepúsculo, nimbo, relámpago, rayo, deslumbre, luminiscencia, fosforescencia.

RESPONDER replicar, contestar, alegar, argumentar, manifestar, revelar, afirmar, indicar, demostrar, expresar, declarar, corroborar, confesar, objetar, protestar, argüir, rebatir, criticar, censurar, contradecir, rechazar, impugnar, oponer, retrucar, negar || garantizar, certificar, avalar, endosar, proteger, obligarse, comprometerse.

Respondón deslenguado, desfachatado, rebelde, insolente, atrevido, descarado, desconsiderado.

Responsabilidad compromiso, obligación, deber, carga, cometido, peso, incumbencia, competencia, exigencia, tarea, servidumbre, gravamen, cruz, vínculo, fianza, garantía, certificar, deuda, empeño, necesidad || juicio, sensatez, madurez, solvencia.

Responsabilizarse * comprometerse, obligarse, garantizar, responder v.

Responsable comprometido, garante, avalista, fiador, solidario, garantizador || causante, culpable, autor, reo, perpetrador || encargado, delegado, ejecutor, gestor, agente, administrador, jefe, representante, comisionado, apoderado || consciente, cabal, consecuente, cumplidor, puntual, fiel, juicioso, sensato, maduro, recto.

Responso responsorio, rezo, oración, ruego, oficio de difuntos.

Respuesta réplica, contestación, manifestación, afirmación, negación, declaración, expresión, demostración, indicación, revelación, confesión, corroboración, argumento, objeción, mentís, protesta, alegato, oposición, crítica, censura, contradicción, impugnación, rechazo, refutación, consulta, recado.

Resquebrajadura grieta, hendedura, raja, abertura, rendija, ranura, resquicio, fisura, juntura, intersticio, fenda, fractura, boquete, oquedad.

Resquebrajarse cuartearse, agrietarse, rajarse, henderse, fragmentarse, fracturarse, abrirse, cascarse.

Resquemar escocer, picar, punzar, cosquillear || incomodar, molestar, angustiar, atormentar, reconcomer.

Resquemo picazón, escozor, picor, punzada, escocimiento, cosquilleo || v. resquemor.

Resquemor desazón, pesadumbre, disgusto, angustia, molestia, incomodidad, resentimiento, tormento, reconcomio || v. resquemo.

Resquicio abertura, intersticio, claro, hendedura, hueco, espacio, ranura, rendija, juntura || oportunidad, pretexto, coyuntura, motivo, ocasión.

Resta substracción, disminución, diferencia, resultado, descuento, exclusión, operación, cálculo, cuenta.

Restablecer restituir, reponer, rehabilitar, reconstruir, regenerar, rehacer, reparar, devolver, reanudar || Restablecerse recuperarse, convalecer, mejorar, reponerse, curarse, sanar, recobrarse, adelantar, aliviarse.

Restablecimiento cura, convalecencia, recuperación, mejoría, alivio, reposo, adelanto, curación, salud || restitución, reintegro, renovación, reparación, devolución, reanudación, restauración, regeneración, reconstrucción, rehabilitación, reposición, renuevo.

Restado descontado, substraído, disminuido, excluido.

Restallar chasquear, crepitar, estallar, crujir, resonar, repercutir, latiguear, sonar.

Restante remanente, residuo, parte, porción, vestigio, sobrante, resto v.

Restañar estancar, detener, contener, atajar.

Restaño contención, estancamiento, detención || represa, remanso, embalse.

Restar deducir, substraer, quitar, sacar, tomar, descontar, rebajar.

Restauración reposición, restablecimiento, restitución, reintegro, renuevo, rehabilitación, reconstrucción, regeneración, reanudación, devolución, reparación, renovación, recuperación.

Restaurador renovador, rehabilitador, recuperador, restablecedor, tradicionalista, reconstructor || reparador, descansado, reconfortante, tonificante, vigorizante.

Restaurante comedor, refectorio, fonda, hotel, hostal, figón, mesón, cantina, tasca, taberna, bar, establecimiento, casa de comidas.

Restaurar restituir, restablecer, reponer, rehabilitar, reconstruir, renovar, reintegrar, reparar, devolver, reanudar, recuperar, recobrar.

Restitución reintegro, devolución, entrega, retorno, reembolso, redención, restauración, renovación, reanudación, rehabilitación, reposición, reconstrucción, renuevo.

Restituir reponer, devolver, reintegrar, retornar, reembolsar, redimir, rendir, restablecer, rehabilitar, reconstruir, reanudar, renovar, restaurar || Restituirse volver, regresar, tornar, retornar, reintegrarse.

Resto residuo, parte, fracción, remanente, vestigio, trozo, pedazo, exceso, resultado, diferencia, resta || Restos sobras, sobrantes, despojos, residuos, remanentes, sedimentos, detritos, heces || cadáver, cuerpo, despojos, muerto.

Restorán * v. restaurante.

Restregadura frote, fricción, restregamiento, restregón, estregón, frotamiento, rozamiento, roce, refregón, fricción, frotadura, rascamiento, rascadura, masaje.

Restregamiento v. restregadura.

Restregar rozar, frotar, friccionar, refregar, rascar, estregar, raspar, escarbar, pulir, limar, esmerilar, lijar, raer, desgastar, sobar, masajear, manosear, ajar.

Restregón v. restregadura.

Restricción cortapisa, impedimento, limitación, traba, barrera, condición, obstáculo, inconveniente, prohibición, reserva, negación.

Restrictivo condicional, limitativo, taxativo, restringido, limitado, prohibitivo, negativo, circunscrito, delimitado, tasado.

Restringido v. restrictivo.

Restringir ceñir, circunscribir, reducir, condicionar, limitar, tasar, delimitar, prohibir, establecer, cortar, confinar, ajustar, supeditar, localizar, impedir, abreviar, compendiar, acotar, definir.

Restriñir constreñir, astringir, contraer, acortar, disminuir, condensar.

Resucitado renacido, redivivo, revivido, reencarnado, reaparecido, vivificado, reanimado, reavivado, resurgido, recuperado, renovado.

Resucitar renacer, revivir, reaparecer, reencarnar, recuperarse, resurgir, reavivarse, reanimarse, vivificarse, renovarse, volver a la vida.

Resudar rezumar, escurrirse, filtrarse, exudar, sudar, transpirar.

Resueltamente audazmente, arrojadamente, osadamente, atrevidamente, v. resuelto.

Resuelto audaz, arrojado, atrevido, osado, decidido, arriesgado, temerario, intrépido, determinado, valiente, dispuesto, pronto, expedito, denodado, activo, dinámico.

Resuello jadeo, aliento, estertor, resoplo, ronquido, hálito, opresión, ansia, sofoco, asma, respiración silbante, fatigosa, anhelante.

Resulta v. resultas.

Resultado producto, suma, secuela, consecuencia, efecto, conclusión, fin, desenlace, alcance, derivación, trascendencia, fruto.

Resultar trascender, derivar, alcanzar, concluir, repercutir, implicar, reflejar, arrojar, redundar, deducirse, salir, inferirse, seguirse || fructificar, producir, salir, beneficiar, favorecer, rendir, recompensar, triunfar || manifestarse, evidenciarse, aparecer, mostrarse.

Resultas consecuencias, efectos, frutos, secuelas, alcances, trascendencia, derivaciones.

Resumen recapitulación, extracto, sinopsis, suma, compendio, sumario, abreviación, acortamiento, esquema, simplificación, corte, poda, recorte, reducción, digesto, recopilación, compilación, epítome, condensación, repertorio, síntesis, prontuario, breviario, trasunto.

Resumidamente en concreto, en resumen, en pocas palabras, resumiendo, recapitulando, concretamente || abreviadamente, simplificadamente, v. resumido.

Resumido abreviado, simplificado, compendiado, sinóptico, extractado, cortado, podado, esquemático, acortado, recopilado, compilado, reducido, recortado, sintetizado, condensado, sintético, sucinto, corto, lacónico, recapitulado.

Resumir abreviar, extractar, compendiar, simplificar, esquematizar, podar, cortar, recapitular, sintetizar, recortar, reducir, compilar, recopilar, acortar, condensar, substanciar, limitar, definir.

Resurgimiento v. resurrección.

Resurgir reaparecer, reanudar, renovar, retornar, volver, rehabilitarse, restituirse, remozarse, florecer, recuperarse, restaurarse, proseguir, continuar, perpetuarse, renacer, resucitar, revivir, reencarnar, vivificarse, reavivarse.

Resurrección renacimiento, reencarnación, vivificación, reaparición, resurgimiento, vuelta, retorno, regreso, reanudación, recuperación, florecimiento, remozamiento, restitución, rehabilitación, perpetuación, continuación, prosecución, restauración, regeneración.

Resurtida v. rebote.

Resurtir rebotar, retroceder, repercutir, percutir, golpear.

Retablo talla, pintura, representación, imagen, serie, historia, suceso.

Retaco bajo, rechoncho, achaparrado, regordete.

Retador peleador, provocador, desafiante, discutidor, bravucón, pendenciero, combativo, reñidor.

Retaguardia cola, extremidad, punta, cabo, destacamento, tropa, grupo, trasero, posterior.

Retahíla serie, conjunto, fila, sarta, recua, cadena, hilera, letanía, sucesión, ringlera, ristra, tirada.

Retal retazo, corte, recorte, pedazo, fragmento, trozo, sobrante, recortadura.

Retallo pimpollo, capullo, brote, vástago, esqueje, gajo, botón || saliente, resalte, prominencia.

Retama ginesta, hiniesta, mata, leguminosa, planta.

Retar provocar, enfrentarse, desafiar, oponerse, amenazar, chulearse, jactarse, fanfarronear, bravuconear, oponerse, encararse, intimidar, luchar, pelear, pugnar.

Retardación v. retardo.

Retardado retrasado, idiota, imbécil, deficiente, anormal, subnormal, mongólico, cretino, faltoso, débil mental || postergado, atrasado, diferido, lento, parsimonioso, v. retardar.

Retardar aplazar, dilatar, retrasar, postergar, demorar, entretener, prorrogar, detener, atrasar, diferir, eternizarse, pausar, embarazar, entorpecer, posponer, remitir, rezagar, v. retener.

Retardatario * retrógrado, atrasado, retrasado, rezagado.

Retardo demora, prórroga, retraso, postergación, aplazamiento, dilatación, atraso, detención, remisión, entretenimiento, entorpecimiento, embarazo, pausa, rezagamiento, espera, lentitud, dilatoria, morosidad, retardación, tardanza, descanso, intervalo, pausa, tregua, remisión, largas, v. retención.

Retazo v. retal.

Retemblar temblequear, estreme-

cerse, vibrar, trepidar, conmoverse, castañetear.
Retén tropa, puesto, refuerzo, destacamento, guardia.
Retención suspensión, detención, conservación, inmovilización, estancamiento, paralización, atascamiento, atasco, entorpecimiento, obstrucción, retraso, v. retardo.
Retener inmovilizar, detener, suspender, guardar, conservar, entorpecer, atascar, paralizar, estancar, obstruir, dificultar, impedir, empantanar, v. retardar.
Retentiva recuerdo, memoria, remembranza, reminiscencia, evocación, repaso, rememoración, presencia, capacidad, don, facultad, aptitud.
Retesar atirantar, endurecer, fortalecer.
Reticencia indirecta, alusión, insinuación, rodeo, ironía, embozo, ambages, mención, evasiva, ambigüedad, retintín, medias palabras.
Reticente evasivo, ambiguo, indirecto, irónico, sarcástico.
Retículo malla, red, redecilla, tejido, trama, urdimbre, cota, visor, mira, retícula.
Retina membrana, capa, cubierta, recubrimiento ocular.
Retintín énfasis, ironía, sarcasmo, reticencia, pulla, indirecta || tonillo, sonsonete, soniquete, sonido, son, repiqueteo, eco, tintineo.
Retinto obscuro, renegrido, cárdeno, ennegrecido.
Retiñir resonar, sonar, repiquetear, tintinear.
Retirada repliegue, retroceso, desbandada, huida, estampía, escapada, desvío, reculada, vuelta, derrumbe, derrota, alejamiento || aislamiento v. retiro.
Retiradamente apartadamente, alejadamente, aisladamente, v. retirado.
Retirado apartado, alejado, desviado, remoto, perdido, solitario, lejano, separado || incomunicado, aislado, recogido, encerrado, recluido, retraído, clausurado, misántropo, esquivo, desaparecido || jubilado, emérito, pasivo, apartado, pensionista, pensionado, licenciado, eximido, excedente, inactivo.
Retiramiento v. retiro.
Retirar quitar, apartar, alejar, echar, desalojar, despojar, tomar, coger, birlar, desposeer, privar, usurpar, restar || Retirarse jubilarse, licenciarse, dejar, abandonar, alejarse, apartarse || replegarse, retroceder, recular, huir, escapar, volverse, desbandarse, abandonar, eludir, esquivar, rehuir || recogerse, guarecerse, acostarse, echarse, encerrarse || apartarse, alejarse, aislarse, retraerse, incomunicarse, recogerse, desaparecer, separarse, perderse, desviarse, recluirse, abandonar.
Retiro jubilación, pensión, licencia, excedencia, abandono, alejamiento, apartamiento || soledad, aislamiento, retraimiento, incomunicación, exclusión, clausura, reclusión, encierro, apartamiento, separación, destierro, recogimiento, misantropía || refugio, abrigo, cobijo, amparo, protección, resguardo.
Reto provocación, desafío, lance, bravata, oposición, fanfarronada, encaramiento, enfrentamiento, contradicción, amenaza, jactancia, pelea.
Retocado mejorado, modificado, arreglado, compuesto, transformado.
Retocar arreglar, mejorar, transformar, modificar, componer, completar, restaurar, perfeccionar.
Retoñar brotar, florecer, reproducirse, retallar, retallecer, rebrotar, renovarse.
Retoño brote, renuevo, pimpollo, capullo, pezón, tallo, botón, vástago, yema, rama, cogollo, serpollo, rebrote, hijo, retallo, reveno || descendiente, hijo, sucesor, vástago, heredero, familiar.

Retoque arreglo, mejora, compostura, modificación, transformación, corrección, perfeccionamiento, restauración.

Retorcedura v. retorcimiento.

Retorcer enroscar, torcer, encorvar, rizar, arquear, abarquillar, pandear, encrespar, encarrujar, arrugar, ensortijar, curvar, doblar, ondular || **Retorcerse** contorsionarse, contraerse, convulsionarse, crisparse, encogerse, menearse, moverse, agitarse, escurrirse.

Retorcido curvado, enroscado, arqueado, abarquillado, rizado, alabeado, ondulado, encarrujado, pandeado, ensortijado, encrespado, doblado, contorsionado, contraído, convulsionado, encogido, crispado || torvo, tortuoso, solapado, disimulado, hosco, avieso, atormentado, maligno.

Retorcimiento torcimiento, encorvamiento, retorcedura, abarquillamiento, arqueamiento, v. retorcido.

Retórica elocuencia, persuasión, argumentación, convencimiento, oratoria, convicción, captación, labia, facundia, verborrea, fárrago, evasiva, rebuscamiento, prosopopeya, pomposidad.

Retórico elocuente, persuasivo, convincente, orador, facundo, rebuscado, pomposo, prosopopéyico, rimbombante.

Retornar volver, regresar, venir, llegar, repatriarse, reintegrarse, retroceder, resurtir, reemprender, reanudar, recular, rebotar, retrogradar || devolver, reintegrar, restituir, reembolsar, reemplazar, reponer, restablecer, entregar, tornar, rendir, redimir, ofrecer.

Retornelo repetición v.

Retorno regreso, llegada, venida, vuelta, reintegro, repatriación, reanudación, retroceso, retrogradación, torna || reintegro, devolución, reembolso, restitución, entrega, restablecimiento, ofrecimiento, redención, rendimiento, reemplazo, reposición, retrocesión.

Retorta vasija, matraz, alambique, destilador, alcatara, alquitara, redoma, recipiente.

Retortero (AL) desasosegadamente, inquietamente, agitadamente, a mal traer.

Retortijón punzada, pinchazo, dolor, contracción, crispamiento, convulsión, espasmo, contorsión, acceso.

Retozador v. retozón.

Retozar juguetear, brincar, saltar, corretear, jugar, triscar, correr, travesear || amarse, besarse, acariciarse, abrazarse, arrullarse, amartelarse, unirse, yacer, cohabitar v.

Retozo jugueteo, juego, correteo, salto, brinco, traveseo, corrida, zapateta, diablura, travesura, gracia || beso, abrazo, caricia, manoseo, amartelamiento, arrullo, unión, cópula v.

Retozón travieso, juguetón, saltarín, triscador, alegre, infantil, juvenil, diablillo, inquieto, ruidoso, enrevesado, vivaracho, revoltoso, alocado, enredador.

Retracción reducción, encogimiento, contracción, disminución, mengua, merma.

Retractación rectificación, negación, enmienda, arrepentimiento, abjuración, desdecimiento, denegación, rescisión, anulación, incumplimiento.

Retractarse rectificar, desdecirse, arrepentirse, enmendar, negar, anular, rescindir, denegar, abjurar, incumplir, revocar, flaquear, anular, retirar.

Retraerse apartarse, retirarse, aislarse, recogerse, incomunicarse, desvincularse, huir, encerrarse, desligarse, eludir, evitar, esquivar.

Retraído hosco, huidizo, reservado, tímido, huraño, esquivo, solitario, montaraz, misántropo, insociable, torvo, hermético, intratable.

Retraimiento misantropía, hermetismo, insociabilidad, hosquedad, misoginia, timidez, reserva, introversión, cortedad, amargura, hipocondría, pesimismo, ascetismo, soledad, tristeza.

Retranquear trasladar, mover, correr, rectificar, alinear, deslizar, colocar, situar, retrasar, apartar, bornear.

Retranqueo apartamiento, alejamiento, ensanche, colocación, ampliación.

Retransmitir reproducir, repetir || Retransmitir * emitir, transmitir, radiar, perifonear, divulgar, difundir, comunicar, informar.

Retrasar diferir, suspender, aplazar, demorar, prorrogar, postergar, atrasar, posponer, dilatar, retardar, entretenerse, entorpecer, eternizar, parar, obstaculizar, impedir || Retrasarse rezagarse, entretenerse, remolonear, perder terreno, quedarse atrás.

Retraso demora, dilación, prórroga, aplazamiento, suspensión, entretenimiento, detención, postergación, obstáculo, entorpecimiento || atraso, ignorancia, incultura, pobreza, miseria.

Retratar fotografiar, reproducir, representar, plasmar, fijar, impresionar, reflejar, captar, copiar, dibujar, pintar, describir, detallar, especificar, identificar.

Retratista pintor, artista, maestro, creador, acuarelista, dibujante.

Retrato fotografía, copia, imagen, impresión, instantánea, clisé, estampa, reproducción, lámina, figura, pintura, dibujo, representación, descripción, detalle, especificación, identificación.

Retrechar recular, retroceder, retrasarse.

Retrechería artificio, maña, disimulo, piropo, lagotería, zalamería.

Retrechero atractivo, sugestivo, hermoso, bello, sugestivo || lagotero, zalamero, disimulado, taimado.

Retrepado recostado, apoyado, reclinado, sostenido, echado, adosado, afirmado, sustentado, descansado, arrellanado, repantigado.

Retreparse apoyarse, reclinarse, recostarse, echarse, adosarse, sostenerse, descansar, afirmarse, repantigarse, arrellanarse.

Retreta toque, clarinazo, señal, retirada, repliegue, huida.

Retrete excusado, común, lavabos, servicios, urinario, mingitorio, letrina, evacuatorio, baño, *water-closet*.

Retribución remuneración, gratificación, pago, estipendio, asignación, prima, indemnización, compensación, honorarios, dieta, salario, jornal, sueldo, haberes, paga, recompensa, galardón, premio.

Retribuir gratificar, remunerar, pagar, compensar, indemnizar, asignar, recompensar, subvencionar, sufragar, premiar || corresponder, devolver, compensar, agradecer.

Retroactividad influencia, acción, efecto sobre lo pasado.

Retroceder recular, retirarse, replegarse, huir, abandonar, desbandarse, escapar, eludir, esquivar, rehuir, retrogradar, volverse, retornar, regresar, ciar, cejar, desandar, regolfar, refluir, retraerse.

Retrocesión devolución, restitución, reintegro, entrega, compensación, reposición || v. retroceso.

Retroceso reculada, retorno, marcha atrás, regreso, vuelta, cambio, retirada, repliegue, abandono, huida, escapatoria, desbande, atraso, contramarcha, rebote, reflejo, rechazo, repercusión, regresión.

Retrogradar v. retroceder.

Retrógrado atrasado, reaccionario, conservador, carcunda, obcecado, rancio.

Retropropulsión impulsión hacia atrás, reacción.

Retrospectivo evocador, recapitulador, v. evocar.

Retruécano juego de palabras,

Retruque chiste, chascarrillo, historieta, agudeza, lance, ocurrencia, sutileza, chanza.

Retruque rebote, rechazo, retroceso, reculada.

Retumbante resonante, atronador, ensordecedor, rimbombante, estridente, ruidoso, escandaloso, fragoroso, estrepitoso, estremecedor, rugiente, bramador.

Retumbar atronar, resonar, ensordecer, estremecer, escandalizar, bramar, rugir, estallar, repercutir, rebotar, reflejarse, tronar.

Retumbo estruendo, estrépito, resonancia, trueno, bramido, fragor, rugido, estridencia, estridor, estampido, estallido, explosión, reverberación, eco, repercusión, ruido.

Reuma reumatismo, lumbago, achaque, padecimiento, dolor muscular, articular.

Reumático achacoso, doliente, decrépito, dolorido.

Reumatismo v. reuma.

Reunión unión, fusión, aglutinación, aglomeración, apiñamiento, agrupamiento, congregación, convocación, confluencia, encuentro, acumulación, ayuntamiento, amontonamiento ‖ tertulia, visita, fiesta, sarao, velada, recepción, celebración, conmemoración, homenaje, festejo, gala, convite, banquete, solemnidad, agasajo, función, baile ‖ agrupación, junta, partido, camarilla, conciliábulo, cónclave, consejo, concilio, comité, asamblea, congreso, corro, sociedad, grupo, conferencia, cenáculo.

Reunir unir, juntar, fusionar, apiñar, aglomerar, aglutinar, fusionar, confluir, convocar, congregar, agrupar, amontonar, fundir, ayuntar, acumular, acaudillar ‖ Reunirse encontrarse, celebrar, agasajar, festejar.

Reválida convalidación, confirmación, ratificación, revalidación.

Revalidar confirmar, convalidar, ratificar, recibirse, diplomarse.

Revancha * desquite, venganza, resarcimiento, represalia, desagravio, satisfacción.

Reveillon * cena de medianoche, de Nochebuena, fiesta, reunión.

Revelable divulgable, publicable, confesable, transparente, claro, declarable.

Revelación manifestación, publicación, declaración, confidencia, difusión, señal, indicio, indicación, descubrimiento, explicación, confesión, testimonio.

Revelador demostrativo, manifiesto, indicador, explicativo, característico, peculiar, propio, significativo v.

Revelar confesar, confiar, declarar, publicar, manifestar, descubrir, indicar, señalar, difundir, explicar, testimoniar, acusar, denunciar, pregonar, divulgar ‖ Revelarse mostrarse, manifestarse, exhibirse, aparecer, verse, exponerse, presentarse, asomarse, evidenciarse, lucirse.

Revendedor intermediario, especulador, oportunista, tercero, mediador, comisionista, agente, medianero, traficante, distribuidor.

Revender mediar, traficar, especular, encarecer, distribuir, trapichear.

Revenimiento avinagramiento, acidulación, encogimiento, consunción.

Revenir retornar, volverse, recuperar ‖ Revenirse avinagrarse, acidularse, estropearse, agostarse, ajarse, pasarse, resecarse, encogerse, consumirse.

Reveno brote, yema, vástago, ramita, retoño, renuevo, cogollo, botón.

Reventa distribución, comisión, mediación, tercería, especulación, encarecimiento, trapicheo, tráfico.

Reventar detonar, estallar, volar, romperse, saltar, descargar, inflamarse, *explotar*, deshacerse, desintegrarse, desmenuzarse, deflagrar, crepitar, desbaratarse, desaparecer ‖ Reventarse extenuarse, agotarse, debilitarse, mo-

lerse, aperrearse, ajetrearse, agobiarse, cansarse.
Reventón explosión, estallido, desintegración, desmenuzamiento, deflagración, descarga, desbaratamiento, estampido, rotura, voladura, detonación || pinchazo, accidente, avería, desperfecto, percance.
Rever v. revisar.
Reverberación espejeo, reflejo, reverbero, destello, brillo, reflexión, resol, vibración, temblor, oscilación.
Reverberar espejear, brillar, destellar, reflejarse, vibrar, temblar, oscilar, repercutir, centellear.
Reverbero v. reverberación.
Reverdecer vigorizar, renovar, rejuvenecer, reformar, regenerar, rehabilitar, reemprender, reanudar.
Reverencia inclinación, saludo, venia, cortesía, homenaje, genuflexión, sombrerazo, cumplido, ceremonia, prosternación || sumisión, respeto, acatamiento, veneración, idolatría, consideración, adoración, deferencia, devoción.
Reverenciar respetar, venerar, idolatrar, acatar, considerar, honrar, adorar, temer.
Reverente respetuoso, considerado, temeroso, deferente, devoto, sumiso, obediente, rendido.
Reversible transformable, alterable, variable, modificable, mudable, cambiable.
Reversión restitución, devolución, reintegro, vuelta, restablecimiento.
Reverso v. revés.
Revertir restituirse, volver, reintegrarse, restablecerse, recaer, devolver.
Revés dorso, espalda, reverso, envés, cruz, contrahaz, lado contrario, el otro lado, trasera, zaguera, zaga, retaguardia, posterior || fracaso, infortunio, percance, desgracia, desastre, contratiempo, contrariedad, tropiezo, trance, conflicto || bofetón, bofetada, golpe, guantazo, soplamocos.
Revesado revoltoso, travieso, indomable || ininteligible, complicado, difícil, obscuro, enrevesado.
Revestido recubierto, forrado, tapado, cubierto, bañado, tapizado, guarnecido, acolchado, protegido, envuelto, enfundado, engalanado, adornado.
Revestimiento capa, forro, baño, recubrimiento, funda, envoltura, protección, guarnición, tapiz, sobrecubierta, caparazón, cobertura, encofrado, resguardo.
Revestir envolver, enfundar, cubrir, recubrir, bañar, forrar, tapizar, guarnecer, proteger, resguardar, acolchar, rebozar, cobijar, engalanar, adornar, tapar, ocultar, disimular, disfrazar.
Revezar reemplazar, substituir, relevar, alternar.
Revirado retorcido, torcido, enroscado.
Revirar torcer, retorcer, enroscar.
Revisable verificable, analizable, discutible, reconocible, v. revisar.
Revisar verificar, examinar, reconocer, comprobar, investigar, observar, controlar, escrutar, estudiar, inspeccionar, explorar, registrar, tantear, considerar, intervenir, vigilar, fiscalizar, regular.
Revisión verificación, investigación, comprobación, reconocimiento, examen, exploración, inspección, estudio, escrutinio, observación, control, vigilancia, registro, intervención, consideración, tanteo, fiscalización, revista.
Revisor interventor, inspector, verificador, fiscalizador, funcionario.
Revista semanario, publicación, boletín, periódico, órgano, portavoz || inspección, comprobación, verificación, observación, control, examen, revisión || desfile, parada, formación, carrera, exhibición.

Revistar v. revisar.
Revivificación v. resurrección.
Revivificar v. revivir.
Revivir resucitar, renacer, reanimar, vivificar, remozar, rejuvenecer, reaparecer, reencarnar, recuperarse, resurgir, reavivarse, revivir, renovarse || rememorar, recordar, evocar, recapitular, reconstruir, invocar.
Revocable derogable, cancelable, rescindible, anulable, v. revocar.
Revocación anulación, casación, disolución, desvirtuación, cancelación, rescisión, abolición, abrogación, contraorden, retractación, derogación, invalidación, prohibición, cese.
Revocar cancelar, rescindir, disolver, desvirtuar, anular, derogar, retractarse, abrogar, abolir, invalidar, cesar, prohibir, desautorizar, reformar || enlucir, estucar, enyesar, enjalbegar, pintar, blanquear.
Revolcar derribar, maltratar, tirar, echar, pisotear, revolver, vencer || suspender, reprobar, eliminar, catear || Revolcarse restregarse, refregarse, tirarse, echarse, rozarse, ensuciarse, menearse, retorcerse.
Revolcón derribo, pisoteo, maltrato, empujón, restregón, meneo, escarmiento, revuelco.
Revolotear aletear, mariposear, volar, alear, batir, agitar las alas.
Revoloteo aleteo, vuelo, mariposeo, agitación.
Revoltijo confusión, enredo, fárrago, lío, embrollo, mezcolanza, revoltillo, frangollo, amasijo, miscelánea, potaje, ensalada, pepitoria, batiburrillo.
Revoltoso travieso, inquieto, vivaz, vivaracho, barrabás, diablillo, guerrero, enrevesado, juguetón, alegre, alocado, retozón, enredador || sedicioso, v. revolucionario.
Revolución sedición, sublevación, levantamiento, revuelta, asonada, insurrección, subversión, conjura, conspiración, motín, pronunciamiento, alboroto, cuartelada desorden, movimiento, disturbio, tumulto, agitación || cambio, modificación, transformación, progreso, alteración, novedad, innovación, conmoción, convulsión || giro, rotación, vuelta, revuelta, volteo, borneo, molinete.
Revolucionado v. revuelto.
Revolucionar sublevar, soliviantar, amotinar, insurreccionar, levantar, convulsionar, excitar, alborotar, agitar, conspirar, conjurar, rebelar || transformar, modificar, innovar, cambiar, conmocionar, adelantar, inventar, asombrar.
Revolucionario insurrecto, sedicioso, sublevado, amotinado, conspirador, conjurado, subversivo, alborotador, tumultuoso, agitador, nihilista, anarquista, extremista, revoltoso, provocador, rebelde, turbulento || innovador, transformador, modificador, inventor, creador, adelantado, nuevo, original, desusado.
Revolver menear, agitar, mover, remover, hurgar, batir, zarandear, conmocionar, convulsionar, estremecer || desordenar, registrar, desarreglar, desquiciar, buscar, cambiar, trastornar, enredar, embrollar || Revolverse enfrentarse, encararse, contraatacar, reaccionar, resistir, oponerse, recuperarse.
Revólver pistola, pistolete, arma de fuego.
Revoque enlucido, estuco, yeso, enjalbegadura, blanqueo, recocadura.
Revuelco v. revolcón.
Revuelo alboroto, agitación, inquietud, conmoción, perturbación, convulsión, alteración, trastorno, desorden, disturbio, tumulto, revolución v.
Revuelta v. revolución || vuelta, recodo, curva, ángulo, recoveco, esquina, rodeo, sinuosidad.
Revuelto agitado, conmocionado, alborotado, perturbado, tumul-

tuoso, inquieto, trastornado, alterado, perturbado, transformado, modificado.
Revulsivo agente, medicamento v.
Rey monarca, soberano, emperador, príncipe, señor, majestad, regente, jefe, gobernante.
Reyerta lucha, escaramuza, pelea, disputa, contienda, combate, riña, pugilato, refriega, lance, liza, pugna, acometimiento, hostilidad, rivalidad, conflicto, altercado, disgusto, discusión, controversia, gresca, pelotera, bronca, agarrada, alboroto, zuzipizape.
Rezagado atrasado, tardo, lento, remolón, flemático, tranquilo, retrasado, pesado, entretenido.
Rezagarse retrasarse, atrasarse, retardarse, entretenerse, demorarse, remolonear, tardar, perder terreno, quedarse atrás.
Rezago resto, residuo, atraso, sobrante, remanente.
Rezar invocar, orar, suplicar, pedir, adorar, implorar, solicitar, deprecar, agradecer, alzar plegarias, hablar con Dios.
Rezo plegaria, súplica, oración, deprecación, petición, invocación, rogativa, adoración, imploración, voto, culto, gracias, preces.
Rezongador v. rezongón.
Rezongar murmurar, refunfuñar, gruñir, protestar, mascullar, regañar, reprochar, quejarse, lamentarse.
Rezongo gruñido, murmuración, protesta, refunfuño, regaño, reproche, lamento, queja.
Rezongón regañón, gruñón, refunfuñador, mascullador, rezongador, murmurador, protestón, resentido, quisquilloso.
Rezumar exudar, infiltrarse, transpirar, filtrarse, escurrirse, gotear, pingar, calar, trasvenarse, sudar, deslizarse, perder.
Rhum * aguardiente, bebida, licor.
Ría estuario, desembocadura, boca, desagüe, fiordo, entrada, embocadura.
Riachuelo riacho, corriente, arroyo, torrentera, afluente, brazo, regato, reguero.
Riada crecida, desbordamiento, torrentera, inundación, corriente, anegación, anegamiento, aluvión, torrente, diluvio, avenida, arroyada.
Riba ribazo, talud, borde, margen, v. ribera.
Ribaldo bellaco, pícaro, bribón, rufián, granuja, licencioso, libertino.
Ribazo v. riba.
Ribera costa, borde, margen, orilla, litoral, playa, marina, riba, ribazo, marisma, acantilado, batiente, rompiente, estero.
Ribereño costero, costanero, costeño, litoral, marginal, marino, marítimo.
Ribete cinta, borde, orla, adorno, festón, fleco, reborde, filete, ornamento, franja, remate, orilla || asomo, indicio, vestigio, pizca.
Ribeteado orlado, adornado, rematado, ornamentado, festoneado, bordeado.
Ribetear adornar, orlar, bordear, festonear, ornamentar, rematar, cercar.
Ricacho advenedizo, opulento, ricachón, adinerado, acaudalado, vulgar, ordinario, v. rico.
Ricamente bonitamente, lindamente, gustosamente, agradablemente, muy a gusto.
Rico opulento, acaudalado, pudiente, acomodado, próspero, adinerado, millonario, creso, hacendado, poderoso, magnate, potentado, personaje, sobrado, ricacho, ricachón || fértil, valioso, exuberante, lujurioso, próspero, feraz, floreciente, adelantado, progresivo, abundante, valioso, lujoso || apetitoso, sabroso, gustoso, exquisito, agradable, excelente, delicioso, suculento, sazonado, dulce, condimentado.
Ricohombre caballero, gentilhombre, aristócrata, noble v.
Rictus contracción, crispamiento, espasmo, contorsión, gesto.
Ricura v. preciosidad.

RIDÍCULAMENTE grotescamente, absurdamente, neciamente, risiblemente, v. ridículo.

RIDICULEZ incongruencia, extravagancia, rareza, singularidad, capricho, fantasía, paradoja, humorada, peculiaridad, ridículo, genialidad, extrañeza, curiosidad, torpeza, payasada, tontería, memez, bobada, bufonada, mamarrachada || escasez, nimiedad, insignificancia, mezquindad.

RIDICULIZAR escarnecer, burlarse, parodiar, caricaturizar, remedar, satirizar, reírse, zaherir, imitar, befarse, mofarse, embromar, desairar, chasquear, avergonzar, embelecar.

RIDÍCULO grotesco, absurdo, necio, cómico, risible, bufo, bufón, burlesco, chusco, extravagante, fachoso, caricaturesco, irrisorio, chocarrero, mamarracho, adefesio, raro, estrafalario, estrambótico, desagradable, antiestético, deforme, grosero, tosco, esperpento, estaferno || extravagancia, v. ridiculez || mezquino, escaso, pobre, corto, exiguo, insuficiente, limitado, insignificante, irrisorio, minúsculo, menguado, diminuto, poco.

RIEGO regadío, irrigación, regadura, humedecimiento, ducha, aspersión, mojadura, empapamiento, remojo, impregnación, salpicadura.

RIEL carril, raíl, vía, corredera, hierro, viga, barra.

RIELAR espejear, cabrillear, fulgurar, brillar, relucir, rutilar, titilar, coruscar, centellear, resplandecer, fulgir, esplender, chispear.

RIENDA brida, correa, correaje, cincha, freno, ronzal, cucarda, bozo, cabestro, dogal! || RIENDAS freno, mando, gobierno, sujeción, dirección, tutela, guía.

RIENTE gozoso, alegre, reidor, jubiloso, alborozado, hilarante, jovial, exultante, regocijado, radiante.

RIESGO contingencia, azar, evento, posibilidad, suerte, fortuna, probabilidad, peligro, acaso, albur, ventura, sino, chiripa, fatalidad, trance, aventura, apuro, conflicto, accidente, desgracia.

RIESGOSO * arriesgado, v. peligroso.

RIFA sorteo, lotería, juego, azar, tómbola.

RIFAR sortear, jugar, intervenir, regalar.

RIFIRRAFE contienda, bulla, pelotera v.

RIFLE carabina, fusil, mosquete, mosquetón, escopeta, máuser, arcabuz, espingarda, tercerola, naranjera, trabuco, arma de fuego.

RÍGIDAMENTE austeramente, severamente, rigurosamente, estrictamente, v. rígido.

RIGIDEZ endurecimiento, dureza, tirantez, tenacidad, tensión, solidez, agarrotamiento, fortaleza, firmeza, consistencia, reciedumbre, anquilosamiento, resistencia, esclerosis, erección, tiesura, reciura || severidad, austeridad, rigor, rigurosidad, tenacidad, inflexibilidad, temple, frialdad, disciplina.

RÍGIDO tirante, tenso, duro, tieso, recio, erecto, resistente, esclerótico, consistente, firme, fuerte, sólido, tenaz, yerto, frío, agarrotado, envarado, anquilosado || austero, inflexible, severo, riguroso, disciplinado, inexorable, estricto, frío, inconmovible.

RIGOR severidad, dureza, aspereza, austeridad, rigurosidad, inexorabilidad, disciplina, frialdad, inflexibilidad, acrimonia, acritud, rigidez, intolerancia, intransigencia || tiesura, dureza, tirantez, firmeza, solidez, tenacidad, agarrotamiento, envaramiento, anquilosamiento || inclemencia, intensidad, fuerza, crudeza, vehemencia.

RIGORISMO severidad v. rigor.

RIGUROSAMENTE austeramente, severamente, inflexiblemente, v. riguroso.

RIGUROSIDAD v. rigor.

RIGUROSO austero, severo, inflexible, disciplinado, estricto, inexorable, frío, inconmovible, intolerante, intransigente, rígido, duro, crudo, acre, áspero, cruel, rudo, preciso, minucioso, puntilloso, nimio, exacto || inclemente, intenso, glacial, frío, helado, frígido, extremado, cambiante, brusco, crudo.

RIJA v. riña.

RIJOSIDAD v. sensualidad, v. rijoso.

RIJOSO libidinoso, lujurioso, lascivo, voluptuoso, sensual, concupiscente, erótico.

RIMA verso, poesía, poema, composición, balada, oda, cantiga, trova, estrofa, copla, consonancia.

RIMAR consonantar, componer, versificar, cantar, trovar, asonantar, armonizar, concordar.

RIMBOMBANCIA resonancia, trueno, retumbo, repercusión, eco, rumor, ruido || pomposidad, ostentación, ampulosidad, grandilocuencia.

RIMBOMBANTE resonante, atronador, retumbante, estrepitoso, fragoroso, estruendoso || pomposo, ostentoso, hinchado, ampuloso, fastuoso, llamativo, exagerado.

RIMBOMBAR repercutir, resonar, v. retumbar.

RIMBOMBO repercusión, resonancia, estruendo, estrépito, eco, v. retumbo.

RIMERO pila, montón, cúmulo, hacina, raudal, porrada, acumulación, depósito, caterva, amontonamiento, acervo.

RINCÓN esquina, canto, ángulo, recoveco, recodo, sinuosidad, vuelta, zigzag, esconce, codo, comisura, cantón || escondrijo, escondite, retiro, guarida, madriguera, resguardo, cobijo, nido, chiribitil, cueva.

RINCONADA v. rincón.

RINCONERA repisa, ménsula, mesita, estante, armario, anaquel, vasar, soporte.

RING * cuadrilátero, plataforma, liza.

RINGLERA hilera, fila, línea, ringla, columna, formación, cola, orden, ristra, rosario, tirada, cadena, lista, hilada, serie, sucesión.

RINGORRANGO superfluidad, extravagancia, exceso.

RINOCERONTE paquidermo, abada, mamífero.

RIÑA contienda, pelea, disputa, escaramuza, pugna, lucha, batalla, liza, pugilato, refriega, lance, acontecimiento, hostilidad, rivalidad, conflicto, disgusto, altercado, discusión, controversia, pendencia, pelotera, gresca, marimorena, camorra, bronca, agarrada, trifulca, reyerta, querella.

RIÑÓN rene, riñonada, órgano, víscera.

RÍO torrente, corriente, riachuelo, riacho, arroyo, torrentera, rivera, regato, afluente, brazo, reguero, vía fluvial || abundancia, profusión, cantidad, raudal, plétora, afluencia.

RIOSTRA travesaño, madera, pieza.

RIPIO cascajo, residuo, fragmento, escombro, desecho || superfluidad, demasía, floreo, relleno, rima.

RIQUEZA opulencia, fortuna, prosperidad, bienestar, hacienda, posición, situación, bienes, capital, dinero, patrimonio, caudal, dineral || profusión, exuberancia, abundancia, fecundidad, prodigalidad, colmo, demasía, plétora, infinidad, generosidad.

RISA risotada, carcajada, carcajeo, risoteo, jolgorio, algazara, alegría, sonrisa, risita, rictus, contracción.

RISCO peña, peñasco, roca, escollo, arrecife, piedra, pedrusco, peñón, mogote, cerro, eminencia, altura, promontorio, cima, cúspide, escarpa, morro, pico.

RISIBLE irrisorio, ridículo, grotesco, cómico, absurdo, hilarante, festivo, divertido, extravagante, jocoso, risueño v.

RISIÓN * irrisión, ridiculez, absurdo, extravagancia.

RISOTADA carcajada, carcajeo, risoteo, risada, algazara, jolgorio, risa estrepitosa.

RÍSPIDO áspero, rudo, riguroso, rígido, austero.

RISTRA ringlera, hilada, fila, sar-

RISUEÑO ta, ringla, rosario, cadena, tirada, línea, hilera, serie, sucesión.

RISUEÑO jocoso, festivo, hilarante, divertido, alegre, contento, placentero, riente, reidor, jovial, chispeante || favorable, propicio, grato, próspero.

RÍTMICO cadencioso, regular, acompasado, medido, isócrono, movido, constante.

RITMO cadencia, compás, medida, regularidad, movimiento, paso, armonía, concierto, rima, metro, verso || orden, sucesión, proporción, equilibrio, simetría, regularidad.

RITO ceremonia, costumbre, culto, ritual, acto, función, etiqueta, sesión, conmemoración, solemnidad, ceremonial, celebración, pompa, consagración, regla, servicio, protocolo.

RITORNELO * estribillo, retornelo, repetición.

RITUAL v. rito.

RIVAL contrincante, competidor, adversario, enemigo, antagonista, contendiente, émulo, oponente, contrario, disidente, opuesto, desafiante, hostil, concursante.

RIVALIDAD competencia, competición, pugna, antagonismo, emulación, desafío, hostilidad, discrepancia, animadversión, odio, envidia, celos, desavenencia, roce, antipatía.

RIVALIZAR competir, contender, luchar, pugnar, combatir, participar, jugar, concursar, oponerse, apostar, porfiar, emular, desafiar.

RIVERA riachuelo v., regato, arroyuelo, reguero.

RIZA estrago, destrozo, rastrojo, residuo.

RIZADO crespo, ensortijado, rizoso, encrespado, retorcido, rufo, ondulado, encarrujado, caracoleado, escarolado, ondeado.

RIZAR encrespar, ensortijar, retorcer, escarolar, encarrujar, ondular, ondear, caracolear, arrufar.

RIZO bucle, sortija, onda, tirabuzón, caracolillo, sortijilla.

RIZOMA tubérculo, raíz, tallo subterráneo.

RIZOSO v. rizado.

ROANO ruano, rojizo, oscuro.

ROBADO hurtado, quitado, apandado, escamoteado, sisado, timado, v. robar.

ROBADOR v. ladrón.

RÓBALO lubina, lobina, pez, pescado.

ROBAR hurtar, quitar, apandar, escamotear, sisar, timar, tomar, llevarse, limpiar, sangrar, soplar, atracar, asaltar, saltear, rapiñar, despojar, desvalijar, coger, estafar, defraudar, malversar, usurpar, latrocinar, secuestrar, raptar, substraer, sacar, pillar, depredar, expoliar.

ROBÍN herrumbre, moho, orín, verdín, cardenillo, óxido.

ROBIÑANO v. perengano.

ROBLAR achatar, remachar, doblar, roblonar, sujetar.

ROBLÓN remache, clavo, perno, clavija.

ROBLONAR v. roblar.

ROBO hurto, timo, escamoteo, asalto, atraco, defraudación, estafa, desvalijamiento, despojo, rapiña, botín, substracción, rapto, secuestro, latrocinio, usurpación, malversación, saqueo, pillaje, depredación, chantaje, expoliación, ratería, rapacería, rapacidad, sisa, desfalco, fraude.

ROBORANTE v. reconfortante.

ROBORAR v. reconfortar.

ROBOT * autómata, androide, maniquí, hombre mecánico, muñeco, computadora v.

ROBUSTECEDOR vigorizador, fortalecedor, tonificador, tonificante, reanimador, reparador, confortador, vivificador.

ROBUSTECER vigorizar, fortalecer tonificar, entonar, endurecer, refrescar, arreciar, reforzar, remozar, reverdecer, reanimar, rejuvenecer, animar, consolidar, alimentar, fortificar.

ROBUSTECIMIENTO endurecimiento, reanimación, tonificación, remozamiento, refuerzo, alimentación, fortalecimiento, rejuvenecimiento, consolidación, fortificación.

ROBUSTEZ vigor, poder, fuerza, reciedumbre, vitalidad, ánimo, fibra, empuje, nervio, brío, firmeza, pujanza, poderío, tenacidad, energía, salud, resistencia, potencia, corpulencia, musculatura, ímpetu.

ROBUSTO corpulento, musculoso, fornido, poderoso, membrudo, nervudo, hercúleo, macizo, vigoroso, recio, potente, pujante, rebolludo, gigantesco, formidable, potente, imponente, atlético, brioso, forzudo, resistente, sólido, enérgico, joven, lozano.

ROCA peña, peñasco, piedra, risco, escollo, arrecife, losa, laja, pedrusco, peñón, escarpa, cantil, castro, pico, cima, eminencia, veta, granito, mineral.

ROCALLOSO v. rocoso.

ROCE frote, frotamiento, frotación, fricción, fricación, friega, fregado, restregón, refregón, rozadura, ajamiento, desgaste, raedura, estregadura, masaje, frotadura, estrujamiento, caricia, manoseo, sobo, amasamiento || trato, convivencia, frecuentación, intimidad, comunicación, relaciones, conocimientos, amistades, familiaridad || ROCES disgustos, desavenencias, discusiones, violencia.

ROCIADA salpicadura, ducha, rociadura, rocío, remojo, baño, aspersión, mojadura, chorro, lluvia, riego, irrigación, llovizna || diseminación, siembra, difusión, desbandada, suelta || reprensión, regañina, riña, reconvención, sermón.

ROCIADO salpicado, mojado, bañado, duchado, regado, irrigado, llovido, chorreado, húmedo, goteado, bautizado || espolvoreado, derramado, diseminado.

ROCIADURA v. rociada.

ROCIAR salpicar, duchar, bañar, mojar, bautizar, regar, irrigar, asperjar, humedecer, lloviznar, gotear, diseminar, derramar, espolvorear.

ROCÍN jamelgo, penco, cuartago, matalón, caballejo, caballo, caballería, montura || tosco, ignorante, zafio v.

ROCÍO helada, sereno, gotas, condensación, relente, escarcha, llovizna, humedad, vaho.

ROCIÓN v. rociada.

ROCOCÓ barroco, churrigueresco, plateresco, profuso, excesivo, recargado, amanerado, sobrecargado, charro, desbordante, complicado.

ROCOSO pedregoso, pétreo, abrupto, escarpado, desigual, árido, desértico, guijarroso, yermo, áspero, escabroso, roqueño, peñascoso.

RODADA surco, carril, huella, marca, señal, carrilada, rodera, cauce, hendedura, excavación, hueco.

RODAJA raja, rebanada, loncha, tajada, corte, gajo, hoja, disco, rueda, círculo, tejo.

RODAJE * prueba, ensayo, verificación, aclimatación, amoldamiento, uso de un vehículo || ruedas, rodamiento.

RODAMIENTO cojinete, chumacera, rodillo, bolas.

RODAPIÉ zócalo, friso, paramento, cubierta, celosía, tabla.

RODAR voltear, girar, rotar, rodar, moverse, bornear, virar, rondar, volverse, deslizarse, resbalar, circular, trasladarse, mudarse, cambiar, correr, menearse, retorcerse, arrollar, arremolinarse, tornear, merodear, vagabundear, errar, vagar, viajar, recorrer, peregrinar, huir || fotografiar, filmar, impresionar, proyectar.

RODEAR sitiar, cercar, envolver, asediar, arrinconar, incomunicar, aislar, confinar, circunscribir, limitar, acotar, ceñir, acordonar, encerrar, tapiar, vallar || circunvalar, orillar, desviarse, eludir, rehuir, evitar, ladear, alejarse, torcer, esquivar, separarse, divagar.

RODELA escudo, adarga, broquel, pavés.

Rodeo desvío, vuelta, circunvalación, desviación, separación, alejamiento, ladeo, apartamiento, virada, descamino, descarrío, extravío || evasiva, digresión, vaguedad, giro, perífrasis, circunloquio, ambages, indirecta, ambigüedad, alusión, insinuación.

Rodera v. rodada.

Rodete rosca, moño, copete, castaña, trenza, adorno, peinado, tocado || v. rodaje.

Rodilla articulación, hinojo, rótula, unión, rodillera.

Rodillera remiendo, pieza, trozo, retal, pedazo || bulto, abultamiento, deformación, bolsa, convexidad.

Rodillo rollo, cilindro, pieza, rulo, tambor, columna, eje.

Rodrigón acompañante, tutor, preceptor, escolta || soporte, caña, vara, estaca, punta, sostén.

Roedor rata, ratón, ardilla, castor, bicho, plaga.

Roedura mordedura, mordisco bocado, dentellada, ratadura, desgaste, roce.

Roer mordisquear, dentellar, desgastar, ratonar, corroer, carcomer, apolillar, gastar, rozar, comer || atormentar, molestar, inquietar, turbar, angustiar, reconcomer, perturbar, atosigar, intranquilizar, afligir.

Rogar implorar, invocar, suplicar, clamar, apelar, deprecar, orar, rezar, lamentarse, quejarse, demandar, impetrar, instar, pedir, llorar, solicitar, postular, exhortar, invitar, reclamar, pretender, interceder.

Rogativa invocación, impetración, rezo, plegaria, súplica, oración, petición, conjuro, imploración.

Roído carcomido, mordido, mordisqueado, dentellado, arratonado, apolillado || mezquino, mísero, corto, escaso.

Rojez enrojecimiento, sonrojo, rubor, pigmentación, señal, marca, eritema, mancha.

Rojizo v. rojo.

Rojo encarnado, escarlata, rubí, carmesí, colorado, bermejo, bermellón, corinto, coralino, coral, púrpura, encendido, purpúreo, grana, granate, rúbeo, amaranto, sanguíneo, pigmentado || ruboroso, sonrojado, enrojecido, avergonzado.

Rol nómina, padrón, lista, catálogo, índice, matrícula, serie, relación, licencia || Rol * papel, representación, actuación, cometido.

Rolar rodar, voltear, cabecear, oscilar, bambolearse.

Roldana rueda, tambor, polea, motón, garrucha, trocla, galápago.

Rollizo gordo, grueso, corpulento, obeso, tripón, abultado, ceporro, amondongado, gordinflón, adiposo, orondo, atocinado, regordete, robusto.

Rollo rodillo, cilindro, rulo, tambor, eje, pieza, pilar, columna || ovillo, madeja, lío, pelota, vuelta, carrete, bobina || lata, tabarra, pesadez, aburrimiento.

Romadizo resfriado, catarro, constipado, coriza, achaque, indisposición, dolencia.

Romana balanza, báscula, balancín, artefacto, aparato, instrumento para pesar.

Romance neolatino, románico || Romance * amorío, noviazgo, pasión, galanteo, coqueteo, idilio, cortejo, devaneo, aventura, festejo || novela, poema, composición || Romances pretextos, excusas, evasivas, circunloquios, necedades, historias, cuentos.

Romancero antología, selección, florilegio, recopilación de romances.

Románico neolatino, romance.

Romanticismo sentimentalismo, novelería, sensiblería, fantasía, ternura, delicadeza, pasión, apasionamiento, altruismo, quijotismo, idealismo.

Romántico sensiblero, sentimental, novelero, apasionado, fantástico, arrebatado, pasional, enamorado, tierno, generoso, idealista.

Romanza aria, tonada, aire, pieza,

solo, canción, melodía, cantar.
ROMBO paralelogramo, polígono, tetrágono, cuadrilátero.
ROMERÍA peregrinación, peregrinaje, viaje, marcha || feria, fiesta, festejo, verbena.
ROMERO peregrino, palmero, penitente, andariego.
ROMO achatado, chato, obtuso, boto, achaflanado, mellado, liso, raso, aplastado.
ROMPECABEZAS adivinanza, acertijo, pasatiempo, charada, jeroglífico, crucigrama, misterio, entretenimiento, enigma, problema, juego || garrote, tranca, palo, porra.
ROMPEDOR quebrantador, v. destrozón.
ROMPEOLAS espigón, malecón, escollera, tajamar, dique, muro, muelle, andén, desembarcadero.
ROMPER partir, quebrar, destrozar, desbaratar, despedazar, estrellar, escacharrar, maltratar, destruir, quebrantar, deteriorar, descuartizar, desgarrar, fracturar, forzar, tronchar, arrancar, cercenar, dividir, seccionar, amputar, desmembrar, fragmentar, reventar, aplastar, cascar, rajar, machacar, triturar, moler, rasgar, hender, saltar, forzar, desfondar, abrir, separar, deshacer, gastar, usar, raer, estropear, averiar || comenzar, iniciar, empezar, principiar, prorrumpir.
ROMPIBLE deteriorable, seccionable, fragmentable, triturable, delicado, frágil.
ROMPIENTE arrecife, banco, bajío, roca, escollo, islote, barrera, laja, sirte, bajo, banco, peñasco, atolón, barra, madrépora, farallón || espuma, oleaje, torbellino, marejada, maretazo, batiente, empuje.
ROMPIMIENTO v. rotura || v. desavenencia.
RON licor, bebida espiritosa, aguardiente.
RONCAMENTE afónicamente, guturalmente, ásperamente, ininteligiblemente.
RONCAR resollar, jadear, gruñir, gañir, respirar, alborotar.
RONCEAR retardar, entretener, remolonear, postergar || mimar, halagar, acariciar, lagotear.
RONCERÍA caricia, mimo, halago, carantoña, alabanza, elogio || pachorra, lentitud, demora, cachaza.
RONCERO mimoso, lagotero, adulador, cobista, halagador || perezoso, tardo, lento, cachazudo.
RONCO bronco, rauco, afónico, enronquecido, rudo, áspero, profundo, bajo, desapacible, destemplado, desentonado.
RONCHA erupción, rojez, enrojecimiento, sarpullido, eritema, exantema, rubefacción, irritación.
RONDA vigilancia, guardia, patrulla, escolta, retén, pelotón, destacamento, piquete, avanzada, escucha, pareja, centinela, relevo || grupo, corrillo, conjunto, pandilla, rondalla v., serenata, cuadrilla || tanda, turno, vuelta, vez, rueda, sucesión, serie || convite, invitación, agasajo || camino, carretera, avenida, vía de circunvalación.
RONDADOR merodeador, sospechoso, furtivo, errabundo, vagabundo, paseandero, callejero, zascandil, cortejador, galanteador || vigilante, sereno, guardia, escolta, centinela.
RONDALLA ronda, tuna, estudiantina, comparsa, agrupación, grupo, conjunto musical.
RONDAR merodear, deambular, pasear, cortejar, galantear, recorrer || vigilar, cuidar, guardar, escoltar, relevar, patrullar, velar, recorrer, visitar || insistir, reiterar, machacar, pegarse, asediar, molestar, importunar.
RONDÓN (DE) de repente, de improviso, de pronto, repentinamente, sin avisar, sin permiso.
RONQUERA enronquecimiento, afonía, carraspera, aspereza, pro-

fundidad, voz cascada, voz tomada, voz bronca.
RONQUIDO estertor, resuello, jadeo, respiración, gruñido, gañido, ruido, estrépito, sonido bronco.
RONRONEAR roncar, aullar || cuchichear, murmurar.
RONRONEO ronquido, arrullo || cuchicheo, murmullo.
RONZAL cabestro, brida, correa, correaje, freno, dogal, arreo, cuerda, ramal.
RONZAR mascar, masticar, roznar, quebrar.
ROÑA mugre, inmundicia, porquería, cochambre || herrumbre, robín, orín, verdín, roya, moho, pátina, cardenillo || tacañería, miseria, avaricia, ruindad, mezquindad, v. roñería.
ROÑERÍA tacañería, ruindad, mezquindad, miseria, avaricia, sordidez, cicatería, escasez.
ROÑOSO tacaño, avaro, mezquino, mísero, ruin, sórdido, escaso, cicatero, cutre, avariento, agarrado, miserable, económico, ahorrador || mugriento, cochambroso, puerco, sucio, inmundo, cochino, asqueroso, mohoso, oxidado.
ROPA indumentaria, indumento, ropaje, vestido, vestidura, atavío, ajuar, atuendo, vestuario, prendas, trapos, paños, trajes, galas.
ROPAJE v. ropa.
ROPAVEJERO prendero, ropero, trapero, buhonero, tripicallero.
ROPERÍA ropero, cuarto, almacén, guardarropa, depósito de ropas.
ROPERO armario, guardarropa, aparador, cómoda, estante, gaveta, mueble, rinconero, anaquel, estantería, v. ropería.
ROPILLA camisola, jubón, sayuela, prenda, v. ropón.
ROPÓN sayo, capote, capa, toga, túnica, hopalanda, sotana, faldón, ropaje, ropa v.
ROQUE torre, pieza de ajedrez.
ROQUEDAL pedregal, peñascal, roqueda, canchal, pedriza, pedrera, cascajar, cantizal, erial, riscal.
ROQUEÑO pétreo, granítico, duro, diamantino, tenaz, inquebrantable, recio, rocoso v.
RORRO crío, nene, chiquitín, pequeñín, párvulo, pequeño, bebé, infante, angelito, niño.
Ros chacó, teresiana, gorra.
ROSA flor, capullo, pimpollo, botón, rosetón, roseta || sonrosado, v. rosado.
ROSADO rosáceo, sonrosado, róseo, rosillo, rosa, colorado v.
ROSARIO sarta, serie, sucesión, cadena, encadenamiento, ristra, retahíla, ringlera, hilera, fila, recua || rezo, oración || cuentas, abalorios, sarta.
ROSARSE enrojecer, sonrosarse, sonrojarse, colorearse.
ROSBIF * asado, chuleta, costilla, bistec, solomillo, carne asada.
ROSCA espiral, tornillo, hélice, tuerca, vuelta, giro || bollo, rosquilla, roscón, rosco.
ROSCÓN rosca, bollo, rosco, rosquilla.
ROSETAS palomitas, granos de maíz.
ROSETÓN ventanal, tragaluz, lucerna, abertura, cristalera, vidriera.
ROSICLER claridad, fulgor, resplandor, luminosidad, albor, aurora, alba, amanecer.
ROSILLO v. rosado.
Roso raído, pelado, calvo, liso || rojo v.
ROSQUILLA rosqueta, masa, pasta, dulce, golosina, rosca.
ROSTRO semblante, cara, fisonomía, faz, efigie, imagen, facciones, rasgos, facies, visaje, jeta, perfil, catadura, talante, continente, aspecto, expresión, aire.
ROTACIÓN giro, vuelta, volteo, borneo, molinete, rodeo, viraje, traslación, movimiento, revolución, curva, desvío.
ROTAR v. rodar.
ROTATIVA imprenta, máquina, aparato, artefacto impresor.
ROTATIVO periódico, diario, publicación, boletín, hoja, gaceta, noticiero.
ROTATORIO giratorio, movible, deslizable, circulante, circulatorio.
RÔTI * asado, dorado, pasado, tostado, cocinado, frito.

Rotisería * pollería, tienda, establecimiento, venta de pollos asados.

Roto partido, rajado, fracturado, tronchado, desbaratado, despedazado, quebrado, destruido, escacharrado, averiado, descompuesto, deteriorado, dividido, arrancado, cascado, aplastado, fragmentado, triturado, molido, estropeado || harapiento, andrajoso, desarrapado, astroso, remendado, descosido, desaliñado.

Rotonda planta circular, esquina, vuelta.

Rotor mecanismo, aspas, aletas, parte giratoria.

Rótula choquezuela, hueso, rodilla, articulación.

Rotulación inscripción, intitulación, escritura, marca, etiqueta, v. rótulo.

Rotular inscribir, titular, marcar, encabezar, rubricar, anunciar, escribir, confeccionar, dibujar, diseñar.

Rótulo título, encabezamiento, escrito, marca, anuncio, etiqueta, marbete, inscripción, rúbrica, lema, epígrafe, rotulación, aviso, letrero, cartel, muestra.

Rotundamente precisamente, terminantemente, claramente, v. rotundo.

Rotundidad claridad, precisión, determinación, conclusión, concisión, regularidad, firmeza.

Rotundo terminante, preciso, claro, regular, conciso, determinado, específico, concluyente, perentorio, firme, completo, definitivo, justo, riguroso, concreto || orondo, redondo, esférico, abultado.

Rotura fractura, quiebra, desgarrón, ruptura, quebranto, destrozo, brecha, reventón, rasgadura, rompimiento, estrago, avería, pérdida, derribo, menoscabo, daño, fragmentación, estropicio, deterioro, escacharramiento, despedazamiento, desbaratamiento.

Roturar labrar, remover, surcar, enrejar, binar.

Rouge * barra para los labios.

Roulotte * remolque, casa remolque.

Round * asalto, etapa, parte de un combate de boxeo.

Roya honguillo, parásito, plaga.

Rozadura escocedura, arañazo, señal, rasponazo, herida, erosión, excoriación, magullón, irritación || v. rozamiento.

Rozagante lozano, vistoso, orondo, ufano, orgulloso, satisfecho, fresco, exuberante, flamante, saludable.

Rozamiento roce, frote, restregón, estregadura, rozadura, fricción, friega, estrujamiento, resistencia, frotamiento, frotadura, refregón || disensión, disgusto, roces, violencias, discusiones.

Rozar frotar, tocar, lamer, acariciar, sobar, restregar, friccionar, masajear, manosear, raer, desgastar, ajar, refregar, fregar, rascar, magullar, raspar, erosionar, excoriar || Rozarse relacionarse, tratarse, alternar, visitarse.

Roznar mascar, masticar, rumiar, ronzar || rebuznar, escandalizar.

Roznido rebuzno, quejido, grito.

Rozno borrico, burro, asno pequeño.

Rozo leña menuda, chabasca, ramiza, chasca, ramas.

Rúa calle, calleja, camino, vía, pasaje.

Ruano rojizo, roano, obscuro.

Ruar callejear, pasear, deambular, vagar, errar, rondar, vagabundear.

Rubefacción rubicundez, enrojecimiento, sonrojamiento.

Rúbeo rubicundo, rojizo, rubescente, sanguíneo.

Rubescente v. rúbeo.

Rubí carbúnculo, granate, gema, piedra preciosa || granate, escarlata, carmesí, grana, v. rojo.

Rubia blonda, rubicunda, rubiales, bermeja, v. rubio.

Rubiales v. rubio.

Rubicundez enrojecimiento, rubefacción, sonrojamiento, rubor, congestión.

Rubicundo rozagante, saludable.

lozano, sanguíneo, pletórico || rubio, rojizo, pelirrojo, colorado.

Rubio blondo, rubiales, rubial, bermejo, rucio, pelirrojo, claro, dorado, áureo, refulgente.

Rubor bochorno, sonrojo, enrojecimiento, encendimiento, erubescencia, colores, fuego, vergüenza, soflama, confusión, turbación, timidez, sofoco.

Ruborizado sonrojado, colorado, ruboroso, rojo, enrojecido, encendido, avergonzado, tímido, pudoroso, corrido, confundido, abochornado, vergonzoso, sofocado.

Ruborizarse sonrojarse, enrojecer, encenderse, avergonzarse, abochornarse, confundirse, correrse, turbarse, azorarse, sofocarse.

Ruboroso v. ruborizado.

Rúbrica trazo, rasgo, señal, marca, signo, signatura, firma, autógrafo || epígrafe, rótulo, título, encabezamiento, sección.

Rubricar firmar, signar, escribir, trazar, autografiar || refrendar, subscribir, visar, legalizar, aprobar.

Rubro rojo, encarnado, colorado, rojo v. || rúhrica, título, sección.

Rucio burro, asno, pollino, borrico, rucho, jumento, rozno || pardo, blanquecino, entrecano, rubio v.

Rucho v. rucio.

Rudamente bruscamente, ásperamente, toscamente, groseramente, v. rudo.

Rudeza brusquedad, grosería, torpeza, tosquedad, dureza, destemplanza, hosquedad, hostilidad, zafiedad, violencia, descortesía, ignorancia, incultura.

Rudimentario tosco, primitivo, primario, grosero, elemental, embrionario, anticuado, atrasado, sencillo, simple.

Rudimento embrión, germen, esbozo, inicio, principio || Rudimentos nociones, fundamentos, principios, elementos, conocimientos, esbozos, base, barniz.

Rudo brusco, áspero, tosco, grosero, bruto, descortés, duro, desapacible, bronco, violento, impetuoso, acerbo, difícil || ignorante, torpe, inculto, zote, obtuso, porro.

Rueda círculo, disco, corona, llanta, neumático, redondel, aro, anillo, tambor, cilindro volante || rodaja, loncha, tajada, lonja, rebanada, trozo || corro, corrillo, círculo, circuito || turno, vez, tanda.

Ruedo redondel, círculo, coso, plaza || límite, contorno, término, cerco, borde, circuito.

Ruego súplica, solicitud, instancia, petición, impetración, imploración, reclamación, queja, pretensión, interpelación, pedido, encargo, orden, gestión, requerimiento || oración, plegaria, rezo, invocación, preces, rogativa, jaculatoria, voto, culto, adoración.

Rufián chulo, alcahuete, mantenido, mediador, traficante, tratante de blancas, garitero, gorrón, ribaldo, baratero || canalla, miserable, bribón, infame, hampón, sinvergüenza, pícaro, bergante, malandrín, granuja, truhán.

Rufianería bellaquería, bribonería, sinvergonzonería, truhanería, canallada, vileza, bajeza.

Rufianesca rufianería, hampa, rufianes, canallas, granujas, pícaros, malandrines.

Rufo bermejo, rojo, rubio, pelirrojo || rizado, ensortijado, encrespado, crespo.

Rugido bramido, mugido, berrido, bufido, gruñido, ululato, chillido, aullido, grito, llamada, voz || retumbo, estruendo, rumor, estrépito, fragor.

Rugiente mugiente, rugidor, aullador, bramador, estruendoso, retumbante, rumoroso, fragoroso, estrepitoso, atronador, hirviente, arrollador, rechinante, chirriante.

Ruginoso herrumbroso, oxidado, mohoso, enmohecido.

Rugir mugir, bramar, bufar, ulular, gruñir, aullar, llamar, gritar, chillar, berrear.

Rugosidad aspereza, desigualdad,

escabrosidad, desnivel, altibajo, imperfección, arruga, pliegue, repliegue, estría, surco, grano, doblez.

Rugoso desigual, áspero, arrugado, plegado, escabroso, desnivelado, imperfecto, estriado, surcado, granuloso, coriáceo, acartonado.

Ruido sonido, rumor, fragor, zumbido, eco, estridencia, rechinamiento, rugido, crujido, mugido, silbido, chirrido, susurro, runrún, estallido, estampido, explosión, detonación, trueno, taponazo, tiro, estruendo, fragor, bramido, repiqueteo, martilleo, golpeteo || batahola, baraúnda, alboroto, griterío, bullicio, algarabía, escándalo, tiberio, pataleo, palmoteo, bulla || rumor, noticia, novedad, nueva, chisme, bulo, hablilla.

Ruidosamente estruendosamente, estrepitosamente, ensordecedoramente, v. ruidoso.

Ruidoso estruendoso, estrepitoso, ensordecedor, escandaloso, atronador, bramador, fragoroso, detonante, mugidor, crujiente, rugidor, rechinante, estridente, rumoroso, zumbador, horrísono, alborotador, retumbante.

Ruin tacaño, avaro, cicatero, mezquino, avariento, avaricioso, roñoso, cutre, económico, ahorrativo || vil, despreciable, bajo, indigno, villano, abominable, indecente, rastrero, infame, miserable, innoble, alevoso, granuja, sinvergüenza, bellaco, canalla, pillo, malandrín || enclenque, pequeño, raquítico, desmedrado, escuchimizado, canijo, humilde, modesto.

Ruina pérdida, bancarrota, quiebra, embargo, trance, fracaso, hundimiento, desastre, destrozo, perdición, decadencia, fn, caída, devastación, desolación, destrucción, calamidad, adversidad, infortunio || Ruinas restos, vestigios, reliquias, despojos, escombros, piedras, cascotes.

Ruindad indignidad, bajeza, vileza, infamia, indecencia, villanía, abominación, pillería, bellaquería, granujada, canallada, perversidad.

Ruinmente vilmente, despreciablemente, indignamente, villanamente, v. ruin.

Ruinoso arruinado, destrozado, devastado, destartalado, desolado, destruido, desvencijado, deteriorado, estropeado, viejo, escacharrado, desmantelado || perjudicial, dañino, nocivo, desgraciado, desastroso, calamitoso.

Ruleta juego de azar, rueda.

Rulo rodillo, piedra, cilindro.

Rumanía * Rumania.

Rumbo dirección, camino, trayectoria, sentido, orientación, tendencia, derrotero, marcha, desviación, itinerario, giro, ruta || cariz, matiz, aspecto, apariencia || pompa, boato, ostentación, aparato, gala, bambolla || desprendimiento, generosidad, liberalidad, desinterés, magnanimidad, garbo, derroche.

Rumbosamente generosamente, desprendidamente, liberalmente, desinteresadamente, garbosamente, derrochadoramente, magnánimamente.

Rumboso desprendido, generoso, liberal, magnánimo, derrochador, garboso, desinteresado, dadivoso || ostentoso, aparatoso, pomposo, magnífico, lujoso, espléndido, fastuoso.

Rumiante bóvido, vacuno, bovino, mamífero, animal, ganado, rumiador.

Rumiar mascar, masticar, mordisquear, triturar, desmenuzar, tascar, roznar || estudiar, madurar, examinar, meditar, reflexionar, considerar, urdir, tramar.

Rumor chisme, hablilla, murmuración, cuento, comadreo, cotilleo, bulo, lío, historia, patraña, noticia, nueva, novedad, especie, informe || ruido, murmullo, susurro, zumbido, runrún, son, sonido, bisbiseo, cuchicheo, siseo.

Rumorearse murmurarse, cotillear, comadrear, informar, divulgar-

Rumoroso se, publicarse, esparcirse, decirse, correrse.

Rumoroso susurrante, murmurante, siseante, apacible, plácido, tranquilo, suave, leve, tenue.

Runfla sarta, serie, retahíla, clase, colección, ristra, conjunto, grupo.

Runflar resoplar, bufar, jadear.

Runrún v. rumor.

Rupestre prehistórico, antediluviano, antiquísimo, paleolítico, cavernario.

Ruptura desavenencia, separación, alejamiento, disgusto, riña, rompimiento || v. rotura.

Rural campesino, campestre, aldeano, natural, sencillo, primitivo, bucólico, apacible, pastoral, tosco, v. rústico.

Ruso soviético v.

Rústicamente toscamente, burdamente, groseramente, bastamente, v. rústico.

Rusticidad ordinariez, tosquedad, zafiedad, patanería, rudeza, rustiquez, incultura, grosería.

Rústico primitivo, primario, tosco, rudo, burdo, grosero, ordinario, zafio, descortés || palurdo, patán, paleto, cateto, lugareño, labriego, pueblerino, aldeano || pastoril, campestre, agreste, sencillo, natural, apacible, plácido, bucólico.

Rustiquez v. rusticidad.

Rustir * tostar, asar.

Ruta itinerario, derrotero, dirección, camino, viaje, recorrido, periplo, trayecto, dirección || Ruta * carretera, autopista, camino.

Rutilante refulgente, resplandeciente, fulgurante, deslumbrante, brillante, esplendoroso, coruscante, esplendente, fulgente, luminoso, chispeante, relampagueante, centelleante, rielante, fúlgido.

Rutilar fulgurar, refulgir, deslumbrar, resplandecer, coruscar, brillar, chispear, rielar, centellear, relampaguear, chispear, llamear, titilar.

Rutina hábito, usanza, uso, práctica, costumbre, modo, maña, tradición, regla, estilo, repetición.

Rutinario acostumbrado, habitual, frecuente, común, repetido, inveterado, trillado, tradicional, automátco, usual, mecánico || indiferente, apático, desganado, rutinero, aburrido, cachazudo.

S

Sabana planicie, llanura, llano, explanada, tundra, estepa, pampa, raso, llanada, pradera, landa, extensión, vastedad.

Sábana lienzo, tela, embozo, alba, tejido, cubierta, funda.

Sabandija bicho, musaraña, gusarapo, alimaña, parásito, gorgojo, bicharraco, reptil, insecto, batracio, renacuajo, larva, gusano, bestezuela || despreciable, ruin, vil, granuja, bajo, rastrero.

Sabañón friera, congestión, rubicundez, hinchazón, congelación, tumefacción.

Sabático v. sabatino.

Sabatino sabático, del sábado.

Sabedor conocedor, enterado, entendido, práctico, ducho, versado, v. sabio.

Sabelotodo sabihondo, sabidillo, marisabidilla, rabisalsero, presumido, pedante.

Saber entender, conocer, comprender, notar, penetrar, discernir, interpretar, advertir, dominar, enterarse, observar, creer, opinar, juzgar, pensar, intuir, alcanzar, percibir, concebir, descifrar, tener conocimiento, estar al corriente || sabiduría, sapiencia, ciencia, ilustración, cultura, conciencia, inteligencia, pericia, experiencia, omnisciencia, conocimiento, erudición, doctrina, instrucción, educación, perfeccionamiento, estudios, adelanto.

Sabiamente cultamente, instruidamente, eruditamente, ilustradamente, v. sabio.

Sabidillo v. sabihondo.

Sabido conocido, notorio, público, corriente, ordinario, habitual, familiar, trillado, común, evidente, consabido, sabedor || v. sabihondo.

Sabiduría erudición, conciencia, saber, ciencia, cultura, ilustración, sapiencia, conocimiento, omnisciencia, experiencia, pericia, inteligencia, estudios, perfeccionamiento, educación, instrucción, doctrina, adelanto, fondo.

Sabiendas (A) premeditadamente, deliberadamente, intencionadamente, adrede, voluntariamente, aposta, ex profeso, con conocimiento.

Sabihondo marisabidilla, sabelotodo, sabidillo, rebisalsero, pedante, presumido.

Sabio erudito, ilustrado, científico, investigador, docto, doctor, experto, entendido, conocedor, sestudioso, culto, leído, letrado, instruido, educado, sapiente, lumbrera, fénix, omnisapiente, técnico, perito, enterado, inteligente, competente, versado.

Sablazo herida, corte, mandoble, cintarazo, golpe || gorronería, petición, súplica, ruego, pretensión, requerimiento, guante, pedigüeñería, exigencia, insistencia, abuso.

Sable espadón, espada, chafarote, mandoble, montante, charrasca, machete, alfanje, arma blanca.

Sablear pedir, gorronear, requerir, rogar, pretender, suplicar, exigir, abusar, insistir, arrimarse, parasitar, esquilmar, paro, aprovecharse, mendigar, mangar.

Sablista gorrón, parásito, parchis-

SABOR

ta, sacacuartos, vividor, gorrista, petardista, pedigüeño, mangante, aprovechado, abusador, comensal, sopista.

SABOR regosto, gusto, gustillo, saborcillo, paladar, sapidez, boca, sensación, impresión.

SABOREAR catar, probar, paladear, gustar, *degustar*, tastar, relamerse, libar, gozar, percibir, notar, deleitarse.

SABOREO paladeo, libación, deleite, gozo, percepción, *degustación*, prueba, cata.

SABOTAJE perjuicio, daño, detrimento, quebranto, avería, estrago, estropicio, desperfecto, deterioro.

SABOTEADOR v. terrorista.

SABOTEAR dañar, perjudicar, averiar, estropear, deteriorar, inutilizar, arruinar, destrozar, romper.

SABROSO delicioso, rico, apetitoso, suculento, exquisito, dulce, gustoso, deleitable, sazonado, sápido, grato, excelente, ambrosiano.

SABUESO can, perro, dogo || policía, investigador, indagador, *detective*, inspector, espía, averiguador, olfateador, rastreador, pesquisidor.

SÁBULO arena, tierra, polvo, arenisca.

SABULOSO arenoso, terroso, arenisco, polvoriento.

SABURRAL saburroso, blanquecino, sucio.

SACA costal, saco, talego, fardo, fardel, bolsa, bolso || extracción, v.

SACABUCHES chiquilicuatro, chisgarabís, títere.

SACACLAVOS alicates, tenazas, pinzas, herramienta.

SACACORCHOS descorchador, tirabuzón, sacatapón.

SACACUARTOS sacadineros, engañabobos, petardista, aprovechado, abusador, vividor, timador, estafador, gorrón, sablista, sacamuelas v.

SACADINEROS v. sacacuartos.

SACAMUELAS charlatán, parlanchín, cotorra, embaucador, trapisondista, engañabobos, petardista, trápala, curandero || odontólogo, dentista.

SACAPUNTAS afilalápices, adminículo, útil.

SACAR extraer, quitar, vaciar, descubrir, abrir, desenterrar, exhumar, apartar, separar, despojar, tomar, arrebatar, coger, hurtar, desposeer, privar, usurpar, remover, retirar, desplumar || deducir, inferir, descifrar, colegir || obtener, lograr, conseguir, lucrarse, ganar, crear, inventar, producir || mostrar, exhibir, revelar, enseñar, manifestar, lucir.

SACAROSA azúcar, glúcido, hidrato de carbono, sacarina.

SACATAPÓN v. sacacorchos.

SACERDOCIO ministerio, voto, promesa, compromiso, ofrecimiento, juramento, estado eclesiástico.

SACERDOTAL eclesiástico, religioso, clerical, ministerial, presbiterial, monacal.

SACERDOTE clérigo, cura, religioso, padre, ungido, ordenado, tonsurado, vicario, confesor, director espiritual, oficiante, profeso, párroco, coadjutor, misionero, capellán, presbítero, abate, padre, ministro del Señor, fraile, monje, diácono, misacantano, canónigo || pope, rabino, pastor, lama, bonzo.

SACERDOTISA vestal, pitonisa, adivina, adivinadora, vidente, vaticinadora.

SACIADO ahíto, lleno, repleto, empachado, satisfecho, relleno, colmado, harto, atiborrado, atracado, hinchado, atarugado, empalagado, saturado, fastidiado, cansado, asqueado.

SACIAR llenar, calmar, satisfacer, aplacar, moderar || SACIARSE atiborrarse, atracarse, rellenarse, empacharse, atarugarse, empalagarse, hincharse, hartarse, colmarse, tupirse, fastidiarse, cansarse, saturarse, asquearse.

SACIEDAD empacho, hartazgo, empalago, saturación, panzada, asco, atracón, repugnancia, hartura, satisfacción, abuso, exceso, fastidio, cansancio, aburrimiento.

Sacio v. saciado.

Saco talego, saca, costal, fardo, fardel, bolsa, bolso, zurrón, morral, mochila, macuto || desvalijamiento, saqueo, pillaje, rapiña, despojo, captura.

Sacramental consagrado, ritual, acostumbrado, habitual, ordinario, ungido.

Sacramentar administrar, ungir, consagrar, convertir.

Sacramento signo, símbolo, misterio, juramento, voto, viático, comunión.

Sacrificado mártir, víctima, inmolado, resignado, sumiso, paciente, dócil, conformista, aperreado, ajetreado, expuesto, arriesgado, abnegado, sufrido, generoso.

Sacrificar ofrendar, inmolar, matar, ofrecer, degollar, pagar ||Sacrificarse exponerse, arriesgarse, conformarse, resignarse, privarse, quitarse, aguantarse, dedicarse, aplicarse, matarse, sufrir, padecer, renunciar.

Sacrificio martirio, inmolación, holocausto, ofrenda, expiación, pago, ofrecimiento, matanza, muerte, degollina || sufrimiento, padecimiento, aplicación, dedicación, abnegación, generosidad, privación, renuncia, peligro, riesgo || eucaristía, hostia, misa, ofrenda.

Sacrilegio violación, profanación, deshonra, irreverencia, vandalismo, blasfemia, perjurio, impiedad, envilecimiento, escarnio, apostasía, mancha, abominación.

Sacrílego blasfemo, perjuro, profano, impío, irreverente, vándalo, apóstata, renegado, envilecido, violador, corruptor, abominable.

Sacristán ayudante, monaguillo, acólito, escolano, misario, chupacirios.

Sacristía dependencia, escolanía, pertiguería.

Sacro v. sagrado.
Sacrosanto v. sagrado.
Sacudida estremecimiento, conmoción, sacudimiento, convulsión, crispación, movimiento, oscilación, sobresalto, temblor, vibración, revolución, zarandeo, golpe, percusión, choque, espasmo, alteración, meneo, traqueteo, agitación.

Sacudido estremecido, conmovido, convulso, crispado, movido, v. sacudida.

Sacudimiento v. sacudida.

Sacudir estremecer, menear, mover, convulsionar, conmover, vibrar, temblar, sobresaltar, oscilar, agitar, alterar, chocar, percutir, zarandear, revolucionar, revolver, conmocionar || apalear, pegar, golpear, zumbar, tundir, zamarrear, zurrar, abofetear || Sacudirse quitarse, librarse, eludir, esquivar, descargarse.

Sádico cruel, feroz, v. sadismo.

Sadismo crueldad, ferocidad, saña, encarnizamiento, salvajismo, refinamiento, perversión, desviación sexual.

Saeta dardo, flecha, venablo, sagita, astil, rehilete, virote, repullo || manecilla, aguja, saetilla, indicador, varilla, minutero, segundero, horario.

Saetazo flechazo, disparo, herida, golpe.

Saetera aspillera, tronera, resguardo, protección, almena, ventanilla.

Saetero arquero, ballestero, flechero, infante, peón, soldado.

Saetilla aguja, manecilla, saeta, indicador, varilla, segundero, minutero, horario.

Saga leyenda, odisea, hazaña, tradición || hechicera, adivina, bruja.

Sagacidad perspicacia, agudeza, discernimiento, penetración, clarividencia, inteligencia, astucia, sutileza, imaginación, intuición, olfato, lucidez, cacumen, talento, previsión, refinamiento.

Sagaz astuto, perspicaz, penetrante, agudo, imaginativo, sutil, in-

teligente, clarividente previsor, refinado, lúcido, intuitivo, taimado, lince, ladino, prudente, avispado, previsor.
SAGAZMENTE astutamente, perspicazmente, v. sagaz.
SAGITA v. saeta.
SAGRADO divino, consagrado, sacro, santo, sacrosanto, santificado, venerable, respetable, bendito, bienaventurado, elegido, predestinado, puro, inmaculado, virginal, canonizado, beatificado, beato, augusto, inviolable || inviolable v.
SAGRARIO tabernáculo, sanctasanctórum, altar, retablo.
SAHORNARSE erosionarse, escocerse, rozarse, irritarse, excoriarse, escaldarse.
SAHORNO excoriación, erosión, irritación, rozadura, roce, escocedura.
SAHUMADO incensado, perfumado, ahumado, curado.
SAHUMAR aromatizar, incensar, curar, perfumar, ahumar.
SAHUMERIO humo, aroma, incienso, perfume.
SAÍN grasa, grosura, crasitud, gordo, sebo v.
SAINAR engordar, cebar, atiborrar, alimentar.
SAINETE entremés, representación, pieza jocosa, obra cómica.
SAISON * temporada, época.
SAJADOR sangrador, físico, barbero, curandero, cirujano.
SAJADURA corte, saja, incisión, disección, tajo, tajadura, cisura, sección, herida, hendidura, chirlo, tijeretazo, cuchillada, extirpación, sangría.
SAJAR seccionar, cortar, abrir, tajar, disecar, hender, acuchillar, herir, extirpar, sangrar.
SAJÓN anglo, nórdico, germánico, anglosajón, inglés, gringo, británico.
SAL salmuera, salobridad, cloruro de sodio, salazón, condimento || gracia, salero, garbo, ingenio, chispa, humor, donosura, donaire, sandunga.
SALA aposento, salón, saleta, recinto, estancia, pieza, aula, cuarto, antecámara, habitación || teatro, cine, local.
SALACIDAD lujuria, concupiscencia, intemperancia, erotismo, v. sensualidad.
SALACOT sombrero, casco, prenda tropical.
SALADO salino, salobre, salobreño, cargado, fuerte, picante, intenso || gracioso, ocurrente, saleroso, chistoso, agudo, simpático, garboso, donoso.
SALAMANDRA batracio, bicho, animal acuático, salamanquesa, salamántiga.
SALAR sazonar, condimentar, curar, conservar, salobrar, acecinar.
SALARIO estipendio, paga, remuneración, retribución, gratificación, jornal, honorarios, mensualidad, emolumentos, sueldo, soldada, haberes, compensación, dieta.
SALAZ lujurioso, lascivo, intemperante, concupiscente, erótico, lúbrico, sensual v.
SALAZÓN conserva, cecina, desecación, preparación.
SALCHICHA v. salchichón.
SALCHICHÓN longaniza, salchicha, embutido, tripa, embuchado, chacina, chorizo, conserva de carne.
SALDAR liquidar, pagar, abonar, satisfacer, finiquitar, rematar, vender, regalar.
SALDO resto, remanente, retazo, sobrante, liquidación, pago, retal.
SALEDIZO v. saliente.
SALERO recipiente, pote, especiero, frasquito || simpatía, garbo, gracia, donaire, sandunga, donosura, humor, chispa, ingenio.
SALEROSO gracioso, garboso, chistoso, ingenioso, chispeante, humorístico, donoso, sandunguero, donairoso, simpático, agudo, ocurrente.
SALETA antecámara, antesala, estancia, cuarto, v. sala.
SALIDA desembocadura, paso, comunicación, puerta, boca, agujero, abertura, embocadura || desagüe, desagote, evacuación, derrame, efusión, rebose, desbor-

damiento, pérdida, dispersión || marcha, partida, alejamiento, evasión, huida, fuga, escape, mutis, éxodo emigración, expatriación, destierro, despedida, ausencia, paseo, viaje, excursión, gira || disculpa, recurso, subterfugio, escapatoria, pretexto, justificación || ingeniosidad, chiste, gracia, ocurrencia, sutileza, agudeza.

SALIDIZO v. saliente.

SALIENTE borde, reborde, resalte, remate, filo, pestaña, punta, lomo, espiga, diente, ceja, proyección, protuberancia, rebaba, relieve, refuerzo, filete, ribete, resalto, convexidad, eminencia || protuberante, afilado, convexo, prominente, alto, grande, rematado, proyectado, puntiagudo, fino, abultado, abombado, giboso manifiesto, jorobado, abollado, hinchado || orto, oriente, levante, este.

SALINA salobral, salegar, mina, lódano, saladar.

SALINO salado, salobre, salífero, salobreño.

SALIR partir, marchar, evadirse, alejarse, huir, escapar, fugarse, viajar, ausentarse, despedirse, expatriarse, emigrar || presentarse, aparecer, mostrarse, surgir, resurgir, emerger, desembocar, venir, llegar, brotar, manifestarse, exhibirse, nacer, saltar, manar || sobresalir, proyectarse, rebasar, destacar, abultar || parecerse, semejarse, tirar a, tener un aire || SALIRSE derramarse, verterse, rezumar, gotear, filtrarse, exudar, inundar, mojar, esparcirse, desbordarse, desaguar, rebosar, fluir.

SALITRE nitro, sal, alatrón.

SALITROSO v. salino.

SALIVA secreción, baba, humor, espuma, espumarajo.

SALIVAR babear, babosear, escupir, expectorar, arrojar, echar, espumarajear, insalivar.

SALIVAZO escupitajo, espumajo, esputo, gargajo, escupido, flema, escupidura, baba, babazo.

SALMEAR rezar, salmodiar, entonar, cantar.

SALMO cántico, composición, canto, alabanza, loor, versículo, salmodia.

SALMODIA melopea, canturreo, repetición, mosconeo, zumbido, tarareo, canto, cántico, salmo.

SALMODIAR canturrear, mosconear, repetir, tararear, entonar, modular.

SALMUERA salobridad, sal, aguasal, salsedumbre, salumbre, disolución, concentración.

SALOBRE salado, salino, salífero, salobreño, cargado, fuerte, denso.

SALÓN aposento, sala, recinto estancia, paraninfo, aula, crujía, nave || SALÓN * exposición, feria, exhibición, muestra.

SALPICADO manchado, jaspeado, picado, pintado, abigarrado, veteado, embarrado, tiznado || duchado, rociado, mojado, asperjado, bautizado, irrigado, humedecido, bañado regado, llovido, húmedo, chorreante.

SALPICADURA rociada, rociadura, ducha, mojadura, chorro, chorreo, riego, irrigación, lluvia, baño, mancha, tizne, barro cieno, chapoteo, salpicón.

SALPICAR chapotear mojar, rociar, duchar, bañar, chorrear, humedecer, irrigar, llover, regar, bautizar, esparcir, asperjar, manchar, enlodar, tiznar.

SALPICÓN desmenuzamiento, picadillo, picado, adobo, guiso, plato, aderezo || v. salpicadura.

SALPIMENTAR adobar, condimentar, aderezar, sazonar, aliñar, salar, especiar || distraer, entretener, divertir, amenizar, animar.

SALPULLIDO v. sarpullido.

SALSA caldo, sopa, jugo, adobo, condimento, aderezo, aliño, especias, moje, unto, zumo, substancia, aguadillo.

SALSERA tazón, taza, vasija, recipiente, salserilla.

SALTABANCOS v. saltimbanqui.

SALTABARDALES travieso, alocado, tarambana, aturdido, precipitado, irreflexivo.

SALTADIZO quebradizo, frágil, delicado.

SALTADOR brincador, v. saltar.

SALTAMONTES langosta, ortóptero, insecto, acrídido, plaga, grillo, cigarra, saltón.

SALTAR botar, rebotar, levantarse, brincar, triscar, retozar, danzar, pingar, juguetear, cabriolar, girar, piruetear || lanzarse, arrojarse, tirarse, abalanzarse, precipitarse, trasponer, impulsarse, arremeter, atacar, salvar, cruzar, franquear || romperse, estallar, volar, detonar, reventar, descargar, *explotar*, destruirse || SALTARSE omitir, olvidar, eludir, pasar, relegar, dejar.

SALTARÍN danzarín, bailarín, brincador, retozón, juguetón, inquieto, revoltoso, saltador.

SALTEADOR asaltante, bandido, delincuente, ladrón, saqueador, caco, atacante, malhechor, bandolero, forajido, agresor, escalador, descuidero, desvalijador, depredador.

SALTEAR saquear, asaltar, delinquir, robar, atacar, agredir, desvalijar, escalar, atracar, sorprender.

SALTIMBANQUI saltabancos, volatinero, funámbulo, acróbata, equilibrista, charlatán, sacamuelas, bufón, payaso, titiritero.

SALTO brinco, rebote, bote, cabriola, pirueta, retozo, danza, impulso, giro, jugueteo, gambeta, corveta, tranco || catarata, cascada, despeñadero, caída, torrente, precipicio, derrumbadero || omisión, olvido, paso, negligencia, descuido, laguna, falta, error || variación, cambio, transformación, interrupción.

SALTÓN abultado, protuberante, saliente, grande, prominente, convexo.

SALUBRE sano v.

SALUBRIDAD higiene, cuidado, v. salud.

SALUD fortaleza, robustez, lozanía, inmunidad, higiene, euforia, salubridad, eutaxia, vigor, vitalidad, brío, resistencia, energía.

SALUDABLE sano, higiénico, benéfico, propicio, favorable, salubre, salutífero || vigoroso, resistente, lozano, robusto, fuerte, inmune, eufórico, enérgico, brioso, vital, fresco, rubicundo, colorado.

SALUDADOR v. curandero.

SALUDAR cumplimentar, congratular, cumplir, recibir, visitar, ver, entrevistarse || descubrirse, estrechar, abrazar, inclinarse, hacer una reverencia, estrechar la mano, gesticular.

SALUDO cumplido, cortesía, congratulación, ceremonia, recepción, entrevista, visita || reverencia, inclinación, apretón, abrazo, beso, caricia, venia, recuerdos, salutación, ademán, gesto.

SALUTACIÓN v. saludo.

SALUTÍFERO v. saludable.

SALVA descarga, andanada, fuego, disparos, cañonazos || aplausos, vítores, palmadas, aclamación.

SALVACIÓN liberación, emancipación, rescate, manumisión, libertad, huida, fuga || protección, refugio, asilo, amparo, abrigo, defensa, resguardo, seguridad, tutela, garantía, patrocinio, favor, ayuda.

SALVADO cáscara, cascarilla, fárfara, hollejo, brizna, película, residuo, afrecho, acemite || defendido, liberado, emancipado, rescatado, libre, v. salvar.

SALVADOR defensor, protector, libertador, emancipador, redentor, benefactor, bienhechor, sostén, valedor, generoso || v. Jesucristo.

SALVAGUARDAR proteger, sostener, salvar, amparar, defender, redimir.

SALVAGUARDIA custodia, amparo, guardia, vigilancia, cuidado, defensa, protección, escolta, conservación, resguardo, celo, atención, desvelo || salvoconducto, pase, pasavante, pasaporte.

SALVAJADA barbaridad, brutalidad, atrocidad, enormidad, bestialidad, animalada, crueldad, iniquidad, infamia, exceso, v. salvajismo.

Salvaje caníbal, antropófago, nativo, indígena, hotentote, cafre, indio, aborigen, bárbaro, beduino || bestial, cruel, brutal, bárbaro, atroz, infame, inicuo, animal, fiero, feroz, intratable || silvestre, montaraz, arisco, indómito, cerril, indomesticable, agreste, selvático, montés, bravío, huraño, zafio, tosco, grosero, inculto, irracional.

Salvajismo barbarie, ferocidad, cafrería, saña, ensañamiento, incultura, ignorancia, atraso, analfabetismo, tosquedad, obscurantismo, cerrilidad, v. salvajada.

Salvamento recuperación, socorro, ayuda, auxilio, asistencia, apoyo, refuerzo, defensa, cooperación, expedición, empresa, liberación, escapada, v. salvación.

Salvar socorrer, recuperar, asistir, auxiliar, ayudar, reforzar, liberar, cooperar, defender, apoyar, acoger, esconder, ocultar, guarecer, refugiar, proteger, preservar, fomentar, patrocinar, redimir, salvaguardar, disculpar, justificar, favorecer || atravesar, *franquear*, saltar, trasponer, pasar, traspasar, vadear, escalar, cruzar, rebasar || Salvarse mejorar, recuperarse, rehabilitarse, reponerse.

Salvavidas flotador, guindola, corcho, cámara, boya, artefacto insumergible.

Salve saludo, salutación, oración, rezo.

Salvedad aclaración, justificación, explicación, demostración, puntualización, especificación, reseña, excusa, cortapisa, limitación.

Salvo exceptuado, omitido, excepto, menos, aparte, solamente, sólo, fuera de, a excepción de || indemne, incólume, entero, intacto, ileso, sano, campante, íntegro.

Salvoconducto permiso, pase, autorización, licencia, venia, visado, pasaporte, título, aprobación, documentación, credencial, documento, aval, pasavante, despacho.

Samaritana v. enfermera.
Samaritano v. misericordioso.
Sambenito descrédito, infamia, desprestigio, deshonra, estigma, vituperio.

Sampán * champán, junco, embarcación, barca, navío chino.

Sanalotodo curalotodo, panacea, remedio, pócima, bálsamo, bebedizo.

Sanamente higiénicamente, saludablemente, sensatamente, formalmente, v. sano.

Sanar reponerse, restablecerse, curar, mejorar, convalecer, recobrarse, aliviarse, regenerarse, adelantar, restaurarse, reposar, rehabilitarse, fortalecerse, robustecer, levantarse.

Sanatorio casa de salud, casa de reposo, lazareto, manicomio, nosocomio, balneario, hospital, policlínico, clínica, dispensario.

Sanción castigo, pena, correctivo, punición, condena, penalidad, inhabilitación, expulsión, merecido, prohibición || aprobación, autorización, confirmación, aquiescencia, aplauso, anuencia, beneplácito, asenso, permiso || estatuto, ley, ordenanza, precepto, decreto, norma.

Sancionable punible, prohibido, ilegal, condenable || plausible, ratificable, aprobable.

Sancionar condenar, castigar, penar, punir, prohibir, inhabilitar, expulsar, corregir || confirmar, aprobar, autorizar, permitir, ratificar, acceder, conceder, convalidar, ordenar, decretar.

Sancocho potingue, frangollo, bazofia, guisote.

Sanctasanctórum santuario, tabernáculo, sagrario, templo, misterio, intimidad, incógnita, secreto, arcano.

Sandalia chancleta, alpargata, zapatilla, abarca, babucha, chanclo, pantufla, chinela.

Sandez desatino, necedad, majadería, disparate, dislate, despro-

pósito, tontería, memez, idiotez, bobería, mentecatez, pifia.
SANDÍA cucurbitácea, badea, pepón, melón de agua.
SANDIO necio, simple, majadero, idiota, bobo, mentecato, tonto, memo, zopenco, torpe, lerdo.
SANDUNGA gracia, donaire, gallardía, jocosidad, sal, gracejo, salero v.
SANDUNGUERO gracioso, chusco, divertido, ocurrente, guasón, jocoso, salado, chistoso.
SANDWICH * bocadillo, emparedado, panecillo, canapé, bocado, tentempié, piscolabis.
SANEADO libre, sin cargo, limpio, productivo, neto, depurado.
SANEAMIENTO arreglo, depuración, limpieza, higiene, purificación, reparación, enmienda, liberación.
SANEAR depurar, reparar, enmendar, liberar, purificar, higienizar, componer, limpiar, arreglar, levantar, desarrollar.
SANFRANCIA pendencia, riña, trifulca v.
SANGRADERA lanceta, bisturí, cuchilla || acequia, caz, canalillo.
SANGRADOR barbero, físico, cirujano, sajador, curandero.
SANGRADURA v. sangría.
SANGRAR perder, gotear, rezumar, exudar, fluir, verterse || abrir, sajar, cortar, desaguar, desagotar || sisar, hurtar, robar, escamotear, apandar.
SANGRE humor, líquido orgánico, flujo, linfas, plasma || parentesco, linaje, estirpe, raza, familia, abolengo, nacimiento, vínculo, casta, lazo.
SANGRÍA flujo, efusión, hemorragia, estasis, epistaxis, desangramiento, corte, sajadura, sangradura, incisión || hurto, robo, sisa, escamoteo || refresco, bebida, mezcla.
SANGRIENTO cruento, brutal, feroz, inhumano, mortífero, atroz, sanguinario v., bestial, encarnizado, salvaje || sanguinolento, ensangrentado, sangrante, empapado, teñido || ofensivo, insultante, injurioso, humillante.

SANGUIJUELA anélido, sanguja, gusano, lombriz || explotador, negrero, abusador, usurero, prestamista, embaucador, vividor, sablista.
SANGUINARIO inhumano, feroz, brutal, atroz, cruel, salvaje, encarnizado, vengativo, inicuo, sañudo, implacable, duro, rabioso, virulento, bárbaro, truculento, sádico, monstruoso, fiero, bestial, sangriento.
SANGUÍNEO rubicundo, bermejo, encarnado, colorado, apoplético, excitable.
SANGUINOLENTO ensangrentado, teñido, empapado, sangriento, sangrante.
SANIDAD salubridad, higiene, cuidado, servicios, normas || salud, lozanía, fortaleza.
SANITARIO higiénico, salubre, saludable, benéfico, sano || enfermero, ayudante, auxiliar médico.
SANO saludable, robusto, lozano, fuerte, inmune, incólume, fresco, frescachón, rubicundo, sanguíneo, vigoroso, resistente, vital || higiénico, benéfico, saludable, salubre, sanitario, salutífero || cabal, recto, probo, íntegro, cumplido, honrado, consumado, correcto.
SANSEACABÓ terminado, concluido, decidido, acabado, resuelto, liquidado, finiquitado.
SANS FAÇON * descaro, atrevimiento, desfachatez, despreocupación.
SANSIROLÉ necio, bobo, memo, pazguato, v. sandio.
SANSÓN hércules, fornido, musculoso, titánico, forzudo, membrudo, gigantesco, formidable, poderoso.
SANS-SOUCI * despreocupado, descuidado, ligero.
SANTABÁRBARA polvorín, pañol, arsenal, cámara, depósito, almacén de explosivos.
SANTAMENTE virtuosamente, justamente, puramente, ejemplarmente, sagradamente, v. santo.
SANTERÍA v. santidad || v. santurronería.

Santiamén (En un) en un instante, en un abrir y cerrar de ojos, rápidamente, velozmente, instantáneamente.

Santidad virtud, perfección, ejemplaridad, gracia, misticismo, ascetismo, caridad, fe, integridad, impecabilidad, sublimidad, éxtasis, contemplación, espiritualidad.

Santificación glorificación, canonización, beatificación, exaltación, honra, consagración, v. santificar.

Santificar consagrar, bendecir, divinizar, glorificar, deificar, purificar, honrar, ofrecer, exaltar, venerar, dedicar, coronar, ofrendar, aureolar, canonizar, beatificar.

Santiguarse persignarse, signarse, hacerse cruces || maravillarse, asombrarse.

Santimonia v. santidad.

Santo sagrado, divino, consagrado, sacro, sacrosanto, santificado, venerable, respetable, bendito, bienaventurado, elegido, predestinado, inmaculado, puro, virginal, augusto, inviolable, virtuoso, ejemplar, puro, beatífico, coronado, glorioso, glorificado, espiritual, sublime, ascético, místico || beato, patrono, abogado, apóstol, patriarca, mediador, intercesor, virgen, mártir || viñeta, estampa, grabado, lámina, ilustración, dibujo, imagen || figura, efigie, imagen, estatua, talla, escultura, icono, representación, ídolo || onomástica, festividad, celebración, aniversario, conmemoración, fiesta, festejo, festividad || Santo y seña consigna, clave, nombre, orden, contraseña, frase, lema, pase, salvoconducto.

Santón penitente, asceta, anacoreta, ermitaño, eremita, cenobita || hipócrita, beato, v. santurrón || personaje, cacique, jefe, influyente, dominante.

Santoral martirologio, hagiografía, legendario, lista, relación, almanaque, calendario.

Santuario oratorio, templo, ermita, capilla, colegiata, templete, abadía, convento, monasterio, cenobio, iglesia, tabernáculo, lugar sagrado.

Santurrón beato, puritano, mojigato, gazmoño, hipócrita, santón, fariseo, falso.

Santurronería beatería, mojigatería, gazmoñería, hipocresía, falsedad, fariseísmo, afectación.

Saña rabia, fobia, rencor, inquina, ira, ojeriza, hincha, tirria, malevolencia, antipatía, animadversión, odio, aborrecimiento, resentimiento, crueldad, encarnizamiento, ferocidad, salvajismo, encono.

Sañudo rencoroso, rabioso, antipático, resentido, virulento, cruel, enconado, salvaje, feroz, encarnizado, malévolo, maligno, dañino.

Sapidez gusto, paladar, boca, sabor, sensación.

Sápido gustoso, sabroso, suculento, apetitoso, saporífero, sazonado.

Sapiencia ilustración, conocimiento, erudición, instrucción, saber, sabiduría v.

Sapiente instruido, erudito, ilustrado, docto, entendido, conocedor, sabio v.

Sapino abeto, conífera, pinabete, pino, árbol.

Sapo escuerzo, guácharo, escorzón, anfibio, batracio, anuro, rana.

Saponáceo jabonoso, saponoso, espumoso.

Saque lanzamiento, tiro, impulso, tirada, envión, bote, proyección.

Saqueador depredador, desvalijador, pirata, corsario, salteador, ladrón, bandido, atracador, merodeador, asaltante, delincuente.

Saqueamiento v. saqueo.

Saquear desvalijar, pillar, rapiñar, despojar, capturar, asaltar, merodear, atracar, robar, piratear, depredar, arrasar, expoliar.

Saqueo pillaje, rapiña, desvalijamiento, saco, depredación, robo, atraco, asalto, captura, despojo, violencia, latrocinio, saqueamiento, delito.

Sarao velada, gala, fiesta, recepción, convite, baile, festejo, reunión.

Sarasa marica, afeminado, v. invertido.

Sarcasmo sátira, ironía, burla, retintín, mordacidad, causticidad, chanza, acrimonia, socarronería, virulencia, puya, chasco, zumba, broma, fisga, cinismo, zaherimiento.

Sarcásticamente mordazmente, satíricamente, irónicamente, v. sarcástico.

Sarcástico mordaz, irónico, satírico, zaheridor, cínico, agresivo, punzante, sardónico, venenoso, cáustico, zumbón, socarrón, virulento, agrio, chancero, burlón, hiriente, insultante, chocarrero.

Sarcófago féretro, ataúd, caja, cajón, enterramiento, monumento, catafalco, túmulo, sepulcro, sepultura, tumba, nicho, panteón.

Sardina arenque, parrocha, pescado, pez marino.

Sardineta galón, trencilla, entorchado, alamar, distintivo, insignia, adorno.

Sardónico v. sarcástico.

Sargazo alga, ova, talofita, planta acuática.

Sargento suboficial, soldado, militar, mílite, mandón, marimandón, severo, riguroso.

Sargentona marimacho, marimandona, virago, imperiosa, despótica, maritornes, hombruna.

Sarmentoso nudoso, retorcido, nervudo, huesudo, flaco, fibroso, áspero, anguloso.

Sarmiento vástago, rama, rastro, codal, greña, pámpano, mugrón, codadura.

Sarna acariasis, roña, prurito, comezón, infección, enfermedad contagiosa.

Sarnoso escabioso, roñoso, tiñoso, repugnante, infecto.

Sarpullido salpullido, erupción, eritema, inflamación, irritación, rubefacción, afección cutánea.

Sarraceno mahometano, moro, musulmán, agareno, árabe, muslime, mogrebí, beréber, berberisco, rifeño, mauritano, moruno, morisco, islamita.

Sarracina escabechina, pelea, tumulto, lucha, riña, contienda, matanza.

Sarro sedimento, depósito, residuo, tártaro, saburra, concreción calcárea.

Sarta ristra, recua, retahíla, serie, rosario, cadena, hilera, sucesión, letanía, fila, ringlera, tirada, conjunto.

Sartén paila, cazo, enser, útil culinario.

Sastra costurera, sastresa, modista, pantalonera, chalequera.

Sastre cortador, modista, artesano, alfayate.

Sastresa v. sastra.

Satanás demonio, diablo, satán, lucifer, belcebú, mefistófeles, mefisto, luzbel, anticristo, leviatán, arimán, demontre, demonche, ángel caído, ángel del mal, Pedro Botero.

Satánico diabólico, demoníaco, luciferino, mefistofélico, diablesco, infernal, endiablado, endemoniado, maligno, perverso, malo, horrendo.

Satélite luna, astro, planetoide, planeta secundario, cuerpo celeste || paniaguado, esbirro, secuaz, acompañante, asalariado, mercenario, segundón, ayudante, lacayo, dependiente, compañero, partidario, seguidor.

Satén raso, tejido arrasado, seda, tela, *satín*.

Satín * v. satén.

Satinado brillante, lustroso, liso, pulido, terso.

Satinar abrillantar, lustrar, pulir, alisar.

Sátira ironía, sarcasmo, mordacidad, retintín, causticidad, chanza, acrimonia, socarronería, virulencia, puya, chasco, zumba, broma, fisga, cinismo, vejamen, burla, remoquete, indirecta, crítica.

Satiríasis lujuria, ansia, furor, avidez sexual.

Satírico sarcástico, irónico, cínico, agresivo, punzante, zaheridor, socarrón, zumbón, crítico, cáustico, venenoso, sardónico, chocarrero, insultante, hiriente, burlón, chancero, agrio, virulento, acerado.

Satirizar censurar, criticar, zaherir, mortificar, avergonzar, escarnecer, ironizar, punzar, chancearse, burlarse, herir, insultar.

Sátiro libidinoso, lúbrico, lascivo, lujurioso, concupiscente, desenfrenado, incontinente, rijoso.

Satisfacción contento, placer, gusto, agrado, gozo, alegría, regodeo, complacencia, deleite, conformidad, euforia, ufanía, dicha, alborozo, entusiasmo || reparación, compensación, arreglo, descargo, solución, indemnización, retribución, resarcimiento, devolución || excusa, disculpa, explicación, aclaración.

Satisfacer agradar, contentar, alegrar, gustar, complacer, deleitar, alborozar, entusiasmar, ufanar, conformar, regodear, tranquilizar, aplacar, aquietar || saldar, pagar, abonar, compensar, retribuir, sufragar, costear, indemnizar, reembolsar, cancelar, premiar, gratificar, solventar, reparar, resarcir, devolver || Satisfacerse hartarse, saciarse, llenarse, saturarse, repletarse, cebarse, atiborrarse, impregnarse, hincharse.

Satisfactoriamente cómodamente, convenientemente, gratamente, v. satisfactorio.

Satisfactorio conveniente, cómodo, grato, provechoso, fructuoso, beneficioso, favorable, propicio, lisonjero, confortable, adecuado, apropiado, agradable, placentero, complaciente, halagador, conforme, propio, decoroso, aprovechable, ventajoso, productivo, útil, eficaz.

Satisfecho contento, ufano, conforme, complacido, halagado, acorde, tranquilo, calmado, aplacado, feliz, dichoso, radiante, campante || saciado, harto, lleno, atiborrado, hinchado, impregnado, repleto, saturado || vanidoso, orgulloso, pagado, vano, presumido, ensoberbecido, presuntuoso.

Sátrapa ladino, zorro, astuto, camastrón, marrullero, camándulas, pícaro.

Saturación saciedad, hartura, impregnación, repleción, atiborramiento, hartazgo.

Saturado harto, atiborrado, saciado, impregnado, repleto, ahíto, rebosante, aburrido, fastidiado.

Saturarse saciarse, hartarse, atiborrarse, rebosar, henchirse, impregnarse, hincharse, aburrirse, fastidiarse.

Saturnal orgía, bacanal, franchela, juerga, festín, desenfreno, escándalo, aquelarre.

Saturnino taciturno, sombrío, triste, mohíno.

Sauce salce, salguero, salgar, saúz, árbol.

Saudade * nostalgia, añoranza, soledad, melancolía.

Saurio reptil, lagarto, cocodrilo.

Savia resina, jugo, substancia, extracto, zumo, néctar, esencia, caldo, goma, viscosidad, secreción || energía, fuerza, vigor, poder, vitalidad.

Savoir faire * desenvoltura, aplomo, soltura, seguridad, distinción.

Saxofón saxófono, instrumento de viento.

Saxófono instrumento de viento, saxofón.

Saya falda, basquiña, faldellín, redonda, refajo, halda, regazo, polisón, hopalanda, vuelos, enagua, vestidura, túnica.

Sayo casaca, capote, vestidura, vestido, saya v., ropilla, hopalanda, túnica, vestidura v.

Sayón polizonte, corchete, alguacil, esbirro, verdugo || patibulario, feroz.

Sazón madurez, punto, florecimiento, fructificación, maduración, granazón, lozanía, desarrollo, perfección, culminación || ocasión, coyuntura, circunstancia, lance, oportunidad || gusto, sabor, regusto, condimento.

Sazonado sabroso, substancioso, suculento, aderezado, condimentado || maduro, perfecto, concluido, rematado, terminado.

Sazonar aderezar, adobar, aliñar, condimentar, salpimentar, salar, escabechar || madurar, florecer, fructificar, granar, desarrollarse || perfeccionar, concluir, terminar, rematar, saldar, finiquitar.

Score * tanteo, puntuación, resultado, puntos, tantos.

Sebáceo v. seboso.

Sebo grasa, unto, tocino, gordo, mantequilla, manteca, lardo, gordura, juarda, margarina, crasitud, oleína, butiro, aceite, churra, saín, enjundia, pringue.

Seboso sebáceo, grasiento, grasoso, aceitoso, pringoso, untuoso, rancio, mantecoso, butiroso, adiposo, lardoso, gordo, craso.

Secamente desabridamente, ásperamente, despectivamente, tajantemente, v. seco.

Secamiento desecación, oreo, desecamiento, agostamiento.

Secano secadal, sequeral, sequío, sequero.

Secar enjugar, escurrir, orear, airear, ventilar, ventear, empapar, desecar, deshidratar, deshumedecer, evaporar, agotar, vaciar, desagotar, desaguar, desencharcar, cegar, extraer || Secarse marchitarse, agostarse, resecarse, abochornarse, amarillear, amustiarse, perderse, ajarse || enflaquecer, apergaminarse, extenuarse, amojamarse, acartonarse.

Sección departamento, división, grupo, rama, parte, sector, ramo, agrupación, capítulo, apartado, título || corte, tajo, tajadura, cisura, incisión, división, cercenamiento, escotadura, separación, hendidura, ablación, amputación, mutilación, extirpación, chirlo, sajadura.

Seccionar cortar, dividir, tajar, separar, hender, cercenar, incidir, amputar, mutilar, extirpar, sajar, romper, escindir, despedazar, fraccionar.

Secesión separación, apartamiento, cisma, desunión, división, disgregación, disociación, desmembración, divergencia, desviación, separatismo, discordia, alejamiento.

Secesionista disociador, desmembrador, separador, separatista, cismático.

Seco enjugado, escurrido, oreador, aireado, ventilado, venteado, desecado, deshidratado, deshumedecido, evaporado, agotado, vaciado, desagotado, desaguado, desencharcado, cegado, extraído || marchito, ajado, mustio, amarillo, abochornado, estéril, reseco, agostado || apergaminado, flaco, extenuado, amojamado, acartonado, sarmentoso, magro || desabrido, antipático, áspero, adusto, brusco, huraño, desapacible, tosco, rudo, bronco, intratable.

Secreción segregación, hormona, producto glandular, evacuación, exudado, excreción.

Secretamente misteriosamente, incógnitamente, ocultamente, enigmáticamente, v. secreto.

Secretar v. segregar.

Secretaria empleada, taquígrafa, mecanógrafa, taquimecanógrafa, ayudante, v. secretario.

Secretaría oficina, dependencia, despacho, ayudantía, asesoría, negociado, intendencia, secretariado.

Secretariado secretaría v.

Secretario amanuense, escribano, ayudante, auxiliar, empleado, funcionario, mecanógrafo, taquígrafo, taquimecanógrafo, actuario, corresponsal, redactor.

Secretear murmurar, bisbisear, susurrar, cuchichear, tramar, urdir, ocultar.

SECRETEO susurro, cuchicheo, bisbiseo, murmuración, misterio, confidencia.

SECRETER * escritorio v., pupitre, mueble, mesa.

SECRETO misterioso, oculto, incógnito, enigmático, esotérico, clandestino, íntimo, furtivo, inviolable, impenetrable, confidencial, ignorado, reservado, escondido, recóndito, oculto, sigiloso, disimulado, encubierto, disfrazado, velado, anónimo, ignoto || incógnita, enigma, misterio, laberinto, interrogante, cifra, clave, combinación, adivinanza, rompecabezas, entresijo, acertijo, arcano, escondrijo || reserva, sigilo, ocultación, disimulo, discreción, silencio.

SECTA camarilla, clan, grupo, pandilla, liga, comunidad, sociedad, congregación, hermandad, cofradía, asociación || doctrina, herejía, iglesia, religión.

SECTARIO fanático, secuaz, intransigente, apasionado, exaltado, incondicional, ferviente, fogoso, intolerante, obcecado, partidario, seguidor.

SECTARISMO intransigencia, fanatismo, exaltación, apasionamiento, obcecación, intolerancia, fogosidad, fervor, vehemencia, idolatría, ceguera.

SECTOR parte, división, porción, fragmento, esfera, nivel, medio, sección, lote, tramo, fase, zona, lugar, sitio, punto, emplazamiento, parcela.

SECUAZ partidario, seguidor, esbirro, paniaguado, segundón, sometido, lacayo, criado, sicario, gregario.

SECUELA consecuencia, resultado, fruto, efecto, derivación, corolario, resulta, alcance, desenlace, deducción, conclusión.

SECUENCIA sucesión, serie, encadenamiento, orden, proceso, cadena, ciclo, fase, continuación.

SECUESTRADOR raptor, delincuente, chantajista, transgresor, ladrón, violador, hampón, malandrín, criminal.

SECUESTRAR raptar, forzar, retener, detener, llevar, encerrar, recluir, arrebatar, arrancar, engañar, esconderse || embargar, requisar, decomisar, incautarse, apropiarse, aprehender.

SECUESTRO rapto, detención, encierro, reclusión, engaño, retención, escondite, violación, aprehensión, decomiso, incautación, apropiación, requisa, embargo.

SECULAR terrenal, temporal, mundanal, mundano, civil, lego, laico, profano, seglar || añejo, antiguo, veterano, tradicional, vetusto, patriarcal, centenario.

SECULARIZAR temporalizar, cambiar, transformar.

SECUNDAR apoyar, colaborar, favorecer, cooperar, ayudar, auxiliar, asistir, coadyuvar, influir, socorrer, reforzar.

SECUNDARIO complementario, accesorio, circunstancial, suplente, substituto, supletorio, episódico, adventicio, incidental, provisional || insignificante, frívolo, menudo, trivial, exiguo, despreciable.

SED avidez, ansia, gana, necesidad de beber, anadipsia, polidipsia, apetito, deseo, afán, vehemencia, pasión, aspiración || sequedad, deshidratación, desecación, desecamiento, aridez, agostamiento.

SEDA raso, tela, tejido, trama, satén.

SEDAL hilo, cuerda, bramante, línea.

SEDANTE calmante, lenitivo, paliativo, sedativo, analgésico, narcótico, hipnótico, barbitúrico, droga, tranquilizante, medicamento.

SEDAR calmar, paliar, sosegar, apaciguar, mitigar, tranquilizar, drogar, narcotizar.

SEDATIVO v. sedante.

SEDE asiento, origen, cuna, capital, base, raíz, polo, centro, trono, silla, sitial, diócesis.

SEDENTARIO estacionario, tranquilo, apacible, inmóvil, poltrón, invariable, inmutable, inactivo, quie-

Sedente to, descansado, pausado, calmoso, estático, indolente.

Sedente sentado, entronizado, situado.

Sedición insurrección, levantamiento, algarada, motín, pronunciamiento, alboroto, revolución, alcaldada, tumulto, disturbio, conspiración, movimiento, insubordinación, asonada, alzamiento, sublevación, cuartelada, revuelta, rebelión, efervescencia, agitación.

Sedicioso insurrecto, revoltoso, insubordinado, turbulento, amotinado, sublevado, rebelde, faccioso, conspirador, alborotador, revolucionario, tumultuoso.

Sediento ávido, ansioso, deseoso, anhelante, afanoso, apasionado, vehemente, necesitado de agua || reseco, deshidratado, desecado, árido, agostado, desértico.

Sedimentación decantación, precipitación, v. sedimento.

Sedimentar precipitar, decantar, depositarse, asentarse, clarificar, aclarar, posar, acumularse, separarse.

Sedimento poso, depósito, residuo, asiento, turbiedad, heces, resto, remanente, zupia, horrura, madre, suciedad, sarro, lodo, cieno, sedimentación, precipitación, decantación.

Sedoso suave, terso, liso, fino, delicado, aterciopelado, raso, tenue.

Seducción fascinación, atractivo, atracción, encanto, hechizo, donaire, captación, sugestión, persuasión, señuelo, adulación, engaño, galanteo, coqueteo, enamoramiento, corrupción.

Seducir atraer, hechizar, fascinar, persuadir, sugerir, captarse, cautivar, alabar, halagar, absorber, arrebatar, conquistar, inducir, embelesar, ilusionar, hipnotizar, embobar, maravillar, enamorar, galantear || corromper, perder, engañar, tentar, desflorar, sobornar, inducir, embaucar.

Seductor fascinante, atractivo, atrayente, sugerente, persuasivo, fascinador, hechicero, arrebatador, absorbente, cautivante, maravilloso, engatusador, sugestionador, engañoso || conquistador, galán, burlador, castigador, corruptor, mujeriego, faldero, aprovechado.

Sefardita sefardí, judío español.

Segadera hoz, guadaña, falce, segur, herramienta.

Segador recolector, guadañador, campesino, labriego, labrador, cultivador.

Segar cortar, guadañar, seccionar, hendir, talar, tronchar, tumbar, cercenar, dallar, truncar, decapitar.

Segazón v. siega.

Seglar secular, laico, civil, lego, secularizado, temporal, terrenal, irreligioso, mundano, independiente, separado, profano.

Segmento parte, sección, fragmento, pedazo, trozo, cacho, pieza, sector, retazo, tranco, escote, miembro, vestigio, parcela, corte, partícula.

Segregación v. secreción || discriminación, diferencia, separación, apartamiento, rechazo.

Segregar secretar, excretar, echar, elaborar, producir, formar, evacuar, rezumar, gotear, emitir || separar, discriminar, diferenciar, rechazar, arrinconar, desdeñar, repudiar, apartar.

Segueta sierra, herramienta.

Seguidamente en seguida, inmediatamente, a continuación, consecutivamente, posteriormente, v. seguido.

Seguido continuo, consecutivo, posterior, inmediato, incesante, ininterrumpido, perpetuo, persistente, repetido, extenso, mantenido, permanente, estable, corrido || recto, directo, derecho, llano.

Seguidor partidario, adepto, discípulo, afiliado, adicto, satélite, sectario, fanático, incondicional, prosélito, admirador, simpatizante, amigo, acólito, continuador || rastreador, perseguidor v.

Seguimiento persecución, hostigamiento, rastreo, acoso, alcance, acorralamiento, caza, cacería, búsqueda, acecho.

Seguir perseguir, rastrear, buscar, husmear, hostigar, acosar, acechar, acompañar, escoltar, alcanzar, importunar, acorralar, ojear || admirar, continuar, simpatizar, apoyar, secundar, ayudar, respaldar, alentar, imitar, copiar || estudiar, practicar, profesar, ejercer || continuar, proseguir, reanudar, prolongar, prorrogar, mantener, insistir, durar, perpetuar, repetir, persistir || Seguirse derivarse, deducirse, inferirse, resultar, nacer, producirse, originarse, sobrevenir, ocurrir, crearse, establecerse.

Según conforme a, de acuerdo con, con arreglo a, a juzgar por, como, según y cómo, conformemente.

Segundero manecilla, indicador, aguja, saetilla.

Segundo suplente, ayudante, lugarteniente, segundón, representante, delegado, comisionado, substituto, subalterno, teniente, testaferro || accesorio, circunstancial, supletorio, complementario, auxiliar.

Segundón hijo segundo, no primogénito, postergado, relegado.

Segur hacha, hoz, guadaña, dalla, podadera, dobladera, falce, segote.

Seguramente indudablemente, ciertamente, desde luego, probablemente, acaso, es posible, tal vez.

Seguridad certeza, certidumbre, confianza, convicción, evidencia, convencimiento, fe, fijeza, firmeza || invulnerabilidad, inmunidad, indemnidad, flema, serenidad, resguardo, protección, salvaguardia, tranquilidad, calma, defensa, sostén, apoyo, cobijo, cuidado, resguardo, abrigo, asilo, refugio, escolta, acompañamiento, tutela.

Seguro protegido, resguardado, inmune, invulnerable, abrigado, sereno, tranquilo, defendido, indemne, inexpugnable, inviolable, inamovible, protegido, resguardado, firme, recio, abrigado || indudable, inequívoco, innegable, convincente, evidente, fehaciente, positivo, cierto, invariable, eficaz, flemático, sereno, tranquilo, impertérrito, confiado || muelle, mecanismo, dispositivo, cierre, gatillo, palanca || contrato, documento, convenio, pacto, compromiso, escritura, título.

Seísmo sismo, terremoto, cataclismo, hecatombe, sacudida, agitación, estremecimiento, vibración, trepidación, temblor de tierra.

Selacio tiburón, raya, escualo, pez marino.

Selección elección, distinción, separación, extracción, clasificación, apartamiento, opción, preferencia || recopilación, colección, conjunto, resumen, compendio, extracto, epítome, condensación, antología, repertorio, florilegio.

Seleccionado separado, apartado, v. seleccionar || selecto v.

Seleccionar separar, apartar, elegir, extraer, clasificar, preferir, optar, distinguir, recopilar, compendiar, extractar, resumir, condensar, coleccionar, escoger.

Selectivo v. selecto.

Selecto escogido, perfecto, distinguido, elegante, superior, seleccionado, excelente, notable, preferido, destacado, fino, noble.

Selva floresta, espesura, jungla, fronda, manigua, frondosidad, boscaje, enramada, algaba, fosca, sobral, algaida, arboleda, soto, monte, follaje.

Selvático agreste, denso, impenetrable, frondoso, inhóspito, rústico, tosco, inculto, selvoso.

Selvatiquez frondosidad, espesura, rusticidad.

Selvoso v. selvático.

Sellado secreto, cerrado, lacrado, precintado, confidencial, inviolable, timbrado, marcado, estampado.

Sellar precintar, lacrar, timbrar, cerrar, estampar, grabar, impri-

SELLO

mir, marcar, contrastar, marchamar, firmar, rubricar, estampillar || tapar, cerrar, obstruir, cegar, cubrir.

SELLO timbre, póliza, estampilla, contraste, marchamo, rúbrica, grabado, cierre, lacre, precinto, impresión, monograma, disco, plomo, impronta, sellador || pastilla, comprimido, oblea, tableta, píldora, gragea.

SEMÁFORO señal, luz, indicación, disco, poste || telégrafo óptico.

SEMANA septenario, feria, hebdómada, período, ciclo, lapso.

SEMANAL hebdomadario, semanario, periódico, regular, ferial semanero.

SEMANALMENTE periódicamente, regularmente, cada siete días.

SEMANARIO revista, periódico, publicación, hebdomadario, boletín.

SEMÁNTICA estudio, ciencia, significado de las palabras, semasiología.

SEMBLANTE rostro, cara, fisonomía, faz, efigie, imagen, facciones, facies, rasgos, visaje, jeta, perfil, catadura, talante, continente, aspecto, expresión, aire.

SEMBLANZA biografía, ensayo, panegírico, bosquejo, esbozo, relato, vida, historia, escrito.

SEMBRADÍO v. sembrado.

SEMBRADO huerto, campo, cultivo, sementera, plantío, sembradío, parcela, granja, plantel, vivero, vergel, regadío, secano, prado, plantación, terreno, vega, navazo.

SEMBRADOR labriego, campesino, cultivador, plantador, labrantín, agricultor, paisano, rústico.

SEMBRADURA v. siembra.

SEMBRAR granear, sementar, melgar, arrojar, lanzar, diseminar, propagar, difundir, publicar, esparcir, desparramar, derramar, arrojar, dispersar, soltar, extender, divulgar, propalar, transmitir.

SEMEJANTE parecido, afín, similar, análogo, igual, idéntico, aproximado, relacionado, copiado, calcado, imitado, conforme, rayano, gemelo, comparable, hermano, parejo, pariente, propio, paralelo, homólogo, equivalente, símil || hermano, pariente, vecino, prójimo, igual, allegado.

SEMEJANZA analogía, afinidad, parecido, identidad, igualdad, similitud, símil, conformidad, imitación, calco, copia, relación, aproximación, propiedad, parentesco, hermandad, comparación, equivalencia, paralelismo, vecindad, retrato, asimilación, herencia, atavismo.

SEMEJAR parecerse, recordar a, identificarse, heredar, imitar, igualar, hermanarse, aproximarse, relacionarse, asimilarse, equivaler, aparentar, compararse, asemejarse, salir a, tener un aire, tirar a.

SEMEN esperma, secreción, licor, jugo, zumo vital, leche, semilla, simiente.

SEMENTAL macho, garañón, morueco, verraco, padrote, reproductor, padre.

SEMENTAR v. sembrar.

SEMENTERA v. sembrado || v. siembra.

SEMI- medio, mitad, casi, aproximadamente.

SEMICÍRCULO hemiciclo, tribuna.

SEMIDIFUNTO desahuciado, grave, incurable, desesperado, condenado, sentenciado, acabado, irremediable, sin remedio, moribundo, gravísimo, expirante, agonizante, agónico.

SEMIDIÓS héroe, superhombre, genio, campeón, triunfador, ídolo, figura, titán.

SEMIDORMIDO adormilado, amodorrado, aletargado, entorpecido, atontado.

SEMILLA simiente, grano, germen, almendra, núcleo, cuesco, hueso, pepita, pipa || origen, causa, fundamento || SEMILLAS cereales, áridos, granos, grana.

SEMILLERO vivero, criadero, invernadero, invernáculo, cristalera, estufa || origen, fuente, principio, semilla, causa, fundamento, escuela.

Seminario colegio, escuela, instituto, organismo, institución, establecimiento docente.

Seminarista alumno, discípulo, pensionista, asistente, concurrente a un seminario.

Semita judío, israelita, *israelí*, hebreo, sionista, semítico, circunciso, mosaico, chueta, judaico, hebraico, sefardita, sefardí.

Semítico judaico, hebraico, mosaico, v. semita.

Semitismo sionismo, hebraísmo, judaísmo.

Sémola pasta de harina, granos, trigo molido.

Semovientes bienes, propiedades, reses, bestias, ganados, cabezas.

Sempiternamente perpetuamente, eternamente, constantemente, v. sempiterno.

Sempiterno perpetuo, eterno, inmortal, constante, interminable, infinito, duradero, perdurable, perenne, continuo, inacabable, inmarcesible, persistente.

Senado asamblea, congreso, ágora, cámara, parlamento, cortes, consejo.

Senador consejero, parlamentario, legislador, congresista, asambleísta, miembro, representante.

Sencillamente simplemente, naturalmente, llanamente, humildemente, v. sencillo.

Sencillez llaneza, simplicidad, naturalidad, intrascendencia, franqueza, sinceridad, inocencia, ingenuidad, humildad, afabilidad, campechanía, espontaneidad.

Sencillo simple, natural, llano, humilde, espontáneo, elemental, mero, afable, franco, sincero, campechano, mondo, lirondo, neto, limpio, escueto, desnudo, intrascendente, ingenuo, inocente, cándido, corriente, fácil, claro, palmario, evidente, inteligible.

Senda sendero, vereda, camino, vía, ramal, trocha, atajo, cruce, travesía, carril, rastro, huella, alcorce.

Sendero v. senda.

Sendos respectivos, correspondientes, mutuos, uno para cada cual.

Senectud vejez, ancianidad, vustez, longevidad, senilidad, caduquez, caducidad, decrepitud, chochera, acartonamiento, chochez, ocaso, edad provecta.

Senil anciano, longevo, viejo, provecto, caduco, decrépito, chocho, vetusto, decano, machucho, acabado, clueco, decadente, valetudinario, achacoso.

Senilidad v. senectud.

Seno concavidad, hueco, oquedad, depresión, entrante, ahuecamiento, interior, cavidad, vano, hoyo || regazo, amparo, protección || Senos mamas, pechos, tetas, busto, ubres.

Sensación percepción, impresión, efecto, huella, emoción, sobrecogimiento, vestigio, evocación, reminiscencia, excitación, imagen, representación, sensibilidad v.

Sensacional impresionante, extraordinario, emocionante, apasionante, sobrecogedor, increíble, asombroso, insólito, fantástico, inesperado, chocante, portentoso, milagroso, fenomenal.

Sensatamente cautamente, razonablemente, moderadamente, prudentemente, v. sensato.

Sensatez prudencia, moderación, discreción, cordura, circunspección, precaución, sabiduría, juicio, reflexión, cautela, raciocinio, mesura, ponderación, madurez, seriedad, formalidad, gravedad.

Sensato razonable, cauto, moderado, prudente, reflexivo, juicioso, circunspecto, cuerdo, discreto, sesudo, precavido, sabio, equilibrado, formal, serio, maduro, ponderado, mesurado, grave.

Sensibilidad sensiblería, sentimentalismo, susceptibilidad, ternura, compasión, piedad, sentimiento, afectividad, emotividad, delicadeza, impresión || perceptividad, excitabilidad, hiperestesia, perceptibilidad, v. sensación.

Sensible impresionable, delicado, emotivo, afectivo, sentimental, piadoso, compasivo, tierno, sensiblero, susceptible, suspicaz, sensitivo, blando, escamado, hiperestésico, mosqueado, perceptivo || deplorable, lamentable, doloroso, desgraciado, enojoso, lastimoso, desdichado, infortunado || apreciable, manifiesto, aparente, perceptible, evidente.

Sensiblemente perceptiblemente, apreciablemente, manifiestamente, v. sensible.

Sensiblería sentimentalismo, sensibilidad, emoción, compasión, credulidad, ternura exagerada.

Sensiblero sentimental, sensible, emotivo, impresionable, delicado, afectivo, compasivo, tierno, blando, sensitivo, crédulo, ingenuo, incauto.

Sensitivo v. sensible.

Sensual sibarita, refinado, profano, mundano, epicúreo, regalado || voluptuoso, concupiscente, carnal, venéreo, lascivo, lúbrico, libidinoso, lujurioso, impúdico, intemperante, obsceno, erótico, liviano, licencioso.

Sensualidad erotismo, intemperancia, pasión, goce, placer, obscenidad, impudicia, liviandad, lujuria, lubricidad, lascivia, concupiscencia, voluptuosidad || v. sensualismo.

Sensualismo sibaritismo, refinamiento, positivismo, profanidad, epicureísmo || v. sensualidad.

Sensualmente refinadamente, voluptuosamente, eróticamente, v. sensual.

Sentado juicioso, prudente, cuerdo, reflexivo, formal, maduro, v. sensato || arrellanado, colocado, repantigado, sedente, retrepado, posado || establecido, fijo, determinado, fundado.

Sentar asentar, ajustar, convenir, estipular, contratar, fundar, establecer, determinar, colocar || aplanar, allanar, igualar, apisonar, alisar, enrasar || anotar, inscribir, escribir, registrar, pasar || caer, quedar, venir, lucir ||

Sentarse arrellanarse, repantigarse, colocarse, retreparse, posarse, ponerse, descansar, acomodarse, desahogarse, tomar asiento.

Sentencia dictamen, veredicto, decisión, fallo, arbitraje, laudo, resolución, arbitrio, encartamiento, decreto, disposición, provisión, condena, sanción || máxima, dicho, proverbio, adagio, refrán, moraleja, frase.

Sentenciar condenar, penar, escarmentar, corregir, castigar, multar, expiar, sancionar, encarcelar, desterrar, imponer, infligir, desahuciar || arbitrar, fallar, dictaminar, resolver, decidir, enjuiciar, determinar, establecer, ventilar, zanjar, decretar, disponer, proveer, estatuir.

Sentencioso solemne, grave, afectado, ceremonioso, pomposo, enfático, grandilocuente || moral, doctrinal, educativo, instructivo.

Sentidamente emotivamente, cariñosamente, afectivamente, tiernamente, v. sentido.

Sentido discernimiento, conocimiento, juicio, entendimiento, razón, lucidez, capacidad, comprensión, sagacidad || percepción, sensibilidad, perceptiva, excitabilidad, sensación, capacidad, vista, tacto, gusto, oído, olfato || significado, acepción, significación, alcance, extensión, valor, fuerza, expresión, importancia, coherencia || resentido, delicado, suspicaz, escamado, mosqueado, quisquilloso, picado, disgustado, quejoso, contrariado, molesto, mortificado, ofendido || emotivo, cariñoso, afectivo, afectuoso, tierno, profundo, emocionante, conmovedor, expresivo, enternecedor, hondo, patético || dirección, orientación, trayectoria, derrotero, rumbo, marcha, tendencia, curso.

Sentimental emotivo, tierno, sensiblero, delicado, compasivo, afectivo, sensitivo, piadoso, impresionable || patético, conmovedor, emocionante, enternecedor || íntimo, amoroso, personal, pasional, afectivo.

Sentimentalismo sensibilidad, ternura, compasión, afecto, piedad, sensiblería, emoción, ternura, emotividad.

Sentimiento compasión, conmoción, afecto, piedad, lástima, ternura, dolor, sensiblería, condolencia, aflicción, tristeza, conmiseración, enternecimiento, emotividad, delicadeza, pasión, pesar || sensación, impresión, efecto, huella, emoción, percepción, reminiscencia, evocación, disposición, temple, estado de ánimo.

Sentina depósito, tanque, sumidero, cloaca, alcantarilla.

Sentir notar, experimentar, advertir, reparar, comprobar, apreciar, percatarse, darse cuenta, sufrir, padecer, soportar, observar || lamentar, arrepentirse, deplorar, temer, añorar, extrañar, afligirse, desolarse, entristecerse, afectarse, compadecerse, impresionarse, conmoverse || creer, juzgar, opinar, considerar, parecer || barruntar, presentir, adivinar, prever, presagiar, pronosticar || parecer, opinión, juicio, creencia, afirmación, pensamiento || Sentirse v. resentirse || hallarse, notarse, estar, encontrarse, verse.

Seña ademán, gesto, movimiento, signo, mímica, aspaviento, esguince, mueca, actitud, contorsión, codazo, golpe, mohín, visaje, pantomima, expresión, guiño || v. señal || anticipo, adelanto, prenda || Señas dirección, domicilio, destinatario, residencia.

Señal marca, huella, muesca, cicatriz, lunar, estigma, mancha, estela, pisada, traza, rastro, indicio, vestigio, reliquia, resto, remanente, surco, signo, pis a, impresión, pinta, muestra, corte || semáforo, poste, pilar, guía, indicador, mojón, señalización, cartel, hito, jalón, letrero, inscripción, rótulo || asterisco, llamada, nota, referencia, cruz, signo, símbolo || muestra, índice, manifestación, síntoma, seña, sospecha, barrunto, vislumbre, asomo, ribete.

Señaladamente notablemente, destacadamente, singularmente, v. señalado.

Señalado notable, destacado, singular, insigne, famoso, conspicuo, importante, glorioso, ilustre, distinguido, célebre, sobresaliente || marcado, indicado, determinado, establecido, especificado || herido, marcado, lisiado.

Señalar mostrar, indicar, apuntar, designar, advertir, determinar, establecer, mencionar, estipular, aclarar, fijar || imprimir, sellar, marcar, precintar, rotular, reseñar, manchar, trazar, herir, numerar, registrar, anotar, estampillar, firmar, rubricar, suscribir, trazar, registrar, amojonar, abalizar, rotular, pintar || Señalarse destacar, sobresalir, distinguirse, singularizarse, evidenciarse, significarse, despuntar.

Señalización v. señal.

Señalizar v. señalar.

Señero único, sin par, incomparable, notable, preclaro, eminente, insigne.

Señor caballero, noble, patricio, aristócrata, título, hidalgo, cortesano || amo, dueño, patrón, patrono, jefe, propietario, superior, cabeza, poseedor, soberano, principal, titular, hacendado, casero, terrateniente, cabecilla, cacique, titular || v. Dios.

Señora dama, matrona, ama, dueña, madre, cortesana, camarera, v. señor || mujer, esposa, cónyuge, compañera, pareja, consorte, costilla, media naranja.

Señorear mandar, dominar, imperar, gobernar, disponer, sujetar, someter, apoderarse, reinar, subyugar, predominar, supeditar.

Señoría vuecencia, ilustrísimo, excelencia, excelentísimo, honorable, eminencia, alteza.

Señorial aristocrático, elegante, linajudo, distinguido, noble, fino, preclaro, señoril, ilustre, digno,

SEÑORIL delicado, notable, principal, majestuoso.

Señoril v. señorial.

Señorío mando, dominio, potestad, imperio, gobierno, jurisdicción, predominio, poder, autoridad, atribución || feudo, heredad, propiedad, territorio, dominio, posesión, hacienda, pertenencia, baronía, condado, marquesado, ducado, principado, reino || distinción, elegancia, nobleza, grandeza, generosidad, finura, majestad, gravedad, mesura.

Señorita damita, joven, chica, muchacha, doncella, moza, virgen, soltera, hija || SEÑORITA DE COMPAÑÍA acompañante, dueña, ama, dama de honor, carabina.

Señorito caballerete, joven, hijo, mozalbete, pisaverde, señoritingo, heredero, primogénito.

Señorón personaje, figurón, ricacho, burgués, potentado, acomodado, noble, patricio, aristocrático.

Señuelo cebo, carnada, lazo, trampa, engaño, atractivo, incentivo, aliciente, tentación, gancho, anzuelo.

Seo catedral, basílica, templo, parroquia, oratorio, iglesia v.

Separable disgregable, disociable, apartable, rompible, divisible.

Separación alejamiento, desunión, extracción, desprendimiento, desacoplamiento, desglose, divergencia, disociación, desconexión, disgregación, división, dispersión, substracción, desarticulación, análisis, aislamiento, eliminación, exclusión, retirada, segregación || expulsión, despido, destitución, rechazo, degradación, exoneración, cesantía, relevo, eliminación, suspensión, licenciamiento, exclusión, jubilación, retiro || divorcio, desacuerdo, desavenencia, ruptura, disolución, repudio, desunión, desligamiento || independencia, secesión, autonomía, cisma, reforma, emancipación, libertad, autarquía, manumisión.

Separadamente libremente, independientemente, autónomamente, v. separado.

Separado libre, independiente, autónomo, autárquico, emancipado, manumitido, cismático, soberano, alejado, rebelde || expulsado, apartado, exonerado, rechazado, destituido, despedido, cesante, excluido, eliminado, degradado, relevado, licenciado, retirado, jubilado || solo, suelto, alejado, apartado, disociado, solitario, disgregado, dividido, aislado, retirado, divorciado.

Separar apartar, alejar, disociar, disgregar, dividir, aislar, desviar, quitar, librar, desembarazar, desligar, desechar, saltar, sacar, substraer, deshacer, descomponer, desbaratar, desprender, desconectar, desarticular, desacoplar, analizar, levantar, cribar, tamizar, colar, cerner, filtrar, eliminar, desmembrar, retirar, dispersar, desperdigar, descoser, despegar, segregar || distinguir, seleccionar, clasificar, ordenar, agrupar || expulsar, despedir, destituir, rechazar, exonerar, apartar, excluir, eliminar, degradar, licenciar, relevar, jubilar, retirar || SEPARARSE divorciarse, romper, repudiar, desligarse, deshacer los vínculos.

Separatismo separación, secesión, autonomía, cisma, rebeldía, escisión, rompimiento, división, desunión, desmembración, sublevación.

Separatista cismático, separador, secesionista, rebelde, insurrecto, activista.

Sepelio inhumación, entierro, ceremonia, acto, enterramiento.

Sepia jibia, molusco, cefalópodo.

Septenario semanal, hebdomadario, de siete días.

Septentrión norte, boreal, punto cardinal.

Septentrional nórdico, ártico, boreal, hiperbóreo, norteño, del norte.

Septicemia infección, contaminación de la sangre, dolencia, enfermedad grave.

Séptico infecto, sucio, inmundo, contagiado, contaminado, putrefacto, corrompido.

Septuagenario setentón, anciano, antañón, senil, vetusto, longevo, vejestorio.

Sepulcral cavernoso, lúgubre, sobrenatural, profundo, ronco, impresionante, misterioso, cinerario, tumulario.

Sepulcro v. sepultura.

Sepultar inhumar, enterrar, ocultar, soterrar, cavar, esconder, abismar, sumergir, sumir.

Sepulto inhumado, enterrado, v. sepultar.

Sepultura tumba, fosa, panteón, sepulcro, cripta, huesa, enterramiento, yacija, cárcava, túmulo, hoyo, nicho, cenotafio, mausoleo, catacumba, sarcófago.

Sepulturero enterrador, sepultador, cavador, zacateca.

Sequedad desecación, deshidratación, evaporación, desecamiento, oreo, agostamiento, marchitamiento, aridez, estiaje, sequía, sed, resecamiento || aspereza, dureza, antipatía, descortesía, desabrimiento, rudeza, tosquedad.

Sequedal secano, sequero, sequío, sequeral, terreno árido.

Sequía estiaje, resecamiento, agostamiento, desecamiento, marchitamiento, aridez, avenamiento, sed, calamidad.

Séquito acompañamiento, cortejo, compañía, escolta, comitiva, servicio, comparsa, corte, servidores, criados, ayudantes, soldados.

Ser criatura, ente, cosa, organismo, espécimen, individuo, sujeto, forma, entidad, cuerpo, mónada, naturaleza, esencia, entelequia, sustancia || estar, existir, vivir, quedar, haber, yacer, subsistir, coexistir, hallarse, permanecer, actuar, durar, conservarse, mantenerse, pasar, florecer || ocurrir, pasar, acontecer, acaecer, transcurrir, suceder || Ser de pertenecer, atañer, corresponder, tocar, integrar, formar, afectar, vincularse, incumbir, depender.

Sera espuerta, capacho, capazo, cesto, cesta, cenajo, esportilla, serón.

Seráfico angelical, angélico, candoroso, cándido, bendito, inocente, puro, espiritual, etéreo, casto, inmaculado.

Serafín querubín, ángel, angelito, angelote, arcángel, espíritu celestial, ser alado || bello, hermoso, precioso, agraciado, gracioso.

Serenar aplacar, apaciguar, calmar, sosegar, tranquilizar, acallar, aquietar, suavizar, sedar, pacificar, silenciar, moderar, templar, apagar, enfriar, consolar, alentar, aliviar, confortar, reanimar || escampar, aclarar, despejar, mejorar, abonanzar, abrir, limpiar, desencapotarse.

Serenata nocturno, romanza, rondalla, canción, cantata, cántico, ronda, música, festejo, homenaje, diversión, parranda.

Serenidad calma, tranquilidad, entereza, valor, flema, imperturbabilidad, impavidez, frialdad, firmeza, estoicismo, sangre fría, placidez, sosiego, quietud, suavidad, dulzura, paciencia, inalterabilidad.

Sereno tranquilo, calmoso, imperturbable, inalterable, impávido, valeroso, flemático, entero, frío, paciente, plácido, estoico, firme, dulce, suave, quieto, sosegado, impertérrito, valiente || despejado, claro, escampado, mejorado, abonanzado, abierto, limpio, azul, límpido, transparente, diáfano || relente, rocío, humedad, helada, escarcha, condensación, intemperie, cielo abierto || vigilante, cuidador, encargado, guardián nocturno.

Sergas hazañas, v. proezas.

Serial * folletín, novela radiofónica.

Seriamente formalmente, gravemente, dignamente, sensatamente, v. serio.

Serie sucesión, progresión, orden, curso, gradación, fila, cola, hilera, hilada, encadenamiento, ala, columna, escala, continuación, lista, línea, desfile, procesión, cadena, rosario, ristra, sarta, ringlera, letanía, retahíla, tirada, ciclo, proceso, conjunto, grupo.

Seriedad severidad, formalidad, juicio, reposo, gravedad, compostura, tranquilidad, madurez, sensatez, mesura, respeto, tiesura, decoro, prosopopeya, empaque, énfasis, circunspección, reserva, dignidad || exactitud, escrupulosidad, formalidad, puntualidad, celo, veracidad, rectitud, minuciosidad.

Serio formal, grave, digno, sensato, reposado, compuesto, juicioso, reservado, circunspecto, decoroso, respetuoso, maduro, mesurado, tranquilo, prudente, respetable || tieso, seco, adusto, desabrido, hosco, severo, austero, ceñudo, agrio, taciturno || cumplidor, puntual, formal, exacto, recto, minucioso, veraz, celoso, escrupuloso || grave, importante, trascendente, urgente, notable, principal, arduo, espinoso, delicado, embarazoso, complicado, comprometido.

Sermón prédica, disertación, plática, perorata, alocución, arenga, homilía || amonestación, regañina, diatriba, invectiva, reprimenda, reconvención, crítica, censura, riña, admonición, filípica, reproche, engaño.

Sermoneador regañón, refunfuñón, desconforme, quisquilloso, protestón, censurador || predicador, disertador, orador, charlista, sacerdote.

Sermonear reprender, amonestar, regañar, reconvenir, reprochar, reñir, censurar, criticar, refunfuñar, protestar, arengar, disertar, platicar.

Sermoneo v. sermón.

Seroja hojarasca, broza, borusca, residuo, desperdicio.

Serón capacho, espuerta, cesto, v. sera.

Serosidad líquido, humor, secreción, exudado, flujo, destilación, babilla.

Serpentear ondular, culebrear, reptar, zigzaguear, arrastrarse, deslizarse, escurrirse.

Serpentín tubo, conducto, espiral, caño.

Serpentina tira, lista, banda, faja, papel, cinta.

Serpentino sinuoso, ondulado, zigzagueante.

Serpiente culebra, ofidio, sierpe, reptil, crótalo, víbora, cobra, áspid, coral, pitón, boa, anaconda.

Serpollo brote, renuevo, retoño v.

Serrado dentado, dentelado, dentellado, apuntado, cortado, irregular, sinuoso.

Serrallo harén, harem, gineceo, encierro, reclusión.

Serranía cordillera, sierra v., montañas, montes, terreno montañoso.

Serrano montañés, montés, montaraz, serraniego.

Serrar aserruchar, aserrar, cortar, talar, partir, destroncar, escindir, abatir.

Serrín partículas, polvillo, residuo, aserrín, limaduras, raeduras, aserraduras.

Serrucho sierra, segueta, tronzador, herramienta, útil.

Servible útil, utilizable, aplicable, aprovechable, eficaz, provechoso, beneficioso.

Servicial atento, complaciente, cortés, amable, cuidadoso, considerado, mirado, esmerado, solícito, fino, educado, galante, obsequioso, cumplido.

Servicio favor, ayuda, cortesía, miramiento, asistencia, prestación, beneficio, subvención, auxilio, dádiva || misa, culto, oficio, ceremonia, sacrificio || servidumbre v., personal, dependencia, criados, fámulos, ayudantes, empleados || retrete, excusado, común, lavabos, urinario, mingitorio, letrina, evacuatorio, baño, *water-closet* || red, distribución, sistema, conjunto, organización, ordenación || vajilla, cubierto ||

provecho, rendimiento, v. utilidad.
SERVIDOR criado, sirviente, camarero, mozo, fámulo, doméstico, recadero, asistente, dependiente, lacayo, mayordomo, botones, factótum, paje, mozo, paniaguado, esbirro, secuaz, conserje, portero, bedel, ordenanza.
SERVIDORA doncella, criada, maritornes, muchacha, chica, azafata, niñera, moza, v. servidor.
SERVIDUMBRE servicio, dependencia, personal, séquito, criados, fámulos, empleados, ayudantes || obligación, sujeción, esclavitud, sumisión, carga, responsabilidad, exigencia, compromiso, gravamen, vínculo, relación.
SERVIL rastrero, indigno, abyecto, bajo, infamante, lacayuno, despreciable, vil, esclavo, tiralevitas, pelotillero, lameculos, sumiso, borrego, adulador.
SERVILISMO sumisión, infamia, abyección, esclavitud, vileza, adulación, envilecimiento, bajeza, zalamería, lagotería, indignidad.
SERVILMENTE sumisamente, abyectamente, infamemente, vilmente, v. servilismo.
SERVILLETA paño, toalleta, trapo, tela.
SERVIOLA vigía, centinela, observador, vigilante, avizor, guarda.
SERVIR asistir, auxiliar, ayudar, ejercer, ejecutar, secundar, prestarse, trabajar, emplearse alquilarse, contratarse, obligarse, encargarse || ser apto, adecuado, idóneo, apropiado, valer || partir, distribuir, asistir, presentar, escanciar, verter ofrecer, dar, entregar, asignar, proporcionar, alcanzar, colocar, dosificar, dispensar || lanzar, sacar, restar, jugar, echar, tirar, arrojar la pelota || SERVIRSE dignarse, consentir, acceder, condescender, avenirse, aceptar, tolerar, permitir || valerse, utilizar, aprovecharse, emplear, explotar, lucrarse.
SESENTÓN sexagenario, hombre maduro, añoso, veterano, viejo, anciano.

SESERA mollera, coco, molondro, chola, seso, cabeza, caletre, cacumen, meollo.
SESGADAMENTE oblicuamente, diagonalmente, transversalmente, v. sesgado.
SESGADO oblicuo, diagonal, transversal, cruzado, inclinado, torcido, desviado, atravesado, desnivelado, apartado, caído, esquinado, ladeado, escorzado.
SESGADURA v. sesgo.
SESGAR cruzar, atravesar, inclinar, torcer, esquinar, caer, apartar, desnivelar, desviar, escorzar, desplomar, soslayar, terciar, ladear, trincar.
SESGO oblicuidad, inclinación, cruce, sesgadura, través, declinación, bies, divergencia, apartamiento, torcimiento, desviación, ladeo, escorzo, ángulo, chaflán || cariz, curso, rumbo, aspecto, dirección, sentido, orientación, tendencia, marcha, giro, corriente.
SESIÓN conferencia, reunión, junta, asamblea, conciliábulo, consulta, deliberación, conclave, comité, consejo, concilio, corro, conversación, debate.
SESO cerebro, encéfalo, materia gris, inteligencia, mollera, coco, molondro, chola, cabeza, caletre, cacumen, meollo || juicio, madurez, prudencia, tino, sensatez, cordura, formalidad, reflexión, mesura.
SESTEAR dormitar, reposar, descansar, adormilarse, adormecerse, dormir, holgar, tumbarse, echarse.
SESUDAMENTE prudentemente, moderadamente, cuerdamente, juiciosamente, v. sesudo.
SESUDEZ v. sensatez.
SESUDO prudente, moderado, juicioso, cuerdo, reflexivo, sensato || aplicado, talentudo, profundo, laborioso, empollón.
SETA hongo, talofita, bejín, champiñón, trufa, níscalo.
SETENTÓN septuagenario, anciano, viejo, veterano, maduro, provecto, senil.

Seto cercado, valla, estacada, empalizada, tapia, alambrada, cerco, vallado, encierro, coto, verja, barrera, palenque, matorral, zarzal, mata, arbusto.

Seudo- falso, engañoso, supuesto, ficticio, falaz, figurado, pretendido.

Seudónimo apodo, mote, sobrenombre, alias, remoquete.

Severamente estrictamente, inflexiblemente, rigurosamente, rígidamente, v. severo.

Severidad austeridad, rigor, intolerancia, intransigencia, disciplina, inflexibilidad, seriedad, adustez, inclemencia, insensibilidad, puritanismo, exigencia, sequedad, aspereza, inexorabilidad, rigidez, exactitud, minuciosidad, chinchorrería, dureza.

Severo estricto, inflexible, riguroso, duro, exacto, disciplinado, rígido, inexorable, áspero, seco, exigente, puritano, insensible, inclemente, cruel, adusto, serio, intransigente, intolerante, austero, nimio, chinchorrero, minucioso, quisquilloso.

Sevicia crueldad, ensañamiento, impiedad, maldad, ferocidad, encarnizamiento, salvajismo, encono.

Sexagenario sesentón, hombre maduro, añoso, veterano, viejo, anciano.

Sex appeal * atractivo sensual, atracción sexual, imán, sugestión, fascinación, voluptuosidad, erotismo.

Sexo sexualidad, condición orgánica, diferenciación, diferencia anatómica, genitales, órganos reproductores, libídine, apetito genésico.

Sextante instrumento, aparato de medición, medidor de ángulos.

Sexteto conjunto musical, grupo de cámara.

Sexual genital, genésico, sensual, carnal, venéreo, erótico, animal, instintivo.

Sexualidad v. sexo.

Sexy * atractiva, sugestiva, voluptuosa, sensual, seductora, fascinante, erótica, lasciva.

Shampoo * v. champú.

Sheriff * autoridad policíaca, jefe de policía, alguacil, funcionario.

Sherry * jerez, vino de Jerez.

Shock * conmoción, choque psicológico, sacudida, emoción, sobresalto.

Shorts * pantalones, calzones cortos, prenda.

Show * función, espectáculo corto, exhibición.

Showman * presentador, animador, director.

Sí efectivamente, en efecto, afirmativamente, claro, desde luego, sin duda, naturalmente, evidentemente.

Siameses hermanos unidos, vinculados, enlazados, pegados.

Sibarita epicúreo, refinado, sensual, comodón, voluptuoso, regalado, delicado, gozador, conocedor.

Sibaritismo refinamiento, epicureísmo, regalo, voluptuosidad, sensualidad, delicadeza, comodidad.

Sibila adivina, pitonisa, profetisa, hechicera, bruja, maga, vidente.

Sibilante silbante, siseante, agudo, cortante.

Sibilino enigmático, misterioso, recóndito, oscuro, hermético, esotérico, confuso, impenetrable.

Sic textual, literal, idéntico, repetido, al pie de la letra, así.

Sicalipsis picardía, pornografía, obscenidad, impudicia, indecencia, desvergüenza, inmoralidad, escabrosidad.

Sicalíptico picante, pornográfico, obsceno, escabroso, verde, indecente, impúdico, deshonesto, picaresco, inmoral.

Sicario esbirro, paniaguado, asesino, secuaz, asalariado, matón, sayón.

Sicofante calumniador, impostor, detractor, vituperador, delator.

Sicoanálisis psicoanálisis, tratamiento, examen, análisis retrospectivo, exploración.

Sicología psicología, rasgo, personalidad, índole, carácter, temperamento, característica, peculiaridad, modo de sentir.

Sicológico psicológico, psíquico, anímico, espiritual, interior, moral, característico.

Sicólogo psicólogo, sagaz, conocedor, perspicaz, sutil || experto, especialista, consejero, asesor.

Sicómoro higuera, árbol de Egipto.

Sicópata psicópata, neurótico, desequilibrado, trastornado, orate, demente, chiflado, neurasténico, maniático, lunático, perturbado, vesánico, loco v.

Sicopatía psicopatía, desequilibrio, psicosis, neurosis, trastorno, demencia, vesania, perturbación, manía, neurastenia, trastorno, chifladura, enfermedad mental, locura.

Sicosis psicosis, v. sicopatía.

Sicoterapia psicoterapia, persuasión, tratamiento, sugestión, hipnosis.

Sidecar * cochecillo, carricoche, vehículo complementario.

Sideral cósmico, espacial, sidéreo, astronómico, astral, celeste, estelar, universal.

Sidéreo v. sideral.

Siderurgia acería, factoría, fundición, fábrica, taller.

Sidra zumo, jugo de manzanas, bebida alcohólica, bebida fermentada.

Siega cosecha, recolección, colecta, agosto, mies, cogida, segazón.

Siembra sementera, sembradura, cultivo, labor, laboreo, labranza, dispersión, diseminación, propagación.

Siempre eternamente, perpetuamente, imperecederamente, constantemente, perennemente, persistentemente, invariablemente, sin cesar, continuamente.

Sien lado, hueco, temporal, hueso.

Sierpe v. serpiente.

Sierra serrucho, segueta, serreta, tronzador, argallera, bracera, herramienta || cordillera, macizo, serranía, cadena, montes, cumbres, picos, alturas, cerros, riscos, crestas, cimas, v. montaña.

Siervo servidor, esclavo, feudatario, vasallo, villano, tributario, sumiso, dependiente, plebeyo, sujeto, súbdito, sometido, collazo, pechero || profeso, hermano, cofrade, asociado, adepto, congregante.

Siesta reposo, descanso, sopor, letargo, pausa, ocio, alto.

Siete jirón, desgarrón, andrajo, roto, descosido, rasgón.

Sietemesino canijo, enclenque, raquítico, débil, enteco, esmirriado, desmedrado, renacuajo.

Sífilis gálico, infección, contaminación, dolencia, enfermedad venérea.

Sifilítico contagiado, contaminado, infectado, enfermo venéreo.

Sifón conducto, canal, tubo, botella, recipiente.

Sigilar callar, encubrir, esconder, silenciar, disimular, ocultar.

Sigilo secreto, silencio, disimulo, reserva, encubrimiento, ocultamiento, discreción, cautela, prudencia.

Sigilosamente silenciosamente, discretamente, disimuladamente, v. sigiloso.

Sigiloso silencioso, discreto, disimulado, reservado, secreto, furtivo, solapado, escondido, oculto, cauteloso, prudente.

Sigla abreviatura, inicial, letra, signo, símbolo, mayúscula.

Siglo centenario, cien años || época, era, período, tiempo, lapso, etapa, ciclo, reinado.

Signar rubricar, firmar, suscribir, estampar, escribir, autografiar, sellar, marcar || Signarse persignarse, santiguarse, hacerse cruces.

Signatario infrascrito, firmante, refrendario, suscritor, rubricante, contratante, compromisario, parte.

Signatura número, orden, señal, marca, cota, inscripción || rúbrica, firma, autógrafo, inicial, sigla.

Significación importancia, trascendencia, carácter, categoría, enjundia, clase, excelencia || v. significado.
Significado sentido, acepción, alcance, extensión, valor, fuerza, expresión, razón, motivo, coherencia, significación v. || importante, destacado, conocido, reputado, popular, ilustre, considerado, sobresaliente, señalado, distinguido.
Significancia * v. significación.
Significante característico, representativo, expresivo, simbólico, v. significado.
Significar representar, ser, encarnar, figurar, simbolizar, constituir, personificar, aparentar, parecer, evidenciar || expresar, exponer, declarar, comunicar, aclarar, establecer, enunciar, estipular, revelar, señalar, apuntar, notificar, asegurar || Significarse destacar, sobresalir, descollar, predominar, distinguirse, señalarse.
Significativamente elocuentemente, reveladoramente, v. significativo.
Significativo elocuente, revelador, expresivo, representativo, característico, típico, propio, claro, demostrativo, manifiesto, explicativo, peculiar, específico.
Signo trazo, rasgo, marca, símbolo, carácter, letra, número, sigla, abreviatura, nota, cifra, tipo insignia, atributo, alegoría, lema, mote, efigie, imagen || señal, indicio, marca, rastro, pista, huella, estela, barrunto, dato, detalle || ademán, gesto, seña, bendición.
Siguiente ulterior, posterior, sucesivo, correlativo, continuador, zaguero, inferior, vecino, próximo, subsiguiente, subsecuente, sucesor.
Sílaba emisión de voz, grupo, conjunto de letras.
Silabario catón, abecedario, librillo, manual.
Silabear deletrear, enunciar, pronunciar.

Silabeo pronunciación, enunciado, deletreo.
Silba rechifla, pita, abucheo, bronca, protesta, alboroto, escándalo, pitos, pitidos, silbidos.
Silbante v. sibilante.
Silbar pitar, chiflar, alborotar, escandalizar, protestar, abuchear, tocar, llamar, zumbar, resonar.
Silbatina v. silba.
Silbato pito, silbo, chifle, chiflo, sirena.
Silbido pitido, soplido, señal, toque, llamada, silbo, chiflido, pita, silba v., sonido sibilante.
Silbo v. silbido.
Silenciar * disimular, callar, reservarse, esconder, velar, tapar, encubrir, ocultar, desfigurar || acallar, enmudecer, amordazar, intimidar.
Silencio reserva, secreto, disimulo, ocultación, sigilo, discreción, cautela, circunspección, prudencia || insonoridad, mutismo, afonía, afasia, mudez || paz, tranquilidad, calma, sosiego, tregua, reposo, quietud, pausa.
Silenciosamente sigilosamente calladamente, reservadamente, v. silencioso.
Silencioso sigiloso, callado, reservado, discreto, cauteloso, circunspecto, prudente, mudo, tranquilo, calmado, sosegado, reposado, quieto, hosco, taciturno, hermético, huraño, introvertido, misterioso, sospechoso.
Silente v. silencioso.
Sílex v. sílice.
Sílfide nereida, ninfa, náyade, ondina, hespéride, oceánida, dríada.
Sílice silicio, silicato, compuesto, combinación, pedernal, cuarzo, roca.
Silicosis neumoconiosis, enfermedad crónica, infiltración pulmonar.
Silo depósito, almacén, granero, hórreo, cilla, troj, pósito, sótano.
Silogismo argumento, deducción, razonamiento.
Silueta perfil, contorno, trazo, esbozo, sombra, bosquejo, línea,

orla, aureola, borde, cerco, cuadro, dibujo, forma, marco.
SILVESTRE agreste, campestre, montaraz, montés, bucólico, campesino, rural, selvático, bravío, rudo, tosco, arisco, salvaje, rústico, indomable inculto, grosero, cerril, zafio.
SILVICULTURA repoblación forestal, cultivo de bosques.
SILVOSO v. selvático.
SILLA asiento, sillón, butaca, banco, escaño, taburete, poltrona, trono, solio, sitial, banqueta, escabel, sitio, puesto, lugar, sillín || montura, arreos, aperos, guarniciones, arnés, arzón.
SILLAR piedra, dovela, bloque, cubo, mazacote.
SILLERÍA muro, pared, muralla, lienzo, contrafuerte, paredón, construcción de piedra.
SILLÍN asiento, silla v.
SILLÓN butaca, poltrona, mecedora, sitial, solio, trono, escaño, asiento, silla.
SIMA depresión, fosa, hondonada, abismo, cavidad, barranco, agujero, pozo, mina, grieta, cuenca, concavidad, cueva, oquedad.
SIMBIOSIS asociación, reunión, unión de organismos.
SIMBÓLICAMENTE metafóricamente, figuradamente, alegóricamente, teóricamente, v. simbólico.
SIMBÓLICO metafórico, figurado, alegórico, teórico, representativo, personificado, encarnado, alusivo, atribuido, imaginado, imaginario.
SIMBOLIZAR personificar, representar, encarnar, atribuir, aludir, figurar, compendiar, incorporar, personalizar, significar, aparentar, parecer, mostrar.
SÍMBOLO alegoría, emblema, efigie, representación, signo, atributo, figura, imagen, mote, cifra, tipo, blasón || letra, inicial, sigla, fórmula || encarnación, representación, personificación, incorporación, compendio, modelo, dechado, ejemplo, molde.
SIMETRÍA proporción, armonía, disposición, concordancia, correspondencia, conformidad, ritmo, equilibrio, relación, compensación, estética.
SIMÉTRICO armonioso, proporcionado, proporcional, equilibrado, concordante, compensado, correspondiente, relacionado, armónico, igual, estético.
SIMIENTE semilla, germen, grano, núcleo, pipa, hueso, cuesco, pepita, almendra, principio, origen.
SÍMIL semejanza, similitud, afinidad, parentesco, aire, sombra, vislumbre, comparación, analogía, relación, parangón, conexión, aproximación, maridaje, cotejo || parecido, análogo, v. similar.
SIMILAR semejante, parecido, análogo, aproximado, pariente, relacionado, comparable, afín, símil, vecino, próximo, equivalente, parejo, conforme, idéntico, copiado, imitado, hermano, homólogo, paralelo.
SIMILITUD parecido, semejanza, relación, parentesco, aproximación, analogía, proximidad, vecindad, afinidad, comparación, igualdad, identidad, conformidad, equivalencia, paralelismo, homología, hermandad, imitación, copia.
SIMILOR (DE) ficticio, imitado, falso, aparente, fingido.
SIMIO mono, macaco, mico, cuadrumano, antropoide, primate, chimpancé, orangután, gorila, mandril.
SIMÓN coche de punto, coche de plaza, carruaje, carricoche.
SIMONÍA venta ilícita, deshonra, corrupción.
SIMONÍACO deshonroso, corrompido, mercenario.
SIMPATÍA apego, inclinación, vocación, propensión, cariño, tendencia || conformidad, entendimiento, compenetración, concordancia, coincidencia, afinidad, relación || atracción, atractivo, encanto, donaire, gracia, hechizo, seducción, cordialidad, gancho, ángel, fascinación.
SIMPÁTICO cordial, gracioso, donoso, hechicero, encantador, atrac-

SIMPATIZANTE

tivo, atrayente, fascinante, seductor, sugestivo, amable, agradable, cariñoso.

SIMPATIZANTE partidario, adepto, afiliado, adicto, satélite, fanático, banderizo, seguidor, discípulo, sectario, admirador, prosélito, incondicional, acólito, amigo, esbirro, secuaz.

SIMPATIZAR entenderse, compenetrarse, avenirse, congeniar, comprenderse, coincidir, concordar, aficionarse, confraternizar, hermanarse.

SIMPLE elemental, sencillo, natural, llano, humilde, espontáneo, elemental, mero, afable, mondo, lirondo, desnudo, puro, neto, pelado, limpio, estricto, escueto, único, solo, ingenuo, palmario, evidente, fácil, inteligible, claro || necio, bobo, tonto, estúpido, torpe, inepto, ganso, zoquete, babieca, aturdido, negado, gaznápiro, majadero, memo, mentecato.

SIMPLEMENTE naturalmente, sencillamente, escuetamente, claramente, v. simple.

SIMPLEZA tontería, necedad, bobería, estupidez, gansada, torpeza, memez, majadería, mentecatez, idiotez.

SIMPLICIDAD naturalidad, sencillez, espontaneidad, pureza, limpieza, claridad, facilidad, evidencia || candor, ingenuidad, candidez, humildad || necedad, v. simpleza.

SIMPLIFICACIÓN aclaración, allanamiento, reducción, compendio, abreviación, descomposición, separación, solución, resolución, facilidad.

SIMPLIFICAR allanar, reducir, facilitar, resolver, abreviar, compendiar, resumir, aclarar, descomponer, separar, analizar.

SIMPLÓN necio, v. simple.

SIMPOSIO asamblea, junta, reunión, congreso, conferencia de especialistas, *simposium*.

SIMULACIÓN fingimiento, disimulo, encubrimiento, impostura, farsa, teatro, comedia, ficción, falsedad, dolo, disfraz, estratagema, farsa, mojigatería, gazmoñería, deslealtad, hipocresía, engaño, afectación, artificio, simulacro, rebozo.

SIMULACRO maniobra, adiestramiento, operación, ensayo, ejercicio, práctica, instrucción || copia, calco, imitación, representación || v. simulación.

SIMULADAMENTE fingidamente, artificialmente, falsamente, ficticiamente, v. simulado.

SIMULADO fingido, artificial, falso, ficticio, postizo, aparente, imitado, apócrifo, ilusorio, teatral, afectado, disimulado, supuesto, encubierto, engañoso, solapado, desfigurado, oculto.

SIMULADOR imitador, engañoso, encubridor, fingidor, farsante, impostor, comediante, teatral, solapado, hipócrita, tramoyista, desleal, fariseo.

SIMULAR fingir, representar, ocultar, desfigurar, engañar, encubrir, disimular, imitar, aparentar, falsear, copiar, amagar, falsificar, pretender.

SIMULTÁNEAMENTE paralelamente, coincidentemente, a un tiempo, al mismo tiempo, mientras, durante, a la vez, a la par, entretanto, v. simultáneo.

SIMULTANEAR sincronizar, combinar, contemporizar, corresponder, conjuntar, fusionar, compaginar, compartir.

SIMULTANEIDAD paralelismo, compatibilidad, concurrencia, concomitancia, sincronismo, combinación, concurso, presencia, coexistencia, coincidencia, compaginación.

SIMULTÁNEO coincidente, compartido, coexistente, presente, sincrónico, concomitante, concurrente, compatible, paralelo, coetáneo.

SIMÚN vendaval, ventarrón, huracán, viento abrasador.

SIN falto, carente, exento, privado, escaso, ausente, desprovisto, in-

completo, desguarnecido || Sin embargo no obstante, pese a, a pesar de.
Sinagoga iglesia, oratorio, templo judío, aljama.
Sinalefa enlace, trabazón, unión.
Sinapismo emplasto, cataplasma, tópico, bizma, parche, remedio.
Sinario destino, fortuna, hado, v. sino.
Sinceramente francamente, lealmente, sencillamente, claramente, v. sincero.
Sincerarse confesar, declarar, revelar, participar, descubrir, desahogarse, admitir, reconocer, desembuchar, enumerar, descargarse, justificarse.
Sinceridad franqueza, limpieza, confianza, nobleza, cordialidad, seriedad, honestidad, honradez, naturalidad, veracidad, realidad, espontaneidad, lealtad, verdad, claridad, candor, ingenuidad, inocencia, rudeza, tosquedad.
Sincero franco, espontáneo, noble, cordial, limpio, veraz, natural, honrado, honesto, serio, claro, leal, formal, justo, real, comunicativo, abierto, efusivo, explícito, ingenuo, inocente, candoroso, tosco, rudo.
Síncopa supresión, metaplasmo, reducción, acortamiento, reducción, enlace.
Sincopado rítmico, movido, movedizo.
Sincopar suprimir, abreviar, acortar, enlazar, reducir.
Síncope vahído, desfallecimiento, ataque, acceso, patatús, colapso, vértigo, mareo, desvanecimiento, soponcio, desmayo, convulsión, arrebato, indisposición, apoplejía.
Sincronía concordancia, coincidencia, v. sincronizar.
Sincrónico coexistente, concomitante, simultáneo, concurrente, coetáneo, paralelo, coincidente, presente, concordante, isócrono, combinado, igual.
Sincronizar concordar, equiparar, simultanear, combinar, coincidir, adaptar, igualar, uniformar, regularizar.
Sindicado asociado, agrupado, afiliado, agremiado, hermanado, federado, confederado, unido, integrante, componente.
Sindical gremial, laboral, corporativo, colectivo, comunitario, asociado, v. sindicado.
Sindicar denunciar, delatar, acusar, señalar || Sindicarse agremiarse, afiliarse, agruparse, asociarse, integrar, componer, unirse, confederarse, federarse, juntarse, hermanarse, ligarse, ingresar.
Sindicato gremio, federación, hermandad, asociación, grupo, confederación, unión, junta, liga, afiliación.
Síndico administrador, procurador, curador, supervisor, intendente, apoderado, delegado.
Síndrome síntomas, signos, indicios, señales.
Sinecura prebenda, beneficio, gaje, lucro, canonjía, renta, momio, dote, enchufe, ganga, ventaja, provecho, beneficio.
Sine die sin fecha fija, indefinidamente.
Sine qua non sin lo cual no, indispensable, esencial.
Sinergia concordancia, correlación, concurso, unión, reunión, actividad conjunta.
Sinfín pluralidad, sinnúmero, infinidad, abundancia, multitud, cúmulo, inmensidad, montón, profusión enormidad, plétora, raudal, demasía, exceso, muchedumbre, barbaridad, riqueza, exuberancia, vastedad.
Sinfonía composición, obra, pieza instrumental || colorido, acorde, armonía, concierto, conjunto.
Sinfónico filarmónico, instrumental, armónico, musical, músico.
Singladura navegación, distancia, recorrido, derrota, avance, camino, intervalo.
Singlar navegar, recorrer, avanzar.
Singular especial, particular, ori-

Singularidad ginal, notable, sorprendente, excelente, único, característico, distintivo, solo, peculiar, sin par, típico, inconfundible, diferente, raro, extraordinario, extraño, misterioso, absurdo, excéntrico || solo, único, impar, simple, indiviso.

Singularidad particularidad, originalidad, especialidad, diferencia, excentricidad, extravagancia, rareza, peculiaridad, anomalía.

Singularizar distinguir, particularizar, destacar, resaltar, señalar, apartar, diferenciar, discriminar, discernir, seleccionar, reconocer, preferir, descubrir, sobresalir, revelarse, mostrarse.

Singularmente característicamente, particularmente, especialmente, v. singular.

Siniestra zurda, izquierda, mano.

Siniestrado accidentado, víctima, herido, dañado, perjudicado, averiado, destruido.

Siniestramente aviesamente, tétricamente, funestamente, v. siniestro.

Siniestro avieso, tétrico, odioso, repugnante, espeluznante, inicuo, maligno, patibulario, lúgubre, espantable, trágico, perverso, aterrador, abyecto || infeliz, funesto, aciago, desdichado || desastre, catástrofe, accidente, avería, daño, ruina, azote, perjuicio, plaga, hecatombe, cataclismo, tragedia, calamidad, pérdida, ruina, devastación, adversidad, mortandad, incendio || zurdo, izquierdo.

Sinnúmero v. sinfín.

Sino hado, azar, fatalidad, destino, suerte, fortuna, predestinación, eventualidad, albur, ventura, casualidad, estrella, fortuna, signo, acaso.

Sínodo concilio, junta, congreso, capítulo, asamblea, reunión, conclave, conferencia.

Sinónimo semejante, parecido, similar, equivalente, parejo, consonante, correspondiente, paralelo.

Sinople v. verde.

Sinopsis v. síntesis.

Sinóptico gráfico, expresivo, claro, sintético v.

Sinrazón injusticia, arbitrariedad, improcedencia, ilegalidad, desafuero, abuso, iniquidad, irregularidad, parcialidad, atropello, inmoralidad, despotismo.

Sinsabor disgusto, pena, angustia, desazón, pesar, desconsuelo, pesadumbre, mortificación, amargura, aflicción, contrariedad, desolación.

Sinsombrerista * que no usa sombrero, contrario al uso del sombrero.

Sinsubstancia insubstancial, frívolo, superficial, trivial, pueril, vacuo, necio.

Sintaxis coordinación, reunión, relación de las palabras.

Síntesis compendio, resumen, extracto, abreviación, acortamiento, esquema, simplificación, corte, recorte, disminución, reducción, sumario, sinopsis, epítome, condensación, compilación, recopilación, digesto, prontuario, recapitulación, guión, suma, argumento, epílogo || reunión, integración, constitución, composición, elaboración, creación, producción.

Sintético artificial, industrial, químico, elaborado, imitado, adulterado || compendiado, resumido, abreviado, extractado, reducido, simplificado, condensado, recopilado.

Sintetizar acortar, abreviar, extractar, resumir, compendiar, reducir, disminuir, recortar, cortar, simplificar, esquematizar, recopilar, compilar, condensar, recapitular || constituir, componer, reunir, integrar, formar, elaborar, crear, producir, fabricar.

Síntoma señal, signo, revelación, indicio, manifestación, síndrome, pródromo, vestigio, símbolo, representación, traza, huella, barrunto.

Sintomático revelador, simbólico,

representativo, característico, demostrativo, manifiesto, peculiar, propio, significativo.
SINTONIZAR captar, recoger, recibir.
SINUOSIDAD curva, serpenteo, ondulación, recodo, vuelta, culebreo, zigzag || concavidad, seno, desigualdad, entrante, excavación, hueco, oquedad, abultamiento.
SINUOSO tortuoso, ondulante, serpenteado, zigzagueante, torcido, ondulado, curvo, escabroso, desigual, cóncavo, excavado, hueco, abultado.
SINUSITIS inflamación, infección, congestión de los senos craneales.
SINVERGÜENZA bribón, pícaro, desvergonzado, tunante, ladino, perillán, barbián, pillastre, pillo, tuno, golfo, granuja, canalla, villano, truhán, ruin, bajo, rastrero.
SIONISMO judaísmo, hebraísmo, semitismo, mosaísmo.
SIONISTA judaico, v. judío.
SIQUIATRA psiquiatra, alienista, neurólogo, neuropsiquiatra, loquero, especialista, facultativo.
SIQUIATRÍA psiquiatría, neuropsiquiatría, neurología, especialidad, psicoterapia, psicoanálisis.
SÍQUICO psíquico, interior, anímico, mental, psicológico, inmaterial, espiritual, moral.
SIQUIERA bien que, aunque, o, ya, por lo menos, tan sólo.
SIRENA ninfa, ondina, nereida, náyade, oceánida || silbato, silbo, pito, chiflo, alarma.
SIRGA maroma, soga, cabo, cuerda.
SIRGAR arrastrar, remolcar, empujar, tirar de.
SIRIMIRI * llovizna, calabobos, mollizna, lluvia, rocío.
SIROCO sudeste, viento, ventarrón, vendaval, tormenta, huracán.
SIROPE jarabe, almíbar, miel, arrope, azúcar diluido.
SIRTE bajío, banco, médano, barra, varadero, encalladero, bajo de arena.
SIRVIENTA criada, fámula, doncella, camarera, moza, maritornes, doméstica, asistenta, servidora, muchacha, chica, azafata, niñera, fregona.
SIRVIENTE servidor, doméstico, fámulo, criado, mozo, camarero, mayordomo, lacayo, chico, muchacho, asistente, pinche, botones, recadero, mandadero, paje, empleado, asalariado.
SISA hurto, defraudación, substracción, merma, estafa, ratería, engaño, fraude, dolo, timo, robo, escamoteo, rapacidad, expoliación || sesgadura, corte.
SISAR escamotear, hurtar, defraudar, estafar, robar, mermar, expoliar, substraer, timar, engañar, sangrar, ratear.
SISEAR chistar, llamar, silbar, abuchear, pitar, protestar, desaprobar, patalear.
SISEO abucheo, pita, rechifla, pataleo, desaprobación, protesta, chifla, grita.
SISMO terremoto, sacudida, temblor de tierra, seísmo, movimiento telúrico, cataclismo, catástrofe, calamidad, hecatombe.
SISTEMA procedimiento, método, modo, uso, costumbre, práctica, estilo, usanza, vía, régimen, rumbo, gobierno, técnica, ordenanza, norma, plan, regla.
SISTEMÁTICAMENTE invariablemente, constantemente, metódicamente, v. sistemático.
SISTEMÁTICO invariable, constante, metódico, regular, ordenado, insistente, persistente, inmutable, seguro.
SISTEMATIZAR regular, simplificar, normalizar, ordenar, metodizar, reglar, reglamentar, coordinar, vincular.
SÍSTOLE contracción, constricción, crispación, contractilidad.
SITIADO acorralado, cercado, rodeado, asediado, bloqueado, arrinconado, hostigado, encerrado, incomunicado, envuelto, confinado, aislado, atacado, defensor.

Sitiador atacante, agresor, asaltante, beligerante, bloqueador, asediador.

Sitial solio, trono, sede, sillón, butaca, silla, asiento.

Sitiar asediar, cercar, bloquear, rodear, acorralar, confinar, envolver, incomunicar, encerrar, hostigar, arrinconar, aislar, atacar, estrechar, poner sitio.

Sitio lugar, punto, parte, espacio, emplazamiento, puesto, territorio, zona, paraje, rincón, comarca, localidad, situación, esfera, zona, posición, medio, banda, recinto, terreno, término, asentamiento, colocación || bloqueo, asedio, cerco, encierro, confinamiento, acorralamiento, defensa, ataque, hostigamiento, batalla.

Sito situado, fundado, establecido, localizado, asentado.

Situación lugar, v. sitio || posición, colocación, orientación, disposición, postura, lado, dirección, ubicación || curso, fase, etapa, condición, estado, circunstancia || cargo, empleo, colocación, puesto.

Situado instalado, ubicado, v. situar || empleado, colocado, acomodado, enriquecido.

Situar instalar, ubicar, colocar, poner, dejar, depositar, estacionar, acomodar, emplazar, asentar, plantar, dirigir, disponer, orientar, meter || **Situarse** llegar, triunfar, enriquecerse, acomodarse.

Ski * esquí, patín, patinaje, deslizamiento.

Slang * jerga v.

Slogan * lema, frase, muletilla, propagandística.

Smoking * chaqueta de etiqueta, frac, esmoquin.

Snack-bar * cafetería, restaurante, rápido, bar.

Snob * presumido, afectado, moderno, petimetre, pedante.

Snobismo * presunción, afectación, v. snob.

So más que, muy || ¡alto!, ¡para!, ¡detente!

Soasar tostar, dorar, asar, *rustir*.

Soba tunda, zurra, somanta, vapuleo, solfa, azotaina, leña, tundidura, zurribanda, castigo, meneo, apaleo || manoseo v. sobo.

Sobaco axila, cavidad, oquedad, hueco.

Sobado gastado, usado, ajado, manoseado, marchito, deslucido, deteriorado, maltratado, arruinado, decolorado, desgastado || manido, vulgar, pasado, trivial, conocido.

Sobajar v. sobar.

Sobar manosear, palpar, manipular, tocar, tentar, fregar, restregar, sobajar, acariciar || deslucir, ajar, arrugar, manchar, deteriorar, desgastar, decolorar, arruinar, maltratar, marchitar, usar, gastar || zurrar, apalear, pegar, castigar, tundir, vapulear.

Sobarba papada, carnosidad, pliegue, doble mentón, abultamiento carnoso.

Sobarbada v. sermón.

Soberanamente extremadamente, altamente, excelentemente, insuperablemente, v. soberano.

Soberanía independencia, emancipación, libertad, autonomía, autarquía, manumisión, mando, señorío, imperio, reino, dominación, dominio, superioridad, poder, poderío, influencia, autoridad, facultad, preponderancia, albedrío, capacidad || majestad, alteza, excelencia, magnificencia, opulencia.

Soberano rey, monarca, príncipe, emperador, señor, majestad, jefe supremo, estadista, gobernante, zar, káiser, césar || autónomo, independiente, libre, emancipado, autárquico, manumitido, capacitado || supremo, elevado, excelente, insuperable, espléndido, soberbio, magnífico.

Soberbia arrogancia, orgullo, altanería, altivez, vanidad, engreimiento, impertinencia, jactancia, endiosamiento, suficiencia, fatuidad, hinchazón, afectación, pedantería, inmodestia, imperio, aires, alas, humos, ínfulas, empaque.

SOBERBIO vanidoso, altivo, altanero, orgulloso, arrogante, suficiente, endiosado, encastillado, jactancioso, impertinente, inmodesto, pedante, soberbioso, afectado, hinchado, fatuo, imperioso || espléndido, estupendo, magnífico, maravilloso, grandioso, sublime, regio, admirable, suntuoso, insuperable.

SOBERBIOSO v. soberbio.

SOBO manoseo, soba, caricia, manipulación, toqueteo, manejo, palpamiento, tocamiento, friega, masaje || uso, desgaste, deslucimiento, decoloración, marchitamiento || paliza, v. soba.

SOBÓN empalagoso, fastidioso, cargante, acariciador, manoseador, efusivo, toqueteador.

SOBORNADO comprado, corrompido, vendido, traidor, venal, infiel, v. sobornar.

SOBORNAR corromper, comprar, pagar, untar, cohechar, degradar, conquistar, atraerse, regalar, engatusar, camelar, encandilar, convencer, inducir, arrastrar.

SOBORNO cohecho, corrupción, degradación, compra, venta, engatusamiento, atracción, unto, conquista, oferta, pago, dádiva, regalo, captación, venalidad, delito, baratería.

SOBRA demasía, exceso, superabundancia, abundancia, plétora, exuberancia, superávit, colmo, exageración, profusión, cantidad, opulencia, pico, acopio, sobrante, excedente, superfluidad || SOBRAS residuos, desperdicios, escorias, cenizas, despojos, saldos, reliquias, restos, migajas, desechos, raeduras, recortes, heces.

SOBRADAMENTE holgadamente, excesivamente, abundantemente, v. sobrado.

SOBRADO abundante, holgado, excesivo, lleno, repleto, cargado, rebosante, innecesario, demasiado, exuberante, exagerado, profuso, opulento, rico || desván, buhardilla, altillo, tabuco, chiribitil, zahurda.

SOBRANTE remanente, residuo, resto, exceso, saldo, v. sobra.

SOBRAR abundar, exceder, quedar, restar, pasar, colmar, superabundar, superar, rebasar, sobrepujar, aventajar, desbordar, rebosar, salirse, salvar, extralimitarse.

SOBRAS v. sobra.

SOBRE arriba, encima, supra- || relativo, referente, concerniente, relacionado, acerca de || además de, aparte || carta, pliego, papel, cubierta, envoltura.

SOBREALIMENTACIÓN dieta, régimen, tratamiento.

SOBREALIMENTARSE atiborrarse, fortalecerse, atracarse, vigorizarse, cebarse, guardar dieta, seguir un régimen.

SOBRECARGA recargo, incremento, imposición, sobreprecio, gravamen, impuesto, excedente, exceso || molestia, pesadez.

SOBRECARGAR incrementar, recargar, gravar, aumentar, abrumar, imponer, pesar, molestar.

SOBRECEJO v. sobreceño.

SOBRECEÑO ceño, sobrecejo, entrecejo, arruga, pliegue.

SOBRECOGEDOR pavoroso, estremecedor, conmovedor, escalofriante, turbador, espeluznante, alarmante, impresionante, emocionante, triste, patético, emotivo, inquietante, pasmoso, horroroso, espantoso.

SOBRECOGER conmover, estremecer, espantar, horrorizar, impresionar, espeluznar, atemorizar, asustar, amedrentar, pasmar, inquietar, emocionar, entristecer, alarmar, turbar, conmocionar, asombrar.

SOBRECOGIDO conmovido, estremecido, v. sobrecoger.

SOBRECOGIMIENTO conmoción, impresión, espanto, horror, temor, pasmo, miedo, intimidación, sorpresa, alarma, turbación, asombro, susto.

SOBRECUELLO collarín, alzacuello, cuello.

SOBREDICHO antedicho, susodicho,

mencionado, nombrado, referido.
SOBREENTENDER v. sobrentender.
SOBREEXCITACIÓN inquietud, agitación, conmoción, nerviosidad, nerviosismo, desasosiego, alteración, irritación, angustia, intranquilidad, perturbación, estremecimiento.
SOBREEXCITARSE inquietarse, intranquilizarse, estremecerse, perturbarse, angustiarse, irritarse, alterarse, conmoverse, agitarse.
SOBREHUMANO ímprobo, agobiante, extenuante || heroico, divino, v. sobrenatural.
SOBRELLEVAR sufrir, tolerar, aguantar, soportar, resistir, digerir, tragar, pasar, sostener, resignarse, disimular.
SOBREMANERA sobre manera, a más no poder, excesivamente, demasiado.
SOBREMESA tertulia, postres, charla, conversación, después de comer.
SOBRENADAR flotar, sostener, mantenerse, permanecer, emerger, sobresalir, boyar, nadar.
SOBRENATURAL celestial, divino, heroico, sobrehumano, milagroso, prodigioso, ultraterreno, inmaterial, misterioso, taumatúrgico, fantasmal, quimérico, mágico, maravilloso, anímico, asombroso, pasmoso.
SOBRENOMBRE apodo, mote, nombre, alias, seudónimo, remoquete, apellido, calificativo, apelativo.
SOBRENTENDER implicar, deducir, significar, figurar, manifestar, expresar.
SOBRENTENDIDO implícito, virtual, tácito, figurado, manifiesto, expresado.
SOBREPASAR * exceder, aventajar, superar, rebasar.
SOBREPELLIZ roquete, vestidura, camisola, sobreveste, prenda.
SOBREPONER superponer, añadir, aplicar, poner, meter, colocar ||
SOBREPONERSE dominarse, contenerse, refrenarse, superar, reprimirse, sujetarse, vencerse, moderarse, reanimarse.
SOBREPRECIO aumento, recargo, encarecimiento, elevación, adición, alza, incremento, gravamen, impuesto.
SOBREPUJAR v. sobresalir.
SOBRERO sobrante, suplente, de complemento, de suplemento.
SOBRESALIENTE preeminente, superior, excelente, aventajado, principal, importante, eminente, dominante, descollante, culminante, conspicuo, supremo, sumo, notable, soberano, espléndido, magnífico, destacado, preponderante, señalado, ilustre || reemplazante, suplente v.
SOBRESALIR descollar, despuntar, destacar, resaltar, culminar, prevalecer, dominar, señalarse, distinguirse, predominar, elevarse, aventajar, superar, culminar, diferenciarse, rayar, despuntar, resaltar, figurar, rebasar, exceder.
SOBRESALTADO intranquilo, atemorizado, nervioso, alterado, inquieto, v. sobresaltarse.
SOBRESALTARSE intranquilizarse, alterarse, inquietarse, angustiarse, asustarse, estremecerse, turbarse, conmoverse, impresionarse, alarmarse, temblar.
SOBRESALTO estremecimiento, susto, sorpresa, alarma, alteración, inquietud, temor, miedo, conmoción, turbación, agitación, angustia, temblor, impresión, nerviosidad, nerviosismo.
SOBRESEER cancelar, aplazar, cesar, desistir, suspender, dejar, suprimir, abolir, interrumpir, detener.
SOBRESEIMIENTO cancelación, desistimiento, cese, suspensión, interrupción, aplazamiento, detención.
SOBRESTANTE capataz, encargado, mayoral, delegado, ayudante, subalterno.
SOBRESUELDO gratificación, prima, recompensa, premio, estímulo, indemnización.
SOBRETODO gabán, abrigo, capote, pelliza, zamarra, trinchera, gabardina, levitón, paletó, prenda.
SOBREVENIR ocurrir, acontecer, su-

ceder, acaecer, pasar, producirse, verificarse, empezar, efectuarse, realizarse, cumplirse, llegar, presentarse, surgir.

SOBREVESTE túnica, camisola, veste, vestidura, manto, prenda, sobrepelliz.

SOBREVIVIENTE superviviente, víctima, decano, longevo.

SOBREVIVIR perdurar, subsistir, continuar, permanecer, mantenerse, eternizarse, perpetuarse, resistir, superar, vencer.

SOBREVOLAR trasvolar, pasar, volar, deslizarse, atravesar, cruzar.

SOBREXCITACIÓN angustia, intranquilidad, nerviosidad, nerviosismo, temblor, turbación, conmoción, inquietud, alteración, estremecimiento, agitación.

SOBREXCITADO angustiado, intranquilo, nervioso, tembloroso, v. sobrexcitarse.

SOBREXCITARSE turbarse, emocionarse, angustiarse, intranquilizarse, agitarse, estremecerse, alterarse, inquietarse, conmoverse, temblar.

SOBRIAMENTE frugalmente, moderadamente, mesuradamente, templadamente, v. sobriedad.

SOBRIEDAD frugalidad, moderación, mesura, templanza, abstinencia, parquedad, parsimonia, continencia, discreción, ponderación, virtud, medida, sensatez, circunspección.

SOBRIO mesurado, templado, moderado, frugal, abstinente, ponderado, discreto, continente, parsimonioso, parco, circunspecto, sensato, medido, virtuoso, abstemio, sencillo, temperante, prudente, serio, juicioso, formal.

SOCAIRE abrigo, refugio, protección, amparo, resguardo.

SOCALIÑA ardid, treta, maña, artificio, engaño, trampa, cuento, enredo, estafa.

SOCALZAR apuntalar, reforzar, asegurar, afirmar.

SOCAPA pretexto, excusa, disimulo, fingimiento, disfraz.

SOCARRAR tostar, quemar, requemar, soflamar.

SOCARRÓN marrullero, astuto, ladino, irónico, burlón, tramposo, zorro, artero, cínico, pícaro, taimado, camandulero.

SOCARRONERÍA marrullería, cinismo, ironía, burla, chanza, trampa, camandulería, zorrería, astucia.

SOCAVAR minar, ahondar, profundizar, excavar, agujerear, cavar, debilitar.

SOCAVÓN bache, hoyo, agujero, depresión, hundimiento, hueco, zanja, cueva, oquedad.

SOCIABLE comunicativo, abierto, extrovertido, expansivo, demostrativo, tratable, conversador, afable, accesible, simpático, agradable, humano, efusivo.

SOCIAL estatal, nacional, benéfico, mutuo, sindical, general.

SOCIALIZAR nacionalizar, incautarse, apropiarse, transferir.

SOCIEDAD comunidad, colectividad, generalidad, grupo, familia, clase, humanidad, población, nación, pueblo, estado, habitantes, semejantes || compañía, empresa, *firma*, casa, asociación, comercio, consorcio, corporación, entidad, agrupación, comandita, razón social || cooperativa, centro, grupo, ateneo, círculo, *club* || aristocracia, nobleza, casta, patriarcado, mundo.

SOCIO asociado, participante, empresario, consocio, beneficiario, accionista, mutualista, miembro, componente, integrante, afiliado, adepto, inscrito, incorporado.

SOCORRER ayudar, auxiliar, amparar, secundar, asistir, remediar, proteger, aliviar, subvencionar, favorecer, defender, sufragar.

SOCORRIDO * manido, trillado, gastado, visto, usado.

SOCORRO amparo, ayuda, auxilio, remedio, favor, asistencia, subvención, alivio, protección, subsidio, dádiva, donación, limosna, caridad, merced, colaboración, apoyo, defensa, refuerzo.

Soda sosa, gaseosa, bebida sin alcohol, seltz, agua de seltz.
Sodomía uranismo, pederastía, inversión, homosexualidad, perversión.
Sodomita invertido, pederasta, homoxesual, marica, maricón, bujarrón, garzón, bardaje.
Soez grosero, bajo, vil, ordinario, rudo, zafio, villano, desvergonzado, ofensivo, insultante.
Sofá diván, canapé, sillón, asiento, confidente, banco, silla.
Sofaldar levantar, descubrir, exponer, alzar.
Sofión soplido, bufido, gruñido, protesta.
Sofisma artificio, argumento aparente.
Sofisticado falso, espurio, adulterado, artificial, afectado, rebuscado, complicado || Sofisticado * mundano, frívolo, cosmopolita, elegante, experimentado.
Sofisticar adulterar, falsificar, falsear, confundir, tergiversar, retorcer.
Sofístico falso, afectado, aparente, espurio, fingido, alambicado, rebuscado.
Soflama reverberación, llama, rescoldo, calor, ardor, bochorno, acaloramiento, rubor || perorata, discurso, alegato, diatriba, alocución, sermón || zalema, carantoña, arrumaco, roncería, engaño.
Soflamar tostar, dorar, socarrar, ahumar || afrentar, avergonzar, abochornar, ridiculizar.
Sofocación v. sofoco.
Sofocante bochornoso, canicular, caluroso, caliginoso, cálido, ardiente, asfixiante, tórrido.
Sofocar apagar, extinguir, dominar, ahogar, contener, neutralizar || Sofocarse ahogarse, asfixiarse, jadear, resollar, acalorarse || avergonzarse, abochornarse, ruborizarse, turbarse, enrojecer.
Sofoco sofocación, bochorno, calor, ahogo, opresión, asfixia, acaloramiento, sofocón, sofoquina, jadeo, cansancio || vergüenza, sofocón, bochorno, disgusto, desazón.
Sofocón disgusto, desazón, vergüenza, bochorno, jadeo, cansancio.
Sofreír freír, pasar ligeramente.
Sofrenar contener, frenar, atajar, detener, refrenar, moderar, sujetar, contener, limitar.
Soga maroma, cuerda, cabo, guindaleza, calabrote, cable, chicote, amarra, traílla.
Soi-disant * el pretendido, el supuesto, el que dice ser.
Soirée * velada, reunión, fiesta, tertulia, función.
Sojuzgar subyugar, someter, dominar, avasallar, vencer, señorear, tiranizar, oprimir, esclavizar, abusar, sujetar.
Sol febo, luz, día, estrella, astro rey, Apolo.
Solado revestimiento, pavimento, pavimentación, suelo, entarimado, enlosado, enladrillado, embaldosado.
Solador albañil, operario, obrero, artesano.
Solamente únicamente, sólo, tan sólo.
Solana mirador, corredor, ventanal, galería, miranda, cristalera, terraza || resol, solazo, reverberación, bochorno, reflejo, reverbero, canícula, sofoco.
Solapa reborde, doblez || hipocresía, disimulo, falsedad, astucia, malicia.
Solapadamente arteramente, taimadamente, disimuladamente, v. solapado.
Solapado artero, taimado, disimulado, astuto, tramposo, sutil, sagaz, lagarto, perillán, ladino, diestro, malicioso, marrullero, tortuoso, bribón, cuco, pillo, engañoso, zorro.
Solapar disimular, esconder, ocultar, engañar, falsear, fingir, maliciar.
Solar linaje, descendencia, casa, estirpe, prosapia, alcurnia, abolengo, origen, tronco, cepa, ralea, sangre, cuna, casta, raíz, blasón, hogar, raza || terreno,

parcela, tierra, propiedad, espacio, superficie, campo || embaldosar, pavimentar, enladrillar, recubrir, revestir.

SOLARIEGO ancestral, antiguo, noble, linajudo, aristocrático, originario, familiar, patrimonial.

SOLARIO solárium, terraza, patio, local.

SOLAZ esparcimiento, diversión, distracción, entretenimiento, pasatiempo, recreo, alegría, juego, placer, regocijo, jolgorio, desahogo, gusto.

SOLAZARSE divertirse, entretenerse, distraerse, esparcirse, recrearse, alegrarse, desahogarse, regocijarse, gozar, expansionarse, regodearse.

SOLAZO v. solana.

SOLDADA paga, jornal, salario, estipendio, sueldo, remuneración, retribución, haberes, mensualidad.

SOLDADESCA tropa, caterva, hatajo, chusma, patulea, turba, banda, hueste, partida, gavilla.

SOLDADESCO militar, ordenancista, marcial, castrense, armígero, cuartelero.

SOLDADO militar, oficial, jefe, superior, general, caudillo, adalid, capitán, táctico, estratega, mílite, bisoño, cuartelero, conscripto, recluta, quinto, enganchado || pegado, unido, adherido, estañado, fijado, ligado, sujeto.

SOLDADOR soplete, lamparilla, cautín, instrumento || operario, fontanero, mecánico, hojalatero, obrero.

SOLDADURA unión, amalgama, adherencia, ligazón, trabazón, enlace, ensambladura, engarce, acoplamiento, vínculo.

SOLDAR pegar, unir, adherir, ligar, trabar, estañar, ensamblar, engarzar, vincular, acoplar, enlazar.

SOLEADO asoleado, claro, radiante, luminoso, alegre, animado, agradable, cálido.

SOLEAR asolear, tender, orear, ventilar.

SOLECISMO error, falta de sintaxis.

SOLEDAD aislamiento, desamparo, abandono, silencio, alejamiento, retiro, incomunicación, apartamiento, separación, desamparo, orfandad, retiro, encierro, clausura, destierro || tristeza, pena, melancolía, añoranza, pesadumbre, nostalgia.

SOLEMNE majestuoso, imponente, pomposo, fastuoso, suntuoso, augusto, impresionante, mayestático || formal, serio, enfático, ceremonioso, grave, digno, severo.

SOLEMNEMENTE majestuosamente, imponentemente, pomposamente, v. solemne.

SOLEMNIDAD acto, ceremonia, función, fiesta, festividad, ocasión, formalidad, celebración, ceremonial, gala, culto, rito, ritual, etiqueta, protocolo || majestad, dignidad, severidad, fasto, fausto, pompa, suntuosidad, seriedad.

SOLEMNIZAR honrar, conmemorar, glorificar, enaltecer, celebrar, festejar, formalizar.

SOLER acostumbrar, frecuentar, habituarse, hacer, repetir, usar, reiterar, insistir.

SOLERA * antigüedad, abolengo, prosapia.

SOLERCIA astucia, socaliña v.

SOLEVANTAR v. soliviantar.

SOLFA burla, ridículo || tunda, vapuleo, zurra, sonata.

SOLFEAR cantar, tocar, marcar el compás.

SOLFEO compás, canto, lección.

SOLFERINO morado, rojizo, violáceo, cárdeno.

SOLICITACIÓN v. solicitud.

SOLÍCITAMENTE diligentemente, cuidadosamente, amablemente, esmeradamente, v. solícito.

SOLICITANTE peticionario, demandante, interesado, suplicante, pretendiente, aspirante, signatario, firmante.

SOLICITAR pedir, demandar, pretender, aspirar, suplicar, gestionar, firmar, buscar, requerir, exigir.

SOLÍCITO diligente, cuidadoso, pronto, afanoso, activo, rápido, efi-

SOLICITUD

caz, esmerado || amable, atento, cortés, comedido, considerado, mirado, servicial, obsequioso.

SOLICITUD cuidado, diligencia, atención, esmero, prontitud, actividad, eficacia, rapidez || petición, instancia, memorial, documento, ruego, súplica, petitoria, nota, demanda, reclamación, exhortación.

SÓLIDAMENTE firmemente, tenazmente, fuertemente, duramente, v. sólido.

SOLIDARIAMENTE mutuamente, mancomunadamente, asociadamente, federadamente, v. solidario.

SOLIDARIDAD adhesión, unión, apego, fidelidad, devoción, adherencia, concordia, apoyo, respaldo, confirmación, protección, aval, ayuda, fraternidad, hermandad, defensa, favor.

SOLIDARIO asociado, adherido, fiel, devoto, adherente, fraterno, hermano, mancomunado, unido, fusionado, federado, coligado, incorporado, conjunto, mutuo.

SOLIDARIZARSE unirse, adherirse, respaldar, confirmar, proteger, avalar, apoyar, fraternizar, ayudar, defender, secundar, sostener, abogar, favorecer.

SOLIDEO casquete, bonete, gorro.

SOLIDEZ resistencia, firmeza, fortaleza, dureza, reciedumbre, estabilidad, robustez, vigor, densidad, cohesión, seguridad, tenacidad.

SOLIDIFICACIÓN endurecimiento, consolidación, congelación, coagulación, cuajo, cristalización, fortificación, robustecimiento, cohesión, condensación, compresión, concreción.

SOLIDIFICAR endurecer, consolidar, comprimir, presionar, oprimir, condensar, robustecer, fortificar, cristalizar, cuajar, coagular, precipitar, congelar, helar, macizar, afirmar.

SÓLIDO firme, macizo, denso, fuerte, compacto, apretado, entero, trabado, resistente, consistente, duro, fijo, recio, robusto, vigoroso, estable, concreto, apelmazado, seguro, asentado, arraigado, consolidado || cuerpo, volumen, objeto.

SOLILOQUIO monólogo, razonamiento, aparte, recitación, parlamento.

SOLIO sitial, trono, sillón, sede, butaca, silla, asiento con dosel.

SOLISTA músico, intérprete, ejecutante, concertista, artista, cantante, maestro, profesor.

SOLITARIA tenia, helminto, gusano, verme, anélido, lombriz, parásito intestinal || v. solitario.

SOLITARIO deshabitado, desierto, abandonado, despoblado, silencioso, muerto, aislado, retirado, apartado, vacío, desolado, yermo, desguarnecido, solo, desamparado || anacoreta, misógino, penitente, monje, asceta, eremita, ermitaño || retraído, huraño, triste, tímido, insociable, huidizo, esquivo, misántropo, intratable.

SÓLITO cotidiano, habitual, acostumbrado, ordinario, corriente, normal, común.

SOLIVIANTADO revoltoso, rebelde, amotinado, sublevado, contumaz, subversivo, inquieto, incitado, impulsado, enardecido, excitado, alborotado.

SOLIVIANTAR enardecer, excitar, impulsar, incitar, inquietar, sublevar, amotinar, rebelar, revolver, alborotar, mover, inducir, hostigar, enzarzar, enfrentarse, encararse.

SOLIVIÓN tirón, empujón, estrepada, arrastre, tracción.

SOLMENAR agitar, menear, mover, oscilar, sacudir, estremecer.

SOLO solitario, abandonado, despoblado, desierto, deshabitado, yermo, desolado, vacío, apartado, retirado, aislado, desamparado, desguarnecido, lejano, incomunicado, recoleto, separado, alejado, huérfano, desvalido || anacoreta, misógino, retraído, huraño, triste, tímido, insociable, huidizo, intratable, misántropo, esquivo || único, mero, exclusivo, singular,

SEÑERO, impar, sin par, puro, disparejo || SÓLO solamente, únicamente, tan sólo.
SOLOMILLO filete, entrecuesto, bistec, chuleta, tajada, carne, lomo.
SOLTAR libertar, liberar, redimir, librar, manumitir, excarcelar, licenciar, dispensar, indultar || desatar, desasir, desanudar, desenredar, separar, desuncir, desamarrar, desenganchar, desprender, destrabar, desacoplar, desaferrar, desabrochar, desabotonar, desencajar, quitar, extraer, arrancar, despegar || lanzar, proferir, echar, pegar, dar, propinar || SOLTARSE arrancar, iniciar, comenzar, desenvolverse, animarse, empezar, decidirse.
SOLTERÍA celibato, mocedad, virginidad, doncellez, castidad, nubilidad, libertad.
SOLTERA v. soltero.
SOLTERO célibe, libre, suelto, mozo, mancebo, casadero, núbil, virgen, doncel, solterón.
SOLTERÓN v. soltero.
SOLTURA agilidad, prontitud, presteza, facilidad, desenvoltura, experiencia, pericia, habilidad, maestría, maña, destreza, rapidez, arte, práctica || descaro, desfachatez, libertad.
SOLUBLE desleíble, licuable, disgregable, separable, divisible || fácil, sencillo, hacedero, factible, practicable, operable, viable, asequible, accesible, realizable.
SOLUCIÓN satisfacción, remedio, recurso, conclusión, resultado, desenlace, fin, término, arreglo, tramitación, resolución, colofón, remate, enmienda, perfeccionamiento, acuerdo, compromiso, expediente, subterfugio, medio, salida, procedimiento, componenda, salvación, alivio || disolución, emulsión, compuesto, infusión, mezcla, líquido, coloide, precipitado, disolvente, desleimiento.
SOLUCIONAR resolver, arreglar, concluir, remediar, satisfacer, rematar, enmendar, perfeccionar, decidir, determinar, concluir, zanjar, solventar, arbitrar, despachar, expedir, salvar, corregir, enderezar, reparar.
SOLVENCIA responsabilidad, seriedad, garantía, capacidad, medios, posición, prosperidad, situación.
SOLVENTAR pagar, arreglar, resolver, abonar, liquidar, saldar || v. solucionar.
SOLVENTE próspero, responsable, serio, digno, formal, cumplidor, capacitado, adinerado || disolvente, líquido, diluente, vehículo, coloide, infusión, emulsión.
SOLLASTRE pillastre, pícaro, truhán, granuja || pinche, marmitón, ayudante.
SOLLOZANTE gimiente, lloroso, quejumbroso, suspirante, gemebundo, doliente.
SOLLOZAR lloriquear, llorar, gemir, gimotear, zollipar, lamentarse, quejarse, clamar, suspirar, estremecerse.
SOLLOZO lloriqueo, gemido, lamento, gimoteo, zollipo, lloro, suspiro, queja, vagido, estremecimiento, convulsión.
SOMA cuerpo, organismo, anatomía.
SOMANTA zurra, tunda, paliza, vapuleo, soba, solfa, azotaina, leña, zurribanda, meneo, apaleo.
SOMATÉN milicia, hueste, guardia, tropa, cuerpo.
SOMÁTICO orgánico, corporal, físico, anatómico, morfológico.
SOMBRA obscuridad, penumbra, umbría, negrura, tinieblas, nube, lobreguez, nebulosidad, eclipse, opacidad, cerrazón, entoldamiento, noche || imagen, contorno, figura, perfil, proyección, silueta || gracia, donaire, garbo, agudeza, ingenio, chispa, humor, salero || aparición, espectro, fantasma, espantajo, visión, ánima, trasgo || defecto, mancha, mácula, tacha, lunar, pinta.
SOMBRAJO cobertizo, quitasol, toldo, enramada, resguardo, entoldado.
SOMBREADO umbrío, umbroso, obscuro, fresco.
SOMBREAR obscurecer, ennegrecer, hacer sombra.

Sombrerazo reverencia, saludo, cortesía, ademán, seña, venia, homenaje.

Sombrerera caja, receptáculo, maleta.

Sombrero gorro, bonete, chambergo, chapeo, montera, pamela, cofia, papalina, boina, birrete, escarcela, moña, chichonera, toca, capota, capelo, solideo, casquete, fieltro, galera, chistera, clac, bombín, hongo, tricornio, bicornio, ros, quepis, teresiana, casco, salacot, tiara, mitra, caperuza.

Sombría v. sombra.

Sombrilla quitasol, paraguas, parasol, pantalla, guardasol.

Sombrío obscuro, umbrío, negro, lóbrego, tétrico, nebuloso, opaco, entoldado, cerrado, gris, pardo, umbroso, cubierto, anubarrado, encapotado || melancólico, triste, mohíno, mustio, taciturno, hosco, apenado, hipocondríaco.

Someramente ligeramente, superficialmente, sucintamente, v. somero.

Somero ligero, superficial, superfluo, sucinto, liviano, breve, resumido, compendiado, rápido.

Someter sojuzgar, dominar, subyugar, sujetar, reducir, reprimir, contener, vencer, ganar, esclavizar, supeditar, oprimir, dictar, domeñar, atar, encadenar, humillar, subordinar, domar, retener, señorear, conquistar || proponer, exponer, sugerir, plantear, expresar, presentar, formular || **Someterse** rendirse, claudicar, humillarse, entregarse, darse, agacharse, soportar, aguantar, resignarse, capitular, acatar, pactar, doblegarse, obedecer, subordinarse, supeditarse.

Sometimiento acatamiento, subordinación, rendición, entrega, humillación, claudicación, sumisión, pacto, capitulación, resignación, obediencia, encadenamiento, dominación, doma, opresión, represión, reducción, vasallaje, dependencia, esclavitud.

Sommier * bastidor, tela metálica.

Somnífero soporífero, narcótico, dormitivo, hipnótico, estupefaciente, droga, alcaloide, aletargante, barbitúrico, tranquilizante, calmante, sedante || aburrido, soporífero, cargante, tedioso, fastidioso, molesto, cansador.

Somnolencia modorra, sopor, letargo, pesadez, entumecimiento, torpeza, adormilamiento, pereza, coma, sueño, inconsciencia, aletargamiento, torpeza, apatía.

Somnoliento * v. soñoliento.

Somonte falda, ladera, terreno.

Somorgujador buzo, buceador, *escafandrista, hombre rana*.

Somorgujar bucear, sumergirse, chapuzarse, descender, bajar.

Son v. sonido.

Sonado famoso, célebre, afamado, conocido, renombrado, divulgado, memorable, inolvidable, recordado, popular, ruidoso, sensacional, aparatoso.

Sonaja chapa, platillo, disco metálico, cascabel.

Sonajero cascabelero, juguete.

Sonambulismo sueño anormal, dolencia, andar dormido.

Sonar resonar, retumbar, atronar, gemir, mugir, repiquetear, castañetear, chirriar, retiñir, rimbombar, restallar, chascar, chasquear, zurrir, crujir, chillar, tintinear, rechinar, silbar, susurrar, rumorear, tocar, tañer, pulsar, rugir, roncar || divulgarse, extenderse, mencionarse, oírse, popularizarse || **Sonarse** limpiarse, quitarse, desobstruirse, librarse, expulsar, echar las mucosidades.

Sonata sonatina, pieza, composición musical.

Sonda escandallo, plomada, sondaleza, batómetro, cuerda con pesa, plomo || barreno, barrena, taladro || tubo, vástago, conducto, varilla.

Sondaje * v. sondeo.
Sondaleza v. sonda.
Sondar medir, fondear, rastrear, ahondar, determinar, establecer la profundidad, sondear v.
Sondear inquirir, averiguar, sonsacar, investigar, buscar, preguntar, indagar, tantear, escrutar, sondar v.
Sondeo averiguación, indagación, tanteo, pregunta, búsqueda, investigación, encuesta, examen, exploración, escrutinio, opinión, informe, pesquisa, estudio, estadística || rastreo, medida, verificación, determinación de la profundidad.
Soneto verso, poesía, composición poética, poema, estrofa, balada, oda.
Sonido ruido, sonoridad, resonancia, son, sonsonete, soniquete, retumbo, eco, cacofonía, ruido, ronquido, chirrido, murmullo, runrún, silbido, rumor, susurro, retintín, tañido, cadencia, voz, canto, grito, aullido, rugido, acento, música, golpeteo, martilleo, tableteo, baraúnda, alboroto, estrépito, estruendo, gritería, bullicio, algarabía, fragor, trueno, tiro, detonación, explosión, estallido.
Soniquete sonsonete, sonecillo, runrún, rumor, estribillo.
Sonoramente ruidosamente, estruendosamente, armoniosamente, v. sonoro.
Sonoridad ruido, estruendo, armonía, eco, v. sonoro.
Sonoro ruidoso, estruendoso, retumbante, fragoroso, disonante, profundo, hueco, grave, chillón, fuerte, rimbombante, retumbante, resonante, melódico, eufónico, armonioso, cadencioso, melodioso, melódico.
Sonreír reír, alegrarse, iluminarse, dibujarse, esbozar una sonrisa.
Sonrisa risita, gesto, mueca, mímica, expresión, guiño, mohín, visaje.
Sonrojarse ruborizarse, avergonzarse, abochornarse, enrojecer, encenderse, confundirse, correrse, turbarse, sofocarse, azorarse, ofuscarse.
Sonrojo turbación, rubor, bochorno, arrebol, soflama, timidez, ofuscación, azoramiento, sofoco, enrojecimiento, encendimiento, vergüenza, erubescencia, colores, fuego.
Sonrosado colorado, encendido, sanguíneo, pletórico, saludable, sano, fresco, lozano.
Sonsacamiento v. sondeo.
Sonsacar inquirir, averiguar, sondear, tantear, indagar, preguntar, investigar, descubrir, extraer, buscar, engatusar, convencer.
Sonsonete soniquete, sonecillo, tonillo, rumor, runrún, retintín, estribillo.
Soñación v. ensueño.
Soñador imaginativo, visionario, iluso, ingenuo, inquieto, quimérico, utópico, novelero, fantaseador, quimerista, fantástico, idealista, quijote.
Soñar ensoñar, vislumbrar, representar, aparecerse, imaginar, fantasear, divagar, discurrir, codiciar, meditar, anhelar, recordar, rememorar, revivir.
Soñolencia v. somnolencia.
Soñoliento amodorrado, somnoliento, aletargado, entumecido, entorpecido, pesado, torpe, apático, perezoso, adormilado, semidormido.
Sopa caldo, consomé, sopicaldo, puré, papilla, aguadillo, gazpacho, gachas, papas, pasta, fideos, bodrio, líquido alimenticio.
Sopapear abofetear, cachetear, pegar, castigar, maltratar, cascar, golpear, dar sopapos, guantazos, soplamocos.
Sopapina zurra, tunda, somanta, castigo, maltrato.
Sopapo bofetada, tortazo, torta, bofetón, cachete, mamporro, guantazo, revés, moquete, manotazo, trompada, pescozón, tapaboca, metido, mojicón, galleta, chuleta, soplamocos, cate, trompazo, puñetazo, puñada.
Sopar ensopar, migar, mojar, em-

beber, sumergir, empapar las sopas.
SOPEÑA hueco, oquedad, concavidad, depresión.
SOPERA fuente, vasija, recipiente.
SOPERO plato hondo.
SOPESAR levantar, tantear, calcular, apreciar, sostener.
SOPETÓN (DE) inesperadamente, repentinamente, inopinadamente, de repente, de improviso.
SOPICALDO sopa, aguadillo, aguachirle, papilla.
SOPISTA oportunista, mangante, sablista, gorrón.
SOPLADO engreído, estirado, hinchado, orondo, hueco, inflado, acicalado, peripuesto.
SOPLADURA v. soplo.
SOPLAMOCOS v. sopapo.
SOPLAR espirar, exhalar, bufar, aventar, echar, arrojar, despedir aire, inflar, hinchar, correr, aullar, mugir || robar, substraer, quitar, sangrar, hurtar, apandar, escamotear, limpiar, despojar, desvalijar, timar || acusar, delatar, soplonear, *chivarse*, denunciar, descubrir || beber, empinar el codo, emborracharse, atiborrarse, hincharse, atracarse.
SOPLETE tubo, canuto, soldador, instrumento, herramienta.
SOPLIDO v. soplo.
SOPLILLO aventador, abanico, pantalla, paipai, flabelo, ventalle.
SOPLO exhalación, bufido, soplido, resoplido, rebufo, viento, aire, espiración, aliento, hálito, sopladura, silbido || delación, acusación, denuncia, aviso, revelación, *chivatazo*, confidencia || periquete, instante, tris, segundo.
SOPLÓN delator, confidente, acusón, *chivato*, correveidile, denunciante.
SOPLONEAR denunciar, delatar, acusar, descubrir, soplar, *chivarse*.
SOPONCIO patatús, síncope, vahído, desfallecimiento, desmayo, convulsión, ataque, accidente, acceso, arrebato, indisposición, apoplejía, pataleta, mareo, desvanecimiento.
SOPOR modorra, letargo, torpeza, entumecimiento, entorpecimiento, adormilamiento, insensibilidad, pereza, coma, desmayo, pesadez, siesta, adormecimiento.
SOPORÍFERO narcótico, estupefaciente, dormitivo, hipnótico, aletargante, somnífero, barbitúrico, droga, tranquilizante, calmante, sedante || tedioso, aburrido, cargante, pesado, fastidioso, cansador, importuno, molesto, empalagoso.
SOPORTABLE aguantable, sufrible, tolerable, pasable, llevadero, admisible, digerible, aceptable.
SOPORTAL entrada, zaguán, atrio, galería, pórtico, portal, portada, cobertizo, porche, vestíbulo, peristilo, propileo, fachada, arcada, claustro, columnata, ingreso, acceso.
SOPORTAR sostener, llevar, sustentar, mantener, tener, resistir || aguantar, tolerar, sufrir, resistir, sobrellevar, permitir, tragarse, disimular, transigir, conformarse, resignarse.
SOPORTE sostén, apoyo, base, sustentáculo, trípode, puntal, fundamento, pata, respaldo, columna, entibo, arbotante, viga, pilar, cimiento, cuña, tarugo, poste || auxilio, sustento, amparo, defensa, sostén, respaldo, confirmación, patrocinio, ayuda, socorro, aliento, aval, protección.
SOPRANO tiple, cantante, diva, intérprete.
SOR hermana, religiosa, monja, novicia, profesa, postulanta, sóror.
SORBER aspirar, absorber, chupar, mamar, beber, tragar, libar, asimilar, consumir || atraer, suspender, maravillar.
SORBETE refresco, helado, mantecado, granizado, batido, bebida.
SORBO chupada, sorbetón, chupetón, aspiración, succión, mamada, chupeteo, libación, bocanada, trago.
SORCHE recluta, quinto, soldado.

SORDAMENTE ahogadamente, silenciosamente, amortiguadamente, secretamente, ocultamente, sigilosamente.

SORDERA ensordecimiento, sordez, sordomudez, defecto, privación, disminución de capacidad.

SÓRDIDAMENTE miserablemente, indecentemente, pobremente, v. sórdido.

SORDIDEZ impureza, indecencia, deshonestidad, ruindad, abandono, roña, suciedad, vileza, bajeza || tacañería, avaricia, miseria, pobreza, mezquindad, rapacidad, cicatería, usura, interés, egoísmo, roñosería, estrechez, parquedad.

SÓRDIDO impuro, bajo, ruin, vil, indecente, deshonesto || tacaño, mezquino, avaro, mísero, rapaz, cicatero, usurero, estrecho, roñoso, egoísta, interesado, miserable || sucio, abandonado, mugriento, inmundo, destartalado, pobre.

SORDINA sigilosamente, silenciosamente, disimuladamente, calladamente.

SORDO tardo, sordomudo, defectuoso, impedido, privado, disminuido, imposibilitado, duro de oído, como una tapia || ahogado, profundo, retumbante, lejano, amortiguado, opaco, callado, secreto || indiferente, insensible, inflexible, inconmovible, inexorable, frío, desalmado, cruel.

SORDOMUDO v. sordo.

SORNA socarronería, burla, disimulo, ironía, chanza, camandulería, zorrería, intención, agudeza, cinismo, causticidad.

SÓROR hermana, monja, v. sor.

SORPRENDENTE extraordinario, raro, peregrino, extraño, pasmoso, maravilloso, asombroso, prodigioso, admirable, sugestivo, portentoso, increíble, milagroso, inconcebible, notable, desusado, singular, chocante, impresionante, inverosímil, inaudito, inesperado, repentino, rápido, inopinado, imprevisto.

SORPRENDER descubrir, atrapar, coger, cazar, pillar, apresar, localizar, pescar, desenmascarar ||

SORPRENDERSE pasmarse, admirarse, extrañarse, maravillarse, asombrarse, impresionarse, chocar, desconcertarse, conmoverse, sobrecogerse, turbarse, suspenderse, petrificarse.

SORPRENDIDO descubierto, atrapado, cazado, pillado, apresado, desenmascarado, pescado || admirado, pasmado, extrañado, maravillado, asombrado, impresionado, desconcertado, sobrecogido, conmovido, turbado, estupefacto.

SORPRESA pasmo, extrañeza, admiración, impresión, asombro, maravilla, turbación, sobrecogimiento, conmoción, desconcierto, exclamación, chasco, sobresalto, susto, consternación, estupor, alarma, confusión.

SORROSTRADA descaro, desfachatez, insolencia.

SORTEAMIENTO v. sorteo.

SORTEAR rifar, jugar, intervenir, regalar, decidir, distribuir || esquivar, eludir, evitar, rehuir, escabullir, zigzaguear, soslayar.

SORTEO rifa, lotería, tómbola, juego, azar.

SORTIJA aro, anillo, anilla, argolla, arete, armella, sello, cintillo, tresillo, alianza.

SORTILEGIO encantamiento, hechizo, embrujo, nigromancia, brujería, magia, aojo, ensalmo, taumaturgia, alquimia, cábala, agorería, agüero.

SOSAMENTE insípidamente, desabridamente, insulsamente, patosamente, tontamente, v. soso.

SOSEGADAMENTE calmosamente, serenamente, reposadamente, tranquilamente, v. sosegado

SOSEGADO calmoso, sereno, reposado, tranquilo, pacífico, plácido, inquieto, templado, moderado, formal, serio, juicioso, imperturbable, silencioso.

SOSEGARSE serenarse, aplacarse, pacificarse, tranquilizarse, reposar,

SOSERA

calmarse, moderarse, aquietarse, descansar, rehacerse, reponerse.

SOSERA v. sosería.

SOSERÍA insulsez, simpleza, insipidez, insubstancialidad, puerilidad, necedad, tontería, inexpresividad, apatía, estupidez, vacuidad, sosera.

SOSIA parecido, idéntico, gemelo, doble, reemplazante.

SOSIEGO placidez, reposo, quietud, calma, tranquilidad, paz, serenidad, descanso, moderación, ocio, silencio.

SOSLAYAR eludir, evitar, esquivar, sortear, hurtarse, escapar, rehuir, rehusar, retraerse, precaver, prevenir, sacudirse.

SOSLAYO (DE) de reojo, de lado, de costado, de pasada, por encima, oblicuamente, ladeado, diagonal, transversal, sesgado, cruzado, inclinado.

Soso insípido, insulso, desabrido, insubstancial, simple, vacío, vacuo, pavo, deslucido, patoso, anodino, ñoño, necio, pueril, estúpido, inexpresivo, frío, apático, bobo, tonto v.

SOSPECHA desconfianza, barrunto, aprensión, previsión, conjetura, duda, suspicacia, escrúpulo, dilema, dubitación, recelo, prejuicio, presunción, temor, preocupación, suposición, malicia, reconcomio, escama, celos, espina.

SOSPECHAR recelar, dudar, desconfiar, conjeturar, barruntar, maliciar, suponer, preocuparse, presumir, temer, escamarse, mosquearse, reconcomerse, presentir, prever, imaginar, olerse, remusgar, presagiar.

SOSPECHOSAMENTE desconfiadamente, maliciosamente, recelosamente, v. sospechoso.

SOSPECHOSO extraño, raro, desusado, equívoco, misterioso, obscuro, dudoso, anormal, incierto, inseguro, dudoso, secreto, oculto || furtivo, merodeador, vagabundo, maleante, patibulario, acusado, encartado, encausado || desconfiado, malicioso, receloso, dudoso, escamado, mosqueado, suspicaz, difidente, celoso, susceptible.

SOSTÉN sustento, soporte, apoyo, fundamento, puntal, sustentáculo, base, cimiento, pilar, viga, arbotante, entibo, columna, respaldo, pata, poste, tarugo, caña, pilastra, estribo || protección, ayuda, manutención, sustento, mantenimiento, aval, aliento, socorro, patrocinio, confirmación, defensa, respaldo, amparo, auxilio || ajustador, ceñidor, corpiño, prenda interior || mantenedor, padrino, protector, patrocinador, mecenas, defensor.

SOSTENEDOR mantenedor, defensor, sostén, mecenas, patrocinador, protector, padrino.

SOSTENER sustentar, soportar, respaldar, apoyar, aguantar, mantener, sujetar, afirmar, cargar, equilibrar, apuntalar, reforzar, consolidar || alimentar, mantener, sustentar, subvencionar, pagar, patrocinar, proteger, defender, nutrir || afirmar, asegurar, aseverar, especificar, manifestar, declarar, ratificar, insistir, proclamar, testimoniar, certificar || SOSTENERSE resistir, mantenerse, perdurar, eternizarse, proseguir, continuar, permanecer, perpetuarse.

SOSTENIDO continuado, seguido, uniforme, asiduo, constante, mantenido, ininterrumpido, incesante, regular, perpetuo.

SOSTENIMIENTO v. sostén.

SOTABANCO desván, altillo, sobrado, buhardilla, buharda, chiribitil, zahurda.

SOTANA vestidura talar, hábito, toga, vesta, ropón, bata, prenda.

SÓTANO cueva, bodega, cripta, silo, bóveda, subterráneo, subsuelo, túnel.

SOTECHADO cobertizo, soportal, tinglado, porche, techado, nave, pórtico.

SOTERRAR enterrar, sepultar, inhumar, ocultar, cavar, esconder, guardar, sumir.

SOTILLO v. soto.

Soto arboleda, monte, fronda, bosquecillo, matorral, zarzal, breñal, espesura, maleza, maraña.

Sotto voce * en voz baja, sigilosamente, reservadamente, discretamente.

Soufflé * hueco, esponjoso, variedad culinaria.

Souvenir * recuerdo, objeto típico.

Soviet poder supremo soviético, organización del Estado ruso, gobierno local comunista.

Soviético comunista, bolchevique, ruso, marxista.

Speaker * locutor, presentador, animador, profesional de la radio.

Specimen * espécimen, muestra, modelo.

Spleen * tedio, aburrimiento, desgana.

Sport * deporte, juego, ejercicio, práctica, competición, competencia, diversión.

Sportman * deportista, competidor, jugador.

Spot * filme publicitario, de propaganda, de televisión.

Sprint * esfuerzo final, aceleración, impulso, empujón, envión.

Sprintar * acelerar, aumentar la velocidad.

Stadium * v. estadio.

Staff * directiva, personal directivo, jefes, superiores.

Stand * puesto, caseta, pabellón, instalación, quiosco.

Standard * uniforme, homogéneo, en serie || norma, tipo, pauta, patrón.

Standing * categoría, reputación, posición.

Star * estrella, protagonista, actriz, actor.

Statu quo estado de cosas, situación actual.

Status * situación, posición, estado legal.

Steak * v. bistec.

Steeplechase * carrera de obstáculos, salto de vallas.

Steward * camarero, mayordomo, servidor, criado.

Stock * reserva, existencias, surtido, depósito.

Stop * pare, alto, deténgase || punto.

Stress * tensión, reacción.

Suave terso, sedoso, liso, fino, llano, igual, delicado, raso, parejo, mondo, sutil, exquisito, gracioso, ligero, leve, tenue || apacible, dócil, flexible, manejable, manso, obediente, sumiso, humilde, cariñoso, afectuoso, pacífico, moderado, tranquilo, dulce, grato.

Suavemente apaciblemente, dócilmente, mansamente, obedientemente, v. suave.

Suavidad delicadeza, lisura, tersura, finura, sedosidad, tenuidad, levedad, ligereza, gracia, exquisitez, sutileza, ductilidad || docilidad, bondad, dulzura, tranquilidad, moderación, cariño, afecto, humildad, sumisión, obediencia, mansedumbre, flexibilidad.

Suavizar alisar, afinar, igualar, allanar, emparejar, pulir, esmerilar, lijar, limar, pulimentar, acepillar, abrillantar, bruñir, raspar || apaciguar, mitigar, calmar, moderar, amansar, someter, pacificar, tranquilizar.

Sub- debajo, bajo, inferior.

Subalquilar v. subarrendar.

Subalterno subordinado, auxiliar, dependiente, ayudante, inferior, sometido, empleado, vasallo, doméstico, criado, siervo, adjunto, agregado, seguidor || secundario, inferior, accesorio, ínfimo, menor.

Subarrendar subalquilar, contratar, pactar, acordar.

Subasta almoneda, venta pública, compraventa, puja, licitación, remate, ocasión, encante, oportunidad.

Subastar vender, ofrecer, rematar, liquidar, licitar, pujar, sacar a subasta.

Subconsciente instintivo, automático, mecánico, inconsciente, involuntario, maquinal, espontáneo, atávico.

Subdesarrollado atrasado, rezagado, mísero, inculto, pobre, primitivo.

Súbdito ciudadano, natural, habi-

tante, residente, vecino, poblador.
SUBDIVIDIR v. dividir.
SUBDIVISIÓN v. división.
SUBIDA ascenso, remonte, promoción, mejora, progreso, adelanto, aumento, incremento, intensificación, crecimiento, acentuación, desarrollo, acrecimiento, suma, elevación, engrandecimiento, agrandamiento || escalamiento, elevación, ascensión, encumbramiento, levantamiento, erección, encaramamiento, progresión, gateo || encarecimiento, alza, carestía, especulación, abuso, sobreprecio, aumento, exceso || cuesta, pendiente, repecho, ladera, rampa, costana, desnivel, declive, inclinación, vertiente, escarpa, bajada, talud.
SUBIDO intenso, fuerte, excesivo, elevado, profundo, exagerado, acentuado, crecido, vigoroso, recio, agudo, hondo, penetrante, frecuente, intolerable.
SUBIR ascender, aumentar, remontar, promover, mejorar, progresar, adelantar, crecer, intensificar, incrementar, engrandecer, elevar, sumar, acrecentar, desarrollar, acentuar, endurecer, alzar, agrandar, especular, abusar, escalar, encumbrarse, levantar, erguir, progresar, vencer, avanzar, gatear, encaramarse, aupar, enaltecer, exaltar, cabalgar, izar, montar.
SÚBITAMENTE repentinamente, inesperadamente, imprevistamente, bruscamente, v. súbito.
SÚBITO repentino, inesperado, imprevisto, brusco, inopinado, impensado, inmediato, rápido, insospechado, pronto, veloz, vertiginoso, instantáneo, impetuoso, violento, precipitado, impulsivo.
SUBJETIVO interior, intrínseco, relativo, anímico, espiritual, personal.
SUBLEVACIÓN alzamiento, revolución, subversión, insurrección, sedición, rebelión, insubordinación, asonada, cuartelada, revuelta, tumulto, alcaldada, algarada, alboroto, motín, conspiración, pronunciamiento, disturbio, movimiento, rebeldía.
SUBLEVAR incitar, hostigar, insurreccionar, alzar, insubordinar, rebelar, revolucionar, alborotar, revolver, conspirar, planear, soliviantar, amotinar, trastornar, desobedecer, rebelarse, desafiar, independizarse, enfrentarse, resistirse || indignarse, excitarse, irritarse.
SUBLIMACIÓN volatilización, disipación, gasificación, evaporación, destilación || ensalzamiento, exaltación, enaltecimiento, encumbramiento.
SUBLIMAR volatilizar, destilar, evaporar, gasificar, disipar || enaltecer, exaltar, ensalzar, encumbrar, glorificar, encomiar.
SUBLIME eminente, excelso, insuperable, inmejorable, extraordinario, inestimable, maravilloso, majestuoso, grandioso, hermosísimo, celestial, divino, exquisito, soberbio, espléndido, glorioso, beatífico, paradisíaco.
SUBLIMIDAD excelsitud, superioridad, grandeza, excelencia, divinidad, grandiosidad, majestuosidad, gloria, esplendidez, exquisitez, maravilla, pureza.
SUBMARINISTA * buceador v.
SUBMARINO *subacuático*, profundo, abisal, hondo, insondable, oceánico, marítimo || sumergible, nave, navío, embarcación, buque.
SUBOFICIAL militar subalterno, subordinado, auxiliar, brigada, sargento.
SUBORDINACIÓN dependencia, sujeción, acatamiento, sumisión, entrega, obediencia, humillación, resignación, respeto, esclavitud, sometimiento, claudicación, reducción, vasallaje, adhesión, supeditación, inferioridad, pleitesía, observancia.
SUBORDINADO subalterno, auxiliar, inferior, dependiente, ayudante, empleado, esclavo, vasallo, doméstico, criado, siervo, adjunto, seguidor, agregado || sometido, observante, inferior, supeditado,

claudicante, entregado, humillado, resignado.

SUBORDINAR someter, sujetar, esclavizar, supeditar, avasallar || depender, postergar, relegar, despreciar, posponer || SUBORDINARSE acatar, depender, respetar, resignarse, humillarse, entregarse, obedecer, adherirse, claudicar, observar.

SUBRAYAR acentuar, recalcar, insistir, resaltar, señalar, hacer hincapié || rayar, tachar, marcar, señalar, trazar.

SUBREPTICIO furtivo, oculto, disimulado, solapado, secreto, tortuoso, taimado, discreto, escondido, sigiloso, cauteloso, ilícito, ilegal.

SUBROGACIÓN v. substitución.

SUBROGAR v. substituir.

SUBSANABLE remediable, reparable, corregible, rectificable, enmendable, evitable, previsible.

SUBSANAR corregir, remediar, resolver, arreglar, rectificar, reparar, enmendar, prever, evitar, compensar, obviar, revistar, perfeccionar, transformar, impedir, variar, transformar, enderezar, rehacer, mejorar, solucionar, solventar, arbitrar, rematar, satisfacer.

SUBSCRIBIR firmar, rubricar, pactar, avenirse, convenir, abonar, acceder, patrocinar, apoyar, obligarse, comprometerse, asentir || SUBSCRIBIRSE abonarse, inscribirse, apuntarse, anotarse, registrarse.

SUBSCRIPCIÓN inscripción, anotación, registro, alta, contrato, convenio, obligación.

SUBSCRIPTOR suscritor, abonado, inscrito, registrado, interesado, firmante, subscrito.

SUBSCRITO suscrito, firmante, infrascrito, signatario, refrendario, rubricante, contratante, compromisario, parte || inscrito, anotado, registrado || v. subscriptor.

SUBSCRITOR v. subscriptor.

SUBSECUENTE v. siguiente.

SUBSIDIARIAMENTE secundariamente, accesoriamente, complementariamente, v. subsidiario.

SUBSIDIARIO complementario, suplementario, secundario, accesorio, adicional, anexo, aumentado, suplente.

SUBSIDIO subvención, contribución, auxilio, ayuda, socorro, asistencia, apoyo, amparo, sufragio, donativo, protección, contribución, colaboración || impuesto, tasa, arbitrio, gravamen, canon, obligación, derecho.

SUBSIGUIENTE v. siguiente.

SUBSISTENCIA manutención, alimentación, alimento, comida, nutrición, pitanza, comestibles || estabilidad, permanencia, conservación, duración, sostenimiento, sustentamiento, defensa, protección, entretenimiento, preservación, cuidado.

SUBSISTIR perdurar, permanecer, durar, prolongarse, sostenerse, sustentarse, conservarse, preservarse, cuidarse, continuar, seguir, mantenerse, alimentarse, nutrirse, vegetar, resistir, aguantar, existir, vivir.

SUBSTANCIA ingrediente, componente, constituyente, elemento, materia, material, principio, compuesto, factor, potingue || caldo, jugo, concentrado, néctar, extracto, zumo || ser, esencia, entidad, materia, principio, naturaleza, enjundia, meollo, quid, médula, espíritu, fondo, alma, importancia, trascendencia, propiedad, carácter, cualidad, entidad, valor.

SUBSTANCIAL esencial, importante, principal, trascendente, valioso, básico, fundamental || inherente, natural, propio, intrínseco, innato, nativo, ingénito, consubstancial, inseparable.

SUBSTANCIALMENTE esencialmente, principalmente, trascendentalmente, v. substancial.

SUBSTANCIAR extractar, compendiar, extraer, resumir.

SUBSTANCIOSO suculento, alimenticio, sabroso, exquisito, nutritivo, jugoso, caldoso, concentrado || enjundioso, importante, valioso, trascendente, interesante, v. substancial.

Substantivo nombre || real, independiente, individual, propio, característico, inherente, intrínseco, innato, inseparable, ingénito.

Substitución suplantación, relevo, cambio, reemplazo, renuevo, mudanza, trueque, permuta, canje, muda, novedad, interinidad, suplencia, representación, sucesión, herencia, delegación.

Substituible reemplazable, canjeable, cambiable, mudable, permutable.

Substituir relevar, reemplazar, cambiar, suplantar, mudar, canjear, permutar, trocar, renovar, suplir, suceder, heredar, representar, delegar, remediar.

Substitutivo sucedáneo, similar, parecido, reemplazante, v. substituto.

Substituto reemplazante, suplente, relevo, sucesor, delegado, auxiliar, interino, apoderado, representante, transeúnte, accidental, suplefaltas, testaferro, suplantador, esquirol, lugarteniente, pasante, teniente, sucedáneo || substitutivo.

Substracción resta, diferencia, disminución, resultado, operación, separación, descuento, remoción, exclusión, cuenta, cálculo || robo, hurto, timo, escamoteo, despojo, rapiña, usurpación, depredación, expoliación, merma, sisa, desfalco.

Substraer restar, disminuir, operar, descontar, calcular, contar, excluir, apartar, remover || quitar, despojar, robar, hurtar, expoliar, mermar, desfalcar, sisar, usurpar, rapiñar, escamotear, timar || Substraerse eludir, evitar, apartarse, esquivar, soslayar, rehuir, hurtarse, prevenir, salvar, escapar, obviar.

Substrato substancia, esencia, fundamento, base.

Subsuelo capa, terreno profundo, profundidad, hondura, sótano, v. subterráneo.

Subterfugio argucia, evasiva, asidero, simulación, pretexto, excusa, disculpa, mentira, falsedad, escapatoria, triquiñuela, invocación, disimulo, alegato.

Subterráneamente furtivamente, ocultamente, ilegalmente, ilícitamente, bajo cuerda.

Subterráneo subsuelo, sótano, pasadizo, pasaje, galería, hipogeo, silo, catacumba, mina, cripta, bóveda, caverna, gruta, cueva, sima || subyacente, hondo, profundo, oculto, furtivo, ilegal.

Suburbano periférico, limítrofe, externo, arrabalero, lindante, circundante, cercano.

Suburbio barrio, arrabal, afueras, extrarradio, extramuros, barriada, contornos, linde, cercanías, límite, periferia, ensanche, aledaños, alrededores, ciudad satélite.

Subvención subsidio, contribución, sostén, asistencia, apoyo, socorro, ayuda, auxilio, protección, sufragio, amparo, colaboración, donativo.

Subvencionar sufragar, favorecer, socorrer, apoyar, asistir, sostener, contribuir, subvenir, donar, colaborar, amparar, proteger, auxiliar, ayudar.

Subvenir v. subvencionar.

Subversión sublevación, rebelión, sedición, levantamiento, insubordinación, asonada, alzamiento, cuartelada, revuelta, algarada, alboroto, disturbio, revolución, motín, alcaldada, tumulto, conspiración, movimiento, pronunciamiento.

Subversivo sedicioso, insurrecto, revoltoso, revolucionario, tumultuoso, conspirador, rebelde, agitador, turbulento, insubordinado, tumultuoso, perturbador, inquietante, peligroso, incitante.

Subvertir trastrocar, invertir, revolver, cambiar, desordenar, revolucionar, perturbar, trastornar.

SUBYACENTE inferior, yacente, profundo, deprimido, hondo, subterráneo.
SUBYUGADO dominado, conquistado, esclavizado, sometido, v. subyugar.
SUBYUGADOR subyugante, dominante, atractivo, fascinador, cautivante, incitante, atrayente, sugestivo, seductor, encantador, maravilloso, embelesador, embrujador.
SUBYUGANTE v. subyugador.
SUBYUGAR avasallar, dominar, conquistar, someter, esclavizar, aherrojar, oprimir, tiranizar, sujetar, encadenar, abusar, vejar, aprisionar || seducir, encantar, maravillar, atraer, incitar, cautivar, embrujar, embelesar, fascinar.
SUCCIÓN sorbo, chupada, chupeteo, sorbetón, chupetón, libación, bocanada, trago, mamada, lametón, lengüetazo, aspiración, absorción, extracción, chupón.
SUCCIONAR sorber, absorber, chupar, chupetear, mamar, aspirar, libar, lamer, sacar, atraer, tragar, beber, vaciar.
SUCEDÁNEO substitutivo, reemplazante, similar, parecido, substituto.
SUCEDER ocurrir, acaecer, sobrevenir, pasar, producirse, acontecer, realizarse, cumplirse, verificarse, advenir, empezar, venir, efectuarse || reemplazar, substituir, relevar, suplantar, trocar, suplir, representar, heredar, seguir, continuar, proseguir, perpetuar, reanudar, prolongar.
SUCEDIDO v. suceso || acaecido, ocurrido, v. suceder.
SUCESIÓN serie, proceso, progresión, orden, curso, gradación, fila, cola, hilera, lista, continuación, escala, encadenamiento, línea, proceso, ciclo, tirada, retahíla, ristra, sarta, rosario, cadena || herencia legado, manda, patrimonio, bienes, fortuna, pertenencias, legítima, transmisión, usufructo, heredad || herederos, v. sucesor.

SUCIO

SUCESIVAMENTE alternativamente, continuamente, repetidamente, mutuamente, ininterrumpidamente, recíprocamente, v. sucesivo.
SUCESIVO continuo, continuado, repetido, gradual, ininterrumpido, recíproco, mutuo, alterno, alternativo, progresivo, ordenado, cíclico, periódico, encadenado.
SUCESO hecho, acaecimiento, acontecimiento, incidente, episodio, circunstancia, lance, emergencia, incidencia, contingencia, especie, accidente, ocurrencia, caso, asunto, advenimiento, ocasión, aventura, sucedido, evento, trance, eventualidad, situación, casualidad, peripecia, odisea, anécdota, andanza, precedente, paso.
SUCESOR continuador, heredero, beneficiario, descendiente, legatario, favorecido, mayorazgo, primogénito, seguidor, discípulo, alumno, partidario.
SUCIEDAD porquería, inmundicia, impureza, asquerosidad, cochambre, roña, cochinada, guarrada, cochinería, guarrería, mugre, basura, pringue, barro, cieno, lodo, grasa, mancha tizne, churre, contaminación, infección, polución, mierda, excremento, fiemo, estiércol.
SUCINTAMENTE brevemente, lacónicamente, resumidamente, concisamente, v. sucinto.
SUCINTO breve, lacónico, resumido, conciso, sumario, sobrio, corto, abreviado, condensado compendiado, ceñido, apretado, sintético, parco, reducido, escueto, sentencioso, preciso.
SUCIO manchado, puerco, cochino, inmundo, tiznado, grasiento, engrasado, pringado, enlodado, encenagado, mugriento, roñoso, guarro, cochambroso, hediondo, asqueroso, impuro, abandonado, dejado, desaseado, adán, poluto, contaminado, ensuciado || tramposo, traicionero, infiel, fullero, petardista, bajo, ruin, malvado, artero, vil || obsceno, indecente, deshonesto, pornográ-

Súcubo

fico, impúdico, indecoroso, desvergonzado.

Súcubo demonio, espíritu, aparición || invertido, v. pederasta.

Suculento nutritivo, substancioso, exquisito, jugoso, sabroso, apetitoso, delicioso, rico, gustoso, deleitable, sazonado, excelente, ambrosiano.

Sucumbir perecer, fallecer, morir, fenecer, expirar, palmar, espichar || ceder, abandonar, someterse, rendirse, caer, flaquear, cesar, claudicar, entregarse, renunciar, desistir, derrumbarse, arruinarse.

Sucursal filial, agencia, delegación, dependencia, rama, representación, oficina, administración, sección, anexo.

Sud sur, antártico, mediodía, meridional.

Sudamericano iberoamericano, hispanoamericano, *latinoamericano*, hispánico, criollo.

Sudar transpirar, trasudar, empaparse, bañarse, exhalar, resudar, eliminar, excretar, expeler, rezumar, destilar, gotear, pingar, escurrirse || trabajar, afanarse, aperrearse, azacanarse, agobiarse, agotarse.

Sudario lienzo, mortaja, hábito, sábana, tela, envoltura, vestidura.

Sudista * sureño v., meridional.

Sudor transpiración, excreción, eliminación, serosidad, sudación, secreción, sobaquina, catinga, humedad || trabajo, afán, agobio, ajetreo, empeño, pena, fatiga.

Sudoroso húmedo, mojado, empapado, jadeante, agotado, fatigado, sudorífico, sudante.

Suegra madre política, familiar, pariente.

Suegro padre político, familiar, pariente.

Suela cuero, pieza, tapa, recubrimiento.

Sueldo paga, salario, retribución, remuneración, honorarios, jornal, recompensa, compensación, dieta, estipendio, soldada, mensualidad, emolumentos, gratificación, haberes.

Suelo terreno, superficie, tierra, piso, pavimento, firme, solar, enladrillado, adoquinado, embaldosado, calzada, empedrado, recubrimiento || territorio, patria, nación, pueblo, solar, cuna.

Suelta liberación, redención, lanzamiento, manumisión.

Suelto disgregado, aislado, separado, desperdigado, ralo, diseminado, disperso, desparramado, esparcido, separado, solo || libre, liberado, excarcelado, redimido, rescatado, autónomo, independiente || fácil, expedito, desembarazado, libre, atrevido, ágil, ligero || calderilla, cambio, monedas || artículo, escrito, gacetilla.

Sueño letargo, modorra, adormecimiento, somnolencia, cansancio, agotamiento, pesadez, aturdimiento, desmayo, flojera, sopor, insensibilidad, entumecimiento, descanso, siesta, cabezada, coma, narcosis || ensueño, fantasía, representación, pesadilla, imagen, onirismo, espejismo, visión, aparición, ficción, irrealidad, alucinación || ambición, anhelo, esperanza, quimera, deseo, pretensión, apetencia.

Suero humor, líquido, disolución.

Suerte ventura, hado, sino, destino, fortuna, azar, vicisitud, estrella, providencia, fatalidad, albur, casualidad, eventualidad, acaso, rueda, sombra, riesgo || chamba, chiripa, fortuna, potra, estrella, ventura, éxito, casualidad || manera, modo, forma, método, guisa, proceder, estilo, táctica, fórmula, condición, género, especie, estado, condición.

Suéter * v. jersey.

Suficiencia capacidad, idoneidad, habilidad, aptitud, competencia, facultad, experiencia.

Suficiente asaz, bastante, harto, sobrado, conveniente, preciso, algo, lo justo, lo indispensable, no más, adecuado, proporcionado, lo necesario || apto, idóneo,

competente, hábil, capaz, experimentado.
SUFICIENTEMENTE justamente, sobradamente, adecuadamente, v. suficiente.
SUFRAGÁNEO dependiente, subordinado, supeditado.
SUFRAGAR costear, satisfacer, pagar, abonar, subvencionar, contribuir, subvenir, desembolsar, cubrir, enjugar, prestar, socorrer, *financiar*, remunerar, ayudar, auxiliar.
SUFRAGIO voto, votación, elección, comicios, referéndum, plebiscito, nominación, selección, nombramiento, parecer, manifestación, dictamen, opinión || protección, ayuda, socorro, favor, auxilio.
SUFRAGISTA feminista, adepto, partidario del voto femenino.
SUFRIBLE soportable, tolerable, llevadero, aguantable, pasable, admisible, aceptable, digerible, v. sufrir.
SUFRIDO resignado, paciente, conforme, sumiso, manso, doblegado, filosófico, tolerante, conformista, estoico, dócil, humilde || resistente, duro, calmoso, imperturbable, flemático, entero, impasible || cornudo, consentidor.
SUFRIENTE sufridor, doliente, v. sufrido.
SUFRIMIENTO padecimiento, pena, dolor, angustia, daño, mal, aflicción, tormento, tortura, martirio, malestar, dolencia, enfermedad, afección, molestia, complicación, trastorno, achaque || estoicismo, resignación, filosofía, mansedumbre, perseverancia, entereza, resistencia, calma, flema, conformidad, tolerancia, paciencia.
SUFRIR padecer, soportar, aguantar, afligirse, atormentarse, angustiarse, resignarse, torturarse, resistir, conformarse, tolerar, doblegarse, someterse, sobrellevar, penar, disimular, amoldarse, contemporizar, transigir, sacrificarse, tragar, jorobarse, amolarse, digerir, aceptar.
SUGERENCIA proposición, propuesta, insinuación, invitación, inspiración, indicación, indirecta, consejo, ofrecimento, explicación, sugestión.
SUGERENTE insinuante, sugeridor, incitante, inspirador, interesante, tentador, provocativo, fascinante.
SUGERIDOR v. sugerente.
SUGERIR proponer, insinuar, inspirar, indicar, explicar, ofrecer, invitar, aconsejar, esbozar, mencionar, aludir, referirse, apuntar.
SUGESTIÓN fascinación, hipnotismo, hipnosis, captación, dominio, obsesión, convencimiento, prejuicio, persuasión, hechizo, ofuscación, perturbación, manía, obstinación, ceguera, inspiración, v. sugerencia.
SUGESTIONABLE hipnotizable, receptivo, pusilánime, nervioso, dominable, persuasible.
SUGESTIONAR magnetizar, hipnotizar, fascinar, dominar, captar, convencer, hechizar, perturbar, inspirar, sugerir v., apoderarse || SUGESTIONARSE obcecarse, ofuscarse, perturbarse, obstinarse, convencerse, cegarse, encandilarse, deslumbrarse, alucinarse, errar.
SUGESTIVO atractivo, atrayente, seductor, fascinante, fascinador, cautivante, embelesador, llamativo, agradable, encantador, maravilloso, v. sugerente.
SUICIDA desesperado, inmolado, eliminado, occiso, muerto, interfecto, trastornado, desequilibrado.
SUICIDARSE inmolarse, eliminarse, matarse, sacrificarse, quitarse la vida, darse muerte.
SUICIDIO inmolación, desesperación, sacrificio, muerte, disparate.
SUI GÉNERIS exclusivo, singular, único, original, particular, distinto, especial, propio.
SUINO porcino, v. porcuno.
SUITE * habitación doble, de lujo, apartamento en hotel.
SUJECIÓN retención, fijación, inmovilización, estancamiento, para-

SUJETADOR

lización, entorpecimiento, atadura, contención, trabazón, detención, unión, aprehensión, prendimiento, enganche, presa, agarre, asimiento, aferramiento ‖ dominio, esclavitud, influencia, mando, tiranía, arbitrariedad, sometimiento, yugo, abuso, coacción, avasallamiento, obediencia, dependencia, subordinación, sumisión, vasallaje ‖ v. sujetador.

Sujetador traba, asidero, trinca, clavo, tornillo, laña, grapa, gancho, pinza, fiador, cincha, zuncho, clavija, remache, sostén, soporte, botón, alfiler, imperdible, aro, anilla, presilla, v. broche.

Sujetar retener, contener, detener, agarrar, aferrar, asir, enganchar, prender, aprehender, trabar, entorpecer, atar, paralizar, estancar, inmovilizar, fijar, esposar, acogotar, aherrojar, trincar, asegurar, aprisionar, afirmar, encadenar, constreñir, subyugar, someter, supeditar, subordinar, domar, amansar ‖ clavar, atornillar, remachar, pegar, adherir, fijar, enganchar, prender, trincar.

Sujeto individuo, tipo, fulano, persona, quídam, personaje, prójimo, hombre, ente, ser ‖ asunto, materia, tema, cuestión, motivo, trama, argumento, objetivo ‖ dominado, detenido, agarrado, aferrado, supeditado, subordinado, sometido, v. sujetar.

Sulfamidas productos quimioterápicos, medicamentos, drogas.

Sulfurarse indignarse, irritarse, encorajinarse, exasperarse, enfurecerse, rabiar, arrebatarse, excitarse, exacerbarse, inflamarse, encolerizarse, enojarse.

Sultán gobernador mahometano, monarca, príncipe, emperador.

Suma adición, total, operación, resultado, cuenta ‖ conjunto, colección, agregado, añadido, aditamento, aumento, complemento.

Sumamente intensamente, hondamente, fuertemente, vivamente, v. sumo.

Sumando cifra, número, cantidad.

Sumar añadir, adicionar, reunir, contar, operar, agregar, reunir, superponer, yuxtaponer, englobar, poner, anexionar ‖ importar, montar, ascender, elevarse, valer, costar ‖ recopilar, compendiar, resumir v. ‖ **Sumarse** añadirse, agregarse, integrarse, unirse, juntarse, componer, formar parte.

Sumariamente rápidamente, concisamente, abreviadamente, v. sumario.

Sumario compendio, índice, resumen, extracto, abreviación, esquema, recopilación, condensación, digesto, epítome, sinopsis, epílogo, repertorio, recapitulación, suma ‖ proceso, juicio, causa, caso, pleito, litigio, querella ‖ expediente, actuación, antecedentes, referencias, datos ‖ conciso, rápido, abreviado, compendiado, breve, corto, sucinto, resumido, lacónico.

Sumarísimo rápido, breve, corto, severo, fulminante, grave.

Sumergible submarino, navío, embarcación, buque, *subacuático*.

Sumergir hundir, sumir, abismar, meter, calar, empapar, chapuzar, bañar, mojar, somorgujar, ahondar, descender, bajar, naufragar, zozobrar, irse a pique.

Sumersión inmersión, descenso, buceo, hundimiento, zambullida, remojo, chapuzón, baño, mojadura.

Sumidad ápice, extremo, cúspide, cumbre, altura.

Sumidero alcantarilla, desagüe, desaguadero, conducto, canal, escurridero, cloaca, albañal, vertedero, evacuación, acequia, canalón, zanja, drenaje, achique, salida.

Suministrador v. abastecedor.

Suministrar proveer, surtir, aprovisionar, abastecer, dotar, equipar, aviar, servir, racionar, guarnecer, prestar, facilitar, subvenir, armar, procurar, proporcionar, mandar, entregar, dar, ofrecer, repartir, enviar, distribuir.

Suministro entrega, provisión, racionamiento, aprovisionamiento, abastecimiento, préstamo, reparto, cesión, traspaso, donación, oferta, adjudicación, envío, distribución || Suministros provisiones, víveres, equipo, dotación, armas, municiones, vituallas, repuesto, recambios, bastimento, alimentos, abasto, avíos, aparejos, vestimenta.

Sumir hundir, v. sumergir || Sumirse ensimismarse, embeberse, reflexionar, pensar, meditar, cavilar, reconcentrarse, rumiar, concentrarse, abstraerse.

Sumisamente dócilmente, humildemente, resignadamente, mansamente, v. sumisión.

Sumisión docilidad, humildad, resignación, mansedumbre, fidelidad, reverencia, obediencia, manejabilidad, suavidad, dependencia, respeto, subordinación || sometimiento, vasallaje, humillación, acatamiento, acato, esclavitud, dependencia, rendición, capitulación, derrota, entrega.

Sumiso obediente, manso, humilde, dócil, manejable, respetuoso, disciplinado, subordinado, dependiente, suave, reverente, fiel, resignado, subyugado, esclavo, esclavizado, vasallo, sujeto, sometido, rendido.

Súmmum lo sumo, el colmo, lo mejor, ápice, cumbre, sumidad, cúspide, v. sumo.

Sumo grande, enorme, gigantesco, intenso, fuerte, hondo, vivo, altísimo, supremo, superlativo, máximo, elevado, incomparable, sin par, perfecto, superior, culminante, final, potente, excesivo.

Suntuario lujoso, pomposo, aparatoso, costoso, caro, ostentoso, fastuoso, regio, v. suntuoso.

Suntuosidad ostentación, lujo, opulencia, pompa, boato, fasto, fausto, riqueza, magnificencia, exhibición, aparato, demasía, esplendor, despilfarro, grandiosidad, solemnidad, bambolla, derroche, rumbo, alarde, esplendor, esplendidez, grandeza, elegancia.

Suntuoso ostentoso, lujoso, pomposo, fastuoso, opulento, aparatoso, magnífico, rico, esplendoroso, elegante, grande, espléndido, rumboso, derrochador, solemne, grandioso, despilfarrador, excesivo, recargado, profuso, teatral, señorial, regio.

Supedáneo pedestal, peana, apoyo, base, estribo, soporte, pie, sostén.

Supeditación subordinación, sujeción, dependencia, acatamiento, sumisión, pleitesía, inferioridad, adhesión, vasallaje, esclavitud, reducción, claudicación, sometimiento, respeto, resignación, humillación, entrega, obediencia.

Supeditado subordinado, sujeto, dependiente, sometido, adherido, v. supeditar.

Supeditar subordinar, sujetar, depender, someter, adherir, ordenar, oprimir, ajustar, postergar, relegar, posponer.

Súper- sobre, encima, preeminente, superior || exceso, abundancia, demasía.

Superable salvable, dominable, recuperable, benigno, fácil, suave, moderado.

Superabundancia profusión, abundancia, copiosidad, exuberancia, difusión, plétora, exceso, demasía, derroche, colmo, prodigalidad, fecundidad, cantidad, enormidad, proliferación.

Superabundante copioso, profuso, abundante, exuberante, pródigo, colmado, demasiado, excesivo, pletórico, difuso, prolífico, enorme, cuantioso, fecundo, ubérrimo, superfluo, sobrante.

Superabundar proliferar, prodigarse, llenar, desparramarse, derrochar, sobrar, exceder.

Superación ventaja, exceso, rebasamiento, dominio, prevalecimiento, progreso, avance, adelanto, evolución, auge, ascenso, incremento, perfeccionamiento, expansión, mejora, aumento, ampliación, impulso, victoria.

Superar dominar, rebasar, exceder, prevalecer, aventajar, incrementar, adelantar, ascender,

SUPERÁVIT

avanzar, progresar, ampliar, impulsar, mejorar, expandir, perfeccionar, vencer, sobreponerse, rehacerse, fortalecerse.

SUPERÁVIT beneficio, ganancia, exceso, sobrante, provecho, dividendo.

SUPERCHERÍA engaño, dolo, fraude, embuste, impostura, treta, falsedad, mentira, falacia, trampa, invención, estafa, camelo, chasco, enredo, pretexto, señuelo, truco, picardía, argucia, artificio, engañifa, socaliña.

SUPERFEROLÍTICO delicado, fino, primoroso, pulido, exquisito, superior, ridículo, rebuscado.

SUPERFICIAL exterior, somero, externo, frontal, anterior, visible, aparente, manifiesto, conspicuo, saliente || endeble, débil, infundado, insubstancial, vano, hueco, frívolo, trivial, voluble, pueril, liviano, fútil, anodino, baladí, huero.

SUPERFICIALIDAD frivolidad, insubstancialidad, futilidad, liviandad, puerilidad, volubilidad, trivialidad, inconstancia, apariencia.

SUPERFICIALMENTE exteriormente, someramente, aparentemente, v. superficial.

SUPERFICIE área, extensión, plano, espacio, perímetro, término, límite, cara, zona, medida, faja, contorno, exterior, frente, fachada, saliente, pared, muro, sobrefaz, parcela, terreno, suelo, tierra, campo.

SUPERFINO superior, delicado, primoroso, exquisito, excelente, insuperable.

SUPERFLUIDAD futilidad, puerilidad, inutilidad, trivialidad, insignificancia, inanidad, pequeñez, bagatela, fruslería, nimiedad, menudencia, exceso, demasía, derroche || verborrea, prolijidad, fárrago, redundancia.

SUPERFLUO inútil, innecesario, excesivo, recargado, prolijo, sobrante, insignificante, trivial, fútil, pueril, nimio, inane, vacuo, vacío, farragoso, prolijo, redundante.

SUPERHOMBRE semidiós, héroe, ídolo, campeón, titán, figura, personaje, genio, deidad.

SUPERINTENDENCIA administración suprema, dirección, gobierno, jefatura económica.

SUPERINTENDENTE jefe, administrador, director, regente, gerente, dirigente, apoderado, supervisor, procurador.

SUPERIOR sobresaliente, preeminente, excelente, bueno, aventajado, culminante, descollante, dominante, eminente, principal, importante, espléndido, soberano, sumo, supremo, conspicuo, ilustre, señalado, preponderante, destacado, magnífico, superlativo, grande, prócer, cimero, alto || jefe, director, dirigente, señor, amo, patrón, patrono, rector, mandamás, jefazo || prior, abad, maestre, prelado, general.

SUPERIORA abadesa, priora, rectora, prelada.

SUPERIORIDAD dirección, jefatura, gobierno, estado, mando || predominio, preponderancia, supremacía, preeminencia, poder, imperio, señorío, potestad, fuerza, influjo, poderío, preferencia, ventaja, mando, apogeo, perfección, primacía, delantera.

SUPERIORMENTE soberanamente, espléndidamente, magníficamente, superlativamente, destacadamente, notablemente, estupendamente.

SUPERLATIVAMENTE v. superiormente.

SUPERLATIVO v. superior.

SUPERMERCADO autoservicio, tienda, local, establecimiento de autoservicio.

SUPERNUMERARIO excedente, sobrante, remanente, fuera de plantilla, fuera de cupo.

SUPERPONER sobreponer, aplicar, colocar, tapar, traslapar, cubrir, intercalar, incorporar, añadir, imbricar.

SUPERPOSICIÓN intercalación, incorporación, añadido, traslapo, aplicación, colocación, transposición.

Superproducción sobreproducción, exceso, saturación.

Superpuesto sobrepuesto, cubierto, traslapado, imbricado, tapado, intercalado, añadido, incorporado, aplicado.

Superstición credulidad, ingenuidad, ignorancia, quimera, fantasía, idolatría, fetichismo, paganismo, fanatismo, mito, irreligiosidad, hechicería, magia, brujería, cábala, nigromancia, ensalmo, taumaturgia, aojo, ocultismo, agorería.

Supersticioso fanático, crédulo, idólatra, ignorante, ingenuo, pagano, fetichista, quimérico, irreligioso, agorero, maniático, hereje.

Supérstite v. superviviente.

Supervisar vigilar, inspeccionar, observar, guardar, controlar, intervenir, comprobar, registrar, verificar, revisar, fiscalizar.

Supervisión inspección, control, vigilancia, observación, fiscalización, revisión, verificación, registro, comprobación, intervención.

Supervisor revisor, verificador, interventor, inspector, registrador, fiscalizador, observador, vigilante, guarda, contralor, controlador, delegado, agente, funcionario, superior v.

Supervivencia longevidad, duración, resistencia, aguante, vida, persistencia, vitalidad, conservación, perennidad, estabilidad, inmutabilidad.

Superviviente supérstite, sobreviviente, decano, longevo, perenne, persistente, vital, aguantador, resistente, duradero ‖ afectado, damnificado, víctima.

Supino ignorante, negligente, craso, garrafal ‖ tendido, de cara, boca arriba.

Suplantación impostura, substitución, engaño, simulación, reemplazo, suplencia, falseamiento, falsificación, farsa, estafa, superchería.

Suplantador impostor, tramposo, embaucador, farsante, simulador, falsario, charlatán, comediante, substituto, reemplazante, suplente.

Suplantar simular, engañar, substituir, reemplazar, suplir, falsear, falsificar, embaucar.

Suplefaltas v. suplente.

Suplementar * v. suplir.

Suplementario accesorio, complementario, anejo, anexo, adicional, subsidiario, adjunto, agregado, incrementado, sumado, aumentado, añadido, extra, adjunto.

Suplemento aditamento, complemento, accesorio, anexo, anejo, extra, adición, apéndice, agregado, añadido, incremento, aumento, remate.

Suplencia reemplazo, substitución, cambio, relevo, suplantación, interinidad, sucesión, representación, delegación, intercambio, muda, trueque.

Suplente substituto, reemplazante, relevo, interino, sucesor, delegado, representante, suplantador, supletorio, auxiliar, vicario, suplidor.

Supletorio de recambio, de repuesto, cambiable, accesorio, secundario, extra, suplente v.

Súplica ruego, demanda, imploración, solicitud, instancia, impetración, imploración, exhortación, pedido, interpelación, pretensión, queja, reclamación, requerimiento, encargo, deprecación, recuesta ‖ plegaria, prez, oración, rezo.

Suplicante implorante, lloroso, invocante, quejoso, solicitante, reclamante, postulante, firmante, interesado, recurrente, peticionario, pretendiente, aspirante.

Suplicar implorar, clamar, pedir, apelar, recurrir, aspirar, instar, solicitar, demandar, rogar, quejarse, pretender, interpelar, exhortar, deprecar, encargar, requerir, reclamar, postular, llorar, conjurar, impetrar, rezar, orar.

Suplicio martirio, tormento, tortura, muerte, sacrificio, sufri-

SUPLIDO

miento, aureola, persecución, inmolación, abnegación, santidad, padecimiento, dolor, angustia, entereza, mal, daño, pena, fatiga.

SUPLIDO anticipo, pago, adelanto, entrega a cuenta.

SUPLIDOR v. suplente.

SUPLIR reemplazar, substituir, cambiar, completar, relevar, permutar, renovar, suplantar, auxiliar, representar, delegar, suceder.

SUPONER conjeturar, imaginar, sospechar, presumir, creer, inferir, deducir, atribuir, predecir, figurarse, calcular, entrever, columbrar, barruntar, traslucir, antojarse, estimar, intuir, apreciar, pensar, opinar, considerar, admitir, predecir, vaticinar || significar, representar, constituir, personificar, evidenciar, aparentar.

SUPOSICIÓN creencia, presunción, sospecha, inferencia, imaginación, conjetura, cálculo, figuración, predicción, atribución, deducción, intuición, estimación, apreciación, antojo, barrunto, consideración, opinión, pensamiento, vaticinio, teoría, hipótesis, supuesto, tesis.

SUPOSITORIO cala, ayuda, medicamento.

SUPRA- sobre, arriba, encima, más allá.

SUPRASENSIBLE inmaterial, etéreo, intangible, incorpóreo.

SUPREMACÍA predominio, hegemonía, preponderancia, superioridad, poder, dominio, dominación, ascendencia, ventaja, preferencia, señorío, imperio, influjo, influencia, potestad.

SUPREMO superior, sumo, descollante, dominante, altísimo, culminante, soberano, poderoso, grande, divino, prócer, superlativo, destacado, señalado, conspicuo, eminente, preeminente, sobresaliente || final, último, decisivo, definitivo.

SUPRESIÓN anulación, eliminación, destrucción, liquidación, abolición, extirpación, alejamiento, baja, corte, amputación, exterminio, aniquilación, destrucción || omisión, claro, blanco, silencio, laguna, olvido || interrupción, pausa, paro, alto, detención.

SUPRIMIR eliminar, anular, destruir, abolir, liquidar, aniquilar, exterminar, cortar, amputar, alejar, extirpar, destruir, interrumpir, acabar, parar, detener || silenciar, omitir, callar, olvidar, escamotear, ocultar.

SUPUESTO hipótesis, suposición, presunción, creencia, conjetura, sospecha, posibilidad, figuración, inferencia, cálculo || figurado, deducible, imaginario, presumible, admisible, aparente, problemático, gratuito, infundado, hipotético, teórico, tácito || SUPUESTO (POR) ciertamente, evidentemente, sin duda, indudablemente, lógicamente.

SUPURACIÓN flujo, humor, secreción, excreción, evacuación, derrame, mucosidad, llaga.

SUPURANTE purulento, piógeno, llagado, infectado, mucoso, repugnante.

SUPURAR sogrogar, evacuar, excretar, llagarse, infectarse.

SUPUTACIÓN cálculo, cómputo, recuento, cuenta, enumeración, operación.

SUPUTAR contar, computar, calcular, tantear, operar.

SUR sud, mediodía, austro, antártico, meridional.

SURAMERICANO * v. sudamericano.

SURCAR hender, cortar, navegar, avanzar, atravesar, enfilar, cruzar, caminar, andar || ahondar, cazar, labrar, asurcar, arar, laborear, roturar, romper.

SURCO estría, corte, ranura, cisura, muesca, rebajo, acanaladura, hendedura, raya, hueco || zanja, canalillo, excavación, cauce, conducto, aradura || estela, rastro, cuneta, huella, rodera, rodada, carril, carrilada, senda, sendero.

SUREÑO perteneciente, relativo al

sur, del sur, meridional, austral.
SURGIDERO ancladero, fondeadero v.
SURGIR brotar, manar, emerger, salir, aparecer, surtir, nacer, asomar, alumbrar, manifestarse, presentarse, levantarse, alzarse, revelarse, germinar, florecer, retoñar, arrojar.
SURIPANTA corista, figurante, comparsa || mujerzuela, mujeruca, mujer despreciable.
SURMENAGE * agotamiento, extenuación, postración, cansancio intelectual.
SURSUM CORDA arriba los corazones, ánimo, adelante.
SURSUNCORDA personaje, figurón, personalidad.
SURTIDO variado, abigarrado, completo, mezclado, diverso, distinto, diferente, múltiple, misceláneo, vario, dispar, desigual, heterogéneo || conjunto, colección, reunión, repertorio, muestras, muestrario, mezcla, miscelánea, variedad, diversidad, juego, grupo, combinación.
SURTIDOR chorro, vena, hilo, salida, fuente, efusión, evacuación, pérdida, ducha, agua, manantial || proveedor, suministrador, abastecedor v.
SURTIMIENTO v. surtido.
SURTIR proveer, suministrar, aprovisionar, abastecer, equipar, dotar, facilitar, guarnecer, prestar, racionar, servir, aviar, entregar, proporcionar, procurar, mandar, armar, distribuir, enviar, repartir, ofrecer || brotar, surgir, salir, perder, chorrear, fluir, saltar.
SURTO fondeado, atracado, anclado, recalado, amarrado, arribado, llegado.
SUS bajo, inferior, sub.
SUSCEPTIBILIDAD suspicacia, delicadeza, melindre, malicia, prevención, dificencia, barrunto, prejuicio, escrúpulo, escama, recelo, cuidado, reconcomio, sospecha, desconfianza, desengaño, conjetura, duda.
SUSCEPTIBLE suspicaz, malicioso, melindroso, delicado, quisquilloso, desconfiado, escamado, mosqueado, escrupuloso, difidente, desengañado, sospechoso, receloso, celoso, picajoso, cascarrabias, fastidioso || apto, dispuesto, capaz, apropiado, adecuado para.
SUSCITAR promover, originar, producir, ocasionar, motivar, influir, infundir, determinar, engendrar, levantar, causar, crear, acarrear.
SUSCRIBIR subscribir, firmar, rubricar, pactar, avenirse, convenir, abonar, avenirse, acceder, patrocinar, apoyar, obligarse, comprometerse, asentir || SUSCRIBIRSE abonarse, inscribirse, apuntarse, anotarse, registrarse.
SUSCRIPCIÓN subscripción, inscripción, anotación, registro, alta, contrato, convenio, obligación.
SUSCRITO v. suscritor || firmante, infrascrito, signatario, subscripto, contratante, compromisario, parte || inscrito, anotado, registrado.
SUSCRITOR subscriptor, suscriptor, abonado, inscrito, registrado, interesado, firmante, suscrito.
SUSO asuso, arriba, encima.
SUSODICHO sobredicho, antedicho, aludido, citado, mencionado, referido, nombrado, indicado.
SUSPENDER interrumpir, detener, parar, cancelar, impedir, atajar, limitar, frenar, obstaculizar, reprimir, romper, contener, paralizar, entorpecer, prohibir, retrasar, demorar, dilatar, estancar, inmovilizar || castigar, privar, penar, disciplinar, sancionar, separar, apartar, inhabilitar, multar, expulsar, invalidar, prohibir, excluir || reprobar, calabacear, desaprobar, eliminar, colgar, catear, escabechar, revolcar, dar calabazas || colgar, enganchar, mantener, guindar, levantar, pender, colocar, afirmar, fijar, ahorcar || maravillar, pasmar, aturdir, asombrar, enajenar, embelesar, embargar, admirar.
SUSPENDIDO eliminado, reprobado,

SUSPENSE

v. suspenso || interrumpido, castigado, colgado, maravillado, v. suspender.

Suspense * intriga, suspenso, incertidumbre, misterio, angustia, emoción.

Suspensión castigo, privación, disciplina, pena, sanción, separación, inhabilitación, multa, expulsión, invalidación, prohibición || interrupción, cancelación, paro, detención, contención, freno, limitación, dilatación, demora, retraso, prohibición, entorpecimiento, paralización, inmovilización || maravilla, pasmo, asombro, admiración, embeleso, enajenación, aturdimiento || ballestas, muelles, resortes, flejes || dilución, solución, líquido.

Suspenso reprobado, suspendido, cateado, calabaceado, revolcado, eliminado, desaprobado, colgado, escabechado || pasmado, maravillado, aturdido, enajenado, embelesado, admirado, asombrado, absorto, perplejo, confuso || Suspenso (En) detenido, interrumpido, parado, cancelado, v. suspender.

Suspensorio calzoncillos, vendaje, pantaloncito, taparrabos, calzones, prenda interior.

Suspicacia susceptibilidad, delicadeza, melindre, prevención, malicia, recelo, escama, escrúpulo, prejuicio, barrunto, dificencia, conjetura, desengaño, sospecha, desconfianza, reconcomio, cuidado, duda.

Suspicaz susceptible, melindroso, malicioso, quisquilloso, delicado, picajoso, dificente, escrupuloso, mosqueado, escamado, desconfiado, cascarrabias, receloso, celoso, sospechoso, desengañado, fastidioso, matrero.

Suspirado deseado, anhelado, ansiado, apetecido, v. suspirar.

Suspirar apetecer, desear, anhelar, ansiar, querer, pretender, ambicionar, codiciar, esperar, antojarse, recordar, evocar || espirar, respirar, exhalar, alentar, soplar, echar, inspirar, bostezar, quejarse, lamentarse, afligirse, apenarse.

Suspiro espiración, exhalación, soplo, jadeo, inspiración, respiración, gemido, lamento, sollozo, bostezo, quejido.

Sustancia substancia, elemento, constituyente, componente, ingrediente, materia, material, potingue, principio, factor, compuesto || caldo, zumo, extracto, néctar, concentrado, jugo || ser, esencia, entidad, materia, principio, naturaleza, enjundia, meollo, quid, médula, espíritu, fondo, alma, importancia, trascendencia, propiedad, carácter, cualidad, valor.

Sustancial substancial, esencial, importante, principal, trascendente, valioso, básico, fundamental || inherente, natural, propio, intrínseco, innato, nativo, ingénito, consubstancial, inseparable.

Sustancialmente substancialmente, esencialmente, principalmente, trascendentalmente, v. sustancial.

Sustanciar substanciar, extractar, compendiar, extraer, resumir, reducir.

Sustancioso substancioso, suculento, alimenticio, sabroso, exquisito, nutritivo, jugoso, caldoso, concentrado, fuerte || enjundioso, importante, trascendente, valioso, interesante, básico, v. substancial.

Sustantivo substantivo, nombre || real, independiente, individual, propio, característico, inherente, intrínseco, innato, inseparable, ingénito.

Sustentable defendible, sostenible, razonable.

Sustentación v. sustentáculo.

Sustentáculo soporte, sustentación, apoyo, puntal, viga, pilar, cimiento, base, columna, entibo, arbotante, respaldo, estribo, pilastra, cuña, pata, tarugo, poste, sostén.

Sustentamiento v. sustento.

Sustentar soportar, sostener, apoyar, aguantar, apuntalar, respaldar, sujetar, afirmar, reforzar, consolidar || mantener, afirmar, defender, amparar, propugnar, abogar, justificar, favorecer || nutrir, alimentar, criar, mantener.

Sustento alimento, manutención, sostén, comida, yantar, pitanza, nutriente, comestibles, subsistencia, manduca, manducatoria, colación || apoyo, v. sostén.

Sustitución substitución, suplantación, relevo, cambio, reemplazo, renuevo, mudanza, permuta, canje, muda, novedad, interinidad, suplencia, representación, sucesión, herencia, trueque, delegación.

Sustituible substituible, cambiable, reemplazable, canjeable, mudable, permutable.

Sustituir substituir, relevar, reemplazar, cambiar, suplantar, mudar, suceder, suplir, renovar, trocar, permutar, canjear, remediar, delegar, representar, heredar.

Sustitutivo substitutivo, sucedáneo, similar, parecido, reemplazante, v. sustituto.

Sustituto substituto, reemplazante, suplente, relevo, sucesor, delegado, auxiliar, interino, apoderado, representante, transeúnte, accidental, suplefaltas, suplantador, esquirol, lugarteniente, pasante, sucedáneo, sustitutivo v.

Susto impresión, alarma, emoción, sobrecogimiento, escalofrío, sobresalto, estremecimiento, sorpresa, alteración, temor, miedo, conmoción, agitación, temblor, pavor, horror, terror, pavura, pánico, julepe, cerote, canguelo, pusilanimidad, cobardía, angustia, preocupación.

Sustracción substracción, resta, diferencia, disminución, resultado, operación, separación, descuento, remoción, exclusión, cuenta, cálculo || robo, hurto, timo, escamoteo, despojo, rapiña, usurpación, depredación, expoliación, merma, sisa, desfalco.

Sustraer substraer, restar, disminuir, operar, descontar, calcular, contar, excluir, apartar, remover || quitar, despojar, robar, hurtar, expoliar, mermar, desfalcar, sisar, usurpar, rapiñar, escamotear, timar || Sustraerse eludir, evitar, apartarse, esquivar, soslayar, rehuir, hurtarse, prevenir, salvar, escapar, obviar.

Susurrante murmurante, cuchicheante, cuchicheador, bisbiseante, bisbiseador, balbuciente, musitante, runruneador, suave, leve, tenue, rumoroso, apacible.

Susurrar cuchichear, murmurar, bisbisear, balbucear, musitar, rumorear, runrunear, mascullar, farfullar, sisear, balbucir || sonar, decirse, correrse, divulgarse, trascender.

Susurro rumor, cuchicheo, murmullo, bisbiseo, balbuceo, runrún, secreto, silbido.

Susurrón v. murmurador.

Sutil agudo, perspicaz, ingenioso, penetrante, sagaz, vivaz, astuto, inteligente, clarividente, avispado, ladino, lince, intuitivo, lúcido, refinado, fino, cruel, taimado, diabólico v. || vaporoso, tenue, fino, menudo, delicado, exquisito, etéreo, gracioso, delgado.

Sutileza ironía, ingeniosidad, agudeza, salida, ocurrencia, cinismo, humorada, sarcasmo, sátira, mordacidad, retintín, causticidad, chanza, socarronería, puya, broma, zumba, paradoja, sofisma || finura, delicadeza, exquisitez, vaporosidad, delgadez, gracia.

Sutilidad v. sutileza.

Sutilizar ironizar, bromear, punzar || alambicar, discurrir, profundizar, detallar, analizar, escudriñar, sofisticar || adelgazar, afinar, limar, pulir.

Sutura costura, costurón, cicatriz, juntura, cosido, puntada, unión.

Svástica cruz gamada, signo, símbolo, alegoría, diagrama.

Sweter * v. jersey.

Symposium * v. simposio.

T

Taba astrágalo hueso, huesecillo, saca, carnicol, taquín.

Tabaco hebra, picadura, cigarro, hoja, polvillo, rapé.

Tabalear tamborear, tocar, resonar, golpear con los dedos, percutir.

Tabaleo tamboreo, percusión, golpeteo, toque, sonido.

Tabanazo bofetada, v. sopapo.

Tábano moscardón, moscón, rezno, estro, tsetsé, insecto, díptero, bicho.

Tabaquera petaca, pitillera, cigarrera, cajetilla, estuche.

Tabaquería cigarrería, estanco, tabacalera, expendeduría, establecimiento.

Tabaquero estanquero, cigarrero, tabacalero.

Tabaquismo intoxicación, envenenamiento, afección, padecimiento, dolencia, abuso del tabaco.

Tabardillo alocado, bullicioso, aturdido, pesado, molesto, fastidioso || insolación, acaloramiento || tifus, fiebre grave, enfermedad contagiosa, infección.

Tabardo gabán, abrigo, zamarra || ropón, dalmática, librea, manto, veste.

Tabarra lata, matraca, pesadez, molestia, fastidio, joroba, chinchorrería, monserga, pejiguera, rollo.

Taberna tasca, cantina, bodega, bar, bodegón, pulpería, vinatería, tugurio, figón, fonda v.

Tabernáculo sagrario, trono, altar, sanctasanctórum, retablo.

Tabernario ordinario, grosero, rastrero, bajo, vil, soez, villano, basto.

Tabernera v. tabernero.

Tabernero cantinero, bodeguero, vinatero, tasquero, pulpero, catavinos.

Tabicar cerrar, tapar, separar, alzar, levantar, emparedar, tapiar, vallar, cercar.

Tabique pared, medianera, lienzo, muro, papel, mamparo, valla, cercado, antepecho, cortafuego, división, tapia, parapeto.

Tabla plancha, tablón, madera, madero, chapa, lámina, larguero, tablero, tableta, tablilla, traviesa, puntal, viga, leño, poste, tirante, listón, tarugo, pilar, pieza || mesa, mostrador, anaquel, plúteo, estante || cuadro, enumeración, relación, lista, catálogo, índice || Tablas empate, igualamiento, paridad, igualdad, equilibrio.

Tablado entarimado, estrado, tarima, escenario, peana, tinglado, andamio, plataforma, tribuna, grada, armazón, palco, cadalso, palenque, v. tablazón.

Tablaje v. tablazón.

Tablajería carnicería, casquería, carnecería, chacinería, fiambrería, tienda, puesto.

Tablajero carnicero, casquero, comerciante, tendero.

Tablazón andamiaje, maderamen, armazón, tablaje, maderaje, andamio, armadura, entramado, entibación, viguería, artesonado, recubrimiento, v. tablado.

Tablero casillero, v. tabla.
Tableta pastilla, comprimido, gragea, píldora, oblea || tablilla, v. tabla.
Tabletear entrechocar, castañetear, repiquetear, chasquear, resonar.
Tableteo castañeteo, repiqueteo, chasquido, sonido.
Tablilla v. tabla.
Tablón madero, madera, viga, traviesa, puntal, poste, tirante, listón, tarugo, pilar, leño, tronco, refuerzo, pilastra, larguero.
Tabú prohibición, precepto, veto, oposición, impedimento, obstáculo, negativa.
Tabuco cuchitril, tugurio, cuartucho, zahurda, chiribitil, buhardilla, covacha, cubículo, pieza, cuarto pequeño.
Taburete escabel, banquillo, banqueta, peana, escaño, tarima, silletín, asiento, alzapiés, silla.
Taca borrón, mácula, manchón, mancha v.
Tacañear v. mezquinar.
Tacañería cicatería, mezquindad, avaricia, sordidez, miseria, ruindad, usura, interés, egoísmo, economía, roñosería, estrechez, parquedad, ahorro.
Tacaño mezquino, avaro, miserable, sórdido, cicatero, roñoso, estrecho, económico, egoísta, interesado, usurero, ruin, ahorrativo, parco, cutre, avariento.
Tacar manchar, tiznar, marcar, emborronar.
Tácitamente implícitamente, virtualmente, supuestamente, v. tácito.
Tácito implícito, virtual, supuesto, sobrentendido, comprendido, expreso, entendido, contenido, incluido, manifiesto, omiso || silencioso, callado, sigiloso.
Taciturnidad melancolía, tristeza, pesadumbre, hipocondría, cuita, retraimiento, silencio, reserva.
Taciturno huraño, silencioso, reservado, retraído, callado, melancólico, hipocondríaco, apesadumbrado, triste, cuitado, tétrico, hosco, ceñudo, intratable.

Taco cuña, tarugo, tapón, corcho, zoquete, madero, bloque, trozo, pedazo || vara, baqueta, canuto, bastón, palo || lío, embrollo, enredo, atasco, obstáculo || maldición, reniego, blasfemia, juramento, terno, invectiva, pestes, palabrota, barbaridad.
Tacón pieza, soporte, talón, suela.
Taconazo golpe, pisotón, patada, taconeo, pisada, paso, talonazo.
Taconear pisar, pisotear, golpear, repiquetear, zapatear.
Taconeo zapateo, zapateado, pisoteo, repiqueteo, ruido, pisada.
Táctica método, procedimiento, estrategia, sistema, fin, propósito, práctica, plan, regla, ordenanza, arte, maniobra, habilidad, operación militar.
Táctico estratégico, metódico, operativo, hábil, práctico, sistemático, calculado || estratega, militar, guerrero.
Tacto sensación, sentido, percepción, impresión || toque, tiento, manoseo, sobo, rozamiento, palpadura, cosquilleo || mesura, diplomacia, circunspección, delicadeza, discreción, miramiento, cautela, tino.
Tacha falta, defecto, lacra, falla, vicio, pero, sombra, inconveniente, lunar, mancha, mácula, borrón, mota, imperfección, anomalía, carencia, tara.
Tachadura raya, tachón, corrección, anulación, supresión, tilde, trazo, línea, rasgo, enmienda, borrón, raspadura.
Tachar rayar, trazar, anular, corregir, suprimir, tildar, raspar, borrar, eliminar || censurar, criticar, reprochar, recriminar, inculpar, vituperar.
Tachón v. tachadura.
Tachonar adornar, engalanar, clavetear.
Tachonado * sembrado, cubierto, recamado, adornado.
Tachuela tachón, clavo, chinche, clavete.
Tafanario posaderas, asentaderas, nalgatorio, nalgas, culo, trasero, antifonario, pompis.

Tafetán tela, seda, glasé.
Tafilete cuero, piel, cordobán.
Tagarnina veguero, puro, habano, tabaco, cigarro muy malo.
Tagarote escribiente, pendolista, pasante v.
Tahalí correa, tira, banda, cinto, tiracuello, charpa, talabarte.
Taheño barbitaheño, pelirrojo, rojizo.
Tahona panadería, horno, elaboración, venta de pan.
Tahúr jugador, fullero, garitero, ventajista, tramposo, embaucador, timbero, matutero, cuco.
Tahurería timba, garito, matute, fullería, antro, leonera, casa de juego.
Taifa hampa, gentuza, chusma, caterva, partida || parcialidad, bandería, favoritismo.
Taiga bosque, monte, selva v.
Tailleur * sastre v.
Taimado disimulado, ladino, avisado, marrullero, zorro, tuno, pillo, perillán, hipócrita, astuto, sagaz, tunante, bribón, artero, sutil, pérfido, calculador.
Taimería disimulo, marrullería, astucia, perfidia, sutileza, malicia, picardía, hipocresía.
Tajada rebanada, loncha, lonja, corte, rueda, pedazo, trozo, porción, parte, raja, sección || curda, embriaguez, mona, merluza, tranca, moña, borrachera v. || ventaja, beneficio, provecho, lucro, gajes.
Tajadura v. tajo.
Tajamar roda, proa, espolón, listón, tablón.
Tajante seco, enérgico, autoritario, firme, incisivo, cortante, concreto, brusco, rudo, lacónico, destemplado.
Tajar partir, cortar, seccionar, dividir, segar, rebanar, rajar, abrir.
Tajo corte, sección, división, tajadura, incisión, cercenamiento, muesca, escotadura, herida, hendidura, chirlo, sajadura, cortadura, cuchillada, sablazo, mandoble || talud, precipicio, escarpadura, abismo, sima || trabajo,
tarea, labor, faena || filo, corte, borde, punta, hoja, lámina.
Tala poda, corta, desmoche, podadura, escamonda, cercenamiento, acopadura.
Talabarte cinto, cinturón, correa, tahalí, pretina.
Talabartería guarnicionería, marroquinería, taller, tienda.
Taladrador perforador, escariador, excavador, agujereador, barrena, v. taladro.
Taladrar horadar, agujerear, perforar, barrenar, calar, punzar, atravesar, avellanar, trepanar, fresar, apolillar, ahondar, extraer, excavar, profundizar, investigar, sondear, zapar || ensordecer, atronar, herir los oídos.
Taladro barrena, escariador, perforador, sonda, lezna, punzón, trépano, fresa, broca, sacabocados, herramienta, berbiquí || orificio, abertura, boca, agujero, perforación, ojal.
Tálamo lecho, cama, yacija, catre.
Talanquera barrera, valla, pared, defensa, refugio.
Talante disposición, humor, ánimo, temperamento, índole, modo, cariz, aspecto, forma, estilo, deseo, antojo, voluntad.
Talar podar, cortar, segar, tajar, desmochar, escamondar, cercenar || devastar, arrasar, arruinar, destruir, asolar.
Talega morral, talego, bolsa, zurrón, fardel, saco, alforja, mochila, macuto, costal, bulto.
Talegazo costalada, porrazo v.
Talego v. talega.
Taleguilla calzón, pantalón de torero.
Talento inteligencia, juicio, entendimiento, cacumen, intelecto, agudeza, perspicacia, comprensión, penetración, cabeza, entendederas, cerebro, lucidez, capacidad, sutileza, mente, clarividencia, ingenio, razón, meollo, sesos, discernimiento, percepción, chispa, genio, tino, sagacidad.
Talentoso perspicaz, agudo, inteligente, penetrante, clarividente, sutil, capaz, lúcido, ingenioso,

TALENTUDO sesudo, sagaz, genial, talentudo, diestro, despabilado, sutil.

TALENTUDO v. talentoso.

TALIÓN pena, castigo, represalia, desquite, venganza, ojo por ojo, diente por diente.

TALISMÁN amuleto, fetiche, ídolo, reliquia, imagen, figura, objeto, medalla, higa, abracadabra, candorga, filacteria, grisgrís, superstición.

TALÓN calcañar, calcaño, planta, tarso, prominencia, pulpejo, mollar || cheque, libranza, bono, vale, resguardo, cupón, papeleta, descargo, justificante, acuse, boleta.

TALONARIO libreta, librillo, bloque, cartilla, cuaderno.

TALONAZO talonada, golpe, estímulo.

TALUD rampa, declive, cuesta, repecho, desnivel, caída, depresión, vertiente, escarpa, paramento, desplome.

TALLA escultura, estatua, figura, entalladura, monumento, bajo relieve, efigie de madera || estatura, altura, medida, alzada, dimensión, corpulencia, alto.

TALLADO esculpido, entallado, trabajado, grabado, labrado, repujado, v. tallar || escultura, v. talla.

TALLAR cincelar, esculpir, labrar, trabajar, grabar, repujar, bocelar, entallar, burilar, punzonar, cortar, modelar, crear, plasmar || medir, marcar, comprobar, determinar, comparar.

TALLARÍN pasta, fideo, macarrón.

TALLE disposición, proporción, traza, apariencia, hechura, aspecto, conformación || cintura, cinto, parte estrecha.

TALLER estudio, obrador, manufactura, laboratorio, obraje, fábrica, local, nave, dependencia.

TALLISTA escultor, imaginero, cincelador, grabador, modelador, decorador, estatuario, artífice, artista.

TALLO troncho, tronco, maslo, vástago, renuevo, retoño, brote, pella || fuste, estípite, mástil.

TALLUDO maduro, pasado, veterano, avejentado, avezado, curtido, mayor, jamona || alto, grande, corpulento, crecido, desarrollado, espigado.

TAMAÑITO corrido, confuso, avergonzado, achicado, turulato, confundido.

TAMAÑO volumen, medida, dimensión, extensión, longitud, proporción, magnitud, grosor, capacidad, calibre, envergadura, ancho, espesor, cuerpo, corpulencia, profundidad, altura, superficie || grande, enorme, gigantesco v. || pequeño, diminuto, minúsculo v.

TAMBALEANTE vacilante, bamboleante, oscilante, basculante, inseguro, fluctuante, inestable.

TAMBALEARSE bambolearse, oscilar, bascular, vacilar, fluctuar, moverse, menearse, cojear, cabecear, inclinarse, trastabillar, tropezar.

TAMBALEO fluctuación, bamboleo, meneo, movimiento, cabeceo, inclinación, vaivén, tropezón.

TAMBIÉN asimismo, igualmente, además, aún, todavía, incluso, de igual forma, del mismo modo.

TAMBOR timbal, atabal, caja, parche, tamboril, bombo, pandero, tímpano, bordón, instrumento de percusión || cilindro, aro, rollo, tubo, rodillo, caño, eje, tamiz.

TAMBOREAR tabalear, repicar, tamborilear, redoblar.

TAMBORIL v. tambor.

TAMBORILADA v. tamborileo.

TAMBORILEAR v. tamborear.

TAMBORILEO repiqueteo, tabaleo, sonido, percusión, tamboreo, tamborilada, redoble, toque, rataplán.

TAMIZ cedazo, criba, cernedor, zaranda, cernedero, torno, tambor, cándara, garbillo, harnero, colador.

TAMIZAR cribar, pasar, cerner, zarandear, colar, limpiar.

TAMO borra, pelusa, vello, lanilla, hebra, guata, pelo, residuo, polvo.

TAMPOCO nones, nada, no, nunca.

Tampón almohadilla, útil, adminículo.

Tan tanto, así de.

Tanda turno, vuelta, vez, alternativa, período, ciclo, rueda, sucesión || grupo, partida, reunión, conglomerado, corro, corrillo, racimo, cuadrilla, caterva, número, conjunto, cantidad.

Tangente contiguo, tocante, lindante, rayano, adyacente, confinante, pegado, conexo, conectado.

Tangible concreto, real, palpable, perceptible, material, manifiesto, evidente, positivo, cierto, asequible, sensible, palmario, notorio, paladino.

Tanque depósito, cuba, receptáculo, recipiente, vasija, aljibe, pozo || carro de asalto, vehículo blindado, carro acorazado, carro de combate.

Tantán batintín, disco, campana.

Tantear sondear, examinar, explorar, probar, pulsar, intentar, ensayar, averiguar, medir, comparar, carear, calcular, reconocer, catar || palpar, tocar, tentar, rozar.

Tanteo prueba, examen, sondeo, exploración, cálculo, careo, comparación, medida, averiguación, ensayo, intento, tentativa || tantos, tanteador, puntos, puntuación.

Tanto cantidad, número, total, proporción, punto, baza, unidad || **Tantos** puntos, puntuación, tanteo, tanteador, aciertos, dianas, centros.

Tañer pulsar, tocar, rasguear, puntear, herir, rascar, acariciar, repicar, doblar, sonar.

Tañido redoble, repique, son, sonido, campaneo, volteo, rebato, rasguco, toque, pulsación.

Tapa cubierta, tapadera, chapa, cobertera, tapón, cápsula, válvula, obturador, cierre, casquete, recubrimiento, funda, plancha.

Tapaboca mentís, negativa, repulsa, desmentida, denegación, contestación, respuesta.

Tapadera v. tapa.

Tapadillo (De) disimuladamente, reservadamente, ocultamente, a escondidas.

Tapado oculto, cerrado, obstruido, v. tapar.

Tapadura tapamiento, cierre, cerramiento, v. obstrucción.

Tapar cubrir, arropar, envolver, abrigar, liar, embozar, vestir, tapujar, encasquetar, resguardar, rebozar, revestir, poner, forrar, entoldar, recubrir || esconder, ocultar, disimular, disfrazar, velar, guardar, encubrir, fingir, desfigurar, silenciar, callar || cerrar, interceptar, impedir, tapiar, tupir, atorar, atascar, obstruir, obturar, taponar, cegar, sellar, atarugar.

Taparrabo calzón, calzoncillo, suspensorio, calzas, tela, trapo, traje de baño.

Tapete alfombrilla, cubierta, trapo, paño.

Tapia muro, pared, paredón, tabique, medianera, lienzo, panel, muralla, parapeto, mamparo, antepecho, cortafuego, fábrica, cerca, valla, obra, tapial.

Tapiar cerrar, emparedar, enladrillar, obturar, obstruir, cerrar, cegar, sellar.

Tapicería colgaduras, cortinajes, alfombras, reposteros, cortinas, paños, forros, recubrimientos, tapetes.

Tapicero guarnecedor, pasamanista, operario, artesano, decorador, alfombrista.

Tapioca fécula, harina, sopa.

Tapiz colgadura, repostero, guarnición, alfombra, paño, cortina, recubrimiento, paramento, toldo, palio, tapicería.

Tapizado forrado, v. tapizar.

Tapizar forrar, recubrir, cubrir, revestir, guarnecer, acolchar, enguatar, enfundar, proteger, preservar.

Tapón corcho, espiche, taco, tarugo, obturador, cierre, tapa, burlete || v. taponamiento.

Taponamiento obstrucción, atarugamiento, atasco, embotellamiento, atoramiento, obstáculo, en-

Taponar torpecimiento, cierre, interrupción, tapón.

Taponar obturar, cerrar, tapar, cegar, sellar, interceptar, atarugar, obstruir, atascar, atorar, tupir, tapiar, obstaculizar, entorpecer.

Taponazo chasquido, ruido, detonación, golpe, estruendo.

Tapujarse embozarse, cubrirse, arrebujarse, arroparse, v. tapar.

Tapujo engaño, disimulo, simulación, componenda, astucia, pretexto, cuento, mentira, apaño || embozo, cuello, rebozo, vuelta, disfraz, capa.

Taquicardia frecuencia, aceleración, rapidez cardíaca.

Taquígrafa estenógrafa, taquimecanógrafa, secretaria, empleada, auxiliar.

Taquigrafía estenografía, escritura abreviada, estenotipia.

Taquigráficamente abreviadamente, reducidamente, rápidamente, velozmente.

Taquigráfico abreviado, reducido, veloz, rápido.

Taquígrafo v. taquígrafa.

Taquilla despacho, casilla, garita, quiosco, puesto, cabina, ventanilla.

Taquillero empleado, funcionario, vendedor, encargado, agente.

Taquimecanógrafa secretaria, v. taquígrafa, v. mecanógrafa.

Taquín taba, astrágalo.

Tara peso, descuento, reducción, envase || **Tara** * estigma, degeneración, defecto, lacra, falla, vicio, mácula, lunar, anomalía, trastorno, herencia.

Tarabilla listón, palito, varilla || parlanchín, charlatán, atolondrado.

Taracea marquetería, embutido, labor, trabajo, damasquinado, mosaico, incrustación, filigrana.

Taracear embutir, incrustar, damasquinar, trabajar, labrar, filetear.

Tarado * degenerado v.

Tarambana aturdido, imprudente, ligero, zascandil, trasto, distraído, botarate, alocado, ligero, calavera, frívolo, informal, atronado, bala perdida.

Tarántula araña, arácnido, artrópodo, sabandija, bicho.

Tararear canturrear, salmodiar, entonar, mosconear, zumbar, cantar a media voz.

Tarareo canturreo, mosconeo, entonación, zumbido, canto a media voz.

Tararira algazara, bulla, alboroto, chanza, jaleo.

Tarasca monstruo, coco, gomia, serpiente || mujer fea, descarada, verdulera, rabisalera.

Tarascada mordedura, dentellada, mordisco, bocado || grosería, réplica, tosquedad, barbaridad, desaire, ofensa.

Tarascar morder, herir, dentellar, atacar.

Tarazar mortificar, importunar, molestar v.

Tardanza demora, retraso, dilación, prórroga, aplazamiento, morosidad, atraso, remisión, lentitud, espera, parsimonia, calma, cachaza, pachorra, premiosidad, detención.

Tardar demorar, retrasar, detener, aplazar, dilatar, esperar, atrasar, rezagarse, diferir, prorrogar, parar, detenerse, eternizarse.

Tarde víspera, siesta, obscurecer, oración, crepúsculo, anochecer || lentamente, morosamente, retrasadamente, perezosamente, tardíamente, pausadamente, a deshora, a última hora, a hora avanzada.

Tardecita crepúsculo, anochecer, oración, obscurecer.

Tardíamente v. tarde.

Tardío lento, retardado, moroso, remiso, pesado, pausado, cachazudo, tardo, calmoso, roncero, pachorrudo || inoportuno, intempestivo, inadecuado, extemporáneo.

Tardo v. tardío || torpe, negado, zoquete, gaznápiro, obtuso, zopenco, bobo, tonto v.

Tardón informal, inobservante, moroso, v. tardío.

Tarea labor, trabajo, faena, ocupación, función, cuidado, misión, afán, deber, quehacer, obra, trajín, fajina, operación, empresa, cometido.

Tarifa lista, tasa, tabla, arancel, catálogo, índice, relación, coste, costo, precio, importe, valor, derechos, honorarios.

Tarifar valorar, tasar, evaluar, justipreciar.

Tarima entarimado, estrado, tablado, peana, plataforma, tribuna, grada, armazón, palenque, tinglado, andamiaje, maderamen, pedestal, maderaje.

Tarja escudo, rodela, adarga, broquel, pavés || porrazo, golpe, azote, golpazo.

Tarjeta ficha, cédula, cartulina, papeleta, postal, rótulo, membrete, invitación, etiqueta.

Tarquín légamo, cieno, barro, fango, lodo, pecina, limo, roboño.

Tarro bote, lata, pote, recipiente, envase, receptáculo, frasco, vaso, taza.

Tarso talón, calcañar, planta.

Tarta pastel, torta, budín, masa, pasta, dulce, golosina, bizcocho.

Tartajear v. tartamudear.

Tartajeo v. tartamudeo.

Tartajoso v. tartamudo.

Tartamudear tartajear, farfullar, balbucear, balbucir, barbotar, mascullar, chapurrear, murmurar, musitar, gangosear, pronunciar mal, articular deficientemente || azorarse, aturullarse, embarazarse, apabullarse, ofuscarse, vacilar.

Tartamudeo tartajeo, tartamudez, gangoseo, balbuceo, chapurreo, mala pronunciación, articulación deficiente || ofuscación, vacilación, azoramiento, embarazo, nerviosidad.

Tartamudez v. tartamudeo.

Tartamudo tartajoso, tartaja, gangoso, entrecortado, balbuciente, estropajoso, tato, zazo, farfalloso, chapurreante, azorado, apabullado, nervioso, ofuscado, vacilante.

Tartana carruaje, coche, carricoche, calesa.

Tártaro averno, báratro, infierno, abismo, orco, antenora, condenación || mogol, asiático, mongol.

Tartera cacerola, fiambrera, portaviandas, recipiente, bote.

Tartufo * hipócrita, falso, tramposo, artero, disimulado.

Tarugo taco, cuña, tapón, pieza, zoquete, bloque, trozo, pedazo, clavija, traba, coda, adoquín, ladrillo, leño.

Tarumba (Volver) atontar, confundir, atolondrar, marear, embrollar.

Tasa tarifa, canon, arancel, derecho, valoración, valor, precio, valía, costo, coste, emolumentos, honorarios, carga, arbitrio, impuesto, contribución || v. tasación.

Tasación evaluación, justiprecio, valoración, apreciación, cálculo, estimación, valor, ajuste, tanteo || v. tasa.

Tasajo cecina, salazón, carnaje, mojama, adobo, carne curada, ahumada.

Tasar valorar, evaluar, justipreciar, calcular, apreciar, estimar, tantear, ajustar, establecer, determinar || distribuir, repartir, restringir, reducir, escatimar, economizar, ahorrar, regatear, privar, quitar, limitar, reservar.

Tasca taberna, bodegón, figón, cantina, bodega, fonda, tugurio, vinatería.

Tascar mordisquear, morder, dentellar, triturar, roer, masticar.

Tata niñera, aya, nodriza || padre, papá, progenitor.

Tatarabuelo rebisabuelo, tercer abuelo.

Tataranieto rebisnieto, tercer nieto.

¡Tate! ¡alto!, ¡detente!, ¡espera!, ¡despacio!, ¡vaya!, ¡caramba!

Tato v. tartamudo.

Tatuaje dibujo, grabado, figura, marca, señal en la piel.

Tatuar grabar, marcar, dibujar, colorear, señalar en la piel.

Taumaturgia prodigio, sortilegio, alquimia, milagro, hechizo, encantamiento, magia v.

TAUMATÚRGICO prodigioso, milagroso, nigromántico, misterioso, sobrenatural, fantástico, extraordinario.

TAUMATURGO hechicero, encantador, santón, alquimista, ocultista, cabalista, vidente, médium, adivino, nigromante, mago v.

TAURINO taurómaco, torero, tauromáquico, taurófilo, de la corrida, de los toros.

TAUROMAQUIA corrida, toros, lidia, encierro, capea, tienta, novillada, becerrada, lid, fiesta, espectáculo, arte.

TAXATIVAMENTE expresamente, precisamente, específicamente, concluyentemente, v. taxativo.

TAXATIVO expreso, preciso, concluyente, específico, determinado, limitado, circunscrito, especial, concreto, categórico.

TAXI taxímetro, coche, automóvil, vehículo, auto de alquiler.

TAXIDERMIA disección, embalsamamiento, conservación, preservación, momificación, preparación.

TAXIDERMISTA embalsamador, disecador, preparador, preservador, experto.

TAXÍMETRO contador, medidor, artefacto, aparato || v. taxi.

TAXISTA chófer, conductor, cochero, automovilista.

TAZA tazón, pocillo, jícara, vaso, jarro, jarra, vasija, salserilla, tacita, recipiente, receptáculo.

TÉ infusión, bebida, tisana, cocción, cocimiento, brebaje, extracto || manzanilla, hoja, planta, mate.

TEA antorcha, hacha, hachón, blandón, hacho, candela, cirio.

TEAM * equipo, conjunto, bando, jugadores.

TEA-ROOM * salón de té.

TEATRAL escénico, dramático, histriónico, cómico, trágico, tragicómico, melodramático, sainetesco, fingido, aparatoso, simulado, afectado, artificial.

TEATRALIDAD melodrama, comedia, tragicomedia, drama, sainete, teatro, aparatosidad, simulación, afectación, fingimiento, farsa, impostura.

TEATRALMENTE aparatosamente, simuladamente, artificialmente, v. teatral.

TEATRO coliseo, salón, sala, escena, escenario, tablas, candilejas, farándula, dramática, dramaturgia, representación, función || v. teatralidad.

TEBEO * revista, publicación, semanario infantil, de historietas, de caricaturas.

TECLA pulsador, clavija, botón, palanca, llave, pieza, listoncito.

TECLADO clavijas, pulsadores, v. tecla.

TECLEAR pulsar, tocar, presionar, apretar, escribir, mecanografiar, imprimir, grabar || ensayar, intentar, probar, tantear.

TECLEO pulsación, toque, presión, escritura, mecanografía, repiqueteo.

TÉCNICA procedimiento, norma, método, sistema, modo, práctica, regla, ciencia, arte, actuación, industria, capacidad, pericia, habilidad, maña, destreza, tecnología.

TÉCNICO experto, perito, práctico, hábil, entendido, científico, especialista, profesional, erudito, experimentado, mecánico, especializado, tecnólogo, industrializado.

TECNOLOGÍA v. técnica.

TECNOLÓGICO mecánico, industrializado, científico, especializado, v. técnico.

TECTÓNICO geológico, terrestre, telúrico.

TECHADO v. techo.

TECHAR tapar, cubrir, cerrar, colocar, poner, revestir, resguardar, forrar, entoldar, recubrir, artesonar, tejar.

TECHO tejado, techumbre, techado, cobertizo, cubierta, cielo raso, azotea, sobradillo, marquesina, cúpula, bóveda || hogar, morada, casa, domicilio, habitación, cobijo, amparo.

TECHUMBRE v. techo.

TEDÉUM cántico, gracias, agradecimiento, gratitud, reconocimiento, preces, ceremonia, oficios.

TEDIO fastidio, aburrimiento, cansancio, hastío, molestia, irritación, desgana, malhumor, disgusto, empalago, aversión, indiferencia, monotonía, rutina, lata, saciedad, saturación.

TEDIOSO aburrido, fastidioso, irritante, molesto, cansador, empalagoso, indiferente, monótono, rutinario, estomagante, soporífero, latoso, enfadoso, pesado, cargante.

TEENAGER * adolescente, v. muchacho.

TEGUMENTO membrana, tejido, recubrimiento, telilla, capa, binza, túnica, cápsula, película, epitelio, pellejo, cutícula, revestimiento.

TEJA pizarra, pieza, recubrimiento, revestimiento, cubierta, bocateja, roblón, álabe.

TEJADO techo, techumbre, cobertizo, cubierta, revestimiento, techado, bóveda, cúpula, marquesina, sobradillo, azotea, cielo raso.

TEJAR v. techar || tejera, tejería, ladrillería, taller.

TEJAROZ alero, socarrén, rafe, alar, saliente.

TEJEDOR artesano, operario, urdidor, tramador, mallero.

TEJEMANEJE enredo, intriga, trampa, lío, maquinación, cuento, engaño, fraude.

TEJER trenzar, entrelazar, mallar, tramar, urdir, cruzar, hilar, plegar, orillar, elaborar, fabricar.

TEJERA tejar, tejería, ladrillería, taller.

TEJIDO paño, tela, lienzo, género, trapo, casimir, estambre, lana, fieltro, tapiz, alfombra, punto, malla, urdimbre, textura, trama, trenza, rejilla, ganchillo, red, encaje, bordado, calado || tegumento, túnica, capa, película, epitelio, revestimiento, carne, músculo, estroma, conjunto celular.

TEJO chito, canto, teja, trozo.

TELA v. tejido || telilla, película, binza, capa, revestimiento, recubrimiento, tejido, tegumento || asunto, tema, motivo, cuento, objeto, materia.

TELAR aparato, máquina, artefacto para tejer.

TELARAÑA tela, tejido, malla, red.

TELECOMUNICACIÓN comunicación telegráfica, telefónica, radiotelegráfica, servicio público.

TELEFÉRICO transporte por cable, transbordador, funicular, cabina, telesilla, telesquí.

TELEFONEAR llamar, hablar, marcar, comunicarse, establecer comunicación.

TELEFONISTA operadora, empleada, funcionaria, encargada del servicio.

TELEFONAZO * llamada, conferencia, comunicación, conversación telefónica.

TELÉFONO aparato, auricular, hilo conductor, hilo telefónico.

TELEGRAFIAR despachar, comunicar, enviar, mandar.

TELEGRÁFICO rápido, veloz, urgente, escueto, resumido, breve, sucinto.

TELEGRAFISTA operador, radiotelegrafista, técnico, perito, funcionario.

TELÉGRAFO telecomunicación, comunicación telegráfica, servicio público, hilo conductor, receptor, transmisor.

TELEGRAMA despacho, mensaje, cable, comunicado, comunicación, nota, parte, cablegrama, radiograma, circular, misiva.

TELEPATÍA transmisión del pensamiento, percepción extrasensorial.

TELESCOPIO anteojo, ecuatorial, reflector, refractor.

TELESPECTADORES * televidentes, auditorio, escuchas de televisión.

TELESQUÍ telesilla, v. teleférico.

TELEVIDENTES * v. telespectadores.

TELEVISAR transmitir, emitir, reproducir imágenes.

TELEVISIÓN transmisión, reproducción de imágenes.

TELEVISOR aparato, receptor de televisión.

Telilla v. tela.
Telón cortina, cortinaje, cortinón, bastidor, decorado, lienzo, forillo.
Telúrico terrestre, terreno, terrenal, planetario, geológico, físico, tectónico.
Tema materia, asunto, motivo, argumento, cuestión, razón, tesis, trama, programa, esquema, fondo sujeto, proposición, texto, expediente, cosa, negocio || obstinación, tozudez, porfía, oposición.
Tembladal pantano, ciénaga, marisma, fangal, tremedal, lodazal.
Temblar estremecerse, trepidar, vibrar, temblequear, tiritar, sacudirse, menearse, agitarse, dentellar, castañetear, palpitar, azogarse || temer, asustarse, amedrentarse, sobrecogerse, espantarse.
Tembleque v. tembloroso.
Temblequear v. temblar.
Temblón v. tembloroso.
Temblor estremecimiento, vibración, trepidación, tritona, palpitación, castañeteo, meneo, sacudida, salto, temblequeo, convulsión, escalofrío, agitación, movimiento, susto, espanto || seísmo, sismo, terremoto, sacudida, movimiento telúrico.
Tembloroso temblón, tembleque, temblador, trémulo, trepidante, vibratorio, temblante, convulso, vibrante, estremecido, palpitante || asustado, temeroso, sobresaltado, espantado, amedrentado.
Temer recelar, dudar, sospechar, alarmarse, asustarse, atemorizarse, acoquinarse, aterrarse, sobrecogerse, amedrentarse, aterrorizarse, inquietarse, preocuparse, sobresaltarse, intimidarse.
Temerariamente arriesgadamente, audazmente, atrevidamente, osadamente, v. temerario.
Temerario arriesgado, audaz, atrevido, osado, imprudente, irreflexivo, arriscado, confiado, precipitado, alocado, aturdido, insensato, aventurado.
Temeridad imprudencia, osadía, irreflexión, atrevimiento, audacia, riesgo, aturdimiento, precipitación, insensatez, barbaridad, necedad.
Temeroso miedoso, medroso, irresoluto, tímido, espantadizo, cobarde, timorato, meticuloso, pusilánime, asustadizo, aprensivo, corto, corito, apocado || espantoso, v. temible.
Temible terrible, espantable, espantoso, espeluznante, temeroso, horrendo, horrible, horroroso, horripilante, truculento, tremebundo, tremendo, alarmante, amenazante, impresionante, peligroso, temido, agobiante.
Temido v. temible.
Temor miedo, aprensión, pavor, horror, espanto, alarma, asombro, pánico, desconfianza, sospecha, recelo, resquemor, desasosiego, desaliento, sobrecogimiento, pavura, cerote, julepe, canguelo, amilanamiento, cuidado, cobardía, temblor, timidez, pusilanimidad, vergüenza, intimidación, sorpresa, desaliento, fobia.
Temoso tenaz, porfiado, empecinado, insistente.
Témpano carámbano, fragmento de hielo, *iceberg*.
Temperado v. templado.
Temperamental vehemente, efusivo, ardiente, ardoroso, apasionado, impulsivo, exaltado, fogoso.
Temperamento carácter, temple, humor, naturaleza, conducta, manera, índole, complexión, entraña, constitución, genio, fondo, idiosincrasia, personalidad.
Temperancia v. templanza.
Temperante v. templado.
Temperar v. templar.
Temperatura calor, calígine, sol, calina, sofoco, bochorno, nivel, grado, marca || fiebre, calentura, destemplanza, hipertermia, décimas, pirexia, terciana.
Tempestad tormenta, temporal, galerna, borrasca, tromba, turbión, ráfaga, torbellino, cellisca, cerrazón, inclemencia, ciclón, huracán, tornado, tifón, ventisca,

ventarrón, argavieso, diluvio, lluvia, aguacero, chaparrón, nevada, granizada, tronada, manga.
TEMPESTIVO adecuado, apropiado, oportuno v.
TEMPESTUOSAMENTE borrascosamente, agitadamente, tormentosamente, v. tempestuoso.
TEMPESTUOSO agitado, borrascoso, tormentoso, proceloso, cerrado, nublado, cubierto, obscuro, lluvioso, ventoso, riguroso, inclemente, turbulento, encrespado.
TEMPLADAMENTE serenamente, moderadamente, sobriamente, prudentemente, v. templado.
TEMPLADO cálido, tibio, suave, moderado, fresco, agradable, dulce, blando, tenue, medio || adecuado, conveniente, apropiado || parco, sobrio, mesurado, frugal, abstinente, ponderado, discreto, continente, medido, temperante, prudente, serio, formal || valeroso, valiente, sereno, osado, denodado, bravo, esforzado, animoso, impávido, intrépido, estoico, duro, fuerte, bragado, enérgico.
TEMPLANZA moderación, sobriedad, frugalidad, ponderación, discreción, abstinencia, mesura, parquedad, prudencia, formalidad, medida, continencia, tiento.
TEMPLAR calentar, temperar, atemperar, caldear, encender, entibiar || suavizar, moderar, refrescar, atenuar, adecuar, dulcificar, refrenar, contener, dominar, sosegar, calmar, contener, evitar || estirar, atirantar, tesar, afinar.
TEMPLE serenidad, bravura, denuedo, fortaleza, dureza, energía, ánimo, osadía, valor, valentía, estoicismo, intrepidez, impavidez || carácter, genio, talante, disposición, humor, actitud, inclinación || dureza, elasticidad, flexibilidad, resistencia.
TEMPLETE quiosco, pabellón, glorieta, cenador, pérgola, mirador, emparrado.
TEMPLO iglesia, oratorio, santuario, adoratorio, parroquia, ermita, capilla, colegiata, templete, abadía, convento, monasterio, cenobio, priorato, cartuja, rábida, catedral, seo, basílica, casa de Dios || edificio, sinagoga, mezquita, pagoda.
TEMPORADA período, tiempo, época, lapso, espacio, estación, era, plazo, fecha, fase, ciclo, división, momento, sazón, duración.
TEMPORAL v. tempestad || transitorio, provisorio, efímero, fugaz, provisional, interino, temporario, temporáneo, circunstancial, momentáneo, accidental, esporádico, pasajero || profano, seglar, secular, laico, terrenal, terreno, material.
TEMPORALMENTE transitoriamente, provisoriamente, efímeramente, v. temporal.
TEMPORÁNEO v. temporal.
TEMPORARIO v. temporal.
TEMPORIZAR contemporizar, amoldarse, acomodarse, conformarse, adaptarse.
TEMPRANAMENTE prematuramente, precozmente, anticipadamente, v. temprano.
TEMPRANERO v. temprano.
TEMPRANO prematuro, precoz, anticipado, adelantado, tempranero, pronto, inmaturo, avanzado, malogrado, abortado, verde || tempranamente, prematuramente, v. temprano.
TEMULENTO embriagado, beodo, borracho, ebrio, bebido, achispado, alegre, alumbrado, dipsómano.
TENACEAR v. atenazar, v. porfiar.
TENACIDAD constancia, tesón, perseverancia, firmeza, asiduidad, insistencia, aplicación, persistencia, empeño, tozudez, lealtad, inflexibilidad, fijeza, paciencia, resistencia, pertinacia, fuerza, testarudez, obstinación, porfía.
TENACILLAS v. tenazas.
TENADA cobertizo, tinada, techado.
TENAZ perseverante, asiduo, firme, tesonero, constante, leal, empeñoso, persistente, aplicado, insistente, pertinaz, resistente, paciente, fijo, inflexible, obstinado, porfiado, testarudo, incansa-

ble, reacio || sólido, fuerte, resistente, duro, irrompible, consistente.
TENAZAS pinzas, tenacillas, alicates, cascanueces, sacaclavos, herramienta, gafa, dentones, instrumento, sujetador, utensilio.
TENAZMENTE asiduamente, firmemente, tesoneramente, constantemente, v. tenaz.
TENDAL cubierta, toldo, lienzo || tendedero, secadero.
TENDEDERO secadero, tendal, secador, tendalero.
TENDEJÓN tugurio, barraca, tenducho, cobertizo, tinglado.
TENDENCIA propensión, inclinación, apego, proclividad, vocación, índole, disposición, predilección, simpatía, cariño, afecto, preferencia, gusto, apego, amor, corriente, dirección.
TENDENCIOSO parcial, arbitrario, apasionado, adicto, fanático, injusto, simpatizante, propenso, intransigente, obcecado, sectario, fiel, ferviente.
TENDENTE v. tendiente.
TÉNDER vagón, carruaje auxiliar.
TENDER propender, simpatizar, interesarse, inclinarse, encapricharse, dirigirse, encaminarse, procurar || desplegar, extender, desenvolver, desdoblar, estirar, desenrollar, desarrollar, esparcir, tirar, dilatar, alargar, alisar, echar, diseminar, colgar, suspender, orear, ventilar, secar || TENDERSE tumbarse, echarse, acostarse, yacer, descansar, dormirse, encamarse, relajarse, estirarse, acomodarse, tirarse.
TENDERETE tenducho, tendal, puesto, quiosco, cajón, tugurio, barraca, tiendecilla.
TENDERO minorista, comerciante, vendedor, buhonero, abacero, almacenista, marchante, negociante, mercader, mercachifle, baratero, intermediario, dependiente, empleado, aprendiz, mancebo, hortera.
TENDIDO tumbado, echado, acostado, encamado, dormido, yacente, estirado, descansado, tirado, supino, horizontal, boca arriba, boca abajo, desplegado, extendido, alargado.
TENDIENTE propenso, destinado, inclinado, interesado, simpatizante.
TENDÓN ligamento, fibras, haz, nervio.
TENDUCHO v. tenderete.
TENEBRARIO candelabro, cirial, hachero.
TENEBROSIDAD lobreguez, tinieblas, negrura, obscuridad, sombras, cerrazón, misterio, noche.
TENEBROSO lóbrego, obscuro, tétrico, cerrado, sombrío, negro, fosco, nebuloso, lúgubre, opaco, misterioso, impresionante, imponente, estremecedor.
TENEDOR cubierto, utensilio, adminículo, trinchante, servicio || poseedor, depositario, receptor, fiduciario, beneficiario, amo, señor, propietario, usufructuario, habiente.
TENENCIA posesión, usufructo, propiedad, depósito, recepción, disfrute.
TENER haber, poseer, detentar, gozar, usufructuar, beneficiarse, obtener, tomar, disfrutar, mantener, conservar, sostener, aguantar, comprender, incluir, contener, encerrar, retener, sujetar, asir, detener, parar || TENER POR considerar, juzgar, reputar, evaluar, estimar, apreciar, calificar.
TENERÍA curtiduría, taller.
TENIA solitaria, helminto, gusano, anélido, verme, parásito, lombriz intestinal.
TENIENTE oficial, militar, subalterno, lugarteniente, delegado, comisionado, encargado, substituto, ejecutor.
TENIS deporte, juego de pelota, *tennis*.
TENOR cantante, divo, cantor, solista, intérprete || constitución, contexto, contenido, texto, relación, tema, disposición, argumento.
TENORIO conquistador, burlador, Don Juan, mujeriego, irresistible, galanteador, castigador, galán.
TENSAR atirantar, estirar, atesar,

templar, presionar, extender, dilatar, alargar, distender, desarrollar.

TENSIÓN tirantez, tracción, resistencia, dureza, tiesura, rigidez, elasticidad, distensión, dilatación, alargamiento, presión, esfuerzo, fuerza || angustia, zozobra, nerviosidad, *nerviosismo*, incertidumbre, espera.

TENSO estirado, tirante, extendido, tieso, duro, resistente, rígido, dilatado, elástico, alargado, distendido || nervioso, angustiado, inquieto.

TENSOR polea, muelle, elástico, resorte.

TENTACIÓN sugestión, seducción, fascinación, impulso, atracción, estímulo, acicate, instigación, incentivo, incitación, aguijón, excitación, embaucamiento, trampa, señuelo, artificio, anzuelo.

TENTÁCULO apéndice, prolongación, extremidad, miembro, brazo, palpo.

TENTADERO corral, aprisco, encierro, encerradero.

TENTADOR sugestivo, cautivador, encantador, atractivo, atrayente, fascinador, seductor, incitante, instigador, estimulante, embaucador, excitante, irresistible, provocativo.

TENTAR tocar, palpar, manosear, sobar, acariciar, tantear, restregar, frotar, toquetear, hurgar, manipular || reconocer, examinar, apreciar, comprobar.

TENTATIVA intento, prueba, ensayo, proyecto, intentona, pretensión, tanteo, aspiración, gestión, ejecución, deseo, propósito, designio, intención, afán, comprobación, reconocimiento, experimento.

TENTEMPIÉ piscolabis, refrigerio, refacción, refección, bocadillo, aperitivo, merienda.

TENUE sutil, leve, fino, delgado, delicado, vaporoso, etéreo, menudo, exquisito, gracioso, ligero, exiguo, impalpable, grácil, mortecino, débil, endeble, frágil.

TENUEMENTE sutilmente, levemente, finamente, delicadamente, vaporosamente, v. tenue.

TENUIDAD finura, sutileza, levedad, delicadeza, exquisitez, delgadez, exigüidad, ligereza, gracia, menudencia, gracilidad, debilidad, endeblez, fragilidad.

TEÑIDO pintado, pigmentado, coloreado, pintarrajeado, manchado, disimulado, matizado, tornasolado, obscurecido.

TEÑIDURA tinte, tintura, colorante, anilina.

TEÑIR colorar, colorear, pigmentar, pintar, pintarrajear, manchar, disimular, matizar, obscurecer.

TEOLOGÍA mística, escolástica, ascética, dogma, ciencia, religión, doctrina, credo.

TEOLÓGICO místico, teologal, religioso, doctrinal, dogmático, escolástico.

TEÓLOGO doctor de la Iglesia, padre conciliar, dogmático, prelado.

TEOREMA demostración, proposición, tesis.

TEORÍA suposición, presunción, posibilidad, creencia, supuesto, hipótesis, conjetura, sospecha, probabilidad, relación, parecer.

TEÓRICAMENTE hipotéticamente, supuestamente, imaginariamente, v. teórico.

TEÓRICO hipotético, supuesto, imaginario, especulativo, racional, dudoso, figurado, precario, incierto, contemplativo, reflexivo.

TEORIZAR imaginar, suponer, especular, figurarse, pensar, discurrir, reflexionar.

TEORIZANTE teórico, teorizador, idealista.

TEQUILA bebida alcohólica, ginebra.

TERAPEUTA v. médico.

TERAPÉUTICA tratamiento, curación, régimen, cura, medicación, método.

TERAPÉUTICO curativo, higiénico, beneficioso, restablecedor, rehabilitador.

TERATOLÓGICO monstruoso, anormal, anómalo, patológico, raro, extraño, irregular, deforme.

TERCAMENTE obstinadamente, tenazmente, porfiadamente, empe-

cinadamente, tozudamente, incorregiblemente, cabezudamente, testarudamente.
TERCERÍA mediación, intervención, intercesión, arbitraje, alcahuetería, injerencia, conciliación.
TERCERO intermediario, mediador, terciador, árbitro, intercesor, conciliador, componedor, alcahuete.
TERCEROLA carabina, rifle, fusil, escopeta.
TERCETO trío, conjunto instrumental, terna, triunvirato, trinca.
TERCIADO sesgado, atravesado, oblicuo, diagonal, inclinado, cruzado.
TERCIADOR v. tercero.
TERCIANA calentura, fiebre, temperatura, hipertermia, malaria, paludismo.
TERCIAR interceder, componer, arbitrar, mediar, intervenir, interponerse, conciliar || sesgar, atravesar, cruzar, inclinar.
TERCIARIO franciscano, religioso.
TERCIO regimiento, cuerpo, batallón, división || parte, fracción, división.
TERCIOPELADO v. aterciopelado.
TERCIOPELO felpa, tripe, pelusa, velludo, pana, vellido, tela, género.
TERCO empecinado, tenaz, obstinado, testarudo, tozudo, temoso, porfiado, pertinaz, cabezudo, incorregible, impenitente, recalcitrante, contumaz, obcecado, caprichoso, cabezón, intransigente.
TERESIANA quepis, ros, chacó, gorra.
TERGIVERSACIÓN mixtificación, falseamiento, sutileza, enredo, evasiva, pretexto, rodeo, alambicamiento, escapatoria, ambigüedad, subterfugio, embrollo, confusión.
TERGIVERSADO mixtificado, embrollado, enredado, intrincado, v. tergiversar.
TERGIVERSAR mixtificar, embrollar, enredar, intrincar, falsear, retorcer, forzar, confundir, sutilizar.
TERMAS balneario, caldas, baños, aguas termales, minerales, medicinales.
TERMES comején, hormiga blanca, insecto, plaga, termita.
TÉRMICO cálido, caluroso, caliente, caldeado, tropical, calinoso, estuoso.
TERMINACIÓN conclusión, desenlace, fin, término, resultado, colofón, coronamiento, consumación, cierre, liquidación, abandono, cesación, ultimación, declinación, final, clausura, fenecimiento, agotamiento, prescripción, ocaso, extinción || punta, remate, extremo, extremidad, final, fin, borde, límite, término, saliente, resalto.
TERMINAL último, final, extremo, postrero, zaguero, retrasado, postrimero, posterior, ulterior || estación terminal.
TERMINANTE decisivo, concluyente, claro, indiscutible, tajante, explícito, palmario, incuestionable, irrefutable, definitivo, perentorio, convincente.
TERMINANTEMENTE decisivamente, concluyentemente, claramente, v. terminante.
TERMINAR acabar, completar, concluir, finalizar, finiquitar, rematar, saldar, liquidar, cerrar, consumar, ultimar, consumir, apurar, gastar, agotar, exterminar, eliminar, suprimir.
TÉRMINO final, v. terminación || expresión, palabra, vocablo, giro, dicho, voz, representación, locución || territorio, jurisdicción, partido, circunscripción, comarca, demarcación, división, municipio, zona, contorno || plazo, tiempo, período, lapso, intervalo, fecha, espacio, extensión, curso.
TERMINOLOGÍA vocabulario, léxico, glosario, repertorio, diccionario, caudal, voces, vocablos, giros, términos, modismos.
TERMITA insecto, v. termes.
TERMO recipiente, vasija, frasco, bote, receptáculo aislante.
TERMÓMETRO instrumento medidor, registrador, clínico.

Terna trío, terceto, triunvirato, tres.

Ternasco cordero, cabrito, borrego, cría, recental.

Terne fuerte, robusto, fornido, saludable, sano || perseverante, tozudo, obstinado, terco.

Ternera cría hembra, vaquilla, becerra, v. ternero.

Ternero becerro, recental, cría macho, choto, jato, ternera, vaquilla.

Terneza v. ternura.

Ternilla cartílago, lámina, armazón, sostén.

Terno voto, juramento, insulto, invectiva, imprecación, maldición, denuesto, reniego, palabrota, taco, blasfemia, dicterio || traje, prenda, indumento, atavío, vestidura, ropaje, vestido, vestimenta.

Ternura cariño, afecto, apego, devoción, estima, interés, afición, cordialidad, amistad, amor, apasionamiento, inclinación, simpatía, predilección, adhesión, benevolencia, querencia, voluntad, dilección, delicadeza, compasión, simpatía, bondad, piedad || piropo, requiebro, terneza, finura, galantería, floreo, adulación, flor, lisonja, alabanza.

Terquedad obstinación, tozudez, testarudez, tenacidad, empecinamiento, pertinacia, porfía, impenitencia, contumacia, obcecación, capricho, intransigencia, ofuscación, obsesión, empeño, cabezonería, resistencia.

Terracota figurilla, estatuilla, muñeca, adorno, chuchería, escultura.

Terrado v. terraza.

Terraplén parapeto, bancal, grada, escalón, talud, zanja, muro, defensa, reparo, resguardo, desmonte, cuneta.

Terraplenar acumular, levantar, alzar, rellenar, excavar, desmontar, abancalar.

Terráqueo terrestre, terrenal, terreno, terrícola.

Terrateniente propietario, hacendado, potentado, latifundista, ganadero, ranchero, granjero, criador, plantador, colono, dueño, amo, señor.

Terraza azotea, terrado, solana || tejado, mirador, galería, corredor, arriate, plataforma.

Terremoto temblor, sismo, seísmo, sacudida, movimiento, cataclismo, catástrofe, calamidad, hecatombe, desastre, estremecimiento, vibración telúrica.

Terrenal terreno, terrestre, terráqueo, terrícola, material, real, físico, tangible, concreto.

Terreno campo, tierra, suelo, zona, área, solar, superficie, piso, cultivo, plantación, campiña, labrantío, terruño, ejido, pradal, pradera, prado, huerta, hacienda, propiedad, cultivo, gleba, sembrado, territorio, comarca, país, región, contornos || terrenal, v. terrestre || ámbito, esfera, campo, medio, contorno, condición, espacio, circunstancia || capa, veta, formación, tierras, humus, mantillo, componentes, substancias minerales.

Térreo v. terroso.

Terrestre terráqueo, terreno, terrenal, terrícola, geológico, físico, planetario, mundial.

Terrible horroroso, horripilante, horrible, horrendo, pavoroso, apocalíptico, imponente, horrísono, aterrador, espeluznante, espantoso, repelente, monstruoso, feo, repugnante, repulsivo, fiero, tremebundo, tétrico, sombrío, espantable, alucinante, terrorífico, enloquecedor, torvo, atroz, temible, desconsolador.

Terriblemente horrendamente, pavorosamente, horrorosamente, v. terrible.

Terrícola v. terráqueo.

Terrífico v. terrorífico.

Territorial jurisdiccional, comarcal, nacional, provincial, departamental, v. territorio.

Territorio jurisdicción, circunscripción, término, partido, distrito, comarca, contornos, área, división, demarcación, zona, municipio, provincia, departamento, país, estado, nación, continente, tierra, suelo, superficie, propiedad, cultivo, pradera, campo.

TERRÓN masa, gleba, tabón, tormo, pedazo, trozo, apelmazamiento.

TERROR espanto, horror, miedo, pavor, susto, temor, estremecimiento, sobresalto, sobrecogimiento, sorpresa, alarma, pánico, pavor, consternación, turbación, asombro, recelo, aprensión, pavura, alucinación, atrocidad, locura.

TERRORÍFICO aterrador, espantoso, pavoroso, estremecedor, alarmante, sorprendente, sobrecogedor, temible, miedoso, horroroso, horrendo, horrible, terrible, alucinante, atroz, enloquecedor, sombrío, tétrico, repelente, monstruoso, feo, espeluznante.

TERRORISMO violencia, intimidación, amenaza, represalia, brutalidad, fuerza, fanatismo, dureza, atropello, alarma, miedo, pánico.

TERRORISTA saboteador, fanático, violento, guerrillero, partisano, nihilista, anarquista, revolucionario.

TERROSO térreo, terrizo, polvoriento, arcilloso, gredoso, seco, sucio, gris, pardo.

TERRUÑO tierra natal, cuna, hogar, patria, suelo, procedencia.

TERSO bruñido, pulido, limpio, liso, fino, parejo, suave, lleno, raso, plano, leve, uniforme, monótono, recto, homogéneo, igual, chato, romo, abrillantado, brillante, reluciente, lustroso || perfecto, puro, fluido, fácil, claro, sencillo, depurado.

TERSURA lisura, finura, suavidad, uniformidad, homogeneidad, limpidez, igualdad, claridad, fluidez, pureza, perfección, sencillez, depuración.

TERTULIA reunión, velada, recepción, convite, peña, grupo, corro, círculo, corrillo, centro, casino, asociación, café, club, conversación, charla, pasatiempo, coloquio, plática, parlamento.

TESAR atirantar, atiesar, tirar de, templar, entesar.

TESIS argumento, principio, proposición, conclusión, razonamiento, juicio, razón, testimonio, consideración, noción.

TESITURA altura, intensidad, fuerza || disposición, actitud, postura, tendencia, dirección.

TESO v. tenso.

TESÓN perseverancia, firmeza, constancia, tenacidad, asiduidad, insistencia, persistencia, aplicación, empeño, paciencia, inflexibilidad, fijeza, lealtad, tozudez, terquedad, pertinacia.

TESONERÍA terquedad, pertinacia, tozudez, tenacidad, constancia, v. tesón.

TESONERO tenaz, perseverante, asiduo, constante, firme, insistente, inflexible, paciente, empeñoso, aplicado, persistente, pertinaz, terco, tozudo, leal, fijo.

TESORERÍA administración, caja, pagaduría, dependencia, oficina.

TESORERO cajero, pagador, administrador, funcionario.

TESORO caudal, valores, oro, dineral, platal, riquezas, bolsa, talega, fortuna, raudal, cuartos || erario, reservas, fisco, hacienda.

TEST * prueba, examen, sondeo, reconocimiento, ejercicio, selección.

TESTA cabeza, sesera, mollera, cachola, coco, cráneo, molondro, testuz, frente, cara.

TESTAFERRO suplantador, substituto, cabeza de turco.

TESTAMENTARIO hereditario, sucesorio, mandatario, patrimonial, intestado, heredable || albacea, administrador, fiduciario, legatario, custodio, delegado, representante, fideicomisario.

TESTAMENTO declaración, última voluntad, documento, memoria, transmisión, oferta, promesa, sucesión, codicilo, herencia, legado, cesión, dote, donación, adjudicación, dejación, protocolo.

TESTAR legar, ceder, otorgar, declarar, dejar, testamentar, adjudicar, donar, dotar, conceder, prometer, ofrecer, transmitir, mandar, disponer.

TESTARAZO cabezazo, testarada, topetazo, golpazo, morrada, calabazada, molondrón, golpe.

TESTARUDEZ terquedad, obstinación, obcecación, tozudez, cabezonada, porfía, pertinacia, encarnizamiento, ofuscación, intransigencia, obsesión, prejuicio, perturbación, ceguera, insistencia, capricho.

TESTARUDO tozudo, obcecado, obstinado, terco, intransigente, encarnizado, pertinaz, porfiado, ciego, perturbado, obsesionado, ofuscado, insistente, machacón, voluntarioso, caprichoso, cabezudo, reacio, tenaz, intratable.

TESTE v. testículo.

TESTERA frente, fachada, frontispicio, frontis, exterior, delantera, portada.

TESTICULAR glandular, escrotal, inguinal, espermático, seminal, prostático.

TESTÍCULO glándula, teste, compañón, criadilla, dídimo, escroto, sexo, órgano genital.

TESTIFICACIÓN declaración, manifestación, testimonio, aserción, deposición, demostración, exposición, alegato, explicación, certificación, prueba, autentificación, legalización.

TESTIFICAL testimonial, certificatorio, demostrativo, expositivo.

TESTIFICAR declarar, testimoniar, manifestar, deponer, exponer, explicar, alegar, demostrar, probar, aseverar, asegurar, atestiguar || rubricar, refrendar, autentificar, legitimar, legalizar, certificar.

TESTIGO declarante, deponente, testificador, atestiguante, informador, refrendador, manifestante.

TESTIMONIAL cierto, legal, legítimo, testifical v., auténtico, verídico.

TESTIMONIAR demostrar, manifestar, probar, expresar, evidenciar, reiterar, confirmar, proclamar, significar, formular || testificar, declarar, deponer, explicar, atestiguar.

TESTIMONIO prueba, evidencia, declaración, revelación, alegato, manifestación, expresión, demostración, reiteración, proclamación, testificación, explicación, argumento, demostración, razón, justificación, motivo, confirmación, juramento, palabra, atestado, deposición, legitimación.

TESTUZ frente, testa, testero, bóveda, cabeza || nuca, cerviz, cogote.

TETA mama, pecho, glándula, seno, busto, ubre || pezón, tetilla, aréola.

TÉTANOS rigidez, convulsión, contracción, agarrotamiento, enfermedad infecciosa.

TÊTE À TÊTE * entrevista, encuentro, explicación, conversación a solas.

TETERA recipiente, vasija, cafetera, pote.

TETILLA aréola, pezón, v. teta.

TETÓN tocón, protuberancia, rama, parte, muñón.

TETRARCA gobernador, gobernante, representante.

TÉTRICO lúgubre, sombrío, tenebroso, fúnebre, lóbrego, triste, grave, melancólico, funéreo, luctuoso, obscuro, desagradable, pavoroso, taciturno, macabro, espeluznante, horrible.

TETUDA tetona, exuberante, opulenta, abundante, rolliza, carnosa, gruesa v.

TEUTÓN germánico, teutónico, germano, alemán, tudesco, ario, indoeuropeo.

TEUTÓNICO v. teutón.

TEXTIL perteneciente, relativo, propio de los tejidos.

TEXTO manual, compendio, obra, libro, tratado, vademécum, epítome, tomo, cuerpo, ejemplar, volumen || pasaje, escrito, contexto, relación, relato, descripción, memoria.

TEXTUAL fiel, literal, idéntico, exac-

to, igual, preciso, calcado, conforme, correspondiente, al pie de la letra.
TEXTUALMENTE fielmente, literalmente, idénticamente, exactamente, precisamente, igualmente.
TEXTURA trama, urdimbre, ligazón, tejido, estructura, contextura, disposición, enlace, orden, grano.
TEZ cutis, piel, pellejo, cuero, dermis, epidermis, superficie, exterior, tegumento, color, aspecto, rasgo, semblante.
THÉ * té, infusión, bebida.
TÍA fulana, prostituta, ramera v.
TIARA mitra, corona, tocado, alhaja, joya, adorno.
TIBERIO algazara, estruendo, batahola, confusión, ruido, alboroto, estrépito, bulla, jaleo, algarabía.
TIBIAMENTE flojamente, descuidadamente, apáticamente, débilmente, v. tibio.
TIBIEZA suavidad, calorcillo, bienestar, calidez, dulzura.
TIBIO cálido, caliente, suave, moderado, templado, agradable, tenue, dulce, medio, grato || flojo, apático, descuidado, débil, indiferente, blando, negligente, desganado, desidioso.
TIBURÓN escualo, selacio, marrajo, mielga, tollo, cazón, lija, tintorera, pez.
TIC gesto, contracción, espasmo, crispamiento, convulsión, contorsión, temblor, movimiento involuntario.
TICKET * billete, entrada, boleto, vale, papeleta, cupón, comprobante, talón, tarjeta.
TIC TAC * v. tictac.
TICTAC ruido, ritmo, compás, marcha del reloj.
TIEMPO período, duración, lapso, plazo, parte, espacio, etapa, ciclo, fase, grado, momento, paso, fracción, curso, época, división, instante, segundo, minuto, hora, fecha, trecho, tirada, intervalo, estación, temporada, era, edad, siglo, decurso, transcurso, proceso || vida, existencia, edad, años, primaveras, longevidad || oportunidad, momento, ocasión, conveniencia, precisión, sazón, circunstancia || estado atmosférico, día, ambiente, temperatura, cariz, aspecto, cielo, intemperie, elementos, meteorología, parte meteorológico.
TIENDA establecimiento, comercio, negocio, sociedad, firma, casa, almacén, bazar, local, quiosco, botica, puesto || toldo, entoldado, alojamiento, cobijo, tendal, carpa, lona, casilla, caseta, barraca, choza.
TIENTA prueba, sondeo, averiguación, comprobación de bravura.
TIENTO cautela, precaución, consideración, mesura, tino, circunspección, prudencia, cordura, moderación || pulso, seguridad, firmeza.
TIERNAMENTE afectuosamente, cariñosamente, delicadamente, dócilmente, v. tierno.
TIERNO delicado, blando, flexible, muelle, flojo, fofo, elástico, esponjoso, mórbido, mullido, fláccido, pastoso, maleable, deformable || nuevo, verde, joven, reciente, fresco, flamante, lozano, precoz, inexperto, novato, neófito, novicio, principiante || afectuoso cariñoso, delicado, sensible, impresionable, sensitivo, sentimental, emotivo, afectivo, compasivo, susceptible.
TIERRA planeta, globo, mundo, universo, orbe, astro, creación || suelo, terreno, piso, firme, pavimento || greda, arena, arcilla, barro, polvo, marga, grava || patria, territorio, país, nación, pueblo, terruño, comarca, zona, estado, provincia, reino || TIERRAS hacienda, posesión, heredad, latifundio, finca, granja, campo, ganadería, rancho, dominio, cultivo.
TIESO rígido, duro, tirante, tenso, estirado, erecto, sólido, firme, enhiesto, envarado, yerto, extendido, resistente, contraído, erguido, espigado, animoso || afec-

TIESTO maceta, pote, vasija, vaso, receptáculo, recipiente, jardinera, florero, jarrón, macetero.

TIESURA rigidez, dureza, firmeza, consistencia, solidez, erección, estiramiento, tensión, tirantez, contracción, resistencia, extensión || envaramiento, afectación, orgullo, desdén, sequedad, severidad, gravedad, pomposidad.

Tado, orgulloso, envarado, desdeñoso, grave, severo, inexorable, seco, adusto.

TÍFICO v. tifoideo.

TIFO v. tifus || lleno, repleto, harto, ahíto.

TIFOIDEO tífico, infeccioso, contagioso, exantemático.

TIFÓN tromba, huracán, ciclón, vorágine, torbellino, tornado, manga, galerna, tormenta, baguío, borrasca, aquilón, turbión, vendaval, tempestad, ventarrón, inclemencia.

TIFUS enfermedad infecciosa, tifus exantemático, infección, dolencia contagiosa, febril.

TIGRADO listado, rayado, cebrado, manchado.

TIGRE fiera, carnicero, mamífero, jaguar.

TIGRESA * tigre hembra, v. tigre.

TIJERA cizalla, tijereta, mordientes, herramienta, instrumento, adminículo, hoja, filo, corte.

TIJERETADA tijerazo, corte, tijerada, incisión, sección, tijereteo.

TIJERETEAR cortar, incidir, seccionar, pelar, trasquilar, esquilar.

TILA infusión, bebida calmante, tisana, cocción, cocimiento, brebaje, manzanilla, té.

TILDAR marcar, señalar, acentuar, anotar, trazar, escribir || censurar, denigrar, calificar, juzgar, reprochar, desaprobar, condenar, criticar, vituperar, desacreditar, mancillar || tachar, borrar, anular, enmendar, corregir.

TILDE rasgo, marca, señal, trazo, virgulilla, acento, vírgula, apóstrofo || tacha, borrón, descrédito, baldón, estigma || nimiedad, fruslería, pequeñez, bagatela.

TILÍN campanilleo, sonido argentino, cascabeleo.

TILLA entablado, suelo, maderamen, recubrimiento.

TIMADOR embaucador, estafador, tramposo, engañoso, farsante, petardista, bribón, granuja, embustero, chantajista, sablista, ladrón v.

TIMAR estafar, embaucar, engañar, chantajear, defraudar, petardear, sablear, despojar, sisar, hurtar, robar v.

TIMBA garito, antro, leonera, cubil, tascón, burdel, matute, boliche, chirlata, casa de juego.

TIMBAL atabal, tamboril, tambor, tímpano, instrumento de percusión.

TIMBRADOR sellador, fechador, sello.

TIMBRAR estampar, sellar, estampillar, precintar, franquear, marcar, señalar, adherir.

TIMBRAZO toque, llamada, sonido.

TIMBRE llamador, campanilla, aparato, artefacto, sonería || sonido, metal, sonoridad, resonancia, tono, altura, intensidad, fuerza, v. timbrazo || póliza, sello, estampilla, precinto, insignia, marca, contraste, impuesto, gravamen || proeza, hazaña, gloria, gesta.

TÍMIDAMENTE modestamente, indecisamente, encogidamente, retraídamente, v. tímido.

TIMIDEZ cortedad, embarazo, vergüenza, retraimiento, turbación, indecisión, pusilanimidad, vacilación, flaqueza, cobardía, temor, ñoñez, escrúpulo, modestia, desconcierto, aturdimiento, apocamiento, irresolución, encogimiento, empacho, desaliento, insignificancia.

TÍMIDO indeciso, modesto, encogido, retraído, vergonzoso, corto, embarazado, turbado, cobarde, vacilante, pusilánime, aturdido, desconcertado, escrupuloso, ñoño, temeroso, irresoluto, apoca-

do, desalentado, corito, miserable, remiso, cuitado, desdichado, apagado, timorato, acobardado.
Timo estafa, fraude, defraudación, chantaje, cuento, engaño, embaucamiento, sablazo, despojo, sisa, hurto, dolo, trapaza, robo v.
Timón gobernalle, caña, espadilla, madero, pértiga || mando, gobierno, dirección, guía, riendas, autoridad, rumbo, destino, derrota.
Timonear gobernar, dirigir, mandar, conducir, guiar, navegar, evolucionar.
Timonel marinero, guía, conductor, piloto, práctico.
Timorato v. tímido.
Tímpano membrana, tela, telilla || v. timbal.
Tina cuba, tinaja, barreño, vasija, recipiente, receptáculo, caldero, artesa, cubeta, barril || bañera, baño, pila, artesa.
Tinaja v. tina.
Tinglado cobertizo, techado, almacén, barracón, nave, porche, depósito, marquesina, bastimento, local || embrollo, maraña, lío, enredo, trampa, fregado, engaño, mentira, estafa, fraude, artificio, añagaza.
Tinieblas sombras, obscuridad, lobreguez, negrura, noche, tenebrosidad, opacidad, niebla, eclipse, cerrazón, nebulosidad, nube || ignorancia, incultura, obscurantismo, atraso, confusión, incertidumbre.
Tino puntería, acierto, destreza, habilidad, seguridad, pulso, mano, vista || cordura, prudencia, juicio, moderación, tiento, discreción, equilibrio, mesura, ponderación.
Tinta tinte, color, colorante, anilina, líquido, barniz, pigmento, tintura || tonalidad, tornasol, gradación, matiz, tono, gama, coloración.
Tinte colorante, anilina, tintura, v. tinta || tintorería v.
Tinterillo abogadillo, leguleyo || oficinista, chupatintas.

Tintero frasco, vaso, recipiente, receptáculo.
Tintinear tintinar, resonar, entrechocar.
Tinto teñido, obscuro, entintado, cárdeno, negro, retinto, endrino.
Tintorera v. tiburón.
Tintorería tinte, lavandería, tienda, establecimiento.
Tintura v. tinte.
Tiña infección, roña, miseria, morbo, piojería || mezquindad, avaricia, tacañería.
Tiñoso roñoso, piojoso, infectado, miserable || avaro, mezquino, mísero, tacaño, sórdido.
Tiovivo caballitos, rueda, carrusel.
Tipejo hombrecillo, mamarracho, esperpento, títere, adefesio, fulano, individuo.
Tipical * v. típico.
Típico folklórico, tradicional, popular, pintoresco, costumbrista || característico, propio, peculiar, personal, distintivo, particular, diferente, inconfundible, representativo, original, especial, exclusivo.
Tiple soprano, diva, cantante, intérprete.
Tipo ejemplar, modelo, muestra, prototipo, pauta, arquetipo, dechado, ejemplo, original, paradigma, patrón, espécimen, molde, horma || letra, carácter.
Tipografía imprenta, impresión, arte de imprimir.
Tipógrafo linotipista, impresor, operario.
Tiquismiquis escrúpulos, reparos, melindres, dudas, recelos, remilgos, afectación.
Tira faja, lista, cinta, franja, banda, venda, ribete, cordón, cincha, corbata, correa, estola, bandolera, trencilla, cíngulo, ceñidor, trozo, pedazo.
Tirabuzón descorchador, sacacorchos, sacatapón.
Tirada distancia, trecho, tramo, trayecto, recorrido, espacio, intervalo || serie, ristra, sarta, cadena, retahíla, rosario, hilera, racha, fila || edición, impresión, reimpresión, ejemplares.

TIRADO regalado, barato, ruinoso, rebajado, saldado, saldo, devaluado, depreciado || caído, echado, tendido, extendido, yacente, volcado.

TIRADOR puño, empuñadura, asa, asidero, agarrador, mango, manubrio || cazador, deportista.

TIRAGOMAS tirador, horquilla.

TIRAJE * tiro, tirar || tirada, edición, emisión, impresión.

TIRANÍA despotismo, opresión, dictadura, yugo, autocracia, imperio, caciquismo, absolutismo, injusticia, poder, dominio, dominación, avasallamiento, totalitarismo, feudalismo, abuso, intolerancia, esclavitud, supremacía, mando, hegemonía, imposición, exigencia, crueldad, sujeción, sometimiento.

TIRÁNICAMENTE dictatorialmente, v. tiránico.

TIRÁNICO despótico, opresivo, dictatorial, abusivo, intolerante, totalitario, avasallador, dominador, dominante, autocrático, injusto, absoluto, imperioso, cruel, exigente, feudal, sojuzgador, arbitrario, severo, rígido, v. tirano.

TIRANIZAR avasallar, esclavizar, oprimir, abusar, sojuzgar, exigir, aherrojar, vejar, humillar, hundir, someter, sujetar, exigir, mandar, imponer, dominar, supeditar, subyugar, reducir, rendir.

TIRANO déspota, dictador, autócrata, absolutista, soberano, señor, autarca, cabecilla, opresor, esclavizador, v. tiránico.

TIRANTE tieso, tenso, rígido, duro, estirado, erecto, sólido, firme, resistente, erguido, teso || delicado, grave, difícil, embarazoso, dificultoso, espinoso, enojoso, penoso, comprometido, tenso || madero, viga, pieza, tabla, soporte, tablón, traviesa, puntal, leño, fuste, listón, entibo, palo || tira, cinto, correa, sostén, goma, elástico, banda, faja.

TIRANTEZ violencia, embarazo, incertidumbre, tensión, disgusto, enojo, enfado, nerviosidad || rigidez, solidez, consistencia, firmeza, dureza, estiramiento, tensión, contracción, resistencia, extensión.

TIRAR arrojar, lanzar, echar, despedir, impeler, expeler, proyectar, impulsar, descargar, emitir, precipitar, botar, verter, disparar, vomitar, escupir, soltar, derramar, salpicar, rociar, propulsar, empujar || derribar, derruir, desmoronar, abatir, derrumbar, tumbar, hundir, volcar, desplomar, demoler, desbaratar, desarmar, voltear, destruir, arrasar, devastar || desperdiciar, derrochar, malgastar, dilapidar, malbaratar, prodigar, despilfarrar, disipar, gastar, quemar, liquidar, desaprovechar || descargar, disparar, estallar, ametrallar, hacer fuego, apuntar || TIRAR DE empujar, impulsar, impeler, arrastrar, llevar, propulsar, halar, atraer, recoger, cobrar || TIRARSE tenderse, tumbarse, echarse, acostarse, encamarse, descansar, yacer, caer || acometer, abalanzarse, atacar, embestir, arremeter, asaltar, precipitarse, echarse || TIRAR A parecerse, asemejarse, tender, propender, inclinarse, aficionarse, favorecer.

TIRITAR temblar, temblequear, estremecerse, trepidar, vibrar, sacudirse, castañetear, dentellar.

TIRITÓN estremecimiento, temblor, TIRITONA v. tiritón.

TIRO detonación, disparo, descarga, balazo, andanada, salva, estallido, explosión, fogonazo, estampido, trueno, estruendo || corriente, ventilación, fuerza, viento, aire, impulso || tronco, yunta, pareja, par, caballerías, posta || holgura, anchura, ancho, dimensión, tramo, amplitud || pozo, galería, chimenea, túnel, conducto, tubo.

TIRÓN impulso, empujón, propulsión, arrastre, estirón, sacudida, zarandeo, meneo, agitación.

TIROTEAR disparar, tirar, ametra-

TIROTEO

llar, descargar, apuntar, lanzar, hacer fuego.
TIROTEO refriega, choque, encuentro, combate, enfrentamiento, disparos, balazos, v. tiro.
TIRRIA odio, ojeriza, manía, rencor, aborrecimiento, resentimiento, animadversión, antipatía, rabia, encono, hincha, inquina, saña, fobia.
TIRSO vara, palo, fusta, rama.
TISANA infusión, cocción, brebaje, bebida, cocimiento, caldo, poción, bebistrajo, bebedizo.
TÍSICO tuberculoso, consumido, héctico, enflaquecido, extenuado, postrado.
TISIS tuberculosis, consunción, enflaquecimiento, debilidad, extenuación, postración.
TISÚ seda, brocado, tela.
TITÁN gigante, coloso, cíclope, hércules, goliat, sansón, superhombre, héroe, semidiós.
TITÁNICO hercúleo, ciclópeo, gigantesco, colosal, prodigioso, grandioso, desmesurado, inmenso, descomunal, formidable, ingente, monstruoso, desmedido, monumental, enorme, supremo.
TÍTERE muñeco, fantoche, polichinela, marioneta, figurilla, espantajo, pelele, monigote, espantapájaros, monicaco, hominicaco, hombrecillo, desgraciado, infeliz, borrego.
TITILACIÓN temblor, estremecimiento, vibración, trepidación, palpitación, tembleque0, agitación, centelleo, fulgor, excitación, estímulo.
TITILANTE tembloroso, trepidante, palpitante, centelleante, refulgente, rutilante, resplandeciente, chispeante, esplendente.
TITILAR centellear, refulgir, temblar, resplandecer, chispear, rutilar, refulgir || palpitar, trepidar, vibrar, temblar, excitar, agitar, tocar, estimular.
TITIRITERO saltimbanqui, funámbulo, volatinero, cómico, comediante, farandulero.

TITO orinal, perico, bacinilla, bacín, vaso de noche.
TITUBEANTE vacilante, indeciso, dudoso, fluctuante, inseguro, indeterminado, irresoluto, incierto, confuso, perplejo, cambiante, inestable, turbado.
TITUBEAR vacilar, fluctuar, dudar, confundirse, cambiar, turbarse, flaquear, tropezar, trastabillar, oscilar, hesitar, tantear.
TITUBEO fluctuación, duda, vacilación, cambio, turbación, confusión, perplejidad, incertidumbre, irresolución, indeterminación, hesitación, dilema.
TITULADO diplomado, graduado, licenciado, autorizado, reconocido, profesional, universitario, doctor, titular v., experto, perito || encabezado, rotulado, inscrito.
TITULAR efectivo, válido, real, seguro, nominal, autorizado, reconocido, v. titulado || nombrar, señalar, marcar, licenciar, diplomar, doctorar || encabezamiento, letrero, rótulo, título, inscripción, epígrafe, rúbrica.
TÍTULO encabezamiento, rótulo, titular, letrero, inscripción, rúbrica, epígrafe, etiqueta, cartel || epíteto, nombre, denominación, fórmula || diploma, licencia, autorización, credencial, nombramiento, certificado, despacho, documento, pergamino, cédula, grado, recompensa, privilegio, acta, bula, expediente, certificación || dignidad nobiliaria, aristocracia, nobleza, hidalguía, linaje, abolengo, sangre azul || aristócrata, noble, hidalgo, señor, patricio, caballero, prócer.
TIZA yeso, escayola, clarión, espejuelo, arcilla blanca.
TIZNADO manchado, ensuciado, sucio, negro, fuliginoso, hollinien to, pringado, puerco.
TIZNADURA v. tiznón.
TIZNAR ensuciar, manchar, ennegrecer, engrasar, emporcar, pringar, ahumar, deslustrar.

Tizne hollín, humo, mancha, v. tiznón.

Tiznón mancha, suciedad, grasa, hollín, mugre, fulígine, tiznadura, tiznajo, tizne.

Tizón palo, madero, tronco, leño a medio quemar, brasa, rescoldo.

Tizona espada, estoque, colada, florete, acero, hierro, hoja, sable, arma blanca.

Toa maroma, sirga, cabo, calabrote, amarra.

Toalla lienzo, paño, trapo.

Toar atoar, remolcar v.

Toast * brindis, ofrecimiento, convite.

Toba capa, corteza, recubrimiento.

Tobera abertura, conducto, tubo, manga, boca, entrada tubular.

Tobillo maléolo, resalte, protuberancia ósea.

Tobogán declive, cuesta, rampa, deslizadero || trineo, vehículo.

Toca cofia, papalina, casquete, prenda, escarcela, gorro, sombrero, toquilla.

Tocadiscos fonógrafo, gramófono, aparato.

Tocado peinado, adorno, compostura, arreglo del pelo, moño, postizo, perifollo, trenzas, bucles, tirabuzones, flequillo, cintas, redecilla, sombrero v. || chiflado, guillado, chalado, ido, estrafalario, perturbado, excéntrico, loco, v.

Tocador cómoda, mesa, mueble, aposento, baño, aseo.

Tocamiento toque, v. sobo.

Tocante referente a, relativo a, en orden a, respecto a, con relación a.

Tocar palpar, tentar, sobar, manipular, acariciar, manosear, rozar, restregar, toquetear, andar, hurgar, cosquillear, frotar, rascar || pulsar, tañer, rasguear, rozar, acariciar || repicar, sonar, doblar, voltear || concernir, atañer, referirse, relacionarse, competer, corresponder, depender || golpear, chocar, pegar, rozar, tropezar, dar || arri-

bar, llegar, alcanzar, venir de paso || Tocarse limitar, lindar, confinar, unirse, relacionarse, estar juntos || cubrirse, taparse, enjaretarse, encasquetarse, endosarse, ponerse, colocarse un sombrero.

Tocata pieza, composición musical.

Tocayo colombroño, del mismo nombre.

Tocinería chacinería, fiambrería, salchichería, tienda, embutidos, carnicería, *charcutería.*

Tocino lardo, grasa, gordo, torrezno, manteca, sebo, carne gorda || cerdo, gorrino, animal, puerco v.

Tocología obstetricia, partos, especialidad médica.

Tocólogo partero, especialista, médico.

Tocón protuberancia, toza, muñón, resto, remanente, trozo, parte de un tronco.

Tocho necio, bobo, lerdo, memo, v. tonto || lingote, barra, hierro, toroz, pieza.

Todavía aún, no obstante, con todo eso, sin embargo.

Todo completo, íntegro, total, cabal, acabado, absoluto, cumplido, perfecto, consumado, rematado, entero, apurado, uno, único, indiviso, inseparable, continuo || completamente, íntegramente, v. todo.

Todopoderoso omnímodo, omnipotente, supremo, absoluto, superior, sumo, altísimo, Dios, creador, hacedor.

Toga manto, túnica, clámide, ropón, veste, manteo, hábito, sotana, bata, vestidura, prenda.

Togado magistrado, juez, consejero.

Toilette * tocado, traje, atavío, adorno, maquillaje, arreglo, afeite || tocador, mueble, cómoda.

Toisón vellón, guedija, vedeja de lana.

Toldo dosel, palio, baldaquino, entoldado, lona, cubierta, um-

TOLE

bráculo, sombrajo, carpa, colgadura, tienda, tendal, pabellón, tapiz, resguardo.
Tole bulla, confusión, alboroto, algazara, algarabía, escándalo, desorden, tiberio, tumulto.
Tolerable aceptable, aguantable, sufrible, soportable, pasadero, llevadero, admisible, digerible, pasable.
Tolerablemente aceptablemente, pasaderamente, admisiblemente.
Tolerancia indulgencia, condescendencia, disimulo, pasividad, conformidad, componenda, consentimiento, contemporización, comprensión, compasión, complacencia, avenencia, anuencia, transigencia, benevolencia, paciencia, flema, filosofía, calma, resignación, aguante, respeto, reconocimiento || margen, diferencia, permiso.
Tolerante comprensivo, condescendiente, indulgente, pasivo, consentidor, conforme, transigente, avenido, complaciente, compasivo, resignado, filósofo, flemático, paciente, benévolo, respetuoso, sufrido, pacienzudo.
Tolerar aguantar, soportar, sufrir, resignarse, avenirse, complacer, compadecerse, comprender, contemporizar, consentir, transigir, aceptar, conformarse, disimular, condescender, tascar, permitir, dejar, admitir, resistir, sobrellevar, achantarse.
Tolondro atolondrado, bobo, lelo, tonto v. || chichón, bulto, golpe.
Tolva caja, receptáculo, cazoleta, embudo, cuenco.
Tolvanera remolino, vorágine, vórtice, torbellino, espiral, embudo.
Tolla fangal, barrizal, lapachar, lodazal, pantano, ciénaga, tremedal v.
Tolle, lege toma, lee.
Tollina paliza, zurra, tunda v.
Toma conquista, ocupación, incautación, apropiación, adquisición, substracción, usurpación, apresamiento, presa, detentación, requisa, rapto, confiscación, obtención, logro, despojo, robo || derivación, entrada, abertura, acceso, data, orificio || presa, llave, zancadilla, movimiento, impulso, empujón, postura.
Tomado empañado, velado, ronco, afónico.
Tomadura (de pelo) burla, chunga, mofa, befa, guasa, filfa.
Tomar asir, coger, agarrar, aferrar, atrapar, apresar, pillar, trabar, tener, haber, recoger, alcanzar, apañar, apropiarse, adueñarse, incautarse, arrebatar, adquirir, requisar, despojar, apandar, arrancar, arrebatar, acopiar, acaparar, capturar, robar, hurtar, estafar, escamotear, saltear, arramblar, sisar || conquistar, ocupar, entrar, penetrar, apoderarse, apresar, invadir, forzar, dominar, sojuzgar, asaltar, asediar || beber, libar, ingerir, catar, tragar, probar, escanciar, servirse, absorber, consumir, succionar, chupar, pimplar, refrescarse, echar un trago.
Tómbola rifa, lotería, sorteo, juego, azar.
Tomo volumen, ejemplar, libro, obra, cuerpo, parte.
Ton v. tono.
Tonada aire, canción, cantar, cántico, tonadilla, aria, melodía, canto, copla.
Tonadilla v. tonada.
Tonadillera cancionista, cantante, cupletista, tiple.
Tonalidad matiz, gama, gradación, coloración.
Tonante atronador, ruidoso, retumbante, sonoro, estentóreo, resonante, irritable, irascible.
Tonar tronar, atronar, lanzar, despedir rayos.
Tonel barril, barrica, cuba, bocoy, pipa, casco, tina, pipote, barrillo, anclote, belasa, bota, combo, cubeta, cuñete, vasija, recipiente, receptáculo.
Tonelada mil kilos, unidad de capacidad, de peso.
Tonelaje cabida, arqueo, capacidad, volumen, aforo, porte.
Tonelero cubero, barrilero, candiotero, cazumbrón.

Tonelete faldellín, falda, brial.
Tonga v. tongada.
Tongada estrato, capa, manto, lecho, hilada, alfombra, camada, veta, faja, sedimento, recubrimiento.
Tongo * trampa, engaño, timo, estafa, superchería, fraude.
Tonicidad tensión, contracción, tono v.
Tónico reconstituyente, vigorizante, medicamento, medicina, remedio, reconfortante, cordial, estimulante, tonificador, tonificante, robustecedero.
Tonificación fortalecimiento, vigorización, estimulación, estímulo, robustecimiento.
Tonificador v. tónico.
Tonificante v. tónico.
Tonificar vigorizar, fortalecer, reconstituir, reconfortar, estimular, robustecer, reanimar, entonar, fortificar, reforzar, recuperar, restablecer.
Tonillo acento, dejo, inflexión, pronunciación, v. tono.
Tonina delfín, marsopa, cetáceo || atún, pez.
Tono elevación, altura del sonido, voz, inflexión, dejo, tonillo, entonación, pronunciación, modulación, acento, matiz, tonalidad, expresión || aptitud, energía, carácter, fuerza, vigor, tonicidad, tensión, contracción || importancia, bombo, vanagloria, jactancia.
Tonsila amígdala, glándula, excrecencia, carnosidad.
Tonsura rapadura, corte de pelo, grado, preparación, orden.
Tonsurado ordenado, hermano, fraile, religioso v.
Tonsurar rapar, cortar el pelo, ordenar, graduar.
Tontada v. tontería.
Tontaina v. tonto.
Tontamente neciamente, estúpidamente, torpemente, ineptamente, v. tonto.
Tontear bobear, disparatar, fantochear, hacer tonterías.
Tontería bobada, bobería, simpleza, torpeza, sandez, idiotez, ineptitud, imbecilidad, mentecatez, estulticia, estolidez, estupidez, inepcia, gansada, necedad, gedeonada, vaciedad, vacuidad, puerilidad, fantochada, botaratada, dislate, disparate, sosería, asnada, primada, ingenuidad, majadería, barbaridad, memez.
Tonto necio, estúpido, torpe, inepto, imbécil, idiota, sandio, simple, estólido, estulto, bobo, mentecato, vacío, vacuo, gedeón, ganso, botarate, fantoche, pueril, majadero, ingenuo, primo, asno, borrico, soso, disparatado, memo, obtuso, corto, bobalicón, zote, tardo, lelo, porro, negado, zopenco, beocio.
Topacio gema, cristal, piedra preciosa.
Topada v. topetazo.
Topar chocar, tropezar, percutir, dar, pegar, encontrarse, colisionar, tocarse, rozar, precipitarse, batir, golpear, trompicar, topetear, hallarse.
Tope parachoques, pieza, aparato, artefacto protector, barra || extremo, fin, final, borde, extremidad, canto, punta, remate, máximo, límite.
Topera madriguera, topinera, agujero, guarida del topo.
Topetada v. topetazo.
Topetazo choque, topada, topetada, golpe, tropiezo, trompicón, molondrón, colisión, encuentro, percusión, tropiezo, golpazo, encontronazo.
Tópico vulgaridad, trivialidad, chabacanería, lugares comunes, frase hecha || trivial, vulgar, común, adocenado, manido, sobado, gastado || toque, remedio, medicina, ungüento, preparado, medicamento externo.
Topografía relieve, configuración, aspecto, características, altura del terreno, planimetría, geodesia, altimetría.
Topográfico geodésico, planimétrico, superficial, altimétrico, geográfico.
Toponimia significado, origen, estudio de los nombres.

TOQUE

Toque contacto, roce, arrimo, fricción, unión, reunión, empalme, relación, sobo, manipulación, manoseo, caricia || golpe, pincelada, rectificación, cambio, reforma, ajuste, remate || llamada, señal, clarinazo, aviso, trompetazo, diana, orden, mando, retreta, fajina, marcha, advertencia, indicación, llamamiento || tañido, rebato, redoble, repique, son, campaneo, volteo, rasgueo, pulsación || busilis, quid, miga, esencia, fundamento, motivo.

Toquetear sobar, manosear, rozar, manipular, acariciar, palpar, tentar, restregar, andar, hurgar, cosquillear, tocar.

Toquilla pañoleta, toca, pañuelo, pañolón, rebociño, capidengue, impla.

Torácico pectoral, pulmonar, costal, mamario, respiratorio.

Torada manada, rebaño, hato, tropa.

Toral principal, fundamental, básico.

Tórax pecho, busto, armazón, caja, cavidad costal.

Toráxico * v. torácico.

Torbellino vorágine, vórtice, remolino, manga, ciclón, tolvanera, espiral, embudo, giro, rotación, revuelta, hoya, poza, rápido, corriente || aglomeración, turba, revuelo, revolución, convulsión, tumulto, conmoción || vertiginoso, impetuoso, alocado, arrebatado, apresurado, precipitado, impulsivo, atolondrado, vehemente, violento, ardoroso.

Torcedura distensión, dislocación, luxación, esguince, descoyuntamiento || retorcimiento, v. torsión.

Torcer enroscar, retorcer, ensortijar, encrespar, rizar, encarrujar, arrugar, atornillar, arrollar, enrollar, liar, plegar || arquear, pandear, doblar, alabear, enarcar, cimbrar, combar, quebrar, encorvar, jorobar, roblonar, flexionar, curvar || desviarse, girar, volver, cambiar, mudar, separarse, apartarse, alejarse, virar, vagar, perderse, marcharse || luxar, distender, dislocar, descoyuntar, accidentar, lesionar || Torcerse descarriarse, perderse, desviarse, corromperse, enviciarse, arruinarse, empecinarse, rebelarse.

Torcida pabilo, mecha, algodón.

Torcido enroscado, retorcido, encarrujado, rizado, encrespado, ensortijado, ondulado, corvo, plegado, liado, enrollado, arrollado, atornillado, arrugado || doblado, pandeado, arqueado, quebrado, combado, cimbrado, enarcado, alabeado, flexionado, curvado, jorobado, encorvado, sesgado, oblicuo, desordenado, sinuoso, tortuoso, transversal, separado, apartado, desviado || descarriado, arruinado, corrompido, desviado, perdido, enviciado, empecinado, rebelde || luxado, distendido, lesionado, accidentado, descoyuntado, dislocado.

Torcimiento v. torsión.

Tordillo v. tordo.

Tordo pardo, gris, cano, negro y blanco || estornino, alirrojo, ave, pájaro.

Toreador v. torero.

Torear lidiar, muletear, banderillear, trastear, picar, capear, matar, apuntillar, descabellar, rejonear, estoquear.

Toreo faena, lidia, corrida, encierro, novillada, becerrada, capea, tienta, lid, fiesta, festejo, espectáculo, rejoneo, suerte, quite, capoteo, puyazo, pinchazo, estocada, rejonazo, trasteo, muletazo.

Torera chaquetilla, bolero, guayabera, chaleco, prenda.

Torería matadores, diestros, v. torero.

Torero diestro, matador, lidiador, toreador, espada, maestro, estoqueador, novillero, becerrista, banderillero, picador, rejoneador.

TORÉS bocel, moldura, toro.
TORETE torillo, torito, novillo, becerro, toro v.
TORIL encierro, redil, encerradero, cuadra, establo, corral.
TORITO v. torete.
TORMENTA temporal, galerna, tempestad, turbión, tromba, borrasca, inclemencia, cerrazón, cellisca, tronada, torbellino, ráfaga, argavieso, ventarrón, ventisca, tifón, huracán, tornado, ciclón, aguacero, diluvio, lluvia, chaparrón, granizada, nevada, precipitación, manga || riña, pelea, pugna, discusión.
TORMENTO suplicio, martirio, tortura, muerte, padecimiento, dolor, sacrificio, sufrimiento, aureola, persecución, santidad, abnegación, inmolación || fastidio, molestia, engorro, insistencia, fatiga, pena, ajetreo, congoja, cuita, aflicción, angustia, remordimiento.
TORMENTOSO borrascoso, tempestuoso, atemporalado, proceloso, cerrado, cubierto, turbulento, riguroso, inclemente, nublado, lluvioso, huracanado, ventoso, agitado, encrespado, obscuro, gris.
TORMO v. terrón.
TORNA cambio, inversión, vuelta, regreso, tornada, arribo.
TORNADIZO voluble, inconstante, veleidoso, liviano, frívolo, mudable, ligero, desigual, caprichoso, inconsecuente, inestable, variable, versátil.
TORNADO huracán, tifón, ciclón, torbellino, manga, ventarrón, tromba, tempestad, tormenta v.
TORNAR regresar, retornar, volver, venir, llegar, repatriarse, reaparecer, reintegrarse, reanudar, reemprender, retroceder, iniciar, comenzar, insistir || devolver, reintegrar, restituir, reponer, rehabilitar || cambiar, transformar, mudar, trocar, permutar, rectificar.
TORNASOL reflejo, irisación, viso, fulgor, matiz, coloración.
TORNASOLADO, irisado, iridiscente, refulgente, jaspeado, resplandeciente, matizado, coloreado.
TORNASOLAR irisar, refulgir, jaspear, resplandecer, matizar, colorear, centellear, relucir.
TORNEAR labrar, formar, trabajar, redondear, pulimentar, pulir, confeccionar, fabricar.
TORNEO combate, justa, liza, desafío, certamen, concurso, lucha, pugna, pelea, emulación, competencia, prueba, juicio de Dios.
TORNERO operario, obrero, oficial, mecánico.
TORNILLO perno, rosca, paso, tuerca, clavo, remache, pieza.
TORNIQUETE ligadura, venda, atadura.
TORNISCÓN pellizco, cachete, mojicón, soplamocos v.
TORNO barra, cilindro, eje, rueda || cabrestante, malacate, chigre, grúa, güinche || estante, casilla, armazón, hueco, ventanilla.
TORO astado, cornúpeta, bovino, vacuno, morlaco, mamífero, animal || moldura, torés, bocel.
TORONJA agrio, cidro, fruto, naranja.
TOROZÓN inquietud, respingo, desazón, sobresalto.
TORPE desmañado, tosco, rudo, incapaz, inepto, inservible, patoso, chambón, tardo, obtuso, zopenco, desgarbado, inhábil, incompetente, nulo, negado, inútil, inexperto, cerrado, premioso, pasmarote || deshonesto, lascivo, licencioso, lúbrico, vicioso, ignominioso, infame, vil.
TORPEDEAR atacar, disparar, lanzar, arrojar torpedos || impedir, cortar, vetar, entorpecer, inutilizar, tumbar, evitar, anular, arruinar, estropear.
TORPEDERO torpedera, lancha rápida, cañonera, destructor, buque de guerra.
TORPEDO proyectil, artefacto, arma submarina.
TORPEMENTE desmañadamente, toscamente, rudamente, patosamente, v. torpe.
TORPEZA incapacidad, tosquedad, ineptitud, incompetencia, pre-

Torpor miosidad, inexperiencia, inutilidad, nulidad, necedad, desmaña, ignorancia, impericia, imprevisión, estupidez, desacierto, error, aturdimiento, equivocación, v. torpor.

Torpor entumecimiento, envaramiento, modorra, letargo, insensibilidad, sopor.

Torrado v. tostado.

Torrar v. tostar.

Torre atalaya, torreón, campanario, barbacana, fortificación, baluarte, fortín, ciudadela, refugio, saetera, tronera, torrecilla, defensa, reducto.

Torrefacción tueste, tostadura, tostado, torrado.

Torrefacto café, sucedáneo, achicoria || v. tostado.

Torrencial impetuoso, tempestuoso, tormentoso, desencadenado, incontenible, arrasador, violento, furioso, caudaloso.

Torrente rabión, corriente, torrentera, rápidos, catarata, cascada, salto, chorro, regato, arroyo, riachuelo, afluente, río.

Torrentera cauce, lecho, madre, álveo.

Torreón v. torre.

Torrezno trozo, pedazo de tocino frito.

Tórrido ardiente, caliente, cálido, sofocante, abrasador, canicular, tropical, bochornoso.

Torrija picatoste, tostada, rebanada, tajada de pan.

Torsión retorcimiento, flexión, encorvamiento, arqueamiento, giro, vuelta, combadura, cimbreo, alabeo, doblez, pandeo, arqueo, encrespamiento, rosca, rizo.

Torso tronco, busto, tórax, pecho, caja || talla, estatua, escultura.

Torta bizcocho, rosco, rosca, pastel, tarta, masa, pasta, golosina, dulce, bollo, ensaimada, magdalena, trenza, suizo, galleta || bofetada, v. tortazo.

Tortazo bofetón, torta, bofetada, cachete, guantazo, mamporro, revés, pescozón, trompada, manotazo, moquete, sopapo, soplamocos, chuleta, galleta, mojicón, metido, tapaboca, puñada, puñetazo, trompazo.

Tortícolis inmovilidad, dolor de cuello.

Tortilla fritada, torta v., huevos batidos.

Tortillera * tríbada, lesbiana, viciosa, sáfica, lesbia, pervertida, homosexual femenina.

Tórtola paloma, pichón, palomino, torcaz, ave.

Tórtolo enamorado, amartelado, galán, cortejador, galanteador, novio, acaramelado, tierno.

Tortuga galápago, quelonio, reptil, carey, calapé.

Tortuoso solapado, avieso, taimado, disimulado, cauteloso, astuto, maquiavélico, marrullero, artero, zorro, retorcido, sutil, refinado || sinuoso, ondulante, serpenteante, zigzagueante, torcido, ondulado, curvo, escabroso, anfractuoso, retorcido, laberíntico, agreste.

Tortura martirio, tormento, suplicio, padecimiento, dolor, sufrimiento, sacrificio, muerte, persecución, aureola, abnegación, inmolación || fastidio, molestia, engorro, fatiga, pena, ajetreo, incertidumbre, zozobra, congoja, cuita, aflicción, angustia, desazón, remordimiento.

Torturador verdugo, atormentador, martirizador, martirizante, doloroso, insoportable, angustioso, lacerante.

Torturar atormentar, martirizar, lacerar, matar, sacrificar, inmolar, perseguir, hostigar, acosar, crucificar || afligir, angustiar, acongojar, remorder, apesadumbrar, entristecer, reconcomer.

Torunda bolita, pelotita, clavo de hilas.

Torvo avieso, fiero, hosco, siniestro, amenazador, terrible, horrible, patibulario, espantable.

Torzal cordoncillo, trencilla, cordel.

Tos espasmo, convulsión, acceso, sacudida, crispación, carraspeo, expectoración.

Toscamente rudamente, bastamente, ordinariamente, vulgarmente, v. tosco.

Tosco rudo, ordinario, vulgar, grosero, cerril, patán, palurdo, cafre, ramplón inculto, ignorante, agreste, chabacano, brusco, zafio, bronco || áspero, basto, rugoso, desigual, burdo, chapucero, rudimentario.

Toser carraspear, crisparse, sacudirse, expectorar.

Tósigo v. tóxico.

Tosquedad ordinariez, incultura, grosería, cerrilidad, vulgaridad, rudeza, zafiedad, brusquedad, chabacanería, ignorancia, ramplonería, patanería || aspereza, rugosidad, desigualdad, chapucería, imperfección.

Tostada rebanada, tajada, trozo de pan tostado, picatoste, torrija, tostón.

Tostado atezado, bronceado, obscuro, asoleado, moreno, negro, curtido, broncíneo, aceitunado || quemado, asado, dorado, chamuscado, horneado, cocido.

Tostadora artefacto, aparato, electrodoméstico.

Tostadura tueste, tostado, dorado, asado, horneado, cocido, torrefacción.

Tostar asar, dorar, calentar, torrar, soflamar, *rustir*, torrefactar, cocer, cocinar, quemar, chamuscar || Tostarse curtirse, broncearse, quemarse, atezarse, dorarse, asolearse, obscurecerse, ennegrecerse.

Tostón pesadez, tabarra, lata, rollo, matraca, pejiguera, monserga, fastidio || v. tostada.

Tour * v. *tournée* || Tour de force * prueba, esfuerzo, alarde, hazaña.

Tournée * excursión, gira, expedición, viaje.

Total suma, resumen, monta, adición, resultado, cuenta, todo, integridad, conjunto, universalidad, totalidad || general, universal, absoluto, íntegro, completo, cabal, acabado, cumplido, perfecto, consumado, rematado, entero, apurado, único, indiviso, inseparable.

Totalidad generalidad, universalidad, v. total.

Totalitario absolutista, extremista, arbitrario, dominante, fanático, exaltado.

Totalitarismo absolutismo, v. totalitario.

Totalmente enteramente, completamente, absolutamente, íntegramente, v. total.

Tótem emblema, efigie, ídolo, deidad, talismán, elemento protector, ascendiente, progenitor.

Tóxico veneno, tósigo, ponzoña, toxina, virus, pócima, bebedizo || ponzoñoso, venenoso, virulento, infecto, deletéreo, intoxicante, dañino, perjudicial.

Toxicólogo perito, experto, especialista, médico, farmacólogo, químico, farmacéutico.

Toxicomanía vicio, morfinomanía.

Toxicómano vicioso, perdido, drogado, adicto, morfinómano, cocainómano.

Toxina v. tóxico.

Toza corteza, madero, leño, tocón.

Tozudez terquedad, obstinación, tenacidad, empecinamiento, testarudez, obcecación, contumacia, impertinencia, impenitencia, porfía, pertinacia, capricho, empeño, obsesión, ofuscación, intransigencia, resistencia, cabezonería, necedad.

Tozudo obstinado, testarudo, terco, tenaz, empecinado, impertinente, contumaz, obcecado, pertinaz, obsesionado, empeñado, encaprichado, caprichoso, porfiado, impenitente, intransigente, ofuscado, necio.

Traba estorbo, impedimento, obstáculo, dificultad, inconveniente, freno, barrera, engorro, rémora, escollo, atasco, tropiezo || barra, varilla, palo, ligadura, atadura, trinqueta.

Trabado atado, sujeto, ligado, frenado, atascado, asegurado, inmovilizado || fornido, robusto, nervudo, membrado || espeso, concentrado, tupido.

TRABAJADO agobiado, gastado, desgastado, usado, aperreado, encallecido, molido.

TRABAJADOR laborioso, diligente, aplicado, asiduo, estudioso, esforzado, dedicado, solícito, celoso, cuidadoso, tenaz, perseverante, afanoso, codicioso, industrioso, incansable, hacendoso || obrero, productor, asalariado, jornalero, artesano, operario, bracero, proletario, peón, menestral, aprendiz, gañán, labrador, labriego, campesino, empleado.

TRABAJAR laborar, hacer, fabricar, elaborar, producir, bregar, pelear, actuar, obrar, afanarse, matarse, ganar, sudar, agenciárselas, buscar, azacanarse, aperrearse, aplicarse, esforzarse, estudiar, investigar, dedicarse, perseverar, labrar, cultivar.

TRABAJERA molestia, pejiguera, obligación, pesadez.

TRABAJO tarea, faena, labor, ocupación, función, cuidado, misión, fajina, trajín, obra, quehacer, deber, afán, cometido, empresa, operación, profesión, obligación, responsabilidad || esfuerzo, molestia, sudor, dolo, pena, martirio, padecimiento, penalidad, ajetreo, agotamiento, forcejeo, batalla, lucha, pugna || análisis, estudio, ensayo, monografía, escrito, obra, investigación, tesis, tratado, artículo, memoria, resumen, publicación, examen.

TRABAJOSAMENTE penosamente, laboriosamente, afanosamente, v. trabajoso.

TRABAJOSO laborioso, penoso, afanoso, doloroso, sudoroso, molesto, agotador, arrastrado, ímprobo, ingrato, oneroso, difícil, costoso.

TRABAR juntar, enlazar, unir, concordar, prender, agarrar, inmovilizar, sujetar, entablar, reunir, coordinar || comenzar, iniciar, empezar, inaugurar, emprender, acometer || espesar, condensar, concentrar, tupir, aglomerar || TRABARSE tartamudear, entorpecerse la lengua.

TRABAZÓN enlace, unión, relación, concordancia, reunión, coordinación, encadenamiento, ensambladura, vínculo, ligazón, conexión, contacto.

TRABILLA tira, cinta, franja, banda, cincha.

TRABUCAR trastornar, ofuscar, perturbar, alterar, desordenar, enredar, trastrocar, cambiar, confundir, perturbar, descomponer, embrollar.

TRABUCO arcabuz, naranjero, bocarda, retaco, sofión, macareno, mosquete, escopeta, tercerola.

TRACA ristra, sarta, serie de petardos, de cohetes.

TRACCIÓN extensión, tensión, tirón, estirón, arrastre, remolque, estrepada, ensanchamiento, fuerza, empuje, dilatación, acarreo, traslado.

TRACOMA conjuntivitis, dolencia, enfermedad contagiosa.

TRACTO espacio, medida, porción, parte, trozo || paso, transcurso, tiempo.

TRACTOR remolcador, propulsor, motor, impulsor, vehículo, máquina, artefacto.

TRADE MARK * marca registrada, registrado.

TRADICIÓN costumbre, carácter, folklore, uso, modo, usanza, estilo, hábito, pasado, leyenda, mito, quimera, relato, creencia, romance, epopeya, historia, gesta, anales, fastos, testimonio.

TRADICIONAL proverbial, ancestral, legendario, característico, propio, peculiar, folklórico, arraigado, enraizado, inveterado, consagrado, popular, acostumbrado, usual.

TRADICIONALISTA conservador, moderado, apegado, reaccionario, rancio.

TRADICIONALMENTE proverbialmente, legendariamente, característicamente, v. tradicional.

TRADUCCIÓN versión, transcripción, interpretación, sentido, trasla-

ción, composición, redacción, escrito.
TRADUCIR descifrar, transcribir, verter, trasladar, interpretar, redactar, componer, explicar, glosar, aclarar, dilucidar mudar, volver, convertir, trocar, cambiar.
TRADUCTOR intérprete, redactor, escritor, versor, comentarista, trujamán, expositor, glosador.
TRAER trasladar, llevar, transferir, conducir, aportar, atraer, aproximar, acercar, guiar, manejar, empujar, tirar de || lucir, llevar, usar, vestir, ponerse.
TRAFAGAR v. traficar.
TRÁFAGO v. tráfico.
TRAFICANTE comerciante, negociante, mercader, tratante, mercante, financiero, comprador, vendedor, especulador, tendero, consignatario, comisionista, mayorista, minorista, intermediario, viajante, marchante, cambalachero, buhonero, importador, exportador.
TRAFICAR comerciar, negociar, intercambiar, comprar, vender, especular, mercar, cambalachear, trapichear, tratar, financiar, consignar, exportar, importar, mediar.
TRÁFICO negocio, comercio, intercambio, tráfago, trato, consignación, especulación, compra, venta, permuta, trueque, canje, cambalache, trapicheo, exportación, importación, compraventa || circulación, tránsito, tráfago, movimiento, paso, transporte, locomoción, desfile, caravana.
TRAGADERAS boca, tragadero, faringe, fauces, gaznate, garganta || credulidad, ingenuidad, inocencia, creederas, buena fe, estómago, capacidad, aguante.
TRAGADERO v. tragaderas.
TRAGAHOMBRES perdonavidas, bravucón, fanfarrón, matamoros, matasiete, chulo, matón, farfantón.
TRÁGALA remoquete, verdad, pulla.
TRAGALDABAS v. tragón.
TRAGALUZ lumbrera, lucerna, ventana, claraboya, ventanal, ventanuco, cristalera, abertura, hueco, portillo.
TRAGANTÓN v. tragón.
TRAGANTONA comilona, banquete, festín, cuchipanda, comida, gaudeamus, convite, orgía, bacanal, francachela, piripipao, ágape, hartazgo, colación.
TRAGAPERRAS máquina, aparato, artefacto automático, báscula.
TRAGAR engullir, devorar, comer, pasar, ingerir, deglutir, ingurgitar, embuchar, manducar, zampar, embaular, atragantarse, atiborrarse, beber, absorber, consumir, gastar || soportar, tolerar, aguantar, sufrir, creer, admitir, aceptar || hundir, abismar, engullir, desaparecer.
TRAGASANTOS beato, santurrón, mojigato.
TRAGAVIROTES estirado, envanecido, empingorotado, solemne, pomposo, erguido.
TRAGAZÓN v. tragonería.
TRAGEDIA fatalidad, desastre, calamidad, catástrofe, siniestro, desdicha, desgracia, infortunio, percance, desventura, conflicto, cuita, adversidad, plaga, contratiempo, cataclismo, calvario, hecatombe, pena, ruina, drama, devastación, accidente, mortandad, revés.
TRÁGICO infortunado, desdichado, desgraciado, siniestro, catastrófico, calamitoso, desastroso, fatal, ruinoso, desventurado, adverso, dramático, penoso, amargo. ominoso, aciago, lúgubre, fatídico, nefasto, fatal, triste, funesto, infausto, mortal.
TRAGICOMEDIA melodrama, comedia, drama, farsa, ficción.
TRAGICÓMICO melodramático, cómico, dramático, teatral, ridículo, aparatoso.
TRAGO deglución, ingurgitación, ingestión, sorbo, bocado, engullimiento, bocanada, bocado || infortunio, adversidad, desdicha, cuita.
TRAGÓN comilón, glotón, hambrón, voraz, insaciable, hambriento, gargantúa, intemperante, devo-

rador, ávido, tragaldabas, heliogábalo, ansioso, zampabollos.
TRAGONERÍA glotonería, gula, voracidad, apetito, avidez, ansia, intemperancia, hambronería, apetito, hambre.
TRAICIÓN alevosía, deslealtad, infidelidad, felonía, perjurio, indignidad, ingratitud, deserción, falsedad, defección, intriga, artificio, estratagema, falsía, villanía, infamia, vileza, apostasía, engaño, mentira, insidia, delación, entrega, mala fe, conspiración, conjura, complot, maquinación.
TRAICIONAR vender, engañar, entregar, descubrir, denunciar, delatar, desertar, abandonar, apostatar, pasarse, mentir, envilecerse, degradarse, infamarse, falsear, intrigar, conspirar, maquinar.
TRAICIONERO v. traidor.
TRAÍDA conducción, canalización, conducto.
TRAÍDO gastado, usado, ajado, manoseado, llevado, manido, sobado, raído.
TRAIDOR traicionero, desleal, renegado, perjuro, alevoso, pérfido, felón, infiel, ingrato, indigno, engañoso, intrigante, villano, desertor, delator, confidente, fementido, aleve, adúltero, impío, vil, falso, tránsfuga, judas, vendido, insidioso, conspirador, conjurado.
TRAIDORAMENTE traicioneramente, deslealmente, perjuramente, alevosamente, v. traidor.
TRAILER * avance, adelanto, resumen, sinopsis, fragmento de película.
TRAÍLLA correa, cuerda, cinto, cinturón, tralla, cuero, traba, correaje || jauría, pareja, perros.
TRAINERA barca, lancha, embarcación de pesca.
TRAJE terno, prenda, indumento, atavío, vestidura, ropaje, vestido, vestimenta, indumentaria, atuendo, vestuario, trapos, galas, hábito.
TRAJÍN ajetreo, brega, ocupación, zarandeo, traqueteo, movimiento, agitación, trabajo, fajina, sudor, afán, esfuerzo, forcejeo || ida, venida, circulación, tránsito, tráfago, viaje.
TRAJINANTE v. trajinero.
TRAJINAR trabajar, bregar, lidiar, ajetrearse, agitarse, afanarse, moverse, esforzarse, insistir, menearse, fatigarse, cansarse, luchar, pugnar, forcejear, sudar || transportar, acarrear, trasladar, llevar, conducir.
TRAJINERO porteador, transportador, acarreador, trajinante, arriero, *transportista*.
TRALLA látigo, trencilla, traílla, zurriago, fusta, vergajo, azote, cordel, cuerda, soga, bramante.
TRALLAZO vergajazo, fustazo, latigazo, azote, azotazo, zurriagazo, golpe, chasquido.
TRAMA urdimbre, red, tejido, malla, textura, punto || argumento, materia, asunto, tema, idea, motivo, cuestión, fondo, texto, enredo, intriga, artificio, maquinación, confabulación, plan, conspiración, trampa v.
TRAMAR planear, maquinar, idear, urdir, forjar, preparar, fraguar, organizar, confabularse, intrigar, enredar, conspirar, maniobrar, conjurarse, manejar, tejer, traicionar.
TRAMITACIÓN v. trámite.
TRAMITAR gestionar, despachar, negociar, solventar, comisionar, diligenciar, tratar, formalizar, proceder, encargarse, solucionar, procurar, asesorar, resolver, administrar, facilitar, expedir.
TRÁMITE expediente, diligencia, gestión, tramitación, despacho, negocio, comisión, encargo, representación, procedimiento, oficio, tarea, servicio, misión, cometido, mandado, entrevista, asunto.
TRAMO trecho, parte, trozo, ramal, tiro, distancia, tirada, intervalo, espacio, recorrido, trayecto.
TRAMONTANA ventarrón, vendaval, ventisca, viento del norte || soberbia, altivez, vanidad.
TRAMONTANO del otro lado, más allá de los montes.

Tramoya maquinaria, aparato, máquina, artefacto, decorado, escenografía, ingenio, artilugio || enredo, farsa, comedia, engaño, trampa v.

Tramoyista engañoso, embaucador, v. tramposo.

Trampa ardid, artificio, estratagema, celada, asechanza, engaño, fraude, treta, insidia, zancadilla, emboscada, sorpresa, maquinación, intriga, confabulación, conspiración, plan, estafa, timo, deuda, anzuelo, escondite, añagaza || cepo, garlito, lazo, red, cebo, armadijo, nasa, buitrón, armatoste, artefacto || puerta, tabla, losa, portillo, tapa, portezuela, trampilla.

Trampear sablear, estafar, engañar, petardear, timar, sacar, quitar, entramparse, adeudar.

Trampero * cazador, alimañero, montero, lacero, ojeador, guía, batidor, perdiguero, huronero, acechador.

Trampilla ventanilla, portezuela, portillo, trampa, tapa, postigo, tabla.

Trampolín plataforma, plancha, tablón, tabla, plano, peana, tablazón.

Tramposo embustero, petardista, sablista, moroso, estafador, timador, engañoso, deudor, embaucador, bribón, defraudador, pícaro pillo, charlatán, farsante, chantajista, tahúr.

Tranca garrote, palo, leño, estaca, madero, rama, cayado, porra, bastón, tronco, vara || curda, borrachera, mona.

Trancada v. tranco.

Trancazo estacazo, garrotazo, bastonazo, leñazo, porrazo, golpe, varazo, golpacho, varapalo, trastazo.

Trance brete, apuro, compromiso, aprieto, dificultad, necesidad, tribulación, ahogo, acoso, problema, dilema, peligro, tragedia, momento crítico.

Tranco zancada, paso, trancada, marcha.

Tranquilamente serenamente, apaciblemente, sosegadamente, v. tranquilidad.

Tranquilidad serenidad, sosiego, apacibilidad, reposo, paz, quietud, placidez, calma, silencio, ocio, moderación, descanso, suavidad, mansedumbre, bienestar, seguridad, confianza, bonanza, entereza || pachorra, flema, frialdad, parsimonia, cachaza, cuajo, lentitud, tardanza, informalidad.

Tranquilizador confortador, alentador, reanimador, esperanzador, consolador, sedante, tranquilizante v.

Tranquilizante sedante, calmante, paliativo, sedativo, lenitivo, droga, barbitúrico, hipnótico, medicamento.

Tranquilizar calmar, aplacar, apaciguar, aquietar, acallar, sosegar, suavizar, sedar, paliar, templar, apagar, enfriar, moderar, serenar, silenciar, confortar, alentar, reanimar, consolar, adormecerse, dormirse, reposar, reponerse, rehacerse.

Tranquilo reposado, pacífico, apacible, sosegado, descansado, moderado, silencioso, calmado, calmoso, plácido, quieto, manso, suave || imperturbable, impertérrito, sereno, flemático, frío, fresco, descarado, parsimonioso, cachazudo, indolente, lento, apático, perezoso.

Tranquillo hábito, costumbre, uso, práctica, maña, rutina, estribillo.

Trans- del otro lado, más allá, a través de.

Transacción convenio, negocio, intercambio, trato, asunto, avenencia, acuerdo, componenda, pacto, arreglo, tratado, compromiso, estipulación, negociación, firma.

Transatlántico ultramarino, transmarino, lejano, transoceánico || buque, paquebote, paquete, correo, vapor, motonave, navío, embarcación, barco v.

Transbordador embarcación, lancha, lanchón, pontón, barco || puente, barquilla, funicular.

Transbordar trasladar, transportar, pasar, cruzar, transferir, comunicar.

TRANSBORDO transporte, traslado, cruce, paso, comunicación, transferencia.

TRANSCRIBIR reproducir, copiar, duplicar, trasladar, extractar, resumir, calcar, trasuntar, imitar, arreglar.

TRANSCRIPCIÓN copia, reproducción, traslación, duplicado, calco, trasunto, resumen, extracto, imitación, arreglo.

TRANSCURRIR pasar, sucederse, correr, avanzar, marchar, deslizarse, durar, espaciarse, cumplirse, verificarse, producirse, acontecer, llegar.

TRANSCURSO sucesión, paso, curso, duración, lapso, intervalo, plazo, decurso, tiempo, temporada, época, espacio, tracto, carrera, proceso, marcha, avance.

TRANSEÚNTE peatón, viandante, caminante, paseante, andarín, andariego, ambulante, peón, pasajero, turista, viajero, errante || transitorio, temporal, provisional, interino, momentáneo, provisorio.

TRANSFERENCIA traspaso, traslado, cesión, transmisión, abandono, entrega, abono, pago, cambio.

TRANSFERIBLE v. transmisible.

TRANSFERIR ceder, transmitir, traspasar, trasladar, cambiar, trasegar, transvasar, pasar, entregar, abonar, pagar, llevar, transportar, renunciar.

TRANSFIGURACIÓN v. transformación.
TRANSFIGURADO v. transformado.
TRANSFIGURAR v. transformar.

TRANSFORMABLE cambiable, abatible, desmontable, desarmable, separable, cómodo, práctico.

TRANSFORMACIÓN cambio, metamorfosis, variación, transfiguración, modificación, mudanza, mutación, transubstanciación, conversión, transmutación, alteración, rectificación, reforma, metempsicosis, innovación, giro, corrección, renovación, evolución.

TRANSFORMADO cambiado, metamorfoseado, transfigurado, modificado, convertido, converso, reformado, recticado, alterado, renovado, transmutado, corregido, variado, innovado, evolucionado.

TRANSFORMADOR convertidor, aparato eléctrico.

TRANSFORMAR modificar, transfigurar, variar, metamorfosear, cambiar, convertir, transubstanciar, mudar, modificar, reformar, rectificar, alterar, transmutar, renovar, evolucionar, girar, variar, innovar, corregir.

TRÁNSFUGA fugitivo, evadido, prófugo, huido, fugado, escapado, desertor, traidor, desleal, infiel.

TRANSFUSIÓN inyección, aplicación, suministro, administración, dosificación, tratamiento.

TRANSGREDIR infringir, quebrantar, vulnerar, romper, violar, pisotear, cometer, atropellar, pecar, faltar, desobedecer, contravenir, incurrir, delinquir, atentar.

TRANSGRESIÓN violación, infracción, vulneración, desobediencia, quebrantamiento, falta, pecado, atropello, atentado, delito, contravención.

TRANSGRESOR contraventor, violador, vulnerador, infractor, quebrantador, desobediente, pecador, delincuente, culpable, inobservante.

TRANSICIÓN paso, cambio, mudanza, v. transformación.

TRANSIDO agobiado, abrumado, angustiado, consumido, aterido, helado, traspasado.

TRANSIGENCIA consentimiento, condescendencia, contemporización, cesión, concesión, otorgamiento, asenso, anuencia, conformidad, aquiescencia, tolerancia, aguante, resignación, acomodo, indulgencia, complacencia, benevolencia.

TRANSIGENTE condescendiente, tolerante, indulgente, complaciente, benévolo, resignado, aguantador, aquiescente, conforme, contemporizador, bonachón.

TRANSIGIR tolerar, condescender, complacer, acceder, contemporizar, otorgar, conceder, ceder, resignarse, aceptar, aguantar, doblegarse, doblarse, acomodarse, pactar, prestarse, dignarse, consentir.

Transistor radio, aparato, receptor, radiorreceptor portátil.

Transitable practicable, expedito, libre, despejado, abierto, desembarazado, franqueable, vadeable.

Transitado concurrido, frecuentado, animado, lleno, atestado, cruzado, atravesado, utilizado.

Transitar pasar, circular, recorrer, viajar, salvar, vadear, andar, pasear, deambular, atravesar, caminar, traspasar, desfilar, franquear, cruzar, entrar, salir, ir, venir.

Tránsito circulación, tráfago, locomoción, transporte, tráfico, movimiento || paso, comunicación, camino, cruce, entrada, salida, ida, venida, trayecto, recorrido, carrera, paseo, viaje || defunción, muerte, fallecimiento, desaparición.

Transitoriamente provisionalmente, temporalmente, momentáneamente, v. transitorio.

Transitoriedad brevedad, fugacidad, caducidad, interinidad, brevedad, cortedad.

Transitorio provisional, temporal, momentáneo, pasajero, corto, fugaz, breve, efímero, precario, interino, circunstancial, accidental, perecedero, caduco.

Translación v. traslación.

Translúcido claro, transparente, transluciente, borroso, opaco, diáfano, limpio, opalino, esmerilado.

Transmarino v. transatlántico.

Transmigración paso, traslado, cambio, emigración.

Transmisible transferible, traspasable, endosable, negociable, enajenable, alienable, infeccioso, contagioso, trasladable.

Transmisión traspaso, transferencia, traslado, cesión, abandono, abono, envío, delegación, entrega, donación, pago, concesión, licencia || mecanismo, comunicación, eje, embrague, rueda, engranaje, piñones || audición, difusión, emisión, radiación, programa, espacio, retransmisión.

Transmisor emisora, estación, emisor, radio, difusora, aparato, receptor.

Transmitir emitir, difundir, radiar, perifonear, propalar, retransmitir || trasladar, transferir, traspasar, ceder, entregar, delegar, donar, pagar, conceder, negociar, enajenar || contagiar, pegar, contaminar, infectar, inocular.

Transmutación v. transformación.

Transmutar v. transformar.

Transoceánico transatlántico, ultramarino, transmarino, lejano.

Transparencia diafanidad, claridad, nitidez, limpieza, limpidez, translucidez, trasluz, luminosidad.

Transparentarse entreverse, traslucirse, descubrirse, clarearse, observarse, adivinarse, dejarse ver.

Transparente diáfano, claro, limpio, límpido, translúcido, luminoso, hialino, tenue, neto, terso, puro, cristalino, opalino, opalescente.

Transpirable absorbente, poroso, higiénico.

Transpiración sudor, excreción, eliminación, trasudor, secreción, sobaquina, catinga, humedad.

Transpirar sudar, excretar, eliminar, segregar, empaparse, humedecerse, rezumar, exudar, filtrarse, escurrirse, gotear, calar, perder.

Transplante * v. trasplante.

Transponer traspasar, v. trasponer.

Transportador conductor, acarreador, porteador, trajinero, transportista || círculo graduado, medidor de ángulos.

Transportar acarrear, llevar, cargar, traer, trasladar, transferir, trasplantar, trajinar, portear, enviar, facturar, embalar, escoltar, exportar, mandar, mudar, transbordar, transitar, transvasar, mover, deslizar, correr, empujar, arrastrar, pasar || Trans-

TRANSPORTE

portarse enajenarse, arrebatarse, embelesarse, extasiarse, pasmarse, suspenderse, alelarse.

Transporte acarreo, traslado, carga, conducción, facturación, envío, transbordo, mudanza, exportación, importación, escolta, trasplante, transferencia, tránsito, empuje, arrastre, correo, traslación, viaje, porte, tránsito, pasaje || arrebato, enajenación, acceso, delirio, embeleso, demostración, manifestación, júbilo.

Transportín * trasportín, traspuntín, asiento suplementario.

Transposición superposición, ocultación, intercalación.

Transpuesto v. traspuesto.

Transubstanciación v. transformación.

Transvasar trasegar, cambiar, trasladar, desviar, transfundir, pasar, envasar, fraccionar, embotellar.

Transvase trasiego, transfundición, cambio, traslado, paso, desviación.

Transversal atravesado, cruzado, normal, oblicuo, torcido, colateral, apartado, desviado, transverso, de través.

Transverso v. transversal.

Tranvía vehículo, coche, vagón, medio de locomoción, transporte, servicio público, línea, jardinera.

Tranviario conductor, cobrador, empleado.

Trapa cister, orden religiosa, monástica, monacal, benedictina || alboroto, baraúnda, vocerío, tumulto, trápala.

Trapacear engañar, timar, embaucar, engatusar, embelecar, falsear, disimular, gitanear, embrollar.

Trapacería embeleco, trapaza, engaño, fraude, embrollo, falsedad, disimulo, timo, estafa, embaucamiento, gitanería, camelo, truco, picardía, argucia, superchería, marrullería.

Trapacero embaucador, pícaro, estafador, timador, cuentista, astuto, mentiroso, disimulado, marrullero, falso, engañoso, embrollón, pérfido.

Trapajo andrajo, pingo, guiñapo, estraza, harapo, jirón, piltrafa, gualdrapa, colgajo, desgarrón, trapo v.

Trapajoso estropajoso, defectuoso, tartajoso, tartamudo, confuso, ininteligible, gangoso, balbuciente || desastrado, andrajoso, roto, haraposo, desaseado.

Trápala baraúnda, confusión, vocerío, alboroto, desorden, ruido || engaño, embuste, mentira, estafa, timo, gitanería, fraude, v. trapacería || charlatán, v. trapacero.

Trapalón v. trapacero.

Trapatiesta alboroto, riña, pelea, disputa, escaramuza, pendencia, refriega, pelotera, gresca, marimorena, trifulca, reyerta.

Trapaza v. trapacería.

Trapecio columpio, barra, palo suspendido || cuadrilátero, polígono.

Trapense cisterciense, benedictino, monje, fraile, religioso.

Trapería quincallería, chamarilería, ropavejería, tenducho, tenderete, tugurio.

Trapero quincallero, chamarilero, ropavejero, tripicallero, botellero, casquero, basurero.

Trapiche molino, prensa.

Trapichear regatear, cambalachear, tratar, discutir, porfiar, rebuscárselas, agenciárselas.

Trapicheo regateo, discusión, trato, porfía, cambalacheo, búsqueda.

Trapiento harapiento, v. trapajoso.

Trapío garbo, gallardía, bravura, aire, planta.

Trapisonda embrollo, enredo, maraña, lío, trampa, engaño, fraude, estafa || bulla, alboroto, riña, pendencia.

Trapisondista lioso, embaucador, pícaro, estafador, engañoso, marrullero, falso, disimulado, timador, astuto, embrollón, intrigante, enredador.

Trapo paño, tela, género, tejido,

fieltro, lienzo, casimir || retal, recorte, retazo, sobrante || andrajo, v. trapajo.

Tráquea garganta, tubo, conducto, laringe, bronquios.

Traquetear agitar, mover, sacudir, estremecerse, menear, zarandear.

Traqueteo movimiento, agitación, meneo, estremecimiento, sacudida, zarandeo, ajetreo, vibración, oscilación, ruido, estrépito.

Traquido estruendo, detonación, disparo, tiro, estallido, chasquido, crujido.

Tras después de, a continuación de.

Trasatlántico v. transatlántico.

Trasbordar v. transbordar.

Trascendencia consecuencia, resultado, importancia, interés, magnitud, cuantía, alcance, derivación, efecto, eficacia, influencia.

Trascendental importante, interesante, influyente, valioso, señalado, notable, significativo, grave, vital, imprescindible, básico, esencial, principal.

Trascendente v. trascendental.

Trascender propagarse, extenderse, saberse, filtrarse, manifestarse, difundirse, divulgarse, exhalar, emanar.

Trascripción v. transcripción.

Trasegar cambiar, mudar, revolver, transvasar, correr || beber, sorber, catar, ingerir, consumir, tragar, pimplar.

Trasera parte posterior, v. trasero.

Trasero posaderas, nalgas, asentaderas, culo, nalgatorio, posterior, ancas, cachas, tafanario, pompis, antifonario, asiento, traspuntín, posas || cola, extremidad, fin, punta, cabo, retaguardia || posterior, extremo, final, zaguero, ulterior, último, postrero, rezagado, caudal.

Trasgo duende, genio, geniecillo, espíritu, engendro, fantasma, espectro, visión, aparición, coco, aparecido.

Trashumante errante, ambulante, nómada, errático, vagabundo.

Trasiego cambio, transvase, traslado, mudanza || bebida, trago, sorbo, consumición.

Traslación v. traslado.

Trasladar llevar, mover, correr, cambiar, mudar, transportar, desplazar, deslizar, apartar, quitar, desalojar, trasplantar, trasegar, traspasar, remover, transmitir, acarrear, traer, cargar, transferir, trajinar, portear, enviar, facturar, escoltar, mandar, arrastrar, empujar, pasar || Trasladarse, viajar, emigrar, salir, acudir, correr, marchar, venir, encaminarse, llegar, visitar, recorrer.

Traslado cambio, remoción, destitución, ascenso, partida, marcha, viaje, ida, tránsito, vuelta, venida, llegada, regreso, emigración, salida, visita || transporte, mudanza, cambio, desplazamiento, movimiento, trasiego, trasplante, desalojo, apartamiento, deslizamiento, carga, acarreo, transmisión, traspaso, escolta, facturación, envío, porte, transferencia, paso, arrastre.

Traslapar cubrir, superponer, solapar, asolapar, imbricar, colocar, recubrir.

Traslapo solapo, superposición, imbricación, recubrimiento parcial.

Traslucirse evidenciarse, advertirse, transparentarse, adivinarse, conjeturarse, ofrecerse, apreciarse, observarse.

Trasluz sombra, silueta, contorno, figura ante la luz.

Trasmano (De) lejos, lejano, alejado, solitario, remoto, incómodo, a deshora, a contrapelo.

Trasmisión v. transmisión.

Trasnochado manido, gastado, sobado, ajado, pasado, vulgar, manoseado, conocido, rancio, anacrónico, anticuado, maciento, desmejorado, agotado.

Trasnochador noctámbulo, noctívago, nocturnal, nocturno, pa-

Seandero, parrandero, calavera.
TRASNOCHAR velar, pernoctar, no dormir, pasear, correrla, parrandear, ir de juerga.
TRASPAPELADO confundido, extraviado, v. traspapelar.
TRASPAPELAR confundir, extraviar, perder, mezclar, revolver, embarullar, trastocar, embrollar, enredar, trabucar.
TRASPASAR transferir, ceder, transmitir, trasladar, cambiar, pasar, entregar, abonar, pagar, renunciar, transvasar trasegar || cruzar, atravesar, rebasar, franquear, trasponer, salvar, saltar || transgredir, violar, infringir, vulnerar, quebrantar, romper || perforar, atravesar, ensartar, pasar, espetar, cruzar, horadar, perforar, engarzar, clavar, pinchar, penetrar, meter, entrar, enjaretar.
TRASPASO transferencia, cesión, transmisión, traslado, cambio, entrega, abono.
TRASPIÉ resbalón, tropezón, tropiezo, equivocación, error, confusión, yerro, omisión, desliz, pifia, desacierto, gazapo, disparate.
TRASPLANTAR replantar, plantar, cambiar, mudar, transportar, permutar, traspasar, remover, extirpar, implantar, colocar, poner, meter, intervenir, operar, v. trasladar.
TRASPLANTE cambio, traspaso, permuta, remoción, extirpación, implantación, colocación, intervención, operación.
TRASPONER salvar, atravesar, cruzar, v. traspasar.
TRASPORTÍN traspuntín, sillín, silla plegadiza, sillón suplementario.
TRASPUNTÍN v. trasportín.
TRASQUILADURA esquila, corte, esquileo, trasquilón.
TRASQUILAR esquilar, cortar, pelar.
TRASTABILLAR tropezar, trompicar, topar, chocar, dar, pegar, vacilar, titubear, tambalearse, oscilar || tartamudear, tartajear, farfullar.
TRASTADA jugarreta, faena, canallada, picardía, tunantada, judiada, porquería, villanía, truhanería, bribonada.
TRASTAZO porrazo, costalada, golpazo, trancazo, golpe, trompazo, caída, batacazo.
TRASTEAR revolver, menear, cambiar, embrollar || tocar, rogar, pulsar || manejar, torear, dar pases.
TRASTEO toreo, pase, capotazo, muletazo.
TRASTERO desván, altillo, pieza, cuarto de trastos.
TRASTIENDA rebotica, dependencia, pieza, aposento accesorio, anejo.
TRASTO armatoste, cachivache, artefacto, cacharro, bártulo, trebejo, chisme, chirimbolo || mueble, utensilio, herramienta, enser, avío, apero || informal, tarambana, zascandil, atronado, botarate, alocado.
TRASTOCADO, trastornado, revuelto, desordenado, alterado, v. trastornar.
TRASTOCAR v. trastornar.
TRASTORNADO angustiado, inquieto, apenado, afligido, disgustado || chiflado, loco, enloquecido, extraviado, chalado, perturbado, guillado, excéntrico, desquiciado.
TRASTORNAR trastocar, revolver, desordenar, perturbar, alterar, cambiar, embrollar, enredar, desarreglar, mezclar, traspapelar, confundir, agitar, trabucar, revolver, turbar, invertir, girar || inquietar, angustiar, apenar, disgustar, afligir || TRASTORNARSE, enloquecer, extraviarse, chalarse, chiflarse, guillarse, perturbarse, disparatar, desvariar, perder el seso, perder la razón.
TRASTORNO molestia, inconveniente, perjuicio, conflicto, dificultad, obstáculo, embrollo, fastidio, irregularidad, anomalía, desorden, confusión, alteración || angustia, dolor, pena, desazón, tristeza, inquietud || locura, extravío, chifladura, guilladura, chaladura, perturbación, excentricidad || v. enfermedad.

TRASTRABILLAR * v. trastabillar.
TRASTROCAR cambiar, invertir, volver, girar, voltear, v. trastornar.
TRASTRUEQUE cambio, inversión, giro, volteo, v. trastorno.
TRASUDAR exudar, rezumar, sudar, v. transpirar.
TRASUDOR v. transpiración.
TRASUNTAR sintetizar, compendiar, resumir, epilogar, abreviar, copiar, transcribir, trasladar, pasar, mostrar, exhibir.
TRASUNTO imitación, figura, copia, reproducción, calco, remedo, resumen, transcripción, compendio, muestra.
TRASVENARSE derramarse, extravenarse, verterse, exudar, rezumar, transpirar.
TRASVOLAR sobrevolar, pasar, volar.
TRATA tráfico, comercio, manejo, trajín, prostitución, alcahuetería.
TRATABLE cortés, accesible, amable, correcto, educado, sociable, atento, considerado, afectuoso.
TRATADISTA erudito, especialista, experto, perito, escritor, autor.
TRATADO obra, escrito, texto, libro, manual, discurso, ensayo || pacto, trato, convenio, acuerdo, ajuste, compromiso, negociación, alianza, contrato, capitulación, estipulación, concierto, componenda, documento.
TRATAMIENTO medicación, administración, régimen, cura, indicación, receta, método, sistema, proceso, procedimiento || título, dignidad, designación, epíteto, nombre, v. trato.
TRATANTE v. traficante.
TRATAR alternar, frecuentar, relacionarse, intimar, familiarizarse, conocerse, comunicarse, rozarse, conocer, codearse, nombrar, llamar, tutear, hablar, presentar, visitar || negociar, pactar, convenir, acordar, ajustar, comprometerse, aliarse, contratar, capitular, estipular, concertar || manejar, manipular, trabajar, someter, operar, emplear, utilizar, usar, aplicar || intentar, procurar, ensayar, gestionar, probar, diligenciar, negociar, emprender, entablar, tramitar, gestionar, pretender, proponerse || deliberar, discurrir, considerar, pensar, discutir, debatir, conversar, examinar, estudiar, decidir, resolver, reflexionar.
TRATO pacto, acuerdo, convenio, ajuste, compromiso, negociación, alianza, tratado, contrato, capitulación, arreglo || título, dignidad, tratamiento, designación, epíteto, nombre, cortesía || intimidad, relación, familiaridad, roce, amistad, camaradería, inteligencia, unión.
TRAUMATISMO lesión, herida, golpe, contusión, equimosis, cardenal, excoriación, erosión, magulladura, desolladura, moretón, punzadura, llaga, laceración, mutilación, dislocación, fractura, descalabradura.
TRAVÉS (A) cruzando, atravesando, pasando, traspasando, salvando, atajando, vadeando, rebasando || TRAVÉS (DE) atravesado, oblicuo, torcido, cruzado, diagonal, transversal.
TRAVESAÑO listón, viga, madero, tabla, tablón, refuerzo, larguero, puntal, palo.
TRAVESEAR retozar, juguetear, enredar, triscar, revolver, escandalizar, jugar, brincar, saltar, corretear, bromear, chancearse.
TRAVESÍA calleja, callejón, pasaje, pasadizo, calle, costanilla, callejuela, rúa, camino || viaje, distancia, recorrido, trayecto, trecho, camino, itinerario, singladura, jornada, carrera, marcha, avance.
TRAVESTIDO disfrazado, encubierto, disimulado, desfigurado.
TRAVESTIR disfrazar, v. travestido.
TRAVESURA picardía, pillería, diablura, trastada, chiquillada, imprudencia, temeridad, jugarreta, treta, barrabasada, enredo, tunantada.
TRAVIESA viga, madero, durmiente, leño, tablón, tirante, palo, travesaño, larguero, listón.

TRAVIESO inquieto, revoltoso, **enredador**, diablillo, barrabás, juguetón, malo, guerrero, vivaracho, alocado, saltarín, enrevesado, retozón, alegre, pícaro, pillo, bribón.

TRAYECTO espacio, recorrido, viaje, trecho, itinerario, distancia, carrera, marcha, avance, jornada, camino, travesía, trayectoria.

TRAYECTORIA línea, recorrido, marcha, avance, camino, itinerario, v. trayecto.

TRAZA apariencia, aspecto, cariz, aire, pinta, viso, porte, matiz, talla, figura, pelaje || modo, manera, plan, medio, procedimiento || diseño, plano, bosquejo, boceto, planta, esquema, dibujo, trazado, gráfico.

TRAZADO diseño, v. traza || recorrido, dirección, rumbo, trayectoria, trayecto, itinerario, sentido, curso.

TRAZAR dibujar, diseñar, delinear, perfilar, bosquejar, esbozar, pintar, apuntar, representar, reproducir, calcar || describir, exponer, explicar, relacionar, especificar, reseñar, puntualizar, definir, representar || proyectar, idear, planear, discurrir, imaginar, madurar, fraguar, elucubrar, maquinar, forjar, hilvanar, inventar.

TRAZO rasgo, línea, raya, plumazo, perfil, marca, señal, adorno, letra, caligrafía, delineación, tachadura, lista, estría, tilde, marca || facción, rasgo, perfil, semblante, fisonomía.

TRÉBEDE trípode, soporte, aro, base, sostén.

TREBEJOS utensilios, útil, enseres, aparejos, aperos, pertrechos, avíos, trastos, accesorios, adminículos, herramientas, chirimbolos, bártulos, juguetes, piezas de ajedrez.

TRÉBOL trifolio, leguminosa, planta.

TRECHO recorrido, tramo, trayecto, espacio, intervalo, tiempo, transcurso, tirada, distancia, ramal, trozo, porción, parte.

TREGUA pausa, espera, intervalo, descanso, suspensión, cesación, detención, interrupción, parada, alto, paréntesis, reposo, paro, cese, armisticio, licencia.

TREMEBUNDO v. tremendo.

TREMEDAL pantano, tembladal, ciénaga, marisma, lodazal, estero, fangal, paular, chapatal, atolladero, cenagal, barrizal, marjal.

TREMENDO tremebundo, temible, horrendo, horrible, espeluznante, horripilante, espantoso, truculento, terrorífico, aterrador, dantesco, torvo, pavoroso, alucinante, enloquecedor, apocalíptico, espeluznante || formidable, colosal, imponente, excesivo, enorme, ciclópeo, gigantesco, fenomenal, titánico, monumental, extraordinario, inaudito, prodigioso, pasmoso.

TREMOLANTE ondulante, ondeante, flameante, movedizo, flotante, fluctuante.

TREMOLAR ondear, ondular, flotar, flamear, fluctuar, mecer, sacudir, agitar, mover, columpiar, enarbolar.

TREMOLINA bulla, confusión, alboroto, escándalo, estrépito, algazara, bullicio, algarabía, tiberio, zarabanda, tumulto, riña, pelea.

TRÉMULO tembloroso, vibrante, temblón, trepidante, vibratorio, temblador, convulso, estremecido, palpitante || asustado, temeroso, sobresaltado, espantado, angustiado.

TREN ferrocarril, convoy, línea, hilera, vagones, carruajes || ostentación, pompa, rumbo, fasto, lujo.

TRENA * cárcel, prisión, encierro, calabozo.

TRENCILLA cordón, galoncillo, alamar, cinta, entorchado, guarnición, fleco, ribete, orla, bordado.

TRENZA coleta, guedeja, ristra, mechón, greña, vellón, tirabuzón, bucle, rizo, rodete, moño, postizo, añadido, melena, cabello, pelo, trenzado, entretejido, entrelazado, trama.

TRENZADO v. trenza.

Trenzar entretejer, entrelazar, urdir, tramar, entreverar, trabar, cruzar, tejer, peinar.

Trepa v. treta || voltereta, pirueta, brinco, salto.

Trepador escalador, ágil, arbóreo.

Trepadora enredadera, hiedra, yedra, madreselva, pasionaria, liana, bejuco, planta.

Trepanación perforación, taladramiento, horadamiento, agujereamiento, penetración, operación, intervención.

Trepanar perforar, horadar, agujerear, taladrar, penetrar, operar, intervenir.

Trépano perforador, taladro, escariador, barrena, fresa, broca.

Trepar escalar, gatear, subir, reptar, serpentear, avanzar, ascender, montar, alzarse, progresar, encaramarse, franquear, encumbrarse.

Trepidación vibración, temblor, estremecimiento, conmoción, traqueteo, agitación, meneo, sacudida, temblequeo, convulsión, movimiento, palpitación.

Trepidante tembloroso, vibrante, estremecido, traqueteante, temblequeante, convulso, movido, palpitante, agitado, vertiginoso, dinámico, incesante, violento.

Trepidar estremecerse, vibrar, temblar, conmoverse, retemblar, sacudirse, menearse, agitarse, traquetear, palpitar, moverse.

Tresdoblar triplicar, terciar.

Tres trío, terceto, trinca, triunvirato.

Tresillo butacas, sofá, asientos, grupo, conjunto || sortija, anillo, joya, alhaja, aro.

Treta truco, engaño, estafa, chasco, artimaña, estratagema, ardid, fraude, trepa, dolo, malicia, trápala, maturranga, trampa, martingala, astucia, chasco, artificio, celada, emboscada, asechanza, añagaza, fingimiento.

Tri- tres v.

Tría elección, selección, separación, eliminación, clasificación, opción.

Triar escoger, elegir, seleccionar, clasificar, eliminar, optar, reservar, entresacar, separar.

Tríbada lesbiana, lesbia, sáfica, pervertida, viciosa, homosexual femenina.

Tribadismo safismo, lesbianismo, inversión, perversión, vicio, homosexualidad femenina.

Tribal familiar, primitivo, salvaje, ritual.

Tribu clan, cabila, pueblo, grupo, agrupación, horda, caterva, cáfila, pandilla, raza, casta, linaje.

Tribulación congoja, pena, angustia, aflicción, tristeza, nostalgia, pesadumbre, desventura, duelo, cuita, sufrimiento, mortificación, amargura, tormento, ansiedad, sinsabor, zozobra, dolor, martirio, adversidad.

Tribuna plataforma, estrado, tarima, cátedra, púlpito, grada, tablado, peana, armazón, tablazón, galería.

Tribunal juzgado, curia, judicatura, audiencia, corte, cancillería, supremo, rota, inquisición, sanedrín, auditoría, palacio de Justicia, mesa, sala, jueces, magistrados.

Tribuno magistrado, orador, político, elocuente.

Tributación v. tributo.

Tributar pagar, entregar, contribuir, abonar, cotizar, liquidar, depositar, apechugar.

Tributario afluente, colateral, confluente, secundario.

Tributo impuesto, carga, gravamen, tributación, arbitrio, entrega, pago, subsidio, pechería, derrama, contribución, pecho, censo, gabela, diezmo, cuota, cantidad, exacción, arancel, tasa, derecho || obligación, deber, responsabilidad, peso, exigencia, servidumbre, compromiso.

Triclinio lecho, banco, yacija.

Tricot * punto, labor de punto, tejido.

Tridente fisga, arpón, horquilla, cetro.

Triforio galería, corredor, pasillo.

TRIFULCA camorra, pendencia, reyerta, riña, gresca, confusión, alboroto, pelea, escaramuza.

TRIGAL campo, sembrado, era, cultivo.

TRIGO cereal, gramínea, grano, árido, semilla.

TRIGUEÑO castaño.

TRILOGÍA serie, conjunto, grupo, obra.

TRILLA abaleo, despajo, avienta, trilladura, laboreo, labor, faena.

TRILLADO común, sabido, manido, sobado, corriente, visto, gastado, vulgar, manoseado, trivial, conocido.

TRILLAR rastrillar, despajar, abalear, aventar, trabajar, separar, quebrantar el grano.

TRILLIZOS * tres gemelos, tres hermanos nacidos en un parto.

TRILLÓN millón de billones.

TRIMESTRE plazo, lapso, período, tiempo, tres meses.

TRINAR gorjear, modular, gorgoritear, silbar, canturrear || rabiar, bufar, impacientarse, encolerizarse, enfadarse, irritarse.

TRINCA trío, terceto, terna, triunvirato, trinidad, grupo, conjunto.

TRINCAR sujetar, atar, inmovilizar, contener, retener, apretar, oprimir, ligar, enlazar, trabar, amarrar, atar, asegurar.

TRINCHANTE * v. trinchero.

TRINCHAR cortar partir, desmenuzar, dividir, rebanar, romper, descoyuntar, seccionar.

TRINCHERA parapeto, defensa, resguardo, abrigo, zanja, terraplén, muralla, reparo, cercado, valladar, foso || impermeable, gabardina, capote, chubasquero, gabán.

TRINCHERO aparador, alacena, vasar, estantería, estante, armario, despensa, mueble.

TRINEO carricoche, vehículo, deslizador, carruaje.

TRINIDAD v. trío.

TRINO canto, gorjeo, gorgorito, silbo, canturreo, modulación, llamada || ternario, triple.

TRINQUETE garfio, gancho, traba, freno, varilla, pieza.

TRÍO terceto, terna, trinca, triunvirato, trinidad, grupo, conjunto.

TRIPA barriga, vientre, abdomen, panza, andorga, bandullo, baúl, estómago, mondongo, grasa || TRIPAS intestinos, entrañas, vísceras conducto, tubo digestivo.

TRIPADA atracón, panzada, hartazgo, empacho.

TRIPARTITO triple, ternario.

TRIPE terciopelo, felpa, tela, tejido.

TRIPICALLERO ropavejero, trapero, quincallero, chamarilero.

TRIPLE ternario, triplicado, v. trío.

TRIPLICAR multiplicar, tresdoblar, reproducir, copiar.

TRÍPODE soporte, sostén, trébede, base, pedestal, armazón, banquillo.

TRIPÓN v. tripudo.

TRÍPTICO tablilla, pintura, grabado, dibujo triple || tratado, escrito, libro, obra en tres partes.

TRIPUDO barrigudo, panzón, tripón, barrigón, obeso, panzudo, fofo, gordo, tonel, gordinflón.

TRIPULACIÓN dotación, equipo, equipaje, marinería, gente, tripulantes, marineros.

TRIPULANTE marinero, navegante, piloto, integrante, componente, miembro de la tripulación, de la dotación.

TRIPULAR manejar, integrar, componer la dotación, la tripulación.

TRIQUINA helminto, parásito, triquinosis, infección.

TRIQUIÑUELA argucia, subterfugio, ardid, evasiva, asidero, pretexto, simulación, mentira, falsedad, disimulo, trampa, astucia, engaño, embeleco, estafa, chasco, camelo, enredo, embrollo, truco, picardía, superchería.

TRIS instante, segundo, santiamén, soplo, periquete, momento, menudencia, minucia, insignificancia.

TRISCAR retozar, travesear, corretear, juguetear, jugar, enredar, confundir.

TRISMO rigidez, contracción, espasmo.

TRISTE apenado, afligido, atormentado, entristecido, angustiado, desamparado, desconsolado, apesadumbrado, amargado, atribulado, acongojado, abatido, desesperado, dolorido, desdichado, infeliz, torturado, nostálgico, mohíno, cuitado, apesarado, enlutado, mustio, desolado, taciturno, melancólico, compungido, contrito, doliente, inconsolable || funesto, deplorable, agobiante, luctuoso, lamentable, deprimente, angustioso, desagradable, enojoso, infausto, patético, tétrico, lúgubre, sombrío, obscuro, negro.

TRISTEMENTE funestamente, deplorablemente, lamentablemente, luctuosamente, v. triste.

TRISTEZA desconsuelo, pena, aflicción, tribulación, amargura, pesadumbre, desamparo, tormento, desdicha, dolor, cuita, desesperación, abatimiento, congoja, nostalgia, tortura, melancolía, desolación, luto, pesar, contrición, quebranto, sinsabor, sufrimiento, duelo, agonía.

TRISTÓN mohíno, abatido, mustio, taciturno, v. triste.

TRITURACIÓN molienda, molturación, majamiento, machacamiento, desintegración, aplastamiento, compresión, pulverización, desmenuzamiento, rotura, quebrantamiento.

TRITURADO machacado, molido, v. triturar.

TRITURADOR molino, molturador, desintegrador, pulverizador, trapiche, molinillo, batidora.

TRITURAR machacar, moler, molturar, majar, pulverizar, comprimir, aplastar, desintegrar, quebrantar, romper, desmenuzar, picar.

TRIUNFADOR ganador, vencedor, victorioso, triunfante, conquistador, invicto, triunfal, arrollador, dominador, dominante, aniquilador, campeón.

TRIUNFAL glorioso, brillante, heroico, v. triunfador.

TRIUNFANTE v. triunfador.

TRIUNFAR ganar, conquistar, vencer, dominar, arrollar, aniquilar, revolcar, hundir, aventajar, superar, sobrepujar, tumbar, someter, reducir, quebrantar, desbaratar, deshacer, dispersar, romper, rechazar, aplastar, destrozar, batir, derrotar, campar, rendir.

TRIUNFO victoria, éxito, laurel, trofeo, premio, conquista, corona, palma, dominio, dominación, ventaja, aniquilación, ganancia, gloria, honor, fama, logro, renombre, honra, celebridad, aureola, remate, culminación.

TRIUNVIRATO junta, magistratura, gobierno, terna, trío, terceto, trinca.

TRIUNVIRO magistrado, gobernante, gobernador.

TRIVIAL nimio, pueril, baladí, fútil, insubstancial, ligero, insignificante, frívolo, vano, anodino, huero || común, popular, manido, sabido, sobado.

TRIVIALIDAD futilidad, puerilidad, nimiedad, insubstancialidad, frivolidad, insignificancia, necedad, tontería, vacuidad, tópico, fruslería, vulgaridad, chabacanería.

TRIVIALMENTE puerilmente, fútilmente, insubstancialmente, v. trivial.

TRIZA pizca, partícula, fragmento, porción, fracción, trozo, pedazo, migaja, molécula, miga, parte, chispa, menudencia, insignificancia.

TROCADO canjeado, cambiado, v. trocar.

TROCAR canjear, cambiar, permutar, intercambiar, cambalachear, mudar, transferir, retornar, compensar, renovar, negociar, trapichear, alternar, variar, invertir, volver || punzón, pincho.

TROCEAR cortar, dividir, partir, seccionar, aserrar, fraccionar, fragmentar, romper, destrozar, despedazar.

TROCLA polea, roldana, rueda, garrucha, motón, galápago.

TROCHA vereda, atajo, sendero, camino, senda, travesía, carril, rastro, huella, alorce.

Troche y moche (A) disparatadamente, desordenadamente, desatinadamente, atropelladamente, caóticamente, anárquicamente, desquiciadamente.

Trofeo premio, triunfo, galardón, laurel, recompensa, palma, copa, medalla, despojo, botín.

Troglodita cavernario, troglodítico, cavernícola, paleolítico, neolítico, hombre de las cavernas, prehistórico, antediluviano ‖ salvaje, bárbaro, cruel, tosco, rudimentario.

Troglodítico v. troglodita.

Troika * trineo tirado por tres caballos, carruaje.

Troj granero, silo, depósito, almacén, cilla, troje.

Trola embuste, mentira, falsedad, patraña, engaño, enredo, lío, cuento, invención, fábula, argucia, bola.

Trole pértiga, vara, mástil, barra, tubo.

Trolebús vehículo, autobús eléctrico.

Trolero embustero, mentiroso, lioso, falso, falaz, engañoso, enredador, cuentero, cuentista, embrollón.

Tromba manga, torbellino, vorágine, vórtice, remolino, tolvanera, ciclón, huracán, tornado, tifón, espiral, embudo, tempestad.

Trombosis coágulo, obstrucción, tapón, ataque, síncope, angina.

Trompa prolongación musculosa, aparato chupador, hocico, jeta, cara.

Trompada puñetazo, mojicón, sopapo, soplamocos, bofetón, moquete, trompis, golpe, porrazo, v. trompazo.

Trompazo batacazo, golpe, porrazo, caída, trancazo, costalada, tumbo, culada, trompicón, topetazo, v. trompada.

Trompeta clarín, corneta, cuerno, cornetín, instrumento de viento.

Trompetazo trompetada, clarinada, toque, llamada, sonido.

Trompicar v. tropezar.

Trompicón v. tropezón.

Trompis v. trompada.

Trompo peón, peonza, perinola, juguete.

Tronada tempestad, nubarrada, borrasca, chubasco, aguacero, tormenta, rayos, truenos.

Tronado deteriorado, estropeado, arruinado, roto, usado, gastado, raído, ajado, sobado, maltrecho.

Tronar retumbar resonar atronar, estallar, mugir, rugir ‖ encolerizarse, irritarse, protestar.

Tronco tallo, leño, madero, troncho ‖ cuerpo, tórax, torso, busto, pecho, caja ‖ par, pareja, tiro, animales, caballerías ‖ linaje, origen, raza, ascendencia, estirpe, prosapia, abolengo, cepa, ralea, sangre, casta, raíz, solar, familia.

Tronchar truncar, quebrar, partir, doblar, segar, talar, destrozar, torcer, quebrantar, estropear.

Troncho tallo, maslo, vástago.

Tronera aspillera, abertura, orificio, portañola, ventanillo, ventanuco, portillo.

Tronido v. trueno.

Trono sitial, sillón, solio, escaño, butaca, poltrona, asiento, sede, silla.

Tronzar partir, cortar, dividir, aserrar, destrozar, fraccionar, separar, tajar.

Tropa milicia, hueste, falange, mesnada, partida, grupo, destacamento, avanzada, avanzadilla, patrulla, vanguardia, descubierta, ronda, piquete, pelotón, guarnición, ejército, brigada, regimiento ‖ banda, hatajo, caterva, cuadrilla, pandilla, partida, horda, facción, camarilla, gavilla, turba, clan, chusma ‖ tropel, camada, tropilla, manada, hato, recua.

Tropel turba, horda, cáfila, banda, hatajo, chusma, partida, banda, caterva, cuadrilla ‖ alboroto, agitación, desorden, hervidero, enjambre, remolino, tumulto, movimiento, barullo, precipitación, prisa, confusión, torrente, oleada.

Tropelía atropello, desmán, desa-

Tropezar fuero, injusticia, arbitrariedad, violencia, vejación, abuso, exceso, brutalidad, iniquidad, despotismo, extralimitación, barbaridad.

Tropezar trompicar, trastabillar, vacilar, titubear, tambalearse, oscilar, rozar, encontrarse, colisionar, percutir, batir, precipitarse, tocar, golpear || detenerse, retrasarse, demorarse, alargarse, atascarse, estancarse, interrumpirse, pararse || errar, quebrantar, pecar, delinquir, eludir, mentir.

Tropezón traspié, trompicón, choque, topetazo, trastabillón, encuentro, colisión, percusión, golpe, encontronazo, pechugón, tumbo, caída || v. tropiezo.

Tropical cálido, tórrido, ardiente, bochornoso, húmedo, lujuriante, exuberante.

Trópico zona, región tropical v.

Tropiezo yerro, culpa, desliz, pecado, delito, quebranto, caída, tentación, error, falta, venialidad, resbalón || detención, atasco, dificultad, problema, retraso, demora, estancamiento, interrupción, paro, obstáculo, tropezón.

Tropilla manada, tropel, camada, hato, recua, tropa.

Tropismo movimiento, dirección, atracción, estímulo.

Tropo lenguaje figurado, sentido alegórico, tropología, figura retórica.

Troquel molde, cuño, matriz, punzón, terraja, horma.

Troquelar acuñar, moldear, punzonar, formar, fabricar, elaborar.

Trotaconventos alcahueta, comadre, proxeneta, celestina, mediadora, tercera, cobertera.

Trotamundos viajero, turista, excursionista, caminante, nómada, peregrino, vagabundo, errante, trashumante, andarín, gitano, bohemio.

Trotar correr, avanzar, andar, corretear, apresurarse, galopar, reventarse, fatigarse, bregar, esforzarse.

Trote paso, correteo, galope, avance || faena, tute, esfuerzo, brega, fatiga.

Trotón caballo, corcel, palafrén, montura, bridón, jaco.

Trousseau * ajuar, equipo.

Trotona acompañante, dueña, carabina, señora de compañía.

Troupe * grupo, conjunto, tropa de artistas, cómicos.

Trova poesía, verso, poema, balada, oda, cantiga, juglaría, loa, copla, tonada, estrofa, cantar, composición poética.

Trovador juglar, bardo, poeta, coplero, trovero, rapsoda, vate.

Troza madero, tronco, leño.

Trozar cortar, aserrar, partir, dividir, destrozar.

Trozo fragmento, porción, pedazo, sección, fracción, parte, partícula, residuo, resto, triza, cacho, gota, pizca, gajo, astilla, esquirla, añico, jirón, migaja, miembro, división, lote, mordisco, bocado, rodaja, rebanada, rueda, lonja, loncha, tajada, raja, gajo.

Trucar * apañar, arreglar, manipular, manejar, engañar, cambiar, modificar.

Truco estratagema, treta, engaño, ardid, artimaña, trápala, astucia, trampa, fullería, engañifa || prestidigitación, juego, suerte, manejo, manipulación, prueba, maniobra, mangoneo.

Truculencia espanto, atrocidad, crueldad, v. truculento.

Truculento espantoso, atroz, tremebundo, cruel, feroz, temible, horrendo, torvo, fiero, siniestro, patibulario, espantable, amenazador.

Truchimán v. taimado || v. trujamán.

Trueno fragor, retumbo, tronido, estruendo, estampido, estallido, repercusión, rumor, clamor, sonoridad, ruido, detonación, estrépito.

Trueque intercambio, permuta,

cambio, canje, cambalache, negocio, retorno, vuelta, compensación, trapicheo, regateo, modificación, alteración, transformación.

TRUHÁN bribón, granuja, pícaro, estafador, perillán, bellaco, tunante, bergante, pillo, golfo, sablista, tramposo, farsante, embustero, charlatán.

TRUHANADA v. truhanería.

TRUHANEAR v. timar.

TRUHANERÍA bribonada, trampa, pillería, bellaquería, tunantada, picardía, granujada, golfería, truhanada, canallada, perrada, villanía, porquería, charranada, jugarreta.

TRUJAMÁN intérprete, traductor, redactor, versor, comentarista, glosador || traficante, negociante, mercader.

TRULLA bullicio, bulla, alboroto || multitud, tropel, horda, turba.

TRUNCADO v. trunco.

TRUNCAR mutilar, cortar, cercenar, amputar, tronchar, escindir, separar, talar, rebanar, guillotinar, destroncar, segar, podar, desmochar || suprimir, reducir, limitar, omitir, interrumpir, suspender, parar, frenar, paralizar, estropear, arruinar, dañar.

TRUNCO mutilado, cortado, cercenado, amputado, podado, talado || imperfecto, incompleto, limitado, paralizado interrumpido, estropeado, falto, carente.

TRUSAS gregüescos, calzones, calzas.

TRUST * monopolio, consorcio, sindicato, grupo, agrupación, privilegio, acaparadores, especuladores.

TUBÉRCULO abultamiento, protuberancia, nódulo, tumor, tuberosidad || bulbo, cebolleta, rizoma, raíz.

TUBERCULOSIS tisis, dolencia, enfermedad infecciosa.

TUBERCULOSO tísico, consumido, héctico, infectado, paciente, enfermo.

TUBERÍA caño, conducto, instalación, red, sistema de conducción, fontanería, v. tubo.

TUBEROSIDAD v. tubérculo.

TUBEROSO abultado, hinchado, protuberante.

TUBO conducto, caño, cánula, cañón, sifón, manga, manguera, canalón, canalillo, colector, conducción, cañería, tubería, pieza, cilindro.

TUBULAR acanalado, cilíndrico, capilar, hueco, alargado, tubuloso.

TUDESCO alemán, germano, germánico, teutón, teutónico, indoeuropeo.

TUERCA pieza, rosca, hembra, cabeza, remache, tornillo.

TUERO leño, tronco, madero, tizón, trashoguero, bauza.

TUERTO disminuido, falto, bizco, ciego || perjuicio, agravio, ultraje, daño || torcido, deforme, gacho, caído, desnivelado, perjudicado.

TUESTE torrefacción, tostadura, cochura, torrado, tostado.

TUÉTANO médula, meollo, substancia, caña.

TUFO emanación, vaho, olor, exhalación, efluvio, irradiación, emisión, aroma, hedor, tufarada, husmo, pestilencia, fetidez, peste, catinga, ocena || vanidad, soberbia, jactancia, engreimiento, vanagloria.

TUGURIO cuartucho, cuchitril, zahurda, desván, chamizo, tabuco, chiribitil, antro, covacha, cubículo, guarida, escondrijo, tenderete, choza, cabaña.

TUL gasa, velo, tejido, malla.

TULIPA pantalla, fanal, cristal, lámpara.

TULLIDO lisiado, anquilosado, baldado, mutilado, paralítico, inválido, estropeado, contrahecho, imposibilitado, atrofiado, parapléjico, patitieso, entelerido, lesionado, inútil, entumecido, incapacitado, defectuoso, manco, cojo, inutilizado.

TULLIDURA atrofia, anquilosis, tullimiento, baldadura, parálisis, incapacidad, defecto, inutilidad, lesión, invalidez, cojera, manquera.

Tullir baldar, anquilosar, lisiar, entumecer, inutilizar, lesionar, atrofiar, imposibilitar, estropear, invalidar, paralizar, mutilar, incapacitar, mancar, descuajaringar, deslomar, impedir, herir, descalabrar.

Tumba sepultura, sepulcro, mausoleo, panteón, cripta, enterramiento, túmulo, cárcava, hipogeo, cenotafio, catacumba, fosa, huesa, yacija, hoyo, nicho, sarcófago.

Tumbado echado, caído, tendido, v. tumbar.

Tumbaga sortija, anillo, aro, alhaja.

Tumbar abatir, tirar, derribar, demoler, echar, hundir, volcar, precipitar, desplomar, desbaratar, desarmar, revolcar, lanzar, voltear || Tumbarse tenderse, echarse, acostarse, descansar, yacer, dormitar, encamarse, estirarse, acomodarse, dormir, tirarse.

Tumbo bandazo, vaivén, balanceo, balance, cabezada, bordada, oscilación, bamboleo, meneo, agitación.

Tumbón perezoso, vago, holgazán, gandul, poltrón, haragán, remolón, indolente, tardo.

Tumefacción hinchazón, abultamiento, inflamación, bulto, turgencia, chichón, roncha, bubón, absceso, moretón, cardenal, congestión, v. tumor.

Tumefacto hinchado, inflamado, turgente, abultado, amoratado, edematoso, tumescente, congestionado.

Tumor quiste, bulto, dureza, nódulo, grano, abultamiento, bubón, escrófula, excrecencia, nacencia, carnosidad, nudo, lobanillo, inflamación, hinchazón, absceso, forúnculo, protuberancia, fibroma, cáncer, neoplasia, tumefacción v.

Túmulo v. tumba || catafalco, armazón, maderamen, tarima, monumento || montículo, montecillo, montón.

Tumulto confusión, desorden, alboroto, estrépito, escándalo, pendencia, riña, tremolina, trapatiesta, zambra, tiberio, batahola, bochinche, tropel, zipizape, altercado, trifulca, marimorena, cisco, jaleo, guirigay, pelotera, bullanga, levantamiento, revolución, motín.

Tumultuario desordenado, confuso, atropellado, escandaloso, alborotado, estrepitoso, revuelto, agitado, embrollado, tumultuoso, ruidoso.

Tumultuoso v. tumultuario.

Tuna estudiantina, rondalla, ronda, comparsa, agrupación, conjunto musical || picaresca, holganza, holgazanería, vagabundeo || chumbera, nopal, tunal, palera, higuera, chumba, cacto, planta silvestre, planta perenne.

Tunanta bribona, v. tunante.

Tunantada picardía, truhanería, trastada, bribonada, granujada, pillería, travesura, perrería, canallada.

Tunante bribón, pícaro, taimado, granuja, truhán, pillo, travieso, ladino, listo, perillán, barbián, tuno, pillastre, astuto, hábil, golfo, enredador, sinvergüenza, villano, malicioso, ruin, canalla.

Tunantería v. tunantada.

Tunda zurra, somanta, felpa, paliza, soba, vapuleo, castigo, solfa, azotaina, leña, apaleo, meneo, zurribanda.

Tundir vapulear, castigar, pegar, zurrar, dar, apalear, azotar, golpear || cortar, rapar, pelar, desmotar, igualar.

Tundra sabana, llanura, estepa, landa, llano, planicie, extensión, vastedad.

Túnel galería, paso, conducto, corredor, pasaje, pasillo, pasadizo, subterráneo, mina, cueva, gruta, caverna, sima, agujero, fosa, conducto.

Tunera chumbera, v. tuna.

Tunería v. tunantada.

Tungsteno volframio, metal.

TÚNICA toga, manto, clámide, ropón, veste, manteo, hábito, sotana, bata, vestidura, prenda || telilla, película, capa, cutícula, costra, piel, cubierta, recubrimiento, pellejo, hollejo, cascarilla, escama, membrana.

TUNO v. tunante.

TUNTÚN (AL BUEN) desordenadamente, confusamente, alborotadamente, irreflexivamente.

TUPÉ flequillo, copete, mechón, vellón, pelo, cerneja, guedeja, mecha, moño, onda, rizo, bucle, tirabuzón || descaro, atrevimiento, descoco, desgarro, desvergüenza, desfachatez, insolencia, inverecundia.

TUPIDO denso, compacto, apretado, espeso, trabado, cerrado, unido, impenetrable, apiñado.

TUPIR espesar, apretar, apiñar, unir, apelmazar || atorar, ocluir, cerrar, obstruirse, tapar, embozar, atascar, cegar, taponar, atrancar || TUPIRSE atiborrarse, llenarse, hartarse, saciarse, empacharse.

TURBA horda, cáfila, caterva, banda, patulea, tropel, tropa, populacho, gentuza, turbamulta, partida, masa, chusma, oleada, enjambre, riada, muchedumbre, multitud, pandilla, cuadrilla, tribu || carbón, combustible fósil.

TURBACIÓN aturdimiento, azoramiento, confusión, desorientación, atolondramiento, desasosiego, vergüenza, desconcierto, sorpresa, ofuscación, embarazo, duda, timidez, perplejidad, consternación.

TURBADO aturdido, azorado, confuso, v. turbación.

TURBADOR desconcertante, sorprendente, singular, chocante, inesperado, conmovedor, insospechado, imprevisible, emocionante, inquietante, sugestivo, enternecedor, emotivo.

TURBAMULTA v. turba.

TURBANTE tocado, bonete, gorro, tela, banda, faja.

TURBAR confundir, azorar, aturdir, desorientar, desconcertar, avergonzar, desasosegar, atolondrar, consternar, preocupar, sorprender, ofuscar, embarazar, alterar, perturbar, aturullar, enajenar, atribular, consternar, enternecer, emocionar, entristecer, inquietar, desquiciar, tartamudear, farfullar, balbucir, barbotear, vacilar.

TURBIAMENTE confusamente, nebulosamente, obscuramente, vagamente, v. turbio.

TURBIEDAD opacidad, obscuridad, turbulencia, sombra, enturbiamiento, tinieblas, velo, culina, nebulosidad, suciedad, residuo, sedimento, alteración.

TURBINA rueda, generador, aparato, máquina.

TURBIO confuso, nebuloso, obscuro, vago, sombrío, turbulento, opaco, sucio, velado, tenebroso, revuelto, borroso, mezclado, alterado || embrollado, azaroso, dudoso, difícil, turbulento, incomprensible, confuso, comprometido, enredado, problemático, deshonesto, ilegal, ilícito.

TURBIÓN aguacero, chaparrón, chubasco, tromba, diluvio, turbonada, nubarrada, galerna, tempestad, borrasca, temporal, lluvia, tormenta, inclemencia.

TURBONADA v. turbión.

TURBULENCIA alteración, perturbación, torbellino, remolino || v. turbiedad || alboroto, algarada, manifestación, motín, revolución v.

TURBULENTO tumultuoso, alborotador, ruidoso, escandaloso, rebelde, sedicioso, belicoso, agitado, inquieto, embrollado || v. turbio.

TURCA borrachera, curda, mona, merluza, tranca, tajada, melopea, embriaguez, moña.

TURGENCIA redondez, curva, sinuosidad, hinchazón, abultamiento, bulto, abombamiento, tumescencia, tumefacción, carnosidad, opulencia.

TURGENTE abultado, hinchado, redondo, curvo, sinuoso, abombado, carnoso, túrgido, tumefacto,

tumescente, curvilíneo, opulento, saltón, combado.
Túrgido v. turgente.
Turíbulo incensario, turífero, botafumeiro, braserillo, naveta, recipiente.
Turismo excursión, paseo, viaje, visita, recorrido, periplo, itinerario, peregrinación, recorrido, veraneo, vacación, exploración, correría.
Turista excursionista, visitante, viajero, trotamundos, paseante, veraneante, explorador, peregrino.
Turma v. testículo.
Turnarse alternar, cambiar, sucederse, permutar, trocar, relevarse, variar, reemplazar, invertir, trastocar, mudar, substituir, suplantar, renovar, canjear, suplir.
Turno tanda, rueda, ciclo, vez, alternativa, vuelta, período, sucesión, relevo, cambio, reemplazo, mudanza, substitución, renovación, canje, suplencia, trueque, permuta, momento.
Turquí azul obscuro, turquino.
Turrar tostar, dorar, asar, soflamar, torrefactar, ahumar, quemar, chamuscar, calentar.
Turrón golosina, dulce, masa, pasta.
Turulato estupefacto, alelado, pasmado, aturdido, atontado, embobado, sobrecogido, enajenado, sorprendido, asombrado.

Tuso can, perro, chucho, gozque, dogo.
Tusón vellón, vedija, guedeja, mechón.
Tute agobio, trajín, ajetreo, brega, trabajo, sudor, esfuerzo, fatiga, afán.
Tutearse intimar, tratarse, explayarse, franquearse, confiar, expansionarse, amigarse, avenirse, congeniar.
Tutela amparo, dirección, guía, auxilio, ayuda, cuidado, protección, defensa, providencia, orientación, enseñanza, supervisión, consejo.
Tutelar defensor, protector, bienhechor, providencial, orientador, supervisor, auxiliar, benéfico.
Tuteo trato, intimidad, amistad, expansión.
Tutiplén (A) copiosamente, abundantemente, profusamente, a porrillo, a raudales.
Tutor guía, defensor, protector, orientador, bienhechor, supervisor, consejero, maestro, preceptor, cuidador, director, administrador, guardián, valedor, amparador.
Tutoría v. tutela.
Tutriz tutora, v. tutor.
Tutti quanti * todo el mundo, todo bicho viviente, todos.
Tuttifruti * helado de frutas variadas.
Typical * típico v.

U

Ubérrimo fecundo, fértil, lujuriante, exuberante, prolífico, abundante, pletórico, productivo, feraz, rico, copioso, fructuoso, opimo, inagotable.

Ubicación colocación, situación, posición, disposición, emplazamiento.

Ubicar colocar, poner, situar, disponer, hallarse, estar, encontrarse.

Ubicuidad omnipresencia, universalidad, difusión, propagación, extensión, presencia, generalidad.

Ubicuo universal, omnipresente, general, difundido, propagado, extendido, generalizado.

Ubre teta, mama, pecho, seno, busto.

Ucase decreto, orden injusta, abusiva.

¡Uf! ¡puf!, ¡bah!, ¡pche!

Ufanamente gozosamente, alegremente, eufóricamente, satisfechamente, v. ufano.

Ufanarse vanagloriarse, jactarse, pavonearse, envanecerse, gloriarse, presumir, fanfarronear, alabarse, alardear, cacarear, preciarse, darse tono.

Ufano gozoso, alegre, eufórico, satisfecho, contento, optimista, complacido, alborozado ǁ jactancioso, envanecido, vano, presumido, alabancioso, fanfarrón, arrogante, postinero, presuntuoso.

Ujier ordenanza, portero, bedel, conserje, asistente, ayudante, subalterno, alguacil.

Úlcera llaga, lesión, pústula, supuración, purulencia, daño, chancro, cáncer, afta, tumor, postilla, absceso, herida, matadura, maceración, infección, ulceración.

Ulceración v. úlcera.

Ulcerado ulceroso, llagado, supurado, purulento, v. úlcera.

Ulcerar llagar, lesionar, dañar, supurar, herir, cancerar, macerar, infectarse, enconarse.

Ulterior subsiguiente, posterior, consecutivo, siguiente, sucesivo, futuro, postrimero, accesorio, suplementario ǁ allende, lejano, del otro lado.

Ulteriormente posteriormente, v. ulterior.

Últimamente recientemente, ahora, hace poco, antes, ayer.

Ultimar concluir, terminar, acabar, finiquitar, finalizar, rematar, dar término, liquidar ǁ Ultimar * matar, asesinar, liquidar.

Ultimátum conminación, intimación, amenaza, orden, notificación, advertencia, exigencia, requerimiento, aviso.

Último final, postrero, zaguero, retrasado, posterior, terminal, extremo, lejano, alejado, remoto, postrimero, ulterior, rezagado, fronterizo ǁ definitivo, incisivo, concluyente, terminante, irrevocable.

Ultra- más allá de, al otro lado de ǁ más que, mejor que.

Ultrajado vejado, mancillado, insultado, agraviado, afrentado, v. ultrajar.

Ultrajante ofensivo, agraviante, insultante, humillante, injurioso,

ULTRAJAR provocativo, afrentoso, infamante, escarnecedor, infame, vejatorio.

ULTRAJAR vejar, mancillar, agraviar, afrentar, insultar, injuriar, humillar, ofender, infamar, escarnecer, provocar, despreciar, baldonar, difamar, calumniar.

ULTRAJE insulto, vejación, injuria, afrenta, agravio, mancilla, provocación, escarnio, befa, mofa, ludibrio, infamia, ofensa, humillación, calumnia, difamación, baldón, desprecio, insolencia, desacato, descortesía, deshonra, impertinencia.

ULTRAMAR v. ultramarino.

ULTRAMARINO transatlántico, transoceánico, transmarino, colonial, lejano, remoto ‖ azul v. ‖ **ULTRAMARINOS** comestibles, provisiones, alimentos, víveres, coloniales, géneros, conservas.

ULTRANZA (A) resueltamente, decididamente, radicalmente, firmemente, enérgicamente, a todo trance.

ULTRATUMBA (DE) del más allá, fantasmagórico, espectral, profundo, sonoro, retumbante, escalofriante, espeluznante, patético.

ULULAR gritar, aullar, clamar, bramar, mugir, rugir, gañir, baladrar, vociferar.

ULULATO aullido, alarido, gritería, lamento, clamor, grito, gañido, rugido, mugido, bramido.

UMBRAL paso, entrada, acceso, escalón, piedra, origen, principio, comienzo, indicio.

UMBRÍO umbroso, sombreado, obscuro, fresco, tenebroso, negro, frondoso, boscoso, denso, selvático, exuberante, cubierto, cerrado, lóbrego.

UMBROSO v. umbrío.

UNÁNIME conforme, acorde, coincidente, concordante, avenido, de acuerdo, espontáneo, universal, general, voluntario.

UNÁNIMEMENTE espontáneamente, voluntariamente, de acuerdo, al unísono, por aclamación, a un tiempo.

UNANIMIDAD coincidencia, concordancia, conformidad, avenencia, acuerdo, espontaneidad, voluntad, unión, fraternidad, concordia, aprobación, beneplácito.

UNCIÓN fervor, veneración, piedad, devoción, recogimiento, fe, éxtasis, misticismo, celo, religiosidad, contemplación, ascetismo.

UNCIR atar, sujetar, amarrar, acoyundar, unir, enyugar, juntar, aparear, acoplar, incorporar.

UNDOSO ondulante, sinuoso, ondulado, flexuoso, ondoso.

UNDULAR v. ondular.

UNGIDO investido, proclamado, conferido, exaltado, honrado, coronado, entronizado.

UNGIR investir, proclamar, conferir, exaltar, honrar, coronar, entronizar, dignificar, otorgar, dispensar ‖ untar, embadurnar, aplicar, frotar.

UNGÜENTO unto, untura, pomada, linimento, bálsamo, embrocación, crema, potingue, mixtura, medicamento.

ÚNICAMENTE solamente, exclusivamente, precisamente, meramente, justamente, tan sólo, sólo.

ÚNICO singular, solo, exclusivo, uno, unitario, unidad, mero, indiviso, simple, puro, disparejo, propio, peculiar, característico, distintivo, personal, típico, representativo, especial ‖ extraordinario, excelente, magnífico, insuperable, inmejorable, sublime, ideal.

UNICORNIO animal fabuloso, mitológico, rinoceronte, monocerote, narval, cetáceo.

UNIDAD v. unión ‖ cantidad, uno, número, cifra, comparación, patrón, base ‖ destacamento, pelotón, compañía, patrulla, grupo, vanguardia, avanzada ‖ entidad, ente, ser, sujeto, esencia, existencia, substancia, singularidad.

UNIDO v. unificar, v. unir.

UNIFICACIÓN v. unión.

UNIFICAR agrupar, aunar, unir v., identificar, reunir, solidarizar, conjuntar, consolidar, amalgamar, galvanizar, igualar, uniformar v.

UNIFORMAR nivelar, igualar, equilibrar, equiparar, compensar, contrarrestar, emparejar, unificar v.

UNIFORME parejo, igualado, equilibrado, igual, semejante, similar, idéntico, mismo, exacto, gemelo, análogo, uno, consonante || liso llano, monótono, aburrido, raso, plano, invariable, parejo, suave, fino || guerrera, sahariana, capote, casaca, dormán, atavío, atuendo, vestido militar.

UNIFORMIDAD igualdad, similitud, semejanza, equilibrio, consonancia, analogía, exactitud, identidad, coincidencia, monotonía, regularidad, homogeneidad, aburrimiento, pesadez.

UNIGÉNITO hijo único, Hijo de Dios, v. Jesucristo.

UNILATERAL parcial, incompleto, fragmentario, personal, independiente, autónomo, separado.

UNIÓN concordia, unidad, unificación, acuerdo, inteligencia, equilibrio, consonancia, identidad, coincidencia, agrupación, identificación, simpatía, conciliación, fraternidad, paz, armonía, adhesión, camaradería, compañerismo, amistad || liga, alianza, pacto, coalición, confederación, federación, sindicato, hermandad, sociedad, asociación, centro, círculo, compañía || mezcla, fusión, cohesión, amalgama, soldadura, remache, vínculo, combinación, conjunto, composición, mixtura, ligazón, liga, amasijo, reunión, aleación, mezcolanza, incorporación || reunión, acercamiento, agregación, aproximación || matrimonio, enlace, boda, casamiento, nupcias, esponsales, maridaje, himeneo, ceremonia, sacramento.

UNIR mezclar, reunir, enlazar, unificar, juntar, agrupar, ligar, fusionar, vincular, remachar, pegar, coser, soldar, amalgamar, combinar, incorporar, articular, amarrar, anudar, atar, acoplar, ensamblar, hermanar, agregar, fundir, incorporar, centralizar, anexar, aunar, acercar, aproximar || UNIRSE asociarse, aliarse, sindicarse, federarse, confederarse, coligarse, pactar, hermanarse, unificarse || casarse, desposarse, matrimoniarse, contraer nupcias, contraer matrimonio || copular, fornicar, ayuntarse, aparearse, yacer, cohabitar, cubrir, montar, juntarse, conchabarse, liarse, abarragañarse, amarizarse.

UNÍSONO (AL) unánimemente, espontáneamente, voluntariamente, de acuerdo.

UNITARIO unionista, indisoluble, inseparable, indiviso, inherente, uno, solidario || básico, individual, separado.

UNIVERSAL general, mundial, planetario, internacional, global, interestatal, cosmopolita, total, absoluto, completo, ilimitado || cósmico, espacial, celeste, astral, sideral, planetario, estelar, galáctico.

UNIVERSALIDAD totalidad, generalidad, integridad, todo, suma, conjunto.

UNIVERSALMENTE infinitamente, cósmicamente, mundialmente, generalmente, v. universo.

UNIVERSIDAD facultad, escuela, colegio, instituto, cátedra, corporación, academia, alma máter.

UNIVERSITARIO licenciado, doctor, diplomado, graduado, titulado, profesional, facultativo || escolástico, corporativo, académico, colegial, docente, catedrático.

UNIVERSO infinito, cosmos, firmamento, espacio, vacío, caos, elementos, cielo, totalidad, creación, naturaleza, astros, galaxias, nebulosas, estrellas, planetas || mundo, tierra, orbe, globo, planeta.

UNTADURA ungimiento, embadurnamiento || untura, ungüento, v. unto.

UNTAR ungir, engrasar, pringar, cubrir, bañar, aceitar, frotar, dar, administrar, extender, manchar, ensuciar, pintar, embetunar || sobornar, comprar, pagar, cohechar, corromper, engatusar, atraer, ganarse.

Unto untura, pomada, grasa, crema, ungüento, embrocación, linimento, bálsamo, potingue, medicamento, mixtura, betún || soborno, pago, dádiva, propina, dinero, gratificación.

Untuosidad empalago, remilgo, afectación, servilismo, sumisión, adulación, zalamería, cortesía || viscosidad, adherencia, cohesión, crasitud.

Untuoso servil, sumiso, cortés, zalamero, adulador, afectado, remilgado, amanerado, empalagoso || graso, craso, grasiento, viscoso, pegajoso, seboso, mantecoso, cremoso, oleoso, pingüe.

Untura v. unto.

Uña pezuña, casco, punta, espina, pincho, garfio, excrecencia, uñeta, carnicol, garra, zarpa, garfa.

Uñada rasguño, arañazo, zarpazo, araño, garfada, uñarada, arañamiento, marca, señal.

Up to date * al día, a la moda, de actualidad.

¡Upa! ¡arriba!, ¡levanta!, ¡sube!, ¡aúpa! || Upa (A) en brazos, en el regazo.

Uranografía cosmografía, astronomía.

Uranolito aerolito, bólido, astrolito, meteorito, piedra, exhalación.

Urbanidad cortesía, discreción, educación, cultura, civilidad, finura, corrección, tacto, comedimiento, maneras, modales, modos, atención, consideración, diplomacia, política, respeto, delicadeza, cortesanía, distinción, crianza, gentileza, amabilidad.

Urbanismo desarrollo, creación, progreso de las poblaciones.

Urbanístico v. urbano.

Urbanizar poblar, proyectar, desarrollar, crear, construir, erigir, alzar, asfaltar, ordenar, planear.

Urbano ciudadano, metropolitano, edilicio, urbanístico, municipal, comunitario, comunal, cívico, civil || educado, cortés, culto, civil, fino, correcto, atento, comedido, delicado, respetuoso, político, diplomático, considerado, amable, gentil || guardia, policía, agente, polizonte, guardián.

Urbe ciudad, metrópoli, capital, población, centro, cabeza, emporio.

Urbi et orbi a todas partes, al mundo entero, a los cuatro vientos, a todos.

Urdimbre trama, red, tejido, malla, textura, punto, encaje, puntilla, estambre || maquinación, treta, intriga, enredo, maniobra, conspiración.

Urdir tramar, intrigar, enredar, confabularse, maniobrar, conspirar, forjar, fraguar, conjurarse, manejar, proyectar, planear || tejer, trenzar, mallar, hilar.

Urea v. orina.

Urente ardiente, doloroso, punzante, urticante, quemante.

Urgencia apremio, prisa, premura, emergencia, prontitud, celeridad, falta, necesidad, diligencia, perentoriedad, presteza, eventualidad, obligación, exigencia, inminencia, aprieto, rapidez, precipitación.

Urgente perentorio, necesario, imperioso, indispensable, inminente, inaplazable, impostergable, apremiante, precipitado, rápido, obligatorio, eventual, acelerado, pronto, apresurado.

Urgentemente necesariamente, perentoriamente, imperiosamente, v. urgente.

Urgir apremiar, apresurar, acuciar, apurar, atosigar, obligar, pedir, solicitar, apretar, acelerar, necesitar, precisar, exhortar.

Urinario letrina, evacuatorio, mingitorio, común, meadero, retrete, excusado, servicios, lavabos || orinal, bacinilla.

Urna arqueta, arca, caja, receptáculo, estuche, envase, joyero, vaso, vasija.

URTICANTE picante, punzante, vesicante, urente, quemante, escocedor, irritante.

URTICARIA erupción, comezón, irritación, sarpullido, picazón, inflamación, hinchazón.

USADO gastado, deslucido, agotado, raído, deteriorado, andrajoso, consumido, estropeado, viejo, desgastado, acabado, manoseado.

USANZA hábito, costumbre, práctica, rutina, estilo, manera, modo, moda, tradición, conducta, manía, maña, regla, uso, forma.

USAR utilizar, gastar, aprovechar, recurrir, servirse, disfrutar, dedicar, emplear, consumir, explotar, valerse, disponer, adoptar, abusar, introducir, aplicar, destinar esgrimir, manejar, manipular ‖ soler, acostumbrar, frecuentar, habituarse.

USÍA vuestra señoría, usiría.

USINA * fábrica, manufactura, *factoría*, industria, explotación, instalación, taller, nave.

USO desgaste, roce, rozadura, consunción, deterioro, daño, adelgazamiento, envejecimiento, raedura, decadencia, deslucimiento, vejez, desmedro, deslustre, corrosión, alteración, ruina, fricción, erosión ‖ aplicación, empleo, explotación, provecho, menester ‖ costumbre, v. usanza.

USTIÓN combustión, ignición, quema, incineración.

USUAL común, corriente, normal, habitual, ordinario, frecuente, familiar, tradicional, vulgar, divulgado, visto, difundido, asiduo, repetido, reiterado, periódico, natural, diario, normal, incesante, constante.

USUARIO consumidor, beneficiario, cliente, comprador, interesado.

USUCAPIÓN caducidad, prescripción, extinción, término.

USUFRUCTO provecho, fruto, utilidad, goce, beneficio, rendimiento, lucro, ventaja, producto, servicio, interés ‖ explotación, aprovechamiento, utilización, empleo, aplicación, v. uso.

USUFRUCTUAR gozar, disfrutar, tener, obtener, ganar, lucrar, poseer, explotar, aprovechar, emplear, utilizar, aplicar, v. usar.

USUFRUCTUARIO v. usuario.

USURA interés, beneficio, lucro, ganancia, logro, ventaja, provecho, abuso, exceso, especulación, negocio, botín, engaño, estafa, delito.

USUREAR aprovecharse, abusar, ganar, lucrarse, beneficiarse, especular, engañar, estafar.

USURERO prestamista, prendero, prestador, logrero, avaro, sanguijuela, explotador, negrero, embaucador.

USURPACIÓN despojo, expoliación, substracción, incautación, apropiación, arrebatamiento, robo, desposeimiento, rapacería, injusticia, abuso, trampa, timo, fraude.

USURPADO apropiado, arrebatado, expoliado, substraído, robado, v. usurpar.

USURPADOR tramposo, expoliador, timador, abusador, incautador, ladrón, defraudador, depredador, bandolero, bandido, saqueador, estafador, conquistador, vencedor.

USURPAR apropiarse, arrebatar, expoliar, substraer, incautarse, despojar, timar, abusar, desposeer, quitar, apoderarse, estafar, defraudar, birlar, robar, hurtar, explotar, atropellar.

UTENSILIO instrumento, herramienta, artefacto, aparato, útil, trebejo, trasto, elemento, aparejo, arma, material, juego, chirimbolo, cachivache, bártulo, medio, arnés, trasto, pertrecho, adminículo, avío, apero.

ÚTERO matriz, seno, claustro materno, órgano, víscera.

ÚTIL provechoso, lucrativo, fructuoso, beneficioso, eficaz, precioso, interesante, productivo, jugoso, rentable, servicial, conveniente, cómodo, ventajoso, rendido, remunerativo, logrado, valioso válido, bueno, favorable ‖ servicial, complaciente, cuidado-

UTILIDAD

so, atento, solícito, amigo, cumplido || ÚTILES herramientas, aparatos, v. utensilio.

UTILIDAD producto, provecho, rendimiento, beneficio, ganancia, lucro, fruto, jugo, gajes, dividendo, interés, ventaja, compensación, valor, precio, usura, renta, ganga || conveniencia, comodidad, aptitud, conformidad, calidad, acomodo, oportunidad.

UTILITARIO materialista, aprovechador, aprovechado, interesado, positivista, egoísta, comerciante || económico, ventajoso, v. útil.

UTILIZABLE servible, aprovechable, apto, disponible, útil v.

UTILIZACIÓN v. uso.

UTILIZAR emplear, usar, disfrutar, servirse, recurrir, aprovechar, gastar, explotar, consumir, dedicar, destinar, aplicar, introducir, abusar, adoptar, disponer, valerse, manipular, manejar, esgrimir, sacar, obtener, acogerse, gozar, beneficiarse, usufructuar.

ÚTILMENTE provechosamente, lucrativamente, fructuosamente, v. útil.

UTILLAJE herramientas, v. utensilio.

UTOPÍA quimera, ficción, fantasía, mito, ilusión, fábula, invención, novela, ensueño, cuento, leyenda, delirio, capricho, visión, sueño, desvarío, alucinación, anhelo, ideal, apariencia, imaginación.

UTÓPICO mítico, quimérico, fabuloso, ilusorio, fantástico, ficticio, vano, teórico, imaginado, maravilloso, supuesto, ideal, soñado, figurado, falso, inventado, caprichoso, legendario, aparente, ingenuo, absurdo.

UTOPISTA idealista, ingenuo, inocente, teórico, iluso, quijote, visionario, cándido, soñador.

UTRERO v. novillo.

UT SUPRA más arriba, antedicho, precitado, mencionado, aludido, como encima, como arriba, como atrás.

UVA agracejo, grano, racimo, fruto, vid, parra.

UVE ve, letra v.

ÚVULA campanilla, membrana, carnosidad.

UXORICIDA parricida, homicida, reo, culpable, delincuente, asesino de su mujer.

V

Vaca res, vacuno, bovino, vaquilla, ternera, becerra, hembra del toro, bestia, ganado, animal, rumiante.

Vacación vacaciones, descanso, asueto, fiesta, festividad, recreo, holganza, pausa, diversión, ocio, reposo, alto, paro, cese, suspensión, feria, cierre, interrupción.

Vacada manada, rebaño, hato, tropa, grey, grupo, tropel, ganado, reses, cabezas, animales.

Vacante libre, desocupado, expedito, disponible, abierto, abandonado, vacío, ausente, desierto, deshabitado || puesto, cargo, empleo, destino, plaza, acomodo, colocación libre.

Vacar quedar libre, desocupado, vacante v.

Vaciado hueco, rehundido, figura, adorno, estatuilla || desocupado, agotado, v. vacío.

Vaciador afilador, amolador, artesano.

Vaciar desocupar, agotar, desagotar, verter, desembocar, descargar, extraer, librar, desinflar, sorber, deshabitar, despejar, desembarazar, limpiar || afilar, amolar, aguzar, afinar, rebajar.

Vaciedad sandez, necedad, estupidez, puerilidad, bobada, disparate, memez, futilidad, trivialidad, frivolidad, vacuidad, bagatela, fruslería, nimiedad, menudencia, inanidad.

Vacilación indecisión, perplejidad, irresolución, indeterminación, titubeo, duda, incertidumbre, inseguridad, fluctuación, dilema, disyuntiva, encrucijada, confusión, apuro, preocupación, inestabilidad, desconfianza, sospecha, conjetura || oscilación, vaivén, mecimiento, balanceo, movimiento.

Vacilante indeciso, indeterminado, irresoluto, perplejo, fluctuante, inseguro, incierto, dudoso, preocupado, apurado, confuso, inestable, desconfiado, tímido, remiso, cobarde, titubeante || oscilante, bamboleante, basculante.

Vacilar titubear, fluctuar, indeterminarse, preocuparse, dudar, acobardarse, desconfiar, confundirse, flaquear, cambiar, turbarse, hesitar, tantear || oscilar, mecerse, bambolearse, balancearse, trastabillar, tambalearse, bascular.

Vacío desocupado, desagotado, desaguado, libre, evacuado, desinflado, descargado, desembarazado, limpio, despejado, hueco, huero, vacuo, vacante, expedito, disponible, carente, ausente, deshabitado, desierto, despoblado, solitario || hueco, ausencia, carencia, falta, enrarecimiento, oquedad, vacuidad, vacante || presuntuoso, v. vacuo.

Vacuidad v. vaciedad.

Vacuna pústula, costra, postilla, vejiguilla, escara || v. vacunación.

Vacunación inoculación, inyección, profilaxis, preservación, defensa, prevención, inmunización || v. vacuna.

Vacunar inyectar, inocular, pre-

VACUNO

servar, prevenir, inmunizar, transmitir.
VACUNO bovino, vaca, toro, buey, bóvido, rumiante, boyal, cuadrúpedo, animal, cabeza de ganado, animal doméstico.
VACUO pueril, nimio, vacío, fútil, trivial, frívolo, inane, disparatado, memo, necio, sandio, estúpido, bobo || desocupado, vacante, v. vacío.
VADE v. vademécum.
VADEABLE salvable, pasable, franqueable, accesible, traspasable, superable, transitable.
VADEAR cruzar, pasar, salvar, *franquear*, traspasar, superar, transitar, cruzar, rebasar.
VADEMÉCUM cartapacio, cartera, portafolio, portapapeles, portapliegos, bolso, balsa || manual, prontuario, compendio, breviario, opúsculo, extracto.
VADE RETRO apártate, aléjate, fuera, márchate, vete.
VADO paso, cruce, vadera, esguazo, remanso.
VAGABUNDEAR holgazanear, vagar, vaguear, pasear, callejear, rondar, merodear, trotar, correr, andar, zanganear, pindonguear, errar, deambular, perderse.
VAGABUNDEO callejeo, paseo, merodeo, trote, caminata, pindongueo, andanza || v. vagancia.
VAGABUNDO errante, errabundo, trotamundos, ambulante, nómada, errático, inestable, peregrino, incansable, callejero, andarín, caminante || merodeador, sospechoso, mendigo, indeseable, truhán, pícaro, indigente, pordiosero, mendicante, pobre, menesteroso || holgazán, v. vago.
VAGANCIA holgazanería, ociosidad, gandulería, molicie, poltronería, vaguería, apatía, dejadez, picardía, picaresca, hampa, bajos fondos || callejeo, paseo, merodeo, v. vagabundeo.
VAGAR errar, vagabundear, perderse, caminar, andar, deambular, callejear, pasear, merodear, alejarse, holgazanear, vaguear,

pindonguear, trotar, rondar, zascandilear, mariposear, correr.
VAGIDO llanto, lloro, lloriqueo, gemido, quejido, queja, plañido, grito.
VAGINA órgano genital, sexual, reproductor, conducto || vulva, matriz, útero.
VAGO gandul, haragán, perezoso, remolón, tardo, lento, indolente, tumbón, dejado, poltrón, flojo, apático, maula, ocioso, desidioso, indolente || truhán, indeseable, v. vagabundo || impreciso, incierto, confuso, ambiguo, indefinido, indeterminado, indistinto, dudoso, inseguro, aproximado, equívoco.
VAGÓN carruaje, coche, furgón, vehículo, carricoche, vagoneta, carro, compartimiento, unidad.
VAGONETA carricoche, carretilla, carrito, vagón v.
VAGUADA cañada, hondonada, valle, barranco, desfiladero, angostura, garganta, rambla, cauce, arroyada, paso.
VAGUEAR v. vagar.
VAGUEDAD imprecisión, divagación, equívoco, duda, inseguridad, indecisión, ambigüedad, confusión, embrollo, lío, incertidumbre, digresión.
VAHARADA bocanada, hálito, aliento, emanación, espiración, resuello, fumarada, vapor, exhalación, soplo, jadeo, vaharina, vaho v.
VAHÍDO vértigo, colapso, mareo, desmayo, desvanecimiento, descompostura, desfallecimiento, indisposición, ataque, lipotimia, palidez, debilitamiento, aturdimiento, síncope.
VAHO vapor, hálito, exhalación, neblina, niebla, efluvio, vaharina, fumarada, emanación, bocanada, rocío, vaharada v.
VAINA forro, envoltura, funda, estuche, protección, revestimiento, recubrimiento, capa, bolsa, cubierta, cáscara, túnica, guarda || inútil, despreciable, indeseable, rastrero, indigno.

Vainica deshilado, orla, adorno.
Vaivén mecimiento, balanceo, oscilación, vacilación, tumbo, ir y venir, zigzag, movimiento, bamboleo || fluctuación, inconstancia, inestabilidad, mudanza, variación, altibajo, desigualdad, alternativa, cambio, irregularidad.
Vajilla servicio, loza, fuentes, platos, vasos, tazas, cubiertos, enseres, equipo, utensilios.
Vale nota, recibo, talón, cupón, bono, resguardo, papeleta, justificante, boleta, acuse, papel || adiós, despedida.
Valedero v. válido.
Valedor protector, defensor, bienhechor, patrocinador, padrino, tutor, favorecedor, abogado, patrono, sostén, mecenas, fiador.
Valentía coraje, intrepidez, valor, temple, majeza, hombría, guapeza, bizarría, heroicidad, gallardía, heroísmo, audacia, ímpetu, arrojo, atrevimiento, bravura, osadía, esfuerzo, decisión, resolución, impavidez, entereza, espíritu, pecho, ánimo, aliento, corazón, agallas, hígado, arranque, brío, ardor, denuedo, furia, acometividad, temeridad, arresto.
Valentón bravucón, jactancioso, fanfarrón, camorrista, curro, chulo, baladrón, jácaro, guapetón, farfantón, matasiete, matón, matamoros, perdonavidas, matachín, tragahombres, pendenciero, follón, hampón.
Valentonada fanfarronada, bravuconada, jactancia, arrogancia, farfantonada, guapeza, baladronada, chulería, bravuconería, desplante, majeza, desgarro, matonería, fanfarria, bravata, camorra, matonismo, alarde, vanagloria, presunción, desafío, provocación, amenaza.
Valer costar, importar, totalizar, elevarse, ascender, montar, pagar, desembolsar, subir, sumar, correr || equivaler, parecerse, corresponder, igualarse, asimilarse, identificarse, ajustarse, equilibrar || valía, v. valor || apoyar, patrocinar, proteger, defender, amparar, auxiliar, ayudar, respaldar || servir, ser apto, ser adecuado, idóneo, útil, competente, hábil, diestro, conveniente, provechoso, satisfactorio || Valerse apañárselas, arreglárselas, desenvolverse, salir || Valerse de utilizar, emplear, usar, gastar, recurrir.
Valerosamente valientemente, osadamente, atrevidamente, intrépidamente, v. valiente.
Valeroso v. valiente.
Valet * criado, ayuda de cámara, servidor, mayordomo.
Valetudinario decrépito, enfermizo, achacoso, caduco, delicado, enteco, mórbido, impotente, vetusto, senil, chocho, decadente, provecto, viejo, acabado.
Valía v. valor.
Validez legalidad, eficacia, legitimidad, justicia, vigencia, actualidad, efectividad, autenticidad, conveniencia, refrendo, certificación, vigor, fuerza, permanencia, poder, eficacia, utilidad, valor v.
Válido legítimo, legal, lícito, reglamentario, permitido, autorizado, admitido, imperante, constitucional, útil, eficaz, valedero, permanente, fuerte, conveniente, auténtico, efectivo, actual, moderno, vigente, certificado, confirmado.
Valido favorito, privado, protegido, privilegiado, predilecto, preferido, ayudante, brazo derecho, eminencia gris.
Valiente valeroso, audaz, osado, templado, intrépido, esforzado, bravo, bizarro, temerario, animoso, corajudo, impávido, atrevido, enérgico, fuerte, denodado, decidido, determinado, resuelto, arrojado, épico, belicoso, indomable, gallardo, varonil, estoico, animoso.
Valientemente valerosamente, corajudamente, audazmente, osadamente, v. valiente.
Valija maleta, maletín, vademécum, portafolios, cartera, baúl,

VALIMIENTO

cofre, bulto, equipaje, bártulo, bolso.

VALIMIENTO privanza, protección, favoritismo, tutoría, favor, privilegio, predilección, preferencia, ayuda, amparo, apoyo, auxilio, defensa, influencia, patrocinio.

VALIOSO inestimable, precioso, meritorio, apreciado, inapreciable, singular, único, insustituible, provechoso, beneficioso, útil, ventajoso, interesante, productivo, conveniente, cómodo || costoso, caro, dispendioso, subido, elevado, encarecido, alto, exorbitante, lujoso.

VALOR v. valentía || precio, estimación, coste, costo, importe, total, evaluación, cotización, valoración, tasación, cuantía, monto, costa, dispendio, valía, gasto, desembolso || mérito, interés, incentivo, atractivo, beneficio, provecho, utilidad, importancia, significación, alcance, trascendencia, substancia, calidad, poder, eficacia, fuerza, peso, enjundia, conveniencia, alcance || descaro, desfachatez, desvergüenza, desparpajo || legalidad, efectividad, v. validez || VALORES, títulos, bonos, acciones, intereses, rentas.

VALORACIÓN precio, v. valor.

VALORAR evaluar, estimar, cotizar, tasar, apreciar, justipreciar, calcular, tantear, ajustar, valuar, v. valorizar.

VALORIZACIÓN aumento, encarecimiento, incremento, subida, alza, elevación, especulación, negocio, abuso, lucro, sobreprecio, exceso || beneficio, desarrollo, progreso, mejora, adelanto.

VALORIZAR encarecer, aumentar, alzar, subir, incrementar, negociar, abusar, especular, lucrarse, elevar, v. valorar || beneficiar, progresar, desarrollar, mejorar, adelantar.

VALQUIRIAS vírgenes guerreras, deidades germánicas, amazonas.

VALUACIÓN precio, v. valor.

VALUAR v. valorar.

VALVA concha, venera, nácar, nacre, cubierta, caparazón, caracol, almeja.

VÁLVULA grifo, escape, obturador, cierre, espita, llave, salida, canilla, mecanismo, pieza.

VALLA cercado, barrera, cerco, tapia, vallado, verja, encierro, pared, empalizada, estacada, barandilla, seto, alambrado, palenque, reparo, valladar, alambrada.

VALLADAR obstáculo, inconveniente, dificultad, atolladero, tropiezo, freno, barrera, escollo, traba, óbice, engorro, interrupción.

VALLADO empalizada v. valla || cercado, tapiado, encerrado, emparedado, v. valla.

VALLAR cercar, encerrar, tapiar, alambrar, emparedar, acotar, aislar, separar.

VALLE vaguada, cuenca, cañada, hondonada, desfiladero, garganta, vaguada, angostura, quebrada, paso, puerto, cañón, arroyada, rambla, torrentera, cauce, barranco, abra, nava, estrechez, hoya, abertura, tajo.

VAMPIRESA * mujer mundana, ambiciosa, mujer fatal, hechicera.

VAMPIRO espectro, resucitado, cadáver, no muerto, trasgo, monstruo || murciélago, quiróptero || sanguijuela, explotador, avaro, expoliador, negrero, usurero.

VANAGLORIA jactancia, altanería, envanecimiento, alarde, alabanza, fanfarronería, petulancia, presunción, orgullo, vanidad, baladronada, bravuconería, fatuidad, inmodestia, postín, bravata, importancia, pretensión, engreimiento.

VANAGLORIARSE jactarse, presumir, envanecerse, alardear, alabarse, enorgullecerse, fanfarronear, engreírse, pretender, preciarse, pavonearse, gloriarse.

VANAGLORIOSO v. vanidoso.

VANAMENTE inútilmente, infructuosamente, estérilmente, superfluamente, v. vano.

VANDÁLICO bárbaro, destructivo, despiadado, monstruoso, cruel, impío, inhumano, feroz, atroz, fiero, salvaje, sanguinario, violento, sañudo, encarnizado, devastador, implacable, exterminador.

VANDALISMO barbarie, crueldad, exterminio, devastación, encarnizamiento, saña, violencia, salvajismo, fiereza, ferocidad, atrocidad, impiedad, monstruosidad, ruina, destrucción, pillaje, bandolerismo, bandidaje.

VÁNDALO germánico, bárbaro, invasor, conquistador || cruel, salvaje, v. vandálico || forajido, bandido, bárbaro, guerrero, pirata.

VANGUARDIA frente, delantera, avanzada, avanzadilla, primera fila, línea de fuego || progreso, adelanto, desarrollo, evolución, avance.

VANGUARDISTA * atrevido, audaz, moderno.

VANIDAD soberbia, engreimiento, altivez, altanería, orgullo, arrogancia, suficiencia, endiosamiento, jactancia, impertinencia, inmodestia, pedantería, afectación, hinchazón, fatuidad, empaque, ínfulas, humos, alas, aire, fantasía, imperio, ufanía, engolamiento.

VANIDOSO orgulloso, altivo, engreído, impertinente, altanero, soberbio, jactancioso, endiosado, arrogante, fatuo, hinchado, afectado, pomposo, pedante, inmodesto, engolado, ufano, vanaglorioso, ególatra, ensoberbecido, vano, presuntuoso, pretencioso, petulante, presumido, fachendoso, farolero, postinero.

VANO v. vanidoso || infructuoso, inútil, estéril, ineficaz, inoperante, nulo, insuficiente, infructífero, improductivo, infecundo, yermo, inadecuado, negativo || vacuo, vacío, hueco, pueril, nimio, fútil, trivial, frívolo, necio, inane, disparatado, superficial, insubstancial, efímero, inestable, ilusorio, imaginario || arcada, arco, luz, lumbre, derrame, al-

féizar, intercolumnio, barandal, hueco, ventana || VANO (EN) inútilmente, infructuosamente, vanamente, ociosamente, innecesariamente, superfluamente, excesivamente, fútilmente.

VAPOR fluido, vaho, gas, exhalación, emanación, vaharina, neblina, niebla, hálito, vaharada, bocanada, aliento, fumarada, nube, rocío || barco, nave, navío, buque, embarcación, transatlántico, paquebote.

VAPORIZACIÓN pulverización, rociadura, salpicadura, riego, llovizna, humedecimiento.

VAPORIZADOR pulverizador, frasco, recipiente, aparato, perfumero.

VAPORIZAR pulverizar, regar, salpicar, rociar, humedecer, difundir, perfumar.

VAPOROSO tenue, ligero, sutil, etéreo, aéreo, impalpable, flotante, incorpóreo, volátil, fluido, ligero, delicado, grácil, alado.

VAPULEAR azotar, zurrar, fustigar, flagelar, disciplinar, vergajear, tundir, varear, castigar, pegar, dar, golpear, sacudir, batir, arrear || censurar, criticar, vituperar, reprochar, recriminar, condenar, hostigar, desaprobar.

VAPULEO flagelación, zurra, fustigación, vareo, castigo, sacudimiento, somanta, tunda, paliza, soba, azotaina, leña, meneo, apaleo, azotes, latigazos || censura, crítica, reproche, recriminación.

VAQUERÍA vacada, manada, rebaño, tropa, grey, hato || granja, rancho, hacienda, lechería, establecimiento, comercio.

VAQUERO vaquerizo, pastor, peón, ganadero, apacentador, caporal, mayoral, jinete, caballista.

VAQUETA cuero, piel.

VAQUILLA ternera, becerra, cría hembra, recental.

VARA palo, pértiga, percha, fusta, bastón, varilla, tirso, caduceo, cayado, garrote, estaca, pica, palitroque, garrocha, varapalo, rama, mástil, asta, caña, báculo.

VARADA encalladura, varadura, va-

Varadero ramiento, naufragio, embarrancamiento, atasco, atolladura, zabordamiento, encallada.

Varadero dique seco, surtidor, muelle.

Varadura v. varada.

Varapalo garrotazo, estacazo, porrada, golpazo, trastazo, trancazo, bastonazo, vergajazo, golpazo, cachiporrazo || pértiga, v. vara.

Varar embarrancar, encallar, atollarse, zabordar, abordar, naufragar, atascarse, detenerse, inmovilizarse, zozobrar, abarrancar, aconcharse.

Varazo v. varapalo.

Varear aventar, apalear, sacudir, derribar, golpear, agitar, percutir, zarandear, pegar.

Variabilidad inestabilidad, mutabilidad, incertidumbre, inconstancia, inconsecuencia, movilidad, diversidad, variedad, veleidad, versatilidad, mudanza, alterabilidad, alteración, v. variación.

Variable inestable, inconstante, inseguro, mudable, incierto, móvil, diverso, inconsecuente, alterable, versátil, transformable, renovable, reformable, diferenciable, cambiable, tornadizo, vario, transmutable, movible, irregular, veleidoso, vacilante, voluble, liviano, indeciso, informal, inconsecuente.

Variación modificación, cambio, mutación, alteración, mudanza, reforma, diferenciación, muda, innovación, permuta, vicisitud, trastrueque, revolución, renovación, transformación, perturbación, corrección, metamorfosis, evolución, v. variabilidad || diversidad, v. variedad.

Variado diverso, distinto, diferente, vario, ameno, entretenido, múltiple, heterogéneo, dispar, distraído, cautivante, interesante, recreativo, sugestivo || modificado, cambiado, v. variación.

Variante diferencia, cambio, disparidad, desigualdad, desemejanza, diferenciación, desproporción, disimilitud, v. variedad || desvío v.

Variar modificar, alterar, cambiar, mudar, innovar, diferenciar, reformar, renovar, revolucionar, trastrocar, permutar, metamorfosear, corregir, perturbar, transformar, invertir, volcar, voltear, disfrazar, disimular, oscilar, fluctuar, alternar, subir, bajar.

Várice variz, dilatación, ensanchamiento, congestión, distensión, abultamiento, hinchazón venosa.

Variedad diversidad, diferencia, desemejanza, multiplicidad, conformidad, abundancia, dualidad, complejidad, heterogeneidad, infinidad, plétora, sinfín, pluralidad, amenidad, distracción, interés, novedad || v. variabilidad || v. variación || v. variante.

Variétés * atracciones, variedades, números.

Varilla varita, tira, barra, costilla, baqueta, fusta, mástil, rama, caña, asta, v. vara.

Varillaje armazón, entramado, esqueleto, montura, bastidor, soporte.

Vario v. variado || **Varios** algunos, distintos, diferentes, unos cuantos, diversos, pocos, muchos.

Varita v. varilla.

Variz v. várice.

Varón hombre, macho, individuo, caballero, señor, ser, criatura, persona, sujeto masculino.

Varona marimacho, sargentona, virago, machota, viriloide, maritornes, amazona.

Varonil masculino, viril, enérgico, vigoroso, varón, fuerte, macho, recio, valiente, hombruno, firme, resuelto, poderoso, valeroso, pujante.

Vasallaje sumisión, sometimiento, acatamiento, acato, esclavitud, dependencia, rendición, entrega, supeditación, lealtad, servicio, servidumbre, sujeción, feudo, tributo, fidelidad, reverencia, subordinación.

Vasallo siervo, servidor, esclavo, súbdito, tributario, feudatario, sujeto, villano, plebeyo, sometido, collazo, pechero, dependiente, sumiso.

Vasar repisa, anaquel, estante, ménsula, tabla, alacena, aparador, estantería, rinconera, compartimiento, armario, plúteo, andana.

Vasco vascongado, vascón, vascuence, éuscaro.

Vasija jarra, recipiente, jarro, jarrón, cacharro, alcuza, cántaro, envase, pichel, aguamanil, florero, búcaro, pote, receptáculo, depósito, crátera, v. vaso.

Vaso copa, cáliz, jarro, copón, cubilete, v. vasija || conducto, tubo, capilar, caño, cánula, colector, canalillo || casco, pezuña, uña || Vaso de noche orinal, bacinilla, bacín.

Vástago hijo, descendiente, heredero, retoño, sucesor, familiar || cogollo, brote, tallo, renuevo, retoño, reveno, hijuelo, mugrón, serpollo, pella, troncho, estípite || barra, transmisión, eje, varilla, hierro.

Vastedad inmensidad, infinidad, extensión, grandiosidad, grandeza, magnitud, anchura, enormidad, dilatación, desolación, vacío, espacio, llanura.

Vasto dilatado, extendido, extenso, grandioso, infinito, inmenso, enorme, ancho, grande, desolado, vacío, lleno, holgado, despejado, libre, anchuroso, insondable, incalculable, gigantesco, colosal.

Vate poeta, rapsoda, bardo, coplero, cantor, aedo, trovador, juglar, recitador, trovero, rimador, lírico.

Vaticano papal, pontificio, pontifical, apostólico, santo, romano, católico.

Vaticinador augur, profeta, adivino, vidente, mago, agorero, encantador, iluminado, astrólogo, brujo, rabdomántico, quiromántico, arúspice, hechicero, nigromante, clarividente.

Vaticinar pronosticar, adivinar, profetizar, predecir, presagiar, presentir, augurar, resolver, descubrir, agorar, descifrar, antedecir, atinar, acertar, conjeturar, interpretar, prever, columbrar, comprender, imaginar, suponer, anunciar.

Vaticinio presagio, augurio, presentimiento, profecía, predicción, pronóstico, acierto, agüero, descubrimiento, resolución, imaginación, interpretación, conjetura, anuncio, suposición, adivinanza, agorería, adivinación, previsión, oráculo, auspicio, premonición.

Vaudeville * zarzuela cómica, revista, espectáculo picaresco, comedia, opereta.

Ve uve, letra v.

Veces (Hacer las) reemplazar, substituir, representar, relevar, suceder, suplir.

Vecinal común, general, público, ciudadano, secundario, comarcal.

Vecindad proximidad, cercanía, contigüidad, inmediación, adyacencia, linde, confín, frontera || aledaños, contornos, afueras, alrededores, cercanías, barriada, barrio, extramuros, arrabales, suburbios, inmediaciones || v. vecindario.

Vecindario barriada, barrio, sector, distrito, cuartel, término, v. vecindad || vecinos, habitantes, convecinos, ciudadanos, inquilinos, pobladores, conciudadanos, moradores, residentes, ocupantes.

Vecino habitante, domiciliado, convecino, ciudadano, residente, morador, conciudadano, poblador, inquilino, ocupante || cercano, próximo, inmediato, limítrofe, fronterizo, adyacente, lindero, divisorio, contiguo, lindante, frontero, rayano, comarcano, aledaño, confinante || parecido, similar, semejante, coincidente, análogo.

Vector radio, línea, recta.

Veda prohibición, privación, límite, orden, veto, impedimento || período, plazo, lapso, tiempo, época, temporada de veda.

Vedado coto, campo, terreno, límite, zona, monte, lugar privado, cercado, v. vedar.

Vedar prohibir, privar, vetar, impedir, ordenar, acotar, cercar, limitar, estorbar.

Vedeja cabellera, pelambrera, melena.

Vedette * estrella, primera figura, actriz, actor de fama.

Vedija mechón, guedeja, v. vellón.

Veedor inspector, observador, v. vigilante.

Vega sembrado, huerta, cultivo, huerto, regadío, plantío, terreno, granja, prado, vergel, campo, tierra, plantación, parcela, navazo, llano, llanura.

Vegetación flora, plantas, vegetales, fronda, selva, bosque, follaje, espesura, boscaje || Vegetaciones pólipos, excrecencias, carnosidades, amígdalas.

Vegetal planta, hortaliza, verdura, legumbre, verde, mata, arbusto, árbol.

Vegetar languidecer, estancarse, aflojar, ceder, adormecerse, atrofiarse, anquilosarse, empantanarse, descansar, retraerse.

Vegetariano naturista.

Vegetarismo vegetarianismo, régimen vegetariano.

Veguero cigarro, puro, tagarnina, habano, breva, chicote, vitola, tabaco.

Vehemencia fogosidad, pasión, violencia, ímpetu, ardor, apasionamiento, fiebre, efusión, viveza, virulencia, excitación, arrebato, entusiasmo, frenesí, rabia, exaltación, calor, ira, furor, efervescencia, fuego, elocuencia, facundia, verborrea, retórica, persuasión, convicción.

Vehemente fogoso, ardoroso, ardiente, impetuoso, violento, apasionado, efervescente, virulento, vivo, efusivo, furibundo, iracundo, entusiasta, impulsivo, inflamado, rabioso, exaltado, caluroso, fanático, febril, arrebatado, brusco.

Vehementemente fogosamente, ardorosamente, ardientemente, v. vehemente.

Vehículo carruaje, carricoche, carromato, artefacto, coche, auto, automóvil, camión, camioneta, tranvía, autobús, motocicleta, bicicleta, tren, ferrocarril, avión, embarcación, nave.

Vejación vejamen, ofensa, afrenta, agravio, injuria, burla, insolencia, escarnio, ultraje, desprecio, difamación, humillación, menosprecio, insulto, maltrato, mortificación, perjuicio.

Vejador v. vejatorio.

Vejamen v. vejación.

Vejar agraviar, injuriar, afrentar, ofender, ultrajar, escarnecer, humillar, despreciar, difamar, mortificar, maltratar, insultar, menospreciar, perseguir, oprimir, mancillar, avasallar, molestar.

Vejatorio ofensivo, agraviante, injurioso, escarnecedor, humillante, ultrajante, insultante, mortificante, vejador, enojoso, duro, irritante, molesto.

Vejestorio carcamal, antañón, veterano, vejete, maduro, setentón, matusalén, vejancón, vejarrón, chocho, senil, decrépito, valetudinario, vetusto, provecto.

Vejete v. vejestorio.

Vejez ancianidad, senectud, madurez, longevidad, declive, ocaso, decrepitud, veteranía, senilidad, chochez, chochera, vetustez, caducidad, edad provecta.

Vejiga bolsa, bolsita, saco, órgano, ampolla, vesícula.

Vejigatorio irritante, cáustico, medicamento, emplasto, parche.

Vela bujía, cirio, candela, blandón, ambleo, codal, hacha, lamparilla, cera, cerilla, hachote, lucerna || trapo, paño, lona, lienzo, velamen, velaje, toldo || guardia, vigilancia, asistencia, presencia, centinela, acecho, custodia, guardia, alerta, desvelo, vigilia, insomnio, trasnochada, velada v.

VELADA reunión, fiesta, tertulia, festejo, sarao, recepción, solemnidad, gala, convite, conmemoración, celebración, verbena, función, baile, diversión.

VELADO turbio, opaco, obscuro, nebuloso, gris, nublado, vago, sombrío, turbulento, sucio, revuelto, borroso, mezclado, tapado, escondido, disimulado, invisible, enmascarado, secreto, misterioso, confuso.

VELADOR mesita, repisa, estante, trípode, mesa de noche || candelero, palmatoria, lamparilla, lámpara, candelabro.

VELAMEN aparejo, velaje, trapos, lonas, velas || arboladura, jarcia, cordaje, cabos.

VELAR trasnochar, vigilar, acompañar, proteger, guardar, asistir, ayudar, acechar, custodiar, despabilarse, no dormir || tapar, atenuar, encubrir, disimular, obscurecer, enmascarar, ocultar, enturbiar, manchar, emborronar, nublar.

VELATORIO velorio, vela, reunión, asistencia, presencia, compañía, acompañamiento.

VELEIDAD inconstancia, volubilidad, frivolidad, cambio, capricho, ligereza, mudanza, vacilación, variación, inconsecuencia, antojo, fantasía, mutabilidad, versatilidad.

VELEIDOSO voluble, frívolo, caprichoso, cambiante, inconstante, inconsecuente, tornadizo, variable, vacilante, ligero, versátil, antojadizo.

VELERO yate, balandro, bote, lancha, fragata, corbeta, bergantín, goleta, barco, nave, embarcación.

VELETA cataviento, giraldilla, gobierna, pieza, artefacto, banderola.

VELO mantilla, rebozo, gasa, tul, manto, flámeo, pañuelo, toca, mantellina, encaje, mantón, capellar, impla || cortina, nube, manto, confusión, obscuridad, disimulo, ficción, pretexto, excusa.

VELOCIDAD ligereza, rapidez, presteza, diligencia, premura, apresuramiento, prontitud, viveza, prisa, festinación, vivacidad, actividad, agilidad, alacridad, urgencia, carrera.

VELOCÍPEDO biciclo, bicicleta, triciclo, vehículo, velomotor.

VELOCISTA * corredor, carrerista, ciclista.

VELÓDROMO estadio, circuito, pista, instalación, campo, coliseo, pabellón.

VELOMOTOR v. velocípedo, biciclo con motor.

VELÓN lámpara, velador, candelero, palmatoria, lamparilla, candelabro, farol, fanal || v. vela.

VELORIO v. velatorio.

VELOZ raudo, rápido, ligero, acelerado, apresurado, vertiginoso, presuroso, pronto, ágil, arrebatado, alado, súbito, expeditivo, impetuoso, diligente, presto, repentino, vivo, momentáneo, célere, activo.

VELOZMENTE raudamente, rápidamente, aceleradamente, apresuradamente, v. veloz.

VELLO bozo, pelusa, pelo, pelusilla, lanugo, pelillo, hebra, flojel, vellosidad, pilosidad, lanosidad.

VELLOCINO cuero, piel, zalea, vellón v.

VELLÓN guedeja, vedija, mecha, tusa, lana.

VELLOSIDAD v. vello.

VELLOSO velludo, peludo, tupido, hirsuto, erizado, piloso, lanoso, afelpado, aterciopelado.

VELLUDO v. velloso.

VENA vaso, conducto, tubo, capilar, colector, canalillo, arteria, válvula, anastomosis || filón, veta, faja, capa, lista, franja, estrato, yacimiento, mina, masa, venero || inspiración, iluminación, idea, soplo, musa, intuición.

VENABLO dardo, lanza, arpón, pica, asta, chuzo, flecha, jabalina, rejón, azagaya, arma arrojadiza.

Venado ciervo, corzo, gamo, rebeco, antílope, gacela, rumiante, mamífero, cérvido.

Venal corrompido, sobornable, infiel, vendible, vendido, deshonesto, desaprensivo, desvergonzado.

Venalidad corrupción, soborno, deshonestidad, desaprensión, desvergüenza.

Venatorio cinegético.

Vencedor triunfador, ganador, triunfante, victorioso, invicto, triunfal, dominador, dominante, campeón, invasor, conquistador, arrollador, aniquilador, invencible.

Vencer triunfar, ganar, dominar, derrotar, arrollar, invadir, conquistar, aniquilar, sobrepujar, tumbar, superar, aventajar, hundir, revolcar, deshacer, dispersar, desbaratar, quebrantar, reducir, someter, aplastar, rechazar, romper, batir, destrozar, rendir, subyugar, domeñar, sujetar, domar || **Vencerse** contenerse, reprimirse, refrenarse, dominarse.

Vencido derrotado, dominado, ganado, hundido, revolcado, deshecho, destrozado, rendido, subyugado, domado, aplastado, rechazado, roto, sometido, reducido, quebrantado, desbaratado, dispersado, superado, tumbado, aniquilado, conquistado, invadido || decadente, acabado, caduco, disminuido, debilitado, corrompido, perdido.

Vencimiento cumplimiento, término, plazo, conclusión, terminación, fin, final, prescripción, extinción.

Venda tira, faja, gasa, banda, cinta, lienzo, apósito, vendaje v.

Vendaje ligadura, atadura, apósito, compresa, hilas, v. venda.

Vendar cubrir, ligar, atar, sujetar, comprimir, inmovilizar, fajar, curar, cuidar.

Vendaval ventolera, ventarrón, galerna, ventisca, huracán, ciclón, tromba, remolino || viento, brisa, aire, soplo, racha, ráfaga.

Vendedor comerciante, tendero, traficante, negociante, mercader, tratante, expendedor, detallista, mayorista, minorista, intermediario, comisionista, corredor, viajante, representante, proveedor, dependiente, empleado, mercachifle, buhonero, feriante, baratero, trajinante, especulador, exportador, importador.

Vender traspasar, ceder, adjudicar, enajenar, saldar, comerciar, traficar, especular, liquidar, revender, expender, tratar, mercar, negociar, proveer, suministrar, entregar, chalanear, trajinar, exportar, importar, ofrecer, pregonar || entregar, traicionar, descubrir, denunciar, delatar, engañar.

Vendetta * venganza sangrienta, ajuste de cuentas.

Vendible negociable, adjudicable, traspasable, v. vender.

Vendimia recolección, cosecha, recogida, colecta, agosto || provecho, fruto, beneficio.

Vendimiar recoger, recolectar, cosechar.

Veneno tóxico, ponzoña, tósigo, toxina, bebedizo, pócima, filtro.

Venenoso ponzoñoso, tóxico, letal, mortífero, deletéreo, malsano, mefítico, dañino, nocivo.

Venera molusco, concha, pechina || condecoración, medalla, insignia, cruz, distintivo.

Venerable respetable, considerado, solemne, majestuoso, noble, digno, serio, estimado, virtuoso, santo, anciano, patriarcal, sabio, reverendo.

Veneración devoción, respeto, consideración, estima, reverencia, amor, cariño, adoración, idolatría, admiración, honra, sumisión, unción, piedad, fervor, fidelidad, adhesión, misticismo, religiosidad, fe.

Venerado respetado, considerado, reverenciado, admirado, v. venerar.

Venerar respetar, considerar, reverenciar, admirar, celebrar, honrar, acatar, adherirse, someterse, amar, idolatrar, exaltar, postrarse, oficiar, servir, ensalzar, admirar, ofrecer.

VENÉREO sensual, carnal, erótico, genésico || VENÉREA (ENFERMEDAD) enfermedad contagiosa, infección, contaminación, dolencia, sífilis, gálico, blenorragia, gonorrea, flujo, chancro.

VENERO manantial, fontanar, fuente, fontana, hontanar, fluencia, alfaguara, manadero.

VENGADOR reparador, desfacedor, justiciero, vengativo v.

VENGANZA represalia, desquite, castigo, revancha, resarcimiento, satisfacción, compensación, talión, torna, vindicación, vindicta, reparación, desagravio, represión, desafío, amenaza, ajuste, pago, punición, escarmiento, correctivo, penitencia, eliminación, merecido.

VENGAR compensar, castigar, resarcir, satisfacer, vindicar, reivindicar, ajustar, desagraviar, reprimir, castigar, punir, escarmentar, corregir, penar, eliminar, desquitarse, lavar, tomar satisfacción.

VENGATIVO rencoroso, sañudo, virulento, irreconciliable, malévolo, resentido, encarnizado, enconado, retorcido, solapado, vindicativo, vindicador, vengador v.

VENIA autorización, permiso, consentimiento, licencia, anuencia, aquiescencia, conformidad || inclinación, reverencia, saludo, cortesía, homenaje, genuflexión, cumplido, ceremonia.

VENIAL leve, ligero, pequeño, intrascendente, superficial, despreciable, minúsculo.

VENIDA regreso, llegada, vuelta, retorno, arribada, reintegro, repatriación, presencia, aparición, arribo, entrada, presentación, comparecencia, asistencia, revelación, acercamiento, aproximación, contacto, acceso, advenimiento.

VENIDERO futuro, ulterior, próximo, posterior, eventual, pendiente, expectante, en cierne, en germen.

VENIR llegar, regresar, volver, retornar, arribar, reintegrarse, acercarse, aproximarse, presentarse, aparecer, comparecer, revelarse, asistir, repatriarse, entrar, dirigirse, encaminarse, andar, caminar, avanzar || manifestarse, iniciarse, comenzar, acontecer, suceder, sobrevenir, ocurrir, pasar, desarrollarse || acomodarse, ajustarse, conformar, satisfacer, gustar.

VENTA cesión, transacción, entrega, negocio, acuerdo, pacto, trato, enajenación, operación, adjudicación, saldo, comercio, reventa, liquidación, tráfico, especulación, suministro, provisión, oferta, despacho, exportación, contrato, negociación, firma || posada, mesón, figón, fonda, hospedería, hospedaje, hostal, albergue, fonducho, hostería, parador, pensión, cobijo, hotel, taberna.

VENTAJA virtud, cualidad, valor, superioridad, preeminencia, utilidad, atributo, propiedad, capacidad, diferencia, provecho, mérito, importancia, poder, prerrogativa || ganga, prebenda, breva, momio, sinecura, mina, pitanza, chamba, pera, favor.

VENTAJISTA * oportunista, aprovechador, aprovechado, ventajero, listo, astuto, práctico, utilitario, pancista, positivista.

VENTAJOSAMENTE provechosamente, útilmente, favorablemente, fructuosamente, v. ventajoso.

VENTAJOSO provechoso, útil, favorable, fructuoso, beneficioso, benéfico, lucrativo, eficaz, productivo, jugoso, rentable, interesante, cómodo, rendidor, remunerativo, conveniente, proficuo, valioso.

VENTALLE abanico, aventador, pantalla, soplillo, flabelo, pai-pai.

VENTANA abertura, hueco, ventanal, ventanuco, ventanillo, tragaluz, lucerna, claraboya, cris-

VENTANAL

talera, tronera, mirador, balcón, portilla, lumbrera, mirilla, rejilla, rosetón, vidriera, escaparate, hoja, cristal, cierre, marco, agujero, orificio.

VENTANAL cristalera, rosetón, mirador, v. ventana.

VENTANILLO postigo, abertura, contrapuerta, portillo, ventanuco, trampilla, mirilla, rejilla, v. ventana.

VENTARRÓN v. vendaval.

VENTEAR husmear, oliscar, olfatear, aspirar, oler, notar, percibir, rastrear || sospechar, barruntar, indagar, investigar, escarbar || v. ventosear.

VENTERO mesonero, hospedero, propietario, dueño, huésped, tabernero.

VENTILACIÓN corriente, aire, tiro, flujo, aflujo, viento, soplo, brisa, racha, abertura, v. ventana || purificación, oreo, *aireación, aireo*.

VENTILADOR aparato, instrumento, artefacto eléctrico.

VENTILAR airear, orear, refrescar, abrir, purificar, secar, agitar, renovar || aclarar, discutir, dilucidar, examinar, establecer, determinar.

VENTISCA borrasca, cellisca, tormenta, vendaval, ventarrón, racha, ráfaga, brisa, v. viento.

VENTISQUERO glaciar, helero, nevero, masa de nieve, de hielo.

VENTOLERA ráfaga, ramalazo, racha, golpe de viento, torbellino, ventolina, tromba, borrasca, v. vendaval || soberbia, vanidad, presunción, orgullo.

VENTOLINA v. ventolera.

VENTORRO ventorrillo, figón, bodegón, merendero, cantina, taberna, v. venta.

VENTOSA vaso, campana, copa, disco, órgano de succión.

VENTOSEAR peer, ventear, irse, zullarse, arrojar, lanzar, expeler, expulsar los gases.

VENTOSIDAD pedo, gases, flatulencia, expulsión, emisión de gases.

VENTOSO tempestuoso, huracanado, violento, borrascoso, tormentoso, riguroso, inclemente, turbulento, desagradable.

VENTRAL abdominal, intestinal, estomacal.

VENTREGADA lechigada, camada, cachillada, cría, prole, hijuelos.

VENTRÍCULO cavidad, cámara, hueco, aurícula.

VENTRÍLOCUO imitador, animador, cómico, histrión, artista.

VENTRUDO panzudo, barrigudo, obeso, gordo, grueso, ventroso.

VENTURA felicidad, fortuna, suerte, dicha, bienestar, prosperidad, gloria, tranquilidad, seguridad, beatitud, placer, contento, salud, bonanza, complacencia || casualidad, acaso, azar, eventualidad, suerte || riesgo, peligro, contingencia, trance, fatalidad, aventura.

VENTUROSAMENTE dichosamente, felizmente, afortunadamente, alegremente, v. venturoso.

VENTUROSO dichoso, afortunado, feliz, alegre, risueño, satisfactorio, próspero, placentero, gustoso, tranquilo, apacible, contento.

VENUS beldad, belleza, hermosura, hermosa, bella, escultural, divina, sublime, agraciada, perfecta.

VENUSTEZ hermosura, belleza, perfección, sublimidad, divinidad, gracia.

VER mirar, observar, descubrir, apreciar, divisar, avistar, columbrar, percibir, reparar, examinar, distinguir, otear, notar, contemplar, curiosear, fisgar, examinar, reparar, fijarse, atisbar, ojear, vislumbrar, advertir, atender, acechar, espiar, vigilar, reconocer, revisar, hallar || estudiar, considerar, examinar, recapacitar, conocer, juzgar, comprender, especular, calcular || intentar, probar, ensayar, experimentar, tratar || VERSE entrevistarse, encontrarse, conferenciar, conversar, reunirse, juntarse, citarse, recibir.

VERA lado, orilla, cercanía, proximidad, contigüidad, vecindad,

inmediación || VERA EFIGIES imagen verdadera, representación, encarnación.
VERACIDAD sinceridad, honradez, honestidad, fidelidad, franqueza, lealtad, verdad, claridad, candor, verismo, realismo, autenticidad, ingenuidad, seriedad, nobleza, confianza, tosquedad, rudeza.
VERANDA * terraza, galería, pórtico, mirador, porche.
VERANEANTE turista, forastero, inactivo, ocioso.
VERANEAR estiar, descansar, holgar, reposar, desahogarse, divertirse, distraerse, recuperarse, recrearse.
VERANEO vacaciones, asueto, recreo, descanso, ocio, reposo, cese, sosiego, holganza, inactividad, distracción, diversión, recuperación, desahogo.
VERANIEGO estival, canicular, estivo, caluroso || liviano, ligero, claro, fino, transparente, fresco.
VERANO estío, canícula, calor, bochorno, veranillo.
VERAS (DE) de verdad, ciertamente, sinceramente, honradamente, honestamente, lealmente, claramente.
VERAZ sincero, franco, noble, verdadero, verídico, fiel, honrado, honesto, serio, claro, limpio, cordial, espontáneo, leal, justo, formal, explícito, abierto, comunicativo, fidedigno, real, ingenuo, inocente, candoroso, tosco, rudo.
VERBA labia, locuacidad, verborrea, parla, facundia, pico, facilidad, desparpajo.
VERBAL oral, hablado, enunciado, expresado, personal.
VERBALMENTE oralmente, personalmente, de palabra.
VERBENA fiesta, feria, festejo, festividad, kermesse, alegría, regocijo, celebración.
VERBENERO alegre, regocijado, ruidoso, vocinglero, popular, animado.
VERBIGRACIA ejemplo, muestra, demostración, prueba, argumento.
VERBO palabra, representación, vocablo, voz, expresión, término, dicho, lenguaje, lengua, conjugación, inflexión.
VERBORREA verbosidad, facundia, labia, charlatanería, elocuencia, pico, facilidad, desenvoltura, locuacidad, afluencia, desparpajo, garrulería, trápala, retahíla, cháchara, palabrería, parlería, palique, oratoria, soltura, palabreo, divagación.
VERBOSIDAD v. verborrea.
VERBOSO locuaz, charlatán, gárrulo, elocuente, desenvuelto, facundo, lenguaraz, hablador, parlanchín, cotorra, incansable, vocinglero, parlero, comunicativo, expresivo.
VERDAD evidencia, prueba, exactitud, conformidad, certidumbre, certeza, propiedad, demostración, testimonio, comprobación, certificación, confirmación, justificación, muestra, autenticidad, sinceridad, dogma, axioma, veras, existencia, efectividad, legitimidad, perogrullada, afirmación, manifestación, declaración, aseveración.
VERDADERAMENTE evidentemente, realmente, ciertamente, efectivamente, v. verdadero.
VERDADERO evidente, real, cierto, efectivo, auténtico, exacto, puro, legítimo, genuino, propio, apropiado, probado, demostrado, certificado, conforme, comprobado, sincero, auténtico, justificado, confirmado, efectivo, existente, veraz, axiomático, dogmático, declarado, afirmado, propio, natural, positivo, fundado, matemático, infalible, ortodoxo, serio, indiscutible, indudable, estricto.
VERDE verdemar, verdoso, esmeralda, glauco, aceitunado, verdusco, cetrino || lozano, fresco, jugoso, ameno, frondoso, sano, nuevo || inexperto, novato, precoz, tierno, neófito, novicio, novel, principiante, incipiente, bisoño || hierba, pasto, herbazal, verdegal, verdor, verdura, fronda, follaje, espesura || obsceno,

VERDEAR

picante, indecoroso, indecente, impúdico, pornográfico, liviano, torpe, licencioso.

Verdear brotar, crecer, retoñar, cubrirse de hojas, verdecer.

Verdemar v. verde.

Verdín cardenillo, herrumbre, orín, moho, veneno, tóxico.

Verdor hierba, pasto, herbazal, verde, verdegal, fronda, follaje, espesura, verdura || lozanía, vigor, frescura, amenidad, juventud, mocedad.

Verdoso v. verde.

Verdugazo latigazo, azote, vergajazo, zurriagazo, flagelación, vapuleo.

Verdugo ejecutor, agente, mano, brazo de la ley, ejecutante, vengador, ajusticiador, ministro de justicia, sayón || sanguinario, impío, cruel, asesino, criminal, carnicero || látigo, v. vergajo.

Verdugón moretón, cardenal, golpe, señal, roncha, contusión, magulladura, hematoma || v. verdugazo.

Verdulera tendera, v. verdulero || descarada, rabanera, desvergonzada, ordinaria, vulgar, rabisalsera, malhablada, insolente, deslenguada.

Verdulería tienda, establecimiento, comercio, almacén de verduras, mercado.

Verdulero tendero, comerciante, vendedor de verduras.

Verdura legumbre, hortaliza, vegetal, planta, verde, hoja, hierba || follaje, fronda, espesura, boscaje, ramaje, hojarasca, bosque || v. obscenidad.

Verduzco * verdusco, verde v.

Verecundia v. vergüenza.

Verecundo v. vergonzoso.

Vereda sendero, camino, senda, trocha, cruce, travesía, rastro, ramal, huella, alcorce.

Veredicto sentencia, juicio, dictamen, fallo, decisión, resolución, arbitraje, laudo, arbitrio, encartamiento, condena, sanción, opinión, parecer.

Verga pene, falo, miembro, príapo, pudendo, méntula, órgano viril, o. genital || percha, palo, vara, madero, puntal, pértiga.

Vergajazo latigazo, fustazo, azote, zurriagazo, trallazo, vapuleo, flagelación || golpe, verdugón v.

Vergajo fusta, látigo, tralla, zurriago, azote, flagelo, vara, disciplina, verdugo.

Vergel parque, jardín, huerto, oasis, prado, umbría, edén, campo, retiro.

Vergonzante v. vergonzoso.

Vergonzosamente deshonrosamente, despreciablemente, deshonestamente, v. vergonzoso.

Vergonzoso tímido, apocado, indeciso, modesto, encogido, retraído, corto, ruboroso, vergonzante, corito, embarazado, turbado, cobarde, vacilante, pusilánime, escrupuloso, ñoño, temeroso, miserable, cuitado || despreciable, deshonroso, ignominioso, degradante, infamante, vil, ruin, escandaloso, desgraciado, torpe, feo, ultrajante, abominable, indecoroso, nefando, indecente, deshonesto, inmoral, obsceno.

Vergüenza timidez, retraimiento, modestia, indecisión, apocamiento, turbación, embarazo, cobardía, vacilación, escrúpulo, ñoñería, temor, cuita, confusión, empacho, sonrojo, rubor, cortedad, verecundia || pundonor, dignidad, honor, honra, honrilla, decencia, decoro, puntillo, orgullo || deshonor, ignominia, degradación, torpeza, escándalo, ruindad, infamia, indecencia, abominación, ultraje, obscenidad, inmoralidad.

Vericueto andurrial, escarpa, lugarejo, paraje, sendero, trocha, rastro.

Verídico v. verdadero.

Verificación confrontación, comprobación, confirmación, cotejo, revisión, control, examen, investigación, prueba, repaso, demostración, evidencia, justificación.

Verificador examinador, inspector, investigador, demostrador, comprobador, v. verificar.
Verificar comprobar, examinar, inspeccionar, demostrar, investigar, cotejar, confirmar, confrontar, controlar, revisar, justificar, evidenciar, demostrar, repasar, probar, realizar, compulsar, constatar || realizar, efectuar, hacer, llevar a cabo || Verificarse confirmarse, salir, resultar, ocurrir, suceder, acontecer, producirse.
Verija partes pudendas, órganos sexuales.
Verismo realismo, autenticidad, crudeza, realidad, sinceridad, veracidad v.
Verja reja, valla, enrejado, alambrada, barrera, red, cancela, cerca, cercado, empalizada, estacada, barandilla, seto, palenque, vallado, valladar, reparo.
Verme gusano, lombriz, helminto, solitaria, tenia, anélido, parásito.
Vermiforme vermicular, alargado, ahusado, delgado, fino.
Vermífugo vermicida, medicamento, remedio, antiparasitario, purgante.
Vermut aperitivo, bebida, tónico, estimulante, licor, *vermouth*.
Vernáculo doméstico, nativo, indígena, propio, peculiar, regional, comarcal.
Vernier nomio, reglilla, limbo graduado.
Verosímil admisible, posible, aceptable, aparente, creíble, probable, practicable, plausible, verdadero, verídico.
Verosimilitud posibilidad, probabilidad, apariencia, practicabilidad, conjetura, credibilidad, suposición, certidumbre, creencia, certeza.
Verosímilmente posiblemente, admisiblemente, aceptablemente, v. verosímil.
Verraco cerdo, padre, verrón, morueco, macho, semental, padrote.
Verriondo encelado, ardoroso, ardiente, excitado.

VERTER

Verruga excrecencia, carnosidad, cadillo, abultamiento, bulto, lunar, grano, tumorcillo.
Verrugo avaro, v. tacaño.
Versado ejercitado, práctico, instruido, entendido, experimentado, avezado, diestro, experto, perito, ejercitado, habituado, mañoso, acostumbrado, ducho, conocedor, hábil, fogueado, ilustrado, docto, sabio, documentado, competente, técnico.
Versal mayúscula, capital, letra, inicial.
Versar tratar, referirse, ocuparse, manifestarse, discurrir, considerar.
Versátil voluble, inconstante, frívolo, caprichoso, novelero, mudable, veleidoso, variable, inconsecuente, antojadizo, indeciso, incierto, disipado, fantasioso, ligero, cambiable, vacilante, cambiante, informal || cambiable, transformable.
Versatilidad frivolidad, volubilidad, capricho, inconstancia, antojo, inconsecuencia, veleidad, mudanza, fantasía, indecisión, vacilación, ligereza, cambio.
Verse v. ver.
Versículo división, parte, párrafo.
Versificar componer, escribir, poner en verso.
Versión interpretación, relato, explicación, aclaración, declaración, exposición, exégesis, traducción, traslación, composición, escrito.
Verso estrofa, parte, sección, poesía, poema, balada, oda, copla, cantar, composición poética.
Versus contra, frente a.
Vértebras espinazo, raquis, espina dorsal, columna vertebral, huesos.
Vertebral raquídeo, espinal, cervical, dorsal, lumbar, sacrococcígeo.
Vertedero basurero, estercolero, muladar, albañal, colector, sentina, cloaca, sumidero.
Verter vaciar, derramar, volcar, echar, evacuar, difundir, llenar, dispersar || traducir, interpretar,

VERTICAL

exponer, componer, escribir ‖ VERTERSE salirse, irse, esparcirse, desbordarse, rebosar, fluir.

VERTICAL perpendicular, normal, recto, derecho, erecto, erguido, enhiesto, tieso ‖ escarpado, empinado, pino, escabroso, a plomo.

VERTICALIDAD normalidad, perpendicularidad, derechura, exactitud, precisión.

VERTICALMENTE perpendicularmente, normalmente, rectamente, v. vertical.

VÉRTICE punto, ápice, punta, remate, extremo, culminación, cúspide, cumbre, cima.

VERTIENTE ladera, declive, pendiente, falda, cuesta, talud, desnivel, inclinación, repecho, escarpa, costanilla, bajada, depresión.

VERTIGINOSO raudo, rápido, veloz, ligero, activo, alado, acelerado, urgente, apresurado, instantáneo, ágil, vivaz, dinámico, presuroso ‖ precipitado, impetuoso, desatinado, brusco, incontenible.

VÉRTIGO vahído, mareo, aturdimiento, desfallecimiento, desvanecimiento, descompostura, desmayo, atontamiento ‖ prisa, actividad, apresuramiento, precipitación, arrebato, ímpetu, atolondramiento.

VERTIMIENTO derramamiento, difusión, transvase, rebose, desbordamiento, derrame, carga, descarga.

VERTIR * v. verter.

VESANIA insania, frenesí, demencia, furia, locura, arrebato, enajenación, delirio, violencia, excitación, vesanía, insanía.

VESÁNICO frenético, demente, enajenado, arrebatado, loco, furioso, excitado, violento, delirante, insano.

VESICANTE urticante, irritante, picante, punzante, urente, escocedor, quemante.

VESÍCULA ampolla, vejigulla, vejiga, saco, cavidad, bolsita, hinchazón, erupción.

VESPERTINO crepuscular, de la tarde, por la tarde, al atardecer, al anochecer.

VESTAL sacerdotisa, pitonisa, doncella.

VESTE vestido, traje, prenda, atavío, vestimenta, manto.

VESTÍBULO portal, zaguán, porche, soportal, recibidor, recibimiento, entrada, acceso, hall, galería, atrio, propileo, salón, sala, ingreso.

VESTIDO prenda, traje, atavío, vestimenta, atuendo, ropaje, ropa, indumentaria, indumento, ajuar, guardarropa, vestuario, vestiduras, ornamentos, terno, trapos, paños, sayo.

VESTIDURA v. vestido.

VESTIGIO rastro, indicio, traza, residuo, resto, reliquia, remanente, trozo, partícula, porción, sedimento, poso, sobras, rastrojo, desperdicio, despojo, migajas ‖ señal, marca, huella, rastro, memoria, recuerdo, evocación.

VESTIMENTA v. vestido.

VESTIR cubrir, adornar, ataviar, tapar, acicalar, envolver, engalanar, adornar, llevar, ponerse, usar, lucir, endosarse, enjaretarse, guarnecer, embozarse, endomingarse, disfrazarse, tocarse, trajearse, recargar, emperifollar, traer puesto.

VESTÓN * americana, chaqueta, prenda.

VESTUARIO prendas, v. vestido ‖ local, guardarropía, estancia, dependencia.

VETA faja, lista, estría, ribete, banda, franja, raya, línea ‖ filón, vena, masa, yacimiento.

VETAR vedar, desaprobar, censurar, negar, impedir, prohibir.

VETEADO rayado, estriado, ribeteado, jaspeado, tigrado, manchado, listado.

VETEAR estriar, rayar, jaspear, ribetear, manchar, listar.

VETERANÍA experiencia, antigüedad, costumbre, v. veterano.

VETERANO antiguo, experimentado, ducho, diestro, competente, preparado, fogueado, corrido, baqueteado, avezado, experto, curtido, acostumbrado, aguerrido, encallecido, conocedor, entrenado, habituado, hecho || antiguo, viejo, vetusto, añejo, rancio, decano, anciano, fósil, trasnochado.

VETERINARIO albéitar, albeite, experto, profesional.

VETO censura, oposición, negativa, prohibición, impedimento, obstáculo.

VETUSTEZ decrepitud, ancianidad, ranciedad, vejez, antigüedad, senilidad, ruina, ocaso, caducidad.

VETUSTO antiguo, decrépito, achacoso, caduco, acabado, provecto, decadente, viejo, anciano, desvencijado, derruido, destartalado, ruinoso, arruinado, añejo, rancio, senil, prehistórico, decadente.

VEZ turno, mano, alternación, ciclo, tanda, rueda, alternativa || tiempo, ocasión, coyuntura, momento, punto, oportunidad, trance, fecha, circunstancia, situación, particularidad, lance, coincidencia.

VÍA carril, riel, raíl, barra, hierro, ferrocarril || camino, ruta, vereda, trocha, atajo, pista, sendero, senda, acceso || calle, carretera, rúa, avenida, paseo, ronda, arteria, camino, calzada || VÍA CRUCIS pasos, estaciones, recorrido, camino || calvario, tormento, aflicción, padecimiento, martirio, sufrimiento, adversidad, dolor, fatiga.

VIABILIDAD posibilidad, practicabilidad, facilidad, comodidad, aptitud.

VIABLE posible, factible, cómodo, fácil, apto, hacedero, probable, practicable, aceptable, admisible, ejecutable, realizable.

VIADUCTO puente, pontón, pasarela, planchada, acueducto, obra de ingeniería.

VIAJANTE agente, corredor, representante, comisionista, vendedor, delegado, tratante, comerciante, concesionario.

VIAJAR recorrer, peregrinar, andar, caminar, vagar, transitar, desplazarse, pasar, deambular, ausentarse, marcharse, irse, errar, emigrar, cruzar.

VIAJE periplo, camino, jornada, recorrido, tránsito, marcha, paso, desplazamiento, emigración, cruce, ausencia, traslado, romería, peregrinaje, éxodo, odisea, caminata, aventura, itinerario, trayecto, andanza, huida, travesía.

VIAJERO excursionista, pasajero, viandante, turista, caminante, andarín, paseante, emigrante, transeúnte, itinerante, aventurero, peregrino, romero, nómada, vagabundo, errabundo, trashumante, inquieto, trotamundos, veraneante.

VIANDA comida, alimento, plato, sustento, manduca, manjar, ración, vitualla.

VIANDANTE v. viajero.

VIÁTICO sacramento, comunión, eucaristía || subvención, subsidio, sufragio, pago, asistencia, ayuda, gastos.

VÍBORA culebra, sierpe, serpiente, ofidio, reptil, crótalo, áspid, cobra, cascabel, coral.

VIBRACIÓN trepidación, temblor, oscilación, agitación, temblequeo, sacudida, meneo, palpitación, movimiento, convulsión, traqueteo, conmoción, estremecimiento.

VIBRANTE arrebatador, conmovedor, elocuente, convincente, excitante, apasionante, embriagador || tembloroso, palpitante, oscilante, trepidante, convulso.

VIBRAR trepidar, temblar, oscilar, estremecerse, tremolar, moverse, menearse, agitarse, ondular, palpitar, sacudirse, temblequear, traquetear || conmoverse, embriagarse, arrebatarse, emocionarse, excitarse, apasionarse.

VIBRATORIO trepidante, vibrátil, oscilante, vibrante, ondulatorio.

VIBRIÓN espiroqueta, espirilo, bacteria, microbio, microorganismo.

VICARÍA despacho, parroquia, sacristía, curato, oficina, recinto, aposento.

VICARIO cura, eclesiástico, sacer-

VICE-

dote v. || substituto, apoderado, delegado, representante, superior.

Vice- substitución, reemplazo, delegación, representación.

Viceversa a la inversa, al revés, al contrario, recíprocamente, contrariamente, inversamente.

Viciar dañar, corromper, perjudicar, extraviar, pervertir, malversar, encenagar, envenenar, tergiversar, mixtificar, depravar, perder, pegar, contagiar, infectar, enviciar, adulterar, falsificar, torcer, retorcer || Viciarse aficionarse, entregarse, caer, descarriarse.

Vicio depravación, perversión, corrupción, podredumbre, desenfreno, licencia, inmoralidad, desviación, lacra, contaminación, seducción, envilecimiento, descarrío, extravío, prostitución, libertinaje, escándalo || defecto, imperfección, desviación, tacha, mancha, deficiencia, falta, anomalía, carencia, falla, menoscabo, deterioro.

Vicioso depravado, corrompido, pervertido, podrido, desviado, inmoral, licencioso, descarriado, envilecido, desenfrenado, seducido, contaminado, escandaloso, prostituido, extraviado, invertido, homosexual, encallecido, disoluto, deshonesto, sensual, crápula, lujurioso, libidinoso, perdulario, perdido, calavera, mujeriego, jugador, morfinómano.

Vicisitud altibajo, alternativa, variación, incidente, acontecimiento, opción, dilema, sucesión.

Víctima herido, dañado, perjudicado, lesionado, contuso, descalabrado, mutilado, lisiado, muerto, interfecto, cadáver, occiso, difunto, baja || mártir, sacrificado, inmolado, torturado, atormentado, caído, aureolado, venerado.

Victimar * matar, sacrificar, inmolar.

Victimario * asesino, matador, homicida.

Victoria triunfo, éxito, laurel, trofeo, premio, conquista, corona, palma, dominio, dominación, ventaja, aniquilación, ganancia, invasión, gloria, honor, honra, botín, fama, celebridad, remate, culminación, aureola, superación, coronación, aclamación, vítor.

Victoriosamente triunfalmente, invictamente, triunfantemente, v. victorioso.

Victorioso triunfal, invicto, triunfante, triunfador, ganador, vencedor, conquistador, arrollador, dominador, dominante, aniquilador, campeón, glorioso, brillante, heroico.

Vid cepa, parra, cepón, planta trepadora.

Vida existencia, subsistencia, paso, duración, lapso, supervivencia, substancia, fuerza, savia, vigor, energía, actividad || conducta, proceder, manera, modo, actuación, comportamiento || biografía, hechos, historia, relación, crónica, relato, carrera, hazañas, sucesos, acontecimientos.

Videncia * clarividencia, perspicacia.

Vidente adivino, profeta, mago, augur, adivinador, clarividente, nigromante, quiromántico, vaticinador, agorero, hechicero, astrólogo, arúspice, rabdomántico, iluminado, encantador, inspirado, médium.

Video-tape * cinta fonóptica.

Vidorra vida regalada, holganza, ocio, descanso, recreo, placer, suerte.

Vidriar revestir, recubrir, vitrificar, bañar.

Vidriera cristalera, ventanal, escaparate, puerta, vitral.

Vidrio cristal, vidriado, vitrificado, cristalino, transparente, espejo, v. vidrioso.

Vidrioso cristalino, vítreo, transparente, vitrificado, vidriado, hialino || quebradizo, delicado, frágil, susceptible, delicado.

Vieira venera, concha, valva.

Viejo anciano, abuelo, vejestorio, provecto, carcamal, antañón, senil, decrépito, maduro, veterano,

vejete, achacoso, matusalén, chocho, añoso, longevo, vetusto, valetudinario, machucho, caduco, septuagenario, octogenario, nonagenario, centenario, setentón, ochentón || arcaico, primitivo, pasado, fósil, lejano, vetusto, rancio, desusado, prehistórico, antiguo, pretérito, primero, rancio, decano, anticuado, inmemorial, tradicional, trasnochado, antediluviano, arqueológico || estropeado, deslucido, roto, gastado, raído, ajado, usado, arruinado, derruido, desvencijado, destartalado.

Viento brisa, aire, ráfaga, vientecillo, airecillo, céfiro, aura, corriente, soplo, racha, hálito, ventisca, vendaval, ventolera, ventarrón, galerna, huracán, ciclón, tromba, remolino, tornado, tifón.

Vientre barriga, panza, abdomen, tripa, andorga, bandullo, mondongo, baúl, timba, sorra, estómago, intestinos, grasas, gordura, obesidad.

Viga madero, traviesa, puntal, entibo, leño, palo, percha, jácena, fuste, poste, tirante, durmiente, tarugo, zoquete, listón, hierro, pieza.

Vigencia actualidad, efectividad, boga, presencia.

Vigente imperante, actual, en uso, en vigor, reinante, dominante, corriente.

Vigía vigilante, centinela, guardián, guardia, cuidador, sereno, observador, atalayero, torrero, alerta, avizor, argos, velador, espía.

Vigilancia custodia, guardia, cuidado, desvelo, inspección, examen, atención, defensa, protección, amparo, conservación, escolta, salvaguardia, resguardo, celo, alerta, acecho, vigilia, vela, supervisión, cautela, orden, disciplina.

Vigilante atento, cuidadoso, precavido, cauteloso, prudente, desvelado, celoso, alerta, preparado, dispuesto, listo, avizor, presto, pronto || supervisor, inspector, agente, guardia, policía, urbano, número, polizonte, guindilla, guardián, defensor, cuidador, escolta, cancerbero, uniformado, sereno, celador.

Vigilar cuidar, atender, velar, supervisar, guardar, inspeccionar, observar, registrar, examinar, acechar, espiar, avizorar, proteger, amparar, defender, escoltar, conservar, resguardar.

Vigilia vela, insomnio, desvelo, trasnochada, sonochada, desvelamiento, agripnia || abstinencia, ayuno, dieta, privación, contención, sacrificio, abstención, sobriedad, cuaresma, frugalidad, continencia || víspera, proximidad, contigüidad, cercanía.

Vigor fuerza, energía, potencia, eficacia, robustez, empuje, nervio, arranque, brío, empaque, coraje, impulso, pujanza, vehemencia, ímpetu, fibra, tenacidad, firmeza, resolución, entereza, vitalidad, salud, reciedumbre, ánimo, aliento.

Vigorizador tonificante, reparador, reanimador, beneficioso, sano, higiénico, fortalecedor, robustecedor, vigorizante, confortador, vivicador, fortificante.

Vigorizar reanimar, tonificar, fortalecer, robustecer, beneficiar, fortificar, vivificar, confortar, vitalizar, activar, animar, alentar.

Vigoroso robusto, fuerte, fornido, forzudo, membrudo, musculoso, poderoso, corpulento, pujante, potente, hercúleo, rebolludo, recio, macizo, enérgico, animoso, esforzado.

Vihuela guitarra, bandurria, instrumento de cuerdas.

Vil indigno, infame, bajo, despreciable, ruin, abyecto, servil, ignominioso, inicuo, bochornoso, vergonzoso, degradante, oprobioso, vituperable, ofensivo, humillante, abominable, indecente, soez, torpe, plebeyo, grosero || canalla, pillo, bribón, v. villano.

Vileza ruindad, infamia, indignidad, abyección, servilismo, de-

Vilipendiar

gradación, vergüenza, bochorno, iniquidad, ignominia, indecisión, abominación, humillación, ofensa, vituperación, oprobio, indecencia, grosería, torpeza, canallada, bribonada, pillería, maldad, vicio, deshonor, traición, alevosía, deshonra, descrédito.

Vilipendiar denigrar, despreciar, injuriar, insultar, calumniar, desdeñar, desprestigiar, envilecer, infamar, difamar, humillar, deshonrar, ofender, desacreditar, estigmatizar, afrentar, maldecir, menoscabar, mancillar, manchar, baldonar, agraviar, rebajar, escarnecer.

Vilipendio difamación, calumnia, denigración, injuria, desprecio, insulto, humillación, difamación, infamia, envilecimiento, maldición, desdén, afrenta, estigma, escarnio, descrédito, ofensa, deshonra, desprestigio, baldón, menoscabo, mancha, mancilla, villanía, agravio.

Vilipendioso injurioso, denigrante, calumniador, insultante, v. vilipendio.

Vilmente indignamente, infamemente, despreciablemente, ruinmente, v. vil.

Vilo (En) pendiente, suspendido, inestable, colgante, inquieto, indeciso, angustiado, alarmado, tenso, intrigado, nervioso.

Vilordo remolón, tardo, perezoso, haragán, holgazán, calmoso, v. vago.

Villa población, ciudad, capital, urbe, metrópoli, emporio, centro, cabeza, corte, localidad, municipio, burgo, pueblo, poblado, aldea, villorrio, lugar || casa de recreo, hotelito, chalet, finca, propiedad, palacete.

Villadiego (Tomar las de) marcharse, alejarse, ausentarse, irse, escurrirse, escabullirse, huir, escapar, desaparecer, esfumarse.

Villanada v. villanía.

Villancico tonada, cantar, cántico, composición, estribillo, canción navideña.

Villanía trastada, judiada, porquería, villanería, picardía, tunantada, jugarreta, faena, truhanería, canallada, ultraje, humillación, vileza, ruindad, bajeza, maldad, indignidad, torpeza, grosería, abyección, v. vileza || incultura, tosquedad, atraso.

Villano ruin, indigno, v. vil || plebeyo, siervo, vasallo, rústico, bajo, tosco, pueblerino, aldeano, paleto, cateto, advenedizo, pechero, vulgar, grosero, ordinario, pobre, populachero, descortés, inculto.

Villoría granja, alquería, casa de campo, finca.

Villorrio poblado, aldea, población, lugarejo, aldehuela, lugar, caserío, burgo, aldeorrio.

Vinagre condimento, aliño, aceto, acético, vinagrillo, ácido.

Vinagrera vinajera, jarrillo, bandeja, recipiente, vasija, frasco, botella.

Vinagreta salsa, aliño, adobo, condimento.

Vinajera v. vinagrera.

Vinatería bodega, taberna, tienda, establecimiento, comercio.

Vinculación v. vínculo.

Vincular ligar, enlazar, sujetar, atar, reunir, unir, juntar, fusionar, fundir, supeditar, emparentar, relacionarse, entroncarse, contraer lazos.

Vínculo ligadura, lazo, unión, atadura, nexo, sujeción, enlace, relación, parentesco, familiaridad, proximidad, semejanza, parecido, similitud.

Vindicación reivindicación, rehabilitación, restitución, defensa, venganza.

Vindicador defensor, vengador, protector.

Vindicar rehabilitar, reivindicar, restablecer, defender, vengar.

Vindicativo vengativo, rencoroso, sañudo, enconado, irreconciliable, malévolo.

Vindicta v. venganza.

Vinicultura vitivinicultura, enología, elaboración de vinos.

Vino bebida, licor, alcohol, zumo fermentado, caldo.

VIÑA viñedo, terreno, huerto de vides.

VIÑETA dibujo, estampita, recuadro, ilustración, figura, caricatura, apunte.

VIOLÁCEO violado, violeta, amoratado, morado, lívido, cárdeno, congestionado, cadavérico.

VIOLACIÓN estupro, desfloración, profanación, rapto, violencia v., abducción, fuerza, lujuria, desvirgamiento, acceso, fornicación || transgresión, infracción, incumplimiento, vulneración, quebrantamiento, abuso, desafuero, delito, atropello, atentado, exceso, contravención, desobediencia, incumplimiento, ilegalidad, inobservancia.

VIOLADO v. violáceo.

VIOLADOR profanador, transgresor, vulnerador, abusador, infractor, contraventor, desobediente, incumplidor, indisciplinado, inobservante, incivil, raptor, delincuente.

VIOLAR profanar, desflorar, desvirgar, forzar, violentar, raptar, estuprar, deshonrar, mancillar, manchar, abusar || transgredir, quebrantar, vulnerar, infringir, atentar, atropellar, delinquir, desobedecer, contravenir, profanar.

VIOLENCIA arrebato, virulencia, vivacidad, vehemencia, viveza, rabia, rudeza, intemperancia, impulso, intensidad, ira, iracundia, furor, fanatismo, fogosidad, efusión, energía, dureza, reciedumbre, crueldad, brutalidad, brusquedad, agresividad, apasionamiento, pasión, fanatismo, ceguera, calor, excitación, salvajismo, barbarie, saña, ardor, frenesí, ímpetu, v. violación || tirantez, tensión, disgusto, enfado, nerviosidad.

VIOLENTAMENTE bruscamente, atropelladamente, agresivamente, v. violento.

VIOLENTAR forzar, atropellar, romper, descerrajar, destrozar, quebrantar, violar, infringir, profanar, vulnerar, obligar, constreñir, compeler, comprometer || VIOLENTARSE vencerse, aguantarse, dominarse, forzarse, repugnar, disgustar.

VIOLENTO brusco, atropellado, apasionado, agresivo, vehemente, virulento, arrebatado, iracundo, impulsivo, intemperante, rudo, rabioso, duro, enérgico, fogoso, fanático, furioso, apasionado, excitable, cruel, impetuoso, frenético, brutal, sañudo, bárbaro, salvaje, rudo.

VIOLETA * violado, morado, violáceo, amoratado, lívido, cárdeno.

VIOLÓN contrabajo, instrumento de cuerda || VIOLÓN * violín.

VIOLONCELO violonchelo, instrumento de cuerda.

VIPERINO venenoso, retorcido, pérfido, vipéreo, ponzoñoso, dañino, nocivo.

VIRADA ciaboga, vuelta, viraje, evolución, desvío, regreso, giro, cambio.

VIRAGO marimacho, amazona, varona, sargentona, viriloide, machota, masculina, maritornes, hombruna, poco femenina.

VIRAJE v. virada.

VIRAR girar, volver, desviarse, evolucionar, cambiar, regresar, torcer, voltear, invertir, tornar, desplazarse, dar la vuelta.

VIRGEN doncella, adolescente, pubescente, impúber, chiquilla, chica, moza, zagala, muchacha, señorita, damisela || virginal, puro, casto, intacto, inmaculado, intachable, límpido, inocente, cándido, ingenuo, angelical, virtuoso, entero, incorrupto || inexplorado, selvático, remoto, recóndito, yermo, desértico, apartado, aislado, impenetrable || VIRGEN MARÍA Nuestra Señora, Madre de Dios, Inmaculada, Madre, Purísima.

VIRGINAL v. virgen.

VIRGINIDAD castidad, pureza, limpieza, inocencia, candidez, can-

dor, virtud, entereza, ingenuidad, doncellez, integridad, himen, v. virgo.
Virgo himen, membrana, película, telilla, v. virginidad.
Vírgula trazo, coma, rayita, rasgo, acento, tilde, signo, virgulilla.
Viril varonil, masculino, enérgico, fuerte, varón, macho, recio, valiente, hombruno, firme, resuelto, poderoso, valeroso, decidido, pujante.
Virilidad masculinidad, hombría, energía, pujanza, decisión, reciedumbre, fortaleza, valor, poder, resolución, firmeza, potencia, fertilidad, madurez, pubertad.
Virilmente varonilmente, masculinamente, enérgicamente, fuertemente, v. viril.
Virola abrazadera, anillo, aro, argolla, arete, armella.
Virote saeta, hierro, punta, vara || pisaverde, petimetre, engreído, pedante, presuntuoso.
Virtual implícito, tácito, supuesto, sobrentendido, expreso, entendido, contenido, incluido, manifiesto.
Virtualidad posibilidad, potencia, poder, capacidad.
Virtualmente implícitamente, tácitamente, supuestamente, v. virtual.
Virtud castidad, v. virginidad || honradez, moralidad, honestidad, modestia, caridad, santidad, bondad, templanza, fortaleza, prudencia, fe, integridad, probidad, dignidad || cualidad, ventaja, aptitud, facultad, capacidad, atributo, propiedad, condición, característica, particularidad.
Virtuosismo destreza, habilidad, pericia.
Virtuoso probo, honrado, honesto, modesto, fuerte, prudente, digno, pundonoroso, íntegro, moderado, templado, bondadoso || casto, v. virgen || ejecutante, artista, diestro, hábil, experto, perito, competente, técnico, entendido, versado, ejercitado.
Viruela dolencia, enfermedad infecciosa, contagiosa, contagio, epidemia, peste, pestilencia || pústula, costra, postilla, escara, vejiguilla, granillo, ampolla.
Virulencia malignidad, toxicidad, ponzoña, virus, intoxicación, daño || mordacidad, cinismo, ironía, aspereza, causticidad, zaherimiento, veneno.
Virulento tóxico, ponzoñoso, maligno, intoxicante, venenoso, dañino, nocivo || cáustico, áspero, cínico, irónico, mordaz, venenoso, sañudo, enconado, maligno, acerado, incisivo, punzante, acre.
Virus germen, toxina, ponzoña, tósigo, veneno.
Viruta cepilladura, torneadura, trozo, astilla, laminilla, hoja, serrín, residuo.
Vis cómica fuerza, vigor, capacidad cómica.
Visa v. visado.
Visado refrendo, aprobación, autorización, firma.
Visaje mueca, expresión, gesto, guiño, contorsión, mímica, aspaviento, esguince, guiñada, mohín, tic, momo, arrumaco, ademán, seña, movimiento, dengue, monería.
Visar examinar, aprobar, refrendar, rubricar, autorizar, firmar, confirmar, reconocer || apuntar, centrar, encajar, ajustar, dirigir.
Vis-à-vis * frente a frente, de cara, de frente, encarados, enfrentados.
Víscera órgano, entraña, entretelas, bofe, asadura.
Viscosidad pegajosidad, densidad, glutinosidad, adherencia, pringue, enviscamiento, apelmazamiento.
Viscoso pegajoso, glutinoso, espeso, adherente, pringoso, untuoso, mucilaginoso, adhesivo, denso, untuoso, craso.
Visear v. vislumbrar.

VISERA ala, cubierta, anteojera, pieza, resguardo.

VISIBILIDAD claridad, diafanidad, transparencia, luminosidad, pureza, limpidez.

VISIBLE perceptible, claro, avistable, sensible, observable, contemplable, evidente, manifiesto, ostensible, palmario, patente, conspicuo, sobresaliente, notable, cierto.

VISIBLEMENTE claramente, perceptiblemente, sensiblemente, v. visible.

VISICITUD * v. vicisitud.

VISILLO cortina, cortinilla, cortinaje, colgadura, velo.

VISIÓN vista, visualidad, visibilidad, visual, ojo, percepción, mirada, imagen, vistazo, sentido, atisbo, ojeada || panorama, aspecto, apariencia || alucinación, fantasía, sueño, ensueño, quimera || esperpento, adefesio, estantigua, espantajo, mamarracho, facha, espantapájaros || trasgo, espectro, fantasma, engendro, duende, espíritu, aparición, aparecido, perspicacia v.

VISIONARIO idealista, soñador, quimerista, quimérico, ingenuo, inocente.

VISITA invitado, v. visitante || cumplido, visitación, saludo, convite, agasajo, entrevista, encuentro, recepción, cita, despedida, presentación, compromiso, cortesía, ceremonia, visiteo, besamanos, audiencia || inspección, examen, comprobación, observación, registro, revista.

VISITACIÓN entrevista, v. visita.

VISITADOR inspector, delegado, funcionario.

VISITANTE visita, invitado, convidado, agasajado, conocido, amigo, relación, amistad, compañero, forastero, desconocido, recién llegado.

VISITAR saludar, ver, cumplimentar, agasajar, corresponder, pagar, pasar, acompañar, felicitar, congratular, asistir, cumplir, entrevistarse, presentarse, despedirse, citar, encontrarse || reconocer, examinar, inspeccionar, revistar, pasar revista.

VISITEO v. visita.

VISLUMBRAR entrever, divisar, atisbar, ver, columbrar, distinguir, percibir, otear, ojear, reparar, escudriñar, observar, descubrir, percibir || conjeturar, sospechar, barruntar, apreciar, comprender, entender.

VISLUMBRE reflejo, resplandor, fulgor, brillo || conjetura, sospecha, indicio, barrunto || semejanza, parecido, apariencia, similitud, parentesco, relación, viso v.

VISO aspecto, apariencia, traza, porte, aire, semejanza, parecido, parentesco, relación, cariz, catadura, facha, estampa, matiz, tinte || vistillas, altura, eminencia || resplandor, reflejo, reflexión.

VISÓN marta, armiño, comadreja, hurón, mamífero, carnicero || piel, forro, cuero.

VISOR ocular, prisma, retículo, dispositivo, sistema óptico, mira.

VÍSPERA proximidad, contigüidad, cercanía, vigilia, inmediación, día anterior, cerca.

VISTA paisaje, panorama, cuadro, horizonte, perspectiva, espectáculo, panorámica, campiña || perspicacia, conocimiento, penetración, clarividencia, sagacidad, sutileza, previsión, olfato, intuición, conocimiento || actuación, causa, proceso, juicio, sumario, procedimiento, atestado || sentido, visualidad, v. visión.

VISTAZO ojeada, mirada, columbrón, atisbadura, repaso, atisbo, examen, percepción, contemplación, visual, fisgonería.

VISTILLAS mirada, colina, viso, ápice, eminencia, terraza, atalaya.

VISTO examinado, verificado, comprobado, corregido, resuelto || observado, mirado, contemplado, avistado, percibido, v. ver || gastado, manido, ajado, vulgar, sobado, pasado, trillado, manoseado, trivial.

VISTOSIDAD atractivo, atracción,

seducción, hermosura, sugestión, fascinación, encanto, hechizo, gracia, donaire, interés, animación, lucimiento, brillo, color, vivacidad.

Vistoso sugestivo, seductor, atractivo, hermoso, interesante, donoso, gracioso, bonito, hechicero, encantador, fascinador, lucido, llamativo, espectacular, brillante, vivo, animado.

Visu (de) por haberlo visto, a vista de ojos.

Visual ocular, percibido || línea, dirección, recta, mirada, v. vista.

Vital trascendental, grave, básico, imprescindible, esencial, importante, indispensable, influyente, valioso, señalado, significativo, fundamental || estimulante, nutritivo, vivaz, exuberante, activo, vigoroso, fuerte, dinámico.

Vitalicio perpetuo, definitivo, indefinido, fijo, permanente, de por vida.

Vitalidad dinamismo, energía, salud, vivacidad, exuberancia, actividad, fortaleza, vigor, juventud, fuerza, potencia, empuje, nervio, fibra, brío, pujanza.

Vitalizar * v. vivificar.

Vitaminas substancias químicas, catalizadores orgánicos, componentes, ingredientes.

Vitando abominable, execrable, odioso, v. vil.

Viticultura vitivinicultura, cuidado, cultivo de la vid.

Vitola marca, sello, papel, faja, banda, tira || traza, facha, aspecto, características.

Vítor exclamación, interjección, aplauso, aclamación, viva, ovación, hurra, exaltación, loa.

Vitorear ovacionar, aplaudir, glorificar, aclamar, loar, enaltecer, exaltar, homenajear, gritar, exclamar.

Vitral v. vidriera.

Vítreo cristalino, transparente, claro, hialino, translúcido, límpido, frágil, quebradizo.

Vitrificar recubrir, vidriar, cubrir, bañar, convertir.

Vitrina armario, estantería, vasar, aparador, trinchero, plúteo, rinconero, mueble.

Vitriolo ácido sulfúrico, substancia corrosiva, quemante, compuesto químico.

Vituallas v. víveres.

Vituperable censurable, reprochable, criticable, incalificable, condenable, punible, ilegal, ilegítimo, improcedente, malo, indigno, bajo.

Vituperador difamador, calumniador, detractor, maldiciente, denigrante, murmurador, afrentoso.

Vituperar censurar, recriminar, criticar, difamar, vilipendiar, reprochar, insultar, afear, denigrar, desacreditar, calumniar, menospreciar, afrentar.

Vituperio censura, crítica, insulto, reproche, afrenta, acusación, denigración, maledicencia, recriminación, condena, descrédito, murmuración.

Viuda v. viudo.

Viudedad pensión, renta, subsidio, compensación, subvención, pago, gratificación, v. viudez.

Viudez estado, situación, luto, soledad, desamparo, v. viudedad.

Viudo sin consorte, sin compañera, sin cónyuge, enlutado, solo, desamparado.

Vivac campamento, vivaque, acantonamiento, acampada, acuartelamiento, reales, campo, posición, instalación, alojamiento, refugio.

Vivacidad v. viveza.

Vivaque v. vivac.

Vivaquear acampar, acantonarse, acuartelarse, descansar, instalarse, alojarse, sentar los reales.

Vivar v. vivero.

Vivaracho alegre, travieso, bullicioso, vivaz, enérgico, activo, dinámico || despierto, despabilado, listo, avispado, agudo, sagaz, perspicaz || v. vivo.

Vivaz v. vivaracho.

Víveres comestibles, vituallas, avituallamiento, provisiones, alimentos, abastecimientos, suministros, acopio, racionamiento, dotación, avío, abasto, depósito, subsistencias, equipo, despensa.

Vivero criadero, vivar, semillero, invernadero, corral || origen, germen, fundamento, escuela, derivación, arranque, principio, cimiento, raíz.

Viveza vivacidad, alegría, actividad, bullicio, dinamismo, energía, prontitud, rapidez, celeridad, urgencia, animación, ardor, impetuosidad, fogosidad, esplendor, lustre, brillo || sagacidad, perspicacia, agudeza, inteligencia, intuición.

Vívido real, realista, crudo, impresionante, auténtico, efectivo, verídico, cierto || v. vivaracho.

Vividor gorrón, parásito, aprovechado, abusador, comensal, sopista, sablista, sacacuartos.

Vivienda morada, residencia, domicilio, hogar, casa, habitación, mansión, finca, techo, nido, cobijo, albergue, refugio, solar.

Viviente v. vivo.

Vivificante estimulante, vivificador, incitante, reconfortante, alentador, interesante, acuciador, inspirador, confortador, saludable, agradable, tonificante, excitante.

Vivificar reconfortar, estimular, incitar, confortar, inspirar, acuciar, alentar, reanimar, tonificar, excitar, avivar.

Vivir subsistir, existir, coexistir, prevalecer, estar, hallarse, ser, vegetar, revivir, respirar, alentar, perdurar, mantenerse, bullir, sobrevivir, pasar, conservarse, durar, haber, medrar, quedarse, permanecer || residir, morar, habitar, anidar, albergarse, refugiarse, cobijarse, afincarse, hospedarse, establecerse, asentarse.

Vivisección disección, corte, investigación, examen.

Vivo viviente, sobreviviente, superviviente, supérstite, decano, longevo, persistente, vital, resistente, aguantador, duradero, existente, coexistente, prevaleciente, perenne, vitalicio, redivivo, vivíparo || rápido, ágil, ligero, veloz, diligente, activo, dinámico, afanoso, atareado, raudo, vivaz, enérgico, laborioso, hacendoso, pronto, fogoso, impetuoso, vivaracho, ardiente, nervioso, fuerte, intenso, llamativo || ingenioso, listo, perspicaz, agudo, vivaracho, vivaz, despierto, despabilado, avispado, sagaz || arista, ángulo, borde, orilla, filete, canto, resalte.

Vocablo voz, palabra, expresión, término, dicho, representación, expresión, locución, verbo.

Vocabulario léxico, terminología, repertorio, glosario, caudal, catálogo, lista, diccionario, tesoro, palabras, v. vocablo.

Vocación inclinación, disposición, propensión, facilidad, aptitud, afición, gusto, don, inspiración, tendencia, preferencia, proclividad.

Vocal consejero, consultor, asesor, administrador, procurador, secretario, dirigente, integrante, componente, constituyente de una junta || v. letra.

Vocalizar modular, cantar, solfear, entonar, ejecutar, tararear, canturrear.

Voceador v. vocinglero || v. pregonero.

Vocear gritar, chillar, vociferar, aullar, bramar, ulular, increpar, escandalizar, desgañitarse, aclamar, aplaudir, exclamar, clamorear, rugir, gañir, alborotar, gruñir, atronar, rechiflar, clamar, protestar, llamar, entonar, baladrar, berrear || pregonar, divulgar, manifestar, publicar, proclamar, transmitir, extender, anunciar, notificar, avisar.

Vocerío griterío, alboroto, clamor, escándalo, algarabía, bullicio, bulla, batahola, confusión, estruendo, vociferación, pita, bramido, rechifla, protesta, abucheo, rumor, grita, gritos, aullidos, chillidos, voces, v. voz.

VOCERO portavoz, delegado, representante, agente, emisario, enviado.
VOCIFERACIÓN v. vocerío.
VOCIFERADOR v. vocinglero.
VOCIFERANTE v. vocinglero.
VOCIFERAR v. vocear.
VOCINGLERO chillón, gritón, alborotador, ruidoso, voceador, escandaloso, vociferante, vociferador, desaforado, aullador, bramador, escandalizador, estridente, quejica, berreón, gruñidor, ordinario, grosero.
VODEVIL * zarzuela cómica, revista, espectáculo picaresco, comedia, opereta.
VODKA aguardiente, bebida alcohólica, espiritosa.
VOILÁ * aquí está, así es, he aquí.
VOLADERO precipicio, v. sima.
VOLADIZO cornisa, saliente, saledizo, borde, reborde, resalte, coronamiento.
VOLADOR v. volante || v. cohete.
VOLADURA estallido, explosión, reventón, descarga, detonación, estrépito, trueno, zambombazo, deflagración || rotura, derribo, desplome, desbaratamiento, destrucción, hundimiento, arrasamiento, ruina.
VOLANDAS (EN) levantado, volando, por el aire, alzado, sujeto, velozmente.
VOLANDERO inestable, inconstante, frívolo, voluble, mudable, caprichoso, versátil, veleidoso, tornadizo || imprevisto, inopinado, accidental, casual || v. volante.
VOLANTE volador, volandero, volátil || impreso, hoja, aviso, apunte, octavilla, tarjeta, papel, folleto, panfleto, cuartilla, pasquín, escrito, orden, nota || rueda, anillo, disco, redondel, aro, corona || ambulante, errante, suelto, independiente, callejero, vagabundo, trashumante, nómada, móvil, movible, inestable.
VOLAR remontarse, surcar, planear, revolotear, alzarse, elevarse, cernerse, circunvolar, deslizarse, salvar, evolucionar, descender, hender, levantar el vuelo || correr, apresurarse, trotar, aligerar, activar, acelerar, darse prisa || estallar, reventar, deflagrar, romperse, saltar, *explotar*, detonar, destruir, derruir, desintegrarse, desmenuzarse, desbaratarse, desaparecer, arrasar.
VOLATERÍA aves, caza, v. volátil.
VOLÁTIL ave, voladora, avecilla, pájaro || sutil, etéreo, ligero, aéreo, vaporoso, gaseoso, evaporable, espiritoso, mudable, inestable.
VOLATILIZARSE evaporarse, gasificarse, disiparse, desaparecer, vaporizarse, esfumarse, transformarse.
VOLATÍN pirueta, voltereta, cabriola, prueba, salto, ejercicio, corveta, giro, contorsión, acrobacia.
VOLATINERO equilibrista, funámbulo, contorsionista, acróbata, volteador, saltimbanqui, titiritero, juglar, trapecista, gimnasta, circense.
VOL-AU-VENT * pastel de carne, empanada, relleno.
VOLCÁN monte, montaña, pico, cima || cráter, erupción, lava, escoria.
VOLCÁNICO fogoso, ardiente, impetuoso, violento, fuerte, furioso, arrebatado, frenético, vehemente, irrefrenable, incontenible.
VOLCAR caer, desplomar, tumbar, torcer, trastornar, abatir, tirar, derribar, derrumbar, inclinar, invertir, desnivelar || derramar, verter, echar, vaciar, evacuar, difundir, llenar, dispersar, v. voltear || **VOLCARSE** aplicarse, dedicarse, afanarse, apresurarse, consagrarse.
VOLEA golpe, embate, percusión, sacudida, impulso, movimiento || v. bofetón.
VOLICIÓN v. voluntad.
VOLQUETE carro, carretilla, carricoche, carretón, camión, vehículo.
VOLTEAR girar, rotar, rodar, virar, bornear, mover, volver, invertir, trastrocar, mudar, menear, cambiar, tumbar, v. volcar.

VOLTERETA pirueta, salto, brinco, acrobacia, cabriola, prueba, contorsión, ejercicio, giro, corveta, vuelta, movimiento, meneo, tumbo.
VOLTÍMETRO contador, medidor, amperímetro, aparato, registrador.
VOLUBILIDAD inconstancia, frivolidad, capricho, versatilidad, veleidad, fantasía, mudanza, inconsecuencia, ligereza, indecisión, cambio, vacilación.
VOLUBLE frívolo, versátil, caprichoso, inconstante, inconsecuente, ligero, casquivano, mudable, veleidoso, cambiante, indeciso, informal, vacilante, variable, novelero.
VOLUMEN masa, espacio, dimensión, medida, hueco, bulto, magnitud, mole, corpulencia, amplitud, holgura, extensión vastedad, anchura, cuerpo, humanidad || capacidad, cabida, arqueo, tonelaje, aforo, desplazamiento, porte || libro, tomo, ejemplar, cuerpo, parte, sección.
VOLUMINOSO abultado, grande, corpulento, considerable, ingente, desmesurado, crecido, amplio, vasto, grandioso, enorme, espacioso, holgado, ancho, pesado, desarrollado, grueso, gordo, obeso, incómodo.
VOLUNTAD deseo, gana, antojo, apetencia, ansia, anhelo, albedrío, arbitrio, merced, gusto, ambición, afán, prurito, volición, libertad, espontaneidad, ánimo, empeño, pasión || tenacidad, perseverancia, energía, firmeza, tesón, constancia, asiduidad, persistencia, aplicación, empeño, porfía, obstinación || amor, carencia, predilección, pasión, afición, benevolencia || permiso, conformidad, aquiescencia, consentimiento || disposición, mandato, orden, precepto, pedido, encargo, decisión, mandamiento, disposición, testamento.
VOLUNTARIAMENTE libremente, espontáneamente, facultativamente, v. voluntario.

VOLUNTARIO libre, espontáneo, facultativo, discrecional, abierto, propio, sincero, potestativo, deliberado, intencionado, prudencial, privativo, característico || voluntarioso, conforme, deseoso, gustoso, servicial, sacrificado, aspirante, pretendiente.
VOLUNTARIOSO caprichoso, obstinado, tozudo, terco, intransigente, testarudo, cabezón, recalcitrante, rebelde, impenitente, obcecado, porfiado.
VOLUPTUOSIDAD sensualidad, pasión, apasionamiento, morbidez, goce, placer, deleite, erotismo, intemperancia, obscenidad, impudicia, liviandad, lujuria, lubricidad, lascivia, concupiscencia, sensualismo, fruición, regusto, delicia, epicureísmo, sibaritismo, delectación, regodeo.
VOLUPTUOSO sensual, apasionado, sibarita, epicúreo, delicado, lúbrico, concupiscente, lascivo, lujurioso, liviano, impúdico, obsceno, intemperante, erótico || delicioso, gustoso, placentero, mórbido, gozoso, deleitable, exquisito, grato, atrayente, apetitoso.
VOLUTA adorno, espira, caracol, capitel, espiral, dibujo, forma, afecto.
VOLVER tornar, regresar, retornar, venir, llegar, repatriarse, retroceder, recular, retrogradar, rebotar, regolfar, resurtir || reanudar, reemprender, recuperar, restaurar, restablecer, reiterar, repetir, reincidir || restituir, v. devolver || girar, virar, voltear, volcar, mover, torcer, invertir, cambiar, rodar, mudar, circular, desplazar, menear, retorcer ||
VOLVERSE cambiarse, transformarse, hacerse, convertirse, alterarse, renovarse, modificarse.
VOMITADO v. vómito.
VOMITAR devolver, regurgitar, lanzar, arrojar, expulsar, echar, expeler, basquear, marearse, desembuchar || proferir, insultar.
VOMITIVO emético, medicamento, vómico, vomitorio.
VÓMITO náusea, arcada, asco, bas-

Vomitona ca, ansia, angustia, espasmo, vértigo, gargantada, repugnancia, desazón, aversión, regurgitación, hemoptisis, vomitona.

Vomitona v. vómito.

Vomitorio emético, vomitivo, vómico, medicamento || puerta, salida, acceso, entrada, pasillo.

Voquible v. vocablo.

Voracidad gula, glotonería, apetito, tragonería, adefagía, hambre, hambronería, insaciabilidad, intemperancia, exceso, desenfreno, ansia, avidez, codicia, apetencia, avaricia, egoísmo.

Vorágine torbellino, remolino, vórtice, tolvanera, manga, poza, hoya, embudo, espiral || tumulto, ímpetu, torrente, caos, fárrago, desorden.

Voraz glotón, tragón, hambrón, comilón, hambriento, gargantúa, tragaldabas, devorador, heliogábalo || ansioso, ávido, insaciable, egoísta, codicioso, desenfrenado, intemperante, ambicioso, exagerado.

Vorazmente ansiosamente, ávidamente, insaciablemente, codiciosamente, v. voraz.

Vórtice v. vorágine.

Votación sufragio, plebiscito, elección, comicios, voto, referéndum, nominación, selección, nombramiento, propuesta, proposición, acto.

Votante elector, nominador, votador, asistente, concurrente, ciudadano.

Votar elegir, emitir, balotar, depositar, presentar, dejar el voto || jurar, blasfemar, renegar, denostar, perjurar, insultar, imprecar, echar pestes.

Votivo expiatorio, ofrecido, dedicado.

Voto papeleta, boleto, balota, talón || promesa, ofrecimiento, compromiso, obligación, ruego, petición, oferta, palabra, proposición, juramento, protesta, pacto, voluntad, ofrenda, fe || dictamen, parecer, juicio, decisión, sentencia, acuerdo, voz, opinión, sugerencia || terno, blasfemia, imprecación, denuesto, taco, palabrota, reniego, grosería, insulto, dicterio, pestes, perjurio, maldición, execración.

Voz sonido, fonación, emisión, lenguaje, dicción, pronunciación, fonética || vocablo, palabra, expresión, término, dicho, voquible, representación, verbo, locución || alarido, grito, chillido, exclamación, aullido, bramido, queja, rugido, gañido, llamada, vociferación, ululato || facultad, poder, derecho, voto v. || rumor, chisme, hablilla, bulo.

Vozarrón vocejón, vozarra, ronquera, gravedad, potencia, fuerza, sonoridad.

Vuelco volteo, tumbo, giro, caída, accidente, desgracia, siniestro, meneo, vuelta, inversión, virada, rotación || cambio, transformación, trastorno, mudanza, alteración, sobresalto, angustia, agitación.

Vuelo planeo, evolución, revoloteo, ascenso, subida, descenso, bajada, desplazamiento, viaje, maniobra, acrobacia || extensión, amplitud, anchura, desarrollo, holgura || **Vuelos** ínfulas, humos, engreimiento, fantasías.

Vuelta giro, rotación, volteo, borneo, molinete, rodeo, viraje, desplazamiento, circulación, traslación, círculo, curva, desvío, inversión, ruedo, revolución, movimiento, voltereta, pirueta, circunvalación || curvatura, curva, circunvolución, esquina, ángulo, revuelta, recodo, chaflán, cantón, borde || regreso, retorno, venida, llegada, repatriación, reanudación, retrogradación, retroceso, repetición || devolución, reintegro, restablecimiento, restitución || dorso, reverso, espalda, retaguardia, posterior, trasera, zaguera || cambio, mudanza, salto, revolución, innovación, vicisitud, perturbación, renovación, metamorfosis, mutación || suelto, calderilla, monedas.

Vulgar ordinario, chabacano, plebeyo, rústico, ramplón, basto, tosco, pedestre, grosero, chanflón, chocarrero, charro, inelegante, incorrecto, tópico, insubstancial, simple, trivial, trillado, sobado, prosaico, sabido, gastado, manido, popular, común, general, bajo.

VULGARIDAD chabacanería, ordinariez, chocarrería, grosería, simpleza, insubstancialidad, tópico, incorrección, necedad, trivialidad, tosquedad.

VULGARISMO incorrección, barbarismo, v. vulgaridad.

VULGARIZACIÓN generalización, divulgación, difusión, familiarización, adocenamiento, publicación.

VULGARIZAR divulgar, difundir, familiarizar, generalizar, pluralizar, extender, universalizar, publicar, diversificar, adocenar, sobar, gastar, popularizar.

VULGARMENTE ordinariamente, chabacanamente, plebeyamente, rústicamente, v. vulgar.

VULGO populacho, gentuza, plebe, masa, turba, morralla, hez, muchedumbre, tropel, horda, patulea, villanaje, pueblo.

VULNERABILIDAD fragilidad, debilidad, inseguridad, decaimiento, flaqueza, tentación, v. vulnerable.

VULNERABLE débil, frágil, inerme, indefenso, flojo, inseguro, vacilante, pusilánime, indeciso, endeble, delicado, inconsistente, gastado, sensible.

VULNERAR dañar, perjudicar, herir, lacerar, quebrantar, lastimar, ofender, menoscabar, violar, lesionar, infringir, transgredir, desobedecer, contravenir.

VULTURNO bochorno, canícula, calor, calina, ardentía, vaho, aire caliente.

VULVA órgano genital, órgano sexual, abertura, partes, labios || vagina, matriz, útero.

W

WAGONS-LITS * coches cama.
WALQUIRIAS * valquirias, vírgenes guerreras, deidades germánicas, amazonas.
WATER CLOSET * excusado, retrete, común, urinario, mingitorio, lavabos, servicios, letrina, evacuatorio, baño.

WEEK-END * fin de semana, descanso, asueto.
WESTERN * película, cinta, filme del Oeste, de vaqueros.
WHISKY * bebida alcohólica, espiritosa, fermentada.

X

XENOFOBIA odio, repugnancia, aborrecimiento, rencor, desdén, hostilidad hacia los extranjeros, patriotería, *chauvinismo*, intransigencia, apasionamiento.

XENÓFOBO fanático, patriotero, intransigente, *chauvinista*, apasionado.

XILOFÓN * xilófono, instrumento de percusión.

XILOGRAFÍA grabado, reproducción, impresión en madera.

Y

Ya ahora, hoy, ora, actualmente.
Yacaré caimán, reptil, cocodrilo v.
Yacente tendido, plano, horizontal, tumbado, echado, acostado, dormido, desmayado, encamado, extendido, estirado, tirado, supino, boca arriba, boca abajo.
Yacer reposar, dormir, tumbarse, descansar, echarse, acostarse, tenderse, estirarse, tirarse, encamarse, encontrarse, estar, permanecer || cohabitar, copular, fornicar, ayuntarse, juntarse, cubrir, amarizarse, conchabarse, aparearse, liarse, apañarse.
Yacija catre, camastro, cama turca, litera, lecho, hamaca || sepultura, cárcava, fosa, huesa, tumba v.
Yacimiento filón, mina, venero, cantera, vena, veta, masa, placer, depósito, reserva, explotación, perforación.
Yacht * yate, velero, goleta, balandro, barca, nave, embarcación de recreo.
Yachting * navegación deportiva.
Yahvé Jehová, v. Dios.
Yanqui norteamericano, estadounidense, gringo, americano, *yanki.*
Yantar comida, pitanza, alimento, manutención, manduca, manducatoria, puchero, vianda, plato, condumio, comestible, sustento, ración, vitualla || alimentarse, nutrirse, v. comer.
Yatagán alfanje, sable, cimitarra, arma blanca.
Yate velero, goleta, balandro, barca, nave, embarcación de recreo.

Yedra v. hiedra.
Yegua potranca, potra, jaca, hembra del caballo.
Yeguada manada, tropa, rebaño, hato, yegüería.
Yegüerizo yegüero, mulero, arriero, acemilero, chalán, mozo.
Yelmo morrión, casco, bacinete, almete, celada, borgoñota, casquete, capacete.
Yema capullo, renuevo, botón, brote, cogollo, gemación, pimpollo, reveno, pezón, vástago || centro, medio, lo mejor, lo selecto.
Yerba v. hierba.
Yermo baldío, infecundo, estéril, inculto, infructuoso, árido, agotado, pobre, estepario, esquilmado, despoblado, desértico, deshabitado, solitario, abandonado, inhóspito || v. páramo.
Yerro error, equivocación, incorrección, descuido, omisión, inadvertencia, errata, falla, falta, pifia, desacierto, desliz, culpa, engaño, gazapo.
Yerto tieso, rígido, duro, tenso, frío, agarrotado, contraído, anquilosado, helado, congelado, exánime, exangüe, muerto, finado, difunto, inmóvil, quieto.
Yesca materia seca, pajuela, lumbre, eslabón, pedernal.
Yeso cal, tiza, clarión, espejuelo, aljor, creta, caliza, escayola, estuco, amasijo, pasta.
Yodo elemento químico, halógeno, tintura, antiséptico, yodoformo, medicamento, desinfectante.
Yoga ejercicio corporal, respiratorio, hipnótico, concentración.

Yoghourt * v. yogur.
Yogui adepto, practicante de yoga.
Yogur leche fermentada, agria.
Yudo v. judo.
Yugo cornal, guarnición, cincha, frontalera, tracción, coyunda, jubo, cornil, armazón, madero || opresión, sujeción, carga, esclavitud, servidumbre, sumisión, obediencia, tiranía, despotismo, vejación, hegemonía, vasallaje, abuso, injusticia.
Yunque bloque de hierro, tas, bigorna.
Yunta pareja, yugada, par de bueyes, de mulas, de animales de labor.
Yute fibra, hebra, hilaza, filamento, torzal, materia textil.
Yuxtaponer juntar, adosar, aplicar, acercar, arrimar, oponer, enfrentar, encarar.
Yuxtaposición acercamiento, aproximación, unión, reunión, oposición, enfrentamiento, aplicación.

Z

Zabarcera v. verdulera.
Zabordamiento zaborda, varada, encalladura, varadura, atasco.
Zabordar encallar, embarrancar, varar, atascarse, atollarse, detenerse, zozobrar, naufragar.
Zaborro gordinflón, grueso, obeso, corpulento.
Zacapela pelea, v. zalagarda.
Zafarse libertarse, soltarse, librarse, desembarazarse, quitarse, desasirse, desatarse, separarse, desprenderse, despegarse, salvarse, redimirse, huir, evadirse, fugarse, eludir, escapar, desligarse || excusarse, rehuir, esquivar, evitar, negarse, escurrir el bulto.
Zafarrancho preparativos, disposición, preparación, alarma, orden, atención, toque, llamada || refriega, riña, pelotera, gresca, marimorena, trifulca, alboroto.
Zafiedad tosquedad, ordinariez, grosería, vulgaridad, incultura, patanería, rusticidad, rudeza, ramplonería, chabacanería.
Zafio cerril, grosero, vulgar, ordinario, tosco, rudo, patán, palurdo, cafre, paleto, cateto, bobo, rústico, zote, bronco, agreste, chabacano, hosco.
Zafiro corindón, piedra, gema, joya.
Zafo suelto, libre, incólume, desembarazado, sano, salvo, indemne.
Zafra refinería, fábrica de azúcar, cosecha de caña || recipiente, aceitera, vasija || cascotes, escombros, ripio.
Zaga trasera, retaguardia, cola, extremidad, fin, final, punta, cabo, extremo, dorso, culata, detrás, atrás, parte posterior.
Zagal muchacho, mozo, mancebo, chico, pollo, joven, adolescente, *chaval* || pastorcillo, ayudante, mozo.
Zagalón chicarrón, mozallón, mozancón, muchachote.
Zaguán vestíbulo, portal, soportal, porche, recibidor, *hall*, galería, atrio, propileo, acceso, ingreso, entrada.
Zaguero posterior, trasero, extremo, ulterior, postrero, rezagado, dorsal, siguiente, consecutivo, subsiguiente, sucesivo, postrimero.
Zahareño bravío, cerril, salvaje, indomable, silvestre || desdeñoso, intratable, rebelde, áspero, tosco, huraño, desdeñoso, esquivo.
Zaheridor sarcástico, mortificador, vejador, escarnecedor, v. zaherimiento.
Zaherimiento vejación, afrenta, agravio, humillación, sarcasmo, mortificación, escarnio, agresividad, virulencia, acritud, aspereza, ofensa, ironía, cinismo, reprensión, sátira, mordacidad, hostilidad, causticidad, pulla, burla, vejación, injuria, escarnio, insolencia, desprecio, ultraje, menosprecio, maltrato, retintín, pinchazo, remoquete, mofa.
Zaherir escarnecer, vejar, afrentar, agraviar, humillar, ultrajar, menospreciar, despreciar, injuriar, mofarse, pinchar, maltratar,

ZAHONDAR insolentarse, burlarse, satirizar, ironizar, ofender, reprender, molestar, mortificar, criticar.

ZAHONDAR cavar, excavar, ahondar, profundizar.

ZAHONES calzones, pantalones, cubierta, protección, cuero, resguardo.

ZAHORÍ rabdomante, rabdomántico, vidente, adivino, pronosticador, vaticinador, explorador, investigador, charlatán.

ZAHÚRDA pocilga, porqueriza, cochiquera, chiquero, cochitril, corral, establo, cuadra || tabuco, cuartucho, tugurio, desván, antro, zaquizamí.

ZAINO color castaño, pardo, rojizo || falso, traidor, infiel, desleal, felón.

ZALAGARDA alboroto, pelea, v. zipizape || emboscada, celada, trampa, lazo, asechanza.

ZALAMERÍA arrumaco, carantoña, coba, elogio, lisonja, lagotería, adulación, incienso, halago, pelotilla, jabón, camelo, requiebro, piropo.

ZALAMERO adulador, adulón, lagotero, lisonjero, pelotillero, halagador, embelecador, embaucador, cobista, tiralevitas, lameculos, lavacaras.

ZALEMA reverencia, saludo, inclinación, gesto, cortesía, v. zalamería.

ZAMACUCO tonto, bruto, tosco, rudo, zopenco || zorro, solapado, ladino, pillo, astuto, socarrón.

ZAMARRA chaquetón, pelliza, cazadora, zamarro, chaqueta, prenda, gabán corto.

ZAMARREAR menear, sacudir, estremecer, agitar, zarandear, golpear, pegar, maltratar.

ZAMARREO sacudida, zarandeo, meneo, agitación, maltrato, paliza, sacudimiento.

ZAMARRO lerdo, pesado, tosco, rudo, zopenco, bruto || chaquetón, v. zamarra.

ZAMBO patizambo, patituerto, torcido, deforme, patojo, desviado, pernituerto, mal hecho.

ZAMBOMBA instrumento musical, rústico, caja, vejiga || ¡ZAMBOMBA! ¡caramba!, ¡cáspita!, ¡cielos!

ZAMBOMBAZO golpazo, porrazo, trompazo, batacazo, trompicón, porrada, estallido, detonación.

ZAMBOMBO zamarro, zamacuco, rudo, v. zafio.

ZAMBOROTUDO chapucero, descuidado, tosco, basto, grueso, obeso, deforme.

ZAMBRA algazara, bulla, fiesta, baile, jolgorio, ruido, estrépito, zarabanda.

ZAMBUCAR esconder, escamotear, ocultar, disimular, escabullir.

ZAMBULLIDA chapuzón, inmersión, chapuzada, salto, zambullidura, zambullimiento, buceo, baño.

ZAMBULLIRSE saltar, chapuzarse, bucear, hundirse, sumergirse, introducirse, bañarse, remojarse.

ZAMPA listón, estaca, madero, palo.

ZAMPABOLLOS zamacuco, zambombo, tosco, rudo, grosero, cerril, basto, inculto, zafio v. || glotón, comilón, tragaldabas, heliogábalo, gargantúa, devorador, tragón, tarasca, zampatortas, zampabodigos.

ZAMPAR tragar, devorar, atiborrarse, embaular, atragantarse, embuchar, comer, engullir.

ZAMPATORTAS v. zampabollos.

ZAMPOÑA flauta, instrumento de viento, musical, rústico.

ZANAHORIA hortaliza, raíz, planta.

ZANCA pata, muslo, pierna, miembro, remo, extremidad, cuartos || madero, tablón.

ZANCADA tranco, paso, trancada, marcha.

ZANCADILLA traspié, estorbo, tropiezo, traba, engaño, ardid, treta, celada, asechanza, obstáculo.

ZANCAJEAR deambular, apresurarse, correr, afanarse, corretear, ir y venir.

ZANCAJO talón, calcañar, calcaño, tarso, prominencia, protuberancia, hueso.

ZANCAJOSO deforme, zanquituerto, zambo v.

ZANCARRÓN carcamal, vejestorio, momia, esqueleto.

ZANCO palo, madero, ayuda, base.

Zancudo v. zanquilargo.
Zanganear holgazanear, gandulear, haraganear, vagar, remolonear, vagabundear, vaguear, haronear, apoltronarse, deambular, callejear.
Zanganería gandulería, holgazanería, poltronería, indolencia, vagancia, haraganería, pereza, dejadez, desidia, flojedad, ocio, remolonería.
Zángano gandul, perezoso, haragán, vago, holgazán, poltrón, remolón, tardo, indolente, tumbón, ocioso, flojo, maula, desidioso, dejado, harón || abejorro, abejarrón, moscón, moscardón, insecto, himenóptero.
Zangolotear menear, v. zamarrear || v. zascandilear.
Zanguango embrutecido, zopenco, torpe, bruto, necio, indolente, v. zángano.
Zanja surco, excavación, cauce, cuneta, arroyada, trinchera, conducto, aradura, canalillo.
Zanjar solucionar, vencer, allanar, solventar, arbitrar, remediar, arreglar, concluir, terminar, dirimir, obviar, orillar, liquidar.
Zanquear pasear, deambular, andar, recorrer, ir y venir.
Zanquilargo zancudo, zancón, patudo, larguirucho, delgado, espigado, alto.
Zanquituerto v. zambo.
Zapa pala, badila, paleta, herramienta, utensilio || excavación, túnel, mina, galería, zanja, perforación, horadación || piel, cuero, pellejo.
Zapador soldado, excavador, horadador, perforador.
Zapapico, piocha, herramienta, piqueta, utensilio, azada, azadón.
Zapar excavar, picar, cavar, ahondar, profundizar, minar, abrir, avanzar, ahuecar, perforar, penetrar, socavar, extraer, escarbar.
Zaparrastroso v. zarrapastroso.
Zapata pieza, madero, cuña, zócalo, soporte, tablón, traba, freno.
Zapatazo v. zambombazo.
Zapateado taconeo, zapateo, repiqueteo, baile.
Zapatear, taconear, repiquetear, bailar, golpear, pisar, patear, patalear, desaprobar, escandalizar.
Zapateo v. zapateado.
Zapatero remendón, artesano, menestral, operario, tendero, comerciante, vendedor de zapatos.
Zapateta cabriola, salto, brinco, pirueta, taconeo, golpe, zapateo, repiqueteo, regocijo.
Zapatiesta * v. trapatiesta.
Zapatilla chancleta, pantufla, alpargata, chancla, chinela, sandalia, babucha, chapín.
Zapato bota, calzado, botín, escarpín, chapín, v. zapatilla.
¡Zape! ¡fuera!, ¡vete!, ¡márchate!
Zaquizamí desván, zahurda, buhardilla, sobrado, sotabanco, tabuco, cuartucho, tugurio, cuchitril, antro, chiribitil.
Zar emperador, soberano ruso.
Zarabanda alboroto, v. zambra.
Zaragata alboroto, v. zambra || riña, v. zipizape.
Zaragatero bullicioso, ruidoso, escandaloso, juerguista, pendenciero, alborotador, camorrista.
Zaragüelles calzones, calzas, faldones, prenda.
Zaranda cedazo, criba, harnero, pasador, cernedor, tamiz, cernedero, torno, cándara.
Zarandajas minucias, tonterías, fruslerías, naderías, pequeñeces, bagatelas, menudencias, necedades, bobadas.
Zarandar cribar, cerner, tamizar, pasar, limpiar.
Zarandear menear, agitar, zamarrear, sacudir, estremecer, azacanear, ajetrear, revolver, zangolotear, mover, maltratar || cribar, v. zarandar.
Zarandeo meneo, sacudida, zamarreo, agitación, estremecimiento, sacudimiento.
Zarcillo pendiente, arete, pinjante, colgante, arracada, joya, candonga.
Zarco azul claro, azul celeste, celeste.

ZARPA garra, mano, garfa, uñas.
ZARPADA v. zarpazo.
ZARPAR salir, partir, marchar, hacerse a la mar, levar anclas, izar las velas.
ZARPAZO arañazo, desgarrón, zarpada, garrada, garfiada, rasguño, uñada, herida, gatuñada.
ZARRAPASTROSO zaparrastroso, desaseado, zarrastrón, astroso, roto, andrajoso, harapiento, ajado, descosido, adán, desaliñado, descuidado, desastrado.
ZARRIA pingo, andrajo, harapo, descosido, colgajo, pingajo, jirón || lodo, cazcarria, cieno, barro.
ZARZA zarzal, maleza, espesura, arbusto, maraña, fronda, mata, breñal, soto, zarzamora, escaramujo.
ZARZAGÁN viento, cierzo, brisa, cellisca.
ZARZAL v. zarza.
ZARZAMORA v. zarza || mora, fruto.
ZARZAPARRILLA cocimiento, depurativo, bebida, refresco.
ZARZUELA opereta, comedia musical, obra, pieza, composición, representación.
ZASCANDIL mequetrefe, tarambana, chiquilicuatro, informal, entremetido, superficial, trivial, necio, enredador, títere, charlatán.
ZASCANDILEAR enredar, charlar, murmurar, cotillear, holgazanear, gandulear.
ZATARA almadía, jangada, balsa.
ZATO mendrugo, currusco, trozo, cacho, punta, pedazo de pan.
ZAZO zazoso, tartamudo, tartaja, estropajoso, tato, farfalloso, balbuciente.
ZAZOSO v. zazo.
ZEDA zeta, ceta, ceda, letra.
ZENIT cenit, vertical, punto culminante.
ZEPELÍN dirigible, aeróstato, globo dirigible.
ZETA v. zeda.
ZIGZAG serpenteo, culebreo, ondulación, línea quebrada, irregular, angulosa, zig zag.
ZIGZAGUEAR culebrear, serpentear, ondular, eludir, hurtar, marchar, avanzar en zigzag.
ZINC cinc, cinz, metal, calamina, blenda.
ZÍNGARO v. cíngaro.
ZIPIZAPE riña, pelotera, trapatiesta, gresca, altercado, discusión, alboroto, escaramuza, jaleo, escándalo, zafarrancho, marimorena.
ZIPPER * cremallera, corredera, cierre.
ZÓCALO pedestal, peana, soporte, plinto, pie, podio, base, basamento, rodapié, madero, recubrimiento.
ZOCATO zurdo, siniestro, izquierdo, ambidextro.
ZOCLO v. zueco.
ZOCO mercado, feria, plaza, rastro, lonja, baratillo, tenderetes.
ZODÍACO zona, faja celeste, eclíptica, representación, signos.
ZOILO criticón, murmurador, censurador, cotilla.
ZOLLIPAR gimotear, sollozar, llorar, hipar, gemir, lloriquear, estremecerse.
ZOLLIPO sollozo, hipo, gemido, lamento, estremecimiento, singulto, lloro.
ZONA franja, lista, faja, círculo, límite, línea, cinturón, banda || parte, sector, superficie, región, comarca, territorio, país, área, terreno, extensión, demarcación, división, jurisdicción, circunscripción, distrito, partido, término.
ZONZO v. tonto.
ZOO * v. zoológico.
ZOOLÓGICO bestial, animal, irracional || ZOOLÓGICO * parque zoológico, instalación, colección, casa de fieras.
ZOOSPERMO v. espermatozoide.
ZOOTECNIA recría, cría, reproducción, cruce, selección de animales.
ZOPENCO bruto, tosco, rudo, tonto, zoquete, inculto, cernícalo, ignorante.
ZOPO contrahecho, deforme, torcido, zambo.
ZOQUETE lerdo, tardo, rudo, obtu-

so, torpe, zopenco, cernícalo, ignorante, bruto, tosco, analfabeto || obeso, gordo, basto, pequeño, botijo, gordinflón || mendrugo v.

ZORRA raposa, zorro, vulpeja, alimaña, fiera, mamífero carnicero || prostituta, fulana, ramera, puta, cortesana, tía, pingo, pelandusca, coima, buscona, calientacamas || carro, carricoche, vagoneta, plataforma.

ZORRASTRÓN v. zorro.

ZORRERÍA astucia, ardid, picardía, disimulo, camandulería, artimaña, cuquería, marrullería, fullería, triquiñuela, perfidia, hipocresía.

ZORRILLO mofeta, mamífero hediondo, carnicero.

ZORRO zorra, raposa, vulpeja, alimaña, fiera, mamífero carnicero, macho de la zorra || piel, pellejo, cuero, tira, cola || disimulado, artero, taimado, astuto, camandulero, pícaro, pérfido, fullero, marrullero, sagaz, mañoso, ladino, hipócrita, zorrón, zorruno, vulpino.

ZORRUNO vulpino, taimado, disimulado, hipócrita, ladino, artero, v. zorro.

ZOSTER zona, erupción, irritación cutánea, zóster.

ZOTE v. zoquete.

ZOZOBRA inquietud, desasosiego, angustia, intranquilidad, sobresalto, ansiedad, incertidumbre, desazón, alarma, agitación, nerviosidad, aflicción, congoja, preocupación.

ZOZOBRAR volcar, naufragar, hundirse, peligrar, perderse, abordar, anegarse, sumirse, abismarse, tragarse, encallar, embarrancar, irse a pique.

ZUECO almadreña, madreña, galocha, chanclo, calzado.

ZULAQUE betún, pez, brea, pasta.

ZULÚ bárbaro, salvaje, bruto, antropófago, animal, zopenco, bestia.

ZULLA defecación, excremento, deyección, deposición, evacuación, hienda, freza, mierda, caca, zurullo.

ZULLAR defecar, cagar, expulsar, eliminar, evacuar || ventosear, peer, arrojar, expulsar los gases.

ZUMBA chanza, burla, broma, chasco, chacote, chirigota, chuscada, pulla, guasa.

ZUMBAR silbar, susurrar, resonar, sonar, zurrir, mosconear, ronronear, pitar, chiflar, aletear || pegar, golpear, castigar, propinar, atizar, descargar, sacudir, enjaretar, dar un golpe.

ZUMBIDO silbido, zurrido, sonido, susurro, ruido, pito, chiflido, mosconeo, ronroneo, rumor, murmullo, zumbo.

ZUMBO v. zumbido.

ZUMBÓN guasón, bromista, chusco, chirigotero, chacotero, burlón, chistoso, socarrón.

ZUMO caldo, extracto, esencia, substancia, agua, néctar, concentrado, zumillo, líquido, secreción || beneficio, provecho, utilidad, jugo, ventaja.

ZUMOSO jugoso, substancioso, suculento, concentrado, líquido, acuoso, aguado.

ZUNCHAR reforzar, sujetar, afirmar, unir, juntar, remendar, componer.

ZUNCHO abrazadera, grapa, hierro, aro, anillo.

ZUPIA poso, residuo, heces, asiento, sedimento, turbiedad, horrura, madre || desperdicio, desecho, sobras.

ZURCIDO costura, remiendo, refuerzo, unión, hilván, labor, cosido, arreglo.

ZURCIR coser, remendar, reforzar, arreglar, reparar, hilvanar, unir.

ZURDO zocato, izquierdo, siniestro, ambidextro.

ZUREO arrullo, murmullo, canturreo.

ZURITA tórtola, paloma, pichón, torcaz.

ZURRA tunda, soba, azotaina, solfa, vapuleo, somanta, leña, vuelta, zurribanda, tundidura, apaleo, meneo, castigo, vareo, sopapina, palizón, felpa.

ZURRAPA sedimento, v. zupia.

ZURRAPELO reprimenda, rapapolvo,

filípica, sermón, correctivo, escarmiento, regaño, andanada, rociada, reproche, recriminación.

Zurrar sacudir, pegar, propinar, cargar, enjaretar, tundir, vapulear, fustigar, flagelar, azotar, sobar, varear, apalear, asestar, aporrear, escarmentar || Zurrarse pelearse, pegarse, reñir, disputar, luchar, batallar.

Zurriagazo latigazo, trallazo, fustazo, varazo, vergajazo, flagelación, azote, fustigamiento, vapuleo, golpe, daño, marca, castigo.

Zurriago látigo, correa, azote, flagelo, fusta, vergajo, vara, tralla, disciplina, rebenque, penca, verdugo, cinto.

Zurribanda azotaina, v. zurra || gresca, pendencia, alboroto, riña, reyerta, zipizape, trapatiesta, jaleo, zafarrancho, marimorena, zurriburri.

Zurriburri confusión, barullo, escándalo, zipizape, jaleo, jarana, ruido, desorden, zurribanda.

Zurrido golpe, garrotazo, palo, trancazo, estacazo, leñazo || zumbido, silbido, sonido, rumor bronco.

Zurrir zumbar, silbar, rechinar, ludir, chirriar, murmurar.

Zurrón mochila, talego, bolsa, saco, morral, macuto, escarcela.

Zurrona prostituta, v. zorra.

Zurullo excremento, defecación, v. zulla.

Zutano fulano, mengano, robiñano, perengano, citano, tercera persona, uno, cualquiera.

Zuzar azuzar, hostigar, arrear, incitar.